音字母と 21 種の母音字母を組み合わせた文字は 399 種になるが, 実際にはそのすべての文字を使用す
ない.

ㅈの系列(平音)は, 語頭では無声音(清音), 語中では有声音(濁音)で発音する. この表では, 対応す
ㅂ, ㅉの系列(濃音)とㅋ, ㅌ, ㅍ, ㅊの系列(激音)との区別を明らかにするため, すべて濁音で表記した.
末子音)のカナ発音表記の例: 낙 ナㇰ, 난 ナン, 낟 ナッ, 날 ナㇽ, 남 ナㇺ, 납 ナㇷ゚, 낭 ナン.

ㅙ	ㅚ	ㅛ	ㅜ	ㅝ	ㅞ	ㅟ	ㅠ	ㅡ	ㅢ	ㅣ
괘 グェ	괴 グェ	교 ギョ	구 グ	궈 グォ	궤 グェ	귀 グィ	규 ギュ	그 グ	긔 ギ	기 ギ
꽤 ックェ	꾀 ックェ	꾜 ッキョ	꾸 ック	꿔 ックォ	꿰 ックェ	뀌 ックィ	뀨 ッキュ	끄 ック	끠 ッキ	끼 ッキ
놰 ヌェ	뇌 ヌェ	뇨 ニョ	누 ヌ	눠 ヌォ	눼 ヌェ	뉘 ヌィ	뉴 ニュ	느 ヌ	늬 ニ	니 ニ
돼 ドェ	되 ドェ	됴 デョ	두 ドゥ	둬 ドォ	뒈 ドェ	뒤 ドゥィ	듀 デュ	드 ドゥ	듸 ディ	디 ディ
뙈 ットェ	뙤 ットェ	뚀 ッテョ	뚜 ットゥ	뚸 ットォ	뛔 ットェ	뛰 ットゥィ	뜌 ッテュ	뜨 ットゥ	띄 ッティ	띠 ッティ
뢔 ルェ	뢰 ルェ	료 リョ	루 ル	뤄 ルォ	뤠 ルェ	뤼 ルィ	류 リュ	르 ル	릐 リ	리 リ
뫠 ムェ	뫼 ムェ	묘 ミョ	무 ム	뭐 ムォ	뭬 ムェ	뮈 ムィ	뮤 ミュ	므 ム	믜 ミ	미 ミ
봬 ブェ	뵈 ブェ	뵤 ビョ	부 ブ	붜 ブォ	붸 ブェ	뷔 ブィ	뷰 ビュ	브 ブ	븨 ビ	비 ビ
뽸 ップェ	뾔 ップェ	뾰 ッピョ	뿌 ップ	뿨 ップォ	쀄 ップェ	쀠 ップィ	쀼 ッピュ	쁘 ップ	쁴 ッピ	삐 ッピ
쇄 スェ	쇠 スェ	쇼 ショ	수 ス	숴 スォ	쉐 スェ	쉬 シュィ	슈 シュ	스 ス	싀 シ	시 シ
쐐 ッスェ	쐬 ッスェ	쑈 ッショ	쑤 ッス	쒀 ッスォ	쒜 ッスェ	쒸 ッシュィ	쓔 ッシュ	쓰 ッス	씌 ッシ	씨 ッシ
왜 ウェ	외 ウェ	요 ヨ	우 ウ	워 ウォ	웨 ウェ	위 ウィ	유 ユ	으 ウ	의 ウィ	이 イ
좨 ジュェ	죄 ジュェ	죠 ジョ	주 ジュ	줘 ジュォ	줴 [illegible]	쥐 [illegible]	[illegible]	[illegible]	즤 ジ	지 ジ
쫴 ッチュェ	쬐 ッチュェ	쬬 [illegible]	[illegible]	[illegible]	[illegible]	[illegible]	[illegible]	[illegible]	쯰 ッチ	찌 ッチ
쵀 チュェ	최 チュェ	[illegible]	[illegible]	[illegible]	[illegible]	[illegible]	[illegible]	[illegible]	츼 [illegible]	치 チ
쾌 クェ	쾨 クェ	[illegible]	[illegible]	[illegible]	[illegible]	[illegible]	[illegible]	[illegible]	[illegible]	키 キ
퇘 トェ	퇴 トェ	[illegible]	[illegible]	[illegible]	[illegible]	[illegible]	[illegible] テュ	트 トゥ	틔 ティ	티 ティ
퐤 プェ	푀 プェ	[illegible] ピョ	[illegible] プ	풔 プォ	풰 プェ	퓌 プィ	퓨 ピュ	프 プ	픠 ピ	피 ピ
홰 フェ	회 フェ	효 ヒョ	후 フ	훠 フォ	훼 フェ	휘 フィ	휴 ヒュ	흐 フ	희 ヒ	히 ヒ

デイリーコンサイス日韓辞典

SANSEIDO'S DAILY CONCISE JAPANESE-KOREAN DICTIONARY

尹亭仁［編］

三省堂

[編　者]　尹亭仁

[執筆・執筆協力者]　尹亭仁　永原歩　小野順子　文彰鶴　金秀美　車香春

[編集協力者]　上保敏　吉岡幸子　李根雨　尹恵禎　細川雄　鈴木康子　佐々木香奈　金銀珠　三上将宏　金珠怜　西條香菜　香川義雄　金倫廷　金志訓　趙愍貞　柳彬　馬場緑

[システム及びデータ設計]　三省堂データ編集室

[地　図]　ジェイ・マップ

[装　丁]　三省堂デザイン室

序

ここ数年の間に，スポーツやドラマなどを介して日本と韓国の社会的・文化的交流がかつて類を見ないほどの勢いで深まっている．日本における韓国語学習者の数も飛躍的に増えてきて，一時的な興味の対象としてではなく真摯に韓国語を学ぼうという学生や社会人の層が着実に形成されつつある．その影響は当然辞書の編纂やテキスト・参考書類の編集にも及んでくることになった．

本書は，そのような流れに押されて2005年の春に企画の構想に着手し，執筆のための準備作業に入った．韓国人と日本人の執筆者が大学の授業の中で日々体験する問題を出し合い，学習者にとってどのような辞書がよいものなのか，知恵を絞って様々な工夫を凝らした．三省堂のデイリーコンサイスシリーズの特長を活かし，コンパクトながら豊富な語数と現代的で生きた用例を収録した辞書をめざしたことは言うまでもないが，新しい日韓辞典として我々が特に意図した点は以下の通りである．

複合語や成句・諺は見出し語のもとに分かりやすく全書した．また，この種のハンディサイズの限界まで，語の使い方が分かるような句例・文例を豊富に収録した．

韓国語と日本語は，英語やフランス語などと比べて似通った点が多い．このことを最大限に利用したのが，互いが共有する漢語(漢字語)への目配りである．日韓辞典では，見出し語の語義・訳語に韓国漢字を併記して，日本人学習者の語彙の理解を促した．

さらに，韓国語と日本語の語形成の類似点に配慮して，訳語の名詞に하다や되다を付ければそのまま動詞になるもの，また，名詞に活用語尾を付ければ形容詞や動詞(句)になるものにはマークを記して示すとともに，用例を手がかりに活用形が作れるようにした．

英語などの外来語の場合，原語を表記し，両言語の発音の違いに注意を促した．

見出しの日本語に対して適当な訳語がない場合は，あえて無理な言い換えを行わず (説明) のマークを記して解説を施した．該当する訳語がない擬声語や擬態語の場合は，用例を通して用法を示そうと努めた．

1990年の来日以来，『大辞林』をはじめとする国語辞典を愛用している編者であるが，韓国語と日本語の学習者にいささかでも役に立ち親しまれる辞書を届けたいと心から願って，本書が成った次第である．不十分な点が色々あると思われるが，読者の方々のご意見・ご叱正を待ちたい．

最後に，精緻な組版と印刷・製本を担当された三省堂データ編集室および三省堂印刷株式会社の関係者の方々，出版をお勧めくださった株式会社三省堂，とりわけ企画・編集を担当された柳百合編集長をはじめ外国語辞書編集室の崔熙眞さん，村上眞美子さんには深く感謝申し上げる．

2009年3月

編者　尹 亭 仁

凡　例

1. 見出し語

1-1. 約３万の見出し語を仮名で表記し，五十音順に配列した．なお，カタカナ語の音引き(ー)は直前の母音に置き換えて配列した．

1-2. 英語などの外来語，国名などの固有名詞，助詞・助動詞，連語の類も見出し語とした．

1-3. 使用頻度の高い重要語 1,718 語には色付きのアステリスク(*)を付した．

1-4. 見出し語の漢字仮名交じり表記，外来語の原語を【　】に入れて併記した．

2. 品　詞

2-1. 名詞の訳語に 하다 / 되다 を付ければそのまま韓国語で動詞(まれに形容詞)になるものには，㊕하 ㊕되 の記号を表示した．

2-2. 活用語尾を付けるとそのまま韓国語で形容詞や動詞(句)になるものには，【　】の右肩に ﾀﾞ を表示し(語義中に現われる場合は【~ﾀﾞ】)，訳語も形容詞・動詞(句)で示した．

2-3. 見出し語は原則として品詞別に挙げてあるが，副詞や接頭語・接尾語などをまとめて表示した場合もある．

3. 語義・訳語

3-1. 見出しの日本語に対応する韓国語訳を色付きで掲載した．

3-2. 訳語には，学習の理解の助けとなるように，適宜，韓国漢字を併記した．

3-3. 語義が大きく異なる場合は，❶❷…で区分した．

3-4. (　)内に語義・訳語の補足説明を入れた．

3-5. 〔　〕内に文法的・語法的説明を入れた．

3-6. (　)内に必要に応じて専門分野を表示した．

3-7. 見出しの日本語に相当する適当な訳語がない場合は，(説明) として韓国語による説明を挙げた．

4. 用　例

4-1. 用例は語義ごとに示し，語義と用例は ‖ で区分した．

4-2. 用例は，原則として訳語の順に示した．

5. 成句・諺・慣用句

5-1. 成句(諺・慣用句を含む)は項目末に ▸ を付して掲載した．

5-2. 成句の語義は ①②…で区別した．

5-3. 韓国語訳も諺や慣用句として定型の表現となっている場合は，訳語の後に〔諺〕〔慣〕を表示した．

6. 複合語

6-1. 見出し語を含む複合語は ♦ を付して成句の後に掲載した．

7. 百科的・語法的解説

7-1. 韓国固有の文化や語の運用に関する説明は，語義や用例の後に ✣ で示した．

8. 記号・略号類

(　)	省略可能/補足説明/韓国漢字	‖	用例の開始
[　]	置換可能	▸	成句
【　】	表記	♦	複合語
✣	百科的・語法的解説	㊕하 ㊕되	2-1. 参照
⇨	参照	ﾀﾞ 【~ﾀﾞ】	2-2. 参照
←	語源	(説明)	相当する訳語がない語の説明

あ

あ, ああ ❶〔嘆声・驚き〕아; 아아. ❷〔肯定・承知〕아; 아아. ‖ああ, そう 아, 그래.
アース【earth】어스; 접지(接地).
アーチ【arch】아치. ‖アーチをかける 아치를 그리다.
アーモンド【almond】아몬드.
あい【愛】사랑; 애정(愛情). ‖愛の鞭 사랑의 매. 愛の賛歌 사랑의 찬가.
アイ-【eye】♦アイマスク 아이마스크. アイメイク 눈 화장. アイライナー 아이라이너. アイライン 아이라인.
あいあいがさ【相合傘】‖相合傘で行く 둘이 우산을 같이 쓰고 가다.
あいいれない【相容れない】서로 받아들이지 않다; 양립(兩立)하지 않다; 상반(相反)되다. ‖相容れない立場 상반되는 입장.
あいいろ【藍色】남색(藍色).
あいえんか【愛煙家】애연가(愛煙家).
あいか【哀歌】비가(悲歌); 엘레지.
あいかぎ【合い鍵】여(餘)벌로 만든 열쇠; 스페어 키.
あいかわらず【相変わらず】변(變)함없이; 여전(如前)히. ‖相変わらず忙しい 여전히 바쁘다.
あいかん【哀歓】애환(哀歡).
あいがん【哀願】㉻하 애원(哀願).
あいがん【愛玩】㉻하 애완(愛玩). ♦愛玩動物 애완 동물.
あいきどう【合気道】합기도(合氣道).
あいきょう【愛嬌】애교(愛嬌); 아양. ‖愛嬌がある 애교가 있다.
あいくるしい【愛くるしい】귀엽다; 사랑스럽다; 앙증맞다.
あいけん【愛犬】애견; 애완견(愛玩犬).
あいこ【相子】비김; 무승부(無勝負). ‖あいこになる 비기다.
あいこう【愛好】 ㉻하 애호(愛好). ♦愛好者 애호가.
あいこうしん【愛校心】애교심(愛校心).
あいこくしゃ【愛国者】애국자(愛國者).
あいこくしん【愛国心】애국심(愛國心).
あいことば【合い言葉】구호(口號); 암호(暗號).
アイコン【icon】《IT》아이콘.
あいさいか【愛妻家】애처가(愛妻家).
*あいさつ【挨拶】㉻하 ❶인사(人事). ‖先生に挨拶する 선생님께 인사하다. 就任の挨拶 취임 인사. ❷대답(對答); 답. ‖手紙をやったのに何の挨拶もない 편지를 보냈는데 아무런 답이 없다.
あいしゃ【愛車】애차(愛車).
アイシャドー【eye shadow】아이섀도.
あいしゅう【哀愁】애수(哀愁).
あいしょう【相性】서로 잘 맞음; 궁합(宮合). ‖彼とはどうも相性が悪い 그 사람하고는 왠지 잘 안 맞는다.
あいしょう【愛称】애칭(愛稱).
あいしょう【愛唱】㉻하 애창(愛唱). ♦愛唱歌 애창곡.
あいじょう【愛情】애정(愛情). ‖愛情を注ぐ 애정을 쏟다. 愛情のこもった手紙 애정이 담긴 편지.
あいじん【愛人】정부(情夫); 정부(情婦).
アイス-【ice】♦アイスキャンデー 아이스캔디. アイスクリーム 아이스크림. アイスコーヒー 아이스커피. 냉커피. アイスティー 아이스티. アイスボックス 아이스박스. アイスホッケー 아이스하키.
あいず【合図】신호(信號). ‖合図を送る 신호를 보내다.
アイスランド【Iceland】《国名》아이슬란드.
あいする【愛する】❶〔愛情を注ぐ〕사랑하다; 귀여워하다. ‖子どもを愛する親の気持ち 자식을 사랑하는 부모의 마음. ❷〔好む〕좋아하다; 즐기다. ‖酒を愛する 술을 즐기다.
あいせき【相席】㉻하 합석(合席).
あいせき【哀惜】㉻하 애석(哀惜). ‖哀惜の念 애석한 마음.
あいせき【愛惜】‖愛惜する 사랑하고 아끼다. 아쉬워하다. 行く春を愛惜する 가는 봄을 아쉬워하다.
あいせつ【哀切】ダ 애절(哀切)하다. ‖哀切きわまりない物語 애절하기 그지없는 이야기.
あいそ【愛想】붙임성; 정나미. ‖愛想がいい 붙임성이 있다. 愛想が尽きる 정나미가 떨어지다.
あいぞう【愛憎】애증(愛憎). ‖愛憎相半ばする 애증이 교차하다.
あいぞう【愛蔵】㉻하 애장(愛藏).
あいだ【間】(時間・空間の)사이; 간격(間隔). ‖雲の間から月が見える 구름 사이로 달이 보이다. 間をあける[つめる] 사이를 띄우다[좁히다]. 間をおく 사이를 두다. 間に立つ 중재하다.
あいだがら【間柄】(他の人との)관계(關係); 사이.
あいちゃく【愛着】애착(愛着). ‖愛着のある品 애착이 가는 물건. 強い愛着をいだく 강한 애착을 갖다.
あいつ【彼奴】그 자식(子息); 그놈.
あいついで【相次いで】연(連)달아; 잇달아. ‖事故が相次いで起こる 사고가 연달아 일어나다.
あいつぐ【相次ぐ】연(連)달아[잇달아] 일어나다. ‖故障が相次ぐ 연달아 고장(故障) 나다.
あいづち【相槌】맞장구. ‖相づちを打つ 맞장구를 치다.

あいて【相手】 상대; 상대방(相對方). ‖学生相手の商売 학생을 상대로 하는 장사. 遊び相手 놀이 상대. 相手にならない 상대가 안 되다. 相手取る 상대(相對)로 하다. ♦対戦相手 대전 상대.

アイデア【idea】 아이디어.

アイティー【IT】 아이티(IT). ♦IT革命 IT 혁명.

アイディーカード【ID card】 아이디카드.

あいとう【哀悼】 (ス하) 애도(哀悼).

あいどく【愛読】 (ス하) 애독(愛讀). ♦愛読者 애독자.

アイドル【idol】 아이돌.

あいにく【生憎】 공교롭게도. ‖あいにく留守だ 공교롭게도 집에 없다.

アイヌ 아이누.

あいのり【相乗り】 (ス하) 합승(合乘); 편승(便乘).

あいはんする【相反する】 상반(相反)되다. ‖相反する見解 상반되는 견해.

アイピーでんわ【IP 電話】 인터넷 전화(電話).

あいびき【逢引】 (ス하) 밀회(密會).

あいぶ【愛撫】 (ス하) 애무(愛撫).

あいべや【相部屋】 ‖相部屋になる 같은 방을 쓰다.

あいぼう【相棒】 단짝; 동료(同僚).

アイボリー【ivory】 아이보리.

あいま【合間】 틈; 사이; 짬. ‖合間を縫う 짬을 내다.

あいまい【曖昧】ダ 애매(曖昧)하다. ‖態度が曖昧だ 태도가 애매하다. 曖昧に言う 애매하게 말하다. ♦曖昧模糊 애매모호. 曖昧模糊とした表現 애매모호한 표현.

あいまって【相俟って】 더불어; 맞물려.

あいよう【愛用】 (ス하) 애용(愛用).

あいらしい【愛らしい】 귀엽다; 사랑스럽다.

アイリス【iris】 제비꽃.

アイルランド【Ireland】 〔国名〕 아일랜드.

あいろ【隘路】 애로(隘路); 난관(難關). ‖隘路を切り開く 난관을 타개하다.

アイロニー【irony】 아이러니.

アイロン【iron】 다리미. ‖アイロンをかける 다리미질을 하다. アイロンがけ 다리미질.

***あう【合う】** ❶맞다. ‖足に合う靴 발에 맞는 구두. 意見が合わない 의견이 안 맞다. 彼とは話が合う 그 사람하고는 얘기가 잘 맞는다. 気が合う 마음이 맞다. 計算が合う 계산이 맞다. 好みに合う音楽 취향에 맞는 음악. 割に合わない 채산이 안 맞다. この時計は合っていない 이 시계는 안 맞다. ❷만나다. ‖2つの川が合う地点 두 강이 만나는 지점. ❸마주치다. ‖視線が合う 시선이 마주치다. ❹〔…合うの形で〕서로 …하다. ‖話し合う 서로 이야기하다. 愛し合う 서로 사랑하다. 喫茶店で落ち合う 커피숍에서 만나다.

***あう【会う・遭う】** ❶(人に)만나다. ‖5時半に正門の前で会おう 다섯 시 반에 정문 앞에서 만나자. 明日彼に会いに行きます 내일 그 사람을 만나러 갑니다. 偶然そこで彼に会った 우연히 거기에서 그 사람을 만났다. どこで会いましょうか 어디서 만날까요? お会いできてうれしいです 만나서 반갑습니다. ❷(災難などに)겪다; 당(當)하다; 맞다; 경험(經驗)하다. ‖災難にあう 재난을 당하다. 交通事故にあう 교통사고를 당하다. にわか雨にあう 소나기를 맞다[만나다]. ひどい目にあう 비참한 꼴을 당하다. 끔찍한 일을 당하다.

アウト【out】 아웃. ♦アウトサイダー 아웃사이더. アウトサイド 아웃사이드. アウトプット (ス하) 아웃풋. アウトライン 아우트라인.

あえぐ【喘ぐ】 ❶(息を)헐떡이다. ❷(借金などに)허덕이다; 시달리다. ‖借金にあえぐ 빚에 시달리다.

あえて【敢えて】 ❶감(敢)히; 일부러; 굳이; 무리(無理)하게. ‖私は両親の前で敢えてそう言った 나는 부모님 앞에서 감히 그렇게 말했다. 敢えて言うならば 굳이 말한다면. ❷〔打ち消しの表現を伴って〕특별(特別)히; 별로. ‖敢えて反対しない 특별히 반대하지 않는다.

あえもの【和え物】 무침; 나물. ‖ホウレンソウの和え物 시금치 나물.

あえる【和える】 버무리다; 무치다.

あえん【亜鉛】 아연(亞鉛).

あお【青】 ❶파랑. ❷파란불; 파란 신호(信號). ‖青で渡る 파란 신호일 때 건너다. ❸〔青…の形で〕미숙(未熟)한…; 젊은…. ‖青二才 풋내기. ▸青は藍より出でて藍より青し 청출어람(青出於藍).

***あおい【青い】** ❶푸르다; 파랗다. ‖青い空 파란 하늘. 青い海 푸른 바다. ❷창백(蒼白)하다; 파리하다. ‖青い顔 창백한 얼굴. ❸미숙(未熟)하다. ‖まだ考えが青い 아직 생각이 미숙하다.

あおいろ【青色】 파란색; 청색(青色).

アオカビ【青黴】 푸른곰팡이.

***あおぐ【仰ぐ】** ❶〔見上げる〕우러러보다; 쳐다보다. ‖天を仰ぐ 하늘을 쳐다보다. ❷〔尊敬する〕존경(尊敬)하다; 공경(恭敬)하다. ‖師と仰ぐ 스승으로서 존경하다. ❸(指導などを)청(請)하다. ‖指導を仰ぐ 지도를 청하다. ❹〔飲み干す〕단숨에 마시다; 들이켜다.

あおぐ【扇ぐ】 부채로 부치다; 부채질하다.

あおざかな【青魚】 등 푸른 생선(生鮮).

あおざめる【青ざめる】 파랗게 질리다;

창백(蒼白)해지다.

あおじゃしん【青写真】 청사진(青寫眞). ‖10年後の青写真 십 년 후의 청사진.

あおじる【青汁】 녹즙(綠汁).

あおじろい【青白い】 ❶푸르스름하다. ❷창백(蒼白)하다; 파리하다.

あおしんごう【青信号】 청신호(青信號); 파란 신호; 파란불.

あおすじ【青筋】 핏대. ▸青筋を立てる 핏대를 세우다[올리다].(慣)

あおぞら【青空】 ❶〔空〕창공(蒼空). ❷야외(野外); 노천(露天). ♦青空市場 노천 시장. 青空駐車 옥외 주차.

あおたがい【青田買い】 입도선매(立稻先買).

あおのり【青海苔】 파래.

あおば【青葉】 푸른 나뭇잎; 신록(新綠).

あおむく【仰向く】 위를 보다; 위를 향(向)하다.

あおむけ【仰向け】 위를 봄 또는 그 상태(狀態). ‖仰向けに寝かせる 위를 보게 해서 재우다. 바로 눕혀 재우다.

アオムシ【青虫】 배추벌레.

あおり【煽り】 ❶여파(餘波); 영향(影響). ‖あおりを食う 영향을 받다. ❷선동(煽動); 부추김.

あおる【煽る】 ❶부채질하다; 부치다. ‖うちわであおる 부채로 부치다. ❷(風がものを)펄럭이게 하다. ❸선동(煽動)하다; 부추기다. ‖大衆をあおる 대중을 선동하다.

あおる【呷る】 단숨에 마시다; 들이켜다. ‖やけ酒をあおる 홧김에 술을 들이켜다.

あか【赤】 ❶빨강. ❷〔共産主義者〕빨갱이. ‖赤の広場 붉은 광장. ❸빨간불; 빨간 신호(信號).

あか【垢】 때. ‖垢を落とす 때를 밀다. 垢がつく 때가 끼다. ♦水垢 물때.

***あかい【赤い】** 빨갛다; 붉다. ‖泣いて目が赤い 울어서 눈이 빨갛다. 赤いセーターを着た少女 빨간 스웨터를 입은 소녀. 赤い血 붉은 피.

アカガイ【赤貝】 피안다미조개; 피조개.

あかぎれ【皹】 손발이 틈 또는 튼 곳. ‖あかぎれが切れる 튼 곳이 갈라지다.

あがく【足掻く】 발버둥이치다; 몸부림치다. ‖どうあがいても無駄だ 아무리 발버둥이쳐도 허사다.

あかし【証】 증거(證據); 증명(證明); 증표(證票). ‖証を立てる 증거를 대다. 愛の証 사랑의 증표.

あかじ【赤字】 ❶〔財政〕적자(赤字). ‖今年も国家予算は赤字である 올해도 국가 예산은 적자다. ❷〔校正〕빨간 글자.

あかしお【赤潮】 적조(赤潮).

アカシヤ【Acacia ラ】 아카시아.

あかしんごう【赤信号】 적신호(赤信號); 빨간 신호; 빨간불.

あかす【明かす】 ❶(夜を)새우다. ❷밝히다; 털어놓다. ‖秘密を明かす 비밀을 털어놓다. 名前を明かす 이름을 밝히다. ❸증명(證明)하다. ‖潔白を明かす 결백을 증명하다.

あかす【飽かす】 질리게 하다; 싫증나게 하다.

あかすり【垢擦り】 ❶〔行為〕때밀이. ❷〔道具〕때수건(手巾).

あかちゃん【赤ちゃん】 아기; 젖먹이.

あかつき【暁】 ❶새벽. ‖暁の空 새벽하늘. ❷〔完成・実現〕어떤 일이 실현(實現)된 때. ‖試験に合格の暁には 시험에 합격했을 때는.

アカデミー【academy】 아카데미. ‖アカデミー賞 아카데미상.

アカデミズム【academism】 아카데미즘.

アカデミック【academic】ダ 아카데믹하다.

アカトンボ【赤蜻蛉】 고추잠자리.

あかぬけ【垢抜け】 ‖垢抜けしている 때를 벗다. 세련되다.

あかぬける【垢抜ける】 세련(洗練)되다. ‖垢抜けない 세련되지 못하다.

あかのたにん【赤の他人】 생판 남; 전혀 관계(關係)가 없는 사람.

アカペラ【a cappella イ】 아카펠라.

アカマツ【赤松】 적송(赤松).

あかみ【赤み】 붉은빛. ‖赤みがさす 붉은빛을 띠다.

あかみ【赤身】 (肉・魚などの)붉은 살.

あがめる【崇める】 우러르다; 숭상(崇尙)하다; 존경(尊敬)하다. ‖孔子を聖人として崇める 공자를 성인으로 우러르다.

あからさまダ 노골적(露骨的)이다.

あかり【明かり】 ❶〔光〕빛; 불빛. ‖明かり一つない暗闇 불빛 하나 없는 어둠. 月の明かり 달빛. ❷〔灯火〕(등)불. ‖明かりをつける 불을 켜다.

あかりまど【明かり窓】 채광창(採光窓).

あがりめ【上がり目】 ❶(目じりが)위로 올라간 눈. ❷(価格などが)오름세.

***あがる【上がる・揚がる・挙がる】** ❶오르다; 올라가다. ‖階段を上がる 계단을 오르다[올라가다]. 手が挙がる 손이 올라가다. 成績が上がる 성적이 오르다. 学年が上がる 학년이 올라가다. 凧が高く揚がる 연이 높이 올라가다. 物価が上がる 물가가 오르다. 給料が上がる 월급이 오르다. ❷(天ぷらなどが)튀겨지다. ‖エビがからっと揚がる 새우가 바싹 튀겨지다. ❸〔出る〕나오다. ‖風呂から上がる 욕실에서 나오다. ❹〔現われる〕나타나다. ‖効果が上がる 효과가 나타나다. ❺긴장(緊張)하다; 흥분(興奮)하다. ❻〔召し上がる〕드시다; 잡수시다. ‖たくさん上がってください 많이 드십시오. ❼〔仕上がる〕끝나다. ‖仕事が上がる 일이 끝나다. ❽

〔知られる〕알려지다. ‖名が上がる 이름이 알려지다. ❾(証拠・犯人が)잡히다. ‖犯人が挙がる 범인이 잡히다.

*あかるい【明るい】 ❶(光が)밝다. ‖明るい電灯 밝은 전등. 明るい部屋 밝은 방. ❷(未来が)밝다. ‖明るい未来 밝은 미래. 明るい見通し 밝은 전망. ❸(性格・表情などが)밝다. ‖明るい性格 밝은 성격. ❹〔…に明るいの形で〕…에 밝다. ‖歴史に明るい 역사에 밝다.

あかんたい【亜寒帯】 아한대(亞寒帶).

あかんべえ 메롱.

あかんぼう【赤ん坊】 갓난아기; 젖먹이.

あき【空き】 (場所などの)빈 곳; 빈 자리.

*あき【秋】 가을. ‖実りの秋 결실의 가을. 秋はスポーツの季節です 가을은 운동하기 좋은 계절입니다.

あき【飽き】 싫증; 물림; 질림. ‖飽きがくる 싫증이 나다.

あきあきする【飽き飽きする】 지긋지긋하다; 싫증나다; 질리다. ‖単調な仕事にあきあきする 단조로운 일에 질리다.

あきかぜ【秋風】 가을바람; 추풍(秋風).

あきかん【空缶】 빈 깡통.

あきぐち【秋口】 초가을.

あきす【空き巣】 빈집. ‖空き巣狙い 빈집털이.

あきち【空き地】 공터.

あきっぽい【飽きっぽい】 금방(今方) 싫증을 내다. ‖飽きっぽい性格 금방 싫증을 내는 성격.

あきない【商い】 ❶〔商売〕장사. ❷〔売り上げ〕매상(賣上).

あきばれ【秋晴れ】 청명(淸明)한 가을 하늘.

あきびん【空き瓶】 빈 병(甁).

あきや【空き家】 빈집.

*あきらか【明らか】ダ 명백(明白)하다; 분명(分明)하다; 뻔하다. ‖明らかな証拠 명백한 증거. 記憶が明らかではない 기억이 분명하지 않다. 見解を明らかにする 견해를 분명히 하다.

あきらめ【諦め】 포기(抛棄)하는 것; 단념(斷念)하는 것; 체념(諦念)하는 것. ‖時には諦めが肝心だ 때로는 포기하는 것도 중요하다. 諦めがいい 미련 없이 포기하다.

*あきらめる【諦める】 포기(抛棄)하다; 단념(斷念)하다; 체념(諦念)하다. ‖進学を諦める 진학을 포기하다. 諦めるのはまだ早い 포기하기에는 아직 이르다.

あきる【飽きる】 질리다; 물리다; 싫증나다. ‖パンに飽きる 빵에 질리다. 餃子を飽きるほど食べたい 만두를 물릴 정도로 먹고 싶다.

アキレスけん【Achilles腱】 아킬레스건.

あきれはてる【呆れ果てる】 완전(完全)히 질리다; 기가 막히다.

あきれる【呆れる】 기(氣)가 막히다; 어이가 없다; 질리다. ‖あきれてものが言えない 어이가 없어서 할 말을 잃다.

あく【灰汁】 ❶(野菜などの)쓴맛. ❷(料理時の)거품. ‖あくをとる 거품을 떠내다. ❸(人の性質・言動や表現などの)지나칠 정도(程度)의 개성(個性). ‖彼はあくが強い 그 사람은 개성이 너무 강하다.

あく【悪】 악(惡). ‖悪に染まる 악에 물들다. 必要悪 필요악. 悪循環 악순환. 悪影響 악영향.

*あく【開く・空く】 ❶열리다. ‖ドアが開く 문이 열리다. ❷(空間が)비다; 나다. ‖席が空く 자리가 나다. ❸(時間が)나다. ‖時間が空いてる 시간이 비어 있다. ▸開いた口がふさがらない 어이가 없어서 말이 안 나오다.

あくい【悪意】 악의(惡意). ‖悪意に解釈する 악의로 해석하다.

あくうん【悪運】 악운(惡運); 불운(不運).

あくかんじょう【悪感情】 악감정(惡感情).

あくぎょう【悪行】 악행(惡行).

あくさい【悪妻】 악처(惡妻).

あくじ【悪事】 나쁜 짓; 악행(惡行). ‖悪事をはたらく 나쁜 짓을 하다.

あくしつ【悪質】 악질(惡質). ‖悪質な犯罪 악질적인 범죄.

あくしゅ【悪手】 (将棋・囲碁などでの)악수(惡手).

あくしゅ【握手】 (ス하) 악수(握手). ‖握手を交わす 악수를 하다.

あくしゅう【悪臭】 악취(惡臭). ‖悪臭を放つ 악취를 풍기다.

あくしゅう【悪習】 악습(惡習).

あくしゅみ【悪趣味】 악취미(惡趣味).

あくじゅんかん【悪循環】 악순환(惡循環). ‖悪循環を繰り返す 악순환을 거듭하다.

あくじょ【悪女】 악녀(惡女).

あくせい【悪性】 악성(惡性). ♦悪性腫瘍 악성 종양.

あくせく 아득바득; 억척스럽게. ‖あくせく働く 억척스럽게 일하다.

アクセサリー【accessory】 액세서리.

アクセル【←accelerator】 액셀. ‖アクセルを踏む 액셀을 밟다.

あくせんくとう【悪戦苦闘】 (ス하) 악전고투(惡戰苦鬪).

アクセント【accent】 악센트.

あくたい【悪態】 욕설(辱說); 욕. ‖悪態をつく 욕설을 퍼붓다.

あくてんこう【悪天候】 악천후(惡天候).

あくどい ❶(色などが普通より)강하다; 진하다; 짙다; 야하다. ‖あくどい化粧 진한 화장. ❷(やり方が度を超していて)악랄(惡辣)하다; 악착(齷齪)같다. ‖あくどい手口 악랄한 수법.

あくとう【悪党】 악당(惡黨).

あくどう【悪童】악동(惡童).

あくとく【悪徳】악덕(惡德). ♦**悪徳商法** 악덕 상법.

あくなき【飽くなき】 끝없는. ‖飽くなき努力 끝없는 노력. 飽くなき欲望 끝없는 욕망.

あくにん【悪人】악인(惡人).

あくぬき【灰汁抜き】‖灰汁抜きする (野菜などの)쓴맛이나 떫은맛을 우려내다.

あぐねる【倦ねる】 〔…あぐねるの形で〕…(하)다 지치다. ‖待ちあぐねる 기다리다 지치다.

あくび【欠伸】 하품. ‖あくびが出る 하품이 나오다.

あくひつ【悪筆】악필(惡筆).

あくひょう【悪評】악평(惡評).

あくほう【悪法】악법(惡法).

あくま【悪魔】악마(惡魔).

あくまで【飽く迄】 끝까지; 철저(徹底)히. ‖あくまでも主張を貫く 끝까지 주장을 관철하다.

あくむ【悪夢】 악몽(惡夢). ‖悪夢にうなされる 악몽에 시달리다.

あくめい【悪名】 악명(惡名). ‖悪名が高い 악명이 높다. 悪名をはせる 악명을 날리다.

あくやく【悪役】악역(惡役).

あくよう【悪用】 (之하)악용(惡用). ‖地位を悪用する 지위를 악용하다.

あぐら【胡坐】 책상(冊床)다리. ‖あぐらを組む 책상다리를 하다. 権力の上にあぐらをかく 권력에 안주하다.

あくらつ【悪辣】ダ 악랄(惡辣)하다. ‖悪辣な手口 악랄한 수법.

あくりょう【悪霊】악령(惡靈).

アクリル【Acryl ド】아크릴.

あくるひ【明くる日】다음날.

あけ【明け】 ❶〔明け方〕새벽. ❷어떤 기간(期間)이 끝남; 끝난 직후(直後). ‖連休明け 연휴가 끝난 다음.

あげ【上げ・揚げ】 ❶〔上げること〕올림; 올리는 것. ‖荷物の上げ下ろし 짐을 올리고 내리는 것. ❷상승(上昇). ‖賃上げ 임금 상승.

あげあし【揚げ足】 말꼬리를 잡음. ▸揚げ足を取る 말꼬리를 잡다.〔慣〕

あけくれる【明け暮れる】 ❶세월(歲月)이 가다. ❷열중(熱中)하다; 몰두(沒頭)하다. ‖研究に明け暮れる 연구에 몰두하다.

あげさげ【上げ下げ】‖上げ下げする 올렸다 내렸다 하다.

あげしお【上げ潮】 ❶만조(滿潮). ❷상승세(上昇勢). ▸上げ潮に乗る 상승세를 타다.

あけっぱなし【開けっ放し】 ‖窓は開けっ放しになっていた 창문이 열려 있었다.

あけっぴろげ【開けっ広げ】 숨김없음; 솔직(率直)함. ‖開けっぴろげの性格 솔직한 성격.

あげて【挙げて】〔こぞって〕모조리; 전적(全的)으로; 남김없이. ‖野党は挙げて反対した 야당은 전적으로 반대했다.

あけのみょうじょう【明けの明星】 계명성(啓明星).

アゲハチョウ【揚げ羽蝶】호랑나비.

あけはなす【開け放す】 (ドアなどを)연 채로 두다.

アケビ【木通】으름덩굴.

あけぼの【曙】 새벽; 여명기(黎明期).

あげもの【揚げ物】튀김.

***あける**【明ける・開ける・空ける】 ❶(夜が)밝다; (新しい日・月・年が)시작(始作)되다. ‖夜が明ける 날이 밝다. ❷(ドアなどを)열다. ‖引き出しを開ける 서랍을 열다. ❸〔広げる〕펼치다; 펴다. ‖風呂敷包みを開ける 보자기를 펼치다. ❹(空間を)만들다. ‖席を空ける 자리를 만들다. ❺비우다. ‖部屋を空ける 방을 비우다. ❻(時間を)내다. ‖時間を空ける 시간을 내다.

***あげる**【上げる・揚げる・挙げる】 ❶올리다. ‖ソファーを2階に上げる 소파를 이층으로 올리다. 手を頭の上に挙げる 손을 머리 위로 올리다. 喚声を上げる 환성을 올리다. 利益を上げる 이익을 올리다. 成績を上げる 성적을 올리다. ピッチを上げる 피치를 올리다. 部屋の温度を上げる 방 온도를 올리다. ❷들다. ‖顔を上げる 얼굴을 들다. 例を挙げる 예를 들다. ❸토하다. ‖船に酔って上げる 뱃멀미로 토하다. ❹끝내다; 마치다. ‖仕事を上げる 일을 끝내다. ❺(全力を)다하다. ‖全力を挙げる 전력을 다하다. ❻〔揚げる〕튀기다. ‖天ぷらを揚げる 튀김을 튀기다. ❼〔与える〕주다. ‖これをあげます 이것을 주겠습니다. ❽〔…てあげるの形で〕…주다. ‖友だちに本を貸してあげた 친구한테 책을 빌려 주었다. 後輩を家まで送ってあげる 후배를 집까지 바래다주다. ❾〔…上げるの形で〕…해내다; 다 …하다. ‖論文を書き上げる 논문을 다 쓰다. 1週間でマフラーを編み上げる 일주일 안에 목도리를 다 짜다.

あけわたす【明け渡す】비워 주다; 내주다. ‖首位の座を明け渡す 수위 자리를 내주다.

***あご**【顎】 턱. ‖あごがはずれる 턱이 빠지다. 上あご 윗턱. ♦あごひげ 턱수염.

アコーディオン【accordion】아코디언.

あこがれ【憧れ】동경(憧憬). ‖憧れの的 동경의 대상.

あこがれる【憧れる】 동경(憧憬)하다. ‖宇宙飛行士に憧れる 우주 비행사를 동경하다.

***あさ**【朝】 아침. ‖朝が来る 아침이 오다. 朝早く起きる 아침 일찍 일어나다. 朝から晩まで 아침부터 밤까지. 朝ご飯 아침(밥).

あ

アサ【麻】 삼.
あざ【痣】 멍. ‖あざができる 멍이 들다.
***あさい**【浅い】 ❶(深さが)얕다. ‖浅い川 얕은 강. ❷(経験・知識などが)적다; 부족(不足)하다. ‖経験が浅い 경험이 부족하다. ❸(時間などが)얼마 지나지 않다. ‖知り合ってから日が浅い 안지 얼마 안 되다.
アサガオ【朝顔】 나팔(喇叭)꽃.
あさぐろい【浅黒い】 거무스름하다. ‖日に焼けた浅黒い肌 햇볕에 그을린 거무스름한 피부.
あざける【嘲る】 비웃다; 조소(嘲笑)하다.
あさづけ【浅漬け】 겉절이.
あさって【明後日】 모레.
あさねぼう【朝寝坊】 늦잠. ‖朝寝坊をする 늦잠을 자다.
あさはか【浅はか】ダ 어리석다; 천박(淺薄)하다; (考えなどが)얕다. ‖浅はかな考え 어리석은 생각.
あさばん【朝晩】 ❶〔朝と晩〕아침저녁. ❷〔一日中・いつも〕매일(毎日); 항상(恒常); 언제나.
あさひ【朝日】 아침해. ‖朝日が昇る 아침해가 뜨다.
あさましい【浅ましい】 ❶〔情けない〕비참(悲惨)하다; 한심(寒心)하다. ❷〔卑しい〕야비(野卑)하다; 비열(卑劣)하다. ‖浅ましい行為 비열한 행위.
アザミ【薊】 엉겅퀴.
あざむく【欺く】 속이다; 기만(欺瞞)하다. ‖人を欺く 사람을 속이다.
あさめし【朝飯】 아침밥; 아침 식사(食事). ▸朝飯前 식은 죽 먹기. それくらいは朝飯前だ 그 정도는 식은 죽 먹기다.
あざやか【鮮やか】ダ ❶(色彩などが)선명(鮮明)하다; 산뜻하다. ‖鮮やかな色彩 선명한 색채. ❷(演技などが)뛰어나다; 훌륭하다. ‖鮮やかな腕前を披露する 훌륭한 솜씨를 보여 주다.
あさゆう【朝夕】 ❶아침저녁. ❷매일(毎日).
アザラシ【海豹】 바다표범.
アサリ【浅蜊】 모시조개.
あさる【漁る】 찾아다니다; 찾다; 뒤지다. ‖資料を漁る 자료를 뒤지다.
あざわらう【嘲笑う】 비웃다; 조소(嘲笑)하다.
***あし**【足・脚】 ❶(生き物の)다리; 발. ‖足を組んで椅子に座る 다리를 꼬고 의자에 앉다. 足に合わない靴 발에 맞지 않는 구두. ❷(物の)다리. ‖机の脚 책상 다리. ❸〔歩くこと〕발길; 걸음; 발걸음. ‖足を止める 발길을 멈추다. 君の足なら5分で行ける 네 걸음이면 오 분 안에 갈 수 있다. ❹〔交通手段〕발; 다리. ‖足を奪われる 발이 묶이다. ▸足がつく 꼬리가 잡히다. ▸足が出る 적자 나다. ▸足が早い (食べ物が)변질되기 쉽다. ▸足を洗う[抜く] 발을 빼다. 손을 씻다.〔慣〕 ▸足を掬(す)う 비열한 방법으로 실패하게 하다. ▸足を取られる 제대로 걷지 못하다. ▸足を伸ばす 멀리까지 가다. 발길을 뻗치다. ▸足を引っ張る 발목을 잡다. ▸足を向けて寝られない 은인에 대한 감사의 마음을 잊지 않다.
***あじ**【味】 ❶맛. ‖味を見る 맛을 보다. 味がいい 맛이 좋다. 味をつける 맛을 내다. このスープはシイタケの味がする 이 수프는 버섯 맛이 난다. お味はいかがですか 맛이 어떻습니까? 味が濃い 맛이 진하다. 風邪をひいているので何も味がしない 감기가 들어 아무 맛도 모르겠다. ❷(体験して得た)느낌; 감촉(感觸). ‖初恋の味 첫사랑의 느낌. ❸〔おもむき〕멋; 운치(韻致). ‖味のある文章 운치가 있는 문장.
アジ【鯵】 전갱이.
***アジア**【Asia】 아시아. ‖東南アジア 동남 아시아. 東アジア 동아시아.
あしあと【足跡】 ❶발자국; 행방(行方). ‖足跡を追う 행방을 쫓다. ❷업적(業績); 족적(足跡). ‖偉大な足跡 위대한 족적.
あしおと【足音】 발소리. ‖足音を忍ばせる 발소리를 죽이고 걷다.
アシカ【海驢】 강치.
あしがかり【足掛かり】 ❶〔足場〕발판. ❷〔糸口〕실마리; 계기(契機). ‖解決の足がかりを得る 해결의 실마리를 잡다.
あしかけ【足掛け】 햇수로; 달수로; 일수(日數)로. ‖来日して足かけ3年だ 일본에 온 지 햇수로 삼 년이다.
あしかせ【足枷】 ❶족쇄(足鎖). ❷속박(束縛); 장애(障礙).
あしくせ【足癖】 걸음걸이.
あしくび【足首】 발목.
あじけない【味気無い】 재미없다; 따분하다; 무미건조(無味乾燥)하다.
アジサイ【紫陽花】 수국(水菊).
あししげく【足繁く】 뻔질나게; 자주. ‖足しげく通う 뻔질나게 다니다.
***あした**【明日】 내일(來日). ‖明日は授業がない 내일은 수업이 없다. 明日の朝までに持ってきてください 내일 아침까지 가져와 주십시오.
あしだい【足代】 차비(車費); 교통비(交通費).
あじつけ【味付け】 간; 간 맞추기; 간을 맞춘 것. ‖味付けする 간을 맞추다. 味付け海苔 맛김.
アジト【←agitating point】 아지트.
あしどり【足取り】 ❶발걸음; 보조(步調). ‖軽い足取り 가벼운 발걸음. ❷발자취; 행적(行跡). ‖足取りをたどる 행적을 쫓다.
あしなみ【足並み】 보조(步調); 발걸음.

‖足並みを揃える 보조를 맞추다.

あしのうら【足の裏】 발바닥.

あしのこう【足の甲】 발등.

あしば【足場】 ❶발판; 발 디딜 곳. ‖足場を組む 발판을 만들다. 足場を固める 발판을 굳히다. ❷교통편(交通便). ‖足場のよい地 교통편이 좋은 곳.

あしぶみ【足踏み】 (名하) 제자리걸음; 답보(踏步); 정체(停滯). ‖交渉は足踏み状態だ 교섭은 답보 상태다.

あじみ【味見】 맛보기. ‖ちょっと味見してみる 살짝 맛을 보다.

あしもと【足下・足元】 ❶〔足の辺り〕발밑; 발끝. ‖足元が暗い 발밑이 어둡다. ❷〔歩行〕걸음걸이. ‖足元がおぼつかない 걸음걸이가 불안하다. ▸足元にも及ばない 발끝에도 못 미치다.

あしゅら【阿修羅】 아수라(阿修羅).

あしらう ❶상대(相對)하다; 취급(取扱)하다. ‖鼻であしらう 바보 취급하다. ❷〔添える〕곁들이다.

あじわい【味わい】 ❶맛. ‖まろやかな味わいがある 부드러운 맛이 나다. ❷〔おもむき〕멋; 운치(韻致).

あじわう【味わう】 ❶맛보다. ‖韓国の家庭料理を味わう 한국의 가정 요리를 맛보다. ❷감상(鑑賞)하다; 음미(吟味)하다. ‖名曲を味わう 명곡을 감상하다. ❸체험(體驗)하다; 겪다. ‖失恋の苦しみを味わう 실연의 아픔을 겪다.

*__あす【明日】__ 내일(來日). ‖明日の新聞 내일 신문. 明日から新学期だ 내일부터 신학기다. 明日まで待ちましょう 내일까지 기다립시다.

あずかりしょう【預かり証】 보관증(保管證).

あずかる【与る】 ❶관여(關與)하다. ‖立案にあずかる 입안에 관여하다. ❷(目上の人から)받다. ‖おほめにあずかる 칭찬을 받다.

あずかる【預かる】 ❶맡다; 보관(保管)하다. ‖荷物を預かる 물건을 보관하다. ❷(管理・運営などを)맡다. ‖会計を預かる 회계를 맡다. ❸(勝負・けんかなどを)보류(保留)하다.

アズキ【小豆】 팥. ♦小豆色 팥죽색.

*__あずける【預ける】__ ❶맡기다; 위임(委任)하다. ‖荷物を預ける 짐을 맡기다. 銀行に預ける 은행에 맡기다. ❷기대다. ‖体を預ける 몸을 기대다.

アステリスク【asterisk】 별표(*).

アスパラガス【asparagus】 아스파라거스.

アスピリン【Aspirin ド】 아스피린.

アスファルト【asphalt】 아스팔트.

アスペクト【aspect】《言語》 아스펙트; 상(相).

アスベスト【asbest オ】 아스베스토스; 돌솜; 석면(石綿).

*__あせ【汗】__ 땀. ‖汗をかく 땀이 나다. 額の汗を拭く 이마의 땀을 닦다. 汗を流す 땀을 흘리다. 冷や汗 진땀.

あぜ【畦】 논두렁. ♦畦道 논두렁 길.

あせかき【汗掻き】 땀을 많이 흘리는 사람.

あせだく【汗だく】 땀투성이.

アセトン【acetone】《化学》 아세톤.

あせばむ【汗ばむ】 땀이 배다.

あせみず【汗水】 물처럼 흐르는 땀. ‖汗水たらして働く 땀을 뻘뻘 흘리며 일하다.

あせも【汗疹】 땀띠. ‖あせもができる 땀띠가 나다.

あせる【焦る】 조바심이 나다; 안달하다; 초조(焦燥)해하다. ‖焦ることはない 초조해할 필요 없다.

あせる【褪せる】 빛(이) 바래다; 퇴색(退色)하다. ‖色があせた写真 빛 바랜 사진.

アゼルバイジャン【Azerbaidzhan】《国名》 아제르바이잔.

アセロラ【acerola】 아세롤라.

あぜん【唖然】 ‖唖然とする 아연해하다. 기가 막혀하다.

あそこ【彼処】 저기; 저쪽; 저곳. ‖あそこが事故のあった所です 저기가 사고가 난 곳입니다.

あそばせる【遊ばせる】 놀게 하다; 놀리다. ‖子どもを公園で遊ばせる 아이를 공원에서 놀게 하다. 機械を遊ばせる 기계를 놀리다.

*__あそび【遊び】__ ❶〔遊ぶこと〕놀이; 놂; 장난; 일이 없음. ‖遊び半分でやる 반 장난으로 하다. ❷〔ゆとり〕여유(餘裕). ❸(機械の連結部分の) 간격(間隔).

*__あそぶ【遊ぶ】__ ❶(遊戯などをして楽しく)놀다. ‖よく遊びよく学べ 열심히 놀고 열심히 공부해라. かくれんぼをして遊ぶ 숨바꼭질을 하며 놀다. どこかに遊びに行こうよ 어디 놀러 가자. ❷〔無為〕놀다. ‖うちの息子は遊んでばかりいる 우리 아들은 놀고만 있다. 機械が遊んでいる 기계가 놀고 있다.

あだ【仇】 ❶원수(怨讐). ‖仇を討つ 원수를 갚다. 恩を仇で返す 은혜를 원수로 갚다. ❷원한(怨恨); 원망(怨望).

あだ【徒】 허사(虛事); 헛일. ‖親切があだになる 친절이 허사가 되다.

あたい【価・値】 ❶가격(價格); 대금(代金). ‖商品の価 상품 가격. ❷《数学》값; 수치(數値). ‖xの価 x 값.

あたいする【値する】 가치(價値)가 있다; …할 만하다. ‖賞賛に値する 칭찬할 만하다.

*__あたえる【与える】__ ❶주다. ‖金を与える 돈을 주다. もう一度チャンスを与えてください 한번 더 기회를 주십시오. 与えられた時間内に 주어진 시간 내에. ❷내주다; 부여(附與)하다; 부과(賦課)하다. ‖課題を与える 과제를 내주다.

❸(影響を)미치다; 끼치다; 주다. ‖損害を与える 손해를 끼치다. 大きな影響を与える 큰 영향을 미치다.

あたかも【恰も】 마치. ‖あたかも戦場のような光景 마치 전쟁터 같은 광경.

あたたかい【暖かい·温かい】 따뜻하다; 포근하다. ‖温かい声援に感動する 따뜻한 성원에 감동하다. 暖かい日差し 따뜻한 햇살.

あたたまる【暖まる·温まる】 따뜻해지다; 훈훈(薫薫)해지다. ‖心温まる話 마음이 훈훈해지는 이야기.

あたためる【暖める·温める】 ❶(熱を加えて)데우다; 따뜻하게 하다. ‖牛乳を温める 우유를 데우다. ❷(公表せず)가지고 있다; 간직하다. ‖数年来温めていた構想 몇 년 동안 발표하지 않고 있는 구상.

あだな【綽名】 별명(別名).

あたふた 허둥지둥. ‖突然の地震にあたふたする 갑작스러운 지진에 허둥지둥하다.

アダプター【adapter】 어댑터.

***あたま**【頭】 ❶〔身体〕머리; 두뇌(頭腦); 지능(知能). ‖頭が悪い 머리가 나쁘다. ❷〔髪〕두발(頭髮); 머리카락. ‖頭を洗う 머리를 감다. ❸〔物の尖端〕윗부분(部分); 꼭대기; 끝. ‖鼻の頭 코끝. ❹〔はじめ〕처음; 시작(始作). ‖頭から読む 처음부터 읽다. ❺〔人数〕사람수; 인원수(人員數); 머릿수. ‖頭をそろえる 사람수를 맞추다. ❻〔組織などの上層部〕우두머리. ▸頭が上がらない 고개를 못 들다. ▸頭が堅い 고지식하다. ▸頭が切れる 두뇌가 명석하다. ▸頭が下がる 감복하다. 머리를 숙이다.〔慣〕 ▸頭に来る 화가 나다. ▸頭を下げる 항복하다. ▸頭をひねる 머리를 쥐어짜다.〔慣〕 ▸頭を冷やす 머리를 식히다.〔慣〕 ♦頭数 머릿수. 인원수. 頭金 착수금. 계약금. 보증금.

あたまごなしに【頭ごなしに】 무조건(無條件); 덮어놓고; 불문곡직(不問曲直)하고. ‖頭ごなしに怒鳴りつける 덮어놓고 화를 내다.

あたまわり【頭割り】 ‖頭割りにする 비용 등을 인원수로 나누다.

***あたらしい**【新しい】 새롭다. ‖新しい経験 새로운 경험. 新しい発明 새로운 발명. 新しい法律 새로운 법률. カーテンを新しくする 커튼을 새로 하다.

あたり【辺り】 ❶〔空間〕근처(近處); 부근(附近); 주위(周圍). ‖この辺りに 이 근처에. 辺りが暗くなってきた 주위가 어두워졌다. ❷〔時間〕쯤; 정도(程度). ‖来週あたりもう一度会おう 다음 주쯤에 한번 더 만나자.

あたり【当たり】 ❶〔当たること〕맞음; 명중(命中); 성공(成功). ‖今度の芝居は大当たりだ 이번 연극은 대성공이다. ❷짐작(斟酌); 추측(推測). ‖犯人の当たりをつける 범인을 추측하다. ❸태도(態度); 응대(應對). ❹(野球で)타격(打擊). ‖鋭い当たり 날카로운 타격. ❺(囲碁で)단수(單手). ❻〔割り当て〕…당(當). ‖1人当たり千円 일 인당 천 엔.

あたりさわり【当たり障り】 지장(支障); 탈(頉); 무방(無妨). ‖当たり障りのない話をする 해도 무방한 이야기를 하다.

あたりどし【当たり年】 ❶풍년(豊年)이 든 해. ❷재수(財數)가 좋은 해.

あたりはずれ【当たり外れ】 (宝くじなどの)맞고 안 맞음; 생각대로 되는 것과 안 되는 것.

あたりまえ【当たり前】ダ ❶당연(當然)하다. ‖困っている人を助けるのは当たり前のことだ 어려움에 처해 있는 사람을 도와주는 것은 당연한 일이다. ❷보통(普通)이다.

***あたる**【当たる】 ❶맞다; 부딪치다; 명중(命中)하다. ‖矢が的に当たる 화살이 표적에 명중하다. ❷(風雨に)받다. ‖雨が強く当たる 비가 엄청 쏟아지다. ❸담당(擔當)하다; 종사(從事)하다. ‖警護に当たる 경호를 담당하다. ❹조사(調査)하다; 찾아보다. ‖辞書に当たる 사전을 찾아보다. ❺상당(相當)하다; 해당(該當)하다. ‖1フィートはほぼ12インチに当たる 일 피트는 거의 십이 인치에 해당한다. ❻(仕事·課題などを)할당(割當)받다. ❼성공(成功)하다. ‖芝居が当たる 연극이 성공하다. ❽(ひげを)깎다. ‖ひげを当たる 수염을 깎다.

アダルト【adult】 성인(成人); 어른. ♦アダルトビデオ 성인 비디오.

あちこち【彼方此方】 ❶〔場所〕여기저기. ❷〔順序が食い違う〕뒤죽박죽. ‖話があちこちになる 이야기가 뒤죽박죽이 되다.

あちら【彼方】 ❶〔方角〕저기; 저쪽. ‖駅はあちらです 역은 저쪽입니다. ❷〔あの人·あの方〕저 사람; 저쪽.

あちらこちら【彼方此方】 여기저기.

あっ〔感動·驚き〕앗. ‖あっ, 危ない 앗, 위험해. ▸あっという間 눈 깜짝할 사이. ▸あっと言わせる 깜짝 놀라게 하다. 감탄하게 하다.

あつい【厚い】 ❶〔厚み〕두텁다; 두껍다. ❷〔真心〕마음이 담겨 있다. ‖信仰が厚い 신앙심이 두텁다.

あつい【熱い】 뜨겁다. ‖熱が出て体が熱い 열이 나서 몸이 뜨겁다. 熱い仲 뜨거운 사이.

あつい【暑い】 덥다. ‖今年の夏は特に暑い 올 여름은 특히 덥다. 暑い地方 더운 지방.

あっか【悪化】 (名·自) 악화(惡化). ‖病状が悪化する 병이 악화되다.

あつかい【扱い】 취급(取扱); 대우(待遇). ‖子ども扱い 애 취급. 部下の扱いがうまい 부하들을 잘 다루다. 取り扱い説明書 취급 설명서.

あつかう【扱う】 ❶처리(處理)하다; 담당(擔當)하다. ‖事件を扱う 사건을 담당하다. ❷조작(操作)하다; 다루다. ‖機械を扱う 기계를 다루다. ❸취급(取扱)하다; 대우(待遇)하다. ‖社会人として扱う 사회인으로 대우하다.

あつかましい【厚かましい】 뻔뻔스럽다. ‖厚かましい男 뻔뻔스러운 남자.

あつがり【暑がり】 더위를 많이 타는 사람.

あっかん【圧巻】 압권(壓卷).

あっかん【悪漢】 악한(惡漢).

あつぎ【厚着】 ‖厚着する 옷을 두텁게 입다.

あつくるしい【暑苦しい】 몹시 더워서 괴롭다.

あっけ【呆気】 ‖あっけにとられる 어안이 벙벙하다. 어리둥절해하다.

あっけない【呆気ない】 어이없다; 허망(虛妄)하다. ‖あっけない結末 어이없는 결말.

あつさ【暑さ】 더위.

あつさ【厚さ】 두께. ‖本の厚さ 책의 두께.

あっさり ❶깔끔하게; 담백(淡白)하게. ‖あっさり(と)した味 담백한 맛. ❷간단(簡單)히; 쉽게. ‖あっさり(と)負ける 쉽게 지다.

あっしゅく【圧縮】 (ス하) 압축(壓縮).

あっしょう【圧勝】 (ス하) 압승(壓勝).

あっせい【圧制】 (ス하) 압제(壓制).

あっせん【斡旋】 (ス하) 알선(斡旋). ‖仕事を斡旋する 일을 알선하다.

あつで【厚手】 두꺼운 것.

あっとう【圧倒】 (ス하) 압도(壓倒). ♦圧倒的 압도적. 圧倒的な勝利を収める 압도적인 승리를 거두다. 圧倒的に多い 압도적으로 많다.

アットマーク【at mark】 앳마크(@); 골뱅이.

あっぱく【圧迫】 (ス하) 압박(壓迫). ♦圧迫感 압박감.

あっぱれ【天晴れ】ダ 훌륭하다; 장(壯)하다.

アップリケ【appliqué フ】 아플리케.

アップルパイ【apple pie】 애플파이.

あつまり【集まり】 모임; 집합(集合); 집단(集團).

あつまる【集まる】 모이다. ‖集合時間に集まる 집합 시간에 모이다.

あつみ【厚み】 ❶〔厚さの程度〕두께. ❷(内容などの)깊이; 풍부(豊富)함. ‖伝統の厚みが感じられる 전통의 깊이가 느껴지다.

あつめ【厚め】ダ 두툼하다. ‖チーズを厚めに切る 치즈를 두툼하게 자르다.

あつめる【集める】 모으다. ‖会費を集める 회비를 모으다. 落ち葉を一か所に集める 낙엽을 한곳으로 모으다.

あつらえる【誂える】 맞추다. ‖背広をあつらえる 양복을 맞추다.

あつりょく【圧力】 압력(壓力). ‖圧力をかける 압력을 가하다. ♦圧力釜 압력솥. 圧力計 압력계. 圧力団体 압력 단체.

あつれき【軋轢】 알력(軋轢). ‖両者間に軋轢を生じる 두 사람 사이에 알력이 생기다.

あて【当て・宛て】 ❶목적(目的). ❷기대(期待); 의지(依支). ‖当てが外れる 기대가 빗나가다. ❸보호대(保護帶); 보호구(保護具). ‖すね当て 정강이 보호대. ❹…당(當). ‖1人当て1万円 일 인당 만 엔. ❺…앞. ‖返事は私宛てにください 답장은 제 앞으로 보내 주세요. ▸当てにならない 믿을 수 없다. 도움이 안 되다.

あてこする【当て擦る】 에둘러서 비난(非難)하다.

あてさき【宛て先】 수신자(受信者); 수신처(受信處).

あてずいりょう【当て推量】 억측(臆測).

あてずっぽう【当てずっぽう】 어림짐작. ‖当てずっぽうで言う 어림짐작으로 말하다.

あてつける【当て付ける】 ❶에둘러서 비난(非難)하다. ❷(男女の仲のよいことなどを)보여 주다.

あてど【当て所】 정처(定處); 목적지(目的地). ‖あてど(も)なく 정처 없이. 목적지도 없이.

あてな【宛て名】 수신자명(受信者名).

あてにげ【当て逃げ】 ‖当て逃げする 뺑소니치다.

あてはずれ【当て外れ】 기대(期待)가 빗나감.

あてはまる【当て嵌まる】 들어맞다; 맞다; 적용(適用)되다. ‖条件に当てはまる人 조건에 맞는 사람.

あてはめる【当て嵌める】 맞추다; 적용(適用)시키다.

あでやか【艶やか】ダ 요염(妖艶)하다.

*__あてる__【当てる・充てる・宛てる】 ❶대다. ‖額に手を当てる 이마에 손을 대다. ❷(的などに)명중(命中)시키다. ‖的に当てる 표적에 명중시키다. ❸(光に)쬐다; (風に)쐬다. ‖風に当てて乾かす 바람에 쐬어 말리다. ❹충당(充當)하다. ‖食費に充てる 식비에 충당하다. ❺보내다. ‖親に宛てた手紙 부모님께 보낸 편지. ❻성공(成功)시키다. ‖企画を当てる 기획을 성공시키다.

*__あと__【後】 ❶〔うしろ〕뒤; 뒤쪽. ‖後をつける 뒤를 밟다. 미행하다. ❷〔のちほど〕뒤; 나중. ‖宿題は後でやる 숙제는 나중에 할래. ❸〔子孫〕자손(子孫); 후

あ

손(後孫). ‖後が絶える 자손이 끊기다. ❹〔残り〕나머지. ‖後３人 나머지 세 명. ▸後を引く 끝이 났음에도 완전히 멈추지 않고 이어짐. 正月気分が後を引く 설 기분이 남다. ▸後の祭り 사후 약방문(死後藥方文). 소 잃고 외양간 고치기.

*あと【跡】 ❶유적(遺跡); 터. ‖城の跡 성터. ❷〔跡目〕뒤. ‖跡を継ぐ 뒤를 잇다. ❸자국; 흔적(痕跡). ‖手術の跡 수술 자국. ▸跡を追う 따라 죽다.

あとあし【後足・後脚】 뒷발; 뒷다리.

あとあじ【後味】 뒷맛; 뒤끝. ‖後味の悪い出来事 뒤끝이 좋지 않은 일.

あとあと【後後】 장래(將來); 먼 훗날; 뒷날. ‖後々のことを考える 장래의 일을 생각하다.

あとおし【後押し】 (ｽﾙ하) 후원(後援).

あとがき【後書き】 후기(後記).

あとかた【跡形】 흔적(痕跡). ‖跡形もなく消え去る 흔적도 없이 사라지다.

あとかたづけ【後片付け】 뒷정리(整理). ‖後片付けを手伝う 뒷정리를 돕다.

あとがま【後釜】 후임; 후임자(後任者).

あどけない 천진난만(天眞爛漫)하다.

あとしまつ【後始末】 뒤처리; 뒷정리(整理); 뒤치다꺼리; 사후 처리(事後處理).

あとずさり【後退り】 ‖後ずさりする 뒷걸음치다. 뒷걸음질하다.

あとち【跡地】 (說明) 건물(建物) 등을 철거(撤去)한 자리.

あとつぎ【跡継ぎ】 상속자(相續者); 후계자(後繼者).

あととり【跡取り】 상속자(相續者); 후사(後嗣).

アドバイス【advice】 (ｽﾙ하) 어드바이스; 조언(助言).

あとばらい【後払い】 (ｽﾙ하) 후불(後拂).

アドバルーン【ad+balloon 日】 애드벌룬.

アトピー【atopy】 아토피; 아토피성 피부염(皮膚炎).

あとまわし【後回し】 ‖後回しにする 뒤로 미루다.

あともどり【後戻り】 ‖後戻りする 되돌아가다.

アトリエ【atelier ﾌ】 아틀리에.

アドリブ【ad lib】 애드리브.

アドレス【address】 어드레스; 주소(住所). ♦メールアドレス 메일 주소.

*あな【穴・孔】 ❶구멍; 굴(窟); 구덩이. ‖セーターに穴があいている 스웨터에 구멍이 나 있다. 穴に落ちる 구덩이에 빠지다. 穴を掘る 구덩이를 파다. 穴があくほど見つめる 뚫어지게 쳐다보다. 針の穴 바늘구멍. ❷〔損失〕결손(缺損); 결원(缺員); 손실(損失); 공백(空白). ❸(競馬などで)배당(配當)이 큰 예상(豫想)치 못한 결과(結果); 요행(僥倖).

あなうめ【穴埋め】 ‖穴埋めする 부족분을 보충하다.

アナウンサー【announcer】 아나운서.

あながち【強ち】 〔打ち消しの表現を伴って〕반드시. ‖あながち無理とも言えない 반드시 무리라고도 할 수 없다.

アナゴ【穴子】 붕장어.

あなた ❶〔君〕너; 〔文語〕그대. ‖あなたも行く? 너도 갈래? ❷〔夫婦間で指す時〕당신(當身); 〔呼ぶ時〕여보. ‖あなたは何にします? 당신은 뭘로 할래요? あなた, 電話ですよ 여보, 전화 받으세요. ❸〔欧文などの２人称の訳語として〕…당신. ‖あなたはどこから来ましたか 당신은 어디에서 왔습니까?

あなどる【侮る】 깔보다; 얕잡아 보다; 경멸(輕蔑)하다. ‖対戦相手をあなどる 대전 상대를 얕잡아 보다.

あなば【穴場】 잘 알려지지 않은 명소(名所).

アナログ【analog】 아날로그.

あに【兄】 (妹から見て)오빠; (弟から見て)형(兄). ‖一番上の兄 큰형. 二番目の兄 작은형. 兄は銀行に勤めています 형은[오빠는] 은행에 근무하고 있습니다.

あにうえ【兄上】 형(兄)님.

あにき【兄貴】 ❶형(兄)님. ❷선배(先輩); 형.

アニミズム【animism】 애니미즘.

アニメ(ーション)【animation】 애니메이션; 동화(動畫); 동영상(動映像).

あによめ【兄嫁・嫂】 형수(兄嫂).

あね【姉】 (妹から見て)언니; (弟から見て)누나. ‖一番上の姉 큰누나. 큰언니.

あねさんにょうぼう【姉さん女房】 연상(年上)의 아내.

あねったい【亜熱帯】 아열대(亞熱帶).

あねむこ【姉婿】 형부(兄夫).

アネモネ【anemone】 아네모네.

あの ❶저; 저기. ‖あの店に入ろう 저 가게에 들어가자. ❷〔お互い知っていること〕그. ‖あの人はどうしていますか 그 사람은 어떻게 지내고 있어요? ❸〔次の言葉へのつなぎ〕저; 저기. ‖そうして, あの… 그리고, 저….

あのてこのて【あの手この手】 이 방법(方法) 저 방법; 온갖 수단(手段).

あのへん【あの辺】 저 근처(近處); 그 근처.

あのまま【あの儘】 저대로; 그대로.

あのよ【あの世】 저승.

アパート【←apartment house】 아파트; 연립 주택(聯立住宅).

あばく【暴く】 폭로(暴露)하다; 까발리다; 들추어내다. ‖悪事を暴く 나쁜 짓한 것을 폭로하다.

あばた【痘痕】 곰보. ▸痘痕もえくぼ 제 눈에 안경. 〔慣〕

あばらぼね【肋骨】 갈빗대; 늑골(肋骨).

あばれる【暴れる】 날뛰다. ‖物音に驚いて馬が暴れる 이상한 소리에 놀라 말이 날뛰다.

アパレル【apparel】 어패럴. ‖アパレル業界 어패럴 업계.

あびきょうかん【阿鼻叫喚】 아비규환(阿鼻叫喚).

あびせかける【浴びせ掛ける】 끼얹다; 퍼붓다. ‖水を浴びせかける 물을 끼얹다. 罵声を浴びせかける 욕설을 퍼붓다.

あびせる【浴びせる】 끼얹다; 퍼붓다. ‖冷水を浴びせる 찬물을 끼얹다. 非難を浴びせる 비난을 퍼붓다.

アヒル【家鴨】 집오리.

あびる【浴びる】 ❶(水などを)끼얹다; 뒤집어쓰다. ‖シャワーを浴びる 샤워를 하다. ほこりを浴びる 먼지를 뒤집어쓰다. ❷(非難・喝采を)받다. ‖非難を浴びる 비난을 받다. 喝采を浴びる 갈채를 받다.

アブ【虻】 등에.

アフガニスタン【Afghanistan】《国名》 아프가니스탄.

あぶく【泡】 거품. ‖あぶく銭 공돈. 눈먼 돈.

アフターケア【aftercare】 애프터케어.

アフターサービス【after+service[日]】 애프터서비스.

***あぶない**【危ない】 ❶〔危険〕위험(危險)하다; 위태(危殆)롭다. ‖道路で遊ぶのは危ない 길에서 노는 것은 위험하다. 命が危ない 생명이 위험하다. ❷〔不安〕불안(不安)하다; 불확실(不確實)하다. ‖このままでは社長の椅子が危ない 이대로 있다가는 사장 자리가 불안하다. 決勝への進出が危なくなった 결승에 진출할 수 있을지 불확실해졌다. ▸危ない橋を渡る 모험을 하다.

あぶなっかしい【危なっかしい】 위태롭다; 위태위태(危殆危殆)하다.

***あぶら**【油】 기름. ▸油を売る 게으름을 피우다. 약을 팔다.〔慣〕 ▸火に油を注ぐ *불에 기름을* 붓다. 부추기다. ♦油炒め 기름으로 볶은 요리. 油絵 유화. 油紙 기름종이. 油気 기름기. 油物 (説明)기름에 볶거나 튀긴 요리(料理).

あぶら【脂】 (動物の)지방(脂肪); 기름. ▸脂が乗る 일 등이 순조롭게 잘 되다. ♦脂汗 비지땀. 脂汗を流す 비지땀을 흘리다. 脂ぎる 기름기가 돌다. 기름지다. 脂っこい 기름기가 많다. 느끼하다. 脂っこい食べ物 기름기가 많은 음식. 脂取り紙 얼굴의 기름기를 닦는 화장용 종이. 脂身 지방분이 많은 고기.

アブラゼミ【油蟬】 유지(油脂)매미.

アブラムシ【油虫】 진딧물.

アフリカ【Africa】 아프리카.

アプリコット【apricot】 살구.

あぶりだす【炙り出す】 불에 그을려 문자(文字)나 그림 등이 나타나게 하다.

あぶる【炙る】 굽다; 말리다. ‖海苔をあぶる 김을 굽다.

あふれでる【溢れ出る】 넘쳐나다; 넘쳐흐르다; 흘러넘치다.

あふれる【溢れる】 넘치다; 넘쳐흐르다. ‖水が溢れる 물이 넘치다. 大雨で川が溢れる 비가 많이 와서 강물이 넘치다.

アベック【avec[フ]】 아베크족.

アポイント(メント)【appointment】 약속(約束).

あほう【阿呆】 바보; 멍청이.

アボカド【avocado】 아보카도.

アポストロフィー【apostrophe】 아포스트로피(').

あま【尼】 ❶《仏教》여승(女僧); 비구니(比丘尼). ❷《カトリック》수녀(修女). ❸(女性をののしって)계집; 계집년.

あま【海女】 해녀(海女).

アマ【←amateur】 아마.

あまあし【雨足】 빗발; 빗줄기. ‖激しい雨足 거센 빗줄기.

***あまい**【甘い】 ❶〔味〕달다; 달콤하다. ‖甘い物 단것. 甘い汁 단물. 甘い言葉 달콤한 말. ❷〔態度〕무르다; 약하다; 여리다. ‖女性に甘い 여자에게 약하다. ❸〔考え〕지나치게 낙관(樂觀)하다; 낙천적(樂天的)이다. ‖君は考えが甘い 너는 생각이 너무 낙천적이다. ❹〔状態〕느슨하다; 헐겁다. ‖ねじが甘い 나사가 느슨하다.

あまえる【甘える】 ❶응석을 부리다; 어리광을 부리다. ‖親に甘える 부모에게 어리광을 부리다. ❷(好意・親切などに)받아들이다. ‖好意に甘える 호의를 받아들이다.

あまえんぼう【甘えん坊】 응석받이.

アマガエル【雨蛙】 청개구리.

あまがさ【雨傘】 우산(雨傘).

あまからい【甘辛い】 달고 짜다.

あまぐ【雨具】 비를 피하기 위한 도구(道具)의 총칭(總稱).

あまくだり【天下り】 ‖天下り人事 낙하산 인사.

あまくち【甘口】 단맛이 강함. ‖甘口のワイン 단맛이 강한 포도주.

あまぐつ【雨靴】 장화(長靴).

あまぐも【雨雲】 비구름.

あまぐり【甘栗】 (説明)뜨거운 자갈 속에 감미료(甘味料)를 넣어 가며 구운 자잘한 밤.

あまごい【雨乞い】 (する)기우(祈雨).

あまざけ【甘酒】 감주(甘酒); 단술.

あます【余す】 남기다. ‖余す所なく 빠짐없이. 余す所わずかに3日だ 삼 일밖에 안 남다.

あ

あまずっぱい【甘酸っぱい】❶〔味〕새콤달콤하다. ❷〔気持ち〕좋기도 하고 조금 슬프기도 한 기분(氣分).

アマダイ【甘鯛】옥돔.

あまだれ【雨垂れ】낙숫(落水)물.

アマチュア【amateur】아마추어. ♦アマチュア無線 아마추어 무선.

あまったるい【甘ったるい】몹시 달다.

あまったれる【甘ったれる】몹시 응석을 부리다.

あまど【雨戸】덧문.

あまとう【甘党】 단것을 좋아하는 사람.

あまねく【遍く】널리; 두루. ‖あまねく知れ渡る 널리 알려지다.

あまのがわ【天の川】은하수(銀河水).

あまのじゃく【天の邪鬼】 청개구리; 심술(心術)꾸러기.

あまみ【甘味】단맛.

あまみず【雨水】빗물.

あまもよう【雨模様】 비가 올 것 같은 하늘.

あまもり【雨漏り】‖雨漏りする 비가 새다.

あまやかす【甘やかす】 버릇없이 굴도록 놔두다.

あまやどり【雨宿り】‖雨宿りする 비를 피하다.

あまり【余り】 ❶〔残り〕나머지. ❷〔度を超している〕지나침; 도(度)를 넘음; 너무함. ‖あまりの仕打ち 지나친 처사. ❸〔あまりにもの形で〕너무; 지나치게. ‖あまりにも強い 너무 강하다. ❹〔打ち消しの表現を伴って〕별(別)로; 그다지. ‖あまりよくない 별로 좋지 않다. ❺〔…しすぎて〕너무 …한 나머지. ‖驚きのあまり 너무 놀란 나머지. ❻〔それ以上〕남짓. ‖3年余り 삼 년 남짓.

あまりある【余り有る】충분(充分)하다; 여유(餘裕)가 있다.

あまる【余る】 ❶〔多くて残る〕남다. ❷도(度)를 넘다; 지나치다. ‖身に余る光栄 지나친 영광.

あまんじる【甘んじる】 만족(滿足)해하다; 감수(感受)하다; 더 이상(以上) 바라지 않다.

あみ【網】망(網); 그물. ♦金網 철망.

あみだす【編み出す】 생각해 내다; 짜내다.

あみだな【網棚】 (電車・バスなどの)선반. ‖電車の網棚 전철의 선반.

あみど【網戸】방충망(防蟲網).

アミノさん【amino酸】아미노산.

あみめ【網目】그물코.

あみめ【編み目】그물뜨기.

あみもの【編み物】 뜨개질; 뜨개질한 것.

あみやき【網焼き】석쇠구이.

あむ【編む】❶(毛糸などを)뜨다; 짜다. ‖セーターを編む 스웨터를 뜨다. ❷(文章を)편집(編輯)하다. ‖論集を編む 논문집을 편집하다.

***あめ**【雨】비. ‖雨が降る 비가 오다. 雨が降りそうだ 비가 올 것 같다. 雨がやむ 비가 그치다. 雨にぬれる 비에 젖다. 비를 맞다. 恵みの雨 단비.

あめ【飴】사탕(沙糖). ‖飴をなめる 사탕을 빨다. ▸飴と鞭 당근과 채찍.

あめあがり【雨上がり】비가 막 갠 뒤; 비가 그친 직후(直後).

あめいろ【飴色】투명(透明)한 황갈색(黃褐色).

アメーバ【Amöbe[ド]】아메바.

アメシスト【amethyst】자수정(紫水晶).

アメリカがっしゅうこく【America合衆国】(国名) 아메리카합중국(合衆國); 미국(美國).

アメリカンフットボール 【American football】미식축구(美式蹴球).

アメンボ【水黽】소금쟁이.

あや【文・綾】 ❶〔模様〕무늬; 대각선(對角線) 무늬. ❷〔構造〕복잡(複雜)한 짜임새; 줄거리. ‖事件の綾 사건의 줄거리. ❸〔文章〕표현상(表現上)의 기교(技巧). ‖言葉の綾 말의 기교.

あやうい【危うい】 위험(危險)하다; 위태(危殆)롭다.

あやうく【危うく】 ❶겨우; 간신(艱辛)히. ‖危うく難を逃れた 간신히 난을 피했다. ❷하마터면; 자칫하면. ‖危うく落ちるところだった 하마터면 떨어질 뻔했다.

あやかる【肖る】좋은 영향(影響)을 받다; 닮다.

***あやしい**【怪しい】 ❶이상(異常)하다. ‖怪しい物音 이상한 소리. ❷수상(殊常)하다; 의심(疑心)스럽다. ‖挙動の怪しい男 거동이 수상한 남자.

あやしむ【怪しむ】이상(異常)하게 생각하다; 의심(疑心)하다.

あやす (幼児などを)어르다; 구슬리다; 달래다. ‖赤ん坊をあやす 아기를 달래다.

あやつりにんぎょう【操り人形】꼭두각시.

あやつる【操る】❶조작(操作)하다; 조종(操縱)하다. ‖陰で人を操る 뒤에서 사람을 조종하다. ❷잘 다루다; 구사(驅使)하다. ‖3か国語を操る 삼 개 국어를 구사하다.

あやとり【綾取り】실뜨기.

あやふや[ダ] 애매(曖昧)하다. ‖あやふやな態度 애매한 태도. あやふやに答える 애매하게 대답하다.

***あやまち**【過ち】 잘못; 실수(失手); 실패(失敗). ‖過ちを犯す 잘못을 저지르다. 過ちを認める 잘못을 인정하다.

あやまり【誤り】잘못; 틀린 곳; 오류(誤謬). ‖原稿の誤りを訂正する 원고의 틀린 곳을 고치다.

***あやまる**【誤る】 잘못된 판단(判斷)이나 선택(選擇)을 하다; 잘못되게 하다. ‖選択を誤る 선택을 잘못하다. 誤った考えを持つ 잘못된 생각을 하다.

あやまる【謝る】 사과(謝過)하다; 빌다. ‖謝れば済む問題ではない 사과한다고 끝날 문제가 아니다.

アヤメ【菖蒲】 창포(菖蒲); 붓꽃.

アユ【鮎】 은어(銀魚).

あゆみ【歩み】 ❶걸음; 보행(步行). ‖歩みを止める 걸음을 멈추다. ❷보조(步調). ‖歩みをそろえる 보조를 맞추다. ❸발자취. ‖歴史の歩み 역사의 발자취.

あゆみよる【歩み寄る】 다가가다; 양보(讓步)하다. ‖2, 3 歩歩み寄る 두세 발 다가가다. 相手の主張に一歩歩み寄る 상대방의 주장에 한발 양보하다.

あゆむ【歩む】 걷다. ‖本道を歩む 정도를 걷다.

あら〔主に女性が〕어머.

あら【粗】 ❶(魚の)살을 발라낸 나머지 부분(部分). ‖粗煮 생선 뼈 부분을 조린 것. ❷〔欠点〕결점(缺點). ‖粗を探す 결점을 찾다. 흠을 잡다. 트집을 잡다.

アラーム【alarm】 자명종(自鳴鐘).

あらあらしい【荒荒しい】 몹시 거칠다; 난폭(亂暴)하다.

あらい【荒い】 ❶(勢いが)거칠다; 거세다; 세차다. ‖波が荒い 파도가 거세다. 荒い息 거친 숨. ❷(態度が)난폭(亂暴)하다; 격하다; 거칠다. ‖言葉が荒い 말이 거칠다.

あらい【粗い】 ❶거칠다; 굵다. ‖粒が粗い 알이 굵다. ❷〔ざらざらしている〕꺼칠꺼칠하다; 까끌까끌하다. ❸조잡(粗雜)하다; 엉성하다. ‖目の粗い網 결이 엉성한 그물.

あらいあげる【洗い上げる】 ❶(洗濯物などを)충분(充分)히 빨다. ❷철저(徹底)히 조사(調査)하다.

アライグマ【洗い熊】 미국너구리.

あらいざらい【洗いざらい】 모조리; 죄다. ‖洗いざらい言いつける 죄다 일러바치다.

あらいだす【洗い出す】 철저(徹底)히 조사(調査)하여 밝혀내다. ‖問題点を洗い出す 문제점을 밝혀내다.

あらいなおす【洗い直す】 ❶다시 씻다[빨다]. ❷재검토(再檢討)하다; 재조사(再調査)하다.

あらいながす【洗い流す】 씻어 내다. ‖足についた泥を洗い流す 발에 묻은 흙을 씻어 내다.

***あらう**【洗う】 ❶(汚れを)씻다; 빨다; 닦다. ‖手を洗う 손을 씻다. 靴下を洗う 양말을 빨다. 皿を洗う 접시를 닦다. ❷(事実を)조사(調査)하다; 밝혀 내다. ❸(波が)밀려왔다 밀려가다.

あらかじめ【予め】 미리; 사전(事前)에.

あらかせぎ【荒稼ぎ】 ‖荒稼ぎする 폭리를 취하다. 떼돈을 벌다.

あらかた【粗方】 거의; 대부분(大部分). ‖仕事はあらかた終わった 일은 거의 끝났다.

あらげる【荒げる】 ‖声を荒げる 목소리가 거칠어지다. 소리를 지르다.

あらさがし【粗探し】 ‖粗探しする 흠잡다. 트집을 잡다.

***あらし**【嵐】 폭풍(暴風); 폭풍우(暴風雨). ‖嵐の前の静けさ 폭풍 전의 고요. 嵐が吹きすさぶ夜 폭풍이 몰아치는 밤.

あらじお【粗塩】 굵은소금.

あらす【荒らす】 ❶(整っていたものを)어지럽히다; 파괴(破壞)하다. ❷〔駄目にする〕해(害)를 입히다.

あらすじ【粗筋】 개요(槪要); 줄거리. ‖映画のあらすじ 영화의 줄거리.

***あらそい**【争い】 싸움; 다툼; 분쟁(紛爭). ‖姉妹の間に遺産相続のことで争いが起こった 자매 간에 유산 상속 문제로 다투게 되다. 彼らの間には争いが絶えない 그 사람들 사이에 싸움이 끊이지 않다. 争いの種 분쟁의 불씨.

***あらそう**【争う】 ❶경쟁(競爭)하다; 다투다. ‖優勝を争う 우승을 다투다. ❷〔けんかなど〕싸우다; 다투다. ‖法廷で争う 법정에서 싸우다.

あらだてる【荒立てる】 복잡(複雜)하게 만들다; 곤란(困難)하게 만들다. ‖事を荒立てる 일을 복잡하게 만들다.

あらたな【新たな】 새로운. ‖新たな問題が発生する 새로운 문제가 발생하다. 新たな局面 새로운 국면.

あらたに【新たに】 새로; 새롭게; 달리. ‖認識を新たにする 인식을 달리[새롭게] 하다.

あらたまる【改まる】 ❶새로워지다; 개선(改善)되다. ❷격식(格式)을 차리다. ‖改まった席で 격식을 차린 자리에서.

あらためて【改めて】 ❶〔新しく〕다시; 새로; 새롭게. ‖改めて検討する 새로 검토하다. ❷〔今更〕새삼스럽게. ‖改めて言うまでもない 새삼스럽게 말할 필요도 없다.

***あらためる**【改める】 ❶변경(變更)하다; 개정(改正)하다; 개선(改善)하다; 고치다; 바꾸다. ‖規則を改める 규칙을 바꾸다. この文章はここで行を改めたほうがいい 이 문장은 여기에서 행을 바꾸는 게 좋겠다. ❷〔チェックする〕체크하다. ‖書類に不備がないか改める 서류에 불비함이 없는지 체크하다. ❸격식(格式)을 차리다.

あらっぽい【荒っぽい】 거칠다; 난폭(亂暴)하다.

アラビアすうじ【Arabia 数字】 아라비아 숫자.

あ

アラブ【Arab】아랍.

アラブしゅちょうこくれんぽう【Arab首長国連邦】《国名》 아랍에미리트.

あらまし ❶개요(概要); 줄거리. ❷〔副詞的に〕대체(大體)로; 거의. ‖建物はあらましでき上がった 건물은 거의 다 지어졌다.

あらゆる 모든; 온갖. ‖あらゆる手段を講じる 온갖 수단을 강구하다. あらゆる方面 모든 방면.

あらりえき【粗利益】(説明) 매출(賣出)에서 원가(原價)를 뺀 이익(利益).

あられ【霰】 ❶〔天気〕우박(雨雹). ❷〔食べ物〕깍둑썰기로 썬 식품(食品).

あらわ【露】‖肌を露にする 속살을 드러내다. 怒りを露にする 분통을 터뜨리다. 真相が露になる 진상이 밝혀지다.

あらわざ【荒業・荒技】 ❶거친 일. ❷거친 기술(技術).

***あらわす**【現わす・表わす・著わす】 ❶나타내다; 드러내다. ‖正体を現わす 정체를 드러내다. 姿を現わす 모습을 드러내다. 怒りを顔に表わす 분노가 얼굴에 드러나다. ❷표현(表現)하다. ‖今の気持ちをうまく言葉に表わすことができない 지금 심정을 말로 제대로 표현할 수가 없다. ❸〔著わす〕출판(出版)하다.

***あらわれる**【現われる・表われる】 ❶출현(出現)하다; 나타나다; 드러나다; 등장(登場)하다. ‖3年ぶりに彼が現われた 삼 년만에 그 사람이 나타났다. その人の真価が現われる 그 사람의 진가가 드러나다. 効果が現われる 효과가 나타나다. ❷발각(發覺)되다; 알려지다. ‖これまでの悪事が現われる 지금까지 한 나쁜 짓이 발각되다.

アリ【蟻】개미. ‖アリの巣 개미집. 白アリ 흰개미. ▸蟻の穴から堤も崩れる 개미 구멍 하나로 제방도 무너진다. ▸蟻の這い出る隙もない 개미 새끼 하나도 얼씬 못하다.〔慣〕

アリア【aria イ】《音楽》 아리아.

ありあまる【有り余る】 남아돌다.

ありありと 확실(確實)히; 분명(分明)히; 역력(歷歷)히; 생생(生生)하게; 뚜렷이. ‖当時の光景がありありと浮かぶ 당시의 광경이 생생하게 떠오르다.

ありあわせ【有り合わせ】 (説明) 마침 그 자리에 있음 또는 그 물건.

ありうる【有り得る】 있을 수 있다. ‖ありうる話 있을 수 있는 이야기.

ありえない【有り得ない】 있을 수 없다; 일어날 가능성(可能性)이 없다.

ありか【在り処】 소재(所在); 있는 곳.

ありかた【在り方】 바람직한 상태; 현상태(現狀態).

***ありがたい**【有り難い】 고맙다; 감사(感謝)하다; 기쁘다; 반갑다. ‖ありがたいことだ 고마운 일이다. 감사할 일이다. 手伝ってくれるとはありがたい 도와주겠다니 고마워. ありがたいことに雨がやんだ 기쁘게도 비가 그쳤다. ありがたくない客 반갑지 않은 손님.

ありがためいわく【有り難迷惑】 지나친 친절(親切).

ありがち【有り勝ち】ダ 흔히 있다; 잘 일어나다. ‖ありがちな間違いだ 흔히 있는 실수다.

ありがとう【有り難う】 고맙다; 감사(感謝)하다.

ありがね【有り金】 가진 돈; 가지고 있는 돈. ‖有り金をはたいて買った 가진 돈을 다 털어서 샀다.

ありきたり【在り来り】ダ 흔하다; 흔해빠지다; 진부(陳腐)하다. ‖ありきたりの話 흔해 빠진 이야기.

ありさま【有り様】 상태(狀態); 모습; 꼴.

ありったけ【有りっ丈】 ❶있는 것 전부(全部). ‖ありったけの金を使う 있는 돈을 다 쓰다. ❷〔副詞的に〕가능(可能)한 한. ‖ありったけ遠くへ投げる 가능한 한 멀리 던지다.

ありとあらゆる【有りとあらゆる】 온갖; 갖은. ‖ありとあらゆる手段を講じる 온갖 수단을 강구하다.

ありのまま【有りの儘】 ❶있는 그대로; 사실(事實)대로. ‖ありのままの姿 있는 그대로의 모습. ❷〔副詞的に〕있는 그대로; 사실대로. ‖ありのまま(に)話す 사실대로 이야기하다.

アリバイ【alibi】 알리바이. ‖彼にはアリバイがある 그 사람한테는 알리바이가 있다.

ありふれる 흔하다; 쌔고 쌔다.

ありゅう【亜流】 아류(亞流).

ありよう【有り様】 실정(實情); 실상(實狀); 실태(實態). ‖政治の有り様 정치의 실상.

***ある**【或】 어떤; 어느. ‖ある人 어떤 사람. ある所に 어떤 곳에. ある日 어느 날.

***ある**【在る・有る】 ❶있다; 존재(存在)하다. ‖家の近くに小学校がある 집 근처에 초등학교가 있다. 机の上に辞書が1冊ある 책상 위에 사전이 한 권 있다. 彼には莫大な財産がある 그 사람한테는 막대한 재산이 있다. 本社は大阪にある 본사는 오사카에 있다. 事故の責任は私にある 사고의 책임은 나한테 있다. 妻子のある身 처자식이 있는 몸. あの人は顔にほくろがある 그 사람은 얼굴에 점이 있다. 区立図書館はどこにありますか 구립 도서관이 어디에 있습니까? ニンニクには独特のにおいがある 마늘에는 독특한 냄새가 있다. 政界に影響力がある 정계에 영향력이 있다. 用事があるのでお先に失礼します 볼일이 있어서 먼저 실례하겠습니다. 彼には一度会ったことがある 그 사람하고는

한 번 만난 적이 있다. 逆境にある 어려운 처지에 있다. ❷(数量が)남다; 되다. ‖運動会まで後1週間ある 운동회까지 앞으로 일주일 남았다. 重さが10トンもある岩 무게가 십 톤이나 되는 바위. ❸일어나다; 발생(發生)하다. ‖地震があった 지진이 일어났다. ❹〔…てあるの形で: 継続〕…아[어] 있다. ‖窓が開けてある 창문이 열려 있다. 机の上に誕生日プレゼントが置いてある 책상 위에 생일 선물이 놓여 있다. ❺〔…てあるの形で: 準備〕…아[어・해] 두다; …아[어・해] 놓다. ‖ちゃんと用意してある 제대로 준비해 두다. もう作ってある 벌써 만들어 두었다. ❻〔…つつあるの形で〕…고 있다. ‖世界の人口は今も増加しつつある 세계 인구는 지금도 증가하고 있다. 病状は段々とよくなりつつある 병세가 점점 좋아지고 있다. 準備はできつつある 준비는 되어 가고 있다.

あるいは【或いは】 ❶혹(或)은; 또는. ‖本人あるいは保護者 본인 또는 보호자. ❷〔副詞的に〕어쩌면; 혹시(或是). ‖あるいはそうかもしれない 어쩌면 그럴지도 모른다.

あるかぎり【有る限り】 있는 대로.

アルカリ【alkali オ】 알칼리. ‖アルカリ性食品 알칼리성 식품.

*__あるく__【歩く】 ❶〔歩行〕걷다; 거닐다. ‖駅まで歩く 역까지 걷다. タクシーより歩いて行った方が速い 택시보다 걸어서 가는 게 빠르다. とぼとぼと歩く 터벅터벅 걷다. ❷〔…歩くの形で〕…고 다니다. ‖製品を売り歩く 제품을 팔고 다니다.

アルコール【alcohol オ】 알코올. ♦アルコール中毒 알코올 중독. アルコール依存症 알코올 의존증.

あるじ【主】 주인(主人).

アルジェリア【Algeria】《国名》 알제리.

アルゼンチン【Argentina】《国名》 아르헨티나.

アルツハイマーびょう【Alzheimer 病】 치매증(痴呆症).

アルト【alto イ】 알토.

アルバイト【Arbeit ド】 ㊇하 아르바이트; 알바.

アルバニア【Albania】《国名》 알바니아.

アルバム【album】 앨범.

アルファ【α ギ】 알파. ♦α線 알파선.

アルファベット【alphabet】 알파벳.

あるべき 바람직한. ‖学生のあるべき姿 학생의 바람직한 모습.

あるまじき 있을 수 없는. ‖教師にあるまじき行為 선생으로서 있을 수 없는 행위.

アルミ—♦アルミサッシ 알루미늄 새시. アルミニウム 알루미늄. アルミ箔 알루미늄박. アルミホイル 알루미늄 호일.

アルメニア【Armenia】《国名》 아르메니아.

あれ 어. ‖あれ, ここに置いた本はどこだ 어, 여기에 두었던 책 어디 갔지?

あれ ❶〔事物〕저것. ‖あれは何ですか 저것이 무엇입니까? あれを見せてください 저걸 보여 주십시오. ❷〔人〕저 사람. ‖あれは誰だろう 저 사람은 누구지? ❸〔共通に知っている物事〕그것; 그. ‖昨日のあれはおいしくなかった 어제 그것은 맛이 없었다. あれからどこへ行きましたか 그 뒤에 어디에 갔습니까? あれ以来彼には会っていない 그 이후로 그 사람과는 못 만났다. ❹〔あいつ〕그 사람; 그 녀석. ‖あれは元気に暮らしていますか 그 녀석은 잘 살고 있습니까?

あれ【荒れ】 ‖肌の荒れが気になる 피부가 거칠어서 신경이 쓰이다.

あれい【亜鈴】 아령(啞鈴).

アレゴリー【allegory】 알레고리.

あれこれ ❶이것저것. ‖あれこれの例を挙げる 이것저것 예를 들다. ❷〔副詞的に〕여러 가지. ‖あれこれ(と)試す 이것저것 시험해 보다.

あれしょう【荒れ性】 건성 체질(乾性體質).

あれち【荒れ地】 황무지(荒蕪地). ‖荒地を開墾する 황무지를 개간하다.

あれの【荒れ野】 황야(荒野).

あれはてる【荒れ果てる】 아주 황폐(荒廢)해지다.

あれもよう【荒れ模様】 (天気・気分などが) 거칠어질 것 같은 모양(模樣).

あれる【荒れる】 거칠어지다; 황폐(荒廢)해지다; 피폐(疲弊)해지다. ‖肌が荒れる 피부가 거칠어지다. 生活が荒れる 생활이 피폐해지다.

アレルギー【Allergie ド】 알레르기. ♦アレルギー体質 알레르기 체질.

アロマ【aroma】 아로마. ♦アロマテラピー 아로마테라피.

あわ【泡】 거품. ‖石けんの泡 비누 거품. 水の泡 물거품. 泡が立つ 거품이 일다.

アワ【粟】 조. ♦粟立つ 닭살이 돋다.

あわい【淡い】 ❶(色・味・香りが)연하다; 흐리다. ‖淡いブルーのスカート 연한 파란색 치마. ❷(関心・執着が)약하다.

あわさる【合わさる】 합쳐지다; 겹쳐지다.

あわせもつ【合わせ持つ・併せ持つ】 겸비(兼備)하다; 다 갖추다.

*__あわせる__【合わせる】 ❶합(合)치다; 모으다. ‖手を合わせて拝む 손을 모아 빌다. 2人の所持金を合わせる 두 사람이 가지고 있는 돈을 합치다. ❷일치(一致)시키다; 맞추다. ‖口裏を合わせる 말을 맞추다. 時計を正しい時刻に合

わせる 시계를 정확한 시각에 맞추다. ❸조회(照會)하다; 대조(對照)하다. ▸合わせる顔がない 볼 낯이 없다.〔慣〕

あわただしい【慌ただしい】 정신(精神)없이 바쁘다. ‖慌ただしい1日 정신없이 바쁜 하루.

あわだつ【泡立つ】 거품이 일다.

あわだてき【泡立て器】 거품기.

あわだてる【泡立てる】 거품을 내다.

あわてふためく【慌てふためく】 허둥지둥하다.

あわてもの【慌て者】 덜렁이.

***あわてる**【慌てる】 허둥대다; 당황(唐慌)하다. ‖うそがばれそうになって慌てる 거짓말이 탄로날 것 같아 허둥대다. 慌てて帰って行った 허둥대며 돌아갔다.

アワビ【鮑・鰒】 전복(全鰒).

あわや 하마터면. ‖あわや大惨事になるところだった 하마터면 큰일 날 뻔했다.

あわれ【哀れ】ダ 가엾다; 가련(可憐)하다; 불쌍하다; 비참(悲慘)하다. ‖哀れな姿を見られたくない 비참한 모습을 보이고 싶지 않다. 哀れなやつ 가엾은 녀석.

あわれみ【哀れみ】 연민(憐憫); 동정(同情); 자비(慈悲).

あわれむ【哀れむ】 불쌍히 여기다; 가엾게 여기다. ‖人を哀れむような目で見る 사람을 불쌍하다는 듯이 바라보다.

あん【案】 안(案); 생각; 아이디어. ‖執行部の案を検討する 집행부의 안을 검토하다.

あんあんり【暗暗裏】 암암리(暗暗裏). ‖暗々裏に 암암리에.

あんい【安易】ダ ❶〔たやすい〕손쉽다; 쉽다. ‖安易な問題 쉬운 문제. ❷(考えなどが)안이(安易)하다. ‖安易な態度 안이한 태도.

あんいつ【安逸】ダ 안일(安逸)하다.

あんうつ【暗鬱】ダ 암울(暗鬱)하다; 우울(憂鬱)하다. ‖暗鬱な曇り空 우울한 흐린 하늘.

あんうん【暗雲】 암운(暗雲). ‖暗雲が漂う 암운이 감돌다.

あんか【行火】 작은 화로(火爐).

アンカー【anchor】 앵커. ♦アンカーウーマン 앵커우먼. アンカーマン 앵커맨.

あんがい【案外】 의외(意外)로; 뜻밖에. ‖心配していたが, 案外(と)うまく運んだ 걱정했는데 의외로 일이 잘되었다.

あんかけ【餡掛け】 (説明) 걸죽하게 만든 갈분(葛粉)을 얹은 음식(飮食).

あんき【暗記】 (名하) 암기(暗記). ‖公式を暗記する 공식을 암기하다. ♦暗記力 암기력.

あんぎゃ【行脚】 ‖全国を行脚する 전국을 돌아다니다.

あんぐり 딱; 쩍. ‖あんぐりと口を開ける 입을 딱 벌리다.

アングル【angle】 앵글; 각도(角度). ‖絶妙なアングルの写真 절묘한 각도의 사진.

アンケート【enquête フ】 앙케이트.

あんけん【案件】 안건(案件).

あんこ【餡子】 팥소.

アンコウ【鮟鱇】 안강(鮟鱇); 아귀.

あんごう【暗号】 암호(暗號). ‖暗号を解く 암호를 풀다. ♦暗号解読 암호 해독.

あんこうしょく【暗紅色】 검붉은 색.

アンコール【encore フ】 앙코르.

あんこく【暗黒】 암흑(暗黑). ♦暗黒街 암흑가.

アンゴラ【angora】 앙고라. ♦アンゴラウサギ 앙고라토끼. アンゴラヤギ 앙고라염소.

アンゴラ【Angola】(国名) 앙골라.

あんさつ【暗殺】 (名하) 암살(暗殺). ♦暗殺者 암살자.

あんざん【安産】 (名하) 순산(順産).

あんざん【暗算】 (名하) 암산(暗算).

アンサンブル【ensemble フ】 앙상블.

あんじ【暗示】 (名하) 암시(暗示).

あんしつ【暗室】 암실(暗室).

あんじゅう【安住】 (名하) 안주(安住). ‖安住の地 안주의 땅.

あんしょう【暗唱】 (名하) 암송(暗誦). ‖ランボーの詩を暗唱する 랭보의 시를 암송하다.

あんしょう【暗礁】 암초(暗礁). ‖暗礁に乗り上げる 암초에 부딪치다.

あんしょうばんごう【暗証番号】 비밀번호(秘密番號).

あんじる【案じる】 ❶〔工夫〕궁리(窮理)하다; 생각하다. ‖方策を案じる 방책을 생각하다. ❷〔心配〕걱정하다; 염려(念慮)하다.

***あんしん**【安心】 (名하) 안심(安心). ‖その知らせを聞いて安心した 그 소식을 듣고 안심했다. 彼なら安心してその仕事を任せられる 그 사람이라면 안심하고 그 일을 맡길 수 있다. 子どもたちを安心させる 아이들을 안심시키다.

アンズ【杏】 살구.

あんせい【安静】 안정(安靜). ‖安静にする 안정을 취하다.

***あんぜん**【安全】ダ 안전(安全)하다. ‖子どもたちの安全を考える 아이들의 안전을 생각하다. この建物は地震が起きても安全だ 이 건물은 지진이 나도 안전하다. 安全な場所 안전한 장소. ♦安全ガラス 안전유리. 安全装置 안전장치. 安全装置をはずす 안전장치를 풀다. 安全地帯 안전지대. 安全ピン 안전핀. 옷핀. 安全保障 안전 보장. 安全保障理事会 안전 보장 이사회.

あんそく【安息】 (名하) 안식(安息). ♦安息日 안식일.

あんだ【安打】 안타(安打). ‖安打を打つ 안타를 치다.
アンダーライン【underline】 언더라인.
あんたい【安泰】ダ 평화(平和)롭다; 걱정이 없다.
あんたん【暗澹】 암담(暗澹). ‖暗澹たる気分 암담한 기분.
あんち【安置】 (조하) 안치(安置).
アンチテーゼ【Antithese ド】 안티테제.
あんちゅうもさく【暗中模索】 (조하) 암중모색(暗中摸索).
あんちょく【安直】ダ ❶〔値段〕값이 싸다; 돈이 안 들다. ❷〔考え方など〕간단(簡單)하다; 안이(安易)하다. ‖安直な考え方 안이한 사고방식.
アンチョビー【anchovy】 안초비.
あんてい【安定】 (조되) 안정(安定). ‖安定した生活 안정된 생활.
アンテナ【antenna】 안테나.
あんど【安堵】 (조하) 안도(安堵). ‖安堵の胸をなで下ろす 안도의 한숨을 쉬다.
あんな 저런. ‖あんなブーツがほしい 저런 부츠를 사고 싶어.
***あんない**【案内】 (조하) ❶안내(案內). ‖先に立って案内する 앞에 서서 안내하다. ❷〔不案内の形で〕잘 모르고 있음. ‖その方面には不案内だ 그 방면은 잘 모른다. ♦入学案内 입학 안내. 案内書 안내서.
あんなに 그토록; 그렇게까지. ‖あんなに約束したのに 그렇게까지 약속을 했는데도.
あんに【暗に】 슬며시; 넌지시.
あんにんどうふ【杏仁豆腐】 안닌도후.
あんねい【安寧】 안녕(安寧). ‖社会の安寧 사회의 안녕.
あんのじょう【案の定】 생각했던 대로; 예상(豫想)한 대로; 아니나 다를까. ‖案の定あいつのしわざだった 예상한 대로 그 녀석의 소행이었다.
あんば【鞍馬】 (体操競技の)안마(鞍馬).
あんばい【案配】 (조하) 안배(按排).
アンバランス【unbalance】 언밸런스.
あんパン【餡パン】 팥빵.
あんぴ【安否】 안부(安否). ‖安否を尋ねる 안부를 묻다.
アンプ【←amplifier】 앰프.
アンペア【ampere】 …암페어.
あんま【按摩】 (조하) 안마(按摩).
あんまり 별(別)로; 그다지. ‖あんまり好きではない 그다지 좋아하지 않는다.
あんみつ【餡蜜】 (説明) 삶은 완두(豌豆) 콩・우무・과일 등에 당밀(糖蜜)을 넣고 그 위에 팥소를 얹은 것.
あんみん【安眠】 (조하) 안면(安眠). ‖安眠する 푹 자다. ♦安眠妨害 안면 방해.
あんもく【暗黙】 암묵(暗默). ‖暗黙のうちに 암묵하에.
アンモニア【ammonia】 암모니아.
あんやく【暗躍】 (조하) 암약(暗躍).
あんらく【安楽】ダ 안락(安樂)하다. ♦安楽椅子 안락의자. 安楽死 안락사.

い

い【胃】 위(胃). ‖胃が弱い 위가 약하다. 胃に負担をかける 위에 부담을 주다.
い【意】 ❶〔意味〕뜻; 의미(意味). ❷〔考え〕생각; 기분(氣分). ‖意のまま 마음대로. 뜻대로. 생각대로.
いあつ【威圧】 (조하) 위압(威壓).
いあわせる【居合わせる】 마침 그 자리에 있다.
いあん【慰安】 (조하) 위안(慰安).
***いい**【好い・良い】 ❶좋다. ‖彼はなかなかいい人です 그 사람은 꽤 괜찮은 사람입니다. 何かいいことはありませんか 뭔가 좋은 일 없습니까? とてもいい天気だ 정말 좋은 날씨다. いい考えがある 좋은 생각이 있다. 早寝早起きは健康にいい 빨리 자고 빨리 일어나는 것은 건강에 좋다. 彼は頭がいい人だ 그 사람은 머리가 좋은 사람이다. ❷충분(充分)하다; 되다. ‖練習は1日1時間でいい 연습은 하루 한 시간이면 충분하다. これでいいですか. いいです 이걸로 됐습니까? 됐습니다. 準備はいいかい 준비는 됐니? ❸〔…した方がいいの形で〕…하는 것이[게] 좋다. ‖そんなことは言わない方がいい 그런 말은 안 하는 게 좋다. ❹〔…してもいいの形で〕…아도[어도・해도] 좋다[되다・괜찮다]. ‖タバコを吸ってもいいです 담배를 피워도 됩니다. 明日は休んでもいいよ 내일은 쉬어도 좋아. 週末に電話してもいいですか 주말에 전화해도 되겠습니까? ❺〔…しなくてもいいの形で〕…지 않아도 좋다[되다・괜찮다]. ‖明日は早く来なくてもいい 내일은 빨리 안 와도 돼. *特に準備しなくてもいい* 특별히 준비 안 해도 괜찮아. ❻〔…だといいのだがの形で〕…(이)라면 좋겠는데[좋겠지만]. ‖試験がなければいいんだが 시험이 없으면 좋겠지만. 明日晴れるといいんだが 내일 맑으면 좋을텐데.
いいあい【言い合い】 (조하) 말다툼; 언쟁(言爭).
いいあう【言い合う】 ❶말다툼하다; 언쟁(言爭)하다. ❷〔互いに言う〕서로 말을 하다; 말을 주고받다. ‖冗談を言い合う仲 농담을 주고받는 사이.
いいあてる【言い当てる】 (推量して)알아맞히다.
いいあらそう【言い争う】 말다툼하다; 언쟁(言爭)을 벌이다.
いいあらわす【言い表わす】 말로 표현(表現)하다. ‖感謝の気持ちを言い表わ

す 감사의 마음을 말로 표현하다.

いいえ 아니; 아니오; 아뇨. ‖昨日テレビを見ましたか. いいえ, 見ませんでした 어제 텔레비전을 보았어요? 아뇨, 안 봤어요. コーヒーをもう1杯いかがですか. いいえ, もう十分です 커피 한 잔 더 하실래요? 아뇨, 됐어요.

イーエスさいぼう【ES細胞】 배아(胚芽) 줄기 세포(細胞).

いいかえす【言い返す】 ❶반복(反復)해서 말하다. ❷답변(答辯)하다; 말대답하다; 항변(抗辯)하다.

いいかえる【言い換える】 바꾸어 말하다; 말을 바꾸다. ‖分かりやすく言い換える 알기 쉽게 말을 바꾸다.

いいがかり【言い掛かり】 트집; 생트집. ‖言いがかりをつける 트집을 잡다.

いいかげん【好い加減】ダ ❶〔適度〕적당(適當)하다; 알맞다. ‖もういい加減にして 적당히 해라. ❷함부로 하다; 무책임(無責任)하다. ‖いい加減な事ばかり言う 무책임한 말만 하다. ❸〔かなり〕몹시; 매우; 상당(相當)히. ‖いい加減疲れた 몹시 지쳤다.

いいかた【言い方】 말씨; 말투(套). ‖言い方が気に入らない 말투가 마음에 안 든다.

いいがたい【言い難い】 말하기 어렵다; 말하기가 곤란(困難)하다.

いいかわす【言い交わす】 ❶(結婚の)약속(約束)을 하다. ❷〔互いに言う〕말을 주고받다.

いいき【好い気】 ‖いい気になる 득의양양하다.

いいきかせる【言い聞かせる】 타이르다; 알아듣도록 말하다.

いいきる【言い切る】 ❶〔言い終わる〕말이 끝나다. ❷단언(斷言)하다.

いいぐさ【言い草】 ❶〔内容〕말의 내용(內容); 말투. ‖言い草が気に食わない 말투가 마음에 안 든다. ❷〔言い訳〕변명(辯明); 구실(口實).

いいくるめる【言いくるめる】 말로 구워삶다.

いいこと【好い事】 ❶좋은 일; 기쁜 일. ❷〔…をいいことに(して)の形で〕…을[를] 좋은 구실(口實)로.

イーコマース【e-commerce】(経) 전자 상거래(電子商去來).

いいこめる【言い込める】 말로 굴복(屈服)시키다.

いいしぶる【言い渋る】 말하기를 주저(躊躇)하다; 말하기를 꺼리다.

いいすぎる【言い過ぎる】 심하게 말하다; 말이 지나치다.

イースター【Easter】 부활절(復活節).

イースト【yeast】 이스트.

いいそこなう【言い損なう】 ❶〔間違う〕잘못 말하다. ❷〔言いそびれる〕말할 기회(機會)를 놓치다.

いいそびれる【言いそびれる】 말할 기회(機會)를 놓치다.

イイダコ【飯蛸】 꼴뚜기.

いいたてる【言い立てる】 강하게 주장(主張)하다.

いいちがい【言い違い】 잘못 말함.

いいちがえる【言い違える】 잘못 말하다. ‖番号を言い違える 번호를 잘못 말하다.

いいちらす【言い散らす】 함부로 말하다;〔言いふらす〕퍼뜨리다.

いいつくす【言い尽くす】 전부(全部) 말하다; 남김없이 말하다. ‖言葉ではとても言い尽くすことができない 말로는 전부 다 말할 수가 없다.

いいつくろう【言い繕う】 얼버무리다; 둘러대다.

いいつけ【言い付け】 ❶명령(命令); 지시(指示). ❷고자질.

いいつける【言い付ける】 ❶명령(命令)하다; 지시(指示)하다. ❷〔告げ口〕고자질하다. ❸〔言い慣れている〕입버릇처럼 말하다.

いいつたえ【言い伝え】 구전(口傳).

いいつたえる【言い伝える】 ❶〔語り伝える〕구전(口傳)하다. ❷〔伝言〕말로 전하다; 전언(傳言)하다.

いいとおす【言い通す】 끝까지 주장(主張)하다.

いいとし【好い年】 알 만한 나이. ‖いい年をして 나잇살이나 먹어 가지고.

いいなおす【言い直す】 ❶〔訂正〕정정(訂正)하여 말하다. ❷〔言い換え〕바꾸어 말하다.

いいなずけ【許婚】 약혼자(約婚者).

いいならわす【言い習わす】 옛날부터 관습적(慣習的)으로 그렇게 말하다.

いいなり【言いなり】 ‖人の言いなりになる 다른 사람이 말하는 대로 따르다.

いいにくい【言い難い】 ❶발음(發音)이 어렵다. ❷〔ためらわれる〕말하기 거북하다.

いいのがれる【言い逃れる】 얼버무려 책임(責任) 등을 피(避)하다.

いいのこす【言い残す】 ❶〔言いもらす〕할 말을 다 못하다. ❷(残る人に)말을 남기다. ‖死ぬ前に言い残す 죽기 전에 말을 남기다.

いいはる【言い張る】 주장(主張)하다.

いいひと【好い人】 연인(戀人); 좋아하는 사람.

いいふらす【言い触らす】 퍼뜨리다. ‖変なうわさを言いふらす 이상한 소문을 퍼뜨리다.

いいぶん【言い分】 주장(主張); 하고 싶은 말. ‖相手の言い分を聞いてみる 상대방의 주장을 들어 보다.

いいまわし【言い回し】 말솜씨; 표현(表現). ‖よく使う言い回し 자주 쓰는 표현.

イーメール【E-mail】 이메일; 전자 우편(電子郵便).

いいもらす【言い漏らす】 말을 빠먹다; 해야 할 말을 잊다.

いいや 아니. ‖いいや, そんなことはない 아니, 그런 일은 없어.

いいよう【言い様】 표현 방법(表現方法); 말하는 방법.

いいよどむ【言い淀む】 말을 머뭇거리다.

いいよる【言い寄る】 말을 하며 다가가다.

いいわけ【言い訳】 변명(辯明); 핑계. ‖言い訳をする 변명을 하다. 핑계를 대다. 言い訳は聞きたくない 변명은 듣고 싶지 않다. 苦しい言い訳 궁색한 변명.

いいわたす【言い渡す】 명령(命令)을 전(傳)하다; 선고(宣告)하다; 언도(言渡)하다. ‖無罪を言い渡す 무죄를 선고하다.

いいん【医院】 의원(醫院).

いいん【委員】 위원(委員). ♦**実行委員** 실행 위원.

***いう【言う】** ❶말하다. ‖もう一度言ってください 한번 더 말해 주십시오. 大きな声で言う 큰 소리로 말하다. はっきり言う 분명히 말하다. 一言で言って 한마디로 말해서. 言ってみれば 말하자면. 君に言いたいことがある 너한테 할 말이 있다. 言うまでもない 말할 필요도 없다. 물론이다. ❷〔…というの形で〕…(이)라고 하다. ‖田中という人 다나카라는 사람.

***いえ【家】** ❶집; 가옥(家屋). ‖今家にいます 지금 집에 있습니다. 出張で1週間家を空ける 출장으로 일주일 간 집을 비우다. 家は横浜です 집은 요코하마입니다. 今日は6時に家を出た 오늘은 여섯 시에 집을 나왔다. ❷가정(家庭); 집안. ‖裕福な家に生まれる 유복한 집안에서 태어나다. ❸가계(家系); 가업(家業). ‖家を継ぐ 가업을 잇다.

いえい【遺影】 유영(遺影).

いえがら【家柄】 가문(家門); 집안. ‖家柄がいい 집안이 좋다.

いえき【胃液】 위액(胃液).

いえじ【家路】 귀로(歸路). ‖家路をたどる 귀로에 오르다.

イエスマン【yes-man】 예스맨.

いえで【家出】 (名하) 가출(家出).

いえども【雖も】 …(이)라고 해도. ‖日曜日といえども休めない 일요일이라고 해도 쉴 수 없다.

いえなみ【家並み】 집이 죽 늘어서 있음.

いえもと【家元】 (武術・芸術などの)유파(流派)의 본가(本家).

いえる【言える】 말할 수 있다. ‖英語で言える 영어로 말할 수 있다.

いえる【癒える】 (病・傷などが)낫다.

イエローカード【yellow card】 옐로카드.

いえん【胃炎】 위염(胃炎).

いおう【硫黄】 유황(硫黃).

イオン【ion】 이온. ♦**陽イオン** 양이온.

いか【以下】 이하(以下). ‖百円以下 백 엔 이하. 以下同文 이하 동문.

いか【医科】 의과(醫科). ♦**医科大学** 의과 대학.

イカ【烏賊】 오징어.

いが【毬】 (栗などの)가시.

いかい【位階】 위계(位階).

いがい【以外】 이외(以外); 외. ‖日曜以外の日 일요일 이외의 날. そうする以外に手がない 그렇게 하는 외에 방법이 없다.

***いがい【意外】** 의외(意外). ‖今日意外な人に会った 오늘 의외의 사람을 만났다. 事態は意外に深刻だ 사태는 의외로 심각하다. 意外な出来事 의외의 일.

いかいよう【胃潰瘍】 위궤양(胃潰瘍).

いかが【如何】 어때; 어떻게. ‖いかがお過ごしですか 어떻게 지내십니까?

いかがわしい【如何わしい】 ❶의심(疑心)스럽다; 수상(殊常)하다; 미심(未審)쩍다. ‖いかがわしい話 미심쩍은 이야기. ❷문란(紊亂)하다; 음란(淫亂)하다. ‖いかがわしい雑誌 음란 잡지.

いかく【威嚇】 (名하) 위협(威脅). ♦**威嚇射撃** 위협 사격.

いがく【医学】 의학(醫學). ♦**東洋医学** 동양 의학. **医学博士** 의학 박사.

いかさま【如何様】 사기(詐欺). ♦**いかさま師** 사기꾼.

いかす【生かす・活かす】 ❶〔発揮する〕살리다. ‖才能を生かす 재능을 살리다. 経験を生かす 경험을 살리다. ❷활용(活用)하다. ‖余白を活かす 여백을 활용하다.

いかすい【胃下垂】 위하수(胃下垂).

いかだ【筏】 뗏목(木).

いカタル【胃 catarre】 위카타르; 위염(胃炎).

いかつい【厳つい】 거칠고 억세다; 딱딱하다.

いかなる【如何なる】 어떠한; 어떤. ‖いかなる困難があろうとも 어떤 어려움이 있더라도.

いかに【如何に】 ❶어떻게. ‖いかにして成功したか 어떻게 해서 성공했는가. ❷아무리; 얼마나. ‖いかに強くても 아무리 강해도.

いかにも【如何にも】 ❶〔非常に〕상당(相當)히; 꽤. ‖いかにも痛そうだ 상당히 아픈 것 같다. ❷〔実に〕역시; 과연(果然); 정말. ‖いかにも先生らしい 정말 선생님 같다.

いかほど【如何程】 어느 정도(程度);

얼마나.
いかめしい【厳めしい】❶위엄(威厳)이 있다. ❷엄중(厳重)하다; 삼엄(森厳)하다. ‖厳めしい警備体制 삼엄한 경비 태세.
いカメラ【胃 camera】위(胃) 카메라.
いからす【怒らす】위압적(威壓的)인 태도(態度)를 취하다. ‖目を怒らせて相手をにらむ 눈을 부라리며 상대를 노려보다.
いがらっぽい (のどが) 맵고 아리다.
いかり【怒り】화(火); 노여움; 분노(憤怒). ‖怒りに燃える 몹시 화를 내다. ▸怒り心頭に発する 화가 머리끝까지 나다[치밀다].〔慣〕
いかり【錨】닻. ‖錨を下ろす 닻을 내리다.
いかる【怒る】❶〔腹を立てる〕화내다. ❷〔角張る〕각(角)이 지다; 모가 나다.
いかん 안 돼. ‖入ってはいかん 들어와서는 안 돼.
いかん【如何】여하(如何). ‖事情の如何によっては考慮する 사정 여하에 따라서는 고려하다.
いかん【移管】(スル하) 이관(移管).
いかん【移監】(スル하) 이감(移監).
いかん【遺憾】유감(遺憾). ‖遺憾の意を表する 유감의 뜻을 표하다. ▸遺憾なく 유감없이. 충분히. 遺憾なく能力を発揮する 유감없이 능력을 발휘하다.
いがん【胃癌】위암(胃癌).
いがん【依願】본인(本人)이 희망(希望)함. ♦依願退職 희망 퇴직.
いき【生き】❶삶; 생(生). ‖生き死にを共にする 생사를 같이하다. ❷신선(新鮮)함; 싱싱함. ‖生きのいい魚 싱싱한 생선.
いき【行き】감; 가는 것; …행(行). ‖行きと帰り 가는 것과 돌아오는 것. 東京行きの列車 동경행 열차.
***いき**【息】❶숨. ‖息が苦しい 숨이 가쁘다. 息を止める 숨을 멈추다. 息を吐く 숨을 내쉬다. 息が絶える 숨이 끊어지다. ❷(仕事などでの) 호흡(呼吸); 리듬; 박자(拍子). ▸息が合う 호흡이 맞다. ▸息が上がる 숨이 거칠어지다. 숨이 가빠지다. ▸息がかかる 권력자의 영향력하에 있다. ▸息が切れる 숨이 차다. ▸息が詰まる 숨이 막히다.〔慣〕▸息が長い 활동 기간이 길다. ▸息を凝らす 몹시 긴장하다. ▸息を殺す 숨을 죽이다. ▸息をつく 한숨 놓다. 한숨 돌리다. ▸息を抜く 긴장을 풀다. ▸息を飲む (驚いて)숨을 죽이다. ▸息を引き取る 숨을 거두다.〔慣〕▸息を吹き返す 소생하다.
いき【粋】ダ 세련(洗練)되다; 멋있다. ‖粋な格好 멋있는 모습.
いき【意気】의기(意氣). ♦意気衝天 의기충천. 意気投合 (スル하) 의기투합. ▸意気天を衝(つ)く 의기충천하다.
いき【遺棄】(スル하) 유기(遺棄). ♦遺棄罪 유기죄.
いぎ【異義】이의(異義). ♦同音異義語 동음이의어.
いぎ【異議】이의(異議). ‖異議申し立て 이의 신청.
いぎ【意義】의의(意義) 의미(意味); 가치(價値). ‖意義のある仕事 의의 있는 일.
いきいき【生き生き・活き活き】활기(活氣)차게.
いきうめ【生き埋め】생매장(生埋葬). ‖生き埋めになる 생매장되다.
いきおい【勢い】❶기세(氣勢); 기운; 힘. ‖火の勢い 불기운. 勢いよく走る 힘차게 달리다. ❷권력(權力); 세력(勢力); 위세(威勢). ‖政界で勢いを持つ 정계에서 세력을 갖다. ❸추세(趨勢).
いきがい【生き甲斐】사는 보람; 삶의 보람. ‖生きがいを見つける 삶의 보람을 찾다.
いきかえる【生き返る】소생(蘇生)하다; 회생(回生)하다.
いきぎれ【息切れ】❶숨이 참. ‖息切れがする 숨이 차다. ❷도중(途中)에 그만둠.
いきぐるしい【息苦しい】숨이 차다; 숨이 막히다; 답답하다. ‖電車が超満員で息苦しい 전철이 초만원이라서 숨이 막히다.
いきごむ【意気込む】의욕(意欲)을 보이다; 힘을 쏟다.
いきさき【行き先】행선지(行先地).
いきさつ【経緯】경위(經緯); 경과(經過).
いきざま【生き様】삶의 자세(姿勢); 사는 방법(方法).
いきじごく【生き地獄】생지옥(生地獄).
いきじびき【生き字引】만물박사(萬物博士).
いきづかい【息遣い】호흡(呼吸); 숨. ‖息づかいが荒い 숨이 거칠다.
いきづく【息衝く】숨을 쉬다.
いきどおり【憤り】분노(憤怒). ‖憤りを覚える 분노를 느끼다.
いきどおる【憤る】분개(憤慨)하다; 화내다.
いきどまり【行き止まり】막다른 골목.
いきなり 갑자기; 돌연(突然)히. ‖いきなり泣き出す 갑자기 울기 시작하다.
いきぬき【息抜き】(スル하) 기분 전환(氣分轉換).
いきぬく【生き抜く】꿋꿋이 살아가다.
いきのこる【生き残る】살아남다. ‖企業間競争に生き残る 기업 간 경쟁에서 살아남다.
いきのね【息の根】▸息の根を止める 숨

통을 끊다.

いきのびる【生き延びる】 ❶연명(延命)하다; 살아남다. ❷장수(長壽)하다.

いきば【行き場】 갈 곳; 갈 데.

いきはじ【生き恥】 살아 있을 때 받는 수모(受侮).

いきぼとけ【生き仏】 생불(生佛).

いきむ【息む】 숨을 들이켜 배에 힘을 주다.

いきもの【生き物】 생물(生物); 살아 있는 것. ‖地球上の全ての生き物 지구상의 모든 생물.

いきょ【依拠】 ㉦하 의거(依據).

いぎょう【偉業】 위업(偉業). ‖偉業を達成する 위업을 달성하다.

いきょうと【異教徒】 이교도(異教徒).

いきようよう【意気揚揚】 의기양양(意氣揚揚). ‖意気揚々と引き上げる 의기양양하게 돌아오다.

*いきる【生きる・活きる】 ❶살다; 살아가다. ‖母は90歳まで生きた 어머니는 아흔 살까지 살았다. 死んだ夫はまだ私の心の中に生きている 죽은 남편은 아직도 내 마음속에 살아 있다. 彼は5日間水だけで生きていた 그 사람은 오 일 동안 물만으로 살았다. 生きるか死ぬかの問題 사느냐 죽느냐의 문제. この神経はまだ生きている 이 신경은 아직 살아 있다. 塩加減一つで味が活きる 소금 맛 하나로 맛이 살다. 生きているのが嫌になる時もある 살아 있는 게 싫어질 때도 있다. 土に生きる農民 땅을 일구어 살아가는 농민. 彼の一言が私に生きる力を与えてくれた 그 사람의 한마디가 나에게 살아갈 힘을 주었다. 希望をいだいて生きていく 희망을 가지고 살아가다. ❷생활(生活)하다. ‖ペン1本で生きる 글을 써서 생활하다. ❸유효(有效)하다. ‖その法律は今なお生きている 그 법률은 지금도 유효하다.

*いく【行く】 ❶가다. ‖歩いて学校へ行く 걸어서 학교에 가다. 駅まで一緒に行きましょう 역까지 같이 갑시다. まっすぐに行けば駅へ出ます 죽 가면 역이 나옵니다. あっちへ行け! 저리 가! ソウルに行ったことがある 서울에 간 적이 있다. 納得がいく 납득이 가다. ❷〔…ていくの形で〕아[어・해]…가다. ‖彼が乗った車がどんどん遠ざかっていく 그 사람이 탄 차가 점점 멀어져 가다. 鳥が飛んでいく 새가 날아가다.

イグアナ【iguana ス】 이구아나.

いくえい【育英】 육영(育英). ♦育英事業 육영 사업.

いくさ【戦・軍】 전쟁(戰爭); 싸움.

いくじ【育児】 ㉦하 육아(育兒). ♦育児休業 육아 휴직.

いくじ【意気地】 패기(霸氣); 기개(氣槪); 의기(意氣). ‖意気地がない 패기가 없다.

いくせい【育成】 ㉦하 육성(育成). ‖健康な青少年を育成する 건강한 청소년을 육성하다.

いくた【幾多】 다수(多數). ‖幾多の困難を乗り越える 다수의 어려움을 극복하다.

いくつ【幾つ】〔何個〕몇 개(個);〔何歳〕몇 살. ‖コップはいくつ必要ですか 컵은 몇 개 필요합니까? 年はいくつですか 나이가 몇 살입니까?

いくつか【幾つか】 ❶몇몇; 몇 개(個). ‖いくつかは友だちにあげた 몇 개는 친구한테 주었다. ❷〔副詞的に〕몇몇; 몇 살인가. ‖彼女は私よりいくつか年上だ 그녀는 나보다 몇 살인가 많다.

いくつも【幾つも】 ❶〔たくさん〕많이; 여럿. ❷〔打ち消しの表現を伴って〕얼마; 별(別)로. ‖いくつも残っていない 얼마 안 남았다.

いくど【幾度】 몇 번. ‖幾度も同じことを言う 몇 번이나 같은 말을 하다.

いくどうおん【異口同音】 이구동성(異口同聲).

いくぶん【幾分】 ❶〔少し〕조금; 다소(多少). ‖幾分暖かくなる 조금 따뜻해지다. ❷〔一部分〕일부분(一部分); 얼마간. ‖幾分かを譲る 일부분을 양보하다.

いくもう【育毛】 발모(發毛). ♦育毛剤 발모제.

*いくら【幾ら】 ❶얼마; 어느 정도(程度). ‖このリンゴは1ついくらですか 이 사과는 하나에 얼마입니까? ❷〔大まかな数量〕얼마. ‖千いくらの経費 천 얼마의 경비. ❸〔どんなに〕아무리. ‖いくら好きでも 아무리 좋아해도.

イクラ【ikra ロ】 연어(鰱魚) 알.

いくらか【幾らか】 ❶다소(多少); 약간(若干). ‖いくらかの金 약간의 돈. ❷〔副詞的に〕다소; 조금. ‖こっちの帽子がいくらか小さい 이쪽 모자가 조금 작다.

いくらも【幾らも】 ❶〔多数〕많이; 얼마든지. ‖そんな例はいくらもある 그런 예는 얼마든지 있다. ❷〔打ち消しの表現を伴って〕얼마; 별로. ‖いくらも持っていない 얼마 안 가지고 있다.

いけ【池】 연못. ‖池のほとり 연못가.

いけい【畏敬】 ㉦하 외경(畏敬); 경외(敬畏). ‖畏敬の念 경외심.

いけい【異形】 이형(異形).

いけいれん【胃痙攣】 위경련(胃痙攣).

いけうお【生け魚・活け魚】 활어(活魚).

いけす【生け簀】 활어조(活魚槽).

いけどり【生け捕り】 ❶생포(生捕). ‖いけどりにする 생포하다. ❷포로(捕虜).

いけない ❶〔よくない〕바람직하지 않다. ❷〔…てはいけないの形で〕안 된다. ‖行ってはいけない 가서는 안 된다.

いけにえ【生け贄】 산 제물(祭物); 희생

양(犧牲羊).

いけばな【生け花】 꽃꽂이.

いける【生ける】 꽃꽂이를 하다.

いける【行ける】 ❶〔行くことができる〕갈 수 있다. ‖明日なら行ける 내일이라면 갈 수 있다. ❷〔可能だ〕가능(可能)하다; 할 수 있다. ‖英語もいける 영어도 할 수 있다. ❸〔酒が強い〕술이 세다. ❹〔おいしい〕맛있다. ‖この料理はいけるね 이 요리는 맛있다.

*いけん【意見】 ❶의견(意見). ‖意見を聞く 의견을 듣다. 意見を述べる 의견을 말하다. 多数の意見に従う 다수의 의견에 따르다. ❷충고(忠告).

いけん【違憲】 위헌(違憲).

いげん【威厳】 위엄(威嚴). ‖威厳に満ちた態度 위엄에 찬 태도.

*いご【以後】 이후(以後); 이후에; 나중에; 앞으로. ‖それ以後彼に会っていない 그 이후 그 사람과는 안 만났다. 以後気をつけなさい 앞으로 조심해라. 10時以後の外出を禁止する 열 시 이후의 외출을 금지하다.

いご【囲碁】 바둑. ‖囲碁を打つ 바둑을 두다.

いこう【以降】 이후(以後). ‖7時以降は時間がある 일곱 시 이후는 시간이 있다.

いこう【威光】 위광(威光).

いこう【意向】 의향(意向). ‖相手の意向を無視する 상대방의 의향을 무시하다.

いこう【移行】 (ス되) 이행(移行).

いこう【移項】 (ス하) 《数学》 이항(移項).

いこう【憩う】 쉬다. ‖木陰に憩う 나무그늘에서 쉬다.

いこく【異国】 이국(異國). ♦異国情緒 이국 정서.

いごこち【居心地】 어떤 장소(場所)나 지위(地位)에 있을 때의 기분(氣分). ‖居心地がいい 있기에 편하다.

いこじ【依怙地】 고집; 옹고집(壅固執). ‖依怙地になる 고집을 부리다[피우다].

いこつ【遺骨】 유골(遺骨).

いこん【遺恨】 원한(怨恨).

いざ ❶〔誘い·張り切る時〕자. ‖いざ出発 자, 출발. ❷〔副詞的に〕막상. ‖いざ自分でするとなると難しいものだ 막상 자기가 해 보게 되면 어려운 법이다. ▸いざ知らず 모르긴 몰라도. …(이)라면 몰라도. 子どもならいざ知らず, 大学生がそんなことを知らないなんて 애라면 몰라도 대학생이 그런 걸 모르다니. ♦いざという時 필요할 때. いざとなると 때가 되면.

いさい【異彩】 이채(異彩). ‖異彩を放つ 이채를 띠다.

いざかや【居酒屋】 술집; 선술집; 대폿집.

いさぎよい【潔い】 (卑怯な点や未練がなく)깨끗하다. ‖潔く責任をとる 깨끗하게 책임을 지다.

いさく【遺作】 유작(遺作).

いざこざ 다툼; 분쟁(紛爭); 말썽. ‖いざこざを起こす 말썽을 일으키다.

いささか【些か】 조금; 다소(多少); 약간(若干). ‖腕にはいささか自信がある 솜씨에는 약간 자신이 있다.

いざない【誘い】 권유(勸誘); 초대(招待). ‖旅への誘い 여행에의 권유.

いざなう【誘う】 권유(勸誘)하다; 초대(招待)하다.

いさましい【勇ましい】 용감(勇敢)하다; 힘차다; 씩씩하다.

いさめる【諫める】 간언(諫言)하다; 충고(忠告)하다.

いさりび【漁り火】 어화(漁火).

いさん【胃酸】 위산(胃酸). ♦胃酸過多 위산 과다.

いさん【遺産】 유산(遺産). ♦文化遺産 문화 유산. 遺産相続 유산 상속.

*いし【石】 ❶돌; 암석(岩石). ‖石につまずいて転ぶ 돌에 걸려 넘어지다. ❷보석(寶石). ❸〔碁石〕바둑돌. ▸石の上にも三年 참고 견디면 성공한다.

いし【医師】 의사(醫師). ‖問題は医師不足にある 문제는 의사가 부족한 것에 있다. ♦医師免許 의사 면허.

*いし【意志】 의지(意志); 뜻. ‖弟は意志が弱い 남동생은 의지가 약하다. 意志を曲げる 뜻을 굽히다. 意志の力でやり遂げる 의지력으로 해내다.

いし【意思】 의사(意思); 생각. ‖意思の疎通 의사소통. 田舎に帰る意思はない 고향으로 돌아갈 생각은 없다.

いし【遺志】 유지(遺志).

*いじ【意地】 ❶근성(根性); 심성(心性). ‖意地が悪い 근성이 나쁘다. ❷(自分の考えを貫こうとする)의지(意志); 고집(固執). ‖意地を張る 고집을 부리다. ❸욕심(欲心); 집착(執着); 식탐(食貪). ‖食い意地 식탐.

いじ【維持】 (ス하) 유지(維持). ‖車の維持費 차 유지비. ♦現状維持 현상 유지.

いじ【遺児】 고아(孤兒).

いしあたま【石頭】 ❶돌대가리. ❷융통성이 없는 사람.

いしうす【石臼】 맷돌.

いしがき【石垣】 돌담.

*いしき【意識】 (ス하) 의식(意識). ‖意識を集中する 의식을 집중하다. 意識を失う 의식을 잃다. 人の目を意識する 다른 사람들 눈을 의식하다. 罪の意識 죄의식. ♦自意識 자의식. 美意識 미의식. 意識不明 의식 불명. 意識的 의식적.

いじくる【弄る】 만지작거리다; 조작(操作)하다. ‖数字をいじくる 숫자를 조작

い

하다.

いしけり【石蹴り】 사방치기.

いじける 주눅이 들다; (性格が)비뚤어지다.

いしころ【石塊】 돌멩이; 자갈.

いしずえ【礎】 주춧돌; 토대(土臺); 기초(基礎).

イシダイ【石鯛】 돌돔.

いしだん【石段】 돌계단(階段).

いしつ【異質】 이질(異質). ‖異質なものが混じっている 이질적인 것이 섞여 있다.

いしつ【遺失】 (スル하) 유실(遺失). ♦**遺失物** 유실물.

いしづくり【石造り】 석조(石造).

いじっぱり【意地っ張り】 고집(固執)을 부림; 고집쟁이.

いしばし【石橋】 돌다리. ▸石橋を叩いて渡る 돌다리도 두들겨 보고 건너다.〔慣〕

いじめ【苛め・虐め】 왕따; 집단(集團) 따돌림.

いじめっこ【苛めっ子】 왕따.

いじめる【苛める】 괴롭히다; 못살게 굴다; 왕따시키다. ‖いじめられる 왕따를 당하다.

イシモチ【石持】 조기.

***いしゃ【医者】** 의사(醫師). ‖腎臓移植で有名な医者 신장 이식으로 유명한 의사. かかりつけの医者 주치의. 医者にかかっている 병원에 다니고 있다. やぶ医者 돌팔이 의사.

いしや【石屋】 석수(石手); 석재상(石材商).

いしやき【石焼き】 돌구이. ‖石焼きビビンバ 돌솥 비빔밥.

いしゃりょう【慰謝料】 위자료(慰藉料).

いじゅう【移住】 (スル하) 이주(移住). ♦**移住者** 이주자.

いしゅく【委縮】 (スル되) 위축(萎縮).

いしょ【遺書】 유서(遺書). ‖遺書を残す 유서를 남기다.

いしょう【衣装・衣裳】 의상(衣裳); 의복(衣服). ♦**舞台衣装** 무대 의상. **民族衣装** 민족 의상.

いしょう【意匠】 의장(意匠). ♦**意匠登録** 의장 등록.

***いじょう【以上】** 이상(以上). ‖以上の通り 이상과 같이. 決めた以上 결정한 이상. 平均以上の成績 평균 이상의 성적. 60歳以上無料 육십 세 이상 무료.

いじょう【委譲】 (スル하) 위양(委讓). ♦**政権委譲** 정권 위양.

いじょう【異状】 이상(異狀).

いじょう【異常】 이상(異常); 비상(非常). ‖彼の行動は明らかに異常だ 그 사람 행동은 확실히 이상하다. 音楽に異常な才能を発揮する 음악에 비상한 재능을 발휘하다. ♦**異常気象** 이상 기상.

いじょう【移譲】 (スル하) 이양(移讓).

いしょく【衣食】 의식(衣食). ▸衣食足りて礼節を知る 의식이 족해야 예절을 안다.

いしょく【委嘱】 (スル하) 위촉(委囑).

いしょく【移植】 (スル하) 이식(移植). ♦**心臓移植** 심장 이식.

いしょく【異色】 이색(異色). ‖異色な存在 이색적인 존재.

いしょくじゅう【衣食住】 의식주(衣食住).

いじらしい 가엾다; 안쓰럽다; 불쌍하다.

いじる【弄る】 만지다; 만지작거리다; 조작(操作)하다; 다루다; 건드리다. ‖髪をいじる 머리를 만지작거리다. パソコンをいじる 컴퓨터를 조금 다루다.

いしわた【石綿】 석면(石綿); 돌솜.

いじわる【意地悪】 심술궂은 짓;〔人〕심술쟁이. ‖意地悪をして妹を泣かせる 심술궂은 짓을 해서 여동생을 울리다. 意地悪な人 심술궂은 사람.

いじわるい【意地悪い】 심술궂다. ‖意地悪いことを言う 심술궂은 소리를 하다.

いしん【威信】 위신(威信).

いしん【維新】 유신(維新). ♦**明治維新** 메이지 유신.

いじん【偉人】 위인(偉人). ♦**偉人伝** 위인전.

いしんでんしん【以心伝心】 이심전심(以心傳心).

***いす【椅子】** ❶의자(椅子). ❷지위(地位); 자리. ‖社長の椅子 사장 자리. ♦**安楽椅子** 안락의자. **車椅子** 휠체어.

いずみ【泉】 ❶샘; 샘물. ❷원천(源泉). ‖知識の泉 지식의 원천.

イスラエル【Israel】《国名》이스라엘.

イスラム【Islam】 이슬람. ♦**イスラム教** 이슬람교.

***いずれ【何れ】** ❶〔どれ〕어느 것; 어느 곳; 어느 쪽; 어디. ‖いずれが勝つか 어느 쪽이 이길까? ❷〔どうせ〕어차피(於此彼); 어쨌든. ‖いずれ分かることだ 어차피 알게 될 일이다. ❸〔そのうち〕머지않아; 가까운 시일(時日) 내에. ‖いずれ伺います 가까운 시일 내에 찾아뵙겠습니다. ▸いずれにせよ 어차피. 어쨌든.

いすわる【居座る】 눌러앉다; 계속(繼續) 같은 지위(地位)에 있다.

いせい【為政】 위정(爲政). ♦**為政者** 위정자.

いせい【威勢】 위세(威勢); 기세(氣勢).

いせい【異性】 이성(異性).

イセエビ【伊勢海老】 왕새우; 대하(大蝦).

いせき【移籍】 (スル하) 이적(移籍).

いせき【遺跡】 유적(遺跡).

い

*いぜん【以前】 이전(以前). ‖以前会ったことがある人 이전에 만난 적이 있는 사람. 第二次大戦以前 제이차 세계대전 이전. 常識以前の問題 상식 이전의 문제.

いぜんとして【依然として】 전과 다름없이; 여전(如前)히.

いそ【磯】 암석(岩石)이 많은 바닷가[호숫(湖水)가].

いそいそ (うれしくて)신이 나서; 들떠서.

いそう【位相】 위상(位相).

いそう【移送】 (する) 이송(移送).

いそうろう【居候】 식객(食客).

*いそがしい【忙しい】 바쁘다; 분주(奔走)하다. ‖彼はいつも忙しい 그 사람은 언제나 바쁘다. 昨日は仕事で忙しかった 어제는 일 때문에 바빴다. 今日は忙しい日だった 오늘은 바쁜 날이었다.

いそがせる【急がせる】 재촉하다; 서두르게 하다.

いそぎ【急ぎ】 서두름; 급(急)함. ‖急ぎの用事 급한 볼일.

いそぎあし【急ぎ足】 잰걸음; 바쁜 걸음; 급(急)한 걸음.

イソギンチャク【磯巾着】 말미잘.

*いそぐ【急ぐ】 서두르다; 급(急)하다. ‖急げ 서둘러라. 急ぐことはない 서두를 필요는 없다. 急いで夕食を食べた 서둘러 저녁을 먹었다. 急いで戻る 급히 돌아오다. ▸急がば回れ 급할수록 돌아가라.

いぞく【遺族】 유족(遺族).

いそしむ【勤しむ】 힘쓰다; 노력(努力)하다.

いそじ【五十路·五十】 쉰; 쉰 살.

いそべ【磯辺】 암석(岩石)이 많은 바닷가[호숫(湖水)가].

いぞん【依存】 (する) 의존(依存). ‖食糧の大半を外国に依存する 식량의 대부분을 외국에 의존하다.

いぞん【異存】 다른 의견(意見).

いた【板】 판; 판자(板子). ‖厚さ2センチの板 두께 이 센치의 판자. ▸板につく 잘 어울리다. 능숙하다.

いたい【異体】 ❶이체(異體); 보통(普通)과 다른 모습. ❷(生物)이체.

いたい【遺体】 유체(遺體).

*いたい【痛い】 ❶(精神的に·肉体的に) 아프다; 괴롭다; 고통(苦痛)스럽다; 곤란(困難)하다. ‖お腹が痛い 배가 아프다. けがをした指が痛い 다친 손가락이 아프다. 借金で頭が痛い 빚 때문에 머리가 아프다. 痛い所を突く 아픈 데를 찌르다. ❷(損失などが)크다; 부담(負擔)이 되다. ‖3万円の追加出費は痛い 삼만 엔의 추가 지출은 부담스럽다. ▸痛い目 괴로운 경험. 痛い目を見る 괴로운 일을 겪다.

いだい【医大】 의대(醫大).

いだい【偉大】ダ 위대(偉大)하다. ‖偉大な人物 위대한 인물. 偉大な業績 위대한 업적.

いたいたしい【痛痛しい】 안쓰럽다; 애처롭다; 불쌍하다.

いたがね【板金】 판금(板金).

いたガラス【板 glass】 판유리(板琉璃).

いたく【委託】 (する) 위탁(委託). ‖業務を委託する 업무를 위탁하다.

いだく【抱く】 안다; 품다; 갖다. ‖希望をいだく 희망을 갖다. 好意をいだく 호의를 갖다. 野心をいだく 야심을 품다.

いたす【致す】 ❶〔するの謙譲語〕하다. ‖準備はこちらで致します 준비는 저희 쪽에서 하겠습니다. ❷(誠意を)다하다; 기울이다; 힘쓰다. ❸(よくない結果を)가져오다; 일으키다; 초래(招來)하다. ‖これは私の不徳の致すところです 이 일은 제 불찰의 소치입니다.

いたずら【徒ら】ダ 무익(無益)하다; 헛되다; 쓸데없다. ‖いたずらに過ごす 무익하게 보내다.

いたずら【悪戯】 ❶장난. ‖いたずらする 장난치다. いたずらな子ども 장난스러운 아이. 장난꾸러기. ❷취미(趣味). ‖いたずらで描いた絵 취미 삼아 그린 그림.

いたずらっこ【悪戯っ子】 장난꾸러기.

いただき【頂】 정상(頂上); 꼭대기.

いただきます【頂きます·戴きます】 (食事の際に)잘 먹겠습니다.

いただく【頂く·戴く】 ❶(頭上に)이다. ‖白雪をいただいた山々 흰 눈으로 덮힌 산들. ❷〔もらうの謙譲語〕받다. ‖以前金先生から辞典をいただきました 이전에 김 선생님한테서 사전을 받았습니다. ❸〔食べる·飲むの謙譲語〕먹다; 마시다. ‖このミカン, いただいてもいいですか 이 귤, 먹어도 되겠습니까?

いたたまれない【居たたまれない】 (不安·心配などで)더 이상(以上) 그 자리에 있을 수 없다.

イタチ【鼬】 족제비. ▸いたちごっこ 다람쥐 쳇바퀴 돌기.

いたって【至って】 지극(至極)히. ‖いたって平凡だ 지극히 평범하다.

いたで【痛手】 중상(重傷); 큰 피해(被害).

いたば【板場】 ❶주방(廚房). ❷요리사(料理師).

いたばさみ【板挟み】 ‖板ばさみになる 사이에 끼어 이러지도 저러지도 못하다.

いたまえ【板前】 (日本料理の)요리사(料理師).

いたましい【痛ましい】 안쓰럽다; 애처롭다; 불쌍하다; 참혹(慘酷)하다. ‖痛ましい事故現場 참혹한 사고 현장.

いたみ【痛み·傷み】 아픔; 통증(痛症). ‖痛みが消える 아픔이 가시다. ♦痛み

止め 진통제.

いたむ【悼む】(人の死を)슬퍼하다; 애도(哀悼)하다.

*__いたむ__【痛む・傷む】❶아프다. ‖心が痛む 마음이 아프다. 寒くなると腰が痛む 추워지면 허리가 아프다. ❷상(傷)하다; 나빠지다; 망가지다; 썩다. ‖傷んだ魚 상한 생선. 傷んだミカン 썩은 귤.

いためつける【痛め付ける】고통(苦痛)을 주다; 혼(魂)을 내다.

いためもの【炒め物】볶은 음식(飮食).

いためる【炒める】볶다. ‖野菜を炒める 야채를 볶다.

いためる【痛める・傷める】❶〔痛くする〕아프게 하다; 고통(苦痛)을 주다. ❷〔傷つける〕상처(傷處)를 주다.

いたらない【至らない】충분(充分)히 주의(注意)가 미치지 못하다.

イタリア【Italy】《国名》이탈리아.

イタリック【italic】(書体の)이탤릭.

いたる【至る・到る】❶(時間に)되다. ❷(場所に)이르다; 도달(到達)하다; 도착(到着)하다. ‖山頂にいたる 산꼭대기에 도달하다. ❸(ある状態に)되다. ‖大事にいたる 큰일이 나다.

いたるところ【至る所】가는 데마다; 가는 곳마다.

いたれりつくせり【至れり尽くせり】극진(極盡)함.

いたわる【労る】❶위로(慰勞)하다. ❷(同情して)친절(親切)하게 대하다.

いたん【異端】이단(異端). ♦**異端視** 이단시. **異端者** 이단자.

*__いち__【一・1】❶하나; 일(一). ‖1, 2, 3 일, 이, 삼. ❷최초(最初); 처음. ‖一からやり直す 처음부터 다시 하다. ❸최고(最高); 최상(最上); 제일(第一). ▸一か八か 되든 안 되든. ▸一から十まで 하나에서 열까지. 전부. ▸一を聞いて十を知る 하나를 들으면 열을 안다. 문일지십(聞一知十).

いち【市】❶장; 시장(市場). ‖市が立つ 장이 서다. ❷〔人が集まる場所〕사람이 많이 모이는 곳. ‖市をなす 사람이 많이 모이다.

いち【位置】위치(位置). ‖机の位置を変える 책상의 위치를 바꾸다. 会社の重要な位置にいる 회사에서 중요한 위치에 있다.

いちいたいすい【一衣帯水】일의대수(一衣帶水).

いちいち【一一】❶하나하나. ❷〔副詞的に〕일일(一一)이; 빠짐없이; 전부(全部).

いちいん【一因】원인(原因)의 하나.

いちえん【一円】❶일원(一圓); 일대(一帶). ‖ソウル一円 서울 일대. ❷〔お金〕일 엔; 적은 돈.

いちおう【一応】일단(一旦); 우선(于先). ‖一応準備はできた 일단 준비는 되었다.

いちがいに【一概に】일률적(一律的)으로; 한마디로; 통틀어서. ‖一概にそうは言えない 일률적으로 그렇게 말할 수는 없다.

いちがつ【一月・1月】일월(一月).

いちがん【一丸】일체(一體); 한덩어리; 하나. ‖一丸となって 하나가 되어.

いちぐう【一隅】한 귀퉁이; 일각(一角); 한구석.

いちぐん【一軍】❶(野球で)일군(一軍). ❷한 군대(軍隊). ❸전군(全軍).

いちげい【一芸】한 가지 재주나 기술(技術).

いちげき【一撃】일격(一擊). ‖一撃で倒す 일격에 쓰러뜨리다.

いちげん【一元】❶일원(一元). ❷《数学》일원. ‖一元一次方程式 일원 일차 방정식. ♦**一元化** 일원화. **一元論** 일원론.

いちげん【一見】(常連ではなく)처음 온 손님. ‖一見さん 처음 온 손님.

イチゴ【苺】딸기.

いちごいちえ【一期一会】일생(一生)에 한 번뿐인 만남.

いちじ【一次】일차(一次). ♦**一次産業** 일차 산업. **一次試験** 일차 시험. **一次方程式** 일차 방정식.

いちじ【一事】한 가지 일. ▸一事が万事 하나를 보면 열을 안다.

いちじ【一時】일시(一時); 잠시(暫時); 한때. ‖一時の気まぐれ 한때의 변덕. ♦**一時金** ①그때 한 번만 지급되는 돈. ②〔ボーナス〕보너스. **一時凌ぎ** 임시방편. 임시변통. **一時的** 일시적. 一時的な措置 일시적인 조치.

いちじき【一時期】한때. ‖一時期横浜に住んだことがある 한때 요코하마에 산 적이 있다.

イチジク【無花果】무화과(無花果).

いちじつせんしゅう【一日千秋】일일여삼추(一日如三秋).

いちじに【一時に】일시(一時)에; 동시(同時)에; 한번에.

いちじふさいり【一事不再理】일사부재리(一事不再理).

いちじゅん【一巡】(名하)일순(一巡). ‖打者が一巡する 타자가 일순하다.

いちじょ【一女】❶〔ひとりの娘〕딸 하나. ❷장녀(長女).

いちじるしい【著しい】현저(顯著)하다; 뚜렷하다. ‖科学技術の著しい進歩 과학 기술의 현저한 진보.

いちじん【一陣】일진(一陣).

いちず【一途】외곬; 한 가지 일에만 열중(熱中)함. ‖一途に思い込む 외곬으로 생각하다.

いちぞく【一族】일족(一族).

いちだい【一代】❶〔人の一生〕일대(一

代); 일생(一生). ‖一代記 일대기(一代記). ❷〔要職にある期間〕어떤 지위(地位)에 있는 기간(期間). ❸〔その時代〕그 시대(時代).

いちだい－【一大】 일대(一大); 중요(重要)한. ‖一大転機を迎える 일대 전기를 맞이하다. 一大発見 중요한 발견.

いちだいじ【一大事】 중대(重大)한 사건(事件).

いちだん【一団】 일단(一團); 한 떼.

いちだんらく【一段落】 (조되) 일단락(一段落). ‖一段落つく 일단락되다.

いちづける【位置付ける】 자리매김을 하다; 평가(評價)하다.

いちど【一度】 한 번. ▸一度ならず 한 번이 아니라. 몇 번이나.

いちどう【一同】 일동(一同).

いちどきに【一時に】 일시(一時)에; 한꺼번에.

いちどに【一度に】 한 번에; 일시(一時)에.

いちなん【一男】 ❶〔ひとりの息子〕아들 하나. ❷장남(長男).

いちにち【一日・1日】 ❶하루. ❷종일(終日). ❸〔ある日〕어떤 날; 어느 날. ❹〔短い時期〕짧은 시기(時期).

いちにちふつか【一日二日】 하루 이틀.

いちにのさん【一二の三】 하나 둘 셋.

いちにん【一人】 한 사람; 한 명. ♦一人称 일인칭. 一人前 ①일 인분. ②성인의 자격 또는 능력이 있음.

いちにん【一任】 (조하) 일임(一任).

いちねん【一年】 일 년(一年). ♦一年生 ①일 학년. 사회 초년생. ②(植物の) 일년생.

いちねん【一念】 일념(一念). ‖一念発起する 어떤 일을 해내려고 결심(決心)하다.

いちば【市場】 시장(市場); 장.

いちはやく【逸速く】 한발 먼저; 남보다 빨리.

*__いちばん【一番】__ ❶일번(一番); 최초(最初); 처음. ❷최고(最高); 제일(第一); 일등(一等). ‖風邪の時は寝るのが一番だ 감기 걸렸을 때는 자는 게 최고다. 一番強い 제일 강하다. ❸단(單)판 승부(勝負).

いちばんのり【一番乗り】 ‖一番乗りする 제일 먼저 도착하다.

いちぶ【一分】 ❶십 분(十分)의 일(一). ❷〔少し〕아주 적음.

いちぶ【一部】 ❶일부; 일부분(一部分). ❷(出版物の)한 질; 한 벌.

いちぶしじゅう【一部始終】 자초지종(自初至終).

いちぶぶん【一部分】 일부분(一部分).

いちべつ【一瞥】 (조하) 일별(一瞥).

いちまい【一枚】 ❶한 장(張); 한 매(枚). ‖紙1枚 종이 한 장. ❷한 수(手). ‖一枚上手 한 수(手) 위. ♦一枚岩 ①〔岩〕통반석. ②단결력이 좋음. ‖一枚岩の団結を誇る 강한 단결력을 자랑하다.

いちまつ【一抹】 일말(一抹). ‖一抹の不安 일말의 불안.

いちみゃく【一脈】 일맥(一脈). ‖一脈相(あい)通じる 일맥상통하다.

*__いちめん【一面】__ ❶일면(一面). ‖物事の一面だけを見る 사물의 일면만을 보다. ❷일대(一帶); 전체(全體). ‖一面に霧が立ち込める 일대에 안개가 끼다. ❸(新聞の)일면.

いちもうさく【一毛作】 일모작(一毛作).

いちもうだじん【一網打尽】 일망타진(一網打盡). ‖窃盗団を一網打尽にする 절도단을 일망타진하다.

いちもく【一目】 ❶(囲碁の)돌 하나; 한 집. ❷한번(番) 봄. ▸一目置く 자기보다 한 수 위임을 인정하고 경의를 표하다.

いちもくりょうぜん【一目瞭然】〃 일목요연(一目瞭然)하다.

いちもん【一文】 한푼. ♦一文無し 무일푼.

いちもんいっとう【一問一答】 (조하) 일문일답(一問一答).

いちや【一夜】 ❶〔一晩〕하룻밤. ❷〔ある晩〕어느 날 밤. ▸一夜作り 하룻밤 사이에 만듦. 급하게 만듦.

いちゃいちゃ ‖若いカップルがいちゃいちゃしている 젊은 한 쌍이 노닥거리고 있다.

いちやく【一躍】 일약(一躍). ‖一躍有名になる 일약 유명해지다.

いちゃつく (男女が)노닥거리다.

いちゅう【移駐】 (조하) 이주(移駐).

いちゅう【意中】 의중(意中). ‖意中を探る 의중을 떠보다.

いちょう【胃腸】 위장(胃腸).

イチョウ【銀杏】 은행나무.

いちよく【一翼】 일익(一翼). ‖一翼を担う 일익을 담당하다.

いちらん【一覧】 (조하) 일람(一覽). ♦一覧表 일람표.

いちらんせいそうせいじ【一卵性双生児】 일란성 쌍생아(一卵性雙生兒).

いちり【一理】 일리(一理). ‖反対意見にも一理ある 반대 의견에도 일리가 있다.

いちりつ【一律】 일률(一律). ‖一律に 일률적으로. ♦千篇一律 천편일률.

いちりつ【市立】 시립(市立). ♦市立図書館 시립 도서관.

*__いちりゅう【一流】__ 일류(一流). ‖一流大学 일류 대학. 一流の指揮者 일류 지휘자.

いちりん【一輪】 한 송이. ‖1輪の花 한 송이 꽃. ♦一輪車 외발 자전거.

いちる【一縷】 일루(一縷). ‖一縷の望み 일루의 희망.

いちるい【一塁】 (野球で)일루(一壘). ♦**一塁手** 일루수.

いちれつ【一列】 일렬(一列). ‖一列縦隊 일렬 종대. 一列に並ぶ 일렬로 서다.

いちれん【一連】 일련(一連). ‖一連の事件 일련의 사건.

いちろう【一浪】 ㊀하 재수(再修).

いつ【一】 ❶〔一つ〕일(一); 하나. ‖心を一にする 마음을 하나로 하다. ❷〔同じ〕같음. ‖軌を一にする 궤를 같이하다.

***いつ【何時】** 언제. ‖いつ戻ってきますか 언제 돌아옵니까? 誕生日はいつですか 생일이 언제입니까? いつ電話しても彼はいない 언제 전화해도 그 사람은 없다.

いつう【胃痛】 위통(胃痛).

いっか【一家】 일가; 일가족(一家族).

いつか【五日·5日】 오일(五日); 닷새.

いつか【何時か】 언제; 언젠가; 어느새. ‖いつか会えるだろう 언젠가 만날 수 있겠지.

いっかい【一介】 일개(一介). ‖一介の会社員 일개 회사원.

いっかい【一回】 한 번.

いっかいき【一回忌】 일주기(一週忌).

いっかく【一角】 일각(一角); 일부분(一部分). ‖氷山の一角 빙산의 일각.

いっかく【一画】 ❶한 획(畵). ❷(土地の)한 구획(區劃).

イッカクジュウ【一角獣】 ❶《動物》〔一角鯨〕일각고래. ❷〔ユニコーン〕유니콘.

いっかくせんきん【一獲千金】 일확천금(一攫千金).

いっかげつ【一箇月】 일 개월(一個月); 한 달.

いっかせい【一過性】 일과성(一過性).

いっかつ【一括】 ㊀하 일괄(一括).

いっかつ【一喝】 ㊀하 일갈(一喝).

いっかん【一貫】 ㊀하 일관(一貫).

いっかん【一環】 일환(一環). ‖都市計画の一環として公園をつくる 도시 계획의 일환으로 공원을 만들다.

いっき【一気】 단숨. ‖一気に読み終える 단숨에 읽어 치우다. ♦**一気呵成** 단숨에 해냄.

いっき【一期】 일기(一期).

いっきいちゆう【一喜一憂】 일희일비(一喜一悲).

いっきゅう【一級】 일급(一級).

いっきょいちどう【一挙一動】 일거일동(一擧一動).

いっきょに【一挙に】 일거(一擧)에.

いっきょりょうとく【一挙両得】 일거양득(一擧兩得).

いっけん【一件】 ❶하나의 사건(事件). ❷〔例の事柄〕그 일; 그 건(件).

いっけん【一見】 ❶㊀하 일견(一見). ‖百聞は一見に如かず 백문이 불여일견. ❷〔副詞的に〕얼핏 보기에는. ‖一見些細なことだが 얼핏 보기에는 사소한 일 같지만.

いっけんや【一軒家】 단독 주택(單獨住宅).

いっこ【一戸】 한 세대(世帶); 한 집. ♦**一戸建て** 단독 주택.

いっこ【一個】 하나; 한 개(個).

いっこう【一行】 일행(一行). ‖使節団の一行 사절단 일행.

いっこう【一考】 ㊀하 일고(一考).

いっこうに【一向に】 조금도; 전(全)혀. ‖一向に変わらない 조금도 변하지 않다.

いっこく【一刻】 ❶일각(一刻). ❷고집불통(固執不通); 옹고집(壅固執). ▸一刻を争う 일각을 다투다. ♦**一刻千金** 일각천금. **一刻者** 고집불통.

いっこく【一国】 일국(一國).

いつごろ【何時頃】 언제쯤.

いっさい【一切】 ❶전부(全部); 일체(一切). ‖一切を任せる 전부를 맡기다. ❷〔副詞的に〕일절(一切); 전혀. ‖一切知らない 전혀 모르다.

いっさくじつ【一昨日】 그저께; 그제.

いっさくねん【一昨年】 재작년(再昨年).

いっさんかたんそ【一酸化炭素】 일산화탄소(一酸化炭素).

いっしき【一式】 일식(一式); 한 벌.

いっしゅ【一種】 일종(一種).

いっしゅう【一周】 ㊀하 일주(一周). ♦**一周忌** 일주기.

いっしゅう【一蹴】 ㊀하 일축(一蹴).

いっしゅうかん【一週間】 일주일(一週日).

いっしゅん【一瞬】 일순(一瞬); 순간(瞬間).

いっしょ【一緒】 ❶〔同じ〕같음. ‖あいつと一緒にしないでくれ 저 녀석이랑 같이 취급하지 말아 줘. ❷동행(同行)함; 함께 감. ‖駅までご一緒しましょう 역까지 같이 갑시다. ❸하나로 함; 같이 감. ‖全部一緒に包んでください 전부 같이 싸 주세요.

***いっしょう【一生】** 일생(一生); 평생(平生). ‖幸せな一生を送る 행복한 일생을 보내다. 研究に一生を捧げる 연구에 평생을 바치다.

いっしょう【一笑】 ㊀하 일소(一笑).

いっしょうけんめい【一生懸命】ダ 열심(熱心)히 하다.

いっしょく【一色】 일색(一色).

いっしょくそくはつ【一触即発】 일촉즉발(一觸卽發).

いっしょけんめい【一所懸命】ダ 열심(熱心)히 하다.

いっしん【一身】 일신(一身); 한 몸. ♦**一身上** 일신상. 一身上の理由で 일신상의 이유로.

いっしん【一新】 (自他) 일신(一新). ‖面目を一新する 면모를 일신하다.
いっしん【一審】 일심(一審).
いっしんいったい【一進一退】 (自) 일진일퇴(一進一退).
いっしんとう【一親等】 일촌(一寸).
いっしんどうたい【一心同体】 일심동체(一心同體).
いっしんに【一心に】 열심(熱心)히.
いっしんふらん【一心不乱】ダ 한 가지 일에 집중(集中)하다.
いっすい【一睡】 한잠; 한숨. ‖一睡もできなかった 한숨도 못 잤다.
いっすいのゆめ【一炊の夢】 한단몽(邯鄲夢).
いっする【逸する】 ❶벗어나다. ‖常軌を逸する 상궤를 벗어나다. ❷놓치다. ‖チャンスを逸する 기회를 놓치다.
いっすん【一寸】 한 치. ▸一寸先は闇 한 치 앞을 알 수 없다. ▸一寸の光陰軽んずべからず 일촌광음 불가경. ▸一寸の虫にも五分の魂 지렁이도 밟으면 꿈틀한다.〔諺〕
いっせい【一世】 ❶일생(一生). ❷한 세대(世代); 일대(一代). ❸초대(初代). ❹(移民などの)일세(一世).
いっせい【一声】 일성(一聲).
いっせい【一斉】 일제(一齊); 동시(同時). ‖一斉にスタートする 일제히 출발하다. 一斉取り締まり 일제 단속. ♦一斉射撃 일제 사격.
いっせいちだい【一世一代】 일생(一生)에 한 번.
いっせき【一席】 ❶(演説・宴会などの) 일 회(一回). ❷수석(首席); 일등(一等). ‖一席に入選 일등 입선.
いっせきにちょう【一石二鳥】 일석이조(一石二鳥).
いっせつ【一節】 한 구절(句節).
いっせつ【一説】 일설(一說). ‖一説によれば 일설에 의하면.
いっせん【一戦】 (自他) 일전(一戰). ‖一戦を交える 일전을 벌이다.
いっせん【一線】 일선; 제일선(第一線).
いっせん【一銭】 한 푼.
いっそ 오히려; 차라리.
いっそう【一双】 (対をなすものの) 한 쌍(雙); 한 벌.
いっそう【一掃】 (自他) 일소(一掃).
いっそう【一層】 한층; 더욱; 가일층(加一層). ‖一層の努力が必要だ 가일층의 노력이 필요하다.
いっそく【一足】 (靴・靴下などの)한 켤레.
いつぞや【何時ぞや】 언젠가; 언제였는지; 언제였던가.
いったい【一体】 ❶일체(一體). ‖一体化 (自他) 일체화(一體化). ❷〔強い疑問〕도대체; 대관절. ‖一体どういうわけだ 도대체 어떻게 된 일이냐? 一体全体 도대체. 대관절.
いったい【一帯】 일대(一帶).
いつだつ【逸脱】 (自他) 일탈(逸脫).
いったん【一旦】 일단(一旦). ‖いったん家へ帰って出直す 일단 집에 들어갔다가 다시 나오다.
いったん【一端】 ❶일단(一端); 한쪽 끝. ‖ロープの一端を握る 로프의 한쪽 끝을 잡다. ❷일부분(一部分); 한 부분. ‖一端を担う 일부분을 담당하다.
*__いっち【一致】__ (自他) 일치(一致). ‖意見が一致する 의견이 일치하다. 指紋が一致する 지문이 일치하다. 偶然の一致 우연의 일치. ♦言行一致 언행일치. 一致団結 일치단결.
いっちゃく【一着】 ❶(競走などの)일 등(一等). ❷한 벌. ‖背広1着 양복 한 벌.
いっちょう【一丁】 ❶〔豆腐・包丁・料理〕하나. ‖ラーメン1丁 라면 한 그릇. 豆腐1丁 두부 한 모. ❷〔勝負事・仕事〕한 판.
いっちょういっせき【一朝一夕】 하루아침.
いっちょういったん【一長一短】 일장일단(一長一短).
いっちょくせん【一直線】 일직선(一直線).
いつつ【五つ・5つ】 다섯;〔5歳〕다섯 살.
いっつい【一対】 한 쌍(雙); 한 벌.
いってい【一定】 (自他) 일정(一定). ‖価格が一定している 가격이 일정하다. 一定の書式 일정한 서식. 間隔を一定にする 간격을 일정하게 하다.
いってき【一滴】 한 방울. ‖私は酒は一滴も飲まない 나는 술은 한 방울도 안 마신다. 一滴の水 물 한 방울.
いってきます【行ってきます】 다녀오겠습니다.
いってつ【一徹】 고집(固執); 옹고집(壅固執).
いつでも【何時でも】 언제든지; 언제라도. ‖いつでも電話してくださって結構です 언제든지 전화하셔도 괜찮습니다.
いってん【一点】 ❶한 점(點); 한 곳. ❷〔ごくわずか〕조금. ▸一点張り 한 가지 일로 일관함.
いっと【一途】 일로(一路); 한 방향(方向). ‖悪化の一途をたどる 악화 일로를 걷다.
いっとう【一党】 일당(一黨).
いっとう【一等】 일등(一等). ♦一等地 일등지.
いっとうりょうだん【一刀両断】 일도양단(一刀兩斷).
いっとき【一時】 한때; 일시(一時).
いつになく【何時になく】 보통(普通) 때와 다르게.
いつのまにか【何時の間にか】 어느새; 어느덧. ‖雨はいつの間にかやんでいた 어

느새 비는 그쳐 있었다.

いっぱ【一波】 일파(一波).

いっぱ【一派】 일파(一派); 하나의 유파(流派).

***いっぱい【一杯】** ❶한 잔(盞); 간단(簡單)하게 마심. ‖一杯の酒 한 잔의 술. 술 한 잔. 一杯やる 한 잔 하다. ❷〔溢れる〕가득 차다; 넘치다. ‖会場は人で一杯だった 회장은 사람들로 넘쳤다. 元気一杯だ 활력이 넘치다. ❸〔たくさん〕많다; 가득하다. ▸一杯食わせる 보기 좋게 속이다.

いっぱく【一泊】 (조하) 일박(一泊). ‖1泊2日の旅行 일박 이일 여행.

いっぱつ【一発】 한 방(放); 한 발(發). ‖一発の銃声 한 방의 총소리. ♦**一発回答** (労使の賃金交渉などで)한 번에 결정되는 회답. **一発勝負** 한판 승부.

***いっぱん【一般】** 일반(一般). ‖一般の家庭 일반 가정. 一般に公開する 일반에 공개하다. 一般に 일반적으로. ♦**一般化** (조하) 일반화. **一般会計** 일반 회계. **一般市民** 일반 시민. **一般庶民** 일반 서민. **一般職** 일반직. **一般人** 일반인. **一般的** 일반적. 一般的な傾向 일반적인 경향. **一般論** 일반론.

いっぴきおおかみ【一匹狼】 (說明) 조직(組織)에 속(屬)하지 않고 독자적(獨自的)인 행동(行動)을 하는 사람.

いっぴん【一品】 ❶(物の)하나. ‖料理をもう一品取る 요리를 하나 더 주문하다. ❷일품(一品); 최상(最上)의 것. ‖天下一品 천하 일품.

いっぴん【逸品】 일품(逸品).

いっぷく【一服】 (タバコ・茶・薬などの)일회분(一回分) 또는 한 번 마시는 것. ‖一服する 좀 쉬다. 한 대 피우다.

いっぷたさい【一夫多妻】 일부다처(一夫多妻).

いっぺん【一片】 ❶한 장(張). ‖一片の花びら 꽃잎 한 장. ❷일부분(一部分); 한 조각. ❸조금; 약간(若干). ‖一片の良心もない 조금의 양심도 없다.

いっぺん【一変】 (조하) 일변(一變). ‖情勢が一変する 정세가 일변하다.

いっぺんに【一遍に】 ❶동시(同時)에; 한꺼번에. ❷순식간(瞬息間)에. ‖一遍にやられた 순식간에 당했다.

いっぽ【一歩】 일보(一步); 한 걸음; 한 단계(段階). ‖崩壊の一歩手前 붕괴 일보 직전.

***いっぽう【一方】** ❶한 방향(方向); 한 방면(方面); 한편. ‖一方から考えると気の毒でもある 한편으로 생각하면 안됐기도 하다. ❷한쪽. ‖一方の手 한쪽 손. 一方に片寄る 한쪽으로 치우치다. ❸〔ますます〕…할 뿐임. ‖悪くなる一方だ 나빠질 뿐이다. ❹한편으로; 반면(反面)에. ‖弟は掃除をし, 一方妹は洗濯をした 남동생은 청소를 하고 한편으로 여동생은 빨래를 했다. ♦**一方通行** 일방통행. **一方的** 일방적. 一方的な意見 일방적인 의견. 一方的に決める 일방적으로 정하다.

いっぽん【一本】 한 판. ▸一本取る 한 판 이기다. これは一本取られた 한 방 맞았다. ♦**一本勝負** 한판 승부. **一本立ち** (조하) 독립. **一本釣り** ①〔釣り〕외줄 낚시. ②〔個別の説得〕많은 사람을 설득해야 할 때 한 사람씩 설득하는 것. **一本槍** 한 가지 방법으로 진행함.

いつまで【何時まで】 ❶언제까지. ‖この暑さはいつまで続くのだろうか 이 더위는 언제까지 계속될까? ❷〔…ても形で〕아무리. ‖いつまで待っても彼は来なかった 아무리 기다려도 그 사람은 오지 않았다.

いつまでも【何時までも】 언제까지나.

いつも【何時も】 ❶언제나; 항상(恒常). ‖彼はいつも車で出勤する 그 사람은 언제나 차로 출근한다. それではいつもの場所で 그럼 언제나 만나는 곳에서. ❷평상시(平常時); 평소(平素); 보통(普通) 때. ‖会議はいつもより遅く終わった 회의는 평소보다 늦게 끝났다.

いつわ【逸話】 일화(逸話).

いつわり【偽り】 거짓(말); 허위(虛僞).

いつわる【偽る】 거짓말을 하다; 속이다. ‖知らないと偽る 모른다고 거짓말을 하다. 年齢を偽る 나이를 속이다.

いて【射手】 사수(射手). ♦**射手座** 궁수자리.

イデオロギー【Ideologie[ド]】 이데올로기.

いでたち【出で立ち】 복장(服裝); 차림새.

いてつく【凍て付く】 얼어붙다.

いてん【移転】 (조하) 이전(移轉).

いでん【遺伝】 (조되) 유전(遺傳). ♦**遺伝子** 유전자. **遺伝子組み換え** 유전자 변형.

いと【糸】 ❶실. ‖針に糸を通す 바늘에 실을 꿰다. ‖糸で縫う 실로 꿰매다. ❷현악기(絃樂器)의 줄.

いと【意図】 (조하) 의도(意圖). ‖相手の意図を見抜く 상대방의 의도를 간파하다. これは私の意図したところではない 이것은 내가 의도한 바가 아니다. ♦**意図的** 의도적. 意図的な間違い 의도적인 실수.

いど【井戸】 우물.

いど【緯度】 위도(緯度).

いとう【厭う】 싫어하다; 꺼리다.

いどう【異動】 (조하) 이동(異動). ♦**人事異動** 인사 이동.

いどう【移動】 (조하) 이동(移動). ‖前の方に移動する 앞쪽으로 이동하다. ♦移

動図書館 이동도서관.
いとおしい【愛おしい】 사랑스럽다; 귀엽다.
いとぐち【糸口】 실마리. ‖事件解決の糸口をつかむ 사건 해결의 실마리를 찾다.
いとけない【幼けない】 어리다.
いとこ【従兄弟・従姉妹】 사촌 형제(四寸兄弟).
いどころ【居所】 거처(居處); 있는 곳.
いとこんにゃく【糸蒟蒻】 실처럼 가늘고 긴 구약(蒟蒻)나물.
いとしい【愛しい】 귀엽다; 사랑스럽다.
いとしむ【愛しむ】 소중(所重)히 여기다; 귀여워하다.
いとなむ【営む】 ❶(生活などを)영위(營爲)하다. ‖父は農業を営んでいる 아버지는 농사를 짓고 있다. 平和な生活を営む 평화로운 생활을 영위하다. ❷〔経営〕운영(運營)하다; 경영(經營)하다. ‖食堂を営む 식당을 운영하다. ❸〔支度〕준비(準備)하다.
いどばた【井戸端】 우물가. ♦井戸端会議 주부들이 모여서 하는 잡담.
いとま【暇】 ❶〔余裕〕여유(餘裕); 틈; 겨를; 짬. ‖枚挙に暇がない 너무 많아서 일일이 셀 수가 없다. ❷이별(離別); 작별(作別); 이혼(離婚). ‖暇を告げる 이별을 고하다.
いとまき【糸巻き】 ❶〔行為〕실을 감음; 〔道具〕실패. ❷ (説明) 현악기(絃樂器)의 줄을 감아 음(音)을 조정(調整)하는 장치(裝置).
イトミミズ【糸蚯蚓】 실지렁이.
いどむ【挑む】 도전(挑戰)하다. ‖エベレストに挑む 에베레스트에 도전하다. 難問に挑む 어려운 문제에 도전하다.
いとめ【糸目】 ❶가는 실. ❷(凧の)벌이줄. ▸金に糸目をつけない 돈을 아낌없이 쓰다.
いとめる【射止める】 ❶사살(射殺)하다. ❷(狙っていたものを)손에 넣다; 획득(獲得)하다.
いとも 너무나; 너무나도; 매우; 아주. ‖いとも簡単に 너무나도 간단히.
いとようじ【糸楊枝】 치실.
いとわしい【厭わしい】 싫다; 불쾌(不快)하다. ‖顔を見るのもいとわしい 얼굴을 보는 것도 싫다.
いな【否】 ❶〔否定・拒否〕아니. ‖世界平和は我々の, いな全人類の希求するところである 세계 평화는 우리들, 아니 전 인류가 바라는 바이다. ❷〔…か否かの形で〕…인지 아닌지. ‖事実か否か徹底して調べる 사실인지 아닌지 철저히 조사하다.
いない【以内】 이내(以內). ‖千円以内で買える品 천 엔 이내에 살 수 있는 물건. 10分以内に戻ります 십 분 이내에 돌아오겠습니다.
いなおる【居直る】 태도(態度)를 바꾸다.
*__いなか__【田舎】 ❶시골. ‖私は田舎で育った 나는 시골에서 자랐다. 田舎暮らしに憧れる 시골 생활을 동경하다. のどかな田舎の風景 한가로운 시골 풍경. ❷고향(故鄕). ‖田舎はどこですか 고향이 어디입니까? ♦田舎者 시골뜨기. 촌놈.
イナゴ【蝗】 메뚜기.
いなさく【稲作】 벼농사(農事).
いなずま【稲妻】 번개. ‖稲妻が走る 번개가 치다.
いなびかり【稲光】 번개.
いなほ【稲穂】 이삭.
いなむら【稲叢】 볏가리.
いなめない【否めない】 부정(否定)할 수 없다; 거역(拒逆)할 수 없다. ‖否めない事実 부정할 수 없는 사실. 否めない命令 거역할 수 없는 명령.
いなや【否や】 〔…や否やの形で〕…와[과] 동시(同時)에; …(하)자마자. ‖夜が明けるや否や出発する 날이 밝자마자 출발하다.
いなりずし【稲荷鮨】 유부초밥.
いにしえ【古】 과거(過去); 옛날.
いにゅう【移入】 (名하) 이입(移入). ‖感情移入 감정 이입.
いにん【委任】 (名하) 위임(委任). ♦委任状 위임장.
イヌ【犬】 ❶《動物》 개. ‖犬2匹を飼っている 개 두 마리를 키우고 있다. 犬は私に向かって吠えた 개가 나를 향해 짖었다. 犬をつないでおく 개를 묶어 두다. ❷〔スパイ〕스파이; 앞잡이; 끄나풀. ‖警察の犬 경찰의 끄나풀. ♦犬掻き 개헤엄. 犬死に (名하) 개죽음. 犬畜生 개. 짐승. 犬畜生にも劣るやつ 짐승만도 못한 놈.
イヌタデ【犬蓼】 개여뀌.
イヌツゲ【犬黄楊】 꽝꽝나무.
イネ【稲】 벼; 나락. ♦稲刈り 벼 베기.
いねむり【居眠り】 ‖居眠り運転をする 졸음운전을 하다.
いのこる【居残る】 (他の人が帰った後にも) 남아 있다.
イノシシ【猪】 멧돼지.
*__いのち__【命】 ❶생명(生命); 목숨. ‖命の恩人 생명의 은인. 命を落とす 목숨을 잃다. 命をかける 목숨을 걸다. 命を救う 목숨을 구하다. 命のある限りこの研究を続けたい 살아 있는 한 이 연구를 계속하고 싶다. 信用が命だ 신용이 생명이다. ❷수명(壽命).
いのちからがら【命辛辛】 겨우; 간신(艱辛)히; 가까스로. ‖命からがら逃げた 간신히 도망쳤다.
いのちごい【命乞い】 살려 달라고 빎.
いのちづな【命綱】 생명(生命) 줄.
いのちとり【命取り】 치명적(致命的)인

원인(原因)이나 결점(缺點).

いのり【祈り】 기원(祈願). ‖平和の祈りをささげる 평화를 기원하다.

いのる【祈る】 빌다; 기도(祈禱)하다; 기원(祈願)하다. ‖幸運を祈ります 행운을 빕니다. 少女は父親のために祈った 소녀는 아버지를 위해 기도했다.

いはい【位牌】 위패(位牌).

いばしょ【居場所】 거처(居處); 있는 곳.

イバラ【茨】 ❶《植物》 가시. ❷고난(苦難). ‖茨の道 가시밭길.

いばる【威張る】 뽐내다; 잘난 척하다. ‖彼の威張った態度が気に食わない 그 사람의 잘난 척하는 태도가 마음에 안 든다.

***いはん**【違反】 (㊂하) 위반(違反). ‖それは明らかに法律違反だ 그건 명백한 법률 위반이다. ♦契約違反 계약 위반. 駐車違反 주차 위반.

いびき【鼾】 코를 곪; 코를 고는 소리. ‖いびきをかく 코를 골다.

いびつ【歪】ダ 일그러지다; 비뚤어지다. ‖いびつな性格 비뚤어진 성격.

いひょう【意表】 의표(意表). ▸意表を突く 의표를 찌르다.

いびょう【胃病】 위장병(胃腸病).

いびる 괴롭히다; 못살게 굴다.

いひん【遺品】 유품(遺品).

いふう【威風】 위풍(威風). ‖威風堂々とした姿 위풍당당한 모습.

いぶかしい【訝しい】 수상(殊常)하다; 의심(疑心)스럽다.

いぶかる【訝る】 수상(殊常)하게 생각하다; 의심(疑心)하다.

いぶき【息吹】 ❶호흡(呼吸); 숨. ❷생기(生氣); 기색(氣色); 기운; 조짐(兆朕). ‖春の息吹 봄기운.

いふく【衣服】 의복(衣服); 옷. ‖衣服をまとう 옷을 걸치다.

いぶくろ【胃袋】 위(胃); 밥통.

いぶす【燻す】 연기(煙氣)를 내다; 연기가 나도록 태우다. ‖松葉をいぶす 솔잎을 태우다.

いぶつ【異物】 이물질(異物質).

いぶつ【遺物】 유물(遺物); 유품(遺品).

イブニングドレス【evening dress】 이브닝드레스.

いぶる【燻る】 제대로 안 타고 연기(煙氣)가 많이 나다.

いへき【胃壁】 위벽(胃壁).

いへん【異変】 이변(異變).

イベント【event】 이벤트.

いぼ【疣】 ❶(身体の)사마귀. ❷(ものの表面の)작은 돌기(突起).

いほう【違法】 위법(違法). ♦違法行為 위법 행위.

いほうじん【異邦人】 이방인(異邦人).

いま【居間】 거실(居室).

***いま**【今】 ❶지금(只今); 현재(現在). ‖今何時ですか 지금 몇 시입니까? やるなら今しかない 한다면 지금밖에 없다. 今これをしてください 지금 이것을 해 주십시오. 母は今旅行中だ 어머니는 지금 여행 중이다. ❷〔すぐ〕곧; 바로. ‖今すぐ行きます 곧 가겠습니다. ❸〔さらに〕더; 더욱. ‖今一度確かめる 한 번 더 확인하다. ▸今を時めく 지금 한창 유행이다.

いまいましい【忌ま忌ましい】 분하다; 화(火) 나다.

いまかいまかと【今か今かと】 이제나저제나.

いまごろ【今頃】 ❶지금(只今)쯤; 이맘때쯤. ‖今頃はもう着いているだろう 지금쯤이면 도착했겠지. ❷이제 와서; 지금 와서. ‖今頃謝っても遅い 이제 와서 사과해도 소용없다.

いまさら【今更】 ❶이제 와서; 지금 와서. ‖今更変更できない 이제 와서 변경할 수 없다. ❷〔改めて〕새삼스럽게. ‖今更言うまでもありませんが 새삼스럽게 말할 필요도 없지만.

いましめ【戒め】 주의(注意); 훈계(訓戒).

いましめる【戒める】 ❶주의(注意)를 주다; 훈계(訓戒)하다. ❷금하다.

いまだ【未だ】 아직.

いまだかつて【未だ嘗て】 지금(只今)까지 한번도.

いまだに【未だに】 여태까지; 아직까지; 지금(只今)까지. ‖未だに返事がない 지금까지 답이 없다.

いまにして【今にして】 이제 와서; 지금(只今) 와서. ‖今にして思えば 지금 와서 생각해 보면.

いまにみろ【今に見ろ】 두고 보자.

いまにも【今にも】 지금(只今)이라도; 당장(當場)이라도.

いまのいままで【今の今まで】 지금(只今)까지; 지금껏.

いまのところ【今の所】 지금(只今); 지금은.

いまひとつ【今一つ】 조금; 좀. ‖今一つ迫力に欠ける 박력이 좀 없다.

いまふう【今風】 현대식(現代式).

いまわしい【忌まわしい】 불길(不吉)하다; 꺼림칙하다; 불쾌(不快)하다.

いみ【忌み】 금기(禁忌). ♦忌み言葉 금기어.

***いみ**【意味】 ❶의미(意味); 뜻; 이유(理由). ‖単語の意味 단어의 뜻. この文は意味が通らない 이 문장은 뜻이 통하지 않는다. 意味もなく笑う 의미도 없이 웃다. 意味もなく気分が落ち込む 이유도 없이 기분이 처지다. 彼と話し合っても意味がない 그 사람하고 이야기를 해도 의미가 없다. ❷가치(價値); 중요성(重要性); 의의(意義). ‖歴史的意味 역사적 의미.

いみあけ【忌み明け】 탈상(脫喪).

いみありげ【意味有りげ】ダ 특별(特別)한 뜻이 있는 듯하다. ‖意味ありげな笑い 무슨 의미가 있는 듯한 웃음.

いみきらう【忌み嫌う】 몹시 싫어하다; 싫어서 피하다.

いみしんちょう【意味深長】ダ 의미심장(意味深長)하다.

いみづける【意味付ける】 의미(意味)를 부여(附與)하다.

いみん【移民】 ㉭하 이민(移民). ‖アメリカへ移民する 미국으로 이민 가다.

いむ【忌む】 꺼리어 피하다; 싫어하다.

イメージ【image】 이미지. ‖彼に対してはあまりいいイメージを持っていない 그 사람에 대해서는 그다지 좋은 이미지를 안 가지고 있다. イメージチェンジする 이미지를 바꾸다.

イモ【芋】 감자, 고구마, 토란(土卵) 등의 총칭(總稱).

いもうと【妹】 여동생(女同生); 〔弟の妻〕제수(弟嫂); 〔夫の妹〕시누이; 〔妻の妹〕처제(妻弟). ♦妹婿 제부.

いもづる【芋蔓】 고구마 덩굴. ▸芋蔓式に 연달아. 줄줄이.

いもむし【芋虫】 (チョウ·ガの)애벌레.

イモリ【井守】 영원(蠑螈).

いもん【慰問】 ㉭하 위문(慰問).

いや 아; 야; 이야. ‖いや, 驚いた 야, 놀랬다.

いや【否】 아니; 아니오. ‖いや, 違う 아니, 틀려. ▸否が応でも 싫든 좋든. 싫어도. ▸否も応もなく 싫든 좋든. 싫어도.

いや【嫌】ダ 싫다; 불쾌(不快)하다. ‖嫌なら行かなくてもいいんだよ 싫으면 안 가도 돼. 顔を見るのも嫌だ 얼굴도 보기 싫다.

いやいや【嫌嫌】 마지못해.

いやおう【否応】 가부(可否).

いやがらせ【嫌がらせ】 괴롭힘; 짖궂음. ‖嫌がらせを言う 짖궂은 소리를 하다.

いやがる【嫌がる】 싫어하다; 불쾌(不快)해하다; 꺼리다. ‖薬を飲むのを嫌がる 약 먹는 것을 싫어하다. 人の嫌がる仕事を引き受ける 사람들이 꺼리는 일을 떠맡다.

いやく【医薬】 의약(醫藥). ♦医薬品 의약품. 医薬部外品 의약 부외품.

いやく【意訳】 ㉭하 의역(意譯).

いやく【違約】 ㉭하 위약(違約). ♦違約金 위약금.

いやけ【嫌気】 싫증. ‖嫌気がさす 싫증이 나다.

いやしい【卑しい】 ❶(身分·地位が)낮다. ❷(粗末で)초라하다. ❸천(賤)하다; 치사(恥事)하다. ‖金に卑しい 돈에 치사하게 굴다.

いやしくも【苟も】 적어도. ‖いやしくも一国の大統領が言うことではない 적어도 일국의 대통령이 할 소리는 아니다.

いやしめる【卑しめる】 깔보다; 무시(無視)하다; 경멸(輕蔑)하다.

いやす【癒す】 (病·苦しみなどを)없애다; 치료(治療)하다.

いやというほど【嫌という程】 실컷; 질리도록; 물리도록; 지겹도록.

いやに【嫌に】 ❶〔変に〕묘(妙)하게; 이상(異常)하게. ❷〔非常に〕매우; 몹시. ‖この部屋はいやに暑い 이 방은 몹시 덥다.

いやはや 〔驚き·諦め〕어허; 허어; 거참.

イヤホン【earphone】 이어폰.

いやみ【嫌味】 불쾌감(不快感)을 주는 언행(言行). ‖いやみのない人 불쾌한 구석이 없는 사람.

いやらしい【嫌らしい】 불쾌(不快)하다; 추잡(醜雜)하다. ‖いやらしいことを言う 추잡한 소리를 하다.

***いよいよ**【愈】 ❶〔だんだん〕점점(漸漸). ‖痛みがいよいよひどくなる 통증이 점점 심해지다. ❷〔ついに〕마침내; 드디어; 결국(結局). ‖いよいよ明日出発だ 드디어 내일 출발이다. ❸〔確かに〕확실(確實)히; 정말로.

いよう【異様】ダ 이상(異常)하다; 묘(妙)하다. ‖会場は異様な雰囲気に包まれていた 회장은 묘한 분위기에 싸여 있었다.

いよう【威容】 위용(威容).

いよく【意欲】 의욕(意欲). ‖意欲に燃えている 의욕에 불타고 있다. 意欲を失う 의욕을 잃다. ♦創作意欲 창작 의욕. 意欲的 의욕적. 意欲的な活動 의욕적인 활동. 意欲的に取り組む 의욕적으로 추진하다.

いらい【以来】 이래(以來); 이래로; 이후(以後). ‖卒業して以来会っていない 졸업한 이후 만나지 못했다.

***いらい**【依頼】 ㉭하 의뢰(依賴). ‖講演を依頼する 강연을 의뢰하다. 依頼に応じる 의뢰에 응하다. 의뢰를 받아들이다. 友人の依頼で 친구의 의뢰로. ♦依頼心 의존심.

いらいら 안달해서; 초조(焦燥)하게; 짜증이 나서. ‖妹の帰りが遅いので母はいらいらした 여동생의 귀가가 늦어지자 어머니는 초조해했다. 朝早く起こされるといらいらする 아침에 빨리 깨우면 짜증이 난다.

イラク【Iraq】(国名) 이라크.

イラスト(レーション)【illustration】 일러스트레이션; 일러스트.

イラストレーター【illustrator】 일러스트레이터.

いらだたしい【苛立たしい】 조바심이 나다.

いらだつ【苛立つ】 초조(焦燥)해지다; 안달하다.

いらっしゃい 어서 오세요; 어서 와.

いらっしゃいませ 어서 오세요; 어서

오십시오.

いらっしゃる〔行く·来る·いるの尊敬語〕가시다; 오시다; 계시다. ‖今日何時の飛行機でいらっしゃいますか 오늘 몇 시 비행기로 오십니까? 先生は研究室にいらっしゃいます 선생님은 연구실에 계십니다.

イラン【Iran】《国名》이란.

いりぐち【入り口】입구(入口). ‖映画館の入り口 영화관[극장] 입구.

いりくむ【入り組む】뒤섞이다; 얽히다; 복잡(複雜)하다.

いりびたる【入り浸る】특정 장소(特定場所)에 자주 가다; 늘 그곳에 있다.

いりまじる【入り交じる】뒤섞이다.

いりまめ【炒り豆】볶은 콩.

いりみだれる【入り乱れる】뒤섞여 혼란(混亂)스럽다.

いりむこ【入り婿】데릴사위.

いりゅう【遺留】(名하) 유류(遺留). ♦**遺留品** 유류품. **遺留分** 유류분.

いりゅう【慰留】(名하) 만류(挽留).

いりょう【衣料】의류(衣類); 옷. ♦**衣料品** 옷. **衣料品店** 옷집.

いりょう【医療】의료(醫療). ♦**医療過誤** 의료 사고. **医療機関** 의료 기관. **医療保険** 의료 보험.

いりょく【威力】위력(威力). ‖金の威力 돈의 위력. 威力を発揮する 위력을 발휘하다.

いる【入る】❶〔入ること〕들어가다; 들다; 이르다. ❷〔…入るの形で〕매우[몹시] …해하다. ‖恐れ入る 몹시 미안해하다.

いる【炒る】볶다. ‖豆を炒る 콩을 볶다.

いる【要る】필요(必要)하다. ‖金が要る 돈이 필요하다. この仕事には根気が要る 이 일에는 끈기가 필요하다. 要らないものを処分する 필요 없는 물건을 처분하다.

*__いる__【居る】❶있다; 존재(存在)하다. ‖教室に誰がいますか 교실에 누가 있습니까? 今までどこにいたの 지금까지 어디에 있었니? 私は10年以上日本にいる 나는 십 년 넘게 일본에 있다. 池にはコイがいる 연못에는 잉어가 있다. もう少しここにいてくれ 조금 더 여기에 있어 줘. 釜山におじがいます 부산에 삼촌이 있어요. 彼には妻子がいる 그 사람한테는 처자식이 있다. ❷〔いないの形で〕없다. ‖家には誰もいない 집에는 아무도 없다. 私には兄弟がいません 나는 형제가 없습니다. ここにはそういう名前の人はいません 여기에 그런 이름을 가진 사람은 없습니다. ❸〔…ているの形で: 継続·進行〕…고 있다. ‖今手紙を書いている 지금 편지를 쓰고 있다. 毎日30分くらい歩いている 매일 삼십 분 정도 걷고 있다. 空を飛んでいる鳥 하늘을 날고 있는 새. 息子は高校に通っている 아들은 고등학교에 다니고 있다. ❹〔…ているの形で: 結果の持続·状態〕…어 있다. ‖入り口のドアが開いている 입구의 문이 열려 있다. 日本は海に囲まれている 일본은 바다로 둘러싸여 있다. 一日中横になっている 하루 종일 누워 있다. あそこに座っている人は誰ですか 저기 앉아 있는 사람은 누구입니까? ❺〔…でいるの形で〕…(으)로 있다; …(하)게 있다. ‖未だに独身でいる 아직도 독신으로 있다. これからも友だちでいようね 앞으로도 친구로 있자. 元気でいる 건강하게 있다. ❻〔…ずにいるの形で〕안 …고 있다. ‖服も脱がずにいる 옷도 안 벗고 있다. 彼は一言も言わずにいる 그 사람은 한마디도 안 하고 있다. 彼は未だにそれを知らずにいる 그 사람은 지금도 그것을 모르고 있다. ❼〔…ていられないの形で〕…수가 없다. ‖じっとしていられない 가만히 있을 수가 없다. ゆっくり食べていられない 천천히 먹고 있을 수가 없다.

いる【射る】쏘다.

いる【鋳る】주조(鑄造)하다.

いるい【衣類】의류(衣類); 옷; 옷가지. ♦**衣類雑貨** 의류 잡화.

イルカ【海豚】돌고래.

いるす【居留守】‖居留守を使う 있으면서 없는 척하다.

イルミネーション【illumination】일류미네이션.

いれい【異例】이례(異例). ‖異例の措置 이례적인 조치.

いれい【慰霊】위령(慰靈). ♦**慰霊祭** 위령제. **慰霊碑** 위령비.

いれかえる【入れ替える】교체(交替)하다; 대체(代替)하다.

いれかわり【入れ替わり】교대(交代). ‖入れ替わり立ち替わり 계속(繼續)해서. 끊임없이. 연달아.

いれこむ【入れ込む】❶밀어 넣다. ❷몰두(沒頭)하다; 열중(熱中)하다; 빠지다. ‖サッカーに入れ込む 축구에 빠지다.

いれずみ【入れ墨·刺青】문신(文身).

いれぢえ【入れ知恵】‖入れ知恵する 방법을 알려 주다.

いれちがう【入れ違う】❶(順序·場所などを)잘못 넣다. ❷〔入れ違いになる〕한쪽이 나간 다음에 다른 쪽이 들어오다.

いれば【入れ歯】틀니.

いれもの【入れ物】용기(容器).

*__いれる__【入れる】❶넣다; 끼우다; 들이다. ‖カメラにフィルムを入れる 카메라에 필름을 끼우다. 栗を入れたご飯 밤을 넣은 밥. 入れ歯を入れる 틀니를 끼우다. ❷(茶·コーヒーなどを)타다. ‖コーヒーを入れる 커피를 타다. ❸노력(努力)하다; 힘을 주다[쓰다]. ‖新製品

の開発に力を入れる 신제품 개발에 힘을 쓰다. ❹ 연락(連絡)하다. ‖電話を入れる 전화를 하다. ❺ 포함(包含)하다. ‖交通費を入れて千円 교통비를 포함해서 천 엔. ❻ (機械·道具などを操作して)작동(作動)시키다. ‖暖房を入れる 난방을 넣다.

*いろ【色】 ❶ 색; 색상(色相). ‖明るい色 밝은 색. ❷ 얼굴색; 표정(表情). ‖色に出る 표정에 나타나다. ❸ 종류(種類). ‖色とりどり 여러 가지. ❹ 분위기(雰圍氣); 정취(情趣). ‖秋の色 가을 정취. ❺ 연애(戀愛); 정사(情事).

いろあい【色合い】 색조(色調); 색상(色相).

いろあせる【色褪せる】 퇴색(退色)하다.

*いろいろ【色色】 여러 가지; 이것저것. ‖色々な品を並べる 여러 가지 물건들을 늘어놓다. 色々(と)ご面倒おかけしました 여러모로 폐를 많이 끼쳤습니다. 色々(と)考えてみる 이것저것 생각해 보다.

いろう【慰労】 (る하) 위로(慰勞).

いろえんぴつ【色鉛筆】 색연필(色鉛筆).

いろおち【色落ち】 (る하) 탈색(脫色).

いろおとこ【色男】 미남(美男).

いろおんな【色女】 미인(美人).

いろか【色香】 ❶ 색상(色相)과 향기(香氣). ❷ 여성(女性)의 매력(魅力).

いろがみ【色紙】 색종이. ‖色紙で鶴を折る 색종이로 종이학을 접다.

いろがわり【色変わり】 ❶ (る하) 변색(變色). ❷〔色違い〕모양(模樣)은 같고 색만 다름.

いろぐろ【色黒】 피부(皮膚)가 검음.

いろけ【色気】 ❶ 성적 매력(性的魅力). ❷ 이성(異性)에 대한 관심(關心).

いろこい【色恋】 연애(戀愛); 정사(情事).

いろじろ【色白】 피부(皮膚)가 흼.

いろずり【色刷り】 칼라 인쇄(印刷).

いろちがい【色違い】 모양(模樣)은 같고 색만 다름.

いろづく【色付く】 물들다. ‖もみじが色づく 단풍이 물들다.

いろっぽい【色っぽい】 관능적(官能的)이다; 요염(妖艶)하다.

いろつや【色艶】 피부색(皮膚色)과 광택(光澤); 윤기(潤氣).

いろどり【彩り】 채색(彩色).

いろどる【彩る】 채색(彩色)하다.

いろは【伊呂波】 ❶ (説明) 히라가나 47 자를 한 자씩 넣어 만든 노래의 처음 3 글자. ‖いろは順 가나다순. ❷ 초보(初步); 기초(基礎). ‖経営のいろは 경영의 기초.

いろめ【色目】 ❶ 색조(色調). ❷ 추파(秋波). ‖色目を使う 추파를 던지다.

いろめがね【色眼鏡】 색안경(色眼鏡). ‖色眼鏡で見る 색안경을 끼고 보다.

いろめきたつ【色めき立つ】 술렁거리다; 동요(動搖)하다.

いろめく【色めく】 ❶ 활기(活氣)를 띠다. ❷ 요염(妖艶)해지다; 성숙(成熟)해지다.

いろもの【色物】 ❶ (服·布などで)흑백 이외(黑白以外)의 색이 있는 것. ‖色物のシャツ 색깔이 있는 셔츠. ❷ (寄席で)중심 공연 이외(中心公演以外)의 만담(漫談)이나 곡예(曲藝).

いろもよう【色模様】 채색(彩色)된 모양(模樣).

いろわけ【色分け】 ❶ 채색(彩色)을 달리하여 구별(區別)함. ❷ 분류(分類). ‖考え方で人々を色分けする 사고방식으로 사람들을 분류하다.

いろん【異論】 이론(異論). ‖異論を唱える 이론을 제기하다.

いわ【岩】 바위; 암석(岩石).

いわい【祝い】 축하(祝賀). ‖祝い事 축하(祝賀)할 일. 祝い酒 축하주(祝賀酒).

いわう【祝う】 축하(祝賀)하다. ‖結婚を祝う 결혼을 축하하다.

いわかん【違和感】 위화감(違和感). ‖違和感を覚える 위화감을 느끼다.

いわく【曰く】 ❶ 사정(事情); 이유(理由). ❷〔副詞的に〕왈; 말씀하시기를. ‖先生曰く… 선생님께서 말씀하시기를….

いわくつき【曰く付き】 ❶ 복잡(複雜)한 사정(事情)이 있음. ❷ 과거(過去)가 있음. ‖曰く付きの男 과거가 있는 남자.

イワシ【鰯】 정어리. ♦鰯雲 권적운.

いわずとしれた【言わずと知れた】 말하지 않아도 아는; 알려진.

イワナ【岩魚】 곤들매기.

いわば【言わば】 말하자면.

いわば【岩場】 바위가 많은 곳.

いわぶろ【岩風呂】 (説明) 바위의 움푹한 곳을 이용(利用)해서 만든 욕조(浴槽).

いわやま【岩山】 돌산.

いわゆる【所謂】 소위(所謂); 소위 말하는.

いわれ【謂れ】 ❶ 유래(由來); 내력(來歷). ❷ 이유(理由).

いん【陰】 음(陰); 마이너스.

いん【韻】 운(韻). ▸韻を踏む 운을 달다.〔慣〕

いんうつ【陰鬱】ダ 음울(陰鬱)하다.

いんえい【陰影】 음영(陰影).

いんか【引火】 (る되) 인화(引火).

いんが【因果】 ❶ 인과(因果). ‖因果関係 인과 관계. ❷ 업보(業報). ❸ 불운(不運). ♦因果応報 인과응보. 因果律 인과율.

いんが【印画】 인화(印畫). ♦印画紙 인화지.

いんがい【院外】 원외(院外).

いんかく【陰核】 음핵(陰核).
いんかん【印鑑】 인감(印鑑); 도장(圖章). ♦印鑑証明 인감 증명.
いんき【陰気】 음기(陰氣). ‖陰気臭い 음침(陰沈)하다. 음울(陰鬱)하다.
いんきょ【隠居】 (호하) 은거(隱居); 은둔(隱遁).
いんきょく【陰極】 음극(陰極).
いんぎん【慇懃】ダ 정중(鄭重)하다. ♦慇懃無礼 겉으로는 정중하나 속으로는 업신여기다.
インク【ink】 잉크. ♦インクジェットプリンター 잉크 제트 프린터.
いんけい【陰茎】 음경(陰莖).
いんけん【陰険】ダ 음험(陰險)하다. ‖陰険な人 음험한 사람.
インゲンマメ【隠元豆】 까치콩; 작두(鵲豆).
インコ【鸚哥】 잉꼬.
いんご【隠語】 은어(隱語).
インサイダー【insider】 인사이더.
インサイド【inside】 인사이드.
いんさつ【印刷】 (호하) 인쇄(印刷). ‖年賀状を印刷する 연하장을 인쇄하다. ♦印刷所 인쇄소. 印刷物 인쇄물.
いんし【因子】 인자(因子). ♦遺伝因子 유전 인자.
いんし【印紙】 인지(印紙). ♦収入印紙 수입 인지. 印紙税 인지세.
いんしつ【陰湿】ダ 음습(陰濕)하다.
いんしゅ【飲酒】 (호하) 음주(飮酒). ♦飲酒運転 음주 운전.
いんしゅう【因習】 인습(因習). ‖因習に縛られる 인습에 얽매이다. 因習を打ち破る 인습을 타파하다.
インシュリン【insulin】 인슐린.
いんしょう【引証】 (호하) 인증(引證).
いんしょう【印章】 인장(印章); 도장(圖章).
いんしょう【印象】 인상(印象). ‖よい印象を与える 좋은 인상을 주다. 第一印象 첫인상. ♦印象主義 인상주의. 印象派 인상파. 印象的 인상적. 印象的な光景 인상적인 광경.
いんしょく【飲食】 음식(飮食). ‖過度に飲食する 많이 먹다.
いんしん【陰唇】 음순(陰脣).
いんすう【因数】 인수(因數). ♦因数分解 인수 분해.
インスタント【instant】 인스턴트. ♦インスタントラーメン 인스턴트 라면.
インストール【install】 (호하) 인스톨.
インストラクター【instructor】 인스트럭터.
いんせい【陰性】 음성(陰性).
いんぜい【印税】 인세(印稅).
いんせき【引責】 (호하) 인책(引責).
いんせき【姻戚】 인척(姻戚). ♦姻戚関係 인척 관계.
いんせき【隕石】 운석(隕石).
いんそつ【引率】 (호하) 인솔(引率). ‖生徒を引率する 학생들을 인솔하다.
インターチェンジ【interchange】 인터체인지.
インターネット【Internet】 인터넷.
インターフェロン【interferon】 인터페론.
インターホン【interphone】 인터폰.
インターン【intern】 인턴. ♦インターンシップ 인턴십.
いんたい【引退】 (호하) 은퇴(隱退).
いんたい【隠退】 (호하) 은퇴(隱退).
インタビュー【interview】 (호하) 인터뷰.
インチ【inch】 …인치.
いんちき 부정(不正); 속임수. ‖いんちきをする 속임수를 쓰다.
いんちょう【院長】 원장(院長).
インデックス【index】 인덱스; 색인(索引).
インテリ【←intelligentsiya[ロ]】 인텔리.
インテリア【interior】 인테리어.
インテリジェント【intelligent】 인텔리전트.
インド【←India】《国名》 인도(印度).
インド【India】《国名》 인디아.
いんとう【咽頭】 인두(咽頭); 목구멍.
いんとう【淫蕩】ダ 음탕(淫蕩)하다.
いんどう【引導】 인도(引導).
いんとく【隠匿】 (호하) 은닉(隱匿). ‖犯人を隠匿する 범인을 은닉하다.
イントネーション【intonation】 인토네이션.
インドネシア【Indonesia】《国名》 인도네시아.
いんとん【隠遁】 (호하) 은둔(隱遁).
いんない【院内】 ❶(国会の)원내(院內). ‖院内交渉団体 원내 교섭 단체. ❷(病院などの)원내. ‖院内感染 원내 감염.
いんにく【印肉】 인주(印朱).
いんねん【因縁】 인연(因緣); 관계(關係).
いんのう【陰嚢】 음낭(陰囊).
インパクト【impact】 임팩트; 충격(衝擊).
いんぶ【陰部】 음부(陰部).
インフォーマル【informal】ダ 비공식적(非公式的)이다.
インフォームドコンセント【informed consent】 인폼드컨센트.
インプット【input】 (호하) 인풋.
インフラ【←infrastructure】 인프라.
インプラント【implant】《医学》 임플랜트.
インフルエンザ【influenza】 인플루엔자.
インフレ(ーション)【inflation】 인플레이션; 인플레.
いんぶん【韻文】 운문(韻文).
いんぺい【隠蔽】 (호하) 은폐(隱蔽). ‖事

実を隠蔽する 사실을 은폐하다.
いんぼう【陰謀】 음모(陰謀). ‖陰謀をめぐらす 음모를 꾸미다.
いんめつ【隠滅】 ⓢ하 인멸(湮滅). ‖証拠隠滅 증거 인멸.
いんもう【陰毛】 음모(陰毛).
いんゆ【隠喩】 은유(隱喩).
いんよう【引用】 ⓢ하 인용(引用). ‖古典の例を引用する 고전의 예를 인용하다. ♦引用文 인용문.
いんよう【陰陽】 음양(陰陽). ‖陰陽五行説 음양오행설.
いんらん【淫乱】ダ 음란(淫亂)하다.
いんりつ【韻律】 음률(音律).
いんりょう【飲料】 음료(飮料). ♦飲料水 음료수.
いんりょく【引力】 인력(引力). ♦万有引力 만유인력.
いんれき【陰暦】 음력(陰曆).

う

ウ【鵜】 가마우지.
ういういしい【初初しい】 청순(淸純)하다; 순진(純眞)하다; 싱그럽다.
ういざん【初産】 초산(初産).
ウイスキー【whisky】 위스키.
ウイルス【Virus ドイ】 바이러스.
ウインカー【winker】 (自動車の)깜박이.
ウインク【wink】 ⓢ하 윙크.
ウインドーショッピング【window-shopping】 아이쇼핑.
ウインドサーフィン【windsurfing】 윈드서핑.
ウインナーコーヒー【Wiener+coffee 日】 비엔나커피.
ウインナーソーセージ【Wiener+sausage 日】 비엔나소시지.
ウール【wool】 울. ♦ウールマーク 울 마크.
ウーロンちゃ【烏龍茶】 우롱차.
ううん ❶〔否定〕아니. ❷〔困った時〕으응; 응.
***うえ【上】** ❶위. ‖上を向く 위를 향하다. 机の上に置く 책상 위에 놓다. ❷표면(表面); 외부(外部). ❸…에 관한 것. ‖仕事の上の話 일에 관한 이야기. ❹〔…した上にの形で〕…에 더해; 게다가; …데다가. ‖彼は頭がよい上に, 実行力もある 그 사람은 머리가 좋은데다가 실행력도 있다. ❺〔…した上での形で〕…한 후에; …하고 나서. ‖署名押印の上窓口に提出してください 서명, 날인한 후에 창구에 제출해 주십시오. ❻〔…した上はの形で〕…한 이상(以上)은. ❼〔…上で(は)の形で〕…상으로는. ‖理論の上ではそうだが, 実際はどうか 이론상으로는 그렇지만 실제로는 어떨지. ❽〔敬称〕님. ‖母上 어머님. ▸上には上がある 뛰는 놈 위에 나는 놈 있다.〔諺〕
うえ【飢え】 굶주림; 기아(飢餓). ♦飢え死に ⓢ하 아사. 飢え死にする 굶어 죽다. 아사하다.
ウエイトトレーニング【weight training】 웨이트 트레이닝.
ウエーター【waiter】 웨이터.
ウエートレス【waitress】 웨이트리스.
うえき【植木】 정원수(庭園樹); 분재(盆栽). ♦植木鉢 화분.
うえした【上下】 ❶위아래. ❷〔逆さま〕거꾸로 됨. ‖上下になる 거꾸로 되다.
ウエスト【waist】 웨이스트.
うえつける【植え付ける】 ❶(植木などを)옮겨 심다. ❷(思想・考え方などを)심어 주다. ‖民主主義の思想を植え付ける 민주주의 사상을 심어 주다.
ウエハース【wafers】 웨하스.
ウェブ【web】 웹. ♦ウェブサイト 웹 사이트. ウェブマスター 웹마스터.
うえる【飢える】 굶다; 굶주리다.
うえる【植える】 ❶심다. ‖木を植える 나무를 심다. ❷(新しい思想などを)심다; 심어 주다. ‖男女平等の思想を植える 남녀평등 사상을 심어 주다.
ウエルターきゅう【welter 級】 (ボクシングで)웰터급.
うお【魚】 물고기. ♦魚市場 어시장. 魚座 물고기자리.
うおうさおう【右往左往】 ⓢ하 우왕좌왕(右往左往).
ウォーミングアップ【warming-up】 ⓢ하 워밍업.
うおのめ【魚の目】 티눈.
ウォン〔韓国の通貨単位〕…원(₩).
うかい【迂回】 ⓢ하 우회(迂回). ♦迂回路 우회로. 迂回生産 우회 생산.
うかい【鵜飼い】 가마우지에게 물고기를 잡게 함.
うがい【嗽】 ‖うがいする 양치질을 하다. 입 안을 물로 가셔내다.
うかうかする 깜박하다; 멍청하다.
うかがう【伺う】 ❶〔聞く・尋ねるの謙譲語〕여쭙다; 여쭤 보다. ‖そのことについて伺いたいのですが 그 점에 대해서 여쭤 보고 싶은데요. ❷〔訪問するの謙譲語〕찾아뵙다; 찾아가다. ‖今度お宅へ伺います 이 다음에 자택으로 찾아뵙겠습니다.
うかがう【窺う】 ❶〔のぞき見る〕엿보다. ❷추측(推測)하다; 짐작(斟酌)하다. ‖親の顔色を窺う 부모의 눈치를 보다. ❸틈을 보다; 기회(機會)를 노리다. ‖隙を窺う 기회를 노리다.
うかせる【浮かせる】 ❶띄우다. ‖水に花を浮かせる 물에 꽃을 띄우다. ❷(お金などを)남기다. ‖旅費を浮かせる 여비를 남기다.

うかつ【迂闊】ダ 주의(注意)가 부족(不足)하다; 깜박하다; 경솔(輕率)하다. ‖うかつなことだ 경솔한 짓이다.

うがつ【穿つ】❶(穴を)뚫다; 파다. ‖岩をうがって道を通す 바위를 뚫어 길을 내다. ❷(裏面の事情を)꿰뚫다.

うかぬかお【浮かぬ顔】어두운 얼굴; 걱정스러운 얼굴. ‖浮かぬ顔をしている 걱정스러운 얼굴을 하고 있다.

うかびあがる【浮かび上がる】❶(水面・空中に)떠오르다. ❷(表面に)나오다; 드러나다. ❸(生活・地位などが)좋아지다.

***うかぶ**【浮かぶ】❶떠오르다; 부상(浮上)하다. ‖名案が浮かぶ 명안이 떠오르다. 心に浮かぶ 마음에 떠오르다. ❷드러나다; 나타나다. ‖不快の色が顔に浮かぶ 얼굴에 불쾌한 기색이 드러나다.

うかべる【浮かべる】띄우다; 떠올리다. ‖舟を浮かべる 배를 띄우다. 笑みを浮かべる 미소를 띄우다[짓다].

うかる【受かる】합격(合格)하다; 붙다. ‖試験に受かる 시험에 합격하다.

うかれる【浮かれる】들뜨다.

ウガンダ【Uganda】《国名》우간다.

うき【雨季・雨期】우기(雨期).

うきあがる【浮き上がる】❶(水面・空中に)떠오르다. ❷(地面・床が)들뜨다. ❸(輪郭が)드러나다. ❹동떨어지다. ‖指導部は大衆から浮き上がっている 지도부는 대중과 동떨어져 있다.

うきうき【浮き浮き】〔心がはずんで〕들떠서.

うきぐも【浮き雲】❶〔雲〕뜬구름. ❷〔状態〕불안정(不安定)함.

うきしずみ【浮き沈み】㊂하 부침(浮沈). ‖浮き沈みが激しい 부침이 심하다.

うきだす【浮き出す】뚜렷하게 드러나다.

うきたつ【浮き立つ】(気持ちが)들뜨다.

うきでる【浮き出る】뚜렷하게 드러나다.

うきはし【浮き橋】부교(浮橋).

うきぶくろ【浮き袋】❶구명대(救命帶). ❷《魚介類》부레.

うきぼり【浮き彫り】❶《美術》부조(浮彫). ❷부각(浮刻). ‖両者の違いが浮き彫りになる 양쪽의 차이가 부각되다.

うきめ【憂き目】괴로움; 괴롭고 슬픈 경험(經驗). ‖憂き目を見る 괴로운 경험을 하다.

うきよ【浮き世】덧없고 고달픈 세상(世上); 현실 세계(現實世界); 속세(俗世). ♦**浮世絵** (江戸時代の)풍속화.

うきわ【浮き輪】구명(救命)튜브.

うく【浮く】❶(水面・空中に)뜨다. ‖空に浮く雲 하늘에 떠 있는 구름. ❷(表面に)나타나다; 드러나다. ❸(時間・費用などが)남다. ‖旅費が浮く 여비가 남다. ❹〔ぐらぐらする〕흔들거리다. ‖歯が浮く 이빨이 흔들거리다. ❺(気持ちが)밝다; 들뜨다. ‖浮かない顔 시무룩한 얼굴.

ウグイス【鶯】휘파람새. ♦**鶯色** 올리브색.

ウクライナ【Ukraina】《国名》우크라이나.

ウクレレ【ukulele】우쿨렐레.

うけ【受け・請け】❶받음; 받침; 함(函). ‖郵便受け 우편함. ❷평판(評判); 평가(評價); 인기(人氣). ‖女性に受けがいい店 여자들에게 인기가 있는 가게. ❸방어(防禦); 수비(守備). ‖受けに回る 수비로 돌아서다. ❹승낙(承諾). ❺보증인(保證人).

うけあう【請け合う】인수(引受)하다; 보증(保證)하다.

うけい【右傾】㊂하 우경(右傾).

***うけいれる**【受け入れる】받아들이다. ‖難民を受け入れる 난민을 받아들이다. 反対意見を受け入れる 반대 의견을 받아들이다. 受け入れ難い要求 받아들이기 어려운 요구.

うけおい【請負】청부(請負). ♦**請負師** 청부업자.

うけおう【請け負う】청부(請負)를 맡다.

うけぐち【受け口】❶물건(物件)을 받아들이는 곳. ❷〔口〕아랫입술이 윗입술보다 튀어나온 입.

うけこたえ【受け答え】㊂하 대답(對答); 응답(應答).

うけざら【受け皿】❶(カップなどの)받침. ❷일을 받아들이는 곳; 떠맡는 곳.

うけたまわる【承る】❶〔聞くの謙譲語〕듣다; 전해 듣다. ‖先生のご意見を承る 선생님의 의견을 듣다. 承るところによりますと 전해 들은 바에 의하면. ❷〔引き受けるの謙譲語〕받다. ‖ご用命を承る 주문을 받다.

うけつぐ【受け継ぐ】계승(繼承)하다; 잇다; 이어받다; 물려받다. ‖親から受け継いだ気質 부모로부터 물려받은 기질.

うけつけ【受付・受け付け】❶㊂하 접수(接受). ‖願書の受付 원서 접수. 9時から受け付けする 아홉 시부터 접수하다. ❷접수처(接受處); 안내소(案內所).

うけつける【受け付ける】접수(接受)하다. ‖応募書類を受け付ける 응모 서류를 접수하다.

うけて【受け手】받는 사람.

うけとめる【受け止める】받아들이다. ‖事態を深刻に受け止める 사태를 심각하게 받아들이다.

うけとり【受け取り】❶수취(受取). ‖受け取り人 수취인(受取人). ❷영수(領

う

收); 인수증(引受證).

*うけとる【受け取る】 ❶받다. ‖彼はお金を受け取ろうとしなかった 그 사람은 돈을 받으려고 하지 않았다. ❷해석(解釋)하다; 이해(理解)하다. ‖何でも善意に受け取る人もいる 뭐든지 선의로 해석하는 사람도 있다.

うけながす【受け流す】 가볍게 받아넘기다.

うけみ【受け身】 ❶공격(攻擊)을 받는 입장(立場). ❷(柔道の)낙법(落法). ❸(言語)수동태(受動態).

うけもつ【受け持つ】 담당(擔當)하다; 담임(擔任)하다; 담임을 맡다. ‖1年A組を受け持つ 일 학년 에이 반 담임을 맡다.

*うける【受ける·請ける】 ❶받다; 받아들이다. ‖ボールを手で受ける 공을 손으로 받다. 挑戦を受ける 도전을 받다. 罰を受ける 벌을 받다. 注文を請ける 주문을 받다. 手術を受ける 수술을 받다. とても受けられない条件 도저히 받아들일 수 없는 조건. ❷(試験を)치르다; 보다; 치다. ‖試験を受ける 시험을 보다. ❸호평(好評)을 받다. ❹인수(引受)하다.

うけわたし【受け渡し】 ❶주고받음. ❷(取引で)대금(代金)을 받고 물건을 건네줌.

うご【雨後】 비가 갬; 비가 갠 후. ▸雨後の筍 우후죽순.

うごうのしゅう【烏合の衆】 오합지졸(烏合之卒).

*うごかす【動かす】 ❶움직이다. ‖車を動かす 차를 움직이다. 腕をちょっとでも動かすと痛い 팔을 조금이라도 움직이면 아프다. 健康のためには少し体を動かした方がいい 건강을 위해서는 몸을 조금 움직이는 게 좋다. 日本を動かしている人々 일본을 움직이고 있는 사람들. 人々の熱意が行政当局を動かした 사람들의 열의가 행정 당국을 움직였다. 動かし難い事実 움직일 수 없는 사실. ❷〔移動〕옮기다. ‖机を窓際に動かす 책상을 창쪽으로 옮기다. テーブルを部屋の真ん中に動かそう 테이블을 방 한가운데로 옮기자. ❸조작(操作)하다. ‖機械を動かす 기계를 조작하다.

うごき【動き】 움직임; 동향(動向). ‖世の中の動き 세상의 움직임. 世界経済の動き 세계 경제의 동향. 動きが取れない 움직일 수가 없다. 꼼짝 할 수가 없다.

うごきまわる【動き回る】 이리저리 돌아다니다; 활약(活躍)하다.

*うごく【動く】 ❶움직이다. ‖車が動き出す 차가 움직이기 시작하다. 気持ちが動く 마음이 움직이다. 動くな. 動くと撃つぞ 움직이지 마라. 움직이면 쏘겠다. 部下が思うように動いてくれない 부하가 마음대로 움직여 주지 않다. ❷활동(活動)하다; 작동(作動)하다. ‖風で動く発電装置 바람으로 작동하는 발전 장치.

うごめかす【蠢かす】 벌름거리다. ‖鼻をうごめかす 코를 벌름거리다.

うごめく【蠢く】 꿈틀거리다.

うこん【鬱金】(植物) 울금(鬱金). ♦鬱金色 붉은빛을 띤 선명한 노란색.

うさ【憂さ】 우울(憂鬱)함; 근심. ‖憂さを晴らす 우울함을 떨쳐 버리다.

ウサギ【兎】 토끼. ‖ウサギ1羽 토끼 한 마리. ♦アンゴラウサギ 앙고라토끼. 山[野]ウサギ 산토끼. 兎小屋 ① 토끼집. ②〔比喩的に〕일본의 좁은 주거 환경. 兎跳び 토끼뜀.

うざったい 성가시다; 귀찮다.

うさばらし【憂さ晴らし】 (호하)기분 전환(氣分轉換). ‖うさばらしに酒でも飲みに行こう 기분 전환하게 술이라도 마시러 가자.

うさんくさい【胡散臭い】 어딘지 모르게 수상(殊常)하다; 의심(疑心)스럽다.

ウシ【牛】 소. ‖牛1頭 소 한 마리. ▸牛の歩み 일의 진행이 느림.

うじ【氏】 ❶씨; 씨족(氏族). ❷성(姓); 집안. ▸氏より育ち 집안보다 자란 환경이 중요함.

うじ(むし)【蛆虫】 구더기.

うじうじ 우물쭈물; 머뭇머뭇.

うしお【潮】 ❶바닷물. ❷조수(潮水); 조류(潮流). ♦潮汁 소금만으로 간을 한 국.

ウシガエル【牛蛙】 황소개구리.

うじがみ【氏神】 ❶씨족신(氏族神). ❷태어난 토지(土地)를 수호(守護)하는 신.

うじこ【氏子】 같은 씨족신(氏族神)을 모시는 사람.

*うしなう【失う】 ❶잃다; 상실(喪失)하다; 여의다. ‖自信を失う 자신을 잃다. 山中で道を失う 산속에서 길을 잃다. 英語に興味を失う 영어에 흥미를 잃다. 事故で父を失う 사고로 아버지를 여의다. ❷〔取り逃がす〕놓치다. ‖機会を失う 기회를 놓치다.

うじゃうじゃ (うじ虫などが)바글바글; 우글우글.

*うしろ【後ろ】 뒤. ‖後ろを振り向く 뒤를 돌아보다. 後ろへもたれる 뒤로 기대다. 後ろから声をかける 뒤에서 말을 걸다. もう少し後ろに下がってください 조금 더 뒤로 물러서 주십시오. ▸後ろを見せる 도망가다. 약점을 보이다.

うしろあし【後ろ足·後ろ脚】 뒷발.

うしろあわせ【後ろ合わせ】 등을 맞댐.

うしろがみ【後ろ髪】 뒷머리. ▸後ろ髪を引かれる 미련이 남다.

うしろすがた【後ろ姿】 뒷모습.
うしろだて【後ろ楯】 후원; 후원자(後援者).
うしろで【後ろ手】 양손을 뒤로 돌림.
うしろまえ【後ろ前】 앞뒤가 바뀜.
うしろむき【後ろ向き】 ❶등을 돌림. ❷소극적(消極的)인 태도(態度).
うしろめたい【後ろめたい】 뒤가 켕기다.
うしろゆび【後ろ指】 ‖人に後ろ指を指される 남의 손가락질을 당하다.
うす【臼】 절구; 맷돌.
うず【渦】 소용돌이. ‖渦を巻く 소용돌이치다.
うすあかり【薄明かり】 ❶희미(稀微)한 빛. ❷일출 전(日出前)이나 일몰 후(日沒後)의 어스름함.
うすあじ【薄味】 삼삼한 맛; 담백(淡白)한 맛.
うすい【雨水】 ❶빗물. ❷(二十四節気の)우수(雨水).
*うすい【薄い】 ❶〔厚みが少ない〕얇다. ‖薄い唇 얇은 입술. ❷〔濃度・密度が小さい〕열다; 연(軟)하다. ‖薄いピンク 연분홍. ❸〔物事の程度が弱い〕적다; 약(弱)하다; 얕다. ‖関心が薄い 관심이 적다.
うすうす【薄薄】 왠지; 어쩐지; 어렴풋이. ‖薄々感づいているようだ 어렴풋이 눈치를 챈 것 같다.
うずうず 근질근질. ‖発言したくてうずうずする 발언하고 싶어서 입이 근질근질하다.
うすがみ【薄紙】 얇은 종이.
うすぎ【薄着】 ‖薄着して風邪を引く 옷을 얇게 입어서 감기 걸리다.
うすぎたない【薄汚い】 약간(若干) 더럽다.
うすぎり【薄切り】 ‖レモンを薄切りにする 레몬을 얇게 썰다.
うずく【疼く】 ❶(傷が)욱신거리다. ❷(心が)아프다.
うすくちしょうゆ【薄口醤油】 묽은 간장.
うずくまる【蹲る】 웅크리다; 쪼그리다.
うすぐらい【薄暗い】 약간(若干) 어둡다; 침침(沈沈)하다.
うすくれない【薄紅】 연분홍(軟粉紅).
うすじお【薄塩】 소금간을 싱겁게 함; 재료(材料)에 살짝 소금을 뿌림.
うずしお【渦潮】 소용돌이치며 흐르는 바닷물.
ウスターソース【Worcester sauce】 우스터소스.
うずたかい【堆い】 수북하다.
うすっぺら【薄っぺら】ダ 매우 얇다.
うすで【薄手】 (紙・布・陶器などが)얇음.
ウスバカゲロウ【薄羽蜻蛉】 명주잠자리.
うすび【薄日】 약한 햇살.
ウズベキスタン【Uzbekistan】 《国名》 우즈베키스탄.
うずまき【渦巻き】 소용돌이.
うずまく【渦巻く】 소용돌이치다.
うすまる【薄まる】 (味などが)싱거워지다; 묽어지다; (色が)열어지다.
うずまる【埋まる】 ❶묻히다; 파묻히다. ‖雪で埋まる 눈에 파묻히다. ❷꽉 차다. ‖会場が人で埋まる 회장이 사람들로 꽉 차다.
うすみどり【薄緑】 연초록(軟草綠).
うすめ【薄め】ダ 약(弱)하다; 열다.
うすめ【薄目】 실눈. ‖薄目を開ける 실눈을 뜨다.
うすめる【薄める】 연하게 하다; 묽게 하다.
うずめる【埋める】 ❶(地面に)묻다. ‖庭に埋める 뜰에 묻다. ❷〔一杯にする〕채우다; 메우다. ‖会場を埋めた大観衆 회장을 메운 수많은 관중들.
うすもの【薄物】 얇은 옷.
うずもれる【埋もれる】 묻히다.
うすやき【薄焼き】 얇게 구운 것.
ウズラ【鶉】 메추라기; 메추리. ♦うずら豆 강낭콩.
うすらぐ【薄らぐ】 약해지다; (痛みなどが)좀 갈아앉다. ‖痛みが薄らぐ 통증이 좀 갈아앉다.
うすらさむい【薄ら寒い】 조금 춥다.
うすれる【薄れる】 약해지다; (愛情などが)식다; (可能性が)희박(稀薄)하다; (記憶が)희미(稀微)하다. ‖愛情が薄れる 애정이 식다. 記憶が薄れる 기억이 희미하다.
うせつ【右折】 (ス하) 우회전(右回轉).
うせる【失せる】 ❶〔消える〕없어지다; 사라지다. ❷〔死ぬ〕죽다. ❸〔去る〕가다; 꺼지다.
*うそ【嘘】 거짓말. ‖うそをつく 거짓말을 하다. うそのような話 거짓말 같은 이야기. 真っ赤なうそ 새빨간 거짓말. うそ発見器 거짓말 탐지기. ♦うそつき 거짓말쟁이. うそっぱち 거짓말. とんでもないうそっぱちだ 터무니없는 거짓말이다. ▸嘘八百 거짓말투성이. 온통 거짓말임. 嘘八百を並べる 마구 거짓말을 늘어놓다.
ウソ【鷽】《鳥類》 피리새.
うた【歌・詩】 ❶노래. ‖歌を歌う 노래를 부르다. 歌がうまい人 노래를 잘하는 사람. ❷(日本式の)단가(短歌). ❸시(詩). ‖初恋の詩 첫사랑을 노래한 시.
うたいもんく【謳い文句】 캐치프레이즈.
*うたう【歌う】 노래하다; (노래를)부르다. ‖歌を歌う 노래를 부르다. 大きな声で歌う 큰 소리로 노래를 부르다. 鼻歌を歌う 콧노래를 부르다.
うたう【謳う】 ❶(和歌・詩を)짓다. ❷구가(謳歌)하다. ❸주장(主張)하다;

언명(言明)하다.

うだうだ (無駄口を)구시렁구시렁.

*__うたがい__【疑い】 의심(疑心). ‖疑いが晴れる 의심이 풀리다. 疑いを買うような行動をする 의심을 살 만한 행동을 하다. 疑いをさしはさむ余地がない 의심의 여지가 없다.

うたがいぶかい【疑い深い】 의심(疑心)이 많다. ‖疑い深い性格 의심이 많은 성격.

*__うたがう__【疑う】 의심(疑心)하다. ‖彼の言葉を疑う 그 사람 말을 의심하다. 彼が有能であることを疑ったことがない 그 사람이 유능하다는 것을 의심한 적이 없다. 君の言葉を疑っているわけではない 네 말을 의심하는 건 아니다. 私は自分の耳を疑った 나는 내 귀를 의심했다.

*__うたがわしい__【疑わしい】 ❶의심(疑心)스럽다; 믿기 어렵다. ‖この薬の効果は疑わしい 이 약의 효과는 의심스럽다. 彼の行動には疑わしいところがある 그 사람의 행동에는 의심스러운 구석이 있다. ❷〔不審な〕수상(殊常)하다. ‖挙動の疑わしい男 거동이 수상한 남자.

うたごえ【歌声】 노랫소리.

うたたね【転た寝】 선잠; 풋잠. ‖うたた寝する 선잠을 자다. 풋잠이 들다.

うだる【茹だる】 ❶삶아지다. ❷(暑さに)지치다. ‖茹だるような暑さ 찌는 듯한 더위.

*__うち__【内】 ❶(空間の)안; 내부(內部). ‖部屋の内にこもる 방안에 틀어박히다. ❷(時間・抽象的なものの)안; 내부; 일부(一部); 중(中). ‖朝のうちに仕事をすます 오전 중에 일을 마치다. これも仕事のうちだ 이것도 일의 일부다. メンバーのうちの誰かを代表に指名してください 멤버 중의 누군가를 대표로 지명해 주십시오. ❸자기(自己) 집; 가정(家庭). ‖今度うちに遊びに来てください 이 다음에 우리 집에 놀러 오세요. ❹(所属しているところの)우리. ‖うちの会社 우리 회사. ♦内側 내측.

うちあげ【打ち上げ】 ❶쏘아 올림; 발사(發射). ‖ロケットの打ち上げ 로켓 발사. ❷(事業や興行などを)끝냄 또는 그 연회(宴會). ♦打ち上げ花火 (説明) 공중(空中)으로 쏘아 올리는 불꽃놀이.

うちあけばなし【打ち明け話】 숨김없이 털어놓는 이야기; 솔직(率直)한 이야기.

うちあける【打ち明ける】 털어놓다. ‖悩みを打ち明ける 고민을 털어놓다.

うちあげる【打ち上げる】 ❶쏘아 올리다. ‖ロケットを打ち上げる 로켓을 쏘아 올리다. ❷(波がものを海岸に)밀어 올리다. ❸(事業や興行などを)끝내다.

うちあわせ【打ち合わせ】 사전(事前)에 하는 협의(協議).

うちあわせる【打ち合わせる】 사전(事前)에 협의(協議)하다.

うちいわい【内祝い】 ❶(説明) 가까운 사람끼리 하는 축하 행사(祝賀行事). ❷집안의 경사(慶事) 때 하는 선물(膳物).

うちうち【内内】 ❶집안. ❷내밀(內密)히 함.

うちおとす【打ち落とす・撃ち落とす】 쳐서 떨어뜨리다; 쏴서 떨어뜨리다.

うちがけ【内掛け】 (相撲で)안다리 걸기.

うちかつ【打ち勝つ】 ❶이기다. ‖強敵に打ち勝つ 강적을 이기다. ❷극복(克服)하다. ‖困難に打ち勝つ 어려움을 극복하다. ❸(野球で)타격(打擊)으로 이기다.

うちき【内気】ダ 소극적(消極的)이다. ‖内気な人 소극적인 사람.

うちきり【打ち切り】 중지(中止). ‖公演の打ち切り 공연의 중지. 打ち切りにする 중지하다.

うちきる【打ち切る】 ❶자르다. ‖木の枝を打ち切る 나뭇가지를 자르다. ❷중지(中止)하다; 중단(中斷)하다. ‖交渉を打ち切る 교섭을 중단하다.

うちくだく【打ち砕く】 때려 부수다; 박살을 내다.

うちけし【打ち消し】 부정(否定).

うちけす【打ち消す】 ❶지우다. ❷부정(否定)하다. ‖うわさを打ち消す 소문을 부정하다.

うちこむ【打ち込む】 ❶박다. ‖釘を打ち込む 못을 박다. ❷(弾丸などを敵陣に)쏘다. ❸몰두(沒頭)하다; 집중(集中)하다. ‖研究に打ち込む 연구에 몰두하다.

うちころす【打ち殺す】 ❶(叩いて)때려 죽이다. ❷(撃って)쏘아 죽이다.

うちこわす【打ち壊す】 부수다; 때려부수다; 깨부수다. ‖古い道徳観を打ち壊す 낡은 도덕 관념을 깨부수다.

うちじに【討ち死に】 (名하) 전사(戰死).

うちすえる【打ち据える】 ❶(据えるを強めて)앉히다. ❷〔動けないほど叩く〕때리다.

うちすてる【打ち捨てる】 팽개치다.

うちたおす【打ち倒す】 쓰러뜨리다; 때려눕히다.

うちだし【打ち出し】 ❶그날 흥행(興行)의 끝. ❷(金属板の裏を叩いて)무늬가 나오도록 함.

うちだす【打ち出す】 ❶두드리기 시작(始作)하다. ‖太鼓を打ち出す 큰북을 두드리기 시작하다. ❷쏘기 시작하다. ‖弾丸を打ち出す 총알을 쏘기 시작하다. ❸(金属板の裏を叩いて)무늬가 나오도록 하다. ❹표명(表明)하다; 내세우다. ‖方針を打ち出す 방침을 내세우다.

うちたてる【打ち立てる】 확립(確立)하다. ‖基礎を打ち立てる 기초를 확립하다.

うちつける【打ち付ける】 ❶세게 때리다; 부딪치다. ‖柱に頭を打ち付ける 기둥에 머리를 부딪치다. ❷박아서 고정(固定)시키다.

うちづら【内面】 가족(家族)이나 친한 사람들에게 보이는 태도(態度).

うちとける【打ち解ける】 허물없이 지내다; 스스럼없다.

うちどころ【打ち所】 부딪친 곳.

うちどめ【打ち止め】 (仕事・興行などの)끝.

うちとる【撃ち取る・討ち取る】 ❶(敵などを)죽이다. ❷(競技などで)이기다.

うちぬく【打ち抜く・撃ち抜く】 ❶(壁・仕切りなどを)트다. ‖壁を打ち抜く 벽을 트다. ❷(紙・金属板に型を)뜨다. ❸(最後まで)계속(繼續)하다. ‖ストを打ち抜く 파업을 계속하다. ❹관통(貫通)하다; 뚫다.

うちのひと【内の人】 ❶가족(家族). ❷〔自分の夫〕우리 남편(男便).

うちのめす【打ちのめす】 때려눕히다.

うちびらき【内開き】 (ドアが)안쪽으로 열림.

うちぶろ【内風呂】 집안에 있는 목욕탕(沐浴湯).

うちほろぼす【討ち滅ぼす】 멸망(滅亡)시키다.

うちまかす【打ち負かす】 물리치다; 이기다.

うちまく【内幕】 내막(內幕).

うちまご【内孫】 친손자(親孫子).

うちまた【内股】 ❶(足の)허벅지. ❷〔歩き方〕안짱걸음. ❸(柔道で)허벅다리 걸기.

うちまわり【内回り】 ❶집의 내부(內部). ❷순환선(循環線)의 안쪽을 돎.

うちもも【内股】 허벅지.

うちやぶる【打ち破る】 ❶쳐부수다. ❷*격파(擊破)하다; 격퇴(擊退)하다.*

***うちゅう**【宇宙】 우주(宇宙). ‖宇宙にロケットを打ち上げる 우주에 로켓을 쏘아 올리다. ♦**宇宙開発計画** 우주 개발 계획. **宇宙空間** 우주 공간. **宇宙工学** 우주 공학. **宇宙食** 우주식. **宇宙人** 우주인. **宇宙旅行** 우주여행.

うちゅうかん【右中間】 (野球で)우중간(右中間).

うちょうてん【有頂天】ﾀﾞ 기분(氣分)이 매우 좋다.

うちよせる【打ち寄せる】 밀려들다; 밀려오다. ‖打ち寄せる波 밀려오는 파도.

うちわ【内輪】 ❶내부(內部). ‖内輪揉め 내분(內紛). ❷내밀(內密). ❸(数量などを)적게 봄.

うちわ【団扇】 부채. ‖うちわであおぐ 부채로 부치다.

うちわく【内枠】 ❶(競走路の)안쪽 코스. ❷(割り当てられた)수의 범위 내(範圍內).

うちわけ【内訳】 내역(內譯). ‖支出の内訳 지출 내역.

うつ【鬱】 우울(憂鬱).

***うつ**【打つ・討つ・撃つ】 ❶치다; 박다; (注射を)놓다. ‖二塁打を打つ 이루타를 치다. 転んで頭を打つ 넘어져서 머리를 박다. ❷표시(標示)를 하다; 찍다. ‖点を打つ 점을 찍다. ❸감동(感動)을 주다. ‖心を打つ話 감동을 주는 이야기. ❹(手・手段・方法を)쓰다. ‖手を打つ 손을 쓰다. ❺무찌르다; 격퇴(擊退)하다. ‖敵を討つ 적을 무찌르다. ❻쏘다. ‖銃を撃つ 총을 쏘다.

うっかり 깜빡; 무심(無心)코. ‖うっかり約束を忘れる 약속을 깜빡 잊다. うっかりしゃべってしまう 무심(無心)코 말해 버리다.

***うつくしい**【美しい】 아름답다; 예쁘다. ‖美しい声 아름다운 목소리. 美しい女の人 아름다운 여자. 美しい話 아름다운 이야기. 心の美しい人 마음이 아름다운 사람. ウエディングドレスを着た彼女は一段と美しかった 웨딩드레스를 입은 그녀는 한결 예뻤다.

うっけつ【鬱血】 울혈(鬱血).

うつし【写し】 복사(複寫); 카피.

うつしだす【映し出す・写し出す】 투영(投影)하다.

うつしとる【写し取る】 베끼다; 복사(複寫)하다.

うつす【映す・写す】 ❶촬영(撮影)하다; 영사(映寫)하다. ❷복사(複寫)하다. ❸(水面に)비추다.

うつす【移す】 옮기다. ‖机を窓際に移す 책상을 창 쪽으로 옮기다. 営業部に移す 영업부로 옮기다. 風邪を移す 감기를 옮기다.

うっすら【薄ら】 어렴풋이; 희미(稀微)*하게.*

うっせき【鬱積】 ㉠하 울적(鬱積).

うっそう【鬱蒼】 울창(鬱蒼)함. ‖うっそうとした森 울창한 숲.

***うったえる**【訴える】 ❶고소(告訴)하다; 고발(告發)하다. ‖裁判所に訴える 법원에 고소하다. ❷〔働きかける〕동의(同意)를 구(求)하다; 호소(呼訴)하다. ‖空腹を訴える 배고픔을 호소하다. ❸〔手段を用いる〕강력(强力)한 수단(手段)을 쓰다. ‖腕力に訴える 완력을 쓰다.

うっちゃる ❶내던지다. ‖ごみをうっちゃる 쓰레기를 내던지다. ❷방치(放置)하다.

うつつ【現】 ❶현실(現實); 생시(生時). ‖夢かうつつか 꿈이냐 생시냐. ❷〔正

気〕제정신(精神). ‖うつつに返る 제정신으로 돌아오다. ▸うつつを抜かす 열중하다. 몰두하다.

うつて【打つ手】 취할 수 있는 수단(手段)이나 방법(方法).

うってかわる【打って変わる】 완전(完全)히 바뀌다; 돌변(突變)하다. ‖打って変わって強硬な態度に出る 돌변해서 강경한 태도로 나오다.

うってつけ【打って付け】ダ 딱 맞다; 적합(適合)하다. ‖この仕事にうってつけの人 이 일에 적합한 사람.

うってでる【打って出る】 자진(自進)해서 나서다.

うっとうしい【鬱陶しい】 ❶(気分・天気などが)울적(鬱寂)하고 무겁다. ‖うっとうしい気分 울적한 기분. ❷(邪魔で)성가시다; 귀찮다; 거추장스럽다. ‖目にものもらいができてうっとうしい 눈에 다래끼가 생겨서 성가시다.

うっとりする 도취(陶酔)하다; 황홀(恍惚)해하다.

うつびょう【鬱病】 울증(鬱症).

うつぶせ【俯せ】 ‖うつぶせになる 엎드리다. うつぶせに置く 엎어 놓다.

うつぶせる【俯せる】 ❶엎드리다. ‖地面にうつぶせる 땅바닥에 엎드리다. ❷(下に向けて)엎다; 엎어 놓다.

うっぷん【鬱憤】 울분(鬱憤). ‖鬱憤を晴らす 울분을 풀다.

ウツボ【鱓】 곰치.

うつむく【俯く】 고개를 숙이다.

うつむける【俯ける】 (고개를) 숙이다.

うつらうつら 꾸벅꾸벅. ‖うつらうつらしているうちに 꾸벅꾸벅 졸고 있는 사이에.

うつり【映り】 ❶〔状態〕비침. ‖テレビの映りが悪い 텔레비전이 잘 안 보이다. ❷〔色・姿〕조화(調和).

うつりかわる【移り変わる】 변화(變化)하다; 바뀌다. ‖季節が移り変わる 계절이 바뀌다.

うつる【映る・写る】 ❶(写真に)찍히다. ❷(水面・鏡に)비치다. ‖水面に映る 수면에 비치다. 夕日が窓に映る 저녁놀이 창에 비치다. ❸보이다. ‖テレビがよく映らない 텔레비전이 잘 안 보이다. ❹어울리다; 조화(調和)되다. ❺인상(印象)을 주다; 비치다. ‖彼の行動は他人には奇異に映った 그 사람의 *행동은 다른 사람에게는 기이하게 비*쳤다.

*__うつる【移る】__ ❶옮기다; 이전(移轉)하다. ‖庶務課から人事課に移る 서무과에서 인사과로 옮기다. ❷감염(感染)되다; 전염(傳染)되다; 옮다. ‖風邪が移る 감기가 옮다. ❸(火が)옮겨 붙다; 번지다. ‖火が倉庫に移る 불이 창고로 번지다. ❹변하다; 바뀌다. ‖季節が移る 계절이 바뀌다. ❺(色・においなどが)베다. ‖香りが移る 냄새가 베다.

うつろ【虚ろ・空ろ】ダ ❶텅 비다. ❷멍하다; 공허(空虛)하다. ‖うつろな目 멍한 눈.

うつわ【器】 ❶〔入れ物〕그릇; 용기(容器). ‖器に盛る 그릇에 담다. ❷기량(器量); (人としての)그릇. ‖社長の器ではない 사장 그릇은 아니다.

*__うで【腕】__ ❶팔. ‖彼女は腕が細い 그녀는 팔이 가늘다. 腕を組む 팔짱을 끼다. ❷완력(腕力). ❸재능(才能); 기량(技倆); 솜씨. ▸腕を磨く 기술을 연마하다. ▸腕に覚えがある 솜씨에 자신이 있다. ▸腕に縒(よ)りをかける 솜씨를 발휘하려고 노력하다. ▸腕を拱(こまね)く 수수방관하다. ▸腕をふるう 솜씨를 발휘하다.

うできき【腕利き】 수완가(手腕家).

うでぐみ【腕組み】 팔짱. ‖腕組みする 팔짱을 끼다.

うでずく【腕尽く】 완력(腕力)을 씀. ‖腕ずくで取り上げる 완력으로 빼앗다.

うでずもう【腕相撲】 팔씨름.

うでたてふせ【腕立て伏せ】 팔 굽혀 펴기.

うでだめし【腕試し】 (実力や腕力などを)시험(試驗)해 봄. ‖腕試しに模試を受ける 실력을 알아보려고 모의시험을 보다.

うでどけい【腕時計】 손목시계(時計). ‖腕時計をはめる 손목시계를 차다.

うでまえ【腕前】 능력(能力); 기량(技倆); 솜씨.

うでわ【腕輪】 팔찌.

うてん【雨天】 우천(雨天). ♦雨天順延 우천순연.

ウド【独活】 두릅.

うとい【疎い】 ❶소원(疏遠)하다. ❷잘 모르다; (世事に)어둡다. ‖世事に疎い 세상 물정에 어둡다.

うとうと 꾸벅꾸벅. ‖うとうと(と)眠る 꾸벅꾸벅 졸다.

うどん【饂飩】 우동.

うながす【促す】 촉구(促求)하다; 재촉하다; 촉진(促進)하다. ‖参加を促す 참가를 촉구하다. 発育を促す 발육을 촉진하다. 注意を促す 주의를 주다.

ウナギ【鰻】 뱀장어; 장어. ▸鰻登り (物価などが)급격하게 오름. 物価がうなぎのぼりに上がる 물가가 급격하게 오르다. ♦鰻丼 장어 덮밥.

うなされる【魘される】 가위눌리다; (悪夢などに)시달리다. ‖悪夢にうなされる 악몽에 시달리다.

うなじ【項】 목덜미.

うなじゅう【鰻重】 장어 덮밥.

うなずく【頷く】 끄덕이다; 수긍(首肯)하다.

うなだれる【項垂れる】 힘없이 고개를

떨구다.
うなばら【海原】 해원(海原).
うなる【唸る】 ❶웅웅거리다; 으르렁거리다. ‖犬がうなる 개가 으르렁거리다. ❷끙끙대다. ‖試験問題が難しくてうなる 시험 문제가 어려워서 끙끙대다.
ウニ【海胆】 성게; 성게 알젓.
うぬぼれる【自惚れる】 자만(自慢)하다.
うねる ❶(道が)구불거리다; 구불대다. ❷(波が)물결치다.
うのう【右脳】 우뇌(右腦).
うのみ【鵜呑み】 ❶(食物を)통째로 삼킴. ❷(他人の考えなどを)그대로 받아들임.
うは【右派】 우파(右派).
うば【乳母】 유모(乳母).
***うばう**【奪う】 ❶빼앗다. ‖金を奪う 돈을 빼앗다. 自由を奪う 자유를 빼앗다. チャンピオンの座を奪う 챔피언 자리를 빼앗다. ❷(心・注意などを)사로잡다. ‖心を奪う 마음을 빼앗다.
うばぐるま【乳母車】 유모차(乳母車). ‖乳母車を押す 유모차를 밀다.
うひょう【雨氷】 우빙(雨氷).
うぶ【初】ダ 순진(純眞)하다. ‖うぶな青年 순진한 청년.
うぶぎ【産着】 배냇저고리; 배내옷.
うぶげ【産毛】 ❶(赤ん坊の)배냇머리. ❷〔柔らかい毛〕솜털.
うぶごえ【産声】 아기의 첫 울음소리.
うふふ ‖うふふと笑う 그다지 소리를 내지 않고 웃다.
うへん【右辺】 우변(右邊); 오른쪽 부분.
***ウマ**【馬】 말. ‖馬に乗る 말을 타다. 馬から落ちる 말에서 떨어지다. ▸馬が合う 마음이 맞다. ▸馬の耳に念仏 쇠귀에 경 읽기.〔諺〕
***うまい**【旨い・上手い】 ❶〔おいしい〕맛있다. ‖うまい料理 맛있는 요리. ❷〔上手だ〕잘하다; (技術・技量などが)좋다. ‖野球がうまい 야구를 잘하다. うまい絵 잘 그린 그림. 絵がうまくなる 그림 솜씨가 꽤 늘다. ❸〔都合がよい〕사정(事情)에 맞다. ‖仕事がうまく運んだ 일이 잘되었다. うまい話 그럴싸한 이야기. 돈을 벌 수 있다는 이야기.
うまうま 보기 좋게; 감쪽같이. ‖うまうま(と)いっぱい食わされた 감쪽같이 속았다.
うまづら【馬面】 말상.
うまとび【馬跳び】 (説明)상체(上體)를 구부리고 있는 사람의 등을 짚고 넘는 놀이.
うまに【旨煮】 (説明)생선(生鮮)・야채(野菜) 등을 달작지근하게 조린 요리(料理).
うまのほね【馬の骨】 개뼈다귀. ‖どこの馬の骨とも知れない 어디서 굴러먹던 개뼈다귀인지.
うまのり【馬乗り】 말을 타듯 걸터앉는 것.
うまみ【旨味】 ❶맛. ‖肉の旨みが出る 고기의 맛이 우러나다. ❷(技芸などの)솜씨. ❸이익(利益).
うまる【埋まる】 ❶(穴などに)묻히다. ❷(不足分が)보충(補充)되다; 채워지다.
うまれ【生まれ】 ❶〔誕生〕태어남. ❷출생지(出生地); 태어난 곳. ‖生まれは東京だが育ちは大阪だ 동경에서 태어났지만 오사카에서 자랐다. ❸〔家柄〕가문(家門).
うまれあわせる【生まれ合わせる】 같은 시기(時期)에 태어나다. ‖激動の時代に生まれ合わせる 격동의 시대에 태어나다.
うまれおちる【生まれ落ちる】 태어나다.
うまれかわる【生まれ変わる】 다시 태어나다.
うまれこきょう【生まれ故郷】 태어난 곳; 고향(故鄕).
うまれたて【生まれ立て】 막 태어남.
うまれつき【生まれ付き】 ❶타고남; 천성(天性). ‖生まれつきの美声 타고난 미성. ❷〔副詞的に〕태어나면서부터; 선천적(先天的)으로; 원래(元來)부터. ‖生まれつき頭がいい 원래부터 머리가 좋다.
うまれつく【生まれ付く】 타고나다.
うまれながら【生まれながら】 태어나면서부터. ‖生まれながらの芸術家 타고난 예술가.
***うまれる**【生まれる・産まれる】 ❶태어나다. ‖女の子が生まれる 여자 아이가 태어나다. ❷만들어지다; 생기다. ‖歌が生まれる 노래가 만들어지다. 愛情が生まれる 애정이 생기다.
***うみ**【海】 ❶바다. ‖青い海 푸른 바다. 火の海 불바다. ❷호수(湖水). ▸海千山千 (説明)산전수전(山戰水戰)을 다 겪어 영악(靈惡)해진 사람. ♦海の幸 해산물. 海風 해풍; 바닷바람. 海亀 바다거북. 海ツバメ 바다제비. 海釣り 바다낚시. 海鳴り 해명. 海の日〔祝日〕바다의 날. 海開き (説明)그해에 처음으로 해수욕장(海水浴場)을 개장(開場)함 또는 그날.
うみ【膿】 고름. ‖膿を出す 고름을 짜내다.
うみおとす【生み落とす・産み落とす】 출산(出産)하다; 낳다.
うみだす【生み出す・産み出す】 출산(出産)하다; 산출(産出)하다; 만들어 내다.
うみづき【産み月】 산달.
うみつける【産み付ける】 (昆虫などが)물건에다가 알을 낳다.
うみのおや【生みの親】 친부모(親父母).

‖生みの親より育ての親 낳은 정보다 기른 정.
うみのくるしみ【産みの苦しみ】 산고(産苦).
うみべ【海辺】 해변(海邊); 바닷가.
うむ【有無】 ❶유무(有無); 있고 없음. ❷가부(可否); 싫고 좋음. ‖有無を言わせず引っぱってくる 무조건[덮어놓고] 끌고 오다.
うむ【生む·産む】 ❶낳다; 출산(出産)하다. ‖子どもを生む 아이를 낳다. 誤解を生む 오해를 낳다. ❷새롭게 만들어 내다. ‖新記録を生む 신기록을 내다.
うむ【膿む】 (傷などが)곪다.
ウムラウト【Umlaut ド】 《言語》 움라우트.
ウメ【梅】 매화(梅花). ♦梅酒 매실주. 梅干し 説明 매실(梅實)을 소금에 절인 것.
うめあわせる【埋め合わせる】 (損失などを)채우다; 메우다. ‖赤字をボーナスで埋め合わせる 적자를 보너스로 메우다.
うめく【呻く】 신음(呻吟)하다.
うめたてち【埋め立て地】 매립지(埋立地).
うめたてる【埋め立てる】 매립(埋立)하다; 메우다.
***うめる**【埋める】 ❶묻다. ‖壺を庭に埋める 항아리를 마당에 묻다. ❷메우다; 막다. ‖会場を埋めた群衆 회장을 메운 군중. 赤字を埋める 적자를 메우다. 穴を埋める 구멍을 막다.
うもう【羽毛】 우모(羽毛); 깃털.
うもれる【埋もれる】 묻히다; 파묻히다. ‖雪に埋もれる 눈에 파묻히다.
うやまう【敬う】 존경(尊敬)하다; 공경(恭敬)하다.
うやむや【有耶無耶】 유야무야(有耶無耶); 흐지부지; 애매(曖昧)함. ‖うやむやにしておく 애매하게 해 두다.
うようよ 우글우글; 득실득실.
うよきょくせつ【紆余曲折】 우여곡절(迂餘曲折). ‖紆余曲折を経て, やっと決定した 우여곡절 끝에 겨우 결정했다.
うよく【右翼】 우익(右翼).
***うら**【裏】 ❶뒤; 뒷면; 이면(裏面); 배후(背後). ‖紙の裏 종이 뒷면. 裏交渉 *배후 교섭.* ❷*속사정(事情); 내막(内幕).* ❸(野球で毎回の)말(末). ▸裏をかく 허를 찌르다.〔慣〕 ▸裏を取る 진위를 확인하다. ♦裏街道 뒷길. 샛길. 裏金 뒷돈. 裏側 이면. 裏口 뒷문. 裏帳簿 비밀 장부. 裏通り 뒷길. 뒷골목.
うらうち【裏打ち】 ❶(裏面に紙·布などを)덧댐. ❷보강(補强); 뒷받침. ‖学説を違った資料で裏打ちする 학설을 다른 자료로 뒷받침하다.
うらおもて【裏表】 표리(表裏); 안팎; 겉과 속. ‖裏表がある 겉과 속이 다르다. 표리부동하다.
うらがえす【裏返す】 뒤집다; 반대(反對)로 하다; 역(逆)으로 하다. ‖裏返して言えば 역으로 말하면.
うらがえる【裏返る】 ❶뒤집히다. ❷〔裏切る〕배반(背反)하다; 배신(背信)하다.
うらがき【裏書き】 (名하) ❶증명(證明). ❷이서(裏書).
うらかた【裏方】 무대(舞臺) 뒤에서 일하는 사람.
うらぎり【裏切り】 배신(背信); 배반(背反). ‖裏切り行為 배신 행위.
うらぎる【裏切る】 ❶배신(背信)하다; 배반(背反)하다. ‖友人を裏切る 친구를 배신하다. ❷(期待·予想などを)못 미치다; 어긋나다. ‖人々の予想を裏切る成績 사람들의 예상에 못 미치는 성적.
うらごえ【裏声】 가성(假聲).
うらごし【裏漉し】 (調理用の) 체. ‖裏漉しする 체로 거르다.
うらさく【裏作】 뒷갈이.
うらじ【裏地】 안감.
うらづけ【裏付け】 뒷받침; 확실(確實)한 증거(證據).
うらづける【裏付ける】 뒷받침하다. ‖犯行を裏付ける証拠 범행을 뒷받침하는 증거.
うらて【裏手】 뒤쪽; 뒤편.
うらない【占い】 점(占). ♦占い師 점쟁이. 星占い 별점.
うらなう【占う】 점(占)치다. ‖吉凶を占う 길흉을 점치다.
ウラニウム【uranium】 우라늄.
うらばなし【裏話】 숨겨진 이야기; 뒷이야기.
うらはら【裏腹】 정반대(正反對); 불일치(不一致). ‖言うこととやることが裏腹だ 말하는 것과 하는 것이 정반대다.
うらばんぐみ【裏番組】 説明 어떤 프로그램과 같은 시간(時間)에 방송(放送)되는 타사(他社)의 프로그램.
うらぶれる 초라해지다; 볼품없어지다. ‖うらぶれた姿 초라한 모습.
うらぼん【盂蘭盆】 백중(百中)맞이.
うらまち【裏町】 뒷골목 거리.
うらみ【恨み】 원한(怨恨). ▸恨みを買う *원한을 사다.*
うらみごと【恨み言】 원한(怨恨)의 말; 원망(怨望)의 말.
うらみち【裏道】 ❶뒷길; 샛길. ❷옳지 못한 수단(手段)이나 방법(方法).
うらみつらみ【恨みつらみ】 온갖 원망(怨望)이나 원한(怨恨). ‖恨みつらみを並べ立てる 갖은 원망을 늘어놓다.
うらむ【恨む】 ❶(相手を)원망(怨望)하다; 불쾌(不快)하게 생각하다. ❷〔残

念〕아쉬워하다; 후회(後悔)하다.

うらめ【裏目】 주사위의 나온 것과 반대(反對) 쪽. ▸裏目に出る 예상과는 다른 결과가 되다.

うらめしい【恨めしい】 ❶(相手が)원망(怨望)스럽다. ❷〔残念〕한심(寒心)스럽다; 후회(後悔)스럽다.

うらもん【裏門】 뒷문.

うらやま【裏山】 뒷산.

うらやましい【羨ましい】 부럽다. ‖うらやましく思う 부럽게 생각하다. うらやましそうに見る 부러운 듯이 보다.

うらやむ【羨む】 부러워하다.

うららか【麗か】ダ 화창(和暢)하다. ‖うららかな春の一日 화창한 봄날.

うらわざ【裏技】 비법(秘法).

うり【売り】 ❶팖. ❷(相場で)시세 하락(時勢下落)을 예상(豫想)하고 팖. ❸상품(商品)의 특징(特徵)이나 장점(長點). ‖新鮮さが売りだ 신선함이 특징이다.

ウリ【瓜】 박과 식물(植物)의 총칭(總稱).

うりあげ【売り上げ】 매상(賣上).

うりかい【売り買い】 (名하) 매매(賣買).

うりかけ【売り掛け】 외상 판매(販賣); 외상값.

うりきる【売り切る】 다 팔다; 다 팔아 치우다. ‖在庫品を売り切る 재고품을 다 팔아 치우다.

うりきれ【売り切れ】 매진(賣盡).

うりきれる【売り切れる】 다 팔리다; 매진(賣盡)되다.

うりくち【売り口】 팔 상대(相對).

うりこ【売り子】 판매원(販賣員).

うりごえ【売り声】 물건을 사라고 외치는 소리.

うりことば【売り言葉】 시비(是非)를 거는 듯한 말. ▸売り言葉に買い言葉 오는 말이 고와야 가는 말이 곱다.〔諺〕

うりこむ【売り込む】 ❶(商品を)팔다. ❷(名前・信用などを)알리다.

うりさばく【売り捌く】 팔아 버리다; 팔아 치우다.

うりだす【売り出す】 ❶팔기 시작(始作)하다. ❷유명(有名)해지다.

うりたたく【売り叩く】 싼값〔헐값〕으로 팔다.

うりつくす【売り尽くす】 전부(全部) 팔아 치우다 ‖在庫を全部売り尽くした 재고를 전부 팔아 치웠다.

うりつける【売り付ける】 강매(强賣)하다.

うりて【売り手】 파는 쪽〔사람〕. ♦売り手市場 (説明) 수요(需要)가 많아 파는 쪽이 유리(有利)한 시장(市場).

うりどき【売り時】 팔 때; 매도 시기(賣渡時機).

うりとばす【売り飛ばす】 팔아 치우다; 팔아 버리다.

うりぬし【売り主】 파는 사람.

うりね【売値】 판매가(販賣價); 파는 값.

うりば【売り場】 매장(賣場); 파는 곳. ‖靴売り場 구두 매장. 切符売り場 표 파는 곳.

うりはらう【売り払う】 팔아 치우다; 팔아 버리다.

うりもの【売り物】 ❶팔〔파는〕 물건; 상품(商品). ❷〔セールスポイント〕자랑거리.

うりょう【雨量】 우량(雨量).

うりわたす【売り渡す】 팔아넘기다.

***うる**【売る】 ❶팔다. ‖酒を売る 술을 팔다. リンゴを1個100円で売る 사과를 하나에 백 엔에 팔다. 名前を売る 이름을 팔다. あちらこちらへ顔を売る 여기저기에 얼굴을 팔다. 金のため良心を売る 돈 때문에 양심을 팔다. ❷(けんかなどを)걸다. ‖けんかを売る 싸움을 걸다.

うる【得る】 ❶얻다. ❷〔…できる〕…할 수 있다. ‖できうることは何でも試してみる 할 수 있는 일은 뭐든지 해 보다.

うるうづき【閏月】 윤달.

うるうどし【閏年】 윤년(閏年).

うるおい【潤い】 ❶습기(濕氣); 촉촉함. ❷(金銭・精神などの)여유(餘裕). ‖潤いのある生活 여유로운 생활.

うるおう【潤う】 ❶습기(濕氣)가 차다; 촉촉하다. ❷여유(餘裕)가 생기다. ‖心が潤う 마음의 여유가 생기다. ❸이익(利益)을 얻다; 혜택(惠澤)을 받다.

うるおす【潤す】 ❶〔水分〕축이다. ❷은혜(恩惠)나 이익(利益)을 주다.

ウルグアイ【Uruguay】《国名》 우루과이.

***うるさい**【煩い】 ❶(音が)시끄럽다. ‖ラジオの音がうるさい 라디오 소리가 시끄럽다. ❷〔わずらわしい〕번거롭다; 귀찮다; 성가시다. ❸〔こだわり〕까다롭다. ‖料理にはうるさい 요리에는 까다롭다.

うるし【漆】 ❶《植物》 옻; 옻나무. ❷〔塗料〕옻칠(漆).

うるち【粳】 멥쌀. ♦うるち米 멥쌀.

ウルトラ【ultra】 울트라.

うるわしい【麗しい】 ❶(外面的に)아름답다; 기품(氣品)이 있다. ❷(心が)훈훈(薰薰)하다; 따뜻하다. ‖うるわしい情景 훈훈한 정경. ❸(気分・天気が)좋다. ‖ご機嫌うるわしい 기분이 좋으시다.

うれあし【売れ足】 팔림새. ‖売れ足が早い 잘 팔리다.

うれい【憂い】 ❶〔悲しみ〕슬픔. ❷〔不安〕근심; 걱정; 불안(不安). ‖憂いに沈む 근심에 잠기다.

うれえる【憂える】 ❶〔嘆き悲しむ〕슬퍼하다; 한탄(恨歎)하다. ❷〔心配する〕

う

걱정하다. ‖子どもの将来を憂える 아이의 장래를 걱정하다.

*うれしい【嬉しい】기쁘다; 반갑다; 고맙다. ‖うれしい知らせ 기쁜 소식. 宿題が終わってうれしい 숙제가 끝나서 기쁘다. 久しぶりに会えてうれしい 오랜만에 만나서 반갑다. お心づかいうれしく存じます 마음을 써 주셔서 고맙게 생각합니다. うれしい悲鳴を上げる 즐거운 비명을 지르다.

うれしなき【嬉し泣き】‖うれし泣きする 기뻐서 울다.

うれしなみだ【嬉し涙】기쁨의 눈물. ‖うれし涙にむせぶ 기쁨의 눈물을 흘리다.

うれすじ【売れ筋】인기 상품(人氣商品).

うれだか【売れ高】매출액(賣出額).

ウレタン【Urethan ド】우레탄.

うれのこる【売れ残る】팔리지 않고 남다.

うれゆき【売れ行き】팔림새.

うれる【売れる】❶팔리다. ‖よく売れる商品 잘 팔리는 물건. 飛ぶように売れる 날개 돋친 듯이 팔리다. ❷널리 알려지다. ‖顔が売れる 얼굴이 알려지다.

うれる【熟れる】익다. ‖真っ赤に熟れたトマト 빨갛게 익은 토마토.

うろうろ 어슬렁어슬렁. ‖うろうろする 어슬렁거리다.

うろおぼえ【空覚え】부정확(不正確)한 기억(記憶).

うろこ【鱗】비늘. ♦鱗雲 비늘구름. 권적운.

うろたえる【狼狽える】당황(唐慌)해하다; 허둥대다.

うろちょろ 졸랑졸랑. ‖目の前をうろちょろ(と)歩き回る 눈앞에서 졸랑졸랑 돌아다니다.

うろつく【彷徨く】서성거리다; 방황(彷徨)하다.

うわがき【上書き】❶(手紙や書物などの)겉면에 쓰는 것 또는 그 글자. ❷(データの)덮어쓰기.

うわがけ【上掛け】❶〔布団〕맨 위에 덮는 이불. ❷(荷物の)겉에 두르는 끈.

うわかわ【上皮】상피(上皮); 표피(表皮); 외피(外皮).

うわき【浮気】❶〔変わりやすい〕변덕(變德)스러움. ‖浮気な性分 변덕스러운 성격. ❷〔多情〕바람기. ‖浮気をする 바람을 피우다.

うわぎ【上着】겉옷; 상의(上衣).

うわぐすり【上薬・釉】유약(釉藥).

うわごと【囈言】헛소리. ‖うわごとを言う 헛소리를 하다.

うわさ【噂】❶〔風説〕소문(所聞). ‖うわさが立つ 소문이 나다. 変なうわさが広まる 이상한 소문이 퍼지다. ❷〔陰でする話〕그 사람이 없는 자리에서 이야기함 또는 그 이야기.

うわずみ【上澄み】침전물(沈澱物)이 가라앉은 위쪽의 맑은 물.

うわずる【上擦る】❶(声が)높아지다. ❷(興奮して)들뜨다.

うわつく【浮つく】(興奮して)들뜨다.

うわづつみ【上包み】겉포장(包裝).

うわて【上手】❶위쪽. ❷(囲碁・将棋などの)고수(高手).

うわぬり【上塗り】(する)덧칠(漆).

うわのせ【上乗せ】(する)추가(追加)함; 덧붙임.

うわのそら【上の空】건성. ‖上の空で話を聞く 건성으로 이야기를 듣다.

うわばき【上履き】실내화(室內靴); 슬리퍼.

うわべ【上辺】외관(外觀); 표면(表面); 겉. ‖うわべを飾る 겉치장을 하다.

うわまわる【上回る】상회(上回)하다; 웃돌다. ‖予想を上回る収穫 예상을 웃도는 수확.

うわむき【上向き】위를 향(向)함; 상승세(上昇勢).

うわむく【上向く】위를 향(向)하다; 상승세(上昇勢)를 타다.

うわめづかい【上目遣い】눈을 치뜨고 봄. ‖上目遣いに人を見る 눈을 치뜨고 사람을 보다.

うわやく【上役】상사(上司).

うわん【右腕】우완(右腕); 오른팔. ♦右腕投手 우완 투수.

うん〔返事〕응. ‖うんと言う 승낙하다. うんともすんとも言わない 가타부타 말이 없다.

*うん【運】❶운(運). ‖運を天に任せる 운을 하늘에 맡기다. ❷행운(幸運); 다행(多幸). ‖運がなかった 운이 없었다. 운이 안 좋았다. 運よく合格した 다행히 합격했다.

うんえい【運営】(する)운영(運營). ‖会社を運営する 회사를 운영하다. ♦運営方針 운영 방침.

うんが【運河】운하(運河).

うんき【運気】운수(運數).

うんきゅう【運休】(する)운행 중지(運行中止).

うんこ 똥.

うんこう【運行】(する)운행(運行).

うんこう【運航】(する)운항(運航). ‖島へは1日1便運航している 섬으로는 하루에 한 편 운항하고 있다.

うんざりする 진력(盡力)나다; 질리다. ‖考えただけでうんざりする 생각만 해도 질린다.

うんせい【運勢】운세(運勢).

うんそう【運送】(する)운송(運送). ♦運送料 운송료.

うんだめし【運試し】‖運試しする 운을 시험하다.

うんちく【薀蓄】‖うんちくを傾ける 알고

있는 모든 것을 쏟아 넣다.

うんちん【運賃】 운임(運賃). ♦**鉄道運賃** 철도 운임.

うんでいのさ【雲泥の差】 천양지차(天壤之差).

*__うんてん__【運転】 ⓢ하 ❶운전(運轉). ‖トラックを運転する 트럭을 운전하다. 運転がうまい 운전을 잘하다. 飲酒運転 음주 운전. ❷(資金などの)운용(運用). ‖運転資金 운전 자금. ♦**運転手** 운전기사. **運転免許証** 운전 면허증.

うんと 많이; 꽤; 몹시; 굉장히. ‖うんと金がかかる 돈이 많이 들다. うんと食べる 꽤 먹다.

*__うんどう__【運動】 ⓢ하 운동(運動). ‖私はほとんど運動をしない 나는 거의 운동을 하지 않는다. 腕の運動をする 팔 운동을 하다. ♦**学生運動** 학생 운동. **選挙運動** 선거 운동. **運動会** 운동회. **運動場** 운동장. **運動神経** 운동 신경. **運動選手** 운동 선수. **運動不足** 운동 부족

うんぬん【云云】 운운(云云).

うんぱん【運搬】 ⓢ하 운반(運搬). ‖建築用資材をトラックで運搬する 건축용 자재를 트럭으로 운반하다.

うんまかせ【運任せ】 운(運)에 맡김.

*__うんめい__【運命】 운명(運命). ‖運命に従う 운명에 따르다. 運命に逆らう 운명을 거역하다. これも運命と諦める 이것도 운명이라고 생각하고 포기하다. 主人公の運命やいかに 주인공의 운명은 어떻게 될지. ♦**運命共同体** 운명 공동체. **運命論** 운명론.

うんゆ【運輸】 운수(運輸). ♦**運輸業** 운수업.

うんよう【運用】 ⓢ하 운용(運用). ‖資金の運用 자금 운용.

え

え 〔驚き・疑問〕에, 네, 뭐. ‖え, 今日は休みか 에, 오늘 노는 날이야?

え【柄】 손잡이; 자루. ‖ひしゃくの柄 국자 손잡이.

*__え__【絵】 그림. ‖絵を描く 그림을 그리다. 絵がうまい 그림을 잘 그리다. 絵のような風景 그림 같은 풍경. ▸絵に描いた餅 그림의 떡.〔慣〕

エアガン【air gun】 공기총(空氣銃).

エアコン(ディショナー)【air conditioner】 에어컨디셔너; 에어컨.

エアゾール【aerosol】 에어졸.

エアメール【airmail】 항공 우편(航空郵便).

エアライン【airline】 에어라인.

えい 에잇. ‖えい, 勝手にしろ 에잇, 마음대로 해.

えいい【営為】 영위(營爲).

えいえいじてん【英英辞典】 영영 사전(英英辭典).

えいえん【永遠】 영원(永遠). ‖永遠の真理 영원한 진리. 永遠に続く 영원히 계속되다.

*__えいが__【映画】 영화(映畫). ‖映画を見に行く 영화를 보러 가다. ♦**映画化** ⓢ하 영화화. **記録映画** 기록 영화. **韓国映画** 한국 영화. **映画界** 영화계. **映画館** 극장. 영화관.

えいが【栄華】 영화(榮華). ‖栄華を極める 영화를 누리다.

えいかいわ【英会話】 영어 회화(英語會話).

えいかく【鋭角】《数学》예각(銳角).

えいきゅう【永久】 영구(永久). ♦**永久歯** 영구치. **永久不変** 영구불변.

*__えいきょう__【影響】 영향(影響). ‖影響を及ぼす 영향을 미치다. いい影響を与える 좋은 영향을 주다. 影響を受ける 영향을 받다. ♦**影響力** 영향력.

*__えいぎょう__【営業】 ⓢ하 영업(營業). ‖9時から営業する 아홉 시부터 영업하다. この店は今日は営業していません 이 가게는 오늘은 영업하지 않습니다. ♦**営業成績** 영업 실적.

*__えいご__【英語】 영어(英語). ‖英語で話す 영어로 말하다. 英語に訳す 영어로 옮기다. 英語の先生 영어 선생님.

えいこう【栄光】 영광(榮光).

えいごう【永劫】 영겁(永劫).

えいこく【英国】《国名》영국(英國).

えいこせいすい【栄枯盛衰】 영고성쇠(榮枯盛衰).

えいさい【英才】 영재(英才). ♦**英才教育** 영재 교육.

えいさくぶん【英作文】 영작문(英作文).

えいじ【英字】 영자(英字). ♦**英字新聞** 영자 신문.

えいじ【嬰児】 영아(嬰兒).

えいしゃ【映写】 ⓢ하 영사(映寫). ♦**映写機** 영사기.

えいじゅう【永住】 ⓢ하 영주(永住). ♦**永住権** 영주권. **永住者** 영주자.

エイズ【AIDS】 에이즈.

えいせい【永世】 영세(永世). ‖永世中立 영세 중립.

えいせい【衛生】 위생(衛生). ♦**衛生的** 위생적.

えいせい【衛星】 위성(衛星). ♦**人工衛星** 인공위성. **衛星都市** 위성 도시. **衛星中継** 위성 중계. **衛星放送** 위성 방송.

えいそう【営倉】 영창(營倉).

えいぞう【映像】 영상(映像). ‖鮮明な映像 선명한 영상. 映像文化 영상 문화.

えいぞく【永続】 ⓢ되 영속(永續).

えいたつ【栄達】 ⓢ하 영달(榮達). ‖栄達を求める 영달을 꾀하다.

え

えいたん【詠嘆】 ㊂하 영탄(詠嘆).
えいだん【英断】 영단(英斷). ‖英断を下す 영단을 내리다.
えいち【英知】 영지(英智).
えいてん【栄転】 ㊂하 영전(榮轉).
えいびん【鋭敏】ダ 예민(銳敏)하다.
えいぶん【英文】 영문(英文).
えいべい【英米】 영미(英美).
えいみん【永眠】 ㊂하 영면(永眠).
えいやく【英訳】 ㊂하 영역(英譯).
えいゆう【英雄】 영웅(英雄). ‖国民的英雄 국민적인 영웅. 英雄的行為 영웅적인 행위.
えいよ【栄誉】 영예(榮譽); 명예(名譽).
*えいよう【栄養】 영양(營養). ‖栄養を取る 영양을 취하다. 栄養がある 영양이 있다. ♦栄養価 영양가. 栄養士 영양사. 栄養失調 영양실조. 栄養素 영양소.
えいり【絵入り】 삽화(挿畫)가 들어 있는 것 또는 그런 책자(冊子).
えいり【営利】 영리(營利). ♦営利主義 영리주의.
えいり【鋭利】ダ 예리(銳利)하다. ‖鋭利な刃物 예리한 칼.
えいれい【英霊】 영령(英靈).
えいわじてん【英和辞典】 영일 사전(英日辭典).
えいん【会陰】 회음(會陰).
エーカー【acre】 …에이커.
エーがた【A型】 에이형.
エージェンシー【agency】 에이전시.
エージェント【agent】 에이전트.
エース【ace】 에이스.
エービーがた【AB型】 에이비형.
エープリルフール【April fool】 만우절(萬愚節).
エール【yell】 성원(聲援); 응원가(應援歌). ‖エールを送る 성원을 보내다.
えがお【笑顔】 웃는 얼굴.
えかき【絵描き】 화가(畫家).
*えがく【描く】 그리다. ‖水彩を描く 수채화를 그리다. 田舎の風景を描いた絵 시골 풍경을 그린 그림. その小説は現代人の心理を繊細に描いている 그 소설은 현대인의 심리를 섬세하게 그리고 있다. 彼女は心の中で幸せな未来を描いている 그녀는 마음속으로 행복한 미래를 그리고 있다.
えがら【絵柄】 (工芸品などの)그림; 도안(圖案).
えき【液】 액(液). ♦消毒液 소독액.
*えき【駅】 역(驛). ‖東京駅 동경 역. 駅前のバス乗り場 역 앞의 버스 정류장. 駅まで歩く 역까지 걷다. ♦駅員 역무원. 영원
えきか【液化】 ㊂하 액화(液化).
えきがく【易学】 역학(易學).
えきがく【疫学】 역학(疫學).
えききょう【易経】 역경(易經).
えきしゃ【易者】 점쟁이.
えきしゃ【駅舎】 역사(驛舍).
えきしょう【液晶】 액정(液晶). ♦液晶パネル 액정 패널.
えきじょう【液状】 액상(液狀).
エキス【←extract】 엑기스.
エキストラ【extra】 엑스트라.
えきたい【液体】 액체(液體). ♦液体燃料 액체 연료.
えきちょう【駅長】 역장(驛長).
えきでん【駅伝】 역전(驛傳) 마라톤; 역전 경주(競走).
えきべん【駅弁】 ㊇기차(汽車) 안이나 역(驛)에서 파는 도시락.
えきむ【役務】 역무(役務).
エクアドル【Ecuador】(国名) 에콰도르.
えぐい【蘞い】 (あく・味などが)자극(刺戟)이 강하다; 맵싸하다; 얼얼하다.
えくぼ【靨】 보조개. ‖えくぼができる 보조개가 생기다.
えぐる【抉る】 ❶ 파내다; 도려내다. ❷ 마음에 강한 자극(刺戟)을 주다.
エクレア【éclair ㇷ】 에클레어.
えげつない ❶ 노골적(露骨的)이다; 야하다. ‖えげつないことを言う 노골적인 말을 하다. ❷ 인정(人情)이 없다.
エコ【eco】 에코; 친환경(親環境). ♦エコカー 에코카.
エゴ【ego】 에고. ♦エゴイスト 에고이스트. エゴイズム 에고이즘.
エコー【echo】 에코; 메아리; 반향(反響). ♦エコー検査 초음파 검사.
エコノミークラス【economy class】 이코노미 클래스. ♦エコノミークラス症候群 이코노미 클래스 증후군.
えこひいき【依怙贔屓】 ㊂하 편애(偏愛).
エゴマ【荏胡麻】 들깨.
えさ【餌】 먹이; (魚の)밥.
えじき【餌食】 먹이; 희생물(犧牲物).
エジプト【Egypt】(国名) 이집트.
えしゃくする【会釈する】 가볍게 인사(人事)하다.
エスカルゴ【escargot ㇷ】 식용(食用) 달팽이.
エスカレーター【escalator】 에스컬레이터.
エスキモー【Eskimo】 에스키모.
エスコート【escort】 ㊂하 에스코트.
エスサイズ【S-size】 에스사이즈.
エスピーばん【SP盤】 에스피반.
エスプレッソ【espresso ㇶ】 에스프레소.
エスペラント【Esperanto】 에스페란토.
えせー【似非】 사이비(似而非). ‖えせ学者 사이비 학자.
えそ【壊疽】 괴저(壞疽).
エゾギク【蝦夷菊】 과꽃.
エゾマツ【蝦夷松】 가문비나무.
えそらごと【絵空事】 ㊇현실(現實)에서는 있을 수 없는 꿈같은 이야기;

허황(虛荒)한 이야기.

えだ【枝】 가지. ‖木の枝を折る 나뭇 가지를 꺾다. 枝が茂る 가지가 무성하다.

えたい【得体】 정체(正體); 본성(本性). ‖得体の知れない男だ 정체를 알 수 없는 남자다.

えだうち【枝打ち】 (を하) 가지치기.

えだげ【枝毛】 끝이 갈라진 모발(毛髮).

エタノール【Äthanol ド】 에탄올.

えだは【枝葉】 ❶가지와 잎. ❷중요(重要)하지 않은 부분(部分); 지엽적(枝葉的)인 부분. ‖枝葉にこだわる 지엽적인 부분에 집착하다.

えだぶり【枝振り】 가지가 뻗은 모습.

えだまめ【枝豆】 가지째 꺾은 풋콩; 풋콩을 꼬투리째 삶은 것.

えだみち【枝道】 샛길.

えだわかれ【枝分かれ】 갈라짐; 분기(分岐). ‖枝分かれする 갈라지다. 분기하다.

エタン【ethane】 에탄.

エチケット【étiquette フ】 에티켓.

エチルアルコール【Äthylalkohol ド】 에틸알코올.

エチレン【ethylene】 에틸렌.

えつ【悦】 기쁨. ▸悦に入(い)る 기뻐하며 만족하다.

エックスせん【X 線】 엑스선.

エックスせんしょくたい【X 染色体】 엑스 염색체(染色體).

えづけ【餌付け】 ‖餌付けする 먹이를 주어 길들이다.

えっけん【越権】 월권(越權). ♦越権行為 월권 행위.

エッセイ【essay】 에세이. ♦エッセイスト 에세이스트.

エッセンス【essence】 에센스.

エッチ【H】 ダ 음란(淫亂)하다; 음탕(淫蕩)하다. ‖エッチな話 음란한 이야기. エッチな人 음탕한 사람.

エッチング【etching】 에칭.

えっとう【越冬】 (を하) 월동(越冬).

えっぺい【閲兵】 (を하) 열병(閱兵). ♦閲兵式 열병식.

えつらく【悦楽】 열락(悅樂).

えつらん【閲覧】 (を하) 열람(閱覽). ♦閲覧室 열람실.

えて【得手】 가장 잘하는 일; 가장 자신(自信) 있는 일.

エディプスコンプレックス【Oedipus complex】 오이디푸스 콤플렉스

えてかって【得手勝手】 ダ 제멋대로이다.

えてして【得てして】 자칫(하면); 잘못하면. ‖金持ちは得てしてけちなものだ 부자는 자칫 구두쇠이기 쉽다.

えと【干支】 간지(干支).

えど【江戸】 에도. ▸江戸の仇を長崎で討つ 종로에서 뺨 맞고 한강에 가서 눈 흘긴다.〔諺〕

えとく【会得】 (を하) 터득(攄得).

エナメル【enamel】 에나멜.

えにっき【絵日記】 그림일기.

***エネルギー【Energie ド】** 에너지. ‖エネルギーを消耗する 에너지를 소모하다. エネルギーを節約する 에너지를 절약하다. ♦太陽エネルギー 태양열. エネルギー資源 에너지 자원.

エネルギッシュ【energisch ド】 ダ 정력적(精力的)이다. ‖エネルギッシュな人 정력적인 사람.

エノキ【榎】 팽나무. ♦エノキ茸 팽나무버섯.

えのぐ【絵の具】 물감. ‖絵の具で絵を描く 물감으로 그림을 그리다.

えはがき【絵葉書】 그림엽서.

エビ【海老】 새우. ♦エビフライ 새우 튀김.

エビガニ【海老蟹】 미국(美國)가재.

エピソード【episode】 에피소드.

えびちゃ【海老茶・葡萄茶】 암갈색(暗褐色).

エピローグ【epilogue】 에필로그.

エプロン【apron】 에이프런; 앞치마.

エボダイ【えぼ鯛】 샛돔.

えほん【絵本】 그림책.

えみ【笑み】 미소(微笑). ‖笑みを浮かべる 미소를 짓다.

エムサイズ【M-size】 엠사이즈.

エメラルド【emerald】 에메랄드. ♦エメラルドグリーン 에메랄드 그린.

えもいわれぬ【得も言われぬ】 뭐라고 말할 수 없을 만큼 훌륭한. ‖得も言われぬよい香り 뭐라고 말할 수 없을 만큼 좋은 향기.

えもじ【絵文字】 ❶그림 문자(文字). ❷(携帯電話などの)이모티콘.

えもの【獲物】 잡은 짐승; 사냥감.

えら【鰓】 ❶(魚介類) 아가미. ❷하관(下顴); 턱의 양(兩)쪽 끝.

エラー【error】 에러.

***えらい【偉い】** ❶뛰어나다; 훌륭하다; 위대(偉大)하다. ‖偉い学者 뛰어난 학자. 偉い指導者 위대한 지도자. ❷중대(重大)하다; 굉장(宏壯)하다; 지독(至毒)하다. ‖えらく暑い 굉장히 덥다. えらい事件 중대한 사건. ❸곤란(困難)하다; 난처(難處)하다. ‖えらい目にあう 호되게 당하다.

***えらぶ【選ぶ】** 고르다; (選挙などで) 뽑다; 가리다. ‖学校を選ぶ 학교를 고르다. 目的のためには手段を選ばない 목적을 위해서는 수단을 가리지 않다. この中から１つ選んでください 이 중에서 하나를 고르세요.

えらぶる【偉ぶる】 뽐내다; 잘난 체하다.

えり【襟・衿】 옷깃. ▸襟を正す 옷깃을

え

여미다.〔慣〕

エリート【élite フ】 엘리트.

えりくび【襟首】 목덜미.

えりごのみ【選り好み】 ‖選り好みする 좋아하는 것만을 고르다.

えりすぐる【選りすぐる】 좋은 것들 중에서 더 좋은 것을 고르다.

えりぬき【選り抜き】 선발(選拔).

えりまき【襟巻き】 목도리.

えりわける【選り分ける】 선별(選別)하다.

*える【得る】 ❶〔手に入れる〕얻다; 손에 넣다; 받다. ‖支持を得る 지지를 받다. 病を得る 병을 얻다. ❷이해(理解)하다. ‖要領を得ない話 무슨 소리인지 이해할 수 없는 이야기. ❸〔…得るの形で〕…수 있다. ‖あり得る 있을 수 있다.

エルエルサイズ【LL-size】 엘엘사이즈.

エルサイズ【L-size】 엘사이즈.

エルサルバドル【El Salvador】 (国名) 엘살바도르.

エルニーニョ【El Niño ス】 엘니뇨.

エルピーガス【LP ガス】 엘피 가스; 엘피지.

エルピーばん【LP 盤】 엘피반.

エレキギター【←electric guitar】 전자(電子) 기타.

エレクトーン【Electone】 전자(電子) 오르간.

エレクトラコンプレックス【Electra complex】 엘렉트라 콤플렉스.

エレジー【elegy】 엘레지; 비가(悲歌).

エレベーター【elevator】 엘리베이터.

エロス【Erōs】 에로스.

エロティシズム【eroticism】 에로티시즘.

*えん【円】 ❶원(圓); 동그라미. ‖円を描く 원을 그리다. ❷(数学) 원. ❸〔日本の通貨単位〕…엔(¥).

*えん【縁】 ❶연; 인연(因緣). ‖前世の縁 전생의 인연. 学問には縁がない 공부와는 인연이 없다. ❷관계(關係). ‖縁を切る 관계를 끊다.

えんいん【遠因】 원인(遠因).

えんえき【演繹】 (スル하) 연역(演繹). ♦演繹法 연역법.

えんえん【延延】 장장(長長).

えんか【演歌】 트로트; 뽕짝.

えんかい【沿海】 연해(沿海).

えんかい【宴会】 연회(宴會); 잔치.

えんかい【遠海】 원양(遠洋).

えんかく【沿革】 연혁(沿革).

えんかく【遠隔】 원격(遠隔). ♦遠隔制御 원격 제어. 원격 조정.

えんかつ【円滑】ダ 원활(圓滑)하다. ‖交渉が円滑に運ぶ 교섭이 원활하게 진행되다.

えんかナトリウム【塩化 Natrium】 염화(塩化)나트륨.

えんかビニール【塩化 vinyl】 염화(塩化) 비닐.

えんがわ【縁側】 ❶마루. ❷(魚の)지느러미 부분(部分)의 뼈 또는 그 살.

えんかわせ【円為替】 엔 환율(換率).

えんがん【沿岸】 연안(沿岸). ♦沿岸漁業 연안 어업.

えんき【延期】 (スル하) 연기(延期). ‖出発を延期する 출발을 연기하다. 無期延期 무기 연기.

えんぎ【演技】 (スル하) 연기(演技).

えんぎ【縁起】 ❶일의 기원(起源); 유래(由來). ❷전조(前兆); 조짐(兆朕); 징조(徵兆). ‖縁起がいい 전조가 좋다. ▸縁起を担ぐ 길흉을 따지다. 미신적인 부분이 있다.

えんきょく【婉曲】ダ 완곡(婉曲)하다. ‖婉曲な言い回し 완곡한 표현. 婉曲に断わる 완곡하게 거절하다.

えんきょり【遠距離】 원거리(遠距離); 장거리(長距離).

えんきん【遠近】 원근(遠近). ♦遠近法 원근법.

えんぐみ【縁組み】 ‖縁組みする 부부나 양자의 관계를 맺다.

えんグラフ【円 graph】 원(圓)그래프.

えんぐん【援軍】 원군(援軍). ‖援軍を頼む 원군을 요청하다.

えんけい【円形】 원형(圓形). ♦円形劇場 원형 극장. 円形脱毛症 원형 탈모증.

えんけい【遠景】 원경(遠景).

えんげい【園芸】 원예(園藝). ♦園芸作物 원예 작물.

えんげい【演芸】 연예(演藝).

エンゲージリング【engagement ring】 약혼 반지(約婚半指).

えんげき【演劇】 연극(演劇).

エンゲルけいすう【Engel 係数】 엥겔계수(係數).

えんこ【円弧】 원호(圓弧).

えんこ【縁故】 연고(緣故). ♦縁故者 연고자.

えんご【援護】 (スル하) ❶원호(援護). ❷엄호(掩護). ♦援護射撃 엄호 사격.

えんこん【怨恨】 원한(怨恨).

えんざい【冤罪】 원죄(冤罪); 누명(陋名). ‖冤罪をこうむる 누명을 쓰다.

えんさん【塩酸】 염산(塩酸).

えんざん【演算】 (スル하) 연산(演算). ♦演算記号 연산 기호.

えんし【遠視】 원시(遠視).

えんじ【園児】 원아(園兒).

えんじいろ【臙脂色】 연지색(臙脂色).

エンジニア【engineer】 엔지니어.

えんしゅう【円周】 원주(圓周); 원둘레. ♦円周率 원주율.

えんしゅう【演習】 (スル하) ❶연습(演習). ‖運動会の予行演習 운동회의 예

행 연습. ❷훈련(訓錬). ‖陸海合同演習 육해 합동 훈련. ❸(大学の)토론식 수업(討論式授業).

えんじゅく【円熟】 ㉦하 원숙(圓熟). ‖円熟した演技 원숙한 연기.

えんしゅつ【演出】 ㉦하 연출(演出). ♦演出家 연출가. 演出効果 연출 효과.

えんしょ【炎暑】 염서(炎暑); 혹서(酷暑); 폭서(暴暑).

えんじょ【援助】 ㉦하 원조(援助). ‖途上国に経済援助をする 개발도상국에 경제 원조를 하다. 援助を受ける 원조를 받다. ♦援助交際 원조 교제.

えんしょう【炎症】 염증(炎症). ‖炎症を起こす 염증을 일으키다.

えんじょう【炎上】 ‖炎上する 불타 오르다.

えんじる【演じる】 ❶연기(演技)하다. ❷(ある行動を)저지르다; 부리다. ‖醜態を演じる 추태를 부리다.

えんしん【遠心】 원심(遠心). ♦遠心分離機 원심 분리기. 遠心力 원심력.

えんじん【円陣】 ‖円陣を組む 원형으로 둘러서다.

エンジン【engine】 엔진; 시동(始動). ‖エンジンをかける 시동을 걸다. エンジンを止める 시동을 끄다. エンジンオイル 엔진 오일. ▸エンジンがかかる 시동이 걸리다.

えんすい【円錐】 원추(圓錐). ♦円錐形 원추형.

えんすい【塩水】 염수(塩水); 소금물.

えんずい【延髄】 연수(延髓); 숨골.

えんせい【遠征】 ㉦하 원정(遠征). ‖ヒマラヤ遠征に行く 히말라야 원정을 가다.

えんせい【厭世】 염세(厭世). ♦厭世主義 염세주의. 厭世的 염세적.

えんせき【遠戚】 먼 친척(親戚).

えんせきがいせん【遠赤外線】 원적외선(遠赤外線).

えんぜつ【演説】 ㉦하 연설(演說). ‖街頭で演説する 가두에서 연설하다.

えんせん【沿線】 연선(沿線).

えんそ【塩素】 염소(塩素).

えんそう【演奏】 ㉦하 연주(演奏). ‖ピアノを演奏する 피아노를 연주하다. ♦演奏会 연주회.

えんそく【遠足】 소풍(逍風). ‖遠足に行く 소풍을 가다.

えんたい【延滞】 ㉦하 연체(延滯). ♦延滞金 연체금.

えんだい【遠大】ダ 원대(遠大)하다. ‖遠大な計画 원대한 계획.

えんだか【円高】 엔고.

えんたく【円卓】 원탁(圓卓).

えんだん【演壇】 연단(演壇). ‖演壇に立つ 연단에 서다.

えんだん【縁談】 혼담(婚談). ‖娘の縁談が持ち上がる 딸 혼담이 들어오다.

えんちゃく【延着】 ㉦하 연착(延着).

えんちゅう【円柱】 원주(圓柱).

えんちょう【延長】 ㉦하 연장(延長). ‖高速道路を延長する 고속도로를 연장하다. 国会の会期を延長する 국회 회기를 연장하다. ♦延長線 연장선. 延長戦 연장전.

えんちょう【園長】 원장(園長).

えんてん【炎天】 염천(炎天).

えんでん【塩田】 염전(塩田).

えんとう【円筒】 원통(圓筒). ♦円筒形 원통형.

えんどう【沿道】 연도(沿道).

エンドウマメ【豌豆豆】 완두(豌豆)콩.

えんとつ【煙突】 굴뚝. ‖煙突から煙が出ている 굴뚝에서 연기가 나고 있다.

エントリー【entry】 엔트리.

えんのした【縁の下】 마루 밑. ▸縁の下の力持ち 안 보이는 곳에서 진력함 또는 그런 사람.

えんばん【円盤】 원반(圓盤). ‖円盤投げ 원반(圓盤)던지기.

えんぴつ【鉛筆】 연필(鉛筆). ‖ナイフで鉛筆を削る 칼로 연필을 깎다. 鉛筆の芯 연필심. ♦色鉛筆 색연필. 鉛筆削り 연필깎이.

えんびふく【燕尾服】 연미복(燕尾服).

えんぶきょく【円舞曲】 원무곡(圓舞曲); 왈츠.

えんぶん【塩分】 염분(塩分); 소금기.

えんぶん【艶聞】 염문(艶聞).

えんぽう【遠方】 먼 곳. ‖遠方から友人が訪ねてきた 멀리서 친구가 찾아왔다.

エンボス【emboss】 엠보스. ♦エンボス加工 엠보스 가공.

えんま【閻魔】 염라대왕(閻羅大王).

えんまく【煙幕】 연막(煙幕). ‖煙幕を張る 연막을 치다.

えんまん【円満】ダ 원만(圓滿)하다. ‖円満な性格 원만한 성격. 円満に解決する 원만하게 해결하다.

えんむすび【縁結び】 ❶결혼(結婚). ❷(説明) 인연(因緣)이 맺어지기를 기원(祈願)하는 것.

えんめい【延命】 연명(延命).

えんやこら〔かけ声〕영차.

えんやす【円安】 엔저.

えんよう【援用】 ㉦하 원용(援用).

えんよう【遠洋】 원양(遠洋). ♦遠洋漁業 원양 어업.

***えんりょ【遠慮】** 사양(辭讓); 삼감; 사퇴(辭退). ‖発言を遠慮する 발언을 삼가다. タバコはご遠慮ください 담배는 삼가해 주십시오. ▸遠慮なく 마음 편히. 사양말고 마음껏. 遠慮なく召し上がってください 사양 말고 드세요. ▸遠慮深い 극히 조심스럽다.

えんろ【遠路】 먼 길. ‖遠路はるばる訪れる 먼 길을 마다 않고 찾아오다. 멀리

서 찾아오다.

お

お【尾】 꼬리. ‖犬が尾を振る 개가 꼬리를 흔들다.
お【緒】〔糸·紐〕끈; 줄. ‖へその緒 탯줄.
おあいにくさま【お生憎様】 미안(未安)합니다; 죄송(罪悚)합니다.
オアシス【oasis】 오아시스.
おあずけ【お預け】 ❶ (説明) 개 앞에 음식물(飲食物)을 놓고 허락(許諾)할 때까지 못 먹게 하는 것. ❷보류(保留); 유보(留保).
おい 어이; 이봐.
おい【老い】 ❶늙음. ❷노인(老人); 늙은이. ▸老いも若きも 늙은 사람도 젊은 사람도.
おい【甥】 조카.
おいあげる【追い上げる】 ❶(先行するものを)뒤쫓다. ❷(上の方へ)위쪽으로 몰다.
おいうち【追い討ち·追い撃ち】 추격(追撃). ‖追い討ちをかける 추격하다.
おいえそうどう【御家騒動】 조직(組織) 내의 다툼; 내분(内紛).
おいおい【追い追い】 점차(漸次); 점점(漸漸); 차차(次次).
おいおとす【追い落とす】 이겨서 앞사람의 자리를 차지하다.
おいかえす【追い返す】 쫓아 버리다; 되돌려 보내다.
おいかける【追い掛ける】 뒤쫓다; 쫓아가다.
おいかぜ【追い風】 뒤에서 불어오는 바람; 순풍(順風).
おいこす【追い越す】 추월(追越)하다; 앞지르다.
おいこみ【追い込み】 ❶막바지; 마지막 단계(段階). ❷(印刷物で) 행(行)을 바꾸지 않고 잇대어 식자(植字)를 함.
おいこむ【老い込む】 폭삭 늙다.
おいこむ【追い込む】 ❶몰아넣다. ‖牛を囲いの中に追い込む 소를 울타리 안으로 몰아넣다. ❷(苦しい立場に)빠뜨리다; 몰아넣다.
おいさき【老い先】 여생(餘生). ‖老い先が短い 여생이 얼마 남지 않다.
*__おいしい__【美味しい】 맛있다. ‖おいしいお菓子 *맛있는 과자*. ご飯をおいしく食べる 밥을 맛있게 먹다. おいしそうに見える 맛있어 보이다.
おいしげる【生い茂る】 (草木が)무성(茂盛)하다.
おいだす【追い出す】 쫓아내다; 내쫓다; 내보내다. ‖部屋から追い出す 방에서 내쫓다. 協会から追い出す 협회에서 쫓아내다.
おいたち【生い立ち】 성장; 성장 과정(成長過程). ‖自分の生い立ちを語る 자기의 성장과정을 이야기하다.
おいたてる【追い立てる】 ❶〔立ち退かせる〕내몰다; 내쫓다. ❷〔せき立てる〕재촉하다; 다그치다.
おいちらす【追い散らす】 쫓아가 흩어지게 하다.
おいつおわれつ【追いつ追われつ】 쫓고 쫓기는.
おいつく【追い付く】 따라잡다; 쫓아가다. ‖先進国に追いつく 선진국을 따라잡다.
おいつめる【追い詰める】 (逃げ場のないところへ)몰아넣다; 추궁(追窮)하다.
おいて【於て】 〔…においての形で〕…에 있어서; …에서. ‖この時点において 이 시점에서. 彼は学歴においては申し分ない 그 사람은 학벌에 있어서는 나무랄 데가 없다.
おいで【お出で】 ❶〔行くこと·来ること·いることの尊敬語〕가시다; 오시다; 계시다. ‖こちらにおいでになりますか 이쪽으로 오시겠습니까? ご主人は今どちらにおいでですか 남편께서는 지금 어디에 계십니까? おいでを待つ 오시기를 기다리다. ❷〔行く·来る·いるの命令·要求を表わす〕가(라); 와(라); 있어(라). ‖早く学校へおいで 빨리 학교에 가[와]. こっちにおいで 여기로 와라.
おいぬく【追い抜く】 추월(追越)하다; 앞지르다.
おいはぎ【追い剝ぎ】 노상 강도(路上强盜).
おいはらう【追い払う】 쫓아 버리다.
おいぼれ【老い耄れ】 늙은이.
おいまわす【追い回す】 ❶끈질기게 쫓아다니다. ❷혹사(酷使)하다. ‖家事に追い回される 집안일에 쫓기다.
おいめ【負い目】 정신적(精神的)인 부담(負擔). ‖負い目があって断れない 신세를 진 것이 있어서 거절할 수가 없다.
おいもとめる【追い求める】 추구(追求)하다. ‖理想を追い求める 이상을 추구하다.
おいやる【追い遣る】 ❶〔追い払う〕쫓아버리다. ❷몰아넣다. ‖辞任に追いやる 사임으로 몰아넣다.
おいる【老いる】 늙다; 나이를 먹다.
オイル【oil】 오일.
おいろなおし【お色直し】 (説明) 결혼식(結婚式)에서 신랑(新郎)·신부(新婦)가 옷을 갈아입는 것.
おいわけ【追分】 ❶〔分岐点〕갈림길. ❷〔追分節〕일본 민요(日本民謠)의 하나.
おう【王】 왕(王). ‖百獣の王 백수의 왕. ♦ホームラン王 홈런 왕.
おう【翁】 옹(翁).
*__おう__【負う】 ❶지다; 짊어지다; 업다. ‖背中に荷物を負う 등에 짐을 지다.

責任を負う 책임을 지다. ❷(傷などを)입다. ‖心に痛手を負う 마음에 상처를 입다. 重傷を負った 중상을 입었다.

*おう【追う】 ❶(跡を)쫓다. ‖犯人を追う刑事 범인을 쫓는 형사. ❷따르다; 복종(服從)하다. ‖順を追う 순서를 따르다. ❸쫓다; 쫓아 버리다. ‖ハエを追う 파리를 쫓다.

おうい【王位】 왕위(王位). ‖王位を継ぐ 왕위를 계승하다.

*おうえん【応援】 ㉠하 응원(應援). ‖友人のチームを応援する 친구 팀을 응원하다. 応援に行く 응원하러 가다. ♦応援歌 응원가. 応援団 응원단.

おうおう【往往】 때때로; 이따금. ‖往々にしてそういう人がいる 때때로 그런 사람이 있다.

おうか【謳歌】 ㉠하 구가(謳歌). ‖青春を謳歌する 청춘을 구가하다.

おうかくまく【横隔膜】 횡격막(横隔膜).

おうかん【王冠】 왕관(王冠).

おうぎ【扇】 부채. ‖扇であおぐ 부채로 부치다. ♦扇形 부채꼴.

おうぎ【奥義】 오의(奧義); 비결(祕訣).

おうきゅう【王宮】 왕궁(王宮).

おうきゅう【応急】 응급(應急). ♦応急措置 응급 조치.

おうけん【王権】 왕권(王權).

おうこう【王侯】 왕후(王侯).

おうこう【横行】 ㉠하 횡행(橫行).

おうこく【王国】 왕국(王國).

おうごん【黄金】 황금(黃金). ♦黄金時代 황금시대. 黄金分割 황금 분할.

おうざ【王座】 왕좌(王座).

おうさま【王様】 황제(皇帝); 임금; 임금님. ‖裸の王様 벌거벗은 임금님.

おうし【横死】 ㉠하 횡사(橫死).

おうじ【王子・皇子】 왕자(王子).

おうしざ【牡牛座】 황소자리.

おうしつ【王室】 왕실(王室).

おうじゃ【王者】 제왕(帝王); 일인자(一人者).

おうしゅう【応酬】 ㉠하 응수(應酬).

おうしゅう【押収】 ㉠하 압수(押收). ‖証拠物を押収する 증거물을 압수하다.

おうしゅう【欧州】 유럽.

おうじょ【王女・皇女】 공주(公主).

おうじょう【往生】 ㉠하 ❶(仏教) 왕생(往生). ‖極楽往生 극락왕생. ❷〔死ぬこと〕죽음.

おうしょく【黄色】 황색(黃色). ♦黄色人種 황색 인종.

*おうじる【応じる】 ❶〔こたえる〕응(應)하다; 대답(對答)하다. ‖呼びかけに応じる 부름에 대답하다. 注文に応じる 주문에 응하다. ❷〔ふさわしい〕어울리다; 상응(相應)하다. ‖収入に応じた生活 수입에 상응하는 생활.

おうしん【往診】 ㉠하 왕진(往診).

おうせい【王政】 왕정(王政).

おうせい【旺盛】ダ 왕성(旺盛)하다. ‖旺盛な好奇心 왕성한 호기심.

おうせつ【応接】 ㉠하 응접(應接). ♦応接間 응접실.

おうせん【応戦】 ㉠하 응전(應戰). ‖必死に応戦する 필사적으로 응전하다.

おうぞく【王族】 왕족(王族).

おうだ【殴打】 ㉠하 구타(毆打).

おうたい【応対】 ㉠하 응대(應對).

おうたい【横隊】 횡대(橫隊).

おうたいホルモン【黄体 hormone】 황체(黃體) 호르몬.

おうだく【応諾】 ㉠하 응낙(應諾); 승낙(承諾). ‖快く応諾する 흔쾌히 승낙하다.

おうだん【黄疸】 황달(黃疸).

おうだん【横断】 ㉠하 횡단(橫斷). ‖道路を横断する 도로를 횡단하다. ♦横断歩道 횡단보도. 横断幕 현수막. 横断面 횡단면. 大陸横断鉄道 대륙 횡단 철도.

おうちゃく【横着】ダ ❶뻔뻔하고 교활(狡猾)하다. ❷게으르다. ‖横着なやつ 게으른 녀석.

おうちょう【王朝】 왕조(王朝).

おうと【嘔吐】 ㉠하 구토(嘔吐).

おうど【黄土】 황토(黃土). ♦黄土色 황토색.

おうとう【応答】 ㉠하 응답(應答).

オウトウ【桜桃】 앵두(櫻桃).

オウトウ【黄桃】 황도(黃桃).

おうどう【黄銅】 황동(黃銅). ♦黄銅鉱 황동광.

おうとつ【凹凸】 요철(凹凸); 우둘투둘함. ‖表面に凹凸がある 표면이 우둘투둘하다.

おうねつびょう【黄熱病】 황열; 황열병(黃熱病).

おうねん【往年】 왕년(往年).

おうはん【凹版】 요판(凹版); 오목판.

おうひ【王妃】 왕비(王妃).

*おうふく【往復】 ㉠하 ❶왕복(往復). ‖スーパーまで２度往復する 슈퍼까지 두 번 왕복하다. 学校まで往復１時間半かかる 학교까지 왕복 한 시간 반 걸리다. 往復切符 왕복 표. ❷〔やり取り〕편지(便紙)를 주고받음.

おうへい【横柄】ダ 거만(倨慢)하다; 뽐내다. ‖横柄な口のきき方をする 거만한 말투로 말하다.

おうべい【欧米】 구미(歐美).

おうぼ【応募】 ㉠하 응모(應募). ‖懸賞に応募する 현상에 응모하다.

おうぼう【横暴】ダ 횡포(橫暴)하다.

オウム【鸚鵡】 앵무(鸚鵡)새.

おうめん【凹面】 요면(凹面); 오목면. ♦凹面鏡 오목 거울.

おうよう【応用】 ㉠하 응용(應用). ‖て

この原理を応用する 지레의 원리를 응용하다. 応用化学 응용 화학. 応用言語学 응용 언어학.

おうよう【鷹揚】ダ 느긋하다; 여유(餘裕)가 있다. ‖おうような態度 느긋한 태도.

おうらい【往来】 ❶ ㉻하 왕래(往來). ❷도로(道路); 가도(街道).

おうりつ【王立】 왕립(王立).

おうりょう【横領】 ㉻하 횡령(橫領). ‖公金横領 공금 횡령.

おうレンズ【凹 lens】 오목 렌즈.

おうろ【往路】 왕로(往路); 가는 길.

おえつ【嗚咽】 ㉻하 오열(嗚咽).

おえる【終える】 끝내다; 끝마치다; 마치다. ‖宿題を終える 숙제를 끝내다. 日程を終える 일정을 끝마치다. 1日の仕事を終えて帰宅する 하루의 일을 끝마치고 귀가하다.

おお ❶〔返事〕응; 그래. ❷〔感動・驚き〕어; 야.

おおあたり【大当たり】 ㉻하 적중(的中); 대성공(大成功). ‖映画が大当たりする 영화가 대성공하다.

おおあめ【大雨】 큰비; 호우(豪雨); 폭우(暴雨).

おおあわて【大慌て】ダ 몹시 허둥대다; 매우 당황(唐慌)하다.

***おおい【多い】** 많다. ‖横浜市は人口が多い 요코하마 시는 인구가 많다. イチゴにはビタミンCが多い 딸기에는 비타민C가 많다. 日本は地震が多い 일본은 지진이 많다. 社員が多い会社 사원이 많은 회사. 多ければ多いほどいい 많으면 많을수록 좋다. 다다익선(多多益善). 子どもが多ければ喜びも多いと思う 아이가 많으면 기쁨도 많다고 생각한다. 参加者は多くて30人くらいでしょう 참가자는 많아야 서른 명 정도겠지.

おおいかぶさる【覆い被さる】 덮이다; 씌워지다; 지워지다. ‖責任が覆いかぶさる 책임이 지워지다.

おおいなる【大いなる】 위대(偉大)한; 원대(遠大)한. ‖大いなる野望 원대한 야망.

おおいに【大いに】 대단히; 매우; 몹시; 상당(相當)히. ‖可能性は大いにある 가능성은 상당히 있다.

おおいばり【大威張り】 ❶〔偉そうに〕매우 뽐냄; 매우 으스댐. ❷〔堂々と〕당당(堂堂)하게 행동(行動)함.

***おおう【覆う・被う・蓋う】** 덮다; 뒤덮다; 막다; 숨기다. ‖車をシートで覆う 차를 시트로 덮다. 耳を覆いたくなる金属音 귀를 막고 싶은 금속음. 人々の熱気が会場を覆った 사람들의 열기가 회장을 뒤덮었다. 彼の失敗は覆うべくもない事実だ 그 사람의 실패는 숨길 수 없는 사실이다.

おおがかり【大掛かり】 대규모(大規模).

おおかた【大方】 ❶〔大半〕대부분(大部分). ‖大方の人は賛成している 대부분의 사람들은 찬성하고 있다. ❷〔世間〕일반(一般). ❸〔副詞的に〕거의; 대개(大概); 아마. ‖骨組みは大方できた 골격은 거의 다 만들어졌다.

おおがた【大型】 대형(大型). ♦大型台風 대형 태풍.

オーがた【O型】 O형.

オオカミ【狼】 늑대; 이리. ▸狼少年 거짓말쟁이.

おおがら【大柄】ダ ❶덩치가 크다. ❷(布などの)무늬가 크다.

おおかれすくなかれ【多かれ少なかれ】 많은 적든; 얼마간(間)이라도. ‖多かれ少なかれ彼の世話にならなかった者はいない 얼마간이라도 그 사람 신세를 지지 않은 사람은 없다.

***おおきい【大きい】** ❶〔スケール・年上〕크다. ‖大きい会社 큰 회사. 声が大きい 목소리가 크다. 大きいお兄さん 큰형. 円を大きく描く 원을 크게 그리다. ❷〔量〕많다. ‖生産量が大きい 생산량이 많다. 損害が大きい 손해가 많다. ❸〔態度〕건방지다; 잘난 체하다. ‖態度が大きい 태도가 건방지다.

おおきめ【大きめ】ダ 약간(若干) 크다. ‖セーターを大きめに編む 스웨터를 약간 크게 뜨다.

オーきゃく【O脚】 안짱다리.

おおぎょう【大仰】ダ 허풍(虛風)을 떨다; 과장(誇張)되다. ‖大仰なしぐさ 과장된 몸짓.

おおく【多く】 ❶많음. ‖多くの書を読む 많은 책을 읽다. ❷〔副詞的に〕대체(大體)로; 대부분(大部分). ‖運動会は多く秋に行なわれる 운동회는 대체로 가을에 열린다.

おおぐい【大食い】 대식가(大食家).

オークション【auction】 옥션.

おおぐち【大口】 ❶〔口〕큰 입. ❷허풍(虛風); 큰소리. ‖大口をたたく 허풍을 떨다. 큰소리를 치다. ❸거액(巨額). ‖大口の寄付 거액의 기부.

オーケー【OK】 오케이.

おおげさ【大袈裟】ダ 과장(誇張)하다; 허풍(虛風)스럽다. ‖おおげさに言う 과장해서 말하다.

オーケストラ【orchestra】 오케스트라.

おおごえ【大声】 큰 소리. ‖大声で話す 큰 소리로 말하다. 大声を上げる 큰 소리를 지르다.

おおごと【大事】 큰일. ‖このことが知れると大事だ 이 일이 알려지면 큰일이다.

おおさじ【大匙】 큰 술; 큰 스푼.

おおざっぱ【大雑把】 ❶(性格・計画などが)거침; 조잡(粗雜)함; 대충대충함. ‖大ざっぱな性格 대충대충하는 성격. ❷〔だいたい〕대강(大綱); 대충.

‖大ざっぱに話す 대충 이야기하다.
おおさわぎ【大騒ぎ】 야단법석; 시끌벅적함. ‖大騒ぎになる 시끌벅적해지다.
おおしい【雄雄しい】 용감(勇敢)하다; 씩씩하다.
おおじょたい【大所帯】 대가족(大家族).
おおすじ【大筋】 대략(大略); 줄거리. ‖事件の大筋 사건의 줄거리.
オーストラリア【Australia】《国名》 오스트레일리아; 호주(濠洲).
オーストリア【Austria】《国名》 오스트리아.
おおぜい【大勢】 많은 사람. ‖大勢で花見に繰り出す 많은 사람들이 꽃구경을 가다. 見物人が大勢集まる 구경꾼이 많이 모이다.
おおそうじ【大掃除】 [スル하] 대청소(大清掃).
オーソドックスな【orthodox】 오서독스; 정통파(正統派); 전통파(傳統派).
おおぞら【大空】 넓은 하늘.
オーダー【order】 [スル하] 오더. ♦オーダーメード 주문 생산.
おおづかみ【大掴み】 〔大要をとらえること〕대강(大綱); 대충.
おおっぴら【大っぴら】ダ 공공연(公公然)하다; 드러내 놓다. ‖大っぴらに悪事をはたらく 공공연하게 나쁜 짓을 하다.
おおづめ【大詰め】 (演劇で)마지막 장면(場面); 막바지.
おおて【大手】 대기업(大企業).
おおで【大手】 ‖大手を振って歩く 팔을 흔들며 씩씩하게 걷다.
オーディオ【audio】 오디오.
オーディション【audition】 오디션. ‖オーディションを受ける 오디션을 받다.
おおどおり【大通り】 대로(大路); 큰길.
オートバイ【auto+bicycle 日】 오토바이.
オートマチック【automatic】 오토매틱.
オートメーション【automation】 오토메이션.
オートレース【auto+race 日】 오토레이스; 모터레이스.
オートロック【auto+lock 日】♦オートロックドア 자동으로 닫히는 문.
オーナー【owner】 주(主) ‖球団オーナー 구단 주(球團主).
おおなみ【大波】 큰 파도(波濤).
オオバ【大葉】 차조기.
オーバー【over】 ❶〔コート〕오버코트. ❷ 초과(超過)하는 것; 과도(過度)한 것. ‖予算をオーバーする 예산을 초과하다. オーバーな表現 지나친 표현.
オーバーラップ【overlap】 [スル되] 오버랩.
おおはば【大幅】 대폭(大幅). ‖大幅に値上げする 가격을 대폭 인상하다. 大幅な人事異動 대폭적인 인사이동.
おおばんぶるまい【大盤振る舞い】 성대(盛大)한 대접(待接).
オープナー【opener】 오프너; 병따개.
おおぶり【大降り】 (雨や雪などが)많이 내림.
オーブン【oven】 오븐. ♦オーブントースター 오븐토스터.
オープン【open】 열다 ‖新しい店を1つオープンする. 새 가게를 하나 열다. ♦オープン戦 오픈 게임.
オーボエ【oboe イ】 오보에.
おおまか【大まか】 대충; 대강(大綱). ‖万事大まかな人 만사를 대충 하는 사람.
おおまけ【大負け】 [スル하] ❶ 대패(大敗). ❷(値段を)많이 깎아 줌. ‖大負けに負ける 많이 깎아 주다.
おおまわり【大回り】 ‖大回りする 크게 돌다.
おおみそか【大晦日】 섣달 그믐날.
オーム【ohm】 …옴(Ω).
おおむかし【大昔】 먼 옛날.
オオムギ【大麦】 보리.
おおむね【概ね】 ❶ 대체(大體); 줄거리. ‖事件の概ねを話す 사건의 줄거리를 이야기하다. ❷〔副詞的に〕대체로. ‖経過は概ね順調だ 경과는 대체로 순조롭다.
おおめ【多め】ダ 약간(若干) 많다; 조금 많다. ‖ご飯を多めに炊く 밥을 조금 많이 짓다.
おおめにみる【大目に見る】 너그러이 봐주다.
おおもじ【大文字】 대문자(大文字).
おおもの【大物】 큰 것; 거물(巨物). ‖政界の大物 정계의 거물.
おおもり【大盛り】 많이 담음.
おおや【大家】 집주인(主人).
おおやけ【公】 ❶ 국가(國家); 공공 단체(公共團體). ❷ 공공(公共). ❸ 공개(公開). ‖公にする 공개하다.
おおゆき【大雪】 대설(大雪).
おおよそ【大凡】 ❶ 대강(大綱); 대략(大略); 개요(概要). ‖これまでの経過のおおよそを説明する 지금까지의 경과의 개요를 설명하다. ❷〔副詞的に〕대강; 대략; 대체(大體)로. ‖犯人はおおよそ見当がついている 범인은 대략 짐작을 하고 있다.
オーラ【aura】 [説明] 신령(神靈)스러운 기운.
オーライ【←all right】 좋다; 알았다.
おおらか【大らか】ダ 여유(餘裕)가 있다; 느긋하다; 너그럽다. ‖おおらかな性格 너그러운 성격.
オールナイト【allnight】 올나이트; 밤샘.
オールマイティー【almighty】 올마이티; 전능(全能).
オールラウンド【all-round】 올라운드. ♦オールラウンドプレーヤー 올라운드

お

플레이어.

オーロラ【aurora】 오로라.

おおわざ【大業·大技】 (相撲·柔道での)큰 기술(技術).

おか【丘】 언덕.

おかあさま【お母様】 어머님; 어머니.

おかあさん【お母さん】 어머니; 엄마.

おかえし【お返し】 ❶답례; 답례품(答禮品); 보복(報復). ❷〔お釣り〕거스름돈.

おかえり【お帰り】 ❶〔帰りの尊敬語〕돌아오심; 돌아가심. ‖お帰りの時間 돌아오시는[돌아가시는] 시간. ❷〔お帰りなさいの略語〕잘 다녀왔어?

おかえりなさい【お帰りなさい】 잘 다녀왔어요? 잘 다녀오셨어요?

おかげ【お陰·お蔭】 덕택(德澤); 덕분(德分). ‖おかげで無事に帰ってきました 덕택에 무사히 돌아왔습니다.

***おかしい**【可笑しい】 ❶재미있다; 우습다. ‖何度聞いてもおかしい話 몇 번 들어도 재미있는 이야기. ❷이상(異常)하다; 수상(殊常)하다. ‖挙動のおかしい男 거동이 수상한 남자.

おかす【犯す·侵す】 ❶범(犯)하다; 어기다; 저지르다. ‖法を犯す 법을 어기다. 過ちを犯す 잘못을 저지르다. ❷침해(侵害)하다; 침입(侵入)하다. ‖所有権を侵す 소유권을 침해하다. ❸강간(强姦)하다.

おかす【冒す】 ❶무릅쓰다. ‖危険を冒す 위험을 무릅쓰다. ❷〔冒されるの形で〕(病に)걸리다. ‖病に冒される 병에 걸리다.

おかず【お菜】 반찬(飯饌).

おかっぱ【お河童】〔髪形〕단발머리.

おかどちがい【お門違い】 헛짚음; 잘못 생각함.

おかま【お釜】 ❶솥. ❷(火山の)분화구(噴火口). ❸여장 남자(女裝男子); 게이.

おかまい【お構い】 대접(待接); 접대(接待). ‖どうぞおかまいなく 아무쪼록 편안히. 何のおかまいもしませんで 대접도 제대로 못 해 드려서.

おかみ【女将】 (料亭などの)여주인(女主人).

おがむ【拝む】 ❶합장(合掌)하다; 빌다. ❷〔見るの謙譲語〕보다; 뵙다.

おから【御殻】 비지.

オカルト【occult】 *신비(神秘)한 것*; 초자연적(超自然的)인 것.

おがわ【小川】 시내. ‖小川のほとり 시냇가.

おかわり【お代わり】 (説明)같은 음식(飮食)을 한 그릇 더 먹음 또는 그 음식(飮食).

おかん【お燗】 ‖お燗する 술을 데우다.

おかん【悪寒】 오한(惡寒). ‖悪寒がする 오한이 들다.

おき【沖】 앞바다.

-おき【置き】 걸러; 간격(間隔). ‖15分おきに 십오분 걸러. 一日おきに 하루걸러. 2メートルおきに 이 미터 간격으로.

おきあい【沖合い】 앞바다 쪽. ♦沖合漁業 근해 어업.

おきあがりこぼし【起き上がり小法師】 오뚝이.

おきあがる【起き上がる】 일어나다; 일어서다. ‖ベッドから起き上がる 침대에서 일어나다.

おきかえる【置き換える】 ❶옮겨 놓다. ‖机を明るい場所に置き換える 책상을 밝은 곳으로 옮겨 놓다. ❷(他のものと)바꿔 놓다.

おきざり【置き去り】 ‖置き去りにする 내버려 두고 가 버리다.

オキシドール【Oxydol ドイツ】 옥시돌.

おきて【掟】 ❶규정(規定); 규칙(規則). ❷법제(法制).

おきてがみ【置き手紙】 (説明)만나지 못할 때 용건(用件)을 적어 놓아 두는 편지(便紙).

おきどけい【置き時計】 탁상시계(卓上時計).

おぎなう【補う】 보충(補充)하다; 보완(補完)하다. ‖説明を補う 설명을 보충하다.

おきにいり【お気に入り】 마음에 듦; 마음에 드는 사람이나 물건. ‖お気に入りのバッグ 마음에 드는 가방.

おきば【置き場】 두는 곳; 둘 데. ‖自転車置き場 자전거 두는 곳.

おきまり【お決まり】 상투적(常套的)인 것; 진부(陳腐)한 것; 정(定)해진 것 ‖お決まりのコース 정해진 코스.

おきもの【置物】 장식품(裝飾品).

***おきる**【起きる】 ❶일어나다; 일어서다; 눈을 뜨다; 기상(起床)하다. ‖毎朝6時半に起きる 매일 아침 여섯 시 반에 일어나다. 今朝は遅く起きた 오늘 아침은 늦게 일어났다. ❷〔寝ないでいる〕안 자고 있다. ‖試験前に遅くまで起きて勉強した 시험 전에 늦게까지 안 자고 공부했다. ❸(事故などが)일어나다; 발생(發生)하다. ‖事故が起きる 사고가 발생하다.

おきわすれる【置き忘れる】 놓아 둔 곳을 잊다; 잊고 두고 오다.

おく【奥】 ❶안; 속. ‖引き出しの奥 서랍 안. 山の奥 산속. ❷깊은 곳. ‖心の奥 마음속 깊은 곳. 奥の深い理論 깊이가 있는 이론.

おく【億】 억(億). ‖10億 십 억.

おく【措く】 제외(除外)하다; 빼놓다.

***おく**【置く】 ❶놓다; 두다. ‖本を置く 책을 놓다. 間を置く 사이를 두다. 冷却期間を置く 냉각기간을 두다. 秘書を置く 비서를 두다. 筆を置く 붓을 놓다. ❷방치(放置)하다; 그냥 두다.

‖ただではおかん 그냥 두지 않을 거야. ❸설치(設置)하다. ‖事務所を置く 사무소를 설치하다. ❹〔…ておくの形で〕…두다; …놓다. ‖メモしておく 메모해 두다. いいのを選んでおく 좋은 것을 골라 두다. 窓を開けっ放しにしておく 창문을 열어 놓다.

おくがい【屋外】 옥외(屋外).

おくがき【奥書】 ❶ (説明) 책자(冊子)의 끝 부분(部分)에 발행일(發行日)이나 발행 경위(發行經緯) 등을 적은 글. ❷ (説明) 문서(文書)의 끝 부분에 기술 내용(記述內容)을 증명(證明)하는 문장(文章).

おくさま【奥様】 부인(夫人); 사모(師母)님.

おくさん【奥さん】 아주머니; 아줌마.

おくじょう【屋上】 옥상(屋上). ▸屋上屋を架す 옥상가옥(屋上架屋).

おくせつ【憶説】 억설(臆說).

おくそく【憶測】 (る하) 억측(臆測). ‖憶測が乱れ飛ぶ 억측이 난무하다.

オクターブ【octave】 옥타브.

オクタンか【octane 価】 옥탄가(價).

おくち【奥地】 오지(奧地); 변경(邊境).

おくづけ【奥付】 판권; 판권장(版權張).

おくて【奥手・晩生】 ❶〔稲・草木〕만생종(晩生種). ❷〔人〕늦깎이.

おくない【屋内】 옥내(屋內).

おくに【お国】 ❶고향(故鄕). ❷지방(地方). ❸모국(母國).

おくのて【奥の手】 최후(最後)의 수단(手段). ‖奥の手を使う 최후의 수단을 쓰다.

おくば【奥歯】 어금니.

おくびょう【臆病】ダ 겁(怯)이 많다. ♦臆病者 겁쟁이.

おくぶかい【奥深い】 ❶깊숙하다; 깊다. ‖森の奥深い所 숲속의 깊은 곳. ❷심오(深奥)하다. ‖奥深い真理 심오한 진리.

おくまんちょうじゃ【億万長者】 억만장자(億萬長者).

おくゆかしい【奥床しい】 기품(氣品)이 있고 속이 깊다.

おくゆき【奥行】 ❶(建物などの)안쪽까지의 길이. ❷(知識・人柄などの)깊이.

おぐらあん【小倉餡】 팥소.

おぐらじるこ【小倉汁粉】 단팥죽.

おくらせる【遅らせる・後らせる】 늦추다. ‖締め切りを1日遅らせる 마감일을 하루 늦추다. 集合時間を30分遅らせる 집합 시간을 삼십 분 늦추다.

おくりかえす【送り返す】 돌려보내다; 되돌려 보내다.

おくりこむ【送り込む】 보내다.

おくりさき【送り先】 보낼 곳.

おくりじょう【送り状】 (商品の)송장(送狀); 인보이스.

おくりだす【送り出す】 ❶배웅하다. ‖客を送り出す 손님을 배웅하다. ❷보내다; 발송(發送)하다. ‖引っ越しの荷物を送り出す 이삿짐을 발송하다. ❸배출(輩出)하다; (世の中へ)내보내다; 내놓다; 선보이다. ‖名作を送り出す 명작을 내놓다. ❹(相撲で)밀어내다.

おくりつける【送り付ける】 (一方的に)보내다.

おくりぬし【送り主】 보내는 사람.

おくりバント【送り bunt】 (野球で)보내기 번트.

おくりもの【贈り物】 선물(膳物). ‖誕生日の贈り物 생일 선물.

***おくる【送る】** ❶(物・合図などを)보내다; 부치다. ‖荷物を送る 짐을 보내다[부치다]. 合図を送る 신호를 보내다. 声援を送る 성원을 보내다. ❷(人を)보내다; 바래다주다; 파견(派遣)하다. ‖国際会議に代表を送る 국제회의에 대표를 보내다. 車で駅まで送る 차로 역까지 바래다주다. ❸(歳月を)보내다; 지내다. ‖読書をして日々を送る 독서를 하며 하루하루를 보내다. ❹(送り仮名を)붙이다.

***おくる【贈る】** ❶(金品などを)선사(膳賜)하다; 선물(膳物)하다; 보내다; 주다. ‖記念品を贈る 기념품을 보내다. 誕生日に花束を贈る 생일날 꽃다발을 보내다. ❷(称号などを)수여(授與)하다. ‖名誉法学博士の称号を贈る 명예법학 박사 학위를 수여하다.

おくるみ【お包み】 포대기; 강보(襁褓).

おくれ【遅れ・後れ】 지체(遲滯); 연착(延着); 지연(遲延); 뒤떨어짐; 뒤짐; 뒤처짐; 늦음. ‖1時間遅れ 한 시간 연착. 後れを取る 뒤처지다. 遅れを取り戻す 뒤떨어진 것을 만회하다.

おくればせながら【遅れ馳せながら】 뒤늦게나마; 늦었지만.

***おくれる【遅れる・後れる】** ❶늦다. ‖約束の時間に遅れる 약속 시간에 늦다. ❷뒤처지다; 뒤떨어지다. ‖流行に後れる 유행에 뒤처지다.

おけ【桶】 통(桶). ♦水桶 물통.

オケラ【螻蛄】 ❶(昆虫) 땅강아지. ❷〔無一文〕무(無)일푼.

おける【於ける】 〔…に於けるの形で〕…에(있어)서의. ‖委員会における彼の態度は立派だった 위원회에 있어서의 그 사람의 태도는 훌륭했다. 在学中における成績 재학 중의 성적.

おこがましい【烏滸がましい】 ❶〔出過ぎる〕주제넘다; 건방지다. ‖おこがましくも口出しする 주제넘게 말참견을 하다. ❷〔ばかばかしい〕바보 같다; 어리석다.

おこげ【お焦げ】 누룽지.

***おこす【起こす・興す】** ❶일으키다. ‖転んだ子どもを起こす 넘어진 아이를 일으

키다. 反乱を起こす 반란을 일으키다. 会社を興す 회사를 일으키다. 会社を相手取って訴訟を起こす 회사를 상대로 소송을 제기하다. 腹痛を起こす 복통을 일으키다. ❷〔目を覚まさせる〕깨우다. ‖6時に起こしてください 여섯 시에 깨워 주세요. ❸(土を)일구다; 갈다. ‖畑を起こす 밭을 갈다.

おごそか【厳か】ダ 엄숙(嚴肅)하다. ‖厳かな雰囲気 엄숙한 분위기.

おこたる【怠る】 게을리 하다; 소홀(疏忽)히 하다. ‖準備を怠らない 준비를 게을리 하지 않다. 勉強を怠る 공부를 소홀히 하다.

おこない【行ない】 행동(行動); 행위(行爲); 품행(品行); 몸가짐. ‖行ないで示す 행동으로 보여 주다. 行ないを慎む 몸가짐을 조심하다. 日頃の行ない 평소의 행동.

***おこなう**【行なう】 행(行)하다; 하다; 치르다. ‖練習を行なう 연습을 하다. 入学式を行なう 입학식을 치르다. ▸言うは易く行なうは難し 말하기는 쉬워도 행하기는 어렵다.

おごり【驕り】 교만(驕慢)함; 거만(倨慢)함; 자만심(自慢心).

おごり【奢り】 ❶〔ぜいたく〕호강(豪強)하는 것. ❷한턱내는 것. ‖今日は僕のおごりだ 오늘은 내가 한턱낼 게.

おこりじょうご【怒り上戸】 ㊟説明 술에 취하면 화를 잘 내는 것 또는 그런 사람.

おこりっぽい【怒りっぽい】 화를 잘 내다. ‖怒りっぽい人 화를 잘 내는 사람.

おこりんぼう【怒りん坊】 화를 잘 내는 사람.

***おこる**【起こる・興る】 ❶일어나다; 발생(發生)하다; 생기다; 일다. ‖事件が起こる 사건이 일어나다. 地震が起こる 지진이 일어나다. 健康ブームが再び起こる 건강 붐이 다시 일다. いたずら心が起こる 장난기가 생기다. 摩擦で静電気が起こる 마찰로 정전기가 일다. ❷번성(繁盛)하다. ‖国が興る 나라가 번성하다.

***おこる**【怒る】 화를 내다; 화가 나다. ‖真っ赤になって怒る 얼굴이 벌게지며 화를 내다. 烈火のごとく怒る 불같이 화를 내다. かなり怒った顔 무척 화난 얼굴.

おごる【驕る】 교만(驕慢)하다; 거만(倨慢)하다.

おごる【奢る】 ❶〔ぜいたくにする〕호강(豪強)하다. ❷〔人にごちそうする〕한턱내다.

おこわ【お強】 찰밥.

おさえ【押さえ・抑え】 ❶〔おさえること〕누름. ❷〔おさえるもの〕지지름돌; 누름돌. ❸(敵の攻撃などを)저지(沮止)함.

おさえこむ【押さえ込む】 (押さえて)꼼짝 못 하게 하다.

おさえつける【押さえつける】 ❶(押さえて)꼼짝 못 하게 하다; 누르다. ❷(強制的に)따르게 하다; 누르다. ‖反対派を押さえつける 반대파를 누르다.

***おさえる**【押さえる・抑える】 누르다; 억누르다; 참다; 막다. ‖ドアを手で押さえる 문을 손으로 누르다. 傷口をガーゼで押さえる 상처를 가제로 누르다. 強敵を押さえて優勝する 강적을 누르고 우승하다. 欲望を抑える 욕망을 억누르다. 怒りを抑える 화를 참다. ライバル会社の進出を押さえる 경쟁사의 진출을 막다.

おさがり【お下がり】 ❶후물림. ❷제상(祭床)에서 물린 음식(飮食).

おさき【お先】 먼저.

おさきに【お先に】 먼저. ‖お先に失礼します 먼저 실례하겠습니다.

おさきまっくら【お先真っ暗】ダ 앞이 캄캄하다.

おさげ【お下げ】 (少女の)땋아 늘어뜨린 머리.

おさない【幼い】 ❶어리다. ‖幼い子ども 어린아이. ❷미숙(未熟)하다; 유치(幼稚)하다. ‖幼い考え方 유치한 생각.

おさながお【幼顔】 어릴 때 얼굴.

おさなご【幼子】 어린아이.

おさなごころ【幼心】 어린 마음.

おさななじみ【幼馴染み】 소꿉친구(親舊).

***おさまる**【収まる・納まる】 ❶(容器・型に)들어가다. ‖箱に収まる 상자에 들어가다. ❷수습(收拾)되다; 진정(鎭靜)되다; 안정(安定)되다. ‖紛争が収まる 분쟁이 수습되다. ❸납입(納入)되다. ❹(地位に)앉다. ‖会長に納まる 회장 자리에 앉다.

***おさまる**【治まる・修まる】 ❶안정(安定)되다; 가라앉다. ‖痛みが治まる 통증이 가라앉다. 怒りが治まる 화가 가라앉다. ❷(素行が)바로잡히다; 좋아지다. ‖身持ちが修まる 몸가짐이 좋아지다.

***おさめる**【収める・納める】 ❶넣다; 넣어 두다; 담다; 담아 두다. ‖箱に収める 상자에 넣다. 金庫に収める 금고에 넣어 두다. 胸に納める 가슴에 담아 두다. ❷(結果を)얻다; 거두다. ‖成果を収める 성과를 얻다. ❸진정(鎭靜)시키다; 가라앉히다; 안정(安定)시키다. ‖怒りを収める 화를 가라앉히다. ❹내다; 납부(納付)하다; 바치다. ‖会費を納める 회비를 내다.

***おさめる**【治める・修める】 ❶지배(支配)하다; 평정(平定)하다; 통치(統治)하다. ‖国を治める 나라를 통치하다. ❷진정(鎭靜)시키다; 안정(安定)시키다. ❸(学問などを)닦다; 익히다. ‖学

問を修める 학문을 익히다.

おさらい【お浚い】 ❶ 복습(復習). ❷ (芸などの)스승이 가르친 것을 제자(弟子)에게 시켜 봄.

おさん【お産】 출산(出産).

おし【押し】 ❶〔押すこと〕밈; 누름. ❷ 억지로 자신(自身)의 의사(意思)를 관철(貫徹)시킴. ‖押しが強い 자기주장이 강하다. ❸ 누름돌; 누르는 것. ‖漬け物に押しをする 김치를 누름돌로 누르다. ❹〔押し…の形で〕‖押し黙る 입을 꾹 다물다. ▸押しも押されもせぬ 실력이 있어 당당하다.

おじ【伯父・叔父】 삼촌(三寸); 〔父の長兄〕큰아버지; 〔父の次兄〕작은아버지; 〔結婚していない父の弟〕삼촌; 〔母方のおじ〕외삼촌(外三寸).

***おしい**【惜しい】 ❶ 아깝다. ‖命が惜しい 목숨이 아깝다. ❷ 아쉽다; 애석(哀惜)하다. ‖惜しくも敗れた 애석하게도 졌다.

おじいさん【お祖父さん・お爺さん】〔父方〕할아버지; 〔母方〕외할아버지. ‖近所のお爺さん 이웃집 할아버지.

おしいる【押し入る】 밀고 들어오다.

おしいれ【押し入れ】 벽장(壁欌).

おしうり【押し売り】 (名하) ❶ 강매(強賣). ❷ 강요(強要).

おしえ【教え】 ❶ 가르침. ▸孔子の教え 공자의 가르침. ❷ (宗教の)교의(教義).

おしえご【教え子】 학생(學生); 제자(弟子).

おしえこむ【教え込む】 철저(徹底)히 가르치다.

***おしえる**【教える】 ❶ 가르치다; 가르쳐 주다. ‖ピアノを教える 피아노를 가르치다. 挨拶の仕方を教える 인사하는 법을 가르치다. 道を教える 길을 가르쳐 주다. ❷ 알려 주다. ‖道順を教える 가는 길을 알려 주다.

おしおき【お仕置き】 (子どもに加える)벌(罰).

おしかえす【押し返す】 *되밀다; 자기 쪽에서도 밀다.*

おしかける【押し掛ける】 ❶ (招かれていない家に)찾아가다. ❷〔押し寄せる〕몰려들다; 밀어닥치다.

おじぎ【お辞儀】 (名하) 인사(人事).

おしきせ【お仕着せ】 ❶ (従業員に与える)제복(制服). ❷ (一方的に)정해진 것.

おしきる【押し切る】 밀어붙이다; 강행(強行)하다.

おしくらまんじゅう【押し競饅頭】 (説明) 많은 사람이 모여 몸으로 미는 놀이.

おしげもなく【惜し気も無く】 아낌없이. ‖惜しげもなくお金をばらまく 아낌없이 돈을 쓰다.

おしこむ【押し込む】 ❶ 밀고 들어가다; 억지로 들어가다. ❷ 강도(強盗)짓을 하러 들어가다. ‖強盗が押し込んだ 강도가 들어왔다.

おしこめる【押し込める】 밀어 넣다; 가두다; 감금(監禁)하다.

おしころす【押し殺す】 (声・感情などを)죽이다; 억누르다; 참다. ‖笑いを押し殺す 웃음이 나오는 것을 참다.

おじさん【小父さん】 아저씨. ‖近所のおじさん 이웃집 아저씨.

おしすすめる【推し進める】 추진(推進)하다; 밀어붙이다.

おしだす【押し出す】 ❶ 몰아내다; 밀어내다; 짜내다. ‖チューブから歯磨きを押し出す 튜브에서 치약을 짜내다. ❷ (積極的に人の前に)나서다. ‖前面に押し出す 전면에 나서다.

おしつける【押し付ける】 ❶ 밀어붙이다. ❷ 억지로 시키다; 떠넘기다. ‖部下に仕事を押し付ける 부하에게 일을 억지로 시키다. 責任を押し付ける 책임을 떠넘기다.

おしっこ 〔幼児語〕쉬.

おしつぶす【押し潰す】 (大きな力で)부수다; 깨부수다.

おしつまる【押し詰まる】 ❶ (年末が)다가오다. ❷ (期間が)다가오다; 닥치다. ‖納期が押し詰まる 납기가 닥치다.

おして【押して】 무리(無理)해서; 억지로; 무릅쓰고. ‖病気を押して出かけた 아픈데도 무리해서 외출했다.

おしてしるべし【推して知るべし】 생각해보면 누구나 다 안다.

おしとおす【押し通す】 ❶ 밀어붙이다. ❷ 관철(貫徹)하다. ‖主張を押し通す 주장을 관철하다.

オシドリ【鴛鴦】 원앙(鴛鴦).

おしながす【押し流す】 ❶ 떠내려 보내다. ❷ (時流・情勢などが)영향(影響)을 미치다; 떠밀다. ‖時流に押し流される 시류에 떠밀리다.

おしなべて【押し並べて】 ❶〔一様に〕한결같이. ❷〔概して〕대략(大略); 대체(大體)로. ‖成績は押しなべて良好だ 성적은 대체로 양호하다.

おしのける【押し退ける】 밀어제치다; 밀어내다.

おしはかる【推し量る】 미루어 짐작(斟酌)하다.

おしばな【押し花】 (説明) 책(冊)갈피 등에 끼워 말린 꽃.

おしべ【雄蕊】 수술.

おしボタン【押し button】 누름단추.

おしぼり【お絞り】 물수건.

おしまい【お仕舞い・お終い】 끝; 마지막; 끝장. ‖お話はこれでおしまい 이야기는 이걸로 끝.

おしみない【惜しみない】 아낌없다. ‖惜しみない拍手を送る 아낌없는 박수를

보내다.

*おしむ【惜しむ】 아끼다; 아까워하다; 애석(哀惜)해하다; 아쉬워하다. ‖行く春を惜しむ 가는 봄을 아쉬워하다. 寸暇も惜しんで勉強する 몇 분도 아까워하며 공부하다.

おしむぎ【押し麦】 납작보리.

おしめ【襁褓】 기저귀.

おじや 죽(粥).

おしゃか【お釈迦】 부처. ▸お釈迦になる 못 쓰게 되다. ♦お釈迦様 부처님.

おしゃく【お酌】 ‖お酌する 술을 따르다.

おしゃぶり (説明) 갓난아이가 빠는 장난감.

おしゃべり【お喋り】 〔行為〕수다; 〔人〕수다쟁이. ‖道端でおしゃべりする 길가에서 수다를 떨다. おしゃべりな娘 수다쟁이 딸.

おしゃまダ 조숙(早熟)하다. ‖おしゃまな女の子 조숙한 여자 아이.

おじゃまする【お邪魔する】 찾아뵙다. ‖ちょっとお邪魔させていただきたいのですが 잠깐 찾아뵙고 싶은데요.

おしやる【押し遣る】 밀어내다; 밀어 놓다; 밀어제치다. ‖布団を片隅に押しやる 이불을 한구석으로 밀어 놓다.

おしゃれ【お洒落】 ❶멋을 냄; 멋을 부림; 〔人〕멋쟁이. ‖おしゃれな娘 멋쟁이 아가씨. おしゃれしたい年頃 멋을 부리고 싶은 나이. ❷멋있음; 세련(洗練)됨. ‖おしゃれな靴 멋있는 구두.

おしょう【和尚】 스님; 주지(住持); 화상(和尙).

おじょうさま【お嬢様】 따님; 영애(令愛); 아가씨.

おじょうさん【お嬢さん】 아가씨.

おじょうず【お上手】 발림소리. ‖お上手を言う 발림소리를 하다.

おしょく【汚職】 오직(汚職); 독직(瀆職); 부정(不正); 비리(非理). ♦汚職事件 부정 사건.

おじょく【汚辱】 오욕(汚辱).

おしよせる【押し寄せる】 밀려오다; 몰려들다. ‖波が押し寄せる 파도가 밀려오다.

おしろい【白粉】 분(粉). ‖おしろいをつける 분을 바르다.

オシロイバナ【白粉花】 분꽃.

おしわける【押し分ける】 헤치다; 밀어제치다. ‖葦を押し分けて進む 갈대를 헤치며 나아가다.

おしん【悪心】 토할 듯함; 메스꺼움.

おしんこ【お新香】 야채(野菜) 절임.

おす【雄・牡】 수컷; 수놈.

*おす【押す】 ❶밀다. ‖乳母車を押す 유모차를 밀다. ❷누르다. ‖ボタンを押す 버튼을 누르다. ❸강행(强行)하다; 밀어붙이다. ‖この条件でもう一度押してみましょう 이 조건으로 한 번 더 밀어붙여 봅시다. ❹(判子などを)찍다. ‖印鑑を押す 인감을 찍다. スタンプを押す 스탬프를 찍다.

おす【推す】 ❶밀다; 추천(推薦)하다. ‖委員長に推す 위원장으로 밀다. ❷추측(推測)하다. ‖これまでのことから推して考えると 지금까지의 것으로 추측해 보면.

おすい【汚水】 오수(汚水).

おずおず【怖ず怖ず】 머뭇머뭇; 조심조심(操心操心). ‖おずおず(と)入ってくる 조심조심 들어오다.

おすそわけ【お裾分け】 (説明) 받은 것의 일부(一部)를 다른 사람과 나눔 또는 그 물건.

おすまし【お澄まし】 ❶〔気取ること〕새침함; 점잖은 체함. ❷〔すまし汁〕맑은장국.

おすみつき【お墨付き】 권위자(權威者)의 허가(許可)・승낙(承諾) 또는 그 문서(文書).

オセアニア【Oceania】 오세아니아.

おせいぼ【お歳暮】 연말 선물(年末膳物).

おせおせ【押せ押せ】 ❶(仕事・予定などが)계속(繼續) 밀림. ❷〔優位〕압도(壓倒)함.

おせじ【お世辞】 발림소리. ‖お世辞を言う 발림소리를 하다.

おせち【お節】 설날 음식(飮食).

おせっかい【お節介】 쓸데없는 참견. ‖おせっかいな人 쓸데없는 참견을 하는 사람. おせっかいを焼く 쓸데없는 참견을 하다.

オセロ【Othello】 오셀로. ✢商標名から.

おせわ【お世話】 돌봄; 보살핌; 신세(身世). ‖病人のお世話をする 아픈 사람을 돌보다. お世話になっています 신세를 지고 있습니다.

おせわさま【お世話様】 ‖この度はお世話様でした 이번에 정말 신세 많이 졌습니다. 이번에 정말 고마웠습니다.

おせん【汚染】 (ス되) 오염(汚染). ♦環境汚染 환경 오염. 大気汚染 대기 오염.

おぜんだて【お膳立て】 ❶상(床)을 차림. ❷준비(準備).

*おそい【遅い】 늦다; 느리다; 더디다. ‖スピードが遅い 속도가 느리다. テンポが遅い 템포가 느리다. 遅い足取りで 느린 걸음으로. *今日はもう遅いから明*日やろう 오늘은 늦었으니까 내일 하자. 授業がないため遅く起きる 수업이 없어서 늦게 일어나다. 夜遅くまで勉強する 밤늦게까지 공부하다.

おそいかかる【襲い掛かる】 덮치다. ‖オオカミがヒツジの群れに襲いかかった 늑대가 양떼를 덮쳤다.

*おそう【襲う】 습격(襲擊)하다; 덮치다. ‖強盗が銀行を襲う 강도가 은행을 습격하다. 台風が南部地方を襲った 태풍

이 남부 지방을 덮쳤다.

おそざき【遅咲き】 늦게 핌.

おそなえ【お供え】 제물(祭物); 공물(貢物).

おそまき【遅蒔き】 ❶〔種〕늦게 파종(播種)함. ❷〔時期〕뒤늦게 함. ‖遅まきながら 뒤늦게나마.

おぞましい【悍ましい】 무시무시하다; 무섭다. ‖聞くだけでもおぞましい話だ 듣기만 해도 무시무시한 이야기다.

おそまつ【お粗末】ダ 변변치 못하다; 시시하다.

おそらく【恐らく】 아마. ‖彼は恐らく来ないだろう 그 사람은 아마 안 올 것이다.

おそるおそる【恐る恐る】 벌벌 떨면서; 조심조심(操心操心). ‖恐る恐るライオンをなでる 조심조심 사자를 쓰다듬다.

おそるべき【恐るべき】 공포(恐怖)의; 끔찍한; 가공(可恐)할. ‖恐るべき核兵器 가공할 핵무기.

おそれ【恐れ】 ❶두려움; 무서움; 공포(恐怖). ‖恐れをなす 두려워하다. ❷염려(念慮); 우려(憂慮). ‖再発の恐れがある 재발할 우려가 있다.

おそれいる【恐れ入る】 ❶죄송(罪悚)해하다. ❷감탄(感歎)하다; 탄복(歎服)하다. ❸기(氣)가 막히다; 질리다. ‖恐れ入った屁理屈 기가 막히는 핑계.

おそれおおい【恐れ多い】 황송(惶悚)하다; 황공(惶恐)하다.

おそれながら【恐れながら】 죄송(罪悚)하지만; 미안(未安)하지만; 황송(惶悚)스럽지만; 송구(悚懼)스럽지만. ‖恐れながら申し上げます 송구스럽지만 말씀드리겠습니다.

おそれる【恐れる・怖れる】 ❶두려워하다; 무서워하다. ❷경외(敬畏)하다. ❸걱정하다; 염려(念慮)하다; 우려(憂慮)하다.

***おそろしい**【恐ろしい】 ❶두렵다; 무섭다; 떨리다; 끔찍하다. ‖恐ろしくて声も出せない 무서워서 목소리도 안 나오다. 恐ろしい目にあう 끔찍한 일을 당하다. ❷심하다; 굉장하다; 엄청나다. ‖恐ろしく暑い 굉장히 덥다.

おそわる【教わる】 배우다. ‖中村先生からドイツ語を教わっています 나카무라 선생님한테서 독일어를 배우고 있습니다.

おそん【汚損】 (ス他) 오손(汚損).

オゾン【ozone】 오존. ♦オゾン層 오존층.

おだいじに【お大事に】 몸조심 하세요.

おたおた 허둥지둥; 우왕좌왕(右往左往). ‖おたおた(と)する 허둥대다.

おたがい【お互い】 피차; 피차간(彼此間). ‖お互い様だ 피차 마찬가지다. けんかしてお互い(に)いいことはない 싸워서 피차간에 좋을 게 없다.

おたく【お宅】 ❶댁(宅). ‖お宅はどこですか 댁은 어디입니까? ❷〔オタク〕어떤 일에 지나치게 집착(執着)하는 사람. ❸〔二人称の代名詞として〕댁(宅); 당신(當身). ‖お宅とは関係のないことです 댁하고는 관계없는 일입니다.

おたずねもの【お尋ね者】 수배자(手配者).

おたちだい【お立ち台】 ❶신분(身分)이 높은 사람이 올라서는 연단(演壇). ❷(スポーツで)인터뷰하는 선수(選手)가 올라서는 단.

おたっし【お達し】 (官庁などからの)지시(指示); 명령(命令).

おだてる【煽てる】 치켜세우다; 추어올리다.

おたふく【お多福】 (説明)얼굴이 크고 볼이 튀어나오고 코가 낮은 여자(女子) 얼굴의 가면(假面). ♦お多福風邪 볼거리. 유행성 이하선염.

おたま【お玉】 국자.

オタマジャクシ【お玉杓子】 ❶올챙이. ✣日本のように, 音符を表わすことはない; 音符の場合は, 콩나물 대가리(豆もやしの頭)という言い方を用いる. ❷〔杓子〕국자.

おだやか【穏やか】ダ ❶(性格が)온화(穩和)하다; 조용하다. ❷평온(平穩)하다; 평화(平和)롭다. ‖穏やかな毎日 평화로운 나날.

おちあう【落ち合う】 약속(約束)한 장소(場所)에서 만나다; 합류(合流)하다. ‖駅で落ち合う約束をする 역에서 만날 약속을 하다.

おちいる【陥る】 ❶빠지다. ‖ジレンマに陥る 딜레마에 빠지다. ❷(状態が)나빠지다. ❸(罠に)빠지다; 걸리다. ‖罠に陥る 덫에 걸리다.

おちくぼむ【落ち窪む】 쑥 들어가다. ‖目が落ち窪む 눈이 쑥 들어가다.

おちこぼれ【落ち零れ】 수업(授業)이나 사회(社會)의 변화(變化) 등에 못 따라가는 사람.

***おちこむ**【落ち込む】 ❶빠지다. ❷움푹 들어가다; 쑥 들어가다; 움푹 꺼지다. ‖地面が落ち込む 땅이 움푹 꺼지다. ❸나쁜 상태(狀態)가 되다; 매상(賣上)・실적(實績) 등이 떨어지다. ‖景気が落ち込んでいる 경기가 안 좋다. ❹처지다; 풀이 죽다; 우울(憂鬱)해지다. ‖気分が落ち込む 기분이 처지다. 成績不振ですっかり落ち込んでいる 성적이 안 좋아서 축 처져 있다.

***おちつく**【落ち着く】 ❶안정(安定)되다; 진정(鎭靜)되다. ‖試験の前は落ち着かない 시험 전은 안정이 안 된다. ❷침착(沈着)해지다; 차분해지다. ❸(職業・地位などが)안정되다; 자리잡다. ❹결론(結論)이 나다. ❺(雰囲気・色などが)차분하다. ‖落ち着いた色合い 차분한 색깔.

お

おちど【落ち度】 잘못; 실수(失手); 과실(過失). ‖運転手には落ち度はない 운전 기사한테는 과실이 없다.
おちば【落ち葉】 낙엽(落葉).
おちぶれる【零落れる】 (暮らし向き・地位などが)영락(零落)하다.
おちぼ【落ち穂】 이삭. ♦落ち穂拾い 이삭줍기.
おちゃ【お茶】 ❶ 차(茶). ❷ (しばらくの)휴식(休息). ‖お茶にする 휴식을 취하다. お茶する 차 한 잔 하다. ▸お茶を濁す 얼버무려 넘기다. ♦お茶菓子 다과.
おちゅうげん【お中元】 백중(百中) 때의 선물(膳物).
おちょうしもの【お調子者】 추켜 주면 우쭐해지는 경박(輕薄)한 사람.
***おちる**【落ちる】 ❶ 떨어지다; 내리다; 추락(墜落)하다. ‖屋根から落ちる 지붕에서 떨어지다. 滴が落ちる 물방울이 떨어지다. 大粒の雨が落ちてきた 큰 빗방울이 떨어졌다. ❷ (罠に)빠지다. ‖計略に落ちる 계략에 빠지다. 誤って池に落ちた 잘못해서 연못에 빠졌다. ❸ 저하(低下)되다; 떨어지다. ‖質が落ちる 질이 떨어지다. ❹ (染みなどが)지다; 빠지다; 지워지다. ‖汚れが落ちる 때가 빠지다. ❺ 새다; 빠지다. ‖彼の名前が名簿から落ちた 그 사람의 이름이 명부에서 빠졌다. ❻ 낙제(落第)하다; 떨어지다. ❼ 함락(陷落)되다; 무너지다.
おつ【乙】 ❶ 을(乙). ‖甲乙 갑을. ❷ 이 위(二位); 두 번째. ❸ [~ダ] 멋지다; 세련(洗練)되다. ‖乙なことを言う 세련된 말을 하다.
おつかい【お使い】 심부름. ‖お使いに行かせる 심부름을 보내다.
おつかいもの【お遣い物】 선물(膳物).
おっかけ【追っ掛け】 쫓아감 또는 쫓아다니는 사람.
おっかける【追っ掛ける】 뒤쫓다 뒤쫓아 가다. ‖泥棒を追っかける 도둑을 뒤쫓아 가다.
おっかぶせる【押っ被せる】 ❶ 덮어씌우다. ❷ (責任・罪などを)덮어씌우다; 뒤집어씌우다; 떠넘기다. ‖責任をおっかぶせる 책임을 뒤집어씌우다.
おつかれさま【お疲れ様】 수고했어. ‖お疲れ様でした 수고하셨습니다.
おっくう【億劫】ダ 귀찮다; 힘들다.
おっさん 아저씨.
おっしゃる【仰る】 말씀하시다. ‖先生がおっしゃいました 선생님께서 말씀하셨습니다.
オッズ【odds】 (競輪・競馬などの)배당률(配當率).
おっちょこちょい 경솔(輕率)한 사람; 경박(輕薄)한 사람.
おっつけ【追っ付け】 곧; 바로; 즉시(卽時).
おって【追って】 ❶ 나중에; 추후(追後)에. ‖追って知らせる 나중에 알려 주다. ❷ (手紙・掲示板などで)또한; 아울러.
おっと 〔驚き・思いつき〕앗; 아. ‖おっと, ここだ 아 여기다. おっと, 危ない 앗, 위험해.
おっと【夫】 남편(男便).
オットセイ 물개.
おっとり 대범(大汎)하게; 의젓하게.
おっぱい 젖; 유방(乳房).
おつり【お釣り】 거스름돈; 잔돈.
おて【お手】 (説明) 개에게 앞발을 들어 내밀도록 명령(命令)하는 말; 손.
おてあげ【お手上げ】 (仕方がなく)손을 듦.
おでき【お出来】 종기(腫氣).
おでこ 이마.
おてだま【お手玉】 오자미.
おてつき【お手付き】 (カルタなどで)카드를 잘못 집음.
おてつだいさん【お手伝いさん】 가정부(家政婦).
おてのもの【お手の物】 자신(自信) 있는 일. ‖ギターならお手の物だ 기타라면 자신이 있다.
おてもと【お手元・お手許】 ❶ 손에 들고 계시는 것. ‖お手元のパンフレットをご覧ください 손에 들고 계시는 팸플릿을 봐 주십시오. ❷〔箸〕젓가락.
おてん【汚点】 오점(汚點). ‖歴史に汚点を残す 역사에 오점을 남기다.
おでん (説明) 어묵・두부(豆腐)・무・곤약 등을 넣고 삼삼하게 간을 맞춘 냄비 요리(料理).
おてんきや【お天気屋】 변덕쟁이.
おてんとうさま【お天道様】 해님.
おてんば【お転婆】 말괄량이.
***おと**【音】 ❶ 소리. ‖音を立てる 소리를 내다. ラジオの音がうるさい 라디오 소리가 시끄럽다. 音もなく 소리없이. 조용히. 風の音 바람 소리. 波の音 파도 소리. ❷〔うわさ〕소문(所聞).
おとうさま【お父様】 아버님; 아버지.
おとうさん【お父さん】 아버지; 아빠.
おとうと【弟】 남동생(男同生).
おとおし【お通し】 요릿(料理)집에서 맨 먼저 나오는 간단(簡單)한 요리(料理).
おどおど (恐怖・不安で)벌벌. ‖おどおどする 벌벌 떨다.
おどかす【脅かす・威かす】 위협(威脅)하다; 협박(脅迫)하다; 놀라게 하다.
おとぎばなし【お伽話】 옛날이야기; 동화(童話).
おどける【戯ける】 장난치다; 익살을 부리다.
***おとこ**【男】 ❶ 남자(男子); 남성(男性); 남(男). ‖男と女 남자와 여자. 男の中の男 남자 중의 남자. 男の学生 남

학생. 男友だち 남자 친구. 男泣きする 남자가 참지 못하고 울다. ❷남자의 면목(面目)·명예(名譽)·체면(體面). ‖男を下げる 남자 체면을 깎다. 男を立てる 남자로서의 체면을 세우다. ❸정부(情夫). ‖男をつくる 정부를 만들다. ♦男気 의협심. 협기. 男盛り 남자로서 한창인 때. 男所帯 남자들만 사는 살림. 男好き ①남자들이 좋아할 만한 여자의 취향. ②남자를 밝히는 여자. 男っぽい 남자답다. 남성적이다. 男手 남자의 일손. 男の子 남자아이. 男前 잘생긴 남자. 男勝り 여장부. 男やもめ 홀아비. 男らしい 남자답다. 남성적이다.

おとさた【音沙汰】 연락(連絡); 소식(消息). ‖何の音沙汰もない 아무런 연락이 없다.

おどし【脅し】 위협(威脅).

おとしあな【落とし穴】 함정(陷穽); 계략(計略). ‖落とし穴にはまる 함정에 빠지다.

おとしいれる【陥れる】 ❶빠뜨리다. ❷함락(陷落)시키다.

おとしご【落とし子】 ❶사생아(私生兒). ❷부산물(副産物). ‖戦争の落とし子 전쟁의 부산물.

おとしだま【お年玉】 세뱃돈.

おどしとる【脅し取る】 협박(脅迫)해서 금품(金品)을 빼앗다.

おとしぶた【落とし蓋】 (説明)냄비 안에 쏙 들어가도록 만든 뚜껑.

おとしめる【貶める】 얕보다; 깔보다; 멸시(蔑視)하다.

おとしもの【落とし物】 분실물(紛失物).

***おとす**【落とす】 ❶떨어뜨리다; 줄이다. ‖スピードを落とす 속력을 줄이다. 私は驚いてグラスを床に落とした 나는 놀라서 컵을 바닥에 떨어뜨렸다. ❷잃다. ‖信用を落とす 신용을 잃다. 命を落とす 목숨을 잃다. 財布を落とした 지갑을 잃어 버렸다. ❸제거(除去)하다; 지우다; 빼다. ‖化粧を落とす 화장을 지우다. 染みを落とす 때를 빼다. ❹함락(陷落)시키다. ❺낙찰(落札)하다.

おどす【脅す】 협박(脅迫)하다; 위협(威脅)하다.

おとずれる【訪れる】 찾아가다; 찾아오다; 방문(訪問)하다. ‖彼の家を訪れた 그 사람 집을 방문했다.

おととい【一昨日】 그저께. ▸おととい来い 두 번 다시 오지 마.

おととし【一昨年】 재작년(再昨年).

***おとな**【大人】 어른. ‖大人になる 어른이 되다. 年は若いがなかなか大人だ 나이는 어리지만 꽤 어른스럽다. 大人に見える 어른스러워 보이다.

おとなげない【大人気ない】 어른스럽지 못하다.

***おとなしい**【大人しい】 ❶순하다; 얌전하다; 조용하다. ‖あの子はとてもおとなしい 저 애는 정말 순하다. おとなしく聞きなさい 조용히 하고 들어라. ❷〔地味〕수수하다. ‖おとなしいデザイン 수수한 디자인.

おとなびる【大人びる】 어른스럽다; 어른스러워지다.

おとめ【乙女】 소녀(少女); 처녀(處女). ♦乙女心 소녀 같은 마음. 乙女座 처녀자리.

おとも【お供·お伴】 (を하)수행(隨行); 동행(同行).

おともなく【音もなく】 소리 없이; 조용히.

おどらす【踊らす】 사람을 조종(操縱)하다.

おどらす【躍らす】 뛰게 하다; 설레게 하다. ‖胸を躍らす 가슴 설레게 하다.

おとり【囮】 미끼.

おどり【踊り】 춤; 무용(舞踊). ‖踊りを踊る 춤을 추다.

おどりあがる【踊り上がる】 뛰어오르다.

おどりぐい【踊り食い】 (白魚などの小魚やエビなどを)산 채로 먹는 것.

おどりこ【踊り子】 무희(舞姬).

おどりでる【躍り出る】 뛰어오르다; 부상(浮上)하다. ‖舞台に躍り出る 무대로 뛰어오르다. 一躍トップに躍り出る 일약 톱으로 부상하다.

おどりば【踊り場】 층계참(層階站).

おとる【劣る】 뒤떨어지다; 떨어지다; 못하다. ‖性能が劣る 성능이 뒤떨어지다. 体力が劣る 체력이 떨어지다. 犬畜生にも劣るやつだ 짐승만도 못한 녀석이다.

おどる【踊る】 춤추다; (춤을) 추다. ‖ワルツを踊る 왈츠를 추다.

おどる【躍る】 ❶뛰어오르다; 도약(跳躍)하다. ❷(胸が)뛰다; 설레다.

おとろえる【衰える】 쇠약(衰弱)해지다; 떨어지다. ‖視力がだいぶ衰えた 시력이 많이 떨어졌다.

おどろおどろしい 무시무시하다.

おどろかす【驚かす】 깜짝 놀라게 하다. ‖世間を驚かした事件 세상을 깜짝 놀라게 한 사건.

おどろき【驚き】 놀라움. ‖彼がその仕事をやり遂げたとは驚きだ 그가 그 일을 해내다니 놀랍다.

***おどろく**【驚く】 놀라다; 경악(驚愕)하다. ‖大きな音に驚いて赤ちゃんは泣き出した 큰 소리에 놀라 아기가 울기 시작했다. 私はその知らせに驚いた 나는 그 소식에 놀랐다. 私は驚いて口がきけなかった 나는 놀라서 말이 나오지 않았다. 驚くべき事実 놀랄 만한 사실.

おないどし【同い年】 동갑(同甲).

おなか【お腹】 배. ‖お腹がいっぱいだ 배

お

가 부르다. お腹をこわす 배탈이 나다.

*おなじ【同じ】ダ 같다; 똑같다; 동일(同一)하다. ‖2 人は同じ学校に通っている 두 사람은 같은 학교에 다니고 있다. 同じサイズ 같은 사이즈. 年が同じだ 나이가 같다. 同じようにする 똑같이 하다. ▸同じ穴の狢(むじな) 초록은 동색.〔諺〕▸同じ釜の飯を食う 한솥밥을 먹다. ▸同じ轍を踏む 전철을 밟다.〔慣〕

おなじく【同じく】마찬가지로; 같이.

おなら 방귀.

おに【鬼】❶상상(想像) 속의 괴물(怪物); 귀신(鬼神). ❷한 가지 일에 전념(專念)하는 사람. ‖仕事の鬼 일에만 전념하는 사람. ❸(かくれんぼなどの)술래. ❹〔鬼…の形で〕‖鬼コーチ 인정사정 봐주지 않는 코치. ▸心を鬼にする 마음을 독하게 먹다. ▸鬼に金棒 범에게 날개.〔諺〕▸鬼の居ぬ間の洗濯 범 없는 골에 토끼가 스승이라.〔諺〕▸鬼の首を取ったよう 큰 공을 세운 듯 의기양양함. ▸鬼の目にも涙 냉혹한 사람도 때로는 정을 느낀다. ▸鬼も十八, 番茶も出花 못생긴 여자라도 한창 때는 예뻐 보인다.

オニアザミ【鬼薊】도깨비엉겅퀴.

おにいさん【お兄さん】형(兄); 형님.

おにがみ【鬼神】귀신(鬼神).

おにぎり【お握り】주먹밥.

おにごっこ【鬼ごっこ】술래잡기.

おにっこ【鬼っ子】(説明) 부모(父母)를 닮지 않은 아이.

おにばば【鬼婆】마귀할멈.

おにもつ【お荷物】짐. ‖子どものお荷物にはなりたくない 자식들한테 짐이 되고 싶지는 않다.

オニヤンマ【鬼蜻蜓】장수(將帥)잠자리.

オニユリ【鬼百合】참나리.

おね【尾根】산(山)등성이.

おねえさん【お姉さん】누나; 누님.

おねじ【雄螺子】수나사.

おねしょ ‖おねしょする 자면서 오줌을 싸다.

おの【斧】도끼. ‖斧で木を切り倒す 도끼로 나무를 베어 넘어뜨리다.

おのおの【各各】각각(各各); 각자(各自). ‖各々の義務 각자의 의무.

おのずから【自ずから】저절로; 자연(自然)히. ‖努力し続ければ自ずから道は開ける 계속해서 노력하면 길은 저절로 열린다.

おのずと【自ずと】저절로; 자연(自然)히.

おののく【戦く】전율(戰慄)하다; 떨다. ‖恐怖におののく 공포에 떨다.

おのれ【己】자기자신(自己自身); 나; 〔2 人称〕너.

おば【伯母・叔母】〔父の姉妹〕고모(姑母); 〔母の姉妹〕이모(姨母); 〔父の長兄の妻〕큰어머니; 〔父の次兄・弟の妻〕작은어머니; 〔父の弟の妻〕숙모(叔母); 〔母方のおじの妻〕외숙모(外叔母).

おば【伯母・叔母】고모(姑母); 이모(姨母); 큰어머니; 작은어머니; 숙모(叔母); 외숙모(外叔母).

おばあさん【お婆さん】〔父方〕할머니; 〔母方〕외(外)할머니. ‖近所のおばあさん 이웃집 할머니.

オパール【opal】오팔.

おはぎ【お萩】(説明) 찹쌀과 멥쌀로 빚어 팥소·콩고물 등을 묻힌 떡.

おばけ【お化け】도깨비; 귀신(鬼神).

おはこ【十八番】십팔번(十八番); 장기(長技).

おばさん【小母さん】아주머니; 아줌마.

おはじき【お弾き】(説明) 조가비·구슬 등을 손가락으로 튕기는 여자(女子) 아이들의 놀이.

おはよう【お早う】〔挨拶〕안녕(安寧)? 잘 잤니? ‖おはようございます 안녕하세요? 안녕히 주무셨어요?

おはらいばこ【お払い箱】‖お払い箱にする 버리다. 해고하다. お払い箱になる 해고당하다.

おび【帯】(着物の)띠. ▸帯に短し襷(たすき)に長し 허리띠로는 짧고 어깨띠로는 길다. 어중간하여 별로 쓸모가 없다. ♦帯グラフ 띠그래프. 帯番組 (説明) 매일(每日) 같은 시간(時間)에 방송(放送)되는 프로그램.

おびえる【脅える】무서워하다; 겁(怯)내다; 벌벌 떨다.

おびきだす【誘き出す】유인(誘引)해 내다.

おびきよせる【誘き寄せる】유인(誘引)하다.

おひさま【お日様】해님.

おひたし【お浸し】나물 무침. ‖ホウレンソウのお浸し 시금치 무침.

おびただしい【夥しい】❶매우 많다; 엄청나다. ‖おびただしい数 엄청난 수. ❷(程度が)심(甚)하다; 지나치다; 너무하다. ‖無責任なことおびただしい 너무 무책임하다.

おひつじざ【牡羊座】양(羊)자리.

おひとよし【お人好し】ダ 선량(善良)하다; 사람이 좋다.

おひや【お冷や】찬물; 냉수(冷水).

おびやかす【脅かす】위협(威脅)하다; 협박(脅迫)하다. ‖地位を脅かす 지위를 위협하다.

おひゃくどまいり【御百度参り】(説明) 절에서 일정 거리(一定距離)를 백 번 왕복(百番往復)하며 기원(祈願)하는 것.

おひらき【お開き】폐회(閉會). ‖お開きにする 폐회하다. 마치다.

おひる【お昼】점심(點心). ‖お昼にしましょう 점심 먹읍시다.

おびる【帯びる】❶(体に)지니다; 차다. ‖刀を帯びる 칼을 차다. ❷(任務などを)맡다; 띠다. ‖使命を帯びる 사명을 띠다. ❸(性質を)띠다. ‖赤みを帯びる 붉은빛을 띠다.
オフ【off】오프.
オファー【offer】오퍼.
オフィス【office】오피스.
オブザーバー【observer】업저버.
おぶさる【負ぶさる】❶업히다. ❷〔依存する〕의지(依支)하다.
オブジェ【objet フ】오브제.
オプション【option】옵션.
おぶつ【汚物】오물(汚物).
オブラート【Oblate ド】오블라트.
オフレコ【←off-the-record】오프 더 레코드.
おべっか 발림수작.
オペラ【opera イ】오페라.
オベリスク【obelisk】오벨리스크.
オペレーター【operator】오퍼레이터.
オペレーティングシステム【operating system】《IT》오퍼레이팅 시스템(OS).
おぼえ【覚え】❶기억; 기억력(記憶力). ‖記憶力が悪い 기억력이 안 좋다. ❷자신(自信). ‖腕に覚えがある 솜씨에 자신이 있다. ❸〔メモ〕메모.
おぼえがき【覚え書き】❶〔メモ〕메모. ❷약식(略式)의 외교 문서(外交文書).
*__おぼえる__【覚える】❶기억(記憶)하다; 외우다. ‖英語の単語を覚える 영어 단어를 외우다. 学生の名前と顔を覚える 학생들의 이름과 얼굴을 외우다. あの時のことは今も覚えている 그때의 일은 지금도 기억하고 있다. ❷배우다; 익히다; 습득(習得)하다. ‖技を覚える 기술을 익히다. ❸느끼다. ‖寒さを覚える 추위를 느끼다. 満足を覚える 만족을 느끼다.
おぼしい【思しい】생각되다. ‖主人公とおぼしい人 주인공으로 생각되는 사람.
おぼつかない【覚束無い】❶의심(疑心)스럽다; 믿기 어렵다. ❷불안(不安)하다. ‖おぼつかない足取り 불안한 걸음걸이.
おぼっちゃん【お坊ちゃん】❶〔他人の息子の敬称〕도련님. ❷세상 물정(世上物情)을 모르는 남자(男子).
おほほ〔笑い声〕호호호.
*__おぼれる__【溺れる】❶빠지다. ‖川で溺れる 강에 빠지다. ❷열중(熱中)하다; 빠지다. ‖酒に溺れる 술에 빠지다. 愛に溺れる 사랑에 빠지다. ▸溺れる者は藁をも摑む 물에 빠지면 지푸라기라도 움켜쥔다.〔諺〕
おぼろげ【朧気】ダ 흐릿하다; 희미(稀微)하다. ‖おぼろげな記憶 희미한 기억.
おぼろづき【朧月】(春の夜の)으스름달. ♦おぼろ月夜 으스름한 달밤.
おぼん【お盆】백중맞이.
おまえ【お前】너; 자네.
おまけ【お負け】❶할인(割引). ❷덤; 경품(景品); 부록(附錄).
おまけに【お負けに】그 위에; 게다가. ‖料理はおいしく, おまけに値段が安い 요리도 맛있고 게다가 가격도 싸다.
おませ ダ 조숙(早熟)하다. ‖おませな子 조숙한 아이.
おまちどおさま【お待ち遠様】오래 기다리셨습니다.
おまつり【お祭り】❶제례(祭禮); 축제(祝祭). ❷(釣りで)낚싯줄이 다른 것과 얽히는 일. ▸お祭り騒ぎ 제례나 축제 때의 법석 또는 그런 소동.
おまもり【お守り】부적(符籍).
おまる【御虎子】요강.
おまわりさん【お巡りさん】순경(巡警) 아저씨.
おみえになる【お見えになる】오시다.
おみくじ【お神籤】(神社・お寺で)길흉(吉凶)을 점(占)치는 제비.
おみそれ【お見逸れ】‖お見それする 못 보다. 못 알아보다.
おみとおし【お見通し】ダ 간파(看破)하다; 꿰뚫어 보다. ‖何でもお見通しだ 뭐든지 꿰뚫어 보고 있다.
オミナエシ【女郎花】마타리.
おむかえ【お迎え】‖お迎えする 맞이하다. ▸お迎えが来る 죽다.
おむすび【お結び】주먹밥.
おむつ【お襁褓】기저귀. ‖おむつを当てる 기저귀를 차다. おむつがとれる 기저귀를 떼다.
オムライス 오므라이스.
オムレツ【omelette フ】오믈렛.
おめい【汚名】오명(汚名).
おめおめ 부끄러운 줄 모르고; 창피(猖披)한 줄 모르고.
オメガ【omega ギ】오메가.
おめかし【お粧し】‖おめかしする 치장(治粧)하다. 멋을 내다. 멋을 부리다.
おめでた 경사(慶事).
おめでたい ❶경사(慶事)스럽다. ‖おめでたい結婚式 경사스러운 결혼식. ❷〔皮肉な言い方で〕사람이 좋다.
おめでとう【お目出度う】축하(祝賀)해. ‖おめでとうございます 축하합니다. 誕生日おめでとう 생일 축하해.
おめにかかる【お目に掛かる】만나뵙다.
*__おもい__【思い】❶생각; 마음. ‖思いを述べる 생각을 밝히다. 思いにふける 생각에 잠기다. 思いどおりになる 생각대로 되다. ❷기분(氣分). ❸희망(希望); 소망(所望). ‖思いを遂げる 소망을 이루다. ❹걱정; 염려(念慮). ❺예상(豫想). ▸思いを晴らす ①소망을 이루다. ②원한을 풀다. ▸思いを寄せる 마음을 쓰다. 연모하다.

お

*おもい【重い】❶(重量が)무겁다. ‖重い荷物 무거운 짐. 鉛は鉄より重い 납은 철보다 무겁다. ❷중요(重要)하다. ‖重い地位 중요한 지위. ❸(程度が)심하다; 심각(深刻)하다. ‖重い病気 심각한 병. ❹(疲れ・悩みなどで)무겁다; 안 좋다. ‖頭が重い 머리가 무겁다. ❺(動作が)둔(鈍)하다; 무겁다. ‖口が重い 입이 무겁다.

おもいあがる【思い上がる】 우쭐해지다; 자만(自慢)하다.

おもいあぐねる【思い倦ねる】 이런저런 생각으로 어찌할 바를 모르다.

おもいあたる【思い当たる】 짐작(斟酌)이 가다.

おもいあまる【思い余る】 좋은 생각이 떠오르지 않다.

おもいあわせる【思い合わせる】 비교(比較)하여 생각하다.

おもいいたる【思い至る】 생각이 미치다.

おもいいれ【思い入れ】❶깊이 생각함. ❷(演劇で)말없이 심정(心情)을 표현(表現)하는 몸짓.

おもいうかべる【思い浮かべる】 떠올리다; 상기(想起)하다. ‖楽しかったことを思い浮かべる 즐거웠던 일을 떠올리다.

おもいえがく【思い描く】 상상(想像)하다; 그리다. ‖新しい生活を思い描く 새로운 생활을 상상하다.

おもいおこす【思い起こす】 떠올리다; 생각해 내다. ‖学生時代を思い起こす 학생 시절을 떠올리다.

おもいおもい【思い思い】 각자(各自); 생각대로. ‖思い思いの服装で 각자 좋아하는 복장으로.

おもいかえす【思い返す】 ❶돌이켜보다; 회고(回顧)하다. ❷〔考え直す〕다시 생각하다; 생각을 바꾸다.

おもいがけない【思い掛けない】 생각지도 못하다; 의외(意外)다. ‖思いがけない所で彼に会った 생각지도 못한 곳에서 그 사람을 만났다.

おもいきった【思い切った】 과감(果敢)한. ‖思い切った措置を取る 과감한 조치를 취하다.

おもいきり【思い切り】 ❶단념(断念); 체념(諦念). ‖彼女は思い切りがいい 그녀는 쉽게 단념한다. ❷〔副詞的に〕마음껏; 실컷. ‖思い切り食べた 실컷 먹었다.

おもいきる【思い切る】❶결심(決心)하다. ❷단념(断念)하다.

おもいこむ【思い込む】 ❶〔信じる〕굳게 믿다. ❷결심(決心)하다.

おもいしらせる【思い知らせる】 뼈저리게 느끼게 하다.

おもいすごし【思い過ごし】 지나치게 생각함.

*おもいだす【思い出す】 생각나다; 떠올리다. ‖彼の名前が思い出せない 그 사람 이름이 생각이 안 나다. あの出来事を今でも時々思い出します 그때 일을 지금도 가끔 떠올립니다.

おもいちがい【思い違い】 ‖思い違いする 잘못 생각하다.

おもいつき【思い付き】 착상(着想).

おもいつく【思い付く】 생각이 떠오르다; 생각나다.

おもいつめる【思い詰める】 깊이 생각하다; 고민(苦悶)하다. ‖思い詰めた表情 고민하는 듯한 표정.

おもいで【思い出】 추억(追憶). ‖この公園は思い出の多い場所です 이 공원은 추억이 많은 곳입니다. 思い出を呼び起こす 추억을 불러일으키다. 思い出にふける 추억에 잠기다. 思い出話 추억거리.

おもいとどまる【思い止まる】 단념(断念)하다; 체념(諦念)하다.

おもいなしか【思いなしか】 그렇게 생각해서 그런지. ‖思いなしか顔色が悪いようだ 그렇게 생각해서 그런지 얼굴색이 안 좋은 것 같다.

おもいのこす【思い残す】 미련(未練)을 남기다. ‖もう思い残すことは何もない 더 이상 아무런 미련도 남아 있지 않다.

おもいのほか【思いの外】 의외(意外)로; 뜻밖에; 생각했던 것보다. ‖思いの外よくできた 생각했던 것보다 잘 만들어졌다.

おもいめぐらす【思い巡らす】 이것저것 생각하다.

おもいもよらない【思いも寄らない】 생각지도 못하다; 뜻밖이다.

おもいやり【思い遣り】 동정(同情); 배려(配慮). ‖思いやりのある人 배려할 줄 아는 사람.

おもいやる【思い遣る】 ❶동정(同情)하다; 배려(配慮)하다. ❷염려(念慮)하다; 걱정하다. ‖先が思いやられる 앞날이 걱정되다.

おもいわずらう【思い煩う】 고민(苦悶)하다; 괴로워하다.

*おもう【思う・想う】 ❶생각하다. ‖イギリスへ行きたいと思っている 영국에 가고 싶다고 생각하고 있다. 誰が勝つと思いますか 누가 이길 거라고 생각합니까? そのことは母に言わない方がいいと思う 그 일은 어머니께 얘기하지 않는 게 좋다고 생각해. 試験は思ったほど難しくなかった 시험은 생각했던 것보다 어렵지 않았다. ❷〔心に浮かべる〕느끼다. ‖思ったままを書く 느낀 대로 쓰다. ❸걱정하다. ‖子を思う親の心 자식을 걱정하는 부모 마음. ❹회상(回想)하다; 떠올리다. ‖亡き母を思う 돌아가신 어머니를 떠올리다. ❺사모(思慕)하다; 사랑하다.

おもうぞんぶん【思う存分】 실컷; 마음껏. ‖思う存分(に)食べる 실컷 먹다.

おもうつぼ【思う壺】 생각한 대로 됨; 예상(豫想)한 대로 됨.

おもうに【思うに】 생각해 보면; 생각건대.

おもえる【思える】 생각되다. ‖彼のしわざとは思えない 그 사람의 소행으로는 생각되지 않는다.

おもおもしい【重重しい】 ❶무겁다; 중후(重厚)하다. ❷엄중(嚴重)하다; 장중(莊重)하다.

おもかげ【面影】 모습.

おもき【重き】 중점(重點). ‖重きを置く 중점을 두다.

おもくるしい【重苦しい】 답답하다; 숨이 막힐 듯하다. ‖重苦しい沈黙が続く 숨이 막힐 듯한 침묵이 계속되다.

おもさ【重さ】 무게; 막중(莫重)함. ‖小包の重さを量る 소포 무게를 달다. 責任の重さを感じる 책임의 막중함을 느끼다.

おもし【重し·重石】 누름돌.

*__おもしろい【面白い】__ 재미있다; 우습다; 즐겁다. ‖昨日見た映画は面白かった 어제 본 영화는 재미있었다. 何か面白い話はないですか 뭐 재미있는 얘기가 없어요? 仕事が面白くなってきた 일이 재미있어졌다. 面白いことを言って人を笑わせる 우스운 소리를 해서 사람들을 웃기다. テニスは面白い 테니스는 즐겁다.

おもしろはんぶん【面白半分】 반(半) 재미. ‖面白半分に壁に落書きをする 반 재미로 벽에 낙서를 하다.

おもたい【重たい】 무겁다.

おもだち【面立ち】 생김새. ‖整った面立ち 반듯한 생김새.

おもちゃ【玩具】 장난감. ‖おもちゃの飛行機 장난감 비행기.

*__おもて【表】__ ❶〔外側〕표면(表面); 겉면; 겉. ‖封筒の表に 봉투 겉면에. 感情を表に出さない 감정을 겉으로 드러내지 않다. ❷〔屋外〕겉; 밖; 바깥. ‖子どもが表で遊んでいる 애가 바깥에서 놀고 있다. ❸정면(正面); 전면(前面); 앞면. ‖100円玉の表 백 엔 동전의 앞면. ❹정식(正式); 공식(公式). ❺(野球で毎回の)초(初). ♦表通り 큰길. 表舞台 활동 무대.

おもてざた【表沙汰】 ❶널리 알려짐. ❷소송(訴訟).

おもてだつ【表立つ】 공공연(公公然)하게 드러나다.

おもてむき【表向き】 ❶공공연(公公然)하게 드러남; 공표(公表). ‖約束の内容は表向きにはしない 약속 내용을 공표하지는 않다. ❷표면상(表面上).

おもな【主な】 주된; 주요(主要)한. ‖韓国大統領の来日の主な目的 한국 대통령의 방일의 주된 목적. 主な業務 주된 업무. 今日の主なニュース 오늘의 주요 뉴스.

おもに【重荷】 짐; 부담(負擔). ‖重荷を背負う 무거운 짐을 지다. 重荷が下りる 부담을 덜다.

おもに【主に】 주(主)로. ‖主に若い人が集まる所 주로 젊은 사람들이 모이는 곳.

おもみ【重み】 ❶〔重量〕무게. ❷중요도(重要度).

おもむき【趣】 ❶멋; 정취(情趣). ❷기분(氣分); 느낌. ❸취지(趣旨); 내용(內容).

おもむく【赴く】 향(向)하다. ‖任地に赴く 임지로 향하다.

おもむろに【徐に】 서서(徐徐)히; 천천히. ‖おもむろに口を開く 천천히 입을 열다.

おもや【母屋】 본채.

おもゆ【重湯】 미음(米飮).

おもり【錘】 추(錘).

おもり【お守り】 (子どもや老人などを) 돌보는 것.

おもわく【思惑】 ❶의도(意圖); 기대(期待); 생각. ‖思惑どおりにはいかない 생각대로는 되지 않다. ❷평판(評判). ‖世間の思惑を気にしない 세상 사람들의 평판에는 신경을 쓰지 않다. ❸〔相場〕시세 변동(時勢變動)을 예상(豫想)함.

おもわず【思わず】 무의식적(無意識的)으로; 무심코; 엉겁결에. ‖思わず口走る 무심코 입 밖에 내다.

おもわせぶり【思わせ振り】 기대(期待)하게 하는 말이나 태도(態度).

おもわぬ【思わぬ】 생각지도 못한; 뜻하지 않은. ‖思わぬ誤解を受ける 뜻하지 않은 오해를 받다.

おもんじる【重んじる】 중시(重視)하다; 존중(尊重)하다.

おや 어; 어라. ‖おや, 山田さんではありませんか 어, 야마다 씨 아닙니까?

*__おや【親】__ ❶부모(父母)(님). ‖最も尊敬するのは親だ 가장 존경하는 사람은 부모님이다. ❷어미. ‖親鳥 어미새. ❸큰 것; 중심(中心)이 되는 것. ‖親指 엄지. ❹(博打などで)선(先). ▸親の心子知らず 자식은 부모 마음을 모른다. ▸親の臑(すね)を嚙る 나이가 들어서도 경제적으로 부모에게 의지하다. ▸親はなくとも子は育つ 세상 일은 그렇게 걱정하지 않아도 된다.

おやおもい【親思い】 효성(孝誠)이 지극(至極)함 또는 그런 사람.

おやがいしゃ【親会社】 모회사(母會社).

おやかた【親方】 ❶부모(父母)처럼 돌보고 지도(指導)하는 사람; 기예(技

藝)의 스승. ❷(職人の)우두머리.

おやがわり【親代わり】 부모(父母)처럼 돌봐 주는 사람.

おやこ【親子】 ❶부모(父母)와 자식(子息). ‖親子関係 부모 자식 관계. ❷주(主)가 되는 것과 부수적(附隨的)인 것.

おやご(さん)【親御(さん)】 (他人の)부모(父母)님.

おやこうこう【親孝行】 [スル하] 효도(孝道).

おやごころ【親心】 부모(父母) 마음.

おやこどんぶり【親子丼】 닭고기 계란(鷄卵) 덮밥.

おやじ【親父】 ❶아버지. ❷(職場・店の)주인(主人). ❸〔中年以上の男性〕아저씨.

おやしらず【親知らず】 사랑니.

おやすい【お安い】 간단(簡單)하다; 쉽다. ‖お安い御用 간단한 일.

おやつ【お八つ】 간식(間食).

おやばか【親馬鹿】 [説明] 자식(子息)이 귀여워 결점(缺點)을 보지 못하거나 과대평가(過大評價)하는 것 또는 그런 부모(父母).

おやばなれ【親離れ】 ‖親離れする 부모로부터 독립하다.

おやふこう【親不孝】 [スル하] 불효(不孝).

おやぶん【親分】 ❶부모(父母)처럼 의지(依支)가 되는 사람. ❷두목(頭目).

おやもと【親元】 부모 슬하(父母膝下).

おやゆずり【親譲り】 (体格・性格・財産などを)부모(父母)로부터 물려받은 것.

おやゆび【親指】 〔手〕엄지손가락; 〔足〕엄지발가락.

およがせる【泳がせる】 ❶헤엄치게 하다. ❷(容疑者などを)자유(自由)롭게 행동(行動)하게 놔두다.

およぐ【泳ぐ】 ❶헤엄치다; 수영(水泳)하다. ‖海で泳ぐ 바다에서 수영하다. 川を泳いで渡る 강을 헤엄쳐서 건너다. ❷처세(處世)하다.

*__およそ__【凡そ】 ❶대개(大概); 대강(大綱). ‖事件のおよそを報告する 사건의 대강을 보고하다. ❷〔副詞的に〕보통(普通); 일반적(一般的)으로; 약(約). ‖駅からおよそ 500 メートル 역에서 약 오백 미터. ❸〔打ち消しの表現を伴って〕전혀. ‖政治とはおよそ縁がない 정치와는 전혀 인연이 없다.

およばずながら【及ばず乍ら】 불충분(不充分)하지만.

およばない【及ばない】 …할 필요(必要)는 없다. ‖わざわざ来るに(は)及ばない 일부러 올 필요는 없다. 心配するには及ばない 걱정할 필요는 없다.

および【及び】 및. ‖会館の運営及び管理 회관의 운영 및 관리.

および【お呼び】 ‖社長がお呼びです 사장님께서 부르십니다.

*__およぶ__【及ぶ】 ❶미치다; 달하다; 걸치다. ‖被害は 1 億円に及んだ 피해는 일억 엔에 달했다. 10 回に及ぶ折衝 열 차례에 걸친 절충. 我が身に被害が及ぶ 나한테 피해가 오다. ❷필적(匹敵)하다; 따라잡다. ‖英語では彼に及ぶ者はいない 영어에서 그 사람을 따라잡을 사람은 없다. ❸이루다; 저지르다. ‖ついに犯行に及ぶ 끝내 범행을 저지르다.

およぼす【及ぼす】 (影響などを)미치다; 끼치다. ‖影響を及ぼす 영향을 미치다. 害を及ぼす 해를 끼치다.

オランウータン【orangutan】 오랑우탄.

オランダ【Olanda ポ】《国名》네덜란드.

おり【折】 ❶기회(機會). ‖折をみて話す 기회를 봐서 이야기하다. ❷〔その時〕(그) 때. ▸折も折(とて) 바로 그때. ▸折に触れ 기회가 있을 때마다.

おり【檻】 우리. ‖檻から逃げ出す 우리에서 도망치다.

おりあい【折り合い】 ❶사이. ‖折り合いが悪い 사이가 안 좋다. ❷타협(妥協). ‖折り合いをつける 타협하다.

おりあう【折り合う】 타협(妥協)하다.

おりあしく【折悪しく】 하필(何必)이면 그때에. ‖折悪しく雨が降ってきた 하필이면 그때에 비가 내렸다.

オリーブ【olive】 올리브. ♦オリーブ色 올리브색. オリーブ油 올리브유.

オリエンテーション【orientation】 오리엔테이션.

おりおり【折折】 ❶〔その時その時〕그때 그때. ❷〔時々〕때때로.

オリオンざ【Orion 座】 오리온자리.

おりかえし【折り返し】 ❶접어서 꺾음 또는 그 부분(部分). ‖ズボンの折り返し 바지의 접는 부분. ❷되돌아옴[감]; 반환점(返還点). ❸〔副詞的に〕곧; 즉시(卽時). ‖折り返し返事をする 즉시 답을 하다.

おりがみ【折り紙】 ❶(色紙の)종이 접기. ❷(美術品などの)감정서(鑑定書).

おりこみ【折り込み】 신문(新聞)・잡지(雜誌)에 끼우는 광고(廣告) 또는 부록(附錄).

おりこむ【折り込む】 ❶(中の方へ)접어 넣다. ❷끼워 넣다. ‖新聞にちらしを折り込む 신문에 광고지를 끼워 넣다.

おりこむ【織り込む】 ❶(異なる糸などを)섞어 짜다. ❷끼워 넣다; 집어넣다; 포함(包含)시키다. ‖その費用は予算に織り込んである 그 비용은 예산에 포함시켰다.

オリジナル【original】 오리지널.

おりしも【折しも】 바로 그때.

おりたたみの【折り畳みの】 접는. ‖折り畳みの傘 접는 우산.

おりたたむ【折り畳む】 (新聞などを)접다; (布団・衣類を)개다. ‖新聞をきちんと折り畳む 신문을 반듯하게 접다.

おりたつ【下り立つ・降り立つ】 내리다; 내려서다.

おりづる【折り鶴】 종이학(鶴).

おりなす【織り成す】 ❶(糸で)모양(模樣)을 짜다. ❷(様々なものを組み合わせて)엮어 내다; 만들어 내다.

おりひめ【織り姫】 직녀성(織女星).

おりまげる【折り曲げる】 꺾다.

おりめ【折り目】 ❶접힌 부분(部分); 접힌 선(線); 접힌 곳; 주름. ‖ズボンに折り目をつける 바지의 주름을 잡다. ❷(物事の)단락(段落); 매듭; 절도(節度). ‖生活に折り目をつける 절도 있는 생활을 하다.

おりめただしい【折り目正しい】 예의(禮儀) 바르다; 단정(端正)하다. ‖折り目正しい青年 예의바른 청년.

おりもの【下り物】 ❶대하(帶下); 냉(冷). ❷월경(月經); 후산(後産).

おりもの【織物】 직물(織物). ♦毛織物 모직물. 織物業 직물업.

***おりる**【下りる・降りる】 ❶내리다; 내려오다; 내려가다. ‖幕が下りる 막이 내리다. 車から降りる 차에서 내리다. 霜が降りる 서리가 내리다. 山から下りる 산에서 내려오다. ❷(地位などから)물러나다. ‖主役を降りる 주역에서 물러나다. ❸(許可などが)나오다; 떨어지다. ‖許可が下りる 허가가 나오다. ❹(錠などが)잠기다; 내려오다. ‖遮断機が下りる 차단기가 내려오다.

オリンピック【Olympic】 올림픽.

***おる**【折る】 ❶접다; 꺾다; 삐다. ‖紙を折る 종이를 접다. 枝を折る 가지를 꺾다. 足の骨を折る 발목을 삐다. ❷굽히다. ‖我を折る 자기주장을 굽히다.

おる【居る】 있다. ‖今日は一日中家におります 오늘은 하루 종일 집에 있습니다.

おる【織る】 짜다. ‖絹織物を織る 면직물을 짜다.

オルガズム【orgasm】 오르가슴.

オルガン【orgão ポ】 오르간; 풍금(風琴).

オルゴール【orgel オ】 오르골.

おれ【俺】 나. ‖俺は行かない 나는 안 가. 俺が何とかする 내가 어떻게 할게.

おれい【お礼】 감사(感謝); 감사의 말이나 물건.

***おれる**【折れる】 ❶부러지다; 꺾어지다. ‖風で木の枝が折れる 바람으로 나뭇가지가 부러지다. 足の骨が折れる 다리뼈가 부러지다. ❷양보(讓步)하다.

オレンジ【orange】 오렌지.

おろおろ 허둥지둥. ‖おろおろ(と)する 허둥대다.

おろか【愚か】ダ 어리석다. ‖愚かなことを言う 어리석은 소리를 하다. 愚かにも 어리석게도.

おろか【疎か】 〔…はおろかの形で〕…은[는]커녕; …은[는] 물론(勿論)이고. ‖走ることはおろか, 歩くこともできない 뛰기는커녕 걷지도 못하다. 財産はおろか, 命まで失うかも知れない 재산은 물론이고 목숨까지 잃을 수도 있다.

おろし【卸し】 도매(都賣).

おろしうり【卸売り】 도매(都賣). ♦卸売り価格 도매 가격.

おろしがね【下ろし金】 강판(薑板).

***おろす**【下ろす・降ろす】 ❶(高いところから)내리다; 내려놓다; 부리다. ‖引っ越しの荷物を下ろす 이삿짐을 내리다[부리다]. 鍋を火から下ろす 냄비를 불에서 내려놓다. ❷(掲示物を)제거(除去)하다. ❸(新しいものを)쓰기 시작(始作)하다. ❹낙태(落胎)하다. ❺(預金を)찾다. ‖通帳から金を下ろす 통장에서 돈을 찾다.

おろす【卸す】 도매(都賣)로 팔다.

おろそか【疎か】ダ 소홀(疏忽)하다; 등한(等閑)하다. ‖勉強をおろそかにする 공부를 등한시하다.

おわせる【負わせる】 (傷などを)입히다; 전가(轉嫁)하다. ‖傷を負わせる 상처를 입히다. 責任を他人に負わせる 책임을 다른 사람에게 전가하다.

おわらい【お笑い】 개그; 코미디.

おわり【終わり】 끝; 마지막; 말(末). ‖映画の終りの部分 영화의 마지막 부분. 始めから終わりまで 처음부터 끝까지. 終わりにする 끝내다.

おわりね【終わり値】 (取引所の)종가(終價).

***おわる**【終わる】 끝나다; 종료(終了)되다. ‖仕事が終わる 일이 끝나다. 夏休みが終わる 여름 방학이 끝나다. 失敗に終わる 실패로 끝나다.

おん【音】 ❶소리; 음성(音聲). ❷(漢字読みの) 음.

***おん**【恩】 *은혜(恩惠); 신세(身世).* ‖親の恩 부모님의 은혜. 彼には恩がある 그 사람한테 신세를 졌다. ▸恩に着せる 생색내다. ▸恩に着る 은혜를 입다. ▸恩を仇で返す 은혜를 원수로 갚다. ▸恩を売る 이용할 목적으로 은혜를 베풀다.

おんいん【音韻】 음운(音韻). ♦音韻論 음운론.

おんかい【音階】 음계(音階).

おんがえし【恩返し】 ‖恩返しする 보은하다. 은혜를 갚다.

***おんがく**【音楽】 음악(音樂). ‖好きな音楽を聞きながらコーヒーを飲む 좋아하는 음악을 들으며 커피를 마시다. ♦映画音楽 영화 음악. クラシック音楽 클래

식 음악. **音楽鑑賞** 음악 감상.
おんかん【音感】 음감(音感). ♦**絶対音感** 절대 음감.
おんきょう【音響】 음향(音響). ♦**音響効果** 음향 효과.
おんけい【恩恵】 은혜(恩惠). ‖恩恵をこうむる 은혜를 입다. 恩恵を施す 은혜를 베풀다.
おんけん【穏健】ダ 온건(穩健)하다. ♦**穏健派** 온건파.
おんこう【温厚】ダ 온후(溫厚)하다; 온화(穩和)하다.
おんこちしん【温故知新】 온고지신(溫故知新).
おんし【恩師】 은사(恩師); 스승.
おんしつ【音質】 음질(音質).
おんしつ【温室】 온실(溫室). ♦**温室栽培** 온실 재배. **温室効果** 온실 효과. ▸温室育ち 고생을 모르고 자람 또는 그런 사람.
おんしゃ【御社】 귀사(貴社).
おんじゅん【温順】ダ 온순(溫順)하다.
おんしょう【温床】 온상(溫床). ‖悪の温床 악의 온상.
おんじょう【温情】 온정(溫情).
おんしょく【音色】 음색(音色).
おんしらず【恩知らず】ダ 배은망덕(背恩忘德)하다.
おんじん【恩人】 은인(恩人).
オンス【ounce】 …온스.
おんすい【温水】 온수(溫水).
おんすうりつ【音数律】 음수율(音數律).
おんせい【音声】 음성(音聲). ♦**音声学** 음성학. **音声言語** 음성 언어. **音声多重放送** 음성 다중 방송.
おんせん【温泉】 온천(溫泉).
おんそ【音素】 음소(音素). ♦**音素文字** 음소 문자.
おんそく【音速】 음속(音速).
おんぞん【温存】 ‖温存する 그대로 보존하다.
おんたい【温帯】 온대(溫帶). ♦**温帯気候** 온대 기후.
おんだい【音大】 음대(音大).
おんだん【温暖】ダ 온난(溫暖)하다. ♦**温暖化** 온난화. **地球温暖化** 지구 온난화. **温暖前線** 온난 전선.
おんち【音痴】 음치(音痴).
おんちゅう【御中】 귀중(貴中).
おんちょう【音調】 ❶(音の)고저(高低). ❷(歌の)가락. ❸(詩歌の)음률(音律).
おんちょう【恩寵】 은총(恩寵).
おんてい【音程】 음정(音程). ‖音程がはずれている 음정이 안 맞다.
オンデマンド【on demand】 온디맨드.
おんど【音頭】 ❶(歌などを)선창(先唱)함. ❷앞장서서 함. ‖企業誘致の音頭をとる 기업 유치에 앞장서다.
おんど【温度】 온도(溫度). ‖温度が下がる 온도가 내려가다. 一定の温度を保つ 일정한 온도를 유지하다. ♦**絶対温度** 절대 온도. **温度計** 온도계.
おんとう【温湯】 온탕(溫湯).
おんとう【穏当】ダ 온당(穩當)하다.
おんどく【音読】 (を하) 음독(音讀).
おんどり【雄鳥】 수탉.
*__おんな【女】__ 여자(女子); 여성(女性); 여. ‖平均的に女の方が男より長生きする 평균적으로 여자가 남자보다 장수한다. 女同士で 여자들끼리. ▸女三人寄れば姦(かしま)しい 여자 셋이 모이면 시끄럽다. ♦**女盛り** 여자로서 한창인 때. **女っぽい** 여자답다. 여성적이다. **女手** 여자의 일손. 子どもを女手一つで育て上げた 애를 여자 혼자 힘으로 키웠다. **女友だち** 여자 친구. **女の子** 여자 아이. 젊은 여자. **女らしい** 여자답다. 여성적이다. 여성스럽다. **女らしいしぐさ** 여성스러운 몸짓. **女湯** 여탕.
おんねん【怨念】 원한(怨恨). ‖怨念をいだく 원한을 품다. 怨念を晴らす 원한을 풀다. 원한이 풀리다.
おんぱ【音波】 음파(音波).
オンパレード【on parade】 온 퍼레이드.
おんばん【音盤】 음반(音盤); 레코드판.
おんびん【穏便】ダ 조용하고 원만(圓滿)하다. ‖穏便に済ます 조용히 처리하다.
おんぷ【音符】 음표(音標).
おんぷ【音譜】 악보(樂譜).
おんぷう【温風】 온풍(溫風).
オンブズマン【ombudsman】 옴부즈맨.
おんぶする【負んぶする】 ❶업다. ❷의지(依支)하다.
おんやく【音訳】 (を하) 음역(音譯).
おんよう【陰陽】 음양(陰陽). ♦**陰陽道** 음양도.
おんよみ【音読み】 (を하) 음독(音讀).
オンライン【on-line】 온라인. ♦**オンラインシステム** 온라인 시스템.
おんりつ【音律】 음률(音律).
おんりょう【音量】 음량(音量).
おんれい【御礼】 사례(謝禮). ♦**満員御礼** 만원 사례.
おんわ【温和】ダ 온화(溫和)하다. ‖温和な性格 온화한 성격.

か

か【火】〔火曜日の略語〕화(火).
か【可】❶괜찮음. ‖…を可とする …도 괜찮다. ❷(成績評価の)가(可). ‖優良可 우, 양, 가.
か【科】❶〔学科などの区分〕…과(科). ♦国文科 국문과. ❷(生物の分類の)과. ‖食肉目イヌ科 식육목 개과.
か【課】과(課). ♦総務課 총무과.
カ【蚊】모기. ‖蚊に刺される 모기한테 물리다.
か-【過】과(過)…. ♦過保護 과보호.
-か【下】…하(下); 아래. ♦支配下 지배하.
-か【日】…일(日). ‖20 日 이십 일.
-か【家】…가(家). ♦音楽家 음악가. 努力家 노력가.
-か【箇】…개(個). ‖三か国 삼 개국.
*が ❶〔主格を表わす〕…이[가]; 〔尊敬〕께서. ‖私がやります 제가 하겠습니다. 子どもが泣いている 아이가 울고 있다. 犬が吠えている 개가 짖고 있다. 花が咲く 꽃이 피다. 彼は背が高い 그 사람은 키가 크다. 先生がお書きになった本 선생님께서 쓰신 책. ❷〔願望·能力·好悪などの対象であることを表わす〕…을[를]; …이[가]. ‖リンゴが好きだ 사과를 좋아한다. あの人が嫌いだ 그 사람을 싫어한다. 私は日本語が話せる 나는 일본어를 할 수 있다. ピアノが弾ける 피아노를 칠 수 있다. その理由が分からない 그 이유를 모르겠다. 冷たいビールが飲みたい 시원한 맥주를 마시고 싶다. イチゴが食べたい 딸기가 먹고 싶다. ❸〔文語的表現として所有関係を表わす〕…의. ‖我が祖国 나의 조국. ❹〔接続助詞として〕…지만; …은[는]데; …(다)만; …든(지). ‖ご存知のことと思いますが, 一応説明します 알고 계시리라 생각하지만, 일단 설명을 하겠습니다. 予算の件ですが, 重要なので今日中に決めてください 예산에 관한 것입니다만, 중요한 것이니까 오늘 안으로 결정해 주십시오. 学校へ行ったが, 授業はなかった 학교에 갔는데 수업은 없었다. 彼は頭はいいが不真面目だ 그 사람은 머리는 좋지만 불성실하다. どうなろうが知ったことではない 어떻게 되든지 내가 알 바 아니다. 行こうが行くまいが, 君の勝手だ 가든 말든 그건 네 마음이다. ❺〔願望を表わしたり叙述を和らげて〕…(을)텐데; …은데; …(다)만. ‖合格するといいがなあ 합격하면 좋을텐데. 今日は早く帰りたいのですが 오늘은 빨리 돌아가고 싶은데요.
が【我】아(我); 고집(固執). ‖我を張る 고집을 피우다.
ガ【蛾】나방.
-が【画】…화(畫). ♦西洋画 서양화.
かあかあ〔カラスの鳴き声〕까악까악.
カーキいろ【khaki 色】카키색; 국방색(國防色).
カースト【caste】카스트.
ガーゼ【Gaze[ド]】가제.
カーソル【cursor】커서. ‖カーソルを合わせる 커서를 맞추다.
カーディガン【cardigan】카디건.
カーテン【curtain】커튼. ‖カーテンを閉める 커튼을 치다.
カート【cart】카트. ♦ショッピングカート 쇼핑 카트.
カード【card】카드. ♦クリスマスカード 크리스마스 카드. クレジットカード 신용 카드. イエローカード 옐로우 카드.
ガード【guard】(名하) 가드. ♦ボディーガード 보디 가드. ガードフェンス 가드펜스.
ガードマン【guard+man[日]】가드맨; 경비원(警備員).
カートリッジ【cartridge】카트리지.
ガードル【girdle】거들.
ガードレール【guardrail】가드레일.
カーニバル【carnival】카니발.
カーネーション【carnation】카네이션.
ガーネット【garnet】가넷; 석류석(石榴石).
カーフェリー【car ferry】카페리.
カーペット【carpet】카펫.
ガーベラ【gerbera】거베라.
カール【curl】(名하) 컬.
ガールスカウト【the Girl Scouts】걸스카우트.
かい【会】❶모임. ❷…회(會). ‖同窓会 동창회.
かい【回】❶회; 횟수(回數). ‖回を重ねる 횟수를 거듭하다. ❷…회; …번(番). ‖3 回 세 번.
かい【貝】조개.
かい【界】(生物の分類の)계(界). ♦動物界 동물계.
かい【下位】하위(下位). ‖下位チーム 하위 팀.
かい【下意】하의(下意). ‖下意上達 하의상달.
かい【甲斐】보람. ‖頑張った甲斐がない 열심히 한 보람이 없다.
がい【外】외(外). ‖区域外 구역 외.
*がい【害】해(害). ‖人に害を及ぼす 사람에게 해를 끼치다. タバコは健康に害がある 담배는 건강에 해롭다.
-がい【街】…가(街); …거리. ♦繁華街 번화가.
-がい【甲斐】…할 만한 가치(價値); …보람. ‖頼りがいのある人 의지할 만한 사람. 生きがい 사는 보람.
がいあく【害悪】해악(害惡).

かいあげ【買い上げ】 ‖お買い上げの品 사신 물건.
かいあげる【買い上げる】 (官公庁などが民間から)사들이다; 수매(收買)하다. ‖米を買い上げる 쌀을 수매하다.
かいあさる【買い漁る】 사 모으다.
かいい【怪異】ダ 괴이(怪異)하다. ‖怪異な現象 괴이한 현상.
かいいき【海域】 해역(海域).
かいいぬ【飼い犬】 기르는 개. ▸飼い犬に手をかまれる 믿는 도끼에 발등 찍힌다.〔諺〕
かいいれる【買い入れる】 사들이다; 매입(買入)하다.
*かいいん【会員】 회원(會員). ‖会員募集 회원 모집. ♦名誉会員 명예 회원. 会員券 회원권.
かいうん【海運】 해운(海運). ♦海運業者 해운업자.
がいえん【外延】 외연(外延).
かいおうせい【海王星】 해왕성(海王星).
かいか【開化】 (する) 개화(開化). ♦文明開化 문명의 개화.
かいか【開花】 (する) 개화(開花).
かいが【絵画】 회화(繪畫).
がいか【外貨】 외화(外貨). ♦外貨獲得 외화 획득.
がいか【凱歌】 개가(凱歌). ‖凱歌を上げる 개가를 올리다.
かいかい【開会】 (する) 개회(開會).
*かいがい【海外】 해외(海外). ‖海外に輸出する 해외로 수출하다. ♦海外旅行 해외 여행.
かいがいしい【甲斐甲斐しい】 바지런하다; 씩씩하고 활발(活潑)하다; 일을 척척 잘하다.
かいかいしき【開会式】 개회식(開會式).
かいかく【改革】 (する) 개혁(改革). ‖教育制度を改革する 교육 제도를 개혁하다. ♦社会改革 사회 개혁. 意識改革 의식 개혁.
がいかく【外郭】 외곽(外廓).
かいかしき【開架式】 개가식(開架式). ‖開架式図書館 개가식 도서관.
かいかつ【快活】ダ 쾌활(快活)하다. ‖快活な性格 쾌활한 성격.
がいかつ【概括】 (する) 개괄(概括). ‖報告内容を概括する 보고 내용을 개괄하다.
かいかぶる【買い被る】 과대평가(過大評價)하다. ‖実力以上に買い被る 실력 이상으로 과대평가하다.
かいがら【貝殻】 조개껍데기; 조가비.
かいかん【会館】 회관(會館). ♦市民会館 시민 회관.
かいかん【快感】 쾌감(快感). ‖快感を味わう 쾌감을 맛보다.
かいかん【開館】 (する) 개관(開館).
かいがん【海岸】 해안(海岸). ‖リアス式海岸 리아스식 해안. ♦海岸線 해안선.
がいかん【外患】 외환(外患). ▸内憂外患 내우외환.
がいかん【外観】 외관(外觀). ‖外観を飾る 외관을 꾸미다.
がいかん【概観】 (する) 개관(槪觀).
かいき【会期】 회기(會期). ‖会期延長 회기 연장.
かいき【回帰】 (する) 회귀(回歸). ♦回帰線 회귀선. 回帰本能 회귀 본능.
かいき【怪奇】ダ 괴기(怪奇)하다.
かいき【皆既】 개기(皆旣). ♦皆既月食 개기 월식. 皆既食 개기 일식·개기 월식의 총칭. 皆既日食 개기 일식.
-かいき【回忌】 …주기(周忌). ‖10回忌 십 주기.
*かいぎ【会議】 (する) 회의(會議). ‖会議を開く 회의를 열다. ♦編集会議 편집 회의. 家族会議 가족회의.
かいぎ【懐疑】 회의(懷疑). ♦懐疑主義 회의주의. 懐疑的 회의적.
がいき【外気】 외기(外氣).
かいぎゃく【諧謔】 해학(諧謔).
かいきゅう【階級】 계급(階級). ♦知識階級 지식 계급. 階級意識 계급의식.
かいきょ【快挙】 쾌거(快擧). ‖快挙を成し遂げる 쾌거를 올리다.
かいきょう【回教】 회교(回敎).
かいきょう【海峡】 해협(海峽). ♦朝鮮海峡 대한 해협. ドーバー海峡 도버 해협.
かいぎょう【改行】 (する) 개행(改行).
かいぎょう【開業】 (する) 개업(開業). ‖弁護士を開業する 변호사를 개업하다. ♦開業医 개업의.
かいきん【皆勤】 (する) 개근(皆勤). ‖3年間皆勤した 삼 년간 개근했다.
かいきん【解禁】 (する) 해금(解禁). ‖鮎の解禁 은어잡이 해금.
がいきん【外勤】 (する) 외근(外勤).
かいぐん【海軍】 해군(海軍).
*かいけい【会計】 회계(會計). ♦一般会計 일반 회계. 特別会計 특별 회계. 会計監査 회계 감사. 会計士 회계사. 公認会計士 공인 회계사. 会計年度 회계 연도.
がいけい【外形】 외형(外形).
*かいけつ【解決】 (する) 해결(解決). ‖紛争を解決する 분쟁을 해결하다. 問題を円満に解決する 문제를 원만하게 해결하다. ♦解決策 해결책.
かいけん【会見】 (する) 회견(會見). ♦記者会見 기자 회견.
かいけん【改憲】 (する) 개헌(改憲).
かいげん【戒厳】 계엄(戒嚴). ♦戒厳令 계엄령.
がいけん【外見】 외견(外見); 겉모습. ‖外見をつくろう 겉모습을 꾸미다.
かいこ【回顧】 (する) 회고(回顧). ♦回顧録 회고록.
かいこ【解雇】 (する) 해고(解雇). ‖リストラの一環で解雇された 구조 조정 일

환으로 해고되었다.

かいこ【懐古】㉦하 회고(懷古). ♦懐古談 회고담.

カイコ【蚕】누에.

かいご【介護】 개호(介護); 간병(看病). ‖老母を介護する 노모를 간병하다. ♦介護福祉士 개호복지사. 개호사. 介護保険 개호 보험.

かいこう【海溝】해구(海溝).

かいこう【開校】㉦하 개교(開校). ‖開校記念日 개교기념일.

かいこう【開港】㉦하 개항(開港).

かいこう【開講】㉦하 개강(開講).

かいこう【邂逅】㉦하 해후(邂逅).

かいごう【会合】 ㉦하 회합(會合); 모임. ‖会合に出席する 모임에 출석하다. 会合の場所 모임 장소.

*がいこう【外交】외교(外交). ‖外交関係を結ぶ 외교 관계를 맺다. ♦外交員 외교원. 外交官 외교관. 外交政策 외교 정책. 外交辞令 입에 발린 소리. 外交辞令に過ぎない 입에 발린 소리일 뿐이다.

がいこうてき【外向的】외향적(外向的).

かいこく【開国】㉦하 개국(開國).

*がいこく【外国】외국(外國). ‖外国から労働者を受け入れる 외국에서 노동자들을 받아들이다. 外国に留学する 외국으로 유학 가다. 外国製の時計 외제 시계. 外国産の米 외국산 쌀. ♦外国為替 외국환. 外国語 외국어. 外国人 외국인.

がいこつ【骸骨】해골(骸骨).

かいこむ【買い込む】 사들이다. ‖災害に備えて食料品を買い込む 재해에 대비해 식료품을 사들이다.

かいこん【悔恨】회한(悔恨).

かいこん【開墾】㉦하 개간(開墾). ♦開墾地 개간지.

かいさい【快哉】 쾌재(快哉). ‖快哉を叫ぶ 쾌재를 부르다.

かいさい【開催】㉦하 개최(開催). ‖委員会を開催する 위원회를 개최하다. ♦開催地 개최지.

かいざい【介在】㉦하 개재(介在).

がいさい【外債】외채(外債).

がいざい【外在】㉦하 외재(外在).

かいさつ【改札】㉦하 개찰(改札). ♦改札口 개찰구.

かいさん【解散】㉦하 해산(解散). ‖国会を解散する 국회를 해산하다. デモ隊を警察が強制解散させる 시위대를 경찰이 강제 해산시키다. 流れ解散 자체 해산.

かいざん【改竄】‖改竄する 악용할 목적으로 문자(文字)나 어구(語句)를 고쳐 쓰다.

がいさん【概算】개산(概算); 어림잡아 계산(計算)함. ‖建築費を概算する 건축비를 어림잡아 계산하다.

かいさんぶつ【海産物】해산물(海產物).

かいし【開始】㉦하 개시(開始). ‖試合を開始する 시합을 개시하다.

がいし【外紙】외지(外紙).

がいし【外資】 외자(外資). ‖外資を誘致する 외자를 유치하다.

かいして【介して】…을[를] 중간(中間)에 두고. ‖弁護士を介して話し合う 변호사를 중간에 두고 이야기하다.

がいして【概して】 대체(大體)로; 일반적(一般的)으로. ‖成績は概していい方だ 성적은 대체로 좋은 편이다.

かいしめる【買い占める】 매점(買占)하다; 사재기하다.

*かいしゃ【会社】 회사(會社). ‖会社に通う 회사에 다니다. 会社までは1時間20分かかる 회사까지는 한 시간 이십 분 걸린다. 会社を辞める 회사를 그만두다. ♦株式会社 주식 회사. 証券会社 증권 회사. 会社員 회사원.

かいしゃ【膾炙】 회자(膾炙). ‖人口に膾炙する 인구에 회자되다.

がいしゃ【外車】외제 차(外製車).

かいしゃく【解釈】 ㉦하 해석(解釋). ‖善意に解釈する 선의로 해석하다. ♦拡大解釈 확대 해석.

がいじゅ【外需】외수(外需).

かいしゅう【回収】 ㉦하 회수(回收). ‖資金を回収する 자금을 회수하다. アンケートを回収する 앙케이트를 회수하다.

かいしゅう【改宗】㉦하 개종(改宗).

かいしゅう【改修】 ㉦하 개수(改修). ‖道路の改修工事 도로 개수 공사.

かいじゅう【怪獣】괴수(怪獸).

かいじゅう【懐柔】 ㉦하 회유(懷柔). ♦懐柔策 회유책.

がいじゅうないごう【外柔内剛】 외유내강(外柔內剛).

がいしゅつ【外出】 ㉦하 외출(外出). ‖母は外出しています 어머니는 외출 중입니다. 外出禁止 외출 금지.

がいしゅつぎ【外出着】외출복(外出服).

かいしょ【楷書】해서(楷書).

かいじょ【解除】㉦하 해제(解除). ‖戒厳令を解除する 계엄령을 해제하다. 武装解除 무장 해제.

かいしょう【改称】㉦하 개칭(改稱).

かいしょう【解消】 ㉦하 해소(解消). ‖ストレスを解消する 스트레스를 해소하다.

かいしょう【甲斐性】 기개(氣概); 기력(氣力); 활력(活力). ‖甲斐性なしだ 기개가 없다.

かいじょう【会場】 회장(會場). ‖イベント会場 이벤트 회장.

かいじょう【海上】해상(海上). ♦海上保険 해상 보험. 海上輸送 해상 수송.

かいじょう【開場】 ㉦하 개장(開場). ‖正午に開場する 정오에 개장하다.

がいしょう【外傷】외상(外傷).

か

かいしょく【会食】 ㊂하 회식(會食).
かいしょく【快食】 ㊂하 쾌식(快食).
かいしょく【解職】 ㊂하 해직(解職).
がいしょく【外食】 ㊂하 외식(外食).
♦外食産業 외식 산업.
かいしん【会心】 회심(會心). ‖会心の作 회심작.
かいしん【回診】 ㊂하 회진(回診).
がいしん【外信】 외신(外信).
がいじん【外人】 외국인(外國人); 외인. ♦外人選手 외국인 선수.
かいすい【海水】 해수(海水).
かいすいよく【海水浴】 해수욕(海水浴). ♦海水浴場 해수욕장.
かいすう【回数】 횟수(回數). ‖回数を数える 횟수를 세다. 韓国に行った回数 한국에 간 횟수. ♦回数券 회수권.
かいする【介する】 ❶(間に)두다. ‖彼は友人を介して知り合った 그 사람은 친구를 통해 알았다. ❷(心に)두다.
がいする【害する】 해(害)하다; 상(傷)하다. ‖ひどく気分を害した 기분이 몹시 상했다.
かいせい【改正】 ㊂하 개정(改正). ‖規則を改正する 규칙을 개정하다.
かいせい【快晴】 쾌청(快晴).
かいせき【会席】 ❶회합(會合) 자리. ❷가이세키 요리(料理).
かいせき【解析】 ㊂하 해석(解析); 분석(分析). ♦解析幾何学 해석 기하학.
かいせつ【開設】 ㊂하 개설(開設). ‖ソウルに支店を開設する 서울에 지점을 개설하다.
かいせつ【解説】 ㊂하 해설(解說). ‖世界情勢を解説する 세계 정세에 대해서 해설하다. ♦野球解説 야구 해설. 解説者 해설자.
がいせつ【概説】 ㊂하 개설(概說). ‖国文法概説 국문법 개설.
かいせん【回線】 회선(回線).
かいせん【海鮮】 신선(新鮮)한 해물(海物). ♦海鮮料理 해물 요리.
かいぜん【改善】 ㊂하 개선(改善). ‖改善の余地がある 개선의 여지가 있다. 待遇が改善される 대우가 개선되다. ♦改善策 개선책.
がいせん【凱旋】 ㊂하 개선(凱旋). ‖凱旋パレード 개선 퍼레이드.
がいぜんせい【蓋然性】 개연성(蓋然性).
かいそう【回想】 ㊂하 회상(回想). ‖往時を回想する 지난날을 회상하다. 回想にふける 회상에 잠기다. ♦回想録 회상록.
かいそう【改装】 ㊂하 개장(改裝).
かいそう【海草】 해초(海草).
かいそう【海藻】 해조(海藻).
かいそう【階層】 계층(階層). ♦社会階層 사회 계층.
かいぞう【改造】 ㊂하 개조(改造). ‖台所を改造する 부엌을 개조하다.
かいぞうど【解像度】 해상도(解像度). ‖解像度の高いデジタルカメラ 해상도가 높은 디지털 카메라.
かいそく【会則】 회칙(會則).
かいそく【快速】 쾌속(快速). ♦快速船 쾌속선. 快速電車 ㊀일반 전철(一般電鐵)보다 정차(停車) 역이 적어 빨리 가는 전철.
かいぞく【海賊】 해적(海賊). ♦海賊版 해적판.
かいたい【解体】 ㊂하 해체(解體). ‖組織を解体する 조직을 해체하다. ♦解体工事 해체 공사.
*かいたく【開拓】 ㊂하 개척(開拓). ‖新市場を開拓する 새로운 시장을 개척하다. ♦開拓者 개척자. 開拓地 개척지.
かいだん【会談】 ㊂하 회담(會談). ♦日米会談 미일 회담.
かいだん【怪談】 괴담(怪談).
*かいだん【階段】 계단(階段). ‖出世の階段 출세 계단. ♦非常階段 비상 계단. 螺旋階段 나선 계단.
ガイダンス【guidance】 가이던스.
かいちく【改築】 ㊂하 개축(改築).
かいちゅう【回虫】 회충(蛔蟲).
がいちゅう【外注】 ㊂하 외주(外注). ‖外注に出す 외주를 주다.
がいちゅう【害虫】 해충(害蟲).
かいちゅうでんとう【懐中電灯】 회중전등(懷中電燈).
かいちゅうどけい【懐中時計】 회중시계(懷中時計).
かいちょう【会長】 회장(會長). ‖グループの会長 그룹 회장. ♦生徒会長 학생회장.
かいちょう【快調】 쾌조(快調).
かいつう【開通】 ㊂되 개통(開通). ‖インターネットが開通する 인터넷이 개통되다.
かいづか【貝塚】 패총(貝塚); 조개더미.
かいつけ【買い付け】 ❶단골. ‖買い付けの店 단골 가게. ❷대량 구매(大量購買); 대량 구입(大量購入). ‖食料の買い付け 식료품의 대량 구입.
かいつける【買い付ける】 ❶〔いつも買う〕단골로 사다. ❷대량 구매(大量購買)하다.
かいて【買い手】 사는 쪽[사람].
かいてい【改定】 ㊂하 개정(改定). ‖料金の改定 요금 개정.
かいてい【改訂】 ㊂하 개정(改訂). ♦改訂版 개정판.
かいてい【海底】 해저(海底). ‖海底ケーブル 해저 케이블.
かいてき【快適】ダ 쾌적(快適)하다. ‖快適な住まい 쾌적한 생활 공간.
がいてき【外的】 외적(外的). ‖外的な要因 외적인 요인.
*かいてん【回転】 ㊂하 회전(回轉). ‖頭

の回転が速い 머리 회전이 빠르다. 資金の回転 자금 회전. ♦回転椅子 회전의자. 回転運動 회전 운동. 回転軸 회전축. 回転寿司 회전 초밥.

かいてん【開店】 ㉠하 개점(開店). ♦開店時間 개점 시간. 開店休業 개점 휴업.

ガイド【guide】 가이드. ♦ガイドブック 가이드북. ガイドライン 가이드라인.

かいとう【回答】 ㉠하 회답(回答).

かいとう【解凍】 ㉠하 해동(解凍).

かいとう【解答】 ㉠하 해답(解答).

かいどう【街道】 가도(街道). ♦出世街道 출세 가도.

カイドウ【海棠】 해당화(海棠花).

がいとう【外套】 외투(外套).

がいとう【街灯】 가로등(街路燈).

がいとう【街頭】 가두(街頭). ♦街頭演説 가두 연설.

がいとう【該当】 ㉠하 해당(該當). ♦該当者 해당자.

かいどく【解読】 ㉠하 해독(解讀). ‖碑文を解読する 비문을 해독하다. 暗号の解読コード 암호 해독 코드.

がいどく【害毒】 해독(害毒).

かいとる【買い取る】 사들이다; 매입(買入)하다. ‖権利を買い取る 권리를 사들이다.

かいなん【海難】 해난(海難). ♦海難事故 해난 사고.

かいにゅう【介入】 ㉠하 개입(介入). ‖紛争に介入する 분쟁에 개입하다.

かいにん【解任】 ㉠하 해임(解任). ‖理事を解任する 이사를 해임하다.

かいぬし【買い主】 사는 사람; 살 사람.

かいぬし【飼い主】 키우는 사람; 키울 사람.

がいねん【概念】 개념(概念). ♦抽象概念 추상 개념.

がいねんてき【概念的】 개념적(概念的). ‖概念的で実がない議論 개념적이고 내용이 없는 논의.

かいば【海馬】 (脳の) 해마(海馬).

がいはく【外泊】 ㉠하 외박(外泊). ‖無断で外泊する 무단으로 외박하다.

かいはくしょく【灰白色】 회백색(灰白色).

かいばしら【貝柱】 조개관자.

***かいはつ【開発】** ㉠하 개발(開發). ‖新製品の開発に力を入れる 신제품 개발에 주력하다. ♦都市開発 도시 개발. 宇宙開発 우주 개발.

かいばつ【海抜】 해발(海拔).

がいはんぼし【外反母趾】 説明 엄지발가락이 둘째 발가락 쪽으로 굽은 상태(狀態).

かいひ【会費】 회비(會費). ‖会費を払う 회비를 내다.

かいひ【回避】 ㉠하 회피(回避). ‖責任を回避する 책임을 회피하다.

かいひょう【開票】 ㉠하 개표(開票). ‖選挙の開票結果 선거 개표 결과. ♦開票速報 개표 속보.

かいひょう【解氷】 ㉠하 해빙(解氷).

かいふ【回付】 ㉠하 회부(回附).

がいぶ【外部】 외부(外部). ‖外部と連絡を取る 외부와 연락을 취하다. 外部に知られる 외부에 알려지다. 外部の者 외부 사람.

かいふう【海風】 해풍(海風); 바닷바람.

かいふう【開封】 ㉠하 개봉(開封).

かいふく【回復・恢復】 ㉠하 회복(回復). ‖父はやっと健康を回復した 아버지는 드디어 건강을 회복하셨다. 彼女は意識を回復した 그녀는 의식을 회복했다. 景気の回復 경기 회복.

かいふく【快復】 ㉠되 쾌유(快癒).

かいふく【開腹】 ㉠하 개복(開腹). ♦開腹手術 개복 수술.

かいぶつ【怪物】 괴물(怪物).

がいぶん【外聞】 ❶세상(世上)의 평판(評判)이나 소문(所聞). ‖外聞をはばかる 소문이 날까 꺼리다. ❷〔体面〕체면(體面). ‖外聞が悪い 남우세스럽다.

かいぶんしょ【怪文書】 괴문서(怪文書).

かいへい【海兵】 해병(海兵). ♦海兵隊 해병대.

かいへい【開閉】 ㉠하 개폐(開閉). ‖ドアの開閉 문의 개폐.

がいへき【外壁】 외벽(外壁).

かいへん【改編】 ㉠하 개편(改編). ‖組織を改編する 조직을 개편하다.

かいほう【会報】 회보(會報).

***かいほう【開放】** ㉠하 개방(開放). ♦門戸開放 문호 개방. 開放経済 개방 경제. 開放的 개방적. 開放的な社会 개방적인 사회.

かいほう【解放】 ㉠하 해방(解放). ‖人質を解放する 인질을 해방하다. 子育てから解放される 육아에서 해방되다.

かいぼう【解剖】 ㉠하 해부(解剖). ♦解剖学 해부학.

がいぼう【外貌】 외모(外貌).

かいまく【開幕】 ㉠하 개막(開幕). ‖プロ野球が開幕する *프로 야구가 개막하*다. ♦開幕式 개막식. 開幕戦 개막전.

かいまみる【垣間見る】 ❶〔ちらっと〕얼핏 보다. ‖音楽会で垣間見た女性 음악회에서 얼핏 본 여자. ❷〔一部分〕틈새로 들여다보다. ‖彼の実力の一端が垣間見られた 그 사람의 실력의 일부분을 엿볼 수 있었다.

かいみん【快眠】 ㉠하 쾌면(快眠).

かいめい【改名】 ㉠하 개명(改名).

かいめい【解明】 ㉠하 해명(解明). ‖病気の原因を解明する 병의 원인을 해명하다. その謎はまだ解明されていない 그 수수께끼는 아직도 해명되지 않았다.

かいめん【海綿】 해면(海綿). ♦海綿動物 해면 동물.

か

がいめん【外面】 외면(外面); 겉. ‖外面は平静をよそおう 겉으로는 평정을 가장하다.

かいめんかっせいざい 【界面活性剤】 계면 활성제(界面活性劑).

かいもとめる【買い求める】 입수(入手)하다; 사들이다. ‖古書を買い求める 고서를 입수하다.

*__かいもの__【買い物】 ❶〔物を買うこと〕쇼핑. ‖買い物に行く 쇼핑하러 가다. 장을 보다. ❷〔買う物や買った物〕산 물건. ‖買い物を下げて帰る 산 물건을 들고 돌아가다. ❸〔買い得〕싸게 산 물건. ‖これは買い物だ 이건 싸게 산 거야.

がいや【外野】 (野球で) 외야(外野). ♦外野手 외야수. 外野席 외야석.

かいやく【解約】 (名하) 해약(解約). ‖保険を解約する 보험을 해약하다.

かいゆ【快癒】 (名되) 쾌유(快癒).

がいゆう【外遊】 (名하) 외유(外遊).

かいよう【海洋】 해양(海洋). ♦海洋開発 해양 개발. 海洋気候 해양성 기후.

かいよう【潰瘍】 궤양(潰瘍). ♦胃潰瘍 위궤양.

がいよう【概要】 개요(槪要).

かいらい【傀儡】 괴뢰(傀儡). ‖傀儡政権 괴뢰 정권.

がいらい【外来】 외래(外來). ‖外来の文化 외래 문화. ♦外来患者 외래 환자. 外来語 외래어.

かいらく【快楽】 쾌락(快樂). ‖快楽を求める 쾌락을 추구하다.

かいらん【回覧】 (名하) 회람(回覽). ♦回覧板 회람판.

かいり【乖離】 (名되) 괴리(乖離). ‖理想と現実の乖離 이상과 현실의 괴리.

-かいり【海里・浬】 …해리(海浬). ✣1海里は 1852m.

かいりき【怪力】 괴력(怪力).

かいりつ【戒律】 계율(戒律).

がいりゃく【概略】 개략(槪略); 개요(槪要). ‖事件の概略 사건의 개요.

かいりゅう【海流】 해류(海流).

かいりょう【改良】 (名하) 개량(改良). ‖品種を改良する 품종을 개량하다. ♦改良種 개량종.

かいろ【回路】 회로(回路). ♦電気回路 전기 회로. 思考回路 사고 회로.

かいろ【海路】 해로(海路).

かいろ【懐炉】 주머니 난로(煖爐); 손난로.

がいろ【街路】 가로(街路). ♦街路樹 가로수. 街路灯 가로등.

かいろう【回廊】 회랑(回廊).

がいろん【概論】 개론(槪論). ♦文学概論 문학 개론.

*__かいわ__【会話】 (名하) 회화(會話); 대화(對話). ‖会話しようと努める 대화하기 위해 노력하다. 会話が途絶える 대화가 끊어지다. 韓国語会話 한국어 회화. ♦会話文 회화문.

かいわい【界隈】 일대(一帶); 근방(近方); 근처(近處).

カイワレダイコン【穎割れ大根】 무순.

かいん【下院】 하원(下院).

*__かう__【買う】 ❶사다. ‖本を買う 책을 사다. 入場券を買う 입장권을 사다. 人の恨みを買う 타인의 원한을 사다. ❷평가(評價)하다. ‖語学力を買われてロンドン支店長になる 어학력을 평가받아 런던 지점장이 되다. ❸받다; 응하다. ‖売られたけんかを買う 걸어온 싸움에 응하다.

かう【飼う】 동물(動物)을 기르다; 동물을 키우다; 치다. ‖猫を飼う 고양이를 키우다.

ガウス【gauss】 가우스.

カウチ【couch】 소파.

カウボーイ【cowboy】 카우보이.

ガウン【gown】 가운.

カウンセラー【counselor】 카운셀러.

カウンセリング【counseling】 카운셀링.

カウンター【counter】 카운터.

かえうた【替え歌】 개사곡(改詞曲).

*__かえす__【返す】 ❶돌려주다; 갚다. ‖借りた本を返す 빌린 책을 돌려주다. ❷돌려놓다. ‖もとの場所に返す 원래 장소에 돌려놓다. ❸반론(反論)하다. ‖言葉を返す 반론하다. 返す言葉もない 뭐라 대꾸할 말이 없다. ❹보답(報答)하다; 보복(報復)하다. ‖投げ返す 되던지다. ❺〔裏返す〕뒤집다. ‖手のひらを返す 손바닥을 뒤집다. ❻밭을 갈다. ‖畑の土を返す 밭을 갈다. ❼〔…返すの形で〕한 번(番) 더 …하다; 반복(反復)해서 …하다. ‖思い返す 다시 한 번 생각하다.

かえす【帰す】 돌려보내다. ‖台風のため学生を早めに帰す 태풍 때문에 학생들을 일찍 돌려보내다.

かえす【孵す】 부화(孵化)시키다. ‖鶏の卵を孵す 닭의 알을 부화시키다.

かえだま【替え玉】 가짜; 대리(代理). ‖替え玉受験 대리 수험.

かえって【却って】 오히려; 도리어; 역(逆)으로; 반대(反對)로. ‖そんなことをしたらかえってよくない 그런 일을 하면 오히려 안 좋다.

カエデ【楓】 단풍(丹楓)나무.

かえり【帰り】 ❶돌아감; 돌아옴. ‖夫の帰りを待つ 남편이 돌아오기를 기다리다. ❷돌아가는 길; 돌아가는 때. ‖学校の帰りに本屋に寄る 학교에서 돌아가는 길에 책방에 들르다.

かえりざく【返り咲く】 ❶복귀(復歸)하다. ‖芸能界に返り咲く 연예계로 복귀하다. ❷〔再び花が咲く〕제철이 아닌 때 꽃이 피다.

かえりみる【顧みる・省みる】 ❶돌이켜 보다. ‖日に三度我が身を省みる 하루에

세 번 자신을 돌이켜 보다. ❷걱정하다; 돌보다. ‖家庭を顧みるゆとりもない 가정을 돌볼 여유도 없다. ❸돌아보다. ‖背後を顧みる 뒤를 돌아보다.

***かえる**【返る】 ❶(本来の持ち主に)돌아가다; 돌아오다. ‖貸した金が返る 빌려준 돈이 돌아오다. ❷(もとの状態に)돌아가다. ‖我に返る 정신이 들다. ❸(逆の方向に)향(向)하다. ‖こだまが返る 메아리치다. ❹〔…返るの形で〕완전(完全)히 …하다. ‖あきれ返る 완전히 질리다. 静まり返る 아주 조용해지다.

***かえる**【帰る】 ❶(もとの場所に)돌아가다; 돌아오다. ‖故郷に帰る 고향으로 돌아가다. 5時には帰ってくる 다섯 시까지는 돌아올게. ❷(訪問客が)돌아가다. ‖客が帰る 손님이 돌아가다.

かえる【孵る】 부화(孵化)하다.

***かえる**【代える・替える・換える】 바꾸다; 교체(交替)하다. ‖何物も命には代えられない 그 무엇도 목숨과는 바꿀 수 없다. 円をドルに替える 엔을 달러로 바꾸다. 言葉を換えて言えば 바꾸어 말하면. ピッチャーを替える 투수를 교체하다.

***かえる**【変える】 바꾸다; 변경(變更)하다. ‖髪型を変える 헤어스타일을 바꾸다. 急に態度を変える 갑자기 태도를 바꾸다. ソファーの位置を変える 소파의 위치를 바꾸다.

カエル【蛙】 개구리. ▸蛙の子は蛙 부전자전. ♦食用蛙 식용 개구리.

***かお**【顔】 ❶얼굴. ‖顔を洗う 얼굴을 씻다. ❷생김새; 용모(容貌). ‖美しい顔 아름다운 얼굴. ❸표정(表情); 모습. ‖喜ぶ顔が見たい 기뻐하는 모습을 보고 싶다. ❹태도(態度). ‖大きな顔をする 잘난 체하다. ❺지명도(知名度). ‖顔の売れた役者 얼굴이 알려진 배우. ❻면목(面目); 체면(體面). ‖合わせる顔がない 볼 면목이 없다. ❼(代表する)얼굴. ‖業界の顔 업계의 얼굴. ▸顔が広い 발이 넓다.〔慣〕 ▸顔に泥を塗る 얼굴에 먹칠을 하다.〔慣〕 ▸顔を出す 얼굴을 내밀다. ▸顔を潰す 체면을 깎다.

かおあわせ【顔合わせ】 ❶첫 대면(對面); 첫 모임; 첫 회합(會合). ‖新役員の顔合わせ 새 임원들의 첫 모임. ❷공연(共演). ‖二大スターの初顔合わせ 이대 스타의 첫 공연.

かおいろ【顔色】 안색(顔色). ‖顔色が悪い 안색이 안 좋다. ▸顔色をうかがう 눈치를 보다.

かおかたち【顔形】 얼굴 생김새; 생긴 모습; 용모(容貌). ‖端整な顔かたち 수려한 용모.

かおく【家屋】 가옥(家屋).

かおじゃしん【顔写真】 얼굴 사진(寫眞). ‖犯人の顔写真 범인의 얼굴 사진.

かおだち【顔立ち】 얼굴 생김새; 용모(容貌); 이목구비(耳目口鼻). ‖上品な顔立ち 고상하게 생긴 얼굴.

かおぶれ【顔触れ】 멤버의 얼굴. ‖新内閣の顔触れ 새 내각의 얼굴.

かおまけ【顔負け】 ‖顔負けする (얼굴이) 무색해지다. プロ顔負けのテクニック 프로를 무색하게 하는 테크닉.

かおみしり【顔見知り】 아는 사람.

かおもじ【顔文字】 이모티콘.

かおり【香り・薫り】 ❶향기(香氣). ‖花の香り 꽃 향기. ❷품격(品格); 격조(格調). ‖香り高い文章 격조 높은 문장.

かおる【香る・薫る】 향기(香氣)가 나다. ‖バラの花が香る 장미 향기가 나다.

がか【画家】 화가(畫家).

かがい【加害】 가해(加害). ♦加害者 가해자.

かがい【課外】 과외(課外). ♦課外活動 과외 활동.

がかい【瓦解】 (を되) 와해(瓦解).

かかえこむ【抱え込む】 ❶끌어안다. ‖大きな荷物を抱え込む 큰 짐을 끌어안다. ❷떠맡다. ‖難題を抱え込む 어려운 문제를 떠맡다.

かかえる【抱える】 ❶껴안다. ‖膝を抱えている 무릎을 껴안고 있다. ❷고용(雇用)하다. ‖大勢の店員を抱えている店 많은 점원을 고용하고 있는 가게. ❸떠안다. ‖難問を抱えている 어려운 문제를 떠안고 있다.

カカオ【cacao】 카카오.

***かかく**【価格】 가격(價格). ♦販売価格 판매 가격. 適正価格 적정 가격.

***かがく**【化学】 화학(化學). ♦生化学 생화학. 化学記号 화학 기호. 化学工業 화학 공업. 化学式 화학식. 化学繊維 화학 섬유. 化学調味料 화학 조미료. 인공 조미료. 化学反応 화학 반응. 化学兵器 화학 병기. 化学変化 화학 변화. 化学薬品 화학 약품.

***かがく**【科学】 과학(科學). ♦社会科学 사회 과학. 自然科学 자연 과학. 科学技術 과학기술. 科学的 과학적. 科学的根拠 과학적인 근거.

ががく【雅楽】 아악(雅樂).

かがくてき【化学的】 화학적(化學的).

かかげる【掲げる】 ❶내걸다; 달다. ‖旗を掲げる 깃발을 달다. スローガンを掲げる 슬로건을 내걸다. 目標として掲げる 목표로서 내걸다. ❷높이 들다; 치켜들다. ‖たいまつを掲げる 횃불을 높이 들다. ❸처들다; 걷어 올리다. ‖すだれを掲げる 발을 걷어 올리다. ❹게재(揭載)하다. ‖記事を掲げる 기사를 게재하다.

かかし【案山子】 허수아비.

かかす【欠かす】 거르다; 빠뜨리다; 빼놓다. ‖欠かすことのできない日課 빼놓을 수 없는 일과. 毎日欠かさず練習する 매일 빠뜨리지 않고 연습하다.

かかたいしょう【呵呵大笑】 (を하) 가가

대소(呵呵大笑).

かかと【踵】 ❶(足の)발뒤꿈치. ❷(靴の)굽. ‖かかとの高い靴 굽이 높은 구두.

かがみ【鏡】 거울. ‖鏡に映った姿 거울에 비친 모습.

かがみ【鑑】 모범(模範); 귀감(龜鑑). ‖生徒の鑑 학생의 귀감.

かがむ【屈む】 (허리를)굽히다; 굽다. ‖かがんで拾う 허리를 굽혀 줍다.

かがめる【屈める】 (허리를)굽히다; 구부리다. ‖身を屈める 몸을 굽히다.

かがやかしい【輝かしい】 눈부시다; 빛나다; 훌륭하다. ‖輝かしい実績 눈부신 실적.

かがやかす【輝かす】 ❶반짝이다. ‖目を輝かして話を聞く 눈을 반짝이며 이야기를 듣다. ❷빛내다; 떨치다. ‖母校の名誉を輝かす 모교의 명예를 빛내다.

かがやく【輝く】 ❶반짝이다. ‖夕日に輝く海 석양에 반짝이는 바다. ❷빛나다. ‖優勝の栄誉に輝く 우승의 영예에 빛나다.

かかり【係(り)】 담당; 담당자(擔當者). ‖係りを呼ぶ 담당자를 부르다. 出納係 출납 담당. ♦係員 담당자. 係長 계장.

-がかり【掛かり】 ❶〔数詞に付いて〕그만큼 필요(必要)함을 나타냄. ‖5人がかりで押す 다섯 명이서 밀다. ❷…조(調); …투(套); …풍(風). ‖芝居がかりの言いぐさ 연극조의 말투. ❸…에 의존(依存)하다. ‖親がかりの身 부모에 의존하고 있는 몸. ❹…하는 길에; …하는 김에. ‖通りがかりに寄る 지나는 길에 들르다.

かがりび【篝火】 화톳불.

***かかる**【掛かる・懸かる】 ❶걸리다. ‖壁に絵がかかっている 벽에 그림이 걸려 있다. ❷(月などが)걸리다; 뜨다. ‖月が中天にかかる 달이 중천에 뜨다. ❸올려져 있다. ‖火にかかっている鍋 불에 올려져 있는 냄비. ❹(網に)걸리다. ‖網にかかる 그물에 걸리다. ❺시작(始作)하다. ‖仕事にかかる 일을 시작하다. ❻진찰(診察)을 받다. ‖医者にかかる 의사에게 진찰을 받다. ❼(お金が)들다. ‖金がかかる 돈이 들다. ❽(麻酔などに)걸리다. ‖麻酔がかかる 마취에 걸리다. ❾(一方からもう一方に)걸리다. ‖空に虹がかかる 하늘에 무지개가 걸리다. ❿〔…かかるの形で〕…할 것 같다. ‖落ちかかる 떨어질 것 같다.

かかる【罹る】 (病気に)걸리다. ‖重い病気にかかる 중병에 걸리다.

かかわらず【拘らず】 …에 관계(關係)없이; …에 상관(相關)없이; …에 불구(不拘)하고. ‖雨にもかかわらず出かけた 비가 오는데도 불구하고 나갔다.

かかわり【係わり・関わり】 관계(關係); 관련(關聯). ‖事件とは何の関わりもない 사건과는 아무 관계도 없다.

かかわる【係わる・関わる】 관계(關係)되다; 관련(關聯)되다. ‖命に関わる問題だ 목숨과 관련된 문제다.

かかん【果敢】 과감(果敢). ‖果敢に攻撃する 과감하게 공격하다.

かき【下記】 하기(下記); 다음. ‖下記の問いに答えなさい 다음 물음에 답하시오.

かき【火気】 화기(火氣); 불기. ♦火気厳禁 화기 엄금.

かき【火器】 ❶화기(火器)・총포류(銃砲類)의 총칭(總稱). ❷불을 담는 용기(容器).

かき【夏季】 하계(夏季).

かき【夏期】 하기(夏期). ♦夏期講習 하기 강습.

カキ【柿】 감.

カキ【牡蠣】 굴.

かぎ【鍵】 ❶열쇠; 자물쇠. ‖鍵をかける 열쇠를 채우다. 玄関に鍵をつける 현관에 자물쇠를 달다. ❷단서(端緒). ‖事件解決の鍵を握っている 사건 해결의 단서를 쥐고 있다.

がき【餓鬼】 자식(子息). ‖うるさいがきどもだ 시끄러운 자식들이다. がきの頃から 어릴 적부터. ♦餓鬼大将 골목대장.

かきあげ【掻き揚げ】 튀김(요리(料理)).

かきあげる【書き上げる】 ❶〔完成する〕다 쓰다. ‖レポートを2時間で書き上げる 리포트를 두 시간만에 다 쓰다. ❷〔列挙する〕열거(列擧)하다. ‖注意事項をもれなく書き上げる 주의 사항을 빠짐없이 열거하다.

かきあげる【掻き上げる】 쓸어 올리다. ‖髪を掻き上げる 머리를 쓸어 올리다.

かきあつめる【掻き集める】 그러모으다. ‖軍資金をかき集める 군자금을 그러모으다.

かぎあな【鍵穴】 열쇠 구멍.

かきあらわす【書き表わす・書き著わす】 ❶글로 표현(表現)하다. ‖心情を書き表わす 마음을 글로 표현하다. ❷책(册)으로 펴내다. ‖多くの書物を書き著わす 많은 책을 펴내다.

かきいれどき【書き入れ時】 대목.

かきいれる【書き入れる】 써넣다; 기입(記入)하다. ‖名前を書き入れる 이름을 기입하다.

かきいろ【柿色】 감색.

かきおろし【書き下ろし】 새로 씀. ‖書き下ろしの長編小説 새로 쓴 장편 소설.

かきかえる【書き換える・書き替える】 ❶고쳐 쓰다. ‖プログラムを書き換える 프로그램을 고쳐 쓰다. ❷갱신(更新)하다. ‖免許証を書き換える 면허증을 갱신하다.

かきかた【書き方】 쓰는 법. ‖手紙の書き方 편지 쓰는 법.

かぎかっこ【鉤括弧】 (「 」・『 』などの)문

장 기호(文章記號).

かきごおり【欠き氷】 빙수(氷水); 팥빙수.

かきことば【書き言葉】 문어(文語); 글말.

かきこみ【書き込み】 써넣음; 써넣은 글(씨).

かきこむ【書き込む】 써넣다.

かきしるす【書き記す】 적다. ‖事の経緯を書き記す 일의 경위를 적다.

かきそえる【書き添える】 문장(文章)이나 그림 옆에 덧붙여 쓰다.

かきぞめ【書き初め】 [説明] (1月2日の) 새해 처음으로 쓰는 붓글씨.

かきだし【書き出し】 글의 첫머리; 서두(書頭).

かきだす【書き出す】 ❶〔書き始める〕쓰기 시작(始作)하다. ‖小説を書き出す 소설을 쓰기 시작하다. ❷〔抜き出す〕필요(必要)한 부분(部分)을 뽑아 쓰다.

かきたま【掻き玉】 [説明] 계란(鷄卵)을 풀어 넣은 수프.

かきつける【書き付ける】 ❶〔書き留める〕적어 두다. ❷〔書き慣れる〕(늘 써서) 손에 익다. ‖書きつけた原稿用紙 손에 익은 원고지. 쓰기 편한 원고지.

かぎっこ【鍵っ子】 [説明] 부모(父母)의 맞벌이로 항상(恒常) 집 열쇠를 몸에 지니고 있는 아이.

かぎって【限って】 …만은. ‖うちの息子に限ってそんなことはしない 우리 아들만은 그런 짓을 하지 않는다.

かきて【書き手】 ❶필자(筆者). ❷명필(名筆); 문장가(文章家). ‖大した書き手だ 대단한 명필이다.

かきとめ【書留】 등기 우편(登記郵便).

かきとり【書き取り】 받아쓰기. ‖書き取りの練習 받아쓰기 연습.

かきとる【書き取る】 ❶(見て)베끼다. ‖古文書を書き取る 고문서를 베끼다. ❷(聞いて)받아 적다. ‖演説を書き取る 연설을 받아 적다.

かきね【垣根】 담장; 울타리. ‖垣根を巡らす 담장을 치다.

かきのこす【書き残す】 ❶〔後世に残す〕써서 남기다. ‖遺書を書き残す 유서를 남기다. ❷〔一部を書かないで残す〕써야 될 곳을 빠뜨리다.

かぎばな【鉤鼻】 매부리코.

かきまぜる【掻き混ぜる】 섞다; 젓다. ‖紅茶に砂糖を入れてかき混ぜる 홍차에 설탕을 넣어서 젓다.

かきまわす【掻き回す】 ❶젓다; 휘젓다. ‖スープをかき回す 수프를 젓다. ❷어지르다; 엉망으로 만들다. ‖引き出しの中をかき回す 서랍 안을 어지르다. 授業をかき回された 수업이 엉망이 되었다.

かきみだす【掻き乱す】 혼란(混亂)스럽게 하다. ‖人の心をかき乱す 마음을 혼란스럽게 하다.

かきむしる【掻き毟る】 쥐어뜯다. ‖髪の毛をかきむしる 머리를 쥐어뜯다.

かきゅう【下級】 하급(下級). ♦下級官吏 하급 관리. 下級生 하급생.

かきゅうてき【可及的】 가급적(可及的)이면; 되도록이면.

かきょ【科挙】 과거(科擧).

かきょう【佳境】 가경(佳境). ‖話が佳境に入ってきた 이야기가 점입가경이다.

かきょう【架橋】 [スル하] 가교(架橋).

かきょう【華僑】 화교(華僑).

かぎょう【家業】 가업(家業). ‖家業を手伝う 가업을 돕다.

かぎょう【課業】 과업(課業).

かきょく【歌曲】 가곡(歌曲).

かきよせる【掻き寄せる】 ❶끌어당기다. ‖毛布をかき寄せる 담요를 끌어당기다. ❷긁어모으다. ‖落葉をかき寄せる 낙엽을 긁어모으다.

***かぎり**【限り】 ❶한계(限界); 끝. ‖人間の欲望には限りがない 인간의 욕망은 끝이 없다. ❷최후(最後); 마지막. ‖今日限り絶交する 오늘(을 마지막으)로 절교하다. ❸그지없다; 한없다. ‖うれしい限りだ 한없이 기쁘다. 기쁘기 그지없다. ❹…한. ‖私の知る限りではない 내가 알 바 아니다. ❺…껏. ‖声を限りに叫ぶ 목청껏 소리를 지르다.

かぎりない【限りない】 ❶끝없다. ‖限りなく広がる夢 끝없이 펼쳐지는 꿈. ❷최상(最上)이다; 더없다. ‖限りない感謝を捧げる 더없이 감사하다.

***かぎる**【限る】 ❶한정(限定)하다; 제한(制限)하다. ‖人数を限る 인원수를 제한하다. ❷〔…は…に限るの形で〕…이 제일(第一)이다. ‖分からないことは聞くに限る 모르는 것은 묻는 게 제일이다. ❸…에 한해. ‖最終日に限り半額 마지막 날에 한해서 반액 할인.

かきわける【掻き分ける】 헤치다. ‖草むらを掻き分けて進む 풀숲을 헤치고 나아가다.

かきん【家禽】 가금(家禽).

***かく**【角】** ❶*각(角); 네모; 모.* ‖*角砂糖* 각설탕. 大根を角に切る 무를 네모나게 썰다. ❷《数学》각; 각도(角度). ‖Aの角の大きさを求めよ A 각의 크기를 구하라.

かく【画】 〔漢字の構成要素を数える単位〕…획(畫).

***かく**【核】 ❶핵심(核心). ‖組織の核を作る 조직의 핵심을 만들다. ❷원자핵(原子核). ❸핵무기(核武器). ‖核の傘 핵우산. ♦核反応 핵반응. 核分裂 핵분열. 核兵器 핵병기. 핵무기.

かく【格】 ❶격(格); 등급(等級). ‖格が違う 격이 다르다. ❷《言語》(文法上の)격. ♦格助詞 격조사.

***かく**【欠く】 ❶깨뜨리다. ‖氷を欠いて口に入れる 얼음을 깨뜨려 입에 넣다. ❷

부족(不足)하다; 없다. ‖義理を欠く 의리가 없다. 常識を欠いている 상식이 없다. 몰상식하다.

*かく【書く】 쓰다. ‖この紙に名前を書いてください 이 종이에 이름을 써 주세요. 彼は今小説を書いている 그 사람은 지금 소설을 쓰고 있다. うちの子はまだ字が書けない 우리 애는 아직 글자를 못 쓴다. 英語で手紙を書く 영어로 편지를 쓰다. この本にはそういうふうに書いてある 이 책에는 그렇게 써져 있다.

かく【画く・描く】 그리다. ‖絵を描く 그림을 그리다.

かく【掻く】 ❶긁다. ‖額をかく 이마를 긁다. ❷치우다. ‖道路の雪をかく 도로의 눈을 치우다.

かく-【各】 각(各) …. ‖各条項を参照する 각 조항을 참조하다.

かぐ【家具】 가구(家具). ‖私の部屋には家具はほとんどない 내 방에는 가구가 거의 없다. ♦家具店 가구점.

かぐ【嗅ぐ】 냄새를 맡다. ‖バラの香りを嗅ぐ 장미꽃 향기를 맡다.

がく【額】 ❶금액(金額). ❷액자(額子).

かくあげ【格上げ】 (名되) 격상(格上); 승격(昇格).

かくい【各位】 각위(各位).

かくい【隔意】 격의(隔意). ‖隔意なく話し合う 격의 없이 이야기하다.

がくい【学位】 학위(學位). ‖学位を取る 학위를 따다. ♦学位論文 학위 논문.

かくいつ【画一】 획일(劃一). ‖画一化する 획일화하다. ♦画一的 획일적. 画一的な教育 획일적인 교육.

がくいん【学院】 학원(學院).

かくう【架空】 ❶〔空中にかけわたすこと〕가공(架空). ❷허구(虛構); 가공. ‖架空の人物 가공의 인물.

かくえきていしゃ【各駅停車】 역(驛)마다 서는 열차(列車); 완행열차(緩行列車).

がくえん【学園】 학원(學園).

がくがく ❶〔緩い〕흔들흔들; 삐걱삐걱. ‖入れ歯ががくがくする 틀니가 흔들거리다. ❷〔震える〕부들부들; 오들오들. ‖ひざががくがくする 무릎이 부들부들 떨리다.

かくかぞく【核家族】 핵가족(核家族).

がくぎょう【学業】 학업(學業). ‖学業に励む 학업에 힘쓰다.

がくげい【学芸】 학예(學藝). ♦学芸会 학예회.

かくげつ【隔月】 격월(隔月).

かくげん【格言】 격언(格言).

かくご【覚悟】 (名하) 각오(覺悟). ‖死を覚悟する 죽음을 각오하다. それは覚悟の上だ 그건 각오한 바다. 覚悟はできている 각오는 되어 있다.

かくさ【格差】 격차(格差). ‖賃金格差 임금 격차. 格差が拡大する 격차가 벌어지다.

かくさく【画策】 (名하) 획책(劃策).

かくさげ【格下げ】 (名하) 격하(格下).

かくざとう【角砂糖】 각사탕(角沙糖); 각설탕(角雪糖).

かくさん【拡散】 (名되) 확산(擴散). ‖放射性物質が大気中に拡散する 방사성 물질이 대기 중에 확산되다.

かくさん【核酸】 핵산(核酸).

かくし【隠し】 숨김; 숨겨 놓음. ♦隠し味 (説明) 특유(特有)의 맛을 내기 위해 살짝 넣는 조미료(調味料) 또는 조리 방법(調理方法). 隠し財産 숨겨 놓은 재산. 隠し子 숨겨 놓은 아이. 隠し芸 술자리 등에서의 재주. 隠し事 비밀.

かくし【客死】 (名하) 객사(客死).

かくじ【各自】 각자(各自). ‖各自の責任の下で行なう 각자의 책임하에 행하다.

がくし【学士】 학사(學士). ♦文学士 문학 학사.

がくし【楽士・楽師】 악사(樂士).

かくしき【格式】 격식(格式). ‖格式を重んじる 격식을 중시하다.

がくしき【学識】 학식(學識). ‖学識豊かな人 학식이 풍부한 사람.

かくしきばる【格式ばる】 격식(格式)을 차리다; 격식을 갖추다. ‖格式ばった挨拶 격식을 차린 인사.

かくしつ【角質】 각질(角質).

かくしつ【確執】 고집(固執); 갈등(葛藤); 불화(不和). ‖自分の意見に確執する 자기 의견을 고집하다. 確執が生じる 갈등이 생기다.

かくじつ【隔日】 격일(隔日). ‖隔日勤務 격일 근무.

*かくじつ【確実】ダ 확실(確實)하다. ‖確実な証拠 확실한 증거. 当選が確実視される 당선이 확실시되다.

がくしゃ【学者】 학자(學者). ‖世界的な物理学者 세계적인 물리 학자.

かくしゅ【各種】 각종(各種). ‖各種資格試験 각종 자격 시험.

かくしゅう【隔週】 격주(隔週). ‖隔週で会議が開かれる 격주로 회의가 열리다.

かくじゅう【拡充】 (名하) 확충(擴充). ‖図書館を拡充する 도서관을 확충하다.

がくしゅう【学習】 (名하) 학습(學習). ‖1日2時間の学習 하루 두 시간의 학습. ♦学習効果 학습 효과.

がくしゅう【学修】 (名하) 수학(修學).

がくじゅつ【学術】 학술(學術). ♦学術論文 학술 논문.

かくしょう【確証】 확증(確證). ‖確証がない 확증이 없다.

がくしょう【楽章】 악장(樂章).

かくじょし【格助詞】 (が・を・になどの)격조사(格助詞).

かくしん【革新】 (名하) 혁신(革新). ♦技術革新 기술 혁신. 革新的 혁신적. 革

新的な変革 혁신적인 변혁.
かくしん【核心】 핵심(核心). ‖核心をつく 핵심을 찌르다. 事件の核心に触れる 사건의 핵심을 건드리다.
*かくしん【確信】 (ス하) 확신(確信). ‖彼らは試合に勝つと確信している 그들은 시합에 이길 거라고 확신하고 있다. 確信をもって言う 확신을 갖고 말하다. ♦確信犯 확신범.
かくじんかくよう【各人各様】 각인각색(各人各色).
*かくす【隠す】 숨기다; 감추다. ‖身を隠す 몸을 숨기다. 隠さずに話す 숨김없이 이야기하다. 隠された意味を探る 숨겨진 의미를 찾다.
かくすう【画数】 획수(畫數).
かくせい【覚醒】 (ス하) 각성(覺醒). ♦覚醒剤 각성제.
かくせい【隔世】 격세(隔世). ♦隔世遺伝 격세 유전. 隔世の感 격세지감.
*がくせい【学生】 학생(學生). ‖どこの大学の学生ですか 어디 대학 학생입니까? ♦女子学生 여학생. 男子学生 남학생. 学生証 학생증. 学生割引 학생할인. 学生運動 학생 운동.
がくせい【学制】 학제(學制).
かくせいき【拡声器】 확성기(擴聲器).
がくせき【学籍】 학적(學籍).
がくせつ【学説】 학설(學說).
がくぜん【愕然】 ‖愕然とする 깜짝 놀라다.
がくそう【楽想】 악상(樂想).
がくそく【学則】 학칙(學則).
*かくだい【拡大】 (ス하) 확대(擴大). ‖写真を拡大する 사진을 확대하다. 勢力を拡大する 세력을 확대하다. ♦拡大解釈 확대 해석. 拡大鏡 확대경. 돋보기. 拡大再生産 확대 재생산.
がくたい【楽隊】 악대(樂隊).
がくだん【楽団】 악단(樂團).
かくち【各地】 각지(各地). ‖全国各地 전국 각지.
かくちょう【拡張】 (ス하) 확장(擴張). ‖*道路を拡張する 도로를 확장하다.* ♦拡張子《IT》 확장자.
かくちょう【格調】 격조(格調). ‖格調の高い作品 격조 높은 작품.
がくちょう【学長】 학장(學長).
かくづけ【格付け】 등급(等級). ‖格付けする 등급을 매기다.
がくっと ❶〔急激に動いたり止まったりするため衝撃が起こる様子〕갑자기; 갑작스럽게. ‖がくっと急停車したため乗客は前倒しになった 갑자기 급정차를 하는 바람에 승객들은 앞으로 넘어졌다. ❷〔落胆などの度合が大きい様子〕크게. ‖がくっとなる 크게 낙담하다.
かくてい【確定】 (ス하) 확정(確定). ♦確定的 확정적. ‖当選は確定的だ 당선은 확정적이다.
カクテル【cocktail】 칵테일.
かくど【角度】 각도(角度). ‖角度を変えて考えてみよう 각도를 바꿔서 생각해 보자.
かくとう【格闘】 (ス하) 격투(格鬪). ‖賊と格闘して取り押さえる 도둑과 격투를 벌여 붙잡다. ♦格闘技 격투기.
かくとう【確答】 (ス하) 확답(確答). ‖確答を避ける 확답을 피하다.
がくどう【学童】 초등학생(初等學生).
かくとく【獲得】 (ス하) 획득(獲得). ‖権利を獲得する 권리를 획득하다. 外貨の獲得 외화 획득.
かくにん【確認】 (ス하) 확인(確認). ‖相手の意思を確認する 상대방의 의사를 확인하다. 確認作業 확인 작업.
がくねん【学年】 학년(學年). ‖最高学年 최고 학년. 学年が同じだ 같은 학년이다.
かくのう【格納】 (ス하) 격납(格納). ♦格納庫 격납고.
がくは【学派】 학파(學派).
がくばつ【学閥】 학벌(學閥).
かくばる【角張る】 ❶(形が)네모지다; 각(角)이 지다. ‖角ばった顔 각이 진 얼굴. ❷(態度が)딱딱하다. ‖角ばった態度で話す 딱딱한 태도로 말하다.
がくひ【学費】 학비(學費).
がくふ【学府】 학부(學府). ♦最高学府 최고 학부.
がくふ【楽譜】 악보(樂譜).
がくぶ【学部】 학부(學部). ‖学部の学生 학부 학생. ♦経済学部 경제 학부.
がくふう【学風】 학풍(學風).
がくぶち【額縁】 액자(額子).
かくべつ【格別】 각별(各別). ‖格別に目をかける 각별히 보살피다.
かくほ【確保】 (ス하) 확보(確保). ‖必要な資材を確保する 필요한 자재를 확보하다.
がくほう【学報】 학보(學報).
かくまう【匿う】 숨겨 주다. ‖逃亡者を匿う 도망 다니는 사람을 숨겨 주다.
かくまく【角膜】 각막(角膜). ♦角膜移植 각막 이식. 角膜炎 각막염.
かくめい【革命】 혁명(革命). ‖革命を起こす 혁명을 일으키다. ♦産業革命 산업 혁명. ロシア革命 러시아 혁명. 革命的 혁명적.
がくめい【学名】《生物》학명(學名).
がくめん【額面】 액면(額面). ♦額面価格 액면 가격.
がくもん【学問】 학문(學問). ‖学問の自由 학문의 자유. 学問のある人 학문을 익힌 사람. 学問分野 학문 분야. ♦学問的 학문적. 学問的関心 학문적인 관심. 学問的根拠 학문적 근거.
がくや【楽屋】 출연자 대기실(出演者待機室).
かくやく【確約】 (ス하) 확약(確約).

がくゆう【学友】학우(學友).
がくようひん【学用品】학용품(學用品).
かくらん【攪乱】(ス하) 교란(攪亂).
かくり【隔離】(ス하) 격리(隔離).
かくりつ【確立】(ス하) 확립(確立). ‖外交方針を確立する 외교 방침을 확립하다.
かくりつ【確率】확률(確率). ‖確率が高い 확률이 높다.
かくりょう【閣僚】각료(閣僚). ♦閣僚会議 각료 회의.
がくりょく【学力】학력(學力). ‖学力が低下する 학력이 저하되다. ♦基礎学力 기초 학력.
がくれい【学齢】취학 연령(就學年齡).
かくれが【隠れ家】은신처(隱身處).
がくれき【学歴】학력(學歷). ‖学歴社会 학력 사회.
***かくれる**【隠れる】숨다; 숨겨지다; 가려지다; 알려지지 않다. ‖洞穴に隠れる 동굴에 숨다. 親に隠れて遊びに行く 부모 몰래 놀러 가다. 太陽が雲に隠れた 해가 구름에 가려졌다. 隠れた人材を探し出す 숨은 인재를 찾아내다. 隠れた才能 숨겨진 재능.
かくれんぼう【隠れん坊】숨바꼭질.
かくろん【各論】각론(各論). ‖各論に入る 각론으로 들어가다.
かぐわしい【香しい·芳しい】❶향기(香氣)롭다; 훌륭하다; 대단하다. ‖かぐわしい花の香り 향기로운 꽃 냄새. ❷매력적(魅力的)이다; 아름답다. ‖かぐわしい乙女 아름다운 아가씨.
がくわり【学割】학생 할인(學生割引). ‖学割がきく 학생 할인이 되다.
かくん【家訓】가훈(家訓).
がくん 갑자기; 툭; 뚝. ‖電車ががくんと動く 전철이 갑자기 움직이다. 成績ががくんと落ちる 성적이 뚝 떨어지다.
かけ【掛け】❶외상. ‖掛けで買う 외상으로 사다. ❷걸이. ‖帽子掛け 모자걸이. ❸〔動作の途中を表わす〕동작(動作)이 중간(中間)에 멈춘 상태(狀態); …다가 만. ‖読みかけの本 읽다가 만 책. ❹〔直前の状態を表わす〕다 …가는; …것 같은. ‖つぶれかけの店 망할 것 같은 가게.
かけ【賭け】내기. ‖賭けで大儲けする 내기에서 큰 돈을 벌다.
***かげ**【陰·蔭】❶그늘; 응달. ‖ビルの陰になって日当たりが悪い 빌딩 때문에 그늘이 져 햇빛이 잘 안 들다. ❷뒤(쪽); 뒷전; 사람 눈에 띄지 않는 곳. ‖陰で悪口を言う 뒤에서 흉보다. 陰から見守る 뒷전에서 지켜보다. 彼は陰になり日向になり助けてくれた 그 사람은 음으로 양으로 도와주었다. ❸이면(裏面); 배후(背後). ‖勝利の陰にはたゆみない努力があった 승리의 이면에는 끊임없는 노력이 있었다. ❹어두운 면[구석]. ‖陰のある表情 어두운 구석이 있는 표정.
***かげ**【影】❶그림자. ‖影を踏む 그림자를 밟다. 湖に影が映る 호수에 그림자가 비치다. ❷〔姿〕모습. ‖近頃彼は影も見せない 요즘 그 사람은 코빼기도 안 보인다. ❸(月·星などの)빛. ‖星影 별빛. ❹어두운 인상(印象); 불길(不吉)한 징조(徵兆). ‖死の影におびえる 죽음의 그림자에 떨다. ▸影が薄い 존재감이 별로 없다. ▸影も形もない 흔적도 없다.
がけ【崖】벼랑; 절벽(絕壁). ‖崖から落ちる 벼랑에서 떨어지다.
-がけ【掛け】❶…차림; …채로. ‖サンダルがけ 샌들을 신은 채로. ❷…하는 길에; …하는 김에. ‖帰りがけに寄る (집에)가는 길에 들르다. ❸…명(名) 앉을 수 있는. ‖3人掛けの椅子 세 명 앉을 수 있는 의자. ❹…할(割). ‖8掛け 팔 할.
かけあし【駆け足】❶뛰어감; 구보(驅步); 뜀박질; 달음박질. ‖駆け足で行く 뛰어가다. 駆け足が早い 달음박질이 빠르다. ❷〔慌ただしい様子〕‖駆け足で説明する 서둘러서 설명하다.
かけい【家系】가계(家系).
***かけい**【家計】가계(家計); 살림. ‖家計を助ける 가계를 돕다. 家計を切り盛りする 살림을 꾸려 나가다. ♦家計簿 가계부.
かけおち【駆け落ち】‖駆け落ちする 남녀가 눈이 맞아 도망가다.
かけがえ【掛け替え】예비(豫備); 대용품(代用品). ‖かけがえのない命 그 무엇과도 바꿀 수 없는 목숨.
かげき【過激】ダ 과격(過激)하다. ‖過激な発言 과격한 발언. ♦過激派 과격파.
かげき【歌劇】가극(歌劇).
かけきん【掛け金】❶분할(分割)하여 정기적(定期的)으로 지불(支拂)하는 돈. ‖保険の掛け金 보험료. ❷(掛売りの)외상값.
がけくずれ【崖崩れ】벼랑의 흙이나 돌이 무너지는 것.
かげぐち【陰口】험담(險談). ‖陰口をたたく 험담을 하다.
かけごえ【掛け声】❶〔号令など〕신호(信號)·장단(長短)·응원(應援)을 하는 소리. ❷〔誘い〕어떤 일을 같이 하자고 권유(勸誘)하는 소리.
かけごと【賭け事】내기; 도박(賭博).
かけこみ【駆け込み】뛰어듦. ‖駆け込み乗車 간신히 탐.
かけこむ【駆け込む】뛰어들다. ‖閉店間際に駆け込む 가게 문 닫기 직전에 뛰어들다.
かけざん【掛け算】(ス하) 곱셈; 곱하기.
かけじく【掛け軸】족자(簇子).

かけだし【駆け出し】　신출(新出)내기; 신참(新参). ‖駆け出しの編集者 신출내기 편집자.

かけちがい【掛け違い】 잘못 채움. ‖ボタンのかけ違い 단추를 잘못 채움. 서로 어긋남.

かけちがう【掛け違う】 ❶ 엇갈리다. ‖かけ違って会えなかった 엇갈려서 못 만났다. ❷ 어긋나다; 다르다. ‖先方の意見とかけ違って話がうまく進まない 저쪽과 의견이 달라 이야기가 진전이 안 되다.

かけつ【可決】 (スル하) 가결(可決).

かけつける【駆け付ける】 달려가다; 급하게 가다. ‖訃報を聞いて駆けつける 부고를 듣고 달려가다.

かけっこ【駆けっこ】 달리기 경주(競走).

かけどけい【掛け時計】 벽시계(壁時計).

かげながら【陰ながら】 마음으로나마; 멀리서나마; 남몰래. ‖陰ながら応援する 마음으로나마 응원하다.

かけはし【架け橋】 가교(架橋).

かけはなれる【掛け離れる】 동떨어지다. ‖理想と現実がかけ離れている 이상과 현실이 동떨어져 있다.

かけひき【駆け引き】 (スル하) 흥정. ‖駆け引きがうまい 흥정을 잘하다.

かけぶとん【掛け布団】 덮는 이불.

かげふみ【影踏み】 그림자 밟기.

かげぼうし【影法師】 사람 그림자.

かげぼし【陰干し】 ‖陰干しする 그늘에 서 말리다.

かけまわる【駆け回る】 바쁘게 돌아다니다; 뛰어다니다. ‖取引先を駆け回る 거래처를 돌아다니다.

かけもち【掛け持ち】 (スル하) 겹치기. ‖2つの劇場にかけ持ちで出る 극장 두 곳에 겹치기로 출연하다.

かけよる【駆け寄る】 달려들다; 달려가다. ‖帰宅した父親に駆け寄る 귀가한 아버지께 달려가다.

かけら【欠けら】 ❶ 조각; 파편(破片). ‖ガラスの欠けら 유리 조각. ❷〔ほんのわずかなもの〕‖*不満など欠けらもない* 불만 같은 건 조금도 없다.

かげり【陰り】 그늘. ‖表情に陰りがある 표정에 그늘이 있다.

かける【翔る】 하늘 높이 날다; 비상(飛翔)하다. ‖大空を翔る 하늘을 날다.

かける【欠ける】 ❶ 손상(損傷)되다; 빠지다. ‖奥歯が欠ける 어금니가 빠지다. 刃の欠けたナイフ 이가 빠진 칼. ❷ 부족(不足)하다; 결여(缺如)되다. ‖経営能力が欠けている 경영 능력이 부족하다. 常識に欠ける 상식이 결여되어 있다.

***かける**【掛ける・懸ける】 ❶ 걸다; 달다. ‖壁に絵をかける 벽에 그림을 걸다. ❷ (眼鏡を)쓰다; (ボタンを)채우다. ‖眼鏡をかけた人 안경을 쓴 사람. ❸ (火に)올리다. ‖鍋を火にかける 냄비를 불에 올리다. ❹ 앉다. ‖椅子に腰をかける 의자에 앉다. ❺ 걱정하다; 배려(配慮)하다. ‖子の将来を気にかける 아이의 장래를 걱정하다. ❻ 채우다. ‖ドアに鍵をかける 문에 자물쇠를 채우다. ❼ 덮다. ‖荷物の上に覆いをかける 짐위를 덮개로 덮다. ❽ 뿌리다. ‖肉にコショウをかける 고기에 후추를 뿌리다. ❾ (よくない影響を)입히다; 주다; 끼치다. ‖他人に迷惑をかける 다른 사람에게 폐를 끼치다. ❿ (言葉・期待などを)걸다; 하다. ‖一人息子に期待をかける 외동아들에게 기대를 걸다. ⓫ (麻酔・魔法などを)걸다. ‖患者に麻酔をかける 환자에게 마취를 하다. ⓬ …질을 하다. ‖木材にかんなをかける 목재에 대패질을 하다. ⓭ 매기다. ‖贅沢品に税をかける 사치품에 세금을 매기다. ⓮ 걸치다. ‖2階にはしごをかける 이 층에 사다리를 걸치다. ⓯ 회부(回附)하다. ‖被告を裁判にかける 피고를 재판에 회부하다. ⓰ 곱하다. ‖2に3をかけると6である 이에 삼을 곱하면 육이다. ⓱ (保険などに)들다. ‖美術品に保険をかける 미술품을 보험에 들다. ⓲ 걸치다. ‖夏から秋にかけて咲く花 여름에서 가을에 걸쳐 피는 꽃. ⓳ 자랑하다; 뽐내다. ‖一流大学を出たことを鼻にかける 일류 대학을 나온 것을 자랑하다. ⓴〔…かけるの形で〕…할 뻔하다. ‖川でおぼれかける 강에 빠질 뻔하다.

かける【駆ける】 달리다.

かける【賭ける】 걸다. ‖新製品に社運を賭ける 신제품에 사운을 걸다.

かげる【陰る】 ❶ 그늘이 지다. ‖庭が陰る 정원에 그늘이 지다. ❷ (太陽・月の光が)흐려지다. ‖日が陰ってきた 볕살이 약해졌다. ❸ (状態が)악화(悪化)되다; 나빠지다; (表情が)어두워지다. ‖景気がかげる 경기가 나빠지다.

かげろう【陽炎】 아지랑이.

カゲロウ【蜉蝣】 하루살이.

かげん【下弦】 하현(下弦). ‖下弦の月 하현달.

かげん【下限】 하한(下限).

かげん【加減】 ❶ 가감(加減); 더하기와 빼기. ❷ 조절(調節)함. ‖温度を加減する 온도를 조절하다. ❸ 건강 상태(健康狀態). ‖お加減はいかがですか 건강은 어떻습니까?

かげんじょうじょ【加減乗除】 가감승제(加減乘除).

***かこ**【過去】 과거(過去). ‖過去の思い出にふける 과거의 추억에 잠기다. 過去を振り返る 과거를 돌아보다. 過去のある人 과거가 있는 사람. 暗い過去 어두운 과거. ♦過去形 과거형.

かご【籠】 바구니. ‖鳥籠 새장.

かご【加護】 (スル하) 가호(加護). ‖神仏の

加護を祈る 신의 가호를 빌다.
かご【過誤】 과오(過誤). ‖過誤を犯す 과오를 범하다.
かご【駕籠】 가마.
かこい【囲い】 ❶두름; 에워쌈. ❷야채(野菜) 등을 저장(貯藏)함.
かこう【下降】 ㉷하 하강(下降). ‖飛行機が下降する 비행기가 하강하다.
かこう【火口】 화구(火口). ♦火口湖 화구호.
かこう【加工】 ㉷하 가공(加工). ‖原材料を加工して輸出する 원재료를 가공해서 수출하다.
かこう【河口】 하구(河口).
かこう【囲う】 ❶두르다; 둘러싸다; 가두다. ‖塀で囲う 담으로 두르다. 豚を小屋に囲う 돼지를 우리에 가두다. ❷저장(貯藏)하다. ‖野菜を囲う 야채를 저장하다.
かごう【化合】 ㉷하 화합(化合). ‖水素と酸素が化合して水になる 수소와 산소가 화합해서 물이 되다. ♦化合物 화합물.
かこうがん【花崗岩】 화강암(花崗岩).
かこく【過酷】ダ 가혹(苛酷)하다.
かこつける【託つける】 핑계 삼다. ‖仕事にかこつけて毎日帰りが遅い 일을 핑계로 매일 늦게 들어오다.
かこむ【囲む】 둘러싸다; 에워싸다. ‖城を囲む 성을 에워싸다.
かごん【過言】 과언(過言). ‖原因は政治の貧困にあると言っても過言ではない 원인은 정치의 빈곤에 있다고 해도 과언이 아니다.
かさ【笠】 ❶갓. ‖電灯の笠 전등 갓. ❷〔かさに着るの形で〕으스대다; 뻐기다. ‖親の権力をかさに着る 부모의 권력을 믿고 으스대다.
かさ【傘】 우산(雨傘). ‖傘を差す 우산을 쓰다. 折り畳みの傘 접는 우산. 日傘 양산.
かさ【嵩】 부피; 크기. ‖かさがはる 부피가 나가다. 川の水かさが増した 강물이 불었다. ▸かさにかかる 위압적으로 나오다.
*かさい【火災】 화재(火災). ‖火災が発生する 화재가 발생하다. ♦火災報知器 화재 경보기. 火災保険 화재 보험.
かざい【家財】 ❶가구(家具). ❷재산(財産). ‖火事で家財を全て失った 화재로 전 재산을 잃어 버렸다. ♦家財道具 가재 도구.
かさかさ ❶〔こすれ合う音〕바삭바삭. ‖枯葉がかさかさと音を立てる 낙엽이 바삭바삭 소리를 내다. ❷(皮膚などが) 까칠까칠. ‖かさかさした肌 까칠까칠한 피부.
がさがさ ❶〔こすれ合う音〕바삭바삭. ❷(皮膚などが)꺼칠꺼칠.
かざかみ【風上】 바람이 불어오는 방향(方向).
かさく【佳作】 가작(佳作).
かざぐるま【風車】 풍차(風車); 팔랑개비.
カササギ【鵲】 까치.
かざす【翳す】 ❶치켜들다. ‖旗をかざして進む 깃발을 치켜들고 행진하다. ❷쬐다. ‖火鉢に手をかざす 화로에 손을 쬐다. ❸가리다. ‖小手をかざす 손으로 가리다.
かさたて【傘立て】 우산(雨傘)꽂이.
がさつダ 덜렁대다; 침착(沈着)하지 못하다. ‖がさつ者 덜렁이.
かさなる【重なる】 겹치다; 겹쳐지다; 거듭되다. ‖日曜日と誕生日が重なる 일요일과 생일이 겹치다. 不幸が重なる 불행이 겹치다.
かさねがさね【重ね重ね】 거듭.
かさねぎ【重ね着】 ‖重ね着する 껴입다.
かさねる【重ねる】 겹치다; 거듭하다. ‖セーターを重ねて着る 스웨터를 겹쳐 입다. 失敗を重ねる 실패를 거듭하다.
かさばる【嵩ばる】 (体積などが)커지다; 늘어나다. ‖荷物がかさばる 짐 부피가 커지다.
かさぶた【瘡蓋】 (傷口の)딱지.
かざみどり【風見鶏】 닭 모양(模樣)을 한 풍향계(風向計).
かさむ【嵩む】 커지다; 늘어나다. ‖費用がかさむ 비용이 늘어나다.
かざむき【風向き】 ❶바람이 불어오는 방향(方向); 형세(形勢). ‖試合の風向きが変わる 시합 형세가 바뀌다. ❷기분(氣分).
かざり【飾り】 ❶장식(裝飾); 수식(修飾); 꾸밈. ‖飾りの多い文章 수식이 많은 문장. ❷허울; 명목(名目).
かざりけ【飾り気】 꾸밈. ‖飾り気のない人 꾸밈이 없는 사람.
かざりつけ【飾り付け】 ❶장식(裝飾)함; 꾸밈. ❷(店などの)진열(陳列).
かざりつける【飾り付ける】 장식(裝飾)하다; 꾸미다. ‖店内を飾り付ける 가게 안을 꾸미다.
かざりもの【飾り物】 장식품(裝飾品).
*かざる【飾る】 장식(裝飾)하다; 꾸미다. ‖部屋に花を飾る 방에 꽃을 장식하다. その事件は新聞の第一面を飾った 그 사건은 신문의 일면을 장식했다. 飾らない態度 꾸밈없는 태도.
かさん【加算】 ㉷하 가산(加算). ‖元金に利子を加算する 원금에 이자를 가산하다. ♦加算税 가산세.
かざん【火山】 화산(火山). ‖火山が噴火する 화산이 분화하다. ♦火山岩 화산암. 火山帯 화산대.
かさんかすいそ【過酸化水素】 과산화수소(過酸化水素).
かし【貸し】 ❶빌려 줌; 대여(貸與). ‖貸衣裳 대여 의상. ❷빚; 신세(身

世); 은혜(恩惠). ‖貸しを作る 호의를 베풀다.

かし【可視】 가시(可視). ‖可視光線 가시광선.

かし【仮死】 가사(假死). ‖仮死状態に陥る 가사 상태에 빠지다.

*かし【菓子】 과자(菓子). ‖子どもがお菓子ばかり食べる 아이가 과자만 먹다.

かし【歌詞】 가사(歌詞).

かし【華氏】 화씨(華氏).

カシ【樫】 떡갈나무.

かじ【舵】 (船の)키.

*かじ【火事】 화재(火災); 불. ‖火事になる 화재가 나다. 火事が出た 불이 났다. 火事だ 불이야!

かじ【家事】 가사(家事); 집안일. ‖家事に専念する 가사에 전념하다. 時々家事を手伝う 가끔 집안일을 돕다.

かじ【鍛冶】 대장일. ‖鍛冶屋 대장간.

がし【餓死】 (スル하) 아사(餓死).

かしあたえる【貸し与える】 대여(貸與)하다; 빌려 주다. ‖本を貸し与える 책을 대여하다.

カシオペアざ【Kassiopeia座】 카시오페이아자리.

かしかた【貸し方】 ❶ 빌려 주는 사람. ❷ (経) 대변(貸邊).

かじかむ【悴む】 (寒さで)곱다. ‖寒さで手がかじかむ 추위로 손이 곱다.

かしかり【貸し借り】 (スル하) 대차(貸借).

かしきり【貸し切り】 전세(專貰). ‖貸し切りバス 전세 버스.

かしきる【貸し切る】 ❶ 빌리다; 대절(貸切) 내다. ‖バスを貸し切る 버스를 대절 내다. ❷ 전부(全部) 빌려 주다.

かしきん【貸し金】 대출금(貸出金).

かしげる【傾げる】 갸웃거리다; 갸우뚱거리다. ‖首を傾げる 고개를 갸웃거리다.

かしこい【賢い】 현명(賢明)하다; 영리(怜悧)하다; 똑똑하다. ‖賢い子 영리한 아이. 賢く立ち回る 현명하게 처신하다.

かしこし【貸し越し】 대월; 당좌 대월(當座貸越).

かしこまる【畏まる】 ❶ 공손(恭遜)한 태도(態度)를 취하다. ‖かしこまった顔で控えている 공손한 얼굴로 얌전히 있다. かしこまりました 잘 알겠습니다. ❷ 정좌(正坐)하다; 꿇어앉다. ‖神仏の前にかしこまる 신불 앞에 정좌하다.

かししぶる【貸し渋る】 대출(貸出)을 꺼리다.

かしつ【過失】 과실(過失). ♦過失致死 과실 치사.

かじつ【果実】 과실(果實). ♦果実酒 과실주.

がしつ【画質】 화질(畫質). ‖高画質 고화질.

かしつき【加湿器】 가습기(加濕器).

かしつけ【貸し付け】 대부(貸付).

かしつける【貸し付ける】 대부(貸付)하다; 빌려 주다. ‖資本を貸し付ける 자본을 빌려 주다.

かじとり【舵取り】 조타수(操舵手); 키잡이.

カジノ【casino イ】 카지노.

かしパン【菓子パン】 (説明) 팥소·잼·크림 등을 넣어서 구운 빵.

カシミア【cashmere】 캐시미어.

かしゃく【呵責】 (スル하) 가책(呵責). ‖良心の呵責 양심의 가책.

かしゅ【歌手】 가수(歌手).

かじゅ【果樹】 과수(果樹); 과실(果實)나무. ♦果樹園 과수원.

カジュアル【casual】 캐주얼. ‖カジュアルな格好 캐주얼한 차림. ♦カジュアルウエア 캐주얼웨어.

かじゅう【加重】 (スル되) 가중(加重).

かじゅう【果汁】 과즙(果汁). ‖果汁100%のジュース 과즙 백 퍼센트 주스.

かじゅう【荷重】 하중(荷重).

かじゅう【過重】ダ 과중(過重)하다. ‖過重な負担 과중한 부담.

がしゅう【画集】 화집(畫集).

かしょ【箇所·個所】 부분(部分); 데. ‖読めない箇所がある 못 읽는 부분이 있다.

かしょう【仮称】 (スル하) 가칭(假稱).

かしょう【過小】 과소(過小). ♦過小評価 (スル하) 과소평가.

かしょう【過少】 과소(過少).

かしょう【歌唱】 (スル하) 가창(歌唱). ♦歌唱力 가창력.

かじょう【過剰】 과잉(過剩). ♦供給過剰 공급 과잉. 過剰防衛 과잉 방어.

かじょう【箇条·個条】 조항(條項). ‖該当する箇条 해당 조항. ♦箇条書き 조항별로 쓴 글.

がじょう【牙城】 아성(牙城). ‖改革派の牙城 개혁파의 아성.

かしょく【過食】 (スル하) 과식(過食). ♦過食症 과식증. 폭식증.

かしら【頭】 ❶ 〔頭部〕머리. ‖頭を振る 머리를 흔들다. ❷ 수령(首領); 우두머리. ‖盗賊の頭 도적의 두목.

かしらもじ【頭文字】 두문자(頭文字); 머리글자.

かじりつく【齧り付く】 ❶ 덥석 물다. ‖リンゴにかじりつく 사과를 덥석 물다. ❷ 매달리다; 물고 늘어지다. ‖母親にかじりつく 엄마한테 매달리다.

かじる【齧る】 ❶ 갉다; 베어 먹다. ‖リンゴをかじる 사과를 베어 먹다. ❷ 조금 배우다; 조금 공부(工夫)하다. ‖昔, 韓国語をかじった 예전에 한국어를 조금 공부했다.

カシワ【柏】 떡갈나무.

かしん【家臣】 가신(家臣).

かしん【過信】 (スル하) 과신(過信). ‖才能を過信する 재능을 과신하다.

がしんしょうたん【臥薪嘗胆】 ㊇하 와신상담(臥薪嘗膽).

かす【滓】 ❶〔沈殿物〕앙금. ❷〔くず〕찌꺼기; 찌끼.

かす【粕・糟】 술찌끼; 술지게미.

かす【化す】 화(化)하다; 변(變)하다; 화되다. ‖焦土と化す 초토화되다.

*__かす__【貸す】 ❶(物を)빌려 주다. ‖本を貸す 책을 빌려 주다. ❷(力を)도와주다. ‖会社再建に力を貸す 회사 재건을 도와주다.

かす【課す】 과(課)하다; 주다. ‖仕事を課す 일을 주다.

*__かず__【数】 ❶수; 수량(數量). ‖人の数を数える 사람 수를 세다. ❷많음. ‖数ある作品中の名作 많은 작품 중의 명작. ▸数をたのむ 숫자를 자랑하다. ▸数に入れる 축에 넣다. 축에 들다. ▸数知れない 수없이 많은.

*__ガス__【gas[オ]】 가스. ‖ガスが漏れる 가스가 새다. ♦排気ガス 배기 가스. ガスストーブ 가스스토브. ガス中毒 가스 중독. ガスレンジ 가스레인지.

かすか【幽か・微か】[ダ] 희미(稀微)하다; 약하다. ‖かすかな光 희미한 빛.

かすがい【鎹】 꺾쇠; 두 가지를 연결(連結)하는 것. ▸子はかすがい 자식은 부부를 이어주는 것.

かずかず【数数】 많음; 다수(多數). ‖数々の名作の舞台となる 수많은 명작의 무대가 되다.

カスタード【custard】 커스터드. ♦カスタードクリーム 커스터드 크림.

カスタネット【castanets】 캐스터네츠.

かすづけ【粕漬け】 (説明) 야채(野菜) 등을 술지게미에 절인 식품(食品).

カステラ【castella[ポ]】 카스텔라.

かずのこ【数の子】 말린 청어(青魚) 알.

かすみ【霞】 ❶〔もや〕안개. ❷침침(沈沈)함; 희미(稀微)함. ‖目に霞がかかる 눈이 침침해지다.

かすむ【霞む】 ❶침침(沈沈)하다. ‖疲れで目がかすむ 피곤해서 눈이 침침해지다. ❷존재감(存在感)이 약해지다. ‖彼の存在がかすんでしまった 그 사람의 존재감이 약해졌다.

かすめとる【掠め取る】 가로채다; 빼앗다. ‖財布をかすめ取る 지갑을 가로채다.

かすめる【掠める】 ❶훔치다. ‖隙を見て, 柿をかすめてくる 틈을 봐서 감을 훔쳐 오다. ❷속이다. ‖親の目をかすめて遊びに行く 부모의 눈을 속이고 놀러 가다. ❸스치다. ‖脳裏をかすめる 뇌리를 스치다.

かすりきず【擦り傷】 찰과상(擦過傷).

かする【掠る・擦る】 스치다; 살짝 닿다. ‖車が電柱をかすった 차가 전봇대를 살짝 스쳤다.

かする【化する】 …화(化)하다; 변(變)하다. ‖石と化する 돌로 변하다.

かする【課する】 부과(賦課)하다. ‖税金を課する 세금을 부과하다.

かすれる【掠れる】 ❶(墨・インクなどの量が少なくて)글이나 그림의 일부(一部)가 하얗게 되다. ‖字がかすれる 글씨가 군데군데 하얗게 되다. ❷목이 쉬다. ‖風邪でのどがかすれる 감기로 목이 쉬다.

かせ【枷】 ❶목이나 손발에 채우는 형구(刑具)의 하나. ❷굴레. ‖恩愛の情かせとなる 애정이 굴레가 되다.

*__かぜ__【風】 ❶바람. ‖風が吹く 바람이 불다. 今日は風がほとんどない 오늘은 바람이 거의 없다. 木立ちが風に揺れていた 나무들이 바람에 흔들리고 있었다. そんなに長く風に当たっていると風邪をひくよ 그렇게 오래 바람을 쐬면 감기 걸린다. どうした風の吹き回しか 무슨 바람이 불었는지. ❷태도(態度); 행세(行世); 티. ‖役人風 공무원 티.

*__かぜ__【風邪】 감기(感氣). ‖風邪をひく 감기에 걸리다. 風邪がはやっている 감기가 유행하고 있다. ♦鼻風邪 코감기. 風邪薬 감기약.

かぜあたり【風当たり】 ❶바람의 세기. ❷비난(非難). ‖風当たりが強い 비난이 거세다.

かせい【火星】 화성(火星).

かせい【加勢】 ㊇하 가세(加勢).

かせい【仮性】 가성(假性). ♦仮性近視 가성 근시.

かせい【苛性】 가성(苛性). ♦苛性カリ 가성 칼리. 苛性ソーダ 가성 소다.

かせい【家政】 가정(家政). ♦家政学 가정학. 家政婦 가정부.

かぜい【課税】 ㊇하 과세(課稅). ♦累進課税 누진 과세.

かせき【化石】 화석(化石).

かせぐ【稼ぐ】 (時間・金を)벌다; (点数などを)따다. ‖学費を自分で稼ぐ 학비를 자기가 벌다. 時間を稼ぐ 시간을 벌다. 1番の選手1人で点を稼いだ 일번 선수 혼자 득점을 했다.

かせつ【仮設】 ㊇하 가설(假設). ♦仮設住宅 가설 주택.

かせつ【仮説】 가설(假說). ‖仮説を立てる 가설을 세우다.

かせつ【架設】 ㊇하 가설(架設). ‖電線を架設する 전선을 가설하다.

カセット【cassette】 카세트. ♦カセットテープ 카세트테이프.

かぜとおし【風通し】 통풍(通風). ‖風通しがいい 통풍이 잘 되다.

かぜのたより【風の便り】 풍문(風聞). ‖彼女の結婚を風の便りで聞いた 그녀의 결혼 소식을 풍문으로 들었다.

かせん【下線】 밑줄.

かせん【河川】 하천(河川). ‖河川の氾濫 하천의 범람. ♦河川敷 하천 부지.

かせん【寡占】《経》과점(寡占).

がぜん【俄然】갑자기. ‖俄然攻勢に転じた 갑자기 공세로 나섰다.

かそ【過疎】과소(過疎). ‖人口過疎地域 인구 과소 지역.

がそ【画素】화소(畫素).

かそう【下層】하층(下層). ‖社会の下層 사회의 하층.

かそう【火葬】(②하) 화장(火葬). ♦火葬場 화장터

かそう【仮装】(②하) 가장(假裝). ♦仮装行列 가장 행렬.

かそう【仮想】(②하) 가상(假想). ♦仮想現実 가상 현실.

かそう【家相】집의 방향(方向)이나 위치(位置).

がぞう【画像】화상(畫像). ‖鮮明な画像 선명한 화상.

かぞえどし【数え年】태어난 해를 한 살로 계산(計算)하는 나이.

*__かぞえる__【数える】❶세다. ‖参加人員を数える 참가 인원을 세다. 1から100まで数える 하나에서 백까지 세다. 数え切れないほど 셀 수 없을 정도로. ❷열거(列擧)하다. ‖長所を数える 장점을 열거하다.

かそく【加速】(②하) 가속(加速). ♦加速度 가속도. 加速度がつく 가속도가 붙다.

*__かぞく__【家族】가족(家族). ‖家族を養う[扶養する] 가족을 부양하다. 家族が増える 가족이 늘다. ♦家族手当 가족 수당. 家族法 가족법.

かそせい【可塑性】가소성(可塑性).

ガソリン【gasoline】가솔린. ♦ガソリンスタンド 주유소.

かた【方】❶분. ‖男の方 남자 분. ❷측(側); 쪽. ‖父方 아버지 쪽. ❸〔係〕담당(擔當). ‖衣装方 의상 담당. 事務方 사무 담당. ❹쯤. ‖朝方 아침에. ❺…법; 방법(方法). ‖作り方 만드는 법. 読み方 읽는 법. ▸かたをつける 결말을 내다[짓다].

*__かた__【形】❶형태(形態); 모양(模樣); 모양새. ‖髪の形を整える 머리 모양을 다듬다. 形が崩れる 모양새가 구겨지다. ❷저당(抵當). ‖土地をかたに借金する 토지를 저당 잡히고 돈을 빌리다. ❸…형. 卵形 계란형.

*__かた__【型】❶타입. ‖新しい型の車 새로운 타입의 차. ❷(鋳物の)틀. ‖型を取る 틀을 뜨다. ❸형식(形式). ‖柔道の型 유도의 형식. ❹…형. ‖A型の血液 A형 혈액. 最新型 최신형. ▸型にはまる 틀에 박히다. 型にはまった式辞 틀에 박힌 식사. ▸型にはめる 규격화하다. 획일화하다. 子どもを型にはめてしまう画一教育 아이들의 개성을 말살하는 획일화된 교육.

*__かた__【肩】❶어깨. ‖肩に担ぐ 어깨에 메다. 肩が凝る 어깨가 결리다. ❷어깨와 비슷한 부분(部分). 山の肩 산 정상에서 조금 내려온 평평한 부분. ▸肩を落とす 어깨가 처지다.〔慣〕テストの出来に肩を落とす 테스트 결과에 어깨가 처지다. ▸肩を並べる 어깨를 나란히 하다.〔慣〕ライバルと肩を並べる 라이벌과 어깨를 나란히 하다. ▸肩を持つ 편들다.

かた【過多】과다(過多). ‖胃酸過多 위산 과다.

かた-【片】❶(対をなすものの)한 쪽. ‖片思い 짝사랑. ❷(中心から離れた)쪽. ‖片田舎 촌구석. ❸불완전(不完全). ‖片言 더듬거리는 말.

-がた【方】❶…분들. ‖先生方 선생님들. ❷쯤; 정도(程度). ‖2割方 이할 정도.

かたあし【片足】한 쪽 발[다리].

*__かたい__【固い・堅い・硬い】❶(質感が)단단하다. ‖固い鉛筆 단단한 연필. ❷(関係が)단단하다. ‖堅く紐を結ぶ 단단하게 끈을 묶다. ❸(心が)단단하다; 굳다. ‖堅く信じる 굳게 믿다. ❹융통성(融通性)이 없다; 확고(確固)하다. ‖頭が固い 융통성이 없다. ❺(表情が)굳다; 딱딱하다. ‖硬い表情 굳은 표정. ❻(内容が)딱딱하다. ‖硬い話 딱딱한 이야기. ❼견실(堅實)하다. ‖堅い商売 견실한 장사. ❽엄하다. ‖堅く禁じる 엄하게 금하다.

かたい【難い】어렵다. ‖言うは易く行なうは難し 말하기는 쉬워도 행하기는 어렵다.

かだい【過大】과대(過大). ♦過大評価 (②하) 과대평가.

かだい【課題】과제(課題).

-がたい【難い】…하기 어렵다; …할 수 없다. ‖認めがたい 인정하기 어렵다. 動かしがたい事実 움직일 수 없는 사실.

かたいじ【片意地】고집(固執). ‖片意地を張る 고집을 부리다.

かたうで【片腕】오른팔; 심복(心腹). ‖社長の片腕 사장의 오른팔.

がたおち【がた落ち】(②하) 급락(急落). ‖売り上げががた落ちする 매상이 급락하다.

かたおもい【片思い】짝사랑. ‖せつない片思い 안타까운 짝사랑.

かたおや【片親】부모(父母) 중 한쪽.

かたがき【肩書き】직함(職銜); 지위(地位).

かたかた 달그락달그락. ‖かたかた(と)サンダルを鳴らして行く 샌들을 달그락거리며 가다.

-かたがた【旁】…겸(兼). ‖ご挨拶かたがたお願いに伺いました 인사도 드릴 겸 부탁 드리러 왔습니다.

がたがた ❶(硬いものがぶつかって)달그

락. ‖風で窓ががたがた鳴る 바람에 창문이 달그락거리다. ❷(体が震えて) 부들부들. ‖体ががたがた震える 몸이 부들부들 떨리다. ❸〔不平がましく言い立てる様子〕이러니저러니. ‖細かいことでがたがた言うな 사소한 일로 이러니저러니 불평하지 마라. ❹〔ものが壊れかかっている様子〕‖がたがたの机 다 망가진 책상.

か

かたかな【片仮名】 가타카나.

かたがわ【片側】 한쪽.

かたがわり【肩代わり・肩替わり】 ‖借金を肩代わりする 빚을 대신 떠안다.

かたき【敵】 ❶원수(怨讐); 적(敵). ‖敵を討つ 원수를 갚다. ❷〔競争相手〕경쟁자(競爭者). ‖商売敵 장사 경쟁자.

かたぎ【気質】 기질(氣質). ‖職人気質 장인 기질.

かたぎ【堅気】 ❶〔律儀〕고지식함. ‖堅気な人 고지식한 사람. ❷건전(健全)한 직업(職業)이나 사람. ‖堅気になる 착실한 사람이 되다.

かたく【家宅】 가택(家宅). ♦家宅捜索(ス하) 가택 수색.

かたくな【頑な】ダ 완강(頑強)하다; 완고(頑固)하다. ‖頑なな態度 완고한 태도.

かたくりこ【片栗粉】 녹말(綠末)가루; 갈분(葛粉).

かたくるしい【堅苦しい】 (格式ばっていて)딱딱하다. ‖堅苦しい挨拶はなしにしよう 딱딱한 인사는 생략하자.

かたぐるま【肩車】 목말. ‖子どもを肩車して歩く 애를 목말 태우고 걷다.

かたごし【肩越し】 어깨 너머. ‖肩越しに渡す 어깨 너머로 건네다.

かたこと【片言】 서투른 말. ‖片言の英語で話す 서투른 영어로 이야기하다.

かたこり【肩凝り】 어깨 결림.

かたず【固唾】 마른침. ▸固唾を呑む 마른침을 삼키다.〔慣〕

かたすみ【片隅】 한쪽 구석; 한구석. ‖部屋の片隅 방 한구석.

*__かたち【形】__ ❶외관(外觀); 외형(外形); 외모(外貌); 모양(模樣). ‖形の美しい花びん 모양이 아름다운 꽃병. ❷틀; 체제(體制). ‖形にとらわれる 틀에 얽매이다. ❸형식(形式). ‖ふと立ち寄ったという形にする 어쩌다 들린 것처럼 하다. ❹흔적(痕跡). ‖影も形もない 흔적도 없다.

かたづく【片付く】 ❶정리(整理)되다; 정돈(整頓)되다. ‖部屋が片付く 방이 정리되다. ❷해결(解決)되다; 마무리되다. ‖事件が片付く 사건이 해결되다. ❸〔娘が嫁に行く〕딸이 시집가다.

かたづける【片付ける】 ❶정리(整理)하다; 정돈(整頓)하다; 치우다. ‖ごみを片付ける 쓰레기를 치우다. ❷해결(解決)하다; 마무리하다; 끝내다. ‖宿題を片付ける 숙제를 끝내다. ❸처단(處斷)하다. ‖裏切り者は片付けろ 배신자는 처단하라. ❹딸을 시집 보내다. ‖娘をかたづけるまでは落ち着きません 딸을 시집보내기 전까지는 마음이 안 놓입니다.

がたっと ❶〔堅いものがぶつかって出る音〕툭. ‖がたっと窓が外れる 툭 하고 창문이 빠지다. ❷〔急激に下がる様子〕뚝. ‖人気ががたっと落ちる 인기가 뚝 떨어지다.

カタツムリ【蝸牛】 달팽이.

かたとき【片時】 한시; 잠깐 동안.

かたどる【象る】 본뜨다. ‖蝶をかたどった彫刻 나비를 본뜬 조각.

かたな【刀】 칼.

かたはし【片端】 ❶한쪽 끝. ‖ベンチの片端に座る 벤치의 한쪽 끝에 앉다. ❷일부분(一部分). ‖話の片端 이야기의 일부분.

かたはしから【片端から】 죄다; 모조리; 닥치는 대로. ‖片端から忘れる 죄다 잊어 버리다.

かたはば【肩幅】 어깨통.

かたぶつ【堅物】 융통성(融通性)이 없는 사람.

かたほう【片方】 한쪽.

かたまり【固まり・塊】 ❶덩어리. ‖砂糖の固まり 설탕 덩어리. ❷〔人〕…쟁이. ‖欲のかたまり 욕심쟁이. ❸〔集まり〕집단(集團); 무리. ‖高校生のかたまり 고교생 집단.

*__かたまる【固まる】__ 굳다; 굳어지다; 단단해지다; 뭉치다. ‖ゼリーが固まる 젤리가 굳다. セメントが固まる 시멘트가 굳어지다. 全員の心が一つに固まる 전원의 마음이 하나로 뭉치다. 基礎が固まる 기초가 단단해지다.

かたみ【形見】 유품(遺品). ‖これは父の形見の時計です 이것은 아버지 유품인 시계입니다.

かたみ【肩身】 체면(體面); 면목(面目). ▸肩身が狭い 주눅이 들다. 면목이 없다. 会社ではいつも肩身の狭い思いをしています 회사에서는 항상 주눅이 들어 있습니다.

かたみち【片道】 편도(片道).

かたむき【傾き】 경사(傾斜); 경향(傾向).

かたむく【傾く】 ❶기울다. ‖船が左に傾く 배가 왼쪽으로 기울다. ❷(考え・気持ちなどが)*기울다*. ‖賛成に傾く 찬성 쪽으로 기울다. ❸〔偏る〕치우치다; 경도(傾倒)되다. ‖理論だけに傾く 이론에만 치우치다. ❹쇠퇴(衰退)하다; 약해지다. ‖財政が傾く 재정이 기울다.

かたむける【傾ける】 ❶기울이다; 기울게 하다. ‖皿を傾けてスープを飲む 접시를 비스듬히 해서 수프를 먹다. 耳を傾ける 귀를 기울이다. ❷(考え・気持ちなどを)쏟다. ‖愛情を傾ける 애정을

쏟다. ❸(杯を)기울이다. ‖一献傾ける 술잔을 기울이다.
かため【片目】한쪽 눈. ▸片目があく 계속 지고 있던 선수가 겨우 한 번 이기다.
かためる【固める】❶굳히다. ‖粘土をこねて固める 점토를 반죽해 굳히다. ❷다지다; 확실(確實)히 하다. ‖意志を固める 의지를 다지다. ❸방비(防備)하다; 방어(防禦)하다. ‖城を固める 성을 방어하다.
かためん【片面】한쪽 면.
かたやぶり【型破り】파격적(破格的). ‖型破りな発想 파격적인 발상.
かたよる【片寄る·偏る】한쪽으로 치우치다; 편중(偏重)되다. ‖人口が都市に偏る 인구가 도시로 편중되다. 偏った考え方 한쪽으로 치우친 생각.
かたり【語り】❶이야기; 이야기하는 것. ❷〔ナレーション〕내레이션.
かたりぐさ【語り草】이야깃거리.
かたりつぐ【語り継ぐ】구전(口傳)하다. ‖この村に語り継がれてきた民話 이 마을에 구전되어 온 민화.
かたりて【語り手】화자(話者); 말하는 사람.
かたる【語る】❶말하다; 이야기하다; 밝히다. ‖事件のあらましを語る 사건의 대강을 이야기하다. 心境を語る 심경을 이야기하다. ❷설명(說明)하다; 말해 주다. ‖真相を如実に語っている 진상을 여실히 말해 주고 있다.
カタル【catarrhe^オ】《医学》카타르.
カタルシス【katharsis^ギ】카타르시스.
カタログ【catalogue】카탈로그.
かたわら【傍ら】❶옆; 곁. ‖机の傍らにはいつも辞書を置いてある 책상 옆에는 언제나 사전이 놓여 있다. ❷…하면서; …하는 한편. ‖勤めの傍ら絵を描く 직장을 다니면서 그림을 그리다.
かたん【加担】(ス하) 가담(加擔). ‖陰謀に加担する 음모에 가담하다.
かだん【下段】하단(下段). ‖本棚の下段 책장 하단.
かだん【花壇】*화단(花壇).*
がたん ❶〔音〕덜컹. ‖がたんと電車が動き出す 덜컹거리며 전철이 움직이기 시작하다. ❷〔急激に落ちる様子〕뚝. ‖成績ががたんと落ちる 성적이 갑자기 뚝 떨어지다.
がだん【画壇】화단(畫壇).
かち【勝ち】이김; 승리(勝利). ‖勝ちを得る 승리하다. 逆転勝ち 역전승.
***かち**【価値】가치(價値). ‖この絵は500万円の価値がある 이 그림은 오백만 엔의 가치가 있다. 言及する価値もない 언급할 가치도 없다. 金は彼にとっては何の価値もない 돈은 그 사람한테 있어서는 아무런 가치가 없다. ♦価値観 가치관. 価値観の相違 가치관의 차이. 価値判断 가치 판단. 使用価値 사용 가치.
-がち【勝ち】…하는 경향(傾向)이 있다; 자주 …하다. ‖彼は会社を休みがちだった 그 사람은 회사를 자주 쉬었다. 病気がちの人 병치레가 잦은 사람.
かちあう【搗ち合う】❶마주치다. ‖表に出ると, 父の帰りとかち合った 밖으로 나서자 귀가하시는 아버지와 마주쳤다. ❷겹치다. ‖日曜と祝日がかち合う 일요일과 경축일이 겹치다.
かちかち^ダ ❶아주 딱딱하다. ‖かちかちに凍る 꽁꽁 얼다. ❷(緊張などで) 굳어 있다. ‖初舞台でかちかちになる 첫 무대여서 긴장을 하다. ❸완고(頑固)하다; 융통성(融通性)이 없다. ‖彼は頭がかちかちだ 그 사람은 전혀 융통성이 없다.
がちがち^ダ ❶아주 딱딱하다. ❷(緊張などで) 굳어 있다. ❸완고(頑固)하다; 융통성(融通性)이 없다. ‖がちがちな頭 융통성이 없는 머리.
かちき【勝ち気】지기 싫어함. ‖勝ち気な性格 지기 싫어하는 성격.
かちく【家畜】가축(家畜).
かちすすむ【勝ち進む】시합(試合)에 이겨 다음 단계(段階)로 나아가다. ‖準決勝に勝ち進む 준결승에 진출하다.
かちとる【勝ち取る】노력(努力)해서 손에 넣다; 차지하다. ‖優勝を勝ち取る 우승을 차지하다.
かちぬく【勝ち抜く】이기다. ‖リーグ戦を勝ち抜く 리그전에서 이기다.
かちまけ【勝ち負け】승패(勝敗); 승부(勝負); 이기고 지는 것. ‖勝ち負けにこだわる 승부에 연연해하다.
かちめ【勝ち目】승산(勝算). ‖勝ち目がない 승산이 없다.
かちゃかちゃ〔堅いものが続けて軽く打ち当たる音〕달그락달그락.
がちゃがちゃ ❶〔堅いものが続けてぶつかり合う音〕찰랑찰랑. ‖鍵束をがちゃがちゃさせる 열쇠 꾸러미를 찰랑거리다. ❷〔うるさい様子〕‖がちゃがちゃ言うな 떠들지 마라.
かちゅう【渦中】*와중(渦中); 소용돌이.* ‖うわさの渦中にある人 한창 화제가 되고 있는 사람.
かちょう【家長】가장(家長).
かちょう【課長】과장(課長).
かちょうきん【課徴金】과징금(課徵金).
かちん 잘그랑. ‖グラスがかちんと触れ合う 유리잔이 잘그랑 부딪치다. ▸かちんと来る 열(을) 받다. 生意気な態度にかちんと来た 건방진 태도에 열 받았다.
がちん 쿵. ‖頭と頭ががちんとぶつかる 머리끼리 쿵 하고 부딪치다.
カツ 커틀릿. ♦豚カツ 포크 커틀릿.
かつ【且つ】동시(同時)에; 거기다. ‖大いに飲み, かつ歌った 실컷 마시고 노래 불렀다.

かつ【喝】 고함(高喊); 소리 내어 꾸짖음.

かつ【渇】 목마름. ‖渇をいやす 목을 축이다.

*かつ【勝つ·克つ】 ❶이기다. ‖裁判に勝つ 재판에 이기다. 選挙で勝つ 선거에서 이기다. ❷〔耐え切れない〕참기 어렵다. ‖荷が勝つ 짐이 너무 무겁다. ❸(傾向が)짙다. ‖塩味が勝つ 너무 짜다.

かつあい【割愛】 (ス하) 생략(省略). ‖詳細を割愛する 자세한 설명을 생략하다.

カツオ【鰹】 가다랑어. ♦鰹節 가다랑어를 말린 것.

かっか ❶〔燃える様子〕활활. ‖炭火がかっかとおこっている 숯불이 활활 타고 있다. ❷〔興奮する様子〕‖頭にかっかと来る 무척 화가 나다.

かっか【閣下】 각하(閣下). ♦大統領閣下 대통령 각하.

がっか【学科】 학과(學科). ♦国文学科 국문 학과.

がっか【学課】 학과(學課).

がっかい【学会】 학회(學會). ♦言語学会 언어 학회.

がっかい【学界】 학계(學界).

かっかざん【活火山】 활화산(活火山).

かっかそうよう【隔靴掻痒】 격화소양(隔靴搔痒).

がつがつ ❶〔むさぼり食う様子〕게걸스럽게. ‖がつがつ(と)食う 게걸스럽게 먹다. ❷〔貪欲な様子〕‖あまりお金にがつがつするな 너무 돈에 욕심 부리지 마라.

がっかりする 실망(失望)하다; 낙심(落心)하다.

かっき【活気】 활기(活氣). ‖活気のある生活 활기찬 생활.

がっき【学期】 학기(學期). ♦新学期 신학기

がっき【楽器】 악기(樂器).

かつぎだす【担ぎ出す】 ❶(物を)메어 내다; 메고 나오다. ‖荷物を倉庫から担ぎ出す 짐을 창고에서 메어 내다. ❷(人を)추대(推戴)하다. ‖彼を市長選挙に担ぎ出す 그 사람을 시장 선거에 추대하다.

かっきてき【画期的】 획기적(劃期的). ‖画期的な発明 획기적인 발명.

がっきゅう【学究】 학구(學究). ‖学究肌の人 학구파.

がっきゅう【学級】 학급(學級). ♦学級新聞 학급 신문. 学級担任 학급 담임.

かつぎょ【活魚】 활어(活魚). ♦活魚料理 활어 요리.

がっきょく【楽曲】 악곡(樂曲).

かっきり ❶정확(正確)히; 딱. ‖かっきり千円 딱 천 엔. ❷확실(確實)히; 확연(確然)히. ‖南北にかっきりと二分する 남북으로 확연하게 이분하다.

かつぐ【担ぐ】 ❶지다; 메다. ‖荷物を担ぐ 짐을 지다. ❷추대(推戴)하다. ‖会長に担ぐ 회장으로 추대하다. ❸(迷信などを)믿다. ‖迷信を担ぐ 미신을 믿다. ❹속이다. ‖うまく担がれた 멋있게 속았다.

がっく【学区】 학군(學群).

かっくう【滑空】 (ス하) 활공(滑空). ♦滑空飛行 활공 비행.

がっくり ❶〔力が抜ける様子〕풀썩; 털썩; 푹; 턱. ‖がっくりと膝をつく 털썩 무릎을 꿇다. ❷〔がっかりする様子〕‖大敗にがっくりする 대패에 힘이 쭉 빠지다. ❸〔前後の差が大きい様子〕뚝. ‖客足はがっくりと減った 손님 발길이 뚝 끊어졌다.

かっけ【脚気】 각기(脚氣).

かつげき【活劇】 활극(活劇).

かっこ【括弧】 괄호(括弧).

かっこいい【格好好い】 멋있다; 근사하다. ‖かっこいい人 멋있는 사람.

*かっこう【格好·恰好】 ❶외관(外觀); 모습. ‖そんな格好で外に出ないで 그런 모습으로 밖에 나가지 말아라. あの車が格好いいね 저 차가 멋있네. ❷체면(體面); 형식(形式). ‖格好のいいことを言う 그럴 듯한 말을 하다. ❸〔最適〕알맞음; 적당(適當)함. ‖オフィスに格好な場所 사무실로 적당한 곳. ❹상태(狀態). ‖会議は中断された格好になっている 회의는 중단된 상태다. ▸格好が付く 형식이 갖추어지다.

かっこう【滑降】 (ス하) 활강(滑降). ‖急斜面を滑降する 경사진 곳을 활강하다.

カッコウ【郭公】 뻐꾸기.

*がっこう【学校】 학교(學校). ‖学校に行く 학교에 가다. 来週から学校が始まる 다음 주부터 학교가 시작된다. 学校に行く途中に 학교에 가는 도중에. 学校に入る 학교에 들어가다. それは学校で教わらなかった 그건 학교에서 안 배웠다. ♦学校法人 학교 법인.

かっこたる【確固たる】 확고(確固). ‖確固たる信念 확고한 신념.

かっこつける【格好付ける】 멋을 내다; 멋을 부리다; 폼을 재다. ‖おしゃれをしてかっこつける 멋을 부려 모양을 내다. かっこつけるなよ 폼 재지 마라.

かっさい【喝采】 (ス하) 갈채(喝采). ♦拍手喝采 박수갈채.

がっさく【合作】 (ス하) 합작(合作).

がっさん【合算】 (ス하) 합산(合算).

かつじ【活字】 활자(活字). ‖活字体 활자체.

がっしゅうこく【合衆国】 합중국(合衆國).

がっしゅく【合宿】 (ス하) 합숙(合宿).

がっしょう【合唱】 [スル하] 합창(合唱). ♦**混声合唱** 혼성 합창. **合唱コンクール** 합창 대회.

がっしょう【合掌】 [スル하] 합장(合掌).

かっしょく【褐色】 갈색(褐色).

がっしり ‖がっしりした体つき 다부진 몸매.

かっすいき【渇水期】 갈수기(渇水期).

かっせい【活性】 활성(活性). ♦**活性酸素** 활성 산소. **活性炭** 활성탄. **活性化** [スル하] 활성화.

かっそう【滑走】 [スル하] 활주(滑走). ‖氷上を滑走する 얼음 위를 활주하다. ♦**滑走路** 활주로.

がっそう【合奏】 [スル하] 합주(合奏).

がったい【合体】 [スル하] 합체(合體).

がっち【合致】 [スル하] 합치(合致).

がっちり ❶〔丈夫な様子〕‖がっちりとした体つき 단단한 몸매. ❷〔しっかりと組み合わされた様子〕‖がっちり(と)腕を組む 팔장을 꽉 끼다. ❸〔計算高い〕‖がっちり屋 빈틈없는 사람. 꼼꼼한 사람.

ガッツ【guts】 근성(根性); 기력(氣力); 의욕(意欲). ‖ガッツのある男 의욕이 있는 남자. ♦**ガッツポーズ** 이겼다는 포즈.

***かって【勝手】** ❶〔台所〕부엌. ‖勝手道具 부엌 도구. ❷사정(事情); 상황(狀況). ‖勝手が分からずまごつく 사정을 몰라 당황해하다. ❸편이(便易); 편의(便宜). ‖使い勝手がいい 쓰기에 편하다. ❹〔暮らし向き〕생계(生計); 가계(家計); 생활(生活). ‖勝手が苦しい 생활이 어렵다. ❺〔利己的〕제멋대로 굶; 자기(自己) 좋을 대로 함. ‖彼は勝手なやつだ 그 사람은 제멋대로 구는 녀석이다. 勝手なまねはさせないぞ 네 마음대로는 안 될걸. 勝手にしろ 마음대로 해라. ▸勝手が違う 익숙하지 않은 상황에 당황해하다. ♦**勝手口** 부엌의 출입문.

かつて【曾て】 ❶이전(以前)에; 옛날에; 일찍이. ‖かつて見たことがある 예전에 본 적이 있다. ❷지금(只今)까지 한 번도. ‖かつてない大成功 지금까지 없던 대성공.

かってでる【買って出る】 나서다; 떠맡다. ‖代表を買って出る 대표를 떠맡다.

かっと ❶〔光・火が強い様子〕쨍쨍. ‖かっと照りつける太陽 쨍쨍 내리쬐는 태양. ❷〔怒る様子〕‖すぐかっとなる性質 금방 화를 내는 성질. ❸〔目・口を大きく開ける様子〕‖かっと目を開いてにらむ 눈을 크게 뜨고 째려보다.

カット【cut】 ❶재단(裁斷). ‖テープをカットする 테이프를 자르다. ❷삭감(削減). ‖賃金をカットする 임금을 삭감하다. ❸(髪を)깎음. ‖ショートカット 쇼트커트. ❹〔場面〕영화(映畫)의 한 장면(場面).

かっとう【葛藤】 [スル하] 갈등(葛藤). ‖葛藤が生じる 갈등이 생기다.

***かつどう【活動】** [スル하] 활동(活動). ‖コウモリは夜活動する 박쥐는 밤에 활동한다. ♦**火山活動** 화산 활동. **組合活動** 조합 활동. **活動的** 활동적. **活動的な服装** 활동적인 복장.

かっぱ【合羽】 우비(雨備).

かっぱ【河童】 [説明] 물에 산다는 일본(日本)의 상상(想像)의 동물(動物). ▸河童の川流れ 아무리 숙련된 사람도 실수할 때가 있음.

かっぱつ【活発】ダ 활발(活潑)하다. ‖活発に飛び回る 활발하게 돌아다니다. 活発な性格 활발한 성격.

かっぱらい【掻っ払い】 날치기.

かっぱらう【掻っ払う】 날치기하다.

かっぱん【活版】 활판(活版). ♦**活版印刷** 활판 인쇄.

かっぷ【割賦】 할부(割賦).

カップ【cup】 컵; 찻잔; 잔(盞). ♦**コーヒーカップ** 커피 잔. **カップ麺** 컵라면.

かっぷく【恰幅】 풍채(風采). ‖恰幅のいい人 풍채가 좋은 사람.

かっぷく【割腹】 [スル하] 할복(割腹).

カップル【couple】 커플. ‖似合いのカップル 어울리는 커플.

がっぺい【合併】 [スル하] 합병(合倂). ♦**合併症** 합병증.

かっぽ【闊歩】 [スル하] 활보(闊步).

かつぼう【渇望】 [スル하] 갈망(渴望). ‖平和を渇望する 평화를 갈망하다.

がっぽり 왕창. ‖がっぽり(と)儲ける 돈을 왕창 벌다.

がっぽん【合本】 [スル하] 합본(合本).

かつやく【活躍】 [スル하] 활약(活躍). ‖政界で活躍する 정계에서 활약하다. 予想外の活躍 예상외의 활약.

かつやくきん【括約筋】 괄약근(括約筋).

かつよう【活用】 [スル하] 활용(活用). ‖学んだ知識を活用する 배운 지식을 활용하다. ♦**活用形** 활용형. **活用語** 활용어. **活用語尾** 활용 어미.

かつら【鬘】 가발(假髮).

カツラ【桂】(植物) 계수(桂樹)나무.

かつりょく【活力】 활력(活力). ‖活力にあふれる町 활력이 넘치는 마을.

かつろ【活路】 활로(活路). ‖活路を開く 활로를 열다.

かて【糧】 양식(糧食). ‖日々の糧を得る 그날그날의 양식을 벌다. 読書は心の糧 독서는 마음의 양식.

かてい【仮定】 [スル하] 가정(假定). ‖彼の言ったことが正しいと仮定しよう 그 사람이 한 말이 옳다고 가정하자. 仮定のもとに 가정하에.

***かてい【家庭】** 가정(家庭); 집. ‖温かな家庭を築く 따뜻한 가정을 이루다. 厳

格な家庭で育った 엄격한 가정에서 자랐다. 家庭の事情で 가정 사정으로. 彼は家庭では口数が少ない 그 사람은 집에서는 별로 말이 없다. ♦家庭科 가정과. 家庭教師 가정교사. 家庭裁判所 가정 법원. 家庭訪問 가정방문. 家庭的 가정적.

かてい【過程】 과정(過程). ‖変化の過程にある 변화 과정에 있다. ♦生産過程 생산 과정.

かてい【課程】 과정(課程). ♦博士課程 박사 과정.

カテキン【catechin】 카테킨.

カテゴリー【Kategorie ド】 카테고리.

-がてら …하는 김에. ‖客を駅まで送りがてら買い物をしてきた 손님을 역까지 배웅하는 길에 장을 봐 왔다.

かでん【家電】 가전(家電). ♦家電業界 가전 업계.

がてん【合点】 납득(納得); 이해(理解). ‖合点がいく 납득이 가다.

がでんいんすい【我田引水】 아전인수(我田引水).

かど【角】 ❶모서리. ‖机の角 책상 모서리. ❷모퉁이. ‖角にある店 모퉁이에 있는 가게. 次の角を右に曲がってください 다음 모퉁이에서 오른쪽으로 도세요. ❸(言葉・性格などの)모; 가시. ‖言葉に角がある 말에 가시가 있다. 角のある言い方 모가 나는 말투.

かど【過度】 과도(過度); 지나침. ‖過度の運動 과도한 운동. 過度に緊張する 지나치게 긴장하다.

かとう【下等】 하등(下等). ♦下等動物 하등 동물.

かとう【果糖】 과당(果糖).

かとう【過当】 과당(過當). ♦過当競争 과당 경쟁.

かどう【稼働】 (スル) 가동(稼動). ♦稼働時間 가동 시간. 稼働率 가동률. フル稼働 풀가동.

かとき【過渡期】 과도기(過渡期).

かどで【門出】 ❶여행(旅行)을 떠남. ❷새 출발(出發). ‖人生の門出を祝う 인생의 새 출발을 축하하다.

かどまつ【門松】 (説明)설날 문(門) 앞에 세우는 장식용(裝飾用) 소나무.

かとりせんこう【蚊取り線香】 모기향.

カトリック【Catholic】 가톨릭.

かなあみ【金網】 철망(鐵網).

かない【家内】 ❶(家庭)가내(家內); 가정(家庭). ‖家内安全 가내 안전. ❷〔妻〕집사람; 처(妻). ‖家のことは家内に任せてあります 집안일은 집사람한테 맡기고 있습니다. ♦家内工業 가내 공업.

かなう【適う・叶う】 ❶이루어지다. ‖長年の夢がかなった 오랜 꿈이 이루어졌다. かなわぬ恋 이루어질 수 없는 사랑. ❷적합(適合)하다. ‖時宜にかなう 시의에 적합하다. ❸…할 수 있다; …하는 것이 허락(許諾)되다. ‖足が弱って歩行もかなわない 다리가 약해져 걸을 수가 없다. ❹필적(匹敵)하다; 당해 내다. ‖2人でかかってもかなう相手ではない 둘이 달려들어도 당해 낼 상대가 아니다.

かなえる【叶える】 ❶이루어 주다; 들어주다. ‖望みをかなえてあげる 소원을 들어주다. ❷충족(充足)시키다; 갖추다. ‖条件をかなえる 조건을 갖추다.

かなぐ【金具】 금속제 부품(金屬製部品); 금속으로 된 부분(部分).

***かなしい【悲しい・哀しい】** 슬프다. ‖悲しい物語に涙する 슬픈 이야기에 눈물을 흘리다. 悲しい出来事 슬픈 일. それを聞いて私は悲しかった 그 말을 듣고 나는 슬펐다.

かなしばり【金縛り】 가위눌림. ‖夜中に金縛りにあった 밤중에 가위눌렸다.

かなしみ【悲しみ・哀しみ】 슬픔. ‖悲しみに打ち沈む 슬픔에 잠기다.

***かなしむ【悲しむ・哀しむ】** 슬퍼하다. ‖ペットの死を悲しむ 애완 동물의 죽음을 슬퍼하다.

かなた【彼方】 ❶저쪽; 저편. ‖山のかなた 산 너머 저쪽. 海のかなたの国 바다 건너에 있는 나라. ❷현재(現在)로부터 멀리 떨어진 과거(過去) 혹은 미래(未來). ‖歴史のかなた 먼 옛날. 먼 훗날.

かなづち【金槌】 ❶망치. ‖金槌で釘を打つ 망치로 못을 치다. ❷〔泳げない人〕수영(水泳)을 못하는 사람; 맥주병(麥酒瓶).

かなでる【奏でる】 연주(演奏)하다. ‖美しいメロディーを奏でる 아름다운 멜로디를 연주하다.

かなぼう【金棒】 쇠몽둥이; 쇠방망이.

かなめ【要】 ❶(扇の)사북. ❷요점(要點); 가장 중요(重要)한 부분(部分). ‖チームの要 팀의 중심 인물.

かなもの【金物】 철물(鐵物). ‖金物屋 철물점.

***かならず【必ず】** ❶반드시; 기필(期必)코; 꼭. ‖必ず成功して見せます 반드시 성공해 보이겠습니다. ❷항상(恒常). ‖会えば必ずけんかになる 만나면 항상 싸우게 된다.

かならずしも【必ずしも】 〔必ずしも…でないの形で〕반드시 …한 것은 아니다. ‖貧乏だからといって必ずしも不幸ではない 가난하다고 해서 반드시 불행한 것은 아니다.

かならずや【必ずや】 반드시; 틀림없이.

かなり【可成り】 꽤; 상당(相當)히; 매우. ‖今かなり厳しい状況です 지금 매우 힘든 상황입니다. かなりの損害 상당한 손해.

カナリア【canaria ス】 카나리아.

カニ【蟹】 게.

かにく【果肉】 과육(果肉).
がにまた【蟹股】 오형다리.
かにゅう【加入】 ㉠하 가입(加入). ‖中小企業組合に加入する 중소기업 조합에 가입하다.
カヌー【canoe】 카누.
*****かね【金】** ❶돈. ‖金をためる 돈을 모으다. 金を貸す 돈을 빌려 주다. 金の持ち合わせがない 지금 가진 돈이 없다. 金で買えないものもある 돈으로 살 수 없는 것도 있다. 金がかかる 돈이 들다. この仕事は金になる 이 일은 돈이 된다. ❷금속(金屬). ▸金が物を言う 돈이면 안 되는 것이 없다. ▸金の生る木 재원. ▸金は天下の回りもの 돈은 돌고 도는 것.
かね【鐘】 종(鐘); 종소리. ‖鐘をつく 종을 치다.
かねがね【予予】 이전(以前)부터; 진작부터. ‖ご高名はかねがね承っております 존함은 익히 들어 알고 있습니다.
かねそなえる【兼ね備える】 겸비(兼備)하다.
かねつ【加熱】 ㉠하 가열(加熱).
かねつ【過熱】 ㉠되 과열(過熱). ‖エンジンが過熱する 엔진이 과열되다.
かねづかい【金遣い】 돈 씀씀이. ‖金遣いが荒い 돈 씀씀이가 헤프다.
かねて【予て】 전부터. ‖かねてからうわさのあった 2 人がついに婚約をした 전부터 소문이 나 있던 두 사람이 드디어 약혼했다.
-かねない【兼ねない】 …할지도 모르다. ‖あいつならやりかねない 저 녀석이라면 할지도 모른다.
かねまわり【金回り】 주머니 사정(事情). ‖金回りがよい 주머니 사정이 좋다.
かねもうけ【金儲け】 ㉠하 돈벌이.
かねもち【金持ち】 부자(富者).
かねる【兼ねる】 ❶겸(兼)하다. ‖首相が外相を兼ねる 수상이 외상을 겸하다. ❷〔…しかねるの形で〕…하기 힘들다; …할 수 없다. ‖見るに見かねて手伝う 보다 못해 도와주다.
かねん【可燃】 가연(可燃). ♦**可燃性** 가연성. **可燃物** 가연물.
かのう【化膿】 ㉠하 화농(化膿).
かのう【可能】ダ 가능(可能)하다. ‖実行可能な計画 실행 가능한 계획. ♦**可能性** 가능성.
かのじょ【彼女】 ❶그녀; 그 여자(女子). ❷여자 친구(親舊); 애인(愛人). ‖彼女ができる 여자 친구가 생기다.
カバ【樺】 자작나무.
カバ【河馬】 하마(河馬).
カバー【cover】 커버. ♦**カバーストーリー** 커버스토리.
かばう【庇う】 감싸다; 비호(庇護)하다. ‖子どもをかばう 아이를 감싸다.
がばがば ❶〔水などが動く様子〕첨벙첨벙. ‖水の中をがばがばと歩く 물속을 첨벙첨벙 걷다. ❷〔儲かる様子〕‖金ががばがば儲かる 돈을 왕창 벌다. ❸〔大きすぎて体に合わない様子〕헐렁헐렁. ‖コートががばがばだ 코트가 헐렁헐렁하다.
がはく【画伯】 화백(畫伯).
がばと 〔急激な動作を起こす様子〕벌떡. ‖がばと起き上がる 벌떡 일어나다.
かばやき【蒲焼き】 (説明) 뱀장어 등을 떠서 양념을 발라 꼬챙이에 꿰어 구운 요리(料理).
かばん【鞄】 가방. ‖かばんに本を詰め込む 가방에 책을 집어넣다.
かはんしん【下半身】 하반신(下半身).
かはんすう【過半数】 과반수(過半數).
かひ【可否】 가부(可否); 찬반(贊反).
カビ【黴】 곰팡이. ‖カビが生える 곰팡이가 피다. ♦**青カビ** 푸른곰팡이.
かびくさい【黴臭い】 곰팡이 냄새가 나다.
かひつ【加筆】 ㉠하 가필(加筆). ‖加筆訂正 가필 정정.
がびょう【画鋲】 압정(押釘); 압핀.
かびる【黴る】 곰팡이가 피다.
かびん【花瓶】 꽃병. ‖花瓶に花をいける 화병에 꽃을 꽂다.
かびん【過敏】ダ 과민(過敏)하다. ‖過敏な反応 과민한 반응. 神経過敏 신경과민.
かふ【寡夫】 홀아비.
かふ【寡婦】 과부(寡婦).
*****かぶ【株】** ❶그루터기. ‖木の株 나무 그루터기. ❷포기. ‖株分け 포기 나누기. ❸(職業上・営業上の)특권(特權). ❹주식(株式); 주. ‖株に手を出す 주식에 손을 대다. 成長株 성장주. ❺인기(人氣); 평판(評判). ‖株が上がる 인기가 올라가다. ❻…그루. ‖バラを 1 株植える 장미를 한 그루 심다.
かぶ【下部】 하부(下部). ♦**下部組織** 하부 조직. **下部構造** 하부 구조.
カブ【蕪】 순무.
かふう【家風】 가풍(家風).
がふう【画風】 화풍(畫風).
カフェ【café フ】 카페. ♦**カフェオレ** 카페오레. **カフェテリア** 카페테리아.
かぶか【株価】 주가(株價); 주식(株式) 값.
がぶがぶ ❶〔勢いよく飲む様子〕벌컥벌컥; 꿀꺽꿀꺽. ‖水をがぶがぶ(と)飲む 물을 벌컥벌컥 마시다. ❷〔胃に水などがたまっている様子〕‖腹ががぶがぶだ 배가 출렁거린다.
かぶき【歌舞伎】 (説明) 일본 고유(日本固有)의 연극(演劇); 가부키.
かふくぶ【下腹部】 하복부(下腹部).
かぶけん【株券】 주권(株券).
かぶさる【被さる】 덮다; 겹치다. ‖前髪が目にかぶさる 앞머리가 눈을 덮다.

か

*かぶしき【株式】 주식(株式). ♦株式会社 주식회사. 株式市場 주식 시장. 株式配当 주식 배당.

カフス【cuffs】 커프스. ♦カフスボタン 커프스 단추.

かぶせる【被せる】 씌우다; 뒤집어씌우다. ‖帽子をかぶせる 모자를 씌우다. 罪を人にかぶせる 남에게 죄를 뒤집어 씌우다.

カプセル【Kapsel ド】 캡슐. ♦タイムカプセル 타임캡슐. カプセルホテル 캡슐 호텔.

かふそく【過不足】 과부족(過不足). ‖過不足なく 과부족 없이.

かふちょう【家父長】 가부장(家父長). ♦家父長制 가부장제.

かぶと【兜・冑】 투구(鬪具).

カブトムシ【兜虫】 투구벌레; 장수풍뎅이.

かぶぬし【株主】 주주(株主). ‖株主に配当金を渡す 주주에게 배당금을 건네다. ♦株主総会 주주 총회.

がぶのみ【がぶ飲み】 ‖がぶ飲みする 벌컥벌컥 마시다.

かぶりつく【齧り付く】 덥석 물다. ‖冷えたスイカにかぶりつく 차가운 수박을 덥석 물다.

かぶる【被る・冠る】 ❶(帽子などを)쓰다; 둘러쓰다. ‖帽子をかぶる 모자를 쓰다. 布団を頭からかぶって寝る 이불을 머리까지 둘러쓰고 자다. ❷〔浴びる〕뒤집어쓰다. ‖水をかぶる 물을 뒤집어쓰다. 罪をかぶる 죄를 뒤집어쓰다. ほこりをかぶる 먼지를 뒤집어쓰다.

かぶれ【気触れ】 ❶〔影響〕물듦. ❷피부(皮膚)의 염증(炎症).

かぶれる【気触れる】 ❶물들다. ‖西洋文化にかぶれる 서양 문화에 물들다. ❷피부염(皮膚炎)을 일으키다. ‖ウルシにかぶれた 옻이 올랐다.

かふん【花粉】 꽃가루. ♦花粉症 꽃가루 알레르기.

かぶん【過分】ダ 과분(過分)하다. ‖過分なおほめにあずかる 과분한 칭찬을 받다.

かぶんすう【仮分数】 가분수(假分數).

かべ【壁】 ❶벽(壁). ‖壁を塗る 벽을 칠하다. 部屋の壁に絵をかける 방 벽에 그림을 걸다. ❷난관(難關); 장해(障害). ‖記録の壁 기록의 벽. ❸(人と人との)거리(距離); 틈. ‖2人の間に壁ができる 두 사람 사이에 벽이 생기다. ▸壁に耳あり障子に目あり 낮말은 새가 듣고 밤말은 쥐가 듣는다.(諺)

かへい【貨幣】 화폐(貨幣). ♦貨幣価値 화폐 가치. 貨幣制度 화폐 제도.

かべかけ【壁掛け】 벽걸이.

かべがみ【壁紙】 벽지(壁紙); 도배지(塗褙紙).

かへん【可変】 가변(可變). ♦可変資本 가변 자본.

かべん【花弁】 꽃잎.

かほう【下方】 아래쪽; 하방(下方). ‖下方修正 하방 수정.

かほう【火砲】 화포(火砲).

かほう【果報】 보답(報答); 행운(幸運).

かほう【家宝】 가보(家寶).

がほう【画報】 화보(畫報).

かほうわ【過飽和】 과포화(過飽和). ♦過飽和溶液 과포화 용액.

がぼがぼ ❶〔稼ぐ様子〕‖金ががぼがぼ入ってくる 돈이 엄청 들어오다. ❷〔液体が揺れ動いて立てる音〕출렁출렁; 찰랑찰랑. ‖もうお腹ががぼがぼだ 배가 출렁거린다.

かほご【過保護】 과보호(過保護). ‖過保護な親 과보호하는 부모.

カボス 유자(柚子)와 비슷한 귤(橘)의 일종(一種).

かぼそい【か細い】 가냘프다. ‖か細い体 가냘픈 몸.

カボチャ【南瓜】 호박.

かま (魚の切り身の)아가미 아래; 가슴 지느러미가 붙어 있는 부분.

かま【釜】 솥; 밥솥. ‖電気釜 전기밥솥.

かま【窯】 (炭・陶磁器を焼く)가마.

かま【鎌】 낫. ‖草刈り鎌 풀 베는 낫. ▸鎌をかける 넌지시 떠보다.

*かまう【構う】 ❶관심(關心)을 갖다; 신경(神經)을 쓰다; 상관(相關)하다. ‖何を言われても構わない 무슨 말을 들어도 상관없다. ❷상대(相對)하다; 돌보다. ‖子どもを構っている暇がない 아이를 돌볼 틈이 없다. ❸놀리다; 장난치다. ‖犬を構ってはいけない 개한테 장난쳐서는 안 된다.

かまえ【構え】 ❶(建物の)구조(構造); 모양새. ‖立派な構えの家 외관이 훌륭한 집. ❷자세(姿勢); 태도(態度). ‖打つ構えを見せる 때릴 자세를 보이다.

かまえる【構える】 ❶차리다; 꾸미다. ‖商店街に店を構える 상점가에 가게를 차리다[내다]. ❷자세(姿勢); 태도(態度)를 취하다. ‖飛びかかろうと構えている 달려들 태세를 취하다. ❸(事を)꾸미다. ‖事を構える 일을 꾸미다. ❹(言葉で)꾸미다. ‖口実を構える 구실을 만들다.

カマキリ【蟷螂】 사마귀; 버마재비.

かまくら 눈으로 만든 집.

-がましい 마치 …하는 것 같다. ‖非難がましい 마치 비난하는 것 같다.

かます【嚙ます】 ❶물리다; 먹이다. ‖一発かます 한 방 먹이다. ❷끼우다; 물리다. ‖猿ぐつわをかます 재갈을 물리다.

かまど【竈】 부뚜막.

かまととぶる 내숭을 떨다; 시치미를 떼다.

かまぼこ【蒲鉾】 생선(生鮮)묵; 어묵.
かまめし【釜飯】 ⓢ說明 여러 가지 재료(材料)를 넣어 일 인분(一人分)씩 짓는 솥밥.
かまもと【窯元】 ❶도자기(陶瓷器)를 구워서 만드는 곳. ❷도공(陶工).
かまわない【構わない】〔…して(も)構わない・…しようと構わないなどの形で〕…하여도[해도] 상관(相關)없다[괜찮다]. ‖この仕事は運転ができなくても構わない 이 일은 운전을 못해도 상관없다.
***がまん【我慢】** 참음; 인내(忍耐). ‖我慢する 참다. 인내하다. 我慢に我慢を重ねる 참고 또 참다. 我慢強い 참을성이 있다.
かみ【上】 ❶〔川の上流〕상류(上流). ‖川の上の方 강 상류 부분. ❷〔初めの部分〕‖上半期 상반기.
かみ【神】 신(神). ‖神に祈る 신에게 빌다. 神の恵み 신의 은총.
かみ【紙】 종이. ‖紙に書く 종이에 쓰다. 紙で作った模型 종이로 만든 모형. 紙を折りたたむ 종이를 접다. 紙1枚 종이 한 장. 紙コップ 종이컵.
***かみ【髪】** 머리. ‖髪が長い 머리가 길다. 髪をとかす 머리를 빗다. 髪を伸ばす 머리를 기르다. 髪を短く切る 머리를 짧게 자르다.
かみ【加味】 ⓢする 가미(加味).
かみあう【嚙み合う】 ❶서로 물어뜯다. ❷맞물리다. ‖歯車がかみ合う 톱니바퀴가 맞물리다. ❸일치(一致)하다; 맞다. ‖友だちと意見がかみ合わない 친구와 의견이 맞지 않다.
かみあわせ【嚙み合わせ】 이빨; 톱니바퀴가 맞물리는 부분(部分)이나 상태(狀態).
かみかくし【神隠し】 ‖神隠しにあう 행방불명이 되다.
かみかざり【髪飾り】 머리 장식(裝飾).
かみがた【髪形・髪型】 헤어스타일.
がみがみ ‖がみがみ(と)言う 고시랑고시랑 잔소리를 하다.
かみきれ【紙切れ】 종잇조각. ‖*紙切れにメモをする* 종잇조각에 메모를 하다.
かみくず【紙屑】 휴지(休紙). ‖紙くずを捨てるな 휴지를 버리지 마라.
かみくだく【嚙み砕く】 ❶잘게 씹다. ❷쉽게 설명(說明)하다. ‖ポイントをかみ砕いて説明する 포인트를 알기 쉽게 설명하다.
かみざ【上座】 상석(上席); 상좌(上座); 윗자리.
かみざいく【紙細工】 종이 세공(細工).
かみさま【神様】 ❶신(神). ‖神様にお祈りする 신께 빌다. ❷(ある分野で)비범(非凡)한 재주를 지닌 사람. ‖打撃の神様 타격의 귀재.
かみさん【上さん】 ❶〔商人・職人などの主婦〕마누라; 여자(女子). ‖魚屋のかみさん 생선 가게 마누라. ❷〔自分の妻〕마누라. ‖うちのかみさん 우리 마누라.
かみしばい【紙芝居】 그림 연극(演劇).
かみしめる【嚙み締める】 ❶악물다. ‖唇をかみ締めて耐える 입술을 악물고 참다. ❷음미(吟味)하다. ‖幸せをかみ締める 행복을 음미하다.
かみそり【剃刀】 면도칼.
かみだな【神棚】 ⓢ說明 집안에 모신 신전(神殿).
かみだのみ【神頼み】 신(神)에게 빎.
かみつ【過密】ダ 과밀(過密)하다; 빽빽하다. ‖過密なスケジュール 빽빽한 스케줄.
かみつく【嚙み付く】〔歯向かう〕달려들다; 대들다. ‖会議で上司にかみつく 회의 때 상사한테 대들다.
かみて【上手】 ❶위쪽; 상류(上流). ‖舟を上手に回す 배를 위쪽으로 돌리다. ❷객석(客席)에서 봤을 때 무대(舞臺) 오른쪽.
かみなり【雷】 ❶천둥; 벼락. ❷〔叱責〕크게 혼남. ▸雷を落とす 벼락을 치다. 호통을 치다.
かみねんど【紙粘土】 지점토(紙粘土).
かみのけ【髪の毛】 머리카락.
かみはんき【上半期】 상반기(上半期).
かみひとえ【紙一重】 ‖紙一重の差 종이 한 장 차이.
かみぶくろ【紙袋】 종이 봉투(封套).
かみふぶき【紙吹雪】 축하용(祝賀用)으로 잘게 자른 색종이.
かみやすり【紙鑢】 샌드페이퍼.
かみわざ【神業】 신기(神技).
かみん【仮眠】 ‖仮眠をとる 선잠을 자다.
かむ【擤む】 (鼻を)풀다. ‖鼻をかむ 코를 풀다.
かむ【嚙む】 ❶씹다. ‖ガムを嚙む 검을 씹다. ❷깨물다; 물다. ‖舌を嚙む 혀를 깨물다. 犬に嚙まれる 개한테 물리다. ❸참가(參加)하다; 관계(關係)하다; 관여(關與)하다. ‖*この計画には僕も一枚嚙んでいる* 이 계획에는 나도 관여하고 있다. ❹〔言葉がつかえる〕말을 더듬다.
ガム【gum】 검.
がむしゃらに【我武者らに】 무조건(無條件); 한눈팔지 않고. ‖がむしゃらに反復練習をする 무조건 반복 연습을 하다.
ガムシロップ【gum syrup】 시럽.
ガムテープ【gum＋tape 日】 포장용(包裝用) 테이프.
カムバック【comeback】 ⓢする 컴백.
カムフラージュ【camouflage フ】 ⓢする 카무플라주; 위장(僞裝).
かめ【瓶・甕】 항아리; 독. ‖かめが割れる 독이 깨지다. 水がめ 물독.
カメ【亀】 거북.

かめい【加盟】(名·하) 가맹(加盟). ‖国際連合に加盟する 국제 연합에 가맹하다. ♦加盟者 가맹자. 加盟店 가맹점.
かめい【仮名】가명(假名).
がめつい 억척스럽다.
カメラ【camera】카메라. ‖カメラで撮る 카메라로 찍다. デジタルカメラ 디지털 카메라. ♦カメラマン 카메라맨.
カメレオン【chameleon】카멜레온.
かめん【仮面】가면(假面). ‖仮面をかぶる 가면을 쓰다. 仮面を脱ぐ 가면을 벗다. ♦仮面舞踏会 가면무도회.
がめん【画面】화면(畫面).
カモ【鴨】❶(鳥類) 오리. ❷봉(鳳). ‖カモにする 봉으로 삼다.
かもく【科目】❶과목(科目). ‖必修科目 필수 과목. ❷항목(項目). ‖予算科目 예산 항목.
かもく【寡黙】ダ 과묵(寡默)하다. ‖寡黙な人 과묵한 사람.
カモシカ【羚羊】영양(羚羊); 산양(山羊).
かもしだす【醸し出す】자아내다. ‖愉快な雰囲気を醸し出す 유쾌한 분위기를 자아내다.
かもしれない【かも知れない】…지도 모르다; …수도 있다. ‖午後から雨が降るかもしれない 오후부터 비가 올지도 모른다. 家にいないかもしれません 집에 없을지도 모릅니다. そうかもしれない 그럴지도 모른다. 그럴 수도 있다.
かもす【醸す】빚다. ‖酒を醸す 술을 빚다. 物議を醸す 물의를 빚다.
かもつ【貨物】화물(貨物). ‖貨物列車 화물 열차.
カモノハシ【鴨の嘴】오리너구리.
カモミール【chamomile】카모밀.
カモメ【鷗】갈매기.
かもん【家門】가문(家門). ‖家門の名誉 가문의 명예.
かや【蚊帳】모기장. ‖蚊帳を吊る 모기장을 치다. ▸蚊帳の外 어떤 일의 외부에 있음.
カヤ【茅·萱】억새(풀).
がやがや 〔騒がしい様子〕와글와글; 왁자지껄.
かやく【火薬】화약(火藥).
かゆ【粥】죽(粥). ‖小豆粥 팥죽.
かゆい【痒い】가렵다. ‖頭が痒い 머리가 가렵다. 痒いところをかく 가려운 데를 긁다.
かゆみ【痒み】가려움.
かゆみどめ【痒み止め】(説明) 가려움을 억제(抑制)하는 약(藥).
かよいつめる【通い詰める】같은 장소(場所)에 계속(繼續) 다니다. ‖恋人の家に通い詰める 애인 집에 줄기차게 다니다.
かよう【歌謡】가요(歌謠). ♦歌謡曲 가요곡.
***かよう**【通う】다니다. ‖学校へ電車で通う 전철로 학교에 다니다. 医者に通う 병원에 다니다. 全身に血が通う 전신으로 피가 통하다. 心の通わない人 마음이 통하지 않는 사람.
がようし【画用紙】도화지(圖畫紙).
かようび【火曜日】화요일(火曜日).
かよわい【か弱い】연약(軟弱)하다. ‖か弱い女性 연약한 여자.
かよわす【通わす】다니게 하다; 보내다. ‖子どもを塾に通わす 아이를 학원에 보내다.
***から** ❶〔出発する地点などを表わす〕에서. ‖東京から大阪まで 동경에서 오사카까지. 屋根から落ちる 지붕에서 떨어지다. ❷〔出発する時刻を表わす〕부터. ‖3時から会議がある 세 시부터 회의가 있다. ❸〔通過する位置を表わす〕(으)로. ‖窓から日が差し込む 창으로 햇빛이 들어오다. ❹〔動作·作用の出どころを表わす〕한테(서); 에게(서). ‖友だちから聞いた話 친구한테서 들은 이야기.
から【空】❶빔. ‖箱の中は空だ 상자 속은 텅 비어 있다. 空にする 비우다. ❷알맹이가 없는; 헛. ‖空元気 허세. 空約束 공약.
から【殻】❶껍질; 허물(虛物); 깍지. ‖卵の殻 계란 껍질. ❷〔比喩的に〕틀. ‖古い殻を破る 오래된 틀을 깨다. ❸비지. ‖おから 비지.
がら (鶏の)살을 발라낸 뼈.
がら【柄】❶체격(體格); 몸집. ‖柄の大きな子 몸집이 큰 아이. ❷성질(性質); 성격(性格); 품위(品位). ‖社長という柄ではない 사장감은 아니다. ❸문양(文樣); 무늬. ‖花柄 꽃무늬.
カラー【calla】(植物) 꽃토란.
カラー【collar】〔衿〕옷의 칼라; 깃.
カラー【color】❶색(色). ❷특색(特色). ‖ローカルカラー 지방색. ♦カラーテレビ 컬러텔레비전.
からあげ【唐揚げ·空揚げ】(説明) 튀김옷을 입히지 않고 밀가루나 녹말(綠末)을 살짝 묻혀 튀긴 요리(料理).
***からい**【辛い】❶맵다. ‖辛い唐辛子 매운 고추. ❷짜다. ‖今日の味噌汁はちょっと辛い 오늘 된장국은 조금 짜다. ❸엄하다; 짜다. ‖採点が辛い 점수가 짜다.
からいばり【空威張り】허세(虛勢). ‖空威張りする 허세를 부리다.
からうり【空売り】(経) (株式の信用取引などで)공매(空賣).
カラオケ【空オケ】노래방; 가라오케.
からかう 놀리다. ‖どじな友人をからかう 바보 같은 친구를 놀리다.
からかみ【唐紙】당지(唐紙).
からから ❶〔笑い声〕껄껄; 깔깔. ❷〔乾いた様子〕‖のどがからからだ 목이 무척

마르다. ❸〔金属などがぶつかる音〕달그랑.

がらがら ❶〔鈍い音〕‖荷車をがらがらと引いて行く 짐차를 덜덜거리며 끌고 가다. ❷〔崩れ落ちる音〕와르르. ‖岩ががらがらと崩れ落ちる 바위가 와르르 무너져 내리다. ❸〔閑散とした様子〕텅텅. ‖がらがらの客席 텅텅 빈 객석. ❹〔のどが荒れた声〕‖風邪で声ががらがらになった 감기로 목소리가 굵어졌다.

ガラガラヘビ【ガラガラ蛇】 방울뱀.

からくさもよう【唐草模様】 당초문(唐草紋).

がらくた 잡동사니.

からくち【辛口】 매운맛.

からくり ❶(機械などが動く)원리(原理); 장치(裝置). ❷계략(計略). ‖からくりを見抜く 계략을 눈치채다.

からげんき【空元気】 허세(虛勢); 객기(客氣). ‖空元気を出す 객기를 부리다.

からさわぎ【空騒ぎ】 헛 소동(騷動); 공연(空然)한 소란(騷亂). ‖空騒ぎに終わる 공연한 소란으로 끝나다.

からし【芥子】 겨자.

カラシナ【芥子菜】 갓.

からす【枯らす】 (植物を)시들게 하다; 말려 죽이다. ‖水をやり忘れて花を枯らしてしまった 물 주는 것을 잊어서 꽃이 시들어 버렸다.

からす【嗄らす】 (のどを)쉬게 하다. ‖声を嗄らして叫ぶ 목이 쉬도록 외치다.

からす【涸らす】 (水・財源などを)말리다; 소진(消盡)하다. ‖井戸の水を涸らす 우물을 말리다.

カラス【烏・鴉】 까마귀. ‖カラスがかあかあ鳴いている 까마귀가 까옥까옥 울고 있다. ▸烏の足跡 눈가의 주름. ▸烏の行水 (까마귀가 미역감듯)금방 끝내는 목욕.

***ガラス【glas オ】** 유리(琉璃). ‖窓ガラスを割る 유리창을 깨다. ガラスの破片 유리 파편. ガラス 1 枚 유리 한 장. ♦ガラス細工 유리 세공. ガラス戸 유리문.

ガラスばり【ガラス張り】 ❶유리(琉璃)를 끼움. ❷공명정대(公明正大)함; 숨기는 것이 없음. ‖ガラス張りの政治 투명한 정치.

からすみ【鱲子】 (説明) 숭어 알을 소금에 절여 말린 식품(食品).

カラスムギ【烏麦】 귀리.

からせき【空咳】 헛기침. ‖空咳を吐く 헛기침을 하다.

からそうば【空相場】 (説明) 실물 거래(實物去來) 없이 가격 변동(價格變動)에 따른 차액(差額)만 주고받는 거래.

***からだ【体・身体】** ❶몸; 육체(肉體). ‖この服は体に合わない 이 옷은 몸에 안 맞다. 体の弱い人 몸이 약한 사람. 体が言うことをきかない 몸이 말을 안 듣는다. ❷건강(健康); 체력(體力). ‖体をこわす 건강을 해치다. 体を鍛える 체력을 단련하다. ♦体付き 체격. 몸매. がっしりした体付き 다부진 몸매.

カラタチ【枳殻】 탱자나무.

からっと ❶〔晴れ渡る様子〕‖からっと晴れ上がる 맑게 개다. ❷〔よく乾いている様子〕‖からっと揚がったてんぷら 바싹 튀겨진 튀김. ❸〔明るい様子〕‖からっとした性格 쾌활한 성격.

カラット【carat】 〔宝石の大きさを表わす単位〕…캐럿.

がらっと ❶〔戸が開く音〕드르륵. ‖玄関の戸ががらっと開いた 현관문이 드르륵 열렸다. ❷〔変わる様子〕확; 싹. ‖ここらで気分をがらっと変えよう 이쯤에서 기분을 확 바꾸자.

からっぽ【空っぽ】 ダ 텅 비다. ‖心が空っぽになる 마음이 텅 비다.

からつゆ【空梅雨】 비가 오지 않는 장마.

からて【空手】 가라테; 당수(唐手).

からてがた【空手形】 공수표(空手票). ‖約束が空手形に終わる 약속이 공수표로 끝나다.

からとう【辛党】 (説明) 과자(菓子)나 단 것보다 술을 좋아하는 사람.

からねんぶつ【空念仏】 공염불(空念佛).

からばこ【空箱】 빈 상자(箱子).

からぶき【乾拭き】 (名하) 마른걸레질. ‖パソコンを乾拭きする 컴퓨터를 마른걸레질하다.

からぶり【空振り】 (名하) 헛스윙; 헛수고. ‖懸命な説得も空振りに終わる 열심히 한 설득도 헛수고로 끝나다.

からませる【絡ませる】 ❶감다; 걸다. ‖指と指を絡ませる 손가락을 걸다. ❷포함(包含)시키다. ‖賃上げ要求に増員要求を絡ませる 임금 인상 요구에 증원 요구를 포함시키다.

カラマツ【唐松・落葉松】 낙엽송(落葉松).

からまる【絡まる】 ❶감기다. ‖足にコードが絡まる 발에 코드가 감기다. ❷얽히다; 엉키다; 엉클어지다. ‖毛糸が絡まってしまった 털실이 엉켜 버렸다.

からまわりする【空回りする】 헛돌다; 공전(空轉)하다; 따로 놀다. ‖論理が空回りしている 논리가 따로 놀고 있다.

からみ【辛味】 매운맛. ‖辛味をきかせる 매운맛이 나게 하다.

-がらみ【絡み】 ❶관련(關聯)이 있음. ‖利権がらみ 이권 관련. ❷가량(假量). ‖40 がらみの男 마흔 가량의 남자.

からむ【絡む】 ❶감기다; 얽히다; 엉키다. ‖脚に釣り糸が絡んで飛べない鳥 다리에 낚싯줄이 엉켜 날지 못하는 새. ❷관련(關聯)되다. ‖入試に絡むうわさ 입시와 관련된 소문. ❸〔言いがかり〕귀찮게 굴다; 트집을 잡다.

からめる【絡める】 ❶묻히다; 바르다. ‖サツマイモに水飴を絡める 고구마에 물엿을 묻히다. ❷관련(關聯)시키다. ‖予算審議に絡めて外交案件を進める 예산 심의와 관련지어 외교 안건을 진행하다. ❸〔巻きつける〕감다; 묶다.

カラメル【caramel[フ]】 캐러멜. ♦カラメルソース 캐러멜 소스.

からり ❶〔ぶつかる音〕‖箸がからりと床に落ちる 젓가락이 툭 떨어지다. ❷〔乾いている様子〕 ‖からりと乾いた洗濯物 바짝 마른 빨래.

がらり ❶〔変わる様子〕싹; 확. ‖化粧をしてがらりと雰囲気が変わった 화장을 하니 분위기가 확 바뀌었다. ❷〔戸が開く様子〕획; 드르륵. ‖戸をがらりと開ける 문을 획 열어젖히다.

かられる【駆られる】 (心が)사로잡히다. ‖嫉妬に駆られる 질투심에 사로잡히다.

がらん ‖がらんとした教室 텅 빈 교실.

がらん【伽藍】 가람(伽藍).

かり【仮】 ❶임시(臨時). ❷가짜. ‖仮の名前 가명. ♦仮免許 가면허. 임시면허.

かり【狩(り)・猟】 사냥. ‖狩に出る 사냥을 나가다.

かり【借り】 ❶빌림; 빌린 것. ❷(恩や恨みなどの)빚. ‖この借りは必ず返す 이 빚은 꼭 갚겠다.

カリ【雁】 기러기.

かりあげる【刈り上げる】 ❶다 베다. ‖庭の雑草を刈り上げる 정원의 잡초를 베다. ❷(後頭部の髪を)깎아 올리다.

かりいれ【刈り入れ】 수확(收穫). ‖刈り入れ時 수확기.

かりいれ【借り入れ】 차입(借入). ♦借入れ金 차입금.

かりいれる【刈り入れる】 수확(收穫)하다. ‖稲を刈り入れる 벼를 수확하다.

かりいれる【借り入れる】 차입(借入)하다; 빌리다. ‖運転資金を借り入れる 운전 자금을 빌리다.

カリウム【Kalium[ド]】 칼륨.

かりかし【借り貸し】 대차(貸借).

かりかた【借り方】 ❶빌리는 방법(方法); 빌리는 사람. ❷(経)차변(借邊).

カリカチュア【caricature】 캐리커처.

かりかり ❶〔噛む音〕와드득와드득. ❷〔怒る様子〕 ‖なぜそんなにかりかりしているの 왜 그렇게 화를 내니?

がりがり ❶〔噛む音・割る音〕‖氷をがりがりかじる 얼음을 소리를 내며 씹어 먹다. ❷〔欲深い様子〕 ‖名誉欲でがりがりな男 명예욕으로 가득 찬 남자. ❸〔やせている様子〕‖がりがりにやせる 삐쩍 마르다.

カリキュラム【curriculum】 커리큘럼.

かりしゃくほう【仮釈放】 가석방(假釋放).

かりしょぶん【仮処分】 가처분(假處分).

カリスマ【Charisma[ド]】 카리스마.

かりずまい【仮住まい】 임시(臨時)로 거처(居處)함. ‖アパートに仮住まいする 아파트에 임시로 거처하다.

かりたおす【借り倒す】 떼어먹다. ‖借金を借り倒す 빚을 떼어먹다.

かりだす【駆り出す】 동원(動員)하다. ‖サッカーの応援に駆り出される 축구 응원에 동원되다.

かりたてる【駆り立てる】 ❶(動物などを)몰다. ‖猟犬が獲物を駆り立てる 사냥개가 먹이를 몰다. ❷내몰다. ‖国民を戦争に駆り立てる 국민을 전쟁으로 내몰다.

かりて【借り手】 빌리는 사람.

かりに【仮に】 ❶만일(萬一); 예(例)를 들어. ‖仮に失敗したらどうする 만일 실패하면 어떡할래? ❷임시(臨時)로; 우선(于先). ‖仮にこれを着ていてください 우선 이걸 입고 있어요.

かりぬい【仮縫い】 (ス하) 가봉(假縫).

カリフラワー【cauliflower】 칼리플라워.

がりべん【がり勉】 공부(工夫)만 하는 사람.

かりゅう【下流】 하류(下流). ‖ダムの下流 댐 하류.

かりゅう【顆粒】 과립(顆粒).

かりゅうかい【花柳界】 화류계(花柳界).

かりゅうど【狩人】 사냥꾼.

がりょう【雅量】 아량(雅量). ‖雅量がある 아량이 있다.

がりょうてんせい【画竜点睛】 화룡점정(畫龍點睛).

かりょく【火力】 화력(火力). ‖火力が弱まる 화력이 약해지다. ♦火力発電 화력 발전.

***かりる**【借りる】 빌리다. ‖ジャズのCDを友人から借りる 친구한테 재즈 CD를 빌리다. 銀行から資金を借りる 은행에서 자금을 빌리다. ゲーテの言葉を借りれば 괴테의 말을 빌리자면. 名を借りる 이름을 빌리다.

カリン【花梨】 모과(木瓜).

かる【刈る】 〔髪の毛〕자르다; 깎다; 〔草木〕자르다; 베다. ‖髪を短く刈る 머리를 짧게 자르다.

かる【狩る】 잡다; 잡으려고 찾다. ‖野うさぎを狩る 산토끼를 잡다.

-がる ❶〔思う・感じる〕…(싫어)하다. ‖うれしがる 기뻐하다. 寂しがる 외로워하다. 行きたがる 가고 싶어하다. 買いたがる 사고 싶어하다. ❷〔ふりをする〕…인 체하다. ‖強がる 강한 척하다.

***かるい**【軽い】 ❶가볍다. ‖軽い荷物 가벼운 짐. 体が軽い 몸이 가볍다. 口が軽い 입이 가볍다. 罪が軽い 죄가 가볍다. 足取りも軽く家に帰る 발걸음도 가볍게 집으로 돌아가다. ❷간단(簡單)하다. ‖軽い食事 간단한 식사.

かるがる【軽軽】 간단(簡單)히; 가뿐히. ‖難問を軽々(と)解く 어려운 문제를 간단히 풀다.

かるがるしい【軽軽しい】 경솔(輕率)하다; 가볍다; 간단(簡單)하다. ‖軽々しい言動を慎む 경솔한 언동을 삼가다. 軽々しくその言葉を言わないでください 그렇게 간단히 말하지 마세요.

カルキ【kalk オ】 칼크.

かるくち【軽口】 말을 재미있게 함. ‖軽口をたたく 농담을 하다.

カルシウム【calcium オ】 칼슘.

カルチャー【culture】 문화(文化). ♦カルチャーショック 컬처 쇼크. カルチャーセンター 문화 센터.

カルテ【Karte ド】 진료 기록(診療記錄) 카드.

カルデラ【caldera ス】 칼데라. ♦カルデラ湖 칼데라 호.

カルテル【Kartell ド】《経》 카르텔.

カルト【cult】 광신도(狂信徒)들의 소규모 종교 집단(小規模宗敎集團). ‖カルト教団 광신자에 의한 소규모 종교 집단.

かるわざ【軽業】 ❶곡예(曲藝); 아크로바트. ❷위험(危險)한 일; 계획(計劃).

かれ【彼】 ❶그; 그 사람. ‖彼のことは心配要らない 그 사람 일은 걱정할 필요 없다. ❷남자 친구(男子親舊); 애인(愛人). ‖彼からの電話で娘がいそいそと出かけていった 애인 전화를 받고 딸은 서둘러 나갔다.

かれい【加齢】 ‖加齢する 나이를 먹다.

かれい【華麗】ダ 화려(華麗)하다. ‖華麗に舞う 화려하게 춤추다.

カレイ【鰈】 가자미.

カレー【curry】 카레.

かれき【枯れ木】 고목(枯木). ‖枯れ木に花 고목에 핀 꽃.

がれき【瓦礫】 ❶부순 건물(建物)의 기와와 자갈. ❷〔役に立たないもの〕쓸모없는 것.

かれくさ【枯れ草】 건초(乾草); 마른풀.

かれこれ【彼此】 ❶*이것저것; 이러쿵*저러쿵; 이러니저러니. ‖かれこれ言うべきではない 이러쿵저러쿵 말하는 게 아니다. かれこれ話している内に2時間が過ぎた 이런저런 이야기를 하는 사이에 두 시간이 지났다. ❷어언(於焉); 그럭저럭. ‖かれこれ20年 어언 이십 년.

かれし【彼氏】 남자 친구(男子親舊); 애인(愛人).

かれは【枯れ葉】 고엽(枯葉).

かれら【彼等】 그들.

かれる【枯れる】 ❶시들다. ‖花が枯れる 꽃이 시들다. ❷원숙(圓熟)해지다. ‖枯れた芸 원숙해진 기예.

かれる【嗄れる】 (のどが) 쉬다. ‖声が嗄れる 목이 쉬다.

かれる【涸れる】 ❶(水源などが) 마르다. ‖温泉がかれる 온천이 마르다. ❷(感情などが) 마르다; 식다. ‖情熱がかれる 정열이 식다.

かれん【可憐】ダ 가련(可憐)하다. ‖可憐な少女 가련한 소녀.

カレンダー【calendar】 캘린더; 달력.

かろう【過労】 과로(過勞). ‖過労で倒れる 과로로 쓰러지다. ♦過労死 (죽하) 과로사.

がろう【画廊】 화랑(畫廊).

かろうじて【辛うじて】 겨우; 간신(艱辛)히. ‖辛うじて合格する 간신히 합격하다.

カロチン【carotene】 캐로틴.

かろやか【軽やか】ダ 경쾌(輕快)하다; 가볍다. ‖軽やかな足取りで家路につく 가벼운 발걸음으로 집으로 돌아가다.

カロリー【Kalorie ド】 칼로리. ‖カロリーの高い食べ物 칼로리가 높은 음식.

ガロン【gallon】 갤런.

かろんじる【軽んじる】 경시(輕視)하다; 가볍게 여기다. ‖人命を軽んじる 인명을 경시하다.

*__かわ__【川・河】 하천(河川); 강(江). ‖川を渡る 강을 건너다. 川の流れに沿って 강 흐름을 따라. 川の水 강물. 川のほとり 강가.

*__かわ__【皮・革】 ❶껍질. ‖リンゴの皮 사과 껍질. ジャガイモの皮をむく 감자 껍질을 벗기다. ❷가죽. ‖革ジャン 가죽 잠바.

がわ【側】 ❶측(側); 쪽. ‖弁護側の証人 변호하는 쪽의 증인. 道路の向こう側 길 건너 쪽. ❷곡면(曲面)의 주위(周圍) 또는 그 주위를 싸고 있는 것. ‖金側の腕時計 금테 손목시계.

*__かわいい__【可愛い】 귀엽다. ‖かわいい女の子 귀여운 여자 아이. かわいいところがある 귀여운 데가 있다. かわいい声で歌っている 귀여운 목소리로 노래하고 있다.

かわいがる【可愛がる】 귀여워하다. ‖孫をとてもかわいがっている 손자를 매우 귀여워하다.

かわいそう【可哀相】ダ 불쌍하다. ‖そんなにいじめてはかわいそうだ 그렇게 괴롭히면 불쌍하다.

かわいらしい【可愛らしい】 귀엽다. ‖かわいらしい表情を浮かべる 귀여운 표정을 짓다.

かわうお【川魚】 민물고기; 담수어(淡水魚).

カワウソ【川獺・獺】 수달(水獺).

かわかす【乾かす】 말리다. ‖髪をドライヤーで乾かす 머리를 드라이기로 말리다.

かわかぜ【川風】 강바람.

かわき【乾き】 마름; 마르는 정도(程度). ‖洗濯物の乾きが遅い 빨래가 잘 안 마르다.

かわき【渇き】 갈증(渴症). ‖渇きをいやす 갈증을 풀다. 渇きを覚える 갈증이 나다.
かわぎし【川岸・河岸】 강가.
かわく【乾く】 ❶(水分・湿気が)마르다; 건조(乾燥)하다. ‖空気が乾く 건조한 공기. ❷(人間味・情が)메마르다. ‖乾いた心 메마른 마음.

かわく【渇く】 마르다. ‖のどが渇く 목이 마르다.
かわぐつ【革靴】 가죽 구두.
かわざかな【川魚】 민물고기; 담수어(淡水魚).
かわす【交わす】 ❶주고받다; 나누다. ‖言葉を交わす 말을 주고받다. 話を交わす 이야기를 나누다. ❷〔交差させる〕교차(交叉)시키다.
かわす【躱す】 피(避)하다; 돌리다. ‖体をかわす 몸을 피하다.
*__かわせ__【為替】 환(換). ♦外国為替 외국환. **為替相場** 외환 시세. **為替手形** 환어음. **為替レート** 환율.
カワセミ【翡翠】 물총새.
かわぞい【川沿い】 강가. ‖川沿いの町並み 강가 마을.
かわづり【川釣り】 민물낚시.
かわのじ【川の字】 내 천자(川字). ▸川の字に寝る 자식을 사이에 두고 부부가 자다.
かわひも【革紐】 가죽 끈.
かわべ【川辺】 강가.
かわら【瓦】 기와. ‖瓦の屋根 기와 지붕.
かわら【川原・河原】 강가의 자갈밭[모래밭].
かわり【代わり・替わり】 ❶대리(代理); 대용(代用); 대신(代身). ‖あなたの代わりなんていない 당신을 대신할 사람은 없다. ❷〔お代わりの形で〕한 그릇 더. ‖ご飯のお代わりはいかがですか 한 그릇 더 드실래요?
かわり【変わり】 변화(變化); 이상(異常); 별고(別故). ‖お変わりありませんか 별고 없으십니까?
かわりだね【変わり種】 별종(別種).
かわりに【代わりに】 …대신(代身)에. ‖私の代わりに行ってくれない? 내 대신에 가 주지 않을래?
かわりはてる【変わり果てる】 완전(完全)히 바뀌다; 몰라보게 변(變)하다.
かわりばんこ【代わり番こ】 교대(交代). ‖*代わり番こにぶらんこに乗る* 교대로 그네를 타다.
かわりめ【変わり目】 바뀔 때. ‖季節の変わり目 환절기(換節期).
かわりもの【変わり者】 기인(奇人); 괴짜.
かわる【代わる・替わる・換わる】 ❶교체(交替)되다; 바뀌다. ‖世代が替わる 세대가 바뀌다. ❷대신(代身)하다. ‖社長に代わって挨拶する 사장을 대신해서 인사하다.
*__かわる__【変わる】 ❶바뀌다; 변(變)하다; 달라지다. ‖住所が変わる 주소가 바뀌다. 季節が変わる 계절이 바뀌다. 味が変わる 맛이 변하다. 気が変わる 마음이 변하다. 顔色が変わる 얼굴빛이 달라지다. ❷특이(特異)하다; 색다르다; 독특(獨特)하다. ‖一風変わった建物 독특한 건물. 彼って変わった人でしょう? 그 사람 좀 특이한 사람이죠?
かわるがわる【代わる代わる】 번갈아; 교대(交代)로.
かわれる【買われる】 인정(認定)받다. ‖才能を買われて大きな仕事を任される 재능을 인정받아 큰 일을 맡다.
かん【刊】 간(刊). ‖1997年刊 천구백구십칠 년 간.
かん【官】 관(官). ‖官民 관민.
かん【巻】 ❶〔書物〕책(冊). ❷〔本を数える単位〕…권(卷). ‖全20巻の文学全集 전 스무 권의 문학 전집.
かん【勘】 감(勘). ‖勘がいい 감이 좋다.
かん【棺】 관(棺). ♦**棺桶** 관.
かん【感】 감(感). ‖隔世の感 격세지감.
*__かん__【間】 ❶사이. ‖その間沈黙が続いた 그 사이 침묵이 흘렀다. ❷간(間). ‖3日間 삼 일 간. 業者間の取引 업자간의 거래.
カン【缶】 ❶금속제 용기(金屬製容器). ‖ドラム缶 드럼통. ❷통조림. ‖缶詰 통조림.
-かん【貫】〔重さの単位〕…관(貫).
がん【癌】 ❶암(癌); 악성 종양(惡性腫瘍). ❷〔比喩的に〕암. ‖社会の癌 사회의 암.
ガン【雁】 기러기.
かんあん【勘案】 ㊂하 감안(勘案). ‖事情を勘案する 사정을 감안하다.
かんい【簡易】 간이(簡易). ♦**簡易裁判所** 간이 재판소. **簡易食堂** 간이 식당. **簡易保険** 간이 보험.
がんい【含意】 ㊂하 함의(含意).
かんいっぱつ【間一髪】 간발(間髮)의 차이(差異). ‖間一髪で助けられた 간발의 차이로 구조되었다.
かんえん【肝炎】 간염(肝炎).
かんか【看過】 ㊂하 간과(看過). ‖決して看過できない不正 결코 간과할 수 없는 부정.
かんか【閑暇】 *한가(閑暇).*
かんか【感化】 ㊂하 감화(感化).
かんか【管下】 관하(管下).
がんか【眼科】 안과(眼科). ‖眼科医 안과 의사.
かんかい【官界】 관계(官界).
かんがい【感慨】 감개(感慨). ‖感慨深い 감개무량하다. ♦**感慨無量** 감개무량.
かんがい【灌漑】 ㊂하 관개(灌漑). ♦**灌漑用水** 관개 용수.
*__かんがえ__【考え】 생각. ‖いい考えがある

좋은 생각이 있다. 父の考えを聞く 아버지 생각을 들어보다. 考えなしに行動する人 생각 없이 행동하는 사람. 金の問題は考えに入れなくてもいい 돈 문제는 생각하지 않아도 된다. 考えを変える 생각을 바꾸다.

かんがえかた【考え方】 생각; 사고방식(思考方式). ‖それは危険な考え方だ 그것은 위험한 생각이다.

かんがえごと【考え事】 생각; 걱정. ‖ちょっと考えごとをしていた 좀 생각을 하고 있었다.

かんがえこむ【考え込む】 깊이 생각하다; 생각에 잠기다. ‖難題にぶち当たり考え込む 난제에 부딪쳐 생각에 잠기다.

かんがえだす【考え出す】 생각해 내다.

かんがえなおす【考え直す】 ❶〔再考する〕다시 생각하다. ‖他によい案がないか考え直す 다른 좋은 안이 없나 다시 생각하다. ❷〔変える〕생각을 바꾸다.

***かんがえる【考える】** 생각하다. ‖人の立場を考える 다른 사람 입장을 생각하다. いくら考えても解けない問題 아무리 생각해도 풀 수 없는 문제. 留学も考えている 유학도 생각하고 있다. 子どもの将来を考えて厳しく育てる 애 장래를 생각해서 엄하게 키우다. 考える葦 생각하는 갈대.

かんかく【間隔】 간격(間隔). ‖3 分間隔で運転する 삼 분 간격으로 운전하다.

***かんかく【感覚】** 감각(感覺). ‖このデザインは若い人の感覚には合わない 이 디자인은 젊은 사람들 감각에는 안 맞다. ♦金銭感覚 금전 감각. 方向感覚 방향 감각. 美的感覚 미적 감각. 感覚的 감각적.

かんがく【漢学】 한학(漢學).

かんかつ【管轄】 ㊅ 관할(管轄). ‖管轄区域 관할 구역.

かんがっき【管楽器】 관악기(管樂器).

かんがみる【鑑みる】 거울삼다; 감안(勘案)하다; 비춰 보다. ‖先例に鑑みて 전례에 비춰 보아.

カンガルー【kangaroo】 캥거루.

かんかん ❶땡땡; 땅땅. ‖かんかんと鐘が鳴る 땡땡 하고 종이 울리다. ❷쨍쨍. ‖夏の日がかんかん照り付ける 여름 햇볕이 쨍쨍 내리쬐다. ❸〔燃える様子〕활활. ❹〔怒る様子〕 ‖かんかんになって怒る 불같이 화를 내다.

がんがん ❶쾅쾅; 쿵쿵. ‖ラジオをがんがん鳴らす 라디오를 쿵쿵 울리게 틀다. 頭ががんがんする 머리가 쿵쿵 울리다. ❷활활. ‖ストーブをがんがんたく 스토브를 활활 피우다.

かんかんでり【かんかん照り】 햇볕이 쨍쨍 내리쬠.

かんき【喚起】 ㊅ 환기(喚起). ‖注意を喚起する 주위를 환기하다.

かんき【寒気】 한기(寒氣). ‖寒気がゆるむ 추위가 누그러지다. ♦寒気団 한랭기단.

かんき【換気】 ㊅ 환기(換氣). ♦換気孔 환기통. 換気扇 환풍기.

かんき【歓喜】 ㊅ 환희(歡喜).

かんきつるい【柑橘類】 감귤류(柑橘類).

かんきゃく【観客】 관객(觀客). ‖観客層を広げる 관객층을 넓히다. ♦観客席 관객석.

がんきゅう【眼球】 안구(眼球).

かんきょう【感興】 감흥(感興). ‖感興がわく 감흥이 일다.

***かんきょう【環境】** 환경(環境). ‖環境がいい 환경이 좋다. 環境に左右される 환경에 좌우되다. 新しい環境に適応する 새로운 환경에 적응하다. ♦家庭環境 가정환경. 自然環境 자연환경. 環境破壊 환경 파괴. 環境権 환경권. 環境ホルモン 환경 호르몬.

がんきょう【頑強】 ダ 완강(頑強)하다; 고집(固執)이 세다.

カンきり【缶切り】 깡통 따개.

かんきん【換金】 ㊅ 환금(換金). ♦換金作物 환금 작물.

かんきん【監禁】 ㊅ 감금(監禁).

がんきん【元金】 원금(元金).

がんぐ【玩具】 완구(玩具).

がんくつ【岩窟】 암굴(岩窟).

かんぐる【勘繰る】 의심(疑心)하다.

***かんけい【関係】** ㊅ 관계(關係). ‖新しい事業に関係する 새 사업에 관계하다. 私とは関係のないこと 나하고는 관계없는 일. 関係を絶つ 관계를 끊다. 対等な関係 대등한 관계. ♦因果関係 인과 관계.

***かんげい【歓迎】** ㊅ 환영(歡迎). ‖温かい歓迎を受ける 따뜻한 환영을 받다. 心から歓迎する 진심으로 환영하다. ♦大歓迎 대환영. 歓迎会 환영회.

かんけいづける【関係付ける】 관련(關聯)짓다.

かんげき【間隙】 ❶간격(間隔); 틈. ❷허(虛); 빈틈. ▸間隙を縫う 틈 사이를 누비다. ▸間隙を生じる 사이가 벌어지다. ▸間隙を突く 허를 찌르다.

かんげき【感激】 ㊅ 감격(感激). ‖感激して涙を浮かべる 감격해서 눈물을 글썽이다.

かんけつ【完結】 ㊅ 완결(完結).

かんけつ【簡潔】 ダ 간결(簡潔)하다. ‖簡潔に説明する 간결하게 설명하다.

かんげん【甘言】 감언(甘言). ‖甘言につられる 감언에 넘어가다.

かんげん【換言】 ㊅ 환언(換言).

かんげん【還元】 ㊅ 환원(還元). ‖利益を社会に還元する 이익을 사회에 환원하다.

かんげんがく【管弦楽】 관현악(管絃樂). ♦管弦楽団 관현악단.

かんこ【歓呼】 [スル하] 환호(歡呼). ‖歓呼の声 환호성.

かんご【看護】 [スル하] 간호(看護). ‖けが人を看護する 부상자를 간호하다. ♦**看護師** 간호사. **看護婦** 간호부.

かんご【漢語】 한자어(漢字語).

がんこ【頑固】ダ 완고(頑固)하다. ‖頑固なおやじ 완고한 노인네.

かんこう【刊行】 [スル하] 간행(刊行). ‖美術全集を刊行する 미술 전집을 간행하다.

かんこう【敢行】 [スル하] 감행(敢行); 단행(斷行).

かんこう【感光】 [スル하] 감광(感光). ♦**感光紙** 감광지.

かんこう【慣行】 관행(慣行). ‖慣行に従う 관행을 따르다.

かんこう【箝口】 [スル하] 함구(緘口). ♦**箝口令** 함구령.

かんこう【緩行】 [スル하] 완행(緩行).

*****かんこう**【観光】 [スル하] 관광(觀光). ‖ソウル市内を観光する 서울 시내를 관광하다. 観光旅行に行く 관광 여행을 가다. ♦**観光地** 관광지. **観光バス** 관광버스. **観光客** 관광객. **観光シーズン** 관광철.

かんこうちょう【官公庁】 관공서(官公署).

かんこうへん【肝硬変】 간경변(肝硬變).

かんこく【勧告】 [スル하] 권고(勸告). ‖辞職を勧告する 사직을 권고하다. 勧告に従う 권고에 따르다.

*****かんこく**【韓国】 한국(韓國). ♦**韓国語** 한국어. **韓国人** 한국인. 한국 사람. **韓国料理** 한국 요리. 한국 음식.

かんごく【監獄】 감옥(監獄).

かんこつだったい【換骨奪胎】 [スル하] 환골탈태(換骨奪胎).

かんこどり【閑古鳥】 뻐꾸기. ▸閑古鳥が鳴く 파리를 날리다.〔慣〕

かんこんそうさい【冠婚葬祭】 관혼상제(冠婚喪祭).

かんさ【監査】 [スル하] 감사(監査). ‖会計監査 회계 감사.

かんざい【管財】 재산(財産)을 관리(管理)하는 것. ♦**管財人** 재산을 관리하는 사람.

がんさく【贋作】 위조품(僞造品).

かんざし【簪】 비녀.

かんさつ【監察】 [スル하] 감찰(監察). ♦**監察医** 검시의.

かんさつ【観察】 [スル하] 관찰(觀察). ‖自然現象を観察する 자연 현상을 관찰하다.

かんさん【換算】 [スル하] 환산(換算).

かんさん【閑散】ダ 한산(閑散)하다. ‖不況のため商店街が閑散としている 불황으로 상가가 한산하다.

かんし【冠詞】 관사(冠詞). ♦**不定冠詞** 부정 관사.

かんし【漢詩】 한시(漢詩).

かんし【監視】 [スル하] 감시(監視). ‖監視を怠る 감시를 소홀히 하다. 警察の監視下にある 경찰의 감시하에 있다. ♦**監視員** 감시원. **監視船** 감시선.

*****かんじ**【感じ】 ❶ 감각(感覺). ‖指先の感じが鈍る 손끝의 감각이 둔해지다. ❷ 인상(印象); 느낌; 감촉(感觸). ‖感じのいい人 인상이 좋은 사람. 夢を見ているような感じだ 꿈을 꾸고 있는 것 같은 느낌이다. ❸ 분위기(雰圍氣). ‖効果音で祭りの感じを出す 효과음으로 축제 분위기를 내다.

かんじ【漢字】 한자(漢字). ‖漢字で名前を書く 한자로 이름을 쓰다. ♦**漢字文化圏** 한자 문화권.

かんじ【幹事】 간사(幹事). ‖旅行の幹事 여행 간사.

かんじ【監事】 감사(監事).

かんしき【鑑識】 [スル하] 감식(鑑識). ♦**鑑識課** 감식과.

がんしき【眼識】 안식(眼識). ‖高い眼識を持つ 높은 안식을 지니다.

がんじつ【元日】 설날; 정월(正月) 초하루.

かんして【関して】 …에 관(關)해서. ‖その件に関して質問があります 그 건에 관해서 질문이 있습니다.

かんじとる【感じ取る】 감지(感知)하다; 알아채다. ‖その場の雰囲気を感じ取る 그 자리 분위기를 감지하다.

かんしゃ【官舎】 관사(官舍).

*****かんしゃ**【感謝】 [スル하] 감사(感謝). ‖好意に感謝する 호의에 감사하다. 感謝の念 감사하는 마음. 感謝の意を表わす 감사의 뜻을 표하다. 手伝ってくださって本当に感謝しています 도와주셔서 정말 감사합니다. ♦**感謝祭** 감사제. 추수 감사절. **感謝状** 감사장.

かんじゃ【患者】 환자(患者). ♦**外来患者** 외래 환자.

かんしゃく【癇癪】 화를 잘 내는 성질(性質); 짜증. ‖癇癪を起こす 짜증을 내다.

かんしゅ【看守】 [スル하] 간수(看守).

かんじゅ【甘受】 [スル하] 감수(甘受). ‖批判を甘受する 비판을 감수하다.

かんじゅ【感受】 [スル하] 감수(感受). ♦**感受性** 감수성. 感受性が豊かだ 감수성이 풍부하다.

かんしゅう【慣習】 관습(慣習). ‖土地の慣習に従う 그 지방의 관습에 따르다.

かんしゅう【監修】 [スル하] 감수(監修). ‖辞典を監修する 사전을 감수하다.

かんしゅう【観衆】 관중(觀衆).

かんじゅく【完熟】 [スル하] 완숙(完熟).

がんしょ【願書】 원서(願書). ‖願書を提出する 원서를 제출하다. ♦**入学願書** 입학 원서.

かんしょう【干渉】 [スル하] 간섭(干涉). ‖子どもに干渉し過ぎる 아이한테 지나치게 간섭하다. ♦**内政干渉** 내정 간섭.
かんしょう【完勝】 [スル하] 완승(完勝).
かんしょう【感傷】 감상(感傷). ‖感傷にひたる 감상에 젖다. ♦**感傷的** 감상적. 感傷的になる 감상적이 되다. 感傷的な文章 감상적인 문장.
かんしょう【管掌】 [スル하] 관장(管掌). ‖人事業務を管掌する 인사 업무를 관장하다.
かんしょう【緩衝】 완충(緩衝). ♦**緩衝装置** 완충 장치. 緩衝地帯 완충 지대.
かんしょう【観照】 [スル하] 관조(觀照). ‖人生を観照する 인생을 관조하다.
かんしょう【観賞】 [スル하] 관상(觀賞). ♦**観賞植物** 관상 식물.
かんしょう【鑑賞】 [スル하] 감상(鑑賞). ‖絵画を鑑賞する 그림을 감상하다. ♦**音楽鑑賞** 음악 감상.
かんじょう【勘定】 ❶셈; 계산(計算). ‖人数を勘定する 인원을 세다. ❷대금 지불(代金支拂). ‖勘定を済ませる 계산을 마치다. お勘定をお願いします 계산해 주세요. ❸예측(豫測); 예상(豫想); 고려(考慮). ‖勘定の外(ほか)の出来事 예상 외의 일. ❹(簿記の)계정(計定). ‖勘定科目 계정 과목. ▸**勘定高い** 타산적이다.
*__かんじょう【感情】__ 감정(感情). ‖感情に訴える 감정에 호소하다. 感情を込めて詩を朗読する 감정을 넣어 시를 낭독하다. 感情が高ぶっている 감정이 고조되어 있다. 一時の感情にかられる 일시적인 감정에 휘말리다. 感情の起伏が激しい人 감정의 기복이 심한 사람. ♦**感情移入** 감정 이입. **感情的** 감정적. 感情的になる 감정적이 되다. **感情論** 감정론.
がんしょう【岩礁】 암초(暗礁). ‖岩礁に乗り上げる 암초에 부딪치다.
がんじょう【頑丈】 ダ 튼튼하다. ‖頑丈な体 튼튼한 몸. この椅子は頑丈にできている 이 의자는 튼튼하게 만들어졌다.
かんしょく【官職】 관직(官職).
かんしょく【間食】 [スル하] 간식(間食).
かんしょく【閑職】 한직(閑職). ‖閑職に回される 한직으로 밀려나다.
かんしょく【感触】 감촉(感觸). ‖つるつるした感触 매끈매끈한 감촉.
*__かんじる【感じる】__ 느끼다. ‖右足に痛みを感じる 오른쪽 다리에 통증을 느끼다. 責任を感じる 책임을 느끼다. 疲労を感じる 피로를 느끼다.
かんしん【感心】 [スル하] 감탄(感歎); 감동(感動). ‖達者な日本語に感心する 뛰어난 일본어에 감탄하다.
かんしん【関心】 관심(關心). ‖最近彼は政治に関心を示している 최근에 그 사람은 정치에 관심을 보이고 있다. 今の私の唯一の関心事 지금의 나의 유일한 관심사.
かんしん【歓心】 환심(歡心). ‖歓心を買う 환심을 사다.
かんすい【完遂】 [スル하] 완수(完遂). ‖任務を完遂する 임무를 완수하다.
かんすい【冠水】 [スル되] 침수(浸水). ‖堤防が決壊して田畑が冠水する 제방이 무너져 논밭이 침수되다.
かんすい【鹹水】 함수(鹹水); 짠물.
かんすう【関数】 함수(函數). ♦**三角関数** 삼각 함수. 二次関数 이차 함수.
かんすうじ【漢数字】 한자 숫자(漢字數字).
かんする【関する】 관(關)하다. ‖教育に関する諸問題 교육에 관한 제 문제. 政治に関して発言する 정치에 관해 발언하다.
かんせい【完成】 [スル하] 완성(完成). ‖新校舎を完成する 학교 새 건물을 완성하다. ♦**完成品** 완성품. **未完成** 미완성.
かんせい【官製】 관제(官製). ‖官製葉書 관제엽서.
かんせい【乾性】 건성(乾性).
かんせい【喊声】 함성(喊聲). ‖喊声を発する 함성을 지르다.
かんせい【喚声】 환성(喚聲).
かんせい【歓声】 환성(歡聲). ‖ホームランに歓声が上がる 홈런에 환성이 오르다.
かんせい【閑静】 ダ 한적(閑寂)하다; 조용하다. ‖閑静な住宅街に移り住む 조용한 주택가로 이사하다.
かんせい【感性】 감성(感性). ‖感性が豊かな人 감성이 풍부한 사람.
かんせい【慣性】 관성(慣性). ‖慣性の法則 관성의 법칙.
かんせい【管制】 [スル하] 관제(管制). ♦**管制塔** 관제탑.
*__かんぜい【関税】__ 관세(關稅). ‖関税を課す 관세를 부과하다. ♦**保護関税** 보호 관세.
かんぜおん【観世音】 관세음(觀世音).
がんせき【岩石】 암석(岩石).
かんせつ【間接】 간접(間接). ♦**間接照明** 간접 조명. **間接税** 간접세. **間接選挙** 간접 선거. **間接的** 간접적. 間接的に影響される 간접적으로 영향을 받다. **間接話法** 간접 화법.
かんせつ【関節】 관절(關節). ♦**関節炎** 관절염.
かんせん【汗腺】 땀샘.
かんせん【官選】 [スル하] 관선(官選).
かんせん【感染】 [スル되] 감염(感染). ‖コレラに感染する 콜레라에 감염되다.
かんせん【幹線】 간선(幹線). ♦**幹線道路** 간선 도로.
かんせん【観戦】 [スル하] 관전(觀戰). ‖プロ野球を観戦する 프로 야구를 관전하다.

*かんぜん【完全】ダ 완전(完全)하다. ‖完全な形で保存する 완전한 형태로 보존하다. 完全に忘れていた 완전히 잊고 있었다. ♦完全雇用 완전 고용 完全失業者 완전 실업자. 完全燃焼 완전 연소. 完全無欠〚~ダ〛 완전무결하다.

かんぜん【敢然】ダ 과감(果敢)하다. ‖敢然と立ち向かう 과감하게 맞서다.

かんぜんちょうあく【勧善懲悪】 권선징악(勸善懲惡).

かんそ【簡素】ダ 간소(簡素)하다. ‖簡素な結婚式 간소한 결혼식. ♦簡素化 (を하) 간소화.

がんそ【元祖】 원조(元祖).

かんそう【完走】 (を하) 완주(完走). ‖マラソンを完走する 마라톤을 완주하다.

かんそう【乾燥】 (を하) 건조(乾燥). ‖空気が乾燥している 공기가 건조하다. ♦乾燥気候 건조 기후.

かんそう【感想】 감상(感想). ♦感想文 감상문.

かんそう【歓送】 (を하) 환송(歡送). ♦歓送会 환송회.

かんそう【観相】 관상(觀相).

かんぞう【肝臓】 간장(肝臟).

カンゾウ【甘草】 감초(甘草).

かんそうきょく【間奏曲】 간주곡(間奏曲).

かんそく【観測】 (を하) 관측(觀測). ♦天体観測 천체 관측.

かんそんみんぴ【官尊民卑】 관존민비(官尊民卑).

かんたい【寒帯】 한대(寒帶). ♦寒帯気候 한대 기후.

かんたい【歓待】 (を하) 환대(歡待). ‖歓待を受ける 환대를 받다.

かんたい【艦隊】 함대(艦隊). ♦連合艦隊 연합 함대.

かんだい【寛大】ダ 관대(寬大)하다. ‖寛大な処置 관대한 조치.

がんたい【眼帯】 안대(眼帶).

かんだかい【甲高い】 새되다; (声が)크고 날카롭다. ‖甲高い声 새된 목소리.

かんたく【干拓】 (を하) 간척(干拓). ‖干潟を干拓する 갯벌을 간척하다. ♦干拓地 간척지.

かんたん【感嘆】 (を하) 감탄(感歎). ‖熱意に感嘆する 열의에 감탄하다. ♦感嘆詞 감탄사. *感嘆符 느낌표(!).*

かんたん【簡単】ダ 간단(簡單)하다. ‖簡単な問題 간단한 문제. 簡単に解決する 간단히 해결하다.

かんだん【寒暖】 한란(寒暖). ♦寒暖計 한란계.

かんだん【歓談】 (を하) 환담(歡談).

がんたん【元旦】 정월(正月) 초하루; 설날 아침.

かんたんのゆめ【邯鄲の夢】 한단지몽(邯鄲之夢).

かんち【完治】 (を되) 완치(完治).

かんち【感知】 (を하) 감지(感知).

かんちがい【勘違い】 (を하) 착각(錯覺); 오해(誤解).

がんちく【含蓄】 ❶ (を하) 함축. ❷ 함축성(含蓄性). ‖含蓄のある言葉 함축성 있는 말.

がんちゅう【眼中】 안중(眼中). ‖眼中にない 안중에 없다. ▸眼中人無し 안하무인(眼下無人).

かんちょう【干潮】 간조(干潮).

かんちょう【官庁】 관청(官廳).

かんちょう【浣腸】 (を하) 관장(灌腸).

かんちょう【館長】 관장(館長). ‖博物館館長 박물관 관장.

かんつう【姦通】 (を하) 간통(姦通).

かんつう【貫通】 (を하) 관통(貫通). ‖弾丸が肩を貫通する 총알이 어깨를 관통하다. トンネルが貫通する 터널이 관통되다.

かんづく【感付く】 눈치채다; 알아채다.

かんづめ【缶詰】 ❶ 통조림. ‖イワシの缶詰 정어리 통조림. ❷ (思いもよらないところに)갇힘. ‖停電で列車に缶詰になる 정전으로 열차에 갇히다. ❸ (秘密・仕事のため)사람을 가둠. ‖著者をホテルに缶詰にする 저자를 호텔에 가두고 집필에 전념하게 하다.

かんてい【官邸】 관저(官邸). ‖首相官邸 수상 관저.

かんてい【鑑定】 (を하) 감정(鑑定). ♦鑑定家 감정가. 鑑定書 감정서.

かんてい【艦艇】 함정(艦艇).

かんてつ【貫徹】 (を하) 관철(貫徹). ‖要求を貫徹する 요구를 관철하다.

かんてん【寒天】 우무.

かんてん【観点】 관점(觀點). ‖観点を変える 관점을 바꾸다. 教育的観点 교육적인 관점.

かんでん【感電】 (を되) 감전(感電).

かんでんち【乾電池】 건전지(乾電池).

かんど【感度】 감도(感度). ‖感度が鈍い 감도가 떨어지다.

かんとう【完投】 (を하) (野球で)완투(完投).

かんとう【巻頭】 권두(卷頭). ♦巻頭言 권두언.

かんとう【敢闘】 (を하) 감투(敢鬪).

かんどう【勘当】 (を하) 의절(義絶); 절연(絶緣). ‖親に勘当される 부모에게 의절당하다.

*かんどう【感動】 (を하) 감동(感動). ‖名画に感動する 명화에 감동하다. 深い感動を覚える 깊은 감동을 받다. 強い感動を与える 강한 감동을 주다. 感動のあまり涙を流す 감동한 나머지 눈물을 흘리다. ♦感動詞 감탄사. 感動的 감동적. 感動的な場面 감동적인 장면.

*かんとく【監督】 (を하) 감독(監督). ♦映

画監督 영화 감독. 試験監督 시험 감독. 現場監督 현장 감독.

かんな【鉋】 대패. ‖鉋をかける 대패질을 하다.

カンナ【canna】《植物》 칸나.

かんない【管内】 관내(管內).

かんにん【堪忍】 ㊋하 용서(容恕). ▸堪忍袋の緒が切れる 더 이상 못 참다.

カンニング【cunning】 ㊋하 커닝.

かんねん【観念】 ❶관념(觀念). ‖時間の観念がない 시간 관념이 없다. ❷포기(抛棄)하다; 각오(覺悟)하다. ‖もう駄目だと観念する 더 이상 안 된다고 포기하다. ♦観念的 관념적. 観念論 관념론.

がんねん【元年】 원년(元年). ‖福祉元年 복지 원년.

かんのう【官能】 관능(官能). ‖官能小説 관능 소설. ♦官能的 관능적.

かんのう【間脳】 간뇌(間腦).

かんのん【観音】 관음(觀音). ♦観音菩薩 관음보살. 観音開き 양쪽으로 여는 미닫이.

かんぱ【看破】 ㊋하 간파(看破).

かんぱ【寒波】 한파(寒波). ‖寒波の襲来 한파 내습.

カンパ【kampanija^ロ】 ㊋하 모금 운동(募金運動).

かんばい【完売】 ‖完売する 다 팔다.

かんぱい【完敗】 ㊋하 완패(完敗). ‖予戦で完敗する 예선에서 완패하다.

かんぱい【乾杯】 ㊋하 건배(乾杯).

かんばしい【芳しい】 ❶향기(香氣)롭다. ‖芳しい香り 향기로운 냄새. ❷〔打ち消しの表現を伴って〕좋지 않다. ‖あまり芳しくないうわさ 그다지 좋지 않은 소문.

カンバス【canvas】 캔버스.

かんばつ【旱魃】 한발(旱魃).

がんばり【頑張り】 참고 노력(努力)하는 것; 잘 버티는 것. ‖頑張りがきく 잘 버티다. 頑張り屋 노력가.

***がんばる**【頑張る】 ❶노력(努力)하다; 열심(熱心)히 하다. ‖頑張って店を持とう 열심히 해서 가게를 내자. 頑張れ! 힘내라! ❷(ある場所を占めて)버티다. ‖記者は首相が出てくるまで玄関で頑張った 기자는 수상이 나올 때까지 현관에서 버텼다.

かんばん【看板】 간판(看板). ‖薬屋の看板 약국 간판. 立て看板 입간판.

かんぱん【甲板】 갑판(甲板).

かんパン【乾パン】 건빵.

がんばん【岩盤】 암반(岩盤).

かんび【甘美】ダ 감미(甘美)롭다; 달고 맛있다. ‖甘美な果実 달고 맛있는 과일.

かんび【完備】 ㊋하 완비(完備). ‖条件を完備する 조건을 완비하다.

かんびょう【看病】 ㊋하 간병(看病).

カンピョウ【干瓢】 박고지.

かんぶ【患部】 환부(患部). ‖患部を冷やす 환부를 차게 하다.

かんぶ【幹部】 간부(幹部). ♦組合幹部 조합 간부.

かんぷ【乾布】 건포(乾布). ♦乾布摩擦 건포마찰.

かんぷ【還付】 ㊋하 환부(還付). ‖税金の還付 세금 환부.

カンフー【功夫】 쿵후. ‖カンフー映画 쿵후 영화.

かんぷう【完封】 ㊋하 ❶완전 봉쇄(完全封鎖). ❷(野球で)완봉(完封).

かんぷく【感服】 ㊋하 감복(感服).

かんぶつ【乾物】 건어물(乾魚物).

かんぶん【漢文】 한문(漢文). ♦漢文学 한문학.

かんぺき【完璧】ダ 완벽(完璧)하다. ‖完璧な演技 완벽한 연기. 完璧を期する 완벽을 기하다. ♦完璧主義者 완벽주의자.

がんぺき【岩壁】 암벽(岩壁).

かんべつ【鑑別】 ㊋하 감별(鑑別). ‖ひよこの雌雄を鑑別する 병아리의 암수를 감별하다. ♦鑑別所 감별소.

かんべん【勘弁】 ㊋하 용서(容恕). ‖勘弁してください 용서해 주십시오.

かんべん【簡便】ダ 간편(簡便)하다. ‖扱いの簡便な道具 사용하기 간편한 도구.

かんぼう【感冒】 감기(感氣). ‖流行性感冒 유행성 감기.

かんぼう【監房】 감방(監房)

かんぽう【官報】 관보(官報).

かんぽう【漢方】 한방(韓方). ♦漢方医 한방의. 漢方薬 한방약. 한약.

がんぼう【願望】 ㊋하 소망(所望).

かんぼつ【陥没】 ㊋하 함몰(陷沒).

がんぽん【元本】 원금(元金).

カンマ【comma】 콤마(,).

ガンマ【γ^ギ】 감마. ♦ガンマ線 감마선.

かんまつ【巻末】 권말(卷末). ‖巻末付録 권말 부록.

かんまん【干満】 간만(干滿). ‖干満の差 간만의 차.

かんまん【緩慢】ダ ❶완만(緩慢)하다; 느리다. ‖動作が緩慢だ 동작이 느리다. ❷(態度が)미지근하다. ‖緩慢な対応 미지근한 대응.

かんみ【甘味】 감미(甘味). ♦甘味料 감미료.

かんみん【官民】 관민(官民). ‖官民一体となって 관민 일체가 되어.

かんみんぞく【漢民族】 한민족(漢民族).

かんむり【冠】 관(冠).

かんむりょう【感無量】 감개무량(感慨無量).

かんめい【感銘】 ㊋하 감명(感銘). ‖大きな感銘を受ける 큰 감명을 받다.

かんめん【乾麺】 건면(乾麵); 마른국수.

がんめん【顔面】 안면(顔面). ‖顔面蒼白になる 얼굴이 창백해지다. ♦顔面神経 안면 신경.

がんもく【眼目】 안목(眼目); 주안점(主眼點); 요점(要點). ‖教育の眼目は人間形成にある 교육의 주안점은 인간 형성에 있다.

かんもん【関門】 관문(關門).

がんやく【丸薬】 알약.

かんゆ【肝油】 간유(肝油).

かんゆう【勧誘】 (ㅈ하) 권유(勸誘). ‖保険に加入するよう勧誘する 보험에 가입하도록 권유하다.

がんゆう【含有】 (ㅈ하) 함유(含有). ‖ビタミンCを含有する 비타민 C를 함유하다. ♦含有量 함유량.

かんよ【関与】 (ㅈ하) 관여(關與). ‖政策決定に関与する 정책 결정에 관여하다.

かんよう【肝要】ダ 간요(肝要)하다; 중요(重要)하다. ‖忍耐が肝要だ 인내하는 것이 중요하다.

かんよう【涵養】 (ㅈ하) 함양(涵養). ‖徳性を涵養する 덕성을 함양하다.

かんよう【寛容】 관용(寬容). ‖寛容な態度 관용적인 태도.

かんよう【慣用】 (ㅈ하) 관용(慣用). ♦慣用句 관용구. 慣用語 관용어. 慣用読み 관용음.

かんようしょくぶつ【観葉植物】 관엽식물(觀葉植物).

がんらい【元来】 원래(元來).

かんらく【歓楽】 환락(歡樂). ♦歓楽街 환락가.

かんらん【観覧】 (ㅈ하) 관람(觀覽). ♦観覧車 관람차. 観覧席 관람석.

*****かんり**【管理】 (ㅈ하) 관리(管理). ‖業務を管理する 업무를 관리하다. ビルの管理人 빌딩 관리인. 財産の管理 재산 관리. ♦品質管理 품질 관리. 管理職 관리직.

かんり【監理】 (ㅈ하) 감리(監理). ‖設計監理 설계 감리.

かんりゃく【簡略】ダ 간략(簡略). ‖簡略な説明 간략한 설명. 式は簡略にする 식은 간략하게 하다. ♦簡略化 (ㅈ하) 간략화. ITでシステムを簡略化する IT로 시스템을 간략화하다.

かんりゅう【寒流】 한류(寒流).

かんりょう【完了】 (ㅈ하) ❶완료(完了). ‖準備完了 준비 완료. ❷(言語) 완료. ‖現在完了 *현재 완료.*

*****かんりょう**【官僚】 관료(官僚). ‖官僚出身の政治家 관료 출신의 정치가. ♦官僚主義 관료주의. 官僚制 관료제. 官僚政治 관료 정치. 官僚的 관료적. 官僚的なやり方 관료적인 방식.

がんりょう【含量】 함량(含量).

かんれい【寒冷】 한랭(寒冷). ♦寒冷前線 한랭 전선.

かんれい【慣例】 관례(慣例). ‖慣例に従う 관례에 따르다. 慣例を破る 관례를 깨뜨리다.

かんれき【還暦】 환갑(還甲); 회갑(回甲). ‖還暦を迎える 환갑을 맞다.

*****かんれん**【関連】 (ㅈ되) 관련(關聯). ‖互いに関連する 서로 관련되다. ♦関連産業 관련 산업. 関連事項 관련 사항. 関連性 관련성.

かんれんづける【関連付ける】 관련(關聯)짓다. ‖本の内容と関連付けて説明する 책 내용과 관련지어 설명하다.

かんろく【貫禄】 관록(貫祿). ‖貫禄がある 관록이 있다.

かんわ【緩和】 (ㅈ되) 완화(緩和). ‖緊張が緩和する 긴장이 완화되다.

かんわじてん【漢和辞典】 중일 사전(中日辭典).

き

き【木・樹】 ❶나무. ‖木を植える 나무를 심다. 木を切り倒す 나무를 베다. 木の枝 나뭇가지. 木の箱 나무 상자. ❷목재(木材). ▸猿も木から落ちる 원숭이도 나무에서 떨어진다.〔諺〕 ▸木に縁(よ)りて魚を求む 연목구어. ▸木を見て森を見ず 나무는 보고 숲은 보지 못하다.

き【生】 ❶〔交じり気のないこと〕섞지 않음. ‖ウイスキーを生で飲む 위스키를 스트레이트로 마시다. ❷〔未加工〕가공(加工)을 하지 않음. ‖生糸 생사. ❸(性質・状態などが)순수(純粹)함; 신선(新鮮)함. ‖生真面目 고지식함. 정직함.

*****き**【気】 ❶성질(性質); 성격(性格); 성정(性情). ‖気が小さい 소심하다. 気が短い 성질이 급하다. ❷기분(氣分); 마음; 감정(感情). ‖気が変わる 마음이 바뀌다. 気が弱い 마음이 약하다. 彼は行く気があるのだろうか 그 사람은 갈 마음이 있는 걸까? 気が合う 마음이 맞다. ❸의식(意識). ‖気を失う 의식을 잃다. ❹특유(特有)의 맛; 향(香). ‖気の抜けたビール 김빠진 맥주. ❺분위기(雰圍氣). ‖会場は厳粛の気に満ちている 회장은 엄숙한 분위기에 싸여 있다. ▸気がある 마음이 있다. ▸気が多い 변덕스럽다. ▸気が置けない *마음을 놓을 수 있다.* 편안하다. ▸気が利く 눈치가 빠르다. ▸気が気でない 제정신이 아니다. ▸気が進まない 마음이 내키지 않다. ▸気が済む 만족하다. ▸気が散る 산만해지다. ▸気が付く 깨닫다. 알아채다. 눈치채다. ▸気が遠くなる 정신이 아득해지다. ▸気が咎める 양심에 찔리다. ▸気がない 관심이 없다. ▸気が長い 인내심이 강하다. ▸気が抜ける ①김새다. ②특유의 맛[향]이

없어지다. ▸気が張る 긴장하다. ▸気が引ける 주눅이 들다. ▸気が触れる 미치다. 발광하다. ▸気が回る 세심한 곳까지 주의가 미치다. ▸気が向く 마음이 내키다. ▸気に入る 마음에 들다. ▸気にかかる 마음에 걸리다. ▸気に食わない 마음에 들지 않다. ▸気に障る 거슬리다. ▸気にする 마음에 두다. ▸気に留める 유념하다. ▸気になる 걱정이 되다. 신경이 쓰이다. ▸気に病む 끙끙 앓다. ▸気を落とす 낙담하다. ▸気を配る 배려하다. ▸気を抜く ①긴장을 풀다. ②건성건성으로 하다. ▸気を引く 마음을 끌다. ▸気を揉む 애태우다. ▸気を許す 방심하다. ▸気を悪くする 기분이 상하다.

き【忌】 ❶기일(忌日). ‖1周忌 일 주기. ❷상중(喪中).

き【期】 기(期). ‖青年期 청년기.

き【機】 ❶기회(機會). ‖機を失う 기회를 잃다. ❷〔飛行機などを数える単位〕…기. ‖5機編隊 오 기 편대.

ギア【gear】 기어. ‖ギアを入れる 기어를 넣다.

きあい【気合い】 ❶기합(氣合). ‖気合いを入れる 기합을 넣다. ❷호흡(呼吸). ‖気合いが合う 호흡이 맞다.

きあけ【忌明け】 탈상(脫喪).

きあつ【気圧】 기압(氣壓). ‖気圧の谷 기압골.

きあん【起案】 ㊀하 기안(起案).

ぎあん【議案】 의안(議案).

きい【奇異】ダ 기이(奇異)하다. ‖奇異な感じを与える 기이한 느낌을 주다.

キー【key】 ❶(ピアノなどの)키. ❷〔鍵〕열쇠.

キイチゴ【木苺】 산(山)딸기.

きいと【生糸】 생사(生絲).

キーボード【keyboard】 키보드.

キーホルダー【key+holder日】 열쇠고리.

きいろ【黄色】 노랑; 노란색.

きいろい【黄色い】 노랗다. ‖黄色いチューリップ 노란 튤립. イチョウの葉が黄色く色づいた 은행잎이 노랗게 물들었다.

キーワード【key word】 키워드.

きいん【起因】 ㊀하 기인(起因). ‖国境問題に起因する紛争 국경 문제에 기인하는 분쟁.

ぎいん【議員】 의원(議員). ‖国会議員 국회의원.

ぎいん【議院】 의원(議院). ♦**議院内閣制** 의원내각제.

キウイ【kiwi】 키위.

きうん【気運】♦気運 기운.

きうん【機運】 기운(機運); 시기(時期). ‖改革の機運が熟する 개혁 기운이 무르익다.

きえ【帰依】 ㊀하 귀의(歸依). ‖仏道に帰依する 불도에 귀의하다.

きえい【気鋭】 기예(氣銳). ‖新進気鋭の作家 신진 기예 작가.

きえいる【消え入る】 기어들어가다. ‖消え入るような声で助けを求める 기어들어가는 목소리로 도움을 청하다.

きえうせる【消え失せる】 없어지다; 사라지다; 꺼지다. ‖重要書類が消え失せた 중요 서류가 없어졌다. とっとと消え失せろ 냉큼 꺼져라.

きえつ【喜悦】 ㊀하 희열(喜悅).

***きえる**【消える】 ❶없어지다; 사라지다. ‖罪の意識が消えない 죄의식이 없어지지 않다. 憎しみが消える 미운 마음이 없어지다. 一家4人が消えた 일가족 네 명이 사라졌다. ❷지워지다. ‖よく消える消しゴム 잘 지워지는 지우개. ❸꺼지다. ‖蛍光灯が消える 형광등이 꺼지다. ❹녹다. ‖山の雪が消える 산의 눈이 녹다.

きえん【気炎】 기염(氣焰). ‖気炎を上げる 기염을 토하다.

ぎえん【義捐】 의연(義捐). ♦**義捐金** 의연금.

きおい【気負い】 의욕(意欲); 열의(熱意). ‖気負いばかりで実力が伴わない 의욕뿐이고 실력이 따라 주지 않다.

きおいたつ【気負い立つ】 분발(奮發)하다; 힘 내다.

きおう【既往】 기왕(既往).

きおう【気負う】 분발(奮發)하다; 힘 내다.

***きおく**【記憶】 ㊀하 기억(記憶). ‖昔の記憶がよみがえる 옛날 기억이 살아나다. 記憶が薄らぐ 기억이 희미해지다. 記憶にない 기억에 없다. ♦**記憶力** 기억력.

きおくれ【気後れ】 ‖気後れする 기가 죽다. 大勢の観衆の前で気後れする 수많은 관중 앞에서 기가 죽다.

きおち【気落ち】 ‖気落ちする 낙심하다. 낙담하다. エラーで気落ちした投手 에러에 낙심한 투수.

きおん【気温】 기온(氣溫). ‖気温が下がる 기온이 내려가다. 気温が高い 기온이 높다. 平均気温 평균 기온.

ぎおん【擬音】 의성(擬聲); 의음(擬音). ♦**擬音語** 의성어.

きか【気化】 ㊀하 기화(氣化). ♦**気化熱** 기화열.

きか【帰化】 ㊀하 귀화(歸化). ‖日本に帰化する 일본에 귀화하다.

きか【幾何】 기하(幾何). ♦**幾何学** 기하학.

きか【貴下】 귀하(貴下).

きが【飢餓】 기아(饑餓). ♦**飢餓状態** 기아 상태.

ぎが【戯画】 희화(戲畫).

ギガ【giga】 기가.

きかい【奇怪】ダ 기괴(奇怪)하다. ‖奇怪な現象 기괴한 현상.

き

きかい【器械】 기계(器械). ♦**観測器械** 관측 기계. **器械体操** 기계 체조.

*__きかい__【機会】 기회(機會). ‖絶好の機会だ 절호의 기회다. 機会を逸する 기회를 놓치다. ♦**機会均等** 기회 균등.

き

*__きかい__【機械】 기계(機械). ‖彼は機械に強い 그 사람은 기계에 강하다. この機械は故障している 이 기계는 고장 나 있다. ♦**工作機械** 공작 기계. **精密機械** 정밀 기계. **機械化** (ｽ하)기계화. **機械的** 기계적. 英単語を機械的に覚える 영어 단어를 기계적으로 외우다.

きがい【気概】 기개(氣槪).

きがい【危害】 위해(危害).

*__ぎかい__【議会】 의회(議會). ‖議会を解散する 의회를 해산하다. ♦**議会政治** 의회 정치. **議会主義** 의회주의.

きがえ【着替え】 옷을 갈아입음; 갈아입을 옷. ‖家で着替えをしてくる 집에서 옷을 갈아입고 오다.

きがえる【着替える】 옷을 갈아입다.

きがかり【気掛かり】 ‖気がかりだ 마음에 걸리다. 気がかりなこと 마음에 걸리는 일.

きかきゅうすう【幾何級数】 기하급수(幾何級數).

きかく【企画】 기획(企劃). ‖新製品を企画する 신제품을 기획하다. ♦**企画力** 기획력.

きかく【規格】 규격(規格). ‖規格に合わせる 규격에 맞추다. ♦**規格判** 규격판. **規格品** 규격품.

きがく【器楽】 기악(器樂).

きかくか【規格化】 (ｽ하)규격화(規格化). ‖製品を規格化する 제품을 규격화하다.

きかざる【着飾る】 차려입다.

きかせる【聞かせる】 ❶들려주다. ‖歌を聞かせる 노래를 들려주다. ❷(話や歌がうまくて) 듣게 되다. ‖彼の話はなかなか聞かせるね 그 사람 이야기는 너무 재미있어서 듣게 된다.

きがね【気兼ね】 ‖気兼ねする 신경을 쓰다.

きがまえ【気構え】 마음가짐; 각오(覺悟).

きがる【気軽】ﾀﾞ 부담(負擔)이 없다; 가볍다. ‖気軽な人 부담스럽지 않은 사람. 気軽に受け入れる 부담 없이 받아들이다.

きかん【気管】 기관(氣管). ♦**気管支** 기관지.

きかん【季刊】 계간(季刊). ♦**季刊誌** 계간지.

きかん【帰還】 (ｽ하)귀환(歸還). ‖スペースシャトルが無事地球に帰還した 스페이스 셔틀이 무사히 지구로 귀환했다.

きかん【基幹】 기간(基幹). ♦**基幹産業** 기간 산업.

きかん【期間】 기간(期間). ♦**有効期間** 유효 기간.

きかん【器官】 기관(器官). ♦**消化器官** 소화 기관.

*__きかん__【機関】 기관(機關). ♦**教育機関** 교육 기관. **執行機関** 집행 기관. **報道機関** 보도 기관. **機関士** 기관사. **機関車** 기관차. **機関銃** 기관총.

きがん【祈願】 (ｽ하)기원(祈願).

ぎがん【義眼】 의안(義眼).

きかんぼう【聞かん坊】 말을 잘 안 듣는 아이.

きき【危機】 위기(危機). ‖危機を脱する 위기에서 벗어나다. 危機に瀕する 위기에 처하다. 重大な危機に直面する 중대한 위기에 처하다. ▸危機一髪 위기일발. 危機一髪のところを救い出された 위기일발의 순간에 구출되다. ♦**危機意識** 위기의식. **危機感** 위기감. **危機管理** 위기관리.

きき【機器】 기기(機器). ♦**教育機器** 교육 기기.

ききいれる【聞き入れる】 들어주다. ‖要求を聞き入れる 요구를 들어주다.

ききおとす【聞き落とす】 못 듣다. ‖肝心なことを聞き落とした 중요한 것을 못 들었다.

ききおぼえ【聞き覚え】 들은 기억(記憶)이 있는 것; 들어 본 적이 있는 것. ‖聞き覚えのあるメロディー 들은 적이 있는 멜로디.

ききかえす【聞き返す】 ❶반복(反復)해서 듣다. ‖録音を聞き返す 녹음한 것을 반복해서 듣다. ❷되묻다. ‖不明な点を聞き返す 불확실한 점을 되묻다.

ききかじる【聞き齧る】 주워듣다. ‖聞きかじった知識 주워들은 지식.

ききぐるしい【聞き苦しい】 ❶잘 안 들리다. ‖雑音が入って聞き苦しい 잡음이 들어가 잘 안 들리다. ❷듣기 거북하다. ‖聞き苦しい中傷 듣기 거북한 중상모략.

ききこむ【聞き込む】 탐문(探聞)하다.

ききじょうず【聞き上手】 말을 잘 들어주는 것[사람].

ききすごす【聞き過ごす】 흘려듣다. ‖聞き過ごすことのできない話 흘려들을 수 없는 이야기.

ききだす【聞き出す】 알아내다.

ききちがい【聞き違い】 잘못 들음.

ききちがえる【聞き違える】 잘못 듣다. ‖場所を聞き違える 장소를 잘못 듣다.

ききつける【聞き付ける】 ❶우연히 듣게 되다. ‖うわさを聞きつける 우연히 소문을 듣게 되다. ❷소리를 듣고 알아채다. ‖騒ぎを聞きつけて人が集まる 소란스러운 소리를 듣고 사람들이 모여들다.

ききづらい【聞き辛い】 ❶잘 안 들리다. ‖声が小さくて聞きづらい 목소리가 작아서 잘 안 들리다. ❷듣기 거북하다. ‖嫌な噂話は聞きづらい 안 좋은 소

문은 듣기 거북하다.
ききて【聞き手】 청중(聽衆); 듣는 쪽.
ききとる【聞き取る・聴き取る】 ❶알아듣다. ‖雑音がひどくてよく聞き取れない 잡음이 심해서 알아들을 수가 없다. ❷자세(仔細)하게 듣다; 청취(聽取)하다. ‖関係者からその時の様子を聴き取る 관계자한테서 그때의 상황을 자세하게 듣다.
ききながす【聞き流す】 흘려듣다. ‖他人事と聞き流す 남의 일이라고 흘려듣다.
ききにくい【聞き難い】 ❶잘 안 들리다. ‖声が小さくて聞きにくい 목소리가 작아서 잘 안 들리다. ❷〔聴き苦しい〕듣기 거북하다. ‖人の悪口は聞きにくい 다른 사람의 험담은 듣기 거북하다. ❸질문(質問)하기 어렵다. ‖難しい人なので気楽に聞きにくい 까다로운 사람이라서 편하게 질문을 못하다.
ききのがす【聞き逃す】 미처 못 듣다. ‖電車のアナウンスを聞き逃す 지하철 안내 방송을 미처 못 듣다.
ききほれる【聞き惚れる】 도취(陶醉)되어 듣다. ‖彼女の歌声に聞き惚れる 그녀의 노랫소리에 도취되어 듣다.
ききまちがい【聞き間違い】 잘못 들음; 잘못 이해(理解)함.
ききめ【効き目】 효과(效果); 효능(效能); 효험(效驗); 약효(藥效). ‖効き目の早い薬 효과가 빠른 약.
ききもらす【聞き漏らす】 못 듣다. ‖肝心な点を聞き漏らした 중요한 것을 못 들었다.
ききゃく【棄却】 (스하) 기각(棄却). ‖動議を棄却する 동의를 기각하다.
ききゅう【気球】 기구(氣球).
ききょう【帰郷】 (스하) 귀향(歸鄕).
キキョウ【桔梗】 도라지.
***きぎょう**【企業】 기업(企業). ♦**大企業** 대기업. **多国籍企業** 다국적 기업. **中小企業** 중소기업. **零細企業** 영세 기업.
きぎょう【起業】 (스하) 기업(起業).
ぎきょう【義俠】 의협(義俠). ♦**義俠心** 의협심.
ぎきょうだい【義兄弟】 의형제(義兄弟).
ぎきょく【戯曲】 희곡(戱曲).
ききわけ【聞き分け】 말귀를 알아들음. ‖聞き分けのいい子 말귀를 잘 알아듣는 아이.
ききわける【聞き分ける】 ❶듣고 구별(區別)하다. ‖音程を聞き分ける 음정을 구별하다. ❷납득(納得)하다; 이해(理解)하다.
ききん【飢饉】 기근(飢饉). ♦**水飢饉** 물기근.
ききん【寄金】 기금(寄金). ♦**政治寄金** 정치 기금.
ききん【基金】 기금(基金). ‖育英事業の基金 육영 사업 기금.
ききんぞく【貴金属】 귀금속(貴金屬). ♦**貴金属店** 귀금속점.
きく【効く・利く】 ❶(効果・効能が)잘 듣다. ‖薬がきく 약이 잘 듣다. ❷(機能・能力などが)충분(充分)히 발휘(發揮)되다. ‖鼻がきく 냄새를 잘 맡다. ❸기능(機能)하다. ‖つけのきく店 외상이 가능한 가게.
***きく**【聞く・聴く】 ❶(音を)듣다. ‖雨の音を聞く 빗소리를 듣다. 音楽を聞く 음악을 듣다. 私の話を最後まで聞きなさい 내 이야기를 끝까지 들어라. ❷〔従う〕듣다; 받아들이다. ‖親の言うことなどちっとも聞かない 부모가 하는 말을 전혀 안 듣다. ❸〔尋ねる〕물어보다. ‖名前を聞く 이름을 물어보다. ❹(においを)맡다; 감상(鑑賞)하다. ‖香をきく 향기를 맡다. ▸聞くは一時の恥聞かぬは一生の恥 묻는 것은 한때의 수치, 모르는 것은 일생의 수치. ▸聞く耳を持たない 다른 사람의 의견은 듣지도 않다.
キク【菊】 국화(菊花). ‖菊の節句 중양절(重陽節).
きぐ【器具】 기구(器具). ♦**電気器具** 전기 기구.
ぎくしゃく (動作や言葉が) 어색하게. ‖ぎくしゃくした関係 어색한 관계.
きくばり【気配り】 (스하) 배려(配慮). ‖気配りのできる人 배려할 줄 아는 사람.
キクラゲ【木耳】 목이(木耳)버섯.
ぎくり 〔驚く様子〕흠칫. ‖弱点をつかれてぎくりとした 약점을 찔려 흠칫 놀랐다.
きぐるみ【着包み】 (說明) 안에 사람이 들어가는 인형(人形).
きぐろう【気苦労】 (스하) 걱정; 근심; 마음고생(苦生). ‖気苦労が多い 마음고생이 심하다.
きけい【奇形】 기형(畸形).
きげき【喜劇】 희극(喜劇).
きけつ【帰結】 (스되) 귀결(歸結). ‖当然の結論に帰結する 당연한 결론으로 귀결되다.
きけつ【既決】 (스하) 기결(旣決). ♦**既決事項** 기결 사항.
ぎけつ【議決】 (스하) 의결(議決). ♦**議決権** 의결권.
***きけん**【危険】ダ 위험(危險). ‖危険を避ける 위험을 피하다. 危険な仕事 위험한 일. 危険が伴う 위험이 따르다.
きけん【棄権】 (스하) 기권(棄權).
きげん【紀元】 기원(紀元). ‖紀元前 기원전.
きげん【起源・起原】 기원(起源). ‖人類の起源 인류의 기원.
***きげん**【期限】 기한(期限); 기간(期間). ‖期限が過ぎる 기한이 지나다. レポートの提出期限 리포트 제출 기한. ♦**支払い期限** 지불 기한. **有効期限** 유효 기간.
きげん【機嫌】 ❶기분(氣分); 비위.

‖機嫌が悪い 기분이 나쁘다. 機嫌をとる 비위를 맞추다. ご機嫌だね 기분이 좋아 보이네. ❷안부(安否); 근황(近況). ‖ご機嫌を伺う 안부를 여쭙다.

きこう【気孔】기공(氣孔).

きこう【気功】기공(氣功).

き

きこう【気候】기후(氣候). ♦温帯気候 온대 기후. 海洋性気候 해양성 기후.

きこう【奇行】기행(奇行).

きこう【紀行】기행(紀行). ♦紀行文 기행문.

きこう【帰港】(ス하)귀항(歸港).

きこう【起工】(ス하)기공(起工); 착공(着工). ‖起工式 기공식.

きこう【寄稿】(ス하)기고(寄稿). ‖雑誌に寄稿する 잡지에 기고하다.

きこう【機構】기구(機構). ♦機構改革 기구 개혁. 北大西洋条約機構 북대서양 조약 기구(NATO).

きごう【記号】기호(記號). ♦化学記号 화학 기호. 論理記号 논리 기호.

ぎこう【技工】기공(技工). ♦歯科技工士 치과 기공사.

ぎこう【技巧】기교(技巧). ‖技巧をこらす 기교를 부리다.

きこうし【貴公子】귀공자(貴公子).

きこえ【聞こえ】❶들림. ‖電話の聞こえが悪い 전화가 잘 안 들리다. ❷소문(所聞); 평판(評判). ‖名医の聞こえが高い 명의로서의 평판이 자자하다.

*きこえる【聞こえる】❶들리다. ‖雷鳴が聞こえる 천둥소리가 들리다. 耳が聞こえなくなる 귀가 들리지 않게 되다. ❷〔伝わる〕귀에 들어가다. ‖悪いうわさが親にまで聞こえる 나쁜 소문이 부모 귀에까지 들어가다. ❸(…のように)들리다. ‖皮肉に聞こえる 비꼬는 것처럼 들리다.

きこく【帰国】(ス하)귀국(歸國). ‖帰国の途につく 귀국 길에 오르다.

きごこち【着心地】착용감(着用感).

きごころ【気心】‖気心の知れた間柄 속속들이 아는 사이.

ぎこちない (動作や言葉が)어색(語塞)하다; 부자연(不自然)스럽다. ‖ぎこちない手つき 어색한 손놀림.

きこつ【気骨】기골(氣骨).

きこなす【着こなす】(服を)옷을 어울리게 입다.

きこむ【着込む】껴입다. ‖着込んできたので寒くありません 껴입고 와서 춥지 않습니다.

きこり【樵】나무꾼.

きこん【既婚】기혼(既婚). ♦既婚者 기혼자.

きさい【鬼才】귀재(鬼才).

きさい【記載】(ス하)기재(記載). ‖記載漏れ 기재 누락.

きざい【機材】기재(機材).

ぎざぎざ ❶톱니 모양(模樣). ‖ぎざぎざのある葉 끝이 톱니 모양의 잎. ❷〔副詞的に〕삐쭉삐쭉. ‖ぎざぎざした稜線 삐쭉삐쭉한 능선.

きさく【気さく】ダ (性格が)시원시원하다; 싹싹하다. ‖気さくな人柄に好意を持つ 싹싹한 성격에 호의를 갖다.

きざし【兆し】조짐(兆朕); 징후(徵候). ‖成功の兆しが見える 성공할 조짐이 보이다.

きさま【貴様】〔目下の人に〕너.

きざみ【刻み】❶새김. ‖木材に刻みを入れる 목재에 새겨 넣다. ❷… 마다. ‖10分刻みで計算する 십 분마다 계산하다.

きざみつける【刻み付ける】새기다. ‖石碑に句を刻みつける 비석에 문구를 새기다. 師の言葉を胸に刻みつける 스승의 말씀을 가슴속에 새기다.

きざむ【刻む】❶잘게 썰다. ‖ネギを刻む 파를 잘게 썰다. ❷조각(彫刻)하다. ‖仏像を刻む 불상을 조각하다.

きし【岸】물가. ‖川岸 강가.

きし【棋士】기사(棋士).

きし【騎士】기사(騎士).

きじ【生地】❶천성(天性); 본성(本性). ‖生地が出る 본성이 나오다. ❷〔布地〕천; 원단(原緞). ❸(小麦粉などの)반죽.

*きじ【記事】기사(記事). ‖その事故については昨日の新聞に記事が出ている 그 사고에 대해서는 어제 신문에 기사가 나와 있다. 事実無根の記事 사실무근의 기사. ♦新聞記事 신문 기사.

キジ【雉・雉子】꿩.

ぎし【技師】기사(技師).

ぎし【義歯】틀니.

ぎし【擬死】(動物)의사(擬死).

ぎじ【疑似】의사(擬似). ♦疑似コレラ 의사 콜레라. 疑似体験 의사 체험.

ぎじ【議事】의사(議事). ♦議事録 의사록. 議事進行 의사 진행.

きしかいせい【起死回生】기사회생(起死回生). ‖起死回生のホームラン 기사회생의 홈런.

ぎしき【儀式】의식(儀式). ‖儀式を行なう 의식을 치르다.

ぎしぎし ❶〔きしむ音〕삐걱삐걱. ‖踏むとぎしぎし(と)鳴る床板 밟으면 삐걱삐걱 소리가 나는 마룻바닥. ❷〔隙間がない様子〕꽉; 빽빽이.

きじく【基軸】기축(基軸). ♦基軸通貨 기축 통화. 국제 통화.

きしつ【気質】기질(氣質). ‖激しい気質 과격한 기질.

きじつ【忌日】기일(忌日).

きじつ【期日】기일(期日). ‖期日が迫ってくる 기일이 다가오다. 期日に遅れる 기일에 못 마추다.

きしどう【騎士道】기사도(騎士道). ♦騎士道精神 기사도 정신.

ぎじどう【議事堂】 의사당(議事堂). ♦**国会議事堂** 국회 의사당.
きしむ【軋む】 삐걱거리다. ‖戸がきしむ 문이 삐걱거리다.
きしゃ【汽車】 기차(汽車).
きしゃ【記者】 기자(記者). ♦**新聞記者** 신문 기자. **事件記者** 사건 기자. **記者クラブ** 기자 클럽.
きしゅ【旗手】 기수(旗手). ‖反対運動の旗手 반대 운동의 기수.
きしゅ【機種】 기종(機種).
きしゅ【騎手】 기수(騎手).
きじゅ【喜寿】 희수(喜壽); 칠십칠 세(七十七歲).
きしゅう【奇襲】 (を하) 기습(奇襲). ‖背後から奇襲する 뒤에서 기습하다.
きじゅうき【起重機】 기중기(起重機).
きしゅくしゃ【寄宿舎】 기숙사(寄宿舍).
きじゅつ【記述】 (を하) 기술(記述). ‖事実をありのまま記述する 사실을 있는 그대로 기술하다.
*__ぎじゅつ__【技術】 기술(技術). ‖日本は高度な造船技術を誇っている 일본은 고도의 조선 기술을 자랑하고 있다. 先端技術を導入する 첨단 기술을 도입하다. ♦**運転技術** 운전 기술. **技術援助** 기술 원조. **技術提携** 기술 제휴. **技術的** 기술적. **技術的な問題** 기술적인 문제.
きじゅん【基準・規準】 기준(基準). ‖採点の基準 채점 기준. 判断の基準 판단 기준.
きしょう【気性】 천성(天性). ‖気性の激しい人 천성이 과격한 사람.
*__きしょう__【気象】 기상(氣象). ♦**気象観測** 기상 관측. **気象衛星** 기상 위성. **気象警報** 기상 경보. **気象台** 기상대. **気象庁** 기상청. **気象予報士** 기상 예보관.
きしょう【希少・稀少】 희소(稀少). ♦**希少価値** 희소가치.
きしょう【起床】 (を하) 기상(起床). ‖6時に起床する 여섯 시에 기상하다.
きじょう【気丈】ダ (気持ちが)다부지다; *씩씩하다; 당차다.* ‖*何があっても気丈にふるまう* 무슨 *일이 있어도 당차게 행*동하다.
きじょう【机上】 탁상(卓上). ▸机上の空論 탁상공론.
ぎしょう【偽証】 (を하) 위증(僞證).
きしょうてんけつ【起承転結】 기승전결(起承轉結).
きしょく【気色】 안색(顔色); 눈치. ‖気色をうかがう 눈치를 보다. ▸気色が悪い 안색이 안 좋다.
きしょく【喜色】 희색(喜色). ‖喜色満面だ 희색이 만면하다.
キシリトール【xylitol】 자일리톨.
きしる【軋る】 삐걱거리다.
きしん【鬼神】 귀신(鬼神).
きじん【奇人】 기인(奇人).
きじん【貴人】 귀인(貴人).
ぎしん【疑心】 의심(疑心). ‖疑心をいだく 의심을 품다. ▸疑心暗鬼 의심하기 시작하면 별것 아닌 것까지 의심을 하게 됨.
ぎじん【擬人】 의인(擬人). ♦**擬人化** (を하) 의인화. **擬人法** 의인법.
キス【鱚】 보리멸.
キス【kiss】 (を하) 키스.
きず【傷】 ❶상처(傷處). ‖傷がうずく 상처가 쑤시다. 心の傷 마음의 상처. ❷결점(缺點); 흠(欠); 티. ‖口が軽いのが傷だ 입이 가벼운 게 흠이다. 経歴に傷が付く 경력에 흠이 생기다. ▸玉にきず 옥에 티. ♦**傷跡** 상흔. 흉터.
きすう【奇数】 홀수.
きすう【基数】 기수(基數).
ぎすぎす ❶〔やせている様子〕‖ぎすぎすした体 비쩍 마른 몸. ❷〔とげとげしく愛想のない様子〕‖ぎすぎす(と)した態度 무뚝뚝한 태도. ❸〔ゆとりがなく堅苦しい様子〕‖ぎすぎす(と)した人間関係 빡빡한 인간관계.
きずく【築く】 쌓다; 쌓아 올리다. ‖堤防を築く 제방을 쌓다.
きずぐち【傷口】 상처(傷處); 결점(缺點). ‖傷口がふさがる 상처가 아물다.
きずつく【傷付く】 상처(傷處)를 입다; 흠(欠)이 생기다. ‖家具が傷つく 가구에 흠이 생기다.
きずつける【傷付ける】 상처(傷處)를 입히다; 상처를 주다; 흠(欠)을 내다. ‖童心を傷付ける 어린 마음에 상처를 주다.
きずな【絆】 인연(因緣). ‖絆を断ち切る 인연을 끊다.
きする【帰する】 귀착(歸着)되다; 돌아가다. ‖水泡に帰する 수포로 돌아가다. ▸帰する所 결국.
きする【期する】 ❶기(期)하다. ‖午前1時を期して攻撃を開始する 오전 한 시를 기해서 공격을 개시하다. ❷각오(覺悟)하다; 다짐하다. ‖必勝を期する 필승을 다짐하다. ❸기대(期待)하*다.* ‖*再会を期する* 재회를 기대하다.
きせい【気勢】 기세(氣勢).
きせい【帰省】 (を하) 귀성(歸省). ♦**帰省ラッシュ** 귀성 러시.
きせい【既成】 기성(旣成); 기정(旣定). ‖既成の事実 기정 사실.
きせい【既製】 기성(旣成). ♦**既製服** 기성복.
きせい【寄生】 (を하) 기생(寄生). ♦**寄生虫** 기생충.
きせい【規制】 (を하) 규제(規制). ♦**規制緩和** 규제 완화
*__ぎせい__【犠牲】 희생; 희생물(犧牲物). ‖青春を犠牲にする 청춘을 희생하다. 戦争の犠牲となる 전쟁의 희생물이 되다. 自己犠牲 자기희생. ♦**犠牲者** 희

생자. 犠牲的 희생적. 犠牲フライ (野球で)희생 플라이.
ぎせい【擬声】 의성(擬聲). ♦擬声語 의성어.
きせき【奇跡·奇蹟】 기적(奇跡). ‖奇跡の生還 기적적인 생환. 奇跡が起こる 기적이 일어나다. 奇跡的に 기적적으로.
きせき【軌跡】 궤적(軌跡). ‖軌跡をたどる 궤적을 더듬다.
ぎせき【議席】 의석(議席). ‖議席を失う 의석을 잃다.
*きせつ【季節】 계절(季節); 철. ‖季節が変わる 계절이 바뀌다. 行楽の季節 행락철. 季節の変わり目 환절기. ♦季節商品 계절상품. 季節風 계절풍.
きぜつ【気絶】 ㊂하 기절(氣絶).
ぎぜつ【義絶】 ㊂하 의절(義絶).
きせる【着せる】 ❶입히다. ‖晴れ着を着せる 때때옷을 입히다. ❷씌우다; 덮어씌우다. ‖罪を着せる 죄를 덮어씌우다.
キセル【煙管】 담뱃대.
きぜわしい【気忙しい】 어수선하다. ‖気忙しい年の暮れ 어수선한 연말.
きせん【汽船】 기선(汽船).
きせん【基線】 기선(基線).
きせん【貴賤】 귀천(貴賤). ‖職業に貴賤なし 직업에 귀천 없다.
きせん【機先】 기선(機先). ‖機先を制する 기선을 제압하다.
きぜん【毅然】 의연(毅然). ‖毅然たる態度 의연한 태도.
ぎぜん【偽善】 위선(僞善). ♦偽善者 위선자.
きそ【起訴】 ㊂하 기소(起訴). ♦起訴猶予 기소 유예.
*きそ【基礎】 기초(基礎). ‖基礎を固める 기초를 다지다. あの建物は基礎がしっかりしている 저 건물은 기초가 튼튼하다. 英語を基礎から勉強し直す 영어를 기초부터 새로 공부하다. ♦基礎工事 기초 공사. 基礎体温 기초 체온. 基礎代謝 기초 대사.
きそう【奇想】 기상(奇想). ♦奇想天外 기상천외.
きそう【帰巣】 귀소(歸巢). ♦帰巣本能 귀소 본능.
きそう【起草】 ㊂하 기초(起草). ‖草案を起草する 초안을 기초하다.
きそう【基層】 기층(基層).
きそう【競う】 경쟁(競爭)하다; 겨루다. ‖技を競う 기술을 겨루다.
きぞう【寄贈】 ㊂하 기증(寄贈).
ぎそう【偽装】 ㊂하 위장(僞裝).
ぎぞう【偽造】 ㊂하 위조(僞造). ♦偽造紙幣 위조 지폐. 文書偽造 문서 위조.
*きそく【規則】 규칙(規則). ‖規則を守る 규칙을 지키다. 規則正しい生活 규칙적인 생활. ♦規則的 규칙적. 規則的に変化する 규칙적으로 변화하다.
きぞく【帰属】 ㊂하 귀속(歸屬). ♦帰属意識 귀속 의식.
きぞく【貴族】 귀족(貴族).
ぎぞく【義足】 의족(義足).
きそん【既存】 ㊂하 기존(既存). ‖既存の設備 기존 설비.
きた【北】 북(北). ‖北側 북쪽. 北向きの家 북향집.
ギター【guitar】 기타. ‖ギターを弾く 기타를 치다.
きたい【気体】 기체(氣體).
*きたい【期待】 ㊂하 기대(期待). ‖いい結果を期待する 좋은 결과를 기대하다. 期待以上の成果を挙げる 기대 이상의 성과를 올리다. 期待に応える 기대에 부응하다.
きたい【機体】 기체(機體).
ぎたい【擬態】 의태(擬態). ♦擬態語 의태어.
ぎだい【議題】 의제(議題). ‖議題に上る 의제로 오르다.
きたえあげる【鍛え上げる】 충분(充分)히 단련(鍛鍊)하다; 키우다. ‖一人前の選手に鍛え上げる 제대로 된 선수로 키우다.
きたえる【鍛える】 벼리다; 단련(鍛鍊)하다. ‖刀を鍛える 칼을 벼리다. 技を鍛える 기술을 단련하다.
きたかいきせん【北回帰線】 북회귀선(北回歸線).
きたかぜ【北風】 북풍(北風); 삭풍(朔風).
きたく【帰宅】 ㊂하 귀가(歸家). ‖帰宅時間 귀가 시간.
きたけ【着丈】 (服の)기장.
きたす【来す】 가져오다; 초래(招來)하다. ‖支障を来す 지장을 초래하다.
きだて【気立て】 기질(氣質); 마음씨. ‖気立てのよい子 마음씨가 고운 아이.
*きたない【汚い】 ❶더럽다; 지저분하다. ‖汚い手 지저분한 손. 汚い部屋 지저분한 방. ❷조악(粗惡)하다; 난잡(亂雜)하다. ‖字が汚い 졸필이다. ❸비겁(卑怯)하다. ‖汚いやり方 비겁한 방법.
きたならしい【汚らしい】 더럽다; 지저분하다. ‖泥だらけの汚らしいズボン 흙투성이의 지저분한 바지.
きたはんきゅう【北半球】 북반구(北半球).
ギタリスト【guitarist】 기타리스트.
きたる【来る】 오는; 이번. ‖来る5日 오는 오일.
きたん【忌憚】 기탄(忌憚). ‖忌憚なく言う 기탄없이 말하다.
きだん【気団】 기단(氣團). ‖シベリア気団 시베리아 기단.
きち【吉】 길(吉); 길한 운세(運勢).
きち【既知】 기지(既知); 이미 앎. ‖既知の事実 이미 아는 사실.
きち【基地】 기지(基地). ‖米軍基地 미

군 기지.

きち【機知】 기지(機智); 위트. ‖機知に富んだ会話 기지가 넘치는 대화.

きちきち ❶꽉; 빼곡히. ‖箱へきちきちに詰め込む 상자에 빼곡히 넣다. ❷〔余裕のない様子〕간신(艱辛)히; 겨우. ‖時間きちきちにやってきた 겨우 시간에 맞춰 왔다. ❸〔正確な様子〕정확(正確)하게. ‖きちきち(と)仕事を片付ける 정확하게 일을 처리하다.

きちじつ【吉日】 길일(吉日).

きちゃく【帰着】 (ス自) 귀착(歸着).

きちゅう【忌中】 기중(忌中); 상중(喪中).

きちょう【記帳】 (ス他) 기장(記帳).

きちょう【基調】 기조(基調). ‖基調演説 기조연설. 黒を基調とした服装 까만색을 기조로 한 복장.

きちょう【貴重】ダ 귀중(貴重)하다. ‖貴重な体験 귀중한 체험. ♦**貴重品** 귀중품.

きちょう【機長】 기장(機長).

ぎちょう【議長】 의장(議長).

きちょうめん【几帳面】ダ 꼼꼼하다. ‖几帳面な性格 꼼꼼한 성격.

きちんと ❶깔끔히; 말끔히. ‖机の中をきちんとする 책상 안을 깔끔하게 하다. ❷정확(正確)하게; 틀림없이. ‖定刻にきちんと集まる 정확하게 정각에 모이다.

きつい ❶(余裕がなくて)갑갑하다. ‖きつい靴 꽉 끼는 구두. ❷힘들다; 엄(嚴)하다. ‖きつい仕事 힘든 일. ❸기(氣)가 세다; 표독(慓毒)하다. ‖きつい性格 기가 센 성격. きつい目つき 표독스러운 눈매.

きつえん【喫煙】 (ス他) 끽연(喫煙); 흡연(吸煙). ♦**喫煙室** 끽연실.

きづかい【気遣い】 염려(念慮). ‖お気遣い, ありがとうございます 염려해 주셔서 감사합니다.

きづかう【気遣う】 염려(念慮)하다; 걱정하다. ‖夫の安否を気遣う 남편의 안부를 걱정하다.

きっかけ【切っ掛け】 기회(機會); 계기(契機). ‖ひょんなきっかけで友人となる 의외의 일을 계기로 친구가 되다.

きっかり ❶딱; 정확(正確)히. ‖きっかり千円です 딱 천 엔입니다. ❷확실(確實)히. ‖輪郭がきっかり(と)浮かび上がる 윤곽이 확실히 드러나다.

きづかれ【気疲れ】 ‖気疲れする 정신적으로 피곤하다.

きっきょう【吉凶】 길흉(吉凶). ‖吉凶を占う 길흉을 점치다.

キック【kick】 (ス他) 킥. ♦**キックオフ** (サッカーで)킥오프. **キックボクシング** 킥복싱.

きづく【気付く】 ❶알아차리다; 눈치채다. ‖誤りに気づく 잘못을 눈치채다. ❷〔意識が戻る〕정신(精神)이 들다.

ぎっくりごし【ぎっくり腰】 급성 요통(急性腰痛).

きつけ【着付け】 바르게 입는 것; 바르게 입히는 것.

きっこう【拮抗】 (ス自) 길항(拮抗).

きっこう【亀甲】 ❶귀갑(龜甲). ❷귀갑문양(龜甲紋樣).

きっさてん【喫茶店】 카페; 커피숍; 찻집; 다방(茶房).

ぎっしり 빼곡히; 빽빽이. ‖リュックにぎっしり荷物を入れる 배낭에 짐을 빽빽이 넣다.

キッズ【kids】 어린아이.

きっすい【生っ粋】 순수(純粹); 아무것도 섞이지 않은 것. ‖生粋の江戸っ子 동경 토박이.

きっすい【喫水・吃水】 (説明) 배가 떠 있을 때, 수면(水面)에서 배 바닥까지의 거리(距離).

きっする【喫する】 (よくないことを)당하다; 입다. ‖惨敗を喫する 참패를 당하다.

きっそう【吉相】 길상(吉相).

きっちょう【吉兆】 길조(吉兆).

きっちり ❶딱; 정확(正確)히. ‖きっちり千円しかない 딱 천 엔밖에 없다. ❷꼭; 빈틈없이. ‖戸をきっちり(と)閉める 문을 꼭 닫다.

キッチン【kitchen】 부엌.

キツツキ【啄木鳥】 딱따구리.

きって【切手】 우표(郵票). ‖切手を貼る 우표를 붙이다. ♦**記念切手** 기념우표.

-きっての【切っての】 …가운데 제일(第一). ‖町内切っての物知り 마을에서 제일 똑똑한 사람.

きっと〔鋭く〕무섭게; 엄하게. ‖きっとにらむ 무섭게 노려보다.

きっと【屹度】〔確かに〕꼭; 틀림없이; 분명히; 반드시. ‖明日はきっと晴れる 내일은 분명히 맑을 것이다.

キツネ【狐】 여우. ▸狐の嫁入り 여우비. ♦**きつねうどん** 유부우동. **きつねそば** 유부국수. **狐火** 도깨비불.

きっぱり 확실(確實)하게. ‖きっぱり(と)断る 확실하게 거절하다.

***きっぷ【切符】** ❶표(票); 티켓. ‖切符売り場 표 파는 곳. コンサート切符 콘서트 티켓. 往復切符 왕복 표. ❷자격(資格); 권리(權利). ‖決勝進出の切符を手にする 결승 진출권을 손에 넣다.

きっぽう【吉報】 길보(吉報).

きづまり【気詰まり】 거북함; 답답함. ‖あの人と一緒にいると気詰まりだ 저 사람하고 같이 있으면 거북하다.

きてい【既定】 기정(既定). ‖既定の方針 기정 방침.

きてい【規定】 (ス他) 규정(規定). ‖規定に従う 규정에 따르다.

きてい【規程】 규정(規程). ‖事務規程 사무 규정.

きてい【基底】 기저(基底). ‖ダムの基底

部 댐의 기저부. この運動の基底となる思想 이 운동의 기저에 있는 사상.
ぎてい【議定】㊇하 의정(議定). ♦議定書 의정서.
きてき【汽笛】기적(汽笛). ‖汽笛を鳴らす 기적을 울리다.

き

きてん【起点】기점(起点).
きてん【基点】기점(基点).
きてん【機転】재치(才致); 순발력(瞬發力). ‖機転が利く 재치가 있다. 機転を利かせる 순발력을 발휘하다.
きと【企図】㊇하 기도(企圖); 계획(計劃).
きと【帰途】귀로(歸路). ‖帰途につく 귀로에 오르다.
きどあいらく【喜怒哀楽】희로애락(喜怒哀樂).
きとう【祈禱】㊇하 기도(祈禱). ‖祈禱をささげる 기도를 드리다.
きとう【亀頭】귀두(龜頭).
きどう【気道】기도(氣道).
きどう【軌道】궤도(軌道). ‖軌道に乗る 궤도에 오르다.
きどう【起動】㊇하 기동(起動). ‖パソコンを起動する 컴퓨터를 기동하다.
きどう【機動】㊇하 기동(機動). ♦機動作戦 기동 작전. 機動隊 기동대. 機動力 기동력.
きとく【危篤】위독(危篤). ‖危篤状態 위독한 상태.
きとく【奇特】ダ 기특(奇特)하다. ‖奇特な人 기특한 사람.
きとくけん【既得権】기득권(既得權).
きどり【気取り】❶거드름. ‖気取り屋 거드름을 피우는 사람. ❷…인 체함; …행세(行世)를 함.
きどる【気取る】❶거드름을 피우다; 잘난 체하다; 거들먹거리다. ‖気取って歩く 거들먹거리며 걷다. ❷…인 체하다; …행세(行世)를 하다. ‖スターを気取る 스타 행세를 하다.
きない【機内】기내(機內). ♦機内食 기내식.
きなこ【黄な粉】콩고물; 콩가루.
きにち【忌日】기일(忌日); 제삿날.
きにゅう【記入】㊇하 기입(記入). ‖名簿に名前を記入する 명부에 이름을 기입하다.
きぬ【絹】비단(緋緞); 견직물(絹織物). ♦絹糸 명주실. 絹織物 견직물.
きね【杵】절굿공이.
ギネスブック【Guinness Book】기네스북.
*きねん【記念】㊇하 기념(記念). ‖卒業を記念して木を植える 졸업을 기념해서 나무를 심다. 記念の行事 기념 행사. ♦記念切手 기념우표. 記念写真 기념사진. 記念碑 기념비.
きのう【昨日】어제. ‖昨日は朝から雨が降った 어제는 아침부터 비가 왔다. 昨日の午後 어제 오후. 昨日の新聞 어제 신문. ♦昨日今日 어제오늘. 최근.
きのう【帰納】㊇하 귀납(歸納).
きのう【機能】㊇하 기능(機能). ‖運動機能 운동 기능. 胃の機能が衰える 위의 기능이 떨어지다.
*ぎのう【技能】기능(技能). ♦技能工 기능공. 技能士 기능사. 技能オリンピック 기능 올림픽.
きのえ【甲】갑(甲).
キノコ【茸】버섯.
きのと【乙】을(乙).
*きのどく【気の毒】ダ ❶딱하다; 불쌍하다. ‖気の毒な身の上だ 처지가 딱하다. ❷미안(未安)하다. ‖気の毒なことをした 미안한 짓을 했다.
きのぼり【木登り】‖木登りする 나무에 오르다.
きのみ【木の実】나무 열매.
きのみきのまま【着の身着の儘】걸친 옷만으로.
きのめ【木の芽】❶나무의 싹. ❷〔山椒の芽〕산초(山椒)나무의 싹.
きのり【気乗り】마음이 내킴; 흥미(興味)가 있음. ‖気乗りがしない 마음이 내키지 않다.
きば【牙】송곳니.
きば【騎馬】기마(騎馬). ♦騎馬戦 기마전. 騎馬隊 기마대.
きはく【気迫】기백(氣魄). ‖相手の気迫に押される 상대방 기백에 눌리다.
きはく【希薄】ダ 희박(稀薄)하다. ‖高度が増すと空気が希薄になる 고도가 높아지면 공기가 희박해진다.
きばく【起爆】㊇하 기폭(起爆). ♦起爆剤 기폭제. 経済活性化の起爆剤となるか 경제 활성화의 기폭제가 될 것인가?
きはずかしい【気恥ずかしい】멋쩍다; 쑥스럽다. ‖こんなことで表彰されるとは何となく気恥ずかしい 이런 일로 상을 받다니 왠지 쑥스럽다.
きはつ【揮発】㊇하 휘발(揮發). ♦揮発性 휘발성. 揮発油 휘발유.
きばつ【奇抜】ダ 기발(奇拔)하다. ‖奇抜なアイデア 기발한 아이디어.
きばむ【黄ばむ】누래지다; 누렇게 되다; 노래지다. ‖黄ばんだハンカチ 누래진 손수건.
きばらし【気晴らし】㊇하 기분 전환(氣分轉換). ‖気晴らしに散歩する 기분 전환으로 산책을 하다.
きばる【気張る】❶〔いきむ〕배에 힘을 주다. ❷〔奮発する〕분발(奮發)하다; 힘을 내다.
きはん【規範】규범(規範). ‖社会規範 사회 규범.
きばん【基盤】기반(基盤). ‖会社の基盤を固める 회사의 기반을 다지다.
きひ【忌避】㊇하 기피(忌避). ‖兵役を

忌避する 병역을 기피하다.
キビ【黍·稷】 수수; 기장.
きびき【忌引き】 (説明) 상(喪)을 당해 회사(會社)나 학교(學校)를 쉬는 것.
きびきび 활발(活發)하게; 활기(活氣) 차게. ‖きびきびと仕事する 활기차게 일하다.
きびしい【厳しい】 ❶엄격(嚴格)하다; 엄하다. ‖戒律が厳しい 계율이 엄격하다. ❷심(甚)하다. ‖残暑が厳しい 늦더위가 심하다.
きびす【踵】 뒤꿈치. ▸踵を返す[めぐらす] 발길을 돌리다.
きびだんご【黍団子】 수수경단(瓊團).
きひん【気品】 기품(氣品). ‖気品のある顔立ち 기품 있는 얼굴.
きひん【貴賓】 귀빈(貴賓). ♦貴賓室 귀빈실. 貴賓席 귀빈석.
きびん【機敏】ダ 기민(機敏)하다. ‖機敏な動き 기민한 움직임.
きふ【寄付】 (ス하) 기부(寄附). ♦寄付金 기부금.
きふ【棋譜】 기보(棋譜).
ぎふ【義父】 양부(養父); 계부(繼父); 〔妻の父〕장인(丈人).
きふう【気風】 기풍(氣風).
きふく【起伏】 기복(起伏). ‖なだらかに起伏する高原 완만한 기복이 있는 고원. 感情の起伏が激しい 감정의 기복이 심하다.
きふじん【貴婦人】 귀부인(貴婦人).
きぶつ【器物】 기물(器物). ♦器物破損 기물 파손.
ギフト【gift】 선물(膳物). ♦ギフトカード 상품권. ギフトショップ 선물 가게.
***きぶん**【気分】 기분(氣分). ‖遊びに行く気分ではない 놀러 갈 기분이 아니다. 気分を壊される 기분이 나빠지다. ♦新婚気分 신혼 기분. 気分転換 기분 전환. 気分屋 변덕쟁이.
きへい【騎兵】 기병(騎兵).
きべん【詭弁】 궤변(詭辯). ‖詭弁を弄(ろう)する 궤변을 늘어놓다.
きぼ【規模】 규모(規模). ‖規模の大きなイベント 규모가 큰 이벤트. ♦大規模 대규모.
ぎぼ【義母】 양모(養母); 계모(繼母); 〔妻の母〕장모(丈母).
きほう【気泡】 기포(氣泡).
***きぼう**【希望】 (ス하) 희망(希望). ‖希望を失う 희망을 잃다. 将来への希望 장래에 대한 희망. 希望を持って生きていく 희망을 가지고 살아가다. 彼の希望通りにしてあげたい 그 사람의 희망대로 해 주고 싶다. ♦希望的観測 희망적 관측.
ぎほう【技法】 기법(技法).
***きほん**【基本】 기본(基本). ‖基本を身につける 기본을 몸에 익히다. 他人を尊重することが集団生活の基本です 타인을 존중하는 것이 집단생활의 기본입니다. 政策の基本 정책의 기본. 基本料金 기본요금. 基本方針 기본 방침. ♦基本給 기본급. 基本的 기본적. 基本的には君の意見に賛成だ 기본적으로는 네 의견에 찬성한다.
きまえ【気前】 돈 씀씀이. ‖気前がいい 돈을 잘 쓰다.
きまぐれ【気紛れ】 변덕(變德); 변덕스러움. ‖一時の気まぐれ 한때의 변덕. 気まぐれな天気 변덕스러운 날씨.
きまじめ【生真面目】ダ 고지식할 정도(程度)로 성실(誠實)하다.
きまずい【気不味い】 어색(語塞)하다; 찜찜하다. ‖気まずい雰囲気 어색한 분위기.
きまつ【期末】 기말(期末). ‖期末テスト 기말 시험.
きまって【決まって】 반드시; 항상(恒常). ‖食事の後, 決まってタバコを吸う 식사가 끝나면 반드시 담배를 피운다.
きまま【気儘】ダ 마음대로 하다; 제멋대로이다. ‖気ままな生活 마음대로 하는 생활.
***きまり**【決まり】 ❶규칙(規則); 룰. ‖決まりを守る 규칙을 지키다. ❷결말(結末); 결론(結論). ‖決まりをつける 결말을 내다. ❸〔お決まり〕언제나 같은 것. ‖決まり文句 항상 하는 말.
きまりきった【決まり切った】 ❶〔明白な〕명백(明白)한; 당연(當然)한. ‖決まりきった事実 명백한 사실. ❷〔型どおりの〕항상(恒常) 같은; 틀에 박힌. ‖決まりきった挨拶 틀에 박힌 인사.
きまる【決まる】 ❶결정(決定)되다; 정해지다. ‖旅行の日程が決まる 여행 일정이 정해지다. 決まった時間に家を出る 정해진 시간에 집을 나서다. ❷생각대로 되다. ❸〔…に決まっているの形で〕반드시 … 하다. ‖彼女は来るに決まっている 그녀는 반드시 온다. ❹〔格好がつく〕 ‖今日は決まってるね 오늘은 옷이 잘 어울리네.
ぎまん【欺瞞】 (ス하) 기만(欺瞞).
きみ【君】 너; 〔君の〕네. ‖君も一緒に来ないか 너도 같이 안 올래?
きみ【黄身】 노른자.
きみ【気味】 ❶기분(氣分). ‖気味の悪い話 기분이 나쁜 이야기. ❷경향(傾向); 기미(氣味). ‖高血圧の気味がある 고혈압 기미가 있다. いい気味だ 고소하다.
-ぎみ【気味】 경향(傾向); 기미(氣味); 기운. ‖風邪気味 감기 기운. 疲れ気味だ 쉽게 피곤해지다.
きみじか【気短】ダ 성질(性質)이 급하다.
きみつ【気密】 기밀(氣密).
きみつ【機密】 기밀(機密). ♦機密書類 기밀 서류.

き

きみどり【黄緑】 황록색(黄綠色).
きみょう【奇妙】ダ　기묘(奇妙)하다. ‖奇妙な風習 기묘한 풍습.
*ぎむ【義務】 의무(義務). ‖義務を果たす 의무를 다하다. 納税の義務 납세의 의무. 義務教育制度 의무 교육 제도.
きむずかしい【気難しい】　까다롭다. ‖気難しい人 까다로운 사람.
きむすめ【生娘】 처녀(處女).
キムチ 김치. ‖白菜キムチ 배추김치. ネギキムチ 파김치.
きめ【木目】 ❶나뭇결. ❷(肌・ものの)결. ‖きめの細かな肌 고운 피부. ❸마음 씀씀이. ‖きめの細かい配慮 세심한 배려.
きめい【記名】 (名하)기명(記名). ♦記名投票 기명 투표.
ぎめい【偽名】 가명(假名).
きめこむ【決め込む】 ❶〔思い込む〕그런 줄로 믿다. ‖合格するものと決め込んでいる 합격하는 것으로 믿고 있다. ❷〔それらしくふるまう〕그런 줄로 알고 행동(行動)하다. ‖秀才を決め込む 수재인 양하다. ❸그렇게 하기로 작정(作定)하다. ‖ねこばばを決め込む 가로채기로 작정하다.
きめつける【決め付ける】　단정(斷定)하다. ‖頭から犯人だと決めつける 처음부터 범인으로 단정하다.
きめて【決め手】 최종 판단(最終判斷)의 근거(根據). ‖決め手となる証拠 결정적인 증거.
*きめる【決める】 ❶정하다; 결정(決定)하다; 결정짓다; 결심(決心)하다. ‖日程を決める 일정을 정하다. 活動方針を決める 활동 방침을 정하다. 委員を選挙で決める 위원을 선거로 결정하다. 優勝を決めた一番 우승을 결정한 한 판. 行くことに決める 가기로 결심하다. ❷〔習慣として〕…하고 있다. ‖私は日曜日は仕事をしないことに決めている 나는 일요일은 일을 하지 않는 것으로 하고 있다.
きも【肝】 ❶〔肝臓〕간; 간장(肝臟). ❷〔度胸〕담력(膽力). ▸肝が据わっている 담력이 있다. ▸肝が太い 간이 크다. 〔慣〕 ▸肝に銘じる 명심하다. アドバイスを肝に銘じる 충고를 명심하다. ▸肝をつぶす 심하게 놀라다. ▸肝を冷やす 간담이 서늘해지다.
きもだめし【肝試し】 담력 시험(膽力試驗); 담력 대결(膽力對決).
*きもち【気持ち】 ❶기분(氣分). ‖気持ちのいい朝 기분이 좋은 아침. 気持ち悪い物音 기분 나쁜 소리. 気持ちよく眠る 기분 좋게 잠들다. 食べ過ぎて気持ちが悪い 많이 먹어서 속이 안 좋다. ❷〔思い〕생각; 마음. ‖気持ちが変わる 마음이 바뀌다. 彼の気持ちが分からない 그 사람 마음을 모르겠다. 不安な気持ちをいだく 마음이 불안하다. 軽い気持ちでこの仕事を引き受けた 가벼운 마음으로 이 일을 맡았다. ❸〔少し〕조금. ‖気持ち左へ寄ってください 조금 왼쪽으로 붙으세요.
きもったま【肝っ玉】 용기(勇氣); 담력(膽力). ‖肝っ玉が太い 간이 크다.〔慣〕
きもの【着物】 기모노.
きもん【鬼門】 ❶〔方角〕귀신(鬼神)이 드나든다는 방향(方向); 동북(東北)쪽. ❷〔苦手〕껄끄러운 상대(相對)나 일.
*ぎもん【疑問】 의문(疑問). ‖疑問をいだく 의문을 갖다. 成功するかどうか疑問だ 성공할 수 있을지 의문이다. 彼の言葉が本当かどうか疑問である 그 사람의 말이 진짜인지 아닌지 의문이다. 開催が疑問視されている 개최가 의문시되고 있다. ♦疑問詞 의문사. 疑問符 물음표(?). 疑問文 의문문.
きゃあ 꺅. ‖きゃあ, 助けて! 꺅. 살려 주세요!
きゃあきゃあ ❶〔悲鳴〕아악. ‖きゃあきゃあと悲鳴を上げる 아악 하고 비명을 지르다. ❷〔子どものはしゃぐ声〕 ‖きゃあきゃあ(と)言いながら走る 소리를 지르며 뛰어가다.
ぎゃあぎゃあ 와글와글; 왁자지껄.
きゃく【客】 ❶손님. ‖客を迎える 손님을 맞이하다. ❷〔道具・器などを数える単位〕…개(個). ‖お椀 5 客 그릇 다섯 개.
-きゃく【脚】〔脚の付いている道具を数える単位〕…개(個). ‖椅子 3 脚 의자 세 개.
きやく【規約】 규약(規約).
*ぎゃく【逆】 역(逆); 반대(反對); 거꾸로 됨. ‖順序を逆にする 순서를 반대로 하다. 逆の方向 역방향. 逆に 반대로.
ギャグ【gag】 개그.
きゃくあし【客足】 손님; 손님의 수(數). ‖客足が遠のく 손님이 뜸해지다.
きゃくいん【客員】 객원(客員). ♦客員教授 객원 교수.
ぎゃくぎれ【逆切れ】 ‖逆切れする 혼날 입장(立場)의 사람이 오히려 화를 내다.
ぎゃくこうか【逆効果】 역효과(逆效果).
ぎゃくさつ【虐殺】 (名하)학살(虐殺).
ぎゃくさん【逆算】 (名하)역산(逆算).
きゃくしつ【客室】 객실(客室).
きゃくしゃ【客車】 객차(客車).
ぎゃくしゅう【逆襲】 (名하)역습(逆襲).
ぎゃくじょう【逆上】 ‖逆上する 발끈하다. 격앙되다.
きゃくしょく【脚色】 (名하)각색(脚色). ‖伝説を芝居に脚色する 전설을 연극으로 각색하다.
きゃくせき【客席】 객석(客席).
ぎゃくせつ【逆接】 역접(逆接).
ぎゃくせつ【逆説】 역설(逆說).
きゃくせん【客船】 객선(客船).

きゃくせんび【脚線美】 각선미(脚線美).
きゃくたい【客体】 객체(客體).
ぎゃくたい【虐待】 ㊋하 학대(虐待). ‖児童虐待 아동 학대.
きゃくちゅう【脚注】 각주(脚注).
ぎゃくてん【逆転】 ㊋되 역전(逆轉). ‖形勢が逆転する 형세가 역전되다.
きゃくひき【客引き】 ❶㊋하〔行為〕호객(呼客). ❷〔人〕호객꾼.
ぎゃくふう【逆風】 역풍(逆風).
きゃくほん【脚本】 각본(脚本). ‖脚本家 각본가.
ぎゃくもどり【逆戻り】 ‖逆戻りする 되돌아가다.
ぎゃくゆしゅつ【逆輸出】 ㊋하 역수출(逆輸出).
ぎゃくゆにゅう【逆輸入】 ㊋하 역수입(逆輸入).
ぎゃくりゅう【逆流】 ㊋하 역류(逆流). ‖海水が川に逆流する 바닷물이 강으로 역류하다.
ギャザー【gather】 주름. ‖ギャザーを寄せる 주름을 잡다. ♦ギャザースカート 주름치마.
きゃしゃ【華奢】ダ ❶날씬하고 기품(氣品)이 있다. ‖きゃしゃな体つき 날씬하고 기품이 있는 몸매. ❷약하다; 허술하다. ‖きゃしゃなつくりの椅子 허술하게 만들어진 의자.
キャスター【caster】 캐스터.
キャスティングボート【casting vote】 캐스팅 보트.
きやすめ【気休め】 일시적(一時的)인 안심(安心); 일시적으로 안심을 주는 말이나 행동(行動). ‖気休めを言う 위안의 말을 하다.
きゃたつ【脚立】 접는 사다리.
きゃっか【却下】 ㊋되 기각(棄却). ‖保釈の請求が却下される 보석 청구가 기각되다.
きゃっかん【客観】 객관(客觀). ♦客観性 객관성. 客観的 객관적. 客観的な立場 객관적인 입장. 自分を客観的に見るのは難しい 자기를 객관적으로 보는 것은 어렵다.
ぎゃっきょう【逆境】 역경(逆境). ‖逆境にめげず生きる 역경에 굴하지 않고 살아가다.
きゃっこう【脚光】 각광(脚光). ‖脚光を浴びる 각광을 받다.
ぎゃっこう【逆光】 역광(逆光).
ぎゃっこう【逆行】 ㊋하 역행(逆行). ‖時代に逆行する 시대에 역행하다.
***キャッシュ【cash】** 현금(現金). ‖キャッシュで払う 현금으로 지불하다. ♦キャッシュカード 현금 카드.
キャッチ【catch】 ㊋하 선전(宣傳). ♦キャッチコピー 선전 문구. キャッチフレーズ 캐치프레이즈. キャッチボール 캐치볼. キャッチホン 대기 중 통화.
キャッチャー【catcher】 (野球で)캐처; 포수(捕手).
キャップ【cap】 뚜껑. ‖ボールペンのキャップ 볼펜 뚜껑.
ギャップ【gap】 갭. ‖ギャップを埋める 갭을 메우다. ジェネレーションギャップ 제너레이션 갭.
キャディー【caddie】 (ゴルフで)캐디.
キャバレー【cabaretフ】 카바레.
キャビア【caviar】 캐비어.
キャビネット【cabinet】 캐비닛.
キャベツ【cabbage】 양배추.
キャミソール【camisole】 캐미솔.
ギャラ(ンティー)【guarantee】 개런티.
キャラバン【caravan】 ❶사막(沙漠)의 대상(隊商). ❷판매(販賣)나 선전(宣傳)을 위해 각지(各地)를 도는 것.
キャラメル【caramel】 캐러멜.
キャリア【career】 ❶경력(經歷); 경험(經驗). ❷엘리트 공무원(公務員).
ギャロップ【gallop】 갤럽.
キャロル【carol】 캐럴. ‖クリスマスキャロル 크리스마스캐럴.
ギャング【gang】 갱.
キャンセル【cancel】 ㊋하 취소(取消). ‖航空券をキャンセルする 항공권을 취소하다.
キャンドル【candle】 캔들.
キャンバス【canvas】 캔버스.
キャンパス【campus】 캠퍼스.
キャンピングカー【camping+car日】 캠핑카.
キャンプ【camp】 캠프. ‖夏には山にキャンプに行く 여름에는 산으로 캠프를 가다. 米軍のキャンプ 미군 캠프. ♦キャンプ場 캠프장. キャンプファイア 캠프파이어.
ギャンブル【gamble】 도박(賭博).
キャンペーン【campaign】 캠페인. ‖キャンペーンを張る 캠페인을 벌이다.
きゅう【旧】 구(舊). ‖旧正月 구정.
きゅう【九・9】 구(九); 아홉. ‖9ヵ月 구 개월. 9人 아홉 명.
***きゅう【急】**ダ 급(急)하다; 갑작스럽다. ‖急な用事 급한 일. 急な話 갑작스러운 이야기. 急に忙しくなってきた 갑자기 바빠졌다. 急ピッチ 급피치. 急ブレーキをかける 급브레이크를 밟다.
きゆう【杞憂】 기우(杞憂). ‖杞憂に過ぎない 기우에 지나지 않다.
きゅうあい【求愛】 ㊋하 구애(求愛).
きゅういん【吸引】 ㊋하 흡인(吸引). ‖吸引力 흡인력.
きゅうえん【救援】 ㊋하 구원(救援); 구조(救助). ‖救援物資 구원 물자.
***きゅうか【休暇】** 휴가(休暇). ‖休暇を取る 휴가를 받다. 長期休暇 장기 휴가. 夏期休暇 여름휴가. 하기휴가.
きゅうかく【嗅覚】 후각(嗅覺). ‖犬は嗅覚が鋭い 개는 후각이 발달되어 있다.

き

きゅうがく【休学】㉠하 휴학(休學).
きゅうかざん【休火山】 휴화산(休火山).
ぎゅうかわ【牛革】 쇠가죽; 소가죽.
きゅうかん【休刊】㉠하 휴간(休刊).
きゅうかん【休館】 ㉠하 휴관(休館). ‖臨時に休館する 임시로 휴관하다.
きゅうかんち【休閑地】 휴한지(休閑地).
キュウカンチョウ【九官鳥】 구관조(九官鳥).
きゅうき【吸気】 흡기(吸氣); 들숨.
きゅうぎ【球技】 구기(球技).
きゅうきゅう【汲汲】ダ 급급(汲汲)하다. ‖保身に汲汲とする 몸 사리기에 급급하다.
きゅうきゅう【救急】 구급(救急). ♦救急救命士 구급 구명원. 救急車 구급차. 앰뷸런스. 救急病院 응급 병원. 救急箱 구급상자.
ぎゅうぎゅう ❶〔詰め込む様子〕꽉꽉; 꾹꾹. ‖ぎゅうぎゅう押し込む 꽉꽉 눌러 넣다. ぎゅうぎゅう縛る 꽉꽉 묶다. ❷〔苦しい様子〕‖ぎゅうぎゅう絞られる 호되게 당하다.
きゅうきょ【急遽】 급거(急遽); 갑자기. ‖急遽帰国する 갑자기 귀국하다.
きゅうきょう【旧教】 구교(舊敎).
きゅうぎょう【休業】㉠하 휴업(休業).
きゅうきょく【究極】 궁극(窮極). ‖究極の目的 궁극적인 목적.
*きゅうくつ【窮屈】ダ 꽉 끼다; 답답하다; 여유(餘裕)가 없다. ‖ズボンが窮屈になる 바지가 꽉 끼다. 規則に縛られて窮屈だ 규칙에 얽매여 답답하다. 窮屈な暮らし 여유가 없는 생활.
*きゅうけい【休憩】㉠하 휴게(休憩); 휴식(休息). ‖5分間休憩する 오 분간 휴게하다. 休憩を取る 휴식을 취하다. 休憩所 휴게소.
きゅうけい【求刑】㉠하 구형(求刑).
きゅうけい【球形】 구형(球形).
きゅうげき【急激】ダ 급격(急激)하다. ‖急激な変化 급격한 변화. 事態は急激に悪化した 사태는 급격히 악화되었다.
きゅうけつき【吸血鬼】 흡혈귀(吸血鬼).
きゅうご【救護】㉠하 구호(救護). ‖救護施設 구호 시설.
きゅうこう【旧交】 ‖旧交を温める 옛 정을 새로이 하다.
きゅうこう【休校】㉠하 휴교(休校).
きゅうこう【休講】㉠하 휴강(休講).
*きゅうこう【急行】 급행(急行); 급히 달려감. ‖6時に出発する新宿行き急行 여섯 시에 출발하는 신주쿠행 급행. 現場に急行する 현장으로 급히 달려가다.
きゅうごう【糾合】 ㉠하 규합(糾合). ‖同志を糾合する 동지를 규합하다.
きゅうこうか【急降下】㉠하 급강하(急降下).
きゅうこく【救国】 구국(救國). ‖救国の士 구국지사.
きゅうこん【求婚】㉠하 구혼(求婚).
きゅうこん【球根】 구근(球根).
きゅうさい【救済】 ㉠하 구제(救濟). ‖難民を救済する 난민을 구제하다.
きゅうし【九死】 ‖九死に一生を得る 구사일생으로 살아나다.
きゅうし【休止】㉠하 휴지(休止); 중지(中止). ♦休止符 쉼표.
きゅうし【急死】㉠하 급사(急死). ‖心不全で急死する 심부전으로 급사하다.
きゅうじ【給仕】 급사(給仕).
きゅうしき【旧式】 구식(舊式). ‖旧式な車 구식 차.
きゅうしつ【吸湿】 흡습(吸濕). ‖吸湿剤 흡습제.
きゅうじつ【休日】 휴일(休日). ‖休日はよくドライブに行きます 휴일에는 자주 드라이브를 합니다.
ぎゅうしゃ【牛舎】 외양간.
きゅうしゅう【九州】 규슈.
きゅうしゅう【旧習】 구습(舊習).
きゅうしゅう【吸収】 ㉠하 흡수(吸收). ‖土地が水を吸収する 토지가 물을 흡수하다. 知識を吸収する 지식을 흡수하다.
きゅうしゅう【急襲】 ㉠하 급습(急襲). ‖敵を急襲する 적을 급습하다.
きゅうしゅつ【救出】 ㉠하 구출(救出). ‖遭難者を救出する 조난자를 구출하다.
きゅうじゅつ【弓術】 궁술(弓術); 궁도(弓道).
きゅうしょ【急所】 급소(急所). ‖急所をついた質問 급소를 찌른 질문.
*きゅうじょ【救助】 ㉠하 구조(救助). ‖溺れた子を救助する 물에 빠진 아이를 구조하다. 救助信号 구조 신호. ♦救助隊 구조대. 救助袋 구조대.
きゅうじょう【球状】 구상(球狀).
きゅうじょう【球場】 구장(球場).
きゅうしょうがつ【旧正月】 구정(舊正).
きゅうじょうしょう【急上昇】㉠하 급상승(急上昇). ‖株価が急上昇する 주가가 급상승하다.
きゅうしょく【休職】㉠하 휴직(休職).
きゅうしょく【求職】 ㉠하 구직(求職). ♦求職活動 구직 활동.
きゅうしょく【給食】 급식(給食). ♦学校給食 학교 급식.
ぎゅうじる【牛耳る】 좌지우지(左之右之)하다; 지배(支配)하다. ‖党の活動を牛耳る 당 활동을 좌지우지하다.
きゅうしん【休診】㉠하 휴진(休診).
きゅうしん【求心】 구심(求心). ♦求心力 구심력.
きゅうじん【求人】 구인(求人). ♦求人情報誌 구인 정보지.
きゅうしんてき【急進的】 급진적(急進的). ‖急進的な思想 급진적인 사상.

きゅうす【急須】 찻주전자(茶酒煎子).
きゅうすい【給水】 ㉠하 급수(給水). ‖断水地区に給水する 단수 지구에 급수하다.
きゅうすう【級数】 급수(級數). ♦無限級数 무한급수. 有限級数 유한급수.
きゅうする【窮する】 궁(窮)하다. ‖生活に窮する 생활이 궁하다. ▸窮すれば通ず 궁하면 통한다.〔諺〕
きゅうせい【急性】 급성(急性). ♦急性肺炎 급성 폐렴.
きゅうせい【旧姓】 ㉡명 결혼(結婚) 등으로 성(姓)이 바뀌기 전의 성.
きゅうせい【救世】 구세(救世). ♦救世軍 구세군. 救世主 구세주.
きゅうせき【旧跡】 구적(舊跡).
きゅうせっきじだい【旧石器時代】 구석기시대(舊石器時代).
きゅうせん【休戦】 ㉠하 휴전(休戰). ‖休戦協定 휴전 협정.
きゅうせんぽう【急先鋒】 급선봉(急先鋒).
きゅうぞう【急造】 ㉠하 급조(急造) ‖急造の建物 급조한 건물.
きゅうぞう【急増】 ㉠하 급증(急增). ‖急増する都市人口 급증하는 도시 인구.
きゅうそく【休息】 ㉠하 휴식(休息). ‖十分な休息を取る 충분한 휴식을 취하다. 君には休息が必要だ 너한테는 휴식이 필요하다.
きゅうそく【急速】ダ 급속(急速)하다. ‖急速な進歩 급속한 진보. ♦急速冷凍 급속 냉동.
きゅうだい【及第】 ㉠하 급제(及第); 합격(合格). ♦及第点 합격점. 커트라인.
きゅうたいりく【旧大陸】 구대륙(舊大陸).
きゅうだん【糾弾】 ㉠하 규탄(糾彈). ‖汚職を糾弾する 부정을 규탄하다.
きゅうだん【球団】 구단(球團).
きゅうち【窮地】 궁지(窮地). ‖窮地に追い込まれる 궁지에 몰리다.
きゅうちゃく【吸着】 ㉠하 흡착(吸着).
きゅうちょう【級長】 급장(級長).
きゅうていしゃ【急停車】 ㉠하 급정거(急停車).
きゅうてん【急転】 ㉠하 급전(急轉). ‖局面が急転する 국면이 급전하다.
きゅうでん【宮殿】 궁전(宮殿).
きゅうとう【急騰】 ㉠하 급등(急騰). ‖ガソリンの価格が急騰する 휘발유 가격이 급등하다.
きゅうとう【給湯】 ㉠하 급탕(給湯).
きゅうどう【弓道】 궁도(弓道).
ぎゅうどん【牛丼】 쇠고기 덮밥.
きゅうなん【救難】 구난(救難).
きゅうに【急に】 갑자기. ‖急に雨が降り出す 갑자기 비가 내리기 시작하다.
ぎゅうにく【牛肉】 쇠고기; 소고기.
きゅうにゅう【吸入】 ㉠하 흡입(吸入). ♦酸素吸入 산소 흡입.
*ぎゅうにゅう【牛乳】 우유(牛乳). ‖毎朝牛乳を1杯飲む 매일 아침 우유를 한 잔 마시다. スーパーで牛乳を1パック買った 슈퍼에서 우유를 한 통 샀다. ♦牛乳瓶 우윳병.
きゅうはく【急迫】 ㉠하 급박(急迫). ‖事態が急迫する 사태가 급박하다.
キュービズム【cubism】 큐비즘.
キューピッド【Cupid】 큐피드.
きゅうびょう【急病】 급병(急病); 갑자기 앓는 병.
きゅうふ【給付】 ㉠하 급부(給付). ♦反対給付 반대 급부.
キューブ【cube】 큐브.
きゅうへん【急変】 ㉠하 급변(急變). ‖夜中に容態が急変した 밤중에 용태가 급변했다.
きゅうほう【急報】 급보(急報).
きゅうぼう【窮乏】 ㉠하 궁핍(窮乏).
きゅうみん【救民】 구민(救民).
きゅうめい【究明】 ㉠하 구명(究明). ‖真相を究明する 진상을 규명하다. 原因究明 원인 구명.
きゅうめい【糾明】 ㉠하 규명(糾明).
きゅうめい【救命】 구명(救命). ♦救命具 구명구. 救命艇 구명정. 救命胴衣 구명동의. 救命浮標 구명부표.
きゅうやくせいしょ【旧約聖書】 구약성서(舊約聖書).
きゅうゆ【給油】 ㉠하 급유(給油). 기름을 넣음. ‖スタンドで車に給油する 주유소에서 차에 기름을 넣다. ♦給油所 급유소. 給油船 급유선.
きゅうゆう【級友】 급우(級友).
きゅうゆう【旧友】 옛 친구(親舊); 옛날 친구.
きゅうよ【給与】 ❶급여(給與). ‖給与所得 급여 소득. 給与体系 급여 체계. ❷㉠하 지급(支給). ‖制服を給与する 제복을 지급하다.
きゅうよ【窮余】 ‖窮余の一策 궁여지책.
きゅうよう【休養】 ㉠하 휴양(休養). ‖休養を取る 휴양을 하다.
きゅうよう【急用】 급(急)한 일; 급한 용무(用務). ‖急用ができた 급한 일이 생겼다.
きゅうらく【急落】 ㉠하 급락(急落). ‖株価が急落する 주가가 급락하다.
キュウリ【胡瓜】 오이.
きゅうりゅう【急流】 급류(急流).
きゅうりょう【丘陵】 구릉(丘陵). ♦丘陵地帯 구릉 지대.
*きゅうりょう【給料】 월급(月給); 급료(給料). ‖給料が上がる 월급이 오르다. この会社は給料がいい 이 회사는 월급이 좋다. ♦給料日 월급날.
きゅうれき【旧暦】 음력(陰曆).
きゅっと ❶〔強く締める様子〕꽉. ‖帯をきゅっと締める 끈을 세게 묶다. ❷〔引

き締まった様子〕‖きゅっと締まった腰 가는 허리. ❸〔飲み干す様子〕벌컥. ‖きゅっと1杯あける 벌컥 한 잔 들이켜다.
ぎゅっと ‖ぎゅっと握る 꽉 쥐다.
キュロットスカート 【culotte + skirt】치마 바지.
きよ【寄与】㊀하 기여(寄與). ‖医学の発展に寄与する 의학 발전에 기여하다.
きよい【清い】맑다; 깨끗하다. ‖少女の清い瞳 소녀의 맑은 눈동자.
***きょう**【今日】오늘. ‖今日の新聞 오늘 신문. 今日は学校へ行かない 오늘은 학교에 안 간다. 大会は今日開催される 대회는 오늘 개최된다. 今日中にこの仕事を終えよう 오늘 안으로 이 일을 끝내자.
きょう【凶】흉(凶). ♦吉凶 길흉.
きょう【興】흥(興). ‖興に入る 흥에 겹다.
きよう【起用】㊀하 기용(起用). ‖ベテランを起用する 베테랑을 기용하다.
きよう【器用】 ❶재주가 좋음; 잘함. ‖手先の器用な人 손재주가 좋은 사람. ❷요령(要領)이 좋음.
ぎょう【行】 행(行). ‖行を改める 행을 바꾸다. 3行削る 삼 행을 줄이다.
ぎょう【業】 업(業). ‖代々医を業とする 대대로 의사를 업으로 하다.
きょうあく【凶悪】ダ 흉악(凶惡)하다. ‖凶悪な犯罪 흉악한 범죄.
きょうあす【今日明日】 오늘내일. ‖今日明日を知らぬ命 오늘내일 하는 목숨.
きょうあつ【強圧】 ㊀하 강압(强壓). ♦強圧的 강압적. 強圧的態度 강압적인 태도.
きょうあん【教案】교안(敎案).
きょうい【胸囲】흉위(胸圍); 가슴둘레.
きょうい【脅威】 ㊀하 위협(威脅). ‖脅威を感じる 위협을 느끼다.
きょうい【驚異】경이(驚異). ‖驚異の目を見張る 경이에 찬 눈빛으로 바라보다. 自然の驚異 자연의 경이. ♦驚異的 경이적. 驚異的な記録 경이적인 기록.
***きょういく**【教育】 ㊀하 교육(敎育). ‖子どもにいい教育を受けさせる 아이에게 좋은 교육을 받게 하다. 大学教育を受ける 대학 교육을 받다. 英才教育 영재 교육. 義務教育 의무 교육. 外国語教育 외국어 교육. ♦教育委員会 교육 위원회. 教育課程 교육 과정. 教育長 교육장. 教育的 교육적. 教育的見地 교육적인 견지. 教育的な内容 교육적인 내용. 教育ママ (説明) 아이 교육(敎育)에 열성(熱誠)인 엄마.
きょういん【教員】교원(敎員).
きょうえい【競泳】㊀하 경영(競泳).
きょうえき【共益】 공익(共益). ♦共益費 공익비.
きょうえん【共演】㊀하 공연(共演).
きょうえん【競演】㊀하 경연(競演).
きょうか【強化】 ㊀하 강화(强化). ‖戦力を強化する 전력을 강화하다. 空港の警備を強化する 공항의 경비를 강화하다.
きょうか【教化】 ㊀하 교화(敎化).
きょうか【教科】 교과(敎科); 과목(科目). ‖得意な教科 자신이 있는[잘하는] 과목.
きょうかい【協会】 협회(協會).
きょうかい【教会】 교회(敎會). ‖教会に通う 교회에 다니다.
きょうかい【境界】 경계(境界). ♦境界線 경계선.
ぎょうかい【業界】 업계(業界). ♦出版業界 출판 업계.
きょうがく【共学】 ㊀하 공학(共學). ♦男女共学 남녀 공학.
きょうがく【驚愕】 ㊀하 경악(驚愕). ‖突然の悲報に驚愕する 갑작스런 비보에 경악하다.
***きょうかしょ**【教科書】 교과서(敎科書). ‖英語の教科書 영어 교과서. ♦国定教科書 국정 교과서.
きょうかつ【恐喝】 ㊀하 공갈(恐喝). ‖恐喝の容疑で逮捕される 공갈 용의로 체포되다.
きょうかん【共感】 ㊀하 공감(共感). ‖彼の人生観に多くの人が共感した 그 사람의 인생관에 많은 사람이 공감했다.
ぎょうかん【行間】 행간(行間). ‖行間をあける 행간을 띄우다. 行間を読む 행간을 읽다.
きょうき【凶器】흉기(凶器).
きょうき【狂気】광기(狂氣).
***きょうぎ**【協議】 ㊀하 협의(協議). ‖その計画は現在協議中です 그 계획은 현재 협의 중입니다. 三者協議 삼자 협의. 協議事項 협의 사항.
きょうぎ【狭義】협의(狹義).
きょうぎ【競技】 ㊀하 경기(競技). ‖陸上競技 육상 경기.
ぎょうぎ【行儀】 예절(禮節); 예의(禮儀). ‖行儀が悪い 예의가 없다.
きょうきゅう【供給】 ㊀하 공급(供給). ‖電力を供給する 전력을 공급하다. ♦供給源 공급원.
きょうぎゅうびょう【狂牛病】 광우병(狂牛病).
きょうきょう【兢兢】 ▸戦々兢々 전전긍긍.
きょうぎょう【協業】 ㊀하 협업(協業).
ぎょうぎょうしい【仰仰しい】 호들갑을 떨다; 엄살을 부리다. ‖かすり傷にも仰々しく包帯を巻く 찰과상에도 엄살을 부리고 붕대를 감다.
きょうきん【胸襟】 흉금(胸襟). ▸胸襟を開く 흉금을 털어놓다.〔慣〕
きょうぐう【境遇】 처지(處地); 환경(環境). ‖不幸な境遇で育つ 불우한 환경에서 자라다.
きょうくん【教訓】 교훈(敎訓). ‖過去の

失敗から教訓を得る 과거의 실패에서 교훈을 얻다.
ぎょうけつ【凝結】 ㉠되 응결(凝結).
きょうけん【狂犬】 광견(狂犬). ♦**狂犬病** 광견병.
きょうけん【強健】ダ 강건(强健)하다. ‖強健な体 강건한 몸.
きょうげん【狂言】 ❶〔能狂言〕교겐. ❷〔見せかけ〕연극(演劇).
きょうこ【強固】ダ 강고(强固)하다. ‖強固な意志 강고한 의지.
ぎょうこ【凝固】 ㉠하 응고(凝固). ‖血液が凝固する 혈액이 응고하다.
きょうこう【恐慌】 공황(恐慌). ♦**経済恐慌** 경제 공황.
きょうこう【強行】 ㉠하 강행(强行). ‖政府はその政策を強行した 정부는 그 정책을 강행했다. ♦**強行軍** 강행군.
きょうこう【強攻】 ㉠하 강공(强攻). ♦**強攻策** 강공책.
きょうこう【強硬】ダ 강경(强硬)하다. ‖強硬な意見 강경한 의견.
きょうこう【教皇】 교황(敎皇).
きょうごう【強豪】 강호(强豪).
きょうごう【競合】 ㉠하 경합(競合).
きょうこのごろ【今日此の頃】 요즘; 작금(昨今). ‖寒さ厳しい今日この頃 몹시 추운 요즘.
きょうさ【教唆】 ㉠하 교사(敎唆). ♦**教唆犯** 교사범.
きょうさい【共済】 ㉠하 공제(共濟). ♦**共済組合** 공제 조합.
きょうさい【共催】 ㉠하 공동 주최(共同主催).
きょうざい【教材】 교재(敎材). ‖教材研究 교재 연구.
きょうさいか【恐妻家】 공처가(恐妻家).
きょうさく【凶作】 흉작(凶作).
きょうさん【協賛】 ㉠하 협찬(協贊).
きょうさんしゅぎ【共産主義】 공산주의(共産主義).
きょうさんとう【共産党】 공산당(共産黨).
きょうし【教師】 교사(敎師).
きょうじ【矜持・矜侍】 긍지(矜持).
きょうじ【教示】 ㉠하 교시(敎示).
ぎょうし【凝視】 ㉠하 응시(凝視). ‖遠くを凝視する 먼 곳을 응시하다.
ぎょうじ【行事】 행사(行事). ♦**年中行事** 연중 행사.
きょうしきょく【狂詩曲】 광시곡(狂詩曲); 랩소디.
きょうしつ【教室】 교실(敎室). ♦**視聴覚教室** 시청각 교실. **料理教室** 요리 교실.
きょうしゃ【強者】 강자(强者).
ぎょうしゃ【業者】 업자(業者). ♦**関係業者** 관계 업자.
きょうじゃく【強弱】 강약(强弱).
*__きょうじゅ【教授】__ 교수(敎授). ♦**大学教授** 대학 교수. **名誉教授** 명예 교수. **個人教授** 개인 교수. **教授会** 교수회. 교수 회의.
きょうじゅ【享受】 ㉠하 향수(享受); 향유(享有).
ぎょうしゅ【業種】 업종(業種).
きょうしゅう【郷愁】 향수(鄕愁). ‖郷愁を覚える 향수를 느끼다.
きょうしゅう【教習】 ㉠하 교습(敎習). ♦**自動車教習所** 운전 학원.
きょうしゅく【恐縮】 ‖恐縮する 몸 둘 바를 모르다. 恐縮です 송구스럽습니다. 황송합니다. 恐縮ですが, 伝言をお願いいたします 죄송합니다만. 말씀 좀 전해 주십시오.
ぎょうしゅく【凝縮】 ㉠하 응축(凝縮).
きょうじゅつ【供述】 ㉠하 공술(供述).
ぎょうしょ【行書】 행서(行書).
きょうしょう【協商】 ㉠하 협상(協商). ‖三国協商 삼국 협상.
きょうしょう【狭小】ダ 협소(狹小)하다; 비좁다.
ぎょうしょう【行商】 ㉠하 행상(行商).
ぎょうじょう【行状】 행실(行實); 품행(品行). ‖行状を改める 행실을 바르게 하다.
きょうじょうしゅぎ【教条主義】 교조주의(敎條主義).
きょうしょく【教職】 교직(敎職). ♦**教職課程** 교직 과정.
きょうじる【興じる】 흥겹다.
きょうしん【狂信】 ㉠하 광신(狂信). ♦**狂信的** 광신적. 狂信的な態度 광신적인 태도.
きょうじん【強靭】ダ 강인(强靭)하다. ‖強靭な肉体 강인한 육체.
きょうしんざい【強心剤】 강심제(强心劑).
きょうしんしょう【狭心症】 협심증(狹心症).
きょうする【供する】 ❶내놓다; 제공(提供)하다. ‖茶菓を供する 다과를 내놓다. ❷도움이 되게 하다. ‖閲覧に供する 열람에 도움이 되게 하다.
きょうせい【共生】 ㉠하 공생(共生). ‖自然と共生する 자연과 공생하다.
*__きょうせい【強制】__ ㉠하 강제(强制). ‖労働を強制する 노동을 강제하다. 強制的に連れていく 강제로 끌고 가다. ♦**強制執行** 강제 집행. **強制処分** 강제 처분. **強制送還** 강제 송환.
きょうせい【教生】 교생(敎生).
きょうせい【矯正】 ㉠하 교정(矯正). ♦**歯列矯正** 치열 교정.
*__ぎょうせい【行政】__ 행정(行政). ♦**行政改革** 행정 개혁. **行政機関** 행정 기관. **行政権** 행정권. **行政書士** 행정 서사. **行政処分** 행정 처분. **行政訴訟** 행정 소송.
ぎょうせい【暁星】 효성(曉星).
ぎょうせき【行跡】 행적(行跡).

ぎょうせき【業績】 업적(業績). ‖新製品開発で業績を上げる 신제품 개발로 업적을 올리다.
きょうせん【胸腺】 흉선(胸腺); 가슴샘.
きょうそ【教祖】 교조(敎祖).
きょうそう【強壮】 강장(强壯). ♦強壮剤 강장제.
*きょうそう【競争】 (名하) 경쟁(競爭). ‖彼らは互いに競争して勉強した 그들은 서로 경쟁하며 공부했다. 激しい販売競争を繰り広げる 격렬한 판매 경쟁을 벌이다. 競争に勝つ 경쟁에 이기다. 彼とでは競争にならない 그 사람하고는 경쟁이 안 된다. ♦生存競争 생존 경쟁. 競争意識 경쟁 의식.
きょうそう【競走】 (名하) 경주(競走). ‖100メートル競走 백 미터 경주.
きょうぞう【胸像】 흉상(胸像).
ぎょうそう【形相】 형상(形相). ‖恐ろしい形相 무서운 형상.
きょうそうきょく【協奏曲】 협주곡(協奏曲).
きょうそん【共存】 (名하) 공존(共存). ♦共存共栄 공존공영.
きょうだ【強打】 (名하) 강타(强打).
*きょうだい【兄弟】 형제(兄弟). ‖兄弟は何人ですか 형제가 몇 명이에요? 彼には兄弟はいない 그 사람은 형제가 없다. 3人兄弟 삼형제.
きょうだい【鏡台】 경대(鏡臺); 화장대(化粧臺).
きょうだい【強大】ダ 강대(强大)하다. ‖強大な権力 강대한 권력.
きょうたん【驚嘆】 (名하) 경탄(驚歎). ‖驚嘆に値する 경탄할 만하다.
きょうだん【凶弾】 흉탄(凶彈). ‖凶弾に斃(たお)れる 흉탄에 쓰러지다.
きょうだん【教団】 교단(敎團).
きょうだん【教壇】 교단(敎壇). ‖教壇に立つ 교단에 서다.
きょうち【境地】 경지(境地). ‖無我の境地 무아지경.
キョウチクトウ【夾竹桃】 협죽도(夾竹桃).
きょうちょ【共著】 공저(共著).
*きょうちょう【協調】 (名하) 협조(協調). ‖協調性がない 협조성이 없다. ♦労使協調 노사 협조.
きょうちょう【強調】 (名하) 강조(强調). ‖軍縮の必要性を強調する 군비 축소의 필요성을 강조하다. 女性らしさを強調したデザイン 여성스러움을 강조한 디자인.
*きょうつう【共通】 (名하) 공통(共通). ‖2人は共通の趣味を持っている 두 사람은 공통의 취미를 갖고 있다. この記号は万国共通だ 이 기호는 만국 공통이다. 2つの事件の共通点 두 사건의 공통점. 共通の問題 공통의 문제.
きょうてい【協定】 (名하) 협정(協定). ‖協定を結ぶ 협정을 맺다. 労使間の協定 노사 간의 협정.
きょうてい【競艇】 경정(競艇).
きょうてき【強敵】 강적(强敵).
きょうてん【経典】 경전(經典).
ぎょうてん【仰天】 (名하) 앙천(仰天). ‖びっくり仰天する 굉장히 놀라다.
きょうてんどうち【驚天動地】 경천동지(驚天動地). ‖驚天動地の大事件 경천동지할 대사건.
きょうと【教徒】 교도(敎徒).
きょうど【郷土】 향토(鄕土). ♦郷土料理 향토 요리.
きょうど【強度】 ❶강도(强度). ‖材料の強度を測る 재료의 강도를 재다. ❷정도(程度)가 심함. ‖強度の近視 고도의 근시.
*きょうどう【共同】 (名하) 공동(共同). ‖店を共同で経営する 가게를 공동으로 경영하다. 共同研究 공동 연구. ♦共同社会 공동 사회. 共同声明 공동성명. 共同戦線 공동전선. 共同体 공동체. 共同墓地 공동묘지.
きょうどう【協同】 (名하) 협동(協同). ♦産学協同 산학 협동. 協同組合 협동조합.
きょうとうほ【橋頭堡】 교두보(橋頭堡). ‖橋頭堡を築く 교두보를 구축하다.
きょうねん【享年】 향년(享年). ‖享年65歳 향년 육십오 세.
きょうは【教派】 교파(敎派).
きょうばい【競売】 (名하) 경매(競賣). ‖競売にかける 경매에 붙이다.
きょうはく【脅迫】 (名하) 협박(脅迫). ‖脅迫して金を巻き上げる 협박해서 돈을 갈취하다. ♦脅迫電話 협박 전화.
きょうはく【強迫】 (名하) 강박(强迫). ♦強迫観念 강박 관념.
きょうはん【共犯】 공범(共犯). ♦共犯者 공범자.
きょうふ【恐怖】 공포(恐怖). ‖恐怖を覚える 공포를 느끼다. 恐怖に襲われる 공포에 휩싸이다. ♦恐怖映画 공포 영화. 恐怖心 공포심. 高所恐怖症 고소공포증.
きょうぶ【胸部】 흉부(胸部).
きょうふう【強風】 강풍(强風).
きょうへき【胸壁】 흉벽(胸壁).
きょうべん【教鞭】 교편(敎鞭). ▸教鞭を執る 교편을 잡다. 〔慣〕
きょうぼう【共謀】 (名하) 공모(共謀). ‖共謀して詐欺をはたらく 공모해서 사기를 치다.
きょうぼう【凶暴】ダ 흉포(凶暴)하다.
きょうほん【教本】 교본(敎本). ‖スキー教本 스키 교본.
*きょうみ【興味】 흥미(興味). ‖彼は政治に全く興味がない 그 사람은 정치에 전혀 흥미가 없다. 歴史に興味があります 역사에 흥미가 있습니다. 彼の意見

はとても興味深い 그 사람 의견은 무척 흥미롭다. 興味本位の記事 흥미 위주의 기사. ▸興味津々 흥미진진.

きょうむ【教務】 교무(敎務). ‖教務課 교무과.

ぎょうむ【業務】 업무(業務). ‖業務上過失 업무상 과실.

きょうめい【共鳴】 (スル하) 공명(共鳴); 동감(同感).

きょうやく【協約】 (スル하) 협약(協約). ‖労働協約 노동 협약.

きょうゆ【教諭】 (小中高の)교사(敎師).

きょうゆう【共有】 (スル하) 공유(共有). ‖時間と空間を共有する 시간과 공간을 공유하다.

きょうゆう【享有】 (スル하) 향유(享有).

きょうよ【供与】 (スル하) 공여(供與).

きょうよう【共用】 (スル하) 공용(共用).

きょうよう【強要】 (スル하) 강요(强要). ‖寄付を強要する 기부를 강요하다.

***きょうよう**【教養】 교양(敎養). ‖教養を身につける 교양을 몸에 익히다. 教養が深い 교양이 있다. 教養のある人 교양이 있는 사람.

きょうらく【享楽】 (スル하) 향락(享樂). ‖享楽にふける 향락에 빠지다.

きょうり【教理】 교리(敎理).

きょうり【郷里】 향리(鄕里); 고향(故鄕).

きょうりきこ【強力粉】 강력분(强力粉).

きょうりゅう【恐竜】 공룡(恐龍).

きょうりょう【橋梁】 교량(橋梁).

***きょうりょく**【協力】 (スル하) 협력(協力). ‖事業に協力する 사업에 협력하다. 私は彼と協力して問題を解決した 나는 그 사람과 협력해서 문제를 해결했다. 経済協力 경제 협력. ♦協力的 협력적.

きょうりょく【強力】ダ 강력(强力)하다. ‖強力な粘着力 강력한 접착력. 強力なエンジン 강력한 엔진. 改革を強力に推し進める 개혁을 강력하게 추진하다.

きょうれつ【強烈】ダ 강렬(强烈)하다. ‖強烈な印象を与える 강렬한 인상을 주다. 強烈なパンチ 강렬한 펀치.

ぎょうれつ【行列】 (スル하) ❶ 행렬(行列). ‖仮装行列 가장행렬. ❷《数学》 행렬.

きょうわ【共和】 공화(共和). ♦共和国 공화국. 共和制 공화제.

きょえい【虚栄】 허영(虛榮). ‖虚栄心 허영심.

ギョーザ【餃子】 만두. ‖水餃子 물만두. 焼き餃子 군만두.

***きょか**【許可】 (スル하) 허가(許可). ‖許可が下りる 허가가 나오다. 営業許可が取り消される 영업 허가가 취소되다. 弟はアメリカの大学に入学を許可された 남동생은 미국의 대학에 입학 허가를 받았다. ♦許可証 허가증.

ぎょかい【魚介】 생선류(生鮮類)와 조개류. ♦魚介類 어패류.

きょがく【巨額】 거액(巨額). ‖巨額の資金 거액의 자금.

ぎょかく【漁獲】 (スル하) 어획(漁獲). ♦漁獲量 어획량.

きょかん【巨漢】 거한(巨漢).

ぎょがんレンズ【魚眼 lens】 어안(魚眼) 렌즈.

きょぎ【虚偽】 허위(虛僞). ‖虚偽の申告 허위 신고. 虚偽の証言 허위 증언.

ぎょきょう【漁況】 어황(漁況).

ぎょぎょう【漁業】 어업(漁業). ♦漁業協同組合 어업 협동조합. 漁業権 어업권. 漁業水域 어업 수역.

きょく【曲】 곡(曲). ‖詩に曲をつける 시에 곡을 붙이다.

きょく【局】 (組織分類の)국(局).

きょく【極】 극; 정점(頂點); 극한(極限). ‖繁栄の極に達する 번영의 극에 달하다.

ぎょく【玉】 옥(玉).

きょくう【極右】 극우(極右). ‖極右勢力 극우 세력.

きょくげい【曲芸】 곡예(曲藝). ♦曲芸師 곡예사.

きょくげん【局限】 (スル하) 국한(局限); 한정(限定).

きょくげん【極言】 (スル하) 극언(極言). ‖極言を浴びせる 극언을 하다.

きょくげん【極限】 극한(極限). ‖極限状況 극한 상황.

きょくさ【極左】 극좌(極左).

きょくしょう【極小】 극소(極小). ‖極小の生物 극소 생물.

きょくしょう【極少】 극소(極少).

ぎょくせきこんこう【玉石混交】 옥석혼효(玉石混淆).

きょくせつ【曲折】 곡절(曲折). ♦紆余曲折 우여곡절.

きょくせん【曲線】 곡선(曲線).

きょくだい【極大】 극대(極大).

きょくたん【極端】 극단(極端). ‖極端な意見 극단적인 의견. 爬虫類を極端に嫌う 파충류를 극단적으로 싫어하다.

きょくち【局地】 국지(局地). ‖局地的な大雨 국지적인 호우.

きょくち【極地】 극지(極地). ♦極地探険 극지 탐험.

きょくち【極致】 극치(極致). ‖美の極致 미의 극치.

きょくちょう【局長】 국장(局長).

きょくど【極度】 극도(極度). ‖極度の疲労 극도의 피로.

きょくとう【極東】 극동(極東).

きょくぶ【局部】 국부(局部). ♦局部照明 국부 조명. 局部麻酔 국부 마취.

きょくめん【局面】 국면(局面). ‖重大な局面を迎える 중대한 국면을 맞이하다.

きょくもく【曲目】 곡목(曲目).

ぎょぐん【魚群】 어군(魚群).

き

きょこう【挙行】 ⓢ하 거행(擧行). ‖進水式を挙行する 진수식을 거행하다.
きょこう【虚構】 허구(虛構).
ぎょこう【漁港】 어항(漁港).
きょじ【虚辞】 허사(虛辭).
きょしつ【居室】 거실(居室).
きょじつ【虚実】 허실(虛實).
きょしてき【巨視的】 거시적(巨視的).
きょじゃく【虚弱】ダ 허약(虛弱)하다. ‖虚弱な体質 허약 체질.
きょしゅ【挙手】 ⓢ하 거수(擧手).
きょしゅう【去就】 거취(去就). ‖去就が注目される 거취가 주목되다.
きょじゅう【居住】 ⓢ하 거주(居住). ♦居住者 거주자. 居住地 거주지.
きょしゅつ【拠出】 ⓢ하 각출(醵出).
きょしょう【巨匠】 거장(巨匠). ‖ピアノの巨匠 피아노의 거장.
ぎょしょう【魚礁・漁礁】 어초(漁礁).
ぎょじょう【漁場】 어장(漁場).
きょしょく【虚飾】 허식(虛飾). ‖虚飾に満ちた生活 허식으로 가득찬 생활.
きょしょくしょう【拒食症】 거식증(拒食症).
きょじん【巨人】 거인(巨人).
きょしんたんかい【虚心坦懐】 허심탄회(虛心坦懷).
きょせい【去勢】 ⓢ하 거세(去勢).
きょせい【虚勢】 허세(虛勢). ‖虚勢を張る 허세를 부리다.
きょぜつ【拒絶】 ⓢ하 거절(拒絶). ‖要求を拒絶する 요구를 거절하다.
きょぜつはんのう【拒絶反応】 거부 반응(拒否反應).
ぎょせん【漁船】 어선(漁船).
きょぞう【虚像】 허상(虛像).
ぎょそん【漁村】 어촌(漁村).
きょだい【巨大】ダ 거대(巨大)하다. ‖巨大な岩石 거대한 암석. 巨大な都市 거대한 도시.
きょだく【許諾】 ⓢ하 허락(許諾). ‖転載を許諾する 전재를 허락하다.
きょだつ【虚脱】 ⓢ하 허탈(虛脫). ‖虚脱状態 허탈 상태.
きょっかい【曲解】 ⓢ하 곡해(曲解). ‖彼は私の意図を曲解している 그 사람은 내 의도를 곡해하고 있다.
きょっけい【極刑】 극형(極刑). ‖極刑に処す 극형에 처하다.
ぎょっと 깜짝 ‖ぎょっと驚く 깜짝 놀라다.
きょてん【拠点】 거점(據点). ‖ニューヨークを拠点に活動する 뉴욕을 거점으로 활동하다.
きょとう【巨頭】 거두(巨頭). ‖両陣営の巨頭会談 양 진영의 거두 회담.
きょどう【挙動】 거동(擧動). ‖挙動不審な男 거동이 수상한 남자.
きょときょと 두리번두리번. ‖きょときょと(と)辺りを見回す 주위를 두리번거리다.
きょとん 어리둥절; 멍하니. ‖いきなり名前を呼ばれてきょとんとする 갑자기 이름이 불려 어리둥절해하다.
ぎょにく【魚肉】 어육(魚肉).
きょねん【去年】 작년(昨年).
きょひ【拒否】 ⓢ하 거부(拒否). ‖彼らは私の要求を拒否した 그들은 내 요구를 거부했다. ♦拒否権 거부권. 拒否反応 거부 반응.
きょふ【巨富】 거부(巨富).
ぎょふ【漁夫】 어부(漁夫). ▸漁夫の利 어부지리.
きょほう【巨峰】 거봉(巨峯).
きょぼく【巨木】 거목(巨木).
ぎょみん【漁民】 어민(漁民).
きょむ【虚無】 허무(虛無). ♦虚無感 허무감. 虚無主義 허무주의.
きよめる【清める・浄める】 깨끗히 하다; 정갈하게 하다. ‖身を清める 몸을 깨끗이 하다.
きょもう【虚妄】 허망(虛妄).
ぎょもう【漁網・魚網】 어망(漁網).
きょよう【許容】 ⓢ하 허용(許容). ‖多少の誤差は許容する 다소의 오차는 허용하다.
ぎょらい【魚雷】 어뢰(魚雷).
きよらか【清らか】ダ 깨끗하다; 맑다. ‖清らかな水 깨끗한 물.
*きょり【距離】 거리(距離). ‖家から駅まではかなりの距離がある 집에서 역까지는 상당한 거리가 있다. スーパーは歩いて5分の距離にある 슈퍼는 걸어서 오 분 거리에 있다. 距離を置く 거리를 두다. 理想と現実の距離 이상과 현실의 거리.
きょりゅう【居留】 ⓢ하 거류(居留). ♦居留地 거류지.
きょれい【虚礼】 허례(虛禮).
ぎょろう【漁労】 어로(漁撈).
きょろきょろ 두리번두리번.
ぎょろぎょろ ‖ぎょろぎょろとにらみ回す 눈을 부릅뜨고 둘러보다.
ぎょろり ‖ぎょろりとにらむ 눈을 부라리고 노려보다.
きよわ【気弱】ダ 기(氣)가 약(弱)하다. ‖気弱なことを言う 약한 소리를 하다.
キラー【killer】 킬러. ‖マダムキラー 마담킬러.
*きらい【嫌い】 ❶ 싫어함; 싫음. ‖好き嫌いがない 좋고 싫음이 없다. 가리지 않다. 嫌いなもの 싫어하는 것. ❷ 좋지 않은 경향(傾向). ‖のんきすぎる嫌いがある 너무 느긋한 경향이 있다.
-ぎらい【嫌い】 …을[를] 싫어함; …을[를] 싫어하는 사람. ‖勉強嫌い 공부를 싫어함. 食わず嫌い 먹어 보지도 않고 덮어놓고 싫어함.
きらう【嫌う】 ❶ 싫어하다. ‖家業を嫌って家を出る 가업이 싫어 집을 나가다.

❷〔…嫌わずの形で〕안 가리다. ‖所嫌わず寝転がる 장소를 안 가리고 드러눕다.

きらきら 반짝반짝. ‖きらきら光る夜空の星 반짝반짝 빛나는 밤하늘의 별.

ぎらぎら 번질번질; 번쩍번쩍. ‖脂がぎらぎら浮いたスープ 기름이 둥둥 떠 있는 수프.

きらく【気楽】ダ ❶편안(便安)하다. ‖定年後, 気楽な隠居生活を送る 은퇴한 뒤에 편안한 생활을 하다. ❷태평(太平)하다. ‖気楽な人 태평한 사람.

きらす【切らす】 다 쓰다; 떨어지다. ‖醤油を切らす 간장이 떨어지다.

きらっと 반짝. ‖目がきらっと輝いた 눈이 반짝거렸다.

ぎらっと 번쩍.

きらびやかダ 화려(華麗)하다. ‖きらびやかな衣装 화려한 의상.

きらぼし【綺羅星】 기라성(綺羅星). ‖有力な財界人が綺羅星のごとく並ぶ 유명한 재계 인사들이 기라성처럼 늘어서다.

きらめく【煌く】 반짝이다. ‖星がきらめく 별이 반짝이다.

キリ 최후(最後)의 것; 최저(最低)의 것. ‖ピンからキリまで 최상품에서 최하품까지.

きり【切り】 ❶단락(段落); 구간(區間). ‖切りのいいところで終わらせよう 끝맺기 적당한 곳에서 끝내자. ❷한계(限界); 한도(限度). ‖愚痴を言い出せば切りがない 불평을 하기 시작하면 끝이 없다. ❸(演劇などの)마지막 부분(部分).

きり【錐】 송곳.

きり【霧】 안개. ‖辺りには濃い霧が立ち込めていた 일대에는 짙은 안개가 끼여 있었다.

キリ【桐】 오동(梧桐)나무.

***ぎり【義理】** ❶의리(義理); 도의(道義); 도리(道理). ‖義理を欠く 의리가 없다. ❷체면(體面). ‖お義理で顔を出す 체면상 얼굴을 내밀다. ❸〔姻戚関係〕‖*義理の兄弟 의형제.*

きりあげ【切り上げ】 (通貨の)절상(切上).

きりあげる【切り上げる】 ❶마치다; 일단락(一段落) 짓다. ‖この辺で切り上げよう 이쯤에서 마치자. ❷반(半)올림하다. ‖端数を切り上げる 끝수를 반올림하다. ❸(通貨を)절상(切上)하다.

きりうり【切り売り】 ‖切り売りする 잘라서 팔다.

きりえ【切り絵】 説明 종이를 잘라 형상(形象)을 만드는 그림.

きりおとす【切り落とす】 ❶잘라 내다; 찍다. ‖余分な枝を切り落とす 여분의 가지를 잘라 내다. ❷(堤防を破壊して)물을 내려 보내다. ‖堤を切り落とす 제방을 터 물을 내려 보내다.

きりかえし【切り返し】 반격(反擊).

きりかえる【切り替える】 바꾸다. ‖暖房を冷房に切り替える 난방을 냉방으로 바꾸다.

きりかかる【切り掛かる】 ‖太刀を振りかざして切りかかる 칼을 휘두르며 달려들다.

ぎりがたい【義理堅い】 의리(義理)가 있다.

きりかわる【切り替わる】 바뀌다. ‖新しいシステムに切り替わった 새로운 시스템으로 바뀌었다.

きりきざむ【切り刻む】 잘게 썰다.

きりきり ❶뱅글뱅글; 빙빙. ‖きりきりと回りながら墜落する 빙빙 돌면서 추락하다. ❷〔強く巻く様子〕‖革紐をきりきりと巻きつける 가죽끈을 세게 감다. ❸〔痛い様子〕腹がきりきりと痛む 배가 쑤시듯 아프다.

ぎりぎり ❶겨우; 간신히. ‖ぎりぎり遅刻せずに間に合った 겨우 지각하지 않고 시간에 맞췄다. ❷〔力を入れる様子〕힘껏. ‖ぎりぎり(と)力を入れてねじ込む 힘껏 돌려 넣다. *ぎりぎりと歯をくいしばる* 으드득 이를 악물다.

キリギリス【螽蟖】 여치.

きりくずす【切り崩す】 ❶무너뜨리다. ‖敵の一角を切り崩す 적의 일각을 무너뜨리다. ❷깎아내리다. ‖丘を切り崩して宅地にする 언덕을 깎아 내려 택지로 만들다.

きりくち【切り口】 ❶절단면(切斷面). ❷자르는 곳. ‖袋の切り口 봉지 자르는 곳. ❸관점(觀點); 수법(手法). ‖別の切り口から考える 다른 관점에서 생각하다.

きりこむ【切り込む】 ❶깊게 자르다. ‖V字形に切り込む V 자형으로 깊이 자르다. ❷날카롭게 추궁(追窮)하다. ‖論証の不備をついて切り込む 논증의 미비한 점을 날카롭게 추궁하다.

きりさいなむ【切り苛む】 난도질하다; 찢다; 괴롭히다.

きりさく【切り裂く】 베어 가르다.

きりさげ【切り下げ】 (通貨の)절하(切下).

きりさげる【切り下げる】 ❶잘라 내다. ❷(通貨を)절하(切下)하다.

きりさめ【霧雨】 안개비.

ギリシャ【Graeciaラ】 그리스. ♦ギリシャ正教 그리스정교. ギリシャ文字 그리스 문자.

きりすてる【切り捨てる】 잘라 버리다.

キリスト【Christoポ】 크리스트. ♦キリスト教 크리스트교, 기독교.

きりだす【切り出す】 ❶베어 내다. ‖山から木材を切り出す 산에서 목재를 베어 내다. ❷…기 시작(始作)하다. ‖板を切り出す 판자를 자르기 시작하다. 話を切り出す 이야기를 끄집어 내다.

きりつ【起立】 자하 기립(起立).

きりつ【規律】 ❶규율(規律). ‖厳しい規律 엄격한 규율. ❷질서(秩序); 규

칙(規則). ‖規律正しい生活 규칙적인 생활.

きりつける【切り付ける】 칼로 치다. ‖不意に横から切りつける 갑자기 옆에서 칼로 치다.

きりっと ❶〔引き締まっている様子〕‖きりっとした男らしい顔つき 반듯하게 남자답게 생긴 얼굴. ❷〔さわやかで気持ちのよい様子〕‖きりっとした朝の空気 기분 좋은 아침 공기.

きりつめる【切り詰める】 ❶잘라서 줄이다. ‖袖を切り詰める 소매를 줄이다. ❷절약(節約)하다. ‖食費を切り詰める 식비를 줄이다.

きりどおし【切り通し】 산(山)을 깎아 만든 길.

きりとる【切り取る】 오리다; 잘라 내다. ‖絵を切り取る 그림을 오리다.

きりぬき【切り抜き】 오려 냄; 오려 낸 것. ‖新聞の切り抜き 신문의 오려 낸 기사.

きりぬく【切り抜く】 오려 내다; 잘라 내다.

きりぬける【切り抜ける】 (包囲網·困難な状態から)빠져나가다; 뚫고 나가다; 벗어나다. ‖野党の追及を何とか切り抜ける 야당의 추궁에서 어떻게든 벗어나다.

きりはなす【切り離す】 분리(分離)하다. ‖この問題は切り離して別途検討しよう 이 문제는 분리해서 별도로 검토하자.

きりばり【切り張り】 미닫이의 구멍 난 곳을 때우는 것. ‖切り張りした障子 구멍 난 곳을 때운 장지.

きりひらく【切り開く】 개척(開拓)하다. ‖自らの運命を切り開く 자신의 운명을 개척하다.

きりふき【霧吹き】 분무기(噴霧器); 분무기처럼 뿜는 것.

きりふせる【切り伏せる】 베어 쓰러뜨리다. ‖一刀のもとに切り伏せる 단칼에 베어 쓰러뜨리다.

きりふだ【切り札】 비장(秘藏)의 카드; 히든카드. ‖最後の切り札を出す 마지막 비장의 카드를 꺼내다.

きりぼし【切り干し】 (大根·サツマイモなどを)잘라서 말린 것. ‖切り干し大根 무말랭이.

きりまわす【切り回す】 잘 꾸리다; 잘 처리(處理)하다. ‖店を切り回す 가게를 잘 꾸려 가다.

きりもみ【錐揉み】 ❶양손으로 송곳을 잡고 돌려 구멍을 뚫는 것. ❷(飛行機が)회전(回轉)하면서 강하(降下)하는 것.

きりもりする【切り盛りする】 잘 꾸리다; 잘 처리(處理)하다. ‖家計を巧みに切り盛りする 가계를 잘 꾸려 나가다.

きりゅう【気流】 기류(氣流). ♦上昇気流 상승 기류. ジェット気流 제트 기류.

きりょう【器量】 기량(器量); 역량(力量). ‖器量がよい 역량이 뛰어나다.

ぎりょう【技量】 기량(技倆). ‖すぐれた技量 뛰어난 기량.

きりょく【気力】 기력(氣力). ‖最後は気力だけで走り通した 마지막은 기력만으로 끝까지 달렸다.

きりり ❶〔引き締まっている様子〕‖きりりとした男振り 다부지게 남자다워 보임. ❷〔ものが強く引っ張られる様子〕‖帯をきりりと締める 띠를 꽉 죄다. ❸〔もののきしむ音〕드르륵.

キリン【麒麟】 기린(麒麟). ♦麒麟児 기린아.

***きる**【切る】 ❶자르다. ‖野菜を切る 야채를 자르다. ❷죽이다; 베다. ‖敵兵を切る 적병을 베다. ❸열다. ‖封を切る 봉투를 열다. ❹가르다. ‖船が波を切って進む 배가 파도를 가르고 나아가다. ❺끄다. ‖電源を切る 전원을 끄다. ❻끊다. ‖縁を切る 인연을 끊다. ❼(水分を)없애다. ‖洗濯物の水気を切る 빨래 물기를 없애다. ❽〔下回る〕모자라다. ‖千円を切る 천 엔이 안 되다. ❾시작(始作)하다. ‖スタートを切る 출발하다. ❿조종(操縱)하다. ‖右にハンドルを切る 오른쪽으로 핸들을 꺾다. ⓫〔…切るの形で〕다 …하다. ‖有り金を使い切る 있는 돈을 다 쓰다. 読み切る 다 읽다.

***きる**【着る】 ❶입다. ‖シャツを着る 셔츠를 입다. パーティーに新しい服を着て行った 파티에 새 옷을 입고 갔다. 服を着たまま眠る 옷을 입은 채로 잠들다. ❷(罪を)뒤집어쓰다. ‖他人の罪を着る 타인의 죄를 뒤집어쓰다.

キルティング【quilting】 퀼팅.

きれ【切れ】 ❶칼이 드는 정도(程度). ‖ナイフの切れが鈍る 칼이 잘 안 들다. ❷〔布〕천. ‖スカートの切れが余った 스커트의 천이 남았다. ❸(物事を判断·処理する)능력(能力). ‖頭の切れがいい 머리가 좋다.

きれあじ【切れ味】 ❶칼이 드는 정도(程度). ❷(批評·評論などの)날카로움. ‖切れ味のいい人物評論 날카로운 인물 평론.

***きれい**【綺麗】ダ ❶아름답다; 예쁘다. ‖きれいな花 아름다운 꽃. きれいな景色 아름다운 경치. 彼女は声がきれいだ 그녀는 목소리가 예쁘다. 字がきれいだ 글씨가 예쁘다. ❷깨끗하다; 청결(清潔)하다. ‖きれいに洗濯する 깨끗이 빨다. ❸〔きれいにの形で〕완전(完全)히. ‖きれいに忘れる 완전히 잊다.

ぎれい【儀礼】 의례(儀禮). ♦儀礼的 의례적.

きれいごと【綺麗事】 ‖きれいごとばかり言う 그럴듯한 말만 하다.

きれつ【亀裂】 균열(龜裂). ‖壁に亀裂が生じる 벽에 균열이 생기다.
きれはし【切れ端】 조각. ‖布の切れ端 천 조각.
きれめ【切れ目】 ❶갈라진 곳; 단락(段落). ‖話の切れ目 이야기의 단락. ❷(ものの)끝; 없어질 때. ‖縁の切れ目 인연의 끝.
きれもの【切れ者】 수완가(手腕家).
***きれる**【切れる】 ❶끊어지다. ‖釣り糸が切れる 낚싯줄이 끊어지다. 電球が切れる 전구가 끊어지다. 電話が切れる 전화가 끊어지다. ❷다 쓰다; 없어지다. ‖ストックが切れる 재고가 없어지다. ❸해지다; 터지다. ‖袖口が切れる 소매가 해지다. ❹만기(滿期)가 되다; 기한(期限)이 되다. ‖来月で保険が切れる 다음 달로 보험이 끝난다. ❺(頭が)좋다. ‖頭が切れる 머리가 좋다. ❻갑자기 화를 내다. ‖近年の若者は些細なことですぐ切れる 요즘 젊은 이들은 사소한 일로도 금새 화를 낸다. ❼〔…切れないの形で〕다 못 하다. ‖全部は食べ切れない 전부는 다 못 먹는다.
きろ【岐路】 기로(岐路). ‖岐路に立つ 기로에 서다.
きろ【帰路】 귀로(歸路). ‖帰路につく 귀로에 오르다.
キロ【kilo ㇰ】 …킬로. ♦キロカロリー …킬로칼로리(kcal). キログラム …킬로그램(kg). キロメートル …킬로미터(km). キロリットル …킬로리터(kl). キロワット …킬로와트(kw).
***きろく**【記録】 ㊈하 기록(記錄). ‖名前を記録する 이름을 기록하다. 記録を破る 기록을 깨다. 記録に残す 기록에 남기다. ♦世界記録 세계 기록.
きろくてき【記録的】 기록적(記錄的). ‖記録的な降雪量 기록적인 강설량.
***ぎろん**【議論】 ㊈하 논의(論議); 토론(討論). ‖議論を戦わす 토론를 벌이다. 彼の正当性は議論の余地がない 그 사람의 정당성은 논의의 여지가 없다.
きわ【際】 가; 끝. ‖崖の際に立つ 벼랑 끝에 서다.
-きわ【際】 ❶…가. ‖窓際の棚 창가의 선반. ❷직전(直前); 바로 전; …때. ‖死に際 죽을 때. 水際 물가.
ぎわく【疑惑】 의혹(疑惑). ‖疑惑に包まれる 의혹에 싸이다.
きわだつ【際立つ】 두드러지다; 눈에 띄다. ‖際立って成績がいい 두드러지게 성적이 좋다.
きわどい【際疾い】 아슬아슬하다; 위태위태(危殆危殆)하다; 위태롭다. ‖際どいところで事故を免れた 아슬아슬하게 사고를 면했다.
きわまりない【極まりない】 더없다; 한이 없다; 짝이 없다. ‖失礼極まりない発言だ 무례하기 짝이 없는 발언이다.
きわまる【極まる】 ❶극(極)에 달하다. ‖感極まって泣いてしまった 감정이 극에 달해 울고 말았다. ❷더할 수 없이 …하다. ‖平凡極まる内容 지극히 평범한 내용. ❸궁지(窮地)에 몰리다. ‖進退ここに窮まる 진퇴유곡. 진퇴양난.
きわみ【極み】 극치(極致); 극한(極限). ‖感激の極み 감격의 극치.
きわめつき【極め付き】 ❶감정서(鑑定書)가 있음. ❷정평(定評)이 나 있음.
きわめて【極めて】 더없이; 대단히; 극(極)히. ‖結果はきわめて良好だ 결과는 대단히 좋다.
きわめる【極める・究める】 ❶극한(極限)에 다다르다. ‖山頂を極める 산정에 다다르다. ❷깊이 연구(硏究)해서 본질(本質)을 깨닫다. ‖真理を究める 진리를 깨닫다.
きをつけ【気を付け】 차려. ‖気を付け, 礼 차려! 경례!
きん【斤】〔重さの単位〕…근(斤).
きん【金】 ❶금(金). ❷귀중(貴重)한 것. ‖沈黙は金 침묵은 금. ❸금액(金額)을 표시(表示)할 때 쓰는 말. ‖金3万円 금 삼만 엔. ❹〔金曜日の略語〕금. ❺금색(金色).
きん【菌】 균; 세균(細菌). ♦乳酸菌 유산균.
ぎん【銀】 ❶〔鉱物〕은(銀). ❷〔色〕은색(銀色).
きんいつ【均一】 균일(均一). ‖品質を均一にする 품질을 균일하게 하다.
きんいっぷう【金一封】 금일봉(金一封).
きんいろ【金色】 금색(金色).
ぎんいろ【銀色】 은색(銀色).
きんうん【金運】 금전 운(金錢運).
きんえい【近影】 근영(近影).
きんえん【禁煙】 ㊈하 금연(禁煙). ‖家族の勧めで禁煙する 가족의 권유로 금연하다.
きんか【金貨】 금화(金貨).
ぎんか【銀貨】 은화(銀貨).
ぎんが【銀河】 은하(銀河). ♦銀河系 은하계.
きんかい【近海】 근해(近海).
きんかい【金塊】 금괴(金塊); 금덩이.
きんかぎょくじょう【金科玉条】 금과옥조(金科玉條).
きんがく【金額】 금액(金額).
きんがしんねん【謹賀新年】 근하신년(謹賀新年).
きんかん【近刊】 ㊈하 근간(近刊).
きんかん【金冠】 금관(金冠).
キンカン【金柑】 금귤(金橘).
きんがん【近眼】 근시(近視).
きんかんがっき【金管楽器】 금관 악기(金管樂器).

きんかんしょく【金環食】 금환식(金環蝕).
きんき【禁忌】 ㉻하 금기(禁忌); 터부.
*__きんきゅう__【緊急】 긴급(緊急). ‖緊急な用事 긴급한 일. 緊急に対策を要する 긴급하게 대책을 세울 필요가 있다. ♦**緊急逮捕** 긴급 체포. **緊急動議** 긴급 동의. **緊急避難** 긴급 피난.
キンギョ【金魚】 금붕어.
きんきょう【近況】 근황(近況).
キンギョソウ【金魚草】 금어초(金魚草).
きんきょり【近距離】 근거리(近距離). ♦**近距離輸送** 근거리 수송.
きんきらきん 번쩍번쩍; 요란(搖亂)하게. ‖きんきらきんに飾り立てる 요란하게 장식하다.
きんきん ‖きんきん声 쨍쨍(하게) 울리는 목소리. きんきんに冷えたビール 차게 한 맥주.
きんきん【近近】 곧; 머지않아.
きんぎん【金銀】 금은(金銀).
きんく【金句】 금언(金言).
きんく【禁句】 금구(禁句).
キングサイズ【king-size】 킹사이즈.
きんけん【金権】 금권(金權). ‖金権政治 금권 정치.
きんげん【金言】 금언(金言); 격언(格言).
きんげん【謹厳】ダ 근엄(謹嚴)하다.
きんこ【金庫】 금고(金庫). ‖金庫破り 금고털이.
きんこ【禁固】 금고(禁錮).
きんこう【近郊】 근교(近郊). ‖東京近郊の住宅地 동경 근교의 주택지.
きんこう【均衡】 균형(均衡). ‖均衡を保つ 균형을 유지하다. 均衡を破る 균형을 깨뜨리다.
きんこう【金鉱】 금광(金鑛).
*__ぎんこう__【銀行】 은행(銀行). ‖銀行にお金を預ける 은행에 돈을 맡기다. 銀行でお金を下ろす 은행에서 돈을찾다. ♦**地方銀行** 지방 은행. **信託銀行** 신탁 은행.
きんこんしき【金婚式】 금혼식(金婚式).
ぎんこんしき【銀婚式】 은혼식(銀婚式).
きんさ【僅差】 근소(僅少)한 차(差). ‖僅差で勝つ 근소한 차로 이기다.
きんさく【金策】‖金策する 돈을 마련하다.
きんし【近視】 근시(近視).
*__きんし__【禁止】 ㉻하 금지(禁止). ‖未成年者の喫煙は法律で禁止されている 미성년자의 끽연은 법률로 금지되어 있다. 関係者以外立ち入り禁止 관계자 외 출입 금지.
きんじ【近似】 ‖近似する 근사하다. 비슷하다.
きんじえない【禁じ得ない】 금(禁)할 수 없다. ‖同情の念を禁じ得ない 동정의 마음을 금할 수 없다.
きんしがん【近視眼】 근시안(近視眼). ‖近視眼的 근시안적.
きんじち【近似値】 근사치(近似值).
きんしつ【均質】 균질(均質). ‖均質な材料 균질적인 재료.
きんじつ【近日】 근일(近日). ‖近日中に発表する 근일 중으로 발표하다.
きんじて【禁じ手】 (囲碁・将棋などで)금지(禁止)된 수(手).
きんじとう【金字塔】 금자탑(金字塔). ‖金字塔を打ち立てる 금자탑을 세우다.
きんじゅう【禽獣】 금수(禽獸). ‖禽獣にも劣る行為 금수만도 못한 행위.
きんしゅく【緊縮】 ㉻하 긴축(緊縮). ♦**緊縮財政** 긴축 재정. **緊縮予算** 긴축 예산.
きんしょ【禁書】 금서(禁書).
きんじょ【近所】 근처(近處). ‖近所に大学病院がある 근처에 대학 병원이 있다.
きんしょう【僅少】 근소(僅少). ‖僅少の差 근소한 차.
きんじょう【錦上】 금상(錦上). ‖錦上花を添える 금상첨화다.
ぎんじょう【吟醸】 ㉻하 양조(釀造).
きんじる【禁じる】 금(禁)하다. ‖未成年の飲酒は法律で禁じられている 미성년자의 음주는 법률로 금지되어 있다.
ぎんじる【吟じる】 읊다. ‖詩歌を吟じる 시가를 읊다.
きんしん【近親】 근친(近親). ♦**近親相姦** 근친상간.
きんしん【謹慎】 ㉻하 근신(謹愼). ‖しばらく謹慎する 한동안 근신하다.
きんせい【近世】 근세(近世).
きんせい【均斉】 균형(均衡)이 잡힘. ‖均斉のとれた体つき 균형이 잡힌 몸매.
きんせい【金星】 금성(金星).
ぎんせかい【銀世界】 은세계(銀世界).
きんせつ【近接】 ㉻하 ❶접근(接近). ‖火星が地球に近接する 화성이 지구에 접근하다. ❷인접(隣接); 가까운 곳. ‖近接地 인접한 지역.
きんせん【琴線】 심금(心琴). ‖心の琴線に触れる 심금을 울리다.
きんせん【金銭】 금전(金錢). ‖金銭上の問題 금전상의 문제.
キンセンカ【金盞花】 금잔화(金盞花).
*__きんぞく__【金属】 금속(金屬). ♦**貴金属** 귀금속. **金属工業** 금속 공업. **金属性** 금속성. **金属製品** 금속 제품. **金属探知機** 금속 탐지기.
きんぞく【勤続】 ㉻하 근속(勤續). ‖勤続 20 年 근속 이십 년.
きんそくれい【禁足令】 금족령(禁足令).
きんだい【近代】 근대(近代). ♦**近代化** ㉻하 근대화. **近代国家** 근대 국가. 近

代的 근대적. 近代文学 근대 문학.

きんたいしゅつ【禁帯出】 (説明) 비치(備置)되어 있는 책 등을 가지고 나가는 것을 금지(禁止)함.

きんだん【禁断】 (する하) 금단(禁斷); 금지(禁止). ♦禁断症状 금단 증상.

きんちさん【禁治産】 금치산(禁治産). ♦禁治産者 금치산자.

きんちゃく【巾着】 염낭; 두루주머니.

きんちょう【緊張】 (する하) 긴장(緊張). ‖緊張が高まる 긴장이 고조되다. 緊張がほぐれる 긴장이 풀리다. ♦緊張緩和 긴장 완화.

きんとう【均等】 균등(均等). ‖利益を均等に分配する 이익을 균등하게 배분하다. ♦機会均等 기회 균등.

きんとう【近東】 근동(近東).

ギンナン【銀杏】 은행(銀杏).

きんにく【筋肉】 근육(筋肉). ‖筋肉が付く 근육이 붙다. ♦筋肉運動 근육 운동. 筋肉質 근육질. 筋肉痛 근육통.

きんねん【近年】 최근(最近); 근년(近年). ‖近年の流行 최근의 유행.

きんぱく【金箔】 금박(金箔).

きんぱく【緊迫】 (する하) 긴박(緊迫). ‖緊迫した情勢 긴박한 정세.

ぎんぱく【銀箔】 은박(銀箔).

きんぱつ【金髪】 금발(金髮).

ぎんぱつ【銀髪】 은발(銀髮). ‖銀髪の老紳士 은발의 노신사.

ぎんばん【銀盤】 은반(銀盤). ‖銀盤の女王 은반의 여왕.

きんぴん【金品】 금품(金品). ‖金品を強奪する 금품을 강탈하다.

きんぷん【金粉】 금분(金粉).

ぎんぷん【銀粉】 은분(銀粉).

きんべん【勤勉】ダ 근면(勤勉)하다. ‖勤勉な人 근면한 사람.

きんぺん【近辺】 근처(近處).

ぎんまく【銀幕】 은막(銀幕). ‖銀幕の女王 은막의 여왕.

ぎんみ【吟味】 (する하) 음미(吟味).

きんみつ【緊密】ダ 긴밀(緊密)하다. ‖*緊密な関係 긴밀한 관계. 現場とは緊密に連絡をとる* 현장과는 긴밀하게 연락을 취하다.

きんみゃく【金脈】 금맥(金脈).

きんみらい【近未来】 가까운 미래(未來).

*__きんむ__【勤務】 (する하) 근무(勤務). ‖勤務中です 근무 중입니다. 保険会社に勤務している 보험 회사에 근무하고 있다. ♦勤務時間 근무 시간. 勤務先 근무처.

きんメダル【金 medal】 금메달.

ぎんメダル【銀 medal】 은메달.

キンモクセイ【金木犀】 금목서(金木犀).

きんもつ【禁物】 금물(禁物). ‖油断は禁物 방심은 금물.

*__きんゆう__【金融】 금융(金融). ♦金融自由化 금융 자유화. 金融政策 금융 정책. 金融機関 금융 기관. 金融恐慌 금융 공황. 金融市場 금융 시장. 金融資本 금융 자본.

きんようび【金曜日】 금요일(金曜日).

きんよく【禁欲】 (する하) 금욕(禁慾). ‖禁欲的な生活をする 금욕적인 생활을 하다.

きんらい【近来】 근래(近來). ‖近来まれな大人物 근래에 드문 큰 인물.

きんり【金利】 금리(金利). ‖金利を引き上げる 금리를 인상하다. ♦低金利 저금리.

きんりん【近隣】 근린(近隣); 이웃. ♦近隣諸国 이웃 나라들.

きんるい【菌類】 균류(菌類).

きんろう【勤労】 (する하) 근로(勤勞). ‖勤労感謝の日 근로감사의 날. ♦勤労意欲 근로 의욕. 勤労者 근로자. 勤労所得 근로 소득.

く

く【九・9】 구(九). ‖十中八九 십중팔구.

く【区】 ❶구획(區劃). ‖選挙区 선거구. ❷(行政単位の)구. ‖行政区 행정구.

く【句】 ❶구(句). ‖従属句 종속구. ❷〔俳句などを数える単位〕…수(首).

ぐ【具】 ❶(料理の)건더기. ‖味噌汁の具 된장국의 건더기. ❷도구(道具); 수단(手段). ‖政争の具にする 정쟁의 도구로 삼다.

ぐ【愚】 ❶〔愚かなこと〕어리석음; 우둔(愚鈍)함. ❷〔へりくだって〕‖愚作 우작. ▸愚の骨頂 어리석기 짝이 없음.

*__ぐあい__【具合】 ❶상태(狀態). ‖体の具合が悪い 몸 상태가 안 좋다. ❷〔都合〕형편(形便); 사정(事情). ‖今日は具合が悪い 오늘은 사정이 안 좋다. ❸하는 방법(方法). ‖こんな具合にやればうまくいく 이렇게 하면 잘된다.

くい【杭】 말뚝. ‖杭を打つ 말뚝을 박다.

くい【悔い】 후회(後悔). ‖悔いはない 후회는 없다.

くいあらす【食い荒らす】 농작물(農作物) 등에 피해(被害)를 주다.

くいあらためる【悔い改める】 회개(悔改)하다.

くいあわせ【食い合わせ】 같이 먹으면 안 좋은 음식(飮食) 또는 그것을 먹는 일. ‖食い合わせが悪い 같이 먹으면 안 좋다.

くいいじ【食い意地】 식탐(食貪). ‖食い意地の張った子 식탐이 많은 아이.

くいいる【食い入る】 파고들다; 뚫어지다. ‖食い入るような目つき 뚫어질 듯 쳐다보는 눈.

クイーンサイズ【queen＋size 日】 퀸사

이즈.

くいき【区域】 구역(區域). ‖立ち入り禁止区域 출입 금지 구역.

ぐいぐい 힘차게. ‖ぐいぐいと荷車を引く 힘차게 짐수레를 끌다.

くいこむ【食い込む】 ❶파고들다. ‖紐が肩に食い込む 끈이 어깨를 파고들다. ❷침입(侵入)하다; 침범(侵犯)하다; 잠식(蠶食)하다. ‖国際市場に食い込む 국제 시장을 잠식하다.

くいさがる【食い下がる】 물고 늘어지다. ‖曖昧な答弁を突いて食い下がる 애매한 답변을 물고 늘어지다.

くいしばる【食い縛る】 악물다. ‖歯を食いしばって走り切る 이를 악물고 끝까지 달리다.

くいしんぼう【食いしん坊】 걸신(乞神)들린 사람; 식탐(食貪)이 많은 사람. ‖食いしん坊な子 걸신들린 아이.

クイズ【quiz】 퀴즈. ‖クイズ番組 퀴즈 프로.

くいちがう【食い違う】 어긋나다; 엇갈리다. ‖意見が食い違う 의견이 엇갈리다.

くいちらす【食い散らす】 ❶〔食べこぼす〕흘리면서 먹다. ❷〔物事に手をつける〕집적대다. ‖あれこれ食い散らすばかりでどれも物にならない 이것저것 집적대기만 하고 제대로 하는 게 없다.

くいつく【食い付く】 ❶물다; 물고 늘어지다. ‖犬が食いついて放さない 개가 물고 놓지 않다. ❷〔しっかり取りつく〕매달리다. ‖仕事に食いつく 일에 매달리다. ❸〔喜んで飛びつく〕달려들다; 덤벼들다. ‖儲け話だとすぐ食いついてくる 돈 버는 이야기라면 금방 달려든다.

ぐいっと ‖ぐいっと首をねじる 목을 홱 비틀다. ぐいっと飲みほす 벌컥 들이켜다.

くいつなぐ【食い繋ぐ】 연명(延命)하다; 겨우겨우 생활(生活)하다. ‖チョコレートだけで3日間も食いつないだ 초콜릿만으로 삼 일이나 연명했다.

ぐいと 〔力を入れる様子〕꽉. ‖ぐいと腕を掴む 팔을 꽉 잡다.

くいとめる【食い止める】 방지(防止)하다; 막다. ‖建物の崩壊を食い止める 건물의 붕괴를 막다.

くいにげ【食い逃げ】 (説明) 음식(飮食)값을 내지 않고 도망(逃亡)감 또는 그 사람.

くいもの【食い物】 ❶음식(飮食). ❷*(自分の利益のための)* 희생물(犧牲物). ‖他人の土地を食い物にする 다른 사람의 땅을 자기 것으로 하다.

くいる【悔いる】 후회(後悔)하다; 뉘우치다. ‖前非を悔いる 과거의 잘못을 뉘우치다.

くう【空】 ❶공중(空中); 허공(虛空); 하늘. ‖空をにらむ 허공을 노려보다. ❷공허(空虛); 허사(虛事). ‖努力が空に帰する 노력이 허사로 돌아가다.

*__くう__【食う・喰う】 ❶먹다. ‖飯を食う 밥을 먹다. ❷생활(生活)을 하다. ‖食うに困る 생활이 힘들다. ❸(虫などが) 물다. ‖ノミに食われる 벼룩에 물리다. ❹소비(消費)하다; 들다. ‖時間と金を食う仕事 시간과 돈이 드는 일. ❺영향(影響)을 받다; 피해(被害)를 입다. ‖あおりを食う 영향을 받다. 피해를 입다.

ぐう (じゃんけんぽんの)바위.

くうかん【空間】 공간(空間). ‖空間の活用 공간 활용. 空間芸術 공간 예술.

*__くうき__【空気】 ❶공기(空氣). ‖朝の新鮮な空気 아침의 신선한 공기. ❷분위기(雰圍氣). ‖険悪な空気になる 험악한 분위기가 되다. ♦空気銃 공기총.

くうきょ【空虚】ダ 공허(空虛)하다. ‖空虚な生活 공허한 생활.

ぐうぐう ❶드르렁드르렁; 쿨쿨. ‖ぐうぐういびきをかいて寝ている 드르렁드르렁 코를 골며 자고 있다. ❷꼬르륵꼬르륵; 쪼르륵. ‖腹がぐうぐう鳴る 배에서 꼬르륵꼬르륵 소리가 나다.

くうぐん【空軍】 공군(空軍).

くうこう【空港】 공항(空港). ♦国際空港 국제공항.

くうしつ【空室】 빈 방; 공실(空室).

くうしゃ【空車】 빈 차.

くうしゅう【空襲】 (名하) 공습(空襲). ♦空襲警報 공습경보.

ぐうすう【偶数】 짝수.

くうせき【空席】 공석(空席); 빈 자리.

くうぜん【空前】 공전(空前). ‖空前の盛況 공전의 성황.

*__ぐうぜん__【偶然】 우연(偶然). ‖偶然の一致 우연의 일치. 偶然の出来事 우연한 일. 偶然街で出会う 우연히 거리에서 만나다.

*__くうそう__【空想】 (名하) 공상(空想). ‖未来の生活を空想する 미래의 생활을 공상하다. 空想にふける 공상에 잠기다. ♦空想科学小説 공상 과학 소설.

ぐうぞう【偶像】 우상(偶像). ♦偶像崇拝 우상숭배.

ぐうたら 게으름; 게으름뱅이.

くうちゅう【空中】 공중(空中). ‖空中で爆発する 공중에서 폭발하다. ♦空中権 공중권. 空中戦 공중전. 空中分解 (名하) 공중 분해. 空中楼閣 공중 누각. 사상 누각.

クーデター【coup d'État フ】 쿠데타.

くうどう【空洞】 공동(空洞). ‖空洞化 공동화(空洞化).

くうはく【空白】 공백(空白).

ぐうはつ【偶発】 우발(偶發). ‖偶発的な出来事 우발적인 일.

くうふく【空腹】 공복(空腹). ‖空腹を覚える 공복을 느끼다.

クーポン【coupon フ】 쿠폰.

くうゆ【空輸】 (名하) 공수(空輸).

クーラー【cooler】 ❶냉각기(冷却器); 냉방 장치(冷房裝置). ❷휴대용 냉장고(携帶用冷藏庫).
くうらん【空欄】 공란(空欄); 빈칸.
クーリングオフ【cooling-off】 쿨링오프제도(制度).
クール【cool】ダ ❶시원하다. ❷냉정(冷情)하다. ‖クールな人 냉정한 사람. クールに受けとめる 냉정하게 받아 들이다.
くうろ【空路】 ❶항공로(航空路). ❷항공편(航空便).
くうろん【空論】 공론(空論). ‖机上の空論 탁상공론.
ぐうわ【寓話】 우화(寓話).
くえき【苦役】 ❶힘든 일. ❷징역(懲役).
クエスチョンマーク【question mark】 물음표(?).
くえない【食えない】 ❶(ずるくて)믿을 수 없다; 약다. ‖あいつは食えないやつだから用心しろ 저 녀석은 약은 놈이니 조심해라. ❷생활(生活)이 안 되다. ‖これでは家族 5 人とても食えない 이걸로는 도저히 다섯 식구가 생활이 안 된다.
くえる【食える】 ❶먹을 만하다. ‖あの店の料理はまあまあ食える 그 가게 요리는 그럭저럭 먹을 만하다. ❷생계(生計)를 유지(維持)하다. ‖何とか食えるだけの収入 그럭저럭 생활할 만큼의 수입.
くえんさん【枸櫞酸】 구연산(枸櫞酸).
くおん【久遠】 구원(久遠); 영원(永遠).
くかく【区画】 (ス하) 구획(區劃).
くがく【苦学】 (ス하) 고학(苦學). ‖苦学して大学を出る 고학으로 대학을 나오다.
くがつ【九月・9月】 구월(九月).
くかん【区間】 구간(區間). ♦乗車区間 승차 구간.
くき【茎】 줄기.
くぎ【釘】 못. ‖釘を打つ 못을 박다. ▸釘をさす 못을 박다. 〔慣〕♦*釘抜き 못뽑이.*
くぎづけ【釘付け】 ❶(釘で)고정(固定)시킴. ‖窓を釘付けする 창문을 못으로 고정시키다. ❷움직이지 못함. ‖その場に釘付けになる 그 자리에서 꼼짝 못하다.
くぎょう【苦行】 (ス하) 고행(苦行).
くぎり【区切り】 ❶(詩・文章の)단락(段落). ❷(物事の)매듭. ‖区切りをつける 매듭짓다.
くぎる【区切る】 구분(區分)하다; 나누다. ‖3つの段落に区切る 세 단락으로 나누다.
くく【九九】 구구단(九九段); 구구법(九九法).
くぐりぬける【潜り抜ける】 통과(通過)하다; 극복(克服)하다; 뚫고 나가다. ‖難関を潜り抜ける 난관을 뚫고 나가다.
くくる【括る】 ❶〔束ねる〕묶다. ‖髪をくくる 머리를 묶다. ❷〔縛る〕묶다. ‖犯人をくくる 범인을 묶다.
くぐる【潜る】 ❶몸을 구부리고 지나가다. ❷잠수(潜水)하다.
くげん【苦言】 고언(苦言); 충고(忠告). ‖苦言を呈する 고언을 드리다. 간언하다.
ぐげん【具現】 (ス하) 구현(具現). ‖理想を具現する 이상을 구현하다.
クコ【枸杞】 구기자(枸杞子)나무.
*__くさ【草】__ ❶풀; 잡초(雜草). ‖牛が草を食(は)んでいる 소가 풀을 뜯어먹고 있다. 夏は草が伸びるのが速い 여름에는 풀이 자라는 것이 빠르다. ❷미숙(未熟)한 …; 본격적(本格的)이지 않은 …. ‖草野球 동네 야구.
*__くさい【臭い】__ ❶〔におい〕냄새가 나다. ‖臭いどぶ川 냄새 나는 시궁창. ❷〔怪しい〕수상(殊常)하다; 의심(疑心)스럽다. ‖あの男がどうも臭い 저 남자가 아무래도 수상하다. ❸〔…くさいの形で〕…냄새가 나다. ‖汗臭い 땀냄새가 나다. ❹〔それらしい〕마치…같다. ‖素人臭い 초보자 같다.
くさいろ【草色】 풀빛; 풀색.
くさかり【草刈り】 (ス하) 풀베기.
くさき【草木】 초목(草木).
くさくさ 〔憂鬱な様子〕‖気がくさくさする 기분이 우울하다.
くさだんご【草団子】 쑥떡.
ぐさっと ‖その一言がぐさっと胸に突き刺さる 그 한마디가 가슴을 찌르다.
くさとり【草取り】 김매기.
くさのね【草の根】 민초(民草).
くさはら【草原】 초원(草原).
くさび【楔】 V 자형(字形)의 목판(木版); 철판(鐵板). ♦楔形 V 자형.
くさぶえ【草笛】 풀피리.
くさぶき【草葺き】 초가(草家)지붕.
くさみ【臭み】 ❶(よくない)냄새. ‖*水道の水に嫌な臭みがある* 수돗물에서 안 좋은 냄새가 나다. ❷불쾌감(不快感). ‖臭みのある芝居 불쾌감을 주는 연극.
くさむら【草むら】 풀숲.
くさもち【草餅】 쑥떡.
くさらせる【腐らせる】 썩히다.
くさり【鎖】 ❶쇠사슬. ‖鎖につながれた猛獣 쇠사슬에 묶인 맹수. ❷관계(關係); 인연(因緣). ‖因果の鎖 인과 관계.
ぐさり 〔深く刺す様子〕푹. ‖刀をぐさりと突き刺す 칼로 푹 찌르다.
*__くさる【腐る】__ ❶〔腐敗〕썩다. ‖肉が腐る 고기가 썩다. 腐った魚 썩은 생선. ❷〔錆びる〕녹슬다. ‖剣術の腕が腐る 검술 솜씨가 녹슬다. ❸〔滅入る〕풀이

죽다. ‖落第して腐っている 낙제를 해서 풀이 죽어 있다. ▸腐っても鯛 썩어도 준치.

くされえん【腐れ縁】 끊을래야 끊을 수 없는 악연(惡緣). ‖昔からの腐れ縁 예전부터의 악연.

くさわけ【草分け】 개척자(開拓者); 창시자(創始者). ‖この業界の草分け 이 업계의 창시자.

くし【串】 꼬챙이; 꼬치. ‖串に刺す 꼬챙이에 꿰다. ♦竹串 대꼬챙이. 串揚げ (説明) 꼬치에 끼워 고기·야채(野菜) 등을 튀긴 것. 串カツ (説明) 꼬치에 끼워 튀긴 커틀릿.

くし【櫛】 빗. ‖くしで髪をとかす 빗으로 머리를 빗다.

くし【駆使】 (する) 구사(驅使).

くじ【籤】 제비; 복권(福券). ‖くじに当たる 복권에 당첨되다.

くじく【挫く】 ❶ 삐다. ‖転んで足をくじく 넘어져서 다리를 삐다. ❷ (勢いを)약화(弱化)시키다; 꺾다. ‖出端(でぱな)をくじく 초반에 기세를 꺾다.

くしくも【奇しくも】 기이(奇異)하게도; 이상(異常)하게도; 우연(偶然)히도. ‖奇しくも同時に発見する 우연히도 동시에 발견하다.

くじける【挫ける】 약해지다; 꺾이다; 좌절(挫折)하다. ‖勇気がくじける 용기가 없어지다. これくらいのことでくじけるな 이 정도 일로 좌절하지 마라.

くしざし【串刺し】 ❶ 꼬치에 끼운 것. ❷ (槍などで)찔러 죽이는 것.

くじびき【籤引き】 (する) 추첨(抽籤); 제비뽑기.

くしやき【串焼き】 꼬치구이.

クジャク【孔雀】 공작(孔雀).

くしゃくしゃ ❶ (紙などを) ‖書き損じをくしゃくしゃと丸める 잘못 쓴 종이를 꾸깃꾸깃 뭉치다. ❷ (顔を) ‖顔をくしゃくしゃとゆがめる 얼굴을 몹시 찡그리다. ❸ (布などを) ‖くしゃくしゃになったハンカチ 꾸깃꾸깃해진 손수건.

ぐしゃぐしゃ ❶〔壊れる様子〕‖ぐしゃぐしゃと踏みつぶす 우지직 밟아 부서뜨리다. ❷〔水分が多い様子〕‖雪解けのぐしゃぐしゃとした道 눈이 녹아 질척질척한 길.

ぐじゃぐじゃ ❶ 질척질척. ‖お粥のようにぐじゃぐじゃのご飯 죽처럼 진밥. ❷ 투덜투덜. ‖ぐじゃぐじゃと文句を言う 투덜투덜 불평을 하다.

ぐしゃっと 〔壊れる様子〕폭삭. ‖卵がぐしゃっとつぶれた 계란이 폭삭 깨졌다.

くしゃみ【嚔】 재채기. ‖くしゃみが出る 재채기가 나오다.

くじゅう【苦渋】 (する) 고뇌(苦惱). ‖苦渋に満ちた表情 고뇌에 찬 표정.

くじょ【駆除】 (する) 구제(驅除).

くしょう【苦笑】 고소(苦笑); 쓴웃음. ‖苦笑をもらす 쓴웃음을 짓다.

くじょう【苦情】 불평(不平); 불만(不滿). ‖苦情を言う 불평을 하다.

ぐしょう【具象】 구상(具象).

クジラ【鯨】 고래.

くじらまく【鯨幕】 (説明) 장례(葬禮) 때 쓰는 흰색과 검은색의 막(幕).

くしん【苦心】 (する) 고심(苦心). ‖苦心の跡が見られる 고심한 흔적이 보이다. ▸苦心惨憺 고심참담.

くず【屑】 부스러기; 찌꺼기. ‖パンのくず 빵 부스러기. ♦くずかご 쓰레기통.

クズ【葛】 칡. ♦葛粉 칡가루.

くすくす 킥킥. ‖後ろの方でくすくす笑う 뒤쪽에서 킥킥거리다.

ぐずぐず ❶ 우물쭈물; 꾸물꾸물. ‖ぐずぐずしていて時間に遅れる 우물쭈물하다가 시간에 늦겠다. ❷ 투덜투덜. ‖ぐずぐず言うな 투덜거리지 마. 불평하지마. ❸ 물컹물컹. ‖豆腐がぐずぐずになる 두부가 물컹물컹해지다.

くすぐったい【擽ったい】 ❶ 간지럽다. ‖足の裏がくすぐったい 발바닥이 간지럽다. ❷ 멋쩍다. ‖大げさにほめられてくすぐったい 지나치게 칭찬을 받아서 멋쩍다.

くすぐる【擽る】 간질이다. ‖足の裏をくすぐる 발바닥을 간질이다.

くずしがき【崩し書き】 행서(行書)나 초서(草書)로 쓴 글씨; 갈겨쓴 글씨.

くずす【崩す】 ❶ 무너뜨리다; 허물다; 흩뜨리다. ‖山を崩す 산을 허물다. 体調をくずす 몸이 안 좋다. ❷ 갈겨쓰다; 초서(草書)나 행서(行書)로 쓰다. ‖字をくずす 글씨를 갈겨쓰다. ❸ (お金を)헐다; 바꾸다. ‖1万円札をくずす 만 엔짜리를 헐다.

ぐずつく【愚図つく】 ❶ (態度などが) 꾸물거리다. ❷ (雨が降ったりやんだりして)끄물거리다; 끄무레하다. ‖ぐずついた天気が続く 끄물거리는 날씨가 계속되다.

くすぶる【燻ぶる】 ❶ 잘 타지 않고 연기(煙氣)만 나다. ‖湿った薪がくすぶっている 젖은 장작이 타지 않고 연기만 나다. ❷ 틀어박혀 있다. ‖家にくすぶっている 집에 틀어박혀 있다. ❸ (不満などが)쌓여 있다. ‖会社に対する社員たちの不満がくすぶっている 회사에 대한 사원들의 불만이 쌓여 있다. ❹ (煤(すす)で)검게 되다. ‖くすぶった天井 검게 그을린 천장.

くすむ ❶ (色が)선명(鮮明)하지 않다. ❷ 눈에 띄지 않다. ‖田舎でくすんでいる 시골에서 조용히 살고 있다.

くずもち【葛餅】 칡가루로 만든 떡.

くずゆ【葛湯】 (説明) 칡가루에 설탕(雪糖)을 넣고 더운 물을 부은 것.

***くすり【薬】** ❶ 약(藥). ‖薬を飲む 약을 먹다. 薬が効く 약이 듣다. 苦い薬 쓴

약. ❷(結果としてよい影響の)약. ‖試験に落ちたのもいい薬になるだろう 시험에 떨어진 것도 좋은 약이 될 거다.

くすりゆび【薬指】 약지(藥指); 약손가락.

ぐずる【愚図る】 칭얼대다. ‖子どもがぐずる 아이가 칭얼대다.

くずれる【崩れる】 ❶(ものの形が)무너지다; 흐트러지다. ‖石垣が崩れる 돌담이 무너지다. 列が崩れる 열이 흐트러지다. ❷(天気が)나빠지다. ‖天気が崩れる 날씨가 나빠지다. ❸(株などが)떨어지다. ‖株価が大きく崩れた 주가가 크게 떨어졌다.

*__くせ【癖】__ ❶특징(特徵); 성질(性質); 성향(性向). ‖くせのある字 특징이 있는 글씨. ❷버릇; 습관(習慣). ‖くせが悪い 버릇이 나쁘다. くせになる 버릇이 되다. 話しながらあごをなでるくせがある 이야기를 하면서 턱을 만지는 버릇이 있다. くせがつく 구겨지다. ❸〔…のくせにの形で〕…면서도. ‖彼は寒がりのくせにコートは着たがらない 그는 추위를 타면서도 코트는 입기 싫어한다. 大した金もないくせに大きな事を言うな 돈도 별로 없으면서 허풍 떨지 마라. ♦癖毛 고수머리. 곱슬머리.

くせもの【曲者】 ❶수상(殊常)한 사람. ❷방심(放心)할 수 없는 상대(相對); 여간(如干)내기; 보통(普通)내기. ‖おとなしそうでもなかなかの曲者だ 얌전해 보이지만 여간내기가 아니다.

くせん【苦戦】 (ｽﾙ)고전(苦戰). ‖苦戦を強いられる 고전을 면치 못하다.

くそ【糞】 ❶대변(大便). ❷때; 침전물(沈澱物). ‖鼻くそ 코딱지. ❸〔いらいらする時など〕제기랄; 빌어먹을; 이런 망할; 흥. ‖くそ, 負けるものか 흥. 질 수는 없지. ❹경멸(輕蔑)의 뜻을 포함(包含)해 정도(程度)의 심함을 나타냄. ‖くそ真面目な人 지나치게 고지식한 사람. ❺경멸(輕蔑)의 뜻을 포함해 강조(强調)를 나타냄. ‖下手くそだ 지지리도 못하다.

くそくらえ【糞食らえ】 제기랄; 빌어먹을; 염병할; 이런 망할. ‖会社なんかくそ食らえだ 이 망할 놈의 회사.

くそったれ【糞っ垂れ】 타인(他人)을 비난(非難)하는 말.

くそまじめ【糞真面目】 지나치게 고지식함. ‖くそ真面目で応用がきかない性格 고지식해서 융통성이 없는 성격.

くだ【管】 관(管).

ぐたい【具体】 구체(具體). ♦具体化(ｽﾙ)구체화. 具体性 구체성. 具体的 구체적. 具体的な例を挙げる 구체적인 예를 들다.

くだく【砕く】 ❶부수다; 깨뜨리다. ‖氷を砕く 얼음을 깨뜨리다. ❷(勢い・熱意などを)꺾다. ‖野望を砕く 야망을 꺾다. ❸〔心[身]をくだくの形で〕마음을 쓰다; 애쓰다; 힘쓰다. ‖心をくだいておもてなしをする 마음을 써 가며 대접을 하다. ❹알기 쉽게 설명(說明)하다. ‖法律の条文をくだいて説明する 법조문을 알기 쉽게 설명하다.

くたくた ❶보글보글. ‖くたくた(と)煮込む 보글보글 끓이다. ❷〔疲れた様子〕‖くたくたに疲れる 피곤해서 녹초가 되다. ❸〔服などの形が崩れた様子〕‖雨に濡れてくたくたになった洋服 비에 젖어 후줄근해진 양복.

くだける【砕ける】 ❶부서지다; 산산(散散)조각이 나다. ‖ガラスが粉々に砕けた 유리가 산산조각이 났다. ❷(勢い・力などが)약해지다. ‖腰がくだける 허리에 힘이 빠지다. ❸허물이 없어지다. ‖くだけた言い方をする 허물없이 말하다.

ください【下さい】 ❶주세요. ‖小遣いをください 용돈을 주세요. これください 이거 주세요. ❷〔…くださいの形で〕…주세요[주십시오]. ‖名前を書いてください 이름을 써 주세요. ❸〔…(さ)せてくださいの形で〕…하게 해 주세요[주십시오]. ‖私にも一言言わせてください 저한테도 한마디 하게 해 주십시오. それは私に担当させてください 그것은 저한테 맡겨 주십시오.

くださる【下さる】 주시다. ‖先生のくださった本 선생님께서 주신 책.

くだす【下す】 ❶(判決・決定などを)내리다. ‖判決を下す 판결을 내리다. 厳罰を下す 엄벌을 내리다. ❷〔負かす〕물리치다; 이기다. ‖強敵を下す 강적을 물리치다. ❸설사(泄瀉)하다. ‖腹を下す 설사하다. ❹직접(直接)하다. ‖自ら手を下す 자기가 직접 하다. ❺〔…下すの形で〕단번(單番)에 …하다. ‖読み下す 단번에 읽다. ❻(中央から地方へ)보내다. ❼강등(降等)시키다; 격하(格下)시키다.

くたばる ❶몹시 지치다. ‖猛練習でくたばる 맹연습으로 몹시 지치다. ❷죽다; 뻗다. ‖くたばれ! 죽어라!

くたびれる【草臥れる】 ❶지치다. ‖引っ越しでくたびれた 이사한다고 지쳤다. ❷후줄근해지다. ‖くたびれた背広 후줄근해진 양복. ❸〔…くたびれるの形で〕…에 지치다. ‖待ちくたびれる 기다림에 지치다.

くだもの【果物】 과일. ‖旬の果物 제철 과일.

くだらない【下らない】 재미없다; 시시하다; 가치(價値)가 없다.

くだり【下り・降り】 ❶내려감. ‖この先は下りになっている 이 앞은 내리막이다. ❷(中央から地方へ)내려감; 하행(下行). ‖下り列車 하행 열차.

くだり【件】 (文章などの)한 부분(部分).

くだりざか【下り坂】 내리막길.

*__くだる__【下る】 ❶내려가다. ‖山を下る 산을 내려가다. ❷(判決・命令などが) 내리다; 내려가다. ‖判決が下る 판결이 내리다. 評価が下る 평가가 내려가다. ❸(時間が)흐르다; 지나다. ‖やや時代が下ってのこと 시대가 조금 지나서의 일. ❹밑돌다. ‖1万人を下らない 만 명을 밑돌지 않다. ❺설사(泄瀉)하다. ‖おなかが下る 설사하다.

*__くち__【口】 ❶〔器官〕입. ‖口でくわえる 입으로 물다. 口をつぐむ 입을 다물다. ❷〔言葉〕말; 소문(所聞); 평판(評判). ‖口が達者だ 말을 잘한다. ❸〔飲食〕미각(味覺); 입맛. ‖口をつける 맛을 보다. 입을 대다. ❹〔空間〕사람・물건이 드나드는 곳. ‖口の広いびん 주둥이가 큰 병. ❺시작(始作); 첫머리. ‖序の口 첫머리. 시작. ❻〔接尾語として〕(i)입으로 베어 무는 횟수(回數). ‖一口で食べる 한 입에 먹다. (ii) 구좌(口座). ‖1口5千円で加入できる 한 구좌에 오천 엔으로 가입할 수 있다. ▸口が重い 입이 무겁다.〔慣〕▸口が堅い 입이 무겁다.〔慣〕▸口が軽い 입이 가볍다.〔慣〕▸口が滑る 말실수를 하다. ▸口が減らない 말이 많다. ▸口が悪い 입이 걸다. 입이 거칠다. 口は悪いが気はいいやつだ 입은 거칠지만 마음은 착한 녀석이다. ▸口に合う 입에 맞다. ▸口にする ①말하다. ②먹다. ▸口八丁手八丁 말도 잘하고 일도 잘한다. ▸口は禍の元 입은 화의 근원이다. ▸口を切る 말하기 시작하다. ▸口を揃える 입을 모으다.〔慣〕▸口を尖らす 입을 삐죽거리다. ▸口を濁す 말끝을 흐리다. 質問に彼女は口を濁した 질문에 그녀는 말끝을 흐렸다. ▸口を拭う 입을 닦다. ▸口を挟む 참견하다. ▸口を開く 입을 열다.〔慣〕▸口を封じる 입을 다물다. ▸口を割る 자백을 하다.

ぐち【愚痴】 넋두리. ‖愚痴をこぼす 넋두리를 하다.

くちあたり【口当たり】 입맛. ‖口当たりのいい酒 입에 맞는 술.

くちうつし【口移し】 ❶음식(飮食)을 입에서 입으로 넣는 것. ❷말로 전(傳)함. ‖口移しで教え込む 말로 가르치다.

くちうるさい【口煩い】 잔소리가 심하다; 말이 많다.

くちおしい【口惜しい】 분(憤)하다. ‖口惜しい思いをする 분한 일을 당하다.

くちかず【口数】 ❶말수(數). ‖少し口数が多い 약간 말수가 많다. ❷사람 수. ‖口数を減らす 사람 수를 줄이다.

くちぎたない【口汚い】 ❶입이 걸다. ❷식탐(食貪)이 많다.

くちく【駆逐】 (을하) 구축(驅逐). ♦駆逐艦 구축함.

くちぐせ【口癖】 입버릇.

くちぐるま【口車】 감언이설(甘言利說). ▸口車に乗る 감언이설에 넘어가다.

くちげんか【口喧嘩】 (을하) 말싸움; 말다툼.

くちごたえ【口答え】 (을하) 말대꾸. ‖親に口答えする 부모에게 말대꾸하다.

くちコミ【口-】 소문(所聞).

くちごもる【口籠る】 잘 안 들리게 말하다.

くちさき【口先】 말뿐임. ‖口先だけの約束 말뿐인 약속.

くちさびしい【口寂しい】 입이 심심하다. ‖禁煙していると口寂しい 금연을 하니까 입이 심심하다.

くちずさむ【口遊む】 흥얼거리다. ‖流行歌を口ずさむ 유행가를 흥얼거리다.

くちぞえ【口添え】 입김; 주선(周旋). ‖親戚の口添えで就職した 친척의 입김으로 취직했다.

くちだし【口出し】 (을하) 말참견.

くちだっしゃ【口達者】 말주변이 좋음. ‖口達者な人だ 말주변이 좋은 사람이다.

くちづけ【口付け】 (을하) 뽀뽀; 키스; 입맞춤. ‖頬に口づけする 볼에 입맞춤하다.

くちどめ【口止め】 (을하) 입막음; 입단속. ‖秘密を漏らさぬよう口止めする 비밀이 새지 않도록 입단속을 하다.

くちなおし【口直し】 입가심.

クチナシ【梔子】 치자나무.

くちばし【嘴】 부리; 주둥이. ▸嘴が黄色い 젊고 경험이 적다. 미숙하다.

くちばしる【口走る】 엉겁결에 말하다; 무의식적(無意識的)으로 말하다. ‖思わず秘密を口走る 엉겁결에 비밀을 말하다.

くちはてる【朽ち果てる】 ❶〔すっかり腐る〕완전(完全)히 썩다. ❷(世に知られないまま)허무(虛無)하게 죽다.

くちび【口火】 (爆発物・ガス器具の点火に使う)불. ▸口火を切る 어떤 일을 처음으로 하다.

くちひげ【口髭】 콧수염.

くちびる【唇】 입술. ‖唇が荒れる 입술이 트다. 唇をなめる 입술에 침을 바르다. ▸唇を噛む 입술을 깨물다.

くちぶえ【口笛】 휘파람. ‖口笛を吹く 휘파람을 불다.

くちべた【口下手】 말주변이 없다. ‖口下手で損をする 말주변이 없어 손해를 보다.

くちべに【口紅】 립스틱. ‖口紅をつける 립스틱을 바르다.

くちもと【口元】 입가. ‖口元に笑みを浮かべる 입가에 웃음을 띠다.

くちやかましい【口喧しい】 까다롭다; 잔소리가 심하다. ‖口やかましく指図する 까다롭게 지시하다.

くちゃくちゃ ❶〔噛む音〕‖くちゃくちゃとガムを噛む 껌을 짝짝 씹다. ❷꾸깃꾸깃. ‖紙をくちゃくちゃと丸める 종이를 꾸깃꾸깃 뭉치다.

ぐちゃぐちゃ ❶〔水分が多く軟らかな様子〕‖ぐちゃぐちゃのご飯 물기가 많은 밥. ❷〔ひどく乱れている様子〕‖ぐちゃぐちゃ(と)メモをとる 엉망으로 메모를 하다. ❸〔愚痴っぽくものを言う様子〕투덜투덜. ‖あれこれぐちゃぐちゃ(と)言う 이것저것 투덜거리다.

くちゅう【苦衷】 고충(苦衷). ‖彼の苦衷は察するに余りある 그 사람의 고충은 헤아리고도 남는다.

くちょう【口調】 어조(語調); 말투. ‖論すような口調 훈계조의 말투.

ぐちょく【愚直】ダ 우직(愚直)하다. ‖愚直な男 우직한 남자.

くちる【朽ちる】 ❶썩다. ‖朽ちて落ちかかった橋 썩어서 떨어지려고 하는 다리. ❷(名声などが)쇠(衰)하다.

ぐちる【愚痴る】 불평(不平)을 하다.

くつ【靴】 신; 신발; 구두. ‖靴を履く[脱ぐ] 신을 신다[벗다]. 新しい靴 1 足 새 구두 한 켤레. ♦革靴 가죽 구두. 長靴 장화.

くつう【苦痛】 고통(苦痛). ‖その仕事は彼にとって苦痛だった 그 일은 그 사람한테 있어서 고통이었다. 苦痛に耐える 고통을 참다. 精神的な苦痛 정신적인 고통.

くつがえす【覆す】 뒤집다; 뒤집어엎다. ‖大波が船を覆す 큰 파도가 배를 뒤집다. 政権を覆す 정권을 뒤집어엎다. 定説を覆す 정설을 뒤집다.

くつがえる【覆る】 뒤집히다. ‖一審判決が覆る 일심 판결이 뒤집히다.

クッキー【cookie】 쿠키.

くっきょう【屈強】ダ 힘이 매우 세다. ‖屈強な男性 힘이 매우 센 남자.

くっきょく【屈曲】 ㊇하 굴곡(屈曲).

くっきり 선명(鮮明)히; 확실(確實)히; 뚜렷이. ‖山の稜線がくっきり(と)見える 산 능선이 뚜렷이 보이다.

クッキングホイル【cooking＋foil】 쿠킹 호일.

ぐつぐつ 보글보글; 부글부글. ‖チゲがぐつぐつ(と)煮える 찌게가 보글보글 끓다.

くっこうせい【屈光性】 굴광성(屈光性).

くっさく【掘削】 ㊇하 굴삭(掘削). ♦掘削機 굴삭기.

くっし【屈指】 굴지(屈指). ‖韓国屈指の企業 한국 굴지의 기업.

くつした【靴下】 양말(洋襪). ‖靴下を履く 양말을 신다. 靴下 1 足 양말 한 켤레.

くつじゅう【屈従】 ㊇하 굴종(屈從).

くつじょく【屈辱】 굴욕(屈辱). ‖屈辱的な惨敗 굴욕적인 참패.

クッション【cushion】 쿠션.

くっしん【屈伸】 ㊇하 굴신(屈伸). ‖屈伸運動 굴신 운동.

くつずみ【靴墨】 구두약.

ぐっすり ‖ぐっすり(と)眠る 푹 잠들다.

くっする【屈する】 ❶굽히다. ‖腰を屈する 허리를 굽히다. ❷굴복(屈伏)하다; 굴하다. ‖圧力に屈して辞任した 압력에 굴해 사임했다.

くつずれ【靴擦れ】 説明 신발에 쓸려 생긴 상처(傷處).

くっせつ【屈折】 ㊇되 굴절(屈折). ‖屈折した心理 굴절된 심리.

くったく【屈託】 구김살. ‖屈託のない表情 구김살 없는 표정.

ぐったり ‖疲れてぐったりとなる 지쳐서 녹초가 되다.

くっちせい【屈地性】 굴지성(屈地性).

くっつく 붙다. ‖洋服にごみがくっついている 옷에 먼지가 붙어 있다. いつも母親にくっついて回る 항상 엄마한테 달라붙어 있다.

くっつける 붙이다.

くってかかる【食って掛かる】 대들다; 달려들다; 반론(反論)하다.

ぐっと ❶〔一息に〕한번에; 단숨에. ‖酒をぐっと飲み干す 술을 단숨에 들이켜다. ❷〔一段と〕한층; 부쩍. ‖成績がぐっと上がった 성적이 부쩍 올랐다. ❸〔感情〕‖怒りをぐっとこらえる 분노를 꾹 참다. 胸にぐっとくる 가슴에 뭉클하게 와 닿다.

くっぷく【屈服】 ㊇하 굴복(屈伏). ‖腕力に屈服する 완력에 굴복하다.

くつべら【靴篦】 구둣주걱.

くつみがき【靴磨き】 구두닦이.

くつろぐ【寛ぐ】 쉬다; 휴식(休息)을 취하다.

くでん【口伝】 구전(口傳).

ぐでんぐでん 곤드레만드레. ‖ぐでんぐでんに酔っ払う 곤드레만드레로 취하다.

くどい【諄い】 ❶(話などが)장황(張皇)하다; 번거롭다; 귀찮다. ‖話がくどくなる 얘기가 장황해지다. ❷(味が)느끼하다. ‖味付けがくどくなくておいしい 맛이 느끼하지 않고 맛있다.

くとう【苦闘】 ㊇하 고투(苦鬪). ‖悪戦苦闘の連続 악전고투의 연속.

くどう【駆動】 구동(驅動). ‖四輪駆動 사륜 구동.

ぐどう【求道】 구도(求道).

くとうてん【句読点】 구두점(句讀點).

くどき【口説き】 설득(說得). ‖熱心な口説きに折れる 끈질긴 설득에 꺾이다.

くどきおとす【口説き落とす】 마침내 설득(說得)하다.

くどく【口説く】 ❶설득(說得)하다. ‖父親を口説いて車を買わせる 아버지를 설득해서 차를 사게 하다. ❷꼬드

기다. ‖女を口説く 여자를 꼬드기다.

くどくど【諄諄】〔しつこく繰り返して言う様子〕구구(區區)하게; 장황하게. ‖くどくど(と)言い訳をする 구구하게 변명을 늘어놓다.

ぐどん【愚鈍】ダ 우둔(愚鈍)하다.

くなん【苦難】고난(苦難). ‖苦難を乗り切る 고난을 극복하다.

*__くに__【国】 ❶국가(國家); 국토(國土); 나라. ‖国を治める 나라를 다스리다. わが国 우리나라. ❷지역(地域); 지방(地方). ‖北の国 북쪽 지방. ❸고향(故鄕). ‖何年ぶりかで国に帰る 몇 년만에 고향에 가다.

くにく【苦肉】▸苦肉の策 고육지책.

くにざかい【国境】국경(國境).

ぐにゃぐにゃ ❶〔軟らかで形が変わりやすい様子〕흐물흐물; 흐늘흐늘. ❷〔張りがなく頼りない様子〕‖体をぐにゃぐにゃさせる 몸을 배배 꼬다. ❸누글누글. ‖プラスチックが熱でぐにゃぐにゃ(と)曲がる 플라스틱이 열로 누글누글해지다.

くねくね 구불구불. ‖くねくね(と)曲がった山道 구불구불한 산길.

くねる 구부러지다.

くのう【苦悩】(ス하) 고뇌(苦惱). ‖苦悩の色が顔ににじむ 고뇌의 빛이 얼굴에 드러나다.

くはい【苦杯】 고배(苦杯). ▸苦杯を嘗(な)める 고배를 마시다.

くばる【配る】❶나눠 주다; 배포(配布)하다. ‖街でティッシュを配る 거리에서 휴지를 나눠 주다. ❷(気などを)쓰다; 배려(配慮)하다. ‖気を配る 배려를 하다. ❸배치(配置)하다. ‖兵を配って守りを固める 병사를 배치해서 수비를 강화하다.

ぐはん【虞犯】우범(虞犯). ♦**虞犯少年** 우범 소년. **虞犯地帯** 우범 지대.

*__くび__【首】❶(人・動物・ものの)목. ‖キリンは首が長い 기린은 목이 길다. 窓から首を出す 창문으로 목을 내밀다. びんの首 병목. ❷머리; 고개. ‖敵将の首をはねる 적장의 머리를 치다. ▸首が回らない 빚으로 옴짝달싹 못하다. ▸首にする 해고하다. ▸首を傾げる[ひねる] 고개를 갸웃거리다. 의아해하다. その意見に彼は首をひねった 그 의견에 그는 의아해했다. ▸首を切る 해고하다. ▸首を突っ込む 여기저기 참견하다. ▸首を長くする 학수고대하다. ▸首を振る ①〔縦に〕승낙하다. ②〔横に〕거부하다.

ぐび【具備】(ス하) 구비(具備). ‖必要条件を具備する 필요 조건을 구비하다.

くびかざり【首飾り】목걸이.

ぐびぐび 꿀꺽꿀꺽; 벌컥벌컥. ‖酒をぐびぐびと飲む 술을 벌컥벌컥 마시다.

くびすじ【首筋】목덜미.

くびったけ【首っ丈】‖首っ丈だ 홀딱 반하다.

くびつり【首吊り】‖首吊りする 목을 매어 죽다.

くびれる【括れる】잘록하다.

くびわ【首輪】개・고양이 등의 목줄.

くふう【工夫】 (ス하) 고안(考案); 궁리(窮理). ‖デザインを工夫する 디자인을 고안하다. 工夫をこらす 이것저것 궁리를 하다.

くぶん【区分】(ス하) 구분(區分). ‖土地を区分する 토지를 구분하다. ♦**区分所有権** 구분 소유권.

*__くべつ__【区別】(ス하) 구별(區別). ‖公私を区別する 공사를 구별하다. あの2人はほとんど区別できない 저 두 사람은 거의 구별이 안 된다.

くべる【焼べる】 지피다. ‖薪をくべる 장작을 지피다.

くぼち【窪地】움푹 파인 땅.

くぼみ【窪み】파인 곳.

くぼむ【窪む】 움푹 파이다. ‖窪んだ道路 움푹 파인 길.

くま【隈】(目の下の)기미.

クマ【熊】곰. ♦**子熊** 새끼곰. **白熊** 백곰. **北極熊** 북극곰.

くまで【熊手】 ❶갈퀴. ❷(酉の市で売る)장식품(裝飾品).

くまなく【隈無く】 구석구석; 빠짐없이. ‖家中隈なく捜す 집안을 구석구석 찾다[뒤지다].

*__くみ__【組(み)】 ❶세트; 짝; 조(組); 팀. ‖この茶碗は6個で組みになっている 이 그릇은 여섯 개가 한 세트다. テキストとカセットテープが一組みになっている 텍스트와 카세트테이프가 한 세트다. ❷반(班); 학급(學級). ‖組で一番背が高い 반에서 키가 제일 크다.

グミ【Gummi ド】젤리.

くみあい【組合】 조합(組合). ♦**労働組合** 노동조합. **組合活動** 조합 활동.

くみあげる【汲み上げる】❶퍼 올리다; 길어 올리다. ‖井戸から水をくみ上げる 우물에서 물을 길어 올리다. ❷(下部の意見を)받아들이다. ‖大衆の要求をくみ上げて政策を作る 대중의 요구를 받아들여 정책을 만들다.

くみあわせ【組み合わせ】 ❶짜 맞추는 것; 배합(配合). ‖色の組み合わせがいい 색 배합이 좋다. ❷(数学)조합(組合).

くみあわせる【組み合わせる】❶짜 맞추다. ❷대진표(對陣表)를 짜다.

くみかえ【組み換え】 재편성(再編成). ‖遺伝子組み換え食品 유전자 변형 식품.

くみかえる【組み換える】 재편성(再編成)하다. ‖予算を組み換える 예산을 재편성하다.

くみきょく【組曲】조곡(組曲); 모음곡.

くみこむ【組み込む】 (体系の一部分として)넣다. ‖日程に組み込む 일정에 넣다.

くみたて【組み立て】조립(組立).

くみたてる【組み立てる】 조립(組立)하다. ‖部品を組み立てる 부품을 조립하다.

くみとる【汲み取る】 ❶(液体を)퍼 내다; 퍼서 버리다. ❷헤아리다; 이해(理解)하다. ‖人の気持ちをくみ取る 다른 사람의 마음을 헤아리다.

くむ【汲む・酌む】 ❶(液体を)뜨다; 푸다; 퍼 올리다. ‖ポンプで井戸水をくむ 펌프로 우물물을 퍼 올리다. ❷(酒・茶などを)그릇에 담아 마시다. ❸헤아리다; 이해(理解)하다. ‖意をくむ 뜻을 헤아리다. ❹(思想・流儀・系統などを)계승(繼承)하다. ‖カントの流れをくむ学派 칸트의 사상을 계승한 학파.

***くむ【組む】** ❶교차(交叉)시키다. ‖腕を組む 팔짱을 끼다. ❷(一つのまとまりを持ったものに)만들다. ‖いかだに組む 뗏목을 만들다. ❸조직(組織)하다; 편성(編成)하다. ‖コンビを組む 콤비를 이루다. 時間割を組む 시간표를 짜다. ❹〔争う〕다투다; 싸우다.

***くも【雲】** 구름. ‖雲が垂れ込めている 구름이 끼여 있다. 空には雲一つない 하늘에는 구름 한 점 없다. 白い雲が流れていく 흰 구름이 흘러가다. ▸雲をつかむよう 뜬구름을 잡는 듯한. ♦入道雲 적란운.

クモ【蜘蛛】 거미.

くもがくれ【雲隠れ】 ‖雲隠れする 자취를 감추다.

くものうえ【雲の上】 궁중(宮中); 지위(地位)가 높음. ‖雲の上の存在 지위가 높은 사람.

くもまく【蜘蛛膜】 뇌척수막(腦脊髓膜); 수막.

くもゆき【雲行き】 ❶구름의 움직임. ❷형세(形勢); 정세(情勢). ‖雲行きが怪しい 형세가 심상치 않다.

くもらす【曇らす】 ❶〔曇るようにする〕흐리게 하다. ❷(表情・声などを)어둡게 하다. ‖顔を曇らす 어두운 표정을 짓다.

***くもり【曇り】** ❶흐림. ‖曇りのち晴れ 흐린 뒤 맑음. ❷뒤가 켕김. ‖曇りのない心 떳떳한 마음.

くもる【曇る】 ❶흐리다. ‖急に曇ってきた 날씨가 갑자기 흐려졌다. ❷불투명(不透明)해지다; 흐려지다. ‖湯気で鏡が曇る 김으로 거울이 흐려지다. ❸(表情が)어두워지다. ‖顔が曇る 표정이 어두워지다.

ぐもん【愚問】 우문(愚問).

くやくしょ【区役所】 구청(區廳).

くやしい【悔しい・口惜しい】 분(憤)하다. ‖逆転されて悔しい 역전당해서 분하다.

くやむ【悔やむ】 ❶후회(後悔)하다; 분(憤)해하다. ‖後から悔やんでも仕方がない 뒤늦게 후회해도 소용없다. ❷조문(弔問)하다; 애도(哀悼)하다.

くゆらす【燻らす】 연기(煙氣)를 피우다; 태우다.

くよう【供養】 ㊄하 공양(供養).

くよくよ 끙끙. ‖くよくよしていてもしょうがない 끙끙대며 고민해도 소용없다.

くら【蔵・倉】 창고(倉庫).

くら【鞍】 안장(鞍裝).

くらい【位】 ❶지위(地位); 등급(等級). ❷품위(品位). ❸《数学》자리. ‖万の位 만 자리.

***くらい【暗い】** ❶어둡다. ‖暗い夜道 어두운 밤길. ❷(性格・気分などが)어둡다; 우울(憂鬱)하다. ‖気持ちが暗くなる 기분이 우울해지다. ❸어둡다; 잘 모르다. ‖法律に暗い 법률에 어둡다. ❹희망(希望)이 없다. ‖見通しは暗い 전망이 없다.

-くらい ❶〔おおよそ〕정도(程度). ‖卵くらいの大きさの石 계란 정도 크기의 돌. ❷〔程度〕정도. ‖彼はいくつくらいかな 그 사람은 몇 살 정도일까? ❸〔軽く見る〕정도. ‖それくらい誰でもできるさ 그 정도는 누구나 할 수 있다. ピアノくらい弾けるでしょう 피아노 정도는 칠 수 있겠지. ❹〔…するくらいならの形で〕할 정도라면. ‖あいつにやるくらいなら捨てるよ 저 녀석한테 줄 거라면 버릴 거야.

クライアント【client】 ❶고객(顧客); 의뢰인(依頼人). ❷(コンピューターネットワーク上で)클라이언트.

グライダー【glider】 글라이더.

くらいつく【食らい付く】 물다; 달려들다; 덤벼들다. ‖一度食らい付いたら離さない 한 번 물면 놓지 않다.

クライマックス【climax】 클라이맥스.

くらう【食らう】 ❶먹다; 마시다. ‖大飯を食らう 밥을 많이 먹다. ❷피해(被害)를 입다. ‖小言を食らう 잔소리를 듣다.

グラウンド【ground】 그라운드; 운동장(運動場); 경기장(競技場).

くらがり【暗がり】 어둠.

くらく【苦楽】 고락(苦樂). ‖苦楽を共にする 고락을 함께 하다.

クラクション【klaxon】 클랙슨. ‖クラクションを鳴らす 클랙슨을 울리다.

くらくら 어질어질. ‖頭がくらくらする 머리가 어질어질하다.

ぐらぐら ❶흔들흔들. ‖地震で家がぐらぐら揺れる 지진으로 집이 흔들거리다. ❷부글부글. ‖鍋がぐらぐら煮え立つ 냄비가 부글부글 끓다.

クラゲ【水母】 해파리.

***くらし【暮らし】** 생활(生活); 생계(生計). ‖暮らしが立たない 생활이 안 되다. 暮らしに困っている 생활이 어렵다. 一人暮らしをする 혼자 생활하다[살다]. 塾で教えて暮らしを立てている 학원 강사를 하면서 생계를 유지하고 있다.

グラジオラス【gladiolus】 글라디올러스.

クラシック【classic】 클래식. ‖クラシック音楽 클래식 음악.
くらす【暮らす】 ❶생활(生活)하다. ❷〔時間を過ごす〕시간(時間)을 보내다. ‖無駄に一日を暮らす 쓸데없이 하루를 보내다.

く

クラス【class】 클래스; 반(班). ‖トップクラス 톱클래스. クラスメイト 동급생.
グラス【glass】 잔(盞).
グラタン【gratin ᄀ】 그라탱.
クラッカー【cracker】 크래커.
ぐらつく 흔들거리다. ‖歯がぐらつく 이빨이 흔들거리다.
グラニューとう【←granulated 糖】 백설탕(白雪糖).
グラビア【gravure】 ❶〔印刷〕그라비어. ❷(書籍・雑誌などで)사진(寫眞)이 인쇄(印刷)된 페이지.
クラブ【club】 ❶클럽; 동호회(同好會). ‖ゴルフクラブ 골프 클럽. ❷(ゴルフの)골프채. ❸(トランプの)클로버.
グラフ【graph】 그래프. ‖帯グラフ 띠그래프.
グラフィック【graphic】 그래픽. ♦グラフィックアート 그래픽 아트. グラフィックデザイン 그래픽 디자인.
くらべもの【比べ物】 ▸比べものにならない 비교가 안 되다.
***くらべる**【比べる】 ❶비교(比較)하다. ‖背の高さを比べる 키를 비교하다. ❷〔競う〕겨루다. ‖力量を比べる 역량을 겨루다.
グラマー【glamor】 글래머.
くらます【晦ます】 ❶(姿を)감추다. ‖姿をくらます 모습을 감추다. ❷속이다. ‖人の目をくらます 사람 눈을 속이다.
くらむ【眩む】 ❶현기증(眩氣症)이 나다. ‖空腹のあまり目がくらむ 너무 배가 고파 현기증이 나다. ❷어두워지다; 멀다. ‖金に目がくらむ 돈에 눈이 멀다.
グラム【gramme ᄀ】 …그램(g).
くらやみ【暗闇】 ❶어둠; 어두운 곳. ‖暗闇の中で 어둠 속에서. ❷〔人目につかない〕사람 눈에 띄지 않는 곳. ❸〔希望が持てない〕희망(希望)이 없는 상태(狀態).
ぐらり 흔들. ‖大岩がぐらりと動く 큰 바위가 흔들거리다.
クラリネット【clarinet】 클라리넷.
グランドスラム【grand slam】 그랜드슬램.
グランドピアノ【grand piano】 그랜드 피아노.
グランプリ【grand prix ᄑ】 그랑프리.
クリ【栗】 밤. ‖焼き栗 군밤.
くりあげる【繰り上げる】 ❶(上または前に)당기다; 순차적(順次的)으로 끌어올리다. ‖次点を繰り上げて当選とする 차점자를 끌어올려 당선으로 하다. ❷(日程を)앞당기다.
くりあわせる【繰り合わせる】 (時間を)만들다; 조정(調整)하다. ‖うまく繰り合わせれば全員出席できる 시간을 잘 조정하면 전원이 출석할 수 있다.
クリーニング【cleaning】 클리닝. ♦ドライクリーニング 드라이클리닝.
クリーム【cream】 크림. ♦生クリーム 생크림. ハンドクリーム 핸드 크림. クリームスープ 크림수프. クリームソーダ 크림소다.
くりいれる【繰り入れる】 ❶당겨 넣다. ‖釣り糸を繰り入れる 낚싯줄을 당겨 넣다. ❷〔組み入れる〕집어넣다.
くりいろ【栗色】 밤색.
グリーンピース【green peas】 완두콩; 그린피스.
グリーンベルト【greenbelt】 그린벨트.
くりかえし【繰り返し】 반복(反復).
くりかえす【繰り返す】 반복(反復)하다. ‖繰り返して説明する 반복해서 설명하다.
くりくり ❶〔丸くてよく動く様子〕‖くりくりとした目 동글동글한 눈. ❷〔丸い様子〕‖くりくり坊主 빡빡 깎은 머리. ❸〔丸くかわいらしく太った様子〕‖くりくりと太った赤ちゃん 통통하게 살이 찐 아기.
ぐりぐり ❶(リンパにできた)멍울. ❷문지르다; 주무르다. ‖肘でぐりぐりする 팔꿈치로 주무르다.
クリケット【cricket】 크리켓.
くりこし【繰り越し】 이월(移越). ♦繰り越し金 이월금.
くりこす【繰り越す】 이월(移越)하다. ‖残金は次期に繰り越す 잔금은 차기로 이월하다.
くりさげる【繰り下げる】 순차적(順次的)으로 내리다.
クリスタル【crystal】 크리스탈.
クリスチャン【Christian】 크리스천.
***クリスマス**【Christmas】 크리스마스. ‖メリークリスマス! 메리 크리스마스! ♦クリスマスイブ 크리스마스 이브. クリスマスカード 크리스마스 카드. クリスマスキャロル 크리스마스 캐럴. クリスマスツリー 크리스마스 트리. クリスマスプレゼント 크리스마스 선물.
くりつ【区立】 구립(區立). ♦区立図書館 구립 도서관.
クリック【click】 ㉻하 클릭.
クリニック【clinic】 클리닉.
くりぬく【刳り貫く】 도려내다.
くりひろげる【繰り広げる】 ❶〔開いてゆく〕순서(順序)대로 펼치다. ‖絵巻物を繰り広げる 두루마리 그림을 펼치다. ❷〔繰り広げられるの形で〕전개(展開)되다; 펼쳐지다. ‖連日熱戦が繰り広げられる 연일 열전이 펼쳐지다.
グリル【grill】 그릴.
***くる**【来る】 ❶오다. ‖家にお客さんが来る 집에 손님이 오다. まだ来ていません

사람의 범행인 것 같다.

くわずぎらい【食わず嫌い】❶〔食べ物〕먹어 보지도 않고 싫어함 또는 그 사람. ❷〔物事〕잘 알지도 못하면서 싫어함.

くわせる【食わせる】❶먹여 주다; 먹게 해 주다. ‖何かうまい物を食わせろ 뭔가 맛있는 거 먹게 해 줘. ❷먹이다; 부양(扶養)하다. ‖今の稼ぎでは家族を食わせるのがやっとだ 지금 벌이로는 겨우 식구를 부양하는 정도다. ❸〔攻撃を与える〕때리다. ‖びんたを食わせる 따귀를 때리다. ❹〔だます〕속이다. ‖一杯食わせる 멋지게 속이다.

くわだて【企て】계획(計劃); 획책(劃策).

くわだてる【企てる】계획(計劃)하다; 획책(劃策)하다.

くわれる【食われる】❶먹히다. ❷〔引けを取る〕압도(壓倒)당하다.

くわわる【加わる】❶〔多くなる〕늘다. ❷참가(參加)하다.

くん【訓】훈(訓).

-くん【君】…군(君). ‖中村君 나카무라 군.

ぐん【軍】군; 군대(軍隊).

ぐん【郡】(行政区域の一つの)군(郡).

ぐんか【軍靴】군화(軍靴).

ぐんか【軍歌】군가(軍歌).

くんかい【訓戒】(ス하)훈계(訓戒). ‖生徒を訓戒する 학생들을 훈계하다. 訓戒をたれる 훈계를 늘어놓다.

ぐんかん【軍艦】군함(軍艦).

くんくん 킁킁. ‖くんくんかぐ 킁킁대며 냄새를 맡다.

ぐんぐん 부쩍. ‖成績がぐんぐん上がる 성적이 부쩍 오르다.

ぐんこく【軍国】군국(軍國). ♦軍国主義 군국 주의.

くんし【君子】군자(君子). ♦聖人君子 성인군자.

くんじ【訓示】(ス하)훈시(訓示).

ぐんじ【軍事】군사(軍事). ♦軍事援助 군사 원조. 軍事機密 군사 기밀.

ぐんしきん【軍資金】군자금(軍資金).

くんしゅ【君主】군주(君主). ♦君主国 군주국. 君主制 군주제.

ぐんじゅ【軍需】군수(軍需). ♦軍需産業 군수 산업.

ぐんしゅう【群集】군집(群集). ♦群集心理 군중 심리.

ぐんしゅう【群衆】군중(群衆).

ぐんしゅく【軍縮】군축(軍縮). ♦軍縮会議 군축 회의.

くんしょう【勲章】훈장(勳章).

ぐんしょう【群小】군소(群小). ♦群小政党 군소 정당.

ぐんじょう【群青】군청색(群青色).

クンシラン【君子蘭】군자란(君子蘭).

ぐんじん【軍人】군인(軍人). ‖職業軍人 직업 군인.

くんせい【燻製】훈제(燻製).

ぐんせい【群生】(ス하)군생(群生).

ぐんぞう【群像】군상(群像). ‖青春の群像 청춘의 군상.

ぐんたい【軍隊】군대(軍隊).

-くんだり ‖山奥くんだりまで出張に行きました 산골에까지 출장 갔다 왔습니다.

ぐんだん【軍団】군단(軍團).

ぐんて【軍手】목장갑(木掌匣).

ぐんび【軍備】군비(軍備). ‖軍備の制限をする 군비 제한을 하다.

ぐんぴ【軍費】군비(軍費).

ぐんぶ【軍部】군부(軍部).

くんぷう【薫風】훈풍(薫風).

ぐんぷく【軍服】군복(軍服).

ぐんぽう【軍法】군법(軍法). ♦軍法会議 군법 회의.

ぐんらく【群落】군락(群落).

くんりん【君臨】(ス하)군림(君臨).

***くんれん**【訓練】(ス하)훈련(訓練). ‖1人でできるように訓練する 혼자서 할 수 있도록 훈련하다. 訓練を受ける 훈련을 받다. ♦職業訓練 직업 훈련.

け

***け**【毛】❶털. ‖鶏の毛をむしる 닭 털을 뽑다. ❷머리카락. ‖くせ毛 고수머리. ❸〔ウール〕양털; 울. ▸毛が生えたような 조금 나아졌지만 크게 달라지지 않은. 作文に毛が生えたような論文 작문보다 조금 나은 논문.

け【気】❶조짐(兆朕); 징후(徵候); 낌새. ‖噴火の前日まではその気もなかった 분화 전날까지 아무런 조짐도 없었다. ❷…모습; …징후(徵候); …느낌; …기(氣). ‖塩気が足りない 소금기가 부족하다. 吐き気がする 토할 것 같다.

-け【家】…가(家).

ケア【care】케어; 간호(看護). ♦アフターケア 애프터케어. スキンケア 스킨케어. ケアマネージャー 간호 매니저.

けあな【毛穴】모공(毛孔); 땀구멍.

けい【刑】형(刑). ♦罰金刑 벌금형.

けい【系】계(系).

けい【計】❶계획(計劃). ‖百年の計 백년지계. ❷합계(合計). ‖計3万円 합계 삼만 엔.

げい【芸】예술(藝術); 재주.

ゲイ【gay】게이.

けいあい【敬愛】(ス하)경애(敬愛). ‖敬愛する人物 경애하는 인물.

けいい【経緯】❶경위(經緯). ‖事の経緯を詳しく話す 일의 경위를 자세히 말하다. ❷위도(緯度)와 경도(經度).

けいい【敬意】경의(敬意). ‖敬意を払う 경의를 표하다.

***けいえい**【経営】(ス하)경영(經營). ‖会社を経営する 회사를 경영하다. 経営

難に陥る 경영난에 빠지다. ♦経営学 경영학. 経営コンサルタント 경영 컨설턴트. 経営者 경영자. 経営戦略 경영 전략. 経営不振 경영 부진. 経営分析 경영 분석.

けいえん【敬遠】(スル하)경원(敬遠).

けいか【経過】 경과(經過); 추이(推移). ‖事件の経過を見守る 사건의 추이를 지켜보다.

けいかい【軽快】ダ ❶경쾌(輕快)하다. ‖軽快な音楽 경쾌한 음악. 軽快に歩く 경쾌하게 걷다. ❷(病気が)좋아지다.

けいかい【警戒】(スル하)경계(警戒). ♦歳末特別警戒 연말 특별 경계. 警戒警報 경계 경보. 警戒色 경계색. 警戒心 경계심. 警戒水位 경계 수위. 警戒線 경계선.

*__けいかく【計画】__(スル하)계획(計劃). ‖旅行を計画する 여행을 계획하다. 計画を立てる 계획을 세우다. 計画を練る 계획을 짜다. ♦長期計画 장기 계획. 計画経済 계획 경제.

けいかくてき【計画的】 계획적(計劃的). ‖計画的な犯行 계획적인 범행.

けいかん【景観】 경관(景觀). ‖景観を損なう 경관을 해치다. ♦都市景観 도시 경관.

けいかん【警官】 경관(警官).

けいがん【慧眼】 혜안(慧眼).

けいき【刑期】 형기(刑期).

けいき【契機】 계기(契機). ‖就職を契機に親元を離れる 취직을 계기로 부모님 곁을 떠나다.

*__けいき【景気】__ ❶경기(景氣). ‖景気の変動がはなはだしい 경기 변동이 심하다. 景気のいい会社 경기가 좋은 회사. 景気回復 경기 회복. ❷〔活気〕기세(氣勢); 위세(威勢).

けいきょもうどう【軽挙妄動】(スル하)경거망동(輕擧妄動).

けいく【警句】 경구(警句).

けいぐ【敬具】 경구(敬具).

*__けいけん【経験】__(スル하)경험(經驗). ‖経験が浅い 경험이 적다. 経験を積む 경험을 쌓다. 経験を生かす 경험을 살리다. 英語を教えた経験がある 영어를 가르친 경험이 있다. 学生の間に色々なことを経験したい 학생 때 여러 가지를 경험하고 싶다. 豊かな経験 풍부한 경험. ♦経験主義 경험 주의. 経験的 경험적. 経験論 경험론.

けいげん【軽減】(スル하)경감(輕減).

けいこ【稽古】(スル하)연습(練習); 훈련(訓鍊). ‖熱心に稽古する 열심히 연습하다. 稽古をつける 훈련을 시키다. ピアノの稽古 피아노 연습.

けいご【敬語】 경어(敬語).

けいご【警護】(スル하)경호(警護). ‖身辺を警護する 신변을 경호하다. 警護をつける 경호를 붙이다.

けいこう【蛍光】 형광(螢光). ♦蛍光灯 형광등. 蛍光塗料 형광 도료. 蛍光物質 형광 물질.

*__けいこう【傾向】__ 경향(傾向). ‖円高の傾向が見られる 엔고의 경향이 보이다. 世論の一般的傾向 여론의 일반적인 경향.

げいごう【迎合】(スル하)영합(迎合).

けいこうぎょう【軽工業】 경공업(輕工業).

けいこく【渓谷】 계곡(溪谷).

けいこく【警告】(スル하)경고(警告). ‖警告を発する 경고를 하다. 警告を受ける 경고를 받다.

けいさい【掲載】(スル하)게재(揭載). ‖新聞に観戦記を掲載する 신문에 관전기를 게재하다. 彼の写真が今日の新聞に掲載された 그 사람 사진이 오늘 신문에 게재되었다.

*__けいざい【経済】__ 경제(經濟). ♦計画経済 계획 경제. 自由経済 자유 경제. 世界経済 세계 경제. 日本経済 일본 경제. 経済学 경제학. 経済観念 경제 관념. 経済政策 경제 정책. 経済成長率 경제 성장률. 経済大国 경제 대국. 経済的 경제적. 経済的な理由で大学を中退する 경제적인 이유로 대학을 중퇴하다. 経済的に苦しい 경제적으로 어렵다. 経済白書 경제 백서. 経済封鎖 경제 봉쇄.

*__けいさつ【警察】__ 경찰(警察). ‖警察を呼ぶ 경찰을 부르다. 警察に通報する 경찰에 통보하다. ♦警察官 경찰관. 警察犬 경찰견. 警察権 경찰권. 警察署 경찰서.

*__けいさん【計算】__(スル하)계산(計算). ‖計算が速い 계산이 빠르다. 相手の反対を計算に入れる 상대방의 반대를 계산에 넣다. 万事計算通りにいっている 만사가 계산대로 되고 있다. ▸計算尽く 이해득실을 따져 손해를 안 보도록 행동하는 것. 計算ずくの行動 계산된 행동. ▸計算高い 타산적이다. 計算高い人 타산적인 사람. ♦電子計算機 전자계산기.

けいさんぷ【経産婦】 경산부(經産婦).

けいし【軽視】(スル하)경시(輕視).

けいじ【刑事】 형사(刑事). ♦刑事事件 형사 사건. 刑事責任 형사 책임.

けいじ【掲示】(スル하)게시(揭示). ‖日程を掲示する 일정을 게시하다.

けいじ【啓示】(スル하)계시(啓示).

けいじ【慶事】 경사(慶事).

*__けいしき【形式】__ ❶형식(形式); 외형(外形). ‖彼は形式にこだわっている 그 사람은 형식에 집착하고 있다. 形式だけの質疑応答に終わる 형식뿐인 질의응답으로 끝나다. ❷양식(樣式); 틀. ‖届出用紙の形式を変える 신고 용지의 양식을 바꾸다. ♦形式主義 형식 주의.

形式的 형식적. 形式名詞 형식 명사.
けいじじょうがく【形而上学】 형이상학(形而上學).
けいしつ【形質】 형질(形質).
けいしゃ【傾斜】 경사(傾斜). ‖南に傾斜した土地 남쪽으로 경사가 진 땅.
けいしゃ【鶏舎】 닭장.
*げいじゅつ【芸術】 예술(藝術). ▸芸術は長く人生は短し 인생은 짧고 예술은 길다. ♦空間芸術 공간 예술. 芸術家 예술가. 芸術作品 예술 작품.
けいしょ【経書】 경서(經書).
けいしょう【形象】 형상(形象).
けいしょう【敬称】 경칭(敬稱).
けいしょう【軽傷】 경상(輕傷).
けいしょう【継承】 (조하) 계승(繼承). ♦継承者 계승자.
けいしょう【警鐘】 경종(警鐘). ‖警鐘を鳴らす 경종을 울리다.
けいじょう【形状】 형상(形狀); 모양(模樣). ‖葉の形状 잎 모양.
けいじょう【経常】 경상(經常). ♦経常利益 경상 이익.
けいしょうち【景勝地】 경승지(景勝地); 명승지(名勝地).
けいしょく【軽食】 가벼운 식사(食事).
けいず【系図】 계도(系圖).
けいすいろ【軽水炉】 경수로(輕水爐).
けいすう【係数】 계수(係數).
けいすう【計数】 계수(計數); 계산(計算)을 함.
けいせい【形成】 (조하) 형성(形成). ‖一家を形成する 일가를 형성하다. 人格形成 인격 형성. ♦形成外科 성형외과.
けいせい【形勢】 형세(形勢). ‖彼の登場で形勢が逆転した 그 사람의 등장으로 형세가 역전되었다.
けいせき【形跡】 형적(形跡); 흔적(痕跡).
けいせつのこう【蛍雪の功】 형설지공(螢雪之功).
けいせん【経線】 경선; 경도선(經度線).
けいせん【罫線】 괘선(罫線).
けいそ【珪素】 규소(硅素).
けいそう【軽装】 가벼운 복장(服裝).
けいそく【計測】 (조하) 계측(計測). ‖計測器 계측기.
けいぞく【継続】 (조하) 계속(繼續). ‖観測を継続する 관측을 계속하다. 今後も交渉を継続していくつもりだ 앞으로도 교섭을 계속해 나갈 생각이다. 継続的な努力 계속적인 노력.
けいそつ【軽率】ᶠ 경솔(輕率)하다. ‖軽率な行動 경솔한 행동. 軽率にもそれを彼に言ってしまった 경솔하게도 그것을 그 사람에게 말해 버렸다.
けいたい【形態・形体】 형태(形態). ‖土地の利用形態 토지의 이용 형태. 支配形態 지배 형태. 形態的分類 형태적 분류.
*けいたい【携帯】 (조하) 휴대(携帶). ‖この辞書は携帯に便利だ 이 사전은 휴대하기에 편리하다. ♦携帯電話 휴대 전화. 휴대폰. 핸드폰.
けいだい【境内】 경내(境內).
けいちつ【啓蟄】 (二十四節気の)경칩(驚蟄).
けいちゅう【傾注】 (조하) 경주(傾注). ‖この仕事に全力を傾注する 이 일에 전력을 경주하다.
けいちょう【軽重】 경중(輕重).
けいちょう【傾聴】 (조하) 경청(傾聽). ‖静かに傾聴する 조용히 경청하다.
けいちょう【慶弔】 경조(慶弔). ‖慶弔費 경조비.
けいてき【警笛】 경적(警笛). ‖警笛を鳴らす 경적을 울리다.
けいと【毛糸】 털실. ‖毛糸のマフラー 털실 머플러.
けいど【経度】 경도(經度).
けいど【軽度】 증상(症狀)이 가벼움.
けいど【傾度】 경도(傾度).
けいとう【系統】 ❶계통(系統). ‖神経系統 신경 계통. 命令系統 명령 계통. ❷혈통(血統). ❸《生物》계통. ♦系統樹 계통수.
けいとう【傾倒】 (조되) 경도(傾倒).
ケイトウ【鶏頭】 맨드라미.
けいどうみゃく【頸動脈】 경동맥(頸動脈).
げいにん【芸人】 연예인(演藝人).
げいのう【芸能】 연예(演藝). ♦芸能界 연예계. 芸能人 연예인.
けいば【競馬】 경마(競馬). ♦競馬場 경마장.
けいはく【敬白】 경백(敬白); 경구(敬具).
けいはく【軽薄】ᶠ 경박(輕薄)하다. ‖軽薄な笑い 경박한 웃음.
けいはつ【啓発】 (조하) 계발(啓發). ‖自己啓発 자기 계발.
けいばつ【刑罰】 형벌(刑罰). ‖刑罰を科す 형벌을 과하다.
けいはんざい【軽犯罪】 경범죄(輕犯罪).
けいひ【桂皮】 계피(桂皮).
けいひ【経費】 경비(經費). ‖経費がかなりかかる 경비가 꽤 든다. ♦経費節減 경비 절감.
けいび【軽微】ᶠ 경미(輕微)하다. ‖軽微な被害 경미한 피해.
けいび【警備】 (조하) 경비(警備). ‖沿岸を警備する 연안을 경비하다. 警備につく[立つ] 경비를 서다. ♦警備員 경비원. 警備艇 경비정.
けいひん【景品】 경품(景品).
けいふ【系譜】 계보(系譜).
けいふ【継父】 계부(繼父); 의붓아버지.
けいべつ【軽蔑】 (조하) 경멸(輕蔑). ‖彼女はうそをつく人を一番軽蔑している 그녀는 거짓말을 하는 사람을 가장 경멸하고 있다. 軽蔑のまなざしで見る 경

멸하는 듯한 눈빛으로 바라보다.
けいぼ【継母】 계모(繼母); 의붓어머니.
けいほう【刑法】 형법(刑法).
けいほう【警報】 경보(警報). ♦**火災警報** 화재경보. **空襲警報** 공습 경보. **警戒警報** 경계 경보. **警報器** 경보기.
けいぼう【警棒】 경찰봉(警察棒).
けいむしょ【刑務所】 교도소(矯導所).
げいめい【芸名】 예명(藝名).
けいもう【啓蒙】 (スル하) 계몽(啓蒙). ♦**啓蒙思想** 계몽 사상. **啓蒙主義** 계몽 주의.
***けいやく【契約】** (スル하) 계약(契約). ‖契約を結ぶ 계약을 맺다. 契約を更新する 계약을 갱신하다. 2 年契約で事務所を借りる 이 년 계약으로 사무실을 빌리다. ♦**契約違反** 계약 위반. **契約書** 계약서.
けいゆ【経由】 (スル하) 경유(經由). ‖ソウルを経由して上海へ行く 서울을 경유해서 상하이에 가다.
けいゆ【軽油】 경유(輕油).
けいよう【形容】 (スル하) 형용(形容). ‖この美しさとはとても言葉では形容し切れない 이 아름다움은 말로 다 형용할 수 없다. ♦**形容詞** 형용사. **形容動詞** 형용동사.
けいよう【掲揚】 (スル하) 게양(揭揚). ‖国旗を掲揚する 국기를 게양하다.
けいらん【鶏卵】 계란(鷄卵); 달걀.
けいり【経理】 경리(經理). ‖経理部 경리부.
けいりゃく【計略】 계략(計略). ‖計略にひっかかる 계략에 걸리다.
けいりゅう【渓流】 계류(溪流).
けいりょう【計量】 (スル하) 계량(計量). ♦**計量カップ** 계량컵.
けいりょう【軽量】 경량(輕量).
けいりん【競輪】 경륜(競輪).
けいれい【敬礼】 (スル하) 경례(敬禮).
けいれき【経歴】 경력(經歷). ‖経歴を偽る 경력을 속이다. 輝かしい経歴 화려한 경력.
けいれつ【系列】 계열(系列). ♦**系列会社** 계열 회사.
けいれん【痙攣】 (スル하) 경련(痙攣). ‖足が痙攣する 다리에 경련이 일다.
けいろ【経路】 경로(經路). ♦**侵入経路** 침입 경로. **入手経路** 입수 경로.
けいろう【敬老】 경로(敬老). ‖敬老の精神 경로 정신. ♦**敬老の日** 경로의 날.
ケーキ【cake】 케이크. ♦**スポンジケーキ** 스펀지케이크.
ゲージ【guage】 게이지.
ケース【case】 케이스. ❶〔容器〕‖バイオリンのケース 바이올린 케이스. ❷〔事例〕‖前例のない特異なケース 전례가 없는 특이한 케이스.
ゲートボール【gate+ball 日】 게이트볼.
ケーブル【cable】 케이블. ♦**ケーブルカー** 케이블카. **ケーブルテレビ** 케이블 티브이.
ゲーム【game】 게임. ♦**ゲームオーバー** 게임 오버. **ゲームセンター** 오락실.
***けが【怪我】** ❶부상(負傷); 상처(傷處). ‖足をけがする 다리를 다치다. ❷과실(過失); 결점(缺點). ▸けがの功名 소 뒷걸음질 치다 쥐 잡기.(諺)
げか【外科】 외과(外科). ‖外科医 외과 의사.
けがす【汚す】 ❶더럽히다. ‖聖域を汚す 성역을 더럽히다. ❷(名誉・名声などを)훼손(毁損)하다. ‖名誉を汚す 명예를 훼손하다. ❸(女性を)욕보이다.
ケガニ【毛蟹】 털게.
けがらわしい 더럽다; 역겹다; 불결(不潔)하다; 추잡(醜雜)스럽다.
けがれ【汚れ】 ❶(精神的)더러움. ❷부정(不淨).
けがれる【汚れる】 ❶더러워지다; 상처(傷處)를 입다. ‖身も心も汚れてしまった 몸도 마음도 더러워지고 말았다. ❷〔はずかしめ〕정조(貞操)를 잃다. ❸부정(不淨)해지다.
けがわ【毛皮】 모피(毛皮). ‖毛皮のコート 모피 코트.
げき【劇】 연극(演劇); 극. ‖放送劇 방송극.
げきか【激化】 (スル되) 격화(激化). ‖対立が激化する 대립이 격화되다.
げきげん【激減】 (スル하) 격감(激減). ‖野生動物が激減する 야생 동물이 격감하다.
げきさく【劇作】 (スル하) 극작(劇作). ♦**劇作家** 극작가.
げきさん【激賛】 (スル하) 격찬(激讚).
げきじょう【劇場】 극장(劇場).
げきじょう【激情】 격정(激情). ‖激情にかられる 격정에 휩싸이다.
げきじん【激甚】 ダ 격심(激甚)하다; 극심(極甚)하다.
げきする【激する】 ❶흥분(興奮)하다. ‖相手の無礼に思わず激する 상대의 무례에 나도 모르게 흥분하다. ❷격(激)해지다. ‖戦いが激する 싸움이 격해지다.
げきせん【激戦】 (スル하) 격전(激戰). ‖激戦地 격전지.
げきぞう【激増】 (スル하) 급증(急增). ‖交通事故が激増する 교통사고가 급증하다.
げきたい【撃退】 (スル하) 격퇴(擊退).
げきだん【劇団】 극단(劇團).
げきちゅう【劇中】 극중(劇中). ♦**劇中人物** 극중 인물.
げきちん【撃沈】 (スル하) 격침(擊沈). ‖敵の戦艦を撃沈する 적 전함을 격침하다.
げきつい【撃墜】 (スル하) 격추(擊墜). ‖敵機を撃墜する 적기를 격추하다.
げきつう【激痛】 심한 통증(痛症); 격심

(激甚)한 통증.
げきてき【劇的】 극적(劇的). ‖劇的な瞬間 극적인 순간.
げきど【激怒】 ㉤하 격노(激怒).
げきとう【激闘】 ㉤하 격투(激鬪).
げきどう【激動】 ㉤하 격동(激動). ‖激動する国際情勢 격동하는 국제 정세.
げきとつ【激突】 ㉤하 격돌(激突); 부딪침. ‖塀に激突する 담장에 부딪치다.
げきは【撃破】 ㉤하 격파(擊破). ‖敵の主力部隊を撃破する 적의 주력 부대를 격파하다.
げきぶつ【劇物】 독극물(毒劇物).
げきへん【激変】 ㉤하 격변(激變).
げきむ【激務】 격무(激務). ‖激務に倒れる 격무로 쓰러지다.
げきやく【劇薬】 극약(劇藥).
けぎらい【毛嫌い】 ‖毛嫌いする 이유도 없이 싫어하다. 数学を毛嫌いする 수학을 괜히 싫어하다.
げきりゅう【激流】 격류(激流).
げきれい【激励】 ㉤하 격려(激勵). ‖試験前に息子を激励する 시험 전에 아들을 격려하다.
げきれつ【激烈】 ダ 격렬(激烈)하다. ‖激烈な競争 격렬한 경쟁.
げきろん【激論】 ㉤하 격론(激論). ‖激論を戦わせる 격론을 벌이다.
げけつ【下血】 ㉤하 하혈(下血).
げこう【下向】 ㉤하 하향(下向).
げこう【下校】 ㉤하 하교(下校).
げこくじょう【下克上】 하극상(下剋上).
けさ【今朝】 오늘 아침. ‖今朝は早く着いた 오늘 아침은 빨리 도착했다.
けさ【袈裟】 가사(袈裟); 승복(僧服).
げざい【下剤】 설사약(泄瀉藥).
げざん【下山】 ㉤하 하산(下山).
ケシ【芥子】 겨자.
げし【夏至】 (二十四節気の)하지(夏至).
けしいん【消印】 소인(消印).
けしかける 부추기다. ‖妹をけしかけて小遣いをせびらせる 여동생을 부추겨서 용돈을 타내게 하다.
けしからぬ【怪しからぬ】 무례(無禮)한; 괘씸한. ‖けしからぬふるまい 괘씸한 행동.
けしき【気色】 기색(氣色).
けしき【景色】 경치(景致). ‖景色のいいところ 경치가 좋은 곳.
けしゴム【消しゴム】 지우개. ‖消しゴムで消す 지우개로 지우다.
けしさる【消し去る】 지우다; 지워 버리다.
けじめ 구별(區別); 구분(區分). ▶けじめをつける 잘못에 대해 확실히 책임을 지다.
げしゃ【下車】 ㉤하 하차(下車).
げしゅく【下宿】 ㉤하 하숙(下宿). ♦下宿屋 하숙집.
げじゅん【下旬】 하순(下旬).
***けしょう【化粧】** ㉤하 화장(化粧). ‖うっすらと化粧をする 연하게 화장을 하다. 化粧を落とす 화장을 지우다. ♦化粧室 화장실. 化粧水 화장수. 化粧品 화장품.
けしん【化身】 화신(化身). ‖神の化身 신의 화신.
***けす【消す】** ❶끄다. ‖明かりを消す 불을 끄다. ❷지우다. ‖黒板の字を消す 칠판의 글씨를 지우다. ❸없애다; 죽이다. ‖音を消してテレビを見る 소리를 죽이고 텔레비전을 보다. ❹감추다. ‖姿を消す 모습을 감추다.
げすい【下水】 하수(下水). ♦下水溝 하수구. 下水道 하수도.
ゲスト【guest】 게스트.
けずる【削る】 ❶〔そぎ取る〕깎다. ‖鉛筆を削る 연필을 깎다. ❷줄이다; 삭감(削減)하다. 予算を削る 예산을 줄이다. ❸지우다; 빼다; 삭제(削除)하다. ‖項目を削る 항목을 삭제하다. リストから名前を削る 리스트에서 이름을 빼다[지우다].
げそ (イカの)오징어 다리.
けた【桁】 ❶《数学》자리. ‖3桁の数 세 자리 수. ❷(柱・橋脚などの上の)횡(橫)으로 걸치는 목재(木材). ▶桁が違う 차이가 크다.
げた【下駄】 나막신. ‖下駄履き住宅 주상 복합 주택(住商複合住宅).
けだかい【気高い】 기품(氣品)이 있다; 고상(高尙)하다.
げたげた 〔下品なほどに高笑いをする様子〕‖げたげた(と)笑う 큰 소리로 천박하게 웃다.
けたたましい 요란(搖亂)하다; 요란스럽다; 시끌벅적하다. ‖けたたましくサイレンを鳴らして消防車が走る 요란스럽게 사이렌을 울리며 소방차가 달려가다.
けたちがい【桁違い】 차이(差異)가 큼.
げだつ【解脱】 ㉤하 해탈(解脫). ‖煩悩(ぼんのう)を解脱する 번뇌에서 해탈하다.
けたはずれ【桁外れ】 평균(平均)과 크게 차이(差異)가 남. ‖桁外れの金持ちだ 엄청난 부자다.
けだま【毛玉】 (털) 보푸라기.
けだもの【獣】 짐승. ‖あいつは人間の皮をかぶった獣だ 저 녀석은 인간의 탈을 쓴 짐승이다.
けだるい【気怠い】 나른하다; 노곤(勞困)하다; 피곤(疲困)하다.
げだん【下段】 하단(下段). ‖本棚の下段 책장 하단.
けち【吝嗇】 ダ ❶인색(吝嗇)하다. ‖けちな人 인색한 사람. 구두쇠. ❷비열(卑劣)하다; 졸렬(拙劣)하다. ‖けちな考え 졸렬한 생각.
けちけち ‖けちけちする 인색하게 굴다.
ケチャップ【ketchup】 케첩.
けちょんけちょん ‖けちょんけちょんにけ

なす 심하게 비난하다.

げつ【月】〔月曜の略語〕월(月). ‖授業は月火水3日ある 수업은 월화수 삼 일 있다.

けつあつ【血圧】 혈압(血壓). ‖血圧が高い 혈압이 높다. 血圧を計る 혈압을 재다. ♦高血圧 고혈압.

けつい【決意】 ㉚하 결의(決意). ‖決意が揺らぐ 결의가 흔들리다. 固く決意する 굳게 결의하다.

けついん【欠員】 결원(缺員). ‖欠員が生じる 결원이 생기다.

けつえき【血液】 혈액(血液). ♦血液型 혈액형. 血液銀行 혈액 은행. 血液検査 혈액 검사.

けつえん【血縁】 혈연(血緣). ♦血縁関係 혈연 관계.

***けっか【結果】** 결과(結果). ‖原因と結果 원인과 결과. 実験の結果 실험 결과. いい結果を得る 좋은 결과를 얻다. ♦結果論 결과론.

けっかく【欠格】 결격(缺格). ♦欠格事由 결격 사유.

けっかく【結核】 결핵(結核).

げつがく【月額】 월액(月額).

けっかん【欠陥】 결함(缺陷). ♦欠陥商品 결함 상품.

けっかん【血管】 혈관(血管).

げっかん【月刊】 월간(月刊). ♦月刊雑誌 월간 잡지.

げっかん【月間】 월간(月間); 달. ‖月間生産量 월간 생산량. 交通安全月間 교통 안전의 달.

けっき【血気】 혈기(血氣). ‖血気盛んな若者 혈기 왕성한 젊은이.

けっき【決起】 ㉚하 궐기(蹶起).

けつぎ【決議】 ㉚하 결의(決議). ‖核兵器禁止を決議する 핵무기 금지를 결의하다.

***げっきゅう【月給】** 월급(月給). ‖月給が上がる 월급이 오르다. 安月給でやっていく 싼 월급으로 해 나가고 있다. ♦月給制 월급제.

げっきゅうとり【月給取り】 월급(月給)쟁이.

けっきょく【結局】 결국(結局). ‖結局私は集まりに行かなかった 결국 나는 모임에 가지 않았다. 結局彼が勝った 결국 그 사람이 이겼다.

けっきん【欠勤】 ㉚하 결근(缺勤). ‖長期欠勤 장기 결근.

げっけい【月経】 월경(月經); 생리(生理).

げっけいかん【月桂冠】 월계관(月桂冠).

ゲッケイジュ【月桂樹】 월계수(月桂樹).

けっこう【欠航】 ㉚되 결항(缺航). ‖台風で欠航になる 태풍으로 결항되다.

けっこう【結構】 ❶짜임새; 구성(構成). ‖文章の結構を考える 문장의 짜임새를 생각하다. ❷〔結構だの形で〕충분(充分)하다; 나무랄 데 없다. ‖もう結構です 이제 됐습니다. 結構ですね 좋군요. ❸〔副詞的に〕꽤; 상당(相當)히; 제법. ‖結構役に立つ 꽤 도움이 되다.

けつごう【結合】 ㉚하 결합(結合). ‖分子が結合する 분자가 결합하다.

げっこう【月光】 월광(月光); 달빛.

けっこん【血痕】 혈흔(血痕); 핏자국.

***けっこん【結婚】** ㉚하 결혼(結婚). ‖同級生と結婚する 동급생과 결혼하다. 弟はまだ結婚していない 남동생은 아직 결혼 안 했다. 結婚して何年になりますか 결혼한 지 몇 년 됩니까? ♦見合い結婚 중매 결혼. 恋愛結婚 연애 결혼. 結婚式 결혼식. 結婚指輪 결혼 반지.

けっさい【決済】 ㉚하 결제(決濟). ‖決済日 결제일.

けっさく【傑作】 걸작(傑作).

けっさん【決算】 ㉚하 결산(決算). ♦決算報告 결산 보고.

げつじ【月次】 월차(月次). ♦月次計画 월차 계획.

けつじつ【結実】 ㉚하 결실(結實).

けっして【決して】 결코; 절대(絶對)로. ‖決してうそをつくな 절대로 거짓말하지 말아라. 私は決して彼を許さない 나는 절대로 그 사람을 용서하지 않을 거다. 決して容易ではない仕事 결코 쉽지 않은 일.

げっしゃ【月謝】 매달 내는 수업료(授業料).

けっしゅう【結集】 ㉚하 결집(結集). ‖総力を結集する 총력을 결집하다.

げっしゅう【月収】 월수; 월수입(月收入).

けっしゅつ【傑出】 ㉚하 걸출(傑出).

けつじょ【欠如】 ㉚되 결여(缺如). ‖責任感が欠如している 책임감이 결여되어 있다.

けっしょう【決勝】 결승(決勝). ‖決勝に進出する 결승에 진출하다. ♦決勝戦 결승전.

けっしょう【結晶】 ㉚하 결정(結晶).

けつじょう【欠場】 ㉚하 결장(缺場).

けっしょうばん【血小板】 혈소판(血小板).

けっしょく【血色】 혈색(血色). ‖血色が悪い 혈색이 안 좋다.

げっしょく【月食】 월식(月蝕).

***けっしん【決心】** ㉚하 결심(決心). ‖彼は留学しようと決心した 그 사람은 유학하기로 결심했다. 決心が揺らぐ 결심이 흔들리다. 固く決心する 굳게 결심하다.

けっしん【結審】 ㉚하 결심(結審).

けっする【決する】 결정(決定)하다; 정하다. ‖運命を決する 운명을 결정하다. 意を決する 마음을 먹다.

けっせい【血清】 혈청(血淸).

けっせい【結成】 ㉚하 결성(結成). ‖新

党を結成する 신당을 결성하다.
けつぜい【血税】 혈세(血税).
***けっせき**【欠席】 ㉂하 결석(缺席). ‖用事で会議を欠席する 볼일이 있어서 회의를 결석하다. ♦**長期欠席** 장기 결석. **無断欠席** 무단 결석. **欠席裁判** 결석 재판. **欠席届** 결석계.
けっせき【結石】 결석(結石). ♦**腎臓結石** 신장 결석.
けっせん【血栓】 혈전(血栓). ♦**脳血栓** 뇌혈전.
けっせん【決戦】 ㉂하 결전(決戰). ‖天下分け目の決戦 천하를 가르는 결전.
けつぜん【決然】 결연(決然)히. ‖決然たる態度 결연한 태도.
けっそく【結束】 ㉂하 결속(結束); 단결(團結). ‖結束を固める 결속을 단단히 하다.
けつぞく【血族】 혈족(血族).
げっそり ❶〔やせた様子〕쏙. ‖頬がげっそりこける 볼살이 쏙 빠지다. ❷〔急に気力がなくなる様子〕쫙. ‖落選の報にげっそりしてしまった 낙선했다는 소식에 힘이 쫙 빠졌다.
けっそん【欠損】 결손(缺損). ‖莫大な欠損を出す 막대한 결손을 내다.
けったく【結託】 ㉂하 결탁(結託). ‖業者と結託して不正をはたらく 업자와 결탁해서 부정을 저지르다.
けつだん【決断】 ㉂하 결단(決斷). ‖思い切って決断する 과감히 결단을 내리다.
けっちゃく【決着】 ㉂하 결착(決着). ‖決着をつける 결착을 짓다.
***けってい**【決定】 ㉂하 결정(決定). ‖活動方針を決定する 활동 방침을 결정하다. 誤った決定を下す 잘못된 결정을 내리다. 委員会はその提案に反対することを決定した 위원회는 그 제안에 반대하기로 결정했다. ♦**決定的** 결정적. **決定版** 결정판.
けってん【欠点】 결점(缺點); 단점(短點). ‖欠点を補う 결점을 보완하다.
けっとう【血統】 혈통(血統). ‖血統が絶える 혈통이 끊기다. ♦**血統書** 혈통서.
けっとう【血糖】 혈당(血糖). ♦**血糖値** 혈당치.
けっとう【決闘】 ㉂하 결투(決鬪).
けっとばす【蹴っ飛ばす】 걷어차다.
けっぱく【潔白】 결백(潔白). ‖裁判で身の潔白を証明する 재판에서 결백함을 증명하다. 清廉潔白な人 청렴결백한 사람.
けつばん【欠番】 결번(缺番). ♦**永久欠番** 영구 결번.
げっぷ 트림. ‖げっぷが出る 트림이 나다.
げっぷ【月賦】 월부(月賦). ‖月賦で買う 월부로 사다.
げっぺい【月餅】 월병(月餠).
けっぺき【潔癖】ᐟ 결벽(潔癖)하다. ‖ひどく潔癖な性格 지나치게 결벽한 성격.
けつべつ【決別】 ㉂하 결별(訣別).
けつぼう【欠乏】 결핍(缺乏); 부족(不足). ‖ビタミン欠乏 비타민 결핍. 物資の欠乏 물자 부족.
けつまく【結膜】 결막(結膜). ♦**結膜炎** 결막염.
けつまつ【結末】 결말(結末). ‖結末をつける 결말을 짓다. 意外な結末 의외의 결말.
げつまつ【月末】 월말(月末).
けつゆうびょう【血友病】 혈우병(血友病).
げつようび【月曜日】 월요일(月曜日).
けつりゅう【血流】 혈류(血流).
けつれい【欠礼】 ㉂하 결례(缺禮).
げつれい【月例】 월례(月例). ♦**月例報告** 월례 보고.
げつれい【月齢】 월령(月齡).
けつれつ【決裂】 ㉂되 결렬(決裂). ‖交渉が決裂する 교섭이 결렬되다.
けつろ【結露】 ㉂하 결로(結露).
けつろん【結論】 결론(結論). ‖結論を出す 결론을 내다. 結論に達する 결론에 달하다. 結論づける 결론짓다.
げてもの【下手物】 ❶조잡(粗雜)한 물건. ❷〔珍奇なもの〕색다른 물건.
げどう【外道】 외도(外道).
げどく【解毒】 ㉂하 해독(解毒). ♦**解毒作用** 해독 작용.
けとばす【蹴飛ばす】 ❶차 버리다; 차다; 내차다. ‖石ころを蹴飛ばす 돌멩이를 차다. ❷거절(拒絶)하다; 거부(拒否)하다; 일축(一蹴)하다. ‖申し出を蹴飛ばす 신청을 거부하다.
けなげ【健気】ᐟ 기특(奇特)하다; 씩씩하다.
けなす【貶す】 헐뜯다; 비방(誹謗)하다.
けぬき【毛抜き】 족집게.
げねつ【解熱】 ㉂하 해열(解熱). ♦**解熱剤** 해열제.
けねん【懸念】 ㉂하 괘념(掛念); 걱정; 근심. ‖事の成り行きを懸念する 일의 경과를 걱정하다. 先行きの懸念が高まる 앞날에 대한 걱정이 커지다.
けはい【気配】 기색(氣色); 기척. ‖人の来る気配を感じた 사람이 오는 기척을 느꼈다.
けばけばしい 야하다.
けばだつ【毛羽立つ】 보풀이 일다. ‖表紙がすれて毛羽立つ 표지가 닳아 보풀이 일다.
げばひょう【下馬評】 하마평(下馬評). ‖下馬評に上る 하마평에 오르다.
けびょう【仮病】 꾀병. ‖仮病をつかって会社を休む 꾀병을 부려 회사를 쉬다.
げひん【下品】ᐟ 천(賤)하다. ‖下品な笑い 천한 웃음.
けぶかい【毛深い】 털이 많다. ‖毛深い人 털이 많은 사람. 털복숭이.

け

けむい【煙い】 연기(煙氣)가 냅다.
けむたい【煙たい】 ❶연기(煙氣)가 냅다. ❷〔敬遠したい〕껄끄럽다; 거북하다; 어렵다. ‖社長は社員にとって煙たい存在だ 사장은 사원에게 있어 어려운 존재다.
け
けむり【煙】 ❶연기(煙氣). ‖タバコのけむり 담배 연기. ❷(霞·もや·ほこりなど)연기처럼 보이는 것. ‖土けむり 흙먼지.
けむる【煙る】 ❶(けむりで)연기(煙氣)가 나다. ❷〔霞む〕부옇게 보이다.
けもの【獣】 짐승.
げや【下野】 (える하)하야(下野). ‖総選挙に敗れて下野する 총선거에 패해 하야하다.
ケヤキ【欅】 느티나무.
ゲラ【←galley】 교정쇄(校正刷).
けらい【家来】 하인(下人).
げらく【下落】 (える하)하락(下落). ‖株価が下落する 주가가 하락하다.
けらけら 〔笑い声〕깔깔. ‖けらけら(と)笑う 깔깔대다. 깔깔 웃다.
げらげら 〔笑い声〕껄껄. ‖げらげら(と)笑う 껄껄대다. 껄껄 웃다.
けり 결말(結末). ‖けりがつく 결말이 나다. けりをつける 결말을 내다.
げり【下痢】 (える하)설사(泄瀉). ‖下痢止め 설사약. 지사제.
ゲリラ【guerilla ス】 게릴라. ‖ゲリラ戦 게릴라전.
*__ける__【蹴る】 ❶차다; 박차다. ‖ボールを蹴る 공을 차다. 憤然として席を蹴って立つ 화가 나 자리를 박차고 일어서다. ❷거절(拒絶)하다; 거부(拒否)하다; 일축(一蹴)하다. ‖先方の要求を蹴る 상대방의 요구를 거절하다.
ゲル【Gel ド】 겔.
ゲレンデ【Gelände ド】 스키장.
げろ ❶토사물(吐瀉物). ‖げろを吐く 토하다. ❷〔自白の隠語〕자백(自白). ‖ついにげろした 드디어 자백했다.
けろり ❶씻은 듯이; 깨끗하게; 말끔히. ‖頭痛がけろり(と)治る 두통이 씻은 듯이 낫다. ❷태연(泰然)하다. ‖負けてもけろりとしている 지고도 태연하다.
けわしい【険しい】 ❶험(險)하다; 경사(傾斜)가 심하다. ‖険しい山道 험한 산길. ❷엄하다; 무섭다. ‖険しい表情 무서운 표정.
けん【件】 ❶건(件). ‖今回の件 이번 건. ❷…건. ‖夕べ交通事故が2件あった 어젯밤에 교통사고가 두 건 있었다.
けん【券】 권(券). ‖入場券 입장권.
けん【県】 (行政区域の一つの)현(縣). ‖千葉県 치바 현.
けん【剣】 칼.
けん【兼】 겸(兼). ‖書斎兼応接間 서재 겸 응접실.
けん【拳】 ❶〔こぶし〕주먹. ❷권법(拳法).
けん【腱】 건(腱). ‖アキレス腱 아킬레스건.
-けん【軒】 〔家屋を数える単位〕…채. ‖近くに1軒の家もない 근처에 집이 한 채도 없다.
-けん【圏】 …권(圈). ‖首都圏 수도권.
-けん【権】 …권(權). ‖選挙権 선거권. 行政権 행정권.
げん【元】 ❶《数学》 (方程式で)…원(元). ‖二元二次方程式 이원 이차 방정식. ❷〔中国の通貨単位〕…위안.
げん【弦】 현(弦). ♦弦楽器 현악기.
げん【現】 ❶실존(實存); 지금(只今). ‖現にここにある 지금 여기에 있다. ❷〔現在のこと〕‖無所属現 현직 무소속 의원. ♦現時点 현 시점. 現段階 현 단계.
げん【減】 감(減). ‖加減乗除 가감승제.
-げん【源】 …원(源). ‖取材源 취재원.
-げん【限】 …한(限). ‖最大限 최대한.
けんあく【険悪】ダ 험악(險惡)하다. ‖険悪な顔色 험악한 얼굴.
けんあん【懸案】 현안(懸案). ‖長年の懸案がやっと解決した 오래된 현안이 드디어 해결되었다.
げんあん【原案】 원안(原案).
けんい【権威】 ❶권위(權威). ‖権威が失墜する 권위가 실추되다. ❷일인자(一人者); 대가(大家). ‖その道の権威 그 방면의 일인자. ♦権威主義 권위주의.
けんいん【牽引】 (える하)견인(牽引). ♦牽引車 견인차.
けんいん【検印】 검인(檢印).
げんいん【原因】 원인(原因). ‖墜落事故の原因を調査する 추락 사고의 원인을 조사하다. けんかの原因 싸움의 원인.
げんいん【減員】 (える하)감원(減員). ‖管理部門を減員する 관리 부문을 감원하다.
げんえい【幻影】 환영(幻影). ‖敵の幻影におびえる 적의 환영에 떨다.
けんえき【検疫】 (える하)검역(檢疫). ♦検疫所 검역소.
げんえき【原液】 원액(原液).
げんえき【現役】 현역(現役). ‖現役を退く 현역에서 물러나다.
けんえつ【検閲】 (える하)검열(檢閱).
けんえん【犬猿】 견원(犬猿). ▸犬猿の仲 견원지간.
けんお【嫌悪】 (える하)혐오(嫌惡). ‖嫌悪感をいだく 혐오감을 갖다.
*__けんか__【喧嘩】 싸움; 싸우는 것. ‖彼女とつまらないことでけんかした 여자 친구하고 사소한 일로 싸웠다. けんかを売る 싸움을 걸다. 夫婦げんか 부부싸움. ▸けんか腰 시비조. けんか腰で答える 시비조로 대답하다. ♦けんかっ早い 툭하면 싸우다.

けんか【献花】 ㉠하 헌화(獻花).

げんか【原価】 원가(原價). ‖原価で売る 원가로 팔다. ♦**製造原価** 제조 원가.

げんが【原画】 원화(原畫).

けんかい【見解】 견해(見解). ‖見解を異にする 견해를 달리하다. 見解を述べる 견해를 밝히다.

げんかい【限界】 한계(限界). ‖体力の限界 체력의 한계. 限界に達する 한계에 달하다.

けんがく【見学】 ㉠하 견학(見學). ‖工場を見学する 공장을 견학하다.

げんかく【幻覚】 환각(幻覺). ‖幻覚に悩まされる 환각에 시달리다.

げんかく【厳格】ダ 엄격(嚴格)하다. ‖厳格な家庭で育つ 엄격한 가정에서 자라다.

げんがく【衒学】 현학(衒學). ‖衒学的な態度 현학적인 태도.

げんがく【弦楽】 현악(絃樂). ♦**弦楽四重奏** 현악 사중주.

げんかしょうきゃく【減価償却】 감가상각(減價償却).

*__げんかん【玄関】__ 현관(玄關). ‖玄関の所に誰かがいる 현관 쪽에 누가 있다. 玄関で待っていてくれる? 현관에서 기다려 줄래? ♦**玄関払い** 문전 박대.

けんぎ【建議】 ㉠하 건의(建議). ‖政府に建議する 정부에 건의하다.

けんぎ【嫌疑】 혐의(嫌疑). ‖嫌疑をかけられる 혐의를 받다.

*__げんき【元気】__ ❶기력(氣力); 활력(活力); 힘. ‖元気がある 활력이 있다. 힘차다. 元気を出しなさい 힘내라. ほめられたら元気が出た 칭찬받으니까 힘이 났다. 子どもたちは元気よく歌った 아이들은 힘차게 노래를 불렀다. ❷건강(健康). ‖元気に暮らす 건강하게 지내다.

けんきゃく【健脚】 건각(健脚).

*__けんきゅう【研究】__ ㉠하 연구(研究). ‖日本の歴史を研究する 일본 역사를 연구하다. 遺伝子に関する研究論文 유전자에 관한 연구 논문. 研究に打ち込む 연구에 전념하다. 研究成果を発表する 연구 성과를 발표하다. ♦**研究員** 연구원. **研究室** 연구실. **研究所** 연구소.

げんきゅう【言及】 ㉠하 언급(言及). ‖進退問題に言及する 진퇴 문제에 대해 언급하다.

けんぎゅうせい【牽牛星】 견우성(牽牛星).

けんきょ【検挙】 ㉠하 검거(檢擧). ‖容疑者を検挙する 용의자를 검거하다.

けんきょ【謙虚】ダ 겸허(謙虛)하다. ‖謙虚な態度 겸허한 태도.

けんぎょう【兼業】 ㉠하 겸업(兼業). ‖医者と小説家を兼業する 의사와 소설가를 겸업하다.

げんきょう【現況】 현황(現況). ‖現況を分析する 현황을 분석하다.

けんきょうふかい【牽強付会】 견강부회(牽強附會).

けんきん【献金】 ㉠하 헌금(獻金).

*__げんきん【現金】__ 현금(現金); 현찰(現札). ‖小切手を現金に換える 수표를 현금으로 바꾸다. 現金の持ち合わせがない 지금 현금 가지고 있는 게 없다. 彼は車を現金で買った 그 사람은 차를 현금으로 샀다. ♦**現金書留** 현금 등기 우편. **現金自動支払機** 현금 인출기.

げんきん【厳禁】 ㉠하 엄금(嚴禁). ‖立ち入りを厳禁する 출입을 엄금하다.

げんけい【原形】 원형(原形).

げんけい【原型】 원형(原型).

けんけつ【献血】 ㉠하 헌혈(獻血). ♦**献血車** 헌혈차.

けんけん 説明 한쪽 발로만 뛰는 것.

けんげん【権限】 권한(權限). ‖強力な権限を持つ 강력한 권한을 가지다. 私にこの決定を変える権限はない 나한테 이 결정을 바꿀 권한은 없다.

けんご【堅固】ダ 견고(堅固)하다. ‖堅固な要塞 견고한 요새.

げんご【原語】 원어(原語).

*__げんご【言語】__ 언어(言語). ‖世界にはいくつの言語がありますか 세계에는 몇 개의 언어가 있습니까? ♦**言語学** 언어학. **言語学者** 언어 학자. **言語障害** 언어 장애. **言語生活** 언어생활. **言語政策** 언어 정책. **言語能力** 언어 능력.

*__けんこう【健康】__ 건강(健康). ‖健康に気をつける 건강에 신경을 쓰다. 私はいたって健康です 저는 지극히 건강합니다. 早寝早起きは健康にいい 일찍 자고 일찍 일어나는 것은 건강에 좋다. 働きすぎで健康を損なった 너무 일을 해서 건강을 해쳤다. ♦**健康保険** 건강 보험.

げんこう【言行】 언행(言行). ♦**言行一致** 언행일치.

げんこう【原稿】 원고(原稿). ‖講演の原稿 강연 원고. 400字詰め原稿用紙3枚 사백 자 원고지 세 장.

げんこう【現行】 현행(現行). ‖現行の制度 현행 제도. ♦**現行犯** 현행범.

げんごう【元号】 연호(年號).

けんこうこつ【肩甲骨】 어깨뼈; 견갑골(肩胛骨).

けんこく【建国】 ㉠하 건국(建國). ♦**建国記念の日** 건국 기념일.

げんこく【原告】 원고(原告).

げんこつ【拳骨】 주먹. ‖拳骨を振り上げる 주먹을 치켜들다.

けんこんいってき【乾坤一擲】 건곤일척(乾坤一擲).

けんさ【検査】 ㉠하 검사(檢査). ‖税関検査を受ける 세관 검사를 받다. 血液を検査する 혈액 검사를 하다. 所持品検査 소지품 검사. 水質検査 수질 검사.

けんざい【健在】ダ 건재(健在)하다. ‖父

は健在です 아버지는 건재하십니다.
げんざい【原罪】 원죄(原罪).
*げんざい【現在】 현재(現在). ‖父は現在スーパーを経営している 아버지는 현재 슈퍼마켓을 경영하고 계신다. 現在多くの人が癌と闘っている 현재 많은 사람들이 암과 싸우고 있다. 2009年現在の世界人口 이천구 년 현재의 세계 인구. 現在の状況 현재 상황. ♦現在完了 현재 완료. 現在形 현재형. 現在進行形 현재 진행형.
けんさく【検索】 ㈜하 검색(檢索). ‖検索エンジン 검색 엔진.
げんさく【原作】 원작(原作). ‖原作に忠実な翻訳 원작에 충실한 번역. ♦原作者 원작자.
けんさつ【検察】 검찰(檢察). ♦検察官 검찰관. 検察庁 검찰청.
けんさつ【検札】 ㈜하 검표(檢票).
けんざん【検算】 ㈜하 검산(檢算).
げんさん【原産】 원산(原産). ‖熱帯原産の植物 열대 원산의 식물. ♦原産地 원산지.
けんし【犬歯】 송곳니; 견치(犬齒).
けんじ【検事】 검사(檢事).
けんじ【堅持】 ㈜하 견지(堅持). ‖今までの方針を堅持する 지금까지의 방침을 견지하다.
*げんし【原子】 원자(原子). ♦原子核 원자핵. 原子爆弾 원자 폭탄. 原子量 원자량. 原子力 원자력. 原子力発電 원자력 발전. 原子炉 원자로.
げんし【原始】 원시(原始). ♦原始時代 원시 시대. 原始人 원시인. 原始的 원시적. 原始林 원시림.
けんしき【見識】 견식(見識). ‖見識のある人 견식이 있는 사람.
けんしきばる【見識張る】 견식(見識)이 있는 척하다.
けんじつ【堅実】ダ 견실(堅實)하다. ‖堅実な商売 견실한 장사.
*げんじつ【現実】 현실(現實). ‖現実を直視する 현실을 직시하다. 現実は厳しい 현실은 힘들다. 理想と現実の隔たり 이상과 현실의 갭. ♦現実主義 현실 주의. 現実性 현실성. 現実的 현실적. 現実的な方法 현실적인 방법.
げんじてん【現時点】 현 시점(現時點).
げんしゅ【元首】 원수(元首).
げんしゅ【厳守】 ㈜하 엄수(嚴守). ‖秘密は厳守してください 비밀은 엄수해 주십시오.
けんしゅう【研修】 ㈜하 연수(硏修). ‖研修を受ける 연수를 받다. ♦研修期間 연수 기간.
けんじゅう【拳銃】 권총(拳銃).
げんじゅう【厳重】ダ 엄중(嚴重)하다. ‖厳重に警戒する 엄중히 경계하다.
げんじゅうしょ【現住所】 현주소(現住所).
げんしゅく【厳粛】ダ 엄숙(嚴肅)하다. ‖会場は厳粛な雰囲気に包まれていた 회장은 엄숙한 분위기에 싸여 있었다.
けんしゅつ【検出】 ㈜하 검출(檢出). ‖コレラ菌を検出する 콜레라균을 검출하다.
げんしょ【原書】 ❶(翻訳の元となった) 원서(原書). ‖論文を原書で読む 논문을 원서로 읽다. ❷외국 출판물(外國出版物).
けんしょう【検証】 ㈜하 검증(檢證). ‖事件の現場検証が始まる 사건의 현장 검증이 시작되다.
けんしょう【憲章】 헌장(憲章). ♦児童憲章 아동 헌장.
けんしょう【懸賞】 현상(懸賞). ‖懸賞小説に応募する 현상 소설에 응모하다.
けんじょう【謙譲】 겸양(謙讓). ‖謙譲の美徳 겸양의 미덕. ♦謙譲語 겸양어.
げんしょう【現象】 현상(現象). ‖自然現象 자연 현상. 一時的な現象 일시적인 현상.
げんしょう【減少】 ㈜하 감소(減少). ‖交通事故が減少する 교통사고가 감소하다.
げんじょう【原状】 원상(原狀). ♦原状回復 원상 회복.
げんじょう【現状】 현상(現狀). ‖現状のまま 현상대로. ♦現状維持 현상 유지.
げんじょう【現場】 현장(現場).
げんしょく【原色】 원색(原色).
げんしょく【現職】 현직(現職). ‖現職の市長 현직 시장.
げんじる【減じる】 줄다. ‖人口が年々減じる 해마다 인구가 줄다. 速度を減じる 속도를 줄이다.
けんしん【検針】 ㈜하 검침(檢針).
けんしん【検診】 ㈜하 검진(檢診). ‖定期的に検診する 정기적으로 검진하다.
けんしん【献身】 ㈜하 헌신(獻身). ‖献身的な看護 헌신적인 간호.
けんじん【賢人】 현인(賢人).
げんしん【原審】 원심(原審).
げんすい【元帥】 원수(元帥).
けんすう【件数】 건수(件數). ‖事故件数 사고 건수.
げんすん【原寸】 원래(元來)의 치수; 실물(實物) 크기. ‖原寸大の模型 실물 크기 모형.
げんせ【現世】 현세(現世).
けんせい【牽制】 ㈜하 견제(牽制). ♦牽制球 (野球で)견제구.
けんせい【権勢】 권세(權勢). ‖権勢をふるう 권세를 휘두르다.
げんせい【厳正】ダ 엄정(嚴正)하다.
げんぜい【減税】 ㈜하 감세(減稅).
*けんせつ【建設】 ㈜하 건설(建設). ‖超高層ビルを建設する 초고층 빌딩을 건설하다. 理想国家の建設 이상 국가 건설. ♦建設業 건설업. 建設的 건설

적. 建設的な意見 건설적인 의견.

けんぜん【健全】ダ 건전(健全)하다. ‖健全な読み物 건전한 읽을거리.

げんせん【源泉】원천(源泉). ‖活力の源泉 활력의 원천. ♦源泉徴収 원천징수.

げんせん【厳選】㉠하 엄선(嚴選).

げんぜん【厳然】ダ 엄연(儼然)하다. ‖厳然たる事実 엄연한 사실.

げんそ【元素】원소(元素). ♦元素記号 원소 기호.

けんぞう【建造】㉠하 건조(建造).

げんそう【幻想】환상(幻想). ‖幻想をいだく 환상을 품다. ♦幻想曲 환상곡. 幻想的 환상적. 幻想的な音楽 환상적인 음악.

げんぞう【幻像】환상(幻像).

げんぞう【現像】㉠하 현상(現像). ‖フィルムを現像する 필름을 현상하다.

げんそく【原則】원칙(原則). ‖原則を決める 원칙을 정하다. 原則を打ち出す 원칙을 내걸다. ♦原則的 원칙적. 原則的には誰でも参加できる 원칙적으로는 누구나 참가할 수 있다.

げんそく【減速】㉠하 감속(減速).

けんそん【謙遜】㉠하 겸손(謙遜). ♦謙遜語 겸양어. 겸사말.

げんそん【現存】㉠하 현존(現存).

けんたい【倦怠】권태(倦怠). ♦倦怠感 권태감. 倦怠期 권태기.

げんたい【減退】㉠하 감퇴(減退). ‖記憶力が減退する 기억력이 감퇴하다.

*げんだい【現代】현대(現代). ‖現代の科学技術 현대의 과학 기술. 現代日本の諸問題 현대 일본의 제 문제. 現代の若者たち 현대의 젊은이들. ♦現代人 현대인.

けんち【見地】견지(見地). ‖道徳的な見地からは好ましくない 도덕적인 견지에서 보면 바람직하지 않다.

*げんち【現地】현지(現地). ‖現地に9時集合です 현지에 아홉 시 집합입니다. ♦現地時間 현지 시간. 現地調査 현지 조사.

*けんちく【建築】㉠하 건축(建築). ‖ビルを建築する 빌딩을 건축하다. ♦建築許可 건축 허가. 建築士 건축사. 建築様式 건축 양식.

けんちょ【顕著】ダ 현저(顯著)하다. ‖効果が顕著だ 효과가 현저하다.

げんちょう【幻聴】환청(幻聽).

げんつき【原付き】(説明) 배기량(排氣量) 50cc 이하(以下)의 이륜차(二輪車).

けんてい【検定】㉠하 검정(檢定). ♦検定試験 검정 시험.

けんてい【献呈】㉠하 헌정(獻呈). ‖著書を献呈する 저서를 헌정하다.

げんてい【限定】㉠하 한정(限定). ‖応募資格を20歳以下に限定する 응모 자격을 이십 세 이하로 한정하다. ♦限定版 한정판.

げんてん【原典】원전(原典). ‖原典に当たる 원전을 찾아보다.

げんてん【原点】원점(原點). ‖原点に立ち返る 원점으로 돌아가다.

げんてん【減点】㉠하 감점(減點).

げんど【限度】한도(限度). ‖許容の限度を超える 허용 한도를 넘다.

*けんとう【見当】❶예상(豫想); 짐작(斟酌). ‖全く見当がつかない 전혀 예상할 수가 없다. 見当が外れる 예상이 빗나가다. ❷…정도(程度). ‖1万円見当の謝礼 만 엔 정도의 사례.

けんとう【拳闘】권투(拳鬪).

けんとう【健闘】㉠하 건투(健鬪). ‖健闘を祈る 건투를 빌다.

けんとう【検討】㉠하 검토(檢討). ‖検討を要する 검토할 필요가 있다. 検討中の問題 검토 중인 문제. ♦再検討 재검토.

けんどう【剣道】검도(劍道).

げんどう【言動】언동(言動). ‖不用意な言動 부주의한 언동.

げんどう【原動】원동(原動). ♦原動機 원동기. 原動力 원동력.

けんとうちがい【見当違い】예상(豫想)이나 짐작이 빗나감; 엉뚱함. ‖見当違いな返事 엉뚱한 대답. 見当違いな方角に向かう 엉뚱한 방향으로 향하다.

けんどちょうらい【捲土重来】㉠하 권토중래(捲土重來).

げんに【現に】실제(實際)로. ‖現に見た人がいる 실제로 본 사람이 있다.

けんにんふばつ【堅忍不抜】견인불발(堅忍不拔). ‖堅忍不抜の精神 견인불발의 정신.

げんば【現場】현장(現場). ♦工事現場 공사 현장. 殺人現場 살인 현장. 現場検証 현장 검증.

げんばく【原爆】원폭; 원자 폭탄(原子爆彈).

げんばつ【厳罰】엄벌(嚴罰). ‖厳罰に処す 엄벌에 처하다.

けんばん【鍵盤】건반(鍵盤). ♦鍵盤楽器 건반 악기.

げんばん【原盤】원반(原盤).

げんぱん【原版】원판(原版).

けんび【兼備】㉠하 겸비(兼備). ▸才色兼備 재색 겸비.

けんびきょう【顕微鏡】현미경(顯微鏡).

げんぴん【現品】현품(現品).

げんぶがん【玄武岩】현무암(玄武岩).

*けんぶつ【見物】㉠하 구경. ‖祭りを見物する 축제를 구경하다. 見物に行く 구경하러 가다. ♦市内見物 시내 구경.

げんぶつ【原物】원본(原本).

げんぶつ【現物】현물(現物). ‖現物で支払う 현물로 지급하다. ♦現物経済 현물 경제.

けんぶん【見聞】 ㉠하 견문(見聞). ‖見聞を広める 견문을 넓히다.
げんぶん【原文】 원문(原文).
けんぺい【憲兵】 헌병(憲兵).
けんぺいりつ【建坪率】 건폐율(建蔽率).
*__けんぽう__【憲法】 헌법(憲法). ‖憲法を制定する 헌법을 제정하다. 言論の自由は憲法で保障されている 언론의 자유는 헌법에 보장되어 있다. ♦憲法違反 헌법 위반. 憲法記念日 헌법 기념일. ✣韓国の場合は 7 月 17 日の제헌절.
げんぽう【減俸】 ㉠하 감봉(減俸).
けんぼうじゅっすう【権謀術数】 권모술수(權謀術數).
けんぼうしょう【健忘症】 건망증(健忘症).
げんぽん【原本】 원본(原本).
げんまい【玄米】 현미(玄米). ♦玄米茶 현미차.
けんまく【剣幕】 화난 얼굴이나 태도(態度). ‖ものすごい剣幕でつめよる 굉장히 무섭게 덤벼들다.
げんみつ【厳密】ダ 엄밀(嚴密)하다. ‖厳密な調査 엄밀한 조사. 厳密に言うと 엄밀하게 말하면.
けんめい【賢明】ダ 현명(賢明)하다. ‖賢明な判断 현명한 판단.
けんめい【懸命】 열심(熱心)히 함. ‖懸命な努力 열심히 노력함.
げんめい【言明】 ㉠하 언명(言明). ‖知事は公約実現を言明した 지사는 공약 실현을 언명했다.
げんめい【厳命】 ㉠하 엄명(嚴命). ‖厳命を下す 엄명을 내리다.
げんめつ【幻滅】 ㉠하 환멸(幻滅). ‖実体を見て幻滅する 실체를 보고 환멸을 느끼다.
げんめん【減免】 ㉠하 감면(減免).
けんもん【検問】 ㉠하 검문(檢問). ‖車を止めて検問する 차를 세워 검문하다.
げんや【原野】 들판; 황야(荒野).
けんやく【倹約】 ㉠하 검약(儉約); 절약(節約). ‖倹約して本を買う 절약해서 책을 사다.
げんゆ【原油】 원유(原油).
けんよう【兼用】 ㉠하 겸용(兼用).
けんらん【絢爛】 ‖絢爛たる衣装 현란한 의상.
*__けんり__【権利】 권리(權利). ‖*教育を受ける権利 교육을 받을 권리.* 君にはそれを言う権利はない 너한테 그 말을 할 권리는 없어. 彼はすべての権利を放棄した 그 사람은 모든 권리를 포기했다. 君は何の権利があって私を非難するのか 너는 무슨 권리가 있어 나를 비난하니? ♦権利金 권리금.
げんり【原理】 원리(原理). ‖教育の基本原理 교육의 기본 원리. てこの原理を応用する 지렛대의 원리를 응용하다. ♦相対性原理 상대성 원리. 原理主義 원리 주의.
げんりょう【原料】 원료(原料).
げんりょう【減量】 ㉠하 감량(減量).
けんりょく【権力】 권력(權力). ‖権力の座に座る 권력의 자리에 앉다. 権力を意のままにふるう 권력을 마음대로 휘두르다. ♦国家権力 국가 권력.
げんろう【元老】 원로(元老). ‖新聞界の元老 신문계의 원로.
げんろん【言論】 언론(言論). ‖言論の自由を保障する 언론의 자유를 보장하다.
げんろん【原論】 원론(原論). ‖経済学原論 경제학 원론.

こ

*__こ__【子・児】 ❶자식(子息); 동물(動物)의 새끼. ‖子を産む 자식을 낳다. 猫の子 고양이 새끼. ❷어린아이. ‖小さな女の子 어린 여자 아이. ❸종속적(從屬的)인 것. ‖元も子もない 원금도 이자도 없다.
こ【個】 ❶한 사람; 개인(個人). ‖個を生かす 개성을 살리다. ❷〔品物を数える単位〕…개. ‖ミカン 3 個 귤 세 개.
こ【粉】 가루. ‖小麦粉 밀가루.
こ-【小】 작은…. ‖小皿 작은 접시.
こ-【故】 고(故) ….
ご【五・5】 오(五); 다섯. ‖5 点差 오 점 차. 5 名 다섯 명.
ご【後】 후(後); 나중; 뒤. ‖その後 그 뒤[후]. 夕食後 저녁 식사 뒤.
ご【碁】 바둑. ‖碁を打つ 바둑을 두다.
ご【語】 ❶언어(言語). ‖日本語 일본어. ❷단어(單語). ‖語の意味を調べる 단어의 의미를 알아보다.
コア【core】 핵; 중핵(中核).
コアラ【koala】 코알라.
こい【恋】 사랑. ‖恋に落ちる 사랑에 빠지다.
こい【故意】 고의(故意). ‖故意に負ける 고의로 지다. 未必の故意 미필적 고의.
こい【濃い】 진하다; 짙다. ‖濃いコーヒー 진한 커피. 敗色が濃い 패색이 짙다.
コイ【鯉】 잉어.
ごい【語意】 어의(語義).
__ごい__【語彙】 어휘(語彙). ‖語彙が豊富だ 어휘가 풍부하다. 語彙を増やす 어휘를 늘리다. ♦基本語彙 기본 어휘.
こいき【小粋】 은은한 멋. ‖小粋な店 은은한 멋이 있는 가게.
こいし【小石】 조약돌; 돌멩이.
ごいし【碁石】 바둑돌.
こいしい【恋しい】 그립다. ‖故郷が恋しい 고향이 그립다.
こいする【恋する】 사랑하다.
こいのぼり【鯉幟】 ㊀説明 단오(端午) 때

남자(男子) 아이의 성장(成長)을 바라며 세우는 잉어 모양의 기(旗).
こいびと【恋人】 연인(戀人);애인(愛人).
こいぶみ【恋文】 연애편지(戀愛便紙).
コイル【coil】 코일.
こいわずらい【恋煩い】 상사병(相思病).
コイン【coin】 코인. ♦コインランドリー (説明) 동전(銅錢)을 넣고 사용(使用)하는 세탁기(洗濯機)가 있는 가게. コインロッカー 코인 로커.
こう【甲】 ❶(手・足の)등. ‖手の甲 손등. ❷(カニ・カメなどの)갑각(甲殼); 등껍질. ‖亀の甲 거북이의 등껍질. ❸갑(甲). ‖甲は乙に賃貸料を支払う 갑은 을에게 임대료를 지불한다. ❹(十干の)갑.
こう【香】 향(香). ‖香をたく 향을 피우다.
こう【幸】 행; 다행(多幸). ‖幸か不幸か 행인지 불행인지.
こう【校】 ❶학교(學校). ‖わが校の選手 우리 학교 선수. ❷교정(校正). ‖校を重ねる 교정을 거듭하다.
こう【項】 항(項). ‖次の各項 다음의 각 항.
こう【綱】《生物》 강(綱).
こう【請う・乞う】 구(求)하다; 원(願)하다.
こう-【好】 호(好)…. ‖好条件 호조건.
ごう【号】 ❶아호(雅號). ❷(定期刊行物の)순번(順番). ‖次の号で完結する 다음 호로 완결된다. ❸〔活字・絵画などの大きさの単位〕…호.
ごう【郷】 시골. ▸郷に入っては郷に従え 로마에 가면 로마법을 따르라.
ごう【業】 업(業).
-ごう【合】 ❶〔体積の単位〕…홉. ❷〔面積の単位〕…홉. ❸〔登山路の距離を表わす単位〕‖富士山5合目 후지 산 반 정도.
こうあつ【高圧】 고압(高壓). ‖高圧線 고압선. ♦高圧的 고압적. 高圧的な態度 고압적인 태도.
こうあん【公安】 공안(公安).
こうあん【公案】 화두(話頭).
こうあん【考案】 (名하) 고안(考案). ‖新製品を考案する 신제품을 고안하다.
*****こうい**【好意】 호의(好意). ‖ご好意に感謝します 호의에 감사 드립니다. 好意を持つ 호의를 가지다. ♦好意的 호의적. 他の人の言葉を好意的に解釈する 다른 사람의 말을 호의적으로 해석하다.
こうい【行為】 행위(行爲). ♦犯罪行為 범죄 행위. 不法行為 불법 행위.
こうい【厚意】 후의(厚意).
こうい【高位】 고위(高位). ♦高位高官 고위직.
ごうい【合意】 (名하) 합의(合意). ‖協議の上で合意する 협의를 거쳐 합의하다.
こういき【広域】 광역(廣域). ♦広域経済 광역 경제.
こういしつ【更衣室】 탈의실(脫衣室).
こういしょう【後遺症】 후유증(後遺症).
ごういつ【合一】 (名하) 합일(合一). ▸知行合一 지행합일.
こういってん【紅一点】 홍일점(紅一点).
こういん【工員】 공원(工員).
こういん【光陰】 광음(光陰); 시간(時間). ‖光陰を惜しむ 시간을 아끼다. ▸光陰矢の如し 광음여전.
ごういん【強引】 억지로 함; 무리(無理)하게 함. ‖強引に決めてしまう 무리하게 정해 버리다.
こうう【降雨】 강우(降雨). ♦降雨量 강우량.
ごうう【豪雨】 호우(豪雨). ♦集中豪雨 집중 호우.
*****こううん**【幸運】 행운(幸運); 운이 좋음; 다행(多幸). ‖幸運を祈ります 행운을 빕니다. 幸運の女神 행운의 여신. 幸運な人 운이 좋은 사람. 君がけがをしなかったのは幸運だった 네가 안 다친 것만 해도 다행이다.
こううんき【耕耘機】 경운기(耕耘機).
こうえい【公営】 공영(公營).
こうえい【光栄】 영광(榮光).
こうえき【公益】 공익(公益). ♦公益事業 공익 사업.
こうえき【交易】 (名하) 교역(交易).
こうえつ【校閲】 (名하) 교열(校閱). ‖原稿を校閲する 원고를 교열하다.
こうえん【公園】 공원(公園). ‖国立公園 국립공원.
こうえん【公演】 (名하) 공연(公演).
こうえん【後援】 (名하) 후원(後援). ‖新聞社が後援する催し 신문사가 후원하는 행사.
こうえん【講演】 (名하) 강연(講演). ‖外交問題について講演する 외교 문제에 대해 강연하다.
こうおつ【甲乙】 갑을(甲乙); 우열(優劣). ‖甲乙つけがたい 우열을 가리기 힘들다. ♦甲乙丙丁 갑을병정.
こうおん【恒温】 항온(恒溫). ♦恒温動物 항온 동물.
こうおん【高音】 고음(高音).
こうおん【高温】 고온(高溫). ‖高温多湿 고온 다습.
ごうおん【轟音】 굉음(轟音).
こうか【工科】 공과(工科); 공대(工大).
こうか【考課】 고과(考課). ♦人事考課 인사 고과.
*****こうか**【効果】 효과(效果). ‖猛練習の効果が表われる 맹연습한 효과가 나타나다. 効果を上げる 효과를 거두다. 効果がある 효과가 있다. ♦逆効果 역효과. 効果音 효과음. 効果的 효과적. 効果的な利用法 효과적인 이용법.
こうか【降下】 (名하) 강하(降下). ‖急降下 급강하.

こうか【高価】고가(高價). ♦高価品 고가품.
こうか【校歌】교가(校歌).
こうか【硬貨】경화(硬貨).
ごうか【豪華】ダ 호화(豪華)롭다; 호화스럽다. ‖豪華なホテル 호화로운 호텔.
*こうかい【公開】㉠하 공개(公開). ‖情報を公開する 정보를 공개하다. ピカソの晩年の絵が一般に公開される 피카소의 만년의 그림이 일반에 공개되다. ♦公開捜査 공개 조사. 公開討論会 공개 토론회.
こうかい【更改】㉠하 갱신(更新). ‖契約を更改する 계약을 갱신하다.
こうかい【後悔】㉠하 후회(後悔). ‖いつか後悔するよ 나중에 후회할 거야. ▶後悔先に立たず 후회막급.
こうかい【航海】㉠하 항해(航海). ‖太平洋を航海する 태평양을 항해하다.
こうがい【口外】㉠하 발설(發說). ‖口外を禁じる 발설을 금하다.
*こうがい【公害】공해(公害). ‖公害を防ぐ 공해를 방지하다. ♦騒音公害 소음 공해. 公害問題 공해 문제.
こうがい【郊外】교외(郊外).
ごうかい【豪快】ダ 호쾌(豪快)하다. ‖豪快な性格 호쾌한 성격.
ごうがい【号外】호외(號外).
こうかいどう【公会堂】공회당(公會堂).
こうかく【甲殻】갑각(甲殼). ♦甲殻類 갑각류.
こうかく【降格】㉠되 격하(格下).
こうがく【工学】공학(工學). ♦電子工学 전자 공학.
こうがく【向学】향학(向學). ♦向学心 향학심.
こうがく【光学】광학(光學). ‖光学顕微鏡 광학 현미경.
こうがく【後学】후학(後學).
こうがく【高額】고액(高額). ♦高額所得者 고액 소득자.
*ごうかく【合格】㉠하 합격(合格). ‖入試に合格する 입시에 합격하다. ♦合格者 합격자. 合格発表 합격(자) 발표. 合格品 합격품.
こうがくねん【高学年】고학년(高學年).
こうかつ【狡猾】ダ 교활(狡猾)하다. ‖狡猾な手段 교활한 수단.
こうかん【公刊】㉠하 공간(公刊).
こうかん【公館】공관(公館). ‖在外公館 재외 공관.
*こうかん【交換】㉠하 교환(交換). ‖意見を交換する 의견을 교환하다. 部品を交換する 부품을 교환하다. ♦物々交換 물물 교환. 交換学生 교환 학생. 交換手 교환수.
こうかん【交感】㉠하 교감(交感). ♦交感神経 교감 신경.
こうかん【好感】호감(好感). ‖好感をいだく 호감을 가지다. 好感を与える 호감을 주다.
こうがん【睾丸】고환(睾丸).
ごうかん【強姦】㉠하 강간(强姦).
こうがんざい【抗癌剤】항암제(抗癌劑).
こうがんむち【厚顔無恥】후안무치(厚顔無恥).
こうき【後記】㉠하 후기(後記). ♦編集後記 편집 후기.
こうき【好機】호기(好機).
こうき【後期】후기(後期). ‖江戸時代後期 에도 시대 후기. 後期印象主義 후기 인상주의. 後期の授業 후기 수업.
こうき【高貴】ダ 고귀(高貴)하다.
こうき【校規】교칙(校則).
こうき【校旗】교기(校旗).
こうぎ【好誼】호의(好誼).
こうぎ【抗議】㉠하 항의(抗議). ‖判定に抗議する 판정에 항의하다.
こうぎ【講義】㉠하 강의(講義). ‖社会情勢について講義する 사회 정세에 대해 강의하다.
ごうぎ【合議】㉠하 합의(合議). ‖関係者が合議する 관계자가 합의하다. ♦合議機関 합의 기관.
こうきあつ【高気圧】고기압(高氣壓).
こうきしん【好奇心】호기심(好奇心). ‖好奇心が強い 호기심이 강하다.
こうきゅう【高級】고급(高級). ♦高級車 고급차. 高級住宅地 고급 주택지.
こうきょ【皇居】궁성(宮城).
*こうきょう【公共】공공(公共). ‖公共の福祉を優先的に考慮する 공공 복지를 우선적으로 고려하다. 公共の建物 공공 건물. ♦公共企業体 공공 기업체. 公共事業 공공 사업. 公共団体 공공 단체. 公共放送 공공 방송. 公共料金 공공 요금.
こうきょう【好況】호황(好況).
*こうぎょう【工業】공업(工業). ‖工業が発達している国 공업이 발달한 나라. ♦化学工業 화학 공업. 軽工業 경공업. 重工業 중공업. 工業地帯 공업 지대.
こうぎょう【鉱業】광업(鑛業).
こうぎょう【興行】㉠하 흥행(興行). ‖地方興行 지방 흥행.
こうきょういく【公教育】공교육(公教育).
こうきょうがく【交響楽】교향악(交響樂).
こうきょうきょく【交響曲】교향곡(交響曲).
こうきょうし【交響詩】교향시(交響詩).
こうきん【公金】공금(公金). ♦公金横領 공금 횡령.
こうきん【抗菌】항균(抗菌). ♦抗菌作用 항균 작용.
こうきん【拘禁】㉠하 구금(拘禁).
ごうきん【合金】합금(合金).
こうぐ【工具】공구(工具). ♦工具箱 공

구함.

こうくう【口腔】 구강(口腔).

*こうくう【航空】 항공(航空). ♦航空会社 항공사. 航空機 항공기. 航空券 항공권. 航空写真 항공 사진. 航空便 항공편. 航空母艦 항공 모함.

こうぐん【行軍】 ㉻하 행군(行軍). ‖隊伍を組んで行軍する 대오를 지어 행군하다.

こうけい【光景】 광경(光景). ‖ほほえましい光景 흐뭇한 광경.

こうけい【後継】 후계(後繼). ♦後継者 후계자.

こうげい【工芸】 공예(工藝). ♦手工芸 수공예. 工芸品 공예품.

*ごうけい【合計】 ㉻하 합계(合計). ‖費用の合計はいくらですか 비용 합계는 얼마입니까? 合計を出す 합계를 내다.

*こうげき【攻撃】 ㉻하 공격(攻擊). ‖攻撃を開始する 공격을 개시하다. 攻撃は最大の防御だ 공격은 최대의 방어다. 攻撃の的 공격 대상. ♦攻撃的 공격적.

こうけつ【高潔】ダ 고결(高潔)하다.

ごうけつ【豪傑】 호걸(豪傑).

こうけつあつ【高血圧】 고혈압(高血壓).

こうけん【効験】 효험(效驗).

こうけん【貢献】 ㉻하 공헌(貢獻). ‖優勝に貢献する 우승에 공헌하다.

こうけん【後見】 ㉻하 후견(後見). ♦後見人 후견인.

こうげん【抗原】 항원(抗原). ‖抗原抗体反応 항원 항체 반응.

こうげん【荒原】 황야(荒野).

こうげん【高原】 고원(高原).

こうげんびょう【膠原病】 교원병(膠原病).

こうけんりょく【公権力】 공권력(公權力).

こうげんれいしょく【巧言令色】 교언영색(巧言令色).

こうご【口語】 구어(口語). ♦口語体 구어체.

こうこう【口腔】 구강(口腔).

こうこう【孝行】 ㉻하 효행(孝行).

こうこう【後項】 후항(後項).

*こうこう【高校】 고교; 고등학교(高等學校). ‖娘は今年高校に入った 딸은 올해 고등학교에 들어갔다. ♦商業高校 상업 고교. 私立高校 사립 고등학교. 高校生 고등학생.

こうこう【皓皓】 교교(皎皎)하게. ‖皓皓たる月 교교한 달빛.

こうこう【後攻】 후공(後攻).

こうごう【皇后】 황후(皇后).

こうごうしい【神神しい】 성(聖)스럽다; 거룩하다.

こうごうせい【光合成】 광합성(光合成).

こうこがく【考古学】 고고학(考古學).

こうこく【公告】 ㉻하 공고(公告).

*こうこく【広告】 ㉻하 광고(廣告). ‖広告を出す 광고를 내다. 新車の広告は人々の目を引いた 새 차 광고는 사람들의 눈길을 끌었다. ♦求人広告 구인 광고. 新聞広告 신문 광고. 広告代理店 광고 대리점.

こうこく【抗告】 ㉻하 항고(抗告). ♦抗告審 항고심.

こうこつ【恍惚】 황홀(恍惚). ‖恍惚となる 황홀해지다.

こうこつもじ【甲骨文字】 갑골문자(甲骨文字).

こうごに【交互に】 교대(交代)로; 번갈아서. ‖2人で交互に見張りに立つ 둘이 교대로 망을 보다.

ごうコン【合コン】 단체(團體) 미팅.

こうさ【交差】 ㉻하 교차(交叉). ‖3本の直線が交差する 세 직선이 교차하다. ♦交差点 교차점. 교차로. 사거리.

こうさ【考査】 ❶(能力・性格などを)조사(調査)하여 판단(判斷)함. ❷㉻하 고사(考査). ❸ 학교 시험(學校試驗). ♦期末考査 기말 고사.

こうざ【口座】 계좌(計座); 구좌(口座). ‖口座を設ける 계좌를 개설하다. ♦口座番号 계좌 번호.

こうざ【講座】 강좌(講座). ♦夏期講座 하기 강좌.

こうさい【公債】 공채(公債).

*こうさい【交際】 ㉻하 교제(交際). ‖交際範囲が広い 교제 범위가 넓다. ♦交際費 교제비.

こうさく【工作】 ❶〔作ること〕물건을 만듦. ❷(土木・建築などの)작업(作業). ❸ 목적(目的)을 위한 사전 작업(事前作業). ‖政治工作 정치 공작. ♦工作員 공작원. 工作機械 공작 기계. 工作物 공작물.

こうさく【交錯】 ‖交錯する 교착하다. 엇갈리다. 期待と不安が交錯する 기대와 불안이 엇갈리다.

こうさく【耕作】 ㉻하 경작(耕作). ‖農地を耕作する 농지를 경작하다.

こうさつ【考察】 ㉻하 고찰(考察). ‖経済情勢について考察する 경제 정세에 대해서 고찰하다.

こうさん【公算】 공산(公算). ‖成功する公算は大きい 성공할 공산이 크다.

こうさん【降参】 ㉻하 항복(降伏).

こうざん【鉱山】 광산(鑛山).

こうし【子牛】 송아지.

こうし【公私】 공사(公私). ♦公私混同 공사 혼동.

こうし【光子】 광자(光子).

こうし【行使】 ㉻하 행사(行使). ♦武力行使 무력 행사.

こうし【孝子】 효자(孝子).

こうし【格子】 격자(格子). ♦格子縞 체크 무늬.

こうし【嚆矢】 효시(嚆矢).
こうし【講師】 강사(講師). ♦専任講師 전임 강사.
こうじ【麹・糀】 누룩.
こうじ【工事】 (る하) 공사(工事). ♦水道工事 수도 공사. 道路工事 도로 공사.
こうじ【公示】 (る하) 공시(公示). ‖総選挙の期日を公示する 총선거 기일을 공시하다. ♦公示地価 공시 지가.
こうじ【好事】 호사(好事). ▸好事魔多し 호사다마.
ごうし【合資】 (る하) 합자(合資). ♦合資会社 합자 회사.
コウジカビ【麹黴】 누룩곰팡이.
こうしき【公式】 ❶공식; 공식적(公式的). ‖公式に認める 공식적으로 인정하다. ❷(数学) 공식.
こうしき【硬式】 경식(硬式). ♦硬式野球 경식 야구.
こうしきせん【公式戦】 공식전(公式戰).
こうじげん【高次元】 고차원(高次元).
こうしせい【高姿勢】 고자세(高姿勢). ‖終始高姿勢で応対する 처음부터 끝까지 고자세로 대응하다.
こうしつ【皇室】 황실(皇室).
こうじつ【口実】 구실(口實). ‖口実を設ける 구실을 만들다.
こうして 이렇게 해서; 이렇게 하여. ‖こうして 2 人は結婚することになった 이렇게 해서 두 사람은 결혼하게 되었다.
こうしゃ【公社】 공사(公社). ♦住宅公社 주택 공사.
こうしゃ【後者】 후자(後者).
こうしゃ【校舎】 교사(校舍).
こうしゃ【降車】 (る하) 하차(下車).
ごうしゃ【豪奢】ダ 호사(豪奢)스럽다.
こうしゅ【攻守】 공수(攻守).
こうしゅう【口臭】 구취(口臭).
*こうしゅう【公衆】 공중(公衆). ♦公衆衛生 공중 위생. 公衆電話 공중 전화. 公衆道徳 공중 도덕.
こうしゅう【講習】 (る하) 강습(講習). ‖講習を受ける 강습을 받다.
ごうしゅう【豪州】 호주(濠洲).
こうしゅうは【高周波】 고주파(高周波).
こうしゅけい【絞首刑】 교수형(絞首刑).
こうじゅつ【口述】 (る하) 구술(口述).
こうじゅつ【後述】 (る하) 후술(後述). ‖詳細は後述する 자세한 내용은 후술하겠다.
こうじょ【控除】 (る하) 공제(控除). ‖必要経費を控除する 필요 경비를 공제하다.
こうしょう【公証】 공증(公證). ♦公証人 공증인.
*こうしょう【交渉】 (る하) ❶교섭(交涉). ‖賃上げを求めて会社と交渉する 임금 인상을 요구하며 회사와 교섭하다. 交渉が決裂する 교섭이 결렬되다. 団体交渉 단체 교섭. ❷관계(關係). ‖交渉を絶つ 관계를 끊다.
こうしょう【行賞】 행상(行賞). ♦論功行賞 논공행상.
こうしょう【考証】 (る하) 고증(考證). ♦時代考証 시대 고증.
こうしょう【高尚】ダ 고상(高尙)하다. ‖高尚な趣味 고상한 취미.
*こうじょう【工場】 공장(工場). ♦化学工場 화학 공장. 自動車工場 자동차 공장. 工場廃水 공장 폐수.
こうじょう【向上】 (る하) 향상(向上). ♦向上心 향상심.
こうじょう【恒常】 항상(恒常). ♦恒常性 항상성.
ごうじょう【強情】 고집(固執). ‖強情を張る 고집을 부리다.
こうじょうせん【甲状腺】 갑상선(甲狀腺). ♦甲状腺ホルモン 갑상선 호르몬.
こうしょく【公職】 공직(公職).
こうじる【講じる】 ❶〔講義をする〕강의(講義)하다. ❷〔手段を取る〕강구(講究)하다. ‖対策を講じる 대책을 강구하다.
こうじる【高じる】 심해지다; 더하다; 늘어나다. ‖病が高じる 병이 심해지다.
こうしん【交信】 (る하) 교신(交信).
こうしん【行進】 (る하) 행진(行進). ‖堂々と行進する 당당하게 행진하다. ♦行進曲 행진곡.
こうしん【更新】 (る하) 갱신(更新). ‖記録を更新する 기록을 갱신하다.
こうしん【後進】 후진(後進). ‖後進を育成する 후진을 육성하다.
こうじん【公人】 공인(公人).
こうじん【後陣】 후진(後陣).
こうしんじょ【興信所】 흥신소(興信所).
こうしんりょう【香辛料】 향신료(香辛料).
こうず【構図】 구도(構圖). ‖安定した構図 안정된 구도.
こうすい【香水】 향수(香水).
こうすい【降水】 강수(降水). ♦降水量 강수량.
こうずい【洪水】 홍수(洪水).
ごうすう【号数】 호수(號數).
こうせい【公正】ダ 공정(公正)하다. ‖公正な取引 공정한 거래. ♦公正証書 공정 증서.
*こうせい【更生】 (る하) ❶〔立ち直る〕갱생(更生). ‖更生して社会に復帰する 갱생해서 사회에 복귀하다. ❷〔生き返る〕소생(蘇生). ❸〔再生する〕재생(再生). ‖更生タイヤ 재생 타이어.
こうせい【攻勢】 (る하) 공세(攻勢).
こうせい【厚生】 후생(厚生). ♦厚生施設 후생 시설. 厚生年金 후생 연금.
こうせい【後世】 후세(後世).
こうせい【後生】 후생(後生). ‖後生畏る可(べ)し 후생이 가외라.
こうせい【恒星】 항성(恒星).
こうせい【校正】 (る하) 교정(校正).

こうせい【構成】 ㉲하 구성(構成). ‖社会を構成する一員 사회를 구성하는 일원. ♦家族構成 가족 구성. 構成員 구성원.
ごうせい【合成】 ㉲하 합성(合成). ♦合成写真 합성 사진. 合成樹脂 합성 수지. 合成繊維 합성 섬유. 合成洗剤 합성 세제. 合成皮革 합성 피혁.
こうせいぶっしつ【抗生物質】 항생 물질(抗生物質).
こうせき【功績】 공적(功績).
こうせき【鉱石】 광석(鑛石).
こうせつ【公設】 공설(公設). ♦公設秘書 공설 비서.
こうせん【公選】 ㉲하 공선(公選).
こうせん【光線】 광선(光線). ♦可視光線 가시광선. 太陽光線 태양 광선.
こうせん【好戦】 호전(好戰).
こうぜん【公然】 공연; 공공연(公公然) 함. ‖公然たる事実 공공연한 사실.
こうせんてき【好戦的】 호전적(好戰的). ‖好戦的な性格 호전적인 성격.
こうそ【控訴】 ㉲하 공소(控訴).
こうそ【酵素】 효소(酵素).
こうそう【紅藻】 홍조(紅藻).
こうそう【高僧】 고승(高僧).
こうそう【高層】 고층(高層). ‖高層ビル 고층 빌딩.
こうそう【構想】 ㉲하 구상(構想). ‖雄大な構想 웅대한 구상.
こうぞう【構造】 구조(構造). ‖この機械は構造が複雑である 이 기계는 구조가 복잡하다. 日本の社会構造 일본의 사회 구조. ♦精神構造 정신 구조. 構造式 구조식.
こうそく【拘束】 ㉲하 구속(拘束). ‖身柄を拘束する 신병을 구속하다.
こうそく【高速】 고속(高速). ♦高速撮影 고속 촬영. 高速度 고속도. 高速道路 고속도로.
こうそく【校則】 교칙(校則)
こうぞく【後続】 ㉲하 후속(後續).
こうそつ【高卒】 고졸(高卒).
*こうたい【交代·交替】 ㉲하 교체(交替); 교대(交代). ‖ピッチャーを交代する 투수를 교체하다. 交代で運転する 교대로 운전하다. 8時間交代で働く 여덟 시간 교대로 일하다.
こうたい【抗体】 항체(抗體).
こうたい【後退】 ㉲하 후퇴(後退).
こうだい【広大】ダ 광대(廣大)하다. ‖広大な平原 광대한 평원.
こうたいごう【皇太后】 황태후(皇太后).
こうたいし【皇太子】 황태자(皇太子). ‖皇太子妃 황태자비.
こうだか【甲高】 ‖甲高な足 발등이 튀어나온 발.
こうたく【光沢】 광택(光澤). ‖光沢がある 광택이 있다.
ごうだつ【強奪】 ㉲하 강탈(强奪).
こうだん【公団】 공단(公團).
こうだん【後段】 뒷 단락(段落).
こうだん【講壇】 강단(講壇). ‖講壇に立つ 강단에 서다.
こうだんし【好男子】 호남(好男).
こうだんしゃ【高段者】 고단자(高段者).
こうち【耕地】 경지(耕地).
こうちく【構築】 ㉲하 구축(構築). ‖陣地を構築する 진지를 구축하다.
こうちしょ【拘置所】 구치소(拘置所).
こうちせい【向地性】 향지성(向地性).
こうちゃ【紅茶】 홍차(紅茶).
こうちゃく【膠着】 ㉲하 교착(膠着). ♦膠着語 교착어.
こうちょう【好調】 호조(好調); 순조(順調). ‖仕事は好調に運んでいる 일은 순조롭게 진행되고 있다.
こうちょう【紅潮】 홍조(紅潮). ‖頬が紅潮する 볼이 홍조를 띠다. 볼이 빨개지다.
こうちょう【高潮】 ㉲되 고조(高潮). ‖雰囲気が高潮する 분위기가 고조되다.
こうちょう【校長】 교장(校長). ‖校長先生 교장 선생님.
こうちょうかい【公聴会】 공청회(公聽會).
こうちょうどうぶつ【腔腸動物】 강장 동물(腔腸動物).
こうちょく【硬直】 ㉲되 경직(硬直). ‖態度が硬直する 태도가 경직되다.
ごうちょく【剛直】ダ 강직(剛直)하다. ‖剛直な男 강직한 남자.
*こうつう【交通】 교통(交通). ‖ここは交通の便がいい 여기는 교통편이 좋다. ♦交通違反 교통 위반. 交通機関 교통 기관. 交通事故 교통 사고. 交通費 교통비. 交通網 교통망. 交通量 교통량.
こうてい【工程】 공정(工程). ♦工程管理 공정 관리.
こうてい【公定】 공정(公定). ♦公定価格 공정 가격. 公定歩合 공정 금리. 공정 이율.
こうてい【肯定】 ㉲하 긍정(肯定). ♦肯定文 긍정문.
こうてい【皇帝】 황제(皇帝).
こうてい【高低】 고저(高低). ‖音の高低 소리의 고저.
こうてい【校訂】 ㉲하 교정(校訂).
こうてい【校庭】 교정(校庭); 학교 운동장(學校運動場).
ごうてい【豪邸】 호화 저택(豪華邸宅).
こうてき【公的】 공적(公的). ‖公的な立場 공적인 입장.
こうてきしゅ【好敵手】 호적수(好敵手); 라이벌.
こうてつ【更迭】 ㉲하 경질(更迭).
こうてつ【鋼鉄】 강철(鋼鐵).
こうてん【交点】 교점(交点).
こうてん【好転】 ㉲되 호전(好轉). ‖景

こ

気が好転する 경기가 호전되다.
こうてん【後天】 후천(後天). ♦**後天性免疫不全症候群** 후천성 면역 결핍증. 에이즈. **後天的** 후천적.
こうでん【香典】 부의(賻儀).
こうど【光度】 광도(光度).
こうど【高度】 고도(高度). ‖高度に機械化された工場 고도로 기계화된 공장.
こうど【黄土】 황토(黃土).
こうど【硬度】 경도(硬度).
こうとう【口頭】 구두(口頭). ‖口頭で伝える 구두로 전하다. ♦**口頭語** 구어. **口頭弁論** 구두 변론.
こうとう【好投】 (ㅈ하) 호투(好投).
こうとう【後頭】 후두(後頭). ♦**後頭部** 후두부.
こうとう【高等】 고등(高等). ♦**高等学校** 고등 학교. **高等裁判所** 고등 법원.
こうとう【高騰】 (ㅈ하) 등귀(騰貴). ‖地価が高騰する 땅값이 등귀하다.
こうとう【喉頭】 후두(喉頭).
***こうどう**【行動】 (ㅈ하) 행동(行動). ‖計画を行動に移す 계획을 행동으로 옮기다. 彼の行動は理解できない 그 사람의 행동은 이해가 안 간다. ♦**団体行動** 단체 행동. **行動半径** 행동 반경.
こうどう【坑道】 갱도(坑道).
こうどう【黄道】 황도(黃道).
こうどう【黄銅】 황동(黃銅).
こうどう【講堂】 강당(講堂).
ごうとう【強盗】 강도(强盜). ‖強盗を働く 강도질을 하다. ♦**銀行強盗** 은행 강도.
ごうどう【合同】 (ㅈ하) ❶ 합동(合同). ‖保守系の二党が合同する 보수계의 두 당이 합당하다. ❷(数学) 합동.
こうとうむけい【荒唐無稽】 황당무계(荒唐無稽). ‖荒唐無稽な計画 황당무계한 계획.
こうどく【講読】 (ㅈ하) 강독(講讀).
こうどく【購読】 (ㅈ하) 구독(購讀). ‖雑誌を購読する 잡지를 구독하다. ♦**購読者** 구독자. **購読料** 구독료.
こうない【構内】 구내(構內). ‖駅の構内 역 구내. ♦**構内放送** 구내 방송.
こうないえん【口内炎】 구내염(口內炎).
こうにゅう【購入】 (ㅈ하) 구입(購入).
***こうにん**【公認】 (ㅈ하) 공인(公認). ♦**公認会計士** 공인 회계사. **公認記録** 공인 기록. **公認団体** 공인 단체.
こうにん【後任】 후임(後任). ♦**後任人事** 후임 인사.
こうねつ【光熱】 광열(光熱). ♦**光熱費** 광열비.
こうねつ【高熱】 고열(高熱).
こうねん【後年】 몇 년 뒤.
こうねん【光年】 …광년(光年).
こうねんき【更年期】 갱년기(更年期). ‖更年期障害 갱년기 장애.
こうのう【効能】 효능(效能).
コウノトリ【鸛】 황새.
こうば【工場】 공장(工場).
こうはい【交配】 (ㅈ하) 교배(交配).
こうはい【荒廃】 (ㅈ하) 황폐(荒廢). ‖荒廃した国土 황폐한 국토.
こうはい【後輩】 후배(後輩). ‖大学の後輩 대학 후배.
こうばい【勾配】 경사(傾斜)진 곳; 비탈.
こうばい【購買】 (ㅈ하) 구매(購買). ♦**購買力** 구매력.
コウバイ【紅梅】 홍매(紅梅).
こうばいすう【公倍数】 공배수(公倍數).
こうはく【紅白】 홍백(紅白). ✣韓国では청백(靑白). ‖紅白試合 청백전.
こうばしい【香ばしい】 (においが)구수하다.
こうはん【公判】 공판(公判).
こうはん【広範】 ダ 광범하다; 광범위(廣範圍)하다. ‖広範な調査 광범위한 조사.
こうはん【甲板】 갑판(甲板).
こうはん【後半】 후반; 후반부(後半部). ‖私はあの映画の後半は見ていない 나는 그 영화의 후반부는 보지 않았다. ♦**後半戦** 후반전.
こうばん【交番】 파출소(派出所).
こうばん【降板】 (ㅈ하) 강판(降板). ‖降板する 강판당하다.
ごうはん【合板】 합판(合板).
こうはんい【広範囲】 ダ 광범위(廣範圍)하다.
こうひ【公費】 공비(公費).
こうび【交尾】 (ㅈ하) 교미(交尾).
こうひょう【公表】 (ㅈ하) 공표(公表).
こうひょう【好評】 호평(好評). ‖好評を博する 호평을 받다.
こうふ【公布】 (ㅈ하) 공포(公布).
こうふ【交付】 (ㅈ하) 교부(交付). ‖証明書を交付する 증명서를 교부하다. ♦**交付金** 교부금.
こうぶ【後部】 후부(後部); 뒷부분(部分).
こうふう【校風】 교풍(校風).
こうふく【幸福】 ダ 행복(幸福)하다. ‖幸福な人生 행복한 인생. 子どもの幸福を願う 자식의 행복을 바라다.
こうふく【降服】 (ㅈ하) 항복(降伏). ‖無条件降伏 무조건 항복.
こうぶつ【好物】 좋아하는 음식(飮食).
***こうふん**【興奮】 (ㅈ하) 흥분(興奮). ‖興奮して眠れない 흥분해서 잠이 안 오다. ♦**興奮剤** 흥분제.
こうぶん【構文】 구문(構文). ♦**構文論** 구문론.
こうぶんしょ【公文書】 공문서(公文書).
こうへい【公平】 ダ 공평(公平)하다. ‖公平に分け与える 공평하게 나누어 주다.
こうへん【後編】 후편(後篇).
ごうべんがいしゃ【合弁会社】 합작 회

사(合作會社); 조인트 벤처.

こうほ【候補】 후보(候補). ♦**優勝候補** 우승 후보. **候補生** 후보생.

こうぼ【公募】 ㉭하 공모(公募). ‖社員を公募する 사원을 공모하다.

こうぼ【酵母】 효모(酵母).

こうほう【工法】 공법(工法).

こうほう【公法】 공법(公法).

こうほう【広報】 홍보(弘報). ♦**広報活動** 홍보 활동.

こうほう【後方】 후방(後方). ♦**後方基地** 후방 기지.

こうぼう【攻防】 공방(攻防). ♦**攻防戦** 공방전.

こうぼう【興亡】 흥망(興亡). ‖民族の興亡 민족의 흥망.

ごうほう【号俸】 호봉(號俸).

ごうほう【合法】 합법(合法). ♦**合法的** 합법적. 合法的な手段 합법적인 수단.

ごうほう【豪放】ダ 호방(豪放)하다. ‖豪放な性格 호방한 성격.

こうぼく【公僕】 공복(公僕).

こうぼく【高木】 고목(高木).

こうま【子馬】 망아지.

こうまん【高慢】ダ 교만(驕慢)하다. ‖高慢に人を見下す 교만하게 사람을 깔보다.

ごうまん【傲慢】ダ 오만(傲慢)하다. ‖傲慢な態度 오만한 태도.

こうみ【香味】 음식(飮食) 의 향(香)과 맛.

こうみょう【巧妙】ダ 교묘(巧妙)하다. ‖巧妙な手口 교묘한 수법.

こうみょう【功名】 공명(功名). ♦**功名心** 공명심.

こうみょう【光明】 광명(光明). ‖闇の中に一条の光明が差す 어둠 속에 한줄기 광명이 비치다.

こうみん【公民】 공민(公民). ♦**公民権** 공민권.

こうむ【工務】 공무(工務).

こうむ【公務】 공무(公務). ♦**公務員** 공무원. 国家公務員 국가 공무원. **公務執行妨害** 공무 집행 방해.

こうむ【校務】 교무(校務).

こうむる【被る】 ❶〔よいことを〕받다; 입다. ‖多大な恩恵をこうむる 큰 은혜를 입다. ❷〔よくないことを〕입다. ‖損害をこうむる 손해를 입다.

こうめい【公明】ダ 공명(公明)하다. ‖公明正大 공명정대.

こうめい【高名】ダ 고명(高名)하다.

こうもく【項目】 항목(項目). ‖項目に分ける 항목으로 나누다.

ごうもくてき【合目的】 합목적(合目的).

コウモリ【蝙蝠】 박쥐.

こうもん【肛門】 항문(肛門).

こうもん【後門】 후문(後門); 뒷문.

こうもん【校門】 교문(校門).

こうもん【閘門】 갑문(閘門).

ごうもん【拷問】 ㉭하 고문(拷問).

こうや【荒野】 황야(荒野).

こうやく【公約】 ㉭하 공약(公約).

こうやく【膏薬】 고약(膏藥).

こうやくすう【公約数】 공약수(公約數). ‖最大公約数 최대 공약수.

こうゆう【公有】 ㉭하 공유(公有). ♦**公有地** 공유지.

こうゆう【交友】 교우(交友). ♦**交友関係** 교우 관계.

こうゆう【校友】 교우(校友).

こうよう【公用】 공용(公用). ♦**公用語** 공용어.

こうよう【効用】 효용(效用). ‖薬の効用 약의 효용. ♦**限界効用** 한계 효용.

こうよう【紅葉】 단풍(丹楓). ‖紅葉する 단풍이 들다.

こうよう【高揚】 ㉭되 고양(高揚); 앙양(昂揚). ‖感情が高揚する 감정이 고양되다.

こうようじゅ【広葉樹】 활엽수(闊葉樹).

ごうよく【強欲】 탐욕(貪慾). ‖強欲な男 탐욕스러운 남자.

こうら【甲羅】 갑각(甲殼); 등딱지.

コウライシバ【高麗芝】 금잔디.

コウライニンジン【高麗人参】 인삼(人蔘).

こうらく【行楽】 행락(行樂). ♦**行楽客** 행락객. **行楽シーズン** 행락철.

こうり【小売り】 ㉭하 소매(小賣). ‖小売りする 소매로 팔다. 小売り価格 소매 가격.

こうり【公理】 공리(公理).

こうり【高利】 고리(高利). ‖高利貸し 고리 대금업(高利貸金業).

ごうり【合理】 합리(合理). ♦**合理化** ㉭하 합리화. **合理主義** 합리 주의. **合理性** 합리성. **合理的** 합리적. 合理的な考え方 합리적인 사고방식.

ごうりき【強力】 강력(强力). ♦**強力犯** 강력범.

こうりつ【公立】 공립(公立). ‖公立高校 공립 고등학교.

こうりつ【効率】 효율(效率). ‖熱効率 열 효율. 効率のよい作業方式 효율적인 작업 방식.

こうりゃく【攻略】 ㉭하 공략(攻略). ‖先発投手を攻略する 선발 투수를 공략하다.

こうりゅう【交流】 ㉭하 교류(交流). ♦**文化交流** 문화 교류.

こうりゅう【拘留】 ㉭하 구류(拘留).

ごうりゅう【合流】 ㉭하 합류(合流). ‖川の合流する所 강이 합류하는 곳.

こうりょ【考慮】 ㉭하 고려(考慮). ‖相手の立場を考慮する 상대방 입장을 고려하다.

こうりょう【香料】 향료(香料).

こうりょう【綱領】 강령(綱領).

こうりょく【効力】 효력(效力). ‖効力を

失う 효력을 잃다.
こうりん【降臨】 (する) 강림(降臨).
こうれい【恒例】 상례(常例); 관례(慣例).
こうれい【高齢】 고령(高齢). ♦高齢化社会 고령화 사회. 高齢者 고령자.
ごうれい【号令】 호령(號令); 구령(口令). ‖号令をかける 구령을 붙이다.
こうれいち【高冷地】 고냉지(高冷地). ‖高冷地農業 고냉지 농업.
こうろ【行路】 행로(行路). ‖人生行路 인생 행로.
こうろ【香炉】 향로(香爐).
こうろ【航路】 항로(航路).
こうろう【功労】 공로(功勞). ♦功労者 공로자.
こうろん【口論】 ‖口論する 말다툼하다. 언쟁하다.
こうわ【講和】 (する) 강화(講和). ‖講和条約 강화 조약.
こうわん【港湾】 항만(港灣).
*こえ【声】 ❶ (人の)목소리; 소리. ‖声を出して本を読む 소리를 내서 책을 읽다. 甲高い声で 카랑카랑한 목소리로. 大きな声で 큰 소리로. 声がかれる 목이 쉬다. ❷ (ものの)소리. ‖虫の声が聞こえる 벌레 소리가 들리다. ❸〔気配〕 기색(氣色); 느낌; 분위기(雰圍氣). ‖秋の声 가을 분위기. ❹ 의견(意見). ‖読者の声 독자의 소리. 声を揃えて反対する 전원이 하나같이 반대하다. ▸声がかかる 의뢰를 받다. ▸声をかける 말을 걸다. ▸声を振り絞る 소리를 쥐어짜다.
こえ【肥】 비료(肥料).
ごえい【護衛】 (する) 호위(護衛). ‖大臣を護衛する 장관을 호위하다. ♦護衛兵 호위병.
こえがわり【声変わり】 (する) 변성(變聲).
ごえつどうしゅう【呉越同舟】 오월동주(吳越同舟).
こえる【肥える】 ❶ 살찌다. ‖よく肥えた豚 살이 많이 찐 돼지. ❷ 비옥(肥沃)하다. ‖土地が肥える 토지가 비옥하다. ❸ (目・見識などが)높다. ‖目が肥えている 안목이 높다.
*こえる【越える・超える】 ❶ (障害物を)넘다. ‖山を越える 산을 넘다. ハードルを越える 허들을 넘다. ❷ (時間・基準・数値などを)넘다. ‖能力の限界を超える 능력의 한계를 넘다. 制限速度を超える 제한 속도를 넘다. ❸ 초월(超越)하다. ‖利害を超えて業界に尽くす 이해 관계를 초월해 업계에 헌신하다.
こおう【呼応】 (する) 호응(呼應).
コース【course】 코스. ♦ハイキングコース 하이킹 코스. フルコース 풀코스. マラソンコース 마라톤 코스.
ゴースト【ghost】 유령(幽靈); 망령(亡靈).
コーチ【coach】 (する) 코치. ‖サッカーのコーチ 축구 코치.
コーディネーター【coordinator】 코디네이터.
コーティング【coating】 (する) 코팅.
コーデュロイ【corduroy】 코듀로이.
コート【coat】 (衣服の)코트.
コート【court】 (テニス・バレーボールなどの)코트.
コード【chord】 코드. ❶ 현악기(絃樂器)의 현(絃). ❷ 화음(和音).
コード【code】 코드. ❶ 규정(規定). ‖ドレスコード 복장 기준(服裝基準). ❷ 컴퓨터 등에 저장(貯藏)을 위한 부호(符號)의 체계(體系).
コード【cord】 코드. ♦コードレス 코드레스.
コーナー【corner】 코너. ‖第3コーナー 제삼 코너. 食料品コーナー 식료품 코너.
コーヒー【coffee】 커피. ♦コーヒー豆 커피 원두.
コープ【CO-OP】 소비 생활 협동조합(消費生活協同組合).
ゴーフル【gaufre フ】 고프레; 와플.
コーラ【cola】 콜라.
コーラス【chorus】 코러스.
コーラン【Koran】 (イスラム教の聖典の)코란.
*こおり【氷】 얼음. ‖池に氷が張る 연못에 얼음이 얼다. ♦氷小豆 팥빙수. 氷枕 (説明) 얼음이나 냉수(冷水)를 넣을 수 있게 만든 베개. 氷水 얼음물.
こおりつく【凍り付く】 얼어붙다; 동결(凍結)되다. ‖窓が凍り付いて開かない 창문이 얼어붙어 안 열리다.
こおる【凍る】 얼다. ‖魚がかちかちに凍った 생선이 꽁꽁 얼었다.
ゴール【goal】 ❶ (陸上・水泳の)결승선(決勝線); 결승점(決勝點). ❷ (サッカーなどの)골. ‖ゴールキーパー 골키퍼.
ゴールデンアワー【golden + hour 日】 황금 시간대(黃金時間帶).
ゴールデンウィーク【golden + week 日】 황금 연휴(黃金連休).
コールドクリーム【cold cream】 콜드크림.
コオロギ【蟋蟀】 귀뚜라미.
コーン【cone】 아이스크림을 담는 원추형(圓錐形) 웨하스.
コーン【corn】 콘; 옥수수. ♦コーンスターチ 콘스타치. コーンフレーク(ス) 콘플레이크.
こがい【戸外】 집 밖.
*ごかい【誤解】 (する) 오해(誤解). ‖真意を誤解する 진의를 오해하다. 彼は私の沈黙を同意と誤解した 그 사람은 내 침묵을 동의라고 오해했다. 誤解をとく 오해를 풀다. 誤解を招く 오해를 사다.
こがいしゃ【子会社】 자회사(子會社).

ごかいしょ【碁会所】기원(棋院).
コカイン【cocaine】코카인.
ごかく【互角】호각(互角).
ごがく【語学】어학(語學). ‖語学に弱い 어학에 약하다. ♦語学研修 어학 연수.
ごかくけい【五角形】오각형(五角形).
こかげ【木陰】나무 그늘; 나무 밑.
こがす【焦がす】태우다. ‖ご飯を焦がす 밥을 태우다.
こがた【小型】소형(小型). ‖小型の自動車 소형 자동차.
こかつ【枯渇】(🈩되) 고갈(枯渴). ‖資金が枯渇する 자금이 고갈되다.
ごがつ【五月·5月】오월(五月). ♦五月病 (説明) 사월(四月)에 입학(入學)한 신입생(新入生)이나 신입 사원(新入社員)이 새로운 환경(環境)에 적응(適應)하지 못하는 증상(症狀).
こがねいろ【黄金色】황금색(黃金色); 황금빛. ‖黄金色の夕焼け 황금빛 노을.
コガネムシ【黄金虫】황금충(黃金蟲).
こがら【小柄】ダ ❶몸집이 작다. ‖小柄な選手 몸집이 작은 선수. ❷〔模様〕무늬가 잘다.
こがらし【木枯し】초겨울에 부는 강풍(强風).
ごかん【互換】(🈩하) 호환(互換). ♦互換性 호환성.
ごかん【五感】오감(五感).
ごかん【語感】어감(語感).
ごかん【語幹】어간(語幹).
こかんせつ【股関節】고관절(股關節).
こき【古希·古稀】고희(古稀). ‖古希の祝い 고희연.
こき【呼気】호기(呼氣); 날숨.
ごき【語気】어조(語調); 말투. ‖語気が荒い 말투가 거칠다.
ごぎ【語義】어의(語義).
ごきげん【御機嫌】❶기분(氣分). ‖ご機嫌いかがですか 기분은 어떠십니까? ❷〔気分のよい様子〕‖酔いが回ってすっかりご機嫌になる 술이 한잔 들어가 아주 기분이 좋아지다.
ごきげんうかがい【御機嫌伺い】방문(訪問)하여 안부(安否)를 물음.
ごきげんよう【御機嫌好う】❶〔会った時〕안녕(安寧)하셨어요? ❷〔別れる時〕안녕히 가십시오[가세요].
こきざみに【小刻みに】❶〔小さく〕잘게. ❷〔少しずつ〕조금씩. ❸〔反復〕간헐적(間歇的)으로. ‖小刻みな足音 간헐적으로 들려오는 발소리.
こぎたない【小汚い】어딘지 모르게 더럽다.
こきつかう【扱き使う】혹사(酷使)시키다.
こぎつける【漕ぎ着ける】겨우 목표(目標)를 이루다. ‖卒業にこぎつける 겨우 졸업을 하다.
こぎって【小切手】수표(手票).
ゴキブリ 바퀴벌레.
こきゃく【顧客】고객(顧客).
*こきゅう【呼吸】(🈩하) 호흡(呼吸). ‖呼吸が合う 호흡이 맞다. ♦深呼吸 심호흡. 人工呼吸 인공호흡. 呼吸器 호흡기.
こきょう【故郷】고향(故鄕). ▸故郷に錦を飾る 금의환향하다.
ごきょう【五経】오경(五經). ✣易経(역경)·書経(서경)·詩経(시경)·春秋(춘추)·礼記(예기).
ごぎょう【五行】오행(五行). ✣木(목)·火(화)·土(토)·金(금)·水(수).
こぐ【漕ぐ】❶(船·ボートなどを)젓다. ‖ボートを漕ぐ 보트를 젓다. ❷(ペダルを)밟다.
ごく【極】상당(相當)히; 대단히; 매우; 극(極)히. ‖ごくつまらないもの 상당히 재미없는 것. ごくありふれた話 흔해빠진 이야기.
ごく【語句】어구(語句).
ごくあくひどう【極悪非道】극악무도(極惡無道).
こくい【国威】국위(國威). ♦国威宣揚 국위 선양.
こくう【虚空】허공(虛空).
こくう【穀雨】(二十四節気の)곡우(穀雨).
こくえい【国営】국영(國營). ♦国営企業 국영 기업.
こくえき【国益】국익(國益).
こくえん【黒鉛】흑연(黑鉛).
こくおう【国王】국왕(國王).
こくがい【国外】국외(國外). ‖国外に逃亡する 국외로 도주하다.
こくぎ【国技】국기(國技). ✣日本は相撲, 韓国はテコンドー(태권도).
こくぐん【国軍】국군(國軍).
こくご【国語】국어(國語). ♦国語学 국어학. 国語辞典 국어 사전.
こくごう【国号】국호(國號).
こくこく【刻刻】점점(漸漸). ‖締め切りの時間が刻々と迫ってくる 마감 시간이 점점 다가오다.
ごくごく〔飲む音〕벌컥벌컥.
こくさい【国債】국채(國債).
*こくさい【国際】국제(國際). ♦国際化(🈩하) 국제화. 国際会議 국제회의. 国際空港 국제공항. 国際結婚 국제결혼. 国際通貨 국제 통화. 国際的 국제적. 国際法 국제법. 国際連合 국제 연합.
こくさく【国策】국책(國策).
*こくさん【国産】국산(國産). ♦国産自動車 국산 자동차. 国産品 국산품.
こくし【国史】국사(國史).
こくし【酷使】(🈩하) 혹사(酷使). ‖体を酷使する 몸을 혹사하다.

こ

こくじ【告示】 ⓢ하 고시(告示).
こくじ【国事】 국사(國事).
こくじ【酷似】 ⓢ하 흡사(恰似).
ごくし【獄死】 ⓢ하 옥사(獄死).
こくじはん【国事犯】 국사범(國事犯).
こくしょ【酷暑】 혹서(酷暑).
ごくじょう【極上】 최상(最上). ♦極上品 최상품.
こくしょく【黒色】 흑색(黑色). ♦黒色人種 흑색 인종.
こくじん【黒人】 흑인(黑人).
こくすいしゅぎ【国粋主義】 국수주의(國粹主義).
こくぜ【国是】 국시(國是). ‖平和共存を国是とする 평화 공존을 국시로 하다.
こくせい【国政】 국정(國政).
こくせい【国勢】 국세(國勢). ♦国勢調査 국세 조사.
こくぜい【国税】 국세(國稅).
*こくせき【国籍】 국적(國籍). ‖日本国籍を取得する 일본 국적을 취득하다. ♦二重国籍 이중 국적. 国籍不明 국적 불명.
こくせん【国選】 국선(國選). ♦国選弁護人 국선 변호인.
こくそ【告訴】 ⓢ하 고소(告訴).
こくそう【国葬】 국장(國葬).
こくそう【穀倉】 곡창(穀倉). ♦穀倉地帯 곡창 지대.
コクゾウムシ【穀象虫】 쌀벌레.
こくち【告知】 ⓢ하 고지(告知).
ごくちゅう【獄中】 옥중(獄中).
こくちょう【国鳥】 국조(國鳥). ✣日本はキジ, 韓国はカササギ(까치).
ごくっと 꿀꺽.
ごくつぶし【穀潰し】 식충이.
こくてい【国定】 국정(國定). ♦国定教科書 국정 교과서.
こくてん【黒点】 흑점(黑点).
こくど【国土】 국토(國土). ♦国土計画 국토 계획.
こくどう【国道】 국도(國道).
*こくない【国内】 국내(國內). ♦国内線 국내선. 国内総生産 국내 총생산 GDP.
こくはく【告白】 ⓢ하 고백(告白).
こくはつ【告発】 ⓢ하 고발(告發).
こくばん【黒板】 칠판(漆板); 흑판(黑板).
こくひ【国費】 국비(國費). ‖国費留学生 국비 유학생.
こくび【小首】 약간(若干); 조금. ‖小首をかしげる 고개를 약간 갸웃거리다.
ごくひ【極秘】 극비(極祕). ‖極秘の文書 극비 문서.
こくびゃく【黒白】 ❶〔黒と白〕흑백(黑白). ❷선악(善惡); 유죄(有罪)와 무죄(無罪). ‖裁判で黒白を明らかにする 재판에서 유죄 무죄를 가리다.
こくひょう【酷評】 ⓢ하 혹평(酷評).
こくひん【国賓】 국빈(國賓).
ごくひん【極貧】 극빈(極貧).
こくふく【克服】 ⓢ하 극복(克服). ‖悪条件を克服する 악조건을 극복하다.
こくぶん【国文】 국문(國文). ♦国文学 국문학. 国文法 국문법.
こくべつ【告別】 ⓢ하 영결(永訣). ♦告別式 영결식.
こくぼ【国母】 국모(國母).
こくほう【国宝】 국보(國寶).
こくほう【国法】 국법(國法).
こくぼう【国防】 국방(國防). ♦国防色 국방색. 国防費 국방비.
*こくみん【国民】 국민(國民). ‖国民のための政治 국민을 위한 정치. 国民の義務 국민의 의무. ♦国民感情 국민 감정. 国民健康保険 국민 건강 보험. 国民性 국민성. 国民総生産 국민 총생산(GNP). 国民的 국민적. 国民的英雄 국민적 영웅. 国民投票 국민 투표. 国民年金 국민 연금.
こくむ【国務】 국무(國務).
こくめい【克明】ᄼ 극명(克明)하다.
こくめい【国名】 국명(國名).
こくもつ【穀物】 곡물(穀物).
こくゆう【国有】 국유(國有). ♦国有地 국유지. 国有林 국유림.
ごくらく【極楽】 극락(極樂). ♦極楽往生 극락왕생. 極楽浄土 극락정토.
こくりつ【国立】 국립(國立). ♦国立公園 국립 공원. 国立大学 국립 대학.
こくりょく【国力】 국력(國力).
こくるい【穀類】 곡류(穀類).
*こくれん【国連】 유엔. ♦国連安全保障理事会 유엔 안전 보장 이사회. 国連軍 유엔군. 国連事務総長 유엔 사무총장.
ごくろう【御苦労】 ❶수고. ‖ご苦労様でした 수고하셨습니다. ❷〔皮肉なニュアンスを込めて〕‖雨の中をジョギングとはご苦労なことだな 비가 오는데 조깅을 하다니 수고한다.
こくろん【国論】 국론(國論). ‖国論が分裂する 국론이 분열되다.
ごくん 꿀꺽.
こぐんふんとう【孤軍奮闘】 ⓢ하 고군분투(孤軍奮鬪).
コケ【苔】 이끼. ‖コケが生える 이끼가 끼다.
こけい【固形】 고형(固形). ♦固形燃料 고체 연료. 固形物 고형물.
こげくさい【焦げ臭い】 탄내가 나다; 타는 냄새가 나다.
こけこっこう〔鶏の鳴き声〕꼬꼬댁.
こげちゃ【焦げ茶】 암갈색(暗褐色); 짙은 밤색.
こげつく【焦げ付く】 ❶눌어붙다. ‖ご飯が焦げ付く 밥이 눌어붙다. ❷대금(代金)이 회수 불가능(回收不可能)해지다. ‖取引先の倒産で代金が焦げ付いた 거래처의 도산으로 대금이 회수 불가능해졌다.
こける【倒ける】 ❶넘어지다; 쓰러지다. ❷〔…こけるの形で〕‖笑いこける 자지러지게 웃어대다. 眠りこける 깊이 잠들다.
こける【痩ける】 살이 빠지다; 여위다. ‖頬がこける 볼살이 빠지다.
こげる【焦げる】 타다. ‖真っ黒に焦げたパン 시커멓게 탄 빵.
ごけん【護憲】 호헌(護憲).
ごげん【語源】 어원(語源).
***ここ【此処】** ❶여기; 현재(現在) 있는 곳. ‖以前ここに来たことがある 예전에 여기 온 적이 있다. ここへ来なさい 여기로 와라. ここが彼の研究室です 여기가 그 사람 연구실입니다. ここはどこですか 여기가 어디입니까? ここだけの話だが 우리끼리 하는 얘기지만. ❷현재 상태(現在狀態). ‖事ここに至る 일이 여기에 이르다. ❸〔期間〕요. ‖ここ数日が山だ 요 며칠이 고비다.
ここ【個個】 개개(個個); 하나하나. ‖個々に検討する 하나하나 검토하다.
こご【古語】 고어(古語). ♦古語辞典 고어 사전.
***ごご【午後】** 오후(午後). ‖午後に伺います 오후에 뵙겠습니다. 午後はずっと勉強していた 오후에는 줄곧 공부했다. 土曜日の午後映画に行こう 토요일 오후에 영화 보러 가자. 午後の授業 오후 수업.
ココア【cocoa】 코코아.
ここう【糊口】 호구(糊口); 생계(生計). ▸糊口をしのぐ 겨우 입에 풀칠을 하다.
ごこう【後光】 후광(後光). ‖後光が差す 후광이 비치다.
こごえじに【凍え死に】 (名하) 동사(凍死).
こごえつく【凍え付く】 얼어붙다.
こごえる【凍える】 얼다. ‖手が凍えて字が書けない 손이 얼어 글씨를 쓸 수가 없다.
ここく【故国】 고국(故國).
ごこく【五穀】 ❶오곡(五穀). ✣米(쌀)·麦(보리)·粟(조)·黍(기장)·豆(콩). ❷곡류(穀類)의 총칭(總稱). ‖五穀豊穣を祈る 오곡이 풍성하기를 빌다.
ごこく【護国】 호국(護國). ‖護国の鬼 호국 영령.
ここじん【個個人】 개개인(個個人).
ここち【心地】 기분(氣分); 느낌. ‖乗り心地 승차감. 着心地 착용감.
ここちよい【心地好い】 기분(氣分)이 좋다. ‖心地よい風 기분 좋은 바람.
こごと【小言】 ❶잔소리. ‖小言を食う 잔소리를 듣다. ❷불평(不平); 불만(不滿).
ココナッツ【coconut】 코코넛.
ここのか【九日·9日】 구일(九日).
ここのつ【九つ·9つ】 아홉 개(個); 〔9歳〕아홉 살.
***こころ【心】** ❶마음. ‖心の広い人 마음이 넓은 사람. 心にもないことを言う 마음에도 없는 소리를 하다. 心から 마음으로부터. 진심으로. 彼の心を理解する 그 사람의 마음을 이해하다. 心が通じる 마음이 통하다. ❷기분(氣分); 감정(感情). ❸판단력(判斷力); 분별(分別). ‖心ある人 분별이 있는 사람. ❹정성(精誠); 성의(誠意). ‖母の心のこもった弁当 어머니의 정성이 담긴 도시락. ❺진수(眞髓). ‖茶の心 차의 진수. ▸心が動く 마음이 움직이다. ▸心にかける ①명심하다. ②걱정하다. ▸心にもない 마음에도 없다. ▸心を痛める 마음 아파하다. ▸心を動かす 감동시키다. ▸心を打つ 심금을 울리다.〔慣〕 ▸心を鬼にする 마음을 독하게 먹다. ▸心を込める 정성을 다하다. ▸心を許す 마음을 터놓다. ▸心を寄せる 마음을 두다.
こころあたたまる【心暖まる】 마음이 따뜻해지다.
こころあたり【心当たり】 짚이는 곳.
こころある【心有る】 분별(分別)이 있는; 배려심(配慮心)이 있는.
こころいき【心意気】 의기(意氣); 기상(氣像).
こころえ【心得】 ❶(技術·技芸などの) 소양(素養). ‖茶の湯の心得がある 차도의 소양이 있다. ❷마음가짐; 준비사항(準備事項). ‖電話をかける時の心得 전화를 걸 때의 마음가짐. ❸직무대행(職務代行). ‖課長心得 과장 직무 대행.
こころえる【心得る】 ❶이해(理解)하다. ❷소양(素養)이 있다.
こころおきなく【心置きなく】 걱정 없이.
こころがけ【心掛け】 마음가짐. ‖普段の心がけがよくない 평소의 마음가짐이 좋지 않다.
こころがける【心掛ける】 항상(恒常) 마음에 두고 노력(努力)하다. ‖規則正しい生活を心がける 규칙적인 생활을 하려고 노력하다.
こころがまえ【心構え】 마음의 준비(準備); 각오(覺悟).
こころがわり【心変わり】 (名하) 변심(變心).
こころぐるしい【心苦しい】 미안(未安)하다; 마음이 무겁다. ‖彼にあんなに世話になって心苦しい 그 사람에게 너무 신세를 져 마음이 무겁다.
こころざし【志】 ❶뜻; 의지(意志). ‖志を立てる 뜻을 세우다. ❷친절(親切); 호의(好意).
こころざす【志す】 뜻을 두다; 목표(目標)로 삼다; 지망(志望)하다.
こころづかい【心遣い】 (名하) 배려(配慮); 염려(念慮). ‖お心遣いありがとうございます 배려해 주셔서 감사합니다.

こ

こころづもり【心積もり】 마음속의 예정(豫定); 계획(計劃); 생각. ‖今日中に終える心積もりです 오늘 중으로 끝낼 생각입니다.
こころづよい【心強い】 마음이 든든하다. ‖心強い仲間が現われた 든든한 동지가 생겼다.
こころない【心ない】 분별(分別)이 없다; 철이 없다; 배려심(配慮心)이 없다.
こころならず(も)【心ならず(も)】 본의(本意) 아니게; 부득이(不得已); 마지못해.
こころにくい【心憎い】 (憎らしいほど)훌륭하다; 멋있다. ‖心にくい演技力 얄미울 정도로 멋있는 연기.
こころのこり【心残り】ダ 미련(未練)이 남다; 마음에 걸리다.
こころばかり【心許り】 변변치 못함; 약소(略少)함. ‖心ばかりの品物 변변치 못한 물건.
こころぼそい【心細い】 불안(不安)하다.
こころまち【心待ち】 ‖心待ちにする 기대하며 기다리다.
こころみ【試み】 시험(試驗); 시도(試圖).
こころみる【試みる】 시험(試驗)하다; 시도(試圖)하다. ‖別の方法で試みる 다른 방법으로 시도하다.
こころもち【心持ち】 ❶기분(氣分). ❷〔副詞的に〕약간(若干); 조금. ‖心持ち右に曲がっているようだ 조금 오른쪽으로 기운 것 같다.
こころゆくまで【心行くまで】 마음껏; 실컷. ‖夕べは心ゆくまで飲んだ 어젯밤에는 실컷 마셨다.
こころよい【快い】 기분(氣分)이 좋다.
ここん【古今】 고금(古今). ♦古今東西 동서고금.
ごこん【語根】 어근(語根).
ごさ【誤差】 오차(誤差).
ござ【莫蓙】 돗자리.
ごさい【後妻】 후처(後妻).
こざかしい【小賢しい】 똑똑한 체하며 건방지다; 몹시 약다. ‖小ざかしい口をきく 건방지게 말을 하다.
こさく【小作】 소작(小作). ♦小作料 소작료.
こさじ【小匙】 ❶〔小形のさじ〕작은 수저. ❷계량(計量) 스푼.
こさめ【小雨】 가랑비.
ごさん【午餐】 오찬(午餐).
ごさん【誤算】 (スル) 오산(誤算).
ごさんけ【御三家】 (説明) 그 분야(分野)에서 가장 뛰어난 세 사람.
***こし【腰】** ❶허리. ‖腰を痛める 허리를 다치다. ❷탄력(彈力). ‖腰のあるうどん 쫄깃쫄깃한 우동. ❸자세(姿勢); 태도(態度). ‖けんか腰 시비조. ▸腰が重い 엉덩이가 무겁다.〔慣〕▸腰が軽い 경솔하다. ▸腰が砕ける 허리의 힘이 빠지다. 기력이 빠지다. ▸腰が強い 탄력성이 있다. ▸腰が低い 겸손하다. 저자세다. ▸腰を上げる 행동을 시작하다. ▸腰を折る 중간에 방해를 하다. 話の腰を折るな 중간에 말을 끊지 마라. ▸腰を据える 한 가지 일에 전념하다. ▸腰を抜かす 너무 놀라 움직이지 못하다.
こし【輿】 가마.
こし【枯死】 (スル) 고사(枯死). ‖松が虫害で枯死する 소나무가 해충 피해로 고사하다.
こじ【孤児】 고아(孤兒).
こじ【故事】 고사(故事). ♦故事成語 고사 성어.
こじ【誇示】 (スル) 과시(誇示); 자랑. ‖力を誇示する 힘을 과시하다. 成功を誇示する 성공을 자랑하다.
-ごし【越し】 ❶…너머. ‖窓越しに話しかける 창 너머로 말을 걸다. ❷…에 걸친. ‖3年越しの懸案 삼 년에 걸친 현안.
ごじ【誤字】 오자(誤字).
こじあける【抉じ開ける】 억지로 열다.
こしあん【漉し餡】 (説明) 으깨어 설탕이나 소금을 섞은 팥소.
こしかけ【腰掛け】 ❶의자(椅子). ❷일시적(一時的)인 직업(職業)·지위(地位). ‖腰掛け仕事 일시적인 일.
こしかける【腰掛ける】 걸터앉다.
こじき【乞食】 거지.
ごしき【五色】 오색(五色). ✣赤(빨강)·青(파랑)·黄(노랑)·白(하양)·黒(검정).
ごしごし ‖鍋の底をごしごし(と)こする 냄비 바닥을 싹싹 문지르다.
こしたんたん【虎視眈眈】 호시탐탐(虎視眈眈). ‖虎視眈々とねらっている 호시탐탐 노리고 있다.
こしつ【固執】 (スル) 고집(固執).
こしつ【個室】 독방(獨房); 독실(獨室).
ごじつ【後日】 ❶후일(後日); 장래(將來). ❷〔その後〕일이 끝난 다음. ♦後日談 후일담.
ゴシック【Gothic】 고딕.
こじつける 억지로 이유(理由)를 만들다.
ゴシップ【gossip】 가십. ‖ゴシップ記事 가십 기사.
ごじっぽひゃっぽ【五十歩百歩】 오십보백보(五十步百步).
こしぬけ【腰抜け】〔臆病者〕겁쟁이.
こしまわり【腰回り】 허리 둘레.
こしゅ【戸主】 호주(戶主).
こしゅ【固守】 (スル) 고수(固守).
ごじゅう【五十·50】 오십(五十); 쉰 살. ♦五十音 오십음. 五十肩 오십견.
ごじゅう【五重】 오중(五重). ♦五重奏 오중주. 五重の塔 오층탑. ✣土(흙)·水(물)·火(불)·風(바람)·空(하늘)をかたどったもの.
ごしゅうしょうさま【御愁傷様】 (説明) 불

행(不幸)한 일을 당한 사람에게 하는 인사말.

こじゅうと【小舅】 배우자(配偶者)의 형제자매(兄弟姉妹).

こじゅうと(め)【小姑】 배우자(配偶者)의 여자 형제(女子兄弟); 〔夫の姉〕형님; 〔夫の妹〕시누이.

ごじゅん【語順】 어순(語順).

こしょ【古書】 고서(古書).

こしょう【呼称】 호칭(呼稱).

***こしょう**【故障】 고장(故障). ‖エンジンが故障する 엔진이 고장 나다. この機械は故障している 이 기계는 고장 나 있다. ♦**故障車** 고장 난 차.

コショウ【胡椒】 후추.

こしょくそうぜん【古色蒼然】 고색창연(古色蒼然).

こしらえる【拵える】 ❶만들다; 제작(製作)하다. ‖夕飯をこしらえる 저녁을 만들다. ❷조달(調達)하다; 준비(準備)하다. ‖金をこしらえる 돈을 조달하다.

こじらせる【拗らせる】 악화(惡化)시키다; 복잡(複雜)하게 하다. ‖風邪をこじらせて肺炎になる 감기가 악화되어 폐렴이 되다. 問題をこじらせる 문제를 복잡하게 하다.

こじれる【拗れる】 악화(惡化)되다; 복잡(複雜)해지다.

こじわ【小皺】 잔주름.

こじん【故人】 고인(故人).

***こじん**【個人】 개인(個人). ‖個人の権利 개인의 권리. ♦**個人競技** 개인 경기. **個人教授** 개인 교수. **個人差** 개인차. **個人主義** 개인 주의. **個人タクシー** 개인택시. **個人的** 개인적. 個人的な見解 개인적인 견해. **個人プレー** 개인 플레이.

ごしん【誤診】 (名하) 오진(誤診).

ごしん【誤審】 (名하) 오심(誤審).

ごしん【護身】 호신(護身). ♦**護身術** 호신술.

こす【越す・超す】 ❶지나가다; 넘다. ‖峠を越す 고개를 넘다. ❷(基準・数値を)넘다. ‖4万人を超す大観衆 사만 명을 넘는 대관중. ❸경과(經過)하다; 지나가다; (ある時期を)나다. ‖冬を越す 겨울을 나다. ❹〔…に越したことはないの形で〕…할수록 더 좋다; 낫다. ‖給料は高いに越したことはない 월급은 많을수록 좋다.

こす【漉す・濾す】 거르다; 여과(濾過)하다.

こすい【鼓吹】 (名하) 고취(鼓吹).

ごすい【午睡】 오수(午睡). ‖午睡をむさぼる 오수를 즐기다.

こすう【戸数】 호수(戶數).

こすう【個数】 개수(個數).

こずえ【梢】 나뭇가지; 나무 줄기의 끝 부분(部分).

***コスト**【cost】 코스트. ‖コストがかなりかかる 코스트가 많이 먹히다. 安いコストで 싼 코스트로. ♦**生産コスト** 생산 코스트.

ゴスペル【gospel】 가스펠 송.

コスモス【cosmos】 코스모스.

こする【擦る】 문지르다; 비비다. ‖手をこする 손을 비비다. さびをこすって落とす 녹을 문질러 벗겨 내다.

こすれる【擦れる】 스치다.

こせい【個性】 개성(個性). ‖個性を発揮する 개성을 발휘하다. 個性の強い女優 개성이 강한 여배우. ♦**個性的** 개성적. 個性的な文体 개성적인 문체.

ごせい【悟性】 오성(悟性).

こせき【戸籍】 호적(戶籍). ♦**戸籍抄本** 호적 초본. **戸籍謄本** 호적 등본.

こせき【古跡】 고적(古跡).

こせこせ ‖こせこせ(と)した態度 좀스러운 태도.

こぜに【小銭】 푼돈; 잔돈. ‖**小銭入れ** 동전 지갑.

ごせん【互選】 (名하) 호선(互選).

ごせん【五線】 오선지(五線紙).

ごぜん【午前】 오전(午前). ‖明日の午前中は家にいます 내일 오전 중에는 집에 있습니다. 午前3時に目が覚めた 오전 세 시에 눈이 떠졌다.

ごぜんさま【午前様】 (說明) 열 두시가 넘어 귀가(歸家)하는 사람.

こぞう【小僧】 ❶(お寺の)어린 중. ❷(子ども)애송이.

ごそう【護送】 (名하) 호송(護送). ‖犯人を護送する 범인을 호송하다.

ごぞうろっぷ【五臓六腑】 오장육부(五臟六腑).

こそこそ 소곤소곤; 몰래. ‖こそこそささやく 소곤거리다. こそこそ(と)逃げ出す 몰래 도망치다.

ごそごそ ‖天井裏で何かごそごそしている 천장에서 뭔가가 부스럭거리고 있다.

こそだて【子育て】 (名하) 육아(育兒).

こぞって【挙って】 남김없이; 전부(全部). ‖この条例に市民はこぞって反対している 이 조례에 시민들은 전부 반대하고 있다.

こそばゆい ❶간지럽다. ‖足の裏がこそばゆい 발바닥이 간지럽다. ❷부끄럽다; 낯간지럽다. ‖ほめられてこそばゆい 칭찬받으니까 부끄럽다.

ごぞんじ【御存じ】 알고 계심. ‖ご存じのような有り様です 알고 계시는 바와 같습니다.

こたい【固体】 고체(固體). ♦**固体燃料** 고체 연료.

こたい【個体】 개체(個體).

こだい【古代】 고대(古代). ♦**古代社会** 고대 사회.

こだい【誇大】 과대(誇大). ♦**誇大広告** 과대 광고. **誇大妄想** 과대 망상.

ごだいしゅう【五大州】 오대주(五大洲).

こ

ごたいりく【五大陸】 오대주(五大洲).

***こたえ【答え】** ❶대답(對答). ‖呼べど叫べど答えがない 불러도 불러도 대답이 없다. ❷해답(解答). ‖答えが間違っている 해답이 틀렸다.

こたえる【答える】 ❶대답(對答)하다. ‖素直に答える 솔직하게 대답하다. ❷(問題に)답하다. ‖次の設問に答えなさい 다음 문제에 답하시오.

こたえる【応える】 ❶부응(副應)하다. ‖期待に応える 기대에 부응하다. ❷사무치다. ‖寒さが骨身に応える 추위가 뼈에 사무치다.

こだから【子宝】 자식(子息). ‖子宝に恵まれる 자식을 많이 두다.

こだくさん【子沢山】 자식(子息)이 많음.

ごたごた ❶말썽; 분쟁(紛爭). ‖ごたごたの絶えない家 말썽이 끊이지 않는 집. ❷〔副詞的に〕‖ごたごたに詰め込む 마구 쑤셔 넣다.

こだま【木霊】 메아리. ‖こだまする 메아리치다.

こだわる 집착(執着)하다; 얽매이다; 고집(固執)하다; 연연(戀戀)해하다. ‖金にこだわる人 돈에 집착하는 사람.

こちこち ❶〔固くなった様子〕꽁꽁. ‖こちこちに凍る 꽁꽁 얼다. ❷〔緊張で固くなった様子〕‖面接試験でこちこちになる 면접 시험에서 바짝 긴장하다. ❸〔融通が利かない様子〕‖こちこちの頑固 고집불통. ❹〔時計が刻む音〕똑딱똑딱.

ごちそう【御馳走】 맛있는 음식(飮食); 대접(待接). ‖今日は私がごちそうしましょう 오늘은 제가 대접하죠. ごちそうさま 잘먹었습니다.

こちゃく【固着】 (ス하) 고착(固着).

ごちゃごちゃ ❶〔散乱している様子〕‖ごちゃごちゃしている町 어수선한 거리. ❷〔不平不満を言う様子〕‖ごちゃごちゃ言うな 불평하지 마라.

ごちゃまぜ【ごちゃ混ぜ】 뒤죽박죽.

こちょう【誇張】 (ス하) 과장(誇張). ‖表情を誇張して描く 표정을 과장해서 그리다.

ごちょう【語調】 어조(語調); 어투(語套); 말투. ‖激しい語調で非難する 신랄한 어조로 비난하다.

コチョウラン【胡蝶蘭】 호접란(胡蝶蘭).

こちょこちょ 〔くすぐる様子〕‖こちょこちょ(と)くすぐる 간지럼을 태우다.

こちら【此方】 ❶이쪽. ‖こちらを向いてください 이쪽을 봐 주십시오. ❷〔当方〕나; 우리. ‖それはこちらの知ったことではない 그건 내가 알 바 아니다. ❸〔この方〕이쪽에 있는 사람; 이분. ‖こちらの方を紹介してください 이쪽 분을 소개해 주세요.

こぢんまり ‖こぢんまりとした店 아담한 가게.

こつ 요령(要領). ‖こつをのみ込む 요령을 터득하다.

ごつい 거칠고 억세다.

こっか【国花】 국화(國花). ✣日本の国花は桜(벚꽃), 韓国はムクゲ(무궁화).

***こっか【国家】** 국가(國家). ‖国家間の紛争 국가 간의 분쟁. ♦近代国家 근대 국가. 福祉国家 복지 국가. 国家公務員 국가 공무원. 国家試験 국가 시험. 国家的 국가적.

こっか【国歌】 국가(國歌). ✣日本は君が代(기미가요), 韓国は愛國歌(애국가).

***こっかい【国会】** 국회(國會). ‖国会を解散する 국회를 해산하다. 国会が召集される 국회가 소집되다. ♦臨時国会 임시 국회. 国会議員 국회의원. 国会議事堂 국회 의사당. 国会図書館 국회 도서관.

こづかい【小遣い】 용돈. ‖小遣いをもらう 용돈을 받다. 小遣いで本を買う 용돈으로 책을 사다.

こっかく【骨格】 골격(骨格).

こっかん【酷寒】 혹한(酷寒).

ごっかん【極寒】 극한(極寒).

こっき【克己】 (ス하) 극기(克己). ♦克己心 극기심.

こっき【国旗】 국기(國旗). ✣日本は日の丸(일장기), 韓国は太極旗(태극기).

こっきょう【国教】 국교(國敎).

こっきょう【国境】 국경(國境). ‖国境を越える 국경을 넘다. ♦国境地帯 국경지대.

-こっきり …만; …뿐. ‖1 回こっきり 한 번만. 딱 한 번.

コック【kok オ】 요리사(料理師).

こっくり ❶끄덕끄덕. ‖こっくりとうなずく 머리를 끄덕끄덕 하다. ❷꾸벅꾸벅. ‖こっくりこっくりする 꾸벅꾸벅 졸다.

こっけい【滑稽】 ダ 우습다; 익살스럽다; 재미있다. ‖滑稽なことを言って笑わせる 재미있는 말로 웃기다.

こっけん【国権】 국권(國權).

こっこ【国庫】 국고(國庫).

-ごっこ …놀이. ‖兵隊ごっこ 병정놀이.

こっこう【国交】 국교(國交). ‖国交が断絶する 국교가 단절되다.

こっこく【刻刻】 시시각각(時時刻刻).

こつこつ ❶〔努力する様子〕‖こつこつ(と)現地調査を続ける 착실하게 현지 조사를 계속하다. ❷〔戸をたたく音〕똑똑. ‖こつこつ(と)ドアをたたく 문을 똑똑 두드리다.

ごつごつ ❶〔硬くてでこぼこなどのある様子〕울퉁불퉁. ‖ごつごつ(と)した岩 울퉁불퉁한 바위. ❷〔無骨な様子〕‖ぶっきらぼうでごつごつした人 거칠고 무뚝뚝한 사람.

こっし【骨子】 골자(骨子). ‖法案の骨子 법안 골자.

こつずい【骨髄】 골수(骨髓). ▸骨髄に

徹する 골수에 사무치다.〔慣〕 ♦骨髄移植 골수 이식.
こっせつ【骨折】 골절(骨折); 뼈가 부러짐. ‖左足を骨折した 왼쪽 다리가 부러졌다.
こっそう【骨相】 골상(骨相).
こつそしょうしょう【骨粗鬆症】 골다공증(骨多孔症).
こっそり 살짝; 몰래. ‖こっそり抜け出してきた 살짝 빠져나왔다.
ごっそり 한 번에 많이; 몽땅; 전부(全部). ‖コレクションをごっそり(と)盗まれた 컬렉션을 몽땅 도둑맞았다.
ごったがえす【ごった返す】 혼잡(混雜)하다; 붐비다; 북적거리다.
こっち 여기; 이쪽.
こつつぼ【骨壺】 유골(遺骨) 항아리.
こつづみ【小鼓】 소고(小鼓); 작은북.
こづつみ【小包】 소포(小包).
こってり ❶〔味・色が濃い様子〕 ‖こってり(と)した料理 느끼한 음식. ❷〔程度がはなはだしい様子〕심하게; 무척; 엄청; 호되게. ‖こってり(と)油を絞られた 무척 혼났다.
こっとうひん【骨董品】 골동품(骨董品).
コットン【cotton】 코튼.
こつにく【骨肉】 골육(骨肉) ▸骨肉相食む 골육상쟁하다.
こつばん【骨盤】 골반(骨盤).
こっぴどい【こっ酷い】 매우 심하다; 호되다. ‖こっぴどく叱られる 호되게 혼나다.
コップ【kop オ】 컵; 잔(盞). ‖コップ１杯の牛乳 한 잔의 우유. 紙コップ 종이컵.
こつぶ【小粒】 작은 알갱이.
こづれ【子連れ】 아이를 데리고 있음.
ごつん 쾅. ‖ごつんと柱に頭をぶつける 쾅 하고 기둥에 머리를 부딪치다.
こて【鏝】 ❶흙손. ❷〔焼きごて〕인두.
ごて【後手】 ❶(囲碁・将棋の) 후수(後手). ❷선수(先手)를 빼앗김. ‖後手に回る 선수를 빼앗기다.
こてい【固定】 (スル하) 고정(固定). ‖このテーブルは床に固定してある 이 테이블은 바닥에 고정되어 있다. 固定した考え方 고정된 생각.
こていかんねん【固定観念】 고정관념(固定觀念).
こていしさん【固定資産】 고정 자산(固定資産).
こていしほん【固定資本】 고정 자본(固定資本).
こていひょう【固定票】 고정표(固定票).
ごてごて ‖白粉をごてごてと塗る 분을 덕지덕지 바르다.
こてん【古典】 고전(古典). ♦古典主義 고전 주의. 古典的 고전적. 古典文学 고전 문학.
こてん【個展】 개인전(個人展).
こてんこてん 무참(無慘)하게; 철저(徹底)하게. ‖こてんこてんにやられた 철저하게 당했다.
***こと**【事】 ❶일; 사건(事件). ‖どんなことが起こっても驚くな 무슨 일이 있어도 놀라지 마라. ❷어떤 일에 관련(關聯)된 사항(事項); …것. ‖試験のことを話す 시험에 관한 것을 말하다. 詳しいことは後で話します 자세한 것은 나중에 이야기하겠습니다. 英語を話すことができる 영어를 할 수 있다. 彼の言ったことを聞いた 그가 말한 것을 들었다. 静かにすること 조용히 할 것. ❸행위(行爲); 행동(行動). ‖自分のしたことを反省しなさい 자신이 한 행동을 반성해라. ▸事が運ぶ 일이 잘 진행되다. ▸事なきを得る 무사히 끝나다.
こと【琴】 일본 현악기(日本絃樂器)의 총칭(總稱).
こと【古都】 고도(古都). ‖古都京都 고도 교토. 古都慶州 고도 경주.
-ごと【毎】 …마다. ‖一雨降るごとに寒くなる 비가 올 때마다 추워지다.
こどう【鼓動】 (スル하) 고동(鼓動).
ごとう【語頭】 어두(語頭).
ごとう【誤答】 (スル하) 오답(誤答).
こどうぐ【小道具】 소도구(小道具).
ことかく【事欠く】 불편(不便)을 겪다. ‖日々の米にも事欠く生活 그날그날의 쌀 걱정을 하는 생활.
ことがら【事柄】 내용(內容). ‖重要な事柄 중요한 내용.
こどく【孤独】ダ 고독(孤獨)하다. ‖孤独な生活 고독한 생활.
ごとく【如く】 …처럼. ‖彗星の如く現われる 혜성처럼 나타나다.
ことこと ❶〔音〕톡톡; 탁탁. ‖箱の中でことこと音がする 상자 안에서 탁탁 소리가 나다. ❷〔煮る様子〕보글보글. ‖ことことと豆を煮る 보글보글 콩을 삶다.
ごとごと 〔音〕쿵쿵. ‖天井でごとごと音がする 천정에서 쿵쿵 소리가 나다.
ことごとく【悉く】 전부(全部); 몽땅. ‖財産をことごとく失う 재산을 몽땅 잃다.
ことこまか【事細か】ダ 자세(仔細)하다. ‖事細かな説明を受ける 자세한 설명을 듣다.
ことさら【殊更】 ❶일부러; 고의(故意)로. ‖ことさら辛く当たる 일부러 모질게 대하다. ❷특히; 특별(特別)히.
ことし【今年】 금년(今年); 올해.
ことだま【言霊】 (説明) 말에 깃들어 있는 힘.
ことたりる【事足りる】 충분(充分)하다.
ことづけ【言付け】 전언(傳言); 전갈(傳喝).
ことづける【言付ける】 (伝言・ものの)전달(傳達)을 부탁(付託)하다.
ことづて【言伝】 전언(傳言); 전갈(傳喝). ‖言伝を頼む 전언을 부탁하다.
ことなかれしゅぎ【事なかれ主義】 무사

안일주의(無事安逸主義).

ことなる【異なる】 틀리다; 다르다. ‖事実と異なる 사실과 다르다.

ことに【殊に】 ❶특히; 특별(特別)히. ❷게다가.

*ことば【言葉・詞】 ❶언어(言語). ‖発音が難しい言葉 발음이 어려운 언어. ❷단어(單語); 어구(語句). ‖この言葉の意味が分かりません 이 단어의 의미를 모르겠습니다. ❸말. ‖言葉を交わす 말을 주고받다. 言葉に詰まる 말(문)이 막히다. 驚きのあまり言葉が出なかった 놀란 나머지 말이 나오지 않았다. ▸言葉に甘える 호의를 받아들이다. ▸言葉に余る 말로 다 할 수 없다. ▸言葉を返す 말대답을 하다. ▸言葉を濁す 말끝을 흐리다.

ことばかず【言葉数】 말수.

ことばじり【言葉尻】 말꼬리; 말끝. ▸言葉尻を捕える 말꼬리를 잡다.〔慣〕

ことばづかい【言葉遣い】 말투; 어투(語套).

ことぶき【寿】 ❶축하(祝賀); 축하할 일. ❷장수(長壽).

*こども【子供】 아이; 애. ‖子どもが3人いる 애가 세 명 있다. 子どもができた 애가 생겼다. 子どもを産む 애를 낳다. 子どもの頃から知っている人 어릴 때부터 알고 있는 사람. 子ども扱いする 애 취급하다.

こどもごころ【子供心】 어린 마음.

こどもだまし【子供騙し】 뻔한 속임수. ‖そんな子どもだましには乗らない 그런 뻔한 속임수에는 안 넘어간다.

こどもっぽい【子供っぽい】 애 같다; 유치(幼稚)하다.

こどものひ【子供の日】 어린이 날. ✣韓国も5月5日が「子どもの日」である.

こどもらしい【子供らしい】 애답다. ‖子どもらしい発想 애다운 발상.

ことり【小鳥】 작은 새.

ことわざ【諺】 속담(俗談).

ことわり【断り】 거절(拒絶); 거부(拒否); 예고(豫告). ‖一言の断りもなく 한마디 말도 없이. 断りのメールを送った 거절하는 메일을 보냈다.

*ことわる【断る】 ❶거절(拒絶)하다; 사퇴(辭退)하다. ‖寄付を断る 기부를 거절하다. 招待を丁重に断った 초대를 정중히 거절했다. ❷사전(事前)에 알리다; 허가(許可)를 받다. ‖私は先生に断って早退した 나는 선생님께 허가를 받고 조퇴했다.

ことん〔ぶつかる音〕‖鉛筆がことんと落ちた 연필이 툭 떨어졌다.

ごとん〔強くぶつかる音〕‖額がごとんと落ちる 액자가 쿵 하고 떨어지다.

こな【粉】 가루; 분말(粉末). ‖小麦を粉にひく 밀을 가루로 빻다.

こなぐすり【粉薬】 가루약.

こなごな【粉粉】 산산조각. ‖粉々になる 산산조각이 나다.

こなし【熟し】 ❶동작(動作); 태도(態度). ‖身のこなし 몸짓. ❷자세(姿勢); 모습. ‖着こなし 옷 입은 맵시. 맵시 있게 옷을 입음.

こなす【熟す】 ❶처리(處理)하다. ‖仕事をこなす 일을 처리하다. ❷소화(消化)하다; 잘게 부수다. ‖食べたものをこなす力がある 먹은 것을 소화할 능력이 있다. ❸자유자재(自由自在)로 다루다. ‖使いこなす 잘 다루다.

こなミルク【粉 milk】 분유(粉乳).

こなゆき【粉雪】 가랑눈; 세설(細雪).

こなれる【熟れる】 ❶소화(消化)되다. ‖食べ物がこなれる 음식이 소화되다. ❷숙련(熟練)되다; 익숙하다; 무리(無理)가 없다. ‖こなれた文章 무리가 없는 문장. ❸(性格が)원숙(圓熟)해지다; 둥글둥글해지다.

コニャック【cognac ᄀ】 코냑.

ごにん【誤認】 (名하) 오인(誤認). ‖事実を誤認する 사실을 오인하다.

こにんずう【小人数】 소수(少數); 적은 인원(人員).

コネ(クション)【connection】 연고(緣故); 연줄. ‖コネで就職する 연줄로 취직을 하다.

コネクター【connecter】 커넥터.

こねこ【子猫】 새끼 고양이.

こねる【捏ねる】 ❶(粉や土を)반죽하다. ❷떼를 쓰다; 억지를 부리다. ‖だだをこねる 떼를 쓰다.

この【此の】 ❶이. ‖この通りにしてごらん 이대로 해 봐라. この本 이 책. ❷이번. ‖この夏 이번 여름.

このあいだ【此の間】 ❶요전; 일전(日前). ‖この間のこと 요전의 일. ❷〔副詞的に〕요전에.

このうえ【此の上】 이 이상(以上); 더 이상.

このうえない【此の上ない】 최고(最高)다; 더할 나위 없다. ‖この上ない幸せ 더 할 수 없는 행복.

このご【此の期】 이때; 이 마당. ‖この期に及んで言い訳は無用だ 이제 와서 변명은 소용없다.

このごろ【此の頃】 ❶요즘; 최근(最近). ❷〔副詞的に〕요즘에; 최근에. ‖この頃少し太った 최근에 조금 살이 쪘다.

このさい【此の際】 이때(에); 이 기회(機會)(에).

このたび【此の度】 이번(에).

このところ【此の所】 ❶최근(最近); 요즘. ❷〔副詞的に〕최근에; 요즘에.

このは【木の葉】 나뭇잎.

このぶん【此の分】 이런 상태(狀態); 지금(只今) 상태. ‖この分では明日は雨だろう 지금 상태로 봐서는 내일 비겠다.

このへん【此の辺】❶〔場所〕이 근처(近處). ❷〔時期〕이쯤.
このまえ【此の前】요전(에).
このましい【好ましい】❶〔好きだ〕좋다. ❷〔望ましい〕바람직하다. ‖あまり好ましくない事件 그다지 바람직하지 못한 사건.
このまま【此の儘】이대로.
このみ【好み】❶취향(趣向); 기호(嗜好). ‖人によって好みが違う 사람마다 기호가 다르다. ❷희망(希望); 주문(注文).
このみ【木の実】나무 열매.
*このむ【好む】좋아하다. ‖甘い物を好む 단것을 좋아하다. 静かな曲を好む 잔잔한 곡을 좋아하다.
このやろう【此の野郎】이놈; 이 자식(子息).
このよ【此の世】이승.
このんで【好んで】❶좋아서; 바래서; 원(願)해서. ‖好んで失敗する者はいない 좋아서 실패하는 사람은 없다. 好んで議長になったわけではない 바래서 의장이 된 것은 아니다. ❷잘; 자주. ‖好んで口にする言葉 자주 하는 말.
こはく【琥珀】호박(琥珀).
ごはさん【御破算】❶(そろばんの)떨기. ‖ご破算で願いましては 떨고 놓기를. ❷백지화(白紙化)함; 없었던 일로 함. ‖今までの話はすべてご破算にしたい 지금까지의 이야기는 없었던 것으로 하고 싶다.
こばしり【小走り】종종걸음. ‖小走りに急ぐ 종종걸음으로 달려가다.
コハダ【小鰭】전어(錢魚).
ごはっと【御法度】터부; 금기(禁忌).
こばな【小鼻】콧방울.
こばなれ【子離れ】‖子離れできない親 자식에 연연해하는 부모.
こはば【小幅】소폭(小幅). ‖小幅な値上げ 소폭의 가격 인상.
こばむ【拒む】❶거절(拒絶)하다; 거부(拒否)하다. ‖要求を拒む 요구를 거절하다. ❷막다; 저지(沮止)하다.
こばら【小腹】‖小腹が空いた 배가 약간 고프다.
コバルト【cobalt】코발트. ♦コバルトブルー 코발트색. 군청색.
こはるびより【小春日和】(説明) 봄처럼 따뜻한 초겨울의 날씨.
こはん【湖畔】호반(湖畔).
*ごはん【御飯】밥; 식사(食事). ‖ご飯を炊く 밥을 짓다. ご飯をよそう 밥을 푸다. ご飯を食べる 밥을 먹다. ご飯にしよう 식사 하자. ♦朝ご飯 아침(밥). ご飯粒 밥알.
ごばん【碁盤】바둑판.
こび【媚】아양; 교태(嬌態). ▸媚を売る 아양을 떨다.
ごび【語尾】어미(語尾).
コピー【copy】❶(する) 복사(複寫). ❷복제품(複製品); 가짜. ❸광고(廣告) 카피. ‖コピーライター 카피라이터. コピーライト 저작권(著作權).
こびりつく 달라붙다.
こびる【媚びる】아양을 떨다; 교태(嬌態)를 부리다.
こぶ【瘤】혹. ‖こぶができる 혹이 나다.
こぶ【鼓舞】(する) 고무(鼓舞).
こふう【古風】고풍(古風). ‖古風な文体 고풍스러운 문체.
ごぶごぶ【五分五分】대등(對等)함; 비슷비슷함; 반반(半半)임. ‖合格するかどうかは五分五分だ 합격할지 어떨지 반반이다. 形勢は五分五分だ 형세는 비슷비슷하다.
ごぶさた【御無沙汰】(する) 격조(隔阻).
こぶし【拳】주먹. ‖拳を握る 주먹을 쥐다. 拳をふるう 주먹을 휘두르다.
こぶちゃ【昆布茶】다시마차.
こぶとり【小太り】ダ 약간(若干) 살이 찌다; 약간 통통하다. ‖ちょっと小太りな体 약간 통통한 몸매.
こぶね【小舟】작은 배.
コブラ【cobra】코브라.
こぶり【小振り】약간(若干) 작음; 좀 작음. ‖今年のサバは小振りだ 올해 고등어는 좀 작다.
こぶり【小降り】빗발이 약함. ‖雨が小降りになってきた 빗발이 약해졌다.
こふん【古墳】고분(古墳).
こぶん【子分】부하(部下).
ごへい【語弊】어폐(語弊). ‖語弊がある 어폐가 있다.
こべつ【戸別】호별(戶別). ♦戸別訪問 호별 방문.
こべつ【個別】개별(個別). ‖生徒を個別に指導する 학생들을 개별적으로 지도하다.
ごほう【誤報】오보(誤報).
ゴボウ【牛蒡】우엉.
こぼく【古木】고목(古木).
ごほごほ 콜록콜록.
ごぼごぼ (泡が)보글보글; 부글부글.
こぼす【零す】❶흘리다; 엎지르다; 쏟다. ‖コーヒーをこぼした 커피를 흘렸다. ❷투덜거리다; 불평(不平)하다. ‖愚痴をこぼす 푸념을 늘어놓다.
こぼね【小骨】잔뼈.
こぼればなし【零れ話】여담(餘談).
こぼれる【零れる】❶넘치다; 떨어지다. ‖水がこぼれる 물이 넘치다. 球がグローブからこぼれる 공이 글러브에서 떨어지다. ❷평소(平素)에 보이지 않던 게 살짝 보이다. ‖笑うと白い歯がこぼれる 웃으면 하얀 이가 살짝 보인다.
こぼれる【毀れる】(刃物・歯などが)빠지다; 망가지다. ‖包丁の刃がこぼれる 부엌칼의 이가 빠지다.
ごほん〔咳払い〕콜록.

こぼんのう【子煩悩】‖子煩悩な人 자식 사랑이 끔찍한 사람.

こま【駒】 ❶〔馬〕말; 망아지. ❷(将棋の)말. ❸물건 사이에 끼우는 작은 나무 토막. ❹현악기(絃樂器)의 줄과 몸통 사이에 괴는 것. ▸駒を進める 다음 단계로 나아가다. 일을 진행시키다. 決勝戦へ駒を進める 결승전에 진출하다.

こま【齣】 ❶영화(映畫) 필름의 한 화면(畫面). ❷영화・희곡(戯曲) 등의 한 장면(場面). ‖4こま漫画 네 컷 만화. ❸수업 시간(授業時間). ‖今日授業が3こまある 오늘 수업이 세 개 있다.

こま【独楽】 팽이. ‖こまを回す 팽이를 돌리다.

ゴマ【胡麻】 깨. ‖ゴマ和え 깨소금으로 버무린 요리. ▸胡麻をする 아첨을 하다. 아부를 하다. ♦炒りゴマ 볶은 깨. ゴマ油 참기름.

コマーシャル【commercial】 광고(廣告); 선전(宣傳); 시엠(CM).

コマーシャルソング【commercial+song 日】 CM 송.

***こまかい**【細かい】 ❶작다; 잘다. ‖ネギを細かく刻む 파를 잘게 썰다. ❷상세(詳細)하다; 자세(仔細)하다. ‖細かい事情 자세한 사정. ❸세심(細心)하다. ‖細かい心遣い 세심한 배려.

ごまかす【誤魔化す】 속이다. ‖年をごまかす 나이를 속이다. 釣り銭をごまかす 거스름돈을 속이다.

こまく【鼓膜】 고막(鼓膜).

こまごま【細細】 ❶자잘하게. ‖こまごまとした用件を片付ける 자잘한 용건을 해치우다. ❷세세(細細)하게. ‖こまごまと注意を与える 세세하게 주의를 주다.

ごましお【胡麻塩】 깨소금; 볶은 깨에 구운 소금을 섞은 것.

こましゃくれる 건방지다; 되바라지다.

ごますり【胡麻擂り】 아부(阿附); 〔人〕 아부하는 사람.

コマツナ【小松菜】 소송채(小松菜).

こまめ【小まめ】 세세(細細)한 부분(部分)까지 신경(神經)을 써 가며 열심(熱心)히 일함.

こまやか【細やか】ダ ❶정(情)이 깊다. ❷색(色)이 진하다. ❸섬세(纖細)하다; 상세(詳細)하다.

こまりはてる【困り果てる】 매우 곤란(困難)하다; 몹시 난처(難處)하다.

こまりもの【困り者】 골칫거리; 골칫덩어리.

***こまる**【困る】 ❶곤란(困難)하다; 난처(難處)하다; 어렵다. ‖困ったことがあればいつでも相談に来てください 곤란한 일이 있으면 언제든지 상담하러 오세요. 困った. 財布を忘れてしまった 큰일 났다. 지갑을 두고 왔다. 無理を言って私を困らせないで 무리한 요구를 해서 나를 곤란하게 하지 마. ❷궁핍(窮乏)하다; 힘들다. ‖生活に困る 생활이 힘들다.

こまわり【小回り】 ‖小回りが利く ①좁은 곳에서도 쉽게 돌 수 있다. ②상황에 맞춰 빨리 적응하다.

***ごみ** 쓰레기. ‖ごみを捨てる 쓰레기를 버리다. ごみを出してきます 쓰레기를 버리고 오겠습니다. ごみを拾う 쓰레기를 줍다. 燃えるごみ 타는 쓰레기. ごみだらけ 쓰레기투성이. ♦ごみ箱 쓰레기통.

こみあう【込み合う】 혼잡(混雜)하다; 붐비다; 북적거리다.

こみあげる【込み上げる】 ❶북받치다; 복받치다. ‖悲しみが込み上げる 설움이 북받치다. ❷〔吐きそうになる〕토(吐)할 것 같다.

こみいる【込み入る】 복잡(複雜)하다; 복잡하게 되다. ‖込み入った事情がある 복잡한 사정이 있다.

こみこみ【込み込み】 세금(稅金)과 봉사료(奉仕料)를 포함(包含)함. ‖込み込みで5万円 세금과 봉사료를 포함해서 오만 엔.

ごみごみ 〔雑然としている様子〕 ‖ごみごみとした市場 어수선한 시장통.

こみち【小道】 좁은 길.

コミックス【comics】 만화 책(漫畫冊).

こみみ【小耳】 귀. ▸小耳に挟む 얼핏 듣다. 주워듣다.

***こむ**【込む】 ❶혼잡(混雜)하다; 붐비다. ‖ラッシュアワーで電車が込む 러시아워라서 전철이 붐비다. 道路が込む 길이 혼잡하다. ❷복잡하다; 손이 많이 가다. ‖手の込んだ仕事 손이 많이 가는 일. ❸〔…込むの形で〕…넣다; …들다; 잠기다. ‖書き込む 써 넣다. 飛び込む 뛰어들다. 考え込む 생각에 잠기다.

ゴム【gom オ】 고무. ♦ゴム印 고무도장. ゴムの木 고무나무. ゴムボート 고무보트.

コムギ【小麦】 밀. ♦小麦色 연갈색. 小麦粉 밀가루.

こむすめ【小娘】 14, 15 세 정도(程度)의 여자(女子) 아이.

こむら【腓】 장딴지. ‖こむら返り (ふくらはぎの) 쥐.

こめ【米】 쌀. ‖米を研ぐ 쌀을 씻다. 米を主食とする 쌀을 주식으로 하다.

こめかみ【顳顬】 관자놀이.

こめくいむし【米食い虫】 ❶〔虫〕쌀벌레. ❷〔人〕식충이.

こめつぶ【米粒】 쌀알.

コメディアン【comedian】 코미디언.

コメディー【comedy】 코미디.

こめぬか【米糠】 쌀겨.

こめびつ【米櫃】 뒤주; 쌀통.

こめる【込める】 ❶넣다. ‖ピストルに弾を込める 총에 총알을 넣다. ❷담다; 포함(包含)하다. ‖心を込めた贈り物 마음을 담은 선물. ❸집중(集中)하다; 쏟다. ‖力を込める 힘을 쏟다.

ごめん【御免】 ❶면허(免許); 허가(許可); 공인(公認). ‖天下御免 천하 공인. ❷면직(免職). ‖お役を御免になる 면직되다. ❸〔訪問時などの挨拶〕‖ごめんください 실례합니다. ❹〔謝罪時などの挨拶〕‖ごめんなさい 용서하세요. さっきはごめんね 아까는 미안했어.

ごもく【五目】 오목(五目). ♦五目並べ 오목.

こもごも【交交】 교대(交代)로; 번갈아서. ‖悲喜こもごも 희비쌍곡선.

こもじ【小文字】 소문자(小文字). ‖小文字で書く 소문자로 쓰다.

こもち【子持ち】 ❶아이가 있는 사람. ❷(魚などの)알배기.

こもの【小物】 ❶자잘한 도구(道具). ❷〔人〕변변치 못한 사람.

こもり【子守】〔行為〕아이를 봄; 〔人〕아이를 보는 사람.

こもる【籠る】 ❶틀어박히다. ‖部屋にこもって勉強する 방에 틀어박혀 공부하다. ❷가득 차다. ‖タバコの煙が部屋にこもる 담배 연기가 방안에 가득 차다. ❸깃들다; 담기다. ‖愛情のこもった手紙 애정이 담긴 편지.

こもん【顧問】 고문(顧問).

こや【小屋】 ❶보잘것없는 건물(建物). ❷(芝居などの)연극(演劇) 등을 하는 건물.

こやく【子役】 아역(兒役).

ごやく【誤訳】 (名하) 오역(誤譯).

こやし【肥やし】 비료(肥料); 거름.

こやす【肥やす】 기름지게 하다; 살찌우다.

こやみ【小止み】 ‖雨が小止みになる 빗발이 약해지다.

こゆう【固有】 고유(固有). ‖固有な性質 고유한 성질. 固有名詞 고유 명사.

こゆび【小指】 새끼손가락.

こよい【今宵】 오늘 밤.

***こよう**【雇用】 (名하) 고용(雇用). ‖運転手を雇う 운전사를 고용하다. ♦雇用条件 고용 조건. 雇用保険 고용 보험. 終身雇用 종신 고용.

***ごよう**【御用】 ❶용무(用務); 용건(用件). ‖ご用を承りましょう 용건을 말씀하시죠. ❷궁정(宮廷)·정부(政府)의 일. ❸어용(御用). ‖御用学者 어용학자. 御用新聞 어용 신문. ♦御用納め 관공서의 종무식. 御用始め 관공서의 시무식.

ごよう【誤用】 (名하) 오용(誤用).

こよなく 더할 나위 없이; 더없이. ‖こよなく晴れた青空 더없이 맑은 푸른 하늘.

こよみ【暦】 달력(曆). ‖暦の上ではもう秋ですね 달력상으로는 벌써 가을이네요.

こら〔人を呼び止めたりとがめたりする時〕이놈. ‖こら, 枝を折るな 이놈. 가지를 꺾지 마라.

コラーゲン【Kollagen ド】 콜라겐.

こらい【古来】 고래(古來).

こらえしょう【堪え性】 인내심(忍耐心); 참을성. ‖堪え性のない子 참을성이 없는 아이.

こらえる【堪える】 ❶참다; 견디다. ‖傷の痛さをこらえる 상처의 아픔을 참다. 涙をこらえる 눈물을 참다. ❷용서(容恕)하다.

***ごらく**【娯楽】 오락(娛樂). ♦娯楽映画 오락 영화. 娯楽施設 오락 시설.

こらしめる【懲らしめる】 혼내다; 벌주다. ‖いたずら者をこらしめる 장난꾸러기를 혼내다.

こらす【凝らす】 ❶집중(集中)하다. ‖目を凝らして見てみなさい 집중해서 잘 봐라. ❷〔そそぎ込む〕‖工夫をこらす 이것저것 궁리를 하다. 趣向をこらす 취향을 살리다.

コラム【column】 칼럼. ♦コラムニスト 칼럼니스트.

ごらん【御覧】 ❶보시는 바. ‖ご覧の通り 보시는 바와 같이. ❷봐; 보렴; 봐라. ‖それごらん, 壊れちゃったじゃないか 그것 봐라. 부서져 버렸잖아.

こり【凝り】 (筋肉の)뭉침; 결림.

こりこり ❶〔嚙む音〕오독오독. ❷〔歯ごたえがある様子〕쫄깃쫄깃.

こりごり【懲り懲り】 지긋지긋함. ‖もう勉強はこりごりだ 이제 공부는 지긋지긋하다.

ごりごり ❶〔こする様子〕북북. ❷〔推し進める様子〕‖力でごりごり押しまくる 힘으로 마구 밀다.

こりしょう【凝り性】 (説明) 한가지 일에 열중(熱中)하여 철저(徹底)하게 하는 기질(氣質).

こりつ【孤立】 (名되) 고립(孤立). ♦孤立語 고립어. 孤立無援 고립 무원.

ごりむちゅう【五里霧中】 오리무중(五里霧中).

ごりやく【御利益】 ❶신불(神佛)의 은혜(恩惠). ❷사람·물건의 혜택(惠澤).

こりょ【顧慮】 (名하) 고려(顧慮).

ゴリラ【gorilla】 고릴라.

こりる【懲りる】 질리다; 물리다. ‖姉の長電話にこりる 언니의 장시간 통화에 질리다.

ごりん【五輪】 오륜(五輪); 올림픽. ‖五輪種目 올림픽 종목.

こる【凝る】 ❶열중(熱中)하다; 몰두(沒頭)하다; 빠지다. ‖釣りに凝っている 낚시에 빠져 있다. ❷(筋肉が)뭉치다. ‖肩が凝る 어깨가 뭉치다. ❸세세(細細)한 곳까지 신경(神經)을 쓰다. ‖凝ったデザイン 세세한 곳까지 신경을 쓴 디자인.
コルク【kurk オ】 코르크.
コルセット【corset】 코르셋.
ゴルフ【golf】 골프. ♦ゴルフクラブ 골프채. プロゴルフ 프로 골프. ゴルフ場 골프장.
*これ【此れ・是】 ❶이것. ‖これは私の帽子です 이것은 제 모자입니다. ❷지금(只今). ‖これから伺います 지금 찾아뵙겠습니다. ❸여기. ‖これより2キロ 여기서부터 이 킬로. ❹〔自分の身内を指して〕이 사람. ‖これが私の母です 이 사람이 제 어머니입니다.
ごれいぜん【御霊前】 영전(靈前).
これから【此れから】 앞으로; 장래(將來). ‖これからどうするの 앞으로 어떻게 하니?
これきり【此れ切り】 ❶이것뿐; 이것만. ‖僕が知っているのはこれきりだ 내가 아는 건 이것뿐이다. ❷이것으로 끝; 이것이 마지막. ‖学生生活もこれきりだ 학생 생활도 이것으로 마지막이다.
コレクトコール【collect call】 수신자 부담 통화(受信者負擔通話).
これこれ 이봐. ‖これこれ, そんなことをしてはいけない 이봐. 그런 짓을 해서는 안돼.
これこれ【此れ此れ】 이러이러함. ‖これこれの理由で 이러이러한 이유로.
これしき【此れしき】 요까짓; 이 정도(程度). ‖これしきのこと 이 정도 일.
コレステロール【cholesterol】 콜레스테롤.
これだけ【此れだけ】 ❶이것뿐; 이것만. ‖僕が欲しいのはこれだけだ 내가 필요로 하는 것은 이것뿐이다. ❷이만큼이나. ‖これだけ腕のいい職人は少ない 이만큼 솜씨가 좋은 기술자는 드물다. ❸이번만. ‖これだけは許す 이번만은 용서하겠다.
これといった【此れと言った】 특별(特別)한; 이렇다 할. ‖これと言った話題がない 이렇다 할 화제가 없다.
これほど【此れ程】 ❶이 정도(程度). ‖これほどの大きさのものです 이 정도 크기입니다. ❷〔副詞的に〕이 정도로. ‖これほどひどいとは知らなかった 이 정도로 심한 줄은 몰랐다.
これまで【此れ迄】 ❶지금(只今)까지; 여기까지. ‖これまでの経過 지금까지의 경과. 今日の授業はこれまで 오늘 수업은 여기까지. ❷〔副詞的に〕지금까지. ‖これまで一度も学校に遅刻したことはない 지금까지 한번도 학교에 지각한 적이 없다.
これみよがし【此れ見よがし】 여봐란 듯. ‖これみよがしの態度 여봐란 듯한 태도.
コレラ【cholera オ】 콜레라.
*ころ【頃】 ❶때; 쯤; 무렵. ‖幼い頃の思い出 어릴 때의 추억. 君が大学を卒業する頃には 네가 대학을 졸업할 무렵에는. ❷기회(機會). ‖頃を見計らおう 기회를 보자. ❸…경(頃). ‖4月頃でき上がる 4월경에 완성된다. ❹〔動詞に付いて〕…때. ‖食べ頃 먹기 좋을 때.
ごろ (野球で)땅볼.
ごろ【語呂】 (説明) 단어(單語)를 이어서 발음(發音)할 때의 어감(語感)이나 어조(語調).
ごろあわせ【語呂合わせ】 말장난.
コロイド【colloid】 콜로이드.
ころがりこむ【転がり込む】 ❶굴러 들어가다. ‖ボールが穴に転がり込む 공이 구멍으로 굴러 들어가다. ❷굴러 들어오다; 뜻하지 않게 생기다. ‖幸運が転がり込む 행운이 굴러 들어오다. ❸(生活に困ったりして)신세(身世)를 지다. ‖火事で兄のところに転がり込む 불이 나 형님 집에 신세를 지다.
ころがる【転がる】 ❶구르다; 굴러가다. ‖ボールが転がる 공이 굴러가다. ❷넘어지다. ‖石につまずいて地面に転がる 돌에 걸려서 땅바닥에 넘어지다.
ごろく【語録】 어록(語錄).
ころげおちる【転げ落ちる】 굴러 떨어지다. ‖階段を転げ落ちる 계단에서 굴러 떨어지다.
ころころ ❶〔転ぶ様子〕대굴대굴. ❷〔太っている様子〕‖ころころした子犬 통통하게 살이 찐 강아지.
ごろごろ ❶〔雷の音〕우르르. ‖遠くでごろごろと雷が鳴った 멀리서 우르르 천둥 치는 소리가 났다. ❷〔重いものが転がる様子〕데굴데굴. ‖ドラム缶をごろごろと転がす 드럼통을 데굴데굴 굴리다. ❸〔ありふれた様子〕‖そんな話なら世間にごろごろある 그런 이야기라면 세상에 널려 있다.
ころし【殺し】 살인(殺人); 죽임. ‖殺しの現場 살인 현장.
ころしもんく【殺し文句】 (男女の間で)상대(相對)의 마음을 사로잡는 말.
ころしや【殺し屋】 살인 청부 업자(殺人請負業者).
*ころす【殺す】 죽이다. ‖虫を殺す 벌레를 죽이다. 声を殺して泣く 소리를 죽이고 울다. スピードを殺した球 속도를 죽인 공. カーテンの陰に息を殺して隠れていた 커튼 뒤쪽에 숨을 죽이고 숨어 있었다.
コロッケ【croquette フ】 크로켓.
ころっと ❶데구르르. ‖ボールがころっと穴に入る 공이 데구르르 굴러 구멍으로 들어가다. ❷〔態度が突然変わる様子〕확. ‖態度がころっと変わる 태도가 확 바뀌다.
ころばす【転ばす】 넘어뜨리다; 굴리다. ‖足をかけて転ばす 다리를 걸어 넘어뜨리다.
ころぶ【転ぶ】 ❶넘어지다; 구르다.

‖石につまずいて転ぶ 돌에 걸려 넘어지다. ❷(状況・方向が)바뀌다. ‖どう転んでも不利にはならない 어떻게 되어도 불리할 것은 없다. ▸転ばぬ先の杖 유비무환. ▸転んでもただは起きない 어떠한 경우에도 자기 잇속을 차리다.

ころも【衣】 ❶옷. ❷법의(法衣). ❸(天ぷらなどの)튀김 옷.

ころもがえ【衣替え】 ❶〔衣服〕옷을 갈아입음. ❷새로 단장(丹粧)함. ‖店の衣替え 가게의 새 단장.

コロン【←eau de Cologne】 향수(香水)가 섞인 화장수(化粧水).

コロン【colon】 콜론(:).

***こわい**【怖い・恐い】 무섭다. ‖お化けが怖い 도깨비가 무섭다. 怖い顔 무서운 얼굴. ▸怖いもの知らず 무서운 것을 모름 또는 그런 사람. 怖いもの知らずの新人 무서운 걸 모르는 신인. ▸怖いもの無し 무서울 것이 없음.

こわがり【怖がり】 겁쟁이.

こわがる【怖がる】 무서워하다; 두려워하다.

こわけする【小分けする】 작게 나누다; 몇 개로 나누다.

こわごわ【怖怖】 조심조심(操心操心). ‖こわごわ穴の中をのぞく 조심조심 구멍 안을 들여다보다.

ごわごわ 빳빳하게. ‖ごわごわ(と)した手触り 빳빳한 감촉.

***こわす**【壊す】 ❶부수다. ‖古い家屋を壊す 오래된 가옥을 부수다. ドアを壊して中に入る 문을 부수고 안으로 들어가다. ❷망치다; 망가뜨리다; 고장(故障) 내다. ‖雰囲気を壊す 분위기를 망치다. ❸탈을 내다. ‖腹を壊す 배탈이 나다.

こわばる【強張る】(緊張などで)굳어지다.

こわもて【強面】 무서운 얼굴로 위협(威脅)함; 강경(强硬)한 태도(態度)를 취함. ‖強面に出る 강경하게 나가다.

こわれもの【壊れ物】 깨지기 쉬운 물건; 깨진 물건.

こわれる【壊れる】 부서지다; 망가지다; 깨지다; 고장(故障) 나다. ‖皿が壊れる 접시가 깨지다. テレビが壊れる 텔레비전이 고장 나다.

こん【根】 ❶〔根気〕끈기. ❷《数学》근(根). ▸根を詰める 몰두하다.

こん【紺】 감색(紺色).

こんいん【婚姻】 [スル하] 혼인(婚姻). ♦婚姻届 혼인 신고서.

こんかい【今回】 이번. ‖今回の試験では 이번 시험에서는.

こんがらかる ❶(糸などが)얽히다. ❷복잡(複雜)해지다.

こんがり 노릇노릇; 누릇누릇. ‖こんがりと餅を焼く 노릇노릇하게 떡을 굽다.

こんかん【根幹】 근간(根幹). ‖思想の根幹をなす部分 사상의 근간을 이루는 부분.

こんがん【懇願】 [スル하] 애원(哀願).

こんき【今季】 이번 시즌.

こんき【今期】 이번 기.

こんき【根気】 끈기. ‖根気よく続ける 끈기 있게 계속하다.

こんき【婚期】 혼기(婚期). ‖婚期を逃す 혼기를 놓치다.

こんきょ【根拠】 근거(根據). ‖根拠を出す 근거를 대다. ♦根拠地 근거지.

ゴング【gong】 공. ‖ゴングが鳴る 공이 울리다.

コンクール【concours フ】 콩쿠르.

コンクリート【concrete】 콘크리트.

こんけつ【混血】 [スル하] 혼혈(混血). ♦混血児 혼혈아.

こんげつ【今月】 이번 달.

こんげん【根源】 근원(根源).

こんご【今後】 ❶이후(以後). ‖今後の方針 이후의 방침. ❷〔副詞的に〕이후에; 앞으로. ‖今後気をつけてください 앞으로 조심하세요.

こんごう【混合】 [スル하] 혼합(混合). ♦混合物 혼합물.

こんごうせき【金剛石】 금강석(金剛石).

ごんごどうだん【言語道断】 언어도단(言語道斷).

こんこん ❶〔たたく音〕똑똑. ‖こんこんとドアをノックする 문을 똑똑 노크하다. ❷〔咳〕콜록콜록. ❸〔雪が降る様子〕펑펑. ❹〔キツネの鳴き声〕캥캥; 캉캉.

コンサート【concert】 콘서트; 연주회(演奏會).

こんさい【根菜】 근채(根菜); 뿌리채소(菜蔬).

こんざい【混在】 [スル하] 혼재(混在).

こんざつ【混雑】 [スル하] 혼잡(混雜). ‖混雑を避ける 혼잡을 피하다.

こんじゃく【今昔】 금석(今昔). ‖今昔の感 금석지감(今昔之感).

こんしゅう【今週】 이번 주.

こんじょう【根性】 ❶근성(根性). ❷강한 정신력(精神力). ‖根性がある 정신력이 강하다.

こんじょう【紺青】 감청색(紺青色).

こんしん【渾身】 혼신(渾身). ‖渾身の力 혼신의 힘.

こんしんかい【懇親会】 친목회(親睦會).

こんすい【昏睡】 혼수(昏睡). ♦昏睡状態 혼수 상태.

こんせい【混成】 [スル하] 혼성(混成).

こんせい【混声】 혼성(混聲). ♦混声合唱 혼성 합창.

こんせい【懇請】 [スル하] 간청(懇請).

こんせき【痕跡】 흔적(痕跡). ‖痕跡をとどめる 흔적을 남기다.

こんぜつ【根絶】 [スル하] 근절(根絶). ‖すりを根絶するための対策 소매치기를 근절을 위한 대책.

コンセプト【concept】 컨셉트.

こんせん【混戦】혼전(混戰).
こんせん【混線】㉦되 혼선(混線).
こんぜん【婚前】혼전(婚前).
こんぜん【渾然】혼연(渾然). ‖渾然一体 혼연일체.
コンセント 콘센트.
コンソメ【consommé フ】콩소메.
こんだく【混濁】㉦하 혼탁(混濁).
コンタクトレンズ【contact lens】콘택트렌즈.
こんだて【献立】식단(食單); 메뉴.
こんたん【魂胆】계획(計劃); 꿍꿍이.
こんだん【懇談】㉦하 간담(懇談). ♦懇談会 간담회.
こんちゅう【昆虫】곤충(昆蟲).
こんてい【根底】근저(根底).
コンテスト【contest】콘테스트. ‖スピーチコンテスト 스피치 콘테스트.
コンテナ【container】컨테이너.
コンデンスミルク【condensed milk】연유(煉乳).
コンテンツ【contents】콘텐츠.
コント【conte フ】콩트.
*こんど【今度】❶이번; 다음. ‖今度の試合では 이번 시합에서는. 今度の日曜日 이번 일요일. ❷〔副詞的に〕이번에; 다음에. ‖今度いつ韓国へ行くの 다음에 언제 한국에 가니?
こんどう【混同】㉦하 혼동(混同). ‖公私混同する 공사를 혼동하다.
コンドーム【condom】콘돔.
コンドミニアム【condominium】콘도미니엄.
こんとん【混沌】혼돈(混沌).
こんなん【困難】❶어려움; 곤란(困難). ‖困難に打ち勝つ 어려움을 이겨내다. 多くの困難を伴う 많은 어려움이 따르다. 呼吸困難 호흡 곤란. ❷[~ダ] 곤란(困難)하다; 어렵다. ‖計画の変更は困難だ 계획을 변경하는 것은 어렵다. 困難な状況 어려운 상황.
こんにち【今日】요즘; 오늘날. ‖今日まで広く読まれる名作 오늘날까지 널리 읽히는 명작.
こんにちは【今日は】안녕하세요.
コンニャク【蒟蒻】곤약; 구약나물.
こんにゅう【混入】㉦하 혼입(混入).
コンパ ㉠説明 학생(學生)들이 회비(會費)를 거두어 여는 모임. ‖新入生歓迎コンパ 신입생 환영회.
コンバイン【combine】콤바인.
コンパクト【compact】❶(化粧品の)콤팩트. ❷소형(小型); 간편(簡便)함. ‖コンパクトなカメラ 소형 카메라. ♦コンパクトディスク 콤팩트디스크.CD.
コンパス【kompas オ】컴퍼스.
コンパニオン【companion】도우미.
こんばん【今晩】오늘 밤.
こんばんは【今晩は】안녕하세요.
コンビ 콤비.
コンビーフ【corned beef】콘비프; 콘드비프.
コンビニ(エンスストア)【convenience store】편의점(便宜店).
*コンピューター【computer】컴퓨터. ♦コンピューターウイルス 컴퓨터 바이러스. コンピューターグラフィックス 컴퓨터 그래픽스(CG). コンピューターゲーム 컴퓨터 게임.
コンブ【昆布】다시마.
コンプレックス【complex】콤플렉스.
コンベア【conveyor】컨베이어. ‖ベルトコンベア 벨트컨베이어.
こんぺいとう【金平糖】별사탕.
こんぽう【梱包】‖書籍を梱包する 서적을 싸다.
こんぽん【根本】근본(根本).
こんぽんてき【根本的】근본적. ‖根本的な問題 근본적인 문제. 根本的に改革する 근본적으로 개혁하다.
コンマ【comma】❶구두점(句讀點). ❷소수점(小數點).
こんめい【混迷・昏迷】㉦하 혼미(昏迷). ‖混迷する政局 혼미한 정국.
こんや【今夜】오늘 밤; 오늘 저녁.
こんやく【婚約】㉦하 약혼(約婚). ♦婚約者 약혼자. 피앙세.
こんよく【混浴】㉦하 혼욕(混浴).
こんらん【混乱】혼란(混亂). ‖頭の中が混乱している 머릿속이 혼란스럽다.
こんりゅう【建立】㉦하 건립(建立).
こんりんざい【金輪際】결코; 절대(絶對)로. ‖金輪際助けてやらない 절대로 도와주지 않을 거야.
こんれい【婚礼】혼례(婚禮).
こんろ【焜炉】풍로(風爐).
こんわく【困惑】곤혹(困惑). ‖困惑している 곤혹스럽다.

さ

*さ【差】❶차; 차이(差異); 간격(間隔). ‖大きな差がつく 큰 차이가 나다. 差が開く 차이가 벌어지다. ❷차액(差額).

ざ【座】❶좌석(座席); 자리. ‖座に着く 자리에 앉다. ❷지위(地位). ❸(星の)자리. ‖オリオン座 오리온자리. ❹〔演劇の一座〕단체(團體).

さあ ❶〔誘い・催促〕자. ‖さあ出かけよう 자 나가자. ❷〔ためらい〕응; 글쎄. ‖さあどうしよう 응 어떻게 하지. ❸〔決意〕자. ‖さあこれからだ 자 지금부터다. ❹〔驚き・うれしさ・困難〕야. ‖さあ困った. どうしよう 야 곤란한데. 어떻게 하지.

サーカス【circus】서커스.

サーキット【circuit】서킷.

サークル【circle】서클; 동아리. ♦サークル活動 서클 활동. 동아리 활동.

さあさあ〔誘い・促し〕자자; 어서어서.

ざあざあ ❶〔雨の音〕좍좍. ‖雨がざあざあ降る 비가 좍좍 내리다. ❷〔水が流れる音〕콸콸.

ザーサイ【搾菜】자차이.

サージ【serge】(服地の)서지.

サーズ【SARS】《医学》사스.

サーチ【search】검색(檢索); 조사(調査). ♦サーチエンジン 검색 엔진. サーチライト 서치라이트. 탐조등.

サーバー【server】❶(テニスなどで)서브를 하는 사람. ❷(料理用の)포크와 스푼. ❸(IT)(コンピューターの)서버.

*サービス【service】㉠하 서비스. ‖サービスがいい店 서비스가 좋은 가게. ♦アフターサービス 애프터서비스. サービス業 서비스업.

サービスエリア【service area】❶(特定のラジオやテレビの)수신 가능 지역(受信可能地域). ❷서브를 넣는 자리. ❸고속도로 휴게소(高速道路休憩所).

サーブ【serve】㉠하 (運動競技で)서브.

サーファー【surfer】서핑을 하는 사람.

サーフィン【surfing】서핑; 파도(波濤)타기.

サーモグラフィー【thermography】서모그래피.

サーモンピンク【salmon pink】새먼 핑크.

サーロイン【sirloin】등심.

さい【才】재능(才能). ‖音楽の才がある 음악에 재능이 있다.

さい【妻】처(妻); 집사람.

さい【賽】주사위. ▸賽は投げられた 주사위는 던져졌다. (諺)

さい【際】때; 경우(境遇); 시(時). ‖非常の際 비상시.

さい【差異・差違】차이(差異). ‖両者の意見に大きな差異がある 양자의 의견에 큰 차이가 있다.

サイ【犀】《動物》코뿔소.

さい-【再】재(再)…. ♦再検討 재검토. 再評価 재평가.

さい-【最】최(最)…; 가장; 제일(第一). ♦最下位 최하위. 最先端 최첨단.

-さい【祭】…제(祭). ♦謝肉祭 사육제.

-さい【歳】…세(歲); …살. ‖2歳 두 살. 60歳 육십 세.

ざい【在】❶〔田舎〕시골. ‖在から来た人 시골에서 온 사람. ❷재(在). ‖在仏作家 재불 작가.

ざい【材】❶재목(材木); 목재(木材). ‖良質の材を使って建てた家 질 좋은 목재로 지은 집. ❷인재(人材). ‖有為の材を育成する 유망한 인재를 육성하다.

ざい【財】❶부(富); 재화(財貨). ‖巨万の財を築く 막대한 부를 축적하다. ❷…재(財). ‖文化財 문화재.

-ざい【剤】…제(劑). ♦栄養剤 영양제.

-ざい【罪】…죄(罪). ♦窃盗罪 절도죄.

さいあい【最愛】가장 사랑함. ‖最愛の娘 가장 사랑하는 딸.

さいあく【最悪】최악(最惡). ‖最悪の事態 최악의 사태.

ざいあくかん【罪悪感】죄악감(罪惡感). ‖罪悪感にさいなまれる 죄악감에 시달리다.

ザイール【Zaire】《国名》자이르.

さいう【細雨】가랑비.

さいえん【才媛】재원(才媛).

さいえん【再演】㉠하 재연(再演).

さいえん【菜園】채소(菜蔬)밭.

サイエンスフィクション【science fiction】에스에프; 공상 과학 소설(空想科學小說).

さいおうがうま【塞翁が馬】새옹지마(塞翁之馬).

さいか【災禍】재화(災禍).

さいか【裁可】㉠하 재가(裁可).

ざいか【財貨】재화(財貨).

さいかい【再会】㉠하 재회(再會). ‖旧友に再会する 옛날 친구와 재회하다.

さいかい【再開】㉠하 재개(再開). ‖試合を再開する 시합을 재개하다.

さいかい【斎戒】㉠하 재계(齋戒). ♦斎戒沐浴 목욕재계.

*さいがい【災害】재해(災害). ‖災害が起こる 재해가 발생하다. ♦自然災害 자연 재해. 災害防止 재해 방지. 災害保険 재해 보험.

ざいかい【財界】재계(財界).

ざいがい【在外】재외(在外). ♦在外公館 재외 공관.

さいかいはつ【再開発】㉠하 재개발(再開發). ‖都市の再開発 도시의 재개발.

ざいがく【在学】 (자하) 재학(在學). ♦在学証明書 재학 증명서. 在学生 재학생.

さいき【才気】 재기(才氣). ‖才気あふれる新人 재기에 넘치는 신인. ♦才気煥発 재기 발랄.

さいき【再起】 (자하) 재기(再起). ‖再起不能の重症 재기 불능의 중증.

さいぎ【再議】 (자하) 재의(再議).

さいぎ【猜疑】 (자하) 시기(猜忌). ♦猜疑心 시기심.

さいきょう【最強】 최강(最强). ‖世界最強のサッカーチーム 세계 최강의 축구팀.

ざいきょう【在京】 (자하) 재경(在京).

ざいきょう【在郷】 (자하) 재향(在鄕).

さいきん【細菌】 세균(細菌).

*さいきん【最近】 ❶최근(最近). ‖最近の若い人たち 최근의 젊은이들. 最近の情勢 최근의 정세. ❷〔副詞的に〕최근에. ‖最近買った本 최근에 산 책.

さいく【細工】 세공; 세공품(細工品). ‖手の込んだ細工を施す 손이 많이 가는 세공을 하다. 事前に細工する 사전에 준비를 하다. ♦竹細工 죽세공.

さいくつ【採掘】 (자하) 채굴(採掘). ‖エメラルドを採掘する 에메랄드를 채굴하다.

サイクリング【cycling】 사이클링.

サイクル【cycle】 ❶사이클; 주기(周期); 순환 과정(循環過程). ❷자전거(自轉車). ❸〔振動数・周波数の単位〕…사이클.

ざいけい【財形】 재형(財形). ♦財形貯蓄 재형 저축.

さいけいれい【最敬礼】 (説明) 가장 정중(鄭重)한 인사(人事). ‖最敬礼する 가장 정중하게 인사하다.

さいけつ【採血】 (자하) 채혈(採血).

さいけつ【採決】 (자하) 채결(採決). ♦採決権 채결권.

*さいげつ【歳月】 세월(歲月). ‖3年近くの歳月が流れる 삼 년 가까이의 세월이 흐르다. 6年もの歳月を費やす 육 년이라는 세월을 허비하다.

さいけん【再建】 (자하) 재건(再建). ‖五重の塔を再建する 오층탑을 재건하다. 会社を再建する 회사를 재건하다. 組織の再建に努める 조직의 재건에 힘쓰다.

さいけん【債券】 채권(債券); 유가 증권(有價證券). ‖債券を発行する 채권을 발행하다.

さいけん【債権】 채권(債權). ♦債権者 채권자.

さいげん【再現】 (자하) 재현(再現). ‖名場面を再現する 유명한 장면을 재현하다.

ざいげん【財源】 재원(財源).

さいこ【最古】 최고(最古).

*さいご【最後】 ❶최후(最後); 마지막; 끝. ‖最後を飾る 최후를 장식하다. 最後まで頑張る 끝까지 노력하다. ❷〔…したら最後の形で〕…하기만 하면. ♦最後通告 최후통첩.

さいご【最期】 임종(臨終). ‖最期をみとる 임종을 지켜보다.

ざいこ【在庫】 재고(在庫). ♦在庫品 재고품.

さいこう【再考】 (자하) 재고(再考).

さいこう【再校】 재교(再校).

さいこう【採光】 (자하) 채광(採光). ‖採光を考えた住宅設計 채광을 고려한 주택 설계.

*さいこう【最高】 최고(最高). ‖最高の設備を誇る 최고의 설비를 자랑하다. 最高に楽しむ 최고로 즐기다. 最高の気分だ 최고로 기분이 좋다. ♦最高気温 최고 기온. 最高裁判所 최고 대법원.

ざいこう【在校】 (자하) 재학(在學). ♦在校生 재학생.

ざいごう【在郷】 (자하) 재향(在鄕). ♦在郷軍人 재향 군인.

さいこうほう【最高峰】 최고봉(最高峰). ‖推理小説界の最高峰 추리 소설계의 최고봉.

さいこく【催告】 (자하) 재촉; 독촉(督促).

さいころ【賽子】 주사위.

さいこん【再婚】 (자하) 재혼(再婚).

さいさん【再三】 재삼(再三); 거듭; 몇 번. ‖再三注意する 몇 번 주의를 주다.

さいさん【採算】 채산(採算). ‖採算が採れる 채산이 맞다. 採算が合わない 채산이 안 맞다. ♦独立採算 독립 채산.

*ざいさん【財産】 재산(財産). ‖彼は父親からかなりの財産を受け継いだ 그 사람은 아버지로부터 상당한 재산을 물려받았다. 財産を残す 재산을 남기다. 友人が最大の財産だ 친구가 최대의 재산이다. ♦私有財産 사유 재산. 財産権 재산권.

さいさんさいし【再三再四】 재삼재사(再三再四); 몇 번이나. ‖再三再四頼む 몇 번이나 부탁하다.

さいし【妻子】 처자; 처자식(妻子息). ‖妻子を養う 처자식을 부양하다.

さいしき【彩色】 (자하) 채색(彩色).

さいじき【歳時記】 ❶세시기(歲時記). ❷(説明) 하이쿠의 *계절(季節)을 나타*내는 말을 모아 설명(說明)한 책.

さいじつ【祭日】 국민(國民)의 축제일(祝祭日).

ざいしつ【在室】 방(房) 안에 있음.

ざいしつ【材質】 재질(材質).

さいして【際して】 〔…に際しての形で〕…함에 있어서; …하는 데 있어서; …할 때에. ‖出発に際して一言注意しておきます 출발하는 데 있어서 한마디 주의를 드리겠습니다.

さいしゅ【採取】 ㊂하 채취(採取). ‖指紋を採取する 지문을 채취하다.
さいしゅう【採集】 ㊂하 채집(採集). ♦昆虫採集 곤충 채집.
さいしゅう【最終】 ❶최종(最終); 최후(最後). ‖最終の段階 최종 단계. ❷(電車・バスなどの)막차. ‖最終に乗り遅れる 막차를 놓치다. ♦最終走者 최종 주자.
ざいじゅう【在住】 ‖在住する 살다. 살고 있다. 日本に在住する外国人 일본에 살고 있는 외국인.
さいしゅつ【歳出】 세출(歲出).
さいしゅっぱつ【再出発】 ㊂하 재출발(再出發).
*さいしょ【最初】 최초(最初); 처음; 첫 번째. ‖最初の試み 최초의 시도. 最初が肝心だ 처음이 중요하다. 最初の角を右へ曲がってください 첫 번째 모퉁이에서 오른쪽으로 꺾어지십시오. その本を最初から最後まで丹念に読んだ 그 책을 처음부터 끝까지 꼼꼼하게 읽었다.
さいしょう【宰相】 재상(宰相).
さいしょう【最小】 최소(最小). ♦最小値 최솟값. 最小限 최소한. 最小公倍数 최소 공배수.
さいしょう【最少】 최소(最少).
さいじょう【最上】 최상(最上); 맨 위. ‖最上の方法 최상의 방법. マンションの最上階 맨션의 최상층[맨 위층].
ざいじょう【罪状】 죄상(罪狀).
さいしょく【才色】 재색(才色). ▸才色兼備 재색겸비.
さいしょく【菜食】 ㊂하 채식(菜食). ♦菜食主義 채식주의.
ざいしょく【在職】 ㊂하 재직(在職). ♦在職証明書 재직 증명서.
さいしん【再審】 ㊂하 재심(再審).
さいしん【細心】 세심(細心). ‖細心の注意を払う 세심한 주의를 기울이다.
さいしん【最新】 최신(最新). ‖最新の技術 최신 기술. 最新の情報 최신 정보.
サイズ【size】 사이즈. ‖サイズが合わない 사이즈가 안 맞다. 指輪のサイズ 반지 사이즈.
さいせい【再生】 ㊂하 ❶재생(再生). ‖CD を再生する CD 를 재생하다. 細胞組織を再生する 세포 조직을 재생하다. 国有林の再生プログラム 국유림 재생 프로그램. ❷갱생(更生). ‖再生を誓う 갱생을 맹세하다. ♦再生紙 재생지.
*ざいせい【財政】 재정(財政). ‖財政が悪化する 재정이 악화되다. 財政上の理由で 재정상의 이유로.
さいせいき【最盛期】 전성기(全盛期).
さいせいさん【再生産】 ㊂하 재생산(再生産). ♦拡大再生産 확대 재생산.
さいせき【採石】 ㊂하 채석(採石). ♦採石場 채석장.
ざいせき【在籍】 ㊂하 재적(在籍).
さいぜん【最善】 최선(最善). ‖最善を尽くす 최선을 다하다. ♦最善策 최선책.
さいぜんせん【最前線】 최전선(最前線).
さいせんたん【最先端】 최첨단(最尖端). ‖最先端の技術 최첨단 기술.
さいそく【催促】 ㊂하 재촉; 독촉(督促). ‖原稿を催促する 원고를 재촉하다.
さいた【最多】 최다(最多). ‖最多優勝チーム 최다 우승 팀.
サイダー【cider】 사이다.
さいたい【臍帯】 탯줄; 제대(臍帶). ♦臍帯血 제대혈.
さいだい【最大】 최대(最大). ‖最大多数の最大幸福 최대 다수의 최대 행복. 今年最大の事件 올 최대의 사건. ♦最大限 최대한. 最大限の努力を払う 최대한의 노력을 하다. 最大公約数 최대 공약수.
さいたく【採択】 ㊂하 채택(採擇). ‖決議案を採択する 결의안을 채택하다.
ざいたく【在宅】 ㊂하 재택(在宅). ♦在宅勤務 재택 근무.
さいたる【最たる】 제일(第一)의; 최대(最大)의. ‖俗物の最たるものだ 최대의 속물이다.
さいたん【最短】 최단(最短). ♦最短距離 최단 거리.
さいだん【祭壇】 제단(祭壇).
さいだん【裁断】 ㊂하 ❶재단(裁斷). ‖生地を裁断する 원단을 재단하다. ❷재결(裁決). ‖裁断を下す 재결을 하다.
ざいだん【財団】 재단(財團). ♦財団法人 재단 법인.
さいちゅう【最中】 한창 …일 때. ‖試合の最中に雨が降り出す 한창 시합 중에 비가 오기 시작하다.
ざいちゅう【在中】 ㊂하 재중(在中). ‖履歴書在中 이력서 재중.
さいちょう【最長】 가장 김. ‖日本最長の橋 일본에서 가장 긴 다리.
*さいてい【最低】 ❶최저(最低). ‖最低気温 최저 온도. ❷최하(最下); 가장 저질(低質). ‖あの男は最低だ 그 남자는 가장 저질이다. ♦最低限度 최저한도. 最低賃金 최저 임금.
さいてき【最適】 최적(最適). ‖最適な環境 최적의 환경.
ざいテク【財テク】 재(財)테크.
さいてん【採点】 ㊂하 채점(採點). ‖テストの採点をする 시험 채점을 하다.
さいてん【祭典】 제전(祭典). ‖スポーツの祭典 스포츠의 제전.
サイト【site】 ❶부지(敷地); 용지(用

さ

地). ❷(IT)(インターネットの) 사이트.
♦ウェブサイト 웹 사이트.
さいど【彩度】채도(彩度).
サイド【side】사이드; 쪽. ♦サイドビジネス 부업.
さいなむ【苛む】괴롭히다. ‖後悔の念にさいなまれる 후회막급이다.
さいなん【災難】재난(災難). ‖災難にあう 재난을 당하다.
ざいにち【在日】재일(在日). ♦在日外国人 재일 외국인.
さいにゅう【歳入】세입(歲入).
ざいにん【在任】(え하)재임(在任).
ざいにん【罪人】죄인(罪人). ‖罪人扱いする 죄인 취급하다.
さいにんしき【再認識】(え하)재인식(再認識). ‖重要性を再認識する 중요성을 재인식하다.
さいねん【再燃】(え하)재연(再燃).
さいねんしょう【最年少】최연소(最年少). ‖最年少優勝 최연소 우승.
さいねんちょう【最年長】(ある集団の中で)가장 나이가 많음.
*さいのう【才能】재능(才能). ‖才能を生かす 재능을 살리다. 才能に恵まれている 재능을 타고나다.
サイバースペース【cyber space】(IT) 사이버 공간(空間).
さいはい【再拝】(え하)재배(再拜).
さいはい【采配】지도(指導); 지휘(指揮). ‖采配ミスで試合に負けた 지휘를 잘못해 시합에서 졌다. ▸采配を振る 지휘하다.
さいばい【栽培】(え하)재배(栽培). ♦温室栽培 온실 재배.
さいばし【菜箸】(說明)요리(料理)를 하거나 음식물(飮食物)을 덜 때 사용(使用)하는 젓가락.
さいばしる【才走る】재기(才氣)가 넘치다. ‖才走ったことを言う 재기가 넘치는 말을 하다.
さいはつ【再発】(え하)재발(再發). ‖病気が再発する 병이 재발하다.
ざいばつ【財閥】재벌(財閥).
さいはん【再版】(え하)재판(再版). ‖本を再版する 책을 재판하다.
*さいばん【裁判】(え하)재판(裁判). ‖裁判にかける 재판에 회부하다. 裁判に勝つ 재판에서 이기다. 裁判沙汰になる 재판까지 가다. ♦裁判員制度 *국민 참여 재판 제도*(國民參與裁判制度). 裁判官 재판관. 판사. 裁判所 재판소. 법원.
さいひ【歳費】세비(歲費).
さいふ【財布】지갑(紙匣). ‖財布を盗まれる 지갑을 털리다. 財布からお金を出す 지갑에서 돈을 내다.
さいぶ【細部】세부(細部). ‖細部にわたって 세부에 걸쳐. 세세하게.
さいぶん【細分】(え하)세분(細分). ‖土地を細分する 토지를 세분하다. 組織を細分化する 조직을 세분화하다.
さいへん【再編】(え하)재편; 재편성(再編成).
さいほう【裁縫】(え하)재봉(裁縫).
さいぼう【細胞】세포(細胞). ♦細胞分裂 세포 분열. 細胞膜 세포막.
さいほうじょうど【西方浄土】서방 정토(西方淨土).
サイボーグ【cyborg】사이보그.
サイホン【siphon】사이펀.
さいみつ【細密】ダ 세밀(細密)하다. ‖細密な描写 세밀한 묘사. ♦細密画 세밀화.
さいみん【催眠】최면(催眠). ♦催眠術 최면(술). 催眠術をかける 최면을 걸다. 催眠療法 최면 요법.
さいむ【債務】채무(債務); 빚. ‖債務を負う 빚을 지다. ♦債務者 채무자.
ざいむ【財務】재무(財務). ♦財務管理 재무 관리. 財務分析 재무 분석.
ざいめい【罪名】죄명(罪名).
ざいもく【材木】재목(材木).
ざいや【在野】재야(在野).
さいゆしゅつ【再輸出】(え하)재수출(再輸出).
さいゆにゅう【再輸入】(え하)재수입(再輸入).
*さいよう【採用】(え하)채용(採用). ‖新入社員を採用する 신입 사원을 채용하다. ♦採用試験 채용 시험.
さいらい【再来】(え하)재래(再來); 재림(再臨).
ざいらい【在来】재래(在來). ♦在来種 재래종. 在来線 재래 노선.
ざいりゅう【在留】(え하)재류(在留).
さいりょう【裁量】(え하)재량(裁量).
さいりょう【最良】가장 좋음. ‖最良の方法 가장 좋은 방법.
さいりよう【再利用】재활용(再活用). (え하)
*ざいりょう【材料】재료(材料). ‖工作の材料 공작 재료. 小説の材料を探す 소설 재료를 찾다. ♦建築材料 건축 재료.
ざいりょく【財力】재력(財力).
ザイル【Seil ド】자일.
さいるい【催涙】최루(催淚). ♦催涙ガス 최루 가스. 催涙弾 최루탄.
さいれい【祭礼】제례(祭禮).
サイレン【siren】사이렌. ‖サイレンを鳴らす 사이렌을 울리다.
*さいわい【幸い】❶행복(幸福); 행운(幸運). ‖幸いを得る 행복해지다. ❷다행(多幸). ‖不幸中の幸い 불행 중 다행. ❸〔幸いですの形で〕감사(感謝)하겠습니다; 고맙겠습니다. ‖資料を送っていただければ幸いです 자료를 보내 주시면 고맙겠습니다. ❹〔副詞的に〕다행히; 운 좋게. ‖幸いけがはなかった

다행히 다친 데는 없었다.

さいわん【才腕】 수완(手腕). ‖会社の経営に才腕をふるう 회사 경영에 수완을 발휘하다.

サイン【sign】 ❶신호(信號); 암호(暗號). ‖サインを送る 신호를 보내다. ❷(ス하)서명(署名). ‖契約書にサインをする 계약서에 서명을 하다.

サイン【sine】《数学》사인.

サインペン【Sign+Pen 日】 사인펜.

サウジアラビア【Saudi Arabia】《国名》사우디아라비아.

サウナ【sauna】 사우나.

サウンド【sound】 사운드; 음향(音響). ♦サウンドエフェクト 음향 효과. サウンドトラック 사운드 트랙.

さえ【冴え】 ❶맑고 선명(鮮明)함. ‖音のさえ 맑은 소리. ❷명석(明晳)함; 예리(銳利)함. ‖頭のさえ 명석한 두뇌. ❸(技術・腕前などが)뛰어남. ‖サーブにさえを見せる 서브가 뛰어나다.

さえき【差益】 차익(差益).

さえぎる【遮る】 ❶방해(妨害)하다; 차단(遮斷)하다; 막다. ‖話をさえぎる 말을 가로막다. ❷가리다. ‖ついたてでさえぎる 칸막이로 가리다.

さえずる【囀る】 ❶(小鳥が)지저귀다. ❷(女の子が)재잘거리다.

さえない【冴えない】 ❶〔暗い〕어둡다. ‖さえない顔 어두운 얼굴. ❷〔物足りない〕부족(不足)하다. ❸〔魅力がない〕매력(魅力)이 없다. ‖さえない男 매력이 없는 남자. ❹〔面白くない〕재미없다. ‖さえない話 재미없는 이야기.

さえる【冴える】 ❶(星・月などが)선명(鮮明)하다. ‖さえた月の光 선명한 달빛. ❷(音色が)선명하다. ❸(色・表情などが)선명하다; (頭脳が)명석(明晳)하다. ❹(意識が)뚜렷하다. ❺(腕前が)뛰어나다. ❻〔冷える〕추워지다.

さえわたる【冴え渡る】 사물(事物)의 형태(形態)나 풍경(風景) 등이 선명(鮮明)하게 보이다. ‖さえ渡る冬の夜の月 선명하게 보이는 겨울 밤의 달.

さお【竿・棹】 ❶가지를 친 대나무 막대. ‖さおを差す 노를 젓다. 釣りざお 낚싯대. 旗ざお 깃대. ❷〔羊羹などを数える単位〕…개(個). ‖羊羹 2 さお 양갱 두 개.

さか【坂】 언덕.

さかあがり【逆上がり】 (鉄棒の)거꾸로 오르기.

さかい【境】 ❶(土地の)경계(境界). ‖国の境 나라의 경계. ❷갈림길. ‖生死の境 생사의 갈림길.

さかいめ【境目】 경계(境界)가 되는 곳.

さかうらみ【逆恨み】 오히려 원한(怨恨)을 삼; 호의(好意)를 오해(誤解)해서 원망(怨望)함.

さかえる【栄える】 ❶번성(繁盛)하다; 번창(繁昌)하다. ❷무성(茂盛)하다.

サカキ【榊】《植物》비쭈기나무.

さがく【差額】 차액(差額).

さかご【逆子】 (説明)출산시(出産時) 발부터 나오는 것 또는 그 아이.

さかさ【逆さ】 반대(反對); 역(逆). ‖上下が逆さだ 위아래가 반대다.

さかさま【逆様】 거꾸로 됨; 반대(反對)로 됨. ‖順序を逆さまにする 순서를 거꾸로 하다.

さがしあてる【捜し当てる】 찾아내다.

さがしだす【探し出す】 찾아내다. ‖犯人の隠れ場所を探し出す 범인의 은신처를 찾아내다.

***さがす【探す・捜す】** ❶찾다; 수색(搜索)하다. ‖仕事を探す 일을 찾다. 眼鏡を探す 안경을 찾다. 犯人を捜す 범인을 찾다. 遭難者を捜す 조난자를 수색하다. 暗闇の中でスイッチを探す 어둠 속에서 스위치를 찾다. 何を探しているのですか 뭘 찾고 있습니까? ❷〔かき回す〕뒤지다. ‖押入れを探す 옷장을 뒤지다.

さかずき【杯・盃】 술잔. ▸杯を返す 주종 관계를 끊다. ▸杯を交わす 같이 술을 마시다.

さかだち【逆立ち】 (ス하) ❶물구나무서기. ❷〔逆さまになること〕거꾸로 됨.

さかだつ【逆立つ】 옆이나 밑으로 향해 있던 것이 위로 향함.

さかだてる【逆立てる】 옆이나 밑으로 향해 있던 것을 위로 향하게 하다.

さかて【逆手】 ❶〔逆に持つこと〕거꾸로 잡음. ❷(相手の反論や攻撃などを)역(逆)으로 이용(利用)함. ‖相手の主張を逆手に取る 상대의 주장을 역으로 이용하다.

さかな【肴】 (술)안주(按酒).

***さかな【魚】** (물)고기; 생선(生鮮). ‖魚を釣る 고기를 낚다. 魚を焼く 생선을 굽다. 魚釣りに行く 고기를 낚으러 가다. ♦魚料理 생선 요리.

さかなで【逆撫で】 ❶반대(反對)로 쓰다듬는 것. ❷신경(神經)을 건드리는 것. ‖神経を逆撫でする 신경을 건드리다.

さかのぼる【遡る・溯る】 ❶상류(上流)로 올라가다. ❷거슬러 올라가다. ‖話は 10 年前にさかのぼる 이야기는 십 년 전으로 거슬러 올라가다.

さかば【酒場】 술집.

さかみち【坂道】 언덕길.

さかや【酒屋】 술집; 술 가게.

さかゆめ【逆夢】 (説明)현실(現實)과 반대(反對)되는 꿈.

さからう【逆らう】 ❶역행(逆行)하다. ‖潮流に逆らって進む 조류에 역행해 나아가다. ❷반항(反抗)하다; 거역

(拒逆)하다.
さかりば【盛り場】 번화가(繁華街).
さがりめ【下がり目】 ❶눈꼬리가 처진 눈. ❷세력(勢力)이 약(弱)해지는 시기(時期)나 경향(傾向). ❸물가(物價) 등이 떨어지기 시작(始作)할 때.
***さがる**【下がる】 ❶내려가다; 숙여지다. ‖ズボンが下がる 바지가 내려가다. 頭が下がる 머리가 숙여지다. ❷한쪽 끝이 높은 곳에 고정(固定)되어 아래로 처지다. ‖すだれが下がっている 발이 처져 있다. ❸(地位の高い人の前から) 물러나다. ‖陛下の御前を下がる 폐하 앞에서 물러나다. ❹물러서다. ‖白線の内側にお下がりください 흰선 안쪽으로 물러서 주십시오. ❺(他のものに比べ)처지다. ‖右肩が下がっている 오른쪽 어깨가 처져 있다. ❻(程度・価値・金額・温度などが)낮아지다; 떨어지다; 내려가다. ‖質が下がる 질이 떨어지다. 温度が下がる 온도가 내려가다.
***さかん**【盛ん】ダ 활발(活潑)하다; 왕성(旺盛)하다. ‖血気盛んな若者 혈기 왕성한 젊은이.
さかん【左官】 미장이.
さがん【砂岩】 사암(沙岩).
***さき**【先】 ❶끝. ‖先が尖った棒 끝이 뾰족한 막대. ❷선두(先頭). ‖行列の先 행렬의 선두. 先に立つ 선두에 서다. 솔선하다. ❸(時間上の)앞. ❹(順序上の)앞. ❺이전(以前); 앞. ‖先に申した通り 앞에서 말씀드린 것 처럼. ❻다음. ‖早く先を読みたい 빨리 다음을 읽고 싶다. ❼장래(將來); 앞날. ❽앞쪽; 전방(前方). ‖この先行き止まり 전방 막다른 길. ❾목적지(目的地); 장소(場所). ‖出張先 출장지. ❿(取引の)상대방(相對方). ‖先の条件次第だ 상대방의 조건 나름이다. ▸先が思いやられる 앞날이 걱정되다. ▸先を争う 앞을 다투다. ▸先を越される 선수를 빼앗기다.
さぎ【詐欺】 사기(詐欺). ‖詐欺にひっかかる 사기에 걸리다. 詐欺をはたらく 사기를 치다. 詐欺師 사기꾼.
サギ【鷺】 해오라기; 백로(白鷺). ▸鷺を烏 백로를 까마귀라고 우기다.
さきおくり【先送り】 ‖先送りする 미루다. 決定を先送りする 결정을 미루다.
さきがい【先買い】 (名)(する) 선매(先買).
さきがけ【先駆け】 (名)(する) 선구(先驅).
さきこぼれる【咲き溢れる】 만발(滿發)하다. ‖桜が咲きこぼれる 벚꽃이 만발하다.
さきごろ【先頃】 ❶요전; 얼마 전. ‖つい先頃のことだ 바로 얼마 전의 일이다. ❷〔副詞的に〕요전에; 얼마 전에.
さきざき【先先】 ❶먼 장래(將來). ❷가는 곳마다. ‖行く先々で歓迎を受ける 가는 곳마다 환영을 받다. ❸오래전(前). ‖先々からの計画 오래 전부터의 계획.
さきだつ【先立つ】 ❶선두(先頭)에 서다. ‖衆に先立つ 군중의 선두에 서다. ❷앞서다. ❸먼저 죽다. ‖親に先立つ不孝 부모보다 먼저 죽는 불효. ❹우선(于先) 필요(必要)하다; 가장 중요(重要)하다. ‖先立つものは金だ 우선 필요한 것은 돈이다.
さきだって【先立って】 〔…に先立っての形で〕…에 앞서; 우선(于先). ‖メインイベントに先立って 메인 이벤트에 앞서.
さきどり【先取り】 ❶먼저 함; 선취(先取). ‖時代を先取りする 시대를 앞서 가다. ❷〔事前に受け取ること〕먼저 받음. ‖利息を先取りする 이자를 먼저 받다.
さきに【先に】 앞에서; 먼저. ‖先に述べたように 앞에서 말한 것처럼. 先に帰る 먼저 돌아가다.
さきばしる【先走る】 잘못된 판단(判斷)을 하거나 행동(行動)을 하다. ‖先走って失敗する 잘못 판단해서 실패하다.
さきばらい【先払い】 (名)(する) ❶선불(先拂). ❷〔着払い〕수취인(受取人)이 요금(料金)을 지불(支拂) 하는 것.
さきほこる【咲き誇る】 만발(滿發)하다.
さきぼそり【先細り】 ‖先細りする 끝으로 갈수록 가늘어지다. 갈수록 세력이 약해지다.
さきほど【先程】 조금 전(前).
さきまわり【先回り】 ‖先回りする 먼저 목적지에 도착하다. 남보다 먼저 하다.
さきみだれる【咲き乱れる】 흐드러지게 피다; 만발(滿發)하다. ‖レンギョウが咲き乱れる 개나리가 흐드러지게 피다.
さきもの【先物】 선물(先物). ‖先物取引 선물 거래.
さきものがい【先物買い】 ❶선물 매입(先物買入). ❷장래성(將來性)을 보고 사는 것.
さきゅう【砂丘】 사구(沙丘).
さきゆき【先行き】 ❶장래(將來); 전도(前途). ❷주식 시장(株式市場)의 동향(動向).
さぎょう【作業】 (名)(する) 작업(作業). ♦単純作業 단순 작업. 作業管理 작업 관리. 作業効率 작업 효율. 作業場 작업장. 作業服 작업복.
さきん【砂金】 사금(沙金).
さきんじる【先んじる】 남보다 먼저 하다; 앞서다. ‖人より一歩先んじる 다른 사람보다 한발 앞서다.
さく【作】 ❶작(作). ‖会心の作 회심작. ❷농산물(農産物)의 작황(作況).
さく【柵】 울타리. ‖柵をめぐらす 울타리

금(只今)은. ‖さしずめ, 食うには困らない 당장 먹고 사는 데는 지장이 없다. ❷결국(結局).

さしせまる【差し迫る】 눈앞에 다가오다; 임박(臨迫)하다; 닥쳐오다; 절박(切迫)하다. ‖締め切りが差し迫っている 마감일이 임박해 있다. 差し迫った問題 절박한 문제.

さしだしにん【差出人】 발신인(發信人).

さしだす【差し出す】 ❶내밀다. ‖手を差し出す 손을 내밀다. ❷제출(提出)하다. ‖書類を差し出す 서류를 제출하다. ❸발송(發送)하다. ‖手紙を差し出す 편지를 발송하다. ❹파견(派遣)하다. ‖代理人を差し出す 대리인을 파견하다.

さしつかえない【差し支えない】 지장(支障)이 없다.

さしつかえる【差し支える】 지장(支障)이 있다.

さしでがましい【差し出がましい】 주제넘다. ‖差し出がましいことを言う 주제넘는 소리를 하다.

さしとめる【差し止める】 금지(禁止)하다. ‖出版を差し止める 출판을 금지하다.

さしのべる【差し伸べる】 내밀다. ‖救いの手を差し伸べる 구원의 손길을 내밀다.

さしば【差し歯】 의치(義齒).

さしひかえる【差し控える】 삼가다. ‖タバコを差し控える 담배를 삼가다.

さしひき【差し引き】 차감(差減); 차감한 잔액(殘額). ♦差引勘定 차감 계정.

さしひく【差し引く】 빼다; 제(除)하다; 공제(控除)하다. ‖手数料を差し引く 수수료를 제하다.

さしみ【刺身】 회(膾); 사시미. ♦刺身包丁 회를 뜨는 칼.

さしみず【差し水】 ‖差し水する 물을 더 붓다.

さしむける【差し向ける】 ❶(人を)보내다. ❷향(向)하게 하다. ‖顔を正面に差し向ける 얼굴을 정면으로 향하게 하다. 정면을 바라보다.

さしもどす【差し戻す】 되돌려 보내다; 반려(返戾)하다. ‖書類を差し戻す 서류를 반려하다.

さしゅ【詐取】 (조하) 사취(詐取).

さしゆ【差し湯】 더운 물을 더 부음 또는 그 물.

さしょう【詐称】 (조하) 사칭(詐稱). ‖学歴を詐称する 학력을 사칭하다.

ざしょう【座礁】 (조하) 좌초(坐礁).

ざしょう【挫傷】 타박상(打撲傷); 좌상(挫傷).

さじょうのろうかく【砂上の楼閣】 사상누각(沙上樓閣).

さす【刺す】 ❶찌르다. ‖短刀で人を刺す 단도로 사람을 찌르다. ❷(虫が)물다. ‖蚊に刺される 모기에 물리다. ❸(針で)꿰매다; 누비다.

さす【指す】 ❶가리키다; 지명(指名)하다. ‖指で指す 손가락으로 가리키다. ❷(将棋を)두다. ‖将棋を指す 장기를 두다.

さす【挿す】 ❶꽂다. ‖花びんに花を挿す 꽃병에 꽃을 꽂다. 髪にかんざしを挿す 머리에 비녀를 꽂다. ❷〔挿し花〕꽃꽂이를 하다. ❸〔挿し木〕꺾꽂이를 하다.

***さす【差す】** ❶빛이 들다. ‖窓から光が差してくる 창으로 빛이 들어오다. ❷넣다. ‖目薬を差す 안약을 넣다. ❸(傘を)쓰다. ‖傘を差す 우산을 쓰다. ❹(ある気分に)되다. ‖眠気がさす 졸음이 오다. ❺(潮が)차다.

さすが【流石】 ❶역시; 과연(果然). ‖さすがが千両役者だ 역시 명배우다. ❷〔さすがの…もの形で〕아무리 …(이)라도. ‖さすがの名選手も年齢には勝てない 아무리 뛰어난 선수라도 나이에는 못 이긴다.

さずかりもの【授かり物】 (說明) 신(神)·하늘로부터 부여(賦與)받은 것.

さずかる【授かる】 부여(賦與)받다; 점지받다. ‖子どもを授かる 아이를 점지받다.

さずける【授ける】 ❶수여(授與)하다; 하사(下賜)하다; 점지하다. ❷전수(傳授)하다.

さすらう【流離う】 헤매다; 방황(彷徨)하다. ‖母を捜してさすらう 엄마를 찾아 헤매다.

さする【摩る】 문지르다. ‖お腹をさする 배를 문지르다.

***ざせき【座席】** 좌석(座席); 자리. ‖車の前の座席 차의 앞 좌석. 通路側の座席 통로 측 좌석. 飛行機の座席を予約する 비행기 좌석을 예약하다. 座席に着く 자리에 앉다.

させつ【左折】 (조하) 좌회전(左廻轉).

ざせつ【挫折】 (조되) 좌절(挫折). ‖計画が挫折する 계획이 좌절되다. ♦挫折感 좌절감.

させる 〔使役〕시키다; …게 하다. ‖この仕事は彼にさせよう 이 일은 그 사람한테 시키자. 部長に昇進させる 부장으로 승진시키다. 車を別のところに移動させる 차를 다른 곳으로 이동시키다. 相手をいらいらさせる 상대방을 짜증나게 하다. 学生たちを早く帰らせる 학생들을 빨리 돌아가게 하다. 母を喜ばせること 어머니를 기쁘게 하는 일. 部下に結果を報告させる 부하에게 결과를 보고하게 하다. 子どもにご飯を食べさせる 애에게 밥을 먹이다. 学生たちに本を読ませる 학생들에게 책을 읽히다.

させん【左遷】 ⓢ되 좌천(左遷). ‖地方の部署に左遷された 지방 부서에 좌천되었다.
ざぜん【座禅】 좌선(坐禪).
さぞ【嘸】 틀림없이; 아마; 필시. ‖さぞびっくりしたことだろう 틀림없이 놀랐을 거다.
さそい【誘い】 권유(勸誘); 유혹(誘惑). ‖誘いに応じる 권유에 응하다.
***さそう**【誘う】 ❶권유(勸誘)하다; 유혹(誘惑)하다; 권하다; 불러내다. ‖お茶に誘う 차 마시러 가자고 권하다. 食事に誘う 식사하러 가자고 권하다. ❷유발(誘發)시키다; 불러일으키다. ‖同情を誘う 동정을 불러일으키다.
サソリ【蠍】 전갈(全蠍). ♦蠍座 전갈자리.
さだか【定か】ダ 확실(確實)하다; 틀림없다. ‖彼の行方は定かではない 그 사람의 행방은 확실하지 않다.
ざたく【座卓】 앉은뱅이 책상(冊床).
さだまる【定まる】 ❶결정(決定)되다; 정해지다. ‖遠足の日程が定まる 소풍 일정이 정해지다. ❷진정(鎭定)되다; 안정(安定)되다. ‖天候が定まらない 날씨가 불안정하다.
さだめ【定め】 ❶규칙(規則). ‖定めに従う 규칙에 따르다. ❷운명(運命).
さだめる【定める】 ❶정(定)하다. ‖新しい目標を定める 새로운 목표를 정하다. ❷안정(安定)시키다; 평정(平定)하다. ‖天下を定める 천하를 평정하다.
ざだん【座談】 ⓢ하 좌담(座談). ♦座談会 좌담회.
さち【幸】 ❶자연(自然)에서 얻는 수확물(收穫物). ‖海の幸 해산물. ❷행복(幸福). ‖幸多かれと祈る 행복하기를 빌다.
さちゅうかん【左中間】 (野球で)좌중간(左中間).
ざちょう【座長】 좌장(座長).
さつ【札】 지폐(紙幣). ‖札を数える 지폐를 세다.
-さつ【冊】 〔本を数える単位〕…권(卷). ‖3冊の本 책 세 권.
ざつ【雑】ダ 조잡(粗雜)하다; 엉성하다. ‖雑にできている 조잡하게 만들어지다. 雑な造り 엉성한 만듦새.
さつい【殺意】 살의(殺意). ‖殺意を抱く *살의를 품다.*
さつえい【撮影】 ⓢ하 촬영(撮影). ♦写真撮影 사진 촬영. 撮影禁止 촬영 금지. 撮影所 촬영소.
ざつおん【雑音】 잡음(雜音).
さっか【作家】 작가(作家).
ざっか【雑貨】 잡화(雜貨). ‖雑貨店 잡화점.
サッカー【soccer】 축구(蹴球).
さつがい【殺害】 ⓢ하 살해(殺害). ♦殺害事件 살해 사건.
さっかく【錯覚】 ⓢ하 착각(錯覺). ‖錯覚を起こす 착각을 하다.
ざつがく【雑学】 잡학(雜學).
さっかしょう【擦過傷】 찰과상(擦過傷).
さっき 조금 전(前); 아까. ‖さっきから待っていた 아까부터 기다리고 있었다.
さっき【殺気】 살기(殺氣).
さつき【五月·皐月】 ❶음력 오월(陰曆五月). ❷(植物)영산홍(映山紅).
ざっき【雑記】 잡기(雜記). ‖身辺雑記 신변잡기.
さっきだつ【殺気立つ】 살기(殺氣)를 띠다. ‖殺気立った群衆 살기를 띤 군중.
さつきばれ【五月晴れ】 ❶㊇음력 오월(陰曆五月)의 맑은 날. ❷㊇장마 기간(期間) 중의 맑은 날.
さっきゅう【早急】ダ 시급(時急)하다.
ざっきょ【雑居】 ❶다양(多樣)한 사람이 섞여 삶. ❷종류(種類)가 다른 것이 섞여 있음. ‖雑居ビル 다양한 업종의 가게가 들어 있는 빌딩.
さっきょう【作況】 작황(作況).
さっきょく【作曲】 ⓢ하 작곡(作曲). ♦作曲家 작곡가.
さっきん【殺菌】 ⓢ하 살균(殺菌). ‖殺菌作用 살균 작용.
ざっきん【雑菌】 잡균(雜菌).
サック【sack】 ㊇손가락에 끼우는 고무.
ざっくばらん 숨기는 것이 없음; 솔직(率直)함. ‖ざっくばらんな人 솔직한 사람. ざっくばらんに言う 숨김없이 이야기하다.
ざっくり ❶〔勢いよく切りつけたり大きな塊に割ったりする様子〕 ‖ざっくり(と)スイカを割る 수박을 큼직하게 자르다. ❷〔布地などの織り目が粗い様子〕 ‖ざっくり(と)した生地 코가 성긴 천. ❸〔切れ目や割れ目が深い様子〕쫙. ‖ざっくり(と)割れた傷口 쫙 갈라진 상처.
ざっこく【雑穀】 잡곡(雜穀).
さっこん【昨今】 작금(昨今); 요즈음. ‖昨今の情勢 작금의 정세.
さっさと 빨리. ‖さっさと歩け 빨리 걸어라.
さっし【察し】 추측(推測); 짐작(斟酌). ‖察しがつく 추측이 되다. 짐작이 가다.
さっし【冊子】 책자(冊子).
サッシ【sash】 새시. ♦アルミサッシ 알루미늄 새시.
***ざっし**【雑誌】 잡지(雜誌). ‖雑誌をとっている 잡지를 받아 보고 있다. 映画雑誌 영화 잡지.
ざっしゅ【雑種】 잡종(雜種).
ざつしゅうにゅう【雑収入】 잡수입(雜收入).

ざっしょく【雑食】 ㉆하 잡식(雜食). ‖雑食性動物 잡식성 동물.
ざつしょとく【雑所得】 잡소득(雜所得).
さっしん【刷新】 ㉆하 쇄신(刷新). ‖選挙制度を刷新する 선거 제도를 쇄신하다.
さつじん【殺人】 살인(殺人). ‖殺人を犯す 살인을 하다. ♦殺人的 살인적. 殺人的なスケジュール 살인적인 스케줄. 殺人事件 살인 사건. 殺人未遂 살인 미수.
*さっする【察する】 ❶추측(推測)하다; 짐작(斟酌)하다; 알아채다; 눈치채다. ‖危険を察して逃げた 위험하다는 것을 눈치채고 도망갔다. ❷배려(配慮)하다. ▸察するに余りある 짐작이 가고도 남다.
さっそう【颯爽】 태도(態度)나 행동(行動)이 당당(堂堂)함.
ざっそう【雑草】 잡초(雜草).
さっそく【早速】 곧; 조속(早速)히; 바로. ‖早速報告する 바로 보고하다.
ざった【雑多】ダ 잡다(雜多)하다. ‖雑多な仕事 잡다한 일.
さつたば【札束】 돈다발.
ざつだん【雑談】 ㉆하 잡담(雜談). ‖雑談に時間を過ごす 잡담하면서 시간을 보내다.
さっち【察知】 ‖察知する 살펴서 알다.
さっちゅう【殺虫】 살충(殺蟲). ♦殺虫剤 살충제.
ざっと 대충. ‖ざっと見る 대충 보다.
さっとう【殺到】 ㉆하 쇄도(殺到). ‖問い合わせの電話が殺到する 문의 전화가 쇄도하다.
ざつねん【雑念】 잡념(雜念). ‖雑念がわく 잡념이 생기다. 雑念を払う 잡념을 떨쳐 버리다.
さつばつ【殺伐】 살벌(殺伐). ‖殺伐とした風景 살벌한 풍경.
*さっぱり ❶〔清潔で整っている様子〕‖さっぱり(と)した服装 깔끔한 복장. ❷〔性格や味覚などが淡白な様子〕‖さっぱり(と)した食べ物 담백한 음식. ❸〔気持ちの爽快な様子〕 ‖試験が終わってさっぱり(と)した 시험이 끝나서 후련하다. ❹〔何も残らない様子〕 ‖きれいさっぱり食べてしまう 전부 다 먹어 치우다. ❺〔さっぱり…ないの形で〕전혀; 도무지. ‖さっぱり書けない 전혀 못 쓰겠다. さっぱり分からない 전혀 모르겠다. ❻〔全くだめだ〕‖成績はさっぱりだ 성적이 형편없다.
ざっぴ【雑費】 잡비(雜費).
さっぷうけい【殺風景】ダ 살풍경(殺風景)하다.
ざつぶん【雑文】 잡문(雜文).
サツマイモ【薩摩芋】 고구마.
ざつむ【雑務】 잡무(雜務).
ざつよう【雑用】 허드렛일.
さて ❶그런데; 그래서; 그러면; 그럼. ‖さて, 次の議題に入ります 그럼 다음 의제로 넘어가겠습니다. ❷자. ‖さて, ぼちぼち行くか 자, 슬슬 가 볼까.
さてい【査定】 ㉆하 사정(査定). ‖買取価格を査定する 매수 가격을 사정하다.
サディスト【sadist】 사디스트.
サディズム【sadism】 새디즘.
さておく【扠置く】 제쳐 두다; 놔두다; 그만두다. ‖冗談はさておいて, 本題に入ろう 농담은 그만두고 본론으로 들어가자.
さてつ【蹉跌】 ㉆하 차질(蹉跌). ‖蹉跌をきたす 차질을 가져오다.
さと【里】 ❶〔人里〕마을. ❷〔故郷・実家〕고향(故鄕); 본가(本家).
さとい【聡い・敏い】 총명(聰明)하다; 민감(敏感)하다.
サトイモ【里芋】 토란(土卵).
*さとう【砂糖】 설탕(雪糖). ‖コーヒーに砂糖をたっぷり入れる 커피에 설탕을 듬뿍 넣다. ♦角砂糖 각설탕. 黒砂糖 흑설탕.
さどう【作動】 ㉆하 작동(作動).
さどう【茶道】 다도(茶道).
サトウキビ【砂糖黍】 사탕(沙糖)수수.
さとおや【里親】 수양부모(收養父母); 양부모.
さとがえり【里帰り】 첫 근친(覲親); 친정(親庭) 나들이.
さとご【里子】 수양(收養)아들[딸]; 양아들[딸].
さとり【悟り】 ❶깨달음; 눈치챔. ❷《仏教》득도(得道).
さとる【悟る】 ❶깨닫다; 눈치채다. ‖相手に悟られないようにそっと近づく 상대방이 눈치채지 못하도록 몰래 다가가다. ❷득도(得道)하다.
サドル【saddle】 안장(鞍裝).
さなか【最中】 한창 …때. ‖騒動のさなか 한창 소동이 벌어지고 있을 때. 夏のさなか 한창 더울 때.
さながら【宛ら】 마치; 흡사(恰似). ‖草原はさながら海のようだった 초원은 마치 바다 같았다.
さなぎ【蛹】 유충(幼蟲).
サニーレタス【sunny+lettuce 日】 양상추의 일종(一種).
さのう【左脳】 좌뇌(左腦).
さは【左派】 좌파(左派); 급진파(急進派).
サバ【鯖】 고등어. ▸さばを読む 숫자를 속이다.
さばく【砂漠】 사막(沙漠). ♦サハラ砂漠 사하라 사막.
さばく【捌く】 ❶처리(處理)하다. ‖仕事をさばく 일을 처리하다. ❷팔다. ‖商品をさばく 상품이 팔리다. ❸(魚・

肉などを)해체(解體)하다; 잡다. ‖豚をさばく 돼지를 잡다.

さばく【裁く】 재판(裁判)하다. ‖法の力で裁く 법의 힘으로 재판하다.

さばける【捌ける】 ❶팔리다. ‖商品がさばける 상품을 팔리다. ❷헝클어진 것이 정리(整理)되다. ❸이해(理解)가 빠르다; 요령(要領)이 좋다. ‖彼はさばけている 그 사람은 요령이 좋다.

さ

さばさば ❶〔さっぱりした気分である様子〕‖断わってさばさばした 거절하고 나니 속이 시원하다. ❷〔性質などがさっぱりしている様子〕‖さばさばした男みたいな性格 시원시원한 남자 같은 성격.

サバティカル(イヤー)【sabbatical (year)】 장기 유급 휴가(長期有給休暇); 안식년(安息年).

さはんじ【茶飯事】 다반사(茶飯事). ‖日常茶飯事 항다반사.

サバンナ【savanna】〈地〉사바나.

***さび【錆】** ❶(金属の)녹(綠). ‖さびがつく 녹이 슬다. ❷나쁜 결과(結果). ‖身から出たさび 자업자득(自業自得).

***さびしい【寂しい】** ❶한적(閑寂)하다. ‖寂しい温泉街 한적한 온천가. ❷외롭다. ‖一人暮らしは寂しい 혼자 사는 것은 외롭다. ❸허전하다. ‖タバコをやめると口が寂しい 담배를 끊으니 입이 허전하다.

さびつく【錆び付く】 녹이 슬다.

さびどめ【錆止め】 녹 방지 도료(綠防止塗料).

ざひょう【座標】 좌표(座標). ♦座標軸 좌표축.

さびる【錆びる】 녹슬다. ‖真っ赤にさびたナイフ 빨갛게 녹슨 칼.

サファイア【sapphire】 사파이어.

ざぶざぶ 첨벙첨벙. ‖小川をざぶざぶ(と)渡る 냇가를 첨벙거리며 건너다. 顔をざぶざぶ(と)洗う 얼굴을 물소리를 내며 씻다.

ざぶとん【座布団】 방석(方席).

サフラン【saffraan オ】 사프란.

サプリメント【supplement】 건강 보조 식품(健康補助食品).

サブレ【sablé フ】 사브레.

ざぶん 풍덩. ‖ざぶんとプールに飛び込んだ 풍덩 하고 풀에 뛰어들었다.

***さべつ【差別】** (名하) ❶차별(差別). ❷구별(區別). ♦人種差別 인종 차별. 差別待遇 차별 대우.

さべつか【差別化】 (名하) 차별화(差別化).

さへん【左辺】〈数学〉좌변(左邊).

さほう【作法】 ❶작법(作法); 방법(方法). ‖文章作法 문장 작법. ❷예절(禮節). ‖礼儀作法 예의범절.

サポーター【supporter】 서포터.

サボタージュ【sabotage フ】 (名하) 사보타주.

サボテン【仙人掌】 선인장(仙人掌).

さほど【然程】 그다지; 그렇게. ‖さほどの人物ではない 그렇게 대단한 인물은 아니다. さほど辛くもない 그렇게 맵지는 않다.

サボる 게으름을 피우다; 사보타주하다.

***さま【様】** ❶모습; 상태(狀態). ‖彼女の寂しげなさま 그녀의 쓸쓸해 보이는 모습. ❷씨(氏); 님. ‖三上様 미카미 씨.

ざま【様】 꼴; 꼬락서니. ‖そのざまは何だ 그 꼴이 뭐냐?

サマータイム【summer time】 서머 타임.

さまがわり【様変わり】 형태(形態)나 정세(情勢)가 변(變)함. ‖町並みが様変わりする 거리 모습이 변하다.

-さまさま【様様】 (說明) 자신(自身)에게 도움을 주는 사람이나 물건 이름에 붙여 감사(感謝)의 뜻을 나타내는 말.

さまざま【様様】 여러 가지; 각양각색(各様各色). ‖様々な方法がある 여러 가지 방법이 있다.

***さます【冷ます】** 식히다. ‖お湯を冷ます 뜨거운 물을 식히다. スープを吹いて冷ました 수프를 불어서 식혔다.

さます【覚ます】 깨다; 깨우다; 깨우치다; 깨게 하다. ‖酔いを覚ます 술이 깨게 하다.

さまたげ【妨げ】 장해(障害); 장애(障礙); 방해(妨害); 걸림돌. ‖出世の妨げ 출세의 걸림돌.

さまたげる【妨げる】 방해(妨害)하다. ‖会議の進行を妨げる 회의의 진행을 방해하다.

さまよう【彷徨う】 헤매다; 방황(彷徨)하다. ‖生死の境をさまよう 생사의 갈림길에서 헤매다.

さみだれ【五月雨】 (說明) 음력 오월(陰曆五月)에 오는 장마비.

サミット【summit】 주요국 수뇌 회담(主要國首腦會談).

***さむい【寒い】** ❶춥다. ‖夏は暑く冬は寒い 여름은 덥고 겨울은 춥다. 今年の冬は例年より寒い 올 겨울은 예년보다 춥다. こんなに寒い日は出かけたくない 이렇게 추운 날은 나가고 싶지 않다. ❷(恐怖で)오싹하다; 서늘하다. ‖背筋が寒くなる 등골이 오싹해지다. ❸빈약(貧弱)하다; 가난하다. ‖懐(ふところ)が寒い 주머니 사정이 안 좋다.

さむえ【作務衣】 작업복(作業服).

さむけ【寒気】 한기(寒氣). ‖寒気がする 한기가 들다.

さむさ 寒さ 추위. ‖寒さが和らぐ 추위가 풀리다.

さむらい【侍】 무사(武士).

サメ【鮫】 상어.

さめざめ ‖さめざめと泣く 하염없이 울다.

さめはだ【鮫肌】 거친 피부(皮膚).

さめる【冷める】 ❶식다. ‖ご飯が冷める 밥이 식다. ❷깨지다. ‖興が冷める 흥이 깨지다.

さめる【覚める】 깨다; 제정신(精神)으로 돌아오다; (目が)떠지다. ‖夢から覚める 꿈에서 깨다. 麻酔から覚める 마취에서 깨어나다. 目が覚める 눈이 떠지다.

さも【然も】 자못; 아주; 정말로; 그럴 수도; 그렇기도. ‖さもうれしそうに笑う 자못 기쁜 듯이 웃다.

さもしい 치사(恥事)하다; 천(賤)하다; 비열(卑劣)하다.

さもないと【然も無いと】 그렇지 않으면.

さや【鞘】 ❶(刀・筆などの)집; 뚜껑. ❷(価格・利益の)차액(差額). ‖さやを稼ぐ 차액을 벌다.

さや【莢】 (豆などの)깍지.

サヤインゲン【莢隠元】 꼬투리 강낭콩.

サヤエンドウ【莢豌豆】 꼬투리 완두(豌豆).

ざやく【座薬】 좌약(坐藥).

さゆ【白湯】 백탕(白湯); 백비탕(白沸湯).

さゆう【左右】 ㊅하 ❶좌우(左右). ‖前後左右に揺れる 전후 좌우로 흔들리다. 運命を左右する問題 운명을 좌우하는 문제. ❷(言葉・態度を)얼버무림. ‖言を左右にする 말을 얼버무리다.

ざゆう【座右】 좌우(座右). ▸座右の銘 좌우명.

さよう【作用】 ㊅하 작용(作用). ♦消化作用 소화 작용.

さよう【左様】 ダ ❶〔さようなの形で〕그런; 그러한. ‖さようなことは存じません 그런 일은 모릅니다. ❷그렇다. ‖さようでございますか 그렇습니까?

さようなら 〔立ち去る人に〕안녕(安寧)히 계세요[가세요]; 〔残る人に〕안녕히 계세요.

さよく【左翼】 좌익(左翼).

ざよく【座浴】 좌욕(坐浴).

さようなら ❶안녕(安寧)히 〔가세요〕계세요. ❷(最後の)헤어짐; 마지막. ‖さよなら公演 마지막 공연.

***さら【皿】** 접시; 쟁반(錚盤)이나 접시 모양의 것. ‖皿を洗う 접시를 씻다[닦다]. 大きい皿に魚の煮付けを盛る 큰 접시에 생선 조림을 담다. はかりの皿 저울판.

さら【新】 새것. ‖さらの洋服 새 양복.

さらい-【再来】 다음다음…. ‖再来週 다음다음주.

さらいげつ【再来月】 다음다음달.

さらいねん【再来年】 내후년(來後年).

さらう【浚う】 (川・井戸などの底を)치다. ‖どぶをさらう 도랑을 치다.

さらう【攫う】 ❶채어 가다; 휩쓸어 가다. ‖子どもがさらわれた 누가 애를 채어 갔다. 波がさらう 파도가 휩쓸어 가다. ❷독점(獨占)하다. ‖人気をさらう 인기를 독점하다.

サラきん【サラ金】 ㊟説明 주부(主婦)・회사원(會社員) 등 개인(個人)을 상대로 한 소액 대출(小額貸出).

さらけだす【曝け出す】 드러내다. ‖無知をさらけ出す 무지를 드러내다.

さらさら ❶술술. ‖さらさら(と)書く 막힘없이 술술 쓰다. ❷보슬보슬. ‖さらさら(と)した砂 보슬보슬한 모래. ❸〔ものが軽く触れ合ってかすかに立てる音〕사각사각. ❹졸졸. ‖小川がさらさら(と)流れる 시냇물이 졸졸 흐르다. ❺술술; 후루룩. ‖お茶漬けをさらさら(と)食べる 밥에 뜨거운 차를 부어 후루룩 먹다.

さらさら【更更】 〔さらさら…ないの形で〕조금도; 전(全)혀. ‖謝る気などさらさらない 사과할 마음은 전혀 없다. さらさら必要ない 전혀 필요 없다.

ざらざら 〔ものの表面がなめらかでない〕까칠까칠. ‖手がざらざらに荒れる 손이 까칠까칠해지다.

さらす【晒す】 ❶(日光・風雨に)맞게 하다; 〔日〕쬐다; 〔風〕쐬다. ‖日にさらして肌を焼く 햇볕에 쬐어 피부를 태우다. ❷표백(漂白)하다. ❸많은 사람에게 보이다; 드러내다. ‖醜態をさらす 추태를 보이다.

サラダ【salad】 샐러드. ♦サラダオイル 샐러드 오일. 샐러드유. サラダ菜 샐러드에 쓰는 채소의 하나.

さらち【更地】 빈 터.

さらなる【更なる】 한층 더; 더욱.

さらに【更に】 한층 더; 더욱 더. ‖更に人気が高まる 인기가 더욱 올라가다.

さらば【然らば】 〔別れる時の挨拶〕안녕(安寧).

サラブレッド【thoroughbred】 순종(純種).

さらまわし【皿回し】 접시돌리기.

サラミ【salami イ】 살라미. ‖サラミソーセージ 살라미 소시지.

ざらめ【粗目】 ❶〔砂糖〕굵은 설탕(雪糖). ❷〔雪〕녹다가 얼기를 반복(反復)해 굵은 설탕 입자 모양이 된 눈.

さらり ❶〔手触り〕‖肌触りのさらりとした布地 느낌이 부드럽고 가벼운 천. ❷〔しつこくない〕‖さらりとしたサラダ油 투명한 식용유. ❸〔物事を滞りなく〕‖批判をさらりと交わす 비판을 가볍게 받아넘기다. ❹〔こだわりのない様子〕‖過去のことはさらりと水に流そう 옛날 일은 깨끗이 잊어 버리자.

サラリー【salary】 월급(月給); 봉급(俸給).

サラリーマン【←salaried man】 샐러리맨; 봉급생활자(俸給生活者).

ザリガニ【蝲蛄】 가재.

さりげない【然り気無い】 아무렇지 않다; 아무렇지 않은 듯하다. ‖さりげない顔 아무렇지 않은 듯한 얼굴.

サリン【sarin】 사린.

さる【去る】 지난; 이전(以前)의. ‖去る10日 지난 십일에.

さ

さる【然る】 어떤; 모(某). ‖さる所に 어떤 곳에.

***さる**【去る】 ❶(場所・地位から)떠나다; 물러나다. ‖30年勤めた会社を去る 삼십 년 근무한 회사를 떠나다. 社長の職を去る 사장직을 물러나다. ❷지나가다; 가다. ‖夏が去って秋が来る 여름이 가고 가을이 오다. ❸없어지다; 가시다. ‖痛みが去らない 통증이 가시지 않다. ▸去る者は追わず 떠나는 사람은 잡지 않는다. ▸去る者は日々に疎し 눈에서 멀어지면 마음에서도 멀어진다.

サル【猿】 (動物) 원숭이. ▸猿も木から落ちる 원숭이도 나무에서 떨어진다. 〔諺〕

ざる【笊】 소쿠리. ♦ざるそば (説明) 소쿠리에 담아 내는 메밀국수.

さることながら【然る事乍ら】 …은[는] 물론(勿論); …뿐만 아니라. ‖外見もさることながら中身もすばらしい 겉모양뿐만 아니라 내용도 훌륭하다.

サルスベリ【百日紅】 배롱나무; 백일홍(百日紅).

さるぢえ【猿知恵】 잔꾀.

サルノコシカケ【猿の腰掛】 말굽버섯.

サルビア【salvia オ】 샐비어.

サルモネラきん【salmonella 菌】 살모넬라균(菌).

ざれごと【戯れ事】 장난.

される ❶〔するの尊敬の用法〕하시다. ‖これにされますか 이걸로 하시겠습니까? 先生が講演をされる 선생님께서 강연을 하시다. ❷〔するの受身の用法〕되다; 받다; 당(當)하다. ‖復元される 복원되다. 尊敬される人物 존경받는 인물. 左遷される 좌천당하다.

サロン【salon フ】 살롱.

さわ【沢】 ❶풀이 무성(茂盛)한 습지(濕地). ❷작은 계곡(溪谷).

サワー【sour】 ❶〔酸味のある飲み物〕신맛이 나는 음료(飮料). ❷〔カクテルの一種〕칵테일의 일종.

さわがしい【騒がしい】 시끄럽다; 어수선하다; 불온(不穩)하다. ‖教室の中が騒がしい 교실 안이 시끄럽다. 世の中が騒がしい 세상이 어수선하다.

さわがせる【騒がせる】 불안(不安)하게 하다; 떠들썩하게 하다. ‖世間を騒がせた事件 세상을 떠들썩하게 한 사건.

さわぎ【騒ぎ】 ❶소동(騷動); 혼란(混亂); 사건(事件). ‖騒ぎを起こす 소동을 피우다. ❷〔…どころの騒ぎではないの形で〕…하고 있을 때가〔형편〕아니다. ‖忙しくて旅行どころの騒ぎではない 바빠서 여행 갈 형편이 아니다.

さわぎたてる【騒ぎ立てる】 떠들어대다; 소란(騷亂)을 피우다. ‖マスコミが騒ぎ立てる 매스컴이 떠들어대다.

***さわぐ**【騒ぐ】 ❶떠들다; 들썩거리다. ‖子どもたちが騒ぐ 아이들이 떠들다. 観客が騒ぐ 관객들이 들썩거리다. ❷(心が)동요(動搖)하다; 두근거리다; 끓다. ‖何だか胸が騒ぐ 왠지 가슴이 두근거리다. 血が騒ぐ 피가 끓다.

ざわざわ ❶수런수런; 웅성웅성. ‖会場がざわざわ(と)して落ち着かない 회장이 수런거려서 어수선하다. ❷와삭와삭. ‖木が風でざわざわ(と)する 나무가 바람에 와삭거리다.

ざわめく 웅성거리다. ‖教室中がざわめいた 교실 안이 웅성거렸다.

さわやか【爽やか】ダ ❶상쾌(爽快)하다; 상큼하다; 시원하다. ‖さわやかな秋の日 상쾌한 가을날. ❷명쾌(明快)하다. ‖弁舌さわやかな人 언변이 명쾌한 사람.

サワラ【鰆】 삼치.

さわり【触り】 ❶만짐 또는 그 느낌. ‖手触り 감촉. ❷〔聞かせどころ〕말의 요점(要點).

さわり【障り】 장해(障害); 장애(障礙).

***さわる**【触る】 닿다; 손대다; 만지다; 건드리다. ‖展示品には触らないでください 전시품에는 손대지 마세요. 寝ている子どもの頰に触ってみる 자고 있는 아이의 볼을 만져 보다. 誰も触りたがらない問題 아무도 건드리려고 하지 않는 문제. ▸触らぬ神に祟りなし 긁어 부스럼.〔諺〕

***さわる**【障る】 ❶해롭다; 방해(妨害)하다. ‖徹夜は体に障る 철야는 몸에 해롭다. ❷거슬리다. ‖耳に障る音 귀에 거슬리는 소리. 彼の態度は神経に障る 그 사람 태도는 신경에 거슬린다.

さわん【左腕】 좌완(左腕). ♦左腕投手 좌완 투수.

さん【三・3】 삼(三); 셋; 세…. ‖3人 세 사람. 3か月 삼 개월. 3番目 세 번째.

さん【産】 ❶출산(出産). ❷…산

さん【酸】 산성(酸性)을 띠는 물질(物質).

さんいん【産院】 산부인과(産婦人科).

さんか【参加】 (スル) 참가(參加). ‖ボランティア活動に参加する 자원 봉사 활동에 참가하다. 討論に参加する 토론에 참가하다. 参加を申し込む 참가 신청을 하다. ♦参加者 참가자

さんか【産科】 산과(産科).

さんにゅう【参入】 ‖参入する 뛰어들다. 出版事業に参入する 출판 사업에 뛰어들다.
ざんにん【残忍】ダ 잔인(殘忍)하다. ‖残忍な仕打ち 잔인한 처사.
さんにんしょう【三人称】 삼인칭(三人稱). ‖三人称単数 삼인칭 단수.
*ざんねん【残念】ダ ❶유감(遺憾)스럽다; 아쉽다. ‖参加できなくて残念です 참가하지 못해서 유감스럽습니다. ❷분(憤)하다. ‖試合に負けて残念だった 시합에 져서 분했다.
サンバ【samba ポ】 삼바.
さんぱい【参拝】(名하) 참배(參拜).
ざんぱい【惨敗】(名하) 참패(慘敗). ‖予選で惨敗する 예선에서 참패하다.
サンバイザー【sun visor】 ❶〔自動車〕 선바이저. ❷〔防止〕차양(遮陽).
さんぱいぶつ【産廃物】 산업 폐기물(産業廢棄物).
さんばがらす【三羽烏】 (説明)어떤 분야(分野)에서 뛰어난 세 사람.
さんぱつ【散発】(名하) 산발(散發).
さんぱつ【散髪】(名하) 산발(散髮). ♦散髪屋 이발소. 이발관.
ざんぱん【残飯】 잔반(殘飯).
さんび【賛美】(名하) 찬미(讚美). ♦賛美歌 찬미가.
さんぴ【賛否】 찬반(贊反). ‖賛否両論 찬반 양론.
ザンビア【Zambia】(国名) 잠비아.
さんびょうし【三拍子】 삼박자(三拍子). ▸三拍子揃う 삼박자를 고루 갖추다. 攻走守の三拍子揃った選手 공격·주루·수비 능력을 모두 갖춘 선수.
さんぶ【三部】 삼부(三部). ♦三部合唱 삼부 합창. 三部作 삼부작.
さんぷ【散布】(名하) 산포(散布).
さんぷ【撒布】(名하) 살포(撒布).
さんぷく【山腹】 산허리; 산 중턱.
さんふじんか【産婦人科】 산부인과(産婦人科).
さんぶつ【産物】 산물(産物). ‖この地方の産物 이 지방의 산물. 共同研究の産物 공동 연구의 산물.
サンプル【sample】 샘플; 견본(見本).
さんぶん【散文】 산문(散文). ♦散文詩 산문시.
さんぽ【散歩】 (名하) 산보(散步); 산책(散策).
さんぼう【参謀】 ❶(軍事) 참모(參謀). ❷참모. ‖選挙の参謀 선거 참모.
サンマ【秋刀魚】 꽁치.
-ざんまい【三昧】 삼매경(三昧境). ‖読書三昧 독서 삼매경.
さんまいにく【三枚肉】 삼겹살.
さんまん【散漫】ダ 산만(散漫)하다. ‖注意力が散漫だ 주의력이 산만하다.
さんみ【酸味】 산미(酸味); 신맛. ‖酸味の強い果物 신맛이 강한 과일.
さんみいったい【三位一体】 삼위일체(三位一體).
さんみゃく【山脈】 산맥(山脈). ♦アルプス山脈 알프스 산맥.
さんめん【三面】 삼면(三面). ‖三面が海に囲まれる 삼면이 바다로 둘러싸이다. ♦三面記事 삼면 기사. 三面鏡 삼면경.
さんもうさく【三毛作】 삼모작(三毛作).
さんもん【山門】 산문(山門).
さんもんばん【三文判】 막도장(圖章).
さんゆこく【産油国】 산유국(産油國).
さんよ【参与】(名하) 참여(參與). ‖国政に参与する 국정에 참여하다.
さんようすうじ【算用数字】 산용 숫자(算用數字); 아라비아 숫자.
サンヨウチュウ【三葉虫】 삼엽충(三葉蟲).
さんらん【産卵】(名하) 산란(産卵). ♦産卵期 산란기.
さんらん【散乱】(名하) 산란(散亂).
さんりゅう【三流】 삼류(三流). ‖三流チーム 삼류 팀.
ざんりゅう【残留】(名하) 잔류(殘留).
さんりん【三輪】 삼륜(三輪). ♦三輪車 삼륜차.
さんりん【山林】 산림(山林).
さんるい【三塁】 (野球で)삼루(三壘). ♦三塁手 (野球で)삼루수.
ざんるい【残塁】(名하) (野球で)잔루(殘壘).
さんろく【山麓】 산기슭; 산록(山麓).

し

し【士】 ❶무사(武士). ❷남자(男子). ❸〔有資格者〕…사. ‖栄養士 영양사.
し【子】〔子ども〕아이. ‖第一子 첫아기.
し【氏】 ❶〔彼〕그; 그분. ❷씨(氏). ‖鈴木氏 스즈키 씨. ❸〔人の敬称〕분. ‖三氏 세 분. ❹그 씨족(氏族) 출신(出身)임을 나타냄.
し【市】 시(市). ‖横浜市 요코하마 시.
し【四·4】 사(四). ‖四半世紀 사반 세기. 4月 사월.
*し【死】 사(死); 죽음. ‖友の死 친구의 죽음. 彼は死を恐れない 그 사람은 죽음을 두려워하지 않는다. 死を免れる 죽음을 면하다.
し【私】 사(私). ‖公私 공사.
し【師】 ❶〔先生·師匠〕사(師); 스승. ❷…사. ‖調理師 조리사. ❸(説明)종교가(宗教家)·예술인(藝術人)의 이름에 붙여 경의(敬意)를 나타냄.
し【詩】 시(詩). ‖自由詩 자유시.
シ【si イ】 (音階の)시.
-し …고. ‖彼は顔もいいし頭もいい 그 사람은 얼굴도 잘 생기고 머리도 좋다.

金もないし時間もない 돈도 없고 시간도 없다.
-し【史】…사(史). ‖東洋史 동양사.
-し【紙】…지(紙). ♦印画紙 인화지. 全国紙 전국지.
-し【視】…시(視). ‖白眼視 백안시.
-し【歯】…치(齒). ‖永久歯 영구치.
-し【誌】…지(誌). ‖週刊誌 주간지.
じ【自】자; 자기(自己). ‖自他 자타.
じ【地】 ❶〔地面〕토지(土地); 대지(大地). ❷그 지방(地方). ‖地の人 그 지방 사람. ❸〔下地〕천; 원단(原緞). ❹본성(本性). ‖地が出る 본성이 드러나다.
*じ【字】❶문자(文字); 글자. ‖字を覚える 글자를 외우다. ❷필적(筆跡); 글씨. ‖字がうまい 글씨를 잘 쓰다.
じ【痔】치질(痔疾).
じ【辞】 ❶사(辭). ‖開会の辞 개회사. ❷한문 문체(漢文文體)의 하나.
-じ【寺】…사(寺). ♦金閣寺 금각사.
-じ【児】…아(兒); …자(者). ♦肥満児 비만아. 反逆児 반역자.
*-じ【時】❶시(時). ‖今何時ですか 지금 몇 시입니까? 6時です 여섯 시입니다. ❷…시. ‖空腹時 공복시. 非常時 비상시.
*しあい【試合・仕合】 (する) 시합(試合). ‖今日はサッカーの試合がある 오늘은 축구 시합이 있다. 試合は3対2だった 시합은 삼 대 이였다. 試合に出る 시합에 나가다.
じあい【自愛】(する) 자애(自愛).
じあい【慈愛】자애(慈愛).
しあがり【仕上がり】 완성(完成); 완성된 정도. ‖仕上がりが遅れる 완성이 늦어지다.
しあがる【仕上がる】완성(完成)되다.
しあげ【仕上げ】 ❶완성(完成). ❷마지막 공정(工程).
じあげ【地上げ】 (説明) ❶재개발(再開發)을 위해 토지(土地)를 사들여 하나로 통합(統合)하는 것. ❷흙을 쌓아 올려 땅을 높이는 것.
しあげる【仕上げる】 완성(完成)시키다.
しあさって【明明後日】글피.
しあつ【指圧】(する) 지압(指壓).
*しあわせ【幸せ】 행복(幸福); 행운(幸運). ‖彼は田舎で幸せに暮らしている 그 사람은 시골에서 행복하게 살고 있다. お幸せに 행복하세요. 행복하시길 바래요.
しあん【私案】사안(私案).
しあん【思案】 ❶〔熟慮〕‖思案を巡らす 여러 가지로 생각하다. ❷〔心配〕걱정.
じあん【事案】사안(事案).
しい【思惟】(する) 사유(思惟).
じい【示威】 (する) 시위(示威). ‖示威行進 시위 행진.
じい【自慰】(する) 자위(自慰).
じい【辞意】사의(辭意). ‖辞意を表明する 사의를 표명하다.
ジーエヌピー【GNP】지엔피.
シーエム【CM】시엠.
しいく【飼育】(する) 사육(飼育).
シーサー (説明) (沖縄の)집・마을의 수호신(守護神).
じいしき【自意識】 자의식(自意識). ‖自意識が強い 자의식이 강하다.
ジージャン 청재킷.
シースルー【see-through】속이 비치는 옷.
シーズン【season】시즌. ♦シーズンオフ 비수기.
シーソー【seesaw】시소. ♦シーソーゲーム 시소게임.
シイタケ【椎茸】표고버섯.
シーチキン【sea+chicken [日]】참치 캔.
シーツ【sheet】시트.
しいて【強いて】 무리(無理)하게; 억지로. ‖嫌なら, 強いてすることはない 싫으면 억지로 할 것까지 없다.
シーディー【CD】시디.
シーディーロム【CD-ROM】시디롬.
しいてき【恣意的】자의적(恣意的).
シード【seed】시드.
シートベルト【seat belt】 안전(安全)벨트.
ジーパン【←jeans+pants】청바지.
ジープ【jeep】지프.
シーフード【seafood】해산물(海産物).
ジーメン【G-men】 ❶(説明) FBI 소속(所屬)의 조사원(調査員). ❷(説明) 위반(違反)을 감시(監視)・적발(摘發)하는 수사관(搜査官).
しいる【強いる】강요(强要)하다. ‖酒を強いる 술을 강요하다.
シール【seal】❶봉인(封印). ❷〔ステッカー〕스티커. ❸〔アザラシの皮〕바다표범의 가죽.
しいれ【仕入れ】 매입(買入); 구입(購入). ‖仕入先 구입처.
しいれる【仕入れる】매입(買入)하다.
じいろ【地色】바탕색.
しいん【子音】자음(子音).
しいん【死因】사인(死因).
じいん【寺院】사원(寺院).
ジーンズ【jeans】청(青)바지.
しうち【仕打ち】처사(處事). ‖ひどい仕打ち 악랄한 처사.
しうんてん【試運転】(する) 시운전(試運轉).
シェア【share】❶시장 점유율(市場占有率). ❷(する) 공유(共有). ‖部屋を友人とシェアする 방을 친구와 공유하다.
しえい【市営】 시영(市營). ‖市営住宅 시영 주택.

じえい【自営】 ⓢ하 자영(自營). ♦**自営業** 자영업.
じえい【自衛】 ⓢ하 자위(自衛).
じえいけん【自衛権】 자위권(自衛權).
じえいたい【自衛隊】 자위대(自衛隊).
シェーバー【shaver】 (電動の)면도기(面刀器).
ジェーリーグ【J league】 저팬 리그.
しえき【私益】 사익(私益).
しえき【使役】 ⓢ하 사역(使役); 사동(使動). ♦**使役動詞** 사역 동사. 사동사.
ジェスチャー【gesture】 제스처.
ジェット【jet】 제트. ♦**ジェットエンジン** 제트 엔진. **ジェット機** 제트기. **ジェット気流** 제트 기류. **ジェットコースター** 롤코스터. **ジェットバス** (説明) 물을 분출(噴出)하는 기능(機能)이 있는 욕조(浴槽).
ジェトロ【JETRO】 일본 무역 진흥회(日本貿易振興會).
シェパード【shepherd】 셰퍼드.
シェフ【chef^フ】 셰프.
ジェラート【gelato^イ】 젤라토.
ジェル【gel】 젤.
シェルター【shelter】 피난소(避難所); 대피소(待避所).
しえん【支援】 ⓢ하 지원(支援). ‖経済的に支援する 경제적으로 지원하다. 支援を要請する 지원을 요청하다.
じえん【自演】 ‖自演する 자기 작품에 직접 출연하다. 자기 작품을 직접 연출하다.
ジェンダー【gender】 젠더.
*__しお【塩】__ 소금. ‖塩がきつい 맛이 짜다. 塩をきかす 소금으로 간을 보다.
しお【潮】 ❶조수(潮水). ‖潮が引く 조수가 빠지다. ❷기회(機會). ‖それを潮に席を立つ 그것을 기회로 자리를 뜨다.
しおあじ【塩味】 소금으로 맞춘 간.
しおかげん【塩加減】 간. ‖塩加減を見る 간을 보다.
しおから【塩辛】 젓갈.
しおからい【塩辛い】 짜다.
しおからごえ【塩辛声】 쉰 목소리.
しおき【仕置き】 ⓢ하 처벌(處罰).
しおくり【仕送り】 ‖仕送りする 학비·생활비 등을 보내다.
しおけ【塩気】 염분(塩分).
しおづけ【塩漬け】 소금에 절임 또는 절인 것.
しおどき【潮時】 ❶물때; 만조기(滿潮期)와 간조기(干潮期). ❷기회(機會); 시기(時期); 때. ‖潮時を待つ 때를 기다리다. ♦**潮風** 바닷바람.
しおに【塩煮】 간을 해서 끓임 또는 그 요리(料理).
しおぼし【塩干し】 소금에 절여 말린 것.
しおみず【塩水】 ❶소금물; 염수(塩水). ❷해수(海水).
しおやき【塩焼き】 소금구이.
しおゆで【塩茹で】 ‖塩茹でする 소금물에 데치다.
しおり【栞】 ❶서표(書標). ❷안내서(案內書); 입문서(入門書).
しおれる【萎れる】 시들다. ‖花が寒さでしおれた 꽃이 추위로 시들었다.
しか ❶…로밖에. ‖子どもにしか見えない 아이로밖에 안 보이다. ❷…밖에. ‖君しか頼れる人がいない 너밖에 믿을 사람이 없다. 持っているのはこれしかない 가진 것은 이것밖에 없다. 兄弟は1人しかいない 형제는 한 명밖에 없다. 事実は彼しか知らない 사실은 그 사람밖에 모른다.
しか【市価】 시가; 시장 가격(市場價格).
しか【歯科】 치과(齒科). ♦**歯科医** 치과 의사. **歯科技工士** 치과 기공사.
しか【詩歌】 시가(詩歌).
シカ【鹿】 사슴. ▸鹿を追う者は山を見ず 이익만을 쫓는 사람은 다른 것을 볼 여유가 없다.
じか【直】 직접(直接); 손수. ‖地面に直に置く 지면에 직접 놓다. 直に書いてくださる 손수 써 주시다.
じか【自家】 자가(自家).
じか【時価】 시가(時價). ‖時価1億円の絵 시가 일억 원의 그림.
じが【自我】 자아(自我). ‖自我の発達 자아의 발달.
*__しかい【司会】__ ⓢ하 사회(司會). ‖結婚式の司会を務める 결혼식의 사회를 맡다. 司会者 사회자.
しかい【視界】 시계(視界).
しがい【市外】 시외(市外). ♦**市外通話** 시외 통화.
しがい【市街】 시가(市街). ♦**市街戦** 시가전. **市街地** 시가지.
しがい【死骸】 시체(屍體).
じかい【自戒】 ⓢ하 자계(自戒).
じかい【次回】 다음 번에.
じがい【自害】 ⓢ하 자해(自害); 자살(自殺).
しがいせん【紫外線】 자외선(紫外線).
しかえし【仕返し】 ⓢ하 보복(報復); 복수(復讐).
しかく【四角】 사각(四角). ♦**四角形** 사각형.
しかく【死角】 사각(死角).
しかく【刺客】 자객(刺客).
しかく【視覚】 시각(視覺). ‖視覚的に 시각적으로.
*__しかく【資格】__ 자격(資格). ‖資格をとる 자격을 따다. ♦**出場資格** 출장 자격. **受験資格** 수험 자격.
しがく【史学】 사학(史學).
しがく【私学】 사학(私學).

しがく【詩学】 시학(詩學).

じかく【自覚】 ㊀하 자각(自覺). ♦自覚症状 자각 증상.

じかく【字画】 자획(字畫).

しかくい【四角い】 네모지다; 사각형(四角形)이다.

しかけ【仕掛け】 ❶〔やりかけ〕끝나지 않은 상태(狀態). ‖仕掛けの仕事 끝나지 않은 일. ❷장치(裝置); 조작(造作); 속임수.

しかけにん【仕掛け人】 (說明) 유행(流行)·사건(事件) 등을 일으키는 사람. ‖ブームの仕掛け人 붐을 일으킨 사람.

しかける【仕掛ける】 ❶하기 시작(始作)하다. ❷중간(中間)까지 하다. ❸장치(裝置)하다. ‖爆薬を仕掛ける 폭약을 장치하다.

しかざん【死火山】 사화산(死火山).

しかし【然し】 그러나; 그렇지만. ‖実験は成功した. しかし喜んではいられない 실험은 성공했다. 그러나 기뻐하고 있을 수만은 없다.

じがじさん【自画自賛】 ㊀하 자화자찬(自畫自讚).

しかしながら【然しながら】 그러나; 그렇지만. ‖天気は悪い. しかしながら出発する 날씨가 안 좋다. 그렇지만 출발하겠다.

じかせんえん【耳下腺炎】 이하선염(耳下腺炎).

じがぞう【自画像】 자화상(自畫像).

*しかた【仕方】 방법(方法); …법. ‖話の仕方 말하는 법. 運転の仕方 운전하는 법.

しかたない【仕方ない】 방법(方法)이 없다; 어쩔 수가 없다. ‖済んだことは仕方ない 끝난 일은 어쩔 수가 없다. 私は仕方なくその仕事を引き受けた 나는 어쩔 수 없이 그 일을 맡았다.

じがため【地固め】 ❶땅을 다짐. ❷준비 작업(準備作業); 기초 작업(基礎作業).

じかだんぱん【直談判】 직접 당사자(直接當事者)와 교섭(交涉)함.

しかつ【死活】 사활(死活). ♦死活問題 사활이 걸린 문제.

しがつ【四月·4月】 사월(四月). ‖日本では4月に新学期が始まる 일본에서는 사월에 신학기가 시작된다.

じかつ【自活】 ㊀하 자활(自活).

しがつばか【四月馬鹿】 만우절(萬愚節).

じかどうちゃく【自家撞着】 ㊀하 자가당착(自家撞着).

しがない 시시하다; 보잘것없다.

しかねる【仕兼ねる】 ❶할 수 없다. ‖賛同しかねる 찬동할 수 없다. ❷〔しかねないの形で〕…할지도 모른다. ‖彼ならしかねない 그 사람이라면 할지도 모른다.

じかび【直火】 (說明) 재료(材料)를 직접(直接) 불에 구움 또는 그 불.

しがみつく【しがみ付く】 매달리다; 달라붙다.

しかめっつら【顰めっ面】 찌푸린 얼굴.

しかめる【顰める】 찌푸리다. ‖顔をしかめる 얼굴을 찌푸리다.

*しかも【然も】 그 위에; 더욱이; 게다가. ‖あの店は安くてしかも店員が親切だ 저 가게는 싸고 게다가 점원들이 친절하다.

じかよう【自家用】 자가용(自家用). ♦自家用車 자가용 차.

しがらみ【柵】 관계(關係)를 끊기 어려운 것.

*しかる【叱る】 ❶꾸짖다; 주의(注意)를 주다. ‖子どものいたずらを叱る 애가 장난친 것을 꾸짖다. 遅刻したので叱った 지각했길래 꾸짖었다. ❷〔叱られるの形で〕혼나다; 야단맞다; 꾸중을 듣다. ‖弟をたたいて母に叱られた 동생을 때려서 어머니한테 야단맞았다. 叱られるぞ 혼날 거야.

しかるべき【然るべき】 ❶당연(當然)한; 마땅한 ‖重罪に処せられて然るべきだ 중벌을 받아야 마땅하다. ❷적당(適當)한; 적합(適合)한.

しかるべく【然るべく】 적당(適當)히; 적절(適切)히. ‖然るべく処置する 적절히 처리하다.

しかん【士官】 사관(史官). ♦士官学校 사관학교.

しかん【子癇】 자간(子癇).

しかん【弛緩】 ㊀하 이완(弛緩).

しがん【此岸】 차안(此岸); 현세(現世).

しがん【志願】 ㊀하 지원(志願). ‖自衛隊に志願する 자위대에 지원하다.

じかん【耳管】 이관(耳管).

じかん【次官】 차관(次官).

じかん【字間】 자간(字間).

*じかん【時間】 ❶시간(時間). ‖食事をとる時間もない 식사를 할 시간도 없다. 勝つのは時間の問題だ 이기는 것은 시간 문제다. もう終わる時間だ 벌써 끝날 시간이다. 集合時間 집합 시간. 国語の時間 국어 시간. ❷교시(校時). ‖3時間目 삼 교시. ▸時間を潰す 시간을 때우다. ▸時間を割(さ)く 시간을 내다. ♦時間差攻撃 시간차 공격. 時間帯 시간대. 時間表 시간표. 時間割 시간표. 時間割を組む 시간표를 짜다.

しき【式】 식(式). ♦結婚式 결혼식. 方程式 방정식.

しき【士気】 사기(士氣). ‖士気が高まる 사기가 고조되다.

しき【四季】 사계; 사계절(四季節). ‖四季の移ろい 사계절의 변화.

しき【指揮】 ㊀하 지휘(指揮). ‖オーケストラを指揮する 오케스트라를 지휘하

다. ♦指揮官 지휘관. 指揮権 지휘권. 指揮者 지휘자. 指揮棒 지휘봉.

じき【次期】 차기(次期). ♦次期総裁 차기 총재.

じき【時期】 시기(時期). ‖台風が来る時期 태풍이 오는 시기. ♦時期尚早 시기상조.

じき【時機】 시기(時機); 때. ‖時機を逸した 시기를 놓쳤다. 何事にも時機がある 무슨 일이든지 때가 있다.

じき【磁気】 자기(磁氣).

じき【瓷器】 자기(磁器).

じぎ【字義】 자의(字義).

しきい【敷居】 문지방(門地枋); 문턱. ▸敷居が高い 문턱이 높다.〔慣〕▸敷居を跨(また)ぐ 집안으로 들어오다. 찾아오다.

しきいし【敷石】 (道路・庭などに)깔린 돌.

しぎかい【市議会】 시의회(市議會).

しきかく【色覚】 색각(色覺). ♦色覚障害 색맹.

しききん【敷金】 보증금(保證金).

しきけん【識見】 식견(識見).

しきさい【色彩】 색채(色彩). ♦政治的色彩 정치적 색채. 色彩感覚 색채 감각.

しきし【色紙】 〔和歌・書画などを書く〕네모진 두꺼운 종이.

しきじ【式辞】 식사(式辭).

しきじ【識字】 식자(識字). ♦識字率 식자율.

しきしゃ【識者】 식자(識者).

しきじゃく【色弱】 색약(色弱).

しきじょう【色情】 색정(色情). ♦色情狂 색정광.

しきじょう【式場】 식장(式場). ♦結婚式場 결혼 식장.

しきそ【色素】 색소(色素).

じきそ【直訴】 (ス하) 직소(直訴).

しきそくぜくう【色即是空】 색즉시공(色卽是空).

しきち【敷地】 부지(敷地).

しきちょう【色調】 색조(色調). ‖色調の暗いカーテン 어두운 색조의 커튼.

しきつめる【敷き詰める】 (隙間のないように)빈틈없이 깔다. ‖タイルを敷き詰める 타일을 빈틈없이 깔다.

じきでし【直弟子】 직접(直接) 가르침을 받는 제자(弟子).

しきてん【式典】 식전(式典).

じきひつ【直筆】 자필(自筆).

しきぶとん【敷き布団】 요.

しきべつ【識別】 (ス하) 식별(識別). ‖敵と味方を識別する 적과 아군을 식별하다.

しきま【色魔】 색마(色魔).

じぎゃく【自虐】 자학(自虐). ♦自虐的 자학적.

しきゅう【子宮】 자궁(子宮). ♦子宮外妊娠 자궁 외 임신. 子宮筋腫 자궁 근종.

しきゅう【支給】 (ス하) 지급(支給). ‖ボーナスを支給する 보너스를 지급하다.

しきゅう【四球】 (野球で)사구(四球); 포볼.

しきゅう【死球】 (野球で)사구(死球); 데드볼.

しきゅう【至急】 지급(至急); 매우 급함. ‖至急の用事 급한 용무.

じきゅう【自給】 (ス하) 자급(自給). ‖食糧を自給する 식량을 자급하다. ♦自給自足 (ス하) 자급자족.

じきゅう【持久】 (ス하) 지구(持久). ♦持久力 지구력. 持久戦 지구전.

じきゅう【時給】 시급; 시간급(時間給).

しきゅうしき【始球式】 (野球で)시구식(始球式).

しきょ【死去】 (ス하) 사망(死亡); 서거(逝去).

しきょう【市況】 시황(市況).

しきょう【試供】 ‖試供する 사용해 달라고 상품을 제공하다. ♦試供品 견본품.

しきょう【詩経】 시경(詩經).

しぎょう【始業】 (ス하) 시업(始業). ♦始業式 시업식.

じきょう【自供】 (ス하) 자백(自白).

*__じぎょう【事業】__ 사업(事業). ‖新しい事業を始める 새로운 사업을 시작하다. 事業に成功する 사업에 성공하다. ♦慈善事業 자선 사업.

しきょく【支局】 지국(支局).

じきょく【時局】 시국(時局). ‖重大な時局 중대한 시국.

しきり【仕切り】 ❶(へだてるための)칸막이. ❷결산(決算). ❸(相撲で)겨룰 자세(姿勢)를 취하는 것.

しきりきん【仕切り金】 청산금(淸算金).

しきりに【頻りに】 끊임없이; 계속(繼續)해서. ‖しきりに電話がかかってくる 계속해서 전화가 걸려 오다.

しきる【仕切る】 ❶〔へだてる〕칸막이를 하다. ❷〔取り仕切る〕(物事を) 처리(處理)하다. ❸결산(決算)하다. ❹(相撲で)겨룰 자세(姿勢)를 취하다.

*__しきん【資金】__ 자금(資金). ‖資金を調達する 자금을 조달하다. ♦運転資金 운전 자금. 資金不足 자금 부족.

しきんぐり【資金繰り】 자금 조달(資金調達). ‖資金繰りが苦しい 자금 조달이 어렵다.

しきんせき【試金石】 시금석(試金石).

しく【詩句】 시구(詩句).

*__しく【敷く】__ ❶깔다; 펴다. ‖布団を敷く 이불을 펴다. ❷설치(設置)하다; 부설(附設)하다. ‖鉄道を敷く 철도를 부설하다. ❸펴다; 베풀다. ‖善政を敷く 선정을 베풀다.

じく【軸】 ❶축(軸). ❷(筆・ペンなどの) 자루.
じく【字句】 자구(字句).
じくう【時空】 시공(時空). ‖時空を越えた真理 시공을 초월한 진리.
しぐさ【仕種】 동작(動作); 표정(表情); 태도(態度). ‖愛らしいしぐさ 사랑스러운 표정.
ジグザグ【zigzag】 지그재그.
しくしく ❶훌쩍훌쩍. ‖しくしくと泣く 훌쩍거리다. ❷살살. ‖腹がしくしくする 배가 살살 아프다.
しくじる 실패(失敗)하다; 실수(失手)하다. ‖今度はしくじるなよ 이번에는 실수하지 마.
ジグソーパズル【jigsaw puzzle】 지그소 퍼즐.
シグナル【signal】 시그널. ‖シグナルを送る 시그널을 보내다.
しくはっく【四苦八苦】 사고팔고(四苦八苦); 온갖 고생(苦生).
シグマ【Σ ギ】 시그마.
しくみ【仕組み】 구조(構造). ‖機械の仕組み 기계의 구조.
しくむ【仕組む】 ❶조립(組立)하다. ❷계획(計劃)하다; 꾸미다.
シクラメン【Cyclamen ラ】 시클라멘.
しぐれ【時雨】 (説明)가을과 겨울 사이에 드문드문 내리는 비.
じくん【字訓】 자훈(字訓).
しけ【時化】 폭풍우(暴雨)으로 바다가 거칠어짐.
じげ【地毛】 자기(自己) 머리카락.
しけい【死刑】 사형(死刑). ‖死刑を宣告する 사형을 선고하다.
じけい【次兄】 둘째형.
じけい【字形】 자형(字形).
じけいれつ【時系列】 시계열(時系列).
しげき【史劇】 사극(史劇).
*しげき【刺激】 (자하) 자극(刺戟). ‖食欲を刺激する 식욕을 자극하다. 刺激が強い 자극이 강하다. 精神的刺激 정신적 자극. 刺激のない生活 자극이 없는 생활.
しげく【繁く】 자주; 뻔질나게. ‖足しげく通う 뻔질나게 다니다.
しけつ【止血】 (자하) 지혈(止血).
じけつ【自決】 (자하) 자결(自決); 자살(自殺).
しげみ【茂み】 수풀.
しける【時化る】 ❶폭풍우(暴雨)으로 바다가 거칠어지다. ❷경기(景氣)가 안 좋아지다.
しける【湿気る】 습기(濕氣)가 차다; 눅눅해지다. ‖海苔が湿気る 김이 눅눅해지다.
しげる【茂る】 무성(茂盛)하다.
しけん【私見】 사견(私見).
*しけん【試験】 (자하) 시험(試驗). ‖新車の性能を試験する 새 차의 성능을 시험하다. ♦司法試験 사법 시험. 入学試験 입학 시험. 試験管 시험관. 試験紙 시험지. リトマス試験紙 리트머스 시험지. 試験的 시험적. 試験問題 시험 문제.
しげん【資源】 자원(資源). ♦地下資源 지하자원. 人的資源 인적 자원.
*じけん【事件】 사건(事件). ‖事件が起こる 사건이 일어나다. 事件を起こす 사건을 일으키다. 事件に巻き込まれる 사건에 말려들다. ♦殺人事件 살인 사건.
じげん【次元】 차원(次元). ‖次元が低い 차원이 낮다. 二次元 이차원.
じげん【時限】 ❶시한(時限). ‖時限爆弾 시한폭탄. ❷교시(校時). ‖4 時限目の授業 사 교시 수업.
しご【死後】 사후(死後).
しご【死語】 사어(死語).
しご【私語】 (자하) 사담(私談). ‖私語禁止 사담 금지.
*じこ【自己】 자기(自己). ‖自己を知る 자기를 알다. 自己の能力を試してみる 자기의 능력을 시험해 보다. 自己中心的な態度 자기중심적인 태도. ♦自己嫌悪 자기혐오. 自己満足 자기만족.
*じこ【事故】 사고(事故). ‖事故にあう 사고를 당하다. 事故を起こす 사고를 내다. ♦交通事故 교통사고.
じご【事後】 사후(事後). ♦事後処理 사후 처리.
しこう【至高】 지고(至高); 최고(最高). ♦至高善 지고선.
しこう【志向】 (자하) 지향(志向). ♦上昇志向 상승 지향.
しこう【指向】 (자하) 지향(指向). ♦指向性 지향성.
しこう【施行】 (자하) 시행(施行); 실시(實施). ♦施行令 시행령.
しこう【思考】 (자하) 사고(思考). ‖哲学的思考 철학적 사고. 誤った思考 잘못된 사고.
しこう【歯垢】 치석(齒石).
しこう【嗜好】 (자하) 기호(嗜好). ♦嗜好品 기호품.
しこう【試行】 (자하) 시행(試行). ♦試行錯誤 시행착오. 試行錯誤を重ねる 시행착오를 거듭하다.
じこう【事項】 사항(事項). ♦検討事項 검토 사항. 注意事項 주의 사항.
じこう【時効】 시효(時效). ‖時効が成立する 시효가 성립되다.
じごう【次号】 다음 호(號).
じごうじとく【自業自得】 자업자득(自業自得).
しごく【至極】 지극(至極)히. ‖至極もっともだ 지극히 당연하다.
しごく【扱く】 ❶잡아당기다; 훑다. ❷호된 훈련(訓鍊)을 시키다.
じこく【自国】 자국(自國).

じこく【時刻】 시각(時刻). ‖開会の時刻 개회 시각. ♦時刻表 시각표.

じごく【地獄】 지옥(地獄). ▸地獄で仏に会ったよう 곤란할 때 뜻하지 않은 도움을 받음. ▸地獄の沙汰も金次第 돈만 있으면 귀신도 부릴 수 있다.〔諺〕♦地獄絵 (説明)지옥의 모습을 그린 그림. 地獄耳 (説明)남의 비밀(秘密) 등을 재빨리 알아냄.

しこしこ ❶쫄깃쫄깃. ‖しこしことした歯ざわり 쫄깃쫄깃한 맛. ❷꾸준히. ‖しこしこと書きためた原稿 꾸준히 써 모은 원고.

じこしゅちょう【自己主張】 자기주장(自己主張). ‖自己主張の強い人 자기주장이 강한 사람.

じこしょうかい【自己紹介】 (名하)자기소개(自己紹介).

しごせん【子午線】 자오선(子午線).

*しごと【仕事】 ❶일; 업무(業務). ‖きつい仕事 힘든 일. 台所の仕事 부엌일. ❷직업(職業). ♦仕事着 작업복. 仕事量 업무량. 작업량.

じこはさん【自己破産】 자기 파산(自己破産); 개인 파산(個人破産).

しこみ【仕込み】 ❶훈련(訓錬)시킴; 가르침. ❷〔商売の準備〕장사 준비(準備)를 함.

しこむ【仕込む】 ❶훈련(訓錬)시키다; 지도(指導)하다. ‖踊りを仕込む 춤을 지도하다. ❷장사 준비(準備)를 하다. ❸안에 장치(裝置)하다. ❹(酒·醬油などを)담그다.

しこり【痼り】 ❶응어리; 근육(筋肉)이 뭉친 것. ❷(心の)응어리.

ジゴロ【gigolo ㇷ】 기둥서방.

しさ【示唆】 (名하)시사(示唆). ‖政界の腐敗を示唆する事件 정계의 부패를 시사하는 사건.

じさ【時差】 시차(時差). ♦時差ぼけ (説明)시차 변화(時差變化)에 따른 나른함.

しさい【子細】 ❶자세(仔細)한 사정(事情). ❷지장(支障).

しさい【司祭】 사제(司祭).

しざい【死罪】 ❶사형(死刑). ❷죽을 죄(罪).

しざい【私財】 사재(私財). ‖私財を投じる 사재를 털다.

しざい【資材】 자재(資材). ♦建築資材 건축 자재.

しざい【資財】 자산(資産).

じざい【自在】 자재(自在). ♦自由自在 자유자재. 自在画 자재화.

しさく【施策】 시책(施策).

しさく【思索】 (名하)사색(思索). ‖静かに思索する 조용히 사색하다. 思索にふける 사색에 잠기다.

しさく【試作】 ‖試作する 시험 삼아 만들다.

しさく【詩作】 (名하)시작(詩作).

じさく【自作】 (名하)자작(自作). ♦自作農 자작농.

じざけ【地酒】 그 지방(地方)의 술.

しさつ【刺殺】 (名하) ❶척살(刺殺). ❷(野球で)터치아웃.

しさつ【視察】 (名하)시찰(視察). ‖水害地を視察する 수해지를 시찰하다. ♦視察団 시찰단.

じさつ【自殺】 (名하)자살(自殺). ♦自殺未遂 자살 미수.

しさん【試算】 (名하) ❶시산(試算). ❷검산(檢算).

しさん【資産】 자산(資産). ♦資産家 자산가. 資産株 자산주. 資産勘定 자산 계정.

しざん【死産】 (名하)사산(死産).

じさん【自賛】 (名하)자찬(自讚). ♦自画自賛 자화자찬.

じさん【持参】 (名하)지참(持參). ♦持参金 지참금.

しし【四肢】 사지(四肢).

しし【獅子】 ❶사자(獅子). ❷〔獅子舞〕사자춤. ♦獅子座 사자자리.

しじ【支持】 (名하)지지(支持). ‖支持する政党 지지하는 정당. 世論の支持を得る 여론의 지지를 얻다. ♦支持者 지지자.

しじ【私事】 개인적(個人的)인 일.

*しじ【指示】 (名하)지시(指示). ‖計画の中止を指示する 계획 중지를 지시하다. その点については指示がなかった 그 점에 대해서는 지시가 없었다. ♦作業指示書 작업 지시서. 指示語 지시어. 指示代名詞 지시 대명사.

しじ【師事】 (名하)사사(師事).

じじ【時事】 시사(時事). ♦時事問題 시사 문제.

ししおどし【鹿威し】 (説明)대나무 통(筒)에 물이 차 그 무게로 기울어지며 돌에 부딪쳐 소리가 나도록 만든 장치(裝置).

じじこっこく【時時刻刻】 시시각각(時時刻刻).

ししそんそん【子子孫孫】 자자손손(子子孫孫).

ししつ【脂質】 지질(脂質).

ししつ【資質】 자질(資質). ‖医師としての資質 의사로서의 자질.

しじつ【史実】 사실(史實).

*じじつ【事実】 사실(事實). ‖それは事実です 그건 사실입니다. この小説は事実に基づいている 이 소설은 사실에 근거하고 있다. その話は事実に反している 그 이야기는 사실과 다르다. 事実をねじ曲げる 사실을 왜곡하다. ♦既成事実 기성 사실. 事実婚 사실혼. 事実審 사실심. 事実無根 사실무근.

じじつ【時日】 시일(時日). ‖時日がかかる 시일이 걸리다.

シシトウ【獅子唐】 고추의 한 품종(品種).
ししまい【獅子舞】 사자(獅子)춤.
シジミ【蜆】 바지락.
ししゃ【支社】 지사(支社).
ししゃ【死者】 사자(死者).
ししゃ【使者】 사자(使者).
ししゃ【試写】 (る하) 시사(試寫). ♦試写会 시사회.
じしゃ【自社】 자사(自社). ♦自社製品 자사 제품.

し

ししゃく【子爵】 자작(子爵).
じしゃく【磁石】 자석(磁石).
ししゃごにゅう【四捨五入】 (る하) 사사오입(四捨五入).
シシャモ【柳葉魚】 (說明) 작은 바닷물고기.
ししゃやく【止瀉薬】 지사제(止瀉劑); 설사약(泄瀉藥).
ししゅ【死守】 (る하) 사수(死守).
じしゅ【自主】 자주(自主). ♦自主規制 자주 규제. 自主独立 자주 독립.
じしゅ【自首】 (る하) 자수(自首).
ししゅう【刺繡】 (る하) 자수(刺繡). ♦刺繡糸 자수실.
ししゅう【詩集】 시집(詩集).
しじゅう【四十・40】 사십(四十). ▸四十にして惑わず 불혹(不惑).
しじゅう【四重】 사중(四重). ♦四重唱 사중창. 四重奏 사중주.
しじゅう【始終】 시종(始終); 줄곧.
じしゅう【自習】 (る하) 자습(自習).
ししゅうびょう【歯周病】 치주병(齒周病).
じしゅく【自粛】 (る하) 자숙(自肅).
*ししゅつ【支出】 (る하) 지출(支出). ‖支出がかさむ 지출이 늘다. 支出を抑える 지출을 억제하다.
しじゅつ【施術】 (る하) 시술(施術).
じしゅてき【自主的】 자주적(自主的). ‖自主的に活動する 자주적으로 활동하다.
じじゅん【耳順】 이순(耳順); 육십 세(六十歲); 예순.
ししゅんき【思春期】 사춘기(思春期).
しじゅんせつ【四旬節】 사순절(四旬節).
ししょ【支所】 지소(支所).
ししょ【司書】 사서(司書).
ししょ【史書】 사서(史書).
ししょ【四書】 사서(四書). ♦四書五経 사서오경.
しじょ【子女】 자녀(子女).
じしょ【自署】 (る하) 자서(自署); 수서(手書).
じしょ【辞書】 사전(辭典). ‖辞書を引く 사전을 찾아보다. 知らない単語を辞書で調べる 모르는 단어를 사전에서 찾아보다.
じじょ【次女・二女】 차녀(次女); 둘째 딸.
ししょう【支障】 지장(支障). ‖支障をきたす 지장을 초래하다.
ししょう【死傷】 (る하) 사상(死傷). ♦死傷者 사상자.
ししょう【刺傷】 (る하) 자상(刺傷).
ししょう【師匠】 스승; 선생(先生)님. ‖生け花の師匠 꽃꽂이 선생님.
*しじょう【市場】 시장(市場). ‖市場を開拓する 시장을 개척하다. 国内市場の開放 국내 시장의 개방. ♦海外市場 해외 시장. 株式市場 주식 시장. 市場価格 시장 가격. 市場経済 시장 경제. 市場占有率 시장 점유율. 市場調査 시장 조사.
しじょう【史上】 사상; 역사상(歷史上). ‖史上最高の豪華客船 사상 최고의 호화 객선.
しじょう【至上】 지상(至上). ♦至上命令 지상 명령.
しじょう【紙上】 신문 지상(新聞). ‖紙上をにぎわす 신문 지상을 떠들썩하게 하다.
しじょう【試乗】 (る하) 시승(試乘).
しじょう【誌上】 지상(誌上).
じしょう【自称】 (る하) 자칭(自稱).
じしょう【事象】 사상(事象); 사실(事實)과 현상(現象).
じじょう【二乗】 (る하) 자승(自乘); 제곱.
じじょう【自浄】 자정(自淨). ♦自浄能力 자정 능력.
*じじょう【事情】 사정(事情). ‖事情を尋ねる 사정을 물어보다. 諸般の事情により開催が延期される 제반 사정으로 개최가 연기되다. ♦海外事情 해외 사정. 家庭事情 가정 사정. 食糧事情 식량 사정.
じじょう【磁場】 (物理) 자장(磁場).
じじょうじばく【自縄自縛】 자승자박(自繩自縛).
ししょうせつ【私小説】 사소설(私小說).
ししょく【試食】 (る하) 시식(試食). ♦試食会 시식회.
じしょく【辞職】 (る하) 사직(辭職). ‖辞職願い 사직원.
じじょでん【自叙伝】 자서전(自敍傳).
ししょばこ【私書箱】 사서함(私書函).
ししん【私心】 사심(私心).
ししん【使臣】 사신(使臣).
ししん【指針】 지침(指針).
しじん【詩人】 시인(詩人).
じしん【自身】 자신(自身); 직접(直接). ‖私自身の問題 내 자신의 문제. 彼自身が私に会いに来た 그 사람이 직접 나를 만나러 왔다.
*じしん【自信】 자신(自信). ‖私は勝つ自信がある 나는 이길 자신이 있다. 自信に満ちた態度 자신에 찬 태도. 自信満

々の男 자신만만한 남자.

*じしん【地震】 지진(地震). ‖日本は地震が多い 일본은 지진이 많다. 昨夜大きい地震があった 어젯밤에 큰 지진이 있었다. ♦地震帯 지진대. 地震波 지진파.

ししんけい【視神経】 시신경(視神經).

ジス【JIS】 일본 공업 규격(日本工業規格). ♦JISマーク JIS 마크. ✣韓国はKSマーク.

じすい【自炊】 ㊂하 자취(自炊).

しすう【指数】 지수(指數). ‖物価指数 물가 지수.

じすう【字数】 자수(字數).

*しずか【静か】ダ ❶조용하다. ‖静かな夜 조용한 밤. ❷침착(沈着)하다. ‖静かに話す 침착하게 말하다. ❸평온(平穩)하다. ‖静かな世の中 평온한 세상.

しずく【滴・雫】 물방울.

しずけさ【静けさ】 조용함; 고요함. ‖嵐の前の静けさ 폭풍 전의 고요.

シスター【sister】 수녀(修女).

システム【system】 시스템. ♦システムエラー 시스템 에러.

ジストマ【distoma ラ】 디스토마.

じすべり【地滑り】 ❶(土・砂・岩石などが)무너지는 사태(沙汰). ❷급격(急激)한 변동(變動). ‖相場が地滑りを起こす 주식 시장이 급격한 변동을 일으키다. ♦地滑り的 압도적. 地滑り的大勝利 압도적인 대승리.

しずまりかえる【静まり返る】 조용해지다; 잠잠(潛潛)해지다.

しずまる【静まる・鎮まる】 ❶조용해지다; 잠잠(潛潛)해지다. ❷(勢力が)약(弱)해지다. ‖風が静まる 바람이 약해지다. ❸가라앉다; 진정(鎭靜)되다. ‖興奮が鎮まる 흥분이 가라앉다.

しずむ【沈む】 ❶가라앉다. ‖船が沈む 배가 가라앉다. ❷(日・月が)지다. ‖日が西に沈む 해가 서쪽으로 지다. ❸우울(憂鬱)해지다; 침울(沈鬱)해지다. ‖沈んだ気持ち 우울한 기분. ❹(色・音が)차분하다; 가라앉다. ‖沈んだ声の調子 가라앉은 듯한 목소리.

しずめる【沈める】 ❶가라앉히다. ‖敵艦を沈める 적함을 가라앉히다. ❷자세(姿勢)를 낮추다. ‖身を沈めて様子をうかがう 몸을 숙이고 상황을 살피다.

しずめる【静める・鎮める】 ❶조용히 시키다. ❷진정(鎭靜)시키다. ❸통증(痛症)을 완화(緩和)시키다.

じする【辞する】 ❶〔去る〕물러나다; 하직 인사(下直人事)를 하다. ❷〔断る〕거절(拒絶)하다; 사양(辭讓)하다. ‖勧誘を辞する 권유를 사양하다. ❸사퇴(辭退)하다; 사임(辭任)하다; 사직(辭職)하다. ‖職を辞する 사직하다. ❹〔…を(も)辞せず[さない]の形で〕…도 마다않고. ‖徹夜も辞せずに 철야도 마다않고.

しせい【市井】 시정(市井).

しせい【市政】 시정(市政).

しせい【四声】 (言語) 사성(四聲).

しせい【死生】 사생(死生).

しせい【至誠】 지성(至誠). ‖至誠天に通ず 지성이면 감천이라.

しせい【姿勢】 자세(姿勢). ‖姿勢がいい 자세가 좋다. 姿勢を正す 자세를 바르게 하다. 前向きな姿勢 적극적인 자세.

しせい【施政】 시정(施政). ♦施政演説 시정 연설.

じせい【自生】 ㊂하 자생(自生). ♦自生植物 자생 식물.

じせい【自制】 ㊂하 자제(自制). ♦自制心 자제심.

じせい【時勢】 시대(時代)의 흐름. ‖時勢に逆らう 시대의 흐름에 역행하다. 時勢に遅れる 시대의 흐름에 뒤처지다.

じせい【自省】 ㊂하 자성(自省).

じせい【時制】 시제(時制).

しせいかつ【私生活】 사생활(私生活).

しせいじ【私生児】 사생아(私生兒).

しせき【史跡】 사적(史跡).

しせき【歯石】 치석(齒石).

じせき【自責】 자책(自責). ‖自責の念にかられる 자책감에 시달리다. ♦自責点 자책점.

じせき【次席】 차석(次席).

しせつ【私設】 사설(私設). ♦私設秘書 사설 비서.

しせつ【使節】 사절(使節). ♦使節団 사절단. 親善使節 친선 사절.

*しせつ【施設】 시설(施設). ♦教育施設 교육 시설. 公共施設 공공 시설. 娯楽施設 오락 시설.

しせん【支線】 지선(支線).

しせん【死線】 사선(死線). ‖死線をさまよう 사선을 헤메다.

しせん【視線】 시선(視線).

*しぜん【自然】 ❶자연(自然). ‖この町にはまだ自然が残っている 이 마을에는 아직 자연이 남아 있다. 自然の力 자연의 힘. ❷〔自然なの形で〕자연스러운. ‖自然なこと 자연스러운 일. 自然な反応 자연스러운 반응. ❸〔自然にの形で〕자연히; 자연스레; 자연스럽게; 저절로. ‖ドアが自然に閉まる 문이 저절로 닫히다. 自然にふるまう 자연스럽게 행동하다. ♦自然界 자연계. 自然科学 자연 과학. 自然権 자연권. 천부인권. 自然現象 자연 현상. 自然主義 자연주의. 自然食品 자연 식품. 自然数 자연수. 自然石 자연석. 自然淘汰 자연 도태. 自然法 자연법. 自然保護 자연 보호.

し

じぜん【次善】 차선(次善). ‖次善の策 차선책.

*じぜん【事前】 사전(事前). ‖陰謀が事前に発覚する 음모가 사전에 발각되다. 事前に知る 사전에 알다. ♦事前工作 사전 공작.

じぜん【慈善】 자선(慈善). ♦慈善事業 자선 사업.

しそ【始祖】 시조(始祖).

シソ【紫蘇】 차조기; 소엽(蘇葉).

しそう【志操】 지조(志操).

*しそう【思想】 사상(思想). ‖過激な思想 과격한 사상. 思想の自由 사상의 자유. ♦東洋思想 동양 사상. 思想家 사상가. 思想犯 사상범.

しぞう【死蔵】 (を하) 사장(死藏).

しぞう【私蔵】 ‖私蔵する 개인이 소유하다.

じぞう【地蔵】 지장(地藏). ♦地蔵菩薩 지장보살.

しそうのうろう【歯槽膿漏】 치조 농루(齒槽膿漏).

シソーラス【thesaurus】 (言語) 시소러스.

しそく【子息】 자식(子息). ‖ご子息 아드님.

しぞく【氏族】 씨족(氏族). ♦氏族社会 씨족 사회.

じそく【自足】 (を하) 자족(自足). ♦自給自足 (を하) 자급자족.

じそく【時速】 시속(時速). ‖時速 100 キロで走る 시속 백 킬로로 달리다.

じぞく【持続】 (を하) 지속(持續). ‖友好関係を持続する 우호 관계를 지속하다. 効果が持続する 효과가 지속되다. ♦持続性 지속성. 持続力 지속력.

しそん【子孫】 자손(子孫).

しそんじる【仕損じる】 실수(失手)하다; 실패(失敗)하다.

じそんしん【自尊心】 자존심(自尊心). ‖自尊心が強い 자존심이 강하다.

*した【下】 ❶ (位置が)아래; 밑. ‖ベランダから下に落ちる 베란다 아래로 떨어지다. ❷ (年齢・地位・程度などが)낮음. ‖3 歳ぐらい下の同僚 세 살 정도 아래인 동료. ❸〔内側〕속; 안. ‖下にシャツを着る 속에 셔츠를 입다. ❹〔名詞の上に付いて〕미리 함; 준비(準備)함. ‖下調べ 사전 조사. 下ごしらえ 사전 준비. 下書き 초고.

*した【舌】 혀. ‖あの子は私に向かって舌を出した 그 애는 나를 향해 혀를 내밀었다. 舌をかむ 혀를 깨물다. 舌の先 혀끝. ▸舌が肥える 입이 고급이다. ▸舌が回る 말을 잘하다. ▸舌を出す 뒤에서 흉보다. ▸舌を巻く 혀를 내두르다. 〔慣〕

シダ【羊歯】 양치류(羊齒類)의 총칭(總稱).

じた【自他】 자타(自他). ‖自他共に許す 자타가 공인하다.

したあじ【下味】 ❶ (料理で)밑간. ❷ (相場が)하향세(下向勢)를 보임.

したい【死体】 사체(死體); 시체(屍體).

したい【姿態】 자태(姿態).

*-しだい【次第】 ❶ …에 달려 있음. ‖どうするかはあなた次第だ 어떻게 할 것인가는 너한테 달려 있다. ❷ …대로. ‖ソウルに着き次第連絡します 서울에 도착하는 대로 연락하겠습니다. 手当たり次第に投げつける 손에 잡히는 대로 집어던지다.

じたい【自体】 자체(自體). ‖制度自体が悪いのではない 제도 자체가 나쁜 것은 아니다.

じたい【字体】 자체(字體).

じたい【事態】 사태(事態). ‖事態は日増しに悪くなっている 사태는 나날이 나빠지고 있다. ♦緊急事態 긴급 사태.

じたい【辞退】 (を하) 사퇴(辭退). ‖受賞を辞退する 수상을 사퇴하다.

*じだい【時代】 시대(時代). ‖時代が変わる 시대가 바뀌다. 物のあり余る時代 물건이 남아도는 시대. 時代をさかのぼる 시대를 거슬러 올라가다. 時代の寵児(ちょう) 시대의 총아. ♦江戸時代 에도 시대. 朝鮮時代 조선 시대. 時代遅れ 시대에 뒤떨어짐. 時代遅れの発想 시대에 뒤떨어진 발상. 時代劇 시대극. 사극. 時代錯誤 시대착오.

じだいしゅぎ【事大主義】 사대주의(事大主義).

しだいに【次第に】 서서(徐徐)히; 점차(漸次); 점점(漸漸). ‖次第に寒くなる 점점 추워지다.

したう【慕う】 사모(思慕)하다; 연모(戀慕)하다; 따르다.

したうけ【下請け】 (を하) 하청(下請).

したうち【舌打ち】 ‖舌打ちする 혀를 차다.

*したがう【従う】 ❶ 따르다; 수행(隨行)하다. ‖日本の習慣に従って屋内では靴を脱ぐ 일본의 습관에 따라 집안에서는 구두를 벗다. ❷ 복종(服從)하다. ‖命令に従う 명령에 복종하다. ❸ 종사(從事)하다; 복무(服務)하다. ‖兵役に従う 병역에 복무하다.

したがえる【従える】 ❶ 데리고 가다; 거느리다. ‖5 人の部下を従える 다섯 명의 부하를 데리고 가다. ❷ 복종(服從)시키다.

したがき【下書き】 초고(草稿); 초안(草案). ‖下書きする 초고를 쓰다.

*したがって【従って】 따라서; 그래서. ‖当方に過失はない. 従って賠償などするつもりはない 우리 쪽에 과실은 없다. 따라서 배상을 할 생각은 없다.

したぎ【下着】 속옷.

*したく【支度・仕度】 (を하) 준비(準備). ‖食事の支度をする 식사 준비를 하다.

支度はできましたか　준비는　되었습니까?

じたく【自宅】 자택(自宅); 집; 자기 집. ‖自宅から通勤する 집에서 통근하다.

したごころ【下心】 ❶본심(本心); 내심(內心); 저의(底意). ❷계략(計略); 음모(陰謀).

したごしらえ【下拵え】 ❶미리 준비(準備)함. ❷음식의 밑 준비를 함.

したさきさんずん【舌先三寸】 교묘(巧妙)한 언변(言辯).

したざわり【舌触り】 혀에 닿는 감촉(感觸).

したじ【下地】 ❶기초(基礎); 바탕; 토대(土臺). ❷소질(素質); 자질(資質); 천성(天性).

*__したしい__【親しい】 친하다; 친숙(親熟)하다; 익숙하다. ‖親しい人 친한 사람. 耳に親しい 귀에 익숙하다. 親しそうに話す 친하게 이야기하다.

したじき【下敷き】 ❶(文房具の)책받침. ❷물건 밑에 까는 것; 밑에 깔림. ‖木の下敷きになる 나무 밑에 깔리다.

したしみ【親しみ】 친근감(親近感). ‖親しみを持って接する 친근감을 갖고 대하다.

したしむ【親しむ】 친하다; 친숙(親熟)하다.

したしらべ【下調べ】 ㊈하 ❶사전 조사(事前調査). ❷예습(豫習).

したたか【強か】 ❶강(强)함. ‖したたかな相手 강한 상대. ❷〔副詞的に〕심하게; 세게; 매우; 무척. ‖頭をしたたかぶつけた 머리를 세게 부딪쳤다.

したためる【認める】 (文字を)적다; 쓰다. ‖筆でしたためる 붓으로 쓰다.

したたらず【舌足らず】 ❶발음(發音)이 부정확(不正確)함; 혀가 짧음. ‖舌足らずだ 혀가 짧다. ❷표현(表現)·설명(說明) 등이 부족(不足)함. ‖舌足らずの説明 부족한 설명.

したたる【滴る】 (液体が)뚝뚝　떨어지다. ‖汗が滴り落ちる 땀이 뚝뚝 떨어지다.

したつづみ【舌鼓】 ‖舌鼓を打つ 입맛을 다시다.

したっぱ【下っ端】 (身分·地位が)낮은 사람.

したっぱら【下っ腹】 아랫배.

したづみ【下積み】 ❶(他の荷物の)밑에 쌓음. ❷(他の人の)밑에서 일을 함 또는 그런 사람.

したて【下手】 아래쪽; 저자세(低姿勢). ‖下手に出る 저자세로 나가다.

したて【仕立て】 바느질해서 만듦. ‖フランス仕立て 프랑스에서 만든 양복. ♦仕立物 바느질. 재봉.

したてる【仕立てる】 ❶(服を)바느질하다. ❷(人を)가르치다; 만들다; 양성(養成)하다. ‖大工に仕立てる 목수로 만들다.

したどり【下取り】 (説明) 새 물건을 팔 때 가게가 중고품(中古品)을 적정 가격(適正價格)에 인수(引受)하는 것.

したぬり【下塗り】 ㊈하 초벌[애벌] 칠.

したね【下値】 싼값.

じたばた ❶〔あばれる〕‖じたばた(と)もがく 팔다리를 버둥거리다. ❷〔慌てふためく〕‖今さらじたばたしても始まらない 지금 와서 발버둥이를 쳐도 소용없다.

したばたらき【下働き】 다른 사람 밑에서 일을 함 또는 그런 사람.

したび【下火】 ❶불기운이 약(弱)해짐. ❷기세(氣勢)가 약해짐; 한물가는 것. ‖下火になる 시들하다. 한물가다.

したまち【下町】 (説明) 저지대(低地帶)에 있는 동네.

したまわる【下回る】 (基準より)밑돌다; 하회(下廻)하다. ‖予想を下回る成績 예상을 밑도는 성적.

したみ【下見】 ㊈하 ❶사전 답사(事前踏査). ❷예습(豫習).

したむき【下向き】 ❶하향(下向); 아래쪽을 향함. ❷쇠퇴(衰退)해짐; 후퇴(後退)함. ‖景気の下向き 경기의 후퇴. ❸(相場·物価が)내림세; 하향세(下向勢). ‖相場が下向きだ 시세가 내림세다.

したメ【下目】 ❶눈을 아래로 뜸. ❷깔봄. ‖人を下目に見る 사람을 깔보다.

したやく【下役】 ❶부하(部下). ❷하급 관리(下級官吏).

じだらく【自堕落】ダ (身持ちが)단정(端正)하지　못하다; 무절제(無節制)하다. ‖自堕落な生活 무절제한 생활.

したりがお【したり顔】 의기양양(意氣揚揚)한 얼굴.

シダレザクラ【枝垂れ桜】 수양(垂楊)벚나무.

シダレヤナギ【枝垂れ柳】 수양(垂楊)버들.

しだれる【枝垂れる】 (枝などが)축 늘어지다.

しだん【指弾】 ㊈하 지탄(指彈). ‖指弾を受ける 지탄을 받다.

しだん【師団】 사단(師團).

じだん【示談】 화해(和解); 합의(合意). ♦示談金 합의금.

じだんだ【地団太】 ‖地団太を踏む 발을 동동 구르다.

しち【七·7】 칠(七); 일곱. ‖7年 칠 년. 7名 일곱 명.

しち【質】 전당품(典當品); 담보물(擔保物).

*__じち__【自治】 자치(自治). ♦地方自治 지방 자치 自治会 자치회. 自治権 자치권. 自治体 자치체.

しちいれ【質入れ】 전당포(典當鋪)에 잡힘. ‖時計を質入れする 시계를 전당

포에 잡히다.

しちがつ【七月·7月】칠월(七月).

しちごさん【七五三】 ㊟아이의 성장(成長)을 축하(祝賀)하는 행사(行事).

しちごんぜっく【七言絶句】칠언 절구(七言絶句).

しちてんはっき【七転八起】 ㉦칠전팔기(七顚八起).

しちてんばっとう【七転八倒】 ㉦칠전팔도(七顚八倒).

し

しちぶ【七分】칠 할(七割). ♦**七分粥** ㊟쌀 일(一)에 물 칠(七)의 비율(比率)로 만든 죽. **七分袖** 칠부 소매. **七分搗(づ)き** 칠분도(미).

しちふくじん【七福神】 ㊟복(福)과 덕(德)을 가져온다는 일곱 신(神).

しちみ【七味】 ㊟향신료(香辛料)의 하나.

シチメンチョウ【七面鳥】 칠면조(七面鳥).

しちや【質屋】전당포(典當鋪).

しちゃく【試着】㉦시착(試着).

しちゅう【支柱】지주(支柱).

しちゅう【市中】시중(市中). ♦**市中銀行** 시중 은행.

シチュー【stew】스튜.

しちょう【市長】시장(市長).

しちょう【思潮】 사조(思潮). ♦**文芸思潮** 문예 사조.

しちょう【視聴】 ㉦시청(視聽). ♦**視聴覚** 시청각. **視聴覚教育** 시청각 교육. **視聴者** 시청자. **視聴率** 시청률.

じちょう【自重】㉦자중(自重).

じちょう【自嘲】㉦자조(自嘲).

じちょう【次長】차장(次長).

じちりょう【自治領】자치령(自治領).

じちんさい【地鎮祭】지진제(地鎭祭).

しっ ❶〔静かにさせる〕쉬. ‖しっ, 静かに 쉬, 조용히. ❷〔追い払う〕쉬. ‖しっ, あっちへ行け 쉬, 저리로 가.

しつ【室】실; 방(房). ♦**診察室** 진찰실.

しつ【質】질; 품질(品質); 성질(性質).

***じつ**【実】 ❶실제(實際); 진실(眞實); 사실(事實). ‖実を言うと 사실을 말하면. ❷내용(內容); 실질(實質); 실리(實利). ‖実を取る 실리를 취하다. ❸성과(成果); 실적(實績). ‖実が上がる 실적이 오르다. ❹진심(眞心); 성의(誠意).

しつい【失意】 실의(失意). ‖失意の人 실의에 빠진 사람.

じついん【実印】실인(實印).

しつうはったつ【四通八達】 ㉦사통팔달(四通八達).

じつえき【実益】실익(實益).

じつえん【実演】㉦실연(實演).

しつおん【室温】실온(室溫).

しっか【失火】㉦실화(失火).

しっか【膝下】 슬하(膝下). ‖父母の膝下を離れる 부모님 슬하를 떠나다.

じっか【実家】 ❶생가(生家); 고향(故鄕) 집. ❷(結婚した女性の)친정(親庭).

しつがい【室外】실외(室外).

じっかい【十戒】십계(十戒).

しっかく【失格】㉦실격(失格).

じつがく【実学】실학(實學).

***しっかり**【確り】 ❶〔基礎や構成が堅固である様子〕‖しっかりとした建物 튼튼한 건물. ❷〔人の性質や考えなどが堅実な様子〕‖若いのにしっかりしている 젊은데도 견실하다. ❸〔頭脳や肉体が健全な様子〕‖気をしっかり(と)持て 정신 차려. ❹〔動作·行為を着実·真剣に行なう様子〕‖もっとしっかり(と)歩け 좀 더 똑바로 걸어. ❺〔固くくっついて離れない様子〕‖手にしっかり(と)握りしめる 손에 꼭 쥐다. ❻〔万全に準備をしておく様子〕‖しっかり(と)食べておく 많이 먹어 두다. しっかり食べる 충분히 먹다.

しっかん【疾患】 질환(疾患). ‖呼吸器の疾患 호흡기 질환.

しつかん【質感】질감(質感).

じっかん【実感】 ㉦실감(實感). ‖現実の厳しさを実感する 현실의 어려움을 실감하다. 実感がわく 실감이 나다.

しっき【湿気】습기(濕氣).

しっき【漆器】칠기(漆器).

しつぎ【質疑】 ㉦질의(質疑). ♦**質疑応答** 질의응답.

じつぎ【実技】실기(實技).

しっきゃく【失脚】㉦실각(失脚).

***しつぎょう**【失業】㉦실업(失業); 실직(失職). ‖会社が倒産して失業する 회사가 도산해서 실직하다. ♦**失業者** 실업자. **失業人口** 실업 인구. **失業対策** 실업 대책. **失業保険** 실업 보험. **失業率** 실업률.

じっきょう【実況】실황(實況). ♦**実況中継** 실황 중계. **実況放送** 실황 방송.

じつぎょう【実業】 실업(實業). ♦**実業家** 실업가.

シック【chic フ】 멋있다; 세련(洗練)되다. ‖シックに着こなす 옷을 세련되게 입다.

しっくい【漆喰】회(灰) 반죽.

しっくり ‖その絵はこの部屋にしっくり(と)しない 그 그림은 이 방에는 어울리지 않는다.

じっくり ‖じっくりと考える 깊이 생각하다.

しっけ【湿気】 습기(濕氣). ‖毛皮は湿気に弱い 모피는 습기에 약하다.

しつけ【躾·仕付け】 ❶예의범절(禮儀凡節). ‖しつけの厳しい家庭 예의범절이 엄격한 가정. ❷(裁縫で)시침질.

じっけい【実刑】실형(實刑).

しっけん【執権】집권(執權).

しっけん【失権】㉦실권(失權).

しっけん【識見】 식견(識見).
しつげん【失言】 ㉠하 실언(失言).
しつげん【湿原】 습지(濕地).
じっけん【実見】 ‖実見する 실제로 보다.
じっけん【実検】 ‖実検する 사실 여부를 실제로 검사함.
じっけん【実権】 실권(實權). ‖実権を握る 실권을 잡다.
*じっけん【実験】 ㉠하 실험(實驗). ‖仮説が正しいかどうか実験してみる 가설이 타당한지 아닌지 실험해 보다. 理論の正しさは実験で証明される 이론의 타당성은 실험으로 증명된다. ♦実験小説 실험 소설. 実験台 실험대. 実験段階 실험 단계. 実験的 실험적. 新技術を実験的に導入する 신기술을 실험적으로 도입하다.
じつげん【実現】 ㉠하 실현(實現). ‖夢を実現する 꿈을 실현하다. 計画の実現を急ぐ 계획의 실현을 서두르다.
しつご【失語】 ㉠하 실어(失語). ♦失語症 실어증.
しつこい ❶(味・香りなどが)불쾌(不快)할 정도로 진하다. ❷(態度などが)집요(執拗)하다; 끈질기다. ‖今年の風邪はしつこい 올해 감기는 끈질기다. しつこい人 집요한 사람.
しっこう【失効】 ㉠하 실효(失效).
しっこう【執行】 ㉠하 집행(執行). ‖政務を執行する 정무를 집행하다. ♦執行官 집행관. 執行機関 집행 기관. 執行権 집행권. 執行部 집행부. 執行猶予 집행 유예.
*じっこう【実行】 ㉠하 실행(實行). ‖計画を実行する 계획을 실행하다. 選挙公約を実行する 선거 공약을 실행하다. 実行不可能な計画 실행 불가능한 계획.
じっこう【実効】 실효(實效). ‖実効を生じる 실효를 거두다.
しっこく【漆黒】 칠흑(漆黑). ‖漆黒の闇 칠흑 같은 어둠.
*じっさい【実際】 실제(實際); 사실(事實). ‖理論と実際 이론과 실제. その話は実際と違う 그 이야기는 실제와 다르다. ♦実際的 실제적.
じつざい【実在】 ㉠하 실재(實在). ♦実在論 실재론.
しっさく【失策】 ㉠하 실책(失策).
しつじ【執事】 집사(執事).
じっし【実子】 친자식(親子息).
じっし【実施】 ㉠하 실시(實施). ‖新しい政策を実施する 새로운 정책을 실시하다. その法律は来年から実施される 그 법률은 내년부터 실시된다.
しつじつ【質実】ダ 꾸밈이 없고 성실(誠實)하다.
じっしつ【実質】 실질(實質). ♦実質賃金 실질 임금. 実質的 실질적. 彼が実質的なリーダーだ 그 사람이 실질적인 리더다.
じっしゃ【実写】 ㉠하 실사(實寫).
じっしゅう【実習】 ㉠하 실습(實習). ‖工場で実習する 공장에서 실습을 하다. ♦実習生 실습생.
しっしょう【失笑】 ㉠하 실소(失笑).
じっしょう【実証】 ㉠하 실증(實證). ‖実証を重んじる研究態度 실증을 중시하는 연구 태도. 理論の正しいことが実験で実証された 이론의 타당성이 실험으로 실증되었다. ♦実証主義 실증주의. 実証的 실증적. 実証的な研究 실증적인 연구.
じつじょう【実情】 실정(實情). ‖実情を報告する 실정을 보고하다.
しっしょく【失職】 ㉠하 실직(失職); 실업(失業).
しっしん【失神】 ㉠하 실신(失神).
しっしん【湿疹】 습진(濕疹).
じっしんぶんるいほう【十進分類法】 십진분류법(十進分類法).
じっしんほう【十進法】 십진법(十進法).
じっすう【実数】 실수(實數).
しっせい【失政】 실정(失政). ‖失政を重ねる 실정을 거듭하다.
しっせい【湿性】 습성(濕性).
しっせい【湿生】 ㉠하 습생(濕生). ♦湿生植物 습생 식물.
じっせい【実勢】 실세(實勢).
じっせいかつ【実生活】 실생활(實生活).
しっせき【叱責】 ㉠하 질책(叱責). ‖部下を叱責する 부하를 질책하다.
じっせき【実績】 실적(實績); 성과(成果); 성적(成績). ‖実績を上げる 실적을 올리다.
じっせん【実戦】 실전(實戰).
*じっせん【実践】 ㉠하 실천(實踐). ‖理論と実践 이론과 실천. 理論を実践に移す 이론을 실천으로 옮기다. 実践を通じて得た知識 실천을 통해 얻은 지식.
じっせん【実線】 실선(實線).
しっそ【質素】ダ 질소(質素)하다.
しっそう【失踪】 ㉠되 실종(失踪).
しっそう【疾走】 ㉠하 질주(疾走).
じっそう【実相】 실상(實相). ‖社会の実相 사회의 실상.
じつぞう【実像】 실상(實像) ‖スターの実像 스타의 실상.
しっそく【失速】 ㉠하 실속(失速).
じつぞん【実存】 ㉠하 실존(實存). ‖実存する人物 실존하는 인물. ♦実存主義 실존주의.
しった【叱咤】 ㉠하 질타(叱咤).
しったい【失態】 ‖失態を演じる 면목을 잃다. 실수를 하다.
じったい【実体】 실체(實體). ‖実体のな

し

い幽霊会社 실체가 없는 유령 회사.
じったい【実態】 실태(實態). ‖正確な実態をつかむ 정확한 실태를 파악하다. ♦実態調査 실태 조사.
しったかぶり【知ったか振り】 ‖知ったかぶりをする 아는 척하다.
じつだん【実弾】 실탄(實彈).
じっち【実地】 ❶현장(現場). ‖実地検証 현장 검증. ❷실제(實際)의 장(場).

しっちかいふく【失地回復】 잃어 버린 지위(地位)를 되찾음.
じっちゅうはっく【十中八九】 십중팔구(十中八九).
しっちょう【失調】 실조(失調). ♦栄養失調 영양실조.
しつちょう【室長】 실장(室長).
しっつい【失墜】 (to하) 실추(失墜). ‖権威を失墜する 권위를 실추하다.
じってい【実弟】 친남동생(親男同生).
じっていほう【実定法】 실정법(實定法).
しつてき【質的】 질적(質的). ‖質的向上を望む 질적 향상을 꾀하다.
しってん【失点】 실점(失點).
しっと【嫉妬】 (to하) 질투(嫉妬). ‖友の才能に嫉妬を覚える 친구의 재능에 질투를 느끼다. 嫉妬深い 질투가 심하다. ♦嫉妬心 질투심.
しつど【湿度】 습도(濕度). ‖湿度が高い 습도가 높다.
じっと ❶〔動かずにいる〕가만히. ‖じっと立っている 가만히 서 있다. じっと見守る 가만히 지켜보다. ❷〔我慢する〕꾹. ‖じっと痛さをこらえる 아픈 것을 꾹 참다.
しっとり ❶〔(人が)落ち着いてしとやかな様子〕차분히. ‖しっとり(と)した態度 차분한 태도. ❷〔少し湿りけを含んでいる様子〕촉촉히. ‖春雨にしっとり(と)ぬれる 봄비에 촉촉히 젖다.
しつない【室内】 실내(室內). ♦室内楽 실내악. 室内着 실내복.
じつに【実に】 실(實)로; 정말로. ‖実に面白い 정말로 재미있다.
じつは【実は】 실은; 사실(事實)은.
ジッパー【zipper】 지퍼.
*しっぱい【失敗】 (to하) 실패(失敗). ‖試験に失敗する 시험에 실패하다. 失敗の原因 실패의 원인. 失敗談 실패담. ▸失敗は成功の元 실패는 성공의 어머니.
じっぱひとからげに【十把一絡げに】 뭉뚱그려. ‖十把一絡げに扱う 뭉뚱그려 취급하다.
じっぴ【実費】 실비(實費)
しっぴつ【執筆】 (to하) 집필(執筆). ♦執筆者 집필자.
しっぷ【湿布】 ❶(to하) 습포(濕布). ❷파스.
しっぷう【疾風】 질풍(疾風). ♦疾風怒濤 질풍노도.
じつぶつ【実物】 실물(實物). ♦実物大 실물 크기. この模型は実物大です 이 모형은 실물 크기입니다. 実物取引 실물 거래. 현물 거래.
しっぺい【竹篦】 ❶〔道具〕죽비(竹篦). ❷〔行為〕인지(人指)와 중지(中指)로 상대방(相對方)의 손목을 때리는 것.
しっぺい【疾病】 질병(疾病).
しっぺがえし【しっぺ返し】 보복(報復) ‖しっぺ返しを食わせる 보복하다.
しっぽ【尻尾】 꼬리. ‖犬の尻尾 개 꼬리. 行列の尻尾 행렬의 꼬리. ▸尻尾を出す 본색을 드러내다. ▸尻尾をつかむ 꼬리를 잡다.〔慣〕 ▸尻尾を振る 꼬리를 치다.〔慣〕 ▸尻尾を巻く 꼬리를 감추다.〔慣〕
*しつぼう【失望】 (to하) 실망(失望). ‖彼には全く失望した 그 사람한테는 정말 실망했다. 失望のあまり 실망한 나머지.
しっぽり 촉촉히. ‖春雨にしっぽり(と)ぬれる 봄비에 촉촉히 젖다.
しつむ【執務】 (to하) 집무(執務). ‖執務中 집무 중.
じつむ【実務】 실무(實務). ‖実務に携わる 실무에 관여하다.
しつめい【失命】 (to하) 실명(失命).
しつめい【失明】 (to하) 실명(失明).
じつめい【実名】 실명(實名); 본명(本名).
*しつもん【質問】 (to하) 질문(質問). ‖先生に質問する 선생님께 질문하다. 質問を受ける 질문을 받다. 質問攻めにあう 질문 공세를 당하다.
しつよう【執拗】ダ 집요(執拗)하다. ‖執拗な攻撃 집요한 공격. 執拗に主張する 집요하게 주장하다.
じつよう【実用】 실용(實用). ♦実用性 실용성. 実用品 실용품. 実用主義 실용주의.
じつようてき【実用的】 실용적(實用的). ‖実用的な品物 실용적인 물건.
じつり【実利】 실리(實利). ‖実利を重んじる 실리를 존중하다.
しつりょう【質量】 질량(質量). ‖質量保存の法則 질량 보존의 법칙.
*じつりょく【実力】 ❶실력(實力). ‖数学の実力がついてきた 수학 실력이 붙었다. 実力のある人 실력이 있는 사람. 実力を発揮する 실력을 발휘하다. ❷무력(武力); 경찰력(警察力). ♦実力行使 실력 행사. 実力者 실력자. 実力主義 실력주의.
*しつれい【失礼】 ❶실례(失禮). ‖失礼ですが 실례합니다만. 失礼のないようにもてなす 실례가 안 되도록 대접하다. ❷(別れる時に) ‖これで失礼します 이만 물러가겠습니다. 이만 실례하겠습니

‖しばらくお待ちください 잠시 기다리세요. ❷〔やや長く〕한동안; 얼마 동안. ‖しばらくぶりですね 오랜만이네요.
しばりあげる【縛り上げる】 꽁꽁 묶다.
しばりつける【縛り付ける】 붙잡아 매다; 구속(拘束)하다.
*__しばる【縛る】__ 묶다; 매다; 구속(拘束)하다. ‖小包を紐で縛る 소포를 끈으로 묶다. 校則で生徒を縛る 교칙으로 학생들을 구속하다. 時間に縛られる 시간에 매이다.
しはん【市販】 (조하) 시판(市販).
しはん【師範】 사범(師範).
じはん【事犯】 사범(事犯). ♦暴力事犯 폭력 사범.
じばん【地盤】 지반(地盤). ‖地盤を固める 지반을 굳히다. 地盤を築く 지반을 쌓다.
じはんき【自販機】 자판기(自販機).
しひ【私費】 사비(私費).
しひ【詩碑】 시비(詩碑).
じひ【自費】 자비(自費). ‖自費出版 자비 출판.
じひ【慈悲】 자비(慈悲). ‖慈悲深い人 자비로운 사람.
じび(いんこう)か【耳鼻咽喉科】 이비인후과(耳鼻咽喉科).
じびき【字引】 자전(字典); 사전(辭典).
じひつ【自筆】 자필(自筆).
しひょう【指標】 지표(指標). ‖国民生活指標 국민 생활 지표.
じひょう【辞表】 사표(辭表). ‖辞表を出す 사표를 내다.
じびょう【持病】 지병(持病).
しびれ【痺れ】 저림; 결림.
しびれる【痺れる】 저리다; 마비(痲痺)되다. ‖足がしびれる 다리가 저리다.
しぶ【渋】 ❶〔渋み〕떫은 맛. ❷〔柿渋〕감물. ❸〔沈殿物〕앙금; 물때.
しぶ【支部】 지부(支部).
じふ【自負】 (조하) 자부(自負). ♦自負心 자부심. 強い自負心を持つ 강한 자부심을 가지다.
しぶい【渋い】 ❶떫다. ‖この柿は渋い 이 감은 떫다. ❷〔趣〕수수하면서 깊은 맛이 있다. ❸(表情が)떨떠름하다. ‖渋い顔 떨떠름한 얼굴. ❹〔けちだ〕인색(吝嗇)하다.
シフォン【chiffon ﾌ】 시폰.
しぶおんぷ【四分音符】 사분음표(四分音標).
しぶがき【渋柿】 떫은 감.
しぶがっしょう【四部合唱】 사부 합창(四部合唱).
しぶき【飛沫】 물보라.
しふく【至福】 더할 나위 없는 행복(幸福).
しふく【私服】 사복(私服).
しふく【私腹】 사리사욕(私利私慾). ‖私腹を肥やす 사리사욕을 채우다.
ジプシー【gypsy】 집시.
しぶしぶ【渋渋】 마지못해; 어쩔 수 없이. ‖しぶしぶ承知する 마지못해 승낙하다.
ジブチ【Djibouti】《国名》지부티.
しぶつ【私物】 사물(私物).
じぶつ【事物】 사물(事物).
ジフテリア【diphtheria】 디프테리아.
しぶとい 끈질기다; 고집(固執)이 세다.
じふぶき【地吹雪】 (說明) 쌓인 눈이 강풍(強風)에 날리는 것.
しぶみ【渋味】 ❶〔味〕떫은맛. ❷〔趣〕차분하고 깊은 맛[멋].
しぶる【渋る】 ❶꺼리다; 주저(躊躇)하다. ‖出資を渋る 출자를 꺼리다. ❷(事が)정체(停滯)되다; 원활(圓滑)하지 않다. ❸(便が)나오지 않는 상태(狀態)가 되다.
じぶん【自分】 자기(自己); 자신(自身); 나. ‖自分のことは自分でやれ 자기 일은 자기가 알아서 해라. 自分持ち 자기 부담. ♦自分勝手 제멋대로임. 自分自身 자기 자신.
じぶん【時分】 적당(適當)한 시기(時期); 적당한 때.
しぶんしょ【私文書】 사문서(私文書). ♦私文書偽造罪 사문서 위조죄.
しへい【紙幣】 지폐(紙幣).
じへいしょう【自閉症】 자폐증(自閉症).
しべつ【死別】 (조하) 사별(死別).
しへん【四辺】 ❶근처(近處); 주변(周邊). ❷《数学》네 변. ‖四辺形 사변형. 사각형.
しべん【思弁】 (조하) 사변(思辨). ♦思弁的 사변적.
じへん【事変】 사변(事變). ‖満州事変 만주 사변(滿洲事變).
しぼ【思慕】 (조하) 사모(思慕).
*__しほう【司法】__ 사법(司法). ♦司法機関 사법 기관. 司法権 사법권. 司法裁判 사법 재판. 司法試験 사법 시험. 司法書士 사법 서사. 법무사.
しほう【私法】 사법(私法).
しぼう【子房】《植物》씨방.
*__しぼう【死亡】__ (조하) 사망(死亡). ‖交通事故で死亡する 교통사고로 사망하다. 死亡の原因 사망 원인. ♦死亡者 사망자. 死亡者数 사망자 수. 死亡率 사망률.
しぼう【志望】 (조하) 지망(志望). ‖志望校 지망하는 학교. 志望者 지망자. 지망생.
しぼう【脂肪】 지방(脂肪). ♦脂肪肝 지방간. 脂肪酸 지방산.
じほう【時報】 시보(時報).
じぼうじき【自暴自棄】 자포자기(自暴自棄). ‖自暴自棄になる 자포자기하다.

しぼつ【死没】(소하) 사망(死亡).
しぼむ【萎む】 시들다.
しぼり【絞り】 ❶(カメラの)조리개. ❷홀치기 염색(染色).
しぼりとる【搾り取る】 착취(搾取)하다. ‖金を搾り取る 돈을 착취하다.
しぼる【搾る・絞る】 ❶짜다; 짜내다. ‖オレンジを搾る 오렌지를 짜다. ❷(無理矢理)짜내다. ‖知恵を絞る 지혜를 짜내다. ❸(範囲・量などを)줄이다. ‖音量を絞る 볼륨을 줄이다. ❹홀치기 염색(染色)을 하다. ❺착취(搾取)하다. ❻심하게 질책(叱責)하다; 단련(鍛錬)시키다.
*しほん【資本】 자본(資本). ‖多額の資本 거액의 자본. 1千万円の資本で商売を始めた 천만 엔의 자본으로 장사를 시작했다. ♦資本家 자본가. 資本金 자본금. 資本主義 자본주의.
しま【島】 섬. ‖島の人 섬사람.
しま【縞】 줄무늬.
しまい【仕舞い】 ❶〔終わり〕끝냄. ‖これでおしまいにしよう 이걸로 끝내자. 店じまい 가게를 닫음. ❷〔最後〕끝; 마지막; 최후(最後). ‖しまいまで全部読む 끝까지 전부 읽다. ❸품절(品切). ❹〔…じまいの形で〕끝내 …않음. ‖買わずじまいだ 끝내 사지 않다.
*しまい【姉妹】 자매(姉妹). ‖3人姉妹 세 자매. ♦姉妹校 자매교. 姉妹都市 자매 도시. 姉妹品 자매품.
しまう【仕舞う】 ❶끝나다; 끝내다. ❷정리(整理)하다. ‖店をしまう 가게를 정리하다. ❸〔…てしまうの形で〕… 버리다. ‖食べてしまう 먹어 버리다. 忘れてしまう 잊어 버리다.
シマウマ【縞馬】 얼룩말.
じまえ【自前】 자기 부담(自己負擔).
じまく【字幕】 자막(字幕).
しまぐに【島国】 섬나라. ♦島国根性 섬나라 근성.
しまつ【始末】 ❶경위(經緯); 일의 사정(事情). ❷나쁜 결과(結果). ❸처리(處理). ❹검약(儉約). ‖始末屋 검약가. ▸始末が悪い 다루기 힘들다. ♦始末書 시말서.
しまった 아차; 아뿔싸.
しまり【締まり】 ❶조임; 야무짐. ❷문단속(門團束). ❸결말(結末).
*しまる【閉まる】 닫히다. ‖8時に門が閉まる 여덟 시에 문이 닫히다.
*しまる【締まる・絞まる】 ❶죄이다; 단단하다. ‖スポーツで鍛えた締まった体 스포츠로 단련한 단단한 몸. ❷긴장(緊張)하다. ‖締まった試合 긴장된 시합. ❸절약(節約)하다. ❹(相場が)오르다.
*じまん【自慢】 (소하) 자만(自慢); 자랑. ‖自慢の息子 자랑스러운 아들. 自慢するわけではないが 자랑하는 것은 아니지만. のど自慢 노래자랑.
しみ【染み】 ❶얼룩; 오점(汚點); 결점(缺點). ❷(顔の)기미; 검버섯.
シミ【紙魚】《昆虫》좀.
じみ【地味】ダ 수수하다; 수더분하다; 소박(素朴)하다. ‖地味な色 수수한 색. 地味な人柄 수더분한 사람. 地味な生活 소박한 생활.
しみいる【染み入る】 스며들다.
しみこむ【染み込む】 스며들다.
しみじみ 절실(切實)히. ‖責任の重大さをしみじみ感じた 책임이 크다는 것을 절실히 느꼈다.
じみち【地道】ダ 착실(着實)하다; 견실(堅實)하다; 꾸준하다. ‖地道な努力 꾸준한 노력. 地道に稼ぐ 착실하게 벌다.
しみつく【染み付く】 몸에 배다.
しみとおる【染み透る】 깊이 스며들다.
しみぬき【染み抜き】 ‖染み抜きする 얼룩을 빼다.
しみゃく【支脈】 지맥(支脈).
シミュレーション【simulation】 시뮬레이션.
しみる【凍みる】 얼다.
しみる【染みる】 ❶스며들다; 번지다; 배다. ‖インクが染みた紙 잉크가 번진 종이. 汗の染みたハンカチ 땀이 밴 손수건. ❷(液体・気体などの刺激で)아프다. ❸깊이 느끼다. ‖骨身に染みて感じる 뼈저리게 느끼다.
-じみる【染みる】 ❶배다; 끼다. ‖汗じみる 땀이 배다. ❷…처럼 보이다; …처럼 굴다. ‖子どもじみている 애처럼 굴고 있다.
しみわたる【染み渡る】 스며들다; (考えなどが)구석구석까지 미치다.
しみん【市民】 시민(市民). ‖善良な市民 선량한 시민. 横浜市民 요코하마 시민. ♦市民運動 시민 운동. 市民会館 시민 회관. 市民階級 시민 계급. 市民革命 시민 혁명. 市民権 시민권.
*じむ【事務】 사무(事務). ‖事務を執る 사무를 보다. ♦事務員 사무원. 事務官 사무관. 事務次官 사무 차관. 事務室 사무실. 事務所 사무소. 事務的 사무적. 事務的に処理する 사무적으로 처리하다. 事務能力 사무 능력. 事務用品 사무 용품.
ジム【gym】 ❶〔スポーツジム〕체육관(體育館); 헬스클럽. ❷〔ボクシングジム〕권투 연습장(拳鬪練習場).
ジムグリ【地潜】《動物》무자치.
しむける【仕向ける】 하게 만들다.
しめ【締め・〆】 ❶합계(合計). ❷(手紙の)봉한 곳에 하는 표시(標示). ❸〔まとめ〕매듭; 마지막. ‖会の締めに会長が挨拶した 모임의 마지막에 회장이 인사를 했다. ❹〔半紙などの束を数える単位〕‖半紙1〆 반지 이천장(二千

張). ✣1〆は 2000 枚.

しめあげる【締め上げる】 ❶〔強く締める〕 세게 죄다. ❷〔厳しく責める〕심하게 추궁(追窮)하다.

しめい【氏名】 씨명(氏名).

***しめい【使命】** 사명(使命). ‖使命を帯びる 사명을 띠다. 使命を果たす 사명을 다하다. ♦使命感 사명감.

しめい【指名】 (스하) 지명(指名). ‖先生は私を指名して読むように言った 선생님은 나를 지명해서 읽으라고 했다. 会長に指名される 회장으로 지명되다.

じめい【自明】ダ 자명(自明)하다. ‖自明なことだ 자명한 일이다.

しめいだしゃ【指名打者】 (野球で)지명타자(指名打者).

しめいてはい【指名手配】 (스하) 지명 수배(指名手配).

しめきり【締め切り】 ❶(戸などを)닫은 채로 둠. ‖部屋を締め切りにする 방을 닫아 두다. ❷마감; 기한(期限). ‖募集の締め切り日 모집 마감일.

しめきる【締め切る】 ❶(戸などを)닫은 채로 두다. ❷마감하다.

しめくくる【締め括る】 ❶마무리(를) 짓다. ‖1年を締めくくる行事 일 년을 마무리 짓는 행사. ❷〔しばる〕꽁꽁 묶다.

しめころす【絞め殺す】 교살(絞殺)하다; 목을 졸라 죽이다.

しめさば【締め鯖】 (説明) 뼈를 발라내어 소금을 뿌리고 다시 식초(食醋)에 절인 고등어.

しめし【示し】 가르침; 교시(敎示); 계시(啓示). ▸示しが付かない 본보기가 못 되다.

シメジ (説明) 식용(食用) 버섯의 일종.

しめしあわせる【示し合わせる】 미리 의논(議論)하다; 미리 짜다.

しめしめ (思い通りになって)됐다; 됐어.

じめじめ 눅눅히; 축축히. ‖じめじめとした天気が続く 눅눅한 날씨가 계속되다.

***しめす【示す】** ❶제시(提示)하다; 보이다. ‖根拠を示す 근거를 제시하다. 模範を示す 모범을 보이다. ❷(記号・標識などが何かを)의미(意味)하다; 나타내다; 가리키다. ‖非常口を示す標識 비상구를 의미하는 표지.

しめだす【締め出す】 ❶(門や戸を閉めて)못 들어오게 하다. ❷(仲間から)배척(排斥)하다; 따돌리다.

しめつ【死滅】 (스하) 사멸(死滅).

じめつ【自滅】 (스하) 자멸(自滅).

しめつける【締め付ける】 세게 죄다; 압박(壓迫)하다.

しめっぽい【湿っぽい】 ❶습기(濕氣)가 많다; 눅눅하다. ❷〔陰気〕우울(憂鬱)하다; 침울(沈鬱)하다.

しめて【締めて・〆て】 합해서; 합치면. ‖しめて5万円になる 합치면 오만 엔이 된다.

しめやかに 조용히; 엄숙(嚴肅)히. ‖しめやかに葬儀が執り行われた 장례식이 엄숙히 거행되었다.

しめり【湿り】 ❶습기(濕氣). ‖湿りを帯びる 습기가 차다. ❷비가 내림.

しめりけ【湿り気】 습기(濕氣); 물기.

しめる【湿る】 ❶습기(濕氣)가 차다. ❷우울(憂鬱)해지다; 침울(沈鬱)해지다.

しめる【占める】 점(占)하다; 차지하다. ‖優位を占める 우위를 점하다. 過半数を占める 과반수를 차지하다. 重要なポストを占める 중요한 자리를 차지하다.

しめる【絞める】 조르다. ‖首を絞める 목을 조르다.

***しめる【締める・閉める】** ❶닫다; 죄다; 잠그다. ‖戸を閉める 문을 닫다. ねじを締める 나사를 죄다. びんのふたを閉める 병 뚜껑을 닫다. ❷매다; 졸라매다. ‖ネクタイを締める 넥타이를 매다. ❸(気持ちを)다잡다. ❹절약(節約)하다. ❺합계(合計)하다. ❻(酢・塩などで)생선(生鮮)을 절이다.

しめん【四面】 사면(四面).

しめん【紙面】 ❶(新聞・雑誌などの)지면(紙面). ❷편지(便紙); 서면(書面).

しめん【誌面】 지면(誌面).

じめん【地面】 지면(地面); 땅바닥.

しめんそか【四面楚歌】 사면초가(四面楚歌).

しも【下】 ❶(川の)하류(下流). ❷(月や年の)끝부분. ‖下半期 하반기. ❸(身分・地位が)낮은 사람. ❹아랫부분. ‖下半身 하반신. ❺대소변(大小便). ‖下のお世話 대소변 시중.

しも【霜】 서리. ‖霜が降りる 서리가 내리다.

しもがれどき【霜枯れ時】 ❶〔冬〕초목(草木)이 서리에 시드는 때. ❷〔不景気な時期〕경기(景氣)가 안 좋은 때.

しもき【下期】 하반기(下半期).

じもく【耳目】 이목(耳目).

しもざ【下座】 아랫자리; 말석(末席).

しもじも【下下】 서민(庶民).

しもつき【霜月】 음력 십일월(陰曆十一月).

しもて【下手】 ❶아래쪽. ❷(説明) (舞台で)무대(舞臺)를 향하여 왼쪽.

じもと【地元】 ❶어떤 것과 직접(直接) 관련(關聯)이 있는 지방(地方). ❷〔自分の住んでいる土地〕자기(自己)가 사는 지방.

しもどけ【霜解け】 서리가 녹음.

しもねた【下ねた】 음담패설(淫談悖說).

じもの【地物】 그 지방(地方)에서 나는 물건.

しもばしら【霜柱】 서릿발.

しもはんき【下半期】하반기(下半期).

しもぶくれ【下膨れ・下脹れ】얼굴 아래쪽이 통통한 것.

しもふり【霜降り】❶(肉・布などが) 서리가 내린 것처럼 희끗희끗한 것. ❷(쇠고기의)차돌박이.

しもべ【僕】종; 하인(下人).

しもやけ【霜焼け】가벼운 동상(凍傷).

しもん【指紋】지문(指紋). ‖指紋を採る 지문을 채취하다. 指紋が残る 지문이 남다.

しもん【試問】(スル하)시험(試驗).

しもん【諮問】(スル하)자문(諮問). ‖諮問機関 자문 기관.

じもん【自問】(スル하)자문(自問).

じもんじとう【自問自答】(スル하)자문자답(自問自答).

しゃ【社】❶회사(會社). ❷〔会社・神社を数える単位〕…사. ‖20社を超す系列会社 스무 사가 넘는 계열사.

-しゃ【車】…차(車). ♦国産車 국산차.

-しゃ【者】…자(者). ♦有権者 유권자.

しや【視野】시야(視野). ‖視野が広い 시야가 넓다. 視野を広げる 시야를 넓히다.

ジャー【jar】보온 용기(保溫容器).

ジャーキー【jerky】육포(肉脯).

じゃあく【邪悪】ダ 사악(邪惡)하다.

じゃあじゃあ 좔좔; 콱콱. ‖ホースでじゃあじゃあ(と)水をまく 호스로 물을 콱콱 뿌리다.

ジャーナリスト【journalist】저널리스트.

ジャーナリズム【journalism】저널리즘.

ジャーナル【journal】저널.

シャープペンシル【sharp+pencil 日】샤프펜슬.

シャーベット【sherbet】셔벗.

しゃい【謝意】사의(謝意). ‖謝意を表する 사의를 표하다.

しゃいん【社員】사원(社員). ‖有能な社員 유능한 사원. ♦新入社員 신입 사원. 正社員 정사원.

しゃうん【社運】사운(社運). ‖社運にかかわる一大事 사운이 걸린 대사.

しゃおく【社屋】사옥(社屋).

しゃおん【遮音】‖遮音する 소리를 차단하다.

しゃおん【謝恩】(スル하)사은(謝恩). ♦謝恩会 사은회.

しゃか【釈迦】석가(釋迦). ▸釈迦に説法 공자 앞에 문자 쓰기.

ジャガー【jaguar】《動物》재규어.

*****しゃかい**【社会】사회(社會). ‖社会を形成する 사회를 형성하다. 大学を卒業して社会に出る 대학을 졸업하고 사회에 나가다. 社会の一員 사회의 일원. ♦上流社会 상류 사회. 全体社会 전체 사회. 社会運動 사회 운동. 社会科 사회과. 社会科学 사회 과학. 社会学 사회학. 社会事業 사회 사업. 社会資本 사회 자본. 社会主義 사회주의. 社会人 사회인. 社会性 사회성. 社会政策 사회 정책. 社会的 사회적. 社会的な問題 사회적인 문제. 社会的に認められる 사회적으로 인정받다. 社会鍋 자선 냄비. 社会福祉 사회 복지. 社会復帰 사회 복귀. 社会保険 사회 보험. 社会保障 사회 보장. 社会面 사회면.

しゃがい【社外】사외(社外). ‖社外秘 사외 비밀.

ジャガイモ【ジャガ芋】감자. ‖ゆでたジャガイモ 삶은 감자.

しゃがむ 쪼그리고 앉다; 웅크리고 앉다.

しゃかむに【釈迦牟尼】석가모니(釋迦牟尼).

しゃがれごえ【嗄れ声】쉰 목소리.

しゃがれる【嗄れる】목이 쉬다.

しゃかんきょり【車間距離】차간 거리(車間距離).

シャギー【shaggy】(説明) ❶보풀이 긴 직물(織物). ❷〔ヘアカット〕머리카락을 일부러 일정(一定)하지 않게 자르는 법(法).

しゃきしゃき ❶〔歯切れよくものを嚙む〕사각사각; 아삭아삭. ‖しゃきしゃき(と)した歯ざわりのセロリ 아삭아삭 씹히는 맛의 셀러리. ❷〔活発で手際よい〕척척; 싹싹.

しゃきっと ❶아삭아삭. ‖しゃきっとしたレタス 아삭아삭한 양상추. ❷〔心や姿がしっかりしている〕‖もっとしゃきっとしろ 좀 더 정신 차려서 해라.

じゃきょう【邪教】사교(邪敎).

しやく【試薬】시약(試藥).

しゃくい【爵位】작위(爵位).

しゃくし【杓子】국자.

じゃくし【弱視】약시(弱視).

じゃくしゃ【弱者】약자(弱者).

しやくしょ【市役所】시청(市廳).

じゃくしょう【弱小】ダ 약소(弱小)하다. ♦弱小国家 약소 국가.

しゃくぜん【釈然】석연(釋然). ‖釈然としない 석연치 않다.

しゃくそん【釈尊】석존(釋尊).

じゃくたい【弱体】약체(弱體).

しゃくち【借地】(スル하)차지(借地). ♦借地権 차지권.

じゃぐち【蛇口】수도(水道)꼭지. ‖蛇口を閉める 수도꼭지를 잠그다.

じゃくてん【弱点】❶〔弱み〕약점(弱點). ‖敵の弱点を探る 적의 약점을 찾다. ❷〔短所〕단점(短點).

しゃくど【尺度】척도(尺度).

じゃくにくきょうしょく【弱肉強食】약육강식(弱肉强食).

しゃくねつ【灼熱】(スル하)작열(灼熱).

‖灼熱の太陽 작열하는 태양.
じゃくはい【若輩】 연소자(年少者); 미숙자(未熟者).
しゃくはち【尺八】 통소.
しゃくほう【釈放】 ㉠하 석방(釋放). ‖政治犯を釈放する 정치범을 석방하다.
しゃくめい【釈明】 ㉠하 석명(釋明).
しゃくや【借家】 차가(借家); 셋집.
シャクヤク【芍薬】 작약(芍藥).
しゃくよう【借用】 ㉠하 차용(借用). ‖借用証書 차용 증서. ♦借用語 차용어.
しゃくりあげる【噦り上げる】 흐느껴 울다.
しゃくりょう【借料】 임차료(賃借料).
しゃくりょう【酌量】 ㉠하 참작(參酌). ♦情状酌量 정상 참작.
しゃげき【射撃】 ㉠하 사격(射擊). ‖一斉に射撃する 일제히 사격하다.
ジャケット【jacket】 재킷.
しゃけん【車検】 (説明)법(法)에 의한 자동차(自動車)의 정기 점검(定期點檢).
じゃけん【邪険】 매몰참; 매정함. ‖邪険な態度を取る 매몰한 태도를 취하다. 邪険にする 매몰차게 대하다.
しゃこ【車庫】 차고(車庫).
シャコ【蝦蛄】《魚介類》갯가재.
しゃこう【社交】 사교(社交). ♦社交界 사교계. 社交辞令 발림소리. 社交性 사교성. 社交ダンス 사교댄스. 사교춤. 社交的 사교적.
しゃこう【射幸】 사행(射倖). ♦射幸心 사행심. 射幸心をあおる 사행심을 조장하다.
しゃこう【遮光】 ㉠하 차광(遮光). ‖遮光の効果があるガラス 차광 효과가 있는 유리.
しゃさい【社債】 사채(社債).
しゃざい【謝罪】 ㉠하 사죄(謝罪). ♦謝罪広告 사죄 광고.
しゃさつ【射殺】 ㉠하 사살(射殺).
しゃし【斜視】 사시(斜視).
しゃし【奢侈】 사치(奢侈).
しゃじ【謝辞】 감사(感謝)의 말.
しゃじつ【写実】 ㉠하 사실(寫實). ♦写実主義 사실주의.
しゃじつてき【写実的】 사실적(寫實的). ‖写実的な絵画 사실적인 회화.
じゃじゃうま【じゃじゃ馬】 말괄량이.
しゃしゅ【社主】 사주(社主).
しゃしゅ【車種】 차종(車種).
しゃしょう【車掌】 차장(車掌).
*しゃしん【写真】 사진(寫眞). ‖写真を撮る 사진을 찍다. 写真を現像する 사진을 현상하다. 思い出の写真 추억의 사진. ♦カラー写真 컬러 사진. 記念写真 기념사진.
じゃしん【邪心】 사심(邪心).
ジャス【JAS】 일본 농림 규격(日本農林規格). ♦JASマーク JAS 마크.
ジャズ【jazz】 재즈. ♦ジャズシンガー 재즈 가수. ジャズダンス 재즈댄스.
ジャスミン【jasmine】 재스민. ‖ジャスミン茶 재스민차.
しゃせい【写生】 ㉠하 사생(寫生). ‖山の風景を写生する 산의 풍경을 사생하다. ♦写生画 사생화.
しゃせい【射精】 ㉠하 사정(射精).
しゃせつ【社説】 사설(社說).
しゃぜつ【謝絶】 ㉠하 사절(謝絶). ‖面会謝絶 면회 사절.
しゃせん【車線】 차선(車線). ‖車線変更 차선 변경.
しゃせん【斜線】 사선(斜線).
しゃそう【社葬】 사장(社葬).
しゃそう【車窓】 차창(車窓). ‖車窓から景色を眺める 차창으로 경치를 바라보다.
しゃたく【社宅】 사택(社宅).
しゃだつ【洒脱】ダ 소탈(疏脫)하다.
しゃだん【遮断】 ㉠하 차단(遮斷). ‖交通を一時遮断する 교통을 일시 차단하다. ♦遮断機 차단기.
しゃだんほうじん【社団法人】 사단 법인(社團法人).
シャチ【鯱】 범고래.
しゃちほこ【鯱】 (説明)상상(想像)의 동물(動物).
しゃちょう【社長】 사장(社長). ♦社長室 사장실.
*シャツ【shirt】 와이셔츠; 셔츠. ‖半そでのシャツ 반팔 셔츠. ♦アロハシャツ 알로하 셔츠.
じゃっか【弱化】 ㉠되 약화(弱化). ‖戦力が弱化する 전력이 약화되다.
しゃっかん【借款】 차관(借款).
じゃっかん【若干】 ❶약간(若干); 다소(多少). ‖若干のお金を残す 약간의 돈을 남기다. ❷〔副詞的に〕약간. ‖若干その傾向がある 약간 그런 경향이 있다.
じゃっかん【弱冠】 약관(弱冠); 이십 세(二十歲); 스무 살.
しゃっかんほう【尺貫法】 척관법(尺貫法).
じゃっき【惹起】 ㉠하 야기(惹起).
ジャッキ【jack】 잭.
しゃっきり ❶(気持ちが)또렷이. ‖しゃっきりした老人 정신이 또렷한 노인. ❷(姿勢が)꼿꼿히. ‖背筋のしゃっきりした人 허리가 꼿꼿한 사람.
*しゃっきん【借金】 돈을 빌림; 빌린 돈; 빚. ‖私は彼に借金がある 나는 그 사람에게 빚이 있다. 知人から借金する 아는 사람한테서 돈을 빌리다. 借金を返す 빚을 갚다. 借金取り 빚쟁이.
しゃっくり ㉠하 딸꾹질.
ジャッジ【judge】 ㉠하 판단(判斷); 판

정(判定). ‖ジャッジミス 판단 미스. ジャッジを下す 판단을 내리다.

シャッター【shutter】 ❶ (カメラの) 셔터. ‖シャッターを切る 셔터를 누르다. ❷ (店の) 셔터. ‖シャッターを下ろす 셔터를 내리다. ♦シャッターチャンス 셔터찬스.

シャットアウト【shutout】 (조하) ❶ 폐쇄(閉鎖). ❷ (野球で) 완봉(完封).

しゃてい【射程】 사정(射程). ♦射程距離 사정 거리.

しゃどう【車道】 차도(車道).

じゃどう【邪道】 정당(正當)하지 못한 방법(方法).

シャトル【shuttle】 셔틀. ♦スペースシャトル 스페이스 셔틀. シャトルバス 셔틀버스.

シャトルコック【shuttlecock】 셔틀콕.

しゃない【社内】 사내(社內). ♦社内報 사보. 社内結婚 사내 결혼.

しゃない【車内】 차(車) 안.

しゃにむに【遮二無二】 마구; 무턱대고.

じゃねん【邪念】 사념(邪念).

しゃば【娑婆】 사바(娑婆).

じゃばら【蛇腹】 (說明) 주름이 있어 신축(伸縮)이 자유(自由)로운 것.

ジャブ【jab】 (ボクシングで) 잽.

しゃふう【社風】 사풍(社風).

しゃぶしゃぶ 《料理》 샤브샤브.

じゃぶじゃぶ 〔水をかき回したりする時の音〕철벅철벅; 첨벙첨벙. ‖小川をじゃぶじゃぶ(と)渡る 냇가를 첨벙거리며 건너다.

しゃふつ【煮沸】 ‖煮沸する 펄펄 끓이다.

しゃぶる 핥다; 빨다.

しゃべる【喋る】 ❶ 말하다; 입 밖에 내다. ‖うっかりしゃべってしまった 무심코 말해 버렸다. ❷ 지껄이다; 재잘거리다. ‖よくしゃべるやつ 잘도 지껄이는 녀석.

シャベル【shovel】 삽.

シャボン【sabão ポ】 비누. ♦シャボン玉 비눗방울.

*じゃま【邪魔】 (조하) ❶ 방해(妨害). ‖勉強を邪魔する 공부를 방해하다. 仕事の邪魔になる 일의 방해가 되다. ❷ 〔お邪魔するの形で〕다른 집을 방문(訪問)하다; 찾아가다; 찾아뵙다; 들르다. ‖4時にお邪魔します 네 시에 찾아뵙겠습니다. 少しだけお邪魔します 잠깐만 들르겠습니다.

ジャマイカ【Jamaica】 《国名》 자메이카.

しゃみせん【三味線】 사미센.

ジャム【jam】 잼. ♦イチゴジャム 딸기잼.

しゃめい【社名】 사명(社名).

しゃめい【社命】 사명(社命).

しゃめん【斜面】 사면; 경사면(傾斜面).

しゃめん【赦免】 (조하) 사면(赦免). ♦赦免状 사면장.

シャモ【軍鶏】 댓닭.

しゃもじ【杓文字】 주걱.

しゃよう【斜陽】 사양(斜陽). ♦斜陽産業 사양 산업.

じゃらじゃら 짤랑짤랑.

しゃり【舎利】 ❶ 《仏教》 사리(舍利). ❷ (すしの) 쌀; 밥.

じゃり【砂利】 자갈.

しゃりょう【車両】 차량(車輛).

しゃりん【車輪】 차바퀴; 수레바퀴.

しゃれ【洒落】 ❶ (說明) 같은 발음(發音)으로 뜻이 다른 말을 만들어 좌중을 웃기는 것. ❷ 〔おしゃれ〕멋을 부림; 멋쟁이.

しゃれい【謝礼】 사례(謝禮).

しゃれる【洒落る】 ❶ 멋을 내다; 멋을 부리다. ❷ 멋있다; 세련(洗練)되다. ❸ 〔しゃれを言う〕농담(弄談)을 하다.

じゃれる【戯れる】 달라붙어 장난을 치다.

シャワー【shower】 샤워.

ジャンクション【junction】 (高速道路などの) 인터체인지.

ジャンクフード【junk food】 정크 푸드.

ジャングル【jungle】 정글. ♦ジャングルジム 정글짐.

じゃんけん【じゃん拳】 가위바위보.

じゃんけんぽん 가위바위보.

しゃんしゃん ❶ 〔大勢の人が手締めをする時の音〕짝짝짝. ❷ 〔体が丈夫でよく立ち働く様子〕 ‖年の割にはしゃんしゃんしている 나이에 비해 몸놀림이 가볍다.

じゃんじゃん ❶ 〔半鐘などの音〕땡땡. ❷ 〔同じ物事を続けざまに勢いよく行なう様子〕 ‖じゃんじゃん飲む 계속해서 마시다.

シャンソン【chanson フ】 샹송.

シャンデリア【chandelier】 샹들리에.

しゃんと 똑바로. ‖しゃんと立ちなさい 똑바로 서라. しゃんとしている 정정하다.

ジャンパー【jumper】 점퍼; 잠바.

ジャンパースカート【jumper+skirt 日】 점퍼스커트.

シャンパン【champagne フ】 샴페인.

ジャンプ【jump】 (조하) 점프.

シャンプー【shampoo】 (조하) 샴푸.

ジャンボ【jumbo】 점보. ♦ジャンボジェット 점보제트기.

ジャンボリー【jamboree】 잼보리.

ジャンル【genre フ】 장르.

しゅ【主】 ❶ 주; 주인(主人). ❷ 주군(主君). ❸ 중심(中心). ❹ 《キリスト教》 주; 그리스도.

しゅ【種】 ❶ 종류(種類). ❷ 《生物》 종.

-しゅ【手】…수(手). ♦**運転手** 운전수.
しゅい【主位】 주(主)가 되는 지위(地位).
しゅい【主意】 주의(主意).
しゅい【首位】 수위(首位). ‖首位を奪還する 수위를 탈환하다.
しゅいろ【朱色】 주색(朱色).
しゅいん【手淫】 (ス하) 수음(手淫); 자위(自慰).
しゅいん【朱印】 인주(印朱)로 찍은 도장(圖章).
しゅう【州】 ❶주(州). ❷대륙(大陸).
しゅう【週】 주(週). ‖週3回 주 세 번.
しゆう【私有】 (ス하) 사유(私有) ♦**私有財産** 사유 재산. **私有地** 사유지.
しゆう【雌雄】 자웅(雌雄). ‖雌雄を争う 자웅을 겨루다. ▸雌雄を決する 자웅을 겨루다. 雌雄を決する戦い 자웅을 겨루는 싸움.
じゅう【十・10】 열; 십(十). ‖十まで数える 열까지 세다. 10か月 십 개월.
じゅう【銃】 총(銃). ‖銃を構える 총을 겨누다.
-じゅう【中】 ❶〔すべて〕전부(全部); 온…. ‖世界中 온 세계. ❷〔…の間〕…동안 계속(繼續); …내내. ‖1年中 일 년 내내.
*__じゆう__【自由】 자유(自由). ‖言論の自由 언론의 자유. 自由のために戦う 자유를 위해 싸우다. 自由に 자유롭게. ♦**自由意志** 자유 의지. **自由化** (ス하) 자유화. 貿易の自由化 무역의 자유화. **自由画** 자유화. **自由形** 자유형. **自由業** 자유업. **自由経済** 자유 경제. **自由詩** 자유시. **自由自在** 자유자재. **自由主義** 자유주의. **自由席** 자유석. **自由貿易** 자유 무역. **自由放任** 자유방임.
じゆう【事由】 사유(事由). ‖離婚事由 이혼 사유.
じゅうあつ【重圧】 중압(重壓).
しゅうい【周囲】 ❶주위(周圍). ❷환경(環境).
じゅうい【獣医】 수의사(獸醫師).
じゅういちがつ【十一月・11月】 십일월(十一月).
しゅういつ【秀逸】ダ 뛰어나다. ‖秀逸な作品 뛰어난 작품.
じゅういん【充員】 (ス하) 충원(充員). ‖兵士を充員する 병사를 충원하다.
しゅうえき【収益】 수익(收益). ‖収益を上げる 수익을 올리다. ♦**収益性** 수익성.
しゅうえん【終焉】 종언(終焉).
じゅうおう【縦横】 ❶종횡(縱橫). ❷〔縦横に の形で〕마음대로.
じゅうおうむじん【縦横無尽】 종횡무진(縱橫無盡).
しゅうか【集荷】 (ス하) 집하(集荷).
しゅうかい【集会】 (ス하) 집회(集會). ‖集会の自由 집회의 자유.
じゅうかがくこうぎょう【重化学工業】 중화학 공업(重化學工業).
*__しゅうかく__【収穫】 (ス하) 수확(收穫). ‖大豆を収穫する 콩을 수확하다. 旅の収穫 여행의 수확. ♦**収穫期** 수확기. **収穫高** 수확량.
しゅうがく【修学】 (ス하) 수학(修學). ♦**修学旅行** 수학여행. 修学旅行で京都へ行く 수학여행으로 교토에 가다.
しゅうがく【就学】 (ス하) 취학(就學). ♦**就学児童** 취학 아동. **就学生** 취학생.
じゅうがつ【十月・10月】 시월.
しゅうかん【収監】 (ス하) 수감(收監).
しゅうかん【週刊】 주간(週刊). ♦**週刊誌** 주간지.
しゅうかん【週間】 주간(週間). ♦**交通安全週間** 교통 안전 주간.
*__しゅうかん__【習慣】 습관(習慣). ‖早起きの習慣をつける 일찍 일어나는 습관을 들이다. 悪い習慣 나쁜 습관.
しゅうき【周期】 주기(周期). ♦**周期運動** 주기 운동. **周期的** 주기적. 周期的な痛み 주기적인 통증. 周期的に変える 주기적으로 바꾸다.
しゅうき【臭気】 악취(惡臭).
しゅうき【秋季】 추계(秋季); 가을. ♦**秋季運動会** 추계 운동회.
しゅうき【秋期】 가을철.
-しゅうき【周忌】 …주기(週忌).
しゅうぎ【祝儀】 축의금(祝儀金).
じゅうき【什器】 집기(什器).
じゅうき【重機】 중기(重機).
じゅうき【銃器】 총기(銃器).
しゅうぎいん【衆議院】 중의원(衆議院).
しゅうきゃく【集客】 손님을 모음.
しゅうきゅう【週給】 주급(週給).
しゅうきゅう【蹴球】 축구(蹴球).
じゅうきょ【住居】 주거(住居). ‖住居を移す 주거를 옮기다. ♦**住居地域** 주거 지역.
*__しゅうきょう__【宗教】 종교(宗教). ‖宗教を信じる 종교를 믿다. ♦**新興宗教** 신흥 종교. **宗教改革** 종교개혁. **宗教裁判** 종교 재판. **宗教法人** 종교 법인.
しゅうぎょう【修業】 (ス하) 수업(修業).
しゅうぎょう【終業】 (ス하) 종업(終業). ♦**終業式** 종업식.
しゅうぎょう【就業】 (ス하) 취업(就業). ♦**就業規則** 취업 규칙. **就業時間** 취업 시간.
じゅうぎょう【従業】 (ス하) 종업(從業). ♦**従業員** 종업원.
しゅうきょく【終局】 ❶(将棋・囲碁が) 끝남. ❷결말(結末); 종말(終末).
しゅうきりつ【周期律】 주기율(周期律).
じゅうきんぞく【重金属】 중금속(重金屬).
シュークリーム 【←chou à la crème フ】

슈크림.
じゅうぐん【従軍】 ⓢ하 종군(從軍). ♦従軍記者 종군 기자.
しゅうけい【集計】 ⓢ하 집계(集計). ‖アンケートの結果を集計する 앙케이트 결과를 집계하다.
じゅうけい【重刑】 중형(重刑).
しゅうげき【襲撃】 ⓢ하 습격(襲擊). ‖敵のアジトを襲撃する 적의 아지트를 습격하다.
じゅうげき【銃撃】 ⓢ하 총격(銃擊).
しゅうけつ【終結】 ⓢ되 종결(終結). ‖紛争が終結する 분쟁이 종결되다.
しゅうけつ【集結】 ⓢ하 집결(集結).
じゅうけつ【充血】 ⓢ되 충혈(充血). ‖目が充血する 눈이 충혈되다.
しゅうけん【集権】 집권(集權). ‖中央集権 중앙 집권.
しゅうげん【祝言】 ❶축사(祝辭). ❷결혼식(結婚式). ‖祝言を挙げる 결혼식을 올리다.
じゅうけん【銃剣】 총검(銃劍).
じゅうげん【重言】 ❶중언(重言). ❷(言語)첩어(疊語).
じゅうこ【住戸】 (集合住宅で)한 집 한 집.
しゅうこう【修好】 ⓢ하 수호(修好); 수교(修交). ♦修好条約 수호 조약.
しゅうこう【就航】 ⓢ하 취항(就航).
しゅうこう【集光】 ⓢ하 집광(集光). ♦集光器 집광기.
*しゅうごう【集合】 ⓢ하 집합(集合). ‖直接現地へ集合する 직접 현지에 집합하다. ♦部分集合 부분 집합. 集合時間 집합 시간. 集合場所 집합 장소. 集合名詞 집합 명사.
じゅうこう【重厚】ダ 중후(重厚)하다.
じゅうこう【銃口】 총구(銃口).
じゅうこうぎょう【重工業】 중공업(重工業). ♦重工業地帯 중공업 지대.
じゅうごや【十五夜】 십오야(十五夜); 음력(陰曆) 보름날 밤.
じゅうこん【重婚】 ⓢ하 중혼(重婚).
しゅうさい【秀才】 수재(秀才).
じゅうざい【重罪】 중죄(重罪).
しゅうさく【秀作】 수작(秀作).
しゅうさく【習作】 ⓢ하 습작(習作).
じゅうさつ【銃殺】 ⓢ하 총살(銃殺).
しゅうさん【集散】 ⓢ하 집산(集散). ♦集散地 집산지.
しゅうし【収支】 수지(收支). ‖貿易収支 무역 수지.
しゅうし【修士】 석사(碩士). ♦修士論文 석사 논문.
しゅうし【終止】 ⓢ하 종지(終止). ♦終止形 종지형. 終止符 종지부. 終止符を打つ 종지부를 찍다.
しゅうし【終始】 시종(始終). ♦終始一貫 ⓢ하 시종일관.
しゅうじ【修辞】 수사(修辭). ♦修辞学 수사학.
しゅうじ【習字】 습자(習字).
じゅうし【重視】 ⓢ하 중시(重視).
じゅうじ【従事】 ⓢ하 종사(從事). ‖製造業に従事する 제조업에 종사하다.
じゅうじか【十字架】 십자가(十字架).
じゅうじぐん【十字軍】 십자군(十字軍).
しゅうじつ【週日】 평일(平日); 주일(週日).
しゅうじつ【終日】 종일(終日); 하루 종일. ‖終日頭痛に悩む 하루 종일 두통에 시달리다.
じゅうじつ【充実】 ⓢ하 충실(充實). ‖充実した生活 충실한 생활.
しゅうしゅう【収拾】 ⓢ하 수습(收拾). ‖事態を収拾する 사태를 수습하다.
しゅうしゅう【収集】 ⓢ하 수집(收集). ‖切手を収集する 우표를 수집하다.
じゅうじゅう 지글지글. ‖じゅうじゅう(と)肉を焼く 고기를 지글지글 굽다.
じゅうじゅう【重重】 충분(充分)히; 익히. ‖お忙しいのはじゅうじゅう承知しております 바쁘신 것은 익히 알고 있습니다.
しゅうしゅく【収縮】 ⓢ하 수축(收縮). ‖細胞が収縮する 세포가 수축하다.
じゅうじゅん【従順】ダ 순종적(順從的)이다.
*じゅうしょ【住所】 주소(住所). ‖住所を教えてください 주소를 가르쳐 주세요. ここに住所氏名を書きなさい 여기에 주소와 이름을 쓰세요. ♦住所録 주소록.
しゅうしょう【終章】 종장(終章).
じゅうしょう【重症】 중증(重症). ♦重症患者 중증 환자.
じゅうしょう【重傷】 중상(重傷). ‖重傷を負う 중상을 입다.
じゅうしょう【銃傷】 총상(銃傷).
じゅうしょうしゅぎ【重商主義】 중상주의(重商主義).
しゅうしょく【修飾】 ⓢ하 수식(修飾). ♦修飾語 수식어.
*しゅうしょく【就職】 ⓢ하 취직(就職). ‖銀行に就職する 은행에 취직하다. 就職口を探している 취직할 데를 찾고 있다. ♦就職活動 취직 활동. 취직 준비. 就職難 취직난.
じゅうしょく【重職】 요직(要職).
しゅうじょし【終助詞】 종결 어미(終結語尾).
じゅうじろ【十字路】 사거리; 네거리.
しゅうしん【修身】 수신(修身). ‖修身斉家治国平天下 수신제가 치국평천하.
しゅうしん【終身】 종신(終身). ♦終身刑 종신형. 終身雇用 종신 고용. 終身保険 종신 보험.
しゅうしん【終審】 종심(終審).

しゅうしん【就寝】 ㉠하 취침(就寝). ♦就寝時間 취침 시간.
しゅうじん【囚人】 수인(囚人).
しゅうじん【衆人】 중인(衆人); 뭇사람. ♦衆人環視 중인환시.
じゅうしん【重心】 중심(重心). ▸重心を取る 중심을 잡다.
ジュース【juice】 주스. ♦オレンジジュース 오렌지 주스.
*しゅうせい【修正】 ㉠하 수정(修正). ‖不適切な表現を修正する 부적절한 표현을 수정하다. 軌道を修正する 궤도를 수정하다. ♦修正案 수정안.
しゅうせい【終生】 평생(平生); 일생(一生). ‖終生恩を忘れない 평생 은혜를 잊지 않다.
しゅうせい【習性】 습성(習性). ‖野鳥の習性を研究する 들새의 습성을 연구하다.
しゅうせい【集成】 ㉠하 집성(集成).
しゅうぜい【収税】 ㉠하 수세(收稅).
じゅうせい【銃声】 총성(銃聲); 총소리.
じゅうぜい【重税】 중세(重稅).
しゅうせき【集積】 ㉠하 집적(集積). ♦集積回路 집적 회로.
じゅうせき【重責】 중책(重責). ‖重責から解放される 중책에서 해방되다.
しゅうせん【周旋】 ㉠하 주선(周旋).
しゅうせん【終戦】 종전(終戰).
しゅうぜん【修繕】 ㉠하 수선(修繕).
じゅうぜん【従前】 종전(從前). ‖従前通り 종전대로.
しゅうそう【秋霜】 추상(秋霜).
しゅうぞう【収蔵】 ㉠하 ❶ 소장(所藏). ❷ 저장(貯藏).
じゅうそう【重曹】 중조(重曹); 중탄산소다.
じゅうそう【重層】 중층(重層).
じゅうそう【縦走】 ㉠하 종주(縱走).
しゅうそく【収束】 ㉠하 ❶ 수습(收拾). ❷ (数列の) 수렴(收斂). ❸ 광선(光線)이 한 점에 모임.
しゅうそく【終息】 ㉠되 종식(終熄).
しゅうぞく【習俗】 습속(習俗).
じゅうそく【充足】 ㉠하 충족(充足).
じゅうぞく【従属】 ㉠되 종속(從屬). ‖大国に従属する 대국에 종속되다. 従属的な地位 종속적인 지위.
しゅうたい【醜態】 추태(醜態). ‖醜態をさらす 추태를 보이다.
じゅうたい【重態】 중태(重態). ‖意識不明の重態 의식 불명의 중태.
じゅうたい【渋滞】 ㉠되 정체(停滯). ‖車が渋滞する 차가 정체되다. 차가 밀리다.
じゅうたい【縦隊】 종대(縱隊).
じゅうだい【十代】 십대(十代).
*じゅうだい【重大】ダ 중대(重大)하다. ‖重大な事件 중대한 사건. 重大なミスを犯す 중대한 미스를 범하다. それは私の人生に重大な影響を及ぼすだろう 그 것은 내 인생에 중대한 영향을 미칠 것이다.
しゅうたいせい【集大成】 ㉠하 집대성(集大成).
*じゅうたく【住宅】 주택(住宅). ♦住宅街 주택가. 住宅事情 주택 사정. 住宅地 주택지. 住宅問題 주택 문제. 住宅ローン 주택 부금.
しゅうだつ【収奪】 ㉠하 수탈(收奪).
*しゅうだん【集団】 집단(集團). ‖集団で行動する 집단으로 행동하다. 集団を形成する 집단을 형성하다. ♦先頭集団 선두 집단. 集団生活 집단생활.
じゅうたん【絨毯】 융단(絨緞).
じゅうだん【銃弾】 총탄(銃彈).
じゅうだん【縦断】 ㉠하 종단(縱斷). ♦大陸縦断 대륙 종단.
しゅうち【周知】 ㉠하 주지(周知). ‖趣旨を周知させる 취지를 주지시키다. 周知の事実 주지의 사실.
しゅうち【羞恥】 수치(羞恥). ♦羞恥心 수치심.
しゅうち【衆知】 중지(衆知). ‖衆知を集める 중지를 모으다.
しゅうちゃく【執着】 ㉠하 집착(執着). ♦執着心 집착하는 마음.
しゅうちゃくえき【終着駅】 종착역(終着驛).
*しゅうちゅう【集中】 ㉠하 집중(集中). ‖精神を集中する 정신을 집중하다. 人口が集中する 인구가 집중되다. 一か所を集中的に攻める 한곳을 집중적으로 공격하다. ♦集中豪雨 집중 호우. 集中講義 집중 강의. 集中治療室 집중 치료실. 중환자실. ICU. 集中力 집중력.
じゅうちん【重鎮】 중진(重鎭). ‖美術界の重鎮 미술계의 중진.
しゅうてい【修訂】 ㉠하 수정(修訂). ♦修訂版 수정판.
しゅうてん【終点】 종점(終點).
しゅうでん【終電】 막차; 마지막 전철(電鐵).
じゅうてん【充填】 ㉠하 충전(充塡).
じゅうてん【重点】 중점(重點). ▸重点を置く 중점을 두다. 顧客サービスに重点を置く 고객 서비스에 중점을 두다. ♦重点的 중점적.
じゅうでん【充電】 ㉠하 충전(充電). ‖携帯電話を充電する 휴대폰을 충전하다.
しゅうと【舅・姑】 ❶〔夫の父〕시아버지; 〔妻の父〕장인(丈人). ❷〔夫の母〕시어머니; 〔妻の母〕장모(丈母).
シュート【shoot】 ㉠하 ❶ (サッカーなどで) 슛. ❷ (野球で) 슈트.
じゅうど【重度】 중증(重症).
しゅうとう【周到】ダ 주도(周到)하다. ♦用意周到 용의주도.

しゅうどう【修道】 ㉠하 수도(修道). ♦修道院 수도원.
じゅうとう【充当】 ㉠하 충당(充當).
じゅうどう【柔道】 유도(柔道).
しゅうとく【拾得】 ㉠하 습득(拾得). ♦拾得物 습득물.
しゅうとく【習得】 ㉠하 습득(習得). ‖言葉の習得 언어의 습득.
しゅうとめ【姑】〔夫の母〕시어머니;〔妻の母〕장모(丈母).

し

じゅうなん【柔軟】ダ 유연(柔軟)하다. ‖柔軟な体 유연한 몸. 柔軟な態度 유연한 태도.
じゅうにがつ【十二月・12月】 십이월(十二月).
じゅうにし【十二支】 십이지(十二支).
じゅうにしちょう【十二指腸】 십이지장(十二指腸).
*__しゅうにゅう__【収入】 수입(收入). ‖収入が多い 수입이 많다. 1か月の収入 한 달 수입. ♦総収入 총수입. 年間収入 연간 수입. 収入印紙 수입인지.
しゅうにん【就任】 ㉠하 취임(就任). ‖大統領に就任する 대통령에 취임하다. 就任式 취임식.
じゅうにん【住人】 주민(住民).
じゅうにん【重任】 ❶중요(重要)한 임무(任務). ❷㉠하 중임(重任); 재임(再任).
じゅうにんといろ【十人十色】 십인십색(十人十色). ‖考え方は十人十色だ 사고방식은 십인십색이다.
しゅうねん【周年】 ❶일년(一年) 내내. ❷…주년(周年). ‖創立5周年 창립 오 주년.
しゅうねん【執念】 집념(執念). ‖優勝に執念を燃やす 우승에 집념을 불태우다. ♦執念深い 집념이 강하다.
じゅうねんひとむかし【十年一昔】 십 년(十年)이면 강산(江山)도 변한다.
しゅうのう【収納】 ㉠하 수납(收納).
じゅうのうしゅぎ【重農主義】 중농주의(重農主義).
しゅうは【周波】 주파(周波). ♦周波数 주파수.
しゅうは【宗派】 종파(宗派).
しゅうは【秋波】 추파(秋波). ▸秋波を送る 추파를 던지다.
しゅうはい【集配】 ㉠하 집배(集配). ♦集配人 집배인.
じゅうはちばん【十八番】 ❶십팔번(十八番). ❷장기(長技); 특기(特技).
じゅうばつ【重罰】 중벌(重罰).
しゅうばん【週番】 주번(週番).
しゅうばん【終盤】 종반(終盤). ‖ゲームも終盤に差しかかる 시합도 종반으로 접어들다.
じゅうはん【重犯】 중범(重犯).
じゅうはん【重版】 ㉠하 중판(重版).
じゅうびょう【重病】 중병(重病).
しゅうふく【修復】 ㉠하 수복(修復). ‖修復工事 수복 공사. 友好関係の修復に努める 우호 관계의 수복에 노력하다.
しゅうぶん【秋分】(二十四節気の)추분(秋分). ♦秋分の日 추분의 날.
*__じゅうぶん__【十分・充分】ダ ❶충분(充分)하다. ‖十分な栄養をとる 충분한 영양을 취하다. 2人で住むには十分だ 두 사람이 살기에는 충분하다. 十分に話し合う 충분히 이야기를 나누다. ❷〔副詞的に〕충분히. 金は十分持っている 돈은 충분히 가지고 있다. ♦十分条件 충분조건.
しゅうへん【周辺】 주변(周邊). ‖家の周辺が騒々しい 집 주변이 소란스럽다.
じゅうぼいん【重母音】 중모음; 이중모음(二重母音).
じゅうほう【銃砲】 총포(銃砲).
シューマイ【焼売】 만두.
しゅうまつ【週末】 주말(週末).
しゅうまつ【終末】 종말(終末). ♦終末論 종말론.
じゅうまん【充満】 ㉠하 충만(充滿).
じゅうみん【住民】 주민(住民). ♦住民運動 주민 운동. 住民税 주민세. 住民登録 주민등록. 住民票 주민등록표.
しゅうやく【集約】 ㉠하 집약(集約). ♦集約農業 집약 농업.
じゅうやく【重役】 중역(重役).
じゅうゆ【重油】 중유(重油).
しゅうゆう【周遊】 ㉠하 주유(周遊).
しゅうよう【収容】 ㉠하 수용(收容). ‖千人を収容できるホール 천 명을 수용할 수 있는 홀. ♦収容所 수용소.
しゅうよう【修養】 ㉠하 수양(修養). ‖修養を積む 수양을 쌓다.
*__じゅうよう__【重要】ダ 중요(重要)하다. ‖今度の試験は彼にとって非常に重要だ 이번 시험은 그 사람한테 있어 대단히 중요하다. 極めて重要な会議 극히 중요한 회의. 重要な地位を占める 중요한 지위를 차지하다. ♦重要文化財 중요 문화재.
じゅうようし【重要視】 ㉠하 중요시(重要視).
じゅうらい【従来】 종래(從來). ‖従来の方法 종래의 방법.
*__しゅうり__【修理】 ㉠하 수리(修理); 수선(修繕). ‖壊れた時計を修理する 고장 난 시계를 수리하다. ♦修理工場 수리 공장.
しゅうりょう【収量】 수확량(收穫量).
しゅうりょう【修了】 ㉠하 수료(修了). ♦修了証書 수료증.
しゅうりょう【終了】 ㉠하 종료(終了). ‖作業を終了する 작업을 종료하다.
じゅうりょう【重量】 중량(重量); 무게. ♦重量挙げ 역도. 重量級 중량급. 重量超過 중량 초과.

じゅうりょうぜい【従量税】 종량세(從量稅).

じゅうりょく【重力】 중력(重力). ‖重力の法則 중력의 법칙. 無重力状態 무중력 상태.

じゅうりん【蹂躙】 ㊟하 유린(蹂躪). ♦**人権蹂躙** 인권 유린.

ジュール【joule】 〔エネルギー・仕事の単位〕…줄.

しゅうれい【秀麗】ダ 수려(秀麗)하다. ‖秀麗な顔つき 수려한 얼굴.

じゅうれつ【縦列】 종렬(縱列).

しゅうれん【収斂】 ㊟하 수렴(收斂).

しゅうれん【修練】 ㊟하 수련(修練).

しゅうろう【就労】 ㊟하 취로(就勞). ♦**就労時間** 취로 시간.

じゅうろうどう【重労働】 중노동(重勞動).

しゅうろく【収録】 ㊟하 수록(收錄). ❶ 책(冊)・잡지(雜誌)에 실음. ❷ 녹음(錄音)・녹화(錄畫)함.

しゅうろん【修論】 석사 논문(碩士論文).

しゅうろん【衆論】 중론(衆論).

しゅうわい【収賄】 ㊟하 수뢰(受賂). ♦**収賄罪** 수뢰죄.

しゅえい【守衛】 수위(守衛).

じゅえき【受益】 수익(受益).

じゅえき【樹液】 수액(樹液).

しゅえん【主演】 ㊟하 주연(主演).

じゅかい【樹海】 수해(樹海); 숲.

しゅかく【主客】 주객(主客). ♦**主客転倒** ㊟되 주객전도.

しゅかく【主格】 《言語》 주격(主格).

しゅかく【酒客】 주객(酒客).

じゅがく【儒学】 유학(儒學).

しゅかん【主幹】 주간(主幹). ♦**編集主幹** 편집 주간.

しゅかん【主管】 ㊟하 주관(主管).

しゅかん【主観】 주관(主觀). ♦**主観性** 주관성. **主観的** 주관적. 主観的に物事を見る 주관적으로 사물을 보다.

しゅがん【主眼】 주안(主眼).

しゅき【手記】 수기(手記). ‖手記を記す 수기를 적다.

しゅき【酒気】 취기(醉氣); 술기운. ‖酒気を帯びる 취기를 띠다.

しゅぎ【主義】 주의(主義). ‖保守主義 보수주의. 事なかれ主義 무사안일주의.

しゅきゅう【守旧】 수구(守舊). ♦**守旧派** 수구파.

じゅきゅう【受給】 ㊟하 수급(受給).

じゅきゅう【需給】 수급(需給); 수요와 공급(供給). ‖需給のバランスを予測する 수요와 공급의 균형을 예측하다.

しゅぎょう【修行】 ㊟하 수행(修行).

じゅきょう【儒教】 유교(儒敎).

***じゅぎょう【授業】** ㊟하 수업(授業). ‖授業を受ける 수업을 받다. 授業をサボる 수업을 빠지다[빼먹다]. 今授業中です 지금 수업 중입니다. 月曜日は何時間授業がありますか 월요일은 수업이 몇 시간 있습니까? 数学の授業 수학 수업. ♦**授業料** 수업료.

しゅぎょく【珠玉】 주옥(珠玉). ‖珠玉の短編 주옥 같은 단편.

じゅく【塾】 학원(學院).

しゅくい【祝意】 축의(祝意); 축하(祝賀)하는 마음.

しゅくえん【祝宴】 축하연(祝賀宴).

しゅくえん【宿怨】 숙원(宿怨).

しゅくが【祝賀】 ㊟하 축하(祝賀). ♦**祝賀会** 축하연.

しゅくがん【宿願】 숙원(宿願).

じゅくご【熟語】 숙어(熟語). ‖英語の熟語を覚える 영어 숙어를 외우다.

しゅくさい【祝祭】 축제(祝祭).

しゅくじ【祝辞】 축사(祝辭). ‖祝辞を述べる 축사를 읽다.

じゅくし【熟柿】 숙시(熟柿); 홍시(紅柿).

しゅくじつ【祝日】 축일; 경축일(慶祝日); 국경일(國慶日).

しゅくしゃ【宿舎】 숙사(宿舍).

しゅくしゃく【縮尺】 축척(縮尺).

しゅくしゅ【宿主】 《生物》 숙주(宿主).

しゅくしゅくと【粛粛と】 조용하게; 엄숙(嚴肅)하게.

しゅくじょ【淑女】 숙녀(淑女).

じゅくじょ【熟女】 원숙미(圓熟美)가 있는 여성(女性).

しゅくしょう【縮小】 ㊟하 축소(縮小). ‖生産の規模を縮小する 생산 규모를 축소하다. ♦**縮小コピー** 축소 복사. **縮小再生産** 축소 재생산.

しゅくず【縮図】 축도(縮圖); 축소판(縮小版). ‖人生の縮図 인생의 축소판.

じゅくす【熟す】 익다; 무르익다. ‖機が熟す 때가 무르익다.

しゅくせい【粛正】 ㊟하 숙정(肅正).

しゅくせい【粛清】 ㊟하 숙청(肅淸).

じゅくせい【熟成】 ㊟되 숙성(熟成). ‖ワインが熟成する 와인이 숙성되다.

***しゅくだい【宿題】** 숙제(宿題). ‖宿題を抱えている 숙제를 떠안고 있다. 今日は英語の宿題がある 오늘은 영어 숙제가 있다. 宿題を済ませる 숙제를 끝내다. 本の感想文を宿題に出す 책 감상문을 숙제로 내다.

じゅくたつ【熟達】 ㊟하 숙달(熟達).

じゅくち【熟知】 ㊟하 숙지(熟知).

しゅくちょく【宿直】 ㊟하 숙직(宿直).

しゅくてき【宿敵】 숙적(宿敵).

しゅくてん【祝典】 축전(祝典).

しゅくでん【祝電】 축전(祝電).

じゅくどく【熟読】 ㊟하 숙독(熟讀). ‖本を熟読する 책을 숙독하다.

じゅくねん【熟年】 원숙(圓熟)한 연령층(年齡層). ♦**熟年離婚** 황혼 이혼.

しゅくはい【祝杯】 축배(祝杯). ‖喜びの祝杯を挙げる 기쁨의 축배를 들다.
しゅくはく【宿泊】 (☞하) 숙박(宿泊).
しゅくふく【祝福】 (☞하) 축복(祝福).
しゅくべん【宿便】 숙변(宿便).
しゅくほう【祝砲】 축포(祝砲).
しゅくめい【宿命】 숙명(宿命). ♦宿命的 숙명적. 宿命論 숙명론.
しゅくやく【縮約】 (☞하) 축약(縮約).
じゅくれん【熟練】 (☞하) 숙련(熟練). ♦熟練工 숙련공. 熟練労働者 숙련 노동자.

し

しゅくん【殊勲】 수훈(殊勳). ‖殊勲を立てる 수훈을 세우다. ♦殊勲賞 수훈상.
しゅげい【手芸】 수예(手藝). ♦手芸品 수예품.
しゅけん【主権】 주권(主權). ♦主権国家 주권 국가.
*じゅけん【受験】 (☞하) 수험(受驗). ‖弟は受験の準備で忙しい 남동생은 수험 준비로 바쁘다. ♦受験科目 수험 과목. 受験資格 수험 자격. 受験生 수험생. 受験番号 수험 번호. 受験票 수험표.
しゅご【主語】 주어(主語).
しゅご【守護】 (☞하) 수호(守護). ♦守護神 수호신.
しゅこう【趣向】 취향(趣向).
しゅごう【酒豪】 주호(酒豪).
じゅこう【受講】 (☞하) 수강(受講). ♦受講生 수강생.
しゅこうぎょう【手工業】 수공업(手工業).
しゅこうげい【手工芸】 수공예(手工藝).
しゅごしん【守護神】 수호신(守護神).
しゅさ【主査】 중심(中心)이 되어 조사(調査)・심사(審査)를 함.
しゅさい【主宰】 (☞하) 주재(主宰). ‖会を主宰する 모임을 주재하다.
しゅさい【主催】 (☞하) 주최(主催). ♦主催者 주최자.
しゅざい【取材】 (☞하) 취재(取材). ‖政治家を取材する 정치가를 취재하다.
しゅざん【珠算】 주산(珠算).
しゅし【主旨】 주지(主旨).
しゅし【種子】 종자(種子). ♦種子植物 종자 식물.
しゅし【趣旨】 취지(趣旨). ‖修正案の趣旨を説明する 수정안의 취지를 설명하다.
じゅし【樹脂】 수지(樹脂). ♦樹脂加工 수지 가공.
しゅじい【主治医】 주치의(主治醫).
しゅしがく【朱子学】 주자학(朱子學).
しゅじく【主軸】 주축(主軸).
しゅしゃ【取捨】 (☞하) 취사(取捨). ♦取捨選択 취사선택.
しゅじゅ【種種】 여러 가지; 가지가지. ‖種々の方策 여러 가지 방책.
じゅじゅ【授受】 (☞하) 수수(授受). ‖金銭の授受 금전 수수.
しゅじゅう【主従】 주종(主從). ♦主従関係 주종 관계.
しゅじゅつ【手術】 (☞하) 수술(手術). ♦大手術 대수술. 手術室 수술실.
じゅじゅつ【呪術】 주술(呪術).
しゅしょう【主将】 주장(主將). ‖柔道部の主将 유도부의 주장.
しゅしょう【主唱】 (☞하) 주창(主唱).
しゅしょう【首相】 수상(首相).
しゅしょう【殊勝】 ダ 기특(奇特)하다; 가륵하다. ‖殊勝な心がけ 기특한 마음가짐.
しゅじょう【主情】 주정(主情). ♦主情主義 주정주의.
しゅじょう【衆生】 중생(衆生).
じゅしょう【受賞】 (☞하) 수상(受賞). ‖助演男優賞を受賞する 조연 남우상을 수상하다.
じゅしょう【授賞】 (☞하) 수상(授賞).
しゅしょく【主食】 주식(主食). ‖米を主食とする 쌀을 주식으로 하다.
しゅしょく【酒色】 주색(酒色).
しゅしん【主審】 주심(主審).
しゅじん【主人】 주인(主人). ❶가장(家長). ❷고용주(雇用主). ❸〔夫〕남편(男便). ❹(客に対して)주인.
じゅしん【受信】 (☞하) 수신(受信). ‖衛星放送を受信する 위성 방송을 수신하다.
じゅしん【受診】 ‖受診する 진찰을 받다.
しゅじんこう【主人公】 주인공(主人公).
じゅず【数珠】 염주(念珠). ♦数珠玉 염주알. 数珠つなぎ (説明) 염주처럼 많은 물건이나 사람이 늘어서 있음.
しゅせい【守勢】 수세(守勢). ‖守勢に回る 수세로 몰리다.
しゅぜい【酒税】 주세(酒稅).
じゅせい【受精】 (☞하) 수정(受精). ♦受精卵 수정란. 유정란.
じゅせい【授精】 (☞하) 수정(授精). ♦人工授精 인공 수정.
しゅせき【首席】 수석(首席).
しゅせき【主席】 주석(主席). ♦国家主席 국가 주석.
しゅせき【酒席】 주석(酒席); 술자리.
しゅせん【主戦】 주전(主戰). ♦主戦投手 주전 투수. 主戦論 주전론.
しゅせんど【守銭奴】 수전노(守錢奴).
しゅぞう【酒造】 주조(酒造).
しゅぞく【種族】 종족(種族). ‖種族保存の本能 종족 보존의 본능.
しゅたい【主体】 주체(主體). ‖学生を主体とする会 학생을 주체로 하는 모임. ♦主体性 주체성.
しゅだい【主題】 주제(主題). ♦主題歌 주제가. アニメの主題歌 애니메이션의

주제가.

じゅたい【受胎】 [スル하] 수태(受胎); 임신(妊娠).

しゅたいてき【主体的】 주체적(主體的). ‖主体的に判断する 주체적으로 판단하다.

じゅたく【受託】 [スル하] 수탁(受託).

じゅだく【受諾】 [スル하] 수락(受諾).

*しゅだん【手段】 수단(手段). ‖手段を選ばない 수단을 가리지 않다. 最後の手段 최후의 수단. ♦生産手段 생산 수단.

しゅち【主知】 주지(主知). ♦主知主義 주지주의.

しゅちにくりん【酒池肉林】 주지육림(酒池肉林).

しゅちゅう【手中】 수중(手中). ‖決定権は彼の手中にある 결정권은 그 사람 수중에 있다. 優勝旗を手中に収める 우승기를 수중에 넣다.

じゅちゅう【受注】 [スル하] 수주(受注).

*しゅちょう【主張】 [スル하] 주장(主張). ‖強硬論を主張する 강경론을 주장하다. 主張が通る 주장이 통과되다. 主張を曲げない 주장을 굽히지 않다. 自己主張が強い 자기주장이 강하다.

しゅちょう【主調】 주조(主調).

しゅつえん【出演】 [スル하] 출연(出演). ‖テレビに出演する 텔레비전에 출연하다. ♦出演者 출연자. 出演料 출연료.

しゅっか【出火】 ‖出火する 불이 나다.

しゅっか【出荷】 [スル하] 출하(出荷).

じゅっかい【述懐】 [スル하] 술회(述懷).

しゅつがん【出願】 [スル하] 출원(出願). ‖特許出願中 특허 출원 중.

しゅっきん【出勤】 [スル하] 출근(出勤). ‖会社へ出勤する 회사에 출근하다. 9時までに出勤する 아홉 시까지 출근하다. ♦出勤時刻 출근 시간. 出勤簿 출근부.

しゅっけ【出家】 출가(出家).

しゅっけつ【出欠】 출결(出缺).

しゅっけつ【出血】 [スル하] ❶ 출혈(出血). ‖内出血 *내출혈*. ❷ 손해(損害); 희생(犧牲).

しゅつげん【出現】 [スル하] 출현(出現).

しゅっこ【出庫】 [スル하] 출고(出庫).

じゅつご【述語】 술어(述語).

じゅつご【術語】 술어(術語); 전문어(專門語); 학술 용어(學術用語).

しゅっこう【出向】 ‖出向する 명령으로 다른 회사·관청에 근무하다.

しゅっこう【出港】 [スル하] 출항(出港).

しゅっこう【出講】 [スル하] 출강(出講).

じゅっこう【熟考】 [スル하] 숙고(熟考).

しゅっこく【出国】 [スル하] 출국(出國). ‖出国ゲート 출국 게이트.

しゅつごく【出獄】 [スル하] 출옥(出獄).

しゅっこんそう【宿根草】 숙근초(宿根草).

じゅっさく【術策】 술책(術策).

しゅっさん【出産】 [スル하] 출산(出産). ‖元気な女の子を出産する 건강한 여자아이를 출산하다.

しゅっし【出資】 [スル하] 출자(出資).

しゅっしゃ【出社】 [スル하] 출근(出勤). ‖定刻に出社する 정각에 출근하다.

しゅっしょう【出生】 [スル하] 출생(出生). ♦出生届 출생 신고. 出生率 출생률.

しゅつじょう【出場】 [スル하] 출장(出場). ‖全国大会に出場する 전국 대회에 출장하다.

しゅっしん【出身】 출신(出身). ♦出身地 출신지.

しゅっせ【出世】 [スル하] 출세(出世). ‖立身出世 입신출세.

しゅっせい【出生】 [スル하] 출생(出生). ♦出生地 출생지.

しゅっせうお【出世魚】 [説明] 성장(成長)하면서 이름이 바뀌는 물고기.

しゅっせがしら【出世頭】 [説明] 동료(同僚) 중에서 출세(出世)가 빠른 사람; 가장 출세한 사람.

*しゅっせき【出席】 [スル하] 출석(出席). ‖会合に出席する 모임에 출석하다. ♦出席者 출석자. 出席簿 출석부.

しゅっせさく【出世作】 출세작(出世作).

しゅっせばらい【出世払い】 [説明] 출세(出世)하면 빚을 갚겠다는 약속(約束).

しゅつだい【出題】 [スル하] 출제(出題). ‖クイズを出題する 퀴즈를 출제하다.

*しゅっちょう【出張】 [スル하] 출장(出張). ‖福岡に出張する 후쿠오카에 출장 가다. ♦出張所 출장소. 出張先 출장지.

しゅってん【出典】 출전(出典).

しゅつど【出土】 [スル되] 출토(出土).

しゅっとう【出頭】 [スル하] 출두(出頭). ‖警察署へ出頭する 경찰서에 출두하다.

しゅつどう【出動】 [スル하] 출동(出動).

しゅつにゅう【出入】 [スル하] 출입(出入). ♦出入国 출입국.

しゅつば【出馬】 [スル하] 출마(出馬). ‖選挙に出馬する 선거에 출마하다.

*しゅっぱつ【出発】 [スル하] 출발(出發). ‖目的地に向けて出発する 목적지를 향해 출발하다. 出発時間 출발 시간.

しゅっぱつてん【出発点】 출발점(出發點).

しゅっぱん【出帆】 [スル하] 출범(出帆).

*しゅっぱん【出版】 [スル하] 출판(出版). ‖自伝を出版する 자서전을 출판하다. ♦出版権 출판권. 出版社 출판사. 出版物 출판물.

しゅっぴ【出費】 [スル하] 지출(支出); 출비(出費). ‖出費がかさむ 지출이 늘어나다.

しゅっぴん【出品】 [スル하] 출품(出品).

し

じゅつぶ【述部】 술부; 서술부(敍述部).
しゅつぼつ【出没】 ㉤하 출몰(出沒).
しゅつらん【出藍】 ▸出藍の誉れ 청출어람(靑出於藍).
しゅつりょく【出力】 ㉤하 출력(出力).
しゅと【首都】 수도(首都). ♦首都圏 수도권.
しゅとう【種痘】 종두(種痘).
しゅどう【手動】 수동(手動). ‖手動式ポンプ 수동식 펌프.
しゅどう【主動】 주동(主動). ♦主動的 주동적.
しゅどう【主導】 ㉤하 주도(主導). ♦主導権 주도권. 会社の主導権を握る 회사의 주도권을 쥐다.
じゅどう【受動】 수동(受動). ♦受動的 수동적. 受動態 수동태.
しゅとく【取得】 ㉤하 취득(取得). ‖運転免許を取得する 운전 면허를 취득하다.
じゅなん【受難】 수난(受難).
ジュニア【junior】 주니어.
しゅにく【朱肉】 인주(印朱).
じゅにゅう【授乳】 ㉤하 수유(授乳). ♦授乳期 수유기.
しゅにん【主任】 주임(主任).
しゅのう【首脳】 수뇌(首腦). ♦首脳会談 수뇌 회담. 首脳部 수뇌부.
じゅのう【受納】 ㉤하 수납(受納).
じゅばく【呪縛】 주술(呪術)로 움직이지 못하게 함; 심리적(心理的)인 자유(自由)를 뺏음.
しゅはん【主犯】 주범(主犯).
しゅはん【首班】 수반(首班).
しゅび【守備】 ㉤하 수비(守備). ‖守備を強化する 수비를 강화하다. ♦守備位置 수비 위치. 守備隊 수비대.
しゅび【首尾】 ‖首尾よく 순조(順調)롭게. 다행(多幸)히. ♦首尾一貫 수미일관.
しゅひぎむ【守秘義務】 ㊀説明 공무원(公務員) 등이 업무상(業務上) 알게 된 비밀(祕密)을 지켜야 되는 것.
しゅひつ【主筆】 주필(主筆).
しゅひん【主賓】 주빈(主賓).
しゅふ【主婦】 주부(主婦). ♦専業主婦 전업 주부.
しゅぶ【主部】 주부(主部).
しゅぶん【主文】 ❶《言語》 주문(主文). ❷《法律》 주문.
じゅふん【受粉】 ㉤하 수분(受粉).
じゅふん【授粉】 ㉤하 수분(授粉).
しゅへき【酒癖】 주벽(酒癖); 술버릇.
しゅべつ【種別】 ㉤하 종별(種別).
しゅほう【手法】 수법(手法).
しゅほう【主砲】 주포(主砲).
しゅぼう【首謀】 주모(主謀). ♦首謀者 주모자.
*しゅみ【趣味】 취미(趣味). ‖趣味は音楽鑑賞です 취미는 음악 감상입니다. 彼は趣味が広い 그 사람은 취미가 다양하다.
じゅみょう【寿命】 수명(壽命). ‖平均寿命 평균 수명. 寿命が尽きる 수명이 다하다.
しゅむ【主務】 주무(主務). ‖主務大臣 주무 장관.
しゅもく【種目】 종목(種目). ‖運動会の種目を増やす 운동회 종목을 늘리다.
しゅもく【撞木】 당목(撞木). ♦撞木形 정자형. 撞木杖 T 자형 지팡이.
じゅもく【樹木】 수목(樹木).
じゅもん【呪文】 주문(呪文). ‖呪文を唱える 주문을 외다.
しゅやく【主役】 주역(主役). ‖主役を務める 주역을 맡다.
じゅよ【授与】 ㉤하 수여(授與). ‖功労賞を授与する 공로상을 수여하다.
しゅよう【主要】 주요(主要). ♦主要産業 주요 산업. 主要人物 주요 인물. 主要都市 주요 도시.
しゅよう【腫瘍】 종양(腫瘍). ♦悪性腫瘍 악성 종양.
じゅよう【受容】 ㉤하 수용(受容). ‖西欧文明を受容する 서구 문명을 수용하다.
*じゅよう【需要】 수요(需要). ‖需要と供給のバランス 수요와 공급의 균형. 需要の多い製品 수요가 많은 제품. 石油の需要が増えた 석유의 수요가 늘었다.
しゅらば【修羅場】 수라장(修羅場).
しゅらん【酒乱】 주정(酒酊); 술 주정
じゅり【受理】 ㉤하 수리(受理). ‖辞表を受理する 사표를 수리하다.
しゅりけん【手裏剣】 ㊀説明 손에 들고 적(敵)에게 던지는 작은 칼.
じゅりつ【樹立】 ㉤하 수립(樹立). ‖世界新記録を樹立する 세계 신기록을 수립하다.
しゅりゅう【主流】 주류(主流).
しゅりゅうだん【手榴弾】 수류탄(手榴彈).
しゅりょう【狩猟】 ㉤하 수렵(狩獵); 사냥. ♦狩猟期 수렵기. 狩猟犬 사냥개.
しゅりょう【酒量】 주량(酒量).
じゅりょう【受領】 ㉤하 수령(受領). ‖代金を受領する 대금을 수령하다.
しゅりょく【主力】 주력(主力). ‖チームの主力選手 팀의 주력 선수. ♦主力部隊 주력 부대.
じゅりん【樹林】 수림(樹林). ♦広葉樹林 광엽 수림.
*しゅるい【種類】 종류(種類). ‖様々な種類の本 다양한 종류의 책. 商品を種類別に陳列する 상품을 종류별로 진열하다. 数種類の雑誌 몇 종류의 잡지.
じゅれい【寿齢】 수명(壽命).
じゅれい【樹齢】 수령(樹齡). ‖樹齢 3

百年の大木 수령 삼백 년의 거목.
シュレッダー【shredder】 문서 파쇄기(文書破碎機).
しゅわ【手話】 수화(手話).
じゅわき【受話器】 수화기(受話器).
しゅわん【手腕】 수완(手腕). ‖改革に手腕をふるう 개혁에 수완을 발휘하다.
しゅん【旬】 ❶(魚介類・野菜などの)제철. ‖旬の野菜 제철 야채. ❷〔最適の時期〕어떤 일을 하기에 알맞은 시기(時期).
じゅん【純】 ❶순수(純粹). ‖純な心 순수한 마음. ❷순 …. ‖純日本式 순 일본식.
じゅん-【準】 준(準) …. ‖準優勝 준우승. ♦準決勝 준결승.
じゅんあい【純愛】 순애(純愛).
じゅんい【順位】 순위(順位).
じゅんえき【純益】 순익(純益).
じゅんえん【順延】 (조하) 순연(順延). ♦雨天順延 우천순연.
じゅんおう【順応】 (조하) 순응(順應).
じゅんか【醇化】 (조하) ❶순화(醇化). ❷가르침에 감화(感化)됨.
じゅんかい【巡回】 (조하) 순회(巡廻). ♦巡回図書館 순회도서관.
しゅんかしゅうとう【春夏秋冬】 춘하추동(春夏秋冬).
じゅんかつゆ【潤滑油】 윤활유(潤滑油).
*__しゅんかん__【瞬間】 순간(瞬間). ‖決定的瞬間 결정적인 순간. 瞬間最大風速 순간 최대 풍속. 瞬間的に 순간적으로.
じゅんかん【循環】 (조하) 순환(循環). ‖血液の循環 혈액 순환. ♦循環器 순환기.
しゅんき【春季】 춘계(春季).
シュンギク【春菊】 쑥갓.
じゅんきょ【準拠】 (조하) 준거(準據).
じゅんきょう【殉教】 (조하) 순교(殉敎).
じゅんきょうじゅ【准教授】 준교수(準敎授).
じゅんきん【純金】 순금(純金).
じゅんぐり【順繰り】 차례차례(次例次例)로 함; 순서(順序)대로 함.
じゅんけつ【純血】 순수(純粹)한 혈통(血統).
じゅんけつ【純潔】ﾀﾞ 순결(純潔)하다.
しゅんげん【峻厳】ﾀﾞ 준엄(峻嚴)하다.
しゅんこう【竣工】 (조하) 준공(竣工).
じゅんこう【巡行】 (조하) 순행(巡行).
じゅんこう【巡航】 (조하) 순항(巡航).
じゅんこう【順行】 (조하) 순행(順行).
じゅんさつ【巡察】 (조하) 순찰(巡察). ‖各支店を巡察する 각 지점을 순찰하다.
しゅんじ【瞬時】 순간; 순식간(瞬息間).
じゅんし【巡視】 (조하) 순시(巡視). ♦巡視船 순시선.
じゅんしゅ【遵守】 (조하) 준수(遵守). ‖法律を遵守する 법률을 준수하다.
しゅんじゅう【春秋】 춘추(春秋). ▸春秋に富む 젊고 장래성이 있다. ♦春秋戦国時代 춘추 전국 시대.
じゅんじゅん-【準準】 준준(準準)…. ‖準々決勝 준준결승.
*__じゅんじょ__【順序】 ❶순서(順序); 차례(次例). ‖順序よく乗車する 차례대로 승차하다. 順序を立てる 순서를 정하다. ❷수순(手順); 절차(節次). ‖順序を踏む 절차를 밟다.
しゅんしょう【春宵】 춘소(春宵); 봄밤. ‖春宵一刻値千金 춘소일각 치천금(春宵一刻値千金).
じゅんじょう【純情】 순정(純情).
しゅんしょく【春色】 봄빛.
じゅんしょく【殉職】 (조하) 순직(殉職).
じゅんしょく【潤色】 (조하) 윤색(潤色).
じゅんじる【準じる】 준(準)하다.
じゅんしん【純真】ﾀﾞ 순진(純眞)하다.
じゅんすい【純粋】ﾀﾞ 순수(純粹)하다. ‖純粋な心 순수한 마음.
じゅんせい【純正】 순정(純正).
じゅんせつ【順接】 (조하) 순접(順接).
じゅんぜん【純然】 ❶〔混じりけがない〕순수(純粹). ❷〔まさしくそれに違いない〕‖純然たる汚職事件 부정할 수 없는 비리 사건.
しゅんそく【俊足】 준족(駿足).
じゅんたく【潤沢】ﾀﾞ 윤택(潤澤)하다.
じゅんちょう【順調】ﾀﾞ 순조(順調)롭다. ‖順調な滑り出し 순조로운 출발. 順調に進む 순조롭게 진행되다.
しゅんと ‖叱られてしゅんとなる 야단을 맞아 풀이 죽다.
じゅんど【純度】 순도(純度).
しゅんとう【春闘】 춘투(春鬪).
じゅんとう【順当】ﾀﾞ 순당(順當)하다.
じゅんのう【順応】 (조하) 순응(順應).
じゅんぱく【純白】ﾀﾞ 순백(純白)하다.
しゅんぱつ【瞬発】 순발(瞬發). ♦瞬発力 순발력.
じゅんばん【順番】 순번(順番). ‖順番に並んでください 순번대로 서 주세요.
*__じゅんび__【準備】 (조하) 준비(準備). ‖準備する時間がない 준비할 시간이 없다. 準備に余念がない 준비에 여념이 없다. ♦準備運動 준비 운동.
しゅんびん【俊敏】ﾀﾞ 준민(俊敏)하다.
しゅんぷう【春風】 춘풍(春風).
じゅんぷう【順風】 순풍(順風). ▸順風に帆を上げる 순풍에 돛을 달다.〔慣〕 ♦順風満帆 일이 매우 순조롭게 진행됨.
しゅんぶん【春分】 (二十四節気の)춘분(春分). ♦春分の日 춘분의 날.
じゅんぶんがく【純文学】 순수 문학(純粹文學).

し

しゅんべつ【峻別】 ⓢ하 준별(峻別).
じゅんぼく【純朴】ダ 순박(淳朴)하다. ‖純朴な人 순박한 사람.
じゅんまいしゅ【純米酒】 説明 쌀과 쌀누룩만으로 만든 일본(日本) 술.
じゅんめん【純綿】 순면(純綿).
じゅんもう【純毛】 순모(純毛).
じゅんよう【準用】 ⓢ하 준용(準用).
じゅんようかん【巡洋艦】 순양함(巡洋艦).
じゅんりょう【純量】 순량(純量); 정량(正量).
じゅんれい【巡礼】 ⓢ하 순례(巡禮). ♦巡礼者 순례자.
しゅんれつ【峻烈】ダ 준열(峻烈)하다.
じゅんれつ【順列】 (数学) 순열(順列).
じゅんろ【順路】 (道の)순서(順序).
しょ【署】 서(署). ‖署の方針 서의 방침.
じょい【女医】 여의; 여의사(女醫師).
しょいこ【背負い子】 지게.
しょいこむ【背負い込む】 짊어지다; 떠맡다.
しょいん【書院】 서원(書院).
しょう【将】 장수(將帥). ▸将を射んと欲すれば先ず馬を射よ 큰 목표를 달성하려면 먼저 주위의 작은 것부터 공략하라.
しょう【賞】 상(賞).
しよう【仕様】 사양(仕樣). ♦仕様書 설명서.
しよう【私用】 사용(私用).
*しよう【使用】 ⓢ하 사용(使用). ‖午前中第1会議室を使用する 오전 중에 제일 회의실을 사용하다. ♦使用禁止 사용 금지. 使用者 사용자. 使用中 사용 중. 使用人 고용인.
しよう【枝葉】 지엽(枝葉). ‖枝葉末節にこだわる 지엽적인 부분에 집착하다.
しよう【試用】 ⓢ하 시용(試用).
じょう【条】 ❶조; 조목(條目). ❷〔条文·条項などを数える単位〕…조.
じょう【状】 장(狀).
じょう【情】 정(情). ‖情が深い 정이 깊다. ▸情が移る 정이 들다. 拾った犬に情が移る 주어 온 개에게 정이 들다. ▸情にもろい 정에 약하다. 情にもろい人 정에 약한 사람.
-じょう【帖】 ❶〔紙·海苔などを数える単位〕…장(張). ❷〔屏風·盾などを数える単位〕…폭(幅).
じょう【城】 성(城).
-じょう【乗】 …승(乘).
-じょう【錠】 …정(錠).
じよう【滋養】 자양(滋養). ‖滋養強壮剤 자양강장제.
しょうあく【掌握】 ⓢ하 장악(掌握). ‖政権を掌握する 정권을 장악하다.
しょうい【少尉】 소위(少尉).
しょうい【傷痍】 상이(傷痍). ♦傷痍軍人 상이군인.
じょうい【上意】 상의(上意). ♦上意下達 상의하달.
じょうい【情意】 정의(情意).
じょういん【上院】 상원(上院). ‖上院議員 상원 의원.
じょうえい【上映】 ⓢ하 상영(上映).
しょうエネ(ルギー)【省 Energie】 説明 에너지의 효율적(效率的) 이용(利用)을 꾀함.
しょうえん【消炎】 소염(消炎). ♦消炎剤 소염제.
じょうえん【上演】 ⓢ하 상연(上演).
しょうおう【照応】 ⓢ하 조응(照應).
しょうおん【消音】 ⓢ하 소음(消音). ♦消音装置 소음 장치.
じょうおん【常温】 상온(常溫).
しょうか【昇華】 ⓢ되 승화(昇華).
*しょうか【消化】 ⓢ하 ❶소화(消化). ‖この食べ物は消化がいい[悪い] 이 음식물은 소화가 잘 된다[안 된다]. ❷(知識などを)이해(理解)하다. ❸처리(處理)하다. ‖ノルマを消化する 노르마를 처리하다. ♦消化器 소화기. 消化不良 소화 불량.
しょうか【消火】 ⓢ하 소화(消火). ♦消火器 소화기.
ショウガ【生姜】 생강(生薑).
じょうか【浄化】 ⓢ하 정화(淨化). ♦浄化槽 정화조.
*しょうかい【紹介】 ⓢ하 소개(紹介). ‖日本の文化を世界に紹介する 일본 문화를 세계에 소개하다. 新聞に紹介された映画 신문에 소개된 영화. 母に彼女を紹介する 어머니께 여자 친구를 소개하다. 先生の紹介でこの出版社に就職した 선생님 소개로 이 출판사에 취직했다. ♦紹介状 소개장.
しょうかい【商会】 상회(商會).
しょうかい【照会】 ⓢ하 조회(照會).
しょうがい【生涯】 생애(生涯); 평생(平生) ‖生涯をとじる 생애를 마감하다. ♦生涯教育 평생 교육.
しょうがい【渉外】 섭외(涉外).
しょうがい【傷害】 ⓢ하 상해(傷害). ♦傷害罪 상해죄. 傷害保険 상해 보험.
*しょうがい【障害】 ❶장애(障礙); 방해(妨害). ‖売上向上の障害となる要因 매상을 올리는 데 장애가 되는 요인. ❷(心身の)장애. ♦機能障害 기능 장애. 障害者 장애자. 障害物競走 장애물 경주.
じょうがい【場外】 장외(場外). ‖場外ホームラン 장외 홈런.
しょうかく【昇格】 ⓢ되 승격(昇格).
しょうがく【少額】 소액(少額).
しょうがくきん【奨学金】 장학금(獎學金).
しょうがくせい【小学生】 초등학생(初

等學生).
しょうがくせい【奨学生】 장학생(奬學生).
しょうがつ【正月】 정월(正月); 일월(一月).
しょうがっこう【小学校】 초등학교(初等學校).
しようがない【仕様が無い】 어쩔 수 없다; 방법(方法)이 없다.
しょうかん【小寒】 (二十四節気の)소한(小寒).
しょうかん【召喚】 (自他) 소환(召喚). ‖証人を召喚する 증인을 소환하다. ♦召喚状 소환장.
しょうかん【召還】 (自他) 소환(召還). ‖大使を本国に召還する 대사를 본국으로 소환하다.
しょうかん【償還】 (自他) 상환(償還). ‖国債を償還する 국채를 상환하다.
じょうかん【上官】 상관(上官).
しょうき【正気】 제정신.
しょうぎ【将棋】 장기(將棋). ‖将棋をさす 장기를 두다.
じょうき【上気】 (自되) 상기(上氣).
じょうき【上記】 상기(上記).
じょうき【常軌】 상궤(常軌). ▸常軌を逸する 상궤를 벗어나다.
じょうき【蒸気】 증기(蒸氣). ♦蒸気機関 증기 기관. 蒸気機関車 증기 기관차. 蒸気船 증기선.
じょうぎ【定規】 자. ♦三角定規 삼각자.
じょうきげん【上機嫌】ダ 매우 기분(氣分)이 좋다.
しょうきゃく【消却】 (自他) 말소(抹消).
しょうきゃく【焼却】 (自他) 소각(燒却). ‖ごみを焼却する 쓰레기를 소각하다. ♦焼却処分 소각 처분. 焼却炉 소각로.
しょうきゃく【償却】 (自他) ❶상각(償却). ❷감가상각(減價償却).
じょうきゃく【乗客】 승객(乘客).
しょうきゅう【昇級】 (自他) 승급(昇級).
しょうきゅう【昇給】 (自他) 승급(昇給).
じょうきゅう【上級】 상급(上級). ♦上級生 상급생. 上級日本語 상급 일본어.
しょうきょ【消去】 (自他) 소거(消去). ♦消去法 소거법.
*__しょうぎょう__【商業】 상업(商業). ‖商業に従事する 상업에 종사하다. 商業の中心地 상업 중심지. ♦商業主義 상업주의. 商業放送 상업 방송.
じょうきょう【上京】 (自他) 상경(上京). ‖職を求めて上京する 일을 찾아 상경하다.
*__じょうきょう__【状況】 상황(狀況); 정황(情況). ‖状況判断 상황 판단. 難しい状況 어려운 상황. 状況が悪化している 상황이 악화되고 있다.
しょうきょく【消極】 소극(消極). ♦消極的 소극적.
しょうきん【賞金】 상금(賞金).
じょうきん【常勤】 (自他) 상근(常勤).
じょうくう【上空】 상공(上空).
しょうぐん【将軍】 장군(將軍).
じょうげ【上下】 ❶상하(上下); 위아래. ‖手を上下に動かす 손을 위아래로 움직이다. ❷(服・本などの)상하. ‖背広の上下 양복의 상하. ❸오르내림. ‖階段を上下する足音 계단을 오르내리는 발소리.
しょうけい【小計】 (自他) 소계(小計).
じょうけい【情景】 정경(情景). ‖ほほえましい情景 흐뭇한 정경.
しょうけいもじ【象形文字】 상형문자(象形文字).
*__しょうげき__【衝撃】 충격(衝擊). ‖大変な衝撃を受けた 큰 충격을 받았다. 全世界に大きな衝撃を与えた事件 전 세계에 큰 충격을 준 사건.
しょうけん【商権】 상권(商權).
しょうけん【商圏】 상권(商圈).
しょうけん【証券】 증권(證券). ♦有価証券 유가 증권. 証券会社 증권 회사. 証券市場 증권 시장. 証券取引所 증권 거래소.
しょうげん【証言】 (自他) 증언(證言). ‖被害者のために証言する 피해자를 위해 증언하다.
*__じょうけん__【条件】 조건(條件). ‖条件をつける 조건을 붙이다[달다]. 相手の条件をのむ 상대방의 조건을 받아들이다. 条件のよい仕事を探す 조건이 좋은 일을 찾다. ♦条件反射 조건 반사.
じょうげん【上弦】 상현(上弦). ‖上弦の月 상현달.
じょうげん【上限】 상한(上限).
しょうこ【称呼】 (自他) 칭호(稱號).
*__しょうこ__【証拠】 증거(證據). ‖証拠をつかむ 증거를 잡다. 確かな証拠 확실한 증거. ♦物的証拠 물적 증거. 証拠不十分 증거 불충분.
しょうご【正午】 정오(正午).
じょうご【畳語】 첩어(疊語).
じょうご【漏斗】 깔때기.
しょうこう【小康】 소강(小康). ♦小康状態 소강 상태.
しょうこう【昇降】 (自他) 승강(昇降). ♦昇降機 승강기. 엘리베이터.
しょうこう【将校】 장교(將校).
しょうこう【症候】 증후(症候); 증상(症狀).
しょうごう【称号】 칭호(稱號).
しょうごう【商号】 상호(商號).
しょうごう【照合】 (自他) 조합(照合).
じょうこう【条項】 조항(條項). ♦禁止条項 금지 조항.
じょうこう【乗降】 (自他) 승강(乘降).
しょうこうい【商行為】 상행위(商行爲).

しょうこうかいぎしょ【商工会議所】 상공 회의소(商工會議所).
しょうこうぐん【症候群】 증후군(症候群).
しょうこうしゅ【紹興酒】 소흥주(紹興酒).
しょうこうねつ【猩紅熱】 성홍열(猩紅熱).
じょうこく【上告】 (名하) 상고(上告). ♦上告審 상고심.
しょうこだてる【証拠立てる】 증거(證據)를 들어 증명(證明)하다.
しょうこりもなく【性懲りもなく】 질리지도 않는지.
しょうごん【荘厳】 불당(佛堂)·불상(佛像) 등을 장식(裝飾)함.
しょうさい【詳細】 상세(詳細)한 것; 자세(仔細)한 것. ‖詳細はこの資料を読んでください 상세한 것은 이 자료를 읽어 주십시오. 理由を詳細に説明する 이유를 상세하게 설명하다.
じょうざい【錠剤】 정제(錠劑); 알약.
じょうさく【上策】 상책(上策).
しょうさつ【省察】 (名하) 성찰(省察).
しょうさっし【小冊子】 소책자(小冊子).
しょうさん【称賛】 (名하) 칭찬(稱讚).
しょうさん【勝算】 승산(勝算).
しょうさん【硝酸】 초산(硝酸). ♦硝酸アンモニウム 초산암모늄. 硝酸カリウム 초산칼륨.
しょうじ【正時】 정시(正時).
しょうじ【商事】 상사(商事).
しょうじ【障子】 장지.
じょうし【上司】 상사(上司).
じょうし【情死】 (名하) 정사(情死).
じょうじ【情事】 정사(情事).
じょうじ【常時】 상시(常時); 항상(恒常).
しょうしか【少子化】 저출산(低出産).
*しょうじき【正直】 ❶정직(正直); 솔직(率直). ‖正直な意見 솔직한 의견. 正直に話しなさい 정직하게 말해라. ❷〔副詞的に〕솔직(率直)히 말해서; 솔직히; 실(實)은. ‖正直君がうらやましい 솔직히 너가 부럽다.
じょうしき【定式】 정식(定式).
*じょうしき【常識】 상식. ‖彼には常識がない 그 사람은 상식이 없다. 常識では考えられない行動 상식적으로는 생각*할 수 없는 행동*. 常識で分かること 상식적으로 알 만한 일. その事実は大学生の間では常識だ 그 사실은 대학생들 사이에서는 상식이다. ♦常識的 상식적.
しょうしつ【消失】 (名하) 소실(消失).
しょうしつ【焼失】 (名하) 소실(燒失).
じょうしつ【上質】 상질(上質).
じょうじつ【情実】 정실(情實).
しょうしみん【小市民】 소시민(小市民).
しょうしゃ【商社】 상사(商社). ♦商社マン 상사원.
しょうしゃ【勝者】 승자(勝者).
じょうしゃ【乗車】 (名하) 승차(乘車). ♦無賃乗車 무임승차. 乗車券 승차권.
じょうじゅ【成就】 (名하) 성취(成就).
しょうしゅう【召集】 (名하) 소집(召集). ‖国会を召集する 국회를 소집하다. ♦召集令状 소집영장.
しょうしゅう【消臭】 제취(除臭). ♦消臭剤 제취제.
じょうしゅう【常習】 상습(常習). ♦常習犯 상습범.
じょうじゅう【常住】 (名하) ❶상주(常住). ❷〔副詞的に〕항상(恒常); 끊임없이.
しょうじゅつ【詳述】 (名하) 상술(詳述).
じょうじゅつ【上述】 (名하) 상술(上述).
しょうじゅん【照準】 (名하) 조준(照準).
じょうじゅん【上旬】 상순(上旬).
しょうしょ【小暑】 (二十四節気の)소서(小暑).
しょうしょ【証書】 증서(證書); 장(狀). ‖卒業証書 졸업장.
しょうじょ【少女】 소녀(小女). ‖利発な少女 영리한 소녀.
しょうしょう【少少】 조금; 좀; 약간(若干). ‖少々のミスは気にするな 약간의 실수는 신경 쓰지 마라. 少々お待ちください 조금 기다려 주십시오.
しょうしょう【少将】 소장(少將).
しょうじょう【症状】 증상(症狀).
しょうじょう【賞状】 상장(賞狀).
じょうしょう【上声】(言語) 상성(上聲).
じょうしょう【上昇】 (名하) 상승(上昇). ♦上昇気流 상승기류.
じょうじょう【上場】 (名하) 상장(上場). ♦上場会社 상장 회사.
じょうじょう【情状】 정상(情狀). ♦情状酌量 (名하)정상 참작.
しょうしょく【小食】 소식(小食). ‖小食な人 소식하는 사람.
しょうしょく【粧飾】 (名하) 장식(粧飾).
しょうじる【生じる】 발생(發生)하다.
しょうしん【小心】ダ 소심(小心)하다. ‖小心者 소심한 사람.
しょうしん【昇進】 (名하) 승진(昇進).
しょうしん【傷心】 (名하) 상심(傷心).
しょうじん【焼尽】 (名하) 소진(燒盡).
しょうじん【精進】 (名하) 정진(精進).
じょうしん【上申】 (名하) 상신(上申).
しょうしんしょうめい【正真正銘】 정말; 틀림없음.
*じょうず ダ ❶(仕事が)잘하다; (技術が)뛰어나다. ‖字の上手な人 글씨를 잘 쓰는 사람. バイオリンが上手だ 바이올린을 잘 켠다. 英語が上手になる 영어가 유창해지다. ❷〔お世辞〕발림소리

를 하다.
しょうすい【小水】 소변(小便).
しょうすい【憔悴】 [スル하] 초췌(憔悴). ‖憔悴した顔 초췌한 얼굴.
じょうすい【上水】 상수(上水).
じょうすい【浄水】 정수(浄水). ‖浄水器 정수기.
じょうすいどう【上水道】 상수도(上水道).
しょうすう【小数】 소수(小數).
しょうすう【少数】 소수(少數). ‖少数派 소수파.
しょうすうてん【小数点】 소수점(小數點).
しょうする【称する】 ❶칭(稱)하다; …(이)라고 하다. ‖山田と称する人 야마다라고 하는 사람. ❷칭찬(稱讚)하다.
しょうせい【招請】 [スル하] 초청(招請). ‖外国選手を招請する 외국 선수를 초청하다. 招請状 초청장.
じょうせい【情勢】 정세(情勢). ‖不利な情勢 불리한 정세. 国際情勢の変化 국제 정세의 변화.
じょうせき【上席】 상석(上席).
じょうせき【定石】 정석(定石).
しょうせつ【小雪】 (二十四節気の)소설(小雪).
*しょうせつ【小説】 소설(小說). ‖川端康成の小説 가와바타 야스나리의 소설. ♦推理小説 추리 소설. 連載小説 연재 소설. 大衆小説 대중 소설. 小説家 소설가.
じょうせつ【常設】 [スル하] 상설(常設).
じょうぜつ【饒舌】 요설(饒舌).
しょうせん【商船】 상선(商船).
じょうせん【乗船】 [スル하] 승선(乘船).
しょうそ【勝訴】 [スル하] 승소(勝訴).
じょうそ【上訴】 [スル하] 상소(上訴).
しょうそう【少壮】 소장(少壯).
しょうそう【尚早】 상조(尙早). ‖時期尚早 시기상조.
しょうそう【焦燥】 [スル하] 초조(焦燥). ♦焦燥感 초조감.
しょうぞう【肖像】 초상(肖像). ♦肖像画 초상화. 肖像権 초상권.
じょうそう【上層】 상층(上層).
じょうぞう【醸造】 [スル하] 양조(釀造). ♦醸造酒 양조주.
しょうそく【消息】 소식(消息); 연락(連絡). ‖消息を絶つ 소식을 끊다. 消息が途絶える 연락이 끊어지다. ♦消息筋 소식통. 消息通 소식통.
しょうたい【小隊】 소대(小隊).
しょうたい【正体】 ❶〔実像〕정체(正體). ‖正体を現わす 정체를 드러내다. 正体不明の人物 정체불명의 인물. ❷제정신. ‖正体を失う 정신을 잃다.
*しょうたい【招待】 [スル하] 초대(招待). ‖コンサートに招待する 음악회에 초대하다. 食事への招待を受ける 식사 초대를 받다. ♦招待券 초대권. 招待状 초대장.
じょうたい【上体】 상체(上體).
*じょうたい【状態】 상태(狀態). ‖危険な状態 위험한 상태. ♦生活状態 생활 상태. 健康状態 건강 상태.
じょうたい【常体】 평서문체(平敍文體).
*しょうだく【承諾】 [スル하] 승낙(承諾). ‖結婚を承諾する 결혼을 승낙하다. 承諾を得る 승낙을 얻다. いやいやながら承諾する 마지못해 승낙하다.
じょうたつ【上達】 ‖上達する (技芸・技術などが)향상(向上)되다; 늘다. 料理の腕が上達する 요리 솜씨가 늘다.
しょうだん【商談】 상담(商談).
じょうだん【上段】 상단(上段).
*じょうだん【冗談】 농담(弄談). ‖冗談を言う 농담을 하다. 冗談の分からない人 농담이 안 통하는 사람. 冗談にもほどがある 농담이 지나치다. 冗談を真に受ける 농담을 진짜로 받아들이다.
しょうち【招致】 [スル하] 초치(招致).
*しょうち【承知】 ❶〔理解している〕‖承知する 알고 있다. いきさつは承知しております 경위는 알고 있습니다. ❷[スル하] 승낙(承諾). ‖解約の件は承知できない 해약 건은 승낙할 수 없다.
しょうちくばい【松竹梅】 송죽매(松竹梅).
しょうちゅう【掌中】 장중(掌中); 수중(手中); 손 안. ‖掌中に収める 수중에 넣다. ▸掌中の珠 장중보옥.
しょうちゅう【焼酎】 소주(燒酒).
じょうちゅう【常駐】 [スル하] 상주(常駐).
じょうちょ【情緒】 정서(情緒); 정취(情趣). ♦情緒不安定 정서 불안(정). 情緒障害 정서 장애.
しょうちょう【小腸】 소장(小腸).
しょうちょう【象徴】 [スル하] 상징(象徵). ♦象徴主義 상징주의. 象徴的 상징적.
じょうちょう【冗長】ダ 쓸데없이 길다.
しょうちん【消沈】 [スル하] 소침(消沈). ♦意気消沈 의기소침.
じょうてい【上程】 [スル하] 상정(上程).
じょうでき【上出来】ダ (結果・状態などが)만족할 만하다. ‖初めてのわりには上出来だ 처음치고는 만족(滿足)할 만하다.
しょうてん【声点】〔言語〕성점(聲點).
しょうてん【昇天】 [スル하] 승천(昇天).
しょうてん【商店】 상점(商店). ♦商店街 상가.
しょうてん【焦点】 초점(焦點). ‖顕微鏡の焦点を合わせる 현미경의 초점을 맞추다.
しょうど【焦土】 초토(焦土). ‖焦土と化す 초토화되다.

しょうど【照度】조도(照度).
じょうと【譲渡】㉠하 양도(譲渡). ‖株式の譲渡 주식 양도.
じょうど【浄土】정토; 극락정토(極樂淨土). ♦浄土宗 정토종.
しょうとう【消灯】㉠하 소등(消燈). ♦消灯時間 소등 시간.
しょうどう【衝動】충동(衝動). ‖衝動が起こる 충동이 일다. 一時の衝動 일시적인 충동. 衝動買い 충동 구매. 衝動的に 충동적으로.
じょうとう【上等】상등급(上等級); 뛰어남.
じょうとう【常套】상투(常套). ♦常套句 상투적인 표현. 常套手段 상투적인 수단.
しょうとく【生得】생득(生得).
しょうどく【消毒】㉠하 소독(消毒). ‖傷口を消毒する 상처난 데를 소독하다. ♦日光消毒 일광 소독.
しょうとつ【衝突】㉠하 충돌(衝突). ‖意見が衝突する 의견이 충돌하다. ♦正面衝突 정면 충돌. 衝突事故 충돌 사고.
しょうとりひき【商取引】상거래(商去來).
じょうない【場内】장내(場內).
しょうに【小児】소아(小兒). ♦小児科 소아과. 小児麻痺 소아마비.
しょうにゅうせき【鍾乳石】종유석(鍾乳石).
しょうにゅうどう【鍾乳洞】종유동(鍾乳洞); 종유굴(鍾乳窟).
*しょうにん【承認】㉠하 승인(承認). ‖予算案を承認する 예산안을 승인하다. 理事会の承認した事項 이사회가 승인한 사항.
しょうにん【商人】상인(商人).
しょうにん【証人】증인(證人).
じょうにん【常任】㉠하 상임(常任). ♦常任委員 상임 위원. 常任指揮者 상임 지휘자. 常任理事国 상임 이사국.
じょうねつ【情熱】정열(情熱). ‖情熱を燃やす 정열을 불태우다. 情熱的なダンス 정열적인 댄스.
*しょうねん【少年】소년(少年). ♦少年院 소년원. 少年時代 소년 시절. 少年犯罪 소년 범죄.
じょうねん【情念】정념(情念).
しょうねんば【正念場】중요(重要)한 국면(局面); 중요한 때. ‖今が正念場です 지금이 중요한 때입니다.
しょうのう【小脳】소뇌(小腦).
じょうば【乗馬】㉠하 승마(乘馬).
しょうはい【勝敗】승패(勝敗). ‖勝敗を決する 승패를 겨루다.
*しょうばい【商売】❶ 장사. ‖商売して暮らしている 장사로 먹고 살고 있다. 商売人 장사꾼. ❷ 직업(職業); 일. ‖本を読むのも商売のうちだ 책을 읽는 것도 일의 일부다.
しょうばつ【賞罰】상벌(賞罰).
じょうはつ【蒸発】㉠하 증발(蒸發).
じょうはんしん【上半身】상반신(上半身).
*しょうひ【消費】㉠하 소비(消費). ‖このところ消費が伸び悩んでいる 최근에 소비가 늘지 않고 있다. 時間を無駄に消費する 시간을 쓸데없이 소비하다. ♦消費期限 소비 기한. 消費財 소비재. 消費者 소비자. 消費者価格 소비자 가격. 消費者物価指数 소비자 물가 지수. 消費税 소비세. 消費量 소비량.
しょうび【焦眉】초미(焦眉). ▸焦眉の急 초미지급.
じょうび【常備】㉠하 상비(常備). ♦常備薬 상비약.
しょうひょう【商標】상표(商標). ♦登録商標 등록 상표.
しょうひょう【証票】증표(證票).
*しょうひん【商品】상품(商品). ‖商品を仕入れる 상품을 구입하다. 色々な種類の商品を扱っている 다양한 종류의 상품을 취급하고 있다. ♦商品券 상품권.
しょうひん【賞品】상품(賞品).
じょうひん【上品】❶ [~ダ] 우아(優雅)하다; 고상(高尙)하다; 품위(品位)가 있다. ‖上品な物腰 품위 있는 태도. ❷ 상품(上品); 고급품(高級品).
しょうぶ【尚武】상무(尙武). ‖尚武の精神 상무 정신.
*しょうぶ【勝負】승부(勝負). ‖1対1で勝負する 일 대 일로 승부하다. 勝負がつかない 승부가 나지 않다. 彼とでは勝負にならない 그 사람과는 승부가 안 된다. ♦勝負事 승패를 겨루는 것. 勝負師 승부사.
ショウブ【菖蒲】창포(菖蒲).
*じょうぶ【丈夫】ダ ❶ 건강(健康)하다. ‖丈夫な体 건강한 몸. ❷ 튼튼하다; 견고(堅固)하다. ‖丈夫な紙袋 튼튼한 종이 봉투. この椅子は丈夫にできている 이 의자는 튼튼하게 만들어졌다.
じょうぶ【上部】상부(上部). ♦上部構造 상부구조.
しょうふだ【正札】정찰(正札).
じょうぶつ【成仏】㉠하 성불(成佛).
しょうぶん【性分】성격(性格). ‖損な性分 손해 보는 성격.
しょうへい【招聘】㉠하 초빙(招聘).
しょうへい【将兵】장병(將兵).
しょうへき【障壁】장벽(障壁). ♦関税障壁 관세 장벽.
じょうへき【城壁】성벽(城壁).
しょうへん【掌編】장편(掌篇); 콩트.
しょうべん【小便】㉠하 소변(小便). ‖小便する 소변을 보다.
じょうへん【上編】상편(上篇).

じょうほ【譲歩】 ㊅하 양보(讓步). ‖互いに譲歩する 서로 양보하다.
しょうほう【商法】 ❶상법(商法); 상술(商術). ♦**悪徳商法** 악덕 상술. ❷《法律》상법.
しょうぼう【消防】 소방(消防). ♦**消防士** 소방사. **消防車** 소방차. **消防署** 소방서. **消防隊** 소방대.
***じょうほう【情報】** 정보(情報). ‖情報を集める 정보를 수집하다. 確かな情報 확실한 정보. 役に立つ情報 도움이 되는 정보. 情報化社会 정보화 사회. ♦**情報科学** 정보 과학. **情報公開** 정보 공개. **情報産業** 정보 산업. **情報処理** 정보 처리. **情報網** 정보망.
しょうまん【小満】 (二十四節気の)소만(小滿).
しょうみ【正味】 ❶(包装などを除いた)실제 중량(實際重量). ❷실제 의미(實際意味)가 있는 부분(部分); 유용(有用)한 부분. ‖正味3時間働く 실제로 일하는 것은 세 시간이다.
しょうみ【賞味】 ㊅하 상미(賞味). ‖賞味期限 유효 기간.
じょうみゃく【静脈】 정맥(靜脈). ♦**静脈注射** 정맥 주사. **静脈瘤** 정맥류.
じょうむ【乗務】 ㊅하 승무(乘務). ♦**客室乗務員** 객실 승무원.
じょうむ【常務】 상무(常務).
***しょうめい【証明】** ㊅하 증명(證明). ‖無実を証明するもの 무죄를 증명하는 것. アリバイを証明する 알리바이를 증명하다. ♦**証明書** 증명서. **出生証明書** 출생 증명서. **身分証明書** 신분증명서.
しょうめい【照明】 ㊅하 조명(照明). ♦**間接照明** 간접 조명.
しょうめつ【消滅】 ㊅하 소멸(消滅). ♦**消滅時効** 소멸 시효.
***しょうめん【正面】** 정면(正面). ‖正面に富士山が見える 정면으로 후지산이 보이다. 正面から見た顔 정면에서 본 얼굴. ▸**正面切って** 서슴없이. 직접적으로. 正面切ってものを言う 서슴없이 말하다. ♦**正面衝突** 정면 충돌.
しょうもう【消耗】 ㊅하 소모(消耗). ‖体力の消耗が激しい仕事 체력 소모가 많은 일. ♦**消耗品** 소모품.
じょうもく【条目】 조목(條目).
じょうもんじだい【縄文時代】 《歴史》조몬 시대(時代).
しょうやく【生薬】 생약(生藥).
じょうやく【条約】 조약(條約). ‖条約を締結する 조약을 체결하다.
しょうゆ【醤油】 간장. ‖醤油をかける 간장을 치다. 醤油につけて食べる 간장에 찍어서 먹다. ♦**溜まり醤油** 진간장. **酢醤油** 초간장.
しょうよ【賞与】 상여(賞與); 보너스.
じょうよ【剰余】 잉여(剩餘). ‖剰余価値 잉여 가치.
しょうよう【逍遥】 ㊅하 소요(逍遙).
しょうよう【商用】 상용(商用).
じょうよう【常用】 ㊅하 상용(常用). ♦**常用漢字** 상용 한자.
じょうよく【情欲】 정욕(情慾).
しょうらい【招来】 ㊅하 초래(招來). ‖不幸を招来する 불행을 초래하다.
***しょうらい【将来】** 장래(將來). ‖将来に備える 장래에 대비하다. 将来が楽しみだ 장래가 기대된다. ♦**将来性** 장래성.
しょうり【勝利】 ㊅하 승리(勝利). ‖戦いに勝利する 싸움에 승리하다. 勝利を収める 승리를 거두다.
じょうり【条理】 조리(條理); 도리(道理).
じょうり【情理】 정리(情理).
じょうりく【上陸】 ㊅하 상륙(上陸).
しょうりゃく【省略】 ㊅하 생략(省略). ‖挨拶は省略する 인사는 생략하다. 以下省略 이하 생략.
じょうりゅう【上流】 상류(上流). ♦**上流階級** 상류 계급. **上流社会** 상류 사회.
じょうりゅう【蒸留】 ㊅하 증류(蒸溜). ♦**蒸留酒** 증류주. **蒸留水** 증류수.
しょうりょう【小量】 ❶소량(小量). ❷도량(度量)이 좁음. ‖小量なる人物 도량이 좁은 사람.
しょうりょう【少量】 소량(少量).
しょうりょう【渉猟】 ㊅하 섭렵(涉獵).
しょうりょう【精霊】 정령(精靈).
しょうりょく【省力】 說明 기계화(機械化) 등으로 노동력(勞動力)을 삭감(削減)하는 것.
じょうりょくじゅ【常緑樹】 상록수(常綠樹).
しょうれい【症例】 증상(症狀)의 예(例).
しょうれい【奨励】 ㊅하 장려(奬勵). ‖スポーツを奨励する 스포츠를 장려하다. ♦**奨励金** 장려금.
じょうれい【条例】 조례(條例).
じょうれん【常連】 ❶(店の)단골. ❷항상(恒常) 같이 다니는 동료(同僚).
じょうろ【如雨露】 물뿌리개.
しょうろう【鐘楼】 종루(鐘樓).
しょうろうびょうし【生老病死】 생로병사(生老病死).
しょうわ【昭和】 〔年号〕쇼와(1926.12.25~1989.1.7).
しょえん【初演】 ㊅하 초연(初演).
じょえん【助演】 ㊅하 조연(助演).
ショー【show】 쇼.
じょおう【女王】 여왕(女王). ‖エリザベス女王 엘리자베스여왕.
ショーウインドー【show window】 쇼윈도.
じょおうばち【女王蜂】 여왕(女王)벌.
ジョーカー【joker】 조커.

ショートカット【short cut】 쇼트커트.
ショートケーキ【short cake】 쇼트케이크.
ショートニング【shortening】 쇼트닝.
ショール【shawl】 숄.
ショールーム【showroom】 쇼룸.
しょか【初夏】 초(初)여름.
しょか【書架】 서가(書架).
しょが【書画】 서화(書畫).
しょかい【初回】 첫 회(回).
じょがい【除外】 ㉦하 제외(除外). ‖特殊なケースとして除外する 특수한 케이스로서 제외하다. 未成年者は会員から除外される 미성년자는 회원에서 제외되다.
じょがくせい【女学生】 여학생(女學生).
しょかん【所感】 소감(所感). ‖所感を述べる 소감을 밝히다.
しょかん【所管】 ㉦하 소관(所管). ‖区役所の所管する事項 구청에서 소관하는 사항.
しょかん【書簡】 서간(書簡); 서한(書翰). ♦書簡文 서간문.
じょかんとく【助監督】 조감독(助監督).
しょき【初期】 초기(初期). ‖風邪の初期症状 감기의 초기 증상. 江戸時代初期 에도 시대 초기. ♦初期化 ㉦하 (IT) 초기화.
しょき【所期】 소기(所期). ‖所期の目的 소기의 목적.
しょき【書記】 서기(書記). ♦書記局 서기국. 書記長 서기장.
じょきじょき 싹둑싹둑. ‖髪をじょきじょき(と)切る 머리를 싹둑싹둑 자르다.
しょきゅう【初級】 초급(初級). ‖初級日本語 초급 일본어.
じょきょ【除去】 ㉦하 제거(除去). ‖不純物を除去する 불순물을 제거하다.
しょぎょう【所業】 소행(所行).
じょきょうじゅ【助教授】 조교수(助敎授).
じょきょく【序曲】 서곡(序曲).
じょきん【除菌】 ㉦하 살균(殺菌). ♦除菌作用 살균 작용.
ジョギング【jogging】 조깅.
しょく【食】 ❶ 식; 식사(食事). ‖食生活 식생활. ❷ 일식(日蝕); 월식(月蝕). ❸〔食事の回数〕…끼. ‖1日3食 하루 세 끼. ▸食が進む 식욕이 생기다. 입맛이 돌다. ▸食が細い 소식이다. 입이 짧다.〔慣〕
*__しょく__【職】 ❶ 직; 직무(職務). ‖駅長の職 역장의 직무. ❷ 일; 일자리; 직업(職業); 기술(技術). ‖新しい職を求める 새로운 일자리를 찾다. 手に職をつける 손에 기술을 익히다.
-しょく【色】 …색(色). ♦地方色 지방색. 保護色 보호색.
しょく【私欲】 사욕(私慾). ♦私利私欲 사리사욕.
しょくあたり【食中り】 식중독(食中毒).
しょくいん【職員】 직원(職員). ‖市役所の職員 시청 직원. この課の職員は10名です 이 과의 직원은 열 명입니다. ♦職員室 교무실.
しょぐう【処遇】 ㉦하 처우(處遇).
しょくえん【食塩】 식염(食塩). ♦食塩水 식염수.
*__しょくぎょう__【職業】 직업(職業). ‖ご職業は何ですか 직업이 무엇입니까? 職業を変える 직업을 바꾸다. 適性に合う職業 적성에 맞는 직업. ♦職業意識 직업의식. 職業教育 직업 교육. 職業的 직업적. 職業病 직업병.
しょくげん【食言】 ㉦하 식언(食言).
しょくご【食後】 식후(食後).
しょくざい【贖罪】 ㉦하 속죄(贖罪).
*__しょくじ__【食事】 ㉦하 식사(食事). ‖食事の用意ができました 식사 준비가 되었습니다. 食事を早く済ませる 식사를 빨리 끝내다. 食事を抜く 식사를 거르다. 食事中です 식사 중입니다.
しょくじ【植字】 ㉦하 식자(植字).
しょくしゅ【触手】 촉수(觸手).
しょくしゅ【職種】 직종(職種).
しょくじゅ【植樹】 ㉦하 식수(植樹).
しょくじょ【織女】 직녀(織女); 베 짜는 여자(女子). ♦織女星 직녀성.
しょくしょう【食傷】 ㉦하 식상(食傷). ‖食傷気味だ 식상해하다.
しょくじりょうほう【食餌療法】 식이요법(食餌療法).
しょくせい【食性】 식성(食性).
しょくせい【植生】 식생(植生).
しょくせい【職制】 ❶ 직제(職制). ❷ 관리직(管理職).
しょくせいかつ【食生活】 식생활(食生活). ‖食生活の改善 식생활 개선.
しょくせき【職責】 직책(職責); 맡은 바 일. ‖職責を全うする 맡은 바 일을 다하다.
しょくぜん【食前】 식전(食前).
しょくぜん【食膳】 밥상; 식탁(食卓). ‖食膳に供する 밥상에 올리다. 食膳につく 밥상 앞에 앉다.
しょくせんき【食洗機】 식기 세척기(食器洗滌機).
しょくだい【燭台】 촛대.
しょくたく【食卓】 식탁(食卓).
しょくたく【嘱託】 ❶ 촉탁(囑託). ❷ (説明) 정식 직원(正式職員)은 아니나 일을 위탁(委託)받아 하는 사람.
しょくちゅうどく【食中毒】 식중독(食中毒).
しょくつう【食通】 (説明) 음식(飲食) 맛에 정통(精通)한 사람.
しょくどう【食堂】 식당(食堂). ♦食堂車 식당차.

しょくどう【食道】 식도(食道).

しょくどうらく【食道楽】 식도락(食道樂).

しょくにく【食肉】 ❶식용(食用) 고기. ❷육식(肉食). ‖食肉動物 육식 동물.

しょくにん【職人】 장인(匠人). ♦職人気質 장인 기질.

しょくのう【職能】 직능(職能). ♦職能給 직능급.

しょくば【職場】 직장(職場). ‖職場を去る 직장을 떠나다[그만두다]. ♦職場結婚 사내 결혼.

しょくばい【触媒】 촉매(觸媒).

しょくはつ【触発】 (スル하) 촉발(觸發).

しょくパン【食パン】 식빵.

しょくひ【食費】 식비(食費).

しょくひん【食品】 식품(食品). ‖食品売り場 식품 매장. ♦加工食品 가공 식품. 冷凍食品 냉동 식품. 食品添加物 식품 첨가물.

*しょくぶつ【植物】 식물(植物). ‖植物が生えないところ 식물이 자라지 않는 곳. ♦高山植物 고산 식물. 植物園 식물원. 植物学 식물학. 植物性 식물성. 植物標本 식물 표본. 植物人間 식물인간.

しょくぼう【嘱望】 (スル하) 촉망(囑望). ‖前途を嘱望される 장래가 촉망되다.

しょくみんち【植民地】 식민지(植民地).

しょくむ【職務】 직무(職務). ♦職務怠慢 직무 태만. 職務質問 불심 검문.

しょくもつ【食物】 식물(食物). ♦食物繊維 식물성 섬유.

しょくよう【食用】 식용(食用). ♦食用油 식용유. 食用ガエル 식용 개구리.

しょくよく【食欲】 식욕(食慾); 입맛. ‖食欲旺盛だ 식욕이 왕성하다. 食欲をそそる 식욕을 돋우다. 今日はあまり食欲がない 오늘은 그다지 식욕이 없다. 食欲不振 식욕 부진.

しょくりょう【食料】 식료(食料). ♦食料品 식료품.

*しょくりょう【食糧】 식량(食糧). ‖3日分の食糧しかない 삼 일분의 식량밖에 없다. ♦食糧事情 식량 사정. 食糧不足 식량 부족.

しょくりん【植林】 (スル하) 식림(植林).

しょくん【諸君】 제군(諸君).

じょくん【叙勲】 서훈(敍勳).

しょけい【処刑】 (スル하) 처형(處刑).

しょけい【初経】 초경(初經).

じょけつ【女傑】 여걸(女傑).

しょけん【所見】 소견(所見); 의견(意見). ‖医師の所見 의사의 소견.

じょけん【女権】 여권(女權). ‖女権の拡張 여권 신장.

じょげん【助言】 (スル하) 조언(助言).

しょこ【書庫】 서고(書庫).

しょこう【初校】 초교(初校).

しょこう【諸侯】 제후(諸侯).

しょこう【曙光】 서광(曙光). ‖曙光がさす 서광이 비치다.

じょこう【徐行】 (スル하) 서행(徐行). ‖徐行運転 서행 운전.

しょこく【諸国】 제국(諸國).

しょこん【初婚】 초혼(初婚).

しょさい【書斎】 서재(書齋).

しょざい【所在】 소재(所在). ‖県庁所在地 현청 소재지.

しょざいない【所在無い】 심심하다; 무료(無聊)하다; 따분하다.

じょさいない【如才無い】 싹싹하다; 빈틈없다; 약삭빠르다. ‖如才なく立ち回る 약삭빠르게 처신하다.

しょさん【所産】 소산(所産). ‖研究の所産 연구의 소산.

しょざん【初産】 초산(初産).

じょさんし【助産師】 조산사(助産師).

じょさんぷ【助産婦】 조산부(助産婦).

しょし【初志】 초지(初志). ▸初志貫徹 초지일관.

しょし【書誌】 서지(書誌). ♦書誌学 서지학.

しょし【庶子】 서자(庶子).

しょじ【所持】 (スル하) 소지(所持). ‖銃器を不法に所持する 총기를 불법 소지하다.

*じょし【女子】 여자(女子). ♦女子学生 여학생. 女子高(校)生 여고생. 女子中学生 여중생. 女子大 여자 대학. 女子大(学)生 여대생. 女子トイレ 여자 화장실.

じょし【女史】 여사(女史).

じょし【序詞】 서사(序詞); 프롤로그.

じょし【助詞】 조사(助詞). ♦主格助詞 주격 조사.

じょじ【女児】 여아(女兒); 여자(女子) 아이.

じょじ【叙事】 서사(敍事). ♦叙事詩 서사시.

しょしき【書式】 서식(書式).

じょしつ【除湿】 (スル하) 제습(除濕). ♦除湿機 제습기.

じょしゅ【助手】 ❶조수(助手). ‖助手席 조수석. ❷(大学の)조수.

しょしゅう【初秋】 초(初)가을.

しょしゅつ【初出】 (スル하) 초출(初出).

じょじゅつ【叙述】 (スル하) 서술(敍述).

しょしゅん【初春】 초(初)봄.

しょじゅん【初旬】 초순(初旬).

しょしょ【処暑】 (二十四節気の)처서(處暑).

しょじょ【処女】 처녀(處女). ♦処女作 처녀작. 処女地 처녀지. 処女膜 처녀막. 処女林 처녀림.

じょしょう【序章】 서장(序章).

じょじょう【叙情・抒情】 서정(抒情). ♦叙情詩 서정시.

じょしょく【女色】 여색(女色).

じょじょに【徐徐に】 서서(徐徐)히; 조금씩. ‖景気が徐々に回復する 경기가 서서히 회복되다.
しょしん【初心】 ❶초심(初心). ‖初心に返る 초심으로 돌아가다. ❷미숙(未熟)함; 처음 함. ‖初心者 초심자. 초보자.
しょしん【初診】 초진(初診). ♦初診料 초진료.
しょしん【所信】 소신(所信). ‖所信を表明する 소신을 표명하다.
じょすう【序数】 서수(序數). ♦序数詞 서수사.
じょすうし【助数詞】 의존 명사(依存名詞).
しょする【処する】 ❶처(處)하다. ‖危機に処する 위기에 처하다. ❷(刑罰に)처하다. ‖死刑に処する 사형에 처하다. ❸처리(處理)하다. ‖事を処する 일을 처리하다.
じょする【除する】 ❶제거(除去)하다. ‖障害を除する 장애를 제거하다. ❷(数学)나누다; 나눗셈을 하다.
しょせい【処世】 처세(處世). ♦処世術 처세술.
*じょせい【女性】 여성(女性). ‖活動的な女性 활동적인 여성. ♦女性雑誌 여성 잡지. 女性的 여성적.
じょせい【助成】 (名하) 조성(助成). ♦助成金 조성금.
しょせき【書籍】 서적(書籍).
じょせき【除籍】 (名하) 제적(除籍).
しょせつ【諸説】 제설(諸說).
じょせつ【序説】 서설(序說).
じょせつ【除雪】 (名하) 제설(除雪).
しょせん【緒戦】 서전(緖戰).
しょせん【初戦】 초전(初戰).
しょせん【所詮】 결국(結局); 어차피. ‖所詮かなわぬ望み 어차피 이루어지지 않을 소망.
しょぞう【所蔵】 (名하) 소장(所藏). ♦所蔵品 소장품.
じょそう【女装】 (名하) 여장(女裝).
じょそう【助走】 도움닫기.
じょそう【助奏】 보조 연주(補助演奏); 오블리가토.
じょそう【除草】 (名하) 제초(除草).
しょぞく【所属】 (名하) 소속(所屬). ‖所属政党 소속 정당.
*しょたい【所帯・世帯】 세대(世帶); 살림; 가정(家庭); 가구(家口). ‖所帯を持つ 살림을 차리다. ♦男所帯 남자만 있는 가정. 所帯道具 살림살이 所帯持ち 가정이 있음.
しょたい【書体】 서체(書體).
しょだい【初代】 초대(初代). ‖韓国の初代大統領 한국의 초대 대통령.
じょたい【女体】 여체(女體).
じょたい【除隊】 (名하) 제대(除隊).
しょたいめん【初対面】 첫 대면(對面).
しょだな【書棚】 책장(冊欌).
しょだん【初段】 초단(初段). ‖柔道初段 유도 초단.
しょだん【処断】 (名하) 처단(處斷).
しょち【処置】 (名하) ❶조치(措置); 조처(措處). ‖早急に処置する 시급히 조치하다. ❷처치(處置). ‖応急処置 응급 처치.
しょちゅう【暑中】 한여름의 더울 때. ♦暑中見舞い (説明) 복중(伏中)에 문안(問安)을 드리는 것 또는 그 편지(便紙).
じょちゅう【除虫】 (名하) 제충(除蟲); 구충(驅蟲).
しょちょう【所長】 소장(所長).
しょちょう【署長】 서장(署長).
じょちょう【助長】 (名하) 조장(助長). ‖インフレを助長する 인플레를 조장하다.
しょっかい【職階】 직계(職階).
しょっかく【食客】 식객(食客).
しょっかん【食感】 음식물(飮食物)을 입에 넣었을 때의 느낌.
しょっかん【触感】 촉감(觸感).
しょっき【食器】 식기(食器). ‖食器洗い機 식기 세척기.
ジョッキ【←jug】 (取っ手のついた)맥주잔(麥酒盞).
ジョッキー【jockey】 경마(競馬)의 기수(騎手).
ショッキング【shocking】ダ 쇼킹하다.
ショック【shock】 쇼크. ‖ショックを受ける 쇼크를 받다. ♦ショック死 쇼크사.
しょっけん【食券】 식권(食券).
しょっけん【職権】 직권(職權). ♦職権濫用 직권 남용.
しょっちゅう 항상(恒常); 언제나. ‖彼はしょっちゅう遅刻する 그 사람은 항상 지각한다.
しょっぱい 짜다. ‖しょっぱい味噌汁 짠 된장국.
ショッピング【shopping】 (名하) 쇼핑. ‖ウインドーショッピング 아이쇼핑. ♦ショッピングセンター 쇼핑 센터. ショッピングバッグ 쇼핑백.
しょてん【書店】 서점(書店).
しょとう【初等】 초등(初等). ♦初等教育 초등 교육.
しょとう【初冬】 초(初)겨울.
しょどう【書道】 서도(書道); 서예(書藝).
じょどうし【助動詞】 조동사(助動詞).
*しょとく【所得】 소득(所得). ‖所得が多い 소득이 많다. ♦年間所得 연간 소득. 不労所得 불로소득. 所得控除 소득 공제. 所得税 소득세.
しょにち【初日】 첫날.
しょにんきゅう【初任給】 첫 월급(月給). ‖初任給をもらう 첫 월급을 타다.
しょねん【初年】 ❶〔初めの年〕첫해. ❷

〔ある時代の始めの頃〕그 시대(時代)의 초기(初期).
しょばつ【処罰】 (ス하) 처벌(處罰).
しょはん【初犯】 초범(初犯).
しょはん【初版】 초판(初版).
しょはん【諸般】 제반(諸般). ‖諸般の事情 제반 사정.
じょばん【序盤】 초반(初盤). ♦序盤戦 초반전.
しょひょう【書評】 서평(書評).
しょぶん【処分】 (ス하) ❶처분(處分). ‖廃棄処分 폐기 처분. ❷처벌(處罰). ‖処分を受ける 처벌을 받다.
じょぶん【序文】 서문(序文).
しょほ【初歩】 초보(初步). ‖初歩的なミス 초보적인 실수.
しょほう【処方】 (ス하) 처방(處方). ♦処方箋 처방전.
しょぼしょぼ ❶〔小雨が降り続いている〕부슬부슬. ‖雨がしょぼしょぼと降る 비가 부슬부슬 내리다. ❷〔しょぼくれた様子〕‖しょぼしょぼと帰る 힘없이 돌아가다. ❸〔目がはっきり開けられず, まばたきをする〕‖寝不足で目がしょぼしょぼ(と)している 잠이 부족해서 눈이 뻑뻑하다.
しょぼんと ‖叱られてしょぼんとする 혼나서 풀이 죽어 있다.
じょまく【序幕】 서막(序幕).
じょまく【除幕】 (ス하) 제막(除幕). ♦除幕式 제막식.
しょみん【庶民】 서민(庶民). ♦庶民的 서민적.
しょむ【庶務】 서무(庶務).
しょめい【書名】 서명(書名).
しょめい【署名】 (ス하) 서명(署名).
じょめい【除名】 (ス하) 제명(除名). ♦除名処分 제명 처분.
しょめん【書面】 서면(書面).
しょもう【所望】 (ス하) 소망(所望).
しょや【初夜】 첫날밤; 초야(初夜).
じょや【除夜】 제야(除夜). ‖除夜の鐘 제야의 종.
*__しょゆう【所有】__ (ス하) 소유(所有). ‖財産を所有する 재산을 소유하다. 広い土地を所有している 넓은 토지를 소유하고 있다. ♦所有格 소유격. 所有権 소유권. 所有者 소유자.
じょゆう【女優】 여우; 여배우(女俳優).
しょよう【所要】 소요(所要). ‖往復の所要時間 왕복 소요 시간.
しょり【処理】 (ス하) 처리(處理). ‖1人で処理できる仕事 혼자서 처리할 수 있는 일. ♦事務処理 사무 처리. 情報処理 정보 처리.
じょりゅう【女流】 여류(女流). ♦女流作家 여류 작가.
*__しょるい【書類】__ 서류(書類). ‖書類を整理する 서류를 정리하다. 書類上では問題ない 서류상으로는 문제가 없다.
ショルダーバッグ【shoulder bag】 숄더백.
じょれつ【序列】 서열(序列). ♦年功序列 연공 서열.
しょろう【初老】 초로(初老).
じょろん【序論】 서론(序論).
しょんぼり ‖しょんぼり(と)帰る 축 처져서 돌아가다.
じらい【地雷】 지뢰(地雷).
しらが【白髪】 백발(白髮); 흰머리. ♦白髪染め 머리 염색약.
シラカバ【白樺】 자작나무.
しらける【白ける】 ❶〔興がさめる〕흥(興)이 깨지다. ❷〔色があせる〕색(色)이 바래다; 퇴색(退色)하다.
しらこ【白子】 ❶(魚の)이리. ❷《医学》선천성 백피증(先天性白皮症).
シラサギ【白鷺】 백로(白鷺); 해오라기.
しらじらしい【白白しい】 뻔하다; 속이 보이다. ‖しらじらしいうそをつく 뻔한 거짓말을 하다.
シラス【白子】 치어(稚魚). ♦シラス干し 멸치.
しらず【知らず】 …을[를] 모름; 경험(經驗)이 없음. ‖怖いもの知らず 무서움을 모름. 恥知らずだ 부끄러운 줄을 모르다.
じらす【焦らす】 애태우다; 초조(焦燥)하게 하다.
しらずしらず【知らず知らず】 알게 모르게; 모르는 사이에; 무의식(無意識) 중에; 어느새. ‖知らず知らずのうちに眠ってしまった 어느새 잠들어 버렸다.
しらせ【知らせ】 ❶알림; 안내(案內); 소식(消息); 통지(通知). ‖いい知らせがあります 좋은 소식이 있습니다. 合格の知らせを受ける 합격 통지를 받다. ❷전조(前兆); 조짐(兆朕).
*__しらせる【知らせる】__ 알리다; 통지(通知)하다. ‖出発時間を知らせる 출발 시간을 알리다. 事故を警察に知らせる 사고를 경찰에 알리다. 受験の結果を知らせる 수험 결과를 통지하다.
しらたま【白玉】 찹쌀 가루로 만든 경단(瓊團).
しらたまこ【白玉粉】 찹쌀 가루.
しらとり【白鳥】 ❶흰 새. ❷백조(白鳥).
しらは【白羽】 흰 화살 깃. ▸白羽の矢が立つ 많은 사람 중에서 뽑히다.
シラバス【syllabus】 실러버스; 수강 편람(受講便覽).
しらはた【白旗】 백기(白旗). ▸白旗を掲げる 백기를 들다. 〔慣〕
しらべ【調べ】 ❶조사(調査). ‖調べを受ける 조사를 받다. ❷《音楽》가락; 음률(音律); 선률(旋律).
*__しらべる【調べる】__ ❶조사(調査)하다;

検사(檢査)하다; 찾아보다; 찾다; 알아보다; 점검(點檢)하다. ‖郷土の歴史を調べる 향토의 역사를 알아보다. 乗客の荷物を一つ一つ調べる 승객의 짐을 하나하나 검사하다. 辞書で調べる 사전에서 찾아보다. 電話番号を調べる 전화번호를 찾다. ❷심문(審問)하다.

シラミ【虱】 이. ♦虱つぶし 이 잡듯이 함.

しらゆき【白雪】 백설(白雪). ‖白雪姫 백설 공주.

しらんかお【知らん顔】 ‖知らん顔(を)する 본체만체하다. 彼は私を見て知らん顔(を)した 그는 나를 본체만체했다.

しらんぷり【知らん振り】 ‖知らん振りする 모르는 척하다. 시치미를 떼다.

*しり【尻】 ❶엉덩이; 궁둥이. ❷후미(後尾); 뒤; 뒤쪽. ‖行列の尻に着く 늘어선 줄 뒤쪽에 붙다. ❸끝; 꼴찌. ‖尻から2番目 끝에서 두 번째. ❹바닥; 밑. ‖鍋の尻 냄비 바닥. ▶尻が重い 엉덩이가 무겁다. ▶尻が軽い 경솔하다. 여자가 바람기가 있다. ▶尻に敷く 아내가 남편보다 세다. ▶尻に火がつく 발등에 불이 떨어지다.〔慣〕 ▶尻を叩く 격려하다. 재촉하다. ▶尻を拭(ぬ)う 뒤치다꺼리를 하다. ▶尻を捲(ま)る 갑자기 강경한 태도로 변하다.

しり【私利】 사리(私利). ♦私利私欲 사리사욕.

シリア【Syria】(国名) 시리아.

しりあい【知り合い】 아는 사람.

しりあう【知り合う】 알게 되다.

しりあがり【尻上がり】 ❶〔後になるにつれ好調になる〕물건의 뒷부분(部分)이 올라감; 뒤로 갈수록 상태(狀態)가 좋아짐. ❷〔語尾が高く上がる〕말끝이 올라감. ❸(鉄棒の)거꾸로 오르기.

シリーズ【series】 시리즈.

じりき【自力】 자력(自力). ♦自力更生 자력갱생.

じりじり ❶조금씩. ‖じりじりと値上がりする 조금씩 값이 오르다. ❷〔いらだつ〕‖じりじりしながら待つ 초조해하면서 기다리다. ❸쨍쨍; 이글이글. ‖じりじり(と)照りつける真夏の太陽 쨍쨍 내리쬐는 한여름의 태양.

しりぞく【退く】 ❶후퇴(後退)하다; 물러나다. ❷사퇴(辭退)하다.

しりぞける【退ける】 ❶후퇴(後退)시키다; 물러서게 하다. ❷물리치다; 격퇴(擊退)하다. ❸거절(拒絕)하다. ‖要求を退ける 요구를 거절하다.

しりつ【市立】 시립(市立). ‖市立図書館 시립 도서관.

しりつ【私立】 사립(私立). ♦私立大学 사립대학.

じりつ【而立】 이립(而立); 삼십 세(三十歲); 서른 살.

じりつ【自立】 (名)(하) 자립(自立). ‖経済的に自立する 경제적으로 자립하다.

じりつ【自律】 자율(自律). ‖自律性 자율성. ♦自律神経 자율 신경.

じりつご【自立語】 자립어(自立語).

しりとり【尻取り】 끝말잇기.

しりめ【尻目・後目】 ❶곁눈질. ‖尻目に見る 곁눈질하다. ❷〔…を尻目にの形で〕…을[를] 무시(無視)하는 태도(態度)로.

しりめつれつ【支離滅裂】ダ 지리멸렬(支離滅裂)하다.

しりもち【尻餅】 엉덩방아. ‖尻もちをつく 엉덩방아를 찧다.

しりゅう【支流】 지류(支流); 분파(分派).

じりゅう【時流】 시류(時流). ‖時流に乗る 시류를 타다.

しりょ【思慮】 (名)(하) 사려(思慮). ‖思慮深い 사려가 깊다. 생각이 깊다.

しりょう【史料】 사료(史料).

*しりょう【資料】 자료(資料). ‖資料を集める 자료를 모으다. 資料を揃える 자료를 갖추다. ♦歴史的資料 역사적 자료. 調査資料 조사 자료.

しりょう【飼料】 사료(飼料).

しりょく【視力】 시력(視力). ‖視力が衰える 시력이 떨어지다.

シリンダー【cylinder】 실린더.

*しる【汁】 ❶즙(汁). ‖リンゴの汁 사과즙. ❷국; 국물. ‖味噌汁 된장국.

*しる【知る】 ❶알다. ‖昔から知っていたことだ 옛날부터 알고 있는 일이다. 彼は作家としてよく知られている 그 사람은 작가로서 널리 알려져 있다. ❷관계(關係)가 있다. ‖そんなこと知るものか 알 바 아니다. ❸〔知らないの形で〕모르다. ‖知らない人 모르는 사람. ▶一を聞いて十を知る 하나를 들으면 열을 알다. 문일지십(聞一知十). ▶知らぬが仏 모르는 게 약.〔慣〕 ▶知る人ぞ知る 아는 사람은 아는.

シルエット【silhouette フ】 실루엣.

シルク【silk】 실크; 비단(緋緞). ♦シルクロード 실크로드. 비단길.

*しるし【印】 ❶표시(標示). ‖木に印をつける 나무에 표시를 하다. 横断歩道の印 횡단보도의 표시. ❷증거(證據); 상징(象徵). ‖ハトは平和の印だ 비둘기는 평화의 상징이다.

しるす【記す】 ❶적다; 쓰다; 기록(記錄)하다. ‖手帳に名前を記す 수첩에 이름을 적다. 出来事を日記に記す 있은 일을 일기에 적다. ❷기억(記憶)하다; (心に)새기다. ‖心にしるす 마음에 새기다. ❸표시(標示)를 하다.

シルバー【silver】 실버; 은(銀). ♦シルバーシート 경로석. シルバーハウジング 실버타운.

しるべ【標】 안내(案內); 길잡이.

しるもの【汁物】 국; 스프; 국물이 많은 요리(料理).
しるわん【汁椀】 국그릇.
しれい【司令】 (名하) 사령(司令). ♦司令官 사령관. 司令塔 사령탑. 司令部 사령부.
しれい【指令】 (名하) 지령(指令). ‖指令を受ける 지령을 받다.
じれい【事例】 사례(事例); 전례(前例); 실례(實例). ‖似たような事例 비슷한 사례.
じれい【辞令】 ❶〔任免〕사령(辭令). ❷〔形式的言葉〕발림소리; 겉치레 말.
しれつ【歯列】 치열(齒列). ♦歯列矯正 치열 교정.
しれつ【熾烈】ダ 치열(熾烈)하다. ‖熾烈な戦い 치열한 싸움.
じれったい【焦れったい】 속이 타다; 애타다.
しれわたる【知れ渡る】 널리 알려지다.
しれん【試練】 시련(試鍊). ‖多くの試練を乗り越える 많은 시련을 극복하다. 試練に耐える 시련을 견뎌 내다.
ジレンマ【dilemma】 딜레마. ‖ジレンマに陥る 딜레마에 빠지다.
***しろ**【白】 ❶(色の)하양; 흰색. ‖白のスカート 흰색 치마. ❷결백(潔白); 무죄(無罪). ❸백지(白紙). ‖答案を白で出す 답안을 백지로 내다.
しろ【城】 성(城). ‖城が落ちる 성이 함락되다. ♦城跡 성터.
シロアリ【白蟻】 흰개미.
しろあん【白餡】 흰 팥소.
***しろい**【白い】 하얗다; 희다; 뿌옇다. ‖白い雲 흰 구름. 白い紙 흰 종이. 백지. 壁を白く塗る 벽을 하얗게 칠하다. 白く濁る 뿌옇게 탁해지다. ▸白い目で見る 백안시하다.
じろう【痔瘻】 치루(痔瘻).
しろうと【素人】 비전문가(非專門家); 아마추어; 미숙(未熟)한 사람.
しろおび【白帯】 흰 띠; 백 띠.
しろくじちゅう【四六時中】 하루 종일(終日); 항상(恒常).
シロクマ【白熊】 백곰; 흰곰; 북극(北極)곰.
しろくろ【白黒】 ❶흑백(黑白). ❷유죄(有罪)와 무죄(無罪); 선악(善惡).
しろざとう【白砂糖】 백설탕(白雪糖).
じろじろ 뚫어지게; 빤히. ‖じろじろ(と)見る 빤히 쳐다보다.
シロップ【siroop オ】 시럽.
しろっぽい【白っぽい】 흰색을 띠다; 뿌옇다.
シロツメクサ【白詰草】 토끼풀; 클로버.
しろバイ【白バイ】 (警察の)백색(白色) 오토바이.
しろみ【白身】 ❶(卵の)흰자 ❷(魚の)흰살.
しろみそ【白味噌】 (説明) 쌀누룩을 많이 넣어 흰빛이 도는 된장.
しろめ【白目】 (目の)흰자위.
じろり 힐끗. ‖じろりと見る 힐끗 보다.
しろん【史論】 사론(史論).
しろん【私論】 사론(私論).
しろん【試論】 시론(試論).
しろん【詩論】 시론(詩論).
じろん【持論】 지론(持論). ‖私の持論 내 지론.
じろん【時論】 시론(時論).
しわ【皺】 주름; 주름살; 구김살. ‖ズボンがしわになる 바지가 구겨지다. しわだらけの顔 주름투성이의 얼굴.
しわ【史話】 사화(史話).
しわがれる【嗄れる】 목이 쉬다.
しわくちゃ【皺くちゃ】ダ 쪼글쪼글하다; 쭈글쭈글하다.
しわけ【仕分け】 (名하) ❶구별(區別); 분류(分類). ❷(簿記で)분개(分介).
しわざ【仕業】 행위(行爲); 소행(所行); 짓. ‖この落書きは誰の仕業か分からない 이 낙서는 누구 소행인지 모르겠다.
しわしわ【皺皺】ダ 쪼글쪼글하다; 쭈글쭈글하다.
じわじわ 서서(徐徐)히; 조금씩.
しわよせ【皺寄せ】 (不利な条件などを) 전가(轉嫁)시킴.
じわり 서서(徐徐)히; 조금씩. ‖じわりじわりと物価が上がる 물가가 조금씩 오르다.
しん【心・芯】 ❶심; 마음; 정신(精神); 본심(本心). ‖心は素直な子だ 본심은 솔직한 아이다. ❷(ものの)중앙(中央); 중심(中心). ‖バットの芯で打つ 배트의 중심으로 치다. 鉛筆の芯 연필심.
しん【神】 ❶신(神). ‖守護神 수호신. ❷정신(精神).
しん【真】 ❶진; 진실(眞實). ‖真の愛 진실한 사랑. ❷진리(眞理).
しん【新】 신(新). ‖新旧 신구.
-しん【審】 심(審). ♦下級審 하급심.
じん【人】 인(人). ‖天地人 천지인.
じん【仁】 ❶인(仁). ❷자애(慈愛).
じん【陣】 ❶진; 진지(陣地). ❷전쟁(戰爭). ❸집단(集團); 무리. ‖報道陣 보도진. ▸陣を取る 진을 치다.〔慣〕
ジン【gin】 진.
しんあい【親愛】ダ 친애(親愛)하다. ‖親愛なる皆様へ 친애하는 여러분께.
しんあん【新案】 신안(新案). ‖新案特許 신안 특허.
しんい【真意】 진의(眞意).
じんいてき【人為的】 인위적(人爲的). ‖相場を人為的につり上げる 시세를 인위적으로 끌어올리다.
しんいん【心因】 심인(心因). ‖心因反応 심인 반응.
じんいん【人員】 인원(人員). ‖参加人

員 참가 인원. 人員整理 인원 정리.
じんうえん【腎盂炎】 신우염(腎盂炎).
しんえい【新鋭】 신예(新鋭).
じんえい【陣営】 진영(陣營). ‖革新陣営 혁신 진영.
しんえいたい【親衛隊】 ❶〔軍隊〕친위대(親衛隊). ❷ 説明 연예인(演藝人)의 열성적(熱性的)인 팬.
しんえん【深淵】 심연(深淵).
しんえん【深遠】ダ 심원(深遠)하다. ‖深遠な思想 심원한 사상.
しんおう【深奥】 심오(深奧).
しんおん【心音】 심음(心音).
しんか【臣下】 신하(臣下).
しんか【真価】 진가(眞價). ‖真価を発揮する 진가를 발휘하다.
しんか【深化】 スル되 심화(深化).
しんか【進化】 スル하 진화(進化). ♦進化論 진화론.
じんか【人家】 인가(人家).
しんかい【深海】 심해(深海). ♦深海魚 심해어.
しんがい【侵害】 スル하 침해(侵害). ‖人権侵害 인권 침해.
じんかいせんじゅつ【人海戦術】 인해전술(人海戰術).
しんかく【神格】 신격(神格). ♦神格化 スル하 신격화.
しんがく【神学】 신학(神學). ♦神学校 신학교.
しんがく【進学】 スル하 진학(進學). ‖博士課程へ進学する 박사 과정에 진학하다. 日本の大学進学率 일본의 대학 진학률.
*じんかく【人格】 인격(人格). ‖人格を尊重する 인격을 존중하다. 人格を無視する 인격을 무시하다. ♦二重人格 이중 인격. 人格者 인격자. 人格的 인격적.
しんがた【新型】 신형(新型).
しんがっき【新学期】 신학기(新學期).
シンガポール【Singapore】《国名》 싱가포르.
しんがり【殿】 맨 뒤; 꼴찌.
しんかん【新刊】 신간(新刊).
しんかん【新館】 신관(新館).
しんかん【震撼】 ‖震撼する 벌벌 떨다. 깜짝 놀라다. 世の中を震撼させた事件 세상을 깜짝 놀라게 한 사건.
しんかんせん【新幹線】 신칸센; 일본(日本)의 고속 철도(高速鐵道).
しんき【新規】 신규(新規). ♦新規採用 신규 채용.
しんぎ【信義】 신의(信義).
しんぎ【真偽】 진위(眞僞). ‖真偽を明らかにする 진위를 밝히다.
しんぎ【審議】 スル하 심의(審議). ‖法案を審議する 법안을 심의하다. ♦審議会 심의회. 審議官 심의관.
しんきいってん【心機一転】 スル하 심기일전(心機一轉).
しんきげん【新紀元】 신기원(新紀元). ‖新紀元を画す 신기원을 열다.
ジンギスカンなべ【Chinggis Khan 鍋】 양고기 철판 요리(鐵板料理).
しんきゅう【進級】 スル하 진급(進級).
しんきゅう【新旧】 ❶ 신구(新舊). ❷ 양력(陽曆)과 음력(陰曆).
しんきゅう【鍼灸】 침구(鍼灸). ♦鍼灸院 침구원.
しんきょう【心境】 심경(心境). ‖心境の変化 심경의 변화.
しんきょう【新教】 신교(新敎).
しんきょく【新曲】 신곡(新曲).
しんきろう【蜃気楼】 신기루(蜃氣樓).
しんきろく【新記録】 신기록(新記錄). ‖新記録を立てる 신기록을 세우다.
しんきん【親近】 スル하 친근(親近). ♦親近感 친근감. 親近感を覚える 친근감을 느끼다.
しんぎん【呻吟】 スル하 신음(呻吟).
しんきんこうそく【心筋梗塞】 심근 경색증(心筋梗塞症).
シンク【sink】 (台所の)싱크대.
しんぐ【寝具】 침구(寢具).
しんくう【真空】 진공(眞空). ♦真空管 진공관.
ジンクス【jinx】 징크스. ‖ジンクスを破る 징크스를 깨다.
シンクタンク【think tank】 싱크탱크.
シングル【single】 ❶ 싱글. ❷ (背広の)싱글. ♦シングルマザー 미혼모. 편모.
シングルス【singles】 단식 경기(單式競技).
シンクロナイズドスイミング【synchronized swimming】 싱크로나이즈드 스위밍; 수중(水中) 발레.
*しんけい【神経】 신경(神經). ‖神経が鋭い 신경이 예민하다. 神経を尖らせる 신경을 곤두세우다. 応対に神経を使う 대접에 신경을 쓰다. ♦神経過敏 신경과민. 神経質 신경질. 神経症 신경증. 노이로제. 神経衰弱 신경 쇠약. 神経戦 신경전. 神経痛 신경통.
しんげき【進撃】 スル하 진격(進擊).
しんけつ【心血】 심혈(心血). ▸心血を注ぐ 심혈을 기울이다.
しんげつ【新月】 초승달.
しんけん【神権】 신권(神權). ♦神権政治 신권 정치.
しんけん【真剣】 ❶〔刀〕진검(眞劍). ❷ 진지(眞摯)함. ‖真剣な態度 진지한 태도. 真剣勝負 진검 승부.
しんけん【親権】 친권(親權). ♦親権者 친권자.
しんげん【箴言】 잠언(箴言).
しんげん【震源】 진원(震源). ♦震源地 진원지.
じんけん【人権】 인권(人權). ‖人権を侵害する 인권을 침해하다. ♦人権宣

言 인권 선언. 人権蹂躙 인권 유린.

じんけんひ【人件費】 인건비(人件費). ‖人件費を削減する 인건비를 삭감하다.

しんご【新語】 신어(新語).

しんこう【侵攻】 ㉂하 침공(侵攻).

しんこう【信仰】 신앙(信仰); 믿음.

しんこう【振興】 ㉂하 진흥(振興). ‖産業を振興する 산업을 진흥하다. 学術の振興 학술 진흥.

しんこう【進行】 ㉂하 진행(進行). ‖工事が進行する 공사가 진행되다. 議事の進行が遅い 의사 진행이 느리다.

しんこう【新興】 신흥(新興). ♦新興宗教 신흥 종교.

*しんごう【信号】 신호(信號). ‖信号を送る 신호를 보내다. 信号をよく見て渡りましょう 신호를 잘 보고 건넙시다. ♦停止信号 정지 신호.

*じんこう【人口】 인구(人口). ‖世界で最も人口の多い国 세계에서 가장 인구가 많은 나라. 人口調査を行なう 인구 조사를 실시하다. ▸人口に膾炙(かいしゃ)する 인구에 회자되다. ♦人口密度 인구 밀도.

*じんこう【人工】 인공(人工). ♦人工衛星 인공위성. 人工呼吸 인공호흡. 人工芝 인공 잔디. 人工授精 인공 수정. 人工頭脳 인공두뇌. 人工知能 인공 지능. 人工的 인공적.

しんこきゅう【深呼吸】 ㉂하 심호흡(深呼吸).

*しんこく【申告】 ㉂하 신고(申告). ‖所得を申告する 소득을 신고하다. ♦納税申告 납세 신고.

しんこく【深刻】ダ 심각(深刻)하다. ‖大気汚染が深刻である 대기 오염이 심각하다. 深刻な表情 심각한 표정.

しんこく【親告】 ㉂하 친고(親告). ♦親告罪 친고죄.

しんこっちょう【真骨頂】 진가(眞價); 진면목(眞面目). ‖真骨頂を発揮する 진가를 발휘하다.

しんこん【新婚】 신혼(新婚). ♦新婚旅行 신혼여행.

しんごんしゅう【真言宗】 진언종(眞言宗).

しんさ【審査】 ㉂하 심사(審査). ‖応募作品を審査する 응모 작품을 심사하다. ♦資格審査 자격 심사.

しんさい【震災】 진재(震災).

じんさい【人災】 인재(人災).

じんざい【人材】 인재(人材). ‖優秀な人材を発掘する 우수한 인재를 발굴하다. ♦人材登用 인재 등용.

しんさく【新作】 신작(新作).

*しんさつ【診察】 ㉂하 진찰(診察). ‖急患を診察する 응급 환자를 진찰하다. ♦診察室 진찰실.

しんさん【辛酸】 신산(辛酸); 온갖 고생(苦生). ‖辛酸をなめる 온갖 고생을 하다.

しんざん【深山】 심산(深山). ▸深山幽谷 심산유곡.

しんざん【新参】 신참(新參). ♦新参者 신참자.

しんし【真摯】ダ 진지(眞摯)하다. ‖真摯な態度 진지한 태도.

しんし【紳士】 신사(紳士). ♦紳士協定 신사 협정. 紳士的 신사적.

しんじ【心地】 심지(心地).

*じんじ【人事】 인사(人事). ❶(組織内の)지위(地位)나 직무(職務)에 관한 일. ‖人事異動 인사이동. 人事権 인사권. ❷인간사(人間事); 세상사(世上事). ❸사람이 할 수 있는 일. ▸人事を尽くして天命を待つ 진인사 대천명.

しんしき【新式】 신식(新式).

しんしつ【心室】 심실(心室).

しんしつ【寝室】 침실(寢室).

しんじつ【信実】ダ 신실(信實)하다.

しんじつ【真実】 진실(眞實). ‖真実を明らかにする 진실을 밝히다. 真実の恋 진실한 사랑.

じんじふせい【人事不省】 인사불성(人事不省).

しんしゃ【新車】 ❶〔新しい〕신차(新車); 새 차. ❷〔新型の〕신형차(新型車). ‖新車発表 신형차 발표.

しんじゃ【信者】 신자(信者).

じんじゃ【神社】 신사(神社).

しんしゅ【進取】 진취적(進取的). ‖進取の気性 진취적인 기상.

しんしゅ【新種】 신종(新種).

しんじゅ【真珠】 진주(眞珠). ‖真珠のネックレス 진주 목걸이.

じんしゅ【人種】 인종(人種). ♦人種差別 인종 차별.

しんじゅう【心中】 ㉂하 동반 자살(同伴自殺).

しんしゅく【伸縮】 ㉂하 신축(伸縮). ‖伸縮性 신축성.

しんしゅつ【進出】 ㉂하 진출(進出). ‖決勝戦に進出する 결승전에 진출하다.

しんしゅつ【滲出】 ‖滲出する 스며 나오다.

しんじゅつ【鍼術】 침술(鍼術).

しんしゅつきぼつ【神出鬼没】 신출귀몰(神出鬼沒). ‖神出鬼没の怪盗 신출귀몰하는 괴도.

しんしゅん【新春】 신춘(新春); 신년(新年); 정월(正月).

しんしょ【新書】 신서; 신간 서적(新刊書籍).

しんしょう【心証】 심증(心證).

しんじょう【心情】 심정(心情). ‖心情を察する 심정을 헤아리다.

しんじょう【身上】 ❶〔身の上〕신상(身

上). ❷〔その人の値打ち〕그 사람의 장점(長點); 값어치.

しんじょう【信条】 신조(信條). ♦思想信条 사상 신조.

しんじょう【真情】 ❶진심(眞心). ❷실정(實情).

じんじょう【尋常】 심상(尋常); 보통(普通); 평범(平凡)함. ‖尋常な顔立ち 평범한 얼굴.

しんしょうひつばつ【信賞必罰】 신상필벌(信賞必罰).

しんしょうぼうだい【針小棒大】 침소봉대(針小棒大).

しんしょく【侵食】 (ス하) 침식(侵蝕).

しんしょく【浸食】 (ス하) 침식(浸蝕). ♦浸食作用 침식 작용.

しんしょく【寝食】 (ス하) 침식(寢食). ▸寝食を忘れる 침식을 잊다.

*しんじる【信じる】 믿다; 확신(確信)하다; 신뢰(信賴)하다. ‖人の言葉を信じる 다른 사람의 말을 믿다. 信じるところに従って行動する 믿는 바에 따라 행동하다.

しんしん【心身】 심신(心身). ‖心身ともに疲れる 심신이 다 지치다.

しんしん【津津】 진진(津津). ▸興味津々 흥미진진.

しんしん【深深】 ❶〔夜が更ける様子〕‖夜はしんしんとして更け渡る 밤이 조용히 깊어가다. ❷〔冷え込む様子〕‖しんしんと冷え込む 몹시 추워지다.

しんしん【新進】 신진(新進). ♦新進作家 신진 작가. 新進気鋭 (説明) 새롭게 그 분야(分野)에 등장(登場)해 장래(將來)가 기대(期待)되는 사람.

しんじん【信心】 신심; 신앙심(信仰心). ‖信心する 믿다.

しんじん【深甚】ダ 심심(甚深)하다. ‖深甚なる謝意を述べる 심심한 사의를 표하다.

しんじん【新人】 신인(新人). ♦新人歌手 신인 가수.

じんしん【人心】 인심(人心). ‖人心を乱す 인심을 어지럽히다.

じんしん【人身】 인신(人身). ♦人身攻撃 인신공격. 人身事故 교통사고. 人身売買 인신매매.

しんすい【心酔】 (ス하) 심취(心醉).

しんすい【浸水】 (ス하) 침수(浸水).

しんずい【真髄】 진수(眞髓).

じんずう【神通】 신통(神通). ♦神通力 신통력.

しんせい【心性】 심성(心性).

*しんせい【申請】 (ス하) 신청(申請). ‖奨学金を申請する 장학금을 신청하다. ♦申請者 신청자. 申請書類 신청 서류.

しんせい【神聖】ダ 신성(神聖)하다. ‖神聖な場所 신성한 장소.

しんせい【新生】 (ス하) 신생(新生). ♦新生児 신생아.

*じんせい【人生】 인생(人生). ‖人生はそんなものだ 인생은 그런 거다. 人生経験が豊かな人 인생 경험이 풍부한 사람. 第二の人生 제이의 인생. ♦人生観 인생관. 人生行路 인생 행로.

じんせい【人性】 인성(人性).

しんせかい【新世界】 ❶신세계(新世界); 신대륙(新大陸). ❷신천지(新天地).

しんせき【親戚】 친척(親戚).

しんせつ【新設】 (ス하) 신설(新設). ‖中学校を新設する 중학교를 신설하다.

*しんせつ【親切】ダ 친절(親切)하다. ‖親切な人 친절한 사람. 親切な計らい 친절한 배려. 親切にする 친절하게 대하다. 小さな親切 조그마한 친절.

しんせっきじだい【新石器時代】 신석기 시대(新石器時代).

しんせん【深浅】 ❶심천(深淺). ❷(色の)농담(濃淡).

しんせん【新鮮】ダ 신선(新鮮)하다; 싱싱하다. ‖新鮮な魚 싱싱한 생선. 山の新鮮な空気 산의 신선한 공기.

しんぜん【親善】 친선(親善). ‖親善試合 친선 시합.

じんせん【人選】 (ス하) 인선(人選).

しんぜんび【真善美】 진선미(眞善美).

しんそ【親疎】 친소(親疎).

しんそう【真相】 진상(眞相). ‖事件の真相 사건의 진상.

しんそう【深層】 심층(深層). ♦深層心理 심층 심리. 深層部 심층부.

しんそう【新装】 (ス하) 신장(新裝). ‖新装開店 신장 개업.

*しんぞう【心臓】 ❶심장(心臟). ‖心臓マッサージ 심장 마사지. ❷중심(中心); 중요(重要)한 부분(部分). ‖組織の心臓部 조직의 심장부. ❸〔図々しいこと〕뻔뻔함; 뻔뻔스러움. ‖あいつも相当の心臓だ 저[그] 녀석도 상당히 뻔뻔스럽다. ▸心臓が強い 뻔뻔하다. 뻔뻔스럽다. ▸心臓に毛が生えている 뻔뻔하다. 뻔뻔스럽다. ♦心臓病 심장병. 心臓麻痺 심장마비.

じんぞう【人造】 인조(人造). ♦人造大理石 인조 대리석. 人造湖 인공 호수. 人造人間 인조인간.

じんぞう【腎臓】 신장(腎臟). ♦腎臓結石 신장 결석.

しんぞく【親族】 친족(親族).

じんそく【迅速】ダ 신속(迅速)하다. ‖迅速な対処 신속한 대처. 迅速に行動する 신속하게 행동하다.

しんそつ【新卒】 그해의 졸업자(卒業者).

しんそつ【真率】ダ 진솔(眞率)하다.

*しんたい【身体】 신체(身體). ‖身体を鍛える 신체를 단련하다. 身体的には異常ありません 신체적으로는 이상이

없습니다. ♦身体検査 신체검사.
しんたい【進退】 ㉠하 ❶진퇴(進退). ❷거취(去就); 처신(處身). ❸거동(擧動); 행동(行動).
しんたい【新体】 새로운 체재(體裁).
しんだい【身代】 개인 재산(個人財産).
しんだい【寝台】 침대(寢臺). ♦寝台車 침대차.
じんたい【人体】 인체(人體). ♦人体実験 인체 실험. 人体模型 인체 모형.
じんたい【靭帯】 인대(靭帶).
じんだい【甚大】ダ 심대(甚大)하다; 막심(莫甚)하다. ‖被害が甚大だ 피해가 막심하다.
しんたいそう【新体操】 신체조(新體操).
しんたいりく【新大陸】 신대륙(新大陸).
しんたく【信託】 ㉠하 신탁(信託). ♦信託銀行 신탁 은행. 信託統治 신탁 통치.
しんだん【診断】 ㉠하 진단(診斷). ♦健康診断 건강 진단.
じんち【陣地】 진지(陣地). ‖陣地を構築する 진지를 구축하다.
しんちく【新築】 ㉠하 신축(新築). ‖新築マンション 신축 맨션.
じんちくむがい【人畜無害】 〔人〕있으나마나 한 사람; 〔事柄〕하나마나 한 일.
しんちゃく【新着】 ㉠하 신착(新着).
しんちゅう【心中】 심중(心中).
しんちょう【身長】 신장(身長); 키. ‖身長を測る 키를 재다. 選手の平均身長 선수들의 평균 신장.
*__しんちょう【慎重】__ダ 신중(愼重)하다. ‖慎重を期する 신중을 기하다. 慎重な態度を取る 신중한 태도를 취하다. 慎重に審議する 신중하게 심의하다.
しんちょう【新調】 ‖新調する 새로 사다. 새로 만들다.
ジンチョウゲ【沈丁花】 서향(瑞香); 천리향(千里香).
しんちょく【進捗】 ㉠되 진척(進陟).
しんちんたいしゃ【新陳代謝】 신진대사(新陳代謝).
じんつう【陣痛】 진통(陣痛).
しんてい【進呈】 ㉠하 진정(進呈).
しんてき【心的】 심적(心的). ‖心的な現象 심적인 현상.
じんてき【人的】 인적(人的). ♦人的資源 인적 자원.
しんてん【進展】 ㉠되 진전(進展). ‖局面が進展する 국면이 진전되다.
しんでん【神殿】 신전(神殿).
しんでんず【心電図】 심전도(心電圖).
しんてんち【新天地】 신천지(新天地).
しんと ‖場内はしんとして咳一つ聞こえない 장내는 쥐 죽은 듯이 조용하여 아무 소리도 들리지 않았다.
しんと【信徒】 신도(信徒); 신자(信者).
しんど【進度】 진도(進度).
しんど【震度】 진도(震度).
じんと ❶〔強く感動して, 胸が締めつけられるような感じがする様子〕‖胸にじんとくる光景 가슴이 뭉클해지는 광경. ❷〔冷たさや痛みを感じる様子〕‖指先がじんとしびれるように痛い 손가락 끝이 찌릿찌릿하게 아프다.
しんどい 힘들다; 어렵다; 지치다. ‖全部一人でやるのはしんどい 전부 혼자 하는 것은 힘들다.
しんとう【親等】 촌수(寸數).
しんとう【浸透】 ㉠하 침투(浸透); 삼투(滲透). ♦浸透圧 삼투압.
しんとう【神道】 신도(神道).
しんどう【神童】 신동(神童).
しんどう【振動】 ㉠하 진동(振動).
しんどう【震動】 ㉠하 진동(震動).
じんどう【人道】 인도(人道). ‖人道的な見地 인도적인 견지. ♦人道主義 인도주의.
じんとく【人徳】 인덕(人德).
じんどる【陣取る】 진(陣)을 치다; 자리를 잡다.
シンドローム【syndrome】 신드롬; 증후군(症候群).
シンナー【thinner】 시너.
しんなり ‖キュウリに塩を振ってしんなりさせる 오이에 소금을 뿌려 숨을 죽이다.
しんにち【親日】 친일(親日).
しんにゅう【侵入】 ㉠하 침입(侵入).
しんにゅう【浸入】 ‖浸入する 물이 들어오다.
しんにゅう【進入】 ㉠하 진입(進入). ♦進入禁止 진입 금지.
しんにゅう【新入】 신입(新入). ♦新入社員 신입 사원. 新入生 신입생.
しんにん【信任】 ㉠하 신임(信任). ‖信任を得る 신임을 얻다. 信任が厚い 신임이 두텁다. ♦信任状 신임장.
しんにん【新任】 신임(新任). ‖新任の教師 신임 교사.
しんねん【信念】 신념(信念). ‖信念を貫く 신념을 관철시키다. 信念の人 신념이 있는 사람.
*__しんねん【新年】__ 신년(新年); 새해. ‖新年会 신년회. ▸新年明けましておめでとうございます 새해 복 많이 받으세요.
しんぱい【心肺】 심폐(心肺). ♦心肺機能 심폐기능.
*__しんぱい【心配】__ ❶㉠하 근심; 걱정. ‖心配事 걱정거리. 心配顔 걱정스러운 얼굴. 心配するな 걱정하지 마라. ❷보살핌; 배려(配慮).
しんぱく【心拍】 심장 박동(心臟搏動). ♦心拍数 심장 박동수.
ジンバブエ【Zimbabwe】 《国名》 짐바브웨.

し

シンバル【cymbals】 심벌즈.
しんぱん【審判】 ㊔하 심판(審判). ‖世論の審判を受ける 여론의 심판을 받다. 審判に抗議する 심판에 항의하다. 最後の審判 최후의 심판.
しんび【審美】 심미(審美). ♦審美眼 심미안.
しんぴ【神秘】ダ 신비(神秘)하다. ‖神秘的な美しさ 신비적인 아름다움. ♦神秘主義 신비주의.
しんぴょうせい【信憑性】 신빙성(信憑性). ‖信憑性に欠ける 신빙성이 부족하다.
しんぴん【新品】 신품(新品); 새것.
じんぴん【人品】 인품(人品); 품위(品位).
しんぷ【神父】 신부(神父).
しんぷ【新婦】 신부(新婦).
シンフォニー【symphony】 심포니; 교향곡(交響曲).
しんふぜん【心不全】 심부전(心不全).
じんふぜん【腎不全】 신부전(腎不全).
*じんぶつ【人物】 ❶인물(人物). ‖登場人物 등장인물. 危険な人物 위험한 인물. ♦人物画 인물화. ❷인품(人品); 능력(能力).
しんぶん【新聞】 신문(新聞). ♦新聞広告 신문 광고. 新聞紙 신문지. 新聞社 신문사.
じんぶん【人文】 인문(人文). ♦人文主義 인문주의.
しんぶんすう【真分数】 진분수(眞分數).
しんぺん【身辺】 신변(身邊). ‖身辺雑記 신변잡기. 身辺整理 신변 정리.
*しんぽ【進歩】 ㊔하 진보(進步). ‖文明の進歩 문명의 진보. 情報科学は戦後大幅に進歩した 정보 과학은 전후에 크게 진보했다. ♦進歩的 진보적. 進歩的な思想 진보적인 사상.
しんぼう【心房】 심방(心房).
*しんぼう【辛抱】 ‖辛抱する 인내하다. 참다. もうしばらく辛抱しなさい 조금만 더 참아라. 彼の無礼には辛抱できない 그 사람의 무례함은 참을 수가 없다.
しんぼう【信望】 신망(信望). ‖信望が厚い 신망이 두텁다.
しんぽう【信奉】 ㊔하 신봉(信奉).
じんぼう【人望】 인망(人望).
しんぼうづよい【辛抱強い】 인내심(忍耐心)이 강(强)하다; 참을성이 있다.
しんぼく【親睦】 ㊔하 친목(親睦). ♦親睦会 친목회.
シンポジウム【symposium】 심포지엄.
シンボル【symbol】 심벌.
じんぽんしゅぎ【人本主義】 인본주의(人本主義).
しんまい【新米】 ❶〔米〕햅쌀. ❷신참(新參); 신인(新人).
じんましん【蕁麻疹】 두드러기.
しんみ【親身】 ❶근친(近親); 친척(親戚). ❷매우 친절(親切)함. ‖親身になって世話をする 매우 친절하게 보살피다.
しんみつ【親密】ダ 친밀(親密)하다. ‖親密な関係 친밀한 관계.
じんみゃく【人脈】 인맥(人脈).
しんみり ‖故人をしのんでしんみり(と)する 고인을 추억하며 쓸쓸해하다.
じんみん【人民】 인민(人民). ♦人民裁判 인민재판.
しんめ【新芽】 새싹; 새순.
じんめい【人名】 인명(人名). ♦人名辞典 인명 사전.
じんめい【人命】 인명(人命). ♦人命救助 인명 구조.
しんもん【審問】 ㊔하 심문(審問). ‖容疑者を審問する 용의자를 심문하다.
じんもん【尋問】 ㊔하 신문(訊問). ♦不審尋問 불심 검문.
しんや【深夜】 심야(深夜).
しんやく【新薬】 신약(新藥).
しんやくせいしょ【新約聖書】 신약 성서(新約聖書).
しんゆう【親友】 친한 친구(親舊).
*しんよう【信用】 ㊔하 ❶신용(信用); 신뢰(信賴). ‖彼の言葉を信用する 그 사람 말을 신용하다. ❷평판(評判). ♦信用金庫 신용금고. 信用組合 신용조합. 信用状 신용장. 信用調査 신용조사. 信用取引 신용 거래.
しんようじゅ【針葉樹】 침엽수(針葉樹).
*しんらい【信頼】 ㊔하 신뢰(信賴). ‖部下を信頼する 부하를 신뢰하다. 信頼度が高い 신뢰도가 높다. 信頼を裏切る 신뢰를 저버리다.
しんらつ【辛辣】ダ 신랄(辛辣)하다. ‖辛らつな批評 신랄한 비평.
しんらばんしょう【森羅万象】 삼라만상(森羅萬象).
*しんり【心理】 심리(心理). ‖思春期特有の心理 사춘기 특유의 심리. ♦異常心理 이상 심리. 女性心理 여성 심리. 心理学 심리학. 心理的 심리적. 心理療法 심리 요법.
*しんり【真理】 진리(眞理). ‖真理を探究する 진리를 탐구하다. 不変の真理 불변의 진리.
しんり【審理】 ㊔하 심리(審理).
じんりき【人力】 인력(人力). ♦人力車 인력거.
しんりゃく【侵略】 ㊔하 침략(侵略). ♦侵略戦争 침략 전쟁.
しんりょう【診療】 ㊔하 진료(診療). ♦診療所 진료소.
しんりょく【深緑】 진한 초록.
しんりょく【新緑】 신록(新綠).
じんりょく【人力】 인력(人力).
じんりょく【尽力】 ㊔하 진력(盡力).

しんりん【森林】 삼림(森林). ‖森林資源 삼림 자원. ♦森林浴 삼림욕.
しんるい【親類】 친척(親戚); 친족(親族).
***じんるい**【人類】 인류(人類). ‖人類の進化 인류의 진화. ♦人類学 인류학. 文化人類学 문화 인류학.
しんれい【心霊】 심령(心靈); 영혼(靈魂).
しんろ【進路】 진로(進路). ‖卒業後の進路を決定する 졸업 후의 진로를 정하다. ♦進路指導 진로 지도.
しんろ【針路】 침로(針路).
しんろう【心労】 마음 고생(苦生).
しんろう【新郎】 신랑(新郎). ‖新郎新婦 신랑 신부.
しんわ【神話】 신화(神話). ‖ギリシャ神話 그리스 신화. ♦神話学 신화학.
しんわ【親和】 친화(親和). ♦親和力 친화력.
じんわり ❶서서(徐徐)히. ‖胸にじんわり(と)伝わってくる 서서히 느낌이 오다. ❷촉촉히. ‖汗がじんわり(と)にじむ 땀이 촉촉히 배다.

す

す【巣】 ❶(動物の)집; (鳥の)둥지. ❷소굴(巢窟).
す【酢】 식초(食醋). ‖酢漬け 초절임.
***ず**【図】 ❶도; 도면(圖面); 지도(地圖). ‖設計図 설계도. ❷도형(圖形). ❸모습; 광경(光景). ❹계획(計劃); 기도(企圖). ▸図に乗る 우쭐대다.
すあし【素足】 맨발.
ずあん【図案】 도안(圖案).
すい【水】 ❶〔水曜の略語〕수(水). ❷…수. ‖食塩水 식염수.
すい【粋】 정수(精粹). ‖技術の粋を集める 기술의 정수를 집약하다.
すいあげる【吸い上げる】 ❶빨아올리다. ❷(他人の利益を)가로채다.
すいあつ【水圧】 수압(水壓).
すいい【水位】 수위(水位).
すいい【推移】 (を하) 추이(推移). ‖事件の推移を見守る 사건의 추이를 지켜보다.
ずいい【随意】 수의(隨意). ♦随意筋 수의근. 随意契約 수의 계약.
すいいき【水域】 수역(水域).
ずいいち【随一】 제일(第一); 첫째.
スイート【suite】 (ホテルの)스위트룸.
すいうん【水運】 수운(水運).
***すいえい**【水泳】 (を하) 수영(水泳). ♦水泳選手 수영 선수. 水泳大会 수영 대회.
すいえき【膵液】 췌액(膵液); 이자액(胰子液).
ずいえき【髄液】 수액(髓液).
すいおん【水温】 수온(水溫).
スイカ【西瓜】 수박.
すいがい【水害】 수해(水害).
すいがら【吸い殻】 담배꽁초.
すいきゃく【酔客】 취객(醉客).
すいきゅう【水球】 수구(水球).
スイギュウ【水牛】 물소.
すいギョーザ【水餃子】 물만두.
すいぎょのまじわり【水魚の交わり】 수어지교(水魚之交).
すいきん【水禽】 물새.
すいぎん【水銀】 수은(水銀). ♦水銀灯 수은등.
すいくち【吸い口】 ❶(器具の)입을 대는 부분(部分). ❷(説明) 국에 띄우거나 조림 등에 넣어 향(香)과 풍미(風味)를 더하는 것.
すいげん【水源】 수원(水源).
すいこう【水耕】 수경(水耕); 물재배(栽培).
すいこう【推敲】 (を하) 퇴고(推敲).
すいこう【遂行】 (を하) 수행(遂行). ‖命令を遂行する 명령을 수행하다.
ずいこう【随行】 (を하) 수행(隨行). ♦随行員 수행원.
すいこみ【吸い込み】 ❶〔行為〕빨아들임. ❷〔穴〕하수(下水) 등을 빨아들이는 구멍.
すいこむ【吸い込む】 빨아들이다.
すいさい【水彩】 수채(水彩). ♦水彩画 수채화.
すいさつ【推察】 (を하) 추찰(推察).
すいさん【水産】 수산(水産). ♦水産業 수산업. 水産庁 수산청. 水産物 수산물.
すいさんか【水酸化】 수산화(水酸化). ♦水酸化ナトリウム 수산화나트륨. 水酸化物 수산화물.
すいじ【炊事】 (を하) 취사(炊事).
ずいじ【随時】 수시(隨時); 수시로.
すいしつ【水質】 수질(水質). ‖水質検査 수질 검사.
すいしゃ【水車】 수차(水車); 물레방아. ‖水車小屋 물레방앗간.
すいじゃく【衰弱】 (を하) 쇠약(衰弱). ‖神経がひどく衰弱している 신경이 상당히 쇠약해 있다.
***すいじゅん**【水準】 수준(水準). ‖給与水準が低い 급여 수준이 낮다. 知的水準 지적 수준.
ずいしょ【随所】 곳곳; 여기저기.
すいしょう【水晶】 수정(水晶). ♦水晶体 수정체.
すいじょう【水上】 수상(水上). ‖水上スキー 수상 스키.
すいじょうき【水蒸気】 수증기(水蒸氣).
すいしん【水深】 수심(水深).
すいしん【推進】 (を하) 추진(推進). ♦推進力 추진력.

スイス【Swiss】《国名》 스위스.
すいすい ❶〔水中・空中を軽快に進む〕‖すいすい(と)泳ぐ 앞으로 헤엄쳐 나가다. ❷〔滞りなく進む〕술술; 척척. ‖仕事をすいすいと片付ける 일을 척척 처리하다.
すいせい【水性】 수성(水性). ‖水性塗料 수성 도료.
すいせい【水星】 수성(水星).
すいせい【彗星】 혜성(彗星). ‖彗星のように現われる 혜성처럼 나타나다.
すいせい【水生】 수생(水生). ♦水生植物 수생 식물. 水生動物 수생 동물.
すいせき【水石】 수석(水石).
すいせん【水洗】 (名하) 수세(水洗). ♦水洗式 수세식.
すいせん【推薦】 (名하) 추천(推薦). ♦推薦状 추천장.
スイセン【水仙】 수선화(水仙花).
すいぜん【垂涎】 몹시 탐(貪)냄. ▸垂涎の的 몹시 탐나는 것.
すいそ【水素】 수소(水素). ♦水素爆弾 수소폭탄.
すいそう【水槽】 수조(水槽).
すいそう【吹奏】 (名하) 취주(吹奏). ♦吹奏楽 취주악.
すいぞう【膵臓】 췌장(膵臓).
ずいそう【随想】 수상(随想). ♦随想録 수상록.
すいそく【推測】 (名하) 추측(推測). ‖答えを推測する 답을 추측하다.
すいぞくかん【水族館】 수족관(水族館).
すいたい【衰退】 (名하) 쇠퇴(衰退). ‖衰退の一途をたどる 쇠퇴 일로를 걷다.
すいたい【酔態】 추태(醜態). ‖酔態をさらす 추태를 부리다.
すいちゅう【水中】 수중(水中). ♦水中カメラ 수중 카메라. 水中植物 수중 식물. 水中翼船 수중익선.
すいちょく【垂直】 수직(垂直). ‖垂直に立てる 수직으로 세우다. ♦垂直線 수직선. 垂直跳び 곧추뛰기. 垂直分布 수직 분포. 垂直離着陸機 수직이착륙기.
すいつく【吸い付く】 달라붙다.
すいつける【吸い付ける】 빨아들이듯이 당기다.
スイッチ【switch】 스위치. ‖スイッチを入れる 스위치를 넣다. スイッチを切る 스위치를 끄다.
すいてい【推定】 (名하) 추정(推定). ‖推定年齢 추정 연령.
すいてき【水滴】 물방울.
すいでん【水田】 논.
すいとう【水痘】 수두(水痘).
すいとう【水筒】 물통.
すいとう【出納】 (名하) 출납(出納). ♦金銭出納簿 금전 출납부.
*すいどう【水道】 ❶수도(水道). ‖水道管 수도관. 水道水 수돗물. ❷(船の)항로(航路). ❸해협(海峡).
すいとる【吸い取る】 ❶빨아들이다; 빨아들여 제거(除去)하다. ❷착취(搾取)하다.
すいとん【水団】 수제비.
すいなん【水難】 수난(水難). ‖水難事故 수난 사고. 水難にあう 수난을 당하다.
すいはん【炊飯】 밥을 지음. ♦炊飯器 전기밥솥.
すいばん【水盤】 수반(水盤).
ずいはん【随伴】 (名하) 수반(随伴).
ずいひつ【随筆】 수필(随筆).
すいぶん【水分】 수분(水分).
ずいぶん【随分】 꽤; 매우; 몹시. ‖ずいぶん寒いところだ 몹시 추운 곳이다.
すいへい【水平】 수평(水平). ♦水平線 수평선. 水平分布 수평 분포.
すいほう【水泡】 수포(水泡); 물거품. ▸水泡に帰する 수포로 돌아가다. 물거품이 되다.
すいほう【水疱】 물집.
すいぼくが【水墨画】 수묵화(水墨畫).
すいぼつ【水没】 (名되) 수몰(水沒).
すいま【睡魔】 수마(睡魔). ‖睡魔に襲われる 몹시 졸리다.
ずいまくえん【髄膜炎】 수막염(髓膜炎); 뇌막염(腦膜炎).
すいみゃく【水脈】 수맥(水脈).
*すいみん【睡眠】 수면(睡眠). ‖睡眠をとる 수면을 취하다. ♦睡眠時間 수면 시간. 睡眠不足 수면 부족. 睡眠薬 수면제.
スイミングスクール【swimming school】 수영 학원(水泳學院).
すいめん【水面】 수면(水面). ♦水面下 물밑.
すいもの【吸い物】 국.
すいもん【水門】 수문(水門).
すいよう【水溶】 수용(水溶). ♦水溶性 수용성.
すいようび【水曜日】 수요일(水曜日).
すいよせる【吸い寄せる】 ❶빨아당기다. ❷(注意・関心などを)끌다.
すいり【推理】 (名하) 추리(推理). ♦推理小説 추리 소설.
すいりく【水陸】 수륙(水陸). ♦水陸両用 수륙 양용.
すいりゅう【水流】 수류(水流).
すいりょう【水量】 수량(水量).
すいりょう【推量】 (名하) 추량(推量).
すいりょく【水力】 수력(水力). ♦水力発電 수력 발전.
スイレン【睡蓮】 수련(睡蓮).
すいろ【水路】 ❶수로; 송수로(送水路). ❷(船の)항로(航路).
すいろん【推論】 (名하) 추론(推論).
スイング【swing】 (名하) 스윙.
すう【数】 ❶수(數). ‖利用者数 이용자

수. 参加者数 참가자 수. ❷얼마간의; 몇. ‖数時間 몇 시간.

***すう【吸う】** ❶빨다; 흡수(吸收)하다. ‖ストローで吸う 빨대로 빨다. 湿気を吸う 습기를 흡수하다. ❷(息を)쉬다. ‖息を吸う 숨을 쉬다. ❸(タバコを)피우다. ‖タバコを吸う 담배를 피우다.

スウェーデン【Sweden】《国名》스웨덴.

すうがく【数学】 수학(數學).

すうき【数奇】ダ ❶불운(不運)하다; 기구(崎嶇)하다. ‖数奇な運命 기구한 운명. ❷파란만장(波瀾萬丈)하다. ‖数奇な人生 파란만장한 인생.

すうききょう【枢機卿】《カトリック》추기경(樞機卿).

すうこう【崇高】ダ 숭고(崇高)하다. ‖崇高な精神 숭고한 정신.

すうこう【趨向】 추세(趨勢).

すうし【数詞】 수사(數詞).

すうじ【数次】 수차(數次); 몇 차례(次例). ‖会談は数次に及んだ 회담은 몇 차례에 걸쳐 이루어졌다.

***すうじ【数字】** 숫자(數字). ‖数字に明るい 숫자에 밝다. 数字を間違う 숫자를 틀리다. アラビア数字 아라비아 숫자.

すうしき【数式】 수식(數式).

すうじく【枢軸】 추축(樞軸). ♦枢軸国 추축국.

すうすう ❶〔低い寝息の音〕색색; 새근새근. ‖すうすう(と)寝息をたてる 새근새근거리며 자다. ❷〔風が隙間などを吹き抜ける様子〕‖隙間風がすうすうする 외풍이 불다.

ずうずうしい【図図しい】 뻔뻔하다; 뻔뻔스럽다. ‖図々しい男 뻔뻔스러운 남자.

すうせい【趨勢】 추세(趨勢). ‖時代の趨勢 시대의 추세.

ずうたい【図体】 몸집; 덩치. ‖図体ばかり大きくて何の役にも立たない 덩치만 크지 아무런 도움이 안 된다.

スーダン【Sudan】《国名》수단.

すうち【数値】 수치(數値). ♦数値計算 수치 계산.

すうちょくせん【数直線】 수직선(數直線).

スーツ【suit】 양복(洋服). ♦スーツケース 여행용 가방.

スーパー【super】 슈퍼. ♦スーパースター 슈퍼스타. スーパーマーケット 슈퍼마켓. スーパーマン 슈퍼맨.

すうはい【崇拝】(名하) 숭배(崇拜). ‖神を崇拝する 신을 숭배하다. ♦偶像崇拝 우상 숭배.

スープ【soup】 수프. ‖スープを飲む 수프를 마시다.

ズームレンズ【zoom lens】 줌 렌즈.

すうり【数理】 수리(數理); 계산(計算). ‖数理に明るい 수리에 밝다. ♦数理経済学 수리 경제학. 数理物理学 수리 물리학.

すうりょう【数量】 수량(數量).

すうれつ【数列】 수열(數列).

***すえ【末】** ❶(期間の)끝; 말(末). ‖年の末 연말. ❷미래(未來); 장래(將來). ❸말세(末世). ‖世も末だ 세상도 말세다. ❹〔一番下の子〕막내. ‖末の娘 막내딸. ❺자손(子孫).

スエード【suede】 스웨이드.

すえおく【据え置く】 ❶설치(設置)하다. ❷그대로 두다. ❸(貯金・債権などを)거치(据置)하다.

すえおそろしい【末恐ろしい】 장래(將來)가 걱정 되다.

すえたのもしい【末頼もしい】 장래(將來)가 유망(有望)하다.

すえつける【据え付ける】 움직이지 않도록 설치(設置)하다.

すえっこ【末っ子】 막내.

すえながく【末永く】 언제까지나; 영원(永遠)히; 오래도록. ‖末永くお幸せに 오래도록 행복하세요.

すえひろがり【末広がり】 ❶끝 쪽으로 갈수록 점점(漸漸) 퍼짐. ‖末広がりの河口 하류가 넓은 하구. ❷점점 번창(繁昌)함. ‖店の将来は末広がりだ 가게는 점점 번창할 것이다.

すえる【据える】 ❶설치(設置)하다. ❷(地位などに)앉히다. ❸뜸을 뜨다. ‖灸をすえる 뜸을 뜨다.

すえる【饐える】 (食べ物が)쉰내가 나다.

ずが【図画】 도화(圖畫).

スカート【skirt】 치마; 스커트. ‖ミニスカート 미니스커트.

スカーフ【scarf】 스카프.

ずかい【図解】(名하) 도해(圖解).

ずがいこつ【頭蓋骨】 두개골(頭蓋骨).

スカイダイビング【sky diving】 스카이다이빙.

スカウト【scout】(名하) 스카우트.

すがお【素顔】 맨 얼굴. ‖スターの素顔 스타의 맨 얼굴.

すかさず【透かさず】 기회(機會)를 놓치지 않고; 사이를 두지 않고; 즉시(卽時).

すかし【透かし】 ❶종이를 빛에 비추면 보이는 무늬 또는 그림. ❷〔隙間〕틈.

すかす 우쭐대다; 잘난 체하다.

すかす【空かす】 배가 고프다; 배를 주리고 있다. ‖腹を空かしている 배를 주리고 있다. 배가 고프다.

すかす【透かす】 ❶〔隙間をこしらえる〕틈새를 만들다. ❷(光を通して)틈새를 보다.

すかすか ‖スーツケースの中はすかすかだ 가방 안은 텅텅 비어 있다.

ずかずか ‖土足でずかずか(と)上がり込む 신을 신은 채로 집 안으로 들어서

다.

すがすがしい【清清しい】 상쾌(爽快)하다; 시원하다.

***すがた**【姿】 ❶몸매; 모습. ‖後ろ姿 뒷모습. ❷모습; 자취; 몸. ‖姿をくらます 자취를 감추다. ❸실상(實狀); 형태(形態).

すがたみ【姿見】 전신(全身) 거울.

スカッシュ【squash】 스쿼시.

すかっと 〔さっぱりして快い様子〕 ‖気持ちがすかっとする 기분이 산뜻해지다.

ずがら【図柄】 무늬; 문양(文樣). ‖帯の図柄 띠의 무늬.

すがりつく【縋り付く】 달라붙다; 매달리다.

すがる【縋る】 ❶〔つかまる〕매달리다. ❷〔頼る〕의지(依支)하다.

ずかん【図鑑】 도감(圖鑑). ♦植物図鑑 식물 도감.

***すき**【好き】ダ ❶좋아하다. ‖好きな音楽 좋아하는 음악. ❷〔好きにするの形で〕마음대로 하다; 제멋대로 하다. ‖好きにしろ 마음대로 해라. ❸호색(好色). ▸好きこそ物の上手なれ 좋아하는 것은 열중하게 되어 금방 숙달된다.

***すき**【隙】 ❶〔空間〕틈; 간격(間隔). ‖戸の隙から明かりがもれる 문틈으로 불빛이 새어 나오다. ❷〔時間〕틈; 짬; 여유(餘裕). ❸기회(機會); 빈틈. ‖隙をうかがう 기회를 엿보다.

すき【鋤】 쟁기.

すき【数寄】 풍류(風流); 풍아(風雅).

スギ【杉】 삼나무.

スキー【ski】 스키.

すきかって【好き勝手】 제멋대로임; 마음대로 함. ‖好き勝手にふるまう 제멋대로 행동하다.

すききらい【好き嫌い】 ❶〔好きと嫌い〕좋아함과 싫어함. ❷〔選り好み〕좋아하는 것만을 취함.

すきこのむ【好き好む】 특별(特別)히 좋아하다. ‖好き好んで苦労する者はいない 좋아서 고생하는 사람은 없다.

すぎさる【過ぎ去る】 지나가다. ‖台風が過ぎ去った 태풍이 지나갔다.

すきずき【好き好き】 사람마다 좋아하는 것이 다름.

ずきずき 욱신욱신; 자근자근. ‖頭がずきずきする 머리가 자근자근 아프다.

すきっぱら【空きっ腹】 공복(空腹); 주린 배.

スキップ【skip】 ‖スキップする 한쪽 발로 두 번씩 번갈아 가며 뛰어가다.

すきとおる【透き通る】 ❶투명(透明)하다. ❷(声が)맑다. ‖透き通った声 맑은 목소리.

すぎない【過ぎない】 〔…に過ぎないの形で〕…에 지나지 않다; …에 불과(不過)하다. ‖言い逃れに過ぎない 변명에 지나지 않다.

すきほうだい【好き放題】 제멋대로임; 마음대로 함.

すきま【透き間・隙間】 ❶〔空間〕틈; 간격(間隔). ❷〔時間〕짬.

すきまかぜ【透き間風】 외풍(外風). ▸透き間風が吹く (親密だった二人の間に) 찬바람이 불다.

すきやき【鋤焼き】 스키야키.

スキャナー【scanner】 스캐너.

スキャン【scan】 (する) 스캔.

スキャンダル【scandal】 스캔들.

スキューバ【scuba】 스쿠버. ♦スキューバダイビング 스쿠버다이빙.

スキル【skill】 기능(機能).

***すぎる**【過ぎる】 ❶지나가다; 통과(通過)하다. ‖京都は過ぎた. もうじき大阪だ 교토는 지났다. 조금 있으면 오사카다. ❷(時間が)경과(經過)하다; 지나다. ‖就職してはや3年が過ぎた 취직한 지 벌써 삼 년이 지났다. ❸과분(過分)하다; 분에 넘치다. ‖私には過ぎた地位 나한테는 과분한 지위. ❹(程度が)지나치다. ‖冗談が過ぎる 농담이 지나치다. ❺〔…すぎるの形で〕(정도(程度)가) 지나치다; 도를 넘다. ‖欲張りすぎる 너무 욕심을 부리다. ❻〔…にすぎないの形で〕…에 불과(不過)하다. ‖それは言い訳にすぎない 그건 핑계에 불과하다. ▸過ぎたるは猶及ばざるが如し 과유불급.

スキン【skin】 ❶피부(皮膚). ❷〔コンドーム〕콘돔. ♦スキンケア 스킨케어. スキンシップ 스킨십. スキンヘッド 박박 깎은 머리.

ずきん【頭巾】 두건(頭巾).

すく【空く】 ❶틈이 생기다. ❷(中が)뚫리다; 후련해지다. ‖胸がすく 가슴이 후련하다. ❸줄다; 비다. ‖車内がすく 차 안이 비다. ❹공복(空腹)이 되다. ‖腹がすく 배가 고프다.

すく【好く】 좋아하다. ‖犬より猫を好く 개보다 고양이를 좋아하다. 私はああいうタイプの人は好かない 나는 저런 타입의 사람은 안 좋아한다.

すく【透く】 ❶틈이 생기다[벌어지다]. ❷비치다. ‖肌が透いて見える服 속살이 비쳐 보이는 옷.

すく【梳く】 빗다. ‖髪を梳く 머리를 빗다.

すく【漉く】 뜨다. ‖紙を漉く 종이를 뜨다.

***すぐ**【直ぐ】 바로; 곧; 즉시(卽時); 금방(今方) ‖電話があったらすぐ行きます 전화가 오면 바로 가겠습니다. 見ればすぐ分かるはずだ 보면 금방 알 거야. すぐそこ 바로 저기.

-ずく【尽く】 오직 …(으)로. ‖金ずくで 돈으로. 腕ずくで 완력으로.

すくい【救い】 도움. ‖救いを求める 도움을 요청하다.

すくいだす【救い出す】 구해 내다; 구출(救出)하다.
すくう【掬う】 ❶(粉や液体を)뜨다; 푸다. ❷들어 올리다; 아래서 위로 잡아채다. ‖足をすくう 발을 잡아채다.
すくう【救う】 돕다; 구(救)하다. ‖溺れかけた子どもを救う 물에 빠지려고 하는 아이를 구하다.
スクーター【scooter】 스쿠터.
スクープ【scoop】 (ス하) 스쿠프.
スクールゾーン【school＋zone日】 통학로(通學路).
スクールバス【school bus】 스쿨버스; 통학(通學) 버스.
すくすく 무럭무럭. ‖子どもがすくすく(と)育つ 애가 무럭무럭 자라다.
***すくない**【少ない】 적다. ‖思っていたより報酬が少ない 생각했던 것보다 보수가 적다. 参加者は少なかった 참가자는 적었다. 極めて少ない 극히 적다. 少なくなる 적어지다. 少なくする 줄이다.
すくなからず【少なからず】 적잖이; 많이; 꽤. ‖少なからず立腹の様子だ 꽤 화가 난 것 같다.
すくなくとも【少なくとも】 적어도. ‖社員が少なくとも千人はいる 사원이 적어도 천 명은 된다. 少なくともこれだけは確かだ 적어도 이것만큼은 확실하다.
すくなめ【少なめ】 약간(若干) 적음. ‖少なめに 약간 적게.
すくむ【竦む】 (体が)움츠러들다. ‖足がすくむ 발이 떨어지지 않다.
-ずくめ【尽くめ】 온통…; …투성이; …뿐임. ‖うそずくめの言い訳 거짓말투성이의 변명.
すくめる【竦める】 움츠리다. ‖首をすくめる 목을 움츠리다.
スクラップ【scrap】 스크랩.
スクランブル【scramble】 긴급 발진(緊急發進).
スクランブルエッグ【scrambled egg】 스크램블드 에그.
スクリーン【screen】 스크린. ♦スクリーンセーバー 스크린세이버.
スクリプター【scripter】 스크립터.
すぐれる【優れる・勝れる】 ❶뛰어나다; 훌륭하다. ❷〔すぐれないの形で〕좋지 않다. ‖気分がすぐれない 기분이 좋지 않다.
ずけい【図形】 도형(圖形).
スケート【skate】 스케이트. ♦スケートボード 스케이트보드. スケートリンク 스케이트장.
スケープゴート【scapegoat】 희생양(犧牲羊).
スケール【scale】 스케일. ‖スケールの大きな映画 스케일이 큰 영화. スケールの大きい人 스케일이 큰 사람.
すげかえる【挿げ替える】 ❶갈아 끼우다. ❷경질(更迭)하다; 바꾸다. ‖監督の首を挿げ替える 감독을 바꾸다.
スケジュール【schedule】 스케줄. ‖旅行のスケジュールを組む 여행 스케줄을 짜다.
ずけずけ ‖思ったことをずけずけ言う 생각한 것을 그대로 말하다.
スケソウダラ【助宗鱈】 명태(明太).
すけだち【助太刀】 도움; 가세(加勢); 돕는 사람. ‖助太刀する 돕다. 가세하다.
スケッチ【sketch】 (ス하) 스케치. ♦スケッチブック 스케치북.
すけっと【助っ人】 조력자(助力者); 돕는 사람.
すけべえ【助平】 호색한(好色漢).
すける【透ける】 (薄いもの・隙間を通して)보이다; 비치다. ‖肌の透けるブラウス 속살이 비치는 블라우스.
すげる【挿げる】 끼우다; 갈다; 박다. ‖人形の首を挿げる 인형의 목을 끼우다.
スケルツォ【scherzo イ】《音楽》 스케르초.
スコア【score】 스코어. ♦スコアボード 스코어보드.
***すごい**【凄い】 ❶무섭다; 무시무시하다. ‖すごい目つき 무서운 눈매. ❷(程度が)심하다; 굉장하다; 대단하다; 엄청나다; 뛰어나다. ‖すごい美人 굉장한 미인. すごい腕前 뛰어난 솜씨.
ずこう【図工】 공작(工作).
すごうで【凄腕】 뛰어난 솜씨; 훌륭한 솜씨.
スコープ【scope】 스코프. ‖シネマスコープ 시네마스코프.
スコール【squall】 스콜.
***すこし**【少し】 조금; 좀; 약간(若干). ‖米はまだ少しある 쌀은 아직 조금 있다. 昨日より少し寒い 어제보다 약간 춥다. 韓国語が少しはできる 한국어를 조금은 할 수 있다.
すこしも【少しも】 조금도; 전혀. ‖少しも信じない 조금도 안 믿다.
***すごす**【過ごす】 ❶(時間を)보내다; 지내다. ‖休日を家族と過ごす 휴일을 가족과 보내다. 楽しいひと時を過ごす 즐거운 한때를 보내다. ❷생활(生活)하다; 살다. ❸(度を)넘다. ‖寝過ごす 늦잠을 자다. ❹그대로 놔두다. ‖見過ごす 못 본 체하다.
スコッチ【Scotch】 스카치.
スコットランド【Scotland】《国名》 스코틀랜드.
スコップ【schop オ】 꽃삽; 스콥.
すこぶる【頗る】 매우; 몹시; 대단히. ‖すこぶる元気だ 매우 건강하다.
すごみ【凄み】 굉장함; 무시무시함.
すごむ【凄む】 위협(威脅)하다.
すこやか【健やか】ダ 건강(健康)하다; 건전(健全)하다.

すごろく【双六】 (説明)주사위를 던져 말을 움직이는 놀이.

すさまじい【凄まじい】 ❶〔すごい〕굉장하다; 어마어마하다; 엄청나다. ‖凄まじい食欲 엄청난 식욕. ❷〔あきれるほどひどい〕어처구니없다; 비상식적(非常識的)이다; 심하다.

ずさん【杜撰】ﾀﾞ 부정확(不正確)하고 틀린 곳이 많다; 엉터리다; 조잡(粗雜)하다.

す

すし【鮨・寿司】 초밥; 스시.

***すじ**【筋】 ❶가늘고 길게 이어진 것; 선(線). ❷근육(筋肉); 근육 섬유(纖維). ❸도리(道理); 조리(條理). ‖筋の通った話 조리 있는 이야기. ❹소질(素質). ‖筋がいい 소질이 있다. ❺관계자(關係者); 소식통(消息通). ‖その筋からの情報 소식통으로부터의 정보. ❻혈통(血統); 가계(家系). ❼〔細くて長いものを数える単位〕…줄기. ‖一筋の光 한줄기 빛. ▸筋を通す 도리에 맞도록 하다.

ずし【図示】 (をする)도시(圖示).

すじあい【筋合い】 ❶사물(事物)의 도리(道理). ❷이유(理由); 근거(根據). ‖文句を言われる筋合いはない 잔소리를 들을 이유는 없다.

すじがき【筋書き】 줄거리; 줄거리를 쓴 것.

すじがね【筋金】 (説明)물건을 보강(補强)하기 위해 내부(內部)에 넣는 금속선(金屬線)이나 봉. ♦筋金入り (身体・思想などが)단련됨.

ずしき【図式】 도식(圖式). ‖図式的に 도식적으로. ♦図式化 도식화.

すじだて【筋立て】 (話・論理の)전개(展開) 또는 그 방법(方法).

すじちがい【筋違い】 ❶도리(道理)에 어긋남. ❷〔見当違い〕잘못 짚음. ❸(筋肉の)접질림; 삠.

すしづめ【鮨詰め】 좁은 곳에 사람[물건]이 꽉 참. ‖すしづめの教室 콩나물 교실.

すじみち【筋道】 ❶도리(道理). ❷순서(順序); 수순(手順); 절차(節次). ‖筋道を踏む 절차를 밟다.

すじめ【筋目】 ❶(筋状の)선(線) 또는 줄. ❷혈통(血統); 가계(家系). ❸조리(條理). ‖筋目を立てて話す 조리 있게 이야기하다.

すしめし【鮨飯】 초밥에 쓰는 밥.

ずじょう【頭上】 두상(頭上); 머리. ‖頭上注意 머리 조심.

ずしり ‖ずしりと重い荷物 상당히 무거운 짐.

すす【煤】 그을음.

すず【鈴】 방울. ‖鈴の音が聞こえる 방울 소리가 들리다. ▸猫の首に鈴をつける 고양이 목에 방울 달기.〔諺〕

すず【錫】 주석(朱錫).

すずかぜ【涼風】 시원한 바람.

ススキ【薄・芒】 참억새.

すすぎ【濯ぎ】 헹굼. ‖すすぎが足りない 덜 헹궈지다.

スズキ【鱸】 농어.

すすぐ【濯ぐ・雪ぐ】 ❶헹구다. ‖食器をすすぐ 식기를 헹구다. 水で口をすすぐ 물로 입을 헹구다. ❷(汚名・恥などを) 씻다; 설욕(雪辱)하다.

すすける【煤ける】 그을리다.

すずこんしき【錫婚式】 석혼식(錫婚式). ✣結婚 10 周年記念式.

***すずしい**【涼しい】 시원하다; 서늘하다. ‖涼しい風 시원한 바람. 朝夕は涼しくなりました 아침저녁으로는 서늘해졌습니다.

***すすむ**【進む】 ❶나아가다; 전진(前進)하다; 진출(進出)하다. ‖前に進む 앞으로 나아가다. ❷(時計が)빨리 가다. ‖時計が 5 分進む 시계가 오 분 빨리 가다. ❸(実力などが)늘다. ‖腕が進む 실력이 늘다. ❹(気持ちが)내키다. ‖気が進まない 기분이 내키지 않다. ❺진행(進行)되다; 진척(進陟)되다. ‖準備が進む 준비가 진행되다.

すずむ【涼む】 더위를 피하여 시원한 바람을 쐬다.

スズムシ【鈴虫】 방울벌레.

すすめ【勧め】 권고(勸告); 권유(勸誘).

スズメ【雀】 참새. ▸雀の涙 아주 적음. 쥐꼬리. 雀の涙ほどのボーナス 쥐꼬리만한 보너스. ▸雀百まで踊りを忘れず 세 살 버릇 여든까지 간다.〔諺〕

スズメバチ【雀蜂】 말벌.

***すすめる**【進める】 나아가게 하다; 진행(進行)시키다; 빨리 가게 하다. ‖船を進める 배를 나아가게 하다. 議事を進める 의사를 진행시키다.

***すすめる**【勧める】 권(勸)하다. ‖参加を勧める 참가를 권하다. 読めと勧める 읽으라고 권하다. 食事を勧める 식사를 권하다.

すすめる【薦める】 추천(推薦)하다. ‖本を薦める 책을 추천하다.

すずやか【涼やか】ﾀﾞ 시원하다; 상쾌(爽快)하다.

スズラン【鈴蘭】 은방울꽃.

すずり【硯】 벼루.

すすりなく【啜り泣く】 흐느껴 울다.

すする【啜る】 ❶(麵類・スープなどを)소리를 내어 마시다[먹다]. ❷(鼻を)훌쩍이다.

すすんで【進んで】 적극적(積極的)으로.

すそ【裾】 ❶(服の)옷자락. ❷(ものの) 아랫부분.

すその【裾野】 산기슭.

すそわけ【裾分け】 ‖(お)裾分けする 얻은 물건이나 이익의 일부를 나누어 주다.

スター【star】스타. ♦スターダスト 작은 별들. スタープレーヤー 스타 플레이어.
スターダム【stardom】스타덤. ‖スターダムにのし上がる 스타덤에 오르다.
スターチ【starch】스타치; 전분(澱粉).
スターティングメンバー【starting+member 日】스타팅 멤버.
スタート【start】(名하) 스타트.
スタートダッシュ【start+dash 日】❶(短距離競走で)출발 직후(出發直後)의 질주(疾走). ❷시작 직후(始作直後)의 기세(氣勢).
スタイリスト【stylist】스타일리스트.
スタイル【style】스타일.
スタグフレーション【stagflation】(経) 스태그플레이션.
すだこ【酢蛸】(説明) 데친 문어(文魚)를 식초(食醋)에 절인 것.
すたこら 재빨리; 잽싸게; 부리나케. ‖すたこら(と)歩く 재빨리 걷다.
スタジアム【stadium】스타디움.
スタジオ【studio】스튜디오.
すたすた ‖すたすた(と)歩く 총총걸음으로 걷다.
ずたずた 갈기갈기; 엉망. ‖ずたずたに切り裂く 갈기갈기 찢다. 身も心もずたずただ 몸도 마음도 엉망이다.
スダチ【酢橘】 유자(柚子)의 일종(一種).
すだつ【巣立つ】 ❶(鳥が)보금자리를 떠나다. ❷졸업(卒業)하다; 사회(社會)에 나가다.
スタッフ【staff】스태프.
スタミナ【stamina】스태미나.
スタメン =スターティングメンバー.
すだれ【簾】발.
すたれる【廃れる】❶〔使われなくなる〕쓸모가 없어지다. ❷〔はやらない〕한물가다. ❸〔衰える〕쇠퇴(衰退)하다.
スタンス【stance】입장(立場).
スタンダード【standard】 표준(標準). ‖スタンダードサイズ 표준 사이즈.
スタンディングオベーション【standing ovation】기립 박수(起立拍手).
スタンディングスタート【standing start】스탠딩 스타트.
スタンド【stand】스탠드. ♦スタンドバー 스탠드바.
スタントマン【stunt man】스턴트맨.
スタンバイ【standby】스탠바이.
スタンプ【stamp】스탬프.
スチーム【steam】 스팀. ♦スチームアイロン 스팀 다리미.
スチール【steal】(名하) (野球で)도루(盜壘).
スチュワーデス【stewardess】 스튜어디스.
スチュワード【steward】스튜어드.
スチロール【styrol ド】 스티로폼. ‖発泡スチロール 발포 스티렌 수지. ♦スチロール樹脂 스티롤 수지.
-ずつ 씩. ‖2個ずつ 두 개씩. 少しずつ 조금씩.
***ずつう**【頭痛】두통(頭痛). ‖頭痛薬 두통약. 頭痛の種 두통거리. 頭痛がする 머리가 아프다.
スツール【stool】스툴.
すっからかん ダ 텅텅 비어 있다.
すっかり 완전(完全)히; 전부(全部); 아주. ‖すっかり食べてしまった 전부 먹어 버렸다. すっかり忘れていた 완전히 잊고 있었다.
ズッキーニ【zucchini イ】애호박.
すっきり 산뜻하게; 시원히; 후련히; 상쾌히. ‖すっきりとしたデザイン 산뜻한 디자인. 頭がすっきりする 머리가 상쾌해지다.
ズック【doek オ】즈크.
ずっこける ❶넘어지다; 떨어지다. ‖椅子からずっこける 의자에서 떨어지다. ❷엉뚱한 짓을 하다. ‖ずっこけたことを言う 엉뚱한 소리를 하다.
ずっしり ‖ずっしり(と)した重い袋 묵직하게 든 자루.
すったもんだ 옥신각신; 티격태격; 말썽; 분쟁(紛爭).
すっと ❶쭉; 쑥; 불쑥. ‖手をすっと差し出す 손을 불쑥 내밀다. ❷〔すっきりする様子〕‖胸がすっとする 속이 후련해지다.
ずっと ❶〔もっと〕훨씬. ‖ここの方がずっと住みよい 이쪽이 훨씬 살기 좋다. ❷〔初めから終わりまで〕계속(繼續)해서; 처음부터 끝까지; 줄곧. ‖新宿からずっと立ち通しだった 신주쿠에서부터 줄곧 서서 왔다.
すっとんきょう【素っ頓狂】ダ 엉뚱하다; 뜬금없다. ‖すっとんきょうなことを言う 뜬금없는 소리를 하다.
***すっぱい**【酸っぱい】시다. ‖酸っぱいキムチ 신 김치. 酸っぱくて食べられない 시어서 못 먹겠다.
すっぱだか【素っ裸】알몸; 맨몸.
すっぱぬく【素っ破抜く】(人の秘密などを)폭로(暴露)하다.
すっぴん【素っぴん】맨 얼굴.
すっぽかす 만나기로 한 약속(約束)을 어기다. ‖約束をすっぽかす 약속을 어기다.
すっぽり ❶〔全体を覆う〕푹. ‖布団をすっぽり(と)かぶる 이불을 푹 뒤집어쓰다. ❷〔ものがたやすくはずれたり抜けたりする〕쑥. ‖底がすっぽり抜ける 밑이 쑥 빠지다. ❸〔くぼみにぴったりとはまる〕쏙. ‖穴にすっぽり(と)はまる 구멍에 쏙 들어가다.
スッポン【鼈】자라.
すっぽんぽん 알몸; 발가벗음. ‖子どもがすっぽんぽんで走り回る 아이가 발가

벗고 뛰어다니다.
すで【素手】 맨손. ‖素手で立ち向かう 맨손으로 달려들다.
スティック【stick】 스틱.
すていん【捨て印】 (説明) 계약서(契約書) 등에 정정(訂正)할 경우를 고려(考慮)해 난외(欄外)에 찍어 두는 도장(圖章).
ステーキ【steak】 스테이크. ♦ビーフステーキ 비프스테이크.
ステークホルダー【stake holder】 (経) 스테이크홀더; (企業に対して)이해관계자(利害關係者).
ステージ【stage】 스테이지. ♦ステージママ (説明) 아역(兒役)인 자녀(子女)를 따라다니며 메니저 역할(役割)을 하는 엄마.
ステーションワゴン 【station wagon】 스테이션왜건.
すてがね【捨て金】 헛돈; 쓸데없이 쓰는 돈.
***すてき**【素敵】ダ 멋지다; 멋있다; 훌륭하다. ‖素敵な人 멋있는 사람. その服を着ると素敵だわ 그 옷을 입으면 멋있어 보여.
すてさる【捨て去る】 미련(未練) 없이 버리다.
すてぜりふ【捨て台詞】 (軽蔑・強迫など)내뱉고 가는 말.
ステッカー【sticker】 스티커.
ステッキ【stick】 지팡이.
ステッチ【stitch】 스티치.
ステップ【step】 스탭. ‖ステップを踏む 스탭을 밟다.
ステップ【steppe】(地) 스텝.
すでに【既に】 벌써; 이전(以前)에; 이미; 진작. ‖会は既に終わった 모임은 벌써 끝났다.
すてね【捨て値】 (損を覚悟でつける)싼 값.
すてばち【捨て鉢】 자포자기(自暴自棄). ‖捨て鉢になる 자포자기하다.
すてみ【捨て身】 ‖捨て身で戦う 목숨을 걸고 싸우다. 捨て身になる 자포자기하다.
***すてる**【捨てる】 버리다. ‖ここにごみを捨てるな 여기에 쓰레기를 버리지 마시오. あの古いかばんは捨てました 그 낡은 가방은 버렸습니다. 希望を捨てる 희망을 버리다. ▸捨てる神あれば拾う神あり *버림을 받더라도 누군가 도와주는* 사람이 있다.
ステレオ【stereo】 스테레오. ♦ステレオタイプ 스테레오 타입.
ステロイド【steroid】 스테로이드.
ステンドグラス【stained glass】 스테인드글라스.
ステンレス【stainless】 스테인리스. ‖ステンレス鋼 스테인리스강.
スト =ストライキ.
ストーカー【stalker】 스토커.
ストーブ【stove】 스토브.
すどおり【素通り】 ‖素通りする 그냥 지나치다.
ストーリー【story】 스토리.
ストール【stole】 스톨.
ストッキング【stocking】 스타킹.
ストック【stock】 ❶ 재고; 재고품(在庫品). ‖ストックが底をつく 재고가 바닥나다. ❷ 비축(備蓄); 저장(貯藏).
ストック【Stock ド】 (スキーの)스키용 지팡이.
ストップ【stop】 (まする) 스톱. ♦ストップウオッチ 스톱워치. ストップモーション 저속도 촬영.
すどまり【素泊まり】 식사(食事) 없이 숙박(宿泊)만 하는 것.
ストライカー【striker】 (サッカーで)스트라이커.
ストライキ【strike】 스트라이크; 파업(罷業).
ストライク【strike】 (野球で)스트라이크.
ストライプ【stripe】 스트라이프.
ストラップ【strap】 스트랩.
ストレート【straight】 스트레이트.
ストレス【stress】 스트레스. ‖ストレスがたまる 스트레스가 쌓이다. ストレスを解消する 스트레스를 해소하다.
ストレッチ【stretch】 스트레치.
ストロー【straw】 스트로.
ストローク【stroke】 스트로크.
すとん 쿵. ‖すとんと下に落ちる 쿵 하고 밑으로 떨어지다.
ずどん ❶〔銃砲を発射する音〕탕; 쿵. ‖ずどんと一発撃つ 탕 하고 한 방 쏘다. ❷〔重いものが倒れたりぶつかったりする音〕탕; 쿵. ‖塀にずどんとぶつかる 담에 쿵 하고 부딪치다.
***すな**【砂】 모래. ‖砂遊びをする 모래 장난을 하다. ▸砂を噛むよう 모래를 씹는 것 같이. 무미건조하게.
すなあらし【砂嵐】 모래 바람.
***すなお**【素直】ダ ❶ 순순(順順)하다; 솔직(率直)하다. ‖素直に従う 순순히 따르다. 意見を素直に言う 의견을 솔직하게 말하다. ❷ 자연(自然)스럽다; 순수(純粹)하다.
すなぎも【砂肝】 (鳥の)모래주머니.
すなけむり【砂煙】 사진(沙塵).
スナックバー【snackbar】 스낵바.
スナップ【snap】 스냅. ♦スナップショット 스냅숏.
すなどけい【砂時計】 모래시계(時計).
すなば【砂場】 사장(沙場); 모래밭.
すなはま【砂浜】 모래사장(沙場).
すなぶろ【砂風呂】 모래찜질.
すなぼこり【砂埃】 모래 먼지.
すなわち【即ち】 ❶ 즉(卽); 다시 말하면. ‖日本の国会は二院, 即ち衆議院と

参議院よりなる 일본 국회는 양원, 즉 중의원과 참의원으로 이루어진다. ❷…하면 항상(恒常). ‖戦えばすなわち勝つ 싸우면 항상 이긴다.

スニーカー【sneakers】 스니커; 운동화(運動靴).

すね【脛】 정강이. ‖あいつのすねをけとばしてやった 그 녀석 정강이를 차버렸다. ▸すねを齧(かじ)る 부모에게 얹혀살다.

すねあて【脛当て】 (説明) 정강이를 보호하는 보호구(保護具).

すねかじり【脛齧り】 (説明) 부모(父母)에게 얹혀삶 또는 그런 사람.

すねる【拗ねる】 삐치다; 토라지다. ‖すねて泣く 삐쳐서 울다.

*__ずのう__【頭脳】 두뇌(頭腦). ♦頭脳明晰(めいせき) 명석한 두뇌. 頭脳流出 두뇌 유출.

スノータイヤ【snow tire】 스노타이어.

スノーボード【snowboard】 스노보드.

すのもの【酢の物】 (説明) 생선(生鮮)·야채(野菜) 등을 식초(食醋)로 조리(調理)한 것.

スパ【spa】 온천(溫泉).

スパーク【spark】 스파크. ‖スパークする 스파크가 일다.

スパークリングワイン【sparkling wine】 스파클링 와인.

スパーリング【sparring】 스파링.

スパイ【spy】 스파이.

スパイク【spike】 스파이크.

スパイシー【spicy】ダ 향신료(香辛料) 맛이 괜찮다.

スパイス【spice】 향신료(香辛料).

スパゲティー【spaghetti イ】 스파게티.

すばこ【巣箱】 새집.

ずばずば ❶거침없이. ‖思ったことをずばずば(と)言う 생각한 것을 거침없이 말하다. ❷싹둑싹둑. ‖ずばずば(と)切る 싹둑싹둑 자르다.

すはだ【素肌】 ❶맨살; (화장(化粧)하지 않은)맨 얼굴. ❷(속옷 등을 입지 않은) 맨살; 노출(露出)된 살갗.

スパッツ【spats】 신축성(伸縮性) 있는 바지.

すぱっと ❶짝. ‖青竹をすぱっと割る 대나무를 짝 쪼개다. ❷딱. ‖すぱっと言い切る 딱 잘라 말하다.

ずばぬける【ずば抜ける】 뛰어나게 우수(優秀)하다. ‖ずば抜けた成績 뛰어나게 우수한 성적.

スパムメール【spam mail】《IT》 스팸 메일.

すばやい【素早い】 민첩(敏捷)하다; 재빠르다; 날쌔다. ‖動作が素早い 동작이 재빠르다.

すばらしい【素晴らしい】 ❶훌륭하다; 멋지다. ‖すばらしい演技力 훌륭한 연기력. ❷(程度が)심하다; 굉장하다. ‖すばらしく広い庭園 굉장히 넓은 정원.

ずばり 〔物事の核心をついてはっきり言う様子〕쿡; 푹. ‖ずばり(と)痛いところをつく 아픈 데를 쿡 찌르다.

すばる【昴】 묘성(昴星).

スパルタ【Sparta】 스파르타. ♦スパルタ教育 스파르타식 교육.

スパン【span】 기간(期間).

スピーカー【speaker】 스피커.

スピーチ【speech】 스피치. ♦スピーチコンテスト 스피치 콘테스트.

*__スピード__【speed】 스피드. ‖スピードを上げる 스피드를 올리다. 毎時 50 キロのスピード 시속 오십 킬로의 스피드. ♦スピードガン 스피드 건. スピードスケート 스피드 스케이팅.

ずひょう【図表】 도표(圖表).

スピン【spin】 스핀.

ずぶ 〔主にずぶのの形で〕아주; 전혀; 순(純). ‖ずぶの素人 순 풋내기.

スフィンクス【Sphinx】 스핑크스.

スプーン【spoon】 스푼.

すぶた【酢豚】 탕수육(糖水肉).

ずぶとい【図太い】 뻔뻔스럽다; 넉살이 좋다.

ずぶぬれ【ずぶ濡れ】 ‖ずぶ濡れになる 흠뻑 젖다.

すぶり【素振り】 (竹刀·バットなどを)연습(練習) 삼아 휘두름.

スプリングボード【spring board】 스프링보드; 도약판(跳躍板).

スプリンクラー【sprinkler】 스프링쿨러.

スプリンター【sprinter】 스프린터.

スプレー【spray】 스프레이.

すべ【術】 수단(手段); 방법(方法). ‖なすすべがない 어떻게 할 방법이 없다.

スペア【spare】 스페어.

スペアリブ【sparerib】 스페어리브.

スペイン【Spain】《国名》 스페인.

スペース【space】 스페이스. ♦スペースシャトル 스페이스 셔틀.

スペクタクル【spectacle】 스펙터클.

スペシャル【special】 스페셜.

すべすべ【滑滑】 매끈매끈.

*__すべて__【全て】 ❶전부(全部); 전원(全員); 모두. ‖関係者すべてが賛成した 관계자 전원이 찬성했다. ❷〔副詞的に〕전부; 일일이; 하나하나. ‖問題はすべて解決された 문제는 전부 해결되었다.

すべらす【滑らす】 미끌어지다. ‖足を滑らす 다리가 미끌어지다. 口を滑らす 실언하다.

すべり【滑り】 미끄러짐.

すべりこむ【滑り込む】 ❶미끄러지듯이 들어오다. ‖列車がホームに滑り込む 열차가 홈으로 들어오다. ❷겨우 시간(時間)에 대다. ❸(野球で)슬라이딩

하다.

すべりだい【滑り台】미끄럼틀.

すべりだし【滑り出し】시작(始作); (物事の)첫머리.

すべりどめ【滑り止め】미끄럼 방지(防止).

***すべる**【滑る】❶미끄러지다. ‖雪道で滑った 눈길에서 미끄러졌다. ❷실언(失言)을 하다; 말 실수(失手)를 하다. ‖口が滑る 실언하다. ❸낙제(落第)하다.

す

スペル【spell】스펠.

スポイト【spuit オ】스포이트.

ずほう【図法】도법(圖法).

スポークスマン【spokesman】대변인(代辯人).

***スポーツ**【sports】스포츠. ♦ウインタースポーツ 겨울 스포츠. スポーツ新聞 스포츠 신문.

スポーツマン【sportsman】스포츠맨. ♦スポーツマンシップ 스포츠맨십.

ずぼし【図星】급소(急所); 핵심(核心). ▸図星を指される 급소를 찔리다.

スポット【spot】스폿. ♦スポットライト 스포트라이트.

すぼまる【窄まる】좁아지다.

すぼむ【窄む】좁아지다; 오므라들다.

すぼめる【窄める】오므리다; 움츠리다; 접다. ‖口をすぼめる 입을 오므리다. 肩をすぼめる 어깨를 움추리다. 傘をすぼめる 우산을 접다.

ずぼら ダ 칠칠치 못하다; 야무지지 못하다. ‖ずぼらな性格 야무지지 못한 성격.

ズボン【←jupon フ】바지.

スポンサー【sponsor】스폰서.

スポンジ【sponge】스펀지. ♦スポンジケーキ 스펀지케이크.

スマート【smart】ダ 스마트하다. ‖スマートな服装 스마트한 복장.

すまい【住まい】주거; 주거지(住居地); 사는 곳.

スマイル【smile】스마일.

すまう【住まう】줄곧 살다.

すます【済ます】❶〔終える〕끝내다. ❷〔返済〕변제(辨濟)하다; 청산(清算)하다. ‖借金を済ます 빚을 청산하다. ❸〔間に合わせる〕때우다. ‖パンでお昼を済ます 빵으로 점심을 때우다. ❹〔…済ますの形で〕완전(完全)히 …하다. ‖別人になり済ます 완전히 다른 사람인 체하다.

すます【澄ます】❶〔にごりをなくす〕맑게 하다. ❷집중(集中)하다. ‖耳を澄ます 귀를 기울이다. ❸〔…澄ますの形で〕정신(精神)을 집중(集中)하여 …하다. ‖的を狙い澄ます 표적에 집중하다.

スマッシュ【smash】(名하) 스매시.

すまない【済まない】미안(未安)하다.

すみ【炭】❶숯. ❷목탄(木炭). ❸석탄(石炭).

***すみ**【隅】(한)구석; 모퉁이. ‖庭の隅 정원 구석. 部屋の隅に片付ける 방 한 구석으로 치우다.

すみ【墨】❶먹. ‖墨をする 먹을 갈다. ❷(タコ・イカなどの)먹물.

すみか【住み処】❶거처(居處); 주거지(住居地). ❷(動物の)서식지(棲息地).

すみかえる【住み替える】이사(移徙)하다.

すみこみ【住み込み】‖住み込みで働く 숙식을 제공받으면서 일하다.

すみずみ【隅隅】구석구석. ‖隅々まで埃を取る 구석구석까지 먼지를 털다.

すみつく【住み着く】정착(定着)하다.

すみっこ【隅っこ】구석.

すみなれる【住み馴れる】오래 살아 정(情)들다. ‖住みなれた土地を離れる 정든 곳을 떠나다.

すみび【炭火】숯불. ♦炭火焼き 숯불구이.

すみません 미안(未安)합니다; 죄송(罪悚)합니다.

すみやか【速やか】ダ 빠르다; 신속(迅速)하다. ‖速やかに対策を講じる 신속하게 대책을 강구하다.

すみやき【炭焼き】❶〔料理〕숯불구이. ❷〔人〕숯을 굽는 사람.

スミレ【菫】제비꽃. ♦菫色 짙은 보라색.

すみわけ【棲み分け】(説明) 생활 양식(生活様式)이 비슷한 생물(生物)이 경쟁(競爭)을 피해 서로 다른 곳에서 생존(生存)하는 것.

***すむ**【住む】살다. ‖退職して田舎に住む 퇴직해서 시골에 살다. 彼は横浜に住んでいる 그 사람은 요코하마에 살고 있다. 住む所がない 살 곳이 없다. ▸住めば都 정들면 고향.

***すむ**【済む】❶끝나다; 종료(終了)하다. ❷해결(解決)하다; 해소(解消)하다. ‖金で済む 돈으로 해결하다. ❸만족(滿足)하다; (気が)풀리다. ‖気が済む 기분이 풀리다.

すむ【澄む・清む】❶맑다. ‖澄んだ山の空気 산의 맑은 공기. ❷〔声〕청음(清音)이다.

ずめん【図面】도면(圖面).

すもう【相撲】일본식(日本式) 씨름. ‖相撲をとる 씨름을 하다. ♦相撲取り 씨름 선수.

スモック【smock】느슨한 겉옷.

スモッグ【smog】스모그.

スモモ【李】자두.

すやき【素焼き】설구이; 초벌구이; 질그릇.

すやすや 새근새근; 색색. ‖すやすや(と)眠る 새근새근 잠들다.

スライス【slice】 (ス하) 슬라이스.
スライダー【slider】 슬라이더.
スライド【slide】 ❶〔滑ること〕미끄러짐; 미끄러지게 함. ❷ 연동(聯動). ‖賃金を物価にスライドさせる 임금을 물가에 연동시키다. ❸ 환등기(幻燈機) 또는 그 필름.
ずらす ❶이동(移動)시키다. ❷ 겹치지 않도록 늦추다. ‖日程をずらす 일정을 늦추다.
すらすら 술술; 척척; 유창(流暢)하게. ‖すらすらと暗算を解く 암산을 척척 풀다. 英語をすらすら(と)話す 영어를 유창하게 말하다.
スラックス【slacks】 슬랙스.
スラッシュ【slash】 슬래시(/).
スラブ【Slav】 슬라브. ‖スラブ文化圏 슬라브 문화권.
スラム【slum】 슬럼. ‖スラム街 슬럼가.
すらり ❶ 날씬하게; 늘씬하게. ‖すらりとした体型 늘씬한 체형. すらりと伸びた足 늘씬하게 빠진 다리. ❷〔支障なく順調に事が運ぶ〕쑥. ‖刀をすらりと抜く 칼을 쑥 뽑다.
ずらり 죽. ‖ずらりと並ぶ 죽 늘어서다.
スラング【slang】 슬랭; 속어(俗語).
スランプ【slump】 슬럼프. ‖スランプに陥る 슬럼프에 빠지다.
すり【掏摸】 소매치기. ‖すりにあう 소매치기를 당하다.
ずりあがる【ずり上がる】 밀려 올라가다. ‖シャツがずり上がる 셔츠가 밀려 올라가다.
すりあし【摺り足】 ‖すり足で歩く 다리를 질질 끌면서 걷다.
すりあわせる【擦り合わせる】 ❶〔こする〕문지르다. ❷(意見を)조정(調整)하다.
スリーブ【sleeve】 소매. ♦ノースリーブ 소매 없는 옷. 민소매.
ずりおちる【ずり落ちる】 흘러내리다; 미끄러 떨어지다.
すりおろす【磨り下ろす】 갈다. ‖大根をすりおろす 무를 갈다.
すりかえる【掏り替える】 바꾸다; 바꿔치다. ‖本物と偽物をすり替える 진짜와 가짜를 바꿔치다.
すりきず【擦り傷】 찰과상(擦過傷).
すりきれる【擦り切れる】 닳아서 끊어지다.
すりごま【擂り胡麻】 간 깨.
すりこみ【刷り込み】 (説明) 새 등이 생후(生後) 처음 접한 움직이는 것을 어미로 알고 쫓아다니는 현상(現象).
すりこむ【擦り込む】 문질러 바르다. ‖クリームをすり込む 크림을 문질러 바르다.
スリット【slit】 슬릿.
スリッパ【slippers】 슬리퍼.
スリップ【slip】 ❶〔滑る〕‖スリップする 미끄러지다. 車がスリップする 자동차가 미끄러지다. ❷〔女性用下着〕슬립.
すりつぶす【磨り潰す】 ❶ 갈아 으깨다. ❷(財産を)탕진(蕩盡)하다.
すりぬける【擦り抜ける】 ❶ 빠져나가다. ❷(だまして)모면(謀免)하다.
すりばち【擂り鉢】 (調理用)절구.
すりへらす【磨り減らす】 ❶(こすって)닳게 하다. ❷(長い間使って)약하게 하다.
すりへる【磨り減る】 ❶ 닳다. ❷ 소모(消耗)되다. ‖神経がすり減る 신경이 소모되다.
すりみ【擂り身】 다져서 으깬 어육(魚肉).
スリム【slim】ᵈ 슬림하다.
すりむく【擦り剝く】 벗겨지다; 까지다. ‖ひざをすりむく 무릎이 까지다.
すりよる【擦り寄る】 다가가다.
スリラー【thriller】 스릴러.
スリランカ【Sri Lanka】《国名》 스리랑카.
スリル【thrill】 스릴. ‖スリルを味わう 스릴을 맛보다.
する【刷る】 인쇄(印刷)하다; 찍다. ‖会議用のプリントを刷る 회의용 프린트를 인쇄하다.
***する**【為る】 ❶(動作・行為を)하다. ‖仕事をする 일을 하다. 電話をする 전화를 하다. 洗濯をする 빨래를 하다. ❷〔ある職務・ポストにつく〕하다. ‖高校の教師をしている 고등학교 선생을 하고 있다. アルバイトをする 아르바이트를 하다. ❸(対象物が)느껴지다. ‖味がする 맛이 나다. ❹〔ある状態である〕이다. ‖赤い色をしている 빨간 색이다. ❺(ある状態に)되다. ‖病気をする 병이 나다. ❻ 수량(數量)을 나타냄. ‖千円もする 천 엔이나 하다. ❼(装身具などを)하다. ‖ネクタイをする 넥타이를 매다. ❽〔…ようとするの形で〕…하려고 하다. ‖帰ろうとする 돌아가려고 하다. ❾〔…にするの形で〕…(으)로 결정(決定)하다. ‖カレーにする 카레로 하다. ❿〔…とするの形で〕…(으)로 가정(假定)하다; …(이)라고 가정하다. ‖地震だとする 지진이라고 가정하다. ⓫〔お…する・ご…するの形で〕겸양(謙讓)의 뜻을 나타냄. ‖お話しする 말씀 드리다.
する【擦る・磨る】 ❶〔こする〕문지르다; 갈다. ‖墨をする 먹을 갈다. ❷〔すりつぶす〕찧다; 으깨다; 짓이기다. ‖ゴマをする 깨를 찧다. ❸〔使い果たす〕다 써 버리다. ‖元金をする 원금을 다 써 버리다.
ずる 꾀; 꾀를 부림 또는 그런 사람. ‖ずるをする 꾀를 부리다.
ずるい【狡い】 교활(狡猾)하다; 약삭빠

르다. ‖ずるい男 교활한 남자.

スルーパス【through pass】(サッカーで) 스루 패스.

ずるがしこい【狡賢い】 교활(狡猾)하다; 영악(獰惡)하다.

するする ❶주르륵. ‖幕がするする(と)下りる 막이 주르르 내리다. ❷술술; 척척. ‖糸を引くとするする(と)ほどける 실을 당기면 술술 풀린다. するするとのどを通る 술술 넘어가다.

ずるずる ❶질질. ‖帯をずるずる(と)引きずる 띠를 질질 끌다. ❷〔スープなど液体〕훌쩍훌쩍. ‖洟(はな)をずるずる(と)すする 콧물을 훌쩍거리다. ❸질질. ‖締め切り日をずるずる(と)延ばす 마감일을 질질 끌다.

すると ❶〔そうすると〕그러자; 그랬더니. ‖ドアの前に立った. するとひとりでに開いた 문 앞에 섰다. 그러자 문이 저절로 열렸다. ❷〔それでは〕그러면; 그렇다면. ‖するとあなたは会議には出なかったのですね 그렇다면 당신은 회의에는 나가지 않은 거군요.

***するどい**【鋭い】 ❶날카롭다; 예리(鋭利)하다. ‖鋭い刃物 예리한 칼. 目つきが鋭い 날카로운 눈초리. ❷예민(鋭敏)하다. ‖鋭い感受性 예민한 감수성.

するめ【鯣】 오징어포.

スルメイカ【鯣烏賊】 오징어.

ずるやすみ【ずる休み】 ‖ずる休みする 꾀를 부려 쉬다.

するり ❶〔滑るように動く〕쑥. ‖するりと抜ける 쑥 빠지다. ❷〔物事が速やかに行なわれる〕‖するりと身をかわす 몸을 살짝 비키다.

ずれ 차이(差異). ‖考え方にずれがある 생각에 차이가 있다.

スレート【slate】 슬레이트. ‖スレート屋根 슬레이트 지붕.

ずれこむ【ずれ込む】 일이 늦어져 다음 시기(時期)로 넘어감. ‖発売が翌年にずれ込む 발매가 다음 해로 넘어가다.

すれすれ【擦れ擦れ】 ❶〔触れ合うほど近い〕거의 닿을 정도(程度)로 가까움. ‖海面すれすれに鳥が飛んでいった 해면에 닿을 듯이 새가 날아갔다. ❷〔ぎりぎり〕위태위태(危殆危殆)함; 아슬아슬함. ‖定刻すれすれに到着した 아슬아슬하게 정각에 도착했다.

すれちがい【擦れ違い】 스치듯이 지나감; 엇갈림. ‖議論はすれ違いに終始した 논의는 의견이 엇갈린 채로 끝났다.

すれちがう【擦れ違う】 ❶〔通り過ぎる〕스치듯이 지나가다. ❷엇갈리다. ‖意見がすれ違う 의견이 엇갈리다.

すれる【擦れる・磨れる】 ❶〔こすれる〕닳다. ❷〔減る〕닳다. ❸〔ずるくなる〕(人が)닳고 닳다; 영악(獰惡)해지다.

ずれる (基準から)벗어나다.

スロー【slow】 슬로. ♦スローダウン 슬로다운. スローフード 슬로푸드.

スロット【slot】 슬롯. ♦スロットマシン 슬롯머신.

スロバキア【Slovakia】《国名》 슬로바키아.

ズワイガニ【ずわい蟹】 바다참게.

スワッピング【swapping】 스와핑.

すわりこむ【座り込む】 ❶앉아서 움직이지 않다. ❷(中に)들어가 앉다.

すわりだこ【座り胼胝】 (説明) 항상(恒常) 앉아 있어 복사뼈 등에 생긴 굳은살.

***すわる**【座る・据る】 ❶앉다. ‖椅子に座る 의자에 앉다. ❷(地位・位置に)앉다. ❸안정(安定)되다. ‖赤ん坊の首が据わっている 아이가 목을 가누다. ❹꿈쩍없다; 태연(泰然)하다. ‖腹が据わっている 배짱이 있다.

-すん【寸】〔長さの単位〕…촌(寸).

すんか【寸暇】 촌음(寸陰); 촌각(寸刻). ‖寸暇を惜しむ 촌음을 아끼다.

ずんぐり 〔太くて短い様子〕 ‖ずんぐり(と)した体型 땅딸막한 체형.

すんげき【寸劇】 촌극(寸劇).

すんこく【寸刻】 촌각(寸刻); 촌음(寸陰).

すんし【寸志】 촌지(寸志).

すんじ【寸時】 촌시(寸時); 촌음(寸陰).

ずんずん ❶〔力強く進んでいく〕척척. ‖ずんずん(と)進む 척척 진행되다. ❷〔物事の変化や進行が目に見えるほど早い〕‖ずんずん(と)大きくなった 부척 컸다. ❸〔体に鈍く響くような刺激を受ける〕쿵; 둥. ‖ドラムがずんずん(と)響く 드럼 소리가 쿵 하고 울리다.

すんぜん【寸前】 직전(直前); 바로 전.

すんだん【寸断】 ‖寸断する 잘게 자르다.

すんてつ【寸鉄】 ❶작은 칼; 작은 무기(武器). ❷경구(警句). ▸寸鉄人を刺す 촌철살인(寸鐵殺人).

すんでのところで【既の所で】 하마터면.

ずんどう【寸胴】 ❶(鍋などの形が)위에서 아래까지 굵기가 같음. ❷(ウェストが)절구통.

すんなり 쉽게; 수월하게; 간단(簡單)히. ‖提案がすんなり(と)通る 제안이 쉽게 통과되다.

すんびょう【寸秒】 아주 짧은 시간(時間).

すんぴょう【寸評】 (스하) 촌평(寸評).

すんぶん【寸分】 조금; 약간(若干); 한 치. ‖寸分の誤差もない 한 치의 오차도 없다.

すんぽう【寸法】 ❶〔サイズ〕길이; 치수(置數). ‖寸法をとる 치수를 재다. ❷수순(手順); 순서(順序); 방법(方法).

せ

せ【背】❶(胴体の)등. ‖馬の背 말 등. ❷〔背面〕뒤. ❸〔身長〕키; 신장(身長). ‖背の高い男 키가 큰 남자. ❹(山の)산등성이. ▸背に腹はかえられない 중요한 일을 위한 희생은 어쩔 수 없다. ▸背を向ける 등을 돌리다.〔慣〕

せ【瀬】❶〔浅瀬〕얕은 곳. ❷(流れの悪い)여울. ❸기회(機會). ❹입장(立場); 처지(處地). ‖立つ瀬がない 설 자리가 없다.

-せ【畝】〔地籍の単位〕…묘(畝).

ぜ【是】옳음. ‖是非 시비. 옳고 그름. ▸是が非でも 어떻게 해서든지.

せい【正】 정(正); ❶〔正しい〕바름. ❷정식(正式). ‖正社員 정사원. ❸《数学》〔プラス〕플러스.

せい【生】 ❶목숨; 생명(生命). ❷…생. ‖研究生 연구생. 留学生 유학생.

せい【姓】성(姓).

*せい【性】❶성(性). ‖性差別 성 차별. ❷본질(本質); 성질(性質); 천성(天性). ‖習い性となる 습관이 천성이 되다. ❸《言語》성. ❹…성. ‖危険性 위험성. 植物性のオイル 식물성 오일.

せい【背】 키; 신장(身長). ‖背が伸びる 키가 자라다.

せい【聖】❶성인(聖人). ❷성 …. ‖聖マリア 성 마리아.

せい【精】 ❶기력(氣力); 정력(精力); 힘. ‖精を出す 열심히 하다. ❷정령(精靈); 혼(魂). ‖森の精 숲의 혼. ▸精が出る 열심히 일하다. ▸精も根も尽きる 기력도 끈기도 다하다.

*せい【所為】 원인(原因); 이유(理由); 까닭; 탓; …의 결과(結果). ‖年のせいか目がかすむ 나이 탓인지 눈이 침침하다. こうなったのはお前のせいだ 이렇게 된 것은 네 탓이야.

-せい【世】 ❶〔世代・地位の順序〕…세(世). ‖*日系4世 일본계 사 세.* ❷〔地質時代の区分〕…세. ‖沖積世 충적세.

-せい【星】 …성(星). ‖一等星 일등성.

-せい【制】 …제(制). ‖封建制 봉건제.

-せい【製】 …제(製). ‖スイス製の時計 스위스제 시계.

ぜい【税】세; 세금(稅金). ‖税負担が増す 세금 부담이 커지다. 法人税がかかる 법인세가 들다.

ぜい【贅】 사치(奢侈); 호사(豪奢). ‖ぜいを尽くす 사치를 부리다.

せいあい【性愛】성애(性愛).

せいあくせつ【性悪説】 성악설(性惡說).

せいあつ【制圧】 ㊂하 제압(制壓).

せいい【誠意】 성의(誠意). ‖誠意を示す 성의를 보이다.

せいいき【聖域】 성역(聖域).

せいいく【生育】 ㊂하 생육(生育).

せいいく【成育】 ‖成育する 성장하다. 자라다.

せいいっぱい【精一杯】 힘껏.

せいうん【青雲】 청운(青雲). ‖青雲の志 청운의 꿈.

せいうん【星雲】 성운(星雲).

せいえい【精鋭】 정예(精銳). ♦精鋭部隊 정예 부대.

せいえき【精液】 정액(精液).

せいえん【声援】 ㊂하 성원(聲援). ‖声援を送る 성원을 보내다.

せいおう【西欧】 서구(西歐); 서유럽.

せいか【正価】 정가(正價). ‖正価販売 정가 판매.

せいか【生花】 ❶생화(生花). ❷〔いけばな〕꽃꽂이.

せいか【生家】 생가(生家).

せいか【成果】 성과(成果). ‖成果を上げる 성과를 올리다. 成果を収める 성과를 거두다.

せいか【青果】 청과(青果). ‖青果市場 청과 시장.

せいか【聖火】 성화(聖火). ♦聖火リレー 성화 릴레이.

せいか【聖歌】 성가(聖歌).

せいか【製菓】 제과(製菓). ♦製菓業 제과업.

せいか【製靴】 제화(製靴).

せいかい【正解】 정해(正解); 정답(正答); 해답(解答).

せいかい【政界】 정계(政界).

せいかがく【生化学】 생화학(生化學).

*せいかく【正確】ダ 정확(正確)하다. ‖正確な時刻 정확한 시각. 正確を期する 정확을 기하다. 寸法通り正確に作る 치수대로 정확하게 만들다.

*せいかく【性格】 성격(性格). ‖彼とは性格が合わない 그 사람하고는 성격이 안 맞다. 楽天的な性格 낙천적인 성격. 事件の性格を解明する 사건의 성격을 해명하다.

せいがく【声楽】 성악(聲樂). ♦声楽家 성악가.

*せいかつ【生活】 ㊂하 생활(生活). ‖生活を営む 생활을 영위하다. 月20万円で生活する 월 이십만 엔으로 생활하다. 生活のかかった問題 생활이 걸린 문제. ♦私生活 사생활. 生活協同組合 생활 협동조합. 生活苦 생활고. 生活習慣病 성인병. 生活難 생활난. 生活費 생활비. 生活必需品 생활필수품.

せいかん【精悍】ダ 정한(精悍)하다. ‖精悍な顔立ち 정한하게 생긴 얼굴.

せいかん【生還】 ㊂하 생환(生還).

せいかん【性感】 성감(性感). ♦性感帯 성감대.

せいかん【精管】 정관(精管).

せいがん【西岸】 서안(西岸); 서쪽 해

안(海岸).

せいがん【請願】 ㊌ 청원(請願). ‖法案の廃止を請願する 법안의 폐지를 청원하다. ♦**請願書** 청원서.

ぜいかん【税関】 세관(稅關). ‖税関を通る 세관을 통과하다. ♦**税関検査** 세관 검사.

せいき【正規】 정규(正規). ‖正規の教育 정규 교육. ♦**正規採用** 정규 채용.

***せいき**【世紀】 ❶세기(世紀). ‖世紀の大事件 세기의 대사건. ❷시대(時代). ‖宇宙開発の新しい世紀を開く 우주 개발의 새로운 시대를 열다. ♦**世紀末** 세기말.

せいき【生気】 생기(生氣). ‖生気のない顔 생기가 없는 얼굴.

せいき【生起】 ㊌ 생기(生起); 발생(發生)

せいき【性器】 성기; 생식기(生殖器).

せいき【精気】 ❶정기(精氣). ❷원기(元氣); 정력(精力); 힘. ‖精気が溢れる 힘이 넘치다.

せいぎ【正義】 정의(正義). ‖正義の人 정의로운 사람. 正義感が強い 정의감이 강하다. 正義の味方 정의의 편.

せいきゅう【性急】ダ 성급(性急)하다. ‖性急に結論を出す 성급하게 결론을 내다.

***せいきゅう**【請求】 ㊌ 청구(請求). ‖賠償金を請求する 배상금을 청구하다. カタログを請求する 카탈로그를 청구하다. ♦**請求書** 청구서.

せいきょ【逝去】 ㊌ 서거(逝去).

せいぎょ【制御】 ㊌ 제어(制御). ♦**制御装置** 제어 장치.

せいきょう【正教】 ❶〔邪教に対して〕정교(正敎). ❷〔ギリシャ正教〕그리스 정교. ♦**正教会** 그리스 정교회.

せいきょう【盛況】 성황(盛況).

せいぎょう【生業】 생업(生業).

せいぎょう【盛業】 성업(盛業).

せいきょういく【性教育】 성교육(性敎育).

せいきょうと【清教徒】 청교도(淸敎徒).

せいきょく【政局】 정국(政局).

ぜいきん【税金】 세금(稅金). ‖高い税金を課する 비싼 세금을 부과하다. 税金を納める 세금을 내다.

せいくうけん【制空権】 제공권(制空權).

せいくらべ【背比べ】 키 재기; 키 대보기. ‖背比べする 키를 재 보다.

せいけい【正系】 정통(正統).

せいけい【生計】 생계(生計). ‖生計を立てる 생계를 유지하다.

せいけい【西経】〔地〕 서경(西經).

せいけい【成形】 ㊌ 성형(成形).

せいけい【整形】 ㊌ 정형(整形). ♦**整形外科** 정형외과.

せいけつ【清潔】ダ 청결(淸潔)하다. ‖清潔な衣服 청결한 옷.

せいけん【政見】 정견(政見). ‖政見放送 정견 방송.

せいけん【政権】 정권(政權). ‖政権を握る 정권을 잡다. ♦**軍事政権** 군사 정권.

***せいげん**【制限】 ㊌ 제한(制限). ‖応募資格を制限する 응모 자격을 제한하다. 制限を加える 제한을 가하다. ♦**制限時間** 제한 시간. **制限速度** 제한 속도.

ぜいげん【税源】 세원(稅源).

せいご【正誤】 ❶정오(正誤). ‖正誤表 정오표. ❷틀린 곳을 고침; 정정(訂正).

せいご【生後】 생후(生後). ‖生後5か月 생후 오 개월.

せいご【成語】 성어(成語). ♦**故事成語** 고사 성어.

***せいこう**【成功】 ㊌ 성공(成功). ‖実験が成功する 실험이 성공하다. 画期的な成功を収める 획기적인 성공을 거두다. 成功をもたらす 성공을 가져오다.

せいこう【性向】 성향(性向). ‖貯蓄性向 저축 성향.

せいこう【性交】 ㊌ 성교(性交).

せいこう【政綱】 정강(政綱).

せいこう【製鋼】 ㊌ 제강(製鋼).

せいこう【精巧】ダ 정교(精巧)하다. ‖精巧な機械 정교한 기계. 精巧をきわめる 정교하기 짝이 없다.

せいこう【精鋼】 정강(精鋼).

せいごう【整合】 ㊌ 정합(整合). ♦**整合性** 정합성.

せいこうい【性行為】 성행위(性行爲).

せいこううどく【晴耕雨読】 ㊌ 청경우독(晴耕雨讀).

せいこうかい【聖公会】 성공회(聖公會).

せいこく【正鵠】 정곡(正鵠). ▸正鵠を射る 정곡을 찌르다.

せいこつ【整骨】 접골(接骨). ♦**整骨院** 접골원.

ぜいこみ【税込み】 세금(稅金)을 포함(包含)한 금액(金額).

せいこん【精根】 ‖精根尽き果てる 기진맥진하다.

せいこん【精魂】 정혼(精魂); 정신(精神).

せいさ【性差】 성차(性差).

せいざ【正座】 ㊌ 정좌(正坐).

せいざ【星座】 성좌(星座); 별자리.

せいさい【制裁】 ㊌ 제재(制裁). ‖制裁を加える 제재를 가하다.

せいざい【製材】 ㊌ 제재(製材).

せいざい【製剤】 ㊌ 제약(製藥).

せいさく【制作】 ㊌ 제작(製作). ♦**共同制作** 공동 제작.

せいさく【製作】 (ス하) 제작(製作). ‖娯楽番組を製作する 오락 프로를 제작하다. ♦製作所 제작소.

*__せいさく__【政策】 정책(政策). ‖有効な政策を打ち出す 유효한 정책을 내놓다. ♦金融政策 금융 정책.

せいさつよだつ【生殺与奪】 생살여탈(生殺與奪). ‖生殺与奪の権 생살여탈권.

せいさべつ【性差別】 성차별(性差別).

*__せいさん__【生産】 (ス하) 생산(生産). ‖自動車を生産する 자동차를 생산하다. ♦国民総生産 국민 총생산. 大量生産 대량 생산. 生産財 생산재. 生産者 생산자. 生産手段 생산 수단. 生産性 생산성. 生産的 생산적. 生産力 생산력.

せいさん【凄惨】ダ 처참(悽慘)하다. ‖凄惨な事故現場 처참한 사고 현장.

せいさん【清算】 (ス하) 청산(淸算). ‖過去を清算する 과거를 청산하다.

せいさん【聖餐】 성찬(聖餐). ♦聖餐式 성찬식.

せいさん【精算】 (ス하) 정산(精算). ‖運賃を精算する 운임을 정산하다. ♦精算所 정산소.

せいさんかくけい【正三角形】 정삼각형(正三角形).

せいさんカリ【青酸 kali】 청산가리(靑酸加里).

せいし【正史】 정사(正史).

せいし【正視】 (ス하) 정시(正視); 직시(直視); 바로 봄. ‖正視するに堪えない 차마 바로 볼 수가 없다.

せいし【生死】 생사(生死). ‖生死不明 생사 불명. 生死の境 생사의 기로.

せいし【制止】 (ス하) 제지(制止). ‖発言を制止する 발언을 제지하다.

せいし【姓氏】 성씨(姓氏); 성.

せいし【製糸】 제사(製絲).

せいし【製紙】 (ス하) 제지(製紙). ♦製紙工場 제지 공장.

せいし【精子】 정자(精子).

せいし【静止】 (ス하) 정지(靜止). ♦静止画像 정지 화면.

せいじ【正字】 ❶〔正しい文字〕정자(正字). ❷〔新字体に対して〕본래(本來)의 한자(漢字). ♦正字法 정서법.

せいじ【青磁】 청자(靑瓷).

せいじ【政事】 정사(政事).

*__せいじ__【政治】 정치(政治). ‖政治上の対立 정치상의 대립. 政治解決 정치적 해결. ♦政治意識 정치 의식. 政治家 정치가. 政治活動 정치활동. 政治結社 정당. 정치 단체. 政治献金 정치 헌금. 政治資金 정치 자금. 政治力 정치력. 政治不信 정치 불신.

*__せいしき__【正式】 정식(正式). ‖正式な文書 정식 문서. 正式に認可される 정식으로 인가를 받다.

せいしき【清拭】 ‖清拭する 환자의 몸을 깨끗이 닦다.

せいしき【整式】 정식(整式).

*__せいしつ__【性質】 ❶성질(性質). ‖穏和な性質 온화한 성질. 問題の性質が違う 문제의 성질이 다르다. ❷(事物の)특징(特徵).

*__せいじつ__【誠実】ダ 성실(誠實)하다. ‖誠実な人柄 성실한 인품. 誠実に対応する 성실하게 대응하다.

*__せいじてき__【政治的】 정치적. ‖政治的な発言 정치적인 발언.

せいじゃ【正邪】 정사(正邪).

せいじゃ【生者】 생자(生者).

せいじゃ【聖者】 성자(聖者)

せいじゃく【静寂】 정적(靜寂). ‖静寂を破る 정적을 깨뜨리다.

ぜいじゃく【脆弱】ダ 취약(脆弱)하다. ‖脆弱な構造 취약한 구조.

せいしゅ【清酒】 청주(淸酒).

ぜいしゅう【税収】 세수(稅收).

せいしゅく【静粛】ダ 정숙(靜肅)하다.

せいじゅく【成熟】 (ス하) 성숙(成熟). ‖成熟した社会 성숙한 사회.

せいしゅん【青春】 청춘(靑春).

せいじゅん【清純】ダ 청순(淸純)하다.

せいしょ【正書】 정서(正書). ♦正書法 정서법.

せいしょ【清書】 (ス하) 정서(淨書).

せいしょ【聖書】 성서(聖書); 바이블.

せいじょ【整除】 ‖整除する 나누어떨어지다.

せいしょう【斉唱】 (ス하) 제창(齊唱). ‖校歌を斉唱する 교가를 제창하다.

せいじょう【正常】 정상(正常). ‖コンピューターは正常に作動している 컴퓨터는 정상적으로 작동하고 있다. ♦正常化 (ス하) 정상화. 事態の正常化をはかる 사태의 정상화를 꾀하다.

せいじょう【性状】 성상(性狀).

せいじょう【政情】 정정(政情); 정황(政況).

せいじょう【清浄】ダ 청정(淸淨)하다. ♦空気清浄器 공기 청정기.

せいじょうき【星条旗】 성조기(星條旗).

せいしょうねん【青少年】 청소년(靑少年).

せいしょく【生殖】 (ス하) 생식(生殖). ♦有[無]性生殖 유[무]성 생식. 生殖器 생식기. 生殖細胞 생식 세포.

せいしょく【聖職】 성직(聖職). ♦聖職者 성직자.

せいしん【清新】ダ 청신(淸新)하다.

*__せいしん__【精神】 정신(精神). ‖健全なる精神 건전한 정신. 精神を集中する 정신을 집중하다. ▸精神一到何事か成らざらん 정신일도 하사불성. ♦精神安定剤 정신 안정제. 精神衛生 정신 위생. 精神主義 정신주의. 精神年齢 정

신 연령. 精神文化 정신문화. 精神分析 정신 분석. 精神療法 정신 요법. 精神力 정신력. 精神労働 정신노동.
せいじん【成人】 성인(成人); 어른. ♦成人映画 성인 영화. 成人教育 성인 교육. 成人式 성인식. 成人の日 성인의 날.
せいじん【聖人】 성인(聖人); 성자(聖者).
せいしんせいい【誠心誠意】 성심성의(誠心誠意) 껏.
せいず【製図】 ㉠하 제도(製圖).
せいすい【盛衰】 성쇠(盛衰). ♦栄枯盛衰 영고성쇠.
せいずい【精髄】 정수(精髓).
せいすう【正数】 〔0より大きい数〕정수(正數).
せいすう【整数】 정수(整數).
せいする【制する】 ❶제지(制止)하다; 억누르다; 억제(抑制)하다. ‖発言を制する 발언을 제지하다. ❷지배(支配)하다; 제패(制覇)하다. ‖全国を制する 전국을 제패하다. ❸정하다; 제정(制定)하다. ‖法を制する 법을 제정하다.
せいする【製する】 만들다.
せいせい【生成】 ㉠하 생성(生成).
せいせい【清清】 시원하게; 상쾌(爽快)하게.
せいせい【精製】 ㉠하 정제(精製). ‖砂糖を精製する 설탕을 정제하다.
せいぜい【精精】 ❶가능(可能)한 한. ❷기껏해야; 고작. ‖せいぜい千円ぐらいだ 기껏해야 천 엔 정도다.
ぜいせい【税制】 세제(稅制). ‖税制改革 세제 개혁.
ぜいぜい ‖ぜいぜい(と)あえぐ 숨을 헐떡거리다.
せいせいかつ【性生活】 성생활(性生活).
せいせいどうどう【正正堂堂】 정정당당(正正堂堂). ‖正々堂々たる態度 정정당당한 태도. 正々堂々と戦う 정정당당하게 싸우다.
せいせいるてん【生生流転】 ‖生々流転する 끊임없이 변화하다.
***せいせき**【成績】 성적(成績). ‖成績を上げる 성적을 올리다. 成績が上がる 성적이 오르다. ♦営業成績 영업 성적. 成績表 성적표.
せいぜつ【凄絶】ダ 처절(悽絶)하다. ‖凄絶な戦い 처절한 싸움.
せいせん【生鮮】ダ 신선(新鮮)하다; 싱싱하다.
せいせん【聖戦】 성전(聖戰).
せいせん【精選】 ㉠하 정선(精選).
せいぜん【生前】 생전(生前).
せいぜん【整然】 정연(整然). ‖整然と並ぶ 질서 정연하게 줄 서다. 理路整然たる演説 논리 정연한 연설.
せいせんしょくたい【性染色体】 성염색체(性染色體).
せいぜんせつ【性善説】 성선설(性善說).
せいそ【清楚】ダ 청초(淸楚)하다.
せいそう【正装】 ㉠하 정장(正裝).
せいそう【政争】 정쟁(政爭).
せいそう【星霜】 성상(星霜); 세월(歲月).
せいそう【清掃】 ㉠하 청소(淸掃).
せいそう【盛装】 ㉠하 성장(盛裝).
***せいぞう**【製造】 ㉠하 제조(製造). ‖カメラの部品を製造する 카메라 부품을 제조하다. ♦製造業 제조업. 製造元 제조원. 製造年月日 제조 연월일.
せいそうけん【成層圏】 성층권(成層圈).
せいそく【生息】 ㉠하 서식(棲息). ♦生息地 서식지.
せいぞく【聖俗】 ❶성인(聖人)과 속인(俗人). ❷종교적(宗敎的)인 것과 세속적(世俗的)인 것.
せいぞろい【勢揃い】 ‖勢揃いする 모두 한자리에 모이다.
***せいぞん**【生存】 ㉠하 생존(生存). ‖生存を脅かす 생존을 위협하다. 生存が確認される 생존이 확인되다. ♦生存競争 생존 경쟁. 生存者 생존자.
せいたい【生態】 생태(生態). ‖野鳥の生態 들새의 생태. ♦生態系 생태계.
せいたい【成体】 성체(成體).
せいたい【声帯】 성대(聲帶).
せいたい【政体】 정체(政體).
せいたい【聖体】 성체(聖體).
せいたい【静態】 정태(靜態). ‖人口静態 인구 정태.
せいたい【整体】 신체 교정(身體矯正).
せいたい【臍帯】 제대(臍帶); 탯줄.
せいだい【正大】ダ 정대(正大)하다. ‖公明正大 공명정대.
せいだい【盛大】ダ 성대(盛大)하다. ‖盛大な歓迎会 성대한 환영회.
せいたく【請託】 ㉠하 청탁(請託).
せいだく【清濁】 청탁(淸濁). ▸清濁併せ呑む 도량이 넓다.
ぜいたく【贅沢】ダ 사치(奢侈)스럽다; 호사(豪奢)스럽다; 고급(高級)스럽다. ‖贅沢な食事 고급스러운 식사. 贅沢な悩み 사치스러운 고민. 高級食材を贅沢に使う 비싼 음식 재료를 마음껏 쓰다. 贅沢を言う 배부른 소리를 하다.
せいたん【生誕】 ㉠하 탄생(誕生).
せいたんさい【聖誕祭】 크리스마스.
せいち【生地】 출생지(出生地).
せいち【聖地】 성지(聖地).
せいち【精緻】ダ 정치(精緻)하다; 치밀(緻密)하다. ‖精緻な描写 치밀한 묘사.
せいちゅう【成虫】 성충(成蟲).

せいちょう【生長】 (ス하) 생장(生長); 성장(成長).

せいちょう【成長】 (ス하) 성장(成長). ♦成長産業 성장 산업. 経済成長 경제 성장. 成長株 성장주. 成長点 성장점.

せいちょう【声調】 성조(聲調).

せいちょう【性徴】 성징(性徵).

せいちょう【静聴】 ‖静聴する 조용히 듣다.

せいちょうざい【整腸剤】 정장제(整腸劑).

せいつう【精通】 (ス하) 정통(精通).

せいてい【制定】 (ス하) 제정(制定). ‖憲法を制定する 헌법을 제정하다.

せいてき【性的】 성적(性的). ‖性的魅力 성적 매력.

せいてき【政敵】 정적(政敵).

せいてき【静的】 정적(靜的). ‖静的な描写 정적인 묘사.

せいてつ【製鉄】 (ス하) 제철(製鐵). ♦製鉄所 제철소.

せいてん【青天】 청천(青天). ▸青天の霹靂(へきれき) 청천벽력.

せいてん【晴天】 청천(晴天).

せいてん【聖典】 성전(聖典).

せいてんかん【性転換】 (ス하) 성전환(性轉換).

せいでんき【静電気】 정전기(靜電氣).

せいと【生徒】 학생(學生).

***せいど【制度】** 제도(制度). ‖制度上の問題 제도상의 문제. ♦社会制度 사회 제도. 社会保障制度 사회 보장 제도.

せいど【精度】 정도; 정밀도(精密度).

***せいとう【正当】**ダ 정당(正當)하다. ‖正当な主張 정당한 주장. 正当な理由なしに 정당한 이유도 없이. 正当に評価する 정당히 평가하다. ♦正当化 (ス하) 정당화. 自分の行動を正当化する 자신의 행동을 정당화하다. 正当性 정당성. 正当防衛 정당방위.

せいとう【正答】 정답(正答).

せいとう【正統】 정통(正統). ♦正統派 정통파.

***せいとう【政党】** 정당(政黨). ♦保守政党 보수 정당. 政党活動 정당 활동. 政党政治 정당 정치.

せいとう【製糖】 제당(製糖).

せいどう【正道】 정도(正道).

せいどう【制動】 (ス하) 제동(制動). ♦制動機 제동기.

せいどう【青銅】 청동(青銅). ♦青銅器 청동기. 青銅器時代 청동기 시대.

せいどう【聖堂】 ❶공자(孔子)를 모신 건물(建物). ❷《カトリック》성당(聖堂).

せいどう【精銅】 정동(精銅).

せいどういつせいしょうがい【性同一性障害】 성 정체감 장애(性正體感障礙).

せいどく【精読】 (ス하) 정독(精讀).

せいとん【整頓】 (ス하) 정돈(整頓).

せいなんせい【西南西】 서남서(西南西).

せいにく【精肉】 정육(精肉).

ぜいにく【贅肉】 군살.

せいねん【生年】 생년(生年). ♦生年月日 생년월일.

せいねん【青年】 청년(青年). ♦青年期 청년기. 青年実業家 청년 실업가.

せいのう【性能】 성능(性能). ‖性能のいいカメラ 성능이 좋은 카메라.

せいは【制覇】 (ス하) 제패(制覇). ‖全国大会を制覇する 전국 대회를 제패하다.

せいばい【成敗】 (ス하) 처벌(處罰).

せいはく【精白】 정백(精白). ‖精白米 정백미.

せいはつ【整髪】 (ス하) 이발(理髮).

せいはん【製版】 (ス하) 제판(製版).

せいはんごう【正反合】 (弁証法の)정반합(正反合).

せいはんたい【正反対】 정반대(正反對).

せいひ【正否】 정부(正否); 옳고 그름.

せいひ【成否】 성패(成敗). ‖成否の鍵 성패의 열쇠.

せいび【整備】 (ス하) 정비(整備). ‖道路網を整備する 도로망을 정비하다.

せいひょう【製氷】 (ス하) 제빙(製氷). ♦製氷機 제빙기.

せいびょう【性病】 성병(性病).

せいひれい【正比例】 (ス하) 정비례(正比例).

せいひん【清貧】 청빈(清貧).

***せいひん【製品】** 제품(製品). ♦外国製品 외제. 新製品 신제품. 電気製品 전기 제품.

せいふ【正負】 ❶플러스와 마이너스. ❷양수(陽數)와 음수(陰數). ❸양극(陽極)과 음극(陰極).

せいふ【政府】 정부(政府). ♦臨時政府 임시 정부. 日本政府 일본 정부. 政府筋 정부 관계자. 政府当局 정부 당국. 政府米 정부미.

せいぶ【西部】 서부(西部). ♦西部劇 서부극.

せいふく【正副】 정부(正副).

せいふく【制服】 제복(制服). ‖制服を着た警官 제복을 입은 경찰관. 学校の制服 교복.

せいふく【征服】 (ス하) 정복(征服). ♦征服者 정복자.

***せいぶつ【生物】** 생물(生物). ‖地球上の生物 지구상의 생물. 珍しい生物 희귀한 생물. ♦生物兵器 생물 병기. 生物倫理 생명 윤리.

せいぶつ【静物】 정물(靜物). ♦静物画 정물화.

せいふん【製粉】 (ス하) 제분(製粉).

せいぶん【成文】 성문(成文). ♦**成文化** (ス하) 성문화.
せいぶん【成分】 성분(成分). ‖薬の成分を調べる 약의 성분을 조사하다.
せいべつ【生別】 (ス하) 생이별(生離別).
せいべつ【性別】 성별(性別).
せいへん【政変】 정변(政變).
せいぼ【生母】 생모(生母).
せいぼ【歳暮】 ❶ 세모(歲暮); 연말(年末). ❷ (説明) 연말(年末)에 보내는 선물(膳物).
せいぼ【聖母】 성모(聖母). ‖聖母マリア 성모 마리아.
せいほうけい【正方形】 정방형(正方形); 정사각형(正四角形).
せいほくせい【西北西】 서북서(西北西).
せいホルモン【性 hormone】 성(性)호르몬.
せいほん【正本】 ❶ (説明) 원본(原本)과 같은 효력(效力)을 지닌 공문서(公文書)의 등본(謄本). ❷ 원본(原本).
せいほん【製本】 (ス하) 제본(製本).
せいまい【精米】 (ス하) 정미(精米).
せいみつ【精密】ダ 정밀(情密)하다. ♦**精密検査** 정밀 검사.
せいむ【政務】 정무(政務). ♦**政務官** 정무관. **政務次官** 정무 차관.
ぜいむ【税務】 세무(稅務). ♦**税務署** 세무서.
***せいめい【生命】** 생명(生命); 목숨. ‖人間の生命は尊い 인간의 생명은 고귀하다. 生命を奪う 목숨을 빼앗다. ♦**政治生命** 정치 생명. **選手生命** 선수 생명. **生命線** 생명선. **生命保険** 생명 보험. **生命力** 생명력.
せいめい【声明】 (ス하) 성명(聲明). ‖声明を出す 성명을 내다. ♦**共同声明** 공동 성명.
せいめい【姓名】 성명(姓名).
せいめい【清明】 ❶ (二十四節気の)청명(清明). ❷〔清く明らかな様子〕청명.
せいめん【製麺】 (ス하) 제면(製麵).
せいもん【正門】 정문(正門).
せいもん【声門】 성문(聲門).
せいやく【制約】 (ス하) ❶ 제약(制約). ‖時間に制約される 시간의 제약을 받다. ❷ (事の成立に必要な)조건(條件)·규정(規定).
せいやく【製薬】 제약(製藥). ♦**製薬会社** 제약 회사.
せいやく【誓約】 (ス하) 서약(誓約).
せいゆ【精油】 ❶ (説明) 식물(植物)에서 채취(採取)한 방향유(芳香油). ❷ 정유(精油).
せいゆう【声優】 성우(聲優).
***せいよう【西洋】** 서양(西洋). ♦**西洋史** 서양사. **西洋人** 서양인. **西洋文化** 서양 문화. **西洋料理** 서양 요리.
せいよう【静養】 (ス하) 정양(靜養); 요양(療養).
せいよく【性欲】 성욕(性慾).
せいらい【生来】 ❶ 타고남; 선천적(先天的)임. ❷〔副詞的に〕나면서부터.
***せいり【生理】** 생리(生理). ♦**生理学** 생리학. **生理機能** 생리 기능. **生理休暇** 생리휴가. **生理作用** 생리 작용.
せいり【整理】 (ス하) 정리(整理). ‖机を整理する 책상을 정리하다.
ぜいりし【税理士】 세무사(稅務士).
せいりつ【成立】 (ス되) 성립(成立). ‖取り引きが成立する 거래가 성립되다. 和解が成立する 화해가 성립되다.
ぜいりつ【税率】 세율(稅率). ‖税率を引き上げる 세율을 인상하다.
せいりてき【生理的】 생리적(生理的). ‖生理的な現象 생리적인 현상. 生理的に嫌う 생리적으로 싫어하다.
せいりゃく【政略】 정략(政略). ♦**政略結婚** 정략결혼.
せいりゅう【清流】 청류(清流).
せいりょう【声量】 성량(聲量).
せいりょう【清涼】ダ 청량(清涼)하다. ♦**清涼剤** 청량제. **清涼飲料水** 청량음료수.
***せいりょく【勢力】** 세력(勢力). ‖勢力を拡大する 세력을 확대하다. 勢力を伸ばす 세력을 넓히다. ♦**反対勢力** 반대 세력. **勢力圏** 세력권. **勢力範囲** 세력 범위.
せいりょく【精力】 정력(精力). ‖精力的に活動する 정력적으로 활동하다.
せいれい【政令】 ❶ 정령(政令). ❷ (説明) 내각(內閣)이 정한 명령(命令).
せいれつ【整列】 (ス하) 정렬(整列). ‖軍隊が整列する 군대가 정렬하다.
せいれん【清廉】ダ 청렴(清廉)하다. ♦**清廉潔白** 청렴결백.
せいれん【精練】 (ス하) 정련(精練).
せいれん【精錬】 (ス하) 정련(精錬). ‖金銀を精錬する 금은을 정련하다.
せいろう【晴朗】ダ 날씨가 맑다.
せいろう【蒸籠】 찜통.
せいろん【正論】 정론(正論).
せいろん【政論】 정론(政論).
セーシェル【Seychelles】《国名》 세이셸.
セーター【sweater】 스웨터.
セーブ【save】 (ス하) 세이브.
セーフティー【safety】 안전(安全). ♦セーフティーバント 세이프티 번트.
セーラーふく【sailor 服】 세일러복.
セール【sale】 세일. ♦バーゲンセール 바겐세일.
セールス【sales】 세일즈. ♦セールスウーマン 세일즈우먼. セールスポイント 세일즈 포인트. セールスマン 세일즈맨.
せおう【背負う】 ❶ 등에 지다; 업다. ‖赤ん坊を背負う 아기를 업다. ❷ (苦しい仕事·重い責任などを)떠맡다; 떠안

다.
せおよぎ【背泳ぎ】 배영(背泳).
*せかい【世界】 세계(世界). ‖世界の平和 세계의 평화. 学問の世界 학문의 세계. 勝負の世界 승부의 세계. ♦世界遺産 세계 유산. 世界観 세계관. 世界大戦 세계 대전. 世界的 세계적. 世界的な不況 세계적인 불황.
せかせか ‖せかせか(と)歩く 바쁜 듯이 걷다.
せかせる【急かせる】 재촉하다.
せがむ 조르다; 보채다. ‖小遣いをせがむ 용돈을 조르다.
せがれ【倅】 (説明) 자기(自己) 아들을 낮춰 부르는 말.
セカンドオピニオン 【second opinion】 주치의(主治醫) 이외(以外)의 의사(醫師)의 의견(意見).
せき【咳】 기침. ‖咳が出る 기침이 나오다. 咳がひどい 기침이 심하다. ♦空咳 헛기침.
*せき【席】 ❶〔座る場所〕자리. ‖席が狭い 자리가 좁다. ❷지위(地位). ❸회장(會場); 식장(式場). ‖席を設ける 자리를 마련하다. ▸席の暖まる暇もない 매우 바쁘다. ▸席を蹴る 자리를 박차고 나가다.
せき【堰】 보(洑); 둑. ▸堰を切ったよう 봇물이 터진 것처럼.
せき【関】 관문(關門).
せき【籍】 ❶호적(戶籍). ‖籍を入れる 호적에 넣다. ❷적; 자격(資格); 신분(身分). ‖籍を置く 적을 두다.
-せき【隻】 ❶〔船を数える単位〕…척(隻). ❷〔対をなすものの片方〕…짝. ‖屏風 1 隻 병풍 한 짝.
せきうん【積雲】 적운(積雲).
せきえい【石英】 석영(石英).
せきがいせん【赤外線】 적외선(赤外線).
せきがく【碩学】 석학(碩學).
せきかっしょく【赤褐色】 적갈색(赤褐色).
せきこむ【急き込む】 초조(焦燥)해하다; 안달하다.
せきこむ【咳き込む】 심하게 기침을 하다.
せきさい【積載】 (스하) 적재(積載). ♦積載量 적재량.
せきざい【石材】 석재(石材). ♦石材店 석재상.
せきじ【席次】 ❶(座席の)순서(順序). ❷(成績の)석차(席次); 등수(等數).
せきじゅうじ【赤十字】 적십자(赤十字).
せきじょう【席上】 석상(席上).
せきしょく【赤色】 적색(赤色); 빨간색.
せきずい【脊髄】 척수(脊髓).
せきせつ【積雪】 적설(積雪). ♦積雪量 적설량.
せきぞう【石造】 석조(石造).
せきぞう【石像】 석상(石像).
せきたてる【急き立てる】 재촉하다; 서두르게 하다.
せきたん【石炭】 석탄(石炭).
せきちゅう【脊柱】 척주(脊柱).
せきちゅう【石柱】 석주(石柱).
せきつい【脊椎】 척추(脊椎). ♦脊椎動物 척추 동물.
せきとう【石塔】 석탑(石塔).
せきどう【赤道】 적도(赤道).
せきどうギニア【赤道 Guinia】 《国名》 적도(赤道) 기니.
*せきにん【責任】 책임(責任). ‖責任を果たす 책임을 다하다. 保護者としての責任 보호자로서의 책임. 責任をとって辞任する 책임을 지고 사임하다. ♦責任感 책임감. 責任感の強い人 책임감이 강한 사람. 責任者 책임자. 責任転嫁 책임 전가.
せきばく【寂寞】ダ 적막(寂寞)하다.
せきばらい【咳払い】 (스하) 헛기침.
せきはん【赤飯】 찰밥; 팥밥.
せきひ【石碑】 비석(碑石); 묘비(墓碑).
せきひん【赤貧】 적빈(赤貧); 극빈(極貧). ▸赤貧洗うが如し 똥구멍이 찢어지게 가난하다.〔諺〕
せきぶつ【石仏】 석불(石佛).
せきぶん【積分】 (스하) 적분(積分).
せきべつ【惜別】 석별(惜別). ‖惜別の情 석별의 정.
せきむ【責務】 책무(責務). ‖責務を全うする 책무를 다하다.
せきめん【赤面】 ‖赤面する 얼굴을 붉히다.
*せきゆ【石油】 석유(石油). ♦石油化学工業 석유 화학 공업. 石油ガス 석유 가스. 石油ストーブ 석유 스토브.
せきらら【赤裸裸】ダ 적나라(赤裸裸)하다. ‖赤裸々な告白 적나라한 고백.
せきらんうん【積乱雲】 적란운(積亂雲); 소나기구름.
セクシャルハラスメント 【sexual harassment】 성희롱(性戲弄).
セクター【sector】 섹터.
セクハラ =セクシャルハラスメント.
*せけん【世間】 ❶사회(社會); 세상(世上). ‖世間を騒がす 세상을 떠들썩하게 하다. 世間の目 세상의 이목. ❷교제(交際)나 활동 범위(活動範圍). ▸世間が狭い 교제나 활동 범위가 좁다. ♦世間話 세상 이야기. 사는 이야기.
せけんしらず【世間知らず】 세상(世上) 물정(物情)을 모름 또는 그런 사람.
せけんずれ【世間擦れ】 ‖世間擦れする 영악(獰惡)하다. 약아빠지다.
せけんてい【世間体】 체면(體面). ‖世間体を気にする 체면에 신경을 쓰다.
せけんてき【世間的】 ❶세속적(世俗的); 일반적(一般的). ❷〔表向き〕표면

적(表面的); 공적(公的).

せけんなみ【世間並み】 세상(世上) 사람과 같은 정도(程度); 보통(普通).

せこ【世故】 세상 물정(世上物情). ▸世故に長ける 세상 물정에 밝다. 처세에 능하다.

せこい 인색(吝嗇)하다; (考えなどが) 좁다. ‖せこいやつだ 인색한 녀석이다. せこい考え 좁은 생각.

せこう【施工】 (-하) 시공(施工).

せこう【施行】 (-하) 시행(施行). ‖法令を施行する 법령을 시행하다.

せし【セ氏】 섭씨(攝氏).

せじ【世事】 세상사(世上事); 세상일.

せじ【世辞】 발림소리.

せしゅう【世襲】 (-하) 세습(世襲). ♦世襲制 세습제.

せじょう【世上】 세상(世上).

せじょう【施錠】 ‖施錠する 자물쇠를 채우다.

せすじ【背筋】 등골; 등줄기. ‖背筋をぴんと伸ばす 등을 쭉 펴다. ▸背筋が寒くなる 등골이 오싹하다. (慣)

ぜせい【是正】 (-하) 시정(是正).

ぜぜひひ【是是非非】 시시비비(是是非非).

せせらぎ ‖小川のせせらぎ 시냇물이 졸졸거리는 소리.

せそう【世相】 세태(世態). ‖世相を反映する 세태를 반영하다.

せぞく【世俗】 세속(世俗). ‖世俗に染まる 세속에 물들다. ♦世俗化 세속화. 世俗的 세속적. 世俗的な話 세속적인 이야기.

せたい【世帯】 세대(世帶). ‖二世帯住宅 이 세대 주택. ♦世帯主 세대주.

せだい【世代】 세대(世代). ‖若い世代 젊은 세대. 3世代が1軒の家に同居する 삼 세대가 한 집에 같이 살다. ♦世代交代 세대교체.

せたけ【背丈】 키; 신장(身長).

セダン【sedan】 세단.

せちがらい【世知辛い】 살기 힘들다. ‖せちがらい世の中 살기 힘든 세상.

せつ【節】 ❶시기(時期); 때. ‖その節はお世話になりました 그때는 신세 많이 졌습니다. ❷절개(節槪); 지조(志操). ‖節を守る 지조를 지키다. ❸(文章・音楽などの) 마디; 단락(段落). ❹(文の) 절.

せつ【説】 의견(意見); 주장(主張); 학설(學說). ‖新しい説 새로운 주장.

せつえい【設営】 (-하) 설영(設營).

せつえん【節煙】 ‖節煙する 담배를 줄이다.

ぜつえん【絶縁】 (-하) ❶절연(絶緣). ❷(物理) 절연. ♦絶縁体 절연체.

せっか【石化】 (-하) 석화(石化).

せっか【雪花】 설화(雪花).

ぜっか【舌禍】 설화(舌禍); 구설수(口舌數).

せっかい【切開】 (-하) 절개(切開). ♦帝王切開 제왕 절개.

せっかい【石灰】 석회(石灰). ♦石灰岩 석회암. 石灰洞 종유동.

せつがい【雪害】 설해(雪害).

*__せっかく【折角】__ 모처럼; 애써. ‖せっかく来たのに 모처럼 왔는데. せっかくの手料理が冷めてしまった 애써 만든 요리가 식어 버렸다.

せっかち 성급(性急)하다; 조급(躁急)하다.

せつがん【切願】 ‖切願する 간절히 원하다.

せつがんレンズ【接眼 lens】 접안(接眼)렌즈.

せっき【石器】 석기(石器). ♦石器時代 석기 시대.

せっき【節気】 절기(節氣).

せっきゃく【接客】 (-하) 접객(接客). ♦接客業 접객업.

せっきょう【説教】 (-하) 설교(說敎).

ぜっきょう【絶叫】 (-하) 절규(絶叫).

せっきょく【積極】 적극(積極). ♦積極性 적극성. 積極的 적극적. 積極的な態度を示す 적극적인 태도를 보이다. 積極的に発言する 적극적으로 발언하다.

せっきん【接近】 (-하) 접근(接近). ‖台風が接近する 태풍이 접근하다.

せっく【節句】 (說明) 중요(重要)한 연중행사(年中行事)가 있는 날.

ぜっく【絶句】 ❶〔言葉をなくす〕‖絶句する 말이 막히다. ❷(文芸) (漢詩の) 절구(絶句). ‖五言絶句 오언 절구.

セックス【sex】 섹스. ♦セックスアピール 섹스어필.

せっくつ【石窟】 석굴(石窟).

せっけい【設計】 (-하) 설계(設計). ‖家を設計する 집을 설계하다. ♦設計図 설계도. 生活設計 생활 설계.

ぜっけい【絶景】 절경(絶景).

せっけっきゅう【赤血球】 적혈구(赤血球).

せっけん【石鹸】 비누. ‖石けんで洗う 비누로 빨다. 洗濯石けん 빨랫비누.

せっけん【席巻】 (-하) 석권(席卷).

せっけん【接見】 (-하) 접견(接見).

せつげん【節減】 (-하) 절감(節減). ‖経費を節減する 경비를 절감하다.

ゼッケン (說明) 운동 선수(運動選手)의 가슴이나 등에 붙이는 번호(番號)를 쓴 천.

せっこう【石膏】 석고(石膏).

せっこう【斥候】 척후(斥候).

せっこう【拙稿】 졸고(拙稿).

せつごう【接合】 (-하) 접합(接合).

ぜっこう【絶交】 (-하) 절교(絶交).

ぜっこう【絶好】 절호(絶好). ‖絶好のチャンス 절호의 기회.

せっこつ【接骨】㊅하 접골(接骨). ♦**接骨院** 접골원.
せっさく【拙作】 졸작(拙作).
せっさく【拙策】 졸책(拙策).
せっさたくま【切磋琢磨】 ㊅하 절차탁마(切磋琢磨).
ぜっさん【絶賛】㊅하 절찬(絶讚).
せっし【摂氏】 섭씨(攝氏).
せつじ【接辞】 접사(接辭).
せつじつ【切実】ダ 절실(切實)하다. ‖**切実な問題** 절실한 문제.
せっしゅ【接種】㊅하 접종(接種). ♦**予防接種** 예방 접종.
せっしゅ【摂取】㊅하 섭취(攝取). ‖**栄養のあるものを摂取する** 영양이 있는 것을 섭취하다.
せつじょ【切除】㊅하 절제(切除).
せっしょう【折衝】㊅하 절충(折衝).
せっしょう【殺生】㊅하 살생(殺生).
ぜっしょう【絶唱】 ❶〔すばらしい詩や歌〕 매우 뛰어난 시(詩)나 노래. ❷㊅하 열창(熱唱).
せっしょく【接触】 ㊅하 접촉(接觸). ‖**軽く接触する** 가볍게 접촉하다. ♦**接触感染** 접촉 감염. **接触事故** 접촉 사고.
せつじょく【雪辱】㊅하 설욕(雪辱).
せっすい【節水】㊅하 절수(節水).
せっする【接する】 ❶접(接)하다; 이어지다. ‖**空と海とが接する** 하늘과 바다가 이어지다. ❷만나다; 응대(應對)하다. ‖**客に接する** 손님을 응대하다. **急報に接する** 급보를 접하다.
ぜっする【絶する】 ❶〔なくなる·尽きる〕 없어지다; 다하다; 끝나다. ❷초월(超越)하다. ‖**想像を絶する** 상상을 초월하다.
せっせい【摂生】㊅하 섭생(攝生).
せっせい【節制】㊅하 절제(節制).
ぜっせい【絶世】 절세(絶世). ‖**絶世の美人** 절세의 미인.
せつせつと【切切と】 〔心がこもっている様子〕절절(切切)히. ‖**切々と語る** 절절하게 이야기하다.
せっせん【接戦】㊅하 접전(接戰). ‖**接戦を繰り広げる** 접전을 벌이다.
ぜっせん【舌尖】 ❶《言語》 설첨(舌尖). ❷말투; 어투(語套). ‖**舌尖鋭く** 날카로운 말투로.
ぜっせん【舌戦】 설전(舌戰).
せっそう【節操】 절조(節操).
せつぞく【接続】㊅하 접속(接續). ♦**接続詞** 접속사. **接続助詞** 접속 조사.
せったい【接待】㊅하 접대(接待). ♦**接待費** 접대비.
ぜったい【舌苔】 설태(舌苔).
***ぜったい**【絶対】 절대; 절대로; 절대적(絶對的). ‖**絶対の権力** 절대 권력. **絶対間違いない** 절대로 틀리지 않다. **絶対に行かない** 절대로 안 간다. **上官の命令は絶対だ** 상관의 명령은 절대적이다. ♦**絶対音感** 절대 음감. **絶対視** 절대시. **絶対者** 절대자. **絶体絶命** 절체절명. **絶体絶命のピンチ** 절체절명의 핀치. **絶対値** 절대치. **絶対的** 절대적. **絶対評価** 절대 평가.
ぜつだい【絶大】 절대(絶大); 지대(至大); 더 없이 큼.
せつだん【切断】㊅하 절단(切斷).
せっち【設置】㊅하 설치(設置). ‖**街灯を設置する** 가로등을 설치하다. **委員会を設置する** 위원회를 설치하다.
せっちゃく【接着】 ㊅하 접착(接着). ♦**接着剤** 접착제.
せっちゅう【折衷】 ㊅하 절충(折衷). ♦**折衷案** 절충안.
せっちょ【拙著】 졸저(拙著).
ぜっちょう【絶頂】 ❶(山の) 정상(頂上); 산꼭대기. ❷절정(絶頂). ♦**人気絶頂** 인기 절정.
せってい【設定】㊅하 설정(設定). ‖**目標を設定する** 목표를 설정하다.
セッティング【setting】㊅하 세팅.
せってん【接点】 접점(接點). ‖**接点を見いだす** 접점을 찾아내다.
せつでん【節電】㊅하 절전(節電).
セット【set】 세트. ♦**セットアップ** ㊅하 셋업.
せつど【節度】 절도(節度). ‖**節度あるふるまい** 절도 있는 행동.
せっとう【窃盗】㊅하 절도(竊盜). ♦**窃盗犯** 절도범.
ぜっとう【絶倒】㊅하 절도(絶倒). ♦**抱腹絶倒** 포복절도.
せっとうご【接頭語】 접두사(接頭辭).
***せっとく**【説得】㊅하 설득(說得). ‖**説得して自首させる** 설득해서 자수하게 하다. **説得に当たる** 설득에 나서다. ♦**説得力** 설득력.
せつな【刹那】 찰나(刹那). ♦**刹那主義** 찰나주의.
せつない【切ない】 안타깝다; 애달프다.
せつなる【切なる】 간절(懇切)한; 절실(切實)한. ‖*切なる願い 간절한 바람.*
せつに【切に】 간절(懇切)히; 진심(眞心)으로. ‖**切にお願いします** 진심으로 부탁 드립니다.
せっぱく【切迫】 ㊅하 ❶(期限が) 임박(臨迫). ❷(事態が) 절박(切迫). ♦**切迫流産** 절박 유산.
せっぱつまる【切羽詰まる】 절박(切迫)해지다; 궁지(窮地)에 몰리다; 다급(多急)해지다.
せっぱん【折半】㊅하 절반(折半).
ぜっぱん【絶版】 절판(絶版).
***せつび**【設備】㊅하 설비(設備). ‖**学校放送の設備がある** 학교 방송의 설비가 있다. **設備を整える** 설비를 갖추다. ♦**設備投資** 설비 투자.

せ

せつびご【接尾語】 접미사(接尾辭).
ぜっぴつ【絶筆】 절필(絶筆).
ぜっぴん【絶品】 일품(逸品).
せっぷく【切腹】 (名하) 할복(割腹).
せつぶん【節分】 입춘(立春) 전날.
ぜっぺき【絶壁】 절벽(絶壁).
せっぽう【説法】 (名하) 설법(說法).
せつぼう【切望】 (名하) 절망(切望).
ぜっぽう【舌鋒】 설봉(舌鋒).
*__ぜつぼう【絶望】__ (名하) 절망(絶望). ‖人生に絶望する 인생에 절망하다. 絶望の淵(ふち) 절망의 늪. ♦**絶望感** 절망감. **絶望的** 절망적.
ぜつみょう【絶妙】ダ 절묘(絶妙)하다.
*__せつめい【説明】__ (名하) 설명(說明). ‖使用法を説明する 사용법을 설명하다. 事情の説明 사정 설명. ♦**説明書** 설명서.
ぜつめい【絶命】 (名하) 절명(絶命).
ぜつめつ【絶滅】 (名하) 절멸(絶滅).
せつもん【設問】 (名하) 설문(設問).
せつやく【節約】 (名하) 절약(節約). ‖経費を節約する 경비를 절약하다.
せつり【摂理】 섭리(攝理). ‖自然の摂理 자연의 섭리.
せつりつ【設立】 (名하) 설립(設立). ‖学校法人を設立する 학교 법인을 설립하다. ♦**設立者** 설립자.
ぜつりん【絶倫】 절륜(絶倫).
せつれつ【拙劣】ダ 졸렬(拙劣)하다.
せつわ【説話】 설화(說話).
せと【瀬戸】 ❶작은 해협(海峽). ❷도자기(陶瓷器). ♦**瀬戸物** 도자기.
せとぎわ【瀬戸際】 (勝敗・存亡などの) 갈림길. ‖瀬戸際に立つ 갈림길에 서다.
せなか【背中】 ❶등. ❷배후(背後).
せなかあわせ【背中合わせ】 ❶(人やものが)등을 맞댐. ❷〔仲が悪い〕사이가 나쁨. ❸〔うらはらだ〕표리 관계(表裏關係)에 있음.
ぜに【銭】 돈. ♦**銭金** 금전.
ぜにん【是認】 (名하) 시인(是認).
セネガル【Senegal】《国名》세네갈.
ゼネラルストライキ【general strike】 총파업(總罷業).
ゼネラルマネージャー【general manager】 총지배인(總支配人).
せのび【背伸び】 ❶(名하) 발돋움. ❷실력(實力) 이상(以上)의 일을 하려고 함.
せばまる【狭まる】 좁아지다. ‖先頭との距離が狭まる 선두와의 거리가 좁아지다.
せばめる【狭める】 좁히다.
せばんごう【背番号】 등 번호(番號); 백넘버.
*__ぜひ【是非】__ ❶시비(是非); 옳고 그름. ‖是非を論じる 시비를 논하다. ❷〔副詞として〕꼭; 반드시; 무슨 일이 있어도. ‖是非勝ちたい 꼭 이기고 싶다.
セピア【sepia】 세피아; 암갈색(暗褐色).
ぜひとも【是非とも】 꼭; 반드시. ‖ぜひとも協力してください 꼭 협력해 주십시오.
せひょう【世評】 세평(世評).
せびらき【背開き】 (説明) 생선(生鮮)을 등부터 가르는 것.
せびる 조르다. ‖母親に小遣いをせびる 어머니한테 용돈을 조르다.
せびれ【背鰭】 등지느러미.
せびろ【背広】 양복(洋服).
せぼね【背骨】 등뼈.
*__せまい【狭い】__ 좁다. ‖私の部屋は狭い 내 방은 좁다. 度量が狭い 도량이 좁다. 狭き門 좁은 문.
せまくるしい【狭苦しい】 좁아서 갑갑하다; 비좁다.
*__せまる【迫る】__ ❶다가오다; 다가가다; 임박(臨迫)하다. ‖締め切りが迫る 마감이 다가오다. 核心に迫る 핵심에 다가가다. ❷좁다. ‖迫った眉 좁은 미간. ❸강요(强要)하다. ‖回答を迫る 대답을 강요하다. ❹(胸が)미어지다. ‖胸が迫る 가슴이 미어지다.
セミ【蟬】 매미.
セミ-【semi】 세미…. ‖セミファイナル 세미파이널.
ゼミ =ゼミナール.
セミコロン【semicolon】 세미콜론(;).
せみしぐれ【蟬時雨】 (説明) 비 오는 듯이 들려오는 매미 울음소리.
セミナー【seminar】 세미나.
ゼミナール【Seminar ド】 대학(大學)의 토론식 수업(討論式授業).
せめおとす【攻め落とす】 공격(攻擊)해서 함락(陷落)시키다.
せめおとす【責め落とす】 ❶설복(說伏)하다. ❷추궁(追窮)하여 자백(自白)시키다.
せめぎあう【鬩ぎ合う】 서로 싸우다.
せめて 적어도; 최소한(最小限); 하다못해. ‖せめて入賞ぐらいはしたい 최소한 입상 정도는 하고 싶다. せめてもう一度会いたい 적어도 한 번 더 만나고 싶다.
せめる【攻める】 공격(攻擊)하다. ‖敵地を攻める 적지를 공격하다.
せめる【責める】 질책(叱責)하다; 추궁(追窮)하다. ‖責任者を責める 책임자를 질책하다.
セメント【cement】 시멘트.
せもたれ【背凭れ】 의자(椅子)의 등받이.
ゼラチン【gelatin】 젤라틴.
ゼラニウム【geranium】 제라늄.
セラピー【therapy】 세라피.
セラピスト【therapist】 세라피스트.
セラミックス【ceramics】 세라믹.

せり【競り】 ❶경쟁(競爭). ❷경매(競賣).
セリ【芹】미나리.
せりあう【競り合う】경쟁(競爭)하다.
せりあげる【競り上げる】 (競売で)값을 올리다.
ゼリー【jelly】젤리.
せりおとす【競り落とす】 경락(競落)하다.
せりふ【台詞】 ❶대사(臺詞). ❷〔言いぐさ〕말; 말투.
せる【競る】 ❶겨루다; 다투다. ❷(競売で)다투어 값을 올리다.
セル【cell】❶《生物》셀. ❷(表計算ソフトの)셀.
セルフサービス【self-service】 셀프서비스.
セルロイド【celluloid】셀룰로이드.
セレナーデ【Serenade ド】세레나데.
セレブ【←celebrity】 유명인(有名人); 명사(名士).
セレモニー【ceremony】의식(儀式).
ゼロ【zero】제로.
セロテープ【Cellotape】스카치테이프.
セロハン【cellophane フ】셀로판.
セロリ【celery】셀러리.
せろん【世論】세론(世論); 여론(輿論).
*せわ【世話】 ❶〔面倒を見ること〕보살핌; 돌봄; 도와줌. ‖孫の世話をする 손자를 돌보다. ❷〔手間〕손이 많이 감. ‖世話の焼ける人だねえ 여러모로 손이 많이 가는 사람이다. ▸世話になる 도움을 받다. ▸世話を焼く 여러모로 보살피다. ♦世話好き (説明)남을 돌보기를 좋아함 또는 그런 사람. 世話人 보살피는 사람. 돌보는 사람. 世話役 보살피는 사람. 돌보는 사람.
せわしい【忙しい】 ❶바쁘다. ❷(仕事が多くて)정신(精神)이 없다.
せん【千】 천(千). ‖千に一つの望みもない 전혀 희망이 없다.
せん【栓】마개; 뚜껑; 꼭지. ‖栓を抜く 뚜껑을 따다.
せん【腺】 선(腺); 샘. ‖リンパ腺 림프샘.
せん【選】❶선(選). ‖名作選 명작선. ❷선거(選擧). ‖知事選 지사 선거.
*せん【線】 ❶선(線). ‖線が切れる 선이 끊어지다. ❷방침(方針); 방향(方向). ‖その線で行こう 그 방침으로 가자.
-せん【船】…선(船); …배. ‖貨物船 화물선. 旅客船 여객선.
-せん【戦】…전(戰). ♦空中戦 공중전. 決勝戦 결승전.
ぜん【前】전; 이전(以前). ‖戦争前 전쟁 전. 前首相 전 수상.
ぜん【善】선(善). ♦真善美 진선미.
ぜん【禅】선(禪).
ぜん【膳】 ❶밥상. ❷식사(食事); 요리(料理). ❸〔碗に盛ったものを数える単位〕…그릇. ‖ご飯を2膳食べる 밥을 두 그릇 먹다. ❹〔一対の箸を数える単位〕…모 ‖箸1膳 젓가락 한 모.
ぜん-【全】 전(全)…. ‖全世界 전 세계.
-ぜん【然】 …연(然)함; …인 체함. ‖学者然としている 학자연하고 있다.
ぜんあく【善悪】 선악(善惡). ‖善悪を区別する 선악을 구별하다.
せんい【戦意】 전의(戰意). ♦戦意喪失 전의 상실.
せんい【繊維】 섬유(纖維). ♦化学繊維 화학 섬유. 繊維素 섬유소.
ぜんい【善意】 선의(善意). ‖善意に解釈する 선의로 해석하다.
ぜんいき【全域】전역(全域).
せんいん【船員】선원(船員).
ぜんいん【全員】전원(全員).
せんうん【戦雲】 전운(戰雲). ‖戦雲が垂れ込める 전운이 감돌다.
せんえい【先鋭】ダ 첨예(尖銳)하다. ‖先鋭な理論 첨예한 이론.
ぜんえい【前衛】 전위(前衛). ♦前衛芸術 전위 예술.
せんおう【専横】전횡(專橫).
せんか【専科】전과(專科).
せんか【戦火】전화(戰火).
せんか【戦禍】전화(戰禍).
ぜんか【前科】 전과(前科). ‖前科1犯 전과 일 범.
せんかい【旋回】 (名하)선회(旋回). ‖飛行機が船上を旋回する 비행기가 배위를 선회하다.
ぜんかい【全開】 (名하)전개(全開).
ぜんかい【前回】전회(前回); 먼젓번.
ぜんかい【全快】 (名되)완쾌(完快); 완치(完治). ‖病気が全快する 병이 완치되다.
せんかく【先覚】 선각(先覺). ♦先覚者 선각자.
せんがく【先学】선학(先學).
ぜんかく【全角】전각(全角).
ぜんがく【全額】 전액(全額). ‖全額払い戻し 전액 환불.
せんかん【戦艦】전함(戰艦).
せんがん【洗顔】 (名하)세안(洗顔); 세수(洗手).
ぜんかん【全巻】전권(全卷).
ぜんかん【全館】전관(全館).
ぜんき【全期】전기(全期).
ぜんき【前記】 (名하)전기(前記).
ぜんき【前期】 전기(前期). ‖前期の試験 전기 시험.
せんきゃくばんらい【千客万来】 천객만래(千客萬來).
せんきゅう【選球】 (名하)선구(選球). ♦選球眼 선구안.
せんきょ【占拠】 (名하)점거(占據). ‖建物を占拠する 건물을 점거하다.

*せんきょ【選挙】㉻하 선거(選擧). ‖委員長を選挙する 위원장을 선거하다. ♦選挙運動 선거 운동. 選挙管理委員会 선거 관리 위원회. 選挙区 선거구. 選挙権 선거권.
せんぎょ【鮮魚】신선(新鮮)한 생선(生鮮).
せんきょう【仙境】선경(仙境).
せんきょう【宣教】㉻하 선교(宣教). ♦宣教師 선교사.
せんきょう【戦況】전황(戰況).
せんぎょう【専業】전업(專業). ♦専業主婦 전업 주부.
せんきょく【選曲】㉻하 선곡(選曲).
せんぎり【千切り】‖千切りにする 가늘게 썰다.
せんきん【千金】천금(千金).
ぜんきん【前金】선금(先金).
ぜんきんだいてき【前近代的】전근대적(前近代的). ‖前近代的な雇用形態 전근대적인 고용 형태.
せんく【先駆】㉻하 선구(先驅). ♦先駆者 선구자.
せんぐ【船具】선구(船具).
ぜんくつ【前屈】‖前屈する 몸을 앞으로 굽히다.
ぜんぐん【全軍】전군(全軍).
せんけい【線形】선형(線形). ♦線形動物 선형 동물.
ぜんけい【全景】전경(全景).
ぜんけい【前掲】‖前掲する 앞에 게재하다.
ぜんけい【前景】전경(前景).
せんけつ【先決】㉻하 선결(先決). ‖先決問題 선결 문제.
せんけつ【鮮血】선혈(鮮血). ‖鮮血がほとばしる 선혈이 낭자하다.
せんげつ【先月】지난달; 저번달.
ぜんげつ【前月】지난달; 저번달.
せんけん【先見】선견(先見). ▸先見の明 선견지명.
せんけん【先遣】㉻하 선견(先遣).
せんけん【先賢】선현(先賢).
せんげん【宣言】㉻하 선언(宣言). ‖独立宣言 독립 선언.
ぜんけん【全権】전권(全權). ‖全権を握る 전권을 장악하다. ♦全権大使 전권 대사.
ぜんけん【前件】전건(前件).
ぜんげん【前言】전언(前言).
せんげんばんご【千言万語】많은 말.
せんご【戦後】전후(戰後).
*ぜんご【前後】❶전후(前後); 앞뒤. ❷순서(順序)가 바뀜. ‖前後する 순서가 바뀌다. ❸사이를 두지 않고 일어남. ‖両人は前後してやってきた 두 사람은 연달아서 들어왔다. ❹안팎; 내외(內外); 쯤. ‖10歳前後 열 살쯤.
せんこう【先行】㉻하 선행(先行). ‖先行の法規 선행 법규.
せんこう【先攻】㉻하 선공(先攻).
せんこう【専攻】㉻하 전공(專攻). ‖物理学を専攻している 물리학을 전공하고 있다. ♦専攻課目 전공 과목.
せんこう【穿孔】㉻하 천공(穿孔). ‖穿孔機 천공기.
せんこう【閃光】섬광(閃光).
せんこう【選考】㉻하 전형(銓衡). ‖書類選考 서류 전형.
せんこう【線香】향(香). ♦線香花火 향 모양의 불꽃.
ぜんこう【全校】전교(全校).
ぜんこう【前項】전항(前項).
ぜんこう【善行】선행(善行).
せんこうしょく【鮮紅色】선홍색(鮮紅色).
せんこく【宣告】㉻하 선고(宣告). ‖破産宣告 파산 선고.
*ぜんこく【全国】전국(全國). ‖日本全国を旅行する 일본 전국을 여행하다. 全国各地から 전국 각지에서. ♦全国区 전국구. 全国大会 전국 대회.
せんごくじだい【戦国時代】전국 시대(戰國時代).
せんこつ【仙骨】엉치등뼈; 천골(薦骨).
ぜんざ【前座】㊀說明 ❶(演芸などで)그 날의 주역(主役)에 앞서 출연(出演)함 또는 그 연예인(演藝人). ❷(落語などの等級で)최하급(最下級).
センサー【sensor】센서.
せんさい【先妻】전처(前妻).
せんさい【戦災】전재(戰災).
せんさい【繊細】ダ 섬세(纖細)하다. ‖繊細な手さばき 섬세한 손놀림. 繊細な神経の持ち主 신경이 섬세한 사람.
せんざい【洗剤】세제(洗劑).
せんざい【潜在】㉻하 잠재(潛在). ♦潜在意識 잠재의식.
ぜんさい【前菜】전채(前菜); 오르되브르.
ぜんざい【善哉】단팥죽.
せんざいいちぐう【千載一遇】천재일우(千載一遇).
せんさく【穿鑿】㉻하 천착(穿鑿).
せんさく【詮索】‖詮索する 사소한 것까지 물어 조사하다.
せんさばんべつ【千差万別】천차만별(千差萬別).
せんし【先史】선사(先史). ♦先史時代 선사 시대.
せんし【戦士】전사(戰士).
せんし【戦死】㉻하 전사(戰死).
せんじ【戦時】전시(戰時). ‖戦時体制 전시 체제.
ぜんし【全紙】전지(全紙).
ぜんし【前史】전사(前史); 선사(先史).
ぜんじ【禅師】선사(禪師).
ぜんじ【漸次】점차(漸次).
せんしつ【船室】선실(船室).
せんじつ【先日】❶일전(日前); 요전;

며칠 전. ❷〔副詞的に〕일전에; 요전에; 며칠 전에. ‖先日買ったばかりのかばん 며칠 전에 산 가방.
ぜんしつ【禅室】 ❶선실(禪室); 선방(禪房). ❷(禅宗の)주지(住持).
ぜんじつ【全日】 하루 종일(終日).
ぜんじつ【前日】 전날. ‖出発の前日 출발 전날.
ぜんじつせい【全日制】 전일제(全日制).
せんしゃ【洗車】 (ス하) 세차(洗車).
せんしゃ【戦車】 전차(戰車).
ぜんしゃ【全社】 전사(全社).
ぜんしゃ【前車】 앞차. ▸前車の轍を踏む 전철을 밟다.〔慣〕
ぜんしゃ【前者】 전자(前者).
せんしゅ【先取】 (ス하) 선취(先取). ♦**先取点** 선취점.
*__せんしゅ__【選手】 선수(選手). ‖運動会のリレーの選手 운동회의 릴레이 선수. ♦**代表選手** 대표 선수. **野球選手** 야구 선수. **選手権** 선수권.
せんしゅう【先週】 지난주; 저번주.
せんしゅう【専修】 (ス하) 전수(專修).
せんしゅう【選集】 선집(選集).
ぜんしゅう【全集】 전집(全集).
ぜんしゅう【前週】 지난주; 저번주.
ぜんしゅう【禅宗】 선종(禪宗).
せんじゅうみん【先住民】 선주민(先住民).
せんしゅつ【選出】 (ス하) 선출(選出). ‖オリンピック選手を選出する 올림픽 선수를 선출하다. 議長に選出される 의장으로 선출되다.
せんじゅつ【戦術】 전술(戰術).
ぜんしゅつ【前出】 전출(前出).
ぜんじゅつ【前述】 (ス하) 전술(前述). ‖前述した通りの内容 전술한 바와 같은 내용.
せんしょ【選書】 선서(選書).
ぜんしょ【全書】 전서(全書). ‖六法全書 육법전서.
ぜんしょ【善処】 (ス하) 선처(善處).
せんしょう【先勝】 ❶선승(先勝). ❷(陰陽道で)급한 일·소송(訴訟) 등에 좋은 날.
せんしょう【選奨】 ‖選奨する 좋은 것을 골라 권하다.
せんじょう【洗浄】 (ス하) 세정(洗淨). ♦**洗浄剤** 세정제.
せんじょう【扇状】 부채꼴. ♦**扇状地** 선상지.
せんじょう【扇情】 선정(煽情). ♦**扇情的** 선정적. **扇情的なポスター** 선정적인 포스터.
せんじょう【戦場】 전장(戰場).
せんじょう【線上】 선상(線上).
せんじょう【線状】 선상(線狀); 선형(線形).
ぜんしょう【全勝】 (ス하) 전승(全勝).
ぜんしょう【全焼】 (ス하) 전소(全燒).
ぜんしょう【前哨】 전초(前哨). ♦**前哨戦** 전초전.
ぜんしょうとう【前照灯】 전조등(前照燈).
せんしょく【染色】 (ス하) 염색(染色). ♦**染色体** 염색체.
ぜんしょく【前職】 전직(前職).
せんじる【煎じる】 (茶·薬を)달이다.
せんしん【先進】 선진(先進). ♦**先進国** 선진국.
せんしん【専心】 (ス하) 전념(專念). ‖研究に専心する 연구에 전념하다.
せんしん【線審】 선심; 선심판(線審判).
せんじん【先人】 선인(先人).
せんじん【先陣】 선진(先陣); 선봉(先鋒).
せんじん【戦陣】 전진(戰陣); 싸움터.
ぜんしん【全身】 전신(全身). ‖全身の力 전신의 힘. ♦**全身全霊** 전심전력.
ぜんしん【前身】 전신(前身).
ぜんしん【前進】 (ス하) 전진(前進).
ぜんしん【前震】 전진(前震).
ぜんしん【漸進】 (ス하) 점진(漸進). ♦**漸進的** 점진적. **漸進的な改革** 점진적인 개혁.
ぜんじん【全人】 전인(全人). ‖全人教育 전인 교육.
ぜんじん【前人】 전인(前人). ♦**前人未踏** 전인미답.
せんす【扇子】 부채.
センス【sense】 센스; 감각(感覺). ‖美的センス 미적 센스. センスに欠ける 센스가 없다.
せんすい【潜水】 (ス하) 잠수(潛水). ♦**潜水艦** 잠수함. **潜水艇** 잠수정.
ぜんせ【前世】 전세(前世).
*__せんせい__【先生】 선생(先生)님. ‖高校の国語の先生 고등학교 국어 선생님. 校長先生 교장 선생님. 担任の先生 담임 선생님. 幼稚園の先生 유치원 선생님. 書道の先生 서도 선생님. 永原先生 나가하라 선생님.
せんせい【先制】 (ス하) 선제(先制). ♦**先制攻撃** 선제 공격.
せんせい【専制】 (ス하) 전제(專制). ♦**専制君主** 전제 군주. **専制政治** 전제정치.
せんせい【宣誓】 (ス하) 선서(宣誓).
ぜんせい【全盛】 전성(全盛). ♦**全盛期** 전성기.
ぜんせい【善政】 선정(善政). ‖善政を敷く 선정을 베풀다.
せんせいじゅつ【占星術】 점성술(占星術).
せんせき【船籍】 선적(船籍).
せんせき【戦績】 전적(戰績).
せんせん【宣戦】 (ス하) 선전(宣戰). ♦**宣戦布告** (ス하) 선전 포고.
せんせん【戦線】 전선(戰線). ‖統一戦

線 통일 전선.

せんせん-【先先】 전전(前前)…. ‖先々週 전전주.

せんぜん【戦前】 전전(戦前).

ぜんせん【全線】 ❶전선; 전 노선(全路線). ❷모든 전선(戦線).

ぜんせん【前線】 ❶(戦線の)전선(前線). ‖前線基地 전선 기지. ❷(気団の)전선. ‖梅雨前線 장마 전선.

ぜんせん【善戦】 (を하) 선전(善戦). ‖善戦むなしく敗れた 선전하였지만 지고 말았다.

ぜんぜん【全然】 ❶〔打ち消しの表現を伴って〕전혀. ‖金は全然ない 돈은 전혀 없다. 全然無意味なこと 전혀 무의미한 일. ❷〔非常に・とても〕매우; 대단히. ‖全然いい 매우 좋다.

ぜんぜん-【前前】 전전(前前)…. ‖前々週 전전주.

せんせんきょうきょう【戦戦恐恐】 전전긍긍(戦戦兢兢).

せんぞ【先祖】 선조(先祖).

*__せんそう【戦争】__ (を하) 전쟁(戦争). ‖戦争を起こす 전쟁을 일으키다. 両国はまだ戦争中だ 두 나라는 아직 전쟁 중이다. その戦争で多くの人々が死んだ 그 전쟁으로 많은 사람들이 죽었다. ♦受験戦争 수험 전쟁. 戦争映画 전쟁 영화. 戦争ごっこ 전쟁놀이.

ぜんそう【前奏】 전주(前奏). ♦前奏曲 전주곡.

ぜんぞう【漸増】 (を하) 점증(漸増).

せんぞく【専属】 (を하) 전속(專屬). ‖専属歌手 전속 가수.

ぜんそく【全速】 전속력(全速力).

ぜんそく【喘息】 천식(喘息).

ぜんそくりょく【全速力】 전속력(全速力). ‖全速力で走る 전속력으로 달리다.

センター【center】 센터. ‖文化センター 문화 센터. ♦センターライン ①〔球技のコート〕센터라인. ②〔道路の中央〕중앙선.

せんたい【船体】 선체(船體).

せんたい【船隊】 선대(船隊).

せんたい【蘚苔】 선태(蘚苔); 이끼. ♦蘚苔植物 선태 식물.

せんだい【先代】 ❶〔前の代〕선대(先代). ❷〔前の時代〕전대(前代).

*__ぜんたい【全体】__ 전체(全體). ‖学校全体 학교 전체. 会社全体の意見 회사 전체의 의견. ♦全体会議 전체 회의. 全体主義 전체주의.

ぜんだい【前代】 ❶전대(前代). ❷선대(先代).

ぜんたいてき【全体的】 전체적(全體的). ‖全体的に見る 전체적으로 보다.

ぜんだいみもん【前代未聞】 전대미문(前代未聞).

*__せんたく【洗濯】__ (を하) 세탁(洗濯); 빨래. ‖週2回洗濯をする 일주일에 두 번 세탁을 하다. ♦洗濯機 세탁기 洗濯石けん 빨랫비누. 洗濯ばさみ 빨래집게. 洗濯物 빨래. 빨랫감.

*__せんたく【選択】__ (を하) 선택(選擇). ‖外国語科目で韓国語を選択する 외국어 과목으로 한국어를 선택하다. 選択を誤る 선택을 잘못하다. 選択の余地が全くない 선택의 여지가 전혀 없다. 選択科目 선택 과목. ♦選択肢 선택지.

せんだつ【先達】 ❶선학(先學). ❷안내자(案內者).

ぜんだま【善玉】 선인(善人); 착한 사람. ♦善玉菌 (説明) 인간(人間)의 장(腸)에 존재(存在)하는 유익(有益)한 균(菌).

*__せんたん【先端】__ 첨단(尖端). ‖流行の先端を行く 유행의 첨단을 걷다. 先端技術 첨단 기술. 先端産業 첨단 산업.

センダン【栴檀】 전단(栴檀); 단향목(檀香木). ▸栴檀は双葉より芳(かんば)し 될성부른 나무는 떡잎부터 알아본다.〔諺〕

ぜんだん【前段】 앞 단락(段落).

せんち【戦地】 전지(戦地).

ぜんち【全治】 (を하) 전치(全治). ‖全治2か月の大けが 전치 이 개월의 큰 부상.

センチ(メートル)【centi(mètre)フ】 … 센티미터(cm).

ぜんちし【前置詞】 전치사(前置詞).

ぜんちぜんのう【全知全能】 전지전능(全知全能).

センチメンタリズム【sentimentalism】 센티멘털리즘; 감상주의(感傷主義).

センチメンタル【sentimental】ダ 센티멘털하다.

せんちゃ【煎茶】 ❶달인 녹차(綠茶). ❷(玉露・番茶に対して)중급차(中級茶).

せんちゃく【先着】 (を하) 선착(先着). ♦先着順 선착순.

せんちょう【船長】 선장(船長).

ぜんちょう【全長】 전장(全長).

ぜんちょう【前兆】 전조(前兆). ‖大地震の前兆 대지진의 전조.

せんて【先手】 ❶선수(先手). ❷기선(機先)을 제압(制壓)함. ‖先手を取る 선수를 치다. ❸(囲碁・将棋などで)선수.

せんてい【剪定】 (を하) 전정(剪定).

せんてい【選定】 (を하) 선정(選定). ‖候補者を選定する 후보자를 선정하다.

ぜんてい【前提】 전제(前提). ‖原状回復を前提に貸与する 원상 회복을 전제로 대여하다.

ぜんてき【全的】 전적(全的). ‖全的に賛同する 전적으로 찬동하다.

ぜんてつ【前轍】 전철(前轍). ▸前轍を踏む 전철을 밟다.〔慣〕

せんてん【先天】 선천(先天). ♦**先天性** 선천성. **先天的** 선천적.

*__せんでん__【宣伝】 ㉻ 선전(宣傳). ‖新しい化粧品を宣伝する 새 화장품을 선전하다. ♦**宣伝効果** 선전 효과. **宣伝文句** 선전 문구.

ぜんてん【全点】 전 품목(全品目).

ぜんてんこう【全天候】 전천후(全天候). ♦**全天候機** 전천후기.

せんと【遷都】 ㉻ 천도(遷都).

せんど【先途】 (勝敗・運命の)갈림길.

せんど【鮮度】 선도(鮮度).

ぜんと【前途】 전도(前途). ♦**前途洋洋** 전도 양양.

ぜんど【全土】 전토; 전 국토(全國土).

せんとう【尖塔】 첨탑(尖塔).

せんとう【先頭】 선두(先頭). ‖先頭に立つ 선두에 서다.

せんとう【戦闘】 ㉻ 전투(戰鬪). ♦**戦闘機** 전투기.

せんとう【銭湯】 대중목욕탕(大衆沐浴湯).

せんどう【先導】 ㉻ 선도(先導).

せんどう【扇動】 ㉻ 선동(煽動).

せんどう【船頭】 사공(沙工); 뱃사공. ▸船頭多くして船山に上る 사공이 많으면 배가 산으로 간다.〔諺〕

せんどう【顫動】 ‖顫動する 가늘게 떨다.

ぜんどう【善導】 ㉻ 선도(善導).

ぜんとうよう【前頭葉】 전두엽(前頭葉).

ぜんなんぜんにょ【善男善女】 선남선녀(善男善女).

せんにち【千日】 천일(千日).

センニチコウ【千日紅】《植物》 천일홍(千日紅).

せんにゅう【潜入】 ㉻ 잠입(潛入).

せんにゅうかん【先入観】 선입관(先入觀).

せんにん【専任】 전임(專任). ♦**専任講師** 전임 강사.

せんにん【選任】 ㉻ 선임(選任). ‖代表に選任される 대표로 선임되다.

ぜんにん【前任】 전임(前任). ♦**前任者** 전임자.

ぜんにん【善人】 선인(善人).

せんにんりき【千人力】 ❶천 명(千名)의 힘. ❷〔心強い〕마음 든든함.

せんぬき【栓抜き】 병(甁)따개; 오프너.

せんねん【専念】 ㉻ 전념(專念). ‖学業に専念する 학업에 전념하다.

ぜんねん【前年】 전년(前年).

せんのう【洗脳】 ㉻ 세뇌(洗腦).

ぜんのう【全能】 전능(全能). ‖全知全能の神 전지전능한 신.

ぜんのう【全納】 ㉻ 전납(全納).

ぜんのう【前納】 ㉻ 전납(前納).

ぜんば【前場】 (取引所で)전장(前場).

せんばい【専売】 ㉻ 전매(專賣). ♦**専売特許** 전매특허.

せんぱい【先輩】 선배(先輩). ‖大学の先輩 대학교 선배.

ぜんぱい【全敗】 ㉻ 전패(全敗).

ぜんぱい【全廃】 ㉻ 전폐(全廢).

せんぱく【浅薄】ダ 천박(淺薄)하다.

せんぱく【船舶】 선박(船舶).

せんばつ【選抜】 ㉻ 선발(選拔). ‖代表を選抜する 대표를 선발하다. ♦**選抜試験** 선발 시험.

せんぱつ【先発】 선발(先發). ♦**先発隊** 선발대. **先発投手** 선발 투수.

せんばづる【千羽鶴】 많은 종이 학(鶴)을 실로 연결(連結)한 것.

せんばん【千万】 ❶여러 가지; 가지가지; 여러모로. ‖千万ありがたい 여러 가지로 고맙다. ❷천만(千萬); 심함. ‖無礼千万だ 무례하기 짝이 없다.

せんばん【先番】 ❶〔先にする番〕순서(順序)가 먼저임. ❷〔囲碁・将棋で先手〕선수(先手).

せんばん【旋盤】 선반(旋盤). ♦**旋盤工** 선반공.

せんぱん【戦犯】 전범(戰犯).

ぜんはん【前半】 전반(前半). ♦**前半戦** 전반전.

ぜんぱん【全般】 전반(全般). ♦**全般的** 전반적.

ぜんはんせい【前半生】 전반생(前半生).

せんび【戦備】 전쟁 준비(戰爭準備).

ぜんぴ【前非】 과거(過去)의 잘못. ‖前非を悔いる 과거의 잘못을 뉘우치다.

せんびき【線引き】 ❶선(線)을 그음. ❷선을 그어 구분(區分)함.

ぜんびん【全便】 전편(全便).

ぜんびん【前便】 지난번 편지(便紙).

せんぷ【宣布】 ㉻ 선포(宣布).

*__ぜんぶ__【全部】 ❶전부(全部). ‖財産全部を母校に寄付する 재산 전부를 모교에 기부하다. 会員全部の意見 회원 전부의 의견. ❷〔副詞的に〕전부. ‖全部使ってしまう 전부 써 버리다.

ぜんぶ【前部】 전부(前部); 앞부분.

せんぷう【旋風】 선풍(旋風). ‖旋風を巻き起こす 선풍을 불러일으키다.

せんぷうき【扇風機】 선풍기(扇風機).

せんぷく【潜伏】 ㉻ 잠복(潛伏). ♦**潜伏期間** 잠복 기간.

ぜんぷく【全幅】 전폭적(全幅的). ‖全幅の信頼を置く 전폭적으로 신뢰하다.

せんぶん【千分】 천분(天分). ♦**千分比** 천분비. **千分率** 천분율.

せんぶん【線分】 선분(線分).

ぜんぶん【全文】 전문(全文).

ぜんぶん【前文】 ❶(本の)전문(前文). ❷(手紙の)인사말.

せんべい【煎餅】 전병(煎餠).

せんぺい【先兵】 첨병(尖兵).
せんべつ【選別】 ㉠하 선별(選別). ‖成績で選別する 성적으로 선별하다. トマトを選別して出荷する 토마토를 선별해서 출하하다.
せんべつ【餞別】 전별금(餞別金).
せんべん【先鞭】 ‖先鞭をつける 먼저 착수(着手)하다.
ぜんぺん【全編】 전편(全篇).
ぜんぺん【前編】 전편(前篇).

せ

せんぺんいちりつ【千編一律】 천편일률적(千篇一律的). ‖千篇一律の文章 천편일률적인 문장.
せんぺんばんか【千変万化】 ㉠하 천변만화(千變萬化).
せんぼう【羨望】 ㉠하 선망(羨望). ‖羨望の的 선망의 대상.
せんぽう【先方】 ❶〔先の方〕전방(前方); 앞쪽. ❷〔相手方〕상대편(相對便); 상대방(相對方).
せんぽう【先鋒】 선봉(先鋒).
ぜんぼう【全貌】 전모(全貌). ‖事件の全貌を伝える 사건의 전모를 전하다.
ぜんぽう【前方】 전방(前方).
せんぼうきょう【潜望鏡】 잠망경(潛望鏡).
せんぼつ【戦没】 ㉠하 전몰(戰歿). ♦戦没者 전몰자.
せんまい【洗米】 (神仏に供えるため)깨끗이 씻은 쌀.
ぜんまい【発条】 태엽(胎葉). ‖ぜんまいを巻き締める 태엽을 감다.
ゼンマイ【薇】 고비.
せんまいどおし【千枚通し】 송곳.
せんまん【千万】 천만(千万). ♦千万無量 매우 많음.
せんみん【選民】 선민(選民). ♦選民思想 선민 사상.
せんみん【賤民】 천민(賤民).
せんむ【専務】 전무(專務).
せんめい【鮮明】 ダ 선명(鮮明)하다. ‖鮮明な画像 선명한 화상. 記憶に鮮明だ 기억에 선명하다.
ぜんめつ【全滅】 ㉠하 전멸(全滅).
せんめん【洗面】 ㉠하 세면(洗面); 세안(洗顔); 세수(洗手). ♦洗面器 세면기. 洗面所 세면장.
ぜんめん【全面】 전면(全面). ‖全面解決を図る 전면 해결을 꾀하다. ♦全面的 전면적. 全面的に改訂する 전면적으로 개정하다.
ぜんめん【前面】 전면(前面); 앞면.
せんもう【繊毛】 섬모(纖毛). ♦繊毛運動 섬모 운동.
ぜんもう【全盲】 눈이 완전(完全)히 안 보임.
***せんもん【専門】** 전문(專門). ‖彼の専門は外科です 그 사람의 전문은 외과입니다. ♦専門医 전문의. 専門家 전문가. 専門学校 전문학교. 専門書 전문서. 専門性 전문성. 専門知識 전문지식.
ぜんもんどう【禅問答】 선문답(禪問答).
ぜんや【前夜】 전야(前夜). ♦前夜祭 전야제.
せんやく【先約】 선약(先約).
ぜんやく【全訳】 ㉠하 전역(全譯).
せんゆう【占有】 ㉠하 점유(占有). ♦市場占有率 시장 점유율.
せんゆう【専有】 ㉠하 전유(專有); 독점(獨占); 독차지.
せんゆう【戦友】 전우(戰友).
せんよう【占用】 ㉠하 점용(占用).
せんよう【専用】 ㉠하 전용(專用). ‖自動車専用の道路 자동차 전용 도로.
せんよう【宣揚】 ㉠하 선양(宣揚). ♦国威宣揚 국위 선양.
ぜんよう【全容】 전용(全容).
ぜんよう【善用】 ㉠하 선용(善用).
ぜんら【全裸】 전라(全裸).
せんらん【戦乱】 전란(戰亂).
せんりがん【千里眼】 천리안.
せんりつ【旋律】 선율(旋律); 멜로디. ‖悲しげな旋律に涙する 슬픈 선율에 눈물을 흘리다.
せんりつ【戦慄】 ㉠하 전율(戰慄).
ぜんりつせん【前立腺】 전립선(前立腺).
せんりひん【戦利品】 전리품(戰利品).
せんりゃく【戦略】 전략(戰略). ♦戦略家 전략가. 戦略産業 전략 산업.
ぜんりゃく【前略】 ❶(手紙などで)전략(前略). ❷앞부분을 생략(省略)함.
せんりょう【千両】 ❶천냥(千兩); 매우 가치(價値)가 있음. ❷《植物》 죽절초(竹節草). ♦千両役者 説明 뛰어난 인물(人物) 이나 배우(俳優).
せんりょう【占領】 ㉠하 점령(占領). ♦占領軍 점령군. 点領地 점령지.
せんりょう【染料】 염료(染料).
せんりょう【選良】 선량(選良).
ぜんりょう【善良】 ダ 선량(善良)하다. ‖善良な市民 선량한 시민.
せんりょく【戦力】 전력(戰力).
ぜんりょく【全力】 전력(全力). ‖全力で戦う 전력을 다해 싸우다. 全力を尽くす 전력을 다하다. ♦全力投球 ㉠하 전력투구.
ぜんりん【前輪】 앞바퀴.
ぜんりん【善隣】 선린(善隣). ‖善隣外交 선린 외교.
せんれい【先例】 선례(先例); 전례(前例).
せんれい【洗礼】 세례(洗禮).
ぜんれい【全霊】 온 정신(精神).
ぜんれい【前例】 전례(前例); 선례(先例).
ぜんれき【前歴】 전력(前歷).
せんれつ【戦列】 전열(戰列).

ぜんれつ【前列】 전열(前列); 앞줄.
せんれん【洗練】 세련(洗煉). ‖洗練された物腰 세련된 몸가짐.
せんろ【線路】 선로(線路).
ぜんわん【前腕】 전완(前腕); 하박(下膊).

そ

ソ【sol イ】 (音階の)솔.
そあく【粗悪】ダ 조악(粗惡)하다. ‖粗悪な品 조악한 물건.
-ぞい【沿い】 그것에 따라 있음을 나타냄. ‖線路沿いに 선로를 따라서. 선로변에.
そいつ【其奴】 그 녀석; 그놈.
そいとげる【添い遂げる】 ❶반대(反對)를 무릅쓰고 부부(夫婦)가 되다. ❷부부로 일생(一生)을 지내다.
そいね【添い寝】 ‖添い寝する 곁에서 자다.
そいんすう【素因数】 소인수(素因數).
そう【相】 ❶상(相); 모양(模樣); 형태(形態). ❷(吉・凶の)상. ‖吉相 길상.
そう【僧】 승(僧).
そう【層】 ❶〔重なり〕층(層); 겹침. ❷지층(地層). ❸계층(階層). ‖読者層 독자층.
そう【沿う】 따르다. ‖線路に沿って歩く 선로를 따라 걷다.
そう【添う】 ❶〔付き添う〕따르다. ❷〔夫婦になる〕부부(夫婦)가 되다. ❸〔かなう〕이루다; 부응(副應)하다. ‖期待に添う 기대에 부응하다.
*__そう__【然う】 ❶〔そんなふうに〕그렇게. ‖私もそう思う 나도 그렇게 생각해. そうであればよいが 그렇다면 좋겠지만. 学生ですか. はい, そうです 학생입니까? 네, 그렇습니다. そう怒るな 그렇게 화내지 마. 私にはそうするほかなかった 나는 그렇게 할 수밖에 없었다. 大変だったでしょう. そうでもなかったよ 힘들었지? 그렇지도 않았어. そういえば, 今日彼の誕生日だ 그러고보니 오늘 그 사람 생일이야. そうすると君はこの案に反対なんだね 그렇다면 너는 이 안에 반대하는구나. ❷〔それほど〕그다지. ‖あの映画はそう面白くなかった 그 영화는 그다지 재미없었다. ❸〔疑い・感動〕그래. ‖試験に受かった. そう, おめでとう 시험에 붙었어. 그래? 축하해.
そう-【総】 총(總) …. ♦総人口 총인구.
-そう【荘】 …장(莊).
-そう【走】 …주; 경주(競走). ‖100メートル走 백 미터 경주.
ぞう【像】 상(像); 모습; 형태(形態).
ゾウ【象】 코끼리.
そうあたり【総当たり】 리그전.
そうあん【草案】 초안(草案); 기안(起案). ‖憲法の草案 헌법 초안.
そうあん【創案】 (㊁하) 창안(創案).
そうい【相違】 (㊁하) 상이(相異). ‖事実と相違する 사실과 상이하다.
そうい【創意】 창의(創意).
そうい【総意】 총의(總意).
そういれば【総入れ歯】 이 전체(全體)가 틀니임.
そういん【総員】 총원(總員).
ぞういん【増員】 (㊁하) 증원(增員). ‖警備員を増員する 경비원을 증원하다.
そううつ【躁鬱】 조울(躁鬱). ♦躁鬱病 조울병.
ぞうえい【造営】 (㊁하) 조영(造營).
ぞうえき【増益】 (㊁하) 증익(增益).
ぞうお【憎悪】 (㊁하) 증오(憎惡). ‖憎悪の念 증오심.
そうおう【相応】ダ 상응(相應)하다; 알맞다; 맞다; 어울리다. ‖身分相応の暮らし 형편에 맞는 생활.
そうおん【騒音】 소음(騷音).
そうが【挿画】 삽화(插畫).
ぞうか【造化】 조화(造化).
ぞうか【造花】 조화(造花).
*__ぞうか__【増加】 (㊁하) 증가(增加). ‖年々留学生が増加している 해마다 유학생이 증가하고 있다. 人口が増加する 인구가 증가하다.
そうかい【爽快】ダ 상쾌(爽快)하다. ‖気分爽快だ 기분이 상쾌하다.
そうかい【総会】 총회(總會). ♦総会屋 총회꾼.
そうかく【総画】 총획(總畫).
そうがく【総額】 총액(總額).
ぞうがく【増額】 (㊁하) 증액(增額).
そうかつ【総括】 (㊁하) 총괄(總括).
そうかつ【総轄】 (㊁하) 통괄(統括).
そうかん【壮観】 장관(壯觀). ‖機上から見たヒマラヤの山々は壮観だった 비행기에서 본 히말라야의 산들은 장관이었다.
そうかん【送還】 (㊁하) 송환(送還). ♦強制送還 강제 송환.
そうかん【相関】 (㊁하) 상관(相關). ♦相関関係 상관관계.
そうかん【創刊】 (㊁하) 창간(創刊). ♦創刊号 창간호.
そうかん【総監】 총감(總監).
ぞうかん【増刊】 (㊁하) 증간(增刊). ♦臨時増刊号 임시 증간호.
そうがんきょう【双眼鏡】 쌍안경(雙眼鏡).
そうき【早期】 조기(早期). ‖癌を早期に発見する 암을 조기에 발견하다.
そうき【想起】 (㊁하) 상기(想起).
そうき【総記】 총기(總記).
そうぎ【争議】 쟁의(爭議). ♦労働争議 노동 쟁의.
そうぎ【葬儀】 장의(葬儀); 장례식(葬禮

式). ♦葬儀社 장의사.
ぞうき【雑木】잡목(雜木).
ぞうき【臓器】장기(臟器). ♦臓器移植 장기 이식.
そうぎけん【争議権】쟁의권(爭議權).
そうきゅう【早急】ダ 급(急)하다. ‖早急に連絡をとる 급히 연락을 취하다.
そうきゅう【送球】❶(ス하) 송구(送球). ‖三塁に送球する 삼루에 송구하다. ❷(スポーツ) 핸드볼; 송구.
そうぎょう【創業】(ス하) 창업(創業). ♦創業者 창업자.
そうぎょう【操業】(ス하) 조업(操業). ‖1日8時間操業する 하루에 여덟 시간 조업하다. ♦操業時間 조업 시간. 操業短縮 조업 단축.
ぞうきょう【増強】(ス하) 증강(增强). ‖兵力を増強する 병력을 증강하다.
そうきょく【総局】총국(總局).
そうきょくせん【双曲線】쌍곡선(雙曲線).
そうきん【送金】(ス하) 송금(送金). ‖海外へ送金する 해외에 송금하다.
ぞうきん【雑巾】걸레. ‖雑巾をしぼる 걸레를 짜다. ぬれ雑巾 물걸레.
そうぐ【装具】❶장신구(裝身具). ❷실내 장식(室內裝飾)에 쓰는 도구(道具). ❸기계(機械) 등에 부착(附着)하는 도구.
そうくう【蒼空】창공(蒼空).
そうぐう【遭遇】(ス하) 조우(遭遇).
そうくつ【巣窟】소굴(巢窟). ‖悪の巣窟 악의 소굴.
そうけ【宗家】종가(宗家); 본가(本家).
ぞうげ【象牙】상아(象牙). ‖象牙の塔 상아탑.
そうけい【早計】경솔(輕率)한 생각; 성급(性急)한 판단(判斷).
そうけい【総計】총계(總計). ‖得点を総計する 득점을 총계 내다.
そうげい【送迎】(ス하) 송영(送迎). ♦送迎バス 송영 버스.
ぞうけい【造形·造型】(ス하) 조형(造形). ♦造形美術 조형 미술.
ぞうけい【造詣】조예(造詣) ‖造詣が深い 조예가 깊다.
ぞうけつ【造血】(ス하) 조혈(造血). ♦造血器官 조혈 기관. 造血剤 조혈제.
そうけっさん【総決算】총결산(總決算).
そうけん【双肩】양(兩) 어깨. ‖国の将来が若者の双肩にかかっている 나라의 장래가 젊은이들의 양 어깨에 달려 있다. ▸双肩に担う 책임이나 의무 등을 짊어지다.
そうけん【壮健】ダ 장건(壯健)하다.
そうけん【送検】(ス하) 송청(送廳).
そうけん【創建】(ス하) 창건(創建).
そうげん【草原】초원(草原).
ぞうげん【増減】(ス하) 증감(增減).
そうこ【倉庫】창고(倉庫).
*そうご【相互】상호(相互). ♦相互依存 상호 의존. 相互作用 상호 작용. 相互主義 상호주의. 相互乗り入れ (説明) 서로 다른 교통(交通) 기관(機關)이 서로의 영역(領域)에 들어가 운행(運行)하는 것. 相互扶助 상호 부조.
ぞうご【造語】(ス하) 조어(造語). ♦造語法 조어법. 造語力 조어력
そうこう 이래저래; 이럭저럭. ‖そうこうするうちに 이럭저럭 하는 사이에.
そうこう【壮行】출발(出發)하는 사람을 격려(激勵)함.
そうこう【走行】(ス하) 주행(走行). ♦走行距離 주행 거리.
そうこう【草稿】초고(草稿).
そうこう【奏効】(ス하) 주효(奏效).
そうこう【装甲】장갑(裝甲). ♦装甲車 장갑차.
そうこう【操行】품행(品行); 소행(素行).
そうこう【霜降】(二十四節気の)상강(霜降).
*そうごう【総合】(ス하) 종합(綜合). ♦総合開発 종합 개발. 総合芸術 종합 예술. 総合職 (説明) 회사(會社)에서 폭넓은 업무(業務)를 하는 포스트. 総合大学 종합 대학. 総合的 종합적. 総合的に考える 종합적으로 생각하다. 総合病院 종합 병원.
そうこうげき【総攻撃】(ス하) 총공격(總攻擊).
そうこうのつま【糟糠の妻】조강지처(糟糠之妻).
そうこく【相克】(ス하) 상극(相剋)
そうこん【草根】초근(草根). ♦草根木皮 초근목피.
そうごん【荘厳】ダ 장엄(莊嚴)하다. ‖荘厳な教会音楽 장엄한 교회 음악.
ぞうごん【雑言】온갖 악담(惡談).
そうさ【走査】(ス하) 주사(走査). ♦走査線 주사선.
そうさ【捜査】(ス하) 수사(搜査). ♦犯罪捜査 범죄 수사. 捜査網 수사망.
そうさ【操作】(ス하) 조작(操作). ‖ハンドルを操作する 핸들을 조작하다. 株価を操作する 주가를 조작하다.
ぞうさ【造作】❶〔手数·面倒〕귀찮은 일; 수고나 비용(費用) 등이 듦. ‖造作ない 간단하다. ❷(ス하)〔もてなし〕대접(待接); 환대(歡待).
そうさい【相殺】(ス하) 상쇄(相殺).
そうさい【葬祭】상제(喪祭). ♦冠婚葬祭 관혼상제.
そうさい【総裁】총재(總裁). ‖日本銀行総裁 일본 은행 총재.
そうざい【惣菜】반찬(飯饌).
そうさく【捜索】(ス하) 수색(搜索). ‖遭難者を捜索する 조난자를 수색하다. ♦家宅捜索 가택 수색. 捜索願い 수색

원.

そうさく【創作】 (スル하) 창작(創作). ♦創作活動 창작 활동.

ぞうさく【造作】 ❶집을 짓거나 수리(修理)를 함. ❷내부 공사(內部工事)를 함. ❸〔顔のつくり〕얼굴 생김새.

ぞうさつ【増刷】 (スル하) 증쇄(增刷).

そうざらい【総浚い】 (スル하) ❶총복습(總復習). ❷총연습(總練習).

そうざん【早産】 (スル하) 조산(早産).

ぞうさん【増産】 (スル하) 증산(增産).

ぞうざんうんどう【造山運動】 조산 운동(造山運動).

そうし【壮士】 장사(壯士).

そうし【相思】 상사(相思).

そうし【創始】 (スル하) 창시(創始). ♦創始者 창시자.

そうじ【送辞】 송사(送辭).

そうじ【相似】 ‖相似する ①서로 닮다. 두 도형(圖形)이 닮은꼴이다. ②《生物》기관(器官)의 발생(發生)은 다르나 움직임이 같다.

*そうじ【掃除】 (スル하) 청소(淸掃). ‖部屋を掃除する 방을 청소하다. ♦大掃除 대청소. 掃除機 청소기.

ぞうし【増資】 (スル하) 증자(增資).

そうしき【葬式】 장례식(葬禮式).

そうじしょく【総辞職】 (スル하) 총사직(總辭職); 총사퇴(總辭退). ‖役員が総辞職する 임원이 총사직하다.

そうしつ【宗室】 〔家元・本家〕종가(宗家); 본가(本家).

そうしつ【喪失】 (スル하) 상실(喪失). ‖戦意を喪失する 전의를 상실하다. ♦記憶喪失 기억 상실.

そうして 그리고; 그때부터. ‖文学・歴史そうして教育と幅広く活躍する 문학, 역사 그리고 교육 등 폭넓게 활약하다.

そうじて【総じて】 대체(大體)로; 일반적(一般的)으로. ‖今年は総じて豊作である 올해는 대체로 풍작이다.

そうじまい【総仕舞い】 ❶〔すべて終えること〕전부(全部) 끝냄. ❷〔売り切ること〕전부 팖.

そうしもく【双翅目】 쌍시류(雙翅類).

そうしゃ【走者】 주자(走者). ‖リレーの最終走者 릴레이의 최종 주자.

そうしゃ【奏者】 주자(奏者); 연주자(演奏者).

ぞうしゃ【増車】 (スル하) 증차(增車).

そうじゅ【送受】 (スル하) 송수신(送受信).

そうじゅう【操縦】 (スル하) 조종(操縱). ‖飛行機を操縦する 비행기를 조종하다. ♦操縦士 조종사. 操縦席 조종석.

ぞうしゅう【増収】 (スル하) 증수(增收).

そうじゅく【早熟】ダ 조숙(早熟)하다.

そうしゅけん【宗主権】 종주권(宗主權).

そうしゅこく【宗主国】 종주국(宗主國).

そうしゅつ【創出】 (スル하) 창출(創出). ‖新たな文化を創出する 새로운 문화를 창출하다.

そうしゅん【早春】 이른 봄.

そうしょ【草書】 초서(草書).

そうしょ【叢書】 총서(叢書).

ぞうしょ【蔵書】 장서(藏書).

そうしょう【相称】 ❶〔釣り合う〕어울림. ❷대칭(對稱). ‖左右相称 좌우 대칭.

そうしょう【総称】 (スル하) 총칭(總稱).

そうしよう【双子葉】 쌍자엽(雙子葉). ♦双子葉植物 쌍자엽 식물.

そうじょう【相乗】 (スル하) 상승(相乘). ♦相乗効果 상승 효과. 相乗作用 상승 작용.

そうじょう【騒擾】 (スル하) 소요(騷擾); 소동(騷動).

そうしょく【草食】 (スル하) 초식(草食). ♦草食動物 초식 동물.

そうしょく【装飾】 (スル하) 장식(裝飾). ♦装飾品 장식품.

ぞうしょく【増殖】 (スル하) 증식(增殖).

そうしん【送信】 (スル하) 송신(送信). ‖メールを送信する 메일을 송신하다.

そうしん【喪心】 (スル하) 기절(氣絶); 실신(失神).

ぞうしん【増進】 (スル하) 증진(增進). ‖食欲の増進 식욕 증진.

そうしんぐ【装身具】 장신구(裝身具).

そうず【挿図】 삽화(揷畫).

そうすい【送水】 (スル하) 송수(送水). ♦送水管 송수관.

そうすい【総帥】 총수(總帥).

ぞうすい【雑炊】 채소(菜蔬) 등을 넣은 죽(粥).

そうすう【総数】 총수(總數).

そうする【草する】 초고(草稿)를 쓰다.

そうせい【早生】 ❶조생(早生). ❷조산(早産). ♦早生児 조산아.

そうせい【創成】 (スル하) 창성(創成).

そうせい【創製】 (スル하) 창제(創製).

そうぜい【総勢】 총 인원수(總人員數).

ぞうせい【造成】 (スル하) 조성(造成). ‖宅地を造成する 택지를 조성하다.

ぞうぜい【増税】 (スル하) 증세(增稅).

そうせいき【創世記】 창세기(創世記).

そうせいじ【双生児】 쌍생아(雙生兒); 쌍둥이.

そうせつ【創設】 (スル하) 창설(創設); 창립(創立). ‖学校を創設する 학교를 창립하다.

そうせつ【総説】 (スル하) 총설(總說).

そうぜつ【壮絶】 장렬(壯烈)하다. ‖壮絶な戦い 장렬한 싸움.

ぞうせつ【増設】 (スル하) 증설(增設). ‖滑走路を増設する 활주로를 증설하다.

そうぜん【蒼然】 창연(蒼然). ♦古色蒼然 고색창연.

そうぜん【騒然】 ‖騒然となる 시끌시끌해지다.

ぞうせん【造船】(スル하) 조선(造船). ♦造船業 조선업. 造船所 조선소.

そうせんきょ【総選挙】 총선거(總選擧).

そうそ【曾祖】 증조(曾祖).

そうそう ❶〔そうそう…ないの形で〕그렇게…없다; 그렇게까지…없다. ‖そうそう待てない 그렇게까지 기다릴 수 없다. ❷〔同意・肯定の気持ちを表わす言葉〕응; 네. ❸〔思い出した時に発する言葉〕아; 참.

そうそう【早早】 …한 지 얼마 안 됨; 직후(直後). ‖入社早々 입사 직후.

そうそう【草草】〔手紙の末尾に書いて簡略をわびる言葉〕총총(怱怱).

そうそう【草創】 초창(草創). ♦草創期 초창기.

そうそう【葬送】(スル하) 장송(葬送).

そうそう【錚錚】 ‖錚々たる人物 쟁쟁한 인물.

そうぞう【創造】(スル하) 창조(創造). ♦天地創造 천지 창조. 創造力 창조력.

*__そうぞう__【想像】(スル하) 상상. ‖想像がつく 상상이 되다[가다]. 想像を絶する苦労 상상을 초월하는 고생. 想像力 상상력.

そうぞうしい【騒騒しい】 떠들썩하다; 소란(騷亂)스럽다. ‖朝から騒々しい 아침부터 소란스럽다.

そうそく【総則】 총칙(總則).

そうぞく【相続】(スル하) 상속(相續). ‖遺産を相続する 유산을 상속하다. ♦相続税 상속세. 相続人 상속인.

そうそくふり【相即不離】 ‖相即不離の関係 뗄래야 뗄 수 없는 관계.

そうそふ【曾祖父】 증조부(曾祖父); 증조할아버지.

そうそぼ【曾祖母】 증조모(曾祖母); 증조할머니.

そうだ【操舵】(スル하) 조타(操舵). ♦操舵手 조타수.

そうたい【早退】(スル하) 조퇴(早退).

そうたい【相対】(スル하) 상대(相對). ♦相対性理論 상대성 이론. 相対的 상대적. 相対的な見方 상대적인 관점.

そうたい【総体】 ❶총체(總體); 전체(全體). ❷〔副詞的に〕대체(大體)로; 일반적(一般的)으로.

そうだい【壮大】ダ 장대(壯大)하다. ‖壮大な計画 장대한 계획.

ぞうだい【増大】(スル하) 증대(增大).

そうだち【総立ち】 전부(全部)가 일어남. ‖聴衆は総立ちになって喝采した 청중은 전부 일어나 박수를 보냈다.

そうだつ【争奪】(スル하) 쟁탈(爭奪). ♦争奪戦 쟁탈전.

*__そうだん__【相談】(スル하) 상담(相談). ‖旅行の日程を相談する 여행 일정을 상담하다. 相談に乗る 상담에 응하다. 相談相手 상담 상대. 身の上相談 신상 상담.

そうち【送致】(スル하) 송치(送致).

そうち【装置】(スル하) 장치(裝置). ♦安全装置 안전 장치. 舞台装置 무대 장치.

ぞうち【増置】(スル하) 증설(增設).

ぞうちく【増築】(スル하) 증축(增築).

そうちゃく【装着】(スル하) 장착(裝着). ‖チェーンをタイヤに装着する 체인을 타이어에 장착하다.

そうちょう【早朝】 조조(早朝).

そうちょう【荘重】ダ 장중(莊重)하다. ‖荘重な音楽 장중한 음악.

そうちょう【総長】 총장(總長). ♦事務総長 사무 총장.

ぞうちょう【増長】 ‖増長する 거만해지다. 우쭐대다.

そうで【総出】 총출동(總出動). ‖一家総出 가족 총출동.

そうてい【装丁】(スル하) 장정(裝幀).

そうてい【想定】(スル하) 상정(想定).

そうてい【漕艇】 조정(漕艇).

ぞうてい【贈呈】(スル하) 증정(贈呈).

そうてん【争点】 쟁점(爭點).

そうてん【装塡】(スル하) 장전(裝塡). ‖大砲に弾を装塡する 대포에 포탄을 장전하다.

そうてん【蒼天】 창공(蒼空); 푸른 하늘.

そうでん【送電】(スル하) 송전(送電). ♦送電線 송전선.

そうでん【桑田】 뽕밭; 상전(桑田). ▸桑田変じて滄海と成る 상전벽해(桑田碧海).

*__そうとう__【相当】 ❶(スル하) 상당(相當). ‖時価3億円相当の不動産 시가 삼억 엔 상당의 부동산. ❷〔該当〕상응(相應); 해당(該當). ‖「ごちそうさまでした」に相当する韓国語は何ですか 「ごちそうさまでした」에 해당하는 한국어는 뭐예요? ❸〔かなり〕꽤; 무척; 상당히. ‖彼, 相当疲れた 그 사람 상당히 피곤하다. 相当な数の人 상당한 수의 사람.

そうとう【総統】 총통(總統).

そうどう【騒動】 소동(騷動). ‖騒動が収まる 소동이 가라앉다.

ぞうとう【贈答】 ‖贈答する 물건이나 시구 등을 주고받다.

そうどういん【総動員】(スル하) 총동원(總動員).

そうとく【総督】 총독(總督).

そうなめ【総嘗め】 ❶(被害が)전체(全體)에 미침. ❷(賞などを)전부(全部) 받음.

そうなん【遭難】(スル하) 조난(遭難). ♦遭難者 조난자.

ぞうに【雑煮】 떡국.

そうにゅう【挿入】(スル하) 삽입(挿入). ♦挿入句 삽입구.

そうねん【壮年】 장년(壯年). ♦**壮年期** 장년기.
そうねん【想念】 상념(想念).
そうは【走破】 ㊋하 주파(走破).
*__そうば【相場】__ ❶시세(時勢); 시가(時價). ‖株式相場 주식 시세. ❷시세 변동(時勢變動)에 따른 차액(差額)을 얻으려는 투기(投機). ▸相場が決まっている 일반적인 평가가 정해져 있다.
そうはく【蒼白】ダ 창백(蒼白)하다. ‖顔面蒼白だ 얼굴이 창백하다.
ぞうはつ【増発】 ㊋하 증편(增便).
そうばな【総花】 ⦅說明⦆ 관계자 전원(關係者全員)에게 이익(利益)을 줌. ‖総花式の人事 수혜식 인사.
そうばん【早晩】 조만간(早晩間).
ぞうはん【造反】 ‖造反する 조직을 비판하다.
そうび【装備】 ㊋하 장비(裝備). ♦**重装備** 중장비.
そうびょう【躁病】 조증(躁症).
そうびょう【宗廟】 종묘(宗廟).
ぞうびん【増便】 ㊋하 증편(增便).
そうふ【送付】 ㊋하 송부(送付).
ぞうふ【臓腑】 내장(內臟); 오장육부(五臟六腑).
そうふう【送風】 ㊋하 송풍(送風). ♦**送風機** 송풍기.
そうふく【僧服】 승복(僧服).
ぞうふく【増幅】 ㊋하 증폭(增幅). ♦**増幅器** 증폭기.
ぞうぶつ【贓物】 장물(贓物).
ぞうぶつしゅ【造物主】 조물주(造物主).
ぞうへいきょく【造幣局】 조폐국(造幣局).
そうへき【双璧】 쌍벽(雙璧). ‖双璧をなす 쌍벽을 이루다.
そうべつ【送別】 ㊋하 송별(送別). ♦**送別会** 송별회.
そうほ【相補】 ㊋하 상보(相補).
ぞうほ【増補】 ㊋하 증보(增補). ♦**改定増補** 개정 증보.
そうほう【双方】 쌍방(雙方). ‖双方の意見を聞く 쌍방의 의견을 듣다.
そうほう【奏法】 주법; 연주법(演奏法).
そうほうこう【双方向】 쌍방향(雙方向).
そうほん【草本】 초본(草本).
ぞうほん【蔵本】 장서(藏書).
そうほんざん【総本山】 총본산(總本山).
そうまくり【総捲り】 전체(全體)를 비평(批評)하거나 폭로(暴露)함.
そうまとう【走馬灯】 주마등(走馬燈).
そうむ【双務】 쌍무(雙務). ♦**双務契約** 쌍무 계약.
そうむ【総務】 총무(總務). ♦**総務部** 총무부.
そうめい【聡明】ダ 총명(聰明)하다.
そうめん【素麺】 소면(素麵).
そうもく【草木】 초목(草木). ♦**山川草木** 산천초목.
そうゆ【送油】 ㊋하 송유(送油). ♦**送油管** 송유관.
ぞうよ【贈与】 ㊋하 증여(贈與). ♦**贈与税** 증여세.
そうよく【双翼】 쌍익(雙翼).
そうらん【奏覧】 ‖奏覧する 천왕에게 보이다.
そうらん【総覧】 총람(總覽).
そうらん【騒乱】 소란(騷亂).
そうり【総理】 ❶총리(總理). ❷〔内閣総理大臣〕총리.
ぞうり【草履】 짚신. ♦**草履虫** 짚신벌레.
そうりだいじん【総理大臣】 총리 대신(總理大臣).
*__そうりつ【創立】__ ㊋하 창립(創立). ‖大学を創立する 대학을 창립하다. ♦**創立記念日** 창립 기념일.
そうりょ【僧侶】 승려(僧侶).
そうりょう【送料】 우송료(郵送料); 송료.
そうりょう【総量】 총량(總量).
ぞうりょう【増量】 ㊋하 증량(增量).
そうりょうじ【総領事】 총영사(總領事).
そうりょく【総力】 총력(總力). ‖総力を上げる 총력을 기울이다. ♦**総力戦** 총력전.
ぞうりん【造林】 ㊋하 조림(造林).
ソウル【soul】 혼(魂); 정신(精神). ♦ソウルミュージック 솔 뮤직.
そうるい【走塁】 ㊋하 주루(走壘).
そうるい【藻類】 조류(藻類).
そうれい【壮麗】ダ 장려(壯麗)하다.
そうれい【葬礼】 장례식(葬禮式).
そうれつ【壮烈】ダ 장렬(壯烈)하다. ‖壮烈な最期 장렬한 최후.
そうれつ【葬列】 장례 행렬(葬禮行列).
そうろ【走路】 주로(走路); 달리는 코스.
そうろう【早漏】 조루(早漏).
そうろん【総論】 총론(總論).
そうわ【挿話】 삽화(揷話).
そうわ【総和】 총화(總和).
ぞうわい【贈賄】 ㊋하 증회(贈賄); 증뢰(贈賂).
そうわき【送話器】 송화기(送話器).
そえる【添える】 ❶〔付け足す〕첨부(添附)하다; 덧붙이다. ❷〔付き添わせる〕딸려 보내다; 따라가게 하다.
そえん【疎遠】ダ 소원(疏遠)하다. ‖疎遠な関係 소원한 관계.
ソーサー【saucer】 컵 등의 받침.
ソース【sauce】 소스. ‖トマトソース 토마토 소스.
ソース【source】 소스; 출처(出處). ‖ニュースソース 뉴스 출처.
ソーセージ【sausage】 소시지.
ソーダ【soda オ】 ❶탄산(炭酸); 소다.

❷〔ソーダ水〕소다수.
ソーホー【SOHO】 소호.
そがい【阻害】 ㊜하 저해(沮害). ‖発展を阻害する 발전을 저해하다.
そがい【疎外】 ㊜하 소외(疏外). ‖仲間から疎外される 친구들로부터 소외당하다. 疎外感 소외감.
そかく【組閣】 ㊜하 조각(組閣).
そきゅう【遡及】 ㊜하 소급(遡及).
そく【即】 ❶즉(卽). ‖色即是空 색즉시공. ❷〔副詞的に〕바로; 곧. ‖即実行しろ 바로 실행해라.
-そく【足】 〔履き物を数える単位〕…켤레. ‖靴下 2 足 양말 두 켤레.
そぐ【削ぐ】 ❶(斜めに)깎다. ‖丸太をそぐ 통나무를 깎다. ❷줄이다; 약화(弱化)시키다. ‖集中力をそぐ 집중력을 약화시키다.
そくい【即位】 ㊜하 즉위(卽位).
そくいん【惻隠】 측은(惻隱). ‖惻隠の情 측은지심.
そくおう【即応】 ㊜하 즉응(卽應).
そくおん【促音】 (日本語の)촉음(促音).
ぞくご【俗語】 속어(俗語).
そくざ【即座】 그 자리; 즉석(卽席). ‖即座に回答する 그 자리에서 대답하다.
そくし【即死】 ㊜하 즉사(卽死).
そくじ【即時】 즉시(卽時).
そくじつ【即日】 즉일(卽日); 당일(當日); 바로 그날.
ぞくしゅつ【続出】 ㊜하 속출(續出).
ぞくしょう【俗称】 속칭(俗稱).
そくしん【促進】 ㊜하 촉진(促進). ♦販売促進 판매 촉진.
ぞくじんしゅぎ【属人主義】 속인주의(屬人主義).
ぞくす(る)【属す(る)】 속하다; 소속(所屬)하다. ‖野球部に属しています 야구부에 소속해 있습니다. クジラは哺乳類に属する 고래는 포유류에 속한다.
そくする【則する】 따르다; 준거(準據)하다. ‖前例に則する 전례에 따르다.
ぞくせ【俗世】 속세(俗世).
そくせい【仄声】 (言語) 측성(仄聲).
そくせい【促成】 ㊜하 촉성(促成). ♦促成栽培 속성 재배.
そくせい【速成】 ㊜하 속성(速成). ‖通訳を速成する 통역가를 속성하다.
ぞくせい【属性】 속성(屬性).
そくせき【足跡】 족적(足跡). ‖足跡を残す 족적을 남기다.
そくせき【即席】 즉석(卽席); 인스턴트. ‖即席ラーメン 인스턴트 라면.
そくせんりょく【即戦力】 説明 바로 싸울 수 있는 능력(能力).
ぞくぞく 오싹오싹. ‖寒さで体がぞくぞくする 추위로 몸이 오싹오싹하다. 背筋がぞくぞくするような興奮を味わう 등골이 오싹해지는 흥분을 맛보다.
ぞくぞくと【続続と】 속속(續續); 계속(繼續)해서.
そくたつ【速達】 속달(速達).
ぞくちしゅぎ【属地主義】 속지주의(屬地主義).
ぞくっぽい【俗っぽい】 통속적(通俗的)이다.
そくてい【測定】 ㊜하 측정(測定). ‖距離を測定する 거리를 측정하다. ♦測定値 측정치.
***そくど【速度】** 속도(速度). ‖速度が遅い 속도가 느리다. 速度を上げる 속도를 내다. ♦最高速度 최고 속도. 速度制限 속도 제한.
そくとう【即答】 ㊜하 즉답(卽答).
ぞくとう【続投】 ㊜하 속투(續投).
そくばい【即売】 ‖即売する 그 자리에서 팔다.
***そくばく【束縛】** ㊜하 속박(束縛). ‖自由を束縛する 자유를 속박하다. 時間を束縛される 시간을 속방당하다.
ぞくぶつ【俗物】 속물(俗物). ♦俗物根性 속물 근성.
そくぶつてき【即物的】 즉물적(卽物的).
ぞくへん【続編】 속편(續篇).
そくほう【速報】 ㊜하 속보(速報). ‖選挙の速報 선거 속보.
ぞくほう【続報】 ㊜하 속보(續報).
そくめん【側面】 ❶측면(側面). ‖立方体の側面 정육면체의 측면. 側面からの援助 측면으로부터의 원조. ❷〔ある一面〕한쪽 면; 일면(一面).
そくりょう【測量】 ㊜하 측량(測量). ♦測量法 측량법.
そくりょく【速力】 속력(速力). ‖速力を上げる 속력을 내다. 全速力で走る 전속력으로 달리다.
そぐわない 어울리지 않다; 걸맞지 않다.
そげき【狙撃】 ㊜하 저격(狙擊). ♦狙撃手 저격수. 狙撃兵 저격병.
ソケット【socket】 소켓.
そげる【削げる】 깎이다; 깎은 것처럼 되다.
そけん【素見】 소견(素見).
***そこ【底】** ❶밑; 바닥. ‖海の底 바다 밑. 鍋の底 냄비 바닥. ❷속. ‖心の底 마음속. ▸底が割れる 의도 등이 드러나다. ▸底を突く 바닥나다.
***そこ【其処】** ❶거기. ‖そこまで歩いていった 거기까지 걸어갔다. そこで待って 거기서 기다려. ❷그 점(點); 그 부분(部分). ‖そこをどうにかしてください 그 점을 어떻게 해 주십시오.
そこう【素行】 소행(素行).
そこう【粗鋼】 조강(粗鋼).
そこく【祖国】 조국(祖國).
そこここ 여기저기; 이곳 저곳.

そこしれない【底知れない】 깊이를 알 수 없다; 정도(程度)가 심하다. ‖底知れない実力 깊이를 알 수 없는 실력. 대단한 실력.

そこそこ ❶하는 둥 마는 둥. ‖飯もそこそこに出かけた 밥도 먹는 둥 마는 둥 하고 나갔다. ❷그런대로. ‖注文もそこそこ来るようになった 그런대로 주문도 오게 되었다.

-そこそこ …정도(程度); …될까 말까 한. ‖20歳そこそこの青年 스무 살 정도의 청년.

そこぢから【底力】 저력(底力). ‖底力を発揮する 저력을 발휘하다.

そこで ❶〔それで〕그래서; 그러므로. ❷〔ところで〕그런데.

そこなう【損なう】 ❶망가뜨리다; 상처(傷處)를 입히다. ❷해치다; 상하게 하다. ‖健康を損なう 건강을 해치다. ❸… 기회(機會)를 놓치다. ‖聞き損なう 들을 기회를 놓치다.

そこぬけ【底抜け】ダ ❶밑이 빠지다. ‖底抜けの樽 밑이 빠진 통. ❷〔だらしない〕칠칠치 못하다. ❸정도(程度)가 심하다; 한없다. ‖底抜けに明るい 한없이 밝다.

そこね【底値】 최저 가격(最低價格).

そこねる【損ねる】 =損なう.

そこはかとなく 어디선가; 뭔지 모르지만. ‖花がそこはかとなくにおう 어디선가 꽃 향기가 난다.

そこびえ【底冷え】 뼛속까지 추움 또는 그런 추위.

そこびきあみ【底引き網】 저인망(底引網).

そこら 그 근처(近處); 그쯤. ‖そこらにある 그 근처에 있다.

そこわれ【底割れ】 ‖底割れする (景気·株価などが)좋지 않은 상태에서 더 나빠지다.

そざい【素材】 소재(素材).

そざつ【粗雑】ダ 조잡(粗雜)하다.

そさん【粗餐】 변변치 못한 식사(食事).

そし【阻止】 (스하) 저지(沮止).

そし【祖師】 (說明) 종파(宗派)를 세운 사람.

そじ【素地】 소지(素地).

ソシアルダンス【social dance】 사교(社交) 댄스.

***そしき**【組織】 (스하) 조직(組織). ‖組合を組織する 조합을 조직하다. ♦会社組織 회사 조직. 社会組織 사회 조직. 組織化 (스하) 조직화. 組織的 조직적. 組織的な企み 조직적인 음모. 組織的な活動 조직적인 활동.

そしつ【素質】 소질(素質). ‖音楽の素質 음악의 소질.

そして 그리고.

そしな【粗品】 (說明) 변변치 못한 물건.

そしゃく【咀嚼】 (스하) 저작(咀嚼).

***そしょう**【訴訟】 (스하) 소송(訴訟). ‖訴訟を起こす 소송을 걸다. ♦民事訴訟 민사 소송.

そじょう【訴状】 소장(訴狀).

そしょく【粗食】 (스하) 조식(粗食).

そしらぬ【そ知らぬ】 모르는 체하는; 시치미를 떼는. ‖そしらぬ顔で 모르는 체하고.

そしり【謗り】 악담(惡談); 비난(非難). ‖そしりを免れない 비난받아 마땅하다.

そしる【謗る】 비난(非難)하다.

そすう【素数】 소수(素數).

そせい【組成】 (스하) 조성(組成). ♦組成式 조성식.

そせい【蘇生】 (스하) 소생(蘇生).

そぜい【租税】 조세(租稅); 세금(稅金).

そせいらんぞう【粗製乱造】 조잡(粗雜)한 물건을 많이 만듦.

そせき【礎石】 초석(礎石).

そせん【祖先】 선조(先祖).

そそ【楚楚】 청초(淸楚). ‖楚々とした美しさ 청초한 아름다움.

そそう【粗相】 ❶실수(失手); 잘못. ‖粗相のないように気をつける 실수하지 않도록 조심하다. ❷대변(大便)이나 소변(小便)을 지림.

そそぐ【注ぐ】 ❶붓다; 따르다. ‖コップにビールを注ぐ 컵에 맥주를 따르다. ❷집중(集中)하다; 쏟다; 기울이다. ‖注意を注ぐ 주의를 기울이다. ❸〔流れ込む〕흘러들다. ‖東京湾に注ぐ川 동경만으로 흘러드는 강.

そそぐ【雪ぐ】 씻다; 설욕(雪辱)하다. ‖屈辱を雪ぐ 설욕하다.

そそくさと 허둥지둥; 조급(早急)히.

そそっかしい 덜렁대다; 덜렁거리다.

そそのかす【唆す】 부추기다.

そそる 자극(刺戟)하다; 자아내다; 돋우다. ‖好奇心をそそる 호기심을 자극하다. 興味をそそる 흥미를 자아내다. 食欲をそそる 식욕을 돋우다.

そぞろ【漫ろ】 ❶〔落ち着かない様子〕‖気もそぞろに 마음이 들떠. ❷〔なんとなく〕어쩐지; 공연(公然)히; 절로.

そだいごみ【粗大ごみ】 대형(大型) 쓰레기.

そだち【育ち】 ❶성장(成長). ❷자란 환경; 가정환경(家庭環境). ‖育ちがいい 가정환경이 좋다. ❸…에서 자람. ‖東京育ち 동경에서 자람.

そだちざかり【育ち盛り】 한창 자랄 때.

***そだつ**【育つ】 자라다; 성장(成長)하다. ‖私は田舎で育った 나는 시골에서 자랐다. 厳格な家庭で育つ 엄격한 가정에서 자라다.

そだてあげる【育て上げる】 키우다; 키워 내다.

***そだてる**【育てる】 ❶키우다; 기르다.

‖子どもを育てる 애를 키우다. 朝顔を育てる 나팔꽃을 키우다. ひよこを育てる 병아리를 기르다. ❷양성(養成)하다; 가르치다. ‖後継者を育てる 후계자를 양성하다.

そち【措置】 ⓢ하 조치(措置). ‖適切に措置する 적절하게 조치하다.

そちら【其方】 ❶〔方角〕그쪽. ❷〔場所〕거기. ❸〔二人称〕당신(當身).

そつ ❶실수(失手). ‖そつがない 실수가 없다. ❷낭비(浪費).

そつ【卒】 ❶졸; 졸병(卒兵). ❷…졸. ‖大学卒 대졸.

そつい【訴追】 ⓢ하 소추(訴追).

そつう【疎通】 ⓢ하 소통(疏通). ‖意思の疎通 의사소통.

そつえん【卒園】 (保育園·幼稚園などを)졸업(卒業)함.

ぞっかく【属格】 속격(屬格); 소유격(所有格).

そっき【速記】 ⓢ하 속기(速記). ♦**速記録** 속기록. **速記者** 속기사. **速記術** 속기술.

そっきゅう【速球】 속구(速球).

そっきょう【即興】 즉흥(卽興). ♦**即興曲** 즉흥곡. **即興詩** 즉흥시. **即興的** 즉흥적. 即興的に歌う 즉흥적으로 노래하다.

***そつぎょう**【卒業】 ⓢ하 졸업(卒業). ‖兄は法学部を卒業した 오빠는[형은] 법대를 졸업했다. 彼は高校を首席で卒業した 그 사람은 고등학교를 수석으로 졸업했다. もう漫画は卒業した 이제 만화는 졸업했다. ♦**卒業式** 졸업식. **卒業生** 졸업생. **卒業論文** 졸업 논문.

そっきん【側近】 측근(側近).

そっきん【即金】 맞돈; 현금(現金).

ソックス【socks】 양말(洋襪).

そっくり ❶〔非常に似ている〕빼닮음. ‖母親にそっくりな娘 어머니를 빼닮은 딸. ❷〔副詞的に〕전부(全部). ‖そっくり譲る 전부 양보하다.

そっくりかえる【反っくり返る】 ❶몸을 뒤로 젖히다. ‖子どもがそっくり返って泣く 아이가 몸을 뒤로 젖히고 울다. ❷〔偉そうにする〕으스대다; 뻐기다; 거들먹거리다.

そっけつ【即決】 ⓢ하 즉결(卽決).

そっけつ【速決】 ⓢ하 속결(速決).

そっけない【素っ気無い】 쌀쌀맞다; 매정하다; 무뚝뚝하다. ‖そっけない返事 쌀쌀맞은 대답. そっけない態度 무뚝뚝한 태도.

そっこう【即効】 즉효(卽效). ♦**即効薬** 즉효약.

そっこう【速攻】 ⓢ하 속공(速攻).

そっこう【速効】 즉효(卽效).

そっこう【測候】 측후(測候). ♦**測候所** 측후소.

ぞっこう【続行】 ⓢ하 속행(續行).

そっこく【即刻】 즉각(卽刻).

ぞっこく【属国】 속국(屬國).

ぞっこん 마음속으로부터; 홀딱. ‖ぞっこん惚れた人 홀딱 반한 사람.

そっせん【率先】 ⓢ하 솔선(率先). ♦**率先垂範** 솔선수범.

そっち【其方】 =そちら.

そっちのけ【其方退け】 제쳐 놓음. ‖勉強はそっちのけで遊ぶ 공부는 제쳐 놓고 놀다.

***そっちょく**【率直】ダ 솔직(率直)하다. ‖率直な人柄 솔직한 인품. 率直に言う 솔직하게 이야기하다.

***そっと** ❶〔注意深く〕조용히; 가만히. ‖そっとなでてみる 가만히 쓰다듬어 보다. ❷〔こっそり〕몰래; 살짝. ‖そっと涙を拭く 몰래 눈물을 닦다. ❸〔触れない〕‖そっとしておく 그대로 두다.

ぞっと 오싹. ‖思い出してもぞっとする体験 생각만 해도 오싹해지는 체험.

そっとう【卒倒】 ⓢ하 졸도(卒倒).

そつなく 실수(失手) 없이.

そっぽ【外方】 다른 쪽. ▸そっぽを向く 무시하다. 모르는 체하다.

そつろん【卒論】 졸업 논문(卒業論文).

そで【袖】 ❶소매. ❷(机など)물건(物件)의 양(兩) 옆에 붙어 있는 것. ▸袖振り合うも多生の縁 옷깃이 스치는 것도 인연. ▸袖を通す 옷을 입다.

そてい【措定】 ⓢ하 조정(措定).

ソテー【sauté フ】 소테.

そでぐち【袖口】 소맷부리.

そでたけ【袖丈】 소매 길이.

そでなし【袖無し】 소매가 없는 옷; 민소매.

***そと**【外】 ❶바깥. ‖球がコートの外に出る 공이 코트 바깥으로 나가다. 外は寒い 바깥은 춥다. ❷밖. ‖窓の外を眺める 창밖을 내다보다. 外に出て遊びなさい 밖에 나가서 놀아라. 外で食事を済ませる 밖에서 식사를 하다. 秘密が外に漏れる 비밀이 밖으로 새다. 感情がすぐ外に出る 감정이 금세 밖으로 드러나다. ❸겉. ‖不満を外に表わす 불만을 겉으로 드러내다. 関心の外 관심 밖.

そとう【粗糖】 ⓢ説明 정제(精製)하지 않은 설탕(雪糖).

そとおもて【外表】 ⓢ説明 (布·紙などを) 표면(表面)이 밖으로 향하게 접는 것.

そとがわ【外側】 바깥; 바깥쪽.

そどく【素読】 ‖素読する 소리 내어 읽다.

そとぜい【外税】 ⓢ説明 가격(價格)에 포함(包含)되지 않은 소비세(消費稅).

そとづら【外面】 남을 대하는 태도(態度). ‖外面のいい人 태도가 상냥한 사람.

そとのり【外法】 바깥치수(置數).

そとびらき【外開き】 (門などが)바깥쪽으로 열림.

そとぼり【外堀】 외호(外濠). ▸外堀を埋める 목적을 달성하기 위해 먼저 주변의 장애물을 제거하다.

そとまご【外孫】 외손자(外孫子).

そとまた【外股】 팔자걸음.

そとまわり【外回り】 ❶건물(建物)의 주위(周圍). ❷(円・円弧などの)바깥쪽을 돎. ❸외근(外勤).

そとみ【外見】 외견(外見).

そとわく【外枠】 ❶바깥쪽 틀. ❷할당(割當)된 것 이외(以外)의 수(數).

そなえ【供え】 (神仏に)바침 또는 바치는 것. ♦供え物 공물. 제물.

そなえ【備え】 준비(準備); 대비(對備). ▸備え有れば憂い無し 유비무환(有備無患).

そなえつけ【備え付け】 비치(備置)함 또는 그 물품(物品). ‖備え付けの家具 비치된 가구.

そなえつける【備え付ける】 비치(備置)하다; 설치(設置)하다. ‖消火器を備え付ける 소화기를 설치하다.

そなえる【供える】 (神仏に)바치다.

*そなえる【備える】 ❶준비(準備)하다; 대비(對備)하다. ‖将来に備える 장래에 대비하다. 試験に備えて猛勉強する 시험에 대비해서 열심히 공부하다. ❷설치(設置)하다; 비치(備置)하다. ‖各教室にビデオが備えられている 각 교실에 비디오가 설치되어 있다. ❸갖추다. ‖資質を備える 자질을 갖추다.

ソナタ【sonata イ】 소나타. ‖ピアノソナタ 피아노 소나타.

そなわる【備わる】 ❶준비(準備)가 되어 있다. ❷갖추어져 있다. ‖最新設備が備わった研究室 최신 설비가 갖추어진 연구실.

*その【其の】 ❶그; 그것. ‖その本は誰のですか 그 책은 누구 것입니까? ‖そのことはもう解決ずみです 그 일은 벌써 해결되었습니다. ❷〔言葉につまったり言いよどんだりした時につなぎに発する言葉〕그; 저.

その【園】 ❶원; 정원(庭園). ‖花園 화원. ❷(何かが行なわれる)장소(場所). ‖学びの園 배움터.

そのうえ【其の上】 게다가; 더욱. ‖彼は頭がよくてその上スポーツもできる 그 사람은 머리가 좋고 게다가 운동도 잘한다.

そのうち【其の内】 머지않아; 곧. ‖そのうち分かるだろう 곧 알게 되겠지.

そのかわり【其の代わり】 그 대신(代身).

そのくせ【其の癖】 그러면서도; 그런데도.

そのご【其の後】 ❶그 후; 이후(以後). ❷〔副詞的に〕그 후에; 이후에; 그 후로.

そのせつ【其の節】 그때. ‖その節はお世話になりました 그때는 신세 많이 졌습니다.

そのた【其の他】 그 외(外); 기타(其他).

そのて【其の手】 그 방법(方法); 그 수법(手法).

そのとおり【其の通り】 그대로; 그러함; 그러한; 그렇다; 그러네; 그러하다. ‖そのとおりだ 그렇다! 予定表を作ってそのとおりに行動する 예정표를 작성하여 그대로 행동하다.

そのば【其の場】 ❶〔場所〕그 자리; 그 장소(場所). ❷〔時〕그때. ▸其の場限り 그때뿐. ▸その場しのぎ 임시방편. ▸その場逃れ 임시방편.

そのひぐらし【其の日暮らし】 ❶(貧しくて)하루 벌어 하루 사는 생활(生活). ❷〔無計画〕장래(將來)에 대한 계획(計劃) 없이 지내는 것.

そのまま【其の儘】 ❶그대로. ❷〔副詞的に〕…자마자; 바로. ‖帰るなりそのまま倒れた 돌아오자마자 쓰러졌다.

そのむかし【其の昔】 먼 옛날.

そのもの【其の物】 바로 그것; 그 자체(自體). ‖青春そのものだった 청춘 그 자체였다. 計画そのものに無理があった 계획 그 자체에 무리가 있었다.

*そば【側】 ❶옆; 근처(近處). ‖交番は公園のそばにある 파출소는 공원 옆에 있다. 駅のそばの銀行 역 옆에 있는 은행. ❷〔…そばからの形で〕…직후(直後); …자마자; 곧. ‖聞くそばから忘れる 듣자마자 잊어 버리다.

そば【蕎麦】 메밀; 메밀국수. ♦蕎麦殻 메밀 껍질. 蕎麦粉 메밀가루.

そばかす【雀斑】 주근깨.

そばだてる【欹てる】 주의(注意)를 기울이다. ‖他人の話に耳をそばだてる 다른 사람 이야기에 귀를 기울이다.

そびえたつ【聳え立つ】 우뚝 솟다. ‖そびえ立つ都会のビル群 우뚝 솟은 도시의 빌딩들.

そびえる【聳える】 높이 솟다.

そびょう【素描】 ㊇하 소묘(素描).

-そびれる …기회(機會)를 놓치다. ‖言いそびれる 말할 기회를 놓치다.

そふ【祖父】 조부(祖父); 할아버지.

ソファー【sofa】 소파.

ソフト【soft】 소프트. ♦ソフトウエア (IT) 소프트웨어. ソフトクリーム 소프트크림. ソフトドリンク 소프트드링크. ソフトボール 소프트볼.

そふぼ【祖父母】 조부모(祖父母).

ソプラノ【soprano イ】 소프라노.

そぶり【素振り】 기색(氣色). ‖彼女は嫌な素振りも見せなかった 그녀는 싫은 기색도 보이지 않았다.

そぼ【祖母】 조모(祖母); 할머니.

そぼう【粗暴】 ダ 거칠다; 난폭(亂暴)하

다. ‖粗暴なふるまい 난폭한 행동.
そぼく【素朴】ダ 소박(素朴)하다. ‖素朴な生活 소박한 생활.
そぼろ 생선이나 고기 등을 잘게 볶은 식품(食品).
*そまつ【粗末】ダ ❶조잡(粗雜)하다; 허술하다; 변변치 못하다. ‖粗末な着物 변변치 못한 옷. ❷소홀(疏忽)하다. ‖親を粗末にする 부모를 홀대하다.
ソマリア【Somalia】《国名》 소말리아.
そまる【染まる】 ❶물들다; 염색(染色)이 되다. ❷(よくないものに)물들다. ‖悪に染まる 악에 물들다.
そみつ【粗密】ダ 조밀(粗密)하다.
そむく【背く】 ❶등을 돌리다; 배신(背信)하다; 반역(反逆)하다; 저버리다. ‖期待に背く 기대를 저버리다. ❷위반(違反)하다. ‖規則に背く 규칙을 위반하다.
そむける【背ける】(目·顔などを)돌리다. ‖顔を背ける 얼굴을 돌리다.
ソムリエ【sommelier フ】 소믈리에.
-ぞめ【初め】 처음 함. ‖書き初め 신춘 휘호.
そめもの【染め物】 염색을 함; 염색물(染色物).
そめる【染める】 염색(染色)하다; 물들이다. ‖髪を茶色に染める 머리를 갈색으로 염색하다.
そもそも【抑抑】 ❶처음; 시작(始作). ❷〔副詞的に〕처음부터; 애초에; 원래(元來). ‖そもそも間違っている 처음부터 틀렸다.
そや【粗野】ダ 거칠고 천하다.
そよう【素養】 소양(素養). ‖音楽の素養がある 음악에 소양이 있다.
そよかぜ【微風】 미풍(微風).
そよそよ 산들산들; 솔솔. ‖風がそよそよ(と)吹く 바람이 산들산들 불다.
そら 〔注意の喚起·指示〕자; 저런; 그 봐. ‖そら見ろ 자 봐.
*そら【空】 ❶하늘; 공중(空中). ‖夜空に輝く星 밤하늘에 반짝이는 별. 空高く舞い上がる 하늘 높이 날아오르다. ❷〔天気〕날씨. ❸〔暗記〕외우고 있음. ‖空で言う 외워서 말하다. ❹심경(心境); 마음. ❺멀리 떨어진 곳. ‖異国の空 이국 땅. ❻왠지; 어쩐지. ‖空恥ずかしい 왠지 부끄럽다. ❼거짓. ‖空寝 거짓 잠. ▸空飛ぶ鳥も落とす勢い 나는 새도 떨어뜨릴 기세.(諺)
そらいろ【空色】 ❶〔色〕하늘색. ❷〔空模様〕날씨.
そらおぼえ【空覚え】 ❶암기(暗記). ❷〔うろ覚え〕확실(確實)치 않은 기억(記憶).
そらごと【空言】 거짓말. ‖空言を言う 거짓말을 하다.
そらす【反らす】 뒤로 젖히다.
そらす【逸らす】 ❶돌리다; 빗나가게 하다. ‖話題を逸らす 화제를 돌리다. ❷기분(氣分)을 상하게 하다. ‖人を逸らさない話術 기분을 상하게 하지 않는 화술.
そらぞらしい【空空しい】 빤히 보이다; 진실성(眞實性)이 없다.
そらとぼける【空惚ける】 시치미를 떼다.
そらなき【空泣き】 ‖空泣きする 우는 시늉을 하다.
そらなみだ【空涙】 거짓 울음.
そらに【空似】 ‖他人の空似 혈연관계가 아님에도 닮았음.
ソラマメ【空豆】 잠두(蠶豆); 누에콩.
そらみみ【空耳】 안 들리는 척함; 못 들은 척함.
そらもよう【空模様】 ❶〔天気〕날씨. ❷〔事の成り行き〕일의 형세(形勢); 추이(推移).
そり【反り】 ❶휨; 휜 정도(程度). ❷칼의 휜 정도. ▸反りが合わない 성격이 안 맞다.
そり【橇】 썰매.
そりかえる【反り返る】 ❶(ものが)심하게 휘다. ❷(いばって)몸을 뒤로 젖히다.
そりゅうし【素粒子】 소립자(素粒子).
そる【反る】 ❶(ものが)활처럼 휘다. ❷(体が)뒤로 젖혀지다.
そる【剃る】 (ひげ·髪の毛などを)깎다; 밀다. ‖ひげを剃る 수염을 깎다.
それ 〔注意の喚起·指示〕자.
*それ【其れ】 ❶그것; 그거. ‖それは何ですか 그것이 무엇입니까? 一体それはいつの話ですか 도대체 그것은 언제적 이야기입니까? 結婚するんだってね. それ誰に聞いたの 결혼한다면서? 그거 누구한테 들었어? それは僕のだ 그건 내 거야. ❷〔その時〕그날; 그때. ‖それ以来彼に会っていない 그날로 이후 그 사람과는 못 만났다. それまでは旧式の機械を使っていた 그때까지는 구식 기계를 쓰고 있었다.
それから【其れから】 그리고; 그 후(後); 그 뒤; 그 다음. ‖顔を洗って, それからご飯を食べる 얼굴을 씻고 그리고 밥을 먹다. それからアイスクリームも買って来てね 그리고 아이스크림도 사 가지고 와. それからが大変だ 그 다음부터가 힘들다.
それきり【其れ切り】 ❶그것뿐; 그것만. ❷〔それを最後に〕그걸 마지막으로. ‖それきり挨拶にも来ない 그걸 마지막으로 인사하러도 안 온다.
それこそ【其れこそ】 그야말로; 그것이야말로.
それじたい【其れ自体】 그 자체(自體). ‖発想それ自体に問題がある 발상 그 자체에 문제가 있다.
それぞれ【其れ其れ】 ❶각각(各各); 각

자(各自). ‖それぞれが十分注意すること 각자가 충분히 주의할 것. ❷〔副詞的に〕각각; 각자. ‖どの作品にもそれぞれ特色がある 어느 작품에도 각각 특색이 있다.

それだけ【其れだけ】 ❶그걸로 전부(全部); 그것뿐. ‖私がほしかったのはそれだけだ 내가 원했던 것은 그것뿐이다. ❷그 정도(程度). ❸그만큼. ‖年をとるとそれだけ疲れやすくなる 나이를 먹으면 그만큼 쉬 피곤해진다.

それで【其れで】 그러므로; 그래서. ‖それで私は行けなかった 그래서 나는 못 갔다.

それでいて【其れでいて】 그런데도; 그럼에도 불구하고; 그러면서도.

それでも 그래도. ‖風はやんだ. それでも外は寒い 바람은 그쳤다. 그래도 바깥은 춥다. それでもびりではない 그래도 꼴찌는 아니다.

それどころか【其れ処か】 오히려; 그건 고사하고. ‖今日中に終わらせるつもりだったのに, それどころかまだ半分もやっていない 오늘 안으로 끝낼 계획이었는데, 그건 고사하고 아직 반도 못 했다.

それとなく【其れとなく】 넌지시; 슬며시. ‖それとなく話を持ちかける 넌지시 이야기를 꺼내다.

それとも 그렇지 않으면; 아니면.

それなり【其れなり】 그뿐; 그 나름; 그런대로. ‖話はそれなりさ 얘기는 그뿐이야. それなりに面白かった 그런대로 재미있었다.

それに 게다가 ‖雨が降ってそれに風も吹いている 비가 오고 게다가 바람까지 불고 있다.

それにつけても【其れにつけても】 그것과 관련(關聯)해서. ‖それにつけても大変お世話になりました 그것과 관련해서 대단히 신세를 많이 졌습니다.

それはさておき【其れはさておき】 그런데; 그것은 그렇다고 치고.

それはそうと 그건 그렇고; 그건 그렇다치고.

それほど【其れ程】 그렇게; 그만큼; 그토록.

それゆえ【其れ故】 그런 이유(理由)로; 그러므로; 그래서. ‖彼女は無理な要求をしてきた. それゆえ私は断った 그녀는 무리한 요구를 해 왔다. 그래서 나는 거절했다.

それる【逸れる】 (目的・中心から)빗나가다; 벗어나다.

ソロ【solo イ】 솔로.

ゾロアスターきょう【Zoroaster 教】 조로아스터교; 배화교(拜火敎).

そろい【揃い】 ❶〔集まっている〕전부(全部) 모임[갖춤]. ❷〔同じであること〕전부 같음. ‖揃いの服 전부 같은 옷. ❸〔一組になっているものを数える語〕벌. ‖ひと揃い 한 벌. ❹〔…揃いの形で〕전부가 …(이)다; …만 있다. ‖力作揃いだ 전부가 역작이다. 美人揃いだ 미인만 모여 있다.

***そろう【揃う】** ❶한곳에 모이다. ‖全員が揃う 전원이 모이다. ❷일치(一致)하다; 고르다. ‖意見が揃う 의견이 일치하다. つぶが揃う 크기가 고르다. ❸갖추어지다. ‖条件が揃う 조건이 갖추어지다.

そろえる【揃える】 ❶〔集める〕모으다. ❷〔同じにする〕일치(一致)시키다. ❸갖추다. ‖資料を揃える 자료를 갖추다.

そろそろ ❶조용히; 가만히. ‖そろそろ(と)歩く 조용히 걷다. ❷슬슬. ‖そろそろ帰ろう 슬슬 가자. そろそろ暗くなる 슬슬 어두워지다.

ぞろぞろ ❶줄줄이. ‖ビルからぞろぞろ(と)出てくるサラリーマン 건물에서 줄줄이 나오는 샐러리맨. ❷질질. ‖裾をぞろぞろ(と)引きずる 옷자락을 질질 끌다.

そろばん【算盤】 주판(籌板). ♦算盤勘定 손익 계산. ▸算盤高い 타산적이다.

ソロモンしょとう【Solomon 諸島】 《国名》솔로몬.

そわそわ ‖そわそわ(と)落ち着かない 마음이 진정이 안 되다.

***そん【損】** ❶손; 손해(損害). ‖千円の損をする 천 엔을 손해 보다. ❷소득(所得)이나 보람이 없음. ‖損な役割 보람 없는 역할.

そんえき【損益】 손익(損益).

***そんがい【損害】** 손해(損害). ‖損害をこうむる 손해를 보다. ♦損害賠償 손해 배상. 損害保険 손해 보험.

***そんけい【尊敬】** (스하) 존경(尊敬). ‖尊敬する人物 존경하는 인물. 彼の父は偉大な芸術家として尊敬されている 그 사람의 아버지는 위대한 예술가로 존경받고 있다. 尊敬の念 존경심. ♦尊敬語 존경어.

そんげん【尊厳】 존엄; 존엄성(尊嚴性). ‖生命の尊厳 생명의 존엄성. ♦尊厳死 존엄사.

***そんざい【存在】** (스하) 존재(存在). ‖月には生物は存在しない 달에는 생물이 존재하지 않는다. 貴重な存在 귀중한 존재. 気になる存在 신경이 쓰이는 존재. 人類の存在を脅かすもの 인류의 존재를 위협하는 것. 存在感のある人 존재감이 있는 사람.

ぞんざいダ 거칠고 난폭(亂暴)하다. ‖ぞんざいな工事をする 날림 공사를 하다. 字をぞんざいに書く 갈겨쓰다. ぞんざいな口をきく 말을 함부로 하다.

ぞんじあげる【存じ上げる】 알다; 생각하다. ‖お名前はよく存じ上げております

존함은 익히 알고 있습니다.
そんしつ【損失】 손실(損失). ‖頭脳流出は国家的損失である 두뇌 유출은 국가적인 손실이다.
そんしょう【尊称】 존칭(尊稱).
そんしょう【損傷】 ㉻하 손상(損傷). ‖損傷を受ける 손상을 입다.
そんしょく【遜色】 손색(遜色). ‖遜色がない 손색이 없다.
そんじる【損じる】 ❶나쁘게 하다; 상하게 하다. ‖機嫌を損じる 기분을 상하게 하다. ❷줄이다. ‖利益を損じる 이익을 줄이다. ❸〔…損じるの形で〕잘못…하다. ‖書き損じる 잘못 쓰다.
ぞんじる【存じる】 알다; 생각하다.
そんぞく【存続】 ㉻하 존속(存續).
そんぞく【尊属】 존속(尊屬). ♦直系尊属 직계 존속.
そんだい【尊大】 ダ 거만(倨慢)하다. ‖尊大に構える 거만하게 굴다.
***そんちょう【尊重】** ㉻하 존중(尊重). ‖他人の意見を尊重する 다른 사람의 의견을 존중하다. 人命尊重の精神 인명을 존중하는 정신.
そんとく【損得】 손득(損得); 손익(損益).
そんな ❶그런. ‖そんな話は聞いたことがない 그런 얘기는 들어본 적이 없다. ❷〔度が過ぎるの意味で〕그럴 수가. ‖ええっそんな, あんまりだ 에, 그럴 수가 너무한다!
そんなに ❶그렇게; 그렇게까지. ‖そんなに夜遅くまで勉強したのか 그렇게 늦게까지 공부했어? ❷〔下に打ち消しの表現を伴って〕그다지. ‖メロンはそんなに好きではない 멜론은 그다지 좋아하지 않는다.
そんぱい【存廃】 존폐(存廢).
そんぴ【存否】 ❶존재 여부(存在與否). ❷안부(安否).
ぞんぶん(に)【存分(に)】 충분(充分)히; 마음껏; 실컷. ‖思う存分飲む 실컷 마시다.
そんぼう【存亡】 존망(存亡).
ぞんめい【存命】 ㉻하 존명(存命).
そんもう【損亡】 손실(損失); 손해(損害); 피해(被害).
そんらく【村落】 촌락(村落).
そんりつ【存立】 ㉻하 존립(存立). ‖存立の基盤が揺らぐ 존립 기반이 흔들리다.

た

た【田】 논. ‖田を耕す 논을 갈다.

た【他】 ❶타(他). ‖自他ともに認める 자타가 인정하다. ❷다른 것. ‖他の問題にとりかかる 다른 문제로 넘어가다.

た【多】 많음. ♦多人数 많은 사람.

だ【打】 (野球・ゴルフで)타(打). ♦犠牲打 희생타. 第一打 제일 타.

ターゲット【target】 타깃.

ダース【打】 …다스. ‖鉛筆 2 ダース 연필 두 다스.

ダーツ【dart】 (洋裁の)다트.

ダーツ【darts】 〔投げ矢〕다트.

タートルネック【turtleneck】 터틀넥.

ターバン【turban】 터번.

タービン【turbine】 터빈. ♦蒸気タービン 증기 터빈.

ターボ【turbo】 터보. ♦ターボジェットエンジン 터보제트 엔진.

ターミナル【terminal】 ❶터미널. ‖バスターミナル 버스 터미널. ❷(コンピューターで)단말기(端末機).

たい【体】 ❶〔身体〕몸. ‖体が浮く 몸이 뜨다. ❷형태(形態); 모양(模樣)새. ‖論文の体をなしていない 논문의 형태를 갖추지 못하다.

*たい【対】 ❶대(對). ‖東軍対西軍 동군 대 서군. 2 対 1 の割合 이 대 일의 비율. 対米政策 대미 정책. ❷대등(對等). ‖対で話す 대등하게 이야기하다.

たい【隊】 대(隊). ♦登山隊 등산대.

たい【他意】 타의(他意); 다른 뜻. ‖他意はない 다른 뜻은 없다.

タイ【鯛】 도미.

タイ【tie】 ❶넥타이. ‖タイを締める 넥타이를 매다. ❷타이. ‖タイ記録 타이 기록.

タイ【Thailand】 《国名》 타이; 태국(泰國).

*だい【大】 ❶큼; 많음; 뛰어남. ‖声を大にする 목소리를 크게 하다. 大なり小なり 크든 작든. ❷〔はなはだしい〕심함. ‖被害は大 피해가 심함. ▸大は小を兼ねる 큰 것은 작은 것을 대신할 수 있다. ❸대(大)…. ‖大学者 대학자. ♦大地震 대지진.

*だい【代】 ❶(家や位などの)계승 기간(繼承期間). ‖代が替わる 대가 바뀌다. ❷대금(代金); 요금(料金); 값. ‖洋服代 옷값. ❸《地》…대. ‖古生代 고생대. ❹…대. ‖80 年代 팔십 년대. アメリカ第 16 代大統領リンカーン 미국 제십육 대 대통령 링컨.

*だい【台】 ❶올라서는 받침. ‖箱を台にして本をとる 상자를 받치고 올라서서 책을 꺼내다. ❷…대(臺). ‖月産 1 万台 월 생산 만 대. ❸…대. 千円台 천엔대.

だい【題】 ❶제목(題目). ‖題をつける 제목을 붙이다. ❷주제(主題); 테마.

だい-【第】 제(第)…. ♦第一陣 제일진.

たいあたり【体当たり】 ‖体当たりする 몸으로 부딪치다. 전력을 다하다.

タイアップ【tie up】 ㊄하 제휴(提携).

ダイアローグ【dialogue】 다이얼로그.

たいあん【大安】 길일(吉日).

たいあん【対案】 대안(對案).

だいあん【代案】 대안(代案). ‖代案を示す 대안을 제시하다.

たいい【大尉】 대위(大尉).

たいい【大意】 대의(大意). ‖文章の大意 문장의 대의.

たいい【体位】 ❶체위(體位); 체력(體力). ‖体位の向上 체력 향상. ❷자세(姿勢). ‖楽な体位を取る 편안한 자세를 취하다.

たいいく【体育】 체육(體育). ♦体育館 체육관. 体育の日 체육의 날.

*だいいち【第一】 ❶최초(最初); 제일(第一) 먼저. ‖第一に飛び起きる 제일 먼저 일어나다. ❷제일. ‖健康が第一だ 건강이 제일이다. ❸최고(最高). ‖世界第一の彫刻家 세계 최고의 조각가. ❹〔副詞的に〕무엇보다 우선(于先). ‖この仕事は第一やる気がなければ仕方がない 이 일은 무엇보다 의욕이 없으면 안 된다.

だいいちいんしょう【第一印象】 첫인상(印象).

だいいちじさんぎょう【第一次産業】 제일차 산업(第一次産業).

だいいちじせかいたいせん【第一次世界大戦】 제일차 세계 대전(第一次世界大戰).

だいいちにんしゃ【第一人者】 일인자; 제일인자(第一人者).

だいいっせん【第一線】 제일선(第一線). ‖営業の第一線 영업의 제일선.

たいいん【退院】 ㊄하 퇴원(退院).

たいいん【隊員】 대원(隊員).

たいえき【体液】 체액(體液).

たいえき【退役】 ㊄하 퇴역(退役). ♦退役軍人 퇴역 군인.

ダイエット【diet】 ㊄하 다이어트.

たいおう【対応】 ㊄하 ❶대응(對應). ‖対応する 2 角 대응하는 두 각. 対応策 대응책. ❷상응(相應); 걸맞음. ‖人気に対応する実力がない 인기에 상응하는 실력이 없다.

だいおう【大王】 대왕(大王).

だいおうじょう【大往生】 ‖大往生する 편안히 죽다.

ダイオキシン【dioxin】 다이옥신.

たいおん【体温】 체온(體溫). ‖体温を測る 체온을 재다. 体温が高い 체온이 높다. ♦体温計 체온계. 体温調節 체

온 조절.
たいか【大家】 대가(大家). ‖書道の大家 서예의 대가.
たいか【大過】 대과(大過); 큰 실수(失手); 큰 문제(問題). ‖大過なく 대과 없이. 큰 문제없이.
たいか【対価】 대가(對價).
たいか【耐火】 내화(耐火). ♦耐火性 내화성.
たいか【退化】 (ス하) 퇴화(退化).
たいが【大河】 대하(大河). ♦大河小説 대하 소설.
だいか【代価】 대가(代價). ‖膨大な代価を支払う 엄청난 대가를 치르다.
たいかい【大会】 대회(大會). ♦全国大会 전국 대회. 弁論大会 변론 대회.
たいがい【大概】 ❶〔一般〕대략(大略); 대부분(大部分). ‖大概の人は理解している 대부분의 사람들은 이해하고 있다. ❷〔副詞的に〕대체(大體)로; 주(主)로; 거의; 완전(完全)히. ‖昼間は大概出かけています 낮에는 대체로 나가 있습니다. 大概嫌になってしまった 완전히 싫어졌다.
たいがい【体外】 체외(體外). ♦体外受精 체외 수정.
*__たいがい【対外】__ 대외(對外). ‖対外的な問題 대외적인 문제. ♦対外政策 대외 정책. 対外貿易 대외 무역.
たいかく【体格】 체격(體格). ‖体格のいい人 체격이 좋은 사람.
たいかく【対角】 《数学》 대각(對角). ♦対角線 대각선.
たいがく【退学】 (ス하) 퇴학(退學).
*__だいがく【大学】__ 대학(大學). ‖大学に入る 대학에 들어가다. ♦一流大学 일류 대학. 大学芋 맛탕. 大学院 대학원. 大学教育 대학 교육. 大学生 대학생. 大学病院 대학 병원.
だいかぞく【大家族】 대가족(大家族).
たいかん【体感】 (ス하) 체감(體感). ♦体感温度 체감 온도.
たいかん【耐寒】 내한(耐寒).
たいかん【戴冠】 (ス하) 대관(戴冠). ♦戴冠式 대관식.
だいかん【大寒】 (二十四節気の)대한(大寒).
*__だいかんみんこく【大韓民国】__ 《国名》 대한민국(大韓民國).
たいき【大気】 대기(大氣). ♦大気汚染 대기 오염. 大気圏 대기권.
たいき【大器】 대기(大器). ♦大器晩成 대기만성.
たいき【待機】 (ス하) 대기(待機). ‖家で待機している 집에서 대기하고 있다. 待機中の部隊 대기 중인 부대. ♦待機室 대기실.
たいぎ【大義】 대의(大義). ♦大義名分 대의명분.
だいきぎょう【大企業】 대기업(大企業).
だいぎし【代議士】 국회의원(國會議員).
だいきち【大吉】 대길(大吉).
たいきゃく【退却】 (ス하) 퇴각(退却).
たいきゅう【耐久】 내구(耐久). ♦耐久財 내구재. 耐久消費財 내구 소비재. 耐久性 내구성. 耐久力 내구력.
たいきょ【大挙】 대거(大擧). ‖大挙して押し寄せる 대거로 몰려들다.
たいきょ【退去】 (ス하) 퇴거(退去).
たいきょう【胎教】 태교(胎敎).
だいきょうこう【大恐慌】 대공황(大恐慌).
たいきょく【対局】 (ス하) 대국(對局).
たいきょく【対極】 대극(對極). ‖対極に位置する 대극에 위치하다.
たいきょくてき【大局的】 대국적(大局的). ♦大局的見地 대국적 견지.
だいきらい【大嫌い】ダ 굉장히 싫다. ‖大嫌いな人 굉장히 싫은 사람.
たいきん【大金】 큰돈; 목돈. ‖大金をつかむ 목돈을 쥐다.
だいきん【代金】 대금(代金).
だいく【大工】 목수(木手); 목공(木工).
たいくう【対空】 대공(對空). ♦対空射撃 대공 사격. 対空ミサイル 대공 미사일.
*__たいぐう【待遇】__ (ス하) 대우(待遇). ‖待遇がいい 대우가 좋다. 待遇を改善する 대우를 개선하다. ♦特別待遇 특별 대우. 部長待遇 부장 대우.
*__たいくつ【退屈】__ダ 지루하다; 따분하다. ‖退屈な日々 따분한 나날. あの講義は退屈だった 그 강의는 지루했다.
たいくつしのぎ【退屈凌ぎ】 따분함[지루함]을 달램; 시간(時間)을 때움. ‖退屈しのぎに雑誌を読む 지루함을 달래기 위해 잡지를 보다.
たいぐん【大群】 대군(大群).
たいぐん【大軍】 대군(大軍). ‖大軍を率いる 대군을 이끌다.
たいけい【大系】 대계(大系). ♦漢文大系 한문 대계.
たいけい【大計】 대계(大計). ‖国家百年の大計 국가의 백년대계.
たいけい【体系】 체계(體系). ‖哲学の体系 철학 체계. ♦体系的 체계적. 体系的な研究 체계적인 연구.
たいけい【体刑】 체형(體刑); 체벌(體罰).
たいけい【体形・体型】 체형(體型).
だいけい【台形】 사다리꼴.
たいけつ【対決】 (ス하) 대결(對決). ‖強豪チームとの対決 강호 팀과의 대결.
たいけん【体験】 (ス하) 체험(體驗). ‖貴重な体験 귀중한 체험. 奇妙な体験をする 기묘한 체험을 하다. ♦体験談 체험담.
たいげん【体現】 (ス하) 체현(體現). ‖人類愛を身をもって体現した人 인류애를 몸소 체현한 사람.

だいけん【大検】대입 검정(大入檢定).

たいげんそうご【大言壮語】(자하) 호언장담(豪言壯談).

たいこ【太古】태고(太古).

たいこ【太鼓】큰북. ‖太鼓をたたく 큰북을 치다.

たいこう【大綱】대강(大綱). ‖規約の大綱を決める 규약의 대강을 정하다.

たいこう【対向】‖対向する 마주하다. ♦**対向車** 앞에서 달려오는 차. 마주 오는 차.

*__たいこう__【対抗】(자하) 대항(對抗). ‖連合して敵に対抗する 연합해서 적에 대항하다. ♦**対抗勢力** 대항 세력. **対抗試合** 대항전. **対抗馬** 경마 등에서 우승 후보에 필적하는 실력을 갖춘 말이나 선수.

たいこう【退行】(자하) 퇴행(退行).

だいこう【代行】(자하) 대행(代行); 대리(代理). ‖校長の事務を代行する 교장 업무를 대행하다. 部長代行 부장 대리.

たいこく【大国】대국(大國). ♦**経済大国** 경제 대국.

だいこくばしら【大黒柱】❶집 중앙(中央)에 있는 특별(特別)히 굵은 기둥. ❷〔比喩的に〕대들보; 기둥. ‖一家の大黒柱となって家族を養う 일가의 대들보가 되어 가족을 부양하다.

たいこばん【太鼓判】▸太鼓判を押す 확실히 보증하다. 品質については太鼓判を押してもいい 품질에 대해서는 확실히 보증할 수 있다.

だいごみ【醍醐味】참맛; 묘미(妙味). ‖釣りの醍醐味を味わう 낚시의 묘미를 맛보다.

ダイコン【大根】무. ♦**大根おろし** 무 즙. **大根足** 무 다리. **大根役者** (說明) 연기(演技)가 서투른 배우(俳優).

たいさ【大差】큰 차이(差異). ‖大差で勝つ 큰 차이로 이기다.

たいざい【滞在】(자하) 체재(滯在). ‖パリに2か月滞在する 파리에 이 개월 체재하다. ♦**滞在期間** 체제 기간.

だいざい【題材】제재(題材). ‖小説の題材 소설의 제재.

たいさく【大作】대작(大作).

たいさく【対策】대책(對策). ‖対策を講じる 대책을 강구하다. 対策を立てる 대책을 세우다. ♦**安全対策** 안전 대책.

たいざん【大山】태산(泰山). ▸大山鳴動して鼠一匹 태산명동 서일필.

だいさん【第三】제삼(第三). ♦**第三次産業** 제삼차 산업. **第三者** 제삼자. **第三世界** 제삼 세계.

たいし【大志】큰 뜻. ‖大志をいだく 큰 뜻을 품다.

たいし【大使】대사(大使). ‖駐日アメリカ大使 주일 미국 대사. ♦**大使館** 대사관.

たいし【太子】왕태자(王太子).

たいじ【対峙】(자하) 대치(對峙). ‖両軍が川を挟んで対峙する 두 군대가 강을 사이에 두고 대치하다.

たいじ【胎児】태아(胎兒).

たいじ【退治】(자하) 퇴치(退治).

だいし【台紙】대지(臺紙).

*__だいじ__【大事】❶중요(重要)한 일; 중대(重大)한 일. ‖国家の大事 국가의 중대한 일. ❷심각(深刻)한 사건(事件). ‖大事を引き起こす 심각한 사건을 일으키다. ❸귀하게 여김; 중요하게 여김; 소중(所重)하게 여김. ‖部下を大事にする 부하를 소중하게 여기다. 大事をとって休養している 무리하지 않고 쉬고 있다.

だいじ【題字】제자(題字).

ダイジェスト【digest】(자하) 다이제스트.

だいしぜん【大自然】대자연(大自然). ‖大自然の摂理 대자연의 섭리.

たいした【大した】❶굉장한; 대단한. ‖大した人物だ 대단한 사람이다. ❷〔大した…ではないの形で〕별(別); 대단한. ‖大した問題ではない 별문제 아니다.

たいしつ【体質】체질(體質). ‖虚弱な体質 허약한 체질. 保守的な体質 보수적인 체질. 体質を改善する 체질을 개선하다. お酒は体質的に飲めない 술은 체질적으로 못 마시다.

たいしつ【対質】(자하) 대질(對質). ‖証人相互を対質させる 증인을 서로 대질시키다.

たいして【大して】〔大して…ないの形で〕크게; 그다지. ‖大して困らない 그다지 곤란하지 않다.

たいして【対して】〔…に対しての形で〕…에 대(對)해; …에 비해. ‖質問に対して答える 질문에 대해 답하다. 姉が温和なのに対して弟は神経質だ 누나가 온화한 데 비해 남동생은 신경질적이다.

たいしぼう【体脂肪】체지방(體脂肪).

たいしゃ【退社】(자하) ❶퇴직(退職). ‖定年で退社する 정년으로 퇴직하다. ❷(자하) 퇴근(退勤). ‖退社時刻 퇴근 시각[시간].

だいしゃ【台車】❶(電車の)차체(車體)를 받치는 부분. ❷〔手押し車〕손수레.

たいしゃく【貸借】대차(貸借). ♦**貸借対照表** 대차 대조표.

*__たいしゅう__【大衆】대중(大衆). ♦**大衆社会** 대중 사회. **大衆文学** 대중 문학. **大衆化** (자하) 대중화. **大衆性** 대중성. **大衆的** 대중적.

たいしゅう【体臭】체취(體臭).

*__たいじゅう__【体重】체중(體重); 몸무게. ‖体重を測る 몸무게를 재다. 体重が増える 체중이 늘다. ♦**体重計** 체중계.

たいしゅつ【退出】 (る하) 퇴출(退出).
たいしゅつ【帯出】 (備品などを)무단(無斷)으로 가지고 나감.
たいしょ【大暑】 (二十四節気の)대서(大暑).
たいしょ【太初】 태초(太初).
たいしょ【対処】 (る하) 대처(對處). ‖困難な事態に対処する 어려운 사태에 대처하다.
だいしょ【代書】 ❶(る하) 대서(代書); 대필(代筆). ‖代書を頼む 대서를 부탁하다. ❷대서인(代書人).
だいしょ【代署】 (る하) 대서; 대리 서명(代理署名). ‖代理人が代署する 대리인이 서명하다.
たいしょう【大将】 대장(大將). ♦海軍大将 해군 대장.
たいしょう【大賞】 대상(大賞).
たいしょう【対称】 대칭(對稱). ♦左右対称 좌우 대칭. 対称的 대칭적.
*たいしょう【対象】 대상(對象). ‖成人を対象とした映画 성인을 대상으로 한 영화. この雑誌の主な対象は青少年である 이 잡지의 주된 대상은 청소년들이다.
たいしょう【対照】 (る하) ❶대조(對照). ‖比較対照する 비교 대조하다. 訳本を原文と対照する 번역본을 원문과 대조하다. ❷대비(對比). ♦対照的 대조적. 対照的な性格 대조적인 성격.
たいじょう【退場】 (る하) 퇴장(退場). ‖全員が退場する 전원이 퇴장하다.
だいしょう【大小】 대소(大小). ‖大小を問わない 대소를 가리지 않다.
だいしょう【代償】 ❶변상(辨償); 보상(報償). ‖代償として治療費を支払う 치료비를 변상하다. ❷대가(代價). ‖高価な代償 비싼 대가.
だいじょう【大乗】 대승(大乘). ♦大乗仏教 대승 불교. 大乗的 대승적. 大乗的見地 대승적 견지.
タイショウエビ【大正海老】 보리새우.
*だいじょうぶ【大丈夫】ダ 안전(安全)하다; 괜찮다; 되다. ‖彼に任せれば, もう大丈夫だ 그 사람한테 맡기면 괜찮다. この水は飲んでも大丈夫でしょうか 이 물은 마셔도 됩니까?
たいしょうりょうほう【対症療法】 대증요법(對症療法).
たいしょく【大食】 (る하) 대식(大食). ♦大食漢 대식한.
たいしょく【退色】 (る하) 퇴색(退色). ‖日に当たって退色する 햇빛을 받아 퇴색하다.
たいしょく【退職】 (る하) 퇴직(退職). ♦定年退職 정년퇴직. 退職金 퇴직금.
たいしん【耐震】 내진(耐震).
たいじん【大人】 ❶거인(巨人). ❷인격자(人格者). ❸큰 인물(人物).
たいじん【対人】 대인(對人). ♦対人関係 대인 관계. 対人恐怖症 대인 공포증.
たいじん【退陣】 (る하) 퇴진(退陣).
だいじん【大臣】 대신(大臣); 장관(長官).
ダイズ【大豆】 대두(大豆); 콩.
たいすい【耐水】 내수(耐水). ♦耐水性 내수성.
たいすう【対数】 대수(對數).
だいすう【台数】 대수(臺數). ‖乗用車の生産台数 승용차 생산 대수.
だいすき【大好き】ダ 매우 좋아하다. ‖読書が大好きだ 독서를 매우 좋아하다. 大好きな食べ物 매우 좋아하는 음식.
たいする【対する】 ❶마주하다; 마주보다. ‖川を挟んで対する山 강을 사이에 두고 마주 보는 산. ❷대조(對照)되다. ‖明に対する暗 밝음에 대조되는 어둠. ❸대하다. ‖お客に愛想よく対する 손님에게 친절하게 대하다.
たいせい【大成】 (る하) 대성; 완성(完成); 집대성(集大成); 성공(成功). ‖研究を大成する 연구를 완성하다. 若くして大成する 젊은 나이에 대성하다.
たいせい【大勢】 대세(大勢). ‖大勢に従う 대세에 따르다.
たいせい【体制】 체제(體制). ♦資本主義体制 자본주의 체제. 戦時体制 전시 체제. 反体制運動 반체제 운동.
たいせい【胎生】 태생(胎生).
たいせい【耐性】 내성(耐性). ‖耐性ができる 내성이 생기다.
たいせい【態勢】 태세(態勢). ‖態勢を整える 태세를 갖추다.
たいせいよう【大西洋】 대서양(大西洋).
たいせき【体積】 체적(體積).
たいせき【堆石】 퇴석(堆石).
たいせき【堆積】 (る하) 퇴적(堆積). ‖土砂が堆積する 토사가 퇴적하다. ♦堆積岩 퇴적암. 堆積平野 퇴적 평야.
*たいせつ【大切】ダ ❶중요(重要)하다; 소중(所重)하다; 귀중(貴重)하다. ‖大切な資源 소중한 자원. ❷[丁寧だ]아끼다; 조심(操心)스럽게 다루다. ‖大切に使う 조심스럽게 쓰다.
たいせつ【大雪】 (二十四節気の)대설(大雪).
たいせん【大戦】 대전(大戰). ♦世界大戦 세계 대전.
たいせん【対戦】 (る하) 대전(對戰). ‖チャンピオンと対戦する 챔피언과 대전하다. ♦対戦成績 대전 성적.
たいぜん【大全】 대전(大全). ♦神学大全 신학 대전.
たいぜん【泰然】 태연(泰然). ♦泰然自若 태연자약.
たいそ【太祖】 태조(太祖).
*たいそう【体操】 (る하) 체조(體操). ‖朝

早く起きて体操する 아침 일찍 일어나 체조하다. ♦**体操競技** 체조 경기. **器械体操** 기계 체조.

だいそつ【大卒】 대졸(大卒).

だいそれた【大それた】 터무니없는; 엉뚱한. ‖大それた望みをいだく 터무니없는 바람을 갖다.

たいだ【怠惰】 ダ 나태(懶怠)하다; 게으르다. ‖怠惰な生活 나태한 생활.

だいだ【代打】 (野球で)대타(代打).

***だいたい【大体】** ❶대부분(大部分); 대다수(大多數). ‖大体の者は賛成した 대부분의 사람들은 찬성했다. ❷〔副詞的に〕대충; 거의. ‖大体 500 人くらい 대충 오백 명 정도. ❸〔副詞的に〕원래(元來); 애초; 처음부터. ‖大体君が悪い 처음부터 네가 잘못했어.

だいたい【大隊】 대대(大隊).

だいたい【代替】 (ス하) 대체(代替). ‖別のもので代替する 다른 것으로 대체하다. ♦**代替品** 대체품.

だいだい【代代】 대대(代代)로.

ダイダイ【橙】 ❶《植物》등자(橙子)나무. ❷주황(朱黃). ♦**橙色** 주황색.

だいだいてき【大大的】 대대적(大大的). ‖大々的な宣伝活動 대대적인 선전 활동. 事件を大々的に報じる 사건을 대대적으로 보도하다.

だいたいぶ【大腿部】 대퇴(大腿); 넓적다리.

だいたすう【大多数】 대다수(大多數).

たいだん【対談】 (ス하) 대담(對談). ‖政治家と対談する 정치가와 대담하다.

だいたん【大胆】 ダ 대담(大膽)하다. ‖大胆な筆致で描く 대담한 필치로 그리다. ♦**大胆不敵** 겁이 없음. **大胆不敵な行動** 겁 없는 행동.

だいだんえん【大団円】 대단원(大團圓). ‖物語が大団円を迎える 이야기가 대단원을 맞이하다.

たいち【対地】 대지(對地). ♦**対地攻撃** 대지 공격.

たいち【対置】 (ス하) 대치(對置).

だいち【台地】 대지(臺地).

だいち【大地】 대지(大地); 토지(土地); 땅. ‖大地を耕す 땅을 일구다.

だいち【代置】 (ス하) 대치(代置).

たいちょう【体調】 몸 상태(狀態); 컨디션. ‖体調が悪い 몸 상태가 안 좋다.

たいちょう【退潮】 (ス하) 퇴조(退潮).

たいちょう【隊長】 대장(隊長).

だいちょう【大腸】 대장(大腸). ♦**大腸カタル** 대장염. **大腸菌** 대장균.

だいちょう【台帳】 ❶대장(臺帳); 장부(帳簿). ‖土地台帳 토지 대장. ❷(演劇などの)대본(臺本).

タイツ【tights】 타이츠.

たいてい【大抵】 ❶대다수(大多數); 대부분(大部分). ‖大抵の人は理解できる内容 대부분의 사람들은 이해할 수 있는 내용. ❷〔打ち消しの表現を伴って〕보통(普通). ‖大抵の努力ではない 보통의 노력이 아니다. ❸〔副詞的に〕대다수; 거의. ‖大抵終わった 거의 끝났다.

たいてき【大敵】 대적(大敵); 강적(强敵) ♦**油断大敵** 방심은 금물.

たいてん【大典】 대전(大典).

たいと【泰斗】 태두(泰斗). ‖社会学の泰斗 사회학의 태두.

タイト【tight】 타이트. ♦**タイトスカート** 타이트스커트.

***たいど【態度】** 태도(態度). ‖態度がおかしい 태도가 이상하다. 強硬な態度を取る 강경한 태도를 취하다. 態度を変える 태도를 바꾸다. 態度が大きいやつ 태도가 건방진 녀석.

たいとう【台頭】 (ス하) 대두(擡頭). ‖新興勢力が台頭する 신흥 세력이 대두하다.

たいとう【対等】 ダ 대등(對等)하다. ‖対等な関係を保つ 대등한 관계를 유지하다. 対等に戦う 대등하게 싸우다.

だいどう【大道】 대도(大道). ‖政治の大道 정치의 대도.

だいどうしょうい【大同小異】 대동소이(大同小異).

だいどうみゃく【大動脈】 대동맥(大動脈).

***だいとうりょう【大統領】** 대통령(大統領). ♦**大統領選挙** 대통령 선거. **大統領候補** 대통령 후보.

たいとく【体得】 (ス하) 체득(體得). ‖こつを体得する 요령을 체득하다.

だいどく【代読】 (ス하) 대독(代讀).

だいどころ【台所】 부엌.

タイトル【title】 타이틀. ♦**タイトルマッチ** 타이틀 매치.

たいない【体内】 체내(體內).

たいない【胎内】 태내(胎內).

たいないてき【対内的】 대내적(對內的). ‖対内的な問題 대내적인 문제.

だいなし【台無し】 엉망; 허사(虛事). ‖台無しだ 엉망이 되다. 허사가 되다. 台無しにする 엉망으로 만들다. 雨にぬれて背広が台無しになる 비에 젖어 양복이 엉망이 되다.

ダイナマイト【dynamite】 다이너마이트.

ダイナミック【dynamic】 ダ 다이내믹하다.

だいにじ【第二次】 제이차(第二次).

だいにじさんぎょう【第二次産業】 제이차 산업(第二次産業).

だいにじせかいたいせん【第二次世界大戦】 제이차 세계 대전(第二次世界大戰).

たいにち【対日】 대일(對日). ♦**対日政策** 대일 정책.

だいにゅう【代入】 (ス하) 《数学》대입(代

入).
たいにん【退任】 ㉦하 퇴임(退任). ‖部長の職を退任する 부장직을 퇴임하다.
ダイニングキッチン 【dining+kitchen 日】 다이닝키친.
ダイニングルーム【dining room】 식당(食堂).
たいねつ【耐熱】 내열(耐熱). ♦耐熱性 내열성. 耐熱ガラス 내열 유리.
たいのう【滞納】 ㉦하 체납(滯納). ‖税金を滞納する 세금을 체납하다.
だいのう【大脳】 대뇌(大腦). ♦大脳皮質 대뇌 피질.
だいのじ【大の字】 큰 대자(大字). ‖大の字になって寝る 큰 대자로 자다.
たいは【大破】 ㉦하 대파(大破).
たいはい【退廃】 ㉦하 ❶퇴폐(頹廢). ❷황폐(荒廢). ‖退廃した都 황폐한 도시.
たいばつ【体罰】 체벌(體罰). ‖体罰を加える 체벌을 가하다.
たいはん【大半】 대부분(大部分). ‖仕事は大半片付いた 일은 대부분 정리되었다.
たいばん【胎盤】 태반(胎盤).
たいひ【対比】 ㉦하 대비(對比). ‖日米の文化を対比する 미일 문화를 대비하다.
たいひ【待避】 ㉦하 대피(待避). ♦待避所 대피소. 待避線 대피선.
たいひ【退避】 (危険を避けるため)자리를 뜸. ‖安全な地点に退避する 안전한 지점으로 피하다.
たいひ【堆肥】 퇴비(堆肥).
だいひつ【代筆】 ㉦하 대필(代筆).
たいびょう【大病】 큰 병; 중병(重病). ‖大病を患う 중병을 앓다.
*__だいひょう__【代表】 ㉦하 대표(代表). ‖親族を代表して挨拶する 친족을 대표해서 인사하다. 時代を代表する意見 시대를 대표하는 의견. ♦代表者 대표자. 代表取締役 대표 이사.
タイピン【tiepin】 넥타이핀.
ダイビング【diving】 ㉦하 다이빙.
たいぶ【大部】 페이지가 많은 것. ‖大部の書物 페이지가 많은 책.
タイプ【type】 타입. ‖新しいタイプの車 새로운 타입의 차.
だいぶ【大分】 많이; 꽤; 상당(相當)히. ‖小遣いをだいぶもらった 용돈을 꽤 받았다. *だいぶ寒くなった 많이 추워졌다.*
*__たいふう__【台風】 태풍(颱風). ‖台風に見舞われた地域 태풍이 휩쓸고 간 지역. ♦台風の目 태풍의 눈. 台風警報 태풍 경보.
だいぶぶん【大部分】 대부분(大部分). ‖大部分の人はそれを知っている 대부분의 사람들은 그것을 알고 있다.
たいぶんすう【帯分数】 대분수(帶分數).

たいへい【太平】 태평(太平). ♦天下太平 천하태평.
たいへいよう【太平洋】 태평양(太平洋).
たいべつ【大別】 ㉦하 대별(大別). ‖東日本と西日本に大別する 동일본과 서일본으로 대별하다.
*__たいへん__【大変】 ❶〔一大事〕큰 사건(事件); 큰일. ‖国家の大変 나라의 큰일. ❷중요(重要)함; 중대(重大)함. ‖大変な失敗 중대한 실수. ❸〔困難〕고생(苦生)이 심함. ‖準備が大変だ 준비하는 게 힘들다. ❹〔副詞的に〕매우; 대단히; 굉장히. ‖大変驚く 매우 놀라다. 大変お世話になりました 대단히 신세를 많이 졌습니다.
だいべん【大便】 대변(大便).
だいべん【代弁】 ㉦하 ❶대상; 대신 변상(代身辨償). ‖治療費を代弁する 치료비를 대신 변상하다. ❷㉦하 대행(代行).
だいべん【代弁】 ㉦하 대변(代辯). ‖彼の気持ちを代弁する 그 사람 심정을 대변하다.
たいほ【退歩】 ㉦하 퇴보(退步). ‖考え方が退歩する 사고방식이 퇴보하다.
たいほ【逮捕】 ㉦하 체포(逮捕). ‖誘拐犯を逮捕する 유괴범을 체포하다. ♦逮捕状 체포장.
たいほう【大砲】 대포(大砲).
たいぼう【大望】 대망(大望).
たいぼう【待望】 ㉦하 대망(待望).
たいぼう【耐乏】 내핍(耐乏). ♦耐乏生活 내핍 생활.
だいほん【台本】 대본(臺本); 각본(脚本).
だいほんざん【大本山】 説明 총본산(總本山) 다음가는 절.
たいま【大麻】 ❶대마(大麻). ❷(植物) 대마초(大麻草).
たいまつ【松明】 홰; 횃불.
たいまん【怠慢】 태만(怠慢). ♦職務怠慢 직무 태만.
タイミング【timing】 타이밍. ‖タイミングが合わない 타이밍이 안 맞다.
*__タイム__【time】 타임; 시간(時間). ♦ランチタイム 점심시간. ティータイム 티타임. タイムアウト 타임 아웃. タイムアップ 타임 업. タイムカード 타임 카드. タイムカプセル 타임 캡슐. タイムスリップ ㉦하 *타임 슬립.* タイムリミット 제한 시간. 기한.
タイムリーヒット【timely hit】 (野球で) 적시타(適時打).
だいめい【題名】 제목(題目); 타이틀.
だいめいし【代名詞】 대명사(代名詞). ♦人称代名詞 인칭 대명사. 指示代名詞 지시 대명사.
たいめん【体面】 체면(體面). ‖体面を保つ 체면을 유지하다. 体面に関わる問題 체면이 걸린 문제.

たいめん【対面】(名하) 대면(對面).
たいもう【体毛】 체모(體毛).
だいもく【題目】 제목(題目).
だいもん【大門】 대문(大門).
タイヤ【tire】 타이어. ♦タイヤチェーン 타이어 체인.
ダイヤ ❶〔ダイヤモンドの略語〕다이아. ‖2カラットのダイヤの指輪 이 캐럿의 다이아 반지. ❷(トランプの)다이아.
たいやき【鯛焼き】 붕어빵.
たいやく【大役】 대역(大役); 큰 역할(役割).
たいやく【対訳】(名하) 대역(對譯).
だいやく【代役】 대역(代役). ‖代役を立てる 대역을 세우다.
ダイヤグラム【diagram】 다이어그램; 열차 운행표(列車運行表).
ダイヤモンド【diamond】 ❶다이아몬드. ❷야구장(野球場)의 내야(內野).
ダイヤル【dial】 다이얼. ‖ダイヤルを回す 다이얼을 돌리다.
たいよ【貸与】(名하) 대여(貸與).
たいよう【大洋】 대양(大洋). ♦大洋州 대양주. 오세아니아.
たいよう【耐用】 내용(耐用). ♦耐用年数 내용 연수.
***たいよう**【太陽】 태양(太陽). ♦太陽エネルギー 태양 에너지. 太陽系 태양계. 太陽電池 태양 전지. 太陽暦 태양력.
だいよう【代用】(名하) 대용(代用). ♦代用品 대용품.
たいら【平ら】ダ ❶평평(平平)하다; 굴곡(屈曲)이 없다. ‖平らな土地 평평한 땅. 平らにならす 평평하게 고르다. ❷〔お平らに・平らにの形で〕편히 앉다. ‖どうぞお平らに 편히 앉으세요.
たいらげる【平らげる】 ❶〔制圧する〕퇴치(退治)하다; 평정(平定)하다; 제압(制壓)하다. ❷전부(全部) 먹어 치우다. ‖料理を平らげる 요리를 전부 먹어 치우다.
***だいり**【代理】(名하) 대리(代理). ‖私は彼の代理で会議に出席した 나는 그 사람 대리로 회의에 출석했다. ♦部長代理 부장 대리. 代理店 대리점. 代理人 대리인. 代理母 대리모.
だいリーグ【大league】 메이저 리그.
たいりく【大陸】 대륙(大陸). ♦大陸気候 대륙성 기후. 大陸棚 대륙붕.
だいりせき【大理石】 대리석(大理石).
たいりつ【対立】(名하) 대립(對立). ‖意見が対立する 의견이 대립하다.
たいりゃく【大略】 대략(大略); 개략(概略). ‖計画の大略を話す 계획의 개략을 말하다.
たいりゅう【滞留】(名하) ❶체류(滯留); 정체(停滯). ♦滞留地 체류지. ❷체재(滯在).
たいりょう【大量】 대량(大量). ‖大量に消費する 대량으로 소비하다. ♦大量生産 대량 생산.
たいりょう【大漁】 풍어(豊漁).
***たいりょく**【体力】 체력(體力). ‖体力を養う 체력을 기르다. 体力がない 체력이 없다. 体力的に無理だ 체력적으로 무리다.
タイル【tile】 타일. ‖タイルを張りつける 타일을 붙이다.
ダイレクトメール【direct mail】 다이렉트 메일.
たいれつ【隊列】 대열(隊列). ‖隊列を整える 대열을 정비하다.
たいろ【退路】 퇴로(退路). ‖退路を断つ 퇴로를 끊다.
だいろっかん【第六感】 제육감(第六感).
たいわ【対話】(名하) 대화(對話). ‖親子間の対話 부모 자식 간의 대화.
たいわん【台湾】 대만(臺灣).
ダイン【dyne】〔力の単位〕…다인.
たうえ【田植え】 모내기.
タウリン【Taurin ド】 타우린.
タウン【town】 타운. ♦ニュータウン 뉴타운.
ダウン【down】(名되) ❶다운 ‖風邪でダウンする 감기로 다운되다. ❷(ボクシングで)다운.
ダウン【down】 새털; 다운. ♦ダウンジャケット 다운 재킷.
ダウンしょうこうぐん【Down 症候群】 다운 증후군(症候群).
ダウンロード【download】(名하) 다운로드.
たえがたい【堪え難い】 참기 어렵다; 참을 수 없다. ‖堪え難い痛み 참을 수 없는 통증. 堪え難い誘惑 참기 어려운 유혹.
だえき【唾液】 타액(唾液); 침. ♦唾液腺 타액선. 침샘.
たえしのぶ【堪え忍ぶ】 참고 견디다. ‖苦痛さを堪え忍ぶ 고통을 참고 견디다.
たえず【絶えず】 항상(恒常); 끊임없이. ‖絶えず注意している 항상 주의하고 있다.
たえだえ【絶え絶え】 ‖虫の声が絶え絶えに聞こえる 벌레 소리가 간간이 들려오다. 息も絶え絶えに 숨이 끊어질듯.
たえまない【絶え間無い】 끊임없다. ‖絶え間ない努力 끊임없는 노력.
***たえる**【耐える・堪える】 ❶참다; 견디다; 버티다. ‖苦痛に耐える 고통을 참다. ❷…할 만한 가치(價値)가 있다; …할 만하다. ‖鑑賞に堪える 감상할 만하다.
たえる【絶える】 끊기다; 다하다. ‖家系が絶える 대가 끊기다.
だえん【楕円】 타원(楕圓). ♦楕円形 타원형.
***たおす**【倒す】 ❶쓰러뜨리다; 넘어뜨리다. ‖木を倒す 나무를 쓰러뜨리다. ❷전복(顚覆)하다; 무너뜨리다. ‖政

府を倒す 정부를 무너뜨리다. ❸ 이기다. ‖相手を倒す 상대를 이기다. ❹ 죽이다. ‖銃で倒す 총으로 죽이다.

タオル【towel】 타올; 수건(手巾). ♦タオルケット ㊫ 타올 천으로 만든 침구(寝具).

***たおれる**【倒れる】 ❶ 쓰러지다; 넘어지다. ‖柱が倒れる 기둥이 쓰러지다. ❷ 무너지다; 전복(顚覆)되다. ‖独裁政権が倒れる 독재 정권이 무너지다. ❸ 도산(倒産)하다. ‖不況で会社が倒れる 불황으로 회사가 도산하다. ❹ 병(病)이 들다. ‖病気で倒れる 병으로 쓰러지다. 凶弾に倒れる 흉탄에 쓰러지다.

た

たか【高】 …량(量); …고(高). ♦生産高 생산량. 売上高 매상고. ▸たかが知れている 뻔하다. 별것 아니다. この程度の問題ならたかが知れている 이 정도 문제라면 별것 아니다. ▸たかを括(くく)る 얕잡아 보다. 깔보다.

タカ【鷹】 매.

たが【箍】 ㊫ 나무통(桶)에 두르는 테. ▸たがが緩む 해이해지다. 둔해지다.

だが 그러나; 그렇지만. ‖危機は去った. だが安心はできない 위기는 넘겼다. 그렇지만 안심할 수는 없다.

たかい【他界】 ㊇ 타계(他界).

***たかい**【高い】 ❶ 크다. ‖背の高い人 키가 큰 사람. ❷ 높다. ‖地位が高い 지위가 높다. 評判が高い 평판이 높다. ❸ 비싸다. ‖物価が高い 물가가 비싸다. ❹ 거만(倨慢)하다. ‖お高くとまる 거만하게 굴다.

たがい【互い】 서로. ‖2人は互いの弱点を知り尽くしている 두 사람은 서로의 약점을 잘 알고 있다.

だかい【打開】 ㊇ 타개(打開). ‖局面の打開を図る 국면 타개를 꾀하다.

たがいちがい【互い違い】 서로 어긋남; 서로 엇갈림. ‖互い違いに糸を編む 실을 서로 엇갈리게 뜨다. 男女互い違いに座る 남녀가 한 명씩 번갈아 앉다.

たがいに【互いに】 서로. ‖互いに顔を見合わせる 서로 얼굴을 쳐다보다.

たがう【違う】 틀리다; 어긋나다. ‖人の道に違う行為 사람의 도리에 어긋나는 행위.

たがえる【違える】 ❶ 달리하다; 틀리게 하다. ‖方法を違える 방법을 달리하다. ❷ 어기다. ‖約束を違える 약속을 어기다.

たかが【高が】 겨우; 기껏; 고작. ‖たかが百円くらいで 고작 백 엔 가지고.

たがく【多額】 거액(巨額); 고액(高額).

たかくてき【多角的】 다각적(多角的). ‖多角的な経営 다각적인 경영. 多角的に検討する 다각적으로 검토하다.

たかさ【高さ】 높이. ‖高さをはかる 높이를 재다. 東京タワーの高さ 도쿄 타워의 높이.

だがし【駄菓子】 대중적(大衆的)이고 싼 과자(菓子).

たかしお【高潮】 해일(海溢).

たかだい【高台】 주위(周圍)보다 높은 평지(平地).

たかだか【高高】 ❶ 매우 높이. ‖高々と抱き上げる 매우 높이 안아 올리다. ❷ 〔たかが〕겨우; 기껏; 고작.

だがっき【打楽器】 타악기(打樂器).

たかっけい【多角形】 다각형(多角形).

たかとび【高飛び・高跳び】 ❶ (犯人が) 멀리 도망(逃亡)감. ‖犯人が国外に高飛びする 범인이 국외로 도망가다. ❷ 높이뛰기. ‖棒高跳び 장대 높이뛰기.

たかなみ【高波】 높은 파도; 큰 파도(波濤).

たかなる【高鳴る】 ❶ 〔鳴り響く〕높이 울려 퍼지다. ❷ 두근거리다. ‖期待に胸が高鳴る 기대로 가슴이 두근거리다.

たかね【高値】 ❶ 고가(高價); 비싼 값. ❷ (株などの)상한가(上限價).

たかね【高嶺】 높은 봉우리. ‖富士の高嶺 후지산의 높은 봉우리. ▸高嶺の花 그림의 떡. 〔慣〕

たかのぞみ【高望み】 분에 넘치는 바람; 능력 이상(能力以上)의 소망(所望). ‖高望みすると失敗する 너무 욕심을 부리면 실패한다.

たかは【鷹派】 강경파(强勁派); 매파.

たかびしゃ【高飛車】 고압적(高壓的). ‖高飛車な態度 고압적인 태도.

たかぶる【高ぶる】 ❶ 흥분(興奮)하다; 흥분되다. ‖神経が高ぶる 신경이 흥분되다. ❷ 자만(自慢)하다; 자랑하다.

たかまる【高まる】 (程度・状態が)높아지다; 강해지다. ‖関心が高まる 관심이 높아지다.

たかみ【高み】 높은 곳. ▸高みの見物 방관.

たかめ【高め】 약간(若干) 높음. ‖目の高さより高めにある 눈높이보다 약간 높은 곳에 있다.

たかめる【高める】 높이다. ‖製品の質を高める 제품의 질을 높이다.

たがやす【耕す】 갈다. ‖畑を耕す 밭을 갈다.

たから【宝】 보물(寶物). ‖家の宝 집의 보물. 가보. 国の宝とも言うべき人物 나라의 보물이라고 할 만한 인물.

***だから** 그래서; 그러니까. ‖昨日はかなり疲れていた. だから早く寝たんだ 어제는 꽤 피곤했어. 그래서 빨리 잤어.

たからか【高らか】ダ (声などが)드높다; 높다. ‖声高らかに歌を歌う 소리 높여 노래를 부르다.

たからくじ【宝籤】 복권(福券).

だからといって【だからと言って】 그렇다고 해서. ‖だからと言って他にいい方法があるわけでもない 그렇다고 해서 다른

좋은 방법이 있는 것도 아니다.
たかり【集り】 협박(脅迫)해서 금품(金品)을 갈취(喝取)함.
たかる【集る】 ❶모이다; (虫などが) 꾀다. ‖新型の車に客がたかっている 신형차에 손님이 모여 있다. ❷금품(金品)을 갈취(喝取)하다. ❸(知人にねだって)한턱내게 하다. ‖先輩にたかる 선배를 졸라 한턱내게 하다.
-たがる …고 싶어하다. ‖熱があるのに外に出たがる 열이 있는데도 밖에 나가고 싶어하다.
たかわらい【高笑い】 ‖高笑いする 큰 소리로 웃다.
たかん【多感】ダ 다감(多感)하다.
たき【滝】 폭포(瀑布).
たき【多岐】 다기(多岐). ♦複雑多岐 복잡다기.
だきあう【抱き合う】 서로 끌어안다. ‖抱き合って泣く 서로 끌어안고 울다.
だきあげる【抱き上げる】 안아 올리다. ‖赤ん坊を抱き上げる 아기를 안아 올리다.
だきかかえる【抱き抱える】 안는 것처럼 해서 부축하다.
たきぎ【薪】 장작(長斫); 땔나무.
たぎご【多義語】 다의어(多義語).
たきこみごはん【炊き込みご飯】 (説明) 야채(野菜)·고기 등을 넣어 지은 밥.
だきこむ【抱き込む】 ❶껴안다. ❷자기편으로 만들다; 끌어들이다; 포섭(包攝)하다. ‖役人を抱き込む 공무원을 포섭하다.
タキシード【tuxedo】 턱시도.
だきしめる【抱き締める】 꼭 끌어안다.
だきつく【抱きつく】 달라붙다. ‖母親に抱きつく 엄마한테 달라붙다.
たきつける【焚き付ける】 ❶〔火をつける〕불을 지피다. ❷〔そそのかす〕선동(煽動)하다; 부추기다.
たきび【焚き火】 모닥불. ‖焚き火を囲む 모닥불을 둘러싸다.
だきゅう【打球】 (野球で)타구(打球).
だきょう【妥協】 (名하) 타협(妥協). ‖適当なところで妥協する 적당한 선에서 타협하다. ♦妥協案 타협안.
たきょく【多極】 다극(多極). ♦多極外交 다극 외교.
たきょくか【多極化】 (名하) 다극화(多極化). ♦多極化時代 다극화 시대.
たぎる【滾る】 ❶(流れなとが)소용돌이치다. ❷〔湯などが沸き返る〕끓다; 끓어오르다. ‖やかんの湯がたぎっている 주전자 물이 끓고 있다. 血がたぎる 피가 끓다.
たく【宅】 집; 자기(自己) 집.
たく【焚く】 피우다; 태우다; 때다; 데우다. ‖火を焚く 불을 피우다. 風呂を焚く 목욕물을 데우다.
たく【炊く】 (ご飯を)짓다. ‖ご飯を炊く 밥을 짓다.

タグ【tag】 가격표(價格票).
だく【抱く】 안다; 품다. ‖赤ん坊を抱く 아기를 안다. 理想を抱く 이상을 품다.
たくあん【沢庵】 단무지.
たぐい【類い】 ❶부류(部類); 종류(種類). ‖この類いのものはたくさんある 이런 종류의 물건은 많이 있다. ❷동등(同等)한 것. ‖類いまれな逸品 보기 드문 일품.
たぐいない【類いない】 비길 데 없다. ‖類いない美しさ 비길 데 없는 아름다움.
たくえつ【卓越】 (名하) 탁월(卓越). ‖卓越した能力を示す 탁월한 능력을 보여주다.
だくおん【濁音】 탁음(濁音).
*__たくさん__【沢山】 ❶많음. ‖商品をたくさんもらう 상품을 많이 받다. ❷충분(充分)함. ‖お酒はもうたくさんです 술은 이제 충분합니다.
*__タクシー__【taxi】 택시. ‖タクシーに乗る 택시를 타다. タクシーを拾う 택시를 잡다. タクシー2台に分乗する 택시 두 대에 나누어 타다. 個人タクシー 개인택시.
たくじしょ【託児所】 탁아소(託兒所).
たくじょう【卓上】 탁상(卓上). ♦卓上日記 탁상일기.
たくす【託す】 부탁(付託)하다; 맡기다. ‖親類に子どもを託して外出する 친척에게 아이를 맡기고 외출하다. 仕事を託す 일을 맡기다.
だくだく 줄줄. ‖汗がだくだく(と)流れる 땀이 줄줄 흐르다.
たくち【宅地】 택지(宅地). ‖宅地造成 택지 조성.
タクト【Takt ド】 ❶지휘봉(指揮棒). ‖タクトを振る 지휘를 하다. ❷박자(拍子).
たくはい【宅配】 택배(宅配). ♦宅配便 택배업.
たくほん【拓本】 탁본(拓本). ‖拓本をとる 탁본을 뜨다.
たくましい【逞しい】 ❶건장(健壯)하다; 다부지다. ❷강인(强靭)하다. ‖たくましい精神力 강인한 정신력.
たくみ【匠】 장인(匠人).
たくみ【巧み】 ❶능숙(能熟)함; 교묘(巧妙)함. ‖言葉巧みに人をだます 말로 교묘하게 사람을 속이다. ❷기교(技巧); 의장(意匠); 취향(趣向).
たくらむ【企む】 획책(劃策)하다; (悪事を)꾸미다; 꾀하다. ‖陰謀を企む 음모를 꾸미다.
だくりゅう【濁流】 탁류(濁流). ‖濁流にのまれる 탁류에 휩쓸리다.
たくわえ【蓄え】 저축(貯蓄).
たくわえる【蓄える】 ❶저축(貯蓄)하다; 모으다. ‖金を蓄える 돈을 모으다. ❷(ひげ・髪の毛を)기르다.
たけ【丈】 ❶높이; 신장(身長). ‖背の丈 신장. 키. ❷길이. ‖丈の短いパンツ 길

이가 짧은 바지.

タケ【竹】 대나무. ▸竹を割ったよう 대쪽 같은. 竹を割ったような性格 대쪽 같은 성격. ♦竹細工 죽세공. 竹竿 대나무 장대. 竹藪 대나무 숲.

タケ【茸】 버섯.

***だけ** …만; …뿐; …한. ‖2 人だけで話したい 둘이서만 이야기하고 싶다. 君だけに話す 너한테만 얘기하는 거야. できるだけ努力します 가능한 한 노력하겠습니다. 昨日来なかったのは彼だけだった 어제 안 온 사람은 그 사람뿐이었다.

たげい【多芸】 다예(多藝). ♦多芸多才 다재다능.

だげき【打撃】 타격(打擊). ‖打撃を加える 타격을 가하다.

たけだけしい【猛猛しい】 ❶강하고 용감(勇敢)하다. ❷〔図々しい〕뻔뻔하다.

だけつ【妥結】 (名되) 타결(妥結). ‖交渉が妥結する 교섭이 타결되다.

たけつしつ【多血質】 다혈질(多血質).

たけなわ【酣・闌】 한창. ‖秋たけなわの10月 가을이 한창 무르익는 시월.

だけに …만큼 더. ‖白いだけに汚れが目立つ 하얀 만큼 얼룩이 더 눈에 띄다.

タケノコ【筍】 죽순(竹筍).

たけのこいしゃ【筍医者】 돌파리 의사(醫師).

たける【長ける】 뛰어나다. ‖その作家は心理描写に長けている 그 작가는 심리묘사가 뛰어나다.

だけれど(も) 그렇지만. ‖彼の意見は取り上げられなかった. だけれども彼の意見は正しい 그 사람의 의견은 거론되지 않았다. 그렇지만 그 사람의 의견은 옳다.

たげん【多元】 다원(多元). ♦多元放送 다원 방송. 多元的 다원적. 多元論 다원론.

たこ【凧】 연(鳶). ♦凧合戦 연 싸움.

たこ【胼胝】 굳은살; 못. ‖手にたこができる 손에 굳은살이 박이다.

タコ【蛸】 문어(文魚).

たこあげ【凧上げ】 (名하) 연(鳶)날리기.

たこあし【蛸足】 문어(文魚)발. ♦たこ足配線 문어발식 배선.

たこう【多幸】 다행(多幸); 행운(幸運). ‖ご多幸を祈ります 행운을 빕니다.

だこう【蛇行】 (名하) 사행(蛇行). ♦蛇行河川 사행천.

たこうしき【多項式】 (数学) 다항식(多項式).

たこうしつ【多孔質】 다공질(多孔質).

たこくせき【多国籍】 다국적(多國籍). ♦多国籍企業 다국적 기업.

タコス【tacos ス】 (メキシコ料理の)타코스.

たこやき【蛸焼き】 (説明) 밀가루 반죽에 잘게 자른 문어(文魚)를 넣어 둥글게 구운 것.

たごん【他言】 ‖他言する 다른 사람에게 말하다.

たさい【多才】 ダ 다재(多才)하다; 재능(才能)이 많다. ‖多才な人 재능이 많은 사람.

たさい【多彩】 ダ 다채(多彩)롭다. ‖多彩な催し 다채로운 행사.

ださい 촌스럽다; 멋없다. ‖ださい服 촌스러운 옷.

たさく【多作】 (名하) 다작(多作).

ださく【駄作】 졸작(拙作).

たさつ【他殺】 타살(他殺).

たさん【多産】 (名하) 다산(多産). ‖多産種の豚 다산종의 돼지.

ださん【打算】 (名하) 타산(打算). ♦打算的 타산적. 打算的な人 타산적인 사람.

たざんのいし【他山の石】 타산지석(他山之石).

たし【足し】 더함; 보탬. ‖生活費の足しにする 생활비에 보태다.

だし【出し】 ❶〔だし汁〕우려낸 국물. ❷ 이용(利用)하다. ‖人をだしに使う 사람을 이용하다.

だしいれ【出し入れ】 ‖出し入れする 넣고 빼다.

***たしか【確か】** ダ ❶정확(正確)하다; 확실(確實)하다; 분명(分明)하다; 뚜렷하다. ‖確かな証拠 뚜렷한 증거. 確かに今日来るでしょう? 분명히 오늘 오죠? ❷믿을 만하다. ‖身元の確かな人 신원이 믿을 만한 사람. ❸〔副詞的に〕확실(確實)히; 분명(分明)히; 틀림없이. ‖あれは確か一昨年のことでした 그건 틀림없이 재작년의 일이었습니다.

たしかめる【確かめる】 확인(確認)하다. ‖真偽を確かめる 진위를 확인하다.

タジキスタン【Tadzhikistan】 (国名) 타지키스탄.

たしざん【足し算】 덧셈; 더하기.

だしじる【出し汁】 우려낸 국물.

たじたじ ‖彼の前ではたじたじとなる 그 사람 앞에서는 맥을 못 추다[쩔쩔매다].

たじたなん【多事多難】 다사다난(多事多難).

たしつ【多湿】 다습(多濕). ♦高温多湿 고온 다습.

だしっぱなし【出しっ放し】 …놓은 채로 둠. ‖水道の水を出しっ放しにする 수돗물을 틀어 놓은 채로 두다.

たしなみ【嗜み】 ❶〔節度〕조심성(操心性); 신중(愼重)함; 절제(節制). ‖たしなみがない 조심성이 없다. ❷〔心がけ〕마음가짐.

たしなむ【嗜む】 즐기다; 배우다. ‖酒をたしなむ 술을 즐기다. 茶道をたしなむ 다도를 배우다.

たしなめる【窘める】 타이르다; 나무라다; 주의(注意)를 주다. ‖非礼をたしな

める 무례하다고 나무라다.

だしぬく【出し抜く】 다른 사람을 앞지르다; 따돌리다. ‖同業者を出し抜く 동업자를 앞지르다.

だしぬけ【出し抜け】 갑작스러움; 느닷없음. ‖出し抜けの質問 느닷없는 질문. 出し抜けに殴りかかる 갑자기 때리기 시작하다.

だしもの【出し物】 공연물(公演物); 상영물(上映物).

たしゃ【他社】 타사(他社).

たしゃ【他者】 타자(他者); 다른 사람.

だしゃ【打者】 타자(打者). ‖4 番打者 사번 타자.

だじゃれ【駄洒落】 (説明)시시한 익살; 재미없는 농담(弄談). ‖だじゃれを言う 시시한 농담을 하다.

たしゅ【多種】 다종(多種).

たじゅう【多重】 다중(多重). ♦多重放送 다중 방송.

たしゅたよう【多種多様】ダ 다종다양(多種多樣)하다. ‖多種多様なプラン 다종다양한 계획.

たしゅみ【多趣味】ダ 취미(趣味)가 많다. ‖多趣味な人 취미가 많은 사람.

だじゅん【打順】 (野球で)타순(打順).

***たしょう**【多少】 ❶다소(多少); 많고 적음. ‖金額の多少を問わない 금액의 많고 적음은 따지지 않다. ❷〔副詞的に〕어느 정도(程度); 조금. ‖多少名の知れた人 어느 정도 이름이 알려진 사람. 塩を多少多めに入れる 소금을 조금 많이 넣다.

たしょう【多生】《仏教》 다생(多生).

たじょうたこん【多情多恨】 다정다한(多情多恨).

たじろぐ 풀이 죽다; 기가 죽다; 움츠러들다.

だしん【打診】 (名하)타진(打診). ‖相手の意向を打診する 상대방의 의향을 타진하다.

たしんきょう【多神教】 다신교(多神教).

たす【足す】 ❶더하다. ‖少し砂糖を足す 설탕을 조금 더 넣다. ❷마치다. ‖用を足す 용무를 마치다.

***だす**【出す】 ❶꺼내다. ‖冷蔵庫から牛乳を出す 냉장고에서 우유를 꺼내다. かばんから書類を出す 가방에서 서류를 꺼내다. ❷내밀다. ‖窓から顔を出す 창문으로 얼굴을 내밀다. ❸게시(掲示)하다; 전시(展示)하다. ‖見本をウインドーに出す 견본을 창가에 전시하다. ❹발표(發表)하다; 출판(出版)하다. ‖新製品を出す 신제품을 발표하다. 本を出す 책을 출판하다. ❺내다. ‖食事代を出す 밥값을 내다. 駅前に店を出す 역 앞에 가게를 내다. 声に出して読む 소리를 내어 읽다. 口に出す 입 밖에 내다. 火を出す 불을 내다. ❻졸업(卒業)시키다. ‖3 人の子どもを大学まで出した 아이 셋을 대학까지 졸업시켰다. ❼(手紙を)부치다; 보내다. ‖恩師に手紙を出す 선생님께 편지를 부치다. 보내다. ❽제출(提出)하다; 제시(提示)하다. ‖意見を出してください 의견을 제시해 주십시오. ❾(感情を)나타내다. ‖感情を顔に出す 얼굴에 감정을 나타내다. ❿〔…出すの形で〕…기 시작(始作)하다. ‖雨が降り出す 비가 오기 시작하다.

たすう【多数】 다수(多數). ‖負傷者は多数に上る 부상자가 다수에 달하다. ♦多数決 다수결.

だすう【打数】 (野球で)타수(打數).

***たすかる**【助かる】 ❶〔救助される〕살아나다. ‖運良く助かる 운 좋게 살아나다. ❷〔労力・費用などが軽減される〕덜어지다; 도움이 되다.

たすき【襷】 ❶(説明)(着物の)소매를 걷어 올리는 끈. ❷어깨띠. ‖候補者が名前を入れたたすきをかける 후보자가 이름을 쓴 어깨띠를 두르다.

たすけ【助け】 도움. ‖助けを呼ぶ 도움을 요청하다. 誰の助けも借りずに 1 人でなし遂げた 어느 누구의 도움도 받지 않고 혼자서 해냈다.

たすけあい【助け合い】 서로 돕기; 서로 도움; 상조(相助).

たすけあう【助け合う】 서로 돕다.

たすけだす【助け出す】 구(救)해 내다.

たすけぶね【助け船】 ❶구조선(救助船). ❷도와주는 사람; 도와주는 물품(物品). ▸助け船を出す 도와주다.

***たすける**【助ける】 ❶도와주다; 구(救)하다. ‖池に落ちた子どもを助ける 연못에 빠진 아이를 구하다. 災害にあった人々を助ける 재해를 당한 사람들을 도와주다. ❷보좌(補佐)하다.

たずさえる【携える】 ❶손에 들다; 휴대(携帶)하다. ❷손을 잡다; 데리고 가다. ‖妻子を携えて赴任する 처자를 데리고 부임하다. ❸함께 행동(行動)하다. ‖手を携えて出発する 같이 출발하다.

たずさわる【携わる】 관계(關係)하다; 종사(從事)하다. ‖教育に携わる 교육에 종사하다.

たずねびと【尋ね人】 (行方不明などで)찾는 사람.

***たずねる**【尋ねる】 ❶찾다. ‖母を尋ねて上京する 엄마를 찾아 상경하다. ❷탐구(探究)하다. ‖日本語の源流を尋ねる 일본어의 원류를 탐구하다. ❸질문(質問)하다; 묻다. ‖道を尋ねる 길을 묻다. 安否を尋ねる 안부를 묻다.

たずねる【訪ねる】 찾다; 찾아가다; 방문(訪問)하다. ‖知人を訪ねる 아는 사람을 찾아가다. 彼の事務所を訪ねた 그 사람 사무실을 방문했다.

たぜい【多勢】 ▸多勢に無勢 중과부적

(衆寡不敵).

だせい【惰性】 타성(惰性). ‖惰性に流される 타성에 젖다. ♦惰性的 타성적.

だせき【打席】 (野球で) 타석(打席). ‖打席に立つ 타석에 들어서다.

たせん【他薦】 (名하) 타천(他薦).

だせん【打線】 (野球で) 타선(打線). ♦上位打線 상위 타선.

たそがれ【黄昏】 황혼(黄昏). ♦たそがれ時 해가 질 무렵.

たそがれる【黄昏れる】 해가 지다; 저물다; 저녁이 되다.

だそく【蛇足】 사족(蛇足).

たた【多多】 많이. ‖この種の例は多々あります 이런 종류의 예는 많이 있습니다.

た

*__ただ【只】__ ❶ 무료(無料); 공(空)짜. ‖この酒はただだ 이 술은 공짜다. ❷ 보통(普通). ‖ただの人 보통 사람. ❸ 무사(無事); 그냥. ‖ただで済むとは思えい 그냥 끝날 것 같지 않다. ▸只より高いものはない 공짜보다 비싼 것은 없다.

ただ【唯】 ❶〔ひたすら〕오로지; 오직. ‖ただ祈るだけだ 오직 빌 뿐이다. ❷〔わずか〕겨우. ‖ただこれだけだ 겨우 이것뿐이다. ❸〔接続詞として〕다만; 단(但). ‖品質はいい, ただ少し高い 품질은 좋다. 다만 좀 비싸다.

ただ【徒】 그냥; 허무(虛無)하게.

だだ【駄駄】 응석; 떼; 억지. ‖だだをこねる 떼를 쓰다.

ただい【多大】 ダ 매우 많다; 상당(相當)하다. ‖多大の効果を上げる 상당한 효과를 거두다.

ただいま【只今】 ❶ 현재(現在); 지금(只今). ‖ただいまの時刻は正午です 현재 시각은 정오입니다. ❷〔副詞として〕막; 조금 전에. ‖ただいまお帰りになりました 조금 전에 돌아가셨습니다. ❸〔挨拶〕다녀왔습니다.

たたえる【称える】 칭찬(稱讚)하다; 칭송(稱頌)하다; 기리다. ‖勇気を称える 용기를 칭찬하다.

たたえる【湛える】 ❶ 가득하다. ‖目に涙をたたえる 눈에 눈물이 가득하다. ❷ (表情を) 띠다. ‖笑みをたたえる 웃음을 띠다.

たたかい【戦い・闘い】 전쟁(戰爭); 싸움; 승부(勝負).

*__たたかう【戦う・闘う】__ ❶ 전쟁(戰爭)을 하다; 싸우다. ‖隣国と戦う 이웃 나라와 싸우다. 困難と闘う 어려움과 싸우다. 病魔と闘う 병마와 싸우다. ❷ 승부(勝負)를 겨루다. ❸ 투쟁(鬪爭)하다. ‖労使が闘う 노사가 투쟁을 하다.

たたかわす【戦わす】 싸우게 하다; 벌이다. ‖議論を戦わす 논쟁을 벌이다.

たたきあげる【叩き上げる】 밑바닥에서부터 고생(苦生)을 해 가며 기술(技術)을 닦아 올라가다.

たたきおこす【叩き起こす】 문을 두드려 깨우다; 흔들어 깨우다.

たたきこむ【叩き込む】 ❶ 처넣다. ‖牢屋にたたき込む 감옥에 처넣다. ❷ (技術・思想などを) 익히도록 엄하게 가르치다. ‖技をたたき込む 기술을 철저히 익히게 하다.

たたきだい【叩き台】 시안(試案).

たたきだす【叩き出す】 쫓다. ‖酔っぱらいをたたき出す 주정꾼을 내쫓다.

たたきつける【叩き付ける】 내던지다; 집어던지다. ‖辞表をたたきつける 사표를 내던지다.

たたきなおす【叩き直す】 바로잡다. ‖曲がった根性をたたき直す 비뚤어진 근성을 바로잡다.

たたきのめす【叩きのめす】 철저(徹底)하게 해치우다.

*__たたく【叩く】__ ❶〔打つ〕두드리다. ‖クルミを金づちで叩いて割る 호두를 망치로 두드려 깨다. ❷ 치다. ‖手を叩く 손뼉을 치다. ❸ 공격(攻擊)하다; 비난(非難)하다. ‖マスコミにさんざんたたかれた 매스컴에서 심하게 비난받았다. ❹〔値切る〕값을 깎다. ‖値をたたいて買う 값을 깎아서 사다. ▸無駄口をたたく 쓸데없는 말을 하다.

ただごと【只事】 보통(普通) 일; 예삿일. ‖彼の様子はただごとではない 그 사람의 모습이 심상치 않다.

ただし【但し】 단; 단지(但只). ‖明日, 運動会を行なう. ただし雨天の場合は中止する 내일 운동회를 실시함. 단 우천 시는 중지함.

*__ただしい【正しい】__ 바르다; 올바르다; 옳다. ‖正しい姿勢 바른 자세. 心の正しい人 마음이 바른 사람. 正しい報道 올바른 보도. 正しい作法 올바른 예의범절. 君の意見は正しい 네 의견은 옳다.

ただしがき【但し書】 단서; 단서 조항(但書條項).

ただす【正す】 바르게 하다; 바로 잡다. ‖誤りをただす 잘못을 바로잡다.

ただす【糾す】 (真偽・事実などを) 따지다; 가리다. ‖是非をただす 시비를 가리다.

ただす【質す】 묻다; 질문(質問)하다. ‖意向をただす 의향을 묻다.

たたずまい【佇まい】 (説明) 서 있는 모양(模樣)이나 분위기(雰圍氣). ‖庭のたたずまい 정원의 분위기.

たたずむ【佇む】 가만히 서 있다. ‖しょんぼりとたたずむ 맥없이 서 있다.

ただちに【直ちに】 즉시(卽時); 바로. ‖直ちに出発せよ 즉시 출발해라.

だだっぴろい【だだっ広い】 엄청나게 넓다.

ただでさえ【唯でさえ】 그렇지 않아도; 그렇찮아도. ‖ただでさえ狭い部屋に本

에서 벗어나다.

たっきゅう【卓球】 탁구(卓球).

だっきゅう【脱臼】 (종하) 탈구(脱臼).

だっこ【抱っこ】 ‖抱っこする 안다. 안아 주다.

だつごく【脱獄】 (종하) 탈옥(脱獄).

だつさんしん【奪三振】 (野球で)탈삼진(脱三振).

だっし【脱脂】 탈지(脱脂). ♦脱脂乳 탈지유. 脱脂綿 탈지면.

だつじ【脱字】 탈자(脱字).

たっしゃ【達者】 ❶잘함; 능숙(能熟)함. ‖英語が達者だ 영어를 잘하다. ❷건강(健康)함. ‖年はとっても目は達者だ 나이는 먹었어도 눈은 좋다.

だっしゅ【奪取】 (종하) 탈취(奪取). ‖敵陣を奪取する 적진을 탈취하다.

ダッシュ【dash】 (종하) ❶돌진(突進); 질주(疾走). ‖ゴールを目指してダッシュする 골을 향해 질주하다. ❷(記号の)(–). ❸(記号の)(´).

だっしゅう【脱臭】 (종하) 탈취(脱臭). ♦脱臭剤 탈취제.

だっしゅつ【脱出】 (종하) 탈출(脱出). ‖国外脱出を図る 국외 탈출을 꾀하다.

だっしょく【脱色】 (종하) 탈색(脱色). ‖一度脱色した布地 한 번 탈색한 천.

たつじん【達人】 달인(達人). ‖達人の境地に入る 달인의 경지에 이르다.

だっすい【脱水】 (종하) 탈수(脱水). ♦脱水症状 탈수 증세.

***たっする**【達する】 ❶이르다; 다다르다; 도달(到達)하다. ‖山頂に達する 산 정상에 도달하다. ❷달성(達成)하다. ‖目的を達する 목표를 달성하다.

だっする【脱する】 벗어나다; 탈출(脱出)하다. ‖危機を脱する 위기에서 벗어나다. 敵地から脱する 적지에서 탈출하다.

たつせ【立つ瀬】 입장(立場); 면목(面目). ▸立つ瀬がない 면목이 없다.

たっせい【達成】 (종하) 달성(達成); 성취(成就). ‖目標を達成する 목표를 달성하다.

だつぜい【脱税】 (종하) 탈세(脱税). ♦脱税行為 탈세 행위.

だっせん【脱線】 ❶(종하) 탈선(脱線). ‖電車が脱線する 전철이 탈선하다. ❷빗나감; (話が)옆으로 샘. ‖講義の途中で時々脱線する 강의 도중에 이야기가 가끔 옆으로 새다.

だっそう【脱走】 (종하) 탈주(脱走). ‖収容所から脱走する 수용소에서 탈주하다.

***たった**【唯】 겨우; 기껏; 고작; 단(單). ‖たった百円しかない 겨우 백 엔밖에 없다. たったこれっきりだ 고작 이것뿐이다. たった1日で仕事を終えた 단 하루만에 일을 끝냈다.

だったい【脱退】 (종하) 탈퇴(脱退). ‖連盟を脱退する 연맹에서 탈퇴하다.

たったいま【唯今】 조금 전에; 막; 방금(方今); 당장(當場). ‖たった今帰宅したところだ 방금 돌아온 참이다.

タッチ【touch】 (종하) 터치. ♦タッチスクリーン 터치스크린. タッチアウト (野球で)터치아웃.

たって 무리(無理)하게; 억지로; 어떻게 해서라도. ‖たっての願い 간청.

-たって ❶…도; …더라도. ‖諦めなくたっていいじゃない 포기하지 않아도 되잖아. ❷…려고 해도. ‖逃げようったって, 逃がさない 도망가려 해도 놓치지 않을 거야.

-だって …(이)라도. ‖子どもだってできることだ 애라도 할 수 있는 일이다.

たっとい【尊い】 (地位などが)높다. ‖尊い身分の人 신분이 높은 사람.

だっとう【脱党】 (종하) 탈당(脱黨).

だっとのごとく【脱兎の如く】 쏜살같이. ‖脱兎のごとく飛び出す 쏜살같이 뛰어나오다.

たっとぶ【尊ぶ】 ❶존경(尊敬)하다; 공경(恭敬)하다. ‖神仏を尊ぶ 신불을 공경하다. ❷중요시(重要視)하다. ‖自立の精神を尊ぶ 자립 정신을 중요시하다.

たづな【手綱】 고삐. ‖手綱を引く 고삐를 끌다. ▸手綱を締める 고삐를 죄다.

タツノオトシゴ【竜の落とし子】 해마(海馬).

だっぴ【脱皮】 (종하) 탈피(脱皮).

たっぴつ【達筆】 달필(達筆).

タップダンス【tap dance】 탭 댄스.

たっぷり 듬뿍; 충분(充分)히. ‖時間はたっぷりある 시간은 충분히 있다. たっぷり(と)食べる 듬뿍 먹다.

だつぼう【脱帽】 ❶(종하) 탈모(脱帽). ❷경의(敬意)를 표(表)함. ‖彼の博識には脱帽だ 그 사람의 박식함에는 경의를 표한다.

たつまき【竜巻】 회오리바람.

だつもう【脱毛】 (종하) 탈모(脱毛). ♦脱毛剤 탈모제. 脱毛症 탈모증.

だつらく【脱落】 (종하) 탈락(脱落). ♦脱落者 탈락자.

たて【盾】 방패(防牌). ▸盾に取る 구실로 삼다. ▸盾を突く 대들다. 반항하다. 上司にたてをつく 상사한테 대들다.

***たて**【縦】 ❶세로. ‖縦5センチ, 横3センチ 세로 오 센티 가로 삼 센티. 縦に線を引く 세로로 줄을 긋다. 縦に切る 세로로 자르다. ❷상하 관계(上下關係). ‖縦の関係 상하 관계.

だて【伊達】 ❶(説明) 협기(俠氣)를 부림; 남자(男子)다움을 보이려고 하는 것. ❷〔外見を飾ること〕멋을 부림. ▸伊達の薄着 추운데도 멋을 부린다고 얇은 옷을 입음.

-だて【建て】 ❶(建物の)…층(層). ‖8階建てのビル 팔 층 건물. ❷(貨幣名とともに)그 화폐(貨幣)로 지불(支拂)됨을 나타냄. ‖ドル建ての輸出契約 달러화 지불의 수출 계약.

たていた【立(て)板】 기대어 세워 놓은 판자(板子). ▸立て板に水 청산유수(青山流水).

たてかえる【立て替える】 비용(費用)을 일시적(一時的)으로 대신(代身) 지불(支拂)함. ‖交通費を立て替える 교통비를 대신 지불하다.

たてかえる【建て替える】 새로 짓다.

たてがき【縦書き】 세로쓰기.

たてがみ【鬣】 (ライオン・馬などの) 갈기.

たてぐ【建具】 창호(窓戶).

たてこむ【立(て)込む】 ❶붐비다; 북적거리다. ‖夕方で客が立て込む 저녁때라 손님이 붐비다. ❷(仕事などが)밀리다; 겹치다. ‖決算期を控えて, 会計事務が立て込む 결산을 앞두고 회계 업무가 몰리다.

たてこむ【建(て)込む】 (建物が)밀집(密集)하다. ‖家が建て込んでいる 집들이 밀집해 있다.

たてこもる【立て籠る】 ❶(家の中に)틀어박히다. ❷농성(籠城)하다.

たてじく【縦軸】 (数学) 세로축(軸).

たてじま【縦縞】 세로줄 무늬.

たてしゃかい【縦社会】 (説明)상하 관계(上下關係)를 중시(重視)하는 사회(社會).

たてつく【盾突く】 대들다; 반항(反抗)하다; 말대꾸하다.

たてつづけに【立て続けに】 연(連)이어; 연달아; 계속(繼續)해서. ‖立て続けに客が来る 연이어 손님이 오다. 立て続けに5杯も飲む 연달아 다섯 잔이나 마시다.

たてつぼ【建坪】 건평(建坪).

たてなおす【建て直す】 ❶개축(改築)하다; 새로 짓다. ‖古い家を建て直す 오래된 집을 개축하다. ❷재건(再建)하다. ‖会社を建て直す 회사를 재건하다.

たてなおす【立て直す】 새로 세우다; 바로 세우다; 바로잡다. ‖計画を立て直す 계획을 새로 세우다. 態勢を立て直す 태세를 바로잡다.

たてなが【縦長】 세로로 긺. ‖紙を縦長に切る 종이를 세로로 길게 자르다.

たてなみ【縦波】 종파(縱波).

たてふだ【立て札】 팻말.

たてまえ【建て前】 원칙(原則); 기본 방침(基本方針); 대외적(對外的)인 방침.

たてもの【建物】 건물(建物). ‖あの高い建物は何ですか 저 높은 건물은 무엇입니까?

たてゆれ【縦揺れ】 ‖縦揺れする 상하로 흔들리다. 앞뒤로 흔들리다.

***たてる【立てる】** ❶세우다. ‖柱を立てる 기둥을 세우다. 計画を立てる 계획을 세우다. ❷(音を)내다. ‖音を立てる 소리를 내다. ❸(地位に)앉히다. ‖会長に立てる 회장으로 앉히다. ❹〔尊重する〕세워 주다. ‖先輩を立てる 선배의 체면을 세워 주다. 顔を立てる 체면을 봐주다. ❺(ほこりなどを)일으키다. ‖ほこりを立てる 먼지를 일으키다. ❻〔閉める〕‖雨戸を立てる 덧문을 닫다.

たてる【建てる】 짓다. ‖家を建てる 집을 짓다.

たてわり【縦割り】 ❶세로로 자름. ❷(説明)(組織・業務などを)상하 관계(上下關係)를 기준(基準)으로 편성(編成)하는 것.

だてん【打点】 (野球で)타점(打點).

たどう【他動】 타동(他動). ♦他動詞 타동사.

だとう【打倒】 (スル) 타도(打倒). ‖宿敵を打倒する 숙적을 타도하다.

だとう【妥当】 ダ 타당(妥當)하다. ‖妥当な判断 타당한 판단. 妥当性を裏付ける 타당성을 뒷받침하다.

たとえ【仮令】 가령(假令); 설령(設令). ‖たとえそうだとしても 설령 그렇다고 하더라도.

***たとえ【譬え・例え】** ❶비유(比喩). ‖たとえを引く 비유를 대다. ❷예(例). ‖適切なたとえではないが 적절한 예는 아니지만. ♦たとえ話 예로 든 이야기.

たとえば【例えば】 예(例)를 들면; 예를 들어. ‖たとえば僕が君だったらそうはしない 예를 들어 내가 너라면 그렇게는 안 해.

たとえる【譬える】 예(例)를 들다. ‖動物にたとえた話 동물을 예로 든 이야기.

たどたどしい【辿辿しい】 더듬거리다; 비틀거리다. ‖たどたどしい足どり 비틀거리는 걸음.

たどりつく【辿り着く】 도착(到着)하다; 당도(當到)하다; 다다르다; 도달(到達)하다. ‖やっと目的地にたどり着く 겨우 목적지에 당도하다. 結論にたどり着く 결론에 도달하다.

たどる【辿る】 ❶더듬어 가다. ‖地図をたどりながら進む 지도를 더듬으며 나아가다. ❷흔적(痕跡)을 쫓아가다. ‖犯人の足取りをたどる 범인의 흔적을 쫓아가다. ❸더듬다. ‖記憶をたどる 기억을 더듬다.

たな【棚】 ❶선반. ‖食器棚 찬장. ❷…붕(棚). ‖大陸棚 대륙붕. ▸棚からぼた餅 굴러 들어온 호박. ▸棚に上げる 자기에게 불리한 일은 모른 체하다. 문제 삼지 않다.

たなあげ【棚上げ】 ❶(商品の)사재기. ❷일시 보류(一時保留). ‖提案を棚上

げにする 제안을 보류해 두다.

たなおろし【棚卸し】 ㉦하 재고 조사(在庫調査).

たなざらし【店晒し】 미해결(未解決)인 채로 방치(放置)되어 있음. ‖たなざらしになっている案件 미해결 안건.

たなだ【棚田】 계단식(階段式) 논.

たなばた【七夕】 칠석(七夕).

たなびく【棚引く】 (雲・霧などが)길게 깔리다.

たなん【多難】 다난(多難).

たに【谷】 계곡(溪谷).

ダニ【壁蝨】 ❶(動物) 진드기. ❷〔比喩的に〕기생충(寄生蟲). ‖社会のダニ 사회의 기생충.

たにがわ【谷川】 계류(溪流).

たにま【谷間】 골짜기; 계곡(溪谷).

***たにん【他人】** 타인(他人); 남; 제삼자(第三者). ‖赤の他人 생판 남. 他人が口を出すことではない 제삼자가 참견할 일이 아니다.

たにんぎょうぎ【他人行儀】 서먹서먹함. ‖他人行儀な挨拶 서먹서먹한 인사.

たにんごと【他人事】 남의 일.

タヌキ【狸】 너구리. ▸狸寝入りする 자는 척하다.

***たね【種】** ❶종자(種子); 씨; …거리. ‖種をまく 씨를 뿌리다. 心配の種 걱정거리. 話の種 화젯거리. ❷정자(精子); 혈통(血統); 자손(子孫). ❸내막(内幕). ‖種を明かす 내막을 밝히다.

たねあかし【種明かし】 ‖種明かしする 내막을 밝히다.

たねぎれ【種切れ】 ‖種切れする 재료 등이 떨어지다. 話が種切れになる 이야깃거리가 떨어지다.

たねまき【種蒔き】 ㉦하 파종(播種). ‖種蒔きのシーズン 파종 시기.

たねんせいしょくぶつ【多年生植物】 다년생 식물(多年生植物).

たねんそう【多年草】 다년초(多年草).

***たのしい【楽しい】** 즐겁다. ‖人生は楽しい 인생은 즐겁다. 楽しい夕食の時間 즐거운 저녁 식사 시간. 温泉旅行は楽しかった 온천 여행은 즐거웠다. 楽しく遊ぶ 즐겁게 놀다.

***たのしみ【楽しみ】** ❶즐거움; 재미. ‖読書の楽しみ 독서의 즐거움. ❷낙(樂); 기대(期待). ‖将来が楽しみな子 장래가 기대되는 아이.

たのしむ【楽しむ】 ❶즐기다; 애호(愛好)하다. ‖釣りを楽しむ 낚시를 즐기다. 済州島で夏休みを楽しむ 제주도에서 여름휴가를 즐기다. ❷기대(期待)하다; 기대를 걸다. ‖娘の成長を楽しむ 딸의 성장을 기대하다.

***たのみ【頼み】** ❶부탁(付託); 의뢰(依頼). ‖頼みを聞き入れる 부탁을 들어주다. ❷의지(依支). ‖頼みにならない人 의지할 수 없는 사람.

たのみこむ【頼み込む】 간곡(懇曲)히 부탁(付託)하다. ‖頼み込んでやっと手に入れた 간곡히 부탁해 겨우 손에 넣었다.

たのみのつな【頼みの綱】 의지(依支)할 수 있는 것. ‖彼の厚意を頼みの綱とする 그 사람의 후의를 믿고 의지하다.

***たのむ【頼む】** 부탁(付託)하다; 의뢰(依頼)하다. ‖知り合いに息子の就職を頼む 아는 사람한테 아들의 취직을 부탁하다. 子どもたちをよろしく頼みます 아이들을 잘 부탁합니다. 友だちから結婚式の祝辞を頼まれる 친구로부터 결혼식 축사를 부탁받다.

たのもしい【頼もしい】 믿음직하다; 믿음직스럽다. ‖頼もしい人 믿음직한 사람.

たば【束】 뭉치; 다발; 덩어리. ♦札束 돈뭉치. 花束 꽃다발.

だは【打破】 ㉦하 타파(打破). ‖悪習を打破する 악습을 타파하다.

***タバコ【tabaco ポ】** 담배. ‖タバコを吸う 담배를 피우다. タバコを止める 담배를 끊다. タバコ1箱 담배 한 갑. タバコ1本 담배 한 개비.

たはつ【多発】 ㉦하 다발(多發). ♦事故多発地域 사고 다발 지역.

たばねる【束ねる】 ❶하나로 묶다. ‖稲を束ねる 벼를 묶다. ❷통솔(統率)하다. ‖若い人を束ねていく役 젊은 사람을 통솔하는 역할.

たび【度】 ❶…때; …번(番). ‖この度はお世話になりました 이번에는 신세를 많이 졌습니다. ❷…때마다. ‖見るたびに思い出す 볼 때마다 생각이 나다. ❸횟수(回數). ‖度重なる 횟수가 거듭되다.

たび【旅】 여행(旅行). ‖旅に出る 여행을 떠나다. ▸旅は道連れ, 世は情け 여행은 동반자가 있는 것이 좋고, 세상살이는 정이 있는 것이 좋다.

たび【足袋】 버선.

だび【荼毘】 화장(火葬). ▸荼毘に付す 화장을 하다.

たびかさなる【度重なる】 거듭되다. ‖度重なる暴行 거듭되는 폭행.

たびさき【旅先】 여행지(旅行地).

たびじ【旅路】 여로(旅路); 여행(旅行)길.

たびする【旅する】 여행(旅行)하다.

たびだつ【旅立つ】 여행(旅行)을 떠나다.

たびたび【度度】 번번(番番)이; 자주. ‖度々注意される 번번이 주의를 당하다. その話は度々聞いた 그 이야기는 자주 들었다.

たびびと【旅人】 여행자(旅行者).

ダビング【dubbing】 ㉦하 더빙.

タブー【taboo】 터부.

だぶだぶ ❶〔太って〕뒤룩뒤룩. ‖お腹の肉がだぶだぶしてきた 뱃살이 뒤룩뒤룩해졌다. ❷출렁출렁. ‖かめの水がだぶだぶする 물독의 물이 출렁거리다. ❸헐렁헐렁. ‖だぶだぶのズボン 헐렁헐렁한 바지.

だぶつく ❶출렁거리다. ‖水を飲み過ぎて腹がだぶつく 물을 너무 많이 마셔 배가 출렁거리다. ❷헐렁하다. ‖この服はだぶついて着づらい 이 옷은 너무 헐렁해서 입기가 불편하다. ❸남다. ‖資金がだぶつく 자금이 남다.

だふや【ダフ屋】암표상(暗票商).

たぶらかす【誑かす】속이다. ‖人をたぶらかす 남을 속이다.

た

ダブる ❶겹치다. ‖眼鏡をかけないと字がダブって見える 안경을 끼지 않으면 글씨가 겹쳐서 보이다. ❷더블 플레이로 아웃시키다.

ダブル【double】더블. ♦ダブルベッド 더블 침대. ダブルクリック 더블 클릭. ダブルブッキング 이중 예약. ダブルプレー 더블 플레이.

ダブルス【doubles】복식 경기(複式競技).

タブロイド【tabloid】타블로이드.

たぶん【多分】❶많음; 충분(充分)함. ‖多分に疑わしい点がある 충분히 의심스러운 점이 있다. ❷〔副詞的に〕아마. ‖明日はたぶん晴れるだろう 내일은 아마 맑을 것이다.

たべごろ【食べ頃】제철.

たべざかり【食べ盛り】한창 먹을 때. ‖食べ盛りの子どもが3人もいる 한창 먹는 아이가 셋이나 있다.

たべすぎ【食べ過ぎ】과식(過食).

たべすぎる【食べ過ぎる】과식(過食)하다.

たべほうだい【食べ放題】마음대로 먹다; 마음껏 먹다.

たべもの【食べ物】음식(飮食).

*__たべる__【食べる】❶먹다. ‖ご飯を食べる 밥을 먹다. 何も食べたくない 아무것도 안 먹고 싶다. 昼, 食べに行こう 점심 먹으러 가자. ❷먹고 살다. ‖こう物価が上がっては食べていけない 이렇게 물가가 올라서는 못 먹고 산다.

たへんけい【多辺形】다변형(多邊形).

だほ【拿捕】(ス하) 나포(拿捕).

たほう【他方】❶다른 쪽. ‖他方の言い分も聞く 다른 쪽 변명도 듣다. ❷〔副詞的に〕한편. ‖乱暴者だが, 他方やさしいところもある 난폭한 한편 친절한 면도 있다.

たぼう【多忙】ダ 다망(多忙)하다; 바쁘다. ‖多忙な毎日 바쁜 나날.

だほう【打法】(球技で)타법(打法).

たほうとう【多宝塔】《仏教》다보탑(多寶塔).

たほうめん【多方面】다방면(多方面).

だぼく【打撲】‖打撲する 타박상을 입다. ♦打撲傷 타박상.

*__たま__【玉】❶둥근 것. ‖目の玉 눈알. 안구. ❷(眼鏡の)렌즈. ▸玉に瑕(きず) 옥의 티.〔諺〕▸玉を転がす 옥을 굴리는 듯한 고운 목소리다.

たま【珠】❶보석(寶石); 진주(眞珠). ❷소중(所重)한 것. ‖珠のような男の子 금쪽 같은 아들.

たま【偶】‖たまの機会 드문 기회.

たま【球】❶공. ‖速い球を投げる 빠른 공을 던지다. ❷전구(電球). ‖球が切れる 전구가 끊어지다.

たま【弾・玉】총(銃)알. ‖弾を込める 총알을 장전하다.

たまいれ【玉入れ】(運動会などでの)공집어넣기.

たまう【給う】〔…たまえの形で〕…게. ‖まあ入りたまえ 자 들어오게. これを見たまえ 이걸 보게.

たまげる【魂消る】매우 놀라다.

*__たまご__【卵】❶알. ‖卵を産む 알을 낳다. ❷계란(鷄卵). ‖卵料理 계란 요리. 卵の黄身[白身] 계란 노른자[흰자]. ❸〔就業中の人〕‖医者の卵 올챙이 의사. ♦卵形 계란형. 卵形の顔 계란형 얼굴. 卵酒 (説明) 계란(鷄卵)과 설탕(雪糖)을 넣고 끓인 술. 卵綴じ (説明) 끓는 국에 계란(鷄卵)을 풀어 넣은 요리(料理). 卵焼 계란 부침. 계란말이.

だまし【騙し】속임. ‖子どもだまし 뻔한 속임수.

たましい【魂】❶혼; 영혼(靈魂). ‖魂を込めた作品 혼을 불어넣은 작품. ❷기력(氣力); 정신(精神). ▸魂が抜ける 기력이 없어지다. ▸魂を入れ替える 마음을 바로잡다. 마음을 고쳐먹다.

たまじゃり【玉砂利】굵은 자갈.

だます【騙す】속이다. ‖だまして儲けた金 속여서 번 돈.

たまたま【偶偶】우연(偶然)히.

たまつき【玉突き】❶〔ビリヤード〕당구(撞球). ❷추돌(追突). ‖玉突き事故 추돌 사고.

たまてばこ【玉手箱】❶(浦島の)전설(傳說)에 나오는 상자(箱子). ❷귀중(貴重)한 상자; 귀중한 것.

たまに【偶に】가끔. ‖たまにやって来る 가끔 오다.

タマネギ【玉葱】양파.

たまのこし【玉の輿】(説明) 여자(女子)가 결혼(結婚)으로 얻는 고귀(高貴)한 신분(身分). ▸玉の輿に乗る 여자가 부귀한 집으로 시집을 가다.

タマムシ【玉虫】비단(緋緞)벌레.

たまむしいろ【玉虫色】❶(説明) 빛에 따라 여러 가지 색으로 보이는 색. ❷애매(曖昧)함. ‖玉虫色の改革案 애매한 개혁안.

たまもの【賜・賜物】 ❶선물(膳物). ‖自然の賜物 자연의 선물. ❷성과(成果); 좋은 결과(結果). ‖努力の賜物 노력의 결과.

たまらない【堪らない】 ❶참을 수 없다; 견딜 수 없다; 못 견디겠다. ‖現在の生活がたまらない 지금 생활을 참을 수가 없다. 欲しくてたまらない 갖고 싶어서 못 견디겠다. ❷너무너무 …하다. ‖うれしくてたまらない 너무너무 기쁘다.

だまりこむ【黙り込む】 입을 다물다.

たまりじょうゆ【溜まり醤油】 진간장(醬).

たまりば【溜まり場】 늘 모이는 곳.

*__たまる__【溜まる】 ❶고이다; 모이다; 쌓이다. ‖窪地に雨水が溜まる 움푹 팬 곳에 빗물이 고이다. ほこりが溜まる 먼지가 쌓이다. ❷밀리다; 정체(停滯)되다. ‖仕事が溜まる 일이 밀리다.

*__だまる__【黙る】 입을 다물다; 가만히 있다. ‖うるさい, 黙れ 시끄러워. 입 다물어! それでは先方も黙ってはいないだろう 그러면 상대편도 가만히 있지는 않을 거다.

たまわる【賜わる】 ❶받다. ‖賜わり物 받은 물건. ❷〔くださる〕주시다.

たみ【民】 국민(國民); 백성(百姓).

ダミー【dummy】 ❶인체 모형(人體模型); 마네킹. ‖ダミー会社 유령 회사. ❷(映画の)대역 인형(代役人形).

ダム【dam】 댐.

たむける【手向ける】 ❶(神仏に)바치다. ‖墓に線香を手向ける 묘에서 향을 피우다. ❷전별(餞別)을 보내다.

たむろする【屯する】 떼지어 모이다; 모여들다.

*__ため__【為】 ❶이익(利益); 득(得); 도움. ‖ためになる本 도움이 되는 책. 君のためを思って言うのだ 너를 생각해서 하는 말이야. ❷…때문. ‖事故のために遅れた 사고 때문에 늦었다. ❸…을[를] 위(爲)해. ‖会議のため上京する 회의를 위해 상경하다. 合格するために大いに勉強する 합격하기 위해 매우 열심히 공부하다.

ため【溜め】 모음; 모아둔 곳.

*__だめ__【駄目】 ❶(囲碁の)공배(空排). ❷(演劇で)연출자(演出者)의 지적(指摘)이나 주의(注意). ‖駄目を出す 지적을 하다. ❸소용(所用)없음. ‖駄目かも知れないが頼んでみる 안 될지도 모르지만 부탁해 보다. ❹〔禁止〕안 됨; 불가능(不可能). ‖芝生に入っては駄目 잔디밭에 들어가면 안 됨. ❺쓸모없음; 못 쓰게 됨. ‖壊れて駄目になる 망가져 못쓰게 되다. ▸駄目で元々 밑져야 본전.〔諺〕 ▸駄目を押す 다짐을 하다.

ためいき【溜め息】 한숨. ‖ため息をつく 한숨을 쉬다.

ダメージ【damage】 손해(損害).

だめおし【駄目押し】 ❶다짐을 함. ‖もう一度駄目押しをする 다시 한번 다짐을 하다. ❷(スポーツなどで)이기고 있음에도 득점(得點)을 추가(追加)해 승리(勝利)를 확실(確實)히 함. ‖駄目押しのホームラン 승리에 쐐기를 박는 홈런.

ためぐち【ため口】 ‖ため口をきく 반말을 하다.

ためこむ【溜め込む】 많이 모으다.

ためし【例】 선례(先例); 전례(前例). ‖そのようなためしはない 그런 전례는 없다.

ためし【試し】 시도(試圖); 시험(試驗). ‖ものは試し 무슨 일이든지 시도해 볼 일이다. 試しにやってみる 시험 삼아 해 보다.

ためす【試す】 시도(試圖)하다; 시험(試驗)해 보다. ‖性能を試す 성능을 시험해 보다.

ために【為に】 그래서; 때문에.

だめもと【駄目元】 ＝駄目で元々.

ためらう【躊躇う】 주저(躊躇)하다; 꺼리다. ‖会うのをためらう 만나기를 주저하다.

ためる【溜める・貯める】 ❶모으다. ‖クーポン券を溜める 쿠폰을 모으다. ❷미루다. ‖仕事を溜める 일을 미루다. ❸저축(貯蓄)하다. ‖お金を貯める 돈을 저축하다.

ためん【多面】 다면; 다방면(多方面). ‖多面にわたって活躍する 다방면에 걸쳐 활약하다. ♦多面体 다면체. 多面的 다면적.

たもうさく【多毛作】 다모작(多毛作).

たもくてき【多目的】 다목적(多目的). ♦多目的ダム 다목적 댐. 多目的ホール 다목적 홀.

*__たもつ__【保つ】 유지(維持)하다; 지키다. ‖健康を保つ 건강을 유지하다. 一定の距離を保つ 일정한 거리를 유지하다. 首位の座を保つ 수위 자리를 지키다.

たもと【袂】 ❶(着物の)소매. ‖袂に入れる 소매에 넣다. ❷기슭. ‖山のたもと 산기슭. ❸옆; 곁. ‖橋のたもと 다리 옆. ▸袂を分かつ 절교하다.

たやす【絶やす】 ❶〔絶つ〕끊어지게 하다; 끊어지다. ‖子孫を絶やす 대가 끊어지다. ❷없어진 채로 두다. ‖火を絶やさないようにする 불이 꺼지지 않도록 하다.

たやすい【容易い】 쉽다. ‖たやすい仕事 쉬운 일. たやすくは解決しない問題 쉽게는 해결되지 않을 문제.

たゆみない【弛み無い】 게을리 하지 않다; 방심(放心)하지 않다. ‖弛みない努力の賜物だ 끊임없는 노력의 결과이다.

たゆむ【弛む】 방심(放心)하다. ‖倦(う)

まず弛まず 한결같이.
たよう【多用】❶바쁨. ‖ご多用中のところ相済みません 바쁘신데 죄송합니다. ❷〔多く用いること〕(る하) 다용(多用).
たよう【多様】ダ 다양(多様)하다. ‖多様な生き方 다양한 삶의 방식.
たより【便り】 편지(便紙); 소식(消息). ‖便りが途絶える 소식이 끊기다.
*たより【頼り】❶의지(依支); 믿음. ‖夫を頼りにする 남편을 의지하다. 地図を頼りに山を登る 지도를 믿고 산을 올라가다. ❷연고(緣故); 연줄. ‖頼りを求めて就職する 연줄로 취직하다.
たよりがい【頼り甲斐】 ‖頼り甲斐がある 믿을 만하다.
たよりない【頼り無い】 미덥지 못하다; 불안(不安)하다. ‖1人では頼りないから2人で行く 혼자서는 불안해서 둘이 가다. 頼りない返事 미덥지 못한 대답.
*たよる【頼る】 의지(依支)하다; 의존(依存)하다; 믿다. ‖原油を輸入に頼る 원유를 수입에 의존하다. 親戚を頼って上京する 친척을 믿고 상경하다.
タラ【鱈】 대구(大口).
たらい【盥】 대야. ♦たらい回し (説明) 순서(順序)대로 돌림. 政権のたらい回し 정권을 순서대로 돌림.
だらく【堕落】(る하) 타락(堕落). ‖堕落した生活 타락한 생활.
-だらけ …투성이. ‖借金だらけの生活 빚투성이 생활. 泥だらけ 진흙투성이.
だらける 해이(解弛)해지다; 게으름을 피우다. ‖だらけていると仕事が溜まる 게으름을 피우면 일이 밀린다.
たらこ【鱈子】 명란(明卵)젓.
*だらしない 단정(端正)치 못하다; 칠칠치 못하다; 야무지지 못하다. ‖だらしない服装 단정치 못한 복장.
たらす【垂らす】 흘리다; 치다. ‖よだれを垂らす 침을 흘리다. カーテンを垂らす 커튼을 치다.
-たらず【足らず】 …정도(程度). ‖1か月たらずで 한 달 정도에. 5分たらずのスピーチ 오 분 정도의 연설.
たらたら ❶줄줄; 뚝뚝. ‖汗がたらたら(と)流れ落ちる 땀이 줄줄 흘러 떨어지다. ❷투덜투덜; 주절주절. ‖不平たらたらだ 투덜투덜 불평을 하다.
だらだら ❶〔血や汗などが流れ出る〕줄줄; 뚝뚝. ‖だらだら(と)血が出る 피가 줄줄 나다. ❷〔緩やかな傾斜が続く〕‖だらだらとした坂 경사가 완만한 고개. ❸〔決まりなく長々と続く〕질질. ‖工期がだらだらと延びる 공사 기간이 질질 늘어지다.
タラップ【trap オ】 트랩.
タラノキ【楤の木】 두릅나무.
タラバガニ【鱈場蟹】 왕게.
たらり 뚝뚝. ‖油がたらりとしたたる 기름이 뚝뚝 떨어지다.
だらり 주르르; 축. ‖よだれがだらりとこぼれる 군침이 주르르 흐르다.
ダリア【dahlia】 달리아.
たりき【他力】 타력(他力); 남의 힘. ▸他力本願 남의 힘에 의지함.
だりつ【打率】 (野球で)타율(打率).
たりつてき【他律的】 타율적(他律的). ♦他律的態度 타율적인 태도.
たりない【足りない】 〔愚かである〕어리석다; 머리가 나쁘다.
たりゅう【他流】 타류(他流); 다른 방식(方式); 다른 유파(流派). ♦他流試合 다른 유파와의 시합.
たりょう【多量】 다량(多量). ‖多量の救援物資 다량의 원조 물자.
だりょく【打力】 (野球で)타력(打力).
たりる【足りる】 ❶충분(充分)하다. ‖昼食には千円あれば足りる 점심에는 천 엔 있으면 충분하다. ❷…할 만한 가치(價値)가 있다. ‖あんなものは論じるに足りない 그런 것은 논할 가치도 없다.
たる【樽】 나무통(桶).
だるい 나른하다; 노곤(勞困)하다.
たるき【垂木】 서까래.
タルタルソース【tartar sauce】 타르타르 소스.
タルト【tarte フ】 타르트.
だるま【達磨】 ❶달마대사(達磨大師). ❷달마대사 인형(人形). ❸둥근 것 또는 전체 색이 빨간 것. ♦火だるま 불덩어리. 血だるま 피투성이.
たるむ【弛む】 ❶늘어지다; 느슨해지다. ‖電線がたるむ 전선이 늘어지다. ❷해이(解弛)해지다. ‖精神がたるんでいる 정신이 해이해져 있다.
たれ【垂れ】❶흘림. ‖鼻たれ小僧 코흘리개. ❷(料理) 양념장.
*だれ【誰】❶누구. ‖あの人は誰ですか 저 사람은 누구입니까? 誰の傘ですか 누구 우산입니까? ❷〔誰が〕누가. ‖迎えは誰が行きますか 마중은 누가 갑니까? 候補に誰が選ばれましたか 후보로 누가 뽑혔습니까?
だれか【誰か】 누군가. ‖誰かがやらなくてはならないこと 누군가가 하지 않으면 안 되는 일.
たれこめる【垂れ籠める】 (雲などが)낮게 깔리다. ‖暗雲が垂れこめる 검은 구름이 낮게 깔리다.
たれさがる【垂れ下がる】 처지다. ‖風がないので, 旗が垂れ下がっている 바람이 없어서 깃발이 처져 있다.
だれしも【誰しも】 누구나. ‖思いは誰しも同じこと 생각하는 것은 누구나 같은 것.
だれそれ【誰某】 아무개; 모(某); 어떤 사람. ‖誰それの話では 어떤 사람 말로는.
だれだれ【誰誰】 누구누구.

だれでも【誰でも】 누구라도. ‖誰でも加入できる 누구라도 가입할 수 있다.
たれながし【垂れ流し】 ❶대소변(大小便)을 방류(放流)하는 것. ❷유해물을 방류하는 것. ‖垂れ流し公害 유해물 방류 공해.
たれまく【垂れ幕】 현수막(縣垂幕).
たれめ【垂れ目】 처진 눈.
だれも【誰も】 ❶누구나. ‖誰もが知っていること 누구나 아는 사실. ❷〔誰も…ないの形で〕아무도; 누구도. ‖誰も知らない 아무도 모른다.
たれる【垂れる】 ❶(水滴が)떨어지다. ‖鼻水が垂れそうになる 콧물이 떨어질 것 같다. ❷처지다. ‖耳の垂れた犬 귀가 처진 개. ❸(目下の人に教訓・模範を)보이다. ‖人々に範を垂れる 사람들에게 모범을 보이다. ❹(大便・小便などを)누다; 배설(排泄)하다. ‖糞(ふん)を垂れる 똥을 누다. ❺(屁を)뀌다. ‖屁を垂れる 방귀를 뀌다.
タレント【talent】 탤런트.
たわいない【たわい無い】 ❶철없다. ‖たわいない子どもの言い分 철없는 아이의 변명. ❷맥없다; 어이없다. ‖たわいなく負けた 어이없이 지다. ❸쓸데없다. ‖たわいない話で時間をつぶす 쓸데없는 이야기로 시간을 보내다.
たわける【戯ける】 허튼소리를 하다; 장난치다. ‖たわけたことを言うな 허튼 소리 하지 마라.
たわごと【戯言】 허튼소리; 실없는 소리. ‖そんなたわごとを聞いている暇はない 그런 허튼소리를 듣고 있을 시간은 없다.
たわし【束子】 수세미.
たわむれ【戯れ】 장난.
たわむれる【戯れる】 ❶〔遊ぶ〕놀다. ‖子どもとたわむれる 아이와 놀다. ❷〔ふざける〕장난치다. ‖たわむれて言う 장난으로 말하다. ❸〔乱れた言動〕시시덕거리다. ‖公園でたわむれる男女 공원에서 시시덕거리는 남녀.
たわら【俵】 섬. ‖米俵 쌀섬.
たわわ ‖枝もたわわに実る 가지가 휠 만큼 주렁주렁 열리다.
たん【痰】 담(痰); 가래. ‖痰がからむ 가래가 끓다.
たん-【単】 단(單)…. ♦単細胞 단세포.
-たん【反】 ❶〔布帛の単位〕…필(疋). ❷〔面積の単位〕약(約)300 평(坪).
だん【段】 ❶겹쳐 있는 것의 단(段). ‖寝台車の上の段 침대차의 윗칸. ❷턱; 계단(階段). ‖居間と食堂の境に段を作る 거실과 부엌의 경계에 턱을 만들다. ❸진행 과정(進行過程)의 하나하나의 장면(場面); 국면(局面). ‖いざと言う段になると尻込みする 무슨 일이 생기면 꼬리를 빼다. ❹〔技量・等級の単位〕…단. ‖柔道3段 유도 삼 단.
だん【暖】 따뜻함. ▸暖を取る 따뜻하게 하다.
だんあつ【弾圧】 (ｽﾙ하) 탄압(彈壓). ‖反政府運動を弾圧する 반정부 운동을 탄압하다. ♦言論弾圧 언론 탄압.
たんい【単位】 ❶단위(單位). ‖家族単位 가족 단위. 生産単位 생산 단위. ❷(高校や大学の)학점(學點). ‖単位をとる 학점을 따다.
たんいせいしょく【単為生殖】 단위 생식(單爲生殖).
たんいつ【単一】 단일(單一). ♦単一民族 단일 민족.
だんいん【団員】 단원(團員). ♦消防団員 소방 단원.
たんおん【単音】《言語》단음(單音).
たんおん【短音】《言語》 단음(短音). ♦短音階 단음계.
たんか【担架】 들것.
たんか【単価】 단가(單價). ‖単価が高い 단가가 비싸다.
たんか【啖呵】 거침없이 하는 말. ▸啖呵を切る 거침없이 쏘아붙이다.
たんか【短歌】 단카. ‖短歌は31音からなる日本の詩である 단카는 서른하나의 음으로 이루어지는 일본의 시이다.
だんか【檀家】 (説明) 절에 묘지(墓地)를 두고 시주(施主)하는 집.
タンカー【tanker】 유조선(油槽船).
だんかい【団塊】 덩어리. ‖団塊の世代 (日本の)베이비붐 세대.
***だんかい**【段階】 ❶단계(段階); 등급(等級). ‖5段階評価 오 단계 평가. ❷순서(順序). ‖段階を踏んで意見を上申する 순서를 밟아 의견을 올리다.
だんがい【断崖】 낭떠러지; 절벽(絶壁).
だんがい【弾劾】 (ｽﾙ하) 탄핵(彈劾).
たんかすいそ【炭化水素】 탄화수소(炭化水素).
たんかだいがく【単科大学】 단과 대학(單科大學).
たんがん【嘆願】 (ｽﾙ하) 탄원(歎願). ♦嘆願書 탄원서.
たんき【短気】ダ 성질(性質)이 급하다. ‖短気な人 성질이 급한 사람.
***たんき**【短期】 단기(短期). ♦短期決戦 단기 결전. 短期国債 단기 국채. 短期大学 이년제 대학.
たんきゅう【探求】 (ｽﾙ하) 탐구(探求). ‖生活の探求 생활의 탐구.
たんきゅう【探究】 (ｽﾙ하) 탐구(探究). ‖真理を探究する 진리를 탐구하다.
たんきょり【短距離】 단거리(短距離). ♦短距離競走 단거리 경주.
たんく【短軀】 단구(短軀).
タンク【tank】 탱크. ♦ガスタンク 가스탱크. タンクトップ 탱크톱. 여성용 러닝셔츠. タンクローリー 탱크로리.
ダンクシュート【dunk+shoot[日]】 덩크

た

슷.
タングステン【tungsten】텅스텐.
だんけい【男系】남계(男系).
***だんけつ**【団結】(する하) 단결(團結). ‖団結を訴える 단결을 호소하다. ♦**一致団結** 일치단결. **大同団結** 대동단결. **団結権** 단결권.
たんけん【探検】(する하) 탐험(探險). ‖アマゾンを探検する 아마존을 탐험하다. ♦**探検隊** 탐험대. **探検家** 탐험가.
たんげん【単元】단원(單元).
だんげん【断言】(する하) 단언(斷言).
たんご【単語】단어(單語). ‖基本的な英単語 기본적인 영어 단어.
たんご【端午】단오(端午).
タンゴ【tango^ス】탱고.
だんこ【断固】단호(斷乎). ‖断固たる態度をとる 단호한 태도를 취하다.
だんご【団子】경단(瓊團). ‖団子になって走る 한덩어리가 되어 달리다. ♦**団子鼻** 주먹코.
たんこう【炭鉱】탄광(炭鑛).
だんこう【断交】(する하) 단교(斷交); 단절(斷絶). ‖通商を断交する 통상을 단절하다.
だんこう【断行】(する하) 단행(斷行). ‖大改革を断行する 대개혁을 단행하다.
だんごう【談合】(する하) 담합(談合).
たんこうしき【単項式】《数学》단항식(單項式).
たんこうしょく【淡紅色】담홍색(淡紅色).
たんこうしょく【淡黄色】담황색(淡黄色).
たんこうぼん【単行本】단행본(單行本).
たんこぶ【たん瘤】혹.
だんこん【弾痕】탄흔(彈痕).
だんこん【男根】남근(男根).
たんさ【探査】(する하) 탐사(探査). ‖資源を探査する 자원을 탐사하다. 火星探査機 화성 탐사기.
だんさ【段差】❶(高さの)차이(差異). ❷(囲碁・将棋などの段の)단(段)의 차이.
ダンサー【dancer】댄서.
だんざい【断罪】(する하) 단죄(斷罪).
たんさいが【淡彩画】담채화(淡彩畫).
たんさいぼう【単細胞】단세포(單細胞). ♦**単細胞生物** 단세포 생물.
たんさく【探索】(する하) 탐색(探索). ♦宇宙探索 우주 탐색.
タンザニア【Tanzania】《国名》탄자니아.
たんさん【炭酸】탄산(炭酸). ♦**炭酸ガス** 탄산가스. **炭酸水** 탄산수.
たんし【端子】단자(端子).
だんし【男子】남자(男子). ♦**男子学生** 남학생. **男子社員** 남자 사원. **男子トイレ** 남자 화장실.
だんじ【男児】남아(男兒).
タンジェント【tangent】《数学》탄젠트.
たんしき【単式】단식(單式). ♦**単式簿記** 단식 부기.
だんじき【断食】(する하) 단식(斷食).
たんじじつ【短時日】단시일(短時日).
だんじて【断じて】❶〔断じて…ないの形で〕결코; 단연(斷然)코. ‖断じてそんなことはあり得ない 결코 그런 일은 있을 수 없다. ❷반드시; 꼭. ‖断じて行なう 반드시 하겠다.
だんしゃく【男爵】남작(男爵).
たんじゅう【胆汁】담즙(膽汁). ♦**胆汁質** 담즙질.
たんしゅく【短縮】(する하) 단축(短縮). ‖操業時間を短縮する 조업 시간을 단축하다. ♦**短縮授業** 단축 수업.
たんじゅん【単純】ダ 단순(單純)하다. ‖単純な人 단순한 사람. 単純な構造 단순한 구조. 単純に考える 단순하게 생각하다. ♦**単純再生産** 단순 재생산. **単純化** (する하) 단순화.
***たんしょ**【短所】단점(短點). ‖飽きっぽいのが彼の短所だ 싫증을 잘 내는 것이 그 사람의 단점이다. お互いに短所を補い合う 서로 단점을 보완하다.
たんしょ【端緒】단서(端緒). ‖紛争解決の端緒となる 분쟁 해결의 단서가 되다.
だんじょ【男女】남녀(男女). ‖男女を問わず誰でも参加できる 남녀 관계없이 누구나 참가할 수 있다. 1組の男女 한 쌍의 남녀. ♦**男女共学** 남녀 공학. **男女差別** 남녀 차별.
たんじょう【誕生】(する하) 탄생(誕生). ♦**誕生石** 탄생석. **誕生日** 생일. 誕生日はいつですか 생일이 언제입니까? 誕生日おめでとうございます 생일 축하합니다. 誕生日プレゼント 생일 선물.
だんしょう【談笑】(する하) 담소(談笑).
だんじょう【壇上】단상(壇上). ‖壇上に立つ 단상에 서다.
たんしようしょくぶつ【単子葉植物】단자엽 식물(單子葉植物).
たんしょうとう【探照灯】탐조등(探照燈); 서치라이트.
たんしょく【単色】단색(單色).
だんしょく【男色】남색(男色).
だんしょく【暖色】난색(暖色).
たんしん【単身】단신(單身); 독신(獨身). ‖単身アメリカへ渡る 단신으로 미국에 건너가다. 単身者向け住宅 독신자용 주택. ♦**単身赴任** 단신 부임.
たんす【箪笥】장롱(欌籠).
ダンス【dance】댄스. ♦**社交ダンス** 사교 댄스. **ダンスパーティー** 댄스 파티.
たんすい【淡水】담수(淡水). ♦**淡水魚** 담수어. **淡水湖** 담수호.
だんすい【断水】(する하) 단수(斷水). ‖工事のため断水する 공사로 단수하다.

たんすいかぶつ【炭水化物】 탄수화물(炭水化物).

たんすう【単数】 단수(單數).

たんせい【丹誠】 정성(精誠); 성의(誠意); 진심(眞心). ‖丹誠を込める 정성을 들이다.

たんせい【単性】 단성(單性). ♦**単性生殖** 단성 생식.

たんせい【嘆声】 탄성(歎聲). ‖見事な技に嘆声が上がった 멋진 기술에 탄성을 질렀다.

たんせい【端正】ダ 단정(端正)하다.

*__だんせい__【男性】 남성(男性); 남자(男子). ‖頼もしい男性 믿음직한 남자. これは男性の筆跡だ 이건 남자의 필적이다. ♦**男性社員** 남자 사원. **男性的** 남성적. 男性的な魅力 남성적인 매력. **男性美** 남성미. **男性ホルモン** 남성 호르몬.

だんせい【弾性】 탄성(彈性). ♦**弾性体** 탄성체.

だんせいがっしょう【男声合唱】 남성 합창(男聲合唱).

たんせき【胆石】 담석(膽石). ♦**胆石症** 담석증.

*__だんぜつ__【断絶】 (ス되) 단절(斷絶). ‖王朝が断絶する 왕조가 단절되다. ♦**国交断絶** 국교 단절.

たんせん【単線】 단선(單線).

だんせん【断線】 (ス하) 단선(斷線).

だんぜん【断然】 ❶ 꼭; 반드시. ‖何と言われようと断然断る 무슨 소리를 듣더라도 반드시 거절할 거야. ❷ 단연(斷然); 단연코; 훨씬. ‖こっちの方が断然得だ 이쪽이 훨씬 득이다.

たんそ【炭素】 탄소(炭素).

だんそう【男装】 (ス하) 남장(男裝).

だんそう【断想】 단상(斷想).

だんそう【断層】 단층(斷層). ♦**断層撮影** 단층 촬영. **断層面** 단층면.

たんそく【嘆息】 (ス하) 탄식(歎息). ‖天を仰いで嘆息する 하늘을 올려다보며 탄식하다.

だんぞく【断続】 (ス하) 단속(斷續). ‖断続する痛み 단속적인 통증.

だんそんじょひ【男尊女卑】 남존여비(男尊女卑).

*__だんたい__【団体】 단체(團體). ‖団体で行動する 단체로 행동하다. ♦**圧力団体** 압력 단체. **政治団体** 정치 단체. **非営利団体** 비영리 단체. **団体協約** 단체 협약. **団体交渉** 단체 교섭. **団体生活** 단체 생활. **団体旅行** 단체 여행.

たんたん【坦坦】 ❶ 평평(平平)하게. ‖たんたんとした道を歩く 평평한 길을 걷다. ❷ 순탄(順坦)하게. ‖たんたんたる生涯 순탄한 생애.

たんたん【淡淡】 담담(淡淡)하게. ‖たんたんと語る 담담하게 말하다.

*__だんだん__【段段】 ❶ 계단(階段). ‖段々を下りる 계단을 내려가다. ❷〔副詞として〕점점(漸漸). ‖段々(と)明るくなる 점점 밝아지다. 新しい仕事にも段々(と)慣れた 새로운 일에도 점점 익숙해졌다. ♦**段段畑** 계단식 밭.

たんち【探知】 (ス하) 탐지(探知). ♦**電波探知機** 전파 탐지기.

だんち【団地】 단지(團地). ♦**工業団地** 공업 단지.

だんちがい【段違い】 차이(差異)가 현저(顯著)함; 현격(顯隔)한 차이. ‖品質は段違いだ 품질이 현격히 차이 나다. 段違いにすぐれている 현저히 뛰어나다.

たんちょ【端緒】 단서(端緖). ‖紛争解決の端緒となる 분쟁 해결의 단서가 되다.

たんちょう【単調】ダ 단조(單調)롭다. ‖単調な仕事 단조로운 일.

たんちょう【短調】 단조(短調).

だんちょう【団長】 단장(團長).

だんちょう【断腸】 단장(斷腸). ‖断腸の思い 애타는 심정.

タンチョウヅル【丹頂鶴】 두루미.

たんてい【探偵】 (ス하) 탐정(探偵). ♦**私立探偵** 사립 탐정. **探偵小説** 탐정 소설.

だんてい【断定】 (ス하) 단정(斷定). ‖Aを犯人と断定する A를 범인으로 단정하다.

たんてき【端的】 단적(端的). ‖端的に表わす 단적으로 드러내다. 端的に言って 단적으로 말해서.

たんでき【耽溺】 (ス하) 탐닉(耽溺).

たんでん【丹田】《漢方》 단전(丹田).

たんとう【担当】 (ス하) 담당(擔當). ‖営業を担当する 영업을 담당하다. 彼がこの地域を担当している 그 사람이 이 지역을 담당하고 있다. ♦**担当者** 담당자.

たんとう【短刀】 단도(短刀).

だんどうだん【弾道弾】 탄도탄(彈道彈); 탄도 미사일.

たんとうちょくにゅう【単刀直入】 단도직입적(單刀直入的). ‖単刀直入に尋ねる 단도직입적으로 묻다.

*__たんどく__【単独】 단독(單獨). ‖この問題は単独には解決できない 이 문제는 단독으로는 해결할 수 없다. ♦**単独行動** 단독 행동. **単独飛行** 단독 비행.

だんトツ【断トツ】〔断然トップの略語〕단연(斷然) 선두(先頭)에 있음.

だんどり【段取り】 수순(手順); 순서(順序). ‖段取りをつける 순서를 정하다.

だんな【旦那】 ❶《仏教》 시주(施主). ❷ (商店の)남자 주인(男子主人). ❸〔夫〕남편(男便).

たんなる【単なる】 단순(單純)한. ‖それは単なる遊びに過ぎない 그것은 단순한

놀이에 지나지 않는다. 単なる勘違いとは思えない 단순한 착각이라고 생각되지 않는다.

たんに【単に】단지(但只); 다만. ‖単に事実を述べただけに過ぎない 단지 사실을 말한 것에 지나지 않다.

たんにん【担任】㊛하 담임(擔任). ‖担任の先生 담임 선생님. 1年生を担任する先生 일 학년을 담임하는 선생님.

タンニン【tannin オ】타닌.

だんねつ【断熱】㊛하 단열(斷熱). ♦断熱材 단열재.

たんねん【丹念】ダ 꼼꼼하다. ‖丹念に繕う 꼼꼼하게 깁다.

だんねん【断念】㊛하 단념(斷念). ‖試合を断念する 시합을 단념하다.

たんのう【胆嚢】담낭(膽囊).

たんのう【堪能】‖堪能する 충분히 만족하다. 語学に堪能な人 어학에 뛰어난 사람.

たんぱ【短波】단파(短波). ♦短波放送 단파 방송.

たんぱく【淡泊】ダ 담백(淡白)하다. ‖淡泊な味 담백한 맛.

たんぱくしつ【蛋白質】단백질(蛋白質).

たんぱつ【短髪】단발(斷髮).

タンバリン【tambourine】탬버린.

たんパン【短パン】반바지.

だんぱん【談判】㊛하 담판(談判). ‖談判が決裂する 담판이 결렬되다.

たんびしゅぎ【耽美主義】탐미주의(耽美主義).

たんぴょう【短評】단평(短評).

たんぴん【単品】단품(單品); 낱개.

ダンピング【dumping】㊛하 덤핑.

ダンプカー【dump+car 日】덤프차; 덤프 트럭.

たんぶん【単文】단문(單文).

たんぶん【短文】단문(短文).

ダンベル【dumbbell】아령(啞鈴).

たんぺん【短編】단편(短篇). ♦短編小説 단편 소설.

だんぺん【断片】단편(斷片). ‖記憶の断片をたどって思い出す 기억의 단편을 더듬어 떠올리다. ♦断片的 단편적. 断片的な知識 단편적인 지식.

だんぺん【断編】단편(斷編).

たんぼ【田圃】논.

たんぽ【担保】담보(擔保). ‖担保に取る 담보를 잡다. ♦担保物権 담보 물권.

たんぽう【探訪】㊛하 탐방(探訪).

だんぼう【暖房】㊛하 난방(暖房). ♦暖房装置 난방 장치.

だんボール【段ボール】골판지(板紙); 박스.

タンポポ【蒲公英】민들레.

タンポン【tampon ド】탐폰.

たんまつ【端末】단말(端末). ♦端末機 단말기. 端末装置 단말 장치.

だんまつま【断末魔】단말마(斷末摩). ‖断末魔の叫び 단말마의 비명.

たんまり 많이; 잔뜩; 듬뿍. ‖たんまりと儲ける 많이 벌다.

だんまり【黙り】침묵(沈默); 잠자코 있음; 〔人〕잠자코 있는 사람.

たんめい【短命】단명(短命). ‖短命に終わる 단명으로 끝나다. ♦短命内閣 단명 내각.

タンメン【湯麺】탕면(湯麵).

だんめん【断面】단면(斷面). ‖レールの断面 레일의 단면. 現代社会の一断面 현대 사회의 한 단면. ♦断面図 단면도.

だんやく【弾薬】탄약(彈藥). ♦弾薬庫 탄약고.

だんゆう【男優】남우; 남자 배우(男子俳優). ♦主演男優賞 주연 남우상.

たんらく【短絡】㊛하 ❶단락(短絡). ♦短絡的思考 단락적인 사고. ❷합선(合線). ‖回路が短絡する 회로가 합선되다.

だんらく【段落】단락(段落). ‖1段落 한 단락.

だんらん【団欒】㊛하 단란(團欒). ♦一家団欒 단란한 일가.

たんり【単利】단리(單利).

だんりゅう【暖流】난류(暖流).

たんりょく【胆力】담력(膽力). ‖胆力のある人 담력이 있는 사람.

だんりょく【弾力】탄력(彈力). ‖弾力をもたせて計画を練る 탄력 있게 계획을 짜다. ♦弾力性 탄력성.

たんれい【淡麗】ダ 술의 뒷맛이 깨끗하고 부드럽다.

たんれい【端麗】ダ 단정(端正)하고 아름답다.

たんれん【鍛練】㊛하 단련(鍛鍊). ‖若い時に鍛練する 젊을 때 단련하다.

だんろ【暖炉】난로(煖爐).

だんろん【談論】㊛하 담론(談論).

だんわ【談話】㊛하 담화(談話). ‖首相の談話 수상 담화.

ち

*ち【血】❶피. ‖血が出る 피가 나다. 服に血がついている 옷에 피가 묻어 있다. 血がたぎる 피가 끓다. 血がなかなか止まらない 피가 좀체 멎지 않다. ❷혈통(血統); 핏줄. ▸血が通う 피가 통하다. 〔慣〕▸血が騒ぐ 피가 끓다.〔慣〕▸血と汗の結晶 피와 땀의 결정. ▸血となり肉となる 피가 되고 살이 되다. ▸血は争えない 핏줄은 못 속인다. ▸血は水よりも濃い 피는 물보다 진하다. ▸血も涙もない 피도 눈물도 없다.〔慣〕▸血を吐く思い 피를 토하는 심정. ▸血を引く 혈통을 잇다. ▸血を分ける 피를 나누다.

〘慣〙血を分けた兄弟 피를 나눈 형제.

ち【地】❶대지(大地); 지. ‖天地人 천지인. ❷토지(土地); 땅. ‖安住の地 안주의 땅. 天と地ほどの違い 하늘과 땅 차이. ❸(上下が決まったものの)아랫부분(部分). ‖天地無用 (貨物の表面に書かれて)위아래를 거꾸로 하지 말 것. ▸地に落ちる 땅에 떨어지다.〘慣〙彼の信望は地に落ちた 그 사람의 신망은 땅에 떨어졌다.

ち【知·智】지(知). ♦知徳 지덕.

チアガール【cheer+girl 日】치어걸.

チアリーダー【cheerleader】치어리더.

ちあん【治安】치안(治安). ‖治安がいい 치안이 잘 되어 있다. ♦治安維持 치안 유지. 治安部隊 치안 부대.

*__ちい__【地位】지위(地位). ‖会社での地位 회사에서의 지위. 社会的地位 사회적 지위. 地位の向上を図る 지위의 향상을 꾀하다. 地位の高い人 지위가 높은 사람.

*__ちいき__【地域】지역(地域). ‖地域の住民 지역 주민. 地域別に人口を比較する 지역별로 인구를 비교하다. 地域差をなくす 지역차를 없애다. ♦地域社会 지역 사회.

*__ちいさい__【小さい】❶작다. ‖小さい会社 작은 회사. 1は2より小さい 일은 이보다 작다. 声が小さい 목소리가 작다. 小さいミスまで指摘する 작은 실수까지 지적하다. ❷〔幼い〕어리다. ‖小さい頃の話 어릴 때 이야기. 小さい弟妹たち 어린 동생들.

ちいさな【小さな】작은. ‖小さな体 작은 몸집. 規模の小さな会社 규모가 작은 회사.

ちいさめ【小さめ】조금 작은 듯함. ‖小さめの服 조금 작은 듯한 옷.

チータ【cheetah】치타.

チーム【team】팀. ♦チームプレー 팀 플레이. チームメイト 팀메이트. チームワーク 팀워크.

ちうみ【血膿】피고름.

*__ちえ__【知恵】지혜(智慧); 생각; 요령(要領). ‖知恵を出し合って考える 지혜를 모아 생각하다. 生活の知恵 생활의 지혜. 知恵がつく 요령이 생기다. よい知恵が浮かばない 좋은 생각이 안 나다. ▸知恵が回る 머리가 잘 돌아가다. 두뇌 회전이 빠르다. ▸知恵を絞る 지혜를 짜다. ▸知恵を付ける 부추기다.

チェーン【chain】체인. ♦チェーンストア 체인점. チェーンソー 전기 톱.

チェコ【Czech】《国名》체코.

チェス【chess】체스.

チェスト【chest】서랍장(欌).

チェック【check】❶〔模様〕바둑판 무늬. ❷〔小切手〕수표(手票). ❸ (名하) 대조(對照); 확인(確認); 점검(點檢). ❹(料理屋での)계산(計算).

チェックアウト【checkout】(名하) 체크아웃.

チェックイン【checkin】(名하) 체크인.

チェックポイント【checkpoint】❶요점(要點). ❷검문소(檢問所).

ちえねつ【知恵熱】(説明) 생후(生後) 육칠 개월경에 나타나는 일시적(一時的)인 발열(發熱).

ちえぶくろ【知恵袋】❶가지고 있는 모든 지혜(智慧). ‖知恵袋を絞る 지혜를 짜다. ❷동료(同僚) 중에서 제일(第一) 머리가 좋은 사람.

チェリスト【cellist】첼리스트.

チェロ【cello】첼로.

ちえん【地縁】지연(地緣). ♦地縁社会 지연 사회.

ちえん【遅延】(名되) 지연(遲延). ‖雪のため列車は3時間遅延した 눈 때문에 열차가 세 시간 지연되었다.

チェンバロ【cembalo イ】쳄발로.

*__ちか__【地下】지하(地下). ‖地下の貯蔵庫 지하 저장고. 地下に潜る 지하에 숨다. 地下に眠る 지하에 잠들다. ♦地下活動 지하 활동. 地価組織 지하 조직.

ちか【地価】지가(地價). ‖地価が高騰する 지가가 등귀하다.

ちかい【誓い】맹세(盟誓); 서약(誓約). ‖誓いを立てる 맹세를 하다.

ちかい【地階】지하층(地下層).

*__ちかい__【近い】가깝다. ‖駅に近い場所 역에서 가까운 장소. 銀行はここから近い 은행은 여기서 가깝다. 近いうちにお伺いします 가까운 시일 내에 찾아뵙겠습니다. 近い親戚 가까운 친척.

ちがい【違い】❶차이(差異); 다름. ‖性格の違い 성격 차이. ❷잘못; 틀림. ‖計算に違いがある 계산이 틀렸다.

ちがいない【違いない】틀림없다.

ちがいほうけん【治外法権】치외 법권(治外法權).

ちかう【誓う】맹세(盟誓)하다. ‖妻を生涯愛し続けることを誓う 부인을 평생 사랑할 것을 맹세하다.

*__ちがう__【違う】❶〔異なる〕다르다. ‖色の違う2枚の折り紙 색이 다른 색종이 두 장. 値段は店によって違います 가격은 가게에 따라 다릅니다. 私と違って彼は勤勉だ 나하고는 다르게 그 사람은 부지런하다. ❷〔間違っている〕틀리다; 아니다. ‖答えが違っている 답이 틀렸다. 君がやったんだろう? 違う 네가 했지? 아니야.

ちがえる【違える】❶달리하다; 바꾸다. ‖クラスごとに帽子の色を違える 반별로 모자 색을 달리하다. ❷틀리다; 잘못 알다. ‖道を違えたらしい 길을 잘못 안 것 같다. ❸삐다; 접질리다. ‖足の筋を違える 발을 접질리다.

*__ちかく__【近く】❶가까운 곳; 근처(近處). ‖駅の近く 역 근처. この近くに引

っ越して来た 이 근처로 이사 왔다. ❷〔副詞として〕곧; 머지않아. ‖近く再開する予定だ 머지않아 재개할 예정이다.

ちかく【地殻】 지각(地殼). ♦地殻変動 지각 변동.

ちかく【知覚】 (을하) 지각(知覺). ♦知覚作用 지각 작용. 知覚神経 지각 신경.

ちがく【地学】 지학(地學).

ちかけい【地下茎】 지하경(地下莖); 땅속줄기.

*ちかごろ【近頃】 요즘; 최근(最近). ‖近頃珍しい美談だ 요즘 들어 보기 드문 미담이다. 近頃の若い人 요즘의 젊은이들. 近頃彼に会っていない 최근에 그 사람을 못 만났다.

ちかしい【近しい】 친(親)하다. ‖2人は近しい関係だ 둘은 친한 사이이다.

ちかしげん【地下資源】 지하자원(地下資源).

ちかしつ【地下室】 지하실(地下室).

ちかすい【地下水】 지하수(地下水).

ちかちか ❶ 따끔따끔. ‖目がちかちか(と)する 눈이 따끔따끔하다. ❷ 반짝반짝. ‖星がちかちか(と)輝く 별이 반짝반짝 빛나다.

ちかぢか【近近】 곧; 머지않아; 조만간(早晩間). ‖近々伺うつもりでした 조만간 찾아뵐 생각이었습니다.

ちかづく【近付く】 ❶ 접근(接近)하다; 다가오다; 가까이 들어서다; 가까워지다. ‖列車が駅に近づく 열차가 역 가까이에 들어서다. 下心を持って近づく 저의를 갖고 접근하다. 入学式が近づく 입학식이 가까워지다. ❷ 친해지다.

ちかづける【近付ける】 ❶ 가까이 대다. ‖目を本に近づける 책에 눈을 가까이 대다. ❷ 친하게 지내다. ‖悪い友人を近づけるな 나쁜 친구랑 친하게 지내지 말아라.

ちかてつ【地下鉄】 지하철(地下鐵).

ちかどう【地下道】 지하도(地下道).

ちかば【近場】 근처(近處); 가까운 곳.

ちかみち【近道】 지름길. ‖駅への近道 역으로 가는 지름길.

ちかよる【近寄る】 ❶ 가까이 다가가다; 접근(接近)하다. ‖近寄って見る 가까이 다가가 보다. ❷ 친해지다. ‖近寄りがたい人 친해지기 힘든 사람.

*ちから【力】 ❶ 힘; 완력(腕力). ‖力を出す 힘을 내다. 力が強い 힘이 세다. 風の力を利用する 바람의 힘을 이용하다. ❷ 능력(能力); 실력(實力). ‖国語の力が弱い 국어 실력이 약하다. ❸ 도움. ‖力になる 도움이 되다. ❹ 효과(效果); 효력(效力). ‖薬の力で助かった 약의 효과로 살았다. ▸力を入れる ① 힘을 쏟다. 新商品の開発に力を入れる 신제품 개발에 힘을 쏟다. ② 힘주다. 力を入れて言う 힘주어 말하다. ▸力を落とす 낙담하다. 낙심하다. ▸力を付ける 실력을 쌓다.

ちからいっぱい【力一杯】 힘껏. ‖力一杯走る 힘껏 달리다.

ちからうどん【力饂飩】 (説明) 찰떡을 넣은 우동.

ちからこぶ【力瘤】 알통.

ちからしごと【力仕事】 힘을 쓰는 일; 육체노동(肉體勞動). ‖力仕事は男性に任せる 힘을 쓰는 일은 남자한테 맡기다.

ちからずく【力尽く】 ❶ 힘껏. ‖力ずくで押し倒す 힘껏 밀어 넘어뜨리다. ❷ 강제(強制)로. ‖力ずくでも奪い取ってみせる 강제로라도 뺏겠다.

ちからぞえ【力添え】 조력(助力); 도움이 됨. ‖及ばずながらお力添えしましょう 미흡하나마 도움이 되도록 하겠습니다.

ちからだめし【力試し】 (能力などを)시험(試驗)해 봄.

ちからづける【力付ける】 격려(激勵)하다.

ちからづよい【力強い】 ❶ 마음 든든하다. ❷ 힘차다. ‖力強い演技 힘찬 연기.

ちからぬけ【力抜け】 맥이 빠짐[풀림]; 힘이 빠짐. ‖安心したら力抜けがした 마음을 놓으니까 맥이 풀렸다.

ちからまかせ【力任せ】 힘을 다함. ‖力任せに殴る 힘을 다해[힘껏] 때리다.

ちからまけ【力負け】 역부족(力不足); 힘에 부쳐서 짐. ‖真っ向から挑んで力負けする 정면 승부를 했지만 역부족으로 졌다.

ちかん【痴漢】 치한(痴漢).

ちかん【置換】 (을하) 치환(置換).

ちき【知己】 지기(知己).

ちき【稚気】 치기(稚氣).

*ちきゅう【地球】 지구(地球). ‖地球は太陽の周りを回っている 지구는 태양의 주위를 돌고 있다. 地球上の生物 지구상의 생물. 地球の反対側に 지구 반대쪽에. ♦地球儀 지구의.

ちぎょ【稚魚】 치어(稚魚).

ちきょう【地峡】 지협(地峽). ♦スエズ地峡 수에즈 지협.

ちぎょう【知行】 지행(知行).

ちぎり【契り】 ❶ 약속(約束). ❷ 인연(因緣).

ちぎる【契る】 ❶ 굳게 약속(約束)하다. ❷ 장래(將來)를 약속하다; 부부(夫婦)가 될 것을 약속하다. ‖固く契った2人 장래를 약속한 두 사람.

ちぎる【千切る】 ❶ 잘게 찢다. ‖手紙をちぎって捨てる 편지를 찢어서 버리다. ❷ 뜯다; 떼다. ‖ボタンをちぎって取る 단추를 집어 뜯다.

ちぎれる【千切れる】 조각이 나다; 떨어져 나가다.

チキン【chicken】 닭고기; 치킨. ♦フライドチキン 닭 튀김. チキンカツ 치킨 커틀릿. チキンライス 치킨라이스.

ちく【地区】 지구(地區). ‖地区ごとに委員を選ぶ 지구마다 위원을 뽑다. ♦風致地区 풍치 지구.

ちくいち【逐一】 ❶하나하나 순서(順序)대로. ‖逐一審議する 하나하나 순서대로 심의하다. ❷자세(仔細)하게; 일일이. ‖逐一報告する 자세하게 보고하다.

ちくおんき【蓄音機】 축음기(蓄音機).

ちくざい【蓄財】 (ス하) 축재(蓄財).

ちくさん【畜産】 축산(畜産). ♦畜産業 축산업.

ちくしょう【畜生】 ❶축생(畜生); 짐승. ❷〔ののしる言葉〕새끼. ‖こんちくしょう 이 새끼.

ちくせき【蓄積】 (ス하) 축적(蓄積). ‖資本を蓄積する 자본을 축적하다. 疲労の蓄積 피로의 축적.

ちくぞう【築造】 (ス하) 축조(築造). ‖ダムを築造する 댐을 축조하다.

ちくちく 쿡쿡; 따끔따끔. ‖針でちくちく(と)刺す 바늘로 쿡쿡 찌르다. 背中がちくちく(と)する 등이 따끔따끔하다.

ちくのうしょう【蓄膿症】 축농증(蓄膿症).

ちぐはぐ ❶짝이 안 맞음. ‖ちぐはぐの靴下 짝짝이 양말. ❷뒤죽박죽. ‖話がちぐはぐになる 이야기가 뒤죽박죽이 되다.

ちくばのとも【竹馬の友】 죽마고우(竹馬故友).

ちくび【乳首】 ❶젖꼭지. ❷(乳児用の) 젖꼭지.

ちくり ❶〔心が痛む様子〕따끔. ‖胸がちくりとする 가슴이 따끔하다. ❷(言葉で)따끔하게. ‖ちくりと皮肉を言う 따끔하게 한마디 하며 빈정거리다.

ちくる 고자질하다; 일러바치다.

ちくわ【竹輪】 (説明) 으깬 생선(生鮮)살을 굽거나 찐 것.

ちけい【地形】 지형(地形). ‖複雑な地形を示す 복잡한 지형을 나타내다. ♦地形図 지형도.

チケット【ticket】 티켓.

ちけん【地検】 지검(地檢).

ちけん【知見】 식견(識見); 견식(見識). ‖知見を広める 식견을 넓히다.

ちこく【治国】 치국(治國). ♦治国平天下 치국평천하.

*__ちこく__【遅刻】 (ス하) 지각(遲刻). ‖会議に 20 分遅刻する 회의에 이십 분 지각하다. 遅刻してすみません 지각해서 미안합니다.

ちこつ【恥骨】 치골(恥骨).

チコリ【chicory】 치커리.

ちさんちすい【治山治水】 치산치수(治山治水).

ちし【致死】 치사(致死). ♦過失致死 과실 치사. 致死量 치사량.

ちじ【知事】 지사(知事). ♦東京都知事 동경도 지사. 神奈川県知事 가나가와현 지사

*__ちしき__【知識】 지식(知識). ‖そのことについては何の知識もない 그것에 대해서는 아무런 지식이 없다. 本から知識を得る 책에서 지식을 얻다. ♦予備知識 예비 지식. 知識階級 지식 계급. 知識人 지식인.

ちじく【地軸】 지축(地軸). ‖地軸を揺るがす大行進 지축을 흔드는 대행진.

ちしつ【地質】 지질(地質).

ちしゃ【知者】 지자(知者).

ちしょう【知将】 지장(智將).

ちしょう【致傷】 치상(致傷). ♦過失致傷罪 과실 치상죄.

ちじょう【地上】 지상(地上). ‖地上 10 階地下 1 階の建物 지상 십 층 지하 일 층의 건물. モグラは地上には住めない 두더지는 지상에서는 살 수 없다. 地上の楽園 지상 낙원. ♦地上権 지상권. 地上波 지상파.

ちじょう【痴情】 치정(癡情). ‖痴情のもつれ 치정 싸움.

ちじょく【恥辱】 치욕(恥辱). ‖恥辱を受ける 치욕을 당하다.

ちじん【知人】 지인(知人); 아는 사람.

*__ちず__【地図】 지도(地圖). ‖世界地図を広げる 세계 지도를 펼치다. この川は地図に出ていない 이 강은 지도에 안 나와 있다. ♦道路地図 도로 지도.

ちすい【治水】 (ス하) 치수(治水). ♦治水事業 치수 사업.

ちすじ【血筋】 혈통(血統); 혈연(血緣); 핏줄.

ちせい【地勢】 지세(地勢).

ちせい【知性】 지성(知性). ‖豊かな知性の持ち主 풍부한 지성의 소유자. 現代を代表する知性 현대를 대표하는 지성. 知性的 지성적.

ちせき【地籍】 *지적(地籍).*

ちせつ【稚拙】ダ 치졸(稚拙)하다. ‖稚拙な文章 치졸한 문장.

ちそう【地層】 지층(地層). ‖古代の地層 고대의 지층.

ちたい【地帯】 지대(地帶). ♦安全地帯 안전지대. 工業地帯 공업 지대.

ちたい【遅滞】 (ス되) 지체(遲滯). ‖工事が遅滞する 공사가 지체되다.

チタン【Titan[ド]】 티탄.

*__ちち__【父】 아버지. ‖二児の父となる 두 아이의 아버지가 되다. 父は銀行に勤めています 아버지는 은행에 근무하고 있습니다. 近代経済学の父 근대 경제학의 아버지.

ちち【乳】 젖. ‖乳を吸う 젖을 빨다.

ちちうえ【父上】 아버님.
ちちおや【父親】 부친(父親); 아버지.
ちちかた【父方】 부계(父系); 아버지 쪽.
ちぢかむ【縮かむ】 움츠러들다; 오므라들다; 곱다. ‖寒さで手が縮かんでいる 추워서 손이 곱았다.
ちちくさい【乳臭い】 ❶젖내가 나다. ‖乳臭い赤ん坊 젖내 나는 아기. ❷젖비린내 나다; 유치(幼稚)하다; 미숙(未熟)하다. ‖乳臭い考え 유치한 생각.
ちちとして【遅遅として】 지지부진(遲遲不進)하여.
ちちのひ【父の日】 아버지의 날. ✣韓国では父の日と母の日を合わせた어버이날(父母の日)がある. 5月8日.
ちちはは【父母】 부모(父母).
ちぢまる【縮まる】 줄어들다; 단축(短縮)되다. ‖1位との差が縮まる 일 등과의 차이가 줄어들다. 寿命が縮まる 수명이 단축되다.
ちぢみ【縮み】 ❶줄어듦. ‖伸び縮み 신축. ❷〔布〕잔주름이 있는 옷감.
***ちぢむ**【縮む】 ❶줄어들다. ‖ウールは水で洗うと縮む 울은 물세탁을 하면 줄어든다. ❷위축(萎縮)되다.
***ちぢめる**【縮める】 줄이다. ‖端の方を切って長さを縮める 끝을 잘라 길이를 줄이다. 文章を半分に縮める 문장을 반으로 줄이다. 記録を3秒縮める 기록을 삼 초 줄이다.
ちちゅう【地中】 지중(地中); 땅속. ‖地中に埋める 땅속에 묻다. ♦地中植物 지중 식물.
ちぢらせる【縮らせる】 곱슬곱슬하게 하다 ‖髪を縮らせた人 머리를 곱슬곱슬하게 한 사람.
ちぢれげ【縮れ毛】 곱슬머리; 고수머리.
ちぢれる【縮れる】 쭈글쭈글해지다; 곱슬곱슬해지다. ‖髪の毛が縮れる 머리카락이 곱슬곱슬해지다.
ちつ【膣】 질(膣).
ちっきょ【蟄居】 (名하) 칩거(蟄居).
ちつじょ【秩序】 질서(秩序). ‖秩序を保つ 질서를 지키다. 秩序正しく行動する 질서 정연하게 행동하다.
ちっそ【窒素】 질소(窒素). ♦窒素肥料 질소 비료.
ちっそく【窒息】 (名하) 질식(窒息). ♦窒息死 질식사.
ちっちゃい【小っちゃい】 작다.
ちっと【些と】 조금. ‖ちっとは真剣に考えろ 조금은 진지하게 생각해라.
ちっとも【些とも】 조금도; 전혀. ‖ちっとも怖くない 조금도 무섭지 않다. ちっとも知らなかった 전혀 몰랐다.
チップ【chip】 팁. ‖チップをはずむ 팁을 많이 주다.
ちっぽけダ 보잘것없다; 조그마하다. ‖ちっぽけな家 보잘것없는 집.
***ちてき**【知的】 지적(知的). ‖知的な会話を楽しむ 지적인 대화를 즐기다. ♦知的財産 지적 재산. 知的所有権 지적 소유권. 知的労働 지적 노동.
ちてん【地点】 지점(地點). ♦通過地点 통과 지점. 到達地点 도달 지점.
ちどうせつ【地動説】 지동설(地動說).
ちとせあめ【千歳飴】 (説明) 홍백(紅白)의 긴 사탕(沙糖).
ちどめ【血止め】 지혈(止血).
ちどりあし【千鳥足】 갈지자걸음.
ちなまぐさい【血腥い】 피비린내 나다. ‖血なまぐさい話 피비린내 나는 참혹한 이야기.
ちなみに【因みに】 덧붙여서 말하면.
ちなむ【因む】 관련(關聯)되다. ‖伝説にちなむ祭 전설과 관련된 축제.
ちにち【知日】 일본(日本)을 잘 앎.
ちねつ【地熱】 지열(地熱).
***ちのう**【知能】 지능(知能). ‖知能の高い動物 지능이 높은 동물. ♦人工知能 인공 지능. 知能検査 지능 검사. 知能指数 지능 지수. 知能犯 지능범.
ちのけ【血の気】 ❶혈색(血色); 핏기. ‖血の気のない顔 핏기가 없는 얼굴. ❷혈기(血氣). ‖血の気の多い若者 혈기 왕성한 젊은이.
ちのなみだ【血の涙】 피눈물.
ちのみご【乳飲み子】 젖먹이.
ちのめぐり【血の巡り】 ❶혈액 순환(血液循環). ❷두뇌 회전(頭腦廻轉). ‖血の巡りが悪い 머리가 나쁘다.
ちのり【地の利】 유리(有利)한 지리적 조건(地理的條件).
ちはい【遅配】 기일(期日)보다 늦어짐. ‖給料が遅配する 월급이 늦어지다.
ちばしる【血走る】 충혈(充血)되다. ‖血走った目 충혈된 눈.
ちばなれ【乳離れ】 (名하) 이유(離乳); 젖떼기.
ちばん【地番】 번지(番地); 지번(地番).
ちび 꼬맹이.
ちびちび 찔끔찔끔. ‖ちびちび(と)酒を飲む 술을 찔끔찔끔 마시다.
ちびっこ 꼬마.
ちひょう【地表】 지표(地表). ♦地表植物 지표 식물.
ちびる ❶찔끔거리다; 조금 흘리다; 지리다. ‖小便をちびる 소변을 지리다. ❷인색(吝嗇)하게 굴다; 아끼다. ‖出費をちびる 나가는 돈을 아끼다.
ちぶ【恥部】 치부(恥部). ‖恥部をさらす 치부를 드러내다.
ちぶさ【乳房】 유방(乳房).
チフス【Typhus ド】 티푸스.
ちへい【地平】 지평(地平). ♦地平線 지평선.
***ちほう**【地方】 지방(地方). ‖両親は地方に住んでいます 부모님은 지방에 살

고 계십니다. ♦九州地方 규슈 지방. 地方議会 지방 의회. 地方銀行 지방 은행. 地方公務員 지방 공무원. 地方債 지방채. 地方自治 지방 자치. 地方自治体 지방 자치체. 地方色 지방색. 地方税 지방세. 地方選挙 지방 선거. 地方団体 지방 단체. 地方版 지방판. 地方分権 지방 분권.

ちほう【痴呆】 치매(痴呆).

ちぼう【知謀】 지모(智謀); 지략(智略).

ちまた【巷】 세상(世上); 항간(巷間). ‖巷のうわさ 항간의 소문.

ちまちま 아담(雅淡)하게. ‖ちまちま(と)した顔だち 아담하게 생긴 얼굴.

ちまなこ【血眼】 혈안(血眼). ‖血眼になって探す 혈안이 되어 찾다.

ちまみれ【血塗れ】 피투성이.

ちまよう【血迷う】 눈이 뒤집히다; 이성(理性)을 잃다.

ちみ【地味】 지미(地味); 토리(土理). ‖地味がいい 토리가 좋다.

ちみつ【緻密】ダ 치밀(緻密)하다. ‖緻密な計画 치밀한 계획. 緻密な研究 치밀한 연구.

ちめい【地名】 지명(地名).

ちめい【知名】 지명(知名). ♦知名度 지명도.

ちめい【知命】 지천명(知天命).

ちめいしょう【致命傷】 치명상(致命傷). ‖致命傷を負う 치명상을 입다.

ちめいてき【致命的】 치명적(致命的). ‖致命的なミス 치명적인 실수.

ちもく【地目】 지목(地目).

*ちゃ**【茶】** 차(茶). ‖茶を飲む 차를 마시다. ▸茶を濁す 얼버무리다. ♦ウーロン茶 우롱차. 麦茶 보리차.

チャーシュー【叉焼】 (説明) 돼지고기를 묶어 양념에 담근 다음 구운 것.

チャーター【charter】 빌림; 전세(傳貰)냄. ‖チャーターする 빌리다. 전세 내다. ♦チャーター便 전세 낸 배나 비행기.

チャート【chart】 ❶해양 지도(海洋地圖). ❷차트; 도표(圖表); 그래프.

チャーハン【炒飯】 볶음밥.

チャーミング【charming】ダ 매력적(魅力的)이다. ‖チャーミングな女性 매력적인 여성.

チャームポイント【charming+point日】 매력(魅力) 포인트.

チャイム【chime】 ❶차임벨. ‖電子チャイム 전자 차임. ❷《音楽》차임.

チャイルドシート【child+seat日】 (自動車の)차일드 시트.

ちゃいろ【茶色】 갈색(褐色). ‖茶色の目 갈색 눈. 茶色い髪 갈색 머리.

-ちゃう …버리다; 다 …하다. ‖もう書いちゃった 벌써 다 썼다. 食べちゃう 먹어 버리다.

チャウダー【chowder】 차우더.

ちゃか【茶菓】 다과(茶菓).

ちゃかす【茶化す】 ❶농담(弄談)으로 돌리다. ❷〔ごまかす〕속이다.

ちゃかっしょく【茶褐色】 다갈색(茶褐色).

ちゃがら【茶殻】 차(茶) 찌꺼기.

ちゃき【茶器】 다기(茶器).

ちゃきちゃき ‖ちゃきちゃきの江戸っ子 동경 토박이.

ちゃく【着】 ❶도착(到着). ‖8時着の列車 여덟 시에 도착하는 열차. 東京着 동경 착. ❷〔服を数える単位〕…벌. ‖夏服5着 여름옷 다섯 벌. ❸〔順位〕…등(等); …위(位). ‖1着でゴールインする 일 등으로 골인하다.

ちゃくがん【着眼】 (자하) 착안(着眼). ‖いいところに着眼する 좋은 점에 착안하다. ♦着眼点 착안점. 着眼点がいい 착안점이 좋다.

ちゃくし【嫡子】 적자(嫡子).

ちゃくじつ【着実】 (자되) 착실(着實)하다. ‖着実な努力 착실한 노력.

ちゃくしゅ【着手】 (자하) 착수(着手).

ちゃくしょう【着床】 (자되) 착상(着床).

ちゃくしょく【着色】 (자하) 착색(着色). ♦着色剤 착색제.

ちゃくしん【着信】 ❶(자하) 착신(着信). ❷정보(情報)가 들어옴. ‖夜間に着信したニュース 밤에 들어온 뉴스.

ちゃくせき【着席】 (자하) 착석(着席).

ちゃくそう【着想】 (자하) 착상(着想). ‖着想がいい 착상이 좋다.

ちゃくち【着地】 (자하) 착지(着地).

ちゃくちゃく【着着】 착착(着着). ‖着々(と)準備が進む 준비가 착착 진행되다.

ちゃくばらい【着払い】 (説明) 수취인(受取人)이 요금(料金)을 지불(支拂)함.

ちゃくふく【着服】 (자하) 착복(着服). ‖公金を着服する 공금을 착복하다.

ちゃくメロ【着メロ】 (携帯電話の)착신음(着信音).

ちゃくもく【着目】 (자하) 착목(着目) ‖将来性に着目する 장래성에 착목하다.

ちゃくよう【着用】 (자하) 착용(着用).

ちゃくりく【着陸】 (자하) 착륙(着陸). ‖飛行機が着陸する 비행기가 착륙하다.

チャコールグレー【charcoal gray】 진한 회색(灰色).

ちゃこし【茶漉し】 차(茶)를 거르는 조리.

ちゃさじ【茶匙】 ❶〔スプーン〕티스푼. ❷차(茶)를 뜨는 작은 숟가락.

ちゃちダ 싸구려다; 싸다; 빈약(貧弱)하다. ‖ちゃちに見える 싸구려로 보이다.

ちゃちゃ【茶茶】 방해(妨害); 훼방(毁謗). ▸茶茶を入れる 방해를 하다. 훼방을 놓다. 話の途中でちゃちゃを入れる 말하는 도중에 훼방을 놓다.

ちゃっか【着火】 (자하) 발화(發火). ‖容

易に着火する 쉽게 발화하다. ♦着火点 발화점.

ちゃっかり 약삭빠르게. ‖1人だけちゃっかり(と)食べてしまう 약삭빠르게 혼자만 먹다.

チャック【chack 日】지퍼.

ちゃづけ【茶漬け】㊟ 차(茶)를 부은 밥.

ちゃっこう【着工】㊔하 착공(着工). ♦着工式 착공식.

チャット【chat】《IT》채팅.

チャド【Chad】《国名》차드.

ちゃどうぐ【茶道具】다기(茶器).

ちゃのま【茶の間】❶거실(居室). ❷다실(茶室).

ちゃば【茶葉】찻잎.

ちゃばしら【茶柱】㊟ 차(茶)를 따랐을 때 세로로 뜨는 차 줄기. ‖茶柱が立つ 좋은 징조다.

ちゃばたけ【茶畑】차밭.

ちゃぱつ【茶髪】염색(染色)한 머리.

ちゃばんげき【茶番劇】㊟ 속이 들여다보이는 연극(演劇).

ちゃぶだい【卓袱台】접이식 테이블.

チャペル【chapel】채플; 교회(教會).

ちやほや ‖ちやほや(と)されていい気持ちになる 추켜 주자 우쭐해지다.

ちゃめ【茶目】귀여운 장난을 침 또는 그런 장난을 좋아하는 사람이나 성격(性格). ‖茶目をやる 장난을 치다. お茶目な女の子 귀여운 여자 아이.

ちゃめっけ【茶目っ気】장난기. ‖ちゃめっ気のある人 장난기가 있는 사람.

ちゃや【茶屋】찻집. ‖峠の茶屋 산마루에 있는 찻집.

ちゃら ❶차감(差減)하여 제로로 함. ‖借金をちゃらにする 빚을 제로로 하다. ❷없었던 일로 함. ‖話をちゃらにする 없었던 이야기로 하다.

ちゃらちゃら ❶짤랑짤랑. ‖小銭をちゃらちゃら言わせる 잔돈을 짤랑거리다. ❷껄렁껄렁. ‖ちゃらちゃら(と)していけ好かないやつだ 껄렁거려서 마음에 안 드는 녀석이다.

ちゃらんぽらん 무책임(無責任)함. ‖ちゃらんぽらんな性格を直す 무책임한 성격을 고치다.

チャリティー【charity】자선; 자선 사업(慈善事業). ♦チャリティーショー 자선 쇼.

ちゃりん 땡그랑. ‖硬貨が落ちてちゃりんと鳴った 동전이 떨어지면서 땡그랑 소리가 났다.

ちゃりんこ 자전거(自轉車).

チャルメラ【charamela ポ】(木管楽器の一つの)차르멜라.

ちゃわん【茶碗】밥그릇; 밥공기. ♦茶碗蒸 여러 가지 고명을 넣은 계란 찜.

-ちゃん 〔親しみを込めた呼称〕…야; …아. ‖太郎ちゃん 다로야. 知瑛ちゃん 지영아.

ちゃんこなべ【ちゃんこ鍋】냄비 요리(料理).

チャンス【chance】기회(機會). ‖チャンスを逃す 기회를 놓치다.

ちゃんちゃんこ ㊟ 솜을 넣은 소매가 없는 겉옷.

***ちゃんと** ❶착실(着實)하게; 제대로. ‖ちゃんとしまっておいて 제대로 넣어 두어라. ちゃんとした人 착실한 사람. ❷틀림없이; 정확(正確)하게. ‖ちゃんと書ける 정확하게 쓸 수 있다. ❸충분(充分)히. ‖朝食はちゃんと食べた 아침은 충분히 먹었다.

チャンネル【channel】채널.

ちゃんばら (映画・演劇などの)칼싸움.

ちゃんぽん ❶섞음. ‖日本酒とビールをちゃんぽんに飲む 일본 술과 맥주를 섞어 마시다. ❷〔料理〕일본식(日本式) 짬뽕.

ちゆ【治癒】㊔되 치유(治癒). ‖完全に治癒する 완전히 치유되다.

***ちゅう**【中】❶중간(中間). ‖成績は中の少し上だ 성적은 중간에서 약간 위다. ❷중용(中庸). ‖中を取る 중용을 취하다. ❸〔中学校の略語〕중. ‖付属中 부속중. ❹〔中国の略語〕중. ‖日中関係 중일 관계. ❺…중. ‖実験中 실험 중. 仕事中 일하는 중. ❻…속; 중. ‖空気中 공기 중.

ちゅう【宙】하늘; 공중(空中); 공간(空間). ‖宙に舞う 공중을 날다. ▸宙に浮く 어중간한 상태다. 計画は宙に浮いたままだ 계획은 공중에 떠 있는 상태다. ▸宙に迷う 어중간한 상태다. 불안정한 상태다.

ちゅう【注】주(註). ‖注をつける 주를 달다.

ちゅう【忠】충(忠). ♦忠孝 충효.

ちゅうい【中尉】중위(中尉).

***ちゅうい**【注意】㊔하 주의(注意). ‖健康に注意する 건강에 주의하다. 細心の注意を払う 세심한 주의를 기울이다. 注意を与える 주의를 주다. ♦注意人物 요주의 인물. 위험 인물. 注意報 주의보. 注意力 주의력. 注意力が散漫になる 주의력이 산만해지다.

ちゅういぶかい【注意深い】주의(注意) 깊다. ‖注意深く点検する 주의 깊게 점검하다.

***ちゅうおう**【中央】❶중앙(中央); 가운데. ‖中央分離帯 중앙 분리대. ❷중심(中心)이 되는 곳; 수도(首都). ‖中央に進出する 중앙에 진출하다. ♦中央銀行 중앙은행. 中央集権 중앙 집권. 中央政府 중앙 정부.

ちゅうおうアフリカきょうわこく【中央Africa共和国】《国名》중앙(中央)아프리카 공화국(共和國).

ちゅうか【中華】❶중화(中華). ‖中華

思想 중화 사상. ❷〔中華料理の略語〕 중국 음식(中國飮食); 중화요리(中華料理). ♦中華鍋 중국 요리에 쓰는 둥근 프라이팬. 中華風 중국 요리식.

*ちゅうかい【仲介】 ㊀하 중개(仲介). ‖売買を仲介する 매매를 중개하다. ♦仲介者 중개자.

ちゅうがい【虫害】 해충(害蟲)의 피해(被害).

ちゅうがえり【宙返り】 공중(空中)제비.

ちゅうかく【中核】 중핵(中核). ‖組織の中核 조직의 중핵.

ちゅうがく【中学】 중학(中學). ♦中学生 중학생. 中学校 중학교.

ちゅうかじんみんきょうわこく【中華人民共和国】《国名》 중화 인민 공화국(中華人民共和國).

ちゅうがた【中形・中型】 중형(中形). ‖中形のかばん 중형 가방. 中型自動車 중형 자동차.

ちゅうかみんこく【中華民国】《国名》 중화민국(中華民國).

*ちゅうかん【中間】 중간(中間). ‖生産者と消費者の中間にある流通機構 생산자와 소비자의 중간에 있는 유통 기구. ♦中間管理職 중간 관리직. 中間子 중간자. 中間地点 중간 지점. 中間発表 중간 발표.

ちゅうかん【昼間】 주간(晝間). ♦昼間部 주간부.

ちゅうき【中期】 중기(中期). ‖平安時代の中期 헤이안 시대 중기.

ちゅうき【注記】 주기(注記). ‖本文の脇に注記する 본문 옆에 주를 달다.

ちゅうぎ【忠義】 충의(忠義).

ちゅうきゅう【中級】 중급(中級). ‖中級日本語 중급 일본어.

ちゅうきょり【中距離】 중거리(中距離). ‖中距離ミサイル 중거리 미사일.

ちゅうきん【鋳金】 주조(鑄造).

ちゅうきんとう【中近東】 중근동(中近東).

ちゅうけい【中継】 ㊀하 중계(中繼). ‖プロ野球を中継する 프로 야구를 중계하다. ♦生中継 생중계. 中継放送 중계 방송.

ちゅうけん【中堅】 중견(中堅). ♦中堅幹部 중견 간부.

ちゅうげん【中元】 ㊫ 백중(百中)날의 선물(膳物).

ちゅうこ【中古】 중고(中古). ♦中古車販売 중고차 판매. 中古品 중고품.

ちゅうこう【忠孝】 충효(忠孝).

ちゅうこうせい【中高生】 중고생(中高生).

ちゅうこうねん【中高年】 중년(中年)과 노년(老年).

*ちゅうこく【忠告】 ㊀하 충고(忠告). ‖忠告に従う 충고를 따르다. 一言忠告しておく 한마디 충고해 두다. 忠告を聞き入れる 충고를 받아들이다.

*ちゅうごく【中国】《国名》 중국(中國). ♦中国語 중국어.

ちゅうさい【仲裁】 ㊀하 중재(仲裁). ‖紛争を仲裁する 분쟁을 중재하다.

ちゅうざい【駐在】 ㊀하 주재(駐在). ♦海外駐在員 해외 주재원.

*ちゅうし【中止】 ㊀하 중지(中止). ‖会社はその製品の製造を中止した 회사는 그 제품의 제조를 중지했다. 会議を中止する 회의를 중지하다. 一時中止 일시 중지. 予定が中止になる 예정이 중지되다.

ちゅうし【注視】 ㊀하 주시(注視). ‖群衆の動きを注視する 군중의 움직임을 주시하다.

ちゅうじえん【中耳炎】 중이염(中耳炎).

ちゅうじく【中軸】 ❶중심축(中心軸). ❷중심 인물(人物).

ちゅうじつ【忠実】ダ ❶충실(忠實)하다. ‖職務に忠実な人 직무에 충실한 사람. ❷정확(正確)하다. 忠実に再現する 정확히 재현하다.

ちゅうしゃ【注射】 ㊀하 주사(注射). ♦予防注射 예방 주사. 注射液 주사액. 注射器 주사기. 注射針 주사 바늘.

ちゅうしゃ【駐車】 ㊀하 주차(駐車). ♦路上駐車 노상 주차. 駐車違反 주차 위반. 駐車禁止 주차 금지. 駐車場 주차장.

ちゅうしゃく【注釈】 ㊀하 주석(註釋). ‖注釈を加える 주석을 달다.

ちゅうしゅう【中秋】 중추(仲秋); 추석(秋夕); 한가위. ‖中秋の名月 중추 명월.

ちゅうしゅつ【抽出】 ㊀하 추출(抽出).

ちゅうじゅん【中旬】 중순(中旬).

ちゅうしょう【中傷】 ㊀하 중상(中傷).

ちゅうしょう【抽象】 ㊀하 추상(抽象). ♦抽象化 ㊀하 추상화. 抽象画 추상화. 抽象的 추상적. 抽象的な説明 추상적인 설명. 抽象名詞 추상 명사. 抽象論 추상론.

ちゅうじょう【中将】 중장(中將).

ちゅうしょうきぎょう【中小企業】 중소기업(中小企業).

ちゅうしょく【昼食】 점심; 점심 식사(食事).

*ちゅうしん【中心】 중심(中心). ‖市の中心部 시 중심부. 先生を中心に記念写真を撮る 선생님을 중심으로 기념사진을 찍다. 中心をとる 중심을 잡다. 中心を失って倒れる 중심을 잃고 넘어지다. 政治・文化の中心 정치 문화의 중심. ♦中心人物 중심 인물. 中心地 중심지. おしゃれの中心地パリ 멋의 중심지 파리. 中心的 중심적. 金融界の中心的な人物 금융계의 중심적인 인물.

ちゅうしん【忠臣】 충신(忠臣).
ちゅうしん【衷心】 충심(衷心). ‖衷心から哀悼の意を表します 충심으로 애도의 뜻을 표합니다.
ちゅうすい【虫垂】 충수(蟲垂). ♦虫垂炎 충수염. 맹장염.
ちゅうすう【中枢】 중추(中樞). ‖政治の中枢 정치의 중추. ♦中枢神経 중추 신경.
ちゅうせい【中世】 중세(中世). ‖中世ヨーロッパの貴族 중세 유럽의 귀족.
ちゅうせい【中性】 중성(中性). ♦中性子 중성자. 中性子爆弾 중성자 폭탄.
ちゅうせい【忠誠】 충성(忠誠).
ちゅうぜい【中背】 보통(普通) 키. ‖中肉中背 보통 체격에 보통 키.
ちゅうせいだい【中生代】 중생대(中生代).
ちゅうせきせい【沖積世】 충적세(沖積世); 충적기(沖積期).
ちゅうせきそう【沖積層】 충적층(沖積層).
ちゅうせきへいや【沖積平野】 충적 평야(沖積平野).
ちゅうぜつ【中絶】 ❶끊김; 끊어짐. ‖音信が中絶する 소식이 끊기다. ❷ (2하) 임신 중절(妊娠中絶).
ちゅうせん【抽選】 (2하) 추첨(抽籤).
ちゅうぞう【鋳造】 (2하) 주조(鑄造).
ちゅうそつ【中卒】 중졸(中卒).
ちゅうたい【中退】 (2하) 중퇴(中退). ‖大学を中退する 대학을 중퇴하다.
ちゅうたい【中隊】 중대(中隊).
ちゅうだん【中段】 ❶가운데 단(段). ❷(剣道の)중단(中段).
ちゅうだん【中断】 (2하) 중단(中斷). ‖審議を中断する 심의를 중단하다. 会談が中断される 회담이 중단되다.
ちゅうちゅう ❶〔ネズミなどの鳴き声〕찍찍; 짹짹. ❷〔飲物を〕쭉쭉. ‖ストローでちゅうちゅうと吸う 빨대로 쭉쭉 빨다.
ちゅうちょ【躊躇】 (2하) 주저(躊躇). ‖躊躇なく事を行なう 주저하지 않고 일을 진행하다.
ちゅうづり【宙吊り】 공중(空中)에 매달림.
ちゅうてん【中天】 중천(中天).
ちゅうてん【中点】 중점(中點).
ちゅうと【中途】 중도(中途); 도중(途中). ‖話の中途から脇道にそれる 이야기 도중에 옆길로 새다.
ちゅうとう【中東】 중동(中東).
ちゅうとう【中等】 중등(中等). ♦中等教育 중등 교육.
ちゅうどく【中毒】 (2되) 중독(中毒). ♦アルコール中毒 알코올 중독. 알코올 의존증. ガス中毒 가스 중독.
ちゅうとはんぱ【中途半端】 ❶일을 다 마치지 못함. ❷어중간함. ‖中途半端な態度 어중간한 태도.
ちゅうとろ【中トロ】 (説明) 참치의 적당(適當)히 기름기가 있는 부분(部分).
ちゅうとん【駐屯】 (2하) 주둔(駐屯). ♦駐屯基地 주둔 기지.
ちゅうなんべい【中南米】 중남미(中南美).
ちゅうにち【中日】 중일(中日); 중국(中國)과 일본(日本).
ちゅうにち【駐日】 주일(駐日). ♦駐日大使 주일 대사.
ちゅうにゅう【注入】 (2하) 주입(注入). ‖薬液を体内に注入する 약물을 체내에 주입하다. ♦注入教育 주입식 교육.
チューニング【tuning】 (2하) ❶튜닝; 조율(調律). ❷(放送の)선국(選局); 조정(調整).
ちゅうねん【中年】 중년(中年). ‖中年太り 나잇살.
チューバ【tuba】(音楽) 튜바.
ちゅうハイ【酎ハイ】 (説明) 일본 소주(日本燒酒)에 탄산 음료(炭酸飲料)를 탄 것.
ちゅうばいか【虫媒花】 충매화(蟲媒花).
ちゅうばん【中盤】 중반(中盤). ‖選挙戦も中盤に入る 선거전도 중반으로 접어들다.
ちゅうび【中火】 중간(中間) 정도의 화력(火力). ‖中火で煮る 중간 정도의 불로 끓이다.
ちゅうぶ【中部】 중부(中部).
チューブ【tube】 튜브.
ちゅうぶらりん【宙ぶらりん】 ❶공중(空中)에 걸려 있음. ❷어중간함. ‖宙ぶらりんな状態 어중간한 상태.
ちゅうべい【中米】 중미(中美).
ちゅうへん【中編】 중편(中篇). ♦中編小説 중편 소설.
ちゅうぼう【厨房】 주방(廚房); 부엌.
*__ちゅうもく__【注目】 (2하) 주목(注目). ‖黒板に注目する 칠판에 주목하다. 世の注目を浴びる 세상의 주목을 받다. この作品は注目に値する 이 작품은 주목할 만하다.
*__ちゅうもん__【注文】 (2하) 주문(注文). ‖寿司を2人前注文する 생선 초밥을 이 인분 주문하다. 書店に本を何冊か注文する 서점에 책을 몇 권 주문하다. ご注文は何になさいますか 주문은 뭘로 하시겠습니까? 大口注文を受ける 대량 주문을 받다.
ちゅうや【昼夜】 주야(晝夜); 밤낮. ‖昼夜を問わず監視する 밤낮없이 감시하다.
ちゅうゆ【注油】 (2하) 주유(注油).
ちゅうよう【中庸】 중용(中庸).
ちゅうよう【中葉】 중엽(中葉). ‖19世紀中葉 십구 세기 중엽.
ちゅうようとっき【虫様突起】 충양돌기(蟲樣突起).
ちゅうりきこ【中力粉】 중력분(中力

粉).
ちゅうりつ【中立】 중립(中立). ‖中立を守る 중립을 지키다. 中立の立場をとる 중립적인 입장을 취하다. ♦中立国 중립국.
チューリップ【tulip】 튤립.
ちゅうりゃく【中略】 ㊛하 중략(中略).
ちゅうりゅう【中流】 중류(中流). ‖ナイル川の中流 나일강의 중류. ♦中流意識 중류 의식. 中流家庭 중류 가정.
ちゅうりゅう【駐留】 ㊛하 주류(駐留). ♦駐留軍 주류군.
ちゅうりん【駐輪】 자전거(自轉車)를 세워둠. ♦駐輪場 자전거 보관소.
ちゅうわ【中和】 ㊛하 중화(中和).
チュニジア【Tunisia】《国名》 튀니지.
ちょ【著】 저(著); 지음. ‖森鴎外の著 모리 오가이 저.
ちょい 조금; 잠시(暫時); 잠깐. ‖ちょい借り 잠시 빌리는 것.
ちょいと ❶조금; 잠시(暫時). ‖ちょいと寄ってみる 잠시 들러보다. ❷〔呼びかけ〕이봐요. ‖ちょいとそこのお兄さん 이봐요 거기 학생.
ちょう【調】 …풍(風); …조(調). ‖ロック調の音楽 록풍의 음악.
ちょう【兆】 조(兆).
ちょう【丁】 짝수(數).
ちょう【長】 장(長); 우두머리. ‖一家の長 일가의 가장.
ちょう【腸】 장(腸).
ちょう【町】〔地方自治団体の一つ〕읍(邑).
チョウ【蝶】 나비.
ちょう-【超】 ❶초(超)…. ‖超満員 초만원. 超現実主義 초현실주의. ❷〔副詞的に〕굉장히; 매우. ‖超楽しい 굉장히 즐겁다.
-ちょう【丁】 ❶〔ページを数える単位〕…장(張). ❷〔豆腐を数える単位〕…모. ❸(食べ物の)일 인분(一人分). ‖カレーライス 3 丁 카레라이스 삼 인분.
-ちょう【町】 ❶〔長さの単位〕…정(町). ❷〔面積の単位〕…정.
-ちょう【庁】 …청(廳). ‖気象庁 기상청.
-ちょう【帳】 …장(帳). ‖日記帳 일기장.
ちょうあい【寵愛】 ㊛하 총애(寵愛). ‖寵愛を受ける 총애를 받다.
ちょうい【弔慰】 ㊛하 조위(弔慰). ♦弔慰金 조위금. 조의금.
ちょういん【調印】 ㊛하 조인(調印). ‖休戦協定に調印する 휴전 협정에 조인하다.
ちょうえき【懲役】 징역(懲役). ♦無期懲役 무기 징역.
ちょうえつ【超越】 ㊛하 초월(超越). ‖世俗を超越する 세속을 초월하다. ♦超越論 초월론.
ちょうえん【腸炎】 장염(腸炎).
ちょうおん【長音】《言語》 장음(長音). ♦長音符 장음부. 긴소리표.
ちょうおん【調音】 ㊛하《言語》 조음(調音). ♦調音器官 조음 기관.
ちょうおんかい【長音階】 장음계(長音階).
ちょうおんそく【超音速】 초음속(超音速). ♦超音速旅客機 초음속 여객기.
ちょうおんぱ【超音波】 초음파(超音波). ♦超音波診断 초음파 진단.
ちょうか【弔花】 조화(弔花).
ちょうか【超過】 ㊛하 초과(超過). ‖制限時間を超過する 제한 시간을 초과하다. ♦超過勤務 초과 근무.
ちょうかい【朝会】 조회(朝會); 조례(朝禮).
ちょうかい【懲戒】 ㊛하 징계(懲戒). ‖懲戒処分 징계 처분.
ちょうかく【聴覚】 청각(聽覺).
ちょうカタル【腸 catarre】 장염(腸炎).
ちょうかん【長官】 장관(長官).
ちょうかん【鳥瞰】 ㊛하 조감(鳥瞰). ‖世界情勢を鳥瞰する 세계 정세를 조감하다. ♦鳥瞰図 조감도.
ちょうかん【朝刊】 조간(朝刊).
ちょうき【弔旗】 조기(弔旗). ‖弔旗を掲げる 조기를 달다.
*ちょうき【長期】 장기(長期). ‖長期契約を結ぶ 장기 계약을 맺다. ♦長期計画 장기 계획. 長期欠席 장기 결석. 長期戦 장기전. 長期間 장기간. 長期間にわたって 장기간에 걸쳐.
ちょうきょう【調教】 ㊛하 조련(調鍊). ‖ライオンを調教する 사자를 조련하다.
ちょうきょり【長距離】 장거리(長距離). ♦長距離電話 장거리 전화.
ちょうけい【長兄】 맏형; 큰형.
ちょうけし【帳消し】 ❶대차 관계(貸借關係)를 청산(清算)함. ❷득실(得失)을 상쇄(相殺)함. ‖帳消しにする 상쇄하다. 帳消しになる 상쇄되다.
ちょうげんじつしゅぎ【超現実主義】 초현실주의(超現實主義).
ちょうこう【長考】 ㊛하 장고(長考).
ちょうこう【兆候】 징후(徵候). ‖インフレの兆候が見られる 인플레의 징후가 보이다.
ちょうこう【聴講】 ㊛하 청강(聽講). ♦聴講生 청강생.
ちょうごう【調合】 ㊛하 조합(調合); 조제(調劑). ‖薬を調合する 약을 조제하다.
ちょうこうぜつ【長広舌】 장광설(長廣舌). ‖長広舌をふるう 장광설을 늘어놓다.
ちょうこうそう【超高層】 초고층(超高層). ‖超高層ビル 초고층 빌딩.
ちょうこく【彫刻】 ㊛하 조각(彫刻).
*ちょうさ【調査】 ㊛하 조사(調査). ‖災害地の実情を調査する 재해지의 실정

ち

을 조사하다. ♦国勢調査 국세 조사. 調査団 조사단.

ちょうざい【調剤】 (스하) 조제(調劑). ♦調剤室 조제실.

チョウザメ【蝶鮫】 철갑상어.

ちょうさんぼし【朝三暮四】 조삼모사(朝三暮四).

ちょうし【長子】 장자(長子); 맏이.

*__ちょうし__【調子】 ❶상태(狀態). ‖機械の調子が悪い 기계의 상태가 나쁘다. ❷상황(狀況). ‖行ってみての調子次第 가 봐서 상황에 따름. ❸본궤도(本軌道); 기세(氣勢). ❹음(音)의 고저(高低). ❺어조(語調); 문장(文章)의 격조(格調). ‖強い調子で言う 강한 어조로 말하다. ▸調子がいい 상태가 좋다. ▸調子に乗る 본궤도에 오르다. 순조롭게 진행되다. ▸調子を合わせる 장단을 맞추다.

ちょうじ【弔辞】 조사(弔詞).

ちょうじ【寵児】 총아(寵兒). ‖時代の寵児 시대의 총아.

ちょうしぜん【超自然】 초자연(超自然). ‖超自然的現象 초자연적인 현상.

ちょうしづく【調子付く】 ❶기세(氣勢)가 오르다; 본궤도(本軌道)에 오르다. ❷경솔(輕率)한 행동(行動)을 하다.

ちょうしはずれ【調子外れ】 ❶음정(音程)이 맞지 않음. ‖調子外れの声で歌い出す 틀린 음정으로 노래하기 시작하다. ❷엉뚱함; 뚱딴지같음. ‖調子外れなことばかり言う 뚱딴지같은 소리만하다.

ちょうしもの【調子者】 (説明) 우쭐해져서 경솔(輕率)한 행동(行動)을 하는 사람; 비위(脾胃)를 잘 맞추는 사람.

ちょうしゃ【庁舎】 청사(廳舍).

ちょうじゃ【長者】 장자(長者); 거부(巨富); 부자(富者). ♦億万長者 억만장자.

ちょうしゅ【聴取】 (스하) 청취(聽取). ♦聴取者 청취자. 聴取率 청취율.

ちょうじゅ【長寿】 장수(長壽).

ちょうしゅう【徴収】 (스하) 징수(徵收). ‖会費を徴収する 회비를 징수하다.

ちょうしゅう【徴集】 (스하) 징집(徵集).

ちょうしゅう【聴衆】 청중(聽衆).

ちょうじゅう【弔銃】 조총(弔銃).

*__*ちょうしょ*__*【長所】 장점(長點). ‖長所を生かす 장점을 살리다. この椅子の長所は高さを調節できることにある 이 의자의 장점은 높이를 조절할 수 있다는 것이다.*

ちょうしょ【調書】 조서(調書).

ちょうじょ【長女】 장녀(長女); 큰딸.

ちょうしょう【嘲笑】 (스하) 조소(嘲笑); 비웃음. ‖嘲笑を買う 비웃음을 사다.

ちょうじょう【頂上】 정상(頂上). ‖山の頂上にたどり着く 산 정상에 다다르다. ♦頂上会談 정상 회담.

ちょうしょく【朝食】 조식(朝食); 아침 식사(食事).

ちょうじり【帳尻】 장부상(帳簿上)의 결산(決算). ▸帳尻を合わせる 장부를 맞추다. 말을 맞추다.

ちょうしん【長身】 장신(長身).

ちょうしん【聴診】 (스하) 청진(聽診). ♦聴診器 청진기.

ちょうじん【超人】 초인(超人). ♦超人的 초인적.

ちょうせい【調整】 (스하) 조정(調整). ‖日程を調整する 일정을 조정하다. 関係者の意見を調整する 관계자의 의견을 조정하다.

ちょうぜい【徴税】 (스하) 징세(徵稅).

ちょうせつ【調節】 (스하) 조절(調節). ‖テレビの音量を調節する 텔레비전의 음량을 조절하다. ♦温度調節 온도 조절.

ちょうせん【挑戦】 (스하) 도전(挑戰). ‖新記録に挑戦する 신기록에 도전하다. 挑戦を受ける 도전을 받다. 挑戦的な態度 도전적인 태도. ♦挑戦状 도전장. 挑戦者 도전자.

ちょうせん【朝鮮】 조선(朝鮮). ♦朝鮮半島 한반도. 朝鮮戦争 육이오 전쟁. 朝鮮人参 인삼.

ちょうそ【彫塑】 조소(彫塑).

ちょうそく【長足】 장족(長足). ‖長足の進歩を遂げる 장족의 발전을 이룩하다.

ちょうだ【長打】 (野球で)장타(長打).

ちょうだ【長蛇】 장사(長蛇). ‖長蛇の列ができる 장사진을 이루다.

ちょうだい【頂戴】 ❶받음. ‖本を頂戴する 책을 받다. ❷먹음. ‖もう十分に頂戴しました 벌써 많이 먹었습니다. ❸〔…てちょうだいの形で〕…(해) 주세요; …(해) 줘; …(해) 주렴 ‖この本を見せてちょうだい 이 책을 보여 주세요.

ちょうたつ【調達】 (스하) 조달(調達). ‖資金を調達する 자금을 조달하다. 資材を調達する 자재를 조달하다.

ちょうだつ【超脱】 (스하) 초탈(超脫).

ちょうたん【長短】 ❶장단(長短). ‖距離の長短を比べる 거리의 장단을 비교하다. ❷장점(長點)과 단점(短點).

__ちょうたんぱ__【超短波】 초단파(超短波).

ちょうチフス【腸 typhus】 장티푸스.

ちょうちょう【長調】 장조(長調).

チョウチョウ【蝶蝶】 나비.

ちょうちょうはっし【丁丁発止】 격렬(激烈)하게. ‖丁々発止と渡り合う 격렬하게 논쟁하다.

ちょうちん【提灯】 등롱(燈籠); 초롱.

ちょうちんもち【提灯持ち】 앞잡이.

ちょうづめ【腸詰め】 소시지.

ちょうてい【朝廷】 조정(朝廷).
ちょうてい【調停】 (조하) 조정(調停). ‖争いを調停する 분쟁을 조정하다.
ちょうてん【頂点】 정점(頂點); 절정(絶頂). ‖不満が頂点に達する 불만이 정점에 달하다.
ちょうでん【弔電】 조전(弔電).
***ちょうど**【丁度】 ❶〔ぴったり〕딱; 꼭. ‖ちょうど体に合う 몸에 딱 맞다. ❷〔まさにその時〕마침. ‖ちょうど旅行中だった 마침 여행 중이었다. ❸〔まるで〕마치; 흡사(恰似). ‖月はちょうど鏡のようだった 달이 마치 거울 같았다.
ちょうどうけん【聴導犬】 (説明) 청각 장애인(聽覺障礙人)을 인도(引導)하도록 훈련(訓鍊)된 개.
ちょうとうは【超党派】 초당파(超黨派).
ちょうとっきゅう【超特急】 초특급(超特級).
ちょうどひん【調度品】 세간; 생활 용품(生活用品).
ちょうない【町内】 동네.
ちょうなん【長男】 장남(長男); 큰아들.
ちょうネクタイ【蝶 necktie】 나비넥타이.
ちょうのうりょく【超能力】 초능력(超能力).
ちょうば【跳馬】 (体操競技種目の)도마(跳馬).
ちょうばいか【鳥媒花】 조매화(鳥媒花).
ちょうはつ【長髪】 장발(長髮).
ちょうはつ【挑発】 (조하) 도발(挑發). ‖敵を挑発する 적을 도발하다.
ちょうばつ【懲罰】 (조하) 징벌(懲罰).
-ちょうぶ【町歩】 …정보(町步).
ちょうふく【重複】 (조되) 중복(重複). ‖説明が重複する 설명이 중복되다.
ちょうぶん【弔文】 조문(弔文).
ちょうぶん【長文】 장문(長文).
ちょうへい【徴兵】 (조하) 징병(徵兵).
ちょうへいそく【腸閉塞】 장폐색증(腸閉塞症).
ちょうへん【長編】 장편(長篇). ♦長編小説 장편 소설.
ちょうぼ【帳簿】 장부(帳簿). ‖帳簿をつける 장부를 적다. 帳簿に記入する 장부에 기입하다.
ちょうほう【弔砲】 조포(弔砲).
ちょうほう【重宝】 유용(有用)함; 편리(便利)함. ‖重宝する 유용하게 쓰다. 重宝な道具 편리한 도구.
ちょうほう【諜報】 첩보(諜報). ♦諜報活動 첩보 활동. 諜報機関 첩보 기관.
ちょうぼう【眺望】 (조하) 조망(眺望).
ちょうほうけい【長方形】 직사각형(直四角形).
ちょうほんにん【張本人】 장본인(張本人). ‖うわさをばらまいた張本人 소문을 퍼뜨린 장본인.
ちょうまんいん【超満員】 초만원(超滿員). ‖超満員の通勤電車 초만원의 통근 전철.
ちょうみ【調味】 (조하) 조미(調味). ♦調味料 조미료.
ちょうみつ【稠密】ダ 조밀(稠密)하다.
ちょうむすび【蝶結び】 나비매듭.
ちょうめい【長命】 장수(長壽). ‖長命の人 장수하는 사람.
ちょうめん【帳面】 장부(帳簿). ‖帳面を合わせる 장부를 맞추다.
ちょうもん【弔問】 (조하) 조문(弔問). ♦弔問客 조문객.
ちょうもん【聴聞】 (조하) 청문(聽聞). ♦聴聞会 청문회.
ちょうもんのいっしん【頂門の一針】 정문일침(頂門一針).
ちょうやく【跳躍】 (조하) 도약(跳躍). ♦跳躍台 도약대.
ちょうよう【重用】 (조하) 중용(重用). ‖有能の士を重用する 유능한 인사를 중용하다.
ちょうよう【重陽】 중양절(重陽節).
ちょうよう【徴用】 (조하) 징용(徵用). ♦強制徴用 강제 징용.
ちょうようのじょ【長幼の序】 장유유서(長幼有序).
ちょうり【調理】 (조하) 조리(調理). ‖魚を調理する 생선을 조리하다. ♦調理師 조리사. 調理台 조리대.
ちょうりつ【調律】 (조하) 조율(調律). ‖ピアノを調律する 피아노를 조율하다.
ちょうりゅう【潮流】 조류(潮流). ‖時代の潮流に乗る 시대의 조류를 타다.
ちょうりょく【潮力】 조력(潮力). ♦潮力発電 조력 발전.
ちょうりょく【聴力】 청력(聽力). ♦聴力検査 청력 검사.
ちょうるい【鳥類】 조류(鳥類).
ちょうれい【朝礼】 조례(朝禮).
ちょうれいぼかい【朝令暮改】 조령모개(朝令暮改).
ちょうろう【長老】 장로(長老). ♦長老教会《キリスト教》 장로 교회.
ちょうろう【嘲弄】 (조하) 조롱(嘲弄).
***ちょうわ**【調和】 (조하) 조화(調和). ‖調和がとれる 조화를 이루다. 調和を維持する 조화를 유지하다. 心身の調和 심신의 조화.
チョーク【chalk】 분필(粉筆).
チョキ (じゃんけんで)가위.
ちょきちょき 싹둑싹둑. ‖ちょきちょき髪を切る 머리카락을 싹둑싹둑 자르다.
ちょきん 싹둑. ‖枝をちょきんと切る 가지를 싹둑 자르다.
***ちょきん**【貯金】 (조하) 저금(貯金). ‖お年玉を貯金する 세뱃돈을 저금하다. ♦貯金通帳 저금통장.
ちょく【直】 ❶〔まっすぐなこと〕곧음. ❷〔じかであること〕직접(直接). ‖直の取引

직거래. ❸〔安直なこと・気軽なこと〕값쌈; 가벼움. ‖直な話 가벼운 이야기.
ちょくえい【直営】 ㉮하 직영(直營). ♦直営店 직영점.
ちょくげき【直撃】 ㉮하 직격(直擊).
ちょくご【直後】 직후(直後). ‖終戦直後 종전 직후.
ちょくし【直視】 ㉮하 직시(直視). ‖直視するに堪えない惨状 직시할 수 없는 참상.
ちょくしゃ【直射】 ㉮하 ❶(光線の)직사(直射). ‖直射日光 직사 일광. ❷(弾道の)직사. ‖直射砲 직사포.
ちょくじょうけいこう【直情径行】 직정경행(直情徑行). ‖直情径行な性格 내키는 대로 행동하는 성격.
ちょくしん【直進】 ㉮하 직진(直進).
*ちょくせつ【直接】 ❶직접(直接). ‖直接の知り合い 직접 아는 사람. ❷〔副詞的に〕직접. ‖本人から直接聞いた話 본인한테서 직접 들은 이야기. 社長と直接談判する 사장과 직접 담판하다. ♦直接税 직접세. 直接選挙 직접 선거. 直接的 직접적. 直接的な効果 직접적인 효과. 直接話法 직접 화법.
ちょくせん【直線】 직선(直線). ♦直線距離 직선 거리. 直線運動 직선 운동.
ちょくぜん【直前】 직전(直前); 〔空間〕바로 앞. ‖出発直前 출발 직전.
ちょくそう【直送】 ㉮하 직송(直送). ♦産地直送 산지 직송.
ちょくぞく【直属】 ㉮하 직속(直屬). ‖直属の部下 직속 부하.
ちょくちょう【直腸】 직장(直腸).
ちょくちょく 가끔; 때때로; 이따금. ‖その人はこの店にちょくちょく顔を出す 그 사람은 이 가게에 가끔 온다.
ちょくつう【直通】 ㉮하 직통(直通). ♦直通電話 직통 전화.
ちょくばい【直売】 ㉮하 직매(直賣). ♦産地直売 산지 직매.
ちょくはん【直販】 ㉮하 직판(直販). ♦直販システム 직판 시스템.
ちょくほうたい【直方体】 직육면체(直六面體).
ちょくめん【直面】 ㉮하 직면(直面). ‖困難な事態に直面する 곤란한 사태에 직면하다.
ちょくやく【直訳】 ㉮하 직역(直譯).
ちょくゆ【直喩】 직유; 직유법(直喩法).
ちょくゆしゅつ【直輸出】 ㉮하 직수출(直輸出).
ちょくゆにゅう【直輸入】 ㉮하 직수입(直輸入).
ちょくりつ【直立】 ㉮하 직립(直立). ♦直立猿人 직립 원인. 直立歩行 직립 보행.
ちょくりゅう【直流】 직류(直流). ♦直流電流 직류 전류.
ちょくれつ【直列】 직렬(直列). ♦直列接続 직렬 접속.
チョコ(レート)【chocolate】 초콜릿.
ちょこちょこ ❶〔小股で早く歩く〕쫄래쫄래. ‖子犬がちょこちょこ(と)駆け回る 강아지가 쫄래쫄래 뛰어다니다. ❷〔落ち着かずいつも動き回っている〕‖ちょこちょことよく働く人 한시도 쉬지 않고 일하는 사람.
ちょこっと 조금; 약간(若干).
ちょこんと ❶〔小さく動作をする〕‖ちょこんと頭を下げる 머리를 조금 숙이다. ❷〔小さくかしこまっている〕‖ちょこんと座っている 쪼그리고 앉아 있다.
ちょさく【著作】 ㉮하 저작(著作). ♦著作権 저작권.
ちょしゃ【著者】 저자(著者); 지은이.
ちょじゅつ【著述】 ㉮하 저술(著述). ♦著述家 저술가. 著述業 저술업.
ちょしょ【著書】 저서(著書).
ちょすい【貯水】 ㉮하 저수(貯水). ♦貯水池 저수지.
ちょぞう【貯蔵】 ㉮하 저장(貯藏). ‖養分を貯蔵する 양분을 저장하다.
*ちょちく【貯蓄】 ㉮하 저축(貯蓄). ‖老後に備えて貯蓄する 노후에 대비해 저축하다. 貯蓄を増やす 저축을 늘리다.
ちょっか【直下】 직하(直下).
ちょっかい ❶㉯명 고양이가 한 발로 물건을 끌어당기는 동작(動作). ❷쓸데없는 참견; 놀림. ▶ちょっかいを出す 쓸데없는 참견을 하다.
ちょっかく【直角】 직각(直角). ♦直角三角形 직각 삼각형.
ちょっかく【直覚】 ㉮하 직관(直觀).
ちょっかつ【直轄】 ㉮하 직할(直轄). ♦直轄地 직할지.
ちょっかん【直感】 ㉮하 직감(直感). ‖直感で答える 직감으로 대답하다.
ちょっかん【直観】 ㉮하 직관(直觀).
チョッキ【jaque ポ】 조끼.
ちょっきゅう【直球】 직구(直球).
ちょっけい【直系】 직계(直系). ♦直系尊属 직계 존속. 直系卑属 직계 비속.
ちょっけい【直径】 직경(直徑).
ちょっけつ【直結】 ㉮되 직결(直結). ‖生活に直結する問題だ 생활에 직결되는 문제다.
ちょっこう【直行】 직행(直行). ‖出張先から会社に直行する 출장지에서 회사로 직행하다.
ちょっこう【直航】 ㉮하 직항(直航). ♦直航便 직항편.
*ちょっと【一寸】 ❶〔短い時間〕잠시(暫時); 잠깐; 조금. ‖ちょっとお待ちください 잠시 기다려 주십시오. 絵をちょっと習ったことがある 그림을 잠깐 배운 적이 있다. ❷꽤; 좀; 제법 ‖ちょっと名の通った人 제법 이름이 알려진 사람. ちょっと信じられない 좀 믿을 수가 없다.

人を追跡する 범인을 추적하다.
ついせきちょうさ【追跡調査】 ㉲하 추적 조사(追跡調査).
ついたいけん【追体験】 ㊜ (小説中の出来事や他者の経験などを通して)간접 체험(間接體驗)을 하는 것.
ついたち【一日·1日·朔日】 일일(一日); 초하루.
ついたて【衝立】 칸막이.
ついちょう【追徴】 ㉲하 추징(追徵). ‖不足金を追徴する 부족한 금액을 추징하다.
ついて【就いて】 ❶…에 관(關)하여; …에 대(對)해서. ‖文学について語る 문학에 대해서 이야기하다. ❷…마다; …에. ‖1回について100円 한 번에 백 엔.
ついで【次いで】 계속(繼續)해서; 다음으로; 이어서. ‖富士山に次いで高い山 후지산 다음으로 높은 산.
ついで【序で】 다른 일을 하면서 할 수 있는 기회(機會). ‖ついでがあれば伝える 기회가 있으면 전하겠다.
ついでに【序でに】 … 김에. ‖買物に出たついでに立ち寄る 쇼핑하러 나온 김에 들르다.
ついては【就いては】 그래서; 그러므로.
ついてる 재수(財數)가 좋다. ‖今日はついてる 오늘은 재수가 좋다.
ついと 갑자기; 불쑥. ‖ついと立ち上がる 갑자기 일어서다.
ついとう【追悼】 ㉲하 추도(追悼). ‖殉職者を追悼する 순직자를 추도하다. ♦**追悼文** 추도사.
ついとつ【追突】 ㉲하 추돌(追突). ♦**追突事故** 추돌 사고.
ついに【遂に】 ❶드디어; 마침내. ‖ついに約束の日が来た 드디어 약속한 날이 왔다. ❷결국(結局); 끝내; 아직까지. ‖ついに帰ってこなかった 결국 돌아오지 않았다.
ついばむ【啄む】 쪼아먹다.
ついほう【追放】 ㉲하 추방(追放). ‖暴力を追放する 폭력을 추방하다.
ついやす【費やす】 ❶쓰다; 들이다. ‖この事業に全財産を費やした 이 사업에 전 재산을 썼다. 3年を費やして完成する 삼 년을 들여 완성하다. ❷낭비(浪費)하다. ‖時間をむなしく費やした 시간을 쓸데없이 낭비했다.
ついらく【墜落】 ㉲하 추락(墜落).
ツイン【twin】 트윈. ♦**ツインベッド** 트윈 베드.
つう【通】 ❶어떤 일에 대해 잘 아는 사람. ‖消息通 소식통. ❷〔手紙·書類を数える単位〕…통(通). ‖手紙2通 편지 2통.
-つう【痛】 …통(痛). ♦**筋肉痛** 근육통. **神経痛** 신경통.
つういん【通院】 ㉲하 통원(通院).
つうか【通貨】 통화(通貨). ♦**国際通貨** 국제 통화.
つうか【通過】 ㉲하 통과(通過). ‖法案の通過 법안의 통과. ♦**通過儀礼** 통과의례.
つうかあ ‖つうかあの仲 척하면 통하는 사이.
つうかい【痛快】ダ 통쾌(痛快)하다.
つうかく【痛覚】 통각(痛覺).
つうがく【通学】 ㉲하 통학(通學). ‖自転車で通学する 자전거로 통학하다. ♦**通学路** 통학로.
つうかん【痛感】 ㉲하 통감(痛感). ‖未熟さを痛感する 미숙함을 통감하다.
つうかん【通関】 ㉲하 통관(通關).
つうき【通気】 통풍(通風). ‖室内の通気が悪い 실내 통풍이 잘 안 되다.
*__つうきん__【通勤】 ㉲하 통근(通勤). ‖電車で通勤している 전철로 통근하고 있다. ♦**通勤時間** 통근 시간. **通勤手当** 통근 수당.
つうこう【通交】 ㉲하 통교(通交); 수교(修交). ♦**通交条約** 통교 조약.
つうこう【通行】 ㉲하 ❶통행(通行). ‖左側通行 좌측 통행. ❷㉲되 통용(通用). ‖世間に通行している学説 널리 통용되고 있는 학설.
つうこく【通告】 ㉲하 통고(通告).
つうこく【痛哭】 ㉲하 통곡(痛哭).
つうさん【通算】 ㉲하 통산(通算). ♦**通算打率** 통산 타율.
つうし【通史】 통사(通史).
つうじて【通じて】 ❶…에 걸쳐서; 내내. ‖四季を通じて観光客が絶えない 사계절 내내 관광객이 끊이지 않다. ❷…을[를] 통(通)해서. ‖テレビを通じて知った 텔레비전을 통해서 알았다.
つうしゃく【通釈】 ㉲하 해석(解釋). ‖全文を通釈する 전문을 해석하다.
つうしょう【通称】 통칭(通稱).
つうしょう【通商】 ㉲하 통상(通商). ♦**通商協定** 통상 협정. **通商条約** 통상 조약. **通商摩擦** 통상 마찰.
つうじょう【通常】 통상(通常); 보통(普通). ‖通常7時まで営業している 보통 일곱 시까지 영업을 하고 있다. ♦**通常国会** 정기 국회.
ツーショット【two-shot】 ❶화면(畫面)에 두 명(名)만 비추는 것. ❷남녀(男女) 둘만이 있는 장면(場面). ‖ツーショットの写真 남녀 둘이 찍은 사진.
*__つうじる__【通じる】 ❶통(通)하다. ‖駅に通じる道 역으로 통하는 길. ❷연결(連結)되다. ‖電話が通じる 전화가 연결되다. ❸(心·言葉などが)통하다. ‖英語が通じない国 영어가 안 통하는 나라. ❹정통(精通)하다. ‖内部の事情に通じる 내부 사정에 정통하다. ❺내통(內通)하다. ‖敵と通じる 적과 내통하다. ❻통용(通用)되다. ‖現代に

つ

も通じる問題 현대에도 통용되는 문제.

*つうしん【通信】 ㉠하 통신(通信). ‖無線で通信する 무선으로 통신하다. 地震のため通信が途絶える 지진으로 통신이 두절되다. ♦光通信 광통신. データ通信 데이터 통신. 通信衛星 통신 위성. 通信教育 통신 교육. 通信社 통신사. 通信販売 통신 판매. 通信簿 통신부. 성적표. 通信網 통신망.

つうせつ【通説】 통설(通說). ‖通説をくつがえす新発見 통설을 뒤집는 새로운 발견.

つうせつ【痛切】ダ 통절(痛切)하다; 절실(切實)하다. ‖力不足を痛切に実感する 역부족을 절실히 느끼다.

つうぞく【通俗】 통속(通俗). ‖通俗な考え 통속적인 생각. ♦通俗小説 통속 소설.

つうたつ【通達】 ㉠하 ❶ 통달(通達). ‖2か国語に通達する 이 개 국어에 통달하다. ❷ 통지(通知). ‖裁判所から通達が来た 법원에서 통지가 왔다.

*つうち【通知】 ㉠하 통지(通知). ‖前もって通知する 미리 통지하다. 合格通知が届いた 합격 통지가 왔다. ♦通知表 통지표.

つうちょう【通帳】 통장(通帳). ♦預金通帳 예금 통장.

つうねん【通年】 연간(年間); 일 년(一年) 내내. ‖通年営業の山小屋 연중무휴로 영업하는 산장.

つうねん【通念】 통념(通念). ♦社会通念 사회 통념.

つうはん【通販】 통판(通販).

ツーピース【two-piece】 투피스.

つうふう【通風】 ㉠하 통풍(通風); 환기(換氣). ‖通風をよくする 통풍을 좋게 하다.

つうふう【痛風】 통풍(痛風).

つうぶる【通ぶる】 어떤 일에 대해 잘 아는 체하다. ‖通ぶった言い方 잘 아는 체하는 말투.

つうぶん【通分】 ㉠하 《数学》 통분(通分).

つうほう【通報】 ㉠하 통보(通報). ‖警察に通報する 경찰에 통보하다. ♦気象通報 기상 통보.

つうや【通夜】 밤샘.

つうやく【通約】 ㉠하 《数学》 약분(約分).

*つうやく【通訳】 ㉠하 통역; 통역가(通譯家). ‖英語を通訳する 영어를 통역하다. 通訳になりたい 통역가가 되고 싶다. ♦同時通訳 동시 통역.

つうよう【通用】 ㉠되 ❶ 통용(通用). ‖現代では通用しない考え方 현대에는 통용되지 않는 사고방식. ❷ 공용(共用). ‖両者に通用する規定 양쪽 모두에 통용되는 규정. ♦通用口 통용문.

つうれつ【痛烈】ダ 통렬(痛烈)하다. ‖痛烈な批判 통렬한 비판.

つうろ【通路】 통로(通路). ‖通路を塞ぐ 통로를 막다.

つうわ【通話】 통화(通話). ♦通話不能 통화 불능. 通話度数 통화 도수.

つえ【杖】 ❶ 지팡이. ‖杖にすがる 지팡이에 의지하다. ❷ 의지(依支)하는 것.

つか【塚】 ❶ 흙을 높이 쌓아 올린 곳. ❷〔墓〕총(塚); 무덤. ‖貝塚 패총.

つかい【使い・遣い】 ❶〔用いる人〕사용(使用)하는 사람. ‖魔法遣い 마법사. ❷〔使者〕심부름; 심부름꾼. ‖使いを出す 심부름을 보내다.

つかいかた【使い方】 사용법(使用法).

つかいがって【使い勝手】 사용(使用)했을 때의 좋고 나쁨. ‖使い勝手の悪い台所 사용하기에 불편한 부엌.

つかいこなす【使い熟す】 잘 다루다; 충분(充分)히 활용(活用)하다. ‖辞書を使いこなす 사전을 충분히 활용하다.

つかいこむ【使い込む】 ❶ 횡령(橫領)하다. ‖公金を使い込む 공금을 횡령하다. ❷ 써서 길들이다. ‖長年使い込んだ万年筆 오래 써서 길이 든 만년필. ❸ 예상외(豫想外)로 돈을 쓰다.

つかいすて【使い捨て】 일회용(一回用). ‖使い捨てカメラ 일회용 카메라.

つかいて【使い手】 ❶ 잘 다루는 사람. ‖槍の使い手 창을 잘 쓰는 사람. ❷〔金遣いの荒い人〕씀씀이가 헤픈 사람.

つかいで【遣い出】 충분(充分)히 쓸 만큼의 양(量).

つかいばしり【使い走り】 (説明) 심부름으로 여기저기 뛰어다님 또는 그런 사람.

つかいはたす【使い果たす】 (所持しているものを)다 써 버리다. ‖有り金を使い果たす 가진 돈을 다 써 버리다.

つかいふるす【使い古す】 오래 써서 낡다. ‖使い古した辞書 오래 써서 낡은 사전.

つかいみち【使い道】 ❶ 사용 목적(使用目的); 용도(用途). ‖使い道に困る品物 용도가 애매한 물건. ❷ 사용법(使用法). ‖金の使い道を知らない 돈을 쓸 줄을 모르다.

つかいもの【使い物】 ❶ 쓸 만한 것; 유용(有用)한 것. ‖*この時計はもう使い物にならない 이 시계는 더 이상 쓸모가* 없다. ❷〔贈り物〕선물(膳物).

つかいやすい【使い易い】 사용(使用)하기 쉽다; 쓰기 편하다.

つかいわける【使い分ける】 가려 쓰다; 구분(區分)해서 쓰다. ‖言葉を使い分ける 말을 가려 쓰다. まな板を使い分ける 도마를 구분해서 쓰다.

*つかう【使う・遣う】 ❶ 이용(利用)하다; 사용(使用)하다; 쓰다. ‖通勤に車を使う 통근할 때 차를 이용하다. サッカーで

は手を使ってはいけない 축구에서는 손을 써서는 안 된다. ❷일을 시키다. ‖人を使って急いで仕上げる 사람을 써 급하게 완성하다. ❸(もの·時間·お金などを)소비(消費)하다. ‖金を使う 돈을 쓰다. 時間をうまく使う 시간을 유효하게 쓰다. ❹(人形·動物などを)조종(操縱)하다; 부리다. ‖人形を遣う 인형을 조종하다. 仮病を使う 꾀병을 부리다.

つかえる【支える】❶막히다; (のどに)메다 ‖机が入り口でつかえて部屋に入らない 책상이 입구에 막혀 방에 들어가지 않다. ❷밀리다; (胸が)답답하다. ‖仕事がつかえている 일이 밀려 있다.

つかえる【仕える】 ❶섬기다; 모시다. ‖国王に仕える 국왕을 섬기다. ❷관리(官吏)로 근무(勤務)하다.

つかえる【使える】쓸 만하다. ‖その案は使えるね 그 안은 쓸 만하군.

つかさ【司】관리(官吏); 관청(官廳).

つかさどる【司る】 담당(擔當)하다; 맡다. ‖政務を司る 정무를 맡다.

つかつか 〔ためらわずに進み出る様子〕성큼성큼. ‖つかつか(と)歩み寄る 성큼성큼 다가오다.

つかぬこと【付かぬ事】‖つかぬことを伺いますが 엉뚱한 말씀을 여쭙니다만.

つかのま【束の間】잠깐 동안; 짧은 시간(時間). ‖束の間の休日を家族と共に過ごす 짧은 휴일을 가족과 함께 보내다.

つかまえる【捆まえる】잡다. ‖トンボをつかまえる 잠자리를 잡다.

つかませる【摑ませる】❶잡게 하다. ‖紐をしっかりつかませる 줄을 꼭 잡도록 하다. ❷(賄賂を)쥐어 주다. ‖金をつかませて仕事をもらう 뇌물을 쥐어 주고 일을 받다. ❸(だまして)나쁜 물건을 사게 하다. ‖偽物をつかませる 가짜를 사게 하다.

つかまる【摑まる·捕まる】❶잡다. ‖吊り革につかまる 손잡이를 잡다. ❷잡히다. ‖犯人が捕まる 범인이 잡히다.

つかみ【摑み】❶잡음. ‖ひとつかみ 한 줌. ❷(囲碁の)돌 가리기. ❸(建築で)박공(膊栱)을 보강(補强)하는 나무.

つかみあい【摑み合い】맞붙잡고 싸움.

つかみかかる【摑み掛かる】 덤비다; 대들다.

つかみどころ【摑み所】 잡을 곳; 요점(要點). ‖摑みどころのない話 요령부득인 이야기.

つかみどり【摑み取り】움켜잡음. ‖魚をつかみ取りにする 물고기를 움켜잡다.

つかむ【摑む】 ❶잡다. ‖証拠をつかむ 증거를 잡다. ❷이해(理解)하다; 파악(把握)하다. ‖要点をつかむ 요점을 이해하다.

つかる【浸かる·漬かる】❶잠기다; 담그다. ‖湯に肩までつかる 뜨거운 물에 어깨까지 담그다. ❷(漬物が)맛이 들다. ‖たくあんが漬かる 단무지가 맛이 들다.

***つかれ**【疲れ】피로(疲勞); 피곤(疲困). ‖疲れが出る 피곤[피로]해지다. 疲れがとれる 피로가 풀리다. 疲れがたまっている 피로가 쌓여 있다.

つかれる【疲れる】 피곤(疲困)하다; 지치다. ‖生活に疲れる 생활에 지치다.

***つき**【月】❶〔天体〕달. ‖月が出た 달이 떴다. 上弦の月 상현달. 下弦の月 하현달. ❷〔暦〕달; 월(月). ‖月の初め 월초. ❸〔1か月〕한 달. ‖月に1回集金に来る 한 달에 한 번 수금하러 오다. ▸月とすっぽん 천양지차(天壤之差).

つき【付き】❶부착(附着); 접착(接着). ‖付きがよい接着剤 잘 붙는 접착제. ❷불이 붙는 정도(程度). ‖薪が湿っていて付きが悪い 장작이 젖어서 불이 잘 안 붙다. ❸모양(模樣); 생김새. ‖顔つき 얼굴 생김새. ❹부속(附屬). ‖社長付き秘書 사장 비서.

つき【付き】 운; 행운(幸運). ‖つきに見放される 운이 안 따르다. つきが回る 행운이 따르다.

つき【尽き】다함; 다됨. ‖運の尽き 운이 다함.

つき【突き】❶찌름. ❷(剣道の)목 찌르기.

つき【就き】 ❶〔…に就きの形で〕…이유(理由)로. ‖病気療養中につき 병 요양중이라는 이유로. ❷…마다; …에. ‖1日につき5千円 하루에 오천 엔.

***つぎ**【次】다음. ‖次は誰だ 다음은 누구냐? 次の機会にする 다음 기회로 하다. 次の世代 다음 세대. この次は 이다음에는.

つぎ【継ぎ】천을 대고 기움 또는 그 천. ‖膝に継ぎを当てる 무릎에 천을 대고 깁다.

***つきあう**【付き合う】❶사귀다; 교제(交際)하다. ‖長年付き合った仲 오랫동안 알고 지낸 사이. ❷의리상(義理上) 같이 행동(行動)함. ‖買い物に付き合う 같이 물건을 사러 가다.

つきあげる【突き上げる】 ❶치밀다; 쳐올리다. ‖握りこぶしを突き上げる 주먹을 쳐올리다. ❷(感情が)북받치다. ‖悲しみが胸に突き上げる 슬픔이 가슴에 북받치다.

つきあたり【突き当たり】막다른 곳; 맨 끝. ‖廊下の突き当たり 복도 맨 끝.

つきあたる【突き当たる】 ❶부딪치다. ‖曲がり角で人に突き当たる 모퉁이에서 다른 사람과 부딪치다. ❷막다르다; 직면(直面)하다. ‖外交折衝が壁に突き当たる 외교 절충이 벽에 부딪치다.

つきあわせる【突き合わせる】 ❶맞대다. ‖膝を突き合わせる 무릎을 맞대다.

つ

❷대조(對照)하다. ‖正本と副本を突き合わせる 정본과 부본을 대조하다.

つきおとす【突き落とす】 ❶밀어서 떨어뜨리다. ❷궁지(窮地)에 빠뜨리다.

つきかえす【突き返す】 물리치다; 되돌려 주다. ‖贈り物を突き返す 선물을 되돌려 주다.

つぎき【接ぎ木】 (全하) 접목(接木).

つきぎめ【月極め】 월정(月定).

つきごと【月毎】 매월(每月); 매달. ‖月ごとの仕送り 매달 보내 주는 생활비.

つぎこむ【注ぎ込む】 ❶(液体を)따라 넣다; 부어 넣다; 주입(注入)하다. ❷(多くのものや金を)쏟아 붓다; 쏟아 넣다; 투입(投入)하다. ‖全財産を事業につぎ込む 전 재산을 사업에 투입하다.

つきささる【突き刺さる】 찔리다. ‖とげが突き刺さる 가시에 찔리다.

つきさす【突き刺す】 찌르다. ‖布に針を突き刺す 천에 바늘을 찌르다. その一言が私の心を突き刺した 그 한마디가 내 마음을 찔렀다.

つきすすむ【突き進む】 돌진(突進)하다.

つきそい【付き添い】 시중을 듦 또는 그 사람. ‖付き添い人 시중을 드는 사람.

つきそう【付き添う】 시중을 들다.

つきだし【突き出し】 ❶돌출(突出)된 것. ❷(和食の)전채(前菜). ❸(相撲の)밀어내기.

つきだす【突き出す】 ❶밀어내다. ‖土俵外に突き出す 씨름판 밖으로 밀어내다. ❷(警察に)넘기다. ‖交番に突き出す 파출소에 넘기다.

つぎたす【継ぎ足す】 보태다; 덧붙이다. ‖文章を継ぎ足す 문장을 덧붙이다.

つぎたす【注ぎ足す】 더 따르다; 첨잔(添盞)하다.

つきづき【月月】 매달.

つぎつぎ【次次】 〔多くは次々に[と]の形で〕잇달아; 차례차례; 계속(繼續)해서; 속속(續續). ‖選手たちが次々に登場する 선수들이 잇달아 등장하다. 新製品が次々現われる 신제품이 속속 발매되다.

つきっきり【付きっ切り】 줄곧 붙어 있음. ‖付きっきりで看病する 줄곧 붙어서 간병하다.

つきつける【突き付ける】 들이대다. ‖短刀を突き付ける 단도를 들이대다.

つきつめる【突き詰める】 ❶(철저(徹底)하게)생각하거나 조사(調査)하다. ❷골똘히 생각하다. ‖突き詰めた表情 골똘히 생각하는 표정.

つきでる【突き出る】 ❶뚫고 나오다. ‖釘が突き出る 못이 뚫고 나오다. ❷튀어나오다; 나오다. ‖腹が突き出る 배가 나오다.

つきとおす【突き通す】 ❶관통(貫通)하다. ❷관철(貫徹)하다.

つきとおる【突き通る】 뚫고 나오다. ‖針が突き通る 바늘이 뚫고 나오다.

つきとばす【突き飛ばす】 밀치다; 들이받다. ‖手で突き飛ばす 손으로 밀치다.

つきとめる【突き止める】 밝혀내다; 찾아내다. ‖事故の原因を突き止める 사고 원인을 밝혀내다.

つきなみ【月並み】 ❶〔ありきたり〕흔함; 평범(平凡)함. ❷매월(每月) 정기적(定期的)으로 행하는 것.

つぎに【次に】 이어서; 다음으로. ‖英語がすんだら, 次に国語を予習する 영어가 끝나면 이어서 국어를 예습하다.

つきぬける【突き抜ける】 ❶관통(貫通)하다; 뚫고 나가다. ‖弾丸が壁を突き抜ける 총알이 벽을 뚫고 나가다. ❷통과(通過)하다; 빠져나가다. ‖林を突き抜ける 숲을 통과하다.

つぎはぎ【継ぎ接ぎ】 천을 대고 기움. ‖つぎはぎだらけの服 누덕누덕 기운 옷.

つきはじめ【月初め】 월초(月初).

つきはてる【尽き果てる】 다함; 다 떨어짐.

つきはなす【突き放す】 뿌리치다; 떼어내다.

つきばらい【月払い】 월부(月賦).

つきひ【月日】 ❶월일(月日). ❷세월(歲月). ‖月日の経つのは早いものだ 세월의 흐름은 빠르다.

つきびと【付き人】 곁에서 시중을 드는 사람.

つきまとう【付き纏う】 붙어서 떨어지지 않다. ‖あの失敗が付きまとう 그 실패가 잊혀지지 않다.

つきみ【月見】 달 구경; 달맞이. ♦月見うどん (説明) 날계란을 얹은 우동.

ツキミソウ【月見草】 달맞이꽃.

つぎめ【継ぎ目】 ❶이음매. ‖木材の継ぎ目 목재의 이음매. ❷관절(關節). ‖膝の継ぎ目が痛い 무릎 관절이 아프다.

つきもの【付き物】 으레 따르는 것. ‖冒険に危険は付き物だ 모험에 위험은 으레 따르기 마련이다.

つきもの【憑き物】 (説明) 사람에게 재앙(災殃)을 가져온다는 동물(動物)의 혼령(魂靈).

つきやぶる【突き破る】 돌파(突破)하다. ‖敵陣を突き破る 적진을 돌파하다.

つきよ【月夜】 달밤.

つきる【尽きる】 ❶다하다; 바닥나다; 떨어지다. ‖体力が尽きる 체력이 다하다. 食糧が尽きる 식량이 바닥나다. ❷끝나다. ‖道が尽きる 길이 끝나다. ❸〔…に尽きるの形で〕…밖에 없다. ‖幸運の一言に尽きる 행운이라는 말밖에 할 말이 없다.

***つく【付く】** ❶붙다. ‖折れた腕の骨がうまくついた 부러진 팔 뼈가 잘 붙었다. 加速度がつく 가속도가 붙다. 利息がつ

く 이자가 붙다. ❷묻다. ‖顔に泥がついている 얼굴에 진흙이 묻어 있다. ❸(傷など痕跡が)남다. ‖傷がつく 상처가 남다. ❹결정(決定)되다. ‖勝負がつく 승부가 나다. ❺(心の中に)떠오르다. ‖想像がつく 상상이 되다. ❻(火が)붙다. ‖火がつく 불이 붙다. ❼(実などが)열리다. ‖梅の実がつく 매실 열매가 열리다. ❽(肉・能力などが)늘다; 붙다. ‖実力がつく 실력이 붙다. ❾나타나다. ‖高すぎて買い手がつかない 너무 비싸 살 사람이 안 나타나다. ❿〔付属〕달리다. ‖鍵のついた日記帳 열쇠가 달린 일기장. 引き出しの3つついた机 서랍이 세 개 달린 책상. ⓫따라가다. ‖授業についていけない 수업을 따라가지 못하다.

*つく【就く】 ❶(地位に)오르다. ‖社長のポストに就く 사장 자리에 오르다. ❷종사(從事)하다. ‖仕事に就かないでぶらぶらする 일을 안 하고 빈둥빈둥 놀고 있다. ❸(寝床に)들다; 자다. ‖10時には床に就く 열 시에는 잠자리에 들다. ❹출발(出發)하다; 오르다. ‖家路に就く 귀로에 오르다.

*つく【着く】 ❶도착(到着)하다. ‖7時に駅に着く 일곱 시에 역에 도착하다. ❷닿다. ‖プールの底に足が着かない 수영장 바닥에 발이 안 닿다. ❸자리잡다; 앉다. ‖席に着く 자리에 앉다.

*つく【突く・撞く】 ❶찌르다. ‖指先で突く 손가락 끝으로 찌르다. 意表をつく 의표를 찌르다. ❷짚다. ‖杖をつく 지팡이를 짚다. ❸치다. ‖鐘をつく 종을 치다. ❹(膝を)대다; 꿇다. ‖膝をついてお祈りをする 무릎을 꿇고 기도하다.

つく【吐く】 ❶(息を)쉬다. ‖ため息を吐く 한숨을 쉬다. ❷말하다. ‖うそを吐く 거짓말을 하다.

つぐ【次ぐ】 ❶뒤따르다; 뒤잇다. ‖地震に次いで津波が起きる 지진에 뒤이어 해일이 일다. ❷다음가다. ‖社長に次ぐ実力者 사장 다음가는 실력자.

つぐ【注ぐ】 따르다. ‖お茶を注ぐ 차를 따르다.

つぐ【継ぐ・接ぐ】 ❶잇다. ‖骨をつぐ 뼈를 잇다. ❷깁다. ‖着物をつぐ 기모노를 깁다. ❸더하다; 보충(補充)하다. ‖炭をつぐ 석탄을 보충하다.

-づく【付く】 ❶경향(傾向)이 짙어지다. ‖活気づく 활기를 띠다. ❷그런 상태(狀態)가 되다. ‖秋づく 가을다워지다.

つくえ【机】 책상(册床). ‖机に向かっている 책상 앞에 앉아 있다. 机の上に 책상 위에.

つくす【尽くす】 ❶다하다. ‖最善を尽くす 최선을 다하다. ❷헌신(獻身)하다. ‖社会のために尽くす 사회를 위해 헌신하다. ❸〔…尽くすの形で〕완전(完全)히 …하다; 다 …하다. ‖食べ尽くす 다 먹어 치우다.

つぐなう【償う】 보상(報償)하다. ‖刑に服して罪を償う 복역하며 속죄하다.

つくね【捏ね】《料理》 완자.

つぐむ【噤む】 입을 다물다. ‖固く口をつぐむ 입을 굳게 다물다.

つくり【作り・造り】 ❶만듦. ‖頑丈な作りの椅子 튼튼하게 만든 의자. ❷체격(體格); 몸집. ‖小作りな女 몸집이 작은 여자. ❸화장(化粧). ❹일부러 꾸밈. ‖作り泣き 거짓 울음. ❺회(膾). ‖鯛のお造り 도미회.

つくり【旁】 (漢字の)방(旁). ✢体の「本」, 村の「寸」など.

つくりあげる【作り上げる】 ❶만들어 내다; 완성(完成)시키다. ‖1人で作り上げる 혼자서 만들어 내다. ❷날조(捏造)하다; 꾸며 내다. 架空の事件を作り上げる 가공의 사건을 꾸며 내다.

つくりごと【作り事】 거짓말. ‖作りごとを言う 거짓말을 하다.

つくりだす【作り出す】 ❶만들기 시작(始作)하다. ‖今年から作り出した品 올해부터 만들기 시작한 물건. ❷생산(生産)하다; 제조(製造)하다. ‖製品を作り出す 제품을 생산하다. ❸창조(創造)하다; 만들다. ‖流行語を作り出す 유행어를 만들다.

つくりたてる【作り立てる】 ❶화려(華麗)하게 꾸미다. ❷만들어 내다; 꾸며 내다; 지어내다.

つくりばなし【作り話】 지어낸 이야기. ‖全くの作り話 완전히 지어낸 이야기.

つくりもの【作り物】 ❶비슷하게 만든 물건. ‖作り物の花 조화. ❷농작물(農作物).

つくりわらい【作り笑い】 억지웃음.

*つくる【作る・造る】 ❶만들다; 짓다. ‖洋服をつくる 양복을 만들다. 道路をつくる 도로를 만들다. ❷(酒を)빚다. ‖米から酒をつくる 쌀로 술을 빚다. ❸재배(栽培)하다. ‖畑に麦をつくる 밭에 보리를 재배하다. ❹작성(作成)하다. ‖契約書をつくる 계약서를 작성하다. ❺일부러 꾸미다. ‖笑顔をつくる 웃는 얼굴을 하다.

つくろう【繕う】 ❶수리(修理)하다; 수선(修繕)하다. ❷매만지다. ‖身なりを繕う 옷차림을 매만지다.

つけ【付け】 ❶외상. ‖付けで買い物をする 외상으로 물건을 사다. ❷청구서(請求書). ‖付けを回す 청구서를 돌리다. ❸(悪いことに対する)대가(代價). ‖高い付けが回ってくる 비싼 대가를 치르게 되다. ❹항상(恒常) …하는. ‖行き付けの店 단골집.

ツゲ【黄楊・柘植】《植物》 참회양목.

-づけ【付け】 ❶붙임. ‖糊付け 풀로 붙임. ❷…부(附); …자(自). ‖3日付け

で発令 삼일자로 발령.

-づけ【漬け】…절임; …담금. ‖醬油漬け 간장 절임.

つけあがる【付け上がる】 기어오르다; 버릇없이 굴다. ‖下手に出れば付け上がる 저자세로 나가면 기어오르다.

つけあわせ【付け合わせ】(説明) 색(色)이나 맛 등을 위해 요리(料理)에 곁들이는 것.

つげぐち【告げ口】(又하) 고자(告者)질; 밀고(密告). ‖上役に告げ口する 상사에게 고자질하다.

つけくわえる【付け加える】 더하다; 덧붙이다; 추가(追加)하다.

つけくわわる【付け加わる】 더해지다; 덧붙여지다; 추가(追加)되다. ‖代金に手数料が付け加わる 대금에 수수료가 덧붙여지다.

つけこむ【付け込む】 ❶이용(利用)하다. ‖人の弱みに付け込む 남의 약점을 이용하다. ❷(帳簿に)기입(記入)하다.

つけこむ【漬け込む】 담그다. ‖たくあんを1樽漬け込む 단무지를 한 통 담그다.

つけたす【付け足す】 덧붙이다; 추가(追加)하다. ‖用件を付け足す 용건을 추가하다.

つけまわす【付け回す】 끈질기게 따라다니다.

つけめ【付け目】 ❶약점(弱點). ‖金に弱いのが彼の付け目だ 돈에 약한 것이 그 사람의 약점이다. ❷〔目当て〕목적(目的).

つけもの【漬物】 채소(菜蔬) 절임; 채소를 절인 식품(食品).

*つける【付ける】 ❶접합(接合)하다; 대다; 붙이다. ‖折れた骨を元通りに付ける 부러진 뼈를 원래대로 붙이다. 顔を窓ガラスに付けてのぞき込む 얼굴을 창에 대고 들여다보다. ❷쓰다; 적다; 기입(記入)하다. ‖日記をつける 일기를 쓰다. 帳簿をつける 장부를 적다. ❸켜다. ‖電灯をつける 전등을 켜다. ❹바르다; 묻히다. ‖傷口に薬をつける 상처에 약을 바르다. ❺뒤쫓다; 미행(尾行)하다. ‖誰かにつけられている 누군가에게 미행당하고 있다. ❻설치(設置)하다; 달다. ‖自宅に電話をつける 집에 전화를 달다. ❼마무리 짓다. ‖円満に話をつける 원만하게 이야기를 마무리 짓다. ❽판단(判斷)하다; 예상(豫想)하다. ‖見当をつける 짐작을 하다. ❾〔…つけるの形で〕동작(動作)의 격렬(激烈)함을 나타냄. ‖どなりつける 호통을 치다. にらみつける 째려보다.

つける【漬ける・浸ける】 ❶담그다. ‖水に洗濯物をつけておく 빨래를 물에 담가 두다. ❷(漬物などを)담그다; 절이다. 野菜を塩で漬ける 야채를 소금에 절이다.

つげる【告げる】 알리다. ‖春を告げるウグイス 봄을 알리는 휘파람새.

-っこ 서로 …하기. ‖背中の流しっこ 서로 등을 밀어주기. 教えっこする 서로 가르쳐 주다.

-っこ【っ子】 어떤 상태(狀態)의 아이. ‖鍵っ子 부모의 맞벌이로 항상 열쇠를 지니고 다니는 아이.

*つごう【都合】 ❶사정(事情); 형편(形便). ‖都合があって行けない 사정이 있어 갈 수 없다. 明日は都合が悪い 내일은 사정이 안 좋다. ❷(又하) 마련. ‖旅費を都合する 여비를 마련하다. ❸〔副詞として〕합계(合計); 전부(全部). ‖都合10万円 합계 십만 엔.

つじつま【辻褄】 이치(理致); (仕事・話の)앞뒤. ‖話のつじつまが合わない 말의 앞뒤가 안 맞다.

ツタ【蔦】 담쟁이덩굴.

つたう【伝う】 어떤 것을 따라 이동(移動)하다. ‖涙がほおを伝う 눈물이 뺨을 타고 흐르다.

つたえ【伝え】 ❶전설(傳說). ‖村の伝え 마을의 전설. ❷전함; 전수(傳授).

*つたえる【伝える】 ❶전달(傳達)하다; 전하다. ‖ニュースを伝える 뉴스를 전하다. 会って私の本当の気持ちを伝えたい 만나서 내 진심을 전하고 싶다. 熱を伝える 열을 전달하다. ❷전수(傳授)하다. ‖技術を伝える 기술을 전수하다.

つたない【拙い】 서투르다; 엉성하다. ‖つたない文章 엉성한 문장. つたない筆跡 서투른 필적.

*つたわる【伝わる】 전해지다; 전달(傳達)되다. ‖熱意が相手に伝わる 열의가 상대방에게 전해지다. そのニュースは世界中に伝わった 그 뉴스는 전 세계에 전해졌다. 仏教は朝鮮から日本に伝わった 불교는 조선에서 일본에 전해졌다.

*つち【土】 ❶〔土壌〕땅. ‖土を耕す 땅을 갈다. 肥えた土 비옥한 땅. ❷흙. ‖花壇に土を入れる 화단에 흙을 넣다. ▸土となる 죽다. ▸土に返る 죽다. ▸土を踏む 도착하다. 밟다. 故郷の土を踏む 고향 땅을 밟다.

つち【槌】 망치. ‖槌で釘を打つ 망치로 못을 박다.

つちいじり【土弄り】 ❶흙장난. ❷취미(趣味)로 하는 원예(園藝); 밭일.

つちいろ【土色】 흙빛.

つちかう【培う】 기르다; 재배(栽培)하다. ‖克己心を培う 극기심을 기르다.

つちくさい【土臭い】 ❶흙냄새가 나다. ❷촌스럽다.

つちのと【己】 (十干の)기(己).

つちふまず【土踏まず】 발바닥의 움푹 들어간 곳.

つちぼこり【土埃】 흙먼지. ‖土埃が上

がる 흙먼지가 일다.

つつ【筒】❶통(筒). ❷총신(銃身); 포신(砲身).

つつうらうら【津津浦浦】 방방곡곡(坊坊曲曲). ‖全国津々浦々から集まった選手たち 전국 방방곡곡에서 모인 선수들.

つつがない【恙無い】 무사(無事)하다; 이상(異常) 없다. ‖つつがなく旅を終える 무사히 여행을 마치다.

つづき【続き】 계속(繼續); 다음 부분(部分). ‖この続きは来週放送する 다음 부분은 다음 주에 방송한다.

つづきがら【続き柄】 혈연관계(血緣關係). ‖本人との続き柄 본인과의 관계.

つっきる【突っ切る】 돌파(突破)하다; 단숨에 통과(通過)하다.

つつく【突く】 ❶살짝 찌르다. ‖赤ん坊のほっぺをつつく 아기 볼을 살짝 찌르다. ❷〔働きかける〕부추기다. ❸(食べ物を)먹다. ‖すき焼きをつつく 스키야키를 먹다.

*__つづく__【続く】 ❶계속(繼續)되다; 이어지다. ‖天気が続く 맑은 날이 계속되다. ❷잇따르다. ‖悪いことが続く 안 좋은 일이 잇따르다. ❸뒤를 따르다. ‖我に続け 나를 따르라.

つづけざまに【続け様に】 잇따라; 연달아; 계속(繼續)해서. ‖続けざまに鐘を打つ 연달아 종을 치다.

つづける【続ける】 ❶계속(繼續)하다; 잇다. ‖研究を続ける 연구를 계속하다. 交際を続ける 교제를 계속하다. ❷〔…続けるの形で〕계속 …하다. ‖書き続ける 계속 쓰다.

つっけんどん【突っ慳貪】ダ 퉁명스럽다; 무뚝뚝하다. ‖つっけんどんな態度 무뚝뚝한 태도.

つっこみ【突っ込み】 ❶파고듦. ‖突っ込みが足りない 파고드는 힘이 부족하다. ❷전부(全部). ‖突っ込みで買うと安くつく 전부 사면 싸게 먹힌다. ❸(漫才で)중심(中心)이 되어 말하는 사람.

つっこむ【突っ込む】 ❶아무렇게나 넣다; 쑤셔 넣다. ‖書類を引き出しに突っ込む 서류를 서랍에 쑤셔 넣다. ❷돌입(突入)하다; 돌진(突進)하다. ‖敵陣に突っ込む 적진으로 돌진하다. ❸〔深く入り込む〕깊이 파고들다.

ツツジ【躑躅】 철쭉.

つつしみ【慎み】 조심성(操心性); 신중(愼重)함. ‖慎みのある態度 신중한 태도.

つつしみぶかい【慎み深い】 조심성(操心性)이 많다; 신중(愼重)하다. ‖慎み深い物言い 신중한 말투.

つつしむ【慎む】 삼가다; 조심(操心)하다. ‖軽挙妄動を慎む 경거망동을 삼가다.

つつしんで【謹んで】 삼가; 기꺼이. ‖謹んでお受けします 기꺼이 받겠습니다.

つっつく【突っ突く】 찌르다.

つっと 갑자기; 돌연(突然)히. ‖つっと立ち上がる 갑자기 일어서다.

つつぬけ【筒抜け】 (話し声などが)새는 것. ‖会議の様子が外部へ筒抜けだ 회의 상황이 외부로 새고 있다.

つっぱしる【突っ走る】 힘차게 달리다. ‖わき目もふらず突っ走る 옆도 안 보고 힘차게 달리다.

つっぱねる【突っ撥ねる】 ❶밀쳐 내다. ‖手で突っぱねる 손으로 밀쳐 내다. ❷거절(拒絶)하다; 거부(拒否)하다. ‖要求を突っぱねる 요구를 거절하다.

つっぱり【突っ張り】 ❶버팀. ❷〔棒〕버팀목. ❸불량 학생(不良學生).

つっぱる【突っ張る】 ❶지탱(支撑)하다; 괴다. ‖雨戸を棒で突っ張る 덧문을 막대기로 괴다. ❷(筋肉・皮膚などが)땅기다. ‖横腹が突っ張る 옆구리가 땅기다. ❸버티다; 뻗대다. ‖妥協せずにあくまで突っ張る 타협하지 않고 끝까지 버티다.

つつましい【慎ましい】 ❶〔控え目だ〕얌전하다; 조신(操身)하다. ‖慎ましい物腰 얌전한 태도. ❷〔質素だ〕검소(儉素)하다. ‖慎ましく暮らす 검소하게 생활하다.

つつみ【包み】 꾸러미. ‖おみやげの包みを開く 선물 꾸러미를 열다.

つつみ【堤】 ❶제방(堤防). ‖堤を築く 제방을 쌓다. ❷저수지(貯水池).

つづみ【鼓】 장구.

つつみかくす【包み隠す】 싸서 감추다; 비밀(祕密)로 하다.

つつみがみ【包み紙】 포장지(包裝紙).

つつみやき【包み焼き】 (説明) 생선(生鮮)이나 야채(野菜) 등을 은박지(銀箔紙)에 싸서 구운 것.

*__つつむ__【包む】 ❶싸다. ‖箱をふろしきに包む 상자를 보자기로 싸다. ❷〔…に包まれるの形で〕싸이다; 둘러싸이다; 휩싸이다. ‖会場は熱気に包まれた 회장은 열기에 휩싸였다. 霧に包まれる 안개에 싸이다. 謎に包まれる 신비에 싸이다.

つづり【綴り】 ❶철(綴). ‖書類の綴り 서류철. ❷철자(綴字); 스펠링.

つづる【綴る】 ❶잇다; 철(綴)하다. ❷(文章などを)짓다; 만들다. ❸알파벳으로 쓰다. ‖ローマ字で単語を綴る 로마자로 단어를 쓰다.

つて【伝】 연줄; 연고(緣故). ‖つてを求める 연줄을 찾다.

つと 갑자기; 돌연(突然)히; 벌떡. ‖つと立ち上がる 벌떡 일어서다.

つど【都度】 (그)때마다. ‖その都度注意を与える 그때마다 주의를 주다.

つどい【集い】 모임. ‖音楽の集い 음악

모임.

つどう【集う】 모이다; 집합(集合)하다. ‖代表が一堂に集う 대표가 한자리에 모이다.

つとに【夙に】 ❶이전(以前)부터; 일찍부터. ‖つとに名高い 이전부터 유명하다. ❷어려서부터; 젊어서부터. ‖つとに学問に志す 어려서부터 학문에 뜻을 두다.

つとまる【勤まる】 해내다; 다닐 수 있다.

つとまる【務まる】 (役割を) 감당(堪當)해 내다. ‖委員長の役が務まる 위원장의 임무를 감당해 내다.

*__つとめ【勤め・務め】__ ❶임무(任務); 의무(義務). ‖国民としての務め 국민으로서의 의무. ❷업무(業務); 근무(勤務); 일. ‖毎日勤めに出る 매일 출근하다. ❸일과(日課). ‖朝のお勤め 아침 일과. ♦勤め先 근무처. 勤め口 일자리. 勤め口を探す 일자리를 찾다. 勤め人 월급쟁이. 샐러리맨. 勤め人風の男 샐러리맨 분위기의 남자.

つとめて【努めて】 가능(可能)한 한. ‖努めて運動するようにしている 가능한 한 운동하려고 하고 있다.

*__つとめる【努める】__ 노력(努力)하다. ‖実現に努める 실현을 위해 노력하다. 笑うまいと努める 웃지 않으려고 노력하다.

つとめる【務める】 (役割を)맡다. ‖案内役を務める 안내역을 맡다.

つとめる【勤める】 근무(勤務)하다. ‖銀行に勤める 은행에 근무하다.

つな【綱】 밧줄; 줄. ‖綱を引く 밧줄을 당기다. 命の綱 생명줄.

ツナ【tuna】 참치.

つながり【繋がり】 ❶관계(關係); 관련(關聯). ‖仕事上のつながり 업무상의 관계. ❷혈연관계(血緣關係). ‖親子のつながり 부모 자식 관계.

つながる【繋がる】 ❶연결(連結)되다; 이어지다. ‖電話がつながる 전화가 연결되다. ❷혈연관계(血緣關係)가 있다. ‖血のつながった人 혈연관계에 있는 사람.

つなぎ【繋ぎ】 ❶〔物理的〕이음; 잇는 것. ❷〔時間的〕다음 일을 하기까지 임시(臨時)로 하는 일. ❸(料理で)점성(粘性)을 내기 위한 재료(材料). ❹상하(上下)가 연결(連結)된 작업복(作業服).

つなぐ【繋ぐ】 ❶잇다; 연결(連結)하다. ‖電話をつなぐ 전화를 연결하다. 手をつないで歩く 손을 잡고 걷다. ❷(紐などで)묶어 두다. ‖犬をつないでおく 개를 묶어 두다.

つなげる【繋げる】 잇다; 연결(連結)하다. ‖2本の紐をつなげて長くする 끈 두 개를 묶어 길게 하다.

つなひき【綱引き】 줄다리기.

つなみ【津波】 지진 해일(地震海溢); 쓰나미.

つなわたり【綱渡り】 ❶줄타기. ‖資金繰りが厳しくて毎日が綱渡りの連続だ 자금 조달이 어려워 하루하루가 줄타기다. ❷위험(危險)한 행동(行動).

つね【常】 ❶평소(平素). ‖常と変わらず 평소와 다름없이. 早起きを常としている 평소에 일찍 일어나려고 하고 있다. ❷보통(普通).

つねづね【常常】 항상(恒常); 늘.

つねに【常に】 항상(恒常); 늘; 언제나; 끊임없이. ‖山の空気は常に新鮮だ 산 공기는 언제나 신선하다.

つねる【抓る】 꼬집다. ‖ほっぺたをつねる 뺨을 꼬집다.

つの【角】 뿔. ‖水牛の角 물소 뿔. 角製のパイプ 뿔로 만든 파이프. ▸角を折る 소신을 굽히다

つのる【募る】 ❶심해지다; 더해지다. ‖不安が募る 더 불안해지다. ❷모집(募集)하다. ‖希望者を募る 희망자를 모으다.

つば【唾】 침. ‖つばを吐く 침을 뱉다. つばを飛ばしながら話す 침을 튕기며 이야기하다. つばが出る 침이 나오다.

つば【鍔】 ❶(刀の)날밑. ❷(帽子の)챙.

ツバキ【椿】 동백나무. ♦椿油 동백기름.

つばさ【翼】 날개. ‖翼を広げる 날개를 펴다. 翼をたたむ 날개를 접다.

ツバメ【燕】 제비. ♦燕の巣 제비 집.

ツバル【Tuvalu】〔国名〕투발루.

*__つぶ【粒】__ 알; 알맹이. ‖大きな粒の真珠 알이 굵은 진주. 粒が小さい 알이 잘다. ♦米粒 쌀알. 雨粒 빗방울. ▸粒が揃う 크기나 질이 고르다.

つぶさに【具に】 일일(一一)이; 자세(仔細)하게. ‖事件の経過をつぶさに語る 사건의 경과를 자세하게 말하다.

つぶし【潰し】 ❶부숨; 찌그러뜨림; 으깸. ‖つぶし餡 으깬 팥소. ❷(金属製の器物などを溶かして)본래(本來)의 원료(原料)로 만듦. ❸(空いている時間を)보냄; 때움. ‖時間つぶし 시간 때우기. ▸潰しが効く 본업을 그만두고 다른 일을 해도 충분히 해낼 능력이 있다.

*__つぶす【潰す】__ ❶부수다; 찌그러뜨리다; 으깨다. ‖マッチ箱を手でつぶす 손으로 성냥갑을 찌그러뜨리다. 大豆をつぶして粉にする 콩을 으깨 가루로 만들다. ❷망하게 하다. ‖会社をつぶす 회사를 망하게 하다. ❸손상(損傷)시키다. ‖面目をつぶす 면목을 손상시키다. ❹메우다; 때우다. ‖余白をつぶす 여백을 메우다. 時間をつぶす 시간을 때우다. ❺(家畜を)잡다. ‖鶏をつぶす 닭을 잡다. ❻〔…つぶすの形で〕…

으깨다; 더 이상(以上) 못 쓰게 하다. ‖すりつぶす 갈아 으깨다. 靴を履きつぶす 구두를 더 이상 못 신게 되다.

つぶぞろい【粒揃い】 전부(全部) 우수(優秀)함. ‖粒揃いの選手たち 우수한 선수들.

つぶつぶ【粒粒】 좁쌀 같은 것. ‖イチゴの粒々は種です 딸기의 좁쌀 같은 것은 씨입니다.

つぶやく【呟く】 중얼거리다. ‖不満げにつぶやく 불만스러운 듯 중얼거리다.

つぶる【瞑る】 ❶(目を) 감다. ‖ちょっと目をつぶってて 잠깐만 눈을 감아 봐. ❷〔目をつぶるの形で〕못 본 척하다. ‖不正に目をつぶる 부정을 못 본 척하다.

***つぶれる**【潰れる】 ❶〔壊れる〕무너지다. ‖雪の重さで家がつぶれる 눈의 무게로 집이 무너지다. ❷〔鈍る〕무뎌지다; 닳다. ‖刃がつぶれる 날이 무뎌지다. ❸〔倒産する〕망하다. ‖不況で会社がつぶれる 불황으로 회사가 망하다. ❹손상(損傷)되다. ‖顔がつぶれる 체면이 손상되다. ❺메워지다; 허비(虚費)되다. ‖1日が雑用でつぶれる 잡무로 하루가 허비되다.

つべこべ 이러쿵저러쿵; 이러니저러니. ‖つべこべ言うな 이러니저러니 하지 마라.

ツベルクリン【Tuberkulin ド】 투베르쿨린.

つぼ【壺】 ❶항아리; 항아리처럼 움푹 패인 곳. ❷〔急所〕요점(要點); 급소(急所). ‖つぼを押さえる 급소를 누르다. ❸〔図星〕예상(豫想)한 바; 짐작(斟酌)한 바. ‖こちらの思うつぼだ 짐작한 대로다. ❹(指圧・針などの) 혈(穴).

-つぼ【坪】 …평(坪).

つぼすう【坪数】 평수(坪數).

つぼみ【蕾】 꽃봉오리; 꽃망울.

つぼむ【窄む】 좁아지다; 오므라들다; 시들다. ‖夕方になるとつぼむ花 저녁이 되면 오므라드는 꽃.

つぼめる【窄める】 오므리다; 접다. ‖傘をつぼめる 우산을 접다.

つぼやき【壺焼き】 ❶(説明) 항아리에 넣어 찐 요리(料理). ❷(説明) 소라를 껍데기채 구운 요리.

***つま**【妻】 아내; 마누라; 처(妻); 색시. ‖妻は私より3つ年下だ 아내는 나보다 세 살 어리다. 妻の実家 처갓집. 内縁の妻 내연의 처. ♦新妻 새색시.

つま【妻】 (刺身の) (説明) 회(膾)에 곁들이는 야채(野菜).

つまさき【爪先】 발끝.

つまさきだつ【爪先立つ】 발끝으로 서다.

つまされる 정(情)에 끌리다; 남의 일 같지 않아 가엾다. ‖親子の愛情につまされて, 許す気になる 부모 자식간의 정에 끌려 용서할 마음이 생기다.

つましい【倹しい】 검소(儉素)하다. ‖倹しい生活 검소한 생활.

つまずく【躓く】 ❶걸려 넘어지다. ‖石につまずいて転ぶ 돌에 걸려 넘어지다. ❷도중(途中)에 실패(失敗)하다. ‖不況で事業がつまずく 불황으로 사업이 실패하다.

つまはじき【爪弾き】 (ス하) 배척(排斥); 비난(非難); 지탄(指彈). ‖世間から爪弾きされる 세상 사람들로부터 지탄받다.

つままれる 홀리다. ‖狐につままれたようだ 여우한테 홀린 것 같다.

つまみ【摘み】 ❶손잡이. ‖鍋の蓋のつまみ 냄비 뚜껑 손잡이. ❷안주(按酒). ‖ビールのつまみ 맥주 안주. ❸손가락으로 집은 분량(分量). ‖塩を1つまみ加える 소금을 손가락으로 한 번 집어 넣다.

つまみぐい【摘み食い】 ‖摘み食いする 손으로 집어먹다. 몰래 먹다. 횡령(横領)하다.

つまみだす【摘み出す】 집어내다; 쫓아내다; 내쫓다. ‖生意気を言うと, 外につまみ出すぞ 건방진 소리를 하면 내쫓아 버릴 거야.

つまみもの【摘み物】 안주(按酒).

つまむ【摘む】 ❶(指や道具で)집다. ‖ごみをつまんで捨てる 쓰레기를 집어서 버리다. ❷(手で)집어먹다. ❸요약(要約)하다; 요점(要點)을 발췌(拔萃)하다.

つまようじ【爪楊枝】 이쑤시개.

***つまらない**【詰まらない】 ❶재미없다; 심심하다. ‖話し相手がなくてつまらない 말상대가 없어서 심심하다. つまらない小説 재미없는 소설. ❷〔取るに足りない〕가치(價值)가 없다; 변변치 못하다; 보잘것없다. つまらないものですが, 召し上がってください 변변치 못하지만 좀 드십시오.

つまり【詰まり】 ❶꽉 참; 꽉 차 있음. ❷〔終わり〕끝. ❸결국(結局). ‖とどの詰まり 결국.

***つまる**【詰まる】 ❶꽉 차다. ‖日程が詰まる 일정이 꽉 차다. ❷막히다. ‖鼻が詰まる 코가 막히다. ❸궁하다. ‖金に詰まる 돈이 궁하다. ❹〔長さ〕짧아지다; 〔間隔〕좁아지다. ‖日が詰まる 해가 짧아지다.

つまるところ【詰まる所】 결국(結局). ‖つまるところこの事故は人災だ 결국 이 사건은 인재다.

***つみ**【罪】 ❶죄(罪). ‖罪を犯す 죄를 짓다. ❷죄에 대한 벌(罰). ‖罪に服する 형벌을 받다. ❸무자비(無慈悲)함. ‖罪なことをする 무자비한 짓을 하다. ▸罪が無い 순진하다. 미워할 수 없다.

つみあげる【積み上げる】 쌓아 올리다. ‖箱を高く積み上げる 상자를 높이 쌓아 올리다. 実績を着実に積み上げていく 착실하게 실적을 쌓아 가다.

つみおろし【積み降ろし】 ‖積み降ろしする 짐을 싣고 내리다.

つみかさねる【積み重ねる】 쌓다; 계속(繼續)하다; 거듭하다. ‖箱を積み重ねる 상자를 쌓다. 努力を積み重ねる 노력을 계속하다.

つみき【積み木】 (説明)〔おもちゃ〕나뭇조각을 쌓아 모양(模樣)을 만드는 장난감;〔遊び〕집짓기 놀이.

つみこむ【積み込む】 (荷物を)싣다. ‖船に荷を積み込む 배에 짐을 싣다.

つみたて【積(み)立(て)】 (名하) 적립(積立). ‖積立金 적립금.

つみたてる【積み立てる】 적립(積立)하다. ‖旅行費用を積み立てる 여행 비용을 적립하다.

つみとる【摘み取る】 (植物の実や芽を)따다; 제거(除去)하다. ‖悪の芽を摘み取る 악의 싹을 제거하다.

つみに【積み荷】 운송(運送)할 짐.

つみのこし【積み残し】 다 쌓지 못하고 남은 것. ‖積み残しの船荷 다 쌓지 못하고 남은 뱃짐. 積み残しの案件 남겨진 안건.

つみびと【罪人】 죄인(罪人).

つみぶかい【罪深い】 죄(罪)가 무겁다; 죄가 많다; 죄받을 것이다. ‖罪深いことをする 죄받을 짓을 하다.

つみほろぼし【罪滅ぼし】 (名하) 속죄(贖罪).

つみれ【摘入】 (料理) 생선(生鮮) 완자.

***つむ**【積む】 ❶ 쌓다. ‖石を積んで塀を作る 돌을 쌓아 담을 만들다. 経験を積む 경험을 쌓다. ❷ 싣다; 적재(積載)하다. ‖砂利を積んだトラック 자갈을 실은 트럭.

つむ【摘む】 (葉などを) 따다; (枝などを) 치다; 자르다; (草などを)뽑다. ‖花を摘む 꽃을 따다. 茶を摘む 찻잎을 따다. 草を摘む 풀을 뽑다.

つむぎ【紬】 명주(明紬). ♦紬糸 명주실.

つむぐ【紡ぐ】 실을 잣다.

つむじ【旋毛】 (頭頂の) 가마. ▸旋毛を曲げる 심술을 부리다.

つむじかぜ【旋風】 선풍(旋風); 회오리바람.

つむじまがり【旋毛曲り】 (性格が)비뚤어짐;〔人〕심술(心術)쟁이.

***つめ**【爪】 ❶〔手〕손톱;〔足〕발톱. ‖爪を切る 손톱을 깎다. 爪でひっかく 손톱으로 할퀴다. ❷ (琴の)가조각(假爪角). ❸ (ギターなどの) 피크. ▸爪に火を点す 지독하게 인색하다. ▸爪の垢ほど 아주 적게. ▸爪の垢を煎じて飲む 뛰어난 사람을 닮으려고 하다. ▸爪を研ぐ 기회를 노리다. 復讐の爪を研ぐ 복수의 기회를 노리다.

つめ【詰め】 ❶ 빈 곳을 채움 또는 그 물건. ❷ 마무리. ‖詰めが甘い 마무리가 야무지지 못하다.

-づめ【詰め】 ❶ 넣음; 넣은 것; 들이. ‖10 個詰め 열 개 들이. ❷ …근무(勤務); …출입(出入). ‖警視庁詰めの記者 경시청 출입 기자. ❸〔続くこと〕줄곧 …하다; 꼬박 …하다. ‖終点まで立ち詰めだった 종점까지 줄곧 서서 왔다. ❹ 온통 …이다; …일색(一色)이다. ‖規則詰めだ 온통 규칙이다.

つめあと【爪跡】 ❶ 손톱자국. ❷ (災害が襲った)자국; 피해(被害). ‖台風の爪跡 태풍이 할퀸 자국.

つめあわせ【詰め合わせ】 (説明) 여러 가지를 섞어 담은 것; 세트. ‖詰め合わせ食料品 식료품 세트.

つめかける【詰め掛ける】 몰려들다. ‖客が詰めかける 손님이 몰려들다.

つめきり【爪切り】 손톱깎이.

つめこみきょういく【詰め込み教育】 주입식 교육(注入式教育).

***つめこむ**【詰め込む】 가득 넣다; 쑤셔 넣다; 마구 집어넣다; 마구 태우다. ‖かばんに本を詰め込む 가방에 책을 쑤셔 넣다. 乗客を詰め込む 승객을 마구 태우다. 数学の公式を頭に詰め込む 수학 공식을 머리에 집어넣다.

***つめたい**【冷たい】 ❶ 차다. ‖風が冷たい 바람이 차다. 冷たいビール 찬 맥주. ❷ 냉정(冷情)하다; 냉담(冷淡)하다. ‖わざと冷たく当たる 일부러 냉정하게 대하다.

つめもの【詰め物】 ❶ (包装用などの) 패킹. ❷ (虫歯の)구멍을 메우는 것. ❸ (料理で)생선(生鮮) 등의 뱃속에 채워 넣는 것.

つめよる【詰め寄る】 ❶ 다가서다. ❷ 추궁(追窮)하다; 대들다; 다그치다. ‖責任ある回答をしろと詰め寄る 책임 있는 대답을 하라고 다그치다.

***つめる**【詰める】 ❶ 가득 채우다; 가득 집어넣다; 채워 넣다. ‖箱に菓子を詰める 상자에 과자를 가득 집어넣다. 弁当を詰める 도시락을 싸다. ❷ 메우다; 막다. ‖隙き間に新聞紙を詰める 빈틈을 신문으로 메우다. ❸ 줄이다. ‖寸法を詰める 치수를 줄이다. ❹ 절약(節約)하다. ‖生活を詰める 검소하게 생활하다. ❺〔根を詰めるの形で〕장시간(長時間) 집중(集中)해서 열심(熱心)히 하다. ‖あまり根を詰めると体にさわる 너무 열심히 하면 몸이 상한다. ❻〔…詰めるの形で〕계속(繼續)해서…; 줄기차게…. ‖毎日通い詰める 매일 줄기차게 다니다.

***つもり**【積もり】 ❶ 심산(心算); 의도(意圖); 생각. ‖明日中に仕上げるつもりだ

내일 중으로 완성할 생각이다. ❷…셈. ‖買ったつもりで貯金する 산 셈 치고 저금하다. ❸견적(見積); 예상(豫想).

つもる【積もる】❶쌓이다; 모이다. ‖雪が屋根に積もる 눈이 지붕에 쌓이다. ❷〔見積もる〕어림잡다; 예상(豫想)하다.

***つや**【艶】❶광택(光澤); 윤기(潤氣). ‖顔に艶がある 얼굴에 윤기가 있다. ❷(声が)젊고 생기(生氣)가 있음. ‖艶のある声 생기 있는 목소리. ❸〔面白み〕재미; 멋. ‖艶のない話だ 재미없는 이야기다.

つや【通夜】(喪家での)밤샘.

つやけし【艶消し】❶광택(光澤)을 없앰. ❷흥(興)을 깸. ‖艶消しな話 흥을 깨는 이야기.

つやっぽい【艶っぽい】요염(妖艶)하다. ‖艶っぽいしぐさ 요염한 몸짓.

つやつや【艶艶】반들반들; 번질번질.

つややか【艶やか】ダ 윤기(潤氣)가 있고 아름답다. ‖艶やかな黒髪 윤기가 있는 검은 머리.

つゆ【汁】❶수분(水分). ❷〔吸い物〕국. ❸(そばなどの)양념장(醬).

つゆ【露】❶이슬. ‖露にぬれる 이슬에 젖다. ❷〔副詞として〕조금. ‖露ほども疑わない 조금도 의심하지 않다.

つゆ【梅雨】장마. ‖梅雨明けする 장마가 끝나다. 梅雨入りする 장마가 시작되다.

***つよい**【強い】❶(力量・器量などが)세다; 강(强)하다; 뛰어나다. ‖腕力が強い 힘이 세다. ‖彼は囲碁が強い 그 사람은 바둑이 세다. ❷(心身が)강하다; 튼튼하다. ‖強い意志 강한 의지. 運動をすると体が強くなる 운동을 하면 몸이 튼튼해진다. 強い体 튼튼한 몸. ❸(程度などが)독하다; 세다; 심하다; 강하다. ‖強い酒 독한 술. 強い風雨 강한 비바람. 強い臭気 심한 악취. ガスの火を強くする 가스 불을 세게 하다. 風が強くなる 바람이 세지다.

つよがる【強がる】강(强)한 척하다.

つよき【強気】❶강경(强勁)함; 적극적(積極的)임. ‖強気な発言 강경한 발언. ❷(取引で)강세(强勢)를 예상(豫想)함.

つよごし【強腰】강경(强勁)함. ‖強腰で交渉に臨む 강경한 자세로 교섭에 임하다.

つよび【強火】센 불. ‖強火で炒める 센 불에 볶다.

つよまる【強まる】강(强)해지다; 거세지다. ‖非難の声が強まる 비난의 소리가 거세지다.

つよみ【強み】강점(强點); 장점(長點); 이점(利點). ‖彼の強みは4か国語が話せることだ 그 사람의 강점은 사개 국어를 할 수 있다는 것이다.

つよめ【強め】강(强)하게 함; 세게 함. ‖火力を強めにする 화력을 세게 하다.

つよめる【強める】강(强)하게 하다; 세게 하다. ‖圧力を強める 압력을 세게 하다.

つら【面】❶낯짝. ‖そんなことを言うやつの面が見たい 그런 말을 하는 녀석의 낯짝이 보고 싶다. ❷표면(表面). ▸面の皮が厚い 뻔뻔하다. 철면피다. ▸面の皮を剝ぐ 망신을 주다.

-づら【面】…같은 얼굴. ‖善人面をする 선인 같은 얼굴을 하다.

つらあて【面当て】면전(面前)에서 일부러 빗대어 빈정거림. ‖面当てを言う 면전에서 일부러 빈정거리다.

***つらい**【辛い】❶힘들다; 고통(苦痛)스럽다; 괴롭다. ‖早起きは辛い 일찍 일어나는 것은 힘들다. 辛い仕事 힘든 일. 別れが辛い 헤어지는 것이 괴롭다. ❷무정(無情)하다; 냉혹(冷酷)하다. ‖辛い仕打ち 무정한 처사.

-づらい【辛い】…기 어렵다. ‖老眼で辞書が見づらい 노안이라 사전이 보기 힘들다.

つらなる【連なる】❶이어지다; 줄지어 서다. ❷출석(出席)하다; 참석(參席)하다. ‖卒業式に連なる 졸업식에 참석하다.

つらぬく【貫く】❶관통(貫通)하다; 뚫다. ‖矢が板を貫く 화살이 판자를 뚫다. ❷관철(貫徹)하다; 일관(一貫)하다. ‖初志を貫く 초지를 일관하다.

つらねる【連ねる】❶줄지어 세우다; 늘어놓다. ‖軒を連ねる 건물이 줄지어 있다. ❷참가(參加)하다. ‖発起人として名を連ねる 발기인으로 참가하다.

つらら【氷柱】고드름.

つり【釣り】❶낚시. ‖釣りに出かける 낚시를 하러 가다. ❷〔釣り銭の略語〕잔돈; 거스름돈. ♦釣り糸 낚싯줄. 釣り竿 낚싯대.

つりあい【釣り合い】균형(均衡). ‖つり合いを保つ 균형을 유지하다.

つりあう【釣り合う】❶균형(均衡)을 유지(維持)하다. ‖収入と支出がつり合う 수입과 지출이 균형을 이루다. ❷어울리다. ‖絵とつり合わない額 그림과 어울리지 않는 액자.

つりあげる【釣り上げる・吊り上げる】❶낚아 올리다. ❷치켜 올리다; 치켜뜨다. ‖目を吊り上げて怒る 눈을 치켜뜨고 화를 내다. ❸(人為的に)올리다. ‖値段を吊り上げる 가격을 올리다.

ツリー【tree】❶〔木〕나무. ❷〔クリスマスツリー〕크리스마스트리.

つりがね【釣り鐘】범종(梵鐘).

つりかわ【吊り革】(電車・バスなどの)손잡이.

つりさげる【吊り下げる】매달다. ‖天井

から吊り下げたシャンデリア 천장에 매단 샹들리에.
つりせん【釣り銭】 거스름돈; 잔돈.
つりばし【吊り橋】 조교(弔橋).
つりばしご【吊り梯子】 줄사다리.
つりばり【釣り針】 낚싯바늘.
つりびと【釣り人】 낚시하는 사람; 낚시꾼.
つりぶね【釣り船】 낚싯배.
つりめ【吊り目】 눈꼬리가 올라간 눈.
つりわ【吊り輪】 기계 체조(器械體操)의 링.
つる【弦】 ❶현(絃); 활시위. ❷(鍋などの)손잡이.
つる【蔓】 ❶덩굴. ‖朝顔の蔓 나팔꽃 덩굴. ❷연줄; 단서(端緒); 실마리. ‖出世の蔓 출세의 연줄. ❸(眼鏡の)다리. ‖眼鏡のつる 안경다리.
*つる【吊る・釣る・攣る】 ❶매달다. ‖蚊帳(かや)を吊る 모기장을 치다. ❷낚다. ‖魚を釣る 고기를 낚다. ❸꾀다. ‖甘言で釣って契約させる 감언이설로 꾀어 계약하게 만들다. ❹치켜 올라가다. ‖目が吊った人 눈꼬리가 치켜 올라간 사람. ❺쥐가 나다. ‖足がつる 다리에 쥐가 나다.
ツル【鶴】 학(鶴). ▸鶴の一声 권위 있는 한마디.
つるぎ【剣】 검(劍).
つるし【吊るし】 ❶매닮. ❷기성복(既成服). ‖吊るしの背広 기성품 양복.
つるしあげる【吊るし上げる】 ❶매달다. ‖木の上に吊るし上げる 나무 위에 매달다. ❷여럿이 질책(叱責)하다; 몰아대다. ‖社長を吊るし上げる 사장을 질책하다.
つるしがき【吊るし柿】 곶감.
つるす【吊るす】 매달다. ‖風鈴を吊るす 풍경을 매달다.
つるつる ❶〔なめらかな様子〕반들반들. ‖つるつるした紙 반들반들한 종이. ❷〔よく滑る様子〕‖道が凍ってつるつるする 길이 얼어서 미끄럽다. ❸〔そば・うどんなどをすする様子[音]〕후루룩. ‖そばをつるつると食う 메밀국수를 후루룩거리며 먹다.
つるはし【鶴嘴】 곡괭이.
ツルバラ【蔓薔薇】 덩굴장미(薔薇).
つるべ【釣瓶】 두레박.
つるむ【連む】 같이 가다.
つるり 〔よく滑る様子〕쪽. ‖*凍りついた路*面でつるりと滑る 빙판길에서 쭉 미끄러지다.
つれ【連れ】 일행(一行); 동반자(同伴者). ‖船中で連れになる 배 안에서 일행이 되다.
-づれ【連れ】 동행(同行); 동반자(同伴者). ‖子ども連れの女の人 애를 동반한 여자.
つれあい【連れ合い】 ❶동행(同行者); 일행(一行). ‖帰り道で連れ合いになる 돌아오는 길에 일행이 되다. ❷배우자(配偶者). ‖連れ合いに死に別れる 배우자와 사별하다.
つれあう【連れ合う】 ❶행동(行動)을 같이하다. ❷부부(夫婦)가 되다.
つれこ【連れ子】 의붓자식(子息).
つれこむ【連れ込む】 데리고 들어가다. ‖無理に飲み屋に連れ込む 무리하게 술집으로 데리고 들어가다.
つれさる【連れ去る】 데리고 사라지다. ‖公園から連れ去る 공원에서 데리고 사라지다.
つれそう【連れ添う】 부부(夫婦)가 되다.
つれだす【連れ出す】 데리고 나가다. ‖祭り見物に連れ出す 축제 구경에 데리고 나가다.
つれていく【連れて行く】 데리고 가다; 함께 가다.
つれてかえる【連れて帰る】 데리고 돌아가다; 함께 돌아가다; 함께 되돌아오다.
つれてくる【連れて来る】 데리고 오다; 함께 오다.
つれない 냉담(冷淡)하다; 무정(無情)하다; 매정하다. ‖つれなく断る 매정하게 거절하다.
つれもどす【連れ戻す】 데리고 돌아오다. ‖家に連れ戻す 집으로 데리고 돌아오다.
つれる【連れる】 같이 가다; 데리고 가다. ‖犬を連れて散歩する 개를 데리고 산책하다.
つわもの【兵】 ❶병사(兵士); 무사(武士). ❷강한 사람; 뛰어난 사람. ‖その道のつわもの 그 방면의 뛰어난 사람.
つわり【悪阻】 입덧.
つんけん 퉁명스럽게; 무뚝뚝하게. ‖あの店員はつんけんしていて感じが悪い 저 점원은 퉁명스러워서 인상이 안 좋다.
つんつん ❶퉁명스럽게; 무뚝뚝하게; 뚱하게. ‖今日はいやにつんつん(と)している 오늘은 묘하게 뚱해 있다. ❷〔においがきつい様子〕‖つんつん鼻にくる 냄새가 코를 찌르다.
ツンドラ【tundra ロ】 툰드라.

て

*て【手】 ❶손. ‖手を挙げる 손을 들다. 手を結ぶ 손을 잡다. 手にする 손에 들다. ❷〔取っ手〕손잡이. ‖鍋の手 냄비 손잡이. ❸〔人手〕일손. ‖手が足りない 일손이 부족하다. ❹수단(手段); 방법(方法). ‖その手には乗らない 그 수에는 안 넘어가다. ❺힘; 능력(能力). ‖手に余る 능력 밖이다. ❻종류(種

類). ‖この手の品 이런 종류의 물건. ❼방향(方向); 방면(方面); 쪽. ‖行く手 가는 쪽. ❽…수(手). ‖歌い手 가수. ▸手が空く 일손이 비다. ▸手が掛かる 손이 많이 가다. ▸手が切れる 관계가 끊어지다. ▸手が込む 복잡하다. ▸手が付けられない 방법이 없다. ▸手が出ない 어쩔 수 없다. 高すぎて手が出ない 너무 비싸서 살 수가 없다. ▸手が届く ①능력이 미치다. ②어떤 나이에 가까워지다. ▸手がない 방법이 없다. ▸手が離れる 손을 놓다[떼다].〔慣〕 ▸手が離れる 일이 일단락되다. ▸手が早い 툭하면 폭력을 휘두르다. 여성과 관계를 맺는 것이 빠르다. ▸手が回らない 손길이 미치지 않다. ▸手に汗を握る 손에 땀을 쥐다.〔慣〕 ▸手に余る 능력 밖이다. ▸手に入れる 입수하다. ▸手に負えない 능력 밖이다. ▸手に掛ける 자기 손으로 죽이다. ▸手に付かない 일이 손에 잡히지 않다. ▸手に手を取って 함께. ▸手に取るよう 손바닥을 들여다보듯이. ▸手に入る 입수하다. ▸手に渡る 다른 사람의 소유가 되다. ▸手の施しようがない 손을 쓸 방법이 없다. ▸手も足も出ない 어떻게 할 수가 없다. ▸手を上げる 항복하다. ▸手を合わせる 합장하다. ▸手を入れる 수정하다. ▸手を打つ 손을 쓰다. ▸手を替え品を替え 온갖 방법을 동원함. ▸手を掛ける 폭력을 쓰다. 훔치다. ▸手を貸す 도와주다. ▸手を借りる 도움을 받다. ▸手を切る 손을 끊다.〔慣〕 ▸手を下す 직접 하다. ▸手を加える 가공하다. 수정하다. ▸手を拱(こまぬ)く 방관하다. ▸手を染める 착수하다. ▸手を出す 관계를 맺다. 훔치다. ▸手を尽す 온갖 방법을 다 쓰다. ▸手を付ける 착복하다. 여성에게 손을 대다. ▸手を通す 옷을 입다. ▸手を取る 자상하게 가르치다. ▸手を握る 화해하다. 협력하다. ▸手を抜く 건성으로 하다. ▸手を伸ばす 손을 뻗치다.〔慣〕 ▸手を離れる 손을 떠나다. ▸手を引く 손을 끊다.〔慣〕 ▸手を回す 손을 쓰다. ▸手を焼く 애를 먹다. 속을 썩이다. ▸手を緩める 완화하다. ▸手を汚す 바람직하지 못한 짓을 하다. ▸手を煩わす 속을 썩이다.〔慣〕

*で ❶〔場所・機会〕…에서. ‖図書館で遅くまで勉強する 도서관에서 늦게까지 공부하다. デパートで友だちの誕生日プレゼントを買う 백화점에서 친구 생일 선물을 사다. 弟は大学で法学を専攻した 남동생은 대학교에서 법학을 전공했다. 韓国語の試験で百点をとる 한국어 시험에서 백 점을 받다. ❷〔時間・一定の時〕…(으)로; …에. ‖この仕事も今日で終わりだ 이 일도 오늘로 끝이다. 彼女は3か月でその技術を修得した 그녀는 삼 개월에 그 기술을 습득했다. 10分間で解けない問題 십 분 안에 풀 수 없는 문제. ❸〔手段・道具〕…(으)로. ‖福岡から船で釜山へ行く 후쿠오카에서 배로 부산에 가다. バターで野菜を炒める 버터로 야채를 볶다. 易しい言葉で書かれた本 평이한 말로 쓰여진 책. それは金では買えない 그것은 돈으로는 살 수 없다. ❹〔材料・原料〕…(으)로. ‖イチゴでジャムを作る 딸기로 잼을 만들다. 大理石でできている柱 대리석으로 만들어진 기둥. ❺〔原因・理由〕…(으)로; …아[어]서. ‖風邪で会社を3日も休む 감기로 회사를 삼 일이나 쉬다. 過労で体を壊す 과로로 몸을 버리다. 列車は大雪で2時間も遅れた 열차는 폭설로 두 시간이나 연착되었다. 恥ずかしさで顔が赤くなる 부끄러워서 얼굴이 빨개지다. 火事で一文無しになる 불이 나서 무일푼이 되다. ❻〔判断の根拠〕…(으)로. ‖外見で人を判断してはいけない 외관으로 사람을 판단해서는 안 된다. ❼〔主体〕…이[가]; …에서. ‖その費用は会社で負担することになった 그 비용은 회사가[에서] 부담하기로 했다. 委員会で作成した原案 위원회에서 만든 원안. 2人で相談して決めてください 두 사람이 의논해서 결정해 주십시오. ❽〔年齢・速度・値段・条件〕…에(서); …(으)로. ‖私は28歳で結婚した 나는 스물여덟 살에 결혼했다. 水はセ氏0度で凍る 물은 섭씨 영 도에서 언다. 時速80キロで走る 시속 팔십 킬로로 달리다. このバッグを5千円で買った 이 가방을 오천 엔에 샀다. こちらのリンゴは3個で500円です 이쪽 사과는 세 개에 오백 엔입니다. お酒はこれで十分です 술은 이걸로 충분합니다.

*で【出】❶〔出る具合〕‖水の出が悪い 물이 잘 안 나오다. 人の出が少ない 나온 사람들이 적다. ❷〔出勤・出番〕‖午後からの出 오후부터의 출근. 出を待つ 출연 순서를 기다리다. ❸〔出だし〕‖出が一拍遅れる 시작이 한 박자 늦다. ❹〔出現〕‖日の出 일출. ❺〔出身〕출신(出身). ‖高校出の選手 고등학교 출신의 선수. 東京出です 동경 출신입니다. ❻〔充実感・満足感〕‖使い出がある 쓸 만하다. 歩いてみると歩き出がある 걸어 보면 걸을 만하다.

てあい【手合い】❶〔連中〕패거리. ❷(囲碁・将棋で)대국(對局).

であい【出会い】 만남. ‖偶然の出会い 우연한 만남.

であいがしら【出会い頭】 나가는 순간(瞬間); 만난 순간. ‖出会い頭に衝突する 나가는 순간에 충돌하다.

であう【出会う】❶만나다. ‖2人が初めて出会った所 두 사람이 처음으로 만난 곳. ❷보다; 목격(目擊)하다; 체험

(體驗)하다. ‖こんな奇妙な文章に出会ったことはない 이런 기묘한 문장을 본 적이 없다.

てあか【手垢】 손때. ‖手垢のついた本 손때가 묻은 책.

てあし【手足】 수족(手足). ‖手足となって働く 손발이 되어 일하다.

であし【出足】 ❶〔人の出〕사람이 드나드는 정도(程度). ‖客の出足は上々だ 손님은 괜찮게 든다. ❷출발시(出發時)의 빠르기.

てあたりしだい【手当たり次第】 닥치는 대로. ‖手当たり次第(に)投げつける 닥치는 대로 집어던지다.

て

てあつい【手厚い】 극진(極盡)하다; 융숭(隆崇)하다. ‖手厚い看護を受ける 극진한 간호를 받다.

***てあて**【手当(て)】 ❶(名하) 준비(準備). ‖来年の資材を手当てしておく 내년의 자재를 준비해 두다. ❷(名하) 처치(處置). ‖応急手当 응급 처치. ❸수당(手當). ‖通勤手当 통근 수당. 児童手当 아동 수당.

てあみ【手編み】 손으로 뜸. ‖手編みのセーター 손으로 뜬 스웨터.

てあらい【手洗い】 ❶손을 씻음; 손 씻는 물. ‖手洗いの水が凍る 손 씻는 물이 얼다. ❷화장실(化粧室). ‖手洗いに立つ 화장실에 가다. ❸〔手で洗うこと〕손빨래.

-である 〔断定〕…(이)다. ‖1足す2は3である 일 더하기 이는 삼이다. これは私が育てた花である 이것은 내가 키운 꽃이다.

てあわせ【手合わせ】 ❶상대(相對)가 되어 승부(勝負)를 함; 시합(試合). ‖初手合わせ 첫 시합. ❷매매 계약(賣買契約)을 함.

てい-【低】 저(低)…. ‖低周波 저주파. 低学年 저학년. 低気圧 저기압.

ティアラ【tiara】 ❶〔女性用髪飾り〕티아라. ❷(ローマ教皇の)삼중관(三重冠).

ていあん【提案】 (名하) 제안(提案). ‖新しい計画を提案する 새로운 계획을 제안하다.

ティー【tea】 홍차(紅茶); 차. ♦ティーカップ 찻잔. ティースプーン 티스푼. 찻숟가락. ティータイム 티타임. ティーパーティー 티파티. ティーバッグ 티백. ティーポット 차주전자.

ていい【帝位】 제위(帝位). ‖帝位を継承する 제위를 계승하다.

ティーシャツ【T-shirt】 티셔츠.

ティーじろ【T字路】 티자 도로(道路).

ディーゼルエンジン 【diesel engine】 디젤 엔진.

ディーゼルカー【diesel + car 日】 디젤차.

ディーブイディー【DVD】 디브이디.

ディーラー【dealer】 딜러.

ていいん【定員】 정원(定員). ‖定員に満たない 정원이 차지 않다. 定員割れ 정원 미달.

ティーンエージャー【teenager】 틴에이저.

ていえん【庭園】 정원(庭園). ♦日本庭園 일본식 정원.

ていおう【帝王】 제왕(帝王). ♦帝王切開 제왕 절개.

ていおん【低音】 저음(低音).

ていおん【低温】 저온(低溫). ♦低温殺菌 저온 살균.

ていおん【定温】 정온(定溫). ‖定温を保つ 정온을 유지하다. ♦定温動物 정온 동물.

ていか【低下】 (名되) 저하(低下). ‖品質が低下する 품질이 저하되다. ♦学力低下 학력 저하.

ていか【定価】 정가(定價). ‖定価の2割引 정가의 이 할 할인.

ていがく【定額】 정액(定額). ♦定額料金 정액 요금.

ていがく【停学】 정학(停學). ♦停学処分 정학 처분.

ていがくねん【低学年】 저학년(低學年).

ていかん【定款】 정관(定款).

ていかん【停刊】 (名하) 정간(停刊).

ていかんし【定冠詞】 정관사(定冠詞).

***ていき**【定期】 정기(定期). ♦定期券 정기권. 定期刊行物 정기 간행물. 定期預金 정기 예금.

ていき【提起】 (名하) 제기(提起). ‖賃金問題を提起する 임금 문제를 제기하다.

ていぎ【定義】 (名하) 정의(定義). ‖用語を定義する 용어를 정의하다.

ていぎ【提議】 (名하) 제의(提議). ‖法改正を提議する 법 개정을 제의하다.

ていきあつ【低気圧】 저기압(低氣壓).

ていきゅう【低級】ダ 저급(低級)하다. ‖低級な趣味 저급한 취미.

ていきゅう【庭球】 정구(庭球); 테니스.

ていきゅう(び)【定休日】 정기 휴일(定期休日).

ていきょう【提供】 (名하) 제공(提供). ‖資料を提供する 자료를 제공하다. 情報を提供する 정보를 제공하다.

テイクアウト【takeout】 테이크아웃.

テイクオフ【takeoff】 (航空機などの)이륙(離陸).

ていけい【定形·定型】 정형(定型). ♦定型詩 정형시.

ていけい【提携】 (名하) 제휴(提携). ‖外国の会社と提携する 외국 회사와 제휴하다.

デイゲーム【day game】 낮 경기(競技).

ていけつ【締結】 (名하) 체결(締結). ‖不可侵条約を締結する 불가침 조약을 체

결하다.
ていけつあつ【低血圧】 저혈압(低血壓).
ていげん【提言】 ㉂하 제언(提言).
*__ていこう__【抵抗】 ㉂하 저항(抵抗). ‖政府軍に抵抗する 정부군에 저항하다. 空気の抵抗を少なくする 공기의 저항을 줄이다. ♦**抵抗運動** 저항 운동. **抵抗勢力** 저항 세력. **抵抗力** 저항력. **無抵抗** 무저항.
ていこく【定刻】 정각(定刻). ‖定刻に開会する 정각에 개회하다.
ていこく【帝国】 제국(帝國). ‖ローマ帝国 로마 제국. ♦**帝国主義** 제국주의.
ていさい【体裁】 ❶체재(體裁). ‖体裁を整える 체재를 정비하다. ❷체면(體面). ‖体裁をつくろう 체면을 차리다. 体裁を気にする 세상의 이목에 신경을 쓰다. お体裁を言う 발림소리를 하다.
ていさいぶる【体裁ぶる】 잘난 척하다; 거들먹거리다.
ていさつ【偵察】 ㉂하 정찰(偵察). ♦**偵察機** 정찰기.
*__ていし__【停止】 ㉂하 정지(停止). ‖貸し出しを停止する 대출을 정지하다. 機能が停止する 기능이 정지되다. ♦**停止信号** 정지 신호. **活動停止** 활동 정지. **発行停止** 발행 정지.
ていじ【定時】 정시(定時). ‖汽車は定時に発車する 기차는 정시에 발차한다.
ていじ【提示】 ㉂하 제시(提示). ‖条件を提示する 조건을 제시하다.
ていしき【定式】 정식(正式). ‖定式化する 정식화하다. 定式化された方法 정식화된 방법.
ていじげん【低次元】 저차원(低次元). ‖低次元な議論 저차원의 논의.
ていしせい【低姿勢】 저자세(低姿勢). ‖低姿勢に出る 저자세로 나오다.
ていしつ【低湿】ダ 저습(低濕)하다.
ていしつ【低質】 저질(低質).
ていしゃ【停車】 ㉂하 정차(停車). ♦**停車場** 정거장.
ていしゅ【亭主】 ❶주인(主人). ❷〔夫〕남편(男便). ‖うちの亭主 우리 남편. ♦**亭主関白** 說明 집안에서 남편(男便)이 주도권(主導權)을 가짐.
ていしゅう【定収】 정기적(定期的)인 수입(收入).
ていじゅう【定住】 ㉂하 정주(定住).
ていしゅうは【低周波】 저주파(低周波).
ていしゅく【貞淑】ダ 정숙(貞淑)하다. ‖貞淑な妻 정숙한 아내.
ていしゅつ【提出】 ㉂하 제출(提出). ‖答案を提出する 답안을 제출하다.
ていしょう【提唱】 ㉂하 제창(提唱).
ていしょく【定食】 정식(定食).
ていしょく【定職】 정직(定職).
ていしょく【抵触】 ㉂되 저촉(抵觸). ‖法に抵触する行為 법에 저촉되는 행위.
ていしょく【停職】 정직(停職).
ていしょとくしゃ【低所得者】 저소득자(低所得者).
ていしょとくそう【低所得層】 저소득층(低所得層).
でいすい【泥酔】 ㉂하 만취(滿醉). ‖泥酔して路上に寝てしまう 만취해서 길 위에서 자 버리다.
ていすう【定数】 정수(定數).
ディスカウント【discount】 ㉂하 디스카운트.
ディスカウントショップ【discount shop】 디스카운트 숍; 할인 판매점(割引販賣店).
ディスクジョッキー【disk jockey】 디스크자키.
ディスコ【disco】 디스코.
ディスプレー【display】 디스플레이.
ていする【呈する】 ❶드리다; 보내다. ‖賛辞を呈する 찬사를 보내다. ❷나타내다; 띠다; 보이다. ‖黒褐色を呈する 흑갈색을 띠다.
ていせい【訂正】 ㉂하 정정(訂正). ‖誤りを訂正する 잘못을 정정하다.
ていせつ【定説】 정설(定說).
ていせつ【貞節】 정절(貞節).
ていせん【停戦】 ㉂하 정전(停戰). ‖停戦条約を結ぶ 정전 조약을 맺다.
ていそ【定礎】 정초(定礎).
ていそ【提訴】 ㉂하 제소(提訴). ‖委員会に提訴する 위원회에 제소하다.
ていそう【低層】 저층(低層).
ていそう【貞操】 정조(貞操).
ていそく【低速】 저속(低速).
ていぞく【低俗】ダ 저속(低俗)하다. ‖低俗な番組 저속한 방송.
ていそくすう【定足数】 정족수(定足數).
ていたい【停滞】 ㉂되 정체(停滯). ‖事務が停滞する 사무가 정체되다.
ていたい【手痛い】 피해(被害)의 정도(程度)가 심하다; 엄하다. ‖終了間際に手痛いエラーをした 종료 직전에 뼈아픈 실수를 했다.
ていたく【邸宅】 저택(邸宅).
ていたらく【体たらく】 몰골; 꼬락서니. ‖何という体たらくだ 이게 웬 꼬락서니냐?
ていだん【鼎談】 ㉂하 정담(鼎談); 삼자 회담(三者會談).
ていちあみ【定置網】 정치망(定置網).
ていちゃく【定着】 ㉂하 정착(定着).
ていちょう【丁重】ダ 정중(鄭重)하다. ‖丁重な挨拶 정중한 인사. 丁重にお断りする 정중히 거절하다.
ていちょう【低調】ダ 저조(低調)하다. ‖投票率が低調だ 투표율이 저조하다.

ティッシュ【tissue】 티슈; 화장지(化粧紙).

ていっぱい【手一杯】 벅참; 여유(餘裕)가 없음. ‖注文をこなすだけで手一杯だ 주문을 처리하는 것만으로도 벅차다.

ていでん【停電】 ⓢ되 정전(停電).

*__ていど__【程度】 ❶정도(程度). ‖補償額は破損の程度による 보상액은 파손 정도에 따라 달라진다. それは程度の問題である 그것은 정도의 문제이다. 1時間程度見ておけば十分だ 한 시간 정도 봐두면 충분하다. ❷수준(水準). ‖実力の程度 실력 수준. 彼らの生活程度は高い 그 사람들의 생활수준은 높다.

ていとう【抵当】 저당(抵當). ‖土地を抵当に金を借りる 땅을 저당 잡혀 돈을 빌리다. ♦抵当権 저당권.

ディナー【dinner】 디너; 만찬(晩餐).

*__ていねい__【丁寧】ダ ❶정중(鄭重)하다. ‖丁寧な挨拶 정중한 인사. ❷꼼꼼하다; 세심(細心)하다. ‖何度も丁寧に読む 몇 번이나 꼼꼼하게 읽다. ♦丁寧語 공손한 말.

ていねん【定年・停年】 정년(停年). ♦定年退職 정년퇴직.

ていねん【諦念】 체념(諦念).

ていのう【低能】ダ 저능(低能)하다.

ていはく【停泊】 ⓢ하 정박(碇泊).

ていばん【定番】 説明 유행(流行)에 관계(關係)없이 꾸준히 팔리는 상품(商品). ♦定番商品 기본 상품.

ていひょう【定評】 정평(定評). ‖定評のある辞書 정평 있는 사전.

ディベート【debate】 디베이트; 토론(討論).

ていへん【底辺】 저변(底邊). ‖社会の底辺 사회의 저변.

ていぼう【堤防】 제방(堤防); 방죽; 둑.

ていめい【低迷】 ❶구름 등이 낮게 떠돎. ‖暗雲が低迷する 암운이 감돌다. ❷안 좋은 상태(狀態)가 계속(繼續)됨. ‖景気が低迷する 경기 침체가 계속되다.

ていやく【締約】 ⓢ하 체약(締約). ‖条約を締約する 조약을 체약하다.

ていよく【体良く】 그럴듯한 구실(口實)로; 그럴싸하게. ‖体よく追い払う 그럴듯한 구실로 쫓아 보내다.

ティラミス【tiramisu イ】 티라미스.

ていり【定理】 정리(定理). ‖ピタゴラスの定理 피타고라스 정리.

でいり【出入り】 ⓢ하 ❶출입(出入). ‖人の出入りが多い家 사람의 출입이 많은 집. 出入り禁止 출입 금지. ❷단골로 드나듦. ‖出入りの商人 단골로 드나드는 장사꾼.

でいりぐち【出入り口】 출입구(出入口).

ていりつ【定率】 정률(定率).

ていりゅう【停留】 ⓢ하 정류(停留). ♦停留所 정류소. 정류장.

ていりょう【定量】 정량(定量). ‖定量分析 정량 분석.

-ている ❶〔動作〕…고 있다. ‖食事をしている 식사를 하고 있다. 寝ている 자고 있다. ❷〔状態〕…아[어] 있다. ‖きれいな花が咲いている 예쁜 꽃이 피어 있다. 私の前の席に座っている人 내 앞 자리에 앉아 있는 사람.

ていれ【手入れ】 ❶ⓢ하 (修繕など)손질. ❷(犯人の検挙・捜査のため)경찰(警察)이 덮침.

ていれい【定例】 정례(定例). ♦定例会 정례회.

ディレクター【director】 디렉터.

ディレクトリー【directory】(IT) 디렉터리.

ていれつ【低劣】ダ 저열(低劣)하다.

ていれん【低廉】ダ 저렴(低廉)하다. ‖低廉な価格 저렴한 가격.

ティンパニー【timpani イ】 팀파니.

てうす【手薄】ダ ❶불충분(不充分)하다; 허술하다. ‖手薄な警備陣 허술한 경비진. ❷(手持ちなどが)적다; 부족(不足)하다. ‖在庫が手薄だ 재고가 부족하다.

てうち【手打ち】 ❶손으로 만듦. ❷화해(和解)나 계약(契約) 등이 성립(成立)됨.

デージー【daisy】 데이지.

データ【data】 데이터. ♦データバンク 데이터 뱅크. データベース 데이터베이스.

デート【date】 ❶ⓢ하 데이트. ‖昨日彼女とデートした 어제 여자 친구와 데이트했다. ❷〔日付〕날짜.

テープ【tape】 테이프. ♦テープカット 説明 개막식(開幕式) 등에서 테이프를 자르는 것. テープデッキ 스피커가 없는 테이프 리코더. テープレコーダー 테이프 리코더. 空テープ 공 테이프. 絶縁テープ 절연 테이프. セロファンテープ 스카치 테이프. 録音テープ 녹음 테이프.

テーブル【table】 테이블; 탁자(卓子). ♦テーブルクロス 테이블클로스. ラウンドテーブル 원탁.

テーマ【Thema ド】 테마; 주제(主題). ‖論文のテーマを決める 논문의 테마를 정하다. ♦テーマパーク 테마파크. テーマソング 주제곡.

ておくれ【手遅れ】 때늦음; 시기(時機)를 놓침. ‖今手術しないと手遅れになる 지금 수술을 하지 않으면 시기를 놓치게 된다.

でおくれ【出遅れ】 시동(始動)이 늦음; 출발(出發)이나 시작(始作)이 늦음.

でおくれる【出遅れる】 출발(出發) 등이 늦다. ‖選挙戦に出遅れる 선거전에 늦

게 나서다.
ておち【手落ち】 실수(失手). ‖調査に手落ちがあった 조사에 실수가 있었다.
でか 형사(刑事); 경찰(警察).
でかい 엄청나게 크다; 커다랗다. ‖でかい家だ 엄청나게 큰 집이다.
てかがみ【手鏡】 손거울.
てがかり【手掛かり】 단서(端緖); 실마리. ‖犯人捜索の手掛かりをつかむ 범인 수색의 단서를 잡다.
てがき【手書き】 손으로 씀.
でがけ【出掛け】 나가려고 할 때; 나가려는 참. ‖出がけに電話がかかってきた 나가려고 할 때 전화가 걸려 왔다.
てがける【手掛ける】 ❶직접(直接) 다루다; 직접 하다. ‖入社して初めて手がけた仕事 입사해서 처음으로 직접 한 일. ❷〔世話する〕보살피다; 돌보다.
でかける【出掛ける】 외출(外出)하다.
てかげん【手加減】 ❶(스하) 손대중. ‖手加減が分からない 손대중을 모르겠다. ❷상대(相對) 또는 상황(狀況)에 맞춰 조절(調節)함. ‖手加減を加える 상대에 맞춰 조절하다.
でかせぎ【出稼ぎ】 외지(外地)에서 돈벌이를 함.
てがた【手形】 ❶손바닥 도장(圖章). ❷어음.
でかた【出方】 태도(態度).
てがたい【手堅い】 ❶견실(堅實)하다; 안전(安全)하다. ‖手堅い方法 견실한 방법. ❷(相場が)하락(下落)할 기미(幾微)가 없다.
てかてか 번들번들. ‖アイロンの当てすぎで生地がてかてかする 다림질을 너무 해서 천이 번들거리다.
でかでか 큼지막하게; 커다랗게. ‖でかでかと広告を出す 커다랗게 광고를 내다.
*__てがみ__【手紙】 편지(便紙). ‖手紙を出す 편지를 보내다. 私は毎週彼に手紙を書いている 나는 매주 그 사람에게 편지를 쓰고 있다. 手紙に返事を出す 편지 답장을 쓰다. 手紙のやり取りをする 편지를 주고받다. 3通の手紙 세 통의 편지.
てがら【手柄】 공; 공적(功績). ‖手柄を立てる 공을 세우다.
てがる【手軽】ﾀﾞ 간편(簡便)하다; 간단(簡單)하다; 손쉽다. ‖持ち歩きに手軽なかばん 가지고 다니기에 간편한 가방. 夕食を手軽にすませる 저녁을 간단히 끝내다.
てがるい【手軽い】 간단(簡單)하다; 쉽다. ‖手軽く扱える機械 간단히 다룰 수 있는 기계.
てき【敵】 적(敵). ‖敵をつくる 적을 만들다. 敵に回す 적으로 돌리다. 宿敵 숙적.
-てき【的】 ❶…적(的). ‖積極的 적극적. ❷…같음. ‖母親的な存在 어머니 같은 존재. ❸…의 입장(立場); …상(上)의. ‖事務的な配慮 업무상의 배려.
-てき【滴】 …방울. ‖数滴の露 몇 방울의 이슬.
でき【出来】 ❶만들어진 상태(狀態). ‖いつもより出来が悪い 평소에 만든 것보다 안 좋다. ❷수확(收穫); 열매가 맺은 정도(程度). ‖米は7分の出来だ 쌀은 칠 할 정도 열렸다.
できあい【溺愛】 ❶(스하) 익애(溺愛). ❷맹목적(盲目的)인 사랑. ‖溺愛する 맹목적으로 사랑하다.
できあい【出来合い】 기성품(旣成品). ‖出来合いの服 기성복.
できあがり【出来上がり】 ❶완성(完成). ‖出来上がりは明後日になります 모레 완성됩니다. ❷만들어진 상태(狀態).
できあがる【出来上がる】 ❶완성(完成)되다. ❷〔酒に酔う〕술에 취(醉)하다.
てきい【敵意】 적의(敵意). ‖敵意をいだく 적의를 품다.
てきおう【適応】 (스하) 적응(適應). ‖状況に適応する 상황에 적응하다.
てきおん【適温】 적당(適當)한 온도(溫度).
てきがいしん【敵愾心】 적개심(敵愾心). ‖敵愾心を燃やす 적개심을 불태우다.
てきかく【的確】ﾀﾞ 적확(的確)하다.
てきかく【適格】 적격(適格).
てきぎ【適宜】 적당(適當); 상황(狀況)에 따라 행동(行動)함; 임의(任意). ‖各自適宜に解散してよろしい 각자 적당히 해산해도 좋다.
てきぐん【敵軍】 적군(敵軍).
てきごう【適合】 (스하) 적합(適合). ‖条件に適合する 조건에 적합하다.
てきこく【敵国】 적국(敵國).
できごころ【出来心】 우발적(偶發的)인 생각; 충동(衝動). ‖ほんの出来心で盗んでしまった 우발적인 충동으로 훔치고 말았다.
*__できごと__【出来事】 일어난 일; 사건(事件); 일. ‖母に今日の出来事を話した 어머니께 오늘 일어난 일을 이야기했다. 不思議な出来事 불가사의한 일. 신기한 일. 今年の主な出来事 올해의 주요한 사건.
てきざいてきしょ【適材適所】 적재적소(適材適所).
てきし【敵視】 (스하) 적대시(敵對視). ‖反対者を敵視する 반대하는 사람을 적대시하다.
てきじ【適時】 적시(適時).
できし【溺死】 (스하) 익사(溺死). ‖高波にのまれ溺死する 높은 파도에 휩쓸려 익사하다.

て

てきしゃせいぞん【適者生存】 적자 생존(適者生存).

てきしゅつ【摘出】 ㊢하 적출(摘出). ‖腫瘍を摘出する 종양을 적출하다.

てきじん【敵陣】 적진(敵陣).

できすぎ【出来過ぎ】 너무 잘 만듦; 지나침. ‖話が出来過ぎだ 이야기가 너무 딱 맞아떨어지다.

テキスト【text】 ❶원문(原文); 본문(本文). ❷교과서(教科書). ♦テキストファイル(IT) 텍스트 파일.

てきする【適する】 적합(適合)하다; 맞다. ‖年齢に適した運動 연령에 맞는 운동.

てきせい【適正】ダ 적정(適正)하다. ♦適正価格 적정 가격.

てきせい【適性】 적성(適性). ♦適性検査 적성 검사.

てきせつ【適切】ダ 적절(適切)하다. ‖適切な指導 적절한 지도. 適切に表現する 적절하게 표현하다.

できそこない【出来損ない】 ❶〔事柄〕잘못됨; 잘못 만듦. ‖出来損ないのオムレツ 잘못 만든 오믈렛. ❷〔人〕팔불출(八不出); 덜 떨어짐. ‖この出来損ないめ 이런 못난 자식.

できそこなう【出来損なう】 잘못되다; 잘못 만들다; 완성(完成)되지 못하다.

できた【出来た】 ❶인품(人品)이 훌륭한. ‖よくできた人 됨됨이가 된 사람. ❷〔感動詞的に〕해냈다.

てきたい【敵対】 ㊢하 적대(敵對).

できだか【出来高】 ❶생산량(生産量). ❷〔取引高〕거래량(去來量). ♦出来高払い 성과급.

できたて【出来立て】 갓 만듦. ‖出来立ての料理 갓 만든 요리.

てきち【敵地】 적지(敵地).

てきちゅう【的中】 ㊢하 적중(的中). ‖予想が的中する 예상이 적중하다. 的中率 적중률.

てきど【適度】 적당(適當)한 정도(程度). ‖適度の運動は体にいい 적당한 운동은 몸에 좋다.

*__てきとう__【適当】ダ 적당(適當)하다. ‖適当な例 적당한 예. 適当な大きさに切る 적당한 크기로 자르다. その表現はそういう場合には適当ではない 그 표현은 그런 경우에는 적당하지 않다. 塩とこしょうを適当に加えてください 소금과 후추를 적당히 넣어 주십시오.

てきにん【適任】 적임(適任). ♦適任者 적임자.

できばえ【出来栄え】 완성(完成)된 모양(模樣)새. ‖出来栄えがいい 모양새가 좋다.

てきぱき 척척; 시원시원하게. ‖てきぱき(と)答える 시원시원하게 대답하다.

てきはつ【摘発】 ㊢하 적발(摘發). ‖不正を摘発する 부정을 적발하다.

てきひ【適否】 적부(適否).

てきびしい【手厳しい】 엄하다; 엄격(嚴格)하다. ‖手厳しい批判 엄격한 비판.

てきふてき【適不適】 적부(適否).

てきほう【適法】 적법(適法). ♦適法行為 적법 행위.

てきめん【覿面】 ‖効果てきめんだ 효과가 바로 나타나다.

できもの【出来物】 부스럼; 종기(腫氣).

てきよう【摘要】 ㊢하 적요(摘要). ‖改正案の摘要 개정안의 적요.

てきよう【適用】 ㊢하 적용(適用). ‖災害救助法を適用する 재해 구제법을 적용하다. 適用を受ける 적용을 받다. 規定が適用される 규정이 적용되다.

てきりょう【適量】 적량(適量); 적당(適當)한 분량(分量).

*__できる__【出来る】 ❶생기다; 일어나다; 출현(出現)하다. ‖顔ににきびができる 얼굴에 여드름이 생기다. 急な用事ができた 급한 볼일이 생겼다. ❷완성(完成)되다; 다 되다. ‖写真は明日できます 사진은 내일 완성됩니다. ❸(能力などが)뛰어나다; 잘하다. ‖クラスで英語が一番できる子 반에서 영어를 제일 잘하는 아이. ❹할 수 있다; 가능(可能)하다. ‖車の運転ができる 차 운전을 할 수 있다.

できるだけ【出来るだけ】 가능(可能)한 한. ‖できるだけ早く帰る 가능한 한 빨리 돌아가다.

てぎれ【手切れ】 관계(關係)를 끊음. ♦手切れ金 위자료.

てきれい【適齢】 적령(適齡). ♦結婚適齢期 결혼 적령기.

できれば【出来れば】 가능(可能)하면. ‖できれば今日中に仕上げてほしい 가능하면 오늘 안으로 완성해 주길 바래.

てぎわ【手際】 기량(技倆); 솜씨.

てくせ【手癖】 도벽(盜癖). ‖手癖が悪い 손버릇이 나쁘다. 도벽이 있다.

てぐち【手口】 (犯罪などの)수법(手法).

でぐち【出口】 출구(出口). ‖出口はこちらです 출구는 이쪽입니다. 出口を見失う 출구를 못 찾다. ♦出口調査 (説明) 선거권자(選擧權者)들에게 어느 후보(候補)에게 투표(投票)했는가를 묻는 조사(調査).

てくてく 터벅터벅. ‖てくてく歩く 터벅터벅 걷다.

テクニック【technic】 테크닉.

テクノロジー【technology】 테크놀러지.

てくばり【手配り】 ㊢하 수배(手配); 준비(準備). ‖必要な人員を手配りする 필요한 인원을 준비하다.

てくび【手首】 손목.

でくわす【出交す】 우연(偶然)히 만나다.

てこ【梃子】 지레; 지렛대.

でこ 이마.

てこいれ【梃入れ】 ❶(相場を)인위적(人爲的)으로 조작(操作)함. ❷외부(外部)로부터의 원조(援助).

てごころ【手心】 (相手または事情によって)적당(適當)히 다룸. ‖手心を加える 적당히 봐주다.

-でございます …입니다.

てこずる【手子摺る】 애먹다; 속 썩다. ‖説得にてこずる 설득에 애먹다.

てごたえ【手応え】 ❶(手の)감촉(感觸); 느낌. ❷반응(反應). ‖いくら教えてもさっぱり手応えがない 아무리 가르쳐도 도무지 반응이 없다.

でこぼこ【凸凹】 요철(凹凸); 울퉁불퉁함. ‖道が凸凹している 길이 울퉁불퉁하다.

てごろ【手頃】ダ 적당(適當)하다. ‖手頃な値段 적당한 가격.

てごわい【手強い】 벅차다; 버겁다. ‖手強い相手 벅찬 상대.

テコンドー【跆拳道】《スポーツ》 태권도(跆拳道).

デザート【dessert】 디저트.

デザイナー【designer】 디자이너.

デザイン【design】 (名하)디자인.

てさき【手先】 ❶손끝. ‖手先が冷たい 손끝이 차갑다. ❷수하(手下); 부하(部下).

てさぐり【手探り】 ❶〔手で探る〕 ‖手探りする 손으로 더듬다. ❷〔模索する〕 (名하)모색(摸索). ‖解決法を手探りする 해결책을 모색하다.

てさげ【手提げ】 손에 드는 가방. ‖手提げ袋 손에 드는 종이 가방.

てさばき【手捌き】 손놀림; 손동작(動作). ‖手さばきも鮮やかにカードを切る 익숙한 손놀림으로 카드를 섞다.

てざわり【手触り】 감촉(感觸). ‖手触りのいい布地 감촉이 좋은 원단.

でし【弟子】 제자(弟子). ♦一番弟子 수제자.

てしお【手塩】 ▸手塩に掛ける 신경을 써 가며 직접 보살피다.

デジカメ 디지털카메라; 디카.

てしごと【手仕事】 손일; 손으로 하는 일.

てした【手下】 수하(手下); 부하(部下). ‖手下を見張りに立てる 부하를 보초로 세우다.

デジタル【digital】 디지털. ♦デジタルカメラ 디지털 카메라. 디카. デジタル放送 디지털 방송.

てじな【手品】 마술(魔術).

デシベル【decibel】 …데시벨.

てじゃく【手酌】 자작(自酌).

でしゃばり【出しゃばり】 주제넘게 참견(參見)함 또는 그런 사람. ‖でしゃばりな人 주제넘게 참견하는 사람.

でしゃばる【出しゃばる】 주제넘게 참견(參見)하다; 나서다.

てじゅん【手順】 순서(順序). ‖手順を定める 순서를 정하다.

てじょう【手錠】 수갑(手匣). ‖手錠をはめる 수갑을 채우다.

デシリットル【décilitre フ】 …데시리터.

てすう【手数】 수고; 폐(弊). ‖お手数ですがよろしくお願いします 수고스럽겠지만 잘 부탁합니다. ♦手数料 수수료.

てずから【手ずから】 손수; 직접(直接). ‖手ずからお書きくださる 손수 써 주시다.

てすき【手透き】 한가(閑暇)함. ‖お手すきの時にでもおいでください 한가하실 때라도 들러 주세요.

ですぎる【出過ぎる】 ❶너무 나오다. ❷주제넘게 나서다. ‖出過ぎたまねをするな 주제넘는 짓은 하지 마.

デスク【desk】 ❶〔机〕데스크. ❷(新聞社の)취재(取材)나 편집 책임자(編輯責任者). ♦デスクトップ 데스크톱. デスクワーク 데스크워크.

テスト【test】 (名하)테스트; 시험(試驗). ‖テストに合格する 시험에 합격하다. ♦学期末テスト 학기말 시험. 知能テスト 지능 테스트.

てすり【手摺り】 난간(欄干).

てせい【手製】 수제(手製); 직접(直接) 만듦. ‖手製の菓子 직접 만든 과자.

てぜま【手狭】ダ 비좁다. ‖社員が増えてオフィスが手狭になる 사원이 늘어 사무실이 비좁아지다.

てそう【手相】 수상(手相); 손금.

てだし【手出し】 ❶손을 내밂; 손찌검을 함. ‖先に手出ししたのはどっちだ 먼저 손찌검을 한 것은 어느 쪽이냐? ❷(事業などに)손을 댐.

でだし【出出し】 시작(始作); 처음.

てだすけ【手助け】 도움. ‖店の仕事を手助けする 가게 일을 돕다.

てだて【手立て】 방법(方法); 수단(手段). ‖救う手立てがない 구제할 방법이 없다.

てだま【手玉】 오자미; 공기. ▸手玉に取る 사람을 마음대로 다루다.

でたらめ【出鱈目】ダ 엉터리다; 터무니없다. ‖でたらめな話 터무니없는 이야기. でたらめを言う 터무니없는 소리를 하다.

てぢか【手近】ダ ❶아주 가깝다. ❷비근(卑近)하다. ‖手近な例 비근한 예.

てちがい【手違い】 착오(錯誤); 실수(失手).

てちょう【手帳】 수첩(手帖).

てつ【鉄】 철(鐵). ‖鉄でできた門 철로 된 문. 철문. 鉄のカーテン 철의 장막.

てっかい【撤回】 (名하)철회(撤回).

でっかい 엄청나게 크다; 커다랗다. ‖でっかい夢をもつ 커다란 꿈을 갖다.

て

てっかく【適格】 적격(適格).

てつがく【哲学】 철학(哲學). ♦**実存哲学** 실존 철학. **人生哲学** 인생 철학.

てつかず【手付かず】 아직 시작(始作)하지 않음. ‖絵の宿題はまだ手付かずだ 그림 숙제는 아직 시작하지 않고 있다.

てづかみ【手摑み】 ‖手づかみで食べる 손으로 집어먹다.

てっかん【鉄管】 철관(鐵管).

てっき【適期】 적기(適期).

てつき【手付き】 손놀림. ‖危なっかしい手つき 아슬아슬한 손놀림.

デッキ【deck】 ❶갑판(甲板). ❷(車両の出入り口の)발판.

てっきょ【撤去】 (スル하) 철거(撤去).

てっきょう【鉄橋】 철교(鐵橋).

てっきん【鉄筋】 철근(鐵筋). ♦**鉄筋コンクリート** 철근 콘크리트.

でつくす【出尽くす】 나올 것은 다 나오다. ‖議論が出尽くした 논의할 것은 다 했다.

てづくり【手作り】 손으로 만듦; 직접(直接) 만든 것. ‖手作りの菓子 직접 만든 과자.

てつけ【手付け】 ❶착수금(着手金). ‖手付けを打つ 착수금을 내다. ❷착수함; 손을 댐. ♦**手付け金** 착수금.

てっけん【鉄拳】 철권(鐵拳).

てっこう【鉄工】 철공(鐵工). ♦**鉄工所** 철공소.

てっこう【鉄鉱】 철광(鐵鑛).

てっこう【鉄鋼】 철강(鐵鋼).

てっこつ【鉄骨】 철골(鐵骨).

てつざい【鉄材】 철재(鐵材).

てっさく【鉄柵】 철책(鐵柵).

デッサン【dessin フ】 (スル하) 데생.

てっしゅう【撤収】 (スル하) 철수(撤收).

てつじょうもう【鉄条網】 철조망(鐵條網).

てつじん【哲人】 ❶철인(哲人); 철학자(哲學者). ‖哲人ソクラテス 철인 소크라테스. ❷학식(學識)이 깊고 덕(德)이 있는 사람.

てつじん【鉄人】 철인(鐵人).

てっする【徹する】 ❶사무치다. ‖骨身に徹する 뼈에 사무치다. ❷일관(一貫)하다. ‖金儲けに徹する 돈벌이로 일관하다. ❸(その時間を通して)계속(繼續)…하다. ‖夜を徹して歩く 밤을 새워 걷다.

てつせい【鉄製】 철제(鐵製). ‖鉄製の橋 철제 다리.

てっせん【鉄線】 철사(鐵絲).

てっそく【鉄則】 철칙(鐵則).

てったい【撤退】 (スル하) 철퇴(撤退).

てつだい【手伝い】 도움; 〔人〕돕는 사람. ‖お手伝い 가정부.

てつだう【手伝う】 ❶돕다. ‖家業を手伝う 가업을 돕다. ❷영향(影響)이 더해지다; 겹치다. ‖群集心理も手伝って事が大きくなった 군중 심리가 겹쳐 일이 커졌다.

でっちあげる【捏ち上げる】 날조(捏造)하다; 조작(造作)하다.

*__てつづき__【手続き】 수속(手續); 절차(節次). ‖入学の手続きを済ませる 입학 절차를 마치다. 手続きを踏む 절차를 밟다.

*__てってい__【徹底】 (スル하) 철저(徹底). ‖徹底した反戦主義者 철저한 반전주의자. サービスが徹底している 서비스가 철저하다. 徹底的に 철저하게.

てつどう【鉄道】 철도(鐵道). ♦**鉄道網** 철도망.

てっとうてつび【徹頭徹尾】 철두철미(徹頭徹尾)하게; 완전(完全)히; 끝까지. ‖徹頭徹尾反対する 끝까지 반대하다.

デッドボール【dead＋ball 日】 (野球で) 데드볼.

デッドライン【deadine】 데드라인.

てっとりばやい【手っ取り早い】 ❶빠르다; 민첩(敏捷)하다. ❷간단(簡單)하다; 손쉽다. ‖手っ取り早い方法 간단한 방법.

でっぱ【出っ歯】 뻐드렁니.

てっぱい【撤廃】 (スル하) 철폐(撤廢).

でっぱる【出っ張る】 튀어나오다; 불룩 나오다. ‖腹が出っ張る 배가 불룩 나오다.

てっぱん【鉄板】 철판(鐵板). ♦**鉄板焼き** 철판 구이.

てつぶん【鉄分】 철분(鐵分).

てっぺき【鉄壁】 철벽(鐵壁). ‖鉄壁の守備を誇る 철벽 수비를 자랑하다.

てっぺん【天辺】 ❶(頭の)정수리. ❷(山の)꼭대기.

てっぽう【鉄砲】 총포(銃砲); 소총(小銃). ♦**鉄砲玉** ①총탄. ②함흥차사. **鉄砲玉の使い** 함흥차사(咸興差使). **鉄砲水** (山地で)집중 호우로 인한 급작스러운 홍수.

てつぼう【鉄棒】 철봉(鐵棒).

てづまり【手詰まり】 ❶(手段・方法などが)벽(壁)에 부딪침. ‖捜索が手詰まりになる 수사가 벽에 부딪치다. ❷(金銭のやり繰りが)막힘.

てつめんぴ【鉄面皮】 철면피(鐵面皮). ‖あんな鉄面皮なまねはできない 저런 철면피 같은 짓은 못 한다.

てつや【徹夜】 (スル하) 철야(徹夜); 밤샘.

てつわん【鉄腕】 철완(鐵腕). ♦**鉄腕投手** 철완 투수.

でどころ【出所】 출처(出處). ‖うわさの出所 소문의 출처.

てどり【手取り】 실 수령액(實受領額).

てとりあしとり【手取り足取り】 자세(仔細)하게 가르쳐 줌.

テナー【tenor】 테너.

てなおし【手直し】 고침. ‖脚本を手直しする 각본을 고치다.

でなおす【出直す】 ❶돌아갔다가 다시 오다. ‖もう一度出直して参ります 다시 한 번 오겠습니다. ❷(やり直す)다시 하다.

てなみ【手並み】 솜씨. ‖鮮やかな手並み 훌륭한 솜씨.

てならい【手習い】 ❶습자(習字). ❷연습(練習); 수학(修學).

てならし【手慣らし】 손에 익힘. ‖手慣らしに2,3枚書いてみる 손에 익히기 위해 두세 장 써 보다.

てなれる【手慣れる】 ❶숙련(熟練)되다. ‖手慣れた手つき 숙련된 손놀림. ❷익숙하다. ‖手慣れた仕事 익숙한 일.

テナント【tenant】 건물(建物)의 세입자(貰入者).

テニス【tennis】 테니스. ‖テニスをする 테니스를 치다. ♦テニスコート 테니스장.

デニム【denim】 데님.

てにもつ【手荷物】 수하물(手荷物).

てぬい【手縫い】 바느질.

てぬかり【手抜かり】 실수(失手). ‖対応に手抜かりがあった 대응에 실수가 있었다.

てぬき【手抜き】 날림으로 함. ‖手抜き工事 날림 공사.

てぬぐい【手拭い】 수건(手巾).

てぬるい【手緩い】 (態度が)미지근하다; 흐리멍덩하다; 어중간하다. ‖そんな手ぬるいやり方では駄目だ 그런 어중간한 방법으로는 안 된다.

てのうち【手の内】 ❶손바닥; 수중(手中); 지배하(支配下). ‖敵の手の内にある 적의 수중에 있다. ❷속셈. ‖手の内を見すかされる 속셈을 들키다. ❸〔手並み〕솜씨.

テノール【Tenor ド】 테너.

てのこう【手の甲】 손등.

てのひら【手の平·掌】 손바닥. ▸手の平を返すよう 손바닥(을) 뒤집듯.〔慣〕

てば【手羽】 닭의 날갯죽지.

では 그러면; 그럼. ‖では, お迎えに参ります 그러면 마중을 나가겠습니다. では, 今日はここまでにしましょう 그럼 오늘은 여기까지 합시다.

デパート 백화점(百貨店).

てはい【手配】 (2하) 수배(手配). ♦指名手配 지명 수배.

ではいり【出入り】 출입(出入); 들고남. ‖人の出入りが激しい 사람들의 출입이 엄청나다. 出入りするのに不自由だ 들고나는데 자유롭지 못하다.

てばさき【手羽先】 닭의 날갯죽지.

てはじめ【手始め】 ‖手始めに 처음에. 먼저. 우선.

てはず【手筈】 순서(順序); 절차(節次); 준비(準備); 계획(計劃). ‖手はずを整える 준비를 다 하다. 手はずを決める 순서를 정하다. 手はずが狂う 계획이 틀어지다.

デパちか【デパ地下】 (説明)백화점 지하(百貨店地下)의 식료품 매장(食料品賣場).

でばな【出花】 (説明)갓 달여 향기(香氣)가 좋은 차(茶).

でばな【出端】 ❶〔出発する時〕나가려고 할 때; 막 나갈 때. ❷(事の)시작(始作); 첫머리. ▸出端をくじく 기선을 제압하다.

てばなし【手放し】 ❶손을 놓음. ‖手放しで自転車に乗る 손을 놓고 자전거를 타다. ❷방임(放任)함. ❸감정(感情)을 그대로 드러냄. ‖手放しで喜ぶ 무턱대고 기뻐하다.

てばなす【手放す】 ❶넘기다; 처분(處分)하다. ‖家宝を手放す 가보를 넘기다. ❷(保護·監督の手が及ばない所へ)떠나보내다. ‖優秀な部下を手放す 우수한 부하를 떠나보내다. ❸중단(中斷)하다; 중지(中止)하다.

てばなれ【手離れ】 ❶(幼児が成長して)손이 덜 가게 됨. ‖上の子が手離れする 큰 애한테 손이 덜 가게 되다. ❷(仕事などが終わり)직접적(直接的)인 관계(關係)가 없어짐.

てばやい【手早い】 재빠르다.

でばん【出番】 ❶나갈 차례(次例). ‖出番を待つ 나갈 차례를 기다리다. ❷나가서 활약(活躍)할 차례.

てびき【手引き】 ❶(2하) 안내(案內). ‖内部に手引きした者がいる 내부로 안내한 자가 있다. ❷안내서(案內書); 입문서(入門書).

デビットカード【debit card】 직불(直拂) 카드.

てひどい【手酷い】 엄하다; 심하다. ‖手酷い打撃を受ける 심한 타격을 받다.

デビュー【début フ】 (2하) 데뷔.

てびょうし【手拍子】 손장단. ‖手拍子をとる 손장단을 맞추다.

てびろい【手広い】 ❶(事の)규모(規模)가 크다. ‖手広く商売を営む 큰 규모로 장사를 하다. ❷(家·部屋などが)넓다. ‖手広い家 넓은 집.

でぶ 뚱보; 돼지.

てふき【手拭き】 손을 닦는 수건(手巾).

てぶくろ【手袋】 장갑(掌匣). ‖手袋をはめる 장갑을 끼다.

でぶしょう【出不精】 외출(外出)을 싫어하는 것. ‖出不精な人 외출하기 싫어하는 사람.

てぶそく【手不足】 일손이 부족(不足)함. ‖手不足で猫の手も借りたい 일손이 부족해 고양이 손이라도 빌리고 싶다.

でぶでぶ 〔太っている〕뒤룩뒤룩. ‖でぶでぶ(と)太っている人 뒤룩뒤룩 살이 찐 사람.
てぶら【手ぶら】 빈손.
てぶり【手振り】 손짓. ‖手振りを交えて話す 손짓을 해가며 이야기하다.
デフレ(ーション)【deflation】 디플레이션.
でべそ【出臍】 튀어나온 배꼽.
てほどき【手解き】 (学問・技芸などの)초보(初步)를 가르쳐 줌. ‖友人に柔道を手ほどきした 친구에게 유도의 기초를 가르쳐 주었다.
てほん【手本】 ❶글씨본; 그림본. ❷모범(模範); 본보기. ‖手本となる人 모범이 되는 사람.
てま【手間】 ❶(ある仕事に費やす)시간(時間)・노력(努力). ‖手間がかかる 시간이 걸리다. 手間を惜しまない 시간과 노력을 아끼지 않다. 手間が省ける 노력이 절약되다. ❷〔手間賃〕수고비; 품삯.
デマ 악선전(惡宣傳); 중상(中傷).
てまえ【手前】 ❶바로 앞. ❷체면(體面). ❸솜씨; 기량(技倆).
てまえ【手前】 ❶〔一人称〕저. ❷〔二人称〕너.
でまえ【出前】 배달 요리(配達料理).
てまえみそ【手前味噌】 자화자찬(自畫自讚). ‖手前味噌を並べる 자화자찬을 늘어놓다.
でまかせ【出任せ】 함부로 함; 멋대로 함. ‖出任せを言う 멋대로 말하다.
てまき【手巻き】 손으로 맒. ‖手巻き寿司 손으로 만 초밥.
てまくら【手枕】 팔베개. ‖手枕で寝る 팔베개를 하고 자다.
てまちん【手間賃】 수고비; 품삯.
でまど【出窓】 벽면(壁面) 밖으로 튀어나온 창(窓).
てまどる【手間取る】 시간(時間)이 걸리다. ‖手続きに手間取る 수속하는 데 시간이 걸리다.
てまね【手真似】 손짓. ‖手真似を交えて話す 손짓을 해가며 말하다.
てまねき【手招き】 ‖手招きする 손짓하여 부르다.
てまひま【手間隙】 노력(努力)과 시간(時間). ‖手間隙をかける 노력과 시간을 들이다.
てまわし【手回し】 ❶손으로 돌림. ❷준비(準備). ‖手回しがいい 준비가 잘 되어 있다.
てまわりひん【手回り品】 (説明)가까이 두고 쓰는 물건.
でまわる【出回る】 (その商品が市場に)대량(大量)으로 나오다. ‖秋の果物が出回る 가을 과일이 나오다.
てみじか【手短】 간단(簡單). ‖手短に事情を説明する 간단하게 사정을 설명하다.
デミグラスソース【demiglace sauce】 데미그라스 소스
でみせ【出店】 ❶지점(支店). ❷노점(露店); 포장마차(布帳馬車)
てみやげ【手土産】 작은 선물(膳物).
でむかえる【出迎える】 마중을 나가다.
でむく【出向く】 가다. ‖わざわざ出向くことはない 일부러 갈 필요는 없다.
でめ【出目】 ❶튀어나온 눈. ❷(2つの数量に差がある時の)여분(餘分); 차액(差額).
てめえ【手前】 ❶〔一人称〕저; 나. ❷〔二人称〕너. ‖手前なんかの知ったことか 네가 알 바가 아니다.
デメリット【demerit】 불이익(不利益); 단점(短點); 결점(缺點).
でも 그래도; 그렇지만; 하지만. ‖彼は確かにそう言ったんだ. でも, 私は信じない. 그 사람이 확실히 그렇게 말했어. 하지만 나는 안 믿어. でも, かまいません 그래도 괜찮습니다.
***でも** ❶〔であろうと〕…(이)라도; …일지라도; …든지. ‖子どもでもそのくらいは知っている 애라도 그 정도는 안다. 何年でも待ちます 몇 년이라도 기다리겠습니다. 誰でもいい 누구라도 좋다. 何でも聞いてください 뭐든지 물어보십시오. いつでも結構です 언제라도 괜찮습니다. ❷〔婉曲的〕‖コーヒーでもいかがですか 커피라도 한 잔 하시겠어요? ❸〔…でもあるの形で〕…이기도 하다. ‖彼女は作家でもある 그녀는 작가이기도 하다. ピアニストでも指揮者でもある人 피아니스트이면서 지휘자이기도 한 사람. ❹〔…でも…でもないの形で〕…도 …도. ‖これは君のものでも私のものでもない 이건 네 것도 내 것도 아니야.
デモ ❶데모. ❷(宣伝のための)시연(試演).
てもち【手持ち】 가지고 있음. ‖手持ちの材料 가지고 있는 재료.
てもちぶさた【手持ち無沙汰】 ‖手持ち無沙汰だ 무료하다. 따분하다.
てもと【手元・手許】 ❶손이 가는 주변(周邊). ‖手元が暗い 손이 가는 주변이 어둡다. ❷〔手の動き〕손놀림; 손동작(動作). ❸수중에 있는 돈. ‖手許金 수중(手中)에 있는 돈.
てもなく【手も無く】 간단(簡單)히; 쉽게. ‖手もなく勝つ 간단히 이기다.
でもの【出物】 ❶값싼 매물(賣物). ❷〔屁〕방귀.
デュエット【duet】 듀엣.
てら【寺】 절.
てらこや【寺子屋】 (江戸時代の)서당(書堂).
てらしあわせる【照らし合わせる】 대조(對照)하다. ‖台帳と在庫品とを照らし合わせる 장부와 재고품을 대조하다.

てらす【照らす】❶비추다. ‖闇を照らす灯台 어둠을 비추는 등대. ❷대조(對照)하다.

テラス【terrace】테라스.

デラックス【deluxe】디럭스.

てり【照り】❶〔太陽〕햇빛이 내리쬠. ❷윤기(潤氣); 광택(光澤). ‖照りを出す 광택을 내다.

てりつける【照り付ける】내리쬐다.

デリバリー【delivery】배달(配達).

てりやき【照り焼き】(説明)생선(生鮮)·고기 등을 간장이나 미림으로 된 양념장을 발라 광택(光澤)을 내어 구운 요리(料理).

てりゅうだん【手榴弾】수류탄(手榴彈).

てりょうり【手料理】직접(直接) 만든 요리(料理). ‖娘の手料理を出す 딸이 만든 요리를 내 놓다.

てる【照る】❶(日・月が)비치다. ❷(天気が)개다; 맑다. ‖照る日, 曇る日 맑은 날 흐린 날.

テル【TEL・tel】(조하)전화(電話).

***でる**【出る】❶〔外へ行く〕나가다. ‖散歩に出る 산책하러 나가다. 同窓会に出る 동창회에 나가다. 8時に家を出る 여덟 시에 집을 나가다. 出て行け 나가라. ❷〔現われる〕나오다; 뜨다; 나타나다. ‖ベルを鳴らすと奥さんが出てきた 벨을 누르자 부인이 나왔다. 蛇口をひねれば水が出る 수도꼭지를 틀면 물이 나온다. 昨日先生がテレビに出ていた 어제 선생님이 텔레비전에 나왔다. あの事件が新聞に出る 그 사건이 신문에 나오다. 試験に難しい問題が出た 시험에 어려운 문제가 나왔다. 腹がだいぶ出てきた 배가 많이 나왔다. 4月号が出る 사월호가 나오다. 検査の結果が出る 검사 결과가 나오다. 幽霊が出る 유령이 나오다. 彼がどう出るか分からない 그 사람이 어떻게 나올지 모르겠다. ギリシャ神話に出てくる女神 그리스 신화에 나오는 여신. 月が出る 달이 뜨다. 星が出る 별이 뜨다. 彼は怒るとすぐ顔に出る 그 사람은 화가 나면 금세 얼굴에 나타난다. ❸(食欲・鼻血・元気などが)나다; 나오다; 생기다. ‖元気が出る 힘이 나다. 鼻血が出る 코피가 나다. 熱が出る 열이 나다. 許可が出る 허가가 나다. 赤字が出る 적자가 나다. 食欲が出る 식욕이 생기다. ❹〔出発する〕출발(出發)하다. ‖まもなくバスが出る 곧 버스가 출발한다. ❺〔出馬・立候補する〕입후보(入候補)하다. ‖選挙に出る 선거에 입후보하다. ❻〔卒業する〕졸업(卒業)하다. ‖学校を出てから10年経った 학교를 졸업한 지 십 년이 지났다. ❼〔電話をとる〕받다. ‖電話に出る 전화를 받다. ▸出る杭(くい)は打たれる 모난 돌이 정 맞는다. 〔諺〕▸出る幕ではない 나설 자리가 아니다.

デルタ【delta ギ】삼각주(三角洲).

てるてるぼうず【照る照る坊主】(説明)날이 개기를 기원(祈願)하며 처마 끝에 매다는 종이 인형(人形).

てれかくし【照れ隠し】어색함이나 창피(猖披)함을 숨김. ‖照れ隠しに笑う 어색함을 감추려고 웃다.

てれくさい【照れ臭い】멋쩍다; 쑥스럽다.

てれしょう【照れ性】수줍음을 잘 타는 성격(性格).

でれでれ ‖女にでれでれする 여자 뒤를 따라다니며 알랑거리다.

テレパシー【telepathy】텔레파시.

***テレビ** 텔레비전. ‖テレビをつける[消す] 텔레비전을 켜다[끄다]. テレビを見る 텔레비전을 보다. テレビでプロ野球を見る 텔레비전으로 프로 야구를 보다. ♦カラーテレビ 컬러 텔레비전. テレビ番組 텔레비전 프로. テレビゲーム 텔레비전 게임. テレビショッピング 홈쇼핑.

テレビジョン【television】텔레비전.

テレホンカード【telephone＋card 日】전화(電話) 카드.

テレホンバンキング【telephone banking】텔레뱅킹; 폰뱅킹.

てれや【照れ屋】수줍음을 잘 타는 사람.

てれる【照れる】멋쩍다; 쑥스럽다.

てれわらい【照れ笑い】멋쩍게 웃는 웃음; 쑥쓰럽게 웃는 웃음; 수줍게 웃는 웃음.

テロ 테러. ‖テロ行為 테러 행위. ♦テロリスト 테러리스트. テロリズム 테러리즘.

てわけ【手分け】‖手分けする 일을 분담하다.

てわたす【手渡す】건네주다. ‖手紙を手渡す 편지를 건네주다.

***てん**【天】❶하늘. ‖天を仰ぐ 하늘을 우러러보다. 天の助け 하늘의 도움. ❷조물주(造物主). ❸천국(天國). ▸天高く馬肥る秋 천고마비의 가을. ▸天に口無し人を以て言わしむ 민심은 천심. ▸天にも昇る心地 하늘에라도 오를 듯한 기분. ▸天は人の上に人を造らず人の下に人を造らず 사람 위에 사람 없고 사람 밑에 사람 없다.〔諺〕▸天は自ら助くる者を助く 하늘은 스스로 돕는 자를 돕는다. ▸天を仰いで唾(つば)する 누워서 침 뱉기.〔諺〕▸天を衝く 하늘을 찌르다.〔慣〕

***てん**【点】❶점(點). ‖遠くの人が点のように見える 멀리 있는 사람이 점처럼 보이다. その点については心配しなくていい 그 점에 대해서는 걱정 안 해도 된다. 句読点 구두점. ❷득점(得點); 점

수(點數). ‖点を取る 점수를 따다. ❸…점. ‖出発点 출발점. ❹〔品物の数を数える単位〕‖3点セット 세 개가 한 세트.

-てん【店】…점(店). ‖専門店 전문점.

-てん【展】…전(展). ‖書道展 서도전.

でん【伝】 ❶(型にはまった)방법(方法); 방식(方式). ‖いつもの伝で行こう 항상 하던 방식으로 하자. ❷전(傳)해 옴 또는 그 이야기. ❸…전(傳). ‖偉人伝 위인전.

でんあつ【電圧】 전압(電壓).

てんい【転位】 (スル하)전위(轉位).

てんい【転移】 (スル되)전이(轉移). ‖癌が転移する 암이 전이되다.

でんい【電位】 전위(電位).

てんいむほう【天衣無縫】 천의무봉(天衣無縫).

てんいん【店員】 점원(店員).

てんうん【天運】 천운(天運). ‖天運が尽きる 천운이 다하다.

でんえん【田園】 전원(田園). ♦田園生活 전원 생활. 田園都市 전원 도시. 田園風景 전원 풍경.

てんか【天下】 ❶천하(天下); 세상(世上); 전 세계(全世界). ‖天下を統一する 천하를 통일하다. 天下に比類のない名勝 세상에 둘도 없는 명승지. ❷온 나라. ‖天下を二分する戦い 나라를 둘로 나누는 싸움. ❸지배권(支配權); 권력(權力). ‖天下を取る 권력을 잡다. ♦天下一 천하제일. 天下一品 천하일품.

てんか【点火】 (スル하)점화(點火). ‖導火線に点火する 도화선에 점화하다.

てんか【添加】 (スル하)첨가(添加). ‖ビタミンCを添加する 비타민 C를 첨가하다. ♦食品添加物 식품 첨가물.

てんか【転嫁】 (スル하)전가(轉嫁). ‖責任を転嫁する 책임을 전가하다.

でんか【伝家】 전가(傳家). ▸伝家の宝刀 전가의 보도.

でんか【殿下】 전하(殿下).

でんか【電化】 (スル하)전화(電化); 전기(電氣). ♦電化製品 전기 제품.

でんか【電荷】 전하(電荷).

てんかい【展開】 (スル하)전개(展開). ‖面白い場面が展開する 재미있는 장면이 전개되다. ♦展開図 전개도.

でんかい【電解】 전해; 전기 분해(電氣分解). ♦電解質 전해질.

てんがいこどく【天涯孤独】 천애 고독(天涯孤獨).

てんがく【転学】 (スル하)전학(轉學).

てんかん【転換】 (スル하)전환(轉換). ‖気分転換する 기분을 전환하다. イメージの転換を図る 이미지 전환을 꾀하다. 発想の転換 발상의 전환. ♦性転換 성전환.

てんかん【癲癇】 간질(癎疾).

てんがん【点眼】 점안(點眼). ♦点眼薬 안약.

***てんき**【天気】 ❶날씨. ‖今日の天気はどうですか 오늘 날씨가 어떻습니까? 昨日はいい天気でした 어제는 날씨가 좋았습니다. いい天気ですね 날씨가 좋네요. 今にも降りそうな天気だ 당장이라도 비가 올 듯한 날씨다. 天気予報 일기 예보. ❷맑은 날씨. ‖明日は天気になるかな 내일은 날씨가 맑을려나? ♦天気図 기상도.

てんき【天機】 천기(天機). ‖天機を洩(も)らす 천기를 누설하다.

てんき【転記】 ‖台帳に転記する 장부에 옮겨 적다.

てんき【転機】 전기(轉機). ‖重大な転機を迎える 중요한 전기를 맞이하다.

でんき【伝奇】 전기(傳奇). ♦伝奇小説 전기 소설.

でんき【伝記】 전기(傳記). ‖偉人の伝記 위인의 전기.

***でんき**【電気】 ❶전기(電氣). ‖この自転車は電気で動く 이 자전거는 전기로 움직인다. このエアコンはかなり電気を食う 이 에어컨은 꽤 전기를 먹는다. その村にはまだ電気が来ていない 그 동네에는 아직 전기가 안 들어왔다. ❷전등(電燈); 전깃불. ‖部屋の電気をつける[消す] 방의 전등을 켜다[끄다]. 教室の電気がついている 교실의 전등이 켜져 있다. ♦電気スタンド 전기스탠드. 電気鍍金 전기 도금. 電気分解 (スル하)전기 분해. 電気量 전기량.

でんきゅう【電球】 전구(電球). ‖電球が切れた 전구가 끊어졌다. 60ワットの電球 육십 와트의 전구. ♦豆電球 꼬마 전구.

てんきゅうぎ【天球儀】 천구의(天球儀).

てんきょ【転居】 (スル하)이전(移轉); 이사(移徙). ♦転居届 이전 신고.

てんぎょう【転業】 (スル하)전업(轉業). ‖喫茶店に転業する 찻집으로 전업하다.

でんきょく【電極】 전극(電極).

てんきん【転勤】 (スル하)전근(轉勤).

てんくう【天空】 천공(天空).

テングサ【天草】 우뭇가사리.

でんぐりがえし【でんぐり返し】 공중(空中)제비.

てんけい【典型】 전형(典型). ♦典型的 전형적. 典型的な英国紳士 전형적인 영국 신사. 典型的な例を挙げる 전형적인 예를 들다.

でんげき【電撃】 전격(電擊). ♦電撃的 전격적. 電撃的な辞任発表 전격적인 사임 발표.

てんけん【点検】 (スル하)점검(點檢). ‖エンジンを点検する 엔진을 점검하다. 人数を点検する 인원수를 점검하다.

でんげん【電源】 전원(電源). ‖電源を切る 전원을 끄다. テレビの電源を入れる 텔레비전의 전원을 넣다.

てんこ【点呼】 (する하) 점호(點呼). ‖人員を点呼する 인원을 점호하다.

てんこう【天候】 날씨. ‖天候が回復する 날씨가 좋아지다.

てんこう【転校】 (する하) 전학(轉學). ♦転校生 전학생.

でんこう【電光】 전광(電光). ♦電光掲示板 전광게시판. 전광판. 電光石火 전광석화. 電光ニュース 전광 뉴스.

てんごく【天国】 천국(天國). ‖天国と地獄 천국과 지옥. 子どもの天国 아이들의 천국.

てんこもり【てんこ盛り】 밥을 수북이 담음. ‖飯をてんこ盛りにする 밥을 수북이 담다.

でんごん【伝言】 (する하) 전언(傳言).

てんさい【天才】 천재(天才). ‖天才的なピアニスト 천재적인 피아니스트.

てんさい【天災】 천재(天災). ‖その洪水は天災ではなく人災だ 그 홍수는 천재가 아니라 인재다. ♦天災地変 천재지변(天災地變).

てんざい【点在】 (する하) 점재(點在).

てんさく【添削】 (する하) 첨삭(添削).

でんさんき【電算機】 전산기(電算機).

てんし【天使】 천사(天使). ‖天使のような少女 천사 같은 소녀. 白衣の天使 백의의 천사.

てんじ【点字】 점자(點字). ♦点字ブロック 점자 블록.

てんじ【展示】 (する하) 전시(展示). ‖生徒の絵を展示する 학생들의 그림을 전시하다. ♦展示会 전시회. 展示場 전시장. 展示品 전시품.

***でんし**【電子】 전자(電子). ♦電子計算機 전자 계산기. 電子顕微鏡 전자 현미경. 電子工学 전자 공학. 電子商取引 전자 상거래. 電子マネー 전자 화폐. 電子メール 전자 메일. 이메일. 電子レンジ 전자레인지.

でんじ【電磁】 전자(電磁). ♦電磁波 전자파. 電磁場 전자장.

てんじつえん【天日塩】 천일염(天日塩).

てんしゃ【転写】 (する하) 전사(轉寫).

***でんしゃ**【電車】 전철(電鐵); 전차(電車). ‖私は電車で通勤している 나는 전철로 통근하고 있다. 上野で電車に乗った 우에노에서 전철을 탔다. 私は電車で行きます 저는 전철로 가겠습니다. ♦満員電車 만원 전철. 路面電車 노면 전차.

てんしゅ【店主】 가게 주인(主人).

てんじゅ【天寿】 천수(天壽). ‖天寿を全うする 천수를 누리다.

でんじゅ【伝授】 (する하) 전수(傳授). ‖奥義を伝授する 비법을 전수하다.

てんしゅきょう【天主教】 천주교(天主教); 가톨릭교.

てんしゅつ【転出】 (する되) 전출(轉出). ‖福岡支社へ転出する 후쿠오카 지사로 전출되다.

てんしゅどう【天主堂】 성당(聖堂).

てんじょう【天上】 천상(天上). ‖天上天下唯我独尊 천상천하 유아독존.

てんじょう【天井】 천장(天障). ‖天井が低い 천장이 낮다. ♦天井川 천정천. ▸天井知らず 천정부지.

てんじょう【添乗】 탑승(搭乘); 동승(同乘). ♦添乗員 탑승원.

でんしょう【伝承】 (する하) 전승(傳承). ♦民間伝承 민간 전승.

てんしょく【天職】 천직(天職). ‖教師を天職と考える 교사를 천직으로 생각하다.

てんしょく【転職】 (する하) 전직(轉職).

でんしょばと【伝書鳩】 전서구(傳書鳩).

てんじる【点じる】 ❶〔ともす〕(火を) 켜다. ‖明かりを点じる 불을 켜다. ❷〔差す〕떨어뜨리다. ‖目薬を点じる 안약을 넣다. ❸ (茶を) 끓이다. ‖茶を点じる 차를 끓이다.

てんじる【転じる】 바꾸다; 돌리다. ‖方向を右に転じる 방향을 오른쪽으로 바꾸다. 話題を転じる 화제를 바꾸다.

てんしん【点心】 (説明) ❶ 차(茶)에 곁들이는 과자(菓子). ❷ (中国料理で) 간단(簡單)한 식사(食事)나 과자.

てんしん【転身】 (する하) 전신(轉身). ‖実業家に転身する 실업가로 전신하다.

てんしん【転進】 (する하) 전진(轉進). ‖南方へ転進する 남쪽으로 전진하다.

でんしん【電信】 전신(電信). ♦電信為替 전신환. 電信柱 전신주. 전봇대.

てんしんらんまん【天真爛漫】ダ 천진난만(天眞爛漫)하다. ‖天真爛漫な子どもたち 천진난만한 아이들.

テンス【tense】《言語》 시제(時制).

てんすう【点数】 점수(點數). ‖点数を稼ぐ 점수를 따다. 試験でいい点数を取る 시험에서 좋은 점수를 받다[따다].

てんせい【天性】 천성(天性). ‖習慣は第二の天性だ 습관은 제이의 천성이다. 天性の明るい気質 천성이 밝은 기질.

てんせい【転生】 (する하) 환생(還生).

てんせい【転成】 (する하) 전성(轉成). ♦転成名詞 전성 명사.

でんせつ【伝説】 전설(傳說). ‖この村には多くの伝説が伝わっている 이 마을에는 많은 전설이 전해지고 있다. 伝説上の人物 전설상의 인물.

てんせん【点線】 점선(點線).

でんせん【伝染】 (する되) 전염(傳染). ♦伝染病 전염병.

でんせん【電線】 전선(電線).

てんそう【転送】 ㉂하 전송(轉送). ‖転居先に転送する 이전한 곳으로 전송하다. ♦転送先 전송처.

でんそう【伝送】 ㉂하 전송(傳送). ♦伝送管 전송관.

でんそう【電送】 ㉂하 전송(電送).

てんたい【天体】 천체(天體).

てんだいしゅう【天台宗】 천태종(天台宗).

でんたく【電卓】 전자식 탁상 계산기(電子式卓上計算器).

でんたつ【伝達】 ㉂하 전달(傳達). ‖命令を伝達する 명령을 전달하다.

デンタルフロス【dental floss】 치실.

てんち【天地】 천지(天地). ♦天地創造 천지 창조. 天地神明 천지신명.

でんち【電池】 전지(電池). ♦乾電池 건전지.

てんちむよう【天地無用】 ㉂明 (貨物の表面に書かれて) 위아래를 거꾸로 하지 말 것.

てんてき【天敵】 천적(天敵).

てんてき【点滴】 ❶물방울; 낙숫물. ‖点滴石をうがつ 낙숫물이 댓돌을 뚫는다. ❷링거 주사(注射). ‖点滴を受ける 링거 주사를 맞다.

てんてこまい【てんてこ舞い】 바쁘게 움직임. ‖客が多くててんてこ舞いする 손님이 많아서 정신없이 바쁘다.

でんてつ【電鉄】 전철(電鐵).

てんてん【点点】 ❶많은 점; 점선(點線). ‖細い道は点々で表わす 좁은 길은 점선으로 표시하다. ❷〔散らばっている〕‖血痕が点々と続いている 핏자국이 여기저기 있다. ❸〔しずくなどがしたたり落ちる〕뚝뚝. ‖傷口から血が点々としたたる 상처에서 피가 뚝뚝 떨어지다.

てんてん【転転】 ❶〔次々に移る様子〕‖職を求めて転々とする 일자리를 찾아 전전하다. 各地を転々とする 각지를 전전하다. ❷〔転がる様子〕데굴데굴.

てんてん【輾転】 전전(輾轉); 뒤척임. ‖輾転して眠れぬ夜 뒤척이며 잠 못 이루는 밤. ♦輾転反側 ㉂하 전전반측.

てんでんばらばらに 각자(各自) 제멋대로; 저마다 뿔뿔이 흩어져서. ‖てんでんばらばらに帰る 저마다 뿔뿔이 흩어져서 돌아가다.

デンデンムシ【蝸牛】 달팽이.

***テント**【tent】 텐트; 천막(天幕). ‖テントを張る 텐트를 치다.*

でんと 떡. ‖でんと構えて動こうともしない 떡 버티고 앉아 움직이려고 하지 않다.

てんとう【天道】 ❶태양(太陽). ‖お天道様 태양. ❷천신(天神).

てんとう【点灯】 ㉂하 점등(點燈). ‖ライトを点灯する 라이트를 점등하다. 불을 켜다.

てんとう【転倒】 ❶㉂되 전도(轉倒). ‖本末転倒 본말이 뒤바뀜. ❷㉂하 전복(顚覆). ‖レースの途中で転倒した 레이스 도중에 전복했다. 転倒する 거꾸로 되다. 뒤집히다.

***でんとう**【伝統】 전통(傳統). ‖伝統を守る 전통을 지키다. 古い伝統を重んじる 오래된 전통을 존중하다. 百年の伝統のある高校 백 년의 전통이 있는 고등학교. ♦伝統工芸 전통 공예.

でんとう【電灯】 전등(電燈); 전깃불. ‖電灯がともる 전등[전깃불]이 켜지다.

でんどう【伝道】 ㉂하 전도(傳道). ♦伝道師 전도사.

でんどう【伝導】 ㉂하 전도(傳導). ♦熱伝導 열전도.

でんどう【殿堂】 전당(殿堂). ‖音楽の殿堂 음악의 전당.

でんどう【電動】 전동(電動). ♦電動機 전동기. 電動式 전동식. 電動発電機 전동 발전기.

てんどうせつ【天動説】 천동설(天動說).

テントウムシ【天道虫】 무당벌레.

てんどん【天丼】 튀김 덮밥.

てんにゅう【転入】 ㉂하 전입(轉入). ♦転入届 전입 신고.

でんねつ【電熱】 전열(電熱). ♦電熱器 전열기.

***てんねん**【天然】 천연(天然). ‖天然の美 천연의 아름다움. ♦天然ガス 천연가스. 天然記念物 천연 기념물. 天然色 천연색. 天然痘 천연두. 天然パーマ 곱슬머리. 고수머리.

てんのう【天皇】 천황(天皇). ♦天皇制 천황제.

てんのうざん【天王山】 승패(勝敗)를 정하는 기회(機會); 갈림길. ‖今夜が闘争の天王山だ 오늘밤이 투쟁의 갈림길이다.

てんのうせい【天王星】 천왕성(天王星).

でんぱ【伝播】 ㉂되 전파(傳播).

でんぱ【電波】 전파(電波). ♦電波探知機 전파 탐지기. 電波妨害 전파 방해.

てんばい【転売】 ㉂하 전매(轉賣).

てんばつ【天罰】 천벌(天罰). ‖天罰を与える 천벌을 주다. 天罰が下る 천벌이 내리다.

てんぴ【天日】 천일(天日); 햇볕; 햇빛. ‖天日に干す 햇볕에 말리다. ♦天日製塩 천일 제염. 天日塩 천일염.

てんびき【天引き】 월급(月給)에서 공제(控除)함. ‖保険料を天引きする 보험료를 월급에서 공제하다.

てんびょう【点描】 ㉂하 점묘(點描).

でんぴょう【伝票】 전표(傳票).

てんびん【天秤】 저울. ▸天秤に掛ける 저울질하다. ♦天秤座 천칭자리. 저울

자리

てんぷ【添付】 ㊔하 첨부(添附). ‖ファイルを添付する 파일을 첨부하다.

てんぷ【貼付】 ❶ ㊔하 첩부(貼付). ❷ 붙임. ‖写真を貼付する 사진을 붙이다.

てんぷく【転覆】 ㊔되 전복(顚覆). ‖船が転覆する 배가 전복되다.

てんぷら【天麩羅】 튀김. ‖てんぷらを揚げる 튀김을 튀기다.

てんぶん【天分】 타고난 성질(性質); 타고난 재능(才能).

でんぶん【伝聞】 ㊔하 전문(傳聞).

でんぷん【澱粉】 전분(澱粉).

てんぺんちい【天変地異】 천재지변(天災地變).

てんぽ【店舗】 점포(店鋪); 가게.

テンポ【tempo ｲ】 템포. ‖速いテンポで進行する 빠른 템포로 진행하다.

てんぼう【展望】 ㊔하 전망(展望). ‖展望がよい 전망이 좋다. 政局を展望する 정국을 전망하다. 経済の展望 경제 전망. ♦展望台 전망대.

でんぽう【電報】 전보(電報). ‖電報を打つ 전보를 치다.

デンマーク【Denmark】《国名》 덴마크.

てんまつ【顛末】 전말(顚末).

てんめい【天命】 천명(天命). ▶人事を尽くして天命を待つ 진인사 대천명.

てんめつ【点滅】 ㊔하 점멸(點滅).

てんもん【天文】 천문(天文). ♦天文学的数字 천문학적 숫자. 天文台 천문대.

てんやもの【店屋物】 음식점(飮食店)에 시킨 요리(料理). ‖夕食は店屋物をとろう 저녁은 시켜 먹자.

てんやわんや 북새통; 야단법석(惹端法席); 왁자지껄. ‖てんやわんやの忙しさ 눈코 뜰 사이 없이 바쁨.

てんよう【転用】 ㊔하 전용(轉用). ‖旅費を交際費に転用する 여비를 교제비로 전용하다.

でんらい【伝来】 ㊔되 전래(傳來). ‖16世紀に鉄砲が伝来した 십육 세기에 철포가 전래되었다.

てんらく【転落】 ㊔하 전락(轉落).

てんらん【展覧】 ㊔하 전람(展覽). ♦展覧会 전람회.

でんり【電離】 ㊔하 전리(電離). ♦電離層 전리층.

でんりゅう【電流】 전류(電流). ‖電流が流れている 전류가 흐르고 있다.

でんりょく【電力】 전력(電力). ♦電力会社 전력 회사. 電力供給 전력 공급.

てんれい【典例】 전례(典例).

でんろ【電路】 전기 회로(電氣回路).

*__でんわ__【電話】 ㊔하 전화(電話). ‖電話をかける 전화를 걸다. 電話ですよ 전화 왔어요! 電話で話す 전화로 이야기하다. 電話が途中で切れた 전화가 도중에 끊어졌다. 彼はただ今別の電話に出ています 그 사람은 지금 다른 전화를 받고 있습니다. 電話を切らないでお待ちください 전화를 끊지 말고 기다려 주십시오. ただ今電話中です 지금 전화 중입니다. ♦長電話 장시간 전화. 電話機 전화기. 電話帳 전화번호부. 電話番号 전화번호.

と

*__と__ ❶〔相手・対象〕…와[과]; …하고; …(이)랑. ‖先生と話す 선생님과 이야기하다. 友人と会社を作る 친구와 회사를 만들다. 妹は新聞記者と結婚した 여동생은 신문 기자와 결혼했다. 彼は考え方が私と違う 그 사람은 사고방식이 나하고 다르다. 私は姉と旅行に行った 나는 언니하고 여행을 갔다. 彼女は母と似ている 그녀는 어머니랑 닮았다. ❷〔列挙〕…와[과]; …하고; …(이)랑. ‖ノートと鉛筆 공책과 연필. 犬と猫を飼う 개와 고양이를 키우다. ❸〔変化・結果〕…(이)라고; …(으)로; …이[가]. ‖花屋の名前をフリージアと改める 꽃집 이름을 프리지아라고 바꾸다. 開催地は東京と決まった 개최지는 동경으로 정해졌다. 弁護士となる 변호사가 되다. ❹〔限度〕…도. ‖5分と待てない 오 분도 못 기다리다. ❺〔動作の連続〕…고는. ‖机に本を置くと, すぐ出て行った 책상 위에 책을 놓고는 바로 나갔다. ❻〔二つの動作が同時に行なわれる〕…자. ‖家に入ると香ばしいにおいがしてきた 집에 들어서자 고소한 냄새가 났다. 話が始まると, 会場は静かになった 이야기가 시작되자 회장은 조용해졌다. ❼〔すれば〕…(으)면. ‖この曲を聴くと彼を思い出す 이 곡을 들으면 그 사람이 생각난다. 雨が降ると試合は中止になる 비가 오면 시합은 중지된다. ❽〔発言・思考などの内容〕…(이)라고. ‖私は彼が犯人だと思う 나는 그 사람이 범인이라고 생각해. 標示には「立入禁止」と書いてある 표시에는 " 출입 금지 " 라고 써져 있다. 彼が何と言おうと私は行くつもりだ 그 사람이 뭐라고 하든지 나는 갈 생각이다. ❾〔様子〕‖車はゆっくりとと停まった 차가 천천히 멈췄다. じっくりと考える 차분히 생각하다. ❿〔…と…との形で〕…든(지) …든(지). ‖行こうと行くまいと僕の勝手だ 가든 말든 내 마음이다.

と【十・10】 열; 십(十).

と【戸】 문(門). ‖戸を開ける 문을 열다. 戸を叩く 문을 두드리다. 戸をばたんと閉めた 문을 꽝 하고 닫았다.

と【途】 길. ‖帰国の途につく 귀국길에 오르다.
と【都】 도(都). ‖東京都 동경도.
-と【斗】〔容積の単位〕…말.
ど【土】 ❶…토(土). ‖腐葉土 부엽토. ❷〔土曜の略語〕토.
***ど【度】** ❶도; 정도(程度); 한계(限界). ‖度を越した冗談 도를 넘은 농담. ❷횟수(回數). ‖度を重ねる 횟수를 거듭하다. ❸(眼鏡の)도수(度數). ‖度の強い眼鏡 도수가 높은 안경. ❹〔回数〕…번(番). ‖2度 두 번. ❺…도. ‖30度 삼십 도.
ド【do イ】(音階の)도.
ドア【door】 문(門). ♦ドアチェーン 도어 체인. ドアマン 도어맨.
どあい【度合い】 정도(程度). ‖損失の度合い 손실의 정도.
とある 어떤. ‖ソウルのとある店 서울에 있는 어떤 가게.
とい【問い】 ❶질문(質問); 물음. ‖客の問いに応答する 손님의 질문에 응답하다. ❷문제(問題). ‖次の問いに答えよ 다음 문제에 답하시오.
といあわせる【問い合わせる】 문의(問議)하다. ‖電話で問い合わせる 전화로 문의하다.
-という【と言う】 ❶…(으)로 불리는; …(이)라는. ‖日本という国 일본이라는 나라. ❷〔取り立てて言うこと〕…다 할. ‖これという問題はない 이렇다 할 문제는 없다. ❸…전부(全部). ‖国という国 나라라는 나라 전부. ❹…에 상당(相當)하는; …에 달하는. ‖1億というお金 일 억에 달하는 돈.
というと【と言うと】 ❶그러면. ‖というと, 僕ばかりが悪者になる 그러면 나만 나쁜 놈이 된다. ❷…(이)면 반드시. ‖雨というと足が痛む 비만 오면 반드시 다리가 아프다.
というのは【と言うのは】 왜냐하면; 그 이유(理由)는.
-といえども【と雖も】 …(이)지만; …(이)라 하더라도. ‖1粒の米といえども無駄にはできぬ 한 톨의 쌀이라도 함부로 할 수 없다.
といかえす【問い返す】 ❶다시 묻다. ‖分からない点を2度も問い返した 모르는 점을 두 번이나 다시 물었다. ❷반문(反問)하다; 되묻다. ‖質問の真意を問い返す 질문의 진의에 대해 반문하다.
といかける【問い掛ける】 질문(質問)하다; 질문하려 하다. ‖問いかけて急に口をつぐむ 질문하려다 갑자기 입을 다물다.
といき【吐息】 한숨. ‖吐息をつく 한숨을 쉬다.
といし【砥石】 숫돌. ‖砥石で研ぐ 숫돌에 갈다.
といただす【問い質す】 추궁(追窮)하다. ‖資金の出所を問い質す 자금 출처를 추궁하다.
ドイツ【Duits(land) オ】《国名》독일(獨逸). ♦ドイツ語 독일어.
といつめる【問い詰める】 캐묻다; 추궁(追窮)하다. ‖どこへ行っていたのかと問い詰める 어디에 갔었는지 캐묻다.
トイレ 화장실(化粧室). ‖トイレはどこですか 화장실이 어디입니까? ♦水洗トイレ 수세식 화장실.
トイレットペーパー【toilet paper】 화장지(化粧紙).
とう【灯】 등(燈); 불.
とう【東】 동(東); 동쪽. ‖東西南北 동서남북.
とう【党】 당; 정당(政黨). ‖党の方針に従う 당의 방침에 따르다. 党大会 전당 대회.
とう【塔】 탑(塔). ‖エッフェル塔 에펠탑.
とう【等】 ❶등급(等級); 계급(階級). ❷…등. ‖米·英·仏等を歴訪 미·영·불 등을 차례로 방문함.
とう【糖】 ❶〔砂糖〕설탕(雪糖). ❷당. ‖尿に糖が出る 소변에 당이 나오다.
とう【問う】 ❶묻다. ‖賛否を問う 찬반을 묻다. ❷추궁(追窮)하다. ‖責任を問う 책임을 추궁하다. ❸문제(問題)삼다. ‖学歴を問わない 학력을 문제 삼지 않다.
トウ【籐】 등(籐); 등나무. ♦籐細工 등세공.
-とう【島】 …도(島). ♦無人島 무인도.
-とう【棟】 …동(棟). ‖マンション2棟 맨션 두 동.
-とう【頭】 …마리. ‖牛2頭 소 두 마리. 象1頭 코끼리 한 마리.
***どう** 어떻게; 아무리. ‖どうしたらいいか 어떡하면 좋을까? どうやったら試合で勝てるのか教えてください 어떻게 하면 시합에서 이길 수 있는지 가르쳐 주십시오. どうやっても答えが分からない 아무리 해도 답을 모르겠다. 彼の意見についてどう思いますか 그 사람의 의견에 대해 어떻게 생각합니까? 彼はどうなったんですか 그 사람은 어떻게 되었습니까? 近頃はどうしているんですか 최근에 어떻게 지내세요?
どう【銅】 동(銅).
-どう【堂】 …당(堂). ♦公会堂 공회당.
どうあげ【胴上げ】 헹가래. ‖胴上げする 헹가래를 치다.
とうあつせん【等圧線】 등압선(等壓線).
とうあん【答案】 답안(答案). ‖答案を回収する 답안을 회수하다. 答案を白紙で出す 답안을 백지로 내다. ♦答案用紙 답안지.
とうい【当為】 당위(當爲).

とうい【等位】 등위(等位).

どうい【同位】 동위(同位). ♦**同位元素** 동위 원소.

どうい【同意】 동의(同意). ‖同意を得る 동의를 얻다. 同意を求める 동의를 구하다. 相手の考えに同意する 상대방의 생각에 동의하다.

どうい【胴衣】 조끼; 동의(胴衣). ♦**救命胴衣** 구명동의.

どういう 어떤; 무슨. ‖後任にはどういう人が来ますか 후임으로는 어떤 사람이 옵니까? どういう理由で 어떤 이유로. 무슨 이유로. ▸どういう風の吹き回しか 무슨 바람이 불어서.〔慣〕

とういじょう【糖衣錠】 당의정(糖衣錠).

どういたしまして 천만(千萬)에요; 천만의 말씀입니다.

*__とういつ__【統一】 ㉠하 통일(統一). ‖全体の意見を統一する 전체 의견을 통일하다. 天下を統一する 천하를 통일하다. 精神を統一する 정신 통일을 하다. ♦**統一性** 통일성. **統一戦線** 통일 전선.

どういつ【同一】 동일(同一). ♦**同一視** ㉠하 동일시. **同一人物** 동일 인물.

とういん【党員】 당원(黨員).

どういん【動員】 ㉠하 동원(動員).

とうえい【投影】 ㉠하 투영(投影). ♦**投影図** 투영도.

とうおう【東欧】 동구(東歐).

どうおん【同音】 동음(同音). ▸異口同音 이구동성. ♦**同音異義語** 동음이의어.

とうおんせん【等温線】 등온선(等溫線).

とうか【灯下】 등하(燈下).

とうか【灯火】 등화(燈火). ▸灯火親しむべし 등화가친(燈火可親). ♦**灯火管制** 등화관제.

とうか【投下】 ㉠하 투하(投下).

とうか【等価】 등가(等價). ‖等価交換 등가 교환.

*__どうか__ ❶아무쪼록; 제발. ‖どうか助けてください 제발 도와주십시오. ❷어떻게(든); 어떻게 해서든지. ‖どうかしてください 어떻게 해 주십시오. どうかしたのですか 무슨 일입니까? ❸어떨지; 어떤지. ‖行けるかどうか分からない 가게 될지 어떨지 모르겠다.

どうか【同化】 ㉠되 동화(同化). ‖その社会に同化する 그 사회에 동화되다.

どうか【銅貨】 동화(銅貨); 동전(銅錢).

どうが【動画】 동화(動畫); 애니메이션.

とうかい【倒壊】 ❶㉠되 도괴(倒壞). ❷무너짐. ‖地震で倒壊した家屋 지진으로 무너진 가옥.

とうがい【当該】 해당(該當). ‖当該事項 해당 사항.

とうがい【等外】 등외(等外). ♦**等外品** 등외품.

とうかく【等角】 등각(等角).

とうかく【頭角】 두각(頭角). ▸頭角を現わす 두각을 드러내다.

どうかく【同格】 동격(同格).

どうがく【同学】 동문(同門).

どうかすると ❶경우(境遇)에 따라서는. ‖これはどうかすると大問題になるかも知れない 이것은 경우에 따라서는 큰 문제가 될지도 모른다. ❷자칫하면. ‖どうかすると見過ごしがちだ 자칫하면 못 보기 쉽다.

どうかせん【導火線】 도화선(導火線).

とうかつ【統括】 ㉠하 통괄(統括).

とうかつ【統轄】 ㉠하 통할(統轄). ‖全体を統轄する 전체를 통할하다.

どうかつ【恫喝】 공갈(恐喝). ‖恫喝を加える 공갈을 치다.

トウガラシ【唐辛子】 고추;〔粉〕고춧가루.

とうかん【投函】 ㉠하 투함(投函). ‖葉書を投函する 엽서를 투함하다.

トウガン【冬瓜】 동아.

どうかん【同感】 ㉠하 동감(同感). ‖同感の意を表わす 동감의 뜻을 표하다. あなたの意見に同感です 당신 의견에 동감입니다.

どうがん【童顔】 동안(童顔).

とうかんし【等閑視】 ㉠하 등한시(等閑視).

とうき【冬季】 동계(冬季). ‖冬季オリンピック 동계 올림픽.

とうき【冬期】 동기(冬期).

とうき【当期】 당기(當期). ♦**当期純利益** 당기 순이익.

とうき【投棄】 ㉠하 투기(投棄). ‖不法投棄する 불법 투기하다.

とうき【投機】 투기(投機). ‖投機買い 투기 구매. ♦**投機心** 투기심. 投機心をあおる 투기심을 조장하다.

とうき【党紀】 당기(黨紀).

とうき【陶器】 도기(陶器).

とうき【登記】 ㉠하 등기(登記). ♦**登記所** 등기소.

とうき【騰貴】 ㉠하 등귀(騰貴). ‖物価が騰貴する 물가가 등귀하다.

とうぎ【討議】 ㉠하 토의(討議). ‖今後の方針を討議する 앞으로의 방침을 토의하다.

どうき【同期】 ❶〔時期〕동기(同期); 같은 시기(時期). ‖昨年同期 작년과 같은 시기. ❷〔年度〕동기생(同期生).

どうき【動悸】 심장이 두근거림. ‖動悸がする 심장이 두근거리다.

どうき【動機】 동기(動機). ‖この会社を志望した動機は何ですか 이 회사를 지망한 동기가 무엇입니까? 不純な動機から 불순한 동기에서. 殺人の動機 살인 동기.

どうぎ【胴着】 솜을 넣은 내복(內服).
どうぎ【動議】 동의(動議). ♦修正動議 수정 동의.
どうぎ【道義】 도의(道義). ♦道義心 도의심. 道義的 도의적. 道義的な責任 도의적인 책임.
どうぎご【同義語】 동의어(同義語).
どうきづけ【動機付け】 동기 부여(動機附與).
とうきゅう【投球】 투구(投球). ♦全力投球 전력투구.
とうきゅう【等級】 등급(等級). ‖出荷する果物に等級をつける 출하하는 과일에 등급을 매기다.
とうぎゅう【闘牛】 투우(鬪牛). ♦闘牛場 투우장. 闘牛士 투우사.
どうきゅう【同級】 동급(同級). ♦同級生 동급생.
どうきょ【同居】 ❶(ㅈ하) 동거(同居). ❷같이 삶. ‖3世代が同居する 삼 세대가 같이 살다.
どうきょう【同郷】 동향(同鄕).
どうきょう【道教】《宗教》 도교(道敎).
どうぎょう【同行】 (ㅈ하) 동행(同行).
どうぎょう【同業】 동업(同業). ♦同業者 동업자.
とうきょく【当局】 당국(當局). ♦大学当局 대학 당국. 警察当局 경찰 당국.
*どうぐ【道具】 도구(道具). ‖道具を使う 도구를 사용하다. 家財道具 가재도구. 便利な道具 편리한 도구. ♦釣り道具 낚시 도구. 嫁入り道具 시집갈 때 신부가 가지고 가는 가재도구.
とうくつ【盗掘】 (ㅈ하) 도굴(盜掘).
どうくつ【洞窟】 동굴(洞窟).
とうげ【峠】 ❶(山道の)고개; 산마루. ❷절정기(絶頂期); 고비. ‖峠を越える 고비를 넘기다. ▸峠を越す 한물가다.
とうけい【東経】 동경(東經).
とうけい【統計】 (ㅈ하) 통계(統計). ‖統計をとる 통계를 내다. 統計によると 통계에 의하면. ♦統計学 통계학.
とうけい【闘鶏】 투계(鬪鷄).
とうげい【陶芸】 도예(陶藝). ♦陶芸家 도예가.
どうけい【同系】 동계(同系).
どうけい【同形】 동형(同形); 같은 모양. ‖同形の図形 동형의 도형.
どうけい【同型】 동형(同型); 같은 모형(模型). ‖同型の船 같은 모양의 배.
どうけい【憧憬】 (ㅈ하) 동경(憧憬). ‖異国の文化を憧憬する 이국 문화를 동경하다.
どうけし【道化師】 피에로.
とうけつ【凍結】 (ㅈ하) 동결(凍結); 얼어 있음. ‖道路が凍結している 도로가 얼어 있다. 資金の凍結 자금의 동결.
とうけん【闘犬】 투견(鬪犬).
どうけん【同権】 동권(同權).
とうげんきょう【桃源郷】 도원경(桃源境).
とうこう【投降】 (ㅈ하) 투항(投降).
とうこう【投稿】 (ㅈ하) 투고(投稿). ‖研究論文の投稿 연구 논문의 투고.
とうこう【陶工】 도공(陶工).
とうこう【登校】 (ㅈ하) 등교(登校). ♦登校拒否 등교 거부.
とうごう【投合】 (ㅈ하) 투합(投合). ‖意気投合する 의기투합하다.
とうごう【等号】 등호(等號).
とうごう【統合】 (ㅈ하) 통합(統合). ‖2つの学部を統合する 두 개의 학부를 통합하다.
どうこう 이러쿵저러쿵; 이러니저러니. ‖どうこう言える立場ではないけれど 이러니저러니 말할 수 있는 입장은 아니지만.
どうこう【同行】 (ㅈ하) 동행(同行).
どうこう【動向】 동향(動向); 움직임. ‖その後の動向を知る 그 뒤의 동향을 알다. 経済の動向をつかむ 경제 동향을 파악하다.
どうこう【瞳孔】 동공(瞳孔).
どうこうかい【同好会】 동호회(同好會).
とうごうしっちょうしょう【統合失調症】 정신 분열증(精神分裂症).
とうこうせん【等高線】 등고선(等高線).
とうごく【投獄】 (ㅈ하) 투옥(投獄).
どうごはんぷく【同語反復】 동어 반복(同語反覆).
とうごろん【統語論】 통사론(統辭論).
とうこん【闘魂】 투혼(鬪魂).
どうこんしき【銅婚式】 동혼식(銅婚式).
とうさ【等差】《数学》 등차(等差). ♦等差級数 등차급수. 等差数列 등차수열.
とうさ【踏査】 (ㅈ하) 답사(踏査).
とうざ【当座】 ❶그때; 그 자리; 즉각(卽刻). ❷〔…してしばらくの間〕한동안; 한때. ‖結婚した当座は生活も苦しかった 결혼하고 한동안은 생활도 어려웠다. ❸〔差し当たり〕당분간(當分間); 잠시(暫時). ‖当座をしのぐ金 당분간 버틸 돈. ♦当座預金 당좌 예금.
どうさ【動作】 동작(動作). ‖動作がのろい 동작이 느리다. きびきびした動作 재빠른 동작.
とうさい【搭載】 (ㅈ하) 탑재(搭載).
とうざい【東西】 동서(東西). ‖洋の東西を問わず 동서양을 불문하고.
とうざいく【籐細工】 등세공(藤細工).
とうさく【倒錯】 (ㅈ하) 도착(倒錯).
とうさく【盗作】 (ㅈ하) 도작(盜作); 표절(剽竊).
どうさつ【洞察】 (ㅈ하) 통찰(洞察). ♦洞察力 통찰력.
とうさん【父さん】 아빠; 아버지.

とうさん【倒産】 ㉠하 도산(倒産).
どうさん【動産】 동산(動産).
*****とうし**【投資】 ㉠하 투자(投資). ‖新事業に投資する 새 사업에 투자하다. ♦**投資家** 투자가. **設備投資** 설비 투자.
とうし【凍死】 ㉠하 동사(凍死).
とうし【透視】 ㉠하 투시(透視). ♦**透視力** 투시력.
とうし【闘士】 투사(鬪士).
とうし【闘志】 투지(鬪志). ‖闘志に燃える 투지에 불타다.
とうじ【冬至】 (二十四節気の)동지(冬至).
とうじ【当時】 (그) 당시(當時). ‖当時の流行 당시의 유행. 当時の人々 당시의 사람들. この曲を聞くと当時を思い出す 이 곡을 들으면 그 당시가 생각난다.
とうじ【答辞】 답사(答辭).
とうじ【杜氏】 (説明) 술을 빚는 기술자(技術者) 또는 그 책임자(責任者).
どうし【同士】 ❶동료(同僚). ❷…끼리. ‖女同士 여자들끼리.
どうし【同志】 동지(同志). ‖同志を募る 동지를 모으다.
どうし【動詞】 동사(動詞). ♦**自動詞** 자동사. **他動詞** 타동사.
*****どうじ**【同時】 동시(同時). ‖同時に2つのことをする 동시에 두 가지 일을 하다. 彼は政治家であると同時に詩人でもある 그 사람은 정치가인 동시에 시인이기도 하다. ♦**同時通訳** 동시 통역. **同時録音** 동시 녹음.
とうしき【等式】 등식(等式).
とうじき【陶磁器】 도자기(陶瓷器).
とうじしゃ【当事者】 당사자(當事者).
とうしつ【等質】 동질(同質). ‖文化の等質性 문화의 동질성.
とうしつ【糖質】 당질(糖質).
とうじつ【当日】 당일(當日)(날). ‖当日お会いしましょう 당일날 만납시다. 事故当日 사고 당일.
どうしつ【同質】 동질(同質).
どうじつ【同日】 같은 날. ‖同月同日の生まれ 같은 달 같은 날 출생.
どうして ❶〔どんなふうに〕어떻게; 어떤 방법(方法)으로. ‖どうしてこの難局を切り抜けるか 어떻게 이 국면을 헤쳐나갈 것인가? ❷〔なぜ〕왜; 어째서. ‖どうして来なかった 왜 안 왔니? ❸〔それどころか〕오히려. ‖一見大人しそうだが, どうしてなかなか気が強い 얌전해 보이지만 꽤 고집이 세다. ❹〔予想に反した場合に驚いて〕참. ‖どうして, たいしたものだ 참 대단하다.
*****どうしても** ❶반드시; 무슨 일이 있어도. ‖どうしても実現させなければならない 반드시 실현하지 않으면 안 된다. ❷〔どうしても…ないの形で〕도저(到底)히; 아무리 해도. ‖どうしても勝てない相手 도저히 이길 수 없는 상대.
とうしゃ【当社】 당사(當社).
とうしゃ【投射】 ㉠하 투사(投射). ‖探照灯を投射する 탐조등을 투사하다.
とうしゃ【透写】 ㉠하 투사(透寫). ‖地図を透写する 지도를 투사하다.
とうしゅ【投手】 (野球で)투수(投手).
とうしゅ【党首】 당수(黨首).
どうしゅ【同種】 같은 종류(種類).
とうしゅう【踏襲】 ㉠하 답습(踏襲). ‖前の方針を踏襲する 이전의 방침을 답습하다.
とうしゅく【投宿】 ㉠하 투숙(投宿).
どうしゅつ【導出】 ㉠하 도출(導出). ‖データから結論を導出する 데이터에서 결론을 도출하다.
とうしょ【当初】 당초(當初). ‖当初の予定を変える 당초의 예정을 바꾸다.
とうしょ【当所】 이곳. ‖当所に移って3年が過ぎた 이곳으로 옮겨 와 3년이 지났다.
とうしょ【投書】 ❶㉠하 투서(投書). ‖新聞に投書する 신문에 투서하다. ❷㉠하 투고(投稿).
とうしょ【島嶼】 도서(島嶼).
とうしょう【凍傷】 동상(凍傷).
とうじょう【搭乗】 ㉠하 탑승(搭乘). ‖飛行機に搭乗する 비행기에 탑승하다.
とうじょう【登場】 ㉠하 등장(登場). ♦**登場人物** 등장인물.
どうじょう【同上】 위와 같음; 상동(上同). ‖同上の理由により 위와 같은 이유로.
どうじょう【同乗】 ㉠하 동승(同乘). ‖トラックに同乗する 트럭에 동승하다.
どうじょう【同情】 ㉠하 동정(同情). ‖同情を禁じ得ない 동정을 금할 길 없다. ♦**同情心** 동정심.
どうじょう【道場】 ❶(仏教) 도량. ❷도장(道場). ‖ヨガ道場 요가 도장.
とうじる【投じる】 ❶던지다. ‖石を投じる 돌을 던지다. ❷투입(投入)하다. ‖資本を投じる 자본을 투입하다. ❸편승(便乘)하다. ‖時流に投じる 시류에 편승하다.
どうじる【動じる】 동요(動搖)하다.
とうじろん【統辞論】 통사론(統辭論).
とうしん【投身】 ㉠하 투신(投身). ♦**投身自殺** 투신자살.
とうしん【頭身】 등신(等身). ♦**八頭身** 팔등신.
とうしん【答申】 ㉠하 답신(答申). ‖審議会の答申 심의회의 답신.
どうしん【同心】 ❶마음이 같음. ❷중심(中心)이 같음. ♦**同心円** 동심원.
どうしん【童心】 동심(童心). ‖童心にかえる 동심으로 돌아가다.
とうしんだい【等身大】 등신대(等身

大).
とうすい【陶酔】 ㉂되 도취(陶醉). ‖名演奏に陶酔する 명연주에 도취되다.
とうすい【統帥】 ㉂하 통수(統帥). ♦統帥権 통수권.
どうすう【同数】 동수(同數). ‖賛否同数 찬반 동수.
どうせ ❶어차피; 결국(結局). ‖どうせ負けるに決まってる 어차피 질 것이 뻔하다. ❷기왕(旣往); 하는 김에. ‖どうせ作るならいいものを作ろう 기왕 만들 거라면 좋은 것을 만들자.
とうせい【当世】 당세(當世); 현대(現代). ♦当世風 현대풍.
とうせい【統制】 ㉂하 통제(統制). ‖言論の統制 언론 통제.
どうせい【同姓】 동성(同姓). ♦同姓同名 동성 동명.
どうせい【同性】 동성(同性). ♦同性愛 동성애.
どうせい【同棲】 ㉂하 동거(同居).
どうせい【動静】 동정(動靜). ‖敵の動静を探る 적의 동정을 살피다.
とうせき【投石】 ㉂하 투석(投石).
とうせき【透析】 ㉂하 투석(透析). ♦人工透析 인공 투석.
とうせき【党籍】 당적(黨籍).
どうせき【同席】 ❶㉂하 동석(同席). ‖先輩と同席する 선배와 동석하다. ❷같은 석차(席次)나 지위(地位).
*とうせん【当選・当籤】 ❶㉂되 당선(當選). ‖国会議員に当選する 국회의원에 당선되다. 懸賞小説に当選する 현상 소설에 당선되다. ❷㉂하 당첨(當籤). ‖1等に当籤する 일등에 당첨되다. ♦当籤番号 당첨 번호.
*とうぜん【当然】 ❶당연(當然). ‖当然の結果 당연한 결과. ❷〔副詞的に〕당연히. ‖彼なら当然そうするだろう 그 사람이라면 당연히 그렇게 할 것이다.
どうせん【動線】 동선(動線).
どうせん【銅銭】 동전(銅錢).
どうぜん【同然】 마찬가지; 다름없음. ‖もう終わったも同然だ 이제 끝난 것이나 다름없다.
どうぞ ❶〔依頼・希望〕제발; 부디; 아무쪼록. ‖どうぞ病気が治りますように 부디 쾌차하시기를 바랍니다. ❷〔促し・勧め〕‖次の方, どうぞ 다음 분 들어오세요.
とうそう【逃走】 ㉂하 도주(逃走).
とうそう【党争】 당쟁(黨爭).
とうそう【闘争】 ㉂하 투쟁(鬪爭). ♦賃金闘争 임금 투쟁. 権力闘争 권력 투쟁.
どうそう【同窓】 동창(同窓). ♦同窓会 동창회. 同窓生 동창생.
どうぞう【銅像】 동상(銅像).
とうそく【等速】 등속(等速). ♦等速度運動 등속도 운동.
とうぞく【盗賊】 도적(盜賊).
どうぞく【同族】 동족(同族). ♦同族元素 동족 원소.
どうそたい【同素体】 동소체(同素體).
とうそつ【統率】 ㉂하 통솔(統率). ♦統率力 통솔력.
とうた【淘汰】 ㉂되 도태(淘汰). ♦自然淘汰 자연도태.
とうだい【当代】 당대(當代); 현대(現代); 당시(當時). ‖当代切っての名優 당대 최고의 명배우.
とうだい【灯台】 등대(燈臺). ▸灯台下暗し 등잔 밑이 어둡다.〔諺〕 ♦灯台守 등대지기.
どうたい【同体】 동체(同體). ♦一心同体 일심동체.
どうたい【胴体】 동체(胴體). ♦胴体着陸 동체 착륙.
どうたい【動体】 동체(動體). ♦動体視力 동체 시력.
どうたい【動態】 동태(動態). ♦人口動態 인구 동태.
どうたい【導体】 도체(導體). ♦半導体 반도체.
とうたつ【到達】 ㉂하 도달(到達). ‖山の頂上に到達する 산 정상에 도달하다. 結論に到達する 결론에 도달하다.
とうだん【登壇】 ㉂하 등단(登壇).
とうち【倒置】 ㉂하 도치(倒置). ♦倒置法 도치법.
とうち【等値】 등치(等値); 등가(等價).
とうち【統治】 ㉂하 통치(統治). ♦統治権 통치권. 統治者 통치자.
*とうちゃく【到着】 ㉂하 도착(到着). ‖無事, 目的地に到着する 무사히 목적지에 도착하다. ♦到着時刻 도착 시각. 到着順 도착순. 到着ロビー 도착로비.
どうちゃく【撞着】 ㉂하 당착(撞着). ♦自家撞着 자가당착.
とうちょう【盗聴】 ㉂하 도청(盜聽). ♦盗聴器 도청기.
とうちょう【登頂】 ㉂하 등정(登頂).
とうちょう【頭頂】 머리 꼭대기.
どうちょう【同調】 ㉂하 동조(同調). ‖彼の意見に同調する 그 사람의 의견에 동조하다.
とうちょく【当直】 ㉂하 당직(當直).
とうてい【到底】 도저(到底)히; 어차피(於此彼). ‖到底成功しない 어차피 성공하지 못한다.
どうてい【同定】 ❶〔同一性を認めること〕‖同定する 동일성을 인정하다. ❷《生物》동정(同定).
どうてい【道程】 도정(道程); 여정(旅程). ‖1か月の道程 일 개월의 여정.
どうてい【童貞】 동정(童貞).
どうてき【動的】 동적(動的). ‖動的な描写 동적인 묘사.
とうてつ【透徹】 ㉂하 투철(透徹). ‖透

徹した論理 투철한 논리.
どうでも【如何でも】 ❶아무래도; 어떻게 되든. ‖そんなことはどうでもいい 그런 일은 아무래도 좋다. ❷어떻게 해서든. ‖どうでも帰らねばならない 어떻게 해서든 돌아가야 한다.
とうてん【読点】 (符号の)점(點)(,).
どうてん【同点】 동점(同点).
どうてん【動転】 깜짝 놀람. ‖気が動転する 깜짝 놀라 어쩔 줄을 모르다.
とうど【糖度】 당도(糖度).
とうとい【尊い・貴い】 ❶귀중(貴重)하다. ❷(身分・地位などが)높다; 고귀(高貴)하다. ‖尊い身分の人 고귀한 신분의 사람.
とうとう【到頭】 결국(結局); 마침내. ‖到頭ここまで来てしまった 마침내 여기까지 오고 말았다.
とうとう【滔滔】 도도(滔滔). ‖とうとうと流れる大河 도도하게 흐르는 대하.
-とうとう【等等】 …등등(等等). ‖英・米・独等々の欧米各国 영・미・독 등등의 구미 각국.
どうとう【同等】 동등(同等). ‖私たちは同等の立場で議論した 우리는 동등한 입장에서 논의했다. 全員を同等に扱う 전원을 동등하게 대하다.
どうどう【堂堂】 당당(堂堂). ‖堂々とした態度 당당한 태도. ♦威風堂々 위풍당당.
どうどうめぐり【堂堂巡り】 공전(空轉); 일에 진전(進展)이 없음. ‖話し合いは堂々巡りするばかりだ 전혀 대화에 진전이 없다.
どうとく【道徳】 도덕(道德). ♦道徳的 도덕적. 道徳的な見地 도덕적인 견지.
とうとつ【唐突】ダ 당돌(唐突)하다. ‖唐突な質問 당돌한 질문.
とうとぶ【尊ぶ・貴ぶ】 존경(尊敬)하다; 공경(恭敬)하다; 존중(尊重)하다.
どうとも【如何とも】 어떻게든; 아무렇게든; 좋을 대로. ‖どうともしろ 좋을 대로 해라.
とうどり【頭取】 ❶우두머리. ❷은행장(銀行長). ❸(劇場などで)출연자 대기실(出演者待機室)의 총책임자(總責任者).
とうなん【東南】 동남(東南).
とうなん【盗難】 도난(盜難). ‖盗難にあう 도난을 당하다. ♦盗難防止 도난 방지.
とうに【疾うに】 이미; 벌써. ‖用意はとうにできている 준비는 이미 되어 있다.
どうにか【如何にか】 ❶그럭저럭; 그런대로. ‖お陰様でどうにかやっています 덕분에 그럭저럭 해 나가고 있습니다. ❷〔やっと〕겨우; 간신(艱辛)히. ‖どうにか完成した 겨우 완성했다.
どうにかこうにか 〔どうにかを強めて言う語〕겨우겨우; 간신(艱辛)히.
どうにも【如何にも】 ❶도무지; 아무리 해도. ‖どうにも手の施しようがない 도무지 손쓸 방법이 없다. ❷〔何とも〕정말. ‖どうにも困った 정말 곤란하다.
とうにゅう【豆乳】 두유(豆乳).
とうにゅう【投入】 (スル)투입(投入). ‖設備に資本を投入する 설비에 자본을 투입하다.
どうにゅう【導入】 (スル)도입(導入). ‖新しい機械を導入する 새로운 기계를 도입하다.
とうにょうびょう【糖尿病】 당뇨병(糖尿病).
とうにん【当人】 본인(本人).
どうねんぱい【同年輩】 동년배(同年輩).
とうの【当の】 바로 그. ‖当の問題 바로 그 문제. 当の本人 당사자.
どうのこうの 이러쿵저러쿵; 이러니저러니. ‖今さらどうのこうの言っても始まらない 이제 와서 이러쿵저러쿵 말해 봤자 소용없다.
とうのむかし【疾うの昔】 오래 전(前). ‖とうの昔に廃止された法律 오래 전에 폐지된 법률.
とうは【党派】 당파(黨派). ♦党派闘争 당파 싸움.
とうは【踏破】 (スル)답파(踏破).
どうはい【同輩】 동년배(同年輩); 동료(同僚).
とうはつ【頭髪】 두발(頭髮).
とうばつ【党閥】 당벌; 당내 파벌(黨內派閥).
とうばつ【討伐】 (スル)토벌(討伐). ‖反乱軍を討伐する 반란군을 토벌하다.
とうばつ【盗伐】 (スル)도벌(盜伐).
とうはん【登攀】 (スル)등반(登攀).
とうばん【当番】 당번(當番). ‖掃除当番 청소 당번.
とうばん【登板】 (スル)(野球で)등판(登板).
どうはん【同伴】 (スル)동반(同伴). ‖夫人を同伴する 부인을 동반하다. ♦同伴者 동반자.
とうひ【逃避】 (スル)도피(逃避). ‖現実から逃避する 현실에서 도피하다. ♦逃避行 도피행.
とうひ【等比】 등비(等比). ♦等比級数 등비급수. 等比数列 등비수열.
*__とうひょう__【投票】 (スル)투표(投票). ‖投票で決める 투표로 정하다. 投票にかける 투표에 부치다. 前回の投票率を下回る 지난번의 투표율을 밑돌다. ♦記名投票 기명 투표. 人気投票 인기 투표. 不在者投票 부재자 투표. 投票箱 투표함.
とうびょう【闘病】 (スル)투병(鬪病). ♦闘病生活 투병 생활.
とうふ【豆腐】 두부(豆腐). ‖豆腐１丁

두부 한 모.

とうぶ【頭部】 두부(頭部).

とうぶ【東部】 동부(東部).

とうふう【東風】 동풍(東風).

どうふう【同封】 ㉻하 동봉(同封). ‖写真を同封する 사진을 동봉하다.

*__どうぶつ【動物】__ 동물(動物). ♦動物園 동물원. 動物性 동물성. 動物的 동물적. 高等動物 고등 동물. 草食動物 초식 동물. 野生動物 야생 동물.

どうぶるい【胴震い】 ‖胴震いする 몸이 떨리다.

とうぶん【当分】 ❶ 당분간(當分間). ‖当分は貯金で暮らせる 당분간은 저금으로 생활할 수 있다. ❷〔副詞的に〕당분간. ‖当分忙しくなりそうだ 당분간 바빠질 것 같다.

とうぶん【等分】 ㉻하 등분(等分). ‖3等分 삼 등분.

とうぶん【糖分】 당분(糖分); 단맛.

どうぶん【同文】 동문(同文). ‖以下同文 이하 동문.

とうへき【盗癖】 도벽(盜癖).

とうへん【等辺】 등변(等邊). ♦等辺三角形 등변 삼각형.

とうべん【答弁】 ㉻하 답변(答辯). ‖大臣が答弁する 장관이 답변하다.

とうほう【東方】 동방(東方).

とうぼう【逃亡】 ㉻하 도망(逃亡). ‖囚人が逃亡する 수인이 도망치다.

どうほう【同胞】 동포(同胞).

とうほく【東北】 동북(東北).

とうほん【謄本】 등본(謄本). ♦戸籍謄本 호적 등본.

とうほんせいそう【東奔西走】 ㉻하 동분서주(東奔西走).

どうまわり【胴回り】 허리 둘레.

どうみゃく【動脈】 동맥(動脈). ♦動脈硬化症 동맥 경화증. 動脈瘤 동맥류.

とうみん【冬眠】 ㉻하 동면(冬眠).

とうめい【透明】ダ 투명(透明)하다. ‖透明なガラス 투명한 유리. ♦無色透明 무색 투명.

どうめい【同名】 동명(同名). ♦同名異人 동명이인.

どうめい【同盟】 ㉻하 동맹(同盟). ‖同盟を結ぶ 동맹을 맺다.

どうメダル【銅 medal】 동(銅)메달.

とうめん【当面】 ❶㉻하 당면(當面); 직면(直面). ‖当面の問題を解決する 당면 문제를 해결하다. ❷〔副詞として〕당분간(當分間). ‖当面人員を増やすつもりはない 당분간 인원을 늘릴 계획은 없다.

どうも ❶〔どうしても〕아무리 해도. ‖どうもうまくいかない 아무리 해도 잘 안 된다. ❷〔何となく〕어쩐지. ‖どうも変だと思った 어쩐지 이상하다고 생각했다. ❸〔挨拶の語に添えて〕‖どうもありがとう 정말 고마워.

トウモロコシ【玉蜀黍】 옥수수.

どうもん【同門】 동문(同門).

とうやく【投薬】 ㉻하 투약(投藥). ‖患者に投薬する 환자에게 투약하다.

どうやら ❶〔何とか〕그런대로; 겨우; 간신(艱辛)히. ‖どうやら仕事が終わった 간신히 일이 끝났다. ❷〔何だか〕어쩐지; 아무래도. ‖どうやら雪になりそうだ 아무래도 눈이 올 것 같다.

とうゆ【灯油】 등유(燈油).

とうよ【投与】 ㉻하 투여(投與). ‖薬物を投与する 약물을 투여하다.

とうよう【東洋】 동양(東洋). ♦東洋人 동양인. 東洋的 동양적. 東洋文化 동양 문화.

とうよう【盗用】 ㉻하 도용(盜用). ‖デザインを盗用する 디자인을 도용하다.

とうよう【登用】 ㉻하 등용(登用). ‖人材を登用する 인재를 등용하다.

どうよう【同様】ダ 같다; 똑같다. ‖外国でもこれと同様な事件が起きた 외국에서도 이와 같은 사건이 일어났다. 同様のことを他からも聞いた 같은 이야기를 다른 데서도 들었다. 我が子同様に育てる 자기 애와 똑같이 키우다.

*__どうよう【動揺】__ ㉻하 동요(動搖). ‖その知らせに彼の心は動揺した 그 소식에 그의 마음은 동요했다. 動揺が起きる 동요가 일다.

どうよう【童謡】 동요(童謠).

とうらい【到来】 ㉻하 도래(到來). ‖チャンスが到来する 찬스가 도래하다.

とうらく【当落】 당락(當落).

どうらく【道楽】 ❶ 도락(道樂); 취미(趣味). ‖食い道楽 식도락. ❷ 주색(酒色)에 빠짐.

どうらん【動乱】 동란(動亂).

とうり【党利】 당리(黨利). ♦党利党略 당리당략.

どうり【道理】 도리(道理). ‖道理にかなった行為 도리에 맞는 행위. 道理に従う 도리에 따르다.

どうりつ【同率】 동률(同率). ‖同率首位 동률 수위.

どうりで【道理で】 어쩐지; 과연(果然). ‖寄り道をしたのか. どうりで遅いわけだ 다른 곳에 들렀니? 어쩐지 늦는다 했어.

とうりゃく【党略】 당략(黨略).

とうりゅう【逗留】 ㉻하 체류(滯留). ♦長期逗留 장기 체류.

とうりゅうもん【登竜門】 등용문(登龍門).

とうりょう【棟梁】 동량(棟梁).

どうりょう【同僚】 동료(同僚). ‖職場の同僚 직장 동료.

どうりょく【動力】 동력(動力). ♦動力装置 동력 장치. 動力車 동력차.

とうるい【盗塁】 ㉻하 (野球で)도루(盜壘).

とうるい【糖類】 당류(糖類).

どうるい【同類】 동류(同類). ♦**同類項** 동류항.

とうれい【答礼】 ㊀하 답례(答禮). ‖答礼の品 답례품.

*__どうろ__【道路】 도로(道路). ‖新しい道路を造る 새 도로를 깔다. 道路沿いに木を植える 도로변에 나무를 심다. 工事中の道路 공사 중인 도로. ♦**高速道路** 고속도로. **道路工事** 도로 공사. **道路標識** 도로 표지. **道路網** 도로망.

とうろう【灯籠】 등롱(燈籠).

*__とうろく__【登録】 ㊀하 등록(登錄). ‖特許庁に商標を登録する 특허청에 상표를 등록하다. 英会話のコースに登録する 영어 회화 코스에 등록하다. ♦**会員登録** 회원 등록. **住民登録** 주민 등록. **登録商標** 등록 상표. **登録料** 등록료.

とうろん【討論】 ㊀하 토론(討論). ‖公害問題について討論する 공해 문제에 대해서 토론하다.

どうわ【童話】 동화(童話). ‖グリム童話集 그림 동화집. ♦**童話作家** 동화 작가.

とうわく【当惑】 ㊀하 당혹(當惑). ‖突然の質問に当惑する 갑작스러운 질문에 당혹하다.

どえらい【ど偉い】 엄청나다; 굉장(宏壯)하다. ‖どえらい事をやったものだ 엄청난 일을 저질렀다.

とお【十・10】 열; 십(十).

*__とおい__【遠い】 ❶(空間的に)멀다. ‖遠い国 먼 나라. ❷(時間的に)멀다. ‖遠い昔のこと 먼 옛날 일. ❸(ある段階まで)거리가 멀다. ‖合格には遠い成績 합격과는 거리가 먼 성적. ❹(関係が)멀다. ‖遠い親戚 먼 친척. ❺(耳が)잘 안 들리다; 어둡다. ‖耳が遠い 귀가 어둡다.

とおえん【遠縁】 먼 친척(親戚).

とおか【十日・10日】 십 일(十日); 열흘.

とおからず【遠からず】 머지않아; 곧. ‖作品は遠からず完成する 작품은 머지않아 완성된다.

とおからぬ【遠からぬ】 멀지 않은. ‖遠からぬ将来 멀지 않은 장래.

とおく【遠く】 ❶먼 곳; 먼 데. ‖遠くへ出かける 먼 곳으로 외출하다. 遠くから来る 먼 데서 오다. ❷〔副詞的に〕멀리; 까마득히. ‖遠く3千年の昔から 까마득히 삼천 년 전부터. ▸遠くの親類より近くの他人 이웃사촌.

トーゴ【Togo】《国名》 토고.

とおざかる【遠ざかる】 멀어지다. ‖足音が遠ざかる 발소리가 멀어지다.

とおざける【遠ざける】 멀리하다. ‖悪友を遠ざける 나쁜 친구들을 멀리하다.

とおし【通し】 ❶처음부터 끝까지 이어짐. ‖『冬のソナタ』を通しで見る "겨울 연가"를 처음부터 끝까지 보다. ❷〔…通しの形で〕줄곧…함; 계속(繼續)…함. ‖言い訳のし通しだった 줄곧 변명을 늘어놓았다. ♦**通し番号** 일련번호.

-どおし【通し】 줄곧; 내내.

*__とおす__【通す】 ❶안내(案內)하다. ‖客を応接間に通す 손님을 응접실로 안내하다. ❷통과(通過)시키다; 들여보내다. ‖法案を通す 법안을 통과시키다. 誰も通さないでください 아무도 들여보내지 마세요. すみませんが, 通してください 미안하지만 들여보내 주세요. ❸(糸を穴に)꿰다. ‖糸を針の穴に通す 실을 바늘구멍에 꿰다. ❹〔…通すの形で〕계속(繼續)…하다. ‖彼女は一晩中泣き通した 그녀는 밤 내내 울었다. ❺끝까지 …하다. ‖ゴールまで走り通す 골까지 끝까지 달리다. ❻〔…を通しての形で〕…을[를] 통해. ‖友人を通して彼を知った 친구를 통해 그 사람을 알았다. 一生を通して 일생을 통해.

トースター【toaster】 토스터.

トースト【toast】 토스트.

トーチ【torch】 횃불.

とおで【遠出】 ‖遠出する 멀리 나가다.

ドーナツ【doughnut】 도넛. ♦**ドーナツ現象** 도넛 현상.

トーナメント【tournament】 토너먼트.

とおのく【遠退く】 ❶멀어지다. ‖優勝の可能性が遠のく 우승 가능성이 멀어지다. ❷소원(疏遠)해지다; 뜸해지다. ‖足が遠のく 발길이 뜸해지다.

トーバンジャン【豆板醤】 ㊁ 중국 요리(中國料理)의 조미료(調味料).

ドーピング【doping】 도핑.

とおぼえ【遠吠え】 ❶(犬・オオカミなどが)멀리서 짖는 소리. ❷(勝てない相手に対して)멀리서 비난(非難)함. ‖負け犬の遠吠え 패배자가 뒤에서 하는 욕설.

とおまき【遠巻き】 멀찍이 있음; 떨어진 곳에 있음. ‖遠巻きにして見物する 멀찍이 서서 구경하다.

とおまわし【遠回し】 완곡(婉曲)함; 돌려서 말함. ‖遠回しの表現 완곡한 표현.

とおまわり【遠回り】 ‖遠回りして行く 멀리 돌아서 가다.

ドーム【dome】 돔. ♦**ドーム球場** 돔 구장.

とおめ【遠目】 멀리서 봄. ‖遠目にはよくわからない 멀리서는 잘 안 보인다. 遠目がきく 멀리 있는 것도 잘 보인다.

*__とおり__【通り】 ❶길; 거리; 도로(道路). ‖通りに出て遊ぶ 길에 나가 놀다. ❷왕래(往來); 통행(通行). ‖車の通りの多い道路 차의 왕래가 많은 도로. ❸소리가 멀리까지 들리는 정도(程度). ‖通りのいい声 멀리까지 잘 들리는 목

소리. ❹이해(理解). ‖話の通りが早い 이해가 빠르다. ❺…대로. ‖設計図の通りに作る 설계도대로 만들다.

-どおり【通り】 ❶…통(通). ‖銀座通り 긴자통. ❷정도(程度). ‖8分通り仕上がる 팔십 퍼센트 정도 완성하다.

とおりあめ【通り雨】 지나가는 비.

とおりがかり【通り掛かり】 우연(偶然)히 그곳을 지나감.

とおりかかる【通り掛かる】 우연(偶然)히 그곳을 지나가다. ‖事故現場を通りかかる 사고 현장을 우연히 지나가다.

とおりこす【通り越す】 ❶지나치다. ‖店を通り越す 가게를 지나치다. ❷정도(程度)를 넘다. ‖冷たさを通り越して痛いくらいだ 차갑다 못해 아플 정도다.

とおりすがり【通りすがり】 우연(偶然)히 지나감. ‖通りすがりの人に道を聞く 지나가는 사람에게 길을 묻다.

とおりすぎる【通り過ぎる】 지나가다. ‖台風が通り過ぎる 태풍이 지나가다.

とおりぬける【通り抜ける】 한쪽 끝에서 다른 쪽 끝으로 빠져나가다. ‖トンネルを通り抜ける 터널을 빠져나가다.

***とおる【通る】** ❶통행(通行)하다; 지나가다; 다니다. ‖道路の右側を通る 도로 우측으로 통행하다. この道の下を地下鉄が通っている 이 길 밑을 지하철이 다니고 있다. ❷통과(通過)하다. ‖試験に通る 시험에 통과하다. ❸(遠くまで)전달(傳達)되다. ‖声が通る 멀리까지 목소리가 들리다. ❹넘어가다. ‖食事がのどを通らない 밥이 넘어가지 않다. ❺(室内に)들어가다. ‖どうぞ奥へお通りください 안으로 들어오세요. ❻〔流れる〕흐르다. ‖高圧電流が通っている 고압 전류가 흐르고 있다. ❼뚫리다. ‖詰まっていた鼻が通る 막힌 코가 뚫리다. ❽통하다; 통용(通用)되다; 인정(認定)되다. ‖原告の主張が通る 원고의 주장이 인정되다. そんな言い訳は通らない 그런 변명은 안 통한다. 意味が通る 의미가 통하다.

トーン【tone】 (音の)톤.

とか …(이)라든가. ‖毎日, 掃除とか洗濯とか食事の支度とかに追われ, 本を読む暇もない 매일 청소라든가 빨래라든가 식사 준비에 쫓겨 *책을 읽을 시간이 없다.*

とが【咎・科】 ❶실수(失手); 잘못. ❷죄(罪). ‖窃盗のとがで尋問を受ける 절도죄로 심문을 받다.

とかい【都会】 도회(都會); 도시(都市). ♦都会生活 도시 생활.

どがいし【度外視】 (ス하) 도외시(度外視). ‖採算を度外視する 채산을 도외시하다.

とがき【ト書き】 (説明) 각본(脚本)에서 배우(俳優)의 동작(動作)을 지시(指示)한 것.

とかく【兎角】 ❶〔ややもすれば〕자칫(하면). ‖焦ってやるととかく失敗しがちだ 조급하게 하면 자칫 실패하기 쉽다. ❷아무튼; 어쨌든. ‖とかくこの世はままならぬ 어쨌든 이 세상은 뜻대로 안 된다. ❸〔あれこれ〕이런저런 좋지 않은. ‖彼にはとかくのうわさがある 그 사람한테는 이런저런 좋지 않은 소문이 있다.

トカゲ【蜥蜴】 도마뱀.

とかす【溶かす・融かす】 녹이다; 해동(解凍)하다. ‖砂糖を水に溶かす 설탕을 물에 녹이다. 冷凍食品を解かす 냉동식품을 해동하다.

とかす【梳かす】 빗다. ‖髪をとかす 머리를 빗다.

どかす【退かす】 치우다. ‖道の上の石を退かす 길 위에 있는 돌을 치우다.

どかっと ❶〔重いものなどが勢いよく落ちる〕털썩. ‖屋根から雪がどかっと落ちる 지붕에서 눈이 털썩 떨어지다. ❷한번에 많이; 왕창. ‖どかっと金が入った 돈이 왕창 들어왔다.

どかどか ❶〔大勢が足音を立てて, 一時に入ってくる〕우르르. ‖どかどか(と)入ってくる 우르르 들어오다. ❷〔物事が一時に立て込む〕왕창. ‖どかどか(と)注文が来た 왕창 주문이 들어왔다.

とがめ【咎め】 비난(非難); 가책(呵責). ‖良心のとがめ 양심의 가책.

***とがめる【咎める】** ❶비난(非難)하다; 책망(責望)하다. ‖他人の失敗をとがめる 다른 사람의 실패를 책망하다. ❷검문(檢問)하다. ‖警官が通行人をとがめる 경찰관이 통행인을 검문하다. ❸마음에 걸리다. ‖良心がとがめる 양심에 걸리다.

とがらせる【尖らせる】 ❶뾰족하게 하다; (口を)비죽거리다. ‖鉛筆の先を尖らせる 연필 끝을 뾰족하게 하다. ❷예민(銳敏)하게 하다; 곤두세우다. ‖神経を尖らせる 신경을 곤두세우다.

とがる【尖る】 ❶뾰족하다; 날카롭다. ‖尖った鉛筆 끝이 뾰족한 연필. ❷예민(銳敏)하다; 민감(敏感)하다. ‖神経が尖る 신경이 예민하다.

***とき【時】** ❶시간(時間); 시각(時刻). ‖時の流れ 시간의 흐름. ❷시기(時期); 때. ‖若い時期 젊은 시기. 寝ている時(に)地震があった 자고 있을 때 지진이 있었다. その事件は私が日本にいる時に起きた 그 사건은 내가 일본에 있을 때 일어났다. ❸(話題になる)시대(時代). ‖時の首相 그 당시의 수상. ❹계절(季節). ‖時は春 계절은 봄. ❺기회(機會); 때; 시기(時機). ‖時を待つ 기회를 기다리다. ❻경우(境遇); 상황(狀況). ‖時に応じた判断が必要だ

상황에 따른 판단이 필요하다. ▸時は金なり 시간은 돈이다. ▸時を争う 일각을 다투다. ▸時を稼ぐ 시간을 벌다.

トキ【朱鷺】 주로(朱鷺); 따오기.

どき【土器】 토기(土器).

どき【怒気】 노기(怒氣). ‖怒気を含んだ声 노기를 띤 목소리.

-どき【時】 ❶시각(時刻); 시간대(時間帶); …때. ‖食事時 식사 시간대. ❷…하기에 좋을 때. ‖売り時 팔기에 좋을 때.

ときあかす【解き明かす】 해명(解明)하다; 밝히다. ‖古典の内容を解き明かす 고전의 내용을 해명하다.

ときおり【時折】 가끔; 때때로. ‖あの人は時折見かける 저 사람은 가끔 본다.

とぎじる【研ぎ汁】 뜨물.

とぎすます【研ぎ澄ます】 ❶시퍼렇게 갈다; 잘 닦다. ‖研ぎ澄ました名刀 시퍼렇게 간 명검. ❷(精神・神経を)갈고 닦다. ‖研ぎ澄まされた感覚 날카로운 감각.

ときたま【時偶】 가끔; 때때로.

どぎつい 지나치게 강렬(强烈)하다; 매우 짙다. ‖どぎつい化粧 매우 짙은 화장.

どきっと 〔動悸のする様子〕철렁; 덜컥. ‖名指しされてどきっとした 호명을 당해 가슴이 철렁했다.

*__ときどき__【時時】 ❶그때그때. ‖時々の気分 그때그때의 기분. ❷〔副詞として〕가끔; 때때로. ‖時々彼女に手紙を送る 가끔 그녀에게 편지를 보내다. 曇り時々雨 흐리고 가끔 비.

どきどき 두근두근. ‖胸がどきどきする 가슴이 두근거리다.

ときとして【時として】 때로. ‖人は時として誤りを犯す 사람은 때로 잘못을 저지른다.

ときに【時に】 ❶〔時々〕때로. ‖時に失敗することもある 때로는 실패할 때도 있다. ❷〔その時〕그때. ‖時に2004年 이천사 년 그때. ❸그런데. ‖時にお子さんはおいくつになりましたか 그런데 자제분은 몇 살이 되었습니까?

ときには【時には】 때로는; 가끔은. ‖時には冗談を言うこともある 가끔은 농담을 할 때도 있다.

ときの【時の】 그 당시(當時)의; 그때의. ‖時の総理 그 당시의 총리.

ときはなす【解き放す】 해방(解放)시키다; (縄などを)풀다. ‖長年の因習から人々を解き放す 오랜 인습에서 사람들을 해방시키다.

ときはなつ【解き放つ】 풀어 놓다.

ときふせる【説き伏せる】 설복(說伏)하다; 설득(說得)하다.

ときほぐす【解きほぐす】 풀다; 누그러뜨리다. ‖心を解きほぐす 마음을 누그러뜨리다.

どぎまぎ 허둥지둥. ‖突然のことでどぎまぎした 갑작스런 일로 허둥지둥했다.

ときめかす 설레다.

ときめく 설레다; 두근거리다. ‖期待に胸がときめく 기대로 가슴이 설레다.

ときめく【時めく】 한창 날리다. ‖今を時めく人気作家 지금 한창 날리고 있는 인기 작가.

どぎも【度肝】 담력(膽力); 배짱. ▸度肝を抜く 깜짝 놀라게 하다. 彼の大胆さには度肝を抜かれた 그 사람의 대담함에 깜짝 놀랐다.

ドキュメンタリー【documentary】 다큐멘터리.

ドキュメント【document】 다큐멘트.

どきょう【度胸】 담력(膽力); 배짱. ‖男は度胸, 女は愛嬌 남자는 배짱 여자는 애교.

ときょうそう【徒競走】 달리기 경주(競走).

とぎれ【途切れ】 끊어짐. ‖途切れなく話し続ける 끊임없이 이야기를 계속하다.

とぎれとぎれ【途切れ途切れ】 띄엄띄엄. ‖とぎれとぎれに話す 띄엄띄엄 이야기하다.

とぎれる【途切れる】 끊어지다. ‖補給が途切れる 보급이 끊어지다.

ときん【鍍金】 도금(鍍金).

とく【得】 득(得). ‖そっちを買う方が得だ 그것을 사는 것이 득이다.

とく【徳】 ❶덕(德). ‖徳を積む 덕을 쌓다. ❷인격(人格). ‖徳の高い人 덕이 높은 사람. ❸은혜(恩惠). ‖徳を施す 은혜를 베풀다. ❹이익(利益).

とく【溶く】 녹이다; 풀다. ‖粉を水で溶く 분말을 물에 풀다. 卵をとく 계란을 풀다.

*__とく__【解く】 ❶풀다. ‖謎を解く 수수께끼를 풀다. 帯を解く 띠를 풀다. 梱包を解く 짐을 풀다. ❷(気持ち・感情などを)풀다. ‖誤解を解く 오해를 풀다. ❸해제(解除)하다; 해임(解任)하다. ‖学部長の任を解く 학부장직을 해임하다. 警戒を解く 경계를 풀다. ❹빗다. ‖髪を解く 머리를 빗다.

とく【説く】 설명(說明)하다. ‖教えを説く 가르침을 설명하다.

とぐ【研ぐ】 ❶갈다. ‖包丁を研ぐ 부엌칼을 갈다. ❷씻다. ‖米を研ぐ 쌀을 씻다.

*__どく__【毒】 ❶독; 독약(毒藥). ‖毒を盛る 독을 타다. ❷해악(害惡). ‖この本は子どもには毒だ 이 책은 아이에게 해롭다. ▸毒にも薬にもならない 별 소용이 없다. ▸毒を以て毒を制す 악을 없애기 위해 다른 악을 이용하다.

どく【退く】 물러나다; 비키다. ‖わきに退いてください 옆으로 물러나 주세요.

と

とくい【特異】ダ 특이(特異)하다. ‖特異な事件 특이한 사건. ♦**特異体質** 특이 체질.

*__とくい__【得意】❶〔誇らしげなこと〕자랑스러움. ‖優勝して得意な顔をする 우승해 자랑스러운 얼굴을 하다. 得意そうに 자랑스러운듯이. ❷자신(自信) 있음. ‖得意な技 자신 있는 기술. ❸단골. ‖お得意さん 단골손님. ♦**得意先** 단골손님. 거래처. 得意先を回る 거래처를 돌다. **得意満面** 득의만면.

とくいく【徳育】덕육(德育).

どぐう【土偶】토우(土偶).

どくがく【独学】㉻하 독학(獨學).

どくガス【毒 gas】독(毒)가스.

とくぎ【特技】특기(特技). ‖そろばんを特技とする 주산이 특기다.

どくさい【独裁】㉻하 독재(獨裁). ♦**独裁者** 독재자. **独裁政治** 독재 정치.

とくさく【得策】득책(得策); 상책(上策).

とくさつ【特撮】특수 촬영(特殊撮影).

どくさつ【毒殺】㉻하 독살(毒殺).

とくさん【特産】특산(特產). ♦**特産品** 특산품.

とくし【特使】특사(特使).

とくし【篤志】독지(篤志). ♦**篤志家** 독지가.

どくじ【独自】독자적(獨自的). ‖独自に発見する 독자적으로 발견하다. 独自な考えを展開する 독자적인 생각을 펼치다. ♦**独自性** 독자성.

とくしつ【特質】특질(特質). ‖日本文化の特質を研究する 일본 문화의 특질을 연구하다.

とくしつ【得失】득실(得失).

とくしゃ【特赦】㉻하 특사(特赦).

どくしゃ【読者】독자(讀者). ♦**読者層** 독자층. **読者欄** 독자란.

とくしゅ【特殊】ダ 특수(特殊)하다. ‖特殊な製法で作られた薬 특수한 제법으로 만들어진 약. ♦**特殊鋼** 특수강. **特殊効果** 특수 효과.

とくしゅ【特種】특종(特種).

とくじゅ【特需】특수(特需).

とくしゅう【特集】특집(特輯). ‖特集記事 특집 기사.

とくしゅつ【特出】㉻하 특출(特出). ‖他に特出する技能 그 밖의 특출한 기능.

*__どくしょ__【読書】㉻하 독서(讀書). ♦**読書感想文** 독서 감상문. **読書週間** 독서 주간. ▸読書百遍義自ら通ず 독서백편 의자현(讀書百遍義自見).

とくしょう【特賞】특상(特賞). ‖特賞に輝く 특상에 빛나다.

とくじょう【特上】특상(特上).

どくしょう【独唱】㉻하 독창(獨唱). ‖発表会で独唱する 발표회에서 독창하다.

とくしょく【特色】특색(特色). ‖特色のある本 특색 있는 책. 特色を生かす 특색을 살리다.

どくしん【独身】독신(獨身).

どくしんじゅつ【読心術】독심술(讀心術).

とくする【得する】득(得)을 보다.

どくする【毒する】악영향(惡影響)을 주다; 해치다.

とくせい【特性】특성(特性). ‖火に強い特性 불에 강한 특성.

とくせい【徳性】덕성(德性). ‖徳性を磨く 덕성을 닦다.

どくせい【毒性】독성(毒性).

とくせつ【特設】㉻하 특설(特設). ‖売り場を特設する 매장을 특설하다.

どくぜつ【毒舌】독설(毒舌). ‖毒舌をふるう 독설을 퍼붓다.

とくせん【特選】㉻하 특선(特選).

*__どくせん__【独占】㉻하 독차지; 독점(獨占). ‖人気を独占する 인기를 독차지하다. ♦**独占価格** 독점 가격. **独占禁止法** 독점 금지법. **独占市場** 독점 시장. **独占資本** 독점 자본. **独占欲** 독점욕.

どくぜん【独善】독선(獨善). ‖独善に陥る 독선에 빠지다. ♦**独善的** 독선적.

どくそ【毒素】독소(毒素).

どくそう【毒草】독초(毒草).

どくそう【独走】㉻하 독주(獨走).

どくそう【独奏】㉻하 독주(獨奏). ‖バイオリンを独奏する 바이올린을 독주하다.

どくそう【独創】㉻하 독창(獨創). ‖独創的な作品 독창적인 작품. ♦**独創性** 독창성.

とくそく【督促】㉻하 독촉(督促). ♦**督促状** 독촉장.

とくだい【特大】특대(特大).

とくだね【特種】특종(特種). ‖特種記事 특종 기사.

ドクダミ【蕺草】양모밀.

どくだん【独断】㉻하 독단(獨斷). ‖独断と偏見 독단과 편견.

どくだんじょう【独壇場】독무대(獨舞臺). ‖この分野は彼の独壇場だ 이 분야는 그 사람의 독무대이다.

とぐち【戸口】집의 출입구(出入口); 문(門) 앞.

とくちゅう【特注】㉻하 특별 주문(特別注文).

とくちょう【特長】특장(特長); 특별(特別)한 장점(長點).

*__とくちょう__【特徴】특징(特徵). ‖彼女は大きな目が特徴だ 그녀는 큰 눈이 특징이다. 特徴のないデザイン 특징이 없는 디자인. 犯人の特徴 범인의 특징.

とくてい【特定】㉻하 특정(特定); 단정(斷定). ‖特定の人 특정한 사람. 特定

の日 특정한 날. 犯人を特定する 범인을 단정하다.

とくてん【特典】 특전(特典). ‖会員の特典 회원 특전.

とくてん【得点】 (ス하) 득점(得點). ‖得点差 득점 차.

とくと【篤と】 차분히; 충분(充分)히. ‖とくと吟味する 차분히 음미하다.

とくとう【特等】 특등(特等). ♦特等席 특등석.

とくとく【得得】〔得意そうな様子〕‖得々と話す 득의양양하게 말하다.

***どくとく**【独特】ダ 독특(獨特)하다. ‖独特な口調 독특한 어조. 彼独特の文体 그 사람의 독특한 문체. 独特のスタイルを持った写真家 독특한 스타일이 있는 사진가.

どくどくしい【毒毒しい】 ❶독살(毒煞)스럽다. ‖毒々しい言葉 독살스러운 말. ❷지나치게 화려(華麗)하다. ‖毒々しい色彩 지나치게 화려한 색채.

***とくに**【特に】 특히, 특별(特別)히. ‖特に心惹かれる作品 특히 마음이 끌리는 작품. 特に入念に仕上げる 특별히 정성을 들여 완성하다.

とくは【特派】 (ス하) 특파(特派). ♦特派員 특파원.

とくばい【特売】 (ス하) 특매(特賣).

どくはく【独白】 (ス하) 독백(獨白).

とくひつ【特筆】 (ス하) 특필(特筆). ‖特筆に値する 특필할 가치가 있다. ♦特筆大書 (ス하) 대서특필.

とくひょう【得票】 (ス하) 득표(得票). ♦得票数 득표수. 得票率 득표율.

どくぶつ【毒物】 독물(毒物).

***とくべつ**【特別】 ❶특별(特別). ‖特別待遇 특별 대우. 乳児用の特別な石けん 유아용 특별 비누. 特別な理由があってやった訳ではない 특별한 이유가 있어서 한 것은 아니다. 特別に仕立てたドレス 특별히 만든 드레스. 特別扱いされる 특별 대우를 받다. ❷〔副詞として〕특별히. ‖特別変わったことはない 특별히 바뀐 것은 없다. ♦特別会計 특별 회계. 特別機 특별기.

とくぼう【徳望】 덕망(德望). ‖徳望がある 덕망이 있다.

どくぼう【独房】 독방(獨房).

とくほん【読本】 ❶독본(讀本); 입문서(入門書); 해설서(解說書). ❷교과서(敎科書).

どくみ【毒味】 ‖毒見する 음식(飮食)을 남에게 권하기 전에 독(毒)이 들어 있는지 없는지 확인(確認)하기 위해 조금 먹어 보다. 음식 맛을 보다.

どくむし【毒虫】 독충(毒蟲).

とくめい【匿名】 익명(匿名). ♦匿名報道 익명 보도.

とくめい【特命】 특명(特命). ‖特命が下る 특명이 내리다. ♦特命全権大使 특명 전권 대사.

とくもく【徳目】 덕목(德目).

とくやく【特約】 (ス하) 특약(特約). ♦特約店 특약점.

どくやく【毒薬】 독약(毒藥).

とくゆう【特有】 특유(特有). ‖日本人特有の発想 일본인 특유의 발상. ニンニク特有のにおい 마늘 특유의 냄새.

とくよう【徳用・得用】 덕용(德用).

***どくりつ**【独立】 (ス하) 독립(獨立). ‖親から独立する 부모로부터 독립하다. 独立して店を出す 독립해서 가게를 내다. 司法権の独立 사법권의 독립. ♦独立語 독립어. 独立国 독립국. 独立採算制 독립 채산제. 独立心 독립심.

とくれい【特例】 특례(特例). ‖特例として認める 특례로서 인정하다.

とくれい【督励】 (ス하) 독려(督勵).

とぐろ ❶(ヘビが)똬리를 틂. ❷〔ねばる〕진을 침; 죽침. ‖彼らはいつもこのバーでとぐろを巻いている 그들은 언제나 이 바에서 죽치고 있다.

とげ【刺・棘】 가시. ‖指にとげが刺さった 가시에 손가락을 찔렸다. バラにはとげがある 장미에는 가시가 있다. 彼の言葉にはとげがある 그 사람 말에는 가시가 있다.

とけあう【解け合う】 화합(和合)하다.

***とけい**【時計】 시계(時計). ‖彼は高い時計をしている 그 사람은 비싼 시계를 차고 있다. 私の時計は合っていない 내 시계는 안 맞다. あの時計は5分進んでいる 저 시계는 오 분 빠르다. 時計が止まっている 시계가 죽어 있다.

とけいだい【時計台】 시계탑(時計塔).

とけいまわり【時計回り】 시계 방향(時計方向)으로 돎.

とけこむ【溶け込む】 ❶녹다; 용해(溶解)되다. ❷녹아들다; 동화(同和)되다; 융화(融和)되다; 적응(適應)하다.

どげざ【土下座】 ‖土下座する 무릎을 꿇다.

どけち 수전노(守錢奴); 노랑이.

とげとげしい【刺刺しい】 가시가 돋치다; 험악(險惡)하다. ‖刺々しい顔つきで子どもを叱る 험악한 얼굴로 아이를 혼내다.

とげぬき【刺抜き】 족집게.

***とける**【溶ける・融ける】 ❶녹다. ‖酸素は水にあまり溶けない 산소는 물에 그다지 녹지 않는다. ❷고체(固體)가 액체(液體)가 되다. ‖春になって雪が溶ける 봄이 되어 눈이 녹다.

とける【解ける】 ❶풀리다; 누그러지다. ‖靴の紐が解ける 구두끈이 풀리다. ❷(感情などが)풀리다. ‖緊張が解ける 긴장이 풀리다. ❸해결(解決)되다. ‖問題が解けた 문제가 해결되었다. ❹해임(解任)되다.

とげる【遂げる】 이루다; 달성(達成)하

다. ‖目的を遂げる 목적을 이루다.

どける【退ける】 치우다. ‖通れないからその椅子を退けてください 지나갈 수 없으니 그 의자를 치워 주세요.

どけん【土建】 토건(土建). ♦土建業 토건업.

***とこ【床】** ❶잠자리. ‖床を敷く 이부자리를 깔다. ❷병상(病床). ‖床に伏せる 병상에 눕다. ❸(河川の)바닥. ❹모판. ▸床に就く 병으로 드러눕다.

***どこ【何処】** 어디; 아무 데. ‖会議はどこでするのか 회의는 어디서 하지? どこへも行かない 아무 데도 가지 않다. 彼はどこの国の人ですか 그 사람은 어느 나라 사람입니까? どこも悪くない 어디도 나쁘지 않다. どこにもない 어디에도 없다.

とこう【渡航】 ㊟하 도항(渡航). ‖渡航手続き 도항 수속.

どこか【何処か】 ❶어디선가. ‖どこかで見たことがある 어디선가 본 적이 있다. ❷〔何となく〕어딘가; 어쩐지. ‖あの人はどこか妹に似ている 저 사람은 어딘가 여동생과 닮았다.

とこしえ【永久】 영구(永久). ‖とこしえの眠りにつく 영면하다.

とこずれ【床擦れ】 욕창(褥瘡).

どこそこ 어디; 어디어디. ‖どこそこの誰々というようにきちんと書け 어디의 누구라고 정확하게 써라.

とことこ ‖子どもがとことこ(と)歩く 아이가 종종걸음으로 걷다.

どことなく【何処と無く】 어딘지 모르게. ‖どことなく気品がある 어딘지 모르게 기품이 있다.

とことん ❶끝; 최후(最後). ‖とことんまで戦う 끝까지 싸우다. ❷〔副詞的に〕철저(徹底)히. ‖とことん調べてみます 철저히 조사해 보겠습니다.

とこなつ【常夏】 일 년(一年) 내내 여름 같은 기후(氣候)임. ‖常夏の島ハワイ 언제나 여름인 섬 하와이.

どこまでも【何処までも】 끝없이. ‖どこまでも草原が続く 끝없이 초원이 이어지다. どこまでも真理を究める 끝없이 진리를 추구하다.

どこもかしこも【何処も彼処も】 어디라고 할 것 없이 전부(全部). ‖どこもかしこも雪に覆われる 어디라고 할 것 없이 전부 눈에 덮이다.

とこや【床屋】 이발소(理髮所).

どこやら【何処やら】 ❶어디선가. ‖どこやらで声がする 어디선가 목소리가 들리다. ❷어딘가. ‖どこやら悪いようだ 어딘가 나쁜 것 같다.

ところ【所】 ❶(空間的な)위치(位置); 장소(場所). ‖遠いところから来た 먼 곳에서 왔다. ❷주소(住所). ‖書類に所と名前を書き込む 서류에 주소와 이름을 써넣다. ❸(所属している)사회(社會). ‖あなたのところでは社員が何人いますか 당신이 있는 곳에는 사원이 몇 명 있습니까? ❹부분(部分); 점(點). ‖口の上のところ 입 윗부분. ❺장면(場面); 단계(段階); 상황(狀況). ‖今のところは心配ない 현재로서는 걱정 없다. こう忙しくては旅行どころではない 이렇게 바빠서는 여행갈 형편이 아니다. ❻…바. ‖聞くところによると 들은 바에 의하면. ❼〔…(する)ところだの形で〕…려고 하는 참이다. 나가려고 하는 참이다. ▸所により 지역에 따라서는.

-どころ【所】 ❶…할 만한 것[곳]. ‖見どころ 볼만한 곳. ❷〔産地〕그것이 많이 나는 곳. ‖米どころ 쌀이 많이 나는 곳. ❸해당(該當)되는 사람. ‖社の幹部どころが集まった 회사의 간부들이 모였다.

ところが 그렇지만; 그런데. ‖この事件は簡単に解決すると思われていた. ところが1年たった今なお, 捜査は難航を続けている 이 사건은 간단히 해결될 것이라고 생각되었다. 그런데 일 년이 지난 지금도 수사는 난항을 거듭하고 있다.

どころか …은[는]커녕. ‖海に行くどころか, ひと夏中仕事に追われ通しだった 바다에는커녕 여름 내내 일에 쫓겼었다. 儲かるどころか損ばかりしている 벌기는커녕 손해만 보고 있다.

ところかまわず【所構わず】 장소(場所)에 상관(相關)없이.

ところせましと【所狭しと】 좁아서 갑갑할 정도로.

ところで 그런데. ‖ところで, 今日はお暇ですか 그런데 오늘은 한가하십니까?

ところてん【心太】 우무.

ところどころ【所所】 여기저기. ‖ところどころにベンチが置いてある 여기저기에 벤치가 놓여 있다.

どこんじょう【ど根性】 끈질긴 근성(根性); 억척스러움. ‖男のど根性を見せる 남자의 근성을 보여 주다.

とさか【鶏冠】 계관(鷄冠); 닭의 볏.

どさくさ 혼란(混亂); 혼잡(混雜). ▸どさくさに紛れる 혼란을 틈타다.

とざす【閉ざす】 ❶닫다; 다물다. ‖門を閉ざす 문을 닫다. 口を固く閉ざす 입을 굳게 다물다. ❷막다. ‖道を閉ざす 길을 막다. ❸가두다; 〔閉ざされるの形で〕갇히다. ‖闇に閉ざされる 어둠에 갇히다.

どさっと 왕창. ‖棚からどさっとものが落ちてきた 선반에서 물건이 쿵 하고 떨어졌다. 注文がどさっと来て大忙しだ 주문이 왕창 들어와 너무너무 바쁘다.

とざん【登山】 ㊟하 등산(登山). ‖登山に行く 등산을 가다. 穂高を登山する 호다카를 등산하다. ♦登山家 등산가. 登山隊 등산대. 登山道 등산길.

*とし【年・歳】❶〔1年〕해. ‖年を越す 해를 넘기다. 年の暮れ 연말. ❷〔年齢〕나이. ‖10歳も年が違う 열 살이나 나이가 차이 나다. 年をとる 나이를 먹다. 年が同じだ 동갑이다. この年になって 이 나이가 되어. 年のわりに 나이에 비해. ▸年が明ける 새해가 밝다. ▸年には勝てない 나이에는 못 이긴다.

*とし【都市】도시(都市). ‖人口100万の大都市 인구 백만의 대도시. ♦衛星都市 위성 도시. 国際都市 국제 도시. 姉妹都市 자매 도시. 都市化 도시화. 都市ガス 도시 가스. 都市銀行 도시 은행. 都市計画 도시 계획.

どじ 얼빠진 짓 또는 그런 사람. ‖どじな奴 얼빠진 녀석. ▸どじを踏む 어이없는 실수를 하다.

としあけ【年明け】신년(新年); 새해.

としうえ【年上】연상(年上); 나이가 위. ‖兄は3つ年上だ 형은 세 살 위다.

としおいる【年老いる】나이를 먹다. ‖年老いた男 나이를 먹은 남자.

としおとこ【年男】그해의 띠와 같은 띠의 남자(男子).

としおんな【年女】그해의 띠와 같은 띠의 여자(女子).

としがい【年甲斐】나잇값. ‖年がいもなくけんかをする 나잇값도 못하고 싸우다.

としご【年子】연년생(年年生).

としこしそば【年越し蕎麦】(説明) 섣달 그믐날 밤에 먹는 국수.

としごと【年毎】매년(每年); 해마다.

とじこむ【綴じ込む】철(綴)하다. ‖関係書類を綴じ込む 관계 서류를 철하다.

とじこめる【閉じ込める】가두다. ‖人を地下室に閉じ込める 사람을 지하실에 가두다.

とじこもる【閉じ籠る】틀어박히다. ‖一室に閉じ籠って執筆に励む 방에 틀어박혀 집필에 전념하다.

としごろ【年頃】❶(大体の)나이. ❷결혼 적령기(結婚適齢期). ‖年頃の娘 적령기의 딸. ❸〔副詞的に〕요 몇 년(年) 동안.

としした【年下】연하(年下); 나이가 아래. ‖弟は兄より3つ年下だ 동생은 형보다 세 살 아래다.

としつき【年月】❶세월(歲月). ‖年月が経つ 세월이 흐르다. ❷다년간(多年間). ‖年月探し求めていたもの 다년간 찾고 있던 것.

*として ❶〔資格・立場〕…(으)로; (으)로서. ‖アガサクリスティは推理作家として有名だ 아가사 크리스티는 추리 소설 작가로 유명하다. 代表として出席する 대표로 출석하다. 母はお昼代として私に千円くれた 어머니는 점심값으로 내게 천 엔을 주었다. 感謝のしるしとして 감사의 표시로서. ❷〔話題としてそのままに〕…(다)하고; (으)로 하고. ‖それはそれとして, 本題に入ろう 그것은 그렇다 하고, 본론으로 들어가자. 詳細は後で報告させることとして, 質問を続けてください 자세한 것은 나중에 보고하게 하는 것으로 하고 질문을 계속하십시오. ❸〔全部〕(어느) …도. ‖誰一人としてそれに気づかなかった 어느 누구도 그것을 눈치채지 못했다. 一つとして完全なものはない 어느 하나도 제대로 된 것이 없다. ❹〔用途〕…(으)로(써). ‖ごみ箱として使う 쓰레기통으로 쓰다.

としては …(으)로서는; …치고는. ‖私としては彼のやり方に反対だ 나로서는 그 사람의 방식에 반대한다. 彼女は女性としては背が高い 그녀는 여자치고는 키가 크다.

としても …(으)로서도; …다(고) 하더라도 ‖私としても簡単に承諾するわけにはいきません 나로서도 간단히 승낙할 수는 없습니다. 知っているとしても, 話せません 알고 있다 하더라도 말할 수 없습니다.

どしどし ❶〔物事が次から次へと続く様子〕계속(繼續)해서; 척척; 끊임없이. ‖どしどし(と)片付ける 척척 정리하다. ❷〔遠慮のない様子〕거리낌없이; 기탄(忌憚)없이; 서슴없이. ‖どしどし(と)言いつけてください 서슴없이 지시해 주십시오. ❸〔足音高く歩く様子〕쿵쿵. ‖2階の廊下をどしどしと歩く 이 층 복도를 쿵쿵거리며 걷다.

としとる【年取る】나이를 먹다; 연로(年老)하다. ‖年とった両親 연로하신 부모님.

としなみ【年波】나이; 나이를 먹음. ‖寄る年波には勝てない 드는 나이는 어쩔 수가 없다.

としのせ【年の瀬】연말(年末); 세밑. ‖年の瀬も押し詰まる 세밑이 가까워지다.

とじまり【戸締まり】(하) 문단속(門團束).

とじめ【綴じ目】철(綴)한 곳; 철한 자리. ‖綴じ目が緩む 철한 곳이 느슨해지다.

としゃ【吐瀉】❶(하) 토사(吐瀉). ❷구토(嘔吐)와 설사(泄瀉).

どしゃ【土砂】토사(土沙); 흙과 모래.

どしゃぶり【土砂降り】비가 억수같이 쏟아짐.

としゅ【徒手】맨손. ♦徒手体操 맨손 체조.

としょ【図書】도서(圖書). ‖図書を閲覧する 도서를 열람하다. ♦図書館 도서관. 図書券 도서권. 図書室 도서실. 参考図書 참고 도서. 図書目録 도서 목록.

とじょう【途上】도상(途上). ♦発展途

上国 발전 도상국.
どじょう【土壌】 토양(土壤).
ドジョウ【泥鰌】 미꾸라지. ♦泥鰌鍋 추어탕.
としより【年寄り】 노인(老人).
とじる【閉じる】 ❶닫히다; 끝나다; (口を)다물다; (本を)덮다; (目を)감다; (傘を)접다. ‖門が閉じる 문이 닫히다. ❷끝나다. ‖会が閉じる 회의가 끝나다.
とじる【綴じる】 철(綴)하다; 잇다.
としん【都心】 도심(都心). ♦都心部 도심부.
とす【賭す】 걸다. ‖新製品の開発に社運を賭す 신제품 개발에 사운을 걸다.
トス【toss】 ❶(名하)(球技種目で)토스. ❷(硬貨を親指ではじき上げて)선공(先攻)・후공(後攻)을 정하는 것.
どす ❶단도(短刀). ❷무서운 기세(氣勢); 위협적(威脅的)임. ‖どすのきいた声 위협적인 목소리.
どすう【度数】 ❶횟수(回數). ‖図書館を利用する度数 도서관을 이용하는 횟수. ❷도수(度數). ‖温度計の度数 온도계 도수.
どすぐろい【どす黒い】 거무칙칙하다; 거무죽죽하다. ‖壁にはどす黒い血がついていた 벽에는 거무칙칙한 피가 묻어 있었다.
どすん ❶〔重いものが落ちる様子[音]〕쿵쾅. ❷〔勢いよく腰を下ろす様子〕털썩; 풀썩. ‖どすんと座る 풀썩 주저앉다.
どせい【土星】 토성(土星).
どせきりゅう【土石流】 토석류(土石流).
とぜつ【途絶】 (名되) 두절(杜絶). ♦交通途絶 교통 두절.
とそう【塗装】 (名하) 도장(塗裝). ‖ビルの壁面を塗装する 건물 벽면을 도장하다.
どそう【土葬】 (名하) 토장(土葬).
どそく【土足】 신을 신은 발. ‖土足で座敷に上がり込む 신을 신은 채 방에 들어서다. 土足禁止 신을 신은 채 들어서는 것을 엄금함.
どだい【土台】 ❶토대(土臺). ‖コンクリートで土台を固める 콘크리트로 토대를 다지다. ❷〔元々〕애당초(當初); 원래(元來). ‖土台無理な話だ 애당초 무리한 얘기다.
とだえる【途絶える】 끊어지다; 두절(杜絶)되다. ‖連絡が途絶える 연락이 끊어지다.
どたキャン ‖どたキャンする 직전에 취소하다.
どたどた 쿵쾅쿵쾅; 우당탕. ‖廊下をどたどた(と)歩く 복도를 쿵쾅거리며 걷다.
とだな【戸棚】 선반이 있는 장(欌). ♦食器戸棚 식기장.
どたばた 쿵쾅쿵쾅; 우당탕. ‖廊下をどたばた(と)走り回る 복도를 우당탕거리며 뛰어다니다.
とたん【途端】 …는 순간(瞬間); …자마자; 바로 그때. ‖立ち上がった途端に倒れた 일어서는 순간 쓰러졌다.
どたんば【土壇場】 최후(最後)의 장면(場面); 막판; 막다른 곳. ‖土壇場まで追い詰められる 막다른 곳까지 몰리다.
*__とち__【土地】 ❶땅; 토지(土地). ‖土地を耕す 토지를 경작하다. 肥えている土地 비옥한 토지. 土地改良 토지 개량. 祖国の土地 조국 땅. ❷그 지방(地方); 그 지역(地域). ‖土地の言葉 그 지방의 말. 犯人は土地の事情に詳しい 범인은 그 지역의 사정을 잘 알고 있다. ♦土地柄 그 지방의 풍습. 土地勘 土地勘がある 그 지방의 지리를 잘 알다.
とちじ【都知事】 도지사; 동경도(東京都)의 지사(知事).
どちゃく【土着】 (名하) 토착(土着). ‖土着の文化 토착 문화.
とちゅう【途中】 도중(途中)(에); 중도(中途). ‖学校へ行く途中 학교에 가는 도중에. 来る途中歩きながら考えてみた 오는 도중에 걸으면서 생각해 보았다. 仕事を途中で投げ出す 일을 중도에서 집어던지다. 途中下車 도중하차.
とちょう【都庁】 도청(都廳).
*__どちら__【何方】 ❶〔方向・場所〕방향(方向); 장소(場所). ‖どちらにお住まいですか 어디에 사세요? ❷〔人〕어느 분; 누구. ‖どちらがお兄さんですか 어느 분이 형이신가요? どちら様ですか 누구십니까? ❸〔もの〕어느 것. ‖コーヒーと紅茶どちらになさいますか 커피와 홍차 중 어느 것으로 하시겠어요? ▸どちらかと言えば 굳이 말하자면.
とっか【特化】 (名하) 특화(特化).
とっか【特価】 특가(特價).
どっかい【読解】 (名하) 독해(讀解). ‖長文を読解する 장문을 독해하다. ♦読解力 독해력.
とっかかり【取っ掛かり】 실마리; 단서(端緖). ‖解決への取っかかりをつかむ 해결의 실마리를 찾다.
どっかり ❶〔重いものを置く〕‖重い荷物をどっかり(と)置く 무거운 짐을 끙끙대며 놓다. ❷〔重々しく座る〕‖椅子にどっかり(と)腰を下ろす 의자에 의젓하게 앉다. ❸〔物事が急に変わる〕확; 팍. ‖目方がどっかり(と)減る 무게가 확 줄다.
とっき【突起】 (名하) 돌기(突起). ‖中央の突起部 중앙의 돌기부.
とっき【特記】 (名하) 특기(特記). ♦特記事項 특기 사항.
とっきゅう【特急】 특급(特急).
とっきゅう【特級】 특급(特級).

*とっきょ【特許】특허(特許). ‖特許を持っている 특허를 갖고 있다. 特許が下りる 특허가 나오다. 特許をとる 특허를 따다. ♦特許権 특허권.

どっきょ【独居】(スル)독거(獨居). ♦独居老人 독거 노인.

ドッキング【docking】(スル)도킹.

とつぐ【嫁ぐ】시집가다. ‖娘が嫁ぐ 딸이 시집가다. 娘を嫁がせる 딸을 시집보내다.

ドック【dock】❶독; 선거(船渠). ❷종합 검진(綜合檢診)을 위한 설비(設備). ‖人間ドック 인간 독.

とっくに【疾っくに】이미; 벌써. ‖とっくに切符は売り切れた 이미 표는 다 팔렸다. ♦とっくの昔 오래 전.

とっくみあい【取っ組み合い】맞붙어 싸움. ‖取っ組み合いのけんかをする 맞붙어 싸우다.

とっくみあう【取っ組み合う】맞붙다; 맞대들다.

とっくり【徳利】❶(日本酒用の)용기(容器). ❷〔とっくり衿〕터틀넥.

とっくん【特訓】(スル)특별 훈련(特別訓練).

どっけ【毒気】독기(毒氣). ▸毒気に当てられる 상대방의 기세에 눌려 망연해하다.

とっけい【特恵】특혜(特惠). ♦特恵関税 특혜 관세.

とつげき【突撃】(スル)돌격(突擊).

とっけん【特権】특권(特權). ♦特権階級 특권 계급.

どっこい 어딜. ‖どっこい, そうはいかないよ 어딜, 그렇게는 안 돼.

どっこいしょ (이)영차. ‖うんとこ, どっこいしょ 이영차 이영차.

どっこいどっこい 엇비슷함; 비슷비슷함. ‖実力という点ではどっこいどっこいだ 실력 면에서는 비슷비슷하다.

とっこう【特効】특효(特效). ♦特効薬 특효약.

とっこう【徳行】덕행(德行).

とっこうたい【特攻隊】특공대(特攻隊).

とっさ【咄嗟】순식간(瞬息間); 순간. ‖とっさの間の出来事だった 눈 깜짝할 사이에 일어난 일이었다. とっさに身を交わした 순간적으로 몸을 피했다.

どっさり 많이; 잔뜩. ‖おみやげをどっさり(と)もらう 선물을 잔뜩 받다.

ドッジボール【dodge ball】피구(避球).

とっしゅつ【突出】(スル)돌출(突出).

とつじょ【突如】갑자기. ‖突如として出現する 갑자기 나타나다.

どっしり 중후(重厚)하게; 묵직하게. ‖どっしり(と)重い 묵직하다.

とっしん【突進】(スル)돌진(突進).

とつぜん【突然】돌연(突然)히; 갑자기. ‖突然笑い出す 갑자기 웃음을 터뜨리다. ♦突然死 돌연사. 突然変異 돌연변이.

どっち【何方】어디; 어느 쪽. ‖どっちでもいい 어느 쪽이든 좋다.

どっちつかず【何方付かず】애매(曖昧)함; 어중간함. ‖どっちつかずな態度 애매한 태도. どっちつかずな返答 애매한 대답.

とっちめる【取っ締める】심하게 혼내다.

どっちもどっち ‖どっちもどっちだ 양쪽 다 나쁘다.

とっつき【取っ付き】❶시작(始作); 처음. ‖取っ付きから失敗する 처음부터 실패하다. ❷첫인상(印象). ‖取っ付きの悪い男 첫인상이 나쁜 남자. ❸(建物・場所などに入る時)맨 먼저 지나가는 곳. ‖取っ付きの部屋 맨 첫 번째 방.

とって【取って】❶나이를 셀 때 하는 말. ‖当年とって 25 歳 올해로 스물다섯 살. ❷…에게는; …(으)로서는. ‖彼らにとっては, またとないいい機会だ 그들에게는 다시없는 좋은 기회다.

とって【取っ手】손잡이. ‖鍋の取っ手 냄비 손잡이.

とっておき【取って置き】비장(祕藏). ‖取って置きの方法 비장의 방법.

とっておく【取って置く】잡아 두다; 받아 두다; 넣어 두다; 남겨 두다. ‖彼女のために隣の席を取って置いた 그녀를 위해 옆자리를 잡아 두었다.

とってかわる【取って代わる】대신(代身)하다.

とってくる【取って来る】가지고 오다; 들고 오다.

とってつけたよう【取って付けたよう】‖取って付けたようなお世辞を言う 어색한 겉치레 말을 하다.

どっと ❶〔人やものなどが急に押し寄せる〕우르르. ‖人がどっと押し寄せる 사람들이 한꺼번에 우르르 몰려들다. ❷〔大勢が一度に声を上げる〕와. ‖皆がどっと笑う 모두 와 하고 웃다. ❸〔病気が急に重くなり床につく〕‖どっと床につく 병이 악화되어 드러눕다. 疲れがどっと出る 피곤이 마구 몰려오다.

ドット【dot】도트; 점(點). ♦ドットコム ①《IT》.com. ②인터넷 관련 기업의 총칭.

とつとつ【訥訥】더듬더듬. ‖とつとつと話す 더듬거리며 어눌하게 이야기하다.

とっとと 냉큼; 빨리; 어서; 썩. ‖とっとと消えろ 냉큼 꺼져라! とっとと出ていけ 어서 나가!

とつにゅう【突入】(スル)돌입(突入). ‖敵陣に突入する 적진에 돌입하다.

とっぱ【突破】(スル)돌파(突破). ‖警戒線を突破する 경계선을 돌파하다.

と

とっぱこう【突破口】 돌파구(突破口). ‖突破口を開く 돌파구를 찾다.

とっぱつ【突発】 ㉻하 돌발(突發). ♦突発事故 돌발 사고.

とっぱん【凸版】 철판(凸版); 볼록판.

とっぴ【突飛】ダ 엉뚱하다. ‖突飛な行動 엉뚱한 행동.

とっぴょうし【突拍子】〔突拍子もないの形で〕엉뚱한; 얼토당토않은. ‖突拍子もない計画 엉뚱한 계획.

*__トップ__【top】 ❶선두(先頭); 일등(一等). ‖トップで走る 선두로 달리다. ❷최상위(最上位); 정상(頂上). ‖トップ会談 정상 회담. ❸(新聞の)최상단(最上段) 오른쪽 부분(部分). ‖社会面のトップ記事 사회면의 톱기사. ♦トップニュース 톱뉴스.

とっぷう【突風】 돌풍(突風).

とっぷり ❶〔日がすっかり暮れる〕완전(完全)히. ‖とっぷり(と)日が暮れる 해가 완전히 지다. ❷〔十分におおわれたり浸かったりする〕푹. ‖湯にとっぷり(と)浸かる 따뜻한 물에 몸을 푹 담그다.

どっぷり ❶〔墨汁や水などを十分含ませる〕듬뿍. ‖筆にどっぷり(と)墨をつける 붓에 먹물을 듬뿍 적시다. ❷〔風呂などにすっかり浸かる〕푹. ‖首までどっぷり(と) 浸かる 목까지 푹 담그다. ❸〔ある環境にすっかりはまって安住している〕푹. ‖古い慣習にどっぷり(と) 浸かっている 오랜 관습에 푹 젖어 있다.

とつべん【訥弁】 눌변(訥辯). ‖訥弁だが真情のこもった話 눌변이지만 진심이 담긴 이야기.

とつめんきょう【凸面鏡】 볼록 거울.

とつレンズ【凸 lens】 볼록 렌즈.

どて【土手】 제방(堤防); 방죽.

とてい【徒弟】 도제(徒弟); 제자(弟子). ♦徒弟制度 도제 제도.

どでかい 매우 크다. ‖どでかいビルがおっ立ったものだ 엄청나게 큰 건물이 들어섰다.

とてつもない【途轍もない】 도리(道理)에 맞지 않다; 엄청나다; 터무니없다.

とても ❶〔打ち消しの表現を伴って〕도저(到底)히. ‖そんな仕事はとてもできない 그런 일은 도저히 할 수 없다. ❷매우; 아주; 대단히. ‖とても美しい 매우 예쁘다.

トド【胡獱】(動物) 바다사자.

ととう【徒党】 도당(徒黨); 무리. ‖徒党を組む 무리를 짓다. 작당하다.

どとう【怒濤】 노도(怒濤). ‖怒濤のように押し寄せる 노도처럼 밀려오다.

とどうふけん【都道府県】 전국 행정구역(全國行政區域)의 총칭(總稱).

*__とどく__【届く】 ❶도착(到着)하다. ‖手紙が届く 편지가 도착하다. 送ってくれた小包が届きました 보내 준 소포가 도착했습니다. ❷닿다; 미치다. ‖天井に手が届く 천장에 손이 닿다. 注意が届く 주의가 미치다.

とどけ【届け】 ❶전달(傳達); 배달(配達). ❷신청(申請); 신고(申告). ‖届けを済ます 신청을 마치다. ❸신고서(申告書); …계(屆). ‖届けを提出する 신고서를 제출하다. 学校に欠席届を出す 학교에 결석계를 내다. ♦届け先 보낼 곳.

とどけでる【届け出る】 (役所などに)신고(申告)하다.

とどける【届ける】 ❶보내다. ‖本を届ける 책을 보내다. ❷신고(申告)하다. ‖欠席を届ける 결석을 신고하다.

とどこおりなく【滞りなく】 탈 없이; 무사(無事)히. ‖式は滞りなく終わった 식은 탈 없이 끝났다.

とどこおる【滞る】 ❶밀리다; 정체(停滞)되다. ‖仕事が滞る 일이 밀리다. ❷연체(延滞)되다. ‖部屋代が滞る 방세가 밀리다.

ととのう【整う・調う】 ❶정돈(整頓)되다; 반듯하다. ‖整った顔だち 반듯한 얼굴. ❷갖춰지다. ‖書類が調う 서류가 갖춰지다. ❸성립(成立)되다; 이루어지다. ‖縁談が調う 혼담이 성립되다.

ととのえる【整える・調える】 ❶정리(整理)하다; 정돈(整頓)하다. ‖机の上を整える 책상 위를 정리하다. ❷조절(調節)하다; 조정(調整)하다. ‖体調を整える 컨디션을 조절하다. ❸준비(準備)하다. ‖旅行に必要なものを調える 여행에 필요한 물건을 준비하다. ❹맞추다. ‖拍子を整える 박자를 맞추다. ❺성립(成立)시키다. ‖縁談を調える 혼담을 성립시키다.

とどまる【止まる・留まる】 ❶머물다. ‖夏休み中も東京に留まっていた 여름 방학에도 동경에 머물렀다. ❷멈추다. ‖止まるところを知らない物価の上昇 멈출 줄 모르는 물가 상승.

とどめ【止め】 최후(最後)의 일격(一撃). ‖止めの一撃を加える 결정적인 일격을 가하다. ▸止めを刺す 다짐을 하다. 못을 박다.〔慣〕

とどめる【止める・留める】 ❶멈추다; 중지(中止)시키다. ‖足をとどめて眺める 걸음을 멈추고 바라보다. ❷남기다. ‖議事録にとどめる 의사록에 남기다.

とどろかす【轟かす】 ❶울리다. ‖ひづめの音をとどろかして馬が走る 말이 발굽 소리를 내며 달리다. ❷떨치다; 널리 알리다. ‖天下に名をとどろかす 천하에 이름을 떨치다. ❸(胸を)뛰게 하다.

とどろく【轟く】 ❶울려 퍼지다. ‖雷鳴がとどろく 천둥소리가 울려 퍼지다. ❷널리 알려지다. ‖名声が天下にとどろいている 명성이 천하에 알려져 있다.

トナー【toner】 토너.

ドナー【donor】 도너; 장기 제공자(臓器提供者).

となえる【唱える】 ❶외다. ‖念仏を唱える 염불을 외다. ❷외치다; 주장(主張)하다. ‖絶対反対を唱える 절대 반대를 외치다.

となえる【称える】 …(이)라고 칭(稱)하다.

トナカイ【馴鹿】 순록(馴鹿).

どなた【何方】 어느 분; 누구. ‖あの方はどなた様でしょうか 저 분은 누구시죠?

どなべ【土鍋】 질그릇 냄비.

***となり**【隣】 ❶옆. ‖隣の人 옆 사람. ❷옆집; 이웃집. ‖隣に新しい人が引っ越してきた 옆집에 새로운 사람이 이사 왔다. ▸隣の花は赤い 남의 떡이 커 보인다.

となりあう【隣り合う】 이웃하다. ‖隣り合った2軒の家 이웃하는 두 집.

となりあわせ【隣り合わせ】 이웃해 있음. ‖隣り合わせに住んでいる 이웃해서 살고 있다.

となりきんじょ【隣近所】 이웃; 이웃집.

どなりこむ【怒鳴り込む】 거세게 항의(抗議)하다. ‖騒音を出す工場へ怒鳴り込む 소음을 내는 공장에 거세게 항의하다.

どなりつける【怒鳴り付ける】 호통을 치다. ‖子どもを怒鳴りつける 아이에게 호통을 치다.

どなる【怒鳴る】 ❶소리 지르다. ‖そんなに怒鳴らなくても聞こえる 그렇게 소리 지르지 않아도 들린다. ❷혼내다. ‖いたずらをして先生に怒鳴られた 장난을 쳐서 선생님께 혼났다.

とにかく【兎に角】 ❶아무튼; 어쨌든. ‖とにかくやってみよう 어쨌든 해 보자. ❷차치(且置)하고. ‖君はとにかく, 彼は駄目だ 너는 차치하고 그 사람은 안 된다.

トニック【tonic】 토닉. ♦ヘアトニック 헤어 토닉. トニックウォーター 토닉워터.

とにもかくにも【兎にも角にも】 아무튼; 어쨌든. ‖とにもかくにも私の務めは終わった 어쨌든 내 임무는 끝났다.

***どの**【何の】 어느; 어떤. ‖どの品になさいますか 어떤 것으로 하시겠습니까? どの絵が一番好きですか 어느 그림이 가장 마음에 듭니까?

-どの【殿】 …님; …씨(氏); 귀하(貴下).

どのう【土嚢】 흙을 넣은 자루.

どのくらい【何の位】 어느 정도(程度); 얼마 정도; 얼마나. ‖大きさはどのくらいですか 크기는 어느 정도입니까? どのくらい必要ですか 얼마나 필요합니까? 時間はどのくらいかかりますか 시간은 얼마나 걸립니까?

とのさま【殿様】 ❶주군(主君)·귀인(貴人). ❷(生活に余裕があって)세상 물정(世上物情)을 모르는 사람. ‖殿様暮らし 호화로운 생활.

トノサマガエル【殿様蛙】 참개구리.

どのみち【何の道】 아무튼; 어쨌든. ‖どのみち駄目だ 어쨌든 안 된다.

とば【賭場】 도박장(賭博場).

トパーズ【topaze ᶠ】 토파즈.

ドバイ【Dubai】《国名》 두바이.

とはいうものの【とは言うものの】 그렇다고 해도; …(이)라 하더라도.

***とばす**【飛ばす】 ❶날리다. ‖紙飛行機を飛ばして遊ぶ 종이비행기를 날리며 놀다. デマを飛ばす 악선전을 하다. ❷건너뛰다. ‖分からないところは飛ばして読む 모르는 부분은 건너뛰어 읽다. ❸속력(速力)을 내다. ‖車を飛ばす 차를 달리다. ❹〔飛ばされるの形で〕좌천(左遷)되다. ‖支社に飛ばされた 지사로 좌천되었다.

どはずれ【度外れ】 정도(程度)를 넘어섬; 엄청남. ‖度外れな大声を出す 엄청나게 큰 소리를 내다.

とばり【帳】 막; 장막(帳幕).

とはん【登坂】 ㉠하 등판(登板).

とはん【登攀】 ㉠하 등반(登攀).

トビ【鳶】 ❶《鳥類》 솔개. ❷건축 공사장 인부(建築工事場人夫). ▸鳶が鷹を生む 개천에서 용 난다.〔諺〕

とびあがる【飛び上がる】 ❶날아오르다. ‖飛行機が飛び上がる 비행기가 날아오르다. ❷뛰어오르다; 뛰어넘다. 2階級飛び上がる 이 계급을 뛰어넘다.

とびあるく【飛び歩く】 바쁘게 뛰어다니다. ‖話をまとめようと四方八方飛び歩く 교섭을 성사시키려고 사방팔방으로 뛰어다니다.

とびいし【飛び石】 징검다리.

とびいた【飛び板】 스프링보드; 도약판(跳躍板).

とびいり【飛び入り】 예정(豫定)에 없이 뛰어듦 또는 그 사람. ‖飛び入りする 예정에 없는 사람이 뛰어들다.

トビウオ【飛び魚】 날치.

とびおきる【飛び起きる】 벌떡 일어나다. ‖地震に驚いて飛び起きる 지진에 놀라 벌떡 일어나다.

とびおりる【飛び降りる】 뛰어내리다. ‖汽車から飛び降りる 기차에서 뛰어내리다.

とびかう【飛び交う】 ❶뒤섞여 날다. ‖蝶が飛び交う 나비가 이리저리 날다. ❷오고가다. ‖怒号が飛び交う 고함 소리가 오고가다.

とびかかる【飛び掛かる】 달려들다; 덤벼들다. ‖猟犬が獲物に飛びかかる 사냥개가 사냥감에 덤벼들다.

とびきゅう【飛び級】 월반(越班).

とびきり【飛び切り】 ❶각별(各別); 최

상(最上). ‖飛び切りの品 최상품. ❷〔副詞的に〕각별(各別)히; 뛰어나게. ‖飛び切りうまい料理 뛰어나게 맛있는 요리.

とびこえる【飛び越える】 뛰어넘다; 건너뛰다. ‖垣根を飛び越える 울타리를 뛰어넘다.

とびこす【飛び越す】 ❶뛰어넘다; 뛰어 건너다. ‖小川を飛び越す 냇가를 뛰어 건너다. ❷(順序を)뛰어넘다; 앞지르다. ‖先輩を飛び越して昇進する 선배를 앞질러 승진하다.

とびこみ【飛び込み】 ❶(水泳の)다이빙; 뛰어듦; 투신(投身). ‖飛び込み自殺 투신자살. ❷느닷없이 나타남. ‖飛び込みの仕事 느닷없는 일.

とびこむ【飛び込む】 ❶뛰어들다. ‖海に飛び込む 바다에 뛰어들다. ❷느닷없이 들어오다. ‖窓から鳥が飛び込んでくる 창문으로 새가 날아들다.

とびだす【飛び出す】 ❶갑자기 나타나다. ‖帽子の中からハトが飛び出す 모자 속에서 비둘기가 튀어나오다. ❷(外部へ)튀어나오다. ‖釘が飛び出している 못이 튀어나와 있다. ❸(そこを去って)인연(因緣)을 끊다. ‖上司と意見が会わず会社を飛び出す 상사와 의견이 안 맞아 회사를 나오다.

とびたつ【飛び立つ】 날아오르다.

とびちる【飛び散る】 튀다. ‖火花が飛び散る 불꽃이 튀다.

とびつく【飛び付く】 달려들다; 덤벼들다; 달라붙다. ‖犬が飼い主に飛びついた 키우고 있는 개가 주인에게 달라붙었다. うまい話に飛びつく 돈이 된다는 이야기에 달라붙다.

トピック【topic】 토픽.

トピックス【TOPIX】 동경 증권 거래소(東京證券去來所)의 주가 지수(株價指數).

とびでる【飛び出る】 튀어나오다.

とびとび【飛び飛び】 ❶띄엄띄엄. ‖本を飛び飛びに読む 책을 띄엄띄엄 읽다. ❷드문드문. ‖家が飛び飛びにある 집이 드문드문 있다.

とびぬける【飛び抜ける】 뛰어나다; 빼어나다; 월등(越等)하다. ‖飛び抜けた成績 뛰어난 성적.

とびのく【飛び退く】 재빨리 물러서다; 비켜서다. ‖慌てて後ろに飛びのく 허둥대며 *뒤로 물러서다*.

とびばこ【跳び箱】 뜀틀.

とびはなれる【飛び離れる】 ❶재빨리 피(避)하다; 물러서다. ‖びっくりして飛び離れる 깜짝 놀라 물러서다. ❷멀리 떨어지다. ‖本土から飛び離れた孤島 본토에서 멀리 떨어진 외딴섬.

とびはねる【飛び跳ねる】 ❶날뛰다. ‖馬が飛び跳ねる 말이 날뛰다. ❷(うれしくて)팔짝팔짝 뛰다. ‖それを聞いて飛び跳ねて喜んだ 그 소리를 듣고 기뻐서 팔짝팔짝 뛰었다.

とびひ【飛び火】 비화(飛火); 불똥. ‖飛び火する 불똥이 튀다.

とびまわる【飛び回る】 ❶날아다니다. ‖ハエが室内を飛び回る 파리가 실내를 날아다니다. ❷바빠서 뛰어다니다.

とびら【扉】 ❶문(門). ‖扉が開く 문이 열리다. ❷(本の)속표지(表紙).

どびん【土瓶】 ㊫차(茶)를 끓이거나 약(藥)을 달이는 데 사용(使用)하는 도기(陶器).

***とぶ**【飛ぶ・跳ぶ】 ❶날다. ‖鳥が空を飛ぶ 새가 하늘을 날다. ❷튀다. ‖しぶきが飛ぶ 물방울이 튀다. 彼の話はあちこち飛ぶ 그 사람 이야기는 여기저기로 튄다. ❸(飛行機に乗って)가다. ‖明日はソウルに飛ぶ 내일은 서울에 간다. ❹건너뛰다; 빼고 넘어가다. ‖この本は16ページ飛んでいる 이 책은 십육 페이지가 빠져 있다. ❺퍼지다. ‖うわさが飛ぶ 소문이 퍼지다. ❻도약(跳躍)하다. ‖飛ぶように売れる 날개가 돋친 듯이 팔리다. ▸飛ぶ鳥を落す勢い 나는 새도 떨어뜨린다.㊗ ▸飛んで火に入る夏の虫 화를 자초함.

どぶ【溝】 하수구(下水溝); 수채. ‖溝をさらう 수채를 치다.

ドブネズミ【溝鼠】 시궁쥐.

どぶろく【濁酒】 탁주(濁酒).

とべい【渡米】 ㊂도미(渡美).

とほ【徒歩】 도보(徒步); 걸어서 감. ‖徒歩で行く 걸어서 가다. 現地まで徒歩10分 현지까지 도보로[걸어서] 십 분.

とほう【途方】 ❶수단(手段); 방법(方法). ❷도리(道理). ▸途方に暮れる 어찌할 바를 모르다. ▸途方もない 터무니없다. 途方もない大きな計画 터무니없이 원대한 계획.

どぼく【土木】 토목(土木). ♦土木工事 토목 공사. 土木工学 토목 공학.

とぼける【惚ける】 ❶〔しらばくれる〕시치미를 떼다. ❷〔間が抜ける〕얼빠지다. ‖とぼけた表情 얼빠진 표정.

とぼしい【乏しい】 부족(不足)하다; 빈약(貧弱)하다. ‖若くて経験に乏しい 젊어서 경험이 부족하다.

とぼとぼ 터벅터벅. ‖とぼとぼ(と)歩く *터벅터벅 걷다*.

どぼん 풍덩. ‖どぼんと飛び込む 풍덩 뛰어들다.

どま【土間】 봉당(封堂).

トマト【tomato】 토마토. ♦トマトケチャップ 토마토케첩. トマトピューレ 토마토 퓌레.

とまどい【戸惑い】 당황(唐慌)함; 망설임; 어쩔 줄 몰라함. ‖戸惑いを見せる 당황해하다. 戸惑いの色を隠せない 어쩔 줄 몰라하다.

とまどう【戸惑う】 당황(唐慌)하다; 망설이다; 어쩔 줄 몰라하다. ‖急に聞かれて戸惑った 갑작스레 질문을 받아 당황했다.

とまり【止まり・留まり】 멈춤; 멈추는 곳.

とまり【泊まり】 ❶숙박(宿泊); 숙소(宿所). ‖1晩泊まりで温泉へ行く 일 박 예정으로 온천에 가다. ❷선착장(船着場).

とまりがけ【泊まり掛け】 ‖泊まりがけで遊びに行く 묵을 예정으로 놀러 가다.

とまりこむ【泊まり込む】 숙박(宿泊)하다; 묵다.

*__とまる__【止まる・留まる・停まる】 ❶정지(停止)하다; 중단(中斷)하다; 서다. ‖次の駅は停まりますか? 다음 역에 섭니까? 時計が止まる 시계가 멈추다. ❷머물다; 앉다. ‖スズメが電線に止まっている 참새가 전선에 앉아 있다. 目に止まる 눈에 들어오다. ❸(見たり聞いたりしたものが)남다. ‖心に留まる 마음에 남다.

*__とまる__【泊まる】 ❶숙박(宿泊)하다; 묵다. ‖もう遅いから泊まって行きなさい 늦었으니 묵고 가거라. 今友人の所に泊まっている 지금 친구 집에 묵고 있다. ❷정박(碇泊)하다.

どまんなか【ど真ん中】 한가운데; 한복판. ‖ソウルのど真ん中 서울 한복판.

とみ【富】 ❶부(富). ‖莫大な富を築く 막대한 부를 쌓다. ❷자원(資源). ‖地下に眠っている富を探り当てる 지하에 잠자고 있는 자원을 찾아내다.

とみに【頓に】 갑자기. ‖近年, 人口がとみに増加している市 요 몇 년 사이에 인구가 갑자기 증가하고 있는 시.

ドミニカ【Dominica】《国名》 도미니카.

ドミニカきょうわこく【Dominica 共和国】《国名》 도미니카 공화국(共和國).

ドミノ【domino】 도미노.

とむ【富む】 ❶부자(富者)가 되다. ❷풍부(豊富)하다. ‖才能に富む 재능이 풍부하다.

とむらい【弔い】 ❶애도(哀悼). ❷장례식(葬禮式). ❸공양(供養). ▸弔い合戦 (説明) 죽은 자를 위한 복수전(復讐戰).

とむらう【弔う】 ❶조문(弔問)하다. ‖遺族を弔う 유족을 조문하다. ❷명복(冥福)을 빌다. ‖死者の霊を弔う 죽은 사람의 명복을 빌다.

とめ【止め・留め】 ❶멈춤. ❷금지(禁止). ‖通行止め 통행금지.

ドメイン【domain】 ❶(IT) 도메인. ❷사업 활동(事業活動)의 영역(領域).

とめおき【留め置き】 유치(留置).

とめおく【留め置く】 ❶유치(留置)하다. ‖一晩警察に留め置かれた 하룻밤 경찰에 유치되었다. ❷그대로 두다.

とめがね【止め金・留め金】 (説明) 이음매가 떨어지지 않도록 고정(固定)시키는 쇠붙이.

とめぐ【留め具】 (説明) 떨어지거나 움직이지 않도록 고정(固定)시키는 기구(器具).

ドメスティックバイオレンス【domestic violence】 가정 폭력(家庭暴力).

とめど【止め処】 제한(制限); 한. ‖止めどなくしゃべり続ける 한도 없이 지껄이다.

とめばり【留め針】 ❶〔待ち針〕시침. ❷〔ピン〕핀.

*__とめる__【止める・留める】 ❶중지(中止)하다; 멈추다. ‖足を止める 발걸음을 멈추다. ❷금지(禁止)하다; 말리다. ‖子どものけんかを止める 아이들 싸움을 말리다. ❸고정(固定)시키다. ‖洗濯ばさみで留める 빨래집게로 고정시키다. ❹주목(注目)하다; 주의(注意)하다. ‖1枚の写真に目を止める 한 장의 사진에 주목하다.

とめる【泊める】 ❶숙박(宿泊)시키다; 묵게 하다; 재우다. ❷정박(碇泊)시키다.

とも【友】 친구(親舊). ‖竹馬の友 죽마고우.

とも【供・伴】 종자(從者); 수행원(隨行員).

とも【鞆】 (説明) 활을 쏠 때 왼쪽 팔목에 차는 도구(道具).

とも【艫】 선미(船尾).

-とも【共】 ❶전부(全部); 함께. ‖5人とも合格 다섯 명 전부 합격. ❷포함(包含). ‖送料とも千円 송료 포함 천 엔.

-ども【共】 ‖わたくし共の責任です 저희들의 책임입니다.

ともあれ【とも有れ】 아무튼; 어쨌든.

ともかく【兎も角】 ❶아무튼; 어쨌든. ‖留守かも知れないが, ともかく行ってみよう 없을지도 모르지만 아무튼 가 보자. ❷〔…はともかくの形で〕…은[는] 차치(且置)하고. ‖夏はともかく, 冬がつらい 여름은 차치하고 겨울이 힘들다.

ともかせぎ【共稼ぎ】 (名하) 맞벌이.

ともぐい【共食い】 ‖共食いする 서로 잡아먹다.

ともしび【灯】 등불. ♦風前の灯 풍전등화.

ともしらが【共白髪】 백년해로(百年偕老). ‖共白髪まで添い遂げる 백년해로하다.

ともす【点す・灯す】 (明かりを)밝히다; 켜다. ‖ろうそくを点す 촛불을 켜다.

ともだおれ【共倒れ】 ‖共倒れする 같이 쓰러지다. 같이 망하다. 공도동망하다. 安売り合戦で共倒れになる 저가 판매 경합으로 같이 망하다.

ともだち【友達】 친구(親舊). ‖友だちになる 친구가 되다. ♦女友だち 여자 친

구.

ともども【共共】 함께; 모두. ‖親子共々音楽家として知られる 부모 자식 모두 음악가로 알려지다.

*__ともなう__【伴う】 ❶함께 가다; 따라가다; 데리고 가다. ‖父に伴って博物館に行く 아버지를 따라서 박물관에 가다. 秘書を伴って行く 비서를 데리고 가다. ❷따르다. ‖危険を伴う手術 위험이 따르는 수술.

ともなしに【とも無しに】 …려고 한 것은 아니지만. ‖聞くともなしに耳に入った話 들으려고 한 것은 아니지만 듣게 된 이야기.

*__ともに__【共に】 ❶함께; 같이. ‖共に学んだ旧友 함께 배운 옛 친구. 苦楽を共にする 고락을 함께하다. ❷양쪽 다. ‖母子共に元気です 엄마와 아이 양쪽 다 건강합니다. ▸共に天を戴かず 불구대천(不俱戴天). 불공대천(不共戴天).

ともばたらき【共働き】 (ス하) 맞벌이.

ともる【点る・灯る】 (明かりが) 켜지다. ‖明かりが点る 불이 켜지다.

どもる【吃る】 말을 더듬다. ‖緊張のあまりどもる 긴장한 나머지 말을 더듬다.

とやかく【兎や角】 이러쿵저러쿵; 이러니저러니. ‖とやかく言われる筋合いはない 이러니저러니 하는 소리를 들을 이유는 없다.

どやどや 우르르. ‖どやどや(と)部屋に入ってくる 우르르 방에 들어오다.

どよう【土用】 (説明) 입춘(入春)・입하(入夏)・입추(入秋)・입동(入冬) 전의 십팔 일간; 특히 입추 전의 십팔 일간.

どよう【土曜】 토요일(土曜日). ♦土曜日 토요일.

どよめき【響めき】 떠들썩한 소리; 술렁거리는 소리. ‖群衆にどよめきが起こった 군중들이 술렁거렸다.

どよめく【響めく】 ❶울려 퍼지다. ‖砲声がどよめく 포성이 울려 퍼지다. ❷술렁거리다. ‖観客がどよめく 관객들이 술렁거리다.

トラ【虎・寅】 ❶(動物) 호랑이. ❷(十二支の)인(寅). ‖寅の刻 인시(寅時). ❸〔酔っ払い〕주정(酒酊)뱅이. ▸虎の威を借る狐 호가호위(狐假虎威). ▸虎の尾を踏む 위험한 짓을 하다.

どら【銅鑼】 징.

とらい【渡来】 (ス하) 도래(渡來). ‖中国から渡来した品 중국에서 도래한 물건. ♦渡来人 (説明) 고대 중국(中國)이나 한반도(韓半島)에서 온 사람.

ドライ【dry】 ❶드라이. ❷냉정(冷情)함. ‖現代風のドライな娘 냉정한 성격의 요즘 젊은 여자. ❸(洋酒の)드라이. ♦ドライアイ 건조한 눈. ドライアイス 드라이아이스. ドライカレー 드라이카레. ドライクリーニング 드라이클리닝. ドライフラワー 드라이플라워. ドライフルーツ 드라이프루트.

トライアスロン【triathlon】 트라이애슬런.

トライアングル【triangle】 트라이앵글.

ドライバー【driver】 ❶〔ねじ回し〕드라이버. ❷운전자(運轉者). ❸(ゴルフの)드라이버. ❹(コンピューターの)드라이버.

ドライブ【drive】 ❶드라이브. ❷공에 회전(回轉)을 줌. ❸(コンピューターの)기억 장치(記憶裝置).

ドライブイン【drive-in】 드라이브인.

ドライブスルー【drive-through】 드라이브스루.

ドライヤー【drier】 드라이어; 드라이기. ‖ヘアドライヤー 헤어 드라이어.

トラウマ【Trauma ド】 트라우마.

とらえどころ【捕らえ所】 중점(重點); 요점(要點). ‖捕らえ所のない議論 요점이 없는 논의.

とらえる【捕らえる・捉える】 ❶잡다. ‖犯人を捕らえる 범인을 잡다. ❷파악(把握)하다; 확인(確認)하다. ‖文章の要点を捉える 문장의 요점을 파악하다.

トラクター【tractor】 트랙터.

どらごえ【どら声】 굵고 탁한 목소리; 뚝배기 깨지는 소리. ‖どら声を出す 뚝배기 깨지는 소리를 하다.

トラスト【trust】(経) 트러스트.

とらせる【取らせる】 ❶받게 하다; (目下の人に)주다. ‖ほうびを取らせる 상을 내리다. ❷…아[어] 주다. ‖望み通りにしてとらせよう 소원대로 들어 주마.

トラック【track】 트랙; 트랙 경기(競技).

トラック【truck】 트럭.

とらのこ【虎の子】 소중(所重)한 것. ‖虎の子の貯金 고이 간직한 저금.

とらのまき【虎の巻】 ❶비전(秘傳). ❷참고서(參考書). ‖英語の虎の巻 영어 참고서.

トラフグ【虎河豚】 복.

ドラフト【draft】 (野球の)드래프트. ♦ドラフトビール 생맥주.

トラブる 문제(問題)가 생기다.

トラブル【trouble】 트러블; 문제(問題). ‖トラブルが起きる 트러블이 생기다. エンジンにトラブルが発生する 엔진에 문제가 발생하다.

トラベラーズチェック【traveler's check】 여행자 수표(旅行者手票).

ドラマ【drama】 드라마. ♦テレビドラマ 텔레비전 드라마. 連続ドラマ 연속극.

ドラマチック【dramatic】ダ 드라마틱하다. ‖ドラマチックな再会 드라마틱한 재회.

ドラム【drum】 ❶드럼. ‖ドラムをたたく

드럼을 치다. ❷(器機で)원통형(圓筒形)의 부분(部分).
ドラムかん【ドラム缶】드럼통.
どらむすこ【どら息子】탕아(蕩兒).
とらわれる【捕らわれる】❶잡히다. ‖強盗は警察に捕らわれた 강도가 경찰에 잡혔다. ❷얽매이다; 사로잡히다. ‖先入観にとらわれる 선입관에 사로잡히다.
トランク【trunk】트렁크.
トランクス【trunks】트렁크스.
トランジスタ【transistor】트랜지스터. ♦トランジスタラジオ 트랜지스터 라디오.
トランジット【transit】트랜싯; 통과(通過); 통행(通行); 일시(一時) 통과(객); 다른 나라 공항(空港)에 일시 들르는 일 또는 그 승객(乘客).
トランス 변압기(變壓器).
トランプ【trump】트럼프.
トランペット【trumpet】트럼펫.
トランポリン【trampoline】트램펄린.
*__とり__【鳥・鶏・酉】❶새; 조류(鳥類). ‖鳥のさえずり 새가 지저귀는 소리. ❷닭. ‖鶏のがらでスープをこしらえる 닭뼈로 수프를 만들다. 鶏肉 닭고기. ❸(十二支の)유(酉). ‖酉の刻 유시.
ドリア【doria ド】도리아.
とりあい【取り合い】‖ボールを取り合いする 공을 서로 뺏다.
とりあう【取り合う】❶서로 손을 잡다. ‖手を取り合って喜ぶ 손을 맞잡고 기뻐하다. ❷서로 빼앗다; 다투다. ‖1点を取り合う試合 일 점을 다투는 시합. ❸상대(相對)하다.
とりあえず【取り敢えず】우선(于先); 먼저. ‖とりあえず彼に言わないといけない 먼저 그 사람한테 말하지 않으면 안 된다.
*__とりあげる__【取り上げる】❶〔手に取る〕집어 들다. ‖書類を取り上げる 서류를 집어 들다. ❷수리(受理)하다; 채용(採用)하다; 받아들이다. ‖その案は取り上げられなかった 그 안은 받아들여지지 않았다. ❸〔奪い取る〕빼앗다; 몰수(沒收)하다; 징수(徵收)하다. ‖子どものおもちゃを取り上げる 아이의 장난감을 빼앗다. ❹출산(出産)을 돕다.
とりあつかい【取り扱い】❶취급(取扱). ❷대우(待遇); 접대(接待). ‖丁重な取り扱い 정중한 대우.
とりあつかう【取り扱う】다루다; 취급(取扱)하다. ‖劇薬を取り扱う 극약을 취급하다.
とりあつめる【取り集める】모으다. ‖資料を取り集める 자료를 모으다.
とりあわせる【取り合わせる】적절(適切)히 섞다; 배합(配合)하다.
とりいそぎ【取り急ぎ】〔主に手紙の末尾に用いられて〕우선(于先) 급(急)한 대로; 서둘러.
トリートメント【treatment】트리트먼트; 손질; 치료(治療).
とりいれる【取り入れる】❶걷어 들이다. ‖洗濯物を取り入れる 빨래를 걷어 들이다. ❷수확(收穫)하다. ‖稲を取り入れる 벼를 수확하다.
とりインフルエンザ【鳥 influenza】조류 독감(鳥類毒感).
とりえ【取り柄】장점(長點); 쓸모. ‖何の取り柄もない 아무런 장점이 없다.
トリオ【trio イ】트리오.
とりおこなう【執り行なう】거행(擧行)하다; 집행(執行)하다. ‖結婚式を執り行なう 결혼식을 거행하다.
とりおさえる【取り抑える】잡다. ‖現行犯を取り抑える 현행범을 잡다.
とりおとす【取り落とす】❶떨어뜨리다. ‖驚いて茶碗を取り落とす 놀라서 밥공기를 떨어뜨리다. ❷〔漏らす〕빠뜨리다; 빼먹다. ‖後から入ったデータを取り落として集計する 나중에 들어온 데이터를 빠뜨리고 집계하다.
とりかえし【取り返し】‖取り返しがつかない 돌이킬 수가 없다.
とりかえす【取り返す】되찾다; 돌려받다; 돌이키다; 회복(回復)하다. ‖弟にやったカメラを取り返す 남동생에게 준 카메라를 돌려받다. 健康を取り返す 건강을 회복하다.
とりかえる【取り替える】교환(交換)하다; 바꾸다. ‖部品を取り替える 부품을 교환하다.
とりかかる【取り掛かる】착수(着手)하다. ‖新しい仕事に取り掛かる 새로운 일에 착수하다.
とりかご【鳥籠】새장.
とりかこむ【取り囲む】둘러싸다; 에워싸다. ‖城を取り囲む 성을 에워싸다.
トリカブト【鳥兜】투구꽃.
とりがら【鶏がら】살을 발라낸 닭뼈.
とりかわす【取り交わす】주고받다. ‖杯を取り交わす 술잔을 주고받다.
とりきめ【取り決め】결정(決定); 약속(約束); 계약(契約). ‖取り決めに従って支払う 계약에 따라 지불하다.
とりきめる【取り決める】정(定)하다. ‖式の日取りを取り決める 식 날짜를 정하다. 和解条項を取り決める 화해 조항을 정하다.
とりくずす【取り崩す】조금씩 헐다; 무너뜨리다. ‖預金を取り崩す 예금을 조금씩 헐다.
とりくみ【取り組み】❶대처(對處). ‖流通問題への取り組みが弱い 유통 문제에 대한 대처가 미흡하다. ❷(相撲の)대전(對戰); 승부(勝負).
とりくむ【取り組む】❶대전(對戰)하다. ‖明日取り組む相手 내일 대전하는 상대. ❷몰두(沒頭)하다. ‖事業に取り

組む 사업에 몰두하다.

とりけし【取り消し】 취소(取消); 철회(撤回). ‖取り消しになる 취소되다.

とりけす【取り消す】 취소(取消)하다; 철회(撤回)하다. ‖予約を取り消す 예약을 취소하다. 前言を取り消す 앞에 한 말을 철회하다.

とりこ【虜】 노예(奴隷). ‖恋の虜 사랑의 노예. 欲望の虜になる 욕망의 노예가 되다.

とりこしぐろう【取り越し苦労】 ‖取り越し苦労する 쓸데없는 걱정을 하다.

とりこぼす【取り零す】 어이없게 지다. ‖勝ち将棋を取りこぼす 다 이긴 장기를 어이없게 지다.

と

とりこみ【取り込み】 ❶걷어 들임; 거두어들임. ‖洗濯物の取り込み 빨래 걷기. ❷(急な出来事による)혼잡(混雑); 어수선함. ‖お取り込み中のところ失礼します 경황이 없으신데 잠깐 실례하겠습니다.

とりこむ【取り込む】 ❶거두어들이다. ❷자기 것으로 하다; 자기 편으로 끌어들이다. ‖少数意見を取り込んだ修正案 소수 의견을 받아들인 수정안. ❸〔ごたごたする〕경황(景況)이 없다. ‖今取り込んでいるのでまた別の日に来てください 지금 경황이 없으니까 다른 날 와 주십시오.

とりごや【鳥小屋】 닭장.

とりこわし【取り壊し】 철거(撤去); 부숨.

とりこわす【取り壊す】 헐다; 부수다. ‖老朽家屋を取り壊す 노후 가옥을 헐다.

とりさげる【取り下げる】 취하(取下)하다; 철회(撤回)하다. ‖訴訟を取り下げる 소송을 취하하다.

とりざた【取り沙汰】 ‖取り沙汰する 수군거리다.

とりざら【取り皿】 앞접시.

とりしきる【取り仕切る】 책임(責任)을 지고 일하다.

とりしまり【取り締まり】 단속(團束). ‖交通違反の取り締まり 교통 위반 단속.

とりしまりやく【取締役】 (株式会社の)이사(理事).

とりしまる【取り締まる】 ❶관리(管理)하다; 감독(監督)하다. ‖会社の業務を取り締まる 회사 업무를 관리하다. ❷단속(團束)하다; 감시(監視)하다. ‖交通違反を取り締まる 교통 위반을 단속하다.

とりしらべ【取り調べ】 취조(取調).

とりしらべる【取り調べる】 취조(取調)하다.

とりすがる【取り縋る】 매달리다; 애원(哀願)하다. ‖たもとに取りすがる 소매를 잡고 매달리다.

とりそろえる【取り揃える】 빠짐없이 갖추다.

とりだす【取り出す】 ❶꺼내다. ‖ポケットから手帳を取り出す 주머니에서 수첩을 꺼내다. ❷골라내다. ‖リストから該当者を取り出す 리스트에서 해당자를 골라내다.

とりたて【取り立て】 ❶징수(徵收); 강제적(强制的)으로 받음. ‖借金の取り立てに行く 빚을 받으러 가다. ❷등용(登用); 발탁(拔擢). ❸갓 잡음; 갓 땀. ‖取り立てのアユを持ってきた 갓 잡은 은어를 가져왔다.

とりたてる【取り立てる】 ❶징수(徵收)하다; 강제(强制)로 거두다; 받아내다. ‖借金を取り立てる 빚을 받아내다. ❷특별(特別)히 다루다. ‖取り立てて言うほどではない 특별히 말할 만한 것은 아니다. ❸등용(登用)하다; 발탁(拔擢)하다. ‖課長に取り立てられた 과장으로 발탁되다.

とりちがえる【取り違える】 ❶잘못 가져오다; 잘못 집다. ‖弟のかばんと取り違えて持ってきてしまった 잘못해서 남동생 가방을 가지고 왔다. ❷잘못 이해(理解)하다. ‖話の内容を取り違える 이야기 내용을 잘못 이해하다.

とりつ【都立】 도립(都立).

とりつぎ【取り次ぎ】 중개; 중개인(仲介人).

トリック【trick】 트릭. ‖トリックに引っかかる 트릭에 걸리다.

とりつく【取り付く】 ❶매달리다; 달라붙다. ‖子どもが母に取りついて離れない 아이가 엄마한테 매달려 떨어지지 않다. ❷착수(着手)하다. ‖新しい研究課題に取りつく 새로운 연구 과제에 착수하다. ❸홀리다. ‖キツネがとりつく 여우에게 홀리다. ▸取り付く島もない 상대가 쌀쌀해서 말을 붙여 볼 수도 없다.

とりつぐ【取り次ぐ】 ❶전하다. ‖君の言い分は私が取り次いであげよう 네 주장은 내가 전해 주마. ❷(来客を)본인(本人)에게 전하다; (電話を)연결(連結)하다. ❸중개(仲介)하다. ‖全国の書店に新刊を取り次ぐ 전국 서점에 신간을 중개하다.

とりつくろう【取り繕う】 ❶수선(修繕)하다; 고치다. ‖障子の破れを取り繕う 장지가 망가져 고치다. ❷체면(體面)을 차리다. ‖人前を取り繕う 체면을 차리다. ❸(過失などを)얼버무리다. ‖失言を何とか取り繕う 실언을 간신히 얼버무려 넘기다.

とりつけ【取り付け】 ❶설치(設置). ‖アンテナの取り付け 안테나의 설치. ❷〔買い付け〕단골. ‖取り付けの店 단골집.

とりつける【取り付ける】 ❶설치(設置)하다. ❷(相手を説得して)바라던 것

を 얻다; 획득(獲得)하다. ‖課長の承諾を取り付けた 과장의 승낙을 얻었다. ❸〔買い付ける〕단골로 사다.

とりて【取り手】❶〔受け取る人〕받는 사람. ❷(カルタで)패를 집는 사람. ❸(相撲で)기술(技術)이 뛰어난 사람.

とりで【砦】❶성채(城砦). ❷요새(要塞).

とりとめ【取り留め】❶(話の)요점(要點). ❷결말(結末); 끝. ‖取り留めのない話 끝이 없는 이야기.

とりとめる【取り留める】(命を)건지다. ‖一命を取り留める 목숨을 건지다.

とりどり【取り取り】여러 가지; 각양각색(各樣各色).

とりなおす【取り直す】❶고쳐 쥐다; 다시 잡다. ❷(考え・気持ちなどを)새로이 하다. ‖励まされて気を取り直す 격려를 받고 마음을 새로 먹다.

とりなす【取り成す】❶(雰囲気・感情などを)수습(收拾)하다. ❷중재(仲裁)하다. ‖両者の間を取りなす 두 사람 사이를 중재하다.

とりにがす【取り逃がす】(捕らえかけたものを)놓치다. ‖逮捕寸前で取り逃がす 체포 직전에 놓치다.

とりにく【鳥肉・鶏肉】닭고기.

トリニダードトバゴ【←Trinidad and Tobago】《国名》트리니다드 토바고.

とりのける【取り除ける】❶치우다. ‖覆いを取りのける 덮개를 치워 버리다. ❷〔別にしておく〕따로 놔두다.

とりのこす【取り残す】남겨 두다. ‖取り残した柿の実を小鳥が食べる 남겨 둔 감을 작은 새가 먹다. 時代に取り残される 시대에 뒤처지다. 1人だけ取り残される 혼자 남겨지다.

とりのぞく【取り除く】제거(除去)하다; 없애다. ‖混ざり物を取り除く 불순물을 제거하다. 不信感を取り除く 불신감을 없애다.

とりはからい【取り計らい】조처(措處); 배려(配慮); 처사(處事).

とりはからう【取り計らう】잘 처리(處理)하다.

とりはこぶ【取り運ぶ】진행(進行)되다. ‖万事うまく取り運ぶ 만사가 잘 진행되다.

とりばし【取り箸】(説明)음식(飮食)을 덜 때 쓰는 젓가락.

とりはずす【取り外す】떼어 내다.

とりはだ【鳥肌】소름; 닭살. ‖鳥肌が立つ 소름이 끼치다. 닭살이 돋다.

とりはらう【取り払う】제거(除去)하다; 치우다. ‖不要になった足場を取り払う 필요 없게 된 발판을 치우다.

***とりひき**【取(り)引(き)】(名하)거래(去來). ‖株を取引する 주식을 거래하다. 取引する品目をチェックする 거래할 품목을 체크하다. 取引が行なわれる 거래가 이루어지다. 裏取引をする 뒷거래를 하다. ♦取引先 거래처.

とりひきじょ【取引所】거래소(去來所).

ドリブル【dribble】(名하)드리블.

とりぶん【取り分】몫.

とりまえ【取り前】몫.

とりまき【取り巻き】빌붙어 있는 사람들; 추종자(追從者)들. ‖ワンマン社長の取り巻き連中 독재자 사장한테 빌붙어 있는 사람들.

とりまぎれる【取り紛れる】❶섞이다. ‖書類がどこかに取り紛れてしまった 서류가 어딘가로 섞여 들어가 버렸다. ❷정신(精神)없이 바쁘다. ‖忙しさに取り紛れて返事が遅れた 정신없이 바빠서 답변이 늦어졌다.

とりまく【取り巻く】❶둘러싸다; 에워싸다. ‖ファンに取り巻かれる 팬들에게 둘러싸이다. ❷권력자(權力者)에게 빌붙다.

とりまとめる【取り纏める】한데 모으다.

とりみだす【取り乱す】이성(理性)을 잃다. ‖息子の急死にあって取り乱す 아들의 갑작스러운 죽음에 이성을 잃다.

とりむすぶ【取り結ぶ】❶(契約などを)맺다. ❷중매(仲媒)하다; 주선(周旋)하다. ❸기분(氣分)을 맞추다.

とりめ【鳥目】야맹증(夜盲症).

とりもつ【取り持つ】❶주선(周旋)하다; 중재(仲裁)하다. ❷접대(接待)하다. ‖客を取り持つ 손님을 접대하다.

とりもどす【取り戻す】회복(回復)하다; 되찾다; 돌려받다. ‖貸したお金を取り戻す 빌려준 돈을 돌려받다. 健康を取り戻す 건강을 회복하다.

とりもなおさず【取りも直さず】즉(卽); 곧; 바로. ‖この事実を認めることは取りも直さず彼の無実を認めることである 이 사실을 인정하는 것은 곧 그 사람의 무죄를 인정하는 것이다.

とりやめる【取り止める】중지(中止)하다. ‖集会を取りやめる 집회를 중지하다.

とりょう【塗料】도료(塗料).

どりょう【度量】도량(度量). ‖度量のある人だ 도량이 있는 사람이다. 度量が大きい 도량이 넓다.

どりょうこう【度量衡】도량형(度量衡).

***どりょく**【努力】(名하)노력(努力). ‖目標に向かって努力する 목표를 향해 노력하다. 努力のかいがない 노력한 보람이 없다. 努力の跡がうかがえる 노력한 흔적이 보이다. 努力が実を結ぶ 노력이 결실을 맺다.

とりよせる【取り寄せる】❶끌어당기다. ‖手を伸ばして箱を取り寄せる 손을 뻗어 상자를 끌어당기다. ❷(命令・注文などをして)가져오게 하다; 보내 달라고 하다. ‖見本を取り寄せる 견본을 보내 달라고 하다.

ドリル【drill】❶드릴. ❷반복 연습(反復練習). ‖ドリル学習 반복 학습.

とりわけ【取り分け】 특히. ‖とりわけ今日は涼しい 오늘은 특히 시원하다.

とりわける【取り分ける】 ❶골라내다. ‖不良品は取り分ける 불량품은 골라내다. ❷자기 몫을 집다; 덜어 담다. ‖サラダを小皿に取り分ける 샐러드를 작은 접시에 덜어 담다.

ドリンク【drink】 음료수(飲料水). ♦ソフトドリンク 소프트드링크. ドリンク剤 드링크제.

***とる**【取る·穫る·獲る·盗る·捕る·採る·撮る】❶잡다; 집다; 들다. ‖手に手をとる 손에 손을 잡다. ペンをとる 펜을 들다. 書棚の本をとる 책장의 책을 집다. ❷(資格·点数などを) 따다. ‖資格をとる 자격을 따다. 2点を取る 이 점을 따다. ❸지배(支配)하다. ‖指揮をとる 지휘를 하다. 天下をとる 천하를 잡다. ❹보존(保存)하다; 남겨 두다. ‖記念にとって置く 기념으로 남겨 두다. ❺(帽子などを) 벗다. ‖帽子をとる 모자를 벗다. ❻모으다; 수확(収穫)하다; 채집(採集)하다; 포획(捕獲)하다. ‖スズメをとる 참새를 잡다. ❼먹다; 섭취(攝取)하다. ‖ビタミンをとる 비타민을 섭취하다. 食事をとる 식사를 하다. ❽쉬다. ‖睡眠をとる 잠을 자다. ❾얻다; 받다. ‖休暇をとる 휴가를 얻다. 月給をとる 월급을 받다. ❿가져오게 하다; 주문(注文)하다; 시키다. ‖新聞をとる 신문을 구독하다. ⓫관계(關係)를 맺다. ‖連絡をとる 연락을 하다. ⓬거래(去來)를 성사(成事)시키다. ‖注文をとる 주문을 받다. 契約をとる 계약을 따내다. ⓭훔치다. ‖財布をとられる 지갑을 도둑맞다. ⓮받다; 징수(徵收)하다. ‖代金をとる 대금을 받다. ⓯(年を)먹다. ‖年をとる 나이를 먹다. ⓰취하다. ‖どちらの方法をとるべきだろう 어느 쪽 방법을 취해야 할까? ⓱채용(採用)하다; 받아들이다. ‖理工系からとる 이공계에서 채용하다. ⓲만들어 내다. ‖大豆から油をとる 콩에서 기름을 추출하다. ⓳찍다. ‖写真を撮る 사진을 찍다. ⓴소비(消費)하다; 걸리다. ‖準備に手間をとる 준비에 시간이 걸리다. ▸取らぬ狸の皮算用 떡 줄 사람은 꿈도 안 꾸는데 김칫국부터 마신다.〔諺〕 ▸取るに足りない 시시하다. 문제가 되지 않다. ▸取る物も取り敢えず 매우 급하게.

ドル【dollar】 달러. ‖ドルで支払う 달러로 지불하다. ♦ドル箱 ㊙ 돈벌이가 되는 물건(物件) 또는 사람. 映画会社のドル箱スター 영화 회사에 돈을 벌어 주는 스타.

トルクメニスタン【Turkmenistan】《国名》투르크메니스탄.

トルコ【Turco ポ】 터키. ♦トルコ石 터키석.

ドルビーシステム【Dolby System】《音楽》돌비 시스템.

***どれ**【何れ】❶어느 것; 무엇; 뭐. ‖どれが好きなの 어느 것이 좋아? どれがどれだか混乱した 어느 게 어느 건지 혼란스러웠다. あそこにある車はどれも日本製ではない 저기 있는 차는 어느 것도 일본 차가 아니다. どれでも好きなものをあげるよ 뭐든지 좋아하는 것을 줄게. ❷(注意を促したりする時に)자; 어디. ‖どれ, 貸してごらん 어디 이리 줘 봐라.

どれい【奴隷】노예(奴隸).

トレーシングペーパー【tracing paper】 트레이싱 페이퍼.

トレード【trade】㊇하 트레이드.

トレードマーク【trademark】 트레이드 마크.

トレーナー【trainer】❶트레이너. ❷운동복(運動服).

トレーニング【training】 트레이닝.

トレーラー【trailer】 트레일러.

ドレス【dress】 드레스.

とれだか【取れ高】（農水産物の)수확량(收穫量).

どれだけ【何れ丈】 얼마나. ‖どれだけ欲しいのか 얼마나 필요한가? どれだけ心配したか 얼마나 걱정했는지.

とれたて【取れ立て】‖取れ立てのキュウリ 갓 딴 오이. 取れ立ての魚 갓 잡은 물고기.

ドレッサー【dresser】 ❶(西洋風の)화장대(化粧臺). ❷옷을 잘 입는 사람; 드레서. ‖ベストドレッサー 베스트 드레서.

ドレッシング【dressing】 드레싱. ‖サラダにドレッシングをかける 샐러드에 드레싱을 끼얹다.

どれほど【何れ程】❶어느 정도(程度). ‖値段はどれほどですか 가격은 어느 정도입니까? ❷〔副詞的に〕아무리 많이. ‖どれほど本を読んでも, 自分の頭で考えなくては意味がない 아무리 책을 많이 읽어도 자기 머리로 생각하지 않으면 의미가 없다.

***とれる**【取れる·採れる·捕れる·撮れる】❶수확(收穫)되다; 포획(捕獲)되다; 산출(産出)되다. ‖この川でとれたアユ 이 강에서 잡은 은어. ❷채굴(採掘)되다; 채취(採取)되다. ‖大豆からは油がとれる 콩에서 기름을 짤 수 있다. ❸(付いていたものが)떨어지다; 빠지다. ‖ワイシャツのボタンがとれた 와이셔츠의 단추가 떨어졌다. しみがとれない 얼룩이 안 빠지다. ❹(許可を)받다; 나오다. ‖ビザがとれ次第出発します 비자가 나오는 대로 즉시 출발하겠습니다.

❺ 찍히다. ‖この写真はよく撮れていない 이 사진은 잘 안 찍혔다. ❻ 조화(調和)를 이루다; 균형(均衡)이 잡히다. ‖均整のとれた体 균형 잡힌 몸. ❼ 해석(解釋)되다; 이해(理解)되다. ‖この文章は二通りの意味にとれる 이 문장은 두 가지 의미로 해석된다.

トレンド【trend】트랜드.

とろ (マグロの)뱃살.

とろ【吐露】(名하) 토로(吐露). ‖真情を吐露する 진심을 토로하다.

***どろ**【泥】❶ 진흙. ‖泥にまみれる 진흙투성이가 되다. ❷〔泥棒の略語〕도둑. ‖こそ泥 좀도둑. ▸泥のように眠る 깊이 잠들다. ▸泥を被る 책임을 뒤집어쓰다. ▸泥を塗る 먹칠을 하다. ▸泥を吐く 자백하다.

とろい 둔(鈍)하다; 느리다; 어리석다.

とろう【徒労】 도로(徒勞); 헛수고(手苦). ‖徒労に終わる 헛수고로 끝나다.

どろくさい【泥臭い】촌스럽다. ‖泥臭いが誠実な男 촌스럽지만 성실한 남자.

とろける【蕩ける】❶ 녹다. ‖飴がとろける 사탕이 녹다. ❷ 황홀(恍惚)해지다; 도취(陶醉)하다. ‖心のとろけるような甘い言葉 마음이 황홀해지는 달콤한 말.

どろじあい【泥仕合】 이전투구(泥田闘狗).

とろとろ ❶〔ものがとけ込んだりして液に粘り気がある〕사르르. ‖口に含むととろとろ(と)とける 입에 넣으면 사르르 녹는다. ❷〔火などの勢いが弱い〕뭉근히. ‖土鍋でとろとろ(と)煮る 질그릇 냄비로 뭉근히 끓이다. ❸〔眠気のために意識が薄れてくる〕‖目がとろとろしてきた 졸음으로 눈이 게슴츠레해졌다. ❹〔ゆっくりと動く〕느릿느릿. ‖とろとろ歩く 느릿느릿하게 걷다.

どろどろ ❶〔液状のものが濃くて粘り気が強い〕걸쭉하게. ‖どろどろしたソースをかける 걸쭉한 소스를 끼얹다. ❷〔感情などが複雑に絡み合ってすっきりしない〕끈적끈적. ‖どろどろした人間関係 끈적끈적한 인간관계. ❸ 질척질척. ‖雨上がりで道はどろどろだ 비가 개자 길이 질척질척하다.

どろなわ【泥縄】소 잃고 외양간 고치기. ‖泥縄式の受験勉強 발등에 불이 떨어져서 하는 공부.

どろぬま【泥沼】수렁. ‖泥沼にはまり込む 수렁에 빠져 들다.

とろび【とろ火】약한 불. ‖とろ火で煮詰める 약한 불에서 졸이다.

トロフィー【trophy】트로피.

***どろぼう**【泥棒】〔人〕도둑; 〔行為〕도둑질. ‖泥棒を捕まえる 도둑을 잡다. 泥棒が入る 도둑이 들다. 他人のものを泥棒するような人 다른 사람의 물건을 도둑질할 정도의 사람. ▸泥棒に追い銭 손해가 겹침. ▸泥棒を捕らえて縄を綯(な)う 소 잃고 외양간 고친다.〔諺〕

どろまみれ【泥塗れ】❶ 흙투성이. ‖泥まみれな服装 흙투성이 옷. ❷ 고생(苦生)이 심함. ‖泥まみれになって働く 힘들게 일하다.

とろみ 약한 점성(粘性).

どろみず【泥水】흙탕물.

とろり 걸쭉하게. ‖弱火にかけてとろりとするまでかき混ぜる 약한 불에 올려 걸쭉해질 때까지 젓다.

トロロイモ【とろろ芋】마.

とろろこんぶ【とろろ昆布】 다시마과의 바닷말.

とろろじる【とろろ汁】마를 간 것.

どろんこ【泥んこ】진흙; 흙탕; 진흙투성이.

とろんと 흐리멍덩하게. ‖とろんとした目 초점이 풀려 흐리멍덩한 눈.

トロンボーン【trombone】트롬본.

とわ【永久】영원(永遠). ‖永久の眠りにつく 영면하다. 죽다.

どわすれ【度忘れ】‖度忘れする 깜빡 잊다. 相手の名前を度忘れした 상대방의 이름을 깜빡 잊다.

とん 툭. ‖とんと茶筒が倒れる 툭 하고 차를 담아 둔 통이 넘어지다.

とん【豚】돼지; 〔肉〕돼지고기. ♦豚カツ 돼지고기 커틀릿.

-トン【ton】…톤.

どん ❶〔太鼓・大砲・銃の音〕둥; 탕. ❷〔ものを強く叩く音〕탕. ‖テーブルをどんと叩く 탕 하고 테이블을 치다.

-どん【丼】…덮밥. ‖うな丼 장어덮밥.

トンガ【Tonga】《国名》통가.

どんか【鈍化】(名되) 둔화(鈍化). ‖経済成長の勢いが鈍化する 경제 성장의 기세가 둔화되다.

どんかく【鈍角】둔각(鈍角).

とんがる【尖る】뾰족하다. ‖先のとんがった鉛筆 끝이 뾰족한 연필.

どんかん【鈍感】ダ 둔감(鈍感)하다. ‖鈍感なやつ 둔감한 녀석. 鈍感になる 둔감해지다.

どんき【鈍器】❶ 둔기(鈍器). ❷〔よく切れない刃物〕잘 안 드는 칼.

トング【tongs】집게. ♦アイストング 얼음 집게.

どんくさい【鈍臭い】얼빠지다; 굼뜨다.

どんぐり【団栗】 도토리. ▸団栗の背比べ 도토리 키 재기.〔諺〕 ♦団栗眼(まなこ) 왕방울 같은 눈.

とんこつ【豚骨】수프를 만드는 데 쓰는 돼지 뼈.

どんさい【鈍才】둔재(鈍才).

どんじゅう【鈍重】ダ 둔중(鈍重)하다. ‖鈍重な動き 둔중한 움직임.

とんずら ‖とんずらする 도망치다. 내빼다.

どんする【鈍する】둔(鈍)하다. ‖貧すれ

と

ば鈍する 가난하면 판단이 흐려진다.

どんぞこ【どん底】 밑바닥; 구렁텅이. ‖不幸のどん底に沈む 불행의 구렁텅이에 빠지다.

とんだ ❶의외(意外)의; 터무니없는; 뜻하지 않은. ‖とんだ災難だった 뜻하지 않은 재난이었다. ❷〔逆説的に〕굉장(宏壯)한. ‖とんだ美人だ 굉장한 미인이다.

とんち【頓知】 기지(機智); 재치(才致). ‖頓知が利く人 재치가 있는 사람.

どんちゃんさわぎ【どんちゃん騒ぎ】 술 마시고 춤추며 소란(騷亂)을 피움.

とんちんかん【頓珍漢】 영문을 알 수 없음; 앞뒤가 맞지 않음; 종잡을 수 없음. ‖とんちんかんな会話 종잡을 수 없는 대화.

と

どんつう【鈍痛】 둔통(鈍痛); 둔중(鈍重)한 통증(痛症).

どんづまり【どん詰まり】 ❶막판; 막바지. ‖選挙戦もどん詰まりに来た 선거전도 막바지에 왔다. ❷〔行き止まり〕막다른 길.

とんでもない ❶의외(意外)다; 터무니없다; 엉뚱하다; 당치도 않다. ‖海上都市とはとんでもない計画だ 해상 도시라니 당치도 않은 계획이다. ❷〔相手の言うことを強く否定して〕말도 안 돼. ‖景気がよさそうだな, とんでもない, 赤字で困っている 경기가 좋아 보인다. 말도 안 돼, 적자로 고생하고 있어.

どんでんがえし【どんでん返し】 상황(狀況)이 역전(逆轉)됨; 막판 뒤집기.

とんと【頓と】 ❶완전(完全)히; 깨끗이. ‖とんと忘れた 깨끗이 잊었다. ❷조금도; 도무지; 전혀. ‖とんと見当がつかない 도무지 짐작이 가지 않다.

どんと ❶〔力いっぱい〕힘껏; 세차게. ‖どんとぶつかる 세차게 부딪치다. ❷〔どっさり〕엄청. ‖どんと実入りがある 엄청 수입이 있다.

とんとん ❶〔軽い音が連続する〕톡톡; 툭툭. ‖肩をとんとん(と)叩く 어깨를 톡톡 치다. ❷척척. ‖話がとんとん(と)進む 이야기가 척척 진행되다. ❸비슷비슷함; 손득(損得)의 차(差)가 거의 없음. ‖ほぼとんとんだ 거의 비슷하다.

***どんどん** ❶〔物事が調子よくはかどる〕착착; 척척. ‖工事がどんどん(と)進む 공사가 착착 진행되다. ❷〔物事や動きが続く〕계속(繼續)해서. ‖どんどん(と)客が来る 계속해서 손님이 오다. 遠慮せずにどんどん召し上がれ 사양하지 말고 많이 드세요. ❸〔太鼓や銃砲の音〕쿵쿵; 쾅쾅. ‖ドアをどんどんと叩き続ける 문을 쾅쾅 두드리다.

とんとんびょうしに【とんとん拍子に】 순조(順調)롭게. ‖とんとん拍子に出世する 순조롭게 출세하다.

***どんな** ❶어떤; 어떠한. ‖どんな品がいいでしょうか 어떤 물건이 좋을까요? どんな方法と手段を使ってでも 어떠한 방법과 수단을 써서라도. ❷〔どんな(ことが)…でもの形で〕아무리…더라도; 무슨 일이 있더라도. ‖どんな子どもでも知っていることだ 아무리 애라고 하더라도 알고 있는 일이다. どんなことが起こっても驚くんじゃないぞ 무슨 일이 일어나더라도 놀라면 안 돼.

どんなに 얼마나; 아무리. ‖どんなに喜ぶでしょう 얼마나 기뻐할까요? どんなに忙しくてもメールをください 아무리 바쁘더라도 메일을 주세요.

トンネル【tunnel】 터널.

トンビ【鳶】 솔개.

どんぴしゃり 〔わずかの違いもなく当たる〕딱. ‖どんぴしゃりの解答 딱 맞는 답.

どんぶり【丼】 ❶〔どんぶり鉢〕사발. ❷〔どんぶり物〕덮밥. ♦**丼勘定** 주먹구구식 계산. **丼鉢** 사발. **丼飯** 큰 그릇에 담은 밥.

トンボ【蜻蛉】 잠자리.

とんぼがえり【蜻蛉返り】 〔空中回転〕공중(空中)제비. ‖とんぼ返りする 갔다가 바로 돌아오다.

とんや【問屋】 도매상(都賣商).

どんよく【貪欲】ダ 탐욕(貪慾)스럽다. ‖貪欲に知識を吸収する 탐욕적으로 지식을 흡수하다.

どんより ❶〔空が曇って重苦しい〕‖どんより(と)した空 잔뜩 흐린 하늘. ❷〔目が濁っている〕‖どんより(と)した目 흐리멍덩한 눈. ❸〔空気・水などが濁っている〕‖部屋の空気がどんより(と)よどんでいる 방 공기가 탁하다.

な

*な【名】 ❶이름; 명칭(名稱); 호칭(號稱). ‖国の名 나라 이름. 名ばかりである 이름뿐이다. ❷명성(名聲); 명예(名譽). ‖名が高い 명성이 높다. ❸명목(名目); 구실(口實). ‖名を借りる 구실로 삼다. 이름을 빌리다. 開発の名のもとに 개발이라는 명목하에. ▸名は体を表わす 이름은 실체를 나타낸다. ▸名を上げる 명성을 높이다. ▸名を売る 이름을 팔다. 〔慣〕 ▸名を成す 유명해지다.

な【菜】 채소(菜蔬); 야채(野菜).

-な 〔禁止〕…지 마. ‖行くな 가지 마. 食べるな 먹지 마.

なあ 〔呼びかけなど〕응. ‖なあ, そうだろう 응, 그렇지?

ナース【nurse】 간호사(看護師). ♦ナースコール 〔説明〕입원 환자(入院患者)가 간호사(看護師)를 부르는 장치(裝置). ナースステーション 간호사 대기실.

なあて【名宛】 (手紙などの) 수취인(受取人) 이름.

ナーバス【nervous】ダ 신경질적(神經質的)이다. ‖ナーバスな面がある 신경질적인 일면이 있다. ナーバスになる 신경질적이 되다.

ない【内】 내(内). ‖区域内 구역 내. ♦内出血 내출혈.

*ない【無い・亡い】 ❶없다. ‖私の部屋には本があまりない 내 방에는 책이 그다지 없다. 今日は授業がない 오늘은 수업이 없다. ❷〔否定〕…지 않다. ‖美しくない 아름답지 않다. ❸〔亡い〕이 세상(世上) 사람이 아니다; 죽다. ‖今はない人 지금은 없는 사람. 죽은 사람. ▸無い袖は振れない 가지고 있지 않아 내놓고 싶어도 내놓을 수가 없다.

ないあつ【内圧】 내압(内壓).

ないい【内意】 내심(内心).

ナイーブ【naive】ダ 순진(純眞)하다.

ないえん【内縁】 내연(内緣). ‖内縁の妻 내연의 처.

ないか【内科】 내과(内科). ♦内科医 내과의. 내과 의사.

ないがい【内外】 내외(内外); 안팎. ‖建物の内外 건물의 안팎. 千円内外 천 엔 내외.

ないかく【内角】 ❶《数学》 내각(内角). ❷(野球で) 인코너.

*ないかく【内閣】 내각(内閣). ♦連立内閣 연립 내각. 内閣総理大臣 내각 총리대신. 수상.

ないがしろ【蔑ろ】 업신여김; 소홀(疏忽)히 함; 등한시(等閑視)함. ‖仕事をないがしろにする 일을 소홀히 하다.

ないき【内規】 내규(内規).

ないきん【内勤】 〔名하〕 내근(内勤).

ないこう【内向】 내향(内向). ‖内向的な性格 내향적인 성격.

ないごうがいじゅう【内剛外柔】 내강외유(内剛外柔).

ないこく【内国】 내국(内國).

ないざい【内在】 〔名하〕 내재(内在).

ないし【乃至】 내지(乃至); 또는; 혹(或)은. ‖本人ないし代理人の署名 본인 또는 대리인의 서명.

ないじ【内示】 〔名하〕 내시(内示).

ないじ【内耳】 내이(内耳); 속귀.

ナイジェリア【Nigeria】《国名》 나이지리아.

ないしきょう【内視鏡】 내시경(内視鏡).

ないじつ【内実】 ❶내부 사정(内部事情); 내막(内幕). ❷실제(實際); 사실(事實).

ないしは【乃至は】 내지(乃至)는; 또는.

ないじゅ【内需】 내수(内需).

ないしゅっけつ【内出血】 내출혈(内出血).

*ないしょ【内緒】 비밀(祕密); 속사정(事情). ‖このことは内緒にしてください 이 일은 비밀로 해 주세요. 内緒で外出する 몰래 외출하다.

ないじょ【内助】 내조(内助). ‖内助の功 내조의 공.

ないじょう【内情】 내막(内幕); 내부 사정(内部事情).

ないしょく【内職】 〔名하〕 부업(副業).

ないしん【内心】 ❶내심(内心). ‖内心喜んでいる 내심 기뻐하고 있다. ❷《数学》 내심.

ないしん【内診】 〔名하〕 내진(内診).

ないしん【内申】 〔名하〕 내신(内申). ♦内申書 내신서.

ないしんのう【内親王】 왕녀; 왕손녀(王孫女).

ないせい【内省】 〔名하〕 내성(内省).

ないせい【内政】 내정(内政). ♦内政干渉 내정 간섭.

ないせつ【内接】 〔名하〕 《数学》 내접(内接).

ないせん【内戦】 내전(内戰).

ないせん【内線】 내선(内線).

ないそう【内装】 〔名하〕 내장(内裝).

ないぞう【内蔵】 〔名하〕 내장(内藏). ♦内蔵マイク 내장 마이크.

ないぞう【内臓】 내장(内臟).

ナイター【nighter 日】 야간 경기(夜間競技).

ないだく【内諾】 ❶〔名하〕 내락(内諾). ❷비공식적(非公式的)인 승낙(承諾).

ないち【内地】 ❶국내(國内). ❷(植民地に対して) 본토(本土).

ナイチンゲール【nightingale】《鳥類》 나이팅게일.

ないつう【内通】 〔名하〕 내통(内通).

ないてい【内定】 〔名하〕〔名되〕 내정(内定).

な

ないてき【内的】 내적(內的). ‖内的な要因 내적 요인. 内的な経験 내적 경험.

ナイトガウン【nightgown】 나이트가운.

ナイトキャップ【nightcap】 나이트캡.

ナイトクラブ【nightclub】 나이트클럽.

ナイトゲーム【night game】 (野球の) 야간 경기(夜間競技).

ないない【内内】 ❶비밀(秘密). ‖内々で処分する 비밀리에[몰래] 처분하다. ❷〔内々の形で〕몰래; 은밀(隱密)히. ‖内々で意向を打診する 몰래 의향을 타진하다.

ないねんきかん【内燃機関】 내연 기관(內燃機關).

ナイフ【knife】 나이프.

ないぶ【内部】 내부(內部). ♦内部工作 내부 공작. 内部事情 내부 사정.

ないふくやく【内服薬】 내복약(內服藥).

ないふん【内紛】 내분(內紛). ‖内紛が絶えない 내분이 끊이지 않다.

ないぶん【内分】《数学》 내분(內分).

ないぶんぴつ【内分泌】 내분비(內分泌). ♦内分泌腺 내분비선.

ないへき【内壁】 내벽(內壁).

ないほう【内包】 (名·他) 내포(內包).

ないみつ【内密】 내밀(內密); 비밀(秘密). ‖内密にする 비밀로 하다.

ないむ【内務】 내무(內務).

ないめん【内面】 내면(內面). ‖内面的な変化 내면적인 변화.

ないものねだり【無い物ねだり】 억지; 생떼.

ないや【内野】 (野球で)내야(內野). ♦内野手 내야수.

***ないよう**【内容】 내용(內容). ‖内容のない話 내용이 없는 이야기. 内容に乏しい 내용이 빈약하다. 手紙の内容 편지의 내용. ♦内容証明 내용 증명.

ないようやく【内用薬】 내복약(內服藥).

ないらん【内乱】 내란(內亂).

ないりく【内陸】 내륙(內陸). ♦内陸(性)気候 내륙성 기후. 内陸国 내륙국.

ナイロン【nylon】 나일론.

ないわくせい【内惑星】 내행성(內行星).

なう【綯う】 (縄などを)꼬다. ‖縄をなう 새끼를 꼬다.

なうて【名うて】 ‖名うての酒飲み *유명한 술꾼.*

ナウル【Nauru】《国名》 나우루.

なえ【苗】 모; 모종(種). ‖苗を植える 모를 심다. ♦苗木 묘목. 苗床 모판. 못자리.

なえる【萎える】 기운이 빠지다; 힘이 약해져서 못 움직이다; (野菜·草などが) 시들다. ‖花がなえる 꽃이 시들다.

なお【猶·尚】 ❶〔まだ〕아직; 여전(如前)히; 역시(亦是). ‖今もなお美しい 지금도 역시 아름답다. 発表までなお10日ある 발표는 아직 열흘이나 남아 있다. ❷〔いっそう〕한층(層); 더욱. ‖手術してなお悪くなった 수술하고 더욱 나빠졌다. ❸〔まるで〕마치. ‖過ぎたるはなお及ばざるが如し 과유불급(過猶不及). ❹〔さらに〕또한; 덧붙여 말하면.

なおかつ【尚且つ】 ❶게다가. ‖美人でなおかつ頭もいい 미인인데다가 머리도 좋다. ❷〔それでも〕그래도; 역시(亦是); 아직도.

なおさら【尚更】 더욱; 한층 더.

なおざり【等閑】ダ 등한(等閑)하다; 소홀(疏忽)하다. ‖勉強をなおざりにする 공부를 소홀히 하다.

***なおす**【直す】 ❶수리(修理)하다; 수선(修繕)하다; 고치다. ‖テレビを直す 텔레비전을 수리하다. 癖を直す 버릇을 고치다. ❷정정(訂正)하다; 수정(修正)하다; 교정(校正)하다. ‖誤植を直す 오자를 수정하다. ❸단정(端正)히 하다. ‖髪を直す 머리를 단정히 하다. ❹〔…直すの形で〕다시 하다. ‖計算し直す 계산을 다시 하다. 書き直す 다시 쓰다.

なおす【治す】 (病を) 고치다; 낫게 하다.

なおも【猶も·尚も】 더욱; 한층 더.

***なおる**【直る】 ❶고쳐지다. ‖故障が直る 고장 난 것이 고쳐지다. 悪い癖が直らない 나쁜 버릇이 안 고쳐지다. ❷좋아지다. ‖気分が直る 기분이 좋아지다.

なおる【治る】 (病が) 낫다; 회복(回復)되다.

***なか**【中】 ❶〔空間〕안. ‖家の中に入る 집 안으로 들어가다. 教室の中には誰もいない 교실 안에는 아무도 없다. 中に入ってもいいですか 안으로 들어가도 되겠습니까? ❷〔空間·範囲〕속. ‖水の中で卵を産む 물속에서 알을 낳다. 頭の中で考える 머릿속으로 생각하다. 心の中 마음속. 雨の中を歩く 빗속을 걸어가다. 言葉の中に皮肉が込められている 말 속에 빈정거림이 느껴지다. 繁栄の中の貧困 번영 속의 빈곤. ❸〔その中〕중(中); 그중. ‖男の中の男 남자 중의 남자. この中の一つはにせ物だ 이 중에서 하나는 가짜다. 中にはそれに反対の者もいる 그중에는 그것에 반대하는 사람도 있다. ❹〔三つ並んでいるものの二番目〕가운데. ‖中の息子 가운데 아들. ❺〔…の中での形で〕…에; …에서. ‖卒業生名簿の中に彼の名前はない 졸업생 명단에 그 사람의 이름은 없다. 会社の中でトラブルがあった 회사에서 트러블이 있었다. クラスの中で一番足が速い生徒 반에서 가장 다리가 빠른 학생.

なか【仲】 사이. ‖仲がいい 사이가 좋

다. 친하다. 誰とでもすぐ仲のよくなる人 누구하고라도 금세 사이가 좋아지는 사람. あの2人はどういう仲なの? 저 두 사람은 어떤 사이이니?

ながあめ【長雨】 장마.

なかい【仲居】 (説明) 요리(料理) 집에서 시중을 드는 여성(女性).

*__ながい__【長い】 ❶ 길다; (時間が)오래 걸리다. ‖髪の毛が長い 머리가 길다. 人類の長い歴史 인류의 긴 역사. 長い目で見る 긴 안목으로 보다. 日が長くなる 해가 길어지다. 長い間 오랫동안. 長く待たせる 오래 기다리게 하다. ❷ 멀다. ‖長い道のり 먼 길.

ながい【長居】 ‖長居する 한곳에 오래 있다[머무르다].

ながいき【長生き】 (名하) 장수(長壽).

ながいす【長椅子】 장의자(長椅子); 긴 의자.

ナガイモ【長芋】 참마.

ナガオドリ【長尾鶏】 장미계(長尾鷄).

なかおれぼう【中折れ帽】 중절모(中折帽).

なかがい【仲買】 ❶〔事柄〕중개(仲介). ❷〔人〕중개인(仲介人); 거간(居間)꾼.

ながぐつ【長靴】 장화(長靴).

なかぐろ【中黒】 중점(中點); 가운뎃점(・).

ながさ【長さ】 길이. ‖巻尺で長さを測る 줄자로 길이를 재다. 長さ15センチの鉛筆 길이 십오 센티의 연필.

ながしかく【長四角】 직사각형(直四角形).

なかじき【中敷き】 (靴の)안창; 까는 것.

なかじきり【中仕切り】 (部屋・箱などの)칸막이.

ながしこむ【流し込む】 부어 넣다.

ながしだい【流し台】 싱크대; 개수대.

ながしめ【流し目】 곁눈질; 추파(秋波). ‖流し目に見る 곁눈질하다.

なかす【中洲】 (川の中にできた)모래톱.

なかす【泣かす】 =泣かせる.

*__ながす__【流す】 ❶ (涙・血・情報などを)흘리다. ‖涙を流す 눈물을 흘리다. 情報を流す 정보를 흘리다. ❷ (電流などを)흘려 보내다; 흐르게 하다. ‖電流を流す 전류를 흘려 보내다. ❸ (うわさなどを)내다. ‖うわさを流す 소문을 내다. ❹〔洗い落とす〕씻어 내다. ‖背中を流す 등을 밀어 주다. 水に流す 없었던 일로 하다. ❺ (音楽を)틀다. ‖音楽を流す 음악을 틀다. ❻〔流罪にする〕유배(流配)시키다; 귀양을 보내다. ❼〔流されるの形で〕떠내려가다.

なかせる【泣かせる】 ❶ 울리다; 울도록 두다. ‖友だちをからかって泣かせる 친구를 놀려서 울리다. ❷ 감동(感動)시키다. ❸〔いじめる〕괴롭히다. ‖庶民を泣かせる悪政 서민들을 울리는[괴롭히는] 악정.

ながそで【長袖】 긴 소매.

なかたがい【仲違い】 ‖仲違いする 사이가 안 좋다.

なかだち【仲立ち】 (名하) 중개(仲介).

ながだんぎ【長談義】 장황(張皇)한 이야기.

ながちょうば【長丁場】 ‖長丁場の仕事 시간이 많이 걸리는 일.

なかつぎ【中継ぎ】 ❶ 중개; 중개인(仲介人). ‖中継ぎ商 중개상. ❷ 중계(中繼). ‖中継ぎ貿易 중계 무역. ❸ (野球で) ‖中継ぎの投手 구원 투수.

ながつづき【長続き】 ‖長続きする 오래가다.

なかづり【中吊り】 (説明) 전철(電鐵)・버스 등의 천장(天障)에 매달린 광고(廣告).

ながでんわ【長電話】 ‖長電話する 장시간 통화하다. 전화를 오래하다.

なかなおり【仲直り】 (名하) 화해(和解).

*__なかなか__【中中】 ❶〔かなり〕꽤; 상당(相當)히; 매우. ‖なかなか強い 상당히 강하다. ❷〔容易に〕간단(簡單)하게; 쉽게. ‖タクシーがなかなかつかまらない 택시가 쉽게 잡히지 않다. 問題がなかなか解けない 문제가 간단히 풀리지 않다.

ながなが【長長】 길게; 오래도록; 장황(張皇)하게. ‖長々(と)しゃべる 장황하게 떠들다. 長々(と)お待たせして申し訳ありません 오래도록 기다리게 해서 죄송합니다.

なかにわ【中庭】 안뜰; 마당.

ナガネギ【長葱】 파.

なかば【半ば】 ❶ 반; 절반(折半); 중반(中盤). ‖半ば寝た状態 반쯤 잠든 상태. 30代半ばの男 삼십 대 중반의 남자. 私の成功は半ば彼の助言のおかげだ 내 성공의 반은 그 사람의 조언의 덕택이다. ❷ 도중(途中).

ながばなし ‖長話する 오래[장시간(長時間)] 이야기하다.

ながびく【長引く】 (予定より)길어지다; 오래가다. ‖交渉が長引く 교섭이 길어지다. 風邪が長引く 감기가 오래가다.

なかほど【中程】 중간 정도(中間程度); 한가운데쯤; (時間の)중순(中旬) 정도. ‖中程の成績 중간 정도의 성적.

*__なかま__【仲間】 동료(同僚); 한편. ‖仲間入りする 한편이 되다. 仲間を裏切る 동료를 배신하다. 仲間割れする 관계가 깨지다. ♦仲間外れ 따돌림. 仲間外れになる[される] 따돌림을 당하다.

なかみ【中身】 내용; 내용물(內容物). ‖箱の中身 상자의 내용물. 話の中身 이야기의 내용.

ながめ【眺め】 경치(景致); 전망(展望). ‖眺めのよい部屋 전망이 좋은 방.

ながめる【眺める】 내다보다; 바라보다; 지켜보다. ‖窓の外を眺める 창밖을 내다보다. しばらく様子を眺めていよう 당분간 상황을 지켜보고 있자.

ながもち【長持ち】‖丈夫で長持ちする品 튼튼하고 오래가는 물건.

なかゆび【中指】 가운뎃손가락; 중지(中指).

なかよし【仲良し】‖仲良しだ 사이가 좋다.

***ながら**【乍ら】❶그대로. ‖昔ながら 옛날 그대로. ❷…하면서. ‖歩きながら考える 걸으면서 생각하다. ❸…(이)지만. ‖子どもながら立派な考えを持っている 아이지만 대단한 생각을 갖고 있다. 失礼ながら申し上げます 실례가 되지만 말씀 드리겠습니다.

ながらく【長らく】 오래; 오랫동안.

-なかれ【勿れ】 …지 말라. ‖疑うことなかれ 의심하지 말라.

***ながれ**【流れ】❶흐름. ‖空気の流れ 공기의 흐름. ❷유파(流派); 계통(系統). ❸모임이 끝난 후(後)의 사람들. ‖宴会の流れ 연회가 끝난 사람들. 流れ解散 자진 해산. ▸流れに棹差す 흐름에 따르다. 대세에 따르다.

ながれこむ【流れ込む】 흘러 들어가다; 흘러들다. ‖廃水が川に流れ込む 폐수가 강으로 흘러들다.

ながれさぎょう【流れ作業】 컨베이어 시스템.

ながれだま【流れ弾】 유탄(流彈).

ながれぼし【流れ星】 유성(流星).

***ながれる**【流れる】 ❶흐르다. ‖川が流れる 강이 흐르다. 店内にはジャズが流れていた 가게 안에는 재즈가 흐르고 있었다. ❷지나다; 경과(經過)하다. ‖時が流れる 시간이 지나다. ❸떠돌다; 유랑(流浪)하다. ‖諸国を流れる 각국을 떠돌다. ❹(方向が)빗나가다. ❺(計画などが)중지(中止)되다; 중단(中斷)되다. ‖雨で試合が流れた 비로 시합이 중지되었다. ❻(うわさなどが)퍼지다. ‖うわさが流れる 소문이 퍼지다. ❼유산(流産)되다.

ながわずらい【長患い】 숙환(宿患); 긴 병.

なかわた【中綿】 옷이나 이불에 넣는 솜.

なきあかす【泣き明かす】 울며 지새우다.

なきおとし【泣き落とし】 울며 애원(哀願)하는 것. ‖泣き落とし戦術 눈물 작전.

なきがお【泣き顔】 우는 얼굴; 울상(相).

なきがら【亡き骸】 유해(遺骸).

なきくずれる【泣き崩れる】 쓰러져 울다.

なきくらす【泣き暮らす】 눈물로 지내다.

なきごえ【泣き声】 울음소리; 우는 소리.

なきごえ【鳴き声】 (鳥などの) 울음소리; (犬の)짖는 소리.

なきごと【泣き言】 우는 소리; 푸념. ‖泣き言を並べる 푸념을 늘어놓다.

なぎさ【渚】 물결이 밀려오는 물가; 둔치.

なきじゃくる【泣きじゃくる】 흐느껴 울다.

なきじょうご【泣き上戸】〔癖〕술에 취하면 우는 버릇;〔人〕술에 취하면 우는 사람.

なぎたおす【薙ぎ倒す】 옆으로 쳐서 넘어뜨리다; (勢いよく)쓰러뜨리다; 이기다; 베어 넘기다. ‖草をなぎ倒す 풀을 베어 넘기다.

なきだす【泣き出す】 울기 시작(始作)하다.

なきつく【泣き付く】 울며 매달리다.

なきっつら【泣きっ面】 우는 얼굴; 울상(相) ▸泣きっ面に蜂 설상가상(雪上加霜).

なきどころ【泣き所】 약점(弱點). ‖泣き所をつく 약점을 찌르다.

なきにしもあらず【無きにしも非ず】 없지도 않다; 조금은 있다. ‖まだ望みはなきにしもあらずだ 희망이 없는 것도 아니다.

なきねいり【泣き寝入り】 ‖泣き寝入りする 불만스럽지만 할 수 없이 단념하다. 억울하지만 참다.

なぎはらう【薙ぎ払う】 (勢いよく)옆으로 쳐내다; 칼등으로 쳐내다.

なきはらす【泣き腫らす】 울어서 눈이 붓다.

なきふす【泣き伏す】 엎드려 울다.

なきべそ【泣きべそ】 울상(相). ‖泣きべそをかく 울상을 짓다.

なきまね【泣き真似】 우는 시늉; 우는 흉내. ‖泣きまねをする 우는 시늉을 하다.

なきむし【泣き虫】 울보.

なきやむ【泣き止む】 울음을 그치다.

なきわかれ【泣き別れ】 ‖泣き別れする 울며 헤어지다.

なきわらい【泣き笑い】 ‖泣き笑いする 울다가 웃다가 하다.

***なく**【泣く】 ❶울다. ‖赤ん坊が泣く 아기가 울다. 人前で大声で泣く 사람들 앞에서 큰 소리로 울다. ❷어려운 일을 당하다; 무리(無理)한 요구(要求)를 받아들이다. ‖重税に泣く 중세에 울다. ▸泣く子と地頭には勝てぬ 말귀가 안 통하는 사람과는 싸워도 못 이긴다. ▸泣く子も黙る 무서운 존재이다.

なく【鳴く】 (虫・鳥などが) 울다. ‖鳥が鳴く 새가 울다. 虫が泣く 벌레가 울다.

なぐ【凪ぐ】 ❶온화(穩和)해지다; 진정(鎭靜)되다. ❷(波が)잠잠(潛潛)해지다.

なぐさみ【慰み】 기분 전환(氣分轉換); 심심풀이; 즐거움. ‖慰みにピアノを弾く 기분 전환으로 피아노를 치다. 慰み物 노리개.

なぐさめる【慰める】 위로(慰勞)하다. ‖花を贈って病床の友を慰める 꽃을 보내 병상에 있는 친구를 위로하다.

なくす【無くす·亡くす】 ❶ 잃다; 분실(紛失)하다. ‖時計をなくす 시계를 분실하다[잃어 버리다]. ❷〔亡くす〕여의다. ‖幼時に両親を亡くす 어릴 때 부모님을 여의다.

なくてななくせ【無くて七癖】 사람은 누구나 버릇이 있음.

なくなく【泣く泣く】 울며; 울면서; 울며불며.

*__なくなる__【無くなる·亡くなる】 ❶ 잃다; 없어지다; 다하다. ‖かばんがなくなった 가방이 없어졌다. 気力がなくなる 기력이 다하다. ❷〔亡くなる〕돌아가시다.

なぐりあい【殴り合い】 ‖殴り合いになる 서로 때리다. 치고 받다.

なぐりがき【殴り書き】 ‖殴り書きする 갈겨쓰다.

なぐりこみ【殴り込み】 난입(亂入)하여 행패(行悖)를 부림.

なぐりたおす【殴り倒す】 때려눕히다.

なぐりつける【殴り付ける】 후려치다; 힘껏 때리다.

*__なぐる__【殴る】 때리다. ‖げんこつで頭を殴る 주먹으로 머리를 때리다. あざができるほど殴る 멍이 들 정도로 때리다.

なげうつ【擲つ】 내던지다; 버리다. ‖一命をなげうつ 목숨을 바치다.

なげうり【投げ売り】 (名하) 투매(投賣); 덤핑.

なげかける【投げ掛ける】 ❶ (言葉·視線などを) 던지다. ‖質問を投げかける 질문을 던지다. ❷ 기대다. ‖身を投げかける 몸을 기대다.

なげかわしい【嘆かわしい】 한심(寒心)하다; 한탄(恨歎)스럽다.

なげき【嘆き】 한탄(恨歎); 탄식(歎息).

なげキッス【投げkiss】 (説明) 자기(自己) 손에 키스를 해서 상대방(相對方)에게 던지는 흉내를 내는 것.

なげく【嘆く】 ❶ 한탄(恨歎)하다; 슬퍼하다. ‖身の不幸を嘆く 일신의 불행을 슬퍼하다. ❷ 개탄(慨歎)하다. ‖モラルの低下を嘆く 도덕심이 저하되고 있음을 개탄하다.

なげこむ【投げ込む】 던져 넣다.

なげすてる【投げ捨てる】 던져 버리다; 팽개치다; 방치(放置)하다. ‖ごみを投げ捨てる 쓰레기를 던져 버리다. 仕事を投げ捨てて遊び回る 일을 팽개치고 놀러 다니다.

なげだす【投げ出す】 ❶ 함부로 내밀다. ‖足を投げ出す 다리를 함부로 내밀다. ❷ 내던지다; 바치다. ‖身を投げ出す 몸을 내던지다. ❸ 포기(拋棄)하다. ‖仕事を投げ出す 일을 포기하다.

なげつける【投げ付ける】 내던지다; 집어던지다; 퍼붓다. ‖彼は壁に枕を投げつけた 그 사람은 벽에 베개를 집어던졌다. 非難の言葉を投げつける 비난을 퍼붓다.

ナゲット【nugget】 너깃.

なげとばす【投げ飛ばす】 멀리 집어던지다; 내던지다.

なけなし 조금밖에 없음. ‖なけなしのお金 조금밖에 없는 돈.

なげやり【投げ遣り】 ❶ 뒤처리를 안 하고 내버려 둠. ❷ 무책임(無責任); 자포자기(自暴自棄); 될 대로 되라는 식임. ‖投げやりな態度 될 대로 되라는 식의 태도.

なける【泣ける】 (感動して) 눈물이 나오다.

*__なげる__【投げる】 ❶ 던지다. ‖ボールを投げる 공을 던지다. 疑問を投げる 의문을 던지다. ❷ 단념(斷念)하다; 포기(拋棄)하다. ‖勝負を投げる 승부를 포기하다.

-なければならない 당연(當然)히 해야 한다; 하지 않으면 안 된다. ‖やらなければならない 하지 않으면 안 된다.

なこうど【仲人】 중매인(仲媒人).

なごむ【和む】 온화(穩和)해지다; 부드러워지다.

なごやか【和やか】ダ 온화(穩和)하다; 부드럽다.

なごり【名残り】 여운(餘韻); 아쉬움. ‖名残りを惜しむ 헤어짐을 아쉬워하다. 名残り惜しい 헤어지기 아쉽다.

-なさい ❶ …(하)세요. ‖お休みなさい 안녕히 주무세요. お入りなさい 들어오세요. ❷ …아[어]라; …(하)거라; …해라. ‖早く食べなさい 빨리 먹어라. 静かにしなさい 조용히 해라.

*__なさけ__【情け】 정(情). ‖情け知らずだ 몰인정하다. 人の情け 인정. ▸情けが仇 호의로 한 일이 오히려 상대방에게 악영향을 줌. ▸情けは人の為(ため)ならず 남에게 정을 베풀면 결국 자기에게 돌아온다. ▸情けを掛ける 친절하게 대하다.

なさけない【情けない】 〔嘆かわしい〕한심(寒心)하다; 비참(悲慘)하다. ‖情けない成績 한심한 성적.

なさけぶかい【情け深い】 정(情)이 깊다; 정이 많다.

なさけようしゃ【情け容赦】 동정(同情)하여 용서(容恕)함; 인정사정(人情事情). ‖情け容赦もない 인정사정 없다.

なざし【名指し】 (名하) 지명(指名). ‖名指しで非難する 지명하여 비난하다.

なさる【為さる】 하시다. ‖何になさいますか 뭘로 하시겠습니까? 何時に出発なさいますか 몇 시에 출발하십니까?

なし【無し】 없음. ‖今までのことはなしにしよう 지금까지 일은 없었던 것으로 하자. 全員異常なし 전원 이상 없음.

ナシ【梨】 배. ▸梨の礫(つぶて) 함흥차사(咸興差使).

なしくずし【済し崩し】 ❶ (借金を)조금씩 갚아감. ❷ (物事を)조금씩 해나감.

なしとげる【成し遂げる】 달성(達成)하다; 해내다. ‖5連覇を成し遂げる 오 연패를 달성하다.

なじみ【馴染み】 친숙(親熟)함; 잘 앎; 단골. ‖なじみの店 단골 가게. なじみ客 단골손님. 幼なじみ 소꿉친구.

なじむ【馴染む】 ❶친숙(親熟)해지다; 익다. ‖手になじんだ万年筆 손에 익은 만년필. ❷익숙해지다; 정(情)이 들다. ‖長年なじんだ土地 오래 살아 정이 든 땅[곳].

ナショナリズム【nationalism】 내셔널리즘.

なじる【詰る】 힐문(詰問)하다; 따지다.

なす【生す】 (子を)낳다.

なす【成す】 ❶〔形作る〕만들다; 형성(形成)하다; 이루다. ‖群れをなす 무리를 짓다. ❷〔やり遂げる〕해내다; 성사(成事)시키다. ‖大事をなす 큰일을 해내다.

なす【為す】 하다; 행하다. ▸為す術もない 어떻게 할 수가 없다.

ナス【茄子】 가지.

ナスダック【NASDAQ】 나스닥.

ナズナ【薺】 냉이.

なすりあい【擦り合い】 (責任などを)서로 미룸; 전가(轉嫁). ‖責任のなすり合い 책임 전가.

なすりつける【擦り付ける】 ❶문지르다; 바르다. ‖泥を壁になすりつける 진흙을 벽에 바르다. ❷(責任などを)전가(轉嫁)하다; 뒤집어씌우다.

***なぜ【何故】** 왜; 어째서. ‖なぜ来ないのか 왜 안 오는 걸까? なぜ悪いのか分からない 왜 나쁜지 모르겠다. なぜこの窓が開いているのかしら 어째서 이 창문이 열려 있지?

なぜか【何故か】 왠지; 어쩐지. ‖何故かだるい 왠지 몸이 나른하다.

なぞ【謎】 수수께끼; 불가사의(不可思議). ‖宇宙のなぞ 우주의 불가사의. 永遠のなぞ 영원한 수수께끼. ▸謎を掛ける 넌지시 이야기하다.

なぞなぞ【謎謎】 수수께끼.

なぞめく【謎めく】 수수께끼 같다.

なぞらえる【準える】 ❶비교(比較)하다; 비유(比喩)하다. ‖人生を旅に準える 인생을 여행에 비유하다. ❷본뜨다; 모방(模倣)하다.

なぞる 덧쓰다; 그대로 베끼다. ‖手本をなぞって書く 본에 대고 베껴 쓰다.

なた【鉈】 손도끼.

なだ【灘】 파도(波濤)가 거센 바다.

なだかい【名高い】 유명(有名)하다. ‖名高い画家 유명한 화가.

なだたる【名立たる】 유명(有名)한; 평판(評判)이 나 있는. ‖世界に名だたる名画 세계적으로 유명한 명화.

ナタデココ【nata de coco ス】 나타데코코.

なたね【菜種】 유채(油菜) 씨.

なたねあぶら【菜種油】 유채(油菜) 기름.

ナタマメ【鉈豆】 작두(鵲豆)콩.

なだめる【宥める】 달래다; 진정(鎭靜)시키다.

なだらかダ (傾斜が)완만(緩慢)하다. ‖なだらかな坂 완만한 언덕.

なだれ【雪崩】 눈사태(沙汰).

なだれおちる【雪崩れ落ちる】 무너져 내리다.

なだれこむ【雪崩れ込む】 밀려들다; 쏟아져 들어오다.

ナチ【Nazi ド】 나치.

ナチス【Nazis ド】 나치스.

ナチズム【Nazism】 나치즘.

***なつ【夏】** 여름. ‖東京の夏は蒸し暑い 동경의 여름은 무덥다. この夏韓国へ行った 올 여름에 한국에 갔다.

なついん【捺印】 (ス하) 날인(捺印).

なつかしい【懐かしい】 그립다; 정(情)겹다; 새삼스럽다. ‖懐かしい日々 그리운 날들. 昔が懐かしい 옛날이 그립다.

なつかしさ【懐かしさ】 그리움. ‖懐かしさが募る 그리움이 더해가다.

なつかしむ【懐かしむ】 그리워하다; 반가워하다.

なつかぜ【夏風邪】 여름 감기(感氣).

なつく【懐く】 따르다.

なづけ【名付け】 명명(命名).

なづけおや【名付け親】 이름을 지어 준 사람.

なづける【名付ける】 명명(命名)하다; 이름을 짓다; 이름을 붙이다.

なっせん【捺染】 (ス하) 날염(捺染).

ナッツ【nuts】 너트.

ナット【nut】 너트; 나사(螺絲).

なっとう【納豆】 낫토; 생청국장.

***なっとく【納得】** (ス하) 납득(納得). ‖納得がいかない結果 납득이 안 가는 결과. 十分に説明して納得させる 충분히 설명해서 납득시키다. 納得ずくで話を進める 서로 납득한 위에서 이야기를 추진하다.

なっぱ【菜っ葉】 잎을 먹는 채소(菜蔬).

なつば【夏場】 여름철. ‖夏場は観光客で込む 여름철은 관광객들로 붐비다.

なつばて【夏ばて】 ‖夏ばてする 여름을 타다.

なつび【夏日】 (説明) 최고 기온(最高氣溫)이 이십오 도 이상(二十五度以上)인 여름날.

なつふく【夏服】 하복(夏服); 여름옷.

ナップザック【knapsack】 냅색; 배낭(背囊).

ナツミカン【夏蜜柑】 여름 밀감(蜜柑).

ナツメ【棗】 대추.

ナツメヤシ【棗椰子】 대추야자(椰子).

なつもの【夏物】 여름옷.

다; 섹시하다.

なまめん【生麵】 조리(調理)하지 않은 면(麵).

なまもの【生物】 날것; 생(生)것.

なまやけ【生焼け】 설구워짐; 덜 구워짐. ‖生焼けの肉 덜 구워진 고기.

なまやさしい【生易しい】 쉽다; 간단(簡單)하다. ‖生易しい相手ではない 쉬운 상대가 아니다.

なまり【訛】 사투리.

なまり【鉛】 납. ‖鉛色 납빛.

なまる【訛る】 사투리를 쓰다.

なまる【鈍る】 무뎌지다; 둔(鈍)해지다. ‖体が鈍る 몸이 둔해지다.

***なみ【並み】** 보통(普通); 중간(中間). ‖並みの人間には考えも及ばないこと 보통 사람으로는 생각할 수 없는 일. 並みの成績で卒業する 중간 정도의 성적으로 졸업하다. 先進国並みの生活水準 선진국 정도의 생활수준.

***なみ【波】** ❶ 파도(波濤); 물결. ‖波が荒い 파도가 거칠다. 時代の波に乗る 시대의 흐름을 타다. 自由化の波 자유화의 물결. ❷ 기복(起伏); 부침(浮沈); 파동(波動). ‖感情の波 감정의 기복.

なみあし【並み足】 보통(普通) 걸음.

なみうつ【波打つ】 파도(波濤)치다. ‖波打つ海岸 파도치는 바닷가.

なみかぜ【波風】 풍파(風波). ‖波風が立つ 풍파가 일다. 波風を起こす 풍파를 일으키다.

なみき【並木】 가로수(街路樹).

なみしぶき【波飛沫】 (波の)포말(泡沫).

***なみだ【涙】** 눈물. ‖涙を流す 눈물을 흘리다. タマネギを切っていたら涙が出てきた 양파를 자르니까 눈물이 났다. 涙を拭う 눈물을 닦다. うれし涙 기쁨의 눈물. 涙する 눈물을 흘리다. ▸涙をのむ 눈물을 삼키다. ▸涙ながらに訴える 울면서 호소하다. ▸血も涙もない 피도 눈물도 없다. 〔慣〕 ♦涙声 울음 섞인 목소리.

なみたいてい【並み大抵】 보통(普通). ‖並み大抵の苦労ではない 보통 고생이 아니다.

なみだぐましい【涙ぐましい】 눈물겹다.

なみだぐむ【涙ぐむ】 눈물이 어리다.

なみだつ【波立つ】 파도(波濤)치다; 파도가 높아지다.

なみだもろい【涙脆い】 잘 울다; 쉽게 감동(感動)하다.

なみなみ 넘칠 정도(程度)로; 가득. ‖なみなみ(と)注ぐ 넘칠 정도로 따르다.

なみなみ【並並】 ‖並々ならぬ努力をする 이루 말할 수 없는 노력을 하다.

なみはずれる【並外れる】 보통 이상(普通以上)이다; 뛰어나다. ‖並はずれて大きい 보통 이상으로 크다. 並はずれた政治力 뛰어난 정치력.

ナミビア【Namibia】《国名》 나미비아.

なみよけ【波除け】 방파제(防波堤).

なむあみだぶつ【南無阿弥陀仏】 나무아미타불(南無阿彌陀佛).

ナメクジ 괄태충(括胎蟲); 민달팽이. ▸ナメクジに塩 어려운 상대 앞에서 위축됨.

ナメコ【滑子】 식용(食用) 버섯의 일종.

なめしがわ【鞣革】 무두질한 가죽.

なめす【鞣す】 무두질하다.

なめらか【滑らか】 ダ ❶ 미끈미끈하다; 매끈매끈하다; 미끄럽다. ‖滑らかな肌 매끈매끈한 피부. 滑らかな斜面 미끄러운 비탈길. ❷ 막힘이 없다; 유창(流暢)하다. ‖滑らかな弁舌 유창한 언변.

なめる【嘗める】 ❶ 핥다; 빨다. ‖飴をなめる 사탕을 빨다. ❷ 맛보다; 마시다; 경험(經驗)하다; 겪다. ‖苦杯をなめる 고배를 마시다. 辛酸をなめる 신산을 맛보다. ❸ 얕보다; 깔보다; 우습게 알다; 쉽게 생각하다. ‖試験をなめてかかる 시험을 쉽게 생각하고 덤비다. 世の中をなめるな 세상을 우습게 보지 마라.

なや【納屋】 헛간(間).

なやましい【悩ましい】 괴롭다; (性的刺激を受けて)마음이 흔들리다.

なやます【悩ます】 괴롭히다. ‖頭を悩ます 골치가 아프다. 騒音に悩まされる 소음 때문에 괴롭다.

***なやみ【悩み】** 괴로움; 고민(苦悶); 걱정. ‖悩みを打ち明ける 고민을 털어놓다. 何の悩みもない 아무런 걱정도 없다. 悩みの種 걱정거리.

***なやむ【悩む】** 괴로워하다; 고민(苦悶)하다; 고생(苦生)하다; 시달리다. ‖頭痛に悩む 두통에 시달리다. 将来について悩む 장래에 대해서 고민하다. 何を悩んでいるの 뭘 고민하고 있니?

なよなよ ‖なよなよ(と)した男 연약한 남자.

ナラ【楢】 졸참나무.

-なら ❶ …(다)면. ‖君が行くなら僕も行こう 너가 간다면 나도 가지. 読みたいなら貸してあげよう 읽고 싶다면 빌려 주마. ❷ …(이)라면. ‖君ならどうする 너라면 어떻게 하겠니? 私ならそうは思わない 나라면 그렇게 생각하지는 않아.

ならいごと【習い事】 배우는 것[일].

***ならう【習う】** 배우다; 학습(學習)하다. ‖ピアノを習う 피아노를 배우다. 先生に習う 선생님께 배우다. テープで歌を習う 테이프로 노래를 배우다.

ならう【倣う】 따르다; 모방(模倣)하다. ‖前例に倣う 전례를 따르다.

ならく【奈落】 나락(奈落); 지옥(地獄). ‖奈落の底 지옥의 밑바닥.

ならす【生らす】(実を)맺게 하다.

ならす【均す】고르게 하다; 균일(均一)하게 하다.

ならす【鳴らす】❶소리를 내다; 울리다. ‖クラクションを鳴らす 클랙슨을 울리다. ❷평판(評判)을 얻다; 유명(有名)하다. ‖強打で鳴らした選手 강타로 유명했던 선수.

ならす【慣らす·馴らす】길들이다; 따르게 하다. ‖動物を馴らす 동물을 길들이다.

ならずもの【ならず者】파락호(破落戶); 불량배(不良輩).

-ならでは 〔主に…ならではのの形で〕…이[가] 아니면 안 되는; …특유(特有)의. ‖島ならではの研究 섬이 아니면 안 되는 연구. 日本ならではの風習 일본 특유의 풍습.

-ならない ❶〔禁止〕…(서는·면) 안 된다. ‖遅く寝てはならない 늦게 자면 안 된다. ❷〔当然·義務〕…야 한다. ‖食べなければならない 먹어야 한다. ❸〔どうしようもない〕견딜 수(가) 없다; 참을 수(가) 없다; 못 견디겠다. ‖暑くてならない 더워서 참을 수가 없다.

-ならば ❶…다면. ‖全員そろったならば始めよう 다들 모였다면 시작하자. ❷…(이)라면; …(이)면. ‖韓国語の辞書ならば私の机の上にある 한국어 사전이라면 내 책상 위에 있어.

ならび【並び】늘어섬; 늘어선 것. ‖歯の並び 치열.

ならびたつ【並び立つ】늘어서다; 동등(同等)한 위치(位置)에 있다. ‖並び立つビル 늘어선 빌딩들.

ならびない【並び無い】둘도 없다; 유례(類例)없다.

ならびに【並びに】및; …와[과]. ‖身分証明書ならびに印鑑を持参すること 신분증명서 및 인감을 지참할 것.

***ならぶ**【並ぶ】❶(늘어)서다; 나란히 서다; 줄을 서다. ‖3列に並ぶ 세 줄로 서다. チケットを買うために並ぶ 티켓을 사기 위해 줄을 서다. ❷필적(匹敵)하다. ‖並ぶ者がいない 필적할 사람이 없다.

ならべたてる【並べ立てる】늘어놓다; 열거(列擧)하다. ‖不満を並べ立てる 불만을 늘어놓다.

***ならべる**【並べる】세우다; 늘어놓다; 벌여 놓다; 진열(陳列)하다. ‖生徒を身長の順に並べる 학생들을 키순으로 세우다. 色々な人形が並べてあった 여러 가지 인형들이 진열되어 있었다. 不平を並べる 불평을 늘어놓다.

ならわし【習わし】습관(習慣); 관습(慣習); 풍습(風習). ‖古くからの習わし 옛날부터의 풍습.

なり【形·態】❶복장(服裝); 차림; 모양(模樣); 모양새. ‖派手ななり 화려한 차림. 弓なり 활 모양. ❷체격(體格); 몸집; 덩치. ‖なりは大きいがまだ子どもだ 덩치는 크지만 아직 애다. ❸…(나름)대로. ‖私なりの考えがある 내나름대로의 생각이 있다. 人の言うなりになる 다른 사람이 말하는 대로 하다.

なり【鳴り】울림; 소리를 냄. ▸鳴りを潜(숨)める 활동을 중지하다. 조용히 있다.

なりあがり【成り上がり】벼락부자(富者); 벼락출세(出世); 졸부(猝富).

なりあがる【成り上がる】벼락부자(富者)가 되다; 벼락출세(出世)를 하다.

なりかわる【成り代わる】대신(代身)하다. ‖本人に成り代わる 본인을 대신하다.

なりきん【成(り)金】벼락부자(富者); 졸부(猝富).

なりさがる【成り下がる】전락(轉落)하다. ‖物ごいにまでなり下がる 거지로까지 전락하다.

なりすます【成り済ます】…인 체하다; 가장(假裝)하다.

なりたち【成り立ち】❶성립 과정(成立過程); 내력(來歷); 경과(經過). ‖会の成り立ち 모임의 내력. ❷구성 요소(構成要素). ‖文の成り立ち 문장의 구성 요소.

なりたつ【成り立つ】❶성립(成立)하다; 성립되다. ‖契約が成り立つ 계약이 성립되다. ❷구성(構成)되다; 이루어지다; 가능(可能)하다. ‖その考えも成り立つ 그런 생각도 가능하다.

なりたて【成り立て】‖成り立てだ 된 지 얼마 안 되다. 成り立ての弁護士だ 변호사가 된 지 얼마 안 되었다.

なりて【成り手】될 사람. ‖会長の成り手がない 회장이 될 사람이 없다.

なりひびく【鳴り響く】울려 퍼지다.

なりふりかまわず【形振り構わず】무작정(無酌定); 개의(介意)치 않고. ‖なりふり構わず働く 외양에는 개의치 않고 일하다.

なりものいりで【鳴り物入りで】시끌벅적하게; 요란(擾亂)스럽게; 대단한 것처럼. ‖鳴り物入りでデビューする 요란스럽게 데뷔하다.

なりゆき【成り行き】경과(經過); 과정(過程). ‖成り行きを見る 경과를 보다.

なりわい【生業】생업(生業).

なりわたる【鳴り渡る】울려 퍼지다.

***なる**【成る】❶완성(完成)되다; 실현(實現)되다. ‖749年, 東大寺大仏成る 칠백사십구 년에 도다이지 대불이 완성되다. ❷구성(構成)되다; 이루어지다. ‖日本の国会は衆議院と参議院とからなる 일본의 국회는 중의원과 참의원으로 구성된다. 水の分子は水素原子2個と酸素原子1個からなる 물 분자는 수소 원자 두 개와 산소 원자 한

개로 이루어진다. ローマは１日にしてならず 로마는 하루아침에 이루어지지 않았다. ❸〔お[ご]…になるの形で〕…시다. ‖何時においでになりますか 몇 시에 오시겠습니까? ❹〔…になるの形で〕…이[가] 되다. ‖春になる 봄이 되다. 病気になる 병이 되다. ❺〔…くなるの形で〕…아[어] 지다. ‖日が長くなる 해가 길어지다. 表情が明るくなる 표정이 밝아지다. ❻ (実が)맺다[열리다]. ‖実がなる 열매가 맺다.

*なる【鳴る】 ❶소리가 나다. ‖鐘が鳴る 종소리가 나다. ❷널리 알려지다. ‖資産家で鳴る家 자산가로 알려진 집.

なる【生る】 (実が)맺다[열리다]. ‖柿の実がなる 감이 열리다.

ナルシスト【narcist】 나르시스트.

ナルシズム【narcism】 나르시시즘.

なるべく【成る可く】 가능(可能)한 한; 되도록. ‖なるべく出席するようにしてください 가능한 한 출석하도록 해 주십시오.

なるほど【成る程】 과연(果然); 역시(亦是).

なれ【慣れ】 익숙해지는 것.

なれあう【馴れ合う】 ❶친해지다. ❷공모(共謀)하다; 담합(談合)하다.

ナレーション【narration】 내레이션.

ナレーター【narrator】 내레이터.

なれそめ【馴れ初め】 친해진 계기(契機).

なれなれしい【馴れ馴れしい】 친한 척하다; 친한 것처럼 굴다.

なれのはて【成れの果て】 영락(零落)한 모습; 말로(末路).

*なれる【慣れる・馴れる】 익숙해지다; 길들다; 친해지다. ‖新しい環境に慣れる 새로운 환경에 익숙해지다. 慣れた手つき 익숙한 손놀림. このサルは人に馴れている 이 원숭이는 사람들한테 길들어 있다.

なわ【縄】 줄; 끈; 새끼; (昔の)포승(捕繩)줄. ‖縄をなう 새끼를 꼬다. 縄で結わえる 끈으로 묶다.

なわしろ【苗代】 못자리.

なわとび【縄跳び】 줄넘기. ‖縄跳びをする 줄넘기를 하다.

なわばしご【縄梯子】 줄사다리; 줄사닥다리.

なわばり【縄張り】 영역(領域); 세력 범위(勢力範圍). ‖縄張り争い 세력 싸움.

なわめ【縄目】 매듭. ‖縄目を解く 매듭을 풀다. 縄目にかかる 포박당하다.

なん【難】 ❶재난(災難); 재해(災害); 곤란(困難); 어려움. ‖難を逃れる 난을 피하다. 不慮の難にあう 불의의 재난을 당하다. ❷흠; 결점(缺點); 약점(弱點). ‖難を言えば, 少々体が弱い 흠이라면 몸이 좀 약하다.

なん【何】 ❶무엇; 무슨. ‖これは何だ 이게 뭐냐? 何と言ったらいいかな 뭐라고 말하는 것이 좋을까? 何の話でしょうか 무슨 얘기입니까? 何が何でも明日は行くぞ 무슨 일이 있어도 내일은 갈 거야. ❷몇…. ‖何個 몇 개. 何時 몇 시. 何月 몇 월.

ナン【nahn】《料理》 난.

なんい【南緯】 남위(南緯).

なんい【難易】 난이(難易). ♦難易度 난이도.

なんか【南下】 (종하) 남하(南下).

なんか【軟化】 (종되) 연화(軟化).

-なんか …이[가]; …은[는]. ‖暑くて勉強なんかできないよ 더워서 공부가 안 돼.

なんかい【難解】 난해(難解). ‖難解な文章 난해한 문장.

なんかい【何回】 몇 번(番). ‖何回外国へ行きましたか 외국에 몇 번 갔습니까? 何回か行ったことがある 몇 번인가 간 적이 있다. 何回もやってみる 몇 번이나 해 보다.

なんかん【難関】 난관(難關). ‖難関にぶつかる 난관에 부딪치다. 難関を突破する 난관을 돌파하다.

なんぎ【難儀】 ❶고생(苦生); 고통(苦痛); 어려움; 곤란(困難)함. ‖借金で難儀する 빚 때문에 고생하다. ❷번거로움; 귀찮음; 폐(弊). ‖難儀をかける 번거롭게 하다.

なんきゅう【軟球】 연구(軟球).

なんきょく【南極】 남극(南極). ♦南極海 남극해. 南極圏 남극권. 南極大陸 남극 대륙.

なんきょく【難局】 난국(難局). ‖難局に当たる 난국에 봉착하다. 難局に直面する 난국에 직면하다. 難局を治める 난국을 수습하다.

なんきん【軟禁】 (종하) 연금(軟禁).

なんくせ【難癖】 결점(缺點); 트집. ▸難癖を付ける 트집을 잡다.

なんご【喃語】 옹알이.

なんこう【軟膏】 연고(軟膏).

なんこう【難航】 (종하) 난항(難航).

なんこうがい【軟口蓋】 연구개(軟口蓋).

なんこうがいおん【軟口蓋音】 《言語》 연구개음(軟口蓋音).

なんこうふらく【難攻不落】 난공불락(難攻不落). ‖難攻不落の要塞 난공불락의 요새.

なんこつ【軟骨】 연골(軟骨).

なんざん【難産】 (종하) 난산(難産).

なんじ【汝】 너. ‖汝ごときに分かるものか 너 같은 게 뭘 안다고.

なんじ【難治】 난치(難治). ‖難治の病 난치병.

なんじ【何時】 몇 시(時).

なんしき【軟式】 연식(軟式). ♦軟式野球 연식 야구.

なんじゃく【軟弱】ダ 연약(軟弱)하다. ‖軟弱な体 연약한 몸.
なんしょ【難所】난소(難所).
なんしょく【難色】난색(難色). ‖難色を示す 난색을 표하다.
なんすい【軟水】연수(軟水).
なんせい【南西】남서(南西).
なんせい【軟性】연성(軟性).
ナンセンス【nonsense】난센스.
なんだ【何だ】❶무엇이냐; 뭐야. ‖これは何だ 이게 뭐야? 何だ, 君か 뭐야 너구나. ❷뭐하다. ‖こう言っちゃ何だが 이렇게 말하기는 뭐하지만.
なんだい【難題】난제(難題); 어려운 문제(問題); 무리(無理)한 요구(要求).
なんたいどうぶつ【軟体動物】연체 동물(軟體動物).
なんだか【何だか】어쩐지; 왠지. ‖何だか心配になってきた 왠지 걱정이 된다.
なんだかんだ【何だかんだ】 ❶이것저것; 이래저래. ‖なんだかんだ(と)準備が大変です 이것저것 준비가 힘듭니다. ❷이러니저러니; 이러쿵저러쿵. ‖なんだかんだ言ってる場合ではない 이러니저러니 하고 있을 때가 아니다.
なんたん【南端】남단(南端).
なんちゃくりく【軟着陸】㊅하 연착륙(軟着陸).
なんちょう【難聴】난청(難聽). ♦難聴地域 난청 지역.
なんて【何て】 ❶〔疑問·感動〕얼마나. ‖何てきれいなんでしょう 얼마나 아름다워요. ❷무슨; 이렇다 할. ‖何てことを 무슨 이런 일을!
-なんて ‖そんなことをするなんて 그런 짓을 하다니. 病気になんて負けないぞ 병한테 질 수는 없다.
なんで【何で】왜; 어째서.
なんてき【難敵】난적(難敵).
なんでも【何でも】❶전부(全部); 뭐든지. ❷어떻든; 어쨌든; 기필(期必)코. ‖何が何でも 기필코.
なんでもかんでも【何でもかんでも】 ❶뭐든지. ‖彼のことなら何でもかんでも知っている 그 사람 일이라면 뭐든지 알고 있어. ❷〔ぜひとも〕기필(期必)코; 반드시.
なんでもない【何でもない】별(別)것 아니다; 아무것도 아니다.
なんでもや【何でも屋】❶〔人〕무슨 일이든지 해내는 사람; 무슨 일이든지 하는 사람. ❷〔店〕만물상(萬物商).
なんてん【難点】난점(難點).
ナンテン【南天】남천(南天).
*****なんと**【何と】❶어떻게; 뭐라고. ‖何と言う? 뭐라고 해? 何としても 어떻게 해서든. ❷〔驚き·感動〕얼마나. ‖何と美しい夜景だろう 얼마나 아름다운 야경인가.
なんど【納戸】옷이나 세간 등을 넣어 두는 방(房).
なんとう【南東】남동(南東). ♦南東貿易風 남동 무역풍.
なんとか【何とか】 ❶무언가; 뭐라고. ‖何とか言え 뭐라고 말해. ❷어떻게든. ‖何とかやってみる 어떻게든 해 볼게.
なんとなく【何となく】어쩐지; 왠지; 그냥. ‖何となく好きだ 왠지 좋아.
なんとも【何とも】❶뭐라고. ‖何とも言えない 뭐라고 말할 수 없다. ❷정말로. ‖何とも困った 정말로 곤란하다.
なんども【何度も】누누(屢屢)이; 몇 번이나. ‖何度も言う 누누이 말하다.
なんとやら【何とやら】왠지; 그냥.
なんなく【難無く】쉽게; 간단(簡單)히. ‖難なく合格する 쉽게 합격하다.
なんなら【何なら】 원한다면; 사정(事情)에 따라서는; 필요(必要)에 따라서는. ‖何なら中止してもよい 필요에 따라서는 중지해도 된다.
なんなりと【何なりと】무엇이든지.
なんなんせい【南南西】남남서(南南西).
なんなんとう【南南東】남남동(南南東).
なんにも【何にも】전(全)혀; 조금도; 아무것도. ‖地位も財産も何にもない 지위도 재산도 아무것도 없다. 私は何にも知らない 나는 아무것도 모른다.
なんにょ【男女】남녀(男女). ♦老若男女 남녀노소.
*****なんの**【何の】❶조금의; 아무런. ‖何の心配もない 아무런 걱정도 없다. 何の役にも立たない 아무런 도움이 안 되다. ❷무슨; 어떤. ‖庭には何の木を植えようか 뜰에는 무슨 나무를 심을까?
なんぱ【軟派】 ❶온건파(穩健派). ❷여성(女性)을 유혹(誘惑)하는 것.
なんぱ【難破】㊅되 난파(難破). ♦難破船 난파선.
ナンバー【number】넘버. ♦ナンバーツー 넘버 투. ナンバープレート 번호판. ナンバーワン 넘버원.
なんびょう【難病】난병(難病).
なんぶ【南部】남부(南部).
なんぷう【南風】남풍(南風); 마파람.
ナンプラー【namplaa】남플라.
なんべい【南米】남미(南美).
なんぽう【南方】남방(南方).
なんぼく【南北】남북(南北).
なんみん【難民】난민(難民). ‖難民キャンプ 난민 캠프.
なんもん【難問】난문(難問).
なんら【何等】조금도; 아무것도. ‖なんら変わりはない 아무것도 변한 게 없다. 변함이 없다.
なんらか【何等か】 ❶무언가; 무엇인가; 뭔가. ‖2つの事件には何らかの関係がありそうだ 두 사건은 뭔가 관계가 있는 것 같다. ❷〔いくらか〕얼마간.

に

に ❶〔場所〕…에. ‖病院は公園の隣にある 병원은 공원 옆에 있다. 自由の女神はニューヨークにある 자유의 여신상은 뉴욕에 있다. 兄は今中国にいる 오빠는 지금 중국에 있다. ❷〔方向〕…에; …(으)로. ‖学校に行く 학교에 가다. 今日友だちがうちに来る 오늘 친구가 우리 집에 온다. 左に曲がる 왼쪽으로 돌다. 椅子を後ろに倒す 의자를 뒤로 젖히다. ❸〔時間〕…에. ‖毎朝8時に家を出る 매일 아침 여덟 시에 집을 나오다. 夜中に電話がかかってくる 밤중에 전화가 걸려 오다. ❹〔原因・理由〕…에. ‖恐怖におびえる 공포에 떨다. 弟が司法試験に合格したという知らせに家族が喜んだ 동생이 사법 시험에 합격했다는 소식에 가족들이 기뻐했다. ❺〔対象〕…에; …에게; …을[를]. ‖読書に熱中する 독서에 열중하다. 友人の結婚式に出席する 친구 결혼식에 참석하다. 妹に誕生日プレゼントをあげる 여동생에게 생일 선물을 주다. 上司に結果を報告する 상사에게 결과를 보고하다. 大学の後輩に会う 대학 후배를 만나다. 毎日電車に乗って出勤する 매일 전철을 타고 출근하다. 私は父に似ている 나는 아버지를 닮았다. ❻〔受身文の動作主〕…에; …에게; …한테; 〔尊敬〕…께. ‖取材陣に囲まれる 취재진에 둘러싸이다. 友人にだまされる 친구한테 속다. 電車の中で隣の人に足を踏まれる 전철에서 옆사람에게 발을 밟히다. 先生にほめられる 선생님께 칭찬받다. ❼〔比較〕…에. ‖去年の冬に比べ今年は暖かい 작년 겨울에 비해 올해는 따뜻하다. ❽〔割合の基準〕…에. ‖1年に1回海外旅行をする 일 년에 한 번 해외 여행을 가다. ❾〔変化の結果〕‖パン屋がカフェに変わる 빵집이 카페로 바뀌다. 日本語に訳す 일본어로 옮기다. ❿〔資格・条件〕…(으)로. ‖国家代表選手に選ばれる 국가 대표 선수로 뽑히다. 不正を理由に解雇される 비리를 이유로 해고당하다. ⓫〔動作の目的〕…을[를]; …(으)러. ‖旅行に行く 여행을 가다. 韓国に調査に行く 한국에 조사를 가다. 渋谷に映画を見に行く 시부야에 영화를 보러 가다. ⓬〔…になるの形で〕…이[가] 되다. ‖春になる 봄이 되다. 友だちになる 친구가 되다.

に【二・2】 ❶이(二); 둘. ‖2月 이월. 1, 2, 3 일, 이, 삼. 하나, 둘, 셋. 2個 두 개. ❷다음; 두 번째; 제이(第二)의.

に【荷】 ❶짐. ‖両手に荷を下げる 양손에 짐을 들다. ❷책임(責任); 부담(負擔).

***にあう【似合う】** 어울리다; 조화(調和)되다; 맞다; …답다. ‖帽子がよく似合う 모자가 잘 어울리다. 普段の君には似合わない発言 평소의 너답지 않은 발언.

ニアミス【near miss】 니어 미스.

ニーズ【needs】 니즈.

ニーズ【NIES】 니즈. ✣newly industrializing economies の略語.

にいづま【新妻】 새색시.

にいろ【丹色】 단색(丹色); 붉은색.

にいん【二院】 양원(兩院). ♦二院制 양원제.

にえきらない【煮え切らない】 (考えなどが)분명(分明)하지 않다; 애매(曖昧)하다. ‖煮え切らない態度 애매한 태도.

にえくりかえる【煮え繰り返る】 몹시 화(火)가 나다; 속이 끓다. ‖腹が煮えくり返る 속이 끓다.

にえたぎる【煮え滾る】 펄펄 끓다.

にえたつ【煮え立つ】 끓어오르다.

にえゆ【煮え湯】 끓는 물.

にえる【煮える】 익다; 끓다. ‖サツマイモが煮える 고구마가 익다.

***におい【匂い・臭い】** ❶냄새; 향기(香氣). ‖肉を焼くにおい 고기를 굽는 냄새. 花のにおい 꽃 향기. 香水のにおい 향수 냄새. 変なにおいがする 이상한 냄새가 나다. においを放つ 냄새를 풍기다. ❷분위기(雰圍氣); 느낌. ‖パリのにおいのする雑誌 파리의 느낌을 주는 잡지. 生活のにおいの感じられない女優 생활감이 느껴지지 않는 여배우.

-において【に於いて】 …에 있어서; …에서.

におう【仁王】 금강신(金剛神).

***におう【匂う・臭う】** 냄새가 나다; 향기(香氣)가 나다. ‖梅の香がにおう 매화 향기가 나다. 靴下がにおう 양말이 냄새가 나다.

-における【に於ける】 …에 있어서의; …의 경우(境遇)의. ‖海外における諸情勢 해외에 있어서의 제 정세. 在学中における成績 재학 중의 성적.

におわせる【匂わせる】 ❶풍기다. ❷〔ほのめかす〕비추다; 암시(暗示)하다.

にかい【二階】 이 층(二層). ▸二階から目薬 마음대로 안 되어 답답함. 효과가 없음.

にがい【苦い】 쓰다; 씁쓸하다. ‖苦い薬 쓴 약. 苦い経験 씁쓸한 경험.

ニガウリ【苦瓜】 여주.

にがおえ【似顔絵】 초상화(肖像畫).

にがす【逃がす】 ❶놓아주다; 빼다. ‖釣った魚を逃がしてやる 잡은 고기를 놓아 주다. 湯気を逃がす 김을 빼다. ❷놓치다. ‖よい機会を逃がす 좋은 기회를 놓치다. ▸逃がした魚は大きい 놓친 고기가 더 커 보인다.

にがつ【二月・2月】이월(二月).

*__にがて__【苦手】❶〔扱いにくい相手〕상대(相對)하기 힘든 사람. ‖あの人はどうも苦手だ 저 사람은 상대하기가 힘들다. ❷〔得意でないこと〕잘 못함; 서투름; 자신(自信)이 없음. ‖苦手な科目 자신이 없는 과목. 数学が苦手だ 수학을 잘 못하다.

にがにがしい【苦苦しい】몹시 불쾌(不快)하다. ‖苦々しい顔つき 몹시 불쾌한 듯한 얼굴.

にがみ【苦味】쓴맛. ‖苦味のある茶 쓴맛이 나는 차.

にがむし【苦虫】▸苦虫を噛み潰したよう 벌레라도 씹은 것 같은.

にかよう【似通う】서로 닮다.

ニカラグア【Nicaragua】(国名) 니카라과.

にがり【苦汁】간수(水).

にかわ【膠】아교(阿膠).

にがわらい【苦笑い】고소(苦笑); 쓴웃음. ‖苦笑いする 쓴웃음을 짓다.

にきさく【二期作】이기작(二期作).

にぎてき【二義的】이차적(二次的).

にぎにぎしい【賑賑しい】몹시 번화(繁華)하다; 떠들썩하다.

にきび【面皰】여드름. ‖にきびができる 여드름이 나다.

*__にぎやか__【賑やか】ダ ❶번화(繁華)하다; 활기(活氣)차다. ‖にぎやかな町 번화한 거리. ❷떠들썩하다; 요란(擾亂)하다[스럽다]. ‖にぎやかな会合 떠들썩한 모임. にぎやかな人 요란한 사람. カエルがにぎやかに鳴く 개구리가 요란스럽게 울다.

にきょく【二極】양극(兩極).

にぎらせる【握らせる】쥐어 주다. ‖金を握らせる 돈을 쥐어 주다.

にぎり【握り】❶쥠; 잡는 곳; 손잡이. ‖バットの握り 배트 잡는 곳. ❷줌. ‖一握りの米 한 줌의 쌀. ❸〔握り鮨〕생선(生鮮) 초밥; 스시.

にぎりこぶし【握り拳】주먹.

にぎりしめる【握り締める】꽉 쥐다.

にぎりずし【握り鮨】생선(生鮮) 초밥; 스시.

にぎりつぶす【握り潰す】❶꽉 쥐어 으스러뜨리다. ❷(書類・提案などを) 묵살(默殺)하다.

にぎりめし【握り飯】주먹밥.

にぎる【握る】❶쥐다; 잡다. ‖政権を握る 정권을 잡다. ハンドルを握る 핸들을 잡다. ❷(握り鮨・握り飯などを) 만들다.

にぎわう【賑わう】❶북적거리다. ❷번성(繁盛)하다; 번창(繁昌)하다.

にぎわせる【賑わせる】❶활기(活氣)차게 하다. ❷풍부(豊富)하게 하다; 풍성(豊盛)하게 하다. ‖食卓を賑わせる 식탁을 풍성하게 하다.

にく【肉】❶살. ‖肩に肉がつく 어깨에 살이 붙다. 原案に肉をつける 원안에 살을 붙이다. ❷〔厚さ〕두께; 굵기.

にくい【憎い】❶얄밉다; 밉다. ❷〔反語的に〕훌륭하다; 멋있다; 기특(奇特)하다.

-にくい【難い】…하기 어렵다; …하기 곤란(困難)하다. ‖食べにくい 먹기 어렵다. 言いにくい 말하기 곤란하다.

にくがん【肉眼】육안(肉眼).

にくこっぷん【肉骨粉】육골분 사료(肉骨粉飼料).

にくしつ【肉質】육질(肉質).

にくしみ【憎しみ】미움; 증오(憎惡). ‖愛と憎しみ 사랑과 미움. 애증.

にくしゅ【肉腫】육종(肉腫).

にくじゅう【肉汁】육수(肉水).

にくしょく【肉食】(ス하) 육식(肉食). ♦肉食動物 육식 동물.

にくしん【肉親】육친(肉親).

にくずれ【煮崩れ】‖煮崩れする 너무 익어 형태가 망가지다.

にくせい【肉声】육성(肉聲).

*__にくたい__【肉体】육체(肉體). ‖肉体的な疲労 육체적인 피로. ♦肉体美 육체미. 肉体労働 육체노동.

にくたらしい【憎たらしい】밉살스럽다.

にくだん【肉弾】육탄(肉彈). ‖肉弾戦 육탄전.

にくだんご【肉団子】미트볼.

にくづき【肉付き】살집. ‖肉づきのいい人 살집이 좋은 사람.

にくづけ【肉付け】‖肉付けする 살을 붙이다.

にくにくしい【憎憎しい】밉살스럽다.

にくはく【肉薄】(ス하) 육박(肉薄).

にくばなれ【肉離れ】‖肉離れする 근섬유가 끊어지다.

にくひつ【肉筆】육필(肉筆).

にくまれぐち【憎まれ口】미움 살 말; 밉살스러운 말투. ‖憎まれ口をたたく 미움을 살 말을 하다.

にくまれっこ【憎まれっ子】미움 받는 아이. ▸憎まれっ子世にはばかる 집에서 미움 받는 자식이 밖에서 활개 친다.

にくまれやく【憎まれ役】미움 받는 역할(役割).

にくまん【肉饅】고기 찐빵.

にくむ【憎む】싫어하다; 미워하다; 불쾌(不快)해하다. ‖憎めない人 미워할 수 없는 사람.

にくよう【肉用】육용(肉用).

にくよく【肉欲】육욕(肉慾).

にくらしい【憎らしい】밉다; 얄밉다. ‖憎らしいことを言う 얄미운 소리를 하다.

にくるい【肉類】육류(肉類).

にぐるま【荷車】짐수레.

にげおくれる【逃げ遅れる】도망(逃亡)칠 기회(機會)를 놓치다; 미처 도망가

지 못하다. ‖火事で逃げ遅れて死ぬ 화재로 미처 도망가지 못해 죽다.

にげかくれ【逃げ隠れ】‖逃げ隠れする 도망쳐 숨다.

にげきる【逃げ切る】 ❶(追いつかれないで) 끝까지 도망(逃亡)치다. ❷(競技などで) 선두(先頭)를 뺏기지 않고 이기다.

にげこうじょう【逃げ口上】 핑계; 구실(口實).

にげごし【逃げ腰】 도망(逃亡)가려는 자세(姿勢); 책임(責任)을 회피(回避)하려는 태도(態度). ‖逃げ腰になる 책임을 회피하려고 하다.

にげこむ【逃げ込む】 도망(逃亡)쳐 들어가다.

にげだす【逃げ出す】 도망(逃亡)치다.

にげば【逃げ場】 도망(逃亡)칠 곳.

にげまわる【逃げ回る】 도망(逃亡) 다니다; 피(避)해 다니다.

にげみち【逃げ道】 ❶도망(逃亡)갈 길. ❷책임(責任) 등을 회피(回避)할 방법(方法).

***にげる**【逃げる】 ❶도망(逃亡)치다; 도망가다. ‖逃げる犯人を追いかける 도망가는 범인을 추격하다. ❷책임(責任) 등을 회피(回避)하다; 피(避)해가다. ‖彼は私の質問をうまく逃げた 그 사람은 내 질문을 적당히 피해 갔다. 逃げては通れない問題 피해 갈 수 없는 문제.

にげん【二元】 이원(二元). ♦二元的 이원적. 二元論 이원론.

にごす【濁す】 ❶흐리게 하다; 탁(濁)하게 하다. ❷(言葉を) 흐리다; 얼버무리다. ‖言葉を濁す 말을 얼버무리다.

ニコチン【nicotine】 니코틴. ♦ニコチン中毒 니코틴 중독.

にこにこ 싱글벙글; 생글생글.

にこぼれる【煮零れる】 끓어 넘치다.

にこむ【煮込む】 푹 끓이다; 푹 삶다.

にこやか 싱글벙글.

にごらす【濁らす】 ❶흐리게 하다; 탁(濁)하게 하다. ❷(言葉を)흐리다; 얼버무리다.

にこり 싱긋.

にごり【濁り】 흐림; 탁(濁)함.

にごりざけ【濁り酒】 탁주(濁酒); 막걸리.

にごる【濁る】 ❶흐려지다; 탁(濁)해지다. ❷탁음(濁音)이 되다.

にごん【二言】 두말. ‖二言はない 두말하지 않다.

にざかな【煮魚】 생선(生鮮) 조림.

にさん【二三】 두셋; 조금; 약간(若干).

にさんかたんそ【二酸化炭素】 이산화탄소(二酸化炭素).

***にし**【西】 서(西); 서쪽. ‖日が西に沈む 해가 서쪽으로 지다.

にじ【虹】 무지개. ‖虹がかかる 무지개가 뜨다. ♦二重虹 쌍무지개.

にじ【二次】 이차(二次). ♦二次産業 이차 산업. 二次方程式 이차 방정식.

ニジェール【Niger】《国名》 니제르.

にじかい【二次会】 이차(二次).

にしかぜ【西風】 서풍(西風).

にしがわ【西側】 서쪽; 서방(西方).

にしき【錦】 비단(緋緞).

ニシキゴイ【錦鯉】 비단(緋緞)잉어.

ニシキヘビ【錦蛇】 비단(緋緞)뱀.

にじげん【二次元】 이차원(二次元).

にしはんきゅう【西半球】 서반구(西半球).

にしび【西日】 석양(夕陽).

ニジマス【虹鱒】 무지개송어(松魚).

にじみでる【滲み出る】 배어나다; 스며나오다.

にじむ【滲む】 ❶번지다; 스미다. ‖インクがにじむ 잉크가 번지다. ❷배다; 어리다. ‖涙がにじむ 눈물이 어리다.

にしゃたくいつ【二者択一】 양자택일(兩者擇一).

***にじゅう**【二重】 이중(二重). ‖二重に包む 이중으로 싸다. ♦二重顎 이중 턱. 二重国籍 이중 국적. 二重人格 이중 인격. 二重否定 이중 부정. 二重母音 이중 모음.

にじゅうしき【二十四気】 이십사절기(二十四節氣).

にじゅうしょう【二重唱】 이중창(二重唱).

にじゅうそう【二重奏】 이중주(二重奏).

にじょう【二乗】 (スル)《数学》 자승(自乘); 제곱.

にじる【煮汁】 끓인 국물.

にしん【二審】 이심(二審).

ニシン【鰊】 청어(青魚).

にしんほう【二進法】 이진법(二進法).

ニス 니스.

にせ【偽】 가짜; 위조(僞造). ♦偽札 위조 지폐.

にせい【二世】 이세(二世). ‖エリザベス二世 엘리자베스 이세. 在日韓国人二世 재일 동포 이세.

にせもの【偽物】 가짜; 위조품(僞造品); 〔俗語〕짝퉁.

にせる【似せる】 흉내를 내다; 모방(模倣)하다; 위조(僞造)하다.

にそう【尼僧】 비구니(比丘尼).

にそく【二足】 (履き物の)두 켤레. ▸二足の草鞋(わらじ)を履く 한 사람이 전혀 다른 두 가지 직업을 가지다.

にそくさんもん【二束三文】 아주 싼 값; 헐값.

にだい【荷台】 짐받이; 적재함(積載函).

にだいせいとうせい【二大政党制】 양당제(兩黨制).

にたつ【煮立つ】 끓어오르다.

にたてる【煮立てる】 펄펄 끓이다.

にたにた 히죽히죽.

に

にたもの【似た者】 서로 닮은 사람. ‖似た者同士で 서로 닮은 사람들끼리. 似た者夫婦 성격이나 취미 등이 비슷한 부부.

にたりよったり【似たり寄ったり】 ‖似たり寄ったりの実力 비슷비슷한 실력.

にだんがまえ【二段構え】 두 가지 방책(方策)을 준비(準備)함.

にだんベッド【二段 bed】 이층 침대(二層寢臺).

にち【日】 ❶…일(日). ❷〔日曜の略語〕일.

にちじ【日時】 일시(日時). ‖開催日時 개최 일시.

***にちじょう【日常】** 일상(日常). ‖日常の煩わしさ 일상의 번거로움. ♦日常会話 일상 회화. 日常茶飯事 항다반사. 日常生活 일상생활.

にちべい【日米】 미일(美日).

にちぼつ【日没】 일몰(日沒).

にちや【日夜】 항상(恒常); 늘. ‖日夜努力する 항상 노력하다.

にちよう【日用】 일용(日用). ♦日用雑貨 일용 잡화. 日用品 일용품.

***にちよう【日曜】** 일요(日曜). ♦日曜学校 주일 학교. 日曜日 일요일.

にっか【日課】 일과(日課).

につかわしい【似付かわしい】 어울리다; 적합(適合)하다.

にっかん【日刊】 일간(日刊). ♦日刊紙 일간지. 日刊新聞 일간 신문.

にっかん【肉感】 육감(肉感). ‖肉感的な描写 육감적인 묘사.

にっかん【日韓】 한일(韓日). ‖日韓関係 한일 관계.

にっき【日記】 일기(日記). ‖日記をつける 일기를 쓰다. ♦日記帳 일기장.

ニッキ【肉桂】 계피(桂皮); 계피나무.

にっきゅう【日給】 일급(日給); 일당(日當).

ニックネーム【nickname】 닉네임; 별명(別名).

にづくり【荷造り】 ‖荷造りする 짐을 꾸리다. 짐을 싸다.

にっけい【日系】 일본계(日本系).

ニッケイ【肉桂】 계피(桂皮); 계피나무.

につける【煮付ける】 푹 끓이다; 조리다.

ニッケル【nickel】 니켈.

にっこう【日光】 일광(日光). ♦日光浴 일광욕.

にっこり 싱긋; 생긋. ‖にっこりする 싱긋 웃다.

にっし【日誌】 일지(日誌). ♦学級日誌 학급 일지.

にっしゃびょう【日射病】 일사병(日射病).

にっしょう【入声】 《言語》 입성(入聲).

にっしょう【日照】 일조(日照). ♦日照権 일조권. 日照時間 일조 시간.

にっしょうき【日章旗】 일장기(日章旗).

にっしょく【日食】 일식(日蝕).

にっしんげっぽ【日進月歩】 일취월장(日就月將).

にっすう【日数】 일수(日數).

ニッチさんぎょう【niche 産業】 《経》 틈새산업(産業).

にっちもさっちも【二進も三進も】 이러지도 저러지도; 빼도 박도. ‖にっちもさっちもいかない 빼도 박도 못하다.〔慣〕

にっちゅう【日中】 중일(中日). ‖日中関係 중일 관계.

にっちゅう【日中】 낮.

にっちょう【日朝】 북한(北韓)과 일본(日本).

にっちょく【日直】 일직(日直).

***にってい【日程】** 일정(日程). ‖日程を組む 일정을 짜다. 日程を終える 일정을 마치다. ♦議事日程 의사 일정. 日程表 일정표.

ニット【knit】 니트.

にっとう【日当】 일당(日當).

ニットウエア【knitwear】 니트웨어.

ニッパー【nippers】 니퍼.

にっぽう【日報】 일보(日報).

にっぽん【日本】 《国名》 일본(日本).

にっぽんぎんこう【日本銀行】 일본 은행(日本銀行).

につまる【煮詰まる】 ❶바짝 졸아들다. ❷(討議・交渉などで) 문제 해결(問題解決)이 가까워지다.

にてひなり【似て非なり】 겉보기는 비슷하나 다름.

にてもにつかない【似ても似つかない】 전(全)혀 다르다.

にてんさんてん【二転三転】 ‖二転三転する 상황이 계속 바뀌다.

にと【二兎】 토끼 두 마리. ▸二兎を追う者は一兎をも得ず 토끼 둘을 잡으려다가 하나도 못 잡는다.〔諺〕

にど【二度】 두 번(番).

にとう【二等】 이등(二等).

にとうぶん【二等分】 〔圣하〕 이등분(二等分).

にとうへんさんかくけい【二等辺三角形】 이등변 삼각형(二等邊三角形).

にとうりゅう【二刀流】 《説明》 양(兩)손에 칼을 들고 싸우는 검술(劍術).

にどでま【二度手間】 한 번(番)에 끝날 일을 두 번 함.

にどと【二度と】 두 번(番) 다시. ‖こんな機会は二度とない 이런 기회는 두 번 다시 없다. ここへは二度と来るな 여기에는 두 번 다시 오지 마.

にないて【担い手】 ❶짐을 메는 사람. ❷중심(中心)이 되어 맡을 사람.

になう【担う】 지다; 짊어지다; 메다; 떠맡다. ‖天秤棒で荷を担う 멜대로 짐을 지다. 次の世代を担う 다음 세대를 짊어지다.

ににんさんきゃく【二人三脚】 이인삼각(二人三脚).

ににんしょう【二人称】 이인칭; 제이 인칭(第二人稱).

にのあし【二の足】 ▸二の足を踏む 주저하다.

にのうで【二の腕】 상박부(上膊部).

にのく【二の句】 ▸二の句が継げない 기가 막혀서 다음 말이 안 나오다.

にのつぎ【二の次】 두 번(番)째; 뒤로 미룸.

にのまい【二の舞】 전철(前轍)을 밟음. ‖二の舞を演じる 전철을 밟다.

にばんかん【二番館】 재개봉관(再開封館).

にばんせんじ【二番煎じ】 재탕(再湯). ‖二番煎じの薬 재탕한 약. 彼の話は二番煎じだ 그 사람의 이야기는 재탕한 것이다.

にびょうし【二拍子】 이박자(二拍子).

ニヒリスト【nihilist】 니힐리스트.

ニヒリズム【nihilism】 니힐리즘.

ニヒル【nihil ラ】 니힐.

にぶ【二部】 ❶두 부분(部分). ❷(大学の)야간부(夜間部).

にぶい【鈍い】 ❶(切れ味が)무디다. ❷둔(鈍)하다; 굼뜨다; 느리다. ‖動作が鈍い 동작이 느리다. ❸희미(稀微)하다. ‖鈍い光 희미한 불빛.

にぶおんぷ【二分音符】 이분음표(二分音標).

にぶけいしき【二部形式】 이부 형식(二部形式).

にぶさく【二部作】 이부작(二部作).

にふだ【荷札】 (荷物の) 꼬리표(票).

にぶる【鈍る】 둔(鈍)해지다. ‖体が鈍る 몸이 둔해지다.

にぶん【二分】 ㉻하 이분(二分); 양분(兩分). ‖財産を二分する 재산을 양분하다.

にぼし【煮干し】 국물용(用) 멸치.

***にほん**【日本】《国名》 일본(日本). ‖日本の伝統 일본의 전통. ♦日本画 일본화. *日本経団連 일본 경단련.* 日本語 일본어. 日本酒 일본 술. 日本人 일본 사람. 일본인. 日本製 일제. 日本茶 일본차. 日本刀 일본도. 日本晴れ ㊇説明 구름 한 점 없는 맑은 날씨. 日本風 일본풍. 日本舞踊 일본 무용. 日本間 일본식 방. 日本列島 일본 열도.

にほんだて【二本立て】 ❶두 가지 일을 동시(同時)에 함. ❷(映画の)동시 상영(同時上映).

にまいめ【二枚目】 미남 역(美男役); 미남 배우(俳優); 잘생긴 사람.

にまめ【煮豆】 콩자반.

にもうさく【二毛作】 이모작(二毛作).

***にもつ**【荷物】 짐. ‖荷物を運ぶ 짐을 나르다. 荷物を預ける 짐을 맡기다.

にもの【煮物】 조림; 조린 요리(料理).

ニャア 〔ネコの鳴き声〕야옹.

にやにや 히죽히죽.

にやり 히죽; 싱긋. ‖にやりと笑う 히죽거리다.

ニュアンス【nuance フ】 뉘앙스.

にゅういん【入院】 ㉻하 입원(入院).

にゅうえき【乳液】 유액(乳液).

にゅうえん【入園】 ㉻하 ❶(保育園・幼稚園に)입학(入學). ❷(動物園・遊園地に)입장(入場).

にゅうか【入荷】 ㉻하 입하(入荷).

にゅうか【乳化】 ㉻되 유화(乳化).

にゅうかい【入会】 ㉻하 입회(入會).

にゅうかく【入閣】 ㉻하 입각(入閣).

***にゅうがく**【入学】 ㉻하 입학(入學). ‖入学願書を出す 입학 원서를 내다. 入学手続きをする 입학 수속을 하다. ♦入学式 입학식. 入学試験 입학 시험.

ニューカマー【newcomer】 신인(新人); 신참자(新參者).

にゅうかん【入棺】 ㉻하 입관(入棺).

にゅうかん【入管】 입국 관리국(入國管理局).

にゅうかん【入館】 ㉻하 입관(入館).

にゅうがん【乳癌】 유방암(乳房癌).

にゅうぎゅう【乳牛】 젖소.

にゅうきょ【入居】 ㉻하 입주(入住). ♦入居者 입주자.

にゅうぎょう【乳業】 유업(乳業).

にゅうきん【入金】 ㉻하 입금(入金).

にゅうこ【入庫】 ㉻하 입고(入庫).

にゅうこう【入港】 ㉻하 입항(入港).

***にゅうこく**【入国】 ㉻하 입국(入國). ‖入国手続き 입국 절차. ♦不法入国 불법 입국. 入国許可 입국 허가.

にゅうさつ【入札】 ㉻하 입찰(入札). ♦入札価格 입찰 가격.

にゅうさん【乳酸】 유산(乳酸); 젖산. ♦乳酸菌 유산균. 젖산균.

にゅうし【入試】 입시(入試). ♦大学入試 대학 입시.

にゅうし【乳歯】 젖니; 유치(乳齒).

にゅうじ【乳児】 유아(乳兒). ♦乳児期 유아기.

ニュージーランド【*New Zealand*】《国名》 뉴질랜드.

にゅうしつ【入室】 ㉻하 입실(入室).

にゅうしぼう【乳脂肪】 유지방(乳脂肪).

にゅうしゃ【入社】 ㉻하 입사(入社). ♦入社試験 입사 시험.

にゅうじゃく【柔弱】ダ 유약(柔弱)하다.

にゅうしゅ【入手】 ㉻하 입수(入手). ‖情報を入手する 정보를 입수하다. ♦入手経路 입수 경로.

にゅうしょ【入所】 ㉻하 입소(入所).

にゅうしょう【入賞】 ㉻하 입상(入賞). ♦入賞者 입상자.

にゅうじょう【入場】 ㉻하 입장(入場). ♦入場券 입장권. 入場料 입장료.

に

*ニュース【news】 뉴스. ‖ニュースキャスター 뉴스 캐스터. 今日のニュース 오늘의 뉴스.
にゅうせいひん【乳製品】 유제품(乳製品).
にゅうせき【入籍】 (名하) 입적(入籍).
にゅうせん【入選】 (名하) 입선(入選).
にゅうせん【乳腺】 (解剖) 유선(乳腺). ♦乳腺炎 유선염.
にゅうたい【入隊】 (名하) 입대(入隊).
にゅうだん【入団】 (名하) 입단(入團).
にゅうとう【入党】 (名하) 입당(入黨).
にゅうとう【乳糖】 (化学) 유당(乳糖); 젖당.
にゅうとう【乳頭】 유두(乳頭); 젖꼭지.
にゅうどうぐも【入道雲】 적란운(積亂雲).
ニュートラル【neutral】 중간(中間); 중립(中立). ‖ニュートラルな立場 중간적인 입장.
ニュートロン【neutron】 뉴트론; 중성자(中性子).
ニュートン【newton】〔力の単位〕…뉴턴.
にゅうねん【入念】 면밀(綿密)함; 꼼꼼함. ‖入念に調べる 꼼꼼하게 조사하다.
ニューハーフ【new+half[日]】 여장(女裝)한 남성(男性); 성전환(性轉換)한 남성.
にゅうはくしょく【乳白色】 유백색(乳白色); 젖빛.
にゅうもん【入門】 (名하) 입문(入門). ♦入門書 입문서.
にゅうよく【入浴】 (名하) 입욕(入浴).
にゅうりょく【入力】 (名하) 입력(入力). ♦入力装置 입력 장치.
にゅうりん【乳輪】 유륜(乳輪); 젖꽃판.
ニューロン【neuron】 뉴런.
にゅうわ【柔和】ダ 유화(柔和)하다.
にゅっと 불쑥. ‖にゅっと姿を現わす 불쑥 나타나다.
にょいぼう【如意棒】 여의봉(如意棒).
にょう【尿】 소변(小便).
にょうい【尿意】 요의(尿意).
にょうさん【尿酸】 요산(尿酸).
にょうせき【尿石】 요석(尿石).
にょうそ【尿素】 요소(尿素).
にょうどう【尿道】 요도(尿道).
にょうどくしょう【尿毒症】 요독증(尿毒症).
にょうぼう【女房】 처(妻); 아내; 마누라. ♦女房役 보좌역.
にょきにょき 쑥쑥; 쭉쭉. ‖タケノコがにょきにょき生えてくる 죽순이 쑥쑥 돋아나다.
にょじつ【如実】 여실(如實). ‖戦争の悲惨さが如実に描かれている 전쟁의 비참함이 여실하게 그려져 있다.
にょたい【女体】 여체(女體).
にょにん【女人】 여인(女人). ♦女人像 여인상.
にょらい【如来】 여래(如來). ♦釈迦如来 석가여래.
にょろにょろ 꿈틀꿈틀.
ニラ【韮】 부추.
にらみ【睨み】 노려봄; 무언(無言)의 위압(威壓)하는 힘. ‖にらみを利かす 무언의 압력을 가하다.
にらみあう【睨み合う】 서로 노려보다.
にらみつける【睨み付ける】 매섭게 노려보다.
にらむ【睨む】 ❶〔見つめる〕째려보다; 노려보다. ❷〔疑う〕주시(注視)하다; 수상(殊常)하게 여기다; 의심(疑心)하다. ‖彼が犯人だとにらんでいる 그 사람이 범인이라고 의심하고 있다. ❸〔目をつける〕찍다. ‖先生ににらまれている 선생님께 찍혀 있다.
にらめっこ【睨めっこ】 (名하) 눈싸움.
にらんせい【二卵性】 이란성(二卵性). ♦二卵性双生児 이란성 쌍생아.
にりつはいはん【二律背反】 이율배반(二律背反).
にりゅう【二流】 이류(二流). ♦二流作家 이류 작가.
にりんしゃ【二輪車】 이륜차(二輪車).
*にる【似る】 닮다; 비슷하다. ‖よく似ている人 많이 닮은 사람. 性格は父親に似ている 성격은 아버지를 닮았다. 似た話を聞いたことがある 비슷한 이야기를 들은 적이 있다.
*にる【煮る】 끓이다; 삶다; 조리다. ‖強火で煮る 센 불에서 조리다. サツマイモを煮る 고구마를 삶다.
にるい【二塁】 (野球で)이루(二壘). ♦二塁手 이루수.
ニレ【楡】 느릅나무.
*にわ【庭】 ❶정원(庭園); 마당; 뜰. ‖大きな庭のある家 큰 정원이 있는 집. ❷(あることをする)장소(場所); 터. ‖学びの庭 배움터. ♦裏庭 뒤뜰. 뒷마당. 中庭 안뜰.
にわいじり【庭弄り】 정원(庭園) 손질; 뜰 가꾸기.
にわかあめ【俄雨】 소나기.
にわかじこみ【俄仕込み】 벼락치기로 배움; 벼락공부.
にわかに【俄に】 돌연(突然)히; 갑자기; 갑작스럽게.
にわき【庭木】 정원수(庭園樹).
にわし【庭師】 정원사(庭園師).
*ニワトリ【鶏】 닭. ‖鶏を飼う 닭을 치다. 鶏1羽 닭 한 마리. ▸鶏を割くにいずくんぞ牛刀を用いん 닭을 잡는 데 어찌 소 잡는 칼을 쓸 것인가? ♦鶏小屋 닭장.
-にん【人】 …명(名); …사람; …인(人). ‖3人 세 명. 세 사람. ♦代理人 대리인. 保証人 보증인.
にんい【任意】 임의(任意). ‖任意の方

法 임의의 방법. ♦任意出頭 임의 출두.

*にんか【認可】 (名하) 인가(認可); 허가(許可). ‖営業を認可する 영업을 허가하다. 認可が下りる 인가를 받다.

にんかん【任官】 (名하) 임관(任官).

*にんき【人気】 인기(人氣). ‖人気がある 인기가 있다. 人気が落ちる 인기가 떨어지다. 人気が上がる 인기가 올라가다. ♦人気絶頂 인기 절정. 人気投票 인기 투표. 人気者 인기가 있는 사람.

にんき【任期】 임기(任期). ‖任期が切れる 임기가 끝나다. ♦任期満了 임기 만료.

にんぎょ【人魚】 인어(人魚). ♦人魚姫 인어 공주.

にんぎょう【人形】 인형(人形). ♦人形劇 인형극.

にんく【忍苦】 (名하) 인고(忍苦).

*にんげん【人間】 인간(人間); 사람. ‖人間ができている 사람이 됐다. 人間らしい生活 인간적인 생활. 사람다운 생활. ▸人間万事塞翁が馬 인간 만사는 새옹지마라.〔諺〕 ♦人間関係 인간관계. 人間工学 인간 공학. 人間国宝 인간문화재. 人間性 인간성. 人間的 인간적. 人間ドック 인간독. 人間味 인간미.

にんさんぷ【妊産婦】 임산부(姙産婦).

にんしき【認識】 (名하) 인식(認識). ‖彼に対する認識を新たにした 그 사람에 대한 인식을 달리했다. ♦認識不足 인식 부족. 認識論 인식론.

にんしょう【人称】 인칭(人稱). ♦三人称 삼인칭. 제삼 인칭. 人称代名詞 인칭 대명사.

にんしょう【認証】 (名하) 인증(認證).

にんじょう【人情】 인정(人情). ♦人情話 인정미 넘치는 이야기. 人情味 인정미.

にんじょう【刃傷】 칼부림. ‖刃傷に及ぶ 칼부림이 나다.

にんじる【任じる】 ❶임명(任命)하다. ❷〔自任する〕자임(自任)하다.

にんしん【妊娠】 (名하) 임신(姙娠). ‖妊娠3か月 임신 삼 개월. ♦妊娠中毒 임신 중독.

ニンジン【人参】 당근.

にんずう【人数】 인원수(人員數); 사람 수.

にんそう【人相】 인상(人相); 관상(觀相). ‖人相を見る 관상을 보다. ♦人相見 관상가.

にんたい【忍耐】 (名하) 인내(忍耐). ‖忍耐強い 인내심이 강하다. 忍耐力がない 인내심이 없다.

にんち【任地】 임지(任地).

にんち【認知】 (名하) 인지(認知). ♦認知科学 인지 과학. 認知症 치매증.

にんてい【認定】 (名하) 인정(認定). ♦資格認定試験 자격 인정 시험.

ニンニク【大蒜】 마늘.

にんぷ【人夫】 인부(人夫).

にんぷ【妊婦】 임부; 임산부(姙産婦).

にんまり 빙그레.

*にんむ【任務】 임무(任務). ‖任務を果たす 임무를 다하다. 特殊な任務を帯びて出発する 특수한 임무를 띠고 출발하다.

にんめい【任命】 (名하) 임명(任命). ‖大臣に任命する 장관으로 임명하다.

にんめん【任免】 (名하) 임면(任免). ♦任免権 임면권.

にんよう【任用】 (名하) 임용(任用).

ぬ

ぬいあわせる【縫い合わせる】 꿰매다. ‖傷口を縫い合わせる 상처를 꿰매다.

ぬいいと【縫い糸】 재봉(裁縫) 실; 바느질실.

ぬいぐるみ【縫い包み】 봉제 인형(縫製人形).

ぬいこむ【縫い込む】 깁다; 꿰매다.

ぬいしろ【縫い代】 시접.

ぬいとり【縫い取り】 수(繡)를 놓음. ‖縫い取りする 수를 놓다.

ぬいばり【縫い針】 재봉(裁縫) 바늘.

ぬいめ【縫い目】 봉제선(縫製線).

ぬいもの【縫い物】 ❶〔事柄〕재봉(裁縫); 바느질. ❷〔物〕바느질감; 바느질거리.

*ぬう【縫う】 꿰매다; 깁다; 바느질하다; (間を)누비다. ‖ほころびを縫う 터진 곳을 꿰매다. 人込みを縫うように進む 인파를 누비며 나아가다. 合間を縫って 막간을 이용하여.

ヌー【gnu】《動物》 누.

ヌード【nude】 누드.

ヌードル【noodle】 누들.

ぬか【糠】 ❶쌀겨. ❷자잘함; 헛됨; 덧없음. ‖ぬか雨 보슬비. 이슬비. ぬか働き 헛일. ▸糠に釘 효과가 없음.

ぬかす【抜かす】 거르다; 빠뜨리다; 빼다. ‖1人を抜かして数える 한 사람을 빼고 세다. 1行抜かして読む 한 줄 빠뜨리고 읽다.

ぬかずく【額突く】 이마를 땅에 대고 배례(拜禮)하다.

ぬかづけ【糠漬け】 (說明) 발효(醱酵)시킨 쌀겨와 소금에 야채(野菜)를 절인 것.

ぬかみそ【糠味噌】 (說明) 쌀겨에 소금을 섞어 발효(醱酵)시킨 것.

ぬかよろこび【糠喜び】 (当てがはずれた) 허무(虛無)한 기쁨.

ぬかり【抜かり】 빈틈; 허점(虛點). ‖ぬかりがない 빈틈이 없다.

ぬかる【泥濘る】 땅이 질퍽하다.

ぬかる【抜かる】 방심(放心)하다; 실수(失手)하다; 실패(失敗)하다.

ぬかるみ【泥濘】 진흙탕; 진창. ‖ぬかるみにはまる 진흙탕에 빠지다.

ぬきあし【抜き足】 ‖抜き足で歩く 살금살금 걷다.

ぬきうち【抜き打ち】 ‖抜き打ちに 예고 없이. 갑자기. 抜き打ち検査 불시 검사.

ぬぎすてる【脱ぎ捨てる】 벗어 버리다; 벗어던지다.

ぬきだす【抜き出す】 빼내다; 선발(選拔)하다. ‖条件に合う者だけ抜き出す 조건에 맞는 사람만 선발하다.

ぬきとる【抜き取る】 ❶빼다; 뽑다; 뽑아내다. ‖釘を抜き取る 못을 뽑다. ❷〔引き抜いて盗む〕훔치다.

ぬきんでる【抜きん出る】 돌출(突出)하다; 출중(出衆)하다; 뛰어나다. ‖抜きん出た才能 출중한 재능.

ぬ

*__ぬく__【抜く】 ❶빼다; 뽑다; 따다. ‖ビールの栓を抜く 맥주를 따다. 庭の雑草を抜く 뜰의 잡초를 뽑다. 刀を抜く 칼을 뽑다. タイヤの空気を抜く 타이어 공기를 빼다. ❷없애다; 제거(除去)하다; 지우다. ‖ブラウスの染みを抜く 블라우스의 얼룩을 지우다. ❸생략(省略)하다; 줄이다. ‖説明を抜く 설명을 생략하다. ❹앞지르다; 추월(追越)하다. ❺〔…抜くの形で〕끝까지 …하다. ‖走り抜く 끝까지 달리다.

*__ぬぐ__【脱ぐ】 벗다. ‖服を脱ぐ 옷을 벗다. 靴を脱いで入ってくる 구두를 벗고 들어오다.

ぬぐう【拭う】 닦다; 지우다; 씻다. ‖汗を拭う 땀을 닦다. 手を拭う 손을 닦다. 不公平の感を拭いきれない 불공평하다는 느낌을 지울 수가 없다. 汚名を拭う 오명을 씻다. 口を拭う 입을 닦다.

ぬくぬく 따뜻하게; 따끈따끈하게; 편안(便安)하게. ‖ぬくぬくと布団にくるまっている 따뜻하게 이불을 덮어쓰고 있다. 親元でぬくぬくと暮らす 부모 슬하에서 편안하게 살다. ぬくぬくのご飯 따끈따끈한 밥.

ぬくまる【温まる】 따뜻해지다.

ぬくもり【温もり】 따뜻함; 온기(溫氣).

ぬけあな【抜け穴】 빠져나갈 구멍.

ぬけおちる【抜け落ちる】 빠지다; 누락(漏落)되다. ‖ボルトが抜け落ちる 볼트가 빠지다.

ぬけがけ【抜け駆け】 ‖抜け駆けする 남을 따돌리고 먼저 하다.

ぬけがら【抜け殻】 ❶(セミなどの)허물. ❷〔空になったもの〕알맹이가 빠져나간 것.

ぬけげ【抜け毛】 빠진 머리카락.

ぬけだす【抜け出す】 ❶도망(逃亡)치다; 빠져나가다. ‖教室を抜け出す 교실을 빠져나가다. ❷앞서다.

ぬけでる【抜け出る】 ❶도망(逃亡)치다; 빠져나가다. ‖勤務中に抜け出る 근무 중에 빠져나가다. ❷돌출(突出)하다; 뛰어나다; 튀어나오다; 출중(出衆)하다. ‖ビルの間から東京タワーが抜け出て見える 빌딩 사이로 도쿄타워가 튀어나와 보이다.

ぬけぬけ 뻔뻔스럽게. ‖よくもぬけぬけとそんな事が言えたものだ 정말 뻔뻔스럽게도 그런 말을 할 수 있다니.

ぬけみち【抜け道】 ❶샛길; 지름길. ❷빠져나갈 수단(手段).

ぬけめ【抜け目】 빈틈; 허점(虛點). ‖抜け目がない 빈틈이 없다.

*__ぬける__【抜ける】 ❶빠지다; 누락(漏落)되다. ‖毛が抜ける 머리카락이 빠지다. 彼の名前がリストから抜けている 그 사람 이름이 리스트에서 빠져 있다. ❷없어지다; 사라지다; 풀리다. ‖疲れが抜ける 피로가 풀리다. ❸이탈(離脫)하다. ‖グループから抜ける 그룹에서 이탈하다. ❹빠져나가다. ‖人込みを抜ける 사람들 속을 빠져나가다.

ぬげる【脱げる】 벗겨지다. ‖靴が脱げる 구두가 벗겨지다.

ぬし【主】 ❶소유자(所有者); 주인(主人). ‖家主 집주인. ❷(行為などの)주체(主體).

ぬすっと【盗人】 도둑. ▸盗人に追い銭 손해가 겹침.

ぬすみぎき【盗み聞き】 ‖盗み聞きする 몰래 엿듣다.

ぬすみぐい【盗み食い】 ‖盗み食いする 몰래 먹다. 훔쳐 먹다.

ぬすみみる【盗み見る】 엿보다; 훔쳐보다.

ぬすみよみ【盗み読み】 ‖盗み読みする 몰래 읽다. 훔쳐보다.

*__ぬすむ__【盗む】 ❶훔치다. ‖宝石を盗む 보석을 훔치다. ❷〔ごまかす〕속이다. ‖人目を盗む 사람 눈을 속이다. 母親の目を盗んで漫画を読む 어머니 눈을 피해 만화를 보다. ❸시간(時間)을 내다; 틈을 내다. ‖暇を盗んで映画を見に行った 시간을 내어서 영화를 보러 갔다. ❹〔盗まれるの形で〕도둑맞다. ‖現金だけ盗まれた 현금만 도둑맞았다.

ぬっと 갑자기; 불쑥; 벌떡; 우뚝. ‖ぬっと現われる 불쑥 나타나다. ぬっと立ち上がる 벌떡 일어서다.

ぬの【布】 천; 감; 피륙.

ぬのじ【布地】 옷감.

ぬま【沼】 늪.

ぬめぬめ 미끈미끈.

ぬめり【滑り】 미끈미끈함; 점액(粘液).

ぬらす【濡らす】 적시다. ‖水で濡らしたタオル 물에 적신 수건.

ぬらぬら 미끈미끈; 미끌미끌.

ぬり【塗り】 ❶〔塗ること〕칠(漆)함. ❷

〔漆塗り〕옻칠.

ぬりえ【塗り絵】 색칠(色漆)하도록 윤곽(輪廓)만 그린 그림; 색칠놀이.

ぬりかえる【塗り替える】 ❶새로 칠(漆)하다. ❷경신(更新)하다. ‖記録を塗り替える 기록을 경신하다.

ぬりぐすり【塗り薬】 바르는 약(藥).

ぬりし【塗り師】 칠장이.

ぬりたくる【塗りたくる】 마구 칠(漆)하다; 마구 바르다. ‖白粉(おしろい)を塗りたくる 분을 마구 바르다.

ぬりたて【塗り立て】 갓 칠(漆)함. ‖ペンキ塗り立て 페인트 주의.

ぬりつける【塗り付ける】 칠(漆)하다.

ぬりつぶす【塗り潰す】 빈틈없이 칠(漆)하다.

ぬりもの【塗り物】 칠기(漆器).

*__ぬる__【塗る】 칠(漆)하다; 바르다. ‖壁にペンキを塗る 벽에 페인트를 칠하다. 傷口に薬を塗る 상처에 약을 바르다. パンにバターを塗る 빵에 버터를 바르다.

ぬるい【温い】 미지근하다. ‖紅茶がぬるい 홍차가 미지근하다.

ぬるかん【温燗】 술을 미지근하게 데움 또는 그 술.

ぬるぬる 미끈미끈; 미끌미끌. ‖ぬるぬる(と)する 미끌미끌하다.

ぬるまゆ【微温湯】 미지근한 물.

ぬるむ【温む】 미지근해지다; 뜨뜻해지다. ‖春が近づき水がぬるんできた 봄이 되어 오자 물이 뜨뜻해졌다.

ぬれぎぬ【濡れ衣】 무고(無辜)한 죄(罪); 누명(陋名). ▸濡れ衣を着せる 누명을 씌우다. ▸濡れ衣を着る 누명을 쓰다.

ぬれて【濡れ手】 물에 젖은 손. ▸濡れ手で粟 고생하지 않고 이익을 얻음.

ぬれねずみ【濡れ鼠】 온몸이 흠뻑 젖음; 물에 빠진 생쥐. ‖不意の雨で濡れ鼠になる 갑작스러운 비에 물에 빠진 생쥐 꼴이 되다.

*__ぬれる__【濡れる】 젖다. ‖シャツが汗で濡れている 셔츠가 땀에 젖어 있다. 濡れたタオル 젖은 수건. *夜露に濡れた芝生* 밤이슬에 젖은 잔디.

ね

ね 네; 응. ‖ね, いいでしょう 네 괜찮지요?

ね【音】 소리; 목소리. ‖虫の音 벌레 소리. 鐘の音 종소리. ▸音を上げる 나약한 소리를 하다.

*__ね__【値】 값; 가격(價格). ‖値が高い 값이 비싸다. 値を上げる 값을 올리다. 値が張る 값이 꽤 나가다. 値をつける 값을 매기다.

*__ね__【根】 ❶뿌리. ‖根を下ろす 뿌리를 내리다. 対立の根は深い 대립의 뿌리는 깊다. ❷원인(原因); 이유(理由); 근원(根源). ‖2つの事件の根は同じだ 두 사건의 원인은 같다. ❸천성(天性). ‖根が明るい 천성이 밝다. ▸根に持つ 앙심을 품다. ▸根も葉もない 아무런 근거도 없다.

-ね ❶〔軽い詠嘆〕…네; 구나; 군요. ‖すてきな洋服ね 양복 멋있네[멋있구나]. いい天気ですね 날씨가 좋군요. ❷〔軽く念を押す気持ち〕. ‖僕の気持ちとは違うようだね 내 생각과는 다른 것 같구나. 遅刻しちゃってごめんなさいね 지각해서 미안해(요). それでいいんだね 그걸로 된 거지? ❸〔同意を求める気持ち〕‖本当に明日来てね 정말 내일 와. ❹〔問いかけ〕…(이)야? ‖それは一体何かね 그건 도대체 뭐야? ❺〔文末に付いて〕…말이야. ‖私ね, その秘密知っているの 나말이야 그 비밀 알고 있어. ❻〔あのねなどの形で〕있잖아. ‖あのね, お願いがあるの 있잖아, 부탁이 있어.

ねあがり【値上がり】 ‖値上がりする 값이 오르다.

ねあげ【値上げ】 ‖値上げする 값을 올리다. 가격을 인상하다.

ねあせ【寝汗】 자면서 흘리는 땀. ‖寝汗をかく 자면서 땀을 흘리다.

ねいき【寝息】 자는 숨소리. ‖寝息をたてる 새근거리며 자다.

ネイティブ【native】 ❶네이티브. ❷〔ネイティブスピーカーの略語〕원어민(原語民). ♦ネイティブスピーカー 네이티브 스피커. 원어민.

ねいる【寝入る】 잠들다; 숙면(熟眠)하다.

ネイル【nail】 네일. ♦ネイルアート 네일 아트.

ねいろ【音色】 음색(音色). ‖美しい音色 아름다운 음색.

ねうごき【値動き】 ‖値動きする 시세 변동이 있다.

ねうち【値打ち】 값어치. ‖骨董品としての値打ちはない 골동품으로서의 값어치는 없다.

ねえ 〔*呼びかけ・念を押す時*〕응.

ネービーブルー【navy blue】 네이비 블루.

ネーブル オレンジ【navel orange】 네이블오렌지.

ネームバリュー【name+value 日】 네임밸류.

ネームプレート【nameplate】 네임플레이트.

ネオ-【neo】 네오…; 신(新)…. ‖ネオクラシシズム 신고전주의.

ねおき【寝起き】 ❶기상(起床); 막 일어났을 때의 기분(氣分). ‖寝起きが悪い 잠투정을 하다. ❷일상생활(日常生活).

ネオン【neon】 네온. ♦ネオンサイン 네온사인.

*__ねがい__【願い】 ❶ 바람; 소망(所望); 소원(所願). ‖願いがかなう 소원이 이루어지다. 願いを聞き入れる 소원을 들어주다. ❷ …계(届). ‖休学願い 휴학계.

ねがいごと【願い事】 바라는 일; 원(願)하는 일; 바람.

ねがいさげ【願い下げ】 ❶ (願書や訴訟の) 취하(取下); 취소(取消). ❷ 거절(拒絶).

ねがいでる【願い出る】 신청(申請)하다. ‖退職を願い出る 퇴직서를 내다.

ねがう【願う】 ❶ 바라다; 원(願)하다; 빌다. ‖家内安全を願う 가내 안전을 빌다. ❷ 의뢰(依頼)하다; 부탁(付託)하다. ‖寄付を願う 기부를 부탁하다.

ねがえり【寝返り】 ❶ 자면서 몸을 뒤척거림. ❷ 배반(背反)함; 배신(背信)함. ▸寝返りを打つ 배반하다. 배신하다.

ねがえる【寝返る】 ❶ 자면서 몸을 뒤척거리다. ❷ 배반(背反)하다; 배신(背信)하다.

ねがお【寝顔】 자는 얼굴.

ねかせる【寝かせる】 ❶〔眠らせる〕재우다. ‖赤ん坊を寝かせる 아이를 재우다. ❷〔横にする〕눕히다; 누이다. ‖赤ん坊をベッドに寝かせる 아이를 침대에 눕히다. ❸〔使わないでおく〕묵히다. ‖資金を寝かせる 자금을 묵히다. ❹ 발효(醱酵)・숙성(熟成)시키다. ‖30 年も寝かせたワイン 삼십 년이나 숙성시킨 와인.

ねがったりかなったり【願ったり叶ったり】 ‖願ったり叶ったりだ 뜻대로 되다.

ねがってもない【願っても無い】 뜻하지 않다.

ネガティブ【negative】 네거티브.

ねかぶ【根株】 그루터기.

ねがわくは【願わくは】 바라건대; 아무쪼록. ‖願わくはお許しあらんことを 바라건대 용서해 주시기를.

ねがわしい【願わしい】 바람직하다.

ネギ【葱】 파.

ねぎらい【労い】 위로(慰労); 치하(致賀).

ねぎらう【労う】 위로(慰労)하다; 치하(致賀)하다.

ねぎる【値切る】 값을 깎다.

ねくずれ【値崩れ】 ‖値崩れする 시세가 폭락하다.

ねぐせ【寝癖】 ❶ 자는 사이에 헝클어진 머리 모양(模様). ❷ 잠버릇 ‖寝癖が悪い 잠버릇이 안 좋다.

ネクター【nectar】 넥타.

ネクタイ【necktie】 넥타이. ‖ネクタイを締める 넥타이를 매다.

ネクタイピン【necktie＋pin 日】 넥타이핀.

ねくら【根暗】 (説明) 천성적(天性的)으로 성격(性格)이 밝지 못함 또는 그런 사람.

ねぐら【塒】 둥지; 〔人の寝る所〕집; 보금자리.

ネグリジェ【négligé フ】 네글리제.

ネグる 무시(無視)하다; 미루다.

ねぐるしい【寝苦しい】 (暑さ・痛みなどで) 잠이 안 오다.

ネグレクト【neglect】 (名)(하) 방치(放置); 방기(放棄).

*__ネコ__【猫】 고양이. ▸猫に鰹節 고양이 보고 반찬 가게 지키라는 격.〔諺〕▸猫に小判 돼지에 진주.〔諺〕▸猫の手も借りたい 몹시 바쁘다. ▸猫も杓子も 어중이떠중이 모두. ▸猫を被る 내숭을 떨다.

ねごこち【寝心地】 (説明) 잠자리에 들었을 때의 느낌.

ねこじた【猫舌】 (説明) 뜨거운 것을 못 먹는 것 또는 그런 사람.

ネコジャラシ【猫じゃらし】 (植物) 강아지풀.

ねこぜ【猫背】 등이 약간(若干) 굽은 상태(状態). ‖猫背になる 등이 약간 굽다.

ねこそぎ【根刮ぎ】 ❶ 뿌리째 뽑음. ❷〔副詞的に〕모조리; 남김없이; 몽땅. ‖根こそぎ持っていかれる 몽땅 가져가 버리다.

ねごと【寝言】 잠꼬대. ‖寝言を言う 잠꼬대를 하다.

ねこのひたい【猫の額】 ‖猫の額ほどの庭 손바닥만한 마당.

ねこばば【猫糞】 ‖猫ばばする 주운 물건(物件)을 자기가 가지다. 삥땅을 치다.

ねこむ【寝込む】 ❶ 푹 자다. ❷ (病気などで) 드러누워 있다.

ねこめいし【猫目石】 묘안석(猫眼石).

ネコヤナギ【猫柳】 갯버들.

ねころがる【寝転がる】 뒹굴다.

ねころぶ【寝転ぶ】 드러눕다; 뒹굴다.

ねさがり【値下がり】 ‖値下がりする 값이 내리다.

ねさげ【値下げ】 ‖値下げする 값을 내리다.

ねざす【根差す】 ❶〔根を張る〕뿌리내리다. ❷〔起因する〕기인(起因)하다; 유래(由來)하다.

ねざめ【寝覚め】 ▸寝覚めが悪い 과거에 한 나쁜 짓 때문에 마음이 개운하지 않다.

ねじ【螺子】 ❶ 나사(螺絲). ❷〔ぜんまい〕태엽(胎葉). ▸螺子を巻く 해이해진 정신[태도]을 새롭게 하다.

ねじあげる【捩じ上げる】 비틀어 올리다.

ねじきる【捩じ切る】 비틀어 끊다.

ねじくぎ【螺子釘】 나사(螺絲)못.

ねじくれる【拗くれる】 비틀어지다; 비뚤

어지다; 꼬이다. ‖ねじくれた針金 비틀어진 철사. 性質がねじくれている 성격이 꼬여 있다.

ねじける【拗ける】=拗くれる.

ねじこむ【捩じ込む】비틀어 넣다; 처박다.

ねしずまる【寝静まる】 잠들어 조용해지다.

ねじふせる【捩じ伏せる】 팔을 비틀어 누르다.

ねじまげる【捩じ曲げる】비틀다.

ねじまわし【螺子回し】드라이버.

ねしょうべん【寝小便】 야뇨증(夜尿症).

ねじる【捩じる】 ❶비틀다. ‖腕をねじる 팔을 비틀다. 体を左右にねじる 몸을 좌우로 비틀다. ❷돌리다; 틀다. ‖ガス栓をねじる 가스 꼭지를 돌리다.

ねじれる【捩じれる】뒤틀리다.

ねすがた【寝姿】자는 모습.

ねすごす【寝過ごす】늦잠을 자다.

ねずのばん【寝ずの番】 불침번(不寢番).

ネズミ【鼠】쥐.

ねずみいろ【鼠色】쥐색(色).

ねずみざん【鼠算】급격(急激)한 증가(增加).

ねずみとり【鼠捕り】쥐덫; 쥐약(藥).

ねぞう【寝相】자는 모습; 잠버릇. ‖寝相が悪い 잠버릇이 고약하다.

ねそびれる【寝そびれる】 잠들 시기(時機)를 놓치다.

ねそべる【寝そべる】엎드리다. ‖寝そべってテレビを見る 엎드려서 텔레비전을 보다.

ねた ❶(記事・料理の)재료(材料); 자료(資料). ‖記事のねた 기사 자료. 話のねた 이야깃거리. ❷(犯罪の)증거(證據). ❸(魔術の)트릭.

ねたきり【寝た切り】자리보전(保全).

ねたましい【妬ましい】샘나다.

ねたむ【妬む】질투(嫉妬)하다; 샘내다. ‖仲間の出世を妬む 동료의 출세를 질투하다.

ねだる【強請る】 조르다; 보채다. ‖親にねだって車を買ってもらう 부모님을 졸라 차를 사다.

ねだん【値段】가격(價格); 값. ‖値段が高い 가격이 비싸다. 野菜の値段が上がっている 야채 값이 오르고 있다.

ねちがえる【寝違える】잠을 잘못 자 목·어깨 등이 결리다.

ねちっこい 집요(執拗)하다.

ねちねち 치근치근. ‖ねちねち(と)食い下がる 치근치근 물고 늘어지다.

***ねつ**【熱】열(熱). ‖熱が出る 열이 나다. 熱が下がる 열이 내리다. 話に熱がこもる 열을 내면서 이야기를 하다. ▸熱に浮かされる 푹 빠져 정신을 못 차리다. ♦熱エネルギー 열에너지.

ねつあい【熱愛】(名하) 열애(熱愛).

ねつい【熱意】열의(熱意). ‖彼は地域医療に大変な熱意を示している 그 사람은 지역 의료에 대단한 열의를 보이고 있다. 熱意に欠ける 열의가 부족하다.

ねつえん【熱演】(名하) 열연(熱演).

ねっから【根っから】 ❶처음부터; 애초(初)에; 본래(本來). ‖根っからの善人 천성이 착한 사람. ❷〔根っから…ないの形で〕전(全)혀. ‖根っから知らない 전혀 모르다.

ねっき【熱気】열기(熱氣).

ねつき【寝付き】‖寝つきがいい[悪い] 쉽게 잠들다[잠들지 못하다].

ねつきかん【熱機関】열기관(熱機關).

ねっきょう【熱狂】 (名하) 열광(熱狂). ‖勝利に熱狂する観衆 승리에 열광하는 관중들. 熱狂的に 열광적으로.

ネック【neck】 장애(障礙); 걸림돌; 애로(隘路). ‖その計画の最大のネックは資金だ 그 계획의 최대의 걸림돌은 자금이다.

ねつく【寝付く】 잠들다. ‖赤ん坊がやっと寝ついた 아기가 겨우 잠들었다.

ねづく【根付く】뿌리내리다.

ネックライン【neckline】네크라인.

ネックレス【necklace】목걸이.

ねっけつ【熱血】 열혈(熱血). ♦**熱血漢** 정의감에 불타는 남자.

ねっこ【根っ子】뿌리.

ねつさまし【熱冷まし】해열제(解熱劑).

ねっしゃびょう【熱射病】 열사병(熱射病).

ねっしょう【熱唱】(名하) 열창(熱唱).

ねつじょう【熱情】 열정(熱情). ‖熱情的 열정적.

***ねっしん**【熱心】ダ 열심(熱心)이다. ‖熱心に勉強する 열심히 공부하다. 熱心な練習態度 열심히 연습하는 태도.

ねっする【熱する】 ❶가열(加熱)하다. ‖金属を熱する 금속을 가열하다. ❷열중(熱中)하다.

ねっせい【熱性】열성(熱性).

ねっせん【熱戦】 열전(熱戰). ‖熱戦を展開する 열전을 벌이다.

ねつぞう【捏造】(名하) 날조(捏造).

ねったい【熱帯】열대(熱帶) ♦**熱帯雨林** 열대 우림. **熱帯気候** 열대 기후. **熱帯魚** 열대어. **熱帯低気圧** 열대 저기압. **熱帯夜** 열대야.

ねっちゅう【熱中】 (名하) 열중(熱中). ‖囲碁に熱中する 바둑에 열중하다.

ねっちゅうしょう【熱中症】열사병(熱射病).

ねつっぽい【熱っぽい】열이 있는 듯하다; 뜨겁다; 열정적(熱情的)이다. ‖彼は熱っぽく語った 그 사람은 열정적으로 이야기했다.

ネット【net】 ❶〔インターネット〕인터넷. ❷〔網〕네트. ♦ネットオークション 인터

넷 경매. ネットカフェ 피시방. ネットショッピング 인터넷 쇼핑. ネットバンキング 인터넷 뱅킹.
ねっとう【熱湯】열탕(熱湯).
ねっとり 끈적끈적; 끈끈하게. ‖汗でねっとり(と)からみつく 땀으로 끈끈하게 달라붙다.
ネットワーク【network】네트워크.
ねっぱ【熱波】열파(熱波).
ねつびょう【熱病】열병(熱病).
ねっぷう【熱風】열풍(熱風).
ねつべん【熱弁】열변(熱辯). ‖熱弁をふるう 열변을 토하다.
ねつぼう【熱望】(名하) 열망(熱望).
ねづよい【根強い】뿌리가 깊다; 탄탄하다. ‖根強い不信感 뿌리 깊은 불신감. 偏見が根強く残っている 편견이 뿌리 깊게 남아 있다. 根強い人気 탄탄한 인기.
ね
ねつりょう【熱量】열량(熱量).
ねつれつ【熱烈】ダ 열렬(熱烈)하다. ‖熱烈に歓迎する 열렬하게 환영하다.
ねどこ【寝床】잠자리.
ねとねと 끈적끈적. ‖飴が溶けてねとねとする 사탕이 녹아서 끈적거리다.
ねとまり【寝泊まり】‖寝泊まりする 숙박하다. 자다.
ネパール【Nepal】(国名) 네팔.
ねばつく【粘つく】끈적거리다.
ねばっこい【粘っこい】몹시 끈적거리다.
-ねばならない …지 않으면 안 된다. ‖やらねばならない 하지 않으면 안 된다.
ねばねば 끈적끈적. ‖ねばねばする 끈적끈적하다. 끈적거리다.
ねはば【値幅】가격 폭(價格幅).
ねばり【粘り】끈기; 찰기. ‖粘りのない餅 찰기가 없는 떡. 粘り腰 끈기 있는 태도. 粘り強い 끈질기다.
ねばりけ【粘り気】끈기(氣); 찰기.
ねばる【粘る】❶끈적거리다; 찰기(氣)가 있다. ‖この餅はよく粘る 이 떡은 상당히 찰기가 있다. ❷버티다. ‖コーヒー1杯で閉店まで粘る 커피 한 잔 시켜 놓고 문 닫을 때까지 버티다.
ねはん【涅槃】(仏教) 열반(涅槃).
ねびき【値引き】‖値引きする 값을 깎다.
ねぶかい【根深い】뿌리가 깊다.
ねぶくろ【寝袋】침낭(寢囊).
ねぶそく【寝不足】수면 부족(睡眠不足).
ねふだ【値札】가격표(價格票).
ねぶみ【値踏み】‖値踏みする 가격을 매기다.
ねぼう【寝坊】늦잠을 잠; 〔人〕늦잠꾸러기.
ねぼける【寝惚ける】 ❶〔ぼんやりしている〕잠이 덜 깨어 멍하다. ❷〔就寝中〕잠결에 일어나 이상(異狀)한 행동(行動)을 하다.
ねぼすけ【寝坊助】잠꾸러기.
ねほりはほり【根掘り葉掘り】 꼬치꼬치; 미주알고주알. ‖根掘り葉掘りしつこく聞く 꼬치꼬치 캐묻다.
ねまき【寝間着】잠옷.
ねまわし【根回し】 (説明) 사전(事前)에 관계자(關係者)를 설득(說得)해서 어느 정도(程度) 승낙(承諾)을 받는 것.
ねみみ【寝耳】▸寝耳に水 아닌 밤중에 홍두깨.〔諺〕
ねむい【眠い】졸리다. ‖眠いのを我慢して勉強する 졸리는 것을 참고 공부하다.
ねむけ【眠気】졸음. ‖眠気がさす 졸음이 오다. 眠気覚ましに顔を洗う 졸음을 쫓으려고 세수를 하다.
ねむたい【眠たい】졸리다.
ネムノキ【合歓木】합환목(合歡木); 자귀나무.
ねむらせる【眠らせる】 재우다; 잠재우다.
***ねむり**【眠り】❶잠; 수면(睡眠). ‖長い眠りから覚める 깊은 잠에서 깨어나다. 眠りにつく 잠들다. 眠り薬 수면제. ❷죽음. ‖永い眠りにつく 영면하다. 죽다.
ネムリグサ【眠り草】미모사.
ねむりこける【眠りこける】곤히 잠들다; 정신(精神)없이 자다; 곯아떨어지다.
***ねむる**【眠る】❶잠들다. ‖ぐっすり眠る 깊이 잠들다. 子どもたちはもう眠った 아이들은 벌써 잠들었다. ❷〔死ぬ〕죽다. ‖父母の眠る故郷 부모님이 잠들어 계시는 고향.
ねもと【根元】❶뿌리 부분(部分); 밑동; 밑둥치. ‖松が根元から折れる 소나무가 밑동에서 부러지다. ❷근본(根本); 근원(根源).
ねゆき【根雪】(説明) 봄까지 녹지 않고 남아 있는 눈.
ねらい【狙い】❶겨눔; 겨냥. ‖狙い撃ちする 겨누어 쏘다. ❷목표(目標). ‖狙いを定める 목표를 정하다.
***ねらう**【狙う】 ❶겨누다; 겨냥하다. ‖的を狙って撃つ 목표물을 겨냥해서 쏘다. ❷(機会を)노리다. ‖心理的な効果を狙った発言 심리적인 효과를 노린 발언.
ねりあげる【練り上げる】잘 반죽하여 완성(完成)하다; 충분(充分)히 다듬다.
ねりあるく【練り歩く】 줄지어 천천히 걷다.
ねりなおす【練り直す】다시 생각하다; 재검토(再檢討)하다. ‖計画を練り直す 계획을 재검토하다.
ねりはみがき【練り歯磨き】치약(齒藥).
***ねる**【寝る】 자다; (드러)눕다; 엎드리다. ‖寝る時間ですよ 잘 시간입니다. 寝る前に歯を磨く 자기 전에 이를 닦다. 寝ても覚めても 자나 깨나. 風邪で寝ている 감기로 드러누워 있다. 寝て

本を読む 엎드려서 책을 읽다.

ねる【練る】 ❶개다; 반죽하다. ‖粘土を練る 점토를 개다. ❷(学問などを)연마(研磨)하다; (経験などを)쌓다; 짜다. ‖技を練る 기술을 연마하다. 構想を練る 구상을 짜다. ❸(金属を)단련(鍛錬)하다.

ねわざ【寝技】 (柔道·レスリングなどで)누워서 거는 기술(技術).

ねわら【寝藁】 외양간에 까는 짚.

ねん【年】 ❶일 년(一年). ‖年に一度 일 년에 한 번. ❷…년. ‖来日して10年が経つ 일본에 와서 십 년이 지나다.

ねん【念】 마음; 심(心); 생각; 주의(主義); 바람; 희망(希望). ‖感謝の念を表わす 감사의 마음을 표하다. 尊敬の念 존경심. 憎悪の念 증오심. 念には念を入れる 거듭 주의를 하다. 念のため 만약을 위해. 念を押す 다짐을 하다.

ねんいり【念入り】 꼼꼼하게 정성(精誠)을 들임. ‖念入りに点検する 꼼꼼하게 점검하다.

ねんえきしつ【粘液質】 점액질(粘液質).

ねんが【年賀】 연하(年賀). ♦年賀状 연하장.

ねんがっぴ【年月日】 연월일(年月日).

ねんがらねんじゅう【年がら年中】 일 년(一年) 내내; 항상(恒常).

ねんかん【年間】 연간(年間). ♦年間降雨量 연간 강우량. 年間所得 연간 소득. 年間予算 연간 예산.

ねんかん【年鑑】 연감(年鑑). ‖統計年鑑 통계 연감.

ねんがん【念願】 (名하)염원(念願).

ねんき【年季】 ‖年季が入る 오랫동안 종사하여 솜씨가 숙달되어 있다.

ねんきん【年金】 연금(年金).

ねんぐ【年貢】 ❶연공(年貢). ❷소작료(小作料). ▸年貢の納め時 ①〔償い〕과거의 잘못에 대한 죄값을 치러야 할 때. ②〔清算〕(어떤 일을) 청산해야 할 때.

ねんげつ【年月】 세월(歲月). ‖年月を経る 세월이 흐르다.

ねんげん【年限】 연한(年限).

ねんこう【年功】 연공(年功). ♦年功序列 연공 서열.

ねんごう【年号】 연호(年號).

ねんごろ【懇ろ】ダ ❶정중(鄭重)하다; 공손(恭遜)하다. ‖ねんごろにもてなす 정중하게 대우하다. ❷친하다. ‖ねんごろな間柄 친한 사이.

ねんざ【捻挫】 ‖捻挫する 관절을 삐다.

ねんさん【年産】 연산(年産).

ねんじ【年次】 연차(年次). ‖年次休暇 연차 휴가.

ねんしき【年式】 연식(年式).

ねんじゅ【念珠】 《仏教》 염주(念珠).

ねんしゅう【年収】 연수(年收).

ねんじゅう【年中】 ❶연중(年中). ‖年中無休 연중무휴. 年中行事 연중행사. ❷〔副詞的に〕언제나; 항상(恒常).

ねんしゅつ【捻出】 (名하)염출(捻出).

ねんしょ【年初】 연초(年初).

ねんしょ【念書】 각서(覺書).

ねんしょう【年少】 연소(年少). ♦最年少 최연소. 年少者 연소자.

ねんしょう【年商】 연간 매출액(年間賣出額).

ねんしょう【燃焼】 (名하)연소(燃燒). ♦燃焼熱 연소열.

***ねんじる【念じる】** 마음속으로 빌다. ‖成功を念じる 성공을 빌다. 子どもの幸福を念じる 자식의 행복을 빌다.

ねんすう【年数】 연수(年數). ♦勤続年数 근속 연수.

ねんせい【粘性】 점성(粘性).

ねんだい【年代】 연대(年代). ‖化石で年代が分かる 화석으로 연대를 알 수 있다. 年代順に並べる 연대순으로 늘어놓다. ♦年代物 오래된 물건.

ねんだいき【年代記】 연대기(年代記).

ねんちゃく【粘着】 (名하)점착(粘着). ♦粘着剤 점착제.

ねんちょう【年長】 연장(年長). ♦年長者 연장자.

ねんど【年度】 연도(年度). ‖会計年度 회계 연도.

ねんど【粘土】 점토(粘土). ♦粘土質 점토질.

ねんとう【年頭】 연두(年頭). ‖年頭教書 연두 교서.

ねんとう【念頭】 염두(念頭). ‖念頭に置く 염두에 두다.

ねんない【年内】 연내(年內). ‖年内に仕上げる 연내에 완성하다.

ねんねん【年年】 매년(每年); 해마다. ‖年々需要が増える 매년 수요가 증가하다.

ねんぱい【年輩】 연배(年輩); 〔相当の年齢〕지긋한 나이.

ねんぴ【燃費】 연비(燃費).

ねんぴょう【年表】 연표(年表). ‖世界史年表 세계사 연표.

ねんぷ【年譜】 연보(年譜).

ねんぶつ【念仏】 (名하)염불(念佛). ‖念仏を唱える 염불을 외다.

ねんぽう【年俸】 연봉(年俸).

ねんぽう【年報】 연보(年報).

ねんまく【粘膜】 점막(粘膜).

ねんまつ【年末】 연말(年末). ♦年末調整 연말 정산.

ねんらい【年来】 연래(年來). ‖年来の望みがかなう 연래의 소망이 이루어지다.

ねんり【年利】 연이율(年利率); 연리.

ねんりき【念力】 염력(念力).

ねんりつ【年率】 연이율(年利率).

***ねんりょう【燃料】** 연료(燃料). ‖燃料を補給する 연료를 보급하다. ♦燃料電池 연료 전지.

ね

ねんりん【年輪】 연륜(年輪).

*__ねんれい__【年齢】 연령(年齡). ♦精神年齢 정신 연령. 年齢制限 연령 제한. 年齢層 연령층.

の

の ❶〔所有・所属〕…의. ‖韓国の経済問題 한국의 경제 문제. 子どもの寝顔 아이의 자는 얼굴. 夜空の星 밤하늘의 별. 言論の自由 언론의 자유. ❷〔主語〕…이[가]. ‖私の読んだ本 내가 읽은 책. 母の好きなケーキ 어머니가 좋아하는 케이크. ❸〔対象〕…이[가]; …을[를]. ‖お酒の飲みたい人 술이[을] 마시고 싶은 사람. ❹〔同格〕…인 ‖ミステリー作家の佐々木譲さん 미스테리 작가인 사사키 조 씨. ❺〔のもの〕…것. ‖僕のがない 내 것이 없다. こっちのがいい 이것이 좋다. ❻〔人〕…사람. ‖向こうから歩いてくるのがうちの姉です 저쪽에서 걸어 오고 있는 사람이 우리 언니입니다. ❼〔断定〕‖寝過しちゃったの 늦잠 자 버렸어. ❽〔疑問〕‖誰がそうしたの 누가 그랬니? ❾〔強い命令〕‖早く行くの 빨리 가! ✣…の前・…の後・…の上・…の下などのような場合は, 韓国語の助詞의は入れない. 学校の前 학교 앞. 机の上 책상 위.

のあそび【野遊び】 들놀이.

ノイズ【noise】 노이즈.

ノイチゴ【野苺】 산(山)딸기.

ノイローゼ【Neurose ド】 노이로제.

のう【能】 ❶능력(能力); 재능(才能). ❷효능(效能); 효과(效果). ❸일본 고전 예능(日本古典藝能)의 하나. ▸能ある鷹は爪を隠す 실력이 있는 사람은 함부로 드러내지 않는다. ▸能がない 능력・재능이 없다. 궁리가 부족하다.

*__のう__【脳】 ❶뇌(腦). ‖脳に損傷を受ける 뇌에 손상을 입다. ❷두뇌(頭腦); 머리. ‖近頃脳が弱くなった 최근에 머리가 나빠졌다. ♦脳細胞 뇌세포.

のういっけつ【脳溢血】 뇌일혈(腦溢血).

のうえん【脳炎】 뇌염(腦炎).

のうえん【農園】 농원(農園).

のうか【農家】 농가(農家).

のうかい【納会】 납회(納會).

__のうがき__【能書き】 효능서(效能書). ▸能書きを並べる 자기 자랑을 늘어놓다.

のうがく【農学】 농학(農學).

のうかすいたい【脳下垂体】 뇌하수체(腦下垂體).

のうかん【納棺】 (名)하 납관(納棺).

のうかん【脳幹】 뇌간(腦幹).

のうかんき【農閑期】 농한기(農閑期).

のうき【納期】 납기(納期).

のうきぐ【農機具】 농기구(農機具).

のうきょう【農協】 농협(農協).

*__のうぎょう__【農業】 농업(農業). ‖農業に従事する 농업에 종사하다. 農業を機械化する 농업을 기계화하다. ♦農業協同組合 농업 협동조합.

のうきん【納金】 (名)하 납금(納金).

のうぐ【農具】 농구; 농기구(農機具).

のうげい【農芸】 농예(農藝).

のうげか【脳外科】 뇌신경 외과(腦神經外科).

のうけっせん【脳血栓】 뇌혈전(腦血栓).

のうこう【農耕】 농경(農耕). ♦農耕民族 농경 민족.

のうこう【濃厚】ダ 농후(濃厚)하다. ‖濃厚になる 농후해지다.

のうこうそく【脳梗塞】 뇌경색(腦硬塞).

のうこつ【納骨】 (名)하 납골(納骨).

のうこつどう【納骨堂】 납골당(納骨堂).

のうこん【濃紺】 짙은 감색(紺色).

ノウサギ【野兎】 산(山)토끼.

のうさぎょう【農作業】 농사(農事)일.

のうさくぶつ【農作物】 농작물(農作物).

のうさつ【悩殺】 (名)하 뇌쇄(惱殺).

のうさんぴん【農産品】 농산품(農産品).

のうさんぶつ【農産物】 농산물(農産物).

のうし【脳死】 뇌사(腦死).

のうじ【農事】 농사(農事). ♦農事試験場 농사 시험장. 農事暦 농사력.

のうしゅく【濃縮】 (名)하 농축(濃縮). ♦濃縮ウラン 농축 우라늄.

のうしゅっけつ【脳出血】 뇌출혈(腦出血).

のうしゅよう【脳腫瘍】 뇌종양(腦腫瘍).

のうじょう【農場】 농장(農場).

のうしんけい【脳神経】 뇌신경(腦神經).

のうしんとう【脳震盪】 뇌진탕(腦震蕩).

のうせい【脳性】 뇌성(腦性). ♦脳性麻痺 뇌성 마비.

のうせい【農政】 농정(農政).

*__のうぜい__【納税】 (名)하 납세(納稅). ‖納税の義務 납세의 의무. ♦納税者 납세자. 納税申告 납세 신고.

のうせきずいまくえん【脳脊髄膜炎】 뇌척수막염(腦脊髓膜炎).

ノウゼンカズラ【凌霄花】 《植物》 능소화(凌霄花).

のうそくせん【脳塞栓】 뇌색전(腦塞栓).

のうそっちゅう【脳卒中】 뇌졸중(腦卒中).

のうそん【農村】 농촌(農村).

のうたん【濃淡】 농담(濃淡).

のうち【農地】 농지(農地).

のうてん【脳天】 정(頂)수리. ▸脳天から声を出す 새된 소리를 내다.

のうてんき【能天気】 낙관적(樂觀的)

이고 경솔(輕率)함 또는 그런 사람. ‖能天気なやつ 태평스러운 녀석.
のうど【農奴】 농노(農奴).
のうど【濃度】 농도(濃度). ‖濃度が高い 농도가 짙다.
のうどう【能動】 능동(能動). ‖能動的な態度 능동적인 태도.
のうどうたい【能動態】 능동태(能動態).
のうなんかしょう【脳軟化症】 뇌연화증(腦軟化症).
のうにゅう【納入】 [スル하] 납입(納入).
のうのう 태평(太平)스럽게.
のうは【脳波】 뇌파(腦波).
ノウハウ【know-how】 노하우.
のうはんき【農繁期】 농번기(農繁期).
のうひん【納品】 [スル하] 납품(納品).
のうひんけつ【脳貧血】 뇌빈혈(腦貧血). ‖脳貧血を起こす 뇌빈혈을 일으키다.
のうふ【納付】 [スル하] 납부(納付). ♦納付金 납부금.
のうふ【農夫】 농부(農夫).
のうふ【農婦】 농부(農婦).
のうべん【能弁】 능변(能辯); 달변(達辯).
のうほう【農法】 농법(農法). ‖有機農法 유기 농법.
のうほんしゅぎ【農本主義】 농본주의(農本主義).
のうまく【脳膜】 뇌막(腦膜). ♦脳膜炎 뇌막염.
のうみそ【脳味噌】 ❶뇌(腦). ❷지혜(智慧); 지능(知能).
のうみつ【濃密】[ダ] 농밀(濃密)하다. ‖濃密な色彩 농밀한 색채.
のうみん【農民】 농민(農民).
のうむ【濃霧】 농무(濃霧).
のうやく【農薬】 농약(農藥).
のうり【脳裏】 뇌리(腦裏). ‖脳裏に浮かぶ 뇌리를 스치다.
***のうりつ**【能率】 능률(能率). ‖能率を上げる 능률을 올리다. 能率よく働く 능률 있게 일하다. 能率的なやり方 능률적인 방법. ♦能率給 능률급.
のうりょう【納涼】 납량(納涼).
***のうりょく**【能力】 능력(能力). ‖能力を発揮する 능력을 발휘하다. 能力を十分に生かす 능력을 충분히 살리다. 生産能力 생산 능력. 計算能力 계산 능력. 能力の限界 능력의 한계.
のうりん【農林】 농림(農林).
ノーカット【no+cut[日]】 노컷.
ノーコメント【no comment】 노코멘트.
ノースリーブ【no+sleeve[日]】 소매가 없는 옷; 민소매.
ノータイ【no+tie[日]】 노타이.
ノータッチ【no+touch[日]】 노터치.
ノート【note】 노트. ♦ノートパソコン 노트북. ノートブック 공책.
ノーネクタイ【no+necktie[日]】 노타이.
ノーヒット【no-hit】 노히트. ‖ノーヒットノーラン 노히트 노런.
ノーブラ【no+brassiere[日]】 노브라.
ノーベルしょう【Nobel 賞】 노벨상(賞).
ノーメーク【no+make[日]】 화장(化粧)을 하지 않은 것.
のがす【逃す】 ❶놓치다. ‖チャンスを逃がす 기회를 놓치다. ❷〔…逃すの形で〕…하지 못하다. ‖聞き逃す 듣지 못하다.
のがれる【逃れる】 ❶도망(逃亡)가다; 벗어나다. ‖都会を逃れる 도회에서 벗어나다. ❷면하다; 피하다. ‖責任を逃れる 책임을 면하다.
のき【軒】 처마. ‖軒先 처마 끝. 집 앞. 軒下 처마 밑.
のぎ【芒】 까끄라기.
ノギク【野菊】 들국화(菊花).
のきなみ【軒並み】 ❶집이 늘어서 있음. ❷〔副詞的に〕전부(全部); 모두.
のく【退く】 ❶물러나다; 비키다. ❷탈퇴(脫退)하다.
のけぞる【仰け反る】 (上半身が)뒤로 젖히다.
のけもの【除け者】 따돌림을 받는 사람; 왕따. ‖のけ者にする 왕따시키다. のけ者にされる 왕따당하다.
のける【退ける・除ける】 ❶치우다; 제외(除外)하다. ‖石を除ける 돌을 치우다. ❷〔…てのけるの形で〕해내다; 감(敢)히 …하다. ‖困難な仕事をみごとにやってのける 어려운 일을 훌륭히 해내다.
のこぎり【鋸】 톱. ‖鋸でひく 톱으로 켜다.
***のこす**【残す】 남기다. ‖ご飯を残す 밥을 남기다. 実験の記録を残す 실험 기록을 남기다. 証拠を残す 증거를 남기다. 後世に名を残す 후세에 이름을 남기다.
のこのこ 태연(泰然)히. ‖捕まるとも知らず, のこのこ(と)出てくる 잡힐 줄도 모르고 태연히 나타나다.
***のこり**【残り】 남음; 남은 것. ‖残り少ない 얼마 안 남다. 残り惜しい 아쉽다. 섭섭하다. 残り滓(かす) 찌꺼기. 쓸모없는 것. 残り物 남은 것.
***のこる**【残る】 남다. ‖ご飯が残る 밥이 남다. 古い風習が残っている 오래된 풍습이 남아 있다. 不満が残る 불만이 남다.
のざらし【野晒し】 [説明] 야외(野外)에서 비바람을 맞힘 또는 그 물건.
のし【熨斗】 [説明] 선물(膳物) 등에 곁들이는 장식물(裝飾物).
のしあがる【伸し上がる】 지위(地位) 등이 급격(急激)히 높아지다.
のしいか【伸し烏賊】 [説明] 오징어를 얇게 펴서 가미(加味)한 식품(食品).
のしかかる【伸し掛かる】 ❶덮치다. ‖のしかかって倒す 덮쳐서 쓰러뜨리다. ❷

부담(負擔)이 되다. ‖家族の生活が重くのしかかっている 가족의 생활이 상당히 부담이 되고 있다.

のじゅく【野宿】 ㉠하 노숙(路宿).

ノスタルジア【nostalgia】 노스탤지어; 향수(鄕愁).

ノズル【nozzle】 노즐.

***のせる**【乗せる】 ❶태우다. ‖乗客千人を乗せた船 승객 천 명을 태운 배. 駅まで乗せてあげるよ 역까지 태워 줄게. ❷속이다. ‖口車に乗せる 그럴듯한 말로 속이다. ❸(伴奏に) 맞추다. ‖リズムに乗せる 리듬에 맞추다.

***のせる**【載せる】 싣다; 게재(揭載)하다; 올리다. ‖机の上にテレビを載せる 책상 위에 텔레비전을 올리다. 荷物をトラックに載せて運ぶ 짐을 트럭에 실어서 옮기다. 広告を載せる 광고를 싣다.

のぞかせる【覗かせる】 살짝 보여 주다.

のぞき【覗き】 훔쳐봄; 엿봄.

のぞきこむ【覗き込む】 들여다보다.

のぞく【除く】 제거(除去)하다; 없애다; 제외(除外)하다. ‖芝生の雑草を除く 잔디밭의 잡초를 제거하다.

のぞく【覗く】 ❶엿보다; 들여다보다. ‖鍵穴から中をのぞく 열쇠 구멍으로 안을 들여다보다. ❷〔ちょっと立ち寄る〕 잠깐 들르다. ‖本屋をのぞく 책방에 잠깐 들르다.

のそのそ 느릿느릿; 어슬렁어슬렁. ‖大きい犬がのそのそ(と)歩く 큰 개가 어슬렁어슬렁 걷다.

のぞましい【望ましい】 바람직하다. ‖学生として望ましい態度 학생으로서 바람직한 태도.

***のぞみ**【望み】 ❶바람; 소망(所望); 희망(希望). ‖望みがかなう 소망이 이루어지다. ❷기대(期待); 전망(展望); 가망(可望). ‖成功する望みがない 성공할 가망이 없다. 子の将来に望みをかけている 자식의 장래에 기대를 걸고 있다.

***のぞむ**【望む】 ❶바라다; 희망(希望)하다; 원(願)하다. ‖世界平和を望む 세계 평화를 바라다. 進学したいと望んでいる 진학을 희망하고 있다. ❷〔遠くを見る〕바라보다.

のぞむ【臨む】 ❶임(臨)하다; 대(對)하다; 면(面)하다; 처(處)하다. ‖駿河湾に臨む漁村 스루가 만에 면해 있는 어촌. 試合に臨む 시합에 임하다. ❷출석(出席)하다; 참석(參席)하다. ‖国際会議に臨む 국제회의에 참석하다.

のたうちまわる【のた打ち回る】 괴로워하며 뒹굴다.

のたうつ【のた打つ】 괴로워 몸부림치다.

のたれじに【野垂れ死に】 ‖野たれ死にする 길에서 쓰러져 죽다. 비참하게 죽다.

***のち**【後】 뒤; 나중. ‖曇りのち雨 흐린 뒤 비. 後に説明する 나중에 설명하다. 夕食の後に 저녁 식사 뒤에. 後の世 후세.

のちぞい【後添い】 후처(後妻).

のちのち【後後】 나중; 앞으로의 일. ‖のちのちのことまで考える 나중의 일까지 생각하다.

のちほど【後程】 나중에; 뒤에. ‖後ほど伺います 나중에 뵙겠습니다.

のっかる【乗っかる】 올라타다.

ノック【knock】 ㉠하 노크. ♦ノックアウト ㉠하 녹아웃. ノックダウン ㉠하 녹다운.

のっけ 처음; 최초(最初). ‖のっけから 처음부터.

のっしのっし 어슬렁어슬렁. ‖象がのっしのっし(と)歩く 코끼리가 어슬렁어슬렁 걷다.

のっそり 느릿느릿; 천천히; 〔ぼんやりと〕 멍하게. ‖のっそり(と)起き上がる 천천히 일어나다.

ノット【knot】 …노트.

のっとる【則る】 (規範などに)따르다. ‖法律にのっとる 법률에 따르다.

のっとる【乗っ取る】 빼앗다; (航空機などを) 납치(拉致)하다. ‖会社を乗っ取る 회사를 빼앗다.

のっぴきならない【退っ引きならない】 어쩔 수 없다; 불가피(不可避)하다. ‖のっぴきならない用事で出かける 불가피한 일이 생겨 외출하다.

のっぺらぼうﾀﾞ 평평(平平)하다; 판판하다.

のっぺり ❶(地形などが)평평(平平)히; 판판히. ‖のっぺり(と)した地形 평평한 지형. ❷(容貌などが)밋밋하게. ‖のっぺり(と)した顔の男 밋밋하게 생긴 남자.

のっぽ 〔人〕키다리.

ので 〔原因・理由・根拠〕…아[어]서; …(으)므로; …(으)니까. ‖忙しかったのでお昼を食べられなかった 바빠서 점심을 못 먹었다. あまり寒いので一日中家にいた 너무 추워서 하루 종일 집에 있었다. 風邪なので今日は休みます 감기 걸려서 오늘은 쉬겠습니다. 時間がないのでタクシーで行きましょう 시간이 없으니까 택시로 갑시다.

のてん【野天】 노천(露天). ♦野天風呂 노천 (목욕)탕.

のど【喉】 ❶목; 인후(咽喉). ‖のどが渇く 목이 마르다. パンがのどにつかえた 빵이 목에 걸렸다. ❷〔歌い声〕목소리. ‖彼女はいいのどをしている 그녀는 노래를 잘한다. ▶喉から手が出る 몹시 갖고 싶다.

のどか【長閑】ﾀﾞ 조용하고 한가(閑暇)롭다.

のどくび【喉首】 ❶목의 앞부분(部分).

❷〔比喩的に〕급소(急所). ‖喉首を押さえる 급소를 누르다.

のどごし【喉越し】 (説明) 음식물(飮食物)이 목구멍을 통과(通過)할 때의 느낌.

のどじまん【喉自慢】 노래자랑.

のどちんこ【喉ちんこ】 목젖.

のどぼとけ【喉仏】 결후(結喉); 울대뼈.

のどもと【喉元】 목 부분(部分). ▸喉元過ぎれば熱さを忘れる 힘든 일도 지나고 나면 잊는다.

のに ❶〔逆接・対照〕…는데; …은데. ‖熱があるのに外出した 열이 있는데 외출했다. タクシーに乗ったのに結局会議に遅刻した 택시를 탔는데도 결국 회의에 지각했다. こちらは5人いるのに椅子は4脚しかない 우리는 다섯 명인데 의자는 네 개밖에 없다. ❷〔遺憾〕‖あの時, 断わるべきだったのに 그때 거절했어야 했는데. ❸〔願望〕‖少し手伝ってくれればいいのに 좀 도와주면 좋을텐데. その計画を実行するのにどうしても君の協力が必要だ 그 계획을 실행하는데 네 협조가 꼭 필요하다.

ノネズミ【野鼠】 들쥐.

ののしる【罵る】 욕(辱)하다; (悪口を) 퍼붓다.

***のばす**【伸ばす・延ばす】 ❶늘이다; 늘리다; (ひげなどを)기르다. ‖売り上げを伸ばす 매출을 늘리다. 寿命を延ばす 수명을 늘리다. ひげを伸ばす 수염을 기르다. ❷(まっすぐに)펴다. ‖しわを伸ばす 주름을 펴다. ❸〔打ちのめす〕상대(相對)를 쓰러뜨리다. ❹연기(延期)하다; 늦추다. ‖締め切りを延ばす 마감을 연기하다.

のばなし【野放し】 방목(放牧); 방치(放置). ‖野放しにする 방치하다.

のはら【野原】 들판.

ノバラ【野薔薇】 들장미(薔薇).

のび【伸び】 ❶늘어남; 자람; (むらなく) 퍼짐. ❷기지개. ‖伸びをする 기지개를 펴다.

のび【野火】 야화(野火); 들불.

のびあがる【伸び上がる】 발돋움하다. ‖伸び上がって棚の上の物を取る 발돋움해서 선반 위의 물건을 내리다.

のびざかり【伸び盛り】 한창 자랄 때. ‖伸び盛りの子ども 한창 자라는 아이.

のびちぢみ【伸び縮み】 (名하) 신축(伸縮).

のびなやむ【伸び悩む】 ❶(期待通りに) 진보(進步)・성장(成長)・증가(增加)가 안 되다. ❷(売り上げ・株価などが) 오르지 않다. ‖売り上げが伸び悩む 매상이 오르지 않다.

のびのび【伸び伸び】 무럭무럭; 쑥쑥. ‖のびのび(と)育つ 쑥쑥 잘 자라다.

のびのび【延び延び】 질질. ‖開催が延び延びになる 개최가 질질 끌어지고 있다.

のびりつ【伸び率】 신장률(伸張率).

***のびる**【伸びる・延びる】 ❶길다; 길어지다; 늘어지다. ‖ひげがだいぶ伸びた 수염이 많이 길었다. 会議が1時間延びる 회의가 한 시간 늘어지다[길어지다]. だいぶ日が延びた 해가 많이 길어졌다. 平均寿命が大幅に伸びた 평균 수명이 대폭 길어지다. ❷크다; 커지다. ‖身長が3センチ伸びた 키가 삼 센티 컸다. ❸펴지다; 풀어지다. ‖しわが伸びる 주름이 펴지다. パーマが伸びた 파마가 풀어졌다. ❹(弾力が)없어지다; 늘어나다; 퍼지다; 붇다. ‖ラーメンが伸びる 라면이 퍼지다. ❺(日程が)연기(延期)되다; (道路などが)연장(延長)되다. ‖雨のため遠足が翌日に延びた 비 때문에 소풍이 다음날로 연기되었다. 道路が隣町まで延びた 도로가 옆마을까지 연장되었다. ❻(餅などが)찰지다. ‖この餅はよく伸びる 이 떡은 꽤 찰지다.

ノビル【野蒜】 산(山)달래.

ノブ【knob】 노브.

のべ【延べ】 연(延); 총(總). ‖延べ語数 총 어휘수.

のべ【野辺】 들판.

のべじんいん【延べ人員】 연인원(延人員).

のべつ 끊임없이; 쉴 새 없이. ‖のべつ幕なしにしゃべる 쉴 새 없이 떠들다.

のべつぼ【延べ坪】 연건평(延建坪).

のべばらい【延べ払い】 연불(延拂).

のべぼう【延べ棒】 금속(金屬)을 늘여 만든 봉(棒); 밀 방망이.

のべる【述べる】 (意見などを)말하다; 밝히다; 진술(陳述)하다. ‖意見を述べる 의견을 말하다.

のほうず【野放図】 방약무인(傍若無人); 제멋대로임; 건방짐. ‖野放図なやつ 건방진 녀석.

のぼせあがる【逆上せ上がる】 ❶〔上気する〕몹시 흥분(興奮)하다; 상기(上氣)되다. ❷〔熱中する〕열중(熱中)하다; 반하다; 빠져 있다.

のぼせる【上せる】 (記録・話題などに) 올리다; 싣다. ‖教育問題を話題に上せる 교육 문제를 화제에 올리다. 記録に上せる 기록에 올리다.

のぼせる【逆上せる】 ❶흥분(興奮)하다; (風呂で)상기(上氣)되다. ❷〔夢中になる〕열중(熱中)하다; 빠져 있다.

のほほん 빈둥빈둥; 태평(太平)스럽게. ‖のほほんと毎日を送る 매일 빈둥거리며 지내다.

のぼり【上り・登り・昇り】 ❶오름; 올라감. ❷상경(上京); 상행(上行). ‖上り列車 상행 열차.

のぼり【幟】 (説明) 가늘고 긴 천을 장대에 달아 세우는 기(旗).

の

のぼりくだり【上り下り】오르막과 내리막; 올라감과 내려감. ‖上り下りする 오르내리다.
のぼりざか【上り坂】오르막길.
のぼりちょうし【上り調子】상승세(上昇勢).
のぼりつめる【上り詰める·登り詰める】꼭대기까지 오르다; 정점(頂點)에 도달(到達)하다. ‖首相の地位に上りつめる 수상 자리에까지 오르다.
*__のぼる__【上る·登る·昇る】❶오르다; 올라가다. ‖柿の木に登って柿を取る 감나무에 올라가 감을 따다. 高い地位に上る 높은 지위에 오르다. 話題に上る 화제에 오르다. 壇上に登って挨拶する 단상에 올라가 인사하다. ❷상경(上京)하다. ❸달하다; 미치다. ❹(日·月が)뜨다.

の

のまれる【飲まれる·呑まれる】압도(壓倒)되다; 휩쓸리다. ‖雰囲気にのまれる 분위기에 압도되다. 波にのまれる 파도에 휩쓸리다.
のみ【鑿】끌. ‖鑿で彫る 끌로 새기다.
ノミ【蚤】벼룩. ‖ノミに食われる 벼룩한테 물리다. 蚤の市 벼룩시장. 蚤の夫婦 아내가 남편보다 큰 부부.
-のみ …만; …뿐. ‖学歴のみを問題にすべきではない 학력만을 문제 삼아서는 안 된다. 発表を待つのみである 발표를 기다릴 뿐이다. 医師のみに許される行為 의사에게만 허용되는 행위.
のみあかす【飲み明かす】밤새 마시다.
のみくい【飲み食い】먹고 마시는 것. ‖飲み食いする 먹고 마시다.
のみぐすり【飲み薬】내복약(內服藥).
のみくだす【飲み下す】삼키다.
のみくち【飲み口】마셨을 때의 느낌; 입에 닿는 맛. ‖飲み口がよい 입에 닿는 맛이 좋다.
のみこうい【呑み行為】❶증권 업자(證券業者) 등이 거래소(去來所)를 통하지 않고 주식(株式)을 매매(賣買)하는 것. ❷(競馬·競輪で)주최자(主催者) 이외의 사람이 마권(馬券)을 매매(賣買)하는 것.
のみこむ【飲み込む·呑み込む】❶삼키다. ‖つばを飲み込む 침을 삼키다. ❷이해(理解)하다; 파악(把握)하다. ‖こつをのみ込む 요령을 파악하다.
のみしろ【飲み代】술값.
__のみすぎ__【飲み過ぎ】과음(過飮).
のみすぎる【飲み過ぎる】과음(過飮)하다.
のみすけ【飲み助】술꾼; 술고래.
のみち【野道】들길.
のみつぶす【飲み潰す】술로 재산(財産)을 탕진(蕩盡)하다.
のみつぶれる【飲み潰れる】고주망태가 되다.
のみなかま【飲み仲間】술친구(親舊).
のみならず …뿐만 아니라. ‖彼は俳優としてのみならず, 演出家としてもすぐれた仕事をしている 그 사람은 배우로서뿐만 아니라 연출가로서도 대단한 일을 하고 있다.
ノミネート【nominate】(名하)노미네이트. ‖ノミネートされる 노미네이트되다.
のみほす【飲み干す】다 마시다.
のみみず【飲み水】식수(食水).
のみもの【飲み物】마실 것.
のみや【飲み屋·呑み屋】〔店〕술집; 선술집;〔人〕술꾼.
*__のむ__【飲む·呑む】❶마시다; 삼키다; (薬を)먹다. ‖水を飲む 물을 마시다. ビールを飲む 맥주를 마시다. 飲みに行こう 마시러 가자. 涙をのむ 눈물을 삼키다. 薬を飲む 약을 먹다. ❷받아들이다; 수락(受諾)하다. ‖条件をのむ 조건을 받아들이다.
のめりこむ【のめり込む】빠지다; 빠져들다. ‖勝負事にのめり込む 도박에 빠지다.
のやま【野山】산과 들; 산야(山野).
のらいぬ【野良犬】들개.
のらくら 빈둥빈둥. ‖のらくら(と)遊び暮らす 빈둥빈둥 놀고 먹다.
のらしごと【野良仕事】농사(農事)일; 들일.
のらねこ【野良猫】도둑고양이.
のらりくらり ❶〔ぶらぶら〕빈둥빈둥. ❷횡설수설(橫說竪說). ‖のらりくらり(と)言い逃れる 횡설수설하며 발뺌하다.
のり【乗り】❶(化粧などが)받는 정도(程度). ‖化粧ののりがいい 화장이 잘 받다. ❷…승(乘). ‖10 人乗り 십 인승.
のり【糊】풀. ‖糊で貼り付ける 풀로 붙이다. 糊付けする 풀을 먹이다.
ノリ【海苔】김. ‖味付け海苔 맛김.
のりあい【乗り合い】합승(合乘).
のりあげる【乗り上げる】위에 올라앉다. ‖船が暗礁に乗り上げる 배가 암초에 부딪치다.
のりあわせる【乗り合わせる】우연(偶然)히 같이 타다.
のりいれる【乗り入れる】❶탄 채로 들어가다. ❷(路線を)연장(延長)하다.
のりうつる【乗り移る】❶옮겨 타다; 갈아타다. ❷〔神·霊魂などが人間に取りつく〕신(神)이 들리다.
のりおくれる【乗り遅れる】놓치다; (時代の流れに)뒤지다; 뒤처지다. ‖電車に乗り遅れる 전철을 놓치다.
のりかえ【乗り換え】환승(換乘).
*__のりかえる__【乗り換える】❶환승(換乘)하다; 갈아타다. ‖バスから電車に乗り換える 버스에서 전철로 갈아타다. 次の駅で乗り換えてください 다음 역에서 환승하세요[갈아타세요]. ❷바꾸다. ‖新しいシステムに乗り換える 새로

운 시스템으로 바꾸다.

のりかかる【乗り掛かる】❶〔乗り始める〕탈것에 타기 시작(始作)하다. ❷(仕事などを)막 시작하다. ‖乗りかかった仕事 막 시작한 일. ▸乗り掛かった船 도중에 그만둘 수가 없음.

のりき【乗り気】의욕(意欲). ‖乗り気を示す 의욕을 보이다. 乗り気にならない 마음이 내키지 않다.

のりきる【乗り切る】헤쳐 나가다; 극복(克服)하다. ‖難局を乗り切る 난국을 헤쳐 나가다.

のりくみいん【乗組員】(船舶・航空機などの)승무원(乗務員).

のりくむ【乗り組む】운항(運航)을 위해 타다.

のりこえる【乗り越える】타고 넘다; 극복(克服)하다. ‖塀を乗り越える 담을 타고 넘다. 危機を乗り越える 위기를 극복하다.

のりごこち【乗心地】승차감(乗車感). ‖乗心地がいい 승차감이 좋다.

のりこし【乗り越し】‖乗り越しする 하차할 역보다 더 멀리 타고 가다.

のりこす【乗り越す】목적지(目的地)를 지나치다.

のりこむ【乗り込む】❶(乗り物などに)타다. ❷(場所・領域に)뛰어들다. ‖敵地に乗り込む 적지에 뛰어들다.

のりしろ【糊代】풀칠하는 부분(部分).

のりすてる【乗り捨てる】버리다; 방치(放置)하다.

のりそこなう【乗り損なう】탈것을 놓치다; 못 타다.

のりだす【乗り出す】❶배를 타고 나가다. ❷(上体を前方へ)내밀다. ‖身を乗り出す 몸을 내밀다. ❸(積極的に)나서다; 착수(着手)하다. ‖事業に乗り出す 사업에 착수하다.

のりつぐ【乗り継ぐ】갈아타고 가다.

のりづけ【糊付け】❶〔糊で貼る〕‖糊付けする 풀로 붙이다. ❷(洗濯物に)빨래에 풀을 먹이다.

のりつける【乗り付ける】차(車)를 타고 목적지(目的地)까지 가다.

のりば【乗り場】타는 곳; 승강장(昇降場).

のりまき【海苔巻き】김 초밥.

のりまわる【乗り回る】차(車)를 타고 돌아 다니다.

のりもの【乗り物】탈것.

***のる**【乗る】❶타다. ‖車に乗る 차에 타다. リズムに乗る 리듬을 타다. ❷올라가다; 올라오다. ‖机の上に乗ってはいけない 책상 위에 올라가서는 안 된다. ❸속다; 넘어가다. ‖口車に乗る 그럴듯한 말에 속다. もうその手には乗らない 이제 그 수에는 안 넘어간다.

のる【載る】실리다; 게재(掲載)되다; 올려지다. ‖投書が新聞に載る 투서가 신문에 실리다. 机の上に辞書が載っている 책상 위에 사전이 올려져 있다.

ノルウェー【Norway】《国名》노르웨이.

ノルマ【norma ロ】노르마.

のれん【暖簾】❶포렴(布簾). ❷(店の)신용(信用); 격식(格式). ‖のれんにかかわる 가게의 신용과 관계되다. ▸暖簾に腕押し 아무런 반응이 없음.

ノロ【獐】《動物》노루.

のろい【鈍い】느리다; 둔(鈍)하다. ‖仕事がのろい 일이 느리다.

のろう【呪う】저주(詛呪)하다.

のろける【惚ける】아내[남편(男便)] 자랑을 하다.

のろのろ 느릿느릿. ‖疲れ切ってのろのろ(と)動く 기진맥진해서 느릿느릿 움직이다.

のろま 느리광이; 느림보; 늘보.

のろわしい【呪わしい】저주(詛呪)스럽다.

ノンアルコール【non+alcohol 日】알코올이 들어 있지 않은 것.

のんき【暢気】ダ ❶근심이나 걱정이 없다. ❷태연(泰然)하다; 태평(太平)하다.

ノンストップ【nonstop】논스톱.

のんびり 여유(餘裕)롭게; 유유자적(悠悠自適)하게; 느긋하게. ‖のんびり(と)した性格 느긋한 성격.

ノンフィクション【nonfiction】논픽션.

は

は ❶〔返事〕네. ‖は, かしこまりました 네, 알겠습니다. ❷〔聞き返す〕네. ‖は, 何ですか 네, 뭐라고요?
は【ハ】(音階の)C 음(音).
は【刃】(刃物の)날. ‖刃を研ぐ 날을 갈다. 刃が鈍い 날이 무디다.
-は【波】…파(波). ♦衝撃波 충격파. 第三波 제삼파.
-は【派】…파(派). ♦慎重派 신중파. 保守派 보수파.
*は【葉】잎. ‖葉が茂る 잎이 무성하다. 木の葉が色づき始める 나뭇잎이 물들기 시작하다. 葉が出る 잎이 나다. 桃の葉 복숭아 잎.
*は【歯】이; 이빨. ‖歯が痛い 이가 아프다. 歯を磨く 이를[이빨을] 닦다. 歯を2本抜く 이를 두 개 뽑다. 歯が生える 이가 나다. 歯が生え変わる 이갈이하다. ▸歯が浮く 역겹다. 아니꼽다. ▸歯が立たない 당할 수가 없다. あまりの強さに歯が立たない 너무 강해서 당할 수가 없다. ▸歯に衣着せぬ 솔직하게 말하다. 입바른 소리를 하다. ▸歯を食いしばる 이를 악물다.〔慣〕
*ば【場】❶장; 장소(場所); 자리; 곳. ‖机を置く場がない 책상을 놓을 자리가 없다. 対話の場 대화의 장. ❷상황(狀況); 분위기(雰圍氣). ‖場が白ける 분위기가 깨지다. ❸(演劇などの)장. ‖二幕三場 이 막 삼 장. ▸場を持たせる 어떻게 해서든지 분위기를 끌고가다.
はあ ❶〔返事〕네. ‖はあ, そうです 네, 그렇습니다. ❷〔感嘆〕네. ‖はあ, そうですか 네, 그렇군요. ❸〔聞き返す〕네. ‖はあ, 何ですって 네, 뭐라고요?
ばあ 까꿍.
バー【bar】❶〔酒場〕바; 술집. ❷(高跳びなどの)크로스바. ❸(バレエの練習で使う)바.
ぱあ ❶모두 없어짐; 허사(虛事). ‖せっかくの計画がぱあになる 모처럼의 계획이 허사가 되다. ❷(じゃんけんで)보(褓).
パー【par】❶〔同価〕같은 값. ❷(ゴルフで)파.
*ばあい【場合】❶사정(事情); 상황(狀況); 국면(局面); 때. ‖場合が場合だけに慎重に考える 상황이 상황인 만큼 신중히 생각하다. 笑っている場合ではない 웃고 있을 때가 아니다. ❷경우(境遇). ‖雨が降った場合は中止する 비가 왔을 경우에는 중지한다. 彼の場合は例外だ 그 사람의 경우는 예외다.
パーカ【parka】〔ジャケット〕파카.
パーキンソンびょう【Parkinson 病】파킨슨병.
はあく【把握】(スル) 파악(把握). ‖情報を把握する 정보를 파악하다. 問題点を把握する 문제점을 파악하다.
バーゲン【bargain】바겐세일. ♦バーゲンセール 바겐세일.
バーコード【bar code】바코드.
パーサー【purser】객실 승무장(客室乘務長).
バージョン【version】버전.
パーセンテージ【percentage】퍼센티지.
パーセント【percent·%】퍼센트.
パーソナルコンピューター【personal computer】퍼스널 컴퓨터; 피시.
ばあたり【場当たり】즉흥적(卽興的); 임시변통(臨時變通). ‖場当たりな計画 임시변통적인 계획.
バーチャル【virtual】가상적(假想的).
パーツ【parts】부품(部品).
パーティー【party】❶파티. ‖パーティーを開く 파티를 열다. ❷일행(一行). ‖登山パーティー 등산 가는 일행.
バーテン(ダー)【bartender】바텐더.
ハート【heart】❶마음; 성의(誠意). ‖ハートを射止める 마음을 사로잡다. ハートがこもっていない 성의가 없다. ❷(トランプの)하트.
ハード【hard】ダ 힘들다. ‖ハードな仕事 힘든 일. ♦ハードウエア 하드웨어. ハードカバー 하드커버. ハードディスク 하드 디스크. ハードトレーニング 하드 트레이닝.
パート【part】❶부분(部分). ❷〔役割〕분담(分擔). ❸〔パートタイマーの略語〕단시간 근무자(短時間勤務者). ♦パートタイマー 단시간 근무자. パートタイム 파트 타임. 단시간 근무.
バードウオッチング【bird watching】들새 관찰(觀察).
パートナー【partner】파트너. ‖国際社会のパートナー 국제 사회의 파트너. ♦パートナーシップ 파트너십.
ハードル【hurdle】허들. ‖ハードル競走 허들 레이스.
バーナー【burner】버너.
ハーフ【half】❶절반(折半). ❷혼혈아(混血兒). ♦ハーフコート 반코트. ハーフタイム 하프 타임.
ハーブ【herb】허브. ♦ハーブティー 허브 차.
ハープ【harp】하프.
バーベキュー【barbecue】바비큐.
バーベル【barbell】바벨.
パーマ【←permanent(wave)】파마. ‖パーマをかける 파마를 하다.
ハーモニー【harmony】하모니.
ハーモニカ【harmonica】하모니카.
パール【pearl】진주(眞珠).
バーレーン【Bahrain】(国名) 바레인.

ハーレム【harem】하렘.
バーレル【barrel】〔体積の単位〕…배럴.
****はい** ❶〔返事〕네; 예. ‖はい, 中村です 네, 나카무라입니다. ❷〔肯定・承諾〕네, 예. ‖はい, 分かりました 네, 알겠습니다. ❸〔注意の喚起〕자. ‖はい, そこで息を止めて 자, 거기서 숨을 멈추고.
はい【灰】재. ‖灰になる 재가 되다. タバコの灰 담뱃재.
はい【杯】❶배(杯); 잔(盞). ❷〔接尾語として〕…그릇; …잔. ‖ご飯を 2 杯食べる 밥을 두 그릇 먹다. ビールを 3 杯飲んだ 맥주를 세 잔 마셨다.
はい【肺】폐(肺).
はい【胚】배(胚).
-はい【敗】…패(敗). ‖8 勝 7 敗 팔 승 칠 패.
***ばい**【倍】❶배(倍); 두 배. ‖倍の時間がかかる 시간이 두 배로 걸리다. ❷〔接尾語として〕…배. ‖10 倍 열 배.
パイ【pie】(お菓子の) 파이.
パイ【π】파이; 원주율(圓周率).
はいあがる【這い上がる】❶〔よじ登る〕기어오르다. ❷역경(逆境)을 딛고 좋은 자리에 오르다.
バイアス【bias】❶(布目に対して) 비스듬히 자르는 것. ❷편견(偏見); 선입견(先入見). ‖発言にバイアスがかかる 발언에 편견이 있다.
バイアスロン【biathlon】바이애슬론.
はいいろ【灰色】❶회색(灰色). ‖灰色の空 회색 하늘. ❷우울(憂鬱)함. ‖灰色の人生 우울한 인생.
はいいん【敗因】패인(敗因).
ばいう【梅雨】장마. ♦**梅雨前線** 장마 전선.
はいえい【背泳】배영(背泳).
ハイエナ【hyena】하이에나.
はいえん【肺炎】폐렴(肺炎).
ばいえん【煤煙】매연(煤煙).
バイオテクノロジー【biotechnology】바이오테크놀러지.
バイオリズム【biorhythm】바이오리듬.
バイオリニスト【violinist】바이올리니스트.
バイオリン【violin】바이올린.
はいか【配下】수하(手下); (ある人の) 밑. ‖彼の配下で働く 그 사람 밑에서 일하다. 配下の者 부하.
はいが【胚芽】배아(胚芽). ♦**胚芽米** 배아미.
ばいか【売価】판매가(販賣價).
ばいか【倍加】(名되) 배가(倍加). ‖会員が倍加する 회원이 배가되다.
はいかい【俳諧】(説明) 일본(日本)의 독자적(獨自的)인 시(詩)의 하나.
はいかい【徘徊】(名하) 배회(徘徊). ‖夜の巷(ちまた)を徘徊する 밤거리를 배회하다.
ばいかい【媒介】(名하) 매개(媒介). ♦**媒介者** 매개자. **媒介変数** 매개 변수.
はいかきょう【拝火教】《宗教》배화교(拜火敎).
はいがす【排ガス】배기(排氣) 가스. ‖排ガス規制 배기 가스 규제.
はいかつりょう【肺活量】폐활량(肺活量).
はいかん【配管】(名하) 배관(配管). ♦**配管工事** 배관 공사.
はいかん【廃刊】(名하) 폐간(廢刊).
はいがん【肺癌】폐암(肺癌).
はいき【排気】(名하) 배기(排氣). ♦**排気音** 배기음. **排気量** 배기량.
はいき【廃棄】(名하) 폐기(廢棄). ♦**廃棄物** 폐기물.
はいきしゅ【肺気腫】폐기종(肺氣腫).
ばいきゃく【売却】(名하) 매각(賣却). ‖家を売却する 집을 매각하다.
はいきゅう【配球】(野球で) 배구(配球).
***はいきゅう**【配給】(名하) 배급(配給). ‖食糧を配給する 식량을 배급하다. ♦**配給制度** 배급제.
はいきょ【廃墟】폐허(廢墟).
はいぎょう【廃業】(名하) 폐업(廢業).
はいきん【拝金】배금(拜金). ♦**拝金思想** 배금 사상. **拝金主義** 배금주의.
はいきん【背筋】배근(背筋).
ばいきん【黴菌】세균(細菌).
ハイキング【hiking】(名하) 하이킹.
バイキング【Viking】❶바이킹. ❷《料理》뷔페.
はいく【俳句】하이쿠.
バイク【bike】❶〔モーターバイクの略語〕오토바이. ❷자전거(自轉車). ‖マウンテンバイク 산악 자전거.
はいぐうしゃ【配偶者】배우자(配偶者).
ハイクラス【high-class】상류(上流); 고급(高級). ‖ハイクラスの品 고급품.
はいぐん【敗軍】패군(敗軍).
はいけい【拝啓】배계(拜啓).
はいけい【背景】배경(背景). ‖背景に森を描く 배경으로 숲을 그리다. 事件の背景 사건의 배경.
はいげき【排撃】(名하) 배격(排擊).
はいけっかく【肺結核】폐결핵(肺結核).
はいけん【拝見】(名하) 배견(拜見).
はいご【背後】배후(背後); 뒤쪽. ‖背後から操る 배후에서 조종하다. ♦**背後関係** 배후 관계.
はいこう【廃校】(名하) 폐교(廢校).
はいごう【配合】(名하) 배합(配合). ‖香料を配合する 향료를 배합하다. ♦**配合飼料** 배합 사료.
ばいこく【売国】매국(賣國). ♦**売国奴** 매국노.
はいざら【灰皿】재떨이.
はいざんへい【敗残兵】패잔병(敗殘兵).
はいし【廃止】(名하) 폐지(廢止). ‖赤字

路線を廃止する 적자 노선을 폐지하다.

はいじつせい【背日性】《植物》배일성(背日性).

はいしゃ【配車】㉿하 배차(配車).

はいしゃ【敗者】패자(敗者). ‖敗者復活戦 패자 부활전.

はいしゃ【廃車】㉿하 폐차(廢車).

はいしゃ【歯医者】치과 의사(齒科醫師).

はいしゃく【拝借】‖拝借する 빌리다.

ばいしゃく【媒酌】❶㉿하 중매(仲媒). ‖媒酌の労をとる 중매를 하다. ❷〔人〕중매인(仲媒人). ♦媒酌人 중매인.

ハイジャック【hijack】㉿하 하이잭.

ばいしゅう【買収】㉿하 매수(買收). ‖土地を買収する 토지를 매수하다.

はいしゅつ【排出】㉿하 배출(排出). ‖汚水を排出する 오수를 배출하다.

はいしゅつ【輩出】㉿하 배출(輩出). ‖人材を輩出する 인재를 배출하다.

ばいしゅん【売春】㉿하 매춘(賣春). ♦売春婦 매춘부.

はいじょ【排除】㉿하 배제(排除). ‖抵抗する者を排除する 저항하는 사람을 배제하다.

ばいしょう【賠償】㉿하 배상(賠償). ♦損害賠償 손해 배상. 賠償金 배상금.

はいしょく【配色】㉿하 배색(配色). ‖配色がよい 배색이 좋다.

はいしょく【敗色】패색(敗色). ‖敗色が濃い 패색이 짙다.

はいしん【背信】배신(背信). ♦背信行為 배신 행위.

はいじん【廃人】폐인(廢人).

ばいしん【陪審】배심(陪審). ♦陪審員 배심원. 陪審員制度 배심원 제도.

はいすい【排水】㉿하 배수(排水). ♦排水溝 배수구.

はいすい【廃水】폐수(廢水). ♦工場廃水 공장 폐수.

はいすいのじん【背水の陣】배수진(背水陣). ‖背水の陣を敷く 배수진을 치다.

ばいすう【倍数】배수(倍數).

はいする【拝する】❶절하다; 배례(拜禮)하다. ❷〔受ける〕받다. ‖勅命を拝する 칙명을 받다.

はいする【配する】❶배치(配置)하다. ❷나누다; 배분(配分)하다. ❸배합(配合)하다.

はいする【排する】❶배제(排除)하다; 물리치다. ‖万難を排して決行する 온갖 어려움을 물리치고 결행하다. ❷배열(排列)하다. ‖いろは順に排する 가나다순으로 배열하다.

はいする【廃する】폐하다; 폐지(廢止)하다; 폐위(廢位)하다. ‖君主を廃する 군주를 폐위하다.

はいずる【這いずる】기어 다니다.

はいせき【排斥】㉿하 배척(排斥).

ばいせき【陪席】㉿하 배석(陪席).

はいせつ【排泄】㉿하 배설(排泄). ♦排泄物 배설물.

はいぜつ【廃絶】㉿하 폐절(廢絶).

はいせん【配線】㉿하 배선(配線). ♦配線工事 배선 공사.

はいせん【敗戦】㉿하 패전(敗戰). ♦敗戦投手 패전 투수.

はいぜん【配膳】‖配膳する 차린 상을 손님에게 돌리다.

ばいせん【焙煎】(茶葉やコーヒー豆を) 볶는 것. ‖炭火で焙煎する 숯불로 볶다.

はいそ【敗訴】㉿하 패소(敗訴).

はいそう【配送】㉿하 배송(配送).

はいぞう【肺臓】폐장(肺臟).

ばいぞう【倍増】㉿하 배증(倍增). ‖所得が倍増する 소득이 배증하다.

はいぞく【配属】㉿하 배속(配屬). ‖総務部に配属する 총무부에 배속하다.

ハイソックス【high+socks日】(説明) 무릎아래까지 오는 양말(洋襪).

はいたい【敗退】㉿하 패퇴(敗退). ‖1回戦で敗退する 일 회전에서 패퇴하다.

ばいたい【媒体】매체(媒體). ♦宣伝媒体 선전 매체.

***はいたつ**【配達】㉿하 배달(配達). ‖郵便を配達する 우편물을 배달하다. ♦新聞配達 신문 배달. 配達車 배달차. 配達料 배달료.

はいたてき【排他的】배타적(排他的). ‖排他的な集団 배타적인 집단.

バイタリティー【vitality】활력(活力). ‖バイタリティーがある 활력이 있다.

はいち【配置】㉿하 배치(配置). ‖机の配置を変える 책상 배치를 바꾸다. ♦配置転換 배치 전환.

ハイティーン【high+teen日】하이틴.

ハイテク【high-tech】하이테크. ‖ハイテク産業 하이테크 산업.

はいでる【這い出る】기어 나오다. ‖穴からはい出る 구멍에서 기어 나오다.

はいでん【配電】㉿하 배전(配電). ♦配電盤 배전반.

ばいてん【売店】매점(賣店).

バイト【←Arbeit ド】㉿하 알바.

バイト【byte】…바이트.

はいとう【配当】㉿하 배당(配當). ‖利益を配当する 이익을 배당하다. ♦配当金 배당금.

ばいどく【梅毒】매독(梅毒).

パイナップル【pineapple】파인애플.

はいにん【背任】㉿하 배임(背任). ♦背任罪 배임죄.

ハイネック【←high-necked】하이넥.

はいはい【這い這い】아기가 기는 것. ‖赤ん坊がはいはいする 아기가 엉금엉금 기다.

*ばいばい【売買】 ㉂㉻ 매매(賣買). ‖品物を売買する 물건을 매매하다. 土地の売買 토지 매매. ♦売買契約 매매 계약.
バイバイ【bye-bye】 안녕(安寧).
バイパス【bypass】 우회 도로(迂廻道路).
はいはん【背反】 ㉂㉻ 배반(背反). ♦二律背反 이율배반.
ハイヒール【←high-heeled shoes】 하이힐.
ハイビジョン【←high-definition television】 하이비전.
ハイビスカス【hibiscus】 하이비스커스.
はいびょう【肺病】 폐병(肺病); 폐결핵(肺結核).
はいひん【廃品】 폐품(廢品). ♦廃品回収 폐품 회수.
ばいひん【売品】 파는 물건.
はいふ【肺腑】 폐부(肺腑). ▸肺腑を衝(つ)く 폐부를 찌르다.〔慣〕깊은 감명을 받다. 肺腑をつく一言 깊은 감명을 주는 한마디.
はいふ【配付】 ㉂㉻ 배부(配付).
はいふ【配布】 ㉂㉻ 배포(配布). ‖びらを配布する 전단을 배포하다.
パイプ【pipe】 파이프. ♦パイプオルガン 파이프 오르간. パイプカット 정관 수술. パイプライン 파이프라인.
ハイファイ【hi-fi】 하이파이. ♦ハイファイビデオ 하이파이 비디오.
はいふく【拝復】 배복(拜覆).
はいぶつ【廃物】 폐물(廢物); 폐품(廢品). ♦廃物利用 폐품 이용.
ハイブリッド【hybrid】 하이브리드; 잡종(雜種). ♦ハイブリッドカー 하이브리드 카.
バイブル【Bible】 바이블; 성서(聖書).
ハイフン【hyphen】 하이픈(-).
はいぶん【配分】 ㉂㉻ 배분(配分). ‖利益を等しく配分する 이익을 균등하게 배분하다.
はいべん【排便】 ㉂㉻ 배변(排便).
はいぼく【敗北】 ㉂㉻ 패배(敗北). ♦敗北主義 패배주의.
ハイボール【highball】 하이볼.
ばいめい【売名】 매명(賣名). ♦売名行為 매명 행위.
バイメタル【bimetal】 바이메탈.
ハイヤー【hire】 콜택시.
バイヤー【buyer】 바이어.
はいやく【配役】 배역(配役).
ばいやく【売約】 ㉂㉻ 매약(賣約). ‖この机は売約済みです 이 책상은 이미 매약이 되었습니다.
ばいやく【売薬】 시중(市中)에서 파는 약(藥).
はいゆう【俳優】 배우(俳優).
はいよう【胚葉】 배엽(胚葉).
ばいよう【培養】 ㉂㉻ 배양(培養). ‖細菌を培養する 세균을 배양하다. ♦培養液 배양액. 培養土 배양토.
ハイライト【highlight】 하이라이트. ‖今週のハイライト 이번 주의 하이라이트.
はいらん【排卵】 ㉂㉻ 배란(排卵). ♦排卵期 배란기.
はいりこむ【入り込む】 안으로 들어가다. ‖裏口から入り込む 뒷문으로 들어가다.
ばいりつ【倍率】 ❶경쟁률(競爭率). ‖入学試験の倍率が高い 입학 시험 경쟁률이 높다. ❷(顕微鏡などの)배율(倍率).
はいりょ【配慮】 ㉂㉻ 배려(配慮). ‖相手の立場を配慮する 상대방 입장을 배려하다.
バイリンガル【bilingual】 (說明)이 개 국어(二個國語)를 자유자재(自由自在)로 구사(驅使) 하는 사람.
*はいる【入る】 ❶들어가다; 들어오다; 가입(加入)하다; 들다. ‖部屋に入る 방에 들어가다. では本題に入ります 그럼 본제로 들어가겠습니다. 列車がホームに入ってきた 열차가 홈으로 들어왔다. 弟は国立大に入った 남동생은 국립대학에 들어갔다. 私はテニス部に入っている 나는 테니스부에 들어 있다. 目に入る 눈에 들어오다. 内容が頭に入らない 내용이 머리에 들어오지 않다. ❷(ある時期・状態に)접어들다. ‖夏休みに入る 여름 방학으로 접어들다. ❸(情報・お金などが)들어오다; 설치(設置)되다. ‖まとまった金が入る 목돈이 들어오다. 現地から連絡が入る 현지에서 연락이 오다. ファックスがうちの課に入った 우리 과에 팩스가 설치됐다.
はいれつ【配列】 ㉂㉻ 배열(配列). ‖いろは順に配列する 가나다순으로 배열하다.
パイロット【pilot】 파일럿.
パイン【pine】 파인(애플). ♦パインジュース 파인 주스.
バインダー【binder】 ❶(書類を綴じる) 바인더. ❷(機械の)바인더.
はう【這う】 ❶기다. ‖地面をはって進む 지면을 기어 나아가다. ❷(蔓などが) 뻗다. ‖蔓がはう 담쟁이덩굴이 뻗어 나가다.
ハウス【house】 ❶〔家〕집. ❷〔温室〕비닐하우스. ‖このキュウリはハウスものだ 이 오이는 비닐하우스에서 재배한 것이다. ♦ハウスダスト 집 먼지. 실내 먼지.
ハウツーもの【how-to 物】 (說明)실용적(實用的)인 기술(技術)이나 방법(方法) 등을 설명(說明)한 책자(冊子).
パウンド【pound】 …파운드. ♦パウンド

は

ケーキ 파운드케이크.

はえ【栄え】 빛남; 명예(名譽); 영광(榮光). ‖栄えある受賞 영광의 수상.

ハエ【蠅】 파리. ♦**蠅叩き** 파리채. **蠅取り紙** (説明) 파리를 잡기 위한 점성(粘性)이 있는 종이.

はえぎわ【生え際】 (説明) 머리카락이 난 곳과 나지 않은 곳의 경계(境界) 부분(部分).

はえぬき【生え抜き】 ❶(その土地の)토박이. ❷〔初めから所属している人〕‖生え抜きの社員 창립 사원.

はえる【生える】 ❶(植物が)자라다. ‖雑草が生える 잡초가 자라다. ❷(歯が)나다. ‖赤ちゃんに歯が生える 아기가 이가 나다.

はえる【映える】 ❶빛나다. ‖朝日に映える富士山 아침 햇살에 빛나는 후지산. ❷훌륭해 보이다; 돋보이다. ‖彼女は和服を着ると映える 그녀는 기모노를 입으면 돋보인다.

はおり【羽織】 (説明) 기모노 위에 입는 겉옷. ♦**羽織袴** 일본 옷의 정장.

はおる【羽織る】 걸치다. ‖カーディガンを羽織る 카디건을 걸치다.

はか【墓】 무덤; 묘(墓).

***ばか【馬鹿】** ❶바보; 멍청이. ‖ばかなやつ 바보 같은 녀석. ❷어처구니없음; 터무니없음; 당치도 않음. ‖ばかを言うな 당치도 않은 소리 하지 마라! ❸못 쓰게 됨; 제 기능(機能)을 못함. ‖スイッチがばかになる 스위치가 말을 안 듣다. ▸馬鹿とはさみは使いよう 안 드는 가위라도 잘만 하면 쓸 수 있는 것처럼 바보도 잘만 다루면 쓸모가 있다. ▸馬鹿にする 바보 취급하다. 깔보다. ▸馬鹿に付ける薬はない 바보를 고치는 약은 없다. ▸馬鹿にならない 얕볼 수 없다. ▸馬鹿の一つ覚え 항상 같은 소리만 하는 사람. ▸馬鹿を見る 불이익을 당하다.

はかい【破戒】 파계(破戒).

***はかい【破壊】** (名하) 파괴(破壞). ‖自然を破壊する 자연을 파괴하다. ♦**環境破壊** 환경 파괴. **破壊力** 파괴력.

はかいし【墓石】 묘석(墓石); 묘비(墓碑).

はがき【葉書】 엽서(葉書).

はかく【破格】 파격적(破格的). ‖破格の値段 파격적인 가격. *破格の昇進 파격적인 승진.*

ばかげる【馬鹿げる】 바보 같아 보이다; 시시하게 여겨지다. ‖ばかげた話 시시한 이야기.

ばかさわぎ【馬鹿騒ぎ】 야단법석(惹端法席). ‖ばか騒ぎする 법석을 떨다.

ばかしょうじき【馬鹿正直】 ダ 고지식하다. ‖ばか正直に言われた通りにする 고지식하게 시키는 대로 하다.

はがす【剝がす】 떼다. ‖ポスターを剝がす 포스터를 떼다.

ばかす【化かす】 속이다; 판단(判斷)을 흐리게 하다.

ばかず【場数】 경험(經驗)의 횟수(回數). ▸場数を踏む 경험을 쌓다.

はかせ【博士】 박사(博士). ♦**博士課程** 박사 과정. **博士号** 박사 학위. **文学博士** 문학 박사. **物知り博士** 만물박사.

はがた【歯形】 잇자국. ‖嚙まれたところに歯形がつく 물린 곳에 잇자국이 나다.

ばかていねい【馬鹿丁寧】 ダ 지나치게 공손(恭遜)하다. ‖ばか丁寧な挨拶 지나치게 공손한 인사.

ばかでかい【馬鹿でかい】 매우 크다; 엄청나게 크다. ‖ばかでかいカボチャ 엄청나게 큰 호박.

はかどる【捗る】 순조(順調)롭게 진행(進行)되다; 진척(進陟)되다. ‖仕事がはかどる 일이 순조롭게 진행되다.

はかない【儚い】 ❶덧없다; 허무(虛無)하다. ‖人生ははかない 인생은 덧없다. ❷헛되다; 시시하다; 무익(無益)하다. ‖はかない希望をいだく 헛된 희망을 갖다.

はかば【墓場】 무덤.

はかばかしい【捗捗しい】 ❶순조(順調)롭게 진행(進行)되다. ‖事業がはかばかしくない 사업이 잘 되지 않다. ❷병세(病勢)가 좋아지다. ‖病状ははかばかしくない 병세가 좋아지지 않다.

ばかばかしい【馬鹿馬鹿しい】 어이없다; 시시하다; 바보 같다. ‖ばかばかしい質問 바보 같은 질문.

はかまいり【墓参り】 (名하) 성묘(省墓).

ばかもの【馬鹿者】 바보; 멍청이.

ばかやろう【馬鹿野郎】 바보; 멍청이. ‖この馬鹿野郎 이 멍청한 녀석!

はがゆい【歯痒い】 답답하다; 안타깝다. ‖彼の仕事を見ていると全く歯がゆい 그 사람이 일하는 것을 보고 있으면 답답하다.

はからい【計らい】 처리(處理); 조처(措處); 조치(措置).

はからう【計らう】 처리(處理)하다; 조처(措處)하다. ‖便宜を計らう 편의를 꾀하다.

ばからしい【馬鹿らしい】 시시하다; 무의미(無意味)하다; 바보 같다.

はかり【秤】 저울. ▸秤に掛ける 저울질하다.

***ばかり** ❶…만; …뿐. ‖毎日雨ばかり降っている 매일 비만 온다. 彼は怒ってばかりいる 그 사람은 화만 내고 있다. あの子は男の子だとばかり思っていたよ 저 애는 남자 아이일 거라고만 생각하고 있었다. ❷…만한; …정도(程度). ‖子牛ばかりもある大きな犬 송아지만 한 개. ❸(分量・時間・距離などの) …쯤; …가량(假量). ‖千円ばかり貸して

は

くれ 천 엔 정도 빌려 줘라. ❹(今にも)…할 듯한; …할 것 같은. ‖泣き出さんばかりの顔 당장이라도 울 것 같은 얼굴. ❺막…한. ‖建てたばかりの家 최근에 지은 집. 産まれたばかりの赤ちゃん 갓 태어난 아기. 갓난아기.

はかりかねる【計り兼ねる】 짐작(斟酌)이 안 가다; 생각할 수 없다.

はかりしれない【計り知れない】 헤아릴 수 없다.

ばかりに …탓에. ‖ちょっと油断したばかりに, とんでもないことになった 조금 방심한 탓에 생각지도 못한 일이 생겼다.

はかる【図る・計る・謀る】 ❶계획(計劃)하다; 기도(企圖)하다. ‖再起を図る 재기를 꾀하다. ❷〔だます〕속이다. ‖謀られた! 속았다! ❸다른 사람의 의견(意見)을 듣다.

*__はかる__【計る・測る・量る】 ❶재다; 계측(計測)하다. ‖物差しで寸法を計る 자로 치수를 재다. ❷추정(推定)하다; 가늠하다. ‖頃合いを計る 적당한 때를 가늠하다.

はがれる【剝がれる】 벗겨지다. ‖爪が剝がれる 손톱이 벗겨지다.

バカンス【vacances フ】 바캉스.

はき【破棄】 (スル) 파기(破棄). ‖契約を破棄する 계약을 파기하다.

はき【覇気】 패기(覇氣).

ハギ【萩】 싸리.

バギー【buggy】 (説明) 접이식 유모차(乳母車).

はきけ【吐き気】 구역질. ‖吐き気がする 구역질이 나다. 토할 것 같다.

はぎしり【歯軋り】 ‖歯ぎしりする 이를 갈다.

パキスタン【Pakistan】《国名》 파키스탄.

はきだす【吐き出す】 뱉다; 토하다; 토로(吐露)하다. ‖ガムを吐き出す 껌을 뱉다. 不満を吐き出す 불만을 토로하다.

はきだめ【掃き溜め】 쓰레기장. ▸*掃き溜めに鶴 쓰레기장에 학. 너절한 곳에* 어울리지 않게 훌륭한 것이 있음.

はきちがえる【履き違える】 ❶(間違って)바꾸어 신다. ‖父の靴とは違える 아버지의 구두와 바꾸어 신다. ❷잘못 생각하다; 잘못 이해(理解)하다. ‖自由の意味をはき違えている 자유의 의미를 잘못 이해하고 있다.

はぎとる【剝ぎ取る】 벗겨 내다. ‖樹皮を剝ぎ取る 나무껍질을 벗겨 내다.

はきはき ‖はきはきした応対 시원시원한 대응.

はきもの【履物】 신; 신발.

ばきゃく【馬脚】 마각(馬脚). ▸馬脚を露わす 마각을 드러내다.〔慣〕

はきゅう【波及】 (スル) 파급(波及). ♦波及効果 파급 효과.

はきょく【破局】 파국(破局). ‖破局を迎える 파국을 맞이하다.

はぎれ【歯切れ】 ❶음식(飮食)을 씹을 때의 느낌. ❷발성(發聲)・의견(意見)이 명확(明確)함. ‖歯切れの悪い返事 모호한 대답.

*__はく__【吐く】 ❶뱉다; 토(吐)하다; 내쉬다. ‖荒い息を吐く 거친 숨을 내쉬다. 血を吐く 피를 토하다. ❷〔言葉として言う〕말하다. ‖弱音を吐く 약한 소리를 하다. ❸〔白状する〕자백(自白)하다; 불다. ‖仲間のアジトを吐く 동료의 아지트를 불다.

はく【履く】 ❶(ズボン・スカートなどを)입다. ‖スカートをはく 치마를 입다. ❷(靴下・靴などを)신다. ‖スリッパをはく 슬리퍼를 신다. 靴下をはく 양말을 신다.

はく【掃く】 ❶쓸다. ‖毎朝道路を掃く 매일 아침 길을 쓸다. ❷(刷毛・筆などで)칠하다; 바르다. ‖紅を掃く 연지를 바르다.

はぐ【剝ぐ】 ❶벗기다. ‖仮面をはぐ 가면을 벗기다. ❷탈취(奪取)하다; 박탈(剝奪)하다. ‖官位をはぐ 관직을 박탈하다.

はぐ【接ぐ】 (紙・布などを)잇다. ‖スカートの裾に別布を接ぐ 치마 밑단에 다른 천을 대다.

ハグ【hug】 ‖ハグする 끌어안다.

バク【貘】 맥과(貘科)의 포유(哺乳) 동물(哺乳動物)의 총칭(總稱).

はくあ【白亜】 ❶백악(白堊). ❷석회암(石灰岩)의 하나.

はくあい【博愛】 박애(博愛). ‖博愛の精神 박애 정신. ♦博愛主義 박애주의.

はくい【白衣】 백의(白衣). ▸白衣の天使 백의의 천사.

ばくが【麦芽】 맥아(麥芽). ♦麦芽糖 맥아당. 엿당.

はくがい【迫害】 (スル) 박해(迫害).

はくがく【博学】ダ 박학(博學)하다. ♦博学多識 박학다식.

はくがんし【白眼視】 (スル) 백안시(白眼視).

はぐき【歯茎】 치경(齒莖); 잇몸.

はぐくむ【育む】 ❶새끼를 품어 기르다. ❷양육(養育)하다; 육성(育成)하다; 보호(保護)하다; 키우다. ‖子どもの夢を育む教育 아이의 꿈을 키우는 교육.

ばくげき【爆撃】 (スル) 폭격(爆擊). ‖基地を爆撃する 기지를 폭격하다.

はくげきほう【迫撃砲】 박격포(迫擊砲).

はくさ【白砂】 백사(白沙); 흰모래.

ハクサイ【白菜】 배추.

はくし【博士】 박사(博士).

はくし【白紙】 백지(白紙). ‖白紙の答案 백지 답안. ♦白紙委任状 백지 위임장.

はくじ【白磁】 백자(白瓷).

はくしき【博識】ダ 박식(博識)하다. ‖博識な人 박식한 사람.

はくじつ【白日】 백일(白日). ▸白日の下に晒(さら)す 백일하에 드러나다. ♦青天白日 청천백일. 白日夢 백일몽.

はくしゃ【拍車】 박차(拍車). ▸拍車を掛ける 박차를 가하다. 経済発展に拍車をかける 경제 발전에 박차를 가하다.

はくしゃく【伯爵】 백작(伯爵).

はくじゃく【薄弱】ダ 박약(薄弱)하다. ‖薄弱な根拠 박약한 근거. ♦意志薄弱 의지박약.

***はくしゅ**【拍手】 (スル하) 박수(拍手). ‖拍手を送る 박수를 보내다. 拍手で迎える 박수로 맞이하다. ♦拍手喝采 박수갈채.

はくじゅ【白寿】 백수(白壽); 아흔아홉 살; 구십구 세(九十九歲).

はくしょ【白書】 백서(白書). ♦経済白書 경제 백서.

はくじょう【白状】 (スル하) 자백(自白).

はくじょう【薄情】ダ 박정(薄情)하다. ‖薄情な人 박정한 사람.

ばくしょう【爆笑】 (スル하) 폭소(爆笑).

はくしょく【白色】 백색(白色).

はくしょん〔くしゃみ〕에취.

はくしん【迫真】 박진감(迫眞感). ‖迫真の演技 박진감 있는 연기.

はくじん【白人】 백인(白人).

ばくしん【驀進】 (スル하) 돌진(突進).

ばくすい【爆睡】 ‖爆睡する 곯아떨어지다.

はくする【博する】 획득(獲得)하다; 얻다. ‖好評を博する 호평을 얻다.

はくせい【剝製】 박제(剝製).

はくせん【白線】 백선(白線); 흰 줄.

ばくぜん【漠然】 막연(漠然). ‖漠然と考える 막연하게 생각하다.

ばくそう【爆走】 (スル하) 폭주(暴走).

ばくだい【莫大】ダ 막대(莫大)하다. ‖莫大な財産 막대한 재산.

はくだつ【剝奪】 (スル하) 박탈(剝奪). ‖地位を剝奪する 지위를 박탈하다.

***ばくだん**【爆弾】 폭탄(爆彈). ‖爆弾を落とす 폭탄을 떨어뜨리다. ♦爆弾発言 폭탄발언.

はくち【白痴】 백치(白癡).

ばくち【博打】 도박(賭博). ‖博打を打つ 도박을 하다. ♦博打打ち 도박꾼.

ばくちく【爆竹】 폭죽(爆竹). ‖爆竹を鳴らす 폭죽을 터뜨리다.

はくちゅう【白昼】 백주(白晝). ♦白昼夢 백일몽.

はくちゅう【伯仲】 (スル하) 백중(伯仲).

ハクチョウ【白鳥】 백조(白鳥).

バクテリア【bacteria】 박테리아.

はくとう【白桃】 백도(白桃).

はくどう【拍動】 (スル하) 박동(搏動).

はくないしょう【白内障】 백내장(白內障).

はくねつ【白熱】 ❶백열(白熱). ‖白熱電球 백열전구. ❷(スル하) 백열(白熱); (試合・議論などが)절정(絶頂)에 다다름; 치열(熾烈)함. ‖白熱した試合 치열한 시합.

はくば【白馬】 백마(白馬).

ばくは【爆破】 (スル하) 폭파(爆破). ‖爆破作業 폭파 작업.

ぱくぱく ❶뻐끔뻐끔; 빠끔빠끔. ‖金魚が口をぱくぱく(と)させる 금붕어가 입을 빠끔거리다. ❷〔盛んに食べる様子〕 ‖ぱくぱく(と)食べる 덥석덥석 먹다.

はくはつ【白髪】 백발(白髮).

ばくはつ【爆発】 (スル하) 폭발(爆發). ‖火薬が爆発する 화약이 폭발하다. ♦爆発的 폭발적. 爆発的な人気 폭발적인 인기.

はくはん【白斑】 백반(白斑); 흰 반점(斑點).

はくび【白眉】 백미(白眉). ‖歴史小説の白眉 역사 소설의 백미.

はくひょう【白票】 백표(白票). ‖白票を投じる 백표를 던지다.

はくひょう【薄氷】 박빙(薄氷); 살얼음; 살얼음판. ▸薄氷を踏む 살얼음 밟듯이.〔慣〕

ばくふ【幕府】 막부(幕府). ♦徳川幕府 도쿠가와 막부.

ばくふう【爆風】 폭풍(爆風).

はくぶつ【博物】 박물(博物). ♦博物学 박물학.

はくぶつかん【博物館】 박물관(博物館). ♦国立博物館 국립 박물관. 大英博物館 대영 박물관.

はくへいせん【白兵戦】 백병전(白兵戰).

はくぼく【白墨】 백묵(白墨); 분필(粉筆).

はくまい【白米】 백미(白米); 흰쌀.

ばくやく【爆薬】 폭약(爆藥).

はくらいひん【舶来品】 박래품(舶來品).

はぐらかす 얼버무리다; 말을 돌리다.

はくらん【博覧】 박람(博覽). ♦博覧会 박람회. 博覧強記 박람강기.

ぱくり ❶덥석. ‖一口でぱくりと食う 한 입에 덥석 먹다. ❷〔割れ目などが大きく開く様子〕 ‖傷口がぱくりと開く 상처가 벌어지다.

ぱくり 표절(剽竊).

はくりきこ【薄力粉】 박력분(薄力粉).

はくりたばい【薄利多売】 박리다매(薄利多賣).

はくりょく【迫力】 박력(迫力). ‖迫力がある 박력이 있다. 迫力に欠ける 박력이 없다.

はぐるま【歯車】 ❶톱니바퀴. ❷〔比喩的に〕일부분(一部分); 부품(部品). ‖会社機構の中の一つの歯車にすぎない 회사 기구의 일부분에 불과하다. ▸

歯車が嚙み合わない 호흡이 잘 안 맞다.

ばくれつ【爆裂】 (スル하) 폭발(爆發). ‖地雷が爆裂する 지뢰가 폭발하다.

はぐれる【逸れる】 ❶놓치다. ‖仲間にはぐれる 친구들을 놓치다. ❷〔…はぐれる[っぱぐれる]の形で〕…하지 못하다; 놓치다. ‖昼飯を食いっぱぐれた 점심을 못 먹다.

はくろ【白露】 ❶이슬. ❷(二十四節気の)백로(白露).

ばくろ【暴露】 (スル하) 폭로(暴露). ‖秘密を暴露する 비밀을 폭로하다.

はけ【刷毛】 솔. ‖刷毛でペンキを塗る 솔로 페인트를 칠하다.

はげ【禿】 대머리. ‖禿げ頭 대머리.

はげあがる【禿げ上がる】 이마가 벗어지다; 벗겨지다.

はけぐち【捌け口】 ❶배수구(排水口). ❷판로(販路). ‖仕入れ品のはけ口 구입한 물건의 판로. ❸(感情を)발산(發散)하는 곳 또는 그 대상(對象); 배출구(排出口). ‖不満のはけ口 불만의 배출구.

***はげしい【激しい】** ❶거세다; 격심(激甚)하다; 격렬(激烈)하다. ‖風雨が激しい 비바람이 거세다. 激しい痛み 격렬한 통증. 政府の政策を激しく非難する 정부의 정책을 격렬하게 비난하다. ❷(程度が)심하다; 극심(極甚)하다. ‖激しい変化 극심한 변화.

ハゲタカ【禿鷹】 콘도르.

バケツ【bucket】 물통; 양동이.

はげまし【励まし】 격려(激勵). ‖励ましの言葉 격려의 말.

***はげます【励ます】** 격려(激勵)하다. ‖失意の友を励ます 실의에 빠진 친구를 격려하다. 先生はもっと努力するよう励ましてくださった 선생님께서는 더욱 노력하도록 격려해 주셨다.

はげむ【励む】 힘쓰다; 열심(熱心)히 하다; 전념(專念)하다. ‖学業に励む 학업에 전념하다.

ばけもの【化け物】 귀신(鬼神); 괴물(怪物).

はげやま【禿げ山】 민둥산.

はける【捌ける】 ❶(水などが)잘 빠지다. ‖なかなか水がはけない 물이 좀처럼 빠지지 않다. ❷잘 팔리다; (品物の)흐름이 좋다. ‖今朝仕入れた商品はあらかたはけた 오늘 아침에 들여온 상품은 거의 다 팔렸다.

はげる【剝げる・禿げる】 ❶벗겨지다. ❷색(色)이 바래다; 벗겨지다. ‖カーテンの色が剝げる 커튼 색이 바래다. ペンキが剝げる 페인트칠이 벗겨지다.

ばける【化ける】 변(變)하다; 둔갑(遁甲)하다. ‖狐が美女に化ける 여우가 예쁜 소녀로 둔갑하다. 授業料が飲食費に化ける 수업료를 음식값으로 쓰다.

はけん【派遣】 (スル하) 파견(派遣). ‖特使を派遣する 특사를 파견하다. ♦派遣社員 파견 사원.

はけん【覇権】 패권(霸權). ‖覇権を握る 패권을 쥐다.

はこ【箱】 상자(箱子).

はこいり【箱入り】 상자(箱子)에 들어 있음. ‖箱入りの菓子 상자에 든 과자. ♦箱入り娘 (説明) 소중(所重)히 기른 딸.

はこう【跛行】 (スル하) 파행(跛行). ♦跛行状態 파행 상태.

パゴダ【pagoda】 파고다; 불탑(佛塔).

はごたえ【歯応え】 ❶씹는 느낌; 쫄깃한 느낌. ‖歯応えがある 맛이 쫄깃하다. ❷상대(相對)의 반응(反應). ‖歯応えのある相手 해볼 만한 상대.

はこづめ【箱詰め】 상자(箱子)에 담음; 상자에 든 물건.

はこび【運び】 ❶이동(移動)함; 움직임 또는 그 속도(速度). ‖軽やかな足の運び 가벼운 발걸음. ❷일의 진행(進行); 진행 정도(程度). ‖話の運び 이야기 전개. ❸일이 진행되어 어떤 단계(段階)에 이름. ‖締結の運びとなる 체결 단계에 이르다.

***はこぶ【運ぶ】** ❶옮기다; 운반(運搬)하다. ‖荷物を運ぶ 짐을 옮기다. ❷가다; 오다. ‖わざわざお運びくださって恐縮です 이렇게 일부러 걸음을 해 주셔서 감사합니다. ❸진행(進行)하다; 추진(推進)하다. ‖計画通りにことを運ぶ 계획대로 일을 추진하다.

はこぶね【方舟】 방주(方舟). ‖ノアの方舟 노아의 방주.

はごろも【羽衣】 날개옷.

バザー【bazaar】 바자.

はざかいき【端境期】 보릿고개.

はさき【刃先】 칼끝.

ばさし【馬刺し】 말고기 육회(肉膾).

ぱさぱさ 〔水分や脂けの少ない様子〕‖髪がぱさぱさになる 머리카락이 부스스해지다.

はさまる【挟まる】 사이에 끼다. ‖魚の骨が歯に挟まる 생선 가시가 이빨에 끼다. 母と妻の間に挟まって困っている 어머니와 마누라 사이에서 난처해하고 있다.

はさみ【鋏】 ❶가위. ❷(カニなどの)집게. ‖鋏を入れる 가위로 자르다.

***はさむ【挟む】** ❶끼우다; 끼다; 사이에 넣다. ‖本を小脇に挟む 책을 겨드랑이에 끼다. パンにハムを挟む 빵 사이에 햄을 넣다. ❷사이에 두다. ‖テーブルを挟んで向かい合う 테이블을 사이에 두고 마주 앉다. ❸참견(參見)을 하다. ‖口を挟む 말참견을 하다. ❹듣다. ‖小耳に挟む 얼핏 듣다.

はざわり【歯触り】 씹을 때의 감촉(感

觸).

はさん【破産】 ⓢ하 파산(破産). ‖事業に失敗して破産する 사업 실패로 파산하다.

***はし【端】** ❶끝; 가장자리. ‖道の端に寄って車をよける 길가로 붙어 차를 피하다. ❷조각. ‖木の端 나뭇조각. ❸일부분(一部分). ‖言葉の端をとらえる 말꼬리를 잡다.

はし【箸】 젓가락. ‖箸を使う 젓가락을 쓰다. ▸箸が進む 입맛이 당기다. ▸箸にも棒にもかからない 어떻게 할 수가 없다. 아무짝에도 쓸모가 없다.

はし【橋】 다리. ‖橋を架ける 다리를 놓다. 橋を渡る 다리를 건너다.

***はじ【恥】** 창피(猖披); 수치(羞恥); 부끄러움. ‖恥をかく 창피를 당하다. ▸恥を曝(さら)す 창피를 당하다. ▸恥を雪(すす)ぐ 설욕하다.

はじいる【恥じ入る】 매우 창피(猖披)해하다; 부끄러워하다. ‖大人げないふるまいに恥じ入る 어른스럽지 못한 행동을 부끄러워하다.

はしおき【箸置き】 ⓢ説明 젓가락 받침.

はしか【麻疹】 홍역(紅疫).

はしがき【端書き】 (本の)서문(序文).

はじきだす【弾き出す】 ❶튕겨 내다. ‖爪で弾き出す 손톱으로 튕겨 내다. ❷따돌리다. ‖グループから弾き出される 그룹에서 따돌림을 당하다. ❸산출(算出)하다. ‖利益はざっと1億円と弾き出された 이익은 대략 일억 엔으로 산출되었다.

はじく【弾く】 ❶(弦楽器を)치다; 타다. ‖ギターの弦を弾く 기타를 치다. ❷튕기다. ‖水を弾く 물을 튕기다. ❸계산(計算)하다. ‖利益をコンピューターで弾く 컴퓨터로 이익을 계산하다. そろばんを弾く 주판을 튕기다.

はしくれ【端くれ】 ❶조각; 일부분(一部分). ❷변변치 않지만 그 집단(集團)에 속해 있음. ‖これでもプロの端くれです 그래도 프로입니다.

はじける【弾ける】 터지다; 벌어지다. ‖さやが弾ける 콩깍지가 벌어지다. 弾けるような笑い声 터져 나오는 웃음소리.

はしご【梯子】 사다리. ‖梯子をかける 사다리를 걸치다.

はしこい ❶(動作が)빠르다; 민첩(敏捷)하다. ❷영리(怜悧)하다. ‖はしこい子ども 영리한 아이.

はしござけ【梯子酒】 ⓢ説明 장소(場所)를 바꿔 가며 술을 마심. ‖何軒もはしご酒をする 이 가게 저 가게를 돌아가며 마시다.

はしごしゃ【梯子車】 사다리차.

はじさらし【恥曝し】 ‖恥さらしなことをする 창피한 짓을 하다.

はじしらず【恥知らず】ダ 뻔뻔스럽다; 철면피(鐵面皮)다. ‖恥知らずなことをする 뻔뻔스러운 짓을 하다.

はした【端た】 ❶어중간함. ❷나머지; 우수리; 끝수. ‖端たを切り捨てる 끝수를 버리다. ♦はした金 적은 돈. 푼돈.

はしたない 상스럽다. ‖はしたないふるまい 상스러운 행동.

はしっこい ❶빠르다; 민첩(敏捷)하다. ❷영리(怜悧)하다.

ばじとうふう【馬耳東風】 마이동풍(馬耳東風).

はしばこ【箸箱】 젓가락통; 수저통.

はしばし【端端】 구석구석.

はじまり【始まり】 ❶〔発端〕발단(發端). ‖事の始まりはこうなんです 일의 발단은 이렇습니다. ❷〔開始〕시작(始作). ‖新たな1日の始まり 새로운 하루의 시작.

***はじまる【始まる】** 시작(始作)되다. ‖試合が始まる 시합이 시작되다. 建設工事が始まる 건설 공사가 시작되다.

***はじめ【初め・始め】** ❶시작(始作); 개시(開始); 처음. ‖仕事始め 업무 개시. 初めは気がつかなかった 처음에는 몰랐다. ❷기원(起源); 선례(先例). ‖国の始め 나라의 기원. ❸〔…を始めとしての形で〕…을[를] 비롯하여. ‖社長を始めとして全社員が 사장을 비롯하여 전 사원이.

はじめて【初めて】 ❶처음. ‖初めてのこと 처음 있는 일. 처음 하는 일. ❷〔副詞的に〕처음; 처음으로; 처음에. ‖初めてお目にかかります 처음 뵙겠습니다.

はじめまして【初めまして】 처음 뵙겠습니다.

***はじめる【始める】** 시작(始作)하다. ‖健康のために水泳を始める 건강을 위해 수영을 시작하다. 商売を始める 장사를 시작하다.

はしゃ【覇者】 패자(霸者).

ばしゃ【馬車】 마차(馬車).

ばしゃうま【馬車馬】 마차(馬車)를 끄는 말. ▸馬車馬のように働く 한눈 팔지 않고 열심히 일하다.

はしゃぐ【燥ぐ】 (陽気になって)떠들다. ‖子どものようにはしゃぐ 아이처럼 떠들다.

パジャマ【pajamas】 파자마; 잠옷.

はしゅつじょ【派出所】 파출소(派出所).

***ばしょ【場所】** ❶장소(場所); 위치(位置). ‖病院の場所を尋ねる 병원 위치를 물어보다. 場所をとる 자리를 잡다. ❷(相撲の)개최(開催)하는 장소(場所) 또는 그 기간(期間).

はじょう【波状】 파상(波狀). ♦波状攻撃 파상 공격.

バショウ【芭蕉】《植物》파초(芭蕉).

はしょうふう【破傷風】 파상풍(破傷風).

ばしょがら【場所柄】 그곳의 분위기(雰

圍氣); 상황(狀況). ‖場所柄を弁えないふるまい 때와 장소를 가리지 않는 행동.

はしょる【端折る】 ❶생략(省略)하다; 줄이다. ‖話をはしょる 이야기를 줄이다. ❷(着物の裾を)접어 올려 허리띠에 끼우다.

はしら【柱】 ❶(建物の)기둥. ❷주축(主軸)이 되는 사람. ‖一家の柱 일가의 기둥. ♦柱時計 벽시계.

はじらう【恥じらう】 부끄러워하다; 수줍어하다.

はしり【走り】 ❶〔走ること〕달림; 뛰는 것. ❷〔野菜など〕제철에 앞서 먼저 나오는 것; 맏물. ‖はしりだから高価だ 맏물이어서 비싸다.

はしりがき【走り書き】 ‖走り書きする 갈겨쓰다.

バジリコ【basilico イ】 바질리코.

はしりこむ【走り込む】 ❶〔走って入る〕달려 들어오다. ❷달리는 연습(練習)을 충분(充分)히 하다.

はしりたかとび【走り高跳び】 높이뛰기.

はしりはばとび【走り幅跳び】 멀리뛰기; 넓이뛰기.

はしりまわる【走り回る】 바쁘게 뛰어다니다; 바쁘게 돌아다니다. ‖山野を走り回る 산야를 뛰어다니다. 金策に走り回る 돈을 마련하려고 여기저기 뛰어다니다.

***はしる【走る】** ❶뛰다; 달리다. ‖廊下を走ってはいけない 복도에서 뛰어서는 안 된다. 全速力で走る 전 속력으로 달리다. 電車が走る 전철이 달리다. ❷도망(逃亡)가다. ‖敵国側へ走る 적국으로 도망가다. ❸한쪽으로 치우치다. ‖感情に走りやすい 감정에 치우치기 쉽다. ❹(感覚・感情が)스쳐 지나가다. ‖顔に不安の影が走る 얼굴에 불안한 그림자가 스쳐 지나가다. ❺(道・川などが)통과(通過)하다; 가로지르다. ‖国境を南北に走る山脈 국경을 남북으로 가로지르는 산맥.

はじる【恥じる】 창피(猖披)하게 생각하다; 부끄럽게 여기다. ‖彼女はうそをついたことを恥じている 그녀는 거짓말을 한 것을 부끄럽게 생각하고 있다.

はしわたし【橋渡し】 ❶다리를 놓음. ‖橋渡しする 다리를 놓다. ❷〔仲立ち〕중매; 중매인(仲媒人); 중간 역할(中間役割)

ハス【蓮】 연(蓮). ‖蓮の花 연꽃.

***はず【筈】** ❶〔当然〕…것. ‖これですむはずだ 이것으로 끝날 것이다. ❷〔予定〕…할 예정(豫定). ‖明日は行くはずだ 내일은 갈 예정이다. ❸〔確信〕…터. ‖何度も言ったはずだ 몇 번이고 말했을 터인데[텐데].

バス【bass】 ❶(声楽の)베이스. ❷〔コントラバスの略語〕콘트라베이스.

***バス【bus】** 버스. ‖私はバスで通学している 나는 버스로 통학하고 있다. バスで行こう 버스로 가자. バスの中で先生に会った 버스 안에서 선생님을 만났다. ♦観光バス 관광버스. バスガイド 버스 안내양. バス停 버스 정류장.

パス【pass】 ❶승차권(乗車券); 입장권(入場券); 정기권(定期券). ❷(ス하) 통과(通過); 합격(合格). ‖書類審査にパスする 서류 심사에 통과하다. ❸(バスケットボールなどで)패스.

はすい【破水】 (ス하) 파수(破水).

はすう【端数】 끝수; 우수리. ‖端数は切り捨てる 우수리는 버리다.

バスーン【bassoon】《音楽》바순.

ばすえ【場末】 변두리. ‖場末の酒場 술집.

***はずかしい【恥ずかしい】** ❶부끄럽다; 창피(猖披)하다. ‖どこへ出しても恥ずかしくない実力 어디에 내놔도 부끄럽지 않은 실력. ❷쑥스럽다; 겸연(慊然)쩍다. ‖そんなにほめられると恥ずかしい 그렇게 칭찬을 하면 쑥스럽다.

はずかしめる【辱める】 ❶창피(猖披)를 주다; 모욕(侮辱)하다. ‖人前で辱める 사람들 앞에서 창피를 주다. ❷(地位・名誉などを)욕되게 하다. ‖第一人者の名を辱める 제일인자의 이름을 욕되게 하다. ❸강간(强姦)하다.

パスカル【pascal フ】 〔圧力の単位〕…파스칼(Pa).

ハスキー【husky】ダ 허스키하다. ‖ハスキーな声 허스키한 목소리.

バスケット【basket】 ❶〔かご〕바구니. ❷《スポーツ》농구(籠球).

バスケットボール【basketball】 농구(籠球).

***はずす【外す】** ❶풀다; 벗다; 떼어 내다. ‖ワイシャツのボタンを外す 와이셔츠 단추를 풀다. 眼鏡を外す 안경을 벗다. ❷피(避)하다; 빗나가게 하다. ‖急所を外して撃つ 급소를 피해 쏘다. ❸제외(除外)하다. ‖メンバーから外される 멤버에서 제외되다. ❹(席を)뜨다. ‖その場を外す 그 자리를 뜨다. ❺놓치다. ‖この機会を外すと二度と会えない 이번 기회를 놓치면 두 번 다시 못 만난다.

バスタオル【bath towel】 목욕 수건(沐浴手巾).

バスタブ【bathtub】 욕조(浴槽).

パステル【pastel】 파스텔. ♦パステルカラー 파스텔 칼라.

バスト【bust】 가슴.

パスポート【passport】 패스포트; 여권(旅券).

バスマット【bath mat】 욕실(浴室) 앞의 발판(板).

はずみ【弾み】 ❶튐; 탄력(彈力). ‖弾みのいいボール 잘 튀는 공. ❷여세(餘

勢); 기세(氣勢). ‖弾みがつく 기세를 타다. ❸〔…した弾みにの形で〕…하는 바람에. ‖よろけた弾みに破ける 넘어지는 바람에 찢어지다.

はずむ【弾む】 ❶튀다. ‖このボールはよく弾む 이 공은 잘 튄다. ❷(気分が)들뜨다. ‖電話の声が弾んでいた 전화 목소리가 들떠 있었다. ❸활기(活氣)를 띠다. ‖久しぶりの再会に話が弾んだ 오랜만에 만나 이야기가 활기를 띠었다. ❹(気前よく)돈을 쓰다. ‖チップを弾む 팁을 듬뿍 주다.

はすむかい【斜向かい】 대각선(對角線)으로 건너편.

パズル【puzzle】 퍼즐. ♦クロスワードパズル 크로스워드 퍼즐.

はずれ【外れ】 ❶빗나감. ‖外れのくじ 꽝. ❷변두리. ‖村の外れ 변두리.

***はずれる【外れる】** ❶빠지다; 끌러지다. ‖ボタンが外れている 단추가 끌러져 있다. ❷빗나가다; 안 맞다. ‖宝くじに外れる 복권이 맞지 않다. ❸(距離的に)떨어지다; 벗어나다. ‖町から外れた寂しい所 마을에서 떨어진 한적한 곳. ❹(基準から)벗어나다. ‖人の道に外れた行ない 사람의 도리에서 벗어난 행동.

は

バスローブ【bathrobe】 목욕(沐浴) 가운.

パスワード【password】 패스워드.

ハゼ【鯊】《魚介類》망둥이과 물고기의 총칭(總稱).

はせい【派生】 ㊇되 파생(派生). ‖新しい問題が派生する 새로운 문제가 파생되다. 派生的な問題 파생적인 문제. ♦派生語 파생어.

ばせい【罵声】 욕설(辱說); 욕설을 퍼붓는 소리. ‖罵声を浴びせる 욕설을 퍼붓다.

パセリ【parsley】 파슬리.

はせる【馳せる】 ❶(車・馬などを)달리다; 몰다; 달리게 하다. ‖馬を馳せる 말을 급히 몰다. ❷(気持ちなどを)먼 곳까지 미치게 하다. ‖遠い故郷に思いを馳せる 멀리 떨어진 고향 생각을 하다. ❸(名前などを)떨치다. ‖国中にその名を馳せる 온 나라에 이름을 떨치다.

はぜる【爆ぜる】 터지다; 튀다; 벌어지다. ‖栗がはぜた 밤이 벌어졌다.

はせん【波線】 파선(波線).

パソコン 피시.

はそん【破損】 ㊇되 파손(破損). ‖家屋が破損する 가옥이 파손되다. ♦破損箇所 파손된 곳.

はた【畑】 밭. ‖畑を耕す 밭을 갈다.

はた【端・傍】 ❶끝; 가장자리. ‖道の端 길가. ❷주위(周圍); 옆. ‖はたの見る目 주위의 보는 눈.

はた【旗】 기(旗); 깃발. ‖旗を掲げる 깃발을 내걸다.

はだ【肌・膚】 ❶피부(皮膚); 살결. ‖肌が荒れる 피부가 거칠어지다. ❷표면(表面); 껍질; 결. ‖木の肌 나무껍질. ❸기질(氣質). ‖学者肌 학자 기질. ▸肌が合わない (性格などが)안 맞다. 彼とはどうも肌が合わない 그 사람하고는 도무지 안 맞는다. ▸肌で感じる 피부로 느끼다.

バター【butter】 버터. ♦バターロール 버터 빵.

はたあげ【旗揚げ】 ㊇하 발족(發足). ‖新党を旗揚げする 신당을 발족하다.

ばたあし【ばた足】 물장구를 치는 것.

はだあれ【肌荒れ】 피부(皮膚)가 거칠어짐.

パターン【pattern】 ❶패턴. ‖行動のパターン 행동 패턴. ❷모양(模樣); 도안(圖案).

はたいろ【旗色】 형세(形勢); 상황(狀況). ▸旗色が悪い 형세가 불리하다.

はだいろ【肌色】 살구색.

はたおり【機織り】 베틀로 베를 짬 또는 그 사람.

***はだか【裸】** ❶알몸; 나체(裸體). ‖服を脱いで裸になる 옷을 벗고 알몸이 되다. ❷씌우는 것 없이 그대로 드러냄. ‖お札を裸で出す 사례금을 봉투에 넣지 않고 그대로 내놓다. ❸무일푼(無一分); 맨몸. ‖裸になって出直す 무일푼에서 다시 시작하다. ❹숨기는 것이 없음. ‖裸の付き合い 꾸밈없는 솔직한 교제.

はだかいっかん【裸一貫】 맨손; 맨주먹. ‖裸一貫からたたき上げる 맨주먹으로 시작해서 성공하다.

はだがけ【肌掛け】 얇고 부드러운 이불.

はだかる 버티고 막아서다. ‖門口にはだかる 문 입구에 버티고 막아서다.

はたき【叩き】 총채. ‖はたきをかける 총채로 털다.

はだぎ【肌着】 속옷; 내의(內衣).

はたく【叩く】 ❶두드리다; 때리다. ‖頬をはたく 볼을 때리다. ❷털다. ‖ちりをはたく 먼지를 털다. ❸(有り金を)다 털다; 다 쓰다. ‖有り金をはたく 있는 돈을 다 쓰다.

***はたけ【畑】** ❶밭. ‖畑を耕す 밭을 갈다. トウモロコシ畑 옥수수밭. ❷전문 영역(*専門領域*); *분야*(分野). ‖工学畑 공학 분야. ▸畑が違う 분야가 다르다.

はだける【開ける】 (衣服の襟元などを)벌리다.

はたざお【旗竿】 깃대.

はたさく【畑作】 밭농사(農事).

はださむい【肌寒い】 ❶쌀쌀하다. ‖朝夕は肌寒く感じる 아침저녁으로 쌀쌀함이 느껴지다. ❷오싹하다; 섬뜩하다. ‖肌寒い光景 오싹해지는 광경.

はだざわり【肌触り】 ❶촉감(觸感); 감촉(感觸). ‖肌触りがよい 촉감이 좋다. ❷사람을 대했을 때의 느낌이나 인상(印象).

はだし【裸足】 ❶맨발. ‖裸足で土を踏む 맨발로 흙을 밟다. ❷〔…はだしの形で〕‖玄人はだし 프로 빰칠 정도.

はたして【果たして】 ❶예상(豫想)대로; 과연(果然). ‖はたして昼過ぎから雨になった 예상대로 오후부터 비가 왔다. ❷〔疑問・仮定の表現を伴って〕과연; 정말로. ‖はたして彼は何者か 과연 그는 누구인가?

はたじるし【旗印】 ❶기(旗)에 표시(標示)한 문양(文樣)이나 글자. ❷주의(主義); 주장(主張); 기치(旗幟). ‖反戦の旗印の下に合同する 반전의 기치 아래 힘을 합치다.

はたす【果たす】 ❶이루다; 달성(達成)하다; 다하다. ‖念願を果たす 염원을 이루다. 目的を果たす 목적을 달성하다. 使命を果たす 사명을 다하다. ❷기능(機能)을 하다. ‖本棚が仕切りの役も果たす 책장이 칸막이 역할도 하다. ❸〔…果たすの形で〕완전(完全)히…해 버리다. ‖小遣いを使い果たす 용돈을 전부 써 버리다.

はたち【二十・二十歳】 스물; 스무 살.

ばたつく 바둥거리다; 퍼덕이다; 덜걱거리다. ‖風で戸がばたついている 바람에 문이 덜걱거리고 있다.

はたと ❶〔急にものを打つ〕탁. ‖ひざをはたと打つ 무릎을 탁 하고 치다. ❷〔新しい状況や考え〕딱. ‖はたと出くわす 딱 마주치다. はたと思いつく 생각이 딱 떠오르다. ❸〔鋭く見据える〕‖はたとにらむ 째려보다. ❹완전(完全)히; 까맣게. ‖はたと忘れた 까맣게 잊어 버렸다.

ハタハタ【鱩】 도루묵.

ばたばた ❶덜거덕덜거덕; 덜컹덜컹; 펄럭펄럭. ‖木戸が風でばたばたする 나무 문이 바람에 덜컹거리다. ❷〔鳥が羽ばたく音〕푸드득; *퍼더덕*. ❸〔手足を忙しく動かして立てる音〕‖廊下をばたばた(と)走る 복도를 쿵쾅거리며 뛰다. ❹〔続けざまに倒れる様子〕픽픽. ❺〔事態が急速に進行する様子〕척척. ❻〔忙しい様子〕‖お祭りの準備でばたばたしている 축제 준비로 분주하다.

ぱたぱた ❶덜거덕덜거덕; 펄럭펄럭; 톡톡. ‖ぱたぱた(と)はたきをかける 총채로 톡톡 털다. ❷〔軽く音を立てて歩く様子〕‖スリッパをぱたぱた(と)いわせて歩く 가볍게 슬리퍼 소리를 내며 걷다. ❸〔物事を急速に処理する様子〕‖仕事をぱたぱた(と)片づける 일을 재빨리 처리하다.

バタフライ【butterfly】 (水泳で)버터플라이.

はだみはなさず【肌身離さず】 항상(恒常) 몸에 지니고 있음.

はため【傍目】 타인(他人)의 시선(視線). ‖はた目にも気の毒なほど落ち込んでいる 옆에서 보기에도 딱할 정도로 풀이 죽어 있다.

はためいわく【傍迷惑】 민폐(民弊). ‖全くはた迷惑な話だ 정말 민폐 끼치는 얘기다.

はためく (布・紙などが)펄럭이다.

はたらかせる【働かせる】 ❶일시키다. ‖息子を自分の会社で働かせる 아들을 자기 회사에서 일시키다. ❷발휘(發揮)하다; 활용(活用)하다. ‖想像力を働かせる 상상력을 발휘하다. 知恵を働かせる 지혜를 활용하다.

***はたらき【働き】** ❶일. ‖働きに出る 일하러 가다. ❷일과 관련(關聯)되는 수입(收入); 실적(實績); 공적(功績). ‖働きが認められる 공적을 인정받다. ❸활동(活動); 작용(作用); 기능(機能). ‖引力の働き 인력의 작용.

ハタラキアリ【働き蟻】 일개미.

はたらきかける【働き掛ける】 손을 쓰다; 힘을 쓰다. ‖両国に働きかけて和平を実現する 두 나라에 힘을 써 평화를 실현하다.

はたらきざかり【働き盛り】 한창 일할 나이.

はたらきて【働き手】 ❶집안의 생계(生計)를 책임(責任)지는 사람. ❷〔よく働く人〕일을 잘하는 사람.

ハタラキバチ【働き蜂】 일벌.

はたらきもの【働き者】 일을 잘하는 사람.

***はたらく【働く】** ❶〔労働〕일을 하다. ‖弟はレストランで働いている 남동생은 레스토랑에서 일하고 있다. 働いた後は飯がうまい 일을 한 뒤에는 밥이 맛있다. ❷활동(活動)하다; 작용(作用)하다. ‖遠心力が働く 원심력이 작용하다. ❸나쁜 일을 하다. ‖盗みをはたらく 도둑질을 하다.

ばたり ❶쿵. ‖ばたりと倒れる 쿵 하고 쓰러지다. ❷쾅. ❸〔急に途絶える様子〕뚝. ‖風がばたりとやんだ 바람이 뚝 그치다.

ぱたり ❶〔軽いものが倒れたり当たったりする音〕탁. ‖本をぱたりと閉じる 책을 탁 하고 덮다. ❷〔戸などを開け閉めする音〕쾅. ‖戸をぱたりと閉める 문을 쾅 하고 닫다. ❸〔急に途絶える様子〕뚝. ‖笑い声がぱたりとやむ 웃음소리가 뚝 그치다.

はたん【破綻】 ㊇하 파탄(破綻). ‖経済が破綻する 경제가 파탄하다.

はだん【破談】 파담(破談).

ばたん ‖ばたんと倒れる 쿵 하고 쓰러지다.

ばたんきゅう ‖帰宅と同時にばたんきゅ

うだった 집에 돌아오자마자 쓰러져서 잤다.

はち【鉢】 ❶대접. ❷(植木の)화분(花盆).

ハチ【蜂】 벌. ‖蜂に刺される 벌에 쏘이다.

ばち【罰】 벌(罰). ‖罰が当たる 벌을 받다.

はちあわせ【鉢合わせ】 ❶머리끼리 부딪침. ‖暗闇で鉢合わせする 어둠 속에서 머리를 부딪치다. ❷우연(偶然)히 마주침; 만남. ‖山道で熊と鉢合わせした 산길에서 우연히 곰과 마주쳤다.

はちうえ【鉢植え】 ‖鉢植えのゴムの木 화분(花盆)에 심은 고무나무.

ばちがい【場違い】ダ 그 장소(場所)에 어울리지 않다. ‖場違いな服装 그 장소에 어울리지 않는 복장.

はちがつ【八月・8月】 팔월(八月).

バチカンしこく【Vatican 市国】 (国名) 바티칸-시국.

はちきれる【はち切れる】 터지다; 찢어지다. ‖詰めすぎて紙袋がはち切れそうだ 너무 담아서 종이 봉투가 터질 것 같다.

はちくのいきおい【破竹の勢い】 파죽지세(破竹之勢). ‖破竹の勢いで勝ち進む 파죽지세로 이겨 나가다.

ぱちくり ‖目をぱちくりさせる 놀라서 눈을 깜박거리다.

はちのす【蜂の巣】 벌집. ▸蜂の巣をつついたよう 벌집을 쑤신 듯.〔慣〕

ぱちぱち ❶짝짝. ‖ぱちぱち(と)手をたたく 손뼉을 짝짝 치다. ❷〔熱せられたものがはじけたり火花が散る音〕톡톡. ‖ゴマがぱちぱちはぜる 깨가 톡톡 튀다. ❸〔しきりにまばたきする様子〕‖驚いて目をぱちぱちさせる 놀라서 눈을 깜박거리다.

はちぶ【八分】 팔 할(八割); 팔십(八十) 퍼센트. ‖八分通り読んだ 팔십 퍼센트 정도 읽었다. ♦八分音符 팔분음표.

はちまき【鉢巻き】 머리띠. ‖手ぬぐいで鉢巻きする 수건으로 머리띠를 하다.

はちみつ【蜂蜜】 (벌)꿀.

はちもの【鉢物】 ❶대접(待接)에 담아내는 요리(料理). ❷화분(花盆)에 심은 식물(植物); 분재(盆栽).

はちゅうるい【爬虫類】 파충류(爬蟲類).

はちょう【波長】 파장(波長). ‖光の波長 빛의 파장. ▸波長が合う 주파수가 맞다.

ぱちり 딱; 찰칵. ‖ぱちりと碁石を打つ 딱 하고 바둑돌을 놓다. ぱちりとシャッターを切る 찰칵 하고 셔터를 누르다.

はつ【初】 처음; 첫; 최초(最初). ♦初公開 첫 공개.

はつ【発】 ❶발; 출발(出發). ‖午後3時発の列車 오후 세 시발 열차. ❷발신(發信). ‖東京発通信 동경발 통신. ❸〔弾丸・銃声などを数える単位〕…발. ‖3発の銃声 세 발의 총성.

ハツ【heart】 (料理用の牛・豚・鶏などの)심장(心臟).

ばつ【罰】 벌(罰); 죄(罪). ‖罰を受ける 벌을 받다. 怠けた罰だ 게으름을 피운 죄다. 体罰 체벌. 重い罰 무거운 벌.

はつあん【発案】 (스하) 발안(發案); 발의(發議); 제안(提案). ‖父の発案で旅行に出かける 아버지 제안으로 여행을 떠나다.

はつい【発意】 (스하) 발의(發意).

はついく【発育】 (스하) 발육(發育). ‖順調に発育する 순조롭게 발육하다.

ばついち【バツー】 한 번 이혼(離婚)함.

はつおん【発音】 (스하) 발음(發音). ♦発音記号 발음 기호.

はっか【発火】 (스하) 발화(發火). ‖自然発火する 자연 발화하다. ♦発火点 발화점.

ハッカ【薄荷】 박하(薄荷); 민트.

はつか【二十日・20日】 이십 일(二十日); 스무 날. ‖来月20日に出発する 다음 달 이십 일에 출발한다.

はつが【発芽】 (스하) 발아(發芽). ‖種が発芽する 씨가 발아하다.

ハッカー【hacker】 (IT) 해커.

はつかおあわせ【初顔合わせ】 ❶(スポーツなどで)상대(相對)와의 첫 대전(對戰). ❷(演劇などで)상대와의 첫 공연(共演). ❸관계자(關係者)가 처음으로 모이는 것.

はっかく【発覚】 (스되) 발각(發覺). ‖不正融資が発覚する 부정 융자가 발각되다.

ハツカダイコン【二十日大根】 순무.

ハツカネズミ【二十日鼠】 생쥐; 실험용(實驗用) 쥐.

はっかん【発刊】 (스하) 발간(發刊). ‖全集を発刊する 전집을 발간하다.

はっかん【発汗】 (스하) 발한(發汗).

はつがん【発癌】 발암(發癌). ♦発癌物質 발암 물질.

はっき【発揮】 (스하) 발휘(發揮). ‖実力を発揮する 실력을 발휘하다.

はつぎ【発議】 (스하) 발의(發議). ‖修正案を発議する 수정안을 발의하다.

はっきゅう【発給】 (스하) 발급(發給). ‖ビザを発給する 비자를 발급하다.

はっきゅう【薄給】 박봉(薄俸).

はっきょう【発狂】 (스하) 발광(發狂).

はっきり ❶선명(鮮明)히; 또렷이; 뚜렷이. ‖はっきり(と)見える 또렷하게 보이다. ❷확실(確實)히; 분명(分明)히. ‖原因ははっきり(と)している 원인은 확실하다. ❸개운하게. ‖頭がはっきりしない 머리가 개운하지 않다.

はっきん【発禁】 판금(販禁). ♦発禁本 판금된 책.

ばっきん【罰金】 벌금(罰金). ‖罰金を

払う 벌금을 내다.
ハッキング【hacking】 ㊖하 《IT》 해킹.
バック【back】 백; 배경(背景).
バッグ【bag】 가방. ‖ハンドバッグ 핸드백.
パック【pack】 ㊖하 ❶〔包み〕꾸러미; 싸는 것; 묶음. ‖紙パックの牛乳 팩 우유. ❷(美容の)팩. ‖顔をパックする 얼굴에 팩을 하다.
パック【puck】 (アイスホッケーの)퍽.
バックアップ【backup】 ㊖하 ❶후원(後援). ‖財界がバックアップする候補者 재계가 후원하는 후보자. ❷(コンピューターの)백업.
バックグラウンド【background】 배경(背景). ‖事件のバックグラウンド 사건의 배경. ♦バックグラウンドミュージック 배경 음악.
バックスキン【buckskin】 사슴 가죽.
バックスクリーン【back+screen 日】 백스크린.
バックストローク【backstroke】 배영(背泳).
はっくつ【発掘】 ㊖하 발굴(發掘). ‖人材を発掘する 인재를 발굴하다. ♦発掘調査 발굴 조사.
バックナンバー【back number】 ❶(雑誌などの)정기 간행물(定期刊行物)의 지난 호(號). ❷〔背番号〕백넘버.
バックミラー【back+mirror 日】 백미러.
ぱっくり ‖傷口がぱっくり(と)あく 상처 자리가 벌어지다.
ばつぐん【抜群】 발군(拔群). ‖抜群の成績 발군의 성적.
パッケージ【package】 ㊖하 포장(包裝). ‖きれいにパッケージされた商品 예쁘게 포장된 상품. ♦パッケージツアー 패키지 여행.
はっけっきゅう【白血球】 백혈구(白血球).
はっけつびょう【白血病】 백혈병(白血病).
*__はっけん【発見】__ ㊖하 발견(發見). ‖病原菌を発見する 병원균을 발견하다. 重要な発見をする 중요한 발견을 하다. 犯人は山で死体となって発見された 범인은 산에서 시체로 발견되었다.
はっけん【発券】 ㊖하 발권(發券).
はつげん【発言】 ㊖하 발언(發言). ‖全員が自由に発言する 모두가 자유롭게 발언하다. 大胆な発言をする 대담한 발언을 하다. ♦発言権 발언권. 発言者 발언자.
はつこい【初恋】 첫사랑. ‖初恋の人 첫사랑.
はっこう【白光】 백광(白光); 코로나.
はっこう【発光】 ㊖하 발광(發光). ♦発光ダイオード 발광 다이오드. 発光塗料 발광 도료.
*__はっこう【発行】__ ㊖하 발행(發行). ‖雑誌を発行する 잡지를 발행하다. 毎週発行される雑誌 매주 발행되는 잡지. ♦発行部数 발행 부수.
はっこう【発効】 ㊖되 발효(發效). ‖条約が発効する 조약이 발효되다.
はっこう【発酵】 ㊖하 발효(醱酵).
はっこつ【白骨】 백골(白骨).
ばっさい【伐採】 ㊖하 벌채(伐採). ‖樹木を伐採する 수목을 벌채하다.
ばっさり ❶〔勢いよく切る様子〕싹둑. ‖木をばっさり(と)切り倒す 나무를 싹둑 베어 버리다. ❷〔思い切って切り捨てる様子〕싹. ‖予算がばっさり(と)削られた 예산이 싹 깎였다.
はっさん【発散】 ㊖하 발산(發散).
ばっし【抜糸】 수술 후(手術後)에 실을 뽑음. ‖10日後に抜糸する 열흘 뒤에 실을 뽑는다.
ばっし【抜歯】 ‖抜歯する 이를 뽑다.
バッジ【badge】 배지.
はっしゃ【発車】 ㊖하 발차(發車). ‖バスが発車する 버스가 발차하다.
はっしゃ【発射】 ㊖하 발사(發射). ‖ミサイルを発射する 미사일을 발사하다.
はっしょう【発祥】 ㊖하 발상(發祥). ‖発祥の地 발상지.
はっしょう【発症】 ‖長い潜伏期間の後発症する 오랜 잠복 기간을 거쳐 증상이 나타나다.
はつじょう【発情】 ㊖하 발정(發情).
はっしん【発信】 ㊖하 발신(發信). ‖電波を発信する 전파를 발신하다.
はっしん【発疹】 ㊖하 발진(發疹). ♦発疹チフス 발진티푸스.
はっしん【発進】 ㊖하 발진(發進). ♦急発進 급발진.
バッシング【bashing】 ‖バッシングする 심하게 비난하다. 공격하다.
はっすい【撥水】 발수(撥水). ♦撥水加工 발수 가공. 撥水性 발수성.
ばっすい【抜粋】 ㊖하 발췌(拔萃). ‖一節を抜粋する 한 구절을 발췌하다.
はっする【発する】 ❶일으키다; 시작(始作)하다. ‖株の暴落に端を発した大恐慌 주식의 폭락으로 시작된 대공황. ❷출발(出發)하다. ‖列車が東京駅を発する 열차가 동경 역을 출발하다. ❸(熱・音・光などが)드러나다. ‖騒音を発する 소음을 내다. ❹(考え・命令などを)하다. ‖警告を発する 경고를 하다.
ばっする【罰する】 벌을 주다; 처벌(處罰)하다. ‖法律によって罰する 법률에 따라 처벌하다.
はっせい【発生】 ㊖하 발생(發生). ‖事件が発生する 사건이 발생하다. 酸素が発生する 산소가 발생하다.
はっせい【発声】 ㊖하 ❶발성(發聲). ❷선창(先唱). ‖会長の発声で乾杯を

する 회장의 선창으로 건배를 하다.

はっそう【発送】 ㉠하 발송(發送). ‖荷物を発送する 짐을 발송하다.

はっそう【発想】 ㉠하 발상(發想). ‖子どもらしい発想 아이다운 발상.

はっそく【発足】 ㉠하 발족(發足).

ばっそく【罰則】 벌칙(罰則).

バッタ【飛蝗】 메뚜기.

***はったつ【発達】** ㉠하 발달(發達). ‖発達した文明 발달한 문명. 心身が発達する 심신이 발달하다. 高度に発達した科学技術 고도로 발달한 과학기술.

ばったや【バッタ屋】 (說明) 정상적(正常的)인 유통 경로(流通經路)를 거치지 않고 구입(購入)한 물건(物件)을 싸게 파는 사람.

はったり 허세(虛勢); 허풍(虛風). ‖はったりをきかせる 허세를 부리다. はったりを言う 허풍을 떨다.

ばったり ❶〔倒れる様子〕푹. ‖ばったり(と)倒れた 푹 쓰러졌다. ❷〔偶然出会う様子〕딱. ‖街角でばったり(と)出会った 길거리에서 딱 마주쳤다. ❸〔急に途絶える様子〕뚝. ‖客足がばったり(と)止まった 손님 발길이 뚝 끊겼다.

はっちゃく【発着】 ㉠하 발착(發着).

はっちゅう【発注】 ㉠하 발주(發注).

ばっちり 충분(充分)히; 멋있게; 잘. ‖この本があれば試験なんてばっちりだ 이 책이 있으면 시험은 문제없다.

ぱっちり ❶〔目が大きい様子〕‖目のぱっちりした子 눈매가 뚜렷한 아이. ❷〔目を大きく見開く様子〕 ‖ぱっちりと目をあける 눈을 크게 뜨다.

パッチワーク【patchwork】 패치워크.

バッティング【batting】 배팅. ♦フリーバッティング 프리 배팅.

ばってき【抜擢】 ㉠하 발탁(拔擢). ‖新人を抜擢する 신인을 발탁하다.

バッテリー【battery】 ❶축전지(蓄電池); 배터리. ‖バッテリーがあがる 배터리가 다 되다. ❷(野球で)투수(投手)와 포수(捕手).

***はってん【発展】** ㉠하 발전(發展). ‖発展する企業 발전하는 기업. 事態は思わぬ方向へ発展していった 사태는 생각지도 않은 방향으로 발전했다. ♦経済的発展 경제적 발전. 発展的解消 발전적 해체. 発展途上国 발전도상국.

はつでん【発電】 ㉠하 발전(發電). ‖地熱を利用して発電する 지열을 이용해서 발전하다.

はっと 〔驚いたり急に思いついたりした時〕문득; 번쩍. ‖はっと思いつく 문득 생각이 나다. はっと我に返る 번쩍 정신이 들다.

バット【bat】 배트. ‖バットを振る 배트를 휘두르다.

ぱっと ❶〔変化が瞬間的である様子〕갑자기. ‖ぱっと消える 갑자기 사라지다. ❷〔一挙に散らばったり広がったりする様子〕쫙. ‖うわさがぱっと広まる 소문이 쫙 퍼지다. ❸〔派手で目立つ様子〕‖ぱっと派手に繰り出そう 눈에 확 띄게 하고 가자.

パッド【pad】 패드. ♦肩パッド 어깨 패드.

はつどう【発動】 ㉠하 발동(發動). ‖国権の発動 국권 발동. ♦発動機 발동기.

はっとうしん【八頭身】 팔등신(八等身).

ぱっとしない 변변치 않다; 상태(狀態)가 별(別)로 좋지 않다; 시원찮다. ‖ぱっとしない成績だ 시원찮은 성적이다.

ぱっとみ【ぱっと見】 얼핏 봄; 얼핏 보는 것. ‖ぱっと見は若い 얼핏 보기에는 젊다.

はつねつ【発熱】 ㉠하 발열(發熱). ♦発熱体 발열체.

はつのり【初乗り】 ❶〔初めて乗る〕처음으로 탐. ❷기본 요금 구간(基本料金區間). ‖初乗り運賃 기본 요금.

はっぱ【葉っぱ】 나뭇잎. ‖葉っぱが風に舞う 나뭇잎이 바람에 날리다.

はっぱ【発破】 발파(發破). ▸発破をかける 자극적인 말을 하여 분발하게 하다.

***はつばい【発売】** ㉠하 발매(發賣). ‖全国で一斉に発売する 전국에서 일제히 발매하다. 新製品は来月発売になる 신제품은 다음 달에 발매된다.

ぱっぱと ❶〔勢いよく飛び散る様子〕철철. ‖コショウをぱっぱと振りかける 후추를 척척 뿌리다. ❷〔手早い様子〕척척; 후다닥. ‖ぱっぱと仕事を片付ける 일을 후다닥 처리하다. ❸〔荒っぽい様子〕척척; 펑펑. ‖金をぱっぱと使う 돈을 펑펑 쓰다.

ハッピーエンド【happy+end 日】 해피엔드. ‖ハッピーエンドの小説 해피엔드로 끝나는 소설.

ハッピーマンデー 【happy+Monday 日】 (說明) 경축일(慶祝日)을 월요일(月曜日)로 옮겨 토일월(土日月) 삼일 연휴(三日連休)가 되게 한 제도(制度).

はつひので【初日の出】 설날의 해돋이; 일출(日出).

***はっぴょう【発表】** ㉠하 발표(發表). ‖雑誌に論文を発表する 잡지에 논문을 발표하다. ピアノの発表会 피아노 발표회. 合格者発表 합격자 발표.

はつびょう【発病】 ㉠하 발병(發病). ‖発病する率が高い 발병할 확률이 높다.

バッファー【buffer】 ❶완충 장치(緩衝裝置). ❷(コンピューターの)버퍼.

はつぶたい【初舞台】 첫 무대(舞臺).

はっぷん【発奮】 ㉠하 발분(發憤).

ばつぶん【跋文】 발문(跋文); 후기(後

記).
はっぽう【八方】 팔방(八方). ‖四方八方 사방팔방. ▸八方塞がり 다 막혀 손쓸 방법이 없음.
はっぽう【発泡】 (ﾞ하) 발포(發砲). ♦発泡酒 (説明) 맥아(麥芽)의 비율(比率)이 맥주(麥酒)보다 낮은 술. 発泡スチロール 발포 스티렌 수지.
はっぽう【発砲】 (ﾞ하) 발포(發砲).
はっぽうさい【八宝菜】 팔보채(八寶菜).
はっぽうびじん【八方美人】 ❶팔방미인(八方美人). ❷누구에게나 싹싹하게 구는 사람.
ばっぽんてき【抜本的】 근본적(根本的). ‖抜本的な対策を立てる 근본적인 대책을 세우다.
はつまご【初孫】 첫 손자(孫子).
はつみみ【初耳】 금시초문(今時初聞); 처음 들음. ‖その話は初耳だ 그 얘기는 처음 듣는다.
*__はつめい__【発明】 (ﾞ하) 발명(發明). ‖蓄音機を発明する 축음기를 발명하다. これは画期的な発明だ 이것은 획기적인 발명이다. ♦発明王 발명왕. 発明家 발명가.
はつもうで【初詣で】 (説明) 새해 들어 처음으로 신사(神社) 등에 참배(參拜)함.
はつもの【初物】 맏물; 햇것.
はつゆき【初雪】 첫눈.
はつらつ【潑剌】 발랄(潑剌). ‖はつらつとした新人 발랄한 신인.
はつれい【発令】 (ﾞ하) 발령(發令). ‖本社勤務を発令する 본사 근무를 발령하다.
はつろ【発露】 (ﾞ하) 발로(發露). ‖善意の発露 선의의 발로.
はつわ【発話】 (ﾞ하) 발화(發話).
はて 〔疑い・迷い〕그런데. ‖はて, これは何だろう 그런데, 이건 뭘까?
はて【果て】 끝. ‖果てのない欲望 끝없는 욕망. 世界の果てまで 세상 끝까지.
はで【派手】ﾀﾞ ❶화려(華麗)하다. ‖派手な服装 화려한 복장. ❷요란(搖亂)하다; 과장(誇張)되다. ‖派手に泣いている 요란하게 울고 있다.
パティシエ【pâtissier[フ]】 파티쉐.
はてさて 〔驚き・迷い〕거참. ‖はてさて, 弱ったなあ 거참, 곤란하네.
はてしない【果てし無い】 끝없다. ‖果てしない議論 끝없이 이어지는 논의.
はてな 거참; 글쎄. ‖はてな, おかしいぞ 글쎄, 이상하네.
はては【果ては】 결국(結局)에는. ‖飲んで歌って, 果ては眠り込んでしまった 마시고 노래 부르다가 결국에는 잠들어 버렸다.
はでやか【派手やか】ﾀﾞ 화려(華麗)하다. ‖派手やかな女性 화려한 여성.
はてる【果てる】 ❶끝나다. ‖いつ果てるともなく続く会議 언제 끝날지도 모르게 계속되는 회의. ❷〔死ぬ〕죽다. ❸〔…果てるの形で〕완전(完全)히 …하다. ‖疲れ果てた 완전히 지쳤다.
ハト【鳩】 비둘기. ▸鳩が豆鉄砲を食ったよう 깜짝 놀라다.
はとう【波濤】 파도(波濤).
はどう【波動】 파동(波動).
ばとう【罵倒】 (ﾞ하) 매도(罵倒). ‖相手を罵倒する 상대방을 매도하다.
パトカー【←patrol car】 경찰차(警察車).
はとこ【再従兄弟・再従姉妹】 재종형제(再從兄弟); 육촌형제(六寸兄弟).
はとどけい【鳩時計】 뻐꾸기시계.
はとは【鳩派】 비둘기파; 온건파(穩健派).
はとば【波止場】 부두(埠頭); 선창(船艙).
バドミントン【badminton】 배드민턴.
ハトムギ【鳩麦】 율무. ♦はとむぎ茶 율무차.
はどめ【歯止め】 ❶자동차(自動車)나 톱니바퀴의 회전(回轉)을 멈추게 하는 것. ❷제동(制動). ‖物価の上昇に歯止めをかける 물가 상승에 제동을 걸다.
パトロール【patrol】 (ﾞ하) 순찰(巡察). ♦パトロールカー 경찰차.
パトロン【patron】 경제적 후원자(經濟的後援者).
バトン【baton】 ❶(リレーの)바통. ❷지휘봉(指揮棒).
バトンタッチ【baton+touch[日]】 (ﾞ하) 배턴 터치. ‖後輩にバトンタッチする 후배에게 배턴 터치하다.
*__はな__【花】 ❶꽃. ‖花が咲く 꽃이 피다. 雪の花 눈꽃. 社交界の花 사교계의 꽃. 話に花が咲いた 이야기꽃을 피웠다. ❷제일(第一); 좋은 시기(時期). ‖若いうちが花だ 젊을 때가 제일 좋은 시기다. ▸花と散る 산화하다. ▸花も実もある 명실상부하다. ▸花より団子 금강산도 식후경.〔諺〕 ▸花を持たせる 공을 돌리다.
はな【端】 ❶〔最初〕처음. ‖端からやり直す 처음부터 다시 시작하다. ❷〔先端〕끝부분; 가장자리.
*__はな__【鼻】 코. ‖鼻が詰まる 코가 막히다. 鼻をほじくる 코를 후비다. 鼻をかむ 코를 풀다. 鼻にかかった声 코맹맹이 소리. ▸鼻が利く 이익이 될 만한 것을 잘 찾아내다. ▸鼻が高い 콧대가 높다. 자랑스럽게 여기다. ▸鼻であしらう 콧방귀를 뀌다. ▸鼻に掛ける 자랑하다. 내세우다. 学歴を鼻にかける 학력을 내세우다. ▸鼻につく 질리다. 거슬리다. ▸鼻の下が長い 여자에게 약하다. ▸鼻を突く 코를 찌르다. ▸鼻息が荒い 의욕이 넘치다. ▸鼻息を窺う 상대방의 의

は

향이나 눈치를 살피다.
はなうた【鼻歌】 콧노래.
はなかぜ【鼻風邪】 코감기.
はながた【花形】 ❶ 꽃모양. ‖花形に切る 꽃모양으로 자르다. ❷ 인기(人氣) 가 있는 것; 각광(脚光)을 받는 것. ‖現代の花形産業 현대의 각광 받는 산업.
はながら【花柄】 꽃무늬.
はなぐすり【鼻薬】 ▸鼻薬を嗅(か)がせる 뇌물을 주다.
はなくそ【鼻糞】 코딱지.
はなげ【鼻毛】 코털. ▸鼻毛を抜く 상대방을 속이다.
はなごえ【鼻声】 콧소리. ‖鼻声で物をねだる 콧소리로 사 달라고 조르다. 風邪をひいて鼻声だ 감기 걸려 콧소리를 하다.
はなことば【花言葉】 꽃말.
はなざかり【花盛り】 한창 꽃이 핌; 한창 때.
はなさき【鼻先】 코끝; 코앞; 눈앞. ‖鼻先に証拠をつきつける 코앞에 증거를 들이대다.
***はなし【話】** ❶ 이야기; 말. ‖話がとぎれる 이야기가 끊어지다. 話が上手だ 이야기를 잘하다. つまらない話 재미없는 이야기. ❷ 상담(相談); 교섭(交涉). ‖話に乗る 교섭에 응하다. ❸ 소문(所聞); 평판(評判). ‖次の選挙に出るという話だ 다음 선거에 출마한다는 소문이다. ❹ 설화(說話); 옛날이야기. ‖土地に伝わる話 그 지방에 전해 내려오는 이야기. ❺ 화제(話題). ‖話を変える 화제를 바꾸다. ❻ 도리(道理); 사리(事理). ▸話が付く 합의를 보다. ▸話が弾む 이야기가 활기를 띠다. ▸話にならない 문제가 되지 않다. 말이 안 되다. ▸話に花が咲く 이야기꽃이 피다. ▸話に実が入る 이야기에 열중하다. ▸話の腰を折る 말을 끊다.
-はなし【放し】 ❶ …한 채로 둠; 방치(放置). ‖野放し 방치. ❷〔…っぱなしの形で〕계속(繼續) …하고 있다. ‖勝ちっ放しだ 계속 이기고 있다.
はなしあう【話し合う】 ❶ 이야기를 나누다. ❷ 의논(議論)하다; 상담(相談)하다.
はなしか【咄家】 만담가(漫談家).
はなしがい【放し飼い】 방목(放牧). ‖牛や馬を放し飼いにする 소와 말을 방목하다.
はなしかける【話し掛ける】 ❶ 말을 걸다; 말을 붙이다. ❷〔話し始める〕말을 하기 시작(始作)하다.
はなしごえ【話し声】 말소리; 이야기 소리. ‖奥の方で話し声がする 안쪽에서 이야기 소리가 들리다.
はなしことば【話し言葉】 구어(口語); 입말.
はなしこむ【話し込む】 이야기에 열중(熱中)하다. ‖話し込んでつい長居をする 이야기에 열중해 그만 오래 있게 되다.
はなして【話し手】 화자(話者); 이야기꾼. ‖なかなかの話し手だ 상당한 이야기꾼이다.
ハナショウブ【花菖蒲】 꽃창포.
はなじる【鼻汁】 콧물.
***はなす【話す】** ❶ 말하다; 이야기하다. ‖大声で話す 큰 소리로 말하다. 韓国語で話す 한국어로 이야기하다. 日本語が話せますか 일본어를 할 수 있습니까? ❷ 대화(對話)하다; 이야기하다. ‖話せば分かる 이야기해 보면 안다.
***はなす【放す・離す】** ❶ 풀어 주다; 놓아 주다. ‖小鳥を放す 작은 새를 놓아 주다. ❷ 놓다. ‖手を離す 손을 놓다. ❸ (間隔を)떼다. ‖間を離す 간격을 떼다.
はなすじ【鼻筋】 콧날. ‖鼻筋の通った好男子 콧날이 선 미남.
はなぞの【花園】 화원(花園); 꽃밭.
はなだい【花代】 화대(花代).
はなたかだか【鼻高高】 기고만장(氣高萬丈). ‖満点をとって鼻高々だ 만점을 받아 기고만장하다.
はなたば【花束】 꽃다발.
はなだより【花便り】 꽃 소식(消息).
はなたれ【洟垂れ】 코흘리개. ♦洟垂れ小僧 코흘리개. 철부지.
はなぢ【鼻血】 코피. ‖鼻血が出る 코피가 나다. ひどい鼻血を出した 엄청나게 코피를 흘렸다.
はなつ【放つ】 ❶ 풀어 주다; 놓아 주다; 풀어 놓다. ‖鳥をかごから放つ 새를 새장에서 풀어 주다. ❷ (光・音・においなどを)내다; 발(發)하다. ‖強い光を放つ物体 강한 빛을 발하는 물체. ❸ (矢・弾丸などを)쏘다. ‖矢を放つ 활을 쏘다.
はなっぱしら【鼻っ柱】 콧대; 고집(固執). ▸鼻っ柱を折る 콧대를 꺾다.〔慣〕
はなづまり【鼻詰まり】 코가 막히는 것.
バナナ【banana】 바나나.
はなはだ【甚だ】 매우; 몹시. ‖はなはだけしからん話だ 몹시 괘씸한 이야기다.
はなばたけ【花畑】 꽃밭.
はなはだしい【甚だしい】 정도(程度)가 지나치다; 심(甚)하다. ‖無知もはなはだしい 이만저만 무지한 것이 아니다.
はなばなしい【華華しい】 화려(華麗)하다; 눈부시다. ‖華々しい活躍 눈부신 활약.
はなび【花火】 불꽃; 불꽃놀이. ‖今日横浜のみなとみらいで花火大会がある 오늘 요코하마의 미나토미라이에서 불꽃놀이 대회가 있다. 花火を見に行く 불꽃놀이를 보러 가다.
はなびえ【花冷え】 (說明) 벚꽃이 필 무

렵 일시적(一時的)으로 추워지는 것 또는 그 추위.

はなびら【花弁】 꽃잎.

はなぶさ【花房】 꽃송이.

はなふぶき【花吹雪】 (説明) 벚꽃 잎이 눈처럼 떨어지는 것.

パナマ【Panama】《国名》 파나마. ♦パナマ運河 파나마 운하.

はなみ【花見】 꽃 구경; 꽃놀이.

はなみず【鼻水】 콧물. ‖鼻水をたらした子ども 콧물을 흘리는 아이.

はなみぞ【鼻溝】 인중(人中).

はなむこ【花婿】 신랑(新郎).

はなめがね【鼻眼鏡】 ❶코안경. ❷안경을 코끝에 걸치는 것.

はなやか【華やか】ダ 화려(華麗)하다; 눈부시다. ‖華やかな装い 화려한 옷차림.

はなよめ【花嫁】 신부(新婦); 새색시.

はならび【歯並び】 치열(歯列). ‖歯並びがいい 치열이 고르다.

はなれ【離れ】 ❶〔離れ座敷·離れ家の略語〕별채. ‖離れに客を通す 별채로 손님을 안내하다. ❷〔…離れの形で〕거리(距離)가 있음. ‖日本人離れした体格 일본인답지 않은 체격.

はなればなれ【離れ離れ】 서로 떨어짐; 멀리 떨어짐. ‖親兄弟が離ればなれになる 부모 형제가 뿔뿔이 흩어지다.

***はなれる【離れる】** ❶떨어지다. ‖町から離れた静かな所 마을에서 떨어진 조용한 곳. ❷(親近感·信頼感などが)멀어지다; 떠나다. ‖気持ちが離れる 마음이 떠나다. ❸차이(差異)가 나다. ‖あの夫婦は年が10歳も離れている 저 부부는 나이가 열 살이나 차이 난다. ❹떠나다. ‖親元を離れて暮らす 부모 곁을 떠나 생활하다.

はなれわざ【離れ業】 대담(大膽)한 행동(行動); 아슬아슬한 재주. ‖離れ業を演じる 아슬아슬한 재주를 부리다.

はなわ【花輪·花環】 화환(花環).

はなわ【鼻輪】 쇠코뚜레.

はにかむ 수줍어하다. ‖はにかみながら挨拶する 수줍어하며 인사하다.

はにく【歯肉】 잇몸.

ばにく【馬肉】 말고기.

パニック【panic】 패닉; 패닉 상태(狀態). ‖パニックに陥る 패닉 상태에 빠지다.

バニラ【vanilla】 바닐라.

バヌアツ【Vanuatu】《国名》 바누아투.

***はね【羽】** ❶〔翼〕날개. ‖羽を広げる 날개를 펴다. ❷〔羽毛〕깃털. ❸(バドミントンの)셔틀콕. ▸羽が生えたよう 날개가 돋치다.〔慣〕 ▸羽を伸ばす 기를 펴다.

はね【跳ね】 ❶〔泥など〕흙탕물을 튀김 또는 그 흙탕물. ‖跳ねが上がる 흙탕물이 튀다. ❷〔興行の終わり〕그날의 공연(公演)이 끝남.

はね【撥ね】 (文字を)붓끝을 치켜 올리듯이 씀.

ばね【発条】 ❶스프링; 용수철(龍鬚鐵). ❷(足·腰の)탄력성(彈力性). ‖足のばねが強い 다리 탄력이 세다. ❸(ある行動や結果を導く)계기(契機). ‖住民運動がばねとなって基地が撤去された 주민 운동이 계기가 되어 기지가 철거되었다.

はねあがる【跳ね上がる】 뛰어오르다; 급등(急騰)하다. ‖魚が跳ね上がる 물고기가 뛰어오르다. ガソリンの価格が跳ね上がった 기름값이 급등했다.

はねかえる【跳ね返る】 ❶(跳ねて)되돌아오다. ‖ボールが壁に当たって跳ね返る 공이 벽에 맞아 되돌아오다. ❷튀어 오르다. ‖波のしぶきが跳ね返る 물보라가 튀어 오르다.

はねつき【羽根突き】 (説明) 제기 비슷한 것을 채로 치며 노는 놀이.

はねつける【撥ね付ける】 거절(拒絶)하다; 퇴짜 놓다. ‖修正案をはねつける 수정안을 퇴짜 놓다.

はねとばす【撥ね飛ばす】 떨쳐 버리다. ‖気力ではね飛ばす 기력으로 떨쳐 버리다.

はねのける【撥ね除ける】 ❶밀어제치다. ❷골라내다; 제외(除外)하다. ‖不良品をはねのける 불량품을 골라내다.

はねぶとん【羽布団】 우모 이불.

ハネムーン【honeymoon】 허니문. ♦ハネムーンベビー 허니문 베이비.

はねる【刎ねる】 (首を)자르다; 치다. ‖敵将の首をはねる 적장의 목을 치다.

はねる【跳ねる】 ❶뛰다; 뛰어오르다. ‖子どもが喜んでぴょんぴょん跳ねる 아이가 기뻐 깡총깡총 뛰다. ❷튀다. ‖泥が跳ねる 흙탕물이 튀다.

はねる【撥ねる】 ❶들이받다. ‖車ではねる 차로 들이받다. ❷(基準に合わないものを)제거(除去)하다; 떨어뜨리다. ‖面接ではねられる 면접에서 떨어지다. ❸(文字を書く時)붓끝을 치켜 올리듯이 쓰다.

パネル【panel】 ❶건축 재료(建築材料)의 판(板). ❷배전반(配電盤). ❸전시용 사진(展示用寫眞)이나 포스터를 붙이는 판.

パノラマ【panorama】 파노라마.

***はは【母】** ❶어머니; 엄마 ‖1児の母となる 한 아이의 엄마가 되다. 母は教師をしております 어머니는 선생님입니다. 未婚の母 미혼모. ❷(物事の)기원(起源); 근원(根源). ▸必要は発明の母 필요는 발명의 어머니.

***はば【幅·巾】** ❶폭. ‖幅の広い道 폭이 넓은 길. ❷여유(餘裕). ‖計画に幅を持たせる 계획에 여유를 두다. ▸幅を

利かせる 활개를 치다.〔慣〕

ばば【婆・祖母】 ❶노파(老婆); 할머니. ❷(トランプの)조커.

ばば【馬場】 마장; 승마 연습장(乗馬練習場).

パパ【papa】 아빠.

ははあ ❶〔納得した時〕아하; 아. ‖ははあ, 誰かいたずらをしたな 아하, 누군가가 장난을 쳤군. ❷〔目上の人に対してかしこまって応答する時〕예; 네. ‖はははあ, かしこまりました 예, 알겠습니다.

パパイア【papaya】 파파야.

ははうえ【母上】 어머님.

ははおや【母親】 모친(母親); 어머니.

ははかた【母方】 어머니 쪽; 외가(外家) 쪽. ‖母方の祖父 외조부. 외할아버지.

はばかりながら【憚りながら】 ❶죄송(罪悚)하지만; 송구(悚懼)스럽지만. ‖はばかりながら申し上げます 송구스럽지만 말씀 드리겠습니다. ❷건방진 것 같지만; 외람된 것 같지만. ‖はばかりながらこれでも作家のはしくれです 외람된 것 같지만 이래봬도 작가입니다.

はばかる【憚る】 ❶삼가다; 꺼리다. ‖人目をはばかる 남의 눈을 꺼리다. ❷활개를 치다; 위세(威勢)를 떨치다. ‖憎まれっ子世にはばかる 집에서 미움받는 자식이 밖에서 활개 친다.

はばたく【羽撃く】 ❶날아오르다; 비상(飛上)하다. ‖大空に羽ばたく鳥 하늘을 나는 새. ❷사회(社會)에 진출(進出)해 활약(活躍)하다.

はばつ【派閥】 파벌(派閥). ‖派閥争い 파벌 싸움.

はばとび【幅跳び】 넓이뛰기.

はははのひ【母の日】 어머니날. ✣韓国では母の日と父の日を合わせた어버이날(父母の日)がある; 5月8日.

はばひろい【幅広い】 폭넓다. ‖幅広い活動 폭넓은 활동.

バハマ【Bahamas】(国名) 바하마.

はばむ【阻む】 막다; 저지(沮止)하다. ‖行く手を阻む 가는 길을 막다.

パパラッチ【paparazziイ】 파파라치.

はびこる【蔓延る】 ❶만연(蔓延)하다; 무성(茂盛)하다. ‖雑草がはびこる 잡초가 무성하다. ❷활개를 치다; 판치다. ‖暴力がはびこる 폭력이 판치다.

ハブ【hub】 허브. ❶(車輪・プロペラなどの)중심 부분(中心部分). ❷활동(活動)의 중심. ‖ハブ空港 허브 공항. ❸(コンピューターの)중계 장치(中繼裝置).

パフ【puff】 퍼프.

パブ【pub】 술집.

パプアニューギニア【Papua New Guinea】(国名) 파푸아뉴기니.

パフェ【parfaitフ】 파르페.

*__はぶく【省く】__ ❶생략(省略)하다. ‖説明を省く 설명을 생략하다. 審議を省いて採決に移る 심의를 생략하고 채결에 들어가다. ❷줄이다. ‖無駄を省く 낭비를 줄이다.

バプテスト【baptist】 ❶침례교파(浸禮敎派). ❷세례자(洗禮者).

ハプニング【happening】 해프닝.

はブラシ【歯brush】 칫솔.

はぶり【羽振り】 지위(地位); 위세(威勢). ‖羽振りがいい 위세가 좋다.

パプリカ【paprika】 파프리카.

バブル【bubble】 ❶〔泡〕거품. ❷투기 현상(投機現象). ♦バブル経済 거품 경제.

はへい【派兵】 (스하) 파병(派兵).

はへん【破片】 파편(破片). ‖ガラスの破片 유리 파편.

はま【浜】 바닷가 부근(附近)의 평지(平地).

はまき【葉巻】 엽궐련.

ハマグリ【蛤】 대합(大蛤).

ハマチドリ【浜千鳥】 물떼새.

ハマナス【浜茄子】 해당화(海棠花).

はまべ【浜辺】 해변(海邊); 바닷가.

ハマユウ【浜木綿】 문주란(文珠蘭).

はまる【嵌まる】 ❶잘 맞다; 잘 끼워지다. ‖ボタンがはまらない 단추가 끼워지지 않다. ❷빠지다. ‖罠にはまる 함정에 빠지다. ❸(型に)박히다. ‖型にはまった教育 틀에 박힌 교육.

はみがき【歯磨き】 양치질; 이닦기.

はみだす【食み出す】 튀어나오다; 비어져 나오다.

ハミング【humming】 (스하) 허밍; 콧노래. ‖ハミングしながら掃除をする 콧노래를 부르며 청소를 하다.

はむ【食む】 ❶먹다. ‖牛が草を食む 소가 풀을 먹다. ❷(俸禄を)받다.

ハム【ham】 ❶(食品の)햄. ❷아마추어 무선사(無線士).

-ばむ …상태(狀態)를 띠다. ‖汗ばむ 땀이 배다. 黄ばむ 누래지다.

ハムエッグ【←ham and eggs】 햄에그.

はむかう【刃向かう】 ❶〔反抗する〕덤벼들다; 달려들다. ❷저항(抵抗)하다. ‖権力に刃向かう 권력에 저항하다.

ハムスター【hamster】 햄스터.

はめ【羽目】 ❶판자벽(板子壁). ❷난처(難處)한 입장(立場). ‖世話役を引き受ける羽目になる 뒤치다꺼리를 해야 할 처지에 놓이다. ▸羽目を外す 정도가 지나치다.

はめこむ【嵌め込む】 집어넣다. ‖型にはめ込む 틀에 집어넣다.

はめつ【破滅】 (스하) 파멸(破滅).

*__はめる【嵌める】__ ❶끼우다; 끼워 넣다; 채우다. ‖窓枠にガラスをはめる 창틀에 유리를 끼우다. ❷(計略・罠などに)빠뜨리다; 속이다. ‖罠にはめる 함정에 빠뜨리다.

ばめん【場面】 장면(場面). ‖感動的な

場面 감동적인 장면.
ハモ【鱧】 갯장어(長魚).
はもの【刃物】 날붙이; 칼. ‖刃物を振り回す 칼을 휘두르다.
はもの【葉物】 ❶〔観葉植物〕관엽 식물(觀葉植物). ❷〔葉っぱ〕잎을 먹는 야채(野菜).
ハモる 화음(和音)을 이루다. ‖きれいにハモったコーラス 아름답게 화음을 이룬 코러스.
はもん【波紋】 파문(波紋). ‖波紋が広がる 파문이 확산되다. 波紋を呼ぶ 파문을 일으키다.
はもん【破門】 ㊊하 파문(破門). ‖師から破門される 스승으로부터 파문당하다.
はやあし【早足】 빠른 걸음. ‖早足で歩く 빠른 걸음으로 걷다. 잰걸음.
***はやい**【早い・速い】 ❶빠르다. ‖彼は歩くのが速い 그 사람은 걸음이 빠르다. 頭の回転が速い 머리 회전이 빠르다. 時が経つのは速い 시간이 빨리 흐다. ❷이르다. ‖話すのはまだ早い 말하기에는 아직 이르다. 早ければ早いほどよい 조조익선(早早益善).
はやいこと【早い事】 빨리. ‖早いこと片付けてしまおう 빨리 해치워 버리자.
はやいところ【早い所】 빨리; 급히; 서둘러. ‖早いところ用件を済ましてしまおう 빨리 볼일을 마쳐 버리자.
はやいはなしが【早い話が】 간단(簡單)히 말하면.
はやいものがち【早い者勝ち】 선착순(先着順).
はやおき【早起き】 ‖早起きする 일찍 일어나다. ▸早起きは三文の得 일찍 일어나면 좋은 일이 있다.
はやおくり【早送り】 ‖テープを早送りする 테이프를 빨리 돌리다.
はやがてん【早合点】 ㊊하 지레짐작. ‖早合点して1人先に帰った 지레짐작하고 혼자 먼저 돌아갔다.
はやく【早く】 ❶일찍; 이른 시간(時間)에. ‖朝早くから働く 아침 일찍부터 일하다. ❷〔早い時期に〕일찍이; 이전(以前)부터. ‖早く父を失った 일찍이 아버지를 여의었다.
はやくち【早口】 ‖早口に言う 빨리 말하다. 말이 빠르다. ♦早口言葉 ㊇説明 발음(發音)하기 어려운 어구(語句)를 빨리 말하는 것.
はやくも【早くも】 ❶벌써. ‖早くも効果が現われた 벌써 효과가 나타났다. ❷빨라도. ‖完成まで早くも3日はかかるだろう 완성까지 빨라도 삼 일은 걸릴 거다.
はやし【林】 숲. ‖ブナの林 너도밤나무 숲.
はやし【囃子】 가부키 등의 반주 음악(伴奏音樂).
はやじに【早死に】 ㊊하 요절(夭折). ‖病弱で早死にする 병약하여 요절하다.
ハヤシライス 하이라이스.
はやす【生やす】 기르다; 자라게 두다. ‖あごひげを生やす 턱수염을 기르다.
はやす【囃す】 ❶박자(拍子)를 맞추다. ‖1人が歌い, 1人がはやす 한 사람이 노래를 부르고, 한 사람은 장단을 맞추다. ❷큰 소리로 놀리거나 칭찬(稱讚)하다. ‖いたずらっ子たちがはやす 장난꾸러기들이 큰 소리로 놀리다. ❸(株・商品などを)유망(有望)하다고 떠들어대다. ‖建設株がはやされている 건설주가 유망하다고 한다.
はやて【疾風】 질풍(疾風). ‖疾風のように 질풍같이.
はやとちり【早とちり】 ‖早とちりする 지레짐작으로 실수하다. そそっかしくて早とちりばかりしている 경솔해서 지레짐작으로 실수만 하고 있다.
はやね【早寝】 ‖早寝早起き 일찍 자고 일찍 일어나기.
はやばや【早早】 일찍이; 급히; 서둘러. ‖早々(と)引き上げる 서둘러 철수하다.
はやばん【早番】 (交代勤務で)〔行為〕일찍 근무(勤務)하는 것. 〔人〕일찍 근무하는 사람.
はやびき【早退き】 ㊊하 조퇴(早退). ‖用事で早退きする 볼일이 있어 조퇴하다.
ハヤブサ【隼】 매.
はやまる【早まる・速まる】 ❶빨라지다. ‖台風の上陸が予測より早まる 태풍 상륙이 예상보다 빨라지다. ❷성급(性急)하게 굴다. ‖早まった行動をするな 성급한 행동을 하지 마라.
はやみち【早道】 지름길; 첩경(捷徑). ‖上達の早道 숙달의 지름길.
はやめ【早め】 조금 빠름. ‖会議を早めに切り上げる 회의를 조금 빨리 마치다.
はやめる【早める・速める】 ❶앞당기다. ‖開会を早める 개회를 앞당기다. ❷(速度を)빨리 하다; 재촉하다. ‖足を速める 걸음을 재촉하다.
はやり【流行り】 유행(流行). ‖今年流行りの水着 올해 유행인 수영복.
はやりうた【流行り歌】 유행가(流行歌).
はやる【逸る】 조급(早急)해지다; 초조(焦燥)해다. ‖はやる心を抑える 조급해지는 마음을 억누르다.
***はやる**【流行る】 ❶유행(流行)하다; 번지다. ‖ミニスカートが流行る 미니스커트가 유행하다. ❷번성(繁盛)하다; 성업 중(盛業中)이다. ‖いつも流行っている店 항상 성업 중인 가게.
はやわかり【早分かり】 ❶빨리 이해(理解)함. ❷쉽게 알 수 있도록 만든 책

は

이나 도표(圖表). ‖英文法早分かり 속성 영문법.

はら【原】 들판.

***はら【腹】** ❶배. ‖腹が痛い 배가 아프다. 腹がいっぱいで動けない 배가 불러 움직일 수가 없다. ❷의중(意中); 마음속. ‖そのことは腹にしまっておけ 그 일은 마음속에 담아 두게. ❸담력(膽力); 도량(度量). ❹〔魚の腹子を数える単位〕…개(個). ‖たらこ 1 はら 명란젓 한 개. ▸腹が黒い 뱃속이 검다. 음흉하다. ▸腹が据わる 담력이 있다. ▸腹が立つ 화가 나다. ▸腹が膨れる 불만이 쌓이다. ▸腹が減っては戦は出来ぬ 배가 고프면 아무것도 못한다. ▸腹に一物 꿍꿍이속이 있음. ▸腹に据えかねる 화가 나서 도저히 참을 수 없다. ▸腹の皮が捩(よ)れる 배꼽을 잡고 웃다. ▸腹の虫がおさまらない 분이 가라앉지 않다. ▸腹も身の内 배도 자기 몸의 일부(폭음이나 폭식을 주의하라는 말). ▸腹を抱える 포복절도하다. ▸腹を切る 책임을 지다. 할복하다. ▸腹を括る 각오하다. ▸腹を探る 마음을 떠보다. ▸腹を据える 각오하다. 腹を据えてかかる 각오하고 대들다. ▸腹を立てる 화를 내다. ▸腹を割る 마음을 터놓다. 腹を割って話し合おう 마음을 터놓고 이야기하자.

ばら【散】 낱개. ‖ばらにして売る 낱개로 팔다.

バラ【薔薇】 장미(薔薇). ‖バラのとげ 장미 가시. ♦野バラ 들장미.

バラード【ballade ⁷】 발라드.

***はらい【払い】** ❶지불(支拂). ‖払いを済ます 지불을 마치다. 現金払い 현금 지불. 分割払いで買う 할부로 사다. ❷털어냄; 제거(除去). ‖煤(すす)払い 그을음을 털어내다.

はらいこむ【払い込む】 납부(納付)하다. ‖税金を払い込む 세금을 납부하다.

はらいせ【腹癒せ】 화풀이; 분풀이. ‖腹いせに缶をけとばす 분풀이로 깡통을 걷어차다.

はらいっぱい【腹一杯】 배부르게; 배불리. ‖腹一杯食べる 배불리 먹다.

はらいのける【払い除ける】 뿌리치다. ‖相手の手を払いのける 상대방의 손을 뿌리치다.

はらいもどし【払い戻し】 (名하) 환불(還拂); 환급(還給).

はらいもどす【払い戻す】 ❶환불(還拂)하다; 환급(還給)하다. ‖特急料金を払い戻す 특급 요금을 환불하다. ❷돈을 지급(支給)하다. ‖定期預金を払い戻す 정기 예금을 지급하다.

ばらいろ【薔薇色】 장밋빛. ‖バラ色の人生 장밋빛 인생.

***はらう【払う】** ❶제거(除去)하다; 처분(處分)하다; 털다; 치우다. ‖ほこりを払う 먼지를 털다. 雪を払う 눈을 치우다. ❷지불(支拂)하다. ‖代金を払う 대금을 지불하다. ❸(それまでいた場所を)비우다; 나오다. ‖宿を払う 숙소에서 나오다. ❹(心を)기울이다; 쓰다. ‖関心を払う 관심을 기울이다. 注意を払う 주의를 하다.

はらう【祓う】 신(神)에게 빌어 죄(罪)나 재앙(災殃)을 없애다; 물리치다. ‖悪霊を祓う 악령을 물리치다.

バラエティー【variety】 다양성(多樣性). ‖バラエティーに富む 다양하다. ♦バラエティー番組 오락 프로.

はらおび【腹帯】 복대(腹帶).

パラグアイ【Paraguay】《国名》 파라과이.

はらぐろい【腹黒い】 뱃속이 검다; 음흉(陰凶)하다; 엉큼하다. ‖腹黒い人間 엉큼한 사람.

はらごしらえ【腹拵え】 식사(食事)를 해 둠. ‖腹ごしらえして出かける 식사를 하고 나서다.

はらごなし【腹ごなし】 가벼운 운동(運動) 등으로 소화(消化)를 도움. ‖腹ごなしに散歩する 소화를 위해 산책하다.

パラサイト【parasite】 기생충(寄生蟲).

パラシュート【parachute】 낙하산(落下傘).

はらす【晴らす】 (不満や疑いなどを)풀다. ‖恨みを晴らす 원한을 풀다.

はらす【腫らす】 붓다. ‖のどを腫らす 목이 붓다.

ばらす ❶분해(分解)하다. ‖ラジオをばらす 라디오를 분해하다. ❷폭로(暴露)하다. ❸〔殺す〕죽이다. ‖しゃべるとばらすぞ 입을 놀리면 죽여 버릴 거야.

パラダイス【paradise】 파라다이스.

パラダイム【paradigm】 패러다임.

はらだたしい【腹立たしい】 화가 나다; 괘씸하다. ‖事情を聞くうちに腹立たしくなる 사정을 듣다 보니 화가 나기 시작하다.

はらちがい【腹違い】 이복형제(異腹兄弟). ‖腹違いの弟 이복 남동생(男同生).

ばらつき ❶고르지 못함. ‖作品の出来にばらつきがある 작품이 고르지 못하다. ❷(統計などの)불규칙(不規則)한 분포(分布).

ばらつく 불규칙(不規則)하게 분포(分布)하다. ‖測定値がばらつく 측정치가 불규칙하게 분포하다.

ぱらつく 작은 빗방울 등이 조금 내리다; 뿌리다. ‖小雨がぱらつく 가랑비가 뿌리다.

はらつづみ【腹鼓】 ‖腹鼓を打つ 만족하여 배를 두드리다.

はらづもり【腹積もり】 속셈; 예정(豫定); 계획(計劃).

はらどけい【腹時計】 배꼽시계(時計).
パラドックス【paradox】 패러독스; 역설(逆說).
ばらにく【肋肉】 (牛・豚などの)갈비 부분의 살; (豚)삼겹살.
はらばい【腹這い】 ‖腹這いになって本を読む 엎드려서 책을 읽다.
はらはちぶ【腹八分】 약간(若干) 모자라는 듯이 먹음. ▸腹八分に医者いらず 적당히 먹으면 탈이 없다.
はらはら ❶〔気をもむ〕조마조마. ‖はらはらしながらサーカスを見る 조마조마해 하며 서커스를 보다. ❷(木の葉・花びらなどが)팔랑팔랑. ‖はらはらと花が散る 꽃잎이 팔랑팔랑 떨어지다. ❸(雨・涙などが)뚝뚝.
ばらばら ❶〔まとまりがない〕‖兄弟がばらばらに生活する 형제가 떨어져서 생활하다. ❷후드득. ‖夕立がばらばら(と)降り出す 소나기가 후드득 거리며 내리기 시작하다.
ぱらぱら ❶솔솔. ‖塩をぱらぱら(と)ふりかける 소금을 솔솔 뿌리다. ❷훌훌. ‖雑誌をぱらぱら(と)めくる 잡지를 훌훌 넘기다. ❸〔まばらな様子〕띄엄띄엄.
はらぺこ【腹ぺこ】 공복(空腹); 배가 몹시 고픔. ‖昼飯抜きなので腹ぺこだ 점심을 걸러 배가 몹시 고프다.
パラボラアンテナ【parabola+antenna 日】 파라볼라 안테나.
はらまき【腹巻き】 복대(腹帶). ‖腹巻きをして寝る 복대를 하고 자다.
ばらまく【散蒔く】 뿌리다. ‖宝石をばらまいたような星空 보석을 뿌린 것 같은 밤하늘의 별.
はらむ【孕む】 ❶임신(姙娠)하다; 배다. ‖子をはらむ 아이를 배다. ❷내포(內包)하다; 지니고 있다. ‖危険をはらむ 위험을 내포하다.
パラメーター【parameter】 매개 변수(媒介變數).
はらもち【腹持ち】 속이 든든함; 배가 쉬이 꺼지지 않음. ‖餅は腹持ちがいい 떡은 속이 든든하다.
バラモン【婆羅門】 바라문(婆羅門). ♦婆羅門教 바라문교.
はらり 사르르. ‖花びらがはらりと散る 꽃잎이 사르르 떨어지다.
パラリンピック【Paralympics】 패럴림픽.
はらわた【腸】 ❶장(腸); 창자. ❷내장(內臟). ‖魚の腸を取り出す 생선 내장을 빼다. ❸근성(根性); 정신(精神). ▸腸が腐る 정신이 썩다. ▸腸が千切れる 애끊다. 腸がちぎれる思い 단장의 아픔. ▸腸が煮えくり返る 속이 끓다.〔慣〕
はらん【波乱】 파란(波瀾). ‖波乱を呼ぶ 파란을 부르다.
バランス【balance】 균형(均衡). ‖バランスをとる 균형을 잡다. ♦バランス感覚 균형 감각.
はらんばんじょう【波瀾万丈】 파란만장(波瀾萬丈). ‖波瀾万丈の生涯 파란만장한 생애.
***はり【針】** ❶바늘; 침(針). ‖時計の針が正午を指す 시계 바늘이 정오를 가리키다. ❷〔針で縫った目数を数える単位〕…바늘. ‖3針縫う 세 바늘 꿰매다. ▸針の筵(むしろ) 바늘방석. 針の筵に座らされた思い 바늘방석에 앉은 기분.
はり【梁】 대들보.
はり【張り】 ❶〔引っぱること〕당김. ‖張りを強くする 강하게 당기다. ❷탄력(彈力)이 있음; 탱탱함. ‖張りのある肌 탱탱한 피부.
はりあい【張り合い】 ❶맞섬; 경쟁(競爭). ‖意地の張り合い 서로 고집을 부림. ❷〔充足感〕보람. ‖張り合いのない仕事 보람이 없는 일.
はりあう【張り合う】 맞서다; 경쟁(競爭)하다. ‖張り合って芸を磨く 경쟁하며 기예를 닦다.
バリアフリー【barrier free】 배리어 프리.
バリウム【barium ド】 바륨.
はりがね【針金】 철사(鐵絲).
はりがみ【張り紙・貼り紙】 ❶(物に)종이를 붙임 또는 그 종이. ❷벽보(壁報).
ばりき【馬力】 ❶마력(馬力). ‖このエンジンは何馬力ですか 이 엔진은 몇 마력입니까? ❷〔力〕힘; 활동력(活動力). ‖馬力がある 힘이 있다. ▸馬力を掛ける 힘을 내다. 정력적으로 일하다.
はりきる【張り切る】 의욕(意欲)이 넘치다. ‖張り切って働く 의욕적으로 일하다.
バリケード【barricade】 바리케이드.
はりこむ【張り込む・貼り込む】 ❶(台紙などに)붙이다. ‖アルバムに写真を張り込む 앨범에 사진을 붙이다. ❷잠복(潛伏)하다. ‖犯人の立ち回り先に張り込む 범인이 다닐 만한 곳에 잠복하다. ❸〔奮発する〕선뜻 큰 돈을 쓰다. ‖チップを張り込む 팁을 듬뿍 주다.
はりさける【張り裂ける】 찢어지다; 터지다. ‖胸が張り裂ける思いだ 가슴이 찢어질 듯하다. のども張り裂けんばかりに叫ぶ 목이 터져라 외치다.
はりたおす【張り倒す】 때려눕히다; 때려서 넘어뜨리다.
はりだし【張り出し】 ❶(建物の)외부(外部)로 돌출(突出)된 부분(部分). ‖張り出しの窓 돌출된 창문. ❷(相撲で)대진표(對陣表)에서 난외(欄外)에 기입(記入)하는 것.
はりだす【張り出す】 ❶돌출(突出)하다; 돌출하도록 하다; 튀어나오다. ‖庭に張り出して窓を造る 정원 쪽으로 튀어나오도록 창문을 만들다. ❷게

は

시(掲示)하다. ‖試験の成績を張り出す 시험 성적을 게시하다.

はりつく【張り付く】 달라붙다; 들러붙다. ‖記者が捜査本部に張り付いて待機する 기자가 수사 본부에 들러붙어 대기하다. ぬれた落ち葉が地面に張り付いている 젖은 나뭇잎이 지면에 달라붙어 있다.

はりつける【張り付ける・貼り付ける】 ❶ (紙・布などを)붙이다. ‖壁にポスターを張り付ける 벽에 포스터를 붙이다. ❷ (ある目的のために)사람을 일정 장소(一定場所)에 배치(配置)하다.

ぱりっと ❶짝; 뿌지직; 북. ‖写真をぱりっとはがす 사진을 북 뜯어내다. ❷ 〔身なりがいい〕말쑥하게; 깔끔하게. ‖彼はいつもぱりっとしている 그 사람은 언제나 말쑥하게 차려 입고 있다.

はりつめる【張り詰める】 ❶일대(一帶)를 뒤덮다. ‖池に氷が張り詰める 연못 일대가 얼다. ❷긴장(緊張)하다. ‖神経を張り詰める仕事 신경을 곤두세우는 일.

はりとばす【張り飛ばす】 세게 때리다. ‖横っ面を張り飛ばす 따귀를 세차게 때리다.

バリトン【baritone】 바리톤.

ばりばり ❶북북. ‖壁紙をばりばりとはがす 벽지를 북북 뜯어내다. ❷아드득아드득. ‖お菓子をばりばり(と)食う 과자를 아드득아드득 먹다. ❸〔活動的な様子〕‖ばりばり仕事をする 열심히 일을 하다.

ぱりぱり ❶짝. ‖氷にぱりぱりとひびが入る 얼음에 금이 짝 가다. ❷아삭아삭. ‖たくあんをぱりぱりと食べる 단무지를 아삭아삭 씹어 먹다. ❸〔乾いている様子〕‖ぱりぱりのシーツ 잘 마른 시트.

はりめ【針目】 (바늘)땀. ‖針目が粗い 바늘땀이 성기다.

はりめぐらす【張り巡らす】 두르다; 둘러치다. ‖幕を張り巡らす 막을 둘러치다.

***はる**【春】 ❶봄. ‖冬が過ぎて春が来る 겨울이 지나고 봄이 오다. もうすぐ春だ 곧 봄이다. 春になると庭は花でいっぱいになる 봄이 되면 뜰은 꽃으로 가득찬다. ❷한창 때; 전성기(全盛期). ‖我が世の春 내 세상. 전성기.

***はる**【張る・貼る】 ❶일대(一帶)를 뒤덮다. ‖池に氷が張る 연못에 얼음이 얼다. ❷뻗다. ‖四方に根が張る 사방으로 뿌리가 뻗다. ❸팽팽해지다. ‖凧の糸が張る 연줄이 팽팽해지다. ❹(筋肉などが)뭉치다; 뻣뻣해지다; 뻐근하다. ‖肩が張る 어깨가 뻐근하다. ❺긴장(緊張)하다. ‖気が張っていたので疲れを感じなかった 긴장을 하고 있어서 피로를 느끼지 못했다. ❻(突き出したりして)눈에 띄다. ‖彼はえらが張っている 그 사람은 하관이 벌어졌다. ❼붙이다. ‖封筒に切手を貼る 봉투에 우표를 붙이다. ❽크게 보이게 하다. ‖胸を張って歩く 가슴을 펴고 걷다. 見栄を張る 허세를 부리다. ❾(金品などを)걸다. ‖有り金全部を張る 있는 돈을 모두 걸다. ❿망(望)을 보다; 감시(監視)하다. ⓫(テントなどを)치다. ‖テントを張る 텐트를 치다. ⓬벌이다; 차리다; 열다. ‖祝宴を張る 축하연을 열다. ⓭(平手で)때리다. ‖横っ面を張る 따귀를 때리다.

はるいちばん【春一番】 (説明) 입춘(立春)이 지나 처음으로 부는 강한 남풍(南風).

***はるか**【遥か】 ❶(距離・時間などが)아득하다. ‖遥かなる故郷の空 아득히 먼 고향 하늘. ❷훨씬 차이(差異)가 나다. ‖予算を遥かに上回る 예산을 훨씬 웃돌다.

はるかぜ【春風】 춘풍(春風); 봄바람.

バルコニー【balcony】 발코니.

はるさき【春先】 초봄.

バルサミコ【balsamico ｲ】 발사믹 식초(食醋).

はるさめ【春雨】 ❶봄비. ❷〔食品〕당면(唐麵).

パルス【pulse】 펄스.

はるのななくさ【春の七草】 (説明) 봄의 일곱 가지 나물. ✣セリ(미나리)・ナズナ(냉이)・ゴギョウ(쑥)・ハコベ(별꽃)・ホトケノザ(광대나물)・スズナ(순무)・スズシロ(무).

バルバドス【Barbados】(国名) 바베이도스.

はるばる【遥遥】 멀리. ‖はるばる(と)故郷から訪ねてくる 멀리 고향에서 찾아오다.

バルブ【valve】 밸브.

パルプ【pulp】 펄프.

はるまき【春巻】 춘권(春卷).

はるめく【春めく】 봄다워지다. ‖日増しに春めいてくる 날이 갈수록 봄다워지다.

はるやすみ【春休み】 봄 방학(放學).

はれ【晴れ】 ❶갬; 맑음. ‖明日は晴れでしょう 내일은 맑을 것입니다. ❷공식적(公式的)임; 영예(榮譽)로움. ‖晴れの席に臨む 공식적인 자리에 나가다. ❸의심(疑心)이 풀림; 결백(潔白)해짐. ‖晴れの身となる 결백한 몸이 되다. ▸晴れ(の)舞台 영광스러운 무대.

はれ【腫れ】 부기(浮氣). ‖顔の腫れがひく 얼굴 부기가 빠지다.

はれあがる【晴れ上がる】 맑게 개다. ‖台風が去って晴れ上がる 태풍이 지나가고 맑게 개다.

はれあがる【腫れ上がる】 부어오르다. ‖虫歯で頰が腫れ上がる 충치로 볼이

부어오르다.
バレエ【ballet フ】 발레.
パレード【parade】 ⓢ하 퍼레이드. ‖優勝チームが市内をパレードする 우승 팀이 시내를 퍼레이드하다.
バレーボール【volleyball】 배구(排球).
はれがましい【晴れがましい】 화려(華麗)하다; 영광(榮光)스럽다. ‖晴れがましい席に列なる 화려한 자리에 참석하다.
はれぎ【晴れ着】 공식적(公式的)인 자리나 경사(慶事)스러운 자리에 갈 때 입는 옷. ‖正月の晴れ着の娘さん 설빔을 입은 아가씨.
はれつ【破裂】 ⓢ하 파열(破裂); 터짐. ‖風船が破裂する 풍선이 터지다. 爆弾が破裂する 폭탄이 터지다. ♦破裂音《言語》 파열음.
パレット【palette】 팔레트.
はれて【晴れて】 정식(正式)으로. ‖晴れて2人は結婚する 두 사람은 정식으로 결혼하다.
はればれ【晴れ晴れ】 ‖晴れ晴れとした気分で出かける 상쾌한 기분으로 외출하다. 晴れ晴れした顔をしているね 얼굴 표정이 밝네.
ばればれ 쉽게 들통남; 뻔함. ‖ばればれのうそ 뻔한 거짓말.
はれぼったい【腫れぼったい】 눈이 부어 있다. ‖寝不足で目が腫れぼったい 수면 부족으로 눈이 부어 있다.
はれま【晴れ間】 ❶비[눈] 등이 잠깐 멈춘 사이. ‖梅雨の晴れ間 장마가 잠깐 그친 사이. ❷(雲の切れ間から)얼핏 보이는 파란 하늘.
はれもの【腫れ物】 종기(腫氣). ‖首に腫れ物ができる 목에 종기가 생기다. ▸腫れ物に触るよう 종기를 건드리는 듯.
はれやか【晴れやか】ダ ❶맑게 개다. ‖晴れやかな5月の空 맑게 갠 오월 하늘. ❷(表情・気分が)밝다. ‖晴れやかな表情 밝은 표정. ❸밝고 화려(華麗)하다. ‖晴れやかに着飾る 화려하게 차려입다.
バレリーナ【ballerina イ】 발레리나.
*__はれる__【晴れる】 ❶(天気が)개다. ‖空が真っ青に晴れる 하늘이 파랗게 개다. ❷(気分などが)밝아지다; 좋아지다. ‖気分が晴れない 기분이 좋아지지 않다. ❸(疑いなどが)풀리다. ‖疑いが晴れた 혐의가 풀렸다.
はれる【腫れる】 ❶붓다. ‖顔が腫れる 얼굴이 붓다. ❷〔惚れた腫れたの形で〕반하다. ‖その年で惚れた腫れたもないものだ 그 나이에 반하고 말 것도 없다.
ばれる 탄로(綻露)나다. ‖うそをついてもすぐばれるよ 거짓말을 해도 금방 탄로 날 거야.
はれわたる【晴れ渡る】 활짝 개다. ‖晴れ渡った秋空 활짝 갠 가을 하늘.
バレンタインデー【Valentine Day】 밸런타인데이.
はれんち【破廉恥】 파렴치(破廉恥). ‖破廉恥な人間 파렴치한 인간.
はろう【波浪】 파랑(波浪). ♦波浪注意報 파랑 주의보.
ハロウィーン【Halloween】 할로윈.
ハローワーク【Hello＋Work 日】 공공 직업 안정소(公共職業安定所).
バロック【baroque フ】 바로크. ♦バロック音楽 바로크 음악.
パロディー【parody】 패러디.
バロメーター【barometer】 바로미터. ‖体重は健康のバロメーターだ 체중은 건강의 바로미터이다.
パワー【power】 파워; 힘. ‖パワーがある 파워가 있다. ♦パワーゲーム 파워 게임. パワーショベル 동력삽.
*__はん__【半】 ❶반; 절반(折半). ‖2倍半 두 배 반. ❷(1時間の)반. ‖6時半 여섯 시 반. ❸〔半…の形で〕반…. ‖半病人 반 병자.
はん【判】 ❶도장(圖章). ‖書類に判を押す 서류에 도장을 찍다. ❷판정(判定). ‖判を下す 판정을 내리다. ▸判で押したよう 판에 박은 듯하다.〔慣〕判で押したような挨拶 판에 박은 듯한 인사.
はん【版】 판(版). ‖版を重ねる 판을 거듭하다.
はん【班】 반(班). ‖3つの班に分ける 세 반으로 나누다.
はん-【反】 반(反)…. ♦反作用 반작용.
はん-【汎】 범(汎)…. ♦汎アジア主義 범아시아주의.
-はん【犯】 …범(犯). ♦知能犯 지능범.
ばん【晩】 ❶밤; 저녁. ‖晩のおかず 저녁 반찬. ❷〔晩飯〕저녁밥.
*__ばん__【番】 ❶순서(順序); 차례(次例). ‖今度は君の番だ 이번에는 네 차례다. ❷(店番などを)봄; 망(望)을 봄. ‖店の番をする 가게를 보다. ❸…번(番). ‖1番 일 번. 3番とも勝つ 세 번 다 이기다.
ばん【盤】 ❶(将棋・碁の)판(板). ‖将棋の盤 장기판. ❷…반(盤). ‖配電盤 배전반.
-ばん【板】 …판(板). ♦掲示板 게시판. 標示板 표지판.
-ばん【版】 …판(版). ♦現代版 현대판. 限定版 한정판. 地方版 지방판.
ぱん ❶〔破裂する音〕빵. ❷〔勢いよく打つ音〕빵.
*__パン__【pão ポ】 빵. ‖パンを焼く 빵을 굽다. パンにジャムを塗る 빵에 잼을 바르다. ♦あんパン 팥빵. 食パン 식빵. パン屋 빵집.
*__はんい__【範囲】 범위(範圍). ‖この理論の応用範囲は広い 이 이론의 응용 범위는 넓다. 予算の範囲内で 예산 범위 내

は

에서. ♦活動範囲 활동 범위. 試験範囲 시험 범위.

はんいご【反意語】 반의어(反義語); 반대말.

はんえい【反映】 ㉠하 반영(反映). ‖世相を反映した事件 세태를 반영한 사건. 世論を政治に反映させる 여론을 정치에 반영시키다.

はんえい【繁栄】 ㉠하 번영(繁榮). ‖町が繁栄する 마을이 번영하다. 繁栄をもたらす 번영을 가져오다.

はんえいきゅうてき【半永久的】 반영구적(半永久的).

はんえん【半円】 반원(半圓). ♦半円形 반원형.

はんおん【半音】 반음(半音). ♦半音階 반음계.

はんか【繁華】 번화(繁華). ♦繁華街 번화가.

はんが【版画】 판화(版畫).

ばんか【挽歌】 만가(輓歌).

ハンガー【hanger】 옷걸이.

ばんかい【挽回】 ㉠하 만회(挽回). ‖劣勢を挽回する 열세를 만회하다.

はんかく【反核】 반핵(反核). ♦反核運動 반핵 운동.

はんかく【半角】 반각(半角).

はんがく【半額】 반액(半額).

ばんがく【晩学】 만학(晩學).

ハンカチ(ーフ)【handkerchief】 손수건.

ハンガリー【Hungary】《国名》 헝가리.

はんかん【反感】 반감(反感). ‖反感を持つ 반감을 갖다. 人の反感を買うことをする 사람들의 반감을 살 짓을 하다.

ばんかん【万感】 만감(萬感). ‖万感胸に迫る 만감이 교차하다.

はんき【反旗】 반기(反旗). ▸反旗を翻す 반기를 들다.

はんき【半季】 반년(半年).

はんき【半期】 반기(半期). ♦上半期 상반기.

はんき【半旗】 반기(半旗); 조기(弔旗). ‖半旗を掲げる 조기를 달다.

はんぎご【反義語】 반의어(反義語); 반대말.

はんぎゃく【反逆】 ㉠하 반역(反逆). ♦反逆罪 반역죄. 反逆者 반역자.

はんきゅう【半球】 반구(半球). ♦北半球 북반구.

はんきょう【反共】 반공(反共).

はんきょう【反響】 반향(反響). ‖反響する 반향을 불러일으키다. 各方面から反響があった 각 방면에서 반향이 있었다.

ばんきん【板金】 판금(板金).

パンク 펑크; 터짐. ‖タイヤがパンクする 타이어가 펑크 나다. お腹がパンクしそうだ 배가 터질 것 같다. 空港はパンク状態だ 공항은 펑크 상태다.

ばんぐみ【番組】 방송(放送); 프로(그램). ♦教養番組 교양 방송. 報道番組 보도 방송.

バングラデシュ【Bangladesh】《国名》 방글라데시.

はんけい【半径】 반경(半徑).

はんけい【判型】 판형(判型).

パンケーキ【pancake】 팬케이크.

はんげき【反撃】 ㉠하 반격(反擊). ‖反撃に出る 반격에 나서다.

はんけつ【判決】 ㉠하 판결(判決). ‖判決を下す 판결을 내리다.

はんげつ【半月】 반달.

はんけん【版権】 판권(版權).

はんげん【半減】 ㉠되 반감(半減). ‖勢力が半減する 세력이 반감되다.

ばんけん【番犬】 집 지키는 개.

はんこ【判子】 도장(圖章). ‖はんこを押す 도장을 찍다. はんこを作る 도장을 만들다[파다].

はんご【反語】 반어(反語). ♦反語法 반어법.

パンこ【パン粉】 빵가루.

はんこう【反攻】 ㉠하 반격(反擊).

***はんこう**【反抗】 ㉠하 반항(反抗). ‖先輩に反抗する 선배한테 반항하다. 権力に反抗する 권력에 반항하다. 反抗的な態度をとる 반항적인 태도를 취하다. ♦反抗期 반항기. 反抗心 반항심.

はんこう【犯行】 범행(犯行). ‖犯行を犯す 범행을 저지르다. 犯行を否認する 범행을 부인하다. 犯行を重ねる 범행을 거듭하다.

ばんこう【蛮行】 만행(蠻行).

***ばんごう**【番号】 번호(番號). ‖書類に番号をつける 서류에 번호를 붙이다. 若い番号 낮은 번호. 大きい番号 높은 번호. ♦背番号 등 번호. 電話番号 전화번호. 部屋番号 방 번호.

はんコート【半 coat】 반코트.

ばんこく【万国】 만국(萬國). ♦万国旗 만국기. 万国共通 만국 공통. 万国博覧会 만국 박람회.

はんこつ【反骨】 반골(反骨). ♦反骨精神 반골 정신.

はんごろし【半殺し】 반죽음. ‖半殺しの目にあわせる 반 죽여 놓다.

ばんこん【晩婚】 만혼(晩婚).

***はんざい**【犯罪】 범죄(犯罪). ‖犯罪を犯す 범죄를 저지르다. 犯罪を防止する 범죄를 방지하다. 重大な犯罪 중대한 범죄. 犯罪行為 범죄 행위.

ばんざい【万歳】 ㉠하 만세(萬歲). ‖万歳, 勝ったぞ 만세, 이겼다. ♦万歳三唱 만세 삼창.

ばんさく【万策】 온갖 수단(手段). ‖万策尽きる 온갖 수단을 다 쓰다.

はんざつ【煩雑】ダ 번잡(煩雜)하다. ‖煩雑な手続き 번잡한 수속. 煩雑な業務 번잡한 업무.

は

ハンサム【handsome】ダ 잘생기다. ‖ハンサムな青年 잘생긴 청년.
はんさよう【反作用】반작용(反作用).
ばんさん【晩餐】만찬(晩餐). ♦晩餐会 만찬회.
はんじ【判事】판사(判事).
ばんじ【万事】만사(萬事). ‖万事思い通りになる 만사가 뜻대로 되다. ▸万事休す 만사휴의.
パンジー【pansy】팬지.
*はんしゃ【反射】㊂하 반사(反射). ‖磨かれた金属の表面は光をよく反射する 반질반질하게 닦인 금속의 표면은 빛을 잘 반사한다. 反射神経が優れている 반사 신경이 뛰어나다. ♦条件反射 조건반사. 反射鏡 반사경. 反射光線 반사광선. 反射的 반사적. 反射的に身を交わす 반사적으로 몸을 피하다.
ばんしゃく【晩酌】㊂하 반주(飯酒).
ばんじゃく【盤石】반석(盤石).
ばんしゅう【晩秋】만추(晩秋).
はんじゅく【半熟】반숙(半熟). ♦半熟卵 반숙란.
ばんじゅく【晩熟】성숙(成熟)이 늦음.
はんしゅつ【搬出】㊂하 반출(搬出). ‖展覧会場から作品を搬出する 전람 회장에서 작품을 반출하다.
ばんしょ【板書】㊂하 판서(板書). ‖数式を板書する 수식을 판서하다.
はんしょう【反証】㊂하 반증(反證). ‖反証を挙げて抗議する 반증을 들어 항의하다.
はんじょう【繁盛】㊂하 번성(繁盛); 번창(繁昌). ‖店が繁盛する 가게가 번성하다.
バンジョー【banjo】밴조.
はんしょく【繁殖】㊂하 번식(繁殖). ♦繁殖期 번식기. 繁殖力 번식력.
はんしん【半身】반신(半身). ♦下半身 하반신. 上半身 상반신. 半身不随 반신불수. 半身浴 반신욕.
はんしんはんぎ【半信半疑】반신반의(半信半疑). ‖半信半疑で聞く 반신반의하며 묻다.
はんすう【反芻】㊂하 반추(反芻). ‖師の忠告を反芻する 선생님의 충고를 반추하다.
はんすう【半数】반수(半數). ‖住民の半数以上 주민의 반수 이상.
はんズボン【半ズボン】반바지.
*はんする【反する】❶반대(反對)가 되다; 반하다. ‖予想に反する結果 예상에 반하는 결과. 利害が相反する 이해가 상반되다. ❷위반(違反)하다. ‖協定に反する行為 협정을 위반하는 행위. ❸거역(拒逆)하다; 따르지 않다. ‖忠告に反する 충고를 따르지 않다.
*はんせい【反省】㊂하 반성(反省). ‖過ちを反省する 잘못을 반성하다. 反省の色が見えない 반성하는 기색이 안 보이다. 反省を促す 반성을 촉구하다.
はんせい【半生】반생(半生).
ばんせい【晩生】만생(晩生). ♦晩生種 만생종.
はんせいひん【半製品】반제품(半製品).
はんせつ【反切】《言語》반절(反切).
はんせつ【半切】㊂하 반절(半切). ‖半切にした紙 반으로 자른 종이.
はんせん【反戦】반전(反戰). ♦反戦運動 반전 운동.
はんせん【帆船】범선(帆船).
はんぜん【判然】❶판연(判然)히. ❷〔判然としないの形で〕불분명(不分明)하다. ‖意図が判然としない 의도가 불분명하다.
ばんぜん【万全】만전(萬全). ‖大会の準備に万全を期す 대회 준비에 만전을 기하다.
ハンセンびょう【Hansen 病】한센병.
はんそう【搬送】㊂하 반송(搬送). ‖コンテナを搬送する 컨테이너를 반송하다.
ばんそう【伴走】㊂하 반주(伴走).
ばんそう【伴奏】㊂하 반주(伴奏). ‖ピアノで伴奏する 피아노로 반주하다.
ばんそうこう【絆創膏】반창고(絆創膏). ‖絆創膏を貼る 반창고를 붙이다.
はんそく【反則】㊂하 반칙(反則). ‖反則を犯す 반칙을 저지르다.
はんそで【半袖】반소매; 반팔. ‖半袖のシャツ 반팔 셔츠.
パンダ【panda】판다.
*はんたい【反対】㊂하 반대(反對). ‖提案に反対する 제안에 반대하다. 反対の方向に行く 반대 방향으로 가다. 上下が反対になっている 아래위가 반대로 되어 있다. 昨日とは反対のことを言う 어제하고는 반대되는 소리를 하다. 反対を押し切る 반대를 무릅쓰다. ♦反対意見 반대 의견. 反対給付 반대급부. 反対語 반대어. 반대말. 反対色 반대색. 보색. 反対尋問 반대 신문. 反対勢力 반대 세력.
はんたいせい【反体制】반체제(反體制).
バンタムきゅう【bantam 級】(ボクシングで)밴텀급.
パンタロン【pantalon フ】판탈롱.
*はんだん【判断】㊂하 판단(判斷). ‖善悪を判断する 선악을 판단하다. 判断を下す 판단을 내리다. 判断がつかない 판단이 되지 않다. 人を外見で判断してはいけない 사람을 외관으로 판단해서는 안 된다.
ばんたん【万端】만반(萬般). ♦準備万端 만반의 준비.
ばんち【番地】번지(番地). ‖番地を頼りに訪ねる 번지를 보고 찾아가다.

は

パンチ【punch】 ❶(ボクシングなどの)펀치. ❷박력(迫力). ❸〔穴あけ器〕펀처; 구멍을 뚫는 기구(器具).
はんちゅう【範疇】 범주(範疇). ‖同一の範疇 동일 범주.
はんちょう【班長】 반장(班長).
ばんちょう【番長】 짱; 우두머리; 대장(大將).
パンツ【pants】 ❶〔ズボン〕바지. ❷〔下着・短パン〕짧은 속바지. ‖デニムのパンツ 데님 바지. 면 바지.
はんつき【半月】 반달; 보름.
ハンデ(ィキャップ)【handicap】 핸디; 핸디캡. ‖ハンディキャップを乗り越える 핸디캡을 극복하다. ハンデをつける 핸디를 두다.
はんてい【判定】 ⦅名하⦆ 판정(判定). ‖成績を判定する 성적을 판정하다. 判定が下る 판정이 내려지다. ♦**判定規準** 판정 기준.
パンティー【panties】 팬티. ♦パンティーストッキング 팬티스타킹.
バンデージ【bandage】 ⦅説明⦆ 복서가 손에 감는 붕대(繃帶).
はんてん【反転】 ⦅名하⦆ ❶반전(反轉). ❷구름; 뒤집힘. ‖マットの上で反転する 매트 위에서 구르다. ❸반대(反對)로 돌림. ‖機首を反転する 기수를 반대로 돌리다.
はんてん【斑点】 반점(斑點). ‖首に赤い斑点ができる 목에 붉은 반점이 생기다.
バント【bunt】 ⦅名하⦆ (野球で)번트. ♦送りバント 보내기 번트.
ハンドアウト【handout】 핸드아웃.
はんとう【半島】 반도(半島). ♦**朝鮮半島** 한반도.
はんどう【反動】 반동(反動). ♦**反動勢力** 반동 세력.
はんどうたい【半導体】 반도체(半導體).
はんとうめい【半透明】 반투명(半透明). ‖半透明な液体 반투명한 액체.
はんどく【判読】 ⦅名하⦆ 판독(判讀).
ハンドクリーム【handcream】 핸드크림.
はんとし【半年】 반년(半年).
ハンドバッグ【handbag】 핸드백.
ハンドブック【handbook】 핸드북. ‖海外旅行ハンドブック 해외 여행 핸드북.
ハンドボール【handball】 핸드볼; 송구(送球).
ハンドマイク【hand+mike日】 휴대용(携帶用) 마이크.
パントマイム【pantomime】 팬터마임.
ハンドメード【handmade】 수제(手製). ‖ハンドメードの椅子 수제 의자.
ハンドル【handle】 핸들. ‖ハンドルを握る 핸들을 잡다. ハンドルを左へ切る 핸들을 왼쪽으로 꺾다.

ばんなん【万難】 만난(萬難); 온갖 고난(苦難). ‖万難を排する 만난을 물리치다.
はんにち【反日】 반일(反日).
はんにち【半日】 반나절. ‖半日がかりの仕事 반나절 걸리는 일.
はんにゃしんぎょう【般若心経】 반야심경(般若心經).
はんにゅう【搬入】 ⦅名하⦆ 반입(搬入). ‖展覧会場に絵画を搬入する 전람 회장에 그림을 반입하다.
はんにん【犯人】 범인(犯人). ‖犯人を逮捕する 범인을 체포하다. 犯人はまだ捕まっていない 범인은 아직 잡히지 않고 있다.
ばんにん【万人】 만인(萬人).
ばんにん【番人】 파수꾼; 지키는 사람.
はんにんまえ【半人前】 ❶반 사람 몫. ‖半人前の分量 반 사람 분량. ❷능력(能力)이나 경험(經驗) 등이 부족(不足)해서 한 사람 몫을 못 함. ‖一人前なことを言うが, 仕事は半人前だ 말은 한 사람 몫 하면서 일은 반 사람 몫밖에 못 하다.
はんね【半値】 반값.
ばんねん【晩年】 만년(晚年); (人生の)말년(末年).
***はんのう**【反応】 ⦅名하⦆ 반응(反應). ‖相手の反応を見る 상대방의 반응을 보다. 何の反応もない 아무런 반응이 없다. 様々な反応を示す 다양한 반응을 보이다. 金属は酸に反応する 금속은 산에 반응한다. ♦**化学反応** 화학 반응. **連鎖反応** 연쇄 반응.
ばんのう【万能】 만능(萬能). ♦**万能選手** 만능 선수.
はんば【飯場】 ⦅説明⦆ 공사장 노동자(工事場勞動者)의 일시적(一時的)인 숙소(宿所).
はんぱ【半端】 ❶다 갖추어지지 않음; 자투리. ‖半端な布 자투리 천. ❷끝수; 우수리. ‖半端は切り捨てる 끝수를 버리다. ❸어중간함. ‖半端な気持ち 어중간한 기분.
バンパー【bumper】 (車の)범퍼.
ハンバーガー【hamburger】 햄버거.
ハンバーグ(ステーキ)【hamburg steak】 햄버그 스테이크.
***はんばい**【販売】 ⦅名하⦆ 판매(販賣). ♦**自動販売機** 자동판매기. **販売員** 판매원. **販売促進** 판매 촉진. **販売網** 판매망. **販売元** 판매원.
はんばく【反駁】 ⦅名하⦆ 반박(反駁). ‖非難に反駁する 비난을 반박하다. 反駁を加える 반박을 가하다.
はんぱつ【反発】 ⦅名하⦆ 반발(反撥). ‖親の意見に反発する 부모 의견에 반발하다. 反発を買う 반발을 사다.
はんはん【半半】 반반(半半). ‖半々に分ける 반반으로 나누다. 彼が合格する

は

可能性は半々だ 그 사람이 합격할 가능성은 반반이다.

ばんぱん【万般】 만반(萬般). ‖万般の準備 만반의 준비.

ばんばんざい【万万歳】 만만세(萬萬歲).

バンバンジー【棒棒鶏】 ⦅説明⦆ 닭고기 살을 잘게 찢어 고춧가루 등의 향신료(香辛料)를 넣은 소스로 버무린 것.

はんぴれい【反比例】 ⦅ス하⦆ 반비례(反比例).

はんぷ【頒布】 ⦅ス하⦆ 배포(配布). ‖小冊子を頒布する 소책자를 배포하다.

はんぷく【反復】 ⦅ス하⦆ 반복(反復). ‖テープを反復して聴く 테이프를 반복해서 듣다. ♦反復記号《音楽》 반복 기호. 反復練習 반복 연습.

パンプス【pumps】 끈 없는 여성용(女性用) 구두.

ばんぶつ【万物】 만물(萬物). ‖万物の霊長 만물의 영장.

パンフレット【pamphlet】 팸플릿.

*__はんぶん__【半分】 반(半). ‖扉が半分開いている 문이 반쯤 열려 있다. 半分ずつ分け合う 반씩 나눠 가지다.

はんべつ【判別】 ⦅ス하⦆ 판별(判別). ♦判別式《数学》 판별식.

はんぼいん【半母音】 반모음(半母音).

ハンマー【hammer】 망치; 해머. ♦ハンマー投げ 해머던지기.

はんめい【判明】 ⦅ス되⦆ 판명(判明). ‖投票結果が判明する 투표 결과가 판명되다.

ばんめし【晩飯】 저녁밥.

はんめん【反面】 반면(反面)(에). ‖陽気な反面寂しがり屋でもある 쾌활한 반면에 외로움을 잘 타다.

はんめん【半面】 ❶〔顔〕얼굴의 반(半). ❷표면(表面)의 반; 반쪽. ❸〔一面〕일면(一面); 다른 쪽. ‖隠された半面 감춰진 일면.

はんめんきょうし【反面教師】 반면교사(反面教師).

はんもく【反目】 ⦅ス하⦆ 반목(反目).

ハンモック【hammock】 해먹.

はんもん【反問】 ⦅ス하⦆ 반문(反問). ‖鋭く反問する 날카롭게 반문하다.

はんもん【煩悶】 ⦅ス하⦆ 번민(煩悶). ‖過ちの重大さにひとり煩悶する 잘못의 중대함에 혼자 번민하다.

ばんゆう【蛮勇】 만용(蠻勇). ‖蛮勇をふるう 만용을 부리다.

ばんゆういんりょく【万有引力】 만유인력(萬有引力).

はんよう【汎用】 ⦅ス하⦆ 범용(汎用). ♦汎用機械 범용 기계

はんら【半裸】 반라(半裸).

はんらん【反乱】 ⦅ス하⦆ 반란(叛亂). ‖反乱を起こす 반란을 일으키다.

はんらん【氾濫】 ⦅ス하⦆ 범람(汎濫). ‖大雨で川が氾濫する 큰비로 강이 범람하다. 길가에 포스터가 범람하다. ネット上には情報が氾濫している 네트상에는 정보가 범람하고 있다.

はんりょ【伴侶】 반려(伴侶). ‖終生の伴侶 평생의 반려.

はんれい【凡例】 범례(凡例).

はんれい【判例】 판례(判例). ♦判例法 판례법.

はんろ【販路】 판로(販路). ‖販路を開拓する 판로를 개척하다.

はんろん【反論】 ⦅ス하⦆ 반론(反論). ‖政策批判に反論する 정책 비판에 반론하다. 反論が出る 반론이 나오다.

ひ

ひ【一】 일(一); 하나. ‖ひ, ふ, み 하나, 둘, 셋.

*__ひ__【日】 ❶〔太陽〕해; 일(日). ‖日が昇る 해가 떠오르다[뜨다]. 日が出る 해가 나오다[뜨다]. 日が落ちる 해가 지다. 日の出 일출. 日の入り 일몰. ❷〔日光〕햇살; 햇볕. ‖日が差す 햇살이 비추다. 日が当たらない 햇볕이 들지 않다. ❸〔日中〕낮; 해. ‖日が長くなる 낮이[해가] 길어지다. 冬は日が暮れるのが早い 겨울은 해가 지는 것이 빠르다. ❹〔1日〕하루; 날. ‖日に3度の食事 하루 세 끼 식사. 日に5時間しか眠らない 하루에 다섯 시간밖에 자지 않다. 日が経つのが速い 하루가 빨리 (지나)가다. 雨の日も風の日も 비가 오는 날도 바람이 부는 날도. 子どもの日 어린이날. ❺〔日々〕나날. ‖悲しみの日を送る 슬픈 나날을 보내다. 日に日に元気になる 나날이 건강해지다. ❻〔日限·日数〕날; 날짜. ‖出発の日が迫る 출발할 날이 다가오다. 締め切り日 마감날. 試験までまだ日がある 시험까지는 아직 날짜가 있다. ❼〔日柄〕일진(日辰). ‖日が悪い 일진이 안 좋다. ❽〔時代〕날. ‖若かりし日の面影を残す 젊은 날의 모습이 남아 있다. ❾〔…した日にはの形で〕…하는 날에는; …할 경우(境遇)에는. ‖手順を間違えた日には大変なことになる 순서가 틀리는 날에는 큰 난다. ▸日に焼ける 햇볕에 타다. ▸日の当たる場所 혜택 받은 지위나 환경. ▸日を追って 나날이. 날이 감에 따라. 날이 갈수록.

*__ひ__【火】 ❶〔炎·熱〕불. ‖薪に火をつける 종이에 불을 붙이다. 火に当たる 불을 쬐다. 鍋を火にかける 냄비를 불에 올려놓다. マッチの火 성냥불. ❷〔炭火〕불. ‖火をおこす 불을 피우다. ❸〔火事〕‖火の用心 불조심. 火を出す 불을 내다. ❹〔火のように光るもの〕불. ‖蛍火 반딧불. 暖炉の火 난롯불. ❺격

정(激情). ▸火が付く 불이 붙다. 발등에 불이 떨어지다. 論争に火がつく 논쟁에 불이 붙다. ▸尻に火がつく 발등에 불이 떨어지다.〔慣〕▸火に油を注ぐ 불에 기름을 붓다. ▸孫たちが帰ってしまったら, 家の中が火の消えたようだ 손자들이 돌아가고 나니까 집이 쓸쓸하기 그지없다. ▸火の[が]付いたよう ①〔突然慌ただしくなる〕갑자기 바빠짐. 어수선해짐. ②〔激しく泣き叫ぶ〕아이가 자지러지게 울다. 火がついたように泣く 불에 데인 것처럼 울다. ▸火の無い所に煙は立たない 아니 땐 굴뚝에 연기 날까. ▸火を落とす (調理場·風呂場などの)불을 끄다. ▸火を付ける 불을 붙이다. 자극하다. 反対運動に火をつける 반대 운동에 불을 붙이다. ▸火を通す 익히다. ▸火を放つ 불을 지르다. ▸火を見るよりも明らか 명약관화(明若觀火).

ひ【灯】 불; 불빛; 등(燈). ‖灯をともす 불을 켜다.

ひ【否】 부(否). ♦可否 가부.

ひ【非】 ❶부정(不正); 비리(非理). ‖非をあばく 비리를 폭로하다. ❷잘못; 결점(缺點). ‖非を認める 잘못을 인정하다. ❸비난(非難). ‖非を唱える 비난하다. ❹비…. ‖非能率的 비능률적. 非公式 비공식. ▸非の打ち所がない 나무랄 데가 없다.

ひ【緋】 주황색(朱黃色). ‖緋の衣 주황색 옷.

び【美】 미(美). ‖美の女神 미의 여신. 有終の美を飾る 유종의 미를 거두다.

-び【尾】 …마리. ‖鯛 1 尾 도미 한 마리.

ひあい【悲哀】 비애(悲哀). ‖人生の悲哀を感じる 인생의 비애를 느끼다.

ビアガーデン【beer garden】 비어 가든.

ひあがる【干上がる】 ❶바싹 마르다. ‖日照り続きで田が干上がる 가뭄이 계속되어 논이 바싹 마르다. ❷생활(生活)이 어렵게 되다. ‖あごが干上がる 입에 풀칠하기도 어렵다.

ピアス【pierce】 피어스; 피어싱 귀걸이.

ひあそび【火遊び】 ❶불장난. ❷일시적(一時的)인 정사(情事).

ひあたり【日当たり】 볕이 드는 정도. ‖日当たりのよい家 볕이 잘 드는 집. 양지바른 집.

ピアニスト【pianist】 피아니스트.

ピアニッシモ【pianissimo イ】 피아니시모.

***ピアノ【piano】** 피아노. ‖ピアノを弾く 피아노를 치다. ピアノを練習する 피아노를 연습하다. ピアノを習う 피아노를 배우다. ♦グランドピアノ 그랜드 피아노.

ピアノフォルテ【pianoforte】 피아노포르테.

ビアホール【beer+hall 日】 비어홀.

ビーカー【beaker】 비커.

ビーがた【B 型】 B 형; 비형.

ひいき【贔屓】 역성들다. ‖ひいきする 편들다.

ピーク【peak】 피크; 정점(頂點); 절정(絶頂). ‖ラッシュアワーのピーク 러시아워의 절정.

ピーケーせん【PK 戦】 승부차기.

びいしき【美意識】 미의식(美意識).

ビーズ【beads】 비즈.

ヒーター【heater】 히터.

ビーだま【ビー玉】 유리(琉璃) 구슬.

ひいちにち【日一日】 나날이. ‖日一日と春めく 나날이 봄다워지다.

ビーチバレー【beach volleyball】 비치발리볼.

ひいて(は)【延いて(は)】 나아가서(는). ‖人のために尽くすことがひいては自分のためになるのだ 남을 위하는 것이 나아가서는 자신을 위하는 것이다.

ひいでる【秀でる】 뛰어나다. ‖語学に秀でる 어학에 뛰어나다.

ビート【beat】〔音楽〕비트.

ヒートアイランド【heat island】 히트 아일랜드; 열섬.

ピーナッツ【peanuts】 땅콩.

ひいひい ❶찔찔. ‖ひいひい(と)泣く 찔찔 짜다. ❷〔大変な様子〕‖訓練が激しくてひいひい言う 훈련이 힘들어 낑낑대다.

ぴいぴい ❶호로로. ‖呼び子をぴいぴい(と)鳴らす 호루라기를 호로로 불다. ❷〔鳥などの鳴き声〕짹짹. ❸〔生活が苦しい様子〕‖いつもぴいぴいしている 돈이 없어 늘 징징대다.

ビーフシチュー【beef stew】 비프스튜.

ビーフジャーキー【beef jerky】 소고기 육포(肉脯).

ビーフステーキ【beefsteak】 비프스테이크.

ビーフン【米粉】 ㊔멥쌀가루로 만든 중국식 면(中國式麵).

ピーマン【piment フ】 피망.

ヒイラギ【柊】 호랑가시나무.

ヒール【heel】 힐; 굽. ‖ヒールの高い靴 굽이 높은 구두. ♦ハイヒール 하이힐.

ビール【bier オ】 맥주(麥酒).

ヒーロー【hero】 영웅(英雄); 용사(勇士); 남자 주인공(男子主人公).

ひうん【悲運】 비운(悲運).

ひえ【冷え】 차가워짐; 냉기(冷氣). ♦冷え性 냉증.

ヒエ【稗】 피.

ひえいせい【非衛生】 비위생(非衛生). ♦非衛生的 비위생적.

ひえいり【非営利】 비영리(非營利). ♦非営利団体 비영리 단체.

ひえきる【冷え切る】 완전(完全)히 차가워지다; 식다. ‖冷え切った体を暖める 차가워진 몸을 덥히다. 冷え切った両国の関係 차가워진 양국 관계.

ひえこむ【冷え込む】 ❶(気温が)뚝 떨어지다. ‖明日の朝は冷え込むでしょう 내일 아침은 기온이 뚝 떨어질 것입니다. ❷(体が)차가워지다.

ひえびえ【冷え冷え】 ❶썰렁히. ‖人気のない冷え冷え(と)した部屋 사람 기척이 없는 썰렁한 방. ❷적적(寂寂)히; 쓸쓸히. ‖冷え冷え(と)した気持ち 적적한 마음.

ヒエラルキー【Hierarchie[ド]】 위계질서(位階秩序); 계층 조직(階層組織).

ひえる【冷える】 ❶차가워지다; 추워지다; 쌀쌀하다. ‖朝晩はかなり冷える 아침저녁으로는 꽤 쌀쌀하다. ❷(熱意·愛情などが)식다. ‖2人の仲が冷える 두 사람 사이가 식다.

ピエロ【pierrot[フ]】 피에로; 어릿광대.

びえん【鼻炎】 비염(鼻炎).

ビオラ【viola[イ]】 비올라.

びおん【微温】 미온적(微溫的); 미지근함. ‖微温な態度 미온적인 태도. 微温的な処置 미온적인 조치.

びおん【鼻音】 비음(鼻音).

びか【美化】 (㊁하) 미화(美化). ‖死を美化する 죽음을 미화하다.

***ひがい**【被害】 피해(被害). ‖被害が及ぶ 피해가 미치다. 被害をこうむる 피해를 입다. 被害にあう 피해를 당하다. ♦**被害者** 피해 자. **被害妄想** 피해망상.

ひかえ【控え】 ❶예비(豫備). ‖控えの投手 예비 투수. ❷(書類などの)메모; 사본(寫本).

ひかえしつ【控え室】 대기실(待機室).

ひかえめ【控え目】[ダ] ❶조심(操心)스럽다; 삼가다; 자제(自制)하다. ‖控え目な態度 조심스러운 태도. ❷(量·程度を)적게 하다; 약간(若干) 줄이다. ‖砂糖は控え目にしてください 설탕은 조금 줄이십시오.

ひがえり【日帰り】 당일(當日)치기; 당일[그날]로 다녀옴. ‖日帰りしようと思えばできる距離 그날 돌아오려고 하면 돌아올 수 있는 거리.

***ひかえる**【控える】 ❶대기(待機)하다. ‖楽屋に控えて出番を待つ 대기실에서 대기하며 출연 순서를 기다리다. ❷(場所的·時間的に)가까이 있다; 다가오다. ‖大事な試合が明日に控えている 중요한 시합이 내일로 다가와 있다. ❸삼가다; 자제(自制)하다. ‖酒を控える 술을 삼가다. ❹기록(記錄)하다; 메모하다; 적어 두다. ‖電話番号を手帳に控える 전화번호를 수첩에 적어 두다.

***ひかく**【比較】 (㊁하) 비교(比較). ‖両国の経済力を比較する 두 나라의 경제력을 비교하다. 彼は他の人とは比較にならないほど成績がいい 그 사람은 다른 사람과는 비교가 안 될 정도로 성적이 좋다. ♦**比較研究** 비교 연구. **比較文学** 비교 문학.

ひかく【皮革】 피혁(皮革). ♦**皮革製品** 피혁 제품.

びがく【美学】 미학(美學).

ひかくさんげんそく【非核三原則】 (日本の)비핵 삼원칙(非核三原則).

ひかくてき【比較的】 비교적(比較的). ‖ここは比較的静かだ 여기는 비교적 조용하다.

ひかげ【日陰】 그늘; 음지(陰地). ‖セーターを日陰に干す 스웨터를 그늘에 말리다.

ひかげん【火加減】 불기운; 화력(火力).

びかご【美化語】 미화어(美化語).

ひがさ【日傘】 양산(陽傘); 파라솔.

***ひがし**【東】 동(東); 동쪽. ‖太陽は東から昇る 태양은 동쪽에서 떠오른다. 風は東から吹いている 바람은 동쪽에서 불고 있다. 東の空 동쪽 하늘. ♦**東風** 동풍. **東側** 동(東)쪽. **東半球** 동반구.

ひかしぼう【皮下脂肪】 피하 지방(皮下脂肪).

ひかず【日数】 일수(日數); 날짜. ‖日数がかかる 날짜가 걸리다.

ひかぜい【非課税】 비과세(非課稅).

ひがた【干潟】 간석지(干潟地).

ぴかっと 번쩍. ‖稲妻がぴかっと光る 번개가 번쩍이다.

ぴかぴか ❶〔つやがあって光り輝く様子〕반짝반짝; 빤질빤질. ‖ぴかぴかに磨かれた靴 빤질빤질하게 닦은 구두. ❷〔光が点滅する様子〕깜빡깜빡. ‖暗い海上でぴかぴか(と)光るものがある 어두운 바다 위에 깜빡깜빡 빛나는 것이 있다.

ひがみ【僻み】 비뚤어짐. ‖ひがみ根性 비뚤어진 성격.

ひがむ【僻む】 비뚤어지게 생각하다; 곡해(曲解)하다. ‖のけ者にされたと思ってひがむ 따돌림을 당했다고 곡해하다.

ひがら【日柄】 일진(日辰). ‖今日は日柄がいい 오늘은 일진이 좋다.

ひからす【光らす】 광(光)을 내다; (目を)번득이다. ‖目を光らして監視する 눈을 번득이며 감시하다.

ひからびる【干涸びる】 바싹 마르다; 메마르다.

***ひかり**【光】 ❶빛. ‖強い光を放って燃える 강한 빛을 내며 타다. ❷시력(視力). ‖交通事故で光を失う 교통사고로 시력을 잃다. ❸희망(希望); 광명(光明). ‖人生の光を失う 인생의 희망을 잃다. ▸光を当てる 특별히 다루다. ♦**光通信** 광통신. **光ディスク** 광디스

ヨ. 光ファイバー 광파이버.

ひかりかがやく【光り輝く】 휘황찬란(輝煌燦爛)하게 빛나다. ‖光り輝くシャンデリア 휘황찬란하게 빛나는 샹들리에.

***ひかる**【光る】 ❶빛나다. ‖星が光る 별이 빛나다. ❷뛰어나다; 두드러지다. ‖彼の作品が断然光っている 그 사람의 작품이 단연 뛰어나다.

ひかれる【惹かれる】 끌리다. ‖彼のやさしさに惹かれた 그 사람의 다정함에 끌렸다.

ひがわり【日替わり】 매일(每日) 바뀜. ♦日替わり弁当 반찬이 매일 바뀌는 도시락.

ひかん【悲観】 (名하) 비관(悲觀). ‖将来を悲観する 장래를 비관하다. ♦悲観的 비관적. 悲観的な観点 비관적인 관점.

ひがん【彼岸】 피안(彼岸). ♦彼岸花 석산화.

ひがん【悲願】 비원(悲願).

びかん【美観】 미관(美觀). ‖美観を損なう 미관을 해치다.

ひき【悲喜】 희비(喜悲). ‖悲喜こもごも至る 희비가 교차하다.

-ひき【匹】 …마리. ‖2匹の子犬 강아지 두 마리.

-びき【引き】 …할인(割引). ‖3割引 삼할 할인.

ひきあい【引き合い】 ❶예(例)로 듦; 참고(參考)로 삼음. ‖前例を引き合いに出す 전례를 예로 들다. ❷거래 문의(問議); 주문(注文)의 조회(照會). ‖引き合いが殺到する 거래 문의가 쇄도하다.

ひきあう【引き合う】 ❶서로 당기다. ‖綱を引き合う 서로 줄을 당기다. ❷타산(打算)이 맞다; 돈벌이가 되다; 가치(價値)가 있다. ‖面倒だが十分引き合う仕事 번거롭지만 충분히 돈벌이가 되는 일.

ひきあげ【引(き)上げ・引(き)揚げ】 인상(引上); 끌어올림; 인양(引揚); 철수(撤收). ‖沈没船の引揚げ 침몰선의 인양. 賃金の引上げ 임금 인상. 外地からの引揚げ 외지로부터의 철수.

ひきあげる【引き上げる】 ❶올리다; 끌어올리다; 건져 올리다; 인상(引上)하다. ‖溺れている人を川から引き上げる 강에 빠진 사람을 건져 올리다. 金利を引き上げる 금리를 올리다. ❷원래(元來) 자리로 되돌리다; 회수(回收)하다; 철수(撤收)하다. ‖もう遅いから引き上げよう 늦었으니까 철수하자. 投下した資金を引き上げる 투자한 자금을 회수하다. 彼らは戦後中国から引き上げてきた 그들은 전후 중국에서 돌아왔다.

ひきあてる【引き当てる】 ❶(くじなどを) 뽑아 맞추다. ‖1等を引き当てる 일등을 뽑아 맞추다. ❷충당(充當)하다. ‖賞金を借金の返済に引き当てる 상금을 빚 갚는 데 충당하다.

ひきあわせる【引き合わせる】 ❶소개(紹介)하다. ‖若い2人を引き合わせる 젊은 두 사람을 소개하다. ❷조회(照會)하다; 대조(對照)하다. ‖帳簿を引き合わせる 장부를 대조하다.

ひきいる【率いる】 통솔(統率)하다; 인솔(引率)하다. ‖生徒を率いて遠足に行く 학생들을 인솔해서 소풍을 가다.

ひきいれる【引き入れる】 끌어들이다. ‖味方に引き入れる 같은 편으로 끌어들이다.

***ひきうける**【引き受ける】 ❶책임(責任)을 지고 맡다; 담당(擔當)하다; 떠맡다. ‖難しい仕事を引き受ける 어려운 일을 떠맡다. ❷보증(保證)하다. ‖身元を引き受ける 신원을 보증하다.

ひきうつす【引き写す】 베끼다.

ひきおこす【引き起こす】 (事件・騒ぎなどを)일으키다; 벌이다. ‖家出騒動を引き起こす 가출 소동을 벌이다.

ひきおとし【引き落とし】 ❶끌어당겨 넘어뜨림. ❷(相撲で)당겨서 넘어뜨리는 기술(技術).

ひきおとす【引き落とす】 ❶당겨서 쓰러뜨리다. ‖前に引き落とす 앞으로 당겨서 떨어뜨리다. ❷자동 이체(自動移替)하다. ‖水道料金を口座から引き落とす 수도 요금을 구좌에서 자동 이체하다.

ひきかえ【引き替え】 교환(交換); 상환(相換). ‖代金と引き替えにする 대금과 상환하다.

ひきかえす【引き返す】 되돌아가다. ‖家へ引き返す 집으로 되돌아가다.

ひきかえる【引き替える】 교환(交換)하다. ‖当たり券を賞品に引き替える 당첨권을 상품과 교환하다.

ひきがね【引き金】 ❶방아쇠. ‖引き金を引く 방아쇠를 당기다. ❷원인(原因); 계기(契機). ‖ささいな口論が引き金となって乱闘事件となった 사소한 언쟁이 원인이 되어 난투 사건이 일어났다.

ひきぎわ【引き際】 물러날 때. ‖人間は引き際が肝心だ 사람은 물러날 때가 중요하다.

ひきこむ【引き込む】 끌어들이다; 매료(魅了)하다. ‖自派の陣営に引き込む 자기 진영으로 끌어들이다. 名演奏に引き込まれた 명 연주에 매료되었다.

ひきこもる【引き籠る】 틀어박히다. ‖家にじっと引きこもる 집에 콕 틀어박히다.

ひきさがる【引き下がる】 물러나다. ‖すごすご引き下がる 풀이 죽어 물러나다.

ひきさく【引き裂く】 ❶찢다. ‖布を引

き裂く 옷감을 찢다. ❷갈라놓다. ‖2人の仲を引き裂く 두 사람 사이를 갈라놓다.

ひきさげ【引(き)下げ】인하(引下)

ひきさげる【引き下げる】❶내리다; 인하(引下)하다. ‖税金を引き下げる 세금을 인하하다. ❷강등(降等)하다. ‖課長から主任に引き下げる 과장에서 주임으로 강등하다. ❸철회(撤回)하다. ‖提案を引き下げる 제안을 철회하다.

ひきざん【引き算】뺄셈; 빼기.

ひきしお【引(き)潮】간조(干潮).

ひきしまる【引き締まる】❶팽팽해지다; 처짐이 없다; 탄탄하다. ‖スポーツで鍛えた引き締まった体 스포츠로 단련된 탄탄한 몸. ❷긴장(緊張)되다. ‖気持ちが引き締まる 긴장되다. ❸(取引で値が)오름세(勢)를 보이다. ‖相場が引き締まる 시세가 오름세를 보이다.

ひきしめる【引き締める】❶팽팽하게 하다. ‖手綱を引き締める 고삐를 바짝 당기다. ❷다잡다; 긴장(緊張)하다. ‖気持ちを引き締める 정신을 바짝 차리다. ❸절약(節約)하다; 긴축(緊縮)하다. ‖財政を引き締める 재정을 긴축하다.

ひぎしゃ【被疑者】피의자(被疑者).

ひきずりこむ【引き摺り込む】억지로 끌어들이다. ‖悪い仲間に引きずり込まれる 나쁜 패거리에 끌려들어가다.

ひきずりだす【引き摺り出す】끌어내다. ‖表舞台に引きずり出す 무대로 끌어내다.

ひきずりまわす【引き摺り回す】끌고 다니다. ‖東京中を引きずり回される 동경 시내를 여기저기 끌려 다니다.

ひきずる【引き摺る】질질 끌다. ‖荷物を引きずって運ぶ 짐을 끌며 옮기다. 審議を引きずる 심의를 질질 끌다.

ひきだし【引き出し】서랍. ‖引き出しを開ける 서랍을 열다.

ひきだす【引き出す】❶꺼내다; 끄집어내다. ‖ケースから本を引き出す 케이스에서 책을 끄집어내다. ❷인출(引出)하다. ‖全額を引き出す 전액을 인출하다.

ひきたつ【引き立つ】돋보이다. ‖額縁を変えたら絵が一段と引き立った 액자를 바꾸었더니 그림이 한층 돋보였다.

ひきたてやく【引き立て役】상대(相對)를 돋보이게 하는 역할(役割).

ひきたてる【引き立てる】❶돋보이게 하다. ‖真珠のネックレスがドレスを引き立てる 진주 목걸이가 드레스를 돋보이게 하다. ❷격려(激勵)하다. ❸특별(特別)히 돌봐 주다. ‖下積み時代から引き立ててくれた恩人 밑바닥 시절부터 돌봐 준 은인.

ひきつぐ【引き継ぐ】물려받다; 이어받다. ‖所長の事務を引き継ぐ 소장 업무를 이어받다.

ひきつける【引き付ける】❶〔痙攣〕경련(痙攣)을 일으키다. ❷끌어당기다; (心を)끌다; 매료(魅了)하다. ‖彼の人柄には誰もが引き付けられる 그 사람의 성품에는 누구나 매료된다.

ひきつづき【引き続き】❶계속(繼續). ‖前回からの引き続きの議題 지난 번부터 계속된 의제. ❷〔副詞的に〕계속해서; 연속(連續)해서; 이어서. ‖引き続き次の仕事をする 연속해서 다음 일을 하다.

ひきつづく【引き続く】계속(繼續)되다. ‖戦乱が引き続く 전란이 계속되다.

ひきつる【引き攣る】❶(火傷などで)피부(皮膚)가 당기다. ‖傷あとが引きつる 상처가 당기다. ❷경련(痙攣)을 일으키다. ‖手足を引きつらせる 손발에 경련을 일으키다. ❸(顔・声などが)굳어지다. ‖顔が引きつる 얼굴이 굳어지다.

ひきつれる【引き連れる】데리고 가다; 같이 가다. ‖仲間を引き連れて押しかける 동료를 데리고 몰려가다.

ひきて【引き手】❶(戸・障子などの)손잡이. ❷〔引く人〕끄는 사람. ‖荷車の引き手 짐수레를 끄는 사람.

ひきでもの【引き出物】초대(招待)한 손님들에게 주는 답례품(答禮品).

ひきど【引き戸】미닫이.

ひきとめる【引き止める】만류(挽留)하다; 말리다. ‖辞職を引き止める 사직을 말리다.

ひきとる【引き取る】❶물러나다; 물러가다; 돌아가다. ‖お引き取りください 돌아가 주십시오. ❷인수(引受)하다. ‖売れ残った品を引き取る 남은 재고품을 인수하다.

ビキニ【bikini】비키니.

ひきにく【挽き肉】간 고기.

ひきにげ【轢き逃げ】뺑소니. ‖ひき逃げする 뺑소니를 치다.

ひきぬく【引き抜く】❶뽑다. ‖大根を引き抜く 무를 뽑다. ❷스카우트하다. ‖優秀な技術者を引き抜く 우수한 기술자를 스카우트하다.

ひきのばす【引き延ばす・引き伸ばす】❶늘이다. ‖ゴム紐を引き伸ばす 고무줄을 늘이다. ❷(写真を)확대(擴大)하다. ‖航空写真を引き伸ばす 항공 사진을 확대하다. ❸지연(遲延)시키다. ‖会議を引き延ばす 회의를 지연시키다.

ひきはなす【引き離す】❶(両方を)떼어 놓다. ‖けんかをしている2人を引き離す 싸우고 있는 두 사람을 떼어 놓다. ❷〔差をつける〕차이(差異)를 벌리다. ‖2位を大きく引き離してゴールした 이등

과 크게 차이를 벌리며 골인했다.

ひきはらう【引き払う】 걷어치우다; 떠나다; 정리(整理)하다; 처분(處分)하다. ‖東京の家を引き払って田舎に戻った 동경의 집을 처분하고 고향으로 돌아왔다.

ひきまわす【引き回す】 ❶둘러치다. ‖幕を引き回す 막을 둘러치다. ❷〔方方を連れて歩く〕끌고 다니다. ❸돌보다. ‖先輩が親切に引き回してくれる 선배가 친절하게 돌봐 주다.

ひきもきらず【引きも切らず】 끊임없이; 계속(繼續)해서; 연달아. ‖見物人が次から次へ引きも切らず押し寄せる 구경꾼들이 연달아 몰려들다.

ひきもどす【引き戻す】 원래 위치(位置)로 되돌리다; 데려오다. ‖家に引き戻す 집으로 데려오다.

ひきょう【卑怯】ダ 비겁(卑怯)하다. ‖卑怯な手を使う 비겁한 수단을 쓰다.

ひきょう【秘境】 비경(秘境).

ひぎょう【罷業】 파업(罷業).

ひきよせる【引き寄せる】 가까이 끌어당기다. ‖明かりを引き寄せる 등불을 가까이 끌어당기다.

ひきょり【飛距離】 비거리(飛距離).

ひきわけ【引き分け】 비김; 무승부(無勝負). ‖引き分けに終わる 무승부로 끝나다.

ひきわたす【引き渡す】 ❶넘겨주다. ‖営業権を引き渡す 영업권을 넘겨주다. ❷(幕などを)치다.

ひきん【卑近】ダ 비근(卑近)하다. ‖卑近な例 비근한 예.

ひきんぞく【非金属】 비금속(非金屬).

***ひく**【引く・惹く】 自他 ❶〔近くへ寄せる〕당기다. ‖綱を引く 밧줄을 당기다. 引き金を引く 방아쇠를 당기다. 的に向かって弓を引く 과녁을 향해 활을 당기다. ❷〔引きずる〕끌다. ‖裾を引く 옷자락을 끌다. 荷車を引く 짐수레를 끌다. ❸〔注意を向けさせる〕끌다. ‖人目を引くような服 사람들 눈길을 끄는 옷. 美貌に惹かれる 미모에 끌리다. ❹〔引き抜く〕뽑다. ‖大根を引く 무를 뽑다. くじを引く 제비를 뽑다. ❺(線状の施設を)끌다; 놓다; 가설(架設)하다. ‖電話を引く 전화를 놓다. ❻〔引き算〕빼다; 깎다; 줄이다. ‖7から2を引く 칠에서 이를 빼다. 値段を引く 값을 깎다. ❼(線を)긋다. ‖線を引く 선을 긋다. ❽〔長く続ける〕뽑다; 빼다. ‖声を長く引く 목소리를 길게 빼다. ❾(熱が)내리다; 빠지다; 가시다. ‖熱が引く 열이 내리다. 顔から血の気が引く 얼굴에서 핏기가 가시다. 腫れが引く 부기가 빠지다. ❿(辞書を)찾다; 뒤지다. ‖辞書を引く 사전을 찾다. 電話帳を引いて番号を調べる 전화번호부를 뒤져서 전화번호를 알아보다. ⓫〔受け継ぐ〕이어받다; (祖先に)닮다. ‖この子は祖父の血を引いて気が強い 이 애는 할아버지를 닮아 기가 세다. ⓬〔身を下げる〕물러나다; 물러서다. ‖政界から身を引く 정계에서 물러나다. 一歩も引かない 한발도 물러서지 않다. ⓭(カーテンを)치다. ‖カーテンを引く 커튼을 치다. ⓮〔表面に広く塗る〕두르다; 바르다; 칠하다. ‖フライパンに油を引く 프라이팬에 기름을 두르다. ⓯(風邪を)걸리다. ‖風邪を引く 감기에 걸리다.

ひく【挽く】 ❶켜다. ‖のこぎりで丸太を挽く 톱으로 통나무를 켜다. ❷갈다. ‖コーヒー豆を挽く 커피콩을 갈다.

ひく【弾く】 연주(演奏)하다; 타다; (バイオリンなどを)켜다. ‖琴を弾く 거문고를 타다.

ひく【轢く】 치다. ‖車が歩行者をひいた 차가 보행자를 쳤다.

***ひくい**【低い】 ❶작다. ‖背の低い人 키가 작은 사람. ❷낮다. ‖身分が低い 신분이 낮다. 低いレベルでの議論 수준이 낮은 논의. 低い声 낮은 목소리. 저음. 温度が低い 온도가 낮다. 鼻が低い 코가 낮다. ❸(費用などが)적다. ‖低いコスト 적은 비용.

ひくつ【卑屈】ダ 비굴(卑屈)하다. ‖卑屈な態度 비굴한 태도.

びくつく 무서워서 벌벌 떨다; 겁내다. ‖先生に怒られないかとびくついている 선생님께 야단맞지 않을까 하고 겁내고 있다.

びくともしない 꿈쩍도 하지 않다. ‖地震にもびくともしない塔 지진에도 꿈쩍도 하지 않는 탑.

ひくひく 벌름벌름. ‖鼻をひくひく(と)させる 코를 벌름거리다.

びくびく ❶벌벌. ‖いつ叱られるかとびくびくしている 언제 야단맞을지 몰라 벌벌 떨고 있다. ❷바르르. ‖体をびくびく(と)動かす 몸을 바르르 떨다.

ぴくぴく 실룩실룩. ‖頬がぴくぴく(と)引きつる 볼이 실룩실룩 경련을 일으키다.

ヒグマ【羆】 큰곰.

ひくめ【低め】ダ 약간(若干) 낮다. ‖達成目標をやや低めに置く 달성 목표를 약간 낮게 잡다.

ヒグラシ【蜩】 쓰르라미.

びくり 〔瞬間的に驚く様子〕 ‖いきなり話しかけられてびくりとした 갑자기 말을 걸어 와 깜짝 놀랐다.

ぴくり 〔痙攣するように急に動く様子〕 ‖頬をぴくりとさせる 볼을 실룩거리다.

ピクルス【pickles】 피클.

ひぐれ【日暮れ】 일몰(日沒); 해질 무렵.

***ひげ**【髭】 수염(鬚髥). ‖ひげを生やす 수염을 기르다. 毎朝ひげを剃る 매일 아

침 수염을 깎다.
ひげ【卑下】 ㊂하 비하(卑下). ‖必要以上に自分を卑下する 필요 이상으로 자신을 비하하다.
ピケ【←picket】 피켓. ‖ピケを張る 피켓을 들다.
ひげき【悲劇】 비극(悲劇). ♦**悲劇的** 비극적. 悲劇的な結末 비극적인 결말.
ひけぎわ【引け際】 (說明) 하루 일과(日課)나 거래가 끝날 무렵.
ひげそり【髭剃り】 면도기(面刀器).
ひけつ【否決】 ㊂하 부결(否決). ‖不信任案が否決された 불신임안이 부결되었다.
ひけつ【秘訣】 비결(秘訣). ‖英語上達の秘訣 영어 숙달의 비결.
ひけめ【引け目】 열등감(劣等感); 약점(弱點). ‖引け目を感じる 열등감을 느끼다.
ひけらかす 과시(誇示)하다. ‖才能をひけらかす 재능을 과시하다.
ひける【引ける】 ❶(業務などが)끝나다. ‖会社が引ける 회사가 끝나다. ❷기(氣)가 죽다; 주눅이 들다. ‖気が引ける 기가 죽다.
ひけん【比肩】 ㊂되 비견(比肩).
ひけんしゃ【被検者】 피검자(被檢者).
ひご【庇護】 ㊂하 비호(庇護).
ひご【卑語】 비어(卑語).
ひこう【非行】 비행(非行). ‖非行に走る 비행을 저지르다. ♦**非行少年** 비행 소년.
ひこう【飛行】 ㊂하 비행(飛行). ‖低空飛行をする 저공비행하다. ♦**飛行機** 비행기. 飛行機に乗る 비행기를 타다. **飛行機雲** 비행기운. **飛行士** 비행사. **飛行時間** 비행 시간. **飛行場** 비행장. **飛行船** 비행선. **夜間飛行** 야간 비행.
びこう【尾行】 ㊂하 미행(尾行). ‖ひそかに尾行する 몰래 미행하다.
びこう【備考】 비고(備考). ♦**備考欄** 비고란.
びこう【鼻孔】 비공(鼻孔).
びこう【鼻腔】 *비강(鼻腔).*
ひこうかい【非公開】 비공개(非公開). ‖非公開で審議する 비공개로 심의하다.
ひこうしき【非公式】 비공식적(非公式的). ‖非公式に会談する 비공식적으로 회담하다. 非公式な見解 비공식적인 견해.
ひごうほう【非合法】 비합법적(非合法的). ‖非合法な活動 비합법적인 활동.
ひごうり【非合理】 비합리(非合理).
ひこく【被告】 피고(被告). ♦**被告人** 피고인.
びこつ【尾骨】 꼬리뼈; 미골(尾骨).
びこつ【鼻骨】 *코뼈; 비골(鼻骨).*
ひごと【日毎】 매일(每日).
ひこぼし【彦星】 견우성(牽牛星).
ひごろ【日頃】 평소(平素); 평상시(平常時). ‖日頃思っていた通りになる 평소 생각하고 있던 대로 되다. 日頃から食事には気をつけています 평소에 식사에는 신경을 쓰고 있습니다.
*__ひざ【膝】__ 무릎. ‖膝をすりむく 무릎이 까지다. 膝まで雪が積もっている 무릎까지 눈이 쌓여 있다. 膝丈のスカート 무릎까지 오는 치마. ▸膝を打つ 무릎을 치다.〔慣〕いいアイディアに思わず膝を打つ 좋은 생각에 자신도 모르게 무릎을 치다. ▸膝を折る 무릎을 꿇다.〔慣〕▸膝を崩す 편하게 앉다. どうぞ膝を崩してください 편하게 앉으세요. ▸膝を屈する 무릎을 꿇다.〔慣〕▸膝を正す 바로 앉다. ▸膝を突き合わせる 무릎을 맞대다. 膝を突き合わせて懇談する 무릎을 맞대고 간담 하다.
ビザ【visa】 비자. ♦**入国ビザ** 입국 비자.
ピザ【pizza イ】 피자.
ひさい【被災】 ‖被災する 재해를 입다. ♦**被災者** 이재민. **被災地** 재해지.
びさい【微細】 ダ 미세(微細)하다; 세세(細細)하다
ひざかけ【膝掛け】 (說明) 방한용(防寒用)으로 무릎에 걸치는 천.
ひさく【秘策】 비책(秘策). ‖秘策を練る 비책을 짜내다.
ひざし【日差し】 햇살; 볕살. ‖日差しが強い 볕살이 뜨겁다. 日差しがまぶしい 햇살이 눈부시다.
ひさしい【久しい】 오래되다; 오랜만이다. ‖久しく会わない友 오랫동안 만나지 않은 친구.
*__ひさしぶり【久し振り】__ 오랜만임. ‖(お)久しぶりですね 오랜만이네요. 久しぶりに会う 오랜만에 만나다.
ひさびさ【久久】 오랜만임. ‖久々の対面 오랜만의 만남.
ひざまくら【膝枕】 무릎베개.
ひざまずく【跪く】 무릎을 꿇다. ‖ひざまずいて祈る 무릎을 꿇고 빌다.
ひさめ【氷雨】 ❶우박(雨雹); 싸락눈 ❷늦가을・초겨울의 찬비.
ひざもと【膝元】 슬하(膝下). ‖親の膝元を離れて東京に出る 부모 슬하를 떠나 동경으로 나오다.
ひさん【飛散】 ㊂하 비산(飛散).
ひさん【悲惨】 ダ 비참(悲慘)하다. ‖悲惨な光景 비참한 광경.
ひし【皮脂】 피지(皮脂).
ひし【秘史】 비사(秘史). ♦**王朝秘史** 왕조 비사.
ひじ【肘】 팔꿈치. ‖肘をつく 팔꿈치를 괴다. ♦**肘掛け** 팔걸이.
ひしがた【菱形】 마름모꼴.
ヒジキ【鹿尾菜】 톳.
ヒシコイワシ【鯷鰯】 멸치.

ひ

ひししょくぶつ【被子植物】 피자 식물(被子植物); 속씨 식물.

ひしつ【皮質】 피질(皮質).

びしっと ❶〔厳しい様子〕딱. ‖びしっと断る 딱 거절하다. ❷〔きちんと整っている様子〕쫙. ‖スーツをびしっと決めて現われる 양복을 쫙 빼입고 나타나다.

びしてき【微視的】 미시적(微視的). ‖微視的な世界 미시적인 세계.

ひじでっぽう【肘鉄砲】 거절(拒絶)함; 거부(拒否)함. ‖肘鉄砲を食わされる 거절당하다.

*__ビジネス【business】__ 비즈니스. ♦ビジネスクラス 비즈니스 클래스. ビジネススクール ①부기등 상업 실무를 가르치는 학교. ②(アメリカなどの)경영 대학원. ビジネスホテル 비즈니스 호텔. ビジネスマン 비즈니스맨.

ひしひし【犇犇】 절절(切切)이; 절실(切實)히. ‖老いのわびしさがひしひしと感じられる 노년의 쓸쓸함이 절실히 느껴지다.

びしびし ❶〔厳しい様子〕가차 없이; 사정(事情) 없이. ‖びしびし(と)取り締まる 가차 없이 단속하다. ❷〔続けざまに当たる音〕팡팡.

ひじまくら【肘枕】 팔베개. ‖肘枕をする 팔베개를 베다[하다].

ひしめく【犇めく】 북적대다; 붐비다.

びじゃく【微弱】 ダ 미약(微弱)하다. ‖微弱な振動 미약한 진동.

ひしゃげる【拉げる】 찌부러지다. ‖家がひしゃげる 집이 찌부러지다.

ひしゃたい【被写体】 피사체(被寫體).

ぴしゃり ❶짝; 철썩. ‖ぴしゃりと頬を打つ 철썩 하고 뺨을 때리다. ❷〔遠慮のない様子〕딱. ‖要求をぴしゃりと断わる 요구를 딱 잘라 거절하다. ❸〔手荒く閉める様子[音]〕탁. ❹〔正確で少しの狂いもない様子〕딱. ‖計算がぴしゃりと合った 계산이 딱 맞아떨어졌다.

ひじゅう【比重】 비중(比重). ‖教育費の比重が年々増大する 교육비의 비중이 해마다 늘다.

びしゅう【美醜】 미추(美醜).

ひしゅうしょくご【被修飾語】 피수식어(被修飾語).

びじゅつ【美術】 미술(美術). ♦美術館 미술관.

ひじゅん【批准】 (스하)비준(批准). ‖講和条約を批准する 강화 조약을 비준하다.

ひしょ【秘書】 비서(秘書).

ひしょ【避暑】 (스하) 피서(避暑). ♦避暑地 피서지.

びじょ【美女】 미녀(美女).

ひしょう【卑称】 비칭(卑稱).

ひしょう【飛翔】 (스하)비상(飛翔). ‖大空を飛翔するワシ 하늘을 향해 비상하는 독수리.

ひじょう【非情】 ダ 비정(非情)하다. ‖非情な人 비정한 사람.

*__ひじょう【非常】__ 비상(非常); 대단함; 엄청남. ‖非常の際はこの階段を使いなさい 비상시에는 이 계단을 이용하시오. 非常の場合に備える 비상시에 대비하다. 非常な人気 대단한 인기. 非常な暑さ 엄청난 더위. ♦非常口 비상구. 非常時 비상시. 非常事態 비상사태. 非常手段 비상 수단.

びしょう【微小】 ダ 미소(微小)하다; 매우 작다. ‖微小な動き 미소한 움직임.

びしょう【微少】 ダ 미소(微少)하다; 매우 적다.

びしょう【微笑】 ダ 미소(微笑). ‖思わず微笑を浮かべる 자기도 모르게 미소를 짓다.

ひじょうきん【非常勤】 비상근(非常勤). ♦非常勤講師 시간 강사.

ひじょうしき【非常識】 비상식적(非常識的). ‖非常識な発言 비상식적인 발언.

びしょうじょ【美少女】 미소녀(美少女).

ひじょうすう【被乗数】 피승수(被乘數).

ひじょうに【非常に】 매우; 몹시; 무척; 대단히. ‖非常にうれしい 몹시 기쁘다. あの映画は非常に面白かった 그 영화는 무척 재미있었다.

びしょうねん【美少年】 미소년(美少年). ‖紅顔の美少年 홍안의 미소년.

びしょく【美食】 (스하)미식(美食). ♦美食家 미식가.

ひじょすう【被除数】 피제수(被除數).

びしょぬれ【びしょ濡れ】 흠뻑 젖음. ‖夕立にあってびしょ濡れになる 소나기를 만나 흠뻑 젖다.

びしょびしょ ❶주룩주룩. ‖毎日びしょびしょ(と)雨が降る 매일 주룩주룩 비가 내리다. ❷〔すっかり濡れる様子〕흠뻑. ‖汗でびしょびしょになる 땀으로 흠뻑 젖다.

ビジョン【vision】 비전. ‖福祉国家のビジョンを示す 복지 국가의 비전을 제시하다.

びじれいく【美辞麗句】 미사여구(美辭麗句). ‖美辞麗句を並べる 미사여구를 늘어놓다.

びじん【美人】 미인(美人).

ひすい【翡翠】 비취(翡翠).

ビスケット【biscuit】 비스킷.

ヒステリー【Hysterie[ド]】 히스테리. ‖ヒステリーを起こす 히스테리를 일으키다.

ヒステリック【hysteric】 ダ 히스테릭하다. ‖ヒステリックに叫ぶ 히스테릭하게 소리 지르다.

ピストル【pistol】 권총(拳銃). ‖ピストルを撃つ 권총을 쏘다.

ピストン【piston】 피스톤.

ひずみ【歪み】 ❶〔ゆがみ〕일그러짐; 비

뚤어짐; 뒤틀림. ❷ 악영향(惡影響); 폐해(弊害). ‖高度成長政策のひずみを是正する 고도 성장 정책의 폐해를 시정하다.

ひずむ【歪む】 일그러지다; 비뚤어지다; 뒤틀리다.

びせい【美声】 미성(美聲).

びせいぶつ【微生物】 미생물(微生物).

びせきぶん【微積分】 미적분(微積分).

ひせんきょけん【被選挙権】 피선거권(被選擧權).

ひせんきょにん【被選挙人】 피선거인(被選擧人).

ひそ【砒素】 비소(砒素).

ひそう【皮相】 피상적(皮相的). ‖皮相な見方 피상적인 관점.

ひそう【悲壮】ダ 비장(悲壯)하다. ‖悲壮な覚悟 비장한 각오.

ひそう【悲愴】 비창(悲愴).

ひぞう【秘蔵】 (る하) 비장(祕藏). ‖秘蔵の品 비장품.

ひぞう【脾臓】 비장(脾臟).

ひそうぞくにん【被相続人】 피상속인(被相續人).

ひそか【密か】ダ 은밀(隱密)하다. ‖密かな楽しみ 은밀한 즐거움.

ひぞく【卑俗】ダ 비속(卑俗)하다. ‖卑俗な歌 비속한 노래.

ひぞく【卑属】 비속(卑屬). ♦直系卑属 직계 비속.

ひそひそ 소근소근. ‖ひそひそ(と)耳元でささやく 귓전에 대고 소근소근 속삭이다.

ひそむ【潜む】 숨다. ‖犯人は市内に潜んでいるはずだ 범인은 시내에 숨어 있을 것이다.

ひそめる【潜める】 숨기다; 감추다; (声・息を)죽이다. ‖物陰に身を潜める 그늘에 몸을 숨기다. 声を潜めて話す 목소리를 죽이고 이야기하다.

ひそめる【顰める】 눈살을 찌푸리다. ‖彼の態度に皆眉をひそめた 그 사람의 태도에 다들 눈살을 찌푸렸다.

ひだ【襞】 ❶(衣服の)주름. ‖スカートのひだ *치마의 주름.* ❷ 주름처럼 보이는 것.

ひたい【額】 이마. ‖額が広い 이마가 넓다. 額に汗して働く 이마에 땀 흘리며 일하다. ▸額に八の字を寄せる 미간을 찌푸리다. ▸額を集める 이마를 맞대다.〔慣〕

ひだい【肥大】 (る하) 비대(肥大). ‖益々肥大する情報産業 점점 비대해지는 정보 산업.

びだい【美大】 미대(美大).

びたいちもん【鐚一文】 아주 적은 돈. ‖びた一文寄付は出さない 한 푼도 기부하지 않다.

びだくおん【鼻濁音】 (言語) 비탁음(鼻濁音).

ひたす【浸す】 (液体に)담그다. ‖足を小川の水に浸す 발을 실개천에 담그다. 干ししいたけを水に浸しておく 말린 버섯을 물에 담가 두다.

ひたすら【只管】 오직; 한결같이; 오로지. ‖ひたすら謝る 오로지 빌다. ひたすら働く 오로지 일만 하다. ひたすらな思い 한결같은 마음.

ひだち【肥立ち】 나날이 성장(成長)함; 나날이 회복(回復)됨. ‖産後の肥立ち 산후 회복. 산후 조리.

ぴたっと ❶〔急に止まる〕딱. ‖しゃっくりがぴたっと止まる 딸꾹질이 딱 멎다. ❷〔正確に合致する〕딱. ‖占いがぴたっと当たる 점이 딱 맞다. ❸〔平らなものが打ち当たる〕철썩. ‖平手で頬をぴたっと打つ 한 손으로 뺨을 철썩 때리다. ❹〔隙間なくついている〕꽉. ‖門がぴたっと閉まっている 문이 꽉 잠겨 있다.

ひだね【火種】 불씨. ‖紛争の火種 분쟁의 불씨.

ひたひた ❶ 철썩철썩. ‖水が舟べりをひたひた(と)たたく 물이 뱃전을 철썩철썩 때리다. ❷〔次第に迫ってくる〕‖孤独感がひたひたと胸に迫る 고독감이 가슴에 밀려오다. ❸(浸るくらいの) ‖水加減はひたひたになるくらいにする 물 양은 잠길 듯 말 듯한 정도로 하다.

ひだまり【日溜まり】 양지(陽地).

ビタミン【vitamin】 비타민.

ひたむき【直向き】ダ 한 가지 일에 전념(專念)하다. ‖ひたむきな態度 한 가지 일에 전념하는 태도.

***ひだり【左】** ❶ 왼쪽. ‖左に曲がる 왼쪽으로 돌다. 左に見えるのがランドマークタワーです 왼쪽으로 보이는 것이 랜드마크타워입니다. 彼の左に座っていた人は誰なの 그 사람 왼쪽에 앉아 있던 사람은 누구야? ❷ 좌익(左翼). ‖左がかった思想 좌익 성향의 사상.

ぴたり ❶〔急に止まる〕딱. ❷〔合致する〕딱. ‖占いがぴたり(と)当たる 점이 딱 맞다. ❸〔隙間なくついている〕딱.

ひだりうちわ【左団扇】 (説明) 안락(安樂)한 생활(生活)을 함. ‖左うちわで暮らす *걱정 없이 생활하다.*

ひだりきき【左利き】 왼손잡이.

ひだりて【左手】 ❶ 왼손. ‖左手で持つ 왼손으로 들다. ❷〔左の方〕왼쪽. ‖向かって左手の家 정면에서 보아 왼쪽 집.

ひだりまわり【左回り】 왼쪽으로 도는 것.

ひたる【浸る】 ❶(液体に)담그다. ‖肩まで湯に浸る 더운 물에 어깨까지 담그다. ❷(考えなどに)잠기다. ‖過去の思い出に浸る 과거의 추억에 잠기다.

ひだるま【火達磨】 불덩이. ‖全身火だるまになる 온몸이 불덩이가 되다.

ひたん【悲嘆】 (る하) 비탄(悲歎). ‖悲嘆

ひ

に暮れる 비탄에 잠기다.
びだん【美談】 미담(美談).
びだんし【美男子】 미남(美男).
びちく【備蓄】 ㊂하 비축(備蓄). ‖米を備蓄する 쌀을 비축하다.
ぴちぴち ❶〔勢いよく跳ね回る〕펄떡펄떡. ‖ぴちぴち(と)跳ねる白魚 펄떡펄떡 뛰는 뱅어. ❷〔若さにあふれている様子〕‖ぴちぴちした女の子 생기가 넘치는 여자 아이. ぴちぴち(と)はりのある肌 탱탱한 피부.
びちゃびちゃ 흠뻑. ‖雨で靴がびちゃびちゃになる 비로 구두가 흠뻑 젖다.
ぴちゃぴちゃ ❶〔水などが軽く跳ね返る音〕철썩철썩. ❷〔飲んだり食べたりする時の舌の音〕‖犬がぴちゃぴちゃ(と)ミルクをなめる 개가 우유를 할짝거리다.
びちょうせい【微調整】 약간(若干) 조정(調整)을 함. ‖微調整する 약간 조정을 하다.
びちょびちょ ❶주룩주룩. ‖朝からびちょびちょと降り続いている 아침부터 비가 주룩주룩 내리고 있다. ❷〔すっかり濡れている様子〕흠뻑.
ひつ【櫃】 궤(櫃); 뚜껑이 위로 열리는 큰 상자(箱子).
ひつう【悲痛】ダ 비통(悲痛)하다. ‖悲痛な面持ち 비통한 표정.
ひっか【筆禍】 필화(筆禍). ♦筆禍事件 필화 사건.
ひっかかり【引っ掛かり】 관계(關係); 마음에 걸림. ‖気持ちに引っかかりがある 마음에 걸리는 것이 있다.
ひっかかる【引っ掛かる】 ❶걸리다. ‖凧が電線に引っかかる 연이 전선에 걸리다. 詐欺に引っかかる 사기에 걸리다. ❷〔かかわる〕관계(關係)하다; 말려들다. ‖面倒な事件に引っかかる 성가신 사건에 말려들다.
ひっかきまわす【引っ掻き回す】 ❶휘젓다; 마구 뒤지다. ‖引き出しの中を引っかき回す 서랍 속을 마구 뒤지다. ❷〔秩序を乱す〕어지럽히다; 휘저어 놓다. ‖1人で会を引っかき回す 혼자서 모임을 휘저어 놓다.
ひっかく【筆画】 필획(筆畫); 자획(字畫).
ひっかく【引っ掻く】 할퀴다. ‖爪で引っかいた痕 손톱으로 할퀸 자국.
ひっかける【引っ掛ける】 ❶걸다. ‖コートをハンガーに引っかける 코트를 옷걸이에 걸다. ❷걸치다. ‖コートを引っかけて飛び出す 코트를 걸치고 뛰어나가다. ❸(車で)치다; 들이받다. ❹(液体を)뒤집어쓰다. ❺〔だます〕속이다.
ひっかぶる【引っ被る】 ❶뒤집어쓰다. ‖水を引っかぶる 물을 뒤집어쓰다. ❷떠맡다. ‖責任をすべて引っかぶる 책임을 모두 떠맡다.
ひっき【筆記】 ㊂하 필기(筆記). ♦筆記試験 필기시험.
ひつぎ【棺】 관(棺).
ひっきりなし【引っ切り無し】 끊임없음; 계속(繼續)됨. ‖電話が引っ切りなしにかかってくる 전화가 끊임없이 걸려 오다.
ピッキング【picking】 ❶〔開錠〕특수(特殊)한 도구(道具)로 자물쇠를 여는 것. ❷(物流で)물품(物品)을 배송처별(配送處別)로 분류(分類)하는 것.
ピック【pick】 (ギターなどの)픽.
ビッグバン【big bang】 빅뱅; 대폭발(大爆發).
*__びっくり__ 깜짝 놀람. ‖私はの知らせを聞いてびっくりした 나는 그 소식을 듣고 깜짝 놀랐다. 彼はびっくりするほど背が高い 그 사람은 깜짝 놀랄 정도로 키가 크다. びっくりさせるなよ 놀라게 하지 마. ♦びっくり仰天 ㊂하 기절초풍. あまりのことにびっくり仰天する 너무 놀라 기절초풍하다. びっくり箱 ㊇ 뚜껑을 열면 내용물(內容物)이 튀어나와 놀라게 하는 장난감 상자(箱子).
ひっくりかえす【引っ繰り返す】 ❶쓰러뜨리다; 넘어뜨리다. ‖茶碗を引っ繰り返す 찻잔을 넘어뜨리다. ❷뒤집다; (試合を)역전(逆轉)시키다. ‖負け試合を引っ繰り返す 지고 있던 시합을 역전시키다.
ひっくりかえる【引っ繰り返る】 ❶쓰러지다; 넘어지다. ‖地震で本棚が引っ繰り返ってしまった 지진으로 책장이 넘어지고 말았다. ❷뒤집히다; 역전(逆轉)되다. ‖形勢が引っ繰り返る 형세가 역전되다.
ひっくるめる【引っ括める】 모두 합하다; 총괄(總括)하다. ‖全部引っくるめて3万円 전부 합해 삼만 엔.
ひづけ【日付】 날짜. ‖この書類には日付がない 이 서류에는 날짜가 없다. もらった名刺の裏に日付を書く 받은 명함 뒤쪽에 날짜를 적다. ♦日付変更線 날짜 변경선.
ひつけやく【火付け役】 ㊇ 어떤 일의 계기(契機)를 만드는 사람. ‖彼が論争の火付け役だ 그 사람이 논쟁을 일으킨 장본인이다.
ひっけん【必見】 꼭 보아야 함; 꼭 보아야 하는 것. ‖必見の書 필독서. 꼭 읽어야 하는 책.
ひっこし【引っ越し】 이사(移徙); 이전(移轉). ‖引っ越し先 이사 가는 곳. ♦引っ越し蕎麦 ㊇ 이사 온 인사(人事)로 이웃에 돌리는 국수.
ひっこす【引っ越す】 이사(移徙)하다; 이전(移轉)하다. ‖新居に引っ越す 새 집으로 이사하다.
ひっこみ【引っ込み】 ❶〔引き込むこと〕틀어박힘. ❷〔身を引くこと〕물러남. ▸

引っ込みがつかない 시작한 이상 물러날 수가 없다.

ひっこみじあん【引っ込み思案】 소극적(消極的)임. ‖引っ込み思案の性格 소극적인 성격.

ひっこむ【引っ込む】 ❶쑥 들어가다; 패이다. ‖目が引っ込んでいる 눈이 쑥 들어갔다. ❷틀어박히다; 처박히다. ‖大病をして以来ずっと家に引っ込んでいる 큰 병을 앓고 난 후 집에만 틀어박혀 있다. 彼は定年になって田舎に引っ込んだ 그 사람은 정년퇴직하고 시골에 처박혔다.

ひっこめる【引っ込める】 ❶(突き出していたものを)도로 집어넣다. ‖慌てて頭を引っ込める 서둘러 머리를 움츠리다. ❷철회(撤回)하다. ‖要求を引っ込める 요구를 철회하다. ❸(役者・選手などを)물러나게 하다; 강판(降板)시키다. ‖先発投手を引っ込める 선발 투수를 강판시키다.

ピッコロ【piccolo イ】 피콜로.

ひっし【必死】 필사적(必死的). ‖必死で勉強する 필사적으로 공부하다. 必死の努力 필사적인 노력. 必死になる 필사적으로 되다.

ひっし【必至】 필지(必至); 반드시 그렇게 됨. ‖総辞職は必至の情勢だ 총사직은 필지의 정세다.

ヒツジ【羊・未】 ❶《動物》양(羊). ‖羊の群れ 양떼. 羊飼い 양치기. ❷(十二支の)미(未).

ひっしゃ【筆写】 (え하) 필사(筆寫).

ひっしゃ【筆者】 필자(筆者).

ひつじゅ【必需】 필수(必需).

ひっしゅう【必修】 필수(必修). ♦必修科目 필수 과목.

ひつじゅひん【必需品】 필수품(必需品). ♦生活必需品 생활 필수품.

ひつじゅん【筆順】 필순(筆順).

ひっしょう【必勝】 필승(必勝).

びっしょり 흠뻑. ‖全身がびっしょり(と)濡れた 온몸이 흠뻑 젖었다.

びっしり ❶〔たくさん詰まっている〕꽉. ‖予定がびっしり(と)*詰まっている* *예정이* 꽉 차 있다. ❷〔十分に物事を行なう〕꽉. ‖8時間びっしり(と)働く 여덟 시간 꽉 채워서 일하다.

ひっす【必須】 필수(必須). ♦必須アミノ酸 필수 아미노산. 必須条件 필수 조건.

ひっせき【筆跡】 필적(筆跡). ♦筆跡鑑定 필적 감정.

ひつぜつ【筆舌】 필설(筆舌). ‖筆舌に尽くしがたい 필설로 다할 수 없다.

ひつぜん【必然】 필연(必然). ‖必然の結果 필연적인 결과. ♦必然性 필연성. 必然的 필연적.

ひっそり 조용히; 고요히. ‖ひっそり(と)した森 고요한 숲.

ひったくり【引っ手繰り】 낚아챔; 날치기.

ひったくる【引っ手繰る】 낚아채다; 날치기하다. ‖ハンドバッグを引ったくられる 핸드백을 날치기당하다.

ぴったり ❶〔隙間がない様子〕‖障子をぴったり(と)閉める 문을 꼭 닫다. ❷〔合う〕딱. ‖足にぴったりした靴 발에 딱 맞는 구두. 息子にぴったりの嫁 아들한테 딱 어울리는 며느리.

ひつだん【筆談】 (え하) 필담(筆談).

ひっち【筆致】 필치(筆致).

ピッチ【pitch】 ❶피치. ‖ピッチを上げる 피치를 올리다. ❷(サッカー・ホッケーなどの)경기장(競技場).

ヒッチハイク【hitchhike】 히치하이크.

ひっちゃく【必着】 (え하) 필착(必着).

ぴっちり 〔隙間なく合っている〕‖ぴっちり(と)した洋服 딱 맞는 양복.

ひっつかむ【引っ摑む】 움켜쥐다; 꽉 잡다. ‖髪の毛を引っつかむ 머리카락을 움켜쥐다.

ひっつく【引っ付く】 착 달라붙다. ‖汗でシャツが体に引っつく 땀으로 셔츠가 몸에 착 달라붙다.

ひってき【匹敵】 (え하) 필적(匹敵). ‖プロに匹敵する腕前 프로에 필적할 만한 솜씨.

***ヒット【hit】** (え하) 히트. ❶(野球で)안타(安打). ❷(映画・音盤などの)성공(成功). ‖映画がヒットする 영화가 히트하다. ❸명중(命中). ❹(インターネットで)검색 항목(検索項目)에 해당(該當)하는 것. ‖検索ヒット件数 검색 결과 건수.

ビット【bit】 …비트.

ひっとう【筆頭】 필두(筆頭). ♦筆頭株主 필두 주주; 최대 주주.

ひつどく【必読】 (え하) 필독(必讀). ♦必読書 필독서.

ひっぱく【逼迫】 (え하) 핍박(逼迫). ‖生活が逼迫する 생활이 핍박받다.

ひっぱたく【引っ叩く】 세게 두드리다; 세게 때리다. ‖頬をひっぱたく 뺨을 세게 때리다.

ひっぱりだこ【引っ張り凧】 (説明) 서로 데려가려고 하는 사람 또는 물건. ‖各球団から引っ張りだこの選手 각 구단에서 서로 데려가려고 하는 선수.

ひっぱりだす【引っ張り出す】 ❶꺼내다. ‖押し入れから布団を引っ張り出す 붙박이장에서 이불을 꺼내다. ❷끌어내다; 끄집어내다; 불러내다. ‖検察側証人として引っ張り出される 검찰측 증인으로 불려나가다.

***ひっぱる【引っ張る】** ❶당기다; 끌어당기다; 잡아당기다. ‖綱を引っ張る 밧줄을 잡아당기다. ❷통솔(統率)하다; 강제(强制)로 끌고 가다. ‖クラスを引っ張っていく 반을 이끌고 가다. 警

察に引っ張られる 경찰에 끌려가다. ❸늘이다. ‖語尾を引っ張って発音する 어미를 늘여서 발음하다.

ヒッピー【hippie】 히피족.

ヒップ【hip】 엉덩이; 힙.

ヒップホップ【hip-hop】 힙합.

ひづめ【蹄】 발굽. ‖馬のひづめの音 말발굽 소리.

ひつめい【筆名】 필명(筆名).

*__ひつよう__【必要】ダ 필요(必要)하다. ‖登山に必要な道具 등산에 필요한 도구. 眼鏡が必要になる 안경이 필요해지다. 完成まではあと1か月の期間を必要とする 완성까지는 앞으로 한 달이라는 기간이 필요하다. そんなに急いで行く必要はない 그렇게 서둘러 갈 필요는 없다. 必要ならば 필요하다면. 必要に迫られて 필요에 의해. ▸必要は発明の母 필요는 발명의 어머니. ♦必要悪 필요악. 必要条件 필요조건.

ビデ【bidet フ】 비데.

ひてい【否定】 (ス他) 부정(否定). ‖うわさを否定する 소문을 부정하다. 彼が有能だということは否定できない 그 사람이 유능하다는 것은 부정할 수 없다. 否定的な返事 부정적인 대답. ♦二重否定 이중 부정.

ひ

ビデオ【video】 비디오. ♦ビデオカセット 비디오카세트. ビデオカメラ 비디오 카메라. ビデオディスク 비디오디스크. ビデオテープ 비디오테이프. ビデオテープレコーダー 비디오테이프리코더. ビデオデッキ 비디오테이프리코더.

びてき【美的】 미적(美的). ‖美的センス 미적인 센스.

ひでり【日照り】 가뭄; 기근(飢饉). ♦日照り雨 여우비.

ひでん【秘伝】 비전(祕傳). ‖秘伝の妙薬 비전의 묘약.

*__ひと__【人】 ❶사람; 인간(人間). ‖人は死ぬものだ 사람은 죽는다. 現場にはたくさんの人がいた 현장에는 많은 사람이 있었다. とても親切な人 무척 친절한 사람. 三上という人 미카미라는 사람. 人が変わる 사람이 변하다. 人を見る目がある 사람을 보는 눈이 있다. 人が足りない 사람이 부족하다. 彼の奥さんはどういう人ですか 그 사람 부인은 어떤 사람입니까? ❷타인(他人); 남; 다른 사람. ‖*人のものに手をつける 남의 물건에 손대다.* 人に言えない悩み 다른 사람에게 말할 수 없는 고민. ❸〔お客さん〕손님. ‖今日人が来ることになっている 오늘 손님이 오기로 되어 있다. ❹〔私・自分〕나. ‖人をばかにしないで 나를 바보로 만들지 마. ❺〔夫〕남편(男便). ‖うちの人が 우리 남편이. ▸人が好(い)い 사람이 좋다. ▸人の噂も七十五日 소문은 오래가지 못한다. ▸人の口に戸は立てられない 소문은 막을 길이 없다. ▸人のふり見て我がふり直せ 다른 사람의 행동을 보고 자신을 반성하고 고쳐라. ▸人の褌(ふんどし)で相撲を取る 남의 것으로 자신의 이익을 챙기다. ▸人は一代, 名は末代 사람은 죽지만 이름은 오래도록 남는다. ▸人を食う 사람을 깔보다. 人を食った態度 사람을 깔보는 태도. ▸人を見て法を説け 상대에 맞게 방법을 써라.

ひと-【一】 ❶한…. ‖1そろい 한 벌. ❷잠깐. ‖一風呂浴びる 한 차례 목욕하다. ❸어떤 시기(時期)를 막연(漠然)하게 나타냄. ‖ひと頃 한때.

ひとあし【一足】 ❶한발. ❷짧은 시간(時間); 짧은 거리(距離). ‖一足先に出かけます 먼저 나가겠습니다.

ひとあじ【一味】 ❶미묘(微妙)한 맛의 정도(程度). ‖一味足りない 맛이 약간 부족하다. ❷다른 것과 구별(區別)되는 성질(性質). ‖一味違う画風 독특한 화풍.

ひとあせ【一汗】 한바탕 땀을 흘림. ‖テニスで一汗かく 테니스로 한바탕 땀을 흘리다.

ひとあたり【人当たり】 사람을 대하는 태도(態度); 붙임성. ‖人当たりがよい 붙임성이 좋다.

ひとあわ【一泡】 놀라 허둥지둥함. ‖敵に一泡吹かせる 적을 놀라게 하다.

ひとあんしん【一安心】 일단 안심(安心)함; 한시름 놓음. ‖手術が成功して一安心する 수술이 성공해서 한시름 놓다.

*__ひどい__【酷い】 ❶심하다; 잔혹(殘酷)하다. ‖老人をだますとはあまりにもひどい 노인을 속이다니 너무 심하다. ひどい仕打ち 잔혹한 처사. ❷〔劣悪だ〕아주 나쁘다; 형편없다; 비참(悲慘)하다. ‖ひどい料理 형편없는 요리. ひどい成績 형편없는 성적. ひどい生活 비참한 생활. ❸〔甚だしい〕정도(程度)가 심하다; 지독(至毒)하다. ‖ひどい暑さ 지독한 더위. ひどい風邪をひく 지독한 감기에 걸리다.

ひといき【一息】 ❶단숨. ‖一息に飲み干す 단숨에 들이켜다. ❷잠깐 쉼. ‖一息つく 한숨 돌리다. ❸약간(若干)의 노력(努力). ‖*頂上まであと一息だ 정상까지 조금만 더 가면 된다.*

ひといきれ【人いきれ】 사람의 훈김; 훈기(薰氣); 열기(熱氣). ‖会場は人いきれでむんむん(と)していた 회장은 사람들의 열기로 가득 차 있었다.

ひといちばい【人一倍】 남보다 배(倍)로. ‖人一倍努力する 남보다 배로 노력하다.

びどう【微動】 (ス自) 미동(微動). ‖微動だにしない 미동도 하지 않다.

ひとえ【一重】 한 겹. ‖壁一重を隔てる

のみだ 사이에 벽이 하나 있을 뿐이다. 一重まぶた 외꺼풀.

ひとえに【偏に】 오로지; 오직; 전적(全的)으로. ‖成功はひとえに努力のたまものである 성공은 전적으로 노력한 결과이다.

ひとおじ【人怖じ】 (子どもが)낯을 가려 무서워함. ‖人怖じしない子ども 낯을 가리지 않는 아이.

ひとおもいに【一思いに】 과감(果敢)히; 눈 딱 감고. ‖ひと思いに苦い薬を呑み込む 쓴 약을 눈 딱 감고 삼키다.

ひとかげ【人影】 그림자; 인적(人跡). ‖人影が絶える 인적이 끊기다.

ひとかず【人数】 ❶인원수(人員數); 사람수. ❷〔人並み〕사람 축. ‖人数に入らない 사람 축에 못 끼다.

ひとかた【一方】 ❶한 분. ‖お一方様 한 분. ❷보통(普通); 웬만함. ‖彼の喜びは一方ではなかった 그의 기쁨은 보통이 아니었다. ▸一方ならず[ならぬ] 매우. 무척. 대단히. 一方ならず驚いた 무척 놀랐다. 皆様には一方ならぬお世話になりました 여러분들께는 대단히 신세를 많이 졌습니다.

ひとかど【一角・一廉】 ❶한 분야(分野). ❷〔一人前〕한몫. ‖一角の働きをする 한몫을 하다. ❸〔副詞として〕그런대로; 남이 하는 만큼은; 어엿하게.

ひとがら【人柄】 인격(人格); 인품(人品). ‖人柄がいい 인품이 좋다.

ひとかわ【一皮】 한 꺼풀. ‖一皮むく 한 꺼풀 벗다. 一皮むけば 한 꺼풀 벗기면.

ひとぎき【人聞き】 ❶사람을 통해 들음; 전해 들음. ‖人聞きに聞く 전해 듣다. ❷〔外聞〕다른 사람이 들었을 때의 느낌. ‖人聞きの悪いことを言うな 듣기에 안 좋은 소리는 하지 마라.

ひとぎらい【人嫌い】 (説明)사람과 사귀는 것을 싫어함.

ひときわ【一際】 더욱; 유달리. ‖一際目立つ 유달리 눈에 띄다.

ひどく【酷く】 매우; 몹시. ‖ひどく暑い日が続く 몹시 더운 날이 계속되다.

びとく【美徳】 미덕(美德). ‖謙譲の美徳 겸양의 미덕.

ひとくい【人食い】 식인(食人). ♦人食い鮫(ざめ) 식인 상어.

ひとくぎり【一区切り】 일단락(一段落). ‖一区切りつく 일단락되다.

ひとくくり【一括り】 일괄(一括).

ひとくせ【一癖】 특이(特異)한 성격(性格); 성깔. ‖一癖ありそうな人 성깔이 있어 보이는 사람. ▸一癖も二癖もある 보통내기가 아니다.

ひとくち【一口】 ❶한입. ‖一口で食う 한입에 먹다. ❷한마디. ‖一口で言うと 한마디로 말하면. ❸(株・寄付・出資などの)한 구좌(口座). ‖一口寄付する 한 구좌 기부하다.

ひとくろう【一苦労】 약간(若干)의 고생(苦生); 상당(相當)한 고생. ‖子どもを寝かせるのに一苦労した 아이를 재우는 데 고생 좀 했다.

ひとけ【人気】 인기척; 인적(人跡). ‖人気のない夜道 인적이 없는 밤길.

ひとけた【一桁】 한자릿수. ‖一桁の成長率 한자릿수의 성장률.

ヒトゲノム【←human genome】 인간(人間) 게놈.

ひとこいしい【人恋しい】 사람이 그립다.

ひとこえ【一声】 ❶한 번 소리를 냄. ❷한마디 말. ‖困ったことがあったら一声かけてください 곤란한 일이 있으면 말해 주십시오.

ひとごこち【人心地】 (説明)긴장(緊張)이 풀려 기분(氣分)이 안정(安定)됨. ‖やっと人心地がついた 겨우 안정이 되었다.

ひとこと【一言】 한마디. ‖一言も聞き漏らさない 한마디도 흘려듣지 않다. ▸一言多い 쓸데없는 말을 하다.

ひとごと【人事・他人事】 남의 일. ‖まるで人事のような顔をしている 마치 남의 일인 것 같은 얼굴을 하고 있다. ▸人事ではない 남의 일이 아니다.

ひとこま【一齣】 한 장면(場面). ‖映画の一こま 영화의 한 장면.

ひとごみ【人込み】 인파(人波). ‖人込みに紛れ込む 인파 속으로 사라지다.

ひところ【一頃】 한때. ‖ひと頃よく映画に行った 한때는 자주 영화를 보러 갔다.

ひとごろし【人殺し】 살인자(殺人者).

ひとさしゆび【人差し指】 집게손가락; 인지(人指).

ひとさわがせ【人騒がせ】ダ 세상(世上)을 떠들썩하게 하다. ‖人騒がせな事件 세상을 떠들썩하게 한 사건.

*__ひとしい__【等しい】 같다; 동일(同一)하다; 마찬가지다. ‖AとBは重さが等しい A와 B는 무게가 같다. 飲酒運転は殺人行為に等しい 음주운전은 살인 행위와 마찬가지다.

ひとしお【一入】 한층 더. ‖寒さがひとしお身にしみる 추위가 한층 더 몸에 스미다. 喜びもひとしおだ 한층 더 기쁘다.

ひとしきり【一頻り】 한바탕. ‖ひとしきり雨が降る 한바탕 비가 내리다.

ひとしごと【一仕事】 ❶한바탕 일을 함; 한차례 일을 함. ‖一仕事終えて帰宅する 한차례 일을 하고 집으로 돌아오다. ❷〔かなり大変な仕事〕상당(相當)히[꽤] 힘든 일. ‖旅行の支度だけでも一仕事だ 여행 준비하는 것도 꽤 힘든 일이다.

ひとじち【人質】 인질(人質). ‖人質に取る 인질로 잡다.

ひとしなみ【等し並み】ダ 동등(同等)하다. ‖大人も子どもも等し並みに扱う 어른도 아이도 동등하게 대하다.
ひとしばい【一芝居】 (人をあざむいたりだましたりするために行なう)한차례 연극(演劇). ‖承知させるために一芝居打つ 승낙을 받기 위해 한차례 연극을 벌이다.
ひとしれず【人知れず】 남몰래. ‖人知れず涙を流す 남몰래 눈물을 흘리다.
ひとしれぬ【人知れぬ】 남모르는. ‖人知れぬ苦労 남모르는 고생.
ひとずき【人好き】 호감(好感). ‖人好きのする顔 호감이 가는 얼굴.
ひとすじ【一筋】 ❶한줄기. ‖一筋の光明 한줄기 광명. ❷한 가지 일에 전념(專念)함. ‖学問一筋に生きる 오로지 학문에 전념하며 살다.
ひとすじなわ【一筋縄】 보통(普通)의 방법(方法). ‖一筋縄ではいかない 보통의 방법으로는 안 된다.
ひとずれ【人擦れ】 (多くの人と接して)닳고 닳음. ‖人擦れする 닳고 닳다. 人擦れしていない純朴な青年 때 묻지 않은 순박한 청년.
ひとだかり【人集り】 사람이 모임 또는 그 집단(集團). ‖人だかりがしている 사람들이 모여 있다.
ひとだすけ【人助け】 ‖人助けする 남을 돕다.
ひとだのみ【人頼み】 남에게 의지(依支)함; 남에게 맡김. ‖大事な仕事なので人頼みにはできない 중요한 일이므로 남에게 맡길 수는 없다.
ひとだま【人魂】 도깨비불.
ひとたまり【一溜まり】 잠시(暫時) 버팀. ‖ひとたまりもない 잠시도 버티지 못하다.
ひとちがい【人違い】 ‖人違いする 사람을 잘못 보다.
***ひとつ【一つ・1つ】** ❶하나. ‖1つ,2つ 하나, 둘. ❷〔一歳〕한 살. ‖1つ年をとる 나이를 한 살 먹다. ❸한 가지. ‖それもひとつの方法だ 그것도 한 가지 방법이다. ❹…에 (따라). ‖君の決心ひとつにかかっている 너의 결심에 달려 있다. ❺…조차. ‖挨拶ひとつできない 인사조차 제대로 못 하다. ❻시험(試驗) 삼아. ‖ひとつやってみよう 시험 삼아 해 보자. ▸一つ穴のむじな 한패. 한통속. *▸一つ釜の飯を食う 한솥밥을 먹다.*
ひとつおぼえ【一つ覚え】 하나만 알고 융통성(融通性)이 없음; 하나밖에 모름. ‖ばかの一つ覚え 하나만 알고 막무가내로 내세움.
ひとづかい【人使い】 사람을 부림 또는 부리는 방법(方法). ‖人使いが荒い 사람 부리는 것이 거칠다.
ひとつかみ【一掴み】 한 줌; 적은 양(量).
ひとづきあい【人付き合い】 붙임성; 사교성(社交性). ‖人付き合いが悪い 사교성이 없다.
ひとづて【人伝】 간접적(間接的)으로 듣거나 전함; 인편(人便). ‖人づてに聞いた話 인편에 들은 이야기.
ひとっぱしり【一っ走り】 한달음.
ひとつひとつ【一つ一つ】 하나하나. ‖一つ一つ点検する 하나하나 점검하다. 一つ一つ問題を解決していく 하나하나 문제를 해결해 나가다.
ひとつぶだね【一粒種】〔息子〕외아들;〔娘〕외동딸.
ひとづま【人妻】 유부녀(有夫女).
ひとつまみ【一撮み】 ❶손끝으로 한 번 집음; 아주 적은 양(量). ‖一つまみの塩 약간의 소금. ❷간단(簡單)히 상대(相對)를 이김. ‖あんな相手は一つまみだ 저런 상대는 간단하다.
***ひとで【人手】** ❶사람 손; 다른 사람의 손. ‖人手が加わる 사람 손이 가다. ❷일손. ‖人手が足りない 일손이 부족하다. ▸人手に渡る 남의 손으로 넘어가다.
ひとで【人出】 인파(人波). ‖連休は大変な人出だった 연휴는 엄청난 인파였다.
ヒトデ【海星】 불가사리.
ひとでなし【人で無し】 인정(人情)이나 은혜(恩惠)를 모르는 사람; 사람도 아닌 사람.
ひととおり【一通り】 ❶대충; 대강(大綱). ‖一通り説明しておく 대충 설명을 해 두다. ❷보통(普通); 일반적(一般的)임. ‖一通りの教育は受けさせたつもりだ 남들만큼 교육은 받도록 해 줬다고 생각한다. ❸한 가지 방법(方法). ‖やり方は一通りだけではない 방법은 한 가지만 있는 것은 아니다.
ひとどおり【人通り】 사람의 왕래(往來).
ひととき【一時】 ❶한때. ‖楽しい一時を過ごす 즐거운 한때를 보내다. ❷(過去の)한때. ‖一時盛んだった遊び 한때 유행했던 놀이.
ひととなり【人となり】 천성(天性); 성격(性格); 사람 됨됨이. ‖温和な人となり 온화한 성격.
ひとなつこい【人懐こい】 사람을 잘 따르다. ‖人懐こい子ども 사람을 잘 따르는 아이.
ひとなみ【人並み】 보통 정도(普通程度); 평범(平凡)함. ‖人並みな生活 평범한 생활.
ひとなみ【人波】 인파(人波). ‖人波にもまれる 인파에 시달리다.
ひとにぎり【一握り】 한 줌. ‖一握りの砂 한 줌의 모래.
ひとはだぬぐ【一肌脱ぐ】 힘껏 도와주

다. ‖君のためなら一肌脱いでもいい 널 위해서라면 도와줄 수 있다.

ひとびと【人人】 사람들. ‖大勢の人々が集まる 많은 사람들이 모이다.

ひとひねり【一捻り】 ❶한 번 비틂. ‖腰を一捻りする 허리를 한 번 비틀다. ❷〔簡単に負かすこと〕간단(簡單)히 이김. ‖あんなやつは一捻りだ 저런 녀석은 간단히 이길 수 있다. ❸조금 더 궁리(窮理)를 함. ‖最近の入試問題はどれも一捻りしてある 최근의 입시 문제는 전부 궁리를 한 문제들이다.

ひとべらし【人減らし】 감원(減員).

ひとま【一間】 방(房) 한 칸.

ひとまえ【人前】 ❶사람들 앞. ‖人前ではうまくしゃべれない 사람들 앞에서는 말을 제대로 못하다. ❷체면(體面). ‖人前をつくろう 체면을 차리다.

ひとまかせ【人任せ】 남에게 맡김. ‖人任せにできない仕事 남에게 맡길 수 없는 일.

ひとまく【一幕】 ❶(演劇の) 한 막(幕). ❷(事件の) 한 장면(場面).

ひとまず【一先ず】 우선(于先); 일단(一旦). ‖これでひとまず安心だ 이걸로 일단 안심이다.

ひとまとめ【一纏め】 하나로 합침. ‖皆の荷物を一まとめにする 모두의 짐을 하나로 합치다.

ひとまね【人真似】 ‖人まねする 남 흉내를 내다.

ひとまわり【一回り】 ❶한 바퀴 돎; 일주(一周). ‖池を一回りする 연못을 한 바퀴 돌다. ❷(十二支で)한 바퀴; 십이 년(十二年). ‖年が一回り違う 나이가 열두 살 차이가 나다. ❸한 단계(段階); 한 치수. ‖一回り大きなサイズの服 한 치수 더 큰 사이즈의 옷.

ひとみ【瞳】 눈동자; 눈. ‖瞳を輝かせる 눈을 반짝이다. ▸瞳を凝らす 응시하다.

ひとみしり【人見知り】 ㊂하 낯가림. ‖人見知りしない子 낯가림을 하지 않는 아이.

ひとむかし【一昔】 (説明) 옛날로 느껴질 정도의 과거(過去). ‖十年一昔だ 십 년이면 강산도 변한다. 彼が留学したのは一昔前のことだ 그 사람이 유학한 것은 상당히 옛날이다.

ひとめ【一目】 ❶잠깐 봄. ‖一目会いたい 한 번 만나고 싶다. ❷한눈에 봄. ‖峠から町は一目で見渡せる 고개에서 마을이 한눈에 내려다보이다.

ひとめ【人目】 남의 눈. ‖人目を避ける 남의 눈을 피하다. ▸人目に付く 주목을 받다. 눈에 띄다.〔慣〕▸人目を忍ぶ 남의 눈을 피하다. ▸人目を憚(はばか)る 남의 눈을 꺼리다. ▸人目を引く 시선을 끌다. 눈에 띄다.〔慣〕

ひとめぼれ【一目惚れ】 ‖一目惚れする 첫눈에 반하다.

ひともうけ【一儲け】 ‖一儲けする 한몫 잡다. 株で一儲けする 주식으로 한몫 잡다.

ひとやく【一役】 한몫; 한 역할(役割). ▸一役買う 한몫하다. 한 역할 하다. 新総理誕生に一役買う 신총리 탄생에 한몫하다.

ひとやすみ【一休み】 잠깐 쉼. ‖ちょっと一休みする 잠깐 쉬다.

ひとやま【一山】 ❶한 무더기. ❷한고비. ‖一山越す 한고비 넘기다. ▸一山当てる 투기로 한몫 잡다.

ひとよ【一夜】 ❶하룻밤. ‖今宵一夜を共に過ごす 오늘 하룻밤을 함께 보내다. ❷어느 날 밤. ‖ある冬の一夜 어느 겨울날 밤.

ひとよせ【人寄せ】 (説明) 사람을 모음 또는 사람을 모으기 위한 흥행(興行).

***ひとり【一人・独り】** ❶한 사람; 하나; 한 명(名). ‖彼は私の友人の１人です 그 사람은 내 친구 중의 한 사람입니다. その部屋には子どもが１人いた 그 방에는 아이가 한 명 있었다. １人残らず試験に合格した 한 사람도 빠짐없이 시험에 합격했다. ❷혼자. ‖１人で遊ぶ 혼자서 놀다. 彼女は一人暮らしだ 그녀는 혼자 살고 있다. ❸독신(獨身). ‖まだ独りです 아직 독신입니다.

ひどり【日取り】 날짜를 잡음. ‖結婚式の日取りを決める 결혼식 날짜를 잡다.

ひとりあたま【一人頭】 일 인당(一人當). ‖1人頭5千円 일 인당 오천 엔.

ひとりあるき【一人歩き・独り歩き】 ❶혼자 걸음. ❷자립(自立)함.

ひとりがてん【一人合点・独り合点】 ㊂하 지레짐작. ‖確かめもせずに独り合点する 확인도 하지 않고 지레짐작하다.

ひとりぎめ【一人決め・独り決め】 ㊂하 독단(獨斷).

ひとりぐち【一人口】 한 사람만의 생계(生計).

ひとりごと【一人言・独り言】 혼잣말. ‖独り言を言う 혼잣말을 하다.

ひとりしばい【一人芝居・独り芝居】 ❶모노드라마. ❷(相手なしに)혼자 흥분(興奮)하여 행동(行動)함.

ひとりじめ【一人占め・独り占め】 ㊂하 독점(獨占); 독차지. ‖利益を独り占めする 이익을 독차지하다.

ひとりずもう【一人相撲・独り相撲】 ▸一人相撲をとる 혼자 설치다. 혼자서 헛수고를 하다.

ひとりだち【一人立ち・独り立ち】 ㊂하 독립(獨立). ‖独り立ちして商売を始める 독립해서 장사를 시작하다.

ひとりたび【一人旅・独り旅】 혼자 하는 여행(旅行).

ひとりっこ【一人っ子】〔息子〕외동아들;〔娘〕무남독녀(無男獨女).

ひとりでに【独りでに】저절로. ‖車がひとりでに動き出す 차가 저절로 움직이다.

ひとりね【独り寝】혼자 잠.

ひとりひとり【一人一人】각자(各自); 한 사람 한 사람. ‖一人一人の心がけが大切だ 한 사람 한 사람의 마음가짐이 중요하다.

ひとりぶたい【独り舞台】독무대(獨舞臺).

ひとりぼっち【独りぼっち】외톨이.

ひとりみ【独り身】❶독신(獨身). ‖独り身の気楽さ 독신의 편안함. ❷(家族と離れて)혼자 지냄.

ひとりむすこ【一人息子】외아들; 독자(獨子).

ひとりむすめ【一人娘】외동딸; 무남독녀(無男獨女).

ひとりもの【独り者】독신자(獨身者).

ひとりよがり【独り善がり】독선적(獨善的). ‖独り善がりな態度 독선적인 태도.

ひ

ひな【雛】병아리; 새 새끼. ‖ひなが孵(かえ)る 병아리가 부화하다. ヒバリのひな 종다리 새끼.

ひなが【日長】낮이 김. ‖春の日長 긴 봄날.

ひながた【雛型】❶모형(模型). ❷서식(書式). ❸견본(見本).

ひなた【日向】양지(陽地).

ひなたぼっこ【日向ぼっこ】‖日向ぼっこする 양지에서 햇볕을 쬐다.

ひなどり【雛鳥】❶새끼 새. ❷병아리.

ひなにんぎょう【雛人形】(説明) 여자(女子) 아이의 성장(成長)을 축하(祝賀)하는 날(3 월 3 일)에 장식(裝飾)하는 인형(人形).

ひなびる【鄙びる】촌스럽다; 시골티가 나다. ‖ひなびた温泉宿 촌스러운 온천 여관.

ひなまつり【雛祭り】(説明) 삼월 삼일(三月三日)에 여자(女子) 아이의 성장(成長)을 축하(祝賀)하는 날.

ひなん【非難】(スル하) 비난(非難). ‖不手際を非難する 실수를 비난하다. 非難を受ける 비난을 받다. 非難を免れない 비난을 면치 못하다. 非難の的になる 비난의 대상이 되다.

ひなん【避難】(スル하) 피난(避難). ♦避難訓練 피난 훈련.

びなん【美男】미남(美男).

ビニール【vinyl】비닐. ♦ビニール傘 비닐 우산. ビニールハウス 비닐하우스.

ひにく【皮肉】❶비꼼; 비아냥; 빈정거림. ‖皮肉を言う 비아냥거리다. 皮肉な笑い 빈정대는 듯한 웃음. ❷얄궂음; 짓궂음. ‖運命の皮肉 얄궂은 운명. 皮肉なことに 얄궂게도.

ひにち【日日】❶〔年月日〕날; 날짜. ❷일수(日數); 날수.

ひにひに【日に日に】나날이; 날이 갈수록. ‖日に日に暖かくなる 날이 갈수록 따뜻해지다.

ひにょうき【泌尿器】비뇨기(泌尿器). ♦泌尿器科 비뇨기과.

ひにん【否認】(スル하) 부인(否認). ‖犯行を否認する 범행을 부인하다.

ひにん【避妊】(スル하) 피임(避姙).

ひねくる【捻くる】❶만지작거리다. ‖機械のスイッチをひねくる 기계 스위치를 만지작거리다. ❷(理屈を)둘러대다. ‖理屈をひねくる 이유를 둘러대다.

ひねくれもの【捻くれ者】꼬인 사람.

ひねくれる【捻くれる】(性質が)비뚤어지다; 뒤틀리다; 꼬이다. ‖ひねくれた考え方 비뚤어진 사고방식.

ひねこびる【陳こびる】(子どもが)어른스럽다; 조숙(早熟)하다.

びねつ【微熱】미열(微熱).

ひねり【捻り】❶비틂. ❷〔おひねりの形で〕(説明) 신불(神佛)에 바치거나 팁으로 주기 위해 돈을 종이에 싸서 비튼 것.

ひねりだす【捻り出す】❶궁리(窮理)하다; 짜내다. ‖妙案をひねり出す 묘안을 짜내다. ❷(お金を)마련하다; 염출(捻出)하다.

ひねる【捻る】❶비틀다; 틀다. ‖蛇口をひねる 수도꼭지를 틀다. ❷간단(簡單)히 이기다. ‖新人投手にひねられる 신인 투수에게 간단히 당하다. ❸〔考える〕궁리(窮理)하다. ‖頭をひねる 머리를 짜내어 생각하다.

ひのいり【日の入り】일몰(日沒).

ひのうみ【火の海】불바다. ‖あたり一面火の海だ 주변 일대가 불바다다.

ひのえ【丙】(十干の)병(丙).

ヒノキ【檜】노송나무.

ひのきぶたい【檜舞台】(説明) 영광(榮光)스러운 자리. ▸檜舞台に立つ 영광스러운 자리에 서다.

ひのくるま【火の車】(説明) 경제 상태(經濟狀態)가 매우 어려움.

ひのくれ【日の暮れ】해가 질 무렵.

ひのけ【火の気】불기. ‖火の気の全くない部屋 불기가 전혀 없는 방.

ひのこ【火の粉】불티; 불똥.

ひのて【火の手】불길. ▸火の手が上がる 불길이 오르다.

ひので【日の出】해돋이; 일출(日出). ‖日の出の勢い 욱일승천의 기세.

ひのべ【日延べ】(スル하) 연기(延期). ‖運動会は雨で日延べになった 운동회는 비로 연기되었다.

ひのまる【日の丸】일장기(日章旗).

ひのめ【日の目】햇빛; 빛. ▸日の目を見る 빛을 보다. 〔慣〕알려지다. 地味な研究がやっと日の目を見る 주목받지 못하

던 연구가 드디어 빛을 보다.

ひのもと【火の元】 불기가 있는 곳; 화기(火氣). ‖火の元に気をつける 화기를 조심하다.

ひばいどうめい【非買同盟】 불매 동맹(不買同盟); 보이콧.

ひばいひん【非売品】 비매품(非賣品).

ひばく【被爆】 피폭(被爆). ♦被爆者 피폭자.

びはく【美白】 미백(美白). ♦美白効果 미백 효과.

ひばしら【火柱】 불기둥. ‖爆発音と同時に火柱が立った 폭발음과 함께 불기둥이 솟았다.

びはだ【美肌】 아름다운 피부(皮膚).

ひばち【火鉢】 화로(火爐).

ひばな【火花】 불꽃. ▸火花を散らす 불꽃을 튀기다.

ヒバリ【雲雀】 종다리; 종달새.

*ひはん【批判】 ㊇하 비판(批判). ‖政府の外交方針を批判する 정부의 외교 방침을 비판하다. ♦自己批判 자기비판. 批判的 비판적.

ひばん【非番】 비번(非番).

ひび【皹】 (皮膚の)주름.

ひび【罅】 금. ▸ひびが入る 금이 가다. 友情にひびが入る 우정에 금이 가다.

ひび【日日】 나날; 하루하루. ‖日々の暮らし 하루하루의 생활. 忙しい日々 바쁜 나날.

びび【微微】 미미(微微). ‖私の功績など微々たるものだ 내 공적은 미미한 것이다.

ひびかせる【響かせる】 ❶(音や振動を)울리다. ❷떨치다. ‖名声を響かせる 명성을 떨치다.

ひびき【響き】 소리; 울림. ‖太鼓の響き 북소리.

*ひびく【響く】 ❶(音・振動が)울리다; 퍼지다. ‖突然銃声が響いた 갑자기 총성이 울렸다. ❷알려지다; 퍼지다. ‖世界にその名が響く 세계에 그 이름이 알려지다. ❸나쁜 영향(影響)을 주다. ‖徹夜をすると明日の仕事に響く 철야를 하면 내일 일에 영향을 미친다. ❹감명(感銘)을 받다. ‖胸に響く言葉 가슴에 와 닿는 말.

ひひょう【批評】 ㊇하 비평(批評). ‖作品を批評する 작품을 비평하다. 文芸批評 문예 비평. 批評家 비평가.

びびる 기죽다; 무서워하다.

ひびわれ【罅割れ】 ‖柱がひび割れする 기둥에 금이 가다.

びひん【備品】 비품(備品). ‖学校の備品 학교 비품.

*ひふ【皮膚】 피부(皮膚). ‖皮膚が弱い 피부가 약하다. ♦皮膚科 피부과. 皮膚病 피부병.

ビフィズスきん【bifidus 菌】 비피더스균.

びふう【微風】 미풍(微風).

ひぶくれ【火脹れ】 데어서 생긴 물집. ‖火ぶくれができる 데인 자리에 물집이 생기다.

ひふこきゅう【皮膚呼吸】 피부 호흡(皮膚呼吸).

ひぶそうちたい【非武装地帯】 비무장지대(非武裝地帶).

ひぶた【火蓋】 ▸火蓋を切る (戦いを)시작하다. 개시하다. 反撃の火蓋を切る 반격을 개시하다.

ビブラート【vibrato イ】 비브라토.

ひぶん【碑文】 비문(碑文).

びぶん【微分】 ㊇하 미분(微分). ♦微分方程式 미분 방정식.

ひふんこうがい【悲憤慷慨】 ㊇하 비분강개(悲憤慷慨).

ひへい【疲弊】 ㊇하 피폐(疲弊). ‖国力が疲弊する 국력이 피폐해지다.

ひほう【秘法】 비법(秘法).

ひほう【悲報】 비보(悲報).

ひぼう【誹謗】 ㊇하 비방(誹謗). ‖人を誹謗する 사람을 비방하다.

びほう【弥縫】 ㊇하 미봉(彌縫). ♦弥縫策 미봉책.

びぼう【美貌】 미모(美貌). ‖美貌を誇る 미모를 자랑하다.

びぼうろく【備忘録】 비망록(備忘錄).

ひほけんしゃ【被保険者】 피보험자(被保險者).

ひぼし【日干し】 햇볕에 말림. ‖魚を日干しにする 생선을 햇볕에 말리다.

ひぼん【非凡】ダ 비범(非凡)하다; 뛰어나다. ‖非凡な手腕 비범한 수완.

*ひま【暇】 ❶자유(自由)로운 시간(時間); 한가(閑暇)함. ‖この時期は商売が暇だ 이 시기는 장사가 잘 안 된다. お暇な時お寄りください 한가할 때 들러 주십시오. 暇を持て余す 남아도는 시간을 주체 못하다. ❷(何かをするための)시간(時間); 틈. ‖本を読む暇もない 책을 읽을 틈도 없다. ▸暇を出す 해고하다. 이혼하다. ▸暇を潰す 시간을 때우다. 소일하다. 映画を見て暇をつぶす 영화를 보며 시간을 때우다. ▸暇を取る〔やめる〕고용인 쪽에서 자진해서 관계를 끊다. ▸暇を盗む 짬을 내다. 暇を盗んでは本を読む 시간을 내어 틈틈이 책을 읽다.

ひまく【皮膜】 피막(皮膜).

ひまご【曾孫】 증손자(曾孫子).

ひましに【日増しに】 나날이. ‖日増しに暖かになる 나날이 따뜻해지다.

ひまつ【飛沫】 비말(飛沫); 물보라.

ひまつぶし【暇潰し】 ❶심심풀이. ❷시간 낭비(時間浪費).

ヒマワリ【向日葵】 해바라기.

ひまん【肥満】 ㊇하 비만(肥滿). ♦肥満型 비만형. 肥満症 비만증.

*ひみつ【秘密】 비밀(秘密). ‖秘密にす

る 비밀로 하다. 秘密が漏れる 비밀이 새다. そのことは彼には秘密にしてください 그 일은 그 사람한테는 비밀로 해 주십시오. 秘密を守る 비밀을 지키다. 公然の秘密 공공연한 비밀. 秘密裏に取引が行なわれる 비밀리에 거래가 이루어지다. ♦秘密警察 비밀경찰. 秘密結社 비밀 결사. 秘密選挙 비밀 선거. 秘密投票 비밀 투표.

びみょう【微妙】ダ 미묘(微妙)하다. ‖微妙な色彩のバランス 미묘한 색채의 조화.

ひめ【姫】 ❶귀인(貴人)의 딸. ‖お姫様 공주님; 아가씨. ❷〔小さいもの〕작고 귀여운 것; 꼬마. ‖姫鏡台 꼬마 화장대. ❸이름 뒤에 붙이는 경칭(敬稱). ‖白雪姫 백설공주.

ひめい【悲鳴】 비명(悲鳴); 비명 소리. ‖暗闇の中で悲鳴が聞こえた 어둠 속에서 비명 소리가 들렸다. ▸悲鳴を上げる 비명을 지르다.

びめい【美名】 미명(美名). ‖美名に隠れて悪事をはたらく 그럴듯한 미명하에 나쁜 짓을 하다.

ひめごと【秘め事】 비밀(秘密). ‖2人だけの秘め事 두 사람만의 비밀.

ひめやか【秘めやか】 몰래 하는 것; 은밀(隱密)함. ‖秘めやかに想う 남몰래 생하다.

ひめる【秘める】 비밀(秘密)로 하다; 숨기다; 묻어 두다. ‖胸に秘める 가슴 속에 묻어 두다.

ひめん【罷免】 (する) 파면(罷免). ‖大臣を罷免する 장관을 파면하다.

***ひも【紐】** ❶끈; 줄. ‖紐を解く 끈을 풀다. 古新聞を紐で縛る 오래된 신문을 끈으로 묶다. 柱と柱の間に紐を張る 기둥과 기둥 사이에 줄을 치다. ❷정부(情夫); 기둥서방.

ひもく【費目】 비목(費目); 지출 명목(支出名目). ‖費目ごとに伝票を整理する 지출 명목별로 전표를 정리하다.

ひもじい 배고프다. ▸ひもじい時のまずい物なし 시장이 반찬.〔諺〕

ひもち【日持ち】 ‖日持ちする (食べ物が) 오래되어도 변질되지 않다.

ひもつき【紐付き】 ❶끈이 달려 있음. ‖紐付きの寝巻 끈이 달린 잠옷. ❷정부(情夫)가 있는 여자(女子). ❸조건(條件)이 붙어 있음.

ひもと【火元】 ❶불을 사용(使用)하는 곳. ❷발화 장소(發火場所).

ひもとく【繙く】 책을 펴서 읽다.

ひもの【干物】 건어물(乾魚物).

ひや【冷や】 ❶냉수(冷水). ‖お冷や 냉수. ❷〔冷や酒〕찬 술.

ひやあせ【冷や汗】 식은땀. ▸冷や汗をかく 식은땀을 흘리다.

ひやかす【冷やかす】 놀리다. ‖新婚夫婦を冷やかす 신혼부부를 놀리다.

***ひゃく【百】** 백(百); 〔百歳〕백 살. ‖彼は100まで生きるよ 그 사람은 백 살까지 살 것이다. 100個の卵が箱にある 계란이 백 개 상자 안에 있다. 100分の2 백 분의 이. ▸百も承知 충분히 알고 있음. 危険は百も承知の上で決行する 위험은 충분히 각오하고 결행하다.

ひやく【飛躍】 (する) 비약(飛躍). ‖一大飛躍を遂げる 일대 비약을 하다. 彼の話には論理の飛躍がある 그 사람의 이야기에는 논리의 비약이 있다. 科学技術は飛躍的に進歩した 과학 기술은 비약적으로 진보했다.

びゃくい【白衣】 백의(白衣).

ひゃくがい【百害】 백해(百害). ▸百害あって一利なし 백해무익(百害無益).

ひゃくじゅう【百獣】 백수(百獸). ‖百獣の王ライオン 백수의 왕 사자.

ひゃくしょう【百姓】 농사꾼; 농민(農民).

ひゃくせんひゃくしょう【百戦百勝】 백전백승(百戰百勝).

ひゃくたい【百態】 백태(百態).

ひゃくてん【百点】 백점(百點). ♦百点満点 백점 만점.

ひゃくにちぜき【百日咳】 백일해(百日咳).

ヒャクニチソウ【百日草】 백일초(百日草).

ひゃくにんいっしゅ【百人一首】 (説明) 대표적(代表的)인 백 인(百人)의 와카를 한 수(首)씩 모아 놓은 것.

ひゃくにんりき【百人力】 일당백(一當百)의 힘.

ひゃくねん【百年】 백 년(百年); 긴 세월(歲月). ▸百年河清を俟(ま)つ 백년하청(百年河淸). ♦百年の計 백년지계. 国家百年の計 국가의 백년지계.

ひゃくパーセント【百%・100%】 백(百) 퍼센트.

ひゃくはちじゅうど【百八十度・180度】 백팔십 도(百八十度). ‖180度の方向転換 백팔십 도 방향 전환.

ひゃくぶん【百聞】 백문(百聞). ▸百聞は一見に如かず 백문이 불여일견.〔諺〕

ひゃくぶんひ【百分比】 백분비(百分比).

ひゃくぶんりつ【百分率】 백분율(百分率).

ひゃくまん【百万】 백만(百萬).

びゃくや【白夜】 백야(白夜).

ひゃくやく【百薬】 백약(百藥).

ひゃくようばこ【百葉箱】 백엽상(百葉箱).

ひやけ【日焼け】 ‖真っ黒に日焼けする 피부가 새까맣게 타다.

ひやし【冷やし】 차게 함; 냉(冷)…. ♦冷やしそば 냉메밀국수.

ヒヤシンス【hyacinth】 히아신스.

ひやす【冷やす】 차게 하다; 식히다.

‖ビールを冷蔵庫で冷やす 맥주를 냉장고에 넣어 차게 하다. 少し頭を冷やして来い 잠시 머리를 식히고 와라.

ひゃっかじてん【百科事典】 백과사전(百科事典).

ひゃっかぜんしょ【百科全書】 백과전서(百科全書).

ひゃっかてん【百貨店】 백화점(百貨店).

ひゃっかにち【百箇日】 (説明) 사람이 죽은 지 백 일째 되는 날.

ひやっと【冷やっと】 ‖ひやっとする 섬뜩하다. 오싹하다.

ひゃっぱつひゃくちゅう【百発百中】 백발백중(百發百中). ‖百発百中の命中率 백발백중의 명중률.

ひやとい【日雇い】 날품팔이; 일용(日傭). ‖日雇い労働者 일용직 노동자.

ひやひや【冷や冷や】 조마조마. ‖気づかれはしないかと冷や冷やした 들키지 않을까 싶어 조마조마했다.

ひやめし【冷や飯】 찬밥. ▸冷や飯を食う 찬밥 신세다.

ひややか【冷ややか】ダ ❶싸늘하다; 차갑다. ‖高原の冷ややかな風 고원의 싸늘한 바람. ❷냉담(冷淡)하다; 냉정(冷情)하다; 싸늘하다. ‖冷ややかな目で見る 싸늘한 눈으로 보다.

ひややっこ【冷や奴】 (説明) 차게 한 두부(豆腐)를 양념 간장에 찍어 먹는 것.

ひやりと【冷やりと】 ❶〔急に冷たさを感じる〕‖ひやりと感じる外気 싸늘하게 느껴지는 바깥 공기. ❷〔一瞬危険などを感じて緊張する〕‖吊り橋が揺れてひやりとした 현수교가 흔들려서 가슴이 철렁했다.

ひゆ【比喩】 비유(比喩). ♦**比喩的表現** 비유적인 표현. **比喩法** 비유법.

ひゅう ❶〔風・笛など〕휘익. ‖口笛をひゅうと吹く 휘파람을 휘익 불다. ❷〔弾丸など〕휙. ‖弾丸がひゅうと耳をかすめる 탄환이 휙 하고 귀를 스치다.

びゅう 〔風などが〕쏴. ‖一陣の風がびゅうと吹く 한줄기 바람이 쏴 하고 불다.

ヒューズ【fuse】 퓨즈. ‖ヒューズが飛んだ 퓨즈가 끊어졌다.

ピューレ【purée ㇷ】 퓌레.

ビュッフェ【buffet ㇷ】 뷔페.

ひょい ❶〔軽く〕가볍게. ‖ひょいと持ち上げる 가볍게 들어 올리다. ❷〔急に〕갑자기. ‖ひょいと現われる 갑자기 나타나다.

ひょう【表】 표(表). ‖実験の結果を表で示す 실험 결과를 표로 나타내다. ♦**時間表** 시간표. **成績表** 성적표.

ひょう【票】 표(票). ‖票を投じる 표를 던지다. ♦**組織票** 조직표. **浮動票** 부동표.

ひょう【雹】 우박(雨雹).

ヒョウ【豹】 표범.

***ひよう**【費用】 비용(費用). ‖結婚式の費用 결혼식 비용. 費用を出す 비용을 내다. かなりの費用がかかる 상당한 비용이 들다.

-びょう【秒】 …초(秒). ‖5秒 오 초.

-びょう【病】 …병(病). ♦**心臓病** 심장병.

びよう【美容】 미용(美容). ‖美容にいい食べ物 미용에 좋은 음식. ♦**美容院** 미장원. **美容師** 미용사. **美容整形** 성형수술. **美容体操** 미용 체조.

ひょういもじ【表意文字】 표의 문자(表意文字).

***びょういん**【病院】 병원(病院). ‖病院に行く 병원에 가다. 病院に入院している 병원에 입원해 있다. 病院に通っている 병원에 다니고 있다. ♦**総合病院** 종합 병원.

ひょうおんもじ【表音文字】 표음 문자(表音文字).

***ひょうか**【評価】 (조하) 평가(評價). ‖学説の評価が高まる 학설의 평가가 높아지다. 評価できる内容の本 평가할 만한 내용의 책. 能力を過大評価する 능력을 과대평가하다.

ひょうが【氷河】 빙하(氷河). ♦**氷河期** 빙하기.

ひょうかい【氷解】 ❶(조하) 해빙(解氷). ❷풀림. ‖彼に対する誤解も氷解した 그 사람에 대한 오해도 풀렸다.

ひょうき【表記】 (조하) 표기(表記). ‖漢字で表記する 한자로 표기하다.

ひょうき【標記】 (조하) 표기(標記).

ひょうぎ【評議】 (조하) 평의(評議). ♦**評議員** 평의원. **評議会** 평의회.

***びょうき**【病気】 병(病). ‖病気になる 병이 나다. 病気にかかる 병에 걸리다. 病気が治る 병이 낫다.

ひょうきん【剽軽】ダ 익살맞다; 우스꽝스럽다. ‖ひょうきんな男 익살맞은 남자. ♦**剽軽者** 익살꾼.

びょうく【病苦】 병고(病苦). ‖病苦に打ち克つ 병고를 이겨내다.

ひょうけいほうもん【表敬訪問】 (조하) 예방(禮訪).

ひょうけつ【表決】 (조하) 표결(表決).

ひょうけつ【票決】 (조하) 표결(票決).

ひょうけつ【氷結】 ‖氷結する 얼음이 얼다.

びょうけつ【病欠】 (조하) 병결(病缺).

***ひょうげん**【表現】 (조하) 표현(表現). ‖適切な言葉で表現する 적절한 말로 표현하다. この悲しみは言葉では表現できない 이 슬픔은 말로는 표현할 수 없다. 思っていることを自由に表現する 생각하고 있는 것을 자유롭게 표현하다. 表現の自由 표현의 자유. ♦**表現力** 표현력.

びょうげん【病原】 병원(病原). ♦**病原**

ひ

菌 병원균. 病原体 병원체.

ひょうご【標語】 표어(標語). ‖交通安全の標語 교통 안전 표어.

ひょうこう【標高】 표고(標高).

ひょうさつ【表札】 문패(門牌). ‖表札をかける 문패를 달다.

ひょうざん【氷山】 빙산(氷山). ▸氷山の一角 빙산의 일각.〔慣〕

ひょうし【拍子】 ❶ 박자(拍子). ‖拍子を合わせる 박자를 맞추다. ❷〔…した拍子にの形で〕…는 바람에; …자마자. ‖転んだ拍子に靴がぬげる 넘어지는 바람에 구두가 벗겨지다.

ひょうし【表紙】 표지(表紙). ♦裏表紙 속표지.

ひょうじ【表示】 (スル) 표시(表示). ‖意思を表示する 의사를 표시하다. 製造年月日はふたに表示されている 제조 일자는 뚜껑에 표시되어 있다.

ひょうじ【標示】 (スル) 표시(標示). ♦標示板 표시판.

びょうし【病死】 (スル) 병사(病死).

ひょうしき【標識】 표지(標識). ♦道路標識 도로 표지. 標識灯 표지등.

びょうしつ【病室】 병실(病室).

ひょうしぬけ【拍子抜け】 김빠짐; 김샘; 맥(脈)이 빠짐. ‖拍子抜けしてやる気がなくなる 김빠져서 할 마음이 없어지다.

びょうしゃ【描写】 (スル) 묘사(描寫). ‖巧みに描写する 정밀하게 묘사하다. ♦心理描写 심리 묘사. 性格描写 성격 묘사.

びょうじゃく【病弱】ダ 병약(病弱)하다. ‖病弱な身 병약한 몸.

ひょうしゅつ【表出】 (スル) 표출(表出). ‖感情の表出 감정 표출.

*ひょうじゅん【標準】 표준(標準). ‖東京を標準にして考える 동경을 표준으로 해서 생각하다. 標準的な大きさ 표준적인 크기. ♦標準規格 표준 규격. 標準語 표준어. 標準時 표준시. 標準装備 표준 장비.

ひょうしょう【表象】 표상(表象).

ひょうしょう【表彰】 (スル) 표창(表彰). ♦表彰式 표창식. 表彰状 표창장.

ひょうじょう【氷上】 빙상(氷上). ♦氷上バレエ 빙상 발레.

*ひょうじょう【表情】 표정(表情). ‖表情豊かな人 표정이 풍부한 사람. 顔の表情が柔和になる 얼굴 표정이 부드러워지다. 表情のない顔 표정이 없는 얼굴.

びょうじょう【病状】 병세(病勢). ‖病状が悪化する 병세가 악화되다.

びょうしん【秒針】 초침(秒針).

ひょうする【表する】 표(表)하다. ‖遺憾の意を表する 유감의 뜻을 표하다.

ひょうする【評する】 평(評)하다. ‖人物を評する 인물을 평하다.

びょうせい【病勢】 병세(病勢). ‖病勢改まる 병세가 악화되다.

ひょうせつ【剽窃】 (スル) 표절(剽竊).

ひょうそう【表層】 표층(表層). ♦表層構造 표층 구조.

びょうそう【病巣】 병소(病巢). ‖病巣を切除する 병소를 절제하다.

ひょうだい【表題・標題】 표제(標題). ♦標題音楽 표제 음악.

ひょうたん【瓢箪】 호리병박; 표주박; 조롱박. ▸瓢箪から駒 농담으로 한 말이 실제로 이루어짐.

ひょうちゃく【漂着】 (スル) 표착(漂着). ‖海岸に漂着する 해안에 표착하다.

びょうちゅうがい【病虫害】 병충해(病蟲害).

ひょうてき【標的】 표적(標的). ‖敵の攻撃の格好の標的となる 적이 공격하기에 좋은 표적이 되다.

びょうてき【病的】 병적(病的). ‖病的に太る 병적으로 살이 찌다.

ひょうてん【氷点】 빙점(氷點).

ひょうてん【評点】 평점(評點).

ひょうでん【票田】 표밭.

ひょうでん【評伝】 평전(評傳).

ひょうてんか【氷点下】 영하(零下). ‖気温が氷点下に下がる 기온이 영하로 내려가다.

びょうとう【病棟】 병동(病棟).

びょうどう【平等】 평등(平等). ‖法の前にはすべての人が平等である 법 앞에서 만인은 평등하다. 平等に扱う 평등하게 대하다. ♦男女平等 남녀평등.

びょうにん【病人】 병자(病者); 아픈 사람.

ひょうはく【漂白】 (スル) 표백(漂白). ♦漂白剤 표백제.

ひょうばん【評判】 평판(評判). ‖評判がいい 평판이 좋다. 評判を気にする 평판에 신경을 쓰다.

ひょうひ【表皮】 표피(表皮).

びょうぶ【屏風】 병풍(屛風).

びょうへい【病弊】 병폐(病弊). ‖機械文明の病弊 기계 문명의 병폐.

ひょうへん【豹変】 (スル) 표변(豹變). ‖態度が豹変する 태도가 표변하다.

ひょうぼう【標榜】 (スル) 표방(標榜). ‖福祉国家を標榜する 복지국가를 표방하다.

ひょうほん【標本】 표본(標本). ♦植物標本 식물 표본. 標本調査 표본 조사.

ひょうめい【表明】 (スル) 표명(表明). ‖反対の意を表明する 반대 의사를 표명하다.

びょうめい【病名】 병명(病名).

*ひょうめん【表面】 표면(表面). ‖表面に傷をつける 표면에 상처를 내다. 表面上は問題は単純に見えた 표면상으로는 문제가 단순하게 보였다. ♦表面化

㊅하 표면화. 表面張力 표면 장력. 表面的 표면적.
ひょうめんせき【表面積】 표면적(表面積).
びょうよみ【秒読み】 초읽기. ‖完成は秒読みの段階だ 완성은 초읽기 단계다.
ひょうり【表裏】 표리(表裏); 겉과 속. ♦表裏一体 표리일체.
ひょうりゅう【漂流】 ㊅하 표류(漂流). ‖嵐の海を漂流する 폭풍이 치는 바다를 표류하다.
ひょうろん【評論】 ㊅하 평론(評論). ♦評論家 평론가.
ひよく【肥沃】ダ 비옥(肥沃)하다. ‖肥沃な土地 비옥한 토지.
ひよけ【日除け】 직사광선(直射光線)을 피(避)함.
ひよこ【雛】 ❶병아리. ❷〔未熟な者〕애송이. ‖技術者としてまだほんのひよこだ 기술자로서는 아직 애송이에 불과하다.
ひょこひょこ ❶〔小刻みにはねる〕깡총깡총. ❷〔気軽に出歩く〕‖ひょこひょこ出かける 여기저기 돌아다니다.
ぴょこん ❶〔急に動作をする〕꾸벅. ‖ぴょこんと頭を下げる 머리를 꾸벅 숙이다. ❷〔そこだけが突き出ている〕툭; 툭. ‖ぴょこんと出っぱっている 툭 튀어나와 있다.
ひょっこり 갑자기. ‖彼がひょっこり立ち寄った 그 사람이 갑자기 집에 들렀다.
ひょっとしたら 혹시; 어쩌면.
ぴよぴよ 삐약삐약.
ひより【日和】 ❶〔いい天気〕좋은 날씨. ‖遠足には絶好の日和だ 소풍 가기에 딱 좋은 날씨다. ❷〔…日和の形で〕…하기에 좋은 날씨. ‖運動会日和 운동회 하기에 좋은 날씨.
ひよりみ【日和見】 기회(機會)를 엿봄. ♦日和見主義者 기회주의자.
ひょろつく 비틀거리다; 휘청거리다.
ひょろひょろ ❶〔足がよろめく〕비틀비틀. ‖ひょろひょろした足どり 비틀거리는 걸음. 비틀걸음. ❷〔細長く伸びている〕‖ひょろひょろした松の木 앙상한 소나무.
ひよわ【ひ弱】ダ 허약(虛弱)하다; 연약(軟弱)하다. ‖ひ弱な体 허약한 몸.
ぴょんと 훌짝; 훌쩍; 폴짝. ‖ぴょんと飛び乗る 폴짝 올라타다.
ひょんな 의외(意外)의; 기묘(奇妙)한; 생각지도 않은; 뜻하지 않은; 뜻밖의; 엉뚱한. ‖ひょんなことから彼と知り合った 뜻밖의 일로 그 사람과 알게 되었다. ひょんな所で兄に会った 뜻하지 않은 곳에서 오빠를[형을] 만났다.
ぴょんぴょん 깡총깡총. ‖ウサギがぴょんぴょん(と)跳ねる 토끼가 깡총깡총 뛰다.
ひら【平】 ❶평평(平平)함. ‖平屋根 평평한 지붕. ❷평범(平凡)함; 보통(普通)임. ‖平社員 평사원.
びら 전단지(傳單紙).
ひらあやまり【平謝り】 ‖平謝りに謝る 싹싹 빌다. 손이 발이 되게 빌다.
ひらいしん【避雷針】 피뢰침(避雷針).
ひらおよぎ【平泳ぎ】 평영(平泳).
ひらがな【平仮名】 히라가나.
ひらき【開き】 ❶열림. ‖扉の開きが悪い 문이 잘 열리지 않다. ❷꽃이 핌; 개화(開花). ‖今年は花の開きが遅い 올해는 개화가 늦다. ❸차이(差異); 격차(格差); 갭. ‖理想と現実との開き 이상과 현실과의 갭. ❹(魚などの)말린 것. ‖サンマの開き 꽁치 말린 것. ❺(宴会などを)마침. ‖この辺でお開きにしたいと存じます 이쯤에서 마치도록 하겠습니다.
ひらきなおる【開き直る】 정색(正色)하다; 뻔뻔하게 나오다. ‖開き直って反問する 정색하고 반문하다.
***ひらく【開く】** ❶열다; 열리다. ‖風で戸が開く 바람에 문이 열리다. 心を開く 마음을 열다. ❷펴다; 펴지다. ‖傘が開かない 우산이 펴지지 않다. ❸피다. ‖桜の花が開く 벚꽃이 피다. ❹차이(差異)가 나다. ‖差が開く 차이가 나다. ❺개점(開店)하다; 개최(開催)하다; 시작(始作)하다; 열다. ‖同窓会を開く 동창회를 열다. 店を開く 가게를 열다. 개점하다.
***ひらける【開ける】** ❶열리다; 트이다. ‖視界が開ける 시야가 트이다. 運が開ける 운이 트이다. 解決への道が開ける 해결의 길이 열리다. ❷개화(開化)되다; 개발(開發)되다. ‖古くから文明が開けた地域 옛날부터 문명이 개화된 지역. ❸속이 트이다. ‖あの人は案外開けている 저 사람은 의외로 속이 트였다.
ひらたい【平たい】 ❶평평(平平)하다; 납작하다. ‖平たい皿 납작한 접시. ❷〔分かりやすい〕알기 쉽다. ‖平たく言えば 알기 쉽게 말하면.
ひらて【平手】 손바닥. ‖平手で叩く 손바닥으로 때리다.
ひらに【平に】 제발; 부디. ‖平にご勘弁ください 부디 용서해 주십시오.
ひらひら 팔랑팔랑. ‖ひらひらと木の葉が落ちる 나뭇잎이 팔랑거리며 떨어지다.
ピラフ【pilafフ】 필라프.
ひらべったい【平べったい】 평평(平平)하다; 넙적하다. ‖平べったい顔 넙적한 얼굴.
ヒラメ【平目・鮃】 넙치; 광어(廣魚).
ひらめき【閃き】 번뜩임; 기지(機智).
ひらめく【閃く】 ❶번쩍이다; 번뜩이

다. ‖稲妻が閃く 번개가 번쩍이다. ❷〔ひらひらとする〕펄럭이다. ❸ 떠오르다. ‖名案が閃く 명안이 떠오르다.

ひらや【平屋】 단층집.

ひらり〔軽く体を動かす様子〕휙; 훌쩍.

びり 꼴찌.

ピリオド【period】 피리어드; 종지부(終止符). ▸ピリオドを打つ 종지부를 찍다.

ぴりから【ぴり辛】 자극적(刺戟的)이고 매움.

ひりつ【比率】 비율(比率). ‖このクラスの男女の比率 이 학급의 남녀 비율. ♦交換比率 교환 비율.

ひりひり ‖肌がひりひりする 피부가 따끔따끔하다. 唐辛子で舌がひりひりする 고추를 먹었더니 혀가 얼얼하다.

びりびり ❶ 짝짝. ‖手紙をびりびり(と)破いた 편지를 짝짝 찢었다. ❷〔振動などでガラスなどが揺れる様子[音]〕‖爆風で窓ガラスがびりびり(と)言う 폭풍으로 창문이 흔들거리다. ❸〔強い刺激を感じる様子〕‖コンセントに触れたらびりびり(と)きた 콘센트를 만졌더니 찌르르 하고 전기가 왔다.

ぴりぴり ❶ 따끔따끔. ‖熱い湯がぴりぴり(と)肌を刺す 뜨거운 물이 피부를 따끔따끔하게 자극하다. ❷〔不安などで神経が張りつめる〕‖ぴりぴり(と)神経をとがらせる 팽팽하게 신경을 곤두세우다.

ビリヤード【billiard】 당구(撞球).

びりゅうし【微粒子】 미립자(微粒子).

ひりょう【肥料】 비료(肥料).

びりょう【微量】 미량(微量). ♦微量分析 미량 분석.

びりょく【微力】ダ 미력(微力)하다. ‖微力ながらお手伝いします 미력하나마 돕도록 하겠습니다.

***ひる【昼】** ❶ 낮; 정오(正午). ‖夏は夜より昼の方が長い 여름은 밤보다 낮이 길다. 昼寝て夜働く 낮에 자고 밤에 일하다. ❷〔昼食〕점심(點心). ‖昼は簡単に済ませる 점심은 간단하게 끝내다.

ひる【放る】 배설(排泄)하다. ‖屁をひる 방귀를 뀌다.

ヒル【蛭】 거머리.

-びる …다워지다; … 티가 나다. ‖大人びる 어른티가 나다.

ピル【pill】（経口避妊薬の）필.

ひるがえす【翻す】 ❶ 뒤집다; (考えなどを)바꾸다; 돌리다. ‖手のひらを翻す 손바닥을 뒤집다. 身を翻す 몸을 돌리다. ❷ 휘날리다; 날리게 하다. ‖反旗を翻す 반기를 들다.

ひるがえる【翻る】 ❶ 뒤집히다; 뒤집어지다. ❷ 펄럭이다. ‖旗が風に翻っている 깃발이 바람에 펄럭이고 있다.

ひるね【昼寝】 낮잠. ‖昼寝をする 낮잠을 자다.

ひるま【昼間】 낮.

ひるむ【怯む】 기죽다; 겁먹다. ‖ピストルを見て怯む 권총을 보고 겁먹다.

ひるめし【昼飯】 점심(點心); 점심밥.

ひるやすみ【昼休み】 점심시간(點心時間).

ひれ【鰭】 지느러미.

***ひれい【比例】** (ス하) 비례(比例). ‖給料は仕事量に比例します 월급은 일의 양에 비례합니다. ♦正比例 정비례. 反比例 반비례. 比例代表制 비례 대표제. 比例配分 (ス하) 비례 배분.

ひれき【披歴】 (ス하) 피력(披瀝).

ひれつ【卑劣】ダ 비열(卑劣)하다. ‖卑劣なやり方 비열한 방법.

ヒレにく【filet 肉】 등심살.

ひれん【悲恋】 비련(悲戀).

***ひろい【広い】** ❶ (面積・幅が)넓다. ‖広い庭 넓은 정원. 肩幅が広い 어깨통이 넓다. 道を広くする 길을 넓히다. 広くなる 넓어지다. ❷ (心が)넓다. ‖心の広い人 마음이 넓은 사람. 顔が広い人 발이 넓은 사람. 彼の名は広く知られている 그 사람 이름은 널리 알려져 있다.

ひろいあげる【拾い上げる】 ❶ 줍다; 주워 들다. ‖貝殻を拾い上げる 조가비를 줍다. ❷ 가려서 뽑아내다; 픽업하다. ‖適当な例を 2, 3 拾い上げる 적당한 예를 두세 개 들다. ❸ (不遇な人を引き立てて)적당(適當)한 지위(地位)에 앉히다.

ひろいもの【拾い物】 습득물(拾得物).

ヒロイン【heroine】 히로인; 여주인공(女主人公). ‖悲劇のヒロイン 비극의 여주인공.

ひろう【披露】 (ス하) 피로(披露). ♦披露宴 피로연.

***ひろう【疲労】** (ス하) 피로(疲勞). ‖疲労が蓄積する 피로가 축적되다. 疲労回復にはこれが一番だ 피로 회복에는 이것이 최고다.

ひろう【拾う】 ❶ 줍다. ‖池に落ちたボールを拾う 연못에 빠진 공을 줍다. ❷ (タクシーを)잡다. ‖タクシーを拾う 택시를 잡다.

ビロード【veludo ポ】 비로드; 벨벳.

***ひろがる【広がる】** ❶ 넓어지다. ‖道幅が広がる 길 폭이 넓어지다. ❷ 퍼지다. ‖黒雲が空一面に広がる 검은 구름이 하늘 전체로 퍼지다.

ひろげる【広げる】 ❶ 넓히다. ‖道路を広げる 길 폭을 넓히다. ❷ 펼치다. ‖地図を広げる 지도를 펼치다. ❸ 확장(擴張)하다. ‖事業を広げる 사업을 확장하다.

ひろば【広場】 광장(廣場). ‖駅前広場 역 앞 광장.

ひろびろ【広広】 널찍이. ‖広々(と)した

庭園 널찍한 정원.
ひろまる【広まる】 ❶넓어지다. ‖範囲が広まる 범위가 넓어지다. ❷퍼지다; 확산(擴散)되다. ‖うわさが広まる 소문이 퍼지다.
ひろめる【広める】 ❶널리 알리다; 퍼뜨리다. ‖うわさを広める 소문을 퍼뜨리다. ❷넓히다. ‖見聞を広める 견문을 넓히다.
ひわ【秘話】 비화(祕話). ♦終戦秘話 종전 비화.
ひわ【悲話】 비화(悲話).
びわ【琵琶】 비파(琵琶).
ビワ【枇杷】 비파나무.
ひわり【日割り】 ❶일당(日當). ‖日割りで払う 일당으로 지불하다. ❷그날 그날의 일의 내용(內容)을 정함. ‖試験の日割りを決める 시험 일정을 정하다.
ひん【品】 품위(品位); 품격(品格). ‖品がある 품위가 있다.
びん【便】 운반 수단(運搬手段); …편(便). ‖航空便で送る 항공편으로 보내다. ♦船便 배편.
びん【瓶】 병(甁). ‖ビール瓶 맥주병.
ピン 처음; 최상급(最上級). ▸ピンからキリまで 최상급에서 최하급까지. ワインといってもピンからキリまでだ 와인이라고 해도 최상품에서 최하품까지 다양하다.
ピン【pin】 ❶핀. ‖安全ピン 안전핀. ヘアピン 머리핀. ❷(装身具の)핀. ‖ネクタイピン 넥타이핀. ❸(ボウリングの)핀. ❹(ゴルフで)홀에 세우는 깃대.
ひんい【品位】 품위(品位). ‖品位に欠ける 품위가 결여되다.
ひんかく【品格】 품격(品格). ‖品格を保つ 품격을 유지하다.
びんかん【敏感】ダ 민감(敏感)하다. ‖気温の変化に敏感な肌 기온 변화에 민감한 피부.
ピンク【pink】 ❶핑크; 분홍(粉紅). ‖ピンク色 분홍색. ❷관능적(官能的).
ひんけつ【貧血】 빈혈(貧血).
ビンゴ【bingo】 빙고.
ひんこう【品行】 품행(品行). ‖品行方正だ 품행이 방정하다.
ひんこん【貧困】ダ 빈곤(貧困). ‖貧困な生活 빈곤한 생활. 貧困な発想 빈곤한 발상.
ひんし【品詞】 품사(品詞).
ひんし【瀕死】 빈사(瀕死). ‖事故で瀕死の重傷を負う 사고로 빈사의 중상을 입다.
ひんしつ【品質】 품질(品質). ♦品質管理 품질 관리. 品質保証 품질 보증.
ひんじゃく【貧弱】ダ 빈약(貧弱). ‖貧弱な体格 빈약한 체격.
ひんしゅ【品種】 품종(品種). ♦品種改良 품종 개량.
ひんしゅく【顰蹙】 (名하) 빈축(嚬蹙). ▸顰蹙を買う 빈축을 사다.
びんしょう【敏捷】ダ 민첩(敏捷). ‖敏捷な動作 민첩한 동작.
びんじょう【便乗】 (名하) 편승(便乘).
ヒンズーきょう【Hindu 教】 힌두교.
ひんする【瀕する】 (よくない事態が)임박(臨迫)하다; 직면(直面)하다; 처(處)하다. ‖絶滅の危機に瀕している 절멸의 위기에 처해 있다.
ひんせい【品性】 품성(品性).
ピンセット【pincet オ】 핀셋.
びんせん【便箋】 편지지(便紙紙).
ひんそう【貧相】 빈상(貧相).
びんた 따귀를 때림. ‖びんたを張る 따귀를 때리다.
ピンチ【pinch】 핀치; 위기(危機); 궁지(窮地). ‖ピンチに追い込まれる 궁지에 몰리다.
ヒント【hint】 힌트. ‖問題解決のヒントを与える 문제 해결의 힌트를 주다. ヒントを得る 힌트를 얻다.
ひんど【頻度】 빈도(頻度). ‖頻度が高い 빈도가 높다.
ぴんと ❶쫑긋. ‖耳をぴんと立てる 귀를 쫑긋 세우다. ❷〔強く張られる様子〕‖ロープをぴんと張る 로프를 팽팽히 당기다. 背筋をぴんと伸ばす 등을 꼿꼿이 펴다. ▸ぴんと来る 알아차리다. 느낌이 오다. 彼が何を言いたいのかすぐぴんと来た 그 사람이 무슨 말을 하고 싶어 하는지 바로 알아챘다.
ピント 핀트. ‖ピントを合わせる 핀트를 맞추다. ピントが合っていない 핀트가 안 맞다.
ひんぱつ【頻発】 (名하) 빈발(頻發). ‖事故頻発地域 사고 빈발 지역.
ピンはね【ピン撥ね】 삥땅. ‖ピンはねする 삥땅을 치다.
ひんぱん【頻繁】ダ 빈번(頻繁)하다; 잦다. ‖人の出入りが頻繁な家 사람들의 출입이 잦은 집.
ひんぴょう【品評】 (名하) 품평(品評). ♦品評会 품평회.
ぴんぴん ❶펄떡펄떡. ‖バケツの中でコイがぴんぴん(と)跳ねている 양동이 안에서 잉어가 펄떡펄떡 뛰고 있다. ❷〔元気よく活動する様子〕‖病気どころかぴんぴんしている 아프기는커녕 팔팔하다.
ひんぷ【貧富】 빈부(貧富). ‖貧富の差 빈부의 격차.
びんぼう【貧乏】ダ 가난하다. ‖貧乏な暮らし 가난한 생활. 若くて貧乏していた頃 젊고 가난했던 시절. ▸貧乏暇なし 생활에 쫓겨 시간의 여유가 없음. ♦貧乏性 (説明)궁상맞은 성격(性格). 貧乏ゆすり (説明)앉아 있을 때 다리를 떠는 것.
ピンぼけ ❶핀트가 안 맞음. ‖ピンぼけ

ひ

写真 핀트가 안 맞는 사진. ❷핵심(核心)에서 벗어남. ‖ピンぼけな話 핵심에서 벗어난 이야기.
ピンポン【ping-pong】 핑퐁; 탁구(卓球).
ひんみん【貧民】 빈민(貧民). ♦貧民窟 빈민굴.
ひんめい【品名】 품명(品名).
ひんもく【品目】 품목(品目). ♦輸出品目 수출 품목.
ひんやり 싸늘히. ‖ひんやり(と)した高原の空気 싸늘한 고원의 공기.
びんらん【便覧】 편람(便覧).
びんわん【敏腕】 민완(敏腕). ♦敏腕刑事 민완 형사.

ふ

ふ【二】 둘. ‖ひ, ふ, み 하나, 둘, 셋.
ふ【府】 지방 자치 단체(地方自治團體)의 하나; 부(府). ‖大阪府 오사카 부.
ふ【負】 마이너스; 음(陰); 부(負). ‖正負 정부. 負の遺産 부의 유산.
ふ【腑】 ❶내장(内臓). ❷생각; 마음. ▸腑に落ちない 납득이 안 가다.
ぶ【分】 ❶승산(勝算). ‖分がある 승산이 있다. ❷…부; 십분(十分)의 일(一).
ぶ【歩】 ❶…평(坪). ❷금리(金利); 이율(利率). ‖歩のいい貯金 이율이 좋은 저금.
ぶ【部】 ❶부(部). ‖午前部 오전부. 経理部 경리부. ❷〔書籍などを数える単位〕…부. ‖新刊 1 万部 신간 만 부.
ファ【fa イ】 (音階の)파.
ファーストクラス【first class】 퍼스트 클래스.
ぶあい【歩合】 ❶비율(比率). ❷수수료(手數料). ♦歩合制 성과급 제도.
ぶあいそう【無愛想】ダ 무뚝뚝하다. ‖無愛想な店員 무뚝뚝한 점원.
ファイナンシャルプランナー【financial planner】 자산 관리사(資産管理師).
ファイバースコープ【fiberscope】 파이버스코프.
ファイル【file】 파일; 철(綴). ‖会議録をファイルする 회의록을 철하다.
ファインセラミックス【fine ceramics】 파인 세라믹스.
ファインダー【finder】 파인더.
ファウル【foul】 파울. ♦ファウルボール 파울 볼.
ファジー【fuzzy】 퍼지. ♦ファジー理論 퍼지 이론.
ファシズム【fascism】 파시즘.
ファストフード【fast food】 패스트푸드.
ファスナー【fastener】 지퍼.
ぶあつい【分厚い】 두껍다; 두텁다. ‖分厚い唇 두터운 입술. 分厚い辞書 두꺼운 사전.
ファックス【fax】 팩스.
ファッション【fashion】 패션. ♦ファッションショー 패션쇼. ファッションモデル 패션모델.
ファミリーレストラン【family+restaurant 日】 패밀리 레스토랑.
ファン【fan】 팬. ‖野球ファン 야구 팬.
ファン【fan】 환풍기(換風機).
***ふあん**【不安】ダ 불안(不安)하다. ‖不安な一夜を過ごす 불안한 하룻밤을 보내다. 息子の将来が不安です 아들의 장래가 불안합니다. 一抹の不安を覚える 일말의 불안을 느끼다.
ふあんてい【不安定】ダ 불안정(不安定)하다. ‖不安定な身分 불안정한 신분. 不安定な政局 불안정한 정국.
ファンデーション【foundation】 파운데이션; ❶기초 화장품(基礎化粧品). ❷여성용(女性用) 속옷.
ファンド【fund】 기금(基金); 펀드.
ふあんない【不案内】ダ 지식(知識)이 적다; 사정(事情)을 잘 모르다. ‖事情に不案内な人 사정을 잘 모르는 사람.
ファンファーレ【Fanfare ド】 팡파르.
ふい 허사(虚事); 헛일. ‖またとない機会をふいにする 두 번 다시 없는 기회를 허사로 만들다.
ふい【不意】 불의(不意); 갑작스러움. ‖不意の来訪 갑작스러운 방문. ▸不意を衝(つ)く 허를 찌르다.〔慣〕
ぶい【部位】 부위(部位). ‖身体各部位の名称 신체 각 부위의 명칭.
ブイ【buoy】 부표(浮標); 구명대(救命帶). ♦救命ブイ 구명부표.
フィアンセ【fiancé フ】 피앙세.
フィードバック【feedback】 (ス하) 피드백.
フィーバー【fever】 열광(熱狂); 흥분(興奮).
ふいうち【不意打ち】 기습(奇襲). ‖不意打ちを食う 기습을 당하다.
フィギュアスケート【←figure skating】 피겨 스케이팅.
フィクション【fiction】 픽션.
フィジー【Fiji】 (国名) 피지.
ふいちょう【吹聴】 ‖吹聴する 말을 퍼뜨리다.
ふいっち【不一致】 불일치(不一致).
ぷいと 〔急に無愛想な態度をとる様子〕 ‖ぷいと席を立つ 토라져서 갑자기 자리를 뜨다.
フィナーレ【finale イ】 피날레; 마지막. ‖フィナーレを飾る 마지막을 장식하다.
ブイネック【V neck】 브이넥.
フィリピン【Philippine】 (国名) 필리핀.
フィルター【filter】 필터.
フィルハーモニー【Philharmonie ド】 필하모니.
フイルム【film】 필름. ‖フイルムに収め

る 사진이나 영화로 찍다.

フィレ【filet ᄀ】(肉·魚の)등심살.

ぶいん【部員】 부원(部員).

フィンランド【Finland】《国名》 핀란드.

ふう【二】 둘. ‖ひい, ふう, み 하나, 둘, 셋.

ふう【風】 ❶방식(方式); 식. ‖どんなふうに説得するか悩む 어떤 식으로 설득해야 할지 고민하다. ❷…풍(風). ‖東洋風 동양풍.

ふういん【封印】 (조하) 봉인(封印). ‖遺言状に封印する 유언장을 봉인하다.

ブーイング【booing】 (説明) 관객(觀客)이 불만(不滿)을 나타냄 또는 그 소리.

ふうう【風雨】 풍우(風雨); 비바람. ‖風雨にさらされる 비바람을 맞다.

ふううん【風雲】 풍운(風雲). ♦風雲児 풍운아.

ふうか【風化】 (조되) 풍화(風化).

ふうがわり【風変わり】ダ 보통(普通)과 다르다; 특이(特異)하다; 색다르다. ‖風変わりな建物 색다른 건물.

ふうかん【封緘】 (조하) 봉함(封緘).

ふうき【風紀】 풍기(風紀). ‖風紀を乱してはいけない 풍기를 문란하게 해서는 안 된다.

ふうきり【封切り】 (조하) 개봉(開封). ♦封切館 개봉관.

ブーケ【bouquet ᄀ】 부케.

ふうけい【風景】 풍경(風景). ♦田園風景 전원 풍경.

ふうこう【風向】 풍향(風向). ♦風向計 풍향계.

ふうさ【封鎖】 (조하) 봉쇄(封鎖). ‖道路を封鎖する 도로를 봉쇄하다. ♦経済封鎖 경제 봉쇄.

ふうさい【風采】 풍채(風采).

ふうし【風刺】 (조하) 풍자(諷刺). ‖世相を風刺する 세태를 풍자하다.

ふうじこめ【封じ込め】 봉쇄(封鎖). ‖封じ込め政策 봉쇄 정책.

ふうじこめる【封じ込める】 가두다; 봉쇄(封鎖)하다; 억압(抑壓)하다. ‖思想を封じ込める 사상을 억압하다.

ふうしゃ【風車】 풍차(風車).

ふうしゅう【風習】 풍습(風習). ‖珍しい風習のある地方 진기한 풍습이 있는 지방.

ふうしょ【封書】 봉서(封書).

ふうじる【封じる】 봉(封)하다; 막다; 금지(禁止)하다. ‖退路を封じる 퇴로를 막다.

ふうしん【風疹】 풍진(風疹).

ブース【booth】 (展示場などの)부스.

ふうすい【風水】 풍수(風水).

ふうすいがい【風水害】 풍수해(風水害).

ふうせつ【風雪】 풍설(風雪).

ふうせん【風船】 풍선(風船). ‖風船が割れる 풍선이 터지다. ♦風船ガム 풍선껌.

ふうぜんのともしび【風前の灯】 풍전등화(風前燈火).

ふうそく【風速】 풍속(風速).

ふうぞく【風俗】 풍속(風俗). ‖朝鮮時代の風俗 조선 시대의 풍속. ♦風俗営業 유흥업. 風俗画 풍속화. 풍속도.

ブータン【Bhutan】《国名》 부탄.

ふうちょう【風潮】 풍조(風潮). ‖社会の風潮を反映する 사회 풍조를 반영하다.

ブーツ【boots】 부츠.

ふうてい【風体】 차림새; 모습; 꼴. ‖怪しい風体の男 수상한 차림의 남자.

ふうど【風土】 풍토(風土). ‖日本の風土に慣れる 일본의 풍토에 익숙해지다. ♦風土病 풍토병.

ふうとう【封筒】 봉투(封套).

ふうばいか【風媒花】 풍매화(風媒花).

ふうび【風靡】 (조하) 풍미(風靡). ‖一世を風靡する 일세를 풍미하다.

ブービー【booby】 최하위(最下位)에서 두 번째.

*__ふうふ【夫婦】__ 부부(夫婦). ‖おしどり夫婦 잉꼬부부. 新婚の夫婦 신혼부부. 夫婦げんか 부부 싸움. ▸夫婦喧嘩は犬も食わない 부부 싸움은 칼로 물 베기. 〔諺〕 ▸夫婦は二世 부부의 인연은 다음 세상까지 계속된다.

ふうふう ❶후후. ‖ふうふう吹いて火をおこす 후후 불어 불을 피우다. ❷〔苦しそうに息をする様子〕‖ふうふう言いながら駆けてきた 헐떡이며 달려왔다. ❸〔仕事などに追われている様子〕‖宿題でふうふう言っている 숙제에 쫓기고 있다.

ぶうぶう ❶〔太く低い音〕붕붕. ❷〔不平を言い立てる様子〕투덜투덜. ‖ぶうぶう言うな 투덜거리지 마라.

ふうぶつ【風物】 풍물(風物).

ふうぶつし【風物詩】 ❶(説明) 풍경(風景)이나 계절(季節)을 노래한 시(詩). ❷(説明) 계절감(季節感)을 나타내는 상징(象徵). ‖花火は夏の風物詩だ 불꽃놀이는 여름의 상징이다.

ふうぶん【風聞】 풍문(風聞). ‖よからぬ風聞を耳にする 좋지 않은 풍문을 듣다.

ふうぼう【風貌】 풍모(風貌). ‖貴族的な風貌 귀족적인 풍모.

ふうみ【風味】 풍미(風味).

ブーム【boom】 붐. ‖ブームに乗る 붐을 타다. 自然食品ブーム 자연 식품 붐.

ブーメラン【boomerang】 부메랑.

フーリガン【hooligan】 훌리건.

ふうりゅう【風流】 풍류(風流).

ふうりょく【風力】 풍력(風力). ♦風力計 풍력계. 風力発電 풍력 발전.

ふうりん【風鈴】 풍경(風磬).

プール【pool】 풀; 수영장(水泳場).

ふ

ふうん【不運】 불운(不運). ‖不運な出来事 불운한 일.

***ふえ【笛】** 피리; 호각(號角). ‖笛を吹く 피리를 불다. 笛を合図に集合する 호각을 신호로 집합하다.

フェア【fair】ダ 공정(公正)하다. ‖フェアな態度 공정한 태도. フェアプレー 페어플레이.

ふえいせい【不衛生】ダ 비위생적(非衛生的). ‖不衛生な店 비위생적인 가게.

フェイント【feint】 페인트. ‖フェイントをかける 페인트 모션을 쓰다.

フェーンげんしょう【Föhn 現象】 푄 현상(現象).

フェザーきゅう【feather 級】 페더급.

ふえて【不得手】ダ 서투르다; 잘 못하다; 대하기 힘들다. ‖不得手な相手 대하기 힘든 상대. 私は数学が不得手だ 나는 수학을 잘 못한다.

フェミニスト【feminist】 페미니스트.

フェミニズム【feminism】 페미니즘.

フェリー【ferry (boat)】 페리.

***ふえる【増える】** 늘다. ‖韓国語を学ぶ人が増えている 한국어를 배우는 사람이 늘고 있다. 家族が増える 식구가 늘다. 彼の財産は年々増え続けている 그 사람의 재산은 매년 늘고 있다. 体重が3キロ増えた 체중이 삼 킬로 늘었다.

ふえん【敷衍】 (否하) 부연(敷衍). ‖敷衍して述べる 부연 설명하다.

フェンシング【fencing】 펜싱.

フェンス【fence】 펜스.

ぶえんりょ【無遠慮】ダ 제멋대로 하다. ‖無遠慮な態度 제멋대로 하는 태도.

フォアボール【four+balls 日】 포볼.

フォーク【fork】 포크.

フォークソング【folk song】 포크 송.

フォークダンス【folk dance】 포크 댄스.

フォーマット【format】 포맷.

フォーマル【formal】 형식적(形式的); 공식적(公式的); 의례적(儀禮的). ‖フォーマルな装い 공식적인 차림.

フォーラム【forum】 포럼.

ふおん【不穏】ダ 불온(不穩)하다.

フォント【font】 폰트.

ふおんとう【不穏当】ダ 온당(穩當)치 못하다. ‖不穏当な発言 온당치 못한 발언.

ふか【孵化】 (否하) 부화(孵化). ♦人工孵化 인공 부화.

ふか【不可】 불가(不可).

ふか【付加】 (否하) 부가(附加). ‖新しい条項を付加する 새 조항을 부가하다.

ふか【負荷】 (否하) 부하(負荷).

ふか【賦課】 (否하) 부과(賦課). ‖租税を賦課する 조세를 부과하다.

ぶか【部下】 부하(部下). ‖部下を従える 부하를 거느리다. 彼は信頼できる部下だ 그 사람은 신뢰할 수 있는 부하이다.

ふかい【不快】 불쾌(不快). ♦不快感 불쾌감. 不快指数 불쾌지수.

***ふかい【深い】** ❶깊다. ‖深い海 깊은 바다. 深い山の中 깊은 산속. 日本音楽に造詣が深い 일본 음악에 조예가 깊다. 深く考える 깊이 생각하다. 川の深さ 강의 깊이. ❷(程度が)심하다; 강하다; 많다; 짙다. ‖罪が深い 죄가 많다. 深い霧 짙은 안개. ❸(関係が)밀접(密接)하다. ‖深い縁 깊은 인연.

ぶかい【部会】 부문별 회합(部門別會合).

ぶがい【部外】 부외(部外). ♦部外者 부외자.

ふがいない【不甲斐無い】 한심(寒心)하다; 패기(覇氣)가 없다. ‖連敗するとはふがいない 연패하다니 한심하다.

ふかいり【深入り】 ‖深入りする 깊이 관여하다.

ふかかい【不可解】ダ 불가해(不可解)하다; 이해(理解)할 수 없다. ‖不可解な現象 불가해한 현상.

ふかかち【付加価値】 부가 가치(附加價値). ♦付加価値税 부가 가치세.

ふかく【不覚】 ❶무의식(無意識). ‖不覚の涙を流す 자신도 모르게 눈물을 흘리다. ❷방심(放心)하여 실패(失敗)함; 실수(失手); 불찰(不察). ‖試験で思わぬ不覚をとった 시험에서 뜻하지 않은 실수를 했다.

ふかくじつ【不確実】ダ 불확실(不確實)하다. ‖不確実な情報 불확실한 정보.

ふかくてい【不確定】ダ 불확정적(不確定的)이다. ‖不確定な要素を含んでいる 불확정적인 요소를 포함하고 있다.

ふかけつ【不可欠】ダ 불가결(不可缺)하다. ‖不可欠な条件 불가결한 조건.

ふかこうりょく【不可抗力】 불가항력(不可抗力).

ふかしぎ【不可思議】ダ 불가사의(不可思議)하다. ‖不可思議な話 불가사의한 이야기.

ふかしん【不可侵】 불가침(不可侵). ♦不可侵条約 불가침 조약.

ふかす【吹かす】 ❶(タバコの煙を)내뿜다. ‖タバコを吹かす 담배를 피우다. ❷〔…風を吹かすの形で〕…티를 내다. ‖先輩風を吹かす 선배티를 내다. ❸(エンジンを)고속 회전(高速回轉)시키다. ‖エンジンを吹かす 엔진을 회전시키다.

ふかす【更かす】 (夜を)새우다. ‖夜を更かす 밤을 새우다.

ふかす【蒸かす】 찌다. ‖芋を蒸かす 고구마를 찌다.

ぶかつ【部活】 〔部活動の略語〕학교(學

校)의 클럽 활동(活動).
ふかっこう【不格好】ダ 볼품없다; 꼴사납다. ‖不格好な服 볼품없는 옷.
ふかっせいガス【不活性 gas】 불활성(不活性) 가스.
ふかのう【不可能】ダ 불가능(不可能)하다. ‖不可能な計画 불가능한 계획. 実現は不可能だ 실현은 불가능하다. 不可能に挑戦する 불가능에 도전하다.
ふかひ【不可避】ダ 불가피(不可避)하다. ‖衝突は不可避のことと思われる 충돌은 불가피해 보인다.
ふかふか 말랑말랑. ‖ふかふか(と)したパン 말랑말랑한 빵.
ふかぶか【深深】 깊숙이. ‖深々と頭を下げる 깊숙이 머리를 숙이다.
ふがふが 중얼중얼. ‖ふがふが言う 중얼거리다.
ぶかぶか 헐렁헐렁. ‖ぶかぶかなズボン 헐렁헐렁한 바지.
ぷかぷか ❶뻑뻑. ‖四六時中タバコをぷかぷかやっている 하루 종일 담배를 뻑뻑 피우고 있다. ❷둥둥. ‖桃がぷかぷか(と)流れてきた 복숭아가 둥둥 떠내려왔다.
ふかぶん【不可分】ダ 불가분(不可分)하다. ‖不可分な関係 불가분한 관계.
ふかまる【深まる】 깊어지다; 깊어가다. ‖秋が深まる 가을이 깊어가다.
ふかみどり【深緑】 진한 초록(津草綠).
ふかめる【深める】 깊게 하다. ‖互いの友情を深める 서로의 우정을 깊게 하다.
ふかんしょう【不感症】 불감증(不感症).
ふかんぜん【不完全】 불완전(不完全). ♦不完全燃焼 불완전 연소.
ふき【不帰】 불귀(不歸). ▸不帰の客となる 불귀객이 되다.
ふき【付記】 (ス하) 부기(附記).
フキ【蕗】 머위.
ぶき【武器】 무기(武器). ‖武器をとる 무기를 들다.
ふきあげる【吹き上げる】 ❶(風が)불어 날리다. ❷뿜어 올리다. ‖クジラが潮を吹き上げる 고래가 바닷물을 뿜어 올리다.
ふきあれる【吹き荒れる】 바람이 세차게 불다. ‖木枯らしが吹き荒れる 초겨울의 찬바람이 세차게 불다.
ふきかえ【吹き替え】 ❶(音声の)더빙. ❷(映画・演劇などの)대역(代役).
ふきかえす【吹き返す】 소생(蘇生)하다. ‖息を吹き返す 소생하다.
ふきかける【吹き掛ける】 ❶내뿜다. ‖息を吹きかける 입김을 내뿜다. ❷(値段を)비싸게 부르다. ‖高く吹きかける 비싸게 부르다. ❸(けんかなどを)걸다. ‖けんかを吹きかける 싸움을 걸다.
ふきげん【不機嫌】ダ 기분(氣分)이 안 좋다. ‖不機嫌な顔つき 기분이 안 좋은 듯한 표정.
ふきこぼれる【吹き零れる】 끓어 넘치다. ‖味噌汁が吹きこぼれる 된장국이 끓어 넘치다.
ふきこむ【吹き込む】 ❶(風で雪・雨などが)실내(室內)로 들어오다; 들이치다. ‖雪が部屋に吹き込む 눈이 방으로 들이치다. ❷불어넣다. ‖風船に息を吹き込む 풍선에 바람을 불어넣다. ❸녹음(錄音)하다. ‖テープに吹き込む 테이프에 녹음하다. ❹〔教え込んでおく〕불어넣다; 주입(注入)시키다. ‖悪知恵を吹き込む 나쁜 꾀를 불어넣다.
ふきさらし【吹き曝し】 밖에서 비바람을 맞음; 바람받이. ‖その像は長いこと吹き曝しになっている 그 동상은 오랜 세월 밖에서 비바람을 맞고 있다.
ふきそ【不起訴】 불기소(不起訴).
ふきそうじ【拭き掃除】 (ス하) 걸레질. ‖廊下を拭き掃除する 복도를 걸레질하다.
ふきそく【不規則】ダ 불규칙(不規則)하다. ‖不規則な生活 불규칙한 생활.
ふきだす【噴き出す】 ❶솟구치다; 솟다; 내뿜다. ‖温泉が噴き出す 온천이 솟다. ❷웃음을 터뜨리다. ‖思わず噴き出す 자신도 모르게 웃음을 터뜨리다.
ふきつ【不吉】ダ 불길(不吉)하다. ‖不吉な予感 불길한 예감.
ふきつける【吹き付ける】 ❶불어 닥치다; 세차게 불다. ‖北風が吹き付ける 북풍이 세차게 불다. ❷뿜어서 부착(附着)시키다. ‖塗料を吹き付ける 도료를 뿜어서 부착시키다.
ふきでもの【吹き出物】 부스럼. ‖吹き出物ができた 부스럼이 났다.
ふきとばす【吹き飛ばす】 ❶날려 보내다. ‖台風で屋根が吹き飛ばされる 태풍으로 지붕이 날아가다. ❷쫓다; 날려버리다. ‖暑さを吹き飛ばす 더위를 쫓다.
ふきとぶ【吹き飛ぶ】 ❶(風に)날리다; 날아가다. ‖看板が吹き飛ぶ 간판이 날아가다. ❷(考えなどが)사라지다; 없어지다. ‖疑いの念が吹き飛ぶ 의혹이 사라지다.
ふきとる【拭き取る】 닦아 내다. ‖汗を拭き取る 땀을 닦아 내다.
ふきぬけ【吹き抜け】 바람이 빠져나감 또는 그런 곳. ‖吹き抜けの家 통풍이 잘 되는집.
ふきまわし【吹き回し】 ▸どういう風の吹き回しか 무슨 바람이 불어서.〔慣〕
ぶきみ【不気味】ダ 어쩐지 음산(陰散)하다; 기분(氣分)이 나쁘다. ‖不気味な笑い 기분 나쁜 웃음.

ふきゅう【不休】 불휴(不休); 쉬지 않음. ♦**不眠不休** 불면불휴.

ふきゅう【不朽】 불후(不朽). ‖不朽の名作 불후의 명작.

ふきゅう【普及】 (준하) 보급(普及). ‖新製品の普及に努める 신제품의 보급에 노력하다. ♦**普及版** 보급판.

ふきょう【不況】 불황(不況). ‖不況を乗り切る 불황을 이겨 내다. 不況が長引く 불황이 오래가다.

ふきょう【布教】 (준하) 포교(布教). ♦**布教活動** 포교 활동.

ぶきよう【不器用】ダ 서투르다; 잘 못하다; 어설프다. ‖手先が不器用だ 손재주가 없다.

ふきょうわおん【不協和音】 불협화음(不協和音). ‖不協和音を生じる 불협화음이 생기다.

ぶきょく【部局】 (官庁・会社などの)부(部)・국(局)・과(課)의 총칭(總稱).

ぶきょく【舞曲】 무곡(舞曲).

ふぎり【不義理】ダ ❶의리(義理)가 없다. ❷빚을 갚지 않다.

*****ふきん**【付近】 부근(附近). ‖付近の図書館 부근의 도서관. この付近 이 부근. 東京付近 동경 부근. 駅の付近をうろつく 역 부근을 배회하다.

ふきん【布巾】 행주.

ふきんこう【不均衡】 불균형(不均衡). ‖貿易の不均衡を是正する 무역 불균형을 시정하다.

ふきんしん【不謹慎】ダ 불성실(不誠實)하다; 조심성(操心性)이 없다. ‖不謹慎な態度 불성실한 태도. 不謹慎な行動 조심성이 없는 행동.

ふく【服】 옷. ‖服を着る 옷을 입다. 服を脱ぐ 옷을 벗다.

ふく【副】 부(副). ‖幹事は正1名, 副2名とする 간사는 정 한 명, 부 두 명으로 한다. 副大統領 부통령.

ふく【福】 복(福). ‖福を招く 복을 부르다. ▸笑う門には福来たる 소문만복래(笑門萬福來).

*****ふく**【吹く・噴く】 ❶불다. ‖風が吹く 바람이 불다. 口笛を吹く 휘파람을 불다. 熱いお茶をふうふう吹いて冷ます 뜨거운 차를 후후 불어 식히다. ❷뿜다; 솟다. ❸허풍(虛風)을 떨다. ‖ほらを吹く 허풍을 떨다. エンジンが火を吹く 엔진이 불을 뿜다.

ふく【拭く】 닦다. ‖ぬれた手をタオルで拭く 젖은 손을 수건으로 닦다.

-ふく【服】 〔粉薬などの包みを数える単位〕…봉지(封紙). ‖食後に1服ずつ服用する 식후에 한 봉지씩 복용하다.

フグ【河豚】 복어.

ふくあん【腹案】 복안(腹案). ‖腹案を練る 복안을 짜다.

ふくいん【福音】 복음(福音). ♦**福音書** 복음서. マタイ福音書 마태복음.

ふぐう【不遇】ダ 불우(不遇)하다. ‖不遇な一生を送る 불우한 일생을 보내다.

ふくえき【服役】 (준하) 복역(服役). ♦**服役者** 복역수.

ふくえん【復縁】 ‖復縁する 원래의 관계로 돌아가다.

ふくがく【復学】 (준하) 복학(復學).

ふくがん【複眼】 (トンボなどの)복안(複眼).

ふくぎょう【副業】 부업(副業).

ふくげん【復元】 (준하) 복원(復元).

ふくこう【腹腔】 복강(腹腔). ♦**腹腔鏡手術** 복강경 수술.

ふくごう【複合】 (준하) 복합(複合). ♦**複合語** 복합어. **複合肥料** 복합 비료.

ふくこうかんしんけい【副交感神経】 부교감 신경(副交感神經).

*****ふくざつ**【複雑】ダ 복잡(複雜)하다. ‖複雑な構造 복잡한 구조. 複雑な表情をする 복잡한 표정을 짓다. 問題を複雑にする 문제를 복잡하게 하다. 因果関係が複雑になる 인과 관계가 복잡해지다.

ふくさよう【副作用】 부작용(副作用). ‖薬の副作用 약의 부작용.

ふくさんぶつ【副産物】 부산물(副産物).

ふくし【副詞】 부사(副詞).

ふくし【福祉】 복지(福祉). ‖公共の福祉 공공 복지. ♦**社会福祉** 사회 복지. **福祉国家** 복지 국가. **福祉施設** 복지 시설. **福祉事業** 복지 사업.

ふくしき【複式】 복식(複式). ♦**複式簿記** 복식 부기.

ふくしきこきゅう【腹式呼吸】 복식 호흡(腹式呼吸).

ふくじてき【副次的】 부차적(副次的). ‖副次的な問題 부차적인 문제.

ふくしゃ【複写】 (준하) 복사(複寫). ♦**複写機** 복사기. **複写紙** 복사지.

ふくしゃ【輻射】 (준하) 복사(輻射). ♦**輻射熱** 복사열.

ふくしゅう【復習】 (준하) 복습(復習). ‖今日の授業の復習をする 오늘 수업의 복습을 하다. 漢字の復習 한자 복습.

ふくしゅう【復讐】 (준하) 복수(復讐).

ふくじゅう【服従】 (준하) 복종(服從). ‖命令に服従する 명령에 복종하다.

ふくしゅうにゅう【副収入】 부수입(副收入).

ふくしょう【副賞】 부상(副賞).

ふくしょう【復唱】 (준하) 복창(復唱). ‖命令を復唱する 명령을 복창하다.

ふくしょく【服飾】 복식(服飾). ♦**服飾品** 복식품.

ふくしょく【復職】 (준하) 복직(復職). ‖病気が治り復職する 병이 나아 복직하다.

ふくしょく【副食】 부식(副食).

ふくしん【副審】 부심(副審).
ふくじん【副腎】 부신(副腎). ♦副腎皮質 부신 피질.
ふくすい【腹水】 복수(腹水).
ふくすい【覆水】 ▸覆水盆に返らず 엎지른 물.〔慣〕
ふくすう【複数】 복수(複數); 두 개(個) 이상(以上). ‖複数の敵 두 명 이상의 적. この問題には複数の解答がある 이 문제에는 두 개 이상의 답이 있다. ♦複数形 복수형.
ふくする【伏する】 ❶엎드리다. ‖神前に伏する 신전에 엎드리다. ❷항복(降伏)하다. ‖敵軍に伏する 적군에 항복하다.
ふくせい【複製】 (𝑠하) 복제(複製). ♦複製品 복제품.
ふくせん【伏線】 복선(伏線). ‖伏線を敷く 복선을 깔다.
*ふくそう【服装】 복장(服裝); 옷차림. ‖派手な服装 화려한 복장. 服装に気をつかう 복장에 신경을 쓰다. 服装を整える 옷차림을 단정히 하다.
ふくそう【福相】 복상(福相).
ふくだい【副題】 부제(副題).
ふぐたいてん【不倶戴天】 불구대천(不俱戴天). ‖不倶戴天の敵(かたき) 불구대천의 원수.
ふぐちり【河豚ちり】 복국; 복싱건탕.
ふくつ【不屈】 불굴(不屈). ‖不屈の意志 불굴의 의지.
ふくつう【腹痛】 복통(腹痛). ‖腹痛を起こす 복통을 일으키다.
ふくとう【復党】 (𝑠하) 복당(復黨).
ふくどくじさつ【服毒自殺】 음독자살(飮毒自殺). ‖服毒自殺を図る 음독자살을 꾀하다.
ふくどくほん【副読本】 부독본(副讀本).
ふくとしん【副都心】 부도심(副都心).
ふくびき【福引き】 (説明)제비를 뽑아 경품(景品)을 탐 또는 그 제비.
ふくぶ【腹部】 복부(腹部). ‖下腹部 하복부.
ぶくぶく ❶부글부글. ‖ぶくぶくと泡が立つ 부글부글 거품이 일다. ❷〔水中に沈む様子[音]〕뽀글뽀글. ❸뒤룩뒤룩. ‖ぶくぶくと太る 뒤룩뒤룩 살이 찌다.
ふくぶくしい【福福しい】 (顔が)둥글둥글하고 복(福)스럽다. ‖福々しい笑顔 복스럽게 보이는 웃는 얼굴.
ふくぶくろ【福袋】 (説明)설에 여러 가지 물건을 넣어 실제 가격(實際價格)보다 싸게 파는 주머니.
ふくぶん【複文】 복문(複文).
ふくへい【伏兵】 복병(伏兵). ‖思わぬ伏兵に足もとをすくわれる 생각하지 않은 복병에게 발목을 잡히다.
ふくほんい【複本位】 《経》 복본위(複本位).
ふくまくえん【腹膜炎】 복막염(腹膜炎).
ふくまでん【伏魔殿】 복마전(伏魔殿).
ふくみ【含み】 함축성(含蓄性). ‖含みのある返事 함축성이 있는 대답.
ふくみみ【福耳】 귓불이 큰 귀; 복(福)스러운 귀.
ふくむ【服務】 (𝑠하) 복무(服務). ♦服務規程 복무 규정.
*ふくむ【含む】 ❶머금다; 품다. ‖水を口に含む 물을 입에 머금다. ❷함유(含有)하다. ‖金を含む鉱石 금을 함유한 광석. ❸고려(考慮)하다. ‖この点を含んで方針を立ててほしい 이 점을 고려하여 방침을 세우기를 바라다. ❹(表情に)띠다; 어리다. ‖愁いを含んだ眼差し 수심 어린 눈빛.
ふくめる【含める】 포함(包含)하다. ‖手数料を含めて請求する 수수료를 포함해서 청구하다.
ふくめん【覆面】 (𝑠하) 복면(覆面). ‖覆面をした強盗が侵入する 복면을 한 강도가 침입하다.
ふくも【服喪】 (𝑠하) 복상(服喪).
ふくよう【服用】 (𝑠하) 복용(服用). ‖毎食後服用する 매 식후에 복용하다.
ふくよか ❶포동포동. ‖ふくよかな顔 포동포동한 얼굴. ❷〔香りが豊かである様子〕‖ふくよかな新茶の香り 새로 딴 차의 짙은 향기.
ふくらはぎ【脹脛】 장딴지.
ふくらます【膨らます】 부풀리다. ‖期待に胸を膨らます 기대로 가슴이 부풀다.
ふくらむ【膨らむ】 ❶부풀다; 부풀어오르다. ‖ゴム風船が膨らむ 고무풍선이 부풀어오르다. ❷(規模が)커지다.
ふくり【福利】 복리(福利). ♦福利厚生施設 복리 후생 시설.
ふくり【複利】 복리(複利).
ふくれっつら【脹れっ面】 뾰로통한 얼굴. ‖ふくれっ面をしてそっぽを向く 뾰로통한 얼굴로 외면하다.
ふくれる【膨れる】 ❶부풀다; 불룩해지다. ‖腹が膨れる 배가 불룩해지다. ❷〔不満〕뾰로통해지다. ‖注意されるとすぐにふくれる 주의를 받으면 금세 뾰로통해진다.
ふくろ【袋】 ❶(紙・布などで作った)봉지(封紙). ❷(ミカンなどの果肉を包んでいる)얇은 껍질. ▸袋のねずみ 독 안에 든 쥐.〔慣〕
フクロウ【梟】 올빼미.
ふくろだたき【袋叩き】 뭇매질. ‖袋叩きにあう 뭇매질을 당하다. 뭇매를 맞다.
ふくろとだな【袋戸棚】 벽장(壁欌).
ふくわじゅつ【腹話術】 복화술(腹話術).
ぶくん【武勲】 무훈(武勳).
ふけ【雲脂】 비듬.

ぶけ【武家】 무사(武士) 집안.
ふけい【父兄】 부형(父兄).
ふけい【父系】 부계(父系).
***ふけいき【不景気】** ❶불경기(不景氣). ‖深刻な不景気 심각한 불경기. うちの商売は最近不景気だ 우리 장사는 최근에 불경기다. ❷(態度や様子が)활기(活氣)가 없음. ‖不景気な顔をしている 우울한 얼굴을 하고 있다.
ふけいざい【不経済】 비경제적(非經濟的). ‖不経済な方法 비경제적인 방법.
ふけつ【不潔】ダ 불결(不潔)하다.
ふける【老ける】 늙다. ‖年のわりに老けて見える 나이에 비해 늙어 보이다.
ふける【更ける】 (季節・夜が)깊어지다; 깊어가다 ‖夜が更ける 밤이 깊어가다.
ふける【耽る】 열중(熱中)하다; 빠지다; 잠기다. ‖思索にふける 사색에 잠기다. 物思いにふける 생각에 잠기다.
ふけん【父権】 부권(父權).
ふげん【付言】 ㊂하 부언(附言). ‖付言すれば次の通りだ 부언하자면 다음과 같다.
ふけんこう【不健康】ダ 건강(健康)하지 않다; 건강에 좋지 않다; 불건전(不健全)하다. ‖夜更かしは不健康だ 밤을 새우는 것은 건강에 좋지 않다.
ふけんぜん【不健全】ダ 불건전(不健全)하다. ‖不健全な発想 불건전한 발상.
ふこう【不孝】 불효(不孝). ‖不孝者 불효자.
ふこう【不幸】 불행(不幸). ‖不幸な目にあう 불행한 일을 당하다. ▸不幸中の幸い 불행 중 다행.〔慣〕
ふごう【符号】 부호(符號). ‖モールス符号 모스 부호.
ふごう【符合】 ㊂되 부합(符合). ‖2人の言うことが符合する 두 사람의 말이 부합되다.
ふごう【富豪】 부호(富豪).
ふごうかく【不合格】 불합격(不合格). ‖試験に不合格となる 시험에 불합격하다.
ふこうへい【不公平】ダ 불공평(不公平)하다. ‖不公平な処置 불공평한 조치.
ふごうり【不合理】ダ 불합리(不合理)하다. ‖不合理な方法 불합리한 방법.
ふこく【布告】 ㊂하 포고(布告). ‖緊急事態の布告を発する 긴급 사태를 포고하다. 宣戦を布告する 선전 포고를 하다.
ぶこく【誣告】 ㊂하 무고(誣告). ♦誣告罪 무고죄.
ふこくきょうへい【富国強兵】 부국강병(富國强兵).
ふさ【房】 ❶(飾りの)술; 끝을 묶은 여러 가닥의 실. ❷(花・実などの)송이. ‖ブドウの房 포도 송이.
ブザー【buzzer】 버저.
ふさい【夫妻】 부처(夫妻); 부부(夫婦).
ふさい【負債】 부채(負債); 채무(債務). ‖莫大な負債を抱えている 막대한 부채를 안고 있다.
ふざい【不在】 부재(不在). ‖彼はあいにく不在だ 그 사람은 공교롭게도 부재중이다. ♦不在者投票 부재자 투표. 不在地主 부재 지주.
ぶさいく【不細工】ダ ❶볼품없다; 서투르다. ❷못생기다. ‖不細工な女性 못생긴 여자.
ふさがる【塞がる】 ❶막히다. ‖排水管が塞がる 배수관이 막히다. ❷닫히다; 다물어지다. ‖あいた口がふさがらない 벌린 입이 다물어지지 않다. ❸꽉 차다. ‖席が全部ふさがる 자리가 전부 차다.
ふさぎこむ【塞ぎ込む】 우울(憂鬱)해지다.
ふさぐ【塞ぐ】 ❶막다. ‖壁の穴をセメントで塞ぐ 벽에 난 구멍을 시멘트로 막다. ❷(場所を)차지하다. ‖本の山が机をふさぐ 책 더미가 책상을 차지하다. ❸(不十分ながらも)책임(責任)을 다하다. ‖責めをふさぐ 책임을 다하다. ❹우울(憂鬱)해하다. ‖あれ以来, ずっとふさいでいる 그 일이 있은 이후 우울해 있다.
ふざける ❶농담(弄談)을 하다; 장난치다. ‖ふざけて言ったこと 농담으로 한 말. ❷(人をばかにして)깔보다; 업신여기다; 까불다. ‖ふざけるな 까불지 마라.
ぶさた【無沙汰】 오랫동안 소식(消息)・연락(連絡)이 없음. ‖ご無沙汰しております 오랫동안 연락도 못 드렸습니다.
ふさふさ【総総】 (髪が)치렁치렁; (果物などが)주렁주렁. ‖ふさふさ(と)した髪 치렁치렁한 탐스러운 머리.
ぶさほう【不作法】 무례(無禮)하다.
***ふさわしい【相応しい】** 어울리다; 걸맞다; 적합(適合)하다. ‖その場にふさわしい服装 장소에 어울리는 복장. 彼はこの仕事にふさわしい人ではない 그 사람은 이 일에 적합한 사람이 아니다.
ふし【節】 ❶마디. ‖節の多い木 마디가 많은 나무. ❷관절(關節). ‖指の節 손가락 관절. ❸구분(區分); 단락(段落); 고비. ‖人生の節 인생의 고비. ❹(注目すべき)부분(部分). ‖故意と思われる節がある 고의로 보이는 부분이 있다.
ふし【不死】 불사(不死). ♦不老不死 불로불사.
ふし【父子】 부자(父子). ♦父子相伝 부전자전.
ふじ【不治】 불치(不治). ‖不治の病 불치병.
フジ【藤】 등나무.

ぶし【武士】무사(武士). ♦**武士道** 무사도.

***ぶじ**【無事】ダ 무사(無事)하다. ‖乗客は全員無事だった 승객은 전원 무사했다. 彼は無事帰国した 그 사람은 무사히 귀국했다. 今日も1日無事に過ぎた 오늘 하루도 무사히 보냈다. 無事を祈る 무사하기를 빌다.

ふしあわせ【不幸せ】ダ 불행(不幸)하다. ‖不幸せな一生 불행한 일생.

***ふしぎ**【不思議】ダ 불가사의(不可思議)하다; 이상(異常)하다. ‖不思議な現象 불가사의한 현상. 不思議に思う 이상하게 여기다.

ふしぎがる【不思議がる】이상(異常)하게 생각하다.

ふしぜん【不自然】ダ 부자연(不自然)스럽다. ‖不自然な姿勢 부자연스러운 자세.

ふしだらダ 문란(紊亂)하다. ‖ふしだらな生活 문란한 생활.

ふじちゃく【不時着】(スル하) 불시착(不時着). ‖故障で不時着する 고장으로 불시착하다.

ふしちょう【不死鳥】불사조(不死鳥).

ぶしつけ【不躾】ダ 무례(無禮)하다. ‖不躾な態度 무례한 태도.

ふしぶし【節節】❶뼈 마디마디. ‖節々が痛む 뼈 마디마디가 아프다. ❷몇 군데. ‖思い当たる節々がある 짚이는 데가 몇 군데 있다.

ふしまつ【不始末】❶뒤처리나 단속(團束)이 허술함. ‖火の不始末から火事になる 허술한 단속으로 불이 나다. ❷불미(不美)스러운 일. ‖不始末なことをしでかす 불미스러운 일을 저지르다.

ふじみ【不死身】불사신(不死身).

ふしめ【伏し目】‖伏し目になる 눈을 내리깔다.

ふしめ【節目】❶마디; 옹이. ‖節目のない良材 마디가 없는 양질의 목재. ❷전환점(轉換點); 고비. ‖人生の節目 인생의 전환점.

ふしゅ【浮腫】부종(浮腫).

ぶしゅ【部首】부수(部首).

***ふじゆう**【不自由】ダ 부자유(不自由)스럽다; 불편(不便)하다; 부족(不足)하다; 궁하다. ‖不自由な生活 불편한 생활. 何不自由なく暮らしている 뭐 하나 부족한 것 없이 살고 있다. 弟は体が不自由だ 남동생은 몸이 불편하다. お金に不自由はしていない 돈이 궁하지는 않다.

ぶしゅうぎ【不祝儀】흉사(凶事); 궂은 일.

ふじゅうぶん【不十分】ダ 불충분(不充分)하다. ‖不十分な証拠 불충분한 증거.

ぶじゅつ【武術】무술(武術).

ふじゅん【不純】ダ 불순(不純)하다. ‖不純な動機 불순한 동기.

ふじょ【扶助】(スル하) 부조(扶助). ‖扶助を受ける 부조를 받다.

ふじょ【婦女】부녀(婦女).

ぶしょ【部署】부서(部署). ‖部署につく 부서에 배치되다.

ふしょう【不詳】불상(不詳); 미상(未詳); 알 수 없음. ♦**年齢不詳** 나이를 알 수 없음. **身元不詳** 신원 미상.

ふしょう【不肖】불초(不肖). ‖不肖の子 불초한 자식.

***ふしょう**【負傷】부상(負傷); 다침; 상처(傷處)를 입음. ‖足を負傷する 다리를 다치다. 顔に負傷する 얼굴에 상처를 입다. ♦**負傷者** 부상자.

ふじょう【不定】《仏教》부정(不定).

ふじょう【不浄】ダ 부정(不淨)하다.

ふじょう【浮上】(スル하) 부상(浮上). ‖3位に浮上する 삼 위로 부상하다.

ぶしょう【無精】ダ 귀찮다. ‖無精してひげを剃らない 귀찮아서 수염을 깎지 않다.

ふしょうじ【不祥事】불상사(不祥事). ‖学校始まって以来の不祥事だ 학교가 생긴 이래 처음 있는 불상사다.

ふしょうち【不承知】반대(反對).

ふしょうぶしょう【不承不承】마지못해.

ふしょうふずい【夫唱婦随】부창부수(夫唱婦隨).

ふじょうり【不条理】부조리(不條理).

ふしょく【腐食】(スル되) 부식(腐蝕).

ふしょく【腐植】부식(腐植). ♦**腐植土** 부식토.

ぶじょく【侮辱】(スル하) 모욕(侮辱).

ふしょくふ【不織布】부직포(不織布).

ふしん【不信】불신(不信). ‖不信の目で見る 불신의 눈으로 보다. 不信の念 불신감. 政治不信 정치 불신.

ふしん【不振】부진(不振). ‖食欲不振 식욕 부진. 商売が不振だ 장사가 부진하다.

ふしん【不審】‖挙動不審の男 거동이 수상한 남자. ♦**不審火** 원인 불명의 화재.

ふじん【夫人】부인(夫人). ‖夫人同伴 부인 동반. 동부인.

ふじん【婦人】부인(婦人). ♦**婦人科** 부인과. **婦人服** 부인복.

ふしんかん【不信感】불신감(不信感). ‖不信感をいだく 불신감을 가지다.

ふしんせつ【不親切】ダ 불친절(不親切)하다. ‖不親切な応対 불친절한 응대.

ふしんにん【不信任】(スル하) 불신임(不信任). ♦**不信任案** 불신임안.

ふしんばん【不寝番】불침번(不寢番). ‖不寝番に立つ 불침번을 서다.

ふす【付す】붙이다; 부치다. ‖条件を付す 조건을 붙이다. 不問に付す 불문에 부치다.

ふす【伏す】 ❶엎드리다. ‖がばと伏す 푹 엎드리다. ❷숨다. ‖岩陰に伏して様子をうかがう 바위 뒤에 숨어 상황을 살피다.

ぶす 추녀(醜女); 못생긴 여자(女子).

ふずい【不随】 불수(不隨). ♦**半身不随** 반신불수.

ふずい【付随】 ㉻하 부수(附隨). ♦**付随条項** 부수 조항.

ぶすい【無粋】ダ 촌(村)스럽다; 세련(洗練)되지 못하다. ‖無粋な男 촌스러운 남자.

ふずいいきん【不随意筋】 불수의근(不隨意筋).

ふすう【負数】 음수(陰數).

ぶすう【部数】 부수(部數). ‖発行部数 발행 부수.

ぶすっと ❶푹. ‖注射針をぶすっと刺す 주사 바늘을 푹 찌르다. ❷〔不機嫌〕‖ぶすっとした顔つき 뾰로통한 얼굴.

ふすま【襖】 장지.

ぶすり 푹; 꽉. ‖わき腹に矢がぶすりと刺さる 옆구리에 화살이 푹 꽂히다.

ふせ【布施】 ㉻하 보시(布施).

*__ふせい【不正】__ 부정(不正); 부정한 짓; 비리(非理). ‖不正をはたらく 부정한 짓을 하다. 不正な行為 부정한 행위. 不正な手段で巨利を得る 부정한 수단을 써서 거액을 챙기다.

ふせい【父性】 부성(父性).

ふぜい【風情】 ❶정서(情緒); 정취(情趣). ‖風情ある眺め 운치 있는 전망. ❷모양(模樣). ‖寂しげな風情 쓸쓸한 모양.

ふせいかく【不正確】ダ 부정확(不正確)하다. ‖不正確な記憶 부정확한 기억. 彼の発音は不正確だ 그 사람의 발음은 부정확하다.

ふせいしゅつ【不世出】 불세출(不世出). ‖不世出の英雄 불세출의 영웅.

ふせいみゃく【不整脈】 부정맥(不整脈).

ふせき【布石】 포석(布石).

*__ふせぐ【防ぐ】__ ❶막다. ‖敵の猛攻を防ぐ 적의 맹공을 막다. ❷방지(防止)하다. ‖事故を未然に防ぐ 사고를 미연에 방지하다. 塩は食品の腐敗を防ぐ 소금은 식품의 부패를 방지한다.

ふせつ【付設】 ㉻하 부설(附設). ‖研究所を付設する 연구소를 부설하다.

ふせつ【敷設】 ㉻하 부설(敷設). ‖鉄道を敷設する 철도를 부설하다.

ふせっせい【不摂生】 건강(健康)을 돌보지 않음. ‖長年の不摂生が祟る 오랫동안 건강을 돌보지 않아 탈이 나다.

ふせる【伏せる・臥せる】 ❶엎다. ‖皿を伏せておく 접시를 엎어 두다. ❷〔隠す〕숨기다. ‖実名を伏せる 실명을 숨기다. ❸(病気で)앓아 눕다. ‖風邪で臥せっております 감기로 앓아 누워 있습니다.

ふせん【付箋】 메모를 적어 눈에 띄도록 붙이는 종이; 포스트잇.

ふぜん【不全】 불완전(不完全); 부전. ♦**心不全** 심부전.

ぶぜん【憮然】 망연(茫然)해함; 허탈(虛脫)해함; 낙담(落膽)함. ‖憮然たる面持ち 낙담한 듯한 표정.

ふせんしょう【不戦勝】 부전승(不戰勝).

ぶそう【武装】 ㉻하 무장(武裝). ♦**武装解除** ㉻하 무장 해제.

ふそうおう【不相応】ダ 어울리지 않다; 맞지 않다. ‖身分不相応な生活 신분에 맞지 않은 생활.

*__ふそく【不足】__ 부족(不足). ‖人手が不足している時は連絡してください 일손이 부족할 때는 연락해 주세요. ♦**運動不足** 운동 부족. **経験不足** 경험 부족. **睡眠不足** 수면 부족.

ふそく【不測】 예측(豫測)이 안 됨. ‖不測の事態 예측할 수 없는 사태.

ふそく【付則】 부칙(附則).

ふぞく【付属・附属】 ㉻하 부속(附屬). ‖大学の附属病院 대학 부속 병원. 車の付属品 차 부속품.

ぶぞく【部族】 부족(部族).

ふぞろい【不揃い】ダ 가지런하지 않다; 고르지 않다. ‖これらのミカンは大きさが不揃いだ 이 귤들은 크기가 고르지 않다.

ふそん【不遜】ダ 불손(不遜)하다. ‖不遜な態度 불손한 태도.

ふた【蓋】 뚜껑. ‖鍋にふたをする 냄비 뚜껑을 덮다. 瓶のふたを取る 병 뚜껑을 따다. ▸ふたを開ける 공개하다. 결과를 알 수 있게 되다. 当落はふたを開けてみるまで分からない 당락은 뚜껑을 열어 보기 전에는 모른다.

ふた-【二】 둘; 두; 양(兩); 쌍(雙). ‖二晩 두 밤. 二家族 두 가족.

ふだ【札】 ❶표; 표찰(標札). ‖値段を書いた札 가격을 적은 표. 名札 이름표. 명찰. ❷(カード・花札などの)패(牌). ‖札を配る 패를 돌리다.

ブタ【豚】 돼지. ‖豚がぶうぶう鳴いている 돼지가 꿀꿀거리고 있다. 豚小屋 돼지우리. ▸豚に真珠 돼지에 진주. (諺)

ふたい【付帯】 ㉻하 부대(附帶). ♦**付帯事項** 부대 사항.

ぶたい【部隊】 부대(部隊). ♦**落下傘部隊** 낙하산 부대.

*__ぶたい【舞台】__ 무대(舞臺). ‖舞台に立つ 무대에 서다. その小説の舞台はソウルだ 그 소설의 무대는 서울이다. 彼は世界を舞台に活躍している 그 사람은 세계를 무대로 활약하고 있다. ♦**独り舞台** 독무대. **舞台衣装** 무대 의상. **舞台裏** 무대 뒤. **舞台稽古** 무대 연습.

舞台装置 무대 장치.
ふたえ【二重】 두 겹. ♦二重まぶた 쌍꺼풀.
ふたかた【二方】 두 분.
ふたご【双子】 쌍둥이. ♦双子座 쌍둥이자리.
ふたことめには【二言目には】 말을 꺼냈다 하면; 말만 했다 하면. ‖母は二言目には勉強しなさいと言う 어머니는 말만 했다 하면 공부하라고 한다.
ふたしか【不確か】ダ 불확실(不確實)하다. ‖不確かな情報 불확실한 정보.
ふたたび【再び】 다시; 한 번 더. ‖再びめぐってきた絶好のチャンス 다시 찾아온 절호의 기회.
*ふたつ【二つ・2つ】 ❶둘; 두 개(個). ‖リンゴが2つ 사과가 두 개. ❷〔2歳〕 두 살. ‖2つになったばかり 이제 막 두 살이 되었다. ❸두 번째; 둘째. ‖一つには誠実, 二つには努力 첫째는 성실, 둘째는 노력.
ふだつき【札付き】 ❶가격표(價格標)가 붙어 있음. ❷악명(惡名)이 높음; 이름나 있음. ‖札つきの悪者 이름난 악당.
ふたつへんじ【二つ返事】 흔쾌(欣快)히 승낙(承諾)함. ‖二つ返事で引き受ける 흔쾌히 승낙하다.
ぶたにく【豚肉】 돼지고기.
ふたば【双葉】 떡잎; 어릴 때; 초기(初期). ‖双葉の頃から見守る 어릴 때부터 지켜보다.
ふたまた【二股】 두 갈래. ‖川が二股に分かれる 강이 두 갈래로 갈라지다. ▸二股を掛ける 양다리를 걸치다[걸다]. 〔慣〕
*ふたり【二人・2人】 두 사람; 둘. ‖客が2人来る 손님이 두 사람 오다. 弟は2人とも学生だ 남동생은 둘 다 학생이다. 彼は母親と2人暮らしだ 그 사람은 어머니하고 둘이 살고 있다.
ふたん【負担】 ㉻하 부담(負擔). ‖彼が費用を全部負担する 그 사람이 비용을 전부 부담하다. 家族に負担をかける 가족들에게 부담을 주다.
ふだん【不断】 부단(不斷). ‖不断の努力 부단한 노력.
*ふだん【普段】 평소(平素); 평상시(平常時); 보통(普通). ‖私は普段通り8時に家を出た 나는 평소대로 여덟 시에 집을 나왔다. 彼は普段はジーパンをはいている 그 사람은 평상시는 청바지를 입고 있다. ♦普段着 평상복.
ふち【淵】 물이 깊은 곳; 수렁. ‖絶望の淵に沈む 절망의 수렁에 빠지다.
ふち【縁】 가장자리; 테두리; 틀. ‖眼鏡の縁 안경테.
ぶちあげる【打ち上げる】 큰소리치다; 호언장담(豪言壯談)하다.
ぶちこむ【打ち込む】 ❶박아 넣다. ‖杭をぶち込む 말뚝을 박아 넣다. ❷처넣다. ‖海にぶち込む 바다에 처넣다. ❸뒤섞다. ‖肉も野菜もそのままぶち込んで煮る 고기도 야채도 그대로 집어넣고 끓이다.
ぶちころす【打ち殺す】 쳐죽이다.
ぶちこわす【打ち壊す】 ❶때려 부수다. ❷망치다; 방해(妨害)하다; 깨다. ‖いい雰囲気をぶち壊す 좋은 분위기를 깨다.
ぶちぬく【打ち抜く】 꿰뚫다; 관통(貫通)하다. ‖3枚重ねた板をぶち抜く 세 장 겹쳐진 판자를 뚫다.
ぶちまける ❶(中に入っているものを)다 쏟아 내다. ❷(思っていることを)다 털어놓다.
ふちゃく【付着】 ㉻하 부착(附着). ‖貝が船底に付着する 조개가 배 밑바닥에 달라붙다.
ふちゅうい【不注意】 부주의(不注意). ‖不注意から事故が起きる 부주의에서 사고가 발생하다.
ふちょう【不調】 ❶성립(成立)이 안 됨. ‖交渉は不調に終わった 교섭은 이루어지지 않았다. ❷(体の具合・気分などが)안 좋다. ‖胃の不調を訴える 위의 상태가 안 좋다고 호소하다. ❸(物事の状態が)부진(不振)하다. ‖商売が不調だ 장사가 부진하다.
ぶちょう【部長】 부장(部長).
ふちょうわ【不調和】 부조화(不調和).
ふちん【浮沈】 ㉻하 부침(浮沈).
ぶつ【仏】《仏教》 부처.
ぶつ【打つ】 때리다. ‖頭をぶつ 머리를 때리다.
ふつう【不通】 불통(不通). ‖電話が不通だ 전화가 불통이다. 音信不通になる 연락이 끊어지다.
*ふつう【普通】 보통(普通). ‖彼が遅刻してくるのは普通のことだ 그 사람이 지각하는 것은 보통이다. 朝は普通7時に起きる 아침에는 보통 일곱 시에 일어난다. 普通の成績 보통의 성적. ♦普通選挙 보통 선거. 普通預金 보통 예금. 普通列車 보통 열차.
ふつか【二日・2日】 이 일(二日); 이틀.
*ぶっか【物価】 물가(物價). ‖物価が高い 물가가 비싸다. 物価が上がった 물가가 올랐다. 物価を安定させる 물가를 안정시키다. ♦物価指数 물가 지수.
ぶっかく【打っ欠く】 잘게 깨다. ‖氷をぶっ欠く 얼음을 잘게 깨다.
ふっかける【吹っ掛ける】 ❶불다; 내뿜다. ‖息を吹っかける 입김을 불다. ❷(値段を)비싸게 부르다. ❸(相手の困るようなことを)걸다. ‖けんかを吹っかける 싸움을 걸다.
ぶっかける【打っ掛ける】 끼얹다. ‖水をぶっかける 물을 끼얹다.

ふ

ふっかつ【復活】 (자하) 부활(復活). ‖対抗試合を復活する 대항전을 부활하다[시키다].
ふつかよい【二日酔い】 숙취(宿醉).
ぶつかる ❶부딪치다; 직면(直面)하다. ‖岩にぶつかった波が砕ける 바위에 부딪친 파도가 부서지다. ❷대립(對立)하다; 충돌(衝突)하다. ‖進学をめぐって父親とぶつかる 진학을 둘러싸고 아버지와 충돌하다. ❸겹치다. ‖2つの会議がぶつかる 회의 두 개가 겹치다.
ふっき【復帰】 (자하) 복귀(復歸). ‖政界に復帰する 정계에 복귀하다. 社会復帰する 사회에 복귀하다.
ぶつぎ【物議】 물의(物議). ▸物議を醸(かも)す 물의를 빚다.
ふっきゅう【復旧】 (자하) 복구(復舊). ♦復旧工事 복구 공사. 復旧作業 복구 작업.
ぶっきょう【仏教】 불교(佛敎).
ぶっきらぼう ダ 무뚝뚝하다. ‖ぶっきらぼうな口のきき方 무뚝뚝한 말투.
ぶつぎり【ぶつ切り】 두껍게 썲. ‖マグロのぶつ切り 두껍게 썬 참치.
ふっきる【吹っ切る】 (悩みなどを)떨쳐버리다. ‖未練を吹っ切る 미련을 떨쳐버리다.
ふっきれる【吹っ切れる】 (悩みなどが)없어지다; 사라지다.
ふっきん【腹筋】 복근(腹筋).
ふっくら ‖ふっくら(と)した体つき 통통한 몸매. ふっくらと暖かそうな布団 푹신해서 따뜻해 보이는 이불.
ぶつける ❶〔投げる〕던져서 맞추다. ❷〔打ちつける〕부딪치다. ‖頭をぶつける 머리를 부딪치다. ❸(自分の考えなどを)확실(確實)히 표현(表現)하다.
ぶっけん【物件】 물건(物件); 물품(物品). ♦証拠物件 증거 물품.
ふっこ【復古】 (자하) 복고(復古). ♦復古思想 복고 사상. 復古調 복고조.
ふっこう【腹腔】 복강(腹腔).
ふっこう【復興】 (자하) 부흥(復興). ♦文芸復興 문예 부흥.
*__ふつごう【不都合】__ ダ ❶(状況などが)안 좋다. ‖不都合な場合 상황이 안 좋은 경우. ❷〔不届き〕무례(無禮)하다; 괘씸하다. ‖不都合なことをしでかす 괘씸한 짓을 하다.
ふっこく【復刻】 (자하) 복각(復刻). ♦復刻本 복각본.
ぶっころす【打っ殺す】 때려죽이다.
ぶっこわす【打っ壊す】 때려 부수다.
ぶっさん【物産】 물산(物産).
ぶっし【物資】 물자(物資). ‖物資を補給する 물자를 보급하다. ♦救援物資 원조 물자.
*__ぶっしつ【物質】__ 물질(物質). ‖物質文化 물질문화. 物質代謝 물질대사. ♦物質的 물질적. 物質的な満足 물질적인 만족. 物質文明 물질문명. 物質名詞(言語) 물질 명사.
ぶっしょう【物象】 물상(物象).
ぶっしょう【物証】 물증(物證).
ふっしょく【払拭】 (자하) 불식(拂拭). ‖不信感を払拭する 불심감을 불식하다.
ぶっしょく【物色】 (자하) 물색(物色). ‖店内を物色する 가게 안을 물색하다.
ぶっしん【物心】 물심(物心). ‖物心両面から援助する 물심양면으로 돕다.
ふっそ【弗素】 불소(弗素).
ぶつぞう【仏像】 불상(佛像).
ぶっだ【仏陀】 불타(佛陀); 부처.
ぶったい【物体】 물체(物體). ♦未確認飛行物体 미확인 비행 물체.
ぶつだん【仏壇】 불단(佛壇).
ぶっちょうづら【仏頂面】 뾰로통한 얼굴. ‖仏頂面をする 뾰로통한 얼굴을 하다.
ふつつか【不束】 ダ 불민(不敏)하다; 미숙(未熟)하다. ‖ふつつかながら精一杯努めます 미숙하나마 열심히 하겠습니다.
ぶっつづけ【打っ続け】 계속(繼續)됨. ‖3日間ぶっ続けの審議 삼 일 동안 계속된 심의.
ぶっつぶす【打っ潰す】 때려 부수다.
ぷっつり ❶〔糸などを切る音〕싹둑; 툭. ‖黒髪をぷっつり(と)切る 검은 머리를 싹둑 자르다. 紐を引いたらぷっつり(と)切れた 끈을 당겼더니 툭 끊어졌다. ❷〔それまで続いてきたことを急にやめる様子〕딱. ‖好きだった酒をぷっつり(と)やめた 좋아하던 술을 딱 끊었다.
ぷっつん ❶〔ぷつんを強めて言う語〕탁. ‖縛った紐がぷっつんと切れる 묶어 놓은 끈이 탁 끊어지다. ❷〔我慢の限界を超えて怒り出す〕‖再度の暴言でついにぷっつんした 또다시 폭언을 하길래 폭발해 버렸다.
ぶってき【物的】 물적(物的). ♦物的証拠 물적 증거.
ふっと ❶폭; 푹. ‖ふっとため息をもらす 한숨을 폭 쉬다. ❷〔物事が突然起こる〕돌연(突然)히; 갑자기; 문득. ‖ふっと海に行きたくなった 문득 바다에 가보고 싶어졌다.
ぷっと ❶픽. ‖おかしくてぷっと吹き出す 우스워서 픽 하고 웃음을 터뜨리다. ❷〔吐き出す〕퉤. ‖ガムをぷっと吐き出す 퉤 하고 껌을 내뱉다. ❸〔ふくらむ様子〕‖注意されて頬をぷっとふくらませる 주의를 받자 부루퉁해지다.
ふっとう【沸騰】 ❶(お湯が)끓음. ‖お湯が沸騰する 물이 끓다. ❷〔高騰〕(자하) 비등(沸騰). ♦沸騰点 비등점.
ぶっとおし【打っ通し】 ❶계속(繼續)함; 계속됨. ‖昼夜ぶっ通しの猛練習 주야로 계속되는 맹연습. ❷(仕切りなど

を)턍. ‖広間をぶっ通しにする 큰 방을 트다.

ふっとばす【吹っ飛ばす】 ❶날려 버리다; 떨쳐 버리다. ‖不安を吹っ飛ばす 불안을 떨쳐 버리다. ❷(車などを)속력(速力)을 내어 달리다.

ふっとぶ【吹っ飛ぶ】 ❶날아가다; 날리다. ‖屋根の瓦が吹っ飛んだ 지붕의 기와가 날아갔다. ❷없어지다; 사라지다; 가시다. ‖疲れが吹っ飛ぶ 피로가 가시다.

フットボール【football】 풋볼; 축구(蹴球).

ぶつのう【物納】 (ス하) 물납(物納).

ぶっぴん【物品】 물품(物品).

ふつふつ【沸沸】 ❶펄펄. ‖湯がふつふつとたぎっている 물이 펄펄 끓고 있다. ❷〔感情など〕철철. ‖喜びがふつふつと湧いてくる 기쁨이 철철 넘치고 있다.

ぶつぶつ ❶중얼중얼. ‖何かぶつぶつ言いながら歩いている 뭔가를 중얼거리며 걷고 있다. ❷〔不平不満など〕투덜투덜. ‖どう分配しても誰かがぶつぶつ言う 어떻게 분배하더라도 누군가가 투덜거릴 것이다. ❸〔小さな穴や突起がたくさんある〕도톨도톨. ‖鶏の皮みたいにぶつぶつしている 닭살처럼 도톨도톨하다. お腹にぶつぶつができた 배에 두드러기가 났다. ❹〔煮立ったりわき出たりする〕보글보글. ‖お粥(かゆ)がぶつぶつ(と)煮えてきた 죽이 보글보글 끓기 시작했다. ❺〔穴など〕뻥뻥. ‖ふたにぶつぶつ(と)穴をあける 뚜껑에 뻥뻥 구멍을 뚫다.

ぷつぷつ ❶툭툭. ‖古くなって糸がぷつぷつ(と)切れる 실이 오래되어 툭툭 끊어지다. ❷〔小さな粒状のものができる様子〕‖ぷつぷつ(と)小さなできものができる 오돌토돌하게 작은 뾰루지가 생기다. ❸〔穴など〕콕콕. ‖ぷつぷつ(と)突き刺して穴をあける 콕콕 쑤셔서 구멍을 내다.

ぶつぶつこうかん【物物交換】 물물교환(物物交換).

ふつぶん【仏文】 ❶불문학(佛文學). ❷불어 문장(佛語文章).

ぶっぽう【仏法】 불법(佛法).

ぶつよく【物欲】 물욕(物慾). ‖物欲にとらわれる 물욕에 사로잡히다.

ぶつり【物理】 물리(物理). ♦**物理学** 물리학. **物理的** 물리적. **物理的変化** 물리적 변화. **物理療法** 물리 요법.

ふつりあい【不釣り合い】ダ 어울리지 않다. ‖不釣り合いな縁談 어울리지 않는 혼담.

ぶつりゅう【物流】 물류(物流). ♦**物流業界** 물류 업계. **物流システム** 물류 시스템.

ぶつりょう【物量】 물량(物量). ♦**物量作戦** 물량 작전.

ぷつん ❶툭. ‖糸がぷつんと切れる 실이 툭 끊어지다. ❷뚝. ‖通信がぷつんと絶えた 통신이 뚝 끊어졌다.

ふで【筆】 ❶붓. ‖手紙を筆で書く 편지를 붓으로 쓰다. ❷문; 문필(文筆). ‖筆の力 문필의 힘. ▸筆が滑る 써서는 안 될 것이나 쓰지 않아도 될 것을 쓰다. ▸筆が立つ 문장력이 있다. ▸筆を擱(お)く 붓을 놓다. ▸筆を加える 더 써넣다. 문장을 고치다. ♦**筆立て** 연필꽂이. **筆箱** 필통.

ふてい【不定】 부정(不定). ♦**不定形** 부정형. **不定詞** 부정사. **不定称** 부정칭.

ふていき【不定期】 부정기(不定期). ‖不定期航路 부정기 항로.

ふていさい【不体裁】ダ 볼품없다. ‖不体裁な包み方 볼품없는 포장.

ふてき【不適】ダ 부적당(不適當)하다.

ふてき【不敵】ダ 대담(大膽)하고 겁이 없다.

ふでき【不出来】ダ 됨됨이가 나쁘다; 신통(神通)치 않다. ‖不出来な子 신통치 않은 아이.

ふてきとう【不適当】ダ 부적당(不適當)하다. ‖不適当な例 부적당한 예.

ふてぎわ【不手際】 솜씨가 나쁨; 방법(方法)이 안 좋음; 실수(失手). ‖不手際をお詫びします 실수를 사과 드립니다.

ふてくされる【不貞腐れる】 부루퉁해지다. ‖注意されるとすぐふてくされる 주의를 받으면 금세 부루퉁해지다.

ふてってい【不徹底】ダ 불철저(不徹底)하다; 철저하지 못하다.

ふてぶてしい【太太しい】 뻔뻔스럽다. ‖ふてぶてしい男 뻔뻔스러운 남자.

***ふと** 문득; 갑자기; 우연(偶然)히. ‖ふと右を見ると彼がいた 문득 오른쪽을 보니 그 사람이 있었다. ふと思い出す 문득 생각이 나다. ふと立ち止る 갑자기 걸음을 멈추다. ふと出会う 우연히 만나다.

***ふとい【太い】** ❶〔直径〕굵다. ‖太い管 굵은 관. ❷〔幅〕폭이 넓다. ‖太いベルト 폭이 넓은 벨트. ❸〔声〕굵다. ‖太い声 굵은 목소리. ❹〔大胆だ〕대담(大膽)하다; 담차다. ‖肝が太い 담차다.

ふとう【不当】ダ 부당(不當)하다. ‖不当な差別 부당한 차별. 不当な利益 부당한 이익. ♦**不当性** 부당성. **不当表示** 부당 표시.

ふとう【不凍】 부동(不凍). ♦**不凍液** 부동액. **不凍港** 부동항.

ふとう【不等】 부등(不等). ♦**不等号** 부등호. **不等式** 부등식.

ふとう【埠頭】 부두(埠頭).

ふどう【不同】 부동(不同). ‖順不同 순서 부동. 순서에 일정한 기준이 없음.

ふどう【不動】 부동(不動). ‖不動の姿勢 부동 자세.
ふどう【浮動】 (ス하) 부동(浮動). ♦浮動票 부동표.
ブドウ【葡萄】 포도(葡萄). ♦ブドウ球菌 포도상 구균. ブドウ糖 포도당.
ぶとうかい【舞踏会】 무도회(舞蹈會).
ふとうこう【不登校】 등교 거부(登校拒否).
ふどうさん【不動産】 부동산(不動産). ♦不動産業 부동산업. 不動産取得税 부동산 취득세. 不動産登記 부동산 등기. 不動産屋 부동산 중개사. 복덕방 업자.
ふどうたい【不導体】 부도체(不導體).
ふどうとく【不道徳】ダ 부도덕(不道德)하다. ‖不道徳な行為 부도덕한 행위.
ふとうめい【不透明】ダ 불투명(不透明)하다. ‖不透明な液体 불투명한 액체.
ふとく【不徳】 부덕(不德). ‖不徳の致すところ 부덕의 소치.
ふとくい【不得意】ダ 잘 못하다; 서투르다; 자신(自信)이 없다. ‖不得意な科目 자신이 없는 과목.
ふとくてい【不特定】 불특정(不特定). ♦不特定多数 불특정 다수. 不特定多数の読者 불특정 다수의 독자.
ふところ【懐】 ❶(衣服の)가슴 언저리; 품. ‖財布を懐に入れる 지갑을 품에 넣다. ❷의중(意中); 심중(心中). ‖懐を見すかす 심중을 꿰뚫어 보다. ❸내부(內部). ‖敵の懐深く入る 적 내부 깊숙이 들어가다. ▸懐が暖かい 충분히 돈이 있다. ▸懐が寒い 가진 돈이 적다. ▸懐が深い 포용력이 있다.
ふとさ【太さ】 굵기.
ふとじ【太字】 굵은 글씨. ‖太字用万年筆 굵은 글씨용 만년필.
ふとした 뜻밖의; 우연(偶然)한. ‖ふとしたはずみで俳優になった 우연한 계기로 배우가 되었다.
ふとっぱら【太っ腹】ダ 배포(排布)가 크다. ‖太っ腹なところを見せる 배포가 큰 것을 보여 주다.
ふとどき【不届き】ダ 무례(無禮)하다; 괘씸하다. ‖不届きなやつ 괘씸한 녀석.
ふともも【太腿】 넓적다리; 대퇴(大腿).
ふとる【太る】 ❶살이 찌다. ‖赤ん坊がまるまると太る *아기가 통통하게 살이 찌다.* 1か月で3キロ太る 한 달에 삼 킬로 찌다. ❷늘어나다; 불어나다; 많아지다. ‖財産が太る 재산이 불어나다.
ふとん【布団】 이불. ‖布団を敷く 이불을 깔다. 布団を畳む 이불을 개다. 1組の布団 이불 한 채.
フナ【鮒】 붕어.
ブナ【橅】 너도밤나무.
ふなか【不仲】ダ 사이가 안 좋다; 사이가 나쁘다. ‖不仲になる 사이가 나빠지다.
ふなちん【船賃】 배삯.
ふなつきば【船着き場】 선착장(船着場); 선창(船艙).
ふなづみ【船積み】 (ス하) 선적(船積). ‖コンテナを船積みする 컨테이너를 선적하다.
ふなで【船出】 ❶(ス하) 출범(出帆). ❷새로운 출발(出發).
ふなぬし【船主】 선주(船主).
ふなのり【船乗り】 선원(船員); 뱃사람.
ふなびん【船便】 선편(船便); 배편.
ふなよい【船酔い】 (ス하) 뱃멀미.
ふなれ【不慣れ】ダ 익숙하지 않다. ‖不慣れな仕事 익숙하지 않은 일.
ぶなん【無難】ダ 무난(無難)하다. ‖無難な演技 무난한 연기. 無難な選択 무난한 선택.
ふにあい【不似合い】ダ 어울리지 않다; 걸맞지 않다. ‖不似合いな恰好 어울리지 않는 차림새.
ふにゃふにゃ 흐물흐물. ‖ふにゃふにゃして歯応えがない 흐물흐물해서 씹는 맛이 없다.
ふにん【不妊】 불임(不姙). ♦不妊症 불임증.
ふにん【赴任】 (ス하) 부임(赴任). ‖東京に赴任する 동경으로 부임하다.
*__ふね【舟・船】__ 배. ‖荷物を船で送る 짐을 배로 보내다. 船は横浜から中国に向けて出航した 배는 요코하마에서 중국을 향해 출항했다. 船に酔う 뱃멀미를 하다. ▸舟を漕ぐ 졸다. 座るとすぐ舟を漕ぎ始めた 앉더니 바로 졸기 시작했다.
ふねん【不燃】 불연(不燃). ♦不燃ごみ 불연 쓰레기. 不燃性 불연성.
ふのう【不能】 불능(不能). ♦再起不能 재기 불능.
ふのう【富農】 부농(富農).
ふはい【腐敗】 (ス하) 부패(腐敗). ‖腐敗した政治家 부패한 정치가.
ふばい【不買】 불매(不買). ♦不買運動 불매 운동.
ふはつ【不発】 불발(不發). ♦不発弾 불발탄.
ふばらい【不払い】 미불(未拂). ‖賃金の不払い 미불 임금.
ふび【不備】 불비(不備); 미비(未備). ‖運営上の不備 운영상의 불비. 書類に不備な点がある 서류에 미비한 점이 있다.
ふひつよう【不必要】ダ 불필요(不必要)하다.
ふひょう【付表】 부표(附表).
ふひょう【付票】 부표(附票); 물표(物票).
ふひょう【浮標】 부표(浮標).

ふびょうどう【不平等】 불평등(不平等). ‖不平等条約 불평등 조약. 不平等な取り扱い 불평등한 대우.

ふびん【不憫】ダ 가엾다; 딱하다. ‖不憫に思う 가엾게 생각하다.

ぶひん【部品】 부품(部品). ‖ラジオの部品 라디오 부품.

ふぶき【吹雪】 눈보라.

ふふく【不服】 불복(不服); 불만(不滿); 이의(異議). ‖不服そうな顔 불만스러운 듯한 얼굴. 不服を唱える 이의를 제기하다.

ふぶく【吹雪く】 눈보라가 치다. ‖一晩中吹雪いていた 밤새도록 눈보라가 쳤다.

ふふん ‖ふふんと鼻先で笑う 흥 하고 코웃음치다.

*__ぶぶん__【部分】 부분(部分). ‖その映画は最初の部分が特に面白かった 그 영화는 처음 부분이 특히 재미있었다. 下線の部分を英訳しなさい 밑줄 친 부분을 영역하시오. その事実は一部分しか公開されていない 그 사실은 일부분밖에 공개되지 않았다. ♦**部分集合** 부분집합. **部分食**《天文》 부분 일식. **部分的** 부분적. 部分的な誤り 부분적인 실수. 君の答えは部分的には正しい 네 대답은 부분적으로는 옳다.

ふぶんりつ【不文律】 불문율(不文律).

ふへい【不平】 불평(不平). ‖不平不満を言う 불평불만을 늘어놓다..

ふへん【不変】 불변(不變). ‖不変の真理 불변의 진리. ♦**永劫不変** 영구불변.

ふへん【普遍】 보편(普遍). ♦**普遍化** (スル) 보편화. **普遍性** 보편성. **普遍的** 보편적. 普遍的な真理 보편적인 진리.

ふべん【不便】ダ 불편(不便)하다. ‖出入りに不便だ 출입이 불편하다. 交通の不便な地 교통이 불편한 곳. 田舎の生活は不便なことが多い 시골 생활은 불편한 점이 많다. 不便をこうむる 불편을 감수하다.

ふべんきょう【不勉強】ダ 공부(工夫)가 부족(不足)하다; 공부를 게을리 하다.

ふぼ【父母】 부모(父母).

*__ふほう__【不法】 불법(不法). ‖大麻を不法に所持する 대마초를 불법 소지하다. 不法な取引 불법 거래. ♦**不法行為** 불법 행위. **不法侵入** 불법 침입.

ふほう【訃報】 부고(訃告). ‖訃報に接する 부고를 접하다.

ふほんい【不本意】ダ 본의(本意)가 아니다; 바라는 바가 아니다; 뜻하지 않다. ‖不本意な結果に終わる 뜻하지 않은 결과로 끝나다. 不本意ながら同意する 본의는 아니지만 동의하다.

ふまえる【踏まえる】 고려(考慮)하다; 어떤 일을 전제(前提)로 생각하다. ‖後先を踏まえない単なる思いつき 앞뒤를 고려하지 않은 단순한 생각.

ふまじめ【不真面目】ダ 불성실(不誠實)하다. ‖不真面目な態度 불성실한 태도.

*__ふまん__【不満】 불만(不滿). ‖不満が爆発する 불만이 폭발하다. 不満がたまる 불만이 쌓이다. 何がそんなに不満なのですか 무엇이 그렇게 불만입니까? 私には何の不満もない 나한테는 아무런 불만도 없다. ♦**欲求不満** 욕구 불만.

ふまんぞく【不満足】 불만족(不滿足); 만족스럽지 못함.

ふみいし【踏み石】 ❶(靴ぬぎの)디딤돌; 섬돌. ❷〔飛び石〕징검돌.

ふみいれる【踏み入れる】 들어가다. ‖ジャングルに足を踏み入れる 정글 속으로 들어가다.

ふみきり【踏み切り】 ❶(線路の)건널목. ❷(跳躍競技で)도약(跳躍)을 위해 지면(地面)을 참 또는 그 장소(場所). ‖踏み切りのタイミングが合わない 도약 타이밍이 맞지 않다.

ふみきる【踏み切る】 ❶(跳躍競技で)지면(地面)을 차고 오르다. ‖勢いよく踏み切って跳ぶ 힘차게 땅을 차고 뛰어오르다. ❷단행(斷行)하다. ‖結婚に踏み切る 결혼을 단행하다.

ふみこむ【踏み込む】 ❶밟고 들어가다; 덮치다; 빠지다. ‖賭場に踏み込む 도박장을 덮치다. ❷깊이 생각하다; 고려(考慮)하다. ‖作歌の経緯にまで踏み込んだ解釈 노래를 만든 경위까지 고려한 해석. ❸세게 밟다. ‖アクセルを踏み込む 액셀을 세게 밟다.

ふみしめる【踏み締める】 ❶힘주어 밟다. ‖大地を踏みしめて立つ 대지를 힘차게 밟고 서다. ❷밟아 다지다. ‖田の畦(あぜ)を踏みしめる 논두렁을 밟아 다지다.

ふみだい【踏み台】 발판. ‖人を踏み台にしてのし上がろうとする 다른 사람을 발판으로 삼아 출세하려고 하다.

ふみたおす【踏み倒す】 ❶밟아 쓰러뜨리다. ‖暴れ馬が柵を踏み倒した 날뛰는 말이 울타리를 밟아 쓰러뜨렸다. ❷떼어먹다. ‖借金を踏み倒す 빌린 돈을 떼어먹다.

ふみだす【踏み出す】 ❶발을 내딛다. ‖一歩前に踏み出す 한걸음 앞으로 내딛다. ❷(新しい仕事・活動などを)시작(始作)하다; 진출(進出)하다. ‖政界に踏み出す 정계에 진출하다.

ふみだん【踏み段】 사다리나 계단(階段)의 단.

ふみつけ【踏み付け】 ‖踏み付けにする 업신여기다. 깔보다. 무시(無視)하다.

ふみとどまる【踏み止まる】 ❶발에 힘을 주어 멈추다. ‖危うく崖っぷちで踏み止まった 아슬아슬하게 낭떠러지 끝에서 멈췄다. ❷끝까지 남다. ‖1人踏み止まって火を消した 혼자 남아 불을 껐다. ❸하려던 것을 참다; 단념(斷念)하다. ‖辞職も考えたが踏み止まった 사직도 생각했지만 단념했다.

ふみならす【踏み鳴らす】 밟아 소리를 내다. ‖床を踏み鳴らす 마루를 쿵쿵 구르다.

ふみにじる【踏み躙る】 짓밟다; 저버리다. ‖庭の花を踏みにじる 정원의 꽃을 짓밟다. 人の好意を踏みにじってはいけない 다른 사람의 호의를 저버려서는 안 된다.

ふみぬく【踏み抜く】 ❶밟아 구멍을 내다. ‖床板を踏み抜く 세게 밟아 마루에 구멍을 내다. ❷밟아서 찔리다. ‖釘を踏み抜く 못을 밟아 찔리다.

ふみば【踏み場】 발 디딜 곳. ‖足の踏み場もない 발 디딜 곳도 없다.

ふみはずす【踏み外す】 ❶헛디디다. ‖階段を踏み外してけがをした 계단을 헛디뎌서 다쳤다. ❷도리(道理)에 어긋난 짓을 하다. ‖人の道を踏み外す 사람의 도리를 벗어나다.

ふみん【不眠】 불면(不眠). ♦**不眠症** 불면증. **不眠不休** 불면불휴.

ふむ 〔承諾・納得〕음. ‖ふむ, 分かった 음, 알았다.

*__ふむ【踏む】__ ❶밟다. ‖うっかりして隣の人の足を踏んでしまった 무심코 옆사람의 발을 밟아 버렸다. ブレーキを踏む 브레이크를 밟다. 足を踏まれる 발을 밟히다. ❷경험(經驗)하다. ‖初舞台を踏む 첫 무대를 경험하다. ❸예상(豫想)하다; 평가(評價)하다. ‖素人ではないと踏む 초보자가 아닌 것으로 보다. ❹(規範・手続きなどを)따르다; 밟다. ‖手続きを踏む 절차를 밟다.

ふむき【不向き】ダ 맞지 않다; 적합(適合)하지 않다. ‖商売には不向きな性格 장사에는 맞지 않는 성격.

ふめい【不明】 불명(不明); 애매(曖昧)함. ‖不明な点を尋ねる 애매한 점을 물어보다. 原因不明の病気 원인 불명의 병. ♦**行方不明** 행방불명.

ふめいよ【不名誉】 불명예(不名譽). ‖不名誉な事件 불명예스러운 사건.

ふめいりょう【不明瞭】ダ 불명료(不明瞭)하다; 불분명(不分明)하다. ‖不明瞭な態度 불분명한 태도.

ふめつ【不滅】 불멸(不滅). ‖不滅の名声 불멸의 명성.

ふめん【譜面】 악보(樂譜).

ふもう【不毛】 불모(不毛). ‖不毛の地 불모지.

ふもと【麓】 산기슭; 산자락.

ふもん【不問】 불문(不問). ▸不問に付す 불문에 부치다.

ぶもん【部門】 부문(部門). ‖部門別売上 부문별 매상. ♦**研究部門** 연구 부문.

ふやかす 불리다. ‖豆をふやかす 콩을 불리다.

ふやける ❶(水分を吸って)붇다. ‖指がふやける 손가락이 붇다. ❷(気が)해이(解弛)해지다.

ふやじょう【不夜城】 불야성(不夜城).

*__ふやす【増やす】__ 늘리다. ‖募集定員を増やす 모집 정원을 늘리다. 財産を増やす 재산을 늘리다. 窓口を増やす 창구를 늘리다. 練習量を増やす 연습량을 늘리다.

*__ふゆ【冬】__ 겨울. ‖今年の冬はとても寒い 올 겨울은 정말 춥다. 冬を越す 겨울을 넘기다. ♦**冬将軍** 동장군. **冬空** 겨울 하늘. **冬鳥** 겨울 철새. **冬場** 겨울철. **冬物** 겨울옷. **冬休み** (学生の)겨울 방학.

ふゆう【浮遊】 (ス하) 부유(浮遊). ‖水中に浮遊する 수중에 부유하다.

ふゆう【富裕】ダ 부유(富裕)하다. ‖富裕な商人 부유한 상인. ♦**富裕層** 부유층.

ぶゆう【武勇】 무용(武勇). ♦**武勇伝** 무용담.

*__ふゆかい【不愉快】__ダ 불쾌(不快)하다. ‖不愉快な出来事 불쾌한 일. それを聞いたら不愉快になった 그 말을 들으니까 불쾌해졌다. 彼の態度は実に不愉快だ 그 사람의 태도는 정말 불쾌하다.

ふよ【付与】 (ス하) 부여(附與). ‖権限を付与する 권한을 부여하다.

ふよ【賦与】 (ス하) 부여(賦與). ‖天の賦与した才能 하늘이 부여한 재능.

ふよう【不用】 필요(必要)가 없음. ‖不要の施設 필요 없는 시설. 不用になる 필요가 없어지다.

ふよう【不要】ダ 불필요(不必要)하다; 필요 없다. ‖日常生活には不要な品 일상 생활에는 필요 없는 물건.

ふよう【扶養】 (ス하) 부양(扶養). ♦**扶養家族** 부양 가족. **扶養義務** 부양의무.

ぶよう【舞踊】 무용(舞踊). ♦**舞踊家** 무용가. **民族舞踊** 민족 무용

ふようい【不用意】ダ ❶〔準備不足〕준비(準備)가 안 되다. ❷배려(配慮)가 없다; 부주의(不注意)하다. ‖不用意な発言 부주의한 발언.

ふようじょう【不養生】 건강(健康)에 신경(神經)을 쓰지 않음.

ぶようじん【不用心】 재해(災害)나 위험(危險)에 대한 준비(準備)나 주의(注意)가 부족(不足)함.

ふようせい【不溶性】 불용성(不溶性).

ふようど【腐葉土】 부엽토(腐葉土).

ぶよぶよ ❶〔水を吸って膨らんでいる〕물컹물컹. ‖ぶよぶよして気味が悪い 물컹물컹해서 기분이 나쁘다. ❷〔太っている〕‖ぶよぶよと太る 뚱뚱하게 살이 찌

다.

フライ【fry】 튀김. ‖フライにする 튀기다. ♦エビフライ 새우 튀김.

フライ【fly】 플라이. ‖センターフライを打つ 센터플라이를 치다. ♦フライ級(ボクシングで)플라이급.

フライト【flight】 플라이트; 비행(飛行). ♦フライトレコーダー 비행 기록.

プライド【pride】 자존심(自尊心). ‖プライドが高い 자존심이 세다.

フライドチキン【fried chicken】 프라이드치킨.

フライドポテト【fried potatoes】 감자튀김.

プライバシー【privacy】 프라이버시; 사생활(私生活).

フライパン【frypan】 프라이팬.

プライベート【private】 사적(私的); 개인적(個人的). ‖プライベートな問題 개인적인 문제.

ブラインド【blind】 블라인드.

ブラウス【blouse】 블라우스.

プラカード【placard】 플래카드.

プラグ【plug】 플러그. ‖プラグを差し込む 플러그를 꽂다.

ぶらさがる【ぶら下がる】 ❶매달리다. ‖鉄棒にぶら下がる 철봉에 매달리다. ❷(簡単に手に入りそうに)어른거리다. ‖大臣の椅子が目の前にぶら下がっている 장관 의자가 눈앞에 어른거리다. ❸〔頼る〕남에게 의지(依支)하다.

ぶらさげる【ぶら下げる】 (手に)들다; 늘어뜨리다; 달다. ‖胸に勲章をぶら下げる 가슴에 훈장을 달다.

ブラシ【brush】 브러시; 솔. ‖ブラシをかける 솔질을 하다. ブラシで髪をとかす 브러시로 머리를 빗다.

ブラジャー【brassiere】 브래지어.

ブラジル【Brazil】《国名》브라질.

ふらす【降らす】 내리게 하다. ‖雨を降らす雲 비를 내리게 하는 구름.

***プラス【plus】** ❶(ⓐ하) 플러스; 더하기. ‖3をプラスする 삼을 더하다. 人生にプラスになる 인생에 있어 플러스가 되다. ❷《数学》정수(正數)의 부호(符號)(＋).

プラスアルファ【plus＋alpha 日】 플러스알파.

フラスコ【frasco ポ】 플라스크. ‖三角フラスコ 삼각 플라스크.

プラスチック【plastic】 플라스틱. ‖プラスチックのコップ 플라스틱 컵.

ブラスバンド【brass band】 브라스밴드; 관악대(管樂隊); 취주 악대(吹奏樂隊).

プラズマ【plasma】 플라즈마. ♦プラズマディスプレー 플라즈마 디스플레이.

フラダンス【hula＋dance 日】 훌라 댄스.

プラチナ【platina ス】 백금(白金).

ふらつく ❶비틀거리다; 휘청거리다. ‖酔って足がふらつく 취해서 다리가 휘청거리다. ❷〔うろつく〕돌아다니다. ❸(気持ちなどが)흔들리다.

ぶらつく ❶돌아다니다. ‖友人と町の中をぶらつく 친구와 시내를 돌아다니다. ❷〔ぶらつかせるの形で〕흔들거리다. ‖象が長い鼻をぶらつかせる 코끼리가 긴 코를 흔들거리다.

ブラックコーヒー【black coffee】 블랙커피.

ブラックコメディー【black comedy】 블랙 코미디.

ブラックホール【black hole】 블랙홀.

ブラックボックス【black box】 블랙박스.

ブラックリスト【blacklist】 블랙리스트.

フラッシュ【flash】 ❶(カメラの)플래시. ❷(映画などの)순간적(瞬間的)인 장면(場面).

プラットホーム【platform】 플랫폼.

プラトニック【platonic】 플라토닉. ‖プラトニックな愛 플라토닉한 사랑.

プラネタリウム【planetarium】 플라네타륨.

ふらふら ❶비틀거리다; 휘청거리다. ‖熱があるのかふらふらする 열이 있는지 휘청거리다. ❷〔考えなどが揺れる〕‖気持ちがまだふらふらしているようだ 아직 마음이 흔들리고 있는 모양이다.

ぶらぶら ❶〔揺れる〕‖腰掛けて足をぶらぶらさせる 걸터앉아 다리를 흔들거리다. ❷〔ゆっくり歩く〕어슬렁어슬렁. ‖ぶらぶら(と)歩いても駅まで5分くらい 어슬렁어슬렁 걸어도 역까지 오 분 정도. ❸〔漫然と過ごす〕빈둥빈둥. ‖退院して家でぶらぶらしている 퇴원하고 집에서 빈둥거리고 있다.

プラム【plum】 플럼; 서양 자두.

フラメンコ【flamenco ス】 플라멩코.

ふらり ❶〔力なく動く〕‖ふらりとして倒れそうになる 비틀거리며 쓰러질 듯하다. ❷〔大した目的や考えがなく行動する〕돌연(突然)히; 갑자기; 훌쩍. ‖ふらりと出かける 갑자기 외출하다.

ぶらり ❶대롱대롱; 달랑달랑. ‖ヘチマがぶらりと下がっている 수세미가 대롱대롱 달려 있다. ❷〔なすこともなく暮らす〕빈둥빈둥. ‖一日中ぶらりとしている 하루 종일 빈둥거리고 있다. ❸돌연(突然)히; 갑자기; 훌쩍. ‖ぶらりと旅に出かける 훌쩍 여행을 떠나다.

ふられる【振られる】 (異性に)거절(拒絶)당하다; 퇴짜를 맞다; 차이다. ‖女にふられる 여자에게 차이다.

フラン【franc フ】 …프랑.

ブランク【blank】 공란(空欄); 여백(餘白); 공백(空白). ‖3年間のブランク 삼 년 동안의 공백.

プランクトン【plankton】 플랑크톤.

ぶらんこ【鞦韆】 그네.
フランス【France】《国名》 프랑스.
フランチャイズ【franchise】 프랜차이즈.
ブランデー【brandy】 브랜디.
ブランド【brand】 브랜드. ‖有名ブランド 유명 브랜드.
フランネル【flannel】 플란넬.
ふり【振り】 ❶흔듦; 휘두름. ‖バットの振りが鈍い 배트 휘두르는 것이 둔하다. ❷동작(動作); 모습. ‖なりふり 옷차림. 겉모습. ❸…척; …체. ‖知らないふりをする 모르는 척하다. ❹안무(按舞). ‖振りを付ける 안무를 하다. ❺뜨내기. ‖振りの客 뜨내기손님. ❻〔振る回数を数える単位〕…번(番). ‖バットを一振り二振りしてからバッターボックスに立つ 배트를 한두 번 휘두르고 나서 타석에 들어서다.
***ふり【不利】**ダ 불리(不利)하다. ‖不利な立場に立つ 불리한 입장에 서다. 不利な条件 불리한 조건. 不利を克服する 불리함을 극복하다. 形勢が不利になってきた 형세가 불리해졌다.
ぶり【振り】 ❶모습; 양식(樣式); 방식(方式). ‖勉強ぶり 공부하는 방식. ❷〔時間を表わす語に付いて〕…만에. ‖5年ぶりの帰郷 오 년만의 귀향.
ブリ【鰤】 방어(魴魚).
ふりあう【振り合う・触り合う】 흔들다; 스치다. ‖手を振り合って別れる 서로 손을 흔들며 헤어지다. 袖触り合うも多生の縁 옷깃만 스쳐도 인연.
ふりあてる【振り当てる】 할당(割當)하다.
***フリー【free】** ❶자유(自由). ‖フリーな立場から発言する 자유로운 입장에서 발언하다. ❷무료(無料). ❸〔フリーランサー〕프리랜서. ♦フリーサイズ 프리 사이즈. フリーダイヤル 수신자 부담 전화. ✣日本は0120, 韓国は080で始まる番号. フリーパス 프리 패스. フリーライター 프리라이터.
フリージア【freesia】 프리지어.
フリーター【←free+Arbeiter^独】 프리타.
ブリーフ【briefs】 브리프.
ブリーフケース【briefcase】 서류(書類) 가방.
フリーマーケット【flea market】 벼룩시장.
ふりおこす【振り起こす】 불러일으키다; 분발(奮發)하게 하다.
ふりかえ【振替】 ❶대체(對替). ‖振替の休日 대체 휴일. ❷〔郵便振替の略語〕우편환(郵便換). ❸(簿記で)대체 계정(對替計定).
ぶりかえす【振り返す】 도지다; 다시 악화(惡化)되다. ‖風邪がぶり返す 감기가 도지다.
ふりかえる【振り返る】 ❶뒤돌아보다. ‖別れを惜しんで振り返る 헤어짐을 아쉬워하며 뒤돌아보다. ❷회고(回顧)하다. ‖学生時代を振り返る 학창 시절을 회고하다.
ふりかえる【振り替える】 ❶대체(對替)하다; 유용(流用)하다. ‖休日を月曜に振り替える 휴일을 월요일로 대체하다. ❷(簿記で)대체 계정(對替計定)을 하다.
ふりかかる【降り掛かる】 ❶(雪・雨などが)떨어지다. ‖火の粉が降りかかる 불똥이 떨어지다. ❷(災いなどが)닥치다. ‖身に降りかかる危険を感じる 신상에 닥치는 위험을 느끼다.
ふりかけ【振り掛け】 説明 밥에 뿌려서 먹는 것으로, 어분(魚粉)에 김・깨・가다랑어포 등을 섞어서 만든 식품(食品).
ふりかける【振り掛ける】 뿌리다. ‖赤飯にゴマを振りかける 팥밥에 깨를 뿌리다.
ふりかざす【振り翳す】 ❶머리 위로 쳐들다. ‖刀を振りかざす 칼을 머리 위로 쳐들다. ❷(主義・主張などを)내걸다.
ふりかぶる【振りかぶる】 머리 위로 쳐들다.
ブリキ【blik^オ】 양철(洋鐵); 함석.
ふりきる【振り切る】 ❶뿌리치다. ‖手を振り切って逃げる 손을 뿌리치며 도망치다. ❷힘껏 휘두르다. ‖バットを振り切る 배트를 힘껏 휘두르다.
プリクラ 스티커 사진(寫眞).
ふりこ【振り子】 진자(振子).
ふりこう【不履行】 불이행(不履行). ♦契約不履行 계약 불이행.
ふりこみ【振り込み】 ❶송금(送金); 입금(入金). ❷(麻雀で)상대(相對)가 이기게 될 패(牌)를 버리는 것.
ふりこむ【振り込む】 ❶송금(送金)하다; 입금(入金)하다. ‖代金を口座に振り込む 대금을 계좌로 송금하다. ❷(麻雀で)상대(相對)가 이기게 될 패(牌)를 버리다.
ふりしきる【降り頻る】 (雪・雨などが)세차게 내리다; 퍼붓다. ‖降りしきる雨の中を走る 퍼붓는 빗속을 달리다.
ふりしぼる【振り絞る】 (声・力を)쥐어짜다. ‖声を振り絞って応援する 한껏 소리를 질러 응원하다.
フリスビー【Frisbee】 플라스틱 원반(圓盤).
プリズム【prism】 프리즘.
ふりそそぐ【降り注ぐ】 쏟아지다. ‖太陽の光が降り注ぐ 햇살이 쏟아지다. 非難の声が降り注ぐ 비난의 소리가 쏟아지다.
ふりそで【振り袖】 説明 소매가 긴 미혼 여성(未婚女性)의 정장용(正裝用) 기모노.

ふりだし【振り出し】 ❶ 출발점(出發點); 원점(原點); 처음; 시작(始作). ‖交渉が振り出しに戻る 교섭이 원점으로 돌아가다. 牛乳配達を振り出しに転々と職を変えた 우유 배달을 시작으로 직업을 전전했다. ❷ 어음·수표(手票) 등을 발행(發行)하는 것.

ふりだす【振り出す】 ❶〔振って出す〕흔들어서 내용물(內容物)을 꺼내다. ❷〔振り始める〕흔들기 시작(始作)하다. ‖鈴を振り出す 종을 흔들기 시작하다. ❸ 어음·수표(手票) 등을 발행(發行)하다.

ふりつけ【振り付け】 안무(按舞). ‖バレエの振り付けをする 발레 안무를 하다.

ふりつける【振り付ける】 안무(按舞)를 하다.

ぶりっこ【ぶりっ子】 착한 척함 또는 그런 사람. ‖いい子ぶりっ子している 착한 사람인 척하고 있다.

ふりつもる【降り積もる】 쌓이다. ‖夜の間に降り積もった雪 밤 사이에 쌓인 눈.

ぷりぷり ❶〔怒って機嫌の悪い〕‖ぷりぷりしてものも言わない 잔뜩 화가 나서 말도 안 하다. ❷〔弾力がある〕‖ぷりぷりした肌 탱탱한 피부.

ふりまく【振り撒く】 ❶(水などを)뿌리다. ‖水を振りまく 물을 뿌리다. ❷(愛嬌などを)떨다. ‖愛嬌を振りまく 애교를 떨다.

プリマドンナ【prima donna イ】 프리마돈나. ‖オペラのプリマドンナ 오페라의 프리마돈나.

ふりまわす【振り回す】 ❶ 휘두르다. ‖棒を振り回して暴れる 몽둥이를 휘두르며 난동을 부리다. ❷ 내세우다; 자랑하다. ‖肩書を振り回す 직함을 내세우다. ❸(人を)마음대로 다루다.

ふりみだす【振り乱す】 흐트러뜨리다; 흩뜨리다. ‖髪を振り乱して戦う 머리를 흐트러뜨리며 싸우다.

ふりむく【振り向く】 뒤돌아보다. ‖物音に振り向く 소리가 나서 뒤돌아보다.

ふりむける【振り向ける】 ❶ 돌리다. ‖頭を右に振り向ける 머리를 오른쪽으로 돌리다. ❷ 전용(轉用)하다. ‖車を1台送迎用に振り向ける 차 한 대를 송영용으로 돌리다.

ふりょ【不慮】 불의(不意); 뜻밖.

ふりょう【不良】 불량(不良). ♦消化不良 소화 불량. 成績不良 성적 불량. 不良少年 불량 소년.

ふりょく【浮力】 부력(浮力).

ぶりょく【武力】 무력(武力). ‖武力に訴える 무력에 호소하다.

フリル【frill】 프릴. ‖フリルのついたスカート 프릴이 달린 치마.

ふりわけ【振り分け】 둘로 나눔. ‖振り分けにして担ぐ 둘로 나눠서 메다.

ふりわける【振り分ける】 ❶ 둘로 나누다. ‖荷物を前後に振り分ける 짐을 앞뒤로 나누다. ❷ 배분(配分)하다; 할당(割當)하다. ‖3人に仕事を振り分ける 세 사람에게 일을 할당하다.

ふりん【不倫】 불륜(不倫).

プリン 푸딩.

プリンター【printer】 프린터.

プリント【print】 (ス하) 프린트. ‖レジュメをプリントして配る 레주메를 프린트해서 배부하다.

***ふる**【振る】 ❶ 흔들다. ‖旗を振る 깃발을 흔들다. 手を振る 손을 흔들다. ❷ 뿌리다. ‖塩を振る 소금을 뿌리다. ❸ 뿌리치다; 버리다; 거절(拒絶)하다. ‖昇進を振って好きな道に進む 승진을 뿌리치고 자기가 좋아하는 길을 가다. ❹ 할당(割當)하다; 맡기다. ‖大役を振る 대역을 맡기다. ❺〔振られるの形で〕차이다. ‖彼氏にふられちゃった 남자 친구에게 차였다.

***ふる**【降る】 ❶(雪·雨などが)오다; 내리다. ‖雪が降る 눈이 오다. ❷(上からものが)떨어지다. ‖上から看板が降ってきた 위에서 간판이 떨어졌다. ❸(思いがけないことが)생기다. ‖幸運が降ってくる 행운이 굴러들어오다.

ぶる …척하다; …연(然)하다. ‖学者ぶる 학자연하다.

ふるい【篩】 체. ▸篩に掛ける 선별하다.

***ふるい**【古い】 오래되다; 낡다. ‖歴史が古い 역사가 오래되다. 古い友人 오래된 친구. 古い建物 낡은 건물.

ぶるい【部類】 부류(部類).

ふるいおとす【篩い落とす】 체로 치다.

ふるいわける【篩い分ける】 체로 치다; 선별(選別)하다. ‖砂と小石をふるい分ける 모래와 잔돌을 체로 쳐서 가려내다.

***ふるう**【振るう】 ❶ 휘두르다. ‖拳を振るう 주먹을 휘두르다. ❷ 흔들다; 털다. ‖財布を振るっても何も出ない 지갑을 털어도 아무것도 나오지 않다. ❸ 한창이다; 기세(氣勢)가 좋다. ‖熱弁をふるう 열변을 토하다. インフルエンザが猛威をふるう 독감이 맹위를 떨치다. 腕をふるって料理する 솜씨를 발휘해서 요리하다. ❹ 기발(奇拔)하다. ‖ふるった話だ 기발한 이야기다.

ふるう【奮う】 분발(奮發)하다. ‖勇気を奮う 용기를 내다.

ブルーカラー【blue-collar】 블루칼라.

ブルース【blues】 블루스.

フルート【flute】 플루트.

ブルーベリー【blueberry】 블루베리.

プルーン【prune】 말린 자두.

ふるえる【震える】 떨리다. ‖手が震えて字がうまく書けない 손이 떨려 글씨를 제대로 쓸 수가 없다.

ブルガリア【Bulgaria】《国名》 불가리

아.
ふるぎ【古着】 헌 옷.
ブルキナファソ【Burkina Faso】《国名》 부르키나파소.
ふるくさい【古臭い】 진부(陳腐)하다; 구식(舊式)이다. ‖古臭い例え 진부한 예.
ふるさと【故郷】 고향(故鄕). ‖ふるさとの山川 고향 산천. 第二のふるさと 제이의 고향. 心のふるさと 마음의 고향.
ブルジョア【bourgeois ᄀ】 부르주아.
ブルジョアジー【bourgeoisie ᄀ】 부르주아지.
ふるす【古巣】 옛집. ‖古巣に戻る 옛집으로 돌아가다.
ふるって【奮って】 적극적(積極的)으로. ‖ふるってご参加ください 적극적으로 참가해 주십시오.
ブルドーザー【bulldozer】 불도저.
ブルドッグ【bulldog】 불독.
ブルネイ【Brunei】《国名》 브루나이.
ふるびる【古びる】 오래된. ‖古びた由緒ありげな家 오래된 유서(由緒) 깊어 보이는 집.
ぶるぶる 부들부들; 덜덜; 벌벌. ‖怖くてぶるぶる(と)震える 무서워서 벌벌 떨다.
ふるほん【古本】 헌책. ♦古本屋 헌책방.
ふるまい【振る舞い】 ❶동작(動作); 행동(行動); 태도(態度). ‖上品なふるまい 품위 있는 태도. ❷〔もてなし〕대접(待接); 향응(饗應).
ふるまう【振る舞う】 ❶행동(行動)하다; 굴다. ‖明るくふるまう 밝게 행동하다. わがままにふるまう 제멋대로 굴다. ❷대접(待接)하다. ‖酒をふるまう 술을 대접하다.
ふるもの【古物】 고물(古物). ♦古物商 고물상.
ふるわせる【震わせる】 떨게 하다; 떨다. ‖怒りのあまり体を震わせている 화가 난 나머지 몸을 떨고 있다.
ブルンジ【Burundi】《国名》 부룬디.
ぶれ 흔들림; 떨림. ‖カメラのぶれ 카메라의 흔들림.
フレア【flare】 플레어. ‖フレアスカート 플레어스커트.
ふれあう【触れ合う】 접촉(接觸)하다; 통하다. ‖心が触れ合う 마음이 통하다.
ぶれい【無礼】ᄃ 무례(無禮)하다. ‖無礼なやつ 무례한 놈. 無礼をはたらく 무례한 짓을 하다.
フレー【hurray】 〔かけ声〕이겨라; 잘한다.
ブレーカー【breaker】 전류 차단기(電流遮斷器).
ブレーキ【brake】 브레이크. ‖ブレーキを踏む 브레이크를 밟다. 急ブレーキ 급브레이크. ▸ブレーキを掛ける 제동을 걸다.〔慣〕
フレーム【frame】 프레임; 테. ‖眼鏡のフレーム 안경테.
フレームワーク【framework】 프레임워크.
ブレスレット【bracelet】 팔찌.
プレミアム【premium】 프리미엄.
ふれる【振れる】 ❶흔들리다. ‖地震計の針が振れる 지진계 바늘이 흔들리다. ❷기울다; 기울어지다. ‖航路から東に 2 度振れている 항로에서 동쪽으로 이 도 기울어져 있다.
***ふれる**【触れる】 ❶닿다; 접촉(接觸)하다. ‖電線が木の枝に触れる 전선이 나뭇가지에 닿다. 空気に触れると酸化する 공기에 접촉하면 산화한다. 偶然手が触れる 우연히 손이 닿다. ❷체험(體驗)하다; 접하다. ‖西欧の文物にじかに触れる 서양 문물을 직접 접하다. ❸(目・耳などで)느끼다. ‖目に触れる 눈에 들어오다. ❹저촉(抵觸)되다. ‖法に触れる 법에 저촉되다. ❺언급(言及)하다. ‖その問題は次章で触れる 그 문제는 다음 장에서 언급하겠다.
ぶれる (焦点が)흔들리다.
ふれんぞく【不連続】 불연속(不連續). ♦不連続線 불연속선.
フレンチトースト【French toast】 프렌치토스트.
フレンチドレッシング【French dressing】 프렌치드레싱.
***ふろ**【風呂】 ❶목욕(沐浴); 욕조(浴槽). ‖毎日風呂に入る 매일 목욕을 하다. 風呂を沸かす 목욕물을 데우다. ❷목욕탕(沐浴湯). ‖風呂に行く 목욕탕에 가다.
プロ ❶프로. ‖プロ野球 프로 야구. プロの選手 프로 선수. ❷〔プロダクション〕프로덕션.
ふろう【不労】 불로(不勞). ♦不労所得 불로 소득.
ふろう【浮浪】 ㉟하 부랑(浮浪). ♦浮浪者 부랑자.
ブローカー【broker】 브로커.
ブローチ【brooch】 브로치.
ふろく【付録】 부록(附錄). ♦別冊付録 별책 부록.
ブログ【blog】《IT》 블로그.
プログラム【program】 ❶프로그램; 방송 편성표(放送編成表). ❷예정표(豫定表). ❸(コンピューターの)프로그램.
プロジェクター【projector】 ❶〔映写機・投光機〕프로젝터. ❷입안자(立案者).
プロジェクト【project】 프로젝트. ‖商品開発プロジェクト 상품 개발 프로젝트.
ふろしき【風呂敷】 보자기. ‖箱を風呂敷に包む 상자를 보자기에 싸다. ▸大

風呂敷を広げる 허풍을 떨다.
プロセス【process】 프로세스; 과정(過程). ‖プロセスを重んじる 과정을 중시하다.
プロダクション【production】 프로덕션.
ブロック【bloc ᄀ】 블록. ‖ブロック経済 블록 경제.
ブロッコリー【broccoli】 브로콜리.
フロッピー(ディスク)【floppy disk】 플로피 디스크.
プロデューサー【producer】 프로듀서.
プロバイダー【provider】 프로바이더.
プロパンガス【propane gas】 프로판 가스.
プロフィール【profile】 ❶〔横顔〕프로필; 옆얼굴. ❷인물 소개(人物紹介).
プロペラ【propeller】 프로펠러.
プロポーズ【propose】 (ス하) 프러포즈. ‖思い切って彼女にプロポーズする 큰마음 먹고 그녀에게 프러포즈하다.
プロやきゅう【プロ野球】 프로 야구.
プロレス 【←professional wrestling 日】 프로 레슬링.
プロレタリア【Proletarier ド】 프롤레타리아.
プロレタリアート【Proletariat ド】 프롤레타리아트.
フロンガス【flon+gas 日】 프론 가스.
ブロンズ【bronze】 브론즈. ‖ブロンズの像 브론즈 상.
フロント【front】 ❶프런트; 정면(正面). ❷(ホテルの)프런트. ❸(プロ野球の)구단 수뇌진(球團首腦陣).
ふわ【不和】 불화(不和). ♦家庭不和 가정 불화.
ふわく【不惑】 불혹(不惑).
ふわたり【不渡り】 부도(不渡). ‖不渡りを出す 부도를 내다. 小切手が不渡りになった 수표가 부도가 났다. ♦不渡り手形 부도 어음.
ふわふわ ❶둥실둥실. ‖雲がふわふわと浮かんでいる 구름이 둥실둥실 떠 있다. ❷〔心が浮ついている〕 ‖喜んでふわふわした気分になるな 기쁘다고 너무 들뜨지 마라. ❸〔柔らかく軽い〕‖ふわふわの羽毛布団 푹신푹신한 우모 이불.
ふわらいどう【付和雷同】 부화뇌동(附和雷同).
ふわり ❶〔軽く柔らかい〕‖ふわりとした綿菓子 부드러운 솜사탕. ❷〔軽く漂う〕‖パラシュートでふわりと降りる 낙하산으로 두둥실 내려오다. ❸〔軽いものでおおう〕‖ふわりと毛布をかけてやる 살짝 담요를 덮어 주다.
ふん ❶〔軽く了解・承諾する〕응; 음. ‖ふんふん, なるほど 음, 음, 그럴듯하네. ❷〔不満・軽視などの気持ち〕흥. ‖ふん, たったこれっぽっちか 흥, 겨우 이 정도야?
ふん【糞】 똥. ‖鳥の糞 새똥. 鶏の糞 닭똥.
-ふん【分】 ❶〔時間の単位〕…분(分). ❷〔角度・緯度・経度などの単位〕…부.
***ぶん**【分】 ❶〔分け前〕몫. ‖弟の分 남동생 몫. ❷〔分際〕분수(分數). ‖分を弁(わきま)える 분수를 알다. ❸〔本分〕본분(本分). ‖学生の分を尽くす 학생의 본분을 다하다. ❹〔程度〕정도(程度). ‖この分なら大丈夫だ 이 정도라면 괜찮다. ❺〔…分の形で〕…분; …뻘. ‖来年度分の予算 내년도분의 예산. 5人分の料理 오 인분의 요리. 兄貴分 형님뻘.
ぶん【文】 ❶(言語単位の一つの)문(文). ‖全文 전문. ❷문장(文章). ‖文を練る 문장을 다듬다. ❸학문(學問); 문예(文藝). ‖文を修める 학문을 닦다.
ぶんあん【文案】 문안(文案).
***ふんいき**【雰囲気】 분위기(雰圍氣). ‖家庭的な雰囲気 가정적인 분위기. 独特の雰囲気 독특한 분위기. 落ち着いた雰囲気の部屋 차분한 분위기의 방.
ふんか【噴火】 (ス하) 분화(噴火). ‖火山が噴火する 화산이 분화하다.
***ぶんか**【文化】 문화(文化). ‖日本文化 일본 문화. 日韓文化交流 한일 문화 교류. 伝統文化を守る 전통 문화를 지키다. ♦漢字文化圏 한자 문화권. 文化遺産 문화 유산. 文化活動 문화 활동. 文化勲章 문화 훈장. 文化功労者 문화 공로자. 文化財 문화재. 文化人 문화인. 文化的 문화적. 文化的な生活 문화적인 생활.
ぶんか【文科】 문과(文科). ‖文科系 문과.
ぶんか【分化】 (ス하) 분화(分化). ‖学問がますます分化する 학문이 점점 분화하다.
ぶんか【分科】 분과(分科).
ふんがい【憤慨】 (ス하) 분개(憤慨). ‖ひどい仕打ちに憤慨する 심한 처사에 분개하다.
***ぶんかい**【分解】 (ス하) 분해(分解). ‖自転車を分解する 자전거를 분해하다. この化合物は2つの物質に分解される 이 화합물은 두 가지 물질로 분해된다. ♦空中分解 공중분해.
***ぶんがく**【文学】 문학(文學). ♦現代文学 현대 문학. 児童文学 아동 문학. 日本文学 일본 문학. 文学作品 문학 작품. 文学的 문학적. 文学的な表現 문학적인 표현.
ぶんかつ【分割】 (ス하) 분할(分割). ‖領土を分割する 영토를 분할하다. 黄金分割 황금 분할. 分割払い 할부.
ふんき【奮起】 (ス하) 분기(奮起).
ぶんき【分岐】 (ス하) 분기(分岐).

ふ

ぶんきてん【分岐点】 분기점(分岐點). ‖人生の分岐点 인생의 분기점.
ぶんぎょう【分業】 ⓢ하 분업(分業).
ふんぎり【踏ん切り】 결단(決斷). ‖なかなか踏ん切りがつかない 좀체 결단을 내리지 못하다.
ぶんけい【文系】 문과(文科).
ぶんけい【文型】 문형(文型). ‖文型練習 문형 연습.
ぶんげい【文芸】 문예(文藝). ♦文芸復興 문예 부흥. 文芸欄 문예란.
ぶんけん【文献】 문헌(文獻). ♦参考文献 참고 문헌. 文献学 문헌학. 文献検索 문헌 검색.
ぶんけん【分権】 분권(分權). ♦地方分権 지방 분권.
ぶんこ【文庫】 문고(文庫). ‖学級文庫 학급 문고. ♦文庫判 문고판. 文庫本 문고본.
ぶんご【文語】 문어(文語); 글말. ♦文語体 문어체.
ぶんこう【分校】 분교(分校).
ぶんごう【文豪】 문호(文豪).
ふんこつさいしん【粉骨砕身】 ⓢ하 분골쇄신(粉骨碎身).
ふんさい【粉砕】 ⓢ하 분쇄(粉碎). ‖石灰岩を粉砕する 석회암을 분쇄하다.
ぶんさつ【分冊】 ⓢ하 분책(分冊).
ぶんさん【分散】 ⓢ하 분산(分散). ‖工場を全国的に分散させる 공장을 전국적으로 분산시키다.
ぶんし【分子】 분자(分子). ‖水の分子 물 분자. ♦不平分子 불평 분자.
ぶんし【分詞】 분사(分詞). ♦現在分詞 현재 분사. 分詞構文 분사 구문.
ふんしつ【紛失】 ⓢ하 분실(紛失). ‖身分証明書を紛失する 신분증명서를 분실하다. 紛失届け 분실 신고.
ぶんしつ【分室】 분실(分室).
ふんしゃ【噴射】 ⓢ하 분사(噴射).
ぶんしゅう【文集】 문집(文集).
ふんしゅつ【噴出】 ⓢ하 분출(噴出). ‖溶岩が噴出する 용암이 분출하다.
ぶんしょ【文書】 문서(文書). ‖文書で報告する 문서로 보고하다. ♦機密文書 기밀 문서. 公文書 공문서. 私文書 사문서.
ぶんしょう【文章】 문장(文章). ‖次の文章を読み問いに答えよ 다음 문장을 읽고 물음에 답하라.
ぶんじょう【分乗】 ⓢ하 분승(分乘).
ぶんじょう【分譲】 ⓢ하 분양(分讓). ♦分譲住宅 분양 주택.
ふんしょく【粉飾】 ⓢ하 분식(粉飾). ♦粉飾決算 분식 결산.
ぶんしん【分針】 분침(分針).
ぶんしん【分身】 분신(分身).
ふんすい【噴水】 분수(噴水).
ぶんすいれい【分水嶺】 분수령(分水嶺).
ぶんすう【分数】 분수(分數). ♦仮分数 가분수. 真分数 진분수.
ふんする【扮する】 분장(扮裝)하다. ‖王様に扮する 임금님으로 분장하다.
ぶんせき【分析】 ⓢ하 분석(分析). ‖事態を分析する 사태를 분석하다. 失敗の原因を分析する 실패의 원인을 분석하다. ♦精神分析 정신 분석.
ぶんせつ【分節】 ⓢ하 분절(分節).
ぶんせつ【文節】 《言語》 어절(語節).
ふんそう【扮装】 ⓢ하 분장(扮裝).
ふんそう【紛争】 ⓢ하 분쟁(紛爭). ‖紛争を解決する 분쟁을 해결하다. 労使間の紛争 노사 간의 분쟁.
ふんぞりかえる【踏ん反り返る】 뽐내다; 거들먹거리다.
ぶんたい【文体】 문체(文體). ‖平易な文体 평이한 문체.
ぶんたい【分隊】 분대(分隊).
***ぶんたん【分担】** ⓢ하 분담(分擔). ‖組み立て作業を分担する 조립 작업을 분담하다. 費用を分担する 비용을 분담하다. ♦分担金 분담금.
ぶんだん【分団】 분단(分團).
ぶんだん【文壇】 문단(文壇).
ぶんだん【分断】 ⓢ하 분단(分斷). ♦分断国家 분단 국가.
ふんだんに 충분(充分)히; 풍부(豊富)하게.
ぶんつう【文通】 ⓢ하 편지 왕래(便紙往來); 펜팔. ‖外国の友人と文通する 외국인 친구와 펜팔하다.
ふんど【憤怒】 ⓢ하 분노(憤怒). ‖卑劣な行為に対して憤怒する 비열한 행위에 대해 분노하다.
ぷんと ❶〔怒ってすねる〕‖ぷんとふくれる 뾰로통해지다. ❷〔におい〕‖ぷんと鼻をつく悪臭 코를 찌르는 악취.
ふんとう【奮闘】 ⓢ하 분투(奮鬪). ♦孤軍奮闘 고군분투.
ぶんどき【分度器】 분도기(分度器).
ぶんどる【分捕る】 빼앗다; 탈취(奪取)하다.
ふんぬ【憤怒】 ⓢ하 분노(憤怒).
ぶんのう【分納】 ⓢ하 분납(分納).
ぶんぱ【分派】 ⓢ하 분파(分派).
ぶんぱい【分配】 ⓢ하 분배(分配). ‖儲けを分配する 이익을 분배하다. 分配金 분배금.
ふんぱつ【奮発】 ❶ⓢ하 분발(奮發). ❷큰마음 먹고 돈을 냄. ‖ボーナスが出たから, 今日は奮発するよ 보너스가 나왔으니까 오늘은 큰마음 먹고 내가 돈을 낼게.
ふんばる【踏ん張る】 ❶발에 힘을 주고 버티다. ‖土俵際で踏ん張る 씨름판 끝에서 밀리지 않으려고 버티다. ❷〔頑張る〕버티다; 참다; 견디다. ‖最後まで踏ん張る 끝까지 버티다.
ぶんぴ【分泌】 ⓢ하 분비(分泌).

*へいぼん【平凡】ダ 평범(平凡). ‖父は平凡な会社員です 아버지는 평범한 회사원입니다. 平凡な人生 평범한 인생.

へいまく【閉幕】(ス하) 폐막(閉幕).

へいみん【平民】 평민(平民).

へいめん【平面】 평면(平面). ♦平面図 평면도. 平面的 평면적. 표면적

へいもん【閉門】(ス하) 폐문(閉門). ‖6時に閉門する 여섯 시에 폐문하다.

へいや【平野】 평야(平野). ♦関東平野 간토 평야. 浸食平野 침식 평야.

へいよう【併用】(ス하) 병용(竝用).

へいりつ【並立】(ス하) 병립(竝立).

へいりょく【兵力】 병력(兵力).

へいれつ【並列】(ス하) 병렬(竝列). ♦並列回路 병렬 회로.

*へいわ【平和】 평화(平和). ‖平和に暮らす 평화롭게 살다. 平和を守る 평화를 지키다. 心の平和 마음의 평화. 平和的に解決する 평화적으로 해결하다. ♦世界平和 세계 평화. 平和運動 평화 운동. 平和共存 평화 공존. 平和条約 평화 조약.

ペイント【paint】 페인트. ‖ペイントする 페인트칠을 하다.

へえ 이야. ‖へえ, 彼が結婚したとはねえ 이야, 그 사람이 결혼했다니.

ベーコン【bacon】 베이컨. ‖ベーコン1切れ 베이컨 한 쪽.

*ページ【page】 페이지. ‖ページをめくる 페이지를 넘기다. その本は何ページありますか 그 책은 전부 몇 페이지입니까? それは何ページに載っていますか 그것은 몇 페이지에 실려 있습니까? 30ページの図を見てください 삼십 페이지의 그림을 봐 주십시오.

ベージュ【beige フ】 베이지.

ベース【base】 ❶기본(基本); 기준(基準); 기초(基礎). ❷기지(基地). ❸(野球で)베이스. ♦ベースキャンプ 베이스캠프.

ベース【bass】 ❶베이스. ❷〔コントラバス〕콘트라베이스.

ペース【pace】 속도(速度). ‖ペースを上げる 속도를 올리다.

ベースアップ【base+up 日】(ス하) 기본급 인상(基本給引上).

ベータ【β ギ】 베타.

ベール【veil】 베일. ‖神秘のベールをはぐ 신비의 베일을 벗기다.

-べからざる …해서는 안 될; …할 수 없는. ‖欠くべからざる条件 뺄 수 없는 조건.

-べからず ❶…해서는 안 된다. ‖みだりに運転者に話しかけるべからず 함부로 운전자에게 말을 걸어서는 안 된다. ❷…할 수 없다. ‖許すべからざる行為 용서할 수 없는 행위.

へき【癖】 벽(癖); 버릇; 습성(習性). ‖放浪の癖がある 방랑벽이 있다.

-べき …해야 함. ‖するべき仕事 해야 하는 일. 行くべきだ 가야 한다.

へきえき【辟易】 ‖辟易する 질리다. 지겹다.

へきち【僻地】 벽지(僻地). ‖山間の僻地 산간벽지.

へきめん【壁面】 벽면(壁面). ‖絵画で壁面を飾る 그림으로 벽면을 장식하다.

へきれき【霹靂】 벽력(霹靂). ▸青天の霹靂 청천벽력.

へぐ【剝ぐ】 얇게 벗기다; 얇게 깎다.

ヘクタール【hectare】 …헥타르.

ベクトル【Vektor ド】 벡터.

-べくもない …할 것 같지도 않다; …할 수도 없다. ‖そのようなことは望むべくもない 그와 같은 일은 바랄 수도 없다.

へこたれる 기진맥진(氣盡脈盡)하다; 주저앉다. ‖これしきでへこたれるな 이까짓 일로 주저앉지 마라.

ベゴニア【begonia】 베고니아.

ぺこぺこ ❶〔薄い金属板などがへこむ音[様子]〕‖このブリキ缶はぺこぺこする 이 양철 깡통은 잘 찌그러진다. ❷〔人にへつらう様子〕굽실굽실. ‖上役にぺこぺこする 상사에게 굽실거리다. ❸〔空腹な様子〕‖お腹がぺこぺこだ 배가 몹시 고프다.

へこます【凹ます】 ❶집어넣다; 들어가도록 하다; 밀어 넣다. ‖腹をへこます 배를 밀어 넣다. ❷(人を)굴복(屈服)시키다.

へこむ【凹む】 ❶움푹 들어가다. ‖指で押すとへこむ 손으로 누르면 움푹 들어간다. ❷〔落ち込む〕의기소침(意氣銷沈)해지다.

へしおる【圧し折る】 꺾다. ‖高慢の鼻をへし折る 거만한 콧대를 꺾다.

ベジタリアン【vegetarian】 채식주의자(菜食主義者).

ぺしゃんこ ‖箱がぺしゃんこになる 상자가 납작하게 찌그러지다.

ベスト【best】 ❶최상(最上). ❷최선(最善); 전력(全力). ‖ベストを尽くす 최선을 다하다.

ベスト【vest】〔チョッキ〕조끼.

ベストセラー【best-seller】 베스트셀러. ‖今月のベストセラー 이달의 베스트셀러.

へそ【臍】 ❶배꼽. ‖臍の緒 탯줄. ❷중심(中心). ▸臍を曲げる 심술을 부리다〔피우다〕. ♦臍曲がり『~ダ』(性格が)비뚤어지다. 심술궂다. ちょっとへそ曲がりなところがある 좀 심술궂은 구석이 있다.

べそ 울상이 됨. ‖べそをかく 울상이 되다. 울상을 짓다.

へそくり【臍繰り】 비상금(非常金).

へ

へた【蔕】(実の)꼭지.

***へた【下手】**ダ ❶서투르다; 잘 못하다. ‖字の下手な人 글씨를 잘 못 쓰는 사람. ❷어설프다; 섣부르다. ‖下手な学者より精通している 어설픈 학자보다 정통하다. 下手に手を出すな 섣불리 손을 대지 마라. ▸下手な鉄砲も数撃てば当たる 여러 번 하다 보면 그중에 맞는 일도 있다. ▸下手の考え休むに似たり 공연히 궁리하고 있는 것은 쉬고 있는 것과 같다.

へだたる【隔たる】 ❶(時間的·空間的に)떨어지다. ‖都心から100キロ以上隔たった所 도심에서 백 킬로 이상 떨어진 곳. ❷차이(差異)가 나다; 벌어지다. ‖両者の主張が大きく隔たっている 두 사람의 주장이 크게 차이가 나다.

べたつく ❶끈적끈적하다. ‖汗でべたついて気持ちが悪い 땀에 젖어 끈적거려서 기분이 나쁘다. ❷(男女がだらしなく)달라붙다. ‖人前でべたつく 남들 앞에서 찰싹 달라붙다.

べたっと =べたり.

ぺたっと =ぺたり.

へだて【隔て】 ❶칸막이. ‖隔てのテーブル 칸막이 테이블. ❷차별(差別). ‖誰かれの隔てなく宣伝する 누구한테 할 것 없이 선전하다. ❸격의(隔意). ‖隔てのない間柄 격의 없는 사이.

へだてる【隔てる】 ❶(時間·距離を)두다. ‖生け垣で隔てられた家 울타리로 둘러처진 집. ❷사이에 두다. ‖テーブルを隔てて向かい合う 테이블을 사이에 두고 마주하다. ❸〔人を疎んじる〕멀리하다.

へたばる 녹초가 되다. ‖徹夜続きでへたばってしまった 계속된 철야로 녹초가 되어 버렸다.

へたへた 털썩. ‖気落ちしてへたへたとその場に座り込む 낙심해서 그 자리에 털썩 주저앉다.

べたべた ❶끈적끈적. ‖汗で体がべたべたする 땀으로 몸이 끈적끈적하다. ❷〔男女がべたつく様子〕찰싹. ‖人前でべたべた(と)くっつき合う 남들 앞에서 찰싹 달라붙다. ❸〔厚く塗る様子〕더덕더덕; 덕지덕지. ‖白粉(おしろい)をべたべた(と)塗りたくる 분을 덕지덕지 바르다.

ぺたぺた ❶저벅저벅. ‖素足でぺたぺた(と)歩く 맨발로 저벅저벅 걷다. ❷〔一面に貼りつけたりする様子〕‖電柱にびらをぺたぺた(と)貼りつける 전봇대에 전단을 더덕더덕 붙이다.

べたり ❶더덕더덕; 덕지덕지. ‖ちらしをべたりと貼りつける 전단을 더덕더덕 붙이다. ❷〔だらしなく座る様子〕털썩; 풀썩. ‖座敷にべたりと座り込む 자리에 풀썩 주저앉다.

ぺたり ❶척. ‖切手をぺたりと貼る 우표를 척 붙이다. ❷풀썩. ‖芝生にぺたりと座る 잔디밭에 풀썩 앉다.

へたりこむ【へたり込む】 맥(脈)이 빠져 주저앉다. ‖思わずその場にへたり込んだ 나도 모르게 그 자리에 주저앉았다.

ペダル【pedal】 페달. ‖ペダルを踏む 페달을 밟다.

ぺたんこダ 납작하다. ‖ぺたんこの下駄 납작한 나막신.

ペチカ【pechka ロ】 페치카; 벽난로(壁煖爐).

へチマ【糸瓜】 ❶(植物) 수세미외. ❷〔つまらないもの〕하찮은 것; 쓸모없는 것. ‖勉強もへちまもあるものか 공부고 나발이고 무슨 소용이야!

ぺちゃくちゃ 재잘재잘; 조잘조잘; 쫑알쫑알. ‖ぺちゃくちゃとよくさえずる娘だ 쫑알쫑알 잘도 재잘거리는 여자 애다.

べちゃべちゃ ❶질척질척. ‖雪解け道がべちゃべちゃしている 눈 녹은 길이 질척질척하다. ❷재잘재잘. ‖隣室で誰かがべちゃべちゃしゃべっている 옆방에서 누군가가 재잘거리고 있다.

ぺちゃぺちゃ ❶〔しゃべる様子〕재잘재잘; 조잘조잘. ❷〔汁気の多い食べ物を食べる様子[音]〕홀짝홀짝.

ぺちゃんこダ 납작하다. ‖地震で家がぺちゃんこになる 지진으로 집이 납작하게 찌그러지다.

べつ【別】 ❶차이(差異); 차별(差別); 구별(區別). ‖男女の別を問わない 남녀를 구분하지 않다. ❷다름. ‖別の人に頼んでみる 다른 사람에게 부탁해 보다. 別のものを見せてください 다른 것을 보여 주세요. ❸예외(例外). ‖彼は別として, 普通は皆そうする 그 사람은 예외지만, 보통은 모두 그렇게 한다. 別扱いする 특별히 다루다. ♦別売り 별도 판매. モニターは別売りです 모니터는 별도로 판매합니다.

べっかん【別巻】 별권(別卷).

べっかん【別館】 별관(別館).

べっきょ【別居】 ㊀하 별거(別居). ‖仕事の都合で家族と別居する 일 때문에 가족과 별거하다.

べっけん【別件】 별개(別個)의 건(件).

べっこ【別個】 별개(別個). ‖別個に扱う 별개로 다루다. それとこれとは全く別個のものだ 그것과 이것은 전혀 별개의 것이다.

へっこむ【凹む】 쑥 들어가다; 파이다. ‖お腹がへっこむ 배가 쑥 들어가다.

べっさつ【別冊】 별책(別册). ♦別冊付録 별책 부록.

べっし【別紙】 별지(別紙).

べっし【蔑視】 ㊀하 멸시(蔑視).

べっしつ【別室】 별실(別室).

べっしゅ【別種】 별종(別種).

べつじょう【別状】 별다른 이상(異狀).

べつじん【別人】 딴사람.

べっせかい【別世界】 별세계(別世界); 별천지(別天地).

べっそう【別荘】 별장(別莊).

べつだて【別立て】 따로 취급(取扱)함; 별도(別途)로 다룸.

べったり ❶착; 척; 찰싹. ‖泥がべったり(と)ついている 진흙이 착 달라붙어 있다. ❷〔親密である〕 ‖息子にべったりだ 아들한테 폭 빠져 있다.

べつだん【別段】 특별(特別)히. ‖別段変わったことはない 특별히 달라진 것은 없다.

へっちゃら〔ダ〕 태연(泰然)하다; 아무렇지도 않다. ‖怒られたってへっちゃらだ 혼났다고 해도 아무렇지 않다.

べってんち【別天地】 별천지(別天地). ‖野生動物の別天地 야생 동물의 별천지.

べっと【別途】 별도(別途). ‖別途支給する 별도로 지급하다.

ベッド【bed】 침대(寢臺). ♦ベッドタウン 베드타운. ベッドルーム 침실.

ペット【pet】 애완 동물(愛玩動物). ♦ペットフード 애완동물용 배합 사료.

ヘッドハンター【head＋hunter 日】 헤드헌터.

ヘッドハンティング 【head hunting】 (조하) 헤드헌팅.

ペットボトル【PET bottle】 페트병.

ヘッドホン【headphone】 헤드폰.

ヘッドライト【headlight】 헤드라이트; 전조등(前照燈).

ヘッドライン【headline】 헤드라인.

べっとり 흠뻑. ‖べっとり(と)汗をかく 땀을 흠뻑 흘리다.

べつに【別に】 특별(特別)히; 별로. ‖別に用はありません 특별히 용건은 없습니다.

べつばら【別腹】 (説明) 좋아하는 것은 배가 부르지만 더 먹을 수 있음. ‖満腹だがデザートは別腹だ 배가 부르지만 디저트는 먹을 수 있다.

べっぴょう【別表】 별표(別表).

べつびん【別便】 별편(別便).

べつべつ【別別】 따로따로. ‖2人は別々に出発した 두 사람은 따로따로 출발했다.

べつめい【別名】 별명(別名).

べつもんだい【別問題】 별문제(別問題); 다른 문제.

へつらう【諂う】 아첨(阿諂)하다. ‖上役にはへつらい部下には威張る 상사한테는 아첨하고 부하한테는 으스대다.

べつわく【別枠】 예외(例外)로 마련한 기준(基準). ‖別枠の予算 특별 예산.

ヘディング【heading】 헤딩. ♦ヘディングシュート 헤딩슛.

ベテラン【veteran】 베테랑.

ぺてん 사기(詐欺). ‖ぺてんにかける 사기를 치다. ♦ぺてん師 사기꾼.

へど【反吐】 구토(嘔吐). ‖反吐を吐く 토하다.

べとつく 끈적거리다. ‖汗で体がべとつく 땀으로 몸이 끈적거리다.

ベトナム【Vietnam】《国名》 베트남; 월남(越南).

へとへと ‖強行軍でへとへとになる 강행군으로 녹초가 되다.

べとべと 끈적끈적. ‖汗でシャツがべとべとだ 땀으로 셔츠가 끈적끈적하다.

へどろ ❶(河口·沼·湾などの)쌓인 질척한 침전물(沈澱物). ❷(産業廃棄物などが)침전해 엉킨 것.

へなへな ❶〔力なく座り込む様子〕 ‖へなへなとその場にうずくまる 맥없이 그 자리에 주저앉다. ❷〔弱って曲がっている〕 ‖へなへなな板 휘어진 판자.

ペナルティー【penalty】 페널티. ♦ペナルティーキック 페널티 킥.

ベナン【Benin】《国名》 베냉.

べにいろ【紅色】 주홍색(朱紅色).

ベニザケ【紅鮭】 홍송어(紅松魚).

ペニシリン【penicillin】 페니실린.

ベニヤいた【veneer 板】 베니어판(板).

ベネズエラ【Venezuela】《国名》 베네수엘라.

へばりつく 딱 달라붙다. ‖トカゲが石にへばりついている 도마뱀이 돌에 딱 달라붙어 있다.

ヘビ【蛇】 뱀.

ベビーカー【baby＋car 日】 유모차(乳母車).

ヘビーきゅう【heavy 級】 (ボクシングで) 헤비급.

ベビーシッター【babysitter】 베이비시터; 보모(保姆).

へま 실패(失敗); 실수(失手). ‖へまをする 실수를 하다.

*へや【部屋】 방(房). ‖部屋が5つある家 방이 다섯 개 있는 집. 子ども部屋 아이 방. ♦部屋割り 숙박자의 방을 나눔.

へら【箆】 주걱 모양(模樣)의 도구(道具). ♦靴べら 구둣주걱.

へらす【減らす】 줄이다. ‖人員を減らす 인원을 줄이다. 食事の量を減らす 식사량을 줄이다.

べらべら 종알종알; 나불나불. ‖べらべら(と)まくしたてる 종알종알 지껄이다. 彼女は秘密の話もべらべらしゃべってしまう 그녀는 비밀 이야기도 나불나불 떠들어 버린다.

ぺらぺら ❶〔軽薄によくしゃべる〕종알종알; 나불나불. ❷〔外国語をよどみなく話す〕‖英語ならぺらぺらだ 영어라면 유창하다. ❸휙휙. ‖ページをぺらぺら(と)めくる 페이지를 휙휙 넘기다. ❹〔紙·布などが薄っぺらな様子〕하늘하늘. ‖ぺらぺらした着物 하늘하늘한 옷.

べらぼう【箆棒】 ❶〔ばか〕바보; 병신. ‖べらぼうめ！ 바보야! ❷〔ばかげている〕터무니없음. ‖そんなべらぼうな話はない 그런 터무니없는 이야기는 없다. ❸〔並外れてひどい〕굉장함; 지독(至毒)함. ‖べらぼうに暑い 지독히 덥다.

ベラルーシ【Belarus】（国名）벨로루시.

ベランダ【veranda】 베란다.

へり【縁】 ❶（川・湖などの）가. ‖池のへりに立つ 연못가에 서다. ❷가장자리; 테. ‖カーテンのへり 커튼 가장자리.

ベリーズ【Belize】（国名）벨리즈.

ペリカン【pelican】 펠리컨.

へりくだる【遜る・謙る】 겸손(謙遜)하다. ‖へりくだった態度 겸손한 태도.

へりくつ【屁理屈】 억지. ‖屁理屈をこねる 억지를 쓰다.

ヘリコプター【helicopter】 헬리콥터.

へる【経る】 ❶경유(經由)하다. ‖京都を経て大阪へ行く 교토를 경유해서 오사카에 가다. ❷시간(時間)이 지나다; 경과(經過)하다. ❸절차(節次)를 밟다; 거치다. ‖審査を経て採用される 심사를 거쳐 채용되다.

へる【減る】 ❶줄다. ‖人口が半分に減った 인구가 반으로 줄었다. ❷배가 고프다. ‖腹が減って何もできない 배가 고파서 아무것도 할 수 없다.

ベル【bell】 벨; 종(鐘). ‖授業のベルが鳴る 수업 종이 울리다. 非常ベルを鳴らす 비상 벨을 울리다.

ペルー【Peru】（国名）페루.

ベルギー【België】（国名）벨기에.

ヘルツ【hertz】 …헤르츠.

ベルト【belt】 벨트. ‖ズボンのベルト 바지 벨트. ベルトを緩める 벨트를 헐겁게 하다. ♦ベルトコンベヤー 벨트 컨베이어.

ベルベット【velvet】 벨벳; 빌로드.

ヘルメット【helmet】 헬멧.

べろ 혀. ‖べろを出す 혀를 내밀다.

べろべろ ❶할짝할짝. ‖犬に顔をべろべろ(と)なめられた 개가 얼굴을 할짝할짝 핥았다. ❷곤드레만드레. ‖べろべろに酔う 곤드레만드레 취하다.

ぺろぺろ ‖アイスクリームをぺろぺろ(と)なめる 아이스크림을 할짝할짝 핥다.

ぺろり ❶〔舌を出す〕‖ぺろりと舌を出して照れ笑いした 혀를 날름 내밀고는 쑥스러운 듯 웃었다. ❷〔食べてしまう〕‖ぺろりと平らげる 날름 먹어 치우다.

へん【辺】 ❶부근(附近); 근처(近處). ‖この辺 이 근처. 今日はこの辺でやめておこう 오늘은 이쯤에서 그만두자. ❷（数学）（多角形の）변(邊). ❸（数学）（等号の）좌우(左右)의 식(式).

へん【変】 ❶변(變); 변함; 이상(異常)함. ‖彼は近頃どうも変だ 그는 요즘 아무래도 이상하다. ❷（音楽で）반음(半音) 낮음.

へん【偏】（漢字の）변(邊).

へん【編】 ❶편(篇). ‖3 編に分かれた小説 삼 편으로 나눠진 소설. ❷편(編) 編集部編 편집부 편.

べん【弁】 ❶꽃잎. ❷〔バルブ〕밸브. ❸〔話〕변(辯). ‖立候補の弁 입후보자의 변.

べん【便】 ❶〔便利〕‖交通の便がいい 교통편이 좋다. ❷소변(小便); 대변(大便).

ペン【pen】 펜. ♦ペン先 펜촉.

へんあつ【変圧】 변압(變壓). ♦変圧器 변압기.

へんい【変異】 변이(變異). ♦突然変異 돌연변이.

へんい【変移】（スル）변이(變移); 변천(變遷).

へんおんどうぶつ【変温動物】 변온 동물(變溫動物).

***へんか【変化】**（スル）변화(變化). ‖表情の変化を読み取る 표정의 변화를 읽다. 変化のない生活 변화가 없는 생활. 生活に変化をつける 생활에 변화를 주다. 変化が生じる 변화가 생기다. ♦変化球 변화구.

べんかい【弁解】（スル）변명(辯明). ‖弁解の余地がない 변명의 여지가 없다.

へんかく【変革】（スル）변혁(變革). ‖教育制度を変革する 교육 제도를 변혁하다.

べんがく【勉学】（スル）면학(勉學). ‖勉学に励む 면학에 힘쓰다.

へんかん【返還】（スル）반환(返還). ‖沖縄は 1972 年に返還された 오키나와는 천구백칠십이 년에 반환되었다.

へんかん【変換】（スル）변환(變換). ‖ハングルをローマ字に変換する 한글을 로마자로 변환하다.

べんき【便器】 변기(便器).

べんぎ【便宜】 편의(便宜); 편리(便利). ‖便宜を図る 편의를 꾀하다. 便宜上 편의상. 便宜的な処置 편의적인 조치.

ペンキ【pek オ】 페인트. ‖ペンキを塗る 페인트를 칠하다. 페인트칠을 하다.

へんきゃく【返却】（スル）반환(返還); 반납(返納). ‖図書館に本を返却する 도서관에 책을 반납하다.

へんきょう【偏狭】ダ 편협(偏狹)하다. ‖偏狭な性格 편협한 성격.

***べんきょう【勉強】**（スル）❶공부(工夫); 경험(經驗). ‖勉強ができる子 공부를 잘하는 아이. 遊ばないで勉強しなさい 놀지 말고 공부해라. 何事も勉強だと思ってやってみる 무슨 일이든 공부라고 생각하고 해 보다. ❷〔安く売ること〕싸게 팖. ‖勉強しますので買ってください 싸게 드릴 테니 사세요.

へんきょく【編曲】（スル）편곡(編曲).

‖交響曲をピアノ曲に編曲する 교향곡을 피아노곡으로 편곡하다.

へんきん【返金】‖返金する 돈을 갚다.

ペンギン【penguin】《鳥類》 펭귄.

へんくつ【偏屈】ダ 편벽(偏僻)하다; 비뚤어지다. ‖偏屈な考え方 편벽한 사고방식.

へんけい【変形】 (名되) 변형(變形). ‖事故で変形した車体 사고로 변형된 차체.

へんけん【偏見】 편견(偏見). ‖偏見をいだく 편견을 가지다.

べんご【弁護】 (名하) 변호(辯護). ‖無実を信じて弁護する 무죄를 믿고 변호하다. ♦弁護士 변호사. 弁護人 변호인.

へんこう【変更】 (名하) 변경(變更). ‖出発時刻を変更する 출발 시각을 변경하다. 予定が変更される 예정이 변경되다.

べんざ【便座】 양변기(洋便器)의 앉는 곳.

へんさい【返済】 (名하) 변제(辨濟). ‖住宅ローンを返済する 주택 대출금을 갚다.

へんざい【偏在】 (名하) 편재(偏在). ‖富が偏在している 부가 편재해 있다.

へんざい【遍在】 (名하) 편재(遍在).

べんさい【弁済】 (名하) 변제(辨濟). ♦弁済能力 변제 능력.

へんさち【偏差値】 (説明) 학력 검사 결과(學力檢査結果)가 전체 평균(全體平均)과 어느 정도(程度) 차이(差異)가 나는지를 나타낸 수치(數値).

へんさん【編纂】 (名하) 편찬(編纂). ‖国史を編纂する 국사를 편찬하다.

***へんじ【返事】** (名하) 대답(對答); 답변(答辯); 답장(答狀). ‖元気に返事する 씩씩하게 대답하다. 手紙の返事を出す 편지 답장을 보내다.

へんしつ【変質】 (名되) 변질(變質). ‖油が変質する 기름이 변질되다. ♦変質者 변질자.

へんしつ【偏執】 =へんしゅう.

へんじゃ【編者】 편자(編者). ‖辞典の編者 사전 편자.

へんしゅ【変種】 변종(變種).

へんしゅう【偏執】 편집(偏執). ♦偏執狂 편집광.

へんしゅう【編修】 (名하) 편수(編修). ‖辞書を編修する 사전을 편수하다.

へんしゅう【編集】 (名하) 편집(編輯). ‖雑誌を編集する 잡지를 편집하다. ♦編集後記 편집 후기. 編集者 편집자. 編集長 편집장.

べんじょ【便所】 변소(便所).

へんじょう【返上】 (名하) 반환(返還); 반납(返納). ‖休暇を返上する 휴가를 반납하다.

べんしょう【弁証】 (名하) 변증(辨證). ♦弁証法 변증법.

べんしょう【弁償】 (名하) 변상(辨償). ‖なくした本を弁償する 잃어 버린 책을 변상하다.

へんしょく【変色】 (名되) 변색(變色). ‖セピア色に変色した写真 세피아색으로 변색된 사진.

へんしょく【偏食】 (名하) 편식(偏食).

ペンション【pension】 펜션.

へんしん【返信】 답장(答狀).

へんしん【変心】 (名하) 변심(變心). ‖変心して敵に内通する 변심해서 적과 내통하다.

へんしん【変身】 (名하) 변신(變身). ‖華麗に変身する 화려하게 변신하다.

へんじん【変人】 괴짜. ‖変人扱い 괴짜 취급.

へんすう【変数】 변수(變數).

へんずつう【偏頭痛】 편두통(偏頭痛).

へんせい【編成】 (名하) 편성(編成). ‖予算を編成する 예산을 편성하다.

へんせいき【変声期】 변성기(變聲期).

へんせいふう【偏西風】 편서풍(偏西風).

べんぜつ【弁舌】 변설(辯舌); 말솜씨; 언변(言辯). ‖弁舌さわやか 명쾌한 말솜씨.

へんせん【変遷】 (名하) 변천(變遷). ‖風俗は時代とともに変遷する 풍속은 시대와 함께 변천한다.

ベンゼン【benzene】 벤젠.

へんそう【変装】 (名하) 변장(變裝). ‖老人に変装する 노인으로 변장하다.

へんぞう【変造】 (名하) 변조(變造).

へんそく【変則】 변칙(變則).

へんそく【変速】 (名하) 변속(變速). ♦変速装置 변속 장치.

へんたい【変態】 변태(變態).

ペンだこ【pen 胼胝】 (説明) 오랜 기간(期間) 펜을 써서 손가락에 생긴 굳은살.

べんたつ【鞭撻】 (名하) 편달(鞭撻). ‖御鞭撻のほどよろしくお願いいたします 지도 편달을 부탁드립니다.

ペンダント【pendant】 펜던트.

ベンチ【bench】 ❶벤치. ❷(野球で)더그 아웃.

ペンチ【←pinchers】 펜치.

へんちょ【編著】 편저(編著).

へんちょう【変調】 ❶상태(狀態)가 바뀜 또는 바뀐 상태. ‖体に変調をきたす 몸 상태가 좋지 않다. ❷(音楽の)조바꿈; 전조(轉調).

へんちょう【偏重】 (名하) 편중(偏重). ‖学歴偏重の社会 학력 편중 사회.

へんてつ【変哲】 별다름; 색다름. ‖何の変哲もない花びん 별다른 특징이 없는 꽃병.

へんでんしょ【変電所】 변전소(變電所).

へんとう【返答】 (名하) 대답(對答); 답변

(答辯). ‖ノックをしても返答がない 노크를 해도 대답이 없다.

*へんどう【変動】 ⓩ하 변동(變動). ‖物価の変動 물가 변동. 地殻の変動 지각 변동. 変動をもたらす 변동을 가져오다. ♦変動幅 변동 폭.

べんとう【弁当】 도시락. ‖参加者に弁当を出す 참가자에게 도시락을 주다.

へんとうせん【扁桃腺】 편도선(扁桃腺). ‖扁桃腺がはれる 편도선이 붓다. 扁桃腺炎にかかる 편도선염에 걸리다.

へんにゅう【編入】 ⓩ하 편입(編入). ♦編入試験 편입 시험.

ペンネーム【pen name】 펜네임.

へんのう【返納】 ⓩ하 반납(返納).

べんぴ【便秘】 변비(便祕).

へんぴん【返品】 ⓩ하 반품(返品). ‖不良品を返品する 불량품을 반품하다. 返品はききません 반품은 안 됩니다.

へんぺい【扁平】ダ 편평(扁平)하다. ‖扁平な顔 편평한 얼굴. ♦扁平足 편평족.

べんべつ【弁別】 ⓩ하 변별(辨別); 식별(識別). ‖色の違いを弁別する 색의 차이를 변별하다.

へんぼう【変貌】 ⓩ하 변모(變貌). ‖都会は著しく変貌した 도시는 현저하게 변모했다.

べんぽう【便法】 편법(便法). ‖便法を講じる 편법을 강구하다.

べんめい【弁明】 ⓩ하 변명(辨明). ‖自分のとった態度について弁明する 자신이 취한 행동에 대해 변명하다.

べんもう【鞭毛】 편모(鞭毛).

へんよう【変容】 ⓩ하 변용(變容); 변모(變貌).

*べんり【便利】ダ 편리(便利)하다. ‖便利な道具 편리한 도구. 通勤に便利な土地 통근하기에 편리한 곳. この辞書はとても便利だ 이 사전은 정말 편리하다. ♦便利屋 심부름센터.

べんりし【弁理士】 변리사(辨理士).

へんりん【片鱗】 편린(片鱗).

へんれき【遍歴】 ⓩ하 편력(遍歷). ‖女性遍歴 여성 편력.

べんろん【弁論】 ⓩ하 ❶변론(辯論). ‖弁論大会 변론 대회. ❷(法廷での)변론. ‖最終弁論 최종 변론.

ほ

ほ【帆】 돛. ‖帆をかける 돛을 달다.

ほ【歩】 ❶걸음. ‖歩を運ぶ 걸음을 옮기다. ❷…걸음; …발. ‖1歩退く 한 걸음[발] 물러서다.

ほ【穂】 ❶이삭. ‖穂が出る 이삭이 패다. 麦の穂 보리 이삭. ❷(とがったもの の) 끝. ‖筆の穂 붓끝.

ほあん【保安】 보안(保安). ♦保安官 보안관. 保安設備 보안 설비.

ほいく【保育】 ⓩ하 보육(保育). ♦保育園 어린이집. 保育器 보육기. 인큐베이터. 保育士 보육사.

ボイコット【boycott】 ⓩ하 보이콧. ‖授業をボイコットする 수업을 보이콧하다.

ポイすて【ポイ捨て】 함부로 버리는 것. ‖吸殻のポイ捨てはやめましょう 담배꽁초를 함부로 버리지 맙시다.

ポイする 버리다; 던져 버리다.

ホイッスル【whistle】 휘슬.

ほいほい 척척. ‖何でもほいほい買ってやる 뭐든지 척척 사 주다.

ボイラー【boiler】 보일러.

ぼいん【母音】 모음(母音).

ぼいん【拇印】 무인(拇印); 손도장(圖章).

ポイント【point】 ❶〔点〕포인트; 점; 지점(支點). ‖バッティングポイント 배팅 포인트. ❷요점(要點). ‖出題のポイント 출제 요점. ❸득점(得點); 점수(點數). ‖ポイントを稼ぐ 점수를 따다. ❹〔二つの指数の差違を表わす単位〕…퍼센트(%). ‖物価は前年比で2ポイントの上昇 물가는 전년 대비 이 퍼센트 상승.

ほう〔感心・驚き〕오호. ‖ほう, そうですか 오호, 그래요?

*ほう【方】 ❶〔方向〕방향(方向); 쪽. ‖南の方へ行く 남쪽으로 가다. 東の方から風が吹く 동쪽에서 바람이 불어오다. ベランダから右の方に日産本社ビルが見えます 베란다에서 오른쪽으로 닛산 본사 빌딩이 보입니다. こちらの方へ来てください 이쪽으로 오십시오. ❷〔対立的に存在するものの一方〕쪽. ‖相手の方から苦情が出た 상대방 쪽에서 불만이 제기되었다. こちらの方は準備完了です 이쪽은 준비가 다 되었습니다. ❸〔比較した時の一方〕쪽; 편(便). ‖兄より弟の方が背が高い 형보다 남동생 쪽이 키가 크다. どうせやるなら早い方がよい 어차피 하는 것이라면 빨리 하는 편이 낫다. 彼は有能な方だ 그 사람은 유능한 편이다. ❹〔方面〕방면(方面). ‖スポーツの方は苦手です 스포츠 방면은 재주가 없습니다. 将来は医学の方に進みます 장래에 의학 방면으로 진학할 생각입니다. ❺방법(方法). ‖*連絡する方がない 연락할 방법이 없다.*

ほう【法】 ❶법; 법률(法律). ‖法の裁き 법의 심판. 法を守る 법을 지키다. 法の網をくぐる 법망을 뚫고 나가다. ❷(仏教) 〔教え〕가르침. ❸방법(方法); 수(手). ‖無事助け出す法はないものか 무사히 구출할 방법은 없을까? それをやらない法はない 그것을 안 할 수는 없다. ❹(文法で)법. ‖仮定法 가정법.

ぼう【某】 모(某). ‖某政治家 모 정치가. 某月某日 모월 모일.

ぼう【棒】 봉(棒); 막대; 막대기; 몽둥이. ‖棒を振り回す 막대기를 휘두르다. ▸棒に振る 헛되게 하다. 무로 돌리다. その事件で彼は一生を棒に振った 그 사건으로 그 사람의 인생은 엉망이 되었다.

ほうあん【法案】 법안(法案).

ほうい【方位】 방위(方位).

ほうい【包囲】 ㊎하 포위(包圍). ‖城を包囲する 성을 포위하다. ♦**包囲網** 포위망.

ほういがく【法医学】 법의학(法醫學).

ぼういん【暴飲】 ㊎하 폭음(暴飮). ‖暴飲暴食 폭음폭식.

ほうえい【放映】 ㊎하 방영(放映). ♦**放映権** 방영권.

***ぼうえい**【防衛】 ㊎하 방위(防衛). ‖祖国を防衛する 조국을 방위하다. ♦**正当防衛** 정당방위. **タイトル防衛戦** 타이틀 방어전. **防衛費** 방위비.

ぼうえき【防疫】 ㊎하 방역(防疫). ‖防疫対策 방역 대책.

***ぼうえき**【貿易】 ㊎하 무역(貿易). ♦**貿易赤字** 무역 적자. **貿易会社** 무역 회사. **貿易自由化** 무역 자유화. **貿易収支** 무역 수지. **貿易手形** 무역 어음. **貿易風** 무역풍. **貿易摩擦** 무역 마찰.

ぼうえん【望遠】 망원(望遠). ♦**望遠鏡** 망원경. **望遠レンズ** 망원 렌즈.

ほうおう【法王】 교황(敎皇).

ほうおう【鳳凰】 봉황(鳳凰).

ぼうおん【防音】 ㊎하 방음(防音). ♦**防音装置** 방음 장치. **防音壁** 방음벽.

ほうか【法科】 법과(法科). ♦**法科大学院** 로스쿨.

ほうか【放火】 ㊎하 방화(放火). ♦**放火犯** 방화범.

ほうが【邦画】 방화(邦畫).

ほうが【萌芽】 ㊎하 맹아(萌芽). ‖文明の萌芽 문명의 맹아.

ぼうか【防火】 ㊎하 방화(防火). ♦**防火訓練** 방화 훈련.

ほうかい【崩壊】 ㊎하 붕괴(崩壞). ‖堤防が崩壊する 제방이 붕괴하다. 崩壊寸前だ 붕괴 일보 직전이다. ローマ帝国の崩壊 로마 제국의 붕괴.

ほうがい【法外】ダ 터무니없다; 과도(過度)하다. ‖あまりにも法外な価格だ 너무나도 터무니없는 가격이다.

***ぼうがい**【妨害】 ㊎하 방해(妨害). ‖通行を妨害する 통행을 방해하다. 計画を妨害する 계획을 방해하다. 仕事を妨害しないでくれ 일을 방해하지 말아 줘. ♦**電波妨害** 전파 방해.

ほうがく【邦楽】 일본 국악(日本國樂).

***ほうがく**【方角】 방향(方向); 방위(方位). ‖南の方角 남쪽 방향. 駅の方角に向かって歩き出す 역 방향으로 걷기 시작하다. 反対の方角へ行く 반대 방향으로 가다. 方角を聞く 방향을 묻다.

ほうがく【法学】 법학(法學). ♦**法学部** 법학부.

ほうかご【放課後】 방과 후(放課後). ‖放課後野球をしよう 방과 후에 야구하자.

ほうかつ【包括】 ㊎하 포괄(包括). ‖全体を包括して述べる 전체를 포괄해서 말하다.

ほうがん【包含】 ㊎하 포함(包含).

ほうがん【砲丸】 포환(砲丸). ♦**砲丸投げ** 투포환.

ぼうかん【防寒】 방한(防寒). ♦**防寒服** 방한복.

ぼうかん【傍観】 ㊎하 방관(傍觀). ‖事態を傍観する 사태를 방관하다. ♦**拱手傍観** 수수방관. **傍観者** 방관자.

ぼうかん【暴漢】 폭한(暴漢).

ほうがんし【方眼紙】 모눈종이.

ほうき【箒】 비. ‖ほうきで庭を掃く 비로 마당을 쓸다.

ほうき【法規】 법규(法規). ♦**交通法規** 교통 법규.

ほうき【放棄】 ㊎하 방기(放棄); 포기(抛棄). ‖権利を放棄する 권리를 포기하다. 彼は試験を放棄した 그 사람은 시험을 포기했다.

ぼうぎ【謀議】 ㊎하 모의(謀議). ♦**共同謀議** 공동 모의.

ぼうきゃく【忘却】 ㊎하 망각(忘却).

ほうきゅう【俸給】 봉급(俸給).

ぼうぎょ【防御】 ㊎하 방어(防禦). ‖攻撃は最大の防御である 공격은 최대의 방어이다. ♦**防御体制** 방어 체제. **防御率** 방어율.

ぼうきょう【望郷】 ‖望郷の念 고향 생각. 향수.

ぼうくう【防空】 방공(防空). ♦**防空訓練** 방공 훈련. **防空壕** 방공호.

ぼうグラフ【棒graph】 막대그래프.

ぼうくん【暴君】 폭군(暴君).

ほうけい【包茎】 포경(包莖).

ぼうけい【傍系】 방계(傍系). ♦**傍系会社** 방계 회사. **傍系血族** 방계 혈족.

ほうげき【砲撃】 ㊎하 포격(砲擊). ‖敵陣を砲撃する 적진을 포격하다.

ほうける【呆ける】 ❶(知覚が)둔해지다; 멍해지다. ❷열중(熱中)하다; 정신(精神)이 팔리다. ‖遊びほうける 노는 데 정신이 팔리다.

ほうけん【封建】 봉건(封建). ♦**封建時代** 봉건 시대. **封建主義** 봉건주의. **封建制度** 봉건 제도. **封建的** 봉건적. 封建的な風習 봉건적인 풍습.

ほうげん【方言】 방언(方言).

ぼうけん【冒険】 ㊎하 모험(冒險). ‖そんな冒険はしたくない 그런 모험은 하고 싶지 않다. ♦**冒険家** 모험가. **冒険心** 모험심. **冒険談** 모험담.

ぼうげん【暴言】 폭언(暴言). ‖暴言を浴びせる 폭언을 퍼붓다.
ほうこ【宝庫】 보고(寶庫).
ぼうご【防護】 ㉠하 방호(防護).
*__ほうこう__【方向】 방향(方向). ‖研究の方向が決まる 연구 방향이 정해지다. 方向を変える 방향을 바꾸다. 駅の方向に行く 역 방향으로 가다. 反対の方向 반대 방향. 同じ方向 같은 방향. ♦方向音痴 ㉡설명 방향 감각(方向感覺)이 없는 사람. 길눈이 어두운 사람. 方向探知器 방향 탐지기. 方向転換 ㉠하 방향 전환.
ほうこう【彷徨】 ㉠하 방황(彷徨). ‖荒野を彷徨する 황야를 방황하다.
ほうごう【縫合】 ㉠하 봉합(縫合). ‖傷口を縫合する 상처를 봉합하다.
ぼうこう【膀胱】 방광(膀胱). ♦膀胱炎 방광염.
ぼうこう【暴行】 ㉠하 폭행(暴行). ‖暴行を加える 폭행을 가하다.
ほうこうざい【芳香剤】 방향제(芳香劑).
*__ほうこく__【報告】 ㉠하 보고(報告). ‖仕事の進行状況を報告する 일 진행 상황을 보고하다. 上司に結果を報告する 상사에게 결과를 보고하다. 報告を受ける 보고를 받다. ♦最終報告 최종 보고. 中間報告 중간 보고.
ぼうさい【防災】 방재(防災). ♦防災対策 방재 대책.
ほうさく【方策】 방책(方策). ‖最善の方策を考える 최선의 방책을 생각하다.
ほうさく【豊作】 풍작(豊作).
ほうし【奉仕】 ㉠하 봉사(奉仕). ‖社会奉仕 사회 봉사.
ほうし【胞子】 포자(胞子).
ほうじ【法事】 법사(法事); 불사(佛事).
ぼうし【防止】 ㉠하 방지(防止). ‖山火事を防止する 산불을 방지하다. 防止策を講じる 방지책을 강구하다. 事故防止 사고 방지.
ぼうし【帽子】 모자(帽子). ‖帽子をかぶる 모자를 쓰다. 帽子を取る 모자를 벗다. ♦麦藁帽子 밀짚모자. 맥고모자.
ほうしき【方式】 방식(方式). ‖決められた方式に従う 정해진 방식에 따르다.
ほうじちゃ【焙じ茶】 ㉡설명 질(質)이 낮은 차(茶)를 센 불에 볶아 독특(獨特)한 향(香)을 낸 것.
ぼうしつ【防湿】 ㉠하 방습(防濕). ♦防湿剤 방습제.
ほうしゃ【放射】 ㉠하 방사(放射). ♦放射状 방사상. 道路が放射状に延びる 도로가 방사상으로 뻗다. 放射線 방사선. 放射能 방사능.
ぼうじゃくぶじん【傍若無人】 방약무인(傍若無人). ‖傍若無人な態度 방약무인한 태도.
ほうしゅ【砲手】 포수(砲手).
ぼうしゅ【芒種】 (二十四節気の)망종(芒種).
ぼうじゅ【傍受】 ㉠하 방수(傍受). ‖無線を傍受する 무선을 방수하다.
ほうしゅう【報酬】 보수(報酬). ‖報酬を支払う 보수를 지불하다. ♦無報酬 무보수.
ほうしゅつ【放出】 ㉠하 방출(放出). ‖エネルギーを放出する 에너지를 방출하다.
ほうじょ【幇助】 ㉠하 방조(幇助). ♦自殺幇助 자살 방조.
ほうしょう【報償】 ㉠하 보상(報償). ‖遺族に報償する 유족에게 보상하다.
ほうしょう【褒賞】 ㉠하 포상(褒賞).
ほうじょう【豊饒】ダ 풍요(豊饒)하다; 풍요롭다. ‖豊饒な土地 풍요한 땅.
ぼうしょう【傍証】 ㉠하 방증(傍證). ‖傍証を固める 방증을 굳히다.
ほうしょく【飽食】 ㉠하 포식(飽食).
ぼうしょく【紡織】 방직(紡織). ♦紡織機 방직기.
ぼうしょくざい【防食剤】 방식제(防蝕劑).
ほうしょくひん【宝飾品】 보석(寶石); 귀금속(貴金屬) 등의 장식품(裝飾品).
ほうじる【奉じる】 ❶받들다. ‖勅令を奉じる 칙령을 받들다. ❷헌상(獻上)하다. ❸봉직(奉職)하다.
ほうじる【封じる】 봉(封)하다. ‖諸侯に封じる 제후로 봉하다.
ほうじる【報じる】 알리다; 보도(報道)하다. ‖外電の報じるところによると 외신이 보도하는 바에 의하면.
ほうじる【焙じる】 볶다. ‖茶を焙じる 차를 볶다.
ほうしん【方針】 방침(方針). ‖将来の方針を立てる 장래의 방침을 세우다. ♦教育方針 교육 방침. 施政方針 시정 방침.
ほうしん【放心】 ㉠하 방심(放心). ♦放心状態 방심 상태.
ほうじん【法人】 법인(法人). ♦学校法人 학교 법인. 法人組織 법인 조직.
ほうじん【邦人】 일본인(日本人). ♦在留邦人 재외 일본인.
ぼうず【坊主】 ❶(寺の)주지(住持); 승려(僧侶). ❷빡빡 깎은 머리. ‖坊主頭 빡빡 깎은 머리. 坊主刈りにする 머리를 빡빡 *깎다*. ❸〔男の子〕남자(男子) 아이에 대한 애칭(愛稱). ‖うちの坊主は今1年生だ 우리 집 꼬마 녀석은 지금 일 학년이다. ▸坊主憎けりゃ袈裟まで憎い 그 사람이 미우면 그 사람과 관계 있는 것은 모두 밉다. ▸三日坊主 작심삼일인 사람.
ほうすい【放水】 ㉠하 방수(放水).
ぼうすい【防水】 ㉠하 방수(防水). ♦防水服 방수복.
ほうせい【方正】ダ 방정(方正)하다.

‖品行方正な人 품행이 방정한 사람.
ほうせい【砲声】 포성(砲聲).
ほうせい【縫製】 (조하) 봉제(縫製). ♦**縫製工場** 봉제 공장.
ほうせき【宝石】 보석(寶石). ♦**宝石箱** 보석함.
ぼうせき【紡績】 (조하) 방적(紡績). ♦**紡績工場** 방적 공장.
ほうせつ【包摂】 (조하) 포섭(包攝).
ホウセンカ【鳳仙花】 봉선화(鳳仙花).
ぼうぜんじしつ【茫然自失】 (조하) 망연자실(茫然自失). ‖突然の大事件に茫然自失する 갑작스러운 큰 사건에 망연자실하다.
ほうそう【包装】 (조하) 포장(包裝). ♦**包装紙** 포장지.
*__ほうそう__【放送】 (조하) 방송(放送). ‖現地から放送する 현지에서 방송하다. その試合はテレビで放送される 그 시합은 텔레비전으로 방송된다. ♦**国営放送** 국영 방송. **再放送** 재방송. **生放送** 생방송. **民間放送** 민간 방송. **放送局** 방송국. **放送網** 방송망.
ほうそう【法曹】 법조(法曹). ♦**法曹界** 법조계.
ぼうそう【暴走】 (조하) 폭주(暴走). ♦**暴走族** 폭주족.
ほうそく【法則】 법칙(法則). ‖万有引力の法則 만유인력의 법칙.
ほうたい【包帯】 붕대(繃帶). ‖包帯を巻く 붕대를 감다.
-ほうだい【放題】 마음대로[마음껏] …하다. ‖何でも食べ放題だ 뭐든지 마음껏 먹을 수 있다.
ぼうだい【膨大】ダ 방대(厖大)하다. ‖膨大な人員 방대한 인원.
ぼうたかとび【棒高跳び】 장대높이뛰기.
ぼうだん【防弾】 방탄(防彈). ♦**防弾ガラス** 방탄유리. **防弾チョッキ** 방탄조끼.
ほうち【法治】 법치(法治). ♦**法治国家** 법치 국가. **法治主義** 법치주의.
ほうち【放置】 (조하) 방치(放置). ‖ごみを放置する 쓰레기를 방치하다. 駅前に放置された自転車 역 앞에 방치된 자전거.
ほうち【報知】 (조하) 알림; 통지(通知). ♦**火災報知器** 화재 경보기.
ぼうちゅう【防虫】 방충(防蟲). ♦**防虫剤** 방충제.
ぼうちゅうかんあり【忙中閑有り】 망중한(忙中閑).
ほうちょう【包丁】 요리용(料理用) 칼; 부엌칼. ‖包丁を入れる 칼질을 하다.
ぼうちょう【傍聴】 (조하) 방청(傍聽). ‖演説を傍聴する 연설을 방청하다. ♦**傍聴券** 방청권. **傍聴席** 방청석.
ぼうちょう【膨張】 (조하) 팽창(膨脹). ‖空気は熱で膨張する 공기는 열에 의해 팽창한다. 市街地が膨張して郊外へのびていく 시가지가 팽창하여 교외로 뻗어 나가다.
ぼうっと ❶뚜. ‖ぼうっと汽笛が鳴る 뚜 하고 기적이 울다. ❷〔炎が燃え上がる〕‖枯葉がぼうっと燃え上がる 마른 잎이 타오르다. ❸〔ぼやけて見える〕‖今日は山がぼうっとかすんでいる 오늘은 산이 부옇게 흐려 있다. ❹〔意識が正常に働かない〕 ‖ぼうっとして用件を忘れる 멍히 있다가 용건을 잊어 버리다.
ほうてい【法廷】 법정(法廷). ♦**法廷闘争** 법정 투쟁.
ほうてい【法定】 법정(法定). ♦**法廷貨幣** 법정 화폐. **法定期間** 법정 기간.
ほうていしき【方程式】 방정식(方程式). ‖方程式を解く 방정식을 풀다. 方程式を立てる 방정식을 세우다. ♦**二次方程式** 이차 방정식.
ほうてき【法的】 법적(法的). ‖法的な根拠 법적 근거. 法的に規制する 법적으로 규제하다.
ほうてん【法典】 법전(法典).
ほうでん【放電】 (조하) 방전(放電).
ぼうと【暴徒】 폭도(暴徒). ‖暴徒と化す 폭도로 변하다.
ほうとう【宝刀】 보도(寶刀). ▸伝家の宝刀 전가의 보도.
ほうとう【放蕩】 (조하) 방탕(放蕩).
ほうどう【報道】 (조하) 보도(報道). ‖報道の自由 보도의 자유. 新聞は彼が逮捕されたと報道した 신문은 그 사람이 체포되었다고 보도했다. ♦**新聞報道** 신문 보도. **報道機関** 보도 기관. **報道陣** 보도진.
ぼうとう【暴投】 (조하) 폭투(暴投).
ぼうとう【冒頭】 첫머리; 모두(冒頭). ♦**冒頭陳述** 모두 진술.
ぼうとう【暴騰】 (조하) 폭등(暴騰). ‖野菜の値段が暴騰する 야채 값이 폭등하다.
ぼうどう【暴動】 폭동(暴動). ‖暴動が起きる 폭동이 일어나다.
ぼうとく【冒瀆】 (조하) 모독(冒瀆). ‖神を冒瀆する 신을 모독하다.
ぼうどくマスク【防毒 mask】 방독 마스크.
ほうにち【訪日】 (조하) 방일(訪日).
ほうにょう【放尿】 (조하) 방뇨(放尿).
ほうにん【放任】 (조하) 방임(放任). ♦**放任主義** 방임주의.
ほうねん【豊年】 풍년(豊年).
ぼうねんかい【忘年会】 망년회(忘年會).
ぼうはく【傍白】 방백(傍白).
ぼうばく【茫漠】 망막(茫漠)하게; 막연(漠然)하게. ‖茫漠としてつかみどころがない 막연해서 종잡을 수가 없다.
ぼうはつ【暴発】 (조하) 폭발(爆發).
ぼうはてい【防波堤】 방파제(防波堤).
ぼうはん【防犯】 방범(防犯). ♦防犯べ

ほ

ル 방범 벨.
ほうび【褒美】 포상(褒賞); 상. ‖褒美をもらう 포상을 받다. ご褒美をあげる 상을 주다.
ぼうび【防備】 (ス하) 방비(防備). ‖防備を強化する 방비를 강화하다. 無防備 무방비.
ほうふ【抱負】 포부(抱負). ‖将来の抱負を語る 장래의 포부를 말하다.
ほうふ【豊富】ダ 풍부(豊富)하다. ‖豊富な知識 풍부한 지식. 彼は話題が豊富だ 그 사람은 화제가 풍부하다. 物資は豊富にある 물자는 풍부하게 있다.
ぼうふう【防風】 방풍(防風). ♦防風林 방풍림.
ぼうふう【暴風】 폭풍(暴風). ♦暴風域 폭풍권. 暴風雨 폭풍우.
ほうふく【報復】 (ス하) 보복(報復). ♦報復行為 보복 행위.
ほうふくぜっとう【抱腹絶倒】 (ス하) 포복절도(抱腹絶倒).
ぼうふざい【防腐剤】 방부제(防腐劑).
ほうふつ【彷彿】 방불(彷彿); 흡사(恰似)함; 떠올리게 함. ‖彼は亡父をほうふつとさせる 그 사람은 돌아가신 아버지를 떠올리게 한다.
ほうぶつせん【放物線】 포물선(拋物線).
ほうへい【砲兵】 포병(砲兵).
ぼうへき【防壁】 방벽(防壁).
ほうべん【方便】 ❶방편(方便). ‖うそも方便 거짓말도 하나의 방편. ❷(仏教) 중생(衆生)을 구제(救濟)하기 위한 방법(方法).
*ほうほう【方法】 방법(方法). ‖私はいい方法を知っています 나는 좋은 방법을 알고 있습니다. 彼は問題を誤った方法で解決しようとしている 그 사람은 문제를 잘못된 방법으로 해결하려고 하고 있다. 彼らは不正な方法で試合に勝った 그들은 부정한 방법으로 시합에 이겼다. 最善の方法 최선의 방법. ♦方法論 방법론.
ぼうぼう 활활. ‖ぼうぼう(と)燃える 활활 타다.
ぼうぼう【茫茫】 ❶〔果てしなく広々とした〕‖茫々とした大平原 망망한 대평원. ❷〔髪・草などが生え乱れている〕‖ぼうぼうたる白髪 텁수룩한 백발. 庭は草ぼうぼうだ 뜰에는 잡초가 무성하다.
ほうほうのてい【這う這うの体】 ‖ほうほうの体で逃げ出す 다리야 날 살려라 하고 도망치다.
ほうぼく【放牧】 (ス하) 방목(放牧). ‖牧場に馬を放牧する 목장에 말을 방목하다.
ほうまつ【泡沫】 포말(泡沫); 물거품.
ほうまん【放漫】ダ 방만(放漫)하다. ‖放漫な生活 방만한 생활. ♦放漫経営 방만한 경영.
ほうまん【豊満】ダ 풍만(豊滿)하다. ‖豊満な胸 풍만한 가슴.
ほうまん【飽満】 (ス하) 포만(飽滿).
ぼうまん【膨満】 (ス하) 팽만(膨滿). ♦膨満感 팽만감.
ほうむ【法務】 법무(法務). ♦法務大臣 법무부 장관.
ほうむる【葬る】 ❶매장(埋葬)하다. ‖なきがらを墓に葬る 시체를 묘에 매장하다. ❷덮다; 감추다. ‖忌まわしい過去を葬る 안 좋은 과거를 감추다. 社会から葬られる 사회적으로 매장되다.
ぼうめい【亡命】 (ス하) 망명(亡命). ‖アメリカに亡命する 미국으로 망명하다.
ほうめん【方面】 방면(方面). ‖各方面の意見を聞く 각 방면의 의견을 듣다.
ほうめん【放免】 (ス하) 방면(放免). ‖無罪放免 무죄 방면.
ほうもつ【宝物】 보물(寶物).
ほうもん【砲門】 포문(砲門). ▸砲門を開く 포문을 열다.〔慣〕
*ほうもん【訪問】 (ス하) 방문(訪問). ‖先生宅を訪問する 선생님 댁을 방문하다. 彼はスペインを訪問中である 그 사람은 스페인을 방문 중이다. ♦訪問客 방문객. 訪問販売 방문 판매.
ぼうや【坊や】 ❶〔呼称〕아가야. ❷〔世間知らず〕철부지; 세상 물정(世上物情)을 모르는 젊은 남자(男子).
ほうよう【包容】 (ス하) 포용(包容). ♦包容力 포용력.
ほうよう【法要】 법사(法事); 법회(法會).
ほうよう【抱擁】 (ス하) 포옹(抱擁). ‖再会の抱擁 재회의 포옹.
ぼうよみ【棒読み】 ❶단조(單調)롭게 읽음. ‖せりふを棒読みする 대사를 책 읽듯이 하다. ❷(漢文を)위에서 아래로 읽는 것.
ぼうらく【暴落】 (ス하) 폭락(暴落). ‖株価が暴落する 주가가 폭락하다.
ぼうり【暴利】 폭리(暴利). ‖暴利をむさぼる 폭리를 취하다.
ほうりこむ【放り込む】 던져 놓다; 집어넣다. ‖ランドセルを家に放り込む 가방을 집에 던져 놓다. あめ玉を口に放り込む 사탕을 입에 집어넣다.
ほうりだす【放り出す】 ❶〔外へ投げ出す〕밖으로 내던지다. ‖土俵の外へ放り出す 씨름판 밖으로 내던지다. ❷〔放棄する〕팽개치다; 내버려 두다. ❸〔追い出す〕쫓아내다.
*ほうりつ【法律】 법률(法律). ‖法律を破る 법률을 어기다. 飲酒運転は法律で禁じられている 음주 운전은 법률로 금지되어 있다. ♦法律違反 법률 위반. 法律家 법률가. 法律学 법률학.
ほうりっぱなし【放りっ放し】 팽개쳐 둠; 내버려 둠.

ほうりなげる【放り投げる】❶멀리 던지다; 내던지다. ‖石を放り投げる 돌을 멀리 던지다. ❷집어치우다; 도중(途中)에 그만두다. ‖仕事を放り投げる 일을 집어치우다.

ぼうりゃく【謀略】모략(謀略).

ほうりゅう【放流】(ス他) 방류(放流). ‖ダムの水を放流する 댐의 물을 방류하다.

*__ぼうりょく__【暴力】폭력(暴力). ‖暴力に訴える 폭력에 호소하다. 暴力をふるう 폭력을 휘두르다. ♦暴力行為 폭력 행위. 暴力団 폭력단.

ボウリング【bowling】볼링.

ほうる【放る】❶던지다. ‖窓から放る 창문으로 던지다. ❷내버리다. ‖当分放っておいて様子を見よう 당분간 내버려 두고 상황을 보자.

ボウル【bowl】(食器の)볼.

ほうれい【法令】법령(法令).

ぼうれい【亡霊】망령(亡靈).

ホウレンソウ【菠薐草】시금치.

ほうろう【放浪】(ス他) 방랑(放浪). ‖各地を転々と放浪する 각지를 전전하며 방랑하다. ♦放浪記 방랑기.

ほうろう【琺瑯】법랑(琺瑯). ♦琺瑯質 법랑질. 에나멜질.

ほうわ【飽和】(ス하) 포화(飽和). ♦過飽和 과포화. 飽和脂肪酸 포화 지방산. 飽和状態 포화 상태.

ほえる【吠える】짖다. ‖犬が吠える 개가 짖다.

ほお【頰】볼; 얼굴. ‖彼は頰がこけている 그 사람은 얼굴이 반쪽이다. 頰が赤い 얼굴이 빨갛다. ▸頰がゆるむ 싱글벙글 웃다. ▸頰を染める 얼굴이 빨개지다. 얼굴을 붉히다. ▸頰を膨らます 뾰로통해지다.

ボー【bow】❶〔弓〕활. ❷(弦楽器の)활. ❸(蝶結びの)리본. ♦ボータイ 나비넥타이.

ボーイ【boy】❶소년(少年). ❷남자 급사(男子給仕); 웨이터. ♦ボーイスカウト 보이 스카우트. ボーイフレンド 남자 친구.

ポーカー【poker】포커. ♦ポーカーフェース 포커 페이스.

ポークカツ 포크커틀릿; 돈가스.

ホース【hoos オ】호스. ‖ホースで芝生に水をまく 호스로 잔디에 물을 뿌리다.

ポーズ【pose】포즈. ‖ポーズを取る 포즈를 취하다.

ホオズキ【酸漿】꽈리.

ポーチ【pouch】〔小物入れ〕작은 주머니.

ポーチ【porch】〔玄関口〕포치.

ボーナス【bonus】보너스.

ほおばる【頰張る】볼이 미어지도록 음식물(飲食物)을 입에 넣다. ‖すしを口いっぱい頰ばる 볼이 미어지게 초밥을 입에 넣다.

ほおべに【頰紅】볼 연지.

ほおぼね【頰骨】광대뼈.

ホーム〔プラットホームの略語〕플랫폼.

ホーム【home】홈; 집. ♦ホームグラウンド 홈그라운드. ホームシック 향수병. ホームシックにかかる 향수병에 걸리다. ホームステイ 홈스테이. ホームセンター (説明) 각종 생활 용품(各種生活用品)을 다양(多樣)하게 갖춘 대형 점포(大型店鋪). ホームドラマ 홈드라마. ホームページ 홈페이지. マイホーム 내 집.

ホームラン【homerun】홈런. ♦ホームルーム 홈룸. ホームレス 홈리스. 노숙자.

ポーランド【Poland】《国名》폴란드.

ホール【hole】홀. ♦ホールインワン 홀인원.

ホール【hall】〔会館〕홀.

ボール【ball】공; 볼. ♦ボールカウント (野球で)볼 카운트.

ポール【pole】❶〔棒〕막대; 장(長)대. ❷(スキー競技で)폴.

ボールペン【ball pen】볼펜.

ほおん【保温】(ス하) 보온(保溫). ♦保温装置 보온 장치.

*__ほか__【外・他】❶〔よそ〕다른 곳. ‖ほかで探してください 다른 곳에서 찾아 주세요. ❷〔以外〕다른 것. ‖ほかに方法がない 달리 방법이 없다. ビールのほかにワインも飲む 맥주 외에 포도주도 마신다. 思いのほか高く売れた 의외로 비싸게 팔렸다.

ほかく【捕獲】(ス하) 포획(捕獲). ‖動物を捕獲する 동물을 포획하다.

ぼかす【暈す】❶(色の境目や輪郭を)흐릿하게 하다. ❷(答えや話を)얼버무리다. ‖人数をぼかす 인원수를 얼버무리다.

ほかならない【他ならない】…임이 틀림없다. ‖努力の結果にほかならない 노력의 결과임이 틀림없다.

ほかならぬ【他ならぬ】다른 사람도 아닌…. ‖ほかならぬ君の頼みだから聞いてあげる 다른 사람도 아닌 네 부탁이니까 들어줄게.

ほかほか 따끈따끈. ‖ほかほかのあんまん 따끈따끈한 호빵. 体がほかほかする 몸이 따끈해지다.

ぽかぽか ❶〔暖かい〕‖ぽかぽか陽気 따뜻한 날씨. ❷〔頭などを叩く様子[音]〕‖頭をぽかぽか(と)なぐられた 머리를 몇 대 쥐어박혔다.

ほがらか【朗らか】ダ 명랑(明朗)하다; 쾌활(快活)하다. ‖朗らかな人 명랑한 사람.

ぽかり 딱; 떡. ‖いきなりぽかりとやられた 갑자기 딱 하고 맞았다. ぽかりと口を開けたままだ 입을 떡 하니 벌린 채다.

ほかん【保管】(スル하) 보관(保管). ‖金庫に保管しておく 금고에 보관해 두다.

ほかん【補完】(スル하) 보완(補完). ‖補完的機能 보완적 기능.

ぽかん ❶〔頭などを打つ〕‖ぽかんと殴る 콱 쥐어박다. ❷〔ぼんやりする〕‖ぽかんと口を開けたままだ 입을 떡 하니 벌린 채다.

ぼき【簿記】 부기(簿記).

ぽきぽき 뚝뚝. ‖枝をぽきぽき(と)へし折る 가지를 뚝뚝 부러뜨리다.

ほきゅう【補給】(スル하) 보급(補給). ‖弾薬を補給する 탄약을 보급하다.

ほきょう【補強】(スル하) 보강(補強). ‖戦力の補強 전력 보강. ♦**補強工事** 보강 공사.

ほきん【保菌】 보균(保菌). ♦**保菌者** 보균자.

ぼきん【募金】(スル하) 모금(募金). ♦**募金活動** 모금 활동.

ぼく【僕】 나; 〔僕の〕내. ‖僕は行けない 나는 못 가. 僕にも少しちょうだい 나한테도 좀 줘. 僕の本 내 책.

ほくい【北緯】 북위(北緯).

ほくおう【北欧】 북구(北歐).

ボクサー【boxer】 복서.

ぼくし【牧師】 목사(牧師).

ほくじょう【北上】(スル하) 북상(北上).

ぼくじょう【牧場】 목장(牧場).

ほくしん【北進】(スル하) 북진(北進).

ボクシング【boxing】 복싱; 권투(拳鬪).

ほぐす【解す】 ❶(魚の身などを)바르다. ‖魚の身をほぐす 생선 살을 바르다. ❷풀다. ‖気分をほぐす 기분을 풀다. 体をほぐす 몸을 풀다.

ほくせい【北西】 북서(北西); 북서쪽.

ぼくせき【木石】 목석(木石).

ぼくそう【牧草】 목초(牧草). ♦**牧草地** 목초지.

ほくたん【北端】 북단(北端). ‖島の北端 섬의 북단.

ぼくちく【牧畜】 목축(牧畜). ♦**牧畜業** 목축업.

ほくとう【北東】 북동(北東); 북동쪽

ぼくとう【木刀】 목도(木刀).

ほくとしちせい【北斗七星】 북두칠성(北斗七星).

ほくぶ【北部】 북부(北部).

ほくべい【北米】 북미(北美).

ほくほく ❶〔得をしてうれしい〕‖ほくほく顔 좋아서 어쩔 줄 몰라 하는 얼굴. ❷〔水気が少ない様子〕‖ほくほくのふかし芋 맛있어 보이는 찐 고구마.

ほくほくせい【北北西】 북북서(北北西).

ほくほくとう【北北東】 북북동(北北東).

ぼくめつ【撲滅】(スル하) 박멸(撲滅). ‖害虫を撲滅する 해충을 박멸하다.

ほくよう【北洋】 북양(北洋); 북해(北海).

ほぐれる【解れる】 풀리다. ‖結び目がほぐれる 매듭이 풀리다. 肩のこりがほぐれる 어깨 결리는 것이 풀리다.

ほくろ【黒子】 점(點).

ほげい【捕鯨】 포경(捕鯨); 고래잡이.

ぼけい【母系】 모계(母系). ♦**母系社会** 모계 사회.

ぼけい【母型】 모형(母型).

ほけつ【補欠】 보결(補缺). ‖補欠で合格する 보결로 합격하다. ♦**補欠選挙** 보궐 선거.

ぼけつ【墓穴】 묘혈(墓穴). ▸墓穴を掘る 묘혈을 파다.〔慣〕

ぼけっと 멍하니. ‖ぼけっとしていないで勉強しなさい 멍하니 있지 말고 공부해라.

ポケット【pocket】 주머니; 포켓. ‖ポケットに両手を入れて歩く 주머니에 양손을 넣고 걷다.

ぼける【惚ける】 ❶둔해지다; 망령(妄靈)이 들다. ‖まだぼける年でもない 아직 망령이 들 나이는 아니다. ❷흐려지다. ‖輪郭がぼける 윤곽이 흐려지다.

ほけん【保健】 보건(保健). ♦**保健師** 보건사. **保健所** 보건소.

***ほけん**【保険】 보험(保險). ‖保険をかける 보험을 들다. 生命保険に加入する 생명 보험에 가입하다. 保険を解約する 보험을 해약하다. その損害は保険で賄われた 그 손해는 보험으로 처리되었다. ♦**保険金** 보험금. **保険料** 보험료.

ほご【反故】 쓸모없는 것. ▸反故にする ①〔駄目にする〕못 쓰게 만들다. 쓸모없게 만들다. 原稿用紙を何枚も反故にする 원고지를 몇 장이나 버리다. ②〔取り消す〕파기하다. 취소하다. 中立条約を反故にする 중립 조약을 파기하다.

***ほご**【保護】(スル하) 보호(保護). ‖自国民を保護する 자국민을 보호하다. 森林を保護する 삼림을 보호하다. 迷子を保護している 미아를 맡고 있다. ♦**保護関税** 보호 관세. **保護者** 보호자. **保護色** 보호색. **保護貿易** 보호 무역.

ほご【補語】 보어(補語).

ぼご【母語】 모어(母語).

ほこう【歩行】(スル하) 보행(步行). ♦**歩行器** 보행기. **歩行者** 보행자.

ほこう【補講】(スル하) 보강(補講).

ぼこう【母校】 모교(母校).

ぼこく【母国】 모국(母國). ♦**母国語** 모국어.

ほこさき【矛先】 ❶창(槍)끝. ❷(攻撃の) 방향(方向). ‖非難の矛先を向ける 비난의 화살을 돌리다.

ぼこぼこ ❶보글보글. ‖ぼこぼこ(と)水が湧き出る 물이 보글보글 솟아나다. ❷〔でこぼこしている〕‖底がぼこぼこな鍋 바닥이 우둘투둘한 냄비. ぼこぼこにす

る 두들겨 패다.
ほこらしい【誇らしい】 자랑스럽다. ‖入選して誇らしい気持ちになる 입선을 해서 자랑스러운 기분이 되다. 受賞を誇らしく思う 수상을 자랑스럽게 생각하다.
ほこり【埃】 먼지. ‖ほこりが立つ 먼지가 일다. たたけばほこりが出る本 때리면 먼지가 나는 책.
ほこり【誇り】 자랑; 긍지(矜持); 자긍심(自矜心). ‖誇りに思う 자랑으로 생각하다. 誇り高き人 긍지가 강한 사람.
ほこりっぽい【埃っぽい】 먼지가 많다. ‖ほこりっぽい部屋 먼지가 많은 방.
ほこる【誇る】 자랑하다; 뽐내다; 자만(自慢)하다. ‖才を誇る 재능을 뽐내다.
ほころび【綻び】 (縫い合わせなどが)터짐. ‖ほころびを繕う 터진 자리를 깁다.
ほころびる【綻びる】 ❶(縫い合わせなどが)터지다. ‖袖つけがほころびる 소매 이음 부분이 터지다. ❷(つぼみが)벌어지다. ❸(表情が)부드러워지다; 웃음을 띠다. ‖口元がほころびる 입가에 웃음을 띠다.
ほころぶ【綻ぶ】 ❶(つぼみが)벌어지다. ❷(表情が)부드러워지다; 웃음을 띠다.
ほさ【補佐】 (호하) 보좌(補佐). ‖補佐役 보좌역.
ぼさつ【菩薩】 보살(菩薩).
ぼさっと ‖ぼさっとしていないで早く仕事にかかれ 멍청하게 있지 말고 빨리 일해라.
ぼさぼさ ‖ぼさぼさの髪 부스스한 머리.
*__ほし__【星】 ❶별. ‖夜空に星がまたたく 밤하늘에 별이 빛나다. 星の数ほどある 별처럼 많이 있다. ❷작은 점(點); 별 모양(模樣)의 기호(記號)(☆). ❸(相撲で)승패(勝敗)를 나타내는 흑백(黑白)의 동그라미. ‖星を落とす 시합에서 지다. ❹범인(犯人). ‖星を挙げる 범인을 검거하다. ❺운명(運命); 운세(運勢). ‖星回り 운세. 星占い 점성술(占星術). 幸せな星の下に生まれる 행운을 타고나다. ❻〔花形〕‖文学界の星 문학계의 별.
ぼし【母子】 모자(母子). ♦母子家庭 모자 가정. 母子手帳 모자 건강 수첩.
ほしい【欲しい】 ❶(갖)고 싶다. ‖新しい洋服がほしい 새 옷이 갖고 싶다. ❷…해 주었으면 좋겠다; …해 주기 바란다. ‖はっきり言ってほしい 확실히 말해 주기 바란다.
ほしがき【干し柿】 곶감.
ほしがる【欲しがる】 (갖)고 싶어하다. ‖甘い物をほしがる 단것을 먹고 싶어하다.
ほしくさ【干し草】 건초(乾草); 마른풀.
ほしくず【星屑】 밤하늘의 많은 별.
ほじくる【穿る】 ❶후비다. ❷집요(執拗)하게 캐다; 들추다. ‖過去の事をほじくる 과거 일을 들추다.
ほしぞら【星空】 별이 총총한 밤 하늘.
ほしつ【保湿】 보습(保濕). ‖保湿クリーム 보습 크림.
ほしぶどう【干し葡萄】 건포도(乾葡萄).
ほしもの【干し物】 볕에 말림 또는 말린 것; 〔洗濯物〕빨래. ‖干し物をする 빨래를 말리다.
ほしゃく【保釈】 (호하) 보석(保釋). ♦保釈金 보석금.
ほしゅ【保守】 보수(保守). ‖保守点検 보수 점검. 彼の考えは保守的だ 그 사람 생각은 보수적이다.
ほしゅ【捕手】 (野球で)포수(捕手).
ほしゅう【補修】 (호하) 보수(補修). ‖堤防の補修工事 제방 보수 공사.
ほしゅう【補習】 보충 수업(補充授業). ‖補習を受ける 보충 수업을 받다.
ほじゅう【補充】 (호하) 보충(補充). ‖人員を補充する 인원을 보충하다.
*__ぼしゅう__【募集】 (호하) 모집(募集). ‖生徒を募集する 학생을 모집하다. ♦募集広告 모집 광고. 募集人員 모집 인원.
ほじょ【補助】 보조(補助). ‖補助を受ける 보조를 받다. ♦補助金 보조금.
ぼしょ【墓所】 묘지(墓地).
ほしょう【歩哨】 보초(歩哨).
*__ほしょう__【保証】 (호하) 보증(保證). ‖利益を保証する 이익을 보증하다. 彼が生きているという保証は何もない 그 사람이 살아 있다는 보증은 아무것도 없다. ♦保証期間 보증 기간. 保証金 보증금. 保証書 보증서. 保証人 보증인.
ほしょう【保障】 (호하) 보장(保障). ‖安全を保障する 안전을 보장하다. ♦社会保障 사회 보장.
ほしょう【補償】 (호하) 보상(補償). ‖補償を要求する 보상을 요구하다.
ほしょく【補色】 보색(補色).
ほす【干す】 ❶널다; 말리다. ‖洗濯物を干す 빨래를 말리다. ❷비우다. ‖杯を干す 잔을 비우다. ❸〔食事を与えない〕굶기다. ‖1日干す 하루 종일 굶기다. ❹〔仕事を与えない〕일을 주지 않다. ‖半年ほど干されている 반 년 정도 일을 못 받고 있다.
ボス【boss】 보스. ‖暗黒街のボス 암흑가의 보스.
ポスター【poster】 포스터.
ホステス【hostess】 호스티스.
ホスト【host】 호스트. ♦ホストコンピューター 호스트 컴퓨터. ホストファミリー 호스트 패밀리.
ポスト【post】 ❶우체통(郵遞筒); 우편함(郵便函). ❷지위(地位); 부서(部

ほ

署). ‖重要なポストにつく 중요한 지위에 앉다. ❸(サッカーなどで)골포스트.

ボスニア-ヘルツェゴビナ【Bosnia-Herzegovina】《国名》 보스니아헤르체고비나.

ほせい【補正】 ㉠하 보정(補正). ‖観測値を補正する 관측치를 보정하다. ♦補正予算 추가 경정 예산.

ぼせい【母性】 모성(母性). ♦母性愛 모성애. 母性本能 모성 본능.

ぼせき【墓石】 묘석(墓石); 묘비(墓碑).

***ほそい**【細い】 ❶가늘다; 좁다. ‖細い目 가는 눈. 細い糸 가는 실. 細いズボン 통이 좁은 바지. 道が急に細くなった 길이 갑자기 좁아졌다. ❷작다. ‖蚊の鳴くような細い声 모깃소리 같은 작은 목소리. ❸〔やせている〕마르다. ‖細い体 마른 몸. ❹짧다. ‖食が細い 입이 짧다.

ほそう【舗装】 ㉠하 포장(鋪裝). ‖道路を舗装する 도로를 포장하다. ♦舗装工事 포장 공사. 舗装道路 포장도로.

ほそく【補足】 ㉠하 보충(補充). ‖説明を補足する 설명을 보충하다.

ぼそっと ❶〔ぼんやりしている〕‖ぼそっと立っている 멍하니 서 있다. ❷〔小声で言葉少なに話す〕‖ぼそっとつぶやく 뭐라고 중얼거리다.

ほそながい【細長い】 가늘고 길다. ‖細長い棒 가늘고 긴 막대기. 細長い指 가늘고 긴 손가락.

ほそぼそ【細細】 ❶〔細い様子〕‖細々(と)続く小道 끊어질 듯 이어지는 좁은길. ❷〔辛うじて〕‖細々(と)暮らす 근근이 살아가다.

ぼそぼそ ❶〔低く小さな声で〕‖ぼそぼそ(と)話す 나지막한 목소리로 말하다. ❷〔水気がない〕‖ぼそぼそ(と)したパン 퍼석퍼석한 빵.

ほそめる【細める】 좁게 하다; 가늘게 하다. ‖目を細めて喜ぶ 눈을 가늘게 뜨고 좋아하다.

ほそる【細る】 ❶가늘어지다. ‖ろうそくが細る 촛불이 가늘어지다. ❷약해지다; 졸아들다; 마르다; 짧아지다. ‖気力が細る 기력이 약해지다. 身が細る思い 몸이 졸아드는 듯한 느낌. 食が細る 입이 짧아지다.

ほぞん【保存】 ㉠하 보존(保存). ‖史跡を保存する 사적을 보존하다. 塩に漬けて保存する 소금에 절여 보존하다.

ポタージュ【potage フ】 포타주.

ぼたい【母体】 모체(母體).

ぼたい【母胎】 모태(母胎).

ボダイジュ【菩提樹】 보리수(菩提樹).

ほだされる【絆される】 (情に)얽매이다; 끌리다. ‖情にほだされて金を貸してやった 정에 끌려 돈을 빌려 주었다.

ホタテガイ【帆立貝】 가리비.

ぽたぽた ‖ぽたぽた(と)天井から雨漏りがする 천장에서 빗물이 뚝뚝 떨어지다.

ぼたもち【牡丹餅】 (説明)찹쌀과 멥쌀로 만든 떡에 팥소 등을 뿌린 것.

ホタル【蛍】 개똥벌레; 반디.

ボタン【牡丹】 모란(牡丹).

ボタン【botão ポ】 ❶단추. ‖ボタンをかける 단추를 채우다. ボタンホール 단춧구멍. ❷〔スイッチボタン〕스위치. ‖呼び鈴のボタンを押す 초인종을 누르다.

ぼたんゆき【牡丹雪】 함박눈.

ぼち【墓地】 묘지(墓地). ♦共同墓地 공동묘지.

ぼちぼち 슬슬. ‖ぼちぼち始めようか 슬슬 시작할까?

ぼちゃぼちゃ ❶첨벙첨벙. ‖川岸でぼちゃぼちゃ(と)水遊びをする 강가에서 첨벙첨벙 물놀이를 하다. ❷〔ふっくらとした様子〕‖色白のぼちゃぼちゃ(と)した女性 피부가 하얗고 포동포동한 여자.

ほちょう【歩調】 보조(步調); 발걸음. ‖歩調を合わせる 보조를 맞추다. 歩調を速める 발걸음을 빨리 하다.

ほちょうき【補聴器】 보청기(補聽器).

ぼつ【没】 ❶죽음. ‖1900 年没 천구백년 몰. ❷(原稿などを)채용(採用)하지 않음. ‖没にする 채용하지 않다.

ぽつ〔点〕작은 점(點).

ぼっか【牧歌】 목가(牧歌). ‖牧歌的な風景 목가적인 풍경.

ぽっかり ❶〔軽く浮かんでいる〕두둥실. ‖ぽっかり(と)浮かんだ白い雲 두둥실 떠 있는 흰 구름. ❷〔大きな穴があいている〕뻥. ‖道路に大きな穴がぽっかり(と)あいている 도로에 큰 구멍이 뻥 뚫려 있다. ❸〔口を大きくあける〕쫙. ‖口をぽっかりあけている 입을 쫙 벌리고 있다.

ほっき【発起】 ㉠하 발기(發起). ♦発起人 발기인.

ほつぎ【発議】 ㉠하 발의(發議). ‖条約改正を発議する 조약 개정을 발의하다.

ぼっき【勃起】 ㉠하 발기(勃起).

ほっきょく【北極】 북극(北極). ♦北極熊 북극곰. 흰곰. 北極圏 북극권.

ぽっきり ❶뚝; 툭. ‖杖がぽっきり(と)折れた 지팡이가 뚝 하고 부러졌다. ❷〔それだけ〕겨우 …뿐임. ‖持っていたのは千円ぽっきりだった 가진 돈은 겨우 천엔뿐이었다.

ホック【hook】 호크.

ぽっくり 덜컥. ‖ぽっくり逝く 덜컥 죽다.

ホッケー【hockey】 하키.

ぼつこうしょう【没交渉】 교섭(交涉)이 없음; 접촉(接觸)이 없음; 관계(關係)를 끊음. ‖世間と没交渉の生活を送る 세상과는 관계를 끊고 생활하다.

ほっこり ‖ほっこり(と)した芋 따끈따끈한 고구마.

ほっさ【発作】 발작(發作). ‖発作を起こ

ほ

す 발작을 일으키다. 喘息(ぜん)の発作 천식 발작. ♦発作的 발작적. 충동적. 発作的な犯行 충동적인 범행.

ぼっしゅう【没収】 ⦅こ하⦆ 몰수(沒收). ‖財産を没収する 재산을 몰수하다.

ほっしん【発疹】 발진(發疹).

ぼっする【没する】 ❶(日が)지다; 잠기다; 묻히다; 가라앉다. ‖日はすでに西に没した 해는 벌써 서쪽으로 졌다. ❷〔消える〕사라지다; 감추다; 숨다. ‖男は人込みに姿を没した 남자는 인파 속으로 사라졌다. ❸〔死ぬ〕죽다.

ほっそく【発足】 ⦅こ하⦆ 발족(發足). ‖協議会は10月に発足する 협의회는 시월에 발족한다.

ほっそり ‖ほっそり(と)したしなやかな指 가늘고 부드러운 손가락.

ほったらかす 방치(放置)하다; 내버려 두다. ‖仕事をほったらかして遊ぶ 일을 내버려 두고 놀다.

ほったん【発端】 발단(發端). ‖物語の発端 이야기의 발단.

-ぽっち 겨우; 고작. ‖これっぽっちでは足りない 겨우 요거로는 부족하다. 千円ぽっちでは少なすぎる 고작 천 엔은 너무 적다.

ホッチキス【Hotchkiss】 호치키스.

ぽっちゃり ‖ぽっちゃり(と)した女の子 오동통한 여자 아이.

ぼっちゃん【坊ちゃん】 ❶〔敬称〕아드님. ‖坊ちゃんはおいくつですか 아드님은 몇 살입니까? ❷세상 물정(世上物情)을 모르는 남자(男子). ▸(お)坊ちゃん育ち 세상 물정을 모르고 자란 남자. ♦坊ちゃん刈り ⦅説明⦆ 남자(男子)아이의 머리 형태(形態).

ほっと ❶휴. ‖ほっとため息をつく 휴 하고 한숨을 쉬다. ❷〔安心して緊張の解ける様子〕‖仕事を終えてほっとする 일을 끝내고 한숨 돌리다.

ぽっと ❶〔急に飛び出す〕‖ぽっと道路に飛び出す 갑자기 도로로 튀어나오다. ❷〔灯火がともる〕‖ぽっと灯りがつく 전등이 반짝 들어오다. ❸〔顔がほんのり赤くなる〕‖顔をぽっと赤らめる 얼굴을 약간 붉히다.

ポット【pot】 포트. ♦コーヒーポット 커피포트.

ぼっとう【没頭】 ⦅こ하⦆ 몰두(沒頭). ‖研究に没頭する 연구에 몰두하다.

ホットケーキ【hot cake】 핫케이크.

ぽっとで【ぽっと出】 갓 상경(上京)한 촌뜨기.

ホットドッグ【hot dog】 핫도그.

ホットニュース【hot news】 핫뉴스; 최신(最新) 뉴스.

ホットライン【hot line】 핫라인.

ホップ【hop オ】 홉.

ポップ【pop】 ❶대중적(大衆的). ❷〔音楽〕팝 뮤직.

ポップコーン【popcorn】 팝콘.

ほっぺた【頬っ辺】 볼; 뺨. ▸ほっぺたが落ちる 매우 맛있다.

ぽっぽ ❶모락모락. ‖頭からぽっぽと湯気を立てている 머리에서 김이 모락모락 나고 있다. ❷〔火の燃える様子〕활활. ‖ストーブの火がぽっぽと燃える 스토브의 불이 활활 타다. ❸〔体が暖まる〕따끈따끈. ‖湯上りは体がぽっぽとする 목욕하고 나면 몸이 따끈따끈하다. ❹〔汽車の音〕(칙칙)폭폭.

ほっぽう【北方】 북방(北方).

ぼつぼつ ❶〔そろそろ〕‖ではぼつぼつ出かけようか 그럼 슬슬 나가 볼까? ❷〔てんてんと〕‖にきびが顔中にぼつぼつできる 여드름이 얼굴 여기저기에 나다.

ぽつぽつ ❶〔物事が少しずつ行なわれていく〕‖ぽつぽつ(と)売れ出す 조금씩 팔리기 시작하다. ❷〔雨などが少しずつ落ちてくる〕‖雨がぽつぽつ(と)降り始める 비가 뚝뚝 떨어지기 시작하다. ❸〔点在する〕‖タンポポがぽつぽつ(と)咲いている 민들레가 여기저기 피어 있다.

ぼつらく【没落】 ⦅こ하⦆ 몰락(沒落). ‖貴族階級が没落する 귀족 계급이 몰락하다.

ぽつり ❶〔水滴などが落ちる様子〕‖ぽつりとしずくが落ちてきた 물방울이 뚝 떨어졌다. ❷〔点や小さな穴のできる様子〕‖ぽつりと穴があく 구멍이 뻥 뚫리다. ❸〔一つだけ離れてある〕우두커니. ‖ぽつりと1人座っている 우두커니 혼자 앉아 있다. ❹〔言葉少なに話す〕불쑥. ‖ぽつりと一言つぶやいた 불쑥 한마디 중얼거렸다.

ぽつりぽつり ‖ぽつりぽつり(と)人が集まってくる 사람들이 하나 둘 모여들다.

ほつれ【解れ】 흐트러짐; 풀림. ♦ほつれ毛 흐트러진 머리.

ほつれる【解れる】 해지다; 풀리다. ‖袖口がほつれる 소매 끝이 해지다.

ボツワナ【Botswana】 ⦅国名⦆ 보츠와나.

ボディー【body】 보디 ♦ボディーガード 보디가드. ボディーチェック ①몸수색. ②(アイスホッケーの)보디체크. ボディービル(ディング) 보디빌딩. ボディーライン 몸매의 곡선. ボディーランゲージ 보디랭귀지.

ポテトチップ(ス)【potato chips】 포테이토칩.

ほてる【火照る】 (顔・体が)화끈거리다. ‖顔が火照る 얼굴이 화끈거리다.

ホテル【hotel】 호텔. ‖どこのホテルにお泊りですか 어디 호텔에 묵으십니까? ロッテホテルで2泊した 롯데 호텔에서 이 박했다[두 밤 잤다].

ほてん【補塡】 ⦅こ하⦆ 보전(補塡). ‖赤字を補塡する 적자를 보전하다.

*__ほど【程】__ ❶정도(程度); 만큼. ‖私は彼

ほどピアノがうまくない 나는 그녀만큼 피아노를 잘 치지 못한다. 今日は昨日ほど暑くない 오늘은 어제만큼 덥지 않다. 彼女は眠れないほど興奮していた 그녀는 잠을 못 잘 정도로 흥분해 있었다. 500万円ほど 오백만 엔 정도. 20名ほどの応募があった 이십 명 정도의 응모가 있었다. ❷분수(分數). ‖身のほどを弁(わきま)えない 분수를 모르다. ❸정세(情勢); 모양(模樣). ‖真偽のほどを確かめる 진위 여부를 확인하다. ❹(時間·空間の)사이; 쯤. ‖このほどは大変お世話になりました 지난번에는 정말 신세 많이 졌습니다. ❺〔…にもほどがあるの形で〕…에도 한도가 있다. ‖甘えるにもほどがある 어리광부리는 데도 한도가 있다.

ほどう【歩道】보도(步道). ‖歩道を歩く 보도를 걷다. ♦横断歩道 횡단보도. 歩道橋 육교.

ほどう【補導】㊂㊁보도(輔導). ‖家出少年を補導する 가출 소년을 보도하다.

ほどく【解く】풀다. ‖小包をほどく 소포를 풀다. 縄をほどく 밧줄을 풀다.

ほとけ【仏】❶부처; 불상(佛像). ❷〔死者〕죽은 사람. ❸자비심(慈悲心)이 많은 사람.

ほどける【解ける】풀어지다. ‖結び目がほどける 매듭이 풀어지다.

ほどこす【施す】❶베풀다. ‖恩恵を施す 은혜를 베풀다. 情を施す 온정을 베풀다. ❷행하다; 하다. ‖手術を施す 수술을 하다. 手の施しようがない 손을 쓸 도리가 없다. ❸(装飾·加工などを)하다. ‖防水加工を施した布 방수 가공을 한 원단.

ほどちかい【程近い】(距離·期間が)가깝다; 그리 멀지 않다. ‖駅から程近い所に新居を構える 역에서 그리 멀지 않은 곳에 새 보금자리를 마련하다.

ほどとおい【程遠い】(距離·期間が)멀다. ‖完成までには程遠い 완성되기까지는 아직 멀었다.

ほどなく【程無く】곧; 금방(今方); 머지않아. ‖ほどなくして戻ってきた 금방 돌아왔다.

ほとばしる【迸る】세차게 내뿜다. ‖鮮血がほとばしる 선혈을 내뿜다.

ほとほと【殆】정말; 아주; 몹시; 무척. ‖ほとほと困り果てる 정말 *난감하다. ほとほと愛想がつきた* 정말 정나미가 떨어졌다.

ほどほど【程程】적당(適當)하; 정도(程度)껏. ‖何事もほどほどが大事だ 무슨 일이든지 정도껏 하는 것이 중요하다.

ほとぼり【熱り】❶열기(熱氣). ‖感激のほとぼり 감격의 열기. ❷(事件などに対する)사람들의 관심(關心). ‖ほとぼりが冷めるまで姿を隠す 사람들의 관심이 식을 때까지 모습을 감추다.

ボトムアップ【bottom up】《経》보텀업.

ほどよい【程好い】적당(適當)하다. ‖ほどよい温度 적당한 온도.

ほとり【辺】가; 옆; 부근(附近). ‖川のほとり 강가. 湖のほとり 호숫가.

ぽとり 뚝. ‖ドングリの実がぽとりと地面に落ちる 도토리가 땅에 뚝 떨어지다.

ボトル【bottle】병(瓶).

***ほとんど**【殆ど】거의; 대부분(大部分). ‖ほとんど終わりました 거의 끝났습니다. それはほとんど不可能だ 그것은 거의 불가능하다. 会員のほとんどが賛成だ 회원 대부분이 찬성하다.

ぼにゅう【母乳】모유(母乳).

ほにゅうどうぶつ【哺乳動物】포유 동물(哺乳動物).

ほにゅうびん【哺乳瓶】젖병.

ほにゅうるい【哺乳類】포유류(哺乳類).

***ほね**【骨】❶뼈. ‖骨が太い 뼈가 굵다. 骨が折れる 뼈가 부러지다. ❷〔芯〕틀이 되는 재료(材料). ‖傘の骨 우산대. ❸핵심(核心); 중심(中心). ‖骨になる人がいない 중심이 될 사람이 없다. ❹기골(氣骨). ▸骨が折れる 고생을 하다. ▸骨と皮になる 피골이 상접하다. ▸骨の髄までしゃぶる 철저하게 이용하다. ▸骨を埋める ①거기서 죽다. ②한 가지 일에 평생을 바치다. ▸骨を折る 애쓰다. 전력을 다하다.

ほねおしみ【骨惜しみ】‖骨惜しみする 꾀를 부리다. 게으름을 피우다.

ほねおり【骨折り】열심(熱心)히 일함; 고생(苦生)함. ▸骨折り損のくたびれ儲け 헛수고만 함.

ほねおる【骨折る】애쓰다; 전력(全力)을 다하다. ‖教え子の就職に骨折る 제자의 취직에 애쓰다.

ほねぐみ【骨組(み)】골격(骨格); 골자(骨子); 뼈대. ‖建物の骨組み 건물의 뼈대. 計画の骨組み 계획의 골자.

ほねつぎ【骨接ぎ】접골(接骨).

ほねっぽい【骨っぽい】❶가시가 많다. ‖骨っぽい魚 가시가 많은 생선. ❷신념(信念)이 있다; 기골(氣骨)이 있다. ‖骨っぽいところのある男 기골이 있는 남자.

ほねぬき【*骨抜き*】❶〔信念などをなくさせる〕신념(信念)이나 주장(主張) 등을 없앰. ❷〔内容がない〕알맹이를 없앰. ‖法案は骨抜きにされた 법안은 골자가 빠져 버렸다.

ほねぶと【骨太】ダ ❶뼈가 굵다. ‖骨太な指 굵은 손가락. ❷〔しっかりした〕신념(信念)·주장(主張)이 있다.

ほねみ【骨身】몸. ▸骨身にこたえる 뼛골에 사무치다.〔慣〕寒さが骨身にこたえる 추위가 뼛속까지 사무치다. ▸骨身を

惜しまず 고생을 마다 않고.

ほねやすめ【骨休め】 ‖骨休めする 쉬다. 骨休めに温泉に行く 쉬러 온천에 가다.

ほのお【炎】 불꽃; 불길. ‖炎に包まれる 불길에 휩싸이다.

ほのか【仄か】ダ 흐릿하다; 희미(稀微)하다; 어렴풋하다. ‖ほのかな光 희미한 불빛.

ほのぼの【仄仄】 ❶〔ほのかに明るい〕‖ほのぼのと夜が明ける 어슴푸레하게 날이 새다. ❷〔心があたたまる〕‖ほのぼの(と)した友情 따뜻한 우정.

ほのめかす【仄めかす】 넌지시 비추다; 풍기다. ‖引退をほのめかす 은퇴 의사를 비추다.

ほはば【歩幅】 보폭(步幅).

ぼはん【母斑】 모반(母斑).

ぼひ【墓碑】 묘비(墓碑). ♦墓碑銘 묘비명.

ポピー【poppy】 양귀비(楊貴妃).

ポプラ【poplar】 포플러.

ほぼ【略】 거의; 대체(大體)로; 대충. ‖ほぼ読み終わった 거의 다 읽었다. 大学まではほぼ 10 キロだ 대학교까지는 거의 십 킬로이다.

ほぼ【保母】 보모(保姆).

ほほえましい【微笑ましい】 흐뭇하다. ‖微笑ましい光景 흐뭇한 광경.

ほほえむ【微笑む】 미소(微笑) 짓다. ‖かすかに微笑む 살짝 미소 짓다.

ほまれ【誉れ】 명예(名譽); 자랑. ‖彼はわが校の誉れだ 그 사람은 우리 학교의 자랑이다.

ほめそやす【褒めそやす】 격찬(激讚)하다; 칭찬(稱讚)하다. ‖口々にほめそやす 입을 모아 칭찬하다.

ほめちぎる【褒めちぎる】 절찬(絶讚)하다. ‖最高の演奏だとほめちぎる 최고의 연주라고 절찬하다.

***ほめる【褒める】** 칭찬(稱讚)하다. ‖彼の勇気を皆がほめた 그 사람의 용기를 다들 칭찬했다. よく頑張ったとほめられる 열심히 했다고 칭찬받다.

ホモ【←homosexual】 호모; 게이.

ホヤ【海鞘】 멍게; 우렁쉥이.

ぼや【小火】 작은 화재(火災).

ぼやかす 얼버무리다. ‖返事をぼやかす 대답을 얼버무리다.

ぼやける 흐릿해지다; 흐려지다; 멍해지다. ‖ものがぼやけて見える 사물이 흐릿하게 보이다. 論点がぼやける 논점이 흐려지다.

ほやほや ❶〔できたばかり〕‖できたてほやほやのパン 갓 만들어 따끈따끈한 빵. ❷〔間もない〕막 …한; 갓 …한. ‖新婚ほやほやだ 갓 결혼한 신혼이다.

ぼやぼや 멍하니. ‖ぼやぼやするな, 早く行け 멍하게 있지 마. 빨리 가.

ほゆう【保有】 ㊟하 보유(保有). ♦核保有国 핵 보유국. 保有量 보유량.

ほよう【保養】 ㊟하 보양(保養). ‖目の保養をする 눈요기를 하다. ♦保養地 보양지.

ほら 자; 이봐. ‖ほら, 見てごらん 자, 이것 봐.

ほら【法螺】 허풍(虛風). ‖ほらを吹く 허풍을 치다.〔慣〕

ボラ【鯔】 숭어.

ホラー【horror】 공포(恐怖). ‖ホラー小説 공포 소설.

ほらあな【洞穴】 동굴(洞窟).

ホラガイ【法螺貝】 ❶《魚介類》소라고둥. ❷〔笛〕소라고둥 껍질로 만든 나팔(喇叭).

ほらふき【法螺吹き】 허풍쟁이.

ポラロイドカメラ【←Polaroid Land Camera】 폴라로이드 카메라.

ボランティア【volunteer】 자원 봉사자(自願奉仕者). ‖ボランティア活動 봉사 활동.

ほり【彫り】 팜; 판 모양(板模樣). ‖彫りの深い顔 윤곽이 뚜렷한 얼굴.

ポリープ【polyp】 폴립.

ポリウレタン【Polyurethan ド】 폴리우레탄.

ポリエステル【polyester】 폴리에스테르.

ポリオ【polio】 소아마비(小兒痲痺).

ほりおこす【掘り起こす】 ❶ 일구다. ‖畑を掘り起こす 밭을 일구다. ❷ 파내다. ‖木の根を掘り起こす 나무뿌리를 파내다. ❸ 발굴(發掘)하다. ‖人材を掘り起こす 인재를 발굴하다.

ほりさげる【掘り下げる】 깊이 파다; 깊이 생각하다. ‖掘り下げて考える 깊이 파고 들어 생각하다.

ほりだしもの【掘り出し物】 우연(偶然)히 입수(入手)한 진귀(珍貴)한 물건; 싸게 산 물건. ‖骨董屋で掘り出し物を見つける 골동품 가게에서 우연히 진귀한 물건을 찾아내다.

ほりだす【掘り出す】 ❶ 파내다. ‖石を掘り出す 돌을 파내다. ❷ (偶然に)귀중(貴重)한 물건을 입수(入手)하다; 싸게 사다. ‖古本屋で珍本を掘り出す 헌 책방에서 귀한 책을 입수하다.

ポリタンク【poly+tank 日】 폴리에틸렌 용기(容器).

ボリビア【Bolivia】《国名》볼리비아.

ポリぶくろ【ポリ袋】 폴리에틸렌으로 만든 얇은 봉지.

ぼりぼり ❶〔かみ砕く音〕‖ぼりぼり(と)せんべいを食べる 오도독거리며 과자를 먹다. ❷〔つめで皮膚などをひっかく音〕북북.

ぽりぽり 오도독오도독. ‖炒り豆をぽりぽり(と)食べる 볶은 콩을 오도독오도독 씹어 먹다.

ほりもの【彫り物】 ❶ 조각품(彫刻品).

❷〔入れ墨〕문신(文身).

ほりゅう【保留】 ㉦하 보류(保留). ‖態度を保留する 태도를 보류하다. 結論は次の会議まで保留にしよう 결론은 다음 회의 때까지 보류하자.

ボリューム【volume】 ❶분량(分量); 양. ‖ボリュームのある料理 양이 많은 요리. ❷음량(音量). ‖すごいボリュームでラジオをかける 엄청난 볼륨으로 라디오를 틀다.

ほりょ【捕虜】 포로(捕虜). ‖捕虜になる 포로가 되다.

ほる【彫る】 ❶조각(彫刻)하다. ‖仏像を彫る 불상을 조각하다. ❷(入れ墨を)새기다.

***ほる【掘る】** ❶파다. ‖穴を掘る 구멍을 파다. 井戸を掘る 우물을 파다. 庭を掘る 정원을 파다. ❷캐다. ‖ジャガイモを掘る 감자를 캐다.

ぼる 폭리(暴利)를 취하다; 바가지를 씌우다. ‖海外でぼられる 해외에서 바가지를 쓰다.

ボルト【volt】 …볼트.

ボルト【bolt】 볼트. ‖ボルトを締める 볼트를 죄다.

ポルトガル【Portugal】 《国名》 포르투갈.

ホルモン【Hormon ド】 호르몬.

ホルン【Horn ド】 호른.

ほれこむ【惚れ込む】 홀딱 반하다; 푹 빠지다. ‖彼の人柄に惚れ込んだ 그 사람의 사람됨에 홀딱 반했다.

ほれぼれ【惚れ惚れ】 ‖ほれぼれするような声で歌う 반할 정도로 매력적인 목소리로 노래하다.

ほれる【惚れる】 반하다. ‖一目惚れする 첫눈에 반하다. 聞き惚れる 넋을 놓고 듣고 있다.

ボレロ【bolero ス】 ❶(舞曲の)볼레로. ❷〔上着〕여성용 상의(女性用上衣).

ぼろ【襤褸】 ❶누더기. ‖ぼろをまとう 누더기를 걸치다. ❷결점(缺點); 약점(弱點). ‖あまりしゃべるとぼろが出る 너무 떠들면 약점이 드러난다. ❸오래된 것; 낡은 것; 고물(古物). ‖ぼろの自転車 고물 자전거.

ポロ【polo】 폴로.

ほろにがい【ほろ苦い】 씁쓸하다. ‖ほろ苦い思い出 씁쓸한 추억.

ポロネーズ【polonaise フ】 폴로네즈.

ほろびる【滅びる】 멸망(滅亡)하다; 망하다; (一族が)끊어지다. ‖国が滅びる 나라가 망하다.

ほろぼす【滅ぼす】 멸망(滅亡)시키다; 망치다. ‖身を滅ぼす 신세를 망치다.

ぼろぼろ ❶〔涙などがこぼれ落ちる〕‖ぼろぼろ(と)涙を流す 눈물을 줄줄 흘리다. ❷〔水分や粘りけがない〕 ‖ぼろぼろ(と)したご飯 퍼석퍼석한 밥. ❸〔事実やうそなどが露見する〕‖過去の悪事がぼろぼろ(と)明るみに出る 과거에 나쁜 짓을 한 것들이 이것저것 드러나다. ❹(ものが)상당(相當)히 낡고 해진 모양(模樣). ‖ぼろぼろの洋服 너덜너덜한 양복. ❺(心身が)몹시 지쳐 있는 모양. ‖身も心もぼろぼろになる 심신이 만신창이가 되다.

ぽろぽろ 주르르. ‖涙がぽろぽろ(と)頬を伝う 눈물이 주르르 흘러내리다.

ぼろもうけ【ぼろ儲け】 ‖ぼろ儲けする 왕창 벌다.

ほろよい【ほろ酔い】 조금 취(醉)함.

ほろり ‖観客をほろりとさせる感動的なシーン 관객들의 눈시울을 적시게 하는 감동적인 장면.

ぽろり ❶뚝; 찔끔. ‖涙がぽろりと落ちる 눈물이 뚝 떨어지다. ❷쑥; 툭. ‖歯がぽろりと抜ける 이가 쑥 빠지다. ボールをぽろりと取り落とす 공을 툭 떨어뜨리다. ❸〔うっかりと〕‖ぽろりと本音を漏らす 무심결에 본심을 드러내다.

ホワイトカラー【white-collar】 화이트칼라.

ホワイトソース【white sauce】 화이트소스.

ホワイトデー【white+day 日】 화이트데이.

ホワイトボード【white board】 화이트보드.

ほん【本】 ❶책(冊). ‖本を読む 책을 읽다. 本を出す 책을 내다. 本を5冊注文する 책을 다섯 권 주문하다. 歴史の本 역사 책. 料理の本 요리 책. 釣りに関する本 낚시에 관한 책. ❷〔本…の形で〕본(本)…; 이…. ‖本事件 이 사건. ❸〔細長いものを数える単位〕…개(個). ‖棒が3本 막대기가 세 개. ❹〔映画の作品を数える単位〕…편(篇). ‖韓国映画3本 한국 영화 세 편. ❺〔勝負の回数を数える単位〕…판. ‖三本勝負 삼판 승부.

ぼん【盆】 쟁반(錚盤). ‖盆に載せて運ぶ 쟁반에 담아 나르다.

ほんい【本位】 본위(本位). ‖自分本位にものを考える 자기 본위로 사물을 생각하다. ♦本位貨幣 본위 화폐.

ほんい【本意】 본의(本意). ‖本意ではない 본의는 아니다.

ぼんおどり【盆踊り】 《説明》백중(百中) 날 밤에 많은 남녀(男女)들이 모여서 추는 윤무(輪舞).

ほんかく【本格】 본격(本格). ♦本格化 ㉦하 본격화. 本格的 본격적. 工事が本格的に始まる 공사가 본격적으로 시작되다. 本格派 본격파.

ほんかん【本館】 본관(本館).

ポンカン【椪柑】 귤(橘)의 일종(一種).

ほんき【本気】 진지(眞摯)한 마음; 본심(本心); 진심(眞心); 진짜; 제정신(精神). ‖本気で言う 진심으로 말하

ま

ま 음; 아. ‖ま, しょうがないか 음, 할 수 없지.

ま【真】 정말; 진실(眞實). ▸真に受ける 곧이 듣다. 정말로 받아들이다. ♦真心 진심.

*ま【間】 ❶〔空間〕사이; 틈; 간격(間隔). ‖一定の間を置いて木を植える 일정한 간격을 두고 나무를 심다. ❷〔時間〕시간(時間). ‖出発まで少し間がある 출발하기까지 조금 시간이 있다. この土地に来てまだ間がない 이곳에 온 지 얼마 되지 않았다. ❸…칸(짜리). ‖三間の家 세 칸짜리 집. ▸間が抜ける 얼이 빠지다. 間が抜けた顔 얼빠진 얼굴. ▸間が悪い 때가 안 좋다. 間が悪い時に客が来た 안 좋은 때 손님이 왔다.

ま【魔】 마(魔). ▸魔が差す 마가 끼다.

まあ ❶대체(大體)로; 그런대로. ‖まあ, いいんじゃない 그런대로 괜찮지 않아? ❷자; 아무튼; 그럼. ‖まあ, 今日はやめておこう 그럼 오늘은 그만두자.

まあい【間合い】 타이밍. ‖タイミングを図る 타이밍을 맞추다.

マーカー【marker】 마카.

マーガリン【margarine】 마가린.

マーク【mark】 (名하) 마크. ‖ライバルをマークする 라이벌을 마크하다. 新記録をマークする 신기록을 마크하다.

マークシート【mark+sheet 日】 마크시트.

マーケット【market】 마켓; 시장(市場). ‖新しいマーケットを開拓する 새로운 시장을 개척하다.

マーケティング【marketing】 마케팅. ♦マーケティングリサーチ 마케팅 리서치. 시장 조사.

マージャン【麻雀】 마작(麻雀).

マージン【margin】 마진.

まあたらしい【真新しい】 전(全)혀 새롭다. ‖真新しい携帯電話 새로운 핸드폰.

マーボーどうふ【麻婆豆腐】 마파두부(麻婆豆腐).

まあまあ 그럭저럭; 그런대로. ‖成績はまあまあだ 성적은 그저 그렇다.

マーマレード【marmalade】 마멀레이드.

まい-【毎】 매(每)…; …마다. ♦毎朝 아침마다. 매일 아침. 毎年 매년.

-まい【枚】 …매(枚); …장(張). ‖紙1枚 종이 한 장.

まいあがる【舞い上がる】 ❶날아오르다. ‖砂塵が舞い上がる 모래 먼지가 날아오르다. ❷들뜨다. ‖春のさわやかな風に心が舞い上がる 산뜻한 봄바람에 마음이 들뜨다.

まいあさ【毎朝】 매일(每日) 아침. ‖毎朝体操をする 매일 아침 체조를 하다.

マイカー【my+car 日】 자가용; 자가용차(自家用車).

まいかい【毎回】 매회(每回); 매번(每番). ‖毎回出席している授業 매번 출석하고 있는 수업.

まいきょ【枚挙】 ‖枚挙する 하나하나 열거하다. ▸枚挙に遑(いとま)がない 많아서 일일이 셀 수가 없다.

マイク【mike】 마이크.

マイクロ【micro】 마이크로. ♦マイクロフィルム 마이크로필름.

まいげつ【毎月】 매달; 매월(每月).

まいご【迷子】 미아(迷兒); 길을 잃음. ‖迷子の子猫 길 잃은 새끼 고양이.

まいこむ【舞い込む】 ❶날아들다. ‖落ち葉が窓から舞い込む 창문으로 낙엽이 날아들다. ❷(思いがけないことが)일어나다. ‖吉報が舞い込む 길보가 날아들다.

まいじ【毎時】 매시(每時).

まいしゅう【毎週】 매주(每週).

まいしょく【毎食】 매끼; 식사(食事) 때마다.

まいしん【邁進】 (名하) 매진(邁進).

まいすう【枚数】 매수(枚數); 장수(張數).

まいせつ【埋設】 (名하) 매설(埋設).

まいそう【埋葬】 (名하) 매장(埋葬).

まいぞう【埋蔵】 (名하) 매장(埋藏). ‖原油の埋蔵量 원유의 매장량.

マイタケ【舞茸】 (説明) 식용(食用) 버섯의 일종(一種).

まいつき【毎月】 매달; 매월(每月).

まいど【毎度】 매번(每番).

まいとし【毎年】 매년(每年); 해마다.

マイナー【minor】 마이너.

マイナス【minus】 마이너스. ♦マイナスイオン 마이너스 이온.

まいにち【毎日】 매일(每日); 날마다. ‖毎日のように顔を合わせる 매일 같이 얼굴을 마주하다.

マイノリティ【minority】 소수; 소수파(少數派).

まいばん【毎晩】 매일(每日) 밤.

マイペース【my+pace 日】 자기(自己) 나름의 방식(方式).

マイホーム【my+home 日】 내 집. ‖夢のマイホームを買う 꿈에 그리던 내 집을 사다.

まいぼつ【埋没】 (名되) 매몰(埋沒).

まいもどる【舞い戻る】 서둘러 되돌아오다.

*まいる【参る】 ❶오다; 가다. ‖すぐそちらへ参ります 바로 그쪽으로 가겠습니다. ❷참배(參拜)하다. ‖祖先の墓前に参る 성묘를 하다. ❸항복(降伏)하다. ‖うん, 参った 음, 졌다. ❹곤란(困難)하다; 〔あきれる〕질리다; 난처(難處)

하다; 난감(難堪)하다 ‖参ったな, この渋滞には 이 교통 체증에는 질렸다. コンピューターが使えなくなって参った 컴퓨터를 못 쓰게 되어서 난감하다.

マイル【mile】…마일.

マイレージ【milage】마일리지.

まう【舞う】❶춤을 추다. ❷(宙に)떠다니다; 날리다. ‖雪が舞う 눈발이 날리다.

まうえ【真上】바로 위. ‖真上から見下ろす 바로 위에서 내려다보다.

マウス【mouse】(IT) 마우스.

マウンド【mound】마운드.

***まえ**【前】❶〔方向〕앞; 앞쪽. ‖前を見て歩く 앞을 보고 걷다. 一番前の席に座る 맨 앞자리에 앉다. 家の前に空き地がある 집 앞에 공터가 있다. ❷〔時間〕전; 이전(以前). ‖30 分ほど前に電話があった 삼십 분 전쯤에 전화가 왔다. ❸전력(前歷); 전과(前科). ‖前がある 전과가 있다. ❹…분(分). ‖3 人前 삼 인분.

まえあき【前開き】앞섶. ‖前開きの服 앞섶이 트인 옷.

まえあし【前足·前脚】앞발; 앞다리.

まえうしろ【前後ろ】앞뒤.

まえうり【前売り】(②하) 예매(豫賣). ♦前売り券 예매권.

まえおき【前置き】서론(序論); 서두(序頭); 머리말. ‖前置きが長い 서론이 길다.

まえかがみ【前屈み】(上半身を)구부림. ‖前かがみになって歩く 구부리고 걷다.

まえがき【前書き】머리말.

まえがし【前貸し】(②하) 가불(假拂); 가지급(假支給).

まえがみ【前髪】앞머리.

まえがり【前借り】(②하) 가불(假拂). ‖給料を前借りする 월급을 가불하다.

まえきん【前金】선불(先拂). ‖前金を納める 선불을 내다.

まえだおし【前倒し】(予算·計画などを) 앞당겨 실시(實施)하는 것. ‖前倒しで発注する 앞당겨서 발주하다.

まえば【前歯】앞니. ‖前歯が欠ける 앞니가 빠지다.

まえばらい【前払い】(②하) 선불(先拂).

まえぶれ【前触れ】❶예고(豫告); 사전 연락(事前連絡). ‖彼は前触れもなくやってきた 그는 사전 연락도 없이 찾아왔다. ❷전조(前兆); 조짐(兆朕). ‖地震の前触れ 지진의 전조.

まえまえ【前前】이전(以前); 오래 전. ‖前々から気になっていた 오래 전부터 궁금했었다.

まえむき【前向き】ダ ❶정면(正面)을 향(向)하다; 앞을 향하다. ‖前向きに座る 앞을 보고 앉다. ❷적극적(積極的)이다; 전향적(前向的)이다. ‖前向きに検討する 적극적으로 검토하다.

まえもって【前以て】미리; 사전(事前)에. ‖伺う時は前もってご連絡いたします 찾아뵐 때는 미리 연락을 드리겠습니다.

まおう【魔王】마왕(魔王); 마귀(魔鬼).

まがいもの【紛い物】가(假)짜; 모조품(模造品); 위조품(僞造品).

まがお【真顔】정색(正色); 진지(眞摯)한 표정(表情). ‖彼は急に真顔になった 그는 갑자기 정색을 했다.

まがし【間貸し】‖間貸しする 세를 놓다.

マガジン【magazine】잡지(雜誌).

まかす【負かす】이기다. ‖1 点差で負かした 일 점 차로 이겼다.

***まかせる**【任せる】❶맡기다. ‖仕事を任せる 일을 맡기다. ❷충분(充分)히 이용(利用)하다. ‖暇に任せて本を読む 여가를 이용해 책을 읽다. ❸되는 대로 놓아두다; 맡기다. ‖成り行きに任せる 흐름에 맡기다.

まかなう【賄う】❶식사(食事)를 준비(準備)하다. ‖昼食をまかなう 점심을 준비하다. ❷변통(變通)하다; 마련하다. ‖生活費をまかなう 생활비를 마련하다. ❸조달(調達)하다; 감당(堪當)하다.

まかふしぎ【摩訶不思議】ダ 아무리 생각해도 이상(異常)하다.

まがり【間借り】‖間借りする 방을 빌리다.

まがりかど【曲がり角】❶길 모퉁이. ‖次の曲がり角を右に行ってください 다음 모퉁이를 오른쪽으로 도세요. ❷기로(岐路); 전환점(轉換點). ‖人生の曲がり角 인생의 기로.

まがりくねる【曲がりくねる】구불구불하다. ‖曲がりくねった道 구불구불한 길.

まかりとおる【罷り通る】당당(堂堂)하게 이루어지다; 통(通)하다. ‖不正がまかり通る時代 부정이 통하는 시대.

まがりなりにも【曲がり形にも】미흡(未洽)한 대로; 그런대로.

***まがる**【曲がる】❶휘다; 구부러지다. ‖腰が曲がる 허리가 구부러지다. ❷(方向を) 바꾸다; 돌다. ‖角を左に曲がる 모퉁이를 왼쪽으로 돌다. ❸기울다; 비뚤어지다. ‖ネクタイが曲がっている 넥타이가 비뚤어졌다.

マカロニ【macaroni イ】마카로니.

まき【巻】감음; 감은 것; 감은 상태(狀態). ‖巻きが強い 세게 감다.

まき【薪】장작(長斫). ‖薪割り 장작 패기.

まきあげる【巻き上げる】❶감아 올리다. ‖碇を巻き上げる 닻을 올리다. ❷탈취(奪取)하다; 갈취(喝取)하다. ‖金を巻き上げる 돈을 갈취하다.

まきえ【蒔絵】옻칠(漆) 공예(工藝).

まきおこす【巻き起こす】불러일으키다.

‖旋風を巻き起こす 선풍을 불러일으키다.

まきおこる【巻き起こる】 뜻하지 않은 일이 생기다. ‖ブームが巻き起こる 붐이 일다.

まきがい【巻き貝】 고둥.

まきかえす【巻き返す】 따라붙다; 반격(反擊)하다. ‖後半に巻き返す 후반에 따라붙다.

まきかえる【巻き替える】 새로 감다; 다시 감다; 새것으로 감다. ‖包帯を巻き替える 붕대를 새로 감다.

まきこむ【巻き込む】 ❶끌어들이다; 관여(關與)하게 하다. ‖私をトラブルに巻き込まないで 나를 트러블에 끌어들이지 마. ❷〔巻き込まれるの形で〕연루(連累)되다; 휘말리다. ‖事件に巻き込まれる 사건에 연루되다.

マキシマム【maximum】 맥시멈.

まきじゃく【巻き尺】 줄자.

まきぞえ【巻き添え】 ‖事故の巻き添えを食う 사고에 말려들다.

まきちらす【撒き散らす】 흩뿌리다; 퍼뜨리다. ‖うわさを撒き散らす 소문을 퍼뜨리다.

まきつく【巻き付く】 감다; 감겨 붙다. ‖朝顔が竿に巻き付いている 나팔꽃이 장대를 감고 있다.

まきつける【巻き付ける】 휘감다; 두르다. ‖首にマフラーを巻き付ける 목에 목도리를 두르다.

まきば【牧場】 목장(牧場).

まきもどす【巻き戻す】 되감다. ‖テープを巻き戻す 테이프를 되감다.

まきもの【巻き物】 (書画の)두루마리.

まぎらす【紛らす】 ❶혼란(混亂)스럽게 하다; 어지럽게 하다. ‖話を紛らす 이야기를 혼란스럽게 하다. ❷(退屈などを)달래다. ‖退屈を読書で紛らす 독서로 따분함을 달래다.

まぎらわしい【紛らわしい】 혼동(混同)하기 쉽다; 틀리기 쉽다; 애매(曖昧)하다. ‖警官と紛らわしい服装 경찰관과 혼동하기 쉬운 복장.

まぎれこむ【紛れ込む】 ❶섞여 들다. ‖書類がどこかへ紛れ込んだ 서류가 어딘가에 섞여 들었다. ❷(混乱に乗じて)끼어들다; 뒤섞이다. ‖人込みに紛れ込む 인파 속에 뒤섞이다.

まぎれもない【紛れもない】 명백(明白)하다; 틀림없다. ‖紛れもない事実 틀림없는 사실.

まぎれる【紛れる】 ❶뒤섞이다. ‖子どもが人込みに紛れる 아이가 인파에 뒤섞이다. ❷〔気を取られる〕정신(精神)이 팔리다. ‖忙しさに紛れて約束を忘れる 바빠서 약속을 잊다.

まぎわ【間際】 직전(直前). ‖締め切り間際 마감 직전.

まく【幕】 ❶막(幕); 휘장(揮帳). ‖幕が上がる 막이 오르다. ❷(演劇の)막. ▸幕が開く 시작되다. ▸幕を閉じる 막이 내리다. 끝나다.

まく【膜】 막(膜).

まく【巻く】 ❶감다. ‖腕に包帯を巻く 팔에 붕대를 감다. ❷말다. ‖卒業証書を巻いて筒に入れる 졸업장을 말아서 통에 넣다. ❸조이다; 감다. ‖時計のねじを巻く 시계 태엽을 감다.

まく【蒔く】 (種を)뿌리다.

まくあい【幕間】 막간(幕間).

まくあけ【幕開け】 개막(開幕). ‖新時代の幕開け 새로운 시대(時代)의 개막(開幕).

マグカップ【mug+cup日】 머그잔(盞).

まくぎれ【幕切れ】 ❶(芝居などで)한 막(幕)의 끝. ❷(物事の)끝; 결말(結末). ‖あっけない幕切れ 허망한 결말.

まくしたてる【捲くし立てる】 일방적(一方的)으로 말하다; 지껄여대다; 격렬(激烈)하게 주장(主張)하다. ‖早口でまくし立てる 빠른 말로 지껄여대다.

まぐち【間口】 ❶(土地・家などの)정면(正面)의 폭(幅). ‖間口が狭い店 정면의 폭이 좁은 가게. ❷(事業・研究などの)영역(領域)의 넓이. ‖事業の間口を広げる 사업 영역을 넓히다.

マグニチュード【magnitude】 매그니튜드.

マグネシウム【magnesium】 마그네슘.

マグネット【magnet】 마그넷; 자석(磁石).

マグマ【magma】 마그마.

まくら【枕】 베개. ‖枕をあてる 베개를 베다. 腕枕 팔베개.

まくらぎ【枕木】 (鉄道の)침목(枕木).

まくらもと【枕元】 베갯머리. ‖枕元に置く 베갯머리에 두다.

まくりあげる【捲り上げる】 걷어 올리다. ‖袖をまくり上げる 소매를 걷어 올리다.

まくる【捲る】 ❶소매나 바짓단을 걷다. ‖腕をまくる 팔을 걷다. ❷〔…まくるの形で〕마구 …하다; 계속(繼續) …하다. ‖書きまくる 마구 써대다. 逃げまくる 계속 도망 다니다.

まぐれで【紛れで】 우연(偶然)히; 어쩌다. ‖まぐれで正解する 어쩌다 정답을 맞추다.

まくれる【捲れる】 걷히다.

マクロ【macro】 매크로; 거시(巨視). ‖マクロ経済 거시 경제학.

マグロ【鮪】 다랑어(魚); 참치.

マクワウリ【真桑瓜】 참외.

まけ【負け】 패배(敗北); 짐. ‖勝ち負け 승패. 私の負けだ 내가 졌다. ♦**負け戦** 패전. 지는 싸움.

まけいぬ【負け犬】 패자; 패배자(敗北者). ‖負け犬根性 패자 근성.

まけおしみ【負け惜しみ】 ‖負け惜しみを

言う 지고도 억지를 부리다.

まけじだましい【負けじ魂】 지지 않으려는 투지(鬪志); 오기(傲氣).

まけずおとらず【負けず劣らず】 막상막하(莫上莫下); 팽팽함. ‖負けず劣らずの接戦 팽팽한 접전.

まけずぎらい【負けず嫌い】 지기 싫어함; 〔人〕지기 싫어하는 사람. ‖負けず嫌いな男 지기 싫어하는 남자.

***まける【負ける】** ❶〔敗れる〕지다; 못 이기다. ‖1 回戦で負けた 일 회전에서 졌다. 彼の強引さには負ける 그 사람 고집에는 못 이긴다. ❷〔逆らえない〕넘어가다. ‖誘惑に負ける 유혹에 넘어가다. ❸〔圧倒される〕압도(壓倒)되다; 뒤지다; 못 이기다. ‖雰囲気に負ける 분위기에 압도되다. ❹값을 깎아 주다; 덤으로 주다. ‖10 個買ったら 1 個負けてくれた 열 개 샀더니 한 개 더 주었다. その店では 100 円負けてくれた 그 가게에서는 백 엔 깎아 주었다.

まげる【曲げる】 ❶굽히다. ‖膝を曲げる 무릎을 굽히다. ❷왜곡(歪曲)하다. ❸(主張などを)굽히다. ‖自説を曲げる 자기주장을 굽히다.

まけんき【負けん気】 지지 않으려는 기질(氣質); 지기 싫어하는 기질. ‖負けん気が強いのは父譲りだ 지기 싫어하는 것은 아버지를 닮았다.

まご【孫】 손자(孫子).

まご【馬子】 마부(馬夫). ▸馬子にも衣装 옷이 날개라.〔諺〕

まごころ【真心】 진심(眞心); 성의(誠意). ‖真心を込めて話す 진심으로 이야기하다.

まごつく 당황(唐慌)하다. ‖機種が変わったのでまごついた 기종이 바뀌어서 당황했다.

まこと【誠・実・真】 진실(眞實); 사실(事實); 성의(誠意). ‖誠を尽くす 성의를 다하다.

まことしやか【真しやか】ダ 정말 같다; 그럴싸하다. ‖まことしやかなうそをつく 그럴싸한 거짓말을 하다.

まことに【誠に】 정말로. ‖誠にお世話になりました 정말로 신세 많이 졌습니다.

まごのて【孫の手】 효자(孝子)손. ‖孫の手が届かない 효자손이 닿지 않다.

まごびき【孫引き】 ‖孫引きする 다른 책에 있는 것을 그대로 인용하다.

まごまご 갈팡질팡; 우왕좌왕(右往左往). ‖出口が分からずまごまごする 출구를 몰라 우왕좌왕하다.

まごむすこ【孫息子】 손자(孫子).

まごむすめ【孫娘】 손녀(孫女).

マザーコンプレックス 【←mother+complex 日】 마마보이.

まさか ❶만일(萬一). ‖まさかの場合に備える 만일의 경우에 대비하다. ❷설마. ‖まさか雨は降らないだろう 설마 비는 안 오겠지.

まさぐる【弄る】 ❶(手をしきりに動かして)만지작거리다. ❷〔もてあそぶ〕가지고 놀다.

まさしく【正しく】 확실(確實)히; 틀림없이. ‖彼はまさしく天才だ 그 사람은 확실히 천재다.

まさつ【摩擦】 (名)(하) 마찰(摩擦). ‖摩擦が生じる 마찰이 생기다. ♦貿易摩擦 무역 마찰. 冷水摩擦 냉수마찰.

まさつおん【摩擦音】《言語》마찰음(摩擦音).

まさに【正に】 ❶〔疑いもなく〕틀림없이; 확실(確實)히. ‖まさに名案だ 확실히 명안이다. ❷〔ちょうど〕딱; 바로. ‖彼こそがまさに適任だ 그 사람이 딱 적임자다. ❸〔ちょうど今〕막; 하마터면. ‖まさに出発する直前だった 막 출발하려던 참이었다.

まざまざと 역력(歷歷)히; 또렷이; 생생(生生)히. ‖あの日の光景をまざまざと思い出す 그날의 광경이 생생히 떠오르다.

まさゆめ【正夢】 (說明) 꿈에 본 일이 실제(實際)로 일어나는 꿈.

まさる【勝る】 뛰어나다; 뛰어넘다; 낫다. ‖師匠に勝る技量 스승을 뛰어넘는 기량.

まざる【混ざる】 섞이다. ‖水と油は混ざらない 물과 기름은 섞이지 않는다.

まし【増し】 ❶증가(增加). ‖割り増し料金 할증 요금. ❷나음; 더 좋음. ‖ないよりましだ 없는 것보다 낫다.

まじダ ❶진지(眞摯)하다; 성실(誠實)하다. ‖まじになる 진지해지다. ❷〔まじでの形で〕정말; 본심(本心)으로. ‖まじでかわいい 정말 귀엽다.

まじえる【交える】 ❶섞다; 끼워 넣다. ‖私情を交える 개인 감정이 섞이다. ❷맞대다; 교차(交叉)시키다. ‖膝を交える 무릎을 맞대다. ❸주고받다. ‖言葉を交える 말을 주고받다.

ましかく【真四角】 정사각형(正四角形).

ました【真下】 바로 밑. ‖真下の階 바로 밑층.

マジック【magic】 마술(魔術). ♦マジックテープ 매직테이프. 벨크로테이프. マジックナンバー 매직 넘버.

まして【況して】 하물며; 더욱이; 말할 필요(必要)도 없이. ‖ましてやお前まで 하물며 너까지!

まして【増して】 …이상(以上)으로; …보다도. ‖何にも増して大切なこと 무엇보다도 중요한 것.

まじない【呪い】 주술(呪術); 주문(呪文).

まじなう【呪う】 (神仏に) 빌다; 기원(祈願)하다. ‖災難を免れるようまじなう 재

난을 피할 수 있도록 빌다.
まじまじ 말똥말똥; 찬찬히. ‖まじまじと見つめる 말똥말똥 쳐다보다.
まじめ【真面目】ダ ❶진심(眞心)이다; 진지(眞摯)하다. ‖真面目な顔になる 진지한 얼굴이 되다. ❷성실(誠實)하다. ‖真面目な人 성실한 사람.
ましゅ【魔手】 마수(魔手). ‖魔手にかかる 마수에 걸리다.
まじゅつ【魔術】 마술(魔術). ‖魔術をかける 마술을 걸다.
マシュマロ【marshmallow】 마시멜로.
まじょ【魔女】 마녀(魔女).
ましょうめん【真正面】 정면(正面).
マジョリティー【majority】 다수; 다수파(多數派).
まじりけ【混じり気】 혼합물(混合物); 불순물(不純物).
まじる【混じる】 섞이다; 혼합(混合)되다.
まじわる【交わる】 ❶교차(交叉)하다. ‖鉄道と道路が交わる 철도와 도로가 교차하다. ❷교제(交際)하다; 사귀다. ‖友と交わる 친구와 사귀다.
ましん【麻疹】 홍역(紅疫).
マシン【machine】 머신. ♦タイムマシン 타임머신.
ます【升・枡】 되; 말.
ます【増す】 ❶(数・量・食欲が)늘다; 붇다; 불어나다. ‖食欲が増す 식욕이 늘다. 川の水が増す 강물이 불어나다. ❷(痛みが)심해지다. ‖痛みが増す 통증이 심해지다. ❸(速度が)빨라지다. ‖スピードが増すにつれ揺れもひどくなる 속도가 빨라짐에 따라 진동도 심해지다.
マス【鱒】 송어(松魚).
まず【先ず】 ❶우선(于先); 먼저. ‖まず, 私から報告いたします 먼저 저부터 보고 드리겠습니다. ❷일단(一旦). ‖まずこれでよし 일단은 이걸로 됐다.
ますい【麻酔】 마취(痲醉). ‖麻酔をかける 마취를 시키다. 麻酔が切れる 마취가 풀리다.
まずい【不味い】 ❶〔おいしくない〕맛이 없다. ‖まずくて食べられない 맛이 없어 못 먹겠다. ❷〔下手だ〕서투르다; 잘못하다. ‖運転がまずい 운전을 잘 못하다. ❸〔具合が悪い〕난처(難處)하다. ‖まずい所で出会った 난처한 곳에서 만났다.
マスカット【muscat】 청포도(靑葡萄).
マスカラ【mascara】 마스카라.
マスク【mask】 ❶마스크. ‖マスクをかける 마스크를 하다. ❷용모(容貌); 얼굴; 생김새. ‖甘いマスクをしている 예쁘장하게 생겼다.
マスゲーム【mass+game 日】 매스 게임.
マスコット【mascot】 마스코트.
マスコミ 매스컴.
マスコミュニケーション【mass communication】 매스 커뮤니케이션.
まずしい【貧しい】 ❶가난하다. ‖貧しい暮らし 가난한 생활. ❷부족(不足)하다; 빈곤(貧困)하다; 빈약(貧弱)하다. ‖語彙が貧しい 어휘가 빈약하다. 貧しい想像力 빈곤한 상상력.
マスター【master】 마스터. ♦マスターキー 마스터 키. マスタープラン 마스터 플랜.
マスタード【mustard】 머스터드; 겨자.
マスターベーション【masturbation】 마스터베이션.
まずは【先ずは】 우선(于先); 하여(何如)튼; 어쨌든 ‖まずはビールで乾杯 우선 맥주로 건배.
ますます【益益】 점점(漸漸); 한층(層). ‖ますますきれいになる 점점 예뻐지다.
まずまず【先ず先ず】 그런대로; 그럭저럭. ‖まずまず成功と言える 그런대로 성공이라고 할 수 있다.
ますめ【升目・枡目】 ❶〔升ではかった量〕되로 잰 양(量). ❷(原稿用紙などの)네모 칸.
マスメディア【mass media】 매스 미디어.
まぜあわせる【混ぜ合わせる】 섞다. ‖材料をよく混ぜ合わせる 재료를 잘 섞다.
まぜかえす【混ぜ返す】 〔ちゃかす〕남의 말을 훼방(毁謗) 놓다; 말허리를 자르다.
まぜこぜ 뒤죽박죽. ‖まぜこぜにする 뒤죽박죽으로 만들다.
まぜごはん【混ぜ御飯】 비빔밥.
ませる 조숙(早熟)하다. ‖ませた口をきく 말하는 것이 조숙하다.
まぜる【混ぜる】 섞다. ‖米に麦を混ぜる 쌀에 보리를 섞다. 絵の具を混ぜる 물감을 섞다.
マゾヒズム【masochism】 마조히즘.
***また【又】** ❶〔もう一度〕또. ‖今日もまた雨だ 오늘도 또 비다. ❷〔同様に〕역시(亦是); 또한. ‖私もまた彼女が好きです 저 역시 그녀를 좋아합니다. ❸〔その上に〕동시(同時)에. ‖彼はまた画家でもある 그 사람은 화가이기도 하다. ▸又にする 다음 기회로 하다.
また【股】 가랑이. ▸股に掛ける 두루 돌아다니다. 世界を股にかけてコンサートをする 세계 각지를 돌며 공연을 하다.
***まだ【未だ】** ❶〔達していない〕아직. ‖あの頃はまだ田園地帯だった 그때는 아직 전원 지대였다. ❷〔依然として〕아직; 여태. ‖まだ時間がある 아직 시간이 있다. まだ3日しか経っていない 아직 사흘밖에 지나지 않았다. 彼はまだ子どもだ 그 사람은 아직 애다. ❸〔さらに〕더; 또. ‖チャンスはまだある 기회는 또 있다.
マダイ【真鯛】 참돔.
マダガスカル【Madagascar】 《国名》 마다가스카르.

ま

またがる【跨がる】❶걸터앉다; 올라타다. ‖馬にまたがる 말에 올라타다. ❷걸치다. ‖3県にまたがるプロジェクト 세 현에 걸친 프로젝트.

またぎき【又聞き】‖また聞きする 전해 듣다. また聞きした話 전해 들은 이야기.

またぐ【跨ぐ】넘다. ‖敷居をまたぐ 문지방을 넘다.

マダコ【真蛸】왜문어(文魚).

またしても【又しても】또; 또다시. ‖またしても同じ過ちを犯す 또 같은 잘못을 저지르다.

まだしも【未だしも】…(이)라면 괜찮지만; …(이)라면 몰라도; 차라리. ‖子どもならまだしも大人がそんなことをするなんて 애라면 몰라도 어른이 그런 짓을 하다니.

またせる【待たせる】기다리게 하다. ‖生徒を教室で待たせる 학생들을 교실에서 기다리게 하다.

まばたく【瞬く】❶(まぶたを)깜빡이다. ❷(星や光が)깜빡거리다; 반짝이다.

またたくま【瞬く間】눈 깜짝할 사이; 삽시간(霎時間). ‖うわさが瞬く間に広がる 소문이 삽시간에 퍼지다.

またとない【又と無い】두 번(番) 다시 없다. ‖またとないチャンス 두 번 다시 없는 기회.

マタニティー【maternity】임산부(妊産婦); 임신복(妊娠服).

または【又は】혹(或)은; 또는. ‖曇りまたは雨 구름 또는 비.

まだまだ【未だ未だ】〔まだを強めて言う語〕‖まだまだ未熟だ 아직 미숙하다.

マダム【madame ᄀ】마담.

またも(や)【又も(や)】또; 또다시. ‖またも(や)だまされる 또 속다.

まだら【斑】얼룩; 반점(斑點). ‖まだら牛 얼룩소.

まだるっこい【間怠っこい】굼뜨다; 느리다; 답답하다. ‖まだるっこい動作 굼뜬 동작.

まち【町・街】❶도시(都市). ❷거리; 번화가(繁華街). ‖ファッションの街 패션의 거리. ❸(市・区を構成する)구획(區劃). ‖千代田区麹町 치요다구 고지마치.

まち【襠】(衣服や袋などの)폭(幅)을 여유(餘裕)있게 하기 위해 대는 천.

まちあいしつ【待合室】대기실(待機室); 대합실(待合室).

まちあわせる【待ち合わせる】시간(時間)과 장소(場所)를 정해서 만나다. ‖駅で待ち合わせる 역에서 만나다.

まちいしゃ【町医者】개업의(開業醫).

まぢか【間近】ダ (時間・距離などが)아주 가깝다. ‖動物を間近で見る 동물을 가까이에서 보다. 締め切りが間近に迫る 마감이 임박하다.

*__まちがい__【間違い】❶잘못; 틀림; 틀린 곳. ‖記録に間違いがある 기록에 잘못이 있다. 選択の間違い 잘못된 선택. ❷과실(過失). ❸사고(事故). ‖何か間違いがあったのではないか 무슨 사고가 난 것은 아닐까?

まちがう【間違う】❶틀리다. ‖間違った考え 틀린 생각. ❷잘못되다; 실수(失手)하다. ‖一つ間違えば命取りだ 자칫 잘못하면 목숨이 위험하다.

まちがえる【間違える】❶잘못하다; 틀리다. ‖答えを間違える 답을 틀리다. ❷착각(錯覺)하다. ‖友だちと間違えて肩をたたく 친구인 줄 알고 어깨를 치다.

まちかど【町角・街角】길거리; 길 모퉁이. ‖偶然街角ですれ違う 우연히 길에서 마주치다.

まちかまえる【待ち構える】준비(準備)하고 기다리다.

まちくたびれる【待ちくたびれる】기다림에 지치다.

まちこがれる【待ち焦がれる】애타게 기다리다; 손꼽아 기다리다; 학수고대(鶴首苦待)하다. ‖入学式を待ち焦がれる 입학식을 손꼽아 기다리다.

まちどおしい【待ち遠しい】몹시 기다려지다. ‖夏休みが待ち遠しい 여름 방학이 몹시 기다려지다.

まちなか【町中】시내(市内).

まちなみ【町並み】거리 풍경(風景). ‖昔の町並みが残っている 예전의 거리 풍경이 남아 있다.

まちにまった【待ちに待った】고대(苦待)하던; 기다리고 기다리던. ‖待ちに待った運動会 기다리고 기다리던 운동회.

まちのぞむ【待ち望む】기대(期待)하며 기다리다. ‖続編を待ち望む声 속편을 기대하는 목소리.

まちはずれ【町外れ】변(邊)두리; 외곽 지역(外廓地域).

まちぶせ【待ち伏せ】❶(名하) 매복(埋伏). ❷기다림. ‖峠で敵を待ち伏せする 고개에서 적을 기다리다.

まちまち【区区】다양(多樣)함; 구구(區區)함. ‖まちまちの意見 다양한 의견.

まちやくば【町役場】읍사무소(邑事務所).

*__まつ__【待つ】❶기다리다. ‖喫茶店で人を待つ 커피숍에서 사람을 기다리다. バスを待つ 버스를 기다리다. 順番を待つ 순서를 기다리다. 待ってくれ 기다려 줘. ❷기대(期待)하다. ‖今後の研究に待つ 앞으로의 연구를 기대하다.

マツ【松】소나무.

-まつ【末】❶…말(末). ‖世紀末 세기말. ❷분말(粉末); 가루. ‖ホウ酸末 붕산 가루.

まつえい【末裔】후예(後裔).

まっか【真っ赤】ダ 새빨갛다. ‖真っ赤な太陽 새빨간 태양. 真っ赤なうそ 새빨간 거짓말.
まっき【末期】 말기(末期). ♦末期症状 말기 증상.
まっくら【真っ暗】ダ 캄캄하다; 컴컴하다. ‖真っ暗な部屋 캄캄한 방.
まっくろ【真っ黒】ダ 새까맣다. ‖日に焼けて真っ黒な顔 햇볕에 타서 새까만 얼굴.
まつげ【睫・睫毛】 눈썹.
まつご【末期】 임종(臨終).
マッサージ【massage】 (を)하 마사지.
まっさいちゅう【真っ最中】 한창 …할 때; 한창인 때. ‖勉強の真っ最中 한창 공부하고 있을 때.
まっさお【真っ青】ダ 새파랗다; 파랗다. ‖顔が真っ青になる 얼굴이 파래지다.
まっさかり【真っ盛り】 한창 때.
まっさき【真っ先】 제일(第一) 먼저; 선두(先頭). ‖真っ先に逃げる 제일 먼저 도망가다.
まっさつ【抹殺】 (を)하 말살(抹殺).
まっさら【真っ新】 새로움; 새것. ‖まっさらなスーツ 새 양복.
まっしぐらに【真っしぐらに】 곧장; 쏜살같이. ‖まっしぐらに帰宅する 곧장 귀가하다.
まつじつ【末日】 말일(末日).
マッシュポテト【mashed+potato 日】 으깬 감자.
マッシュルーム【mushroom】 양송이(洋松栮).
まっしょう【抹消】 (を)하 말소(抹消). ‖名簿から名前を抹消する 명부에서 이름을 말소하다.
まっしょうしんけい【末梢神経】 말초신경(末梢神經).
まっしょうめん【真っ正面】 바로 정면(正面). ‖敵に真っ正面からぶつかる 적과 정면으로 부딪치다.
まっしろ【真っ白】ダ 새하얗다. ‖真っ白なシャツ 새하얀 셔츠.
***まっすぐ**【真っ直ぐ】ダ ❶ 똑바르다; 곧다. ‖背中をまっすぐに伸ばす 허리를 똑바로 펴다. ❷정직(正直)하다. ‖まっすぐな気性 정직한 성격.
まっせ【末世】 말세(末世).
まっせき【末席】 말석(末席); 맨 뒷자리
まった【待った】 ❶(囲碁・将棋・相撲などで)상대(相對)의 수(手)를 기다리게 하는 것 또는 그때의 구호(口號). ❷ 일시 중지(一時中止).
まつだい【末代】 ❶말세(末世). ❷사후 세계(死後世界).
まったく【全く】 ❶〔打ち消しの表現を伴って〕전(全)혀. ‖客が全く来ない 손님이 전혀 안 온다. ❷완전(完全)히; 전적(全的)으로. ‖全くの素人 완전 초보자. ❸〔本当に〕정말; 실(實)로. ‖まったくその通りだ 정말 그렇다. ひどい話だよ. まったく 너무해. 정말.
まったくのところ【全くの所】 정말; 실제(實際)로. ‖全くの所何も知らない 정말 아무것도 모른다.
マツタケ【松茸】 송이(松栮)버섯.
まったなし【待った無し】 ❶(囲碁・将棋・相撲などで)기다리게 하는 일 없이 승부(勝負)를 겨루는 것. ❷조금의 여유(餘裕)도 없는 일 또는 다시 할 수 없는 일. ‖待ったなしの本番だ 바로 본 방송이다.
まったり ❶〔こくがある様子〕 ‖まったり(と)した味わい 감칠맛. ❷〔のんびりと〕느긋이. ‖まったり(と)した時間を過ごす 느긋하게 시간을 보내다.
まったん【末端】 말단(末端); 끝 부분(部分).
マッチ【match】 성냥. ‖マッチ棒 성냥개비.
マッチポイント【match point】 매치 포인트.
まっちゃ【抹茶】 분말 녹차(粉末綠茶).
マット【mat】 매트.
まっとう【真っ当】ダ 성실(誠實)하다; 정당(正當)하다; 올바르다. ‖真っ当な人 성실한 사람. 真っ当な考え 올바른 생각.
まっとうする【全うする】 완수(完遂)하다. ‖任務を全うする 임무를 완수하다.
マットレス【mattress】 매트리스.
マッハ【Mach ド】 마하.
まつば【松葉】 솔잎.
まっぱだか【真っ裸】 알몸; 전라(全裸).
まつばづえ【松葉杖】 목(木)발.
マツバボタン【松葉牡丹】 채송화(菜松花).
まつばやし【松林】 솔밭; 송림(松林).
まつび【末尾】 말미(末尾).
まっぴら(ごめん)【真っ平(御免)】 질색(窒塞). ‖運動なんてまっぴら(御免)だ 운동이라면 딱 질색이다.
マップ【map】 지도(地圖).
まっぷたつ【真っ二つ】 절반(折半); 두 쪽; 두 동강이. ‖スイカを真っ二つに割る 수박을 절반으로 자르다.
まつぶん【末文】 말문(末文); 결문(結文).
まつぼっくり【松毬】 솔방울.
まつやに【松脂】 송진(松津).
まつり【祭り】 ❶제사(祭祀). ❷축제(祝祭). ‖雪祭り 눈 축제.
まつりあげる【祭り上げる】 추대(推戴)하다. ‖会長にまつり上げる 회장으로 추대하다.
まつりごと【政】 정치(政治).
まつる【奉る】 바치다; 드리다.
まつる【纏る】 공그르다. ‖ズボンの裾をまつる 바지 자락을 공그르다.
まつる【祭る・祀る】 ❶(霊などの)제사

ま

(祭祀)를 지내다. ❷(神を)안치(安置)하여 신(神)으로 모시다.

まつろ【末路】 말로(末路). ‖悲惨な末路 비참한 말로.

まつわる【纏わる】 ❶〔絡まる〕달라붙다; 달라붙어 떨어지지 않다. ❷〔つきまとう〕귀찮게 따라다니다. ❸관계(關係)가 있다; 관련(關聯)되다.

***まで** ❶까지. ‖東京からソウルまでは2時間くらいかかる 동경에서 서울까지는 두 시간 정도 걸린다. 5時から10時まではアルバイトがある 다섯 시부터 열 시까지는 아르바이트가 있다. 3個までは食べられる 세 개까지는 먹을 수 있다. 雪まで降っている 눈까지 오고 있다. 子どもにまで笑われる 애들까지도 놀리다. ❷뿐; 것(까지)도. ‖合格したのは運がよかったまでだ 합격한 것은 운이 좋았을 뿐이다. 調べるまでもないことだ 조사할 것까지도 없는 일이다. 改めて言うまでもないが, これは危険な仕事だ 새삼 말할 필요도 없지만 이것은 위험한 일이다.

まてどくらせど【待てど暮らせど】 아무리 기다려도. ‖待てど暮らせど始まらない 아무리 기다려도 시작을 안 하다.

までに ‖5時までに来てください 다섯 시까지 오십시오.

ま

***まと【的】** ❶표적(標的); 과녁. ‖的に当たる 과녁에 맞다. ❷목표(目標); 대상(對象). ‖攻撃の的 공격 대상. ❸요점(要點); 정곡(正鵠). ‖的を外した批評 요점이 빗나간 비평. ▸的を射る 정확히 요점을 파악하다. 的を射た質問 요점을 제대로 파악한 질문.

まど【窓】 창; 창문(窓門). ‖窓を開ける 창문을 열다. 窓越しに 창문 너머로.

まとう【纏う】 입다; 걸치다. ‖一糸まとわぬ姿 실오라기 하나 걸치지 않은 모습.

まどぎわ【窓際】 창(窓)가. ♦窓際族 찬밥 신세.

まどぐち【窓口】 창구(窓口). ‖銀行の窓口 은행 창구.

まとはずれ【的外れ】ダ ❶(要点·主題などから)벗어나다. ‖的外れな意見 주제에서 벗어난 의견. ❷(予想などが)빗나가다.

まどべ【窓辺】 창(窓)가. ‖窓辺に花を飾る 창가에 꽃을 장식하다.

***まとまる【纏まる】** ❶하나로 모아지다. ‖意見がまとまる 의견이 모아지다. ❷결론(結論)이 나다; 완성(完成)되다; 성사(成事)되다. ‖交渉がまとまる 교섭이 성사되다.

まとめ【纏め】 요약(要約).

まとめやく【纏め役】 조정자(調整者).

***まとめる【纏める】** ❶하나로 모으다; 묶다. ‖チームを一つにまとめる 팀을 하나로 묶다. ❷결론(結論)을 내다; 완성(完成)하다; 성사(成事)시키다. ‖契約をまとめる 계약을 성사시키다.

まともダ ❶정상(正常)이다; 성실(誠實)하다; 제대로 되다. ‖まともな事業 제대로 된 사업. ❷정면(正面). ‖まともに顔が見られない 정면으로[똑바로] 얼굴을 볼 수가 없다.

まどり【間取り】 방(房)의 배치(配置); 방 구조(構造).

マトリックス【matrix】 매트릭스.

まどろむ【微睡む】 졸다. ‖木陰でまどろむ 나무 그늘에서 졸다.

まどわく【窓枠】 창(窓)틀.

まどわす【惑わす】 ❶〔混乱〕현혹(眩惑)시키다. ‖人心を惑わす 인심을 현혹시키다. ❷〔困惑〕곤란(困難)하게 만들다.

まとわりつく【纏わり付く】 (휘감듯이) 달라붙다. ‖スカートの裾がまとわりつく 치맛자락이 달라붙다. 子どもがまとわりつく 애가 달라붙다.

マナー【manner】 매너.

まないた【俎·俎板】 도마. ▸俎板の鯉 도마에 오른 고기.(諺)

まなざし【眼差し】 눈길; 눈빛.

まなじり【眦】 ‖まなじりを決して立ち向かう 눈을 부라리며 대들다.

まなつ【真夏】 한여름.

まなでし【愛弟子】 애제자(愛弟子); 수제자(首弟子).

***まなぶ【学ぶ】** ❶〔教わる〕익히다; 배우다. ‖呉先生から韓国語を学ぶ 오 선생님한테서 한국어를 배우다. この事件から学んだこと 이 사건을 통해 배운 것. ❷〔学習する〕공부(工夫)하다. ‖英文学を学ぶ 영문학을 공부하다.

まなむすめ【愛娘】 애지중지(愛之重之)하는 딸.

マニア【mania】 마니아. ♦コレクトマニア 수집 마니아.

***まにあう【間に合う】** ❶(時刻·期限に) 맞추다; 늦지 않다. ‖バスに間に合った 버스 시간에 늦지 않았다. ❷충분(充分)하다. ‖1万円で間に合う 만 엔으로 충분하다.

まにあわせ【間に合わせ】 임시변통(臨時變通); 급하게 만든 것. ‖間に合わせの料理 급하게 만든 음식.

まにあわせる【間に合わせる】 ❶임시변통(臨時變通)으로 때우다. ‖人から借りて間に合わせる 다른 사람한테 빌려서 때우다. ❷시간(時間)에 늦지 않게 하다; 맞추다. ‖資料を会議に間に合わせる 자료를 회의 시간에 맞추다.

マニキュア【manicure】 매니큐어.

マニュアル【manual】 매뉴얼.

まぬかれる【免れる】 면하다; 모면(謀免)하다. ‖罪を免れる 죄를 면하다.

まぬけ【間抜け】ダ 멍청하다; 얼이 빠지다. ‖間抜けな男 멍청한 남자.

まね【真似】 ❶ 모방(模倣); 흉내. ‖真似する 흉내 내다. ❷ 행동(行動); 짓. ‖おかしな真似をするな 이상한 짓 하지 마라.

マネー【money】 머니; 돈. ♦電子マネー 전자 화폐 ポケットマネー 주머닛돈.

マネージメント【management】 매니지먼트; 경영(經營).

マネージャー【manager】 매니저.

まねき【招き】 초대(招待). ‖招きを受ける 초대를 받다.

マネキン【mannequin】 마네킹.

*__まねく__【招く】 ❶〔手招きする〕손짓하여 부르다. ‖子どもを招く 아이를 손짓하여 부르다. 彼は中に入るよう手で招いた 그 사람은 안으로 들어오라고 손짓했다. ❷ 초대(招待)하다. ‖外国から音楽家を招く 외국에서 음악가를 초대하다. ❸ 초래(招來)하다; 불러일으키다. ‖危険を招く 위험을 초래하다.

まねる【真似る】 모방(模倣)하다; 흉내를 내다. ‖声を真似る 목소리를 흉내 내다.

まのあたり【目の当たり】 눈앞; 목전(目前). ‖現実を目の当たりにする 현실에 직면하다.

まばたき【瞬き】 ‖瞬きする 눈을 깜박이다.

まばゆい【眩い】 눈부시다. ‖まばゆい宝石 눈부신 보석.

まばら【疎ら】ダ 뜸하다; 듬성듬성하다; 드문드문하다. ‖講演会の聴衆はまばらだった 강연회의 청중은 드문드문 앉아 있었다.

まひ【麻痺】 (名된) 마비(麻痺). ‖寒さのため手足が麻痺する 추위로 손발이 마비되다. 交通が麻痺状態になる 교통이 마비 상태가 되다.

まびき【間引き】 (名하) 솎음질.

まぶしい【眩しい】 눈부시다. ‖眩しい太陽 눈부신 태양.

まぶす【塗す】 골고루 묻히다. ‖小麦粉をまんべんなくまぶす 밀가루를 골고루 묻히다.

まぶた【瞼】 눈꺼풀. ‖まぶたを閉じる 눈을 감다.

まふゆ【真冬】 한겨울.

マフラー【muffler】 머플러; 목도리.

まほう【魔法】 마법(魔法). ♦魔法使い 마법사. 魔法瓶 보온병.

まぼろし【幻】 ❶ 환영(幻影); 환상(幻像). ‖恋しい人を幻に見る 사랑하는 사람의 환영을 보다. ❷ (説明) 실제(實際) 여부(與否)를 확인(確認)할 수 없는 것; 손에 넣기 힘든 것. ‖幻の名画 환상의 그림. 幻の酒 구하기 힘든 술.

*__まま__【儘】 ❶ 그대로; 되는 대로; 하는 대로. ‖見たままを話す 본 대로 이야기하다. 誘われるままついて来た 가자는 대로 따라왔다. ❷ 뜻대로; 마음대로. ‖まま(に)ならない世の中 뜻대로 되지 않는 세상.

まま【間間】 가끔; 때때로. ‖忘れることもままある 때때로 잊어 버리기도 한다.

ママ【mama】 엄마. ♦ママちゃり (説明) 바구니가 달린 여성용 자전거(女性用自轉車).

ままおや【継親】 계부(繼父); 계모(繼母).

ままこ【継子】 의(義)붓자식(子息).

ままごと【飯事】 소꿉놀이; 소꿉장난.

ままちち【継父】 계부(繼父); 의(義)붓아버지.

ままならぬ【儘ならぬ】 뜻대로 되지 않는; 마음대로 되지 않는. ‖勉強するのもままならぬ状況 공부하는 것도 마음대로 되지 않는 상황.

ままはは【継母】 계모(繼母); 의(義)붓어머니.

まみず【真水】 담수(淡水).

まむかい【真向かい】 바로 건너편(便); 맞은편. ‖真向かいの家 바로 건너편 집.

マムシ【蝮】 살무사.

まめ【豆】 ❶ 콩의 총칭(總稱). ❷〔小さいもの〕작은…; 꼬마…. ‖豆電球 꼬마전구.

まめ【忠実】ダ ❶ 성실(誠實)하다. ‖まめに働く 성실하게 일하다. ❷ 건강(健康)하다.

まめ【肉刺】 (手や足にできる)굳은살.

まめつぶ【豆粒】 ❶ 콩알. ❷〔比喩的に〕작은 것.

まめでっぽう【豆鉄砲】 (説明) 콩을 총알로 하는 장난감 총(銃).

まめまき【豆撒き】 ❶ 콩의 씨앗을 뿌리는 것. ❷ (説明) (節分の夜に) '복(福)은 집안에 귀신(鬼神)은 집밖에'라고 외치면서 콩을 뿌리는 것.

まもう【摩耗・磨耗】 (名된) 마모(磨耗). ‖軸受けが磨耗する 축받이가 마모되다.

まもなく【間も無く】 곧; 금방(今方). ‖まもなく離陸する 곧 이륙하다.

まもの【魔物】 요물(妖物).

まもり【守り】 수호(守護); 수비(守備). ‖守り神 수호신.

*__まもる__【守る】 지키다; 막다; 보호(保護)하다. ‖国境を守る 국경을 지키다. 約束を守る 약속을 지키다. 制限速度を守る 제한 속도를 지키다.

まやく【麻薬】 마약(痲藥).

まゆ【眉】 눈썹. ‖眉を引く 눈썹을 그리다. ▸眉に唾を付ける[塗る] 속지 않도록 조심하다. ▸眉一つ動かさない 눈썹도 까딱하지 않다.〔慣〕 ▸眉を顰(ひそ)める 눈살을 찌푸리다.〔慣〕 ▸眉を寄せる 불쾌한 얼굴을 하다.

まゆ【繭】 누에.

まゆげ【眉毛】 눈썹.

まゆじり【眉尻】 눈썹 꼬리; 눈썹 끝.
まゆつばもの【眉唾物】 미심(未審)쩍은 것; 수상(殊常)쩍은 것.
マユミ【檀】《植物》 참빗살나무.
まよい【迷い】 망설임. ‖迷いを断ち切る 망설임을 떨쳐 버리다.
まよいご【迷い子】 미아(迷兒).
*まよう【迷う】 ❶〔うろうろする〕헤매다. ‖森の中で道に迷う 숲에서 길을 잃고 헤매다. ❷〔決断ができない〕어떨 줄 모르다; 망설이다. ‖判断に迷う 판단을 못 내리다. ❸〔誘惑に負ける〕유혹(誘惑)에 넘어가다. ‖金に迷う 돈에 넘어가다.
まよけ【魔除け】 마귀(魔鬼)를 쫓는 것 또는 그 물건. ‖魔除けのお守り 부적.
まよなか【真夜中】 한밤중(中). ‖真夜中に騒ぐ 한밤중에 떠들다.
マヨネーズ【mayonnaise フ】 마요네즈.
まよわす【迷わす】 혼란(混亂)스럽게 하다; 현혹(眩惑)시키다.
マラソン【marathon】 마라톤.
マラリア【Malaria ド】 말라리아.
マリ【Mali】《国名》 말리.
まりょく【魔力】 마력(魔力).
*まる【丸】 ❶동그라미; 원(圓). ‖正しい文に丸をつける 맞는 문장에 동그라미를 치다. 指先で丸を描く 손가락으로 원을 그리다. ❷구두점(句讀點). ❸〔接頭語として〕전체(全體)로; 통째로; 완전(完全)히. ‖丸暗記する 통째로 외우다. 丸裸になる 완전히 벌거숭이가 되다. ❹〔接頭語として〕만(滿). ‖入社して丸 1 年になる 입사한 지 만 일 년이 되다.
まるあらい【丸洗い】 ‖丸洗いする 통째로 빨다[세탁하다].
まるい【丸い・円い】 ❶둥글다; 동그랗다. ‖眼を丸くする 눈을 동그랗게 뜨다. ❷각(角)이 지지 않다; 곡선(曲線)이다. ‖板の角を丸く削る 판자의 모서리를 둥글게 깎다. ❸원만(圓滿)하다. ‖丸い人柄 원만한 성격.
まるうつし【丸写し】 ‖丸写しする 통째로 베끼다.
まるがお【丸顔】 동그란 얼굴.
まるがり【丸刈り】 머리를 빡빡 깎음; 빡빡 깎은 머리.
マルクスレーニンしゅぎ【マルクスレーニン主義】 마르크스레닌주의(主義).
まるごと【丸ごと】 통째; 통째로.
まるシー【丸 C】 저작권 기호(著作權記號)(©).
まるぞん【丸損】 완전 손해(完全損害). ‖丸損になる 완전 손해를 보다.
まるた【丸太】 통나무.
マルタ【Malta】《国名》 몰타.
まるだし【丸出し】 ‖腹を丸出しにする 배를 다 드러내다.
マルチしょうほう【multi 商法】 다단계판매(多段階販賣).
マルチメディア【multimedia】 멀티미디어.
まるっきり【丸っ切り】 도무지; 전(全)혀. ‖まるっきり分からない 전혀 모르겠다.
まるつぶれ【丸潰れ】 완전(完全)히 찌그러짐[망가짐]; 엉망이 됨. ‖計画が丸つぶれになる 계획이 엉망이 되다. 面目丸つぶれだ 체면이 말이 아니다.
*まるで【丸で】 ❶마치. ‖まるで子どもだ 마치 어린애 같다. ❷전(全)혀. ‖漢字がまるで読めない 한자를 전혀 못 읽다.
まるのみ【丸呑み】 ❶〔嚙まずにのみ込むようす〕‖丸呑みする 통째로 삼키다. ❷이해(理解)하지 않고 그대로 외움. ‖書いてあることを丸呑みする 써져 있는 것을 그대로 외우다. ❸무조건(無條件) 받아들임. ‖要求を丸呑みする 요구를 무조건 받아들이다. 人の話を丸呑み(に)する 다른 사람 이야기를 곧이곧대로 듣다.
まるはだか【丸裸】 알몸; 전라(全裸).
まるばつ【○×】 오엑스.
マルひ【丸秘】 비밀(祕密). ‖丸秘文書 비밀문서.
まるぼうず【丸坊主】 빡빡 깎은 머리.
まるぼし【丸干し】 통째로 말림.
まるまる【丸丸】 ❶통통하게. ‖まるまる(と)した体つき 통통한 몸매. ❷완전(完全)히; 전부(全部).
まるまる【丸まる】 동그래지다; 둥그레지다.
まるみ【丸み】 ❶둥그스름함. ‖丸みを帯びる 둥그스름하다. ❷원만(圓滿)함. ‖人柄に丸みが出る 성격이 원만해지다.
まるみえ【丸見え】 전부(全部) 보임; 환히 보임. ‖丸見えの室内 환히 보이는 실내.
まるめこむ【丸め込む】 구슬려서 자기 마음대로 하다. ‖母親を丸め込んでオートバイを買う 어머니를 구슬려 오토바이를 사다.
まるめる【丸める】 ❶둥그렇게 만들다. ‖紙くずを丸めて捨てる 종이를 뭉쳐서 버리다. ❷(頭を)빡빡 깎다. ‖頭を丸める 머리를 빡빡 깎다.
まるもうけ【丸儲け】 ‖丸儲けする 고스란히 벌다.
まるやき【丸焼き】 통째로 구움; 통구이.
まれ【稀】ダ 보기 드물다. ‖世にも稀な美人 보기 드문 미인.
マレーシア【Malaysia】《国名》 말레이시아.
マロニエ【marronnier フ】 마로니에.
まろやか【円やか】ダ (味などが)부드럽다. ‖まろやかな味 부드러운 맛.
まわしのみ【回し飲み】 ‖回し飲みする 잔

을 돌려 마시다.

*まわす【回す】 ❶회전(回轉)시키다; 돌리다. ‖こまを回す 팽이를 돌리다. 扇風機を回す 선풍기를 돌리다. ❷두르다; 감다. ‖ロープを二重に回す 로프를 두 겹으로 감다. ❸〔次に送る〕보내다. ‖伝票を経理部に回す 전표를 경리부로 보내다. ❹〔移す〕이동(移動)시키다. ‖車を玄関に回してくれ 차를 현관 앞으로 대 주게. ❺(ある位置・立場に)만들다. ‖敵に回す 적으로 만들다. ❻〔働きが及ぶ〕손을 쓰다. ‖手を回す 손을 쓰다. ❼자금(資金)을 운용(運用)하다; 굴리다. ‖1千万円を年6%で回す 천만 엔을 연 육 퍼센트로 운용하다.

まわた【真綿】 풀솜.

*まわり【回り・周り】 ❶〔回ること〕돎; 도는 방법(方法). ‖大回りする 크게 돌다. ❷〔広がること〕번짐; 퍼짐. ‖火の回りが速い 불이 빨리 번지다. ❸〔順に移って行くこと〕순차적(順次的)으로 돎. ‖得意先回り 거래처를 돎. ❹〔付近〕부근(附近); 근처(近處). ‖池の周り 연못 부근. 周りの人の意見を聞く 주위 사람들의 의견을 듣다.

まわりくどい【回りくどい】 ‖回りくどい言い方をする 빙 돌려서 말하다.

まわりこむ【回り込む】 돌아 들어가다. ‖後ろに回り込む 뒤로 돌아 들어가다.

まわりみち【回り道】 돌아서 가는 길. ‖回り道をして帰る 돌아서 가다.

まわりもち【回り持ち】 ‖回り持ちにする 돌아가면서 맡다.

*まわる【回る】 ❶회전(回轉)하다; 돌다; 돌아가다. ‖扇風機が回っている 선풍기가 돌아가고 있다. ❷(順に従って)돌다. ‖回覧板が回る 회람판이 돌다. ❸(遠回りの道を)돌다. ‖急がば回れ 급할수록 돌아가라. ❹들르다. ‖得意先を回ってから会社に行く 거래처에 들렀다가 회사에 가다. ❺(別の位置・立場に)바뀌다. ‖敵に回る 적이 되다. ❻퍼지다. ‖毒が回る 독 기운이 퍼지다. ❼〔思うように動かない〕움직이지 않다. ‖舌が回らない 혀가 잘 안 움직이다. ❽(時間が)넘다; 지나다. ‖5時を回る 다섯 시가 지나다. ❾(利息が)생기다. ‖5分で回る 오 부 이자가 생기다. ❿〔…回るの形で〕…다니다. ‖探し回る 찾아 다니다.

まわれみぎ【回れ右】 우(右)로 돌아.

まん【万】 만(萬). ‖1万円札 만 엔 권. 1万人 만 명.

まんいち【万一】 만일(萬一). ‖万一の場合に備える 만일의 경우에 대비하다.

まんいん【満員】 만원(滿員). ♦満員御礼 만원사례. 満員電車 만원 전철.

まんえつ【満悦】 ‖満悦する 몹시 기뻐하다.

まんえん【蔓延】 (ス하) 만연(蔓延). ‖伝染病が蔓延する 전염병이 만연하다.

*まんが【漫画】 만화(漫畫). ‖漫画を読む 만화를 보다. ♦漫画映画 만화 영화. 漫画家 만화가.

まんかい【満開】 (ス하) 만개(滿開). ‖桜が満開する[になる] 벚꽃이 만개하다.

まんがく【満額】 (予想・計画通りの)금액(金額); 전액(全額).

マンガン【Mangan ド】 망간.

まんき【満期】 만기(滿期). ‖保険が満期を迎える 보험이 만기가 되다.

まんきつ【満喫】 (ス하) 만끽(滿喫). ‖京都の秋を満喫する 교토의 가을을 만끽하다.

まんげきょう【万華鏡】 만화경(萬華鏡).

まんげつ【満月】 보름달.

マンゴー【mango】 망고.

まんさい【満載】 (ス하) 만재(滿載).

まんざい【漫才】 만담(漫談). ♦漫才師 만담가.

まんざら【満更】 〔まんざら…ないの形で〕아주[그다지]…한 것만은 아니다. ‖まんざら捨てたものではない 아주 못 쓸 것도 아니다. 彼はまんざらでもない表情を浮かべた 그는 그다지 싫지 않은 표정을 지었다.

まんしつ【満室】 만실(滿室).

まんしゃ【満車】 만차(滿車).

まんじゅう【饅頭】 찐빵.

まんじょう【満場】 만장(滿場). ♦満場一致 만장일치.

マンション【mansion】 맨션; 아파트.

まんしん【慢心】 (ス하) 만심(慢心).

まんしん【満身】 만신(滿身); 온몸; 전신(全身). ‖満身の力をふりしぼる 온몸의 힘을 쥐어짜다. ♦満身創痍 만신창이(滿身瘡痍).

まんせい【慢性】 만성(慢性). ‖慢性の盲腸炎 만성 맹장염. ♦慢性化 만성화. 慢性疾患 만성질환.

まんせき【満席】 만석(滿席).

*まんぞく【満足】 (ス하) 만족(滿足). ‖結果に満足する 결과에 만족하다. 満足が得られる 만족을 얻다. 自己満足 자기만족.

まんだら【曼陀羅】 《仏教》 만다라(曼荼羅).

まんタン【満タン】 ‖満タンにする 꽉 채우다.

まんだん【漫談】 만담(漫談).

まんちょう【満潮】 만조(滿潮).

マンツーマン【man-to-man】 맨투맨.

まんてん【満天】 하늘에 가득함. ‖満天の星 하늘에 가득한 별.

まんてん【満点】 만점(滿點). ‖百点満点 백점 만점.

マント【manteau フ】 망토.

まんなか【真ん中】 한복판 ‖ソウルの真ん中で 서울 한복판에서.
マンネリ(ズム)【mannerism】 매너리즘. ‖マンネリズムに陥る 매너리즘에 빠지다.
まんねん【万年】 만년(萬年). ♦万年平社員 만년 평사원.
まんねんひつ【万年筆】 만년필(萬年筆).
まんぱい【満杯】 가득 참. ‖満杯に詰める 가득 채우다.
マンパワー【manpower】 인적 자원(人的資源).
まんびき【万引き】 ‖万引きする 물건을 사는 척하며 훔치다.
まんびょう【万病】 만병(萬病).
まんぷく【満腹】 ⟨名·하⟩ 포만(飽滿). ‖満腹感を得る 포만감을 느끼다.
まんべんなく【満遍無く】 골고루; 두루두루; 공평(公平)하게. ‖まんべんなく気を配る 두루두루 신경을 쓰다.
マンホール【manhole】 맨홀.
まんぽけい【万歩計】 만보계(万步計).
まんまと 보기 좋게; 감쪽같이. ‖まんまとだまされる 감쪽같이 속다.
まんまる【真ん丸】 아주 둥긂; 쟁반(錚盤) 같이 둥긂. ‖真ん丸のお月様 쟁반 같이 둥근 달.
まんまん【満満】 만만(滿滿). ‖自信満々 자신만만.
まんめん【満面】 만면(滿面). ‖満面に笑みを浮かべる 만면에 미소를 띄우다.
マンモス【mammoth】 매머드; 대형(大型). ♦マンモスプール 대형 풀장.
まんりょう【満了】 ⟨名·되⟩ 만료(滿了). ‖任期が満了する 임기가 만료되다.
まんるい【満塁】 (野球で)만루(滿壘). ♦満塁ホーマー 만루 홈런.

み

み【三·3】 셋. ‖ひ, ふ, み 하나, 둘, 셋.
***み【身】** ❶신체(身體). ‖身をよじって笑う 몸을 비틀며 웃다. 身にまとう 몸에 걸치다. ❷입장(立場). ❸지위(地位); 신분(身分); 분수(分數). ‖身のほどを知れ 분수를 알아라. ❹본체 부분(本體部分); 몸통; 알맹이. ‖身だけ食べる 알맹이만 먹다. ▸身から出た錆 자업자득(自業自得). ▸身に余る 분에 넘치다. ▸身に染みる 뼈저리게 느끼다. ▸身に着ける ①옷을 입다. 高い服を身に着ける 비싼 옷을 입다. ②몸에 지니다. お守りを身に着ける 부적을 몸에 지니다. ③몸에 익히다. 教養を身に着ける 교양을 익히다. ▸身になる ①그 사람의 입장이 되다. ②몸에 좋다. 身になる物を食べる 몸에 좋은 것을 먹다. ▸身を入れる 열심히 하다. ▸身を固める 가정을 가지다. 제대로 된 회사에 취직을 하다. ▸身を焦がす 애를 태우다. 初恋に身を焦がす 첫사랑에 애를 태우다. ▸身を粉にする 전력을 다하다. ▸身を立てる 일정한 직업으로 생활을 하다. ▸身を引く 은퇴하다. ▸身を以て 몸소. 직접. 身を以て範を示す 몸소 모범을 보이다.
み【実】 ❶결실(結實); 열매. ‖実がなる 열매를 맺다. ❷내용(內容). ‖実のある話 내용이 있는 이야기. ▸実を結ぶ 결실을 맺다. 努力が実を結ぶ 노력이 결실을 맺다.
ミ【mi 伊】 (音階の)미.
み-【未】 미(未) …. ♦未完成 미완성.
-み【味】 …미(味); …맛. ‖苦味を感じる 쓴맛을 느끼다. 面白味のない話 재미가 없는 이야기.
みあい【見合い】 맞선. ‖見合いする 맞선을 보다. ♦見合い結婚 중매결혼.
みあう【見合う】 ❶〔釣り合う〕맞다; 걸맞다. ‖収入に見合った生活 수입에 맞는 생활. ❷〔見つめ合う〕서로 쳐다보다; 마주 보다. ‖両選手が見合う 두 선수가 마주 보다.
みあげる【見上げる】 ❶올려다보다. ‖空を見上げる 하늘을 올려다보다. ❷훌륭하다고 생각하다. ‖見上げた度胸だ 대단한 용기다.
みあたる【見当たる】 눈에 뜨이다; 보이다. ‖財布が見当たらない 지갑이 안 보이다.
みあやまる【見誤る】 잘못 보다.
みあわせる【見合わせる】 ❶마주 보다. ‖顔を見合わせる 얼굴을 마주 보다. ❷비교(比較)하다. ‖2つの案を見合わせる 두 안을 비교하다. ❸보류(保留)하다; 미루다. ‖出発を見合わせる 출발을 미루다.
みいだす【見出だす】 발견(發見)하다; 찾아내다. ‖才能を見出だす 재능을 발견하다.
ミーティング【meeting】 미팅; 회합(會合); 회의(會議).
ミートソース【meat sauce】 미트소스.
ミーハー ⟨説明⟩ 유행(流行) 등에 빠지기 쉬운 젊은이들.
ミイラ【mirra 葡】 미라. ▸ミイラ取りがミイラになる 함흥차사.
みいる【見入る】 넋을 잃고 보다. ‖名画に見入る 명화를 넋을 잃고 보다.
みうごき【身動き】 ‖身動きがとれない 꼼짝할 수가 없다.
みうしなう【見失う】 보고 있던 것을 놓치다; 잃다. ‖目標を見失う 목표를 잃다.
みうち【身内】 가족(家族); 가까운 친척(親戚).
みうり【身売り】 ‖経営難で会社を身売りする 경영난으로 회사를 팔다.

みえ【見栄・見得】 ❶겉모습; 외형(外形). ❷허세(虛勢); 겉치레. ‖見栄を飾る 겉치레를 하다. 見栄でピアノを買う 허세로 피아노를 사다. ▸見得を切る 허세를 부리다.

みえっぱり【見栄っ張り】 겉치레를 함 또는 그런 사람.

みえみえ【見え見え】 상대(相對)의 의도(意圖)가 빤히 보임. ‖見え見えの態度 속 보이는 태도.

***みえる【見える】** ❶보이다. ‖ここからは海がよく見える 여기서는 바다가 잘 보인다. ❷…처럼 보이다. ‖一見強そうに見える 얼핏 보면 강해 보이다. ❸(抽象的なものが)보이다. ‖少しも反省の色が見えない 조금도 반성의 기미가 안 보이다. ❹〔来るの尊敬語〕오시다. ‖お客さんが見えました 손님이 오셨습니다.

みおくり【見送り】 ❶전송(餞送); 배웅. ‖駅まで見送りに行く 역까지 전송하러 가다. ❷〔延期〕보류(保留). ‖今回は見送りとする 이번에는 보류하기로 하다.

みおくる【見送る】 ❶전송(餞送)하다; 배웅하다. ‖空港まで先生を見送る 공항까지 선생님을 전송하다. ❷(死ぬまで)돌보다; 모시다. ‖両親を見送った 부모님을 돌아가실 때까지 모셨다. ❸〔延期する〕미루다; 늦추다; 보류(保留)하다. ‖着工を見送る 착공을 늦추다. ❹놓치다. ‖ボールを見送る 공을 놓치다.

みおさめ【見納め】 보는 것이 이것으로 마지막임; 마지막으로 봄. ‖この世の見納め 이 세상[이승]에서의 마지막.

みおとす【見落とす】 못 보고 넘어가다. ‖間違いを見落とす 잘못을 못 보고 넘어가다.

みおとり【見劣り】 ‖見劣りする 떨어지다. 뒤떨어지다.

みおぼえ【見覚え】 본 기억(記憶). ‖見覚えがない 본 기억이 없다.

みおろす【見下ろす】 ❶내려다보다. ‖山頂から見下ろす 산 정상에서 내려다보다. ❷깔보다. ‖人を見下ろしたような態度を取る 사람을 깔보는 듯한 태도를 취하다.

みかい【未開】 미개(未開). ♦未開人 미개인.

みかいけつ【未解決】 미해결(未解決). ‖未解決の事件 미해결 사건.

みかいはつ【未開発】 미개발(未開發). ♦未開発地帯 미개발 지대.

みかえす【見返す】 ❶다시 한번 보다. ‖改めて書類を見返す 서류를 다시 한번 보다. ❷되받아 보다. ‖相手の目を見返す 상대방을 되받아 보다. ❸보란 듯이 하다. ‖いつか見返してやる 언젠가 보란 듯이 하겠다.

みかえり【見返り】 ❶〔報酬〕베풀어 준 것에 대한 보답(報答). ‖見返りを要求する 보답을 요구하다. ❷〔担保〕담보(擔保)나 보증(保證)으로 내놓는 것 또는 그 물건(物件).

みがき【磨き】 ❶닦음. ‖廊下に磨きをかける 복도를 닦다. ❷연마(硏磨)함; 단련(鍛鍊)함. ‖技に磨きをかける 기술을 단련하다. 歯磨き粉 치약.

みかぎる【見限る】 (見込みがないと)단념(斷念)하다; 버리다; (会社などを)그만두다; 떠나다. ‖親友を見限るわけにはいかない 친한 친구를 버릴 수는 없다. 会社を見限る 회사를 그만두다.

みかく【味覚】 미각(味覺). ‖味覚が発達する 미각이 발달하다.

みがく【磨く・研く】 ❶닦다; 갈다. ‖爪を磨く 손톱을 갈다. ❷연마(硏磨)하다; 단련(鍛鍊)하다.

みかくにん【未確認】 미확인(未確認). ♦未確認情報 미확인 정보. 未確認飛行物体 미확인 비행 물체(UFO).

みかけ【見掛け】 겉; 외관(外觀). ‖見かけ倒し 겉만 번지르르함.

みかける【見掛ける】 눈에 뜨이다; 보이다; 보다. ‖本屋でよく見かける人 책방에서 자주 보는 사람.

みかた【味方】 ❶자기 편(自己便). ‖味方に引き入れる 자기 편으로 끌어들이다. ❷편; 가세(加勢). ‖弱い方に味方する 약한 쪽 편을 들다.

みかづき【三日月】 초(初)승달.

みがって【身勝手】 ‖身勝手だ 제멋대로이다.

みかねる【見兼ねる】 방관(傍觀)할 수 없다; 두고 볼 수 없다. ‖見かねて助けに行く 두고 볼 수가 없어서 도와주러 가다.

みがまえる【身構える】 자세(姿勢)를 취하다; 대비(對備)하다; 경계(警戒)하다.

みがら【身柄】 신병(身柄). ‖身柄を拘束する 신병을 구속하다.

みがる【身軽】 ダ ❶(体が)가볍다; 경쾌(輕快)하다; 간편(簡便)하다. ‖身軽に木から飛び降りる 가볍게 나무에서 뛰어내리다. 身軽な服装 간편한 복장. ❷(義務などがなくて)홀가분하다. ‖身軽な独り者 홀가분한 독신.

みがわり【身代わり】 대역(代役); 대신(代身). ‖友の身代わりになる 친구를 대신하다.

みかん【未完】 미완(未完). ‖未完の小説 미완의 소설.

ミカン【蜜柑】 밀감(蜜柑); 귤(橘).

みかんせい【未完成】 미완성(未完成). ‖未完成の作品 미완성 작품.

みき【幹】 ❶〔木〕줄기. ❷〔物事〕중요(重要)한 부분(部分).

***みぎ【右】** ❶오른쪽. ‖右を向く 오른쪽

を見る。❷〔手〕오른손；〔足〕오른발。‖右利き 오른손잡이. ❸〔前に記したこと〕앞에 쓴 내용(內容). ‖右の通り相違ありません 앞에 쓴 대로 틀림없습니다. ❹보수적(保守的)；우익(右翼). ‖右寄りの考え 우익적인 생각.

みぎうで【右腕】 ❶우완(右腕). ❷오른팔. ‖社長の右腕 사장의 오른팔.

みぎかたあがり【右肩上がり】 상승세(上昇勢)；성장 궤도(成長軌道).

みぎがわ【右側】 우측(右側)；오른쪽. ‖右側通行 우측 통행.

みきき【見聞き】 ‖見聞きする 보고 듣다.

みぎきき【右利き】 오른손잡이.

ミキサー【mixer】 믹서.

みぎて【右手】 ❶〔手〕오른손. ❷〔右の方〕오른쪽.

みぎまわり【右回り】 우회전(右回轉).

みきり【見切り】 단념(斷念)；포기(拋棄). ‖見切りをつける 단념하다.（安値で）팔아 치우기. ♦見切り品 바겐세일품. 헐값에 파는 물건.

みきりはっしゃ【見切り発車】 ❶（満員などの理由で）승객(乘客)을 남겨 두고 출발(出發)함. ❷（議論などが十分に尽くされていない段階で）결정(決定)하여 실행(實行)에 옮김.

みきわめる【見極める】 ❶（最後まで）지켜보다. ‖成り行きを見極める 경과를 지켜보다. ❷（真相を）판단(判斷)하다；알다. ‖事実を見極めた上で対処する 사실을 잘 알고 대처하다.

みくだす【見下す】 깔보다；경멸(輕蔑)하다. ‖見下すような目で見る 경멸하는 듯한 눈으로 보다.

みくびる【見縊る】 만만하게 보다；우습게 보다；얕보다. ‖敵を見くびる 적을 만만하게 보다. 子どもだからといって見くびってはいけない 애라고 만만하게 보아서는 안 된다.

みぐるしい【見苦しい】 보기 흉하다；볼품없다；꼴사납다. ‖見苦しいところを見せる 꼴사나운 모습을 보이다.

ミクロ【micro ギ】 미크로；미시(微視). ♦ミクロ経済学 미시 경제학.

ミクロネシア【Micronesia】《国名》미크로네시아.

みけいけん【未経験】 미경험(未經驗).

みけつ【未決】 미결(未決). ♦未決囚 미결수.

みけん【眉間】 미간(眉間). ‖眉間にしわを寄せる 미간을 찌푸리다. 인상을 쓰다.

みこ【巫女】 무녀(巫女).

みこうかい【未公開】 미공개(未公開).

みこし【神輿】 신(神)을 모신 가마.

みこす【見越す】 앞을 내다보다；예상(豫想)하다. ‖値上げを見越して買い溜めする 가격 상승을 예상하고 사재기를 하다.

みごたえ【見応え】 볼만한 가치(價值). ‖見ごたえのある試合 볼만한 시합.

みごと【見事】ダ ❶훌륭하다. ‖見事な演技 훌륭한 연기. ❷완전(完全)하다. ‖見事に失敗した 완전히 실패했다.

***みこみ【見込み】** ❶예상(豫想). ‖見込みが外れる 예상이 빗나가다. ❷가망(可望)；희망(希望). ‖もう見込みがない 더 이상 희망이 없다.

みこみちがい【見込み違い】 예상외(豫想外)(의 일)；계산(計算) 밖. ‖株価が下がったのは見込み違いだった 주가가 떨어진 것은 예상외의 일이었다.

***みこむ【見込む】** ❶〔当てにする〕기대(期待)하다. ‖将来性が見込まれる学生 장래가 기대되는 학생. ❷〔勘定に入れる〕미리 계산(計算)에 넣다.

みごもる【身籠る】 임신(姙娠)하다.

みごろ【見頃】 볼만한 때；구경 하기 좋은 때. ‖今が桜の見頃だ 지금이 벚꽃 구경하기 좋은 때다.

みごろし【見殺し】 사람이 죽어 가는 것을 보고 도와주지 않음；방관(傍觀). ‖苦境の友を見殺しにする 곤경에 처한 친구를 못 본 체하다.

みこん【未婚】 미혼(未婚). ‖未婚の母 미혼모.

ミサ【missa ラ】《カトリック》미사.

ミサイル【missile】 미사일. ♦地対空ミサイル 지대공 미사일.

みさお【操】 정조(貞操)；정절(貞節)；지조(志操).

みさき【岬】 곶.

みさげる【見下げる】 경멸(輕蔑)하다.

みさだめる【見定める】 보고 확인(確認)하다. ‖自分の目で見定める 자신의 눈으로 확인하다.

***みじかい【短い】** ❶짧다. ‖短い距離 짧은 거리. 短い説明 짧은 설명. 髪を短く切る 머리를 짧게 자르다. 面接の時間は思ったより短かった 면접 시간은 생각보다 짧았다. ❷（気などが）급하다. ‖気が短い 성격이 급하다.

みじかめ【短目】 약간(若干) 짧음. ‖短めのスカート 약간 짧은 치마.

みじたく【身支度】 몸치장；외출 준비(外出準備).

みじめ【惨め】ダ 비참(悲慘)하다；딱하다. ‖敗戦後の惨めな生活 패전 후의 비참한 생활. 見るも惨めな姿 보기에도 딱한 모습.

みしゅう【未収】 미수(未收). ♦未収金 미수금.

***みじゅく【未熟】**ダ 미숙(未熟)하다；덜 익다. ‖未熟な考え方 미숙한 생각. 未熟な果物 덜 익은 과일. ♦未熟児 미숙아. 未熟者 미숙한 사람.

みしょう【未詳】 미상(未詳). ♦作者未詳 작자 미상.

みしらぬ【見知らぬ】 모르는; 잘 모르는. ‖見知らぬ男性 모르는 남자.
みしり【見知り】 안면(顔面)이 있음. ‖顔見知り 안면이 있는 사람.
ミシン 재봉(裁縫)틀.
みじん【微塵】 미진(微塵); 티끌.
みじんぎり【微塵切り】 채를 썲. ‖みじん切りにする 채를 썰다.
みじんも【微塵も】〔…もない〕조금도 없다. ‖だますなどという気持ちは微塵もなかった 속일 생각은 조금도 없었다.
ミス【miss】 (ス하) 미스; 실수(失手).
ミス【Miss】 미스.
*__みず__【水】 물. ‖お水1杯ください 물 한 잔 주세요. 水をこぼす 물을 쏟다. 花に水をやる 꽃에 물을 주다. ▸水が合わない 새로운 환경에 적응이 안 되다. ▸水と油(の仲) 물 위의 기름.〔慣〕▸水に流す 없었던 것으로 하다. ▸水を得た魚 물 만난 고기. ▸水を差す 물을 끼얹다. 방해하다.
みずあか【水垢】 물때. ‖水垢がつく 물때가 끼다.
みずあげ【水揚げ】 ❶(荷物を) ‖桟橋に水揚げする 선창에 물건을 부리다. ❷어획량(漁獲量). ‖水揚げが落ちる 어획량이 감소하다.
みずあそび【水遊び】 (ス하) 물놀이; 물장난.
みずあめ【水飴】 물엿.
みずあらい【水洗い】 (ス하) 물세탁; 물빨래.
みすい【未遂】 미수(未遂). ♦自殺未遂 자살 미수.
みずいらず【水入らず】 식구(食口)끼리; 가족(家族)만. ‖夫婦水入らず 부부만.
みずいろ【水色】 물색.
みずうみ【湖】 호수(湖水). ‖湖のほとり 호숫가.
みすえる【見据える】 ❶응시(凝視)하다; 주시(注視)하다. ‖相手の顔をじっと見据える 상대방의 얼굴을 물끄러미 응시하다. ❷(本質を)파악(把握)하다. ‖現実を見据える 현실을 파악하다.
みずかき【水搔き】 물갈퀴.
みずかけろん【水掛け論】 공론(空論); 결말(結末)이 나지 않는 논쟁(論爭).
みずかげん【水加減】 적당(適當)한 물의 양(量); 물 조절(調節)
みずかさ【水嵩】 (川・湖などの)수량(水量). ‖水かさが増した川 물이 불어난 개천.
みずがめ【水瓶】 물병; 물독. ♦水瓶座 물병자리.
みずから【自ら】 몸소; 스스로. ‖自らの進退を決める 스스로 진퇴를 결정하다.
みずぎ【水着】 수영복(水泳服). ‖新しい水着を買う 새 수영복을 사다.
みずきり【水切り】 ❶물기(氣)를 빼는 것. ❷〔遊び〕물수제비뜨는 것.
みずぎわ【水際】 물가.
みずくさ【水草】 수초(水草); 물풀.
みずくさい【水臭い】 서먹하다; 서먹서먹하다. ‖水臭いじゃないか, 遠慮するなんて 서먹하지 않아, 사양하고 그러면.
みずぐすり【水薬】 물약(藥).
みずくみ【水汲み】 ‖水汲みする 물을 긷다.
みずけ【水気】 물기(氣). ‖水気を切る 물기를 빼다.
みすごす【見過ごす】 ❶못 보다. ‖標識を見過ごす 표지판을 못 보다. ❷못 본 척하다. ‖黙って見過ごせない 못 본 척 할 수 없다.
みずさいばい【水栽培】 물재배(栽培); 수경법(水耕法).
みずさきあんない【水先案内】 수로 안내인(水路案內人).
みずさし【水差し】 (說明)다른 용기(容器)에 물을 담기 위한 그릇.
みずしごと【水仕事】 물을 만지는 일; 부엌일.
みずしぶき【水しぶき】 물보라. ‖イルカが水しぶきを上げる 돌고래가 물보라를 일으키다.
みずしょうばい【水商売】 술장사.
みずしらず【見ず知らず】 전(全)혀 모름; 생(生)판 모름. ‖見ず知らずの人 전혀 모르는 사람.
ミスター【Mister】 미스터.
みずたま【水玉】 물방울. ‖水玉模様のハンカチ 물방울 모양의 손수건.
みずたまり【水溜まり】 물웅덩이.
みずっぽい【水っぽい】 (水分が多くて) 싱겁다; 밍밍하다. ‖水っぽいお酒 싱거운 술.
みずでっぽう【水鉄砲】 물총(銃). ‖水鉄砲で遊ぶ 물총을 가지고 놀다.
ミステリー【mystery】 미스터리. ‖ミステリー小説 미스터리 소설.
みすてる【見捨てる】 ❶〔見限る〕돌보지 않다. ‖妻子を見捨てる 처자식을 버리다. ❷〔放置する〕곤경(困境)에 처한 것을 못 본 척하다. ‖友人を見捨てて逃げる 친구를 버리고 도망가다.
みずどけい【水時計】 물시계(時計).
みずとり【水鳥】 물새.
みずのあわ【水の泡】 수포(水泡); 물거품. ‖努力が水の泡になる 노력이 물거품이 되다.
みずはけ【水捌け】 배수(排水); 물빠짐. ‖水はけがいい 물이 잘 빠지다.
みずばしら【水柱】 물기둥. ‖水柱が突き上がる 물기둥이 치솟다.
みずびたし【水浸し】 침수(浸水); 물에 잠김. ‖洪水で玄関が水浸しになる 홍수로 현관이 물에 잠기다.

み

みずぶくれ【水膨れ】 물집. ‖指に水ぶくれができる 손가락에 물집이 생기다.
みずべ【水辺】 물가.
みずぼうそう【水疱瘡】 수두(水痘).
みすぼらしい【見窄らしい】 초라하다; 볼품없다; 보잘것없다. ‖見すぼらしい格好 초라한 행색.
みずまき【水撒き】 ‖水撒きする 물을 뿌리다.
みずまし【水増し】 ❶(水を加えて)양(量)을 늘림; 물타기. ❷(全体を)부풀림. ‖経費を水増しして請求する 경비를 부풀려서 청구하다.
みずまわり【水回り】 (台所・浴室など) 건물(建物)에서 물을 사용(使用)하는 부분(部分).
みすみす【見す見す】 빤히 보면서; 빤히 알면서; 눈앞에서. ‖みすみすチャンスを逃がす 빤히 알면서 기회를 놓치다.
みずみずしい【瑞瑞しい】 싱싱하다; 신선(新鮮)하다. ‖瑞々しい若葉 싱싱한 나뭇잎.
みずむし【水虫】 무좀.
みずもの【水物】 ❶음료수(飲料水). ❷수분(水分)이 많은 과일이나 음식(飲食). ❸(運に左右されて)예측(豫測)하기 어려운 것. ‖勝負は水物だ 승부는 예측할 수 없다.
みずもれ【水漏れ】 ‖水漏れする 물이 새다.
みずようかん【水羊羹】 수분(水分)이 많은 양갱(羊羹).
みずわり【水割り】 ‖ウイスキーを水割りで飲む 위스키를 물을 타서 마시다.
みせ【店】 가게; 점포(店鋪). ‖中心街に店を出す 중심가에 가게를 내다. ▸店を畳む 가게를 접다. 장사를 그만두다.
みせいねん【未成年】 미성년(未成年). ‖未成年の飲酒問題 미성년자의 음주 문제.
みせかけ【見せ掛け】 외관(外觀); 겉모습. ‖見せかけだけの涙を流す 우는 척하다.
みせかける【見せ掛ける】 …인 체[척]하다; …처럼 보이게 하다. ‖本物に見せかける 진짜처럼 보이게 하다.
みせがまえ【店構え】 점포(店鋪)의 모양(模樣)이나 규모(規模).
みせさき【店先】 가게 앞. ‖店先の看板 가게 앞의 간판.
みせじまい【店仕舞い】 ❶그날의 영업(營業)을 끝냄. ‖今日はもう店じまいしよう 오늘은 그만 문닫자. ❷폐업(閉業).
みせしめ【見せしめ】 본(本)보기; 본때. ‖見せしめのために皆の前で叱る 본보기로 사람들 앞에서 야단치다.
ミセス【Mrs.】 미세스.
みせつける【見せ付ける】 과시(誇示)하다; 일부러 보이다. ‖仲のよいところを見せつける 사이 좋은 것을 일부러 보이다.
みせどころ【見せ所】 자신(自信) 있는 부분(部分); 보여 주고 싶은 부분. ‖ここが腕の見せどころだ 이 부분을 꼭 보여 주고 싶다.
みせば【見せ場】 볼만한 장면(場面). ‖見せ場の多い舞台 볼만한 것이 많은 무대.
みせばん【店番】 가게를 보는 것 또는 보는 사람. ‖1人で店番をする 혼자서 가게를 보다.
みせびらかす【見せびらかす】 자랑하듯 내보이다. ‖指輪を見せびらかす 자랑하듯 반지를 내보이다.
みせびらき【店開き】 (名하) ❶개업(開業). ❷〔始業〕그날의 영업(營業)을 시작(始作)함.
みせもの【見世物】 ❶(手品・曲芸などの)흥행(興行). ❷구경거리. ‖他人の見世物になる 다른 사람들의 구경거리가 되다.
みせる【見せる】 ❶보여 주다. ‖絵を見せる 그림을 보여 주다. ❷드러나게 하다. ‖誠意を見せる 성의를 보이다. 弱みを見せる 약점을 보이다. ❸…처럼 보이게 하다. ‖若く見せる 젊게 보이게 하다. ❹진찰(診察)을 받다. ‖医者に見せる 진찰을 받다. ❺〔…てみせるの形で〕(일부러) …을[를] 하다. ‖絵を描いてみせる 그림을 그려 보이다.
みぜん【未然】 미연(未然). ‖未然に防ぐ 미연에 방지하다.
みそ【味噌】 된장(醬). ‖味噌汁 된장국. ♦味噌漬け 된장에 절인 것.
みぞ【溝】 ❶〔どぶ〕도랑; 개천(開川). ‖溝を掘る 도랑을 파다. ❷(敷居などの)홈. ❸틈; 간격(間隔); 골. ‖両国間の溝が深まる 양국의 골이 깊어지다.
みぞう【未曾有】 미증유(未曾有). ‖未曾有の大惨事 미증유의 대참사.
みぞおち【鳩尾】 명치.
みそか【晦日】 그믐날; 월말(月末). ▸晦日に月が出る 있을 수 없는 일이다.
みそぎ【禊】 (説明) 바닷물이나 강(江)물로 몸을 씻어 죄(罪)나 부정(不淨)을 흘려 보내는 것.
みそこなう【見損なう】 ❶잘못 보다. ‖数字を見損なう 숫자를 잘못 보다. ❷볼 기회(機會)를 놓치다. ‖ピカソ展を見損なってしまった 피카소 전을 못 보고 말았다. ❸(評価などを)잘못 하다. ‖君を見損なった 너를 잘못 봤다.
みそじ【三十路・三十】 서른; 서른 살.
みそめる【見初める】 〔好きになる〕첫눈에 반하다.
みぞれ【霙】 ❶진눈깨비. ❷〔食べ物〕

み

꿀을 넣은 빙수(氷水).

-みたいだ …같다. ‖本当に夢みたいだ 정말 꿈같다. 彼女は子どもみたいに泣いた 그녀는 애같이[처럼] 울었다. 彼みたいな人は嫌いだ 그 사람 같은 사람은 싫다.

みだし【見出し】 표제(標題); 타이틀. ‖見出しをチェックする 표제를 체크하다. ♦見出し語 표제어.

みだしなみ【身嗜み】 ❶차림새; 용모(容貌). ‖身だしなみに気をつける 용모에 신경을 쓰다. ❷(心がけとして)교양(教養)이 있는 것.

みたす【満たす・充たす】 ❶채우다. ‖杯に酒を満たす 잔에 술을 채우다. ❷만족(満足)시키다; 충족(充足)시키다. ‖要求を満たす 요구를 충족시키다. 以下の条件を満たす数値 다음 조건을 만족시키는 수치.

***みだす【乱す】** 혼란(混亂)스럽게 하다; 어지럽히다; 흐트러뜨리다; 문란(紊亂)하게 하다. ‖髪を乱す 머리를 흐트러뜨리다. 社会秩序を乱す 사회 질서를 혼란스럽게 하다. 風紀を乱す 풍기를 문란하게 하다.

みたてる【見立てる】 ❶보고 고르다; 선정(選定)하다. ‖服を見立てる 옷을 고르다. ❷진단(診斷)하다; 판단(判斷)하다. ‖軽い肺炎と見立てる 가벼운 폐렴이라고 진단하다. ❸가정(假定)하다; 비유(比喩)하다. ‖切り株を椅子に見立てる 나무토막을 의자로 가정하다.

みため【見た目】 외관(外觀); 겉모양(模樣); 겉모습(貌襲); 겉보기. ‖見た目には仲のよさそうな夫婦 겉으로는 사이가 좋아 보이는 부부. 見た目だけで人を判断してはいけない 겉모습만으로 사람을 판단해서는 안 된다.

みだら【淫ら】ダ 음란(淫亂)하다. ‖淫らな行為 음란 행위.

みだりに【妄りに】 무분별(無分別)하게; 함부로; 제멋대로; 쓸데없이. ‖みだりに作品に手を触れないでください 함부로 작품에 손대지 말아 주십시오.

みだれ【乱れ】 흐트러짐; 문란(紊亂)함. ‖髪の乱れ 흐트러진 머리. 秩序の乱れ 질서가 문란함.

みだれる【乱れる】 ❶흐트러지다; 문란(紊亂)하다. ‖突風で髪が乱れる 돌풍으로 머리가 흐트러지다. ❷(心が)동요(動搖)하다.

***みち【道・路】** ❶길. ‖学校へ行く道 학교에 가는 길. 道を聞く 길을 묻다. 道を行く 길을 가다. ❷경로(經路); 여정(旅程). ‖勝利への道は遠かった 승리로의 길은 멀었다. ❸방법(方法); 수단(手段). ‖解決の道を見出だす 해결할 방법을 찾다. ❹전문(専門); 방면(方面). ‖この道に入って 30 年 이 길에 들어선 지 삼십 년.

みち【未知】 미지(未知). ‖未知の世界 미지의 세계.

みちあんない【道案内】 길 안내; 안내자(案內者); 가이드.

みぢか【身近】 ❶주위(周圍); 신변(身邊). ‖身近にある本 주위에 있는 책. ❷자주 접해 익숙함. ‖身近な話題 자주 접해 익숙한 이야기.

みちがえる【見違える】 잘못 보다; 몰라보다. ‖見違えるほど大きくなる 몰라볼 정도로 자라다.

みちくさ【道草】 딴전(廛). ▸道草を食う 딴전을 피우다. 한눈팔다.

みちしお【満ち潮】 만조(滿潮).

みちじゅん【道順】 길; 코스. ‖駅へ行く道順 역으로 가는 길.

みちしるべ【道しるべ】 이정표(里程標); 길 안내(案內); 길잡이.

みちすう【未知数】 미지수(未知數).

みちすじ【道筋】 ❶가는 길; 지나는 길. ‖郵便局は駅に行く道筋にある 우체국은 역으로 가는 길에 있다. ❷조리(條理); 논리(論理); 이치(理致). ‖道筋を立てて説明する 조리 있게 설명하다.

みちたりる【満ち足りる】 충분(充分)히 만족(滿足)하다; 충족(充足)되다. ‖満ち足りた生活 충족된 생활.

みちづれ【道連れ】 동행인(同行人).

みちなり【道形】 (途中にある角を曲がらないで)길을 따라가는 것. ‖道なりに行く 길을 따라가다.

みちのり【道程】 도정(道程); 거리(距離). ‖長く険しい道のり 길고 험한 여정. 1時間ほどの道のり 한 시간 정도의 거리.

みちばた【道端】 길가. ‖道端に咲くタンポポ 길가에 피는 민들레.

みちひ【満ち干】 조수(潮水)의 간만(干滿).

みちびく【導く】 ❶안내(案內)하다. ‖子どもたちを安全な所へ導く 아이들을 안전한 곳으로 안내하다. ❷가르치다; 지도(指導)하다. ‖弟子を導く 제자를 지도하다. ❸인도(引導)하다; 유도(誘導)하다; 이끌다. ‖成功に導く 성공으로 이끌다.

みちゃく【未着】 미착(未着).

ミチヤナギ【道柳】 마디풀.

みちる【満ちる】 ❶〔あふれる〕가득 차다. ‖自信に満ちた顔 자신에 찬 얼굴. 悪意に満ちた書評 악의에 찬 서평. ❷만월(滿月)이 되다; 달이 차다. ❸만조(滿潮)가 되다. ‖潮が満ちてくる 만조가 되다. ❹〔一定の期間が終わる〕만기(滿期)가 되다. ‖刑期が満ちて出所する 형기가 다 돼서 출소하다. 月満ちて産まれた子 달이 다 차서 태어난 아이.

みつ【蜜】 꿀.

みつ【三つ·3つ】 셋; 세 개.
みつあみ【三つ編み】 세 갈래로 머리를 땋는 것.
みっか【三日·3日】 ❶삼일(三日). ❷극(極)히 짧은 기간(期間). ▸三日天下 삼일천하.
みっかい【密会】 ㉠하 밀회(密會).
みっかばしか【三日麻疹】 풍진(風疹).
みっかぼうず【三日坊主】 작심삼일(作心三日).
みつかる【見付かる】 ❶들키다. ‖かくれんぼうで鬼に見つかる 술래잡기에서 술래에게 들키다. ❷발견(發見)되다. ❸찾다. ‖落としたものが見つかる 잃어버린 물건을 찾다.
みつぎもの【貢ぎ物】 공물(貢物).
みっきょう【密教】 밀교(密敎).
みつぐ【貢ぐ】 ❶생활비(生活費) 등을 대주다. ❷공물(供物)을 바치다.
ミックス【mix】 ‖ミックスする 섞다; 혼합하다.
みづくろい【身繕い】 ㉠하 몸치장.
みつくろう【見繕う】 적당(適當)히 골라서 준비(準備)하다.
みつげつ【蜜月】 밀월(蜜月).
みつける【見付ける】 발견(發見)하다; 찾다. ‖なくした指輪を見つける 잃어 버린 반지를 찾다.
みつご【三つ子】 ❶세쌍(雙)둥이. ❷세 살짜리 아이. ▸三つ子の魂百まで 세 살 적 버릇이 여든까지 간다.〔諺〕
みっこう【密航】 ㉠하 밀항(密航).
みっこく【密告】 ㉠하 밀고(密告). ‖警察に密告する 경찰에 밀고하다. ♦密告者 밀고자.
みっし【密使】 밀사(密使).
みっし【密旨】 밀지(密旨).
みっしつ【密室】 밀실(密室).
みっしゅう【密集】 ㉠하 밀집(密集). ‖住宅密集地域 주택 밀집 지역.
みっしょ【密書】 밀서(密書).
ミッション【mission】 미션. ♦ミッションスクール 미션 스쿨.
みっせつ【密接】 ㉠하 밀접(密接). ‖密接な関係 밀접한 관계.
みっそう【密葬】 ㉠하 밀장(密葬).
みつぞう【密造】 ㉠하 밀조(密造).
みつだん【密談】 ㉠하 밀담(密談).
みっちゃく【密着】 ㉡되 밀착(密着). ‖生活に密着した記事 생활에 밀착된 기사.
みっちり 충분(充分)히; 철저(徹底)히. ‖みっちり(と)仕込む 철저하게 가르치다. みっちりしぼられた 호되게 혼났다.
みっつ【三つ·3つ】 셋; 세 개(個); 〔3歳〕 세 살.
みつど【密度】 밀도(密度). ‖密度が高い 밀도가 높다. 人口密度 인구 밀도.
みつどもえ【三つ巴】 삼파전(三巴戰).
みっともない【見っともない】 보기 흉하다; 꼴사납다; 꼴불견이다. ‖みっともない姿 꼴사나운 모습.
みつにゅうこく【密入国】 ㉠하 밀입국(密入國).
みつば【三つ葉】 ❶세 잎. ‖三つ葉のクローバー 세 잎 클로버. ❷(植物) 파드득나물.
みつばい【密売】 ㉠하 밀매(密賣).
ミツバチ【蜜蜂】 꿀벌.
みっぷう【密封】 ㉠하 밀봉(密封). ‖密封包装 밀봉 포장.
みっぺい【密閉】 ㉠하 밀폐(密閉). ‖密閉容器 밀폐 용기.
みつぼうえき【密貿易】 ㉠하 밀무역(密貿易).
みつまた【三つ叉】 ❶(川·道などが)세 갈래로 갈라지는 것 또는 그 부분(部分). ❷끝이 Y 자(字) 모양(模樣)의 막대
みつめる【見詰める】 응시(凝視)하다; 직시(直視)하다; 주시(注視)하다; 빤히 쳐다보다. ‖事態を見つめる 사태를 주시하다. 顔を見つめる 얼굴을 빤히 쳐다보다.
***みつもり**【見積もり】 견적(見積). ‖工事の見積もりを出す 공사 견적을 내다. 見積もり額 견적 가격. ♦見積書 견적서.
みつもる【見積もる】 어림잡아 계산(計算)을 하다; 견적(見積)을 내다. ‖工事費を見積もる 공사비 견적을 내다.
みつやく【密約】 ㉠하 밀약(密約).
みつゆ【密輸】 ㉠하 밀수(密輸). ‖密輸の取り締まり 밀수 단속.
みつゆしゅつ【密輸出】 ㉠하 밀수출(密輸出).
みつゆにゅう【密輸入】 ㉠하 밀수입(密輸入).
みづらい【見辛い】 보기 힘들다; 잘 안 보이다. ‖字が小さくて見づらい 글자가 작아서 보기 힘들다.
みつりょう【密猟】 ㉠하 밀렵(密獵).
みつりん【密林】 밀림(密林). ‖密林に生息する 밀림에 서식하다.
みつろう【蜜蠟】 밀랍(蜜蠟).
みてい【未定】 미정(未定). ‖卒業後の事は未定である 졸업 후의 일은 미정이다. ♦発売未定 발매 미정.
ミディアム【medium】 미디엄. ♦ミディアムレア *비프스테이크 등을 중간 정도로 굽는 것.*
みてくれ【見て呉れ】 외관(外觀); 겉모양(模樣). ‖見てくれを気にする 외관에 신경을 쓰다.
みてとる【見て取る】 간파(看破)하다. ‖敵の動きを見て取る 적의 동태를 간파하다.
みとおし【見通し】 ❶전망(展望). ‖見通しの悪い曲がり角 앞이 잘 안 보이는 커브 길. 先の見通しがない 전망이 불

투명하다. ❷〔お見通しの形で〕통찰(洞察). ‖神様は全てお見通しだ 신은 모든 것을 꿰뚫어 보고 있다.

みとおす【見通す】 ❶〔全部見る〕처음부터 끝까지 다 보다. ❷(遮らず)멀리까지 보이다. ❸꿰뚫어 보다; 예측(豫測)하다. ‖先を見通す 앞날을 예측하다.

みとがめる【見咎める】〔問いただす〕이상(異常)하게 여겨 추궁(追窮)하다.

みどころ【見所】 ❶볼거리. ‖見どころ満載の映画 볼거리가 많은 영화. ❷장래성(將來性). ‖見どころのある青年 장래성이 있는 청년.

みとどける【見届ける】 끝까지 보고 확인(確認)하다; 끝까지 보다. ‖安全を見届けてから横断する 안전을 확인하고 건너다.

みとめいん【認め印】 막도장(圖章).

*__みとめる【認める】__ ❶확인(確認)하다; 보다. ‖暗闇に人影を認める 어둠 속에서 사람 그림자를 보다. ❷인정(認定)하다. ‖不正を認める 부정을 인정하다. 試験で辞書の使用を認める 시험에서 사전 사용을 인정하다.

みどり【緑】 녹색(綠色); 초록(草綠).

みとりず【見取り図】 겨냥도(圖).

みとる【見取る】 이해(理解)하다; 알다.

みとる【看取る】 (最期を)지켜보다. ‖最期を看取る 임종을 지켜보다.

ミドルきゅう【middle 級】 (ボクシングで)미들급(級).

みとれる【見蕩れる】 넋을 놓고 보다. ‖ダイヤに見とれる 다이아몬드를 넋을 놓고 보다.

*__みな【皆】__ 전원(全員); 전부(全部); 다. ‖私たちは皆元気です 우리들은 다 잘 있습니다. 子どもは皆アイスが好きだ 애들은 전부 아이스크림을 좋아한다.

みなおし【見直し】 다시 봄; 재검토(再檢討). ‖全面的な見直しを図る 전면적으로 재검토하기로 하다.

みなおす【見直す】 ❶한번(番) 더 보다; 재검토(再檢討)하다. ‖予算を見直す 예산을 재검토하다. ❷(見方を変えて)달리 보다; 다시 보다. ‖今回のことで兄を見直した 이번 일로 형을 다시 봤다.

みなぎる【漲る】 넘치다. ‖闘志がみなぎる 투지가 넘치다.

みなごろし【皆殺し】 몰살(沒殺).

みなさま【皆様】 여러분. ‖皆様, 大変長らくお待たせいたしました 여러분 대단히 오래 기다리셨습니다.

みなさん【皆さん】 여러분.

みなしご【孤児】 고아(孤兒).

みなす【見做す】 간주(看做)하다; 여기다. ‖返事がないので欠席とみなす 대답이 없어 결석으로 간주하다.

みなと【港】 항; 항구(港口). ‖港町 항구 도시.

みなまたびょう【水俣病】 미나마타병(病).

*__みなみ【南】__ 남(南); 남쪽. ‖日当たりのいい南向きの家 볕살이 잘 드는 남향집. 南の島 남쪽 섬.

みなみアフリカきょうわこく【南 Africa 共和国】《国名》남아프리카-공화국.

みなみかいきせん【南回帰線】 남회귀선(南回歸線).

みなみかぜ【南風】 남풍(南風).

みなみはんきゅう【南半球】 남반구(南半球).

みなもと【源】 ❶수원(水源). ❷기원(起源); 원천(源泉).

みならい【見習い】 견습(見習); 수습(修習). ‖見習い期間 견습 기간.

みならいこう【見習工】 견습공(見習工); 수습공(修習工).

みならう【見習う】 보고 배우다. ‖先輩を見習う 선배를 보고 배우다.

*__みなり【身形】__ 옷차림. ‖身なりを整える 옷차림을 단정히 하다. 身なりに構わない 옷차림에 신경을 쓰지 않다.

みなれる【見慣れる】 눈에 익다; 친숙(親熟)하다. ‖見慣れた景色 눈에 익은 풍경. 見慣れない人がいる 못 보던 사람이 있다.

ミニカー【minicar】 미니카.

みにくい【醜い】 ❶밉다; 보기 흉하다. ‖醜い顔 미운 얼굴. ❷〔醜悪である〕꼴사납다; 꼴불견이다; 추잡(醜雜)하다.

みにくい【見難い】 잘 안 보이다; 보기 힘들다. ‖この席は舞台が見にくい 이 자리는 무대가 잘 안 보인다.

ミニスカート【miniskirt】 미니스커트.

ミニチュア【miniature】 미니어처.

ミニマム【minimum】 미니멈.

ミニマムきゅう【minimum 級】 (ボクシングで)미니멈급.

みぬく【見抜く】 간파(看破)하다; 알아차리다. ‖うそを見抜く 거짓말을 알아차리다.

みね【峰】 봉우리.

ミネラル【mineral】 미네랄. ♦ミネラルウオーター 미네랄워터. 생수.

みの【蓑】 도롱이.

みのう【未納】 미납(未納).

*__みのうえ【身の上】__ 신상(身上); 운명(運命). ‖身の上相談 신상 상담. 身の上話をする 신세타령을 하다.

みのがす【見逃す】 ❶못 보다; 못 보고 지나치다. ‖誤植を見逃す 오식을 못 보다. ❷봐주다; 눈감아 주다. ‖罪を見逃す 죄를 눈감아 주다. ❸기회(機會)를 놓치다; 못 보다. ‖ドラマを見逃す 드라마를 못 보다.

みのしろきん【身の代金】 몸값. ‖身代金を要求する 몸값을 요구하다.

みのたけ【身の丈】 신장(身長); 키. ‖身

の丈に合わせる 키에 맞추다.

みのほど【身の程】 분수(分數). ‖身の程知らずもはなはだしい 분수를 몰라도 정도가 있지.

みのまわり【身の回り】 신변(身邊). ‖身の回りを片付ける 신변을 정리하다.

みのり【実り】 결실(結實). ‖実りの秋 결실의 가을.

みのる【実る】 ❶〔生る〕열매를 맺다. ‖桃が実る 복숭아가 열리다. ❷〔結果が出る〕성과(成果)를 얻다. ‖努力が実る 노력이 성과를 거두다.

みばえ【見栄え】 좋아 보임. ‖見栄えのするネクタイ 좋아 보이는 넥타이.

みはからう【見計らう】 ❶적당(適當)한 것을 고르다. ‖適当に見計らって買う 적당히 보고 고르다. ❷시기(時機)를 보다. ‖暇な時間を見計らって訪れる 한가한 시간을 봐서 찾아가다.

みはなす【見放す】 단념(斷念)하다; 포기(拋棄)하다. ‖医者から見放される 의사가 포기하다.

みはらい【未払い】 미불(未拂); 미납(未納).

みはらし【見晴らし】 전망(展望). ‖見晴らしのいいマンション 전망이 좋은 맨션.

みはり【見張り】 ❶〔行為〕망(望)을 보는 것. ‖見張りを立てる 망을 보게 하다. ❷〔人〕망을 보는 사람.

みはる【見張る】 ❶눈을 크게 뜨고 보다; 괄목상대(刮目相待)하다. ‖彼の上達ぶりは目を見張るほどだ 그 사람의 실력 향상에 눈이 휘둥그레지다. ❷경계(警戒)하다; 망을 보다. ‖不審者を見張る 수상한 사람을 경계하다.

みひつのこい【未必の故意】 미필적 고의(未必的故意).

みひらく【見開く】 눈을 크게 뜨다. ‖眼を見開いてよく見る 눈을 크게 뜨고 보다.

みぶり【身振り】 몸짓; 몸놀림. ‖身振り手振りで説明する 손짓 발짓으로 설명을 하다.

みぶるい【身震い】 ‖身震いする 무서워서 몸이 떨리다.

***みぶん【身分】** 신분(身分). ‖身分を隠す 신분을 숨기다. 身分を証明するもの 신분을 증명하는 물건. 身分を保証される 신분이 보장되다. ♦身分証明書 신분 증명서.

みぶんか【未分化】 미분화(未分化).

みぶんそうおう【身分相応】 ‖身分相応な生活 분수에 맞는 생활.

みぼうじん【未亡人】 미망인(未亡人).

みほん【見本】 견본(見本). ‖見本を展示する 견본을 전시하다.

***みまい【見舞い】** ❶〔行為〕병문안(病問安); 문안; 문병. ‖見舞いに行く (병)문안을 가다. ❷〔見舞い品〕병문안품(病問安品); 위문품(慰問品).

みまう【見舞う】 ❶병문안(病問安)하다; 문병하다. ‖友人を病院に見舞う 병원에 친구를 문병 가다. ❷〔見舞われるの形で〕좋지 않은 일을 당하다. ‖水害に見舞われた地方 수해를 당한 지방.

みまちがえる【見間違える】 잘못 보다.

みまもる【見守る】 지켜보다. ‖成り行きを静かに見守る 경과를 조용히 지켜보다.

みまわす【見回す】 둘러보다. ‖辺りを見回す 주위를 둘러보다.

みまわり【見回り】 순찰(巡察); 둘러보기.

みまわる【見回る】 순찰(巡察)하다; 경계(警戒)하며 둘러보다. ‖校内を見回る 교내를 둘러보다.

みまん【未満】 미만(未滿).

***みみ【耳】** ❶귀. ‖耳が大きい 귀가 크다. 右の耳が痛い 오른쪽 귀가 아프다. 耳が聞こえない 귀가 안 들리다. 耳がいい 귀가 좋다. 耳をつんざくジェット機の音 귀청이 떨어질 것 같은 제트기 소리. ❷〔端・回り〕‖パンの耳 빵 귀. ▸耳が痛い 귀가 따갑다.〔慣〕 ▸耳が遠い 귀가 어둡다. ▸耳にする 듣다. ▸耳にたこができる 귀에 못이 박히다.〔慣〕 ▸耳に残る 들은 소리나 말이 기억에 남다. ▸耳に入る 들리다. 妙なうわさが耳に入る 이상한 소문이 들리다. ▸耳を疑う 귀를 의심하다.〔慣〕 ▸耳を貸す 상대방의 이야기를 듣다. 들으려고 하다. ▸耳を傾ける 귀를 기울이다.〔慣〕 ▸耳を澄ます 주의해서 들으려고 하다. ▸耳を塞ぐ 귀를 막다. 耳を塞ぎたくなる悪いうわさ 귀를 막고 싶은 안 좋은 소문.

みみあか【耳垢】 귀지. ‖耳垢がたまる 귀지가 쌓이다.

みみうち【耳打ち】 (名하) 귓속말. ‖そっと耳打ちする 살짝 귓속말을 하다.

みみかき【耳搔き】 귀이개.

みみざわり【耳障り】ダ 귀에 거슬리다. ‖耳障りな音 귀에 거슬리는 소리.

ミミズ【蚯蚓】 지렁이. ♦みみず腫れ (説明) 긁은 부위가 지렁이처럼 길게 부어오른 것.

ミミズク【木菟】 수리부엉이.

みみせん【耳栓】 귀마개.

みみたぶ【耳朶】 귓불. ‖福々しい耳たぶをしている 귓불이 복스럽다.

みみなり【耳鳴り】 이명(耳鳴). ‖耳鳴りに悩まされる 이명으로 고생하다.

みみもと【耳元】 귓가; 귓전. ‖耳元で囁く 귓전에서 속삭이다.

みみより【耳寄り】 귀가 솔깃함. ‖耳寄りな情報を聞く 귀가 솔깃한 정보를 듣다.

みむき【見向き】 거들떠봄; 돌아봄; 관심(關心)을 보임. ‖見向きもしない 거

들떠보지도 않다.
みめ【見目】 본 느낌; 겉모양(模樣); 용모(容貌); 체면(體面).
みめい【未明】 미명(未明); 새벽. ‖本日未明 오늘 새벽.
みもしらぬ【見も知らぬ】 생면부지(生面不知)의. ‖見も知らぬ人 생면부지의 사람.
みもだえ【身悶え】 ‖身悶えする 몸부림치다.
みもち【身持ち】 몸가짐; 품행(品行). ‖身持ちが悪い 품행이 좋지 않다.
*__みもと__【身元】 신원(身元). ‖身元の確かな人 신원이 확실한 사람. ♦**身元照合** 신원 조회. **身元保証** 신원 보증.
みもの【見物】 볼거리.
みや【宮】 ❶궁(宮). ❷황족(皇族)의 경칭(敬稱).
みゃく【脈】 ❶맥; 맥박(脈搏). ‖脈打つ 맥박(脈搏) 치다. ❷가망(可望); 희망(希望). ▸脈がある 희망이 있다. 가능성이 있다.
みゃくはく【脈搏】 맥박(脈搏).
みゃくみゃく【脈脈】 맥맥(脈脈)히. ‖脈々(と)続く 맥맥히 이어지다.
みゃくらく【脈絡】 맥락(脈絡).
みやげ【土産】 ❶선물(膳物). ❷(旅行の)토산품(土產品). ♦**土産話** 여행담.
みやこ【都】 ❶수도(首都). ❷도시(都市). ‖水の都ベニス 물의 도시 베니스. ❸황궁(皇宮)이 있는 곳.
みやこおち【都落ち】 (≈하) 낙향(落鄕).
みやすい【見易い】 ❶보기 편하다. ‖見やすい紙面 보기 편한 지면. ❷〔誰にでも分かる〕알기 쉽다. ‖見やすい説明 알기 쉬운 설명.
みやび【雅】 우아(優雅).
みやぶる【見破る】 간파(看破)하다; 꿰뚫어 보다; 알아차리다. ‖うそを見破る 거짓말을 알아차리다.
ミャンマー【Myanmar】《国名》 미얀마.
ミュール【mule】 뮬.
みょう【妙】 ❶묘(妙). ‖造化の妙 조화의 묘. ❷〔妙だの形で〕묘하다. ‖妙な話 묘한 이야기.
みょうあん【妙案】 묘안(妙案). ‖妙案が浮かぶ 묘안이 떠오르다.
ミョウガ【茗荷】 양하(蘘荷).
みょうぎ【妙技】 묘기(妙技).
みょうごにち【明後日】 모레. ‖明後日にお会いしましょう 모레 만납시다.
みょうごねん【明後年】 내후년(來後年).
みょうじ【名字】 성; 성씨(姓氏).
みょうちょう【明朝】 다음날 아침(에).
みょうにち【明日】 내일(來日).
みょうみ【妙味】 묘미(妙味).
みようみまね【見様見真似】 ‖見様見真似で調理する 다른 사람이 하는 것을 보고 조리하다.
みょうり【冥利】 기쁨. ‖教師冥利に尽きる 교사로서 기쁘기 그지없다.
みょうれい【妙齢】 묘령(妙齡).
みより【身寄り】 친척(親戚). ‖身寄りが少ない 친척이 적다.
ミラー【mirror】 거울; 미러. ♦バックミラー 백미러.
みらい【未来】 미래(未來). ‖未来への希望 미래에 대한 희망.
ミリ【milli ᄀ】 …밀리(m).
ミリオンセラー【million seller】 밀리온셀러.
ミリグラム【milligramme ᄀ】 …밀리그램(mg).
ミリメートル【millimètre ᄀ】 …밀리미터(mm).
みりょう【魅了】 (≈하) 매료(魅了). ‖聴衆を魅了する 청중을 매료하다.
みりょく【魅力】 매력(魅力). ‖魅力を感じる 매력을 느끼다. 魅力あふれる人 매력이 넘치는 사람.
みりょくてき【魅力的】 매력적(魅力的). ‖魅力的な人 매력적인 사람.
ミリリットル【millilitre ᄀ】 …밀리리터(mℓ).
みりん【味醂】 미림(味淋).
*__みる__【見る・看る・診る】 ❶보다. ‖建物を正面から見る 건물을 정면에서 보다. 心電図を見る 심전도를 보다. 昔の農家によく見られる間取り 옛날 농가에서 쉽게 볼 수 있는 집 구조. 世間を甘く見る 세상을 우습게 보다. 私から見ると彼が正しい 내가 볼 때는 그 사람이 옳다. ❷감상(鑑賞)하다; 구경하다. ‖桜を見に行く 벚꽃 구경을 가다. ❸진찰(診察)하다. ‖患者を診る 환자를 진찰하다. ❹〔世話〕보살피다; 돌봐 주다. ‖入院中の親の面倒を見る 입원 중인 부모님을 돌봐 드리다. ❺(よくない)경험(經驗)을 하다. ‖痛い目を見る 안 좋은 경험을 하다. ❻(動作・作用などが)실현(實現)되다. ‖なかなか意見の一致を見ない 좀체 의견이 일치되지 않다. ❼〔…てみるの形で〕…아[어・해] 보다. ‖旅行にでも行ってみたい 여행이라도 가 보고 싶다. ノートに内容を書いてみる 노트에 내용을 써 보다. ▸見る影もない 볼품없다. ▸見るに忍びない 너무 안 돼서 볼 수가 없다. 見るに忍びない惨事 차마 보지 못할 참사. ▸見るに見兼ねて 두고 볼 수가 없어서. 보다 못해.
みるからに【見るからに】 보기에도. ‖見るからに強そうな選手 보기에도 강해 보이는 선수.
ミルク【milk】 밀크; 우유(牛乳).
みるみる【見る見る】 순식간(瞬息間)에. ‖みるみる火が燃え広がる 순식간에 불길이 번지다. みるみるうちに平らげる 순식간에 먹어 치우다.
みるめ【見る目】 안목(眼目); 남의 눈;

보는 눈. ‖骨董品を見る目がある 골동품을 보는 눈이 있다.

ミレニアム【millennium】밀레니엄; 새천년(千年).

みれん【未練】미련(未練). ‖未練が残る 미련이 남다.

みれんがましい【未練がましい】미련(未練)이 남아 있다; 연연(戀戀)해하다.

みろく【弥勒】미륵(彌勒).

みわく【魅惑】(ス하)매혹(魅惑). ♦魅惑的 매혹적.

みわけ【見分け】구분(區分); 구별(區別). ‖見分けがつかない顔 구분이 안 되는 얼굴.

みわける【見分ける】구별(區別)하다. ‖双子を見分ける 쌍둥이를 구별하다.

みわすれる【見忘れる】❶전(前)에 본 것을 잊다; 생각나지 않다. ‖旧友の顔を見忘れた 옛날 친구의 얼굴이 생각나지 않았다. ❷보는 것을 잊다. ‖ドラマを見忘れる 드라마 보는 것을 잊어버리다.

みわたす【見渡す】❶멀리 보다. ‖見渡す限りの絶景 끝없이 펼쳐지는 절경. ❷전체(全體)를 내다 보다. ‖仕事の全体を見渡す 일 전체를 내다보다.

みんい【民意】민의(民意).

みんえい【民営】민영(民營). ♦民営化 민영화.

みんか【民家】민가(民家).

みんかん【民間】민간(民間). ♦民間人 민간인. 民間信仰 민간 신앙. 民間放送 민간 방송. 民間療法 민간 요법.

みんげい【民芸】민예(民藝). ♦民芸品 민예품.

みんけん【民権】민권(民權).

みんじ【民事】민사(民事). ♦民事事件 민사 사건. 民事訴訟 민사 소송.

みんしゅ【民主】민주(民主). ♦民主化 민주화. 民主社会 민주 사회. 民主主義 민주주의.

みんじゅ【民需】민수(民需).

みんしゅう【民衆】민중(民衆).

みんしゅく【民宿】민박(民泊).

みんせん【民選】(ス하)민선(民選).

みんぞく【民俗】민속(民俗). ♦民俗音楽 민속 음악. 民俗学 민속학.

***みんぞく**【民族】민족(民族). ♦民族意識 민족의식. 民族国家 민족 국가. 民族主義 민족주의. 民族的 민족적.

ミンチ【mince】간 고기.

みんちょうたい【明朝体】명조체(明朝體).

みんな【皆】❶전원(全員). ‖皆が賛成した 전원 찬성했다. ❷〔副詞的に〕모두; 전부(全部); 다. ‖彼の作品は皆読んだ 그 사람의 작품은 전부 읽었다.

みんぽう【民法】민법(民法).

みんぽう【民放】민방; 민간 방송(民間放送).

みんよう【民謡】민요(民謠). ‖昔から伝わる民謡 옛날부터 전해 오는 민요.

みんわ【民話】민화(民話).

む

む【無】❶무(無); 아무것도 없음. ‖無に等しい 없는 것과 마찬가지다. ❷헛수고. ‖人の好意を無にする 다른 사람의 호의를 헛되게 하다.

むい【無為】무위(無爲). ♦無為徒食 무위도식.

むいか【六日・6日】육일(六日); 엿새.

むいしき【無意識】무의식(적)(無意識(的)). ‖無意識に手を動かす 무의식적으로 손을 움직이다.

むいちもん【無一文】무일(無一)푼. ‖無一文になる 무일푼이 되다.

むいみ【無意味】ダ 무의미(無意味)하다. ‖無意味な行動 무의미한 행동.

ムース【mousse ７】무스.

ムード【mood】무드; 분위기(雰圍氣); 기분(氣分).

むえき【無益】ダ 무익(無益)하다. ‖無益な争い 무익한 싸움.

むえん【無援】무원(無援). ♦孤立無援 고립무원.

むえん【無塩】무염(無塩). ♦無塩バター 무염 버터.

むえん【無縁】무연(無緣).

むえんたん【無煙炭】무연탄(無煙炭).

むが【無我】무아(無我). ‖無我の境 무아지경.

むかい【向かい】건너편(便).

むがい【無害】ダ 무해(無害)하다. ‖人体に無害な薬 인체에 무해한 약.

むかいあう【向かい合う】마주 보다. ‖向かい合う商店 마주 보는 상점.

むかいあわせ【向かい合わせ】마주 봄. ‖向かい合わせに座る 마주 보고 앉다.

むかいかぜ【向かい風】맞바람. ‖向かい風に影響される 맞바람의 영향을 받다.

***むかう**【向かう】❶향(向)하다. ‖机に向かって本を読む 책상에 앉아 책을 읽다. ❷향하여 가다. ‖目標に向かって進む 목표를 향해 나아가다. ❸〔ある時期・状態になる〕‖寒さに向かう 추위가 다가오다. ❹대하다. ‖親に向かって何だ 부모한테 그게 무슨 태도니? ❺대항(對抗)하다; 대적(對敵)하다. ‖素手で向かっていく 맨손으로 대항하다.

むかえ【迎え】마중. ‖迎えに行く 마중 나가다.

むかえうつ【迎え撃つ】맞받아치다; 요격(邀擊)하다.

***むかえる**【迎える】❶맞다; 맞이하다. ‖笑顔で迎える 웃는 얼굴로 맞이하다.

❷맞아들이다. ‖妻に迎える 아내로 맞아들이다. ❸〔ある時期・状態になる〕 ‖冬を迎える 겨울을 맞이하다.

むがく【無学】 무학(無學).

*__むかし__【昔】 옛날; 예전. ‖昔の習慣 옛날부터의 습관. 昔の思い出 옛날 추억.

むかしばなし【昔話】 ❶지난 이야기. ‖昔話に花が咲く 지난 이야기로 꽃을 피우다. ❷옛날이야기. ‖おばあさんが聞かせてくれた昔話 할머니가 들려준 옛날이야기.

むかしむかし【昔昔】 옛날옛적에.

むかつく ❶메슥거리다. ‖食べすぎで胸がむかつく 과식으로 속이 메슥거리다. ❷화(火)가 치밀다. ‖顔を見るだけでむかつく 얼굴만 봐도 화가 치밀다.

むかって【向かって】 자기(自己) 쪽에서 봐서. ‖向かって右 내 쪽에서 봤을 때 오른쪽.

むかっと 울컥; 벌컥. ‖その言葉にむかっとした 그 말에 울컥 화가 치밀었다.

ムカデ【百足】 지네.

むかむか ❶메슥메슥. ‖胃がむかむかする 속이 메슥거리다. ❷화(火)가 남; 울컥. ‖むかむか(と)して怒鳴りつける 화가 나서 큰 소리로 꾸짖다.

むがむちゅう【無我夢中】 무아도취(無我陶醉); 정신(精神)없음. ‖無我夢中で逃げる 정신없이 도망가다.

むかん【無冠】 무관(無冠). ‖無冠の帝王 무관의 제왕.

むかんかく【無感覚】 무감각(無感覺). ‖寒さで指先が無感覚になる 추위로 손끝이 무감각해지다.

むかんけい【無関係】 관계(關係)없음. ‖無関係の人 관계없는 사람.

むかんしん【無関心】 무관심(無關心); 관심이 없음. ‖政治には無関心だ 정치에는 관심이 없다.

むき【向き】 ❶방향(方向). ‖南向きの家 남향집. ❷의견(意見)이 있는 사람. ‖反対の向きもある 반대 의견인 사람도 있다. ❸경향(傾向). ‖理想主義に走る向きがある 이상주의로 치닫는 경향이 있다. ❹적합(適合)함. ‖初心者向きの辞書 초심자에 적합한 사전. ▸向きになる 정색을 하다. 정색하고 대들다. 些細なことで向きになる 사소한 일에 정색을 하다.

むき【無期】 무기(無期). ♦無期刑 무기형. 無期懲役 무기 징역.

むき【無機】 무기(無機). ♦無機化学 무기 화학. 無機化合物 무기 화합물. 無機質 무기질. 無機物 무기물.

むぎ【麦】 보리. ♦麦ご飯 보리밥. 麦畑 보리밭.

むきあう【向き合う】 ❶마주하다; 마주대하다. ‖客と向き合って座る 손님과 마주 보고 앉다. ❷직시(直視)하다. ‖問題に向き合う 문제를 직시하다.

むきげん【無期限】 무기한(無期限). ‖無期限活動停止 무기한 활동 정지.

むきこきゅう【無気呼吸】 무기 호흡(無氣呼吸).

むきず【無傷】 ❶흠이 없음. ‖無傷の茶碗 흠 하나 없는 그릇. ❷죄(罪)・결점(缺點)・실패(失敗) 등이 없음. ‖無傷の10連勝 무패의 십 연승.

むきだし【剝き出し】 드러냄; 노골적(露骨的)임. ‖背中をむき出しにする 등을 드러내다. 敵意をむき出しにする 적의를 노골적으로 드러내다.

むきだす【剝き出す】 드러내다; 노출(露出)시키다. ‖歯をむき出して笑う 이를 드러내고 웃다.

むぎちゃ【麦茶】 보리차(茶).

むきどう【無軌道】 무궤도(無軌道).

むきめい【無記名】 무기명(無記名). ♦無記名投票 무기명 투표.

むぎめし【麦飯】 보리밥.

むきゅう【無休】 무휴(無休). ♦年中無休 연중무휴.

むきゅう【無給】 무급(無給).

むきゅう【無窮】ダ 무궁(無窮)하다.

むきりょく【無気力】ダ 무기력(無氣力)하다. ‖無気力な日々 무기력한 나날.

むぎわら【麦藁】 밀짚. ♦麦藁帽子 밀짚모자.

むきん【無菌】 무균(無菌). ♦無菌室 무균실.

むく【無垢】 무구(無垢). ♦純真無垢 순진무구.

*__むく__【向く】 ❶향(向)하다. ‖窓の方を向く 창 쪽을 향하다. ❷방향(方向)을 가리키다. ‖南を向いているコンパスの針 남쪽을 가리키고 있는 나침반의 바늘. ❸(気が)내키다. ‖気が向けば夜中まで働く 마음이 내키면 밤늦게까지 일을 하다. ❹적합(適合)하다; 맞다; 어울리다. ‖自分に向いた仕事 자기한테 맞는 일. ❺〔運が向くの形で〕운(運)이 트이다.

むく【剝く】 (皮を)벗기다. ‖リンゴの皮を剝く 사과 껍질을 벗기다. 一皮剝けば詐欺師だ 한 꺼풀 벗기면 사기꾼이다.

むくい【報い】 ❶응보(應報); 과보(果報). ‖悪業の報いを受ける 나쁜 짓 한 벌을 받다. ❷보답(報答); 보수(報酬). ‖何の報いも求めない 아무런 보수도 바라지 않다. ❸앙갚음; 보복(報復).

むくいぬ【尨犬】 삽살개.

むくいる【報いる】 ❶보답(報答)하다. ‖彼の親切に報いるように努力します 그 사람의 친절에 보답할 수 있도록 노력하겠습니다. ❷앙갚음하다; 보복(報復)하다.

ムクゲ【木槿】 무궁화(無窮花). ✣韓国

む

の国花.

むくち【無口】ダ 과묵(寡默)하다; 말수(數)가 적다.

ムクドリ【椋鳥】 찌르레기.

むくみ【浮腫】 부종(浮腫).

むくむ【浮腫む】 붓다. ‖寝すぎで顔がむくむ 많이 자서 얼굴이 붓다.

むくむく ❶〔雲・煙〕뭉게뭉게. ‖雲がむくむくとわき上がる 구름이 뭉게뭉게 피어오르다. ❷〔感情〕부글부글. ‖怒りがむくむくと頭をもたげてきた 부글부글 화가 치밀었다. ❸〔起き上がる様子〕벌떡. ‖むくむくと起き上がる 벌떡 일어나다. ❹〔柔らかいものが厚くふくらんでいる様子〕통통히. ‖むくむくと肥えた赤ちゃん 통통하게 살이 찐 아기.

-むけ【向け】 ‖老人向けの番組 노인 취향의 프로. 南米向けの輸出 남미로의 수출.

むけい【無形】 무형(無形). ♦無形文化財 무형 문화재.

むけつ【無欠】 무결(無缺). ♦完全無欠 완전무결.

むげに【無下に】 함부로. ‖むげに断るわけにもいかない 함부로 거절할 수도 없다.

むける【向ける】 ❶돌리다. ‖顔を向ける 얼굴을 돌리다. 非難を与党に向ける 비난을 여당에 돌리다. ❷향(向)하다. ‖ハワイに向けて出発する 하와이를 향해 출발하다. ❸파견(派遣)하다. ‖担当者を現地に向ける 담당자를 현지에 파견하다. ❹할당(割當)하다. ‖全額を図書費に向ける 전액을 도서비에 할당하다.

むける【剝ける】 벗겨지다.

むげん【無限】 무한(無限). ‖無限の宇宙 무한한 우주. ♦無限軌道 무한궤도. 無限級数 무한급수. 無限責任 무한 책임. 無限大 무한대.

むこ【婿】 ❶사위. ‖婿入りする 데릴사위로 들어가다. ❷신랑(新郞).

むごい【惨い】 ❶비참(悲慘)하다. ‖むごい死に方をする 비참하게 죽다. ❷무자비(無慈悲)하다; 잔혹(殘酷)하다. ‖むごい仕打ち 무자비한 처사.

***むこう**【向こう】 ❶맞은편(便). ‖向こうの家 맞은편 집. ❷저쪽. ‖向こうで遊びなさい 저쪽에서 놀아라. ❸건너편. ‖川の向こう 강 건너편. ❹상대방(相對方). ‖向こうの意見も聞こう 상대방 의견도 듣자. ❺향후(向後); 지금(只今)부터. ‖向こう１週間仕事を休む 지금부터 일주일간 일을 쉬다. ▸向こうに回す 상대를 하다. 強豪を向こうに回して互角に戦う 강적을 상대로 대등하게 싸우다.

むこう【無効】 무효(無效). ‖契約が無効になる 계약이 무효가 되다.

むこういき【向こう意気】 오기(傲氣); 깡다구. ‖向こう意気が強い 깡다구가 세다.

むこうみず【向こう見ず】ダ 경솔(輕率)하다; 무모(無謀)하다. ‖向こう見ずな行動 무모한 행동.

むこうもち【向こう持ち】 (経費などを)상대방(相對方)이 부담(負擔)함.

むごたらしい【惨たらしい】 비참(悲慘)하다; 잔혹(殘酷)하다. ‖むごたらしい事件 잔혹한 사건.

むこようし【婿養子】 데릴사위.

むこん【無根】 무근(無根). ♦事実無根 사실무근.

むごん【無言】 무언(無言). ‖無言の抗議 무언의 항의. ♦無言劇 무언극. 팬터마임.

むざい【無罪】 무죄(無罪). ‖無罪の判決が下される 무죄 판결이 내리다.

むさく【無策】 무책(無策). ♦無為無策 속수무책.

むさくい【無作為】 무작위(無作爲). ‖無作為に選ぶ 무작위로 고르다. ♦無作為抽出 무작위 추출.

むさくるしい【むさ苦しい】 지저분하다; 누추(陋醜)하다.

むさべつ【無差別】 무차별(無差別). ♦無差別テロ 무차별 테러.

むさぼる【貪る】 ❶탐(貪)하다; 만족(滿足)할 줄 모르다. ‖暴利をむさぼる 폭리를 취하다. ❷지칠 줄 모르다. ‖本をむさぼり読む 닥치는 대로 책을 읽다.

むざむざ 호락호락; 어이없이; 쉽사리; 쉽게. ‖むざむざチャンスを逃す 어이없이 기회를 놓치다.

むさん【無産】 무산(無産). ♦無産階級 무산 계급.

むさん【霧散】 (会되) 무산(霧散). ‖計画が霧散する 계획이 무산되다.

むざん【無惨】ダ 무참(無慘)하다. ‖夢は無惨にもついえた 꿈은 무참하게 깨졌다.

***むし**【虫】 ❶벌레. ‖虫がわく 벌레가 생기다. 虫に食われる 벌레한테 물리다. ❷〔気持ち・感情〕‖腹の虫がおさまらない 화가 나서 참을 수가 없다. ❸〔考え〕생각. ‖悪い虫が頭をもたげる 나쁜 생각이 머리를 쳐들다. ❹〔熱中する人〕‖本の虫 책벌레. ❺〔性向〕‖泣き虫 울보. ▸虫がいい 뻔뻔스럽다. ▸虫が知らせる 예감이 들다. ▸虫が好かない 왠지 모르게 마음에 안 들다. ▸虫がつく (未婚の女性などに)남자가 생기다. ▸虫も殺さぬ 인자한. 온화한. 虫も殺さぬ顔をして心は悪魔のようだ 인자한 얼굴을 하고 속은 악마 같다.

むし【無死】 (野球で)무사(無死).

むし【無私】 무사(無私). ♦公平無私 공평무사.

むし【無視】 (会하) 무시(無視). ‖信号を無視する 신호를 무시하다. 彼の意見

は無視された 그 사람의 의견은 무시당했다.

むじ【無地】 무지(無地); 단색(單色)으로 무늬가 없는 천. ‖無地のTシャツ 단색 티셔츠.

むしあつい【蒸し暑い】 무덥다. ‖蒸し暑い夜 무더운 밤.

むしかえす【蒸し返す】 ❶다시 찌다. ❷(一度解決した事柄を)다시 끄집어내다; 다시 문제(問題) 삼다. ‖話を蒸し返す 얘기를 또 끄집어내다.

むしかご【虫籠】 곤충(昆蟲) 채집용(採集用) 바구니.

むしき【蒸し器】 찜통(桶).

むしくい【虫食い】 벌레 먹음. ‖虫食いのリンゴ 벌레 먹은 사과.

むしくだし【虫下し】 구충제(驅蟲劑).

むしさされ【虫刺され】 벌레 물린 곳. ‖虫刺されがかゆい 벌레 물린 곳이 가렵다.

むじつ【無実】 ❶무죄(無罪). ‖無実を訴える 무죄를 주장하다. ❷무실(無實). ♦有名無実 유명무실.

むしば【虫歯】 충치(蟲齒). ‖虫歯ができる 충치가 생기다.

むしばむ【蝕む】 벌레 먹다; 좀먹다; 골병(病)들다. ‖蝕まれた果実 벌레 먹은 과일. 青少年の心を蝕む出版物 청소년의 마음을 좀먹는 출판물. 蝕まれた体 골병든 몸.

むじひ【無慈悲】ダ 무자비(無慈悲)하다. ‖無慈悲な行動 무자비한 행동.

むしぶろ【蒸し風呂】 한증탕(汗蒸湯); 찜통(桶). ‖蒸し風呂のような暑さ 찜통 같은 더위.

むしむし【蒸し蒸し】 ‖蒸し蒸しする 후덥지근하다.

むしめがね【虫眼鏡】 돋보기; 확대경(擴大鏡). ‖虫眼鏡で見る 돋보기로 보다.

むしやき【蒸し焼き】 밀폐(密閉)된 용기(容器) 속에 넣어 구운 요리(料理).

むじゃき【無邪気】ダ ❶순진(純眞)하다; 천진난만(天眞爛漫)하다. ‖無邪気な子ども 천진난만한 아이. ❷악의(惡意)가 없다. ‖無邪気な言動 악의 없는 언행.

むしゃくしゃ ‖仕事がうまくいかなくてむしゃくしゃする 일이 잘 안 풀려서 짜증나다.

むしゃむしゃ 게걸스럽게; 게걸스레. ‖むしゃむしゃ(と)食べる 게걸스럽게 먹다.

むしゅう【無臭】 무취(無臭). ♦無色無臭 무색무취.

むしゅうきょう【無宗教】 무교(無敎).

むじゅうりょく【無重力】 무중력(無重力). ‖無重力状態 무중력 상태.

むしゅみ【無趣味】 무취미(無趣味).

むじゅん【矛盾】 (スル) 모순(矛盾). ‖前後で矛盾した意見 앞뒤가 안 맞는 모순된 의견.

むしょう【無償】 무상(無償); 무보수(無報酬); 무료(無料). ‖無償で配布する 무상으로 배포하다. 無償の奉仕 무료 봉사.

むじょう【無上】 최상(最上). ‖無上の喜び 최상의 기쁨.

むじょう【無情】ダ 무정(無情)하다. ‖無情な仕打ち 무정한 처사.

むじょう【無常】ダ 무상(無常)하다; 덧없다. ‖無常な世の中 덧없는 세상.

むじょうけん【無条件】 무조건(無條件). ‖無条件で受け付ける 무조건으로 받아들이다. ♦無条件降伏 무조건 항복.

むしょうに【無性に】 괜히; 무턱대고; 공연(空然)히; 한(限)없이. ‖無性に腹が立つ 괜히 화가 나다. 無性に眠い 한없이 자고 싶다.

むしょく【無色】 무색(無色). ♦無色透明 무색 투명.

むしょく【無職】 무직(無職).

むしよけ【虫除け】 방충제(防蟲劑).

むしょぞく【無所属】 무소속(無所屬). ‖無所属代議士 무소속 의원.

むしる【毟る】 ❶뽑다. ‖鶏の毛をむしる 닭 털을 뽑다. ❷가시를 바르다. ‖魚をむしって食べる 생선 가시를 발라 먹다.

むじるし【無印】 ❶(説明)(競馬・競輪などで)주목(注目)을 받지 못해 예상표(豫想表)에 아무런 표시(標示)가 없는 것. ❷〔ノーブランド〕상표(商標)가 없음.

むしろ【筵】 돗자리; 멍석; 거적; 방석(方席). ▸針のむしろ 바늘방석.

むしろ【寧ろ】 오히려; 차라리. ‖美しいというよりむしろかわいい人だ 아름답다기보다 오히려 귀여운 사람이다.

むしん【無心】 ❶무심(無心). ‖子どもたちが無心に遊んでいる 애들이 무심히 놀고 있다. ❷(スル)(お金などを)구걸(求乞). ‖無心する 구걸하다.

むじん【無人】 무인(無人). ♦無人島 무인도. 無人飛行 무인 비행.

むじん【無尽】 무진(無盡). ♦縦横無尽 종횡무진.

むしんけい【無神経】 무신경(無神經).

むじんぞう【無尽蔵】 무진장(無盡藏). ‖無尽蔵の資源 무진장한 자원.

むしんろん【無神論】 무신론(無神論).

むす【蒸す】 ❶찌다. ‖ジャガイモを蒸す 감자를 찌다. ❷후덥지근하다. ‖今日は蒸すね 오늘은 후덥지근하다.

むすう【無数】 무수(無數). ‖無数の星 무수한 별.

***むずかしい【難しい】** ❶어렵다. ‖難しい問題 어려운 문제. 内容が難しい 내용이 어렵다. ❷힘들다; 곤란(困難)하

다. ‖優勝するのは難しい 우승하는 것은 힘들다. 難しい立場 곤란한 입장. ❸복잡(複雜)하다. ‖操作が難しい 조작이 복잡하다. 難しい手続きを簡略化する 복잡한 절차를 간략화하다. ❹까다롭다. ‖食べ物に難しい人 입이 까다로운 사람. ❺언짢다. ‖難しい顔をして考え込んでいる 언짢은 얼굴로 생각에 잠겨 있다.

むずがゆい【むず痒い】 근질근질하다. ‖足のしもやけがむずがゆい 동상 걸린 발이 근질근질하다.

むずかる【憤る】 칭얼거리다; 보채다. ‖赤ん坊がむずかる 애가 보채다.

*__むすこ__【息子】 아들. ‖息子が3人いる 아들이 셋 있다. 一人息子 외동아들. 息子の嫁 며느리.

むすっと 〔不愉快そうな表情で押しだまっている様子〕‖むすっとした顔 화가 나서 입을 꼭 다물고 있는 얼굴.

むすばれる【結ばれる】 친한 사이가 되다; 결혼(結婚)하다.

むすび【結び】 ❶묶는 것; 매듭. ‖蝶結び 나비매듭. ❷맺음. ‖縁結びの神 결혼의 인연을 맺어 주는 신. ❸결말(結末); 끝맺음. ‖結びの言葉 맺음말. ❹주먹밥. ‖おむすび 주먹밥.

むすびつき【結び付き】 관계(關係); 결합(結合); 결탁(結託). ‖政治家と企業との結び付き 정치가와 기업 간의 결탁.

むすびつく【結び付く】 결부(結付)되다; 연결(連結)되다. ‖点と点が結び付く 점과 점이 연결되다.

むすびつける【結び付ける】 ❶묶다; 매다. ‖木の枝に結び付ける 나뭇가지에 묶다. ❷결부(結付)시키다; 연결(連結)시키다. ‖地震と火山の活動を結び付けて考える 지진과 화산 활동을 결부시켜 생각하다.

むすびめ【結び目】 매듭. ‖結び目がほどける 매듭이 풀어지다.

*__むすぶ__【結ぶ】 ❶잇다; 묶다; 매다; 연결(連結)하다; 결부(結付)시키다. ‖靴の紐を結ぶ 구두끈을 묶다. ネクタイを結ぶ 넥타이를 매다. 2点を結ぶ直線 두 선을 연결하는 직선. ❷맺다. 条約を結ぶ 조약을 맺다. 縁を結ぶ 인연을 맺다.

むずむず ❶(虫などが)꼼지락거리다; 근질근질하다. ‖背中がむずむずする 등이 근질근질하다. ❷(何かをしたくて)안달이 나다. ‖彼女に会いたくてむずむずする 여자 친구를 만나고 싶어 안달이 나다.

*__むすめ__【娘】 딸. ‖娘が嫁ぐ 딸이 시집가다. 娘を嫁がせる 딸을 시집보내다. 一番上の娘 큰딸. ♦末娘 막내딸. 箱入り娘 애지중지하는 딸. 一人娘 외동딸.

むすめざかり【娘盛り】 (説明)미혼 여성(未婚女性)이 가장 아름다운 시기(時期).

むせい【無声】 무성(無聲). ♦無声映画 무성 영화. 無声音 무성음.

むせい【無性】 무성(無性). ♦無性生殖 무성 생식.

むせい【夢精】 (する)(하) 몽정(夢精).

むぜい【無税】 무세(無稅).

むせいげん【無制限】 무제한(無制限). ‖無制限に許可する 무제한으로 허가하다.

むせいふ【無政府】 무정부(無政府). ‖無政府状態 무정부 상태.

むせいぶつ【無生物】 무생물(無生物).

むせいらん【無精卵】 무정란(無精卵).

むせかえる【噎せ返る】 숨이 막히다. ‖むせ返るような暑さ 숨이 막히는 듯한 더위.

むせきついどうぶつ【無脊椎動物】 무척추 동물(無脊椎動物).

むせきにん【無責任】ダ 무책임(無責任)하다. ‖無責任な行為 무책임한 행위.

むせっそう【無節操】 절조(節操)가 없음.

むせぶ【噎ぶ】 목메어 울다. ‖悲しみの涙にむせぶ 슬퍼서 목메어 울다.

むせる【噎せる】 숨이 막히다; 목이 메다; 사레들리다.

むせん【無銭】 무전(無錢). ♦無銭飲食 무전취식. 無銭旅行 무전여행.

むせん【無線】 무선(無線). ♦無線操縦 무선 조종. 無線ラン 무선랜.

むせんまい【無洗米】 (説明)안 씻고 밥을 짓는 쌀.

むそう【無双】 무쌍(無雙).

むそう【夢想】 (する)(하) 몽상(夢想).

むぞうさ【無造作】ダ ❶쉽다; 간단(簡單)하다. ‖無造作にやってのける 간단히 해내다. ❷〔ぞんざいに〕함부로 하다; 대충 하다. ‖無造作に髪を束ねる 대충 머리를 묶다.

むそじ【六十路・六十】 예순; 예순 살.

*__むだ__【無駄】 ❶낭비(浪費); 비효율(非效率). ‖無駄を省く 낭비를 줄이다. ❷헛수고; 헛됨; 쓸데없음. ‖無駄な骨折り 헛수고. 努力が無駄になる 헛수고를 하다.

むだあし【無駄足】 헛걸음. ‖無駄足を踏む 헛걸음을 하다.

むだい【無題】 무제(無題).

むだがね【無駄金】 헛돈. ‖無駄金を使う 헛돈을 쓰다.

むだぐち【無駄口】 쓸데없는 소리. ‖無駄口をたたく 쓸데없는 소리를 하다.

むだじに【無駄死に】 (する)(하) 개죽음.

むだづかい【無駄遣い】 (する)(하) 낭비(浪費).

むだばなし【無駄話】 무익(無益)한 이야기; 쓸데없는 이야기; 잡담(雜談).

むだぼね【無駄骨】 헛수고. ‖無駄骨を

む

折る 헛수고를 하다.

むだめし【無駄飯】 하는 일 없이 먹는 밥. ▶無駄飯を食う 무위도식하다.

むだん【無断】 무단(無斷). ‖無断で他人のものを使う 무단으로 남의 물건을 쓰다. ♦無断欠勤 무단 결근.

むたんぽ【無担保】 무담보(無擔保). ‖無担保で貸す 무담보로 빌려 주다.

むち【鞭】 채찍; 회초리; 매. ‖愛の鞭 사랑의 매. 馬に鞭を入れる 말을 채찍질하다.

むち【無知】 무지(無知). ‖無知をさらけ出す 무지를 드러내다. ♦無知蒙昧 무지몽매.

むち【無恥】ダ 무치(無恥)하다. ♦厚顔無恥 후안무치.

むちうちしょう【鞭打ち症】 (説明) 강한 충격(衝擊)으로 머리가 심하게 흔들리면서 목등뼈와 주변 조직(周邊組織)이 손상(損傷)을 입어 생기는 제증상(症狀).

*__むちゃ【無茶】__ ❶ 무모(無謀); 난폭(亂暴)함; 터무니없음. ‖無茶な運転 난폭한 운전. 無茶な言い分 터무니없는 소리. 無茶をする 난폭한 짓을 하다. ❷ 극단적(極端的)임; 무리(無理)함; 정도(程度)가 심함. ‖無茶なダイエット 무리한 다이어트.

むちゃくちゃ【無茶苦茶】 ‖棒をむちゃくちゃに振り回す 난폭하게 막대기를 휘두르다. むちゃくちゃに寒い 무지 춥다. 人の人生をむちゃくちゃにしてしまう 다른 사람의 인생을 엉망으로 만들어 버리다.

むちゅう【夢中】 몰두(沒頭); 열중(熱中). ‖夢中になる 몰두하다.

むちん【無賃】 무임(無賃). ♦無賃乗車 무임승차.

むつ【六つ・6つ】 여섯; 여섯 개(個).

ムツ【鯥】 게르치.

むつう【無痛】 무통(無痛). ♦無痛分娩 무통 분만.

ムック【mook】 무크.

むっくり 벌떡. ‖むっくり(と)起き上がる 벌떡 일어나다.

ムツゴロウ【鯥五郎】 짱뚱어.

むっちり ‖むっちり(と)した体つき 단단한 몸매.

むっつ【六つ・6つ】 여섯; 여섯 개(個); 〔6歳〕여섯 살.

むっつり 무뚝뚝하게. ‖むっつり(と)した男 무뚝뚝한 남자.

むっと ❶〔急に怒りが込み上げて黙る様子〕울컥. ‖無視されてむっとする 무시당해 울컥 화가 치밀다. ❷〔熱さやにおいで息が詰まりそうになる様子〕‖悪臭でむっとする 악취로 숨이 막힐 듯하다. ❸〔力を入れて唇を閉じる様子〕꾹. ‖むっと口を結ぶ 입을 꾹 다물다.

むつまじい【睦まじい】 사이좋다; 화목(和睦)하다; 단란(團欒)하다.

むていけい【無定形】 무정형(無定形).

むていこう【無抵抗】 무저항(無抵抗). ♦無抵抗主義 무저항주의.

むてき【無敵】 무적(無敵). ♦天下無敵 천하무적. 無敵艦隊 무적 함대.

むてっぽう【無鉄砲】ダ 무모(無謀)하다. ‖無鉄砲な性格 무모한 성격.

むてんか【無添加】 무첨가(無添加).

むとう【無糖】 무가당(無加糖). ♦無糖コーヒー 무가당 커피.

むとうは【無党派】 무당파(無黨派).

むとうひょう【無投票】 무투표(無投票). ♦無投票当選 무투표 당선.

むどく【無毒】ダ 무독(無毒)하다.

むとどけ【無届け】 보고(報告)를 하지 않음. ♦無届欠勤 무단 결근.

むとんちゃく【無頓着】ダ 무관심(無關心)하다; 관심이 없다. ‖無頓着な性格 집착하지 않는 성격.

むないた【胸板】 가슴; 가슴통.

むなぐら【胸倉】 멱살. ‖胸倉をつかむ 멱살을 잡다.

むなぐるしい【胸苦しい】 가슴이 답답하다.

むなげ【胸毛】 가슴의 털.

むなさわぎ【胸騒ぎ】 가슴이 두근거림. ‖何となく胸騒ぎがする 왠지 모르게 가슴이 두근거리다.

むなざんよう【胸算用】 속셈; 심산(心算).

むなしい【空しい・虚しい】 ❶ 허(虛)하다; 텅 비다. ‖人が去ってむなしくなった家 사람들이 떠나가고 텅 빈 집. ❷ 결과(結果)가 없다. ‖善戦むなしく敗れる 선전했지만 졌다. ❸ 불확실(不確實)하다; 헛되다; 허무(虛無)하다. ‖むなしい夢 허무한 꿈.

むなもと【胸元】 가슴 부분(部分).

むに【無二】 무이(無二); 둘도 없음. ‖無二の親友 둘도 없는 친구. ♦唯一無二 유일무이.

むにゃむにゃ 중얼중얼. ‖むにゃむにゃ(と)何かつぶやく 뭐라고 중얼중얼 하다.

むにんか【無認可】 무허가(無許可). ♦無認可保育所 무허가 어린이집.

むね【旨】 취지(趣旨).

*__むね【胸】__ ❶ 가슴. ‖胸を張る 가슴을 펴다. ❷〔女性の乳房〕가슴. ‖胸を隠す 가슴을 가리다. ❸ 심장(心臟). ‖胸がどきどきする 심장이 두근거리다. ❹ 폐(肺). ‖胸を病む 폐를 앓다. ❺ 위(胃). ‖胸が焼ける 위가 쓰리다. ❻ 마음. ‖胸のうちを語る 속내를 이야기하다. 胸三寸に納める 가슴에 묻어 두다. ▶胸が痛む 양심에 거리끼다. ▶胸が一杯になる 가슴이 벅차다. ▶胸が騒ぐ 가슴이 설레다. ▶胸がすく 속이 후련하다. ▶胸がつかえる 격한 감정으

む

로 가슴이 미어지다. ▸胸がつぶれる 슬픔이나 걱정으로 가슴이 죄이다. ▸胸が詰まる 가슴이 미어지다.〔慣〕 ▸胸が張り裂ける 가슴이 찢어지다. ▸胸が塞がる 우울해지다. ▸胸に手を当てる 깊이 생각하다. ▸胸のつかえが下りる 걱정거리가 없어지다. ▸胸を躍らせる 가슴이 두근거리다. ▸胸を貸す (実力の上位の者が)하수를 상대해 주다. ▸胸を焦がす 속을 태우다.〔慣〕 ▸胸を叩く 가슴을 치다. 自信ありげに胸をたたく 자신 있게 가슴을 치다. ▸胸を突かれる 놀라다. ▸胸を撫で下ろす 가슴을 쓸어내리다. ▸胸を弾ませる 가슴이 벅차다.〔慣〕 ▸胸を膨らませる 희망으로 가득 차다.

むね【棟】 ❶지붕의 제일(第一) 높은 곳. ❷〔家屋を数える単位〕…채.

むねまわり【胸回り】 가슴둘레; 흉위(胸圍). ‖胸回りを測る 가슴둘레를 재다.

むねやけ【胸焼け】 ‖胸焼けする 속이 쓰리다.

むねん【無念】 ❶무념(無念). ❷분(憤). ‖無念を晴らす 분을 풀다. ♦無念無想 무념무상.

むのう【無能】ダ 무능(無能)하다. ‖無能な人 무능한 사람.

むのうやく【無農薬】 무농약(無農藥).

むはい【無敗】 무패(無敗). ♦全勝無敗 전승 무패.

むはいとう【無配当】 무배당(無配當).

むひ【無比】ダ 비교(比較)할 것이 없다.

むひょうじょう【無表情】 무표정(無表情). ‖無表情な顔 무표정한 얼굴.

むびょうそくさい【無病息災】 병(病)이 없고 건강(建康)함.

むふう【無風】 무풍(無風). ♦無風地帯 무풍지대.

むふんべつ【無分別】 무분별(無分別). ‖無分別な行動 무분별한 행동.

むほう【無法】 무법(無法). ♦無法者 무법자.

むぼう【無謀】ダ 무모(無謀)하다. ‖無謀な計画 무모한 계획.

むぼうび【無防備】 무방비(無防備). ‖地震に無防備の都市 지진에 무방비한 도시.

むほん【謀反】 (名하) 모반(謀反). ‖謀反を企む 모반을 꾀하다.

むみかんそう【無味乾燥】ダ 무미건조(無味乾燥)하다. ‖無味乾燥な話 무미건조한 이야기.

むめい【無名】 무명(無名). ‖無名の芸術家 무명의 예술가.

むめんきょ【無免許】 무면허(無免許). ♦無免許運転 무면허 운전.

むやみ【無闇】 ❶무작정(無酌定). ‖むやみに歩き回る 무작정 돌아다니다. ❷도(度)가 지나치다. ‖むやみと食べたがる 지나치게 먹으려고 하다.

むゆうびょう【夢遊病】 몽유병(夢遊病).

むよう【無用】 무용(無用). ♦無用の長物 무용지물.

むよく【無欲】 무욕(無慾).

むら【村】 ❶촌락(村落). ❷지방 공공단체(地方公共團體)의 하나. ❸합숙시설(合宿施設). ‖選手村 선수촌.

むら【斑】 ❶번짐. ❷고르지 못함. ‖成績にむらがある 성적이 고르지 못하다. ❸변덕(變德)스러움. ‖むらのある気質 변덕스러운 성격.

むらがる【群がる】 떼 지어 모이다; 몰리다. ‖売り場に群がる人々 매장에 몰리는 사람들.

むらさき【紫】 보라. ♦紫色 보라색. 紫水晶 자수정.

むらす【蒸らす】 뜸을 들이다. ‖ご飯を蒸らす 밥 뜸을 들이다.

むらはずれ【村外れ】 마을의 외곽(外廓).

むらはちぶ【村八分】 왕따. ‖村八分にする 왕따하다. 따돌리다.

むらびと【村人】 마을 주민(住民).

むらむら ‖むらむらと怒りが込み上げる 화가 치밀어 오르다.

***むり【無理】** 무리(無理). ‖怒るのも無理はない 화를 내는 것도 무리는 아니다. 無理な注文をする 무리한 주문을 하다. 子どもには無理な仕事 애한테는 무리한 일. 無理することはない 무리할 필요는 없다. ▸無理が通れば道理が引っ込む 부정이 통하면 정당한 일이 이루어지지 않는다.

むりおし【無理押し】 ‖無理押しする 강행하다. 강요하다.

むりし【無利子】 무이자(無利子).

むりじい【無理強い】 (名하) 강제(强制); 강요(强要). ‖同行を無理強いする 동행을 강요하다.

むりしんじゅう【無理心中】 (名하) 동반자살(同伴自殺).

むりすう【無理数】 무리수(無理數).

むりそく【無利息】 무이자(無利子).

むりなんだい【無理難題】 생트집; 실현 불가능(實現不可能)한 요구(要求). ‖無理難題をふっかける 생트집을 잡다.

むりもない【無理も無い】 당연(當然)하다; 무리(無理)가 아니다. ‖高いのも無理もない 비싼 것도 무리가 아니다.

むりやり【無理矢理】 억지로. ‖無理やり連れて行く 억지로 데리고 가다.

むりょう【無料】 무료(無料); 공(空)짜. ♦無料券 무료권.

むりょう【無量】 무량(無量). ♦感慨無量 감개무량.

むりょく【無力】ダ 무력(無力)하다. ♦無力感 무력감.

むるい【無類】 비교(比較)할 것이 없음; 뛰어남.

むれ【群れ】 ❶(動物の)무리. ‖鳥が群

렷하다. ♦簡単明瞭 간단명료.
めいる【滅入る】 우울(憂鬱)해지다; 처지다. ‖気が滅入る 우울해지다.
*めいれい【命令】 (名하) 명령(命令). ‖部下に命令する 부하에게 명령하다. 上司の命令に従う 상사의 명령에 따르다. 命令に背く 명령을 어기다. ♦命令形 명령형. 命令文 명령문.
めいろ【迷路】 미로(迷路). ‖迷路のような交通網 미로 같은 교통망.
めいろう【明朗】ダ 명랑(明朗)하다.
*めいわく【迷惑】 폐; 귀찮음. ‖迷惑をかける 폐를 끼치다. 他人の迷惑になる 다른 사람에게 폐를 끼치다.
めうえ【目上】 윗사람.
めうち【目打ち】 ❶〔千枚通し〕천에 구멍을 뚫는 송곳; (切手・伝票などで)자르기 쉽게 한 줄로 점점이 뚫은 구멍. ❷(手芸・調理用などの)송곳.
めうつり【目移り】 ‖目移りする 눈길이 쏠리다. 눈이 가다.
メーカー【maker】 메이커; 업체(業體). ‖部品メーカー 부품 업체.
メーター【meter】 ❶〔計器〕미터기. ❷〔料金〕미터. ‖メーター制 미터제.
メーデー【May Day】 메이데이.
メートル【mètre ᄀ】 …미터(m).
メール【mail】 메일. ‖E-メール 이메일.
めおと【夫婦】 부부(夫婦).
メガ-【mega】 메가.
めかくし【目隠し】 눈가리개. ‖目隠しをする 눈가리개를 하다.
めかけ【妾】 첩(妾).
めがける【目掛ける】 목표(目標)로 하다; 향하다. ‖ミットを目がけて投げる 미트를 향해서 던지다.
めかしこむ【粧し込む】 한껏 멋을 내다.
めがしら【目頭】 눈시울. ▸目頭が熱くなる 눈시울이 뜨거워지다. ▸目頭を押さえる 울음을 참다.
めかす【粧す】 멋을 내다.
めかた【目方】 중량(重量); 무게. ‖目方を量る 무게를 달다.
メガトン【megaton】 메가톤.
メカニズム【mechanism】 메커니즘.
*めがね【眼鏡】 안경(眼鏡). ‖眼鏡をかける 안경을 쓰다. 眼鏡を外す 안경을 벗다. 度の強い眼鏡 도수가 높은 안경. ▸眼鏡にかなう 눈에 들다.〔慣〕
メガヘルツ【megahertz】 …메가헤르츠(MHz).
メガホン【megaphone】 메가폰.
めがみ【女神】 여신(女神). ‖勝利の女神がほほえむ 승리의 여신이 미소를 짓다.
めきき【目利き】 (說明) 감정(鑑定)을 함 또는 그 사람. ‖書画の目利きをする 서화의 감정을 하다.
メキシコ【Mexico】《国名》 멕시코.
めきめき ❶눈에 띄게; 두드러지게; 부쩍부쩍; 무럭무럭. ‖めきめき(と)上達する 눈에 띄게 향상되다. ❷〔音〕뚝뚝.
-めく …답다; …다워지다. ‖春めく 봄다워지다.
めくじら【目くじら】 눈초리. ▸目くじらを立てる 트집을 잡다.〔慣〕
めぐすり【目薬】 안약(眼藥); 눈약.
めくそ【目糞】 눈곱.
めくばせ【目配せ】 (名하) 눈짓. ‖黙っているように目配せをする 잠자코 있으라고 눈짓을 하다.
めくばり【目配り】 ‖目配りする 두루두루 살피다.
めぐまれる【恵まれる】 ❶좋은 조건(條件)이 주어지다. ‖恵まれた家庭 유복한 가정. ❷(運よく)부여받다. ‖天候に恵まれる 다행히 날씨가 좋다.
めぐみ【恵み】 은혜(恩惠). ‖恵みの雨 단비.
めぐむ【芽ぐむ】 싹이 트다.
めぐむ【恵む】 베풀다; 적선(積善)하다. ‖少々の金を恵む 약간의 돈을 적선하다.
めぐらす【巡らす】 ❶두르다; 치다. ‖幕を巡らす 막을 치다. ❷돌리다. ‖首を巡らす 머리를 돌리다. ❸강구(講究)하다; 짜내다. ‖策を巡らす 대책을 강구하다.
めぐり【巡り】 ❶순환(循環). ‖血の巡りが悪い 혈액 순환이 안 좋다. ❷순례(巡禮). ‖名所巡り 명소 순례.
めぐりあう【巡り合う】 우연(偶然)히 만나다.
めぐりあわせ【巡り合わせ】 운명(運命). ‖奇妙な巡り合わせ 기묘한 운명.
めぐりめぐって【巡り巡って】 돌고 돌아서. ‖巡りめぐって私のところに来た 돌고 돌아서 나한테 왔다.
めくる【捲る】 넘기다. ‖カレンダーをめくる 달력을 넘기다.
めぐる【巡る】 ❶돌다. ‖血液が体内を巡る 혈액이 체내를 돌다. ❷돌아다니다. ‖温泉を巡る旅 온천을 도는 여행. ❸둘러싸다. ‖池を巡る小道 연못을 둘러싼 작은 길. 入札を巡る疑惑 입찰을 둘러싼 의혹.
めくれる【捲れる】 젖혀지다; 뒤집혀지다. ‖風にカーテンがめくれる 바람에 커튼이 뒤집혀지다.
めげる 풀이 죽다; 굴하다. ‖雨にもめげず 비에도 굴하지 않고.
めさき【目先】 ❶눈앞. ‖子どもの顔が目先にちらつく 아이 얼굴이 눈앞에 어른거리다. ❷그 자리; 눈앞. ‖目先の利益ばかりを追求する 눈앞의 이익만을 추구하다. ▸目先を変える 취지를 바꿔 새롭게 하다.
めざす【目指す】 목표(目標)로 하다. ‖プロ野球選手を目指す 프로 야구 선

수를 목표로 하다.

めざとい【目敏い】❶보는 게 빠르다. ‖目ざとく間違いを見つける 잘못을 금방 발견하다. ❷〔目が覚めやすい〕잠귀가 밝다. ‖老人は目ざとい 노인은 잠귀가 밝다.

めざましい【目覚ましい】 눈부시다. ‖目覚しい発展 눈부신 발전.

めざましどけい【目覚まし時計】 자명종(自鳴鐘). ‖目覚まし時計をかける 자명종을 맞추다.

めざめる【目覚める】❶잠이 깨다. ‖鳥のさえずりで目覚める 새가 지저귀는 소리에 잠이 깨다. ❷(活動していなかったものや鈍っていたものが)움직이기 시작(始作)하다. ‖町が目覚める 거리가 눈을 뜨다. ❸(必要性を)알다; 눈뜨다. ‖学問に目覚める 학문에 눈뜨다. ❹자각(自覺)하다; 깨닫다. ‖現実に目覚める 현실을 깨닫다.

めざわり【目障り】 눈에 거슬림. ‖展望の目障りになる 전망의 방해가 되다. 目障りだ, 向こうに行け 눈에 거슬려. 저쪽으로 가!

めし【飯】 밥; 식사(食事).

めじ【目地】 (タイルなどの)연결 부분(連結部分).

メシア【Messiah】 메시아.

めしあがる【召し上がる】 드시다. ‖召しあがれ 드세요.

めした【目下】 아랫사람.

めしつかい【召使い】 머슴; 식모(食母).

めしつぶ【飯粒】 밥알.

めしべ【雌蕊】 암술.

メジャー【major】 메이저. ‖メジャーリーグ 메이저 리그.

メジャー【measure】 자.

めじり【目尻】 눈꼬리. ▸目尻を下げる 만족하여 얼굴이 환해지다.

めじるし【目印】 표시(標示). ‖目印をつける 표시를 해 두다.

メジロ【目白】 동박새.

めじろおし【目白押し】 ‖この冬は新作映画が目白押しだ 올 겨울은 신작 영화가 줄서 있다. 目白押しに並ぶ 빽빽하게 늘어서다. 目白押しの客 밀어닥치는 손님.

めす【雌・牝】 암컷; 암놈.

めす【召す】❶부르시다. ‖王に召される 왕의 부르심을 받다. ❷드시다. ‖お酒を召していらっしゃる 술을 드시고 계시다. ❸입으시다. ‖和服を召した方 기모노를 입고 계신 분. ❹(相手の)행동(行動)・상태(狀態)에 대한 경칭(敬稱). ‖お年を召す 연세가 드시다. お気に召す 마음에 드시다. お風邪を召す 감기에 걸리시다.

メス【mes オ】 메스. ▸メスを入れる 메스를 가하다.〔慣〕

メスシリンダー【Messzylinder ド】 메스실린더.

めずらしい【珍しい】❶신기(新奇)하다. ‖珍しい動物 신기한 동물. ❷드물다; 이상(異常)하다. ‖今日は珍しく帰りが遅い 오늘은 이상하게 귀가가 늦다. ❸귀하다; 진귀(珍貴)하다. ‖珍しいものを見せていただきました 진귀한 물건을 봤습니다.

メセナ【mécénat フ】 메세나.

めせん【目線】 시선(視線); 눈. ‖目線を合わさない 눈을 안 맞추다.

メゾソプラノ【mezzosoprano イ】 메조소프라노.

メゾネット【maisonnette】 복층(複層).

メゾピアノ【mezzo piano イ】 메조 피아노.

メゾフォルテ【mezzo forte イ】 메조 포르테.

めそめそ 훌쩍훌쩍. ‖めそめそするな 훌쩍거리지 마라.

メダカ【目高】 송사리.

***めだつ**【目立つ】 두드러지다; 눈에 띄다. ‖白髪が目立つ 흰머리가 눈에 띄다. 背が高いので目立つ 키가 커서 눈에 띄다. 数学の成績が目立って上がってきた 수학 성적이 눈에 띄게 올랐다.

メタノール【Methanol ド】 메탄올.

メタファー【metaphor】 메타포; 은유(隱喩).

めだま【目玉】❶안구(眼球); 눈알. ‖目玉を動かす 눈동자를 움직이다. ❷주목(注目)할 만한 것. ‖目玉商品 특가 상품. ▸目玉が飛び出る 눈알이 나오다.〔慣〕目玉が飛び出るほど高い 눈알이 나올 만큼 비싸다. ▸目玉の黒いうち 살아 있는 동안. ♦目玉焼き 계란 프라이.

メダル【medal】 메달. ‖メダルをとる 메달을 따다. 金メダル 금메달.

メタン【Methan ド】 메탄.

めちゃ【滅茶】❶터무니없는 것; 엉터리. ‖めちゃを言う 터무니없는 소리를 하다. ❷〔副詞的に〕굉장(宏壯)히. ‖めちゃ寒い 굉장히 춥다.

めちゃくちゃ【滅茶苦茶】 엉망(진창). ‖話し合いがめちゃくちゃになる 이야기가 엉망이 되다.

めちゃめちゃ【滅茶滅茶】 엉망(진창). ‖めちゃめちゃに壊れる 엉망으로 망가지다.

めっ 떽. ‖めっ, お皿を叩いちゃいけません 떽, 접시를 두드리면 안 돼요.

メッカ【Mecca】 메카.

めっき【鍍金】 (조하) 도금(鍍金).

めつき【目付き】 눈매. ‖目付きが悪い 눈매가 안 좋다.

めっきり 완연(宛然)히; 완전(完全)히; 아주; 폭삭. ‖めっきり寒くなる 아주 추워지다. めっきりと老け込む 폭삭 늙다.

めっきん【滅菌】 (조하) 멸균(滅菌). ♦滅

菌加工 멸균 가공.

めっしほうこう【滅私奉公】 멸사봉공(滅私奉公).

メッシュ【mesh】 ㉶그물 모양(模様)으로 짠 것.

めっする【滅する】 멸(滅)하다. ‖悪を滅する 악을 멸하다.

メッセ【Messe ド】 견본 시장(見本市場).

メッセージ【message】 메시지.

めっそう【滅相】 ‖滅相もない 터무니없다. 말도 안 되다.

めった【滅多】 ダ 함부로 하다; 분별(分別)이 없다; 터무니없다. ‖めったなことは言わない 터무니없는 말은 하지 않다.

めったうち【滅多打ち】 ‖めった打ちにする 마구 때리다.

めったに【滅多に】 거의; 좀체. ‖めったに電車に乗らない 전철은 거의 타지 않다.

めっぽう【滅法】 엄청나게. ‖めっぽう強い 엄청나게 강하다.

めつぼう【滅亡】 ㉻멸망(滅亡). ‖インカ帝国は滅亡した 잉카 제국은 멸망했다.

メディア【media】 미디어.

めでたい【目出度い】 ❶〔大変喜ばしい〕경사(慶事)스럽다. ‖めでたい結婚式 경사스러운 결혼식. ❷〔うれしい〕기쁘다. ‖めでたく希望の学校に合格した 기쁘게도 원하는 학교에 합격했다. ❸〔覚えがめでたいの形で〕신뢰(信賴)를 받다. ‖社長の覚えがめでたい 사장의 신뢰를 받다. ❹〔おめでたいの形で〕너무 정직(正直)하다. ‖おめでたい男 너무 정직한 남자.

めでる【愛でる】 ❶감탄(感歎)하다. ❷〔かわいがる〕귀여워하다; 칭찬(稱讚)하다.

めど【目処】 목표(目標); 예측(豫測). ‖仕事のめどが立たない 일 일정을 예측할 수 없다.

メドレー【medley】 메들리.

メトロノーム【Metronom ド】 메트로놈.

メニュー【menu フ】 메뉴; 식단(食單); 차림표.

メヌエット【Menuett ド】 미뉴에트.

めぬきどおり【目抜き通り】 번화가(繁華街); 중심가(中心街).

めねじ【雌螺子】 암나사(螺絲).

めのう【瑪瑙】 마노(瑪瑙).

めのかたき【目の敵】 눈엣가시. ‖目の敵にする 눈엣가시로 여기다.

めのたま【目の玉】 안구(眼球).

めのどく【目の毒】 ❶〔悪い影響を与える〕보면 나쁜 영향(影響)을 미치는 것. ❷〔欲しくなる〕보면 갖고 싶어지는 것.

めのほよう【目の保養】 눈요기(療飢).

めのまえ【目の前】 ❶눈앞. ‖目の前を横切る 눈앞을 가로지르다. ❷〔近い将来〕가까운 미래(未來). ▸目の前が暗くなる 눈앞이 캄캄해지다.〔慣〕

めばえる【芽生える】 싹트다.

めはし【目端】 눈치. ‖目端が利く 눈치가 빠르다.

めはな【目鼻】 눈코; 생김새; 이목구비(耳目口鼻). ‖目鼻の整った人 이목구비가 뚜렷한 사람. ▸目鼻が付く 거의 완성되다.

めはなだち【目鼻立ち】 생김새. ‖目鼻立ちがいい 잘생기다.

メビウスのわ【Möbius の輪】 뫼비우스의 띠.

めぶんりょう【目分量】 눈대중. ‖目分量で作る料理 눈대중으로 만드는 요리.

めべり【目減り】 ‖目減りする 줄다. 줄어들다. 物価の値上がりで貯金が目減りする 물가 상승으로 저축이 줄다.

めぼし【目星】 목표(目標); 예상(豫想). ‖目星をつける 짐작하다. 지목하다.

めぼしい 주목(注目)할 만하다.

めまい【目眩い】 현기증(眩氣症). ‖めまいがする 현기증이 일다.

めまぐるしい【目紛しい】 눈이 돌 지경(地境)이다; 변화(變化)가 빠르다. ‖目まぐるしく変わる世の中 빠르게 변하는 세상.

めめしい【女女しい】 유약(柔弱)하다; 여자(女子) 같다.

メモ【memo】 ㉻메모. ‖メモる 메모하다. ♦メモ帳 메모첩.

めもと【目元】 눈가; 눈 언저리.

めもり【目盛り】 (物差し・秤などの)눈금.

メモリー【memory】 ❶기억(記憶), 추억(追憶). ❷(コンピューターの)메모리.

めやす【目安】 기준(基準); 목표(目標).

めやに【目脂】 눈곱. ‖目脂がたまる 눈곱이 끼다.

メラニン【melanin】 멜라닌.

メラミンじゅし【melamine 樹脂】 멜라민 수지(樹脂).

めらめら 활활. ‖めらめら(と)燃える 활활 타다.

メリークリスマス【Merry Christmas】 메리 크리스마스.

メリーゴーランド【merry-go-round】 회전목마(回轉木馬).

めりこむ【めり込む】 빠지다. ‖ぬかるみにめり込む 진창에 빠지다.

メリット【merit】 메리트; 장점(長點). ‖早期教育のメリット 조기 교육의 장점.

めりはり【めり張り】 완급(緩急); 고저(高低); 강약(强弱); 억양(抑揚). ‖声にめりはりをつける 목소리에 억양을 덧붙이다. 生活にめりはりをつける 생활에 변화를 주다.

メリヤス【medias ス】 메리야스.

メルとも【mail 友】 메일 친구(親舊).

メレンゲ【meringue フ】 머랭.

メロディー【melody】멜로디.
メロドラマ【melodrama】멜로드라마.
めろめろ ‖孫にはめろめろだ 손자라면 사족을 못 쓰다.
メロン【melon】멜론.
*めん【面】❶얼굴. ❷면(面). ‖立方体の面 정육면체의 면. ❷가면(假面). ‖面をかぶる 가면을 쓰다. ❸〔方面〕방면(方面); …면. ‖資金の面では困らない 자금면에서는 괜찮다. 機能の面で劣っている 기능면에서 떨어지다. ▸面が割れる 얼굴이 알려지다. ▸面と向かって 마주 보고. 面と向かって非難する 대놓고 비난하다.
めん【綿】면(綿). ♦綿製品 면제품.
めん【麵】면(麵).
めんえき【免疫】면역(免疫). ‖免疫ができる 면역이 생기다.
めんおりもの【綿織物】면직물(綿織物).
めんか【綿花】면화(綿花).
*めんかい【面会】(á하) 면회(面會). ‖面会に行く 면회를 가다. 面会を求める 면회를 요청하다. ♦面会謝絶 면회 사절.
めんきょ【免許】(á하) 면허(免許). ‖免許をとる 면허를 따다. ♦免許停止 면허 정지. 運転免許証 운전 면허증.
めんくい【面食い】(説明) 잘생기거나 예쁜 사람을 좋아하는 것 또는 그런 사람.
めんくらう【面食らう】당황(唐慌)하다. ‖不意の試験に面食らう 갑작스러운 시험에 당황하다.
めんこ【面子】(おもちゃの)딱지(紙).
めんざい【免罪】(á하) 면죄(免罪). ♦免罪符 면죄부.
めんしき【面識】면식(面識). ‖面識がある 면식이 있다.
めんじつゆ【綿実油】면실유(綿實油).
めんじゅうふくはい【面従腹背】면종복배(面從腹背).
めんじょ【免除】(á하) 면제(免除). ‖授業料を免除する 수업료를 면제하다.
めんしょく【免職】(á하) 면직(免職). ‖懲戒免職 징계 면직.
めんじる【免じる】❶면제(免除)하다. ‖授業料を免じる 수업료를 면제하다. ❷면직(免職)시키다. ‖課長の職を免じる 과장직을 면직시키다. ❸특별(特別)히 허락(許諾)하다. ‖親に免じて許す 부모를 봐서 용서하다.
めんしん【免震】(説明) 지진(地震)의 흔들림을 줄임. ♦免震構造 지진의 흔들림을 적게 하는 구조.
メンス【←Menstruation[ド]】멘스; 생리(生理); 월경(月經).
めんする【面する】면(面)하다. ‖ホテルは湖に面している 호텔은 호수에 면해 있다. 私の部屋は南に面している 내 방은 남향이다.
めんぜい【免税】(á하) 면세(免稅). ♦免税店 면세점. 免税品 면세품.
めんせき【免責】(á하) 면책(免責). ♦免責特権 면책 특권.
めんせき【面積】면적(面積). ‖面積を求める公式 면적을 구하는 공식. 面積の広い公園 면적이 넓은 공원.
めんせつ【面接】(á하) 면접(面接). ‖面接を受ける 면접을 보다. ♦面接試験 면접 시험.
めんぜん【面前】면전(面前).
めんそう【面相】면상(面相).
メンソール【menthol】맨톨.
メンタイこ【明太子】명란(明卵); 명란젓.
めんだん【面談】(á하) 면담(面談). ‖担任の先生と面談する 담임 선생님과 면담 하다. ♦三者面談 삼자 면담.
メンツ【面子】면목(面目); 체면(體面). ‖面子を守る 체면을 유지하다.
メンテナンス【maintenance】설비 보전(設備保全).
*めんどう【面倒】❶성가심; 귀찮음. ‖面倒な仕事 성가신 일. 面倒ばかり起こす人だ 귀찮은 일만 만드는 사람이다. ❷보살핌; 돌봄. ‖赤ん坊の面倒を見る 아기를 보살피다. 面倒見がいい 잘 보살피다. 잘 돌봐 주다.
めんどうくさい【面倒臭い】번거롭다; 귀찮다. ‖面倒くさい作業 귀찮은 작업.
めんとり【面取り】각진 곳의 각(角)을 없애는 것.
めんどり【雌鳥】암탉.
メンバー【member】멤버.
めんぷ【綿布】면포(綿布).
めんぼう【面貌】면모(面貌).
めんぼう【綿棒】면봉(綿棒).
めんぼう【麵棒】반죽을 펴는 방망이.
めんぼく【面目】면목(面目). ‖面目が立つ 면목이 서다. 面目を失う 면목을 잃다. 面目を保つ 면목을 유지하다.
めんぼくない【面目ない】면목(面目)이 없다.
メンマ【麵麻】(説明) 죽순(竹筍)을 소금에 절인 것.
めんみつ【綿密】ダ 면밀(綿密)하다. ‖綿密な計画 면밀한 계획.
めんめん【面面】면면(面面). ‖幹部の面々 간부의 면면.
めんめん【綿綿】면면(綿綿). ‖綿々たる伝統 면면한 전통.
メンヨウ【綿羊】면양(綿羊).
めんるい【麵類】면류(麵類). ‖麵類の消費 면류의 소비.

も

*も ❶…도. ‖本も買った 책도 샀다. 野にも山にも春が来た 들에도 산에도 봄이 왔다. 血も涙もない男 피도 눈물도

없는 남자. 英語もろくにできないくせに 영어도 제대로 못하는 주제에. 君のも注文しておいた 네 것도 주문해 두었다. こうも暑くてはやりきれない 이렇게도 더워서는 어떻게 할 수가 없다. ❷ …(이)나. ‖雨は3日も降り続いた 비는 삼 일이나 내렸다. 何を思ったか, 私に10万円もくれた 무슨 생각을 했는지 나한테 십만 엔이나 주었다. ❸ …도. ‖聞いたこともない話 들어 본 적도 없는 이야기. 挨拶もしない 인사도 하지 않다. 振り向きもしない 돌아보지도 않다. 何も知らない 아무것도 모르다. ❹ …나(가). ‖誰もが知っていること 누구나가 다 아는 일.

も【面】 표면(表面). ‖川面 강 표면.

も【喪】 상(喪). ‖喪に服する 상을 치르다.

も【藻】 수초(水草).

もう ❶〔感情が高ぶって〕야. ‖もう, 最高だ 야, 최고다. ❷〔軽い非難・叱責〕정말. ‖もう, 何度言っても聞かないんだから 정말, 몇 번을 말해도 안 듣는다니까.

***もう** ❶〔もはや〕이미; 벌써. ‖もう3時を過ぎた 벌써 세 시가 넘었다. ❷〔間もなく〕이제. ‖駅はもうすぐそこだ 이제 역에 다 왔다. ❸〔さらに〕더. ‖もう一度やってみよう 한번 더 해 보자.

もうい【猛威】 맹위(猛威). ‖風邪が猛威をふるう 감기가 맹위를 떨치다.

もういい 이제 됐다; 충분(充分)하다.

もうがっこう【盲学校】 맹아 학교(盲啞學校).

***もうかる**【儲かる】 ❶ 돈을 벌다. ‖新しいビジネスで儲かる 새로운 사업으로 돈을 벌다. ❷ 득(得)을 보다; (点数を) 따다. ‖相手のエラーで1点儲かった 상대방의 에러로 일 점 땄다.

もうかん【毛管】 모관; 모세관(毛細管).

もうけ【儲け】 돈벌이; 이익(利益); 득(得). ‖株で一儲けする 주식으로 한 몫 잡다. ♦儲け口 돈벌이. 돈벌 자리[일]. 儲け物 횡재. 뜻하지 않은 행운.

***もうける**【設ける】 ❶ 준비(準備)하다; 만들다. ‖口実を設ける 구실을 만들다. ❷ 설치(設置)하다; 마련하다. ‖事務所を設ける 사무실을 설치하다. 基準を設ける 기준을 마련하다.

もうける【儲ける】 ❶ (利益を)얻다; 득(得)을 보다; 돈을 벌다. ‖株で儲ける 주식으로 돈을 벌다. ❷ (子を)얻다. ‖男の子をもうける 아들을 얻다.

もうけん【猛犬】 맹견(猛犬).

もうげん【妄言】 망언(妄言). ‖妄言を吐く 망언을 하다.

もうこ【猛虎】 맹호(猛虎).

もうこう【猛攻】 (名하) 맹공(猛攻).

もうこはん【蒙古斑】 몽고반; 몽고반점(蒙古斑點).

もうこん【毛根】 모근(毛根).

もうさいけっかん【毛細血管】 모세 혈관(毛細血管).

もうしあげる【申し上げる】 ❶〔言うの謙譲語〕말씀을 드리다; 아뢰다. ‖お礼を申し上げます 감사의 말씀을 드립니다. ❷ 드리다. ‖改めてご相談申し上げるつもりでおります 다시 한번 상담을 드리려고 생각하고 있습니다.

もうしあわせ【申し合わせ】 합의(合意); 약정(約定); 약속(約束). ‖申し合わせの場所 약속한 장소. かねて申し合わせの通り 일전에 합의한 대로.

もうしいれ【申し入れ】 요망(要望); 제의(提議); 신청(申請).

もうしいれる【申し入れる】 요망(要望)하다; 제의(提議)하다; 신청(申請)하다. ‖和解を申し入れる 화해를 제안하다.

もうしおくる【申し送る】 필요 사항(必要事項)을 전달(傳達)하다; 생각 등을 전하다.

もうしきかせる【申し聞かせる】 말하다; 이야기하다. ‖私から申し聞かせておきます 제가 잘 이야기해 놓겠습니다.

***もうしこみ**【申し込み】 신청(申請); 응모(應募). ‖懸賞の申し込みをする 현상에 응모하다. 申し込みが殺到する 신청이 쇄도하다. ♦申し込み者 신청자.

もうしこみしょ【申込書】 신청서(申請書); 원서(願書).

***もうしこむ**【申し込む】 신청(申請)하다; 응모(應募)하다. ‖参加を申し込む 참가 신청을 하다. 結婚を申し込む 청혼하다.

もうしそえる【申し添える】 덧붙여 말씀드리다.

もうしたて【申し立て】 주장(主張); 이의 제기(異議提起).

もうしたてる【申し立てる】 주장(主張)하다; 제기(提起)하다. ‖異議を申し立てる 이의를 제기하다.

もうしつける【申し付ける】 분부(分付)하다; 지시(指示)하다; 명령(命令)하다. ‖謹慎を申し付ける 근신을 명하다. ご用がございましたら何なりとお申し付けください 용건이 있으시면 무엇이든 분부해 주십시오.

もうしつたえる【申し伝える】 전(傳)하다. ‖担当者に申し伝えておきます 담당자에게 전해 놓겠습니다.

もうしでる【申し出る】 자청(自請)하여 말하다; (意見・希望などを)말하다; 요청(要請)하다. ‖援助を申し出る 원조를 자청하다.

もうしのべる【申し述べる】 말씀을 드리다.

もうしぶんのない【申し分の無い】 나무랄 데 없는; 흠잡을 데 없는. ‖申し分のない成績 흠 잡을 데 없는 성적.

も

もうじゃ【亡者】 망자(亡者).
もうしゅう【妄執】 망집(妄執).
もうじゅう【盲従】 ⓩ하 맹종(盲從).
もうじゅう【猛獣】 맹수(猛獸).
もうしょ【猛暑】 혹서(酷暑).
もうしわけ【申し訳】 ❶변명(辯明); 면목(面目). ‖申し訳をする 변명을 하다. 申し訳が立たない 면목이 없다. ❷아주 적음; 명색(名色)뿐임. ‖申し訳ばかりのお礼 아주 적은 사례.
もうしわけない【申し訳無い】 면목(面目)이 없다; 죄송(罪悚)하다.
もうしわたす【申し渡す】 언도(言渡)하다; 선고(宣告)하다; 통고(通告)하다.
もうしん【盲信】 ⓩ하 맹신(盲信).
もうじん【盲人】 맹인(盲人).
もうす【申す】 말씀 드리다; 말씀하다; …(이)라고 하다. ‖父がこう申しました 아버지가 이렇게 말씀하셨습니다. 私は鈴木康子と申します 저는 스즈키 야스코라고 합니다.
もうぜん【猛然】 맹렬(猛烈). ‖猛然と突っ込む 맹렬하게 돌진하다.
もうそう【妄想】 ⓩ하 망상(妄想).
もうだ【猛打】 (野球で)맹타(猛打).
もうちょう【盲腸】 맹장(盲腸). ♦盲腸炎 맹장염.
もうでる【詣でる】 참배(参拜)하다.
もうてん【盲点】 맹점(盲点). ‖法律の盲点をつく 법의 맹점을 찌르다.
もうとう【毛頭】 ‖辞める気は毛頭ない 그만둘 생각은 눈곱만큼도 없다.
もうどう【妄動】 ⓩ하 망동(妄動). ♦軽挙妄動 경거망동.
もうどうけん【盲導犬】 맹도견(盲導犬).
もうどく【猛毒】 맹독(猛毒). ‖猛毒を持つ虫 맹독이 있는 벌레.
もうはつ【毛髪】 모발(毛髮).
もうひつ【毛筆】 모필(毛筆).
もうふ【毛布】 모포(毛布); 담(毯)요. ‖毛布をかける 담요를 덮다.
もうぼ【孟母】 맹모(孟母). ▸孟母三遷の教え 맹모삼천지교(孟母三遷之教).
もうまい【蒙昧】 몽매(蒙昧). ♦無知蒙昧 무지몽매.
もうまく【網膜】 망막(網膜).
もうもう【朦朦】 자욱히. ‖もうもうと砂塵が舞い上がる 자욱하게 모래 먼지가 일다.
もうもく【盲目】 맹목(盲目). ‖子どもに対する盲目的な愛 자식에 대한 맹목적인 사랑.
もうら【網羅】 ⓩ하 망라(網羅). ‖必要な資料を網羅する 필요한 자료를 망라하다.
もうれつ【猛烈】ダ 맹렬(猛烈)하다. ‖猛烈な勢いで突っ込む 맹렬한 기세로 돌진하다.
もうろう【朦朧】 몽롱(朦朧). ‖意識が朦朧とする 의식이 몽롱하다.
もえあがる【燃え上がる】 타오르다. ‖燃え上がる情熱 타오르는 정열.
もえかす【燃え滓】 =燃え殻.
もえがら【燃え殻】 타고 남은 재(滓).
もえぎいろ【萌黄色】 연두색(軟豆色).
もえさかる【燃え盛る】 ❶타오르다. ‖燃え盛る炎の中に飛び込む 타오르는 불길 속으로 뛰어들다. ❷(感情などが)불타다. ‖燃え盛る情熱 불타는 정열.
もえたつ【萌え立つ】 싹트다.
もえつきしょうこうぐん【燃え尽き症候群】 번아웃 증후군(症候群); 탈진(脫盡) 증후군.
もえつきる【燃え尽きる】 완전(完全)히 타다.
もえでる【萌え出る】 싹이 나다; 싹트다.
もえひろがる【燃え広がる】 불이 번지다.
*__もえる【燃える】__ ❶타다. ‖木が燃える 나무가 타다. 燃えて灰になる 타서 재가 되다. ❷(感情などが)고조(高潮)되다; 불타다; 들뜨다. ‖希望に燃える 희망에 불타다.
モーグル【mogul】 모굴.
モーター【motor】 모터. ♦モーターショー 모터쇼. モーターボート 모터보트.
モーテル【motel】 모텔.
モード【mode】 모드.
モーリシャス【Mauritius】(国名) 모리셔스.
モーリタニア【Mauritanie】(国名) 모리타니.
モール【mall】 몰. ♦ショッピングモール 쇼핑몰.
モールスふごう【Morse 符号】 모스 부호(符號).
もがく【踠く】 ❶발버둥이치다; 바둥거리다; 허우적거리다. ‖水に溺れてもがく 물에 빠져 허우적거리다. ❷〔焦る〕안달하다.
もぎ【模擬】 모의(模擬). ♦模擬試験 모의시험. 模擬体験 모의 체험.
もぎとる【捥ぎ取る】 ❶따다; 비틀어 따다. ‖梨を木からもぎ取る 나무에서 배를 따다. ❷강제(強制)로 빼앗다. ‖バッグをもぎ取られた 가방을 빼앗겼다.
もく【木】〔木曜の略語〕목(木).
もく【目】(生物) 목(目). ♦霊長目 영장목.
もぐ【捥ぐ】 따다. ‖柿の実をもぐ 감을 따다.
もくぎょ【木魚】 목어(木魚); 목탁(木鐸). ‖木魚を叩く 목탁을 두들기다.
もくげき【目撃】 ⓩ하 목격(目擊). ♦目撃者 목격자.
もくこんしき【木婚式】 목혼식(木婚式).
もぐさ【藻草】 해초(海草); 바닷말.

も

モグサ【艾】뜸에 쓰는 쑥.
もくざい【木材】목재(木材). ‖木材を運ぶ 목재를 옮기다.
もくさく【木酢】목초산(木醋酸).
もくさつ【黙殺】(ㅈ하) 묵살(默殺).
もくさん【目算】❶〔大体の見当をつける〕‖目算する 대략 계산하다. 経費を目算してみる 경비를 대충 계산해 보다. ❷〔思惑〕(ㅈ하) 예상(豫想). ‖目算がはずれる 예상이 빗나가다.
もくし【黙示】묵시(默示). ♦黙示録 묵시록.
もくし【黙視】(ㅈ하) 묵시(默視).
もくじ【目次】목차(目次).
もくしつ【木質】목질(木質).
もくず【藻屑】(海草など)수중(水中) 쓰레기. ▸海の藻屑となる 바다에 빠져 죽다.
もくせい【木星】목성(木星).
もくせい【木製】목제(木製). ‖木製の椅子 목제 의자.
モクセイ【木犀】물푸레나무.
もくぜん【目前】목전(目前); 눈앞.
もくそう【黙想】(ㅈ하) 묵상(默想).
もくぞう【木造】목조(木造). ♦木造家屋 목조 가옥.
もくたん【木炭】목탄(木炭). ♦木炭画 목탄화.
もくちょう【木彫】목조(木彫).
***もくてき**【目的】목적(目的). ‖目的を達成する 목적을 달성하다. 目的を明らかにする 목적을 분명히 하다. ♦目的意識 목적의식. 目的格 목적격. 目的語 목적어. 目的税 목적세. 目的地 목적지. 目的論 목적론.
もくとう【黙禱】(ㅈ하) 묵도(默禱). ‖黙禱を捧げる 묵도를 올리다.
もくどく【黙読】(ㅈ하) 묵독(默讀).
もくにん【黙認】(ㅈ하) 묵인(默認).
もくば【木馬】목마(木馬). ‖トロイの木馬 트로이의 목마.
もくはん【木版】목판(木版). ♦木版印刷 목판 인쇄.
もくひ【黙秘】(ㅈ하) 묵비(默祕). ♦黙秘権 묵비권. 黙秘権を行使する 묵비권을 행사하다.
***もくひょう**【目標】목표(目標). ‖目標を定める 목표를 정하다. 年内完成を目標にする 연내 완성을 목표로 하다. 目標を掲げる 목표를 내걸다. ♦目標物 목표물.
もくめ【木目】나뭇결.
もくもく 모락모락; 뭉게뭉게. ‖もくもく(と)煙をはく 모락모락 연기를 내뿜다.
もぐもぐ ❶〔嚙む〕우물우물. ‖もぐもぐ(と)嚙む 우물우물 씹다. ❷〔しゃべる〕우물우물; 웅얼웅얼. ‖もぐもぐ(と)口ごもる 말을 우물거리다.
もくもくと【黙黙と】묵묵(默默)히. ‖黙々と勉強する 묵묵히 공부하다.
もくやく【黙約】묵약(默約).
もくよう【木曜】목요(木曜).
もくようび【木曜日】목요일(木曜日).
もくよく【沐浴】(ㅈ하) 목욕(沐浴).
モグラ【土竜】두더지. ♦もぐら叩き 두더지 잡기.
もぐり【潜り】❶잠수(潛水). ‖潜りの名人 잠수의 명인. ❷무면허(無免許). ‖もぐりの医者 무면허 의사. ❸〔よそ者〕외부인(外部人). ‖彼を知らないとはもぐりだ 그 사람을 모르다니 외부인이나 다름없다.
もぐりこむ【潜り込む】❶잠수(潛水)하다; 기어들다. ‖ベッドに潜り込む 침대 안으로 기어들다. ❷잠입(潛入)하다. ‖こっそり潜り込む 몰래 잠입하다.
もぐる【潜る】❶잠수(潛水)하다. ‖海に潜ってアワビを採る 잠수해서 전복을 따다. ❷기어들다; 들어가다. ‖床下に潜る 마루 밑으로 들어가다. ❸숨다. ‖地下に潜って反政府運動をする 지하에 숨어 반정부 운동을 하다.
もくれい【目礼】(ㅈ하) 목례(目禮); 눈인사(人事). ‖目礼をして通り過ぎる 눈인사를 하고 지나가다.
もくれい【黙礼】(ㅈ하) 묵례(默禮).
モクレン【木蓮】목련(木蓮).
もくろく【目録】목록(目錄). ♦蔵書目録 장서 목록.
もくろむ【目論む】계획(計劃)하다; 꾀하다. ‖海外進出を目論む 해외 진출을 계획하다.
もけい【模型】모형(模型). ♦模型飛行機 모형 비행기.
モザイク【mosaic】모자이크.
もさく【模索】(ㅈ하) 모색(摸索). ‖最善の道を模索する 최선의 길을 모색하다. ♦暗中模索 암중모색.
もさっと 멍하니. ‖もさっと立っている 멍하니 서 있다.
モザンビーク【Mozambique】《国名》모잠비크.
もし【若し】만약(萬若); 만일(萬一). ‖もし雨が降ったらどうする? 만일 비가 오면 어떡하지?
***もじ**【文字】문자(文字); 글자. ‖彼は文字が読めない 그 사람은 글자를 못 읽는다. 文字通り 문자 그대로. ♦大文字 대문자. 小文字 소문자. 象形文字 상형 문자. 表音文字 표음 문자.
もしかしたら【若しかしたら】혹시(或是); 어쩌면. ‖もしかしたら来るかも知れない 혹시 올지도 모른다.
もしき【模式】모식(模式). ♦模式図 모식도.
もしくは【若しくは】혹(或)은; 또는. ‖本人もしくはその代理の者 본인 또는 그 대리인.
もじたじゅうほうそう【文字多重放送】

も

문자 다중 방송(文字多重放送).
もじばけ【文字化け】 글자(字)가 깨짐. ‖メールが文字化けする 메일 글자가 깨지다.
もじばん【文字盤】 문자반(文字盤). ‖文字盤の針 문자반의 바늘.
もしも【若しも】〔もしを強めて言う語〕‖もしもの時 만일의 경우.
もしもし 여보세요.
もじもじ 머뭇머뭇; 우물쭈물. ‖もじもじしないではっきり言いなさい 우물쭈물 하지 말고 확실히 말해라.
もしゃ【模写】 (スル) 모사(模寫). ‖名画を模写する 명화를 모사하다.
もしや【若しや】 만약(萬若); 만일(萬一); 혹시(或是). ‖もしやと疑う 혹시나 하고 의심을 하다.
もじゃもじゃ 덥수룩하게; 더부룩하게.
もしゅ【喪主】 상주(喪主).
モジュール【module】 모듈.
もしょう【喪章】 상장(喪章).
もじり【捩り】 풍자(諷刺); 패러디.
もじる【捩る】 풍자(諷刺)하다.
モズ【百舌】 때까치.
モスキートきゅう【mosquito級】 모스키토급(級).
モスク【mosque】 모스크.
モズク【海雲・水雲】 큰실말.
モスグリーン【moss green】 모스 그린.
モスレム【Moslem】 모슬렘.
もぞう【模造】 (スル) 모조(模造). ♦**模造紙** 모조지. **模造品** 모조품.
もぞもぞ ❶(人が)꼼지락꼼지락. ‖身体をもぞもぞさせる 몸을 꼼지락거리다. ❷(虫などが)우글우글; 꿈틀꿈틀. ‖虫がもぞもぞ動く 벌레가 꿈틀거리다.
もだえる【悶える】 ❶(苦痛などで)몸을 뒤틀다. ‖激痛に悶え苦しむ 심한 통증으로 몸을 뒤틀며 괴로워하다. ❷번민(煩悶)하다; 괴로워하다. ‖恋に悶える 사랑에 괴로워하다.
もたげる【擡げる】 ❶들어올리다; 쳐들다. ‖首をもたげる 머리를 쳐들다. ❷대두(擡頭)하다; 눈에 띄게 되다.
もたせかける【凭せ掛ける】 기대다.
もたせる【持たせる】 ❶들게 하다. ‖荷物を持たせる 짐을 들게 하다. ❷부담(負擔)하게 하다. ‖費用を相手に持たせる 비용을 상대방에게 부담하게 하다. ❸보존(保存)하다; 유지(維持)하다. ‖肉を冷蔵庫に入れて1週間持たせる 고기를 냉장고에 넣어 일주일 보존하다. ❹기대(期待)하게 하다. ‖相手に気を持たせる 상대방에게 기대를 하게 하다.
モダニズム【modernism】 모더니즘.
もたもた 느릿느릿. ‖もたもた(と)走る 느릿느릿 달리다. もたもたする 어물거리다. 어물쩍거리다.
もたらす【齎らす】 가져오다; 초래(招來)하다. ‖幸運をもたらす 행운을 가져오다.
もたれかかる【凭れ掛かる】 ❶기대다. ‖肩にもたれかかる 어깨에 기대다. ❷의지(依支)하다. ‖いつまでも親にもたれかかっている 언제까지나 부모에게 의지하고 있다.
もたれる【凭れる】 ❶기대다. ‖壁にもたれる 벽에 기대다. ❷소화(消化)가 안 되다. ‖食べ過ぎて胃がもたれる 많이 먹어 소화가 안 되다.
モダン【modern】 모던. ♦モダンジャズ 모던 재즈. モダンダンス 모던 댄스. モダンバレエ 모던 발레.
もち【餅】 떡. ▸餅は餅屋 떡은 떡집.
もち【持ち】 ❶보존(保存); 오래감. ‖持ちがいい 오래가다. ❷부담(負擔). ‖費用は自分持ち 비용은 자기 부담.
もちあがり【持ち上がり】 (説明) 학교(學校)에서 학생(學生)이 진급(進級)을 해도 계속(繼續)해서 담임(擔任)을 맡는 것.
もちあがる【持ち上がる】 ❶솟아오르다. ‖地面が持ち上がる 지면이 솟아오르다. ❷일어나다. ‖重大事件が持ち上がる 중대 사건이 일어나다. ❸계속(繼續)해서 담임(擔任)을 맡다. ‖担任が4年に持ち上がる 사 학년 때도 담임을 맡다.
もちあげる【持ち上げる】 ❶들어올리다. ‖2人がかりで持ち上げる 두 명이 붙어서 들어올리다. ❷〔おだてる〕치켜세우다. ‖相手を持ち上げる 상대방을 치켜세우다.
もちあじ【持ち味】 ❶(植物などの)본래(本來)의 맛. ‖野菜の持ち味を生かす 야채 본래의 맛을 살리다. ❷(作品・人物などの)독특(獨特)한 맛; 특성(特性). ‖この映画には監督の持ち味がよく出ている 이 영화에는 감독의 특성이 잘 나타나 있다.
もちあるく【持ち歩く】 가지고 다니다; 휴대(携帶)하다. ‖保険証を持ち歩く 보험증을 가지고 다니다.
もちあわせ【持ち合わせ】 (お金など)마침 가지고 있는 것. ‖持ち合わせがない 마침 가지고 있는 돈이 없다.
もちあわせる【持ち合わせる】 마침 가지고 있다.
もちいえ【持ち家】 자가(自家); 자택(自宅); 자기 집.
モチーフ【motif フ】 모티프.
*__もちいる【用いる】__ ❶이용(利用)하다; 사용(使用)하다. ‖運搬に車を用いる 옮기는 데 차를 이용하다. ❷등용(登用)하다; 채용(採用)하다. ‖新人を用いる 신인을 등용하다.
もちかえる【持ち帰る】 ❶가지고 가다. ‖仕事を自宅に持ち帰る 일을 집에 가지고 가다. ❷(検討するために)가지고

가다. ‖この件は委員会に持ち帰って討議しましょう 이 건은 위원회에서 토의합시다.

もちかける【持ち掛ける】 (話を)꺼내다. ‖儲け話を持ちかける 돈 버는 이야기를 꺼내다.

もちきり【持ち切り】 온통 한 가지 화제(話題)에 집중(集中)됨. ‖どこへ行っても選挙の話で持ちきりだ 어디를 가도 온통 선거 이야기뿐이다.

もちぐされ【持ち腐れ】 가지고 있으나 활용(活用)하지 못함. ‖宝の持ち腐れ 좋은 재능을 썩힘.

もちくずす【持ち崩す】 품행(品行)이 안 좋다.

もちこす【持ち越す】 넘기다; 미루다. ‖結論を次回に持ち越す 결론을 다음으로 미루다.

もちこたえる【持ち堪える】 버티다; 견디다. ‖敵の猛攻を持ちこたえる 적의 맹공에 버티다.

もちこみ【持ち込み】 반입(搬入). ‖持ち込み禁止 반입 금지.

もちこむ【持ち込む】 ❶반입(搬入)하다. ‖機内に危険物は持ち込まないでください 기내에 위험물을 반입하지 말아 주십시오. ❷제기(提起)하다; 제의(提議)하다. ‖苦情を持ち込む 불평을 제기하다. ❸(決着がつかないで次の段階に)넘어가다. ‖延長戦に持ち込む 연장전으로 넘어가다.

もちごめ【糯米】 찹쌀.

もちさる【持ち去る】 마음대로 가져가다.

もちじかん【持ち時間】 할당 시간(割當時間); 주어진 시간. ‖5分ずつの持ち時間で意見を発表する 주어진 오 분 동안 의견을 발표하다.

もちだい【餅代】 떡값; 연말(年末) 보너스.

もちだし【持ち出し】 ❶반출(搬出). ‖図書の持ち出し禁止 도서의 반출 금지. ❷예산 초과분(豫算超過分)에 대한 자기 부담(自己負擔). ‖会報の印刷代はかなりの持ち出しだ 회보 인쇄비의 상당 부분은 자기 부담이다.

*__もちだす__【持ち出す】 ❶꺼내다; 반출(搬出)하다; 훔치다. ‖店のものを持ち出して質に入れる 가게 물건을 훔쳐다 전당포에 잡히다. 今そんな古い話を持ち出されても困る 지금 지난 이야기를 꺼내면 곤란하다. ❷부족(不足)한 비용(費用)을 본인(本人)이 부담(負擔)하다. ‖チップの分だけ持ち出すことになった 팁은 본인이 부담하게 되었다.

もちつき【餅搗き】 떡을 침.

もちつもたれつ【持ちつ持たれつ】 서로 도움. ‖持ちつ持たれつの関係 서로 도우며 지내는 사이.

もちなおす【持ち直す】 ❶회복(回復)되다. ‖病人が持ち直す 환자가 회복되다. ❷바꿔 들다. ‖荷物を持ち直す 짐을 바꿔 들다.

もちにげ【持ち逃げ】 ‖持ち逃げする 가지고 도망가다.

もちぬし【持ち主】 소유자(所有者); 주인(主人). ‖持ち主を探す 주인을 찾다.

もちはこぶ【持ち運ぶ】 운반(運搬)하다.

もちはだ【餅肌】 (說明)막 빚은 떡처럼 희고 매끄러운 피부(皮膚).

もちぶん【持ち分】 지분(持分).

モチベーション【motivation】 동기 부여(動機附與).

もちまえ【持ち前】 천성(天性); 타고난 성격(性格). ‖彼は持ち前の明るさでうまく接客している 그 사람은 타고난 밝은 성격으로 손님들을 대하고 있다.

もちまわり【持ち回り】 ❶관계자(關係者)에게 순차적(順次的)으로 전달(傳達)함. ❷돌아가면서 함. ‖司会は持ち回りでする 사회는 돌아가면서 보다.

もちもの【持ち物】 소지품(所持品); 소유물(所有物). ♦持ち物検査 소지품 검사.

もちゅう【喪中】 상중(喪中).

もちよる【持ち寄る】 가지고 모이다. ‖アイディアを持ち寄る 아이디어를 가지고 모이다.

もちろん【勿論】 물론(勿論). ‖もちろんいい 물론 좋다.

*__もつ__【持つ】 ❶〔重量を支える〕들다. ‖荷物を両手で持つ 짐을 양손으로 들다. 右手で持つ 오른손으로 들다. ❷〔つかむ〕잡다. ‖紐の端を持って引っ張る 줄 끝을 잡고 당기다. ❸소지(所持)하다; 휴대(携帶)하다; 가지다. ‖傘を持って出かける 우산을 가지고 나가다. ❹소유(所有)하다; 가지다. ‖店を持っている 가게를 가지고 있다. ❺(権利・資格などを)갖추고 있다. ‖車の免許を持っている 운전 면허를 갖고 있다. ❻(家族・友だちなどを) 얻다; 두다. ‖いい息子さんを持って幸せですね 좋은 아드님을 두셔서 행복하시겠습니다. ❼(属性を)지니고 있다. ‖音楽の才能を持った少年 음악적 재능을 지닌 소년. ❽(気分・感情などを)품다; 가지다. ‖自信を持つ 자신을 가지다. 誇りを持つ 긍지를 갖다. ❾관련(關聯)이 있다. ‖あの団体とは何の関わりも持っていない 그 단체와는 아무런 관련도 없다. ❿(責任などを)지다; 부담(負擔)하다. ‖責任は私が持ちます 책임은 제가 지겠습니다. ⓫(ある状態が)유지(維持)되다. ‖この靴は3年も持った 이 구두는 삼 년이나 신었다. ⓬지지(支持)하다. ‖肩を持つ 편을 들다.

もっか【目下】 목하(目下).

もっか【黙過】 (スル)묵과(默過).

もっかんがっき【木管楽器】 목관 악기(木管樂器).

も

もっきん【木琴】 목금(木琴); 실로폰.
もっけい【黙契】 ⓢ하 묵계(默契).
もっこう【木工】 목공(木工). ‖木工用ボンド 목공용 본드.
もっさり ‖もっさり(と)した男 동작이 느리고 눈치가 없는 남자.
もったい【勿体】 위엄(威嚴). ▸勿体をつける 무게를 잡다. 대단한 척하다.
もったいない【勿体無い】 ❶ 아깝다. ‖こんなことをして時間がもったいない 이런 일을 하는 게 시간이 아깝다. ❷ 불경(不敬)하다. ‖神前を汚すとはもったいない 신전을 더럽히다니 불경스럽다. ❸ 송구(悚懼)스럽다. ‖お心づかいもったいなく存じます 신경을 써 주셔서 송구스럽습니다.
もったいぶる【勿体振る】 무게를 잡다; 대단한 척하다.
もって【以て】 ❶〔手段·方法〕…을[를] 사용(使用)해서; …을[를] 가지고. ‖書面をもって通知する 서면으로 통지하다. ❷〔原因·理由〕…을[를] 이유(理由)로; …(으)로. ‖雨天をもって延期する 우천으로 연기하다. ❸〔区切り〕…을[를] 시점(時點)으로. ‖これをもって閉会する 이것으로 폐회하다.
もってうまれた【持って生まれた】 타고난. ‖持って生まれた才能 타고난 재능.
もってこい【持って来い】 최적(最適). ‖花見にはもってこいの場所 꽃구경에 더 없이 좋은 장소.
もってのほか【以ての外】 무례(無禮); 당(當)치도 않음. ‖悪口を言うとはもってのほかだ 흉을 보다니 당치도 않다.
もってまわる【持って回る】 빙빙 돌리다. ‖もって回った言い方 빙빙 돌려서 하는 말투.
もっと 더. ‖もっと努力しろ 더 노력해라.
モットー【motto】 모토.
***もっとも【尤も】**ダ 당연(當然)하다. ‖もっともな意見 당연한 의견. もっともなことを言う 지극히 당연한 소리를 하다. 怒るのももっともだ 화를 내는 것도 당연하다. ▸尤もらしい 그럴 듯하다. もっともらしいうそ 그럴 듯한 거짓말.
***もっとも【最も】** 제일(第一); 가장. ‖世界で最も高い山 세계에서 제일 높은 산. 学校で最も足の早い生徒 학교에서 가장 발이 빠른 학생.
もっぱら【専ら】 오직; 오로지; 전부(全部); 온통. ‖今日はもっぱら向こうの言い分を聞いてきた 오늘은 오로지 저쪽 얘기만 듣고 왔다. もっぱら輸出用だ 전부 수출용이다. もっぱらのうわさだ 온통 그 얘기다.
モップ【mop】 대걸레.
もつれこむ【縺れ込む】 (決着がつかないまま次の段階に)넘어가다. ‖延長戦にもつれ込む 연장전으로 넘어가다.
もつれる【縺れる】 ❶ 엉키다. ‖髪の毛がもつれる 머리카락이 엉키다. ❷ 꼬이다; 꼬부라지다. ‖舌がもつれる 혀가 꼬부라지다. ❸ 틀어지다; 결렬(決裂)되다. ‖交渉がもつれる 교섭이 결렬되다.
もてあそぶ【玩ぶ】 ❶ 만지작거리다. ‖髪をもてあそぶ 머리를 만지작거리다. ❷ 농락(籠絡)하다; 가지고 놀다. ‖女をもてあそぶ 여자를 농락하다. ❸ 마음대로 하다; 주무르다. ‖権力をもてあそぶ 권력을 주무르다. ❹ 즐기다. ‖詩文をもてあそぶ 시문을 즐기다.
もてあます【持て余す】 주체를 못하다. ‖泣く子を持て余す 애가 우니까 주체를 못하다.
もてなし【持て成し】 ❶ 환대(歡待); 대우(待遇); 대접(待接). ‖大層なもてなしを受ける 대단한 대접을 받다. ❷ 손님에게 내놓는 음식(飮食); 접대(接待).
もてなす【持て成す】 ❶ 환대(歡待)하다; 대우(待遇)하다; 대접(待接)하다. ‖丁重にもてなす 정중하게 대우하다. ❷ (料理を)내놓다; 접대(接待)하다. ‖手料理でもてなす 손수 만든 요리를 내놓다.
もてはやす【持て囃す】 ❶〔ほめる〕모두가 칭찬(稱讚)하다. ❷〔人気がある〕인기(人氣)가 있다. ‖若い女性にもてはやされている 젊은 여성들에게 인기가 있다.
モデム【MODEM】(IT) 모뎀.
モデラート【moderato イ】 모데라토.
もてる【持てる】 ❶ 인기(人氣)가 있다. ‖女にもてる男 여자한테 인기가 있는 남자. ❷ 유지(維持)하다; 버티다. ‖共通の話題がなくて座が持てない 공통 화제가 없어 자리가 어색하다.
もてる【持てる】 가지고 있다. ‖持てる力を発揮する 가지고 있는 힘을 발휘하다. 持てる者の悩み 가진 자의 고민.
モデル【model】 모델. ‖1年ごとにモデルチェンジする 매년 모델을 바꾸다. ♦モデルケース 모델케이스.
もと【下】 ❶ 하(下); 아래; 아랫부분(部分). ‖自由の旗の下に集まれ 자유의 깃발 아래 모여라. 白日の下にさらす 백일하에 드러나다. 1か月という約束の下に依頼する 한 달이라는 약속하에 의뢰하다. ❷ 슬하(膝下); 지배하(支配下). ‖親の下を離れる 부모 슬하를 떠나다.
もと【元】 전(前); 원래(元來). ‖元首相 전 수상. ▸元の鞘に収まる 헤어졌다가 다시 만나다. ▸元の木阿弥 도로 아미타불.〔慣〕
***もと【元·基】** ❶ 처음. ‖元へさかのぼって考え直す 처음으로 돌아가 다시 생각하다. ❷ 근간(根幹); 기초(基礎); 토대(土臺). ‖資料を基にして議論す

る 자료를 토대로 논의하다. ❸ 원인(原因); 이유(理由). ‖成功の元 성공한 이유. ❹ 원료(原料); 재료(材料). ‖大豆を元にして作る 대두를 원료로 만들다. ❺ 원금(原金); 원가(原價); 본전(本錢). ‖元を取る 본전을 찾다. ▸元も子も無い 모든 것을 잃다. ▸元を正す 원인을 따지다. 元を正せば相手が悪い 원인을 따지자면 상대방이 나쁘다.

もどかしい 답답하다. ‖思い出せずもどかしい 생각이 안 나 답답하다.

-もどき【擬き】 …을[를] 닮음; …와[과] 비슷함; … 같음.

もときん【元金】 원금(元金).

もどす【戻す】 ❶ 원래(元來) 장소(場所)로 돌려놓다. ‖本を棚に戻す 책을 책장에 돌려놓다. ❷ 이전(以前) 상태(狀態)로 되돌리다. ‖計画を白紙に戻す 계획을 백지화하다. ❸ 뒤로 돌리다. ‖時計の針を戻す 시계 바늘을 돌리다. ❹ 토하다. ‖乗り物に酔って戻してしまった 멀미로 토했다.

もとせん【元栓】 (ガス・水道などの)꼭지. ‖ガスの元栓を閉める 가스 꼭지를 잠그다.

もとだか【元高】 원금(元金).

もとちょう【元帳】 원장부(元帳簿).

***もとづく【基づく】** ❶ 준하다; 근거(根據)하다. ‖法に基づく調査 법에 근거한 조사. ❷ 기인(起因)하다; 비롯되다. ‖この争いはつまらぬ誤解に基づいている 이 다툼은 사소한 오해에서 비롯되었다.

もとで【元手】 ❶ 자본금(資本金). ‖元手がかかる 자본금이 들다. ❷ 자본; 밑천. ‖体が元手だ 몸이 밑천이다.

もとどおり【元通り】 원래(元來)대로. ‖元通りにしまう 원래대로 치우다.

もとね【元値】 원가(原價).

もとばらい【元払い】 (説明) 화물(貨物)의 운임(運賃)을 발송자(發送者)가 부담(負擔)하는 것.

もとむ【求む】 구(求)하다. ‖アルバイト求む 아르바이트 구함.

もとめ【求め】 요구(要求); 주문(注文). ‖求めに応じる 요구에 응하다.

***もとめる【求める】** ❶ 추구(追求)하다; 바라다. ‖平和を求める 평화를 추구하다. ❷ 찾다; 구하다. ‖適任者を求める 적임자를 찾다. ❸ 요구(要求)하다. ‖署名を求める 서명을 요구하다. ❹〔買う〕사다. ‖絵を求める 그림을 사다.

もともと【元元】 원래(元來). ‖元々興味がある 원래 흥미가 있다.

もとより【元より】 ❶ 물론(勿論). ‖罪はもとより僕にある 물론 잘못은 나한테 있다. ❷ 원래(元來). ‖もとより根は優しい人だ 원래 근본은 착한 사람이다.

もどり【戻り】 ❶〔帰宅〕귀가(歸家). ‖今夜は主人の戻りが遅い 오늘은 남편의 귀가가 늦다. ❷〔復路〕오는 길; 올 때. ‖行きは辛かったが戻りは楽だ 갈 때는 힘들었는데 올 때는 편하다.

もどる【戻る】 (もとの場所に)돌아가다; 돌아오다. ‖家に戻る 집으로 돌아가다[돌아오다]. 貸した本がやっと戻ってきた 빌려준 책이 겨우 돌아왔다. 意識が戻る 의식이 돌아오다.

もなか【最中】 (説明)〔和菓子〕찹쌀 반죽을 얇게 구워 그 속에 팥소를 넣은 과자(菓子).

モナコ【Monaco】《国名》모나코.

モニター【monitor】 모니터. ‖モニター調査 모니터 조사.

モニュメント【monument】 기념물(記念物).

もぬけのから【蛻の殻】 ❶ 사람이 빠져나간 자리. ❷ 혼(魂)이 빠져나간 몸.

もの【者】 사람. ♦正直者 정직한 사람.

***もの【物】** ❶〔物体・事物・品物・商品〕물건(物件); 것. ‖階段にものを置くのは危険だ 계단에 물건을 두는 것은 위험하다. 値段は安いがものは確かだ 값은 싸지만 물건은 확실하다. 都会ではものが高い 도시에서는 물건이 비싸다. 面白いものを見せてやる 재미있는 것을 보여 줄게. 日本的なもの 일본적인 것. 色々なものがショーウインドーに飾られていた 여러 가지 물건이 쇼윈도에 진열되어 있었다. あの映画は一度見たものだ 그 영화는 한 번 본 것이다. ❷〔所有物〕것; 소유물(所有物). ‖人のものを借りる 다른 사람 것을 빌리다. これは誰のものですか 이건 누구 것입니까? この車は兄のものだ 이 차는 형 것이다. ❸ …물. ‖現代物 현대물. 夏物 여름옷. 3年もののワイン 삼 년 된 포도주. ❹〔動作の対象〕…것; 아무것. ‖読み物 읽을 것. 읽을 거리. 飲み物 마실 것. ものも食べない 아무것도 먹지 않다. ❺〔道理・理致〕도리(道理); 이치(理致). ‖ものが分かっている人 도리를 아는 사람. 彼女はものを知らない 그녀는 뭘 모른다. ❻〔…ものだの形で〕…것이다. ‖どんな人でもほめ言葉には弱いものだ 누구든 칭찬에는 약한 것이다. そんな時は何も聞かずにいてあげるものだ 그럴 때는 아무것도 묻지 말고 곁에 있어 주는 것이다. ❼〔…したものだの形で〕…곤 했다. ‖2人でよく遊んだものだ 둘이서 자주 놀곤 했다. ❽〔否定を強調〕‖そんなことがあるものか 그런 일이 있을 수 있나. 그런 일은 있을 수 없다. ❾〔判断を強調〕‖彼はもう帰ったものと思われる 그 사람은 벌써 돌아간 것 같다. ❿〔…ものとするの形で〕…하는 것으로 하다. ‖甲はその責任を負うものとする 갑이 그 책임을 지는 것으로

한다. ▸物ともしない 개의치 않다. 負傷をものともしないで出場する 부상을 개의치 않고 출장하다. ▸物にする 자기 것으로 하다. ▸物になる 훌륭한 물건이 되다. 이루다. 성취하다. ▸物は言い様 말하기 나름. ▸物も言い様で角が立つ 같은 말이라도 하기에 따라서는 상대방의 기분을 상하게 할 수 있다. ▸物を言う 효력을 발휘하다. 目は口ほどものを言う 눈은 입만큼 말을 한다.

ものいい【物言い】❶말투(套). ‖不満そうな物言い 불만스러운 듯한 말투. ❷말다툼. ‖物言いの種になる 말다툼의 원인이 되다. ❸이의(異議). ‖計画に対して物言いをつける 계획에 이의를 제기하다.

ものいう【物言う】❶말하다. ‖物言いたげなそぶり 무언가 말하고 싶어하는 태도. ❷효력(效力)을 발휘(發揮)하다. ‖金が物言う世の中 돈이 제일인 세상.

ものいり【物入り】‖物入りなこと 돈이 드는 일.

ものいれ【物入れ】 물건(物件)을 넣는 것.

ものうり【物売り】상인(商人); 장사꾼.

ものおき【物置】조그만 곳간; 광; 창고(倉庫).

ものおじ【物怖じ】‖物怖じする 겁먹다. 주눅이 들다.

ものおしみ【物惜しみ】‖物惜しみする 인색하다. 아까워하다.

ものおと【物音】무슨 소리. ‖物音で目を覚ます 무슨 소리가 나서 눈을 뜨다. 変な物音がする 이상한 소리가 나다.

ものおぼえ【物覚え】 기억(記憶). ‖物覚えが悪い 기억력이 나쁘다.

ものおもい【物思い】 근심; 걱정. ‖物思いにふける 근심에 잠기다.

ものかき【物書き】작가(作家).

ものかげ【物陰】물건(物件)의 형태(形態).

ものがたい【物堅い】 의리(義理)가 있다; 성실(誠實)하다. ‖ものがたく信用できる人 의리가 있고 믿을 만한 사람.

ものがたり【物語】이야기.

ものがたる【物語る】 ❶이야기하다. ‖昔のことを物語る 옛날 일을 이야기하다. ❷나타내다; 말해 주다. ‖焼け跡が火事の悲惨さを物語る 불탄 자리가 화재의 비참함을 말해 주다.

ものがなしい【物悲しい】 왠지 슬프다. ‖物悲しい秋の夕暮れ 왠지 슬픈 가을의 해질 무렵.

モノクロ【←monochrome】 흑백; 흑백사진(黑白寫眞); 흑백 영화(黑白映畫).

ものごい【物乞い】❶(名하) 구걸(求乞); 거지. ❷〔人〕거지.

ものごころ【物心】철. ‖物心がつく 철이 들다.

ものごし【物腰】말투(套); 태도(態度). ‖柔らかい物腰 부드러운 태도.

ものごと【物事】 사물(事物). ‖物事を冷静に判断する 사물을 냉정히 판단하다.

ものさし【物差し】❶자. ‖物差しで測る 자로 재다. ❷기준(基準). ‖審判の物差しは一様ではない 심판의 기준이 다 같지는 않다.

ものしずか【物静か】ダ ❶〔ひっそりと〕조용하다. ‖物静かな家 조용한 집. ❷차분하다. ‖物静かに話す 차분하게 이야기하다.

ものしり【物知り】박식(博識)한 사람.

ものずき【物好き】 (說明) 특이(特異)한 것을 좋아함 또는 그런 사람; 호기심(好奇心)이 강한 사람.

ものすごい【物凄い】❶무섭다. ‖かみつきそうなものすごい形相 덤벼들 듯한 무서운 모습. ❷굉장(宏壯)하다; 대단하다. ‖ものすごい人気 굉장한 인기.

ものする【物する】(文章・詩を)짓다.

ものたりない【物足りない】 부족(不足)하다; 아쉽다. ‖これだけの説明では物足りない 이 정도 설명으로는 부족하다.

モノトーン【monotone】모노톤.

ものの ❶〔けれども〕…지만; …는데. ‖苦しいものの, 楽しさもあるさ 힘들지만 즐거움도 있다. その仕事を引き受けてはみたものの, できるかどうか自信はなかった 그 일을 맡기로는 했지만 할 수 있을지 없을지 자신은 없었다. 道具を買ったものの, 使い方が分からない 도구를 샀는데 사용법을 모르다. ❷정말. ‖もののみごとなゴールだ 정말 멋있는 골이다.

もののあわれ【物の哀れ】 정취(情趣); 정감(情感).

もののかず【物の数】 주목(注目)할 만한 것; 특별(特別)한 것. ‖これくらいの雨は物の数ではない 이 정도 비는 별것 아니다. 私などは物の数に入らない 나 같은 것은 별것 아니다.

もののけ【物の怪】 해(害)코지를 하는 귀신(鬼神).

ものほし【物干し】빨래를 너는 곳.

ものほしげ【物欲し気】탐(貪)이 남; 갖고 싶음.

ものまね【物真似】 흉내. ‖物真似する 흉내 내다. 物真似がうまい 흉내를 잘 내다.

ものみだかい【物見高い】 호기심(好奇心)이 강하다.

ものめずらしい【物珍しい】 희귀(稀貴)하다; 신기(新奇)하다.

ものもうす【物申す】 ❶말하다. ❷항의(抗議)하다.

ものもち【物持ち】❶물건(物件)을 오

래 씀. ❷재산가(財産家).

ものものしい【物物しい】❶삼엄(森厳)하다; 엄중(厳重)하다. ‖物々しい警戒態勢 삼엄한 경계 태세. ❷과장(誇張)하다; 엄청나다. ‖物々しく包帯をする 엄청나게 붕대를 감다.

ものもらい【物貰い】❶〔乞食〕거지. ❷〔眼病〕다래끼.

ものやわらか【物柔らか】ダ (態度が)부드럽다; 침착(沈着)하다.

モノレール【monorail】모노레일.

モノローグ【monologue】모놀로그.

ものわかり【物分かり】이해(理解). ‖物分りの悪い人 이해력이 부족한 사람.

ものわかれ【物別れ】결렬(決裂). ‖物別れに終わる 결렬되다.

ものわすれ【物忘れ】건망증(健忘症). ‖物忘れが激しい 건망증이 심하다.

ものわらい【物笑い】웃음거리. ‖世間の物笑いになる 세상의 웃음거리가 되다.

モバイル【mobile】모바일.

もはや【最早】❶〔もう〕지금(只今)에 와서는; 이제. ‖もはや手遅れだ 이제 늦었다. ❷〔すでに〕벌써. ‖あれからもはや5年も経った 그로부터 벌써 오 년이나 지났다.

もはん【模範】모범(模範). ‖下級生の模範となる 하급생의 모범이 되다. 模範を示す 모범을 보이다. ♦模範解答 모범 답안.

モビール【mobile ᄀ】모빌.

もふく【喪服】상복(喪服).

モヘア【mohair】모헤어.

もほう【模倣】(名하) 모방(模倣). ‖生活様式を模倣する 생활양식을 모방하다. ♦模倣犯罪 모방 범죄.

もまれる【揉まれる】❶많은 사람들 틈에서 고생(苦生)하다. ‖世間の荒波にもまれる 세상의 거친 풍파에 시달리다. ❷큰 힘에 휘둘리다. ‖波にもまれる小船 파도에 출렁이는 작은 배.

もみ【籾】뉘. ♦籾殻 겨. 왕겨.

モミ【樅】전나무. ‖樅の木 전나무.

もみあう【揉み合う】뒤섞여 싸우다. ‖警官とデモ隊がもみ合う 경찰과 데모대가 싸우다.

もみあげ【揉み上げ】구레나룻. ‖もみ上げを伸ばす 구레나룻을 기르다.

もみくちゃ【揉みくちゃ】‖もみくちゃにする 구기다. もみくちゃにされる 심하게 구겨지다.

もみけす【揉み消す】❶비벼 끄다. ‖タバコの火をもみ消す 담뱃불을 비벼 끄다. ❷무마(撫摩)시키다; 덮어 두다. ‖収賄事件をもみ消す 뇌물 사건을 무마시키다.

もみじ【紅葉】단풍. ♦紅葉狩り 단풍놀이. 週末は紅葉狩りに行く 주말에는 단풍놀이를 간다. もみじマーク (説明) 운전자(運転者)가 칠십 세(七十歳) 이상(以上)임을 표시(標示)하는 스티커.

もみほぐす【揉み解す】❶뭉친 것을 주물러 풀다. ‖肩を揉みほぐす 어깨를 주무르다. ❷(気持ち・気分を)풀다. ‖緊張を揉みほぐす 긴장을 풀다.

もむ【揉む】❶비비다. ‖錐(きり)を揉む 송곳을 비비다. 揉み洗いする 비벼 빨다. ❷주무르다. ‖肩を揉む 어깨를 주무르다. キュウリを塩で揉む 오이를 소금으로 주무르다. ❸(大勢の人が)밀치락달치락하다. ‖満員電車に揉まれる 만원 전철에서 밀치락달치락하다.

もめごと【揉め事】다툼; 싸움. ‖揉め事に巻き込まれる 싸움에 휘말리다.

もめる【揉める】❶다투다. ‖遺産相続で揉める 유산 상속 때문에 다투다. ❷초조(焦燥)하다; 안달하다. ‖気が揉める 초조하다.

もめん【木綿】목면(木棉).

もも【腿・股】넓적다리; 대퇴(大腿).

モモ【桃】복숭아. ▸桃栗三年柿八年 복숭아·밤은 삼 년, 감은 팔 년만에 열매를 맺음.

ももいろ【桃色】도색(桃色); 분홍색(粉紅色).

もものせっく【桃の節句】(説明) 삼월 삼일(三月三日). 일본(日本) 명절(名節) 중의 하나.

ももひき【股引き】내복(內服) 바지.

モモンガ【鼯鼠】하늘다람쥐.

もや【靄】안개; 연무(煙霧).

モヤシ【萌やし】(説明) 콩이나 보리 씨를 발아(發芽)시킨 것.

***もやす**【燃やす】태우다; 불태우다. ‖紙を燃やす 종이를 태우다. 闘志を燃やす 투지를 불태우다. 情熱を燃やす 정열을 불태우다.

もやもや ❶〔もやが立ち込めたようにぼんやりしてよく見えない様子〕‖湯気でもやもやとした風呂場 김으로 자욱한 목욕탕. ❷〔事情が不明朗な様子〕‖真相はもやもやとしてつかみ難い 진상이 불분명해서 알 수가 없다. ❸〔心にわだかまりがある様子〕‖だまされたようでもやもやとした気持ちだ 속은 것 같아 찜찜하다.

もよう【模様】❶문양(文様); 무늬. ‖水玉模様 물방울 무늬. ❷상태(狀態); 상황(狀況). ‖当時の模様を話す 당시의 상황을 이야기하다. ❸모양(模樣). ‖今年中に渡米する模様だ 올해 안에 미국에 갈 모양이다.

もようがえ【模様替え】‖模様替えする 바꾸다. 변경하다.

もよおし【催し】모임; 회합(會合); 행사(行事).

もよおす【催す】❶개최(開催)하다; 열다. ‖パーティーを催す 파티를 열다. ❷느끼게 하다. ‖吐き気を催す 토할 것

같다.

もより【最寄り】 가장 가까운 곳. ‖最寄りの駅 가장 가까운 역.

もらい【貰い】 받음; 얻음. ‖もらいが多い 받은 것이 많다. もらい物 받은 것.

もらいご【貰い子】 양자(養子).

もらいじこ【貰い事故】 상대방(相對方)에 의한 사고(事故).

もらいて【貰い手】 받을 사람. ‖子犬のもらい手がない 강아지를 받아 줄 사람이 없다.

もらいなき【貰い泣き】 덩달아 우는 울음. ‖ついついもらい泣きする 덩달아 울다.

*もらう【貰う】 ❶ 받다. ‖手紙をもらう 편지를 받다. くれるものは何でももらう 주는 것은 무엇이든지 받다. ❷ 얻다. ‖許可をもらう 허가를 얻다. ❸ 일원(一員)으로 하다. ‖我がチームにもらいたい選手だ 우리 팀원으로 하고 싶은 선수다. ❹〔引き受ける〕맡다; 인수(引受)하다. ❺ (自分の責任ではないことを)떠맡다. ‖風邪をもらってきた 감기를 옮아 왔다. ❻ 자기(自己) 것으로 하다; 획득(獲得)하다. ‖これをもらおう 이걸 사겠다.

*もらす【漏らす】 ❶ 흘리다; 새다. ‖水も漏らさぬ警戒網 물샐틈없는 경계망. ❷ 누설(漏泄)하다. ‖機密を漏らす 기밀을 누설하다. ❸ 생각하고 있는 것을 드러내다. ‖辞意を漏らす 사의를 비추다. ❹ (感情を)나타내다. ‖笑みを漏らす 웃음을 띠우다. ❺ 빠트리다. ‖必要書類を漏らさず揃える 필요 서류를 빠짐없이 갖추다.

も

もり【森】 숲. ‖うっそうとした森 울창한 숲.

もり【銛】 작살.

もり【盛り】 (説明) 용기(容器)에 음식물(飮食物)을 담는 것 또는 그 분량(分量).

もりあがる【盛り上がる】 ❶ 부풀어 오르다. ‖筋肉が盛り上がる 근육이 부풀어 오르다. ❷ 고조(高潮)되다. ‖雰囲気が盛り上がる 분위기가 고조되다.

もりあげる【盛り上げる】 ❶ 쌓아 올리다; 부풀어 오르게 하다. ‖土を盛り上げた墓 흙을 쌓아 올린 무덤. ❷ 띄우다; 고조(高潮)시키다. ‖雰囲気を盛り上げる 분위기를 띄우다.

もりかえす【盛り返す】 만회(挽回)하다. ‖人気を盛り返す 인기를 만회하다.

もりこむ【盛り込む】 포함(包含)하다; 반영(反映)하다. ‖多くの意見を盛り込む 많은 의견을 반영하다.

もりじお【盛り塩】 (説明) (料理屋・寄席などで)문 입구(門入口)에 놓는 소금.

もりそば【盛り蕎麦】 메밀국수.

もりだくさん【盛り沢山】 풍부(豊富)함; 많음. ‖内容盛りだくさんの情報誌 내용이 풍부한 정보지.

もりたてる【守り立てる】 ❶ (能力が発揮できるように)도와주다. ‖若い社長をもり立てる 젊은 사장을 도와주다. ❷ 다시 일으키다. ‖会社をもう一度もり立ててみる 회사를 다시 한번 일으켜 보겠다.

もりつける【盛り付ける】 ❶〔よそう〕그릇에 담다. ❷〔取り分ける〕할당(割當)하다; 분배(分配)하다.

もりもり ❶〔よく食べる様子〕‖もりもり食べる 먹음직스럽게 먹다. ❷〔威勢よく物事をする様子〕왕성(旺盛)하게; 맹렬(猛烈)히. ‖もりもりと仕事をする 왕성하게 일을 하다. ❸〔力強く盛り上がる様子〕‖筋肉がもりもりしている 근육이 울퉁불퉁하다.

もる【盛る】 ❶ 담다; 푸다. ‖ご飯を盛る 밥을 푸다. ❷ 쌓아 올리다. ‖土を盛る 흙을 쌓아 올리다. ❸ (毒薬などを)먹이다. ‖毒を盛る 독약을 먹이다. ❹ (文章などに)사상(思想) 등을 담다. ‖独立宣言に盛られた精神 독립 선언에 담긴 정신.

もる【漏る】 새다. ‖水が漏るバケツ 물이 새는 물통.

モル【Mol ド】 …몰(mol).

モルジブ【Maldives】(国名) 몰디브.

モルタル【mortar】 모르타르.

モルドバ【Moldova】(国名) 몰도바.

モルヒネ【morfine オ】 모르핀.

モルモット【marmot オ】 모르모트.

モルモンきょう【Mormon 教】 모르몬교(教).

もれなく【漏れ無く】 빠짐없이; 전부(全部). ‖漏れなく当たる 빠짐없이 당첨되다.

もれる【漏れる】 ❶ 새다. ‖タンクから燃料が漏れる 연료 통에서 연료가 새다. ❷ 누설(漏泄)되다. ‖情報が漏れる 정보가 누설되다. ❸ (感情が)드러나다. ‖思わずため息が漏れる 자기도 모르게 한숨을 쉬다.

もろい【脆い】 ❶ 부서지기 쉽다. ‖もろい岩 부서지기 쉬운 바위. ❷ 약하다. ‖情けにもろい 정에 약하다.

もろくも【脆くも】 간단(簡單)히; 쉽게. ‖脆くも敗れた 쉽게 졌다.

モロッコ【Morocco】(国名) 모로코.

もろて【諸手】 양(兩)손; 쌍수(雙手). ▸諸手を挙げて 쌍수를 들어. 무조건. 諸手を挙げて賛成する 무조건 찬성하다.

もろみ【諸味・醪】 (説明) 발효(醱酵)가 끝나고 거르지 않은 상태(狀態)의 술이나 간장.

もろもろ【諸諸】 여러 가지. ‖諸々の説がある 여러 설이 있다.

*もん【門】 ❶ 문(門). ‖門を閉める 문을 닫다. 入試の狭き門を突破する 입시의

좁은 문을 통과하다. ❷ 문하(門下). ‖漱石門の俊秀 소세키 문하의 인재. ❸《生物》 문. ‖脊髄動物門 척추 동물 문.

-もん【文】 ❶〔昔の貨幣〕…푼. ❷(足袋などの大きさ)…문(文).

-もん【問】 문제(問題). ‖第1問 첫 번째 문제.

もんか【門下】 문하(門下). ♦門下生 문하생.

もんがい【門外】 문외(門外). ♦門外漢 문외한. 門外不出 비장.

もんがまえ【門構え】 문(門)의 모양(模様); 문의 구조(構造). ‖立派な門構えの家 문이 멋있는 집.

もんきりがた【紋切り型】 ‖紋切り型の挨拶 틀에 박힌 인사.

***もんく**【文句】 ❶ 문구(文句); 어구(語句). ‖名文句 명문구. ❷ 불평(不平); 불만(不満); 트집. ‖文句を言う 불평을 하다. 文句なしだ 흠 잡을 데가 없다.

もんげん【門限】 정해진 귀가 시간(帰家時間).

もんこ【門戸】 문호(門戸). ♦門戸開放 문호 개방.

モンゴウイカ【紋甲烏賊】 뼈오징어.

モンゴル【Mongol】《国名》 몽골.

もんし【門歯】 앞니.

もんじゃやき【もんじゃ焼き】《料理》 일본식(日本式) 부침개.

もんじゅ【文殊】《仏教》 문수보살(文殊菩薩).

もんじょ【文書】 문서(文書).

もんしょう【紋章】 문장(紋章).

モンシロチョウ【紋白蝶】 배추흰나비.

もんしん【問診】 ㉻하 문진(問診).

モンスーン【monsoon】 몬순.

もんせき【問責】 ㉻하 문책(問責).

もんぜん【門前】 문전(門前). ▸門前市を成す 문전성시를 이루다. ▸門前の小僧習わぬ経を読む 서당 개 삼 년에 풍월을 읊는다.〔諺〕 ♦門前払い 문전박대(門前薄待).

モンタージュ【montage フ】 몽타주. ♦モンタージュ写真 몽타주 사진.

***もんだい**【問題】 ❶〔設問〕문제(問題). ‖英語の問題を解く 영어 문제를 풀다. ❷〔事柄〕문제(問題). ‖問題にする 문제로 삼다. 問題にならない 문제가 안 되다. 問題点を整理する 문제점을 정리하다. 問題を起こす 문제를 일으키다. 就職の問題で悩んでいる 취직 문제로 고민하고 있다. ♦練習問題 연습 문제. *問題意識 문제의식. 問題外* 논외. 問題児 문제아.

もんちゃく【悶着】 다툼; 싸움; 말썽. ‖悶着を起こす 말썽을 일으키다.

もんつき【紋付き】 ㊟説明 가문(家門)의 문장(紋章)이 찍힌 전통(傳統) 옷.

もんどう【問答】 ㉻하 문답(問答). ‖問答を交わす 문답을 주고받다. ♦禅問答 선문답.

もんどり【翻筋斗】 공중(空中)제비. ‖もんどり打つ 공중제비를 하다.

もんなし【文無し】 무일(無一)푼.

もんばつ【門閥】 문벌(門閥); 가문(家門).

もんばん【門番】 문(門)지기; 수위(守衛).

もんぺ (作業・保温用の)여성용(女性用) 바지.

もんめ【匁】 돈.

もんもう【文盲】 문맹(文盲).

もんもん【悶悶】 ‖悶々とする 몹시 괴로워하다.

もんよう【文様】 무늬; 문양(文様). ‖花の文様 꽃무늬.

や

や ❶〔並立〕…(이)나. ‖新聞や雑誌を読む 신문이나 잡지를 읽다[보다]. ❷〔(…する)や否やの略語〕…(하)자마자. ‖見るや笑い出す 보자마자 웃음을 터뜨리다. ❸〔意味の強調〕 ‖今や国際化時代である 지금은 국제화 시대이다.

や【八·8】팔(八); 여덟.

や【矢】화살. ‖弓と矢 활과 화살. ▸矢でも鉄砲でも持って来い 무슨 일이 있어도 겁나지 않다. ▸矢も楯もたまらず 하고 싶어서 안달이 나다.

や【家·屋】❶집. ‖この家の主 이 집의 주인. ❷〔そのような性質を持つ人〕사람. ‖頑張り屋 열심히 하는 사람. ❸〔職業·屋号として〕집; 가게. ♦パン屋 빵집. 八百屋 채소 가게.

やあ ❶〔驚き〕야. ❷〔呼びかけ〕야. ❸〔気合〕얍; 얏.

ヤード【yard】야드.

やい〔呼びかけ〕야.

-やいなや【や否や】…(하)자마자. ‖家に帰るや否や 집에 돌아오자마자. 私を見るや否や 나를 보자마자.

やいば【刃】칼.

やいやい ❶〔呼びかけ〕야야. ‖やいやい, 静かにしろ 야야, 조용히 해. ❷〔催促〕‖早くしてくれとやいやい言う 빨리 해 달라고 재촉을 하다.

やいん【夜陰】야음(夜陰). ‖夜陰に乗じて侵入する 야음을 틈타 침입하다.

やえ【八重】여덟 겹; 많이 겹친 것. ♦八重桜 겹벚꽃. 겹벚꽃나무. 八重歯 덧니.

やえい【野営】(名하) 야영(野營).

やおちょう【八百長】(説明) 부정(不正)한 승부(勝負).

やおもて【矢面】화살이 날아오는 정면(正面). ‖矢面に立つ 진두에 서다.

やおや【八百屋】채소(菜蔬) 가게.

やがい【野外】야외(野外). ♦野外活動 야외 활동.

やがく【夜学】야학(夜學).

やがすり【矢絣】(説明) 화살 깃 무늬를 넣은 직물(織物).

やかた【館】훌륭한 저택(邸宅).

やかたぶね【屋形舟】(説明) 지붕이 있는 놀잇배.

やがて ❶〔そのうち〕머지않아; 곧; 이윽고. ‖やがて戻ります 곧 돌아오겠습니다. 日々の努力がやがて実を結ぶ 하루하루의 노력이 이윽고 결실을 맺다. ❷결국(結局). ‖やがて滅亡に至った 결국 멸망했다.

*やかましい【喧しい】❶시끄럽다. ‖やかましい騒音 시끄러운 소음. ❷잔소리가 심하다; 까다롭다. ‖食べ物にやかましい人 먹는 것에 까다로운 사람.

やかましや【喧し屋】잔소리꾼; 까다로운 사람.

やかん【夜間】야간(夜間). ♦夜間人口 야간 인구. 夜間飛行 야간 비행.

やかん【薬缶】주전자(酒煎子).

やき【焼き】❶〔焼くこと〕구움. ‖焼きが悪い 덜 구워지다. ❷〔刀などの〕담금질; 불림. ▸焼きが回る 나이가 들어 둔해지다. ▸焼きを入れる 호되게 다루다. 고문하다.

ヤギ【山羊】염소. ‖山羊座 염소자리. 산양좌(山羊座).

やきあがる【焼き上がる】다 구워지다.

やきあみ【焼き網】석쇠.

やきいも【焼き芋】군고구마.

やきいれ【焼き入れ】(名하) 담금질.

やきいん【焼き印】낙인(烙印); 소인(燒印); 화인(火印).

やきがし【焼き菓子】구워서 만든 과자(菓子).

やきがね【焼き金】낙인(烙印); 소인(燒印); 화인(火印).

やきぐし【焼き串】조리용(調理用) 꼬챙이.

やきごて【焼き鏝】인두.

やきざかな【焼き魚】구운 생선(生鮮); 생선 구이.

やきしお【焼き塩】구운 소금.

やきそば【焼き蕎麦】볶음면(麵).

やきたて【焼き立て】갓 구운 것. ‖焼き立てのパン 갓 구운 빵.

やきつく【焼き付く】❶눌어붙다; 탄 흔적(痕跡)이 남다. ‖鏝(こて)のあとが焼きつく 인두질한 자리가 눌어붙다. ❷강한 인상(印象)이 남다. ‖心に焼きつく 마음에 강한 인상이 남다.

やきつけ【焼き付け】 ❶(写真の)인화(印畫). ❷〔めっき〕도금(鍍金).

やきつける【焼き付ける】❶인화(印畫)하다. ❷도금(鍍金)하다. ❸(陶磁器に)무늬를 넣어서 굽다.

やきどうふ【焼き豆腐】 구운 두부(豆腐).

やきとり【焼き鳥】닭 꼬치구이.

やきにく【焼き肉】갈비 구이.

やきのり【焼き海苔】구운 김.

やきはらう【焼き払う】완전(完全)히 태우다; 몽땅 태우다.

やきまし【焼き増し】‖(写真を)焼き増しする 추가 인화하다.

やきめし【焼き飯】볶음밥.

やきもき ‖やきもきする 안절부절 못하다.

やきもち【焼き餅】❶〔食品〕구운 떡. ❷질투(嫉妬). ‖焼きもちを焼く 질투를 하다.

やきもの【焼き物】❶도자기(陶瓷器). ❷구운 요리(料理).

*やきゅう【野球】 야구(野球). ‖テレビで野球を見る 텔레비전에서 야구를 보다. 熱烈な野球ファン 열렬한 야구팬. 野球の試合 야구 시합. ♦野球場 야구장. 野球選手 야구 선수. 野球部 야구부.

ヤギュウ【野牛】 들소.

やきょく【夜曲】 소야곡(小夜曲); 세레나데.

やきん【冶金】 야금(冶金).

やきん【夜勤】 ㉠하 야근(夜勤). ♦夜勤手当 야근 수당.

やきん【野禽】 야금(野禽).

やく【厄】 ❶액(厄); 재난(災難). ❷액년(厄年).

*やく【役】 ❶임무(任務); 역할(役割). ‖見張りの役 망보는 역할. ❷직무(職務). ‖役につく 직무를 맡다. ❸(演劇で)역(役). ‖老人役 노인 역. ▸役に立つ 유용하다. 쓸모가 있다. 도움이 되다.

やく【約】 약(約). ‖約1時間 약 한 시간. 約1か月 약 한 달. 약 일 개월.

やく【訳】 역; 번역(翻譯).

やく【薬】 약(藥). ♦胃腸薬 위장약.

やく【妬く】 시기(猜忌)하다; 질투(嫉妬)하다.

*やく【焼く】 ❶굽다. ‖魚を焼く 생선을 굽다. パンを焼く 빵을 굽다. ❷태우다. ‖ごみを焼く 쓰레기를 태우다. 民家2棟を焼く 민가 두 채를 태우다. ❸(写真を)인화(印畫)하다.

ヤク【yak】《動物》 야크.

やくいん【役員】 임원(任員); 중역(重役).

やくえき【薬液】 물약(藥).

やくおとし【厄落とし】 ㉠하 액(厄)땜.

やくがい【薬害】 약해(藥害).

やくがく【薬学】 약학(藥學).

やくがら【役柄】 ❶직무(職務)의 성질(性質). ❷(役に伴って生じる)입장(立場)·체면(體面). ❸(演劇で)등장인물(登場人物)의 성격(性格)·역할(役割).

やくご【訳語】 역어; 번역어(翻譯語).

やくざ 깡패; 불량배(不良輩).

やくざい【薬剤】 약제(藥劑). ♦薬剤師 약사.

やくし【訳詩】 역시; 번역시(翻譯詩).

やくしにょらい【薬師如来】 약사여래(藥師如來).

やくじほう【薬事法】 약사법(藥事法).

やくしゃ【役者】 배우(俳優). ▸役者が一枚上 인물이나 능력 등이 한 수 위다. ▸役者が揃う 주요 인물이 다 모이다. ▸役者馬鹿 배우로서는 훌륭하나 세상 물정을 모르는 사람.

やくしゃ【訳者】 역자; 번역자(翻譯者).

やくしゅ【薬酒】 약주(藥酒).

やくしゅ【薬種】 약재(藥材).

やくしょ【役所】 관공서(官公署).

やくしょ【訳書】 역서; 번역서(翻譯書).

やくじょう【約定】 ㉠하 약정(約定).

やくしょく【役職】 보직(補職).

やくしん【躍進】 ㉠하 약진(躍進).

やくす【訳す】 번역(翻譯)하다.

やくすう【約数】 약수(約數).

やくする【約する】 ❶요약(要約)하다. ❷《数学》약분(約分)하다.

やくする【訳する】 번역(翻譯)하다; 해석(解釋)하다.

やくぜん【薬膳】 説明 약재(藥材)를 사용(使用)한 건강식(健康食).

やくそう【薬草】 약초(藥草).

*やくそく【約束】 ㉠하 약속(約束). ‖約束を守る 약속을 지키다. 約束を破る 약속을 어기다. 約束した日にち 약속한 날짜. 約束した場所 약속 장소.

やくそくてがた【約束手形】 약속(約束)어음.

やくたたず【役立たず】 쓸모없는 것[사람].

やくだつ【役立つ】 유용(有用)하다; 쓸모가 있다; 도움이 되다.

やくだてる【役立てる】 유용(有用)하게 쓰다.

やくちゅう【訳注】 역주(譯註). ‖訳注をつける 역주를 달다.

やくづくり【役作り】 説明 배역(配役)에 맞는 분장(扮裝)이나 연기(演技) 등을 궁리(窮理)하는 것.

やくとう【薬湯】 약탕(藥湯).

やくどう【躍動】 ㉠하 약동(躍動). ♦躍動感 약동감.

やくどく【薬毒】 약(藥)의 독(毒).

やくどし【厄年】 액년(厄年).

やくにん【役人】 공무원(公務員).

やくば【役場】 (町·村の) 사무(事務)를 보는 곳.

やくはらい【厄払い】 ㉠하 액(厄)막이.

やくび【厄日】 운수(運數)가 사나운 날; 일진(日辰)이 안 좋은 날.

やくびょうがみ【疫病神】 説明 재난(災難)을 가져온다고 다른 사람들이 싫어하는 사람.

やくひん【薬品】 약품(藥品). ♦化学薬品 화학 약품.

やくぶそく【役不足】 능력(能力)에 비해 역할(役割)이 보잘것없음.

やくぶつ【薬物】 약물(藥物). ♦薬物中毒 약물 중독. 薬物療法 약물 요법.

やくぶん【約分】 ㉠하 《数学》 약분(約分).

やくほう【薬包】 약봉지(藥封紙).

やくほん【訳本】 번역서(翻譯書).

やくまわり【役回り】 할당(割當)된 역할(役割).

やくみ【薬味】 양념; 향신료(香辛料).

*やくめ【役目】 주어진 역할(役割). ‖役目を果たす 주어진 역할을 다하다. 男

としての役目 남자로서의 역할.

やくよう【薬用】약용(藥用). ‖薬用石けん 약용 비누.

やくよけ【厄除け】액(厄)막이.

やぐら【櫓】망루(望樓); 성루(城樓). ‖火の見櫓 소방 망루.

やくり【薬理】약리(藥理). ♦薬理作用 약리 작용.

やくわり【役割】역할(役割). ‖役割を分担する 역할을 분담하다. 重要な役割 중요한 역할.

やけ【自棄】자포자기(自暴自棄). ‖やけを起こす 자포자기하다.

やけあと【焼け跡】불탄 흔적(痕跡); 불탄 자리.

やけい【夜景】야경(夜景). ‖夜景がきれいな港町 야경이 아름다운 항구 도시.

やけい【夜警】야경(夜警).

やけいし【焼け石】달궈진 돌. ▸焼け石に水 언 발에 오줌 누기.〔諺〕

やけおちる【焼け落ちる】불에 타 무너져 내리다.

やけくそ【自棄糞】자포자기(自暴自棄). ‖やけくそになる 자포자기하다.

やけこげ【焼け焦げ】타서 눌음; 타서 눌은 자국.

やけざけ【自棄酒】홧김에 마시는 술.

やけしぬ【焼け死ぬ】타 죽다.

やけつく【焼け付く】타서 눌어붙다.

やけど【火傷】화상(火傷). ‖やけどを負う 화상을 입다.

やけに 마구; 몹시; 이상(異常)할 정도(程度)로. ‖やけに暑い 무척 덥다. 今日はやけに親切だ 오늘은 이상할 정도로 친절하다.

やけのこる【焼け残る】타지 않고 남다.

やけのはら【焼け野原】불타 버린 들판.

やけのみ【自棄飲み】‖自棄飲みする 홧김에 술을 마시다.

やけぶとり【焼け太り】(説明) 화재(火災)가 난 후 생활(生活)이 윤택(潤澤)해지거나 사업(事業)이 잘되는 것.

やけぼっくい【焼け棒杭】타다 남은 그루터기. ▸焼けぼっくいに火が付く 관계가 다시 이어지다.

やける【妬ける】질투(嫉妬)하다; 샘내다.

***やける**【焼ける】❶타다; 불타다. ‖家が焼けた 집이 불탔다. ❷그을리다; 구워지다. ‖サツマイモが焼けた 고구마가 구워졌다. 小麦色に焼けた肌 검게 그을린 피부. ❸손이 많이 가다. ‖世話[手]が焼ける 손이 많이 가다.

やけん【野犬】들개.

やこう【夜光】야광(夜光). ♦夜光塗料 야광 도료.

やこう【夜行】(ス自) 야행(夜行).

やごう【屋号】옥호(屋號).

やごう【野合】(ス自) 야합(野合).

やこうせい【夜行性】야행성(夜行性).

ヤコウチュウ【夜光虫】야광충(夜光蟲).

やこうれっしゃ【夜行列車】야간열차(夜間列車).

やさい【野菜】야채(野菜). ♦野菜スープ 야채 수프. 野菜ジュース 야채 주스.

やさがし【家捜し】‖家捜しする 집안을 뒤지다.

やさき【矢先】(物事の始まろうとする)바로 그때; 막 …할 때. ‖外出しようとする矢先に客が来る 막 외출하려고 할 때 손님이 오다.

やさしい【易しい】간단(簡單)하다; 알기 쉽다. ‖易しい仕事 간단한 일. 易しく説明する 쉽게 설명하다.

***やさしい**【優しい】❶부드럽다; 온화(溫和)하다; 친절(親切)하다; 착하다. ‖気立ての優しい子 마음씨가 착한 아이. 優しい声で話す 부드러운 목소리로 이야기하다. 優しい目つきの紳士 온화한 눈매의 신사. 誰に対しても優しくするようにしなさい 누구한테든 친절하게 대하도록 해라. ❷우아(優雅)하다; 품위(品位)가 있다. 優しい物腰の婦人 태도가 품위 있는 부인.

やし【香具師】(説明) 노점(露店)을 차려 물건을 파는 사람.

ヤシ【椰子】야자(椰子); 야자나무.

やじ【野次】야유(揶揄). ‖野次を飛ばす 야유를 보내다.

やじうま【野次馬】구경꾼; 자신(自身)과 무관(無關)한 일에 떠들어대는 사람.

やしき【屋敷】❶저택(邸宅). ❷집의 부지(敷地).

***やしなう**【養う】❶기르다; 양육(養育)하다; 키우다. ‖実力を養う 실력을 기르다. 読書の習慣を養う 독서하는 습관을 기르다. この訓練は忍耐力を養ってくれる 이 훈련은 인내력을 길러 준다. ❷부양(扶養)하다. ‖家族を養う 가족을 부양하다.

やしゃ【夜叉】야차(夜叉); 두억시니.

やしゃご【玄孫】현손(玄孫).

やしゅ【野手】(野球で)야수(野手).

やしゅう【夜襲】(ス自) 야습(夜襲).

やじゅう【野獣】야수(野獸).

やしょく【夜食】야식(夜食).

やじり【矢尻】화살촉.

やじる【野次る】야유(揶揄)하다.

やじるし【矢印】화살표(標).

やしん【野心】야심(野心). ♦野心家 야심가. 野心作 야심작. 野心満々 야심만만. 野心的 야심적.

やすあがり【安上がり】ダ 싸게 먹히다.

***やすい**【安い】싸다; 저렴(低廉)하다. ‖安いもの 싼 물건. 安く買う 싸게 사다. もっと安いのを見せてください 더 싼

것을 보여 주세요. 輸入品が安くなった 수입품이 싸졌다. ▸安かろう悪かろう 싼 것이 비지떡.〔諺〕

*やすい【易い】 ❶쉽다; 간단(簡單)하다. ‖言うは易く行なうは難し 말하기는 쉬워도 행하기는 어렵다. ❷〔…やすいの形で〕…하기 쉽다; 쉬 …하다. ‖風邪を引きやすい 감기 걸리기 쉽다. 間違えやすい問題 틀리기 쉬운 문제. 読みやすい 읽기 쉽다. 疲れやすい 쉬 피곤해지다.

やすうり【安売り】 ‖安売りする 싸게 팔다.

やすっぽい【安っぽい】 싸 보이다; 싸구려로 보이다.

ヤスデ【馬陸】《動物》 노래기.

やすね【安値】 ❶싼 값. ❷(取引でその日の)하종가(下終價).

やすぶしん【安普請】 (説明) 싼 가격(價格)이나 싼 재료(材料)로 집을 지음 또는 그 집.

やすまる【休まる】 편안(便安)해지다; 편해지다. ‖気が休まる 마음이 편해지다.

*やすみ【休み】 ❶쉼; 휴식(休息). ‖休みなく働く 쉬지 않고 일하다. ❷휴일(休日); 휴가(休暇). ‖休みをとる 휴가를 받다. 夏休み (一般の)여름휴가. (学校の)여름 방학.

やすみやすみ【休み休み】 쉬엄쉬엄. ‖休み休み山を下る 쉬엄쉬엄 산을 내려오다. ばかも休み休み言え 바보 같은 소리 작작해라.

*やすむ【休む】 쉬다; 자다. ‖病気で学校を休む 아파서 학교를 쉬다. 風邪をひいて会社を3日も休んだ 감기 걸려서 회사를 삼 일이나 쉬었다. 週末にゆっくり休む 주말에 푹 쉬다. 遅くなったのでもうお休みください 늦었으니 그만 주무세요[쉬세요]. 毎晩9時には休みます 매일 밤 아홉 시에는 잡니다.

やすめ【休め】〔号令〕쉬어.

やすめ【安め】ダ 약간(若干) 싸다; 약간 싼 듯하다.

やすめる【休める】 ❶쉬게 하다; 놓다. ‖仕事の手を休める 일손을 놓다. 筆を休める 붓을 놓다. ❷편안(便安)하게 하다. ‖体を休める 쉬다. 心を休める 마음을 편안하게 하다.

やすもの【安物】 싸구려.

やすやす【易易】 쉽게; 수월하게. ‖やすやす(と)持ち上げる 쉽게 들어올리다.

やすらか【安らか】ダ 평온(平穩)하다; 편하다; 편안(便安)하다. ‖安らかな顔 평온한 얼굴. 安らかに眠る 편히 잠들다.

やすらぐ【安らぐ】 평온(平穩)해지다; 편안(便安)해지다.

やすり【鑢】 줄.

やすんじる【安んじる】 안심(安心)하다; 만족(滿足)하다. ‖現状に安んじる 현 상태에 만족하다.

やせ【痩せ】 여윔; 마름; 〔人〕마른 사람. ▸痩せの大食い 마른 사람이 오히려 더 많이 먹음.

やせい【野生】 야생(野生). ♦野生動物 야생 동물.

やせい【野性】 야성(野性).

やせおとろえる【痩せ衰える】 수척(瘦瘠)해지다; 쇠약(衰弱)해지다.

やせがた【痩せ形】 마른 체형(體型).

やせがまん【痩せ我慢】 ‖やせ我慢する 억지로 버티다. 태연한 척하다.

やせぎす【痩せぎす】ダ 비쩍 마르다; 앙상하다.

やせこける【痩せこける】 몹시 마르다; 몹시 여위다.

やせち【痩せ地】 척박(瘠薄)한 땅.

やせっぽち【痩せっぽち】 비쩍 마른 사람.

やせほそる【痩せ細る】 여위어 홀쭉해지다.

やせる【痩せる】 ❶(人が)마르다; 여위다. ❷(土地が)척박(瘠薄)해지다.

やせん【夜戦】 야전(夜戰).

やせん【野戦】 야전(野戰). ♦野戦病院 야전 병원.

やそ【八十・80】 팔십(八十); 〔数が多いこと〕수(數)가 많음.

やそう【野草】 야초(野草).

やそうきょく【夜想曲】 야상곡(夜想曲).

やそじ【八十路】 여든; 여든 살; 팔십 세(八十歲).

やたい【屋台】 포장마차(布帳馬車).

やたいぼね【屋台骨】 ❶가옥(家屋)이나 포장마차(布帳馬車)의 뼈대. ❷(組織などを)지탱(支撐)하는 것.

やたら【矢鱈】 함부로; 마구; 몹시. ‖やたら(に)買い込む 마구 사들이다. やたら(と)騒ぐ 몹시 떠들다.

やちよ【八千代】 오랜 세월(歲月).

やちょう【夜鳥】 야조(夜鳥).

やちょう【野鳥】 들새.

やちん【家賃】 집세(貰).

やっ ❶〔急に力を入れる時〕얏. ❷〔驚いた時〕앗.

やっつ【八つ・8つ】 여덟; 여덟 개(個).

やつ【奴】 ❶놈; 자식(子息); 녀석; 〔物〕것. ‖いいやつ 괜찮은 녀석. ❷그놈; 그 자식; 그 녀석. ‖やつの仕業だろう 그놈 소행일 거야.

やつあたり【八つ当たり】 (名하) 화풀이. ‖八つ当たりする 관계없는 사람에게 화풀이하다.

やっか【薬価】 약(藥)값.

やっか【薬科】 약학과(藥學科).

*やっかい【厄介】 ❶〔面倒〕귀찮음; 번거로움; 성가심. ‖厄介なことに巻き込

まれる 성가신 일에 말려들다. 厄介な仕事 귀찮은 일. ❷〔世話〕보살핌; 신세(身世); 폐(弊). ‖厄介をかける 폐를 끼치다. 一晩厄介になります 하룻밤 신세를 지겠습니다.
やっかいばらい【厄介払い】‖厄介払いする 귀찮은 사람을 내쫓다.
やっかいもの【厄介者】 귀찮은 사람; 성가신 사람.
やっかみ 시기(猜忌); 질투(嫉妒); 시샘.
やっかむ 시기(猜忌)하다; 질투(嫉妒)하다; 시샘하다.
やっかん【約款】약관(約款).
やっき【躍起】‖やっきになる 기를 쓰다.
やつぎばやに【矢継ぎ早に】 계속(繼續)해서; 잇달아. ‖やつぎばやに質問を浴びせる 잇달아 질문을 해대다.
やっきょく【薬局】약국(藥局).
やっこ【奴】❶=冷ややっこ. ❷(江戸時代の)노비(奴婢).
やっこう【薬効】약효(藥效).
やっこどうふ【奴豆腐】 차게 해서 간장(醬)을 뿌려서 먹는 두부(豆腐).
やつざき【八つ裂き】‖八つ裂きにする 갈기갈기 찢다.
やつす【窶す】❶초라하게 변장(變裝)하다. ❷(やせるほど)열중(熱中)하다; 애태우다. ‖恋に身をやつす 사랑에 애태우다.
やっつ【八つ・8つ】 여덟; 여덟 개(個); 〔8歳〕여덟 살.
やっつけしごと【遣っ付け仕事】 급하게 대충대충 하는 일; 날림 공사(工事).
やっつける【遣っ付ける】 ❶〔さっと終わらせる〕단숨에 해치우다; 과감(果敢)하게 하다. ❷(相手を)혼내 주다.
ヤツデ【八つ手】(植物) 팔손이나무.
やっていく【遣って行く】 살아가다; 해나가다. ‖同僚とうまくやっていく 동료들과 잘 해 나가다.
やってくる【遣って来る】 오다; 다가오다.
やってのける【遣って退ける】 해내다. ‖難しい仕事をやってのける 어려운 일을 해내다.
やっと 겨우; 간신(艱辛)히; 근근(僅僅)이; 가까스로. ‖やっと仕事が終わった 겨우 일이 끝났다. バスにやっと間に合う 간신히 버스를 타다. やっと食べていけるくらいの収入 근근이 먹고 살 수 있을 정도의 수입.
やっぱり 과연(果然); 역시(亦是).
ヤッホー【yo-ho】야호.
ヤツメウナギ【八つ目鰻】 칠성장어(七星長魚).
やつら【奴等】놈들; 녀석들.
やつれる【窶れる】 ❶여위다; 쇠약(衰弱)해지다; 마르다. ‖やつれた身なり 여윈 모습. ❷영락(零落)하다; 볼품없어지다.
やど【宿】(旅行先の)숙소(宿所).
やとい【雇い】고용(雇用); 고용인(雇用人). ♦臨時雇い 임시 고용인. 雇い人 고용인. 雇い主 고용주.
やとう【野党】야당(野黨).
*やとう【雇う】 고용(雇用)하다. ‖店員を雇う 점원을 고용하다. *彼をマネージャーとして雇う 그 사람을 매니저로 고용하다.*
ヤドカリ【宿借り】소라게.
やどす【宿す】❶품다; 머금다. ‖葉に露を宿している 잎이 이슬을 머금고 있다. ❷임신(妊娠)하다; (子を)배다. ‖子を宿す 아이를 배다.
やどちょう【宿帳】숙박계(宿泊屆).
やどる【宿る】 ❶숙박(宿泊)하다. ❷〔位置を占める〕머물다; 자리잡다. ❸임신(妊娠)하다. ‖新しい生命が宿る 임신하다.
やながわなべ【柳川鍋】(説明)냄비에 미꾸라지와 우엉을 넣어 삶은 다음 달걀을 풀어 얹은 것.
ヤナギ【柳】버드나무. ▸柳に風 거스르지 않고 잘 받아넘기다. ▸柳に雪折れ無し 부드러운 것이 오히려 강하다.
やなぎごうり【柳行李】버들고리.
やなぎごし【柳腰】 가늘고 부드러운 허리.
やに【脂】❶(木の)진(津); 수지(樹脂). ❷(タバコの)타르. ❸(目の)눈곱.
やにさがる【脂下がる】 우쭐해져서 싱글벙글하다.
やにょうしょう【夜尿症】 야뇨증(夜尿症).
やにわに【矢庭に】 즉시(卽時); 갑자기.
やぬし【家主】집주인(主人).
ヤヌス【Janus ラ】야누스.
やね【屋根】지붕. ‖屋根を葺(ふ)く 지붕을 이다. 藁葺き屋根 초가지붕.
やねうら【屋根裏】 다락; 다락방(房). ♦屋根裏部屋 다락방.
やばい 위험(危險)하다; 큰일이다.
やはず【矢筈】❶(矢の)오늬. ❷(文様)화살 깃 무늬. ❸끝이 두 갈래로 갈라진 가는 대나무 막대.
やばね【矢羽】(矢の)궁깃.
*やはり【矢張り】 ❶〔同様に〕마찬가지로; 여전(如前)히. ‖彼は弁護士だが息子もやはりそうだ 그 사람은 변호사인데 아들도 마찬가지이다. 彼女もやはり肉が好きだ 그녀도 마찬가지로 고기를 좋아한다. ❷〔思った通り〕생각한 대로; 역시. ‖やはり彼1人が反対だった 역시 그 사람 혼자 반대를 했다. やはりあなただったの 역시 너였니?
やはん【夜半】야반(夜半); 한밤중.
やばん【野蛮】야만(野蠻). ‖野蛮な行為 야만적인 행위. ♦野蛮人 야만인.
やひ【野卑】ダ 야비(野卑)하다. ‖野卑

な言葉を吐く 야비한 말을 하다.

やぶ【藪】 ❶수풀; 덤불. ❷〔藪医者の略語〕돌팔이 의사(醫師). ▸藪から棒 아닌 밤중에 홍두깨.〔諺〕 ▸藪の中 주장이 서로 틀려 진상을 알 수 없음. ▸藪をつついて蛇を出す 긁어 부스럼.〔諺〕

やぶいしゃ【藪医者】 돌팔이 의사(醫師).

やぶく【破く】 (紙・布などを)찢다. ‖手紙を破く 편지를 찢다.

やぶける【破ける】 찢어지다.

やぶさか【吝か】 〔やぶさかでないの形で〕기분(氣分) 좋게 …하다; 기꺼이 …하다; …하는 데 노력(努力)을 아끼지 않다. ‖認めるにやぶさかでない 기분 좋게 인정하다.

ヤブツバキ【藪椿】 야생 동백(野生冬柏).

やぶへび【藪蛇】 긁어 부스럼.

*やぶる【破る】 ❶찢다. ‖手紙を破る 편지를 찢다. ❷깨다; 깨뜨리다. ‖窓を破って入る 창문을 깨고 들어오다. 記録を破る 기록을 깨다. 沈黙を破る 침묵을 깨뜨리다. ❸어기다. ‖約束を破る 약속을 어기다. 規則を破る 규칙을 어기다. ❹〔負かす〕물리치다; 이기다. ‖ライバルを破る 라이벌을 물리치다.

やぶれ【破れ】 찢음; 찢어진 곳.

やぶれかぶれ【破れかぶれ】 자포자기(自暴自棄). ‖破れかぶれになる 자포자기하다.

やぶれる【破れる】 ❶(紙・布が)찢어지다; 터지다; 해지다. ‖破れたシャツ 찢어진 셔츠. 血管が破れる 혈관이 터지다. ❷깨지다. ‖沈黙が破れる 침묵이 깨지다. 夢が破れる 꿈이 깨지다.

やぶれる【敗れる】 지다; 패(敗)하다. ‖決勝戦で敗れる 결승전에서 지다.

やぶん【夜分】 밤; 밤중; 야간(夜間). ‖夜分に 밤늦게.

やぼ【野暮】 ㊟説明 세상 물정(世上物情)에 어두움; 촌스러움. ‖野暮なことを言う 뭘 모르는 소리를 하다. 野暮な服装 촌스러운 복장.

やぼう【野望】 야망(野望). ‖野望をいだく 야망을 품다.

やぼくさい【野暮臭い】 촌스럽다.

やぼったい【野暮ったい】 촌스럽다. ‖野暮ったい身なり 촌스러운 모습.

*やま【山】 ❶산(山). ‖周囲を山に囲まれた盆地 주위가 산으로 둘러싸인 분지. ❷〔山の形をしたもの〕산 모양(模樣)의 것. ‖書類の山 산더미 같은 서류. ❸〔クライマックス〕절정(絶頂); 고비. ‖山のない小説 절정이 없는 소설. 最大の山を越す 최대의 고비를 넘기다. ❹〔鉱山〕광산(鑛山). ▸山が当たる 예상이 적중하다. ▸山が見える 전망이 보이다. ▸山高きが故に貴(たっと)からず 외형으로만 판단해서는 안 된다. ▸山を掛ける 요행수를 노리다. ▸山を張る 요행수를 노리다. ▸山を踏む 범죄를 저지르다.

やまあい【山間】 산간(山間).

ヤマアラシ【山荒らし】 아프리카바늘두더지.

やまい【病】 병(病); 나쁜 습관(習慣); 나쁜 버릇. ‖病に冒される 병에 걸리다. 病を得る 병을 얻다. ▸病膏肓に入る 무언가에 열중해서 빠져나오지 못하다. ▸病は気から 병은 마음 먹기에 따라 좋아지기도 하고 나빠지기도 한다.

ヤマイヌ【山犬】 승냥이.

ヤマイモ【山芋】 참마.

ヤマウド【山独活】 야생 땅두릅.

やまおとこ【山男】 ❶〔登山する人〕등산(登山)을 좋아하는 사람. ❷〔イエティ〕산속에 산다는 괴물(怪物).

ヤマカガシ【赤楝蛇】 율모기.

やまかげ【山陰】 산그늘.

やまかぜ【山風】 산바람.

やまがり【山狩り】 ‖山狩りする 산에서 사냥하다. 산을 수색하다.

やまがわ【山川】 산속을 흐르는 강.

やまぎし【山岸】 (山の)절벽(絶壁); 낭떠러지.

やまぎわ【山際】 ❶〔山の近く〕산(山) 근처(近處). ❷산의 능선(稜線) 등이 하늘과 닿은 곳.

やまくずれ【山崩れ】 산사태(山沙汰).

やまぐに【山国】 산(山)이 많은 지방(地方).

やまごえ【山越え】 산을 넘음.

やまごし【山越し】 ❶〔山を越すこと〕산(山)을 넘음. ❷〔山の向こう側〕산 너머.

やまごや【山小屋】 산막(山幕).

やまさか【山坂】 산과 고개.

ヤマザクラ【山桜】 산벚나무.

やまざと【山里】 산촌(山村).

やまざる【山猿】 ❶〔猿〕산(山)에 사는 원숭이. ❷〔田舎者〕촌놈.

やまし【山師】 ❶투기업자(投機業者). ❷〔詐欺師〕사기(詐欺)꾼.

やまじ【山路】 산길.

やましい【疚しい】 양심(良心)의 가책(呵責)을 느끼다. ‖やましいことは何もしていない 양심의 가책을 받을 일은 하지 않았다.

やますそ【山裾】 산기슭.

やまそだち【山育ち】 산에서 자람 또는 그런 사람.

やまたかぼうし【山高帽子】 중산모자(中山帽子).

やまづたい【山伝い】 산을 타고 감.

やまつなみ【山津波】 대규모(大規模) 산사태(山沙汰).

やまづみ【山積み】 ㊟名하 산적(山積).

やまて【山手】 산에 가까운 쪽.
やまと【大和】 ❶일본(日本)의 옛이름. ❷현재(現在)의 나라 현(奈良縣).
ヤマトイモ【大和芋】 참마.
やまとごと【大和琴】 일본(日本) 거문고.
やまとことば【大和言葉】 일본(日本)의 고유어(固有語).
やまとだましい【大和魂】 일본 민족(日本民族) 고유(固有)의 정신(精神).
やまとなでしこ【大和撫子】 ❶(植物) 패랭이꽃. ❷〔比喩的に〕일본 여성(日本女性)의 미칭(美稱).
やまどり【山鳥】 산새.
やまない【止まない】 〔…してやまないの形で〕계속(繼續) …하다; … 하여 마지않다. ‖祈ってやまない 빌어 마지않다. 望んでやまない 바라 마지않다.
やまなみ【山並み】 늘어서 있는 산(山).
やまなり【山鳴り】 산(山)울림.
ヤマネコ【山猫】 ❶들고양이. ❷살쾡이.
やまのかみ【山の神】 ❶산신(山神). ❷〔自分の妻〕마누라; 여편네.
やまのさち【山の幸】 (狩猟などで)산에서 얻는 것.
やまのて【山の手】 (東京で)높은 지대(高地帶)의 주택지(住宅地).
やまのは【山の端】 능선(稜線); 산등성이.
やまば【山場】 중요(重要)한 국면(局面); 고비. ‖山場を迎える 중요한 고비를 맞이하다.
やまはだ【山肌】 산의 표면(表面).
やまばた【山畑】 산전(山田); 산비탈에 있는 밭.
ヤマバト【山鳩】 산비둘기.
やまばん【山番】 산(山)지기.
やまびこ【山彦】 메아리.
やまひだ【山襞】 ㊀説明 능선(稜線)과 골짜기가 이어져 주름처럼 보이는 곳.
やまびらき【山開き】 説明 그해 여름 처음으로 등산(登山)을 허용(許容)하는 것.
ヤマブキ【山吹】 황매화(黃梅花)나무.
ヤマブドウ【山葡萄】 머루; 산포도(山葡萄).
やまぼこ【山鉾】 説明 산 모양(山模樣)의 장식(裝飾)을 얹은 축제용(祝祭用) 수레.
ヤマホトトギス【山時鳥】 두견(杜鵑)새.
ヤママユ【山繭】 산누에나방.
ヤマモモ【山桃】 소귀나무.
やまもり【山盛り】 수북이 쌓음[담음].
やまやき【山焼き】 説明 초(初)봄에 산(山)의 풀을 태우는 것.
やまやま【山山】 ❶많은 산(山). ❷〔副詞的に〕많이; 산더미 같이. ❸〔…したいのはやまやまの形で〕…하고 싶은 마음은 굴뚝 같다; 꼭 …하고 싶다. ‖買いたいのはやまやまだが, 我慢する 사고 싶은 마음은 굴뚝 같지만 참다.
やまゆき【山雪】 산에 내리는 눈.
ヤマユリ【山百合】 산나리.
やまわけ【山分け】 ‖山分けする 공평하게 나누다.
***やみ【闇】** ❶어둠; 암흑(闇黑). ‖*闇に紛れる 어둠 속으로 사라지다.* 闇の世界 암흑 세계. ❷〔不正取引〕‖闇で売買する 암거래하다. ❸캄캄함; 어두움. ▸一寸先は闇だ 한 치 앞을 알 수 없다. ▸闇から闇に葬る 몰래 처리하다.
やみあがり【病み上がり】 병(病)이 막 나은 상태(狀態).
やみいち【闇市】 암시장(闇市場).
やみうち【闇討ち】 ‖闇討ちする 어둠을 틈타 덮치다. 불시에 공격하다.
やみがたい【止み難い】 (感情などを)누를 수 없다.
やみきんゆう【闇金融】 説明 무허가 사채 업자(無許可私債業者).
やみくもに【闇雲に】 함부로; 무턱대고. ‖やみくもに信じ込む 무턱대고 믿다.
やみそうば【闇相場】 암시세(闇市勢).
やみつき【病み付き】 ‖病みつきになる 습관이 되어 그만두지 못하다.
やみとりひき【闇取引】 ㊂하 암거래(闇去來).
やみね【闇値】 암거래 가격(闇去來價格).
やみよ【闇夜】 달이 없는 어두운 밤. ▸闇夜に烏 구분이 안 되다. ▸闇夜の提灯 바라던 것을 만나다. ▸闇夜の鉄砲 맹목적으로 하다.
***やむ【止む】** 끝나다; 그치다; 멎다; 멈추다. ‖雨がやむ 비가 그치다. 歌声は突然やんだ 노랫소리가 갑자기 멈췄다.
やむ【病む】 ❶〔病気〕병(病)이 나다; 병에 걸리다. ❷〔悩み〕걱정하다; 고민(苦悶)하다.
やむなく【已むなく】 할 수 없이; 어쩔 수 없이. ‖やむなく承諾する 어쩔 수 없이 승낙하다.
やむにやまれぬ【止むに止まれぬ】 멈추려 해도 멈출 수 없는; 어쩔 수 없는. ‖やむにやまれぬ事情 어쩔 수 없는 사정.
やむをえず【止むを得ず】 할 수 없이; 어쩔 수 없이.
やむをえない【止むを得ない】 할 수 없다; 어쩔 수 없다.
***やめる【止める】** ❶〔終わりにする〕끝내다; 그만두다; 끊다. ‖タバコをやめる 담배를 끊다. 研究をやめる 연구를 그만두다. 今日はこれでやめよう 오늘은 이걸로 끝내자. ❷중지(中止)하다; 그치다; 멈추다. ‖彼は突然話をやめた 그 사람은 갑자기 얘기를 멈췄다. 泣く

ゆうきづける【勇気付ける】 용기(勇氣)를 북돋우다. ‖彼の一言に勇気づけられた 그 사람의 말 한마디에 용기를 얻었다.
ゆうきゅう【有給】 유급(有給).
ゆうきゅう【悠久】 유구(悠久). ‖悠久の歴史の流れ 유구한 역사의 흐름.
ゆうきゅう【遊休】 유휴(遊休).
ゆうきゅうきゅうか【有給休暇】 유급 휴가(有給休暇).
ゆうきょう【遊興】 (ス하) 유흥(遊興).
ゆうきょうひ【遊興費】 유흥비(遊興費).
ゆうぎり【夕霧】 밤안개.
ゆうぐ【遊具】 ❶〔おもちゃ〕장난감. ❷(遊園地の)놀이 기구(機具).
ゆうぐう【優遇】 (ス하) 우대(優待).
ゆうぐれ【夕暮れ】 해질 무렵.
ゆうぐん【友軍】 우군(友軍).
ゆうけい【有形】 유형(有形). ♦**有形財産** 유형 재산. **有形文化財** 유형 문화재.
ゆうげき【遊撃】 (ス하) 유격(遊擊). ♦**遊撃手** (野球で)유격수. **遊撃戦** 유격전. **遊撃隊** 유격대.
ゆうげしき【夕景色】 저녁 풍경(風景).
ゆうげん【有限】ダ 유한(有限)하다. ♦**有限会社** 유한 회사.
ゆうげん【幽玄】ダ 깊고 그윽하다. ‖幽玄な調べ 깊고 그윽한 선율.
ゆうけんしゃ【有権者】 유권자(有權者).
ゆうこう【友好】 우호(友好). ♦**友好関係** 우호 관계. **友好条約** 우호 조약.
*__ゆうこう__【有効】ダ 유효(有效)하다. ‖この切符は2週間有効です 이 표는 이 주일 간 유효합니다. 時間を有効に使う 시간을 유효하게 쓰다. ♦**有効期限** 유효 기한. **有効需要** 유효 수요.
ゆうごう【融合】 (ス하) 융합(融合). ♦**核融合** 핵융합.
ゆうこく【幽谷】 유곡(幽谷). ‖深山幽谷 심산유곡.
ゆうこく【憂国】 우국(憂國). ‖憂国の士 우국지사.
ユーゴスラビア【Yugoslavia】 《国名》 유고슬라비아.
ゆうこん【雄渾】ダ 웅혼(雄渾)하다. ‖雄渾な筆致 웅혼한 필치.
ユーザー【user】 유저. ♦**ユーザーインターフェース** 유저 인터페이스. **ユーザーネーム** 유저 네임.
ゆうざい【有罪】 유죄(有罪). ♦**有罪判決** 유죄 판결.
ゆうさん【有産】 유산(有産). ♦**有産階級** 유산 계급.
ゆうさんそうんどう【有酸素運動】 유산소 운동(有酸素運動).
ゆうし【有史】 유사(有史). ‖有史以来 유사 이래.
ゆうし【有志】 유지(有志).
ゆうし【勇士】 용사(勇士).
ゆうし【勇姿】 용자(勇姿).
ゆうし【雄姿】 웅자(雄姿).
ゆうし【融資】 (ス하) 융자(融資). ‖銀行から融資してもらう 은행에서 융자를 받다.
ゆうじ【有事】 유사(有事). ‖有事の際に 유사시에.
ゆうしき【有識】 유식(有識). ♦**有識者** (説明) 학문(學問)이나 견식(見識)이 높은 사람.
ゆうしてっせん【有刺鉄線】 철조망(鐵條網).
ゆうしゅう【有終】 유종(有終). ‖有終の美を飾る 유종의 미를 거두다.
ゆうしゅう【憂愁】 우수(憂愁).
ゆうしゅう【優秀】ダ 우수(優秀)하다. ‖優秀な学生 우수한 학생. 優秀な人材 우수한 인재.
ゆうじゅうふだん【優柔不断】ダ 우유부단(優柔不斷)하다.
ゆうしゅつ【湧出】 (ス하) 용출(湧出).
ゆうしょう【有償】 유상(有償). ‖有償契約 유상 계약.
ゆうしょう【勇将】 용장(勇將).
*__ゆうしょう__【優勝】 (ス하) 우승(優勝). ‖試合で優勝する 시합에서 우승하다. 彼は優勝をねらっている 그 사람은 우승을 노리고 있다. ♦**優勝旗** 우승기. **優勝者** 우승자. **優勝杯** 우승배. **優勝劣敗** 우승열패. 적자생존.
ゆうじょう【友情】 우정(友情).
ゆうしょく【夕食】 저녁밥; 저녁 식사(食事).
ゆうしょく【有色】 유색(有色). ♦**有色人種** 유색 인종.
ゆうしょく【有職】 직업(職業)을 가지고 있음.
ゆうじん【友人】 친구(親舊); 벗.
ゆうじん【有人】 유인(有人). ♦**有人衛星** 유인 위성.
ゆうすい【湧水】 샘솟는 물.
ゆうすいち【遊水池】 유수지(遊水池).
ゆうすう【有数】 유수(有數). ‖日本有数の工業団地 일본 유수의 공업 단지.
ゆうずう【融通】 (ス하) 융통(融通). ‖金を融通する 돈을 융통하다. 融通が利く 융통성이 있다.
ゆうすずみ【夕涼み】 ‖夕涼みする 저녁에 더위를 식히다.
ユースホステル【youth hostel】 유스호스텔.
ゆうする【有する】 가지고 있다.
ゆうせい【有性】 유성(有性). ♦**有性生殖** 유성 생식.
ゆうせい【郵政】 우정(郵政); 체신(遞信).
ゆうせい【遊星】 유성(遊星); 행성(行星).

ゆ

ゆうせい【優生】 우생(優生). ♦**優生学** 우생학.

ゆうせい【優性】 우성(優性).

*__ゆうせい__【優勢】ダ 우세(優勢)하다. ‖試合を優勢に進める 시합을 우세하게 끌고 가다. 優勢に転じる 우세해지다.

ゆうぜい【有税】 유세(有稅).

ゆうぜい【遊説】 (名하) 유세(遊說).

ゆうせいおん【有声音】《言語》 유성음(有聲音).

ゆうせいらん【有精卵】 수정란(受精卵).

ゆうせん【有線】 유선(有線). ♦**有線テレビ** 케이블 텔레비전. **有線放送** 유선 방송.

*__ゆうせん__【優先】 (名하) 우선(優先). ♦**優先権** 우선권. **優先順位** 우선 순위. **最優先事項** 최우선 사항.

ゆうぜん【悠然】 유연(悠然). ‖悠然と構える 유연하게 대응하다.

ゆうせんてき【優先的】 우선적(優先的).

ゆうそう【勇壮】 용장(勇壯).

ゆうそう【郵送】 (名하) 우송(郵送). ‖書類を郵送する 서류를 우송하다.

ユーターン【U-turn】 (名하) 유턴.

ゆうたい【勇退】 (名하) 용퇴(勇退).

ゆうたい【優待】 (名하) 우대(優待).

ゆうだい【雄大】ダ 웅대(雄大)하다. ‖雄大な構想 웅대한 구상.

ゆうだち【夕立】 소나기.

ゆうだん【勇断】 (名하) 용단(勇斷). ‖勇断を下す 용단을 내리다.

ゆうだんしゃ【有段者】 유단자(有段者).

ゆうち【誘致】 (名하) 유치(誘致). ‖工場団地を誘致する 공장 단지를 유치하다.

ゆうちょ【郵貯】 우편 저금(郵便貯金).

ゆうちょう【悠長】ダ 유장(悠長)하다.

ゆうとう【優等】 우등(優等). ♦**優等生** 우등생.

ゆうどう【誘導】 (名하) 유도(誘導). ‖生徒を安全な場所に誘導する 학생들을 안전한 장소로 유도하다. ♦**誘導尋問** 유도 심문. **誘導弾** 유도탄.

ゆうどうえんぼく【遊動円木】 유동원목(遊動圓木).

ゆうとく【有徳】ダ 유덕(有德)하다.

ゆうどく【有毒】 유독(有毒). ‖有毒ガス 유독 가스.

ユートピア【Utopia】 유토피아.

ゆうに【優に】 충분(充分)히; 넉넉히. ‖優に100kgはある 충분히 백 킬로그램은 된다.

ゆうのう【有能】ダ 유능(有能)하다. ‖有能な人材 유능한 인재.

ゆうはい【有配】 주식(株式)의 배당(配當)이 있음.

ゆうばえ【夕映え】 저녁노을.

ゆうはつ【誘発】 (名하) 유발(誘發). ‖連鎖反応を誘発する 연쇄 반응을 유발하다.

ゆうばれ【夕晴れ】 저녁때 하늘이 갬.

ゆうはん【夕飯】 저녁밥; 저녁 식사(食事).

ゆうひ【夕日】 저녁 해; 석양(夕陽).

ゆうひ【雄飛】 (名하) 웅비(雄飛).

ゆうび【優美】ダ 우아(優雅)하고 아름답다.

*__ゆうびん__【郵便】 우편; 우편물(郵便物). ‖書類は郵便で送りました 서류는 우편으로 보냈습니다. お申し込みは郵便で受け付けます 신청은 우편으로 접수합니다. 今日は郵便がたくさん来た 오늘은 우편물이 많이 왔다. ♦**郵便為替** 우편환. **郵便切手** 우표. **郵便局** 우체국. **郵便私書箱** 우편 사서함. **郵便書簡** 봉함엽서. **郵便貯金** 우편 저금. **郵便葉書** 우편엽서. **郵便番号** 우편 번호. **郵便物** 우편물.

ユーフォー【UFO】 유에프오.

ゆうふく【裕福】ダ 유복(裕福)하다. ‖裕福な家庭 유복한 가정.

ゆうべ【夕べ】 ❶ 밤. ‖クラシック音楽の夕べ 클래식 음악의 밤. ❷〔昨夜〕어제저녁; 어젯밤. ‖夕べは寒かった 어젯밤은 추웠다.

ゆうへい【幽閉】 (名하) 유폐(幽閉).

ゆうべん【雄弁】 (名하) 웅변(雄辯). ♦**雄弁家** 웅변가. **雄弁術** 웅변술.

ゆうぼう【有望】ダ 유망(有望)하다. ‖将来有望な若者 장래가 유망한 젊은이.

ゆうぼく【遊牧】 (名하) 유목(遊牧). ♦**遊牧民** 유목민.

ゆうみん【遊民】 유민(遊民).

*__ゆうめい__【有名】ダ 유명(有名)하다. ‖有名な人 유명한 사람. リンゴで有名な所 사과로 유명한 곳. 彼は作曲家としても有名だ 그 사람은 작곡가로서도 유명하다. 一躍有名になる 일약 유명해지다. ♦**有名税** 유명세.

ゆうめい【勇名】 용명(勇名). ‖勇名をはせる 용명을 떨치다.

ゆうめい【幽明】 유명(幽明). ‖幽明界を異にする 유명을 달리하다.

ゆうめいむじつ【有名無実】ダ 유명무실(有名無實)하다.

ゆうめし【夕飯】 저녁밥.

ユーモア【humor】 유머. ‖ユーモア感覚 유머 감각(感覺).

ユーモラス【humorous】ダ 유머러스하다.

ゆうもん【幽門】《解剖》 유문(幽門).

ゆうやく【釉薬】 유약(釉藥).

ゆうやけ【夕焼け】 저녁노을.

ゆうやみ【夕闇】 땅거미. ‖夕闇が迫る 땅거미가 지다.

ゆうゆう【悠悠】유유(悠悠). ‖悠々と歩く 유유히 걸어가다.
ゆうゆうじてき【悠悠自適】(名하) 유유자적(悠悠自適).
ゆうよ【猶予】(名하) 유예(猶豫). ‖執行猶予 집행 유예.
-ゆうよ【有余】…남짓. ‖3年有余 삼 년 남짓.
ゆうよう【有用】ダ 유용(有用)하다. ‖有用な品物 유용한 물건. 社会に有用な人材 사회에 유용한 인재.
ユーラシアたいりく【Eurasia大陸】유라시아 대륙(大陸).
ゆうらん【遊覧】(名하) 유람(遊覽). ♦遊覧船 유람선.
ゆうり【有利】ダ 유리(有利)하다. ‖有利な条件 유리한 조건. 有利な位置を占める 유리한 위치를 차지하다.
ゆうり【遊離】(名되) 유리(遊離).
ゆうりすう【有理数】유리수(有理數).
ゆうりょ【憂慮】(名하) 우려(憂慮). ‖憂慮すべき事態 우려할 만한 사태.
ゆうりょう【有料】유료(有料). ♦有料道路 유료 도로.
ゆうりょう【優良】ダ 우량(優良)하다. ♦優良株 우량주. 優良品 우량품.
*__ゆうりょく__【有力】ダ 유력(有力)하다. ‖有力な候補 유력한 후보. 失敗するとの意見が有力となる 실패할 것이라는 의견이 유력해지다.
ゆうれい【幽霊】유령(幽靈).
ゆうれつ【優劣】우열(優劣). ‖優劣をつける 우열을 가리다.
ユーロ【Euro】유로. ♦ユーロ円 유로 엔. ユーロダラー 유로 달러
ゆうわ【宥和】(名하) 유화(宥和). ♦宥和政策 유화 정책.
ゆうわ【融和】(名되) 융화(融和).
ゆうわく【誘惑】(名하) 유혹(誘惑). ‖言葉巧みに誘惑する 감언이설로 유혹하다. 誘惑に打ち勝つ 유혹에 이기다.
ゆえ【故】 ❶사정(事情); 이유(理由). ‖故あって 사정이 있어서. 故のない非難を受ける 이유도 모르는 비난을 당하다. ❷…때문에; …서. ‖貧しきがゆえ(に)犯した犯罪 가난해서 저지른 범죄.
ゆえき【輸液】수액(輸液).
ゆえに【故に】 그러므로; 따라서; (그런) 고로. ‖我思う. ゆえに, 我あり 나는 생각한다. 고로 존재한다.
ゆえん【油煙】유연(油煙).
ゆえん【所以】소이(所以); 이유(理由).
ゆか【床】마루; 마룻바닥. ♦床板 마루청. 마룻장. 床運動 마루 운동. 床暖房 온돌. 床面積 바닥 면적.
*__ゆ[illegible]__【愉快】ダ 유쾌(愉快)하다. ‖愉[illegible]った 유쾌한 모임이었다. 愉[illegible]過ごす 유쾌하게 하루를 보

ゆかうえ【床上】마루 위.
ゆがく【湯掻く】(野菜などを)데치다.
ゆかげん【湯加減】적당(適當)한 목욕(沐浴)물의 온도(溫度).
ゆかしい【床しい】마음이 끌리다; 호감(好感)이 가다. ‖床しい人柄 호감이 가는 인품.
ゆかした【床下】마루 밑.
ゆかた【浴衣】유카타.
ゆがみ【歪み】‖心の歪みを正す 비뚤어진 마음을 바로잡다.
ゆがむ【歪む】 일그러지다; 비뚤어지다. ‖ものが歪んで見える 사물이 일그러져 보이다. 性格が歪む 성격이 비뚤어지다.
ゆがめる【歪める】 (顔を)찡그리다; 일그러뜨리다; 왜곡(歪曲)하다. ‖苦痛に顔を歪める 고통으로 얼굴을 찡그리다. 事実を歪めて報道する 사실을 왜곡해서 보도하다.
ゆかり【縁】 관련(關聯)이 있음. ‖縁(えん)も縁(ゆかり)もない人 아무런 관련도 없는 사람.
ゆき【行き】…행(行). ‖ソウル行きの飛行機 서울행 비행기.
ゆき【裄】(說明)등솔기에서 소매 끝까지의 길이.
*__ゆき__【雪】눈. ‖雪が降る 눈이 오다[내리다]. 雪が積もる 눈이 쌓이다. 雪が解ける 눈이 녹다. 初雪 첫눈. ぼたん雪 함박눈. ▸雪を戴く 산 정상에 눈이 쌓여 있다.
ゆきあう【行き合う】우연(偶然)히 만나다.
ゆきあかり【雪明かり】(說明)쌓인 눈으로 약간(若干) 밝음.
ゆきあたりばったり【行き当たりばったり】(計画もなく)되는 대로 함.
ゆきあたる【行き当たる】막다르다.
ゆきあらし【雪嵐】눈보라.
ゆきおれ【雪折れ】‖雪折れする 쌓인 눈으로 나뭇가지가 부러지다.
ゆきおろし【雪下ろし】‖雪下ろしする 지붕에 쌓인 눈을 쓸어내리다.
ゆきかう【行き交う】왕래(往來)하다; 오가다.
ゆきかえり【行き帰り】왕복(往復).
ゆきがかり【行き掛かり】내친걸음. ‖行き掛かりに郵便局に寄る 내친걸음에 우체국에 들르다.
ゆきかき【雪掻き】〔行為〕제설(除雪); 제설 도구(道具).
ゆきがけに【行き掛けに】가는 길에; 가는 도중(途中)에. ‖行きがけに投函する 가는 길에 우체통에 편지를 넣다.
ゆきがっせん【雪合戦】(名하) 눈싸움.
ゆきき【行き来】(名하) 왕래(往來).
ゆきぐに【雪国】(說明)눈이 많이 내리는 지방(地方).
ゆきぐも【雪雲】눈구름.

ゆきくれる【行き暮れる】 가는 도중(途中)에 해가 저물다.
ゆきげしき【雪景色】 설경(雪景).
ゆきげしょう【雪化粧】 하얗게 눈이 내려 아름답게 보임. ‖雪化粧した富士山 하얗게 눈이 내려 아름다운 후지산.
ゆきけむり【雪煙】 (説明) 눈이 연기(煙氣)처럼 흩날리는 것.
ゆきさき【行き先】 ❶〔行った先〕간 곳. ‖彼の行き先は不明だ 그 사람이 간 곳은 불분명하다. ❷행선지(行先地); 목적지(目的地).
ゆきしな【行きしな】 가는 도중(途中).
ゆきすぎる【行き過ぎる】 ❶〔通り過ぎる〕통과(通過)하다; 지나치다. ‖家の前を行き過ぎる 집 앞을 지나치다. ❷〔度を越す〕도(度)를 넘다; 지나치다.
ゆきずり【行き摺り】 ❶〔すれ違う〕스쳐 지나감. ❷일시적(一時的)임. ‖行きずりの恋 일시적인 사랑.
ゆきぞら【雪空】 (説明) 눈이 올 것 같은 하늘.
ゆきだおれ【行き倒れ】 (説明) 허기(虛飢)나 추위 등으로 길에 쓰러짐 또는 쓰러져 죽음.
ゆきたけ【裄丈】 (説明) 등솔기에서 소매 끝까지의 길이.
ゆきだるま【雪達磨】 눈사람. ♦雪達磨式 눈덩이처럼 불어남. 雪だるま式に負債が増える 눈덩이처럼 빚이 불어나다.
ゆきちがい【行き違い】 엇갈림.
ゆきつく【行き着く】 도착(到着)하다.
ゆきつけ【行き付け】 단골.
ゆきづまる【行き詰まる】 막다르다.
ゆきどけ【雪解け】 ❶눈이 녹음. ❷대립(對立)이나 긴장(緊張)이 완화(緩和)됨.
ゆきとどく【行き届く】 구석구석까지 미치다. ‖注意が行き届く 주의가 구석구석까지 미치다.
ゆきどまり【行き止まり】 막다른 곳.
ゆきなやむ【行き悩む】 앞으로 나아가는데 고생(苦生)하다; 진전(進展)이 없다.
ゆきば【行き場】 갈 곳.
ゆきはだ【雪肌】 쌓인 눈의 표면(表面).
ゆきばれ【雪晴れ】 (説明) 눈이 그치고 맑게 갬.
ゆきひら【行平】〔鍋〕오지 냄비.
ゆきま【雪間】 눈이 잠시(暫時) 그친 사이.
ゆきまつり【雪祭り】 눈 축제(祝祭).
ゆきまよう【行き迷う】 길을 잃다.
ゆきみ【雪見】 눈 구경.
ゆきみち【雪道】 눈길. ‖雪道を歩く 눈길을 걷다.
ゆきめ【雪目】 (医学) 설맹(雪盲).
ゆきもよう【雪模様】 (説明) 금방(今方)이라도 눈이 올 것 같은 날씨.
ゆきやけ【雪焼け】 ❶(紫外線で) ‖雪焼けする 눈에 타다. ❷〔凍傷〕동상(凍傷).
ゆきやま【雪山】 설산(雪山).
ゆきよけ【雪除け】 ❶제설(除雪). ❷방설 설비(防雪設備).
ゆきわたる【行き渡る】 전체(全體)에 미치다.
ユキワリソウ【雪割草】 노루귀.
ゆく【行く】 =いく(行く)
ゆく【逝く】 죽다.
ゆくえ【行方】 ❶갈 곳; 장래(將來). ❷행방(行方). ♦行方不明 행방불명.
ゆくさき【行く先】 행선지(行先地); 목적지(目的地).
ゆくすえ【行く末】 장래(將來). ‖この子の行く末が思いやられる 이 아이의 장래가 걱정된다.
ゆくて【行く手】 앞길; 전도(前途).
ゆくとし【行く年】 가는 해.
ゆくゆく【行く行く】 결국(結局); 장래(將來). ‖ゆくゆくは社長になる 결국에는 사장이 된다.
ゆげ【湯気】 김. ‖湯気が立つ 김이 나다.
ゆけつ【輸血】 (名하) 수혈(輸血). ‖輸血を受ける 수혈을 받다.
ゆけむり【湯煙】 피어오르는 김.
ゆごう【癒合】 (名되) 유합(癒合).
ゆさい【油彩】 유채(油彩). ♦油彩画 유채화.
ゆざい【油剤】 유제(油劑).
ゆさぶる【揺さぶる】 ❶(ものを)흔들다. ❷(心を)동요(動搖)시키다.
ゆざまし【湯冷まし】 (説明) 끓인 물을 식힌 것.
ゆざめ【湯冷め】 목욕(沐浴) 후의 한기(寒氣).
ゆさゆさ 흔들흔들. ‖木をゆさゆさ(と)揺らして栗を落とす 나무를 흔들어서 밤이 떨어지게 하다.
ゆし【油脂】 유지(油脂).
ゆし【油紙】 유지(油紙); 기름종이.
ゆし【諭旨】 (説明) 윗사람이 아랫사람에게 취지(趣旨)나 이유(理由)를 깨우쳐 알림. ♦諭旨免職 잘못 등을 이유로 관리를 면직시킴.
***ゆしゅつ**【輸出】 (名하) 수출(輸出). ‖自動車を輸出する 자동차를 수출하다. ♦主要輸出品 주요 수출품. 輸出超過 수출 초과.
ゆしゅつにゅう【輸出入】 수출입(輸出入).
ゆしょう【油床】 원유(原油)의 매장지(埋藏地).
ゆじょう【油状】 유상(油狀).
ユズ【柚】 유자(柚子)나무. ♦柚湯 (説明) 유자를 넣은 목욕물.

動く世界情勢 끊임없이 변화하는 세계 정세.

ゆれる【揺れる】흔들리다. ‖判断の基準が揺れる 판단 기준이 흔들리다.

ゆわえる【結わえる】묶다; 매다.

ゆわかし【湯沸かし】주전자(酒煎子).

ゆわく【結わく】묶다; 매다.

よ

*****よ**【世】❶세상(世上); 세간(世間). ‖世のため人のために働け 세상을 위해 사람들을 위해 일해라. ❷시대(時代). ❸(人の)일생(一生); 일대(一代). ‖我が世の春 내 세상. ▸世が世ならば 일이 순조롭게 진행되었다면. ▸世も末 말세. ▸世を去る 죽다. ▸世を忍ぶ 세상에 알려지지 않도록 하다. ▸世を捨てる 출가하다. ▸世を渡る 살아가다.

よ【四·4】넷; 사(四). ‖ひ, ふ, み, よ 하나, 둘, 셋, 넷.

よ【余】나머지; 이상(以上). ‖百人余の参加者 백 명 이상의 참가자.

*****よ**【夜】밤. ‖夜を明かす 밤을 새우다. 夜が更ける 밤이 깊어가다. ▸夜の目も寝ずに 밤새 안 자고. ▸夜も日も明けない 그것 없이는 한시도 지낼 수 없다. ▸夜を徹する 철야하다. 밤샘하다. ▸夜を日に継ぐ 밤낮없이 계속하다.

よあかし【夜明かし】(名·する) 철야(徹夜); 밤샘.

よあけ【夜明け】새벽.

よあそび【夜遊び】‖夜遊びする 밤에 놀러 다니다.

よい【宵】❶〔宵の内〕저녁. ❷〔夜〕밤. ‖春の宵 봄밤.

*****よい**【良い·好い·善い】❶좋다; 괜찮다. ‖よい酒 좋은 술. 景色がよい 경치가 좋다. けがにはこの薬がいい 상처에는 이 약이 좋다. あの人はよい人だ 저 사람은 좋은 사람이다. 姿勢がよい 자세가 좋다. 今日のよき日 오늘 같이 좋은 날. よい気持ちだ 기분이 좋다. 飲み過ぎはよくない 과음은 안 좋다. 環境をよくする 환경을 좋게 하다. 天気がよくなった 날씨가 좋아졌다. 昨日見た映画はよかった 어제 본 영화는 괜찮았다. ❷〔優秀だ〕뛰어나다; 우수(優秀)하다. ‖腕がよい 솜씨가 뛰어나다. ❸〔構わない〕괜찮다. ‖帰ってよい 돌아가도 괜찮다. もしよかったら電話番号を教えてください 괜찮다면 전화번호를 가르쳐 주세요. ❹〔うれしい〕다행(多幸)이다. ‖ここで君に会えてよかった 여기서 너를 만나서 다행이다. 無事でよかった 무사해서 다행이다. ❺〔…よいの形で〕…기 쉽다; …기 좋다; …기 편하다. ‖住みよい 살기 좋다. 書きよい万年筆 쓰기 편한 만년필.

よい【酔い】취기(醉氣). ‖酔いが回る 취기가 돌다. 酔い心地 거나한 기분. 酔いが覚める 술이 깨다.

よいごし【宵越し】하룻밤을 넘김.

よいざまし【酔い覚まし】술이 깨도록 함 또는 그 방법(方法). ‖酔い覚ましに散歩する 술이 깨도록 산보하다.

よいざめ【酔い覚め】술이 깸.

よいしょ ❶〔かけ声〕영차. ❷〔おべっか〕아부(阿附). ‖上役によいしょする 윗사람에게 아부하다.

よいしれる【酔い痴れる】도취(陶酔)되다.

よいっぱり【宵っ張り】밤을 샘; 밤늦도록 자지 않음.

よいつぶれる【酔い潰れる】고주망태가 되다.

よいとまけ (建築現場などで)터를 다지는 일[사람].

よいどれ【酔いどれ】주정(酒酊)뱅이.

よいのくち【宵の口】초(初)저녁.

よいのみょうじょう【宵の明星】초(初)저녁에 빛나는 금성(金星).

ヨイマチグサ【宵待ち草】달맞이꽃.

よいまつり【宵祭り】축제 전야제(祝祭前夜祭).

よいやみ【宵闇】❶일몰 후(日沒後) 달이 나오기 전(前)까지의 어둠. ❷〔夕闇〕초(初)저녁의 어스름.

よいよい ‖よいよいになる 몸이 말을 듣지 않다.

よいん【余韻】여운(餘韻). ‖余韻が残る 여운이 남다.

よう〔呼びかけ·挨拶〕여.

*****よう**【用】❶용무(用務); 일; 볼일. ‖用が済む 볼일이 끝나다. 今日は銀座に用がある 오늘은 긴자에 볼일이 있다. 銀行にちょっと用があるんだ 은행에 좀 볼일이 있어. ❷용도(用途); 쓸모. ‖これでも用が足りる 이래 봬도 쓸모가 있다. ❸용변(用便). ❹…용(用). ‖子ども用 어린이용. ▸用を足す ①〔用事〕일을 끝내다. ②〔排泄〕용변을 보다. ▸用をなさない 도움이 안 되다. 쓸모없다.

よう【洋】❶동양(東洋)과 서양(西洋). ‖洋の東西を問わず 동서양을 불문하고. ❷서양.

よう【要】❶〔かなめ〕중요(重要)한 점(點). ❷필요(必要).

よう【陽】양(陽). ‖陰に陽に 음으로 양으로.

よう【様】❶〔ありさま〕모양(模様); 형태(形態). ❷방법(方法). ‖やりようがない 어떻게 할 방법이 없다. ❸양식(樣式). ‖唐(から)様 당나라 양식.

*****よう**【酔う】❶취(醉)하다. ‖私は酒を飲むとすぐに酔う 나는 술을 마시면 금방 취한다. 酔うと泣き出す癖がある 취하면 우는 버릇이 있다. ❷(乗り物に)멀

よ

미하다. ‖船に酔う 뱃멀미하다. ❸도취(陶酔)되다.

*ようい【用意】 (を하) 용의(用意); 준비(準備). ‖食事を用意する 식사를 준비하다. 旅行の用意 여행 준비. 用意周到 용의주도. 用意ドン 준비, 땅.

ようい【容易】ダ 쉽다; 용이(容易)하다; 간단(簡單)하다. ‖容易ではない 쉽지는 않다. いとも容易だ 너무도 간단하다.

よういく【養育】 (を하) 양육(養育). ♦養育費 양육비.

よういん【要因】 요인(要因). ‖成功の要因 성공 요인.

よういん【要員】 요원(要員).

ようえき【用益】 용익(用益). ♦用益物権 용익 물권.

ようえき【葉腋】 엽액(葉腋); 잎겨드랑이.

ようえき【溶液】 용액(溶液).

ようえん【妖艶】ダ 요염(妖艶)하다.

ようえん【遥遠】ダ 요원(遙遠)하다.

ようおん【拗音】 (説明)(きゃ・ちょのように)や・ゆ・よ의 かな를 작게 써서 나타내는 음(音).

ようか【八日・8日】 ❶초(初)여드렛날. ❷팔 일간(八日間).

ようか【養家】 양가(養家).

ようが【洋画】 양화(洋畫).

ようが【陽画】 양화(陽畫).

ようかい【妖怪】 요괴(妖怪).

ようかい【溶解】 (を하) 용해(溶解).

ようがく【洋楽】 양악(洋樂); 서양 음악(西洋音樂).

ようがさ【洋傘】 양산(洋傘); 파라솔.

ようがし【洋菓子】 양과자(洋菓子).

ようかん【羊羹】 양갱(羊羹); 단팥묵.

ようがん【溶岩】 용암(鎔岩).

ようがんドーム【溶岩dome】 (説明)점성(粘性)이 높은 용암(鎔岩)으로 생긴 언덕.

ようがんりゅう【溶岩流】 용암류(鎔岩流).

ようき【妖気】 요기(妖氣).

ようき【容器】 용기(容器).

ようき【陽気】 ❶양기(陽氣). ❷날씨; 기후(氣候). ‖よい陽気になる 날씨가 좋아지다. ❸명랑(明朗)함; 밝고 쾌활(快活)함. ‖陽気な人 밝고 쾌활한 사람. 陽気に騒ぐ 쾌활하게 떠들어 대다.

ようぎ【容疑】 용의(容疑); 혐의(嫌疑). ‖容疑が晴れる 혐의가 풀리다.

ようぎしゃ【容疑者】 용의자(容疑者).

ようきゅう【洋弓】 양궁(洋弓).

*ようきゅう【要求】 (を하) 요구(要求). ‖金を要求する 돈을 요구하다. 賃上げを要求する 임금 인상을 요구하다. 相手の要求をのむ 상대방의 요구를 받아들이다. 時代の要求 시대의 요구.

ようぎょ【幼魚】 유어(幼魚).

ようぎょ【養魚】 양어(養魚).

ようぎょう【窯業】 요업(窯業).

ようきょく【陽極】 양극(陽極).

ようきょく【謡曲】 (能楽の)가사(歌詞).

ようぎょじょう【養魚場】 양어장(養魚場).

ようぎん【洋銀】 양은(洋銀).

ようぐ【用具】 용구(用具); 도구(道具). ‖筆記用具 필기도구.

ようけい【養鶏】 양계(養鷄). ♦養鶏場 양계장.

ようけん【用件】 용건(用件); 볼일. ‖用件を話す 용건을 말하다. 用件を済ます 볼일을 끝내다.

ようけん【洋犬】 서양(西洋) 개.

ようけん【要件】 ❶중요(重要)한 일. ❷필요(必要)한 조건(條件).

ようげん【用言】 (言語) 용언(用言).

ようご【用語】 용어(用語). ‖哲学用語 철학 용어.

ようご【養護】 (を하) 양호(養護).

ようご【擁護】 (を하) 옹호(擁護).

ようこう【洋行】 (を하) 양행(洋行).

ようこう【要項】 요항(要項); 요강(要綱). ‖募集要項 모집 요강.

ようこう【要綱】 요강(要綱). ‖政策の要綱 정책 요강.

ようこう【陽光】 햇볕; 일광(日光).

ようこうろ【溶鉱炉】 용광로(鎔鑛爐).

ようごがっこう【養護学校】 양호 학교(養護學校).

ようこく【陽刻】 (を하) 양각(陽刻).

ようごしせつ【養護施設】 아동 복지 시설(兒童福祉施設).

ようこそ 잘 오셨습니다.

ようさい【洋裁】 양재(洋裁).

ようさい【要塞】 요새(要塞).

ようざい【用材】 용재(用材); 재료(材料). ‖学習用材 학습 재료.

ようざい【溶剤】 용제(溶劑).

ようさいるい【葉菜類】 엽채류(葉菜類).

ようさん【葉酸】 엽산(葉酸).

ようさん【養蚕】 양잠(養蠶).

ようし【用紙】 용지(用紙). ‖答案用紙 답안지. 原稿用紙 원고지.

ようし【要旨】 요지(要旨).

ようし【容姿】 용자(容姿).

ようし【陽子】 양자(陽子).

ようし【養子】 양자(養子). ♦養子縁組 양자 결연.

ようじ【用字】 ❶사용(使用)하는 문자(文字). ❷문자의 사용법(使用法).

ようじ【用事】 용무(用務); 일; 볼일. ‖ちょっと用事がある 조금 볼일이 있다. 用事を済ます 볼일을 끝내다.

ようじ【幼児】 유아(幼兒). ‖幼児教育 유아 교육.

ようじ【幼時】 어린 시절(時節); 어릴

때. ‖幼時から 어릴 때부터.
ようじ【要事】중요(重要)한 일.
ようじ【楊枝】이쑤시개.
ようしき【洋式】양식; 서양식(西洋式).
ようしき【様式】양식(様式). ‖書類の様式が変わる 서류의 양식이 바뀌다. 生活様式 생활양식. 建築様式 건축 양식. ロココ様式 로코코 양식.
ようしつ【洋室】양실(洋室).
ようしつ【溶質】용질(溶質).
ようしゃ【容赦】 ㊁하 ❶〔許すこと〕용서(容恕). ❷〔手加減〕사정(事情)을 봐줌. ‖情け容赦なく 인정사정없이.
ようじゃく【幼弱】ダ 유약(幼弱)하다.
ようしゅ【洋酒】양주(洋酒).
ようしゅつ【溶出】㊁하 용출(溶出).
ようじゅつ【妖術】요술(妖術).
ようしょ【洋書】양서(洋書).
ようしょ【要所】요소(要所). ‖要所を占める 요소를 차지하다.
ようじょ【養女】양녀(養女).
ようしょう【幼少】‖幼少の頃 어릴 때.
ようしょう【要衝】요충(要衝). ‖要衝の地 요충지.
ようじょう【養生】㊁하 양생(養生).
ようしょく【洋食】양식(洋食).
ようしょく【要職】요직(要職).
ようしょく【養殖】 ㊁하 양식(養殖).
♦養殖真珠 양식 진주.
ようしょっき【洋食器】서양 식기(西洋食器).
ようしん【葉身】잎몸.
ようしん【養親】양부모(養父母).
***ようじん**【用心】㊁하 조심(操心); 주의(注意). ‖火事を起こさぬよう用心する 불을 내지 않도록 조심하다. 火の用心 불조심.
ようじん【要人】요인(要人). ‖政府の要人 정부 요인.
ようじんぶかい【用心深い】주의(注意) 깊다.
ようじんぼう【用心棒】보디가드.
***ようす**【様子】 ❶상태(狀態); 상황(狀況). ‖様子を見る 상황을 보다. ❷사정(事情). ‖様子ありげな顔 사정이 있는 듯한 얼굴. ❸〔姿〕모습. ‖みすぼらしい様子で帰ってきた 초라한 모습으로 돌아왔다. ❹낌새; 징조(徵兆); 흔적(痕跡). ‖出かけた様子もない 외출한 흔적도 없다. ❺〔そぶり〕기색(氣色).
ようすい【用水】용수(用水). ‖防火用水 방화 용수.
ようすい【羊水】양수(羊水).
ようすい【揚水】㊁하 양수(揚水).
ようずみ【用済み】❶일이 끝남. ❷역할(役割)이 끝남.
ようする【要する】필요(必要)로 하다; 필요하다. ‖注意を要する問題 주의가 필요한 문제.
ようする【擁する】 거느리다; 가지다. ‖社員千人を擁する会社 사원이 천 명이나 되는 회사.
ようするに【要するに】결국(結局); 결국은. ‖要するに我々の力不足だった 결국 우리들의 역부족이었다.
ようせい【妖精】요정(妖精).
ようせい【要請】㊁하 요청(要請). ‖援助を要請する 원조를 요청하다.
ようせい【陽性】양성(陽性). ‖陽性反応 양성 반응.
ようせい【養成】㊁하 양성(養成). ‖人材を養成する 인재를 양성하다.
ようせき【容積】용적(容積).
ようせきりつ【容積率】 용적률(容積率).
ようせつ【夭折】㊁하 요절(夭折).
ようせつ【要説】요설(要說).
ようせつ【溶接】㊁하 용접(鎔接). ‖溶接工 용접공.
ようそ【沃素】요오드.
ようそ【要素】요소(要素). ‖構成要素 구성 요소. 流動的な要素 유동적인 요소.
ようそう【洋装】양장(洋裝). ‖洋装本 양장 제본.
ようそう【様相】양상(様相). ‖複雑な様相を呈する 복잡한 양상을 띠다.
-ようだ ❶…것 같다. ‖専門家が作ったようだ 전문가가 만든 것 같다. 要約すれば以上のようである 요약하면 이상과 같다. スキーのような冬のスポーツ 스키 같은 겨울 스포츠. ❷〔…ようにの形で〕…같이; …듯이; …처럼; …도록; …기를. ‖ご承知のように 알고 계시는 바와 같이. 飛ぶように売れた 날개 돋친 듯이 팔렸다. 地球が太陽の周りを回るように月は地球の周りを回る 지구가 태양의 주위를 돌듯이 달은 지구의 주위를 돈다. すぐ来てくれるように頼む 바로 오도록 부탁하다. 遅れないように早めに家を出る 늦지 않도록 일찌감치 집을 나서다. ご無理なさらないように 무리하지 마시기를. またお会いできますように 다시 만나뵐 수 있기를.
ようたい【様態】양태(様態).
ようだい【容体】용태(容態). ‖容体が悪化した 용태가 악화되었다.
ようたし【用足し】❶〔用事〕일을 마침. ❷〔トイレ〕용변(用便).
ようだてる【用立てる】빌려 주다. ‖資金を用立てる 자금을 빌려 주다.
ようだん【用談】㊁하 상담(相談).
ようだんす【用簞笥】작은 장롱(欌籠).
ようち【用地】용지(用地). ‖ビル建設用地 빌딩 건설 용지.
ようち【幼稚】ダ 유치(幼稚)하다. ‖幼稚な人 유치한 사람. 幼稚にふるまう 유치하게 굴다.
ようち【要地】요지(要地).
ようち【夜討ち】야습(夜襲). ‖夜討ちを

よ

かける 야습을 기하다.
ようちえん【幼稚園】 유치원(幼稚園).
ようちゅう【幼虫】 유충(幼蟲).
ようちゅうい【要注意】 요주의(要注意). ‖要注意の人物 요주의 인물.
ようつい【腰椎】 요추(腰椎).
ようつう【腰痛】 요통(腰痛).
ようてい【要諦】 요체(要諦).
ようてん【要点】 요점(要點). ‖要点を捉えている 요점을 파악하고 있다.
ようてん【陽転】 (자되) 양전(陽轉).
ようでんき【陽電気】 양전기(陽電氣).
ようでんし【陽電子】 양전자(陽電子).
ようと【用途】 용도(用途). ‖募金の用途を明確にする 모금 용도를 명확히 하다.
ようど【用土】 원예용(園藝用) 흙.
ようど【用度】 ❶비용(費用). ❷물품(物品)의 공급(供給).
ようとうくにく【羊頭狗肉】 양두구육(羊頭狗肉).
ようどうさくせん【陽動作戦】 양동 작전(陽動作戰).
ようとして【杳として】 묘연(杳然)히.
ようとん【養豚】 양돈(養豚).
ようなし【用無し】 ❶필요(必要) 없음; 볼일이 없음. ‖君はもう用無しだ 너는 이제 필요 없다. ❷〔暇なこと〕한가(閑暇)함.
ヨウナシ【洋梨】 서양(西洋) 배.
ようにく【羊肉】 양(羊)고기.
ようにん【容認】 (자하) 용인(容認).
ようねん【幼年】 유년(幼年).
ようは【要は】 중요(重要)한 것은; 결국(結局)은.
ようばい【溶媒】 용매(溶媒).
ようび【曜日】 요일(曜日). ‖曜日別に 요일별로. 曜日によっては 요일에 따라서는.
ようひし【羊皮紙】 양피지(羊皮紙).
ようひん【用品】 용품(用品). ‖事務用品 사무 용품.
ようひん【洋品】 양품(洋品). ♦洋品店 양품점.
ようふ【妖婦】 요부(妖婦).
ようふ【養父】 양아버지; 양부(養父).
ようぶ【腰部】 허리 부분(部分).
ようふう【洋風】 서양풍(西洋風).
ようふく【洋服】 양복(洋服).
ようふぼ【養父母】 양부모(養父母).
ようぶん【養分】 양분(養分).
ようへい【用兵】 용병(用兵).
ようへい【葉柄】 잎자루.
ようへい【傭兵】 용병(傭兵). ‖外国人傭兵 외국인 용병.
ようべん【用便】 (자하) 용변(用便). ‖用便する 용변을 보다.
ようぼ【養母】 양어머니; 양모(養母).
ようほう【用法】 용법(用法). ‖用法を誤る 용법을 틀리다. 副詞的用法 부사적 용법.
ようほう【養蜂】 양봉(養蜂).
ようぼう【要望】 (자하) 요망(要望). ‖道路の整備を要望する 도로 정비를 요망하다. 要望に応える 요망에 부응하다.
ようぼう【容貌】 용모(容貌).
ようま【洋間】 양실(洋室).
ようまく【羊膜】 양막(羊膜).
ようみゃく【葉脈】 엽맥(葉脈); 잎맥.
ようむ【用務】 용무(用務).
ようむいん【用務員】 (学校·会社などで)잡일을 하는 사람.
ようむき【用向き】 용건(用件).
ようめい【用命】 용무(用務)를 하명(下命)함.
ようめい【幼名】 아명(兒名).
ようもう【羊毛】 양모(羊毛).
ようもうざい【養毛剤】 발모제(發毛劑).
ようやく【要約】 (자하) 요약(要約). ‖講演の趣旨を要約する 강연 취지를 요약하다. 一言で要約して言えば 한마디로 요약해서 말하자면.
ようやく【漸く】 ❶〔やっと〕겨우; 간신(艱辛)히. ‖ようやく終電に間に合った 간신히 마지막 전철을 탔다. ❷〔段々〕점차(漸次); 점점(漸漸); 차츰. ‖日もようやく暮れてゆく 해가 점점 기울어 가다.
ようやっと 겨우; 간신(艱辛)히. ‖ようやっと完成した 간신히 완성했다.
ようゆう【溶融】 (자하) 용융(鎔融); 융해(融解).
ようよう【揚揚】 양양(揚揚). ‖意気揚々 의기양양.
ようよう【漸う】 ❶〔やっと〕겨우; 간신(艱辛)히. ❷〔段々〕점차(漸次); 점점(漸漸); 차츰.
ようらん【洋蘭】 서양란(西洋蘭).
ようらん【要覧】 요람(要覽). ‖学校要覧 학교 요람.
ようらん【揺籃】 요람(搖籃). ‖揺籃の地 발상지.
ようらんき【揺籃期】 요람기(搖籃期).
ようりく【揚陸】 ‖揚陸する 뱃짐을 부리다.
ようりつ【擁立】 (자하) 옹립(擁立).
ようりゃく【要略】 (자하) 요약(要約).
ようりゅう【楊柳】 버드나무.
ようりょう【用量】 용량(用量).
***ようりょう**【要領】 ❶요점(要點). ‖要領を得ない返事 요점이 확실하지 않은 대답. ❷요령(要領). ‖要領がいい 요령이 좋다. 要領の悪い人 요령이 나쁜 사람.
ようりょう【容量】 용량(容量). ‖記憶容量 기억 용량.
ようりょく【揚力】 양력(揚力).
ようりょくそ【葉緑素】 엽록소(葉綠素).

ようりょくたい【葉緑体】 엽록체(葉綠體).
ようれい【用例】 용례(用例). ‖用例を挙げて説明する 용례를 들어 설명하다.
ようれき【陽暦】 양력(陽曆).
ようろ【要路】 요로(要路).
ようろう【養老】 양로(養老). ‖養老年金 양로 연금. 養老保険 양로 보험.
ヨーグルト【yogurt】 요구르트.
ヨーデル【Jodel ド】 요들.
ヨーヨー【Yo-Yo】 요요.
ヨーロッパ【Europa ポ】 유럽.
よか【予科】 예과(豫科).
よか【余暇】 여가(餘暇). ‖余暇時間 여가 시간.
ヨガ【yoga】 요가.
よかく【余角】 여각(餘角).
よからぬ【良からぬ】 좋지 않은. ‖良からぬうわさ 좋지 않은 소문.
よがる【善がる】 좋다고 생각하다; 만족(滿足)하다.
よかれ【善かれ】 잘되어라. ‖よかれと思ってやったこと 잘되어라고 생각하고 한 일.
よかれあしかれ【善かれ悪しかれ】 좋든 나쁘든; 어쨌든.
よかん【予感】 (ス하) 예감(豫感). ‖不吉な予感がする 불길한 예감이 들다.
よき【予期】 (ス하) 예기(豫期). ‖予期せぬ出来事 예기치 못한 일.
よき【良き】 좋은. ‖今日のよき日に 오늘같이 좋은 날에.
よぎしゃ【夜汽車】 밤 열차(列車).
よぎない【余儀無い】 어쩔 수 없다; 하는 수 없다. ‖余儀ない事情で欠席する 어쩔 수 없는 사정으로 결석하다. 内閣は総辞職を余儀なくされた 내각은 어쩔 수 없이 총사직했다.
よきょう【余興】 여흥(餘興).
よぎり【夜霧】 밤안개.
よぎる【過ぎる】 지나가다; 스치다. ‖脳裏をよぎる不安 뇌리를 스치는 불안.
*__よきん【預金】__ (ス하) 예금(預金). ‖銀行に預金する 은행에 예금하다. 預金通帳 예금 통장.
*__よく【良く・好く】__ ❶충분(充分)히. ‖よく調べる 충분히 알아보다. ❷매우; 정말; 잘. ‖よくできた 잘 만들었다. よくやった 정말 잘했다. ❸자주. ‖よく見かける人だ 자주 보는 사람이다.
*__よく【欲】__ ❶욕심(欲心). ‖欲が深い 욕심이 많다. 金銭欲 금전욕. ❷의욕(意欲). ‖まだ勉強に欲が出ない 아직 공부에 의욕이 안 생긴다. ▸欲と二人連れ 욕심에 따라 행동함. ▸欲に目が眩む 욕심에 눈이 멀다. ▸欲の皮が突っ張る 몹시 욕심을 내다. ▸欲も得もない 이익을 생각할 겨를이 없다.
よくあさ【翌朝】 다음날 아침.
よくあつ【抑圧】 (ス하) 억압(抑壓). ‖政治活動を抑圧する 정치 활동을 억압하다.
ヨクイニン【薏苡仁】《植物》율무의 일종(一種).
よくげつ【翌月】 다음 달; 익월(翌月).
よくご【浴後】 목욕 후(沐浴後).
よくしつ【浴室】 욕실(浴室).
よくじつ【翌日】 다음날; 이튿날; 익일(翌日).
よくしゅう【翌週】 다음 주(週).
よくじょう【浴場】 목욕탕(沐浴湯).
よくじょう【欲情】 욕정(欲情).
よくしん【欲心】 욕심(欲心).
よくする【善くする】 ❶〔上手にする〕잘하다; 능숙(能熟)하다. ❷〔うまくいく〕잘되다. ❸친절(親切)하게 대하다. ‖部下によくする上司 부하에게 친절한 상사.
よくせい【抑制】 (ス하) 억제(抑制). ‖感情を抑制する 감정을 억제하다. 抑制された欲求 억제된 욕구.
よくぞ【善くぞ】 잘. ‖よくぞ言ってくれた 말 잘 했다.
よくそう【浴槽】 욕조(浴槽).
よくちょう【翌朝】 다음날 아침.
よくど【沃土】 옥토(沃土).
よくとく【欲得】 탐욕(貪慾)과 이득(利得).
よくとくずく【欲得尽く】 ‖欲得尽くで 계산적으로. 타산적으로.
よくとし【翌年】 다음 해; 이듬해.
よくねん【翌年】 다음 해; 이듬해.
よくばり【欲張り】 욕심(欲心)꾸러기; 욕심쟁이.
よくばる【欲張る】 욕심(欲心)을 부리다.
よくぶかい【欲深い】 욕심(欲心)이 많다.
よくぼう【欲望】 욕망(欲望). ‖欲望を満たす 욕망을 채우다.
よくめ【欲目】 좋은 쪽으로만 보는 것. ‖親の欲目で 부모의 욕심으로.
よくも【善くも】 잘(도). ‖よくもだましたな 잘도 속였구나.
よくよう【抑揚】 억양(抑揚). ‖抑揚をつけて読む 억양을 넣어서 읽다.
よくよう【浴用】 목욕용(沐浴用). ‖浴用タオル 목욕용 타월.
よくよく【善く善く】 ❶〔十分に〕충분(充分)히; 주의(注意) 깊게; 잘. ❷〔はなはだしく〕몹시; 매우. ❸〔よくよくのことの形で〕어쩔 수 없이.
よくよく【翼翼】 ‖小心翼々と任務に励む 벌벌 떨면서 임무를 수행하다.
よくよく-【翌翌】 다음다음…. ‖翌々日 다음다음 날.
よくりゅう【抑留】 (ス하) 억류(抑留).
-よけ【除け】 재난(災難)을 막음 또는 막는 것. ‖厄除け 액막이.

よ

*よけい【余計】❶남음. ‖1個余計だ 한 개가 남는다. ❷불필요(不必要)함. ‖余計なものを捨てる 불필요한 물건을 버리다.

よける【避ける】❶피(避)하다; 비키다. ‖犬をよけて通る 개를 피해서 걷다. ❷방지(防止)하다; 막다. ❸제외(除外)하다; 빼다. ‖不良品をよける 불량품을 제외하다.

よけん【与件】여건(與件).

よけん【予見】(ㅈ하)예견(豫見).

よげん【予言】(ㅈ하)예언(豫言). ‖将来を予言する 장래를 예언하다.

*よこ【横】❶가로. ‖縦5センチ横3センチ 세로 오 센티, 가로 삼 센티. 横になる 눕다. ❷옆; 측면(側面). ‖横から見た顔 옆에서 본 얼굴. ▸横の物を縦にもしない 손 하나 까딱 안 하다. ▸横を向く 무시하다.

よご【予後】병(病)에 대한 의학적 전망(醫學的展望).

よこあい【横合い】❶〔横の方〕옆; 곁. ❷〔当事者以外〕당사자 이외(當事者以外)의 입장(立場).

よこいっせん【横一線】차이(差異)가 없음.

よこいと【横糸・緯糸】씨실.

よこう【予行】(ㅈ하)예행(豫行). ‖予行演習 예행 연습.

よこう【余光】여광(餘光).

よこう【余香】여향(餘香).

よこがお【横顔】❶옆얼굴. ❷〔プロフィール〕잘 알려지지 않은 일면(一面); 프로필.

よこがき【横書き】가로쓰기.

よこがみやぶり【横紙破り】무리(無理)하게 밀어붙임; 억지를 부림.

よこぎ【横木】가로로 댄 나무.

よこぎる【横切る】가로지르다; 횡단(橫斷)하다. ‖道を横切る 길을 가로지르다.

*よこく【予告】(ㅈ하)예고(豫告). ‖予告もなく現われる 예고도 없이 나타나다. 将来を予告する 장래를 예고하다.

よこくへん【予告編】예고편(豫告篇).

よこぐみ【横組(み)】(文字組版で)가로짜기.

よこぐるま【横車】억지. ▸横車を押す 억지를 부리다.

よこじく【横軸】가로축(軸).

よこしま【邪】ダ 도리(道理)에 어긋나다; 옳지 않다; 잘못되다. ‖邪な考え 잘못된 생각.

よこじま【横縞】가로줄 무늬.

よこしゃかい【横社会】(説明)횡적(橫的)인 관계(關係)를 중시(重視)하는 사회(社會).

よこす【寄越す】❶보내 오다. ‖手紙をよこす 편지를 보내 오다. ❷(こちらの方に)건네다. ❸〔…てよこすの形で〕…(해) 오다. ‖電話をかけてよこす 전화를 걸어 오다.

よごす【汚す】❶더럽히다. ❷〔和える〕무치다; 버무리다. ‖ゴマでよごす 깨소금으로 무치다.

よこずき【横好き】잘 못하지만 좋아함.

よこすじ【横筋】❶〔線〕가로줄. ❷〔道〕옆길.

よこすべり【横滑り】‖横滑りする ①옆으로 미끄러지다. ②동등한 지위로 옮기다.

よこたえる【横たえる】옆으로 누이다.

よこだき【横抱き】옆으로 안음. ‖子どもを横抱きにする 아이를 옆으로 안다.

よこたわる【横たわる】❶〔横になる〕눕다; 드러눕다. ‖ベッドに横たわる 침대에 눕다. ❷〔遮る〕가로막다. ‖多くの困難が横たわっている 많은 어려움들이 가로막고 있다. ❸펼쳐지다. ‖アルプス山脈が横たわる 알프스 산맥이 펼쳐지다.

よこちょう【横丁】골목; 골목길.

よこづけ【横付け】‖横付けする (車・船などを)바싹 갖다 대다.

よこっとび【横っ跳び】옆으로 뜀.

よこづな【横綱】❶(相撲の)최고 지위(最高地位). ❷〔最もすぐれたもの〕가장 뛰어난 것. ▸横綱を張る 최고 지위에 오르다.

よこっぱら【横っ腹】옆구리.

よこつら【横面】옆얼굴.

よこて【横手】옆; 측면(側面).

よごと【夜毎】매일(每日) 밤; 밤마다.

よことじ【横綴じ】가로로 철(綴)함 또는 그 책(冊).

よこどり【横取り】‖横取りする 가로채다.

よこなが【横長】가로로 긺.

よこながし【横流し】‖横流しする 빼돌리다.

よこなぐり【横殴り】(風雨などが)옆으로 들이침. ‖横殴りの雨 옆으로 들이치는 비.

よこなみ【横波】횡파(橫波).

よこならび【横並び】❶옆으로 늘어섬. ❷차이(差異)가 없음.

よこばい【横這い】❶옆으로 김. ❷(相場などが)변동(變動)이 없음.

よこはいり【横入り】(ㅈ하)새치기.

よこはば【横幅】가로 폭(幅).

よこはら【横腹】옆구리.

よこぶり【横降り】(強風に吹かれて雨・雪などが)옆으로 들이침.

よこみち【横道】옆길. ‖話が横道にそれる 이야기가 옆길로 새다.

よこむき【横向き】‖横向きになる 옆으로 향하다.

よこめ【横目】❶곁눈; 곁눈질. ‖横目を使う 곁눈질하다. ❷〔…を横目にの

形で]…을[를] 본체만체하다; 무시(無視)하다. ‖けんかを横目に通り過ぎる 싸움을 본체만체하고 지나가다.

よこもじ【横文字】 서양 문자(西洋文字); 외국어(外國語).

よこやり【横槍】 말참견(參見). ‖横槍を入れる 말참견을 하다.

よこゆれ【横揺れ】 ‖横揺れする 옆으로 흔들리다.

よごれ【汚れ】 때.

よごれる【汚れる】 더러워지다. ‖服が汚れる 옷이 더러워지다.

よこわり【横割り】 ❶가로로 자름. ❷(説明) (組織・業務などを) 횡적(横的)으로 연관성(聯關性)이 있게 편성(編成)하는 것.

よさ【良さ】 좋은 점; 좋은 정도(程度); 장점(長點). ‖古いものの良さ 옛 것의 좋은 점.

よざい【余罪】 여죄(餘罪). ‖余罪を追及する 여죄를 추궁하다.

よざくら【夜桜】 밤에 보는 벚꽃.

***よさん**【予算】 예산(豫算). ‖予算を立てる 예산을 세우다. 予算を組む 예산을 짜다. 国家予算 국가 예산.

よし〔承認・決意・決断〕자; 그래; 좋아. ‖よし分かった 그래 알았다. よしやるぞ 좋아 해 보자.

よし【止し】 그만둠. ‖よしにする 그만두다.

よし【由】 ❶이유(理由); 사정(事情). ‖由ありげな 사정이 있는 듯한. お元気の由なによりです 건강하시다니 무엇보다 다행입니다. ❷취지(趣旨). ❸수단(手段); 방법(方法). ‖知る由もない 알 방법이 없다.

よし【良し】 좋다.

ヨシ【葦】 갈대. ▸葦の髄(ずい)から天井を覗く 우물 안 개구리.〔諺〕

よじ【余事】 ❶다른 일. ❷한가(閑暇)할 때 하는 일.

よしあし【善し悪し】 ❶좋고 나쁨; 선악(善惡). ❷한마디로 좋고 나쁨을 말할 수 없음; 일장일단(一長一短)이 있음.

よじげん【四次元】 사차원(四次元).

よしず【葦簀】 갈대로 만든 발.

よじつ【余日】 여일(餘日); 남아 있는 날.

よしなに 좋도록; 적절(適切)히.

よじのぼる【攀じ登る】 기어오르다.

よしみ【誼み】 정분(情分); 친분(親分); 연고(緣故). ‖友だちのよしみで 우정으로. 昔のよしみで 옛날부터의 친분으로.

よしゅう【予習】 (ス하) 예습(豫習).

よじょう【余情】 여정(餘情).

よじょうはん【四畳半】 (説明) 다다미 네 장(張) 반을 깔 수 있는 크기 또는 그런 방(房).

よしよし〔慰め・激励〕자자.

よじる【捩る】 비틀다; 꼬다; 비비틀다; 비비꼬다. ‖身をよじって笑う 몸을 비비꼬며 웃다.

よじれる【捩れる】 비틀리다; 꼬이다.

よしん【与信】(経) 여신(與信).

よしん【予診】 (説明) 진찰 전(診察前)에 병력(病歴)이나 증상(症狀) 등을 묻는 것.

よしん【予審】 예심(豫審).

よしん【余震】 여진(餘震).

よしんば【縦しんば】 가령(假令); 설사(設使); 설령(設令). ‖よしんば駄目でも 설사 안 되더라도.

よす【止す】 그만두다.

よすが【縁】 실마리.

よすみ【四隅】 네 구석; 네 귀퉁이.

よせ【寄席】 (説明) 만담(漫談) 등을 하는 장소(場所).

よせあつめる【寄せ集める】 그러모으다.

よせい【余生】 여생(餘生).

よせい【余勢】 여세(餘勢). ‖余勢を駆って 여세를 몰아.

よせうえ【寄せ植え】 ‖寄せ植えする 여러 종류의 식물(植物)을 한곳에 심다.

よせがき【寄せ書き】 (説明) 여럿이 글이나 그림을 그린 것.

よせぎ【寄せ木】 쪽매.

よせぎざいく【寄せ木細工】 쪽매붙임.

よせぎづくり【寄せ木造り】 (説明) 각(各) 부위별(部位別)로 다른 나뭇조각으로 만들어 붙인 불상(佛像).

よせざん【寄せ算】 덧셈; 더하기.

よせつける【寄せ付ける】 가까이 오게 하다. ‖人を寄せつけない 사람들을 가까이 못 오게 하다.

よせなべ【寄せ鍋】 (説明) 닭고기・어패류(魚貝類)・야채(野菜) 등을 넣고 끓이면서 먹는 요리(料理).

よせむね【寄せ棟】 (説明) 사방(四方)으로 경사면(傾斜面)이 있는 지붕.

よせる【寄せる】 ❶다가오다; 밀려오다; 가까이 대다; 가까이 붙이다. ‖顔を寄せる 얼굴을 가까이 대다. ❷〔集める〕모으다. ❸(関心などを)기울이다. ‖関心を寄せる 관심을 기울이다. ❹〔足す〕더하다. ❺보내다. ‖原稿を寄せる 원고를 보내다. 투고하다. ❻〔かこつける〕빗대다.

よせん【予選】 예선(豫選).

よそ【余所】 ❶다른 데; 다른 곳. ‖よそでは買えない品 다른 데서는 살 수 없는 물건. ❷남의 집; 밖. ‖今日はよそで夕食を食べてくる 오늘은 밖에서 저녁을 먹고 올 거야. ❸직접(直接) 관계(關係)가 없음. ‖よその国 다른 나라.

よそいき【余所行き】 =よそゆき.

よそう 담다; 푸다. ‖ご飯をよそう 밥을

푸다.

*よそう【予想】(スル하) 예상(豫想). ‖結果を予想する 결과를 예상하다. 予想が的中する 예상이 적중하다. 予想が外れる 예상이 빗나가다.

よそうがい【予想外】 예상외(豫想外); 뜻밖.

よそおい【装い】 ❶치장(治粧); 단장(丹粧). ‖装い新たに開店する 새로 단장해서 개점하다. ❷풍취(風趣); 풍정(風情).

よそおう【装う】 ❶치장(治粧)하다; 단장(丹粧)하다. ❷체하다; 척하다; 가장(假裝)하다. ‖学生を装う 학생을 가장하다.

よそく【予測】(スル하) 예측(豫測). ‖将来を予測する 장래를 예측하다. 予測が外れる 예측이 빗나가다.

よそごと【余所事】 남의 일.

よそじ【四十路·40】 마흔; 마흔 살. ‖四十路の坂を越える 마흔 살이 넘다.

よそながら【余所ながら】 멀리서나마; 남몰래. ‖よそながら応援する 멀리서나마 응원하다.

よそみ【余所見】 ‖よそ見する 한눈을 팔다.

よそめ【余所目】 ❶남의 눈. ‖よそ目を気にする 남의 눈을 신경 쓰다. ❷〔わき見〕한눈을 팖.

よそもの【余所者】 타관(他官) 사람.

よそゆき【余所行き】 ❶외출; 외출복(外出服). ❷격식(格式)을 갖춘 태도(態度)나 말투. ‖よそ行きの態度 격식을 갖춘 태도.

よそよそしい【余所余所しい】 서먹서먹하다. ‖よそよそしい態度 서먹서먹한 태도.

よぞら【夜空】 밤하늘.

よそる (食べ物を)푸다; 담다. ‖ご飯をよそる 밥을 푸다.

よた【与太】 실없는 말. ‖与太を飛ばす 실없는 말을 하다.

よたく【預託】(スル하) 예탁(預託).

よだつ【与奪】(スル하) 여탈(與奪). ‖生殺与奪の権 생살여탈권.

よだつ【弥立つ】 소름이 끼치다. ‖身の毛のよだつ話 소름이 끼치는 이야기.

よたもの【与太者】 망나니; 불량배(不良輩).

よたよた 비틀비틀. ‖疲れてよたよた(と)する 피곤해서 비틀거리다.

よだれ【涎】 침; 군침. ▸よだれが出る 군침이 돌다.(慣) ▸よだれを垂らす[流す] 군침을 흘리다.(慣)

よだれかけ【涎掛け】 턱받이.

よたろう【与太郎】 멍청이; 바보; 얼간이.

よだん【予断】(スル하) 예단(豫斷); 예측(豫測). ‖予断を許さない 예측을 불허하다.

よだん【余談】 여담(餘談).

よち【予知】(スル하) 예지(豫知).

よち【余地】 여지(餘地). ‖疑いを差し挟む余地もない 의심할 여지가 없다. 立錐の余地もない 입추의 여지가 없다. 弁解の余地がない 변명의 여지가 없다.

よちょう【予兆】 전조(前兆); 조짐(兆朕).

よちょきん【預貯金】 예금(預金)과 저금(貯金).

よちよち 아장아장. ‖よちよち(と)歩く子ども 아장아장 걷는 아이.

よつ【四つ·4つ】 넷; 네 개(個). ▸四つに組む 정면 대결하다.

よっか【四日·4日】 초(初)나흗날; 사 일간(四日間).

よっかい【欲界】(仏教) 욕계(欲界).

よっかかる【寄っ掛かる】 기대다.

よつかど【四つ角】 사(四)거리; 네거리.

よつぎ【世継ぎ】 대(代)를 이음 또는 그 사람.

よっきゅう【欲求】 욕구(欲求). ‖知的欲求 지적 욕구. 欲求不満 욕구 불만.

よつぎり【四つ切り】 (写真などの)사절판(四切版).

よっつ【四つ·4つ】 넷; 네 개(個); 〔4歳〕 네 살. ‖四つの子ども 네 살짜리 아이.

よつつじ【四つ辻】 사(四)거리; 네거리.

よって【因って·依って】 그러므로; 따라서.

よってたかって【寄って集って】 여럿이 달라붙어; 많은 사람이. ‖寄ってたかっていじめる 여럿이 달라붙어 괴롭히다.

ヨット【yacht】 요트.

よっぱらい【酔っ払い】 취객(醉客); 주정(酒酊)뱅이.

よっぱらう【酔っ払う】 만취(滿醉)하다.

よっぴて【夜っぴて】 밤새도록.

よっぽど【余っ程】 굉장(宏壯)히; 꽤; 상당(相當)히; 훨씬. ‖家にいた方がよっぽどましだ 집에 있는 것이 훨씬 낫다.

よづめ【夜爪】 밤에 손톱을 깎음.

よつゆ【夜露】 밤안개.

よづり【夜釣り】 밤낚시.

よつんばい【四つん這い】 네 발로 김 또는 그 자세(姿勢).

*よてい【予定】(スル하) 예정(豫定). ‖予定通り事を進める 예정대로 일을 추진하다. 予定を繰り上げる 예정을 앞당기다. 帰国予定日 귀국 예정일.

よど【淀】 물웅덩이.

よとう【与党】 여당(與黨).

よどおし【夜通し】 밤새도록; 밤새껏; 밤 내내. ‖夜通し雨が降り続いた 밤새도록 비가 내렸다.

よどみ【淀み】 ❶(水の)웅덩이. ❷정체(停滯); 막힘.

よどむ【淀む】 ❶(水が)괴다. ❷정체(停

滯)되다.

よなおし【世直し】 ‖世直しする 세상을 바로잡다.

よなか【夜中】 한밤중.

よなが【夜長】 밤이 긺.

よなき【夜泣き】 밤에 우는 것. ‖夜泣きする 밤에 울다.

よなべ【夜なべ】 ‖夜なべする 밤에 일을 하다. 밤일을 하다.

よなよな【夜な夜な】 매일(每日) 밤; 밤마다.

よなれる【世慣れる】 세상 물정(世上物情)에 익숙하다.

よにげ【夜逃げ】 (スル) 야반도주(夜半逃走).

よにも【世にも】 매우; 몹시. ‖世にも珍しい 매우 희귀하다.

よねつ【余熱】 여열(餘熱).

よねん【余念】 여념(餘念). ‖研究に余念がない 연구에 여념이 없다.

よのつね【世の常】 ‖世の常だ 세상사가 그렇다.

よのなか【世の中】 ❶ 세상(世上); 사회(社會). ‖世の中に出て出世する 사회에 나가 출세하다. ❷ 세상사(世上事); 세상 물정(世上物情). ‖世の中を知らない人 세상 물정을 모르는 사람. ❸ 시대(時代).

よは【余波】 여파(餘波). ‖戦争の余波で物価が騰貴する 전쟁의 여파로 물가가 등귀하다.

よはく【余白】 여백(餘白).

よばなし【夜話】 야화(夜話).

-よばわり【呼ばわり】 …(이)라고 부름[불림]; …(이)라는 소리를 들음. ‖ばかよばわりされる 바보라는 소리를 듣다.

よばん【夜番】 야경(夜警); 불침번(不寢番).

*__よび【予備】__ 예비(豫備). ‖予備知識 예비 지식. 予備交渉 예비 교섭. 予備工作 예비 공작.

よびいれる【呼び入れる】 불러들이다.

よびえき【予備役】 예비역(豫備役).

よびおこす【呼び起こす】 불러서 깨우다; 불러일으키다. ‖感動を呼び起こす 감동을 불러일으키다.

よびかけ【呼び掛け】 ❶ 부름 ❷ 호소(呼訴).

よびかける【呼び掛ける】 ❶ 부르다. ❷ 호소(呼訴)하다. ‖自粛を呼びかける 자숙을 호소하다.

よびかわす【呼び交わす】 서로 부르다. ‖互いの名を呼び交わす 서로의 이름을 부르다.

よびぐん【予備軍】 예비군(豫備軍).

よびこう【予備校】 입시 학원(入試學院).

よびごえ【呼び声】 ❶ 부르는 소리. ❷ 평판(評判). ‖呼び声が高い 평판이 높다.

よびこむ【呼び込む】 불러들이다; 끌어들이다.

よびさます【呼び覚ます】 불러서 깨우다; 불러일으키다. ‖眠っている人を呼び覚ます 자고 있는 사람을 불러서 깨우다. 記憶を呼び覚ます 기억을 불러일으키다.

よびすて【呼び捨て】 (説明) 경칭(敬稱)을 붙이지 않고 부름.

よびだし【呼び出し】 호출(呼出); 불러냄.

よびだす【呼び出す】 호출(呼出)하다; 불러내다.

よびたてる【呼び立てる】 ❶ (大声で) 큰 소리로 부르다. ❷ 〔呼び寄せる〕 불러서 오게 하다.

よびつける【呼び付ける】 ❶ 〔呼び寄せる〕 불러서 오게 하다. ❷ 〔呼び慣れる〕 자주 불러서 익숙하다.

よびとめる【呼び止める】 불러 세우다.

よびな【呼び名】 보통(普通) 때 부르는 이름.

よびひ【予備費】 예비비(豫備費).

よびみず【呼び水】 ❶ (ポンプの)마중물. ❷ (ある出来事の) 계기(契機).

よびもどす【呼び戻す】 불러서 되돌아오게 하다.

よびもの【呼び物】 인기(人氣)가 있는 것.

よびょう【余病】 합병증(合病症).

よびよせる【呼び寄せる】 불러서 오게 하다.

よびりん【呼び鈴】 초인종(招人鐘).

*__よぶ【呼ぶ】__ ❶ 부르다. ‖医者を呼ぶ 의사를 부르다. 誰かが私の名を呼んだ 누군가가 내 이름을 불렀다. いくら呼んでも返事がない 아무리 불러도 대답이 없다. ❷ (助けなどを) 청(請)하다. ‖助けを呼ぶ 도움을 청하다. ❸ 〔称する〕 칭(稱)하다; 일컫다. ❹ 〔引き寄せる〕 불러일으키다; 모으다; 끌다. ‖人気を呼ぶ 인기를 끌다.

よふかし【夜更かし】 (スル) 밤샘.

よぶね【夜船】 밤배.

よぶん【余分】 여분(餘分). ‖余分がある 여분이 있다. 余分な金 여분의 돈.

よぶん【余聞】 여담(餘談).

よほう【予報】 (スル) 예보(豫報). ‖天気予報 일기 예보.

*__よぼう【予防】__ (スル) 예방(豫防). ‖火災を予防する 화재를 예방하다. 風邪の予防にいい食品 감기 예방에 좋은 식품. 予防策を講じる 예방책을 강구하다.

よぼうせっしゅ【予防接種】 예방 접종(豫防接種).

よぼうちゅうしゃ【予防注射】 예방 주사(豫防注射).

よほど【余程】 굉장(宏壯)히; 꽤; 상당

(相當)히; 훨씬. ‖この方がよほど楽だ 이렇게 하는 것이 훨씬 편하다. よほどの自信があると見える 상당히 자신이 있는 것처럼 보이다.

よぼよぼ 비칠비칠. ‖よぼよぼ(と)歩く 비칠비칠 걷다. よぼよぼした犬 비칠거리는 개.

よまわり【夜回り】 야경(夜警); 야경꾼.

よみ【黄泉】 황천(黃泉). ‖黄泉の国 저승. ♦黄泉路 황천길.

よみ【読み】 ❶〔読むこと〕읽음. ‖音読み 음독. ❷통찰(洞察). ‖読みが深い 통찰력이 깊다.

よみあげる【読み上げる】 ❶〔大きな声で読む〕큰 소리로 읽다. ❷〔終わりまで読む〕읽기를 끝내다; 다 읽다. ‖本を読み上げる 책을 다 읽다.

よみあわせ【読み合わせ】 읽으면서 맞춰 봄.

よみあわせる【読み合わせる】 틀린 곳이 없는지 여럿이 읽으며 맞춰 보다.

よみかえる【読み替える】 ❶한자(漢字)를 다른 음훈(音訓)으로 읽다. ❷(法令の条文中の語句に)같은 조건(條件)의 다른 어구(語句)를 넣어 그대로 적용(適用)하다.

よみがえる【蘇る】 소생(蘇生)하다; 되살아나다.

よみかき【読み書き】 읽고 쓰기.

よみかた【読み方】 ❶읽는 법(法). ‖この漢字は読み方が三通りある 이 한자는 읽는 법이 세 가지 있다. ❷문장(文章)의 내용(內容)을 이해(理解)하는 법; 읽기. ‖読み方によっては違う解釈もできる 읽기에 따라서는 다른 해석도 가능하다.

よみきる【読み切る】 다 읽다; 끝까지 읽다.

よみくだす【読み下す】 ❶(初めから終わりまで)읽어 내려가다. ❷한문(漢文)을 일본어(日本語)로 고쳐 읽다.

よみごたえ【読み応え】 ❶〔充実感〕읽을 만한 가치(價値)가 있음. ❷(量が多かったり難しかったりして)읽기 힘듦.

よみこなす【読み熟す】 읽고 충분(充分)히 이해(理解)하다.

よみこむ【読み込む】 ❶숙독(熟讀)하다. ❷(コンピューターがデータやプログラムを)읽어들이다.

よみさす【読み止す】 읽다가 그만두다.

よみせ【夜店】 밤거리의 노점(露店).

よみち【夜道】 밤길.

よみて【読み手】 읽는 사람.

よみで【読み出】 ‖読みでがある 읽을 분량이 많다.

よみとる【読み取る】 ❶읽고 내용(內容)을 이해(理解)하다. ❷알아채다. ‖表情から気分を読み取る 표정에서 기분을 알아채다. ❸(計算機などで)읽어들이다. ‖カードを読み取る 카드를 읽어들이다.

よみながす【読み流す】 대충 읽다.

よみふける【読み耽る】 읽기에 열중(熱中)하다; 열중하여 읽다; 탐독(耽讀)하다. ‖推理小説に読み耽る 추리 소설을 탐독하다.

よみもの【読み物】 읽을거리.

よむ【詠む】 (和歌などを)짓다; 표현(表現)하다; 읊다.

*__よむ【読む】__ ❶읽다. ‖大きい声で本を読む 큰 소리로 책을 읽다. あの小説はまだ読んでいない 그 책은 아직 안 읽었다. 消費者動向を読む 소비자 동향을 읽다. 人の心を読む 다른 사람의 마음을 읽다. 手を読む 수를 읽다. ❷(数を声に出して)세다. ‖枚数を読む 장수를 세다.

よめ【嫁】 ❶며느리. ‖彼女は嫁と折り合いが悪い 그녀는 며느리하고 사이가 안 좋다. ❷신부(新婦); 신부감. ‖嫁を探す 신부감을 찾다.

よめ【夜目】 説明 밤에 어두운 곳에서 봄.

よめい【余命】 여명(餘命). ‖余命いくばくもない 여명이 얼마 안 남았다.

よめいびり【嫁いびり】 説明 시부모(媤父母)가 며느리를 구박(驅迫)함.

よめいり【嫁入り】 시집감 또는 그 의식(儀式). ‖嫁入りする 시집가다.

よめとり【嫁取り】 신부(新婦)를 맞음.

よめる【読める】 ❶〔読むことができる〕읽을 수 있다. ❷〔読む価値がある〕읽을 만한 가치(價値)가 있다. ❸〔理解できる〕알아차리다. ‖君の考えは読めた 네 생각을 알아차렸다.

よも【四方】 사방(四方). ‖四方を見渡す 사방을 둘러보다.

ヨモギ【蓬】 쑥.

よもすがら【夜もすがら】 밤새도록; 밤새껏.

よもや 설마. ‖よもや間違いはないでしょうね 설마 틀린 데는 없겠죠?

よもやま【四方山】 여러 가지. ‖よもやま話 여러 가지 이야기.

*__よやく【予約】__ ⓢ하 예약(豫約). ‖席を予約する 자리를 예약하다. チケットは3か月前から予約を受け付けている 티켓은 삼 개월 전부터 예약을 받고 있다. 予約が取れた 예약이 되었다.

よやとう【与野党】 여당(與黨)과 야당(野黨).

*__よゆう【余裕】__ 여유(餘裕). ‖余裕のある態度 여유 있는 태도. 経済的に余裕がない 경제적으로 여유가 없다. 余裕が出る 여유가 생기다. ▸余裕綽々 여유작작.

よよと 〔泣き声〕흑흑. ‖よよと泣く 흑흑 소리 내어 울다.

*__より__ 더; 더욱. ‖より多く 더 많이. 新しいビルはより高くなる傾向がある 새 빌딩은

더욱 높아지는 경향이 있다.

*より ❶…보다. ‖富士山より高い山 후지산보다 높은 산. 前よりよくなった 전보다 좋아졌다. ❷…에서; …부터. ‖東京駅より出発する 동경역에서 출발하다. 6時より開会の予定 여섯 시부터 개회 예정. ❸〔ほかにないの意で〕…수밖에. ‖断わるより仕方がない 거절하는 수밖에 없다.

より【寄り】…에 가까움; 쪽. ‖海寄りの道 바다 쪽 길.

より【縒り】꼼; 꼬인 것. ‖よりの強い糸 꼼꼼하게 꼰 실. ▸縒りを戻す 헤어졌던 남녀가 다시 가까워지다.

よりあい【寄り合い】❶〔一か所に集まること〕사람들이 한 곳에 모임. ❷집회(集會).

よりあつまる【寄り集まる】많은 사람이 한 곳에 모이다.

よりいと【縒り糸】꼬아서 만든 실.

よりかかる【寄り掛かる】기대다; 의지(依支)하다.

よりきり【寄り切り】(相撲で)상대(相對)를 밖으로 밀어냄.

よりけり〔…によりけりだの形で〕…에 따라 다르다; …에 달려 있다. ‖買うかどうかは値段によりけりだ 살지 안 살지는 가격에 달려 있다.

よりごのみ【選り好み】‖選りごのみする 좋은 것만을 고르다.

よりすがる【寄り縋る】매달리다.

よりすぐる【選りすぐる】좋은 것을 골라내다.

よりそう【寄り添う】바싹 다가가다; 바싹 달라붙다.

よりたおし【寄り倒し】(相撲で)상대(相對)를 씨름판 끝으로 밀어붙여 쓰러뜨림.

よりつき【寄り付き】❶들어가서 첫 번째 방(房). ❷(茶室の)대기실(待機室). ❸(取引所で)전장(前場)과 후장(後場)의 첫 거래(去來) 또는 그 시세(時勢).

よりつく【寄り付く】❶〔近づく〕가까이 다가가다. ❷(取引所で)첫 거래(去來)가 성립(成立)되다.

よりどころ【拠り所】❶의지(依支)할 것[곳]. ❷근거(根據).

よりどりみどり【選り取り見取り】마음대로 고름.

よりによって【選りに選って】하필이면. ‖よりによって試験日に風邪をひくとは 하필이면 시험 치는 날 감기에 걸리다니.

よりみち【寄り道】‖寄り道する 도중에 다른 곳에 들르다.

よりめ【寄り目】사시(斜視).

よりょく【余力】여력(餘力).

よりわける【選り分ける】선별(選別)하다; 구별(區別)하다.

*よる【夜】밤. ‖夜の帳(とばり) 밤의 장막. 夜を明かす 밤을 새우다. 夜遅くまで勉強する 밤늦게까지 공부하다. 夜の9時に帰る 밤 아홉 시에 돌아가다.

よる【因る・依る】❶의(依)하다. ‖努力による成功 노력에 의한 성공. ❷응하다; 따르다. ‖季節による差 계절에 따른 차이. 彼は相手によって言うことを変える 그 사람은 상대에 따라 말을 바꾼다. ❸근거(根據)하다; 기준(基準)으로 하다. ‖資料による判断 자료를 근거로 한 판단.

*よる【寄る】❶다가가다. ‖もっと近くに寄って聞こう 더 가까이 다가가서 듣자. ❷(一か所に)모이다. ‖人々が彼の周りに寄ってきた 사람들이 그 사람 주위로 모여들었다. ❸〔片寄る〕기울다. ❹들르다. ‖本屋に寄る 책방에 들르다.

よる【選る】고르다.

よる【縒る】꼬다.

ヨルガオ【夜顔】밤나팔꽃.

ヨルダン【Jordan】《国名》요르단.

よるひる【夜昼】❶〔夜と昼〕주야(晝夜). ❷〔昼夜〕밤낮(으로). ‖夜昼休まず着工を急ぐ 밤낮 쉬지 않고 착공을 서두르다.

よるべ【寄る辺】의지(依支)할 곳; 연고(緣故).

よれい【予鈴】《説明》시작(始作)을 알리는 종(鐘).

よれよれ 구깃구깃; 후줄근히. ‖よれよれの上着 후줄근한 윗도리.

よれる【縒れる】꼬이다.

よろい【鎧】갑옷.

よろいど【鎧戸】미늘창; 셔터.

よろく【余禄】부수입(副收入).

よろける 비틀거리다.

よろこばしい【喜ばしい】기쁘다. ‖喜ばしい知らせ 기쁜 소식.

よろこばす【喜ばす】기쁘게 하다.

*よろこび【喜び】기쁨; 경사(慶事). ‖初優勝の喜び 첫 우승의 기쁨. 喜びにあふれる 기쁨이 넘쳐흐르다.

よろこびごと【喜び事】기쁜 일; 경사(慶事).

*よろこぶ【喜ぶ】기뻐하다; 좋아하다. ‖合格を喜ぶ 합격을 기뻐하다. 手をたたいて喜ぶ 손뼉을 치며 기뻐하다. 母の喜ぶ顔が目に浮かぶ 어머니의 기뻐하는 얼굴이 눈에 선하다. このプレゼント, きっと喜ぶだろう 이 선물을 분명히 좋아할 거다.

*よろしい【宜しい】❶좋다. ‖ご都合のよろしい時にいらしてください 사정[형편]이 좋을 때 오세요. ❷〔許容〕괜찮다; 된다. ‖帰ってよろしい 돌아가도 괜찮다. 言いたくなければ言わなくてもよろしい 말하기 싫으면 말 안 해도 된다.

よろしく【宜しく】❶〔適当に〕적당(適

當)히; 적절(適切)히. ❷〔挨拶〕부탁(付託)을 하는 인사(人事)말. ‖どうぞよろしくお願いします 잘 부탁합니다. ❸안부(安否)를 전하는 말. ‖お母様によろしく 어머님께 안부 전해 주십시오. ❹〔まるでそのように〕마치 …처럼. ‖女王よろしく 마치 여왕처럼.

よろず【万】 ❶〔数〕만(萬). ❷수(數)가 많음. ❸〔副詞的に〕전부(全部).

よろずや【万屋】 ❶만물상(萬物商). ❷만물박사(萬物博士).

よろめく 비틀거리다.

よろよろ 비틀비틀. ‖よろよろ(と)歩く 비틀비틀 걷다. 비틀거리며 걷다.

***よろん【世論・輿論】** 여론(輿論). ‖世論に訴える 여론에 호소하다. 世論を喚起する 여론을 환기시키다.

よわい【齢】 연령(年齡); 나이. ‖齢を重ねる 나이를 먹다.

***よわい【弱い】** 약(弱)하다. ‖体が弱い 몸이 약하다. 意志が弱い人 의지가 약한 사람. 視力が弱い 시력이 약하다. 数学が弱い 수학이 약하다. 弱いチーム 약한 팀. 酒に弱い 술에 약하다. 熱に弱い 열에 약하다.

よわき【弱気】 ❶마음이 약(弱)함[여림]. ‖弱気になる 마음이 약해지다. ❷(取引で)약세(弱勢)를 예상(豫想)함.

よわごし【弱腰】 소극적(消極的)인 태도(態度).

よわたり【世渡り】 세상(世上)살이.

よわね【弱音】 나약(懦弱)한 소리. ‖弱音を吐く 나약한 소리를 하다.

よわび【弱火】 약(弱)한 불. ‖弱火で煮込む 약한 불에서 푹 끓이다.

よわまる【弱まる】 약(弱)해지다. ‖体力が弱まる 체력이 약해지다.

よわみ【弱み】 약점(弱點); 결점(缺點).

よわむし【弱虫】 겁쟁이.

よわめる【弱める】 약(弱)하게 하다.

よわよわしい【弱弱しい】 약(弱)하디 약하다; 여리디 여리다.

よわりめ【弱り目】 곤란(困難)할 때; 어려울 때. ▸弱り目に祟り目 설상가상(雪上加霜).

よわる【弱る】 ❶약해지다; 쇠약(衰弱)해지다. ❷〔困る〕곤란(困難)해지다.

よん【四・4】 사(四); 넷; 네. ‖4倍 네 배. 4か月 네 달. 사 개월.

よんダブリューディー【4WD】 사륜 구동(四輪驅動).

よんびょうし【四拍子】 사박자(四拍子).

よんりん【四輪】 사륜(四輪). ♦四輪駆動 사륜 구동. 四輪車 사륜차

ら

ラ【la イ】 (音階の)라.

-ら【等】〔複数〕…들; 등(等). ‖子どもら 아이들. 我ら 우리들.

ラージヒル【large hill】 (スキーのジャンプ競技の)라지 힐.

ラード【lard】 라드.

ラーメン【拉麺】 라면. ♦ラーメン屋 라면집.

ラーメンこうぞう【Rahmen 構造】 라멘 구조(構造).

ラーゆ【辣油】 라유(辣油); 고추기름.

らい【来】 …이래(以來) …이후(以後). ♦昨年来 작년 이후.

らいう【雷雨】 뇌우(雷雨).

らいえん【来演】 (오하)내연(來演).

らいおう【来往】 (오하)내왕(來往); 왕래(往來).

ライオン【lion】 라이온.

ライオンズクラブ【Lions Club】 라이온스 클럽.

ライカばん【Leica 判】 (写真の)라이카판(判).

らいかん【来館】 (오하)내관(來館).

らいき【来季】 ❶(スポーツの)다음 시즌. ❷다음 계절(季節).

らいき【来期】 다음 기(期).

らいきゃく【来客】 내객(來客); 방문객(訪問客).

らいげつ【来月】 다음 달(에); 내달(에). ‖来月の始めに 다음 달 초에.

らいこう【来航】 (오하)내항(來航).

らいしゅう【来秋】 내년(來年) 가을.

らいしゅう【来週】 ❶다음 주; 내주(來週). ‖来週の土曜日 다음 주 토요일. ❷〔副詞的に〕다음 주에. ‖来週, 韓国へ行きます 다음 주에 한국에 갑니다.

らいしゅう【来襲】 (오하)내습(來襲).

らいじょう【来場】 ‖来場する 회장에 오다.

らいしん【来診】 (오하)내진(來診).

ライス【rice】 라이스.

らいせ【来世】 내세(來世).

ライセンス【license】 라이선스. ‖ライセンスを取る 라이선스를 따다.

ライター【lighter】 라이터. ‖ライターで火をつける 라이터로 불을 붙이다.

ライダー【rider】 라이더.

ライチ【荔枝】 여지(荔枝).

らいちょう【来朝】 (오하)방일(訪日).

ライチョウ【雷鳥】 뇌조(雷鳥).

らいてん【来店】 (오하)내점(來店). ‖来店する 가게에 오다.

ライト【light】 라이트. ♦ライトアップ 라이트업.

らいどう【雷同】 (오하)뇌동(雷同). ♦付和雷同 부화뇌동.

ライトきゅう【light 級】 (ボクシングで)라이트급(級).

ライトバン【light+van 日】 미니밴.

ライナー【liner】 ❶(野球で)라이너. ❷

〔コートの裏地〕라이너.
らいにち【来日】(자하) 방일(訪日).
らいねん【来年】❶내년(來年). ‖来年のこと 내년 일. ❷〔副詞的に〕내년에. ▸来年のことを言うと鬼が笑う 장래의 일은 예측할 수 없다.
らいはい【礼拝】(자하) 예배(禮拜).
ライバル【rival】라이벌. ‖恋のライバル 사랑의 라이벌.
らいひん【来賓】내빈(來賓). ♦来賓席 내빈석.
ライフ【life】라이프. ♦ライフサイクル 라이프 사이클. ライフジャケット 구명동의. ライフスタイル 라이프 스타일. ライフライン 라이프라인. ライフワーク 라이프워크.
ライブ【live】라이브. ♦ライブコンサート 라이브 콘서트. ライブショー 라이브쇼. ライブハウス 라이브카페.
ライフルじゅう【rifle 銃】라이플총(銃).
らいほう【来訪】(자하) 내방(來訪).
ライム【lime】라임.
ライムギ【rye 麦】호밀.
ライラック【lilac】라일락.
らいれき【来歴】내력(來歷). ♦故事来歴 고사의 내력.
ライン【line】라인. ♦ラインアウト 라인아웃. ラインダンス 라인댄스. ラインナップ 라인업.
ラウンジ【lounge】라운지.
ラウンド【round】라운드.
ラウンドテーブル【round table】원탁(圓卓).
ラオス【Laos】《国名》라오스.
ラガービール【lager beer】가열 처리(加熱處理)한 맥주(麥酒).
らかん【羅漢】나한(羅漢).
らがん【裸眼】나안(裸眼).
*らく【楽】ダ ❶편하다; 편안(便安)하다; 안락(安樂)하다. ‖楽な気持ちで試験を受ける 편안한 마음으로 시험을 보다. 楽に暮らす 안락하게 살다. 気が楽になる 마음이 편해지다. ❷쉽다. ‖楽に解ける問題 쉽게 풀 수 있는 문제. ▸楽あれば苦あり 좋은 일만 계속되지는 않는다.
らくいん【烙印】낙인(烙印). ‖烙印を押される 낙인이 찍히다.
らくえん【楽園】낙원(樂園). ‖地上の楽園 지상 낙원.
らくがき【落書き】(자하) 낙서(落書).
らくご【落伍】(자하) 낙오(落伍). ♦落伍者 낙오자.
らくご【落語】만담(漫談). ♦落語家 만담가.
らくさ【落差】낙차(落差). ‖落差が大きい 낙차가 크다.
らくさつ【落札】(자하) 낙찰(落札).
らくじつ【落日】석양(夕陽).
らくしょう【楽勝】(자하) 낙승(樂勝). ‖楽勝する 낙승하다. 쉽게 이기다. 가볍게 이기다.
らくせい【落成】(자하) 낙성(落成). ♦落成式 낙성식.
らくせき【落石】(자하) 낙석(落石). ♦落石注意 낙석 주의.
らくせん【落選】(자하) 낙선(落選).
ラクダ【駱駝】낙타(駱駝).
らくだい【落第】(자하) 낙제(落第). ♦落第生 낙제생. 落第点 낙제점.
らくたん【落胆】(자하) 낙담(落膽). ‖その知らせを聞いて彼は非常に落胆した 그 소식을 듣고 그 사람은 매우 낙담했다.
らくちゃく【落着】(자하) 낙착(落着). ‖落着する 낙착을 보다.
らくちょう【落丁】낙장(落張). ♦落丁本 낙장본.
らくちょう【落潮】낙조(落潮).
らくてんか【楽天家】낙천가(樂天家).
らくてんしゅぎ【楽天主義】낙천주의(樂天主義).
らくてんてき【楽天的】낙천적(樂天的). ‖楽天的な性格 낙천적인 성격.
らくど【楽土】낙원(樂園).
らくのう【酪農】낙농(酪農). ♦酪農家 낙농가. 酪農業 낙농업. 酪農製品 낙농품.
らくば【落馬】(자하) 낙마(落馬).
らくばん【落盤】(자하) 낙반(落盤).
ラグビー【rugby】럭비.
らくめい【落命】(자하) 낙명(落命).
らくよう【落葉】낙엽(落葉). ♦落葉樹 낙엽수.
らくらく【楽楽】❶편안(便安)히. ❷쉽게; 용이(容易)하게; 간단(簡單)히. ‖楽々と解決する 간단히 해결하다.
らくるい【落涙】(자하) 낙루(落淚).
ラクロス【lacrosse】《スポーツ》라크로스.
ラケット【racket】라켓. ♦ラケットボール 라켓볼.
*-らしい ❶〔推定〕…같다; …(이)라고 하는 것 같다. ‖この本は山田さんのらしい 이 책은 야마다 씨 것 같다. 講演会は2時かららしい 강연회는 두 시부터라고 하는 것 같다. ❷…답다. ‖男らしい 남자답다. 子どもらしい 아이답다. 学生らしい服装 학생다운 복장. ❸…같다. ‖ばからしい 바보 같다. わざとらしい 일부러 그러는 것 같다.
ラジウム【radium】라듐.
ラジエーター【radiator】라디에이터.
ラジオ【radio】라디오. ‖ラジオを聞く 라디오를 듣다. ♦ラジオ放送 라디오 방송.
ラジカセ 카세트라디오.
ラジコン 무선 조종(無線操縱).
らししょくぶつ【裸子植物】나자 식물

ら

(裸子植物).
ラシャ【raxa ポ】 나사(羅紗). ♦ラシャ紙 나사지.
らしゅつ【裸出】 ㉠하 노출(露出).
らしん【裸身】 나신(裸身); 알몸.
らしんぎ【羅針儀】 나침반(羅針盤).
らしんばん【羅針盤】 나침반(羅針盤).
ラスト【last】 라스트; 마지막. ♦ラストシーン 라스트 신. ラストスパート 라스트 스퍼트.
ラズベリー【raspberry】 래즈베리.
らせん【螺旋】 나선(螺旋). ♦螺旋運動 나선 운동. 螺旋階段 나선 계단. 螺旋形 나선형. 螺旋状 나선상.
らぞう【裸像】 나상; 나체상(裸體像).
らたい【裸体】 나체(裸體).
らち【埒】 범위(範圍); 한계(限界). ▸埒が明かない 결말이 안 나다. 진전이 없다. ▸埒もない 요점이 없다. 분별이 없다.
らち【拉致】 ㉠하 납치(拉致).
らっか【落下】 ㉠하 낙하(落下). ♦落下運動 낙하 운동.
らっか【落花】 낙화(落花).
ラッカー【lacquer】 래커.
らっかさん【落下傘】 낙하산(落下傘).
らっかせい【落花生】 땅콩; 낙화생(落花生).
らっかん【落款】 낙관(落款).
らっかん【楽観】 ㉠하 낙관(樂觀). ♦楽観主義 낙관주의. 楽観的 낙관적. 楽観的な意見 낙관적인 의견.
ラッキー【lucky】 러키. ♦ラッキーセブン 러키세븐. ラッキーゾーン 러키존.
ラッキョウ【辣韮】 골파.
ラック【rack】 래크.
ラッコ【猟虎】 해달(海獺).
ラッシュアワー【rush hour】 러시아워.
らっぱ【喇叭】 나팔(喇叭). ‖らっぱを吹く 나팔을 불다. ♦らっぱズボン 나팔바지. らっぱ飲み 병나발. らっぱ飲みする 병나발을 불다.〔慣〕
ラッピング【wrapping】 ㉠하 래핑.
ラップ【lap】 (スポーツで)랩.
ラップ【rap】 (音楽) 랩.
ラップ【wrap】 〔包装〕랩.
らつわん【辣腕】 민완(敏腕).
ラディカル【radical】 래디컬; 급진적(急進的).
ラテン【Latin】 라틴. ♦ラテンアメリカ 라틴 아메리카. ラテン音楽 라틴 음악. ラテン語 라틴어. ラテン民族 라틴 민족.
らでん【螺鈿】 나전(螺鈿). ♦螺鈿細工 나전 세공.
ラトビア【Latvia】 (国名) 라트비아.
ラバ【騾馬】 노새.
ラバー【rubber】 고무 제품(製品). ♦ラバーセメント ㊀説明 고무와 고무를 붙이는 접착제(接着劑). ラバーソール 밑창이 고무인 구두.
ラビ【rabbi】 (宗教) 랍비.
ラビオリ【ravioli イ】 라비올리.
らふ【裸婦】 나부(裸婦).
ラフ【rough】 ダ 거칠다; 까칠까칠하다; 난폭(亂暴)하다. ‖ラフな布 까칠까칠한 천. ラフな服装 아무렇게나 입은 복장.
ラブ【love】 러브. ♦ラブコール 러브콜. ラブシーン 러브신. ラブホテル 러브호텔. ラブレター 러브레터.
ラプソディー【rhapsody】 랩소디.
ラフティング【rafting】 (スポーツ) 래프팅.
ラベル【label】 라벨. ‖図書にラベルを貼る 도서에 라벨을 붙이다.
ラベンダー【lavender】 라벤더.
ラマーズほう【Lamaze 法】 라마즈 호흡법(呼吸法).
ラマきょう【Lama 教】 라마교.
ラム【lamb】 램. ♦ラムウール 램울.
ラム【RAM】 (コンピューターの)램.
ラム【rum】 럼주.
ラムネ【←lemonade】 레모네이드.
ラメ【lamé フ】 라메.
ラリー【rally】 랠리.
ラルゴ【largo イ】 (音楽) 라르고.
られつ【羅列】 ㉠하 나열(羅列). ‖美辞麗句を羅列する 미사여구를 나열하다.
られる ⇨れる.
ラワン【lauan】 나왕.
ラン【蘭】 난초(蘭草); …란. ♦竜舌蘭 용설란.
ラン【LAN】 랜. ♦無線ラン 무선랜.
らんおう【卵黄】 난황(卵黃); 노른자.
らんがい【欄外】 난외(欄外).
らんかく【乱獲】 ㉠하 남획(濫獲).
らんかん【卵管】 난관(卵管).
らんかん【欄干】 난간(欄干).
らんぎょう【乱行】 난행(亂行). ‖乱行に及ぶ 난행을 부리다.
らんぎり【乱切り】 ‖乱切りにする (요리 재료를) 아무렇게나 썰다.
らんきりゅう【乱気流】 난기류(亂氣流).
ランキング【ranking】 랭킹. ♦世界ランキング 세계 랭킹
ランク【rank】 랭크. ‖ランクをつける 랭크를 매기다.
らんこう【乱交】 ㉠하 난교(亂交).
らんこう【濫行】 난행(亂行).
らんこうげ【乱高下】 ‖乱高下する 시세가 급격히 변하다.
らんさいぼう【卵細胞】 난세포(卵細胞).
らんさく【乱作】 ㉠하 남작(濫作).
らんざつ【乱雑】 ダ 난잡(亂雜)하다. ‖机の上が乱雑だ 책상 위가 난잡하다.

らんし【卵子】난자(卵子).
らんし【乱視】난시(亂視).
ランジェリー【lingerie フ】란제리.
らんししょく【藍紫色】 남자색(藍紫色).
らんしゃ【乱射】(ス하) 난사(亂射). ‖銃を乱射する 총을 난사하다.
らんしん【乱心】‖乱心する 마음이 어지러워지다. 미치다.
らんすい【乱酔】(ス하) 만취(滿醉).
らんすうひょう【乱数表】 난수표(亂數表).
らんせ【乱世】난세(亂世).
らんせい【卵生】 난생(卵生). ♦卵生動物 난생 동물.
らんせん【乱戦】난전(亂戰).
らんそう【卵巣】난소(卵巢).
らんぞう【乱造】‖乱造する 마구 만들다. 함부로 만들다.
らんそううん【乱層雲】 난층운(亂層雲).
らんだ【乱打】(ス하) 난타(亂打).
らんたいせい【卵胎生】 난태생(卵胎生).
ランダム【random】 무작위(無作爲); 랜덤.
ランタン【lantern】랜턴.
ランチ【lunch】런치. ♦ランチタイム 점심시간.
らんちょう【乱丁】♦乱丁本 페이지 순서가 뒤바뀐 책.
らんちょう【乱調】난조(亂調). ‖投手が急に乱調になる 투수가 갑자기 난조를 보이다.
ランチョン【luncheon】런천.
ランデブー【rendez-vous フ】(ス하) 랑데부.
ランド【land】랜드. ‖ランドスケープ 랜드스케이프.
らんとう【乱闘】(ス하) 난투(亂鬪).
らんどく【乱読】(ス하) 남독(濫讀).
ランドセル (小学生用の)책가방.
ランドマーク【landmark】랜드마크.
らんにゅう【乱入】(ス하) 난입(亂入).
ランニングコスト【running cost】 러닝코스트; 운전 자금(運轉資金).
ランニングシャツ 【running+shirts 日】 러닝셔츠.
らんぱく【卵白】난백(卵白); 흰자.
ランバダ【lambada ポ】람바다.
らんばつ【乱伐】(ス하) 남벌(濫伐).
らんぱつ【乱発】(ス하) 남발(濫發). ‖手形を乱発する 어음을 남발하다.
らんはんしゃ【乱反射】(ス되) 난반사(亂反射).
らんぶ【乱舞】(ス하) 난무(亂舞).
ランプ【lamp】램프.
*らんぼう【乱暴】 난폭(亂暴). ‖乱暴をはたらく 난폭한 짓을 하다. 品物を乱暴に扱う 물건들을 난폭하게 다루다. ♦乱暴運転 난폭 운전.
らんま【欄間】교창(交窓).
らんまん【爛漫】난만(爛漫). ♦天真爛漫 천진난만.
らんみゃく【乱脈】난맥(亂脈).
らんよう【乱用・濫用】 (ス하) 남용(濫用). ♦職権乱用 직권 남용.
らんらん 반짝반짝. ‖目をらんらん(と)輝かせる 눈이 반짝반짝 빛나다.
らんりつ【乱立】(ス하) 난립(亂立). ‖ビルが乱立する 빌딩이 난립하다.

り

り【里】〔距離の単位〕…리(里).
り【利】❶벌이; 잇속; 이익(利益). ‖利にさとい 잇속에 밝다. ❷이자(利子).
り【理】 도리(道理); 이치(理致). ‖理にかなう 이치에 맞다. 理の当然 이치에 맞는 당연한 일.
リアクション【reaction】반응(反應); 반동(反動).
りあげ【利上げ】금리 인상(金利引上).
リアスしきかいがん【rias 式海岸】 리아스식 해안(海岸).
リアリズム【realism】리얼리즘.
リアリティー【reality】리얼리티.
リアル【real】ダ 리얼하다. ‖リアルに描く 리얼하게 그리다. ♦リアルタイム 실시간.
リーグ【league】리그. ♦リーグ戦 리그전.
リース【lease】리스. ♦リース産業 리스산업.
リース【wreath】 리스. ♦クリスマスリース 크리스마스 리스.
リーゼント【regent】 (ヘアスタイルの)리젠트.
リーダー【leader】리더.
リーダーシップ【leadership】 리더십. ‖リーダーシップを発揮する 리더십을 발휘하다.
リーチ (麻雀の)리치.
リーチ【reach】(ボクシングの)리치.
リート【Lied ド】〔ドイツ歌曲〕리트.
リード【lead】(ス하) 리드. ♦リードタイム 리드 타임.
リード【reed】(木管楽器などの)리드.
リーフ【reef】〔暗礁・砂洲〕암초(暗礁); 사주(沙洲).
リーフレット【leaflet】리플릿.
リール【reel】릴.
*りえき【利益】 이익(利益). ‖利益を求める 이익을 추구하다. 利益を配分する 이익을 배분하다. 公共の利益 공공의 이익. ♦利益社会 이익사회. 利益率 이익률.
リエゾン【liaison フ】리에종.
りえん【離縁】‖離縁する 인연을 끊다.

이혼하다.

りか【李下】 ▸李下に冠(かんむり)を整さず 이하부정관(李下不整冠).

りか【理科】 이과(理科).

***りかい【理解】** ㊂하 이해(理解). ‖相手の立場を理解する 상대방의 입장을 이해하다. 内容を正しく理解する 내용을 올바르게 이해하다. 理解に苦しむ 이해가 안 가다. ♦理解力 이해력.

***りがい【利害】** 이해(利害). ‖利害が相反する 이해가 상반되다. ♦利害関係 이해관계.

りかがく【理化学】 이화학(理化學).

りがく【理学】 이학(理學).

りかん【離間】 ㊂하 이간(離間). ♦離間策 이간책.

りき【力】 힘; 체력(體力); 실력(實力); 능력(能力). ‖力がある 힘이 있다. 力をつける 힘을 기르다.

りき【利器】 이기(利器). ‖文明の利器 문명의 이기.

りきえん【力演】 ㊂하 열연(熱演).

りきがく【力学】 역학(力學). ‖政治の力学 정치의 역학. ♦力学的エネルギー 역학적 에너지.

りきかん【力感】 역동감(力動感).

りきさく【力作】 역작(力作).

りきし【力士】 역사(力士); 씨름 선수(選手).

りきせつ【力説】 ㊂하 역설(力說). ‖福祉制度の必要性を力説する 복지 제도의 필요성을 역설하다.

りきせん【力戦】 ㊂하 역전(力戰).

りきそう【力走】 ㊂하 역주(力走).

リキッド【liquid】 액체(液體).

りきてん【力点】 역점(力點). ‖力点を置く 역점을 두다.

りきとう【力投】 ㊂하 역투(力投).

りきとう【力闘】 ㊂하 역투(力鬪).

りきむ【力む】 ❶힘을 주다; 힘쓰다. ‖重い物を動かそうと力む 무거운 물건을 옮기려고 힘쓰다. ❷〔気負う〕허세(虛勢)를 부리다.

りきゅう【離宮】 이궁(離宮); 별궁(別宮).

リキュール【liqueur ᶠ】 리큐어.

りきりょう【力量】 역량(力量). ‖力量を発揮する 역량을 발휘하다.

りく【陸】 뭍; 육지(陸地). ‖陸に上がる 뭍에 오르다.

りくあげ【陸揚げ】 ‖陸揚げする 뱃짐을 부리다.

りぐい【利食い】 ㊚ 주식(株式)을 전매(轉賣)하거나 도로 사들이거나 해서 차액(差額)을 버는 것.

りくうん【陸運】 육상 운송(陸上運送).

リクエスト【request】 ㊂하 주문(注文); 요망(要望).

りくかい【陸海】 육해(陸海).

りくかいくう【陸海空】 육해공(陸海空).

りくかぜ【陸風】 육풍(陸風).

りくぐん【陸軍】 육군(陸軍). ♦陸軍士官学校 육군 사관학교.

りくじょう【陸上】 육상(陸上). ♦陸上競技 육상 경기.

りくせい【陸生】 ㊂하 육서(陸棲). ♦陸生動物 육서 동물.

りくせん【陸戦】 지상전(地上戰).

りくそう【陸送】 육상 운송(陸上運送).

りくち【陸地】 육지(陸地). ♦陸地面積 육지 면적.

***りくつ【理屈】** ❶〔道理〕도리(道理); 이치(理致). ❷〔こじつけ〕억지; 구실(口實). ‖理屈をこねる 억지를 부리다.

りくつづき【陸続き】 ‖陸続きである 육지와 연결되어 있다.

りくつっぽい【理屈っぽい】 이론(理論)을 내세우며 따지기를 좋아하다.

りくとう【陸島】 육도; 대륙도(大陸島).

りくなんぷう【陸軟風】 《地》 육풍(陸風).

りくはんきゅう【陸半球】 육반구(陸半球).

りくふう【陸風】 육풍(陸風).

リクライニングシート【reclining seat】 리클라이닝 시트.

リクルート【recruit】 구인 활동(求人活動); 취직 활동(就職活動).

りくろ【陸路】 육로(陸路).

りけい【理系】 이과(理科).

りけん【利権】 이권(利權). ‖利権を掌中にする 이권을 손에 넣다.

りこ【利己】 이기(利己). ♦利己主義 이기주의. 利己心 이기심. 利己的 이기적. 利己的な行為 이기적인 행위.

りこう【利口】 ᴰ ❶똑똑하다; 영리(怜悧)하다; 총명(聰明)하다. ❷(子どもが)말귀를 잘 알아듣고 착하다. ‖お利口にしていてね 말 잘 듣고 있어. ❸요령(要領)이 좋다. ♦利口者 요령이 좋은 사람.

りこう【履行】 ㊂하 이행(履行). ‖約束を履行する 약속을 이행하다.

りごう【離合】 ㊂하 이합(離合).

りごうしゅうさん【離合集散】 ㊂하 이합집산(離合集散). ‖政界の離合集散 정계의 이합집산.

リコーダー【recorder】《音楽》 리코더.

リコール【recall】 리콜; 리콜제.

りこん【離婚】 ㊂하 이혼(離婚). ♦協議離婚 합의 이혼. 熟年離婚 황혼 이혼. 離婚届 이혼 신고.

リサーチ【research】 ㊂하 리서치. ♦マーケティングリサーチ 마케팅 리서치.

リザーブ【reserve】 ㊂하 예약(豫約).

りざい【理財】 이재(理財). ‖理財の道に長けている 이재에 밝다.

リサイクリング【recycling】 재활용(再

活用).

リサイクル【recycle】 ㊇하 재활용(再活用).

リサイタル【recital】 리사이틀.

りさげ【利下げ】 금리 인하(金利引下).

りさん【離散】 ㊇하 이산(離散). ♦**離散家族** 이산 가족.

***りし**【利子】 이자(利子). ‖高い利子で借りる 비싼 이자로 빌리다. 利子をつけて返す 이자를 붙여서 갚다.

りじ【理事】 이사(理事). ♦**理事会** 이사회. **理事国** 이사국. **常任理事国** 상임 이사국.

りしゅう【履修】 ㊇하 이수(履修). ♦**履修科目** 이수 과목. **履修届** 이수 신청.

りじゅん【利潤】 이윤(利潤). ‖莫大な利潤を上げる 막대한 이윤을 내다.

りしょく【利殖】 ㊇하 이식(利殖). ‖利殖する 재산을 늘리다.

りしょく【離職】 ㊇하 이직(離職). ♦**離職率** 이직율.

リス【栗鼠】 다람쥐.

リスク【risk】 리스크. ‖営業面のリスク 영업상의 리스크. リスクが大きい 리스크가 크다. ♦**リスク管理** 리스크 관리. リスクヘッジ《経》 리스크 헤지.

リスト【list】 리스트.

リスト【wrist】 손목.

リストアップ【list+up 日】 ‖リストアップする 일람표를 만들다. 표를 작성하다.

リストラ【←restructuring】 ㊇하 구조 조정(構造調整); 해고(解雇).

リスニング【listening】 리스닝; 듣기.

リズミカル【rhythmical】ダ 리드미컬하다.

リズム【rhythm】 리듬. ‖リズムに乗る 리듬을 타다. 生活のリズムが狂う 생활 리듬이 깨지다. ♦**リズム感** 리듬감.

りする【利する】 ❶ 이익(利益)을 얻다. ❷ 이용(利用)하다.

りせい【理性】 이성(理性). ‖理性を失う 이성을 잃다. ♦**理性主義** 이성주의. **理性的** 이성적. 理性的な行動 이성적인 행동. 理性的に判断する 이성적으로 판단하다.

りせき【離席】 ‖離席する 자리를 뜨다.

りせき【離籍】 ㊇하 이적(離籍).

リセット【reset】 ㊇하 리셋.

***りそう**【理想】 이상(理想). ‖理想を実現する 이상을 실현하다. 理想を追う 이상을 좇다. 理想と現実のギャップ 이상과 현실의 갭. ♦**理想化** ㊇하 이상화. **理想郷** 이상향. **理想主義** 이상주의.

リソース【resource】 리소스.

リゾート【resort】 리조트. ♦**リゾートホテル** 리조트 호텔. リゾートマンション 리조트 맨션.

りそく【利息】 이자(利子).

リゾット【risotto イ】 리조토.

りた【利他】 이타(利他). ♦**利他主義** 이타주의.

リターン【return】 ‖リターンする 되돌아오다. 되돌리다. 복귀하다. ♦**ハイリターン** 수익성이 높음. ハイリスクハイリターン 하이리스크 하이리턴. 고위험 고수익.

リタイア【retire】 ㊇하 은퇴(隱退); 퇴직(退職).

リダイヤル【redial】 ‖リダイヤルする 전화를 다시 걸다.

りだつ【離脱】 ㊇하 이탈(離脫). ‖戦線から離脱する 전선에서 이탈하다.

りち【理知】 이지(理智). ♦**理知的** 이지적. 理知的な顔だち 이지적으로 생긴 얼굴.

リチウム【Lithium ド】 리튬.

りちぎ【律儀】ダ 의리(義理)가 있다; 성실(誠實)하다. ‖律儀な人 의리가 있는 사람. ♦**律儀者** 의리가 있는 사람. 성실한 사람.

りちゃくりく【離着陸】 ㊇하 이착륙(離着陸).

りつあん【立案】 ㊇하 입안(立案).

りっか【立夏】 (二十四節気の)입하(立夏).

りっきゃく【立脚】 ㊇하 입각(立脚). ‖事実に立脚する 사실에 입각하다. ♦**立脚点** 근거. 입장.

りっきょう【陸橋】 육교(陸橋).

りっけん【立件】 ㊇하 입건(立件).

りっけん【立憲】 입헌(立憲). ♦**立憲君主国** 입헌 군주국. **立憲君主制** 입헌 군주제. **立憲政治** 입헌 정치.

りっこうほ【立候補】 ㊇하 입후보(立候補). ♦**立候補者** 입후보자.

りっこく【立国】 ㊇하 입국(立國). ♦**工業立国** 공업 입국.

りっし【立志】 입지(立志). ♦**立志伝** 입지전.

りっし【律師】 율사(律師).

りっし【律詩】 율시(律詩).

りっしゅう【立秋】 (二十四節気の)입추(立秋).

りっしゅう【律宗】 계율종(戒律宗).

りっしゅん【立春】 (二十四節気の)입춘(立春).

りっしょう【立証】 ㊇하 입증(立證). ‖有罪を立証する 유죄를 입증하다.

りっしん【立身】 ㊇하 입신(立身).

りっしんしゅっせ【立身出世】 ㊇하 입신출세(立身出世).

りっすい【立錐】 입추(立錐). ▸立錐の余地もない 입추의 여지가 없다.〔慣〕

りつぞう【立像】 입상(立像).

***りったい**【立体】 입체(立體). ♦**立体音響** 입체 음향. **立体鏡** 입체경. **立体交差** 입체 교차. **立体図形** 입체 도형. **立体的** 입체적. **立体派** 입체파.

りっち【立地】(スル하) 입지(立地). ♦立地条件 입지 조건. 立地条件がいい 입지 조건이 좋다.
りっとう【立冬】 (二十四節気の)입동(立冬).
りっとう【立党】(スル하) 창당(創黨).
りつどう【律動】 율동(律動). ♦律動的 율동적.
リットル【litre フ】 리터.
*りっぱ【立派】ダ 훌륭하다; 멋지다; 뛰어나다. ‖立派な成績 뛰어난 성적. 立派な態度 훌륭한 태도. 立派にやってのける 멋지게 해내다.
リップクリーム【lip cream】 립크림.
リップサービス【lip service】 립서비스.
リップスティック【lipstick】 립스틱.
りっぽう【立方】 세제곱. ♦立方体 입방체. 정육면체.
りっぽう【立法】(スル하) 입법(立法). ♦立法権 입법권. 立法府 입법부.
りっぽう【律法】 율법(律法).
りつりょう【律令】 율령(律令).
りつろん【立論】(スル하) 입론(立論).
りてい【里程】 이정(里程). ♦里程標 이정표.
りてき【利敵】 이적(利敵). ♦利敵行為 이적 행위.
りてん【利点】 이점(利點).
リトアニア【Lithuania】《国名》 리투아니아.
りとう【離島】 낙도(落島); 외딴섬.
りとう【離党】(スル하) 탈당(脫黨).
りとく【利得】 이득(利得).
リトマスしけんし【litmus 試験紙】 리트머스 시험지(試驗紙).
りにゅう【離乳】(スル하) 이유(離乳). ♦離乳食 이유식.
リニューアル【renewal】 (スル하) 개장(改裝); 신장(新裝). ‖店をリニューアルする 가게를 개장하다.
りにょう【利尿】 이뇨(利尿). ♦利尿剤 이뇨제. 利尿作用 이뇨 작용.
りにん【離任】(スル하) 이임(離任).
りねん【理念】 이념(理念). ‖教育の理念 교육 이념. ♦政治理念 정치 이념.
リネン【linen】 리넨; 아마포(亞麻布).
りのう【離農】(スル하) 이농(離農).
リノリウム【linoleum】 리놀륨.
リハーサル【rehearsal】 리허설.
リバイバル【revival】(スル하) 리바이벌.
リバウンド【rebound】 (スル하) 리바운드. ♦リバウンドボール 리바운드 볼.
りはつ【利発】ダ 영리(怜悧)하다; 똑똑하다. ‖利発な子 영리한 아이.
りはつ【理髪】(スル하) 이발(理髮). ♦理髪師 이발사. 理髪店 이발소.
りはば【利幅】 이익 폭(利益幅). ‖利幅が大きい 이익 폭이 크다.
リハビリ(テーション)【rehabilitation】 리허빌리테이션.
りばらい【利払い】 이자 지불(利子支拂).
りはん【離反】(スル하) 이반(離反). ‖民心が離反する 민심이 이반하다.
リビア【Libya】《国名》 리비아.
リピーター【repeater】 (説明) 같은 가게나 장소(場所)를 또 이용(利用)하거나 방문(訪問)하는 사람.
リピート【repeat】 리피트; 반복(反復).
リヒテンシュタイン【Lichtenstein】《国名》 리히텐슈타인.
リビドー【libido ラ】 리비도.
リビングキッチン 【living＋kitchen 日】 리빙키친.
リビングルーム【living room】 거실(居室).
リブあみ【rib 編み】 고무뜨기.
リフォーム【reform】 ‖家をリフォームする 집을 개축하다. 母の服をリフォームして子供服にする 어머니의 옷을 고쳐서 아이 옷으로 만들다.
りふじん【理不尽】ダ 도리(道理)에 맞지 않다; 불합리(不合理)하다; 터무니없다. ‖理不尽な要求 터무니없는 요구.
リフト【lift】 리프트.
リフトバック【liftback】 해치백.
リフレッシュ【refresh】 ‖気分をリフレッシュする 기분 전환하다.
リブロース【rib roast】 등심.
リベート【rebate】 리베이트.
りべつ【離別】(スル하) 이별(離別).
リベラリスト【liberalist】 리버럴리스트.
リベラリズム【liberalism】 리버럴리즘.
リベラル【liberal】ダ 리버럴하다.
リベリア【Liberia】《国名》 라이베리아.
りべん【利便】 편리(便利); 편의(便宜). ‖利便性が高い 상당히 편리하다. 利便を図る 편의를 꾀하다.
リベンジ【revenge】 (スル하) 복수(復讐); 설욕(雪辱).
リポーター【reporter】 리포터.
リポート【report】(スル하) 리포트.
リボルバー【revolver】 리볼버.
リボン【ribbon】 리본. ‖リボンをつける 리본을 달다.
りまわり【利回り】 (説明) 이자(利子)나 배당금(配當金)의 비율(比率).
リムジン【limousine】 리무진. ♦リムジンバス 리무진 버스.
リメーク【remake】(スル하) 리메이크.
りめん【裏面】 이면(裏面); 뒷면. ‖社会の裏面 사회의 이면.
リモートコントロール【remote control】 (スル하) 리모트 컨트롤.
リモコン 리모콘.
リヤカー【rear＋car 日】 리어카.

りゃく【略】 생략(省略).
りゃくぎ【略儀】 약식(略式).
りゃくげん【略言】 ‖略言する 간략하게 말하다.
りゃくご【略語】 약어(略語).
りゃくごう【略号】 약호(略號).
りゃくじ【略字】 약자(略字).
りゃくしき【略式】 약식(略式). ♦略式起訴 약식 기소. 略式命令 약식 명령.
りゃくじゅつ【略述】 (을하) 약술(略述).
りゃくしょう【略称】 (을하) 약칭(略稱).
りゃくす【略す】 생략(省略)하다; 줄이다. ‖細部は略す 세세한 부분은 생략하다.
りゃくず【略図】 약도(略圖).
りゃくだつ【掠奪】 (을하) 약탈(掠奪).
りゃくでん【略伝】 약전(略傳).
りゃくふ【略譜】 약보(略譜).
りゃくれき【略歴】 약력(略歷).
りゃっかい【略解】 (을하) 약해(略解).
りゃっき【略記】 (을하) 약기(略記).
りゅう【流】 유파(流派); 방식(方式). ♦自己流 자기 방식.
リュウ【竜】 용(龍).
*りゆう【理由】 ❶〔わけ〕이유(理由). ‖理由を明かす 이유를 밝히다. 一身上の理由 일신상의 이유. そんなことは理由にならない 그런 건 이유가 안 된다. ❷〔口実〕구실(口實); 핑계. ‖理由をつけて休む 핑계를 대고 쉬다.
りゅうい【留意】 (을하) 유의(留意). ‖留意すべき点 유의할 점.
りゅういき【流域】 유역(流域). ‖利根川流域 도네가와 유역.
りゅうがく【留学】 (을하) 유학(留學). ♦海外留学 해외 유학. 自費留学 자비 유학. 留学生 유학생.
りゅうかすいそ【硫化水素】 황화수소(黃化水素).
リュウガン【竜眼】《植物》 용안(龍眼).
りゅうき【隆起】 (을하) 융기(隆起).
りゅうぎ【流儀】 (人·流派·地方などの) 독특(獨特)한 방식(方式).
りゅうけつ【流血】 유혈(流血). ‖流血の惨事 유혈 참사.
りゅうげんひご【流言飛語】 유언비어(流言蜚語).
*りゅうこう【流行】 (을하) 유행(流行). ‖流行を追う 유행을 따르다. 流行の先端を行く 유행의 첨단을 걷다. ♦流行遅れ 유행에 뒤떨어짐. 流行遅れの服 유행이 지난 옷. 流行歌 유행가. 流行語 유행어. 流行性感冒 유행성 감기.
りゅうさ【流砂】 물에 떠내려가는 모래.
りゅうざい【粒剤】 가루약(藥).
りゅうさん【硫酸】 황산(黃酸). ♦硫酸アンモニウム 황산 암모늄. 硫酸塩 황산염. 硫酸銅 황산 구리.
りゅうざん【流産】 (을하) 유산(流産).
りゅうし【粒子】 입자(粒子).
りゅうしつ【流失】 (을되) 유실(流失).
りゅうしゅつ【流出】 (을되) 유출(流出). ‖情報の流出 정보의 유출.
りゅうず【竜頭】 (腕時計などの)태엽(胎葉)을 감는 꼭지.
りゅうせい【流星】 유성(流星). ♦流星群 유성군.
りゅうせい【隆盛】ダ 융성(隆盛)하다.
リュウゼツラン【竜舌蘭】 용설란(龍舌蘭).
りゅうせんけい【流線形·流線型】 유선형(流線型).
りゅうそく【流速】 유속(流速).
りゅうたい【流体】 유체(流體).
りゅうち【留置】 (을하) 유치(留置). ♦留置場 유치장.
りゅうちょう【流暢】ダ 유창(流暢)하다. ‖流暢な英語 유창한 영어.
*りゅうつう【流通】 (을되) 유통(流通). ‖現在流通している貨幣 현재 유통되고 있는 화폐. ♦流通業界 유통 업계.
りゅうと【隆と】 의젓히. ‖りゅうとした背広姿 의젓한 양복 차림.
りゅうどう【流動】 (을하) 유동(流動). ♦流動資産 유동 자산. 流動資本 유동 자본. 流動食 유동식. 流動性 유동성. 流動体 유동체. 流動的 유동적. 流動的な政局 유동적인 정국. 流動物 유동물.
りゅうとうだび【竜頭蛇尾】 용두사미(龍頭蛇尾).
りゅうにゅう【流入】 (을되) 유입(流入). ‖外資の流入 외자의 유입.
りゅうにん【留任】 (을되) 유임(留任).
りゅうねん【留年】 (을되) 유급(留級).
りゅうは【流派】 유파(流派).
りゅうひょう【流氷】 유빙(流氷); 성엣장.
りゅうほ【留保】 (을하) 유보(留保).
りゅうぼく【流木】 유목(流木).
リューマチ【Rheumatismus[ド]】 류머티즘.
りゅうみん【流民】 유민(流民).
りゅうよう【流用】 (을하) 유용(流用). ‖会議費を流用する 회의비를 유용하다.
りゅうり【流離】 (을되) 유리(流離).
りゅうりゅう【隆隆】 울퉁불퉁. ‖筋骨隆々とした体 근육이 울퉁불퉁한 몸매.
りゅうりょう【流量】 유량(流量).
りゅうれい【流麗】ダ 유려(流麗)하다.
リュック(サック)【Rucksack[ド]】 륙색; 배낭(背囊).
りょう【両】 ❶양(兩); 양쪽. ‖両の手 양쪽 손. 両首脳 양 수뇌. ❷…량. ‖貨車 4 両 화물차 네 량.
りょう【良】 (成績·品質などの)양(良).
りょう【料】 …료(料). ♦通話料 통화료. 入場料 입장료. 調味料 조미료.

り

りょう【涼】 서늘함; 시원함. ‖涼をとる 시원한 바람을 쐬다.
りょう【猟】 수렵(狩獵); 사냥. ‖猟に出る 사냥을 가다.
りょう【陵】 능(陵).
りょう【量】 양(量). ‖塩の量を減らす 소금의 양을 줄이다. 量より質 양보다 질.
りょう【稜】〔数学〕모서리.
りょう【漁】 고기잡이. ‖漁に出る 고기를 잡으러 가다.
りょう【領】 …령(領). ♦フランス領 프랑스령.
りょう【寮】 기숙사(寄宿舍). ‖大学の寮 대학 기숙사.
*__りよう【利用】__ (스하) 이용(利用). ‖通勤バスを利用する 통근 버스를 이용하다. 地位を利用した不正 지위를 이용한 부정. 火力を利用する 화력을 이용하다. ♦利用者 이용자. 利用客 이용객.
りよう【理容】 이용(理容); 이발(理髮).
りょういき【領域】 영역(領域). ‖他人の領域を侵す 다른 사람의 영역을 침범하다. ♦専門領域 전문 영역.
りょういん【両院】 양원(兩院).
りょうえん【良縁】 좋은 인연(因緣).
りょうえん【遼遠】ダ 요원(遙遠)하다. ♦前途遼遠 전도요원.
りょうか【良家】 양가(良家).
りょうか【良貨】 양화(良貨).
りょうが【凌駕】 (스하) 능가(凌駕). ‖総合力で他チームを凌駕する 종합력으로 다른 팀을 능가하다.
りょうかい【了解】 (스하) 이해(理解); 양해(諒解); 납득(納得); 승낙(承諾). ‖暗黙の了解を得る 암묵적인 양해를 얻다. 了解できない 납득할 수 없다.
りょうかい【領海】 영해(領海). ♦領海侵犯 영해 침범.
りょうがえ【両替】 (스하) 환전(換錢). ‖ウォンを円に両替する 원을 엔으로 환전하다. ♦両替所 환전소.
りょうがわ【両側】 양측(兩側).
りょうかん【量感】 양감(量感).
りょうがん【両岸】 양안(兩岸); 양쪽 기슭.
りょうき【猟奇】 엽기(獵奇). ♦猟奇小説 엽기 소설. 猟奇的 엽기적.
りょうき【猟期】 엽기(獵期); 수렵기(狩獵期); 사냥철.
りょうき【漁期】 어기(漁期).
りょうぎ【両義】 두 가지 뜻.
りょうきょく【両極】 양극(兩極).
りょうきょくたん【両極端】 양극단(兩極端).
*__りょうきん【料金】__ 요금(料金). ‖料金を払う 요금을 지불하다. バスの料金 버스 요금. タクシーの基本料金 택시 기본 요금. ♦公共料金 공공요금. 料金所 요금소.
りょうくう【領空】 영공(領空). ♦領空権 영공권. 領空侵犯 영공 침범.
りょうけ【両家】 양가(兩家). ‖両家の許可を得る 양가의 허락을 받다.
りょうけ【良家】 양가(良家); 양갓집.
りょうけん【猟犬】 사냥개.
りょうげん【燎原】 요원(燎原). ▸燎原の火 요원의 불길.
りょうこう【良好】ダ 양호(良好)하다. ‖良好な成績 양호한 성적.
りょうこう【良港】 양항(良港).
りょうさい【良妻】 양처(良妻). ♦良妻賢母 현모양처.
りょうさく【良策】 양책(良策).
りょうさん【量産】 (스하) 양산(量産).
りょうざんぱく【梁山泊】 양산박(梁山泊).
りょうし【猟師】 사냥꾼.
りょうし【量子】 양자(量子). ♦量子物理学 양자 물리학.
りょうじ【領事】 영사(領事). ♦総領事 총영사. 領事館 영사관.
りょうじ【療治】 (스하) 치료(治療).
りょうしき【良識】 양식(良識). ‖良識のある人 양식이 있는 사람.
りょうしつ【良質】 양질(良質). ‖良質のバター 양질의 버터.
りょうじつ【両日】 이틀; 양일(兩日).
りょうしゃ【両者】 양자(兩者); 쌍방(雙方).
りょうしゅ【領主】 영주(領主). ♦領主権 영주권.
りょうしゅう【領収】 (스하) 영수(領收).
りょうしゅう【領袖】 영수(領袖); 우두머리.
りょうじゅう【猟銃】 엽총(獵銃); 사냥총.
りょうしゅうしょ【領収書】 영수증(領收證).
りょうしゅうしょう【領収証】 영수증(領收證). ‖領収証をもらう 영수증을 받다.
りょうしょ【良書】 양서(良書).
りょうしょう【了承】 (스하) 양해(諒解); 승낙(承諾); 이해(理解); 납득(納得). ‖了承を得る 양해를 얻다.
りょうしょく【糧食】 양식(糧食); 식량(食糧).
りょうじょく【凌辱】 (스하) 능욕(凌辱).
りょうしん【両親】 부모(父母)님; 양친(兩親). ‖両親は元気です 부모님은 건강하십니다.
*__りょうしん【良心】__ 양심(良心). ‖良心の呵責を感じる 양심의 가책을 느끼다. 良心がとがめる 양심에 찔리다. 良心の自由 양심의 자유. ♦良心的 양심적. 良心的な店 양심적인 가게.
りょうじん【猟人】 사냥꾼.
りょうする【領する】 차지하다.

り

りょうせい【両性】 양성(兩性). ♦**両性生殖** 양성 생식.
りょうせい【良性】 양성(良性). ♦**良性腫瘍** 양성 종양.
りょうせいるい【両棲類】 양서류(兩棲類).
りょうせん【稜線】 능선(稜線).
りょうぜん【瞭然】 요연(窈然). ♦**一目瞭然** 일목요연.
りょうぞく【良俗】 양속(良俗).
りょうだてよきん【両建て預金】 양건 예금(兩建預金); 구속성 예금(拘束性預金); 꺾기.
りょうたん【両端】 양단(兩端).
りょうだん【両断】 (ス하) 양단(兩斷).
りょうち【料地】 용지(用地).
りょうち【領地】 영지(領地).
りょうて【両手】 양손; 두 손; 두 팔. ‖両手を広げる 두 팔을 벌리다. ▸両手に花 좋은 것 두 가지를 동시에 차지함. 좌우에 미인을 거느림.
りょうてい【料亭】 요정(料亭).
りょうてんびん【両天秤】 저울. ‖両天秤にかける 양다리를 걸치다.
りょうど【領土】 영토(領土). ♦**領土権** 영토권. **領土紛争** 영토 분쟁.
りょうとう【両頭】 양두(兩頭). ♦**両頭政治** 양두 정치.
りょうどう【両道】 두 길; 두 방면(方面).
りょうどうたい【良導体】 양도체(良導體).
りょうとうづかい【両刀遣い】 ❶〔二刀流〕쌍칼잡이. ❷두 가지 일을 동시(同時)에 하는 것 또는 그런 사람.
りょうとく【両得】 양득(兩得). ♦**一挙両得** 일거양득.
りょうどなり【両隣】 좌우(左右) 양쪽.
りょうない【領内】 영내(領內).
りょうば【猟場】 사냥터.
りょうば【漁場】 어장(漁場).
りょうはし【両端】 양단(兩端); 양쪽 끝.
りょうはん【量販】 ‖量販する 싸게 대량으로 판매하다. ♦**量販店** 양판점.
りょうびらき【両開き】 (戸などが)양쪽으로 열림.
りょうひん【良品】 양품(良品).
りょうふう【良風】 양풍(良風). ♦**良風美俗** 미풍양속.
りょうぶん【両分】 (ス하) 양분(兩分). ‖利益を両分する 이익을 양분하다.
りょうぶん【領分】 영역(領域); 세력 범위(勢力範圍). ‖他人の領分を侵す 다른 사람의 영역을 침범하다.
りょうほう【両方】 양방(兩方); 쌍방(雙方).
りょうほう【療法】 요법(療法). ♦**物理療法** 물리 요법.
りょうみ【涼味】 시원한 맛; 시원한 느낌.
りょうみん【良民】 양민(良民).
りょうめ【両目】 두 눈; 양쪽 눈.
りょうめん【両面】 양면(兩面). ♦**物心両面** 물심양면. **両面コピー** 양면 복사.
りょうやく【良薬】 양약(良藥). ▸良薬は口に苦し 양약고구(良藥苦口).
りょうゆう【領有】 (ス하) 영유(領有). ♦**領有権** 영유권.
りょうよう【両用】 (ス하) 양용(兩用). ♦**水陸両用** 수륙 양용.
りょうよう【療養】 (ス하) 요양(療養). ♦**療養所** 요양소.
りょうよく【両翼】 양익(兩翼).
*__りょうり【料理】__ (ス하) 요리(料理) ‖魚を料理する 생선을 요리하다. 料理の本 요리책. ♦**韓国料理** 한국 요리. **中華料理** 중화요리.
りょうりつ【両立】 (ス하) 양립(兩立). ‖仕事と育児を両立させる 일과 육아를 양립시키다.
りょうりん【両輪】 양쪽 바퀴.
りょうろん【両論】 양론(兩論). ♦**賛否両論** 찬반 양론.
りょうわき【両脇】 양 옆; 양쪽 겨드랑이.
りょかく【旅客】 여객(旅客). ♦**旅客機** 여객기. **旅客船** 여객선.
りょかん【旅館】 여관(旅館).
-りょく【力】 …력(力). ♦**経済力** 경제력.
りょくいん【緑陰】 녹음(綠陰).
りょくおうしょく【緑黄色】 녹황색(綠黃色). ♦**緑黄色野菜** 녹황색 야채.
りょくじゅうじ【緑十字】 녹십자(綠十字).
りょくしょく【緑色】 녹색(綠色).
りょくそう【緑草】 녹초(綠草).
りょくそうしょくぶつ【緑藻植物】 녹조식물(綠藻植物).
りょくち【緑地】 녹지(綠地). ♦**緑地帯** 녹지대.
りょくちゃ【緑茶】 녹차(綠茶).
りょくど【緑土】 초목(草木)이 무성(茂盛)한 땅.
リョクトウ【緑豆】 녹두(綠豆).
りょくないしょう【緑内障】 녹내장(綠內障).
りょくひ【緑肥】 녹비(綠肥).
りょくべん【緑便】 (幼児の)녹변(綠便); 푸른똥.
りょけん【旅券】 여권(旅券). ‖旅券を申請する 여권을 신청하다.
*__りょこう【旅行】__ (ス하) 여행(旅行). ‖京都へ旅行する 교토로 여행을 가다. ♦**観光旅行** 관광 여행. **国内旅行** 국내 여행. **修学旅行** 수학여행. **新婚旅行** 신혼여행.
りょしゅう【旅愁】 여수(旅愁).

り

りょじょう【旅情】 여정(旅情).
りょそう【旅装】 여장(旅裝). ‖旅装を解く 여장을 풀다.
りょだん【旅団】 여단(旅團).
りょっか【緑化】 (조하) 녹화(綠化). ♦緑化運動 녹화 운동.
りょてい【旅程】 여정(旅程).
りょひ【旅費】 여비(旅費).
リラ【lira イ】〔トルコなどの通貨単位〕…리라.
リラックス【relax】 ‖リラックスする 긴장을 풀다. 쉬다.
リリース【release】 ‖CDをリリースする 새 시디를 발매하다. 釣った魚をリリースする 낚은 물고기를 놓아 주다.
リリーフ【relief】 (野球で)릴리퍼; 구원투수(救援投手).
りりく【離陸】 (조하) 이륙(離陸). ‖羽田空港を離陸する 하네다 공항을 이륙하다.
りりしい【凛凛しい】 늠름하다; 씩씩하다. ‖りりしい顔 늠름한 얼굴.
リリシズム【lyricism】 리리시즘; 서정주의(抒情主義).
りりつ【利率】 이율(利率). ‖利率を上げる 이율을 올리다. 利率年5分 이율 연 오 퍼센트.
リリック【lyric】 리릭; 서정시(抒情詩). ♦リリックソプラノ 리릭 소프라노.
リレー【relay】 (조하) 릴레이. ‖聖火をリレーする 성화를 릴레이하다.
りれき【履歴】 이력(履歷). ♦履歴書 이력서.
りろせいぜん【理路整然】 ‖理路整然と話す 논리 정연하게 이야기하다.
*りろん【理論】 이론(理論). ‖理論を確立する 이론을 확립하다. 理論武装する 이론으로 무장하다. 理論と実践 이론과 실천. ♦経済理論 경제 이론. 理論家 이론가. 理論的 이론적. 理論的な問題 이론적인 문제. 理論物理学 이론 물리학.
りん【厘】〔長さの単位〕…이(厘).
りん【鈴】 방울; 벨.
りん【燐】 인(燐).
-りん【輪】 ❶〔花〕…송이. ❷〔車輪〕…륜(輪).
りんか【隣家】 이웃집.
りんかい【臨海】 임해(臨海). ♦臨海工業地帯 임해 공업 지대.
りんかい【臨界】 임계(臨界). ♦臨界状態 임계 상태.
りんかく【輪郭】 윤곽(輪廓). ‖事件の輪郭をつかむ 사건의 윤곽을 잡다. 輪郭を描く 윤곽을 그리다.
りんがく【林学】 임학(林學).
りんかん【林間】 임간(林間). ♦林間学校 임간학교.
りんぎ【稟議】 (조하) 품의(稟議). ♦稟議書 품의서.
りんきおうへん【臨機応変】 임기응변(臨機應變).
りんきゅう【臨休】 임시 휴업(臨時休業).
りんぎょう【林業】 임업(林業).
リンク【link】 링크. ♦リンク制 링크제.
リンク【rink】 링크. ♦スケートリンク 스케이트장.
リング【ring】 링. ♦リングサイド 링사이드.
りんげつ【臨月】 산(産)달.
リンゲル【Ringer】 링거. ♦リンゲル液 링거액.
リンゴ【林檎】 사과(沙果). ‖リンゴの皮をむく 사과를 깎다. リンゴを丸かじりする 사과를 통째로 베어 먹다.
りんこう【燐光】 인광(燐光).
りんごく【隣国】 이웃 나라.
りんざいしゅう【臨済宗】 임제종(臨濟宗).
りんさく【輪作】 (조하) 윤작(輪作).
りんさん【燐酸】 인산(燐酸). ♦燐酸カルシウム 인산 칼슘. 燐酸肥料 인산 비료.
りんさんぶつ【林産物】 임산물(林産物).
りんし【臨死】 임사(臨死).
*りんじ【臨時】 임시(臨時). ♦臨時休業 임시 휴업. 臨時休校 임시 휴교. 臨時国会 임시국회. 臨時国会を開く 임시 국회를 열다. 臨時政府 임시 정부. 臨時ニュース 임시 뉴스.
りんじゅう【臨終】 임종(臨終). ‖臨終を迎える 임종하다.
りんしょう【臨床】 임상(臨床). ♦臨床医学 임상 의학. 臨床実験 임상 실험. 臨床心理学 임상심리학.
りんじょう【臨場】 (조하) 임장(臨場). ♦臨場感 현장감.
りんじん【隣人】 이웃; 이웃집 사람.
リンス【rinse】 린스.
りんせい【輪生】 돌려나기.
りんせき【臨席】 (조하) 임석(臨席).
りんせつ【隣接】 (조하) 인접(隣接). ‖隣接している国々 인접해 있는 나라들.
りんせん【臨戦】 (조하) 임전(臨戰). ♦臨戦態勢 임전 태세.
りんち【林地】 임업(林業)을 위한 땅.
りんち【臨地】 실제(實際)로 현지(現地)에 감. ♦臨地調査 임지 조사.
リンチ【lynch】 (조하) 린치. ‖リンチを加える 린치를 가하다.
りんてん【輪転】 (조하) 윤전(輪轉). ♦輪転機 윤전기.
りんと【凛と】 늠름(凜凜)하게. ‖凛とした態度 늠름한 태도.
リンドウ【竜胆】 용담(龍膽).
りんね【輪廻】 (조하) 윤회(輪廻)
リンパ【Lymphe ド】 림프. ♦リンパ液 림프액. リンパ管 림프관. リンパ球 림프

구. リンパ節 림프샘.
りんばん【輪番】 윤번(輪番).
りんぶ【輪舞】 윤무(輪舞); 원무(圓舞).
りんや【林野】 임야(林野).
りんり【倫理】 윤리(倫理). ‖倫理的な責任 윤리적인 책임. ♦倫理学 윤리학. 倫理的 윤리적. 政治倫理 정치윤리.
りんりん ❶〔鈴・ベルなどの鳴る音〕딸랑딸랑; 따르릉. ❷〔スズムシの鳴き声〕또르르.

る

ルアー【lure】 루어 낚시.
るい【累】 누(累); 폐(弊). ‖累を及ぼす 폐[누]를 끼치다.
るい【塁】 루(塁). ‖2塁を守る 이루를 지키다. 3塁打を打つ 삼루타를 치다.
*るい【類】 종류(種類); …류. ‖麺類なら何でも好きです 면 종류라면 뭐든지 좋아합니다. ▸類は友を呼ぶ 유유상종(類類相從). ♦哺乳類 포유류.
るいか【累加】 (Z하) 누가(累加).
るいがいねん【類概念】 유개념(類概念).
るいぎご【類義語】 유의어(類義語); 비슷한말.
るいけい【累計】 (Z하) 누계(累計).
るいけい【類型】 유형(類型). ‖昔話をいくつかの類型に分類する 옛날이야기를 몇 개의 유형으로 분류하다. 類型的な表現 유형적인 표현.
るいご【類語】 유의어(類義語). ♦類語辞典 유의어 사전.
るいじ【類似】 (Z하) 유사(類似). ‖犯罪の手口が類似する事件 범죄 수법이 유사한 사건. ♦類似点 유사점. 類似品 유사품.
るいしん【累進】 (Z하) 누진(累進). ♦累進課税 누진 과세.
るいじんえん【類人猿】 유인원(類人猿).
るいすい【類推】 (Z하) 유추(類推). ‖単なる類推に過ぎない 단순한 유추에 불과하다. ♦類推解釈 유추 해석.
るいする【類する】 닮다; 비슷하다.
るいせき【累積】 (Z되) 누적(累積). ‖累積する赤字 누적되는 적자.
るいせん【涙腺】 눈물샘; 누선(涙腺).
るいだい【累代】 누대(累代).
るいひ【類比】 (Z하) 유비(類比); 비교(比較). ‖両国の国民性を類比する 두 나라의 국민성을 비교하다.
るいべつ【類別】 (Z하) 유별(類別).
るいらん【累卵】 누란(累卵). ▸累卵の危うき 누란지세(累卵之勢).
るいるいと【累累と】 겹겹이.
るいれい【類例】 유례(類例). ‖類例がない 유례가 없다.
ルー【roux フ】 (カレーなどの)루.
ルーキー【rookie】 루키.
ルージュ【rouge フ】 루즈; 립스틱.
ルーズソックス【loose+socks 日】 (説明) 여고생(女高生)들이 헐렁하게 늘어져 보이게 신는 길고 흰 양말(洋襪).
ルーチン【routine】 ❶단조(單調)로운 일. ❷(IT) 루틴.
ルーツ【roots】 기원(起源).
ルート【root】 루트(√).
ルート【route】 루트. ♦販売ルート 판매 루트.
ルーブル【rubl' ロ】 〔ロシア連邦の貨幣単位〕…루블.
ルーペ【Lupe ド】 확대경(擴大鏡); 돋보기.
ルーマニア【Rumania】 (国名) 루마니아.
ルーム【room】 룸. ♦ルームサービス 룸서비스. ルームメイト 룸메이트.
ルール【rule】 룰. ‖ルールを守る 룰을 지키다. ルールを破る 룰을 어기다.
ルーレット【roulette フ】 룰렛.
ルクス【lux フ】 〔光の強さを表わす単位〕…럭스.
ルクセンブルク【Luxemburg】 (国名) 룩셈부르크.
るけい【流刑】 (Z하) 유형(流刑).
*るす【留守】 ❶외출(外出)해서 집에 없음; 부재 중(不在中)임. ‖家を留守にする 집을 비우다. ❷집을 봄; 집을 지킴. ‖隣に留守を頼む 이웃 사람한테 집을 봐 달라고 부탁하다. ▸留守を使う 집에 있으면서 없는 척하다.
るすばん【留守番】 집을 보는 것[사람]. ‖留守番をする 집을 보다. ♦留守番電話 자동 응답 전화.
ルック【look】 룩. ♦サファリルック 사파리룩.
ルックス【looks】 용모(容貌); 외모(外貌). ‖ルックスがいい 외모가 멋있다.
ルッコラ【rucola】 루콜라.
るつぼ【坩堝】 도가니. ‖興奮の坩堝 흥분의 도가니.
るてん【流転】 ❶(Z하) 유전(流轉). ❷윤회(輪廻).
ルネッサンス【Renaissance フ】 르네상스.
ルビ【ruby】 (ふりがな用の) 작은 활자(活字).
ルビー【ruby】 루비. ‖ルビーの指輪 루비 반지.
るふ【流布】 (Z하) 유포(流布).
ルポ 르포.
ルポライター【repo+writer 日】 르포라이터.
ルポルタージュ【reportage フ】 르포르타주.
るみん【流民】 유민(流民).

る

るり【瑠璃】유리(瑠璃). ♦瑠璃色 보랏빛이 도는 진한 청색.
るる【縷縷】자세(仔細)하게. ‖縷々事情を説明する 자세하게 사정을 설명하다.
るろう【流浪】(ス하) 유랑(流浪). ‖流浪の民 유랑민.
ルワンダ【Rwanda】(国名) 르완다.
ルンバ【rumba ス】룸바.
ルンペン【Lumpen ド】룸펜.
るんるん ‖るんるん(と)した気分 신바람 나는 기분.

れ

レ【re イ】(音階の)레.
レア【rare】레어. ♦レアチーズケーキ 레어 치즈케이크.
*__れい__【礼】❶예의(禮儀). ‖礼を尽くす 예의를 다하다. ❷〔お辞儀〕경례(敬禮); 인사(人事). ‖起立, 礼 기립, 경례. ❸〔お礼〕감사(感謝)의 뜻을 나타냄 또는 그 물건(物件). ‖お礼を言う 감사의 뜻을 전하다. ❹식; 의식(儀式). ‖即位の礼 즉위식.
*__れい__【例】❶예; 보기; 사례(事例); 전례(前例). ‖例を挙げて説明する 예를 들어 설명하다. これは珍しい例だ 이것은 드문 사례다. このような事件はかつて例がない 이런 사건은 일찍이 전례가 없다. ❷습관(習慣). ❸〔主に例の…の形で〕예의; 그. ‖例の話 그 이야기. ▸例によって例の如し 언제나 마찬가지다.
れい【零】영(零); 제로.
れい【霊】영; 영혼(靈魂).
れい【嶺】영(嶺); 봉우리. ♦分水嶺 분수령.
レイアウト【layout】레이아웃.
れいあんしつ【霊安室】영안실(靈安室).
れいえん【霊園】공동묘지(共同墓地).
れいおん【冷温】냉온(冷溫).
れいか【冷夏】냉하(冷夏); 덥지 않은 여름.
れいか【零下】영하(零下). ‖今日の最低気温は零下10度だった 오늘의 최저 기온은 영하 십 도였다.
れいかい【例会】정례회(定例會).
れいかい【例解】(ス하) 예해(例解).
れいかい【霊界】영계(靈界).
れいがい【冷害】냉해(冷害).
れいがい【例外】예외(例外). ‖例外を認める 예외를 인정하다. 例外を作る 예외를 만들다. 例外として扱う 예외로 취급하다. 例外なく 예외 없이.
れいかん【霊感】영감(靈感).
れいがんし【冷眼視】(ス하) 냉안시(冷眼視).
れいき【冷気】냉기(冷氣).
*__れいぎ__【礼儀】예의(禮儀). ‖礼儀正しい 예의바르다. そういうことをするのは礼儀に反する 그런 짓을 하는 것은 예의에 어긋난다. あの人は礼儀作法を知らない 저 사람은 예의범절을 모른다.
れいきゃく【冷却】(ス하) 냉각(冷却). ♦冷却期間 냉각기간. 冷却装置 냉각 장치.
れいきゅうしゃ【霊柩車】영구차(靈柩車).
れいきん【礼金】사례금(謝禮金).
れいぐう【礼遇】(ス하) 예우(禮遇).
れいぐう【冷遇】(ス하) 냉대(冷待).
れいけつ【冷血】냉혈(冷血). ♦冷血漢 냉혈한. 冷血動物 냉혈 동물.
れいげん【冷厳】ダ 냉엄(冷嚴)하다. ‖冷厳な態度で宣告する 냉엄한 태도로 선고하다. 人間の死という冷厳な事実 인간의 죽음이라는 냉엄한 사실.
れいげん【霊験】영험(靈驗); 영검.
れいこく【冷酷】ダ 냉혹(冷酷)하다. ‖冷酷な仕打ち 냉혹한 처사.
れいこん【霊魂】영혼(靈魂). ♦霊魂不滅 영혼 불멸.
れいさい【冷菜】냉채(冷菜).
れいさい【零細】영세(零細). ♦零細企業 영세 기업. 零細農家 영세 농가.
レイシ【霊芝】영지(靈芝).
れいじ【例示】(ス하) 예시(例示).
れいじ【零時】영시(零時); 밤 열두 시.
れいしゅ【冷酒】(説明) 데우지 않은 술; 데우지 않고 마시도록 만든 술.
れいしょう【冷笑】(ス하) 냉소(冷笑).
れいしょう【例証】(ス하) 예증(例證).
れいじょう【令状】영장(令狀). ♦召集令状 소집 영장. 逮捕令状 체포 영장.
れいじょう【令嬢】영애(令愛); 영양(令孃); 따님.
れいじょう【礼状】감사 편지(感謝便紙); 감사장(感謝狀).
れいすい【冷水】냉수(冷水). ♦冷水摩擦 냉수마찰. 冷水浴 냉수욕.
れいせい【冷静】ダ 냉정(冷靜)하다; 침착(沈着)하다. ‖彼は常に冷静だ 그 사람은 언제나 침착하다. 冷静に状況を判断する 상황을 냉정히 판단하다.
れいせつ【礼節】예절(禮節).
れいせん【冷戦】냉전(冷戰). ♦冷戦状態 냉전 상태.
れいぜん【霊前】영전(靈前).
れいぜんと【冷然と】냉담(冷淡)하게.
れいそう【礼装】예복(禮服) ‖礼装する 예복을 입음.
れいぞう【冷蔵】(ス하) 냉장(冷藏).
れいぞうこ【冷蔵庫】냉장고(冷藏庫).
れいそく【令息】영식(令息); 아드님.
れいぞく【隷属】(ス되) 예속(隸屬).
れいだい【例題】예제(例題).

れいたん【冷淡】ダ 냉담(冷淡)하다. ‖冷淡な態度 냉담한 태도.
れいだんぼう【冷暖房】 냉난방(冷暖房). ♦冷暖房装置 냉난방 장치.
れいち【霊地】 영지(靈地).
れいちょう【霊長】 영장(靈長). ‖万物の霊長 만물의 영장. ♦霊長類 영장류.
れいてき【霊的】 영적(靈的). ‖霊的な世界 영적인 세계.
れいてつ【冷徹】ダ 냉철(冷徹)하다.
れいてん【零点·0点】 영점(零點); 빵점.
れいど【0度·零度】 영도(零度).
れいとう【冷凍】 (る하) 냉동(冷凍). ♦冷凍庫 냉동고. 冷凍食品 냉동 식품.
れいねん【例年】 예년(例年).
れいはい【礼拝】 (る하) 예배(禮拜).
れいはい【零敗】 (る하) 영패(零敗).
れいばい【冷媒】 냉매(冷媒).
れいばい【霊媒】 영매(靈媒).
れいふう【冷風】 냉풍(冷風).
れいふく【礼服】 예복(禮服).
れいふじん【令夫人】 영부인(令夫人).
れいぶん【例文】 예문(例文).
れいほう【礼法】 예법(禮法).
れいほう【礼砲】 예포(禮砲); 축포(祝砲).
れいほう【霊峰】 영봉(靈峯).
れいぼう【冷房】 냉방(冷房). ♦冷房装置 냉방 장치.
れいめい【黎明】 여명(黎明). ♦黎明期 여명기.
れいめん【冷麺】 냉면(冷麵).
れいもつ【礼物】 예물(禮物); 선물(膳物).
れいらく【零落】 (る하) 영락(零落).
れいり【怜悧】ダ 영리(怜悧)하다.
れいれいしい【麗麗しい】 일부러 눈에 띄도록 하다. ‖麗々しい看板を出す 눈에 띄는 간판을 내걸다.
れいろう【玲瓏】ダ 영롱(玲瓏)하다.
レインコート【raincoat】 레인코트.
レーザー【laser】 레이저. ♦レーザー光線 레이저 광선. レーザーディスク 레이저 디스크. レーザープリンター 레이저 프린터.
レース【lace】 레이스.
レーダー【radar】 레이더.
レーヨン【rayonne ᄀ】 레이온.
レール【rail】 레일. ▸レールを敷く 일이 잘 진행되도록 밑 작업을 하다.
レオタード【leotard】 레오타드.
*__れきし__【歴史】 역사(歷史). ‖歴史に残る大事件 역사에 남을 대사건. 服飾の歴史 복식의 역사. 歴史上の人物 역사상의 인물. ♦歴史家 역사가. 歴史学 역사학. 歴史時代 역사 시대. 歴史的 역사적. 歴史的な瞬間 역사적인 순간.
れきせん【歴戦】 역전(歷戰). ‖歴戦の勇士 역전의 용사.
れきぜん【歴然】 분명(分明)히; 확연(確然)히. ‖歴然とした差 확연한 차이.
れきだい【歴代】 역대(歷代). ‖歴代の王 역대의 왕.
れきにん【歴任】 (る하) 역임(歷任).
れきほう【歴訪】 (る하) 순방(巡訪).
レギュラー【regular】 레귤러.
れきれきと【歴歴と】 역력(歷歷)히.
レクイエム【requiem ᄀ】 레퀴엠.
レクリエーション【recreation】 레크리에이션.
レゲエ【reggae】 레게.
レコーダー【recorder】 리코더.
レコーディング【recording】 (る하) 리코딩.
*__レコード__【record】 ❶기록(記錄). ‖従来のレコードを破る新記録 종래의 기록을 깨뜨리는 신기록. ❷레코드. ‖LPレコード 엘피 레코드.
レジ【←register】 계산대(計算臺). ♦レジ袋 슈퍼 등의 비닐 봉지.
レシート【receipt】 영수증(領收證).
レシーバー【receiver】 리시버.
レジスタンス【résistance ᄀ】 레지스탕스.
レシピ【recipe】 레시피.
レジャー【leisure】 레저. ♦レジャー産業 레저 산업. レジャー施設 레저 시설.
レジュメ【résumé ᄀ】 레주메; 레쥐메.
レスキューたい【rescue 隊】 인명 구조대(人命救助隊).
レストラン【restaurant ᄀ】 레스토랑.
レズビアン【lesbian】 레즈비언.
レスラー【wrestler】 레슬러.
レスリング【wrestling】 레슬링.
レセプション【reception】 리셉션.
レタス【lettuce】 양상추.
*__れつ__【列】 열; 행렬(行列); 줄. ‖列を作る 줄을 서다. 列に並ぶ 줄을 서다. 列に割り込む 새치기하다. 2列縦隊 이열 종대.
れつあく【劣悪】ダ 열악(劣惡)하다. ‖劣悪な条件 열악한 조건.
れっか【劣化】 ‖劣化する 품질이나 성능 등이 떨어지다. ♦劣化ウラン弾 열화우라늄탄.
レッカーしゃ【wrecker 車】 레커차.
れっきとした【歴とした】 훌륭한; 당당(堂堂)한; 명백(明白)한. ‖れっきとした証拠 명백한 증거.
れっきょ【列挙】 (る하) 열거(列擧). ‖罪状を列挙する 죄상을 열거하다.
れっきょう【列強】 열강(列强).
レッグウォーマー【leg warmers】 레그워머.
れっこく【列国】 열국(列國).
レッサーパンダ【lesser panda】 레서판

れ

다.

れっし【烈士】 열사(烈士).

れっしゃ【列車】 열차(列車). ‖東京駅で列車に乗る 동경역에서 열차를 타다. 列車で行く 열차로 가다. ♦貨物列車 화물 열차. 夜行列車 야간열차.

れつじょ【烈女】 열녀(烈女). ♦烈女伝 열녀전.

れっする【列する】 출석(出席)하다; 어깨를 나란히 하다. ‖会議の席に列する 회의에 출석하다.

れっせい【劣性】 열성(劣性). ♦劣性遺伝 열성 유전.

れっせい【劣勢】ダ 열세(劣勢)하다.

れっせき【列席】 (名하) 열석(列席).

レッテル【letter オ】 레테르. ▸レッテルを貼る 꼬리표가 붙다.〔慣〕

れつでん【列伝】 열전(列傳).

れっとう【劣等】ダ 열등(劣等)하다. ♦劣等感 열등감.

れっとう【列島】 열도(列島). ♦日本列島 일본 열도.

レッドカード【red card】 (サッカーで)레드카드.

れつれつ【烈烈】 ‖烈々たる闘志 뜨거운 투지.

レディー【lady】 레이디. ♦レディーファースト 레이디 퍼스트.

レディース【ladies】 여성(女性). ♦レディースファッション 여성 패션.

レトリック【rhetoric】 수사; 수사학(修辭學).

レトルト【retort オ】 레토르트. ♦レトルト食品 레토르트 식품.

レトロ【rétro フ】 복고풍(復古風).

レバー【lever】〔取っ手〕레버.

レバー【liver】 (肉の)간(肝).

レパートリー【repertory】 레퍼토리.

レバノン【Lebanon】《国名》레바논.

レビュー【review】 리뷰.

レファレンス【reference】 참고; 참고문헌(参考文獻).

レフェリー【referee】 레퍼리.

レフト【left】 레프트.

レベル【level】 레벨. ‖レベルが向上する 레벨이 향상되다. レベルの高い授業 레벨이 높은 수업.

レベルアップ【level+up 日】 수준 향상(水準向上). ‖学力がレベルアップする 학력이 높아지다.

レポーター【reporter】 리포터.

レポート【report】 (名하) 리포트. ‖レポートを書く 리포트를 쓰다. 調査結果のレポートを作成する 조사 결과 리포트를 작성하다.

レモネード【lemonade】 레모네이드.

レモン【lemon】 레몬. ♦レモンスカッシュ 레몬스쿼시. レモンティー 레몬차.

レリーフ【relief】 릴리프.

れる(られる) ❶〔自発〕‖三輪車を見ると子どもの頃が思い出される 세발자전거를 보면 어릴 때 생각이 난다. 彼は参加しないように思われます 그 사람은 참가하지 않을 것으로 생각됩니다. ❷〔尊敬〕…시다. ‖韓国へはいつ行かれますか 한국에는 언제 가십시까? 今度の学会に先生も出席される 이번 학회에 선생님께서도 참석하신다. ❸〔可能〕…수(가) 없다; …지 못하다; 못…. ‖朝は早く起きられない 아침에는 일찍 일어날 수가 없다. 今日は一緒に行けない 오늘은 같이 못 가. 全部は食べられない 전부 다는 못 먹어. ✣いずれの表現も用いられる. ❹〔受身〕(i)〔漢語動詞〕…되다[받다]. ‖問題が解決される 문제가 해결되다. 努力した結果だと先生にほめられる 노력한 결과라고 선생님께 칭찬받다. 会社から解雇される〔被害〕회사에서 해고당하다. (ii)〔非漢語動詞〕‖机の上にたくさんの本が積まれてある 책상 위에 책이 많이 쌓여 있다. 時間に追われている 시간에 쫓기고 있다. 電車の中で足を踏まれる 전철 안에서 발을 밟히다. 会議は今度の土曜日に開かれる 회의는 이번 주 토요일에 열린다. (iii)〔自動詞による迷惑の受身〕‖私はケーキを弟に食べられた 남동생이 내 케이크를 먹어 버렸다. 学校からの帰り道で雨に降られる 하굣길에 비를 맞다. ✣迷惑の受身の場合, 対応する表現がないため, 用いられる動詞それぞれの構文の特徴に合わせた表現になる.

れん【連】 ❶무리; …들. ‖悪童連 악동들. ❷…줄. ‖3連のネックレス 세 줄짜리 목걸이.

れんあい【恋愛】 (名하) 연애(戀愛). ♦恋愛小説 연애 소설.

れんか【恋歌】 연가(戀歌).

れんか【廉価】 염가(廉價). ♦廉価商品 염가 상품. 廉価販売 염가 판매.

れんが【煉瓦】 벽돌. ‖レンガ造りの家 벽돌로 지은 집.

れんかん【連関】 (名되) 연관(聯關); 관련(關聯).

れんき【連記】 (名하) 연기(連記). ♦連記投票 연기 투표.

れんきゅう【連休】 연휴(連休).

レンギョウ【連翹】 개나리.

れんきんじゅつ【錬金術】 연금술(鍊金術).

れんけい【連係】 (名하) 연계(連繫).

れんけい【連携】 (名하) 연계(連繫).

レンゲソウ【蓮華草】 자운영(紫雲英).

れんけつ【連結】 (名하) 연결(連結). ‖車両を連結する 차량을 연결하다.

れんこ【連呼】 (名하) 연호(連呼).

れんご【連語】 연어(連語).

れんこう【連行】 (名하) 연행(連行). ‖容疑者を連行する 용의자를 연행하다.

れんごう【連合】 (名하) 연합(聯合). ♦連

合軍 연합군. 連合政権 연합 정권.
れんごく【煉獄】연옥(煉獄).
レンコダイ【連子鯛】황돔.
れんこん【蓮根】연근(蓮根).
れんさ【連鎖】 (え하) 연쇄(連鎖). ♦連鎖球菌 연쇄 구균. 連鎖反応 연쇄 반응.
れんざ【連座】(え되) 연좌(連坐). ♦連座制 연좌제.
れんさい【連載】(え하) 연재(連載). ♦連載小説 연재 소설.
れんさく【連作】(え하) 연작(連作).
レンジ【range】레인지. ♦電子レンジ 전자레인지. レンジフード 레인지 후드.
れんじつ【連日】 연일(連日). ♦連日連夜 연일연야. 매일.
*れんしゅう【練習】 (え하) 연습(練習). ‖ピアノを練習する 피아노를 연습하다. 相当な練習をする 상당한 연습을 하다. 試合に備えて猛練習する 시합에 대비해서 맹연습하다. ♦発音練習 발음 연습. 練習曲 연습곡. 練習不足 연습 부족.
れんしょ【連署】(え하) 연서(連署).
れんしょう【連勝】(え하) 연승(連勝).
れんじょう【恋情】연정(戀情).
れんじょう【連乗】(え하)《数学》연승(連乗).
レンズ【lens】렌즈. ♦凹レンズ 오목 렌즈. 凸レンズ 볼록 렌즈.
れんせつ【連接】(え하) 연접(連接).
れんそう【連想】(え하) 연상(聯想). ‖哲学者というとカントを連想する 철학자라고 하면 칸트를 연상하다. ♦連想ゲーム 연상 게임.
*れんぞく【連続】(え하) 연속(連續). ‖3年連続して優勝する 삼 년 연속해서 우승하다. 連続して質問する 연속해서 질문하다. ♦連続性 연속성.
れんだ【連打】(え하) 연타(連打).
れんたい【連体】관형(冠形). ♦連体形 관형형. 連体詞 관형사.
れんたい【連帯】(え하) 연대(連帶). ♦連帯感 연대감. 連帯責任 연대 책임.
れんたい【連隊】연대(聯隊).
れんだい【蓮台】 연대; 연화대(蓮花臺).
レンタカー【rent-a-car】렌터카. ‖レンタカーを借りる 렌터카를 빌리다.
レンタル【rental】 (え하) 임대(賃貸). ♦レンタルビデオ 임대 비디오.
れんたん【練炭】연탄(煉炭).
れんだん【連弾】(え하) 연탄(連彈). ‖ピアノを連弾する 피아노를 연탄하다.
れんち【廉恥】염치(廉恥). ♦廉恥心 염치. 부끄러운 마음.
れんチャン 연속(聯續). ‖忘年会のれんチャン 망년회의 연속.
れんちゅう【連中】패거리; 무리; 동료(同僚). ‖会社の連中 회사 동료들.
れんとう【連投】 (え하) (野球で)연투(連投).
れんどう【連動】 (え하) 연동(連動). ♦連動装置 연동 장치.
レントゲン【Röntgen[ド]】뢴트겐. ♦レントゲン写真 뢴트겐 사진.
れんにゅう【練乳】연유(煉乳).
れんぱ【連覇】(え하) 연패(連覇).
れんぱい【連敗】(え하) 연패(連敗).
れんぱつ【連発】(え하) 연발(連發). ‖ピストルを連発する 권총을 연발하다. 事故の連発 사고의 연발. ♦連発銃 연발총.
れんばん【連番】연번(連番).
れんびん【憐憫】 연민(憐憫). ‖憐憫の情を催す 연민의 정을 느끼게 하다.
れんぺい【練兵】 연병(練兵). ♦練兵場 연병장.
れんぼ【恋慕】(え하) 연모(戀慕).
れんぽう【連邦】연방(聯邦). ♦連邦制 연방제.
れんぽう【連峰】연봉(連峯).
れんま【練磨】(え하) 연마(研磨).
れんめい【連名】 연명(連名). ‖連名で嘆願書を出す 연명으로 탄원서를 내다.
れんめい【連盟】 연맹(聯盟). ♦国際連盟 국제 연맹.
れんや【連夜】 연야(連夜); 매일(每日) 밤.
れんよう【連用】 계속해서 사용(使用)함.
れんようけい【連用形】 부사형(副詞形).
*れんらく【連絡】(え하) 연락(連絡). ‖警察に連絡する 경찰에 연락하다. 彼から来られないという連絡があった 그 사람한테서 못 온다는 연락이 왔다. 連絡を取る 연락을 취하다. 連絡が途絶える 연락이 끊어지다. ♦連絡先 연락처. 連絡船 연락선. 連絡網 연락망.
れんりつ【連立】(え하) 연립(聯立). ♦連立内閣 연립 내각. 連立方程式 연립 방정식.

ろ

ろ【櫓】노(櫓). ‖櫓を漕ぐ 노를 젓다.
ロイヤリティー【royalty】로열티.
ロイヤルゼリー【royal jelly】로열 젤리.
ロイヤルボックス【royal box】 로열박스.
ろう【労】 노력(努力); 수고; 노고(勞苦). ‖労をねぎらう 노고를 치하하다. 労を執る 수고를 하다.
ろう【蠟】납(蠟); 왁스.
ろう【鑞】납. ‖ろう付け 납땜.
ろうあ【聾唖】 농아(聾兒). ♦聾唖学校

농아 학교.

ろうえい【漏洩】 (조하) 누설(漏泄). ‖機密の漏洩 기밀 누설.

ろうえき【労役】 노역(勞役).

ろうか【老化】 (조하) 노화(老化). ‖老化を防ぐ食品 노화를 방지하는 식품. ♦老化現象 노화 현상.

ろうか【廊下】 복도(複道).

ろうかい【老獪】ダ 노회(老獪)하다. ‖老獪な政治家 노회한 정치가.

ろうかく【楼閣】 누각(樓閣). ‖砂上の楼閣 사상누각.

ろうがっこう【聾学校】 농아 학교(聾啞學校).

ろうがん【老眼】 노안(老眼). ‖老眼になる 노안이 되다. ♦老眼鏡 노안경. 돋보기.

ろうきゅう【老朽】 (조하) 노후(老朽). ‖老朽化した建物 노후화된 건물.

ろうく【老軀】 노구(老軀).

ろうく【労苦】 노고(勞苦).

ろうご【老後】 노후(老後). ‖老後に備える 노후에 대비하다.

ろうさい【労災】 산재(産災); 산업 재해(産業災害).

ろうさく【労作】 노작(勞作).

ろうし【労使】 노사(勞使). ♦労使交渉 노사 교섭.

ろうじゃく【老弱】ダ 노약(老弱)하다. ‖老弱な身 노약한 몸.

ろうしゅう【老醜】 노추(老醜).

ろうじゅく【老熟】 (조하) 노숙(老熟).

ろうしゅつ【漏出】 (조하) 누출(漏出).

ろうしょう【老将】 노장(老將).

ろうしょう【朗誦】 (조하) 낭송(朗誦).

ろうじょう【楼上】 누상(樓上).

ろうじょう【籠城】 (조하) 농성(籠城).

ろうしん【老親】 노친(老親).

*__ろうじん【老人】__ 노인(老人). ‖老人になる 노인이 되다. 老人扱いする 노인 취급하다. ♦老人性痴呆 노인성 치매. 老人ホーム 양로원. 노인 복지 시설.

ろうすい【老衰】 (조하) 노쇠(老衰).

ろうする【弄する】 늘어놓다; 부리다. ‖詭弁を弄する 궤변을 늘어놓다. 技巧を弄する 기교를 부리다.

ろうする【労する】 노력(努力)하다; 수고하다; 애쓰다. ‖労せずして何かを得ようとする 노력하지 않고 무언가를 얻으려고 하다.

ろうそ【労組】 노조(勞組).

ろうそう【老僧】 노승(老僧).

ろうそく【蠟燭】 초; 양초. ‖ろうそくの明かり 촛불.

ろうたいか【老大家】 노대가(老大家). ‖書道の老大家 서도의 노대가.

ろうちん【労賃】 노임(勞賃); 품삯.

ろうでん【漏電】 (조되) 누전(漏電). ♦漏電事故 누전 사고.

*__ろうどう【労働】__ (조하) 노동(勞動). ‖1日8時間労働 하루 여덟 시간 노동. ♦強制労働 강제 노동. 精神労働 정신노동. 肉体労働 육체노동.

ろうどううんどう【労働運動】 노동 운동(勞動運動).

ろうどうきじゅんほう【労働基準法】 근로 기준법(勤勞基準法).

ろうどうきほんけん【労働基本権】 근로 기본권(勤勞基本權).

ろうどうきょうやく【労働協約】 노동 협약(勞動協約).

ろうどうくみあい【労働組合】 노동조합(勞動組合).

ろうどうけいやく【労働契約】 노동 계약(勞動契約).

ろうどうけん【労働権】 노동권(勞動權).

ろうどうさいがい【労働災害】 산업 재해(産業災害).

ろうどうじかん【労働時間】 노동 시간(勞動時間).

ろうどうしゃ【労働者】 노동자(勞動者). ♦労働者階級 노동자 계급.

ろうどうじょうけん【労働条件】 노동 조건(勞動條件).

ろうどうそうぎ【労働争議】 노동 쟁의(勞動爭議).

ろうどうほう【労働法】 노동법(勞動法).

ろうどうりょく【労働力】 노동력(勞動力). ♦労働力人口 노동력 인구.

ろうどく【朗読】 (조하) 낭독(朗讀). ‖詩を朗読する 시를 낭독하다.

ろうにゃくなんにょ【老若男女】 남녀노소(男女老少).

ろうにんぎょう【蠟人形】 밀랍 인형(蜜蠟人形).

ろうねん【老年】 노년(老年). ♦老年期 노년기.

ろうば【老婆】 노파(老婆). ♦老婆心 노파심.

ろうはい【老廃】 (조하) 노폐(老廢). ♦老廃物 노폐물.

ろうばい【狼狽】 ‖狼狽する 당황하다. 허둥거리다.

ろうひ【浪費】 (조하) 낭비(浪費). ‖時間を浪費する 시간을 낭비하다. ♦浪費癖 낭비벽.

ろうへい【老兵】 노병(老兵).

ろうぼ【老母】 노모(老母).

ろうほう【朗報】 낭보(朗報). ‖朗報に接する 낭보를 접하다.

ろうぼく【老木】 노목(老木).

ろうまん【浪漫】 낭만(浪漫).

ろうむ【労務】 노무(勞務). ♦労務管理 노무 관리.

ろうや【牢屋】 감옥(監獄).

ろうらく【籠絡】 (조하) 농락(籠絡).

ろうりょく【労力】 노력(勞力). ‖労力を惜しまない 노력을 아끼지 않다.

ろ

ろうれい【老齢】노령(老齡).
ろうれん【老練】ダ 노련(老練)하다. ‖老練な医師 노련한 의사.
ろうろうと【朗朗と】낭랑(朗朗)하게. ‖朗々と詩を朗読する 낭랑하게 시를 낭독하다.
ローカル【local】로컬. ♦ローカルカラー 지방색. ローカル線 지선. ローカル番組 지방 프로그램.
ローション【lotion】로션. ♦スキンローション 스킨로션.
ロースクール【law school】로스쿨.
ロースト【roast】로스트. ♦ローストチキン 로스트 치킨.
ロータリー【rotary】로터리. ♦ロータリーエンジン 로터리 엔진.
ロータリークラブ【Rotary Club】로터리 클럽.
ローテーション【rotation】로테이션.
ロードショー【road show】로드 쇼.
ロープ【rope】로프. ♦ロープウエー 케이블카.
ローマ【Roma】로마. ♦ローマ字 로마자. ローマ数字 로마 숫자. ローマ法皇 로마 교황.
ローマカトリック【Roman Catholic】로마 가톨릭. ♦ローマカトリック教会 로마 가톨릭 교회.
ローラー【roller】롤러. ♦ローラースケート 롤러스케이트. ローラースケートをする 롤러스케이트를 타다.
ロール【role】역할(役割).
ロールパン【rollパン】롤빵.
ローン【loan】대부; 대부금(貸付金); 융자(融資). ♦住宅ローン 주택 융자.
ろか【濾過】㊔하 여과(濾過). ♦濾過器 여과기.
ろかた【路肩】갓길. ‖路肩に注意 갓길 주의.
ろく【六・6】육(六); 여섯. ‖6人前 육 인분. 小学校6年生 초등학교 육 학년. 6人 여섯 명.
ろく【碌】제대로임; 변변함. ‖ろくに見もしないで 제대로 보지도 않고.
ろく【禄】녹(祿). ▸禄を食む 녹을 먹다.
ログアウト【log out】(IT) 로그아웃.
ログイン【log in】(IT) 로그인.
***ろくおん**【録音】㊔하 녹음(錄音). ‖講演を録音する 강연을 녹음하다. ♦録音機 녹음기. 録音装置 녹음 장치.
ろくが【録画】㊔하 녹화(錄畫). ♦録画放送 녹화 방송.
ろくがつ【六月・6月】유월.
ろくじゅう【六十・60】육십(六十); 예순. ‖60番目 육십 번째. 60歳 육십 세. 예순 살.
ろくしょう【緑青】녹(綠). ‖緑青が出ている 녹이 슬다.
ろくだいしゅう【六大州】육대주(六大洲).
ログハウス【log house】통나무집.
ろくまく【肋膜】늑막(肋膜). ♦肋膜炎 늑막염.
ろくめんたい【六面体】육면체(六面體).
ロケーション【location】로케이션.
***ロケット**【rocket】로켓. ‖ロケットを打ち上げる 로켓을 쏘아 올리다. ♦ロケットエンジン 로켓 엔진. ロケット弾 로켓탄.
ロゴ(タイプ)【logotype】로고.
ロゴス【logos ギ】로고스.
ろこつ【露骨】노골적(露骨的). ‖露骨な表現 노골적인 표현.
ロザリオ【rosario ポ】로사리오; 묵주(默珠).
ろし【濾紙】여과지(濾過紙); 거름종이.
ろじ【路地】골목; 골목길. ♦路地裏 뒷골목. 골목 안.
ろじ【露地】노지(露地).
ロシア【Rossiya ロ】러시아. ♦ロシア語 러시아어.
ろしゅつ【露出】㊔하 노출(露出). ‖肌を露出する 속살을 드러내다. ♦露出症 노출증.
ろじょう【路上】노상(路上). ♦路上駐車 노상 주차.
ロス【loss】㊔하 손실(損失); 낭비(浪費). ‖時間のロス 시간의 낭비. ♦ロスタイム (サッカーなどで)로스 타임.
ろせん【路線】노선(路線). ‖決まった路線を走る 정해진 노선을 달리다. ♦反核平和路線 반핵 평화 노선.
ろせんバス【路線bus】노선(路線) 버스.
ろそくたい【路側帯】보행자용(步行者用) 도로(道路).
ロッカー【locker】사물함(私物函); 라커. ♦コインロッカー 코인라커.
ろっかくけい【六角形】육각형(六角形).
ろっかん【肋間】늑간(肋間).
ロック【lock】‖ロックする 자물쇠로 잠그다.
ロッククライミング【rock-climbing】록클라이밍.
ロックンロール【rock'n'roll】로큰롤.
ろっこつ【肋骨】늑골(肋骨); 갈비뼈.
ロッジ【lodge】산장(山莊).
ロッド【rod】낚싯대.
ろっぷ【六腑】육부(六腑). ♦五臓六腑 오장육부.
ろっぽう【六方】동서남북(東西南北)과 천지(天地).
ろっぽう【六法】육법(六法). ♦六法全書 육법전서.
ろてい【路程】노정(路程).
ろてい【露呈】㊔하 노정(露呈).

ろ

ろてん【露天】노천(露天). ♦露天商 노천상.
ろてん【露店】노점(露店).
ろとう【路頭】길거리. ▸路頭に迷う 거리로 나앉다; 생계가 막막하다.
ロハ〔ただ〕공짜.
ロバ【驢馬】당나귀.
ろばた【炉端】노변(爐邊); 화롯가; 난롯가. ♦炉端焼き 로바타야키. 화롯불구이.
ロビー【lobby】로비. ‖空港の出発ロビー 공항의 출발 로비.
ロビイスト【lobbyist】로비스트.
ロブスター【lobster】로브스터.
ロフト【loft】다락방.
ろぼう【路傍】노방(路傍); 길가. ‖路傍の人 길 가는 사람.
ロボット【robot】로봇. ♦産業用ロボット 산업용 로봇. ロボット工学 로봇 공학.
ロマネスク【Romanesque ア】로마네스크.
ロマン【roman ア】낭만(浪漫). ♦ロマン主義 낭만주의.
ロマンス【romance】로맨스.
ロマンチシズム【romanticism】로맨티시즘.
ロマンチスト【romanticist】로맨티시스트.
ロマンチック【romantic】ダ 로맨틱하다. ‖ロマンチックな雰囲気 로맨틱한 분위기.
ロム【ROM】(IT) 롬. ♦CRロム 시디롬.
ろめん【路面】노면(路面). ♦路面電車 노면 전차.
ろれつ【呂律】말투; 말씨. ▸呂律が回らない 혀가 제대로 움직이지 않다. 말을 제대로 못 하다.
ろわじてん【露和辞典】러일 사전(露日辭典).
*ろん【論】논; 이론(理論); 논리(論理); 의견(意見). ‖論が分かれる 의견이 갈라지다. 論を戦わす 논쟁을 벌이다. 論が立つ 논리가 서다. ▸論より証拠 말보다는 증거. ▸論を俟(ま)たない 논할 필요가 없다. 명백하다. ♦抽象論 추상론. 一般論 일반론.
ろんがい【論外】논외(論外); 터무니없음. ‖それは論外の問題だ 그건 논외의 문제다. 論外な値段 터무니없는 가격. 論外な要求 말도 안 되는 요구.
ろんぎ【論議】(をする) 논의(論議). ‖論議を尽くす 충분히 논의하다.
ろんきゃく【論客】논객(論客).
ろんきゅう【論及】(する) 논급(論及).
ろんきょ【論拠】논거(論據).
ロングラン【long-run】롱런.
ろんご【論語】논어(論語).
ろんこう【論功】논공(論功). ♦論功行賞 논공행상.
ろんこう (する)【論考】논고(論考).
ろんこく【論告】(する) 논고(論告).
ろんし【論旨】논지(論旨).
ろんしゃ【論者】논자(論者).
ろんしゅう【論集】논집(論集). ‖論集を編集する 논집을 편집하다.
ろんじゅつ【論述】(する) 논술(論述). ♦論述式試験問題 *논술식 시험 문제.*
ろんしょう【論証】(する) 논증(論證). ‖引力の法則を論証する 인력의 법칙을 논증하다.
ろんじる【論じる】논(論)하다. ‖政治について論じる 정치에 대해 논하다.
ろんせつ【論説】논설(論說). ♦論説委員 논설위원.
ろんそう【論争】(する) 논쟁(論爭). ‖経済問題について論争する 경제 문제에 대해서 논쟁하다. 論争が激しい 논쟁이 치열하다.
ろんそう【論叢】논총(論叢).
ろんだい【論題】논제(論題).
ろんだん【論壇】논단(論壇).
ろんちょ【論著】논저(論著).
ろんちょう【論調】논조(論調).
ろんてん【論点】논점(論點). ‖論点を明確にする 논점을 명확히 하다. 論点が曖昧だ 논점이 애매하다.
ロンパース【rompers】(子供服の)롬퍼.
ろんばく【論駁】(する) 논박(論駁). ‖陳述を論駁する 진술을 논박하다.
ろんぴょう【論評】(する) 논평(論評).
*ろんぶん【論文】논문(論文). ‖卒業論文を提出する 졸업 논문을 제출하다. 教育問題に関する論文 교육 문제에 관한 논문. ♦修士論文 석사 논문. 博士論文 박사 논문.
ろんぽう【論法】논법(論法). ♦三段論法 삼단 논법.
ろんり【論理】논리(論理). ‖論理の飛躍 논리의 비약. ♦論理学 논리학. 論理的 논리적. 論理的な考え 논리적인 생각.

わ

わ【和】❶협력(協力); 협조(協調); 화합(和合). ‖人の和 인화. ❷화해(和解). ❸(数学) 합.
わ【輪・環】❶환(環); 원형(圓形)의 것. ❷차륜(車輪); 수레바퀴.
-わ【羽】〔鳥・ウサギなど〕…마리. ‖鳥1羽 새 한 마리.
わあ〔驚き・感動〕와. ‖わあ, 大きい 와, 크다.
わあい〔からかう〕야. ‖わあい, 泣き虫やあい 야, 울보야.
ワーカホリック【workaholic】일 중독

(中毒).
ワークショップ【workshop】워크숍.
ワードプロセッサー【word processor】워드프로세서.
ワールドカップ【World Cup】월드컵.
ワールドワイドウェブ【World Wide Web】(IT) 월드 와이드 웹(WWW).
わあわあ ❶〔泣き声〕엉엉. ‖わあわあ泣いた 엉엉 울었다. ❷〔騒ぐ声〕왁자지껄.
わいきょく【歪曲】(되하) 왜곡(歪曲). ‖事実を歪曲する 사실을 왜곡하다.
ワイシャツ 와이셔츠.
わいしょう【矮小】ダ 왜소(矮小)하다.
わいせつ【猥褻】외설(猥褻). ‖わいせつ行為 외설 행위.
ワイドショー【wide+show 日】 와이드쇼.
ワイドスクリーン【wide screen】 와이드 스크린.
ワイパー【wiper】와이퍼.
ワイフ【wife】와이프; 마누라.
ワイヤ【wire】와이어. ♦ワイヤレス 와이어리스.
わいろ【賄賂】뇌물(賂物).
わいわい 〔騒ぐ声〕왁자지껄; 와글와글.
ワイン【wine】 와인; 포도주(葡萄酒). ♦ワインカラー 포도색.
わえいじてん【和英辞典】일영 사전(日英辭典).
わおん【和音】화음(和音).
わが【我が】우리; 나의. ‖我が国 우리나라.
*__わかい__【若い】 ❶젊다; 미숙(未熟)하다; 어리다. ‖若い人 젊은 사람. 若い木 어린 나무. 若い者 젊은이. 考えが若い 생각이 미숙하다. 彼の方が私より若い 그 사람이 나보다 젊다. ❷(番号・数値などが)낮다. ‖番号の若い順 번호가 낮은 순.
わかい【和解】(되하) 화해(和解).
わがい【我が意】자기 생각; 자기 기분(自己氣分). ‖我が意を得たり 자기 생각대로 되다.
わかがえる【若返る】젊어지다.
わかくさ【若草】어린 풀.
わかげ【若気】 젊은 혈기(血氣); 젊은 패기(覇氣). ‖若気の過ち 젊은 혈기로 인한 잘못.
わがこと【我が事】자신(自身)의 일.
わかさ【若さ】젊음.
ワカサギ【公魚】빙어.
わがし【和菓子】 일본 전통(日本傳統) 과자(菓子).
わかじに【若死に】(되하) 요절(夭折).
わかしらが【若白髪】 새치. ‖若白髪を抜く 새치를 뽑다.
わかす【沸かす】 ❶끓이다. ‖お湯を沸かす 물을 끓이다. ❷열광(熱狂)시키다. ‖観衆を沸かす大接戦 관중을 열광시키는 대접전.
わかぞう【若造】풋내기; 애송이.
わかだんな【若旦那】 ❶(商家の)장남(長男); 도련님. ❷(大家の)아들; 도련님.
わかちあう【分かち合う】 나누다; 나누어 가지다; 분담(分擔)하다. ‖喜びを分かち合う 기쁨을 나누다.
わかちがき【分かち書き】띄어쓰기. ‖韓国語は分かち書きをする 한국어는 띄어쓰기를 한다.
わかつ【分かつ】 ❶〔分ける〕나누다. ❷구분(區分)하다; 구별(區別)하다; 분간(分揀)하다. ‖黒白を分かつ 흑백을 분간하다.
わかづくり【若作り】젊어 보이게 꾸밈; 젊게 보이게 꾸밈. ‖若作りの女性 젊게 보이게 꾸민 여자.
わかて【若手】젊은이; 젊은 사람. ‖若手を起用する 젊은 사람을 기용하다.
わかな【若菜】봄나물. ‖若菜を摘む 봄나물을 캐다.
わかば【若葉】새잎; 어린 잎; 신록(新綠). ‖若葉の季節 신록의 계절. ♦若葉マーク 초보 운전 마크.
わかまつ【若松】애송; 어린 소나무.
わがまま【我が儘】ダ 제멋대로이다; 버릇이 없다. ‖わがままな性格 제멋대로 하는 성격.
わがみ【我が身】 ❶〔体〕자기(自己) 몸. ❷〔立場〕자기 입장(立場).
わかめ【若芽】 새싹. ‖若芽が萌え出る 새싹이 움트다.
ワカメ【若布】미역. ‖ワカメスープ 미역국.
わかもの【若者】젊은이; 청년(青年).
わがや【我が家】우리 집.
わがよ【我が世】내 세상(世上). ▸我が世の春 전성기. 我が世の春を謳歌する 전성기를 구가하다.
わからずや【分からず屋】벽창호.
わかりきった【分かり切った】 너무나 뻔한; 당연(當然)한. ‖分かり切ったこと 너무나 뻔한 일.
*__わかる__【分かる】 ❶알다; 알아보다; 이해(理解)할 수 있다. ‖意味が分かる 의미를 알다. 答えが分かる 답을 알다. 味の分かる人 맛을 아는 사람. 一目で分かる 한눈에 알아보다. 道が分からない 길을 모르다. 名前が分からない人 이름을 모르는 사람. 分かった. 何とかしよう 알았다. 어떻게 해 보자. どんなに心配したか分からない 얼마나 걱정했는지 모른다. ❷명백(明白)해지다; 알려지다. ‖真犯人が分かる 진짜 범인이 명백해지다.
わかれ【別れ】이별(離別); 결별(訣別); 고별(告別). ‖別れを告げる 이별을 고하다. 永の別れ 영원한 이별.

わかれみち【別れ道】 갈림길. ‖運命の別れ道 운명의 갈림길.

わかれめ【分かれ目】 갈림길; 갈라지는 곳. ‖勝負の分かれ目 승부의 갈림길.

***わかれる**【分かれる】 ❶갈라지다; 나뉘다. ‖道が分かれる 길이 갈라지다. 3台に分かれて乗る 세 대로 나누어 타다. ❷차이(差異)가 생기다; 갈라지다. ‖意見が分かれる 의견이 갈라지다.

***わかれる**【別れる】 헤어지다; 이혼(離婚)하다; 이별(離別)하다. ‖駅で友だちと別れる 역에서 친구와 헤어지다. 恋人と別れる 애인과 헤어지다. 別れた妻 헤어진 아내.

わかれわかれ【別れ別れ】 ‖家族が別れ別れになる 가족이 뿔뿔이 흩어지다.

わかわかしい【若若しい】 아주 젊어 보이다.

***わき**【脇】 ❶겨드랑이. ‖脇に体温計を挟む 체온계를 겨드랑이에 끼우다. ❷옆; 곁. ‖先生の脇に座る 선생님 옆에 앉다. ❸딴 곳; 딴 데. ‖話が脇にそれる 이야기가 딴 데로 새다.

わきあいあい【和気藹藹】 화기애애(和氣靄靄). ‖和気藹々とした雰囲気 화기애애한 분위기.

わきあがる【沸き上がる】 ❶(泡などが) 끓어오르다. ❷터져 나오다. ‖歓声が沸き上がる 환성이 터져 나오다.

わきおこる【沸き起こる】 ❶피어오르다. ‖雲が沸き起こる 구름이 피어오르다. ❷터져 나오다. ‖拍手が沸き起こる 박수가 터져 나오다.

わきが【腋臭】 암내.

わきかえる【沸き返る】 ❶〔沸騰する〕펄펄 끓다. ❷열광(熱狂)하다. ‖沸き返る観衆 열광하는 관중.

わきげ【腋毛】 겨드랑이 털.

わきたつ【沸き立つ】 (雲が)피어오르다.

わきど【脇戸】 쪽문(門); 옆문.

ワギナ【vagina[ラ]】 질(膣).

わきのした【腋の下】 겨드랑이.

わきばら【脇腹】 옆구리.

わきまえる【弁える】 ❶가리다; 구분(區分)하다; 구별(區別)하다. ‖善悪を弁える 선악을 구분하다. ❷도리(道理)를 알다. ‖礼儀を弁える 예의를 차리다.

わきみ【脇見】 ‖脇見する 곁눈질하다. 한눈을 팔다. 脇見運転 한눈을 팔면서 하는 운전.

わきみず【湧き水】 샘물.

わきみち【脇道】 옆길; 샛길. ‖話が脇道にそれる 이야기가 옆길로 새다.

わきめ【脇目】 곁눈; 한눈; 옆에서 봄. ‖脇目もふらず仕事をする 한눈 한 번 팔지 않고 일을 하다.

わきやく【脇役】 ❶조연(助演). ❷보좌역(補佐役).

わぎゅう【和牛】 (説明)일본 재래산(日本在來産) 소.

わぎり【輪切り】 ‖輪切りにする 둥글게 썰다.

***わく**【枠】 ❶〔輪郭〕윤곽(輪廓); 테; 테두리. ‖眼鏡の枠 안경테. ❷〔限界〕한계(限界); 범위(範圍); 한도(限度). ‖法律の枠 법률의 한도.

わく【沸く】 ❶끓다. ‖お湯が沸く 물이 끓다. ❷열광(熱狂)하다. ‖場内が沸く 장내가 열광하다.

わく【湧く】 ❶(泉などが)솟다. ‖温泉が湧く 온천이 솟다. ❷(気分・感情などが)솟다; 나다; 생기다. ‖実感が湧く 실감이 나다. 興味が湧く 흥미가 생기다. ❸(虫などが)생기다.

わくがい【枠外】 (範囲・限度などの)밖. ‖予算の枠外 예산 한도 밖.

わくぐみ【枠組み】 ❶틀. ❷(仕事などの)아우트라인; 구성(構成).

わくせい【惑星】 혹성(惑星).

ワクチン【Vakzin[ド]】 백신.

わくない【枠内】 (範囲・限度などの)내(內). ‖予算の枠内で仕事をする 예산 한도 내에서 일을 하다.

わくわく 〔期待や喜びで落ち着かない様子〕‖わくわく(と)しながら登場を待つ 가슴 설레며 등장을 기다리다.

***わけ**【訳】 ❶〔意味〕뜻; 의미(意味). ‖訳も分からずに暗唱する 뜻도 모르고 외우다. ❷〔理由〕이유(理由); 사정(事情). ‖逃げた訳を聞く 도망간 이유를 묻다. 深い訳がある 깊은 사정이 있다. ❸〔理〕도리(道理); 이치(理致); 상식(常識). ‖訳の分かった人 도리를 아는 사람. ❹〔…わけにはいかないの形で〕…할 수는 없다. ‖帰るわけにはいかない 돌아갈 수는 없다. ❺〔…わけだの形で〕…하는 것도 당연(當然)하다; …할 만하다. ‖それでは怒るわけだ 그러면 화낼 만도 하다.

わげい【話芸】 (説明)화술(話術)로 사람을 즐겁게 하는 재주.

わけいる【分け入る】 헤치고 들어가다.

ワケギ【分葱】 쪽파; 골파.

わけしり【訳知り】 사물(事物)의 사정(事情)을 잘 아는 사람.

わけても【別けても】 특(特)히.

わけない【訳ない】 쉽다; 용이(容易)하다.

わけへだて【分け隔て】 사람에 따라 차별(差別)하는 것.

わけまえ【分け前】 할당분(割當分).

わけめ【分け目】 ❶나눈 곳. ‖髪の分け目 머리 가르마. ❷(勝敗などの)갈림길.

***わける**【分ける】 ❶나누다; 나누어 가지다. ‖学年別に分ける 학년별로 나누다. パンを何切れかに分ける 빵을 몇

조각으로 나누다. 5回に分けて支払う 오 회로 나눠서 지불하다. 2組に分けて試合をする 두 팀으로 나눠서 시합을 하다. 獲物を皆で分ける 획득물을 전원이 나눠 가지다. ❷헤치고 나아가다. ‖波を分けて進む 파도를 헤치고 나아가다.

わご【和語】 일본(日本)의 고유어(固有語).

わごう【和合】 (자하) 화합(和合).

わゴム【輪 gomme】 고무줄.

ワゴン【wagon】 왜건. ♦ワゴン車 봉고. ✣봉고は商品名. ワゴンセール (店頭や店内での)세일.

わこんかんさい【和魂漢才】 (説明) 일본 고유(日本固有)의 정신(精神)과 중국(中國)에서 전래(傳來)된 학문(學問).

わざ【業・技】 ❶행위(行爲); 짓; 일. ‖凡人のなしうる業ではない 보통 사람이 할 수 있는 짓이 아니다. 容易な業ではない 쉬운 일이 아니다. ❷기술(技術); 재주.

わざし【業師】 ❶(相撲取りなど)기술(技術)이 뛰어난 사람. ❷〔策略家〕흥정이나 거래(去來)가 뛰어난 사람.

***わざと**【態と】 고의(故意)로; 일부러. ‖わざと反対する 일부러 반대하다. わざと会議に出なかった 일부러 회의에 안 나갔다. ♦わざとらしい 부자연스럽다. 꾸민 것 같다.

ワサビ【山葵】 산규(山葵); 고추냉이; 와사비.

わざわい【災い・禍】 재난(災難); 재앙(災殃). ‖災いが降りかかる 재앙이 덮치다. ▸災を転じて福となす 전화위복(轉禍爲福).

わさわさ 술렁술렁.

わざわざ【態態】 ❶〔特別に〕특별(特別)히. ‖わざわざ見舞いにくる 특별히 병문안을 오다. ❷〔故意に〕일부러. ‖わざわざ仕事を邪魔する 일부러 일을 방해하다.

わさんぼん【和三盆】 (説明) 질(質) 좋은 백설탕(白雪糖).

わし【儂】 나.

わし【和紙】 (説明) 일본 고유 (日本固有)의 종이.

ワシ【鷲】 독수리.

わしき【和式】 일본식(日本式); 재래식(在來式). ‖和式トイレ 재래식 화장실.

わしつ【和室】 일본식 방(日本式房).

わしづかみ【鷲掴み】 ‖鷲掴みにする 낚아채다.

わしばな【鷲鼻】 매부리코.

わしゃ【話者】 화자(話者).

わじゅつ【話術】 화술(話術).

わしょ【和書】 ❶일본어(日本語)로 된 책. ❷일본식(日本式)으로 장정(裝幀)한 책.

わしょく【和食】 일식; 일본 음식(日本飮食). ♦和食器 일본 음식용 식기.

わしん【和親】 화친(和親). ‖和親条約 화친 조약.

***わずか**【僅か】 ❶아주 조금; 약간(若干); 사소(些少)함. ‖わずかなお金 약간의 돈. わずかなことで争う 사소한 일로 다투다. ❷〔わずかにの形で〕겨우; 간신(艱辛)히. ‖わずかに命をつなぐ 겨우 목숨을 연명하다.

わずらい【煩い・患い】 ❶고민(苦悶); 걱정. ❷병(病). ‖恋わずらい 상사병.

わずらう【煩う・患う】 ❶고민(苦悶)하다; 걱정하다. ❷병(病)을 앓다.

わずらわしい【煩わしい】 번거롭다; 귀찮다. ‖煩わしい手続き 번거로운 절차.

わずらわす【煩わす】 번거롭게 하다; 귀찮게 하다.

わする【和する】 ❶친하게 지내다. ❷박자(拍子)를 맞추다; 소리를 맞추다. ❸(詩歌に)화답(和答)하다.

わすれっぽい【忘れっぽい】 잘 잊어 버리다 ‖忘れっぽい性格 잘 잊어 버리는 성격.

ワスレナグサ【忘れな草】 물망초(勿忘草).

わすれもの【忘れ物】 분실물(紛失物); 잃어 버린 물건. ‖最近忘れ物が多い 최근에 자주 물건을 잃어버린다.

***わすれる**【忘れる】 잊다; 잊어 버리다; 두고 오다. ‖恩を忘れる 은혜를 잊다. 時の経つのを忘れる 시간이 지나는 것을 잊다. 宿題を忘れる 숙제를 잊다. 電車に傘を忘れる 전철에 우산을 두고 내리다.

わすれんぼう【忘れん坊】 잘 잊어 버리는 사람.

わせい【和製】 일제(日製). ♦和製英語 일본식 영어.

ワセリン【Vaseline】 바셀린.

わそう【和装】 ❶일본식 복장(日本式服裝). ❷일본식 장식(裝飾).

わた【腸】 내장(內臟); 창자. ‖魚の腸を抜く 생선 내장을 빼다.

わた【綿】 목화(木花); 솜. ▸綿のように疲れる 파김치가 되다.〔慣〕녹초가 되다. ♦綿飴 솜사탕. 綿雲 뭉게구름. 적운. 綿毛 솜털.

わだい【話題】 화제(話題). ‖話題の豊富な人 화제가 풍부한 사람. 話題に上る 화제에 오르다.

わたいれ【綿入れ】 솜옷.

わだかまり【蟠り】 (心の中の)응어리.

わだかまる【蟠る】 응어리가 남다.

わたくし【私】 ❶저. ❷사욕(私慾); 사심(私心). ‖私のない人 사심이 없는 사람. ❸〔私にの形で〕비밀(秘密)로; 몰래. ‖私に処理する 몰래 처리하다.

わたくしごと【私事】 ❶〔個人的〕사적

(私的)인 일. ❷〔隠し事〕비밀(秘密)스러운 일.

わたくしりつ【私立】 사립(私立). ‖私立の大学 사립대학.

*__わたし__【私】 ❶나;〔나의 謙譲語〕저. ‖私も行きたい 나도 가고 싶다. 私の読んだ本 내가 읽은 책. 私も知りませんでした 저도 몰랐습니다. 私がやります 제가 하겠습니다. ❷〔私の〕내. ‖私のかばん 내 가방. 私の故郷 내 고향.

わたし【渡し】 나룻배; 나루터. ♦渡し場 나루터. 渡し船 나룻배.

*__わたす__【渡す】 ❶〔向こう側へ渡す〕건네다. ❷걸치다; 놓다. ‖橋を渡す 다리를 놓다. ロープを渡す 로프를 걸치다. ❸〔手渡す・与える〕넘겨주다; 건네주다; 주다. ‖給料を渡す 월급을 주다. 泥棒を警察に渡す 도둑을 경찰에 넘겨주다.

わたぼうし【綿帽子】 ❶(説明)풀솜으로 만든 모자(帽子). ❷(説明)눈으로 뒤덮인 산(山)이나 나무.

わたゆき【綿雪】 함박눈. ‖綿雪が降る 함박눈이 내리다.

わたり【渡り】 ❶〔渡し場〕나루터. ❷떠돌아다님 또는 그런 사람; 떠돌이. ‖渡りの職人 떠돌이 일꾼. ❸교섭(交渉); 협상(協商). ‖渡りをつける 협상을 하다. ▸渡りに舟 바라던 대로 됨.

わたりあう【渡り合う】 ❶싸우다. ❷논쟁(論争)하다.

わたりあるく【渡り歩く】 전전(轉轉)하다. ‖いくつもの会社を渡り歩く 몇 군데 회사를 전전하다.

わたりいた【渡り板】 (説明)배에서 육지(陸地)에 걸쳐 놓은 발판(板).

ワタリガニ【渡り蟹】 꽃게.

わたりどり【渡り鳥】 철새; 후조(候鳥).

わたりろうか【渡り廊下】 두 건물(建物)을 잇는 통로(通路).

*__わたる__【渡る】 ❶건너다. ‖橋を渡る 다리를 건너다. 海を渡る 바다를 건너다. ❷살아가다. ‖世の中を渡る 세상을 살아가다. ❸(他の人の手に)넘어가다. ‖極秘書類が人手に渡る 극비 서류가 다른 사람 손에 넘어가다. ❹(時間・数量などに)걸치다. ‖2年間に渡る作業 이 년에 걸친 작업. ▸渡る世間に鬼は無い 세상에는 무정한 사람만 있는 것이 아니다.

わっ〔驚く・驚かす〕악; 으악.

ワックス【wax】 왁스.

わっしょい 영차.

わっと ❶〔泣き声〕엉엉. ❷왕창. ‖わっと押し寄せる 왕창 몰려가다.

ワット【watt】 …와트.

ワッフル【waffle】 와플.

ワッペン【Wappen ド】 바펜.

わどくじてん【和独辞典】 일독 사전(日獨辭典).

わな【罠】 덫; 함정(陷穽). ▸罠にかかる 덫에 걸리다. 함정에 빠지다.

わなげ【輪投げ】 고리 던지기.

わななく【戦慄く】 부들부들 떨다. ‖恐怖にわななく 공포로 부들부들 떨다.

わなわな 부들부들; 와들와들; 벌벌. ‖恐ろしさにわなわな(と)震える 두려움에 벌벌 떨다.

ワニ【鰐】 악어(鰐魚). ♦鰐皮 악어 가죽.

ワニス【varnish】 니스.

わび【侘び】 한적(閑寂)한 정취(情趣).

わび【詫び】 사죄(謝罪); 사과(謝過) ‖詫びを言う 사과의 말을 하다. ▸詫びを入れる 사죄하다.

わびいる【詫び入る】 진심(眞心)으로 사죄(謝罪)하다; 깍듯이 빌다.

わびしい【侘しい】 ❶〔寂しい〕외롭다; 쓸쓸하다; 한적(閑寂)하다. ‖わびしい一人暮し 외로운 독신 생활. ❷〔みすぼらしい〕초라하다; 가난하다. ‖わびしい暮らし 초라한 생활.

わびじょう【詫び状】 사죄(謝罪)하는 편지(便紙); 사과문(謝過文).

ワビスケ【侘助】 (植物) 동백(冬柏)나무의 일종(一種).

わびずまい【侘び住まい】 한적(閑寂)한 생활(生活).

わびる【詫びる】 사죄(謝罪)하다; 사과(謝過)하다.

わふう【和風】 일본풍(日本風).

わふく【和服】 일본 전통 복장(日本傳統服裝); 기모노.

わふつじてん【和仏辞典】 일불 사전(日佛辭典).

わぶん【和文】 일본어 문장(日本語文章).

わへい【和平】 평화(平和). ‖和平交渉 평화 교섭.

わほう【話法】 화법(話法). ‖直接話法 직접 화법.

わぼく【和睦】 (名하)화목(和睦).

わめい【和名】 ❶(学名に対して)일본명(日本名). ❷일본에서의 호칭(號稱); 일본명.

わめく【喚く】 소리를 지르다; 외치다.

わやく【和訳】 ‖和訳する 일본어(日本語)로 번역(翻譯)하다.

わよう【和洋】 일본(日本)과 서양(西洋). ♦和洋折衷 일본식과 서양식의 절충.

わら【藁】 지푸라기. ▸溺れる者は藁をもつかむ 물에 빠지면 지푸라기라도 움켜쥔다.〔諺〕 ▸藁にもすがる 지푸라기라도 잡고 싶다.

わらい【笑い】 ❶웃음. ‖笑いが止まらない 웃음을 참지 못하다. 웃음이 멈추지 않다. 笑いをこらえる 웃음을 참다. 口もとに笑いを浮かべる 입가에 웃음을 띠다. 笑い顔 웃는 얼굴. ❷조소(嘲

笑); 비웃음.

わらいぐさ【笑い種】 웃음거리.

わらいこける【笑いこける】 자지러지게 웃다; 배꼽을 잡고 웃다. ‖面白過ぎて笑いこける 너무 재미있어 배꼽을 잡고 웃다.

わらいごと【笑い事】 웃을 일. ‖笑い事ではない 웃을 일이 아니다.

わらいじょうご【笑い上戸】 (説明) 취(醉)하면 잘 웃는 사람.

わらいとばす【笑い飛ばす】 웃어넘기다.

わらいばなし【笑い話】 가볍게 하는 이야기.

わらいもの【笑い物】 웃음거리. ‖笑いものにされる 웃음거리가 되다.

***わらう**【笑う】 ❶웃다. ‖大きい声で笑う 큰 소리로 웃다. どっと笑う 와 하고 웃다. 彼の冗談で皆笑った 그 사람이 농담을 해서 전원이 웃었다. ❷비웃다; 조소(嘲笑)하다. ‖愚かしさを笑う 어리석음을 비웃다. ▸笑う門には福来たる 웃으면 복이 와요.

わらじ【草鞋】 짚신.

ワラビ【蕨】 고사리.

わらぶき【藁葺き】 초가(草家)지붕.

わらべ【童】 어린이. ‖わらべ歌 동요.

わり【割り】 ❶나눔; 할당(割當). ❷비율(比率). ‖3日に1冊の割りで本を読む 삼 일에 한 권 비율로 책을 읽다. ❸〔…(の)わりにの形で〕…에 비해. ‖値段のわりに物が悪い 가격에 비해 물건이 안 좋다. 大きいわりに弱い 큰 데 비해 약하다. ❹10분(分)의 1; 할. ‖2割引 이 할 할인. ▸割りに合う 수지가 맞다. 채산이 맞다.

わりあい【割合】 ❶비율(比率). ❷〔副詞的に〕비교적(比較的). ‖わりあい元気だった 비교적 건강했다.

わりあてる【割り当てる】 할당(割當)하다; 분배(分配)하다. ‖各自に仕事を割り当てる 각자에게 일을 할당하다.

わりいん【割り印】 계인(契印). ‖割り印を押す 계인을 찍다.

わりかん【割り勘】 더치페이; 각자 부담(各自負擔).

わりきる【割り切る】 ❶(端数が出ないように)딱 떨어지게 나누다. ❷확실(確實)히 결론(結論)을 내다. ‖割り切って考える 잘라서 생각하다.

わりきれる【割り切れる】 ❶(端数が出ないで)나누어떨어지다. ❷확실(確實)히 납득(納得)이 가다.

わりこみ【割り込み】 새치기. ‖割り込み禁止 새치기 금지.

わりこむ【割り込む】 ❶(列に)새치기하다; 헤치고 들어가다. ❷(話に)끼어들다; 말참견(參見)을 하다. ‖話に割り込む 이야기에 끼어들다. ❸(相場が)일정 가격(一定價格)보다 낮아지다.

わりざん【割り算】 나눗셈; 나누기.

わりした【割り下】《料理》(説明) 간장(醬)·미림 등을 넣은 전골용 국물.

わりだか【割高】ダ 비교적(比較的) 비싸다.

わりだす【割り出す】 산출(産出)하다. ‖当期利益を割り出す 당기 이익을 산출하다.

わりつけ【割り付け】 레이아웃.

わりと【割と】 비교적(比較的). ‖わりと楽に試験を通った 비교적 쉽게 시험에 합격했다.

わりに【割に】 비교적(比較的). ‖仕事がわりに早く終わった 일이 비교적 빨리 끝났다.

わりばし【割り箸】 나무젓가락.

***わりびき**【割引】 (名하) ❶할인(割引). ‖団体割引 단체 할인. 割引券 할인권. 割引料金 할인 요금. 割引サービス 할인 서비스. ❷〔手形割引の略語〕어음 할인.

わりびく【割り引く】 할인(割引)하다.

わりふる【割り振る】 할당(割當)하다; 배당(配當)하다. ‖座席を割り振る 좌석을 배당하다.

わりまし【割り増し】 (名하) 할증(割增). ‖割増金 할증금.

わりもどす【割り戻す】 받은 돈의 일부(一部)를 돌려주다.

わりやす【割安】ダ 비교적(比較的) 싸다. ‖割安な航空チケット 비교적 싼 항공 티켓.

わる【悪】 ❶〔人〕나쁜 사람. ❷〔悪…の形で〕나쁜 짓. ‖悪ふざけ 나쁜 장난.

***わる**【割る】 ❶〔壊す〕깨다; 부수다. ‖ガラスを割る 유리를 깨다. ❷〔離す〕무리(無理)하게 떼어 내다. ❸〔割り算〕나누다; 나눗셈을 하다. ‖6を3で割る 육을 삼으로 나누다. ❹〔薄める〕묽게 하다; 희석(稀釋)시키다. ‖ウイスキーを水で割る 위스키에 물을 타서 묽게 하다. ❺밑돌다. ‖定員を割る 정원을 밑돌다. ❻〔隠さない〕터놓다. ‖腹を割って話す 터놓고 이야기하다.

***わるい**【悪い】 ❶나쁘다; 안 좋다; 해(害)롭다. ‖天気が悪い 날씨가 안 좋다. 体に悪い 몸에 해롭다. 評判が悪い 평판이 안 좋다. 成績が悪い 성적이 안 좋다. どこが悪いんですか 어디가 안 좋습니까? 彼は心臓が悪い 그 사람은 심장이 안 좋다. 他人のことを悪く言う 다른 사람을 나쁘게 말하다. 事態はますます悪くなっている 사태는 점점 나빠지고 있다. ❷미안(未安)하다. ‖悪いけれど一緒に行けないんだ 미안하지만 같이 못 가.

わるがしこい【悪賢い】 영악(獰惡)하다; 교활(狡猾)하다; 약다. ‖悪賢い男 교활한 남자.

わるぎ【悪気】 악의(惡意); 나쁜 뜻. ‖悪気はない 악의는 없다.

わるくち【悪口】 험담(險談). ‖友だちの悪口を言う 친구의 험담을 하다.

わるさ【悪さ】 장난. ‖悪さをする 장난을 치다.

わるだくみ【悪巧み】 흉계(凶計); 간계(奸計).

わるぢえ【悪知恵】 간사(奸邪)한 꾀. ‖悪知恵をはたらかす 간사한 꾀를 부리다.

ワルツ【waltz】 왈츠. ‖ワルツを踊る 왈츠를 추다.

わるびれる【悪びれる】 기(氣)죽다; 주눅이 들다.

わるふざけ【悪ふざけ】 ‖悪ふざけする 정도가 지나치게 장난치다.

わるもの【悪者】 악인(惡人); 나쁜 놈. ‖悪者扱いされる 나쁜 놈 취급을 받다[당하다].

わるよい【悪酔い】 ‖悪酔いする 술로 인해 두통[구토] 등이 생기다.

われ【我・吾】 나. ‖我にもなく 나도 모르게. 私思う, 故に我あり 나는 생각한다. 고로 존재한다. ▸我関せず 오불관언(吾不關焉). ▸我に返る 정신이 들다. ▸我も我もと 앞 다투어. ▸我を忘れる 정신을 못 차리다. 망연자실하다.

われかえる【割れ返る】 (拍手・喚声などが)크게 일다. ‖割れ返るような拍手 떠나갈 듯한 박수.

われがちに【我勝ちに】 앞 다투어.

われさきに【我先に】 앞 다투어.

われしらず【我知らず】 나도 모르게.

われながら【我乍ら】 내 일이지만; 내가 생각해도.

われなべ【破れ鍋】 금이 간 냄비. ▸破れ鍋に綴じ蓋 짚신도 제짝이 있다.〔諺〕

われめ【割れ目】 금이 간 곳; 금. ‖壁に割れ目が入る 벽에 금이 가다.

われもの【割れ物】 〔割れたもの〕깨진 물건;〔割れ易い〕깨지는 물건.

われら【我等】 우리; 우리들. ‖自由を我らに 우리들에게 자유를.

***われる**【割れる】 ❶〔壊れる〕깨지다; 갈라지다. ‖ガラスが割れる音 유리가 깨지는 소리. 大地震で地面が割れる 대지진으로 지면이 갈라지다. ❷〔端数が出ない〕나누어떨어지다. ❸〔はっきりする〕판명(判明)되다. ‖犯人が割れる 범인이 판명되다.

われわれ【我我】 우리들. ‖我々は最善を尽くした 우리들은 최선을 다했다.

わん【湾】 만(灣). ‖東京湾 동경 만. ペルシャ湾 페르시아 만.

わんがん【湾岸】 만안(灣岸); 만의 연안(沿岸) ‖湾岸戦争 걸프 전쟁.

わんしょう【腕章】 완장(腕章). ‖腕章をつける 완장을 차다.

ワンタン【餛飩】 훈탕.

わんぱく【腕白】 개구쟁이; 장난꾸러기.

ワンピース【one-piece】 원피스. ‖赤いワンピースを 1 着買う 빨간 원피스를 한 벌 사다.

ワンボックスカー【one box car】 원박스카.

ワンマン【one-man】 원맨. ♦ワンマンカー 차장은 없고 운전사만 있는 버스나 전철. ワンマンショー 원맨쇼.

わんりょく【腕力】 완력(腕力); 힘. ‖腕力に訴える 완력에 호소하다.

ワンルーム【one room】 원룸.

わんわん ❶〔犬の吠える声〕멍멍. ❷〔幼児語〕멍멍이.

を

を ❶…을[를]. ‖本を読む 책을 읽다. ご飯を食べる 밥을 먹다. 湯を沸かす 물을 끓이다. 子どもを泣かせる 애를 울리다. 足を踏まれる 발을 밟히다. 故郷を離れる 고향을 떠나다. 船で川を渡る 배로 강을 건너다. 夜道を歩く 밤길을 걷다. 大空を飛ぶ 창공을 날다. ❷…에서. ‖バスを降りてから 5 分ほど歩く 버스에서 내려서 오 분 정도 걷다. 何時に家を出たの 몇 시에 집에서 나왔니?

-をおいて【を措いて】 이외(以外)에(는). ‖あの人をおいて他に適任者はいない 그 사람 이외에 적임자는 없다.

-をつうじて【を通じて】 …을[를] 통(通)해서; …에 걸쳐서. ‖四季を通じて楽しめる 사계절을 통해 즐길 수 있다.

-をもって【を以て】 ❶…을[를] 이용(利用)해서; …을 통해서. ‖紙面を以て発表する 지면을 통해 발표하다. ❷…때문에; …로 인(因)해. ‖雨天を以て延期する 비로 인해 연기하다. ❸〔をを強めた言い方で〕…을[를]. ‖東京を以て首都とする 동경을 수도로 하다. ❹…(으)로. ‖これを以て閉会します 이것으로 폐회하겠습니다.

ん

ん 〔うんを口ごもって〕응.

ん- 몇. ‖ん万円 몇 만 엔.

日韓辞典付録

◉ 都道府県と県庁所在地

都道府県	(都・府・県　省く)	県庁所在地	(都・市　省く)
北海道	홋카이도	札幌市	삿포로
青森県	아오모리	青森市	아오모리
岩手県	이와테	盛岡市	모리오카
宮城県	미야기	仙台市	센다이
秋田県	아키타	秋田市	아키타
山形県	야마가타	山形市	야마가타
福島県	후쿠시마	福島市	후쿠시마
茨城県	이바라키	水戸市	미토
栃木県	도치기	宇都宮市	우쓰노미야
群馬県	군마	前橋市	마에바시
埼玉県	사이타마	さいたま市	사이타마
千葉県	지바	千葉市	지바
東京都	도쿄	東京	도쿄
神奈川県	가나가와	横浜市	요코하마
新潟県	니가타	新潟市	니가타
富山県	도야마	富山市	도야마
石川県	이시카와	金沢市	가나자와
福井県	후쿠이	福井市	후쿠이
山梨県	야마나시	甲府市	고후
長野県	나가노	長野市	나가노
岐阜県	기후	岐阜市	기후
静岡県	시즈오카	静岡市	시즈오카
愛知県	아이치	名古屋市	나고야
三重県	미에	津市	쓰
滋賀県	시가	大津市	오쓰
京都府	교토	京都市	교토
大阪府	오사카	大阪市	오사카
兵庫県	효고	神戸市	고베
奈良県	나라	奈良市	나라
和歌山県	와카야마	和歌山市	와카야마
鳥取県	돗토리	鳥取市	돗토리
島根県	시마네	松江市	마쓰에
岡山県	오카야마	岡山市	오카야마
広島県	히로시마	広島市	히로시마
山口県	야마구치	山口市	야마구치
徳島県	도쿠시마	徳島市	도쿠시마
香川県	가가와	高松市	다카마쓰
愛媛県	에히메	松山市	마쓰야마
高知県	고치	高知市	고치
福岡県	후쿠오카	福岡市	후쿠오카
佐賀県	사가	佐賀市	사가
長崎県	나가사키	長崎市	나가사키
熊本県	구마모토	熊本市	구마모토
大分県	오이타	大分市	오이타
宮崎県	미야자키	宮崎市	미야자키
鹿児島県	가고시마	鹿児島市	가고시마
沖縄県	오키나와	那覇市	나하

◉ 行政機関(행정기관)·中央省庁(중앙성청)［1 府 12 省庁(1 부 12 성청)］

- 内閣 내각
  - 内閣官房 내각관방
  - 内閣法制局 내각법제국
  - 人事院 인사원
  - 内閣 내각
  - 内閣府 내각부
    - 宮内庁 궁내청
    - 公正取引委員会 공정거래위원회
    - 国家公安委員会 국가공안위원회
      - 警察庁 경찰청
    - 金融庁 금융청
  - 総務省 총무성
    - 公害等調整委員会 공해등조정위원회
    - 消防庁 소방청
  - 法務省 법무성
    - 公安調査庁 공안조사청
  - 外務省 외무성
  - 財務省 재무성
    - 国税庁 국세청
  - 文部科学省 문부과학성
    - 文化庁 문화청
  - 厚生労働省 후생노동성
    - 中央労働委員会 중앙노동위원회
    - 社会保険庁 사회보험청
  - 農林水産省 농림수산성
    - 林野庁 임야청
    - 水産庁 수산청
  - 経済産業省 경제산업성
    - 資源エネルギー庁 자원에너지청
    - 特許庁 특허청
    - 中小企業庁 중소기업청
  - 国土交通省 국토교통성
    - 観光庁 관광청
    - 気象庁 기상청
    - 運輸安全委員会 운수안전위원회
    - 海上保安庁 해상보안청
  - 環境省 환경성
  - 防衛省 방위성

◉ 日本の姓の例　＊日本語の五十音はハングルで以下のように表記します.

漢字	かな	ハングル	漢字	かな	ハングル
相川	あいかわ	아이카와	団	だん	단
阿部	あべ	아베	近山	ちかやま	지카야마
新井	あらい	아라이	千葉	ちば	지바
安藤	あんどう	안도	辻	つじ	쓰지
池田	いけだ	이케다	手島	てじま	데지마
石井	いしい	이시이	戸倉	とくら	도쿠라
石川	いしかわ	이시카와	堂本	どうもと	도모토
石田	いしだ	이시다	中島	なかじま	나카지마
石塚	いしづか	이시즈카	中野	なかの	나카노
石原	いしはら	이시하라	中村	なかむら	나카무라
市川	いちかわ	이치카와	中山	なかやま	나카야마
伊藤	いとう	이토	西川	にしかわ	니시카와
井上	いのうえ	이노우에	西村	にしむら	니시무라
今井	いまい	이마이	沼田	ぬまた	누마타
上田	うえだ	우에다	根岸	ねぎし	네기시
上野	うえの	우에노	野口	のぐち	노구치
内田	うちだ	우치다	野田	のだ	노다
宇野	うの	우노	野村	のむら	노무라
江口	えぐち	에구치	橋本	はしもと	하시모토
遠藤	えんどう	엔도	長谷川	はせがわ	하세가와
太田	おおた	오타	八幡	はちまん	하치만
大塚	おおつか	오츠카	服部	はっとり	핫토리
大野	おおの	오노	花岡	はなおか	하나오카
岡田	おかだ	오카다	馬場	ばば	바바
岡本	おかもと	오카모토	林	はやし	하야시
小川	おがわ	오가와	原田	はらだ	하라다
小野	おの	오노	平井	ひらい	히라이
片山	かたやま	가타야마	広瀬	ひろせ	히로세
加藤	かとう	가토	深沢	ふかざわ	후카자와
金子	かねこ	가네코	福島	ふくしま	후쿠시마
川上	かわかみ	가와카미	福田	ふくだ	후쿠다
河原	かわはら	가와하라	藤井	ふじい	후지이
神田	かんだ	간다	藤原	ふじわら	후지와라
菊池	きくち	기쿠치	堀田	ほった	홋타
北村	きたむら	기타무라	本間	ほんま	혼마
木村	きむら	기무라	前田	まえだ	마에다
久保	くぼ	구보	増田	ますだ	마스다
黒田	くろだ	구로다	松岡	まつおか	마쓰오카
小島	こじま	고지마	松田	まつだ	마쓰다
後藤	ごとう	고토	松村	まつむら	마쓰무라
小林	こばやし	고바야시	松本	まつもと	마쓰모토
小山	こやま	고야마	丸山	まるやま	마루야마
近藤	こんどう	곤도	三浦	みうら	미우라
財津	ざいつ	자이즈	水谷	みずたに	미즈타니
斎藤	さいとう	사이토	宮本	みやもと	미야모토
桜井	さくらい	사쿠라이	村上	むらかみ	무라카미
佐々木	ささき	사사키	森	もり	모리
佐藤	さとう	사토	森田	もりた	모리타
島田	しまだ	시마다	安田	やすだ	야스다
清水	しみず	시미즈	柳	やなぎ	야나기
東海林	しょうじ	쇼지	矢野	やの	야노
鈴木	すずき	스즈키	山口	やまぐち	야마구치
関	せき	세키	山崎	やまざき	야마자키
曽我	そが	소가	山田	やまだ	야마다
高木	たかぎ	다카기	山本	やまもと	야마모토
高橋	たかはし	다카하시	結城	ゆうき	유키
竹内	たけうち	다케우치	横田	よこた	요코타
武田	たけだ	다케다	横山	よこやま	요코야마
田中	たなか	다나카	吉田	よしだ	요시다
田辺	たなべ	다나베	吉村	よしむら	요시무라
谷口	たにぐち	다니구치	和田	わだ	와다
田村	たむら	다무라	渡辺	わたなべ	와타나베

◉ 日常会話 ＊「あいさつ」の部分のみカナ発音を表示しました.

■ あいさつ

•おはようございます. / こんにちは. / こんばんは.
안녕하세요? / 안녕하십니까?
アンニョンハセヨ / アンニョンハシムニッカ

•おやすみなさい.
안녕히 주무세요. / 안녕히 주무십시오.
アンニョンヒ ジュムセヨ / アンニョンヒ ジュムシㇷ゚シオ

•お元気ですか.
안녕하세요?
アンニョンハセヨ

•はい, 元気です.
네, 잘 지냅니다.
ネ, ジャル ジネムニダ.

•ご主人[奥さん]はお元気ですか.
남편 [부인] 께서는 잘 지내세요?
ナムピョン[ブイン]ッケソヌン ジャル ジネセヨ

•それは何よりです.
그게 최고죠.
グゲ チェゴジョ

•はじめまして.
처음 뵙겠습니다.
チョウム ブェㇷ゚ケッスムニダ

•よろしくお願いいたします.
잘 부탁드립니다.
ジャル ブタㇰドゥリムニダ

•お目にかかれてうれしいです.
만나 뵙게 되어서 반갑습니다.
マンナ ブェㇷ゚ゲ ドェオソ バンガㇷ゚スムニダ

•お久しぶりです.
오랜만입니다. / 오래간만입니다.
オレンマニムニダ / オレガンマニムニダ

•ようこそ韓国[ソウル]へ.
한국 [서울] 에 오신 것을 환영합니다.
ハングゲ[ソウレ] オシン ゴスル ファンヨンハムニダ

•疲れていませんか.
피곤하지 않으세요?
ピゴンハジ アヌセヨ

•ええ, 大丈夫です.
아, 괜찮습니다.
ア グェンチャンスムニダ

•ちょっと疲れました.
조금 피곤합니다.
ジョグム ピゴンハムニダ

•お出迎えありがとうございます.
마중 나와 주셔서 감사합니다.
マジュン ナワ ジュショソ カムサハムニダ

•(留まる人に)さようなら.
안녕히 계세요. / 안녕히 계십시오.
アンニョンヒ ゲセヨ / アンニョンヒ ゲシㇷ゚シオ

•(去る人に)さようなら.
안녕히 가세요. / 안녕히 가십시오.
アンニョンヒ ガセヨ / アンニョンヒ ガシㇷ゚シオ

•じゃあまたあとで.
나중에 또 봐.
ナジュンエ ット ボワ

•お気をつけて!
조심해서 가세요.
ジョシムヘソ ガセヨ

•あなたもね!
네, 조심해서 가세요.
ネ ジョシムヘソ ガセヨ

•今度は日本で会いましょう.
다음에는 일본에서 만납시다.
ダウメヌン イルボネソ マンナㇷ゚シダ

•ご家族によろしくお伝えください.
가족분들께 안부 전해 주세요.
ガジョㇰブンドゥルッケ アンブ ジョンヘ ジュセヨ

■ 紹介

•私は鈴木健次です.
저는 스즈키 켄지입니다.

•姓が田中, 名前がミサです.
성은 다나카, 이름은 미사입니다.

•ユウヤと呼んでください.
유야라고 불러 주세요.

•お名前はなんとおっしゃいますか.
성함이 어떻게 되십니까?

•お名前をもう一度お願いします.
성함을 다시 한번 말씀해 주세요.

•お名前はどう書きますか.
성함은 어떻게 씁니까?

•韓国は初めてです.
한국은 이번이 처음입니다.

•ソウルには2度来たことがあります.
서울에는 두 번 온 적이 있어요.

- 釜山には3年前に来ました.
  부산에는 삼 년 전에 왔어요.
- こちらへは休暇で来ました.
  여기는 휴가차 왔습니다.
- 仕事で来ています.
  일로 와 있습니다.
- 京都に住んでいます.
  교토에 살고 있습니다.
- 東京で生まれました.
  동경에서 태어났습니다.
- 誕生日は5月15日です.
  생일은 5 월 15 일입니다.
- お仕事は何をなさっていますか.
  무슨 일을 하고 계십니까?
- 看護師[会社員]です.
  간호사 [회사원] 입니다.
- 銀行に勤めています.
  은행에 다닙니다.
- 学生です.
  학생입니다.
- 九州大学に通っています.
  규슈 대학에 다니고 있어요.
- 大学で経済学を専攻しています.
  대학에서 경제학을 전공하고 있습니다.
- 独身です./結婚しています.
  독신입니다./결혼했습니다.
- 子供は3人います.
  애는 셋입니다.
- 10歳の男の子と8歳の女の子です.
  10 살짜리 아들하고 8 살짜리 딸입니다.
- 子供はいません.
  애는 없습니다.
- 9月に初めての子供が産まれます.
  9 월에 첫 애가 태어납니다.

- 姉が1人, 弟が1人います.
  언니가 한 명, 남동생이 한 명 있어요.
- 姉[兄]は2つ上です.
  언니 [오빠] 는 두 살 위예요.
- 犬[猫]を飼っています.
  개 [고양이] 를 키우고 있습니다.
- 妻[夫]はデザイナーです.
  처는 [남편은] 디자이너입니다.
- 親と同居しています.
  부모님과 함께 살고 있습니다.
- 両親は北海道に住んでいます.
  부모님은 홋카이도에 살고 계세요.
- こちらは友人の山田恵理です.
  이쪽은 제 친구 야마다 에리예요.

■ お礼を言う・謝る

- どうもありがとうございます.
  감사합니다./고맙습니다.
- ご親切にありがとう.
  친절하게 대해 주셔서 감사합니다.
- あなたのおかげです.
  도와 주신 덕분입니다.
- いろいろとお世話になりました.
  여러모로 신세 많이 졌습니다.
- どういたしまして.
  별말씀을 다 하십니다.
- こちらこそ.
  저야말로.
- ごめんなさい.
  미안합니다.
- どうもすみません.
  죄송합니다.
- 失礼しました.
  실례했습니다.
- 遅れてすみません.
  늦어서 미안합니다.
- 待たせてすみません.
  기다리게 해서 미안합니다.
- だいじょうぶですか.
  괜찮습니까?
- だいじょうぶです.
  괜찮습니다.
- なんともありません.
  아무렇지도 않습니다.
- 気にしないでください.
  신경 쓰지 마세요.

■ 祝う・励ます

•おめでとう.
축하해요.

•よかったね！/やったね！
잘됐네！ / 해냈구나！

•心からお祝い申し上げます.
진심으로 축하드립니다.

•お誕生日おめでとう.
생일 축하해요.

•ご結婚[婚約]おめでとう
결혼 [약혼] 축하해요.

•あけましておめでとう.
새해 복 많이 받으세요.

•よいお年を！
좋은 한해 되세요.

•残念でしたね./お気の毒に.
안됐군요./정말 안됐어.

•お悔やみ申し上げます.
조의를 표합니다.

•気を落とさないで.
기운 내세요.

•あきらめないで.
포기하지 마세요.

•あなたならできますよ.
당신이라면 할 수 있어요.

•落ち着いて.
진정해.

■ 呼びかけ・質問

•(ちょっと)すみません.
저기요！ /(잠깐)실례하겠습니다.

•待って.
잠깐만요！

•ちょっとお尋ねしたいのですが.
말씀 좀 묻겠습니다.

•これは何ですか./ここはどこですか.
이것이 무엇입니까？
/여기가 어디예요？

•もう一度おっしゃってください.
한번 더 말씀해 주세요.

•もう少しゆっくり話していただけますか.
조금 더 천천히 말씀해 주시겠습니까？

•それはどういう意味ですか.
그게 무슨 뜻입니까？

■ 肯定・否定

•はい(そうです).
네(그렇습니다).

•わかりました./なるほど.
알겠습니다./그렇구나.

•いいですよ.
좋습니다./좋아요.

•もちろんですよ.
물론입니다.

•賛成です.
찬성합니다.

•いいえ.
아뇨.

•ちがいます.
아닙니다./아니에요.

•反対です.
반대합니다.

•知りません.
잘 모르겠습니다./잘 모릅니다.

•私にはわかりません.
저는 잘 모르겠습니다.

•いいえ, 結構です.
아뇨, 괜찮습니다.

•いやです.
싫습니다./싫어요.

•無理です.
무리입니다./무리예요.

•私のではありません.
제 게 아닙니다.

•英語[日本語]はわかりますか.
영어 [일어] 할 줄 아세요？

•はい, できます.
네, 할 수 있습니다.

•はい, わかります.
네, 알아요.

•私は韓国語は話せ[読め]ません.
저는 한국어는 못 해요 [못 읽어요].

•韓国語を話すのは得意ではありません.
한국어로 말하는 건 잘 못해요.

感情表現

•すばらしい！
근사하다! / 훌륭하다!

•わあ, おいしい.
와, 맛있다!

•気に入りました.
마음에 들었어요.

•楽しかった.
즐거웠어.

•本当？
정말？

•冗談でしょう？
농담이죠？

•信じられません.
믿을 수가 없어요.

•残念です.
유감입니다.

•いいかげんにしてください.
어지간히 하세요.
/ 그 정도로 하세요.

•悲しいです.
슬픕니다.

•心配です.
걱정입니다.

•ソウル[コンサート]はどうでしたか.
서울은 [콘서트는] 어땠어요？

•最高でした.
최고였어요.

•感動しました.
감동했어요.

•まずまずでした.
그저 그랬어요.

•がっかりしました.
실망했어요.

•期待外れでした.
기대에 못 미쳤어요.

意見・好み・願い

•あなたは中華はお好きですか.
중화요리는 좋아하세요？

•わたしはワインよりもウィスキーが好きです.
저는 와인보다 위스키를 좋아해요.

•辛いものは苦手です.
매운 것은 잘 못 먹어요.

•大好きです.
아주 좋아해요.

•まあまあ好きです.
그런대로 좋아해요.

•あまり好きではありません.
그다지 좋아하지 않아요.

•何が買いたい[食べたい]ですか.
뭘 사고 [먹고] 싶어요？

•試しに食べて[飲んで]みたいです.
한번 먹어 [마셔] 보고 싶어요.

•ちょっと見てみたいです.
한번 보고 싶어요.

•また訪れてみたいです.
또 오고 싶어요.

誘い・約束

•いっしょに行きませんか.
같이 가지 않을래요？

•あなたもどうですか.
같이 안 갈래요？

•明日の晩空いていますか.
내일 저녁 시간 비어 있습니까？

•なにも予定はありません.
딱히 예정은 없습니다.

•5 時でご都合はいかがでしょうか.
다섯 시는 어떻습니까？

•私はそれで結構です.
저는 괜찮습니다.

•残念ですが, 予定があるんです.
미안하지만, 약속이 있어요.

•では, 明日の朝 10 時にしましょう.
그럼, 내일 아침 열 시로 합시다.

•どこで会いましょうか.
어디서 만날까요？

•明洞駅の改札口は？
명동역 개찰구는 어떠세요？

•ロビー[改札口]で待っています.
로비 [개찰구] 에서 기다리겠습니다.

•迎えに来てくれますか.
마중 나와 주시겠습니까？

- 車で迎えに行きますよ.
  차로 마중 나가겠습니다.

- お目にかかるのを楽しみにしています.
  만나 뵙게 되기를 기대하고 있습니다.

■許可・依頼

- ここに座ってもいいですか.
  여기 앉아도 됩니까?

- ここで写真を撮ってもいいですか.
  여기서 사진을 찍어도 됩니까?

- これをもらってもいいですか.
  이거 가져가도 됩니까?

- たばこを吸ってもいいですか.
  담배를 피워도 되겠습니까?

- さわってみてもいいですか.
  만져 봐도 되겠습니까?

- いっしょに行ってもいいですか.
  같이 가도 되겠습니까?

- 写真を撮っていただけませんか.
  사진 좀 찍어 주시겠습니까?

- 窓を開けて[閉めて]いただけますか.
  창문 좀 열어[닫아] 주시겠습니까?

- コピーをとってくれますか.
  복사 좀 해 줄래요?

- メールで連絡してもらえますか.
  메일로 연락 주시겠습니까?

- 空港まで送っていただけませんか.
  공항까지 데려다 줄 수 있어요?

- 駅まで迎えに来てくれませんか.
  역까지 마중 나와 주실래요?

- ちょっと手伝っていただけますか.
  좀 도와주시겠어요?

- ここに書いてください.
  여기에 써 주세요.

- もう少しゆっくり話してください.
  좀 더 천천히 말씀해 주세요.

- 見せてください.
  보여 주세요.

- 会社へ電話してください.
  회사로 전화해 주세요.

■数を含む表現

- 1[2,3]個ください.
  한 [두, 세] 개 주세요.

- これは1個いくらですか.
  이건 한 개에 얼맙니까?

- 1人いくらですか.
  한 사람당 얼마입니까?

- (今)何時ですか
  (지금) 몇 시입니까

- 2時です.
  두 시입니다.

- もうすぐ3時です.
  곧 세 시예요.

- 開店[閉店]は何時ですか.
  몇 시에 문 열어요 [닫아요]?

- 何時まで開いていますか.
  몇 시까지 열어요?

- 7時閉店です.
  일곱 시에 문 닫습니다.

- 何時開演ですか.
  몇 시에 공연 시작해요?

- コンサートは6時に始まります.
  콘서트는 여섯 시에 시작해요.

- 終点まで何分ほどですか.
  종점까지 몇 분 정도 걸려요?

- 慶州まで何時間かかりますか.
  경주까지 몇 시간 걸려요?

- こちらへは3月2日に来ました.
  여기는 삼월 이일에 왔습니다.

- 何月[何日]に行かれる予定ですか.
  몇월 [며칠] 에 가실 예정입니까?

- 5月にソウルへ発ちます.
  오월에 서울로 갑니다.

■現在・過去・未来

- 今, ホテルを出るところです.
  지금 호텔에서 나가려던 참이에요.

- 今, ホテルに着いたところです.
  지금 막 호텔에 도착했어요.

- さっき行ってきたばかりです.
  좀 전에 갔다 왔습니다.

- ヤン・ムンスさんとは以前お会いしたことがあります.
  양문수 씨와는 이전에 만난 적이 있습니다.
- 3 年前に卒業しました.
  삼 년 전에 졸업했습니다.
- この映画はずっと前に見ました.
  이 영화는 꽤 오래 전에 봤습니다.
- 明日はどちらへ行きますか.
  내일은 어디로 가요?
- ソウルにいつまでご滞在ですか.
  서울에 언제까지 계실 거예요?
- 昼から出かけます.
  점심때 외출합니다.
- 来年またソウルに来ますよ.
  내년에 또 서울에 오겠습니다.
- 今行きます.
  지금 갑니다.
- すぐに戻ります.
  금방 돌아오겠습니다.
- 飲みに行きます.
  술 마시러 가요.
- ツアーで慶州を回ります.
  투어로 경주를 돌아요.
- まだ, 予定はありません.
  아직 예정은 없습니다.
- これから決めます.
  지금부터 정할 겁니다.
- 天気がよければソウル市内を回ってみます.
  날씨가 좋으면 서울 시내를 돌아볼 거예요.

■ 気候

- 風が強いです./ 風が冷たいです.
  바람이 세요./ 바람이 차가워요.
- 暑いです./ 暖かいです.
  더워요./ 따뜻해요.
- 寒いです./ 涼しいです.
  추워요./ 선선해요.

■ 空港・ホテル・街で

- パスポートを見せてください.
  여권을 보여 주세요.
- 入国目的は何ですか.
  입국 목적이 무엇입니까?
- 観光[商用, 留学]です.
  관광 [사업, 유학] 입니다.
- 何日間の滞在ですか.
  며칠간 머무릅니까?
- 5 日間[1 週間]です.
  오 일간 [일주일간] 입니다.
- 何か申告するものはありますか.
  뭔가 신고하실 물건이 있습니까?
- いいえありません.
  아뇨, 없습니다.
- これは申告の必要がありますか.
  이건 신고할 필요가 있습니까?
- これは何ですか.
  이것이 무엇입니까?
- 心臓の薬です.
  심장약입니다.
- 医師の診断書を持っています.
  의사의 진단서를 가지고 있습니다.
- これは課税対象となります.
  이건 과세 대상입니다.
- 地下鉄の駅[バス停]はどこですか.
  지하철역 [버스 정류장]은 어디입니까?
- 切符売り場はどこですか.
  표 파는 곳이 어디입니까?
- この電車は汝矣島駅に行きますか.
  이 전철은 여의도에 갑니까?
- 明洞で降りてください.
  명동에서 내리세요.
- 東大門で 4 号線に乗り換えてください.
  동대문에서 4 호선으로 갈아타세요.
- 東大門は 2 つ目の駅です.
  동대문은 두 번째역입니다.
- 釜山行きは 2 番ホームです.
  부산행은 2 번 홈이에요.
- どうぞ, お掛けください.
  여기 앉으세요.
- A ホテルまでお願いします.
  A 호텔까지 부탁합니다.

- もしもし, 505 号室です.
  여보세요, 505 호실입니다.
- ルームサービスをお願いします.
  룸서비스 부탁합니다.
- キーを部屋に置き忘れました.
  키를 방에 두고 왔습니다.
- トイレはどこですか.
  화장실이 어디입니까?
- 遠いですか.
  멀어요?
- 近いですか.
  가까워요?
- 歩いて行けますか.
  걸어서 갈 수 있습니까?
- すぐそこですよ.
  바로 저기예요.
- タクシーで行ったほうがいいですよ.
  택시로 가는 게 좋습니다.
- 歩いて 10 分ほどです.
  걸어서 십 분 정도예요.
- 駅の前にあります.
  역 앞에 있어요.
- 角を曲がったところにあります.
  모퉁이를 돌면 있어요.
- もう 1 本あちらの道です.
  저기 다음 길이에요.
- あの青いビルです.
  저 파란색 빌딩입니다.
- このビルの中にあります.
  이 빌딩 안에 있어요.
- 4 階[地下 1 階]にあります.
  사 층 [지하 일 층] 에 있어요.
- (この道を)まっすぐに行ってください.
  (이 길로) 죽 가세요.
- 入り口[出口]はどこですか.
  입구 [출구] 는 어디입니까?
- 電池はどこで買えますか.
  전지는 어디서 살 수 있습니까?
- すみません, シャッターを押していただけますか.
  실례합니다만, 사진 좀 찍어 주시겠습니까?

■ 食事・買い物

- お腹がすきました. / のどが乾きました.
  배가 고픕니다. / 목이 마릅니다.
- 喫茶店で休みましょう.
  커피숍에서 쉽시다.
- いいレストランを教えてくれませんか.
  괜찮은 레스토랑이 있으면 소개해 주실래요?
- ごちそうしますよ.
  제가 사겠습니다.
- 6 時から 3 名で予約をお願いします.
  여섯 시부터 세 명 예약을 부탁합니다.
- 何分ぐらい待ちますか.
  몇 분 정도 기다려요?
- ここにお名前を書いてください.
  여기에 성함을 적어 주세요.
- 7 時に予約をしました.
  일곱 시로 예약을 했습니다.
- 2[3]人です.
  두[세]명 입니다.
- 禁煙席・喫煙席どちらがよろしいですか.
  금연석과 흡연석 중 어느 쪽으로 하시겠습니까?
- 禁煙席をお願いします.
  금연석으로 부탁합니다.
- どこでたばこが吸えますか.
  어디서 담배를 피울 수 있습니까?
- こちらへどうぞ.
  이쪽으로 오세요.
- この席はあいていますか.
  이 자리는 비어 있습니까?
- メニューを見せてください.
  메뉴를 보여 주세요.
- お勧めはなんですか.
  오늘은 뭐가 맛있어요?
- お水をいただけますか.
  물 좀 주시겠어요?
- これは注文していません.
  이건 주문하지 않았습니다.
- 頼んだものがまだ来ません.
  주문한 것이 아직 안 왔습니다.

- 乾杯！
  건배!
- 割り勘にしましょう.
  더치 페이하지요.
- お勘定をお願いします.
  계산해 주세요.
- カードはご使用になれません.
  카드는 안 됩니다.
- 現金でお願いします.
  현금으로 부탁드립니다.
- おつりが足りません.
  거스름돈이 모자랍니다.
- ここで食べます./持ち帰ります.
  여기서 먹을 겁니다./가져갈 겁니다.
- おいしい！
  맛있어요.
- お腹が一杯です.
  배가 부릅니다.
- たいへんおいしかったです, ごちそうさま.
  아주 맛있었습니다. 잘 먹었습니다.
- いらっしゃいませ.
  어서 오세요./뭘 찾으세요?
- ちょっと見ているだけです.
  잠깐 구경하는 겁니다.
- 地下2階にあります.
  지하 2 층에 있습니다.
- 申し訳ございません, こちらでは扱っておりません.
  죄송합니다. 여기서는 취급하지 않습니다.
- あれを見せてくださいますか.
  저걸 보여 주시겠습니까?
- 右端[左端]のものを見せてください.
  오른쪽[왼쪽] 끝에 있는 물건을 보여 주세요.
- 左から3つ目のものを見せてください.
  왼쪽에서 세 번째 것을 보여 주세요.
- ほかのを見せてくださいますか.
  다른 걸 보여 주시겠습니까?
- 大きすぎ[小さすぎ]ます
  너무 커요[작아요].
- ちょうどいいです.
  딱 맞아요.
- これより大きい[小さい]サイズはありますか.
  이것보다 큰 [작은] 사이즈는 없어요?
- 試着してもいいですか.
  입어 봐도 돼요?
- これをください.
  이거 주세요.
- これを3つください.
  이걸 3 개 주세요.
- いくらですか.
  얼마입니까? / 얼마예요?
- 全部でいくらですか.
  전부 얼마예요?
- 気に入りましたが値段がちょっと高すぎます.
  마음에 듭니다만, (값이) 좀 비쌉니다.
- クレジットカード[トラベラーズチェック]は使えますか.
  신용 카드 [여행자 수표] 는 쓸 수 있어요?
- 別々に包んでいただけますか.
  따로따로 포장해 주시겠어요?

■ 連絡

- 電話番号は, 0123-456-7891 です.
  전화번호는 0123-456-7891 입니다.
- もしもし, ユン・ヨンミさんはいらっしゃいますか.
  여보세요, 윤영미 씨 계십니까?
- そのままでお待ちください.
  잠깐만 기다리세요.
- ただ今ほかの電話に出ております.
  지금 통화 중입니다.
- 電話があったことをお伝えください.
  전화 왔더라고 전해 주십시오.
- ウォン[円]に換えてください.
  원 [엔] 으로 바꿔 주세요.
- インターネット・カフェはありますか.
  인터넷 카페가 있습니까?
- Eメールアドレスを教えていただけますか.
  이메일 주소 좀 가르쳐 주시겠어요.
- メールアドレスはこれです.
  이게 제 메일 주소입니다.

• Eメールで連絡を取り合いましょう.
이메일로 연락하며 지내요.

■ トラブル・病気

• パスポートをなくしました.
여권을 잃어 버렸습니다.

• 電車の中にかばんを忘れました.
전철에 가방을 두고 내렸습니다.

• 見つかったらホテルに電話をください.
찾으면 호텔로 전화 주세요.

• このくらいの大きさの黒い肩掛けかばんです.
이 정도 크기의 까만 숄더백입니다.

• 助けて！
살려 주세요!

• 火事だ！
불이야!

• どろぼう！
도둑이야!

• おまわりさん！
경찰관 아저씨!

• お医者さんを呼んで！
의사를 불러 주세요!

• 救急車を！
구급차!

• こっちに来てください.
이쪽으로 오세요.

• 病人がいます.
아픈 사람이 있습니다.

• 日本語の通訳をお願いします.
일본어 통역을 부탁합니다.

• 国際診療部のある病院に運んでください.
[illegible]제 진료실이 있는 병원으로 데려 [illegible] 주세요.

• [illegible]語の話せる医師はいますか.
[illegible]어를 할 수 있는 의사가 있습니까?

• [illegible]が悪いのですが.
[illegible] 불편합니다.

• 吐きそうです.
토할 것 같아요.

• 下痢をしています.
설사를 합니다.

• 息が苦しいです.
숨이 차요.

• 熱があります.
열이 있습니다.

• 昨夜から熱が下がりません.
어젯밤부터 열이 내려가지 않아요.

• 胃[頭]が痛みます.
속이 [머리가] 아파요.

• ここがとても痛いんです.
여기가 굉장히 아파요.

• 痛くありません.
아프지 않아요.

• 糖尿病です.
당뇨병입니다.

• 高血圧[低血圧]です.
고혈압 [저혈압] 이에요.

• 私は卵アレルギーです.
저는 계란 알레르기가 있습니다.

• 私は妊娠 3 か月です.
저는 임신 3 개월입니다.

• 左の上の奥歯が痛みます.
왼쪽 위 어금니가 아파요.

• 1 日に 3 回飲んでください.
하루에 세 번 드세요.

• 食後[食前・食間]に飲んでください.
식후 [식전, 식간] 에 드세요.

• 1 回 2 錠です.
한 번에 2 알입니다.

• この薬を常用しています.
이 약을 먹고 있습니다.

2009 年 5 月 20 日　　初 版 発 行

デイリーコンサイス日韓辞典

2009 年 5 月 20 日　　第 1 刷発行

編　者　尹　亭　仁（ユン・チョンイン）

発行者　株式会社 三省堂　代表者 八幡統厚

印刷者　三省堂印刷株式会社

発行所　株式会社 三省堂
〒 101-8371
東京都千代田区三崎町二丁目 22 番 14 号
電 話　編 集　(03) 3230-9411
営 業　(03) 3230-9412
振替口座　00160 - 5 - 54300
商標登録番号　521139・521140
http://www.sanseido.co.jp/

〈デイリー日韓・608pp.〉

落丁本・乱丁本はお取替えいたします

ISBN978－4－385－12305－9

朝鮮半島
KOREAN
PENINSULA
0 50 100km
中華人民共和國
중화인민공화국
白頭山
백두산
羅先特級市
라선 특급시
豆滿江
두만강
清津市
청진시
惠山市
혜산시
咸鏡北道
함경북도
兩江道
량강도
江界市
강계시
鴨綠江
압록강
慈江道
자강도
咸鏡南道
함경남도
新義州市
신의주시
平安北道
평안북도
咸興市
함흥시
朝鮮民主主義人民共和國
조선민주주의인민공화국
平安南道
평안남도
平壤直轄市
평양 직할시
平城市
평성시
元山市
원산시
南浦特級市
남포 특급시
江原道
강원도
金剛山
금강산
大同江
대동강
沙里院市
사리원시
黃海北道
황해북도
臨津江
임진강
雪嶽山
설악산
黃海南道
황해남도
開城特級市
개성 특급시
京畿道
경기도
襄陽
양양
海州市
해주시
漢江
한강
金浦
김포
春川市
춘천시
江原道
강원도
鬱陵島
울릉도
仁川廣域市
인천 광역시
仁川
인천
水原市
수원시
原州
원주
ソウル特別市
서울 특별시
清州
청주
忠清北道
충청북도
忠清南道
충청남도
清州市
청주시
慶尙北道
경상북도
大田廣域市
대전 광역시
浦項
포항
錦江
금강
全州市
전주시
洛東江
낙동강
大邱
대구
大邱廣域市
대구 광역시
群山
군산
慶州市
경주시
大韓民國
대한민국
全羅北道
전라북도
蔚山
울산
昌原市
창원시
慶尙南道
경상남도
蔚山廣域市
울산 광역시
光州廣域市
광주 광역시
光州
광주
泗川
사천
金海
김해
務安
무안
全羅南道
전라남도
釜山廣域市
부산 광역시
麗水
여수
国際空港
국제공항
国内空港
국내공항
濟州市
제주시
濟州
제주
濟州道
제주도
漢拏山
한라산
日本
일본